1402

सत्यं शिवं सुन्दरम्

॥ श्रीराम ॥

श्रीमद्गोस्वामी तुलसीदासजीविरचित

# श्रीरामचरितमानस

[ सचित्र, सटीक, मोटा टाइप ]

त्वमेव माता च पिता त्वमेव
त्वमेव बन्धुश्च सखा त्वमेव।
त्वमेव विद्या द्रविणं त्वमेव
त्वमेव सर्वं मम देवदेव॥

टीकाकार—हनुमानप्रसाद पोद्दार

सं० २०७७ चौवनवाँ पुनर्मुद्रण २०,०००

कुल मुद्रण ९,२५,०००

❖ मूल्य—

कूरियर/डाकसे मँगवानेके लिये
गीताप्रेस, गोरखपुर—273005
book.gitapress.org
gitapressbookshop.in

प्रकाशक एवं मुद्रक—

**गीताप्रेस, गोरखपुर**

( गोबिन्दभवन-कार्यालय, कोलकाता का संस्थान )

फोन : ( 0551 ) 2334721, 2331250, 2331251

web : **gitapress.org** e-mail : **booksales@gitapress.org**

1402 Ramcharitmanas Section 1 1 Back

॥ श्रीहरिः ॥

# निवेदन

श्रीरामचरितमानसका स्थान हिंदी-साहित्यमें ही नहीं, जगत्‌के साहित्यमें निराला है। इसके जोड़का ऐसा ही सर्वांगसुन्दर, उत्तम काव्यके लक्षणोंसे युक्त, साहित्यके सभी रसोंका आस्वादन करानेवाला, काव्यकलाकी दृष्टिसे भी सर्वोच्च कोटिका तथा आदर्श गार्हस्थ्य-जीवन, आदर्श राजधर्म, आदर्श पारिवारिक जीवन, आदर्श पातिव्रतधर्म, आदर्श भ्रातृधर्मके साथ-साथ सर्वोच्च भक्ति, ज्ञान, त्याग, वैराग्य तथा सदाचारकी शिक्षा देनेवाला, स्त्री-पुरुष, बालक-वृद्ध और युवा—सबके लिये समान उपयोगी एवं सर्वोपरि सगुण-साकार भगवान्‌की आदर्श मानवलीला तथा उनके गुण, प्रभाव, रहस्य तथा प्रेमके गहन तत्त्वको अत्यन्त सरल, रोचक एवं ओजस्वी शब्दोंमें व्यक्त करनेवाला कोई दूसरा ग्रन्थ हिंदी-भाषामें ही नहीं, कदाचित् संसारकी किसी भाषामें आजतक नहीं लिखा गया। यही कारण है कि जितने चावसे गरीब-अमीर, शिक्षित-अशिक्षित, गृहस्थ-संन्यासी, स्त्री-पुरुष, बालक-वृद्ध—सभी श्रेणीके लोग इस ग्रन्थरत्नको पढ़ते हैं, उतने चावसे और किसी ग्रन्थको नहीं पढ़ते तथा भक्ति, ज्ञान, नीति, सदाचारका जितना प्रचार जनतामें इस ग्रन्थसे हुआ है, उतना कदाचित् और किसी ग्रन्थसे नहीं हुआ।

जिस ग्रन्थका जगत्‌में इतना मान हो, उसके अनेकों संस्करणोंका छपना तथा उसपर अनेकों टीकाओंका लिखा जाना स्वाभाविक ही है। इस नियमके अनुसार श्रीरामचरितमानसके भी आजतक सैकड़ों संस्करण छप चुके हैं। इसपर सैकड़ों ही टीकाएँ लिखी जा चुकी हैं। हमारे गीता-पुस्तकालयमें रामायण-सम्बन्धी सैकड़ों ग्रन्थ भिन्न-भिन्न भाषाओंके आ चुके हैं। अबतक अनुमानतः इसकी लाखों प्रतियाँ छप चुकी होंगी। आये दिन इसका एक-न-एक नया संस्करण देखनेको मिलता है और उसमें अन्य संस्करणोंकी अपेक्षा कोई-न-कोई विशेषता अवश्य रहती है। इसके पाठके सम्बन्धमें भी रामायणी विद्वानोंमें बहुत मतभेद है, यहाँतक कि कई स्थलोंमें तो प्रत्येक चौपाईमें एक-न-एक पाठभेद भिन्न-भिन्न संस्करणोंमें मिलता है। जितने पाठभेद इस ग्रन्थके मिलते हैं, उतने कदाचित् और किसी प्राचीन ग्रन्थके नहीं मिलते। इससे भी इसकी सर्वोपरि लोकप्रियता सिद्ध होती है।

इसके अतिरिक्त रामचरितमानस एक आशीर्वादात्मक ग्रन्थ है। इसके प्रत्येक पद्यको श्रद्धालु लोग मन्त्रवत् आदर देते हैं और इसके पाठसे लौकिक एवं पारमार्थिक अनेक कार्य सिद्ध करते हैं। यही नहीं, इसका श्रद्धापूर्वक पाठ करने तथा इसमें आये हुए उपदेशोंका विचारपूर्वक मनन करने एवं उनके अनुसार आचरण करनेसे तथा इसमें वर्णित भगवान्‌की मधुर लीलाओंका चिन्तन एवं कीर्तन करनेसे मोक्षरूप परम पुरुषार्थ एवं उससे भी बढ़कर भगवत्प्रेमकी प्राप्ति आसानीसे की जा सकती है। क्यों न हो, जिस ग्रन्थकी रचना गोस्वामी तुलसीदासजी-जैसे अनन्य भगवद्भक्तके द्वारा, जिन्होंने भगवान् श्रीसीतारामजीकी कृपासे उनकी दिव्य लीलाओंका प्रत्यक्ष अनुभव करके यथार्थ रूपमें वर्णन किया है, साक्षात् भगवान् श्रीगौरीशंकरजीकी आज्ञासे हुई तथा जिसपर उन्हीं भगवान्‌ने 'सत्यं शिवं सुन्दरम्' लिखकर अपने हाथसे सही की, उसका इस प्रकारका अलौकिक प्रभाव कोई आश्चर्यकी बात नहीं है। ऐसी दशामें इस अलौकिक ग्रन्थका जितना भी प्रचार किया जायगा, जितना अधिक पठन-पाठन एवं मनन-अनुशीलन होगा, उतना ही जगत्‌का मंगल होगा—इसमें तनिक भी संदेह नहीं है। वर्तमान समयमें तो, जब सर्वत्र हाहाकार मचा हुआ है, सारा संसार दुःख एवं अशान्तिकी भीषण ज्वालासे जल रहा है, जगत्‌के कोने-कोनेमें मार-काट मची हुई है और प्रतिदिन हजारों मनुष्योंका संहार हो रहा है, करोड़ों-अरबोंकी सम्पत्ति एक-दूसरेके विनाशके लिये खर्च की जा रही है, विज्ञानकी सारी शक्ति पृथ्वीको श्मशानके रूपमें परिणत करनेमें लगी हुई है, संसारके बड़े-से-बड़े मस्तिष्क संहारके नये-नये साधनोंको ढूँढ़ निकालनेमें व्यस्त हैं, जगत्‌में सुख-शान्ति एवं प्रेमका प्रसार करने तथा भगवत्कृपाका जीवनमें अनुभव करनेके लिये रामचरितमानसका पाठ एवं अनुशीलन परम आवश्यक है।

इसी दृष्टिसे गीताकी भाँति मानसके भी कई छोटे-बड़े यथासाध्य शुद्ध, प्रामाणिक, सस्ते, सचित्र एवं सटीक संस्करण निकालनेका आयोजन गीताप्रेसके द्वारा किया जा रहा है। इस संस्करणमें दोहे-चौपाइयोंका अर्थ वही है, जो 'मानसांक'में था। पाठ एवं अर्थकी भूलोंके लिये हम अपने विज्ञ पाठक महानुभावोंसे क्षमा-प्रार्थना करते हैं और भगवान्‌की वस्तु विनम्रभावसे भगवान्‌की सेवामें अर्पण करते हैं।

विनीत—**प्रकाशक**

॥ श्रीहरिः ॥

# श्रीरामचरितमानसकी विषय-सूची

## नवाह्नपारायणके विश्राम-स्थान



## मासपारायणके विश्राम-स्थान

॥ श्रीहरिः ॥

# गोस्वामी तुलसीदासजीकी संक्षिप्त जीवनी

प्रयागके पास चित्रकूट जिलेमें राजापुर नामक एक ग्राम है, वहाँ आत्माराम दूबे नामके एक प्रतिष्ठित सरयूपारीण ब्राह्मण रहते थे। उनकी धर्मपत्नीका नाम हुलसी था। संवत् १५५४ की श्रावण शुक्ला सप्तमीके दिन अभुक्त मूल नक्षत्रमें इन्हीं भाग्यवान् दम्पतिके यहाँ बारह महीनेतक गर्भमें रहनेके पश्चात् गोस्वामी तुलसीदासजीका जन्म हुआ। जन्मते समय बालक तुलसीदास रोये नहीं, किन्तु उनके मुखसे 'राम' का शब्द निकला। उनके मुखमें बत्तीसों दाँत मौजूद थे। उनका डील-डौल पाँच वर्षके बालकका-सा था। इस प्रकारके अद्भुत बालकको देखकर पिता अमंगलकी शंकासे भयभीत हो गये और उसके सम्बन्धमें कई प्रकारकी कल्पनाएँ करने लगे। माता हुलसीको यह देखकर बड़ी चिन्ता हुई। उन्होंने बालकके अनिष्टकी आशंकासे दशमीकी रातको नवजात शिशुको अपनी दासीके साथ उसके ससुराल भेज दिया और दूसरे दिन स्वयं इस असार संसारसे चल बसीं। दासीने, जिसका नाम चुनियाँ था, बड़े प्रेमसे बालकका पालन-पोषण किया। जब तुलसीदास लगभग साढ़े पाँच वर्षके हुए, चुनियाँका भी देहान्त हो गया, अब तो बालक अनाथ हो गया। वह द्वार-द्वार भटकने लगा। इसपर जगज्जननी पार्वतीको उस होनहार बालकपर दया आयी। वे ब्राह्मणीका वेष धारणकर प्रतिदिन उसके पास जातीं और उसे अपने हाथों भोजन करा जातीं।

इधर भगवान् शंकरजीकी प्रेरणासे रामशैलपर रहनेवाले श्रीअनन्तानन्दजीके प्रिय शिष्य श्रीनरहर्यानन्दजीने इस बालकको ढूँढ़ निकाला और उसका नाम रामबोला रखा। उसे वे अयोध्या ले गये और वहाँ संवत् १५६१ माघ शुक्ला पंचमी शुक्रवारको उसका यज्ञोपवीत-संस्कार कराया। बिना सिखाये ही बालक रामबोलाने गायत्री-मन्त्रका उच्चारण किया, जिसे देखकर सब लोग चकित हो गये। इसके बाद नरहरि स्वामीने वैष्णवोंके पाँच संस्कार करके रामबोलाको राममन्त्रकी दीक्षा दी और अयोध्याहीमें रहकर उन्हें विद्याध्ययन कराने लगे। बालक रामबोलाकी बुद्धि बड़ी प्रखर थी। एक बार गुरुमुखसे जो सुन लेते थे, उन्हें वह कण्ठस्थ हो जाता था। वहाँसे कुछ दिन बाद गुरु-शिष्य दोनों सूकरक्षेत्र (सोरों) पहुँचे। वहाँ श्रीनरहरिजीने तुलसीदासको रामचरित सुनाया। कुछ दिन बाद वे काशी चले आये। काशीमें शेषसनातनजीके पास रहकर तुलसीदासने पन्द्रह वर्षतक वेद-वेदांगका अध्ययन किया। इधर उनकी लोकवासना कुछ जाग्रत् हो उठी और अपने विद्यागुरुसे आज्ञा लेकर वे अपनी जन्मभूमिको लौट आये। वहाँ आकर उन्होंने देखा कि उनका परिवार सब नष्ट हो चुका है। उन्होंने विधिपूर्वक अपने पिता आदिका श्राद्ध किया और वहीं रहकर लोगोंको भगवान् रामकी कथा सुनाने लगे।

संवत् १५८३ ज्येष्ठ शुक्ला १३ गुरुवारको भारद्वाजगोत्रकी एक सुन्दरी कन्याके साथ उनका विवाह हुआ और वे सुखपूर्वक अपनी नवविवाहिता वधूके साथ रहने लगे। एक बार उनकी स्त्री भाईके साथ अपने मायके चली गयी। पीछे-पीछे तुलसीदासजी भी वहाँ जा पहुँचे। उनकी पत्नीने इसपर उन्हें बहुत धिक्कारा और कहा कि 'मेरे इस हाड़-मांसके शरीरमें जितनी तुम्हारी आसक्ति है, उससे आधी भी यदि भगवान्‌में होती तो तुम्हारा बेड़ा पार हो गया होता।'

तुलसीदासजीको ये शब्द लग गये। वे एक क्षण भी नहीं रुके, तुरंत वहाँसे चल दिये।

वहाँसे चलकर तुलसीदासजी प्रयाग आये। वहाँ उन्होंने गृहस्थवेशका परित्याग कर साधुवेश ग्रहण किया। फिर तीर्थाटन करते हुए काशी पहुँचे। मानसरोवरके पास उन्हें काकभुशुण्डिजीके दर्शन हुए।

काशीमें तुलसीदासजी रामकथा कहने लगे। वहाँ उन्हें एक दिन एक प्रेत मिला, जिसने उन्हें हनुमान्‌जीका पता बतलाया। हनुमान्‌जीसे मिलकर तुलसीदासजीने उनसे श्रीरघुनाथजीका दर्शन करानेकी प्रार्थना की। हनुमान्‌जीने कहा—'तुम्हें चित्रकूटमें रघुनाथजीके दर्शन होंगे।' इसपर तुलसीदासजी चित्रकूटकी ओर चल पड़े।

चित्रकूट पहुँचकर रामघाटपर उन्होंने अपना आसन जमाया। एक दिन वे प्रदक्षिणा करने निकले थे। मार्गमें उन्हें श्रीरामके दर्शन हुए। उन्होंने देखा कि दो बड़े ही सुन्दर राजकुमार घोड़ोंपर सवार होकर धनुष-बाण लिये जा रहे हैं। तुलसीदासजी उन्हें देखकर मुग्ध हो गये, परंतु उन्हें पहचान न सके। पीछेसे हनुमान्‌जीने आकर उन्हें सारा भेद बताया तो वे बड़ा पश्चात्ताप करने लगे। हनुमान्‌जीने उन्हें सान्त्वना दी और कहा प्रातःकाल फिर दर्शन होंगे।

संवत् १६०७ की मौनी अमावस्या बुधवारके दिन उनके सामने भगवान् श्रीराम पुनः प्रकट हुए। उन्होंने बालकरूपमें तुलसीदासजीसे कहा—बाबा! हमें चन्दन दो। हनुमान्‌जीने सोचा, वे इस बार भी धोखा न खा जायँ, इसलिये उन्होंने तोतेका रूप धारण करके यह दोहा कहा—

**चित्रकूट के घाट पर भइ संतन की भीर।**
**तुलसिदास चंदन घिसें तिलक देत रघुबीर॥**

तुलसीदासजी उस अद्भुत छबिको निहारकर शरीरकी सुधि भूल गये। भगवान्‌ने अपने हाथसे चन्दन लेकर अपने तथा तुलसीदासजीके मस्तकपर लगाया और अन्तर्धान हो गये।

संवत् १६२८ में ये हनुमान्‌जीकी आज्ञासे अयोध्याकी ओर चल पड़े। उन दिनों प्रयागमें माघमेला था। वहाँ कुछ दिन वे ठहर गये। पर्वके छः दिन बाद एक वटवृक्षके नीचे उन्हें भरद्वाज और याज्ञवल्क्य मुनिके दर्शन हुए। वहाँ उस समय वही कथा हो रही थी, जो उन्होंने सूकरक्षेत्रमें अपने गुरुसे सुनी थी। वहाँसे ये काशी चले आये और वहाँ प्रह्लादघाटपर एक ब्राह्मणके घर निवास किया। वहाँ उनके अंदर कवित्वशक्तिका स्फुरण हुआ और वे संस्कृतमें पद्य-रचना करने लगे। परंतु दिनमें वे जितने पद्य रचते, रात्रिमें वे सब लुप्त हो जाते। यह घटना रोज घटती। आठवें दिन तुलसीदासजीको स्वप्न हुआ। भगवान् शंकरने उन्हें आदेश दिया कि तुम अपनी भाषामें काव्य-रचना करो। तुलसीदासजीकी नींद उचट गयी। वे उठकर बैठ गये। उसी समय भगवान् शिव और पार्वती उनके सामने प्रकट हुए। तुलसीदासजीने उन्हें साष्टांग प्रणाम किया। शिवजीने कहा—'तुम अयोध्यामें जाकर रहो और हिन्दीमें काव्य-रचना करो। मेरे आशीर्वादसे तुम्हारी कविता सामवेदके समान फलवती होगी।' इतना कहकर श्रीगौरीशंकर अन्तर्धान हो गये। तुलसीदासजी उनकी आज्ञा शिरोधार्य कर काशीसे अयोध्या चले आये।

संवत् १६३१का प्रारम्भ हुआ। उस साल रामनवमीके दिन प्रायः वैसा ही योग था जैसा त्रेतायुगमें रामजन्मके दिन था। उस दिन प्रातःकाल श्रीतुलसीदासजीने श्रीरामचरितमानसकी

रचना प्रारम्भ की। दो वर्ष, सात महीने, छब्बीस दिनमें ग्रन्थकी समाप्ति हुई। संवत् १६३३के मार्गशीर्ष शुक्लपक्षमें रामविवाहके दिन सातों काण्ड पूर्ण हो गये।

इसके बाद भगवान्‌की आज्ञासे तुलसीदासजी काशी चले आये। वहाँ उन्होंने भगवान् विश्वनाथ और माता अन्नपूर्णाको श्रीरामचरितमानस सुनाया। रातको पुस्तक श्रीविश्वनाथजीके मन्दिरमें रख दी गयी। सबेरे जब पट खोला गया तो उसपर लिखा हुआ पाया गया— **'सत्यं शिवं सुन्दरम्।'** और नीचे भगवान् शंकरकी सही थी। उस समय उपस्थित लोगोंने **'सत्यं शिवं सुन्दरम्'** की आवाज भी कानोंसे सुनी।

इधर पण्डितोंने जब यह बात सुनी तो उनके मनमें ईर्ष्या उत्पन्न हुई। वे दल बाँधकर तुलसीदासजीकी निन्दा करने लगे और उस पुस्तकको भी नष्ट कर देनेका प्रयत्न करने लगे। उन्होंने पुस्तक चुरानेके लिये दो चोर भेजे। चोरोंने जाकर देखा कि तुलसीदासजीकी कुटीके आस-पास दो वीर धनुष-बाण लिये पहरा दे रहे हैं। वे बड़े ही सुन्दर श्याम और गौर वर्णके थे। उनके दर्शनसे चोरोंकी बुद्धि शुद्ध हो गयी। उन्होंने उसी समयसे चोरी करना छोड़ दिया और भजनमें लग गये। तुलसीदासजीने अपने लिये भगवान्‌को कष्ट हुआ जान कुटीका सारा सामान लुटा दिया, पुस्तक अपने मित्र टोडरमलके यहाँ रख दी। इसके बाद उन्होंने एक दूसरी प्रति लिखी। उसीके आधारपर दूसरी प्रतिलिपियाँ तैयार की जाने लगीं। पुस्तकका प्रचार दिनोंदिन बढ़ने लगा।

इधर पण्डितोंने और कोई उपाय न देख श्रीमधुसूदन सरस्वतीजीको उस पुस्तकको देखनेकी प्रेरणा की। श्रीमधुसूदन सरस्वतीजीने उसे देखकर बड़ी प्रसन्नता प्रकट की और उसपर यह सम्मति लिख दी—

**आनन्दकानने ह्यस्मिञ्जङ्गमस्तुलसीतरुः।**
**कवितामञ्जरी भाति रामभ्रमरभूषिता॥**

'इस काशीरूपी आनन्दवनमें तुलसीदास चलता-फिरता तुलसीका पौधा है। उसकी कवितारूपी मंजरी बड़ी ही सुन्दर है, जिसपर श्रीरामरूपी भँवरा सदा मँडराया करता है।'

पण्डितोंको इसपर भी संतोष नहीं हुआ। तब पुस्तककी परीक्षाका एक उपाय और सोचा गया। भगवान् विश्वनाथके सामने सबसे ऊपर वेद, उनके नीचे शास्त्र, शास्त्रोंके नीचे पुराण और सबके नीचे रामचरितमानस रख दिया गया। मन्दिर बंद कर दिया गया। प्रातःकाल जब मन्दिर खोला गया तो लोगोंने देखा कि श्रीरामचरितमानस वेदोंके ऊपर रखा हुआ है। अब तो पण्डित लोग बड़े लज्जित हुए। उन्होंने तुलसीदासजीसे क्षमा माँगी और भक्तिसे उनका चरणोदक लिया।

तुलसीदासजी अब असीघाटपर रहने लगे। रातको एक दिन कलियुग मूर्तरूप धारणकर उनके पास आया और उन्हें त्रास देने लगा। गोस्वामीजीने हनुमान्‌जीका ध्यान किया। हनुमान्‌जीने उन्हें विनयके पद रचनेको कहा; इसपर गोस्वामीजीने विनय-पत्रिका लिखी और भगवान्‌के चरणोंमें उसे समर्पित कर दी। श्रीरामने उसपर अपने हस्ताक्षर कर दिये और तुलसीदासजीको निर्भय कर दिया।

संवत् १६८० श्रावण कृष्ण तृतीया शनिवारको असीघाटपर गोस्वामीजीने राम-राम कहते हुए अपना शरीर परित्याग किया।

# श्रीरामशलाका-प्रश्नावली

मानसानुरागी महानुभावोंको श्रीरामशलाका-प्रश्नावलीका विशेष परिचय देनेकी कोई आवश्यकता नहीं प्रतीत होती। उसकी महत्ता एवं उपयोगितासे प्राय: सभी मानसप्रेमी परिचित होंगे। अत: नीचे उसका स्वरूपमात्र अंकित करके उससे प्रश्नोत्तर निकालनेकी विधि तथा उसके उत्तर-फलोंका उल्लेख कर दिया जाता है। श्रीरामशलाका-प्रश्नावलीका स्वरूप इस प्रकार है—

| | | | | | | | | | | | | | | |
|---|---|---|---|---|---|---|---|---|---|---|---|---|---|---|
| सु | प्र | उ | बि | हो | मु | ग | ब | सु | नु | बि | घ | धि | इ | द |
| र | रु | फ | सि | सि | रहिं | बस | हि | मं | ल | न | ल | य | न | अं |
| सुज | सो | ग | सु | कु | म | स | ग | त | न | इ | ल | धा | बे | नो |
| त्य | र | न | कु | जो | म | रि | र | र | अ | की | हो | सं | रा | य |
| पु | सु | थ | सी | जे | इ | ग | म* | सं | क | रे | हो | स | स | नि |
| त | र | त | र | स | हुँ | ह | ब | ब | प | चि | स | हिं | स | तु |
| म | का | ा | र | र | म | मि | मी | म्हा | ा | जा | हू | हीं | ा | ा |
| ता | रा | रे | री | हृ | का | फ | खा | जू | ई | र | रा | पू | द | ल |
| नि | को | जो | गो | न | मु | जि | यँ | ने | मनि | क | ज | प | स | ल |
| हि | रा | मि | स | रि | ग | द | न्मु | ख | म | खि | जि | म | त | जं |
| सिं | ख | नु | न | को | मि | निज | र्क | ग | धु | ध | सु | का | स | र |
| गु | ब | म | अ | रि | नि | म | ल | ा | न | ढ़ | ती | न | क | भ |
| ना | पु | व | अ | ा | र | ल | ा | ए | तु | र | न | नु | वै | थ |
| सि | हुँ | सु | म्ह | रा | र | स | स | र | त | न | ख | ा | ज | ा |
| र | ा | ा | ला | धी | ा | री | ा | हू | हीं | खा | जू | ई | रा | रे |

इस रामशलाका-प्रश्नावलीके द्वारा जिस किसीको जब कभी अपने अभीष्ट प्रश्नका उत्तर प्राप्त करनेकी इच्छा हो तो सर्वप्रथम उस व्यक्तिको भगवान् श्रीरामचन्द्रजीका ध्यान करना चाहिये। तदनन्तर श्रद्धा-विश्वासपूर्वक मनसे अभीष्ट प्रश्नका चिन्तन करते हुए प्रश्नावलीके मनचाहे कोष्ठकमें अँगुली या कोई शलाका रख देना चाहिये और उस कोष्ठकमें जो अक्षर हो उसे अलग किसी कोरे कागज या स्लेटपर लिख लेना चाहिये। प्रश्नावलीके कोष्ठकपर भी ऐसा कोई निशान लगा देना चाहिये जिससे न तो प्रश्नावली गन्दी हो और न प्रश्नोत्तर प्राप्त होनेतक वह कोष्ठक भूल जाय। अब जिस कोष्ठकका

अक्षर लिख लिया गया है उससे आगे बढ़ना चाहिये तथा उसके नवें कोष्ठकमें जो अक्षर पड़े उसे भी लिख लेना चाहिये। इस प्रकार प्रति नवें अक्षरको क्रमसे लिखते जाना चाहिये और तबतक लिखते जाना चाहिये, जबतक उसी पहले कोष्ठकके अक्षरतक अँगुली अथवा शलाका न पहुँच जाय। पहले कोष्ठकका अक्षर जिस कोष्ठकके अक्षरसे नवाँ पड़ेगा, वहाँतक पहुँचते-पहुँचते एक चौपाई पूरी हो जायगी, जो प्रश्नकर्त्ताके अभीष्ट प्रश्नका उत्तर होगी। यहाँ इस बातका ध्यान रखना चाहिये कि किसी-किसी कोष्ठकमें केवल 'आ' की मात्रा (ा) और किसी-किसी कोष्ठकमें दो-दो अक्षर हैं। अत: गिनते समय न तो मात्रावाले कोष्ठकको छोड़ देना चाहिये और न दो अक्षरोंवाले कोष्ठकको दो बार गिनना चाहिये। जहाँ मात्राका कोष्ठक आवे वहाँ पूर्वलिखित अक्षरके आगे मात्रा लिख लेना चाहिये और जहाँ दो अक्षरोंवाला कोष्ठक आवे वहाँ दोनों अक्षर एक साथ लिख लेना चाहिये।

अब उदाहरणके तौरपर इस रामशलाका-प्रश्नावलीसे किसी प्रश्नके उत्तरमें एक चौपाई निकाल दी जाती है। पाठक ध्यानसे देखें। किसीने भगवान् श्रीरामचन्द्रजीका ध्यान और अपने प्रश्नका चिन्तन करते हुए यदि प्रश्नावलीके* इस चिह्नसे संयुक्त 'म' वाले कोष्ठकमें अँगुली या शलाका रखा और वह ऊपर बताये क्रमके अनुसार अक्षरोंको गिन-गिनकर लिखता गया तो उत्तरस्वरूप यह चौपाई बन जायगी—

**हो इ हि सो इ जो रा म* र चि रा खा।**
**को क रि त ,र्क ब ढ़ा वै सा खा॥**

यह चौपाई बालकाण्डान्तर्गत शिव और पार्वतीके संवादमें है। प्रश्नकर्त्ताको इस उत्तरस्वरूप चौपाईसे यह आशय निकालना चाहिये कि कार्य होनेमें सन्देह है, अत: उसे भगवान्पर छोड़ देना श्रेयस्कर है।

इस चौपाईके अतिरिक्त श्रीरामशलाका-प्रश्नावलीसे आठ चौपाइयाँ और बनती हैं, उन सबका स्थान और फलसहित उल्लेख नीचे किया जाता है। कुल नौ चौपाइयाँ हैं—

**१- सुनु सिय सत्य असीस हमारी।**
**पूजिहि मन कामना तुम्हारी॥**

**स्थान**—यह चौपाई बालकाण्डमें श्रीसीताजीके गौरीपूजनके प्रसंगमें है। गौरीजीने श्रीसीताजीको आशीर्वाद दिया है।

**फल**—प्रश्नकर्त्ताका प्रश्न उत्तम है, कार्य सिद्ध होगा।

**२- प्रबिसि नगर कीजे सब काजा।**
**हृदयँ राखि कोसलपुर राजा॥**

**स्थान**—यह चौपाई सुन्दरकाण्डमें हनुमान्जीके लंकामें प्रवेश करनेके समयकी है।

**फल**—भगवान्का स्मरण करके कार्यारम्भ करो, सफलता मिलेगी।

**३- उघरहिं अंत न होइ निबाहू।**
**कालनेमि जिमि रावन राहू॥**

**स्थान**—यह चौपाई बालकाण्डके आरम्भमें सत्संग-वर्णनके प्रसंगमें है।

**फल**—इस कार्यमें भलाई नहीं है। कार्यकी सफलतामें सन्देह है।

**४- बिधि बस सुजन कुसंगत परहीं।**
**फनि मनि सम निज गुन अनुसरहीं॥**

**स्थान**—यह चौपाई भी बालकाण्डके आरम्भमें ही सत्संग-वर्णनके प्रसंगकी है।

**फल**—खोटे मनुष्योंका संग छोड़ दो। कार्य पूर्ण होनेमें सन्देह है।

**५- मुद मंगलमय संत समाजू।**
**जो जग जंगम तीरथराजू॥**

**स्थान**—यह चौपाई बालकाण्डमें संत-समाजरूपी तीर्थके वर्णनमें है।

**फल**—प्रश्न उत्तम है। कार्य सिद्ध होगा।

**६- गरल सुधा रिपु करहिं मिताई।**
**गोपद सिंधु अनल सितलाई॥**

**स्थान**—यह चौपाई श्रीहनुमान्‌जीके लंकामें प्रवेश करनेके समयकी है।

**फल**—प्रश्न बहुत श्रेष्ठ है। कार्य सफल होगा।

**७- बरुन कुबेर सुरेस समीरा।**
**रन सन्मुख धरि काहुँ न धीरा॥**

**स्थान**—यह चौपाई लंकाकाण्डमें रावणकी मृत्युके पश्चात् मन्दोदरीके विलापके प्रसंगमें है।

**फल**—कार्य पूर्ण होनेमें सन्देह है।

**८- सुफल मनोरथ होहुँ तुम्हारे।**
**रामु लखनु सुनि भए सुखारे॥**

**स्थान**—यह चौपाई बालकाण्डमें पुष्पवाटिकासे पुष्प लानेपर विश्वामित्रजीका आशीर्वाद है।

**फल**—प्रश्न बहुत उत्तम है। कार्य सिद्ध होगा।

इस प्रकार रामशलाका-प्रश्नावलीसे कुल नौ चौपाइयाँ बनती हैं, जिनमें सभी प्रकारके प्रश्नोंके उत्तराशय सन्निहित हैं।

॥ श्रीहरिः ॥

# पारायण-विधि

श्रीरामचरितमानसका विधिपूर्वक पाठ करनेवाले महानुभावोंको पाठारम्भके पूर्व श्रीतुलसीदासजी, श्रीवाल्मीकिजी, श्रीशिवजी तथा श्रीहनुमान्‌जीका आवाहन, पूजन करनेके पश्चात् तीनों भाइयोंसहित श्रीसीतारामजीका आवाहन, षोडशोपचार पूजन और ध्यान करना चाहिये। तदनन्तर पाठका आरम्भ करना चाहिये। सबके आवाहन, पूजन और ध्यानके मन्त्र क्रमशः नीचे लिखे जाते हैं—

*अथ आवाहनमन्त्रः*

**तुलसीक नमस्तुभ्यमिहागच्छ शुचिव्रत।**
**नैर्ऋत्य उपविश्येदं पूजनं प्रतिगृह्यताम्॥ १॥**

ॐ तुलसीदासाय नमः।

**श्रीवाल्मीक नमस्तुभ्यमिहागच्छ शुभप्रद।**
**उत्तरपूर्वयोर्मध्ये तिष्ठ गृह्णीष्व मेऽर्चनम्॥ २॥**

ॐ वाल्मीकाय नमः।

**गौरीपते नमस्तुभ्यमिहागच्छ महेश्वर।**
**पूर्वदक्षिणयोर्मध्ये तिष्ठ पूजां गृहाण मे॥ ३॥**

ॐ गौरीपतये नमः।

**श्रीलक्ष्मण नमस्तुभ्यमिहागच्छ सहप्रियः।**
**याम्यभागे समातिष्ठ पूजनं संगृहाण मे॥ ४॥**

ॐ श्रीसपत्नीकाय लक्ष्मणाय नमः।

**श्रीशत्रुघ्न नमस्तुभ्यमिहागच्छ सहप्रियः।**
**पीठस्य पश्चिमे भागे पूजनं स्वीकुरुष्व मे॥ ५॥**

ॐ श्रीसपत्नीकाय शत्रुघ्नाय नमः।

**श्रीभरत नमस्तुभ्यमिहागच्छ सहप्रियः।**
**पीठकस्योत्तरे भागे तिष्ठ पूजां गृहाण मे॥ ६॥**

ॐ श्रीसपत्नीकाय भरताय नमः।

**श्रीहनुमन्नमस्तुभ्यमिहागच्छ कृपानिधे।**
**पूर्वभागे समातिष्ठ पूजनं स्वीकुरु प्रभो॥ ७॥**

ॐ हनुमते नमः।

**अथ प्रधानपूजा च कर्तव्या विधिपूर्वकम्।**
**पुष्पाञ्जलिं गृहीत्वा तु ध्यानं कुर्यात्परस्य च॥ ८॥**
**रक्ताम्भोजदलाभिरामनयनं पीताम्बरालङ्कृतं**
**श्यामाङ्गं द्विभुजं प्रसन्नवदनं श्रीसीतया शोभितम्।**
**कारुण्यामृतसागरं प्रियगणैर्भ्रात्रादिभिर्भावितं**
**वन्दे विष्णुशिवादिसेव्यमनिशं भक्तेष्टसिद्धिप्रदम्॥ ९॥**
**आगच्छ जानकीनाथ जानक्या सह राघव।**
**गृहाण मम पूजां च वायुपुत्रादिभिर्युतः॥ १०॥**

*इत्यावाहनम्*

**सुवर्णरचितं राम दिव्यास्तरणशोभितम्।**
**आसनं हि मया दत्तं गृहाण मणिचित्रितम्॥ ११॥**

*इति षोडशोपचारैः पूजयेत्*

**ॐ अस्य श्रीमन्मानसरामायणश्रीरामचरितस्य श्रीशिवकाकभुशुण्डियाज्ञवल्क्यगोस्वामितुलसीदासा ऋषयः श्रीसीतारामो देवता श्रीरामनाम बीजं भवरोगहरी भक्तिः शक्तिः मम नियन्त्रिताशेषविघ्नतया श्रीसीतारामप्रीतिपूर्वकसकलमनोरथसिद्ध्यर्थं पाठे विनियोगः।**

## अथ आचमनम्

**श्रीसीतारामाभ्यां नमः। श्रीरामचन्द्राय नमः। श्रीरामभद्राय नमः।**
**इति मन्त्रत्रितयेन आचमनं कुर्यात्। श्रीयुगलबीजमन्त्रेण प्राणायामं कुर्यात्॥**

## अथ करन्यासः

**जग मंगल गुन ग्राम राम के। दानि मुकुति धन धरम धाम के॥**

अङ्गुष्ठाभ्यां नमः।

**राम राम कहि जे जमुहाहीं। तिन्हहि न पापपुंज समुहाहीं॥**

तर्जनीभ्यां नमः।

**राम सकल नामन्ह ते अधिका। होउ नाथ अघ खग गन बधिका॥**

मध्यमाभ्यां नमः।

**उमा दारु जोषित की नाईं। सबहि नचावत रामु गोसाईं॥**

अनामिकाभ्यां नमः।

**सनमुख होइ जीव मोहि जबहीं। जन्म कोटि अघ नासहिं तबहीं॥**

कनिष्ठिकाभ्यां नमः।

**मामभिरक्षय रघुकुलनायक। धृत बर चाप रुचिर कर सायक॥**

करतलकरपृष्ठाभ्यां नमः।

*इति करन्यासः*

## अथ हृदयादिन्यासः

**जग मंगल गुन ग्राम राम के। दानि मुकुति धन धरम धाम के॥**

हृदयाय नमः।

**राम राम कहि जे जमुहाहीं। तिन्हहि न पापपुंज समुहाहीं॥**

शिरसे स्वाहा।

**राम सकल नामन्ह ते अधिका। होउ नाथ अघ खग गन बधिका॥**

शिखायै वषट्।

**उमा दारु जोषित की नाईं। सबहि नचावत रामु गोसाईं॥**

कवचाय हुम्।

**सनमुख होइ जीव मोहि जबहीं। जन्म कोटि अघ नासहिं तबहीं॥**

नेत्राभ्यां वौषट्।

**मामभिरक्षय रघुकुलनायक। धृत बर चाप रुचिर कर सायक॥**

अस्त्राय फट्।

*इति हृदयादिन्यासः*

## अथ ध्यानम्

**मामवलोकय पंकजलोचन। कृपा बिलोकनि सोच बिमोचन॥**
**नील तामरस स्याम काम अरि। हृदय कंज मकरंद मधुप हरि॥**
**जातुधान बरूथ बल भंजन। मुनि सज्जन रंजन अघ गंजन॥**
**भूसुर ससि नव बृंद बलाहक। असरन सरन दीन जन गाहक॥**
**भुजबल बिपुल भार महि खंडित। खर दूषन बिराध बध पंडित॥**
**रावनारि सुखरूप भूपबर। जय दसरथ कुल कुमुद सुधाकर॥**
**सुजस पुरान बिदित निगमागम। गावत सुर मुनि संत समागम॥**
**कारुनीक ब्यलीक मद खंडन। सब बिधि कुसल कोसला मंडन॥**
**कलि मल मथन नाम ममताहन। तुलसिदास प्रभु पाहि प्रनत जन॥**

*इति ध्यानम्*

॥ श्रीगणेशाय नमः ॥

॥ श्रीजानकीवल्लभो विजयते ॥

# श्रीरामचरितमानस

## प्रथम सोपान

## बालकाण्ड

श्लोक

**वर्णानामर्थसंघानां रसानां छन्दसामपि।**

**मङ्गलानां च कर्त्तारौ वन्दे वाणीविनायकौ॥ १॥**

अक्षरों, अर्थसमूहों, रसों, छन्दों और मंगलोंकी करनेवाली सरस्वतीजी और गणेशजीकी मैं वन्दना करता हूँ॥ १॥

**भवानीशंकरौ वन्दे श्रद्धाविश्वासरूपिणौ।**

**याभ्यां विना न पश्यन्ति सिद्धाः स्वान्तःस्थमीश्वरम्॥ २॥**

श्रद्धा और विश्वासके स्वरूप श्रीपार्वतीजी और श्रीशंकरजीकी मैं वन्दना करता हूँ, जिनके बिना सिद्धजन अपने अन्तःकरणमें स्थित ईश्वरको नहीं देख सकते॥ २॥

**वन्दे बोधमयं नित्यं गुरुं शङ्कररूपिणम्।**

**यमाश्रितो हि वक्रोऽपि चन्द्रः सर्वत्र वन्द्यते॥ ३॥**

ज्ञानमय, नित्य, शंकररूपी गुरुकी मैं वन्दना करता हूँ, जिनके आश्रित होनेसे ही टेढ़ा चन्द्रमा भी सर्वत्र वन्दित होता है॥ ३॥

**सीतारामगुणग्रामपुण्यारण्यविहारिणौ।**

**वन्दे विशुद्धविज्ञानौ कवीश्वरकपीश्वरौ॥ ४॥**

श्रीसीतारामजीके गुणसमूहरूपी पवित्र वनमें विहार करनेवाले, विशुद्ध विज्ञानसम्पन्न कवीश्वर श्रीवाल्मीकिजी और कपीश्वर श्रीहनुमान्‌जीकी मैं वन्दना करता हूँ॥ ४॥

**उद्भवस्थितिसंहारकारिणीं क्लेशहारिणीम्।**

**सर्वश्रेयस्करीं सीतां नतोऽहं रामवल्लभाम्॥ ५॥**

उत्पत्ति, स्थिति (पालन) और संहार करनेवाली, क्लेशोंकी हरनेवाली तथा सम्पूर्ण कल्याणोंकी करनेवाली श्रीरामचन्द्रजीकी प्रियतमा श्रीसीताजीको मैं नमस्कार करता हूँ॥ ५॥

**यन्मायावशवर्त्ति विश्वमखिलं ब्रह्मादिदेवासुरा**
**यत्सत्त्वादमृषैव भाति सकलं रज्जौ यथाहेर्भ्रमः।**
**यत्पादप्लवमेकमेव हि भवाम्भोधेस्तितीर्षावतां**
**वन्देऽहं तमशेषकारणपरं रामाख्यमीशं हरिम्॥ ६॥**

जिनकी मायाके वशीभूत सम्पूर्ण विश्व, ब्रह्मादि देवता और असुर हैं, जिनकी सत्तासे रस्सीमें सर्पके भ्रमकी भाँति यह सारा दृश्य-जगत् सत्य ही प्रतीत होता है और जिनके केवल चरण ही भवसागरसे तरनेकी इच्छावालोंके लिये एकमात्र नौका हैं, उन समस्त कारणोंसे पर (सब कारणोंके कारण और सबसे श्रेष्ठ) राम कहानेवाले भगवान् हरिकी मैं वन्दना करता हूँ॥ ६॥

**नानापुराणनिगमागमसम्मतं यद्**
**रामायणे निगदितं क्वचिदन्यतोऽपि।**
**स्वान्तःसुखाय तुलसी रघुनाथगाथा-**
**भाषानिबन्धमतिमञ्जुलमातनोति ॥ ७॥**

अनेक पुराण, वेद और [तन्त्र] शास्त्रसे सम्मत तथा जो रामायणमें वर्णित है और कुछ अन्यत्रसे भी उपलब्ध श्रीरघुनाथजीकी कथाको तुलसीदास अपने अन्तःकरणके सुखके लिये अत्यन्त मनोहर भाषारचनामें विस्तृत करता है॥ ७॥

**सो०—जो सुमिरत सिधि होइ गन नायक करिबर बदन।**
**करउ अनुग्रह सोइ बुद्धि रासि सुभ गुन सदन॥ १॥**

जिन्हें स्मरण करनेसे सब कार्य सिद्ध होते हैं, जो गणोंके स्वामी और सुन्दर हाथीके मुखवाले हैं, वे ही बुद्धिके राशि और शुभ गुणोंके धाम (श्रीगणेशजी) मुझपर कृपा करें॥ १॥

**मूक होइ बाचाल पंगु चढ़इ गिरिबर गहन।**
**जासु कृपाँ सो दयाल द्रवउ सकल कलि मल दहन॥ २॥**

जिनकी कृपासे गूँगा बहुत सुन्दर बोलनेवाला हो जाता है और लँगड़ा-लूला दुर्गम पहाड़पर चढ़ जाता है, वे कलियुगके सब पापोंको जला डालनेवाले दयालु (भगवान्) मुझपर द्रवित हों (दया करें), ॥ २॥

**नील सरोरुह स्याम तरुन अरुन बारिज नयन।**
**करउ सो मम उर धाम सदा छीरसागर सयन॥ ३॥**

जो नील कमलके समान श्यामवर्ण हैं, पूर्ण खिले हुए लाल कमलके समान जिनके नेत्र हैं और जो सदा क्षीरसागरमें शयन करते हैं, वे भगवान् (नारायण) मेरे हृदयमें निवास करें॥ ३॥

**कुंद इंदु सम देह उमा रमन करुना अयन।**
**जाहि दीन पर नेह करउ कृपा मर्दन मयन॥ ४॥**

जिनका कुन्दके पुष्प और चन्द्रमाके समान (गौर) शरीर है, जो पार्वतीजीके प्रियतम और दयाके धाम हैं और जिनका दीनोंपर स्नेह है, वे कामदेवका मर्दन करनेवाले (शंकरजी) मुझपर कृपा करें॥ ४॥

**बंदउँ गुरु पद कंज कृपा सिंधु नररूप हरि।**
**महामोह तम पुंज जासु बचन रबि कर निकर॥ ५॥**

मैं उन गुरु महाराजके चरणकमलकी वन्दना करता हूँ, जो कृपाके समुद्र और नररूपमें श्रीहरि ही हैं और जिनके वचन महामोहरूपी घने अन्धकारके नाश करनेके लिये सूर्य-किरणोंके समूह हैं॥ ५॥

**बंदउँ गुरु पद पदुम परागा। सुरुचि सुबास सरस अनुरागा॥**
**अमिअ मूरिमय चूरन चारू। समन सकल भव रुज परिवारू॥**

मैं गुरु महाराजके चरणकमलोंकी रजकी वन्दना करता हूँ, जो सुरुचि(सुन्दर स्वाद), सुगन्ध तथा अनुरागरूपी रससे पूर्ण है। वह अमर मूल (संजीवनी जड़ी)-का सुन्दर चूर्ण है, जो सम्पूर्ण भवरोगोंके परिवारको नाश करनेवाला है॥ १॥

**सुकृति संभु तन बिमल बिभूती। मंजुल मंगल मोद प्रसूती॥**
**जन मन मंजु मुकुर मल हरनी। किएँ तिलक गुन गन बस करनी॥**

वह रज सुकृती (पुण्यवान् पुरुष) रूपी शिवजीके शरीरपर सुशोभित निर्मल विभूति है और सुन्दर कल्याण और आनन्दकी जननी है, भक्तके मनरूपी सुन्दर दर्पणके मैलको दूर करनेवाली और तिलक करनेसे गुणोंके समूहको वशमें करनेवाली है॥ २॥

**श्रीगुर पद नख मनि गन जोती। सुमिरत दिब्य दृष्टि हियँ होती॥**
**दलन मोह तम सो सप्रकासू। बड़े भाग उर आवइ जासू॥**

श्रीगुरु महाराजके चरण-नखोंकी ज्योति मणियोंके प्रकाशके समान है, जिसके स्मरण करते ही हृदयमें दिव्य दृष्टि उत्पन्न हो जाती है। वह प्रकाश अज्ञानरूपी अन्धकारका नाश करनेवाला है; वह जिसके हृदयमें आ जाता है, उसके बड़े भाग्य हैं॥ ३॥

**उघरहिं बिमल बिलोचन ही के। मिटहिं दोष दुख भव रजनी के॥**
**सूझहिं राम चरित मनि मानिक। गुपुत प्रगट जहँ जो जेहि खानिक॥**

उसके हृदयमें आते ही हृदयके निर्मल नेत्र खुल जाते हैं और संसाररूपी रात्रिके दोष-दुःख मिट जाते हैं एवं श्रीरामचरित्ररूपी मणि और माणिक्य, गुप्त और प्रकट जहाँ जो जिस खानमें है, सब दिखायी पड़ने लगते हैं—॥ ४॥

**दो०—जथा सुअंजन अंजि दृग साधक सिद्ध सुजान।**
**कौतुक देखत सैल बन भूतल भूरि निधान॥ १॥**

जैसे सिद्धांजनको नेत्रोंमें लगाकर साधक, सिद्ध और सुजान पर्वतों, वनों और पृथ्वीके अंदर कौतुकसे ही बहुत-सी खानें देखते हैं॥ १॥

**गुरु पद रज मृदु मंजुल अंजन। नयन अमिअ दृग दोष बिभंजन॥**
**तेहिं करि बिमल बिबेक बिलोचन। बरनउँ राम चरित भव मोचन॥**

श्रीगुरु महाराजके चरणोंकी रज कोमल और सुन्दर नयनामृत-अंजन है, जो नेत्रोंके दोषोंका नाश करनेवाला है। उस अंजनसे विवेकरूपी नेत्रोंको निर्मल करके मैं संसाररूपी बन्धनसे छुड़ानेवाले श्रीरामचरित्रका वर्णन करता हूँ॥ १॥

**बंदउँ प्रथम महीसुर चरना। मोह जनित संसय सब हरना॥**
**सुजन समाज सकल गुन खानी। करउँ प्रनाम सप्रेम सुबानी॥**

पहले पृथ्वीके देवता ब्राह्मणोंके चरणोंकी वन्दना करता हूँ, जो अज्ञानसे उत्पन्न सब संदेहोंको हरनेवाले हैं। फिर सब गुणोंकी खान संत-समाजको प्रेमसहित सुन्दर वाणीसे प्रणाम करता हूँ॥ २॥

**साधु चरित सुभ चरित कपासू। निरस बिसद गुनमय फल जासू॥**
**जो सहि दुख परछिद्र दुरावा। बंदनीय जेहिं जग जस पावा॥**

संतोंका चरित्र कपासके चरित्र (जीवन)-के समान शुभ है, जिसका फल नीरस, विशद और गुणमय होता है। (कपासकी डोडी नीरस होती है, संत-चरित्रमें भी विषयासक्ति नहीं है, इससे वह भी नीरस है; कपास उज्ज्वल होता है, संतका हृदय भी अज्ञान और पापरूपी अन्धकारसे रहित होता है, इसलिये वह विशद है, और कपासमें गुण (तन्तु) होते हैं, इसी प्रकार संतका चरित्र भी सद्गुणोंका भण्डार होता है, इसलिये वह गुणमय है।) [जैसे कपासका धागा सूईके किये हुए छेदको अपना तन देकर ढक देता है, अथवा कपास जैसे लोढ़े जाने, काते जाने और बुने जानेका कष्ट सहकर भी वस्त्रके रूपमें परिणत होकर दूसरोंके गोपनीय स्थानोंको ढकता है उसी प्रकार] संत स्वयं दुःख सहकर दूसरोंके छिद्रों (दोषों)-को ढकता है, जिसके कारण उसने जगत्में वन्दनीय यश प्राप्त किया है॥ ३॥

**मुद मंगलमय संत समाजू। जो जग जंगम तीरथराजू॥**
**राम भक्ति जहँ सुरसरि धारा। सरसइ ब्रह्म बिचार प्रचारा॥**

संतोंका समाज आनन्द और कल्याणमय है, जो जगत्में चलता-फिरता तीर्थराज (प्रयाग) है। जहाँ (उस संतसमाजरूपी प्रयागराजमें) रामभक्तिरूपी गंगाजीकी धारा है और ब्रह्मविचारका प्रचार सरस्वतीजी हैं॥ ४॥

**बिधि निषेधमय कलिमल हरनी। करम कथा रबिनंदनि बरनी॥**
**हरि हर कथा बिराजति बेनी। सुनत सकल मुद मंगल देनी॥**

विधि और निषेध (यह करो और यह न करो) रूपी कर्मोंकी कथा कलियुगके पापोंको हरनेवाली सूर्यतनया यमुनाजी हैं और भगवान् विष्णु और शंकरजीकी कथाएँ त्रिवेणीरूपसे सुशोभित हैं, जो सुनते ही सब आनन्द और कल्याणोंकी देनेवाली हैं॥ ५॥

**बटु बिस्वास अचल निज धरमा। तीरथराज समाज सुकरमा॥**
**सबहि सुलभ सब दिन सब देसा। सेवत सादर समन कलेसा॥**

[उस संतसमाजरूपी प्रयागमें] अपने धर्ममें जो अटल विश्वास है वह अक्षयवट है, और शुभकर्म ही उस तीर्थराजका समाज (परिकर) है। वह (संतसमाजरूपी प्रयागराज) सब देशोंमें, सब समय सभीको सहजहीमें प्राप्त हो सकता है और आदरपूर्वक सेवन करनेसे क्लेशोंको नष्ट करनेवाला है॥ ६॥

**अकथ अलौकिक तीरथराऊ। देइ सद्य फल प्रगट प्रभाऊ॥**

वह तीर्थराज अलौकिक और अकथनीय है, एवं तत्काल फल देनेवाला है; उसका प्रभाव प्रत्यक्ष है॥ ७॥

**दो०—सुनि समुझहिं जन मुदित मन मज्जहिं अति अनुराग।**
**लहहिं चारि फल अछत तनु साधु समाज प्रयाग॥ २॥**

जो मनुष्य इस संत-समाजरूपी तीर्थराजका प्रभाव प्रसन्न मनसे सुनते और समझते हैं और फिर अत्यन्त प्रेमपूर्वक इसमें गोते लगाते हैं, वे इस शरीरके रहते ही धर्म, अर्थ, काम, मोक्ष—चारों फल पा जाते हैं॥ २॥

**मज्जन फल पेखिअ ततकाला। काक होहिं पिक बकउ मराला॥**
**सुनि आचरज करै जनि कोई। सतसंगति महिमा नहिं गोई॥**

इस तीर्थराजमें स्नानका फल तत्काल ऐसा देखनेमें आता है कि कौए कोयल बन जाते हैं और बगुले हंस। यह सुनकर कोई आश्चर्य न करे, क्योंकि सत्संगकी महिमा छिपी नहीं है॥ १॥

**बालमीक नारद घटजोनी। निज निज मुखनि कही निज होनी॥**
**जलचर थलचर नभचर नाना। जे जड़ चेतन जीव जहाना॥**

वाल्मीकिजी, नारदजी और अगस्त्यजीने अपने-अपने मुखोंसे अपनी होनी(जीवनका वृत्तान्त) कही है। जलमें रहनेवाले, जमीनपर चलनेवाले और आकाशमें विचरनेवाले नाना प्रकारके जड़-चेतन जितने जीव इस जगत्‌में हैं,॥ २॥

**मति कीरति गति भूति भलाई। जब जेहिं जतन जहाँ जेहिं पाई॥**
**सो जानब सतसंग प्रभाऊ। लोकहुँ बेद न आन उपाऊ॥**

उनमेंसे जिसने जिस समय जहाँ कहीं भी जिस किसी यत्नसे बुद्धि, कीर्ति, सद्‌गति, विभूति (ऐश्वर्य) और भलाई पायी है, सो सब सत्संगका ही प्रभाव समझना चाहिये। वेदोंमें और लोकमें इनकी प्राप्तिका दूसरा कोई उपाय नहीं है॥ ३॥

**बिनु सतसंग बिबेक न होई। राम कृपा बिनु सुलभ न सोई॥**
**सतसंगत मुद मंगल मूला। सोइ फल सिधि सब साधन फूला॥**

सत्संगके बिना विवेक नहीं होता और श्रीरामजीकी कृपाके बिना वह सत्संग सहजमें मिलता नहीं। सत्संगति आनन्द और कल्याणकी जड़ है। सत्संगकी सिद्धि (प्राप्ति) ही फल है और सब साधन तो फूल हैं॥ ४॥

**सठ सुधरहिं सतसंगति पाई। पारस परस कुधात सुहाई॥**
**बिधि बस सुजन कुसंगत परहीं। फनि मनि सम निज गुन अनुसरहीं॥**

दुष्ट भी सत्संगति पाकर सुधर जाते हैं, जैसे पारसके स्पर्शसे लोहा सुहावना हो जाता है (सुन्दर सोना बन जाता है)। किन्तु दैवयोगसे यदि कभी सज्जन कुसंगतिमें पड़ जाते हैं, तो वे वहाँ भी साँपकी मणिके समान अपने गुणोंका ही अनुसरण करते हैं (अर्थात् जिस प्रकार साँपका संसर्ग पाकर भी मणि उसके विषको ग्रहण नहीं करती तथा अपने सहज गुण प्रकाशको नहीं छोड़ती, उसी प्रकार साधु पुरुष दुष्टोंके संगमें रहकर भी दूसरोंको प्रकाश ही देते हैं, दुष्टोंका उनपर कोई प्रभाव नहीं पड़ता)॥ ५॥

**बिधि हरि हर कबि कोबिद बानी। कहत साधु महिमा सकुचानी॥**
**सो मो सन कहि जात न कैसें। साक बनिक मनि गुन गन जैसें॥**

ब्रह्मा, विष्णु, शिव, कवि और पण्डितोंकी वाणी भी संत-महिमाका वर्णन करनेमें सकुचाती है; वह मुझसे किस प्रकार नहीं कही जाती, जैसे साग-तरकारी बेचनेवालेसे मणियोंके गुणसमूह नहीं कहे जा सकते॥ ६॥

**दो०—बंदउँ संत समान चित हित अनहित नहिं कोइ।**
**अंजलि गत सुभ सुमन जिमि सम सुगंध कर दोइ॥ ३ (क)॥**

मैं संतोंको प्रणाम करता हूँ, जिनके चित्तमें समता है, जिनका न कोई मित्र है और न शत्रु! जैसे अंजलिमें रखे हुए सुन्दर फूल [जिस हाथने फूलोंको तोड़ा और जिसने उनको रखा उन] दोनों ही हाथोंको समानरूपसे सुगन्धित करते हैं [वैसे ही संत शत्रु और मित्र दोनोंका ही समानरूपसे कल्याण करते हैं]॥ ३ (क)॥

**संत सरल चित जगत हित जानि सुभाउ सनेहु।**
**बालबिनय सुनि करि कृपा राम चरन रति देहु॥ ३ (ख)॥**

संत सरलहृदय और जगत्के हितकारी होते हैं, उनके ऐसे स्वभाव और स्नेहको जानकर मैं विनय करता हूँ, मेरी इस बाल-विनयको सुनकर कृपा करके श्रीरामजीके चरणोंमें मुझे प्रीति दें॥ ३ (ख)॥

**बहुरि बंदि खल गन सतिभाएँ। जे बिनु काज दाहिनेहु बाएँ॥**
**पर हित हानि लाभ जिन्ह केरें। उजरें हरष बिषाद बसेरें॥**

अब मैं सच्चे भावसे दुष्टोंको प्रणाम करता हूँ, जो बिना ही प्रयोजन, अपना हित करनेवालेके भी प्रतिकूल आचरण करते हैं। दूसरोंके हितकी हानि ही जिनकी दृष्टिमें लाभ है, जिनको दूसरोंके उजड़नेमें हर्ष और बसनेमें विषाद होता है॥ १॥

**हरि हर जस राकेस राहु से। पर अकाज भट सहसबाहु से॥**
**जे पर दोष लखहिं सहसाखी। पर हित घृत जिन्ह के मन माखी॥**

जो हरि और हरके यशरूपी पूर्णिमाके चन्द्रमाके लिये राहुके समान हैं(अर्थात् जहाँ कहीं भगवान् विष्णु या शंकरके यशका वर्णन होता है, उसीमें वे बाधा देते हैं) और दूसरोंकी बुराई करनेमें सहस्रबाहुके समान वीर हैं। जो दूसरोंके दोषोंको हजार आँखोंसे देखते हैं और दूसरोंके हितरूपी घीके लिये जिनका मन मक्खीके समान है (अर्थात् जिस प्रकार मक्खी घीमें गिरकर उसे खराब कर देती है और स्वयं भी मर जाती है, उसी प्रकार दुष्ट लोग दूसरोंके बने-बनाये कामको अपनी हानि करके भी बिगाड़ देते हैं)॥ २॥

**तेज कृसानु रोष महिषेसा। अघ अवगुन धन धनी धनेसा॥**
**उदय केत सम हित सब ही के। कुंभकरन सम सोवत नीके॥**

जो तेज (दूसरोंको जलानेवाले ताप) में अग्नि और क्रोधमें यमराजके समान हैं, पाप और अवगुणरूपी धनमें कुबेरके समान धनी हैं, जिनकी बढ़ती सभीके हितका नाश करनेके लिये केतु (पुच्छल तारे) के समान है, और जिनके कुम्भकर्णकी तरह सोते रहनेमें ही भलाई है॥ ३॥

**पर अकाजु लगि तनु परिहरहीं। जिमि हिम उपल कृषी दलि गरहीं॥**
**बंदउँ खल जस सेष सरोषा। सहस बदन बरनइ पर दोषा॥**

जैसे ओले खेतीका नाश करके आप भी गल जाते हैं, वैसे ही वे दूसरोंका काम बिगाड़नेके लिये अपना शरीरतक छोड़ देते हैं। मैं दुष्टोंको [हजार मुखवाले] शेषजीके समान समझकर प्रणाम करता हूँ, जो पराये दोषोंका हजार मुखोंसे बड़े रोषके साथ वर्णन करते हैं॥ ४॥

**पुनि प्रनवउँ पृथुराज समाना। पर अघ सुनइ सहस दस काना॥**
**बहुरि सक्र सम बिनवउँ तेही। संतत सुरानीक हित जेही॥**

पुनः उनको राजा पृथु (जिन्होंने भगवान्‌का यश सुननेके लिये दस हजार कान माँगे थे) के समान जानकर प्रणाम करता हूँ, जो दस हजार कानोंसे दूसरोंके पापोंको सुनते हैं। फिर इन्द्रके समान मानकर उनकी विनय करता हूँ, जिनको सुरा (मदिरा) नीकी और हितकारी मालूम देती है [इन्द्रके लिये भी सुरानीक अर्थात् देवताओंकी सेना हितकारी है]॥ ५॥

**बचन बज्र जेहि सदा पिआरा। सहस नयन पर दोष निहारा॥**

जिनको कठोर वचनरूपी वज्र सदा प्यारा लगता है और जो हजार आँखोंसे दूसरोंके दोषोंको देखते हैं॥ ६॥

**दो०—उदासीन अरि मीत हित सुनत जरहिं खल रीति।**
**जानि पानि जुग जोरि जन बिनती करइ सप्रीति॥ ४॥**

दुष्टोंकी यह रीति है कि वे उदासीन, शत्रु अथवा मित्र, किसीका भी हित सुनकर जलते हैं। यह जानकर दोनों हाथ जोड़कर यह जन प्रेमपूर्वक उनसे विनय करता है॥ ४॥

**मैं अपनी दिसि कीन्ह निहोरा। तिन्ह निज ओर न लाउब भोरा॥**
**बायस पलिअहिं अति अनुरागा। होहिं निरामिष कबहुँ कि कागा॥**

मैंने अपनी ओरसे विनती की है, परन्तु वे अपनी ओरसे कभी नहीं चूकेंगे। कौओंको बड़े प्रेमसे पालिये; परन्तु वे क्या कभी मांसके त्यागी हो सकते हैं?॥ १॥

**बंदउँ संत असज्जन चरना। दुखप्रद उभय बीच कछु बरना॥**
**बिछुरत एक प्रान हरि लेहीं। मिलत एक दुख दारुन देहीं॥**

अब मैं संत और असंत दोनोंके चरणोंकी वन्दना करता हूँ; दोनों ही दुःख देनेवाले हैं, परन्तु उनमें कुछ अन्तर कहा गया है। वह अन्तर यह है कि एक (संत) तो बिछुड़ते समय प्राण हर लेते हैं और दूसरे (असंत) मिलते हैं तब दारुण दुःख देते हैं। (अर्थात् संतोंका बिछुड़ना मरनेके समान दुःखदायी होता है और असंतोंका मिलना)॥ २॥

**उपजहिं एक संग जग माहीं। जलज जोंक जिमि गुन बिलगाहीं॥**
**सुधा सुरा सम साधु असाधू। जनक एक जग जलधि अगाधू॥**

दोनों (संत और असंत) जगत्‌में एक साथ पैदा होते हैं; पर [एक साथ पैदा होनेवाले] कमल और जोंककी तरह उनके गुण अलग-अलग होते हैं। (कमल दर्शन और स्पर्शसे सुख देता है, किन्तु जोंक शरीरका स्पर्श पाते ही रक्त चूसने लगती है।) साधु अमृतके समान (मृत्युरूपी संसारसे उबारनेवाला) और असाधु मदिराके समान (मोह, प्रमाद और जड़ता उत्पन्न करनेवाला) है, दोनोंको उत्पन्न करनेवाला जगद्रूपी अगाध समुद्र एक ही है। [शास्त्रोंमें समुद्रमन्थनसे ही अमृत और मदिरा दोनोंकी उत्पत्ति बतायी गयी है]॥ ३॥

**भल अनभल निज निज करतूती। लहत सुजस अपलोक बिभूती॥**
**सुधा सुधाकर सुरसरि साधू। गरल अनल कलिमल सरि ब्याधू॥**
**गुन अवगुन जानत सब कोई। जो जेहि भाव नीक तेहि सोई॥**

भले और बुरे अपनी-अपनी करनीके अनुसार सुन्दर यश और अपयशकी सम्पत्ति पाते हैं। अमृत, चन्द्रमा, गंगाजी और साधु एवं विष, अग्नि, कलियुगके पापोंकी नदी अर्थात् कर्मनाशा और हिंसा करनेवाला व्याध, इनके गुण-अवगुण सब कोई जानते हैं; किन्तु जिसे जो भाता है, उसे वही अच्छा लगता है॥ ४-५॥

**दो०—भलो भलाइहि पै लहइ लहइ निचाइहि नीचु।**
**सुधा सराहिअ अमरताँ गरल सराहिअ मीचु॥ ५॥**

भला भलाई ही ग्रहण करता है और नीच नीचताको ही ग्रहण किये रहता है। अमृतकी सराहना अमर करनेमें होती है और विषकी मारनेमें॥ ५॥

**खल अघ अगुन साधु गुन गाहा। उभय अपार उदधि अवगाहा॥**
**तेहि तें कछु गुन दोष बखाने। संग्रह त्याग न बिनु पहिचाने॥**

दुष्टोंके पापों और अवगुणोंकी और साधुओंके गुणोंकी कथाएँ—दोनों ही अपार और अथाह समुद्र हैं। इसीसे कुछ गुण और दोषोंका वर्णन किया गया है, क्योंकि बिना पहचाने उनका ग्रहण या त्याग नहीं हो सकता॥ १॥

**भलेउ पोच सब बिधि उपजाए। गनि गुन दोष बेद बिलगाए॥**
**कहहिं बेद इतिहास पुराना। बिधि प्रपंचु गुन अवगुन साना॥**

भले, बुरे सभी ब्रह्माके पैदा किये हुए हैं, पर गुण और दोषोंको विचारकर वेदोंने उनको अलग-अलग कर दिया है। वेद, इतिहास और पुराण कहते हैं कि ब्रह्माकी यह सृष्टि गुण-अवगुणोंसे सनी हुई है॥ २॥

**दुख सुख पाप पुन्य दिन राती। साधु असाधु सुजाति कुजाती॥**
**दानव देव ऊँच अरु नीचू। अमिअ सुजीवनु माहुरु मीचू॥**
**माया ब्रह्म जीव जगदीसा। लच्छि अलच्छि रंक अवनीसा॥**
**कासी मग सुरसरि क्रमनासा। मरु मारव महिदेव गवासा॥**
**सरग नरक अनुराग बिरागा। निगमागम गुन दोष बिभागा॥**

दुःख-सुख, पाप-पुण्य, दिन-रात, साधु-असाधु, सुजाति-कुजाति, दानव-देवता, ऊँच-नीच, अमृत-विष, सुजीवन (सुन्दर जीवन)-मृत्यु, माया-ब्रह्म, जीव-ईश्वर, सम्पत्ति-दरिद्रता, रंक-राजा, काशी-मगध, गंगा-कर्मनाशा, मारवाड़-मालवा, ब्राह्मण-कसाई, स्वर्ग-नरक, अनुराग-वैराग्य, [ये सभी पदार्थ ब्रह्माकी सृष्टिमें हैं।] वेद-शास्त्रोंने उनके गुण-दोषोंका विभाग कर दिया है॥ ३—५॥

**दो०—जड़ चेतन गुन दोषमय बिस्व कीन्ह करतार।**
**संत हंस गुन गहहिं पय परिहरि बारि बिकार॥ ६॥**

विधाताने इस जड-चेतन विश्वको गुण-दोषमय रचा है; किन्तु संतरूपी हंस दोषरूपी जलको छोड़कर गुणरूपी दूधको ही ग्रहण करते हैं॥ ६॥

**अस बिबेक जब देइ बिधाता। तब तजि दोष गुनहिं मनु राता॥**
**काल सुभाउ करम बरिआईं। भलेउ प्रकृति बस चुकइ भलाईं॥**

विधाता जब इस प्रकारका (हंसका-सा) विवेक देते हैं, तब दोषोंको छोड़कर मन गुणोंमें

अनुरक्त होता है। काल-स्वभाव और कर्मकी प्रबलतासे भले लोग (साधु) भी मायाके वशमें होकर कभी-कभी भलाईसे चूक जाते हैं॥ १॥

**सो सुधारि हरिजन जिमि लेहीं। दलि दुख दोष बिमल जसु देहीं॥**
**खलउ करहिं भल पाइ सुसंगू। मिटइ न मलिन सुभाउ अभंगू॥**

भगवान्‌के भक्त जैसे उस चूकको सुधार लेते हैं और दुःख-दोषोंको मिटाकर निर्मल यश देते हैं, वैसे ही दुष्ट भी कभी-कभी उत्तम संग पाकर भलाई करते हैं; परन्तु उनका कभी भंग न होनेवाला मलिन स्वभाव नहीं मिटता॥ २॥

**लखि सुबेष जग बंचक जेऊ। बेष प्रताप पूजिअहिं तेऊ॥**
**उघरहिं अंत न होइ निबाहू। कालनेमि जिमि रावन राहू॥**

जो [वेषधारी] ठग हैं, उन्हें भी अच्छा (साधुका-सा) वेष बनाये देखकर वेषके प्रतापसे जगत् पूजता है; परन्तु एक-न-एक दिन वे चौड़े आ ही जाते हैं, अन्ततक उनका कपट नहीं निभता, जैसे कालनेमि, रावण और राहुका हाल हुआ॥ ३॥

**किएहुँ कुबेषु साधु सनमानू। जिमि जग जामवंत हनुमानू॥**
**हानि कुसंग सुसंगति लाहू। लोकहुँ बेद बिदित सब काहू॥**

बुरा वेष बना लेनेपर भी साधुका सम्मान ही होता है, जैसे जगत्‌में जाम्बवान् और हनुमान्‌जीका हुआ। बुरे संगसे हानि और अच्छे संगसे लाभ होता है, यह बात लोक और वेदमें है और सभी लोग इसको जानते हैं॥ ४॥

**गगन चढ़इ रज पवन प्रसंगा। कीचहिं मिलइ नीच जल संगा॥**
**साधु असाधु सदन सुक सारीं। सुमिरहिं राम देहिं गनि गारीं॥**

पवनके संगसे धूल आकाशपर चढ़ जाती है और वही नीच (नीचेकी ओर बहनेवाले) जलके संगसे कीचड़में मिल जाती है। साधुके घरके तोता-मैना राम-राम सुमिरते हैं और असाधुके घरके तोता-मैना गिन-गिनकर गालियाँ देते हैं॥ ५॥

**धूम कुसंगति कारिख होई। लिखिअ पुरान मंजु मसि सोई॥**
**सोइ जल अनल अनिल संघाता। होइ जलद जग जीवन दाता॥**

कुसंगके कारण धुआँ कालिख कहलाता है, वही धुआँ [सुसंगसे] सुन्दर स्याही होकर पुराण लिखनेके काममें आता है और वही धुआँ जल, अग्नि और पवनके संगसे बादल होकर जगत्‌को जीवन देनेवाला बन जाता है॥ ६॥

**दो०—ग्रह भेषज जल पवन पट पाइ कुजोग सुजोग।**
**होहिं कुबस्तु सुबस्तु जग लखहिं सुलच्छन लोग॥ ७ (क)॥**

ग्रह, ओषधि, जल, वायु और वस्त्र—ये सब भी कुसंग और सुसंग पाकर संसारमें बुरे और भले पदार्थ हो जाते हैं। चतुर एवं विचारशील पुरुष ही इस बातको जान पाते हैं॥ ७ (क)॥

**सम प्रकास तम पाख दुहुँ नाम भेद बिधि कीन्ह।**
**ससि सोषक पोषक समुझि जग जस अपजस दीन्ह॥ ७ (ख)॥**

महीनेके दोनों पखवाड़ोंमें उजियाला और अँधेरा समान ही रहता है, परन्तु विधाताने इनके

नाममें भेद कर दिया है (एकका नाम शुक्ल और दूसरेका नाम कृष्ण रख दिया)। एकको चन्द्रमाका बढ़ानेवाला और दूसरेको उसका घटानेवाला समझकर जगत्ने एकको सुयश और दूसरेको अपयश दे दिया॥ ७ (ख)॥

**जड़ चेतन जग जीव जत सकल राममय जानि।**
**बंदउँ सब के पद कमल सदा जोरि जुग पानि॥ ७ (ग)॥**

जगत्में जितने जड़ और चेतन जीव हैं, सबको राममय जानकर मैं उन सबके चरणकमलोंकी सदा दोनों हाथ जोड़कर वन्दना करता हूँ॥ ७ (ग)॥

**देव दनुज नर नाग खग प्रेत पितर गंधर्ब।**
**बंदउँ किंनर रजनिचर कृपा करहु अब सर्ब॥ ७ (घ)॥**

देवता, दैत्य, मनुष्य, नाग, पक्षी, प्रेत, पितर, गन्धर्व, किन्नर और निशाचर सबको मैं प्रणाम करता हूँ। अब सब मुझपर कृपा कीजिये॥ ७ (घ)॥

**आकर चारि लाख चौरासी। जाति जीव जल थल नभ बासी॥**
**सीय राममय सब जग जानी। करउँ प्रनाम जोरि जुग पानी॥**

चौरासी लाख योनियोंमें चार प्रकारके (स्वेदज, अण्डज, उद्भिज्ज, जरायुज) जीव जल, पृथ्वी और आकाशमें रहते हैं, उन सबसे भरे हुए इस सारे जगत्को श्रीसीताराममय जानकर मैं दोनों हाथ जोड़कर प्रणाम करता हूँ॥ १॥

**जानि कृपाकर किंकर मोहू। सब मिलि करहु छाड़ि छल छोहू॥**
**निज बुधि बल भरोस मोहि नाहीं। तातें बिनय करउँ सब पाहीं॥**

मुझको अपना दास जानकर कृपाकी खान आप सब लोग मिलकर छल छोड़कर कृपा कीजिये। मुझे अपने बुद्धि-बलका भरोसा नहीं है, इसीलिये मैं सबसे विनती करता हूँ॥ २॥

**करन चहउँ रघुपति गुन गाहा। लघु मति मोरि चरित अवगाहा॥**
**सूझ न एकउ अंग उपाऊ। मन मति रंक मनोरथ राऊ॥**

मैं श्रीरघुनाथजीके गुणोंका वर्णन करना चाहता हूँ, परन्तु मेरी बुद्धि छोटी है और श्रीरामजीका चरित्र अथाह है। इसके लिये मुझे उपायका एक भी अंग अर्थात् कुछ (लेशमात्र) भी उपाय नहीं सूझता। मेरे मन और बुद्धि कंगाल हैं, किन्तु मनोरथ राजा है॥ ३॥

**मति अति नीच ऊँचि रुचि आछी। चहिअ अमिअ जग जुरइ न छाछी॥**
**छमिहहिं सज्जन मोरि ढिठाई। सुनिहहिं बालबचन मन लाई॥**

मेरी बुद्धि तो अत्यन्त नीची है और चाह बड़ी ऊँची है; चाह तो अमृत पानेकी है, पर जगत्में जुड़ती छाछ भी नहीं। सज्जन मेरी ढिठाईको क्षमा करेंगे और मेरे बालवचनोंको मन लगाकर (प्रेमपूर्वक) सुनेंगे॥ ४॥

**जौं बालक कह तोतरि बाता। सुनहिं मुदित मन पितु अरु माता॥**
**हँसिहहिं कूर कुटिल कुबिचारी। जे पर दूषन भूषनधारी॥**

जैसे बालक जब तोतले वचन बोलता है तो उसके माता-पिता उन्हें प्रसन्न मनसे सुनते हैं। किन्तु क्रूर, कुटिल और बुरे विचारवाले लोग जो दूसरोंके दोषोंको ही भूषणरूपसे धारण किये

रहते हैं (अर्थात् जिन्हें पराये दोष ही प्यारे लगते हैं), हँसेंगे॥ ५॥

**निज कबित्त केहि लाग न नीका। सरस होउ अथवा अति फीका॥**
**जे पर भनिति सुनत हरषाहीं। ते बर पुरुष बहुत जग नाहीं॥**

रसीली हो या अत्यन्त फीकी, अपनी कविता किसे अच्छी नहीं लगती? किन्तु जो दूसरेकी रचनाको सुनकर हर्षित होते हैं, ऐसे उत्तम पुरुष जगत्‌में बहुत नहीं हैं,॥ ६॥

**जग बहु नर सर सरि सम भाई। जे निज बाढ़ि बढ़हिं जल पाई॥**
**सज्जन सकृत सिंधु सम कोई। देखि पूर बिधु बाढ़इ जोई॥**

हे भाई! जगत्‌में तालाबों और नदियोंके समान मनुष्य ही अधिक हैं, जो जल पाकर अपनी ही बाढ़से बढ़ते हैं (अर्थात् अपनी ही उन्नतिसे प्रसन्न होते हैं)। समुद्र-सा तो कोई एक विरला ही सज्जन होता है जो चन्द्रमाको पूर्ण देखकर (दूसरोंका उत्कर्ष देखकर) उमड़ पड़ता है॥ ७॥

**दो०—भाग छोट अभिलाषु बड़ करउँ एक बिस्वास।**
**पैहहिं सुख सुनि सुजन सब खल करिहहिं उपहास॥ ८॥**

मेरा भाग्य छोटा है और इच्छा बहुत बड़ी है, परन्तु मुझे एक विश्वास है कि इसे सुनकर सज्जन सभी सुख पावेंगे और दुष्ट हँसी उड़ावेंगे॥ ८॥

**खल परिहास होइ हित मोरा। काक कहहिं कलकंठ कठोरा॥**
**हंसहि बक दादुर चातकही। हँसहिं मलिन खल बिमल बतकही॥**

किन्तु दुष्टोंके हँसनेसे मेरा हित ही होगा। मधुर कण्ठवाली कोयलको कौए तो कठोर ही कहा करते हैं। जैसे बगुले हंसको और मेढक पपीहेको हँसते हैं, वैसे ही मलिन मनवाले दुष्ट निर्मल वाणीको हँसते हैं॥ १॥

**कबित रसिक न राम पद नेहू। तिन्ह कहँ सुखद हास रस एहू॥**
**भाषा भनिति भोरि मति मोरी। हँसिबे जोग हँसें नहिं खोरी॥**

जो न तो कविताके रसिक हैं और न जिनका श्रीरामचन्द्रजीके चरणोंमें प्रेम है, उनके लिये भी यह कविता सुखद हास्यरसका काम देगी। प्रथम तो यह भाषाकी रचना है, दूसरे मेरी बुद्धि भोली है; इससे यह हँसनेके योग्य ही है, हँसनेमें उन्हें कोई दोष नहीं॥ २॥

**प्रभु पद प्रीति न सामुझि नीकी। तिन्हहि कथा सुनि लागिहि फीकी॥**
**हरि हर पद रति मति न कुतरकी। तिन्ह कहुँ मधुर कथा रघुबर की॥**

जिन्हें न तो प्रभुके चरणोंमें प्रेम है और न अच्छी समझ ही है, उनको यह कथा सुननेमें फीकी लगेगी। जिनकी श्रीहरि (भगवान् विष्णु) और श्रीहर (भगवान् शिव) के चरणोंमें प्रीति है और जिनकी बुद्धि कुतर्क करनेवाली नहीं है [जो श्रीहरि-हरमें भेदकी या ऊँच-नीचकी कल्पना नहीं करते], उन्हें श्रीरघुनाथजीकी यह कथा मीठी लगेगी॥ ३॥

**राम भगति भूषित जियँ जानी। सुनिहहिं सुजन सराहि सुबानी॥**
**कबि न होउँ नहिं बचन प्रबीनू। सकल कला सब बिद्या हीनू॥**

सज्जनगण इस कथाको अपने जीमें श्रीरामजीकी भक्तिसे भूषित जानकर सुन्दर वाणीसे सराहना

करते हुए सुनेंगे। मैं न तो कवि हूँ, न वाक्यरचनामें ही कुशल हूँ, मैं तो सब कलाओं तथा सब विद्याओंसे रहित हूँ॥ ४॥

**आखर अरथ अलंकृति नाना। छंद प्रबंध अनेक बिधाना॥**
**भाव भेद रस भेद अपारा। कबित दोष गुन बिबिध प्रकारा॥**

नाना प्रकारके अक्षर, अर्थ और अलंकार, अनेक प्रकारकी छन्दरचना, भावों और रसोंके अपार भेद और कविताके भाँति-भाँतिके गुण-दोष होते हैं॥ ५॥

**कबित बिबेक एक नहिं मोरें। सत्य कहउँ लिखि कागद कोरें॥**

इनमेंसे काव्यसम्बन्धी एक भी बातका ज्ञान मुझमें नहीं है, यह मैं कोरे कागजपर लिखकर [शपथपूर्वक] सत्य-सत्य कहता हूँ॥ ६॥

**दो०—भनिति मोरि सब गुन रहित बिस्व बिदित गुन एक।**
**सो बिचारि सुनिहहिं सुमति जिन्ह कें बिमल बिबेक॥ ९॥**

मेरी रचना सब गुणोंसे रहित है; इसमें बस, जगत्प्रसिद्ध एक गुण है। उसे विचारकर अच्छी बुद्धिवाले पुरुष, जिनके निर्मल ज्ञान हैं, इसको सुनेंगे॥ ९॥

**एहि महँ रघुपति नाम उदारा। अति पावन पुरान श्रुति सारा॥**
**मंगल भवन अमंगल हारी। उमा सहित जेहि जपत पुरारी॥**

इसमें श्रीरघुनाथजीका उदार नाम है, जो अत्यन्त पवित्र है, वेद-पुराणोंका सार है, कल्याणका भवन है और अमंगलोंको हरनेवाला है, जिसे पार्वतीजीसहित भगवान् शिवजी सदा जपा करते हैं॥ १॥

**भनिति बिचित्र सुकबि कृत जोऊ। राम नाम बिनु सोह न सोऊ॥**
**बिधुबदनी सब भाँति सँवारी। सोह न बसन बिना बर नारी॥**

जो अच्छे कविके द्वारा रची हुई बड़ी अनूठी कविता है, वह भी रामनामके बिना शोभा नहीं पाती। जैसे चन्द्रमाके समान मुखवाली सुन्दर स्त्री सब प्रकारसे सुसज्जित होनेपर भी वस्त्रके बिना शोभा नहीं देती॥ २॥

**सब गुन रहित कुकबि कृत बानी। राम नाम जस अंकित जानी॥**
**सादर कहहिं सुनहिं बुध ताही। मधुकर सरिस संत गुनग्राही॥**

इसके विपरीत, कुकविकी रची हुई सब गुणोंसे रहित कविताको भी, रामके नाम एवं यशसे अंकित जानकर, बुद्धिमान् लोग आदरपूर्वक कहते और सुनते हैं; क्योंकि संतजन भौंरेकी भाँति गुणहीको ग्रहण करनेवाले होते हैं॥ ३॥

**जदपि कबित रस एकउ नाहीं। राम प्रताप प्रगट एहि माहीं॥**
**सोइ भरोस मोरें मन आवा। केहिं न सुसंग बड़प्पनु पावा॥**

यद्यपि मेरी इस रचनामें कविताका एक भी रस नहीं है, तथापि इसमें श्रीरामजीका प्रताप प्रकट है। मेरे मनमें यही एक भरोसा है। भले संगसे भला, किसने बड़प्पन नहीं पाया?॥ ४॥

**धूमउ तजइ सहज करुआई। अगरु प्रसंग सुगंध बसाई॥**
**भनिति भदेस बस्तु भलि बरनी। राम कथा जग मंगल करनी॥**

धुआँ भी अगरके संगसे सुगन्धित होकर अपने स्वाभाविक कड़ुवेपनको छोड़ देता है। मेरी

कविता अवश्य भद्दी है, परन्तु इसमें जगत्‌का कल्याण करनेवाली रामकथारूपी उत्तम वस्तुका वर्णन किया गया है। [इससे यह भी अच्छी ही समझी जायगी]॥ ५॥

**छं०—मंगल करनि कलिमलहरनि तुलसी कथा रघुनाथ की।**
**गति कूर कबिता सरित की ज्यों सरित पावन पाथ की॥**
**प्रभु सुजस संगति भनिति भलि होइहि सुजन मन भावनी।**
**भव अंग भूति मसान की सुमिरत सुहावनि पावनी॥**

तुलसीदासजी कहते हैं कि श्रीरघुनाथजीकी कथा कल्याण करनेवाली और कलियुगके पापोंको हरनेवाली है। मेरी इस भद्दी कवितारूपी नदीकी चाल पवित्र जलवाली नदी (गंगाजी) की चालकी भाँति टेढ़ी है। प्रभु श्रीरघुनाथजीके सुन्दर यशके संगसे यह कविता सुन्दर तथा सज्जनोंके मनको भानेवाली हो जायगी। श्मशानकी अपवित्र राख भी श्रीमहादेवजीके अंगके संगसे सुहावनी लगती है और स्मरण करते ही पवित्र करनेवाली होती है।

**दो०—प्रिय लागिहि अति सबहि मम भनिति राम जस संग।**
**दारु बिचारु कि करइ कोउ बंदिअ मलय प्रसंग॥ १० (क)॥**

श्रीरामजीके यशके संगसे मेरी कविता सभीको अत्यन्त प्रिय लगेगी, जैसे मलय पर्वतके संगसे काष्ठमात्र [चन्दन बनकर] वन्दनीय हो जाता है, फिर क्या कोई काठ [की तुच्छता] का विचार करता है?॥ १० (क)॥

**स्याम सुरभि पय बिसद अति गुनद करहिं सब पान।**
**गिरा ग्राम्य सिय राम जस गावहिं सुनहिं सुजान॥ १० (ख)॥**

श्यामा गौ काली होनेपर भी उसका दूध उज्ज्वल और बहुत गुणकारी होता है। यही समझकर सब लोग उसे पीते हैं। इसी तरह गँवारू भाषामें होनेपर भी श्रीसीता-रामजीके यशको बुद्धिमान् लोग बड़े चावसे गाते और सुनते हैं॥ १० (ख)॥

**मनि मानिक मुकुता छबि जैसी। अहि गिरि गज सिर सोह न तैसी॥**
**नृप किरीट तरुनी तनु पाई। लहहिं सकल सोभा अधिकाई॥**

मणि, माणिक और मोतीकी जैसी सुन्दर छबि है, वह साँप, पर्वत और हाथीके मस्तकपर वैसी शोभा नहीं पाती। राजाके मुकुट और नवयुवती स्त्रीके शरीरको पाकर ही ये सब अधिक शोभाको प्राप्त होते हैं॥ १॥

**तैसेहिं सुकबि कबित बुध कहहीं। उपजहिं अनत अनत छबि लहहीं॥**
**भगति हेतु बिधि भवन बिहाई। सुमिरत सारद आवति धाई॥**

इसी तरह, बुद्धिमान् लोग कहते हैं कि सुकविकी कविता भी उत्पन्न और कहीं होती है और शोभा अन्यत्र कहीं पाती है (अर्थात् कविकी वाणीसे उत्पन्न हुई कविता वहाँ शोभा पाती है जहाँ उसका विचार, प्रचार तथा उसमें कथित आदर्शका ग्रहण और अनुसरण होता है)। कविके स्मरण करते ही उसकी भक्तिके कारण सरस्वतीजी ब्रह्मलोकको छोड़कर दौड़ी आती हैं॥ २॥

**राम चरित सर बिनु अन्हवाएँ। सो श्रम जाइ न कोटि उपाएँ॥**
**कबि कोबिद अस हृदयँ बिचारी। गावहिं हरि जस कलि मल हारी॥**

सरस्वतीजीकी दौड़ी आनेकी वह थकावट रामचरितरूपी सरोवरमें उन्हें नहलाये बिना दूसरे करोड़ों उपायोंसे भी दूर नहीं होती। कवि और पण्डित अपने हृदयमें ऐसा विचारकर कलियुगके पापोंको हरनेवाले श्रीहरिके यशका ही गान करते हैं॥ ३॥

**कीन्हें प्राकृत जन गुन गाना। सिर धुनि गिरा लगत पछिताना॥**
**हृदय सिंधु मति सीप समाना। स्वाति सारदा कहहिं सुजाना॥**

संसारी मनुष्योंका गुणगान करनेसे सरस्वतीजी सिर धुनकर पछताने लगती हैं [कि मैं क्यों इसके बुलानेपर आयी]। बुद्धिमान् लोग हृदयको समुद्र, बुद्धिको सीप और सरस्वतीको स्वाति नक्षत्रके समान कहते हैं॥ ४॥

**जौं बरषइ बर बारि बिचारू। होहिं कबित मुकुतामनि चारू॥**

इसमें यदि श्रेष्ठ विचाररूपी जल बरसता है तो मुक्तामणिके समान सुन्दर कविता होती है॥ ५॥

**दो०—जुगुति बेधि पुनि पोहिअहिं रामचरित बर ताग।**
**पहिरहिं सज्जन बिमल उर सोभा अति अनुराग॥ ११॥**

उन कवितारूपी मुक्तामणियोंको युक्तिसे बेधकर फिर रामचरित्ररूपी सुन्दर तागेमें पिरोकर सज्जन लोग अपने निर्मल हृदयमें धारण करते हैं, जिससे अत्यन्त अनुरागरूपी शोभा होती है (वे आत्यन्तिक प्रेमको प्राप्त होते हैं)॥ ११॥

**जे जनमे कलिकाल कराला। करतब बायस बेष मराला॥**
**चलत कुपंथ बेद मग छाँड़े। कपट कलेवर कलि मल भाँड़े॥**

जो कराल कलियुगमें जन्मे हैं, जिनकी करनी कौएके समान है और वेष हंसका-सा है, जो वेदमार्गको छोड़कर कुमार्गपर चलते हैं, जो कपटकी मूर्ति और कलियुगके पापोंके भाँड़े हैं॥ १॥

**बंचक भगत कहाइ राम के। किंकर कंचन कोह काम के॥**
**तिन्ह महँ प्रथम रेख जग मोरी। धींग धरमध्वज धंधक धोरी॥**

जो श्रीरामजीके भक्त कहलाकर लोगोंको ठगते हैं, जो धन (लोभ), क्रोध और कामके गुलाम हैं और जो धींगाधींगी करनेवाले, धर्मध्वजी (धर्मकी झूठी ध्वजा फहरानेवाले—दम्भी) और कपटके धन्धोंका बोझ ढोनेवाले हैं, संसारके ऐसे लोगोंमें सबसे पहले मेरी गिनती है॥ २॥

**जौं अपने अवगुन सब कहऊँ। बाढ़इ कथा पार नहिं लहऊँ॥**
**ताते मैं अति अलप बखाने। थोरे महुँ जानिहहिं सयाने॥**

यदि मैं अपने सब अवगुणोंको कहने लगूँ तो कथा बहुत बढ़ जायगी और मैं पार नहीं पाऊँगा। इससे मैंने बहुत कम अवगुणोंका वर्णन किया है। बुद्धिमान् लोग थोड़ेहीमें समझ लेंगे॥ ३॥

**समुझि बिबिधि बिधि बिनती मोरी। कोउ न कथा सुनि देइहि खोरी॥**
**एतेहु पर करिहहिं जे असंका। मोहि ते अधिक ते जड़ मति रंका॥**

मेरी अनेकों प्रकारकी विनतीको समझकर, कोई भी इस कथाको सुनकर दोष नहीं देगा। इतनेपर भी जो शंका करेंगे, वे तो मुझसे भी अधिक मूर्ख और बुद्धिके कंगाल हैं॥ ४॥

**कबि न होउँ नहिं चतुर कहावउँ। मति अनुरूप राम गुन गावउँ॥**
**कहँ रघुपति के चरित अपारा। कहँ मति मोरि निरत संसारा॥**

मैं न तो कवि हूँ, न चतुर कहलाता हूँ; अपनी बुद्धिके अनुसार श्रीरामजीके गुण गाता हूँ। कहाँ तो श्रीरघुनाथजीके अपार चरित्र, कहाँ संसारमें आसक्त मेरी बुद्धि!॥ ५॥

**जेहिं मारुत गिरि मेरु उड़ाहीं। कहहु तूल केहि लेखे माहीं॥**
**समुझत अमित राम प्रभुताई। करत कथा मन अति कदराई॥**

जिस हवासे सुमेरु-जैसे पहाड़ उड़ जाते हैं, कहिये तो, उसके सामने रूई किस गिनतीमें है। श्रीरामजीकी असीम प्रभुताको समझकर कथा रचनेमें मेरा मन बहुत हिचकता है—॥ ६॥

**दो०—सारद सेस महेस बिधि आगम निगम पुरान।**
**नेति नेति कहि जासु गुन करहिं निरंतर गान॥ १२॥**

सरस्वतीजी, शेषजी, शिवजी, ब्रह्माजी, शास्त्र, वेद और पुराण—ये सब 'नेति-नेति' कहकर (पार नहीं पाकर 'ऐसा नहीं', 'ऐसा नहीं' कहते हुए) सदा जिनका गुणगान किया करते हैं॥ १२॥

**सब जानत प्रभु प्रभुता सोई। तदपि कहें बिनु रहा न कोई॥**
**तहाँ बेद अस कारन राखा। भजन प्रभाउ भाँति बहु भाषा॥**

यद्यपि प्रभु श्रीरामचन्द्रजीकी प्रभुताको सब ऐसी (अकथनीय) ही जानते हैं तथापि कहे बिना कोई नहीं रहा। इसमें वेदने ऐसा कारण बताया है कि भजनका प्रभाव बहुत तरहसे कहा गया है। (अर्थात् भगवान्‌की महिमाका पूरा वर्णन तो कोई कर नहीं सकता; परन्तु जिससे जितना बन पड़े उतना भगवान्‌का गुणगान करना चाहिये। क्योंकि भगवान्‌के गुणगानरूपी भजनका प्रभाव बहुत ही अनोखा है, उसका नाना प्रकारसे शास्त्रोंमें वर्णन है। थोड़ा-सा भी भगवान्‌का भजन मनुष्यको सहज ही भवसागरसे तार देता है)॥ १॥

**एक अनीह अरूप अनामा। अज सच्चिदानंद पर धामा॥**
**ब्यापक बिस्वरूप भगवाना। तेहिं धरि देह चरित कृत नाना॥**

जो परमेश्वर एक हैं, जिनके कोई इच्छा नहीं है, जिनका कोई रूप और नाम नहीं है, जो अजन्मा, सच्चिदानन्द और परमधाम हैं और जो सबमें व्यापक एवं विश्वरूप हैं, उन्हीं भगवान्‌ने दिव्य शरीर धारण करके नाना प्रकारकी लीला की है॥ २॥

**सो केवल भगतन हित लागी। परम कृपाल प्रनत अनुरागी॥**
**जेहि जन पर ममता अति छोहू। जेहिं करुना करि कीन्ह न कोहू॥**

वह लीला केवल भक्तोंके हितके लिये ही है; क्योंकि भगवान् परम कृपालु हैं और शरणागतके बड़े प्रेमी हैं। जिनकी भक्तोंपर बड़ी ममता और कृपा है, जिन्होंने एक बार जिसपर कृपा कर दी, उसपर फिर कभी क्रोध नहीं किया॥ ३॥

**गई बहोर गरीब नेवाजू। सरल सबल साहिब रघुराजू॥**
**बुध बरनहिं हरि जस अस जानी। करहिं पुनीत सुफल निज बानी॥**

वे प्रभु श्रीरघुनाथजी गयी हुई वस्तुको फिर प्राप्त करानेवाले, गरीबनिवाज (दीनबन्धु), सरलस्वभाव, सर्वशक्तिमान् और सबके स्वामी हैं। यही समझकर बुद्धिमान् लोग उन श्रीहरिका यश

वर्णन करके अपनी वाणीको पवित्र और उत्तम फल (मोक्ष और दुर्लभ भगवत्प्रेम) देनेवाली बनाते हैं॥ ४॥

**तेहिं बल मैं रघुपति गुन गाथा। कहिहउँ नाइ राम पद माथा॥**
**मुनिन्ह प्रथम हरि कीरति गाई। तेहिं मग चलत सुगम मोहि भाई॥**

उसी बलसे (महिमाका यथार्थ वर्णन नहीं, परन्तु महान् फल देनेवाला भजन समझकर भगवत्कृपाके बलपर ही) मैं श्रीरामचन्द्रजीके चरणोंमें सिर नवाकर श्रीरघुनाथजीके गुणोंकी कथा कहूँगा। इसी विचारसे [वाल्मीकि, व्यास आदि] मुनियोंने पहले हरिकी कीर्ति गायी है, भाई! उसी मार्गपर चलना मेरे लिये सुगम होगा॥ ५॥

**दो०—अति अपार जे सरित बर जौं नृप सेतु कराहिं।**
**चढ़ि पिपीलिकउ परम लघु बिनु श्रम पारहि जाहिं॥ १३॥**

जो अत्यन्त बड़ी श्रेष्ठ नदियाँ हैं, यदि राजा उनपर पुल बँधा देता है तो अत्यन्त छोटी चींटियाँ भी उनपर चढ़कर बिना ही परिश्रमके पार चली जाती हैं [इसी प्रकार मुनियोंके वर्णनके सहारे मैं भी श्रीरामचरित्रका वर्णन सहज ही कर सकूँगा]॥ १३॥

**एहि प्रकार बल मनहि देखाई। करिहउँ रघुपति कथा सुहाई॥**
**ब्यास आदि कबि पुंगव नाना। जिन्ह सादर हरि सुजस बखाना॥**

इस प्रकार मनको बल दिखलाकर मैं श्रीरघुनाथजीकी सुहावनी कथाकी रचना करूँगा। व्यास आदि जो अनेकों श्रेष्ठ कवि हो गये हैं, जिन्होंने बड़े आदरसे श्रीहरिका सुयश वर्णन किया है॥ १॥

**चरन कमल बंदउँ तिन्ह केरे। पुरवहुँ सकल मनोरथ मेरे॥**
**कलि के कबिन्ह करउँ परनामा। जिन्ह बरने रघुपति गुन ग्रामा॥**

मैं उन सब (श्रेष्ठ कवियों) के चरणकमलोंमें प्रणाम करता हूँ, वे मेरे सब मनोरथोंको पूरा करें। कलियुगके भी उन कवियोंको मैं प्रणाम करता हूँ, जिन्होंने श्रीरघुनाथजीके गुणसमूहोंका वर्णन किया है॥ २॥

**जे प्राकृत कबि परम सयाने। भाषाँ जिन्ह हरि चरित बखाने॥**
**भए जे अहहिं जे होइहहिं आगें। प्रनवउँ सबहि कपट सब त्यागें॥**

जो बड़े बुद्धिमान् प्राकृत कवि हैं, जिन्होंने भाषामें हरिचरित्रोंका वर्णन किया है, जो ऐसे कवि पहले हो चुके हैं, जो इस समय वर्तमान हैं और जो आगे होंगे, उन सबको मैं सारा कपट त्याग-कर प्रणाम करता हूँ॥ ३॥

**होहु प्रसन्न देहु बरदानू। साधु समाज भनिति सनमानू॥**
**जो प्रबंध बुध नहिं आदरहीं। सो श्रम बादि बाल कबि करहीं॥**

आप सब प्रसन्न होकर यह वरदान दीजिये कि साधु-समाजमें मेरी कविताका सम्मान हो; क्योंकि बुद्धिमान् लोग जिस कविताका आदर नहीं करते, मूर्ख कवि ही उसकी रचनाका व्यर्थ परिश्रम करते हैं॥ ४॥

**कीरति भनिति भूति भलि सोई। सुरसरि सम सब कहँ हित होई॥**
**राम सुकीरति भनिति भदेसा। असमंजस अस मोहि अँदेसा॥**

गोस्वामी श्रीतुलसीदासजी महाराज

Gosvāmī Tulasīdāsa

पादुका-दान

**Sandals (Pādukās)—Handed Over**

प्रभु करि कृपा पाँवरी दीन्ही। सादर भरत सीस धरि लीन्ही॥

गीध देह तजि धरि हरिरूपा। भूषन बहु पट पीत अनूपा॥
स्याम गात बिसाल भुज चारी। अस्तुति करत नयन भरि बारी॥

एकु मैं मंद मोहबस कुटिल हृदय अग्यान।
पुनि प्रभु मोहि बिसारेउ दीनबंधु भगवान॥

भूधराकार हनुमान्

**Mountain-like Hanumān**

रावण-मंदोदरी

**Rāvaṇa and Mandodarī**

अहह कंत कृत राम बिरोधा। काल बिबस मन उपज न बोधा॥

केकीकण्ठाभनीलं सुरवरविलसद्विप्रपादाब्जचिह्नं शोभाढ्यं पीतवस्त्रं सरसिजनयनं सर्वदा सुप्रसन्नम्।
पाणौ नाराचचापं कपिनिकरयुतं बन्धुना सेव्यमानं नौमीड्यं जानकीशं रघुवरमनिशं पुष्पकारूढरामम्॥

श्रीरामदरबारकी झाँकी

The Court of Śrī Rāma

कीर्ति, कविता और सम्पत्ति वही उत्तम है जो गंगाजीकी तरह सबका हित करनेवाली हो। श्रीरामचन्द्रजीकी कीर्ति तो बड़ी सुन्दर (सबका अनन्त कल्याण करनेवाली ही) है, परन्तु मेरी कविता भद्दी है। यह असामंजस्य है (अर्थात् इन दोनोंका मेल नहीं मिलता), इसीकी मुझे चिन्ता है॥ ५॥

**तुम्हरी कृपाँ सुलभ सोउ मोरे। सिअनि सुहावनि टाट पटोरे॥**

परन्तु हे कवियो! आपकी कृपासे यह बात भी मेरे लिये सुलभ हो सकती है। रेशमकी सिलाई टाटपर भी सुहावनी लगती है॥ ६॥

**दो०—सरल कबित कीरति बिमल सोइ आदरहिं सुजान।**
**सहज बयर बिसराइ रिपु जो सुनि करहिं बखान॥ १४ (क)॥**

चतुर पुरुष उसी कविताका आदर करते हैं, जो सरल हो और जिसमें निर्मल चरित्रका वर्णन हो तथा जिसे सुनकर शत्रु भी स्वाभाविक वैरको भूलकर सराहना करने लगें॥ १४ (क)॥

**सो न होइ बिनु बिमल मति मोहि मति बल अति थोर।**
**करहु कृपा हरि जस कहउँ पुनि पुनि करउँ निहोर॥ १४ (ख)॥**

ऐसी कविता बिना निर्मल बुद्धिके होती नहीं और मेरे बुद्धिका बल बहुत ही थोड़ा है। इसलिये बार-बार निहोरा करता हूँ कि हे कवियो! आप कृपा करें, जिससे मैं हरियशका वर्णन कर सकूँ॥ १४ (ख)॥

**कबि कोबिद रघुबर चरित मानस मंजु मराल।**
**बालबिनय सुनि सुरुचि लखि मो पर होहु कृपाल॥ १४ (ग)॥**

कवि और पण्डितगण! आप जो रामचरित्ररूपी मानसरोवरके सुन्दर हंस हैं, मुझ बालककी विनती सुनकर और सुन्दर रुचि देखकर मुझपर कृपा करें॥ १४ (ग)॥

**सो०—बंदउँ मुनि पद कंजु रामायन जेहिं निरमयउ।**
**सखर सुकोमल मंजु दोष रहित दूषन सहित॥ १४ (घ)॥**

मैं उन वाल्मीकि मुनिके चरणकमलोंकी वन्दना करता हूँ, जिन्होंने रामायणकी रचना की है, जो खर (राक्षस) सहित होनेपर भी खर (कठोर) से विपरीत बड़ी कोमल और सुन्दर है तथा जो दूषण (राक्षस) सहित होनेपर भी दूषण अर्थात् दोषसे रहित है॥ १४ (घ)॥

**बंदउँ चारिउ बेद भव बारिधि बोहित सरिस।**
**जिन्हहि न सपनेहुँ खेद बरनत रघुबर बिसद जसु॥ १४ (ङ)॥**

मैं चारों वेदोंकी वन्दना करता हूँ, जो संसारसमुद्रके पार होनेके लिये जहाजके समान हैं तथा जिन्हें श्रीरघुनाथजीका निर्मल यश वर्णन करते स्वप्नमें भी खेद (थकावट) नहीं होता॥ १४ (ङ)॥

**बंदउँ बिधि पद रेनु भव सागर जेहिं कीन्ह जहँ।**
**संत सुधा ससि धेनु प्रगटे खल बिष बारुनी॥ १४ (च)॥**

मैं ब्रह्माजीके चरण-रजकी वन्दना करता हूँ, जिन्होंने भवसागर बनाया है, जहाँसे एक ओर संतरूपी अमृत, चन्द्रमा और कामधेनु निकले और दूसरी ओर दुष्ट मनुष्यरूपी विष और मदिरा उत्पन्न हुए॥ १४ (च)॥

**दो०—बिबुध बिप्र बुध ग्रह चरन बंदि कहउँ कर जोरि।**
**होइ प्रसन्न पुरवहु सकल मंजु मनोरथ मोरि॥ १४ (छ)॥**

देवता, ब्राह्मण, पण्डित, ग्रह—इन सबके चरणोंकी वन्दना करके हाथ जोड़कर कहता हूँ कि आप प्रसन्न होकर मेरे सारे सुन्दर मनोरथोंको पूरा करें॥ १४ (छ)॥

**पुनि बंदउँ सारद सुरसरिता। जुगल पुनीत मनोहर चरिता॥**
**मज्जन पान पाप हर एका। कहत सुनत एक हर अबिबेका॥**

फिर मैं सरस्वतीजी और देवनदी गंगाजीकी वन्दना करता हूँ। दोनों पवित्र और मनोहर चरित्रवाली हैं। एक (गंगाजी) स्नान करने और जल पीनेसे पापोंको हरती हैं और दूसरी (सरस्वतीजी) गुण और यश कहने और सुननेसे अज्ञानका नाश कर देती हैं॥ १॥

**गुर पितु मातु महेस भवानी। प्रनवउँ दीनबंधु दिन दानी॥**
**सेवक स्वामि सखा सिय पी के। हित निरुपधि सब बिधि तुलसी के॥**

श्रीमहेश और पार्वतीको मैं प्रणाम करता हूँ, जो मेरे गुरु और माता-पिता हैं, जो दीनबन्धु और नित्य दान करनेवाले हैं, जो सीतापति श्रीरामचन्द्रजीके सेवक, स्वामी और सखा हैं तथा मुझ तुलसीदासका सब प्रकारसे कपटरहित (सच्चा) हित करनेवाले हैं॥ २॥

**कलि बिलोकि जग हित हर गिरिजा। साबर मंत्र जाल जिन्ह सिरिजा॥**
**अनमिल आखर अरथ न जापू। प्रगट प्रभाउ महेस प्रतापू॥**

जिन शिव-पार्वतीने कलियुगको देखकर, जगत्‌के हितके लिये, शाबर मन्त्रसमूहकी रचना की, जिन मन्त्रोंके अक्षर बेमेल हैं, जिनका न कोई ठीक अर्थ होता है और न जप ही होता है, तथापि श्रीशिवजीके प्रतापसे जिनका प्रभाव प्रत्यक्ष है॥ ३॥

**सो उमेस मोहि पर अनुकूला। करिहिं कथा मुद मंगल मूला॥**
**सुमिरि सिवा सिव पाइ पसाऊ। बरनउँ रामचरित चित चाऊ॥**

वे उमापति शिवजी मुझपर प्रसन्न होकर [श्रीरामजीकी] इस कथाको आनन्द और मंगलकी मूल (उत्पन्न करनेवाली) बनायेंगे। इस प्रकार पार्वतीजी और शिवजी दोनोंका स्मरण करके और उनका प्रसाद पाकर मैं चावभरे चित्तसे श्रीरामचरित्रका वर्णन करता हूँ॥ ४॥

**भनिति मोरि सिव कृपाँ बिभाती। ससि समाज मिलि मनहुँ सुराती॥**
**जे एहि कथहि सनेह समेता। कहिहहिं सुनिहहिं समुझि सचेता॥**
**होइहहिं राम चरन अनुरागी। कलि मल रहित सुमंगल भागी॥**

मेरी कविता श्रीशिवजीकी कृपासे ऐसी सुशोभित होगी, जैसी तारागणोंके सहित चन्द्रमाके साथ रात्रि शोभित होती है। जो इस कथाको प्रेमसहित एवं सावधानीके साथ समझ-बूझकर कहें-सुनेंगे, वे कलियुगके पापोंसे रहित और सुन्दर कल्याणके भागी होकर श्रीरामचन्द्रजीके चरणोंके प्रेमी बन जायँगे॥ ५-६॥

**दो०—सपनेहुँ साचेहुँ मोहि पर जौं हर गौरि पसाउ।**
**तौ फुर होउ जो कहेउँ सब भाषा भनिति प्रभाउ॥ १५॥**

यदि मुझपर श्रीशिवजी और पार्वतीजीकी स्वप्नमें भी सचमुच प्रसन्नता हो, तो मैंने इस भाषा,

कविताका जो प्रभाव कहा है, वह सब सच हो॥ १५॥

**बंदउँ अवध पुरी अति पावनि। सरजू सरि कलि कलुष नसावनि॥**
**प्रनवउँ पुर नर नारिबहोरी। ममता जिन्ह पर प्रभुहि न थोरी॥**

मैं अति पवित्र श्रीअयोध्यापुरी और कलियुगके पापोंका नाश करनेवाली श्रीसरयू नदीकी वन्दना करता हूँ। फिर अवधपुरीके उन नर-नारियोंको प्रणाम करता हूँ जिनपर प्रभु श्रीरामचन्द्रजीकी ममता थोड़ी नहीं है (अर्थात् बहुत है)॥ १॥

**सिय निंदक अघ ओघ नसाए। लोक बिसोक बनाइ बसाए॥**
**बंदउँ कौसल्या दिसि प्राची। कीरति जासु सकल जग माची॥**

उन्होंने [अपनी पुरीमें रहनेवाले] सीताजीकी निन्दा करनेवाले (धोबी और उसके समर्थक पुर-नर-नारियों) के पापसमूहको नाश कर उनको शोकरहित बनाकर अपने लोक (धाम) में बसा दिया। मैं कौसल्यारूपी पूर्व दिशाकी वन्दना करता हूँ, जिसकी कीर्ति समस्त संसारमें फैल रही है॥ २॥

**प्रगटेउ जहँ रघुपति ससि चारू। बिस्व सुखद खल कमल तुसारू॥**
**दसरथ राउ सहित सब रानी। सुकृत सुमंगल मूरति मानी॥**
**करउँ प्रनाम करम मनबानी। करहु कृपा सुत सेवक जानी॥**
**जिन्हहि बिरचि बड़ भयउ बिधाता। महिमा अवधि राम पितु माता॥**

जहाँ (कौसल्यारूपी पूर्व दिशा) से विश्वको सुख देनेवाले और दुष्टरूपी कमलोंके लिये पालेके समान श्रीरामचन्द्रजीरूपी सुन्दर चन्द्रमा प्रकट हुए। सब रानियोंसहित राजा दशरथजीको पुण्य और सुन्दर कल्याणकी मूर्ति मानकर मैं मन, वचन और कर्मसे प्रणाम करता हूँ। अपने पुत्रका सेवक जानकर वे मुझपर कृपा करें, जिनको रचकर ब्रह्माजीने भी बड़ाई पायी तथा जो श्रीरामजीके माता और पिता होनेके कारण महिमाकी सीमा हैं॥ ३-४॥

**सो०—बंदउँ अवध भुआल सत्य प्रेम जेहि राम पद।**
**बिछुरत दीनदयाल प्रिय तनु तृन इव परिहरेउ॥ १६॥**

मैं अवधके राजा श्रीदशरथजीकी वन्दना करता हूँ, जिनका श्रीरामजीके चरणोंमें सच्चा प्रेम था, जिन्होंने दीनदयालु प्रभुके बिछुड़ते ही अपने प्यारे शरीरको मामूली तिनकेकी तरह त्याग दिया॥ १६॥

**प्रनवउँ परिजन सहित बिदेहू। जाहि राम पद गूढ़ सनेहू॥**
**जोग भोग महँ राखेउ गोई। राम बिलोकत प्रगटेउ सोई॥**

मैं परिवारसहित राजा जनकजीको प्रणाम करता हूँ, जिनका श्रीरामजीके चरणोंमें गूढ़ प्रेम था, जिसको उन्होंने योग और भोगमें छिपा रखा था, परन्तु श्रीरामचन्द्रजीको देखते ही वह प्रकट हो गया॥ १॥

**प्रनवउँ प्रथम भरत के चरना। जासु नेम ब्रत जाइ न बरना॥**
**राम चरन पंकज मन जासू। लुबुध मधुप इव तजइ न पासू॥**

[भाइयोंमें] सबसे पहले मैं श्रीभरतजीके चरणोंको प्रणाम करता हूँ, जिनका नियम और व्रत वर्णन नहीं किया जा सकता तथा जिनका मन श्रीरामजीके चरणकमलोंमें भौंरेकी तरह लुभाया हुआ है, कभी उनका पास नहीं छोड़ता॥ २॥

**बंदउँ लछिमन पद जलजाता। सीतल सुभग भगत सुखदाता॥**
**रघुपति कीरति बिमल पताका। दंड समान भयउ जस जाका॥**

मैं श्रीलक्ष्मणजीके चरणकमलोंको प्रणाम करता हूँ, जो शीतल, सुन्दर और भक्तोंको सुख देनेवाले हैं। श्रीरघुनाथजीकी कीर्तिरूपी विमल पताकामें जिनका (लक्ष्मणजीका) यश [पताकाको ऊँचा करके फहरानेवाले] दंडके समान हुआ॥ ३॥

**सेष सहस्रसीस जग कारन। जो अवतरेउ भूमि भय टारन॥**
**सदा सो सानुकूल रह मो पर। कृपासिंधु सौमित्रि गुनाकर॥**

जो हजार सिरवाले और जगत्‌के कारण (हजार सिरोंपर जगत्‌को धारण कर रखनेवाले) शेषजी हैं, जिन्होंने पृथ्वीका भय दूर करनेके लिये अवतार लिया, वे गुणोंकी खानि कृपासिन्धु सुमित्रानन्दन श्रीलक्ष्मणजी मुझपर सदा प्रसन्न रहें॥ ४॥

**रिपुसूदन पद कमल नमामी। सूर सुसील भरत अनुगामी॥**
**महाबीर बिनवउँ हनुमाना। राम जासु जस आप बखाना॥**

मैं श्रीशत्रुघ्नजीके चरणकमलोंको प्रणाम करता हूँ, जो बड़े वीर, सुशील और श्रीभरतजीके पीछे चलनेवाले हैं। मैं महावीर श्रीहनुमान्‌जीकी विनती करता हूँ, जिनके यशका श्रीरामचन्द्रजीने स्वयं (अपने श्रीमुखसे) वर्णन किया है॥ ५॥

**सो०—प्रनवउँ पवनकुमार खल बन पावक ग्यान घन।**
**जासु हृदय आगार बसहिं राम सर चाप धर॥ १७॥**

मैं पवनकुमार श्रीहनुमान्‌जीको प्रणाम करता हूँ, जो दुष्टरूपी वनको भस्म करनेके लिये अग्निरूप हैं, जो ज्ञानकी घनमूर्ति हैं और जिनके हृदयरूपी भवनमें धनुष-बाण धारण किये श्रीरामजी निवास करते हैं॥ १७॥

**कपिपति रीछ निसाचर राजा। अंगदादि जे कीस समाजा॥**
**बंदउँ सब के चरन सुहाए। अधम सरीर राम जिन्ह पाए॥**

वानरोंके राजा सुग्रीवजी, रीछोंके राजा जाम्बवान्‌जी, राक्षसोंके राजा विभीषणजी और अंगदजी आदि जितना वानरोंका समाज है, सबके सुन्दर चरणोंकी मैं वन्दना करता हूँ, जिन्होंने अधम (पशु और राक्षस आदि) शरीरमें भी श्रीरामचन्द्रजीको प्राप्त कर लिया॥ १॥

**रघुपति चरन उपासक जेते। खग मृग सुर नर असुर समेते॥**
**बंदउँ पद सरोज सब केरे। जे बिनु काम राम के चेरे॥**

पशु, पक्षी, देवता, मनुष्य, असुरसमेत जितने श्रीरामजीके चरणोंके उपासक हैं, मैं उन सबके चरणकमलोंकी वन्दना करता हूँ, जो श्रीरामजीके निष्काम सेवक हैं॥ २॥

**सुक सनकादि भगत मुनि नारद। जे मुनिबर बिग्यान बिसारद॥**
**प्रनवउँ सबहि धरनि धरि सीसा। करहु कृपा जन जानि मुनीसा॥**

शुकदेवजी, सनकादि, नारदमुनि आदि जितने भक्त और परम ज्ञानी श्रेष्ठ मुनि हैं, मैं धरतीपर सिर टेककर उन सबको प्रणाम करता हूँ; हे मुनीश्वरो! आप सब मुझको अपना दास जानकर कृपा कीजिये॥ ३॥

**जनकसुता जग जननि जानकी। अतिसय प्रिय करुनानिधान की॥**
**ताके जुग पद कमल मनावउँ। जासु कृपाँ निरमल मति पावउँ॥**

राजा जनककी पुत्री, जगत्‌की माता और करुणानिधान श्रीरामचन्द्रजीकी प्रियतमा श्रीजानकीजीके दोनों चरणकमलोंको मैं मनाता हूँ, जिनकी कृपासे निर्मल बुद्धि पाऊँ॥ ४॥

**पुनि मन बचन कर्म रघुनायक। चरन कमल बंदउँ सब लायक॥**
**राजिवनयन धरें धनु सायक। भगत बिपति भंजन सुखदायक॥**

फिर मैं मन, वचन और कर्मसे कमलनयन, धनुष-बाणधारी, भक्तोंकी विपत्तिका नाश करने और उन्हें सुख देनेवाले भगवान् श्रीरघुनाथजीके सर्वसमर्थ चरणकमलोंकी वन्दना करता हूँ॥ ५॥

**दो०—गिरा अरथ जल बीचि सम कहिअत भिन्न न भिन्न।**
**बंदउँ सीता राम पद जिन्हहि परम प्रिय खिन्न॥ १८॥**

जो वाणी और उसके अर्थ तथा जल और जलकी लहरके समान कहनेमें अलग-अलग हैं, परन्तु वास्तवमें अभिन्न (एक) हैं, उन श्रीसीतारामजीके चरणोंकी मैं वन्दना करता हूँ, जिन्हें दीन-दुखी बहुत ही प्रिय हैं॥ १८॥

**बंदउँ नाम राम रघुबर को। हेतु कृसानु भानु हिमकर को॥**
**बिधि हरि हरमय बेद प्रान सो। अगुन अनूपम गुन निधान सो॥**

मैं श्रीरघुनाथजीके नाम 'राम' की वन्दना करता हूँ, जो कृशानु (अग्नि), भानु (सूर्य) और हिमकर (चन्द्रमा) का हेतु अर्थात् 'र' 'आ' और 'म' रूपसे बीज है। वह 'राम' नाम ब्रह्मा, विष्णु और शिवरूप है। वह वेदोंका प्राण है; निर्गुण, उपमारहित और गुणोंका भण्डार है॥ १॥

**महामंत्र जोइ जपत महेसू। कासीं मुकुति हेतु उपदेसू॥**
**महिमा जासु जान गनराऊ। प्रथम पूजिअत नाम प्रभाऊ॥**

जो महामन्त्र है, जिसे महेश्वर श्रीशिवजी जपते हैं और उनके द्वारा जिसका उपदेश काशीमें मुक्तिका कारण है, तथा जिसकी महिमाको गणेशजी जानते हैं, जो इस 'राम' नामके प्रभावसे ही सबसे पहले पूजे जाते हैं॥ २॥

**जान आदिकबि नाम प्रतापू। भयउ सुद्ध करि उलटा जापू॥**
**सहस नाम सम सुनि सिव बानी। जपि जेईं पिय संग भवानी॥**

आदिकवि श्रीवाल्मीकिजी रामनामके प्रतापको जानते हैं, जो उलटा नाम ('मरा', 'मरा') जपकर पवित्र हो गये। श्रीशिवजीके इस वचनको सुनकर कि एक राम-नाम सहस्र नामके समान है, पार्वतीजी सदा अपने पति (श्रीशिवजी) के साथ रामनामका जप करती रहती हैं॥ ३॥

**हरषे हेतु हेरि हर ही को। किय भूषन तिय भूषन ती को॥**
**नाम प्रभाउ जान सिव नीको। कालकूट फलु दीन्ह अमी को॥**

नामके प्रति पार्वतीजीके हृदयकी ऐसी प्रीति देखकर श्रीशिवजी हर्षित हो गये और उन्होंने स्त्रियोंमें भूषणरूप (पतिव्रताओंमें शिरोमणि) पार्वतीजीको अपना भूषण बना लिया (अर्थात् उन्हें अपने अंगमें धारण करके अर्द्धांगिनी बना लिया)। नामके प्रभावको श्रीशिवजी भलीभाँति जानते हैं, जिस (प्रभाव) के कारण कालकूट जहरने उनको अमृतका फल दिया॥ ४॥

**दो०—बरषा रितु रघुपति भगति तुलसी सालि सुदास।**
**राम नाम बर बरन जुग सावन भादव मास॥ १९॥**

श्रीरघुनाथजीकी भक्ति वर्षा-ऋतु है, तुलसीदासजी कहते हैं कि उत्तम सेवकगण धान हैं और 'राम' नामके दो सुन्दर अक्षर सावन-भादोंके महीने हैं॥ १९॥

**आखर मधुर मनोहर दोऊ। बरन बिलोचन जन जिय जोऊ॥**
**सुमिरत सुलभ सुखद सब काहू। लोक लाहु परलोक निबाहू॥**

दोनों अक्षर मधुर और मनोहर हैं, जो वर्णमालारूपी शरीरके नेत्र हैं, भक्तोंके जीवन हैं तथा स्मरण करनेमें सबके लिये सुलभ और सुख देनेवाले हैं, और जो इस लोकमें लाभ और परलोकमें निर्वाह करते हैं (अर्थात् भगवान्‌के दिव्य धाममें दिव्य देहसे सदा भगवत्सेवामें नियुक्त रखते हैं)॥ १॥

**कहत सुनत सुमिरत सुठि नीके। राम लखन सम प्रिय तुलसी के॥**
**बरनत बरन प्रीति बिलगाती। ब्रह्म जीव सम सहज सँघाती॥**

ये कहने, सुनने और स्मरण करनेमें बहुत ही अच्छे (सुन्दर और मधुर) हैं; तुलसीदासको तो श्रीराम-लक्ष्मणके समान प्यारे हैं। इनका ('र' और 'म' का) अलग-अलग वर्णन करनेमें प्रीति बिलगाती है (अर्थात् बीजमन्त्रकी दृष्टिसे इनके उच्चारण, अर्थ और फलमें भिन्नता दीख पड़ती है) परन्तु हैं ये जीव और ब्रह्मके समान स्वभावसे ही साथ रहनेवाले (सदा एकरूप और एकरस)॥ २॥

**नर नारायन सरिस सुभ्राता। जग पालक बिसेषि जन त्राता॥**
**भगति सुतिय कल करन बिभूषन। जग हित हेतु बिमल बिधु पूषन॥**

ये दोनों अक्षर नर-नारायणके समान सुन्दर भाई हैं, ये जगत्‌का पालन और विशेषरूपसे भक्तोंकी रक्षा करनेवाले हैं। ये भक्तिरूपिणी सुन्दर स्त्रीके कानोंके सुन्दर आभूषण (कर्णफूल) हैं और जगत्‌के हितके लिये निर्मल चन्द्रमा और सूर्य हैं॥ ३॥

**स्वाद तोष सम सुगति सुधा के। कमठ सेष सम धर बसुधा के॥**
**जन मन मंजु कंज मधुकर से। जीह जसोमति हरि हलधर से॥**

ये सुन्दर गति (मोक्ष) रूपी अमृतके स्वाद और तृप्तिके समान हैं, कच्छप और शेषजीके समान पृथ्वीके धारण करनेवाले हैं, भक्तोंके मनरूपी सुन्दर कमलमें विहार करनेवाले भौंरेके समान हैं और जीभरूपी यशोदाजीके लिये श्रीकृष्ण और बलरामजीके समान (आनन्द देनेवाले) हैं॥ ४॥

**दो०—एकु छत्रु एकु मुकुटमनि सब बरननि पर जोउ।**
**तुलसी रघुबर नाम के बरन बिराजत दोउ॥ २०॥**

तुलसीदासजी कहते हैं—श्रीरघुनाथजीके नामके दोनों अक्षर बड़ी शोभा देते हैं, जिनमेंसे एक (रकार) छत्ररूप (रेफ र्) से और दूसरा (मकार) मुकुटमणि (अनुस्वार ं) रूपसे सब अक्षरोंके ऊपर हैं॥ २०॥

**समुझत सरिस नाम अरु नामी। प्रीति परसपर प्रभु अनुगामी॥**
**नाम रूप दुइ ईस उपाधी। अकथ अनादि सुसामुझि साधी॥**

समझनेमें नाम और नामी दोनों एक-से हैं, किन्तु दोनोंमें परस्पर स्वामी और सेवकके समान

प्रीति है (अर्थात् नाम और नामीमें पूर्ण एकता होनेपर भी जैसे स्वामीके पीछे सेवक चलता है, उसी प्रकार नामके पीछे नामी चलते हैं। प्रभु श्रीरामजी अपने 'राम' नामका ही अनुगमन करते हैं, नाम लेते ही वहाँ आ जाते हैं)। नाम और रूप दोनों ईश्वरकी उपाधि हैं; ये (भगवान्‌के नाम और रूप) दोनों अनिर्वचनीय हैं, अनादि हैं और सुन्दर (शुद्ध भक्तियुक्त) बुद्धिसे ही इनका [दिव्य अविनाशी] स्वरूप जाननेमें आता है॥ १॥

**को बड़ छोट कहत अपराधू। सुनि गुन भेदु समुझिहहिं साधू॥**
**देखिअहिं रूप नाम आधीना। रूप ग्यान नहिं नाम बिहीना॥**

इन (नाम और रूप) में कौन बड़ा है, कौन छोटा, यह कहना तो अपराध है। इनके गुणोंका तारतम्य (कमी-बेशी) सुनकर साधु पुरुष स्वयं ही समझ लेंगे। रूप नामके अधीन देखे जाते हैं, नामके बिना रूपका ज्ञान नहीं हो सकता॥ २॥

**रूप बिसेष नाम बिनु जानें। करतल गत न परहिं पहिचानें॥**
**सुमिरिअ नाम रूप बिनु देखें। आवत हृदयँ सनेह बिसेषें॥**

कोई-सा विशेष रूप बिना उसका नाम जाने हथेलीपर रखा हुआ भी पहचाना नहीं जा सकता और रूपके बिना देखे भी नामका स्मरण किया जाय तो विशेष प्रेमके साथ वह रूप हृदयमें आ जाता है॥ ३॥

**नाम रूप गति अकथ कहानी। समुझत सुखद न परति बखानी॥**
**अगुन सगुन बिच नाम सुसाखी। उभय प्रबोधक चतुर दुभाषी॥**

नाम और रूपकी गतिकी कहानी (विशेषताकी कथा) अकथनीय है। वह समझनेमें सुखदायक है, परन्तु उसका वर्णन नहीं किया जा सकता। निर्गुण और सगुणके बीचमें नाम सुन्दर साक्षी है और दोनोंका यथार्थ ज्ञान करानेवाला चतुर दुभाषिया है॥ ४॥

**दो०—राम नाम मनिदीप धरु जीह देहरीं द्वार।**
**तुलसी भीतर बाहेरहुँ जौं चाहसि उजिआर॥ २१॥**

तुलसीदासजी कहते हैं—यदि तू भीतर और बाहर दोनों ओर उजाला चाहता है तो मुखरूपी द्वारकी जीभरूपी देहलीपर रामनामरूपी मणि-दीपकको रख॥ २१॥

**नाम जीहँ जपि जागहिं जोगी। बिरति बिरंचि प्रपंच बियोगी॥**
**ब्रह्मसुखहि अनुभवहिं अनूपा। अकथ अनामय नाम न रूपा॥**

ब्रह्माके बनाये हुए इस प्रपंच (दृश्य जगत्) से भलीभाँति छूटे हुए वैराग्यवान् मुक्त योगी पुरुष इस नामको ही जीभसे जपते हुए [तत्त्वज्ञानरूपी दिनमें] जागते हैं और नाम तथा रूपसे रहित अनुपम, अनिर्वचनीय, अनामय ब्रह्मसुखका अनुभव करते हैं॥ १॥

**जाना चहहिं गूढ़ गति जेऊ। नाम जीहँ जपि जानहिं तेऊ॥**
**साधक नाम जपहिं लय लाएँ। होहिं सिद्ध अनिमादिक पाएँ॥**

जो परमात्माके गूढ़ रहस्यको (यथार्थ महिमाको) जानना चाहते हैं, वे (जिज्ञासु) भी नामको जीभसे जपकर उसे जान लेते हैं। [लौकिक सिद्धियोंके चाहनेवाले अर्थार्थी] साधक लौ लगाकर नामका जप करते हैं और अणिमादि [आठों] सिद्धियोंको पाकर सिद्ध हो जाते हैं॥ २॥

**जपहिं नामु जन आरत भारी। मिटहिं कुसंकट होहिं सुखारी॥**
**राम भगत जग चारि प्रकारा। सुकृती चारिउ अनघ उदारा॥**

[संकटसे घबराये हुए] आर्त भक्त नामजप करते हैं तो उनके बड़े भारी बुरे-बुरे संकट मिट जाते हैं और वे सुखी हो जाते हैं। जगत्में चार प्रकारके (१-अर्थार्थी—धनादिकी चाहसे भजनेवाले, २-आर्त—संकटकी निवृत्तिके लिये भजनेवाले, ३-जिज्ञासु—भगवान्को जाननेकी इच्छासे भजनेवाले, ४-ज्ञानी—भगवान्को तत्त्वसे जानकर स्वाभाविक ही प्रेमसे भजनेवाले) रामभक्त हैं और चारों ही पुण्यात्मा, पापरहित और उदार हैं॥ ३॥

**चहू चतुर कहुँ नाम अधारा। ग्यानी प्रभुहि बिसेषि पिआरा॥**
**चहुँ जुग चहुँ श्रुति नाम प्रभाऊ। कलि बिसेषि नहिं आन उपाऊ॥**

चारों ही चतुर भक्तोंको नामका ही आधार है; इनमें ज्ञानी भक्त प्रभुको विशेषरूपसे प्रिय है। यों तो चारों युगोंमें और चारों ही वेदोंमें नामका प्रभाव है, परन्तु कलियुगमें विशेषरूपसे है। इसमें तो [नामको छोड़कर] दूसरा कोई उपाय ही नहीं है॥ ४॥

**दो०—सकल कामना हीन जे राम भगति रस लीन।**
**नाम सुप्रेम पियूष ह्रद तिन्हहुँ किए मन मीन॥ २२॥**

जो सब प्रकारकी (भोग और मोक्षकी भी) कामनाओंसे रहित और श्रीरामभक्तिके रसमें लीन हैं, उन्होंने भी नामके सुन्दर प्रेमरूपी अमृतके सरोवरमें अपने मनको मछली बना रखा है (अर्थात् वे नामरूपी सुधाका निरन्तर आस्वादन करते रहते हैं, क्षणभर भी उससे अलग होना नहीं चाहते)॥ २२॥

**अगुन सगुन दुइ ब्रह्म सरूपा। अकथ अगाध अनादि अनूपा॥**
**मोरें मत बड़ नामु दुहू तें। किए जेहिं जुग निज बस निज बूतें॥**

निर्गुण और सगुण—ब्रह्मके दो स्वरूप हैं। ये दोनों ही अकथनीय, अथाह, अनादि और अनुपम हैं। मेरी सम्मतिमें नाम इन दोनोंसे बड़ा है, जिसने अपने बलसे दोनोंको अपने वशमें कर रखा है॥ १॥

**प्रौढ़ि सुजन जनि जानहिं जन की। कहउँ प्रतीति प्रीति रुचि मन की॥**
**एकु दारुगत देखिअ एकू। पावक सम जुग ब्रह्म बिबेकू॥**
**उभय अगम जुग सुगम नाम तें। कहेउँ नामु बड़ ब्रह्म राम तें॥**
**ब्यापकु एकु ब्रह्म अबिनासी। सत चेतन घन आनँद रासी॥**

सज्जनगण इस बातको मुझ दासकी ढिठाई या केवल काव्योक्ति न समझें। मैं अपने मनके विश्वास, प्रेम और रुचिकी बात कहता हूँ। [निर्गुण और सगुण] दोनों प्रकारके ब्रह्मका ज्ञान अग्निके समान है। निर्गुण उस अप्रकट अग्निके समान है जो काठके अंदर है, परन्तु दीखती नहीं; और सगुण उस प्रकट अग्निके समान है जो प्रत्यक्ष दीखती है। [तत्त्वतः दोनों एक ही हैं; केवल प्रकट-अप्रकटके भेदसे भिन्न मालूम होती हैं। इसी प्रकार निर्गुण और सगुण तत्त्वतः एक ही हैं। इतना होनेपर भी] दोनों ही जाननेमें बड़े कठिन हैं, परन्तु नामसे दोनों सुगम हो जाते हैं। इसीसे मैंने नामको [निर्गुण] ब्रह्मसे और [सगुण] रामसे बड़ा कहा है, ब्रह्म व्यापक है, एक है, अविनाशी है; सत्ता, चैतन्य और आनन्दकी घनराशि है॥ २-३॥

**अस प्रभु हृदयँ अछत अबिकारी। सकल जीव जग दीन दुखारी॥**
**नाम निरूपन नाम जतन तें। सोउ प्रगटत जिमि मोल रतन तें॥**

ऐसे विकाररहित प्रभुके हृदयमें रहते भी जगत्‌के सब जीव दीन और दुखी हैं। नामका निरूपण करके (नामके यथार्थ स्वरूप, महिमा, रहस्य और प्रभावको जानकर) नामका जतन करनेसे (श्रद्धापूर्वक नामजपरूपी साधन करनेसे) वही ब्रह्म ऐसे प्रकट हो जाता है जैसे रत्नके जाननेसे उसका मूल्य॥ ४॥

**दो०—निरगुन तें एहि भाँति बड़ नाम प्रभाउ अपार।**
**कहउँ नामु बड़ राम तें निज बिचार अनुसार॥ २३॥**

इस प्रकार निर्गुणसे नामका प्रभाव अत्यन्त बड़ा है। अब अपने विचारके अनुसार कहता हूँ कि नाम [सगुण] रामसे भी बड़ा है॥ २३॥

**राम भगत हित नर तनु धारी। सहि संकट किए साधु सुखारी॥**
**नामु सप्रेम जपत अनयासा। भगत होहिं मुद मंगल बासा॥**

श्रीरामचन्द्रजीने भक्तोंके हितके लिये मनुष्य-शरीर धारण करके स्वयं कष्ट सहकर साधुओंको सुखी किया; परन्तु भक्तगण प्रेमके साथ नामका जप करते हुए सहजहीमें आनन्द और कल्याणके घर हो जाते हैं॥ १॥

**राम एक तापस तिय तारी। नाम कोटि खल कुमति सुधारी॥**
**रिषि हित राम सुकेतुसुता की। सहित सेन सुत कीन्हि बिबाकी॥**
**सहित दोष दुख दास दुरासा। दलइ नामु जिमि रबि निसि नासा॥**
**भंजेउ राम आपु भव चापू। भव भय भंजन नाम प्रतापू॥**

श्रीरामजीने एक तपस्वीकी स्त्री (अहल्या) को ही तारा, परन्तु नामने करोड़ों दुष्टोंकी बिगड़ी बुद्धिको सुधार दिया। श्रीरामजीने ऋषि विश्वामित्रके हितके लिये एक सुकेतु यक्षकी कन्या ताड़काकी सेना और पुत्र (सुबाहु) सहित समाप्ति की; परन्तु नाम अपने भक्तोंके दोष, दुःख और दुराशाओंका इस तरह नाश कर देता है जैसे सूर्य रात्रिका। श्रीरामजीने तो स्वयं शिवजीके धनुषको तोड़ा, परन्तु नामका प्रताप ही संसारके सब भयोंका नाश करनेवाला है॥ २-३॥

**दंडक बनु प्रभु कीन्ह सुहावन। जन मन अमित नाम किए पावन॥**
**निसिचर निकर दले रघुनंदन। नामु सकल कलि कलुष निकंदन॥**

प्रभु श्रीरामजीने [भयानक] दण्डक वनको सुहावना बनाया, परन्तु नामने असंख्य मनुष्योंके मनोंको पवित्र कर दिया। श्रीरघुनाथजीने राक्षसोंके समूहको मारा, परन्तु नाम तो कलियुगके सारे पापोंकी जड़ उखाड़नेवाला है॥ ४॥

**दो०—सबरी गीध सुसेवकनि सुगति दीन्हि रघुनाथ।**
**नाम उधारे अमित खल बेद बिदित गुन गाथ॥ २४॥**

श्रीरघुनाथजीने तो शबरी, जटायु आदि उत्तम सेवकोंको ही मुक्ति दी; परन्तु नामने अगनित दुष्टोंका उद्धार किया। नामके गुणोंकी कथा वेदोंमें प्रसिद्ध है॥ २४॥

**राम सुकंठ बिभीषन दोऊ। राखे सरन जान सबु कोऊ॥**
**नाम गरीब अनेक नेवाजे। लोक बेद बर बिरिद बिराजे॥**

श्रीरामजीने सुग्रीव और विभीषण दोको ही अपने शरणमें रखा, यह सब कोई जानते हैं; परंतु नामने अनेक गरीबोंपर कृपा की है। नामका यह सुन्दर विरद लोक और वेदमें विशेषरूपसे प्रकाशित है॥ १॥

**राम भालु कपि कटकु बटोरा। सेतु हेतु श्रमु कीन्ह न थोरा॥**
**नामु लेत भवसिंधु सुखाहीं। करहु बिचारु सुजन मन माहीं॥**

श्रीरामजीने तो भालू और बन्दरोंकी सेना बटोरी और समुद्रपर पुल बाँधनेके लिये थोड़ा परिश्रम नहीं किया; परंतु नाम लेते ही संसार-समुद्र सूख जाता है। सज्जनगण! मनमें विचार कीजिये [कि दोनोंमें कौन बड़ा है]॥ २॥

**राम सकुल रन रावनु मारा। सीय सहित निज पुर पगु धारा॥**
**राजा रामु अवध रजधानी। गावत गुन सुर मुनि बर बानी॥**
**सेवक सुमिरत नामु सप्रीती। बिनु श्रम प्रबल मोह दलु जीती॥**
**फिरत सनेहँ मगन सुख अपनें। नाम प्रसाद सोच नहिं सपनें॥**

श्रीरामचन्द्रजीने कुटुम्बसहित रावणको युद्धमें मारा, तब सीतासहित उन्होंने अपने नगर (अयोध्या)में प्रवेश किया। राम राजा हुए, अवध उनकी राजधानी हुई, देवता और मुनि सुन्दर वाणीसे जिनके गुण गाते हैं। परंतु सेवक (भक्त) प्रेमपूर्वक नामके स्मरणमात्रसे बिना परिश्रम मोहकी प्रबल सेनाको जीतकर प्रेममें मग्न हुए अपने ही सुखमें विचरते हैं, नामके प्रसादसे उन्हें सपनेमें भी कोई चिन्ता नहीं सताती॥ ३-४॥

**दो०—ब्रह्म राम तें नामु बड़ बर दायक बर दानि।**
**रामचरित सत कोटि महँ लिय महेस जियँ जानि॥ २५॥**

इस प्रकार नाम [निर्गुण] ब्रह्म और [सगुण] राम दोनोंसे बड़ा है। यह वरदान देनेवालोंको भी वर देनेवाला है। श्रीशिवजीने अपने हृदयमें यह जानकर ही सौ करोड़ रामचरित्रमेंसे इस 'राम' नामको [साररूपसे चुनकर] ग्रहण किया है॥ २५॥

## मासपारायण, पहला विश्राम

**नाम प्रसाद संभु अबिनासी। साजु अमंगल मंगल रासी॥**
**सुक सनकादि सिद्ध मुनि जोगी। नाम प्रसाद ब्रह्मसुख भोगी॥**

नामहीके प्रसादसे शिवजी अविनाशी हैं और अमंगल वेषवाले होनेपर भी मंगलकी राशि हैं। शुकदेवजी और सनकादि सिद्ध, मुनि, योगीगण नामके ही प्रसादसे ब्रह्मानन्दको भोगते हैं॥ १॥

**नारद जानेउ नाम प्रतापू। जग प्रिय हरि हरि हर प्रिय आपू॥**
**नामु जपत प्रभु कीन्ह प्रसादू। भगत सिरोमनि भे प्रहलादू॥**

नारदजीने नामके प्रतापको जाना है। हरि सारे संसारको प्यारे हैं, [हरिको हर प्यारे हैं] और आप (श्रीनारदजी) हरि और हर दोनोंको प्रिय हैं। नामके जपनेसे प्रभुने कृपा की, जिससे प्रह्लाद भक्तशिरोमणि हो गये॥ २॥

**ध्रुवँ सगलानि जपेउ हरि नाऊँ। पायउ अचल अनूपम ठाऊँ॥**
**सुमिरि पवनसुत पावन नामू। अपने बस करि राखे रामू॥**

ध्रुवजीने ग्लानिसे (विमाताके वचनोंसे दुखी होकर सकामभावसे) हरिनामको जपा और उसके प्रतापसे अचल अनुपम स्थान (ध्रुवलोक) प्राप्त किया। हनुमान्‌जीने पवित्र नामका स्मरण करके श्रीरामजीको अपने वशमें कर रखा है॥ ३॥

**अपतु अजामिलु गजु गनिकाऊ। भए मुकुत हरि नाम प्रभाऊ॥**
**कहौं कहाँ लगि नाम बड़ाई। रामु न सकहिं नाम गुन गाई॥**

नीच अजामिल, गज और गणिका (वेश्या) भी श्रीहरिके नामके प्रभावसे मुक्त हो गये। मैं नामकी बड़ाई कहाँतक कहूँ, राम भी नामके गुणोंको नहीं गा सकते॥ ४॥

**दो०—नामु राम को कलपतरु कलि कल्यान निवासु।**
**जो सुमिरत भयो भाँग तें तुलसी तुलसीदासु॥ २६॥**

कलियुगमें रामका नाम कल्पतरु (मनचाहा पदार्थ देनेवाला) और कल्याणका निवास (मुक्तिका घर) है, जिसको स्मरण करनेसे भाँग-सा (निकृष्ट) तुलसीदास तुलसीके समान [पवित्र] हो गया॥ २६॥

**चहुँ जुग तीनि काल तिहुँ लोका। भए नाम जपि जीव बिसोका॥**
**बेद पुरान संत मत एहू। सकल सुकृत फल राम सनेहू॥**

[केवल कलियुगकी ही बात नहीं है,] चारों युगोंमें, तीनों कालोंमें और तीनों लोकोंमें नामको जपकर जीव शोकरहित हुए हैं। वेद, पुराण और संतोंका मत यही है कि समस्त पुण्योंका फल श्रीरामजीमें [या रामनाममें] प्रेम होना है॥ १॥

**ध्यानु प्रथम जुग मखबिधि दूजें। द्वापर परितोषत प्रभु पूजें॥**
**कलि केवल मल मूल मलीना। पाप पयोनिधि जन मन मीना॥**

पहले (सत्य) युगमें ध्यानसे, दूसरे (त्रेता) युगमें यज्ञसे और द्वापरमें पूजनसे भगवान् प्रसन्न होते हैं; परंतु कलियुग केवल पापकी जड़ और मलिन है, इसमें मनुष्योंका मन पापरूपी समुद्रमें मछली बना हुआ है (अर्थात् पापसे कभी अलग होना ही नहीं चाहता; इससे ध्यान,यज्ञ और पूजन नहीं बन सकते)॥ २॥

**नाम कामतरु काल कराला। सुमिरत समन सकल जग जाला॥**
**राम नाम कलि अभिमत दाता। हित परलोक लोक पितु माता॥**

ऐसे कराल (कलियुगके) कालमें तो नाम ही कल्पवृक्ष है, जो स्मरण करते ही संसारके सब जंजालोंको नाश कर देनेवाला है। कलियुगमें यह रामनाम मनोवांछित फल देनेवाला है, परलोकका परम हितैषी और इस लोकका माता-पिता है (अर्थात् परलोकमें भगवान्‌का परमधाम देता है और इस लोकमें माता-पिताके समान सब प्रकारसे पालन और रक्षण करता है)॥ ३॥

**नहिं कलि करम न भगति बिबेकू। राम नाम अवलंबन एकू॥**
**कालनेमि कलि कपट निधानू। नाम सुमति समरथ हनुमानू॥**

कलियुगमें न कर्म है, न भक्ति है और न ज्ञान ही है; रामनाम ही एक आधार है। कपटकी खान कलियुगरूपी कालनेमिके [मारनेके] लिये रामनाम ही बुद्धिमान् और समर्थ श्रीहनुमान्‌जी हैं॥ ४॥

**दो०—राम नाम नरकेसरी कनककसिपु कलिकाल।**
**जापक जन प्रहलाद जिमि पालिहि दलि सुरसाल॥ २७॥**

रामनाम श्रीनृसिंहभगवान् है, कलियुग हिरण्यकशिपु है और जप करनेवाले जन प्रह्लादके समान हैं; यह रामनाम देवताओंके शत्रु (कलियुगरूपी दैत्य) को मारकर जप करनेवालोंकी रक्षा करेगा॥ २७॥

**भायँ कुभायँ अनख आलसहूँ। नाम जपत मंगल दिसि दसहूँ॥**
**सुमिरि सो नाम राम गुन गाथा। करउँ नाइ रघुनाथहि माथा॥**

अच्छे भाव (प्रेम) से, बुरे भाव (वैर) से, क्रोधसे या आलस्यसे, किसी तरहसे भी नाम जपनेसे दसों दिशाओंमें कल्याण होता है। उसी (परम कल्याणकारी) रामनामका स्मरण करके और श्रीरघुनाथजीको मस्तक नवाकर मैं रामजीके गुणोंका वर्णन करता हूँ॥ १॥

**मोरि सुधारिहि सो सब भाँती। जासु कृपा नहिं कृपाँ अघाती॥**
**राम सुस्वामि कुसेवकु मोसो। निज दिसि देखि दयानिधि पोसो॥**

वे (श्रीरामजी) मेरी [बिगड़ी] सब तरहसे सुधार लेंगे; जिनकी कृपा कृपा करनेसे नहीं अघाती। राम-से उत्तम स्वामी और मुझ-सरीखा बुरा सेवक! इतनेपर भी उन दयानिधिने अपनी ओर देखकर मेरा पालन किया है॥ २॥

**लोकहुँ बेद सुसाहिब रीती। बिनय सुनत पहिचानत प्रीती॥**
**गनी गरीब ग्राम नर नागर। पंडित मूढ़ मलीन उजागर॥**

लोक और वेदमें भी अच्छे स्वामीकी यही रीति प्रसिद्ध है कि वह विनय सुनते ही प्रेमको पहचान लेता है। अमीर-गरीब, गँवार-नगरनिवासी, पण्डित-मूर्ख, बदनाम-यशस्वी, ॥ ३॥

**सुकबि कुकबि निज मति अनुहारी। नृपहि सराहत सब नर नारी॥**
**साधु सुजान सुसील नृपाला। ईस अंस भव परम कृपाला॥**

सुकवि-कुकवि, सभी नर-नारी अपनी-अपनी बुद्धिके अनुसार राजाकी सराहना करते हैं। और साधु, बुद्धिमान्, सुशील, ईश्वरके अंशसे उत्पन्न कृपालु राजा— ॥ ४॥

**सुनि सनमानहिं सबहि सुबानी। भनिति भगति नति गति पहिचानी॥**
**यह प्राकृत महिपाल सुभाऊ। जान सिरोमनि कोसलराऊ॥**

सबकी सुनकर और उनकी वाणी, भक्ति, विनय और चालको पहचानकर सुन्दर (मीठी) वाणीसे सबका यथायोग्य सम्मान करते हैं। यह स्वभाव तो संसारी राजाओंका है, कोसलनाथ श्रीरामचन्द्रजी तो चतुरशिरोमणि हैं॥ ५॥

**रीझत राम सनेह निसोतें। को जग मंद मलिनमति मोतें॥**

श्रीरामजी तो विशुद्ध प्रेमसे ही रीझते हैं, पर जगत्में मुझसे बढ़कर मूर्ख और मलिनबुद्धि और कौन होगा?॥ ६॥

**दो०—सठ सेवक की प्रीति रुचि रखिहहिं राम कृपालु।**
**उपल किए जलजान जेहिं सचिव सुमति कपि भालु॥ २८ (क)॥**

तथापि कृपालु श्रीरामचन्द्रजी मुझ दुष्ट सेवककी प्रीति और रुचिको अवश्य रखेंगे, जिन्होंने पत्थरोंको जहाज और बन्दर-भालुओंको बुद्धिमान् मन्त्री बना लिया॥ २८ (क)॥

**हौंहु कहावत सबु कहत राम सहत उपहास।**
**साहिब सीतानाथ सो सेवक तुलसीदास॥ २८ (ख)॥**

सब लोग मुझे श्रीरामजीका सेवक कहते हैं और मैं भी [बिना लज्जा-संकोचके] कहलाता हूँ (कहनेवालोंका विरोध नहीं करता); कृपालु श्रीरामजी इस निन्दाको सहते हैं कि श्रीसीतानाथजी-जैसे स्वामीका तुलसीदास-सा सेवक है॥ २८ (ख)॥

**अति बड़ि मोरि ढिठाई खोरी। सुनि अघ नरकहुँ नाक सकोरी॥**
**समुझि सहम मोहि अपडर अपनें। सो सुधि राम कीन्हि नहिं सपनें॥**

यह मेरी बहुत बड़ी ढिठाई और दोष है, मेरे पापको सुनकर नरकने भी नाक सिकोड़ ली है (अर्थात् नरकमें भी मेरे लिये ठौर नहीं है)। यह समझकर मुझे अपने ही कल्पित डरसे डर हो रहा है, किंतु भगवान् श्रीरामचन्द्रजीने तो स्वप्नमें भी इसपर (मेरी इस ढिठाई और दोषपर) ध्यान नहीं दिया॥ १॥

**सुनि अवलोकि सुचित चख चाही। भगति मोरि मति स्वामि सराही॥**
**कहत नसाइ होइ हियँ नीकी। रीझत राम जानि जन जी की॥**

वरं मेरे प्रभु श्रीरामचन्द्रजीने तो इस बातको सुनकर, देखकर और अपने सुचित्तरूपी चक्षुसे निरीक्षण कर मेरी भक्ति और बुद्धिकी [उलटे] सराहना की। क्योंकि कहनेमें चाहे बिगड़ जाय (अर्थात् मैं चाहे अपनेको भगवान्‌का सेवक कहता-कहलाता रहूँ), परंतु हृदयमें अच्छापन होना चाहिये। (हृदयमें तो अपनेको उनका सेवक बनने योग्य नहीं मानकर पापी और दीन ही मानता हूँ, यह अच्छापन है।) श्रीरामचन्द्रजी भी दासके हृदयकी [अच्छी] स्थिति जानकर रीझ जाते हैं॥ २॥

**रहति न प्रभु चित चूक किए की। करत सुरति सय बार हिए की॥**
**जेहिं अघ बधेउ ब्याध जिमि बाली। फिरि सुकंठ सोइ कीन्हि कुचाली॥**

प्रभुके चित्तमें अपने भक्तोंकी की हुई भूल-चूक याद नहीं रहती (वे उसे भूल जाते हैं) और उनके हृदय [की अच्छाई—नीकी] को सौ-सौ बार याद करते रहते हैं। जिस पापके कारण उन्होंने बालिको व्याधकी तरह मारा था, वैसी ही कुचाल फिर सुग्रीवने चली॥ ३॥

**सोइ करतूति बिभीषन केरी। सपनेहुँ सो न राम हियँ हेरी॥**
**ते भरतहि भेंटत सनमाने। राजसभाँ रघुबीर बखाने॥**

वही करनी विभीषणकी थी, परन्तु श्रीरामचन्द्रजीने स्वप्नमें भी उसका मनमें विचार नहीं किया। उलटे भरतजीसे मिलनेके समय श्रीरघुनाथजीने उनका सम्मान किया और राजसभामें भी उनके गुणोंका बखान किया॥ ४॥

**दो०—प्रभु तरु तर कपि डार पर ते किए आपु समान।**
**तुलसी कहूँ न राम से साहिब सीलनिधान॥ २९ (क)॥**

प्रभु (श्रीरामचन्द्रजी) तो वृक्षके नीचे और बंदर डालीपर (अर्थात् कहाँ मर्यादापुरुषोत्तम सच्चिदानन्दघन परमात्मा श्रीरामजी और कहाँ पेड़ोंकी शाखाओंपर कूदनेवाले बंदर)। परन्तु ऐसे बंदरोंको भी उन्होंने अपने समान बना लिया। तुलसीदासजी कहते हैं कि श्रीरामचन्द्रजी-सरीखे शीलनिधान स्वामी कहीं भी नहीं हैं॥ २९ (क)॥

**राम निकाईं रावरी है सबही को नीक।**
**जौं यह साँची है सदा तौ नीको तुलसीक॥ २९ (ख)॥**

हे श्रीरामजी! आपकी अच्छाईसे सभीका भला है (अर्थात् आपका कल्याणमय स्वभाव सभीका कल्याण करनेवाला है)। यदि यह बात सच है तो तुलसीदासका भी सदा कल्याण ही होगा॥ २९ (ख)॥

**एहि बिधि निज गुन दोष कहि सबहि बहुरि सिरु नाइ।**
**बरनउँ रघुबर बिसद जसु सुनि कलि कलुष नसाइ॥ २९ (ग)॥**

इस प्रकार अपने गुण-दोषोंको कहकर और सबको फिर सिर नवाकर मैं श्रीरघुनाथजीका निर्मल यश वर्णन करता हूँ जिसके सुननेसे कलियुगके पाप नष्ट हो जाते हैं॥ २९ (ग)॥

**जागबलिक जो कथा सुहाई। भरद्वाज मुनिबरहि सुनाई॥**
**कहिहउँ सोइ संबाद बखानी। सुनहुँ सकल सज्जन सुखु मानी॥**

मुनि याज्ञवल्क्यजीने जो सुहावनी कथा मुनिश्रेष्ठ भरद्वाजजीको सुनायी थी, उसी संवादको मैं बखानकर कहूँगा; सब सज्जन सुखका अनुभव करते हुए उसे सुनें॥ १॥

**संभु कीन्ह यह चरित सुहावा। बहुरि कृपा करि उमहि सुनावा॥**
**सोइ सिव कागभुसुंडिहि दीन्हा। राम भगत अधिकारी चीन्हा॥**

शिवजीने पहले इस सुहावने चरित्रको रचा, फिर कृपा करके पार्वतीजीको सुनाया। वही चरित्र शिवजीने काकभुशुण्डिजीको रामभक्त और अधिकारी पहचानकर दिया॥ २॥

**तेहि सन जागबलिक पुनि पावा। तिन्ह पुनि भरद्वाज प्रति गावा॥**
**ते श्रोता बकता समसीला। सवँदरसी जानहिं हरिलीला॥**

उन काकभुशुण्डिजीसे फिर याज्ञवल्क्यजीने पाया और उन्होंने फिर उसे भरद्वाजजीको गाकर सुनाया। वे दोनों वक्ता और श्रोता (याज्ञवल्क्य और भरद्वाज) समान शीलवाले और समदर्शी हैं और श्रीहरिकी लीलाको जानते हैं॥ ३॥

**जानहिं तीनि काल निज ग्याना। करतल गत आमलक समाना॥**
**औरउ जे हरिभगत सुजाना। कहहिं सुनहिं समुझहिं बिधि नाना॥**

वे अपने ज्ञानसे तीनों कालोंकी बातोंको हथेलीपर रखे हुए आँवलेके समान (प्रत्यक्ष) जानते हैं। और भी जो सुजान (भगवान्‌की लीलाओंका रहस्य जाननेवाले) हरिभक्त हैं, वे इस चरित्रको नाना प्रकारसे कहते, सुनते और समझते हैं॥ ४॥

**दो०—मैं पुनि निज गुर सन सुनी कथा सो सूकरखेत।**
**समुझी नहिं तसि बालपन तब अति रहेउँ अचेत॥ ३० (क)॥**

फिर वही कथा मैंने वाराह-क्षेत्रमें अपने गुरुजीसे सुनी; परन्तु उस समय मैं लड़कपनके कारण बहुत बेसमझ था, इससे उसको उस प्रकार (अच्छी तरह) समझा नहीं॥ ३० (क)॥

**श्रोता बकता ग्याननिधि कथा राम कै गूढ़।**
**किमि समुझौं मैं जीव जड़ कलि मल ग्रसित बिमूढ़॥ ३० (ख)॥**

श्रीरामजीकी गूढ़ कथाके वक्ता (कहनेवाले) और श्रोता (सुननेवाले) दोनों ज्ञानके खजाने (पूरे ज्ञानी) होते हैं। मैं कलियुगके पापोंसे ग्रसा हुआ महामूढ़ जड़ जीव भला उसको कैसे समझ सकता था?॥ ३० (ख)॥

**तदपि कही गुर बारहिं बारा। समुझि परी कछु मति अनुसारा॥**
**भाषाबद्ध करबि मैं सोई। मोरें मन प्रबोध जेहिं होई॥**

तो भी गुरुजीने जब बार-बार कथा कही, तब बुद्धिके अनुसार कुछ समझमें आयी। वही अब मेरे द्वारा भाषामें रची जायगी, जिससे मेरे मनको सन्तोष हो॥ १॥

**जस कछु बुधि बिबेक बल मेरें। तस कहिहउँ हियँ हरि के प्रेरें॥**
**निज संदेह मोह भ्रम हरनी। करउँ कथा भव सरिता तरनी॥**

जैसा कुछ मुझमें बुद्धि और विवेकका बल है, मैं हृदयमें हरिकी प्रेरणासे उसीके अनुसार कहूँगा। मैं अपने सन्देह, अज्ञान और भ्रमको हरनेवाली कथा रचता हूँ, जो संसाररूपी नदीके पार करनेके लिये नाव है॥ २॥

**बुध बिश्राम सकल जन रंजनि। रामकथा कलि कलुष बिभंजनि॥**
**रामकथा कलि पंनग भरनी। पुनि बिबेक पावक कहुँ अरनी॥**

रामकथा पण्डितोंको विश्राम देनेवाली, सब मनुष्योंको प्रसन्न करनेवाली और कलियुगके पापोंका नाश करनेवाली है। रामकथा कलियुगरूपी साँपके लिये मोरनी है और विवेकरूपी अग्निके प्रकट करनेके लिये अरणि (मन्थन की जानेवाली लकड़ी) है, (अर्थात् इस कथासे ज्ञानकी प्राप्ति होती है)॥ ३॥

**रामकथा कलि कामद गाई। सुजन सजीवनि मूरि सुहाई॥**
**सोइ बसुधातल सुधा तरंगिनि। भय भंजनि भ्रम भेक भुअंगिनि॥**

रामकथा कलियुगमें सब मनोरथोंको पूर्ण करनेवाली कामधेनु गौ है और सज्जनोंके लिये सुन्दर संजीवनी जड़ी है। पृथ्वीपर यही अमृतकी नदी है, जन्म-मरणरूपी भयका नाश करनेवाली और भ्रमरूपी मेढकोंको खानेके लिये सर्पिणी है॥ ४॥

**असुर सेन सम नरक निकंदिनि। साधु बिबुध कुल हित गिरिनंदिनि॥**
**संत समाज पयोधि रमा सी। बिस्व भार भर अचल छमा सी॥**

यह रामकथा असुरोंकी सेनाके समान नरकोंका नाश करनेवाली और साधुरूप देवताओंके कुलका हित करनेवाली पार्वती (दुर्गा) है। यह संत-समाजरूपी क्षीरसमुद्रके लिये लक्ष्मीजीके समान है और सम्पूर्ण विश्वका भार उठानेमें अचल पृथ्वीके समान है॥ ५॥

**जम गन मुहँ मसि जग जमुना सी। जीवन मुकुति हेतु जनु कासी॥**
**रामहि प्रिय पावनि तुलसी सी। तुलसिदास हित हियँ हुलसी सी॥**

यमदूतोंके मुखपर कालिख लगानेके लिये यह जगत्‌में यमुनाजीके समान है और जीवोंको मुक्ति देनेके लिये मानो काशी ही है। यह श्रीरामजीको पवित्र तुलसीके समान प्रिय है और तुलसीदासके लिये हुलसी (तुलसीदासजीकी माता) के समान हृदयसे हित करनेवाली है॥ ६॥

**सिवप्रिय मेकल सैल सुता सी। सकल सिद्धि सुख संपति रासी॥**
**सदगुन सुरगन अंब अदिति सी। रघुबर भगति प्रेम परमिति सी॥**

यह रामकथा शिवजीको नर्मदाजीके समान प्यारी है, यह सब सिद्धियोंकी तथा सुख-सम्पत्तिकी राशि है। सद्‌गुणरूपी देवताओंके उत्पन्न और पालन-पोषण करनेके लिये माता अदितिके समान है। श्रीरघुनाथजीकी भक्ति और प्रेमकी परम सीमा-सी है॥ ७॥

**दो०—रामकथा मंदाकिनी चित्रकूट चित चारु।**
**तुलसी सुभग सनेह बन सिय रघुबीर बिहारु॥ ३१॥**

तुलसीदासजी कहते हैं कि रामकथा मन्दाकिनी नदी है, सुन्दर (निर्मल) चित्त चित्रकूट है, और सुन्दर स्नेह ही वन है, जिसमें श्रीसीतारामजी विहार करते हैं॥ ३१॥

**रामचरित चिंतामनि चारू। संत सुमति तिय सुभग सिंगारू॥**
**जग मंगल गुनग्राम राम के। दानि मुकुति धन धरम धाम के॥**

श्रीरामचन्द्रजीका चरित्र सुन्दर चिन्तामणि है और संतोंकी सुबुद्धिरूपी स्त्रीका सुन्दर शृंगार है। श्रीरामचन्द्रजीके गुणसमूह जगत्का कल्याण करनेवाले और मुक्ति, धन, धर्म और परमधामके देनेवाले हैं॥ १॥

**सदगुर ग्यान बिराग जोग के। बिबुध बैद भव भीम रोग के॥**
**जननि जनक सिय राम प्रेम के। बीज सकल ब्रत धरम नेम के॥**

ज्ञान, वैराग्य और योगके लिये सद्गुरु हैं और संसाररूपी भयंकर रोगका नाश करनेके लिये देवताओंके वैद्य (अश्विनीकुमार) के समान हैं। ये श्रीसीतारामजीके प्रेमके उत्पन्न करनेके लिये माता-पिता हैं और सम्पूर्ण व्रत, धर्म और नियमोंके बीज हैं॥ २॥

**समन पाप संताप सोक के। प्रिय पालक परलोक लोक के॥**
**सचिव सुभट भूपति बिचार के। कुंभज लोभ उदधि अपार के॥**

पाप, सन्ताप और शोकका नाश करनेवाले तथा इस लोक और परलोकके प्रिय पालन करनेवाले हैं। विचार (ज्ञान) रूपी राजाके शूरवीर मन्त्री और लोभरूपी अपार समुद्रके सोखनेके लिये अगस्त्य मुनि हैं॥ ३॥

**काम कोह कलिमल करिगन के। केहरि सावक जन मन बन के॥**
**अतिथि पूज्य प्रियतम पुरारि के। कामद घन दारिद दवारि के॥**

भक्तोंके मनरूपी वनमें बसनेवाले काम, क्रोध और कलियुगके पापरूपी हाथियोंके मारनेके लिये सिंहके बच्चे हैं। शिवजीके पूज्य और प्रियतम अतिथि हैं और दरिद्रतारूपी दावानलके बुझानेके लिये कामना पूर्ण करनेवाले मेघ हैं॥ ४॥

**मंत्र महामनि बिषय ब्याल के। मेटत कठिन कुअंक भाल के॥**
**हरन मोह तम दिनकर कर से। सेवक सालि पाल जलधर से॥**

विषयरूपी साँपका जहर उतारनेके लिये मन्त्र और महामणि हैं। ये ललाटपर लिखे हुए कठिनतासे मिटनेवाले बुरे लेखों (मन्द प्रारब्ध) को मिटा देनेवाले हैं। अज्ञानरूपी अन्धकारके हरण करनेके लिये सूर्यकिरणोंके समान और सेवकरूपी धानके पालन करनेमें मेघके समान हैं॥ ५॥

**अभिमत दानि देवतरु बर से। सेवत सुलभ सुखद हरि हर से॥**
**सुकबि सरद नभ मन उडगन से। रामभगत जन जीवन धन से॥**

मनोवांछित वस्तु देनेमें श्रेष्ठ कल्पवृक्षके समान हैं और सेवा करनेमें हरि-हरके समान सुलभ और सुख देनेवाले हैं। सुकविरूपी शरद् ऋतुके मनरूपी आकाशको सुशोभित करनेके लिये तारागणके समान और श्रीरामजीके भक्तोंके तो जीवनधन ही हैं॥ ६॥

**सकल सुकृत फल भूरि भोग से। जग हित निरुपधि साधु लोग से॥**
**सेवक मन मानस मराल से। पावन गंग तरंग माल से॥**

सम्पूर्ण पुण्योंके फल महान् भोगोंके समान हैं। जगत्का छलरहित (यथार्थ) हित करनेमें साधु-संतोंके समान हैं। सेवकोंके मनरूपी मानसरोवरके लिये हंसके समान और पवित्र करनेमें गंगाजीकी तरंगमालाओंके समान हैं॥ ७॥

**दो०—कुपथ कुतरक कुचालि कलि कपट दंभ पाषंड।**
**दहन राम गुन ग्राम जिमि इंधन अनल प्रचंड॥ ३२ (क)॥**

श्रीरामजीके गुणोंके समूह कुमार्ग, कुतर्क, कुचाल और कलियुगके कपट, दम्भ और पाखण्डके जलानेके लिये वैसे ही हैं जैसे ईंधनके लिये प्रचण्ड अग्नि॥ ३२ (क)॥

**रामचरित राकेस कर सरिस सुखद सब काहु।**
**सज्जन कुमुद चकोर चित हित बिसेषि बड़ लाहु॥ ३२ (ख)॥**

रामचरित्र पूर्णिमाके चन्द्रमाकी किरणोंके समान सभीको सुख देनेवाले हैं, परन्तु सज्जनरूपी कुमुदिनी और चकोरके चित्तके लिये तो विशेष हितकारी और महान् लाभदायक हैं॥ ३२ (ख)॥

**कीन्हि प्रस्न जेहि भाँति भवानी। जेहि बिधि संकर कहा बखानी॥**
**सो सब हेतु कहब मैं गाई। कथा प्रबंध बिचित्र बनाई॥**

जिस प्रकार श्रीपार्वतीजीने श्रीशिवजीसे प्रश्न किया और जिस प्रकारसे श्रीशिवजीने विस्तारसे उसका उत्तर कहा, वह सब कारण मैं विचित्र कथाकी रचना करके गाकर कहूँगा॥ १॥

**जेहिं यह कथा सुनी नहिं होई। जनि आचरजु करै सुनि सोई॥**
**कथा अलौकिक सुनहिं जे ग्यानी। नहिं आचरजु करहिं अस जानी॥**
**रामकथा कै मिति जग नाहीं। असि प्रतीति तिन्ह के मन माहीं॥**
**नाना भाँति राम अवतारा। रामायन सत कोटि अपारा॥**

जिसने यह कथा पहले न सुनी हो, वह इसे सुनकर आश्चर्य न करे। जो ज्ञानी इस विचित्र कथाको सुनते हैं, वे यह जानकर आश्चर्य नहीं करते कि संसारमें रामकथाकी कोई सीमा नहीं है (रामकथा अनन्त है)। उनके मनमें ऐसा विश्वास रहता है। नाना प्रकारसे श्रीरामचन्द्रजीके अवतार हुए हैं और सौ करोड़ तथा अपार रामायण हैं॥ २-३॥

**कलपभेद हरिचरित सुहाए। भाँति अनेक मुनीसन्ह गाए॥**
**करिअ न संसय अस उर आनी। सुनिअ कथा सादर रति मानी॥**

कल्पभेदके अनुसार श्रीहरिके सुन्दर चरित्रोंको मुनीश्वरोंने अनेकों प्रकारसे गाया है। हृदयमें ऐसा विचारकर संदेह न कीजिये और आदरसहित प्रेमसे इस कथाको सुनिये॥ ४॥

**दो०—राम अनंत अनंत गुन अमित कथा बिस्तार।**
**सुनि आचरजु न मानिहहिं जिन्ह कें बिमल बिचार॥ ३३॥**

श्रीरामचन्द्रजी अनन्त हैं, उनके गुण भी अनन्त हैं और उनकी कथाओंका विस्तार भी असीम है। अतएव जिनके विचार निर्मल हैं, वे इस कथाको सुनकर आश्चर्य नहीं मानेंगे॥ ३३॥

**एहि बिधि सब संसय करि दूरी। सिर धरि गुर पद पंकज धूरी॥**
**पुनि सबही बिनवउँ कर जोरी। करत कथा जेहिं लाग न खोरी॥**

इस प्रकार सब संदेहोंको दूर करके और श्रीगुरुजीके चरणकमलोंकी रजको सिरपर धारण करके मैं पुनः हाथ जोड़कर सबकी विनती करता हूँ, जिससे कथाकी रचनामें कोई दोष स्पर्श न करने पावे॥ १॥

**सादर सिवहि नाइ अब माथा। बरनउँ बिसद राम गुन गाथा॥**
**संबत सोरह सै एकतीसा। करउँ कथा हरि पद धरि सीसा॥**

अब मैं आदरपूर्वक श्रीशिवजीको सिर नवाकर श्रीरामचन्द्रजीके गुणोंकी निर्मल कथा कहता हूँ। श्रीहरिके चरणोंपर सिर रखकर संवत् १६३१ में इस कथाका आरम्भ करता हूँ॥ २॥

**नौमी भौम बार मधुमासा। अवधपुरीं यह चरित प्रकासा॥**
**जेहि दिन राम जनम श्रुति गावहिं। तीरथ सकल तहाँ चलि आवहिं॥**

चैत्र मासकी नवमी तिथि मंगलवारको श्रीअयोध्याजीमें यह चरित्र प्रकाशित हुआ। जिस दिन श्रीरामजीका जन्म होता है, वेद कहते हैं कि उस दिन सारे तीर्थ वहाँ (श्रीअयोध्याजीमें) चले आते हैं॥ ३॥

**असुर नाग खग नर मुनि देवा। आइ करहिं रघुनायक सेवा॥**
**जन्म महोत्सव रचहिं सुजाना। करहिं राम कल कीरति गाना॥**

असुर, नाग, पक्षी, मनुष्य, मुनि और देवता सब अयोध्याजीमें आकर श्रीरघुनाथजीकी सेवा करते हैं। बुद्धिमान् लोग जन्मका महोत्सव मनाते हैं और श्रीरामजीकी सुन्दर कीर्तिका गान करते हैं॥ ४॥

**दो०—मज्जहिं सज्जन बृंद बहु पावन सरजू नीर।**
**जपहिं राम धरि ध्यान उर सुंदर स्याम सरीर॥ ३४॥**

सज्जनोंके बहुत-से समूह उस दिन श्रीसरयूजीके पवित्र जलमें स्नान करते हैं और हृदयमें सुन्दर श्यामशरीर श्रीरघुनाथजीका ध्यान करके उनके नामका जप करते हैं॥ ३४॥

**दरस परस मज्जन अरु पाना। हरइ पाप कह बेद पुराना॥**
**नदी पुनीत अमित महिमा अति। कहि न सकइ सारदा बिमल मति॥**

वेद-पुराण कहते हैं कि श्रीसरयूजीका दर्शन, स्पर्श, स्नान और जलपान पापोंको हरता है। यह नदी बड़ी ही पवित्र है, इसकी महिमा अनन्त है, जिसे विमल बुद्धिवाली सरस्वतीजी भी नहीं कह सकतीं॥ १॥

**राम धामदा पुरी सुहावनि। लोक समस्त बिदित अति पावनि॥**
**चारि खानि जग जीव अपारा। अवध तजें तनु नहिं संसारा॥**

यह शोभायमान अयोध्यापुरी श्रीरामचन्द्रजीके परमधामकी देनेवाली है, सब लोकोंमें प्रसिद्ध है और अत्यन्त पवित्र है। जगत्में [अण्डज, स्वेदज, उद्भिज्ज और जरायुज] चार खानि (प्रकार) के अनन्त जीव हैं, इनमेंसे जो कोई भी अयोध्याजीमें शरीर छोड़ते हैं वे फिर संसारमें नहीं आते (जन्म-मृत्युके चक्करसे छूटकर भगवान्के परमधाममें निवास करते हैं)॥ २॥

**सब बिधि पुरी मनोहर जानी। सकल सिद्धिप्रद मंगल खानी॥**
**बिमल कथा कर कीन्ह अरंभा। सुनत नसाहिं काम मद दंभा॥**

इस अयोध्यापुरीको सब प्रकारसे मनोहर, सब सिद्धियोंकी देनेवाली और कल्याणकी खान समझकर मैंने इस निर्मल कथाका आरम्भ किया, जिसके सुननेसे काम, मद और दम्भ नष्ट हो जाते हैं॥ ३॥

**रामचरितमानस एहि नामा। सुनत श्रवन पाइअ बिश्रामा॥**
**मन करि बिषय अनल बन जरई। होइ सुखी जौं एहिं सर परई॥**

इसका नाम रामचरितमानस है, जिसके कानोंसे सुनते ही शान्ति मिलती है। मनरूपी हाथी विषयरूपी दावानलमें जल रहा है, वह यदि इस रामचरितमानसरूपी सरोवरमें आ पड़े तो सुखी हो जाय॥ ४॥

**रामचरितमानस मुनि भावन। बिरचेउ संभु सुहावन पावन॥**
**त्रिबिध दोष दुख दारिद दावन। कलि कुचालि कुलि कलुष नसावन॥**

यह रामचरितमानस मुनियोंका प्रिय है, इस सुहावने और पवित्र मानसकी शिवजीने रचना की। यह तीनों प्रकारके दोषों, दुःखों और दरिद्रताको तथा कलियुगकी कुचालों और सब पापोंका नाश करनेवाला है॥ ५॥

**रचि महेस निज मानस राखा। पाइ सुसमउ सिवा सन भाषा॥**
**तातें रामचरितमानस बर। धरेउ नाम हियँ हेरि हरषि हर॥**

श्रीमहादेवजीने इसको रचकर अपने मनमें रखा था और सुअवसर पाकर पार्वतीजीसे कहा। इसीसे शिवजीने इसको अपने हृदयमें देखकर और प्रसन्न होकर इसका सुन्दर 'रामचरितमानस' नाम रखा॥ ६॥

**कहउँ कथा सोइ सुखद सुहाई। सादर सुनहु सुजन मन लाई॥**

मैं उसी सुख देनेवाली सुहावनी रामकथाको कहता हूँ, हे सज्जनो! आदरपूर्वक मन लगाकर इसे सुनिये॥ ७॥

**दो०—जस मानस जेहि बिधि भयउ जग प्रचार जेहि हेतु।**
**अब सोइ कहउँ प्रसंग सब सुमिरि उमा बृषकेतु॥ ३५॥**

यह रामचरितमानस जैसा है, जिस प्रकार बना है और जिस हेतुसे जगत्‌में इसका प्रचार हुआ, अब वही सब कथा मैं श्रीउमा-महेश्वरका स्मरण करके कहता हूँ॥ ३५॥

**संभु प्रसाद सुमति हियँ हुलसी। रामचरितमानस कबि तुलसी॥**
**करइ मनोहर मति अनुहारी। सुजन सुचित सुनि लेहु सुधारी॥**

श्रीशिवजीकी कृपासे उसके हृदयमें सुन्दर बुद्धिका विकास हुआ, जिससे यह तुलसीदास श्रीरामचरितमानसका कवि हुआ। अपनी बुद्धिके अनुसार तो वह इसे मनोहर ही बनाता है। किंतु फिर भी हे सज्जनो! सुन्दर चित्तसे सुनकर इसे आप सुधार लीजिये॥ १॥

**सुमति भूमि थल हृदय अगाधू। बेद पुरान उदधि घन साधू॥**
**बरषहिं राम सुजस बर बारी। मधुर मनोहर मंगलकारी॥**

सुन्दर (सात्त्विकी) बुद्धि भूमि है, हृदय ही उसमें गहरा स्थान है, वेद-पुराण समुद्र हैं और साधु-संत मेघ हैं। वे (साधुरूपी मेघ) श्रीरामजीके सुयशरूपी सुन्दर, मधुर, मनोहर और मंगलकारी जलकी वर्षा करते हैं॥ २॥

**लीला सगुन जो कहहिं बखानी। सोइ स्वच्छता करइ मल हानी॥**
**प्रेम भगति जो बरनि नजाई। सोइ मधुरता सुसीतलताई॥**

सगुण लीलाका जो विस्तारसे वर्णन करते हैं, वही राम-सुयशरूपी जलकी निर्मलता है, जो मलका नाश करती है; और जिस प्रेमाभक्तिका वर्णन नहीं किया जा सकता, वही इस जलकी मधुरता और सुन्दर शीतलता है॥ ३॥

**सो जल सुकृत सालि हित होई। राम भगत जन जीवन सोई॥**
**मेधा महि गत सो जल पावन। सकिलि श्रवन मग चलेउ सुहावन॥**
**भरेउ सुमानस सुथल थिराना। सुखद सीत रुचि चारु चिराना॥**

वह (राम-सुयशरूपी) जल सत्कर्मरूपी धानके लिये हितकर है और श्रीरामजीके भक्तोंका तो जीवन ही है। वह पवित्र जल बुद्धिरूपी पृथ्वीपर गिरा और सिमटकर सुहावने कानरूपी मार्गसे चला और मानस (हृदय) रूपी श्रेष्ठ स्थानमें भरकर वहीं स्थिर हो गया। वही पुराना होकर सुन्दर, रुचिकर, शीतल और सुखदायी हो गया॥ ४-५॥

**दो०—सुठि सुंदर संबाद बर बिरचे बुद्धि बिचारि।**
**तेइ एहि पावन सुभग सर घाट मनोहर चारि॥ ३६॥**

इस कथामें बुद्धिसे विचारकर जो चार अत्यन्त सुन्दर और उत्तम संवाद (भुशुण्डि-गरुड़, शिव-पार्वती, याज्ञवल्क्य-भरद्वाज और तुलसीदास और संत) रचे हैं, वही इस पवित्र और सुन्दर सरोवरके चार मनोहर घाट हैं॥ ३६॥

**सप्त प्रबंध सुभग सोपाना। ग्यान नयन निरखत मन माना॥**
**रघुपति महिमा अगुन अबाधा। बरनब सोइ बर बारि अगाधा॥**

सात काण्ड ही इस मानस-सरोवरकी सुन्दर सात सीढ़ियाँ हैं, जिनको ज्ञानरूपी नेत्रोंसे देखते ही मन प्रसन्न हो जाता है। श्रीरघुनाथजीकी निर्गुण (प्राकृतिक गुणोंसे अतीत) और निर्बाध (एकरस) महिमाका जो वर्णन किया जायगा, वही इस सुन्दर जलकी अथाह गहराई है॥ १॥

**राम सीय जस सलिल सुधासम। उपमा बीचि बिलास मनोरम॥**
**पुरइनि सघन चारु चौपाई। जुगुति मंजु मनि सीप सुहाई॥**

श्रीरामचन्द्रजी और सीताजीका यश अमृतके समान जल है। इसमें जो उपमाएँ दी गयी हैं वही तरंगोंका मनोहर विलास है। सुन्दर चौपाइयाँ ही इसमें घनी फैली हुई पुरइन (कमलिनी) हैं और कविताकी युक्तियाँ सुन्दर मणि (मोती) उत्पन्न करनेवाली सुहावनी सीपियाँ हैं॥ २॥

**छंद सोरठा सुंदर दोहा। सोइ बहुरंग कमल कुल सोहा॥**
**अरथ अनूप सुभाव सुभासा। सोइ पराग मकरंद सुबासा॥**

जो सुन्दर छन्द, सोरठे और दोहे हैं, वही इसमें बहुरंगे कमलोंके समूह सुशोभित हैं। अनुपम अर्थ, ऊँचे भाव और सुन्दर भाषा ही पराग (पुष्परज), मकरन्द (पुष्परस) और सुगन्ध हैं॥ ३॥

**सुकृत पुंज मंजुल अलि माला। ग्यान बिराग बिचार मराला॥**
**धुनि अवरेब कबित गुन जाती। मीन मनोहर ते बहुभाँती॥**

सत्कर्मों (पुण्यों) के पुंज भौंरोंकी सुन्दर पंक्तियाँ हैं, ज्ञान, वैराग्य और विचार हंस हैं।

कविताकी ध्वनि वक्रोक्ति, गुण और जाति ही अनेकों प्रकारकी मनोहर मछलियाँ हैं॥ ४॥

**अरथ धरम कामादिक चारी। कहब ग्यान बिग्यान बिचारी॥**
**नव रस जप तप जोग बिरागा। ते सब जलचर चारु तड़ागा॥**

अर्थ, धर्म, काम, मोक्ष—ये चारों, ज्ञान-विज्ञानका विचारके कहना, काव्यके नौ रस, जप, तप, योग और वैराग्यके प्रसंग—ये सब इस सरोवरके सुन्दर जलचर जीव हैं॥ ५॥

**सुकृती साधु नाम गुन गाना। ते बिचित्र जलबिहग समाना॥**
**संतसभा चहुँ दिसि अवँराई। श्रद्धा रितु बसंत सम गाई॥**

सुकृती (पुण्यात्मा) जनोंके, साधुओंके और श्रीरामनामके गुणोंका गान ही विचित्र जल-पक्षियोंके समान है। संतोंकी सभा ही इस सरोवरके चारों ओरकी अमराई (आमकी बगीचियाँ) हैं और श्रद्धा वसन्त ऋतुके समान कही गयी है॥ ६॥

**भगति निरूपन बिबिध बिधाना। छमा दया दम लता बिताना॥**
**सम जम नियम फूल फल ग्याना। हरि पद रति रस बेद बखाना॥**

नाना प्रकारसे भक्तिका निरूपण और क्षमा, दया तथा दम (इन्द्रियनिग्रह) लताओंके मण्डप हैं। मनका निग्रह, यम (अहिंसा, सत्य, अस्तेय, ब्रह्मचर्य और अपरिग्रह), नियम (शौच, संतोष, तप, स्वाध्याय और ईश्वरप्रणिधान) ही उनके फूल हैं, ज्ञान फल है और श्रीहरिके चरणोंमें प्रेम ही इस ज्ञानरूपी फलका रस है। ऐसा वेदोंने कहा है॥ ७॥

**औरउ कथा अनेक प्रसंगा। तेइ सुक पिक बहुबरन बिहंगा॥**

इस (रामचरितमानस) में और भी जो अनेक प्रसंगोंकी कथाएँ हैं, वे ही इसमें तोते, कोयल आदि रंग-बिरंगे पक्षी हैं॥ ८॥

**दो०—पुलक बाटिका बाग बन सुख सुबिहंग बिहारु।**
**माली सुमन सनेह जल सींचत लोचन चारु॥ ३७॥**

कथामें जो रोमांच होता है वही वाटिका, बाग और वन हैं; और जो सुख होता है, वही सुन्दर पक्षियोंका विहार है। निर्मल मन ही माली है जो प्रेमरूपी जलसे सुन्दर नेत्रोंद्वारा उनको सींचता है॥ ३७॥

**जे गावहिं यह चरित सँभारे। तेइ एहि ताल चतुर रखवारे॥**
**सदा सुनहिं सादर नर नारी। तेइ सुरबर मानस अधिकारी॥**

जो लोग इस चरित्रको सावधानीसे गाते हैं, वे ही इस तालाबके चतुर रखवाले हैं और जो स्त्री-पुरुष सदा आदरपूर्वक इसे सुनते हैं, वे ही इस सुन्दर मानसके अधिकारी उत्तम देवता हैं॥ १॥

**अति खल जे बिषई बग कागा। एहि सर निकट न जाहिं अभागा॥**
**संबुक भेक सेवार समाना। इहाँ न बिषय कथा रस नाना॥**

जो अति दुष्ट और विषयी हैं वे अभागे बगुले और कौवे हैं, जो इस सरोवरके समीप नहीं जाते। क्योंकि यहाँ (इस मानस-सरोवरमें) घोंघे, मेढक और सेवारके समान विषय-रसकी नाना कथाएँ नहीं हैं॥ २॥

**तेहि कारन आवत हियँ हारे। कामी काक बलाक बिचारे॥**
**आवत एहिं सर अति कठिनाई। राम कृपा बिनु आइ न जाई॥**

इसी कारण बेचारे कौवे और बगुलेरूपी विषयी लोग यहाँ आते हुए हृदयमें हार मान जाते हैं। क्योंकि इस सरोवरतक आनेमें कठिनाइयाँ बहुत हैं। श्रीरामजीकी कृपा बिना यहाँ नहीं आया जाता॥ ३॥

**कठिन कुसंग कुपंथ कराला। तिन्ह के बचन बाघ हरि ब्याला॥**
**गृह कारज नाना जंजाला। ते अति दुर्गम सैल बिसाला॥**

घोर कुसंग ही भयानक बुरा रास्ता है; उन कुसंगियोंके वचन ही बाघ, सिंह और साँप हैं। घरके काम-काज और गृहस्थीके भाँति-भाँतिके जंजाल ही अत्यन्त दुर्गम बड़े-बड़े पहाड़ हैं॥ ४॥

**बन बहु बिषम मोह मद माना। नदीं कुतर्क भयंकर नाना॥**

मोह, मद और मान ही बहुत-से बीहड़ वन हैं और नाना प्रकारके कुतर्क ही भयानक नदियाँ हैं॥ ५॥

**दो०—जे श्रद्धा संबल रहित नहिं संतन्ह कर साथ।**
**तिन्ह कहुँ मानस अगम अति जिन्हहि न प्रिय रघुनाथ॥ ३८॥**

जिनके पास श्रद्धारूपी राह-खर्च नहीं है और संतोंका साथ नहीं है और जिनको श्रीरघुनाथजी प्रिय नहीं हैं, उनके लिये यह मानस अत्यन्त ही अगम है। (अर्थात् श्रद्धा, सत्संग और भगवत्प्रेमके बिना कोई इसको नहीं पा सकता)॥ ३८॥

**जौं करि कष्ट जाइ पुनि कोई। जातहिं नीद जुड़ाई होई॥**
**जड़ता जाड़ बिषम उर लागा। गएहुँ न मज्जन पाव अभागा॥**

यदि कोई मनुष्य कष्ट उठाकर वहाँतक पहुँच भी जाय, तो वहाँ जाते ही उसे नींदरूपी जूड़ी आ जाती है। हृदयमें मूर्खतारूपी बड़ा कड़ा जाड़ा लगने लगता है, जिससे वहाँ जाकर भी वह अभागा स्नान नहीं कर पाता॥ १॥

**करि न जाइ सर मज्जन पाना। फिरि आवइ समेत अभिमाना॥**
**जौं बहोरि कोउ पूछन आवा। सर निंदा करि ताहि बुझावा॥**

उससे उस सरोवरमें स्नान और उसका जलपान तो किया नहीं जाता, वह अभिमानसहित लौट आता है। फिर यदि कोई उससे [वहाँका हाल] पूछने आता है, तो वह [अपने अभाग्यकी बात न कहकर] सरोवरकी निन्दा करके उसे समझाता है॥ २॥

**सकल बिघ्न ब्यापहिं नहिं तेही। राम सुकृपाँ बिलोकहिं जेही॥**
**सोइ सादर सर मज्जनु करई। महा घोर त्रयताप न जरई॥**

ये सारे विघ्न उसको नहीं व्यापते (बाधा नहीं देते) जिसे श्रीरामचन्द्रजी सुन्दर कृपाकी दृष्टिसे देखते हैं। वही आदरपूर्वक इस सरोवरमें स्नान करता है और महान् भयानक त्रितापसे (आध्यात्मिक, आधिदैविक, आधिभौतिक तापोंसे) नहीं जलता॥ ३॥

**ते नर यह सर तजहिं न काऊ। जिन्ह कें राम चरन भल भाऊ॥**
**जो नहाइ चह एहिं सर भाई। सो सतसंग करउ मन लाई॥**

जिनके मनमें श्रीरामचन्द्रजीके चरणोंमें सुन्दर प्रेम है, वे इस सरोवरको कभी नहीं छोड़ते। हे भाई! जो इस सरोवरमें स्नान करना चाहे वह मन लगाकर सत्संग करे॥ ४॥

**अस मानस मानस चख चाही। भइ कबि बुद्धि बिमल अवगाही॥**
**भयउ हृदयँ आनंद उछाहू। उमगेउ प्रेम प्रमोद प्रबाहू॥**

ऐसे मानस-सरोवरको हृदयके नेत्रोंसे देखकर और उसमें गोता लगाकर कविकी बुद्धि निर्मल हो गयी, हृदयमें आनन्द और उत्साह भर गया और प्रेम तथा आनन्दका प्रवाह उमड़ आया॥५॥

**चली सुभग कबिता सरिता सो। राम बिमल जस जल भरिता सो॥**
**सरजू नाम सुमंगल मूला। लोक बेद मत मंजुल कूला॥**

उससे वह सुन्दर कवितारूपी नदी बह निकली, जिसमें श्रीरामजीका निर्मल यशरूपी जल भरा है। इस(कवितारूपिणी नदी) का नाम सरयू है, जो सम्पूर्ण सुन्दर मंगलोंकी जड़ है। लोकमत और वेदमत इसके दो सुन्दर किनारे हैं॥६॥

**नदी पुनीत सुमानस नंदिनि। कलिमल तृन तरु मूल निकंदिनि॥**

यह सुन्दर मानस-सरोवरकी कन्या सरयू नदी बड़ी पवित्र है और कलियुगके [छोटे-बड़े] पापरूपी तिनकों और वृक्षोंको जड़से उखाड़ फेंकनेवाली है॥७॥

**दो०—श्रोता त्रिबिध समाज पुर ग्राम नगर दुहुँ कूल।**
**संतसभा अनुपम अवध सकल सुमंगल मूल॥ ३९॥**

तीनों प्रकारके श्रोताओंका समाज ही इस नदीके दोनों किनारोंपर बसे हुए पुरवे, गाँव और नगर हैं; और संतोंकी सभा ही सब सुन्दर मंगलोंकी जड़ अनुपम अयोध्याजी है॥३९॥

**रामभगति सुरसरितहि जाई। मिली सुकीरति सरजु सुहाई॥**
**सानुज राम समर जसु पावन। मिलेउ महानदु सोन सुहावन॥**

सुन्दर कीर्तिरूपी सुहावनी सरयूजी रामभक्तिरूपी गंगाजीमें जा मिलीं। छोटे भाई लक्ष्मणसहित श्रीरामजीके युद्धका पवित्र यशरूपी सुहावना महानद सोन उसमें आ मिला॥१॥

**जुग बिच भगति देवधुनि धारा। सोहति सहित सुबिरति बिचारा॥**
**त्रिबिध ताप त्रासक तिमुहानी। राम सरूप सिंधु समुहानी॥**

दोनोंके बीचमें भक्तिरूपी गंगाजीकी धारा ज्ञान और वैराग्यके सहित शोभित हो रही है। ऐसी तीनों तापोंको डरानेवाली यह तिमुहानी नदी रामस्वरूपरूपी समुद्रकी ओर जा रही है॥२॥

**मानस मूल मिली सुरसरिही। सुनत सुजन मन पावन करिही॥**
**बिच बिच कथा बिचित्र बिभागा। जनु सरि तीर तीर बन बागा॥**

इस (कीर्तिरूपी सरयू) का मूल मानस (श्रीरामचरित) है और यह [रामभक्तिरूपी] गंगाजीमें मिली है, इसलिये यह सुननेवाले सज्जनोंके मनको पवित्र कर देगी। इसके बीच-बीचमें जो भिन्न-भिन्न प्रकारकी विचित्र कथाएँ हैं वे ही मानो नदीतटके आस-पासके वन और बाग हैं॥३॥

**उमा महेस बिबाह बराती। ते जलचर अगनित बहुभाँती॥**
**रघुबर जनम अनंद बधाई। भवँर तरंग मनोहरताई॥**

श्रीपार्वतीजी और शिवजीके विवाहके बराती इस नदीमें बहुत प्रकारके असंख्य जलचर जीव हैं। श्रीरघुनाथजीके जन्मकी आनन्द-बधाइयाँ ही इस नदीके भँवर और तरंगोंकी मनोहरता है॥४॥

**दो०—बालचरित चहु बंधु के बनज बिपुल बहुरंग।**
**नृप रानी परिजन सुकृत मधुकर बारि बिहंग॥ ४०॥**

चारों भाइयोंके जो बालचरित हैं, वे ही इसमें खिले हुए रंग-बिरंगे बहुत-से कमल हैं। महाराज श्रीदशरथजी तथा उनकी रानियों और कुटुम्बियोंके सत्कर्म (पुण्य) ही भ्रमर और जल-पक्षी हैं॥ ४०॥

**सीय स्वयंबर कथा सुहाई। सरित सुहावनि सो छबि छाई॥**
**नदी नाव पटु प्रस्न अनेका। केवट कुसल उतर सबिबेका॥**

श्रीसीताजीके स्वयंवरकी जो सुन्दर कथा है, वही इस नदीमें सुहावनी छबि छा रही है। अनेकों सुन्दर विचारपूर्ण प्रश्न ही इस नदीकी नावें हैं और उनके विवेकयुक्त उत्तर ही चतुर केवट हैं॥ १॥

**सुनि अनुकथन परस्पर होई। पथिक समाज सोह सरि सोई॥**
**घोर धार भृगुनाथ रिसानी। घाट सुबद्ध राम बर बानी॥**

इस कथाको सुनकर पीछे जो आपसमें चर्चा होती है, वही इस नदीके सहारे-सहारे चलनेवाले यात्रियोंका समाज शोभा पा रहा है। परशुरामजीका क्रोध इस नदीकी भयानक धारा है और श्रीरामचन्द्रजीके श्रेष्ठ वचन ही सुन्दर बँधे हुए घाट हैं॥ २॥

**सानुज राम बिबाह उछाहू। सो सुभ उमग सुखद सब काहू॥**
**कहत सुनत हरषहिं पुलकाहीं। ते सुकृती मन मुदित नहाहीं॥**

भाइयोंसहित श्रीरामचन्द्रजीके विवाहका उत्साह ही इस कथा-नदीकी कल्याणकारिणी बाढ़ है, जो सभीको सुख देनेवाली है। इसके कहने-सुननेमें जो हर्षित और पुलकित होते हैं, वे ही पुण्यात्मा पुरुष हैं, जो प्रसन्न मनसे इस नदीमें नहाते हैं॥ ३॥

**राम तिलक हित मंगल साजा। परब जोग जनु जुरे समाजा॥**
**काई कुमति केकई केरी। परी जासु फल बिपति घनेरी॥**

श्रीरामचन्द्रजीके राजतिलकके लिये जो मंगल-साज सजाया गया, वही मानो पर्वके समय इस नदीपर यात्रियोंके समूह इकट्ठे हुए हैं। कैकेयीकी कुबुद्धि ही इस नदीमें काई है, जिसके फलस्वरूप बड़ी भारी विपत्ति आ पड़ी॥ ४॥

**दो०—समन अमित उतपात सब भरतचरित जपजाग।**
**कलि अघ खल अवगुन कथन ते जलमल बग काग॥ ४१॥**

सम्पूर्ण अनगिनत उत्पातोंको शान्त करनेवाला भरतजीका चरित्र नदी-तटपर किया जानेवाला जपयज्ञ है। कलियुगके पापों और दुष्टोंके अवगुणोंके जो वर्णन हैं वे ही इस नदीके जलका कीचड़ और बगुले-कौए हैं॥ ४१॥

**कीरति सरित छहूँ रितु रूरी। समय सुहावनि पावनि भूरी॥**
**हिम हिमसैलसुता सिव ब्याहू। सिसिर सुखद प्रभु जनम उछाहू॥**

यह कीर्तिरूपिणी नदी छहों ऋतुओंमें सुन्दर है। सभी समय यह परम सुहावनी और अत्यन्त पवित्र है। इसमें शिव-पार्वतीका विवाह हेमन्त-ऋतु है। श्रीरामचन्द्रजीके जन्मका उत्सव सुखदायी शिशिर-ऋतु है॥ १॥

**बरनब राम बिबाह समाजू। सो मुद मंगलमय रितुराजू॥**
**ग्रीषम दुसह राम बनगवनू। पंथकथा खर आतप पवनू॥**

श्रीरामचन्द्रजीके विवाह-समाजका वर्णन ही आनन्द-मंगलमय ऋतुराज वसन्त है। श्रीरामजीका वनगमन दुःसह ग्रीष्म-ऋतु है और मार्गकी कथा ही कड़ी धूप और लू है॥ २॥

**बरषा घोर निसाचर रारी। सुरकुल सालि सुमंगलकारी॥**
**राम राज सुख बिनय बड़ाई। बिसद सुखद सोइ सरद सुहाई॥**

राक्षसोंके साथ घोर युद्ध ही वर्षा-ऋतु है, जो देवकुलरूपी धानके लिये सुन्दर कल्याण करनेवाली है। रामचन्द्रजीके राज्यकालका जो सुख, विनम्रता और बड़ाई है वही निर्मल सुख देनेवाली सुहावनी शरद्-ऋतु है॥ ३॥

**सती सिरोमनि सिय गुन गाथा। सोइ गुन अमल अनूपम पाथा॥**
**भरत सुभाउ सुसीतलताई। सदा एकरस बरनि न जाई॥**

सती-शिरोमणि श्रीसीताजीके गुणोंकी जो कथा है, वही इस जलका निर्मल और अनुपम गुण है। श्रीभरतजीका स्वभाव इस नदीकी सुन्दर शीतलता है, जो सदा एक-सी रहती है और जिसका वर्णन नहीं किया जा सकता॥ ४॥

**दो०—अवलोकनि बोलनि मिलनि प्रीति परसपर हास।**
**भायप भलि चहु बंधु की जल माधुरी सुबास॥ ४२॥**

चारों भाइयोंका परस्पर देखना, बोलना, मिलना, एक-दूसरेसे प्रेम करना, हँसना और सुन्दर भाईपन इस जलकी मधुरता और सुगन्ध हैं॥ ४२॥

**आरति बिनय दीनता मोरी। लघुता ललित सुबारि न थोरी॥**
**अदभुत सलिल सुनत गुनकारी। आस पिआस मनोमल हारी॥**

मेरा आर्तभाव, विनय और दीनता इस सुन्दर और निर्मल जलका कम हलकापन नहीं है (अर्थात् अत्यन्त हलकापन है)। यह जल बड़ा ही अनोखा है, जो सुननेसे ही गुण करता है और आशारूपी प्यासको और मनके मैलको दूर कर देता है॥ १॥

**राम सुप्रेमहि पोषत पानी। हरत सकल कलि कलुष गलानी॥**
**भव श्रम सोषक तोषक तोषा। समन दुरित दुख दारिद दोषा॥**

यह जल श्रीरामचन्द्रजीके सुन्दर प्रेमको पुष्ट करता है, कलियुगके समस्त पापों और उनसे होनेवाली ग्लानिको हर लेता है। संसारके (जन्म-मृत्युरूप) श्रमको सोख लेता है, सन्तोषको भी सन्तुष्ट करता है और पाप, ताप, दरिद्रता और दोषोंको नष्ट कर देता है॥ २॥

**काम कोह मद मोह नसावन। बिमल बिबेक बिराग बढ़ावन॥**
**सादर मज्जन पान किए तें। मिटहिं पाप परिताप हिए तें॥**

यह जल काम, क्रोध, मद और मोहका नाश करनेवाला और निर्मल ज्ञान और वैराग्यका बढ़ानेवाला है। इसमें आदरपूर्वक स्नान करनेसे और इसे पीनेसे हृदयमें रहनेवाले सब पाप-ताप मिट जाते हैं॥ ३॥

**जिन्ह एहिं बारि न मानस धोए। ते कायर कलिकाल बिगोए॥**
**तृषित निरखि रबि कर भव बारी। फिरिहहिं मृग जिमि जीव दुखारी॥**

जिन्होंने इस (राम-सुयशरूपी) जलसे अपने हृदयको नहीं धोया, वे कायर कलिकालके द्वारा ठगे गये। जैसे प्यासा हिरन सूर्यकी किरणोंके रेतपर पड़नेसे उत्पन्न हुए जलके भ्रमको वास्तविक जल समझकर पीनेको दौड़ता है और जल न पाकर दुखी होता है, वैसे ही वे (कलियुगसे ठगे हुए) जीव भी [विषयोंके पीछे भटककर] दुखी होंगे॥ ४॥

**दो०—मति अनुहारि सुबारि गुन गन गनि मन अन्हवाइ।**
**सुमिरि भवानी संकरहि कह कबि कथा सुहाइ॥ ४३ (क)॥**

अपनी बुद्धिके अनुसार इस सुन्दर जलके गुणोंको विचारकर, उसमें अपने मनको स्नान कराकर और श्रीभवानी-शंकरको स्मरण करके कवि (तुलसीदास) सुन्दर कथा कहता है॥ ४३ (क)॥

**अब रघुपति पद पंकरुह हियँ धरि पाइ प्रसाद।**
**कहउँ जुगल मुनिबर्य कर मिलन सुभग संबाद॥ ४३ (ख)॥**

मैं अब श्रीरघुनाथजीके चरणकमलोंको हृदयमें धारणकर और उनका प्रसाद पाकर दोनों श्रेष्ठ मुनियोंके मिलनका सुन्दर संवाद वर्णन करता हूँ॥ ४३ (ख)॥

**भरद्वाज मुनि बसहिं प्रयागा। तिन्हहि राम पद अति अनुरागा॥**
**तापस सम दम दया निधाना। परमारथ पथ परम सुजाना॥**

भरद्वाज मुनि प्रयागमें बसते हैं, उनका श्रीरामजीके चरणोंमें अत्यन्त प्रेम है। वे तपस्वी, निगृहीतचित्त, जितेन्द्रिय, दयाके निधान और परमार्थके मार्गमें बड़े ही चतुर हैं॥ १॥

**माघ मकरगत रबि जब होई। तीरथपतिहिं आव सब कोई॥**
**देव दनुज किंनर नर श्रेनीं। सादर मज्जहिं सकल त्रिबेनीं॥**

माघमें जब सूर्य मकर राशिपर जाते हैं तब सब लोग तीर्थराज प्रयागको आते हैं। देवता, दैत्य, किन्नर और मनुष्योंके समूह सब आदरपूर्वक त्रिवेणीमें स्नान करते हैं॥ २॥

**पूजहिं माधव पद जलजाता। परसि अखय बटु हरषहिं गाता॥**
**भरद्वाज आश्रम अति पावन। परम रम्य मुनिबर मन भावन॥**

श्रीवेणीमाधवजीके चरणकमलोंको पूजते हैं और अक्षयवटका स्पर्शकर उनके शरीर पुलकित होते हैं। भरद्वाजजीका आश्रम बहुत ही पवित्र, परम रमणीय और श्रेष्ठ मुनियोंके मनको भानेवाला है॥ ३॥

**तहाँ होइ मुनि रिषय समाजा। जाहिं जे मज्जन तीरथराजा॥**
**मज्जहिं प्रात समेत उछाहा। कहहिं परसपर हरि गुन गाहा॥**

तीर्थराज प्रयागमें जो स्नान करने जाते हैं उन ऋषि-मुनियोंका समाज वहाँ (भरद्वाजके आश्रममें) जुटता है। प्रातःकाल सब उत्साहपूर्वक स्नान करते हैं और फिर परस्पर भगवान्‌के गुणोंकी कथाएँ कहते हैं॥ ४॥

**दो०—ब्रह्म निरूपन धरम बिधि बरनहिं तत्त्व बिभाग।**
**कहहिं भगति भगवंत कै संजुत ग्यान बिराग॥ ४४॥**

ब्रह्मका निरूपण, धर्मका विधान और तत्त्वोंके विभागका वर्णन करते हैं तथा ज्ञान-वैराग्यसे युक्त भगवान्‌की भक्तिका कथन करते हैं॥ ४४॥

**एहि प्रकार भरि माघ नहाहीं। पुनि सब निज निज आश्रम जाहीं॥**
**प्रति संबत अति होइ अनंदा। मकर मज्जि गवनहिं मुनिबृंदा॥**

इसी प्रकार माघके महीनेभर स्नान करते हैं और फिर सब अपने-अपने आश्रमोंको चले जाते हैं। हर साल वहाँ इसी तरह बड़ा आनन्द होता है। मकरमें स्नान करके मुनिगण चले जाते हैं॥ १॥

**एक बार भरि मकर नहाए। सब मुनीस आश्रमन्ह सिधाए॥**
**जागबलिक मुनि परम बिबेकी। भरद्वाज राखे पद टेकी॥**

एक बार पूरे मकरभर स्नान करके सब मुनीश्वर अपने-अपने आश्रमोंको लौट गये। परम ज्ञानी याज्ञवल्क्य मुनिको चरण पकड़कर भरद्वाजजीने रख लिया॥ २॥

**सादर चरन सरोज पखारे। अति पुनीत आसन बैठारे॥**
**करि पूजा मुनि सुजसु बखानी। बोले अति पुनीत मृदु बानी॥**

आदरपूर्वक उनके चरणकमल धोये और बड़े ही पवित्र आसनपर उन्हें बैठाया। पूजा करके मुनि याज्ञवल्क्यजीके सुयशका वर्णन किया और फिर अत्यन्त पवित्र और कोमल वाणीसे बोले—॥ ३॥

**नाथ एक संसउ बड़ मोरें। करगत बेदतत्त्व सबु तोरें॥**
**कहत सो मोहि लागत भय लाजा। जौं न कहउँ बड़ होइ अकाजा॥**

हे नाथ! मेरे मनमें एक बड़ा सन्देह है; वेदोंका तत्त्व सब आपकी मुट्ठीमें है (अर्थात् आप ही वेदका तत्त्व जाननेवाले होनेके कारण मेरा सन्देह निवारण कर सकते हैं) पर उस सन्देहको कहते मुझे भय और लाज आती है [भय इसलिये कि कहीं आप यह न समझें कि मेरी परीक्षा ले रहा है, लाज इसलिये कि इतनी आयु बीत गयी, अबतक ज्ञान न हुआ] और यदि नहीं कहता तो बड़ी हानि होती है [क्योंकि अज्ञानी बना रहता हूँ]॥ ४॥

**दो०—संत कहहिं असि नीति प्रभु श्रुति पुरान मुनि गाव।**
**होइ न बिमल बिबेक उर गुर सन किएँ दुराव॥ ४५॥**

हे प्रभो! संतलोग ऐसी नीति कहते हैं और वेद, पुराण तथा मुनिजन भी यही बतलाते हैं कि गुरुके साथ छिपाव करनेसे हृदयमें निर्मल ज्ञान नहीं होता॥ ४५॥

**अस बिचारि प्रगटउँ निज मोहू। हरहु नाथ करि जन पर छोहू॥**
**राम नाम कर अमित प्रभावा। संत पुरान उपनिषद गावा॥**

यही सोचकर मैं अपना अज्ञान प्रकट करता हूँ। हे नाथ! सेवकपर कृपा करके इस अज्ञानका नाश कीजिये। संतों, पुराणों और उपनिषदोंने रामनामके असीम प्रभावका गान किया है॥ १॥

**संतत जपत संभु अबिनासी। सिव भगवान ग्यान गुन रासी॥**
**आकर चारि जीव जग अहहीं। कासीं मरत परम पद लहहीं॥**

कल्याणस्वरूप, ज्ञान और गुणोंकी राशि, अविनाशी भगवान् शम्भु निरन्तर रामनामका जप करते रहते हैं। संसारमें चार जातिके जीव हैं, काशीमें मरनेसे सभी परमपदको प्राप्त करते हैं॥ २॥

**सोपि राम महिमा मुनिराया। सिव उपदेसु करत करि दाया॥**
**रामु कवन प्रभु पूछउँ तोही। कहिअ बुझाइ कृपानिधि मोही॥**

हे मुनिराज! वह भी राम [नाम] की ही महिमा है, क्योंकि शिवजी महाराज दया करके [काशीमें मरनेवाले जीवको] रामनामका ही उपदेश करते हैं [इसीसे उनको परमपद मिलता है]। हे प्रभो! मैं आपसे पूछता हूँ कि वे राम कौन हैं? हे कृपानिधान! मुझे समझाकर कहिये॥ ३॥

**एक राम अवधेस कुमारा। तिन्ह कर चरित बिदित संसारा॥**
**नारि बिरहँ दुखु लहेउ अपारा। भयउ रोषु रन रावनु मारा॥**

एक राम तो अवधनरेश दशरथजीके कुमार हैं, उनका चरित्र सारा संसार जानता है। उन्होंने स्त्रीके विरहमें अपार दुःख उठाया और क्रोध आनेपर युद्धमें रावणको मार डाला॥ ४॥

**दो०—प्रभु सोइ राम कि अपर कोउ जाहि जपत त्रिपुरारि।**
**सत्यधाम सर्बग्य तुम्ह कहहु बिबेकु बिचारि॥ ४६॥**

हे प्रभो! वही राम हैं या और कोई दूसरे हैं, जिनको शिवजी जपते हैं? आप सत्यके धाम हैं और सब कुछ जानते हैं, ज्ञान विचारकर कहिये॥ ४६॥

**जैसें मिटै मोर भ्रम भारी। कहहु सो कथा नाथ बिस्तारी॥**
**जागबलिक बोले मुसुकाई। तुम्हहि बिदित रघुपति प्रभुताई॥**

हे नाथ! जिस प्रकारसे मेरा यह भारी भ्रम मिट जाय, आप वही कथा विस्तारपूर्वक कहिये। इसपर याज्ञवल्क्यजी मुसकराकर बोले, श्रीरघुनाथजीकी प्रभुताको तुम जानते हो॥ १॥

**रामभगत तुम्ह मन क्रम बानी। चतुराई तुम्हारि मैं जानी॥**
**चाहहु सुनै राम गुन गूढ़ा। कीन्हिहु प्रस्न मनहुँ अति मूढ़ा॥**

तुम मन, वचन और कर्मसे श्रीरामजीके भक्त हो। तुम्हारी चतुराईको मैं जान गया। तुम श्रीरामजीके रहस्यमय गुणोंको सुनना चाहते हो; इसीसे तुमने ऐसा प्रश्न किया है मानो बड़े ही मूढ़ हो॥ २॥

**तात सुनहु सादर मनु लाई। कहउँ राम कै कथा सुहाई॥**
**महामोहु महिषेसु बिसाला। रामकथा कालिका कराला॥**

हे तात! तुम आदरपूर्वक मन लगाकर सुनो; मैं श्रीरामजीकी सुन्दर कथा कहता हूँ। बड़ा भारी अज्ञान विशाल महिषासुर है और श्रीरामजीकी कथा [उसे नष्ट कर देनेवाली] भयंकर कालीजी हैं॥ ३॥

**रामकथा ससि किरन समाना। संत चकोर करहिं जेहि पाना॥**
**ऐसेइ संसय कीन्ह भवानी। महादेव तब कहा बखानी॥**

श्रीरामजीकी कथा चन्द्रमाकी किरणोंके समान है, जिसे संतरूपी चकोर सदा पान करते हैं। ऐसा ही सन्देह पार्वतीजीने किया था, तब महादेवजीने विस्तारसे उसका उत्तर दिया था॥ ४॥

**दो०—कहउँ सो मति अनुहारि अब उमा संभु संबाद।**
**भयउ समय जेहि हेतु जेहि सुनु मुनि मिटिहि बिषाद॥ ४७॥**

अब मैं अपनी बुद्धिके अनुसार वही उमा और शिवजीका संवाद कहता हूँ। वह जिस समय और जिस हेतुसे हुआ, उसे हे मुनि! तुम सुनो, तुम्हारा विषाद मिट जायगा॥ ४७॥

**एक बार त्रेता जुग माहीं। संभु गए कुंभज रिषि पाहीं॥**
**संग सती जगजननि भवानी। पूजे रिषि अखिलेस्वर जानी॥**

एक बार त्रेतायुगमें शिवजी अगस्त्य ऋषिके पास गये। उनके साथ जगज्जननी भवानी सतीजी भी थीं। ऋषिने सम्पूर्ण जगत्के ईश्वर जानकर उनका पूजन किया॥ १॥

**रामकथा मुनिबर्ज बखानी। सुनी महेस परम सुखु मानी॥**
**रिषि पूछी हरिभगति सुहाई। कही संभु अधिकारी पाई॥**

मुनिवर अगस्त्यजीने रामकथा विस्तारसे कही, जिसको महेश्वरने परम सुख मानकर सुना। फिर ऋषिने शिवजीसे सुन्दर हरिभक्ति पूछी और शिवजीने उनको अधिकारी पाकर [रहस्यसहित] भक्तिका निरूपण किया॥ २॥

**कहत सुनत रघुपति गुन गाथा। कछु दिन तहाँ रहे गिरिनाथा॥**
**मुनि सन बिदा मागि त्रिपुरारी। चले भवन सँग दच्छकुमारी॥**

श्रीरघुनाथजीके गुणोंकी कथाएँ कहते-सुनते कुछ दिनोंतक शिवजी वहाँ रहे। फिर मुनिसे विदा माँगकर शिवजी दक्षकुमारी सतीजीके साथ घर (कैलास) को चले॥ ३॥

**तेहि अवसर भंजन महिभारा। हरि रघुबंस लीन्ह अवतारा॥**
**पिता बचन तजि राजु उदासी। दंडक बन बिचरत अबिनासी॥**

उन्हीं दिनों पृथ्वीका भार उतारनेके लिये श्रीहरिने रघुवंशमें अवतार लिया था। वे अविनाशी भगवान् उस समय पिताके वचनसे राज्यका त्याग करके तपस्वी या साधुवेशमें दण्डकवनमें विचर रहे थे॥ ४॥

**दो०—हृदयँ बिचारत जात हर केहि बिधि दरसनु होइ।**
**गुप्त रूप अवतरेउ प्रभु गएँ जान सबु कोइ॥ ४८ (क)॥**

शिवजी हृदयमें विचारते जा रहे थे कि भगवान्के दर्शन मुझे किस प्रकार हों। प्रभुने गुप्तरूपसे अवतार लिया है, मेरे जानेसे सब लोग जान जायँगे॥ ४८ (क)॥

**सो०—संकर उर अति छोभु सती न जानहिं मरमु सोइ।**
**तुलसी दरसन लोभु मन डरु लोचन लालची॥ ४८ (ख)॥**

श्रीशंकरजीके हृदयमें इस बातको लेकर बड़ी खलबली उत्पन्न हो गयी, परन्तु सतीजी इस भेदको नहीं जानती थीं। तुलसीदासजी कहते हैं कि शिवजीके मनमें [भेद खुलनेका] डर था, परन्तु दर्शनके लोभसे उनके नेत्र ललचा रहे थे॥ ४८ (ख)॥

**रावन मरन मनुज कर जाचा। प्रभु बिधि बचनु कीन्ह चह साचा॥**
**जौं नहिं जाउँ रहइ पछितावा। करत बिचारु न बनत बनावा॥**

रावणने [ब्रह्माजीसे] अपनी मृत्यु मनुष्यके हाथसे माँगी थी। ब्रह्माजीके वचनोंको प्रभु सत्य करना चाहते हैं। मैं जो पास नहीं जाता हूँ तो बड़ा पछतावा रह जायगा। इस प्रकार शिवजी विचार करते थे, परन्तु कोई भी युक्ति ठीक नहीं बैठती थी॥ १॥

**एहि बिधि भए सोचबस ईसा। तेही समय जाइ दससीसा॥**
**लीन्ह नीच मारीचहि संगा। भयउ तुरत सोइ कपट कुरंगा॥**

इस प्रकार महादेवजी चिन्ताके वश हो गये। उसी समय नीच रावणने जाकर मारीचको साथ लिया और वह (मारीच) तुरंत कपटमृग बन गया॥ २॥

**करि छलु मूढ़ हरी बैदेही। प्रभु प्रभाउ तस बिदित न तेही॥**
**मृग बधि बंधु सहित हरि आए। आश्रमु देखि नयन जल छाए॥**

मूर्ख (रावण) ने छल करके सीताजीको हर लिया। उसे श्रीरामचन्द्रजीके वास्तविक प्रभावका कुछ भी पता न था। मृगको मारकर भाई लक्ष्मणसहित श्रीहरि आश्रममें आये और उसे खाली देखकर (अर्थात् वहाँ सीताजीको न पाकर) उनके नेत्रोंमें आँसू भर आये॥ ३॥

**बिरह बिकल नर इव रघुराई। खोजत बिपिन फिरत दोउ भाई॥**
**कबहूँ जोग बियोग न जाकें। देखा प्रगट बिरह दुखु ताकें॥**

श्रीरघुनाथजी मनुष्योंकी भाँति विरहसे व्याकुल हैं और दोनों भाई वनमें सीताको खोजते हुए फिर रहे हैं। जिनके कभी कोई संयोग-वियोग नहीं है, उनमें प्रत्यक्ष विरहका दुःख देखा गया॥ ४॥

**दो०—अति बिचित्र रघुपति चरित जानहिं परम सुजान।**
**जे मतिमंद बिमोह बस हृदयँ धरहिं कछु आन॥ ४९॥**

श्रीरघुनाथजीका चरित्र बड़ा ही विचित्र है, उसको पहुँचे हुए ज्ञानीजन ही जानते हैं। जो मन्दबुद्धि हैं, वे तो विशेषरूपसे मोहके वश होकर हृदयमें कुछ दूसरी ही बात समझ बैठते हैं॥ ४९॥

**संभु समय तेहि रामहि देखा। उपजा हियँ अति हरषु बिसेषा॥**
**भरि लोचन छबिसिंधु निहारी। कुसमय जानि न कीन्हि चिन्हारी॥**

श्रीशिवजीने उसी अवसरपर श्रीरामजीको देखा और उनके हृदयमें बहुत भारी आनन्द उत्पन्न हुआ। उन शोभाके समुद्र (श्रीरामचन्द्रजी) को शिवजीने नेत्र भरकर देखा, परन्तु अवसर ठीक न जानकर परिचय नहीं किया॥ १॥

**जय सच्चिदानंद जग पावन। अस कहि चलेउ मनोज नसावन॥**
**चले जात सिव सती समेता। पुनि पुनि पुलकत कृपानिकेता॥**

जगत्‌के पवित्र करनेवाले सच्चिदानन्दकी जय हो, इस प्रकार कहकर कामदेवका नाश करनेवाले श्रीशिवजी चल पड़े। कृपानिधान शिवजी बार-बार आनन्दसे पुलकित होते हुए सतीजीके साथ चले जा रहे थे॥ २॥

**सतीं सो दसा संभु कै देखी। उर उपजा संदेहु बिसेषी॥**
**संकरु जगतबंद्य जगदीसा। सुर नर मुनि सब नावत सीसा॥**

सतीजीने शंकरजीकी वह दशा देखी तो उनके मनमें बड़ा सन्देह उत्पन्न हो गया। [वे मन-ही-मन कहने लगीं कि] शंकरजीकी सारा जगत् वन्दना करता है, वे जगत्‌के ईश्वर हैं; देवता, मनुष्य, मुनि सब उनके प्रति सिर नवाते हैं॥ ३॥

**तिन्ह नृपसुतहि कीन्ह परनामा। कहि सच्चिदानंद परधामा॥**
**भए मगन छबि तासु बिलोकी। अजहुँ प्रीति उर रहति न रोकी॥**

उन्होंने एक राजपुत्रको सच्चिदानन्द परमधाम कहकर प्रणाम किया और उसकी शोभा देखकर वे इतने प्रेममग्न हो गये कि अबतक उनके हृदयमें प्रीति रोकनेसे भी नहीं रुकती॥ ४॥

**दो०—ब्रह्म जो ब्यापक बिरज अज अकल अनीह अभेद।**
**सो कि देह धरि होइ नर जाहि न जानत बेद॥ ५०॥**

जो ब्रह्म सर्वव्यापक, मायारहित, अजन्मा, अगोचर, इच्छारहित और भेदरहित है, और जिसे वेद भी नहीं जानते, क्या वह देह धारण करके मनुष्य हो सकता है?॥ ५०॥

**बिष्नु जो सुर हित नरतनु धारी। सोउ सर्बग्य जथा त्रिपुरारी॥**
**खोजइ सो कि अग्य इव नारी। ग्यानधाम श्रीपति असुरारी॥**

देवताओंके हितके लिये मनुष्यशरीर धारण करनेवाले जो विष्णुभगवान् हैं, वे भी शिवजीकी ही भाँति सर्वज्ञ हैं। वे ज्ञानके भण्डार, लक्ष्मीपति और असुरोंके शत्रु भगवान् विष्णु क्या अज्ञानीकी तरह स्त्रीको खोजेंगे?॥ १॥

**संभुगिरा पुनि मृषा न होई। सिव सर्बग्य जान सबु कोई॥**
**अस संसय मन भयउ अपारा। होइ न हृदयँ प्रबोध प्रचारा॥**

फिर शिवजीके वचन भी झूठे नहीं हो सकते। सब कोई जानते हैं कि शिवजी सर्वज्ञ हैं। सतीके मनमें इस प्रकारका अपार सन्देह उठ खड़ा हुआ, किसी तरह भी उनके हृदयमें ज्ञानका प्रादुर्भाव नहीं होता था॥ २॥

**जद्यपि प्रगट न कहेउ भवानी। हर अंतरजामी सब जानी॥**
**सुनहि सती तव नारि सुभाऊ। संसय अस न धरिअ उर काऊ॥**

यद्यपि भवानीजीने प्रकट कुछ नहीं कहा, पर अन्तर्यामी शिवजी सब जान गये। वे बोले— हे सती! सुनो, तुम्हारा स्त्रीस्वभाव है। ऐसा सन्देह मनमें कभी न रखना चाहिये॥ ३॥

**जासु कथा कुंभज रिषि गाई। भगति जासु मैं मुनिहि सुनाई॥**
**सोइ मम इष्टदेव रघुबीरा। सेवत जाहि सदा मुनि धीरा॥**

जिनकी कथाका अगस्त्य ऋषिने गान किया और जिनकी भक्ति मैंने मुनिको सुनायी, ये वही मेरे इष्टदेव श्रीरघुवीरजी हैं, जिनकी सेवा ज्ञानी मुनि सदा किया करते हैं॥ ४॥

**छं०—मुनि धीर जोगी सिद्ध संतत बिमल मन जेहि ध्यावहीं।**
**कहि नेति निगम पुरान आगम जासु कीरति गावहीं॥**
**सोइ रामु ब्यापक ब्रह्म भुवन निकाय पति माया धनी।**
**अवतरेउ अपने भगत हित निजतंत्र नित रघुकुलमनी॥**

ज्ञानी मुनि, योगी और सिद्ध निरन्तर निर्मल चित्तसे जिनका ध्यान करते हैं तथा वेद, पुराण और शास्त्र 'नेति-नेति' कहकर जिनकी कीर्ति गाते हैं, उन्हीं सर्वव्यापक, समस्त ब्रह्माण्डोंके स्वामी, मायापति, नित्य परम स्वतन्त्र ब्रह्मरूप भगवान् श्रीरामजीने अपने भक्तोंके हितके लिये [अपनी इच्छासे] रघुकुलके मणिरूपमें अवतार लिया है।

**सो०—लाग न उर उपदेसु जदपि कहेउ सिवँ बार बहु।**
**बोले बिहसि महेसु हरिमाया बलु जानि जियँ॥ ५१॥**

यद्यपि शिवजीने बहुत बार समझाया, फिर भी सतीजीके हृदयमें उनका उपदेश नहीं बैठा। तब महादेवजी मनमें भगवान्‌की मायाका बल जानकर मुसकराते हुए बोले—॥ ५१॥

**जौं तुम्हरें मन अति संदेहू। तौ किन जाइ परीछा लेहू॥**
**तब लगि बैठ अहउँ बटछाहीं। जब लगि तुम्ह ऐहहु मोहि पाहीं॥**

जो तुम्हारे मनमें बहुत सन्देह है तो तुम जाकर परीक्षा क्यों नहीं लेती? जबतक तुम मेरे पास लौट आओगी तबतक मैं इसी बड़की छाँहमें बैठा हूँ॥ १॥

**जैसें जाइ मोह भ्रम भारी। करेहु सो जतनु बिबेक बिचारी॥**
**चलीं सती सिव आयसु पाई। करहिं बिचारु करौं का भाई॥**

जिस प्रकार तुम्हारा यह अज्ञानजनित भारी भ्रम दूर हो, [भलीभाँति] विवेकके द्वारा सोच-समझकर तुम वही करना। शिवजीकी आज्ञा पाकर सती चलीं और मनमें सोचने लगीं कि भाई! क्या करूँ (कैसे परीक्षा लूँ)?॥ २॥

**इहाँ संभु अस मन अनुमाना। दच्छसुता कहुँ नहिं कल्याना॥**
**मोरेहु कहें न संसय जाहीं। बिधि बिपरीत भलाई नाहीं॥**

इधर शिवजीने मनमें ऐसा अनुमान किया कि दक्षकन्या सतीका कल्याण नहीं है। जब मेरे समझानेसे भी सन्देह दूर नहीं होता तब [मालूम होता है] विधाता ही उलटे हैं, अब सतीका कुशल नहीं है॥ ३॥

**होइहि सोइ जो राम रचि राखा। को करि तर्क बढ़ावै साखा॥**
**अस कहि लगे जपन हरिनामा। गईं सती जहँ प्रभु सुखधामा॥**

जो कुछ रामने रच रखा है, वही होगा। तर्क करके कौन शाखा (विस्तार) बढ़ावे। [मनमें] ऐसा कहकर शिवजी भगवान् श्रीहरिका नाम जपने लगे और सतीजी वहाँ गयीं जहाँ सुखके धाम प्रभु श्रीरामचन्द्रजी थे॥ ४॥

**दो०—पुनि पुनि हृदयँ बिचारु करि धरि सीता कर रूप।**
**आगें होइ चलि पंथ तेहिं जेहिं आवत नरभूप॥ ५२॥**

सती बार-बार मनमें विचारकर सीताजीका रूप धारण करके उस मार्गकी ओर आगे होकर चलीं, जिससे [सतीजीके विचारानुसार] मनुष्योंके राजा रामचन्द्रजी आ रहे थे॥ ५२॥

**लछिमन दीख उमाकृत बेषा। चकित भए भ्रम हृदयँ बिसेषा॥**
**कहि न सकत कछु अति गंभीरा। प्रभु प्रभाउ जानत मतिधीरा॥**

सतीजीके बनावटी वेषको देखकर लक्ष्मणजी चकित हो गये और उनके हृदयमें बड़ा भ्रम हो गया। वे बहुत गम्भीर हो गये, कुछ कह नहीं सके। धीरबुद्धि लक्ष्मण प्रभु रघुनाथजीके प्रभावको जानते थे॥ १॥

**सती कपटु जानेउ सुरस्वामी। सबदरसी सब अंतरजामी॥**
**सुमिरत जाहि मिटइ अग्याना। सोइ सरबग्य रामु भगवाना॥**

सब कुछ देखनेवाले और सबके हृदयकी जाननेवाले देवताओंके स्वामी श्रीरामचन्द्रजी सतीके कपटको जान गये; जिनके स्मरणमात्रसे अज्ञानका नाश हो जाता है, वही सर्वज्ञ भगवान् श्रीरामचन्द्रजी हैं॥ २॥

**सती कीन्ह चह तहँहुँ दुराऊ। देखहु नारि सुभाव प्रभाऊ॥**
**निज माया बलु हृदयँ बखानी। बोले बिहसि रामु मृदु बानी॥**

स्त्रीस्वभावका असर तो देखो कि वहाँ (उन सर्वज्ञ भगवान्‌के सामने) भी सतीजी छिपाव करना चाहती हैं। अपनी मायाके बलको हृदयमें बखानकर, श्रीरामचन्द्रजी हँसकर कोमल वाणीसे बोले॥ ३॥

**जोरि पानि प्रभु कीन्ह प्रनामू। पिता समेत लीन्ह निज नामू॥**
**कहेउ बहोरि कहाँ बृषकेतू। बिपिन अकेलि फिरहु केहि हेतू॥**

पहले प्रभुने हाथ जोड़कर सतीको प्रणाम किया और पितासहित अपना नाम बताया। फिर कहा कि वृषकेतु शिवजी कहाँ हैं? आप यहाँ वनमें अकेली किसलिये फिर रही हैं?॥ ४॥

**दो०—राम बचन मृदु गूढ़ सुनि उपजा अति संकोचु।**
**सती सभीत महेस पहिं चलीं हृदयँ बड़ सोचु॥ ५३॥**

श्रीरामचन्द्रजीके कोमल और रहस्यभरे वचन सुनकर सतीजीको बड़ा संकोच हुआ। वे डरती हुई (चुपचाप) शिवजीके पास चलीं, उनके हृदयमें बड़ी चिन्ता हो गयी—॥ ५३॥

**मैं संकर कर कहा न माना। निज अग्यानु राम पर आना॥**
**जाइ उतरु अब देहउँ काहा। उर उपजा अति दारुन दाहा॥**

—कि मैंने शंकरजीका कहना न माना और अपने अज्ञानका श्रीरामचन्द्रजीपर आरोप किया। अब जाकर मैं शिवजीको क्या उत्तर दूँगी? [यों सोचते-सोचते] सतीजीके हृदयमें अत्यन्त भयानक जलन पैदा हो गयी॥ १॥

**जाना राम सतीं दुखु पावा। निज प्रभाउ कछु प्रगटि जनावा॥**
**सतीं दीख कौतुकु मग जाता। आगें रामु सहित श्री भ्राता॥**

श्रीरामचन्द्रजीने जान लिया कि सतीजीको दुःख हुआ; तब उन्होंने अपना कुछ प्रभाव प्रकट करके उन्हें दिखलाया। सतीजीने मार्गमें जाते हुए यह कौतुक देखा कि श्रीरामचन्द्रजी सीताजी और लक्ष्मणजीसहित आगे चले जा रहे हैं। [इस अवसरपर सीताजीको इसलिये दिखाया कि सतीजी श्रीरामके सच्चिदानन्दमय रूपको देखें, वियोग और दुःखकी कल्पना जो उन्हें हुई थी वह दूर हो जाय तथा वे प्रकृतिस्थ हों]॥ २॥

**फिरि चितवा पाछें प्रभु देखा। सहित बंधु सिय सुंदर बेषा॥**
**जहँ चितवहिं तहँ प्रभु आसीना। सेवहिं सिद्ध मुनीस प्रबीना॥**

[तब उन्होंने] पीछेकी ओर फिरकर देखा, तो वहाँ भी भाई लक्ष्मणजी और सीताजीके साथ श्रीरामचन्द्रजी सुन्दर वेषमें दिखायी दिये। वे जिधर देखती हैं, उधर ही प्रभु श्रीरामचन्द्रजी विराजमान हैं और सुचतुर सिद्ध मुनीश्वर उनकी सेवा कर रहे हैं॥ ३॥

**देखे सिव बिधि बिष्नु अनेका। अमित प्रभाउ एक तें एका॥**
**बंदत चरन करत प्रभु सेवा। बिबिध बेष देखे सब देवा॥**

सतीजीने अनेक शिव, ब्रह्मा और विष्णु देखे, जो एक-से-एक बढ़कर असीम प्रभाववाले थे। [उन्होंने देखा कि] भाँति-भाँतिके वेष धारण किये सभी देवता श्रीरामचन्द्रजीकी चरणवन्दना और सेवा कर रहे हैं॥ ४॥

**दो०—सती बिधात्री इंदिरा देखीं अमित अनूप।**
**जेहिं जेहिं बेष अजादि सुर तेहि तेहि तन अनुरूप॥ ५४॥**

उन्होंने अनगिनत अनुपम सती, ब्रह्माणी और लक्ष्मी देखीं। जिस-जिस रूपमें ब्रह्मा आदि देवता थे, उसीके अनुकूल रूपमें [उनकी] ये सब [शक्तियाँ] भी थीं॥ ५४॥

**देखे जहँ तहँ रघुपति जेते। सक्तिन्ह सहित सकल सुर तेते॥**
**जीव चराचर जो संसारा। देखे सकल अनेक प्रकारा॥**

सतीजीने जहाँ-तहाँ जितने रघुनाथजी देखे, शक्तियोंसहित वहाँ उतने ही सारे देवताओंको भी देखा। संसारमें जो चराचर जीव हैं, वे भी अनेक प्रकारसे सब देखे॥ १॥

**पूजहिं प्रभुहि देव बहु बेषा। राम रूप दूसर नहिं देखा॥**
**अवलोके रघुपति बहुतेरे। सीता सहित न बेष घनेरे॥**

[उन्होंने देखा कि] अनेकों वेष धारण करके देवता प्रभु श्रीरामचन्द्रजीकी पूजा कर रहे हैं। परन्तु श्रीरामचन्द्रजीका दूसरा रूप कहीं नहीं देखा। सीतासहित श्रीरघुनाथजी बहुत-से देखे, परन्तु उनके वेष अनेक नहीं थे॥ २॥

**सोइ रघुबर सोइ लछिमनु सीता। देखि सती अति भईं सभीता॥**
**हृदय कंप तन सुधि कछु नाहीं। नयन मूदि बैठीं मग माहीं॥**

[सब जगह] वही रघुनाथजी, वही लक्ष्मण और वही सीताजी—सती ऐसा देखकर बहुत ही डर गयीं। उनका हृदय काँपने लगा और देहकी सारी सुध-बुध जाती रही। वे आँख मूँदकर मार्गमें बैठ गयीं॥ ३॥

**बहुरि बिलोकेउ नयन उघारी। कछु न दीख तहँ दच्छकुमारी॥**
**पुनि पुनि नाइ राम पद सीसा। चलीं तहाँ जहँ रहे गिरीसा॥**

फिर आँख खोलकर देखा, तो वहाँ दक्षकुमारी (सतीजी) को कुछ भी न दीख पड़ा। तब वे बार-बार श्रीरामचन्द्रजीके चरणोंमें सिर नवाकर वहाँ चलीं जहाँ श्रीशिवजी थे॥ ४॥

**दो०—गईं समीप महेस तब हँसि पूछी कुसलात।**
**लीन्हि परीछा कवन बिधि कहहु सत्य सब बात॥ ५५॥**

जब पास पहुँचीं, तब श्रीशिवजीने हँसकर कुशल-प्रश्न करके कहा कि तुमने रामजीकी किस प्रकार परीक्षा ली, सारी बात सच-सच कहो॥ ५५॥

## मासपारायण, दूसरा विश्राम

**सतीं समुझि रघुबीर प्रभाऊ। भय बस सिव सन कीन्ह दुराऊ॥**
**कछु न परीछा लीन्हि गोसाईं। कीन्ह प्रनामु तुम्हारिहि नाईं॥**

सतीजीने श्रीरघुनाथजीके प्रभावको समझकर डरके मारे शिवजीसे छिपाव किया और कहा—हे स्वामिन्! मैंने कुछ भी परीक्षा नहीं ली, [वहाँ जाकर] आपकी ही तरह प्रणाम किया॥ १॥

**जो तुम्ह कहा सो मृषा न होई। मोरें मन प्रतीति अति सोई॥**
**तब संकर देखेउ धरि ध्याना। सतीं जो कीन्ह चरित सबु जाना॥**

आपने जो कहा वह झूठ नहीं हो सकता, मेरे मनमें यह बड़ा (पूरा) विश्वास है। तब शिवजीने ध्यान करके देखा और सतीजीने जो चरित्र किया था, सब जान लिया॥ २॥

**बहुरि राममायहि सिरु नावा। प्रेरि सतिहि जेहिं झूँठ कहावा॥**
**हरि इच्छा भावी बलवाना। हृदयँ बिचारत संभु सुजाना॥**

फिर श्रीरामचन्द्रजीकी मायाको सिर नवाया, जिसने प्रेरणा करके सतीके मुँहसे भी झूठ कहला दिया। सुजान शिवजीने मनमें विचार किया कि हरिकी इच्छारूपी भावी प्रबल है॥ ३॥

**सतीं कीन्ह सीता कर बेषा। सिव उर भयउ बिषाद बिसेषा॥**
**जौं अब करउँ सती सन प्रीती। मिटइ भगति पथु होइ अनीती॥**

सतीजीने सीताजीका वेष धारण किया, यह जानकर शिवजीके हृदयमें बड़ा विषाद हुआ। उन्होंने सोचा कि यदि मैं अब सतीसे प्रीति करता हूँ तो भक्तिमार्ग लुप्त हो जाता है और बड़ा अन्याय होता है॥ ४॥

**दो०—परम पुनीत न जाइ तजि किएँ प्रेम बड़ पापु।**
**प्रगटि न कहत महेसु कछु हृदयँ अधिक संतापु॥ ५६॥**

सती परम पवित्र हैं, इसलिये इन्हें छोड़ते भी नहीं बनता और प्रेम करनेमें बड़ा पाप है। प्रकट करके महादेवजी कुछ भी नहीं कहते, परन्तु उनके हृदयमें बड़ा सन्ताप है॥ ५६॥

**तब संकर प्रभु पद सिरु नावा। सुमिरत रामु हृदयँ अस आवा॥**
**एहिं तन सतिहि भेट मोहि नाहीं। सिव संकल्पु कीन्ह मन माहीं॥**

तब शिवजीने प्रभु श्रीरामचन्द्रजीके चरणकमलोंमें सिर नवाया और श्रीरामजीका स्मरण करते ही उनके मनमें यह आया कि सतीके इस शरीरसे मेरी [पति-पत्नीरूपमें] भेंट नहीं हो सकती और शिवजीने अपने मनमें यह संकल्प कर लिया॥ १॥

**अस बिचारि संकरु मतिधीरा। चले भवन सुमिरत रघुबीरा॥**
**चलत गगन भै गिरा सुहाई। जय महेस भलि भगति दृढ़ाई॥**

स्थिरबुद्धि शंकरजी ऐसा विचारकर श्रीरघुनाथजीका स्मरण करते हुए अपने घर (कैलास) को चले। चलते समय सुन्दर आकाशवाणी हुई कि हे महेश! आपकी जय हो। आपने भक्तिकी अच्छी दृढ़ता की॥ २॥

**अस पन तुम्ह बिनु करइ को आना। रामभगत समरथ भगवाना॥**
**सुनि नभगिरा सती उर सोचा। पूछा सिवहि समेत सकोचा॥**

आपको छोड़कर दूसरा कौन ऐसी प्रतिज्ञा कर सकता है? आप श्रीरामचन्द्रजीके भक्त हैं, समर्थ हैं और भगवान् हैं। इस आकाशवाणीको सुनकर सतीजीके मनमें चिन्ता हुई और उन्होंने सकुचाते हुए शिवजीसे पूछा—॥ ३॥

**कीन्ह कवन पन कहहु कृपाला। सत्यधाम प्रभु दीनदयाला॥**
**जदपि सतीं पूछा बहु भाँती। तदपि न कहेउ त्रिपुर आराती॥**

हे कृपालु! कहिये, आपने कौन-सी प्रतिज्ञा की है? हे प्रभो! आप सत्यके धाम और दीनदयालु हैं। यद्यपि सतीजीने बहुत प्रकारसे पूछा, परन्तु त्रिपुरारि शिवजीने कुछ न कहा॥ ४॥

**दो०—सतीं हृदयँ अनुमान किय सबु जानेउ सर्बग्य।**
**कीन्ह कपटु मैं संभु सन नारि सहज जड़ अग्य॥ ५७ (क)॥**

सतीजीने हृदयमें अनुमान किया कि सर्वज्ञ शिवजी सब जान गये। मैंने शिवजीसे कपट किया, स्त्री स्वभावसे ही मूर्ख और बेसमझ होती हैं॥ ५७ (क)॥

**सो०—जलु पय सरिस बिकाइ देखहु प्रीति कि रीति भलि।**
**बिलग होइ रसु जाइ कपट खटाई परत पुनि॥ ५७ (ख)॥**

प्रीतिकी सुन्दर रीति देखिये कि जल भी [दूधके साथ मिलकर] दूधके समान भाव बिकता है; परन्तु फिर कपटरूपी खटाई पड़ते ही पानी अलग हो जाता है (दूध फट जाता है) और स्वाद [प्रेम] जाता रहता है॥ ५७ (ख)॥

**हृदयँ सोचु समुझत निज करनी। चिंता अमित जाइ नहिं बरनी॥**
**कृपासिंधु सिव परम अगाधा। प्रगट न कहेउ मोर अपराधा॥**

अपनी करनीको याद करके सतीजीके हृदयमें इतना सोच है और इतनी अपार चिन्ता है कि जिसका वर्णन नहीं किया जा सकता। [उन्होंने समझ लिया कि] शिवजी कृपाके परम अथाह सागर हैं, इससे प्रकटमें उन्होंने मेरा अपराध नहीं कहा॥ १॥

**संकर रुख अवलोकि भवानी। प्रभु मोहि तजेउ हृदयँ अकुलानी॥**
**निज अघ समुझि न कछु कहि जाई। तपइ अवाँ इव उर अधिकाई॥**

शिवजीका रुख देखकर सतीजीने जान लिया कि स्वामीने मेरा त्याग कर दिया और वे हृदयमें व्याकुल हो उठीं। अपना पाप समझकर कुछ कहते नहीं बनता, परन्तु हृदय [भीतर-ही-भीतर] कुम्हारके आँवेके समान अत्यन्त जलने लगा॥ २॥

**सतिहि ससोच जानि बृषकेतू। कहीं कथा सुंदर सुखहेतू॥**
**बरनत पंथ बिबिध इतिहासा। बिस्वनाथ पहुँचे कैलासा॥**

वृषकेतु शिवजीने सतीको चिन्तायुक्त जानकर उन्हें सुख देनेके लिये सुन्दर कथाएँ कहीं। इस प्रकार मार्गमें विविध प्रकारके इतिहासोंको कहते हुए विश्वनाथ कैलास जा पहुँचे॥ ३॥

**तहँ पुनि संभु समुझि पन आपन। बैठे बटतर करि कमलासन॥**
**संकर सहज सरूपु सम्हारा। लागि समाधि अखंड अपारा॥**

वहाँ फिर शिवजी अपनी प्रतिज्ञाको याद करके बड़के पेड़के नीचे पद्मासन लगाकर बैठ गये। शिवजीने अपना स्वाभाविक रूप सँभाला। उनकी अखण्ड और अपार समाधि लग गयी॥ ४॥

**दो०—सती बसहिं कैलास तब अधिक सोचु मन माहिं।**
**मरमु न कोऊ जान कछु जुग सम दिवस सिराहिं॥ ५८॥**

तब सतीजी कैलासपर रहने लगीं। उनके मनमें बड़ा दुःख था। इस रहस्यको कोई कुछ भी नहीं जानता था। उनका एक-एक दिन युगके समान बीत रहा था॥ ५८॥

**नित नव सोचु सती उर भारा। कब जैहउँ दुख सागर पारा॥**
**मैं जो कीन्ह रघुपति अपमाना। पुनि पतिबचनु मृषा करि जाना॥**

सतीजीके हृदयमें नित्य नया और भारी सोच हो रहा था कि मैं इस दुःख-समुद्रके पार कब जाऊँगी। मैंने जो श्रीरघुनाथजीका अपमान किया और फिर पतिके वचनोंको झूठ जाना—॥ १॥

**सो फलु मोहि बिधाताँ दीन्हा। जो कछु उचित रहा सोइ कीन्हा॥**
**अब बिधि अस बूझिअ नहिं तोही। संकर बिमुख जिआवसि मोही॥**

उसका फल विधाताने मुझको दिया, जो उचित था वही किया; परन्तु हे विधाता! अब तुझे

यह उचित नहीं है जो शंकरसे विमुख होनेपर भी मुझे जिला रहा है॥ २॥

**कहि न जाइ कछु हृदय गलानी। मन महुँ रामहि सुमिर सयानी॥**
**जौं प्रभु दीनदयालु कहावा। आरति हरन बेद जसु गावा॥**

सतीजीके हृदयकी ग्लानि कुछ कही नहीं जाती। बुद्धिमती सतीजीने मनमें श्रीरामचन्द्रजीका स्मरण किया और कहा—हे प्रभो! यदि आप दीनदयालु कहलाते हैं और वेदोंने आपका यह यश गाया है कि आप दुःखको हरनेवाले हैं,॥ ३॥

**तौ मैं बिनय करउँ कर जोरी। छूटउ बेगि देह यह मोरी॥**
**जौं मोरें सिव चरन सनेहू। मन क्रम बचन सत्य ब्रतु एहू॥**

तो मैं हाथ जोड़कर विनती करती हूँ कि मेरी यह देह जल्दी छूट जाय। यदि मेरा शिवजीके चरणोंमें प्रेम है और मेरा यह [प्रेमका] व्रत मन, वचन और कर्म (आचरण) से सत्य है,॥ ४॥

**दो०—तौ सबदरसी सुनिअ प्रभु करउ सो बेगि उपाइ।**
**होइ मरनु जेहिं बिनहिं श्रम दुसह बिपत्ति बिहाइ॥ ५९॥**

तो हे सर्वदर्शी प्रभो! सुनिये और शीघ्र वह उपाय कीजिये जिससे मेरा मरण हो और बिना ही परिश्रम यह [पति-परित्यागरूपी] असह्य विपत्ति दूर हो जाय॥ ५९॥

**एहि बिधि दुखित प्रजेसकुमारी। अकथनीय दारुन दुखु भारी॥**
**बीतें संबत सहस सतासी। तजी समाधि संभु अबिनासी॥**

दक्षसुता सतीजी इस प्रकार बहुत दुःखित थीं, उनको इतना दारुण दुःख था कि जिसका वर्णन नहीं किया जा सकता। सत्तासी हजार वर्ष बीत जानेपर अविनाशी शिवजीने समाधि खोली॥ १॥

**राम नाम सिव सुमिरन लागे। जानेउ सतीं जगतपति जागे॥**
**जाइ संभु पद बंदनु कीन्हा। सनमुख संकर आसनु दीन्हा॥**

शिवजी रामनामका स्मरण करने लगे, तब सतीजीने जाना कि अब जगत्‌के स्वामी (शिवजी) जागे। उन्होंने जाकर शिवजीके चरणोंमें प्रणाम किया। शिवजीने उनको बैठनेके लिये सामने आसन दिया॥ २॥

**लगे कहन हरिकथा रसाला। दच्छ प्रजेस भए तेहि काला॥**
**देखा बिधि बिचारि सब लायक। दच्छहि कीन्ह प्रजापति नायक॥**

शिवजी भगवान् हरिकी रसमयी कथाएँ कहने लगे। उसी समय दक्ष प्रजापति हुए। ब्रह्माजीने सब प्रकारसे योग्य देख-समझकर दक्षको प्रजापतियोंका नायक बना दिया॥ ३॥

**बड़ अधिकार दच्छ जब पावा। अति अभिमानु हृदयँ तब आवा॥**
**नहिं कोउ अस जनमा जग माहीं। प्रभुता पाइ जाहि मद नाहीं॥**

जब दक्षने इतना बड़ा अधिकार पाया तब उनके हृदयमें अत्यन्त अभिमान आ गया। जगत्‌में ऐसा कोई नहीं पैदा हुआ जिसको प्रभुता पाकर मद न हो॥ ४॥

**दो०—दच्छ लिए मुनि बोलि सब करन लगे बड़ जाग।**
**नेवते सादर सकल सुर जे पावत मख भाग॥ ६०॥**

दक्षने सब मुनियोंको बुला लिया और वे बड़ा यज्ञ करने लगे। जो देवता यज्ञका भाग पाते हैं, दक्षने उन सबको आदरसहित निमन्त्रित किया॥ ६०॥

**किंनर नाग सिद्ध गंधर्बा। बधुन्ह समेत चले सुर सर्बा॥**
**बिष्नु बिरंचि महेसु बिहाई। चले सकल सुर जान बनाई॥**

[दक्षका निमन्त्रण पाकर] किन्नर, नाग, सिद्ध, गन्धर्व और सब देवता अपनी-अपनी स्त्रियोंसहित चले। विष्णु, ब्रह्मा और महादेवजीको छोड़कर सभी देवता अपना-अपना विमान सजाकर चले॥ १॥

**सतीं बिलोके ब्योम बिमाना। जात चले सुंदर बिधि नाना॥**
**सुर सुंदरी करहिं कल गाना। सुनत श्रवन छूटहिं मुनि ध्याना॥**

सतीजीने देखा अनेकों प्रकारके सुन्दर विमान आकाशमें चले जा रहे हैं। देव-सुन्दरियाँ मधुर गान कर रही हैं, जिन्हें सुनकर मुनियोंका ध्यान छूट जाता है॥ २॥

**पूछेउ तब सिवँ कहेउ बखानी। पिता जग्य सुनि कछु हरषानी॥**
**जौं महेसु मोहि आयसु देहीं। कछु दिन जाइ रहौं मिस एहीं॥**

सतीजीने [विमानोंमें देवताओंके जानेका कारण] पूछा, तब शिवजीने सब बातें बतलायीं। पिताके यज्ञकी बात सुनकर सती कुछ प्रसन्न हुईं और सोचने लगीं कि यदि महादेवजी मुझे आज्ञा दें, तो इसी बहाने कुछ दिन पिताके घर जाकर रहूँ॥ ३॥

**पति परित्याग हृदयँ दुखु भारी। कहइ न निज अपराध बिचारी॥**
**बोली सती मनोहर बानी। भय संकोच प्रेम रस सानी॥**

क्योंकि उनके हृदयमें पतिद्वारा त्यागी जानेका बड़ा भारी दुःख था, पर अपना अपराध समझकर वे कुछ कहती न थीं। आखिर सतीजी भय, संकोच और प्रेमरसमें सनी हुई मनोहर वाणीसे बोलीं— ॥ ४॥

**दो०—पिता भवन उत्सव परम जौं प्रभु आयसु होइ।**
**तौ मैं जाउँ कृपायतन सादर देखन सोइ॥ ६१॥**

हे प्रभो! मेरे पिताके घर बहुत बड़ा उत्सव है। यदि आपकी आज्ञा हो तो हे कृपाधाम! मैं आदरसहित उसे देखने जाऊँ॥ ६१॥

**कहेहु नीक मोरेहुँ मन भावा। यह अनुचित नहिं नेवत पठावा॥**
**दच्छ सकल निज सुता बोलाईं। हमरें बयर तुम्हउ बिसराईं॥**

शिवजीने कहा—तुमने बात तो अच्छी कही, यह मेरे मनको भी पसंद आयी। पर उन्होंने न्यौता नहीं भेजा, यह अनुचित है। दक्षने अपनी सब लड़कियोंको बुलाया है; किन्तु हमारे वैरके कारण उन्होंने तुमको भी भुला दिया॥ १॥

**ब्रह्मसभाँ हम सन दुखु माना। तेहि तें अजहुँ करहिं अपमाना॥**
**जौं बिनु बोलें जाहु भवानी। रहइ न सीलु सनेहु न कानी॥**

एक बार ब्रह्माकी सभामें हमसे अप्रसन्न हो गये थे, उसीसे वे अब भी हमारा अपमान करते हैं। हे भवानी! जो तुम बिना बुलाये जाओगी तो न शील-स्नेह ही रहेगा और न मान-मर्यादा ही रहेगी॥ २॥

**जदपि मित्र प्रभु पितु गुर गेहा। जाइअ बिनु बोलेहुँ न सँदेहा॥**
**तदपि बिरोध मान जहँ कोई। तहाँ गएँ कल्यानु न होई॥**

यद्यपि इसमें सन्देह नहीं कि मित्र, स्वामी, पिता और गुरुके घर बिना बुलाये भी जाना चाहिये तो भी जहाँ कोई विरोध मानता हो, उसके घर जानेसे कल्याण नहीं होता॥ ३॥

**भाँति अनेक संभु समुझावा। भावी बस न ग्यानु उर आवा॥**
**कह प्रभु जाहु जो बिनहिं बोलाएँ। नहिं भलि बात हमारे भाएँ॥**

शिवजीने बहुत प्रकारसे समझाया, पर होनहारवश सतीके हृदयमें बोध नहीं हुआ। फिर शिवजीने कहा कि यदि बिना बुलाये जाओगी, तो हमारी समझमें अच्छी बात न होगी॥ ४॥

**दो०—कहि देखा हर जतन बहु रहइ न दच्छकुमारि।**
**दिए मुख्य गन संग तब बिदा कीन्ह त्रिपुरारि॥ ६२॥**

शिवजीने बहुत प्रकारसे कहकर देख लिया, किन्तु जब सती किसी प्रकार भी नहीं रुकीं, तब त्रिपुरारि महादेवजीने अपने मुख्य गणोंको साथ देकर उनको विदा कर दिया॥ ६२॥

**पिता भवन जब गईं भवानी। दच्छ त्रास काहुँ न सनमानी॥**
**सादर भलेहिं मिली एक माता। भगिनीं मिलीं बहुत मुसुकाता॥**

भवानी जब पिता (दक्ष) के घर पहुँचीं, तब दक्षके डरके मारे किसीने उनकी आवभगत नहीं की, केवल एक माता भले ही आदरसे मिली। बहिनें बहुत मुसकराती हुई मिलीं॥ १॥

**दच्छ न कछु पूछी कुसलाता। सतिहि बिलोकि जरे सब गाता॥**
**सतीं जाइ देखेउ तब जागा। कतहुँ न दीख संभु कर भागा॥**

दक्षने तो उनकी कुछ कुशलतक नहीं पूछी, सतीजीको देखकर उलटे उनके सारे अंग जल उठे। तब सतीने जाकर यज्ञ देखा तो वहाँ कहीं शिवजीका भाग दिखायी नहीं दिया॥ २॥

**तब चित चढ़ेउ जो संकर कहेऊ। प्रभु अपमानु समुझि उर दहेऊ॥**
**पाछिल दुखु न हृदयँ अस ब्यापा। जस यह भयउ महा परितापा॥**

तब शिवजीने जो कहा था वह उनकी समझमें आया। स्वामीका अपमान समझकर सतीका हृदय जल उठा। पिछला (पतिपरित्यागका) दुःख उनके हृदयमें उतना नहीं व्यापा था, जितना महान् दुःख इस समय (पति-अपमानके कारण) हुआ॥ ३॥

**जद्यपि जग दारुन दुख नाना। सब तें कठिन जाति अवमाना॥**
**समुझि सो सतिहि भयउ अति क्रोधा। बहु बिधि जननीं कीन्ह प्रबोधा॥**

यद्यपि जगत्में अनेक प्रकारके दारुण दुःख हैं, तथापि जाति-अपमान सबसे बढ़कर कठिन है। यह समझकर सतीजीको बड़ा क्रोध हो आया। माताने उन्हें बहुत प्रकारसे समझाया-बुझाया॥ ४॥

**दो०—सिव अपमानु न जाइ सहि हृदयँ न होइ प्रबोध।**
**सकल सभहि हठि हटकि तब बोलीं बचन सक्रोध॥ ६३॥**

परन्तु उनसे शिवजीका अपमान सहा नहीं गया, इससे उनके हृदयमें कुछ भी प्रबोध नहीं हुआ। तब वे सारी सभाको हठपूर्वक डाँटकर क्रोधभरे वचन बोलीं—॥ ६३॥

**सुनहु सभासद सकल मुनिंदा। कही सुनी जिन्ह संकर निंदा॥**
**सो फलु तुरत लहब सब काहूँ। भली भाँति पछिताब पिताहूँ॥**

हे सभासदो और सब मुनीश्वरो! सुनो। जिन लोगोंने यहाँ शिवजीकी निन्दा की या सुनी है, उन सबको उसका फल तुरंत ही मिलेगा और मेरे पिता दक्ष भी भलीभाँति पछतायँगे॥ १॥

**संत संभु श्रीपति अपबादा। सुनिअ जहाँ तहँ असि मरजादा॥**
**काटिअ तासु जीभ जो बसाई। श्रवन मूदि न त चलिअ पराई॥**

जहाँ संत, शिवजी और लक्ष्मीपति विष्णुभगवान्‌की निन्दा सुनी जाय वहाँ ऐसी मर्यादा है कि यदि अपना वश चले तो उस (निन्दा करनेवाले) की जीभ काट ले और नहीं तो कान मूँदकर वहाँसे भाग जाय॥ २॥

**जगदातमा महेसु पुरारी। जगत जनक सब के हितकारी॥**
**पिता मंदमति निंदत तेही। दच्छ सुक्र संभव यह देही॥**

त्रिपुर दैत्यको मारनेवाले भगवान् महेश्वर सम्पूर्ण जगत्‌के आत्मा हैं, वे जगत्पिता और सबका हित करनेवाले हैं। मेरा मन्दबुद्धि पिता उनकी निन्दा करता है; और मेरा यह शरीर दक्षहीके वीर्यसे उत्पन्न है॥ ३॥

**तजिहउँ तुरत देह तेहि हेतू। उर धरि चंद्रमौलि बृषकेतू॥**
**अस कहि जोग अगिनि तनु जारा। भयउ सकल मख हाहाकारा॥**

इसलिये चन्द्रमाको ललाटपर धारण करनेवाले वृषकेतु शिवजीको हृदयमें धारण करके मैं इस शरीरको तुरंत ही त्याग दूँगी। ऐसा कहकर सतीजीने योगाग्निमें अपना शरीर भस्म कर डाला। सारी यज्ञशालामें हाहाकार मच गया॥ ४॥

**दो०—सती मरनु सुनि संभु गन लगे करन मख खीस।**
**जग्य बिधंस बिलोकि भृगु रच्छा कीन्हि मुनीस॥ ६४॥**

सतीका मरण सुनकर शिवजीके गण यज्ञ विध्वंस करने लगे। यज्ञ विध्वंस होते देखकर मुनीश्वर भृगुजीने उसकी रक्षा की॥ ६४॥

**समाचार सब संकर पाए। बीरभद्रु करि कोप पठाए॥**
**जग्य बिधंस जाइ तिन्ह कीन्हा। सकल सुरन्ह बिधिवत फलु दीन्हा॥**

ये सब समाचार शिवजीको मिले, तब उन्होंने क्रोध करके वीरभद्रको भेजा। उन्होंने वहाँ जाकर यज्ञ विध्वंस कर डाला और सब देवताओंको यथोचित फल (दण्ड) दिया॥ १॥

**भै जगबिदित दच्छ गति सोई। जसि कछु संभु बिमुख कै होई॥**
**यह इतिहास सकल जग जानी। ताते मैं संछेप बखानी॥**

दक्षकी जगत्प्रसिद्ध वही गति हुई जो शिवद्रोहीकी हुआ करती है। यह इतिहास सारा संसार जानता है, इसलिये मैंने संक्षेपमें वर्णन किया॥ २॥

**सतीं मरत हरि सन बरु मागा। जनम जनम सिव पद अनुरागा॥**
**तेहि कारन हिमगिरि गृह जाई। जनमीं पारबती तनु पाई॥**

सतीने मरते समय भगवान् हरिसे यह वर माँगा कि मेरा जन्म-जन्ममें शिवजीके चरणोंमें

अनुराग रहे। इसी कारण उन्होंने हिमाचलके घर जाकर पार्वतीके शरीरसे जन्म लिया॥ ३॥

**जब तें उमा सैल गृह जाईं। सकल सिद्धि संपति तहँ छाईं॥**
**जहँ तहँ मुनिन्ह सुआश्रम कीन्हे। उचित बास हिम भूधर दीन्हे॥**

जबसे उमाजी हिमाचलके घर जन्मीं तबसे वहाँ सारी सिद्धियाँ और सम्पत्तियाँ छा गयीं। मुनियोंने जहाँ-तहाँ सुन्दर आश्रम बना लिये और हिमाचलने उनको उचित स्थान दिये॥ ४॥

**दो०—सदा सुमन फल सहित सब द्रुम नव नाना जाति।**
**प्रगटीं सुंदर सैल पर मनि आकर बहु भाँति॥ ६५॥**

उस सुन्दर पर्वतपर बहुत प्रकारके सब नये-नये वृक्ष सदा पुष्प-फलयुक्त हो गये और वहाँ बहुत तरहकी मणियोंकी खानें प्रकट हो गयीं॥ ६५॥

**सरिता सब पुनीत जलु बहहीं। खग मृग मधुप सुखी सब रहहीं॥**
**सहज बयरु सब जीवन्ह त्यागा। गिरि पर सकल करहिं अनुरागा॥**

सारी नदियोंमें पवित्र जल बहता है और पक्षी, पशु, भ्रमर सभी सुखी रहते हैं। सब जीवोंने अपना स्वाभाविक वैर छोड़ दिया और पर्वतपर सभी परस्पर प्रेम करते हैं॥ १॥

**सोह सैल गिरिजा गृह आएँ। जिमि जनु रामभगति के पाएँ॥**
**नित नूतन मंगल गृह तासू। ब्रह्मादिक गावहिं जसु जासू॥**

पार्वतीजीके घर आ जानेसे पर्वत ऐसा शोभायमान हो रहा है जैसा रामभक्तिको पाकर भक्त शोभायमान होता है। उस (पर्वतराज) के घर नित्य नये-नये मंगलोत्सव होते हैं, जिसका ब्रह्मादि यश गाते हैं॥ २॥

**नारद समाचार सब पाए। कौतुकहीं गिरि गेह सिधाए॥**
**सैलराज बड़ आदर कीन्हा। पद पखारि बर आसनु दीन्हा॥**

जब नारदजीने ये सब समाचार सुने तो वे कौतुकहीसे हिमाचलके घर पधारे। पर्वतराजने उनका बड़ा आदर किया और चरण धोकर उनको उत्तम आसन दिया॥ ३॥

**नारि सहित मुनि पद सिरु नावा। चरन सलिल सबु भवनु सिंचावा॥**
**निज सौभाग्य बहुत गिरि बरना। सुता बोलि मेली मुनि चरना॥**

फिर अपनी स्त्रीसहित मुनिके चरणोंमें सिर नवाया और उनके चरणोदकको सारे घरमें छिड़काया। हिमाचलने अपने सौभाग्यका बहुत बखान किया और पुत्रीको बुलाकर मुनिके चरणोंपर डाल दिया॥ ४॥

**दो०—त्रिकालग्य सर्बग्य तुम्ह गति सर्बत्र तुम्हारि।**
**कहहु सुता के दोष गुन मुनिबर हृदयँ बिचारि॥ ६६॥**

[और कहा—] हे मुनिवर! आप त्रिकालज्ञ और सर्वज्ञ हैं, आपकी सर्वत्र पहुँच है। अतः आप हृदयमें विचारकर कन्याके दोष-गुण कहिये॥ ६६॥

**कह मुनि बिहसि गूढ़ मृदु बानी। सुता तुम्हारि सकल गुन खानी॥**
**सुंदर सहज सुसील सयानी। नाम उमा अंबिका भवानी॥**

नारद मुनिने हँसकर रहस्ययुक्त कोमल वाणीसे कहा—तुम्हारी कन्या सब गुणोंकी खान है।

यह स्वभावसे ही सुन्दर, सुशील और समझदार है। उमा, अम्बिका और भवानी इसके नाम हैं॥ १॥

**सब लच्छन संपन्न कुमारी। होइहि संतत पियहि पिआरी॥**
**सदा अचल एहि कर अहिवाता। एहि तें जसु पैहहिं पितु माता॥**

कन्या सब सुलक्षणोंसे सम्पन्न है, यह अपने पतिको सदा प्यारी होगी। इसका सुहाग सदा अचल रहेगा और इससे इसके माता-पिता यश पावेंगे॥ २॥

**होइहि पूज्य सकल जग माहीं। एहि सेवत कछु दुर्लभ नाहीं॥**
**एहि कर नामु सुमिरि संसारा। त्रिय चढ़िहहिं पतिब्रत असिधारा॥**

यह सारे जगत्‌में पूज्य होगी और इसकी सेवा करनेसे कुछ भी दुर्लभ न होगा। संसारमें स्त्रियाँ इसका नाम स्मरण करके पतिव्रतरूपी तलवारकी धारपर चढ़ जायँगी॥ ३॥

**सैल सुलच्छन सुता तुम्हारी। सुनहु जे अब अवगुन दुइ चारी॥**
**अगुन अमान मातु पितु हीना। उदासीन सब संसय छीना॥**

हे पर्वतराज! तुम्हारी कन्या सुलच्छनी है। अब इसमें जो दो-चार अवगुण हैं, उन्हें भी सुन लो। गुणहीन, मानहीन, माता-पिता-विहीन, उदासीन, संशयहीन (लापरवाह), ॥ ४॥

**दो०—जोगी जटिल अकाम मन नगन अमंगल बेष।**
**अस स्वामी एहि कहँ मिलिहि परी हस्त असि रेख॥ ६७॥**

योगी, जटाधारी, निष्कामहृदय, नंगा और अमंगल वेषवाला, ऐसा पति इसको मिलेगा। इसके हाथमें ऐसी ही रेखा पड़ी है॥ ६७॥

**सुनि मुनि गिरा सत्य जियँ जानी। दुख दंपतिहि उमा हरषानी॥**
**नारदहूँ यह भेदु न जाना। दसा एक समुझब बिलगाना॥**

नारद मुनिकी वाणी सुनकर और उसको हृदयमें सत्य जानकर पति-पत्नी (हिमवान् और मैना) को दुःख हुआ और पार्वतीजी प्रसन्न हुईं। नारदजीने भी इस रहस्यको नहीं जाना, क्योंकि सबकी बाहरी दशा एक-सी होनेपर भी भीतरी समझ भिन्न-भिन्न थी॥ १॥

**सकल सखीं गिरिजा गिरि मैना। पुलक सरीर भरे जल नैना॥**
**होइ न मृषा देवरिषि भाषा। उमा सो बचनु हृदयँ धरि राखा॥**

सारी सखियाँ, पार्वती, पर्वतराज हिमवान् और मैना सभीके शरीर पुलकित थे और सभीके नेत्रोंमें जल भरा था। देवर्षिके वचन असत्य नहीं हो सकते, [यह विचारकर] पार्वतीने उन वचनोंको हृदयमें धारण कर लिया॥ २॥

**उपजेउ सिव पद कमल सनेहू। मिलन कठिन मन भा संदेहू॥**
**जानि कुअवसरु प्रीति दुराई। सखी उछँग बैठी पुनि जाई॥**

उन्हें शिवजीके चरणकमलोंमें स्नेह उत्पन्न हो आया, परन्तु मनमें यह सन्देह हुआ कि उनका मिलना कठिन है। अवसर ठीक न जानकर उमाने अपने प्रेमको छिपा लिया और फिर वे सखीकी गोदमें जाकर बैठ गयीं॥ ३॥

**झूठि न होइ देवरिषि बानी। सोचहिं दंपति सखीं सयानी॥**
**उर धरि धीर कहइ गिरिराऊ। कहहु नाथ का करिअ उपाऊ॥**

देवर्षिकी वाणी झूठी न होगी, यह विचारकर हिमवान्, मैना और सारी चतुर सखियाँ चिन्ता करने लगीं। फिर हृदयमें धीरज धरकर पर्वतराजने कहा—हे नाथ! कहिये, अब क्या उपाय किया जाय?॥ ४॥

**दो०—कह मुनीस हिमवंत सुनु जो बिधि लिखा लिलार।**
**देव दनुज नर नाग मुनि कोउ न मेटनिहार॥ ६८॥**

मुनीश्वरने कहा—हे हिमवान्! सुनो, विधाताने ललाटपर जो कुछ लिख दिया है, उसको देवता, दानव, मनुष्य, नाग और मुनि कोई भी नहीं मिटा सकते॥ ६८॥

**तदपि एक मैं कहउँ उपाई। होइ करै जौं दैउ सहाई॥**
**जस बरु मैं बरनेउँ तुम्ह पाहीं। मिलिहि उमहि तस संसय नाहीं॥**

तो भी एक उपाय मैं बताता हूँ। यदि दैव सहायता करें तो वह सिद्ध हो सकता है। उमाको वर तो निःसन्देह वैसा ही मिलेगा जैसा मैंने तुम्हारे सामने वर्णन किया है॥ १॥

**जे जे बर के दोष बखाने। ते सब सिव पहिं मैं अनुमाने॥**
**जौं बिबाहु संकर सन होई। दोषउ गुन सम कह सबु कोई॥**

परन्तु मैंने वरके जो-जो दोष बतलाये हैं, मेरे अनुमानसे वे सभी शिवजीमें हैं। यदि शिवजीके साथ विवाह हो जाय तो दोषोंको भी सब लोग गुणोंके समान ही कहेंगे॥ २॥

**जौं अहि सेज सयन हरि करहीं। बुध कछु तिन्ह कर दोषु न धरहीं॥**
**भानु कृसानु सर्ब रस खाहीं। तिन्ह कहँ मंद कहत कोउ नाहीं॥**

जैसे विष्णुभगवान् शेषनागकी शय्यापर सोते हैं, तो भी पण्डित लोग उनको कोई दोष नहीं लगाते। सूर्य और अग्निदेव अच्छे-बुरे सभी रसोंका भक्षण करते हैं, परन्तु उनको कोई बुरा नहीं कहता॥ ३॥

**सुभ अरु असुभ सलिल सब बहई। सुरसरि कोउ अपुनीत न कहई॥**
**समरथ कहुँ नहिं दोषु गोसाईं। रबि पावक सुरसरि की नाईं॥**

गंगाजीमें शुभ और अशुभ सभी जल बहता है, पर कोई उन्हें अपवित्र नहीं कहता। सूर्य, अग्नि और गंगाजीकी भाँति समर्थको कुछ दोष नहीं लगता॥ ४॥

**दो०—जौं अस हिसिषा करहिं नर जड़ बिबेक अभिमान।**
**परहिं कलप भरि नरक महुँ जीव कि ईस समान॥ ६९॥**

यदि मूर्ख मनुष्य ज्ञानके अभिमानसे इस प्रकार होड़ करते हैं तो वे कल्पभरके लिये नरकमें पड़ते हैं। भला, कहीं जीव भी ईश्वरके समान (सर्वथा स्वतन्त्र) हो सकता है?॥ ६९॥

**सुरसरि जल कृत बारुनि जाना। कबहुँ न संत करहिं तेहि पाना॥**
**सुरसरि मिलें सो पावन जैसें। ईस अनीसहि अंतरु तैसें॥**

गंगाजलसे भी बनायी हुई मदिराको जानकर संत लोग कभी उसका पान नहीं करते। पर वही गंगाजीमें मिल जानेपर जैसे पवित्र हो जाती है, ईश्वर और जीवमें भी वैसा ही भेद है॥ १॥

**संभु सहज समरथ भगवाना। एहि बिबाहँ सब बिधि कल्याना॥**
**दुराराध्य पै अहहिं महेसू। आसुतोष पुनि किएँ कलेसू॥**

शिवजी सहज ही समर्थ हैं, क्योंकि वे भगवान् हैं। इसलिये इस विवाहमें सब प्रकार कल्याण

है। परन्तु महादेवजीकी आराधना बड़ी कठिन है, फिर भी क्लेश (तप) करनेसे वे बहुत जल्द सन्तुष्ट हो जाते हैं॥ २॥

**जौं तपु करै कुमारि तुम्हारी। भाविउ मेटि सकहिं त्रिपुरारी॥**
**जद्यपि बर अनेक जग माहीं। एहि कहँ सिव तजि दूसर नाहीं॥**

यदि तुम्हारी कन्या तप करे, तो त्रिपुरारि महादेवजी होनहारको मिटा सकते हैं। यद्यपि संसारमें वर अनेक हैं, पर इसके लिये शिवजीको छोड़कर दूसरा वर नहीं है॥ ३॥

**बर दायक प्रनतारति भंजन। कृपासिंधु सेवक मन रंजन॥**
**इच्छित फल बिनु सिव अवराधें। लहिअ न कोटि जोग जप साधें॥**

शिवजी वर देनेवाले, शरणागतोंके दुःखोंका नाश करनेवाले, कृपाके समुद्र और सेवकोंके मनको प्रसन्न करनेवाले हैं। शिवजीकी आराधना किये बिना करोड़ों योग और जप करनेपर भी वांछित फल नहीं मिलता॥ ४॥

**दो०—अस कहि नारद सुमिरि हरि गिरिजहि दीन्हि असीस।**
**होइहि यह कल्यान अब संसय तजहु गिरीस॥ ७०॥**

ऐसा कहकर भगवान्‌का स्मरण करके नारदजीने पार्वतीको आशीर्वाद दिया। [और कहा कि—] हे पर्वतराज! तुम सन्देहका त्याग कर दो, अब यह कल्याण ही होगा॥ ७०॥

**कहि अस ब्रह्मभवन मुनि गयऊ। आगिल चरित सुनहु जस भयऊ॥**
**पतिहि एकांत पाइ कह मैना। नाथ न मैं समुझे मुनि बैना॥**

यों कहकर नारद मुनि ब्रह्मलोकको चले गये। अब आगे जो चरित्र हुआ उसे सुनो। पतिको एकान्तमें पाकर मैनाने कहा—हे नाथ! मैंने मुनिके वचनोंका अर्थ नहीं समझा॥ १॥

**जौं घरु बरु कुलु होइ अनूपा। करिअ बिबाहु सुता अनुरूपा॥**
**न त कन्या बरु रहउ कुआरी। कंत उमा मम प्रानपिआरी॥**

जो हमारी कन्याके अनुकूल घर, वर और कुल उत्तम हो तो विवाह कीजिये। नहीं तो लड़की चाहे कुमारी ही रहे (मैं अयोग्य वरके साथ उसका विवाह नहीं करना चाहती); क्योंकि हे स्वामिन्! पार्वती मुझको प्राणोंके समान प्यारी है॥ २॥

**जौं न मिलिहि बरु गिरिजहि जोगू। गिरि जड़ सहज कहिहि सबु लोगू॥**
**सोइ बिचारि पति करेहु बिबाहू। जेहिं न बहोरि होइ उर दाहू॥**

यदि पार्वतीके योग्य वर न मिला तो सब लोग कहेंगे कि पर्वत स्वभावसे ही जड (मूर्ख) होते हैं। हे स्वामी! इस बातको विचारकर ही विवाह कीजियेगा, जिसमें फिर पीछे हृदयमें सन्ताप न हो॥ ३॥

**अस कहि परी चरन धरि सीसा। बोले सहित सनेह गिरीसा॥**
**बरु पावक प्रगटै ससि माहीं। नारद बचनु अन्यथा नाहीं॥**

इस प्रकार कहकर मैना पतिके चरणोंपर मस्तक रखकर गिर पड़ीं। तब हिमवान्‌ने प्रेमसे कहा—चाहे चन्द्रमामें अग्नि प्रकट हो जाय, पर नारदजीके वचन झूठे नहीं हो सकते॥ ४॥

**दो०—प्रिया सोचु परिहरहु सबु सुमिरहु श्रीभगवान।**
**पारबतिहि निरमयउ जेहिं सोइ करिहि कल्यान॥ ७१॥**

हे प्रिये! सब सोच छोड़कर श्रीभगवान्‌का स्मरण करो। जिन्होंने पार्वतीको रचा है, वे ही कल्याण करेंगे॥ ७१॥

**अब जौं तुम्हहि सुता पर नेहू। तौ अस जाइ सिखावनु देहू॥**
**करै सो तपु जेहिं मिलहिं महेसू। आन उपायँ न मिटिहि कलेसू॥**

अब यदि तुम्हें कन्यापर प्रेम है तो जाकर उसे यह शिक्षा दो कि वह ऐसा तप करे जिससे शिवजी मिल जायँ। दूसरे उपायसे यह क्लेश नहीं मिटेगा॥ १॥

**नारद बचन सगर्भ सहेतू। सुंदर सब गुन निधि बृषकेतू॥**
**अस बिचारि तुम्ह तजहु असंका। सबहि भाँति संकरु अकलंका॥**

नारदजीके वचन रहस्यसे युक्त और सकारण हैं और शिवजी समस्त सुन्दर गुणोंके भण्डार हैं। यह विचारकर तुम [मिथ्या] सन्देहको छोड़ दो। शिवजी सभी तरहसे निष्कलंक हैं॥ २॥

**सुनि पति बचन हरषि मन माहीं। गई तुरत उठि गिरिजा पाहीं॥**
**उमहि बिलोकि नयन भरे बारी। सहित सनेह गोद बैठारी॥**

पतिके वचन सुन मनमें प्रसन्न होकर मैना उठकर तुरंत पार्वतीके पास गयीं। पार्वतीको देखकर उनकी आँखोंमें आँसू भर आये। उसे स्नेहके साथ गोदमें बैठा लिया॥ ३॥

**बारहिं बार लेति उर लाई। गदगद कंठ न कछु कहि जाई॥**
**जगत मातु सर्बग्य भवानी। मातु सुखद बोलीं मृदु बानी॥**

फिर बार-बार उसे हृदयसे लगाने लगीं। प्रेमसे मैनाका गला भर आया, कुछ कहा नहीं जाता। जगज्जननी भवानीजी तो सर्वज्ञ ठहरीं। [माताके मनकी दशाको जानकर] वे माताको सुख देनेवाली कोमल वाणीसे बोलीं—॥ ४॥

**दो०—सुनहि मातु मैं दीख अस सपन सुनावउँ तोहि।**
**सुंदर गौर सुबिप्रबर अस उपदेसेउ मोहि॥ ७२॥**

मा! सुन, मैं तुझे सुनाती हूँ; मैंने ऐसा स्वप्न देखा है कि मुझे एक सुन्दर गौरवर्ण श्रेष्ठ ब्राह्मणने ऐसा उपदेश दिया है—॥ ७२॥

**करहि जाइ तपु सैलकुमारी। नारद कहा सो सत्य बिचारी॥**
**मातु पितहि पुनि यह मत भावा। तपु सुखप्रद दुख दोष नसावा॥**

हे पार्वती! नारदजीने जो कहा है, उसे सत्य समझकर तू जाकर तप कर। फिर यह बात तेरे माता-पिताको भी अच्छी लगी है। तप सुख देनेवाला और दुःख-दोषका नाश करनेवाला है॥ १॥

**तपबल रचइ प्रपंचु बिधाता। तपबल बिष्नु सकल जग त्राता॥**
**तपबल संभु करहिं संघारा। तपबल सेषु धरइ महिभारा॥**

तपके बलसे ही ब्रह्मा संसारको रचते हैं और तपके बलसे ही विष्णु सारे जगत्‌का पालन करते हैं। तपके बलसे ही शम्भु [रुद्ररूपसे जगत्‌का] संहार करते हैं और तपके बलसे ही शेषजी पृथ्वीका भार धारण करते हैं॥ २॥

**तप अधार सब सृष्टि भवानी। करहि जाइ तपु अस जियँ जानी॥**
**सुनत बचन बिसमित महतारी। सपन सुनायउ गिरिहि हँकारी॥**

हे भवानी! सारी सृष्टि तपके ही आधारपर है। ऐसा जीमें जानकर तू जाकर तप कर। यह बात सुनकर माताको बड़ा अचरज हुआ और उसने हिमवान्‌को बुलाकर वह स्वप्न सुनाया॥ ३॥

**मातु पितहि बहुबिधि समुझाई। चलीं उमा तप हित हरषाई॥**
**प्रिय परिवार पिता अरु माता। भए बिकल मुख आव न बाता॥**

माता-पिताको बहुत तरहसे समझाकर बड़े हर्षके साथ पार्वतीजी तप करनेके लिये चलीं। प्यारे कुटुम्बी, पिता और माता सब व्याकुल हो गये। किसीके मुँहसे बात नहीं निकलती॥ ४॥

**दो०—बेदसिरा मुनि आइ तब सबहि कहा समुझाइ।**
**पारबती महिमा सुनत रहे प्रबोधहि पाइ॥ ७३॥**

तब वेदशिरा मुनिने आकर सबको समझाकर कहा। पार्वतीजीकी महिमा सुनकर सबको समाधान हो गया॥ ७३॥

**उर धरि उमा प्रानपति चरना। जाइ बिपिन लागीं तपु करना॥**
**अति सुकुमार न तनु तप जोगू। पति पद सुमिरि तजेउ सबु भोगू॥**

प्राणपति (शिवजी) के चरणोंको हृदयमें धारण करके पार्वतीजी वनमें जाकर तप करने लगीं। पार्वतीजीका अत्यन्त सुकुमार शरीर तपके योग्य नहीं था, तो भी पतिके चरणोंका स्मरण करके उन्होंने सब भोगोंको तज दिया॥ १॥

**नित नव चरन उपज अनुरागा। बिसरी देह तपहिं मनु लागा॥**
**संबत सहस मूल फल खाए। सागु खाइ सत बरष गवाँए॥**

स्वामीके चरणोंमें नित्य नया अनुराग उत्पन्न होने लगा और तपमें ऐसा मन लगा कि शरीरकी सारी सुध बिसर गयी। एक हजार वर्षतक उन्होंने मूल और फल खाये, फिर सौ वर्ष साग खाकर बिताये॥ २॥

**कछु दिन भोजनु बारि बतासा। किए कठिन कछु दिन उपबासा॥**
**बेल पाती महि परइ सुखाई। तीनि सहस संबत सोइ खाई॥**

कुछ दिन जल और वायुका भोजन किया और फिर कुछ दिन कठोर उपवास किये। जो बेलपत्र सूखकर पृथ्वीपर गिरते थे, तीन हजार वर्षतक उन्हींको खाया॥ ३॥

**पुनि परिहरे सुखानेउ परना। उमहि नामु तब भयउ अपरना॥**
**देखि उमहि तप खीन सरीरा। ब्रह्मगिरा भै गगन गभीरा॥**

फिर सूखे पर्ण (पत्ते) भी छोड़ दिये, तभी पार्वतीका नाम 'अपर्णा' हुआ। तपसे उमाका शरीर क्षीण देखकर आकाशसे गम्भीर ब्रह्मवाणी हुई—॥ ४॥

**दो०—भयउ मनोरथ सुफल तव सुनु गिरिराजकुमारि।**
**परिहरु दुसह कलेस सब अब मिलिहहिं त्रिपुरारि॥ ७४॥**

हे पर्वतराजकी कुमारी! सुन, तेरा मनोरथ सफल हुआ। तू अब सारे असह्य क्लेशोंको (कठिन तपको) त्याग दे। अब तुझे शिवजी मिलेंगे॥ ७४॥

**अस तपु काहुँ न कीन्ह भवानी। भए अनेक धीर मुनि ग्यानी॥**
**अब उर धरहु ब्रह्म बर बानी। सत्य सदा संतत सुचि जानी॥**

हे भवानी! धीर, मुनि और ज्ञानी बहुत हुए हैं, पर ऐसा (कठोर) तप किसीने नहीं किया। अब तू इस श्रेष्ठ ब्रह्माकी वाणीको सदा सत्य और निरन्तर पवित्र जानकर अपने हृदयमें धारण कर॥ १॥

**आवै पिता बोलावन जबहीं। हठ परिहरि घर जाएहु तबहीं॥**
**मिलहिं तुम्हहि जब सप्त रिषीसा। जानेहु तब प्रमान बागीसा॥**

जब तेरे पिता बुलानेको आवें, तब हठ छोड़कर घर चली जाना और जब तुम्हें सप्तर्षि मिलें तब इस वाणीको ठीक समझना॥ २॥

**सुनत गिरा बिधि गगन बखानी। पुलक गात गिरिजा हरषानी॥**
**उमा चरित सुंदर मैं गावा। सुनहु संभु कर चरित सुहावा॥**

[इस प्रकार ] आकाशसे कही हुई ब्रह्माकी वाणीको सुनते ही पार्वतीजी प्रसन्न हो गयीं और [हर्षके मारे] उनका शरीर पुलकित हो गया। [याज्ञवल्क्यजी भरद्वाजजीसे बोले कि] मैंने पार्वतीका सुन्दर चरित्र सुनाया, अब शिवजीका सुहावना चरित्र सुनो॥ ३॥

**जब तें सतीं जाइ तनु त्यागा। तब तें सिव मन भयउ बिरागा॥**
**जपहिं सदा रघुनायक नामा। जहँ तहँ सुनहिं राम गुन ग्रामा॥**

जबसे सतीने जाकर शरीरत्याग किया, तबसे शिवजीके मनमें वैराग्य हो गया। वे सदा श्रीरघुनाथजीका नाम जपने लगे और जहाँ-तहाँ श्रीरामचन्द्रजीके गुणोंकी कथाएँ सुनने लगे॥ ४॥

**दो०—चिदानंद सुखधाम सिव बिगत मोह मद काम।**
**बिचरहिं महि धरि हृदयँ हरि सकल लोक अभिराम॥ ७५॥**

चिदानन्द, सुखके धाम, मोह, मद और कामसे रहित शिवजी सम्पूर्ण लोकोंको आनन्द देनेवाले भगवान् श्रीहरि (श्रीरामचन्द्रजी) को हृदयमें धारण कर (भगवान्‌के ध्यानमें मस्त हुए) पृथ्वीपर विचरने लगे॥ ७५॥

**कतहुँ मुनिन्ह उपदेसहिं ग्याना। कतहुँ राम गुन करहिं बखाना॥**
**जदपि अकाम तदपि भगवाना। भगत बिरह दुख दुखित सुजाना॥**

वे कहीं मुनियोंको ज्ञानका उपदेश करते और कहीं श्रीरामचन्द्रजीके गुणोंका वर्णन करते थे। यद्यपि सुजान शिवजी निष्काम हैं, तो भी वे भगवान् अपने भक्त (सती) के वियोगके दुःखसे दुःखी हैं॥ १॥

**एहि बिधि गयउ कालु बहु बीती। नित नै होइ राम पद प्रीती॥**
**नेमु प्रेमु संकर कर देखा। अबिचल हृदयँ भगति कै रेखा॥**

इस प्रकार बहुत समय बीत गया। श्रीरामचन्द्रजीके चरणोंमें नित नयी प्रीति हो रही है। शिवजीके [कठोर] नियम, [अनन्य] प्रेम और उनके हृदयमें भक्तिकी अटल टेकको [जब श्रीरामचन्द्रजीने] देखा,॥ २॥

**प्रगटे रामु कृतग्य कृपाला। रूप सील निधि तेज बिसाला॥**
**बहु प्रकार संकरहि सराहा। तुम्ह बिनु अस ब्रतु को निरबाहा॥**

तब कृतज्ञ (उपकार माननेवाले), कृपालु, रूप और शीलके भण्डार, महान् तेजपुंज भगवान्

श्रीरामचन्द्रजी प्रकट हुए। उन्होंने बहुत तरहसे शिवजीकी सराहना की और कहा कि आपके बिना ऐसा (कठिन) व्रत कौन निबाह सकता है॥ ३॥

**बहुबिधि राम सिवहि समुझावा। पारबती कर जन्मु सुनावा॥**
**अति पुनीत गिरिजा कै करनी। बिस्तर सहित कृपानिधि बरनी॥**

श्रीरामचन्द्रजीने बहुत प्रकारसे शिवजीको समझाया और पार्वतीजीका जन्म सुनाया। कृपानिधान श्रीरामचन्द्रजीने विस्तारपूर्वक पार्वतीजीकी अत्यन्त पवित्र करनीका वर्णन किया॥ ४॥

**दो०—अब बिनती मम सुनहु सिव जौं मो पर निज नेहु।**
**जाइ बिबाहहु सैलजहि यह मोहि मागें देहु॥ ७६॥**

[फिर उन्होंने शिवजीसे कहा—] हे शिवजी! यदि मुझपर आपका स्नेह है तो अब आप मेरी विनती सुनिये। मुझे यह माँगे दीजिये कि आप जाकर पार्वतीके साथ विवाह कर लें॥ ७६॥

**कह सिव जदपि उचित अस नाहीं। नाथ बचन पुनि मेटि न जाहीं॥**
**सिर धरि आयसु करिअ तुम्हारा। परम धरमु यह नाथ हमारा॥**

शिवजीने कहा—यद्यपि ऐसा उचित नहीं है, परन्तु स्वामीकी बात भी मेटी नहीं जा सकती। हे नाथ! मेरा यही परम धर्म है कि मैं आपकी आज्ञाको सिरपर रखकर उसका पालन करूँ॥ १॥

**मातु पिता गुर प्रभु कै बानी। बिनहिं बिचार करिअ सुभ जानी॥**
**तुम्ह सब भाँति परम हितकारी। अग्या सिर पर नाथ तुम्हारी॥**

माता, पिता, गुरु और स्वामीकी बातको बिना ही विचारे शुभ समझकर करना (मानना) चाहिये। फिर आप तो सब प्रकारसे मेरे परम हितकारी हैं। हे नाथ! आपकी आज्ञा मेरे सिरपर है॥ २॥

**प्रभु तोषेउ सुनि संकर बचना। भक्ति बिबेक धर्म जुत रचना॥**
**कह प्रभु हर तुम्हार पन रहेऊ। अब उर राखेहु जो हम कहेऊ॥**

शिवजीकी भक्ति, ज्ञान और धर्मसे युक्त वचनरचना सुनकर प्रभु रामचन्द्रजी सन्तुष्ट हो गये। प्रभुने कहा—हे हर! आपकी प्रतिज्ञा पूरी हो गयी। अब हमने जो कहा है उसे हृदयमें रखना॥ ३॥

**अंतरधान भए अस भाषी। संकर सोइ मूरति उर राखी॥**
**तबहिं सप्तरिषि सिव पहिं आए। बोले प्रभु अति बचन सुहाए॥**

इस प्रकार कहकर श्रीरामचन्द्रजी अन्तर्धान हो गये। शिवजीने उनकी वह मूर्ति अपने हृदयमें रख ली। उसी समय सप्तर्षि शिवजीके पास आये। प्रभु महादेवजीने उनसे अत्यन्त सुहावने वचन कहे—॥ ४॥

**दो०—पारबती पहिं जाइ तुम्ह प्रेम परिच्छा लेहु।**
**गिरिहि प्रेरि पठएहु भवन दूरि करेहु संदेहु॥ ७७॥**

आपलोग पार्वतीके पास जाकर उनके प्रेमकी परीक्षा लीजिये और हिमाचलको कहकर [उन्हें पार्वतीको लिवा लानेके लिये भेजिये तथा] पार्वतीको घर भिजवाइये और उनके सन्देहको दूर कीजिये॥ ७७॥

**रिषिन्ह गौरि देखी तहँ कैसी। मूरतिमंत तपस्या जैसी॥**
**बोले मुनि सुनु सैलकुमारी। करहु कवन कारन तपु भारी॥**

ऋषियोंने [वहाँ जाकर] पार्वतीको कैसी देखा, मानो मूर्तिमान् तपस्या ही हो। मुनि बोले—हे शैलकुमारी! सुनो, तुम किसलिये इतना कठोर तप कर रही हो?॥ १॥

**केहि अवराधहु का तुम्ह चहहू। हम सन सत्य मरमु किन कहहू॥**
**कहत बचन मनु अति सकुचाई। हँसिहहु सुनि हमारि जड़ताई॥**

तुम किसकी आराधना करती हो और क्या चाहती हो? हमसे अपना सच्चा भेद क्यों नहीं कहतीं? [पार्वतीने कहा—] बात कहते मन बहुत सकुचाता है। आपलोग मेरी मूर्खता सुनकर हँसेंगे॥ २॥

**मनु हठ परा न सुनइ सिखावा। चहत बारि पर भीति उठावा॥**
**नारद कहा सत्य सोइ जाना। बिनु पंखन्ह हम चहहिं उड़ाना॥**

मनने हठ पकड़ लिया है, वह उपदेश नहीं सुनता और जलपर दीवाल उठाना चाहता है। नारदजीने जो कह दिया उसे सत्य जानकर मैं बिना ही पाँखके उड़ना चाहती हूँ॥ ३॥

**देखहु मुनि अबिबेकु हमारा। चाहिअ सदा सिवहि भरतारा॥**

हे मुनियो! आप मेरा अज्ञान तो देखिये कि मैं सदा शिवजीको ही पति बनाना चाहती हूँ॥ ४॥

**दो०—सुनत बचन बिहसे रिषय गिरिसंभव तव देह।**
**नारद कर उपदेसु सुनि कहहु बसेउ किसु गेह॥ ७८॥**

पार्वतीजीकी बात सुनते ही ऋषिलोग हँस पड़े और बोले—तुम्हारा शरीर पर्वतसे ही तो उत्पन्न हुआ है! भला, कहो तो नारदका उपदेश सुनकर आजतक किसका घर बसा है?॥ ७८॥

**दच्छसुतन्ह उपदेसेन्हि जाई। तिन्ह फिरि भवनु न देखा आई॥**
**चित्रकेतु कर घरु उन घाला। कनककसिपु कर पुनि अस हाला॥**

उन्होंने जाकर दक्षके पुत्रोंको उपदेश दिया था, जिससे उन्होंने फिर लौटकर घरका मुँह भी नहीं देखा। चित्रकेतुके घरको नारदने ही चौपट किया। फिर यही हाल हिरण्यकशिपुका हुआ॥ १॥

**नारद सिख जे सुनहिं नर नारी। अवसि होहिं तजि भवनु भिखारी॥**
**मन कपटी तन सज्जन चीन्हा। आपु सरिस सबही चह कीन्हा॥**

जो स्त्री-पुरुष नारदकी सीख सुनते हैं, वे घर-बार छोड़कर अवश्य ही भिखारी हो जाते हैं। उनका मन तो कपटी है, शरीरपर सज्जनोंके चिह्न हैं। वे सभीको अपने समान बनाना चाहते हैं॥ २॥

**तेहि कें बचन मानि बिस्वासा। तुम्ह चाहहु पति सहज उदासा॥**
**निर्गुन निलज कुबेष कपाली। अकुल अगेह दिगंबर ब्याली॥**

उनके वचनोंपर विश्वास मानकर तुम ऐसा पति चाहती हो जो स्वभावसे ही उदासीन, गुणहीन, निर्लज्ज, बुरे वेषवाला, नर-कपालोंकी माला पहननेवाला, कुलहीन, बिना घर-बारका, नंगा और शरीरपर साँपोंको लपेटे रखनेवाला है॥ ३॥

**कहहु कवन सुखु अस बरु पाएँ। भल भूलिहु ठग के बौराएँ॥**
**पंच कहें सिवँ सती बिबाही। पुनि अवडेरि मराएन्हि ताही॥**

ऐसे वरके मिलनेसे कहो, तुम्हें क्या सुख होगा? तुम उस ठग (नारद) के बहकावेमें आकर खूब भूलीं। पहले पंचोंके कहनेसे शिवने सतीसे विवाह किया था, परन्तु फिर उसे त्यागकर मरवा डाला॥ ४॥

**दो०—अब सुख सोवत सोचु नहिं भीख मागि भव खाहिं।**
**सहज एकाकिन्ह के भवन कबहुँ कि नारि खटाहिं॥ ७९॥**

अब शिवको कोई चिन्ता नहीं रही, भीख माँगकर खा लेते हैं और सुखसे सोते हैं। ऐसे स्वभावसे ही अकेले रहनेवालोंके घर भी भला क्या कभी स्त्रियाँ टिक सकती हैं?॥ ७९॥

**अजहूँ मानहु कहा हमारा। हम तुम्ह कहुँ बरु नीक बिचारा॥**
**अति सुंदर सुचि सुखद सुसीला। गावहिं बेद जासु जस लीला॥**

अब भी हमारा कहा मानो, हमने तुम्हारे लिये अच्छा वर विचारा है। वह बहुत ही सुन्दर, पवित्र, सुखदायक और सुशील है, जिसका यश और लीला वेद गाते हैं॥ १॥

**दूषन रहित सकल गुन रासी। श्रीपति पुर बैकुंठ निवासी॥**
**अस बरु तुम्हहि मिलाउब आनी। सुनत बिहसि कह बचन भवानी॥**

वह दोषोंसे रहित, सारे सद्‌गुणोंकी राशि, लक्ष्मीका स्वामी और वैकुण्ठपुरीका रहनेवाला है। हम ऐसे वरको लाकर तुमसे मिला देंगे। यह सुनते ही पार्वतीजी हँसकर बोलीं—॥ २॥

**सत्य कहेहु गिरिभव तनु एहा। हठ न छूट छूटै बरु देहा॥**
**कनकउ पुनि पषान तें होई। जारेहुँ सहजु न परिहर सोई॥**

आपने यह सत्य ही कहा कि मेरा यह शरीर पर्वतसे उत्पन्न हुआ है। इसलिये हठ नहीं छूटेगा, शरीर भले ही छूट जाय। सोना भी पत्थरसे ही उत्पन्न होता है, सो वह जलाये जानेपर भी अपने स्वभाव (सुवर्णत्व) को नहीं छोड़ता॥ ३॥

**नारद बचन न मैं परिहरऊँ। बसउ भवनु उजरउ नहिं डरऊँ॥**
**गुर कें बचन प्रतीति न जेही। सपनेहुँ सुगम न सुख सिधि तेही॥**

अतः मैं नारदजीके वचनोंको नहीं छोड़ूँगी; चाहे घर बसे या उजड़े, इससे मैं नहीं डरती। जिसको गुरुके वचनोंमें विश्वास नहीं है, उसको सुख और सिद्धि स्वप्नमें भी सुगम नहीं होती॥ ४॥

**दो०—महादेव अवगुन भवन बिष्नु सकल गुन धाम।**
**जेहि कर मनु रम जाहि सन तेहि तेही सन काम॥ ८०॥**

माना कि महादेवजी अवगुणोंके भवन हैं और विष्णु समस्त सद्‌गुणोंके धाम हैं; पर जिसका मन जिसमें रम गया, उसको तो उसीसे काम है॥ ८०॥

**जौं तुम्ह मिलतेहु प्रथम मुनीसा। सुनतिउँ सिख तुम्हारि धरि सीसा॥**
**अब मैं जन्मु संभु हित हारा। को गुन दूषन करै बिचारा॥**

हे मुनीश्वरो! यदि आप पहले मिलते, तो मैं आपका उपदेश सिर-माथे रखकर सुनती। परंतु अब तो मैं अपना जन्म शिवजीके लिये हार चुकी। फिर गुण-दोषोंका विचार कौन करे?॥ १॥

**जौं तुम्हरे हठ हृदयँ बिसेषी। रहि न जाइ बिनु किएँ बरेषी॥**
**तौ कौतुकिअन्ह आलसु नाहीं। बर कन्या अनेक जग माहीं॥**

यदि आपके हृदयमें बहुत ही हठ है और विवाहकी बातचीत (बरेखी) किये बिना आपसे रहा ही नहीं जाता, तो संसारमें वर-कन्या बहुत हैं। खिलवाड़ करनेवालोंको आलस्य तो होता नहीं [और कहीं जाकर कीजिये]॥ २॥

**जन्म कोटि लगि रगर हमारी। बरउँ संभु न त रहउँ कुआरी॥**
**तजउँ न नारद कर उपदेसू। आपु कहहिं सत बार महेसू॥**

मेरा तो करोड़ जन्मोंतक यही हठ रहेगा कि या तो शिवजीको वरूँगी, नहीं तो कुमारी ही रहूँगी। स्वयं शिवजी सौ बार कहें, तो भी नारदजीके उपदेशको न छोड़ूँगी॥ ३॥

**मैं पा परउँ कहइ जगदंबा। तुम्ह गृह गवनहु भयउ बिलंबा॥**
**देखि प्रेमु बोले मुनि ग्यानी। जय जय जगदंबिके भवानी॥**

जगज्जननी पार्वतीजीने फिर कहा कि मैं आपके पैरों पड़ती हूँ। आप अपने घर जाइये, बहुत देर हो गयी। [शिवजीमें पार्वतीजीका ऐसा] प्रेम देखकर ज्ञानी मुनि बोले—हे जगज्जननी! हे भवानी! आपकी जय हो! जय हो!!॥ ४॥

**दो०—तुम्ह माया भगवान सिव सकल जगत पितु मातु।**
**नाइ चरन सिर मुनि चले पुनि पुनि हरषत गातु॥ ८१॥**

आप माया हैं और शिवजी भगवान् हैं। आप दोनों समस्त जगत्‌के माता-पिता हैं। [यह कहकर] मुनि पार्वतीजीके चरणोंमें सिर नवाकर चल दिये। उनके शरीर बार-बार पुलकित हो रहे थे॥ ८१॥

**जाइ मुनिन्ह हिमवंतु पठाए। करि बिनती गिरजहिं गृह ल्याए॥**
**बहुरि सप्तरिषि सिव पहिं जाई। कथा उमा कै सकल सुनाई॥**

मुनियोंने जाकर हिमवान्‌को पार्वतीजीके पास भेजा और वे विनती करके उनको घर ले आये; फिर सप्तर्षियोंने शिवजीके पास जाकर उनको पार्वतीजीकी सारी कथा सुनायी॥ १॥

**भए मगन सिव सुनत सनेहा। हरषि सप्तरिषि गवने गेहा॥**
**मनु थिर करि तब संभु सुजाना। लगे करन रघुनायक ध्याना॥**

पार्वतीजीका प्रेम सुनते ही शिवजी आनन्दमग्न हो गये। सप्तर्षि प्रसन्न होकर अपने घर (ब्रह्मलोक)को चले गये। तब सुजान शिवजी मनको स्थिर करके श्रीरघुनाथजीका ध्यान करने लगे॥ २॥

**तारकु असुर भयउ तेहि काला। भुज प्रताप बल तेज बिसाला॥**
**तेहिं सब लोक लोकपति जीते। भए देव सुख संपति रीते॥**

उसी समय तारक नामका असुर हुआ, जिसकी भुजाओंका बल, प्रताप और तेज बहुत बड़ा था। उसने सब लोक और लोकपालोंको जीत लिया, सब देवता सुख और सम्पत्तिसे रहित हो गये॥ ३॥

**अजर अमर सो जीति न जाई। हारे सुर करि बिबिध लराई॥**
**तब बिरंचि सन जाइ पुकारे। देखे बिधि सब देव दुखारे॥**

वह अजर-अमर था, इसलिये किसीसे जीता नहीं जाता था। देवता उसके साथ बहुत तरहकी लड़ाइयाँ लड़कर हार गये। तब उन्होंने ब्रह्माजीके पास जाकर पुकार मचायी। ब्रह्माजीने सब देवताओंको दु:खी देखा॥ ४॥

**दो०—सब सन कहा बुझाइ बिधि दनुज निधन तब होइ।**
**संभु सुक्र संभूत सुत एहि जीतइ रन सोइ॥ ८२॥**

ब्रह्माजीने सबको समझाकर कहा—इस दैत्यकी मृत्यु तब होगी जब शिवजीके वीर्यसे पुत्र उत्पन्न हो, इसको युद्धमें वही जीतेगा॥ ८२॥

**मोर कहा सुनि करहु उपाई। होइहि ईस्वर करिहि सहाई॥**
**सतीं जो तजी दच्छ मख देहा। जनमी जाइ हिमाचल गेहा॥**

मेरी बात सुनकर उपाय करो। ईश्वर सहायता करेंगे और काम हो जायगा। सतीजीने जो दक्षके यज्ञमें देहका त्याग किया था, उन्होंने अब हिमाचलके घर जाकर जन्म लिया है॥ १॥

**तेहिं तपु कीन्ह संभु पति लागी। सिव समाधि बैठे सबु त्यागी॥**
**जदपि अहइ असमंजस भारी। तदपि बात एक सुनहु हमारी॥**

उन्होंने शिवजीको पति बनानेके लिये तप किया है, इधर शिवजी सब छोड़-छाड़कर समाधि लगा बैठे हैं। यद्यपि है तो बड़े असमंजसकी बात; तथापि मेरी एक बात सुनो॥ २॥

**पठवहु कामु जाइ सिव पाहीं। करै छोभु संकर मन माहीं॥**
**तब हम जाइ सिवहि सिर नाई। करवाउब बिबाहु बरिआई॥**

तुम जाकर कामदेवको शिवजीके पास भेजो, वह शिवजीके मनमें क्षोभ उत्पन्न करे (उनकी समाधि भंग करे)। तब हम जाकर शिवजीके चरणोंमें सिर रख देंगे और जबरदस्ती (उन्हें राजी करके) विवाह करा देंगे॥ ३॥

**एहि बिधि भलेहिं देवहित होई। मत अति नीक कहइ सबु कोई॥**
**अस्तुति सुरन्ह कीन्हि अति हेतू। प्रगटेउ बिषमबान झषकेतू॥**

इस प्रकारसे भले ही देवताओंका हित हो [और तो कोई उपाय नहीं है] सबने कहा—यह सम्मति बहुत अच्छी है। फिर देवताओंने बड़े प्रेमसे स्तुति की, तब विषम (पाँच) बाण धारण करनेवाला और मछलीके चिह्नयुक्त ध्वजावाला कामदेव प्रकट हुआ॥ ४॥

**दो०—सुरन्ह कही निज बिपति सब सुनि मन कीन्ह बिचार।**
**संभु बिरोध न कुसल मोहि बिहसि कहेउ अस मार॥ ८३॥**

देवताओंने कामदेवसे अपनी सारी विपत्ति कही। सुनकर कामदेवने मनमें विचार किया और हँसकर देवताओंसे यों कहा कि शिवजीके साथ विरोध करनेमें मेरी कुशल नहीं है॥ ८३॥

**तदपि करब मैं काजु तुम्हारा। श्रुति कह परम धरम उपकारा॥**
**पर हित लागि तजइ जो देही। संतत संत प्रसंसहिं तेही॥**

तथापि मैं तुम्हारा काम तो करूँगा, क्योंकि वेद दूसरेके उपकारको परम धर्म कहते हैं। जो दूसरेके हितके लिये अपना शरीर त्याग देता है, संत सदा उसकी बड़ाई करते हैं॥ १॥

**अस कहि चलेउ सबहि सिरु नाई। सुमन धनुष कर सहित सहाई॥**
**चलत मार अस हृदयँ बिचारा। सिव बिरोध ध्रुव मरनु हमारा॥**

यों कह और सबको सिर नवाकर कामदेव अपने पुष्पके धनुषको हाथमें लेकर [वसन्तादि] सहायकोंके साथ चला। चलते समय कामदेवने हृदयमें ऐसा विचार किया कि शिवजीके साथ विरोध करनेसे मेरा मरण निश्चित है॥ २॥

**तब आपन प्रभाउ बिस्तारा। निज बस कीन्ह सकल संसारा॥**
**कोपेउ जबहिं बारिचरकेतू। छन महुँ मिटे सकल श्रुति सेतू॥**

तब उसने अपना प्रभाव फैलाया और समस्त संसारको अपने वशमें कर लिया। जिस समय

उस मछलीके चिह्नकी ध्वजावाले कामदेवने कोप किया, उस समय क्षणभरमें ही वेदोंकी सारी मर्यादा मिट गयी॥ ३॥

**ब्रह्मचर्ज ब्रत संजम नाना। धीरज धरम ग्यान बिग्याना॥**
**सदाचार जप जोग बिरागा। सभय बिबेक कटकु सबु भागा॥**

ब्रह्मचर्य, नियम, नाना प्रकारके संयम, धीरज, धर्म, ज्ञान, विज्ञान, सदाचार, जप, योग, वैराग्य आदि विवेककी सारी सेना डरकर भाग गयी॥ ४॥

**छं०—भागेउ बिबेकु सहाय सहित सो सुभट संजुग महि मुरे।**
**सदग्रंथ पर्बत कंदरन्हि महुँ जाइ तेहि अवसर दुरे॥**
**होनिहार का करतार को रखवार जग खरभरु परा।**
**दुइ माथ केहि रतिनाथ जेहि कहुँ कोपि कर धनु सरु धरा॥**

विवेक अपने सहायकोंसहित भाग गया, उसके योद्धा रणभूमिसे पीठ दिखा गये। उस समय वे सब सद्ग्रन्थरूपी पर्वतकी कन्दराओंमें जा छिपे (अर्थात् ज्ञान, वैराग्य, संयम, नियम, सदाचारादि ग्रन्थोंमें ही लिखे रह गये; उनका आचरण छूट गया)। सारे जगत्‌में खलबली मच गयी [और सब कहने लगे—] हे विधाता! अब क्या होनेवाला है, हमारी रक्षा कौन करेगा? ऐसा दो सिरवाला कौन है, जिसके लिये रतिके पति कामदेवने कोप करके हाथमें धनुष-बाण उठाया है?

**दो०—जे सजीव जग अचर चर नारि पुरुष अस नाम।**
**ते निज निज मरजाद तजि भए सकल बस काम॥ ८४॥**

जगत्‌में स्त्री-पुरुष संज्ञावाले जितने चर-अचर प्राणी थे, वे सब अपनी-अपनी मर्यादा छोड़कर कामके वश हो गये॥ ८४॥

**सब के हृदयँ मदन अभिलाषा। लता निहारि नवहिं तरु साखा॥**
**नदीं उमगि अंबुधि कहुँ धाईं। संगम करहिं तलाव तलाईं॥**

सबके हृदयमें कामकी इच्छा हो गयी। लताओं (बेलों) को देखकर वृक्षोंकी डालियाँ झुकने लगीं। नदियाँ उमड़-उमड़कर समुद्रकी ओर दौड़ीं और ताल-तलैयाँ भी आपसमें संगम करने (मिलने-जुलने) लगीं॥ १॥

**जहँ असि दसा जड़न्ह कै बरनी। को कहि सकइ सचेतन करनी॥**
**पसु पच्छी नभ जल थल चारी। भए कामबस समय बिसारी॥**

जब जड (वृक्ष, नदी आदि) की यह दशा कही गयी, तब चेतन जीवोंकी करनी कौन कह सकता है? आकाश, जल और पृथ्वीपर विचरनेवाले सारे पशु-पक्षी [अपने संयोगका] समय भुलाकर कामके वश हो गये॥ २॥

**मदन अंध ब्याकुल सब लोका। निसि दिनु नहिं अवलोकहिं कोका॥**
**देव दनुज नर किंनर ब्याला। प्रेत पिसाच भूत बेताला॥**

सब लोग कामान्ध होकर व्याकुल हो गये। चकवा-चकवी रात-दिन नहीं देखते। देव, दैत्य, मनुष्य, किन्नर, सर्प, प्रेत, पिशाच, भूत, बेताल— ॥ ३॥

**इन्ह कै दसा न कहेउँ बखानी। सदा काम के चेरे जानी॥**
**सिद्ध बिरक्त महामुनि जोगी। तेपि कामबस भए बियोगी॥**

ये तो सदा ही कामके गुलाम हैं, यह समझकर मैंने इनकी दशाका वर्णन नहीं किया। सिद्ध, विरक्त, महामुनि और महान् योगी भी कामके वश होकर योगरहित या स्त्रीके विरही हो गये॥ ४॥

**छं०—भए कामबस जोगीस तापस पावँरन्हि की को कहै।**
**देखहिं चराचर नारिमय जे ब्रह्ममय देखत रहे॥**
**अबला बिलोकहिं पुरुषमय जगु पुरुष सब अबलामयं।**
**दुइ दंड भरि ब्रह्मांड भीतर कामकृत कौतुक अयं॥**

जब योगीश्वर और तपस्वी भी कामके वश हो गये, तब पामर मनुष्योंकी कौन कहे? जो समस्त चराचर जगत्‌को ब्रह्ममय देखते थे, वे अब उसे स्त्रीमय देखने लगे। स्त्रियाँ सारे संसारको पुरुषमय देखने लगीं और पुरुष उसे स्त्रीमय देखने लगे। दो घड़ीतक सारे ब्रह्माण्डके अंदर कामदेवका रचा हुआ यह कौतुक (तमाशा) रहा।

**सो०—धरी न काहूँ धीर सब के मन मनसिज हरे।**
**जे राखे रघुबीर ते उबरे तेहि काल महुँ॥ ८५॥**

किसीने भी हृदयमें धैर्य नहीं धारण किया, कामदेवने सबके मन हर लिये। श्रीरघुनाथजीने जिनकी रक्षा की, केवल वे ही उस समय बचे रहे॥ ८५॥

**उभय घरी अस कौतुक भयऊ। जौ लगि कामु संभु पहिं गयऊ॥**
**सिवहि बिलोकि ससंकेउ मारू। भयउ जथाथिति सबु संसारू॥**

दो घड़ीतक ऐसा तमाशा हुआ, जबतक कामदेव शिवजीके पास पहुँच गया। शिवजीको देखकर कामदेव डर गया, तब सारा संसार फिर जैसा-का-तैसा स्थिर हो गया॥ १॥

**भए तुरत सब जीव सुखारे। जिमि मद उतरि गएँ मतवारे॥**
**रुद्रहि देखि मदन भय माना। दुराधरष दुर्गम भगवाना॥**

तुरंत ही सब जीव वैसे ही सुखी हो गये जैसे मतवाले (नशा पिये हुए ) लोग मद (नशा) उतर जानेपर सुखी होते हैं। दुराधर्ष (जिनको पराजित करना अत्यन्त ही कठिन है) और दुर्गम (जिनका पार पाना कठिन है) भगवान् (सम्पूर्ण ऐश्वर्य, धर्म, यश, श्री, ज्ञान और वैराग्यरूप छः ईश्वरीय गुणोंसे युक्त) रुद्र (महाभयंकर) शिवजीको देखकर कामदेव भयभीत हो गया॥ २॥

**फिरत लाज कछु करि नहिं जाई। मरनु ठानि मन रचेसि उपाई॥**
**प्रगटेसि तुरत रुचिर रितुराजा। कुसुमित नव तरु राजि बिराजा॥**

लौट जानेमें लज्जा मालूम होती है और करते कुछ बनता नहीं। आखिर मनमें मरनेका निश्चय करके उसने उपाय रचा। तुरंत ही सुन्दर ऋतुराज वसन्तको प्रकट किया। फूले हुए नये-नये वृक्षोंकी कतारें सुशोभित हो गयीं॥ ३॥

**बन उपबन बापिका तड़ागा। परम सुभग सब दिसा बिभागा॥**
**जहँ तहँ जनु उमगत अनुरागा। देखि मुएहुँ मन मनसिज जागा॥**

वन-उपवन, बावली-तालाब और सब दिशाओंके विभाग परम सुन्दर हो गये। जहाँ-तहाँ मानो प्रेम उमड़ रहा है, जिसे देखकर मरे मनोंमें भी कामदेव जाग उठा॥ ४॥

**छं०—जागइ मनोभव मुएहुँ मन बन सुभगता न परै कही।**
**सीतल सुगंध सुमंद मारुत मदन अनल सखा सही॥**
**बिकसे सरन्हि बहु कंज गुंजत पुंज मंजुल मधुकरा।**
**कलहंस पिक सुक सरस रव करि गान नाचहिं अपछरा॥**

मरे हुए मनमें भी कामदेव जागने लगा, वनकी सुन्दरता कही नहीं जा सकती। कामरूपी अग्निका सच्चा मित्र शीतल-मन्द-सुगन्धित पवन चलने लगा। सरोवरोंमें अनेकों कमल खिल गये, जिनपर सुन्दर भौंरोंके समूह गुंजार करने लगे। राजहंस, कोयल और तोते रसीली बोली बोलने लगे और अप्सराएँ गा-गाकर नाचने लगीं।

**दो०—सकल कला करि कोटि बिधि हारेउ सेन समेत।**
**चली न अचल समाधि सिव कोपेउ हृदयनिकेत॥ ८६॥**

कामदेव अपनी सेनासमेत करोड़ों प्रकारकी सब कलाएँ (उपाय) करके हार गया, पर शिवजीकी अचल समाधि न डिगी। तब कामदेव क्रोधित हो उठा॥ ८६॥

**देखि रसाल बिटप बर साखा। तेहि पर चढ़ेउ मदनु मन माखा॥**
**सुमन चाप निज सर संधाने। अति रिस ताकि श्रवन लगि ताने॥**

आमके वृक्षकी एक सुन्दर डाली देखकर मनमें क्रोधसे भरा हुआ कामदेव उसपर चढ़ गया। उसने पुष्प-धनुषपर अपने [पाँचों] बाण चढ़ाये और अत्यन्त क्रोधसे [लक्ष्यकी ओर] ताककर उन्हें कानतक तान लिया॥ १॥

**छाड़े बिषम बिसिख उर लागे। छूटि समाधि संभु तब जागे॥**
**भयउ ईस मन छोभु बिसेषी। नयन उघारि सकल दिसि देखी॥**

कामदेवने तीक्ष्ण पाँच बाण छोड़े, जो शिवजीके हृदयमें लगे। तब उनकी समाधि टूट गयी और वे जाग गये। ईश्वर (शिवजी) के मनमें बहुत क्षोभ हुआ। उन्होंने आँखें खोलकर सब ओर देखा॥ २॥

**सौरभ पल्लव मदनु बिलोका। भयउ कोपु कंपेउ त्रैलोका॥**
**तब सिवँ तीसर नयन उघारा। चितवत कामु भयउ जरि छारा॥**

जब आमके पत्तोंमें [छिपे हुए] कामदेवको देखा तो उन्हें बड़ा क्रोध हुआ, जिससे तीनों लोक काँप उठे। तब शिवजीने तीसरा नेत्र खोला, उनके देखते ही कामदेव जलकर भस्म हो गया॥ ३॥

**हाहाकार भयउ जग भारी। डरपे सुर भए असुर सुखारी॥**
**समुझि कामसुखु सोचहिंभोगी। भए अकंटक साधक जोगी॥**

जगत्‌में बड़ा हाहाकार मच गया। देवता डर गये, दैत्य सुखी हुए। भोगी लोग कामसुखको याद करके चिन्ता करने लगे और साधक योगी निष्कंटक हो गये॥ ४॥

**छं०—जोगी अकंटक भए पति गति सुनत रति मुरुछित भई।**
**रोदति बदति बहु भाँति करुना करति संकर पहिं गई॥**

**अति प्रेम करि बिनती बिबिध बिधि जोरि कर सन्मुख रही।**
**प्रभु आसुतोष कृपाल सिव अबला निरखि बोले सही॥**

योगी निष्कंटक हो गये, कामदेवकी स्त्री रति अपने पतिकी यह दशा सुनते ही मूर्च्छित हो गयी। रोती-चिल्लाती और भाँति-भाँतिसे करुणा करती हुई वह शिवजीके पास गयी। अत्यन्त प्रेमके साथ अनेकों प्रकारसे विनती करके हाथ जोड़कर सामने खड़ी हो गयी। शीघ्र प्रसन्न होनेवाले कृपालु शिवजी अबला (असहाया स्त्री) को देखकर सुन्दर (उसको सान्त्वना देनेवाले) वचन बोले—

**दो०—अब तें रति तव नाथ कर होइहि नामु अनंगु।**
**बिनु बपु ब्यापिहि सबहि पुनि सुनु निज मिलन प्रसंगु॥ ८७॥**

हे रति! अबसे तेरे स्वामीका नाम अनंग होगा। वह बिना ही शरीरके सबको व्यापेगा। अब तू अपने पतिसे मिलनेकी बात सुन॥ ८७॥

**जब जदुबंस कृष्न अवतारा। होइहि हरन महा महिभारा॥**
**कृष्न तनय होइहि पति तोरा। बचनु अन्यथा होइ न मोरा॥**

जब पृथ्वीके बड़े भारी भारको उतारनेके लिये यदुवंशमें श्रीकृष्णका अवतार होगा, तब तेरा पति उनके पुत्र (प्रद्युम्न) के रूपमें उत्पन्न होगा। मेरा यह वचन अन्यथा नहीं होगा॥ १॥

**रति गवनी सुनि संकर बानी। कथा अपर अब कहउँ बखानी॥**
**देवन्ह समाचार सब पाए। ब्रह्मादिक बैकुंठ सिधाए॥**

शिवजीके वचन सुनकर रति चली गयी। अब दूसरी कथा बखानकर (विस्तारसे) कहता हूँ। ब्रह्मादि देवताओंने ये सब समाचार सुने तो वे वैकुण्ठको चले॥ २॥

**सब सुर बिष्नु बिरंचि समेता। गए जहाँ सिव कृपानिकेता॥**
**पृथक पृथक तिन्ह कीन्हि प्रसंसा। भए प्रसन्न चंद्र अवतंसा॥**

फिर वहाँसे विष्णु और ब्रह्मासहित सब देवता वहाँ गये जहाँ कृपाके धाम शिवजी थे। उन सबने शिवजीकी अलग-अलग स्तुति की, तब शशिभूषण शिवजी प्रसन्न हो गये॥ ३॥

**बोले कृपासिंधु बृषकेतू। कहहु अमर आए केहि हेतू॥**
**कह बिधि तुम्ह प्रभु अंतरजामी। तदपि भगति बस बिनवउँ स्वामी॥**

कृपाके समुद्र शिवजी बोले—हे देवताओ! कहिये, आप किसलिये आये हैं? ब्रह्माजीने कहा—हे प्रभो! आप अन्तर्यामी हैं, तथापि हे स्वामी! भक्तिवश मैं आपसे विनती करता हूँ॥ ४॥

**दो०—सकल सुरन्ह के हृदयँ अस संकर परम उछाहु।**
**निज नयनन्हि देखा चहहिं नाथ तुम्हार बिबाहु॥ ८८॥**

हे शंकर! सब देवताओंके मनमें ऐसा परम उत्साह है कि हे नाथ! वे अपनी आँखोंसे आपका विवाह देखना चाहते हैं॥ ८८॥

**यह उत्सव देखिअ भरि लोचन। सोइ कछु करहु मदन मद मोचन॥**
**कामु जारि रति कहुँ बरु दीन्हा। कृपासिंधु यह अति भल कीन्हा॥**

हे कामदेवके मदको चूर करनेवाले! आप ऐसा कुछ कीजिये जिससे सब लोग इस उत्सवको

नेत्र भरकर देखें। हे कृपाके सागर! कामदेवको भस्म करके आपने रतिको जो वरदान दिया सो बहुत ही अच्छा किया॥ १॥

**सासति करि पुनि करहिं पसाऊ। नाथ प्रभुन्ह कर सहज सुभाऊ॥**
**पारबतीं तपु कीन्ह अपारा। करहु तासु अब अंगीकारा॥**

हे नाथ! श्रेष्ठ स्वामियोंका यह सहज स्वभाव ही है कि वे पहले दण्ड देकर फिर कृपा किया करते हैं। पार्वतीने अपार तप किया है, अब उन्हें अंगीकार कीजिये॥ २॥

**सुनि बिधि बिनय समुझि प्रभु बानी। ऐसेइ होउ कहा सुखु मानी॥**
**तब देवन्ह दुंदुभीं बजाईं। बरषि सुमन जय जय सुर साईं॥**

ब्रह्माजीकी प्रार्थना सुनकर और प्रभु श्रीरामचन्द्रजीके वचनोंको याद करके शिवजीने प्रसन्नतापूर्वक कहा—'ऐसा ही हो।' तब देवताओंने नगाड़े बजाये और फूलोंकी वर्षा करके 'जय हो! देवताओंके स्वामीकी जय हो!' ऐसा कहने लगे॥ ३॥

**अवसरु जानि सप्तरिषि आए। तुरतहिं बिधि गिरिभवन पठाए॥**
**प्रथम गए जहँ रहीं भवानी। बोले मधुर बचन छल सानी॥**

उचित अवसर जानकर सप्तर्षि आये और ब्रह्माजीने तुरंत ही उन्हें हिमाचलके घर भेज दिया। वे पहले वहाँ गये जहाँ पार्वतीजी थीं और उनसे छलसे भरे मीठे (विनोदयुक्त, आनन्द पहुँचानेवाले) वचन बोले—॥ ४॥

**दो०—कहा हमार न सुनेहु तब नारद कें उपदेस।**
**अब भा झूठ तुम्हार पन जारेउ कामु महेस॥ ८९॥**

नारदजीके उपदेशसे तुमने उस समय हमारी बात नहीं सुनी। अब तो तुम्हारा प्रण झूठा हो गया, क्योंकि महादेवजीने कामको ही भस्म कर डाला॥ ८९॥

## मासपारायण, तीसरा विश्राम

**सुनि बोलीं मुसुकाइ भवानी। उचित कहेहु मुनिबर बिग्यानी॥**
**तुम्हरें जान कामु अब जारा। अब लगि संभु रहे सबिकारा॥**

यह सुनकर पार्वतीजी मुसकराकर बोलीं—हे विज्ञानी मुनिवरो! आपने उचित ही कहा। आपकी समझमें शिवजीने कामदेवको अब जलाया है, अबतक तो वे विकारयुक्त (कामी) ही रहे!॥ १॥

**हमरें जान सदा सिव जोगी। अज अनवद्य अकाम अभोगी॥**
**जौं मैं सिव सेये अस जानी। प्रीति समेत कर्म मन बानी॥**

किन्तु हमारी समझसे तो शिवजी सदासे ही योगी, अजन्मा, अनिन्द्य, कामरहित और भोगहीन हैं और यदि मैंने शिवजीको ऐसा समझकर ही मन, वचन और कर्मसे प्रेमसहित उनकी सेवा की है—॥ २॥

**तौ हमार पन सुनहु मुनीसा। करिहहिं सत्य कृपानिधि ईसा॥**
**तुम्ह जो कहा हर जारेउ मारा। सोइ अति बड़ अबिबेकु तुम्हारा॥**

तो हे मुनीश्वरो! सुनिये, वे कृपानिधान भगवान् मेरी प्रतिज्ञाको सत्य करेंगे। आपने जो यह कहा कि शिवजीने कामदेवको भस्म कर दिया, यही आपका बड़ा भारी अविवेक है॥ ३॥

**तात अनल कर सहज सुभाऊ। हिम तेहि निकट जाइ नहिं काऊ॥**
**गएँ समीप सो अवसि नसाई। असि मन्मथ महेस की नाई॥**

हे तात! अग्निका तो यह सहज स्वभाव ही है कि पाला उसके समीप कभी जा ही नहीं सकता और जानेपर वह अवश्य नष्ट हो जायगा। महादेवजी और कामदेवके सम्बन्धमें भी यही न्याय (बात) समझना चाहिये॥ ४॥

**दो०—हियँ हरषे मुनि बचन सुनि देखि प्रीति बिस्वास।**
**चले भवानिहि नाइ सिर गए हिमाचल पास॥ ९०॥**

पार्वतीके वचन सुनकर और उनका प्रेम तथा विश्वास देखकर मुनि हृदयमें बड़े प्रसन्न हुए। वे भवानीको सिर नवाकर चल दिये और हिमाचलके पास पहुँचे॥ ९०॥

**सबु प्रसंगु गिरिपतिहि सुनावा। मदन दहन सुनि अति दुखु पावा॥**
**बहुरि कहेउ रति कर बरदाना। सुनि हिमवंत बहुत सुखु माना॥**

उन्होंने पर्वतराज हिमाचलको सब हाल सुनाया। कामदेवका भस्म होना सुनकर हिमाचल बहुत दुखी हुए। फिर मुनियोंने रतिके वरदानकी बात कही, उसे सुनकर हिमवान्‌ने बहुत सुख माना॥ १॥

**हृदयँ बिचारि संभु प्रभुताई। सादर मुनिबर लिए बोलाई॥**
**सुदिनु सुनखतु सुघरी सोचाई। बेगि बेदबिधि लगन धराई॥**

शिवजीके प्रभावको मनमें विचारकर हिमाचलने श्रेष्ठ मुनियोंको आदरपूर्वक बुला लिया और उनसे शुभ दिन, शुभ नक्षत्र और शुभ घड़ी शोधवाकर वेदकी विधिके अनुसार शीघ्र ही लग्न निश्चय कराकर लिखवा लिया॥ २॥

**पत्री सप्तरिषिन्ह सोइ दीन्ही। गहि पद बिनय हिमाचल कीन्ही॥**
**जाइ बिधिहि तिन्ह दीन्हि सो पाती। बाचत प्रीति न हृदयँ समाती॥**

फिर हिमाचलने वह लग्नपत्रिका सप्तर्षियोंको दे दी और चरण पकड़कर उनकी विनती की। उन्होंने जाकर वह लग्नपत्रिका ब्रह्माजीको दी। उसको पढ़ते समय उनके हृदयमें प्रेम समाता न था॥ ३॥

**लगन बाचि अज सबहि सुनाई। हरषे मुनि सब सुर समुदाई॥**
**सुमन बृष्टि नभ बाजन बाजे। मंगल कलस दसहुँ दिसि साजे॥**

ब्रह्माजीने लग्न पढ़कर सबको सुनाया, उसे सुनकर सब मुनि और देवताओंका सारा समाज हर्षित हो गया। आकाशसे फूलोंकी वर्षा होने लगी, बाजे बजने लगे और दसों दिशाओंमें मंगल-कलश सजा दिये गये॥ ४॥

**दो०—लगे सँवारन सकल सुर बाहन बिबिध बिमान।**
**होहिं सगुन मंगल सुभद करहिं अपछरा गान॥ ९१॥**

सब देवता अपने भाँति-भाँतिके वाहन और विमान सजाने लगे, कल्याणप्रद मंगल शकुन होने लगे और अप्सराएँ गाने लगीं॥ ९१॥

**सिवहि संभु गन करहिं सिंगारा। जटा मुकुट अहि मौरु सँवारा॥**
**कुंडल कंकन पहिरे ब्याला। तन बिभूति पट केहरि छाला॥**

शिवजीके गण शिवजीका शृंगार करने लगे। जटाओंका मुकुट बनाकर उसपर साँपोंका मौर

सजाया गया। शिवजीने साँपोंके ही कुण्डल और कंकण पहने, शरीरपर विभूति रमायी और वस्त्रकी जगह बाघम्बर लपेट लिया॥ १॥

**ससि ललाट सुंदर सिर गंगा। नयन तीनि उपबीत भुजंगा॥**
**गरल कंठ उर नर सिर माला। असिव बेष सिवधाम कृपाला॥**

शिवजीके सुन्दर मस्तकपर चन्द्रमा, सिरपर गंगाजी, तीन नेत्र, साँपोंका जनेऊ, गलेमें विष और छातीपर नरमुण्डोंकी माला थी। इस प्रकार उनका वेष अशुभ होनेपर भी वे कल्याणके धाम और कृपालु हैं॥ २॥

**कर त्रिसूल अरु डमरु बिराजा। चले बसहँ चढ़ि बाजहिं बाजा॥**
**देखि सिवहि सुरत्रिय मुसुकाहीं। बर लायक दुलहिनि जग नाहीं॥**

एक हाथमें त्रिशूल और दूसरेमें डमरू सुशोभित है। शिवजी बैलपर चढ़कर चले। बाजे बज रहे हैं। शिवजीको देखकर देवांगनाएँ मुसकरा रही हैं [और कहती हैं कि] इस वरके योग्य दुलहिन संसारमें नहीं मिलेगी॥ ३॥

**बिष्नु बिरंचि आदि सुरब्राता। चढ़ि चढ़ि बाहन चले बराता॥**
**सुर समाज सब भाँति अनूपा। नहिं बरात दूलह अनुरूपा॥**

विष्णु और ब्रह्मा आदि देवताओंके समूह अपने-अपने वाहनों (सवारियों) पर चढ़कर बरातमें चले। देवताओंका समाज सब प्रकारसे अनुपम (परम सुन्दर) था, पर दूल्हेके योग्य बरात न थी॥ ४॥

**दो०—बिष्नु कहा अस बिहसि तब बोलि सकल दिसिराज।**
**बिलग बिलग होइ चलहु सब निज निज सहित समाज॥ ९२॥**

तब विष्णुभगवान्‌ने सब दिक्पालोंको बुलाकर हँसकर ऐसा कहा—सब लोग अपने-अपने दलसमेत अलग-अलग होकर चलो॥ ९२॥

**बर अनुहारि बरात न भाई। हँसी करैहहु पर पुर जाई॥**
**बिष्नु बचन सुनि सुर मुसुकाने। निज निज सेन सहित बिलगाने॥**

हे भाई! हमलोगोंकी यह बरात वरके योग्य नहीं है। क्या पराये नगरमें जाकर हँसी कराओगे? विष्णुभगवान्‌की बात सुनकर देवता मुसकराये और वे अपनी-अपनी सेनासहित अलग हो गये॥ १॥

**मनहीं मन महेसु मुसुकाहीं। हरि के बिंग्य बचन नहिं जाहीं॥**
**अति प्रिय बचन सुनत प्रिय केरे। भृंगिहि प्रेरि सकल गन टेरे॥**

महादेवजी [यह देखकर] मन-ही-मन मुसकराते हैं कि विष्णुभगवान्‌के व्यंग्य-वचन (दिल्लगी) नहीं छूटते। अपने प्यारे (विष्णुभगवान्) के इन अति प्रिय वचनोंको सुनकर शिवजीने भी भृंगीको भेजकर अपने सब गणोंको बुलवा लिया॥ २॥

**सिव अनुसासन सुनि सब आए। प्रभु पद जलज सीस तिन्ह नाए॥**
**नाना बाहन नाना बेषा। बिहसे सिव समाज निज देखा॥**

शिवजीकी आज्ञा सुनते ही सब चले आये और उन्होंने स्वामीके चरणकमलोंमें सिर नवाया। तरह-तरहकी सवारियों और तरह-तरहके वेषवाले अपने समाजको देखकर शिवजी हँसे॥ ३॥

**कोउ मुखहीन बिपुल मुख काहू। बिनु पद कर कोउ बहु पद बाहू॥**
**बिपुल नयन कोउ नयन बिहीना। रिष्टपुष्ट कोउ अति तनखीना॥**

कोई बिना मुखका है, किसीके बहुत-से मुख हैं, कोई बिना हाथ-पैरका है तो किसीके कई हाथ-पैर हैं। किसीके बहुत आँखें हैं तो किसीके एक भी आँख नहीं है। कोई बहुत मोटा-ताजा है तो कोई बहुत ही दुबला-पतला है॥ ४॥

**छं०—तन खीन कोउ अति पीन पावन कोउ अपावन गति धरें।**
**भूषन कराल कपाल कर सब सद्य सोनित तन भरें॥**
**खर स्वान सुअर सृकाल मुख गन बेष अगनित को गनै।**
**बहु जिनस प्रेत पिसाच जोगि जमात बरनत नहिं बनै॥**

कोई बहुत दुबला, कोई बहुत मोटा, कोई पवित्र और कोई अपवित्र वेष धारण किये हुए है। भयंकर गहने पहने हाथमें कपाल लिये हैं और सब-के-सब शरीरमें ताजा खून लपेटे हुए हैं। गधे, कुत्ते, सूअर और सियारके-से उनके मुख हैं। गणोंके अनगिनत वेषोंको कौन गिने? बहुत प्रकारके प्रेत, पिशाच और योगिनियोंकी जमातें हैं। उनका वर्णन करते नहीं बनता।

**सो०—नाचहिं गावहिं गीत परम तरंगी भूत सब।**
**देखत अति बिपरीत बोलहिं बचन बिचित्र बिधि॥ ९३॥**

भूत-प्रेत नाचते और गाते हैं, वे सब बड़े मौजी हैं। देखनेमें बहुत ही बेढंगे जान पड़ते हैं और बड़े ही विचित्र ढंगसे बोलते हैं॥ ९३॥

**जस दूलहु तसि बनी बराता। कौतुक बिबिध होहिं मग जाता॥**
**इहाँ हिमाचल रचेउ बिताना। अति बिचित्र नहिं जाइ बखाना॥**

जैसा दूल्हा है, अब वैसी ही बरात बन गयी है। मार्गमें चलते हुए भाँति-भाँतिके कौतुक (तमाशे) होते जाते हैं। इधर हिमाचलने ऐसा विचित्र मण्डप बनाया कि जिसका वर्णन नहीं हो सकता॥ १॥

**सैल सकल जहँ लगि जगमाहीं। लघु बिसाल नहिं बरनि सिराहीं॥**
**बन सागर सब नदीं तलावा। हिमगिरि सब कहुँ नेवत पठावा॥**

जगत्‌में जितने छोटे-बड़े पर्वत थे, जिनका वर्णन करके पार नहीं मिलता तथा जितने वन, समुद्र, नदियाँ और तालाब थे, हिमाचलने सबको नेवता भेजा॥ २॥

**कामरूप सुंदर तनधारी। सहित समाज सहित बर नारी॥**
**गए सकल तुहिनाचल गेहा। गावहिं मंगल सहित सनेहा॥**

वे सब अपने इच्छानुसार रूप धारण करनेवाले सुन्दर शरीर धारणकर सुन्दरी स्त्रियों और समाजोंके साथ हिमाचलके घर गये। सभी स्नेहसहित मंगलगीत गाते हैं॥ ३॥

**प्रथमहिं गिरि बहु गृह सँवराए। जथाजोगु तहँ तहँ सब छाए॥**
**पुर सोभा अवलोकि सुहाई। लागइ लघु बिरंचि निपुनाई॥**

हिमाचलने पहलेहीसे बहुत-से घर सजवा रखे थे। यथायोग्य उन-उन स्थानोंमें सब लोग उतर गये। नगरकी सुन्दर शोभा देखकर ब्रह्माकी रचना-चातुरी भी तुच्छ लगती थी॥ ४॥

**छं०—लघु लाग बिधि की निपुनता अवलोकि पुर सोभा सही।**
**बन बाग कूप तड़ाग सरिता सुभग सब सक को कही॥**
**मंगल बिपुल तोरन पताका केतु गृह गृह सोहहीं।**
**बनिता पुरुष सुंदर चतुर छबि देखि मुनि मन मोहहीं॥**

नगरकी शोभा देखकर ब्रह्माकी निपुणता सचमुच तुच्छ लगती है। वन, बाग, कुएँ, तालाब, नदियाँ सभी सुन्दर हैं; उनका वर्णन कौन कर सकता है? घर-घर बहुत-से मंगलसूचक तोरण और ध्वजा-पताकाएँ सुशोभित हो रही हैं। वहाँके सुन्दर और चतुर स्त्री-पुरुषोंकी छबि देखकर मुनियोंके भी मन मोहित हो जाते हैं।

**दो०—जगदंबा जहँ अवतरी सो पुरु बरनि कि जाइ।**
**रिद्धि सिद्धि संपत्ति सुख नित नूतन अधिकाइ॥ ९४॥**

जिस नगरमें स्वयं जगदम्बाने अवतार लिया, क्या उसका वर्णन हो सकता है? वहाँ ऋद्धि, सिद्धि, सम्पत्ति और सुख नित-नये बढ़ते जाते हैं॥ ९४॥

**नगर निकट बरात सुनि आई। पुर खरभरु सोभा अधिकाई॥**
**करि बनाव सजि बाहन नाना। चले लेन सादर अगवाना॥**

बरातको नगरके निकट आयी सुनकर नगरमें चहल-पहल मच गयी, जिससे उसकी शोभा बढ़ गयी। अगवानी करनेवाले लोग बनाव-शृंगार करके तथा नाना प्रकारकी सवारियोंको सजाकर आदरसहित बरातको लेने चले॥ १॥

**हियँ हरषे सुर सेन निहारी। हरिहि देखि अति भए सुखारी॥**
**सिव समाज जब देखन लागे। बिडरि चले बाहन सब भागे॥**

देवताओंके समाजको देखकर सब मनमें प्रसन्न हुए और विष्णुभगवान्‌को देखकर तो बहुत ही सुखी हुए। किन्तु जब शिवजीके दलको देखने लगे तब तो उनके सब वाहन (सवारियोंके हाथी, घोड़े, रथके बैल आदि) डरकर भाग चले॥ २॥

**धरि धीरजु तहँ रहे सयाने। बालक सब लै जीव पराने॥**
**गएँ भवन पूछहिं पितु माता। कहहिं बचन भय कंपित गाता॥**

कुछ बड़ी उम्रके समझदार लोग धीरज धरकर वहाँ डटे रहे। लड़के तो सब अपने प्राण लेकर भागे। घर पहुँचनेपर जब माता-पिता पूछते हैं, तब वे भयसे काँपते हुए शरीरसे ऐसा वचन कहते हैं— ॥ ३॥

**कहिअ काह कहि जाइ न बाता। जम कर धार किधौं बरिआता॥**
**बरु बौराह बसहँ असवारा। ब्याल कपाल बिभूषन छारा॥**

क्या कहें, कोई बात कही नहीं जाती। यह बरात है या यमराजकी सेना? दूल्हा पागल है और बैलपर सवार है। साँप, कपाल और राख ही उसके गहने हैं॥ ४॥

**छं०—तन छार ब्याल कपाल भूषन नगन जटिल भयंकरा।**
**सँग भूत प्रेत पिसाच जोगिनि बिकट मुख रजनीचरा॥**

**जो जिअत रहिहि बरात देखत पुन्य बड़ तेहि कर सही।**
**देखिहि सो उमा बिबाहु घर घर बात असि लरिकन्ह कही॥**

दूल्हेके शरीरपर राख लगी है, साँप और कपालके गहने हैं; वह नंगा, जटाधारी और भयंकर है। उसके साथ भयानक मुखवाले भूत, प्रेत, पिशाच, योगिनियाँ और राक्षस हैं। जो बरातको देखकर जीता बचेगा, सचमुच उसके बड़े ही पुण्य हैं और वही पार्वतीका विवाह देखेगा। लड़कोंने घर-घर यही बात कही।

**दो०—समुझि महेस समाज सब जननि जनक मुसुकाहिं।**
**बाल बुझाए बिबिध बिधि निडर होहु डरु नाहिं॥ ९५॥**

महेश्वर (शिवजी) का समाज समझकर सब लड़कोंके माता-पिता मुसकराते हैं। उन्होंने बहुत तरहसे लड़कोंको समझाया कि निडर हो जाओ, डरकी कोई बात नहीं है॥ ९५॥

**लै अगवान बरातहि आए। दिए सबहि जनवास सुहाए॥**
**मैनाँ सुभ आरती सँवारी। संग सुमंगल गावहिं नारी॥**

अगवान लोग बरातको लिवा लाये, उन्होंने सबको सुन्दर जनवासे ठहरनेको दिये। मैना (पार्वतीजीकी माता) ने शुभ आरती सजायी और उनके साथकी स्त्रियाँ उत्तम मंगलगीत गाने लगीं॥ १॥

**कंचन थार सोह बर पानी। परिछन चली हरहि हरषानी॥**
**बिकट बेष रुद्रहि जब देखा। अबलन्ह उर भय भयउ बिसेषा॥**

सुन्दर हाथोंमें सोनेका थाल शोभित है, इस प्रकार मैना हर्षके साथ शिवजीका परछन करने चलीं। जब महादेवजीको भयानक वेषमें देखा तब तो स्त्रियोंके मनमें बड़ा भारी भय उत्पन्न हो गया॥ २॥

**भागि भवन पैठीं अति त्रासा। गए महेसु जहाँ जनवासा॥**
**मैना हृदयँ भयउ दुखु भारी। लीन्ही बोलि गिरीसकुमारी॥**

बहुत ही डरके मारे भागकर वे घरमें घुस गयीं और शिवजी जहाँ जनवासा था, वहाँ चले गये। मैनाके हृदयमें बड़ा दुःख हुआ। उन्होंने पार्वतीजीको अपने पास बुला लिया॥ ३॥

**अधिक सनेहँ गोद बैठारी। स्याम सरोज नयन भरे बारी॥**
**जेहिं बिधि तुम्हहि रूपु अस दीन्हा। तेहिं जड़ बरु बाउर कस कीन्हा॥**

और अत्यन्त स्नेहसे गोदमें बैठाकर अपने नील कमलके समान नेत्रोंमें आँसू भरकर कहा—जिस विधाताने तुमको ऐसा सुन्दर रूप दिया, उस मूर्खने तुम्हारे दूल्हेको बावला कैसे बनाया?॥ ४॥

**छं०—कस कीन्ह बरु बौराह बिधि जेहिं तुम्हहि सुंदरता दई।**
**जो फलु चहिअ सुरतरुहिं सो बरबस बबूरहिं लागई॥**
**तुम्ह सहित गिरि तें गिरौं पावक जरौं जलनिधि महुँ परौं।**
**घरु जाउ अपजसु होउ जग जीवत बिबाहु न हौं करौं॥**

जिस विधाताने तुमको सुन्दरता दी, उसने तुम्हारे लिये वर बावला कैसे बनाया? जो फल कल्पवृक्षमें लगना चाहिये, वह जबर्दस्ती बबूलमें लग रहा है। मैं तुम्हें लेकर पहाड़से गिर पड़ूँगी, आगमें जल जाऊँगी या समुद्रमें कूद पड़ूँगी। चाहे घर उजड़ जाय और संसारभरमें अपकीर्ति

फैल जाय, पर जीते-जी मैं इस बावले वरसे तुम्हारा विवाह न करूँगी।

**दो०—भईं बिकल अबला सकल दुखित देखि गिरिनारि।**
**करि बिलापु रोदति बदति सुता सनेहु सँभारि॥ ९६॥**

हिमाचलकी स्त्री (मैना) को दुःखी देखकर सारी स्त्रियाँ व्याकुल हो गयीं। मैना अपनी कन्याके स्नेहको याद करके विलाप करती, रोती और कहती थीं—॥ ९६॥

**नारद कर मैं काह बिगारा। भवनु मोर जिन्ह बसत उजारा॥**
**अस उपदेसु उमहि जिन्ह दीन्हा। बौरे बरहि लागि तपु कीन्हा॥**

मैंने नारदका क्या बिगाड़ा था, जिन्होंने मेरा बसता हुआ घर उजाड़ दिया और जिन्होंने पार्वती-को ऐसा उपदेश दिया कि जिससे उसने बावले वरके लिये तप किया॥ १॥

**साचेहुँ उन्ह कें मोह न माया। उदासीन धनु धामु न जाया॥**
**पर घर घालक लाज न भीरा। बाँझ कि जान प्रसव कै पीरा॥**

सचमुच उनके न किसीका मोह है, न माया, न उनके धन है, न घर है और न स्त्री ही है; वे सबसे उदासीन हैं। इसीसे वे दूसरेका घर उजाड़नेवाले हैं। उन्हें न किसीकी लाज है, न डर है। भला, बाँझ स्त्री प्रसवकी पीड़ाको क्या जाने॥ २॥

**जननिहि बिकल बिलोकि भवानी। बोली जुत बिबेक मृदु बानी॥**
**अस बिचारि सोचहि मति माता। सो न टरइ जो रचइ बिधाता॥**

माताको विकल देखकर पार्वतीजी विवेकयुक्त कोमल वाणी बोलीं—हे माता! जो विधाता रच देते हैं, वह टलता नहीं; ऐसा विचारकर तुम सोच मत करो!॥ ३॥

**करम लिखा जौं बाउर नाहू। तौ कत दोसु लगाइअ काहू॥**
**तुम्ह सन मिटहिं कि बिधि के अंका। मातु ब्यर्थ जनि लेहु कलंका॥**

जो मेरे भाग्यमें बावला ही पति लिखा है तो किसीको क्यों दोष लगाया जाय? हे माता! क्या विधाताके अंक तुमसे मिट सकते हैं? वृथा कलंकका टीका मत लो॥ ४॥

**छं०—जनि लेहु मातु कलंकु करुना परिहरहु अवसर नहीं।**
**दुखु सुखु जो लिखा लिलार हमरें जाब जहँ पाउब तहीं॥**
**सुनि उमा बचन बिनीत कोमल सकल अबला सोचहीं।**
**बहु भाँति बिधिहि लगाइ दूषन नयन बारि बिमोचहीं॥**

हे माता! कलंक मत लो, रोना छोड़ो, यह अवसर विषाद करनेका नहीं है। मेरे भाग्यमें जो दुःख-सुख लिखा है, उसे मैं जहाँ जाऊँगी, वहीं पाऊँगी! पार्वतीजीके ऐसे विनयभरे कोमल वचन सुनकर सारी स्त्रियाँ सोच करने लगीं और भाँति-भाँतिसे विधाताको दोष देकर आँखोंसे आँसू बहाने लगीं।

**दो०—तेहि अवसर नारद सहित अरु रिषि सप्त समेत।**
**समाचार सुनि तुहिनगिरि गवने तुरत निकेत॥ ९७॥**

इस समाचारको सुनते ही हिमाचल उसी समय नारदजी और सप्तर्षियोंको साथ लेकर अपने घर गये॥ ९७॥

**तब नारद सबही समुझावा। पूरुब कथाप्रसंगु सुनावा॥**
**मयना सत्य सुनहु मम बानी। जगदंबा तव सुता भवानी॥**

तब नारदजीने पूर्वजन्मकी कथा सुनाकर सबको समझाया [और कहा] कि हे मैना! तुम मेरी सच्ची बात सुनो, तुम्हारी यह लड़की साक्षात् जगज्जननी भवानी है॥ १॥

**अजा अनादि सक्ति अबिनासिनि। सदा संभु अरधंग निवासिनि॥**
**जग संभव पालन लय कारिनि। निज इच्छा लीला बपु धारिनि॥**

ये अजन्मा, अनादि और अविनाशिनी शक्ति हैं। सदा शिवजीके अर्द्धांगमें रहती हैं। ये जगत्की उत्पत्ति, पालन और संहार करनेवाली हैं; और अपनी इच्छासे ही लीला-शरीर धारण करती हैं॥ २॥

**जनमीं प्रथम दच्छ गृह जाई। नामु सती सुंदर तनु पाई॥**
**तहँहुँ सती संकरहि बिबाहीं। कथा प्रसिद्ध सकल जग माहीं॥**

पहले ये दक्षके घर जाकर जन्मी थीं, तब इनका सती नाम था, बहुत सुन्दर शरीर पाया था। वहाँ भी सती शंकरजीसे ही ब्याही गयी थीं। यह कथा सारे जगत्में प्रसिद्ध है॥ ३॥

**एक बार आवत सिव संगा। देखेउ रघुकुल कमल पतंगा॥**
**भयउ मोहु सिव कहा न कीन्हा। भ्रम बस बेषु सीय कर लीन्हा॥**

एक बार इन्होंने शिवजीके साथ आते हुए [राहमें] रघुकुलरूपी कमलके सूर्य श्रीरामचन्द्रजीको देखा, तब इन्हें मोह हो गया और इन्होंने शिवजीका कहना न मानकर भ्रमवश सीताजीका वेष धारण कर लिया॥ ४॥

**छं०—सिय बेषु सतीं जो कीन्ह तेहिं अपराध संकर परिहरीं।**
**हर बिरहँ जाइ बहोरि पितु कें जग्य जोगानल जरीं॥**
**अब जनमि तुम्हरे भवन निज पति लागि दारुन तपु किया।**
**अस जानि संसय तजहु गिरिजा सर्बदा संकरप्रिया॥**

सतीजीने जो सीताका वेष धारण किया, उसी अपराधके कारण शंकरजीने उनको त्याग दिया। फिर शिवजीके वियोगमें ये अपने पिताके यज्ञमें जाकर वहीं योगाग्निसे भस्म हो गयीं। अब इन्होंने तुम्हारे घर जन्म लेकर अपने पतिके लिये कठिन तप किया है ऐसा जानकर सन्देह छोड़ दो, पार्वतीजी तो सदा ही शिवजीकी प्रिया (अर्द्धांगिनी) हैं।

**दो०—सुनि नारद के बचन तब सब कर मिटा बिषाद।**
**छन महुँ ब्यापेउ सकल पुर घर घर यह संबाद॥ ९८॥**

तब नारदके वचन सुनकर सबका विषाद मिट गया और क्षणभरमें यह समाचार सारे नगरमें घर-घर फैल गया॥ ९८॥

**तब मयना हिमवंतु अनंदे। पुनि पुनि पारबती पद बंदे॥**
**नारि पुरुष सिसु जुबा सयाने। नगर लोग सब अति हरषाने॥**

तब मैना और हिमवान् आनन्दमें मग्न हो गये और उन्होंने बार-बार पार्वतीके चरणोंकी वन्दना की। स्त्री, पुरुष, बालक, युवा और वृद्ध नगरके सभी लोग बहुत प्रसन्न हुए॥ १॥

**लगे होन पुर मंगल गाना। सजे सबहिं हाटक घट नाना॥**
**भाँति अनेक भई जेवनारा। सूपसास्त्र जस कछु ब्यवहारा॥**

नगरमें मंगलगीत गाये जाने लगे और सबने भाँति-भाँतिके सुवर्णके कलश सजाये। पाकशास्त्रमें जैसी रीति है, उसके अनुसार अनेक भाँतिकी ज्योनार हुई (रसोई बनी)॥ २॥

**सो जेवनार कि जाइ बखानी। बसहिं भवन जेहिं मातु भवानी॥**
**सादर बोले सकल बराती। बिष्नु बिरंचि देव सब जाती॥**

जिस घरमें स्वयं माता भवानी रहती हों, वहाँकी ज्योनार (भोजनसामग्री) का वर्णन कैसे किया जा सकता है? हिमाचलने आदरपूर्वक सब बरातियोंको—विष्णु, ब्रह्मा और सब जातिके देवताओंको बुलवाया॥ ३॥

**बिबिधि पाँति बैठी जेवनारा। लागे परुसन निपुन सुआरा॥**
**नारिबृंद सुर जेवँत जानी। लगीं देन गारीं मृदु बानी॥**

भोजन [करनेवालों] की बहुत-सी पंगतें बैठीं। चतुर रसोइये परोसने लगे। स्त्रियोंकी मण्डलियाँ देवताओंको भोजन करते जानकर कोमल वाणीसे गालियाँ देने लगीं॥ ४॥

**छं०—गारीं मधुर स्वर देहिं सुंदरि बिंग्य बचन सुनावहीं।**
**भोजनु करहिं सुर अति बिलंबु बिनोदु सुनि सचु पावहीं॥**
**जेवँत जो बढ़्यो अनंदु सो मुख कोटिहूँ न परै कह्यो।**
**अचवाँइ दीन्हे पान गवने बास जहँ जाको रह्यो॥**

सब सुन्दरी स्त्रियाँ मीठे स्वरमें गालियाँ देने लगीं और व्यंग्यभरे वचन सुनाने लगीं। देवगण विनोद सुनकर बहुत सुख अनुभव करते हैं, इसलिये भोजन करनेमें बड़ी देर लगा रहे हैं। भोजनके समय जो आनन्द बढ़ा, वह करोड़ों मुँहसे भी नहीं कहा जा सकता। [भोजन कर चुकनेपर] सबके हाथ-मुँह धुलवाकर पान दिये गये। फिर सब लोग, जो जहाँ ठहरे थे, वहाँ चले गये।

**दो०—बहुरि मुनिन्ह हिमवंत कहुँ लगन सुनाई आइ।**
**समय बिलोकि बिबाह कर पठए देव बोलाइ॥ ९९॥**

फिर मुनियोंने लौटकर हिमवान्‌को लगन (लग्नपत्रिका) सुनायी और विवाहका समय देखकर देवताओंको बुला भेजा॥ ९९॥

**बोलि सकल सुर सादर लीन्हे। सबहि जथोचित आसन दीन्हे॥**
**बेदी बेद बिधान सँवारी। सुभग सुमंगल गावहिं नारी॥**

सब देवताओंको आदरसहित बुलवा लिया और सबको यथायोग्य आसन दिये। वेदकी रीतिसे वेदी सजायी गयी और स्त्रियाँ सुन्दर श्रेष्ठ मंगलगीत गाने लगीं॥ १॥

**सिंघासनु अति दिब्य सुहावा। जाइ न बरनि बिरंचि बनावा॥**
**बैठे सिव बिप्रन्ह सिरु नाई। हृदयँ सुमिरि निज प्रभु रघुराई॥**

वेदिकापर एक अत्यन्त सुन्दर दिव्य सिंहासन था, जिस [की सुन्दरता] का वर्णन नहीं किया जा सकता; क्योंकि वह स्वयं ब्रह्माजीका बनाया हुआ था। ब्राह्मणोंको सिर नवाकर और हृदयमें अपने स्वामी श्रीरघुनाथजीका स्मरण करके शिवजी उस सिंहासनपर बैठ गये॥ २॥

**बहुरि मुनीसन्ह उमा बोलाईं। करि सिंगारु सखीं लै आईं॥**
**देखत रूपु सकल सुर मोहे। बरनै छबि अस जग कबि को है॥**

फिर मुनीश्वरोंने पार्वतीजीको बुलाया। सखियाँ शृंगार करके उन्हें ले आयीं। पार्वतीजीके रूपको देखते ही सब देवता मोहित हो गये। संसारमें ऐसा कवि कौन है जो उस सुन्दरताका वर्णन कर सके!॥ ३॥

**जगदंबिका जानि भव भामा। सुरन्ह मनहिं मन कीन्ह प्रनामा॥**
**सुंदरता मरजाद भवानी। जाइ न कोटिहुँ बदन बखानी॥**

पार्वतीजीको जगदम्बा और शिवजीकी पत्नी समझकर देवताओंने मन-ही-मन प्रणाम किया। भवानीजी सुन्दरताकी सीमा हैं। करोड़ों मुखोंसे भी उनकी शोभा नहीं कही जा सकती॥ ४॥

**छं०—कोटिहुँ बदन नहिं बनै बरनत जग जननि सोभा महा।**
**सकुचहिं कहत श्रुति सेष सारद मंदमति तुलसी कहा॥**
**छबिखानि मातु भवानि गवनीं मध्य मंडप सिव जहाँ।**
**अवलोकि सकहिं न सकुच पति पद कमल मनु मधुकरु तहाँ॥**

जगज्जननी पार्वतीजीकी महान् शोभाका वर्णन करोड़ों मुखोंसे भी करते नहीं बनता। वेद, शेषजी और सरस्वतीजीतक उसे कहते हुए सकुचा जाते हैं, तब मन्दबुद्धि तुलसी किस गिनतीमें है। सुन्दरता और शोभाकी खान माता भवानी मण्डपके बीचमें, जहाँ शिवजी थे, वहाँ गयीं। वे संकोचके मारे पति (शिवजी) के चरणकमलोंको देख नहीं सकतीं, परन्तु उनका मनरूपी भौंरा तो वहीं [रस-पान कर रहा] था।

**दो०—मुनि अनुसासन गनपतिहि पूजेउ संभु भवानि।**
**कोउ सुनि संसय करै जनि सुर अनादि जियँ जानि॥ १००॥**

मुनियोंकी आज्ञासे शिवजी और पार्वतीजीने गणेशजीका पूजन किया। मनमें देवताओंको अनादि समझकर कोई इस बातको सुनकर शंका न करे [कि गणेशजी तो शिव-पार्वतीकी सन्तान हैं, अभी विवाहसे पूर्व ही वे कहाँसे आ गये]॥ १००॥

**जसि बिबाह कै बिधि श्रुति गाई। महामुनिन्ह सो सब करवाई॥**
**गहि गिरीस कुस कन्या पानी। भवहि समरपीं जानि भवानी॥**

वेदोंमें विवाहकी जैसी रीति कही गयी है, महामुनियोंने वह सभी रीति करवायी। पर्वतराज हिमाचलने हाथमें कुश लेकर तथा कन्याका हाथ पकड़कर उन्हें भवानी (शिवपत्नी) जानकर शिवजीको समर्पण किया॥ १॥

**पानिग्रहन जब कीन्ह महेसा। हियँ हरषे तब सकल सुरेसा॥**
**बेदमंत्र मुनिबर उच्चरहीं। जय जय जय संकर सुर करहीं॥**

जब महेश्वर (शिवजी) ने पार्वतीका पाणिग्रहण किया, तब [इन्द्रादि] सब देवता हृदयमें बड़े ही हर्षित हुए। श्रेष्ठ मुनिगण वेदमन्त्रोंका उच्चारण करने लगे और देवगण शिवजीका जय-जयकार करने लगे॥ २॥

**बाजहिं बाजन बिबिध बिधाना। सुमनबृष्टि नभ भै बिधि नाना॥**
**हर गिरिजा कर भयउ बिबाहू। सकल भुवन भरि रहा उछाहू॥**

अनेकों प्रकारके बाजे बजने लगे। आकाशसे नाना प्रकारके फूलोंकी वर्षा हुई। शिव-पार्वतीका विवाह हो गया। सारे ब्रह्माण्डमें आनन्द भर गया॥ ३॥

**दासीं दास तुरग रथ नागा। धेनु बसन मनि बस्तु बिभागा॥**
**अन्न कनकभाजन भरि जाना। दाइज दीन्ह न जाइ बखाना॥**

दासी, दास, घोड़े, रथ, हाथी, गायें, वस्त्र और मणि आदि अनेक प्रकारकी चीजें, अन्न तथा सोनेके बर्तन गाड़ियोंमें लदवाकर दहेजमें दिये, जिनका वर्णन नहीं हो सकता॥ ४॥

**छं०—दाइज दियो बहु भाँति पुनि कर जोरि हिमभूधर कह्यो।**
**का देउँ पूरनकाम संकर चरन पंकज गहि रह्यो॥**
**सिवँ कृपासागर ससुर कर संतोषु सब भाँतिहिं कियो।**
**पुनि गहे पद पाथोज मयनाँ प्रेम परिपूरन हियो॥**

बहुत प्रकारका दहेज देकर, फिर हाथ जोड़कर हिमाचलने कहा—हे शंकर! आप पूर्णकाम हैं, मैं आपको क्या दे सकता हूँ? [इतना कहकर] वे शिवजीके चरणकमल पकड़कर रह गये। तब कृपाके सागर शिवजीने अपने ससुरका सभी प्रकारसे समाधान किया। फिर प्रेमसे परिपूर्णहृदय मैनाजीने शिवजीके चरणकमल पकड़े [और कहा—]।

**दो०—नाथ उमा मम प्रान सम गृहकिंकरी करेहु।**
**छमेहु सकल अपराध अब होइ प्रसन्न बरु देहु॥ १०१॥**

हे नाथ! यह उमा मुझे मेरे प्राणोंके समान [प्यारी] है। आप इसे अपने घरकी टहलनी बनाइयेगा और इसके सब अपराधोंको क्षमा करते रहियेगा। अब प्रसन्न होकर मुझे यही वर दीजिये॥ १०१॥

**बहु बिधि संभु सासु समुझाई। गवनी भवन चरन सिरु नाई॥**
**जननीं उमा बोलि तब लीन्ही। लै उछंग सुंदर सिख दीन्ही॥**

शिवजीने बहुत तरहसे अपनी सासको समझाया। तब वे शिवजीके चरणोंमें सिर नवाकर घर गयीं। फिर माताने पार्वतीको बुला लिया और गोदमें बैठाकर यह सुन्दर सीख दी—॥ १॥

**करेहु सदा संकर पद पूजा। नारिधरमु पति देउ न दूजा॥**
**बचन कहत भरे लोचन बारी। बहुरि लाइ उर लीन्हि कुमारी॥**

हे पार्वती! तू सदा शिवजीके चरणकी पूजा करना, नारियोंका यही धर्म है। उनके लिये पति ही देवता है और कोई देवता नहीं है। इस प्रकारकी बातें कहते-कहते उनकी आँखोंमें आँसू भर आये और उन्होंने कन्याको छातीसे चिपटा लिया॥ २॥

**कत बिधि सृजीं नारि जग माहीं। पराधीन सपनेहुँ सुखु नाहीं॥**
**भै अति प्रेम बिकल महतारी। धीरजु कीन्ह कुसमय बिचारी॥**

[फिर बोलीं कि] विधाताने जगत्‌में स्त्रीजातिको क्यों पैदा किया? पराधीनको सपनेमें भी सुख नहीं मिलता। यों कहती हुई माता प्रेममें अत्यन्त विकल हो गयी, परन्तु कुसमय जानकर

(दु:ख करनेका अवसर न जानकर) उन्होंने धीरज धरा॥ ३॥

**पुनि पुनि मिलति परति गहि चरना। परम प्रेमु कछु जाइ न बरना॥**
**सब नारिन्ह मिलि भेटि भवानी। जाइ जननि उर पुनि लपटानी॥**

मैना बार-बार मिलती हैं और [पार्वतीके] चरणोंको पकड़कर गिर पड़ती हैं। बड़ा ही प्रेम है, कुछ वर्णन नहीं किया जाता। भवानी सब स्त्रियोंसे मिल-भेंटकर फिर अपनी माताके हृदयसे जा लिपटीं॥ ४॥

**छं०—जननिहि बहुरि मिलि चली उचित असीस सब काहूँ दईं।**
**फिरि फिरि बिलोकति मातु तन तब सखीं लै सिव पहिं गईं॥**
**जाचक सकल संतोषि संकरु उमा सहित भवन चले।**
**सब अमर हरषे सुमन बरषि निसान नभ बाजे भले॥**

पार्वतीजी मातासे फिर मिलकर चलीं, सब किसीने उन्हें योग्य आशीर्वाद दिये। पार्वतीजी फिर-फिरकर माताकी ओर देखती जाती थीं। तब सखियाँ उन्हें शिवजीके पास ले गयीं। महादेवजी सब याचकोंको सन्तुष्ट कर पार्वतीके साथ घर (कैलास) को चले। सब देवता प्रसन्न होकर फूलोंकी वर्षा करने लगे और आकाशमें सुन्दर नगाड़े बजने लगे।

**दो०—चले संग हिमवंतु तब पहुँचावन अति हेतु।**
**बिबिध भाँति परितोषु करि बिदा कीन्ह बृषकेतु॥ १०२॥**

तब हिमवान् अत्यन्त प्रेमसे शिवजीको पहुँचानेके लिये साथ चले। वृषकेतु (शिवजी) ने बहुत तरहसे उन्हें सन्तोष कराकर विदा किया॥ १०२॥

**तुरत भवन आए गिरिराई। सकल सैल सर लिए बोलाई॥**
**आदर दान बिनय बहुमाना। सब कर बिदा कीन्ह हिमवाना॥**

पर्वतराज हिमाचल तुरंत घर आये और उन्होंने सब पर्वतों और सरोवरोंको बुलाया। हिमवान्ने आदर, दान, विनय और बहुत सम्मानपूर्वक सबकी विदाई की॥ १॥

**जबहिं संभु कैलासहिं आए। सुर सब निज निज लोक सिधाए॥**
**जगत मातु पितु संभु भवानी। तेहिं सिंगारु न कहउँ बखानी॥**

जब शिवजी कैलास पर्वतपर पहुँचे, तब सब देवता अपने-अपने लोकोंको चले गये। [तुलसीदासजी कहते हैं कि] पार्वतीजी और शिवजी जगत्‌के माता-पिता हैं, इसलिये मैं उनके शृंगारका वर्णन नहीं करता॥ २॥

**करहिं बिबिध बिधि भोग बिलासा। गनन्ह समेत बसहिं कैलासा॥**
**हर गिरिजा बिहार नित नयऊ। एहि बिधि बिपुल काल चलि गयऊ॥**

शिव-पार्वती विविध प्रकारके भोग-विलास करते हुए अपने गणोंसहित कैलासपर रहने लगे। वे नित्य नये विहार करते थे। इस प्रकार बहुत समय बीत गया॥ ३॥

**तब जनमेउ षटबदन कुमारा। तारकु असुरु समर जेहिं मारा॥**
**आगम निगम प्रसिद्ध पुराना। षन्मुख जन्मु सकल जग जाना॥**

तब छ: मुखवाले पुत्र (स्वामिकार्तिक) का जन्म हुआ, जिन्होंने [बड़े होनेपर] युद्धमें

तारकासुरको मारा। वेद, शास्त्र और पुराणोंमें स्वामिकार्तिकके जन्मकी कथा प्रसिद्ध है और सारा जगत् उसे जानता है॥ ४॥

**छं०—जगु जान षन्मुख जन्मु कर्मु प्रतापु पुरुषारथु महा।**
**तेहि हेतु मैं बृषकेतु सुत कर चरित संछेपहिं कहा॥**
**यह उमा संभु बिबाहु जे नर नारि कहहिं जे गावहीं।**
**कल्यान काज बिबाह मंगल सर्बदा सुखु पावहीं॥**

षडानन (स्वामिकार्तिक)के जन्म, कर्म, प्रताप और महान् पुरुषार्थको सारा जगत् जानता है। इसलिये मैंने वृषकेतु (शिवजी) के पुत्रका चरित्र संक्षेपसे ही कहा है। शिव-पार्वतीके विवाहकी इस कथाको जो स्त्री-पुरुष कहेंगे और गायेंगे, वे कल्याणके कार्यों और विवाहादि मंगलोंमें सदा सुख पावेंगे।

**दो०—चरित सिंधु गिरिजा रमन बेद न पावहिं पारु।**
**बरनै तुलसीदासु किमि अति मतिमंद गवाँरु॥ १०३॥**

गिरिजापति महादेवजीका चरित्र समुद्रके समान (अपार) है, उसका पार वेद भी नहीं पाते। तब अत्यन्त मन्दबुद्धि और गँवार तुलसीदास उसका वर्णन कैसे कर सकता है!॥ १०३॥

**संभु चरित सुनि सरस सुहावा। भरद्वाज मुनि अति सुखु पावा॥**
**बहु लालसा कथा पर बाढ़ी। नयनन्हि नीरु रोमावलि ठाढ़ी॥**

शिवजीके रसीले और सुहावने चरित्रको सुनकर मुनि भरद्वाजजीने बहुत ही सुख पाया। कथा सुननेकी उनकी लालसा बहुत बढ़ गयी। नेत्रोंमें जल भर आया तथा रोमावली खड़ी हो गयी॥ १॥

**प्रेम बिबस मुख आव न बानी। दसा देखि हरषे मुनि ग्यानी॥**
**अहो धन्य तव जन्मु मुनीसा। तुम्हहि प्रान सम प्रिय गौरीसा॥**

वे प्रेममें मुग्ध हो गये, मुखसे वाणी नहीं निकलती। उनकी यह दशा देखकर ज्ञानी मुनि याज्ञवल्क्य बहुत प्रसन्न हुए [और बोले—] हे मुनीश! अहा हा! तुम्हारा जन्म धन्य है; तुमको गौरीपति शिवजी प्राणोंके समान प्रिय हैं॥ २॥

**सिव पद कमल जिन्हहि रति नाहीं। रामहि ते सपनेहुँ न सोहाहीं॥**
**बिनु छल बिस्वनाथ पद नेहू। राम भगत कर लच्छन एहू॥**

शिवजीके चरणकमलोंमें जिनकी प्रीति नहीं है, वे श्रीरामचन्द्रजीको स्वप्नमें भी अच्छे नहीं लगते। विश्वनाथ श्रीशिवजीके चरणोंमें निष्कपट (विशुद्ध) प्रेम होना यही रामभक्तका लक्षण है॥ ३॥

**सिव सम को रघुपति ब्रतधारी। बिनु अघ तजी सती असि नारी॥**
**पनु करि रघुपति भगति देखाई। को सिव सम रामहि प्रिय भाई॥**

शिवजीके समान रघुनाथजी [की भक्ति] का व्रत धारण करनेवाला कौन है? जिन्होंने बिना ही पापके सती-जैसी स्त्रीको त्याग दिया और प्रतिज्ञा करके श्रीरघुनाथजीकी भक्तिको दिखा दिया। हे भाई! श्रीरामचन्द्रजीको शिवजीके समान और कौन प्यारा है?॥ ४॥

**दो०—प्रथमहिं मैं कहि सिव चरित बूझा मरमु तुम्हार।**
**सुचि सेवक तुम्ह राम के रहित समस्त बिकार॥ १०४॥**

मैंने पहले ही शिवजीका चरित्र कहकर तुम्हारा भेद समझ लिया। तुम श्रीरामचन्द्रजीके पवित्र सेवक हो और समस्त दोषोंसे रहित हो॥ १०४॥

**मैं जाना तुम्हार गुन सीला। कहउँ सुनहु अब रघुपति लीला॥**
**सुनु मुनि आजु समागम तोरें। कहि न जाइ जस सुखु मन मोरें॥**

मैंने तुम्हारा गुण और शील जान लिया। अब मैं श्रीरघुनाथजीकी लीला कहता हूँ, सुनो। हे मुनि! सुनो, आज तुम्हारे मिलनेसे मेरे मनमें जो आनन्द हुआ है, वह कहा नहीं जा सकता॥ १॥

**राम चरित अति अमित मुनीसा। कहि न सकहिं सत कोटि अहीसा॥**
**तदपि जथाश्रुत कहउँ बखानी। सुमिरि गिरापति प्रभु धनुपानी॥**

हे मुनीश्वर! रामचरित्र अत्यन्त अपार है। सौ करोड़ शेषजी भी उसे नहीं कह सकते। तथापि जैसा मैंने सुना है, वैसा वाणीके स्वामी (प्रेरक) और हाथमें धनुष लिये हुए प्रभु श्रीरामचन्द्रजीका स्मरण करके कहता हूँ॥ २॥

**सारद दारुनारि सम स्वामी। रामु सूत्रधर अंतरजामी॥**
**जेहि पर कृपा करहिं जनु जानी। कबि उर अजिर नचावहिं बानी॥**

सरस्वतीजी कठपुतलीके समान हैं और अन्तर्यामी स्वामी श्रीरामचन्द्रजी [सूत पकड़कर कठपुतलीको नचानेवाले] सूत्रधार हैं। अपना भक्त जानकर जिस कविपर वे कृपा करते हैं, उसके हृदयरूपी आँगनमें सरस्वतीको वे नचाया करते हैं॥ ३॥

**प्रनवउँ सोइ कृपाल रघुनाथा। बरनउँ बिसद तासु गुन गाथा॥**
**परम रम्य गिरिबरु कैलासू। सदा जहाँ सिव उमा निवासू॥**

उन्हीं कृपालु श्रीरघुनाथजीको मैं प्रणाम करता हूँ और उन्हींके निर्मल गुणोंकी कथा कहता हूँ। कैलास पर्वतोंमें श्रेष्ठ और बहुत ही रमणीय है, जहाँ शिव-पार्वतीजी सदा निवास करते हैं॥ ४॥

**दो०—सिद्ध तपोधन जोगिजन सुर किंनर मुनिबृंद।**
**बसहिं तहाँ सुकृती सकल सेवहिं सिव सुखकंद॥ १०५॥**

सिद्ध, तपस्वी, योगीगण, देवता, किन्नर और मुनियोंके समूह उस पर्वतपर रहते हैं। वे सब बड़े पुण्यात्मा हैं और आनन्दकन्द श्रीमहादेवजीकी सेवा करते हैं॥ १०५॥

**हरि हर बिमुख धर्म रति नाहीं। ते नर तहँ सपनेहुँ नहिं जाहीं॥**
**तेहि गिरि पर बट बिटप बिसाला। नित नूतन सुंदर सब काला॥**

जो भगवान् विष्णु और महादेवजीसे विमुख हैं और जिनकी धर्ममें प्रीति नहीं है, वे लोग स्वप्नमें भी वहाँ नहीं जा सकते। उस पर्वतपर एक विशाल बरगदका पेड़ है, जो नित्य नवीन और सब काल (छहों ऋतुओं) में सुन्दर रहता है॥ १॥

**त्रिबिध समीर सुसीतलि छाया। सिव बिश्राम बिटप श्रुति गाया॥**
**एक बार तेहि तर प्रभु गयऊ। तरु बिलोकि उर अति सुखु भयऊ॥**

वहाँ तीनों प्रकारकी (शीतल, मन्द और सुगन्ध) वायु बहती रहती है और उसकी छाया बड़ी ठंडी रहती है। वह शिवजीके विश्राम करनेका वृक्ष है, जिसे वेदोंने गाया है। एक बार प्रभु श्रीशिवजी उस वृक्षके नीचे गये और उसे देखकर उनके हृदयमें बहुत आनन्द हुआ॥ २॥

**निज कर डासि नागरिपु छाला। बैठे सहजहिं संभु कृपाला॥**
**कुंद इंदु दर गौर सरीरा। भुज प्रलंब परिधन मुनिचीरा॥**

अपने हाथसे बाघम्बर बिछाकर कृपालु शिवजी स्वभावसे ही (बिना किसी खास प्रयोजनके) वहाँ बैठ गये। कुन्दके पुष्प, चन्द्रमा और शंखके समान उनका गौर शरीर था। बड़ी लंबी भुजाएँ थीं और वे मुनियोंके-से (वल्कल) वस्त्र धारण किये हुए थे॥ ३॥

**तरुन अरुन अंबुज सम चरना। नख दुति भगत हृदय तम हरना॥**
**भुजग भूति भूषन त्रिपुरारी। आननु सरद चंद छबि हारी॥**

उनके चरण नये (पूर्णरूपसे खिले हुए) लाल कमलके समान थे, नखोंकी ज्योति भक्तोंके हृदयका अन्धकार हरनेवाली थी। साँप और भस्म ही उनके भूषण थे और उन त्रिपुरासुरके शत्रु शिवजीका मुख शरद् (पूर्णिमा) के चन्द्रमाकी शोभाको भी हरनेवाला (फीकी करनेवाला) था॥ ४॥

**दो०—जटा मुकुट सुरसरित सिर लोचन नलिन बिसाल।**
**नीलकंठ लावन्यनिधि सोह बालबिधु भाल॥ १०६॥**

उनके सिरपर जटाओंका मुकुट और गंगाजी [शोभायमान] थीं। कमलके समान बड़े-बड़े नेत्र थे। उनका नील कण्ठ था और वे सुन्दरताके भण्डार थे। उनके मस्तकपर द्वितीयाका चन्द्रमा शोभित था॥ १०६॥

**बैठे सोह कामरिपु कैसें। धरें सरीरु सांतरसु जैसें॥**
**पारबती भल अवसरु जानी। गईं संभु पहिं मातु भवानी॥**

कामदेवके शत्रु शिवजी वहाँ बैठे हुए ऐसे शोभित हो रहे थे, मानो शान्तरस ही शरीर धारण किये बैठा हो। अच्छा मौका जानकर शिवपत्नी माता पार्वतीजी उनके पास गयीं॥ १॥

**जानि प्रिया आदरु अति कीन्हा। बाम भाग आसनु हर दीन्हा॥**
**बैठीं सिव समीप हरषाई। पूरुब जन्म कथा चित आई॥**

अपनी प्यारी पत्नी जानकर शिवजीने उनका बहुत आदर-सत्कार किया और अपनी बायीं ओर बैठनेके लिये आसन दिया। पार्वतीजी प्रसन्न होकर शिवजीके पास बैठ गयीं। उन्हें पिछले जन्मकी कथा स्मरण हो आयी॥ २॥

**पति हियँ हेतु अधिक अनुमानी। बिहसि उमा बोलीं प्रिय बानी॥**
**कथा जो सकल लोक हितकारी। सोइ पूछन चह सैलकुमारी॥**

स्वामीके हृदयमें [अपने ऊपर पहलेकी अपेक्षा] अधिक प्रेम समझकर पार्वतीजी हँसकर प्रिय वचन बोलीं। [याज्ञवल्क्यजी कहते हैं कि ] जो कथा सब लोगोंका हित करनेवाली है, उसे ही पार्वतीजी पूछना चाहती हैं॥ ३॥

**बिस्वनाथ मम नाथ पुरारी। त्रिभुवन महिमा बिदित तुम्हारी॥**
**चर अरु अचर नाग नर देवा। सकल करहिं पद पंकज सेवा॥**

[पार्वतीजीने कहा—] हे संसारके स्वामी! हे मेरे नाथ! हे त्रिपुरासुरका वध करनेवाले! आपकी महिमा तीनों लोकोंमें विख्यात है। चर, अचर, नाग, मनुष्य और देवता सभी आपके चरणकमलोंकी सेवा करते हैं॥ ४॥

**दो०—प्रभु समरथ सर्बग्य सिव सकल कला गुन धाम।**
**जोग ग्यान बैराग्य निधि प्रनत कलपतरु नाम॥ १०७॥**

हे प्रभो! आप समर्थ, सर्वज्ञ और कल्याणस्वरूप हैं। सब कलाओं और गुणोंके निधान हैं और योग, ज्ञान तथा वैराग्यके भण्डार हैं। आपका नाम शरणागतोंके लिये कल्पवृक्ष है॥ १०७॥

**जौं मो पर प्रसन्न सुखरासी। जानिअ सत्य मोहि निज दासी॥**
**तौ प्रभु हरहु मोर अग्याना। कहि रघुनाथ कथा बिधि नाना॥**

हे सुखकी राशि! यदि आप मुझपर प्रसन्न हैं और सचमुच मुझे अपनी दासी [या अपनी सच्ची दासी] जानते हैं, तो हे प्रभो! आप श्रीरघुनाथजीकी नाना प्रकारकी कथा कहकर मेरा अज्ञान दूर कीजिये॥ १॥

**जासु भवनु सुरतरु तर होई। सहि कि दरिद्र जनित दुखु सोई॥**
**ससिभूषन अस हृदयँ बिचारी। हरहु नाथ मम मति भ्रम भारी॥**

जिसका घर कल्पवृक्षके नीचे हो, वह भला दरिद्रतासे उत्पन्न दुःखको क्यों सहेगा? हे शशिभूषण! हे नाथ! हृदयमें ऐसा विचारकर मेरी बुद्धिके भारी भ्रमको दूर कीजिये॥ २॥

**प्रभु जे मुनि परमारथबादी। कहहिं राम कहुँ ब्रह्म अनादी॥**
**सेस सारदा बेद पुराना। सकल करहिं रघुपति गुन गाना॥**

हे प्रभो! जो परमार्थतत्त्व (ब्रह्म) के ज्ञाता और वक्ता मुनि हैं, वे श्रीरामचन्द्रजीको अनादि ब्रह्म कहते हैं; और शेष, सरस्वती, वेद और पुराण सभी श्रीरघुनाथजीका गुण गाते हैं॥ ३॥

**तुम्ह पुनि राम राम दिन राती। सादर जपहु अनँग आराती॥**
**रामु सो अवध नृपति सुत सोई। की अज अगुन अलखगति कोई॥**

और हे कामदेवके शत्रु! आप भी दिन-रात आदरपूर्वक राम-राम जपा करते हैं। ये राम वही अयोध्याके राजाके पुत्र हैं? या अजन्मा, निर्गुण और अगोचर कोई और राम हैं?॥ ४॥

**दो०—जौं नृप तनय त ब्रह्म किमि नारि बिरहँ मति भोरि।**
**देखि चरित महिमा सुनत भ्रमति बुद्धि अति मोरि॥ १०८॥**

यदि वे राजपुत्र हैं तो ब्रह्म कैसे? [और यदि ब्रह्म हैं तो] स्त्रीके विरहमें उनकी मति बावली कैसे हो गयी? इधर उनके ऐसे चरित्र देखकर और उधर उनकी महिमा सुनकर मेरी बुद्धि अत्यन्त चकरा रही है॥ १०८॥

**जौं अनीह ब्यापक बिभु कोऊ। कहहु बुझाइ नाथ मोहि सोऊ॥**
**अग्य जानि रिस उर जनि धरहू। जेहि बिधि मोह मिटै सोइ करहू॥**

यदि इच्छारहित, व्यापक, समर्थ ब्रह्म कोई और है, तो हे नाथ! मुझे उसे समझाकर कहिये। मुझे नादान समझकर मनमें क्रोध न लाइये। जिस तरह मेरा मोह दूर हो, वही कीजिये॥ १॥

**मैं बन दीखि राम प्रभुताई। अति भय बिकल न तुम्हहि सुनाई॥**
**तदपि मलिन मन बोधु न आवा। सो फलु भली भाँति हम पावा॥**

मैंने [पिछले जन्ममें] वनमें श्रीरामचन्द्रजीकी प्रभुता देखी थी, परन्तु अत्यन्त भयभीत होनेके

कारण मैंने वह बात आपको सुनायी नहीं। तो भी मेरे मलिन मनको बोध न हुआ। उसका फल भी मैंने अच्छी तरह पा लिया॥ २॥

**अजहूँ कछु संसउ मन मोरें। करहु कृपा बिनवउँ कर जोरें॥**
**प्रभु तब मोहि बहु भाँति प्रबोधा। नाथ सो समुझि करहु जनि क्रोधा॥**

अब भी मेरे मनमें कुछ सन्देह है। आप कृपा कीजिये, मैं हाथ जोड़कर विनती करती हूँ। हे प्रभो! आपने उस समय मुझे बहुत तरहसे समझाया था [फिर भी मेरा सन्देह नहीं गया], हे नाथ! यह सोचकर मुझपर क्रोध न कीजिये॥ ३॥

**तब कर अस बिमोह अब नाहीं। रामकथा पर रुचि मन माहीं॥**
**कहहु पुनीत राम गुन गाथा। भुजगराज भूषन सुरनाथा॥**

मुझे अब पहले-जैसा मोह नहीं है, अब तो मेरे मनमें रामकथा सुननेकी रुचि है। हे शेषनागको अलंकाररूपमें धारण करनेवाले देवताओंके नाथ! आप श्रीरामचन्द्रजीके गुणोंकी पवित्र कथा कहिये॥ ४॥

**दो०—बंदउँ पद धरि धरनि सिरु बिनय करउँ कर जोरि।**
**बरनहु रघुबर बिसद जसु श्रुति सिद्धांत निचोरि॥ १०९॥**

मैं पृथ्वीपर सिर टेककर आपके चरणोंकी वन्दना करती हूँ और हाथ जोड़कर विनती करती हूँ। आप वेदोंके सिद्धान्तको निचोड़कर श्रीरघुनाथजीका निर्मल यश वर्णन कीजिये॥ १०९॥

**जदपि जोषिता नहिं अधिकारी। दासी मन क्रम बचन तुम्हारी॥**
**गूढ़उ तत्त्व न साधु दुरावहिं। आरत अधिकारी जहँ पावहिं॥**

यद्यपि स्त्री होनेके कारण मैं उसे सुननेकी अधिकारिणी नहीं हूँ, तथापि मैं मन, वचन और कर्मसे आपकी दासी हूँ। संत लोग जहाँ आर्त अधिकारी पाते हैं, वहाँ गूढ़ तत्त्व भी उससे नहीं छिपाते॥ १॥

**अति आरति पूछउँ सुरराया। रघुपति कथा कहहु करि दाया॥**
**प्रथम सो कारन कहहु बिचारी। निर्गुन ब्रह्म सगुन बपु धारी॥**

हे देवताओंके स्वामी! मैं बहुत ही आर्तभाव (दीनता) से पूछती हूँ, आप मुझपर दया करके श्रीरघुनाथजीकी कथा कहिये। पहले तो वह कारण विचारकर बतलाइये जिससे निर्गुण ब्रह्म सगुण रूप धारण करता है॥ २॥

**पुनि प्रभु कहहु राम अवतारा। बालचरित पुनि कहहु उदारा॥**
**कहहु जथा जानकी बिबाहीं। राज तजा सो दूषन काहीं॥**

फिर हे प्रभु! श्रीरामचन्द्रजीके अवतार (जन्म) की कथा कहिये तथा उनका उदार बालचरित्र कहिये। फिर जिस प्रकार उन्होंने श्रीजानकीजीसे विवाह किया, वह कथा कहिये और फिर यह बतलाइये कि उन्होंने जो राज्य छोड़ा सो किस दोषसे॥ ३॥

**बन बसि कीन्हे चरित अपारा। कहहु नाथ जिमि रावन मारा॥**
**राज बैठि कीन्हीं बहु लीला। सकल कहहु संकर सुखसीला॥**

हे नाथ! फिर उन्होंने वनमें रहकर जो अपार चरित्र किये तथा जिस तरह रावणको मारा, वह कहिये। हे सुखस्वरूप शंकर! फिर आप उन सारी लीलाओंको कहिये जो उन्होंने राज्य [सिंहासन] पर बैठकर की थीं॥ ४॥

**दो०—बहुरि कहहु करुनायतन कीन्ह जो अचरज राम।**
**प्रजा सहित रघुबंसमनि किमि गवने निज धाम॥ ११०॥**

हे कृपाधाम! फिर वह अद्‌भुत चरित्र कहिये जो श्रीरामचन्द्रजीने किया—वे रघुकुलशिरोमणि प्रजासहित किस प्रकार अपने धामको गये?॥ ११०॥

**पुनि प्रभु कहहु सो तत्त्व बखानी। जेहिं बिग्यान मगन मुनि ग्यानी॥**
**भगति ग्यान बिग्यान बिरागा। पुनि सब बरनहु सहित बिभागा॥**

हे प्रभु! फिर आप उस तत्त्वको समझाकर कहिये, जिसकी अनुभूतिमें ज्ञानी मुनिगण सदा मगन रहते हैं; और फिर भक्ति, ज्ञान, विज्ञान और वैराग्यका विभागसहित वर्णन कीजिये॥ १॥

**औरउ राम रहस्य अनेका। कहहु नाथ अति बिमल बिबेका॥**
**जो प्रभु मैं पूछा नहिं होई। सोउ दयाल राखहु जनि गोई॥**

[इसके सिवा] श्रीरामचन्द्रजीके और भी जो अनेक रहस्य (छिपे हुए भाव अथवा चरित्र) हैं, उनको कहिये। हे नाथ! आपका ज्ञान अत्यन्त निर्मल है। हे प्रभो! जो बात मैंने न भी पूछी हो, हे दयालु! उसे भी आप छिपा न रखियेगा॥ २॥

**तुम्ह त्रिभुवन गुर बेद बखाना। आन जीव पाँवर का जाना॥**
**प्रस्न उमा कै सहज सुहाई। छल बिहीन सुनि सिव मन भाई॥**

वेदोंने आपको तीनों लोकोंका गुरु कहा है। दूसरे पामर जीव इस रहस्यको क्या जानें! पार्वतीजीके सहज सुन्दर और छलरहित (सरल) प्रश्न सुनकर शिवजीके मनको बहुत अच्छे लगे॥ ३॥

**हर हियँ रामचरित सब आए। प्रेम पुलक लोचन जल छाए॥**
**श्रीरघुनाथ रूप उर आवा। परमानंद अमित सुख पावा॥**

श्रीमहादेवजीके हृदयमें सारे रामचरित्र आ गये। प्रेमके मारे उनका शरीर पुलकित हो गया और नेत्रोंमें जल भर आया। श्रीरघुनाथजीका रूप उनके हृदयमें आ गया, जिससे स्वयं परमानन्दस्वरूप शिवजीने भी अपार सुख पाया॥ ४॥

**दो०—मगन ध्यान रस दंड जुग पुनि मन बाहेर कीन्ह।**
**रघुपति चरित महेस तब हरषित बरनै लीन्ह॥ १११॥**

शिवजी दो घड़ीतक ध्यानके रस (आनन्द) में डूबे रहे; फिर उन्होंने मनको बाहर खींचा और तब वे प्रसन्न होकर श्रीरघुनाथजीका चरित्र वर्णन करने लगे॥ १११॥

**झूठेउ सत्य जाहि बिनु जानें। जिमि भुजंग बिनु रजु पहिचानें॥**
**जेहि जानें जग जाइ हेराई। जागें जथा सपन भ्रम जाई॥**

जिसके बिना जाने झूठ भी सत्य मालूम होता है, जैसे बिना पहचाने रस्सीमें साँपका भ्रम हो जाता है; और जिसके जान लेनेपर जगत्‌का उसी तरह लोप हो जाता है, जैसे जागनेपर स्वप्नका भ्रम जाता रहता है॥ १॥

**बंदउँ बालरूप सोइ रामू। सब सिधि सुलभ जपत जिसु नामू॥**
**मंगल भवन अमंगल हारी। द्रवउ सो दसरथ अजिर बिहारी॥**

मैं उन्हीं श्रीरामचन्द्रजीके बालरूपकी वन्दना करता हूँ, जिनका नाम जपनेसे सब सिद्धियाँ सहज ही प्राप्त हो जाती हैं। मंगलके धाम, अमंगलके हरनेवाले और श्रीदशरथजीके आँगनमें खेलनेवाले वे (बालरूप) श्रीरामचन्द्रजी मुझपर कृपा करें॥ २॥

**करि प्रनाम रामहि त्रिपुरारी। हरषि सुधा सम गिरा उचारी॥**
**धन्य धन्य गिरिराजकुमारी। तुम्ह समान नहिं कोउ उपकारी॥**

त्रिपुरासुरका वध करनेवाले शिवजी श्रीरामचन्द्रजीको प्रणाम करके आनन्दमें भरकर अमृतके समान वाणी बोले—हे गिरिराजकुमारी पार्वती! तुम धन्य हो! धन्य हो!! तुम्हारे समान कोई उपकारी नहीं है॥ ३॥

**पूँछेहु रघुपति कथा प्रसंगा। सकल लोक जग पावनि गंगा॥**
**तुम्ह रघुबीर चरन अनुरागी। कीन्हिहु प्रस्न जगत हित लागी॥**

जो तुमने श्रीरघुनाथजीकी कथाका प्रसंग पूछा है, जो कथा समस्त लोकोंके लिये जगत्‌को पवित्र करनेवाली गंगाजीके समान है। तुमने जगत्‌के कल्याणके लिये ही प्रश्न पूछे हैं। तुम श्रीरघुनाथजीके चरणोंमें प्रेम रखनेवाली हो॥ ४॥

**दो०—राम कृपा तें पारबति सपनेहुँ तव मन माहिं।**
**सोक मोह संदेह भ्रम मम बिचार कछु नाहिं॥ ११२॥**

हे पार्वती! मेरे विचारमें तो श्रीरामजीकी कृपासे तुम्हारे मनमें स्वप्नमें भी शोक, मोह, सन्देह और भ्रम कुछ भी नहीं है॥ ११२॥

**तदपि असंका कीन्हिहु सोई। कहत सुनत सब कर हित होई॥**
**जिन्ह हरिकथा सुनी नहिं काना। श्रवन रंध्र अहिभवन समाना॥**

फिर भी तुमने इसीलिये वही (पुरानी) शंका की है कि इस प्रसंगके कहने-सुननेसे सबका कल्याण होगा। जिन्होंने अपने कानोंसे भगवान्‌की कथा नहीं सुनी, उनके कानोंके छिद्र साँपके बिलके समान हैं॥ १॥

**नयनन्हि संत दरस नहिं देखा। लोचन मोरपंख कर लेखा॥**
**ते सिर कटु तुंबरि समतूला। जे न नमत हरि गुर पद मूला॥**

जिन्होंने अपने नेत्रोंसे संतोंके दर्शन नहीं किये, उनके वे नेत्र मोरके पंखोंपर दीखनेवाली नकली आँखोंकी गिनतीमें हैं। वे सिर कड़वी तूँबीके समान हैं, जो श्रीहरि और गुरुके चरणतलपर नहीं झुकते॥ २॥

**जिन्ह हरिभगति हृदयँ नहिं आनी। जीवत सव समान तेइ प्रानी॥**
**जो नहिं करइ राम गुन गाना। जीह सो दादुर जीह समाना॥**

जिन्होंने भगवान्‌की भक्तिको अपने हृदयमें स्थान नहीं दिया, वे प्राणी जीते हुए ही मुर्देके समान हैं। जो जीभ श्रीरामचन्द्रजीके गुणोंका गान नहीं करती, वह मेढककी जीभके समान है॥ ३॥

**कुलिस कठोर निठुर सोइ छाती। सुनि हरिचरित न जो हरषाती॥**
**गिरिजा सुनहु राम कै लीला। सुर हित दनुज बिमोहनसीला॥**

वह हृदय वज्रके समान कड़ा और निष्ठुर है, जो भगवान्‌के चरित्र सुनकर हर्षित नहीं होता।

हे पार्वती! श्रीरामचन्द्रजीकी लीला सुनो, यह देवताओंका कल्याण करनेवाली और दैत्योंको विशेषरूपसे मोहित करनेवाली है॥ ४॥

**दो०—रामकथा सुरधेनु सम सेवत सब सुख दानि।**
**सतसमाज सुरलोक सब को न सुनै अस जानि॥ ११३॥**

श्रीरामचन्द्रजीकी कथा कामधेनुके समान सेवा करनेसे सब सुखोंको देनेवाली है, और सत्पुरुषोंके समाज ही सब देवताओंके लोक हैं, ऐसा जानकर इसे कौन न सुनेगा!॥ ११३॥

**रामकथा सुंदर कर तारी। संसय बिहग उड़ावनिहारी॥**
**रामकथा कलि बिटप कुठारी। सादर सुनु गिरिराजकुमारी॥**

श्रीरामचन्द्रजीकी कथा हाथकी सुन्दर ताली है, जो सन्देहरूपी पक्षियोंको उड़ा देती है। फिर रामकथा कलियुगरूपी वृक्षको काटनेके लिये कुल्हाड़ी है। हे गिरिराजकुमारी! तुम इसे आदरपूर्वक सुनो॥ १॥

**राम नाम गुन चरित सुहाए। जनम करम अगनित श्रुति गाए॥**
**जथा अनंत राम भगवाना। तथा कथा कीरति गुन नाना॥**

वेदोंने श्रीरामचन्द्रजीके सुन्दर नाम, गुण, चरित्र, जन्म और कर्म सभी अनगिनत कहे हैं। जिस प्रकार भगवान् श्रीरामचन्द्रजी अनन्त हैं, उसी तरह उनकी कथा, कीर्ति और गुण भी अनन्त हैं॥ २॥

**तदपि जथा श्रुत जसि मति मोरी। कहिहउँ देखि प्रीति अति तोरी॥**
**उमा प्रस्न तव सहज सुहाई। सुखद संतसंमत मोहि भाई॥**

तो भी तुम्हारी अत्यन्त प्रीति देखकर, जैसा कुछ मैंने सुना है और जैसी मेरी बुद्धि है, उसीके अनुसार मैं कहूँगा। हे पार्वती! तुम्हारा प्रश्न स्वाभाविक ही सुन्दर, सुखदायक और संतसम्मत है और मुझे तो बहुत ही अच्छा लगा है॥ ३॥

**एक बात नहिं मोहि सोहानी। जदपि मोह बस कहेहु भवानी॥**
**तुम्ह जो कहा राम कोउ आना। जेहि श्रुति गाव धरहिं मुनि ध्याना॥**

परन्तु हे पार्वती! एक बात मुझे अच्छी नहीं लगी, यद्यपि वह तुमने मोहके वश होकर ही कही है। तुमने जो यह कहा कि वे राम कोई और हैं, जिन्हें वेद गाते और मुनिजन जिनका ध्यान धरते हैं—॥ ४॥

**दो०—कहहिं सुनहिं अस अधम नर ग्रसे जे मोह पिसाच।**
**पाषंडी हरि पद बिमुख जानहिं झूठ न साच॥ ११४॥**

जो मोहरूपी पिशाचके द्वारा ग्रस्त हैं, पाखण्डी हैं, भगवान्‌के चरणोंसे विमुख हैं और जो झूठ-सच कुछ भी नहीं जानते, ऐसे अधम मनुष्य ही इस तरह कहते-सुनते हैं॥ ११४ ॥

**अग्य अकोबिद अंध अभागी। काई बिषय मुकुर मन लागी॥**
**लंपट कपटी कुटिल बिसेषी। सपनेहुँ संतसभा नहिं देखी॥**

जो अज्ञानी, मूर्ख, अंधे और भाग्यहीन हैं और जिनके मनरूपी दर्पणपर विषयरूपी काई जमी हुई है; जो व्यभिचारी, छली और बड़े कुटिल हैं और जिन्होंने कभी स्वप्नमें भी संत-समाजके दर्शन नहीं किये;॥ १॥

**कहहिं ते बेद असंमत बानी। जिन्ह कें सूझ लाभु नहिं हानी॥**
**मुकुर मलिन अरु नयन बिहीना। राम रूप देखहिं किमि दीना॥**

और जिन्हें अपनी लाभ-हानि नहीं सूझती, वे ही ऐसी वेदविरुद्ध बातें कहा करते हैं। जिनका हृदयरूपी दर्पण मैला है और जो नेत्रोंसे हीन हैं, वे बेचारे श्रीरामचन्द्रजीका रूप कैसे देखें!॥ २॥

**जिन्ह कें अगुन न सगुन बिबेका। जल्पहिं कल्पित बचन अनेका॥**
**हरिमाया बस जगत भ्रमाहीं। तिन्हहि कहत कछु अघटित नाहीं॥**

जिनको निर्गुण-सगुणका कुछ भी विवेक नहीं है, जो अनेक मनगढ़ंत बातें बका करते हैं, जो श्रीहरिकी मायाके वशमें होकर जगत्में (जन्म-मृत्युके चक्रमें) भ्रमते फिरते हैं, उनके लिये कुछ भी कह डालना असम्भव नहीं है॥ ३॥

**बातुल भूत बिबस मतवारे। ते नहिं बोलहिं बचन बिचारे॥**
**जिन्ह कृत महामोह मद पाना। तिन्ह कर कहा करिअ नहिं काना॥**

जिन्हें वायुका रोग (सन्निपात, उन्माद आदि) हो गया हो, जो भूतके वश हो गये हैं और जो नशेमें चूर हैं, ऐसे लोग विचारकर वचन नहीं बोलते। जिन्होंने महामोहरूपी मदिरा पी रखी है, उनके कहनेपर कान न देना चाहिये॥ ४॥

**सो०—अस निज हृदयँ बिचारि तजु संसय भजु राम पद।**
**सुनु गिरिराज कुमारि भ्रम तम रबि कर बचन मम॥ ११५॥**

अपने हृदयमें ऐसा विचारकर सन्देह छोड़ दो और श्रीरामचन्द्रजीके चरणोंको भजो। हे पार्वती! भ्रमरूपी अन्धकारके नाश करनेके लिये सूर्यकी किरणोंके समान मेरे वचनोंको सुनो!॥ ११५॥

**सगुनहि अगुनहि नहिं कछु भेदा। गावहिं मुनि पुरान बुध बेदा॥**
**अगुन अरूप अलख अज जोई। भगत प्रेम बस सगुन सो होई॥**

सगुण और निर्गुणमें कुछ भी भेद नहीं है—मुनि, पुराण, पण्डित और वेद सभी ऐसा कहते हैं। जो निर्गुण, अरूप (निराकार), अलख (अव्यक्त) और अजन्मा है, वही भक्तोंके प्रेमवश सगुण हो जाता है॥ १॥

**जो गुन रहित सगुन सोइ कैसें। जलु हिम उपल बिलग नहिं जैसें॥**
**जासु नाम भ्रम तिमिर पतंगा। तेहि किमि कहिअ बिमोह प्रसंगा॥**

जो निर्गुण है, वही सगुण कैसे है? जैसे जल और ओलेमें भेद नहीं। (दोनों जल ही हैं, ऐसे ही निर्गुण और सगुण एक ही हैं।) जिसका नाम भ्रमरूपी अन्धकारके मिटानेके लिये सूर्य है, उसके लिये मोहका प्रसंग भी कैसे कहा जा सकता है?॥ २॥

**राम सच्चिदानंद दिनेसा। नहिं तहँ मोह निसा लवलेसा॥**
**सहज प्रकासरूप भगवाना। नहिं तहँ पुनि बिग्यान बिहाना॥**

श्रीरामचन्द्रजी सच्चिदानन्दस्वरूप सूर्य हैं। वहाँ मोहरूपी रात्रिका लवलेश भी नहीं है। वे स्वभावसे ही प्रकाशरूप और [षडैश्वर्ययुक्त] भगवान् हैं, वहाँ तो विज्ञानरूपी प्रातःकाल भी नहीं होता। (अज्ञानरूपी रात्रि हो तब तो विज्ञानरूपी प्रातःकाल हो; भगवान् तो नित्य ज्ञानस्वरूप हैं।)॥ ३॥

**हरष बिषाद ग्यान अग्याना। जीव धर्म अहमिति अभिमाना॥**
**राम ब्रह्म ब्यापक जग जाना। परमानंद परेस पुराना॥**

हर्ष, शोक, ज्ञान, अज्ञान, अहंता और अभिमान—ये सब जीवके धर्म हैं। श्रीरामचन्द्रजी तो व्यापक ब्रह्म, परमानन्दस्वरूप, परात्पर प्रभु और पुराणपुरुष हैं। इस बातको सारा जगत् जानता है॥ ४॥

**दो०—पुरुष प्रसिद्ध प्रकास निधि प्रगट परावर नाथ।**
**रघुकुलमनि मम स्वामि सोइ कहि सिवँ नायउ माथ॥ ११६॥**

जो [पुराण] पुरुष प्रसिद्ध हैं, प्रकाशके भण्डार हैं, सब रूपोंमें प्रकट हैं, जीव, माया और जगत् सबके स्वामी हैं, वे ही रघुकुलमणि श्रीरामचन्द्रजी मेरे स्वामी हैं—ऐसा कहकर शिवजीने उनको मस्तक नवाया॥ ११६॥

**निज भ्रम नहिं समुझहिं अग्यानी। प्रभु पर मोह धरहिं जड़ प्रानी॥**
**जथा गगन घन पटल निहारी। झाँपेउ भानु कहहिं कुबिचारी॥**

अज्ञानी मनुष्य अपने भ्रमको तो समझते नहीं और वे मूर्ख प्रभु श्रीरामचन्द्रजीपर उसका आरोप करते हैं, जैसे आकाशमें बादलोंका पर्दा देखकर कुविचारी (अज्ञानी) लोग कहते हैं कि बादलोंने सूर्यको ढक लिया॥ १॥

**चितव जो लोचन अंगुलि लाएँ। प्रगट जुगल ससि तेहि के भाएँ॥**
**उमा राम बिषइक अस मोहा। नभ तम धूम धूरि जिमि सोहा॥**

जो मनुष्य आँखमें उँगली लगाकर देखता है, उसके लिये तो दो चन्द्रमा प्रकट (प्रत्यक्ष) हैं। हे पार्वती! श्रीरामचन्द्रजीके विषयमें इस प्रकार मोहकी कल्पना करना वैसा ही है जैसा आकाशमें अन्धकार, धूएँ और धूलका सोहना (दीखना)। [आकाश जैसे निर्मल और निर्लेप है, उसको कोई मलिन या स्पर्श नहीं कर सकता, इसी प्रकार भगवान् श्रीरामचन्द्रजी नित्य निर्मल और निर्लेप हैं]॥ २॥

**बिषय करन सुर जीव समेता। सकल एक तें एक सचेता॥**
**सब कर परम प्रकासक जोई। राम अनादि अवधपति सोई॥**

विषय, इन्द्रियाँ, इन्द्रियोंके देवता और जीवात्मा—ये सब एककी सहायतासे एक चेतन होते हैं। (अर्थात् विषयोंका प्रकाश इन्द्रियोंसे, इन्द्रियोंका इन्द्रियोंके देवताओंसे और इन्द्रियदेवताओंका चेतन जीवात्मासे प्रकाश होता है।) इन सबका जो परम प्रकाशक है (अर्थात् जिससे इन सबका प्रकाश होता है), वही अनादि ब्रह्म अयोध्यानरेश श्रीरामचन्द्रजी हैं॥ ३॥

**जगत प्रकास्य प्रकासक रामू। मायाधीस ग्यान गुन धामू॥**
**जासु सत्यता तें जड़ माया। भास सत्य इव मोह सहाया॥**

यह जगत् प्रकाश्य है और श्रीरामचन्द्रजी इसके प्रकाशक हैं। वे मायाके स्वामी और ज्ञान तथा गुणोंके धाम हैं। जिनकी सत्तासे, मोहकी सहायता पाकर जड़ माया भी सत्य-सी भासित होती है॥ ४॥

**दो०—रजत सीप महुँ भास जिमि जथा भानु कर बारि।**
**जदपि मृषा तिहुँ काल सोइ भ्रम न सकइ कोउ टारि॥ ११७॥**

जैसे सीपमें चाँदीकी और सूर्यकी किरणोंमें पानीकी [बिना हुए भी] प्रतीति होती है। यद्यपि यह प्रतीति तीनों कालोंमें झूठ है, तथापि इस भ्रमको कोई हटा नहीं सकता॥ ११७॥

**एहि बिधि जग हरि आश्रित रहई। जदपि असत्य देत दुख अहई॥**
**जौं सपनें सिर काटै कोई। बिनु जागें न दूरि दुख होई॥**

इसी तरह यह संसार भगवान्‌के आश्रित रहता है। यद्यपि यह असत्य है, तो भी दुःख तो

देता ही है; जिस तरह स्वप्नमें कोई सिर काट ले तो बिना जागे वह दुःख दूर नहीं होता॥ १॥

**जासु कृपाँ अस भ्रम मिटि जाई। गिरिजा सोइ कृपाल रघुराई॥**
**आदि अंत कोउ जासु न पावा। मति अनुमानि निगम अस गावा॥**

हे पार्वती! जिनकी कृपासे इस प्रकारका भ्रम मिट जाता है, वही कृपालु श्रीरघुनाथजी हैं। जिनका आदि और अन्त किसीने नहीं [जान] पाया। वेदोंने अपनी बुद्धिसे अनुमान करके इस प्रकार (नीचे लिखे अनुसार) गाया है—॥ २॥

**बिनु पद चलइ सुनइ बिनु काना। कर बिनु करम करइ बिधि नाना॥**
**आनन रहित सकल रस भोगी। बिनु बानी बकता बड़ जोगी॥**

वह (ब्रह्म) बिना ही पैरके चलता है, बिना ही कानके सुनता है, बिना ही हाथके नाना प्रकारके काम करता है, बिना मुँह (जिह्वा) के ही सारे (छहों) रसोंका आनन्द लेता है और बिना ही वाणीके बहुत योग्य वक्ता है॥ ३॥

**तन बिनु परस नयन बिनु देखा। ग्रहइ घ्रान बिनु बास असेषा॥**
**असि सब भाँति अलौकिक करनी। महिमा जासु जाइ नहिं बरनी॥**

वह बिना ही शरीर (त्वचा) के स्पर्श करता है, बिना ही आँखोंके देखता है और बिना ही नाकके सब गन्धोंको ग्रहण करता है (सूँघता है)। उस ब्रह्मकी करनी सभी प्रकारसे ऐसी अलौकिक है कि जिसकी महिमा कही नहीं जा सकती॥ ४॥

**दो०—जेहि इमि गावहिं बेद बुध जाहि धरहिं मुनि ध्यान।**
**सोइ दसरथ सुत भगत हित कोसलपति भगवान॥ ११८॥**

जिसका वेद और पण्डित इस प्रकार वर्णन करते हैं और मुनि जिसका ध्यान धरते हैं, वही दशरथनन्दन, भक्तोंके हितकारी, अयोध्याके स्वामी भगवान् श्रीरामचन्द्रजी हैं॥ ११८॥

**कासीं मरत जंतु अवलोकी। जासु नाम बल करउँ बिसोकी॥**
**सोइ प्रभु मोर चराचर स्वामी। रघुबर सब उर अंतरजामी॥**

[हे पार्वती!] जिनके नामके बलसे काशीमें मरते हुए प्राणीको देखकर मैं उसे [राममन्त्र देकर] शोकरहित कर देता हूँ (मुक्त कर देता हूँ), वही मेरे प्रभु रघुश्रेष्ठ श्रीरामचन्द्रजी जड़-चेतनके स्वामी और सबके हृदयके भीतरकी जाननेवाले हैं॥ १॥

**बिबसहुँ जासु नाम नर कहहीं। जनम अनेक रचित अघ दहहीं॥**
**सादर सुमिरन जे नर करहीं। भव बारिधि गोपद इव तरहीं॥**

विवश होकर (बिना इच्छाके) भी जिनका नाम लेनेसे मनुष्योंके अनेक जन्मोंमें किये हुए पाप जल जाते हैं। फिर जो मनुष्य आदरपूर्वक उनका स्मरण करते हैं, वे तो संसाररूपी [दुस्तर] समुद्रको गायके खुरसे बने हुए गड्ढेके समान (अर्थात् बिना किसी परिश्रमके) पार कर जाते हैं॥ २॥

**राम सो परमातमा भवानी। तहँ भ्रम अति अबिहित तव बानी॥**
**अस संसय आनत उर माहीं। ग्यान बिराग सकल गुन जाहीं॥**

हे पार्वती! वही परमात्मा श्रीरामचन्द्रजी हैं। उनमें भ्रम [देखनेमें आता] है, तुम्हारा ऐसा कहना अत्यन्त ही अनुचित है। इस प्रकारका सन्देह मनमें लाते ही मनुष्यके ज्ञान, वैराग्य आदि सारे सद्गुण नष्ट हो जाते हैं॥ ३॥

**सुनि सिव के भ्रम भंजन बचना। मिटि गै सब कुतरक कै रचना॥**
**भइ रघुपति पद प्रीति प्रतीती। दारुन असंभावना बीती॥**

शिवजीके भ्रमनाशक वचनोंको सुनकर पार्वतीजीके सब कुतर्कोंकी रचना मिट गयी। श्रीरघुनाथजीके चरणोंमें उनका प्रेम और विश्वास हो गया और कठिन असम्भावना (जिसका होना सम्भव नहीं, ऐसी मिथ्या कल्पना) जाती रही॥ ४॥

**दो०—पुनि पुनि प्रभु पद कमल गहि जोरि पंकरुह पानि।**
**बोलीं गिरिजा बचन बर मनहुँ प्रेम रस सानि॥ ११९॥**

बार-बार स्वामी (शिवजी) के चरणकमलोंको पकड़कर और अपने कमलके समान हाथोंको जोड़कर पार्वतीजी मानो प्रेमरसमें सानकर सुन्दर वचन बोलीं॥ ११९॥

**ससि कर सम सुनि गिरा तुम्हारी। मिटा मोह सरदातप भारी॥**
**तुम्ह कृपाल सबु संसउ हरेऊ। राम स्वरूप जानि मोहि परेऊ॥**

आपकी चन्द्रमाकी किरणोंके समान शीतल वाणी सुनकर मेरा अज्ञानरूपी शरद्-ऋतु (क्वार) की धूपका भारी ताप मिट गया। हे कृपालु! आपने मेरा सब सन्देह हर लिया, अब श्रीरामचन्द्रजीका यथार्थ स्वरूप मेरी समझमें आ गया॥ १॥

**नाथ कृपाँ अब गयउ बिषादा। सुखी भयउँ प्रभु चरन प्रसादा॥**
**अब मोहि आपनि किंकरि जानी। जदपि सहज जड़ नारि अयानी॥**

हे नाथ! आपकी कृपासे अब मेरा विषाद जाता रहा और आपके चरणोंके अनुग्रहसे मैं सुखी हो गयी। यद्यपि मैं स्त्री होनेके कारण स्वभावसे ही मूर्ख और ज्ञानहीन हूँ, तो भी अब आप मुझे अपनी दासी जानकर—॥ २॥

**प्रथम जो मैं पूछा सोइ कहहू। जौं मो पर प्रसन्न प्रभु अहहू॥**
**राम ब्रह्म चिनमय अबिनासी। सर्ब रहित सब उर पुर बासी॥**

हे प्रभो! यदि आप मुझपर प्रसन्न हैं तो जो बात मैंने पहले आपसे पूछी थी, वही कहिये। [यह सत्य है कि] श्रीरामचन्द्रजी ब्रह्म हैं, चिन्मय (ज्ञानस्वरूप) हैं, अविनाशी हैं, सबसे रहित और सबके हृदयरूपी नगरीमें निवास करनेवाले हैं॥ ३॥

**नाथ धरेउ नरतनु केहि हेतू। मोहि समुझाइ कहहु बृषकेतू॥**
**उमा बचन सुनि परम बिनीता। रामकथा पर प्रीति पुनीता॥**

फिर हे नाथ! उन्होंने मनुष्यका शरीर किस कारणसे धारण किया? हे धर्मकी ध्वजा धारण करनेवाले प्रभो! यह मुझे समझाकर कहिये। पार्वतीके अत्यन्त नम्र वचन सुनकर और श्रीरामचन्द्रजीकी कथामें उनका विशुद्ध प्रेम देखकर—॥ ४॥

**दो०—हियँ हरषे कामारि तब संकर सहज सुजान।**
**बहु बिधि उमहि प्रसंसि पुनि बोले कृपानिधान॥ १२० (क)॥**

तब कामदेवके शत्रु, स्वाभाविक ही सुजान, कृपानिधान शिवजी मनमें बहुत ही हर्षित हुए और बहुत प्रकारसे पार्वतीकी बड़ाई करके फिर बोले—॥ १२० (क)॥

## नवाह्नपारायण, पहला विश्राम
## मासपारायण, चौथा विश्राम

**सो०—सुनु सुभ कथा भवानि रामचरितमानस बिमल।**
**कहा भुसुंडि बखानि सुना बिहग नायक गरुड़॥ १२० (ख)॥**

हे पार्वती! निर्मल रामचरितमानसकी वह मंगलमयी कथा सुनो जिसे काकभुशुण्डिने विस्तारसे कहा और पक्षियोंके राजा गरुड़जीने सुना था॥ १२० (ख)॥

**सो संबाद उदार जेहि बिधि भा आगें कहब।**
**सुनहु राम अवतार चरित परम सुंदर अनघ॥ १२० (ग)॥**

वह श्रेष्ठ संवाद जिस प्रकार हुआ, वह मैं आगे कहूँगा। अभी तुम श्रीरामचन्द्रजीके अवतारका परम सुन्दर और पवित्र (पापनाशक) चरित्र सुनो॥ १२० (ग)॥

**हरि गुन नाम अपार कथा रूप अगनित अमित।**
**मैं निज मति अनुसार कहउँ उमा सादर सुनहु॥ १२० (घ)॥**

श्रीहरिके गुण, नाम, कथा और रूप सभी अपार, अगणित और असीम हैं। फिर भी हे पार्वती! मैं अपनी बुद्धिके अनुसार कहता हूँ, तुम आदरपूर्वक सुनो॥ १२० (घ)॥

**सुनु गिरिजा हरिचरित सुहाए। बिपुल बिसद निगमागम गाए॥**
**हरि अवतार हेतु जेहि होई। इदमित्थं कहि जाइ न सोई॥**

हे पार्वती! सुनो, वेद-शास्त्रोंने श्रीहरिके सुन्दर, विस्तृत और निर्मल चरित्रोंका गान किया है। हरिका अवतार जिस कारणसे होता है, वह कारण 'बस यही है' ऐसा नहीं कहा जा सकता (अनेकों कारण हो सकते हैं और ऐसे भी हो सकते हैं जिन्हें कोई जान ही नहीं सकता)॥ १॥

**राम अतर्क्य बुद्धि मन बानी। मत हमार अस सुनहि सयानी॥**
**तदपि संत मुनि बेद पुराना। जस कछु कहहिं स्वमति अनुमाना॥**

हे सयानी! सुनो, हमारा मत तो यह है कि बुद्धि, मन और वाणीसे श्रीरामचन्द्रजीकी तर्कना नहीं की जा सकती। तथापि संत, मुनि, वेद और पुराण—अपनी-अपनी बुद्धिके अनुसार जैसा कुछ कहते हैं,॥ २॥

**तस मैं सुमुखि सुनावउँ तोही। समुझि परइ जस कारन मोही॥**
**जब जब होइ धरम कै हानी। बाढ़हिं असुर अधम अभिमानी॥**

और जैसा कुछ मेरी समझमें आता है, हे सुमुखि! वही कारण मैं तुमको सुनाता हूँ। जब-जब धर्मका ह्रास होता है और नीच अभिमानी राक्षस बढ़ जाते हैं॥ ३॥

**करहिं अनीति जाइ नहिं बरनी। सीदहिं बिप्र धेनु सुर धरनी॥**
**तब तब प्रभु धरि बिबिध सरीरा। हरहिं कृपानिधि सज्जन पीरा॥**

और वे ऐसा अन्याय करते हैं कि जिसका वर्णन नहीं हो सकता तथा ब्राह्मण, गौ, देवता और पृथ्वी कष्ट पाते हैं, तब-तब वे कृपानिधान प्रभु भाँति भाँतिके [दिव्य] शरीर धारण कर सज्जनोंकी पीड़ा हरते हैं॥ ४॥

**दो०—असुर मारि थापहिं सुरन्ह राखहिं निज श्रुति सेतु।**
**जग बिस्तारहिं बिसद जस राम जन्म कर हेतु॥ १२१॥**

वे असुरोंको मारकर देवताओंको स्थापित करते हैं, अपने [श्वासरूप] वेदोंकी मर्यादाकी रक्षा करते हैं और जगत्‌में अपना निर्मल यश फैलाते हैं। श्रीरामचन्द्रजीके अवतारका यह कारण है॥ १२१॥

**सोइ जस गाइ भगत भव तरहीं। कृपासिंधु जन हित तनु धरहीं॥**
**राम जनम के हेतु अनेका। परम बिचित्र एक तें एका॥**

उसी यशको गा-गाकर भक्तजन भवसागरसे तर जाते हैं। कृपासागर भगवान् भक्तोंके हितके लिये शरीर धारण करते हैं। श्रीरामचन्द्रजीके जन्म लेनेके अनेक कारण हैं, जो एक-से-एक बढ़कर विचित्र हैं॥ १॥

**जनम एक दुइ कहउँ बखानी। सावधान सुनु सुमति भवानी॥**
**द्वारपाल हरि के प्रिय दोऊ। जय अरु बिजय जान सब कोऊ॥**

हे सुन्दर बुद्धिवाली भवानी! मैं उनके दो-एक जन्मोंका विस्तारसे वर्णन करता हूँ, तुम सावधान होकर सुनो। श्रीहरिके जय और विजय दो प्यारे द्वारपाल हैं, जिनको सब कोई जानते हैं॥ २॥

**बिप्र श्राप तें दूनउ भाई। तामस असुर देह तिन्ह पाई॥**
**कनककसिपु अरु हाटकलोचन। जगत बिदित सुरपति मद मोचन॥**

उन दोनों भाइयोंने ब्राह्मण (सनकादि) के शापसे असुरोंका तामसी शरीर पाया। एकका नाम था हिरण्यकशिपु और दूसरेका हिरण्याक्ष। ये देवराज इन्द्रके गर्वको छुड़ानेवाले सारे जगत्‌में प्रसिद्ध हुए॥ ३॥

**बिजई समर बीर बिख्याता। धरि बराह बपु एक निपाता॥**
**होइ नरहरि दूसर पुनि मारा। जन प्रहलाद सुजस बिस्तारा॥**

वे युद्धमें विजय पानेवाले विख्यात वीर थे। इनमेंसे एक (हिरण्याक्ष) को भगवान्‌ने वराह (सूअर)का शरीर धारण करके मारा; फिर दूसरे (हिरण्यकशिपु) का नरसिंहरूप धारण करके वध किया और अपने भक्त प्रह्लादका सुन्दर यश फैलाया॥ ४॥

**दो०—भए निसाचर जाइ तेइ महाबीर बलवान।**
**कुंभकरन रावन सुभट सुर बिजई जग जान॥ १२२॥**

वे ही [दोनों] जाकर देवताओंको जीतनेवाले तथा बड़े योद्धा, रावण और कुम्भकर्ण नामक बड़े बलवान् और महावीर राक्षस हुए, जिन्हें सारा जगत् जानता है॥ १२२॥

**मुकुत न भए हते भगवाना। तीनि जनम द्विज बचन प्रवाना॥**
**एक बार तिन्ह के हित लागी। धरेउ सरीर भगत अनुरागी॥**

भगवान्‌के द्वारा मारे जानेपर भी वे (हिरण्याक्ष और हिरण्यकशिपु) इसीलिये मुक्त नहीं हुए कि ब्राह्मणके वचन (शाप) का प्रमाण तीन जन्मके लिये था। अतः एक बार उनके कल्याणके लिये भक्तप्रेमी भगवान्‌ने फिर अवतार लिया॥ १॥

**कस्यप अदिति तहाँ पितु माता। दसरथ कौसल्या बिख्याता॥**
**एक कलप एहि बिधि अवतारा। चरित पवित्र किए संसारा॥**

वहाँ (उस अवतारमें) कश्यप और अदिति उनके माता-पिता हुए, जो दशरथ और कौसल्याके नामसे प्रसिद्ध थे। एक कल्पमें इस प्रकार अवतार लेकर उन्होंने संसारमें पवित्र लीलाएँ कीं॥ २॥

**एक कलप सुर देखि दुखारे। समर जलंधर सन सब हारे॥**
**संभु कीन्ह संग्राम अपारा। दनुज महाबल मरइ न मारा॥**

एक कल्पमें सब देवताओंको जलन्धर दैत्यसे युद्धमें हार जानेके कारण दुःखी देखकर शिवजीने उसके साथ बड़ा घोर युद्ध किया; पर वह महाबली दैत्य मारे नहीं मरता था॥ ३॥

**परम सती असुराधिप नारी। तेहिं बल ताहि न जितहिं पुरारी॥**

उस दैत्यराजकी स्त्री परम सती (बड़ी ही पतिव्रता) थी। उसीके प्रतापसे त्रिपुरासुर [जैसे अजेय शत्रु] का विनाश करनेवाले शिवजी भी उस दैत्यको नहीं जीत सके॥ ४॥

**दो०—छल करि टारेउ तासु ब्रत प्रभु सुर कारज कीन्ह।**
**जब तेहिं जानेउ मरम तब श्राप कोप करि दीन्ह॥ १२३॥**

प्रभुने छलसे उस स्त्रीका व्रत भंग कर देवताओंका काम किया। जब उस स्त्रीने यह भेद जाना, तब उसने क्रोध करके भगवान्‌को शाप दिया॥ १२३॥

**तासु श्राप हरि दीन्ह प्रमाना। कौतुकनिधि कृपाल भगवाना॥**
**तहाँ जलंधर रावन भयऊ। रन हति राम परम पद दयऊ॥**

लीलाओंके भण्डार कृपालु हरिने उस स्त्रीके शापको प्रामाण्य दिया (स्वीकार किया)। वही जलन्धर उस कल्पमें रावण हुआ, जिसे श्रीरामचन्द्रजीने युद्धमें मारकर परमपद दिया॥ १॥

**एक जनम कर कारन एहा। जेहि लगि राम धरी नरदेहा॥**
**प्रति अवतार कथा प्रभु केरी। सुनु मुनि बरनी कबिन्ह घनेरी॥**

एक जन्मका कारण यह था, जिससे श्रीरामचन्द्रजीने मनुष्यदेह धारण किया। हे भरद्वाज मुनि! सुनो, प्रभुके प्रत्येक अवतारकी कथाका कवियोंने नाना प्रकारसे वर्णन किया है॥ २॥

**नारद श्राप दीन्ह एक बारा। कलप एक तेहि लगि अवतारा॥**
**गिरिजा चकित भईं सुनि बानी। नारद बिष्नुभगत पुनि ग्यानी॥**

एक बार नारदजीने शाप दिया, अतः एक कल्पमें उसके लिये अवतार हुआ। यह बात सुनकर पार्वतीजी बड़ी चकित हुईं [और बोलीं कि] नारदजी तो विष्णुभक्त और ज्ञानी हैं॥ ३॥

**कारन कवन श्राप मुनि दीन्हा। का अपराध रमापति कीन्हा॥**
**यह प्रसंग मोहि कहहु पुरारी। मुनि मन मोह आचरज भारी॥**

मुनिने भगवान्‌को शाप किस कारणसे दिया? लक्ष्मीपति भगवान्‌ने उनका क्या अपराध किया था? हे पुरारि (शंकरजी)! यह कथा मुझसे कहिये। मुनि नारदके मनमें मोह होना बड़े आश्चर्यकी बात है॥ ४॥

**दो०—बोले बिहसि महेस तब ग्यानी मूढ़ न कोइ।**
**जेहि जस रघुपति करहिं जब सो तस तेहि छन होइ॥ १२४ (क)॥**

तब महादेवजीने हँसकर कहा—न कोई ज्ञानी है न मूर्ख। श्रीरघुनाथजी जब जिसको जैसा करते हैं, वह उसी क्षण वैसा ही हो जाता है॥ १२४ (क)॥

**सो०—कहउँ राम गुन गाथ भरद्वाज सादर सुनहु।**
**भव भंजन रघुनाथ भजु तुलसी तजि मान मद॥ १२४ (ख)॥**

[याज्ञवल्क्यजी कहते हैं—] हे भरद्वाज! मैं श्रीरामचन्द्रजीके गुणोंकी कथा कहता हूँ, तुम आदरसे सुनो। तुलसीदासजी कहते हैं—मान और मदको छोड़कर आवागमनका नाश करनेवाले रघुनाथजीको भजो॥ १२४ (ख)॥

**हिमगिरि गुहा एक अति पावनि। बह समीप सुरसरी सुहावनि॥**
**आश्रम परम पुनीत सुहावा। देखि देवरिषि मन अति भावा॥**

हिमालय पर्वतमें एक बड़ी पवित्र गुफा थी। उसके समीप ही सुन्दर गंगाजी बहती थीं। वह परम पवित्र सुन्दर आश्रम देखनेपर नारदजीके मनको बहुत ही सुहावना लगा॥ १॥

**निरखि सैल सरि बिपिन बिभागा। भयउ रमापति पद अनुरागा॥**
**सुमिरत हरिहि श्राप गति बाधी। सहज बिमल मन लागि समाधी॥**

पर्वत, नदी और वनके [सुन्दर] विभागोंको देखकर नारदजीका लक्ष्मीकान्त भगवान्‌के चरणोंमें प्रेम हो गया। भगवान्‌का स्मरण करते ही उन (नारद मुनि) के शापकी (जो शाप उन्हें दक्ष प्रजापतिने दिया था और जिसके कारण वे एक स्थानपर नहीं ठहर सकते थे) गति रुक गयी और मनके स्वाभाविक ही निर्मल होनेसे उनकी समाधि लग गयी॥ २॥

**मुनि गति देखि सुरेस डेराना। कामहि बोलि कीन्ह सनमाना॥**
**सहित सहाय जाहु मम हेतू। चलेउ हरषि हियँ जलचरकेतू॥**

नारद मुनिकी [यह तपोमयी] स्थिति देखकर देवराज इन्द्र डर गया। उसने कामदेवको बुलाकर उसका आदर-सत्कार किया [और कहा कि] मेरे [हितके] लिये तुम अपने सहायकोंसहित [नारदकी समाधि भंग करनेको] जाओ। [यह सुनकर] मीनध्वज कामदेव मनमें प्रसन्न होकर चला॥ ३॥

**सुनासीर मन महुँ असि त्रासा। चहत देवरिषि मम पुर बासा॥**
**जे कामी लोलुप जग माहीं। कुटिल काक इव सबहि डेराहीं॥**

इन्द्रके मनमें यह डर हुआ कि देवर्षि नारद मेरी पुरी (अमरावती) का निवास(राज्य) चाहते हैं। जगत्‌में जो कामी और लोभी होते हैं, वे कुटिल कौएकी तरह सबसे डरते हैं॥ ४॥

**दो०—सूख हाड़ लै भाग सठ स्वान निरखि मृगराज।**
**छीनि लेइ जनि जान जड़ तिमि सुरपतिहि न लाज॥ १२५॥**

जैसे मूर्ख कुत्ता सिंहको देखकर सूखी हड्डी लेकर भागे और वह मूर्ख यह समझे कि कहीं उस हड्डीको सिंह छीन न ले, वैसे ही इन्द्रको [नारदजी मेरा राज्य छीन लेंगे, ऐसा सोचते] लाज नहीं आयी॥ १२५॥

**तेहि आश्रमहिं मदन जब गयऊ। निज मायाँ बसंत निरमयऊ॥**
**कुसुमित बिबिध बिटप बहुरंगा। कूजहिं कोकिल गुंजहिं भृंगा॥**

जब कामदेव उस आश्रममें गया, तब उसने अपनी मायासे वहाँ वसन्त-ऋतुको उत्पन्न किया। तरह-तरहके वृक्षोंपर रंग-बिरंगे फूल खिल गये, उनपर कोयलें कूकने लगीं और भौंरे गुंजार करने लगे॥ १॥

**चली सुहावनि त्रिबिध बयारी। काम कृसानु बढ़ावनिहारी॥**
**रंभादिक सुरनारि नबीना। सकल असमसर कला प्रबीना॥**

कामाग्निको भड़कानेवाली तीन प्रकारकी (शीतल, मन्द और सुगन्ध) सुहावनी हवा चलने लगी। रम्भा आदि नवयुवती देवांगनाएँ, जो सब-की-सब कामकलामें निपुण थीं,॥ २॥

**करहिं गान बहु तान तरंगा। बहुबिधि क्रीड़हिं पानि पतंगा॥**
**देखि सहाय मदन हरषाना। कीन्हेसि पुनि प्रपंच बिधि नाना॥**

वे बहुत प्रकारकी तानोंकी तरंगके साथ गाने लगीं और हाथमें गेंद लेकर नाना प्रकारके खेल खेलने लगीं। कामदेव अपने इन सहायकोंको देखकर बहुत प्रसन्न हुआ और फिर उसने नाना प्रकारके मायाजाल किये॥ ३॥

**काम कला कछु मुनिहि न ब्यापी। निज भयँ डरेउ मनोभव पापी॥**
**सीम कि चाँपि सकइ कोउ तासू। बड़ रखवार रमापति जासू॥**

परन्तु कामदेवकी कोई भी कला मुनिपर असर न कर सकी। तब तो पापी कामदेव अपने ही [नाशके] भयसे डर गया। लक्ष्मीपति भगवान् जिसके बड़े रक्षक हों, भला, उसकी सीमा (मर्यादा)को कोई दबा सकता है?॥ ४॥

**दो०—सहित सहाय सभीत अति मानि हारि मन मैन।**
**गहेसि जाइ मुनि चरन तब कहि सुठि आरत बैन॥ १२६॥**

तब अपने सहायकोंसमेत कामदेवने बहुत डरकर और अपने मनमें हार मानकर बहुत ही आर्त (दीन) वचन कहते हुए मुनिके चरणोंको जा पकड़ा॥ १२६॥

**भयउ न नारद मन कछु रोषा। कहि प्रिय बचन काम परितोषा॥**
**नाइ चरन सिरु आयसु पाई। गयउ मदन तब सहित सहाई॥**

नारदजीके मनमें कुछ भी क्रोध न आया। उन्होंने प्रिय वचन कहकर कामदेवका समाधान किया। तब मुनिके चरणोंमें सिर नवाकर और उनकी आज्ञा पाकर कामदेव अपने सहायकोंसहित लौट गया॥ १॥

**मुनि सुसीलता आपनि करनी। सुरपति सभाँ जाइ सब बरनी॥**
**सुनि सब कें मन अचरजु आवा। मुनिहि प्रसंसि हरिहि सिरु नावा॥**

देवराज इन्द्रकी सभामें जाकर उसने मुनिकी सुशीलता और अपनी करतूत सब कही, जिसे सुनकर सबके मनमें आश्चर्य हुआ और उन्होंने मुनिकी बड़ाई करके श्रीहरिको सिर नवाया॥ २॥

**तब नारद गवने सिव पाहीं। जिता काम अहमिति मन माहीं॥**
**मार चरित संकरहि सुनाए। अतिप्रिय जानि महेस सिखाए॥**

तब नारदजी शिवजीके पास गये। उनके मनमें इस बातका अहंकार हो गया कि हमने कामदेवको जीत लिया। उन्होंने कामदेवके चरित्र शिवजीको सुनाये और महादेवजीने उन (नारदजी) को अत्यन्त प्रिय जानकर [इस प्रकार] शिक्षा दी—॥ ३॥

**बार बार बिनवउँ मुनि तोही। जिमि यह कथा सुनायहु मोही॥**
**तिमि जनि हरिहि सुनावहु कबहूँ। चलेहुँ प्रसंग दुराएहु तबहूँ॥**

हे मुनि! मैं तुमसे बार-बार विनती करता हूँ कि जिस तरह यह कथा तुमने मुझे सुनायी है, उस तरह भगवान् श्रीहरिको कभी मत सुनाना। चर्चा भी चले तब भी इसको छिपा जाना॥ ४॥

**दो०—संभु दीन्ह उपदेस हित नहिं नारदहि सोहान।**
**भरद्वाज कौतुक सुनहु हरि इच्छा बलवान॥ १२७॥**

यद्यपि शिवजीने यह हितकी शिक्षा दी, पर नारदजीको वह अच्छी न लगी। हे भरद्वाज! अब कौतुक (तमाशा) सुनो। हरिकी इच्छा बड़ी बलवान् है॥ १२७॥

**राम कीन्ह चाहहिं सोइ होई। करै अन्यथा अस नहिं कोई॥**
**संभु बचन मुनि मन नहिं भाए। तब बिरंचि के लोक सिधाए॥**

श्रीरामचन्द्रजी जो करना चाहते हैं, वही होता है, ऐसा कोई नहीं जो उसके विरुद्ध कर सके। श्रीशिवजीके वचन नारदजीके मनको अच्छे नहीं लगे, तब वे वहाँसे ब्रह्मलोकको चल दिये॥ १॥

**एक बार करतल बर बीना। गावत हरि गुन गान प्रबीना॥**
**छीरसिंधु गवने मुनिनाथा। जहँ बस श्रीनिवास श्रुतिमाथा॥**

एक बार गानविद्यामें निपुण मुनिनाथ नारदजी हाथमें सुन्दर वीणा लिये, हरिगुण गाते हुए क्षीरसागरको गये, जहाँ वेदोंके मस्तकस्वरूप (मूर्तिमान् वेदान्ततत्त्व) लक्ष्मीनिवास भगवान् नारायण रहते हैं॥ २॥

**हरषि मिले उठि रमानिकेता। बैठे आसन रिषिहि समेता॥**
**बोले बिहसि चराचर राया। बहुते दिनन कीन्हि मुनि दाया॥**

रमानिवास भगवान् उठकर बड़े आनन्दसे उनसे मिले और ऋषि (नारदजी) के साथ आसनपर बैठ गये। चराचरके स्वामी भगवान् हँसकर बोले—हे मुनि! आज आपने बहुत दिनोंपर दया की॥ ३॥

**काम चरित नारद सब भाषे। जद्यपि प्रथम बरजि सिवँ राखे॥**
**अति प्रचंड रघुपति कै माया। जेहि न मोह अस को जग जाया॥**

यद्यपि श्रीशिवजीने उन्हें पहलेसे ही बरज रखा था, तो भी नारदजीने कामदेवका सारा चरित्र भगवान्‌को कह सुनाया। श्रीरघुनाथजीकी माया बड़ी ही प्रबल है। जगत्‌में ऐसा कौन जन्मा है जिसे वह मोहित न कर दे॥ ४॥

**दो०—रूख बदन करि बचन मृदु बोले श्रीभगवान।**
**तुम्हरे सुमिरन तें मिटहिं मोह मार मद मान॥ १२८॥**

भगवान् रूखा मुँह करके कोमल वचन बोले—हे मुनिराज! आपका स्मरण करनेसे दूसरोंके मोह, काम, मद और अभिमान मिट जाते हैं [ फिर आपके लिये तो कहना ही क्या है?]॥ १२८॥

**सुनु मुनि मोह होइ मन ताकें। ग्यान बिराग हृदय नहिं जाकें॥**
**ब्रह्मचरज ब्रत रत मतिधीरा। तुम्हहि कि करइ मनोभव पीरा॥**

हे मुनि! सुनिये, मोह तो उसके मनमें होता है जिसके हृदयमें ज्ञान-वैराग्य नहीं है। आप तो ब्रह्मचर्यव्रतमें तत्पर और बड़े धीरबुद्धि हैं। भला, कहीं आपको भी कामदेव सता सकता है?॥ १॥

**नारद कहेउ सहित अभिमाना। कृपा तुम्हारि सकल भगवाना॥**
**करुनानिधि मन दीख बिचारी। उर अंकुरेउ गरब तरु भारी॥**

नारदजीने अभिमानके साथ कहा—भगवन्! यह सब आपकी कृपा है। करुणानिधान भगवान्‌ने मनमें विचारकर देखा कि इनके मनमें गर्वके भारी वृक्षका अंकुर पैदा हो गया है॥ २॥

**बेगि सो मैं डारिहउँ उखारी। पन हमार सेवक हितकारी॥**
**मुनि कर हित मम कौतुक होई। अवसि उपाय करबि मैं सोई॥**

मैं उसे तुरंत ही उखाड़ फेंकूँगा, क्योंकि सेवकोंका हित करना हमारा प्रण है। मैं अवश्य ही वह उपाय करूँगा जिससे मुनिका कल्याण और मेरा खेल हो॥ ३॥

**तब नारद हरि पद सिर नाई। चले हृदयँ अहमिति अधिकाई॥**
**श्रीपति निज माया तब प्रेरी। सुनहु कठिन करनी तेहि केरी॥**

तब नारदजी भगवान्‌के चरणोंमें सिर नवाकर चले। उनके हृदयमें अभिमान और भी बढ़ गया। तब लक्ष्मीपति भगवान्‌ने अपनी मायाको प्रेरित किया। अब उसकी कठिन करनी सुनो॥ ४॥

**दो०—बिरचेउ मग महुँ नगर तेहिं सत जोजन बिस्तार।**
**श्रीनिवासपुर तें अधिक रचना बिबिध प्रकार॥ १२९॥**

उस (हरिमाया) ने रास्तेमें सौ योजन (चार सौ कोस) का एक नगर रचा। उस नगरकी भाँति-भाँतिकी रचनाएँ लक्ष्मीनिवास भगवान् विष्णुके नगर (वैकुण्ठ) से भी अधिक सुन्दर थीं॥ १२९॥

**बसहिं नगर सुंदर नर नारी। जनु बहु मनसिज रति तनुधारी॥**
**तेहिं पुर बसइ सीलनिधि राजा। अगनित हय गय सेन समाजा॥**

उस नगरमें ऐसे सुन्दर नर-नारी बसते थे मानो बहुत-से कामदेव और [उसकी स्त्री] रति ही मनुष्य-शरीर धारण किये हुए हों। उस नगरमें शीलनिधि नामका राजा रहता था, जिसके यहाँ असंख्य घोड़े, हाथी और सेनाके समूह (टुकड़ियाँ) थे॥ १॥

**सत सुरेस सम बिभव बिलासा। रूप तेज बल नीति निवासा॥**
**बिस्वमोहनी तासु कुमारी। श्री बिमोह जिसु रूपु निहारी॥**

उसका वैभव और विलास सौ इन्द्रोंके समान था। वह रूप, तेज, बल और नीतिका घर था। उसके विश्वमोहिनी नामकी एक [ऐसी रूपवती] कन्या थी, जिसके रूपको देखकर लक्ष्मीजी भी मोहित हो जायँ॥ २॥

**सोइ हरिमाया सब गुन खानी। सोभा तासु कि जाइ बखानी॥**
**करइ स्वयंबर सो नृपबाला। आए तहँ अगनित महिपाला॥**

वह सब गुणोंकी खान भगवान्‌की माया ही थी। उसकी शोभाका वर्णन कैसे किया जा सकता है। वह राजकुमारी स्वयंवर करना चाहती थी, इससे वहाँ अगणित राजा आये हुए थे॥ ३॥

**मुनि कौतुकी नगर तेहिं गयऊ। पुरबासिन्ह सब पूछत भयऊ॥**
**सुनि सब चरित भूपगृहँ आए। करि पूजा नृप मुनि बैठाए॥**

खिलवाड़ी मुनि नारदजी उस नगरमें गये और नगरवासियोंसे उन्होंने सब हाल पूछा। सब समाचार सुनकर वे राजाके महलमें आये। राजाने पूजा करके मुनिको [आसनपर] बैठाया॥ ४॥

**दो०—आनि देखाई नारदहि भूपति राजकुमारि।**
**कहहु नाथ गुन दोष सब एहि के हृदयँ बिचारि॥ १३०॥**

[फिर] राजाने राजकुमारीको लाकर नारदजीको दिखलाया [और पूछा कि—] हे नाथ! आप अपने हृदयमें विचारकर इसके सब गुण-दोष कहिये॥ १३०॥

**देखि रूप मुनि बिरति बिसारी। बड़ी बार लगि रहे निहारी॥**
**लच्छन तासु बिलोकि भुलाने। हृदयँ हरष नहिं प्रगट बखाने॥**

उसके रूपको देखकर मुनि वैराग्य भूल गये और बड़ी देरतक उसकी ओर देखते ही रह गये। उसके लक्षण देखकर मुनि अपने-आपको भी भूल गये और हृदयमें हर्षित हुए, पर प्रकटरूपमें उन लक्षणोंको नहीं कहा॥ १॥

**जो एहि बरइ अमर सोइ होई। समरभूमि तेहि जीत न कोई॥**
**सेवहिं सकल चराचर ताही। बरइ सीलनिधि कन्या जाही॥**

[लक्षणोंको सोचकर वे मनमें कहने लगे कि] जो इसे ब्याहेगा, वह अमर हो जायगा और रणभूमिमें कोई उसे जीत न सकेगा। यह शीलनिधिकी कन्या जिसको वरेगी, सब चर-अचर जीव उसकी सेवा करेंगे॥ २॥

**लच्छन सब बिचारि उर राखे। कछुक बनाइ भूप सन भाषे॥**
**सुता सुलच्छन कहि नृप पाहीं। नारद चले सोच मन माहीं॥**

सब लक्षणोंको विचारकर मुनिने अपने हृदयमें रख लिया और राजासे कुछ अपनी ओरसे बनाकर कह दिया। राजासे लड़कीके सुलक्षण कहकर नारदजी चल दिये। पर उनके मनमें यह चिन्ता थी कि—॥ ३॥

**करौं जाइ सोइ जतन बिचारी। जेहि प्रकार मोहि बरै कुमारी॥**
**जप तप कछु न होइ तेहि काला। हे बिधि मिलइ कवन बिधि बाला॥**

मैं जाकर सोच-विचारकर अब वही उपाय करूँ, जिससे यह कन्या मुझे ही वरे। इस समय जप-तपसे तो कुछ हो नहीं सकता। हे विधाता! मुझे यह कन्या किस तरह मिलेगी?॥ ४॥

**दो०—एहि अवसर चाहिअ परम सोभा रूप बिसाल।**
**जो बिलोकि रीझै कुअँरि तब मेलै जयमाल॥ १३१॥**

इस समय तो बड़ी भारी शोभा और विशाल(सुन्दर)रूप चाहिये, जिसे देखकर राजकुमारी मुझपर रीझ जाय और तब जयमाल [मेरे गलेमें] डाल दे॥ १३१॥

**हरि सन मागौं सुंदरताई। होइहि जात गहरु अति भाई॥**
**मोरें हित हरि सम नहिं कोऊ। एहि अवसर सहाय सोइ होऊ॥**

[एक काम करूँ कि] भगवान्‌से सुन्दरता माँगूँ; पर भाई! उनके पास जानेमें तो बहुत देर हो जायगी। किन्तु श्रीहरिके समान मेरा हितू भी कोई नहीं है, इसलिये इस समय वे ही मेरे सहायक हों॥ १॥

**बहुबिधि बिनय कीन्हि तेहि काला। प्रगटेउ प्रभु कौतुकी कृपाला॥**
**प्रभु बिलोकि मुनि नयन जुड़ाने। होइहि काजु हिएँ हरषाने॥**

उस समय नारदजीने भगवान्‌की बहुत प्रकारसे विनती की। तब लीलामय कृपालु प्रभु [वहीं] प्रकट हो गये। स्वामीको देखकर नारदजीके नेत्र शीतल हो गये और वे मनमें बड़े ही हर्षित हुए कि अब तो काम बन ही जायगा॥ २॥

**अति आरति कहि कथा सुनाई। करहु कृपा करि होहु सहाई॥**
**आपन रूप देहु प्रभु मोही। आन भाँति नहिं पावौं ओही॥**

नारदजीने बहुत आर्त (दीन) होकर सब कथा कह सुनायी [और प्रार्थना की कि] कृपा कीजिये और कृपा करके मेरे सहायक बनिये। हे प्रभो! आप अपना रूप मुझको दीजिये और किसी प्रकार मैं उस (राजकन्या) को नहीं पा सकता॥ ३॥

**जेहि बिधि नाथ होइ हित मोरा। करहु सो बेगि दास मैं तोरा॥**
**निज माया बल देखि बिसाला। हियँ हँसि बोले दीनदयाला॥**

हे नाथ! जिस तरह मेरा हित हो, आप वही शीघ्र कीजिये। मैं आपका दास हूँ। अपनी मायाका विशाल बल देख दीनदयालु भगवान् मन-ही-मन हँसकर बोले—॥ ४॥

**दो०—जेहि बिधि होइहि परम हित नारद सुनहु तुम्हार।**
**सोइ हम करब न आन कछु बचन न मृषा हमार॥ १३२॥**

हे नारदजी! सुनो, जिस प्रकार आपका परम हित होगा, हम वही करेंगे, दूसरा कुछ नहीं। हमारा वचन असत्य नहीं होता॥ १३२॥

**कुपथ माग रुज ब्याकुल रोगी। बैद न देइ सुनहु मुनि जोगी॥**
**एहि बिधि हित तुम्हार मैं ठयऊ। कहि अस अंतरहित प्रभु भयऊ॥**

हे योगी मुनि! सुनिये, रोगसे व्याकुल रोगी कुपथ्य माँगे तो वैद्य उसे नहीं देता। इसी प्रकार मैंने भी तुम्हारा हित करनेकी ठान ली है। ऐसा कहकर भगवान् अन्तर्धान हो गये॥ १॥

**माया बिबस भए मुनि मूढ़ा। समुझी नहिं हरि गिरा निगूढ़ा॥**
**गवने तुरत तहाँ रिषिराई। जहाँ स्वयंबर भूमि बनाई॥**

[भगवान्‌की] मायाके वशीभूत हुए मुनि ऐसे मूढ़ हो गये कि वे भगवान्‌की अगूढ़ (स्पष्ट) वाणीको भी न समझ सके। ऋषिराज नारदजी तुरंत वहाँ गये जहाँ स्वयंवरकी भूमि बनायी गयी थी॥ २॥

**निज निज आसन बैठे राजा। बहु बनाव करि सहित समाजा॥**
**मुनि मन हरष रूप अति मोरें। मोहि तजि आनहि बरिहि न भोरें॥**

राजालोग खूब सज-धजकर समाजसहित अपने-अपने आसनपर बैठे थे। मुनि (नारद) मन-ही-मन प्रसन्न हो रहे थे कि मेरा रूप बड़ा सुन्दर है, मुझे छोड़ कन्या भूलकर भी दूसरेको न वरेगी॥ ३॥

**मुनि हित कारन कृपानिधाना। दीन्ह कुरूप न जाइ बखाना॥**
**सो चरित्र लखि काहुँ न पावा। नारद जानि सबहिं सिर नावा॥**

कृपानिधान भगवान्‌ने मुनिके कल्याणके लिये उन्हें ऐसा कुरूप बना दिया कि जिसका वर्णन नहीं हो सकता; पर यह चरित कोई भी न जान सका। सबने उन्हें नारद ही जानकर प्रणाम किया॥ ४॥

**दो०—रहे तहाँ दुइ रुद्र गन ते जानहिं सब भेउ।**
**बिप्रबेष देखत फिरहिं परम कौतुकी तेउ॥ १३३॥**

वहाँ दो शिवजीके गण भी थे। वे सब भेद जानते थे और ब्राह्मणका वेष बनाकर सारी लीला देखते-फिरते थे। वे भी बड़े मौजी थे॥ १३३॥

**जेहिं समाज बैठे मुनि जाई। हृदयँ रूप अहमिति अधिकाई॥**
**तहँ बैठे महेस गन दोऊ। बिप्रबेष गति लखइ न कोऊ॥**

नारदजी अपने हृदयमें रूपका बड़ा अभिमान लेकर जिस समाज (पंक्ति) में जाकर बैठे थे, ये शिवजीके दोनों गण भी वहीं बैठ गये। ब्राह्मणके वेषमें होनेके कारण उनकी इस चालको कोई न जान सका॥ १॥

**करहिं कूटि नारदहि सुनाई। नीकि दीन्हि हरि सुंदरताई॥**
**रीझिहि राजकुअँरि छबि देखी। इन्हहि बरिहि हरि जानि बिसेषी॥**

वे नारदजीको सुना-सुनाकर व्यंग्य वचन कहते थे—भगवान्‌ने इनको अच्छी 'सुन्दरता' दी है। इनकी शोभा देखकर राजकुमारी रीझ ही जायगी और 'हरि' (वानर) जानकर इन्हींको खास तौरसे वरेगी॥ २॥

**मुनिहि मोह मन हाथ पराएँ। हँसहिं संभु गन अति सचु पाएँ॥**
**जदपि सुनहिं मुनि अटपटि बानी। समुझि न परइ बुद्धि भ्रम सानी॥**

नारद मुनिको मोह हो रहा था, क्योंकि उनका मन दूसरेके हाथ (मायाके वश) में था। शिवजीके गण बहुत प्रसन्न होकर हँस रहे थे। यद्यपि मुनि उनकी अटपटी बातें सुन रहे थे, पर बुद्धि भ्रममें सनी हुई होनेके कारण वे बातें उनकी समझमें नहीं आती थीं (उनकी बातोंको वे अपनी प्रशंसा समझ रहे थे)॥ ३॥

**काहुँ न लखा सो चरित बिसेषा। सो सरूप नृपकन्याँ देखा॥**
**मर्कट बदन भयंकर देही। देखत हृदयँ क्रोध भा तेही॥**

इस विशेष चरितको और किसीने नहीं जाना, केवल राजकन्याने [नारदजीका] वह रूप देखा। उनका बन्दरका-सा मुँह और भयंकर शरीर देखते ही कन्याके हृदयमें क्रोध उत्पन्न हो गया॥ ४॥

**दो०—सखीं संग लै कुअँरि तब चलि जनु राजमराल।**
**देखत फिरइ महीप सब कर सरोज जयमाल॥ १३४॥**

तब राजकुमारी सखियोंको साथ लेकर इस तरह चली मानो राजहंसिनी चल रही है। वह अपने कमल-जैसे हाथोंमें जयमाला लिये सब राजाओंको देखती हुई घूमने लगी॥ १३४॥

**जेहि दिसि बैठे नारद फूली। सो दिसि तेहिं न बिलोकी भूली॥**
**पुनि पुनि मुनि उकसहिं अकुलाहीं। देखि दसा हर गन मुसुकाहीं॥**

जिस ओर नारदजी [रूपके गर्वमें ] फूले बैठे थे, उस ओर उसने भूलकर भी नहीं ताका। नारद मुनि बार-बार उचकते और छटपटाते हैं। उनकी दशा देखकर शिवजीके गण मुसकराते हैं॥ १॥

**धरि नृपतनु तहँ गयउ कृपाला। कुअँरि हरषि मेलेउ जयमाला॥**
**दुलहिनि लै गे लच्छिनिवासा। नृपसमाज सब भयउ निरासा॥**

कृपालु भगवान् भी राजाका शरीर धारण कर वहाँ जा पहुँचे। राजकुमारीने हर्षित होकर उनके गलेमें जयमाला डाल दी। लक्ष्मीनिवास भगवान् दुलहिनको ले गये। सारी राजमण्डली निराश हो गयी॥ २॥

**मुनि अति बिकल मोहँ मति नाठी। मनि गिरि गई छूटि जनु गाँठी॥**
**तब हर गन बोले मुसुकाई। निज मुख मुकुर बिलोकहु जाई॥**

मोहके कारण मुनिकी बुद्धि नष्ट हो गयी थी, इससे वे [राजकुमारीको गयी देख] बहुत ही विकल हो गये। मानो गाँठसे छूटकर मणि गिर गयी हो। तब शिवजीके गणोंने मुसकराकर कहा—जाकर दर्पणमें अपना मुँह तो देखिये!॥ ३॥

**अस कहि दोउ भागे भयँ भारी। बदन दीख मुनि बारि निहारी॥**
**बेषु बिलोकि क्रोध अति बाढ़ा। तिन्हहि सराप दीन्ह अति गाढ़ा॥**

ऐसा कहकर वे दोनों बहुत भयभीत होकर भागे। मुनिने जलमें झाँककर अपना मुँह देखा। अपना

रूप देखकर उनका क्रोध बहुत बढ़ गया। उन्होंने शिवजीके उन गणोंको अत्यन्त कठोर शाप दिया॥ ४॥

**दो०—होहु निसाचर जाइ तुम्ह कपटी पापी दोउ।**
**हँसेहु हमहि सो लेहु फल बहुरि हँसेहु मुनि कोउ॥ १३५॥**

तुम दोनों कपटी और पापी जाकर राक्षस हो जाओ। तुमने हमारी हँसी की, उसका फल चखो। अब फिर किसी मुनिकी हँसी करना॥ १३५॥

**पुनि जल दीख रूप निज पावा। तदपि हृदयँ संतोष न आवा॥**
**फरकत अधर कोप मन माहीं। सपदि चले कमलापति पाहीं॥**

मुनिने फिर जलमें देखा, तो उन्हें अपना (असली) रूप प्राप्त हो गया; तब भी उन्हें सन्तोष नहीं हुआ। उनके ओंठ फड़क रहे थे और मनमें क्रोध [भरा] था। तुरंत ही वे भगवान् कमलापतिके पास चले॥ १॥

**देहउँ श्राप कि मरिहउँ जाई। जगत मोरि उपहास कराई॥**
**बीचहिं पंथ मिले दनुजारी। संग रमा सोइ राजकुमारी॥**

[मनमें सोचते जाते थे—] जाकर या तो शाप दूँगा या प्राण दे दूँगा। उन्होंने जगत्‌में मेरी हँसी करायी। दैत्योंके शत्रु भगवान् हरि उन्हें बीच रास्तेमें ही मिल गये। साथमें लक्ष्मीजी और वही राजकुमारी थीं॥ २॥

**बोले मधुर बचन सुरसाईं। मुनि कहँ चले बिकल की नाईं॥**
**सुनत बचन उपजा अति क्रोधा। माया बस न रहा मन बोधा॥**

देवताओंके स्वामी भगवान्‌ने मीठी वाणीमें कहा—हे मुनि! व्याकुलकी तरह कहाँ चले ? ये शब्द सुनते ही नारदको बड़ा क्रोध आया; मायाके वशीभूत होनेके कारण मनमें चेत नहीं रहा॥ ३॥

**पर संपदा सकहु नहिं देखी। तुम्हरें इरिषा कपट बिसेषी॥**
**मथत सिंधु रुद्रहि बौरायहु। सुरन्ह प्रेरि बिष पान करायहु॥**

[मुनिने कहा—] तुम दूसरोंकी सम्पदा नहीं देख सकते, तुम्हारे ईर्ष्या और कपट बहुत है। समुद्र मथते समय तुमने शिवजीको बावला बना दिया और देवताओंको प्रेरित करके उन्हें विषपान कराया॥ ४॥

**दो०—असुर सुरा बिष संकरहि आपु रमा मनि चारु।**
**स्वारथ साधक कुटिल तुम्ह सदा कपट ब्यवहारु॥ १३६॥**

असुरोंको मदिरा और शिवजीको विष देकर तुमने स्वयं लक्ष्मी और सुन्दर [कौस्तुभ] मणि ले ली। तुम बड़े धोखेबाज और मतलबी हो। सदा कपटका व्यवहार करते हो॥ १३६॥

**परम स्वतंत्र न सिर पर कोई। भावइ मनहि करहु तुम्ह सोई॥**
**भलेहि मंद मंदेहि भल करहू। बिसमय हरष न हियँ कछु धरहू॥**

तुम परम स्वतन्त्र हो, सिरपर तो कोई है नहीं, इससे जब जो मनको भाता है, [स्वच्छन्दतासे] वही करते हो। भलेको बुरा और बुरेको भला कर देते हो। हृदयमें हर्ष-विषाद कुछ भी नहीं लाते॥ १॥

**डहकि डहकि परिचेहु सब काहू। अति असंक मन सदा उछाहू॥**
**करम सुभासुभ तुम्हहि न बाधा। अब लगि तुम्हहि न काहूँ साधा॥**

सबको ठग-ठगकर परक गये हो और अत्यन्त निडर हो गये हो; इसीसे [ठगनेके काममें] मनमें सदा उत्साह रहता है। शुभ-अशुभ कर्म तुम्हें बाधा नहीं देते। अबतक तुमको किसीने ठीक नहीं किया था॥ २॥

**भले भवन अब बायन दीन्हा। पावहुगे फल आपन कीन्हा॥**
**बंचेहु मोहि जवनि धरि देहा। सोइ तनु धरहु श्राप मम एहा॥**

अबकी तुमने अच्छे घर बैना दिया है (मेरे-जैसे जबर्दस्त आदमीसे छेड़खानी की है)। अतः अपने कियेका फल अवश्य पाओगे। जिस शरीरको धारण करके तुमने मुझे ठगा है, तुम भी वही शरीर धारण करो, यह मेरा शाप है॥ ३॥

**कपि आकृति तुम्ह कीन्हि हमारी। करिहहिं कीस सहाय तुम्हारी॥**
**मम अपकार कीन्ह तुम्ह भारी। नारि बिरहँ तुम्ह होब दुखारी॥**

तुमने हमारा रूप बन्दरका-सा बना दिया था, इससे बन्दर ही तुम्हारी सहायता करेंगे। [मैं जिस स्त्रीको चाहता था, उससे मेरा वियोग कराकर] तुमने मेरा बड़ा अहित किया है, इससे तुम भी स्त्रीके वियोगमें दुःखी होगे॥ ४॥

**दो०—श्राप सीस धरि हरषि हियँ प्रभु बहु बिनती कीन्हि।**
**निज माया कै प्रबलता करषि कृपानिधि लीन्हि॥ १३७॥**

शापको सिरपर चढ़ाकर, हृदयमें हर्षित होते हुए प्रभुने नारदजीसे बहुत विनती की और कृपानिधान भगवान्‌ने अपनी मायाकी प्रबलता खींच ली॥ १३७॥

**जब हरि माया दूरि निवारी। नहिं तहँ रमा न राजकुमारी॥**
**तब मुनि अति सभीत हरि चरना। गहे पाहि प्रनतारति हरना॥**

जब भगवान्‌ने अपनी मायाको हटा लिया, तब वहाँ न लक्ष्मी ही रह गयीं, न राजकुमारी ही। तब मुनिने अत्यन्त भयभीत होकर श्रीहरिके चरण पकड़ लिये और कहा—हे शरणागतके दुःखोंको हरनेवाले! मेरी रक्षा कीजिये॥ १॥

**मृषा होउ मम श्राप कृपाला। मम इच्छा कह दीनदयाला॥**
**मैं दुर्बचन कहे बहुतेरे। कह मुनि पाप मिटिहिं किमि मेरे॥**

हे कृपालु! मेरा शाप मिथ्या हो जाय। तब दीनोंपर दया करनेवाले भगवान्‌ने कहा कि यह सब मेरी ही इच्छा [से हुआ] है। मुनिने कहा—मैंने आपको अनेक खोटे वचन कहे हैं। मेरे पाप कैसे मिटेंगे?॥ २॥

**जपहु जाइ संकर सत नामा। होइहि हृदयँ तुरत बिश्रामा॥**
**कोउ नहिं सिव समान प्रिय मोरें। असि परतीति तजहु जनि भोरें॥**

[भगवान्‌ने कहा—] जाकर शंकरजीके शतनामका जप करो, इससे हृदयमें तुरंत शान्ति होगी। शिवजीके समान मुझे कोई प्रिय नहीं है, इस विश्वासको भूलकर भी न छोड़ना॥ ३॥

**जेहि पर कृपा न करहिं पुरारी। सो न पाव मुनि भगति हमारी॥**
**अस उर धरि महि बिचरहु जाई। अब न तुम्हहि माया निअराई॥**

हे मुनि! पुरारि (शिवजी) जिसपर कृपा नहीं करते, वह मेरी भक्ति नहीं पाता। हृदयमें ऐसा निश्चय करके जाकर पृथ्वीपर विचरो। अब मेरी माया तुम्हारे निकट नहीं आवेगी॥ ४॥

**दो०—बहुबिधि मुनिहि प्रबोधि प्रभु तब भए अंतरधान।**
**सत्यलोक नारद चले करत राम गुन गान॥ १३८॥**

बहुत प्रकारसे मुनिको समझा-बुझाकर (ढाढ़स देकर) तब प्रभु अन्तर्धान हो गये और नारदजी श्रीरामचन्द्रजीके गुणोंका गान करते हुए सत्यलोक (ब्रह्मलोक) को चले॥ १३८॥

**हर गन मुनिहि जात पथ देखी। बिगत मोह मन हरष बिसेषी॥**
**अति सभीत नारद पहिं आए। गहि पद आरत बचन सुनाए॥**

शिवजीके गणोंने जब मुनिको मोहरहित और मनमें बहुत प्रसन्न होकर मार्गमें जाते हुए देखा तब वे अत्यन्त भयभीत होकर नारदजीके पास आये और उनके चरण पकड़कर दीन वचन बोले—॥ १॥

**हर गन हम न बिप्र मुनिराया। बड़ अपराध कीन्ह फल पाया॥**
**श्राप अनुग्रह करहु कृपाला। बोले नारद दीनदयाला॥**

हे मुनिराज! हम ब्राह्मण नहीं हैं, शिवजीके गण हैं। हमने बड़ा अपराध किया, जिसका फल हमने पा लिया। हे कृपालु! अब शाप दूर करनेकी कृपा कीजिये। दीनोंपर दया करनेवाले नारदजीने कहा—॥ २॥

**निसिचर जाइ होहु तुम्ह दोऊ। बैभव बिपुल तेज बल होऊ॥**
**भुजबल बिस्व जितब तुम्ह जहिआ। धरिहहिं बिष्नु मनुज तनु तहिआ॥**

तुम दोनों जाकर राक्षस होओ; तुम्हें महान् ऐश्वर्य, तेज और बलकी प्राप्ति हो। तुम अपनी भुजाओंके बलसे जब सारे विश्वको जीत लोगे, तब भगवान् विष्णु मनुष्यका शरीर धारण करेंगे॥ ३॥

**समर मरन हरि हाथ तुम्हारा। होइहहु मुकुत न पुनि संसारा॥**
**चले जुगल मुनि पद सिर नाई। भए निसाचर कालहि पाई॥**

युद्धमें श्रीहरिके हाथसे तुम्हारी मृत्यु होगी, जिससे तुम मुक्त हो जाओगे और फिर संसारमें जन्म नहीं लोगे। वे दोनों मुनिके चरणोंमें सिर नवाकर चले और समय पाकर राक्षस हुए॥ ४॥

**दो०—एक कलप एहि हेतु प्रभु लीन्ह मनुज अवतार।**
**सुर रंजन सज्जन सुखद हरि भंजन भुबि भार॥ १३९॥**

देवताओंको प्रसन्न करनेवाले, सज्जनोंको सुख देनेवाले और पृथ्वीका भार हरण करनेवाले भगवान्ने एक कल्पमें इसी कारण मनुष्यका अवतार लिया था॥ १३९॥

**एहि बिधि जनम करम हरि केरे। सुंदर सुखद बिचित्र घनेरे॥**
**कलप कलप प्रति प्रभु अवतरहीं। चारु चरित नानाबिधि करहीं॥**

इस प्रकार भगवान्के अनेकों सुन्दर, सुखदायक और अलौकिक जन्म और कर्म हैं। प्रत्येक कल्पमें जब-जब भगवान् अवतार लेते हैं और नाना प्रकारकी सुन्दर लीलाएँ करते हैं,॥ १॥

**तब तब कथा मुनीसन्ह गाई। परम पुनीत प्रबंध बनाई॥**
**बिबिध प्रसंग अनूप बखाने। करहिं न सुनि आचरजु सयाने॥**

तब-तब मुनीश्वरोंने परम पवित्र काव्यरचना करके उनकी कथाओंका गान किया है और भाँति-भाँतिके अनुपम प्रसंगोंका वर्णन किया है, जिनको सुनकर समझदार (विवेकी) लोग आश्चर्य नहीं करते॥ २॥

**हरि अनंत हरिकथा अनंता। कहहिं सुनहिं बहुबिधि सब संता॥**
**रामचंद्र के चरित सुहाए। कलप कोटि लगि जाहिं न गाए॥**

श्रीहरि अनन्त हैं (उनका कोई पार नहीं पा सकता) और उनकी कथा भी अनन्त है; सब संतलोग उसे बहुत प्रकारसे कहते-सुनते हैं। श्रीरामचन्द्रजीके सुन्दर चरित्र करोड़ कल्पोंमें भी गाये नहीं जा सकते॥ ३॥

**यह प्रसंग मैं कहा भवानी। हरिमायाँ मोहहिं मुनि ग्यानी॥**
**प्रभु कौतुकी प्रनत हितकारी। सेवत सुलभ सकल दुखहारी॥**

[शिवजी कहते हैं कि] हे पार्वती! मैंने यह बतलानेके लिये इस प्रसंगको कहा कि ज्ञानी मुनि भी भगवान्‌की मायासे मोहित हो जाते हैं। प्रभु कौतुकी (लीलामय) हैं और शरणागतका हित करनेवाले हैं। वे सेवा करनेमें बहुत सुलभ और सब दुःखोंके हरनेवाले हैं॥ ४॥

**सो०—सुर नर मुनि कोउ नाहिं जेहि न मोह माया प्रबल।**
**अस बिचारि मन माहिं भजिअ महामाया पतिहि॥ १४०॥**

देवता, मनुष्य और मुनियोंमें ऐसा कोई नहीं है जिसे भगवान्‌की महान् बलवती माया मोहित न कर दे। मनमें ऐसा विचारकर उस महामायाके स्वामी (प्रेरक) श्रीभगवान्‌का भजन करना चाहिये॥ १४०॥

**अपर हेतु सुनु सैलकुमारी। कहउँ बिचित्र कथा बिस्तारी॥**
**जेहि कारन अज अगुन अरूपा। ब्रह्म भयउ कोसलपुर भूपा॥**

हे गिरिराजकुमारी! अब भगवान्‌के अवतारका वह दूसरा कारण सुनो—मैं उसकी विचित्र कथा विस्तार करके कहता हूँ—जिस कारणसे जन्मरहित, निर्गुण और रूपरहित (अव्यक्त सच्चिदानन्दघन) ब्रह्म अयोध्यापुरीके राजा हुए॥ १॥

**जो प्रभु बिपिन फिरत तुम्ह देखा। बंधु समेत धरें मुनिबेषा॥**
**जासु चरित अवलोकि भवानी। सती सरीर रहिहु बौरानी॥**

जिन प्रभु श्रीरामचन्द्रजीको तुमने भाई लक्ष्मणजीके साथ मुनियोंका-सा वेष धारण किये वनमें फिरते देखा था और हे भवानी! जिनके चरित्र देखकर सतीके शरीरमें तुम ऐसी बावली हो गयी थीं कि—॥ २॥

**अजहुँ न छाया मिटति तुम्हारी। तासु चरित सुनु भ्रम रुज हारी॥**
**लीला कीन्हि जो तेहिं अवतारा। सो सब कहिहउँ मति अनुसारा॥**

अब भी तुम्हारे उस बावलेपनकी छाया नहीं मिटती, उन्हींके भ्रमरूपी रोगके हरण करनेवाले चरित्र सुनो। उस अवतारमें भगवान्‌ने जो-जो लीला की, वह सब मैं अपनी बुद्धिके अनुसार तुम्हें कहूँगा॥ ३॥

**भरद्वाज सुनि संकर बानी। सकुचि सप्रेम उमा मुसुकानी॥**
**लगे बहुरि बरनै बृषकेतू। सो अवतार भयउ जेहि हेतू॥**

[याज्ञवल्क्यजीने कहा—] हे भरद्वाज! शंकरजीके वचन सुनकर पार्वतीजी सकुचाकर प्रेमसहित मुसकरायीं। फिर वृषकेतु शिवजी जिस कारणसे भगवान्‌का वह अवतार हुआ था, उसकका वर्णन करने लगे॥ ४॥

**दो०—सो मैं तुम्ह सन कहउँ सबु सुनु मुनीस मन लाइ।**
**राम कथा कलि मल हरनि मंगल करनि सुहाइ॥ १४१॥**

हे मुनीश्वर भरद्वाज! मैं वह सब तुमसे कहता हूँ, मन लगाकर सुनो। श्रीरामचन्द्रजीकी कथा कलियुगके पापोंको हरनेवाली, कल्याण करनेवाली और बड़ी सुन्दर है॥ १४१॥

**स्वायंभू मनु अरु सतरूपा। जिन्ह तें भै नरसृष्टि अनूपा॥**
**दंपति धरम आचरन नीका। अजहुँ गाव श्रुति जिन्ह कै लीका॥**

स्वायम्भुव मनु और [उनकी पत्नी] शतरूपा, जिनसे मनुष्योंकी यह अनुपम सृष्टि हुई, इन दोनों पति-पत्नीके धर्म और आचरण बहुत अच्छे थे। आज भी वेद जिनकी मर्यादाका गान करते हैं॥ १॥

**नृप उत्तानपाद सुत तासू। ध्रुव हरिभगत भयउ सुत जासू॥**
**लघु सुत नाम प्रियब्रत ताही। बेद पुरान प्रसंसहिं जाही॥**

राजा उत्तानपाद उनके पुत्र थे, जिनके पुत्र [प्रसिद्ध] हरिभक्त ध्रुवजी हुए। उन (मनुजी) के छोटे लड़केका नाम प्रियव्रत था, जिसकी प्रशंसा वेद और पुराण करते हैं॥ २॥

**देवहूति पुनि तासु कुमारी। जो मुनि कर्दम कै प्रिय नारी॥**
**आदिदेव प्रभु दीनदयाला। जठर धरेउ जेहिं कपिल कृपाला॥**

पुनः देवहूति उनकी कन्या थी, जो कर्दम मुनिकी प्यारी पत्नी हुई और जिन्होंने आदिदेव, दीनोंपर दया करनेवाले समर्थ एवं कृपालु भगवान् कपिलको गर्भमें धारण किया॥ ३॥

**सांख्य सास्त्र जिन्ह प्रगट बखाना। तत्त्व बिचार निपुन भगवाना॥**
**तेहिं मनु राज कीन्ह बहु काला। प्रभु आयसु सब बिधि प्रतिपाला॥**

तत्त्वोंका विचार करनेमें अत्यन्त निपुण जिन (कपिल) भगवान्‌ने सांख्यशास्त्रका प्रकटरूपमें वर्णन किया, उन (स्वायम्भुव) मनुजीने बहुत समयतक राज्य किया और सब प्रकारसे भगवान्‌की आज्ञा [रूप शास्त्रोंकी मर्यादा] का पालन किया॥ ४॥

**सो०—होइ न बिषय बिराग भवन बसत भा चौथपन।**
**हृदयँ बहुत दुख लाग जनम गयउ हरिभगति बिनु॥ १४२॥**

घरमें रहते बुढ़ापा आ गया, परन्तु विषयोंसे वैराग्य नहीं होता; [इस बातको सोचकर] उनके मनमें बड़ा दुःख हुआ कि श्रीहरिकी भक्ति बिना जन्म यों ही चला गया॥ १४२॥

**बरबस राज सुतहि तब दीन्हा। नारि समेत गवन बन कीन्हा॥**
**तीरथ बर नैमिष बिख्याता। अति पुनीत साधक सिधि दाता॥**

तब मनुजीने अपने पुत्रको जबर्दस्ती राज्य देकर स्वयं स्त्रीसहित वनको गमन किया। अत्यन्त पवित्र और साधकोंको सिद्धि देनेवाला तीर्थोंमें श्रेष्ठ नैमिषारण्य प्रसिद्ध है॥ १॥

**बसहिं तहाँ मुनि सिद्ध समाजा। तहँ हियँ हरषि चलेउ मनु राजा॥**
**पंथ जात सोहहिं मतिधीरा। ग्यान भगति जनु धरें सरीरा॥**

वहाँ मुनियों और सिद्धोंके समूह बसते हैं। राजा मनु हृदयमें हर्षित होकर वहीं चले। वे धीर बुद्धिवाले राजा-रानी मार्गमें जाते हुए ऐसे सुशोभित हो रहे थे मानो ज्ञान और भक्ति ही शरीर धारण किये जा रहे हों॥ २॥

**पहुँचे जाइ धेनुमति तीरा। हरषि नहाने निरमल नीरा॥**
**आए मिलन सिद्ध मुनि ग्यानी। धरम धुरंधर नृपरिषि जानी॥**

[चलते-चलते] वे गोमतीके किनारे जा पहुँचे। हर्षित होकर उन्होंने निर्मल जलमें स्नान किया। उनको धर्मधुरन्धर राजर्षि जानकर सिद्ध और ज्ञानी मुनि उनसे मिलने आये॥ ३॥

**जहँ जहँ तीरथ रहे सुहाए। मुनिन्ह सकल सादर करवाए॥**
**कृस सरीर मुनिपट परिधाना। सत समाज नित सुनहिं पुराना॥**

जहाँ-जहाँ सुन्दर तीर्थ थे, मुनियोंने आदरपूर्वक सभी तीर्थ उनको करा दिये। उनका शरीर दुर्बल हो गया था, वे मुनियोंके-से (वल्कल) वस्त्र धारण करते थे और संतोंके समाजमें नित्य पुराण सुनते थे॥ ४॥

**दो०—द्वादस अच्छर मंत्र पुनि जपहिं सहित अनुराग।**
**बासुदेव पद पंकरुह दंपति मन अति लाग॥ १४३॥**

और द्वादशाक्षर मन्त्र (ॐ नमो भगवते वासुदेवाय) का प्रेमसहित जप करते थे। भगवान् वासुदेवके चरणकमलोंमें उन राजा-रानीका मन बहुत ही लग गया॥ १४३॥

**करहिं अहार साक फल कंदा। सुमिरहिं ब्रह्म सच्चिदानंदा॥**
**पुनि हरि हेतु करन तप लागे। बारि अधार मूल फल त्यागे॥**

वे साग, फल और कन्दका आहार करते थे और सच्चिदानन्द ब्रह्मका स्मरण करते थे। फिर वे श्रीहरिके लिये तप करने लगे और मूल-फलको त्यागकर केवल जलके आधारपर रहने लगे॥ १॥

**उर अभिलाष निरंतर होई। देखिअ नयन परम प्रभु सोई॥**
**अगुन अखंड अनंत अनादी। जेहि चिंतहिं परमारथबादी॥**

हृदयमें निरन्तर यही अभिलाषा हुआ करती कि हम [कैसे] उन परम प्रभुको आँखोंसे देखें, जो निर्गुण, अखण्ड, अनन्त और अनादि हैं और परमार्थवादी (ब्रह्मज्ञानी, तत्त्ववेत्ता) लोग जिनका चिन्तन किया करते हैं॥ २॥

**नेति नेति जेहि बेद निरूपा। निजानंद निरुपाधि अनूपा॥**
**संभु बिरंचि बिष्नु भगवाना। उपजहिं जासु अंस तें नाना॥**

जिन्हें वेद 'नेति-नेति' (यह भी नहीं, यह भी नहीं) कहकर निरूपण करते हैं। जो आनन्दस्वरूप, उपाधिरहित और अनुपम हैं, एवं जिनके अंशसे अनेकों शिव, ब्रह्मा और विष्णुभगवान् प्रकट होते हैं॥ ३॥

**ऐसेउ प्रभु सेवक बस अहई। भगत हेतु लीलातनु गहई॥**
**जौं यह बचन सत्य श्रुति भाषा। तौ हमार पूजिहि अभिलाषा॥**

ऐसे [महान्] प्रभु भी सेवकके वशमें हैं और भक्तोंके लिये [दिव्य] लीलाविग्रह धारण करते हैं। यदि वेदोंमें यह वचन सत्य कहा है तो हमारी अभिलाषा भी अवश्य पूरी होगी॥ ४॥

**दो०—एहि बिधि बीते बरष षट सहस बारि आहार।**
**संबत सप्त सहस्त्र पुनि रहे समीर अधार॥ १४४॥**

इस प्रकार जलका आहार [करके तप] करते छः हजार वर्ष बीत गये। फिर सात हजार वर्ष वे वायुके आधारपर रहे॥ १४४॥

**बरष सहस दस त्यागेउ सोऊ। ठाढ़े रहे एक पद दोऊ॥**
**बिधि हरि हर तप देखि अपारा। मनु समीप आए बहु बारा॥**

दस हजार वर्षतक उन्होंने वायुका आधार भी छोड़ दिया। दोनों एक पैरसे खड़े रहे। उनका अपार तप देखकर ब्रह्मा, विष्णु और शिवजी कई बार मनुजीके पास आये॥ १॥

**मागहु बर बहु भाँति लोभाए। परम धीर नहिं चलहिं चलाए॥**
**अस्थिमात्र होइ रहे सरीरा। तदपि मनाग मनहिं नहिं पीरा॥**

उन्होंने इन्हें अनेक प्रकारसे ललचाया और कहा कि कुछ वर माँगो। पर ये परम धैर्यवान् [राजा-रानी अपने तपसे किसीके] डिगाये नहीं डिगे। यद्यपि उनका शरीर हड्डियोंका ढाँचामात्र रह गया था, फिर भी उनके मनमें जरा भी पीड़ा नहीं थी॥ २॥

**प्रभु सर्बग्य दास निज जानी। गति अनन्य तापस नृप रानी॥**
**मागु मागु बरु भै नभ बानी। परम गभीर कृपामृत सानी॥**

सर्वज्ञ प्रभुने अनन्य गति (आश्रय) वाले तपस्वी राजा-रानीको 'निज दास' जाना। तब परम गम्भीर और कृपारूपी अमृतसे सनी हुई यह आकाशवाणी हुई कि 'वर माँगो'॥ ३॥

**मृतक जिआवनि गिरा सुहाई। श्रवन रंध्र होइ उर जब आई॥**
**हृष्ट पुष्ट तन भए सुहाए। मानहुँ अबहिं भवन ते आए॥**

मुर्देको भी जिला देनेवाली यह सुन्दर वाणी कानोंके छेदोंसे होकर जब हृदयमें आयी, तब राजा-रानीके शरीर ऐसे सुन्दर और हृष्ट-पुष्ट हो गये, मानो अभी घरसे आये हैं॥ ४॥

**दो०—श्रवन सुधा सम बचन सुनि पुलक प्रफुल्लित गात।**
**बोले मनु करि दंडवत प्रेम न हृदयँ समात॥ १४५॥**

कानोंमें अमृतके समान लगनेवाले वचन सुनते ही उनका शरीर पुलकित और प्रफुल्लित हो गया। तब मनुजी दण्डवत् करके बोले, प्रेम हृदयमें समाता न था—॥ १४५॥

**सुनु सेवक सुरतरु सुरधेनू। बिधि हरि हर बंदित पद रेनू॥**
**सेवत सुलभ सकल सुखदायक। प्रनतपाल सचराचर नायक॥**

हे प्रभो! सुनिये, आप सेवकोंके लिये कल्पवृक्ष और कामधेनु हैं। आपकी चरण-रजकी ब्रह्मा, विष्णु और शिवजी भी वन्दना करते हैं। आप सेवा करनेमें सुलभ हैं तथा सब सुखोंके देनेवाले हैं। आप शरणागतके रक्षक और जड-चेतनके स्वामी हैं॥ १॥

**जौं अनाथ हित हम पर नेहू। तौ प्रसन्न होइ यह बर देहू॥**
**जो सरूप बस सिव मन माहीं। जेहिं कारन मुनि जतन कराहीं॥**

हे अनाथोंका कल्याण करनेवाले! यदि हमलोगोंपर आपका स्नेह है, तो प्रसन्न होकर यह वर दीजिये कि आपका जो स्वरूप शिवजीके मनमें बसता है और जिस [की प्राप्ति] के लिये मुनिलोग यत्न करते हैं॥ २॥

**जो भुसुंडि मन मानस हंसा। सगुन अगुन जेहि निगम प्रसंसा॥**
**देखहिं हम सो रूप भरि लोचन। कृपा करहु प्रनतारति मोचन॥**

जो काकभुशुण्डिके मनरूपी मानसरोवरमें विहार करनेवाला हंस है, सगुण और निर्गुण कहकर

वेद जिसकी प्रशंसा करते हैं, हे शरणागतके दु:ख मिटानेवाले प्रभो! ऐसी कृपा कीजिये कि हम उसी रूपको नेत्र भरकर देखें॥ ३॥

**दंपति बचन परम प्रिय लागे। मृदुल बिनीत प्रेम रस पागे॥**
**भगत बछल प्रभु कृपानिधाना। बिस्वबास प्रगटे भगवाना॥**

राजा-रानीके कोमल, विनययुक्त और प्रेमरसमें पगे हुए वचन भगवान्‌को बहुत ही प्रिय लगे। भक्तवत्सल, कृपानिधान, सम्पूर्ण विश्वके निवासस्थान (या समस्त विश्वमें व्यापक), सर्वसमर्थ भगवान् प्रकट हो गये॥ ४॥

**दो०—नील सरोरुह नील मनि नील नीरधर स्याम।**
**लाजहिं तन सोभा निरखि कोटि कोटि सत काम॥ १४६॥**

भगवान्‌के नीले कमल, नीलमणि और नीले (जलयुक्त) मेघके समान [कोमल, प्रकाशमय और सरस] श्यामवर्ण [चिन्मय] शरीरकी शोभा देखकर करोड़ों कामदेव भी लजा जाते हैं॥ १४६॥

**सरद मयंक बदन छबि सींवा। चारु कपोल चिबुक दर ग्रीवा॥**
**अधर अरुन रद सुंदर नासा। बिधु कर निकर बिनिंदक हासा॥**

उनका मुख शरद् [पूर्णिमा] के चन्द्रमाके समान छविकी सीमास्वरूप था। गाल और ठोड़ी बहुत सुन्दर थे, गला शंखके समान (त्रिरेखायुक्त, चढ़ाव-उतारवाला) था। लाल ओठ, दाँत और नाक अत्यन्त सुन्दर थे। हँसी चन्द्रमाकी किरणावलीको नीचा दिखानेवाली थी॥ १॥

**नव अंबुज अंबक छबि नीकी। चितवनि ललित भावँती जी की॥**
**भृकुटि मनोज चाप छबि हारी। तिलक ललाट पटल दुतिकारी॥**

नेत्रोंकी छबि नये [खिले हुए] कमलके समान बड़ी सुन्दर थी। मनोहर चितवन जीको बहुत प्यारी लगती थी। टेढ़ी भौंहें कामदेवके धनुषकी शोभाको हरनेवाली थीं। ललाटपटलपर प्रकाशमय तिलक था॥ २॥

**कुंडल मकर मुकुट सिर भ्राजा। कुटिल केस जनु मधुप समाजा॥**
**उर श्रीबत्स रुचिर बनमाला। पदिक हार भूषन मनिजाला॥**

कानोंमें मकराकृत (मछलीके आकारके) कुण्डल और सिरपर मुकुट सुशोभित था। टेढ़े (घुँघराले) काले बाल ऐसे सघन थे, मानो भौंरोंके झुंड हों। हृदयपर श्रीवत्स, सुन्दर वनमाला, रत्नजटित हार और मणियोंके आभूषण सुशोभित थे॥ ३॥

**केहरि कंधर चारु जनेऊ। बाहु बिभूषन सुंदर तेऊ॥**
**करि कर सरिस सुभग भुजदंडा। कटि निषंग कर सर कोदंडा॥**

सिंहकी-सी गर्दन थी, सुन्दर जनेऊ था। भुजाओंमें जो गहने थे, वे भी सुन्दर थे। हाथीकी सूँड़के समान (उतार-चढ़ाववाले) सुन्दर भुजदण्ड थे। कमरमें तरकस और हाथमें बाण और धनुष [शोभा पा रहे] थे॥ ४॥

**दो०—तड़ित बिनिंदक पीत पट उदर रेख बर तीनि।**
**नाभि मनोहर लेति जनु जमुन भवँर छबि छीनि॥ १४७॥**

[स्वर्ण-वर्णका प्रकाशमय] पीताम्बर बिजलीको लजानेवाला था। पेटपर सुन्दर तीन रेखाएँ (त्रिवली) थीं। नाभि ऐसी मनोहर थी, मानो यमुनाजीके भँवरोंकी छबिको छीने लेती हो॥ १४७॥

**पद राजीव बरनि नहिं जाहीं। मुनि मन मधुप बसहिं जेन्ह माहीं॥**
**बाम भाग सोभति अनुकूला। आदिसक्ति छबिनिधि जगमूला॥**

जिनमें मुनियोंके मनरूपी भौंरे बसते हैं, भगवान्‌के उन चरणकमलोंका तो वर्णन ही नहीं किया जा सकता। भगवान्‌के बायें भागमें सदा अनुकूल रहनेवाली, शोभाकी राशि, जगत्‌की मूलकारणरूपा आदिशक्ति श्रीजानकीजी सुशोभित हैं॥ १॥

**जासु अंस उपजहिं गुनखानी। अगनित लच्छि उमा ब्रह्मानी॥**
**भृकुटि बिलास जासु जग होई। राम बाम दिसि सीता सोई॥**

जिनके अंशसे गुणोंकी खान अगणित लक्ष्मी, पार्वती और ब्रह्माणी (त्रिदेवोंकी शक्तियाँ) उत्पन्न होती हैं तथा जिनकी भौंहके इशारेसे ही जगत्‌की रचना हो जाती है, वही [भगवान्‌की स्वरूपाशक्ति] श्रीसीताजी श्रीरामचन्द्रजीकी बायीं ओर स्थित हैं॥ २॥

**छबिसमुद्र हरि रूप बिलोकी। एकटक रहे नयन पट रोकी॥**
**चितवहिं सादर रूप अनूपा। तृप्ति न मानहिं मनु सतरूपा॥**

शोभाके समुद्र श्रीहरिके रूपको देखकर मनु-शतरूपा नेत्रोंके पट (पलकें) रोके हुए एकटक (स्तब्ध) रह गये। उस अनुपम रूपको वे आदरसहित देख रहे थे और देखते-देखते अघाते ही न थे॥ ३॥

**हरष बिबस तन दसा भुलानी। परे दंड इव गहि पद पानी॥**
**सिर परसे प्रभु निज कर कंजा। तुरत उठाए करुनापुंजा॥**

आनन्दके अधिक वशमें हो जानेके कारण उन्हें अपने देहकी सुधि भूल गयी। वे हाथोंसे भगवान्‌के चरण पकड़कर दण्डकी तरह (सीधे) भूमिपर गिर पड़े। कृपाकी राशि प्रभुने अपने करकमलोंसे उनके मस्तकोंका स्पर्श किया और उन्हें तुरंत ही उठा लिया॥ ४॥

**दो०—बोले कृपानिधान पुनि अति प्रसन्न मोहि जानि।**
**मागहु बर जोइ भाव मन महादानि अनुमानि॥ १४८॥**

फिर कृपानिधान भगवान् बोले—मुझे अत्यन्त प्रसन्न जानकर और बड़ा भारी दानी मानकर, जो मनको भाये वही वर माँग लो॥ १४८॥

**सुनि प्रभु बचन जोरि जुग पानी। धरि धीरजु बोली मृदु बानी॥**
**नाथ देखि पद कमल तुम्हारे। अब पूरे सब काम हमारे॥**

प्रभुके वचन सुनकर, दोनों हाथ जोड़कर और धीरज धरकर राजाने कोमल वाणी कही—हे नाथ! आपके चरणकमलोंको देखकर अब हमारी सारी मनःकामनाएँ पूरी हो गयीं॥ १॥

**एक लालसा बड़ि उर माहीं। सुगम अगम कहि जाति सो नाहीं॥**
**तुम्हहि देत अति सुगम गोसाईं। अगम लाग मोहि निज कृपनाईं॥**

फिर भी मनमें एक बड़ी लालसा है। उसका पूरा होना सहज भी है और अत्यन्त कठिन भी, इसीसे उसे कहते नहीं बनता। हे स्वामी! आपके लिये तो उसका पूरा करना बहुत सहज है, पर मुझे अपनी कृपणता (दीनता) के कारण वह अत्यन्त कठिन मालूम होता है॥ २॥

**जथा दरिद्र बिबुधतरु पाई। बहु संपति मागत सकुचाई॥**
**तासु प्रभाउ जान नहिं सोई। तथा हृदयँ मम संसय होई॥**

जैसे कोई दरिद्र कल्पवृक्षको पाकर भी अधिक द्रव्य माँगनेमें संकोच करता है, क्योंकि वह उसके प्रभावको नहीं जानता, वैसे ही मेरे हृदयमें संशय हो रहा है॥ ३॥

**सो तुम्ह जानहु अंतरजामी। पुरवहु मोर मनोरथ स्वामी॥**
**सकुच बिहाइ मागु नृप मोही। मोरें नहिं अदेय कछु तोही॥**

हे स्वामी! आप अन्तर्यामी हैं, इसलिये उसे जानते ही हैं। मेरा वह मनोरथ पूरा कीजिये। [भगवान्ने कहा—] हे राजन्! संकोच छोड़कर मुझसे माँगो। तुम्हें न दे सकूँ ऐसा मेरे पास कुछ भी नहीं है॥ ४॥

**दो०—दानि सिरोमनि कृपानिधि नाथ कहउँ सतिभाउ।**
**चाहउँ तुम्हहि समान सुत प्रभु सन कवन दुराउ॥ १४९॥**

[राजाने कहा—] हे दानियोंके शिरोमणि! हे कृपानिधान! हे नाथ! मैं अपने मनका सच्चा भाव कहता हूँ कि मैं आपके समान पुत्र चाहता हूँ। प्रभुसे भला क्या छिपाना!॥ १४९॥

**देखि प्रीति सुनि बचन अमोले। एवमस्तु करुनानिधि बोले॥**
**आपु सरिस खोजौं कहँ जाई। नृप तव तनय होब मैं आई॥**

राजाकी प्रीति देखकर और उनके अमूल्य वचन सुनकर करुणानिधान भगवान् बोले—ऐसा ही हो। हे राजन्! मैं अपने समान [दूसरा] कहाँ जाकर खोजूँ! अतः स्वयं ही आकर तुम्हारा पुत्र बनूँगा॥ १॥

**सतरूपहि बिलोकि कर जोरें। देबि मागु बरु जो रुचि तोरें॥**
**जो बरु नाथ चतुर नृप मागा। सोइ कृपाल मोहि अति प्रिय लागा॥**

शतरूपाजीको हाथ जोड़े देखकर भगवान्ने कहा—हे देवि! तुम्हारी जो इच्छा हो, सो वर माँग लो। [शतरूपाने कहा—] हे नाथ! चतुर राजाने जो वर माँगा, हे कृपालु! वह मुझे बहुत ही प्रिय लगा॥ २॥

**प्रभु परंतु सुठि होति ढिठाई। जदपि भगत हित तुम्हहि सोहाई॥**
**तुम्ह ब्रह्मादि जनक जग स्वामी। ब्रह्म सकल उर अंतरजामी॥**

परन्तु हे प्रभु! बहुत ढिठाई हो रही है, यद्यपि हे भक्तोंका हित करनेवाले! वह ढिठाई भी आपको अच्छी ही लगती है। आप ब्रह्मा आदिके भी पिता (उत्पन्न करनेवाले), जगत्के स्वामी और सबके हृदयके भीतरकी जाननेवाले ब्रह्म हैं॥ ३॥

**अस समुझत मन संसय होई। कहा जो प्रभु प्रवान पुनि सोई॥**
**जे निज भगत नाथ तव अहहीं। जो सुख पावहिं जो गति लहहीं॥**

ऐसा समझनेपर मनमें सन्देह होता है, फिर भी प्रभुने जो कहा वही प्रमाण (सत्य) है। [मैं तो यह माँगती हूँ कि] हे नाथ! आपके जो निज जन हैं वे जो (अलौकिक, अखण्ड) सुख पाते हैं और जिस परम गतिको प्राप्त होते हैं॥ ४॥

**दो०—सोइ सुख सोइ गति सोइ भगति सोइ निज चरन सनेहु।**
**सोइ बिबेक सोइ रहनि प्रभु हमहि कृपा करि देहु॥ १५०॥**

हे प्रभो! वही सुख, वही गति, वही भक्ति, वही अपने चरणोंमें प्रेम, वही ज्ञान और वही रहन-सहन कृपा करके हमें दीजिये॥ १५०॥

**सुनि मृदु गूढ़ रुचिर बर रचना। कृपासिंधु बोले मृदु बचना॥**
**जो कछु रुचि तुम्हरे मन माहीं। मैं सो दीन्ह सब संसय नाहीं॥**

[रानीकी] कोमल, गूढ़ और मनोहर श्रेष्ठ वाक्यरचना सुनकर कृपाके समुद्र भगवान् कोमल वचन बोले—तुम्हारे मनमें जो कुछ इच्छा है, वह सब मैंने तुमको दिया, इसमें कोई सन्देह न समझना॥ १॥

**मातु बिबेक अलौकिक तोरें। कबहुँ न मिटिहि अनुग्रह मोरें॥**
**बंदि चरन मनु कहेउ बहोरी। अवर एक बिनती प्रभु मोरी॥**

हे माता! मेरी कृपासे तुम्हारा अलौकिक ज्ञान कभी नष्ट न होगा। तब मनुने भगवान्के चरणोंकी वन्दना करके फिर कहा—हे प्रभु! मेरी एक विनती और है—॥ २॥

**सुत बिषइक तव पद रति होऊ। मोहि बड़ मूढ़ कहै किन कोऊ॥**
**मनि बिनु फनि जिमि जल बिनु मीना। मम जीवन तिमि तुम्हहि अधीना॥**

आपके चरणोंमें मेरी वैसी ही प्रीति हो जैसी पुत्रके लिये पिताकी होती है, चाहे मुझे कोई बड़ा भारी मूर्ख ही क्यों न कहे। जैसे मणिके बिना साँप और जलके बिना मछली [नहीं रह सकती], वैसे ही मेरा जीवन आपके अधीन रहे (आपके बिना न रह सके)॥ ३॥

**अस बरु मागि चरन गहि रहेऊ। एवमस्तु करुनानिधि कहेऊ॥**
**अब तुम्ह मम अनुसासन मानी। बसहु जाइ सुरपति रजधानी॥**

ऐसा वर माँगकर राजा भगवान्के चरण पकड़े रह गये। तब दयाके निधान भगवान्ने कहा—ऐसा ही हो। अब तुम मेरी आज्ञा मानकर देवराज इन्द्रकी राजधानी (अमरावती) में जाकर वास करो॥ ४॥

**सो०—तहँ करि भोग बिसाल तात गएँ कछु काल पुनि।**
**होइहहु अवध भुआल तब मैं होब तुम्हार सुत॥ १५१॥**

हे तात! वहाँ [स्वर्गके] बहुत-से भोग भोगकर, कुछ काल बीत जानेपर, तुम अवधके राजा होगे। तब मैं तुम्हारा पुत्र होऊँगा॥ १५१॥

**इच्छामय नरबेष सँवारें। होइहउँ प्रगट निकेत तुम्हारें॥**
**अंसन्ह सहित देह धरि ताता। करिहउँ चरित भगत सुखदाता॥**

इच्छानिर्मित मनुष्यरूप सजकर मैं तुम्हारे घर प्रकट होऊँगा। हे तात! मैं अपने अंशोंसहित देह धारण करके भक्तोंको सुख देनेवाले चरित्र करूँगा॥ १॥

**जे सुनि सादर नर बड़भागी। भव तरिहहिं ममता मद त्यागी॥**
**आदिसक्ति जेहिं जग उपजाया। सोउ अवतरिहि मोरि यह माया॥**

जिन (चरित्रों) को बड़े भाग्यशाली मनुष्य आदरसहित सुनकर, ममता और मद त्यागकर, भवसागरसे तर जायँगे। आदिशक्ति यह मेरी [स्वरूपभूता] माया भी, जिसने जगत्को उत्पन्न किया है, अवतार लेगी॥ २॥

**पुरउब मैं अभिलाष तुम्हारा। सत्य सत्य पन सत्य हमारा॥**
**पुनि पुनि अस कहि कृपानिधाना। अंतरधान भए भगवाना॥**

इस प्रकार मैं तुम्हारी अभिलाषा पूरी करूँगा। मेरा प्रण सत्य है, सत्य है, सत्य है। कृपानिधान

भगवान् बार-बार ऐसा कहकर अन्तर्धान हो गये॥ ३॥

**दंपति उर धरि भगत कृपाला। तेहिं आश्रम निवसे कछु काला॥**
**समय पाइ तनु तजि अनयासा। जाइ कीन्ह अमरावति बासा॥**

वे स्त्री-पुरुष (राजा-रानी) भक्तोंपर कृपा करनेवाले भगवान्‌को हृदयमें धारण करके कुछ कालतक उस आश्रममें रहे। फिर उन्होंने समय पाकर, सहज ही (बिना किसी कष्टके) शरीर छोड़कर, अमरावती (इन्द्रकी पुरी) में जाकर वास किया॥ ४॥

**दो०—यह इतिहास पुनीत अति उमहि कही बृषकेतु।**
**भरद्वाज सुनु अपर पुनि राम जनम कर हेतु॥ १५२॥**

[याज्ञवल्क्यजी कहते हैं—] हे भरद्वाज! इस अत्यन्त पवित्र इतिहासको शिवजीने पार्वतीसे कहा था। अब श्रीरामके अवतार लेनेका दूसरा कारण सुनो॥ १५२॥

## मासपारायण, पाँचवाँ विश्राम

**सुनु मुनि कथा पुनीत पुरानी। जो गिरिजा प्रति संभु बखानी॥**
**बिस्व बिदित एक कैकय देसू। सत्यकेतु तहँ बसइ नरेसू॥**

हे मुनि! वह पवित्र और प्राचीन कथा सुनो, जो शिवजीने पार्वतीसे कही थी। संसारमें प्रसिद्ध एक कैकय देश है। वहाँ सत्यकेतु नामका राजा रहता (राज्य करता) था॥ १॥

**धरम धुरंधर नीति निधाना। तेज प्रताप सील बलवाना॥**
**तेहि कें भए जुगल सुत बीरा। सब गुन धाम महा रनधीरा॥**

वह धर्मकी धुरीको धारण करनेवाला, नीतिकी खान, तेजस्वी, प्रतापी, सुशील और बलवान् था, उसके दो वीर पुत्र हुए, जो सब गुणोंके भण्डार और बड़े ही रणधीर थे॥ २॥

**राज धनी जो जेठ सुत आही। नाम प्रतापभानु अस ताही॥**
**अपर सुतहि अरिमर्दन नामा। भुजबल अतुल अचल संग्रामा॥**

राज्यका उत्तराधिकारी जो बड़ा लड़का था, उसका नाम प्रतापभानु था। दूसरे पुत्रका नाम अरिमर्दन था, जिसकी भुजाओंमें अपार बल था और जो युद्धमें [पर्वतके समान] अटल रहता था॥ ३॥

**भाइहि भाइहि परम समीती। सकल दोष छल बरजित प्रीती॥**
**जेठे सुतहि राज नृप दीन्हा। हरि हित आपु गवन बन कीन्हा॥**

भाई-भाईमें बड़ा मेल और सब प्रकारके दोषों और छलोंसे रहित [सच्ची] प्रीति थी। राजाने जेठे पुत्रको राज्य दे दिया और आप भगवान् [के भजन] के लिये वनको चल दिया॥ ४॥

**दो०—जब प्रतापरबि भयउ नृप फिरी दोहाई देस।**
**प्रजा पाल अति बेदबिधि कतहुँ नहीं अघ लेस॥ १५३॥**

जब प्रतापभानु राजा हुआ, देशमें उसकी दुहाई फिर गयी। वह वेदमें बतायी हुई विधिके अनुसार उत्तम रीतिसे प्रजाका पालन करने लगा। उसके राज्यमें पापका कहीं लेश भी नहीं रह गया॥ १५३॥

**नृप हितकारक सचिव सयाना। नाम धरमरुचि सुक्र समाना॥**
**सचिव सयान बंधु बलबीरा। आपु प्रतापपुंज रनधीरा॥**

राजाका हित करनेवाला और शुक्राचार्यके समान बुद्धिमान् धर्मरुचि नामक उसका मन्त्री था। इस प्रकार बुद्धिमान् मन्त्री और बलवान् तथा वीर भाईके साथ ही स्वयं राजा भी बड़ा प्रतापी और रणधीर था॥ १॥

**सेन संग चतुरंग अपारा। अमित सुभट सब समर जुझारा॥**
**सेन बिलोकि राउ हरषाना। अरु बाजे गहगहे निसाना॥**

साथमें अपार चतुरंगिणी सेना थी, जिसमें असंख्य योद्धा थे, जो सब-के-सब रणमें जूझ मरनेवाले थे। अपनी सेनाको देखकर राजा बहुत प्रसन्न हुआ और घमाघम नगाड़े बजने लगे॥ २॥

**बिजय हेतु कटकई बनाई। सुदिन साधि नृप चलेउ बजाई॥**
**जहँ तहँ परीं अनेक लराईं। जीते सकल भूप बरिआईं॥**

दिग्विजयके लिये सेना सजाकर वह राजा शुभ दिन (मुहूर्त) साधकर और डंका बजाकर चला। जहाँ-तहाँ बहुत-सी लड़ाइयाँ हुईं। उसने सब राजाओंको बलपूर्वक जीत लिया॥ ३॥

**सप्त दीप भुजबल बस कीन्हे। लै लै दंड छाड़ि नृप दीन्हे॥**
**सकल अवनि मंडल तेहि काला। एक प्रतापभानु महिपाला॥**

अपनी भुजाओंके बलसे उसने सातों द्वीपों (भूमिखण्डों) को वशमें कर लिया और राजाओंसे दण्ड (कर) ले-लेकर उन्हें छोड़ दिया। सम्पूर्ण पृथ्वीमण्डलका उस समय प्रतापभानु ही एकमात्र (चक्रवर्ती) राजा था॥ ४॥

**दो०—स्वबस बिस्व करि बाहुबल निज पुर कीन्ह प्रबेसु।**
**अरथ धरम कामादि सुख सेवइ समयँ नरेसु॥ १५४॥**

संसारभरको अपनी भुजाओंके बलसे वशमें करके राजाने अपने नगरमें प्रवेश किया। राजा अर्थ, धर्म और काम आदिके सुखोंका समयानुसार सेवन करता था॥ १५४॥

**भूप प्रतापभानु बल पाई। कामधेनु भै भूमि सुहाई॥**
**सब दुख बरजित प्रजा सुखारी। धरमसील सुंदर नर नारी॥**

राजा प्रतापभानुका बल पाकर भूमि सुन्दर कामधेनु (मनचाही वस्तु देनेवाली) हो गयी। [उनके राज्यमें ] प्रजा सब [प्रकारके] दुःखोंसे रहित और सुखी थी, और सभी स्त्री-पुरुष सुन्दर और धर्मात्मा थे॥ १॥

**सचिव धरमरुचि हरि पद प्रीती। नृप हित हेतु सिखव नित नीती॥**
**गुर सुर संत पितर महिदेवा। करइ सदा नृप सब कै सेवा॥**

धर्मरुचि मन्त्रीका श्रीहरिके चरणोंमें प्रेम था। वह राजाके हितके लिये सदा उसको नीति सिखाया करता था। राजा गुरु, देवता, संत, पितर और ब्राह्मण—इन सबकी सदा सेवा करता रहता था॥ २॥

**भूप धरम जे बेद बखाने। सकल करइ सादर सुख माने॥**
**दिन प्रति देइ बिबिध बिधि दाना। सुनइ सास्त्र बर बेद पुराना॥**

वेदोंमें राजाओंके जो धर्म बताये गये हैं, राजा सदा आदरपूर्वक और सुख मानकर उन सबका पालन करता था। प्रतिदिन अनेक प्रकारके दान देता और उत्तम शास्त्र, वेद और पुराण सुनता था॥ ३॥

**नाना बापीं कूप तड़ागा। सुमन बाटिका सुंदर बागा॥**
**बिप्रभवन सुरभवन सुहाए। सब तीरथन्ह बिचित्र बनाए॥**

उसने बहुत-सी बावलियाँ, कुएँ, तालाब, फुलवाड़ियाँ, सुन्दर बगीचे, ब्राह्मणोंके लिये घर और देवताओंके सुन्दर विचित्र मन्दिर सब तीर्थोंमें बनवाये॥ ४॥

**दो०—जहँ लगि कहे पुरान श्रुति एक एक सब जाग।**
**बार सहस्र सहस्र नृप किए सहित अनुराग॥ १५५॥**

वेद और पुराणोंमें जितने प्रकारके यज्ञ कहे गये हैं, राजाने एक-एक करके उन सब यज्ञोंको प्रेमसहित हजार-हजार बार किया॥ १५५॥

**हृदयँ न कछु फल अनुसंधाना। भूप बिबेकी परम सुजाना॥**
**करइ जे धरम करम मन बानी। बासुदेव अर्पित नृप ग्यानी॥**

[राजाके] हृदयमें किसी फलकी टोह (कामना) न थी। राजा बड़ा ही बुद्धिमान् और ज्ञानी था। वह ज्ञानी राजा कर्म, मन और वाणीसे जो कुछ भी धर्म करता था, सब भगवान् वासुदेवके अर्पित करके करता था॥ १॥

**चढ़ि बर बाजि बार एक राजा। मृगया कर सब साजि समाजा॥**
**बिंध्याचल गभीर बन गयऊ। मृग पुनीत बहु मारत भयऊ॥**

एक बार वह राजा एक अच्छे घोड़ेपर सवार होकर, शिकारका सब सामान सजाकर विन्ध्याचलके घने जंगलमें गया और वहाँ उसने बहुत-से उत्तम-उत्तम हिरन मारे॥ २॥

**फिरत बिपिन नृप दीख बराहू। जनु बन दुरेउ ससिहि ग्रसि राहू॥**
**बड़ बिधु नहिं समात मुख माहीं। मनहुँ क्रोध बस उगिलत नाहीं॥**

राजाने वनमें फिरते हुए एक सूअरको देखा। [दाँतोंके कारण वह ऐसा दीख पड़ता था] मानो चन्द्रमाको ग्रसकर (मुँहमें पकड़कर) राहु वनमें आ छिपा हो। चन्द्रमा बड़ा होनेसे उसके मुँहमें समाता नहीं है और मानो क्रोधवश वह भी उसे उगलता नहीं है॥ ३॥

**कोल कराल दसन छबि गाई। तनु बिसाल पीवर अधिकाई॥**
**घुरुघुरात हय आरौ पाएँ। चकित बिलोकत कान उठाएँ॥**

यह तो सूअरके भयानक दाँतोंकी शोभा कही गयी। [इधर] उसका शरीर भी बहुत विशाल और मोटा था। घोड़ेकी आहट पाकर वह घुरघुराता हुआ कान उठाये चौकन्ना होकर देख रहा था॥ ४॥

**दो०—नील महीधर सिखर सम देखि बिसाल बराहु।**
**चपरि चलेउ हय सुटुकि नृप हाँकि न होइ निबाहु॥ १५६॥**

नील पर्वतके शिखरके समान विशाल [शरीरवाले] उस सूअरको देखकर राजा घोड़ेको चाबुक लगाकर तेजीसे चला और उसने सूअरको ललकारा कि अब तेरा बचाव नहीं हो सकता॥ १५६॥

**आवत देखि अधिक रव बाजी। चलेउ बराह मरुत गति भाजी॥**
**तुरत कीन्ह नृप सर संधाना। महि मिलि गयउ बिलोकत बाना॥**

अधिक शब्द करते हुए घोड़ेको [अपनी तरफ] आता देखकर सूअर पवनवेगसे भाग चला। राजाने तुरंत ही बाणको धनुषपर चढ़ाया। सूअर बाणको देखते ही धरतीमें दुबक गया॥ १॥

**तकि तकि तीर महीस चलावा। करि छल सुअर सरीर बचावा॥**
**प्रगटत दुरत जाइ मृग भागा। रिस बस भूप चलेउ सँग लागा॥**

राजा तक-तककर तीर चलाता है, परन्तु सूअर छल करके शरीरको बचाता जाता है। वह पशु कभी प्रकट होता और कभी छिपता हुआ भागा जाता था; और राजा भी क्रोधके वश उसके साथ (पीछे) लगा चला जाता था॥ २॥

**गयउ दूरि घन गहन बराहू। जहँ नाहिन गज बाजि निबाहू॥**
**अति अकेल बन बिपुल कलेसू। तदपि न मृग मग तजइ नरेसू॥**

सूअर बहुत दूर ऐसे घने जंगलमें चला गया, जहाँ हाथी-घोड़ेका निबाह (गम) नहीं था। राजा बिलकुल अकेला था और वनमें क्लेश भी बहुत था, फिर भी राजाने उस पशुका पीछा नहीं छोड़ा॥ ३॥

**कोल बिलोकि भूप बड़ धीरा। भागि पैठ गिरिगुहाँ गभीरा॥**
**अगम देखि नृप अति पछिताई। फिरेउ महाबन परेउ भुलाई॥**

राजाको बड़ा धैर्यवान् देखकर, सूअर भागकर पहाड़की एक गहरी गुफामें जा घुसा। उसमें जाना कठिन देखकर राजाको बहुत पछताकर लौटना पड़ा; पर उस घोर वनमें वह रास्ता भूल गया॥ ४॥

**दो०—खेद खिन्न छुद्धित तृषित राजा बाजि समेत।**
**खोजत ब्याकुल सरित सर जल बिनु भयउ अचेत॥ १५७॥**

बहुत परिश्रम करनेसे थका हुआ और घोड़ेसमेत भूख-प्याससे व्याकुल राजा नदी-तालाब खोजता-खोजता पानी बिना बेहाल हो गया॥ १५७॥

**फिरत बिपिन आश्रम एक देखा। तहँ बस नृपति कपट मुनिबेषा॥**
**जासु देस नृप लीन्ह छड़ाई। समर सेन तजि गयउ पराई॥**

वनमें फिरते-फिरते उसने एक आश्रम देखा; वहाँ कपटसे मुनिका वेष बनाये एक राजा रहता था, जिसका देश राजा प्रतापभानुने छीन लिया था और जो सेनाको छोड़कर युद्धसे भाग गया था॥ १॥

**समय प्रतापभानु कर जानी। आपन अति असमय अनुमानी॥**
**गयउ न गृह मन बहुत गलानी। मिला न राजहि नृप अभिमानी॥**

प्रतापभानुका समय (अच्छे दिन) जानकर और अपना कुसमय (बुरे दिन) अनुमानकर उसके मनमें बड़ी ग्लानि हुई। इससे वह न तो घर गया और न अभिमानी होनेके कारण राजा प्रतापभानुसे ही मिला (मेल किया)॥ २॥

**रिस उर मारि रंक जिमि राजा। बिपिन बसइ तापस कें साजा॥**
**तासु समीप गवन नृप कीन्हा। यह प्रतापरबि तेहिं तब चीन्हा॥**

दरिद्रकी भाँति मनहीमें क्रोधको मारकर वह राजा तपस्वीके वेषमें वनमें रहता था। राजा (प्रतापभानु) उसीके पास गया। उसने तुरंत पहचान लिया कि यह प्रतापभानु है॥ ३॥

**राउ तृषित नहिं सो पहिचाना। देखि सुबेष महामुनि जाना॥**
**उतरि तुरग तें कीन्ह प्रनामा। परम चतुर न कहेउ निज नामा॥**

राजा प्यासा होनेके कारण [व्याकुलतामें] उसे पहचान न सका। सुन्दर वेष देखकर राजाने उसे महामुनि समझा और घोड़ेसे उतरकर उसे प्रणाम किया। परन्तु बड़ा चतुर होनेके कारण राजाने उसे अपना नाम नहीं बतलाया॥ ४॥

**दो०—भूपति तृषित बिलोकि तेहिं सरबरु दीन्ह देखाइ।**
**मज्जन पान समेत हय कीन्ह नृपति हरषाइ॥ १५८॥**

राजाको प्यासा देखकर उसने सरोवर दिखला दिया। हर्षित होकर राजाने घोड़ेसहित उसमें स्नान और जलपान किया॥ १५८॥

**गै श्रम सकल सुखी नृप भयऊ। निज आश्रम तापस लै गयऊ॥**
**आसन दीन्ह अस्त रबि जानी। पुनि तापस बोलेउ मृदु बानी॥**

सारी थकावट मिट गयी, राजा सुखी हो गया। तब तपस्वी उसे अपने आश्रममें ले गया और सूर्यास्तका समय जानकर उसने [राजाको बैठनेके लिये] आसन दिया। फिर वह तपस्वी कोमल वाणीसे बोला— ॥ १ ॥

**को तुम्ह कस बन फिरहु अकेलें। सुंदर जुबा जीव परहेलें॥**
**चक्रबर्ति के लच्छन तोरें। देखत दया लागि अति मोरें॥**

तुम कौन हो? सुन्दर युवक होकर, जीवनकी परवा न करके, वनमें अकेले क्यों फिर रहे हो? तुम्हारे चक्रवर्ती राजाके-से लक्षण देखकर मुझे बड़ी दया आती है॥ २॥

**नाम प्रतापभानु अवनीसा। तासु सचिव मैं सुनहु मुनीसा॥**
**फिरत अहेरें परेउँ भुलाई। बड़ें भाग देखेउँ पद आई॥**

[राजाने कहा—] हे मुनीश्वर! सुनिये, प्रतापभानु नामका एक राजा है, मैं उसका मन्त्री हूँ। शिकारके लिये फिरते हुए राह भूल गया हूँ। बड़े भाग्यसे यहाँ आकर मैंने आपके चरणोंके दर्शन पाये हैं॥ ३॥

**हम कहँ दुर्लभ दरस तुम्हारा। जानत हौं कछु भल होनिहारा॥**
**कह मुनि तात भयउ अँधिआरा। जोजन सत्तरि नगरु तुम्हारा॥**

हमें आपका दर्शन दुर्लभ था, इससे जान पड़ता है कुछ भला होनेवाला है। मुनिने कहा— हे तात! अँधेरा हो गया। तुम्हारा नगर यहाँसे सत्तर योजनपर है॥ ४॥

**दो०—निसा घोर गंभीर बन पंथ न सुनहु सुजान।**
**बसहु आजु अस जानि तुम्ह जाएहु होत बिहान॥ १५९ ( क )॥**

हे सुजान! सुनो, घोर अँधेरी रात है, घना जंगल है, रास्ता नहीं है, ऐसा समझकर तुम आज यहीं ठहर जाओ, सबेरा होते ही चले जाना॥ १५९ (क)॥

**तुलसी जसि भवतब्यता तैसी मिलइ सहाइ।**
**आपुनु आवइ ताहि पहिं ताहि तहाँ लै जाइ॥ १५९ ( ख )॥**

तुलसीदासजी कहते हैं—जैसी भवितव्यता (होनहार) होती है, वैसी ही सहायता मिल जाती है। या तो वह आप ही उसके पास आती है, या उसको वहाँ ले जाती है॥ १५९ (ख)॥

**भलेहिं नाथ आयसु धरि सीसा। बाँधि तुरग तरु बैठ महीसा॥**
**नृप बहु भाँति प्रसंसेउ ताही। चरन बंदि निज भाग्य सराही॥**

हे नाथ! बहुत अच्छा, ऐसा कहकर और उसकी आज्ञा सिर चढ़ाकर, घोड़ेको वृक्षसे बाँधकर राजा बैठ गया। राजाने उसकी बहुत प्रकारसे प्रशंसा की और उसके चरणोंकी वन्दना करके अपने भाग्यकी सराहना की॥ १॥

**पुनि बोलेउ मृदु गिरा सुहाई। जानि पिता प्रभु करउँ ढिठाई॥**
**मोहि मुनीस सुत सेवक जानी। नाथ नाम निज कहहु बखानी॥**

फिर सुन्दर कोमल वाणीसे कहा—हे प्रभो! आपको पिता जानकर मैं ढिठाई करता हूँ। हे मुनीश्वर! मुझे अपना पुत्र और सेवक जानकर अपना नाम [धाम] विस्तारसे बतलाइये॥ २॥

**तेहि न जान नृप नृपहि सो जाना। भूप सुहृद सो कपट सयाना॥**
**बैरी पुनि छत्री पुनि राजा। छल बल कीन्ह चहइ निज काजा॥**

राजाने उसको नहीं पहचाना, पर वह राजाको पहचान गया था। राजा तो शुद्धहृदय था और वह कपट करनेमें चतुर था। एक तो वैरी, फिर जातिका क्षत्रिय, फिर राजा। वह छल-बलसे अपना काम बनाना चाहता था॥ ३॥

**समुझि राजसुख दुखित अराती। अवाँ अनल इव सुलगइ छाती॥**
**सरल बचन नृप के सुनि काना। बयर सँभारि हृदयँ हरषाना॥**

वह शत्रु अपने राज्य-सुखको समझ करके (स्मरण करके) दुखी था। उसकी छाती [कुम्हारके] आँवेकी आगकी तरह [भीतर-ही-भीतर] सुलग रही थी। राजाके सरल वचन कानसे सुनकर, अपने वैरको यादकर वह हृदयमें हर्षित हुआ॥ ४॥

**दो०—कपट बोरि बानी मृदुल बोलेउ जुगुति समेत।**
**नाम हमार भिखारि अब निर्धन रहित निकेत॥ १६०॥**

वह कपटमें डुबोकर बड़ी युक्तिके साथ कोमल वाणी बोला—अब हमारा नाम भिखारी है, क्योंकि हम निर्धन और अनिकेत (घर-द्वारहीन) हैं॥ १६०॥

**कह नृप जे बिग्यान निधाना। तुम्ह सारिखे गलित अभिमाना॥**
**सदा रहहिं अपनपौ दुराएँ। सब बिधि कुसल कुबेष बनाएँ॥**

राजाने कहा—जो आपके सदृश विज्ञानके निधान और सर्वथा अभिमानरहित होते हैं, वे अपने स्वरूपको सदा छिपाये रहते हैं। क्योंकि कुवेष बनाकर रहनेमें ही सब तरहका कल्याण है (प्रकट संतवेषमें मान होनेकी सम्भावना है और मानसे पतनकी)॥ १॥

**तेहि तें कहहिं संत श्रुति टेरें। परम अकिंचन प्रिय हरि केरें॥**
**तुम्ह सम अधन भिखारि अगेहा। होत बिरंचि सिवहि संदेहा॥**

इसीसे तो संत और वेद पुकारकर कहते हैं कि परम अकिंचन (सर्वथा अहंकार, ममता और मानरहित) ही भगवान्‌को प्रिय होते हैं। आप-सरीखे निर्धन, भिखारी और गृहहीनोंको देखकर ब्रह्मा और शिवजीको भी सन्देह हो जाता है [कि वे वास्तविक संत हैं या भिखारी]॥ २॥

**जोसि सोसि तव चरन नमामी। मो पर कृपा करिअ अब स्वामी॥**
**सहज प्रीति भूपति कै देखी। आपु बिषय बिस्वास बिसेषी॥**

आप जो हों सो हों (अर्थात् जो कोई भी हों), मैं आपके चरणोंमें नमस्कार करता हूँ। हे स्वामी! अब मुझपर कृपा कीजिये। अपने ऊपर राजाकी स्वाभाविक प्रीति और अपने विषयमें उसका अधिक विश्वास देखकर—॥ ३॥

**सब प्रकार राजहि अपनाई। बोलेउ अधिक सनेह जनाई॥**
**सुनु सतिभाउ कहउँ महिपाला। इहाँ बसत बीते बहु काला॥**

सब प्रकारसे राजाको अपने वशमें करके, अधिक स्नेह दिखाता हुआ वह (कपट-तपस्वी) बोला—हे राजन्! सुनो, मैं तुमसे सत्य कहता हूँ, मुझे यहाँ रहते बहुत समय बीत गया॥ ४॥

**दो०—अब लगि मोहि न मिलेउ कोउ मैं न जनावउँ काहु।**
**लोकमान्यता अनल सम कर तप कानन दाहु॥ १६१ (क)॥**

अबतक न तो कोई मुझसे मिला और न मैं अपनेको किसीपर प्रकट करता हूँ; क्योंकि लोकमें प्रतिष्ठा अग्निके समान है जो तपरूपी वनको भस्म कर डालती है॥ १६१ (क)॥

**सो०—तुलसी देखि सुबेषु भूलहिं मूढ़ न चतुर नर।**
**सुंदर केकिहि पेखु बचन सुधा सम असन अहि॥ १६१ (ख)॥**

तुलसीदासजी कहते हैं—सुन्दर वेष देखकर मूढ़ नहीं, [मूढ़ तो मूढ़ ही हैं,] चतुर मनुष्य भी धोखा खा जाते हैं। सुन्दर मोरको देखो, उसका वचन तो अमृतके समान है और आहार साँपका है॥ १६१ (ख)॥

**तातें गुपुत रहउँ जग माहीं। हरि तजि किमपि प्रयोजन नाहीं॥**
**प्रभु जानत सब बिनहिं जनाएँ। कहहु कवनि सिधि लोक रिझाएँ॥**

[कपट-तपस्वीने कहा—] इसीसे मैं जगत्‌में छिपकर रहता हूँ। श्रीहरिको छोड़कर किसीसे कुछ भी प्रयोजन नहीं रखता। प्रभु तो बिना जनाये ही सब जानते हैं। फिर कहो संसारको रिझानेसे क्या सिद्धि मिलेगी॥ १॥

**तुम्ह सुचि सुमति परम प्रिय मोरें। प्रीति प्रतीति मोहि पर तोरें॥**
**अब जौं तात दुरावउँ तोही। दारुन दोष घटइ अति मोही॥**

तुम पवित्र और सुन्दर बुद्धिवाले हो, इससे मुझे बहुत ही प्यारे हो और तुम्हारी भी मुझपर प्रीति और विश्वास है। हे तात! अब यदि मैं तुमसे कुछ छिपाता हूँ तो मुझे बहुत ही भयानक दोष लगेगा॥ २॥

**जिमि जिमि तापसु कथइ उदासा। तिमि तिमि नृपहि उपज बिस्वासा॥**
**देखा स्वबस कर्म मन बानी। तब बोला तापस बगध्यानी॥**

ज्यों-ज्यों वह तपस्वी उदासीनताकी बातें कहता था, त्यों-ही-त्यों राजाको विश्वास उत्पन्न होता जाता था। जब उस बगुलेकी तरह ध्यान लगानेवाले (कपटी) मुनिने राजाको कर्म, मन और वचनसे अपने वशमें जाना, तब वह बोला—॥ ३॥

**नाम हमार एकतनु भाई। सुनि नृप बोलेउ पुनि सिरु नाई॥**
**कहहु नाम कर अरथ बखानी। मोहि सेवक अति आपन जानी॥**

हे भाई! हमारा नाम एकतनु है। यह सुनकर राजाने फिर सिर नवाकर कहा—मुझे अपना अत्यन्त [अनुरागी] सेवक जानकर अपने नामका अर्थ समझाकर कहिये॥ ४॥

**दो०—आदिसृष्टि उपजी जबहिं तब उतपति भै मोरि।**
**नाम एकतनु हेतु तेहि देह न धरी बहोरि॥ १६२॥**

[कपटी मुनिने कहा—] जब सबसे पहले सृष्टि उत्पन्न हुई थी, तभी मेरी उत्पत्ति हुई थी। तबसे मैंने फिर दूसरी देह नहीं धारण की, इसीसे मेरा नाम एकतनु है॥ १६२॥

**जनि आचरजु करहु मन माहीं। सुत तप तें दुर्लभ कछु नाहीं॥**
**तपबल तें जग सृजइ बिधाता। तपबल बिष्नु भए परित्राता॥**

हे पुत्र! मनमें आश्चर्य मत करो, तपसे कुछ भी दुर्लभ नहीं है, तपके बलसे ब्रह्मा जगत्‌को रचते हैं। तपहीके बलसे विष्णु संसारका पालन करनेवाले बने हैं॥ १॥

**तपबल संभु करहिं संघारा। तप तें अगम न कछु संसारा॥**
**भयउ नृपहि सुनि अति अनुरागा। कथा पुरातन कहै सो लागा॥**

तपहीके बलसे रुद्र संहार करते हैं। संसारमें कोई ऐसी वस्तु नहीं जो तपसे न मिल सके। यह सुनकर राजाको बड़ा अनुराग हुआ। तब वह (तपस्वी) पुरानी कथाएँ कहने लगा॥ २॥

**करम धरम इतिहास अनेका। करइ निरूपन बिरति बिबेका॥**
**उदभव पालन प्रलय कहानी। कहेसि अमित आचरज बखानी॥**

कर्म, धर्म और अनेकों प्रकारके इतिहास कहकर वह वैराग्य और ज्ञानका निरूपण करने लगा। सृष्टिकी उत्पत्ति, पालन (स्थिति) और संहार (प्रलय) की अपार आश्चर्यभरी कथाएँ उसने विस्तारसे कहीं॥ ३॥

**सुनि महीप तापस बस भयऊ। आपन नाम कहन तब लयऊ॥**
**कह तापस नृप जानउँ तोही। कीन्हेहु कपट लाग भल मोही॥**

राजा सुनकर उस तपस्वीके वशमें हो गया और तब वह उसे अपना नाम बताने लगा। तपस्वीने कहा—राजन्! मैं तुमको जानता हूँ। तुमने कपट किया, वह मुझे अच्छा लगा॥ ४॥

**सो०—सुनु महीस असि नीति जहँ तहँ नाम न कहहिं नृप।**
**मोहि तोहि पर अति प्रीति सोइ चतुरता बिचारि तव॥ १६३॥**

हे राजन्! सुनो, ऐसी नीति है कि राजालोग जहाँ-तहाँ अपना नाम नहीं कहते। तुम्हारी वही चतुराई समझकर तुमपर मेरा बड़ा प्रेम हो गया है॥ १६३॥

**नाम तुम्हार प्रताप दिनेसा। सत्यकेतु तव पिता नरेसा॥**
**गुर प्रसाद सब जानिअ राजा। कहिअ न आपन जानि अकाजा॥**

तुम्हारा नाम प्रतापभानु है, महाराज सत्यकेतु तुम्हारे पिता थे। हे राजन्! गुरुकी कृपासे मैं सब जानता हूँ, पर अपनी हानि समझकर कहता नहीं॥ १॥

**देखि तात तव सहज सुधाई। प्रीति प्रतीति नीति निपुनाई॥**
**उपजि परी ममता मन मोरें। कहउँ कथा निज पूछे तोरें॥**

हे तात! तुम्हारा स्वाभाविक सीधापन (सरलता), प्रेम, विश्वास और नीतिमें निपुणता देखकर मेरे मनमें तुम्हारे ऊपर बड़ी ममता उत्पन्न हो गयी है; इसीलिये मैं तुम्हारे पूछनेपर अपनी कथा कहता हूँ॥ २॥

**अब प्रसन्न मैं संसय नाहीं। मागु जो भूप भाव मन माहीं॥**
**सुनि सुबचन भूपति हरषाना। गहि पद बिनय कीन्हि बिधि नाना॥**

अब मैं प्रसन्न हूँ, इसमें सन्देह न करना। हे राजन्! जो मनको भावे वही माँग लो। सुन्दर (प्रिय) वचन सुनकर राजा हर्षित हो गया और [मुनिके] पैर पकड़कर उसने बहुत प्रकारसे विनती की॥ ३॥

**कृपासिंधु मुनि दरसन तोरें। चारि पदारथ करतल मोरें॥**
**प्रभुहि तथापि प्रसन्न बिलोकी। मागि अगम बर होउँ असोकी॥**

हे दयासागर मुनि! आपके दर्शनसे ही चारों पदार्थ (अर्थ, धर्म, काम और मोक्ष) मेरी मुट्ठीमें आ गये। तो भी स्वामीको प्रसन्न देखकर मैं यह दुर्लभ वर माँगकर [क्यों न] शोकरहित हो जाऊँ॥ ४॥

**दो०—जरा मरन दुख रहित तनु समर जितै जनि कोउ।**
**एकछत्र रिपुहीन महि राज कलप सत होउ॥ १६४॥**

मेरा शरीर वृद्धावस्था, मृत्यु और दुःखसे रहित हो जाय; मुझे युद्धमें कोई जीत न सके और पृथ्वीपर मेरा सौ कल्पतक एकच्छत्र अकण्टक राज्य हो॥ १६४॥

**कह तापस नृप ऐसेइ होऊ। कारन एक कठिन सुनु सोऊ॥**
**कालउ तुअ पद नाइहि सीसा। एक बिप्रकुल छाड़ि महीसा॥**

तपस्वीने कहा—हे राजन्! ऐसा ही हो, पर एक बात कठिन है, उसे भी सुन लो। हे पृथ्वीके स्वामी! केवल ब्राह्मणकुलको छोड़ काल भी तुम्हारे चरणोंपर सिर नवायेगा॥ १॥

**तपबल बिप्र सदा बरिआरा। तिन्ह के कोप न कोउ रखवारा॥**
**जौं बिप्रन्ह बस करहु नरेसा। तौ तुअ बस बिधि बिष्नु महेसा॥**

तपके बलसे ब्राह्मण सदा बलवान् रहते हैं। उनके क्रोधसे रक्षा करनेवाला कोई नहीं है। हे नरपति! यदि तुम ब्राह्मणोंको वशमें कर लो, तो ब्रह्मा, विष्णु और महेश भी तुम्हारे अधीन हो जायँगे॥ २॥

**चल न ब्रह्मकुल सन बरिआई। सत्य कहउँ दोउ भुजा उठाई॥**
**बिप्र श्राप बिनु सुनु महिपाला। तोर नास नहिं कवनेहुँ काला॥**

ब्राह्मणकुलसे जोर-जबर्दस्ती नहीं चल सकती, मैं दोनों भुजा उठाकर सत्य कहता हूँ। हे राजन्! सुनो, ब्राह्मणोंके शाप बिना तुम्हारा नाश किसी कालमें नहीं होगा॥ ३॥

**हरषेउ राउ बचन सुनि तासू। नाथ न होइ मोर अब नासू॥**
**तव प्रसाद प्रभु कृपानिधाना। मो कहुँ सर्ब काल कल्याना॥**

राजा उसके वचन सुनकर बड़ा प्रसन्न हुआ और कहने लगा—हे स्वामी! मेरा नाश अब नहीं होगा। हे कृपानिधान प्रभु! आपकी कृपासे मेरा सब समय कल्याण होगा॥ ४॥

**दो०—एवमस्तु कहि कपटमुनि बोला कुटिल बहोरि।**
**मिलब हमार भुलाब निज कहहु त हमहि न खोरि॥ १६५॥**

'एवमस्तु' (ऐसा ही हो) कहकर वह कुटिल कपटी मुनि फिर बोला—[किन्तु] तुम मेरे मिलने तथा अपने राह भूल जानेकी बात किसीसे [कहना नहीं, यदि] कह दोगे, तो हमारा दोष नहीं॥ १६५॥

**तातें मैं तोहि बरजउँ राजा। कहें कथा तव परम अकाजा॥**
**छठें श्रवन यह परत कहानी। नास तुम्हार सत्य मम बानी॥**

हे राजन्! मैं तुमको इसलिये मना करता हूँ कि इस प्रसंगको कहनेसे तुम्हारी बड़ी हानि होगी। छठे कानमें यह बात पड़ते ही तुम्हारा नाश हो जायगा, मेरा यह वचन सत्य जानना॥ १॥

**यह प्रगटें अथवा द्विजश्रापा। नास तोर सुनु भानुप्रतापा॥**
**आन उपायँ निधन तव नाहीं। जौं हरि हर कोपहिं मन माहीं॥**

हे प्रतापभानु! सुनो, इस बातके प्रकट करनेसे अथवा ब्राह्मणोंके शापसे तुम्हारा नाश होगा और किसी उपायसे, चाहे ब्रह्मा और शंकर भी मनमें क्रोध करें, तुम्हारी मृत्यु नहीं होगी॥ २॥

**सत्य नाथ पद गहि नृप भाषा। द्विज गुर कोप कहहु को राखा॥**
**राखइ गुर जौं कोप बिधाता। गुर बिरोध नहिं कोउ जग त्राता॥**

राजाने मुनिके चरण पकड़कर कहा—हे स्वामी! सत्य ही है। ब्राह्मण और गुरुके क्रोधसे, कहिये, कौन रक्षा कर सकता है? यदि ब्रह्मा भी क्रोध करें, तो गुरु बचा लेते हैं; पर गुरुसे विरोध करनेपर जगत्में कोई भी बचानेवाला नहीं है॥ ३॥

**जौं न चलब हम कहे तुम्हारें। होउ नास नहिं सोच हमारें॥**
**एकहिं डर डरपत मन मोरा। प्रभु महिदेव श्राप अति घोरा॥**

यदि मैं आपके कथनके अनुसार नहीं चलूँगा, तो [भले ही] मेरा नाश हो जाय। मुझे इसकी चिन्ता नहीं है। मेरा मन तो हे प्रभो! [केवल] एक ही डरसे डर रहा है कि ब्राह्मणोंका शाप बड़ा भयानक होता है॥ ४॥

**दो०—होहिं बिप्र बस कवन बिधि कहहु कृपा करि सोउ।**
**तुम्ह तजि दीनदयाल निज हितू न देखउँ कोउ॥ १६६॥**

वे ब्राह्मण किस प्रकारसे वशमें हो सकते हैं, कृपा करके वह भी बताइये। हे दीनदयालु! आपको छोड़कर और किसीको मैं अपना हितू नहीं देखता॥ १६६॥

**सुनु नृप बिबिध जतन जग माहीं। कष्टसाध्य पुनि होहिं कि नाहीं॥**
**अहइ एक अति सुगम उपाई। तहाँ परंतु एक कठिनाई॥**

[तपस्वीने कहा—] हे राजन्! सुनो, संसारमें उपाय तो बहुत हैं; पर वे कष्टसाध्य हैं (बड़ी कठिनतासे बननेमें आते हैं) और इसपर भी सिद्ध हों या न हों (उनकी सफलता निश्चित नहीं है) हाँ, एक उपाय बहुत सहज है; परन्तु उसमें भी एक कठिनता है॥ १॥

**मम आधीन जुगुति नृप सोई। मोर जाब तव नगर न होई॥**
**आजु लगें अरु जब तें भयऊँ। काहू के गृह ग्राम न गयऊँ॥**

हे राजन्! वह युक्ति तो मेरे हाथ है, पर मेरा जाना तुम्हारे नगरमें हो नहीं सकता। जबसे पैदा हुआ हूँ, तबसे आजतक मैं किसीके घर अथवा गाँव नहीं गया॥ २॥

**जौं न जाउँ तव होइ अकाजू। बना आइ असमंजस आजू॥**
**सुनि महीस बोलेउ मृदु बानी। नाथ निगम असि नीति बखानी॥**

परंतु यदि नहीं जाता हूँ, तो तुम्हारा काम बिगड़ता है। आज यह बड़ा असमंजस आ पड़ा है। यह सुनकर राजा कोमल वाणीसे बोला, हे नाथ! वेदोंमें ऐसी नीति कही है कि—॥ ३॥

**बड़े सनेह लघुन्ह पर करहीं। गिरि निज सिरनि सदा तृन धरहीं॥**
**जलधि अगाध मौलि बह फेनू। संतत धरनि धरत सिर रेनू॥**

बड़े लोग छोटोंपर स्नेह करते ही हैं। पर्वत अपने सिरोंपर सदा तृण (घास) को धारण किये रहते हैं। अगाध समुद्र अपने मस्तकपर फेनको धारण करता है, और धरती अपने सिरपर सदा धूलिको धारण किये रहती है॥ ४॥

**दो०—अस कहि गहे नरेस पद स्वामी होहु कृपाल।**
**मोहि लागि दुख सहिअ प्रभु सज्जन दीनदयाल॥ १६७॥**

ऐसा कहकर राजाने मुनिके चरण पकड़ लिये। [और कहा—] हे स्वामी! कृपा कीजिये। आप संत हैं। दीनदयालु हैं। [अत:] हे प्रभो! मेरे लिये इतना कष्ट [अवश्य] सहिये॥ १६७॥

**जानि नृपहि आपन आधीना। बोला तापस कपट प्रबीना॥**
**सत्य कहउँ भूपति सुनु तोही। जग नाहिन दुर्लभ कछु मोही॥**

राजाको अपने अधीन जानकर कपटमें प्रवीण तपस्वी बोला—हे राजन्! सुनो, मैं तुमसे सत्य कहता हूँ, जगत्‌में मुझे कुछ भी दुर्लभ नहीं है॥ १॥

**अवसि काज मैं करिहउँ तोरा। मन तन बचन भगत तैं मोरा॥**
**जोग जुगुति तप मंत्र प्रभाऊ। फलइ तबहिं जब करिअ दुराऊ॥**

मैं तुम्हारा काम अवश्य करूँगा; [क्योंकि] तुम मन, वाणी और शरीर [तीनों] से मेरे भक्त हो। पर योग, युक्ति, तप और मन्त्रका प्रभाव तभी फलीभूत होता है जब वे छिपाकर किये जाते हैं॥ २॥

**जौं नरेस मैं करौं रसोई। तुम्ह परुसहु मोहि जान न कोई॥**
**अन्न सो जोइ जोइ भोजन करई। सोइ सोइ तव आयसु अनुसरई॥**

हे नरपति! मैं यदि रसोई बनाऊँ और तुम उसे परोसो और मुझे कोई जानने न पावे, तो उस अन्नको जो-जो खायगा, सो-सो तुम्हारा आज्ञाकारी बन जायगा॥ ३॥

**पुनि तिन्ह के गृह जेवँइ जोऊ। तव बस होइ भूप सुनु सोऊ॥**
**जाइ उपाय रचहु नृप एहू। संबत भरि संकलप करेहू॥**

यही नहीं, उन (भोजन करनेवालों) के घर भी जो कोई भोजन करेगा, हे राजन्! सुनो, वह भी तुम्हारे अधीन हो जायगा। हे राजन्! जाकर यही उपाय करो और वर्षभर [भोजन कराने] का संकल्प कर लेना॥ ४॥

**दो०—नित नूतन द्विज सहस सत बरेहु सहित परिवार।**
**मैं तुम्हरे संकलप लगि दिनहिं करबि जेवनार॥ १६८॥**

नित्य नये एक लाख ब्राह्मणोंको कुटुम्बसहित निमन्त्रित करना। मैं तुम्हारे संकल्प [के काल अर्थात् एक वर्ष] तक प्रतिदिन भोजन बना दिया करूँगा॥ १६८॥

**एहि बिधि भूप कष्ट अति थोरें। होइहहिं सकल बिप्र बस तोरें॥**
**करिहहिं बिप्र होम मख सेवा। तेहिं प्रसंग सहजेहिं बस देवा॥**

हे राजन्! इस प्रकार बहुत ही थोड़े परिश्रमसे सब ब्राह्मण तुम्हारे वशमें हो जायँगे। ब्राह्मण हवन, यज्ञ और सेवा-पूजा करेंगे, तो उस प्रसंग (सम्बन्ध) से देवता भी सहज ही वशमें हो जायँगे॥ १॥

**और एक तोहि कहउँ लखाऊ। मैं एहि बेष न आउब काऊ॥**
**तुम्हरे उपरोहित कहुँ राया। हरि आनब मैं करि निज माया॥**

मैं एक और पहचान तुमको बताये देता हूँ कि मैं इस रूपमें कभी न आऊँगा। हे राजन्! मैं अपनी मायासे तुम्हारे पुरोहितको हर लाऊँगा॥ २॥

**तपबल तेहि करि आपु समाना। रखिहउँ इहाँ बरष परवाना॥**
**मैं धरि तासु बेषु सुनु राजा। सब बिधि तोर सँवारब काजा॥**

तपके बलसे उसे अपने समान बनाकर एक वर्षतक यहाँ रखूँगा और हे राजन्! सुनो, मैं उसका

रूप बनाकर सब प्रकारसे तुम्हारा काम सिद्ध करूँगा॥ ३॥

**गै निसि बहुत सयन अब कीजे। मोहि तोहि भूप भेंट दिन तीजे॥**
**मैं तपबल तोहि तुरग समेता। पहुँचैहउँ सोवतहि निकेता॥**

हे राजन्! रात बहुत बीत गयी, अब सो जाओ। आजसे तीसरे दिन मुझसे तुम्हारी भेंट होगी। तपके बलसे मैं घोड़ेसहित तुमको सोतेहीमें घर पहुँचा दूँगा॥ ४॥

**दो०—मैं आउब सोइ बेषु धरि पहिचानेहु तब मोहि।**
**जब एकांत बोलाइ सब कथा सुनावौं तोहि॥ १६९॥**

मैं वही (पुरोहितका) वेष धरकर आऊँगा। जब एकान्तमें तुमको बुलाकर सब कथा सुनाऊँगा, तब तुम मुझे पहचान लेना॥ १६९॥

**सयन कीन्ह नृप आयसु मानी। आसन जाइ बैठ छलग्यानी॥**
**श्रमित भूप निद्रा अति आई। सो किमि सोव सोच अधिकाई॥**

राजाने आज्ञा मानकर शयन किया और वह कपट-ज्ञानी आसनपर जा बैठा। राजा थका था, [उसे] खूब (गहरी) नींद आ गयी। पर वह कपटी कैसे सोता। उसे तो बहुत चिन्ता हो रही थी॥ १॥

**कालकेतु निसिचर तहँ आवा। जेहिं सूकर होइ नृपहि भुलावा॥**
**परम मित्र तापस नृप केरा। जानइ सो अति कपट घनेरा॥**

[उसी समय] वहाँ कालकेतु राक्षस आया, जिसने सूअर बनकर राजाको भटकाया था। वह तपस्वी राजाका बड़ा मित्र था और खूब छल-प्रपंच जानता था॥ २॥

**तेहि के सत सुत अरु दस भाई। खल अति अजय देव दुखदाई॥**
**प्रथमहिं भूप समर सब मारे। बिप्र संत सुर देखि दुखारे॥**

उसके सौ पुत्र और दस भाई थे, जो बड़े ही दुष्ट, किसीसे न जीते जानेवाले और देवताओंको दुःख देनेवाले थे। ब्राह्मणों, संतों और देवताओंको दुखी देखकर राजाने उन सबको पहले ही युद्धमें मार डाला था॥ ३॥

**तेहिं खल पाछिल बयरु सँभारा। तापस नृप मिलि मंत्र बिचारा॥**
**जेहिं रिपु छय सोइ रचेन्हि उपाऊ। भावी बस न जान कछु राऊ॥**

उस दुष्टने पिछला वैर याद करके तपस्वी राजासे मिलकर सलाह विचारी (षड्यन्त्र किया) और जिस प्रकार शत्रुका नाश हो, वही उपाय रचा। भावीवश राजा (प्रतापभानु) कुछ भी न समझ सका॥ ४॥

**दो०—रिपु तेजसी अकेल अपि लघु करि गनिअ न ताहु।**
**अजहुँ देत दुख रबि ससिहि सिर अवसेषित राहु॥ १७०॥**

तेजस्वी शत्रु अकेला भी हो तो भी उसे छोटा नहीं समझना चाहिये। जिसका सिरमात्र बचा था, वह राहु आजतक सूर्य-चन्द्रमाको दुःख देता है॥ १७०॥

**तापस नृप निज सखहि निहारी। हरषि मिलेउ उठि भयउ सुखारी॥**
**मित्रहि कहि सब कथा सुनाई। जातुधान बोला सुख पाई॥**

तपस्वी राजा अपने मित्रको देख प्रसन्न हो उठकर मिला और सुखी हुआ। उसने मित्रको सब कथा कह सुनायी, तब राक्षस आनन्दित होकर बोला—॥ १॥

**अब साधेउँ रिपु सुनहु नरेसा। जौं तुम्ह कीन्ह मोर उपदेसा॥**
**परिहरि सोच रहहु तुम्ह सोई। बिनु औषध बिआधि बिधि खोई॥**

हे राजन्! सुनो, जब तुमने मेरे कहनेके अनुसार [इतना] काम कर लिया, तो अब मैंने शत्रुको काबूमें कर ही लिया [समझो]। तुम अब चिन्ता त्याग सो रहो। विधाताने बिना ही दवाके रोग दूर कर दिया॥ २॥

**कुल समेत रिपु मूल बहाई। चौथें दिवस मिलब मैं आई॥**
**तापस नृपहि बहुत परितोषी। चला महाकपटी अतिरोषी॥**

कुलसहित शत्रुको जड़-मूलसे उखाड़-बहाकर, [आजसे] चौथे दिन मैं तुमसे आ मिलूँगा। [इस प्रकार] तपस्वी राजाको खूब दिलासा देकर वह महामायावी और अत्यन्त क्रोधी राक्षस चला॥ ३॥

**भानुप्रतापहि बाजि समेता। पहुँचाएसि छन माझ निकेता॥**
**नृपहि नारि पहिं सयन कराई। हयगृहँ बाँधेसि बाजि बनाई॥**

उसने प्रतापभानु राजाको घोड़ेसहित क्षणभरमें घर पहुँचा दिया। राजाको रानीके पास सुलाकर घोड़ेको अच्छी तरहसे घुड़सालमें बाँध दिया॥ ४॥

**दो०—राजा के उपरोहितहि हरि लै गयउ बहोरि।**
**लै राखेसि गिरि खोह महुँ मायाँ करि मति भोरि॥ १७१॥**

फिर वह राजाके पुरोहितको उठा ले गया और मायासे उसकी बुद्धिको भ्रममें डालकर उसे उसने पहाड़की खोहमें ला रखा॥ १७१॥

**आपु बिरचि उपरोहित रूपा। परेउ जाइ तेहि सेज अनूपा॥**
**जागेउ नृप अनभएँ बिहाना। देखि भवन अति अचरजु माना॥**

वह आप पुरोहितका रूप बनाकर उसकी सुन्दर सेजपर जा लेटा। राजा सबेरा होनेसे पहले ही जागा और अपना घर देखकर उसने बड़ा ही आश्चर्य माना॥ १॥

**मुनि महिमा मन महुँ अनुमानी। उठेउ गवँहिं जेहिं जान न रानी॥**
**कानन गयउ बाजि चढ़ि तेहीं। पुर नर नारि न जानेउ केहीं॥**

मनमें मुनिकी महिमाका अनुमान करके वह धीरेसे उठा, जिसमें रानी न जान पावे। फिर उसी घोड़ेपर चढ़कर वनको चला गया। नगरके किसी भी स्त्री-पुरुषने नहीं जाना॥ २॥

**गएँ जाम जुग भूपति आवा। घर घर उत्सव बाज बधावा॥**
**उपरोहितहि देख जब राजा। चकित बिलोक सुमिरि सोइ काजा॥**

दो पहर बीत जानेपर राजा आया। घर-घर उत्सव होने लगे और बधावा बजने लगा। जब राजाने पुरोहितको देखा, तब वह [अपने] उसी कार्यका स्मरणकर उसे आश्चर्यसे देखने लगा॥ ३॥

**जुग सम नृपहि गए दिन तीनी। कपटी मुनि पद रह मति लीनी॥**
**समय जानि उपरोहित आवा। नृपहि मते सब कहि समुझावा॥**

राजाको तीन दिन युगके समान बीते। उसकी बुद्धि कपटी मुनिके चरणोंमें लगी रही। निश्चित

समय जानकर पुरोहित [बना हुआ राक्षस] आया और राजाके साथ की हुई गुप्त सलाहके अनुसार [उसने अपने] सब विचार उसे समझाकर कह दिये॥ ४॥

**दो०—नृप हरषेउ पहिचानि गुरु भ्रम बस रहा न चेत।**
**बरे तुरत सत सहस बर बिप्र कुटुंब समेत॥ १७२॥**

[संकेतके अनुसार] गुरुको [उस रूपमें] पहचानकर राजा प्रसन्न हुआ। भ्रमवश उसे चेत न रहा [कि यह तापस मुनि है या कालकेतु राक्षस]। उसने तुरंत एक लाख उत्तम ब्राह्मणोंको कुटुम्बसहित निमन्त्रण दे दिया॥ १७२॥

**उपरोहित जेवनार बनाई। छरस चारि बिधि जसि श्रुति गाई॥**
**मायामय तेहिं कीन्हि रसोई। बिंजन बहु गनि सकइ न कोई॥**

पुरोहितने छ: रस और चार प्रकारके भोजन, जैसा कि वेदोंमें वर्णन है, बनाये। उसने मायामयी रसोई तैयार की और इतने व्यंजन बनाये जिन्हें कोई गिन नहीं सकता॥ १॥

**बिबिध मृगन्ह कर आमिष राँधा। तेहि महुँ बिप्र माँसु खल साँधा॥**
**भोजन कहुँ सब बिप्र बोलाए। पद पखारि सादर बैठाए॥**

अनेक प्रकारके पशुओंका मांस पकाया और उसमें उस दुष्टने ब्राह्मणोंका मांस मिला दिया। सब ब्राह्मणोंको भोजनके लिये बुलाया और चरण धोकर आदरसहित बैठाया॥ २॥

**परुसन जबहिं लाग महिपाला। भै अकासबानी तेहि काला॥**
**बिप्रबृंद उठि उठि गृह जाहू। है बड़ि हानि अन्न जनि खाहू॥**

ज्यों ही राजा परोसने लगा, उसी काल [कालकेतुकृत] आकाशवाणी हुई—हे ब्राह्मणो! उठ-उठकर अपने घर जाओ; यह अन्न मत खाओ। इस [के खाने] में बड़ी हानि है॥ ३॥

**भयउ रसोईं भूसुर माँसू। सब द्विज उठे मानि बिस्वासू॥**
**भूप बिकल मति मोहँ भुलानी। भावी बस न आव मुख बानी॥**

रसोईमें ब्राह्मणोंका मांस बना है। [आकाशवाणीका] विश्वास मानकर सब ब्राह्मण उठ खड़े हुए। राजा व्याकुल हो गया। [परन्तु] उसकी बुद्धि मोहमें भूली हुई थी। होनहारवश उसके मुँहसे [एक] बात [भी] न निकली॥ ४॥

**दो०—बोले बिप्र सकोप तब नहिं कछु कीन्ह बिचार।**
**जाइ निसाचर होहु नृप मूढ़ सहित परिवार॥ १७३॥**

तब ब्राह्मण क्रोधसहित बोल उठे—उन्होंने कुछ भी विचार नहीं किया—अरे मूर्ख राजा! तू जाकर परिवारसहित राक्षस हो॥ १७३॥

**छत्रबंधु तैं बिप्र बोलाई। घालै लिए सहित समुदाई॥**
**ईस्वर राखा धरम हमारा। जैहसि तैं समेत परिवारा॥**

रे नीच क्षत्रिय! तूने तो परिवारसहित ब्राह्मणोंको बुलाकर उन्हें नष्ट करना चाहा था, ईश्वरने हमारे धर्मकी रक्षा की। अब तू परिवारसहित नष्ट होगा॥ १॥

**संबत मध्य नास तव होऊ। जलदाता न रहिहि कुल कोऊ॥**
**नृप सुनि श्राप बिकल अति त्रासा। भै बहोरि बर गिरा अकासा॥**

एक वर्षके भीतर तेरा नाश हो जाय, तेरे कुलमें कोई पानी देनेवालातक न रहेगा। शाप सुनकर राजा भयके मारे अत्यन्त व्याकुल हो गया। फिर सुन्दर आकाशवाणी हुई—॥ २॥

**बिप्रहु श्राप बिचारि न दीन्हा। नहिं अपराध भूप कछु कीन्हा॥**
**चकित बिप्र सब सुनि नभबानी। भूप गयउ जहँ भोजन खानी॥**

हे ब्राह्मणो! तुमने विचारकर शाप नहीं दिया। राजाने कुछ भी अपराध नहीं किया। आकाशवाणी सुनकर सब ब्राह्मण चकित हो गये। तब राजा वहाँ गया, जहाँ भोजन बना था॥ ३॥

**तहँ न असन नहिं बिप्र सुआरा। फिरेउ राउ मन सोच अपारा॥**
**सब प्रसंग महिसुरन्ह सुनाई। त्रसित परेउ अवनीं अकुलाई॥**

[देखा तो] वहाँ न भोजन था, न रसोइया ब्राह्मण ही था। तब राजा मनमें अपार चिन्ता करता हुआ लौटा। उसने ब्राह्मणोंको सब वृत्तान्त सुनाया और [बड़ा ही] भयभीत और व्याकुल होकर वह पृथ्वीपर गिर पड़ा॥ ४॥

**दो०—भूपति भावी मिटइ नहिं जदपि न दूषन तोर।**
**किएँ अन्यथा होइ नहिं बिप्रश्राप अति घोर॥ १७४॥**

हे राजन्! यद्यपि तुम्हारा दोष नहीं है, तो भी होनहार नहीं मिटता। ब्राह्मणोंका शाप बहुत ही भयानक होता है, यह किसी तरह भी टाले टल नहीं सकता॥ १७४॥

**अस कहि सब महिदेव सिधाए। समाचार पुरलोगन्ह पाए॥**
**सोचहिं दूषन दैवहि देहीं। बिरचत हंस काग किय जेहीं॥**

ऐसा कहकर सब ब्राह्मण चले गये। नगरवासियोंने [जब] यह समाचार पाया, तो वे चिन्ता करने और विधाताको दोष देने लगे, जिसने हंस बनाते-बनाते कौआ कर दिया (ऐसे पुण्यात्मा राजाको देवता बनाना चाहिये था, सो राक्षस बना दिया)॥ १॥

**उपरोहितहि भवन पहुँचाई। असुर तापसहि खबरि जनाई॥**
**तेहिं खल जहँ तहँ पत्र पठाए। सजि सजि सेन भूप सब धाए॥**

पुरोहितको उसके घर पहुँचाकर असुर (कालकेतु) ने [कपटी] तपस्वीको खबर दी। उस दुष्टने जहाँ-तहाँ पत्र भेजे, जिससे सब [वैरी] राजा सेना सजा-सजाकर [चढ़] दौड़े॥ २॥

**घेरेन्हि नगर निसान बजाई। बिबिध भाँति नित होइ लराई॥**
**जूझे सकल सुभट करि करनी। बंधु समेत परेउ नृप धरनी॥**

और उन्होंने डंका बजाकर नगरको घेर लिया। नित्यप्रति अनेक प्रकारसे लड़ाई होने लगी। [प्रतापभानुके] सब योद्धा [शूरवीरोंकी] करनी करके रणमें जूझ मरे। राजा भी भाईसहित खेत रहा॥ ३॥

**सत्यकेतु कुल कोउ नहिं बाँचा। बिप्रश्राप किमि होइ असाँचा॥**
**रिपु जिति सब नृप नगर बसाई। निज पुर गवने जय जसु पाई॥**

सत्यकेतुके कुलमें कोई नहीं बचा। ब्राह्मणोंका शाप झूठा कैसे हो सकता था। शत्रुको जीतकर, नगरको [फिरसे] बसाकर सब राजा विजय और यश पाकर अपने-अपने नगरको चले गये॥ ४॥

**दो०—भरद्वाज सुनु जाहि जब होइ बिधाता बाम।**
**धूरि मेरुसम जनक जम ताहि ब्यालसम दाम॥ १७५॥**

[याज्ञवल्क्यजी कहते हैं—] हे भरद्वाज! सुनो, विधाता जब जिसके विपरीत होते हैं, तब उसके लिये धूल सुमेरुपर्वतके समान (भारी और कुचल डालनेवाली), पिता यमके समान (कालरूप) और रस्सी साँपके समान (काट खानेवाली) हो जाती है॥ १७५॥

**काल पाइ मुनि सुनु सोइ राजा। भयउ निसाचर सहित समाजा॥**
**दस सिर ताहि बीस भुजदंडा। रावन नाम बीर बरिबंडा॥**

हे मुनि! सुनो, समय पाकर वही राजा परिवारसहित रावण नामक राक्षस हुआ। उसके दस सिर और बीस भुजाएँ थीं और वह बड़ा ही प्रचण्ड शूरवीर था॥ १॥

**भूप अनुज अरिमर्दन नामा। भयउ सो कुंभकरन बलधामा॥**
**सचिव जो रहा धरमरुचि जासू। भयउ बिमात्र बंधु लघु तासू॥**

अरिमर्दन नामक जो राजाका छोटा भाई था, वह बलका धाम कुम्भकर्ण हुआ। उसका जो मन्त्री था, जिसका नाम धर्मरुचि था, वह रावणका सौतेला छोटा भाई हुआ॥ २॥

**नाम बिभीषन जेहि जग जाना। बिष्नुभगत बिग्यान निधाना॥**
**रहे जे सुत सेवक नृप केरे। भए निसाचर घोर घनेरे॥**

उसका विभीषण नाम था, जिसे सारा जगत् जानता है। वह विष्णुभक्त और ज्ञान-विज्ञानका भण्डार था और जो राजाके पुत्र और सेवक थे, वे सभी बड़े भयानक राक्षस हुए॥ ३॥

**कामरूप खल जिनस अनेका। कुटिल भयंकर बिगत बिबेका॥**
**कृपा रहित हिंसक सब पापी। बरनि न जाहिं बिस्व परितापी॥**

वे सब अनेकों जातिके, मनमाना रूप धारण करनेवाले, दुष्ट, कुटिल, भयंकर, विवेकरहित, निर्दयी, हिंसक, पापी और संसारभरको दुःख देनेवाले हुए; उनका वर्णन नहीं हो सकता॥ ४॥

**दो०—उपजे जदपि पुलस्त्यकुल पावन अमल अनूप।**
**तदपि महीसुर श्राप बस भए सकल अघरूप॥ १७६॥**

यद्यपि वे पुलस्त्य ऋषिके पवित्र, निर्मल और अनुपम कुलमें उत्पन्न हुए, तथापि ब्राह्मणोंके शापके कारण वे सब पापरूप हुए॥ १७६॥

**कीन्ह बिबिध तप तीनिहुँ भाई। परम उग्र नहिं बरनि सो जाई॥**
**गयउ निकट तप देखि बिधाता। मागहु बर प्रसन्न मैं ताता॥**

तीनों भाइयोंने अनेकों प्रकारकी बड़ी ही कठिन तपस्या की, जिसका वर्णन नहीं हो सकता। [उनका उग्र] तप देखकर ब्रह्माजी उनके पास गये और बोले—हे तात! मैं प्रसन्न हूँ, वर माँगो॥ १॥

**करि बिनती पद गहि दससीसा। बोलेउ बचन सुनहु जगदीसा॥**
**हम काहू के मरहिं न मारें। बानर मनुज जाति दुइ बारें॥**

रावणने विनय करके और चरण पकड़कर कहा—हे जगदीश्वर! सुनिये, वानर और मनुष्य—इन दो जातियोंको छोड़कर हम और किसीके मारे न मरें [यह वर दीजिये]॥ २॥

**एवमस्तु तुम्ह बड़ तप कीन्हा। मैं ब्रह्माँ मिलि तेहि बर दीन्हा॥**
**पुनि प्रभु कुंभकरन पहिं गयऊ। तेहि बिलोकि मन बिसमय भयऊ॥**

[शिवजी कहते हैं कि—] मैंने और ब्रह्माने मिलकर उसे वर दिया कि ऐसा ही हो, तुमने बड़ा तप किया है। फिर ब्रह्माजी कुम्भकर्णके पास गये। उसे देखकर उनके मनमें बड़ा आश्चर्य हुआ॥ ३॥

**जौं एहिं खल नित करब अहारू। होइहि सब उजारि संसारू॥**
**सारद प्रेरि तासु मति फेरी। मागेसि नीद मास षट केरी॥**

जो यह दुष्ट नित्य आहार करेगा, तो सारा संसार ही उजाड़ हो जायगा। [ऐसा विचारकर] ब्रह्माजीने सरस्वतीको प्रेरणा करके उसकी बुद्धि फेर दी। [जिससे] उसने छः महीनेकी नींद माँगी॥ ४॥

**दो०—गए बिभीषन पास पुनि कहेउ पुत्र बर मागु।**
**तेहिं मागेउ भगवंत पद कमल अमल अनुरागु॥ १७७॥**

फिर ब्रह्माजी विभीषणके पास गये और बोले—हे पुत्र! वर माँगो। उसने भगवान्‌के चरणकमलोंमें निर्मल (निष्काम और अनन्य) प्रेम माँगा॥ १७७॥

**तिन्हहि देइ बर ब्रह्म सिधाए। हरषित ते अपने गृह आए॥**
**मय तनुजा मंदोदरि नामा। परम सुंदरी नारि ललामा॥**

उनको वर देकर ब्रह्माजी चले गये और वे (तीनों भाई) हर्षित होकर अपने घर लौट आये। मय दानवकी मन्दोदरी नामकी कन्या परम सुन्दरी और स्त्रियोंमें शिरोमणि थी॥ १॥

**सोइ मयँ दीन्हि रावनहि आनी। होइहि जातुधानपति जानी॥**
**हरषित भयउ नारि भलि पाई। पुनि दोउ बंधु बिआहेसि जाई॥**

मयने उसे लाकर रावणको दिया। उसने जान लिया कि यह राक्षसोंका राजा होगा। अच्छी स्त्री पाकर रावण प्रसन्न हुआ और फिर उसने जाकर दोनों भाइयोंका विवाह कर दिया॥ २॥

**गिरि त्रिकूट एक सिंधु मझारी। बिधि निर्मित दुर्गम अति भारी॥**
**सोइ मय दानवँ बहुरि सँवारा। कनक रचित मनिभवन अपारा॥**

समुद्रके बीचमें त्रिकूट नामक पर्वतपर ब्रह्माका बनाया हुआ एक बड़ा भारी किला था। [महान् मायावी और निपुण कारीगर] मय दानवने उसको फिरसे सजा दिया। उसमें मणियोंसे जड़े हुए सोनेके अनगिनत महल थे॥ ३॥

**भोगावति जसि अहिकुल बासा। अमरावति जसि सक्रनिवासा॥**
**तिन्ह तें अधिक रम्य अति बंका। जग बिख्यात नाम तेहि लंका॥**

जैसी नागकुलके रहनेकी [पाताललोकमें] भोगावती पुरी है और इन्द्रके रहनेकी [स्वर्गलोकमें] अमरावती पुरी है, उनसे भी अधिक सुन्दर और बाँका वह दुर्ग था। जगत्‌में उसका नाम लंका प्रसिद्ध हुआ॥ ४॥

**दो०—खाईं सिंधु गभीर अति चारिहुँ दिसि फिरि आव।**
**कनक कोट मनिखचित दृढ़ बरनि न जाइ बनाव॥ १७८ (क)॥**

उसे चारों ओरसे समुद्रकी अत्यन्त गहरी खाई घेरे हुए है। उस [दुर्ग] के मणियोंसे जड़ा हुआ सोनेका मजबूत परकोटा है, जिसकी कारीगरीका वर्णन नहीं किया जा सकता॥ १७८ (क)॥

**हरि प्रेरित जेहिं कलप जोइ जातुधानपति होइ।**
**सूर प्रतापी अतुलबल दल समेत बस सोइ॥ १७८ (ख)॥**

भगवान्‌की प्रेरणासे जिस कल्पमें जो राक्षसोंका राजा (रावण) होता है, वही शूर, प्रतापी, अतुलित बलवान् अपनी सेनासहित उस पुरीमें बसता है॥ १७८ (ख)॥

**रहे तहाँ निसिचर भट भारे। ते सब सुरन्ह समर संघारे॥**
**अब तहँ रहहिं सक्र के प्रेरे। रच्छक कोटि जच्छपति केरे॥**

[पहले] वहाँ बड़े-बड़े योद्धा राक्षस रहते थे। देवताओंने उन सबको युद्धमें मार डाला। अब इन्द्रकी प्रेरणासे वहाँ कुबेरके एक करोड़ रक्षक (यक्षलोग) रहते हैं—॥ १॥

**दसमुख कतहुँ खबरि असि पाई। सेन साजि गढ़ घेरेसि जाई॥**
**देखि बिकट भट बड़ि कटकाई। जच्छ जीव लै गए पराई॥**

रावणको कहीं ऐसी खबर मिली तब उसने सेना सजाकर किलेको जा घेरा। उस बड़े विकट योद्धा और उसकी बड़ी सेनाको देखकर यक्ष अपने प्राण लेकर भाग गये॥ २॥

**फिरि सब नगर दसानन देखा। गयउ सोच सुख भयउ बिसेषा॥**
**सुंदर सहज अगम अनुमानी। कीन्हि तहाँ रावन रजधानी॥**

तब रावणने घूम-फिरकर सारा नगर देखा, उसकी [स्थानसम्बन्धी] चिन्ता मिट गयी और उसे बहुत ही सुख हुआ। उस पुरीको स्वाभाविक ही सुन्दर और [बाहरवालोंके लिये] दुर्गम अनुमान करके रावणने वहाँ अपनी राजधानी कायम की॥ ३॥

**जेहि जस जोग बाँटि गृह दीन्हे। सुखी सकल रजनीचर कीन्हे॥**
**एक बार कुबेर पर धावा। पुष्पक जान जीति लै आवा॥**

योग्यताके अनुसार घरोंको बाँटकर रावणने सब राक्षसोंको सुखी किया। एक बार वह कुबेरपर चढ़ दौड़ा और उससे पुष्पकविमानको जीतकर ले आया॥ ४॥

**दो०—कौतुकहीं कैलास पुनि लीन्हेसि जाइ उठाइ।**
**मनहुँ तौलि निज बाहुबल चला बहुत सुख पाइ॥ १७९॥**

फिर उसने जाकर [एक बार] खिलवाड़हीमें कैलास पर्वतको उठा लिया और मानो अपनी भुजाओंका बल तौलकर, बहुत सुख पाकर वह वहाँसे चला आया॥ १७९॥

**सुख संपति सुत सेन सहाई। जय प्रताप बल बुद्धि बड़ाई॥**
**नित नूतन सब बाढ़त जाई। जिमि प्रतिलाभ लोभ अधिकाई॥**

सुख, सम्पत्ति, पुत्र, सेना, सहायक, जय, प्रताप, बल, बुद्धि और बड़ाई—ये सब उसके नित्य नये [वैसे ही] बढ़ते जाते थे, जैसे प्रत्येक लाभपर लोभ बढ़ता है॥ १॥

**अतिबल कुंभकरन अस भ्राता। जेहि कहुँ नहिं प्रतिभट जग जाता॥**
**करइ पान सोवइ षट मासा। जागत होइ तिहूँ पुर त्रासा॥**

अत्यन्त बलवान् कुम्भकर्ण-सा उसका भाई था, जिसके जोड़का योद्धा जगत्‌में पैदा ही नहीं हुआ। वह मदिरा पीकर छः महीने सोया करता था। उसके जागते ही तीनों लोकोंमें तहलका मच जाता था॥ २॥

**जौं दिन प्रति अहार कर सोई। बिस्व बेगि सब चौपट होई॥**
**समर धीर नहिं जाइ बखाना। तेहि सम अमित बीर बलवाना॥**

यदि वह प्रतिदिन भोजन करता, तब तो सम्पूर्ण विश्व शीघ्र ही चौपट (खाली) हो जाता। रणधीर ऐसा था कि जिसका वर्णन नहीं किया जा सकता। [लंकामें] उसके ऐसे असंख्य बलवान् वीर थे॥ ३॥

**बारिदनाद जेठ सुत तासू। भट महुँ प्रथम लीक जग जासू॥**
**जेहि न होइ रन सनमुख कोई। सुरपुर नितहिं परावन होई॥**

मेघनाद रावणका बड़ा लड़का था, जिसका जगत्‌के योद्धाओंमें पहला नंबर था। रणमें कोई भी उसका सामना नहीं कर सकता था। स्वर्गमें तो [उसके भयसे] नित्य भगदड़ मची रहती थी॥ ४॥

**दो०— कुमुख अकंपन कुलिसरद धूमकेतु अतिकाय।**
**एक एक जग जीति सक ऐसे सुभट निकाय॥ १८०॥**

[इनके अतिरिक्त] दुर्मुख, अकम्पन, वज्रदन्त, धूमकेतु और अतिकाय आदि ऐसे अनेक योद्धा थे, जो अकेले ही सारे जगत्‌को जीत सकते थे॥ १८०॥

**कामरूप जानहिं सब माया। सपनेहुँ जिन्ह कें धरम न दाया॥**
**दसमुख बैठ सभाँ एक बारा। देखि अमित आपन परिवारा॥**

सभी राक्षस मनमाना रूप बना सकते थे और [आसुरी] माया जानते थे। उनके दया-धर्म स्वप्नमें भी नहीं था। एक बार सभामें बैठे हुए रावणने अपने अगणित परिवारको देखा—॥ १॥

**सुत समूह जन परिजन नाती। गनै को पार निसाचर जाती॥**
**सेन बिलोकि सहज अभिमानी। बोला बचन क्रोध मद सानी॥**

पुत्र-पौत्र, कुटुम्बी और सेवक ढेर-के-ढेर थे। [सारी] राक्षसोंकी जातियोंको तो गिन ही कौन सकता था? अपनी सेनाको देखकर स्वभावसे ही अभिमानी रावण क्रोध और गर्वमें सनी हुई वाणी बोला—॥ २॥

**सुनहु सकल रजनीचर जूथा। हमरे बैरी बिबुध बरूथा॥**
**ते सनमुख नहिं करहिं लराई। देखि सबल रिपु जाहिं पराई॥**

हे समस्त राक्षसोंके दलो! सुनो, देवतागण हमारे शत्रु हैं। वे सामने आकर युद्ध नहीं करते। बलवान् शत्रुको देखकर भाग जाते हैं॥ ३॥

**तेन्ह कर मरन एक बिधि होई। कहउँ बुझाइ सुनहु अब सोई॥**
**द्विजभोजन मख होम सराधा। सब कै जाइ करहु तुम्ह बाधा॥**

उनका मरण एक ही उपायसे हो सकता है, मैं समझाकर कहता हूँ। अब उसे सुनो। [उनके बलको बढ़ानेवाले] ब्राह्मणभोजन, यज्ञ, हवन और श्राद्ध—इन सबमें जाकर तुम बाधा डालो॥ ४॥

**दो०— छुधा छीन बलहीन सुर सहजेहिं मिलिहहिं आइ।**
**तब मारिहउँ कि छाड़िहउँ भली भाँति अपनाइ॥ १८१॥**

भूखसे दुर्बल और बलहीन होकर देवता सहजहीमें आ मिलेंगे। तब उनको मैं मार डालूँगा अथवा भलीभाँति अपने अधीन करके [सर्वथा पराधीन करके] छोड़ दूँगा॥ १८१॥

**मेघनाद कहुँ पुनि हँकरावा। दीन्ही सिख बलु बयरु बढ़ावा॥**
**जे सुर समर धीर बलवाना। जिन्ह कें लरिबे कर अभिमाना॥**

फिर उसने मेघनादको बुलवाया और सिखा-पढ़ाकर उसके बल और [देवताओंके प्रति]

वैरभावको उत्तेजना दी। [फिर कहा—] हे पुत्र! जो देवता रणमें धीर और बलवान् हैं और जिन्हें लड़नेका अभिमान है॥ १॥

**तिन्हहि जीति रन आनेसु बाँधी। उठि सुत पितु अनुसासन काँधी॥**
**एहि बिधि सबही अग्या दीन्ही। आपुनु चलेउ गदा कर लीन्ही॥**

उन्हें युद्धमें जीतकर बाँध लाना। बेटेने उठकर पिताकी आज्ञाको शिरोधार्य किया। इसी तरह उसने सबको आज्ञा दी और आप भी हाथमें गदा लेकर चल दिया॥ २॥

**चलत दसानन डोलति अवनी। गर्जत गर्भ स्त्रवहिं सुर रवनी॥**
**रावन आवत सुनेउ सकोहा। देवन्ह तके मेरु गिरि खोहा॥**

रावणके चलनेसे पृथ्वी डगमगाने लगी और उसकी गर्जनासे देवरमणियोंके गर्भ गिरने लगे। रावणको क्रोधसहित आते हुए सुनकर देवताओंने सुमेरु पर्वतकी गुफाएँ तकीं (भागकर सुमेरुकी गुफाओंका आश्रय लिया)॥ ३॥

**दिगपालन्ह के लोक सुहाए। सूने सकल दसानन पाए॥**
**पुनि पुनि सिंघनाद करि भारी। देइ देवतन्ह गारि पचारी॥**

दिक्पालोंके सारे सुन्दर लोकोंको रावणने सूना पाया। वह बार-बार भारी सिंहगर्जना करके देवताओंको ललकार-ललकारकर गालियाँ देता था॥ ४॥

**रन मद मत्त फिरइ जग धावा। प्रतिभट खोजत कतहुँ न पावा॥**
**रबि ससि पवन बरुन धनधारी। अगिनि काल जम सब अधिकारी॥**

रणके मदमें मतवाला होकर वह अपनी जोड़ीका योद्धा खोजता हुआ जगत्‌भरमें दौड़ता फिरा, परन्तु उसे ऐसा योद्धा कहीं नहीं मिला। सूर्य, चन्द्रमा, वायु, वरुण, कुबेर, अग्नि, काल और यम आदि सब अधिकारी,॥ ५॥

**किंनर सिद्ध मनुज सुर नागा। हठि सबही के पंथहिं लागा॥**
**ब्रह्मसृष्टि जहँ लगि तनुधारी। दसमुख बसबर्ती नर नारी॥**

किन्नर, सिद्ध, मनुष्य, देवता और नाग—सभीके पीछे वह हठपूर्वक पड़ गया (किसीको भी उसने शान्तिपूर्वक नहीं बैठने दिया)। ब्रह्माजीकी सृष्टिमें जहाँतक शरीरधारी स्त्री-पुरुष थे, सभी रावणके अधीन हो गये॥ ६॥

**आयसु करहिं सकल भयभीता। नवहिं आइ नित चरन बिनीता॥**

डरके मारे सभी उसकी आज्ञाका पालन करते थे और नित्य आकर नम्रतापूर्वक उसके चरणोंमें सिर नवाते थे॥ ७॥

**दो०—भुजबल बिस्व बस्य करि राखेसि कोउ न सुतंत्र।**
**मंडलीक मनि रावन राज करइ निज मंत्र॥ १८२ (क)॥**

उसने भुजाओंके बलसे सारे विश्वको वशमें कर लिया, किसीको स्वतन्त्र नहीं रहने दिया। [इस प्रकार] मण्डलीक राजाओंका शिरोमणि (सार्वभौम सम्राट्)रावण अपने इच्छानुसार राज्य करने लगा॥ १८२ (क)॥

**देव जच्छ गंधर्ब नर किंनर नाग कुमारि।**
**जीति बरीं निज बाहुबल बहु सुंदर बर नारि॥ १८२ (ख)॥**

देवता, यक्ष, गन्धर्व, मनुष्य, किन्नर और नागोंकी कन्याओं तथा बहुत-सी अन्य सुन्दरी और उत्तम स्त्रियोंको उसने अपनी भुजाओंके बलसे जीतकर ब्याह लिया॥ १८२ (ख)॥

**इंद्रजीत सन जो कछु कहेऊ। सो सब जनु पहिलेहिं करि रहेऊ॥**
**प्रथमहिं जिन्ह कहुँ आयसु दीन्हा। तिन्ह कर चरित सुनहु जो कीन्हा॥**

मेघनादसे उसने जो कुछ कहा, उसे उसने (मेघनादने) मानो पहलेसे ही कर रखा था (अर्थात् रावणके कहनेभरकी देर थी, उसने आज्ञापालनमें तनिक भी देर नहीं की)। जिनको [रावणने मेघनादसे] पहले ही आज्ञा दे रखी थी, उन्होंने जो करतूतें की उन्हें सुनो—॥ १॥

**देखत भीमरूप सब पापी। निसिचर निकर देव परितापी॥**
**करहिं उपद्रव असुर निकाया। नाना रूप धरहिं करि माया॥**

सब राक्षसोंके समूह देखनेमें बड़े भयानक, पापी और देवताओंको दुःख देनेवाले थे। वे असुरोंके समूह उपद्रव करते थे और मायासे अनेकों प्रकारके रूप धरते थे॥ २॥

**जेहि बिधि होइ धर्म निर्मूला। सो सब करहिं बेद प्रतिकूला॥**
**जेहिं जेहिं देस धेनु द्विज पावहिं। नगर गाउँ पुर आगि लगावहिं॥**

जिस प्रकार धर्मकी जड़ कटे, वे वही सब वेदविरुद्ध काम करते थे। जिस-जिस स्थानमें वे गौ और ब्राह्मणोंको पाते थे, उसी नगर, गाँव और पुरवेमें आग लगा देते थे॥ ३॥

**सुभ आचरन कतहुँ नहिं होई। देव बिप्र गुरु मान न कोई॥**
**नहिं हरिभगति जग्य तप ग्याना। सपनेहुँ सुनिअ न बेद पुराना॥**

[उनके डरसे] कहीं भी शुभ आचरण (ब्राह्मणभोजन, यज्ञ, श्राद्ध आदि) नहीं होते थे। देवता, ब्राह्मण और गुरुको कोई नहीं मानता था। न हरिभक्ति थी, न यज्ञ, तप और ज्ञान था। वेद और पुराण तो स्वप्नमें भी सुननेको नहीं मिलते थे॥ ४॥

**छं०—जप जोग बिरागा तप मख भागा श्रवन सुनइ दससीसा।**
**आपुनु उठि धावइ रहै न पावइ धरि सब घालइ खीसा॥**
**अस भ्रष्ट अचारा भा संसारा धर्म सुनिअ नहिं काना।**
**तेहि बहुबिधि त्रासइ देस निकासइ जो कह बेद पुराना॥**

जप, योग, वैराग्य, तप तथा यज्ञमें [देवताओंके] भाग पानेकी बात रावण कहीं कानोंसे सुन पाता, तो [उसी समय] स्वयं उठ दौड़ता। कुछ भी रहने नहीं पाता, वह सबको पकड़कर विध्वंस कर डालता था। संसारमें ऐसा भ्रष्ट आचरण फैल गया कि धर्म तो कानोंमें भी सुननेमें नहीं आता था; जो कोई वेद और पुराण कहता, उसको बहुत तरहसे त्रास देता और देशसे निकाल देता था।

**सो०—बरनि न जाइ अनीति घोर निसाचर जो करहिं।**
**हिंसा पर अति प्रीति तिन्ह के पापहि कवनि मिति॥ १८३॥**

राक्षसलोग जो घोर अत्याचार करते थे, उसका वर्णन नहीं किया जा सकता। हिंसापर ही जिनकी प्रीति है, उनके पापोंका क्या ठिकाना!॥ १८३॥

## मासपारायण, छठा विश्राम

**बाढ़े खल बहु चोर जुआरा। जे लंपट परधन परदारा॥**
**मानहिं मातु पिता नहिं देवा। साधुन्ह सन करवावहिं सेवा॥**

पराये धन और परायी स्त्रीपर मन चलानेवाले, दुष्ट, चोर और जुआरी बहुत बढ़ गये। लोग माता-पिता और देवताओंको नहीं मानते थे और साधुओं [की सेवा करना तो दूर रहा, उलटे उन] से सेवा करवाते थे॥ १॥

**जिन्ह के यह आचरन भवानी। ते जानेहु निसिचर सब प्रानी॥**
**अतिसय देखि धर्म कै ग्लानी। परम सभीत धरा अकुलानी॥**

[श्रीशिवजी कहते हैं कि—] हे भवानी! जिनके ऐसे आचरण हैं, उन सब प्राणियोंको राक्षस ही समझना। इस प्रकार धर्मके प्रति [लोगोंकी] अतिशय ग्लानि (अरुचि, अनास्था) देखकर पृथ्वी अत्यन्त भयभीत एवं व्याकुल हो गयी॥ २॥

**गिरि सरि सिंधु भार नहिं मोही। जस मोहि गरुअ एक परद्रोही॥**
**सकल धर्म देखइ बिपरीता। कहि न सकइ रावन भय भीता॥**

[वह सोचने लगी कि] पर्वतों, नदियों और समुद्रोंका बोझ मुझे इतना भारी नहीं जान पड़ता, जितना भारी मुझे एक परद्रोही (दूसरोंका अनिष्ट करनेवाला) लगता है। पृथ्वी सारे धर्मोंको विपरीत देख रही है, पर रावणसे भयभीत हुई वह कुछ बोल नहीं सकती॥ ३॥

**धेनु रूप धरि हृदयँ बिचारी। गई तहाँ जहँ सुर मुनि झारी॥**
**निज संताप सुनाएसि रोई। काहू तें कछु काज न होई॥**

[अन्तमें] हृदयमें सोच-विचारकर, गौका रूप धारण कर धरती वहाँ गयी, जहाँ सब देवता और मुनि [छिपे] थे। पृथ्वीने रोकर उनको अपना दुःख सुनाया, पर किसीसे कुछ काम न बना॥ ४॥

**छं०—सुर मुनि गंधर्बा मिलि करि सर्बा गे बिरंचि के लोका।**
**सँग गोतनुधारी भूमि बिचारी परम बिकल भय सोका॥**
**ब्रह्माँ सब जाना मन अनुमाना मोर कछू न बसाई।**
**जा करि तैं दासी सो अबिनासी हमरेउ तोर सहाई॥**

तब देवता, मुनि और गन्धर्व सब मिलकर ब्रह्माजीके लोक (सत्यलोक) को गये। भय और शोकसे अत्यन्त व्याकुल बेचारी पृथ्वी भी गौका शरीर धारण किये हुए उनके साथ थी। ब्रह्माजी सब जान गये। उन्होंने मनमें अनुमान किया कि इसमें मेरा कुछ भी वश नहीं चलनेका। [तब उन्होंने पृथ्वीसे कहा कि—] जिसकी तू दासी है, वही अविनाशी हमारा और तुम्हारा दोनोंका सहायक है।

**सो०—धरनि धरहि मन धीर कह बिरंचि हरिपद सुमिरु।**
**जानत जन की पीर प्रभु भंजिहि दारुन बिपति॥ १८४॥**

ब्रह्माजीने कहा—हे धरती! मनमें धीरज धारण करके श्रीहरिके चरणोंका स्मरण करो। प्रभु अपने दासोंकी पीड़ाको जानते हैं, ये तुम्हारी कठिन विपत्तिका नाश करेंगे॥ १८४॥

**बैठे सुर सब करहिं बिचारा। कहँ पाइअ प्रभु करिअ पुकारा॥**
**पुर बैकुंठ जान कह कोई। कोउ कह पयनिधि बस प्रभु सोई॥**

सब देवता बैठकर विचार करने लगे कि प्रभुको कहाँ पावें ताकि उनके सामने पुकार (फर्याद) करें।

कोई वैकुण्ठपुरी जानेको कहता था और कोई कहता था कि वही प्रभु क्षीरसमुद्रमें निवास करते हैं॥ १॥

**जाके हृदयँ भगति जसि प्रीती। प्रभु तहँ प्रगट सदा तेहिं रीती॥**
**तेहिं समाज गिरिजा मैं रहेऊँ। अवसर पाइ बचन एक कहेऊँ॥**

जिसके हृदयमें जैसी भक्ति और प्रीति होती है, प्रभु वहाँ (उसके लिये) सदा उसी रीतिसे प्रकट होते हैं। हे पार्वती! उस समाजमें मैं भी था। अवसर पाकर मैंने एक बात कही—॥ २॥

**हरि ब्यापक सर्बत्र समाना। प्रेम तें प्रगट होहिं मैं जाना॥**
**देस काल दिसि बिदिसिहु माहीं। कहहु सो कहाँ जहाँ प्रभु नाहीं॥**

मैं तो यह जानता हूँ कि भगवान् सब जगह समान रूपसे व्यापक हैं, प्रेमसे वे प्रकट हो जाते हैं। देश, काल, दिशा, विदिशामें बताओ, ऐसी जगह कहाँ है, जहाँ प्रभु न हों॥ ३॥

**अग जगमय सब रहित बिरागी। प्रेम तें प्रभु प्रगटइ जिमि आगी॥**
**मोर बचन सब के मन माना। साधु साधु करि ब्रह्म बखाना॥**

वे चराचरमय (चराचरमें व्याप्त) होते हुए ही सबसे रहित हैं और विरक्त हैं (उनकी कहीं आसक्ति नहीं है); वे प्रेमसे प्रकट होते हैं, जैसे अग्नि। (अग्नि अव्यक्तरूपसे सर्वत्र व्याप्त है, परन्तु जहाँ उसके लिये अरणिमन्थनादि साधन किये जाते हैं, वहाँ वह प्रकट होती है। इसी प्रकार सर्वत्र व्याप्त भगवान् भी प्रेमसे प्रकट होते हैं।) मेरी बात सबको प्रिय लगी। ब्रह्माजीने 'साधु, साधु' कहकर बड़ाई की॥ ४॥

**दो०—सुनि बिरंचि मन हरष तन पुलकि नयन बह नीर।**
**अस्तुति करत जोरि कर सावधान मतिधीर॥ १८५॥**

मेरी बात सुनकर ब्रह्माजीके मनमें बड़ा हर्ष हुआ; उनका तन पुलकित हो गया और नेत्रोंसे [प्रेमके] आँसू बहने लगे। तब वे धीरबुद्धि ब्रह्माजी सावधान होकर हाथ जोड़कर स्तुति करने लगे—॥ १८५॥

**छं०—जय जय सुरनायक जन सुखदायक प्रनतपाल भगवंता।**
**गो द्विज हितकारी जय असुरारी सिंधुसुता प्रिय कंता॥**
**पालन सुर धरनी अद्भुत करनी मरम न जानइ कोई।**
**जो सहज कृपाला दीनदयाला करउ अनुग्रह सोई॥**

हे देवताओंके स्वामी, सेवकोंको सुख देनेवाले, शरणागतकी रक्षा करनेवाले भगवान्! आपकी जय हो! जय हो!! हे गो-ब्राह्मणोंका हित करनेवाले, असुरोंका विनाश करनेवाले, समुद्रकी कन्या (श्रीलक्ष्मीजी)के प्रिय स्वामी! आपकी जय हो। हे देवता और पृथ्वीका पालन करनेवाले! आपकी लीला अद्भुत है,उसका भेद कोई नहीं जानता। ऐसे जो स्वभावसे ही कृपालु और दीनदयालु हैं, वे ही हमपर कृपा करें॥ १॥

**जय जय अबिनासी सब घट बासी ब्यापक परमानंदा।**
**अबिगत गोतीतं चरित पुनीतं मायारहित मुकुंदा॥**
**जेहि लागि बिरागी अति अनुरागी बिगत मोह मुनिबृंदा।**
**निसि बासर ध्यावहिं गुनगन गावहिं जयति सच्चिदानंदा॥**

हे अविनाशी, सबके हृदयमें निवास करनेवाले (अन्तर्यामी), सर्वव्यापक परम आनन्दस्वरूप, अज्ञेय, इन्द्रियोंसे परे, पवित्रचरित्र, मायासे रहित मुकुन्द (मोक्षदाता)! आपकी जय हो! जय हो!! [इस लोक और परलोकके सब भोगोंसे] विरक्त तथा मोहसे सर्वथा छूटे हुए (ज्ञानी) मुनिवृन्द भी अत्यन्त अनुरागी (प्रेमी) बनकर जिनका रात-दिन ध्यान करते हैं और जिनके गुणोंके समूहका गान करते हैं, उन सच्चिदानन्दकी जय हो॥ २॥

**जेहिं सृष्टि उपाई त्रिबिध बनाई संग सहाय न दूजा।**
**सो करउ अघारी चिंत हमारी जानिअ भगति न पूजा॥**
**जो भव भय भंजन मुनि मन रंजन गंजन बिपति बरूथा।**
**मन बच क्रम बानी छाड़ि सयानी सरन सकल सुरजूथा॥**

जिन्होंने बिना किसी दूसरे संगी अथवा सहायकके अकेले ही [या स्वयं अपनेको त्रिगुणरूप—ब्रह्मा, विष्णु, शिवरूप—बनाकर अथवा बिना किसी उपादान-कारणके अर्थात् स्वयं ही सृष्टिका अभिन्ननिमित्तोपादान कारण बनकर] तीन प्रकारकी सृष्टि उत्पन्न की, वे पापोंका नाश करनेवाले भगवान् हमारी सुधि लें। हम न भक्ति जानते हैं, न पूजा। जो संसारके (जन्म-मृत्युके) भयका नाश करनेवाले, मुनियोंके मनको आनन्द देनेवाले और विपत्तियोंके समूहको नष्ट करनेवाले हैं। हम सब देवताओंके समूह मन, वचन और कर्मसे चतुराई करनेकी बान छोड़कर उन (भगवान्) की शरण [आये] हैं॥ ३॥

**सारद श्रुति सेषा रिषय असेषा जा कहुँ कोउ नहिं जाना।**
**जेहि दीन पिआरे बेद पुकारे द्रवउ सो श्रीभगवाना॥**
**भव बारिधि मंदर सब बिधि सुंदर गुनमंदिर सुखपुंजा।**
**मुनि सिद्ध सकल सुर परम भयातुर नमत नाथ पद कंजा॥**

सरस्वती, वेद, शेषजी और सम्पूर्ण ऋषि कोई भी जिनको नहीं जानते, जिन्हें दीन प्रिय हैं, ऐसा वेद पुकारकर कहते हैं, वे ही श्रीभगवान् हमपर दया करें। हे संसाररूपी समुद्रके [मथनेके] लिये मन्दराचलरूप, सब प्रकारसे सुन्दर, गुणोंके धाम और सुखोंकी राशि नाथ! आपके चरणकमलोंमें मुनि, सिद्ध और सारे देवता भयसे अत्यन्त व्याकुल होकर नमस्कार करते हैं॥ ४॥

**दो०—जानि सभय सुर भूमि सुनि बचन समेत सनेह।**
**गगनगिरा गंभीर भइ हरनि सोक संदेह॥ १८६॥**

देवता और पृथ्वीको भयभीत जानकर और उनके स्नेहयुक्त वचन सुनकर शोक और सन्देहको हरनेवाली गम्भीर आकाशवाणी हुई—॥ १८६॥

**जनि डरपहु मुनि सिद्ध सुरेसा। तुम्हहि लागि धरिहउँ नर बेसा॥**
**अंसन्ह सहित मनुज अवतारा। लेहउँ दिनकर बंस उदारा॥**

हे मुनि, सिद्ध और देवताओंके स्वामियो! डरो मत। तुम्हारे लिये मैं मनुष्यका रूप धारण करूँगा और उदार (पवित्र) सूर्यवंशमें अंशोंसहित मनुष्यका अवतार लूँगा॥ १॥

**कस्यप अदिति महातप कीन्हा। तिन्ह कहुँ मैं पूरब बर दीन्हा॥**
**ते दसरथ कौसल्या रूपा। कोसलपुरीं प्रगट नरभूपा॥**

कश्यप और अदितिने बड़ा भारी तप किया था। मैं पहले ही उनको वर दे चुका हूँ। वे ही दशरथ और कौसल्याके रूपमें मनुष्योंके राजा होकर श्रीअयोध्यापुरीमें प्रकट हुए हैं॥ २॥

**तिन्ह कें गृह अवतरिहउँ जाई। रघुकुल तिलक सो चारिउ भाई॥**
**नारद बचन सत्य सब करिहउँ। परम सक्ति समेत अवतरिहउँ॥**

उन्हींके घर जाकर मैं रघुकुलमें श्रेष्ठ चार भाइयोंके रूपमें अवतार लूँगा। नारदके सब वचन मैं सत्य करूँगा और अपनी पराशक्तिके सहित अवतार लूँगा॥ ३॥

**हरिहउँ सकल भूमि गरुआई। निर्भय होहु देव समुदाई॥**
**गगन ब्रह्मबानी सुनि काना। तुरत फिरे सुर हृदय जुड़ाना॥**

मैं पृथ्वीका सब भार हर लूँगा। हे देववृन्द! तुम निर्भय हो जाओ। आकाशमें ब्रह्म (भगवान्)की वाणीको कानसे सुनकर देवता तुरंत लौट गये। उनका हृदय शीतल हो गया॥ ४॥

**तब ब्रह्माँ धरनिहि समुझावा। अभय भई भरोस जियँ आवा॥**

तब ब्रह्माजीने पृथ्वीको समझाया। वह भी निर्भय हुई और उसके जीमें भरोसा (ढाढ़स) आ गया॥ ५॥

**दो०—निज लोकहि बिरंचि गे देवन्ह इहइ सिखाइ।**
**बानर तनु धरि धरि महि हरि पद सेवहु जाइ॥ १८७॥**

देवताओंको यही सिखाकर कि वानरोंका शरीर धर-धरकर तुमलोग पृथ्वीपर जाकर भगवान्के चरणोंकी सेवा करो, ब्रह्माजी अपने लोकको चले गये॥ १८७॥

**गए देव सब निज निज धामा। भूमि सहित मन कहुँ बिश्रामा॥**
**जो कछु आयसु ब्रह्माँ दीन्हा। हरषे देव बिलंब न कीन्हा॥**

सब देवता अपने-अपने लोकको गये। पृथ्वीसहित सबके मनको शान्ति मिली। ब्रह्माजीने जो कुछ आज्ञा दी, उससे देवता बहुत प्रसन्न हुए और उन्होंने [वैसा करनेमें] देर नहीं की॥ १॥

**बनचर देह धरी छिति माहीं। अतुलित बल प्रताप तिन्ह पाहीं॥**
**गिरि तरु नख आयुध सब बीरा। हरि मारग चितवहिं मतिधीरा॥**

पृथ्वीपर उन्होंने वानरदेह धारण की। उनमें अपार बल और प्रताप था। सभी शूरवीर थे; पर्वत, वृक्ष और नख ही उनके शस्त्र थे। वे धीर बुद्धिवाले [वानररूप देवता] भगवान्के आनेकी राह देखने लगे॥ २॥

**गिरि कानन जहँ तहँ भरि पूरी। रहे निज निज अनीक रचि रूरी॥**
**यह सब रुचिर चरित मैं भाषा। अब सो सुनहु जो बीचहिं राखा॥**

वे [वानर] पर्वतों और जंगलोंमें जहाँ-तहाँ अपनी-अपनी सुन्दर सेना बनाकर भरपूर छा गये। यह सब सुन्दर चरित्र मैंने कहा। अब वह चरित्र सुनो जिसे बीचहीमें छोड़ दिया था॥ ३॥

**अवधपुरीं रघुकुलमनि राऊ। बेद बिदित तेहि दसरथ नाऊँ॥**
**धरम धुरंधर गुननिधि ग्यानी। हृदयँ भगति मति सारँगपानी॥**

अवधपुरीमें रघुकुलशिरोमणि दशरथ नामके राजा हुए, जिनका नाम वेदोंमें विख्यात है। वे धर्म-धुरन्धर, गुणोंके भण्डार और ज्ञानी थे। उनके हृदयमें शार्ङ्गधनुष धारण करनेवाले भगवान्की भक्ति थी, और उनकी बुद्धि भी उन्हींमें लगी रहती थी॥ ४॥

**दो०—कौसल्यादि नारि प्रिय सब आचरन पुनीत।**
**पति अनुकूल प्रेम दृढ़ हरि पद कमल बिनीत॥ १८८॥**

उनकी कौसल्या आदि प्रिय रानियाँ सभी पवित्र आचरणवाली थीं। वे [बड़ी] विनीत और पतिके अनुकूल [चलनेवाली] थीं और श्रीहरिके चरणकमलोंमें उनका दृढ़ प्रेम था॥ १८८॥

**एक बार भूपति मन माहीं। भै गलानि मोरें सुत नाहीं॥**
**गुर गृह गयउ तुरत महिपाला। चरन लागि करि बिनय बिसाला॥**

एक बार राजाके मनमें बड़ी ग्लानि हुई कि मेरे पुत्र नहीं है। राजा तुरंत ही गुरुके घर गये और चरणोंमें प्रणाम कर बहुत विनय की॥ १॥

**निज दुख सुख सब गुरहि सुनायउ। कहि बसिष्ठ बहु बिधि समुझायउ॥**
**धरहु धीर होइहहिं सुत चारी। त्रिभुवन बिदित भगत भय हारी॥**

राजाने अपना सारा दुःख-सुख गुरुको सुनाया। गुरु वसिष्ठजीने उन्हें बहुत प्रकारसे समझाया [और कहा—] धीरज धरो, तुम्हारे चार पुत्र होंगे, जो तीनों लोकोंमें प्रसिद्ध और भक्तोंके भयको हरनेवाले होंगे॥ २॥

**सृंगी रिषिहि बसिष्ठ बोलावा। पुत्रकाम सुभ जग्य करावा॥**
**भगति सहित मुनि आहुति दीन्हें। प्रगटे अगिनि चरू कर लीन्हें॥**

वसिष्ठजीने शृंगी ऋषिको बुलवाया और उनसे शुभ पुत्रकामेष्टि यज्ञ कराया। मुनिके भक्तिसहित आहुतियाँ देनेपर अग्निदेव हाथमें चरु (हविष्यान्न खीर) लिये प्रकट हुए॥ ३॥

**जो बसिष्ठ कछु हृदयँ बिचारा। सकल काजु भा सिद्ध तुम्हारा॥**
**यह हबि बाँटि देहु नृप जाई। जथा जोग जेहि भाग बनाई॥**

[और दशरथसे बोले—] वसिष्ठने हृदयमें जो कुछ विचारा था, तुम्हारा वह सब काम सिद्ध हो गया। हे राजन्! [अब] तुम जाकर इस हविष्यान्न (पायस) को, जिसको जैसा उचित हो, वैसा भाग बनाकर बाँट दो॥ ४॥

**दो०—तब अदृस्य भए पावक सकल सभहि समुझाइ।**
**परमानंद मगन नृप हरष न हृदयँ समाइ॥ १८९॥**

तदनन्तर अग्निदेव सारी सभाको समझाकर अन्तर्धान हो गये। राजा परमानन्दमें मग्न हो गये, उनके हृदयमें हर्ष समाता न था॥ १८९॥

**तबहिं रायँ प्रिय नारि बोलाईं। कौसल्यादि तहाँ चलि आईं॥**
**अर्ध भाग कौसल्यहि दीन्हा। उभय भाग आधे कर कीन्हा॥**

उसी समय राजाने अपनी प्यारी पत्नियोंको बुलाया। कौसल्या आदि सब [रानियाँ] वहाँ चली आयीं। राजाने [पायसका] आधा भाग कौसल्याको दिया, [और शेष] आधेके दो भाग किये॥ १॥

**कैकेई कहँ नृप सो दयऊ। रह्यो सो उभय भाग पुनि भयऊ॥**
**कौसल्या कैकेई हाथ धरि। दीन्ह सुमित्रहि मन प्रसन्न करि॥**

वह (उनमेंसे एक भाग) राजाने कैकेयीको दिया। शेष जो बच रहा उसके फिर दो भाग हुए और राजाने उनको कौसल्या और कैकेयीके हाथपर रखकर (अर्थात् उनकी अनुमति लेकर) और इस प्रकार उनका मन प्रसन्न करके सुमित्राको दिया॥ २॥

**एहि बिधि गर्भसहित सब नारी। भईं हृदयँ हरषित सुख भारी॥**
**जा दिन तें हरि गर्भहिं आए। सकल लोक सुख संपति छाए॥**

इस प्रकार सब स्त्रियाँ गर्भवती हुईं। वे हृदयमें बहुत हर्षित हुईं। उन्हें बड़ा सुख मिला। जिस दिनसे श्रीहरि [लीलासे ही] गर्भमें आये, सब लोकोंमें सुख और सम्पत्ति छा गयी॥ ३॥

**मंदिर महँ सब राजहिं रानीं। सोभा सील तेज की खानीं॥**
**सुख जुत कछुक काल चलि गयऊ। जेहिं प्रभु प्रगट सो अवसर भयऊ॥**

शोभा, शील और तेजकी खान [बनी हुई] सब रानियाँ महलमें सुशोभित हुईं। इस प्रकार कुछ समय सुखपूर्वक बीता और वह अवसर आ गया जिसमें प्रभुको प्रकट होना था॥ ४॥

**दो०—जोग लगन ग्रह बार तिथि सकल भए अनुकूल।**
**चर अरु अचर हर्षजुत राम जनम सुखमूल॥ १९०॥**

योग, लग्न, ग्रह, वार और तिथि सभी अनुकूल हो गये। जड और चेतन सब हर्षसे भर गये। [क्योंकि] श्रीरामका जन्म सुखका मूल है॥ १९०॥

**नौमी तिथि मधु मास पुनीता। सुकल पच्छ अभिजित हरिप्रीता॥**
**मध्यदिवस अति सीत न घामा। पावन काल लोक बिश्रामा॥**

पवित्र चैत्रका महीना था, नवमी तिथि थी। शुक्लपक्ष और भगवान्‌का प्रिय अभिजित् मुहूर्त्त था। दोपहरका समय था। न बहुत सरदी थी, न धूप (गरमी) थी। वह पवित्र समय सब लोकोंको शान्ति देनेवाला था॥ १॥

**सीतल मंद सुरभि बह बाऊ। हरषित सुर संतन मन चाऊ॥**
**बन कुसुमित गिरिगन मनिआरा। स्रवहिं सकल सरिताऽमृतधारा॥**

शीतल, मन्द और सुगन्धित पवन बह रहा था। देवता हर्षित थे और संतोंके मनमें [बड़ा] चाव था। वन फूले हुए थे, पर्वतोंके समूह मणियोंसे जगमगा रहे थे और सारी नदियाँ अमृतकी धारा बहा रही थीं॥ २॥

**सो अवसर बिरंचि जब जाना। चले सकल सुर साजि बिमाना॥**
**गगन बिमल संकुल सुर जूथा। गावहिं गुन गंधर्ब बरूथा॥**

जब ब्रह्माजीने वह (भगवान्‌के प्रकट होनेका) अवसर जाना तब [उनके समेत] सारे देवता विमान सजा-सजाकर चले। निर्मल आकाश देवताओंके समूहोंसे भर गया। गन्धर्वोंके दल गुणोंका गान करने लगे॥ ३॥

**बरषहिं सुमन सुअंजुलि साजी। गहगहि गगन दुंदुभी बाजी॥**
**अस्तुति करहिं नाग मुनि देवा। बहुबिधि लावहिं निज निज सेवा॥**

और सुन्दर अंजलियोंमें सजा-सजाकर पुष्प बरसाने लगे। आकाशमें घमाघम नगाड़े बजने लगे। नाग, मुनि और देवता स्तुति करने लगे और बहुत प्रकारसे अपनी-अपनी सेवा (उपहार) भेंट करने लगे॥ ४॥

**दो०—सुर समूह बिनती करि पहुँचे निज निज धाम।**
**जगनिवास प्रभु प्रगटे अखिल लोक बिश्राम॥ १९१॥**

देवताओंके समूह विनती करके अपने-अपने लोकमें जा पहुँचे। समस्त लोकोंको शान्ति देनेवाले, जगदाधार प्रभु प्रकट हुए॥ १९१॥

**छं०—भए प्रगट कृपाला दीनदयाला कौसल्या हितकारी।**
**हरषित महतारी मुनि मन हारी अद्भुत रूप बिचारी॥**
**लोचन अभिरामा तनु घनस्यामा निज आयुध भुज चारी।**
**भूषन बनमाला नयन बिसाला सोभासिंधु खरारी॥**

दीनोंपर दया करनेवाले, कौसल्याजीके हितकारी कृपालु प्रभु प्रकट हुए। मुनियोंके मनको हरनेवाले उनके अद्भुत रूपका विचार करके माता हर्षसे भर गयी। नेत्रोंको आनन्द देनेवाला मेघके समान श्यामशरीर था; चारों भुजाओंमें अपने (खास) आयुध [धारण किये हुए] थे; [दिव्य] आभूषण और वनमाला पहने थे; बड़े-बड़े नेत्र थे। इस प्रकार शोभाके समुद्र तथा खर राक्षसको मारनेवाले भगवान् प्रकट हुए॥ १॥

**कह दुइ कर जोरी अस्तुति तोरी केहि बिधि करौं अनंता।**
**माया गुन ग्यानातीत अमाना बेद पुरान भनंता॥**
**करुना सुख सागर सब गुन आगर जेहि गावहिं श्रुति संता।**
**सो मम हित लागी जन अनुरागी भयउ प्रगट श्रीकंता॥**

दोनों हाथ जोड़कर माता कहने लगी—हे अनन्त! मैं किस प्रकार तुम्हारी स्तुति करूँ। वेद और पुराण तुमको माया, गुण और ज्ञानसे परे और परिमाणरहित बतलाते हैं। श्रुतियाँ और संतजन दया और सुखका समुद्र, सब गुणोंका धाम कहकर जिनका गान करते हैं, वही भक्तोंपर प्रेम करनेवाले लक्ष्मीपति भगवान् मेरे कल्याणके लिये प्रकट हुए हैं॥ २॥

**ब्रह्मांड निकाया निर्मित माया रोम रोम प्रति बेद कहै।**
**मम उर सो बासी यह उपहासी सुनत धीर मति थिर न रहै॥**
**उपजा जब ग्याना प्रभु मुसुकाना चरित बहुत बिधि कीन्ह चहै।**
**कहि कथा सुहाई मातु बुझाई जेहि प्रकार सुत प्रेम लहै॥**

वेद कहते हैं कि तुम्हारे प्रत्येक रोममें मायाके रचे हुए अनेकों ब्रह्माण्डोंके समूह [भरे] हैं। वे तुम मेरे गर्भमें रहे—इस हँसीकी बातके सुननेपर धीर (विवेकी) पुरुषोंकी बुद्धि भी स्थिर नहीं रहती (विचलित हो जाती है)। जब माताको ज्ञान उत्पन्न हुआ, तब प्रभु मुसकराये। वे बहुत प्रकारके चरित्र करना चाहते हैं। अतः उन्होंने [पूर्वजन्मकी] सुन्दर कथा कहकर माताको समझाया, जिससे उन्हें पुत्रका (वात्सल्य) प्रेम प्राप्त हो (भगवान्‌के प्रति पुत्रभाव हो जाय)॥ ३॥

**माता पुनि बोली सो मति डोली तजहु तात यह रूपा।**
**कीजै सिसुलीला अति प्रियसीला यह सुख परम अनूपा॥**
**सुनि बचन सुजाना रोदन ठाना होइ बालक सुरभूपा।**
**यह चरित जे गावहिं हरिपद पावहिं ते न परहिं भवकूपा॥**

माताकी वह बुद्धि बदल गयी, तब वह फिर बोली—हे तात! यह रूप छोड़कर अत्यन्त प्रिय बाललीला करो, [मेरे लिये] यह सुख परम अनुपम होगा। [माताका] यह वचन सुनकर देवताओंके स्वामी सुजान भगवान्‌ने बालक [रूप] होकर रोना शुरू कर दिया। [तुलसीदासजी कहते हैं—] जो इस चरित्रका गान करते हैं, वे श्रीहरिका पद पाते हैं और [फिर] संसाररूपी कूपमें नहीं गिरते॥ ४॥

**दो०—बिप्र धेनु सुर संत हित लीन्ह मनुज अवतार।**
**निज इच्छा निर्मित तनु माया गुन गो पार॥ १९२॥**

ब्राह्मण, गौ, देवता और संतोंके लिये भगवान्‌ने मनुष्यका अवतार लिया। वे [अज्ञानमयी, मलिना] माया और उसके गुण (सत्, रज, तम) और [बाहरी तथा भीतरी] इन्द्रियोंसे परे हैं। उनका [दिव्य] शरीर अपनी इच्छासे ही बना है [किसी कर्मबन्धनसे परवश होकर त्रिगुणात्मक भौतिक पदार्थोंके द्वारा नहीं]॥ १९२॥

**सुनि सिसु रुदन परम प्रिय बानी। संभ्रम चलि आईं सब रानी॥**
**हरषित जहँ तहँ धाईं दासी। आनँद मगन सकल पुरबासी॥**

बच्चेके रोनेकी बहुत ही प्यारी ध्वनि सुनकर सब रानियाँ उतावली होकर दौड़ी चली आयीं। दासियाँ हर्षित होकर जहाँ-तहाँ दौड़ीं। सारे पुरवासी आनन्दमें मग्न हो गये॥ १॥

**दसरथ पुत्रजन्म सुनि काना। मानहुँ ब्रह्मानंद समाना॥**
**परम प्रेम मन पुलक सरीरा। चाहत उठन करत मति धीरा॥**

राजा दशरथजी पुत्रका जन्म कानोंसे सुनकर मानो ब्रह्मानन्दमें समा गये। मनमें अतिशय प्रेम है, शरीर पुलकित हो गया। [आनन्दमें अधीर हुई] बुद्धिको धीरज देकर [और प्रेममें शिथिल हुए शरीरको सँभालकर] वे उठना चाहते हैं॥ २॥

**जाकर नाम सुनत सुभ होई। मोरें गृह आवा प्रभु सोई॥**
**परमानंद पूरि मन राजा। कहा बोलाइ बजावहु बाजा॥**

जिनका नाम सुननेसे ही कल्याण होता है, वही प्रभु मेरे घर आये हैं। [यह सोचकर] राजाका मन परम आनन्दसे पूर्ण हो गया। उन्होंने बाजेवालोंको बुलाकर कहा कि बाजा बजाओ॥ ३॥

**गुर बसिष्ठ कहँ गयउ हँकारा। आए द्विजन सहित नृपद्वारा॥**
**अनुपम बालक देखेन्हि जाई। रूप रासि गुन कहि न सिराई॥**

गुरु वसिष्ठजीके पास बुलावा गया। वे ब्राह्मणोंको साथ लिये राजद्वारपर आये। उन्होंने जाकर अनुपम बालकको देखा, जो रूपकी राशि है और जिसके गुण कहनेसे समाप्त नहीं होते॥ ४॥

**दो०—नंदीमुख सराध करि जातकरम सब कीन्ह।**
**हाटक धेनु बसन मनि नृप बिप्रन्ह कहँ दीन्ह॥ १९३॥**

फिर राजाने नान्दीमुख श्राद्ध करके सब जातकर्म-संस्कार आदि किये और ब्राह्मणोंको सोना, गौ, वस्त्र और मणियोंका दान दिया॥ १९३॥

**ध्वज पताक तोरन पुर छावा। कहि न जाइ जेहि भाँति बनावा॥**
**सुमनबृष्टि अकास तें होई। ब्रह्मानंद मगन सब लोई॥**

ध्वजा, पताका और तोरणोंसे नगर छा गया। जिस प्रकारसे वह सजाया गया, उसका तो वर्णन ही नहीं हो सकता। आकाशसे फूलोंकी वर्षा हो रही है, सब लोग ब्रह्मानन्दमें मग्न हैं॥ १॥

**बृंद बृंद मिलि चलीं लोगाईं। सहज सिंगार किएँ उठि धाईं॥**
**कनक कलस मंगल भरि थारा। गावत पैठहिं भूप दुआरा॥**

स्त्रियाँ झुंड-की-झुंड मिलकर चलीं। स्वाभाविक श्रृंगार किये ही वे उठ दौड़ीं। सोनेका कलश लेकर और थालोंमें मंगल द्रव्य भरकर गाती हुई राजद्वारमें प्रवेश करती हैं॥ २॥

**करि आरति नेवछावरि करहीं। बार बार सिसु चरनन्हि परहीं॥**
**मागध सूत बंदिगन गायक। पावन गुन गावहिं रघुनायक॥**

वे आरती करके निछावर करती हैं और बार-बार बच्चेके चरणोंपर गिरती हैं। मागध, सूत, वन्दीजन और गवैये रघुकुलके स्वामीके पवित्र गुणोंका गान करते हैं॥ ३॥

**सर्बस दान दीन्ह सब काहू। जेहिं पावा राखा नहिं ताहू॥**
**मृगमद चंदन कुंकुम कीचा। मची सकल बीथिन्ह बिच बीचा॥**

राजाने सब किसीको भरपूर दान दिया। जिसने पाया उसने भी नहीं रखा (लुटा दिया)। [नगरकी] सभी गलियोंके बीच-बीचमें कस्तूरी, चन्दन और केसरकी कीच मच गयी॥ ४॥

**दो०—गृह गृह बाज बधाव सुभ प्रगटे सुषमा कंद।**
**हरषवंत सब जहँ तहँ नगर नारि नर बृंद॥ १९४॥**

घर-घर मंगलमय बधावा बजने लगा, क्योंकि शोभाके मूल भगवान् प्रकट हुए हैं। नगरके स्त्री-पुरुषोंके झुंड-के-झुंड जहाँ-तहाँ आनन्दमग्न हो रहे हैं॥ १९४॥

**कैकयसुता सुमित्रा दोऊ। सुंदर सुत जनमत भैं ओऊ॥**
**वह सुख संपति समय समाजा। कहि न सकइ सारद अहिराजा॥**

कैकेयी और सुमित्रा—इन दोनोंने भी सुन्दर पुत्रोंको जन्म दिया। उस सुख, सम्पत्ति, समय और समाजका वर्णन सरस्वती और सर्पोंके राजा शेषजी भी नहीं कर सकते॥ १॥

**अवधपुरी सोहइ एहि भाँती। प्रभुहि मिलन आई जनु राती॥**
**देखि भानु जनु मन सकुचानी। तदपि बनी संध्या अनुमानी॥**

अवधपुरी इस प्रकार सुशोभित हो रही है, मानो रात्रि प्रभुसे मिलने आयी हो और सूर्यको देखकर मानो मनमें सकुचा गयी हो, परन्तु फिर भी मनमें विचारकर वह मानो सन्ध्या बन [कर रह] गयी हो॥ २॥

**अगर धूप बहु जनु अँधिआरी। उड़इ अबीर मनहुँ अरुनारी॥**
**मंदिर मनि समूह जनु तारा। नृप गृह कलस सो इंदु उदारा॥**

अगरकी धूपका बहुत-सा धुआँ मानो [सन्ध्याका] अन्धकार है और जो अबीर उड़ रहा है, वह उसकी ललाई है। महलोंमें जो मणियोंके समूह हैं, वे मानो तारागण हैं। राजमहलका जो कलश है, वही मानो श्रेष्ठ चन्द्रमा है॥ ३॥

**भवन बेदधुनि अति मृदु बानी। जनु खग मुखर समयँ जनु सानी॥**
**कौतुक देखि पतंग भुलाना। एक मास तेइँ जात न जाना॥**

राजभवनमें जो अति कोमल वाणीसे वेदध्वनि हो रही है, वही मानो समयसे (समयानुकूल) सनी हुई पक्षियोंकी चहचहाहट है। यह कौतुक देखकर सूर्य भी [अपनी चाल] भूल गये। एक महीना उन्होंने जाता हुआ न जाना (अर्थात् उन्हें एक महीना वहीं बीत गया)॥ ४॥

**दो०—मास दिवस कर दिवस भा मरम न जानइ कोइ।**
**रथ समेत रबि थाकेउ निसा कवन बिधि होइ॥ १९५॥**

महीनेभरका दिन हो गया। इस रहस्यको कोई नहीं जानता। सूर्य अपने रथसहित वहीं रुक गये, फिर रात किस तरह होती॥ १९५॥

**यह रहस्य काहूँ नहिं जाना। दिनमनि चले करत गुनगाना॥**
**देखि महोत्सव सुर मुनि नागा। चले भवन बरनत निज भागा॥**

यह रहस्य किसीने नहीं जाना। सूर्यदेव [भगवान् श्रीरामजीका] गुणगान करते हुए चले। यह महोत्सव देखकर देवता, मुनि और नाग अपने भाग्यकी सराहना करते हुए अपने-अपने घर चले॥ १॥

**औरउ एक कहउँ निज चोरी। सुनु गिरिजा अति दृढ़ मति तोरी॥**
**काकभुसुंडि संग हम दोऊ। मनुजरूप जानइ नहिं कोऊ॥**

हे पार्वती! तुम्हारी बुद्धि [श्रीरामजीके चरणोंमें] बहुत दृढ़ है, इसलिये मैं और भी अपनी एक चोरी (छिपाव) की बात कहता हूँ, सुनो। काकभुशुण्डि और मैं दोनों वहाँ साथ-साथ थे, परन्तु मनुष्यरूपमें होनेके कारण हमें कोई जान न सका॥ २॥

**परमानंद प्रेम सुख फूले। बीथिन्ह फिरहिं मगन मन भूले॥**
**यह सुभ चरित जान पै सोई। कृपा राम कै जापर होई॥**

परम आनन्द और प्रेमके सुखमें फूले हुए हम दोनों मगन मनसे (मस्त हुए) गलियोंमें [तन-मनकी सुधि] भूले हुए फिरते थे। परन्तु यह शुभ चरित्र वही जान सकता है, जिसपर श्रीरामजीकी कृपा हो॥ ३॥

**तेहि अवसर जो जेहि बिधि आवा। दीन्ह भूप जो जेहि मन भावा॥**
**गज रथ तुरग हेम गो हीरा। दीन्हे नृप नानाबिधि चीरा॥**

उस अवसरपर जो जिस प्रकार आया और जिसके मनको जो अच्छा लगा, राजाने उसे वही दिया। हाथी, रथ, घोड़े, सोना, गौएँ, हीरे और भाँति-भाँतिके वस्त्र राजाने दिये॥ ४॥

**दो०—मन संतोषे सबन्हि के जहँ तहँ देहिं असीस।**
**सकल तनय चिर जीवहुँ तुलसिदास के ईस॥ १९६॥**

राजाने सबके मनको सन्तुष्ट किया। [इसीसे] सब लोग जहाँ-तहाँ आशीर्वाद दे रहे थे कि तुलसीदासके स्वामी सब पुत्र (चारों राजकुमार) चिरजीवी (दीर्घायु) हों॥ १९६॥

**कछुक दिवस बीते एहि भाँती। जात न जानिअ दिन अरु राती॥**
**नामकरन कर अवसरु जानी। भूप बोलि पठए मुनि ग्यानी॥**

इस प्रकार कुछ दिन बीत गये। दिन और रात जाते हुए जान नहीं पड़ते। तब नामकरण-संस्कारका समय जानकर राजाने ज्ञानी मुनि श्रीवसिष्ठजीको बुला भेजा॥ १॥

**करि पूजा भूपति अस भाषा। धरिअ नाम जो मुनि गुनि राखा॥**
**इन्ह के नाम अनेक अनूपा। मैं नृप कहब स्वमति अनुरूपा॥**

मुनिकी पूजा करके राजाने कहा—हे मुनि! आपने मनमें जो विचार रखे हों, वे नाम रखिये। [मुनिने कहा—] हे राजन्! इनके अनेक अनुपम नाम हैं, फिर भी मैं अपनी बुद्धिके अनुसार कहूँगा॥ २॥

**जो आनंद सिंधु सुखरासी। सीकर तें त्रैलोक सुपासी॥**
**सो सुखधाम राम अस नामा। अखिल लोक दायक बिश्रामा॥**

ये जो आनन्दके समुद्र और सुखकी राशि हैं, जिस (आनन्दसिन्धु) के एक कणसे तीनों लोक सुखी होते हैं, उन (आपके सबसे बड़े पुत्र) का नाम 'राम' है, जो सुखका भवन और सम्पूर्ण लोकोंको शान्ति देनेवाला है॥ ३॥

**बिस्व भरन पोषन कर जोई। ताकर नाम भरत अस होई॥**
**जाके सुमिरन तें रिपु नासा। नाम सत्रुहन बेद प्रकासा॥**

जो संसारका भरण-पोषण करते हैं, उन (आपके दूसरे पुत्र) का नाम 'भरत' होगा। जिनके स्मरणमात्रसे शत्रुका नाश होता है, उनका वेदोंमें प्रसिद्ध 'शत्रुघ्न' नाम है॥ ४॥

**दो०—लच्छन धाम राम प्रिय सकल जगत आधार।**
**गुरु बसिष्ट तेहि राखा लछिमन नाम उदार॥ १९७॥**

जो शुभ लक्षणोंके धाम, श्रीरामजीके प्यारे और सारे जगत्‌के आधार हैं, गुरु वसिष्ठजीने उनका 'लक्ष्मण' ऐसा श्रेष्ठ नाम रखा॥ १९७॥

**धरे नाम गुर हृदयँ बिचारी। बेद तत्व नृप तव सुत चारी॥**
**मुनि धन जन सरबस सिव प्राना। बाल केलि रस तेहिं सुख माना॥**

गुरुजीने हृदयमें विचारकर ये नाम रखे [और कहा—] हे राजन्! तुम्हारे चारों पुत्र वेदके तत्त्व (साक्षात् परात्पर भगवान्) हैं। जो मुनियोंके धन, भक्तोंके सर्वस्व और शिवजीके प्राण हैं, उन्होंने [इस समय तुमलोगोंके प्रेमवश] बाललीलाके रसमें सुख माना है॥ १॥

**बारेहि ते निज हित पति जानी। लछिमन राम चरन रति मानी॥**
**भरत सत्रुहन दूनउ भाई। प्रभु सेवक जसि प्रीति बड़ाई॥**

बचपनसे ही श्रीरामचन्द्रजीको अपना परम हितैषी स्वामी जानकर लक्ष्मणजीने उनके चरणोंमें प्रीति जोड़ ली। भरत और शत्रुघ्न दोनों भाइयोंमें स्वामी और सेवककी जिस प्रीतिकी प्रशंसा है वैसी प्रीति हो गयी॥ २॥

**स्याम गौर सुंदर दोउ जोरी। निरखहिं छबि जननीं तृन तोरी॥**
**चारिउ सील रूप गुन धामा। तदपि अधिक सुखसागर रामा॥**

श्याम और गौर शरीरवाली दोनों सुन्दर जोड़ियोंकी शोभाको देखकर माताएँ तृण तोड़ती हैं [जिसमें दीठ न लग जाय]। यों तो चारों ही पुत्र शील, रूप और गुणके धाम हैं, तो भी सुखके समुद्र श्रीरामचन्द्रजी सबसे अधिक हैं॥ ३॥

**हृदयँ अनुग्रह इंदु प्रकासा। सूचत किरन मनोहर हासा॥**
**कबहुँ उछंग कबहुँ बर पलना। मातु दुलारइ कहि प्रिय ललना॥**

उनके हृदयमें कृपारूपी चन्द्रमा प्रकाशित है। उनकी मनको हरनेवाली हँसी उस (कृपारूपी चन्द्रमा) की किरणोंको सूचित करती है। कभी गोदमें [लेकर] और कभी उत्तम पालनेमें [लिटाकर] माता 'प्यारे ललना!' कहकर दुलार करती है॥ ४॥

**दो०—ब्यापक ब्रह्म निरंजन निर्गुन बिगत बिनोद।**
**सो अज प्रेम भगति बस कौसल्या कें गोद॥ १९८॥**

जो सर्वव्यापक, निरंजन (मायारहित), निर्गुण, विनोदरहित और अजन्मा ब्रह्म हैं, वही प्रेम और भक्तिके वश कौसल्याजीकी गोदमें [खेल रहे] हैं॥ १९८॥

**काम कोटि छबि स्याम सरीरा। नील कंज बारिद गंभीरा॥**
**अरुन चरन पंकज नख जोती। कमल दलन्हि बैठे जनु मोती॥**

उनके नील कमल और गम्भीर (जलसे भरे हुए) मेघके समान श्याम शरीरमें करोड़ों कामदेवोंकी शोभा है। लाल-लाल चरणकमलोंके नखोंकी [शुभ्र] ज्योति ऐसी मालूम होती है जैसे [लाल] कमलके पत्तोंपर मोती स्थिर हो गये हों॥ १॥

**रेख कुलिस ध्वज अंकुस सोहे। नूपुर धुनि सुनि मुनि मन मोहे॥**
**कटि किंकिनी उदर त्रय रेखा। नाभि गभीर जान जेहिं देखा॥**

[चरणतलोंमें] वज्र, ध्वजा और अंकुशके चिह्न शोभित हैं। नूपुर (पैंजनी) की ध्वनि सुनकर मुनियोंका भी मन मोहित हो जाता है। कमरमें करधनी और पेटपर तीन रेखाएँ (त्रिवली) हैं। नाभिकी गम्भीरताको तो वही जानते हैं जिन्होंने उसे देखा है॥ २॥

**भुज बिसाल भूषन जुत भूरी। हियँ हरि नख अति सोभा रूरी॥**
**उर मनिहार पदिक की सोभा। बिप्र चरन देखत मन लोभा॥**

बहुत-से आभूषणोंसे सुशोभित विशाल भुजाएँ हैं। हृदयपर बाघके नखकी बहुत ही निराली छटा है। छातीपर रत्नोंसे युक्त मणियोंके हारकी शोभा और ब्राह्मण (भृगु) के चरणचिह्नको देखते ही मन लुभा जाता है॥ ३॥

**कंबु कंठ अति चिबुक सुहाई। आनन अमित मदन छबि छाई॥**
**दुइ दुइ दसन अधर अरुनारे। नासा तिलक को बरनै पारे॥**

कण्ठ शंखके समान (उतार-चढ़ाववाला, तीन रेखाओंसे सुशोभित) है और ठोड़ी बहुत ही सुन्दर है। मुखपर असंख्य कामदेवोंकी छटा छा रही है। दो-दो सुन्दर दँतुलियाँ हैं, लाल-लाल ओठ हैं। नासिका और तिलक [के सौन्दर्य] का तो वर्णन ही कौन कर सकता है॥ ४॥

**सुंदर श्रवन सुचारु कपोला। अति प्रिय मधुर तोतरे बोला॥**
**चिक्कन कच कुंचित गभुआरे। बहु प्रकार रचि मातु सँवारे॥**

सुन्दर कान और बहुत ही सुन्दर गाल हैं, मधुर तोतले शब्द बहुत ही प्यारे लगते हैं। जन्मके समयसे रखे हुए चिकने और घुँघराले बाल हैं, जिनको माताने बहुत प्रकारसे बनाकर सँवार दिया है॥ ५॥

**पीत झगुलिआ तनु पहिराई। जानु पानि बिचरनि मोहि भाई॥**
**रूप सकहिं नहिं कहि श्रुति सेषा। सो जानइ सपनेहुँ जेहिं देखा॥**

शरीरपर पीली झँगुली पहनायी हुई है। उनका घुटनों और हाथोंके बल चलना मुझे बहुत ही प्यारा लगता है। उनके रूपका वर्णन वेद और शेषजी भी नहीं कर सकते। उसे वही जानता है जिसने कभी स्वप्नमें भी देखा हो॥ ६॥

**दो०—सुख संदोह मोहपर ग्यान गिरा गोतीत।**
**दंपति परम प्रेम बस कर सिसुचरित पुनीत॥ १९९॥**

जो सुखके पुंज, मोहसे परे तथा ज्ञान, वाणी और इन्द्रियोंसे अतीत हैं, वे भगवान् दशरथ-कौसल्याके अत्यन्त प्रेमके वश होकर पवित्र बाललीला करते हैं॥ १९९॥

**एहि बिधि राम जगत पितु माता। कोसलपुर बासिन्ह सुखदाता॥**
**जिन्ह रघुनाथ चरन रति मानी। तिन्ह की यह गति प्रगट भवानी॥**

इस प्रकार [सम्पूर्ण] जगत्‌के माता-पिता श्रीरामजी अवधपुरके निवासियोंको सुख देते हैं। जिन्होंने श्रीरामचन्द्रजीके चरणोंमें प्रीति जोड़ी है, हे भवानी! उनकी यह प्रत्यक्ष गति है [कि भगवान् उनके प्रेमवश बाललीला करके उन्हें आनन्द दे रहे हैं]॥ १॥

**रघुपति बिमुख जतन कर कोरी। कवन सकइ भव बंधन छोरी॥**
**जीव चराचर बस कै राखे। सो माया प्रभु सों भय भाखे॥**

श्रीरघुनाथजीसे विमुख रहकर मनुष्य चाहे करोड़ों उपाय करे, परन्तु उसका संसारबन्धन कौन छुड़ा सकता है। जिसने सब चराचर जीवोंको अपने वशमें कर रखा है, वह माया भी प्रभुसे भय खाती है॥ २॥

**भृकुटि बिलास नचावइ ताही। अस प्रभु छाड़ि भजिअ कहु काही॥**
**मन क्रम बचन छाड़ि चतुराई। भजत कृपा करिहहिं रघुराई॥**

भगवान् उस मायाको भौंहके इशारेपर नचाते हैं। ऐसे प्रभुको छोड़कर कहो, [और] किसका भजन किया जाय। मन, वचन और कर्मसे चतुराई छोड़कर भजते ही श्रीरघुनाथजी कृपा करेंगे॥ ३॥

**एहि बिधि सिसुबिनोद प्रभु कीन्हा। सकल नगरबासिन्ह सुख दीन्हा॥**
**लै उछंग कबहुँक हलरावै। कबहुँ पालने घालि झुलावै॥**

इस प्रकारसे प्रभु श्रीरामचन्द्रजीने बालक्रीड़ा की और समस्त नगरनिवासियोंको सुख दिया। कौसल्याजी कभी उन्हें गोदमें लेकर हिलाती-डुलाती और कभी पालनेमें लिटाकर झुलाती थीं॥ ४॥

**दो०—प्रेम मगन कौसल्या निसि दिन जात न जान।**
**सुत सनेह बस माता बालचरित कर गान॥ २००॥**

प्रेममें मग्न कौसल्याजी रात और दिनका बीतना नहीं जानती थीं। पुत्रके स्नेहवश माता उनके बालचरित्रोंका गान किया करतीं॥ २००॥

**एक बार जननीं अन्हवाए। करि सिंगार पलनाँ पौढ़ाए॥**
**निज कुल इष्टदेव भगवाना। पूजा हेतु कीन्ह अस्नाना॥**

एक बार माताने श्रीरामचन्द्रजीको स्नान कराया और शृंगार करके पालनेपर पौढ़ा दिया। फिर अपने कुलके इष्टदेव भगवान्‌की पूजाके लिये स्नान किया॥ १॥

**करि पूजा नैबेद्य चढ़ावा। आपु गई जहँ पाक बनावा॥**
**बहुरि मातु तहवाँ चलि आई। भोजन करत देख सुत जाई॥**

पूजा करके नैवेद्य चढ़ाया और स्वयं वहाँ गयी, जहाँ रसोई बनायी गयी थी। फिर माता वहीं (पूजाके स्थानमें) लौट आयी, और वहाँ आनेपर पुत्रको [इष्टदेव भगवान्‌के लिये चढ़ाये हुए नैवेद्यका] भोजन करते देखा॥ २॥

**गै जननी सिसु पहिं भयभीता। देखा बाल तहाँ पुनि सूता॥**
**बहुरि आइ देखा सुत सोई। हृदयँ कंप मन धीर न होई॥**

माता भयभीत होकर (पालनेमें सोया था, यहाँ किसने लाकर बैठा दिया, इस बातसे डरकर)

पुत्रके पास गयी, तो वहाँ बालकको सोया हुआ देखा। फिर [पूजास्थानमें लौटकर] देखा कि वही पुत्र वहाँ [भोजन कर रहा] है। उनके हृदयमें कम्प होने लगा और मनको धीरज नहीं होता॥ ३॥

**इहाँ उहाँ दुइ बालक देखा। मतिभ्रम मोर कि आन बिसेषा॥**
**देखि राम जननी अकुलानी। प्रभु हँसि दीन्ह मधुर मुसुकानी॥**

[वह सोचने लगी कि] यहाँ और वहाँ मैंने दो बालक देखे। यह मेरी बुद्धिका भ्रम है या और कोई विशेष कारण है? प्रभु श्रीरामचन्द्रजीने माताको घबड़ायी हुई देखकर मधुर मुसकानसे हँस दिया॥ ४॥

**दो०—देखरावा मातहि निज अद्भुत रूप अखंड।**
**रोम रोम प्रति लागे कोटि कोटि ब्रह्मंड॥ २०१॥**

फिर उन्होंने माताको अपना अखण्ड अद्भुत रूप दिखलाया, जिसके एक-एक रोममें करोड़ों ब्रह्माण्ड लगे हुए हैं॥ २०१॥

**अगनित रबि ससि सिव चतुरानन। बहु गिरि सरित सिंधु महि कानन॥**
**काल कर्म गुन ग्यान सुभाऊ। सोउ देखा जो सुना न काऊ॥**

अगणित सूर्य, चन्द्रमा, शिव, ब्रह्मा, बहुत-से पर्वत,नदियाँ, समुद्र, पृथ्वी, वन, काल, कर्म, गुण, ज्ञान और स्वभाव देखे। और वे पदार्थ भी देखे जो कभी सुने भी न थे॥ १॥

**देखी माया सब बिधि गाढ़ी। अति सभीत जोरें कर ठाढ़ी॥**
**देखा जीव नचावइ जाही। देखी भगति जो छोरइ ताही॥**

सब प्रकारसे बलवती मायाको देखा कि वह [भगवान्‌के सामने] अत्यन्त भयभीत हाथ जोड़े खड़ी है। जीवको देखा, जिसे वह माया नचाती है और [फिर] भक्तिको देखा, जो उस जीवको [मायासे] छुड़ा देती है॥ २॥

**तन पुलकित मुख बचन न आवा। नयन मूदि चरननि सिरु नावा॥**
**बिसमयवंत देखि महतारी। भए बहुरि सिसुरूप खरारी॥**

[माताका] शरीर पुलकित हो गया, मुखसे वचन नहीं निकलता। तब आँखें मूँदकर उसने श्रीरामचन्द्रजीके चरणोंमें सिर नवाया। माताको आश्चर्यचकित देखकर खरके शत्रु श्रीरामजी फिर बालरूप हो गये॥ ३॥

**अस्तुति करि न जाइ भय माना। जगत पिता मैं सुत करि जाना॥**
**हरि जननी बहुबिधि समुझाई। यह जनि कतहुँ कहसि सुनु माई॥**

[मातासे] स्तुति भी नहीं की जाती। वह डर गयी कि मैंने जगत्पिता परमात्माको पुत्र करके जाना। श्रीहरिने माताको बहुत प्रकारसे समझाया [और कहा—] हे माता! सुनो, यह बात कहींपर कहना नहीं॥ ४॥

**दो०—बार बार कौसल्या बिनय करइ कर जोरि।**
**अब जनि कबहूँ ब्यापै प्रभु मोहि माया तोरि॥ २०२॥**

कौसल्याजी बार-बार हाथ जोड़कर विनय करती हैं कि हे प्रभो! मुझे आपकी माया अब कभी न व्यापे॥ २०२॥

**बालचरित हरि बहुबिधि कीन्हा। अति अनंद दासन्ह कहँ दीन्हा॥**
**कछुक काल बीतें सब भाई। बड़े भए परिजन सुखदाई॥**

भगवान्‌ने बहुत प्रकारसे बाललीलाएँ कीं और अपने सेवकोंको अत्यन्त आनन्द दिया। कुछ समय बीतनेपर चारों भाई बड़े होकर कुटुम्बियोंको सुख देनेवाले हुए॥ १॥

**चूड़ाकरन कीन्ह गुरु जाई। बिप्रन्ह पुनि दछिना बहु पाई॥**
**परम मनोहर चरित अपारा। करत फिरत चारिउ सुकुमारा॥**

तब गुरुजीने जाकर चूड़ाकर्म-संस्कार किया। ब्राह्मणोंने फिर बहुत-सी दक्षिणा पायी। चारों सुन्दर राजकुमार बड़े ही मनोहर अपार चरित्र करते फिरते हैं॥ २॥

**मन क्रम बचन अगोचर जोई। दसरथ अजिर बिचर प्रभु सोई॥**
**भोजन करत बोल जब राजा। नहिं आवत तजि बाल समाजा॥**

जो मन, वचन और कर्मसे अगोचर हैं, वही प्रभु दशरथजीके आँगनमें विचर रहे हैं। भोजन करनेके समय जब राजा बुलाते हैं, तब वे अपने बालसखाओंके समाजको छोड़कर नहीं आते॥ ३॥

**कौसल्या जब बोलन जाई। ठुमुकु ठुमुकु प्रभु चलहिं पराई॥**
**निगम नेति सिव अंत न पावा। ताहि धरै जननी हठि धावा॥**

कौसल्याजी जब बुलाने जाती हैं, तब प्रभु ठुमुक-ठुमुक भाग चलते हैं। जिनका वेद 'नेति' (इतना ही नहीं) कहकर निरूपण करते हैं और शिवजीने जिनका अन्त नहीं पाया, माता उन्हें हठपूर्वक पकड़नेके लिये दौड़ती हैं॥ ४॥

**धूसर धूरि भरें तनु आए। भूपति बिहसि गोद बैठाए॥**

वे शरीरमें धूल लपेटे हुए आये और राजाने हँसकर उन्हें गोदमें बैठा लिया॥ ५॥

**दो०—भोजन करत चपल चित इत उत अवसरु पाइ।**
**भाजि चले किलकत मुख दधि ओदन लपटाइ॥ २०३॥**

भोजन करते हैं पर चित्त चंचल है। अवसर पाकर मुँहमें दही-भात लपटाये किलकारी मारते हुए इधर-उधर भाग चले॥ २०३॥

**बालचरित अति सरल सुहाए। सारद सेष संभु श्रुति गाए॥**
**जिन्ह कर मन इन्ह सन नहिं राता। ते जन बंचित किए बिधाता॥**

श्रीरामचन्द्रजीकी बहुत ही सरल (भोली) और सुन्दर (मनभावनी) बाललीलाओंका सरस्वती, शेषजी, शिवजी और वेदोंने गान किया है। जिनका मन इन लीलाओंमें अनुरक्त नहीं हुआ, विधाताने उन मनुष्योंको वंचित कर दिया (नितान्त भाग्यहीन बनाया)॥ १॥

**भए कुमार जबहिं सब भ्राता। दीन्ह जनेऊ गुरु पितु माता॥**
**गुरगृहँ गए पढ़न रघुराई। अलप काल बिद्या सब आई॥**

ज्यों ही सब भाई कुमारावस्थाके हुए, त्यों ही गुरु, पिता और माताने उनका यज्ञोपवीत संस्कार कर दिया। श्रीरघुनाथजी [भाइयोंसहित] गुरुके घरमें विद्या पढ़ने गये और थोड़े ही समयमें उनको सब विद्याएँ आ गयीं॥ २॥

**जाकी सहज स्वास श्रुति चारी। सो हरि पढ़ यह कौतुक भारी॥**
**बिद्या बिनय निपुन गुन सीला। खेलहिं खेल सकल नृप लीला॥**

चारों वेद जिनके स्वाभाविक श्वास हैं, वे भगवान् पढ़ें, यह बड़ा कौतुक (अचरज) है। चारों

भाई विद्या, विनय, गुण और शीलमें [बड़े] निपुण हैं और सब राजाओंकी लीलाओंके ही खेल खेलते हैं॥ ३॥

**करतल बान धनुष अति सोहा। देखत रूप चराचर मोहा॥**
**जिन्ह बीथिन्ह बिहरहिं सब भाई। थकित होहिं सब लोग लुगाई॥**

हाथोंमें बाण और धनुष बहुत ही शोभा देते हैं। रूप देखते ही चराचर (जड-चेतन) मोहित हो जाते हैं। वे सब भाई जिन गलियोंमें खेलते [हुए निकलते] हैं, उन गलियोंके सभी स्त्री-पुरुष उनको देखकर स्नेहसे शिथिल हो जाते हैं अथवा ठिठककर रह जाते हैं॥ ४॥

**दो०—कोसलपुर बासी नर नारि बृद्ध अरु बाल।**
**प्रानहु ते प्रिय लागत सब कहुँ राम कृपाल॥ २०४॥**

कोसलपुरके रहनेवाले स्त्री, पुरुष, बूढ़े और बालक सभीको कृपालु श्रीरामचन्द्रजी प्राणोंसे भी बढ़कर प्रिय लगते हैं॥ २०४॥

**बंधु सखा सँग लेहिं बोलाई। बन मृगया नित खेलहिं जाई॥**
**पावन मृग मारहिं जियँ जानी। दिन प्रति नृपहि देखावहिं आनी॥**

श्रीरामचन्द्रजी भाइयों और इष्ट-मित्रोंको बुलाकर साथ ले लेते हैं और नित्य वनमें जाकर शिकार खेलते हैं। मनमें पवित्र समझकर मृगोंको मारते हैं और प्रतिदिन लाकर राजा (दशरथजी) को दिखलाते हैं॥ १॥

**जे मृग राम बान के मारे। ते तनु तजि सुरलोक सिधारे॥**
**अनुज सखा सँग भोजन करहीं। मातु पिता अग्या अनुसरहीं॥**

जो मृग श्रीरामजीके बाणसे मारे जाते थे, वे शरीर छोड़कर देवलोकको चले जाते थे। श्रीरामचन्द्रजी अपने छोटे भाइयों और सखाओंके साथ भोजन करते हैं और माता-पिताकी आज्ञाका पालन करते हैं॥ २॥

**जेहि बिधि सुखी होहिं पुर लोगा। करहिं कृपानिधि सोइ संजोगा॥**
**बेद पुरान सुनहिं मन लाई। आपु कहहिं अनुजन्ह समुझाई॥**

जिस प्रकार नगरके लोग सुखी हों, कृपानिधान श्रीरामचन्द्रजी वही संयोग (लीला) करते हैं। वे मन लगाकर वेद-पुराण सुनते हैं और फिर स्वयं छोटे भाइयोंको समझाकर कहते हैं॥ ३॥

**प्रातकाल उठि कै रघुनाथा। मातु पिता गुरु नावहिं माथा॥**
**आयसु मागि करहिं पुर काजा। देखि चरित हरषइ मन राजा॥**

श्रीरघुनाथजी प्रात:काल उठकर माता-पिता और गुरुको मस्तक नवाते हैं और आज्ञा लेकर नगरका काम करते हैं। उनके चरित्र देख-देखकर राजा मनमें बड़े हर्षित होते हैं॥ ४॥

**दो०—ब्यापक अकल अनीह अज निर्गुन नाम न रूप।**
**भगत हेतु नाना बिधि करत चरित्र अनूप॥ २०५॥**

जो व्यापक, अकल (निरवयव), इच्छारहित, अजन्मा और निर्गुण हैं; तथा जिनका न नाम है न रूप, वही भगवान् भक्तोंके लिये नाना प्रकारके अनुपम (अलौकिक) चरित्र करते हैं॥ २०५॥

**यह सब चरित कहा मैं गाई। आगिलि कथा सुनहु मन लाई॥**
**बिस्वामित्र महामुनि ग्यानी। बसहिं बिपिन सुभ आश्रम जानी॥**

यह सब चरित्र मैंने गाकर (बखानकर) कहा। अब आगेकी कथा मन लगाकर सुनो। ज्ञानी महामुनि विश्वामित्रजी वनमें शुभ आश्रम (पवित्र स्थान) जानकर बसते थे,॥ १॥

**जहँ जप जग्य जोग मुनि करहीं। अति मारीच सुबाहुहि डरहीं॥**
**देखत जग्य निसाचर धावहिं। करहिं उपद्रव मुनि दुख पावहिं॥**

जहाँ वे मुनि जप, यज्ञ और योग करते थे, परन्तु मारीच और सुबाहुसे बहुत डरते थे। यज्ञ देखते ही राक्षस दौड़ पड़ते थे और उपद्रव मचाते थे, जिससे मुनि [बहुत] दुःख पाते थे॥ २॥

**गाधितनय मन चिंता ब्यापी। हरि बिनु मरहिं न निसिचर पापी॥**
**तब मुनिबर मन कीन्ह बिचारा। प्रभु अवतरेउ हरन महि भारा॥**

गाधिके पुत्र विश्वामित्रजीके मनमें चिन्ता छा गयी कि ये पापी राक्षस भगवान्‌के [मारे] बिना न मरेंगे। तब श्रेष्ठ मुनिने मनमें विचार किया कि प्रभुने पृथ्वीका भार हरनेके लिये अवतार लिया है॥ ३॥

**एहूँ मिस देखौं पद जाई। करि बिनती आनौं दोउ भाई॥**
**ग्यान बिराग सकल गुन अयना। सो प्रभु मैं देखब भरि नयना॥**

इसी बहाने जाकर मैं उनके चरणोंका दर्शन करूँ और विनती करके दोनों भाइयोंको ले आऊँ। [अहा!] जो ज्ञान, वैराग्य और सब गुणोंके धाम हैं, उन प्रभुको मैं नेत्र भरकर देखूँगा॥ ४॥

**दो०—बहुबिधि करत मनोरथ जात लागि नहिं बार।**
**करि मज्जन सरऊ जल गए भूप दरबार॥ २०६॥**

बहुत प्रकारसे मनोरथ करते हुए जानेमें देर नहीं लगी। सरयूजीके जलमें स्नान करके वे राजाके दरवाजेपर पहुँचे॥ २०६॥

**मुनि आगमन सुना जब राजा। मिलन गयउ लै बिप्र समाजा॥**
**करि दंडवत मुनिहि सनमानी। निज आसन बैठारेन्हि आनी॥**

राजाने जब मुनिका आना सुना, तब वे ब्राह्मणोंके समाजको साथ लेकर मिलने गये और दण्डवत् करके मुनिका सम्मान करते हुए उन्हें लाकर अपने आसनपर बैठाया॥ १॥

**चरन पखारि कीन्हि अति पूजा। मो सम आजु धन्य नहिं दूजा॥**
**बिबिध भाँति भोजन करवावा। मुनिबर हृदयँ हरष अति पावा॥**

चरणोंको धोकर बहुत पूजा की और कहा—मेरे समान धन्य आज दूसरा कोई नहीं है। फिर अनेक प्रकारके भोजन करवाये, जिससे श्रेष्ठ मुनिने अपने हृदयमें बहुत ही हर्ष प्राप्त किया॥ २॥

**पुनि चरननि मेले सुत चारी। राम देखि मुनि देह बिसारी॥**
**भए मगन देखत मुख सोभा। जनु चकोर पूरन ससि लोभा॥**

फिर राजाने चारों पुत्रोंको मुनिके चरणोंपर डाल दिया (उनसे प्रणाम कराया)। श्रीरामचन्द्रजीको देखकर मुनि अपनी देहकी सुधि भूल गये। वे श्रीरामजीके मुखकी शोभा देखते ही ऐसे मग्न हो गये, मानो चकोर पूर्ण चन्द्रमाको देखकर लुभा गया हो॥ ३॥

**तब मन हरषि बचन कह राऊ। मुनि अस कृपा न कीन्हिहु काऊ॥**
**केहि कारन आगमन तुम्हारा। कहहु सो करत न लावउँ बारा॥**

तब राजाने मनमें हर्षित होकर ये वचन कहे—हे मुनि! इस प्रकार कृपा तो आपने कभी नहीं की।

आज किस कारणसे आपका शुभागमन हुआ? कहिये, मैं उसे पूरा करनेमें देर नहीं लगाऊँगा॥ ४॥

**असुर समूह सतावहिं मोही। मैं जाचन आयउँ नृप तोही॥**
**अनुज समेत देहु रघुनाथा। निसिचर बध मैं होब सनाथा॥**

[मुनिने कहा—] हे राजन्! राक्षसोंके समूह मुझे बहुत सताते हैं। इसीलिये मैं तुमसे कुछ माँगने आया हूँ। छोटे भाईसहित श्रीरघुनाथजीको मुझे दो। राक्षसोंके मारे जानेपर मैं सनाथ (सुरक्षित) हो जाऊँगा॥ ५॥

**दो०—देहु भूप मन हरषित तजहु मोह अग्यान।**
**धर्म सुजस प्रभु तुम्ह कौं इन्ह कहँ अति कल्यान॥ २०७॥**

हे राजन्! प्रसन्न मनसे इनको दो, मोह और अज्ञानको छोड़ दो। हे स्वामी! इससे तुमको धर्म और सुयशकी प्राप्ति होगी और इनका परम कल्याण होगा॥ २०७॥

**सुनि राजा अति अप्रिय बानी। हृदय कंप मुख दुति कुमुलानी॥**
**चौथेंपन पायउँ सुत चारी। बिप्र बचन नहिं कहेहु बिचारी॥**

इस अत्यन्त अप्रिय वाणीको सुनकर राजाका हृदय काँप उठा और उनके मुखकी कान्ति फीकी पड़ गयी। [उन्होंने कहा—] हे ब्राह्मण! मैंने चौथेपनमें चार पुत्र पाये हैं, आपने विचारकर बात नहीं कही॥ १॥

**मागहु भूमि धेनु धन कोसा। सर्बस देउँ आजु सहरोसा॥**
**देह प्रान तें प्रिय कछु नाहीं। सोउ मुनि देउँ निमिष एक माहीं॥**

हे मुनि! आप पृथ्वी, गौ, धन और खजाना माँग लीजिये, मैं आज बड़े हर्षके साथ अपना सर्वस्व दे दूँगा। देह और प्राणसे अधिक प्यारा कुछ भी नहीं होता, मैं उसे भी एक पलमें दे दूँगा॥ २॥

**सब सुत प्रिय मोहि प्रान कि नाईं। राम देत नहिं बनइ गोसाईं॥**
**कहँ निसिचर अति घोर कठोरा। कहँ सुंदर सुत परम किसोरा॥**

सभी पुत्र मुझे प्राणोंके समान प्यारे हैं; उनमें भी हे प्रभो! रामको तो [किसी प्रकार भी] देते नहीं बनता। कहाँ अत्यन्त डरावने और क्रूर राक्षस और कहाँ परम किशोर अवस्थाके (बिलकुल सुकुमार) मेरे सुन्दर पुत्र!॥ ३॥

**सुनि नृप गिरा प्रेम रस सानी। हृदयँ हरष माना मुनि ग्यानी॥**
**तब बसिष्ठ बहुबिधि समुझावा। नृप संदेह नास कहँ पावा॥**

प्रेम-रसमें सनी हुई राजाकी वाणी सुनकर ज्ञानी मुनि विश्वामित्रजीने हृदयमें बड़ा हर्ष माना। तब वसिष्ठजीने राजाको बहुत प्रकारसे समझाया, जिससे राजाका सन्देह नाशको प्राप्त हुआ॥ ४॥

**अति आदर दोउ तनय बोलाए। हृदयँ लाइ बहु भाँति सिखाए॥**
**मेरे प्रान नाथ सुत दोऊ। तुम्ह मुनि पिता आन नहिं कोऊ॥**

राजाने बड़े ही आदरसे दोनों पुत्रोंको बुलाया और हृदयसे लगाकर बहुत प्रकारसे उन्हें शिक्षा दी। [फिर कहा—] हे नाथ! ये दोनों पुत्र मेरे प्राण हैं। हे मुनि! [अब] आप ही इनके पिता हैं, दूसरा कोई नहीं॥ ५॥

**दो०—सौंपे भूप रिषिहि सुत बहुबिधि देइ असीस।**
**जननी भवन गए प्रभु चले नाइ पद सीस॥ २०८ (क)॥**

राजाने बहुत प्रकारसे आशीर्वाद देकर पुत्रोंको ऋषिके हवाले कर दिया। फिर प्रभु माताके महलमें गये और उनके चरणोंमें सिर नवाकर चले॥ २०८ (क)॥

**सो०—पुरुषसिंह दोउ बीर हरषि चले मुनि भय हरन।**
**कृपासिंधु मतिधीर अखिल बिस्व कारन करन॥ २०८ (ख)॥**

पुरुषोंमें सिंहरूप दोनों भाई (राम-लक्ष्मण) मुनिका भय हरनेके लिये प्रसन्न होकर चले। वे कृपाके समुद्र, धीरबुद्धि और सम्पूर्ण विश्वके कारणके भी कारण हैं॥ २०८ (ख)॥

**अरुन नयन उर बाहु बिसाला। नील जलज तनु स्याम तमाला॥**
**कटि पट पीत कसें बर भाथा। रुचिर चाप सायक दुहुँ हाथा॥**

भगवान्‌के लाल नेत्र हैं, चौड़ी छाती और विशाल भुजाएँ हैं, नील कमल और तमालके वृक्षकी तरह श्याम शरीर है, कमरमें पीताम्बर [पहने] और सुन्दर तरकस कसे हुए हैं। दोनों हाथोंमें [क्रमशः] सुन्दर धनुष और बाण हैं॥ १॥

**स्याम गौर सुंदर दोउ भाई। बिस्वामित्र महानिधि पाई॥**
**प्रभु ब्रह्मन्यदेव मैं जाना। मोहि निति पिता तजेउ भगवाना॥**

श्याम और गौर वर्णके दोनों भाई परम सुन्दर हैं। विश्वामित्रजीको महान् निधि प्राप्त हो गयी। [वे सोचने लगे—] मैं जान गया कि प्रभु ब्रह्मण्यदेव (ब्राह्मणोंके भक्त) हैं। मेरे लिये भगवान्‌ने अपने पिताको भी छोड़ दिया॥ २॥

**चले जात मुनि दीन्हि देखाई। सुनि ताड़का क्रोध करि धाई॥**
**एकहिं बान प्रान हरि लीन्हा। दीन जानि तेहि निज पद दीन्हा॥**

मार्गमें चले जाते हुए मुनिने ताड़काको दिखलाया। शब्द सुनते ही वह क्रोध करके दौड़ी। श्रीरामजीने एक ही बाणसे उसके प्राण हर लिये और दीन जानकर उसको निजपद (अपना दिव्य स्वरूप) दिया॥ ३॥

**तब रिषि निज नाथहि जियँ चीन्ही। बिद्यानिधि कहुँ बिद्या दीन्ही॥**
**जाते लाग न छुधा पिपासा। अतुलित बल तनु तेज प्रकासा॥**

तब ऋषि विश्वामित्रने प्रभुको मनमें विद्याका भण्डार समझते हुए भी [लीलाको पूर्ण करनेके लिये] ऐसी विद्या दी, जिससे भूख-प्यास न लगे और शरीरमें अतुलित बल और तेजका प्रकाश हो॥ ४॥

**दो०—आयुध सर्ब समर्पि कै प्रभु निज आश्रम आनि।**
**कंद मूल फल भोजन दीन्ह भगति हित जानि॥ २०९॥**

सब अस्त्र-शस्त्र समर्पण करके मुनि प्रभु श्रीरामजीको अपने आश्रममें ले आये; और उन्हें परम हितू जानकर भक्तिपूर्वक कन्द, मूल और फलका भोजन कराया॥ २०९॥

**प्रात कहा मुनि सन रघुराई। निर्भय जग्य करहु तुम्ह जाई॥**
**होम करन लागे मुनि झारी। आपु रहे मख कीं रखवारी॥**

सबेरे श्रीरघुनाथजीने मुनिसे कहा—आप जाकर निडर होकर यज्ञ कीजिये। यह सुनकर सब मुनि हवन करने लगे। आप (श्रीरामजी) यज्ञकी रखवालीपर रहे॥ १॥

**सुनि मारीच निसाचर क्रोही। लै सहाय धावा मुनिद्रोही॥**
**बिनु फर बान राम तेहि मारा। सत जोजन गा सागर पारा॥**

यह समाचार सुनकर मुनियोंका शत्रु क्रोधी राक्षस मारीच अपने सहायकोंको लेकर दौड़ा। श्रीरामजीने बिना फलवाला बाण उसको मारा, जिससे वह सौ योजनके विस्तारवाले समुद्रके पार जा गिरा॥ २॥

**पावक सर सुबाहु पुनि मारा। अनुज निसाचर कटकु सँघारा॥**
**मारि असुर द्विज निर्भयकारी। अस्तुति करहिं देव मुनि झारी॥**

फिर सुबाहुको अग्निबाण मारा। इधर छोटे भाई लक्ष्मणजीने राक्षसोंकी सेनाका संहार कर डाला। इस प्रकार श्रीरामजीने राक्षसोंको मारकर ब्राह्मणोंको निर्भय कर दिया। तब सारे देवता और मुनि स्तुति करने लगे॥ ३॥

**तहँ पुनि कछुक दिवस रघुराया। रहे कीन्हि बिप्रन्ह पर दाया॥**
**भगति हेतु बहु कथा पुराना। कहे बिप्र जद्यपि प्रभु जाना॥**

श्रीरघुनाथजीने वहाँ कुछ दिन और रहकर ब्राह्मणोंपर दया की। भक्तिके कारण ब्राह्मणोंने उन्हें पुराणोंकी बहुत-सी कथाएँ कहीं, यद्यपि प्रभु सब जानते थे॥ ४॥

**तब मुनि सादर कहा बुझाई। चरित एक प्रभु देखिअ जाई॥**
**धनुषजग्य सुनि रघुकुल नाथा। हरषि चले मुनिबर के साथा॥**

तदनन्तर मुनिने आदरपूर्वक समझाकर कहा—हे प्रभो! चलकर एक चरित्र देखिये। रघुकुलके स्वामी श्रीरामचन्द्रजी धनुषयज्ञ [की बात] सुनकर मुनिश्रेष्ठ विश्वामित्रजीके साथ प्रसन्न होकर चले॥ ५॥

**आश्रम एक दीख मग माहीं। खग मृग जीव जंतु तहँ नाहीं॥**
**पूछा मुनिहि सिला प्रभु देखी। सकल कथा मुनि कहा बिसेषी॥**

मार्गमें एक आश्रम दिखायी पड़ा। वहाँ पशु-पक्षी, कोई भी जीव-जन्तु नहीं था। पत्थरकी एक शिलाको देखकर प्रभुने पूछा, तब मुनिने विस्तारपूर्वक सब कथा कही॥ ६॥

**दो०—गौतम नारि श्राप बस उपल देह धरि धीर।**
**चरन कमल रज चाहति कृपा करहु रघुबीर॥ २१०॥**

गौतम मुनिकी स्त्री अहल्या शापवश पत्थरकी देह धारण किये बड़े धीरजसे आपके चरणकमलोंकी धूलि चाहती है। हे रघुवीर! इसपर कृपा कीजिये॥ २१०॥

**छं०—परसत पद पावन सोक नसावन प्रगट भई तपपुंज सही।**
**देखत रघुनायक जन सुखदायक सनमुख होइ कर जोरि रही॥**
**अति प्रेम अधीरा पुलक सरीरा मुख नहिं आवइ बचन कही।**
**अतिसय बड़भागी चरनन्हि लागी जुगल नयन जलधार बही॥**

श्रीरामजीके पवित्र और शोकको नाश करनेवाले चरणोंका स्पर्श पाते ही सचमुच वह तपोमूर्ति अहल्या प्रकट हो गयी। भक्तोंको सुख देनेवाले श्रीरघुनाथजीको देखकर वह हाथ जोड़कर सामने खड़ी रह गयी। अत्यन्त प्रेमके कारण वह अधीर हो गयी। उसका शरीर पुलकित हो उठा; मुखसे वचन कहनेमें नहीं आते थे। वह अत्यन्त बड़भागिनी अहल्या प्रभुके चरणोंसे लिपट गयी और उसके दोनों नेत्रोंसे जल (प्रेम और आनन्दके आँसुओं) की धारा बहने लगी॥ १॥

**धीरजु मन कीन्हा प्रभु कहुँ चीन्हा रघुपति कृपाँ भगति पाई।**
**अति निर्मल बानी अस्तुति ठानी ग्यानगम्य जय रघुराई॥**
**मैं नारि अपावन प्रभु जग पावन रावन रिपु जन सुखदाई।**
**राजीव बिलोचन भव भय मोचन पाहि पाहि सरनहिं आई॥**

फिर उसने मनमें धीरज धरकर प्रभुको पहचाना और श्रीरघुनाथजीकी कृपासे भक्ति प्राप्त की। तब अत्यन्त निर्मल वाणीसे उसने [इस प्रकार] स्तुति प्रारम्भ की—हे ज्ञानसे जानने योग्य श्रीरघुनाथजी! आपकी जय हो! मैं [सहज ही] अपवित्र स्त्री हूँ; और हे प्रभो! आप जगत्‌को पवित्र करनेवाले, भक्तोंको सुख देनेवाले और रावणके शत्रु हैं। हे कमलनयन! हे संसार (जन्म-मृत्यु) के भयसे छुड़ानेवाले! मैं आपकी शरण आयी हूँ, [मेरी] रक्षा कीजिये, रक्षा कीजिये॥ २॥

**मुनि श्राप जो दीन्हा अति भल कीन्हा परम अनुग्रह मैं माना।**
**देखेउँ भरि लोचन हरि भवमोचन इहइ लाभ संकर जाना॥**
**बिनती प्रभु मोरी मैं मति भोरी नाथ न मागउँ बर आना।**
**पद कमल परागा रस अनुरागा मम मन मधुप करै पाना॥**

मुनिने जो मुझे शाप दिया, सो बहुत ही अच्छा किया। मैं उसे अत्यन्त अनुग्रह मानती हूँ कि जिसके कारण मैंने संसारसे छुड़ानेवाले श्रीहरि (आप) को नेत्र भरकर देखा। इसी (आपके दर्शन) को शंकरजी सबसे बड़ा लाभ समझते हैं। हे प्रभो! मैं बुद्धिकी बड़ी भोली हूँ, मेरी एक विनती है। हे नाथ! मैं और कोई वर नहीं माँगती, केवल यही चाहती हूँ कि मेरा मनरूपी भौंरा आपके चरणकमलकी रजके प्रेमरूपी रसका सदा पान करता रहे॥ ३॥

**जेहिं पद सुरसरिता परम पुनीता प्रगट भई सिव सीस धरी।**
**सोई पद पंकज जेहि पूजत अज मम सिर धरेउ कृपाल हरी॥**
**एहि भाँति सिधारी गौतम नारी बार बार हरि चरन परी।**
**जो अति मन भावा सो बरु पावा गै पतिलोक अनंद भरी॥**

जिन चरणोंसे परमपवित्र देवनदी गंगाजी प्रकट हुईं, जिन्हें शिवजीने सिरपर धारण किया और जिन चरणकमलोंको ब्रह्माजी पूजते हैं, कृपालु हरि (आप) ने उन्हींको मेरे सिरपर रखा। इस प्रकार [स्तुति करती हुई] बार-बार भगवान्‌के चरणोंमें गिरकर, जो मनको बहुत ही अच्छा लगा, उस वरको पाकर गौतमकी स्त्री अहल्या आनन्दमें भरी हुई पतिलोकको चली गयी॥ ४॥

**दो०—अस प्रभु दीनबंधु हरि कारन रहित दयाल।**
**तुलसिदास सठ तेहि भजु छाड़ि कपट जंजाल॥ २११॥**

प्रभु श्रीरामचन्द्रजी ऐसे दीनबन्धु और बिना ही कारण दया करनेवाले हैं। तुलसीदासजी कहते हैं—हे शठ [मन]! तू कपट-जंजाल छोड़कर उन्हींका भजन कर॥ २११॥

## मासपारायण, सातवाँ विश्राम

**चले राम लछिमन मुनि संगा। गए जहाँ जग पावनि गंगा॥**
**गाधिसूनु सब कथा सुनाई। जेहि प्रकार सुरसरि महि आई॥**

श्रीरामजी और लक्ष्मणजी मुनिके साथ चले। वे वहाँ गये, जहाँ जगत्को पवित्र करनेवाली गंगाजी थीं। महाराज गाधिके पुत्र विश्वामित्रजीने वह सब कथा कह सुनायी जिस प्रकार देवनदी गंगाजी पृथ्वीपर आयी थीं॥ १॥

**तब प्रभु रिषिन्ह समेत नहाए। बिबिध दान महिदेवन्हि पाए॥**
**हरषि चले मुनि बृंद सहाया। बेगि बिदेह नगर निअराया॥**

तब प्रभुने ऋषियोंसहित [गंगाजीमें] स्नान किया। ब्राह्मणोंने भाँति-भाँतिके दान पाये। फिर मुनिवृन्दके साथ वे प्रसन्न होकर चले और शीघ्र ही जनकपुरके निकट पहुँच गये॥ २॥

**पुर रम्यता राम जब देखी। हरषे अनुज समेत बिसेषी॥**
**बापीं कूप सरित सर नाना। सलिल सुधासम मनि सोपाना॥**

श्रीरामजीने जब जनकपुरकी शोभा देखी, तब वे छोटे भाई लक्ष्मणसहित अत्यन्त हर्षित हुए। वहाँ अनेकों बावलियाँ, कुएँ, नदी और तालाब हैं, जिनमें अमृतके समान जल है और मणियोंकी सीढ़ियाँ [बनी हुई] हैं॥ ३॥

**गुंजत मंजु मत्त रस भृंगा। कूजत कल बहुबरन बिहंगा॥**
**बरन बरन बिकसे बनजाता। त्रिबिध समीर सदा सुखदाता॥**

मकरन्द-रससे मतवाले होकर भौंरे सुन्दर गुंजार कर रहे हैं। रंग-बिरंगे [बहुत-से] पक्षी मधुर शब्द कर रहे हैं। रंग-रंगके कमल खिले हैं। सदा (सब ऋतुओंमें) सुख देनेवाला शीतल, मन्द, सुगन्ध पवन बह रहा है॥ ४॥

**दो०—सुमन बाटिका बाग बन बिपुल बिहंग निवास।**
**फूलत फलत सुपल्लवत सोहत पुर चहुँ पास॥ २१२॥**

पुष्पवाटिका (फुलवारी), बाग और वन, जिनमें बहुत-से पक्षियोंका निवास है, फूलते, फलते और सुन्दर पत्तोंसे लदे हुए नगरके चारों ओर सुशोभित हैं॥ २१२॥

**बनइ न बरनत नगर निकाई। जहाँ जाइ मन तहँइँ लोभाई॥**
**चारु बजारु बिचित्र अँबारी। मनिमय बिधि जनु स्वकर सँवारी॥**

नगरकी सुन्दरताका वर्णन करते नहीं बनता। मन जहाँ जाता है; वहीं लुभा जाता (रम जाता) है। सुन्दर बाजार है, मणियोंसे बने हुए विचित्र छज्जे हैं, मानो ब्रह्माने उन्हें अपने हाथोंसे बनाया है॥ १॥

**धनिक बनिक बर धनद समाना। बैठे सकल बस्तु लै नाना॥**
**चौहट सुंदर गलीं सुहाई। संतत रहहिं सुगंध सिंचाई॥**

कुबेरके समान श्रेष्ठ धनी व्यापारी सब प्रकारकी अनेक वस्तुएँ लेकर [दूकानोंमें] बैठे हैं। सुन्दर चौराहे और सुहावनी गलियाँ सदा सुगन्धसे सिंची रहती हैं॥ २॥

**मंगलमय मंदिर सब केरें। चित्रित जनु रतिनाथ चितेरें॥**
**पुर नर नारि सुभग सुचि संता। धरमसील ग्यानी गुनवंता॥**

सबके घर मंगलमय हैं और उनपर चित्र कढ़े हुए हैं, जिन्हें मानो कामदेवरूपी चित्रकारने अंकित किया है। नगरके [सभी] स्त्री-पुरुष सुन्दर, पवित्र, साधु-स्वभाववाले, धर्मात्मा, ज्ञानी और गुणवान् हैं॥ ३॥

**अति अनूप जहँ जनक निवासू। बिथकहिं बिबुध बिलोकि बिलासू॥**
**होत चकित चित कोट बिलोकी। सकल भुवन सोभा जनु रोकी॥**

जहाँ जनकजीका अत्यन्त अनुपम (सुन्दर) निवासस्थान (महल) है, वहाँके विलास (ऐश्वर्य)को देखकर देवता भी थकित (स्तम्भित) हो जाते हैं [मनुष्योंकी तो बात ही क्या!]। कोट (राजमहलके परकोटे) को देखकर चित्त चकित हो जाता है, [ऐसा मालूम होता है] मानो उसने समस्त लोकोंकी शोभाको रोक (घेर) रखा है॥ ४॥

**दो०—धवल धाम मनि पुरट पट सुघटित नाना भाँति।**
**सिय निवास सुंदर सदन सोभा किमि कहि जाति॥ २१३॥**

उज्ज्वल महलोंमें अनेक प्रकारके सुन्दर रीतिसे बने हुए मणिजटित सोनेकी जरीके परदे लगे हैं। सीताजीके रहनेके सुन्दर महलकी शोभाका वर्णन किया ही कैसे जा सकता है॥ २१३॥

**सुभग द्वार सब कुलिस कपाटा। भूप भीर नट मागध भाटा॥**
**बनी बिसाल बाजि गज साला। हय गय रथ संकुल सब काला॥**

राजमहलके सब दरवाजे (फाटक) सुन्दर हैं, जिनमें वज्रके (मजबूत अथवा हीरोंके चमकते हुए) किवाड़ लगे हैं। वहाँ [मातहत] राजाओं, नटों, मागधों और भाटोंकी भीड़ लगी रहती है। घोड़ों और हाथियोंके लिये बहुत बड़ी-बड़ी घुड़शालें और गजशालाएँ (फीलखाने) बनी हुई हैं; जो सब समय घोड़े, हाथी और रथोंसे भरी रहती हैं॥ १॥

**सूर सचिव सेनप बहुतेरे। नृपगृह सरिस सदन सब केरे॥**
**पुर बाहेर सर सरित समीपा। उतरे जहँ तहँ बिपुल महीपा॥**

बहुत-से शूरवीर, मन्त्री और सेनापति हैं। उन सबके घर भी राजमहल-सरीखे ही हैं। नगरके बाहर तालाब और नदीके निकट जहाँ-तहाँ बहुत-से राजालोग उतरे हुए (डेरा डाले हुए) हैं॥ २॥

**देखि अनूप एक अँवराई। सब सुपास सब भाँति सुहाई॥**
**कौसिक कहेउ मोर मनु माना। इहाँ रहिअ रघुबीर सुजाना॥**

[वहीं] आमोंका एक अनुपम बाग देखकर, जहाँ सब प्रकारके सुभीते थे और जो सब तरहसे सुहावना था, विश्वामित्रजीने कहा—हे सुजान रघुवीर! मेरा मन कहता है कि यहीं रहा जाय॥ ३॥

**भलेहिं नाथ कहि कृपानिकेता। उतरे तहँ मुनिबृंद समेता॥**
**बिस्वामित्र महामुनि आए। समाचार मिथिलापति पाए॥**

कृपाके धाम श्रीरामचन्द्रजी 'बहुत अच्छा स्वामिन्!' कहकर वहीं मुनियोंके समूहके साथ ठहर गये। मिथिलापति जनकजीने जब यह समाचार पाया कि महामुनि विश्वामित्र आये हैं,॥ ४॥

**दो०—संग सचिव सुचि भूरि भट भूसुर बर गुर ग्याति।**
**चले मिलन मुनिनायकहि मुदित राउ एहि भाँति॥ २१४॥**

तब उन्होंने पवित्र हृदयके (ईमानदार, स्वामिभक्त) मन्त्री, बहुत-से योद्धा, श्रेष्ठ ब्राह्मण, गुरु (शतानन्दजी) और अपनी जातिके श्रेष्ठ लोगोंको साथ लिया और इस प्रकार प्रसन्नताके साथ राजा मुनियोंके स्वामी विश्वामित्रजीसे मिलने चले॥ २१४॥

**कीन्ह प्रनामु चरन धरि माथा। दीन्हि असीस मुदित मुनिनाथा॥**
**बिप्रबृंद सब सादर बंदे। जानि भाग्य बड़ राउ अनंदे॥**

राजाने मुनिके चरणोंपर मस्तक रखकर प्रणाम किया। मुनियोंके स्वामी विश्वामित्रजीने प्रसन्न होकर आशीर्वाद दिया। फिर सारी ब्राह्मणमण्डलीको आदरसहित प्रणाम किया और अपना बड़ा भाग्य जानकर राजा आनन्दित हुए॥ १॥

**कुसल प्रस्न कहि बारहिं बारा। बिस्वामित्र नृपहि बैठारा॥**
**तेहि अवसर आए दोउ भाई। गए रहे देखन फुलवाई॥**

बार-बार कुशलप्रश्न करके विश्वामित्रजीने राजाको बैठाया। उसी समय दोनों भाई आ पहुँचे, जो फुलवाड़ी देखने गये थे॥ २॥

**स्याम गौर मृदु बयस किसोरा। लोचन सुखद बिस्व चित चोरा॥**
**उठे सकल जब रघुपति आए। बिस्वामित्र निकट बैठाए॥**

सुकुमार किशोर अवस्थावाले, श्याम और गौर वर्णके दोनों कुमार नेत्रोंको सुख देनेवाले और सारे विश्वके चित्तको चुरानेवाले हैं। जब रघुनाथजी आये तब सभी [उनके रूप एवं तेजसे प्रभावित होकर] उठकर खड़े हो गये। विश्वामित्रजीने उनको अपने पास बैठा लिया॥ ३॥

**भए सब सुखी देखि दोउ भ्राता। बारि बिलोचन पुलकित गाता॥**
**मूरति मधुर मनोहर देखी। भयउ बिदेहु बिदेहु बिसेषी॥**

दोनों भाइयोंको देखकर सभी सुखी हुए। सबके नेत्रोंमें जल भर आया (आनन्द और प्रेमके आँसू उमड़ पड़े) और शरीर रोमांचित हो उठे। रामजीकी मधुर मनोहर मूर्तिको देखकर विदेह (जनक) विशेषरूपसे विदेह (देहकी सुध-बुधसे रहित) हो गये॥ ४॥

**दो०—प्रेम मगन मनु जानि नृपु करि बिबेकु धरि धीर।**
**बोलेउ मुनि पद नाइ सिरु गदगद गिरा गभीर॥ २१५॥**

मनको प्रेममें मग्न जान राजा जनकने विवेकका आश्रय लेकर धीरज धारण किया और मुनिके चरणोंमें सिर नवाकर गद्गद (प्रेमभरी) गम्भीर वाणीसे कहा—॥ २१५॥

**कहहु नाथ सुंदर दोउ बालक। मुनिकुल तिलक कि नृपकुलपालक॥**
**ब्रह्म जो निगम नेति कहि गावा। उभय बेष धरि की सोइ आवा॥**

हे नाथ! कहिये, ये दोनों सुन्दर बालक मुनिकुलके आभूषण हैं या किसी राजवंशके पालक? अथवा जिसका वेदोंने 'नेति' कहकर गान किया है कहीं वह ब्रह्म तो युगलरूप धरकर नहीं आया है?॥ १॥

**सहज बिरागरूप मनु मोरा। थकित होत जिमि चंद चकोरा॥**
**ताते प्रभु पूछउँ सतिभाऊ। कहहु नाथ जनि करहु दुराऊ॥**

मेरा मन जो स्वभावसे ही वैराग्यरूप [बना हुआ] है, [इन्हें देखकर] इस तरह मुग्ध हो रहा है जैसे चन्द्रमाको देखकर चकोर। हे प्रभो! इसलिये मैं आपसे सत्य (निश्छल) भावसे पूछता हूँ। हे नाथ! बताइये, छिपाव न कीजिये॥ २॥

**इन्हहि बिलोकत अति अनुरागा। बरबस ब्रह्मसुखहि मन त्यागा॥**
**कह मुनि बिहसि कहेहु नृप नीका। बचन तुम्हार न होइ अलीका॥**

इनको देखते ही अत्यन्त प्रेमके वश होकर मेरे मनने जबर्दस्ती ब्रह्मसुखको त्याग दिया है। मुनिने हँसकर कहा—हे राजन्! आपने ठीक (यथार्थ ही) कहा। आपका वचन मिथ्या नहीं हो सकता॥ ३॥

**ये प्रिय सबहि जहाँ लगि प्रानी। मन मुसुकाहिं रामु सुनि बानी॥**
**रघुकुल मनि दसरथ के जाए। मम हित लागि नरेस पठाए॥**

जगत्‌में जहाँतक (जितने भी) प्राणी हैं, ये सभीको प्रिय हैं। मुनिकी [रहस्यभरी] वाणी सुनकर श्रीरामजी मन-ही-मन मुसकराते हैं (हँसकर मानो संकेत करते हैं कि रहस्य खोलिये नहीं)। [तब मुनिने कहा—] ये रघुकुलमणि महाराज दशरथके पुत्र हैं। मेरे हितके लिये राजाने इन्हें मेरे साथ भेजा है॥ ४॥

**दो०—रामु लखनु दोउ बंधुबर रूप सील बल धाम।**
**मख राखेउ सबु साखि जगु जिते असुर संग्राम॥ २१६॥**

ये राम और लक्ष्मण दोनों श्रेष्ठ भाई रूप, शील और बलके धाम हैं। सारा जगत् [इस बातका] साक्षी है कि इन्होंने युद्धमें असुरोंको जीतकर मेरे यज्ञकी रक्षा की है॥ २१६॥

**मुनि तव चरन देखि कह राऊ। कहि न सकउँ निज पुन्य प्रभाऊ॥**
**सुंदर स्याम गौर दोउ भ्राता। आनँदहू के आनँद दाता॥**

राजाने कहा—हे मुनि! आपके चरणोंके दर्शन कर मैं अपना पुण्य-प्रभाव कह नहीं सकता। ये सुन्दर श्याम और गौर वर्णके दोनों भाई आनन्दको भी आनन्द देनेवाले हैं॥ १॥

**इन्ह कै प्रीति परसपर पावनि। कहि न जाइ मन भाव सुहावनि॥**
**सुनहु नाथ कह मुदित बिदेहू। ब्रह्म जीव इव सहज सनेहू॥**

इनकी आपसकी प्रीति बड़ी पवित्र और सुहावनी है, वह मनको बहुत भाती है, पर [वाणीसे] कही नहीं जा सकती। विदेह (जनकजी) आनन्दित होकर कहते हैं—हे नाथ! सुनिये, ब्रह्म और जीवकी तरह इनमें स्वाभाविक प्रेम है॥ २॥

**पुनि पुनि प्रभुहि चितव नरनाहू। पुलक गात उर अधिक उछाहू॥**
**मुनिहि प्रसंसि नाइ पद सीसू। चलेउ लवाइ नगर अवनीसू॥**

राजा बार-बार प्रभुको देखते हैं (दृष्टि वहाँसे हटना ही नहीं चाहती)। [प्रेमसे] शरीर पुलकित हो रहा है और हृदयमें बड़ा उत्साह है। [फिर] मुनिकी प्रशंसा करके और उनके चरणोंमें सिर नवाकर राजा उन्हें नगरमें लिवा चले॥ ३॥

**सुंदर सदनु सुखद सब काला। तहाँ बासु लै दीन्ह भुआला॥**
**करि पूजा सब बिधि सेवकाई। गयउ राउ गृह बिदा कराई॥**

एक सुन्दर महल जो सब समय (सभी ऋतुओंमें ) सुखदायक था, वहाँ राजाने उन्हें ले जाकर ठहराया। तदनन्तर सब प्रकारसे पूजा और सेवा करके राजा विदा माँगकर अपने घर गये॥ ४॥

**दो०—रिषय संग रघुबंस मनि करि भोजनु बिश्रामु।**
**बैठे प्रभु भ्राता सहित दिवसु रहा भरि जामु॥ २१७॥**

रघुकुलके शिरोमणि प्रभु श्रीरामचन्द्रजी ऋषियोंके साथ भोजन और विश्राम करके भाई लक्ष्मणसमेत बैठे। उस समय पहरभर दिन रह गया था॥ २१७॥

**लखन हृदयँ लालसा बिसेषी। जाइ जनकपुर आइअ देखी॥**
**प्रभु भय बहुरि मुनिहि सकुचाहीं। प्रगट न कहहिं मनहिं मुसुकाहीं॥**

लक्ष्मणजीके हृदयमें विशेष लालसा है कि जाकर जनकपुर देख आवें। परन्तु प्रभु श्रीरामचन्द्रजीका डर है और फिर मुनिसे भी सकुचाते हैं। इसलिये प्रकटमें कुछ नहीं कहते; मन-ही-मन मुसकरा रहे हैं॥ १॥

**राम अनुज मन की गति जानी। भगत बछलता हियँ हुलसानी॥**
**परम बिनीत सकुचि मुसुकाई। बोले गुर अनुसासन पाई॥**

[अन्तर्यामी] श्रीरामचन्द्रजीने छोटे भाईके मनकी दशा जान ली, [तब] उनके हृदयमें भक्तवत्सलता उमड़ आयी। वे गुरुकी आज्ञा पाकर बहुत ही विनयके साथ सकुचाते हुए मुसकराकर बोले—॥ २॥

**नाथ लखनु पुरु देखन चहहीं। प्रभु सकोच डर प्रगट न कहहीं॥**
**जौं राउर आयसु मैं पावौं। नगर देखाइ तुरत लै आवौं॥**

हे नाथ! लक्ष्मण नगर देखना चाहते हैं, किन्तु प्रभु (आप) के डर और संकोचके कारण स्पष्ट नहीं कहते। यदि आपकी आज्ञा पाऊँ, तो मैं इनको नगर दिखलाकर तुरंत ही [वापस] ले आऊँ॥ ३॥

**सुनि मुनीसु कह बचन सप्रीती। कस न राम तुम्ह राखहु नीती॥**
**धरम सेतु पालक तुम्ह ताता। प्रेम बिबस सेवक सुखदाता॥**

यह सुनकर मुनीश्वर विश्वामित्रजीने प्रेमसहित वचन कहे—हे राम! तुम नीतिकी रक्षा कैसे न करोगे; हे तात! तुम धर्मकी मर्यादाका पालन करनेवाले और प्रेमके वशीभूत होकर सेवकोंको सुख देनेवाले हो॥ ४॥

**दो०—जाइ देखि आवहु नगरु सुख निधान दोउ भाइ।**
**करहु सुफल सब के नयन सुंदर बदन देखाइ॥ २१८॥**

सुखके निधान दोनों भाई जाकर नगर देख आओ। अपने सुन्दर मुख दिखलाकर सब [नगर-निवासियों] के नेत्रोंको सफल करो॥ २१८॥

**मुनि पद कमल बंदि दोउ भ्राता। चले लोक लोचन सुख दाता॥**
**बालक बृंद देखि अति सोभा। लगे संग लोचन मनु लोभा॥**

सब लोकोंके नेत्रोंको सुख देनेवाले दोनों भाई मुनिके चरणकमलोंकी वन्दना करके चले। बालकोंके झुंड इन [के सौन्दर्य] की अत्यन्त शोभा देखकर साथ लग गये। उनके नेत्र और मन [इनकी माधुरीपर] लुभा गये॥ १॥

**पीत बसन परिकर कटि भाथा। चारु चाप सर सोहत हाथा॥**
**तन अनुहरत सुचंदन खोरी। स्यामल गौर मनोहर जोरी॥**

[दोनों भाइयोंके] पीले रंगके वस्त्र हैं, कमरके [पीले] दुपट्टोंमें तरकस बँधे हैं। हाथोंमें सुन्दर धनुष-बाण सुशोभित हैं। [श्याम और गौर वर्णके] शरीरोंके अनुकूल (अर्थात् जिसपर जिस रंगका चन्दन अधिक फबे उसपर उसी रंगके) सुन्दर चन्दनकी खौर लगी है। साँवरे और गोरे [रंग] की मनोहर जोड़ी है॥ २॥

**केहरि कंधर बाहु बिसाला। उर अति रुचिर नागमनि माला॥**
**सुभग सोन सरसीरुह लोचन। बदन मयंक तापत्रय मोचन॥**

सिंहके समान (पुष्ट) गर्दन (गलेका पिछला भाग) है; विशाल भुजाएँ हैं। [चौड़ी] छातीपर अत्यन्त सुन्दर गजमुक्ताकी माला है। सुन्दर लाल कमलके समान नेत्र हैं। तीनों तापोंसे छुड़ानेवाला चन्द्रमाके समान मुख है॥ ३॥

**कानन्हि कनक फूल छबि देहीं। चितवत चितहि चोरि जनु लेहीं॥**
**चितवनि चारु भृकुटि बर बाँकी। तिलक रेख सोभा जनु चाँकी॥**

कानोंमें सोनेके कर्णफूल [अत्यन्त] शोभा दे रहे हैं और देखते ही [देखनेवालेके] चित्तको मानो चुरा लेते हैं। उनकी चितवन (दृष्टि) बड़ी मनोहर है और भौंहें तिरछी एवं सुन्दर हैं। [माथेपर] तिलककी रेखाएँ ऐसी सुन्दर हैं मानो [मूर्तिमती] शोभापर मुहर लगा दी गयी है॥ ४॥

**दो०—रुचिर चौतनीं सुभग सिर मेचक कुंचित केस।**
**नख सिख सुंदर बंधु दोउ सोभा सकल सुदेस॥ २१९॥**

सिरपर सुन्दर चौकोनी टोपियाँ [दिये] हैं, काले और घुँघराले बाल हैं। दोनों भाई नखसे लेकर शिखातक (एड़ीसे चोटीतक) सुन्दर हैं और सारी शोभा जहाँ जैसी चाहिये वैसी ही है॥ २१९॥

**देखन नगरु भूपसुत आए। समाचार पुरबासिन्ह पाए॥**
**धाए धाम काम सब त्यागी। मनहुँ रंक निधि लूटन लागी॥**

जब पुरवासियोंने यह समाचार पाया कि दोनों राजकुमार नगर देखनेके लिये आये हैं, तब वे सब घर-बार और सब काम-काज छोड़कर ऐसे दौड़े मानो दरिद्री [धनका] खजाना लूटने दौड़े हों॥ १॥

**निरखि सहज सुंदर दोउ भाई। होहिं सुखी लोचन फल पाई॥**
**जुबतीं भवन झरोखन्हि लागीं। निरखहिं राम रूप अनुरागीं॥**

स्वभावहीसे सुन्दर दोनों भाइयोंको देखकर वे लोग नेत्रोंका फल पाकर सुखी हो रहे हैं। युवती स्त्रियाँ घरके झरोखोंसे लगी हुई प्रेमसहित श्रीरामचन्द्रजीके रूपको देख रही हैं॥ २॥

**कहहिं परसपर बचन सप्रीती। सखि इन्ह कोटि काम छबि जीती॥**
**सुर नर असुर नाग मुनि माहीं। सोभा असि कहुँ सुनिअति नाहीं॥**

वे आपसमें बड़े प्रेमसे बातें कर रही हैं—हे सखी! इन्होंने करोड़ों कामदेवोंकी छबिको जीत लिया है। देवता, मनुष्य, असुर, नाग और मुनियोंमें ऐसी शोभा तो कहीं सुननेमें भी नहीं आती॥ ३॥

**बिष्नु चारि भुज बिधि मुख चारी। बिकट बेष मुख पंच पुरारी॥**
**अपर देउ अस कोउ न आही। यह छबि सखी पटतरिअ जाही॥**

भगवान् विष्णुके चार भुजाएँ हैं, ब्रह्माजीके चार मुख हैं, शिवजीका विकट (भयानक) वेष है और उनके पाँच मुँह हैं। हे सखी! दूसरा देवता भी कोई ऐसा नहीं है जिसके साथ इस छबिकी उपमा दी जाय॥ ४॥

**दो०—बय किसोर सुषमा सदन स्याम गौर सुख धाम।**
**अंग अंग पर वारिअहिं कोटि कोटि सत काम॥ २२०॥**

इनकी किशोर अवस्था है, ये सुन्दरताके घर, साँवले और गोरे रंगके तथा सुखके धाम हैं। इनके अंग-अंगपर करोड़ों-अरबों कामदेवोंको निछावर कर देना चाहिये॥ २२०॥

**कहहु सखी अस को तनुधारी। जो न मोह यह रूप निहारी॥**
**कोउ सप्रेम बोली मृदु बानी। जो मैं सुना सो सुनहु सयानी॥**

हे सखी! [भला] कहो तो ऐसा कौन शरीरधारी होगा जो इस रूपको देखकर मोहित न हो जाय (अर्थात् यह रूप जड़-चेतन सबको मोहित करनेवाला है)। [तब] कोई दूसरी सखी प्रेमसहित कोमल वाणीसे बोली—हे सयानी! मैंने जो सुना है उसे सुनो—॥ १॥

**ए दोऊ दसरथ के ढोटा। बाल मरालन्हि के कल जोटा॥**
**मुनि कौसिक मख के रखवारे। जिन्ह रन अजिर निसाचर मारे॥**

ये दोनों [राजकुमार] महाराज दशरथजीके पुत्र हैं। बाल राजहंसोंका-सा सुन्दर जोड़ा है। ये मुनि विश्वामित्रके यज्ञकी रक्षा करनेवाले हैं, इन्होंने युद्धके मैदानमें राक्षसोंको मारा है॥ २॥

**स्याम गात कल कंज बिलोचन। जो मारीच सुभुज मदु मोचन॥**
**कौसल्या सुत सो सुख खानी। नामु रामु धनु सायक पानी॥**

जिनका श्याम शरीर और सुन्दर कमल-जैसे नेत्र हैं, जो मारीच और सुबाहुके मदको चूर करनेवाले और सुखकी खान हैं और जो हाथमें धनुष-बाण लिये हुए हैं, वे कौसल्याजीके पुत्र हैं; इनका नाम राम है॥ ३॥

**गौर किसोर बेषु बर काछें। कर सर चाप राम के पाछें॥**
**लछिमनु नामु राम लघु भ्राता। सुनु सखि तासु सुमित्रा माता॥**

जिनका रंग गोरा और किशोर अवस्था है और जो सुन्दर वेष बनाये और हाथमें धनुष-बाण लिये श्रीरामजीके पीछे-पीछे चल रहे हैं, वे इनके छोटे भाई हैं; उनका नाम लक्ष्मण है। हे सखी! सुनो, उनकी माता सुमित्रा हैं॥ ४॥

**दो०—बिप्रकाजु करि बंधु दोउ मग मुनिबधू उधारि।**
**आए देखन चापमख सुनि हरषीं सब नारि॥ २२१॥**

दोनों भाई ब्राह्मण विश्वामित्रका काम करके और रास्तेमें मुनि गौतमकी स्त्री अहल्याका उद्धार करके यहाँ धनुषयज्ञ देखने आये हैं। यह सुनकर सब स्त्रियाँ प्रसन्न हुईं॥ २२१॥

**देखि राम छबि कोउ एक कहई। जोगु जानकिहि यह बरु अहई॥**
**जौं सखि इन्हहि देख नरनाहू। पन परिहरि हठि करइ बिबाहू॥**

श्रीरामचन्द्रजीकी छबि देखकर कोई एक (दूसरी सखी) कहने लगी—यह वर जानकीके योग्य है। हे सखी! यदि कहीं राजा इन्हें देख ले, तो प्रतिज्ञा छोड़कर हठपूर्वक इन्हींसे विवाह कर देगा॥ १॥

**कोउ कह ए भूपति पहिचाने। मुनि समेत सादर सनमाने॥**
**सखि परंतु पनु राउ न तजई। बिधि बस हठि अबिबेकहि भजई॥**

किसीने कहा—राजाने इन्हें पहचान लिया है और मुनिके सहित इनका आदरपूर्वक सम्मान किया है। परन्तु हे सखी! राजा अपना प्रण नहीं छोड़ता। वह होनहारके वशीभूत होकर हठपूर्वक अविवेकका ही आश्रय लिये हुए है (प्रणपर अड़े रहनेकी मूर्खता नहीं छोड़ता)॥ २॥

**कोउ कह जौं भल अहइ बिधाता। सब कहँ सुनिअ उचित फलदाता॥**
**तौ जानकिहि मिलिहि बरु एहू। नाहिन आलि इहाँ संदेहू॥**

कोई कहती है—यदि विधाता भले हैं और सुना जाता है कि वे सबको उचित फल देते हैं, तो जानकीजीको यही वर मिलेगा। हे सखी! इसमें सन्देह नहीं है॥ ३॥

**जौं बिधि बस अस बनै सँजोगू। तौ कृतकृत्य होइ सब लोगू॥**
**सखि हमरें आरति अति तातें। कबहुँक ए आवहिं एहि नातें॥**

जो दैवयोगसे ऐसा संयोग बन जाय, तो हम सब लोग कृतार्थ हो जायँ। हे सखी! मेरे तो इसीसे इतनी अधिक आतुरता हो रही है कि इसी नाते कभी ये यहाँ आवेंगे॥ ४॥

**दो०—नाहिं त हम कहुँ सुनहु सखि इन्ह कर दरसनु दूरि।**
**यह संघटु तब होइ जब पुन्य पुराकृत भूरि॥ २२२॥**

नहीं तो (विवाह न हुआ तो) हे सखी! सुनो, हमको इनके दर्शन दुर्लभ हैं। यह संयोग तभी हो सकता है जब हमारे पूर्वजन्मोंके बहुत पुण्य हों॥ २२२॥

**बोली अपर कहेहु सखि नीका। एहिं बिआह अति हित सबही का॥**
**कोउ कह संकर चाप कठोरा। ए स्यामल मृदु गात किसोरा॥**

दूसरीने कहा—हे सखी! तुमने बहुत अच्छा कहा। इस विवाहसे सभीका परम हित है। किसीने कहा—शंकरजीका धनुष कठोर है और ये साँवले राजकुमार कोमल शरीरके बालक हैं॥ १॥

**सबु असमंजस अहइ सयानी। यह सुनि अपर कहइ मृदु बानी॥**
**सखि इन्ह कहँ कोउ कोउ अस कहहीं। बड़ प्रभाउ देखत लघु अहहीं॥**

हे सयानी! सब असमंजस ही है। यह सुनकर दूसरी सखी कोमल वाणीसे कहने लगी—हे सखी! इनके सम्बन्धमें कोई-कोई ऐसा कहते हैं कि ये देखनेमें तो छोटे हैं, पर इनका प्रभाव बहुत बड़ा है॥ २॥

**परसि जासु पद पंकज धूरी। तरी अहल्या कृत अघ भूरी॥**
**सो कि रहिहि बिनु सिवधनु तोरें। यह प्रतीति परिहरिअ न भोरें॥**

जिनके चरणकमलोंकी धूलिका स्पर्श पाकर अहल्या तर गयी, जिसने बड़ा भारी पाप किया था, वे क्या शिवजीका धनुष बिना तोड़े रहेंगे। इस विश्वासको भूलकर भी नहीं छोड़ना चाहिये॥ ३॥

**जेहिं बिरंचि रचि सीय सँवारी। तेहिं स्यामल बरु रचेउ बिचारी॥**
**तासु बचन सुनि सब हरषानीं। ऐसेइ होउ कहहिं मृदु बानीं॥**

जिस ब्रह्माने सीताको सँवारकर (बड़ी चतुराईसे) रचा है, उसीने विचारकर साँवला वर भी रच रखा है। उसके ये वचन सुनकर सब हर्षित हुईं और कोमल वाणीसे कहने लगीं—ऐसा ही हो॥ ४॥

**दो०—हियँ हरषहिं बरषहिं सुमन सुमुखि सुलोचनि बृंद।**
**जाहिं जहाँ जहँ बंधु दोउ तहँ तहँ परमानंद॥ २२३॥**

सुन्दर मुख और सुन्दर नेत्रोंवाली स्त्रियाँ समूह-की-समूह हृदयमें हर्षित होकर फूल बरसा रही हैं। जहाँ-जहाँ दोनों भाई जाते हैं, वहाँ-वहाँ परम आनन्द छा जाता है॥ २२३॥

**पुर पूरब दिसि गे दोउ भाई। जहँ धनुमख हित भूमि बनाई॥**
**अति बिस्तार चारु गच ढारी। बिमल बेदिका रुचिर सँवारी॥**

दोनों भाई नगरके पूरब ओर गये; जहाँ धनुषयज्ञके लिये [रंग] भूमि बनायी गयी थी। बहुत लंबा-चौड़ा सुन्दर ढाला हुआ पक्का आँगन था, जिसपर सुन्दर और निर्मल वेदी सजायी गयी थी॥ १॥

**चहुँ दिसि कंचन मंच बिसाला। रचे जहाँ बैठहिं महिपाला॥**
**तेहि पाछें समीप चहुँ पासा। अपर मंच मंडली बिलासा॥**

चारों ओर सोनेके बड़े-बड़े मंच बने थे, जिनपर राजा लोग बैठेंगे। उनके पीछे समीप ही चारों ओर दूसरे मचानोंका मण्डलाकार घेरा सुशोभित था॥ २॥

**कछुक ऊँचि सब भाँति सुहाई। बैठहिं नगर लोग जहँ जाई॥**
**तिन्ह के निकट बिसाल सुहाए। धवल धाम बहुबरन बनाए॥**

वह कुछ ऊँचा था और सब प्रकारसे सुन्दर था, जहाँ जाकर नगरके लोग बैठेंगे। उन्हींके पास विशाल एवं सुन्दर सफेद मकान अनेक रंगोंके बनाये गये हैं,॥ ३॥

**जहँ बैठें देखहिं सब नारी। जथाजोगु निज कुल अनुहारी॥**
**पुर बालक कहि कहि मृदु बचना। सादर प्रभुहि देखावहिं रचना॥**

जहाँ अपने-अपने कुलके अनुसार सब स्त्रियाँ यथायोग्य (जिसको जहाँ बैठना उचित है) बैठकर देखेंगी। नगरके बालक कोमल वचन कह-कहकर आदरपूर्वक प्रभु श्रीरामचन्द्रजीको [यज्ञशालाकी] रचना दिखला रहे हैं॥ ४॥

**दो०—सब सिसु एहि मिस प्रेमबस परसि मनोहर गात।**
**तन पुलकहिं अति हरषु हियँ देखि देखि दोउ भ्रात॥ २२४॥**

सब बालक इसी बहाने प्रेमके वश होकर श्रीरामजीके मनोहर अंगोंको छूकर शरीरसे पुलकित हो रहे हैं और दोनों भाइयोंको देख-देखकर उनके हृदयमें अत्यन्त हर्ष हो रहा है॥ २२४॥

**सिसु सब राम प्रेमबस जाने। प्रीति समेत निकेत बखाने॥**
**निज निज रुचि सब लेहिं बोलाई। सहित सनेह जाहिं दोउ भाई॥**

श्रीरामचन्द्रजीने सब बालकोंको प्रेमके वश जानकर [यज्ञभूमिके] स्थानोंकी प्रेमपूर्वक प्रशंसा की। [इससे बालकोंका उत्साह, आनन्द और प्रेम और भी बढ़ गया, जिससे] वे सब अपनी-अपनी रुचिके अनुसार उन्हें बुला लेते हैं और [प्रत्येकके बुलानेपर] दोनों भाई प्रेमसहित उनके पास चले जाते हैं॥ १॥

**राम देखावहिं अनुजहि रचना। कहि मृदु मधुर मनोहर बचना॥**
**लव निमेष महुँ भुवन निकाया। रचइ जासु अनुसासन माया॥**

कोमल, मधुर और मनोहर वचन कहकर श्रीरामजी अपने छोटे भाई लक्ष्मणको [यज्ञभूमिकी] रचना दिखलाते हैं। जिनकी आज्ञा पाकर माया लव निमेष (पलक गिरनेके चौथाई समय) में ब्रह्माण्डोंके समूह रच डालती है,॥ २॥

**भगति हेतु सोइ दीनदयाला। चितवत चकित धनुष मखसाला॥**
**कौतुक देखि चले गुरु पाहीं। जानि बिलंबु त्रास मन माहीं॥**

वही दीनोंपर दया करनेवाले श्रीरामजी भक्तिके कारण धनुषयज्ञशालाको चकित होकर (आश्चर्यके साथ) देख रहे हैं। इस प्रकार सब कौतुक (विचित्र रचना) देखकर वे गुरुके पास चले। देर हुई जानकर उनके मनमें डर है॥ ३॥

**जासु त्रास डर कहुँ डर होई। भजन प्रभाउ देखावत सोई॥**
**कहि बातें मृदु मधुर सुहाईं। किए बिदा बालक बरिआईं॥**

जिनके भयसे डरको भी डर लगता है, वही प्रभु भजनका प्रभाव [जिसके कारण ऐसे महान् प्रभु भी भयका नाट्य करते हैं] दिखला रहे हैं। उन्होंने कोमल, मधुर और सुन्दर बातें कहकर बालकोंको जबर्दस्ती विदा किया॥ ४॥

**दो०—सभय सप्रेम बिनीत अति सकुच सहित दोउ भाइ।**
**गुर पद पंकज नाइ सिर बैठे आयसु पाइ॥ २२५॥**

फिर भय, प्रेम, विनय और बड़े संकोचके साथ दोनों भाई गुरुके चरणकमलोंमें सिर नवाकर आज्ञा पाकर बैठे॥ २२५॥

**निसि प्रबेस मुनि आयसु दीन्हा। सबहीं संध्याबंदनु कीन्हा॥**
**कहत कथा इतिहास पुरानी। रुचिर रजनि जुग जाम सिरानी॥**

रात्रिका प्रवेश होते ही (सन्ध्याके समय) मुनिने आज्ञा दी, तब सबने सन्ध्यावन्दन किया। फिर प्राचीन कथाएँ तथा इतिहास कहते-कहते सुन्दर रात्रि दो पहर बीत गयी॥ १॥

**मुनिबर सयन कीन्हि तब जाई। लगे चरन चापन दोउ भाई॥**
**जिन्ह के चरन सरोरुह लागी। करत बिबिध जप जोग बिरागी॥**

तब श्रेष्ठ मुनिने जाकर शयन किया। दोनों भाई उनके चरण दबाने लगे जिनके चरणकमलोंके [दर्शन एवं स्पर्शके] लिये वैराग्यवान् पुरुष भी भाँति-भाँतिके जप और योग करते हैं,॥ २॥

**तेइ दोउ बंधु प्रेम जनु जीते। गुर पद कमल पलोटत प्रीते॥**
**बार बार मुनि अग्या दीन्ही। रघुबर जाइ सयन तब कीन्ही॥**

वे ही दोनों भाई मानो प्रेमसे जीते हुए प्रेमपूर्वक गुरुजीके चरणकमलोंको दबा रहे हैं। मुनिने बार-बार आज्ञा दी, तब श्रीरघुनाथजीने जाकर शयन किया॥ ३॥

**चापत चरन लखनु उर लाएँ। सभय सप्रेम परम सचु पाएँ॥**
**पुनि पुनि प्रभु कह सोवहु ताता। पौढ़े धरि उर पद जलजाता॥**

श्रीरामजीके चरणोंको हृदयसे लगाकर भय और प्रेमसहित परम सुखका अनुभव करते हुए लक्ष्मणजी उनको दबा रहे हैं। प्रभु श्रीरामचन्द्रजीने बार-बार कहा—हे तात! [अब] सो जाओ। तब वे उन चरणकमलोंको हृदयमें धरकर लेट रहे॥ ४॥

**दो०—उठे लखनु निसि बिगत सुनि अरुनसिखा धुनि कान।**
**गुर तें पहिलेहिं जगतपति जागे रामु सुजान॥ २२६॥**

रात बीतनेपर, मुर्गेका शब्द कानोंसे सुनकर लक्ष्मणजी उठे। जगत्के स्वामी सुजान श्रीरामचन्द्रजी भी गुरुसे पहले ही जाग गये॥ २२६॥

**सकल सौच करि जाइ नहाए। नित्य निबाहि मुनिहि सिर नाए॥**
**समय जानि गुर आयसु पाई। लेन प्रसून चले दोउ भाई॥**

सब शौचक्रिया करके वे जाकर नहाये। फिर [सन्ध्या-अग्निहोत्रादि] नित्यकर्म समाप्त करके उन्होंने मुनिको मस्तक नवाया। [पूजाका] समय जानकर, गुरुकी आज्ञा पाकर दोनों भाई फूल लेने चले॥ १॥

**भूप बागु बर देखेउ जाई। जहँ बसंत रितु रही लोभाई॥**
**लागे बिटप मनोहर नाना। बरन बरन बर बेलि बिताना॥**

उन्होंने जाकर राजाका सुन्दर बाग देखा, जहाँ वसन्त-ऋतु लुभाकर रह गयी है। मनको लुभानेवाले अनेक वृक्ष लगे हैं। रंग-बिरंगी उत्तम लताओंके मण्डप छाये हुए हैं॥ २॥

**नव पल्लव फल सुमन सुहाए। निज संपति सुर रूख लजाए॥**
**चातक कोकिल कीर चकोरा। कूजत बिहग नटत कल मोरा॥**

नये पत्तों, फलों और फूलोंसे युक्त सुन्दर वृक्ष अपनी सम्पत्तिसे कल्पवृक्षको भी लजा रहे हैं। पपीहे, कोयल, तोते, चकोर आदि पक्षी मीठी बोली बोल रहे हैं और मोर सुन्दर नृत्य कर रहे हैं॥ ३॥

**मध्य बाग सरु सोह सुहावा। मनि सोपान बिचित्र बनावा॥**
**बिमल सलिलु सरसिज बहुरंगा। जलखग कूजत गुंजत भृंगा॥**

बागके बीचोबीच सुहावना सरोवर सुशोभित है, जिसमें मणियोंकी सीढ़ियाँ विचित्र ढंगसे बनी हैं। उसका जल निर्मल है, जिसमें अनेक रंगोंके कमल खिले हुए हैं, जलके पक्षी कलरव कर रहे हैं और भ्रमर गुंजार कर रहे हैं॥ ४॥

**दो०—बागु तड़ागु बिलोकि प्रभु हरषे बंधु समेत।**
**परम रम्य आरामु यहु जो रामहि सुख देत॥ २२७॥**

बाग और सरोवरको देखकर प्रभु श्रीरामचन्द्रजी भाई लक्ष्मणसहित हर्षित हुए। यह बाग [वास्तवमें] परम रमणीय है, जो [जगत्को सुख देनेवाले] श्रीरामचन्द्रजीको सुख दे रहा है॥ २२७॥

**चहुँ दिसि चितइ पूँछि मालीगन। लगे लेन दल फूल मुदित मन॥**
**तेहि अवसर सीता तहँ आई। गिरिजा पूजन जननि पठाई॥**

चारों ओर दृष्टि डालकर और मालियोंसे पूछकर वे प्रसन्न मनसे पत्र-पुष्प लेने लगे। उसी समय सीताजी वहाँ आयीं। माताने उन्हें गिरिजा (पार्वती) जीकी पूजा करनेके लिये भेजा था॥ १॥

**संग सखीं सब सुभग सयानीं। गावहिं गीत मनोहर बानीं॥**
**सर समीप गिरिजा गृह सोहा। बरनि न जाइ देखि मनु मोहा॥**

साथमें सब सुन्दरी और सयानी सखियाँ हैं, जो मनोहर वाणीसे गीत गा रही हैं। सरोवरके पास गिरिजाजीका मन्दिर सुशोभित है, जिसका वर्णन नहीं किया जा सकता; देखकर मन मोहित हो जाता है॥ २॥

**मज्जनु करि सर सखिन्ह समेता। गई मुदित मन गौरि निकेता॥**
**पूजा कीन्हि अधिक अनुरागा। निज अनुरूप सुभग बरु मागा॥**

सखियोंसहित सरोवरमें स्नान करके सीताजी प्रसन्न मनसे गिरिजाजीके मन्दिरमें गयीं। उन्होंने बड़े प्रेमसे पूजा की और अपने योग्य सुन्दर वर माँगा॥ ३॥

**एक सखी सिय संगु बिहाई। गई रही देखन फुलवाई॥**
**तेहिं दोउ बंधु बिलोके जाई। प्रेम बिबस सीता पहिं आई॥**

एक सखी सीताजीका साथ छोड़कर फुलवाड़ी देखने चली गयी थी। उसने जाकर दोनों भाइयोंको देखा और प्रेममें विह्वल होकर वह सीताजीके पास आयी॥ ४॥

**दो०—तासु दसा देखी सखिन्ह पुलक गात जलु नैन।**
**कहु कारनु निज हरष कर पूछहिं सब मृदु बैन॥ २२८॥**

सखियोंने उसकी दशा देखी कि उसका शरीर पुलकित है और नेत्रोंमें जल भरा है। सब कोमल वाणीसे पूछने लगीं कि अपनी प्रसन्नताका कारण बता॥ २२८॥

**देखन बागु कुअँर दुइ आए। बय किसोर सब भाँति सुहाए॥**
**स्याम गौर किमि कहौं बखानी। गिरा अनयन नयन बिनु बानी॥**

[उसने कहा—] दो राजकुमार बाग देखने आये हैं। किशोर अवस्थाके हैं और सब प्रकारसे सुन्दर हैं। वे साँवले और गोरे [रंगके] हैं; उनके सौन्दर्यको मैं कैसे बखानकर कहूँ। वाणी बिना नेत्रकी है और नेत्रोंके वाणी नहीं है॥ १॥

**सुनि हरषीं सब सखीं सयानी। सिय हियँ अति उतकंठा जानी॥**
**एक कहइ नृपसुत तेइ आली। सुने जे मुनि सँग आए काली॥**

यह सुनकर और सीताजीके हृदयमें बड़ी उत्कण्ठा जानकर सब सयानी सखियाँ प्रसन्न हुईं। तब एक सखी कहने लगी—हे सखी! ये वही राजकुमार हैं जो सुना है कि कल विश्वामित्र मुनिके साथ आये हैं॥ २॥

**जिन्ह निज रूप मोहनी डारी। कीन्हे स्वबस नगर नर नारी॥**
**बरनत छबि जहँ तहँ सब लोगू। अवसि देखिअहिं देखन जोगू॥**

और जिन्होंने अपने रूपकी मोहिनी डालकर नगरके स्त्री-पुरुषोंको अपने वशमें कर लिया है। जहाँ-तहाँ सब लोग उन्हींकी छबिका वर्णन कर रहे हैं। अवश्य [चलकर] उन्हें देखना चाहिये, वे देखने ही योग्य हैं॥ ३॥

**तासु बचन अति सियहि सोहाने। दरस लागि लोचन अकुलाने॥**
**चली अग्र करि प्रिय सखि सोई। प्रीति पुरातन लखइ न कोई॥**

उसके वचन सीताजीको अत्यन्त ही प्रिय लगे और दर्शनके लिये उनके नेत्र अकुला उठे। उसी प्यारी सखीको आगे करके सीताजी चलीं। पुरानी प्रीतिको कोई लख नहीं पाता॥ ४॥

**दो०—सुमिरि सीय नारद बचन उपजी प्रीति पुनीत।**
**चकित बिलोकति सकल दिसि जनु सिसु मृगी सभीत॥ २२९॥**

नारदजीके वचनोंका स्मरण करके सीताजीके मनमें पवित्र प्रीति उत्पन्न हुई। वे चकित होकर सब ओर इस तरह देख रही हैं मानो डरी हुई मृगछौनी इधर-उधर देख रही हो॥ २२९॥

**कंकन किंकिनि नूपुर धुनि सुनि। कहत लखन सन रामु हृदयँ गुनि॥**
**मानहुँ मदन दुंदुभी दीन्ही। मनसा बिस्व बिजय कहँ कीन्ही॥**

कंकण (हाथोंके कड़े), करधनी और पायजेबके शब्द सुनकर श्रीरामचन्द्रजी हृदयमें विचारकर लक्ष्मणसे कहते हैं—[यह ध्वनि ऐसी आ रही है] मानो कामदेवने विश्वको जीतनेका संकल्प करके डंकेपर चोट मारी है॥ १॥

**अस कहि फिरि चितए तेहि ओरा। सिय मुख ससि भए नयन चकोरा॥**
**भए बिलोचन चारु अचंचल। मनहुँ सकुचि निमि तजे दिगंचल॥**

ऐसा कहकर श्रीरामजीने फिरकर उस ओर देखा। श्रीसीताजीके मुखरूपी चन्द्रमा [को निहारने] के लिये उनके नेत्र चकोर बन गये। सुन्दर नेत्र स्थिर हो गये (टकटकी लग गयी)।

मानो निमि (जनकजीके पूर्वज) ने [जिनका सबकी पलकोंमें निवास माना गया है, लड़की-दामादके मिलन-प्रसंगको देखना उचित नहीं, इस भावसे] सकुचाकर पलकें छोड़ दीं, (पलकोंमें रहना छोड़ दिया, जिससे पलकोंका गिरना रुक गया)॥ २॥

**देखि सीय सोभा सुखु पावा। हृदयँ सराहत बचनु न आवा॥**
**जनु बिरंचि सब निज निपुनाई। बिरचि बिस्व कहँ प्रगटि देखाई॥**

सीताजीकी शोभा देखकर श्रीरामजीने बड़ा सुख पाया। हृदयमें वे उसकी सराहना करते हैं, किन्तु मुखसे वचन नहीं निकलते। [वह शोभा ऐसी अनुपम है] मानो ब्रह्माने अपनी सारी निपुणताको मूर्तिमान् कर संसारको प्रकट करके दिखा दिया हो॥ ३॥

**सुंदरता कहुँ सुंदर करई। छबिगृहँ दीपसिखा जनु बरई॥**
**सब उपमा कबि रहे जुठारी। केहिं पटतरौं बिदेहकुमारी॥**

वह (सीताजीकी शोभा) सुन्दरताको भी सुन्दर करनेवाली है [वह ऐसी मालूम होती है] मानो सुन्दरतारूपी घरमें दीपककी लौ जल रही हो। (अबतक सुन्दरतारूपी भवनमें अँधेरा था, वह भवन मानो सीताजीकी सुन्दरतारूपी दीपशिखाको पाकर जगमगा उठा है, पहलेसे भी अधिक सुन्दर हो गया है।) सारी उपमाओंको तो कवियोंने जूँठा कर रखा है। मैं जनकनन्दिनी श्रीसीताजीकी किससे उपमा दूँ॥ ४॥

**दो०—सिय सोभा हियँ बरनि प्रभु आपनि दसा बिचारि।**
**बोले सुचि मन अनुज सन बचन समय अनुहारि॥ २३०॥**

[इस प्रकार] हृदयमें सीताजीकी शोभाका वर्णन करके और अपनी दशाको विचारकर प्रभु श्रीरामचन्द्रजी पवित्र मनसे अपने छोटे भाई लक्ष्मणसे समयानुकूल वचन बोले—॥ २३०॥

**तात जनकतनया यह सोई। धनुषजग्य जेहि कारन होई॥**
**पूजन गौरि सखीं लै आईं। करत प्रकासु फिरइ फुलवाईं॥**

हे तात! यह वही जनकजीकी कन्या है जिसके लिये धनुषयज्ञ हो रहा है। सखियाँ इसे गौरीपूजनके लिये ले आयी हैं। यह फुलवाड़ीमें प्रकाश करती हुई फिर रही है॥ १॥

**जासु बिलोकि अलौकिक सोभा। सहज पुनीत मोर मनु छोभा॥**
**सो सबु कारन जान बिधाता। फरकहिं सुभद अंग सुनु भ्राता॥**

जिसकी अलौकिक सुन्दरता देखकर स्वभावसे ही पवित्र मेरा मन क्षुब्ध हो गया है। वह सब कारण (अथवा उसका सब कारण) तो विधाता जानें। किन्तु हे भाई! सुनो, मेरे मंगलदायक (दाहिने) अंग फड़क रहे हैं॥ २॥

**रघुबंसिन्ह कर सहज सुभाऊ। मनु कुपंथ पगु धरइ न काऊ॥**
**मोहि अतिसय प्रतीति मन केरी। जेहिं सपनेहुँ परनारि न हेरी॥**

रघुवंशियोंका यह सहज (जन्मगत) स्वभाव है कि उनका मन कभी कुमार्गपर पैर नहीं रखता। मुझे तो अपने मनका अत्यन्त ही विश्वास है कि जिसने [जाग्रत्‌की कौन कहे] स्वप्नमें भी परायी स्त्रीपर दृष्टि नहीं डाली है॥ ३॥

**जिन्ह कै लहहिं न रिपु रन पीठी। नहिं पावहिं परतिय मनु डीठी॥**
**मंगन लहहिं न जिन्ह कै नाहीं। ते नरबर थोरे जग माहीं॥**

रणमें शत्रु जिनकी पीठ नहीं देख पाते (अर्थात् जो लड़ाईके मैदानसे भागते नहीं), परायी स्त्रियाँ जिनके मन और दृष्टिको नहीं खींच पातीं और भिखारी जिनके यहाँसे 'नाहीं' नहीं पाते (खाली हाथ नहीं लौटते), ऐसे श्रेष्ठ पुरुष संसारमें थोड़े हैं॥ ४॥

**दो०—करत बतकही अनुज सन मन सिय रूप लोभान।**
**मुख सरोज मकरंद छबि करइ मधुप इव पान॥ २३१॥**

यों श्रीरामजी छोटे भाईसे बातें कर रहे हैं, पर मन सीताजीके रूपमें लुभाया हुआ उनके मुखरूपी कमलके छबिरूप मकरन्द-रसको भौंरेकी तरह पी रहा है॥ २३१॥

**चितवति चकित चहूँ दिसि सीता। कहँ गए नृपकिसोर मनु चिंता॥**
**जहँ बिलोक मृग सावक नैनी। जनु तहँ बरिस कमल सित श्रेनी॥**

सीताजी चकित होकर चारों ओर देख रही हैं। मन इस बातकी चिन्ता कर रहा है कि राजकुमार कहाँ चले गये। बालमृग-नयनी (मृगके छौनेकी-सी आँखवाली) सीताजी जहाँ दृष्टि डालती हैं, वहाँ मानो श्वेत कमलोंकी कतार बरस जाती है॥ १॥

**लता ओट तब सखिन्ह लखाए। स्यामल गौर किसोर सुहाए॥**
**देखि रूप लोचन ललचाने। हरषे जनु निज निधि पहिचाने॥**

तब सखियोंने लताकी ओटमें सुन्दर श्याम और गौर कुमारोंको दिखलाया। उनके रूपको देखकर नेत्र ललचा उठे; वे ऐसे प्रसन्न हुए मानो उन्होंने अपना खजाना पहचान लिया॥ २॥

**थके नयन रघुपति छबि देखें। पलकन्हिहूँ परिहरीं निमेषें॥**
**अधिक सनेहँ देह भै भोरी। सरद ससिहि जनु चितव चकोरी॥**

श्रीरघुनाथजीकी छबि देखकर नेत्र थकित (निश्चल) हो गये। पलकोंने भी गिरना छोड़ दिया। अधिक स्नेहके कारण शरीर विह्वल (बेकाबू) हो गया। मानो शरद्-ऋतुके चन्द्रमाको चकोरी [बेसुध हुई] देख रही हो॥ ३॥

**लोचन मग रामहि उर आनी। दीन्हे पलक कपाट सयानी॥**
**जब सिय सखिन्ह प्रेमबस जानी। कहि न सकहिं कछु मन सकुचानी॥**

नेत्रोंके रास्ते श्रीरामजीको हृदयमें लाकर चतुरशिरोमणि जानकीजीने पलकोंके किवाड़ लगा दिये (अर्थात् नेत्र मूँदकर उनका ध्यान करने लगीं)। जब सखियोंने सीताजीको प्रेमके वश जाना, तब वे मनमें सकुचा गयीं; कुछ कह नहीं सकती थीं॥ ४॥

**दो०—लताभवन तें प्रगट भे तेहि अवसर दोउ भाइ।**
**निकसे जनु जुग बिमल बिधु जलद पटल बिलगाइ॥ २३२॥**

उसी समय दोनों भाई लतामण्डप (कुंज) मेंसे प्रकट हुए। मानो दो निर्मल चन्द्रमा बादलोंके पर्देको हटाकर निकले हों॥ २३२॥

**सोभा सीवँ सुभग दोउ बीरा। नील पीत जलजाभ सरीरा॥**
**मोरपंख सिर सोहत नीके। गुच्छ बीच बिच कुसुम कली के॥**

दोनों सुन्दर भाई शोभाकी सीमा हैं। उनके शरीरकी आभा नीले और पीले कमलकी-सी है। सिरपर सुन्दर मोरपंख सुशोभित हैं। उनके बीच-बीचमें फूलोंकी कलियोंके गुच्छे लगे हैं॥ १॥

**भाल तिलक श्रमबिंदु सुहाए। श्रवन सुभग भूषन छबि छाए॥**
**बिकट भृकुटि कच घूघरवारे। नव सरोज लोचन रतनारे॥**

माथेपर तिलक और पसीनेकी बूँदें शोभायमान हैं। कानोंमें सुन्दर भूषणोंकी छबि छायी है। टेढ़ी भौंहें और घुँघराले बाल हैं। नये लाल कमलके समान रतनारे (लाल) नेत्र हैं॥ २॥

**चारु चिबुक नासिका कपोला। हास बिलास लेत मनु मोला॥**
**मुखछबि कहि न जाइ मोहि पाहीं। जो बिलोकि बहु काम लजाहीं॥**

ठोड़ी, नाक और गाल बड़े सुन्दर हैं, और हँसीकी शोभा मनको मोल लिये लेती है। मुखकी छबि तो मुझसे कही ही नहीं जाती, जिसे देखकर बहुत-से कामदेव लजा जाते हैं॥ ३॥

**उर मनि माल कंबु कल गीवा। काम कलभ कर भुज बलसींवा॥**
**सुमन समेत बाम कर दोना। सावँर कुअँर सखी सुठि लोना॥**

वक्षःस्थलपर मणियोंकी माला है। शंखके सदृश सुन्दर गला है। कामदेवके हाथीके बच्चेकी सूँड़के समान (उतार-चढ़ाववाली एवं कोमल) भुजाएँ हैं, जो बलकी सीमा हैं। जिसके बायें हाथमें फूलोंसहित दोना है, हे सखि! वह साँवला कुँअर तो बहुत ही सलोना है॥ ४॥

**दो०—केहरि कटि पट पीत धर सुषमा सील निधान।**
**देखि भानुकुलभूषनहि बिसरा सखिन्ह अपान॥ २३३॥**

सिंहकी-सी (पतली, लचीली) कमरवाले, पीताम्बर धारण किये हुए, शोभा और शीलके भण्डार, सूर्यकुलके भूषण श्रीरामचन्द्रजीको देखकर सखियाँ अपने-आपको भूल गयीं॥ २३३॥

**धरि धीरजु एक आलि सयानी। सीता सन बोली गहि पानी॥**
**बहुरि गौरि कर ध्यान करेहू। भूपकिसोर देखि किन लेहू॥**

एक चतुर सखी धीरज धरकर, हाथ पकड़कर सीताजीसे बोली—गिरिजाजीका ध्यान फिर कर लेना, इस समय राजकुमारको क्यों नहीं देख लेतीं॥ १॥

**सकुचि सीयँ तब नयन उघारे। सनमुख दोउ रघुसिंघ निहारे॥**
**नख सिख देखि राम कै सोभा। सुमिरि पिता पनु मनु अति छोभा॥**

तब सीताजीने सकुचाकर नेत्र खोले और रघुकुलके दोनों सिंहोंको अपने सामने [खड़े] देखा। नखसे शिखातक श्रीरामजीकी शोभा देखकर और फिर पिताका प्रण याद करके उनका मन बहुत क्षुब्ध हो गया॥ २॥

**परबस सखिन्ह लखी जब सीता। भयउ गहरु सब कहहिं सभीता॥**
**पुनि आउब एहि बेरिआँ काली। अस कहि मन बिहसी एक आली॥**

जब सखियोंने सीताजीको परवश (प्रेमके वश) देखा, तब सब भयभीत होकर कहने लगीं—बड़ी देर हो गयी [अब चलना चाहिये]। कल इसी समय फिर आयेंगी, ऐसा कहकर एक सखी मनमें हँसी॥ ३॥

**गूढ़ गिरा सुनि सिय सकुचानी। भयउ बिलंबु मातु भय मानी॥**
**धरि बड़ि धीर रामु उर आने। फिरी अपनपउ पितुबस जाने॥**

सखीकी यह रहस्यभरी वाणी सुनकर सीताजी सकुचा गयीं। देर हो गयी जान उन्हें माताका भय लगा। बहुत धीरज धरकर वे श्रीरामचन्द्रजीको हृदयमें ले आयीं, और [उनका ध्यान करती हुई] अपनेको पिताके अधीन जानकर लौट चलीं॥ ४॥

**दो०—देखन मिस मृग बिहग तरु फिरइ बहोरि बहोरि।**
**निरखि निरखि रघुबीर छबि बाढ़इ प्रीति न थोरि॥ २३४॥**

मृग, पक्षी और वृक्षोंको देखनेके बहाने सीताजी बार-बार घूम जाती हैं और श्रीरामजीकी छबि देख-देखकर उनका प्रेम कम नहीं बढ़ रहा है (अर्थात् बहुत ही बढ़ता जाता है)॥ २३४॥

**जानि कठिन सिवचाप बिसूरति। चली राखि उर स्यामल मूरति॥**
**प्रभु जब जात जानकी जानी। सुख सनेह सोभा गुन खानी॥**

शिवजीके धनुषको कठोर जानकर वे विसूरती (मनमें विलाप करती) हुई हृदयमें श्रीरामजीकी साँवली मूर्तिको रखकर चलीं। (शिवजीके धनुषकी कठोरताका स्मरण आनेसे उन्हें चिन्ता होती थी कि ये सुकुमार रघुनाथजी उसे कैसे तोड़ेंगे, पिताके प्रणकी स्मृतिसे उनके हृदयमें क्षोभ था ही, इसलिये मनमें विलाप करने लगीं। प्रेमवश ऐश्वर्यकी विस्मृति हो जानेसे ही ऐसा हुआ; फिर भगवान्‌के बलका स्मरण आते ही वे हर्षित हो गयीं और साँवली छबिको हृदयमें धारण करके चलीं।) प्रभु श्रीरामजीने जब सुख, स्नेह, शोभा और गुणोंकी खान श्रीजानकीजीको जाती हुई जाना, ॥ १ ॥

**परम प्रेममय मृदु मसि कीन्ही। चारु चित्त भीतीं लिखि लीन्ही॥**
**गई भवानी भवन बहोरी। बंदि चरन बोली कर जोरी॥**

तब परमप्रेमकी कोमल स्याही बनाकर उनके स्वरूपको अपने सुन्दर चित्तरूपी भित्तिपर चित्रित कर लिया। सीताजी पुनः भवानीजीके मन्दिरमें गयीं और उनके चरणोंकी वन्दना करके हाथ जोड़कर बोलीं—॥ २॥

**जय जय गिरिबरराज किसोरी। जय महेस मुख चंद चकोरी॥**
**जय गजबदन षडानन माता। जगत जननि दामिनि दुति गाता॥**

हे श्रेष्ठ पर्वतोंके राजा हिमाचलकी पुत्री पार्वती! आपकी जय हो, जय हो; हे महादेवजीके मुखरूपी चन्द्रमाकी [ओर टकटकी लगाकर देखनेवाली] चकोरी! आपकी जय हो; हे हाथीके मुखवाले गणेशजी और छः मुखवाले स्वामिकार्तिकजीकी माता! हे जगज्जननी! हे बिजलीकी-सी कान्तियुक्त शरीरवाली! आपकी जय हो!॥ ३॥

**नहिं तव आदि मध्य अवसाना। अमित प्रभाउ बेदु नहिं जाना॥**
**भव भव बिभव पराभव कारिनि। बिस्व बिमोहनि स्वबस बिहारिनि॥**

आपका न आदि है, न मध्य है और न अन्त है। आपके असीम प्रभावको वेद भी नहीं जानते। आप संसारको उत्पन्न, पालन और नाश करनेवाली हैं। विश्वको मोहित करनेवाली और स्वतन्त्ररूपसे विहार करनेवाली हैं॥ ४॥

**दो०—पतिदेवता सुतीय महुँ मातु प्रथम तव रेख।**
**महिमा अमित न सकहिं कहि सहस सारदा सेष॥ २३५॥**

पतिको इष्टदेव माननेवाली श्रेष्ठ नारियोंमें हे माता! आपकी प्रथम गणना है। आपकी अपार महिमाको हजारों सरस्वती और शेषजी भी नहीं कह सकते॥ २३५॥

**सेवत तोहि सुलभ फल चारी। बरदायनी पुरारि पिआरी॥**
**देबि पूजि पद कमल तुम्हारे। सुर नर मुनि सब होहिं सुखारे॥**

हे [भक्तोंको मुँहमाँगा] वर देनेवाली! हे त्रिपुरके शत्रु शिवजीकी प्रिय पत्नी! आपकी सेवा करनेसे चारों फल सुलभ हो जाते हैं। हे देवि! आपके चरणकमलोंकी पूजा करके देवता, मनुष्य और मुनि सभी सुखी हो जाते हैं॥ १॥

**मोर मनोरथु जानहु नीकें। बसहु सदा उर पुर सबही कें॥**
**कीन्हेउँ प्रगट न कारन तेहीं। अस कहि चरन गहे बैदेहीं॥**

मेरे मनोरथको आप भलीभाँति जानती हैं; क्योंकि आप सदा सबके हृदयरूपी नगरीमें निवास करती हैं। इसी कारण मैंने उसको प्रकट नहीं किया। ऐसा कहकर जानकीजीने उनके चरण पकड़ लिये॥ २॥

**बिनय प्रेम बस भई भवानी। खसी माल मूरति मुसुकानी॥**
**सादर सियँ प्रसादु सिर धरेऊ। बोली गौरि हरषु हियँ भरेऊ॥**

गिरिजाजी सीताजीके विनय और प्रेमके वशमें हो गयीं। उन (के गले) की माला खिसक पड़ी और मूर्ति मुसकरायी। सीताजीने आदरपूर्वक उस प्रसाद (माला) को सिरपर धारण किया। गौरीजीका हृदय हर्षसे भर गया और वे बोलीं—॥ ३॥

**सुनु सिय सत्य असीस हमारी। पूजिहि मन कामना तुम्हारी॥**
**नारद बचन सदा सुचि साचा। सो बरु मिलिहि जाहिं मनु राचा॥**

हे सीता! हमारी सच्ची आसीस सुनो, तुम्हारी मनःकामना पूरी होगी। नारदजीका वचन सदा पवित्र (संशय, भ्रम आदि दोषोंसे रहित) और सत्य है। जिसमें तुम्हारा मन अनुरक्त हो गया है, वही वर तुमको मिलेगा॥ ४॥

**छं०—मनु जाहिं राचेउ मिलिहि सो बरु सहज सुंदर साँवरो।**
**करुना निधान सुजान सीलु सनेहु जानत रावरो॥**
**एहि भाँति गौरि असीस सुनि सिय सहित हियँ हरषीं अली।**
**तुलसी भवानिहि पूजि पुनि पुनि मुदित मन मंदिर चली॥**

जिसमें तुम्हारा मन अनुरक्त हो गया है, वही स्वभावसे ही सुन्दर साँवला वर (श्रीरामचन्द्रजी) तुमको मिलेगा। वह दयाका खजाना और सुजान (सर्वज्ञ) है, तुम्हारे शील और स्नेहको जानता है। इस प्रकार श्रीगौरीजीका आशीर्वाद सुनकर जानकीजीसमेत सब सखियाँ हृदयमें हर्षित हुईं। तुलसीदासजी कहते हैं—भवानीजीको बार-बार पूजकर सीताजी प्रसन्न मनसे राजमहलको लौट चलीं।

**सो०—जानि गौरि अनुकूल सिय हिय हरषु न जाइ कहि।**
**मंजुल मंगल मूल बाम अंग फरकन लगे॥ २३६॥**

गौरीजीको अनुकूल जानकर सीताजीके हृदयको जो हर्ष हुआ वह कहा नहीं जा सकता। सुन्दर मंगलोंके मूल उनके बायें अंग फड़कने लगे॥ २३६॥

**हृदयँ सराहत सीय लोनाई। गुर समीप गवने दोउ भाई॥**
**राम कहा सबु कौसिक पाहीं। सरल सुभाउ छुअत छल नाहीं॥**

हृदयमें सीताजीके सौन्दर्यकी सराहना करते हुए दोनों भाई गुरुजीके पास गये। श्रीरामचन्द्रजीने विश्वामित्रजीसे सब कुछ कह दिया। क्योंकि उनका सरल स्वभाव है, छल तो उसे छूता भी नहीं है॥ १॥

**सुमन पाइ मुनि पूजा कीन्ही। पुनि असीस दुहु भाइन्ह दीन्ही॥**
**सुफल मनोरथ होहुँ तुम्हारे। रामु लखनु सुनि भए सुखारे॥**

फूल पाकर मुनिने पूजा की। फिर दोनों भाइयोंको आशीर्वाद दिया कि तुम्हारे मनोरथ सफल हों। यह सुनकर श्रीराम-लक्ष्मण सुखी हुए॥ २॥

**करि भोजनु मुनिबर बिग्यानी। लगे कहन कछु कथा पुरानी॥**
**बिगत दिवसु गुरु आयसु पाई। संध्या करन चले दोउ भाई॥**

श्रेष्ठ विज्ञानी मुनि विश्वामित्रजी भोजन करके कुछ प्राचीन कथाएँ कहने लगे। [इतनेमें] दिन बीत गया और गुरुकी आज्ञा पाकर दोनों भाई सन्ध्या करने चले॥ ३॥

**प्राची दिसि ससि उयउ सुहावा। सिय मुख सरिस देखि सुखु पावा॥**
**बहुरि बिचारु कीन्ह मन माहीं। सीय बदन सम हिमकर नाहीं॥**

[उधर] पूर्व दिशामें सुन्दर चन्द्रमा उदय हुआ। श्रीरामचन्द्रजीने उसे सीताके मुखके समान देखकर सुख पाया। फिर मनमें विचार किया कि यह चन्द्रमा सीताजीके मुखके समान नहीं है॥ ४॥

**दो०—जनमु सिंधु पुनि बंधु बिषु दिन मलीन सकलंक।**
**सिय मुख समता पाव किमि चंदु बापुरो रंक॥ २३७॥**

खारे समुद्रमें तो इसका जन्म, फिर [उसी समुद्रसे उत्पन्न होनेके कारण] विष इसका भाई; दिनमें यह मलिन (शोभाहीन, निस्तेज) रहता है, और कलंकी (काले दागसे युक्त) है। बेचारा गरीब चन्द्रमा सीताजीके मुखकी बराबरी कैसे पा सकता है?॥ २३७॥

**घटइ बढ़इ बिरहिनि दुखदाई। ग्रसइ राहु निज संधिहिं पाई॥**
**कोक सोकप्रद पंकज द्रोही। अवगुन बहुत चंद्रमा तोही॥**

फिर यह घटता-बढ़ता है और विरहिणी स्त्रियोंको दुःख देनेवाला है; राहु अपनी सन्धिमें पाकर इसे ग्रस लेता है। चकवेको [चकवीके वियोगका] शोक देनेवाला और कमलका वैरी (उसे मुरझा देनेवाला) है। हे चन्द्रमा! तुझमें बहुत-से अवगुण हैं [जो सीताजीमें नहीं हैं]॥ १॥

**बैदेही मुख पटतर दीन्हे। होइ दोषु बड़ अनुचित कीन्हे॥**
**सिय मुखछबि बिधु ब्याज बखानी। गुर पहिं चले निसा बड़ि जानी॥**

अतः जानकीजीके मुखकी तुझे उपमा देनेमें बड़ा अनुचित कर्म करनेका दोष लगेगा। इस प्रकार चन्द्रमाके बहाने सीताजीके मुखकी छबिका वर्णन करके, बड़ी रात हो गयी जान, वे गुरुजीके पास चले॥ २॥

**करि मुनि चरन सरोज प्रनामा। आयसु पाइ कीन्ह बिश्रामा॥**
**बिगत निसा रघुनायक जागे। बंधु बिलोकि कहन अस लागे॥**

मुनिके चरणकमलोंमें प्रणाम करके, आज्ञा पाकर उन्होंने विश्राम किया; रात बीतनेपर श्रीरघुनाथजी जागे और भाईको देखकर ऐसा कहने लगे—॥ ३॥

**उयउ अरुन अवलोकहु ताता। पंकज कोक लोक सुखदाता॥**
**बोले लखनु जोरि जुग पानी। प्रभु प्रभाउ सूचक मृदु बानी॥**

हे तात! देखो, कमल, चक्रवाक और समस्त संसारको सुख देनेवाला अरुणोदय हुआ है। लक्ष्मणजी दोनों हाथ जोड़कर प्रभुके प्रभावको सूचित करनेवाली कोमल वाणी बोले—॥ ४॥

**दो०—अरुनोदयँ सकुचे कुमुद उडगन जोति मलीन।**
**जिमि तुम्हार आगमन सुनि भए नृपति बलहीन॥ २३८॥**

अरुणोदय होनेसे कुमुदिनी सकुचा गयी और तारागणोंका प्रकाश फीका पड़ गया, जिस प्रकार आपका आना सुनकर सब राजा बलहीन हो गये हैं॥ २३८॥

**नृप सब नखत करहिं उजिआरी। टारि न सकहिं चाप तम भारी॥**
**कमल कोक मधुकर खग नाना। हरषे सकल निसा अवसाना॥**

सब राजारूपी तारे उजाला (मन्द प्रकाश) करते हैं, पर वे धनुषरूपी महान् अन्धकारको हटा नहीं सकते। रात्रिका अन्त होनेसे जैसे कमल, चकवे, भौंरे और नाना प्रकारके पक्षी हर्षित हो रहे हैं॥ १॥

**ऐसेहिं प्रभु सब भगत तुम्हारे। होइहहिं टूटें धनुष सुखारे॥**
**उयउ भानु बिनु श्रम तम नासा। दुरे नखत जग तेजु प्रकासा॥**

वैसे ही हे प्रभो! आपके सब भक्त धनुष टूटनेपर सुखी होंगे। सूर्य उदय हुआ, बिना ही परिश्रम अन्धकार नष्ट हो गया। तारे छिप गये, संसारमें तेजका प्रकाश हो गया॥ २॥

**रबि निज उदय ब्याज रघुराया। प्रभु प्रतापु सब नृपन्ह दिखाया॥**
**तव भुज बल महिमा उदघाटी। प्रगटी धनु बिघटन परिपाटी॥**

हे रघुनाथजी! सूर्यने अपने उदयके बहाने सब राजाओंको प्रभु (आप) का प्रताप दिखलाया है। आपकी भुजाओंके बलकी महिमाको उद्घाटित करने (खोलकर दिखाने) के लिये ही धनुष तोड़नेकी यह पद्धति प्रकट हुई है॥ ३॥

**बंधु बचन सुनि प्रभु मुसुकाने। होइ सुचि सहज पुनीत नहाने॥**
**नित्यक्रिया करि गुरु पहिं आए। चरन सरोज सुभग सिर नाए॥**

भाईके वचन सुनकर प्रभु मुसकराये। फिर स्वभावसे ही पवित्र श्रीरामजीने शौचसे निवृत्त होकर स्नान किया और नित्यकर्म करके वे गुरुजीके पास आये। आकर उन्होंने गुरुजीके सुन्दर चरणकमलोंमें सिर नवाया॥ ४॥

**सतानंदु तब जनक बोलाए। कौसिक मुनि पहिं तुरत पठाए॥**
**जनक बिनय तिन्ह आइ सुनाई। हरषे बोलि लिए दोउ भाई॥**

तब जनकजीने शतानन्दजीको बुलाया और उन्हें तुरंत ही विश्वामित्र मुनिके पास भेजा। उन्होंने आकर जनकजीकी विनती सुनायी। विश्वामित्रजीने हर्षित होकर दोनों भाइयोंको बुलाया॥ ५॥

**दो०—सतानंद पद बंदि प्रभु बैठे गुर पहिं जाइ।**
**चलहु तात मुनि कहेउ तब पठवा जनक बोलाइ॥ २३९॥**

शतानन्दजीके चरणोंकी वन्दना करके प्रभु श्रीरामचन्द्रजी गुरुजीके पास जा बैठे। तब मुनिने कहा—हे तात! चलो, जनकजीने बुला भेजा है॥ २३९॥

## मासपारायण, आठवाँ विश्राम
## नवाह्नपारायण, दूसरा विश्राम

**सीय स्वयंबरु देखिअ जाई। ईसु काहि धौं देइ बड़ाई॥**
**लखन कहा जस भाजनु सोई। नाथ कृपा तव जापर होई॥**

चलकर सीताजीके स्वयंवरको देखना चाहिये। देखें ईश्वर किसको बड़ाई देते हैं। लक्ष्मणजीने कहा—हे नाथ! जिसपर आपकी कृपा होगी, वही बड़ाईका पात्र होगा (धनुष तोड़नेका श्रेय उसीको प्राप्त होगा)॥ १॥

**हरषे मुनि सब सुनि बर बानी। दीन्हि असीस सबहिं सुखु मानी॥**
**पुनि मुनिबृंद समेत कृपाला। देखन चले धनुषमख साला॥**

इस श्रेष्ठ वाणीको सुनकर सब मुनि प्रसन्न हुए। सभीने सुख मानकर आशीर्वाद दिया। फिर मुनियोंके समूहसहित कृपालु श्रीरामचन्द्रजी धनुषयज्ञशाला देखने चले॥ २॥

**रंगभूमि आए दोउ भाई। असि सुधि सब पुरबासिन्ह पाई॥**
**चले सकल गृह काज बिसारी। बाल जुबान जरठ नर नारी॥**

दोनों भाई रंगभूमिमें आये हैं, ऐसी खबर जब सब नगरनिवासियोंने पायी, तब बालक, जवान, बूढ़े, स्त्री, पुरुष सभी घर और काम-काजको भुलाकर चल दिये॥ ३॥

**देखी जनक भीर भै भारी। सुचि सेवक सब लिए हँकारी॥**
**तुरत सकल लोगन्ह पहिं जाहू। आसन उचित देहु सब काहू॥**

जब जनकजीने देखा कि बड़ी भीड़ हो गयी है, तब उन्होंने सब विश्वासपात्र सेवकोंको बुलवा लिया और कहा—तुमलोग तुरंत सब लोगोंके पास जाओ और सब किसीको यथायोग्य आसन दो॥ ४॥

**दो०—कहि मृदु बचन बिनीत तिन्ह बैठारे नर नारि।**
**उत्तम मध्यम नीच लघु निज निज थल अनुहारि॥ २४०॥**

उन सेवकोंने कोमल और नम्र वचन कहकर उत्तम, मध्यम, नीच और लघु (सभी श्रेणीके) स्त्री-पुरुषोंको अपने-अपने योग्य स्थानपर बैठाया॥ २४०॥

**राजकुअँर तेहि अवसर आए। मनहुँ मनोहरता तन छाए॥**
**गुन सागर नागर बर बीरा। सुंदर स्यामल गौर सरीरा॥**

उसी समय राजकुमार (राम और लक्ष्मण) वहाँ आये। [वे ऐसे सुन्दर हैं] मानो साक्षात् मनोहरता ही उनके शरीरोंपर छा रही हो। सुन्दर साँवला और गोरा उनका शरीर है। वे गुणोंके समुद्र, चतुर और उत्तम वीर हैं॥ १॥

**राज समाज बिराजत रूरे । उडगन महुँ जनु जुग बिधु पूरे॥**
**जिन्ह कें रही भावना जैसी । प्रभु मूरति तिन्ह देखी तैसी॥**

वे राजाओंके समाजमें ऐसे सुशोभित हो रहे हैं, मानो तारागणोंके बीच दो पूर्ण चन्द्रमा हों। जिनकी जैसी भावना थी, प्रभुकी मूर्ति उन्होंने वैसी ही देखी॥ २॥

**देखहिं रूप महा रनधीरा । मनहुँ बीर रसु धरें सरीरा॥**
**डरे कुटिल नृप प्रभुहि निहारी । मनहुँ भयानक मूरति भारी॥**

महान् रणधीर (राजालोग) श्रीरामचन्द्रजीके रूपको ऐसा देख रहे हैं, मानो स्वयं वीर-रस शरीर धारण किये हुए हो। कुटिल राजा प्रभुको देखकर डर गये, मानो बड़ी भयानक मूर्ति हो॥ ३॥

**रहे असुर छल छोनिप बेषा । तिन्ह प्रभु प्रगट काल सम देखा॥**
**पुरबासिन्ह देखे दोउ भाई । नरभूषन लोचन सुखदाई॥**

छलसे जो राक्षस वहाँ राजाओंके वेषमें [बैठे] थे, उन्होंने प्रभुको प्रत्यक्ष कालके समान देखा। नगरनिवासियोंने दोनों भाइयोंको मनुष्योंके भूषणरूप और नेत्रोंको सुख देनेवाला देखा॥ ४॥

**दो०—नारि बिलोकहिं हरषि हियँ निज निज रुचि अनुरूप।**
**जनु सोहत सिंगार धरि मूरति परम अनूप॥ २४१॥**

स्त्रियाँ हृदयमें हर्षित होकर अपनी-अपनी रुचिके अनुसार उन्हें देख रही हैं। मानो शृंगार-रस ही परम अनुपम मूर्ति धारण किये सुशोभित हो रहा हो॥ २४१॥

**बिदुषन्ह प्रभु बिराटमय दीसा । बहु मुख कर पग लोचन सीसा॥**
**जनक जाति अवलोकहिं कैसें । सजन सगे प्रिय लागहिं जैसें॥**

विद्वानोंको प्रभु विराट्‌रूपमें दिखायी दिये, जिसके बहुत-से मुँह, हाथ, पैर, नेत्र और सिर हैं। जनकजीके सजातीय (कुटुम्बी) प्रभुको किस तरह (कैसे प्रिय रूपमें) देख रहे हैं, जैसे सगे सजन (सम्बन्धी) प्रिय लगते हैं॥ १॥

**सहित बिदेह बिलोकहिं रानी । सिसु सम प्रीति न जाति बखानी॥**
**जोगिन्ह परम तत्त्वमय भासा । सांत सुद्ध सम सहज प्रकासा॥**

जनकसमेत रानियाँ उन्हें अपने बच्चेके समान देख रही हैं, उनकी प्रीतिका वर्णन नहीं किया जा सकता। योगियोंको वे शान्त, शुद्ध, सम और स्वतःप्रकाश परम तत्त्वके रूपमें दीखे॥ २॥

**हरिभगतन्ह देखे दोउ भ्राता । इष्टदेव इव सब सुख दाता॥**
**रामहि चितव भायँ जेहि सीया । सो सनेहु सुखु नहिं कथनीया॥**

हरिभक्तोंने दोनों भाइयोंको सब सुखोंके देनेवाले इष्टदेवके समान देखा। सीताजी जिस भावसे श्रीरामचन्द्रजीको देख रही हैं, वह स्नेह और सुख तो कहनेमें ही नहीं आता॥ ३॥

**उर अनुभवति न कहि सक सोऊ । कवन प्रकार कहै कबि कोऊ॥**
**एहि बिधि रहा जाहि जस भाऊ । तेहिं तस देखेउ कोसलराऊ॥**

उस (स्नेह और सुख) का वे हृदयमें अनुभव कर रही हैं, पर वे भी उसे कह नहीं सकतीं। फिर कोई कवि उसे किस प्रकार कह सकता है। इस प्रकार जिसका जैसा भाव था, उसने कोसलाधीश श्रीरामचन्द्रजीको वैसा ही देखा॥ ४॥

**दो०—राजत राज समाज महुँ कोसलराज किसोर।**
**सुंदर स्यामल गौर तन बिस्व बिलोचन चोर॥ २४२॥**

सुन्दर साँवले और गोरे शरीरवाले तथा विश्वभरके नेत्रोंको चुरानेवाले कोसलाधीशके कुमार राजसमाजमें [इस प्रकार] सुशोभित हो रहे हैं॥ २४२॥

**सहज मनोहर मूरति दोऊ। कोटि काम उपमा लघु सोऊ॥**
**सरद चंद निंदक मुख नीके। नीरज नयन भावते जी के॥**

दोनों मूर्तियाँ स्वभावसे ही (बिना किसी बनाव-शृंगारके) मनको हरनेवाली हैं। करोड़ों कामदेवोंकी उपमा भी उनके लिये तुच्छ है। उनके सुन्दर मुख शरद् [पूर्णिमा] के चन्द्रमाकी भी निन्दा करनेवाले (उसे नीचा दिखानेवाले) हैं और कमलके समान नेत्र मनको बहुत ही भाते हैं॥ १॥

**चितवनि चारु मार मनु हरनी। भावति हृदय जाति नहिं बरनी॥**
**कल कपोल श्रुति कुंडल लोला। चिबुक अधर सुंदर मृदु बोला॥**

सुन्दर चितवन [सारे संसारके मनको हरनेवाले] कामदेवके भी मनको हरनेवाली है। वह हृदयको बहुत ही प्यारी लगती है, पर उसका वर्णन नहीं किया जा सकता। सुन्दर गाल हैं, कानोंमें चंचल (झूमते हुए) कुण्डल हैं। ठोड़ी और अधर (ओठ) सुन्दर हैं, कोमल वाणी है॥ २॥

**कुमुदबंधु कर निंदक हाँसा। भृकुटी बिकट मनोहर नासा॥**
**भाल बिसाल तिलक झलकाहीं। कच बिलोकि अलि अवलि लजाहीं॥**

हँसी चन्द्रमाकी किरणोंका तिरस्कार करनेवाली है। भौंहें टेढ़ी और नासिका मनोहर है। [ऊँचे] चौड़े ललाटपर तिलक झलक रहे हैं (दीप्तिमान् हो रहे हैं)। [काले घुँघराले] बालोंको देखकर भौंरोंकी पंक्तियाँ भी लजा जाती हैं॥ ३॥

**पीत चौतनीं सिरन्हि सुहाईं। कुसुम कलीं बिच बीच बनाईं॥**
**रेखें रुचिर कंबु कल गीवाँ। जनु त्रिभुवन सुषमा की सीवाँ॥**

पीली चौकोनी टोपियाँ सिरोंपर सुशोभित हैं, जिनके बीच-बीचमें फूलोंकी कलियाँ बनायी (काढ़ी) हुई हैं। शंखके समान सुन्दर (गोल) गलेमें मनोहर तीन रेखाएँ हैं, जो मानो तीनों लोकोंकी सुन्दरताकी सीमा [को बता रही] हैं॥ ४॥

**दो०—कुंजर मनि कंठा कलित उरन्हि तुलसिका माल।**
**बृषभ कंध केहरि ठवनि बल निधि बाहु बिसाल॥ २४३॥**

हृदयोंपर गजमुक्ताओंके सुन्दर कण्ठे और तुलसीकी मालाएँ सुशोभित हैं। उनके कंधे बैलोंके कंधेकी तरह [ऊँचे तथा पुष्ट] हैं, ऐंड़ (खड़े होनेकी शान) सिंहकी-सी है और भुजाएँ विशाल एवं बलकी भण्डार हैं॥ २४३॥

**कटि तूनीर पीत पट बाँधें। कर सर धनुष बाम बर काँधें॥**
**पीत जग्य उपबीत सुहाए। नख सिख मंजु महाछबि छाए॥**

कमरमें तरकस और पीताम्बर बाँधे हैं। [दाहिने] हाथोंमें बाण और बायें सुन्दर कंधोंपर धनुष तथा पीले यज्ञोपवीत (जनेऊ) सुशोभित हैं। नखसे लेकर शिखातक सब अंग सुन्दर हैं, उनपर महान् शोभा छायी हुई है॥ १॥

**देखि लोग सब भए सुखारे। एकटक लोचन चलत न तारे॥**
**हरषे जनकु देखि दोउ भाई। मुनि पद कमल गहे तब जाई॥**

उन्हें देखकर सब लोग सुखी हुए। नेत्र एकटक (निमेषशून्य) हैं और तारे (पुतलियाँ) भी नहीं चलते। जनकजी दोनों भाइयोंको देखकर हर्षित हुए। तब उन्होंने जाकर मुनिके चरणकमल पकड़ लिये॥ २॥

**करि बिनती निज कथा सुनाई। रंग अवनि सब मुनिहि देखाई॥**
**जहँ जहँ जाहिं कुअँर बर दोऊ। तहँ तहँ चकित चितव सबु कोऊ॥**

विनती करके अपनी कथा सुनायी और मुनिको सारी रंगभूमि (यज्ञशाला) दिखलायी। [मुनिके साथ] दोनों श्रेष्ठ राजकुमार जहाँ-जहाँ जाते हैं, वहाँ-वहाँ सब कोई आश्चर्यचकित हो देखने लगते हैं॥ ३॥

**निज निज रुख रामहि सबु देखा। कोउ न जान कछु मरमु बिसेषा॥**
**भलि रचना मुनि नृप सन कहेऊ। राजाँ मुदित महासुख लहेऊ॥**

सबने रामजीको अपनी-अपनी ओर ही मुख किये हुए देखा; परन्तु इसका कुछ भी विशेष रहस्य कोई नहीं जान सका। मुनिने राजासे कहा—रंगभूमिकी रचना बड़ी सुन्दर है। [विश्वामित्र-जैसे निःस्पृह, विरक्त और ज्ञानी मुनिसे रचनाकी प्रशंसा सुनकर] राजा प्रसन्न हुए और उन्हें बड़ा सुख मिला॥ ४॥

**दो०—सब मंचन्ह तें मंचु एक सुंदर बिसद बिसाल।**
**मुनि समेत दोउ बंधु तहँ बैठारे महिपाल॥ २४४॥**

सब मंचोंसे एक मंच अधिक सुन्दर, उज्ज्वल और विशाल था। [स्वयं] राजाने मुनिसहित दोनों भाइयोंको उसपर बैठाया॥ २४४॥

**प्रभुहि देखि सब नृप हियँ हारे। जनु राकेस उदय भएँ तारे॥**
**असि प्रतीति सब के मन माहीं। राम चाप तोरब सक नाहीं॥**

प्रभुको देखकर सब राजा हृदयमें ऐसे हार गये (निराश एवं उत्साहहीन हो गये) जैसे पूर्ण चन्द्रमाके उदय होनेपर तारे प्रकाशहीन हो जाते हैं। [उनके तेजको देखकर] सबके मनमें ऐसा विश्वास हो गया कि रामचन्द्रजी ही धनुषको तोड़ेंगे, इसमें सन्देह नहीं॥ १॥

**बिनु भंजेहुँ भव धनुषु बिसाला। मेलिहि सीय राम उर माला॥**
**अस बिचारि गवनहु घर भाई। जसु प्रतापु बलु तेजु गवाँई॥**

[इधर उनके रूपको देखकर सबके मनमें यह निश्चय हो गया कि] शिवजीके विशाल धनुषको [जो सम्भव है न टूट सके] बिना तोड़े भी सीताजी श्रीरामचन्द्रजीके ही गलेमें जयमाल डालेंगी (अर्थात् दोनों तरहसे ही हमारी हार होगी और विजय श्रीरामचन्द्रजीके हाथ रहेगी)। [यों सोचकर वे कहने लगे—] हे भाई! ऐसा विचारकर यश, प्रताप, बल और तेज गँवाकर अपने-अपने घर चलो॥ २॥

**बिहसे अपर भूप सुनि बानी। जे अबिबेक अंध अभिमानी॥**
**तोरेहुँ धनुषु ब्याहु अवगाहा। बिनु तोरें को कुअँरि बिआहा॥**

दूसरे राजा, जो अविवेकसे अंधे हो रहे थे और अभिमानी थे, यह बात सुनकर बहुत हँसे। [उन्होंने कहा—] धनुष तोड़नेपर भी विवाह होना कठिन है (अर्थात् सहजहीमें हम जानकीको हाथसे जाने नहीं देंगे), फिर बिना तोड़े तो राजकुमारीको ब्याह ही कौन सकता है॥ ३॥

**एक बार कालउ किन होऊ। सिय हित समर जितब हम सोऊ॥**
**यह सुनि अवर महिप मुसुकाने। धरमसील हरिभगत सयाने॥**

काल ही क्यों न हो, एक बार तो सीताके लिये उसे भी हम युद्धमें जीत लेंगे। यह घमण्डकी बात सुनकर दूसरे राजा, जो धर्मात्मा, हरिभक्त और सयाने थे, मुसकराये॥ ४॥

**सो०—सीय बिआहबि राम गरब दूरि करि नृपन्ह के।**
**जीति को सक संग्राम दसरथ के रन बाँकुरे॥ २४५॥**

[उन्होंने कहा—] राजाओंके गर्व दूर करके (जो धनुष किसीसे नहीं टूट सकेगा उसे तोड़कर) श्रीरामचन्द्रजी सीताजीको ब्याहेंगे। [रही युद्धकी बात, सो] महाराज दशरथके रणमें बाँके पुत्रोंको युद्धमें तो जीत ही कौन सकता है॥ २४५॥

**ब्यर्थ मरहु जनि गाल बजाई। मन मोदकन्हि कि भूख बुताई॥**
**सिख हमारि सुनि परम पुनीता। जगदंबा जानहु जियँ सीता॥**

गाल बजाकर व्यर्थ ही मत मरो। मनके लड्डुओंसे भी कहीं भूख बुझती है? हमारी परम पवित्र (निष्कपट) सीखको सुनकर सीताजीको अपने जीमें साक्षात् जगज्जननी समझो (उन्हें पत्नीरूपमें पानेकी आशा एवं लालसा छोड़ दो),॥ १॥

**जगत पिता रघुपतिहि बिचारी। भरि लोचन छबि लेहु निहारी॥**
**सुंदर सुखद सकल गुन रासी। ए दोउ बंधु संभु उर बासी॥**

और श्रीरघुनाथजीको जगत्‌का पिता (परमेश्वर) विचारकर, नेत्र भरकर उनकी छबि देख लो [ऐसा अवसर बार-बार नहीं मिलेगा]। सुन्दर, सुख देनेवाले और समस्त गुणोंकी राशि ये दोनों भाई शिवजीके हृदयमें बसनेवाले हैं (स्वयं शिवजी भी जिन्हें सदा हृदयमें छिपाये रखते हैं, वे तुम्हारे नेत्रोंके सामने आ गये हैं)॥ २॥

**सुधा समुद्र समीप बिहाई। मृगजलु निरखि मरहु कत धाई॥**
**करहु जाइ जा कहुँ जोइ भावा। हम तौ आजु जनम फलु पावा॥**

समीप आये हुए (भगवद्दर्शनरूप) अमृतके समुद्रको छोड़कर तुम [जगज्जननी जानकीको पत्नीरूपमें पानेकी दुराशारूप मिथ्या] मृगजलको देखकर दौड़कर क्यों मरते हो? फिर [भाई!] जिसको जो अच्छा लगे वही जाकर करो। हमने तो [श्रीरामचन्द्रजीके दर्शन करके ] आज जन्म लेनेका फल पा लिया (जीवन और जन्मको सफल कर लिया)॥ ३॥

**अस कहि भले भूप अनुरागे। रूप अनूप बिलोकन लागे॥**
**देखहिं सुर नभ चढ़े बिमाना। बरषहिं सुमन करहिं कल गाना॥**

ऐसा कहकर अच्छे राजा प्रेममग्न होकर श्रीरामजीका अनुपम रूप देखने लगे। [मनुष्योंकी तो बात ही क्या] देवतालोग भी आकाशसे विमानोंपर चढ़े हुए दर्शन कर रहे हैं और सुन्दर गान करते हुए फूल बरसा रहे हैं॥ ४॥

**दो०—जानि सुअवसरु सीय तब पठई जनक बोलाइ।**
**चतुर सखीं सुंदर सकल सादर चलीं लवाइ॥ २४६॥**

तब सुअवसर जानकर जनकजीने सीताजीको बुला भेजा। सब चतुर और सुन्दर सखियाँ आदरपूर्वक उन्हें लिवा चलीं॥ २४६॥

**सिय सोभा नहिं जाइ बखानी। जगदंबिका रूप गुन खानी॥**
**उपमा सकल मोहि लघु लागीं। प्राकृत नारि अंग अनुरागीं॥**

रूप और गुणोंकी खान जगज्जननी जानकीजीकी शोभाका वर्णन नहीं हो सकता। उनके लिये मुझे [काव्यकी] सब उपमाएँ तुच्छ लगती हैं; क्योंकि वे लौकिक स्त्रियोंके अंगोंसे अनुराग रखनेवाली हैं (अर्थात् वे जगत्की स्त्रियोंके अंगोंको दी जाती हैं)। [काव्यकी उपमाएँ सब त्रिगुणात्मक, मायिक जगत्से ली गयी हैं, उन्हें भगवान्की स्वरूपाशक्ति श्रीजानकीजीके अप्राकृत, चिन्मय अंगोंके लिये प्रयुक्त करना उनका अपमान करना और अपनेको उपहासास्पद बनाना है]॥ १॥

**सिय बरनिअ तेइ उपमा देई। कुकबि कहाइ अजसु को लेई॥**
**जौं पटतरिअ तीय सम सीया। जग असि जुबति कहाँ कमनीया॥**

सीताजीके वर्णनमें उन्हीं उपमाओंको देकर कौन कुकवि कहलाये और अपयशका भागी बने (अर्थात् सीताजीके लिये उन उपमाओंका प्रयोग करना सुकविके पदसे च्युत होना और अपकीर्ति मोल लेना है, कोई भी सुकवि ऐसी नादानी एवं अनुचित कार्य नहीं करेगा।) यदि किसी स्त्रीके साथ सीताजीकी तुलना की जाय तो जगत्में ऐसी सुन्दर युवती है ही कहाँ [जिसकी उपमा उन्हें दी जाय]॥ २॥

**गिरा मुखर तन अरध भवानी। रति अति दुखित अतनु पति जानी॥**
**बिष बारुनी बंधु प्रिय जेही। कहिअ रमासम किमि बैदेही॥**

[पृथ्वीकी स्त्रियोंकी तो बात ही क्या, देवताओंकी स्त्रियोंको भी यदि देखा जाय तो हमारी अपेक्षा कहीं अधिक दिव्य और सुन्दर हैं, तो उनमें ] सरस्वती तो बहुत बोलनेवाली हैं; पार्वती अर्द्धांगिनी हैं (अर्थात् अर्द्ध-नारीनटेश्वरके रूपमें उनका आधा ही अंग स्त्रीका है, शेष आधा अंग पुरुष—शिवजीका है), कामदेवकी स्त्री रति पतिको बिना शरीरका (अनंग) जानकर बहुत दुखी रहती है और जिनके विष और मद्य-जैसे [समुद्रसे उत्पन्न होनेके नाते] प्रिय भाई हैं, उन लक्ष्मीके समान तो जानकीजीको कहा ही कैसे जाय॥ ३॥

**जौं छबि सुधा पयोनिधि होई। परम रूपमय कच्छपु सोई॥**
**सोभा रजु मंदरु सिंगारू। मथै पानि पंकज निज मारू॥**

[जिन लक्ष्मीजीकी बात ऊपर कही गयी है वे निकली थीं खारे समुद्रसे, जिसको मथनेके लिये भगवान्ने अति कर्कश पीठवाले कच्छपका रूप धारण किया, रस्सी बनायी गयी महान् विषधर वासुकि नागकी, मथानीका कार्य किया अतिशय कठोर मन्दराचल पर्वतने और उसे मथा सारे देवताओं और दैत्योंने मिलकर। जिन लक्ष्मीको अतिशय शोभाकी खान और अनुपम सुन्दरी कहते हैं, उनको प्रकट करनेमें हेतु बने ये सब असुन्दर एवं स्वाभाविक ही कठोर उपकरण। ऐसे उपकरणोंसे प्रकट हुई लक्ष्मी श्रीजानकीजीकी समताको कैसे पा सकती हैं। हाँ, इसके विपरीत]

यदि छबिरूपी अमृतका समुद्र हो, परम रूपमय कच्छप हो, शोभारूप रस्सी हो, शृंगार [रस] पर्वत हो और [उस छबिके समुद्रको] स्वयं कामदेव अपने ही करकमलसे मथे, ॥ ४॥

**दो०—एहि बिधि उपजै लच्छि जब सुंदरता सुख मूल।**
**तदपि सकोच समेत कबि कहहिं सीय समतूल॥ २४७॥**

इस प्रकार (का संयोग होनेसे) जब सुन्दरता और सुखकी मूल लक्ष्मी उत्पन्न हो, तो भी कवि लोग उसे (बहुत) संकोचके साथ सीताजीके समान कहेंगे॥ २४७॥

[जिस सुन्दरताके समुद्रको कामदेव मथेगा वह सुन्दरता भी प्राकृत, लौकिक सुन्दरता ही होगी; क्योंकि कामदेव स्वयं भी त्रिगुणमयी प्रकृतिका ही विकार है। अतः उस सुन्दरताको मथकर प्रकट की हुई लक्ष्मी भी उपर्युक्त लक्ष्मीकी अपेक्षा कहीं अधिक सुन्दर और दिव्य होनेपर भी होगी प्राकृत ही, अतः उसके साथ भी जानकीजीकी तुलना करना कविके लिये बड़े संकोचकी बात होगी। जिस सुन्दरतासे जानकीजीका दिव्यातिदिव्य परम दिव्य विग्रह बना है वह सुन्दरता उपर्युक्त सुन्दरतासे भिन्न अप्राकृत है—वस्तुतः लक्ष्मीजीका अप्राकृत रूप भी यही है। वह कामदेवके मथनेमें नहीं आ सकती और वह जानकीजीका स्वरूप ही है, अतः उनसे भिन्न नहीं, और उपमा दी जाती है भिन्न वस्तुके साथ। इसके अतिरिक्त जानकीजी प्रकट हुई हैं स्वयं अपनी महिमासे, उन्हें प्रकट करनेके लिये किसी भिन्न उपकरणकी अपेक्षा नहीं है। अर्थात् शक्ति शक्तिमान्‌से अभिन्न, अद्वैत-तत्त्व है, अतएव अनुपमेय है, यही गूढ़ दार्शनिक तत्त्व भक्तशिरोमणि कविने इस अभूतोपमालंकारके द्वारा बड़ी सुन्दरतासे व्यक्त किया है।]

**चलीं संग लै सखीं सयानी। गावत गीत मनोहर बानी॥**
**सोह नवल तनु सुंदर सारी। जगत जननि अतुलित छबि भारी॥**

सयानी सखियाँ सीताजीको साथ लेकर मनोहर वाणीसे गीत गाती हुई चलीं। सीताजीके नवल शरीरपर सुन्दर साड़ी सुशोभित है। जगज्जननीकी महान् छबि अतुलनीय है॥ १॥

**भूषन सकल सुदेस सुहाए। अंग अंग रचि सखिन्ह बनाए॥**
**रंगभूमि जब सिय पगु धारी। देखि रूप मोहे नर नारी॥**

सब आभूषण अपनी-अपनी जगहपर शोभित हैं, जिन्हें सखियोंने अंग-अंगमें भलीभाँति सजाकर पहनाया है। जब सीताजीने रंगभूमिमें पैर रखा, तब उनका [दिव्य] रूप देखकर स्त्री-पुरुष—सभी मोहित हो गये॥ २॥

**हरषि सुरन्ह दुंदुभीं बजाईं। बरषि प्रसून अपछरा गाईं॥**
**पानि सरोज सोह जयमाला। अवचट चितए सकल भुआला॥**

देवताओंने हर्षित होकर नगाड़े बजाये और पुष्प बरसाकर अप्सराएँ गाने लगीं। सीताजीके करकमलोंमें जयमाला सुशोभित है। सब राजा चकित होकर अचानक उनकी ओर देखने लगे॥ ३॥

**सीय चकित चित रामहि चाहा। भए मोहबस सब नरनाहा॥**
**मुनि समीप देखे दोउ भाई। लगे ललकि लोचन निधि पाई॥**

सीताजी चकित चित्तसे श्रीरामजीको देखने लगीं, तब सब राजालोग मोहके वश हो गये। सीताजीने मुनिके पास [बैठे हुए] दोनों भाइयोंको देखा तो उनके नेत्र अपना खजाना पाकर ललचाकर वहीं (श्रीरामजीमें) जा लगे (स्थिर हो गये)॥ ४॥

**दो०—गुरजन लाज समाजु बड़ देखि सीय सकुचानि।**
**लागि बिलोकन सखिन्ह तन रघुबीरहि उर आनि॥ २४८॥**

परन्तु गुरुजनोंकी लाजसे तथा बहुत बड़े समाजको देखकर सीताजी सकुचा गयीं। वे श्रीरामचन्द्रजीको हृदयमें लाकर सखियोंकी ओर देखने लगीं॥ २४८॥

**राम रूपु अरु सिय छबि देखें। नर नारिन्ह परिहरीं निमेषें॥**
**सोचहिं सकल कहत सकुचाहीं। बिधि सन बिनय करहिं मन माहीं॥**

श्रीरामचन्द्रजीका रूप और सीताजीकी छबि देखकर स्त्री-पुरुषोंने पलक मारना छोड़ दिया (सब एकटक उन्हींको देखने लगे)। सभी अपने मनमें सोचते हैं, पर कहते सकुचाते हैं। मन-ही-मन वे विधातासे विनय करते हैं—॥ १॥

**हरु बिधि बेगि जनक जड़ताई। मति हमारि असि देहि सुहाई॥**
**बिनु बिचार पनु तजि नरनाहू। सीय राम कर करै बिबाहू॥**

हे विधाता! जनककी मूढ़ताको शीघ्र हर लीजिये और हमारी ही ऐसी सुन्दर बुद्धि उन्हें दीजिये कि जिससे बिना ही विचार किये राजा अपना प्रण छोड़कर सीताजीका विवाह रामजीसे कर दें॥ २॥

**जगु भल कहिहि भाव सब काहू। हठ कीन्हें अंतहुँ उर दाहू॥**
**एहिं लालसाँ मगन सब लोगू। बरु साँवरो जानकी जोगू॥**

संसार उन्हें भला कहेगा, क्योंकि यह बात सब किसीको अच्छी लगती है। हठ करनेसे अन्तमें भी हृदय जलेगा। सब लोग इसी लालसामें मग्न हो रहे हैं कि जानकीजीके योग्य वर तो यह साँवला ही है॥ ३॥

**तब बंदीजन जनक बोलाए। बिरिदावली कहत चलि आए॥**
**कह नृपु जाइ कहहु पन मोरा। चले भाट हियँ हरषु न थोरा॥**

तब राजा जनकने बंदीजनों (भाटों) को बुलाया। वे विरुदावली (वंशकी कीर्ति) गाते हुए चले आये। राजाने कहा—जाकर मेरा प्रण सबसे कहो। भाट चले, उनके हृदयमें कम आनन्द न था॥ ४॥

**दो०—बोले बंदी बचन बर सुनहु सकल महिपाल।**
**पन बिदेह कर कहहिं हम भुजा उठाइ बिसाल॥ २४९॥**

भाटोंने श्रेष्ठ वचन कहा—हे पृथ्वीकी पालना करनेवाले सब राजागण! सुनिये। हम अपनी भुजा उठाकर जनकजीका विशाल प्रण कहते हैं॥ २४९॥

**नृप भुजबलु बिधु सिवधनु राहू। गरुअ कठोर बिदित सब काहू॥**
**रावनु बानु महाभट भारे। देखि सरासन गवँहिं सिधारे॥**

राजाओंकी भुजाओंका बल चन्द्रमा है, शिवजीका धनुष राहु है, वह भारी है, कठोर है, यह सबको विदित है। बड़े भारी योद्धा रावण और बाणासुर भी इस धनुषको देखकर गौंसे (चुपके-से) चलते बने (उसे उठाना तो दूर रहा, छूनेतककी हिम्मत न हुई)॥ १॥

**सोइ पुरारि कोदंडु कठोरा। राज समाज आजु जोइ तोरा॥**
**त्रिभुवन जय समेत बैदेही। बिनहिं बिचार बरइ हठि तेही॥**

उसी शिवजीके कठोर धनुषको आज इस राजसमाजमें जो भी तोड़ेगा, तीनों लोकोंकी विजयके साथ ही उसको जानकीजी बिना किसी विचारके हठपूर्वक वरण करेंगी॥ २॥

**सुनि पन सकल भूप अभिलाषे। भटमानी अतिसय मन माखे॥**
**परिकर बाँधि उठे अकुलाई। चले इष्टदेवन्ह सिर नाई॥**

प्रण सुनकर सब राजा ललचा उठे। जो वीरताके अभिमानी थे, वे मनमें बहुत ही तमतमाये। कमर कसकर अकुलाकर उठे और अपने इष्टदेवोंको सिर नवाकर चले॥ ३॥

**तमकि ताकि तकि सिवधनु धरहीं। उठइ न कोटि भाँति बलु करहीं॥**
**जिन्ह के कछु बिचारु मन माहीं। चाप समीप महीप न जाहीं॥**

वे तमककर (बड़े तावसे) शिवजीके धनुषकी ओर देखते हैं और फिर निगाह जमाकर उसे पकड़ते हैं, करोड़ों भाँतिसे जोर लगाते हैं, पर वह उठता ही नहीं। जिन राजाओंके मनमें कुछ विवेक है, वे धनुषके पास ही नहीं जाते॥ ४॥

**दो०—तमकि धरहिं धनु मूढ़ नृप उठइ न चलहिं लजाइ।**
**मनहुँ पाइ भट बाहुबलु अधिकु अधिकु गरुआइ॥ २५०॥**

वे मूर्ख राजा तमककर (किटकिटाकर) धनुषको पकड़ते हैं, परन्तु जब नहीं उठता तो लजाकर चले जाते हैं, मानो वीरोंकी भुजाओंका बल पाकर वह धनुष अधिक-अधिक भारी होता जाता है॥ २५०॥

**भूप सहस दस एकहि बारा। लगे उठावन टरइ न टारा॥**
**डगइ न संभु सरासनु कैसें। कामी बचन सती मनु जैसें॥**

तब दस हजार राजा एक ही बार धनुषको उठाने लगे, तो भी वह उनके टाले नहीं टलता। शिवजीका वह धनुष कैसे नहीं डिगता था, जैसे कामी पुरुषके वचनोंसे सतीका मन (कभी) चलायमान नहीं होता॥ १॥

**सब नृप भए जोगु उपहासी। जैसें बिनु बिराग संन्यासी॥**
**कीरति बिजय बीरता भारी। चले चाप कर बरबस हारी॥**

सब राजा उपहासके योग्य हो गये। जैसे वैराग्यके बिना संन्यासी उपहासके योग्य हो जाता है। कीर्ति, विजय, बड़ी वीरता—इन सबको वे धनुषके हाथों बरबस हारकर चले गये॥ २॥

**श्रीहत भए हारि हियँ राजा। बैठे निज निज जाइ समाजा॥**
**नृपन्ह बिलोकि जनकु अकुलाने। बोले बचन रोष जनु साने॥**

राजालोग हृदयसे हारकर श्रीहीन (हतप्रभ) हो गये और अपने-अपने समाजमें जा बैठे। राजाओंको (असफल) देखकर जनक अकुला उठे और ऐसे वचन बोले जो मानो क्रोधमें सने हुए थे॥ ३॥

**दीप दीप के भूपति नाना। आए सुनि हम जो पनु ठाना॥**
**देव दनुज धरि मनुज सरीरा। बिपुल बीर आए रनधीरा॥**

मैंने जो प्रण ठाना था, उसे सुनकर द्वीप-द्वीपके अनेकों राजा आये। देवता और दैत्य भी मनुष्यका शरीर धारण करके आये तथा और भी बहुत-से रणधीर वीर आये॥ ४॥

**दो०—कुअँरि मनोहर बिजय बड़ि कीरति अति कमनीय।**
**पावनिहार बिरंचि जनु रचेउ न धनु दमनीय॥ २५१॥**

परन्तु धनुषको तोड़कर मनोहर कन्या, बड़ी विजय और अत्यन्त सुन्दर कीर्तिको पानेवाला मानो ब्रह्माने किसीको रचा ही नहीं॥ २५१॥

**कहहु काहि यहु लाभु न भावा। काहुँ न संकर चाप चढ़ावा॥**
**रहउ चढ़ाउब तोरब भाई। तिलु भरि भूमि न सके छड़ाई॥**

कहिये, यह लाभ किसको अच्छा नहीं लगता। परन्तु किसीने भी शंकरजीका धनुष नहीं चढ़ाया। अरे भाई! चढ़ाना और तोड़ना तो दूर रहा, कोई तिलभर भूमि भी छुड़ा न सका॥ १॥

**अब जनि कोउ माखै भट मानी। बीर बिहीन मही मैं जानी॥**
**तजहु आस निज निज गृह जाहू। लिखा न बिधि बैदेहि बिबाहू॥**

अब कोई वीरताका अभिमानी नाराज न हो। मैंने जान लिया, पृथ्वी वीरोंसे खाली हो गयी। अब आशा छोड़कर अपने-अपने घर जाओ; ब्रह्माने सीताका विवाह लिखा ही नहीं॥ २॥

**सुकृतु जाइ जौं पनु परिहरऊँ। कुअँरि कुआरि रहउ का करऊँ॥**
**जौं जनतेउँ बिनु भट भुबि भाई। तौ पनु करि होतेउँ न हँसाई॥**

यदि प्रण छोड़ता हूँ तो पुण्य जाता है; इसलिये क्या करूँ, कन्या कुँआरी ही रहे। यदि मैं जानता कि पृथ्वी वीरोंसे शून्य है, तो प्रण करके उपहासका पात्र न बनता॥ ३॥

**जनक बचन सुनि सब नर नारी। देखि जानकिहि भए दुखारी॥**
**माखे लखनु कुटिल भइँ भौंहें। रदपट फरकत नयन रिसौंहें॥**

जनकके वचन सुनकर सभी स्त्री-पुरुष जानकीजीकी ओर देखकर दुःखी हुए, परन्तु लक्ष्मणजी तमतमा उठे, उनकी भौंहें टेढ़ी हो गयीं, ओठ फड़कने लगे और नेत्र क्रोधसे लाल हो गये॥ ४॥

**दो०—कहि न सकत रघुबीर डर लगे बचन जनु बान।**
**नाइ राम पद कमल सिरु बोले गिरा प्रमान॥ २५२॥**

श्रीरघुवीरजीके डरसे कुछ कह तो सकते नहीं, पर जनकके वचन उन्हें बाण-से लगे। [जब न रह सके तब] श्रीरामचन्द्रजीके चरणकमलोंमें सिर नवाकर वे यथार्थ वचन बोले—॥ २५२॥

**रघुबंसिन्ह महुँ जहँ कोउ होई। तेहिं समाज अस कहइ न कोई॥**
**कही जनक जसि अनुचित बानी। बिद्यमान रघुकुलमनि जानी॥**

रघुवंशियोंमें कोई भी जहाँ होता है, उस समाजमें ऐसे वचन कोई नहीं कहता, जैसे अनुचित वचन रघुकुलशिरोमणि श्रीरामजीको उपस्थित जानते हुए भी जनकजीने कहे हैं॥ १॥

**सुनहु भानुकुल पंकज भानू। कहउँ सुभाउ न कछु अभिमानू॥**
**जौं तुम्हारि अनुसासन पावौं। कंदुक इव ब्रह्मांड उठावौं॥**

हे सूर्यकुलरूपी कमलके सूर्य! सुनिये, मैं स्वभावहीसे कहता हूँ, कुछ अभिमान करके नहीं, यदि आपकी आज्ञा पाऊँ, तो मैं ब्रह्माण्डको गेंदकी तरह उठा लूँ॥ २॥

**काचे घट जिमि डारौं फोरी। सकउँ मेरु मूलक जिमि तोरी॥**
**तव प्रताप महिमा भगवाना। को बापुरो पिनाक पुराना॥**

और उसे कच्चे घड़ेकी तरह फोड़ डालूँ। मैं सुमेरु पर्वतको मूलीकी तरह तोड़ सकता हूँ, हे भगवन्! आपके प्रतापकी महिमासे यह बेचारा पुराना धनुष तो कौन चीज है॥ ३॥

**नाथ जानि अस आयसु होऊ। कौतुकु करौं बिलोकिअ सोऊ॥**
**कमल नाल जिमि चाप चढ़ावौं। जोजन सत प्रमान लै धावौं॥**

ऐसा जानकर हे नाथ! आज्ञा हो तो कुछ खेल करूँ, उसे भी देखिये। धनुषको कमलकी डंडीकी तरह चढ़ाकर उसे सौ योजनतक दौड़ा लिये चला जाऊँ॥ ४॥

**दो०—तोरौं छत्रक दंड जिमि तव प्रताप बल नाथ।**
**जौं न करौं प्रभु पद सपथ कर न धरौं धनु भाथ॥ २५३॥**

हे नाथ! आपके प्रतापके बलसे धनुषको कुकुरमुत्ते (बरसाती छत्ते) की तरह तोड़ दूँ। यदि ऐसा न करूँ तो प्रभुके चरणोंकी शपथ है, फिर मैं धनुष और तरकसको कभी हाथमें भी न लूँगा॥ २५३॥

**लखन सकोप बचन जे बोले। डगमगानि महि दिग्गज डोले॥**
**सकल लोग सब भूप डेराने। सिय हियँ हरषु जनकु सकुचाने॥**

ज्यों ही लक्ष्मणजी क्रोधभरे वचन बोले कि पृथ्वी डगमगा उठी और दिशाओंके हाथी काँप गये। सभी लोग और सब राजा डर गये। सीताजीके हृदयमें हर्ष हुआ और जनकजी सकुचा गये॥ १॥

**गुर रघुपति सब मुनि मन माहीं। मुदित भए पुनि पुनि पुलकाहीं॥**
**सयनहिं रघुपति लखनु नेवारे। प्रेम समेत निकट बैठारे॥**

गुरु विश्वामित्रजी, श्रीरघुनाथजी और सब मुनि मनमें प्रसन्न हुए और बार-बार पुलकित होने लगे। श्रीरामचन्द्रजीने इशारेसे लक्ष्मणको मना किया और प्रेमसहित अपने पास बैठा लिया॥ २॥

**बिस्वामित्र समय सुभ जानी। बोले अति सनेहमय बानी॥**
**उठहु राम भंजहु भवचापा। मेटहु तात जनक परितापा॥**

विश्वामित्रजी शुभ समय जानकर अत्यन्त प्रेमभरी वाणी बोले—हे राम! उठो, शिवजीका धनुष तोड़ो और हे तात! जनकका सन्ताप मिटाओ॥ ३॥

**सुनि गुरु बचन चरन सिरु नावा। हरषु बिषादु न कछु उर आवा॥**
**ठाढ़े भए उठि सहज सुभाएँ। ठवनि जुबा मृगराजु लजाएँ॥**

गुरुके वचन सुनकर श्रीरामजीने चरणोंमें सिर नवाया। उनके मनमें न हर्ष हुआ, न विषाद; और वे अपनी ऐंड़ (खड़े होनेकी शान) से जवान सिंहको भी लजाते हुए सहज स्वभावसे ही उठ खड़े हुए॥ ४॥

**दो०—उदित उदयगिरि मंच पर रघुबर बालपतंग।**
**बिकसे संत सरोज सब हरषे लोचन भृंग॥ २५४॥**

मंचरूपी उदयाचलपर रघुनाथजीरूपी बालसूर्यके उदय होते ही सब संतरूपी कमल खिल उठे और नेत्ररूपी भौंरे हर्षित हो गये॥ २५४॥

**नृपन्ह केरि आसा निसि नासी। बचन नखत अवली न प्रकासी॥**
**मानी महिप कुमुद सकुचाने। कपटी भूप उलूक लुकाने॥**

राजाओंकी आशारूपी रात्रि नष्ट हो गयी। उनके वचनरूपी तारोंके समूहका चमकना बंद हो गया (वे मौन हो गये)। अभिमानी राजारूपी कुमुद संकुचित हो गये और कपटी राजारूपी उल्लू छिप गये॥ १॥

**भए बिसोक कोक मुनि देवा। बरिसहिं सुमन जनावहिं सेवा॥**
**गुर पद बंदि सहित अनुरागा। राम मुनिन्ह सन आयसु मागा॥**

मुनि और देवतारूपी चकवे शोकरहित हो गये। वे फूल बरसाकर अपनी सेवा प्रकट कर रहे हैं। प्रेमसहित गुरुके चरणोंकी वन्दना करके श्रीरामचन्द्रजीने मुनियोंसे आज्ञा माँगी॥ २॥

**सहजहिं चले सकल जग स्वामी। मत्त मंजु बर कुंजर गामी॥**
**चलत राम सब पुर नर नारी। पुलक पूरि तन भए सुखारी॥**

समस्त जगत्के स्वामी श्रीरामजी सुन्दर मतवाले श्रेष्ठ हाथीकी-सी चालसे स्वाभाविक ही चले। श्रीरामचन्द्रजीके चलते ही नगरभरके सब स्त्री-पुरुष सुखी हो गये और उनके शरीर रोमांचसे भर गये॥ ३॥

**बंदि पितर सुर सुकृत सँभारे। जौं कछु पुन्य प्रभाउ हमारे॥**
**तौ सिवधनु मृनाल की नाईं। तोरहुँ रामु गनेस गोसाईं॥**

उन्होंने पितर और देवताओंकी वन्दना करके अपने पुण्योंका स्मरण किया। यदि हमारे पुण्योंका कुछ भी प्रभाव हो, तो हे गणेश गोसाईं! रामचन्द्रजी शिवजीके धनुषको कमलकी डंडीकी भाँति तोड़ डालें॥ ४॥

**दो०—रामहि प्रेम समेत लखि सखिन्ह समीप बोलाइ।**
**सीता मातु सनेह बस बचन कहइ बिलखाइ॥ २५५॥**

श्रीरामचन्द्रजीको [वात्सल्य] प्रेमके साथ देखकर और सखियोंको समीप बुलाकर सीताजीकी माता स्नेहवश विलखकर (विलाप करती हुई-सी) ये वचन बोलीं—॥ २५५॥

**सखि सब कौतुकु देखनिहारे। जेउ कहावत हितू हमारे॥**
**कोउ न बुझाइ कहइ गुर पाहीं। ए बालक असि हठ भलि नाहीं॥**

हे सखी! ये जो हमारे हितू कहलाते हैं, वे भी सब तमाशा देखनेवाले हैं। कोई भी [इनके] गुरु विश्वामित्रजीको समझाकर नहीं कहता कि ये (रामजी) बालक हैं, इनके लिये ऐसा हठ अच्छा नहीं। [जो धनुष रावण और बाण-जैसे जगद्विजयी वीरोंके हिलाये न हिल सका, उसे तोड़नेके लिये मुनि विश्वामित्रजीका रामजीको आज्ञा देना और रामजीका उसे तोड़नेके लिये चल देना रानीको हठ जान पड़ा, इसलिये वे कहने लगीं कि गुरु विश्वामित्रजीको कोई समझाता भी नहीं।]॥ १॥

**रावन बान छुआ नहिं चापा। हारे सकल भूप करि दापा॥**
**सो धनु राजकुअँर कर देहीं। बाल मराल कि मंदर लेहीं॥**

रावण और बाणासुरने जिस धनुषको छुआतक नहीं और सब राजा घमंड करके हार गये, वही धनुष इस सुकुमार राजकुमारके हाथमें दे रहे हैं। हंसके बच्चे भी कहीं मन्दराचल पहाड़ उठा सकते हैं?॥ २॥

**भूप सयानप सकल सिरानी। सखि बिधि गति कछु जाति न जानी॥**
**बोली चतुर सखी मृदु बानी। तेजवंत लघु गनिअ न रानी॥**

[और तो कोई समझाकर कहे या नहीं, राजा तो बड़े समझदार और ज्ञानी हैं, उन्हें तो गुरुको समझानेकी चेष्टा करनी चाहिये थी, परन्तु मालूम होता है] राजाका भी सारा सयानापन समाप्त हो गया। हे सखी! विधाताकी गति कुछ जाननेमें नहीं आती [यों कहकर रानी चुप हो रहीं]। तब एक चतुर (रामजीके महत्त्वको जाननेवाली) सखी कोमल वाणीसे बोली—हे रानी! तेजवान्को [देखनेमें छोटा होनेपर भी] छोटा नहीं गिनना चाहिये॥ ३॥

**कहँ कुंभज कहँ सिंधु अपारा। सोषेउ सुजसु सकल संसारा॥**
**रबि मंडल देखत लघु लागा। उदयँ तासु तिभुवन तम भागा॥**

कहाँ घड़ेसे उत्पन्न होनेवाले [छोटे-से] मुनि अगस्त्य और कहाँ अपार समुद्र? किन्तु उन्होंने उसे सोख लिया, जिसका सुयश सारे संसारमें छाया हुआ है। सूर्यमण्डल देखनेमें छोटा लगता है, पर उसके उदय होते ही तीनों लोकोंका अन्धकार भाग जाता है॥ ४॥

**दो०—मंत्र परम लघु जासु बस बिधि हरि हर सुर सर्ब।**
**महामत्त गजराज कहुँ बस कर अंकुस खर्ब॥ २५६॥**

जिसके वशमें ब्रह्मा, विष्णु, शिव और सभी देवता हैं, वह मन्त्र अत्यन्त छोटा होता है। महान् मतवाले गजराजको छोटा-सा अंकुश वशमें कर लेता है॥ २५६॥

**काम कुसुम धनु सायक लीन्हे। सकल भुवन अपने बस कीन्हे॥**
**देबि तजिअ संसउ अस जानी। भंजब धनुषु राम सुनु रानी॥**

कामदेवने फूलोंका ही धनुष-बाण लेकर समस्त लोकोंको अपने वशमें कर रखा है। हे देवी! ऐसा जानकर सन्देह त्याग दीजिये। हे रानी! सुनिये, रामचन्द्रजी धनुषको अवश्य ही तोड़ेंगे॥ १॥

**सखी बचन सुनि भै परतीती। मिटा बिषादु बढ़ी अति प्रीती॥**
**तब रामहि बिलोकि बैदेही। सभय हृदयँ बिनवति जेहि तेही॥**

सखीके वचन सुनकर रानीको [श्रीरामजीके सामर्थ्यके सम्बन्धमें] विश्वास हो गया। उनकी उदासी मिट गयी और श्रीरामजीके प्रति उनका प्रेम अत्यन्त बढ़ गया। उस समय श्रीरामचन्द्रजीको देखकर सीताजी भयभीत हृदयसे जिस-तिस [देवता] से विनती कर रही हैं॥ २॥

**मनहीं मन मनाव अकुलानी। होहु प्रसन्न महेस भवानी॥**
**करहु सफल आपनि सेवकाई। करि हितु हरहु चाप गरुआई॥**

वे व्याकुल होकर मन-ही-मन मना रही हैं—हे महेश-भवानी! मुझपर प्रसन्न होइये, मैंने आपकी जो सेवा की है, उसे सुफल कीजिये और मुझपर स्नेह करके धनुषके भारीपनको हर लीजिये॥ ३॥

**गननायक बरदायक देवा। आजु लगें कीन्हिउँ तुअ सेवा॥**
**बार बार बिनती सुनि मोरी। करहु चाप गुरुता अति थोरी॥**

हे गणोंके नायक, वर देनेवाले देवता गणेशजी! मैंने आजहीके लिये तुम्हारी सेवा की थी। बार-बार मेरी विनती सुनकर धनुषका भारीपन बहुत ही कम कर दीजिये॥ ४॥

**दो०—देखि देखि रघुबीर तन सुर मनाव धरि धीर।**
**भरे बिलोचन प्रेम जल पुलकावली सरीर॥ २५७॥**

श्रीरघुनाथजीकी ओर देख-देखकर सीताजी धीरज धरकर देवताओंको मना रही हैं। उनके नेत्रोंमें प्रेमके आँसू भरे हैं और शरीरमें रोमांच हो रहा है॥ २५७॥

**नीकें निरखि नयन भरि सोभा। पितु पनु सुमिरि बहुरि मनु छोभा॥**
**अहह तात दारुनि हठ ठानी। समुझत नहिं कछु लाभु न हानी॥**

अच्छी तरह नेत्र भरकर श्रीरामजीकी शोभा देखकर, फिर पिताके प्रणका स्मरण करके सीताजीका मन क्षुब्ध हो उठा। [वे मन-ही-मन कहने लगीं—] अहो! पिताजीने बड़ा ही कठिन हठ ठाना है, वे लाभ-हानि कुछ भी नहीं समझ रहे हैं॥ १॥

**सचिव सभय सिख देइ न कोई। बुध समाज बड़ अनुचित होई॥**
**कहँ धनु कुलिसहु चाहि कठोरा। कहँ स्यामल मृदुगात किसोरा॥**

मन्त्री डर रहे हैं; इसलिये कोई उन्हें सीख भी नहीं देता, पण्डितोंकी सभामें यह बड़ा अनुचित हो रहा है। कहाँ तो वज्रसे भी बढ़कर कठोर धनुष और कहाँ ये कोमलशरीर किशोर श्यामसुन्दर!॥ २॥

**बिधि केहि भाँति धरौं उर धीरा। सिरस सुमन कन बेधिअ हीरा॥**
**सकल सभा कै मति भै भोरी। अब मोहि संभुचाप गति तोरी॥**

हे विधाता! मैं हृदयमें किस तरह धीरज धरूँ, सिरसके फूलके कणसे कहीं हीरा छेदा जाता है। सारी सभाकी बुद्धि भोली (बावली) हो गयी है, अत: हे शिवजीके धनुष! अब तो मुझे तुम्हारा ही आसरा है॥ ३॥

**निज जड़ता लोगन्ह पर डारी। होहि हरुअ रघुपतिहि निहारी॥**
**अति परिताप सीय मन माहीं। लव निमेष जुग सय सम जाहीं॥**

तुम अपनी जड़ता लोगोंपर डालकर, श्रीरघुनाथजी [के सुकुमार शरीर] को देखकर [उतने ही] हलके हो जाओ। इस प्रकार सीताजीके मनमें बड़ा ही सन्ताप हो रहा है। निमेषका एक लव (अंश) भी सौ युगोंके समान बीत रहा है॥ ४॥

**दो०—प्रभुहि चितइ पुनि चितव महि राजत लोचन लोल।**
**खेलत मनसिज मीन जुग जनु बिधु मंडल डोल॥ २५८॥**

प्रभु श्रीरामचन्द्रजीको देखकर फिर पृथ्वीकी ओर देखती हुई सीताजीके चंचल नेत्र इस प्रकार शोभित हो रहे हैं, मानो चन्द्रमण्डलरूपी डोलमें कामदेवकी दो मछलियाँ खेल रही हों॥ २५८॥

**गिरा अलिनि मुख पंकज रोकी। प्रगट न लाज निसा अवलोकी॥**
**लोचन जलु रह लोचन कोना। जैसें परम कृपन कर सोना॥**

सीताजीकी वाणीरूपी भ्रमरीको उनके मुखरूपी कमलने रोक रखा है। लाजरूपी रात्रिको देखकर वह प्रकट नहीं हो रही है। नेत्रोंका जल नेत्रोंके कोने (कोये) में ही रह जाता है। जैसे बड़े भारी कंजूसका सोना कोनेमें ही गड़ा रह जाता है॥ १॥

**सकुची ब्याकुलता बड़ि जानी। धरि धीरजु प्रतीति उर आनी॥**
**तन मन बचन मोर पनु साचा। रघुपति पद सरोज चितु राचा॥**

अपनी बढ़ी हुई व्याकुलता जानकर सीताजी सकुचा गयीं और धीरज धरकर हृदयमें विश्वास ले आयीं कि यदि तन, मन और वचनसे मेरा प्रण सच्चा है और श्रीरघुनाथजीके चरणकमलोंमें मेरा चित्त वास्तवमें अनुरक्त है,॥ २॥

**तौ भगवानु सकल उर बासी। करिहि मोहि रघुबर कै दासी॥**
**जेहि कें जेहि पर सत्य सनेहू। सो तेहि मिलइ न कछु संदेहू॥**

तो सबके हृदयमें निवास करनेवाले भगवान् मुझे रघुश्रेष्ठ श्रीरामचन्द्रजीकी दासी अवश्य बनायेंगे। जिसका जिसपर सच्चा स्नेह होता है, वह उसे मिलता ही है, इसमें कुछ भी सन्देह नहीं है॥ ३॥

**प्रभु तन चितइ प्रेम तन ठाना। कृपानिधान राम सबु जाना॥**
**सियहि बिलोकि तकेउ धनु कैसें। चितव गरुरु लघु ब्यालहि जैसें॥**

प्रभुकी ओर देखकर सीताजीने शरीरके द्वारा प्रेम ठान लिया (अर्थात् यह निश्चय कर लिया कि यह शरीर इन्हींका होकर रहेगा या रहेगा ही नहीं)। कृपानिधान श्रीरामजी सब जान गये। उन्होंने सीताजीको देखकर धनुषकी ओर कैसे ताका, जैसे गरुड़जी छोटे-से साँपकी ओर देखते हैं॥ ४॥

**दो०—लखन लखेउ रघुबंसमनि ताकेउ हर कोदंडु।**
**पुलकि गात बोले बचन चरन चापि ब्रह्मांडु॥ २५९॥**

इधर जब लक्ष्मणजीने देखा कि रघुकुलमणि श्रीरामचन्द्रजीने शिवजीके धनुषकी ओर ताका है, तो वे शरीरसे पुलकित हो ब्रह्माण्डको चरणोंसे दबाकर निम्नलिखित वचन बोले—॥ २५९॥

**दिसिकुंजरहु कमठ अहि कोला। धरहु धरनि धरि धीर न डोला॥**
**रामु चहहिं संकर धनु तोरा। होहु सजग सुनि आयसु मोरा॥**

हे दिग्गजो! हे कच्छप! हे शेष! हे वाराह! धीरज धरकर पृथ्वीको थामे रहो, जिसमें यह हिलने न पावे। श्रीरामचन्द्रजी शिवजीके धनुषको तोड़ना चाहते हैं। मेरी आज्ञा सुनकर सब सावधान हो जाओ॥ १॥

**चाप समीप रामु जब आए। नर नारिन्ह सुर सुकृत मनाए॥**
**सब कर संसउ अरु अग्यानू। मंद महीपन्ह कर अभिमानू॥**

श्रीरामचन्द्रजी जब धनुषके समीप आये, तब सब स्त्री-पुरुषोंने देवताओं और पुण्योंको मनाया। सबका सन्देह और अज्ञान, नीच राजाओंका अभिमान,॥ २॥

**भृगुपति केरि गरब गरुआई। सुर मुनिबरन्ह केरि कदराई॥**
**सिय कर सोचु जनक पछितावा। रानिन्ह कर दारुन दुख दावा॥**

परशुरामजीके गर्वकी गुरुता, देवता और श्रेष्ठ मुनियोंकी कातरता (भय), सीताजीका सोच, जनकका पश्चात्ताप और रानियोंके दारुण दुःखका दावानल,॥ ३॥

**संभुचाप बड़ बोहितु पाई। चढ़े जाइ सब संगु बनाई॥**
**राम बाहुबल सिंधु अपारू। चहत पारु नहिं कोउ कड़हारू॥**

ये सब शिवजीके धनुषरूपी बड़े जहाजको पाकर, समाज बनाकर उसपर जा चढ़े। ये श्रीरामचन्द्रजीकी भुजाओंके बलरूपी अपार समुद्रके पार जाना चाहते हैं, परन्तु कोई केवट नहीं है॥ ४॥

**दो०—राम बिलोके लोग सब चित्र लिखे से देखि।**
**चितई सीय कृपायतन जानी बिकल बिसेषि॥ २६०॥**

श्रीरामजीने सब लोगोंकी ओर देखा और उन्हें चित्रमें लिखे हुए-से देखकर फिर कृपाधाम श्रीरामजीने सीताजीकी ओर देखा और उन्हें विशेष व्याकुल जाना॥ २६०॥

**देखी बिपुल बिकल बैदेही। निमिष बिहात कलप सम तेही॥**
**तृषित बारि बिनु जो तनु त्यागा। मुएँ करइ का सुधा तड़ागा॥**

उन्होंने जानकीजीको बहुत ही विकल देखा। उनका एक-एक क्षण कल्पके समान बीत रहा था। यदि प्यासा आदमी पानीके बिना शरीर छोड़ दे, तो उसके मर जानेपर अमृतका तालाब भी क्या करेगा?॥ १॥

**का बरषा सब कृषी सुखानें। समय चुकें पुनि का पछितानें॥**
**अस जियँ जानि जानकी देखी। प्रभु पुलके लखि प्रीति बिसेषी॥**

सारी खेतीके सूख जानेपर वर्षा किस कामकी? समय बीत जानेपर फिर पछतानेसे क्या लाभ? जीमें ऐसा समझकर श्रीरामजीने जानकीजीकी ओर देखा और उनका विशेष प्रेम लखकर वे पुलकित हो गये॥ २॥

**गुरहि प्रनामु मनहिं मन कीन्हा। अति लाघवँ उठाइ धनु लीन्हा॥**
**दमकेउ दामिनि जिमि जब लयऊ। पुनि नभ धनु मंडल सम भयऊ॥**

मन-ही-मन उन्होंने गुरुको प्रणाम किया और बड़ी फुर्तीसे धनुषको उठा लिया। जब उसे [हाथमें] लिया, तब वह धनुष बिजलीकी तरह चमका और फिर आकाशमें मण्डल-जैसा (मण्डलाकार) हो गया॥ ३॥

**लेत चढ़ावत खैंचत गाढ़ें। काहुँ न लखा देख सबु ठाढ़ें॥**
**तेहि छन राम मध्य धनु तोरा। भरे भुवन धुनि घोर कठोरा॥**

लेते, चढ़ाते और जोरसे खींचते हुए किसीने नहीं लखा (अर्थात् ये तीनों काम इतनी फुर्तीसे हुए कि धनुषको कब उठाया, कब चढ़ाया और कब खींचा, इसका किसीको पता नहीं लगा); सबने श्रीरामजीको [धनुष खींचे] खड़े देखा। उसी क्षण श्रीरामजीने धनुषको बीचसे तोड़ डाला। भयंकर कठोर ध्वनिसे [सब] लोक भर गये॥ ४॥

**छं०—भरे भुवन घोर कठोर रव रबि बाजि तजि मारगु चले।**
**चिक्करहिं दिग्गज डोल महि अहि कोल कूरुम कलमले॥**
**सुर असुर मुनि कर कान दीन्हें सकल बिकल बिचारहीं।**
**कोदंड खंडेउ राम तुलसी जयति बचन उचारहीं॥**

घोर, कठोर शब्दसे [सब] लोक भर गये, सूर्यके घोड़े मार्ग छोड़कर चलने लगे। दिग्गज चिग्घाड़ने लगे, धरती डोलने लगी, शेष, वाराह और कच्छप कलमला उठे। देवता, राक्षस और मुनि कानोंपर हाथ रखकर सब व्याकुल होकर विचारने लगे। तुलसीदासजी कहते हैं—जब [सबको निश्चय हो गया कि] श्रीरामजीने धनुषको तोड़ डाला, तब सब 'श्रीरामचन्द्रजीकी जय' बोलने लगे।

**सो०—संकर चापु जहाजु सागरु रघुबर बाहुबलु।**
**बूड़ सो सकल समाजु चढ़ा जो प्रथमहिं मोह बस॥ २६१॥**

शिवजीका धनुष जहाज है और श्रीरामचन्द्रजीकी भुजाओंका बल समुद्र है। [धनुष टूटनेसे] वह सारा समाज डूब गया, जो मोहवश पहले इस जहाजपर चढ़ा था [जिसका वर्णन ऊपर आया है]॥ २६१॥

**प्रभु दोउ चापखंड महि डारे। देखि लोग सब भए सुखारे॥**
**कौसिकरूप पयोनिधि पावन। प्रेम बारि अवगाहु सुहावन॥**

प्रभुने धनुषके दोनों टुकड़े पृथ्वीपर डाल दिये। यह देखकर सब लोग सुखी हुए। विश्वामित्ररूपी पवित्र समुद्रमें, जिसमें प्रेमरूपी सुन्दर अथाह जल भरा है,॥ १॥

**रामरूप राकेसु निहारी। बढ़त बीचि पुलकावलि भारी॥**
**बाजे नभ गहगहे निसाना। देवबधू नाचहिं करि गाना॥**

रामरूपी पूर्णचन्द्रको देखकर पुलकावलीरूपी भारी लहरें बढ़ने लगीं। आकाशमें बड़े जोरसे नगाड़े बजने लगे और देवांगनाएँ गान करके नाचने लगीं॥ २॥

**ब्रह्मादिक सुर सिद्ध मुनीसा। प्रभुहि प्रसंसहिं देहिं असीसा॥**
**बरिसहिं सुमन रंग बहु माला। गावहिं किंनर गीत रसाला॥**

ब्रह्मा आदि देवता, सिद्ध और मुनीश्वरलोग प्रभुकी प्रशंसा कर रहे हैं और आशीर्वाद दे रहे हैं। वे रंग-बिरंगे फूल और मालाएँ बरसा रहे हैं। किन्नरलोग रसीले गीत गा रहे हैं॥ ३॥

**रही भुवन भरि जय जय बानी। धनुषभंग धुनि जात न जानी॥**
**मुदित कहहिं जहँ तहँ नर नारी। भंजेउ राम संभुधनु भारी॥**

सारे ब्रह्माण्डमें जय-जयकारकी ध्वनि छा गयी, जिसमें धनुष टूटनेकी ध्वनि जान ही नहीं पड़ती। जहाँ-तहाँ स्त्री-पुरुष प्रसन्न होकर कह रहे हैं कि श्रीरामचन्द्रजीने शिवजीके भारी धनुषको तोड़ डाला॥ ४॥

**दो०—बंदी मागध सूतगन बिरुद बदहिं मतिधीर।**
**करहिं निछावरि लोग सब हय गय धन मनि चीर॥ २६२॥**

धीर बुद्धिवाले, भाट, मागध और सूतलोग विरुदावली (कीर्ति) का बखान कर रहे हैं। सब लोग घोड़े, हाथी, धन, मणि और वस्त्र निछावर कर रहे हैं॥ २६२॥

**झाँझि मृदंग संख सहनाई। भेरि ढोल दुंदुभी सुहाई॥**
**बाजहिं बहु बाजने सुहाए। जहँ तहँ जुबतिन्ह मंगल गाए॥**

झाँझ, मृदंग, शंख, शहनाई, भेरी, ढोल और सुहावने नगाड़े आदि बहुत प्रकारके सुन्दर बाजे बज रहे हैं। जहाँ-तहाँ युवतियाँ मंगलगीत गा रही हैं॥ १॥

**सखिन्ह सहित हरषी अति रानी। सूखत धान परा जनु पानी॥**
**जनक लहेउ सुखु सोचु बिहाई। पैरत थकें थाह जनु पाई॥**

सखियोंसहित रानी अत्यन्त हर्षित हुई। मानो सूखते हुए धानपर पानी पड़ गया हो। जनकजीने सोच त्यागकर सुख प्राप्त किया। मानो तैरते-तैरते थके हुए पुरुषने थाह पा ली हो॥ २॥

**श्रीहत भए भूप धनु टूटे। जैसें दिवस दीप छबि छूटे॥**
**सीय सुखहि बरनिअ केहि भाँती। जनु चातकी पाइ जलु स्वाती॥**

धनुष टूट जानेपर राजालोग ऐसे श्रीहीन (निस्तेज) हो गये, जैसे दिनमें दीपककी शोभा जाती रहती है। सीताजीका सुख किस प्रकार वर्णन किया जाय; जैसे चातकी स्वातीका जल पा गयी हो॥ ३॥

**रामहि लखनु बिलोकत कैसें। ससिहि चकोर किसोरकु जैसें॥**
**सतानंद तब आयसु दीन्हा। सीताँ गमनु राम पहिं कीन्हा॥**

श्रीरामजीको लक्ष्मणजी किस प्रकार देख रहे हैं, जैसे चन्द्रमाको चकोरका बच्चा देख रहा हो। तब शतानन्दजीने आज्ञा दी और सीताजीने श्रीरामजीके पास गमन किया॥ ४॥

**दो०—संग सखीं सुंदर चतुर गावहिं मंगलचार।**
**गवनी बाल मराल गति सुषमा अंग अपार॥ २६३॥**

साथमें सुन्दर चतुर सखियाँ मंगलाचारके गीत गा रही हैं; सीताजी बालहंसिनीकी चालसे चलीं। उनके अंगोंमें अपार शोभा है॥ २६३॥

**सखिन्ह मध्य सिय सोहति कैसें। छबिगन मध्य महाछबि जैसें॥**
**कर सरोज जयमाल सुहाई। बिस्व बिजय सोभा जेहिं छाई॥**

सखियोंके बीचमें सीताजी कैसी शोभित हो रही हैं; जैसे बहुत-सी छबियोंके बीचमें महाछबि हो। करकमलमें सुन्दर जयमाला है, जिसमें विश्वविजयकी शोभा छायी हुई है॥ १॥

**तन सकोचु मन परम उछाहू। गूढ़ प्रेमु लखि परइ न काहू॥**
**जाइ समीप राम छबि देखी। रहि जनु कुअँरि चित्र अवरेखी॥**

सीताजीके शरीरमें संकोच है, पर मनमें परम उत्साह है। उनका यह गुप्त प्रेम किसीको जान नहीं पड़ रहा है। समीप जाकर, श्रीरामजीकी शोभा देखकर राजकुमारी सीताजी चित्रमें लिखी-सी रह गयीं॥ २॥

**चतुर सखीं लखि कहा बुझाई। पहिरावहु जयमाल सुहाई॥**
**सुनत जुगल कर माल उठाई। प्रेम बिबस पहिराइ न जाई॥**

चतुर सखीने यह दशा देखकर समझाकर कहा—सुहावनी जयमाला पहनाओ। यह सुनकर सीताजीने दोनों हाथोंसे माला उठायी, पर प्रेमके विवश होनेसे पहनायी नहीं जाती॥ ३॥

**सोहत जनु जुग जलज सनाला। ससिहि सभीत देत जयमाला॥**
**गावहिं छबि अवलोकि सहेली। सियँ जयमाल राम उर मेली॥**

[उस समय उनके हाथ ऐसे सुशोभित हो रहे हैं] मानो डंडियोंसहित दो कमल चन्द्रमाको डरते हुए जयमाला दे रहे हों। इस छबिको देखकर सखियाँ गाने लगीं। तब सीताजीने श्रीरामजीके गलेमें जयमाला पहना दी॥ ४॥

**सो०—रघुबर उर जयमाल देखि देव बरिसहिं सुमन।**
**सकुचे सकल भुआल जनु बिलोकि रबि कुमुदगन॥ २६४॥**

श्रीरघुनाथजीके हृदयपर जयमाला देखकर देवता फूल बरसाने लगे। समस्त राजागण इस प्रकार सकुचा गये मानो सूर्यको देखकर कुमुदोंका समूह सिकुड़ गया हो॥ २६४॥

**पुर अरु ब्योम बाजने बाजे। खल भए मलिन साधु सब राजे॥**
**सुर किंनर नर नाग मुनीसा। जय जय जय कहि देहिं असीसा॥**

नगर और आकाशमें बाजे बजने लगे। दुष्टलोग उदास हो गये और सज्जनलोग सब प्रसन्न हो गये। देवता, किन्नर, मनुष्य, नाग और मुनीश्वर जय-जयकार करके आशीर्वाद दे रहे हैं॥ १॥

**नाचहिं गावहिं बिबुध बधूटीं। बार बार कुसुमांजलि छूटीं॥**
**जहँ तहँ बिप्र बेदधुनि करहीं। बंदी बिरिदावलि उच्चरहीं॥**

देवताओंकी स्त्रियाँ नाचती-गाती हैं। बार-बार हाथोंसे पुष्पोंकी अञ्जलियाँ छूट रही हैं। जहाँ-तहाँ ब्राह्मण वेदध्वनि कर रहे हैं और भाटलोग विरुदावली (कुलकीर्ति) बखान रहे हैं॥ २॥

**महि पाताल नाक जसु ब्यापा। राम बरी सिय भंजेउ चापा॥**
**करहिं आरती पुर नर नारी। देहिं निछावरि बित्त बिसारी॥**

पृथ्वी, पाताल और स्वर्ग तीनों लोकोंमें यश फैल गया कि श्रीरामचन्द्रजीने धनुष तोड़ दिया और सीताजीको वरण कर लिया। नगरके नर-नारी आरती कर रहे हैं और अपनी पूँजी (हैसियत) को भुलाकर (सामर्थ्यसे बहुत अधिक) निछावर कर रहे हैं॥ ३॥

**सोहति सीय राम कै जोरी। छबि सिंगारु मनहुँ एक ठोरी॥**
**सखीं कहहिं प्रभुपद गहु सीता। करति न चरन परस अति भीता॥**

श्रीसीता-रामजीकी जोड़ी ऐसी सुशोभित हो रही है मानो सुन्दरता और शृंगाररस एकत्र हो गये हों। सखियाँ कह रही हैं—सीते! स्वामीके चरण छुओ; किन्तु सीताजी अत्यन्त भयभीत हुई उनके चरण नहीं छूतीं॥ ४॥

**दो०—गौतम तिय गति सुरति करि नहिं परसति पग पानि।**
**मन बिहसे रघुबंसमनि प्रीति अलौकिक जानि॥ २६५॥**

गौतमजीकी स्त्री अहल्याकी गतिका स्मरण करके सीताजी श्रीरामजीके चरणोंको हाथोंसे स्पर्श नहीं कर रही हैं। सीताजीकी अलौकिक प्रीति जानकर रघुकुलमणि श्रीरामचन्द्रजी मनमें हँसे॥ २६५॥

**तब सिय देखि भूप अभिलाषे। कूर कपूत मूढ़ मन माखे॥**
**उठि उठि पहिरि सनाह अभागे। जहँ तहँ गाल बजावन लागे॥**

उस समय सीताजीको देखकर कुछ राजा लोग ललचा उठे। वे दुष्ट, कुपूत और मूढ़ राजा मनमें बहुत तमतमाये। वे अभागे उठ-उठकर, कवच पहनकर, जहाँ-तहाँ गाल बजाने लगे॥ १॥

**लेहु छड़ाइ सीय कह कोऊ। धरि बाँधहु नृप बालक दोऊ॥**
**तोरें धनुषु चाड़ नहिं सरई। जीवत हमहि कुअँरि को बरई॥**

कोई कहते हैं, सीताको छीन लो और दोनों राजकुमारोंको पकड़कर बाँध लो। धनुष तोड़नेसे ही चाह नहीं सरेगी (पूरी होगी)। हमारे जीते-जी राजकुमारीको कौन ब्याह सकता है?॥ २॥

**जौं बिदेहु कछु करै सहाई। जीतहु समर सहित दोउ भाई॥**
**साधु भूप बोले सुनि बानी। राजसमाजहि लाज लजानी॥**

यदि जनक कुछ सहायता करे, तो युद्धमें दोनों भाइयोंसहित उसे भी जीत लो। ये वचन सुनकर साधु राजा बोले—इस [निर्लज्ज] राजसमाजको देखकर तो लाज भी लजा गयी॥ ३॥

**बलु प्रतापु बीरता बड़ाई। नाक पिनाकहि संग सिधाई॥**
**सोइ सूरता कि अब कहुँ पाई। असि बुधि तौ बिधि मुहँ मसि लाई॥**

अरे! तुम्हारा बल, प्रताप, वीरता, बड़ाई और नाक (प्रतिष्ठा) तो धनुषके साथ ही चली गयी। वही वीरता थी कि अब कहींसे मिली है? ऐसी दुष्ट बुद्धि है, तभी तो विधाताने तुम्हारे मुखोंपर कालिख लगा दी॥ ४॥

**दो०—देखहु रामहि नयन भरि तजि इरिषा मदु कोहु।**
**लखन रोषु पावकु प्रबल जानि सलभ जनि होहु॥ २६६॥**

ईर्ष्या, घमंड और क्रोध छोड़कर नेत्र भरकर श्रीरामजी [की छबि] को देख लो। लक्ष्मणके क्रोधको प्रबल अग्नि जानकर उसमें पतंगे मत बनो॥ २६६॥

**बैनतेय बलि जिमि चह कागू। जिमि ससु चहै नाग अरि भागू॥**
**जिमि चह कुसल अकारन कोही। सब संपदा चहै सिवद्रोही॥**

जैसे गरुड़का भाग कौआ चाहे, सिंहका भाग खरगोश चाहे, बिना कारण ही क्रोध करनेवाला अपनी कुशल चाहे, शिवजीसे विरोध करनेवाला सब प्रकारकी सम्पत्ति चाहे,॥ १॥

**लोभी लोलुप कल कीरति चहई। अकलंकता कि कामी लहई॥**
**हरि पद बिमुख परम गति चाहा। तस तुम्हार लालचु नरनाहा॥**

लोभी-लालची सुन्दर कीर्ति चाहे, कामी मनुष्य निष्कलंकता [चाहे तो] क्या पा सकता है? और जैसे श्रीहरिके चरणोंसे विमुख मनुष्य परमगति (मोक्ष) चाहे, हे राजाओ! सीताके लिये तुम्हारा लालच भी वैसा ही व्यर्थ है॥ २॥

**कोलाहलु सुनि सीय सकानी। सखीं लवाइ गईं जहँ रानी॥**
**रामु सुभायँ चले गुरु पाहीं। सिय सनेहु बरनत मन माहीं॥**

कोलाहल सुनकर सीताजी शंकित हो गयीं। तब सखियाँ उन्हें वहाँ ले गयीं जहाँ रानी (सीताजीकी माता) थीं। श्रीरामचन्द्रजी मनमें सीताजीके प्रेमका बखान करते हुए स्वाभाविक चालसे गुरुजीके पास चले॥ ३॥

**रानिन्ह सहित सोचबस सीया। अब धौं बिधिहि काह करनीया॥**
**भूप बचन सुनि इत उत तकहीं। लखनु राम डर बोलि न सकहीं॥**

रानियोंसहित सीताजी [दुष्ट राजाओंके दुर्वचन सुनकर] सोचके वश हैं कि न जाने विधाता अब क्या करनेवाले हैं। राजाओंके वचन सुनकर लक्ष्मणजी इधर-उधर ताकते हैं; किन्तु श्रीरामचन्द्रजीके डरसे कुछ बोल नहीं सकते॥ ४॥

**दो०—अरुन नयन भृकुटी कुटिल चितवत नृपन्ह सकोप।**
**मनहुँ मत्त गजगन निरखि सिंघकिसोरहि चोप॥ २६७॥**

उनके नेत्र लाल और भौंहें टेढ़ी हो गयीं और वे क्रोधसे राजाओंकी ओर देखने लगे; मानो मतवाले हाथियोंका झुंड देखकर सिंहके बच्चेको जोश आ गया हो॥ २६७॥

**खरभरु देखि बिकल पुर नारीं। सब मिलि देहिं महीपन्ह गारीं॥**
**तेहिं अवसर सुनि सिवधनु भंगा। आयउ भृगुकुल कमल पतंगा॥**

खलबली देखकर जनकपुरकी स्त्रियाँ व्याकुल हो गयीं और सब मिलकर राजाओंको गालियाँ देने लगीं। उसी मौकेपर शिवजीके धनुषका टूटना सुनकर भृगुकुलरूपी कमलके सूर्य परशुरामजी आये॥ १॥

**देखि महीप सकल सकुचाने। बाज झपट जनु लवा लुकाने॥**
**गौरि सरीर भूति भल भ्राजा। भाल बिसाल त्रिपुंड बिराजा॥**

इन्हें देखकर सब राजा सकुचा गये, मानो बाजके झपटनेपर बटेर लुक (छिप) गये हों। गोरे शरीरपर विभूति (भस्म) बड़ी फब रही है और विशाल ललाटपर त्रिपुण्ड्र विशेष शोभा दे रहा है॥ २॥

**सीस जटा ससिबदनु सुहावा। रिसबस कछुक अरुन होइ आवा॥**
**भृकुटी कुटिल नयन रिस राते। सहजहुँ चितवत मनहुँ रिसाते॥**

सिरपर जटा है, सुन्दर मुखचन्द्र क्रोधके कारण कुछ लाल हो आया है। भौंहें टेढ़ी और आँखें क्रोधसे लाल हैं। सहज ही देखते हैं, तो भी ऐसा जान पड़ता है मानो क्रोध कर रहे हैं॥ ३॥

**बृषभ कंध उर बाहु बिसाला। चारु जनेउ माल मृगछाला॥**
**कटि मुनिबसन तून दुइ बाँधें। धनु सर कर कुठारु कल काँधें॥**

बैलके समान (ऊँचे और पुष्ट) कंधे हैं; छाती और भुजाएँ विशाल हैं। सुन्दर यज्ञोपवीत धारण किये, माला पहने और मृगचर्म लिये हैं। कमरमें मुनियोंका वस्त्र (वल्कल) और दो तरकस बाँधे हैं। हाथमें धनुष-बाण और सुन्दर कंधेपर फरसा धारण किये हैं॥ ४॥

**दो०—सांत बेषु करनी कठिन बरनि न जाइ सरूप।**
**धरि मुनितनु जनु बीर रसु आयउ जहँ सब भूप॥ २६८॥**

शान्त वेष है, परन्तु करनी बहुत कठोर है; स्वरूपका वर्णन नहीं किया जा सकता। मानो वीर-रस ही मुनिका शरीर धारण करके, जहाँ सब राजालोग हैं वहाँ आ गया हो॥ २६८॥

**देखत भृगुपति बेषु कराला। उठे सकल भय बिकल भुआला॥**
**पितु समेत कहि कहि निज नामा। लगे करन सब दंड प्रनामा॥**

परशुरामजीका भयानक वेष देखकर सब राजा भयसे व्याकुल हो उठ खड़े हुए और पितासहित अपना नाम कह-कहकर सब दण्डवत्-प्रणाम करने लगे॥ १॥

**जेहि सुभायँ चितवहिं हितु जानी। सो जानइ जनु आइ खुटानी॥**
**जनक बहोरि आइ सिरु नावा। सीय बोलाइ प्रनामु करावा॥**

परशुरामजी हित समझकर भी सहज ही जिसकी ओर देख लेते हैं, वह समझता है मानो मेरी आयु पूरी हो गयी। फिर जनकजीने आकर सिर नवाया और सीताजीको बुलाकर प्रणाम कराया॥ २॥

**आसिष दीन्हि सखीं हरषानीं। निज समाज लै गईं सयानीं॥**
**बिस्वामित्रु मिले पुनि आई। पद सरोज मेले दोउ भाई॥**

परशुरामजीने सीताजीको आशीर्वाद दिया। सखियाँ हर्षित हुईं और [वहाँ अब अधिक देर ठहरना ठीक न समझकर] वे सयानी सखियाँ उनको अपनी मण्डलीमें ले गयीं। फिर विश्वामित्रजी आकर मिले और उन्होंने दोनों भाइयोंको उनके चरणकमलोंपर गिराया॥ ३॥

**रामु लखनु दसरथ के ढोटा। दीन्हि असीस देखि भल जोटा॥**
**रामहि चितइ रहे थकि लोचन। रूप अपार मार मद मोचन॥**

[विश्वामित्रजीने कहा—] ये राम और लक्ष्मण राजा दशरथके पुत्र हैं। उनकी सुन्दर जोड़ी देखकर परशुरामजीने आशीर्वाद दिया। कामदेवके भी मदको छुड़ानेवाले श्रीरामचन्द्रजीके अपार रूपको देखकर उनके नेत्र थकित (स्तम्भित) हो रहे॥ ४॥

**दो०—बहुरि बिलोकि बिदेह सन कहहु काह अति भीर।**
**पूँछत जानि अजान जिमि ब्यापेउ कोपु सरीर॥ २६९॥**

फिर सब देखकर, जानते हुए भी अनजानकी तरह जनकजीसे पूछते हैं कि कहो, यह बड़ी भारी भीड़ कैसी है? उनके शरीरमें क्रोध छा गया॥ २६९॥

**समाचार कहि जनक सुनाए। जेहि कारन महीप सब आए॥**
**सुनत बचन फिरि अनत निहारे। देखे चापखंड महि डारे॥**

जिस कारण सब राजा आये थे, राजा जनकने वे सब समाचार कह सुनाये। जनकके वचन सुनकर परशुरामजीने फिरकर दूसरी ओर देखा तो धनुषके टुकड़े पृथ्वीपर पड़े हुए दिखायी दिये॥ १॥

**अति रिस बोले बचन कठोरा। कहु जड़ जनक धनुष कै तोरा॥**
**बेगि देखाउ मूढ़ न त आजू। उलटउँ महि जहँ लहि तव राजू॥**

अत्यन्त क्रोधमें भरकर वे कठोर वचन बोले—रे मूर्ख जनक! बता, धनुष किसने तोड़ा? उसे शीघ्र दिखा, नहीं तो अरे मूढ़! आज मैं जहाँतक तेरा राज्य है, वहाँतककी पृथ्वी उलट दूँगा॥ २॥

**अति डरु उतरु देत नृपु नाहीं। कुटिल भूप हरषे मन माहीं॥**
**सुर मुनि नाग नगर नर नारी। सोचहिं सकल त्रास उर भारी॥**

राजाको अत्यन्त डर लगा, जिसके कारण वे उत्तर नहीं देते। यह देखकर कुटिल राजा मनमें बड़े प्रसन्न हुए। देवता, मुनि, नाग और नगरके स्त्री-पुरुष सभी सोच करने लगे, सबके हृदयमें बड़ा भय है॥ ३॥

**मन पछिताति सीय महतारी। बिधि अब सँवरी बात बिगारी॥**
**भृगुपति कर सुभाउ सुनि सीता। अरध निमेष कलप सम बीता॥**

सीताजीकी माता मनमें पछता रही हैं कि हाय! विधाताने अब बनी-बनायी बात बिगाड़ दी। परशुरामजीका स्वभाव सुनकर सीताजीको आधा क्षण भी कल्पके समान बीतने लगा॥ ४॥

**दो०—सभय बिलोके लोग सब जानि जानकी भीरु।**
**हृदयँ न हरषु बिषादु कछु बोले श्रीरघुबीरु॥ २७०॥**

तब श्रीरामचन्द्रजी सब लोगोंको भयभीत देखकर और सीताजीको डरी हुई जानकर बोले—उनके हृदयमें न कुछ हर्ष था, न विषाद—॥ २७०॥

## मासपारायण, नवाँ विश्राम

**नाथ संभुधनु भंजनिहारा। होइहि केउ एक दास तुम्हारा॥**
**आयसु काह कहिअ किन मोही। सुनि रिसाइ बोले मुनि कोही॥**

हे नाथ! शिवजीके धनुषको तोड़नेवाला आपका कोई एक दास ही होगा। क्या आज्ञा है, मुझसे क्यों नहीं कहते? यह सुनकर क्रोधी मुनि रिसाकर बोले—॥ १॥

**सेवकु सो जो करै सेवकाई। अरि करनी करि करिअ लराई॥**
**सुनहु राम जेहिं सिवधनु तोरा। सहसबाहु सम सो रिपु मोरा॥**

सेवक वह है जो सेवाका काम करे। शत्रुका काम करके तो लड़ाई ही करनी चाहिये। हे राम! सुनो, जिसने शिवजीके धनुषको तोड़ा है, वह सहस्रबाहुके समान मेरा शत्रु है॥ २॥

**सो बिलगाउ बिहाइ समाजा। न त मारे जैहहिं सब राजा॥**
**सुनि मुनि बचन लखन मुसुकाने। बोले परसुधरहि अपमाने॥**

वह इस समाजको छोड़कर अलग हो जाय, नहीं तो सभी राजा मारे जायँगे। मुनिके वचन सुनकर लक्ष्मणजी मुसकराये और परशुरामजीका अपमान करते हुए बोले—॥ ३॥

**बहु धनुहीं तोरीं लरिकाईं। कबहुँ न असि रिस कीन्हि गोसाईं॥**
**एहि धनु पर ममता केहि हेतू। सुनि रिसाइ कह भृगुकुलकेतू॥**

हे गोसाईं! लड़कपनमें हमने बहुत-सी धनुहियाँ तोड़ डालीं। किन्तु आपने ऐसा क्रोध कभी नहीं किया। इसी धनुषपर इतनी ममता किस कारणसे है? यह सुनकर भृगुवंशकी ध्वजास्वरूप परशुरामजी कुपित होकर कहने लगे—॥ ४॥

**दो०—रे नृप बालक काल बस बोलत तोहि न सँभार।**
**धनुही सम तिपुरारि धनु बिदित सकल संसार॥ २७१॥**

अरे राजपुत्र! कालके वश होनेसे तुझे बोलनेमें कुछ भी होश नहीं है। सारे संसारमें विख्यात शिवजीका यह धनुष क्या धनुहीके समान है?॥ २७१॥

**लखन कहा हँसि हमरें जाना। सुनहु देव सब धनुष समाना॥**
**का छति लाभु जून धनु तोरें। देखा राम नयन के भोरें॥**

लक्ष्मणजीने हँसकर कहा—हे देव! सुनिये, हमारे जानमें तो सभी धनुष एक-से ही हैं। पुराने धनुषके तोड़नेमें क्या हानि-लाभ! श्रीरामचन्द्रजीने तो इसे नवीनके धोखेसे देखा था॥ १॥

**छुअत टूट रघुपतिहु न दोसू। मुनि बिनु काज करिअ कत रोसू॥**
**बोले चितइ परसु की ओरा। रे सठ सुनेहि सुभाउ न मोरा॥**

फिर यह तो छूते ही टूट गया, इसमें रघुनाथजीका भी कोई दोष नहीं है। मुनि! आप बिना ही कारण किसलिये क्रोध करते हैं? परशुरामजी अपने फरसेकी ओर देखकर बोले—अरे दुष्ट! तूने मेरा स्वभाव नहीं सुना॥ २॥

**बालकु बोलि बधउँ नहिं तोही। केवल मुनि जड़ जानहि मोही॥**
**बाल ब्रह्मचारी अति कोही। बिस्व बिदित छत्रियकुल द्रोही॥**

मैं तुझे बालक जानकर नहीं मारता हूँ। अरे मूर्ख! क्या तू मुझे निरा मुनि ही जानता है? मैं बालब्रह्मचारी और अत्यन्त क्रोधी हूँ। क्षत्रियकुलका शत्रु तो विश्वभरमें विख्यात हूँ॥ ३॥

**भुजबल भूमि भूप बिनु कीन्ही। बिपुल बार महिदेवन्ह दीन्ही॥**
**सहसबाहु भुज छेदनिहारा। परसु बिलोकु महीपकुमारा॥**

अपनी भुजाओंके बलसे मैंने पृथ्वीको राजाओंसे रहित कर दिया और बहुत बार उसे ब्राह्मणोंको दे डाला। हे राजकुमार! सहस्रबाहुकी भुजाओंको काटनेवाले मेरे इस फरसेको देख!॥ ४॥

**दो०—मातु पितहि जनि सोचबस करसि महीसकिसोर।**
**गर्भन्ह के अर्भक दलन परसु मोर अति घोर॥ २७२॥**

अरे राजाके बालक! तू अपने माता-पिताको सोचके वश न कर। मेरा फरसा बड़ा भयानक है, यह गर्भोंके बच्चोंका भी नाश करनेवाला है॥ २७२॥

**बिहसि लखनु बोले मृदु बानी। अहो मुनीसु महा भटमानी॥**
**पुनि पुनि मोहि देखाव कुठारू। चहत उड़ावन फूँकि पहारू॥**

लक्ष्मणजी हँसकर कोमल वाणीसे बोले—अहो, मुनीश्वर तो अपनेको बड़ा भारी योद्धा समझते हैं। बार-बार मुझे कुल्हाड़ी दिखाते हैं। फूँकसे पहाड़ उड़ाना चाहते हैं॥ १॥

**इहाँ कुम्हड़बतिया कोउ नाहीं। जे तरजनी देखि मरि जाहीं॥**
**देखि कुठारु सरासन बाना। मैं कछु कहा सहित अभिमाना॥**

यहाँ कोई कुम्हड़ेकी बतिया (छोटा कच्चा फल) नहीं है, जो तर्जनी (सबसे आगेकी) उँगलीको देखते ही मर जाती हैं। कुठार और धनुष-बाण देखकर ही मैंने कुछ अभिमानसहित कहा था॥ २॥

**भृगुसुत समुझि जनेउ बिलोकी। जो कछु कहहु सहउँ रिस रोकी॥**
**सुर महिसुर हरिजन अरु गाई। हमरें कुल इन्ह पर न सुराई॥**

भृगुवंशी समझकर और यज्ञोपवीत देखकर तो जो कुछ आप कहते हैं, उसे मैं क्रोधको रोककर सह लेता हूँ। देवता, ब्राह्मण, भगवान्‌के भक्त और गौ—इनपर हमारे कुलमें वीरता नहीं दिखायी जाती॥ ३॥

**बधें पापु अपकीरति हारें। मारतहूँ पा परिअ तुम्हारें॥**
**कोटि कुलिस सम बचनु तुम्हारा। ब्यर्थ धरहु धनु बान कुठारा॥**

क्योंकि इन्हें मारनेसे पाप लगता है और इनसे हार जानेपर अपकीर्ति होती है। इसलिये आप मारें तो भी आपके पैर ही पड़ना चाहिये। आपका एक-एक वचन ही करोड़ों वज्रोंके समान है। धनुष-बाण और कुठार तो आप व्यर्थ ही धारण करते हैं॥ ४॥

**दो०—जो बिलोकि अनुचित कहेउँ छमहु महामुनि धीर।**
**सुनि सरोष भृगुबंसमनि बोले गिरा गभीर॥ २७३॥**

इन्हें (धनुष-बाण और कुठारको) देखकर मैंने कुछ अनुचित कहा हो, तो उसे हे धीर महामुनि! क्षमा कीजिये। यह सुनकर भृगुवंशमणि परशुरामजी क्रोधके साथ गम्भीर वाणी बोले—॥ २७३॥

**कौसिक सुनहु मंद यहु बालकु। कुटिल कालबस निज कुल घालकु॥**
**भानु बंस राकेस कलंकू। निपट निरंकुस अबुध असंकू॥**

हे विश्वामित्र! सुनो, यह बालक बड़ा कुबुद्धि और कुटिल है, कालके वश होकर यह अपने कुलका घातक बन रहा है। यह सूर्यवंशरूपी पूर्णचन्द्रका कलंक है। यह बिलकुल उद्‌दण्ड, मूर्ख और निडर है॥ १॥

**काल कवलु होइहि छन माहीं। कहउँ पुकारि खोरि मोहि नाहीं॥**
**तुम्ह हटकहु जौं चहहु उबारा। कहि प्रतापु बलु रोषु हमारा॥**

अभी क्षणभरमें यह कालका ग्रास हो जायगा। मैं पुकारकर कहे देता हूँ, फिर मुझे दोष नहीं है। यदि तुम इसे बचाना चाहते हो, तो हमारा प्रताप, बल और क्रोध बतलाकर इसे मना कर दो॥ २॥

**लखन कहेउ मुनि सुजसु तुम्हारा। तुम्हहि अछत को बरनै पारा॥**
**अपने मुँह तुम्ह आपनि करनी। बार अनेक भाँति बहु बरनी॥**

लक्ष्मणजीने कहा—हे मुनि! आपका सुयश आपके रहते दूसरा कौन वर्णन कर सकता है? आपने अपने ही मुँहसे अपनी करनी अनेकों बार बहुत प्रकारसे वर्णन की है॥ ३॥

**नहिं संतोषु त पुनि कछु कहहू। जनि रिस रोकि दुसह दुख सहहू॥**
**बीरब्रती तुम्ह धीर अछोभा। गारी देत न पावहु सोभा॥**

इतनेपर भी सन्तोष न हुआ हो तो फिर कुछ कह डालिये। क्रोध रोककर असह्य दुःख मत सहिये। आप वीरताका व्रत धारण करनेवाले, धैर्यवान् और क्षोभरहित हैं। गाली देते शोभा नहीं पाते॥ ४॥

**दो०—सूर समर करनी करहिं कहि न जनावहिं आपु।**
**बिद्यमान रन पाइ रिपु कायर कथहिं प्रतापु॥ २७४॥**

शूरवीर तो युद्धमें करनी (शूरवीरताका कार्य) करते हैं, कहकर अपनेको नहीं जनाते। शत्रुको युद्धमें उपस्थित पाकर कायर ही अपने प्रतापकी डींग मारा करते हैं॥ २७४॥

**तुम्ह तौ कालु हाँक जनु लावा। बार बार मोहि लागि बोलावा॥**
**सुनत लखन के बचन कठोरा। परसु सुधारि धरेउ कर घोरा॥**

आप तो मानो कालको हाँक लगाकर बार-बार उसे मेरे लिये बुलाते हैं। लक्ष्मणजीके कठोर वचन सुनते ही परशुरामजीने अपने भयानक फरसेको सुधारकर हाथमें ले लिया॥ १॥

**अब जनि देइ दोसु मोहि लोगू। कटुबादी बालकु बधजोगू॥**
**बाल बिलोकि बहुत मैं बाँचा। अब यहु मरनिहार भा साँचा॥**

[और बोले—] अब लोग मुझे दोष न दें। यह कड़ुआ बोलनेवाला बालक मारे जानेके ही योग्य है। इसे बालक देखकर मैंने बहुत बचाया, पर अब यह सचमुच मरनेको ही आ गया है॥ २॥

**कौसिक कहा छमिअ अपराधू। बाल दोष गुन गनहिं न साधू॥**
**खर कुठार मैं अकरुन कोही। आगें अपराधी गुरुद्रोही॥**

विश्वामित्रजीने कहा—अपराध क्षमा कीजिये। बालकोंके दोष और गुणको साधुलोग नहीं गिनते। [परशुरामजी बोले—] तीखी धारका कुठार, मैं दयारहित और क्रोधी, और यह गुरुद्रोही और अपराधी मेरे सामने—॥ ३॥

**उतर देत छोड़उँ बिनु मारें। केवल कौसिक सील तुम्हारें॥**
**न त एहि काटि कुठार कठोरें। गुरहि उरिन होतेउँ श्रम थोरें॥**

उत्तर दे रहा है। इतनेपर भी मैं इसे बिना मारे छोड़ रहा हूँ, सो हे विश्वामित्र! केवल तुम्हारे शील (प्रेम) से। नहीं तो इसे इस कठोर कुठारसे काटकर थोड़े ही परिश्रमसे गुरुसे उऋण हो जाता॥ ४॥

**दो०—गाधिसूनु कह हृदयँ हँसि मुनिहि हरिअरइ सूझ।**
**अयमय खाँड़ न ऊखमय अजहुँ न बूझ अबूझ॥ २७५॥**

विश्वामित्रजीने हृदयमें हँसकर कहा—मुनिको हरा-ही-हरा सूझ रहा है (अर्थात् सर्वत्र विजयी होनेके कारण ये श्रीराम-लक्ष्मणको भी साधारण क्षत्रिय ही समझ रहे हैं)। किन्तु यह लोहमयी (केवल फौलादकी बनी हुई) खाँड़ (खाँड़ा—खड्ग) है, ऊखकी (रसकी) खाँड़ नहीं है [जो मुँहमें लेते ही गल जाय। खेद है,] मुनि अब भी बेसमझ बने हुए हैं; इनके प्रभावको नहीं समझ रहे हैं॥ २७५॥

**कहेउ लखन मुनि सीलु तुम्हारा। को नहिं जान बिदित संसारा॥**
**माता पितहि उरिन भए नीकें। गुर रिनु रहा सोचु बड़ जी कें॥**

लक्ष्मणजीने कहा—हे मुनि! आपके शीलको कौन नहीं जानता? वह संसारभरमें प्रसिद्ध है। आप माता-पितासे तो अच्छी तरह उऋण हो ही गये, अब गुरुका ऋण रहा, जिसका जीमें बड़ा सोच लगा है॥ १॥

**सो जनु हमरेहि माथे काढ़ा। दिन चलि गए ब्याज बड़ बाढ़ा॥**
**अब आनिअ ब्यवहरिआ बोली। तुरत देउँ मैं थैली खोली॥**

वह मानो हमारे ही मत्थे काढ़ा था। बहुत दिन बीत गये, इससे ब्याज भी बहुत बढ़ गया होगा। अब किसी हिसाब करनेवालेको बुला लाइये, तो मैं तुरंत थैली खोलकर दे दूँ॥ २॥

**सुनि कटु बचन कुठार सुधारा। हाय हाय सब सभा पुकारा॥**
**भृगुबर परसु देखावहु मोही। बिप्र बिचारि बचउँ नृपद्रोही॥**

लक्ष्मणजीके कड़ुवे वचन सुनकर परशुरामजीने कुठार सँभाला। सारी सभा हाय! हाय! करके पुकार उठी। [लक्ष्मणजीने कहा—] हे भृगुश्रेष्ठ! आप मुझे फरसा दिखा रहे हैं? पर हे राजाओंके शत्रु! मैं ब्राह्मण समझकर बचा रहा हूँ (तरह दे रहा हूँ)॥ ३॥

**मिले न कबहुँ सुभट रन गाढ़े। द्विज देवता घरहि के बाढ़े॥**
**अनुचित कहि सब लोग पुकारे। रघुपति सयनहिं लखनु नेवारे॥**

आपको कभी रणधीर बलवान् वीर नहीं मिले। हे ब्राह्मण देवता! आप घरहीमें बड़े हैं। यह सुनकर 'अनुचित है, अनुचित है' कहकर सब लोग पुकार उठे। तब श्रीरघुनाथजीने इशारेसे लक्ष्मणजीको रोक दिया॥ ४॥

**दो०—लखन उतर आहुति सरिस भृगुबर कोपु कृसानु।**
**बढ़त देखि जल सम बचन बोले रघुकुलभानु॥ २७६॥**

लक्ष्मणजीके उत्तरसे, जो आहुतिके समान थे, परशुरामजीके क्रोधरूपी अग्निको बढ़ते देखकर रघुकुलके सूर्य श्रीरामचन्द्रजी जलके समान (शान्त करनेवाले) वचन बोले—॥ २७६॥

**नाथ करहु बालक पर छोहू। सूध दूधमुख करिअ न कोहू॥**
**जौं पै प्रभु प्रभाउ कछु जाना। तौ कि बराबरि करत अयाना॥**

हे नाथ! बालकपर कृपा कीजिये। इस सीधे और दुधमुँहे बच्चेपर क्रोध न कीजिये। यदि यह प्रभुका (आपका) कुछ भी प्रभाव जानता, तो क्या यह बेसमझ आपकी बराबरी करता?॥ १॥

**जौं लरिका कछु अचगरि करहीं। गुर पितु मातु मोद मन भरहीं॥**
**करिअ कृपा सिसु सेवक जानी। तुम्ह सम सील धीर मुनि ग्यानी॥**

बालक यदि कुछ चपलता भी करते हैं, तो गुरु, पिता और माता मनमें आनन्दसे भर जाते हैं। अतः इसे छोटा बच्चा और सेवक जानकर कृपा कीजिये। आप तो समदर्शी, सुशील, धीर और ज्ञानी मुनि हैं॥ २॥

**राम बचन सुनि कछुक जुड़ाने। कहि कछु लखनु बहुरि मुसुकाने॥**
**हँसत देखि नख सिख रिस ब्यापी। राम तोर भ्राता बड़ पापी॥**

श्रीरामचन्द्रजीके वचन सुनकर वे कुछ ठंडे पड़े। इतनेमें लक्ष्मणजी कुछ कहकर फिर मुसकरा दिये। उनको हँसते देखकर परशुरामजीके नखसे शिखातक (सारे शरीरमें) क्रोध छा गया। उन्होंने कहा—हे राम! तेरा भाई बड़ा पापी है॥ ३॥

**गौर सरीर स्याम मन माहीं। कालकूटमुख पयमुख नाहीं॥**
**सहज टेढ़ अनुहरइ न तोही। नीचु मीचु सम देख न मोही॥**

यह शरीरसे गोरा, पर हृदयका बड़ा काला है। यह विषमुख है, दुधमुँहा नहीं। स्वभावसे ही टेढ़ा है, तेरा अनुसरण नहीं करता (तेरे-जैसा शीलवान् नहीं है)। यह नीच मुझे कालके समान नहीं देखता॥ ४॥

**दो०—लखन कहेउ हँसि सुनहु मुनि क्रोधु पाप कर मूल।**
**जेहि बस जन अनुचित करहिं चरहिं बिस्व प्रतिकूल॥ २७७॥**

लक्ष्मणजीने हँसकर कहा—हे मुनि! सुनिये, क्रोध पापका मूल है, जिसके वशमें होकर मनुष्य अनुचित कर्म कर बैठते हैं और विश्वभरके प्रतिकूल चलते (सबका अहित करते) हैं॥ २७७॥

**मैं तुम्हार अनुचर मुनिराया। परिहरि कोपु करिअ अब दाया॥**
**टूट चाप नहिं जुरिहि रिसाने। बैठिअ होइहिं पाय पिराने॥**

हे मुनिराज! मैं आपका दास हूँ। अब क्रोध त्यागकर दया कीजिये। टूटा हुआ धनुष क्रोध करनेसे जुड़ नहीं जायगा। खड़े-खड़े पैर दुखने लगे होंगे, बैठ जाइये॥ १॥

**जौं अति प्रिय तौ करिअ उपाई। जोरिअ कोउ बड़ गुनी बोलाई॥**
**बोलत लखनहिं जनकु डेराहीं। मष्ट करहु अनुचित भल नाहीं॥**

यदि धनुष अत्यन्त ही प्रिय हो, तो कोई उपाय किया जाय और किसी बड़े गुणी (कारीगर)को बुलाकर जुड़वा दिया जाय। लक्ष्मणजीके बोलनेसे जनकजी डर जाते हैं और कहते है—बस, चुप रहिये, अनुचित बोलना अच्छा नहीं॥ २॥

**थर थर काँपहिं पुर नर नारी। छोट कुमार खोट बड़ भारी॥**
**भृगुपति सुनि सुनि निरभय बानी। रिस तन जरइ होइ बल हानी॥**

जनकपुरके स्त्री-पुरुष थर-थर काँप रहे हैं [और मन-ही-मन कह रहे हैं कि] छोटा कुमार बड़ा ही खोटा है। लक्ष्मणजीकी निर्भय वाणी सुन-सुनकर परशुरामजीका शरीर क्रोधसे जला जा रहा है और उनके बलकी हानि हो रही है (उनका बल घट रहा है)॥ ३॥

**बोले रामहि देइ निहोरा। बचउँ बिचारि बंधु लघु तोरा॥**
**मनु मलीन तनु सुंदर कैसें। बिष रस भरा कनक घटु जैसें॥**

तब श्रीरामचन्द्रजीपर एहसान जनाकर परशुरामजी बोले—तेरा छोटा भाई समझकर मैं इसे बचा रहा हूँ। यह मनका मैला और शरीरका कैसा सुन्दर है, जैसे विषके रससे भरा हुआ सोनेका घड़ा!॥ ४॥

**दो०—सुनि लछिमन बिहसे बहुरि नयन तरेरे राम।**
**गुर समीप गवने सकुचि परिहरि बानी बाम॥ २७८॥**

यह सुनकर लक्ष्मणजी फिर हँसे। तब श्रीरामचन्द्रजीने तिरछी नजरसे उनकी ओर देखा, जिससे लक्ष्मणजी सकुचाकर, विपरीत बोलना छोड़कर, गुरुजीके पास चले गये॥ २७८॥

**अति बिनीत मृदु सीतल बानी। बोले रामु जोरि जुग पानी॥**
**सुनहु नाथ तुम्ह सहज सुजाना। बालक बचनु करिअ नहिं काना॥**

श्रीरामचन्द्रजी दोनों हाथ जोड़कर अत्यन्त विनयके साथ कोमल और शीतल वाणी बोले—हे नाथ! सुनिये, आप तो स्वभावसे ही सुजान हैं। आप बालकके वचनपर कान न कीजिये (उसे सुना-अनसुना कर दीजिये)॥ १॥

**बररै बालकु एकु सुभाऊ। इन्हहि न संत बिदूषहिं काऊ॥**
**तेहिं नाहीं कछु काज बिगारा। अपराधी मैं नाथ तुम्हारा॥**

बर्रै और बालकका एक स्वभाव है। संतजन इन्हें कभी दोष नहीं लगाते। फिर उसने (लक्ष्मणने) तो कुछ काम भी नहीं बिगाड़ा है, हे नाथ! आपका अपराधी तो मैं हूँ॥ २॥

**कृपा कोपु बधु बँधब गोसाईं। मो पर करिअ दास की नाईं॥**
**कहिअ बेगि जेहि बिधि रिस जाई। मुनिनायक सोइ करौं उपाई॥**

अतः हे स्वामी! कृपा, क्रोध, वध और बन्धन, जो कुछ करना हो, दासकी तरह (अर्थात् दास समझकर) मुझपर कीजिये। जिस प्रकारसे शीघ्र आपका क्रोध दूर हो, हे मुनिराज! बताइये, मैं वही उपाय करूँ॥ ३॥

**कह मुनि राम जाइ रिस कैसें। अजहुँ अनुज तव चितव अनैसें॥**
**एहि कें कंठ कुठारु न दीन्हा। तौ मैं काह कोपु करि कीन्हा॥**

मुनिने कहा—हे राम! क्रोध कैसे जाय; अब भी तेरा छोटा भाई टेढ़ा ही ताक रहा है। इसकी गर्दनपर मैंने कुठार न चलाया, तो क्रोध करके किया ही क्या?॥ ४॥

**दो०—गर्भ स्त्रवहिं अवनिप रवनि सुनि कुठार गति घोर।**
**परसु अछत देखउँ जिअत बैरी भूपकिसोर॥ २७९॥**

मेरे जिस कुठारकी घोर करनी सुनकर राजाओंकी स्त्रियोंके गर्भ गिर पड़ते हैं, उसी फरसेके रहते मैं इस शत्रु राजपुत्रको जीवित देख रहा हूँ॥ २७९॥

**बहइ न हाथु दहइ रिस छाती। भा कुठारु कुंठित नृपघाती॥**
**भयउ बाम बिधि फिरेउ सुभाऊ। मोरे हृदयँ कृपा कसि काऊ॥**

हाथ चलता नहीं, क्रोधसे छाती जली जाती है। [हाय!] राजाओंका घातक यह कुठार भी कुण्ठित हो गया। विधाता विपरीत हो गया, इससे मेरा स्वभाव बदल गया, नहीं तो भला, मेरे हृदयमें किसी समय भी कृपा कैसी?॥ १॥

**आजु दया दुखु दुसह सहावा। सुनि सौमित्रि बिहसि सिरु नावा॥**
**बाउ कृपा मूरति अनुकूला। बोलत बचन झरत जनु फूला॥**

आज दया मुझे यह दुःसह दुःख सहा रही है। यह सुनकर लक्ष्मणजीने मुसकराकर सिर नवाया [और कहा—] आपकी कृपारूपी वायु भी आपकी मूर्तिके अनुकूल ही है, वचन बोलते हैं, मानो फूल झड़ रहे हैं!॥ २॥

**जौं पै कृपाँ जरिहिं मुनि गाता। क्रोध भएँ तनु राख बिधाता॥**
**देखु जनक हठि बालकु एहू। कीन्ह चहत जड़ जमपुर गेहू॥**

हे मुनि! यदि कृपा करनेसे आपका शरीर जला जाता है, तो क्रोध होनेपर तो शरीरकी रक्षा विधाता ही करेंगे। [परशुरामजीने कहा—] हे जनक! देख, यह मूर्ख बालक हठ करके यमपुरीमें घर (निवास) करना चाहता है॥ ३॥

**बेगि करहु किन आँखिन्ह ओटा। देखत छोट खोट नृपु ढोटा॥**
**बिहसे लखनु कहा मन माहीं। मूदें आँखि कतहुँ कोउ नाहीं॥**

इसको शीघ्र ही आँखोंकी ओट क्यों नहीं करते? यह राजपुत्र देखनेमें छोटा है, पर है बड़ा खोटा। लक्ष्मणजीने हँसकर मन-ही-मन कहा—आँख मूँद लेनेपर कहीं कोई नहीं है॥ ४॥

**दो०—परसुरामु तब राम प्रति बोले उर अति क्रोधु।**
**संभु सरासनु तोरि सठ करसि हमार प्रबोधु॥ २८०॥**

तब परशुरामजी हृदयमें अत्यन्त क्रोध भरकर श्रीरामजीसे बोले—अरे शठ! तू शिवजीका धनुष तोड़कर उलटा हमींको ज्ञान सिखाता है!॥ २८०॥

**बंधु कहइ कटु संमत तोरें। तू छल बिनय करसि कर जोरें॥**
**करु परितोषु मोर संग्रामा। नाहिं त छाड़ कहाउब रामा॥**

तेरा यह भाई तेरी ही सम्मतिसे कटु वचन बोलता है और तू छलसे हाथ जोड़कर विनय करता है। या तो युद्धमें मेरा सन्तोष कर, नहीं तो राम कहलाना छोड़ दे॥ १॥

**छलु तजि करहि समरु सिवद्रोही। बंधु सहित न त मारउँ तोही॥**
**भृगुपति बकहिं कुठार उठाएँ। मन मुसुकाहिं रामु सिर नाएँ॥**

अरे शिवद्रोही! छल त्यागकर मुझसे युद्ध कर। नहीं तो भाईसहित तुझे मार डालूँगा। इस प्रकार परशुरामजी कुठार उठाये बक रहे हैं और श्रीरामचन्द्रजी सिर झुकाये मन-ही-मन मुसकरा रहे हैं॥ २॥

**गुनह लखन कर हम पर रोषू। कतहुँ सुधाइहु ते बड़ दोषू॥**
**टेढ़ जानि सब बंदइ काहू। बक्र चंद्रमहि ग्रसइ न राहू॥**

[श्रीरामचन्द्रजीने मन-ही-मन कहा—] गुनाह (दोष) तो लक्ष्मणका और क्रोध मुझपर करते हैं! कहीं-कहीं सीधेपनमें भी बड़ा दोष होता है। टेढ़ा जानकर सब लोग किसीकी भी वन्दना करते हैं; टेढ़े चन्द्रमाको राहु भी नहीं ग्रसता॥ ३॥

**राम कहेउ रिस तजिअ मुनीसा। कर कुठारु आगें यह सीसा॥**
**जेहिं रिस जाइ करिअ सोइ स्वामी। मोहि जानिअ आपन अनुगामी॥**

श्रीरामचन्द्रजीने [प्रकट] कहा—हे मुनीश्वर! क्रोध छोड़िये। आपके हाथमें कुठार है और मेरा यह सिर आगे है। जिस प्रकार आपका क्रोध जाय, हे स्वामी! वही कीजिये। मुझे अपना अनुचर (दास) जानिये॥ ४॥

**दो०—प्रभुहि सेवकहि समरु कस तजहु बिप्रबर रोसु।**
**बेषु बिलोकें कहेसि कछु बालकहू नहिं दोसु॥ २८१॥**

स्वामी और सेवकमें युद्ध कैसा? हे ब्राह्मणश्रेष्ठ! क्रोधका त्याग कीजिये। आपका [वीरोंका-सा] वेष देखकर ही बालकने कुछ कह डाला था; वास्तवमें उसका भी कोई दोष नहीं है॥ २८१॥

**देखि कुठार बान धनु धारी। भै लरिकहि रिस बीरु बिचारी॥**
**नामु जान पै तुम्हहि न चीन्हा। बंस सुभायँ उतरु तेहिं दीन्हा॥**

आपको कुठार, बाण और धनुष धारण किये देखकर और वीर समझकर बालकको क्रोध आ गया। वह आपका नाम तो जानता था, पर उसने आपको पहचाना नहीं। अपने वंश (रघुवंश) के स्वभावके अनुसार उसने उत्तर दिया॥ १॥

**जौं तुम्ह औतेहु मुनि की नाईं। पद रज सिर सिसु धरत गोसाईं॥**
**छमहु चूक अनजानत केरी। चहिअ बिप्र उर कृपा घनेरी॥**

यदि आप मुनिकी तरह आते, तो हे स्वामी! बालक आपके चरणोंकी धूलि सिरपर रखता। अनजानेकी भूलको क्षमा कर दीजिये। ब्राह्मणोंके हृदयमें बहुत अधिक दया होनी चाहिये॥ २॥

**हमहि तुम्हहि सरिबरि कसि नाथा। कहहु न कहाँ चरन कहँ माथा॥**
**राम मात्र लघु नाम हमारा। परसु सहित बड़ नाम तोहारा॥**

हे नाथ! हमारी और आपकी बराबरी कैसी? कहिये न, कहाँ चरण और कहाँ मस्तक! कहाँ मेरा राममात्र छोटा-सा नाम और कहाँ आपका परशुसहित बड़ा नाम॥ ३॥

**देव एकु गुनु धनुष हमारें। नव गुन परम पुनीत तुम्हारें॥**
**सब प्रकार हम तुम्ह सन हारे। छमहु बिप्र अपराध हमारे॥**

हे देव! हमारे तो एक ही गुण धनुष है और आपके परम पवित्र [शम, दम, तप, शौच, क्षमा, सरलता, ज्ञान, विज्ञान और आस्तिकता—ये] नौ गुण हैं। हम तो सब प्रकारसे आपसे हारे हैं। हे विप्र! हमारे अपराधोंको क्षमा कीजिये॥ ४॥

**दो०—बार बार मुनि बिप्रबर कहा राम सन राम।**
**बोले भृगुपति सरुष हसि तहूँ बंधु सम बाम॥ २८२॥**

श्रीरामचन्द्रजीने परशुरामजीको बार-बार 'मुनि' और 'विप्रवर' कहा। तब भृगुपति (परशुरामजी) कुपित होकर [अथवा क्रोधकी हँसी हँसकर] बोले—तू भी अपने भाईके समान ही टेढ़ा है॥ २८२॥

**निपटहिं द्विज करि जानहि मोही। मैं जस बिप्र सुनावउँ तोही॥**
**चाप स्रुवा सर आहुति जानू। कोपु मोर अति घोर कृसानू॥**

तू मुझे निरा ब्राह्मण ही समझता है? मैं जैसा विप्र हूँ, तुझे सुनाता हूँ। धनुषको स्रुवा, बाणको आहुति और मेरे क्रोधको अत्यन्त भयंकर अग्नि जान॥ १॥

**समिधि सेन चतुरंग सुहाई। महा महीप भए पसु आई॥**
**मैं एहिं परसु काटि बलि दीन्हे। समर जग्य जप कोटिन्ह कीन्हे॥**

चतुरंगिणी सेना सुन्दर समिधाएँ (यज्ञमें जलायी जानेवाली लकड़ियाँ) हैं। बड़े-बड़े राजा उसमें आकर बलिके पशु हुए हैं, जिनको मैंने इसी फरसेसे काटकर बलि दिया है। ऐसे करोड़ों जपयुक्त रणयज्ञ मैंने किये हैं (अर्थात् जैसे मन्त्रोच्चारणपूर्वक 'स्वाहा' शब्दके साथ आहुति दी जाती है, उसी प्रकार मैंने पुकार-पुकारकर राजाओंकी बलि दी है)॥ २॥

**मोर प्रभाउ बिदित नहिं तोरें। बोलसि निदरि बिप्र के भोरें॥**
**भंजेउ चापु दापु बड़ बाढ़ा। अहमिति मनहुँ जीति जगु ठाढ़ा॥**

मेरा प्रभाव तुझे मालूम नहीं है, इसीसे तू ब्राह्मणके धोखे मेरा निरादर करके बोल रहा है। धनुष तोड़ डाला, इससे तेरा घमंड बहुत बढ़ गया है। ऐसा अहंकार है, मानो संसारको जीतकर खड़ा है॥ ३॥

**राम कहा मुनि कहहु बिचारी। रिस अति बड़ि लघु चूक हमारी॥**
**छुअतहिं टूट पिनाक पुराना। मैं केहि हेतु करौं अभिमाना॥**

श्रीरामचन्द्रजीने कहा—हे मुनि! विचारकर बोलिये। आपका क्रोध बहुत बड़ा है। और मेरी भूल बहुत छोटी है। पुराना धनुष था, छूते ही टूट गया। मैं किस कारण अभिमान करूँ?॥ ४॥

**दो०—जौं हम निदरहिं बिप्र बदि सत्य सुनहु भृगुनाथ।**
**तौ अस को जग सुभटु जेहि भय बस नावहिं माथ॥ २८३॥**

हे भृगुनाथ! यदि हम सचमुच ब्राह्मण कहकर निरादर करते हैं, तो यह सत्य सुनिये, फिर

संसारमें ऐसा कौन योद्धा है जिसे हम डरके मारे मस्तक नवायें?॥ २८३॥

**देव दनुज भूपति भट नाना। समबल अधिक होउ बलवाना॥**
**जौं रन हमहि पचारै कोऊ। लरहिं सुखेन कालु किन होऊ॥**

देवता, दैत्य, राजा या और बहुत-से योद्धा, वे चाहे बलमें हमारे बराबर हों, चाहे अधिक बलवान् हों, यदि रणमें हमें कोई भी ललकारे तो हम उससे सुखपूर्वक लड़ेंगे, चाहे काल ही क्यों न हो?॥ १॥

**छत्रिय तनु धरि समर सकाना। कुल कलंकु तेहिं पावँर आना॥**
**कहउँ सुभाउ न कुलहि प्रसंसी। कालहु डरहिं न रन रघुबंसी॥**

क्षत्रियका शरीर धरकर जो युद्धमें डर गया, उस नीचने अपने कुलपर कलंक लगा दिया। मैं स्वभावसे ही कहता हूँ, कुलकी प्रशंसा करके नहीं, कि रघुवंशी रणमें कालसे भी नहीं डरते॥ २॥

**बिप्रबंस कै असि प्रभुताई। अभय होइ जो तुम्हहि डेराई॥**
**सुनि मृदु गूढ़ बचन रघुपति के। उघरे पटल परसुधर मति के॥**

ब्राह्मणवंशकी ऐसी ही प्रभुता (महिमा) है कि जो आपसे डरता है, वह सबसे निर्भय हो जाता है [अथवा जो भयरहित होता है वह भी आपसे डरता है]। श्रीरघुनाथजीके कोमल और रहस्यपूर्ण वचन सुनकर परशुरामजीकी बुद्धिके परदे खुल गये॥ ३॥

**राम रमापति कर धनु लेहू। खैंचहु मिटै मोर संदेहू॥**
**देत चापु आपुहिं चलि गयऊ। परसुराम मन बिसमय भयऊ॥**

[परशुरामजीने कहा—] हे राम! हे लक्ष्मीपति ! धनुषको हाथमें [अथवा लक्ष्मीपति विष्णुका धनुष] लीजिये और इसे खींचिये, जिससे मेरा सन्देह मिट जाय। परशुरामजी धनुष देने लगे, तब वह आप ही चला गया। तब परशुरामजीके मनमें बड़ा आश्चर्य हुआ॥ ४॥

**दो०—जाना राम प्रभाउ तब पुलक प्रफुल्लित गात।**
**जोरि पानि बोले बचन हृदयँ न प्रेमु अमात॥ २८४॥**

तब उन्होंने श्रीरामजीका प्रभाव जाना, [जिसके कारण] उनका शरीर पुलकित और प्रफुल्लित हो गया। वे हाथ जोड़कर वचन बोले—प्रेम उनके हृदयमें समाता न था—॥ २८४॥

**जय रघुबंस बनज बन भानू। गहन दनुज कुल दहन कृसानू॥**
**जय सुर बिप्र धेनु हितकारी। जय मद मोह कोह भ्रम हारी॥**

हे रघुकुलरूपी कमलवनके सूर्य! हे राक्षसोंके कुलरूपी घने जंगलको जलानेवाले अग्नि! आपकी जय हो! हे देवता, ब्राह्मण और गौका हित करनेवाले ! आपकी जय हो। हे मद, मोह, क्रोध और भ्रमके हरनेवाले! आपकी जय हो॥ १॥

**बिनय सील करुना गुन सागर। जयति बचन रचना अति नागर॥**
**सेवक सुखद सुभग सब अंगा। जय सरीर छबि कोटि अनंगा॥**

हे विनय, शील, कृपा आदि गुणोंके समुद्र और वचनोंकी रचनामें अत्यन्त चतुर! आपकी जय हो। हे सेवकोंको सुख देनेवाले, सब अंगोंसे सुन्दर और शरीरमें करोड़ों कामदेवोंकी छबि धारण करनेवाले! आपकी जय हो॥ २॥

**करौं काह मुख एक प्रसंसा। जय महेस मन मानस हंसा॥**
**अनुचित बहुत कहेउँ अग्याता। छमहु छमामंदिर दोउ भ्राता॥**

मैं एक मुखसे आपकी क्या प्रशंसा करूँ? हे महादेवजीके मनरूपी मानसरोवरके हंस! आपकी जय हो। मैंने अनजानमें आपको बहुत-से अनुचित वचन कहे। हे क्षमाके मन्दिर दोनों भाई! मुझे क्षमा कीजिये॥ ३॥

**कहि जय जय जय रघुकुलकेतू। भृगुपति गए बनहि तप हेतू॥**
**अपभयँ कुटिल महीप डेराने। जहँ तहँ कायर गवँहिं पराने॥**

हे रघुकुलके पताकास्वरूप श्रीरामचन्द्रजी! आपकी जय हो, जय हो, जय हो। ऐसा कहकर परशुरामजी तपके लिये वनको चले गये। [यह देखकर] दुष्ट राजालोग बिना ही कारणके (मनःकल्पित) डरसे (रामचन्द्रजीसे तो परशुरामजी भी हार गये, हमने इनका अपमान किया था, अब कहीं ये उसका बदला न लें, इस व्यर्थके डरसे) डर गये, वे कायर चुपकेसे जहाँ-तहाँ भाग गये॥ ४॥

**दो०—देवन्ह दीन्हीं दुंदुभीं प्रभु पर बरषहिं फूल।**
**हरषे पुर नर नारि सब मिटी मोहमय सूल॥ २८५॥**

देवताओंने नगाड़े बजाये, वे प्रभुके ऊपर फूल बरसाने लगे। जनकपुरके स्त्री-पुरुष सब हर्षित हो गये। उनका मोहमय (अज्ञानसे उत्पन्न) शूल मिट गया॥ २८५॥

**अति गहगहे बाजने बाजे। सबहिं मनोहर मंगल साजे॥**
**जूथ जूथ मिलि सुमुखि सुनयनीं। करहिं गान कल कोकिलबयनीं॥**

खूब जोरसे बाजे बजने लगे। सभीने मनोहर मंगल-साज सजे। सुन्दर मुख और सुन्दर नेत्रोंवाली तथा कोयलके समान मधुर बोलनेवाली स्त्रियाँ झुंड-की-झुंड मिलकर सुन्दर गान करने लगीं॥ १॥

**सुखु बिदेह कर बरनि न जाई। जन्मदरिद्र मनहुँ निधि पाई॥**
**बिगत त्रास भइ सीय सुखारी। जनु बिधु उदयँ चकोरकुमारी॥**

जनकजीके सुखका वर्णन नहीं किया जा सकता; मानो जन्मका दरिद्री धनका खजाना पा गया हो! सीताजीका भय जाता रहा; वे ऐसी सुखी हुईं जैसे चन्द्रमाके उदय होनेसे चकोरकी कन्या सुखी होती है॥ २॥

**जनक कीन्ह कौसिकहि प्रनामा। प्रभु प्रसाद धनु भंजेउ रामा॥**
**मोहि कृतकृत्य कीन्ह दुहुँ भाईं। अब जो उचित सो कहिअ गोसाईं॥**

जनकजीने विश्वामित्रजीको प्रणाम किया [और कहा—] प्रभुहीकी कृपासे श्रीरामचन्द्रजीने धनुष तोड़ा है। दोनों भाइयोंने मुझे कृतार्थ कर दिया। हे स्वामी! अब जो उचित हो सो कहिये॥ ३॥

**कह मुनि सुनु नरनाथ प्रबीना। रहा बिबाहु चाप आधीना॥**
**टूटतहीं धनु भयउ बिबाहू। सुर नर नाग बिदित सब काहू॥**

मुनिने कहा—हे चतुर नरेश! सुनो, यों तो विवाह धनुषके अधीन था; धनुषके टूटते ही विवाह हो गया। देवता, मनुष्य और नाग सब किसीको यह मालूम है॥ ४॥

**दो०—तदपि जाइ तुम्ह करहु अब जथा बंस ब्यवहारु।**
**बूझि बिप्र कुलबृद्ध गुर बेद बिदित आचारु॥ २८६॥**

तथापि तुम जाकर अपने कुलका जैसा व्यवहार हो, ब्राह्मणों, कुलके बूढ़ों और गुरुओंसे पूछकर और वेदोंमें वर्णित जैसा आचार हो वैसा करो॥ २८६॥

**दूत अवधपुर पठवहु जाई। आनहिं नृप दसरथहि बोलाई॥**
**मुदित राउ कहि भलेहिं कृपाला। पठए दूत बोलि तेहि काला॥**

जाकर अयोध्याको दूत भेजो, जो राजा दशरथको बुला लावें। राजाने प्रसन्न होकर कहा—हे कृपालु! बहुत अच्छा! और उसी समय दूतोंको बुलाकर भेज दिया॥ १॥

**बहुरि महाजन सकल बोलाए। आइ सबन्हि सादर सिर नाए॥**
**हाट बाट मंदिर सुरबासा। नगरु सँवारहु चारिहुँ पासा॥**

फिर सब महाजनोंको बुलाया और सबने आकर राजाको आदरपूर्वक सिर नवाया। [राजाने कहा—] बाजार, रास्ते, घर, देवालय और सारे नगरको चारों ओरसे सजाओ॥ २॥

**हरषि चले निज निज गृह आए। पुनि परिचारक बोलि पठाए॥**
**रचहु बिचित्र बितान बनाई। सिर धरि बचन चले सचु पाई॥**

महाजन प्रसन्न होकर चले और अपने-अपने घर आये। फिर राजाने नौकरोंको बुला भेजा [और उन्हें आज्ञा दी कि] विचित्र मण्डप सजाकर तैयार करो। यह सुनकर वे सब राजाके वचन सिरपर धरकर और सुख पाकर चले॥ ३॥

**पठए बोलि गुनी तिन्ह नाना। जे बितान बिधि कुसल सुजाना॥**
**बिधिहि बंदि तिन्ह कीन्ह अरंभा। बिरचे कनक कदलि के खंभा॥**

उन्होंने अनेक कारीगरोंको बुला भेजा, जो मण्डप बनानेमें कुशल और चतुर थे। उन्होंने ब्रह्माकी वन्दना करके कार्य आरम्भ किया और [पहले] सोनेके केलेके खंभे बनाये॥ ४॥

**दो०—हरित मनिन्ह के पत्र फल पदुमराग के फूल।**
**रचना देखि बिचित्र अति मनु बिरंचि कर भूल॥ २८७॥**

हरी-हरी मणियों (पन्ने) के पत्ते और फल बनाये तथा पद्मराग मणियों (माणिक) के फूल बनाये। मण्डपकी अत्यन्त विचित्र रचना देखकर ब्रह्माका मन भी भूल गया॥ २८७॥

**बेनु हरित मनिमय सब कीन्हे। सरल सपरब परहिं नहिं चीन्हे॥**
**कनक कलित अहिबेलि बनाई। लखि नहिं परइ सपरन सुहाई॥**

बाँस सब हरी-हरी मणियों (पन्ने) के सीधे और गाँठोंसे युक्त ऐसे बनाये जो पहचाने नहीं जाते थे [कि मणियोंके हैं या साधारण]। सोनेकी सुन्दर नागबेलि (पानकी लता) बनायी, जो पत्तोंसहित ऐसी भली मालूम होती थी कि पहचानी नहीं जाती थी॥ १॥

**तेहि के रचि पचि बंध बनाए। बिच बिच मुकुता दाम सुहाए॥**
**मानिक मरकत कुलिस पिरोजा। चीरि कोरि पचि रचे सरोजा॥**

उसी नागबेलिके रचकर और पच्चीकारी करके बन्धन (बाँधनेकी रस्सी) बनाये। बीच-बीचमें मोतियोंकी सुन्दर झालरें हैं। माणिक, पन्ने, हीरे और फिरोजे, इन रत्नोंको चीरकर, कोरकर और पच्चीकारी करके, इनके [लाल, हरे, सफेद और फिरोजी रंगके] कमल बनाये॥ २॥

**किए भृंग बहुरंग बिहंगा। गुंजहिं कूजहिं पवन प्रसंगा॥**
**सुर प्रतिमा खंभन गढ़ि काढ़ीं। मंगल द्रब्य लिएँ सब ठाढ़ीं॥**

भौंरे और बहुत रंगोंके पक्षी बनाये, जो हवाके सहारे गूँजते और कूजते थे। खंभोंपर देवताओंकी मूर्तियाँ गढ़कर निकालीं, जो सब मंगलद्रव्य लिये खड़ी थीं॥ ३॥

**चौकें भाँति अनेक पुराईं। सिंधुर मनिमय सहज सुहाईं॥**

गजमुक्ताओंके सहज ही सुहावने अनेकों तरहके चौक पुराये॥ ४॥

**दो०—सौरभ पल्लव सुभग सुठि किए नीलमनि कोरि।**
**हेम बौर मरकत घवरि लसत पाटमय डोरि॥ २८८॥**

नीलमणिको कोरकर अत्यन्त सुन्दर आमके पत्ते बनाये। सोनेके बौर (आमके फूल) और रेशमकी डोरीसे बँधे हुए पन्नेके बने फलोंके गुच्छे सुशोभित हैं॥ २८८॥

**रचे रुचिर बर बंदनिवारे। मनहुँ मनोभवँ फंद सँवारे॥**
**मंगल कलस अनेक बनाए। ध्वज पताक पट चमर सुहाए॥**

ऐसे सुन्दर और उत्तम बंदनवार बनाये मानो कामदेवने फंदे सजाये हों। अनेकों मंगल-कलश और सुन्दर ध्वजा, पताका, परदे और चँवर बनाये॥ १॥

**दीप मनोहर मनिमय नाना। जाइ न बरनि बिचित्र बिताना॥**
**जेहिं मंडप दुलहिनि बैदेही। सो बरनै असि मति कबि केही॥**

जिसमें मणियोंके अनेकों सुन्दर दीपक हैं, उस विचित्र मण्डपका तो वर्णन ही नहीं किया जा सकता। जिस मण्डपमें श्रीजानकीजी दुलहिन होंगी, किस कविकी ऐसी बुद्धि है जो उसका वर्णन कर सके॥ २॥

**दूलहु रामु रूप गुन सागर। सो बितानु तिहुँ लोक उजागर॥**
**जनक भवन कै सोभा जैसी। गृह गृह प्रति पुर देखिअ तैसी॥**

जिस मण्डपमें रूप और गुणोंके समुद्र श्रीरामचन्द्रजी दूल्हे होंगे, वह मण्डप तीनों लोकोंमें प्रसिद्ध होना ही चाहिये। जनकजीके महलकी जैसी शोभा है, वैसी ही शोभा नगरके प्रत्येक घरकी दिखायी देती है॥ ३॥

**जेहिं तेरहुति तेहि समय निहारी। तेहि लघु लगहिं भुवन दस चारी॥**
**जो संपदा नीच गृह सोहा। सो बिलोकि सुरनायक मोहा॥**

उस समय जिसने तिरहुतको देखा, उसे चौदह भुवन तुच्छ जान पड़े। जनकपुरमें नीचके घर भी उस समय जो सम्पदा सुशोभित थी, उसे देखकर इन्द्र भी मोहित हो जाता था॥ ४॥

**दो०—बसइ नगर जेहिं लच्छि करि कपट नारि बर बेषु।**
**तेहि पुर कै सोभा कहत सकुचहिं सारद सेषु॥ २८९॥**

जिस नगरमें साक्षात् लक्ष्मीजी कपटसे स्त्रीका सुन्दर वेष बनाकर बसती हैं, उस पुरकी शोभाका वर्णन करनेमें सरस्वती और शेष भी सकुचाते हैं॥ २८९॥

**पहुँचे दूत राम पुर पावन। हरषे नगर बिलोकि सुहावन॥**
**भूप द्वार तिन्ह खबरि जनाई। दसरथ नृप सुनि लिए बोलाई॥**

जनकजीके दूत श्रीरामचन्द्रजीकी पवित्र पुरी अयोध्यामें पहुँचे। सुन्दर नगर देखकर वे हर्षित हुए। राजद्वारपर जाकर उन्होंने खबर भेजी; राजा दशरथजीने सुनकर उन्हें बुला लिया॥ १॥

**करि प्रनामु तिन्ह पाती दीन्ही। मुदित महीप आपु उठि लीन्ही॥**
**बारि बिलोचन बाँचत पाती। पुलक गात आई भरि छाती॥**

दूतोंने प्रणाम करके चिट्ठी दी। प्रसन्न होकर राजाने स्वयं उठकर उसे लिया। चिट्ठी बाँचते समय उनके नेत्रोंमें जल (प्रेम और आनन्दके आँसू) छा गया, शरीर पुलकित हो गया और छाती भर आयी॥ २॥

**रामु लखनु उर कर बर चीठी। रहि गए कहत न खाटी मीठी॥**
**पुनि धरि धीर पत्रिका बाँची। हरषी सभा बात सुनि साँची॥**

हृदयमें राम और लक्ष्मण हैं, हाथमें सुन्दर चिट्ठी है, राजा उसे हाथमें लिये ही रह गये, खट्टी-मीठी कुछ भी कह न सके। फिर धीरज धरकर उन्होंने पत्रिका पढ़ी। सारी सभा सच्ची बात सुनकर हर्षित हो गयी॥ ३॥

**खेलत रहे तहाँ सुधि पाई। आए भरतु सहित हित भाई॥**
**पूछत अति सनेहँ सकुचाई। तात कहाँ तें पाती आई॥**

भरतजी अपने मित्रों और भाई शत्रुघ्नके साथ जहाँ खेलते थे, वहीं समाचार पाकर वे आ गये। बहुत प्रेमसे सकुचाते हुए पूछते हैं—पिताजी! चिट्ठी कहाँसे आयी है?॥ ४॥

**दो०—कुसल प्रानप्रिय बंधु दोउ अहहिं कहहु केहिं देस।**
**सुनि सनेह साने बचन बाची बहुरि नरेस॥ २९०॥**

हमारे प्राणोंसे प्यारे दोनों भाई, कहिये सकुशल तो हैं और वे किस देशमें हैं? स्नेहसे सने ये वचन सुनकर राजाने फिरसे चिट्ठी पढ़ी॥ २९०॥

**सुनि पाती पुलके दोउ भ्राता। अधिक सनेहु समात न गाता॥**
**प्रीति पुनीत भरत कै देखी। सकल सभाँ सुखु लहेउ बिसेषी॥**

चिट्ठी सुनकर दोनों भाई पुलकित हो गये। स्नेह इतना अधिक हो गया कि वह शरीरमें समाता नहीं। भरतजीका पवित्र प्रेम देखकर सारी सभाने विशेष सुख पाया॥ १॥

**तब नृप दूत निकट बैठारे। मधुर मनोहर बचन उचारे॥**
**भैआ कहहु कुसल दोउ बारे। तुम्ह नीकें निज नयन निहारे॥**

तब राजा दूतोंको पास बैठाकर मनको हरनेवाले मीठे वचन बोले—भैया! कहो, दोनों बच्चे कुशलसे तो हैं? तुमने अपनी आँखोंसे उन्हें अच्छी तरह देखा है न?॥ २॥

**स्यामल गौर धरें धनु भाथा। बय किसोर कौसिक मुनि साथा॥**
**पहिचानहु तुम्ह कहहु सुभाऊ। प्रेम बिबस पुनि पुनि कह राऊ॥**

साँवले और गोरे शरीरवाले वे धनुष और तरकस धारण किये रहते हैं, किशोर अवस्था है, विश्वामित्र मुनिके साथ हैं। तुम उनको पहचानते हो तो उनका स्वभाव बताओ। राजा प्रेमके विशेष वश होनेसे बार-बार इस प्रकार कह (पूछ) रहे हैं॥ ३॥

**जा दिन तें मुनि गए लवाई। तब तें आजु साँचि सुधि पाई॥**
**कहहु बिदेह कवन बिधि जाने। सुनि प्रिय बचन दूत मुसुकाने॥**

[भैया!] जिस दिनसे मुनि उन्हें लिवा ले गये, तबसे आज ही हमने सच्ची खबर पायी है। कहो तो महाराज जनकने उन्हें कैसे पहचाना? ये प्रिय (प्रेमभरे) वचन सुनकर दूत मुसकराये॥ ४॥

**दो०—सुनहु महीपति मुकुट मनि तुम्ह सम धन्य न कोउ।**
**रामु लखनु जिन्ह के तनय बिस्व बिभूषन दोउ॥ २९१॥**

[दूतोंने कहा—] हे राजाओंके मुकुटमणि! सुनिये, आपके समान धन्य और कोई नहीं है, जिनके राम-लक्ष्मण-जैसे पुत्र हैं, जो दोनों विश्वके विभूषण हैं॥ २९१॥

**पूछन जोगु न तनय तुम्हारे। पुरुषसिंघ तिहु पुर उजिआरे॥**
**जिन्ह के जस प्रताप कें आगे। ससि मलीन रबि सीतल लागे॥**

आपके पुत्र पूछने योग्य नहीं हैं। वे पुरुषसिंह तीनों लोकोंके प्रकाशस्वरूप हैं। जिनके यशके आगे चन्द्रमा मलिन और प्रतापके आगे सूर्य शीतल लगता है,॥ १॥

**तिन्ह कहँ कहिअ नाथ किमि चीन्हे। देखिअ रबि कि दीप कर लीन्हे॥**
**सीय स्वयंबर भूप अनेका। समिटे सुभट एक तें एका॥**

हे नाथ! उनके लिये आप कहते हैं कि उन्हें कैसे पहचाना! क्या सूर्यको हाथमें दीपक लेकर देखा जाता है? सीताजीके स्वयंवरमें अनेकों राजा और एक-से-एक बढ़कर योद्धा एकत्र हुए थे,॥ २॥

**संभु सरासनु काहुँ न टारा। हारे सकल बीर बरिआरा॥**
**तीनि लोक महँ जे भटमानी। सभ कै सकति संभु धनु भानी॥**

परन्तु शिवजीके धनुषको कोई भी नहीं हटा सका। सारे बलवान् वीर हार गये। तीनों लोकोंमें जो वीरताके अभिमानी थे, शिवजीके धनुषने सबकी शक्ति तोड़ दी॥ ३॥

**सकइ उठाइ सरासुर मेरू। सोउ हियँ हारि गयउ करि फेरू॥**
**जेहिं कौतुक सिवसैलु उठावा। सोउ तेहि सभाँ पराभउ पावा॥**

बाणासुर, जो सुमेरुको भी उठा सकता था, वह भी हृदयमें हारकर परिक्रमा करके चला गया; और जिसने खेलसे ही कैलासको उठा लिया था, वह रावण भी उस सभामें पराजयको प्राप्त हुआ॥ ४॥

**दो०—तहाँ राम रघुबंसमनि सुनिअ महा महिपाल।**
**भंजेउ चाप प्रयास बिनु जिमि गज पंकज नाल॥ २९२॥**

हे महाराज! सुनिये, वहाँ (जहाँ ऐसे-ऐसे योद्धा हार मान गये) रघुवंशमणि श्रीरामचन्द्रजीने बिना ही प्रयास शिवजीके धनुषको वैसे ही तोड़ डाला जैसे हाथी कमलकी डंडीको तोड़ डालता है!॥ २९२॥

**सुनि सरोष भृगुनायकु आए। बहुत भाँति तिन्ह आँखि देखाए॥**
**देखि राम बलु निज धनु दीन्हा। करि बहु बिनय गवनु बन कीन्हा॥**

धनुष टूटनेकी बात सुनकर परशुरामजी क्रोधभरे आये और उन्होंने बहुत प्रकारसे आँखें दिखलायीं। अन्तमें उन्होंने भी श्रीरामचन्द्रजीका बल देखकर उन्हें अपना धनुष दे दिया और बहुत प्रकारसे विनती करके वनको गमन किया॥ १॥

**राजन रामु अतुलबल जैसें। तेज निधान लखनु पुनि तैसें॥**
**कंपहिं भूप बिलोकत जाकें। जिमि गज हरि किसोर के ताकें॥**

हे राजन्! जैसे श्रीरामचन्द्रजी अतुलनीय बली हैं, वैसे ही तेजनिधान फिर लक्ष्मणजी भी हैं, जिनके देखनेमात्रसे राजालोग ऐसे काँप उठते थे, जैसे हाथी सिंहके बच्चेके ताकनेसे काँप उठते हैं॥ २॥

**देव देखि तव बालक दोऊ। अब न आँखि तर आवत कोऊ॥**
**दूत बचन रचना प्रिय लागी। प्रेम प्रताप बीर रस पागी॥**

हे देव! आपके दोनों बालकोंको देखनेके बाद अब आँखोंके नीचे कोई आता ही नहीं (हमारी

दृष्टिपर कोई चढ़ता ही नहीं)। प्रेम, प्रताप और वीर-रसमें पगी हुई दूतोंकी वचनरचना सबको बहुत प्रिय लगी॥ ३॥

**सभा समेत राउ अनुरागे। दूतन्ह देन निछावरि लागे॥**
**कहि अनीति ते मूदहिं काना। धरमु बिचारि सबहिं सुखु माना॥**

सभासहित राजा प्रेममें मग्न हो गये और दूतोंको निछावर देने लगे। [उन्हें निछावर देते देखकर] यह नीतिविरुद्ध है, ऐसा कहकर दूत अपने हाथोंसे कान मूँदने लगे। धर्मको विचारकर (उनका धर्मयुक्त बर्ताव देखकर) सभीने सुख माना॥ ४॥

**दो०—तब उठि भूप बसिष्ट कहुँ दीन्हि पत्रिका जाइ।**
**कथा सुनाई गुरहि सब सादर दूत बोलाइ॥ २९३॥**

तब राजाने उठकर वसिष्ठजीके पास जाकर उन्हें पत्रिका दी और आदरपूर्वक दूतोंको बुलाकर सारी कथा गुरुजीको सुना दी॥ २९३॥

**सुनि बोले गुर अति सुखु पाई। पुन्य पुरुष कहुँ महि सुख छाई॥**
**जिमि सरिता सागर महुँ जाहीं। जद्यपि ताहि कामना नाहीं॥**

सब समाचार सुनकर और अत्यन्त सुख पाकर गुरु बोले—पुण्यात्मा पुरुषके लिये पृथ्वी सुखोंसे छायी हुई है। जैसे नदियाँ समुद्रमें जाती हैं, यद्यपि समुद्रको नदीकी कामना नहीं होती॥ १॥

**तिमि सुख संपति बिनहिं बोलाएँ। धरमसील पहिं जाहिं सुभाएँ॥**
**तुम्ह गुर बिप्र धेनु सुर सेबी। तसि पुनीत कौसल्या देबी॥**

वैसे ही सुख और सम्पत्ति बिना ही बुलाये स्वाभाविक ही धर्मात्मा पुरुषके पास जाती हैं। तुम जैसे गुरु, ब्राह्मण, गाय और देवताकी सेवा करनेवाले हो, वैसी ही पवित्र कौसल्या देवी भी हैं॥ २॥

**सुकृती तुम्ह समान जग माहीं। भयउ न है कोउ होनेउ नाहीं॥**
**तुम्ह ते अधिक पुन्य बड़ कार्के। राजन राम सरिस सुत जाकें॥**

तुम्हारे समान पुण्यात्मा जगत्‌में न कोई हुआ, न है और न होनेका ही है। हे राजन्! तुमसे अधिक पुण्य और किसका होगा, जिसके राम-सरीखे पुत्र हैं॥ ३॥

**बीर बिनीत धरम ब्रत धारी। गुन सागर बर बालक चारी॥**
**तुम्ह कहुँ सर्ब काल कल्याना। सजहु बरात बजाइ निसाना॥**

और जिसके चारों बालक वीर, विनम्र, धर्मका व्रत धारण करनेवाले और गुणोंके सुन्दर समुद्र हैं। तुम्हारे लिये सभी कालोंमें कल्याण है। अतएव डंका बजवाकर बारात सजाओ॥ ४॥

**दो०—चलहु बेगि सुनि गुर बचन भलेहिं नाथ सिरु नाइ।**
**भूपति गवने भवन तब दूतन्ह बासु देवाइ॥ २९४॥**

और जल्दी चलो। गुरुजीके ऐसे वचन सुनकर, 'हे नाथ! बहुत अच्छा' कहकर और सिर नवाकर तथा दूतोंको डेरा दिलवाकर राजा महलमें गये॥ २९४॥

**राजा सबु रनिवास बोलाई। जनक पत्रिका बाचि सुनाई॥**
**सुनि संदेसु सकल हरषानीं। अपर कथा सब भूप बखानीं॥**

राजाने सारे रनिवासको बुलाकर जनकजीकी पत्रिका बाँचकर सुनायी। समाचार सुनकर सब रानियाँ हर्षसे भर गयीं। राजाने फिर दूसरी सब बातोंका (जो दूतोंके मुखसे सुनी थीं) वर्णन किया॥ १॥

**प्रेम प्रफुल्लित राजहिं रानी। मनहुँ सिखिनि सुनि बारिद बानी॥**
**मुदित असीस देहिं गुर नारीं। अति आनंद मगन महतारीं॥**

प्रेममें प्रफुल्लित हुई रानियाँ ऐसी सुशोभित हो रही हैं जैसे मोरनी बादलोंकी गरज सुनकर प्रफुल्लित होती हैं। बड़ी-बूढ़ी [अथवा गुरुओंकी] स्त्रियाँ प्रसन्न होकर आशीर्वाद दे रही हैं। माताएँ अत्यन्त आनन्दमें मग्न हैं॥ २॥

**लेहिं परस्पर अति प्रिय पाती। हृदयँ लगाइ जुड़ावहिं छाती॥**
**राम लखन कै कीरति करनी। बारहिं बार भूपबर बरनी॥**

उस अत्यन्त प्रिय पत्रिकाको आपसमें लेकर सब हृदयसे लगाकर छाती शीतल करती हैं। राजाओंमें श्रेष्ठ दशरथजीने श्रीराम-लक्ष्मणकी कीर्ति और करनीका बारंबार वर्णन किया॥ ३॥

**मुनि प्रसादु कहि द्वार सिधाए। रानिन्ह तब महिदेव बोलाए॥**
**दिए दान आनंद समेता। चले बिप्रबर आसिष देता॥**

'यह सब मुनिकी कृपा है' ऐसा कहकर वे बाहर चले आये। तब रानियोंने ब्राह्मणोंको बुलाया और आनन्दसहित उन्हें दान दिये। श्रेष्ठ ब्राह्मण आशीर्वाद देते हुए चले॥ ४॥

**सो०—जाचक लिए हँकारि दीन्हि निछावरि कोटि बिधि।**
**चिरु जीवहुँ सुत चारि चक्रबर्ति दसरत्थ के॥ २९५॥**

फिर भिक्षुकोंको बुलाकर करोड़ों प्रकारकी निछावरें उनको दीं। 'चक्रवर्ती महाराज दशरथके चारों पुत्र चिरंजीवी हों'॥ २९५॥

**कहत चले पहिरें पट नाना। हरषि हने गहगहे निसाना॥**
**समाचार सब लोगन्ह पाए। लागे घर घर होन बधाए॥**

यों कहते हुए वे अनेक प्रकारके सुन्दर वस्त्र पहन-पहनकर चले। आनन्दित होकर नगाड़ेवालोंने बड़े जोरसे नगाड़ोंपर चोट लगायी। सब लोगोंने जब यह समाचार पाया, तब घर-घर बधावे होने लगे॥ १॥

**भुवन चारि दस भरा उछाहू। जनकसुता रघुबीर बिआहू॥**
**सुनि सुभ कथा लोग अनुरागे। मग गृह गलीं सँवारन लागे॥**

चौदहों लोकोंमें उत्साह भर गया कि जानकीजी और श्रीरघुनाथजीका विवाह होगा। यह शुभ समाचार पाकर लोग प्रेममगन हो गये और रास्ते, घर तथा गलियाँ सजाने लगे॥ २॥

**जद्यपि अवध सदैव सुहावनि। राम पुरी मंगलमय पावनि॥**
**तदपि प्रीति कै प्रीति सुहाई। मंगल रचना रची बनाई॥**

यद्यपि अयोध्या सदा सुहावनी है, क्योंकि वह श्रीरामजीकी मंगलमयी पवित्र पुरी है, तथापि प्रीति-पर-प्रीति होनेसे वह सुन्दर मंगलरचनासे सजायी गयी॥ ३॥

**ध्वज पताक पट चामर चारू। छावा परम बिचित्र बजारू॥**
**कनक कलस तोरन मनि जाला। हरद दूब दधि अच्छत माला॥**

ध्वजा, पताका, परदे और सुन्दर चँवरोंसे सारा बाजार बहुत ही अनूठा छाया हुआ है। सोनेके कलश, तोरण, मणियोंकी झालरें, हलदी, दूब, दही, अक्षत और मालाओंसे— ॥ ४ ॥

**दो०—मंगलमय निज निज भवन लोगन्ह रचे बनाइ।**
**बीथीं सींचीं चतुरसम चौकें चारु पुराइ॥ २९६॥**

लोगोंने अपने-अपने घरोंको सजाकर मंगलमय बना लिया। गलियोंको चतुरसमसे सींचा और [द्वारोंपर] सुन्दर चौक पुराये। [चन्दन, केशर, कस्तूरी और कपूरसे बने हुए एक सुगन्धित द्रवको चतुरसम कहते हैं]॥ २९६ ॥

**जहँ तहँ जूथ जूथ मिलि भामिनि । सजि नवसप्त सकल दुति दामिनि॥**
**बिधुबदनीं मृग सावक लोचनि । निज सरूप रति मानु बिमोचनि॥**

बिजलीकी-सी कान्तिवाली चन्द्रमुखी, हरिनके बच्चेके-से नेत्रवाली और अपने सुन्दर रूपसे कामदेवकी स्त्री रतिके अभिमानको छुड़ानेवाली सुहागिनी स्त्रियाँ सभी सोलहों शृंगार सजकर, जहाँ-तहाँ झुंड-की-झुंड मिलकर, ॥ १ ॥

**गावहिं मंगल मंजुल बानीं । सुनि कलरव कलकंठि लजानीं॥**
**भूप भवन किमि जाइ बखाना । बिस्व बिमोहन रचेउ बिताना॥**

मनोहर वाणीसे मंगलगीत गा रही हैं, जिनके सुन्दर स्वरको सुनकर कोयलें भी लजा जाती हैं। राजमहलका वर्णन कैसे किया जाय, जहाँ विश्वको विमोहित करनेवाला मण्डप बनाया गया है॥ २ ॥

**मंगल द्रब्य मनोहर नाना । राजत बाजत बिपुल निसाना॥**
**कतहुँ बिरिद बंदी उच्चरहीं । कतहुँ बेद धुनि भूसुर करहीं॥**

अनेकों प्रकारके मनोहर मांगलिक पदार्थ शोभित हो रहे हैं और बहुत-से नगाड़े बज रहे हैं। कहीं भाट विरुदावली (कुलकीर्ति) का उच्चारण कर रहे हैं और कहीं ब्राह्मण वेदध्वनि कर रहे हैं॥ ३ ॥

**गावहिं सुंदरि मंगल गीता । लै लै नामु रामु अरु सीता॥**
**बहुत उछाहु भवनु अति थोरा । मानहुँ उमगि चला चहु ओरा॥**

सुन्दरी स्त्रियाँ श्रीरामजी और श्रीसीताजीका नाम ले-लेकर मंगलगीत गा रही हैं। उत्साह बहुत है और महल अत्यन्त ही छोटा है। इससे [उसमें न समाकर] मानो वह उत्साह (आनन्द) चारों ओर उमड़ चला है॥ ४ ॥

**दो०—सोभा दसरथ भवन कइ को कबि बरनै पार।**
**जहाँ सकल सुर सीस मनि राम लीन्ह अवतार॥ २९७॥**

दशरथके महलकी शोभाका वर्णन कौन कवि कर सकता है, जहाँ समस्त देवताओंके शिरोमणि रामचन्द्रजीने अवतार लिया है॥ २९७ ॥

**भूप भरत पुनि लिए बोलाई । हय गय स्यंदन साजहु जाई॥**
**चलहु बेगि रघुबीर बराता । सुनत पुलक पूरे दोउ भ्राता॥**

फिर राजाने भरतजीको बुला लिया और कहा कि जाकर घोड़े, हाथी और रथ सजाओ, जल्दी रामचन्द्रजीकी बारातमें चलो। यह सुनते ही दोनों भाई (भरतजी और शत्रुघ्नजी) आनन्दवश पुलकसे भर गये॥ १ ॥

**भरत सकल साहनी बोलाए। आयसु दीन्ह मुदित उठि धाए॥**
**रचि रुचि जीन तुरग तिन्ह साजे। बरन बरन बर बाजि बिराजे॥**

भरतजीने सब साहनी (घुड़सालके अध्यक्ष) बुलाये और उन्हें [घोड़ोंको सजानेकी] आज्ञा दी, वे प्रसन्न होकर उठ दौड़े। उन्होंने रुचिके साथ (यथायोग्य) जीनें कसकर घोड़े सजाये। रंग-रंगके उत्तम घोड़े शोभित हो गये॥ २॥

**सुभग सकल सुठि चंचल करनी। अय इव जरत धरत पग धरनी॥**
**नाना जाति न जाहिं बखाने। निदरि पवनु जनु चहत उड़ाने॥**

सब घोड़े बड़े ही सुन्दर और चंचल करनी (चाल) के हैं। वे धरतीपर ऐसे पैर रखते हैं जैसे जलते हुए लोहेपर रखते हों। अनेकों जातिके घोड़े हैं, जिनका वर्णन नहीं हो सकता। [ ऐसी तेज चालके हैं] मानो हवाका निरादर करके उड़ना चाहते हैं॥ ३॥

**तिन्ह सब छयल भए असवारा। भरत सरिस बय राजकुमारा॥**
**सब सुंदर सब भूषनधारी। कर सर चाप तून कटि भारी॥**

उन सब घोड़ोंपर भरतजीके समान अवस्थावाले सब छैल-छबीले राजकुमार सवार हुए। वे सभी सुन्दर हैं और सब आभूषण धारण किये हुए हैं। उनके हाथोंमें बाण और धनुष हैं तथा कमरमें भारी तरकस बँधे हैं॥ ४॥

**दो०—छरे छबीले छयल सब सूर सुजान नबीन।**
**जुग पदचर असवार प्रति जे असिकला प्रबीन॥ २९८॥**

सभी चुने हुए छबीले छैल, शूरवीर, चतुर और नवयुवक हैं। प्रत्येक सवारके साथ दो पैदल सिपाही हैं, जो तलवार चलानेकी कलामें बड़े निपुण हैं॥ २९८॥

**बाँधें बिरद बीर रन गाढ़े। निकसि भए पुर बाहेर ठाढ़े॥**
**फेरहिं चतुर तुरग गति नाना। हरषहिं सुनि सुनि पनव निसाना॥**

शूरताका बाना धारण किये हुए रणधीर वीर सब निकलकर नगरके बाहर आ खड़े हुए। वे चतुर अपने घोड़ोंको तरह-तरहकी चालोंसे फेर रहे हैं और भेरी तथा नगाड़ेकी आवाज सुन-सुनकर प्रसन्न हो रहे हैं॥ १॥

**रथ सारथिन्ह बिचित्र बनाए। ध्वज पताक मनि भूषन लाए॥**
**चवँर चारु किंकिनि धुनि करहीं। भानु जान सोभा अपहरहीं॥**

सारथियोंने ध्वजा, पताका, मणि और आभूषणोंको लगाकर रथोंको बहुत विलक्षण बना दिया है। उनमें सुन्दर चँवर लगे हैं और घंटियाँ सुन्दर शब्द कर रही हैं। वे रथ इतने सुन्दर हैं मानो सूर्यके रथकी शोभाको छीने लेते हैं॥ २॥

**सावँकरन अगनित हय होते। ते तिन्ह रथन्ह सारथिन्ह जोते॥**
**सुंदर सकल अलंकृत सोहे। जिन्हहि बिलोकत मुनि मन मोहे॥**

अगणित श्यामकर्ण घोड़े थे। उनको सारथियोंने उन रथोंमें जोत दिया है, जो सभी देखनेमें सुन्दर और गहनोंसे सजाये हुए सुशोभित हैं, और जिन्हें देखकर मुनियोंके मन भी मोहित हो जाते हैं॥ ३॥

**जे जल चलहिं थलहि की नाईं। टाप न बूड़ बेग अधिकाईं॥**
**अस्त्र सस्त्र सबु साजु बनाई। रथी सारथिन्ह लिए बोलाई॥**

जो जलपर भी जमीनकी तरह ही चलते हैं। वेगकी अधिकतासे उनकी टाप पानीमें नहीं डूबती। अस्त्र-शस्त्र और सब साज सजाकर सारथियोंने रथियोंको बुला लिया॥ ४॥

**दो०—चढ़ि चढ़ि रथ बाहेर नगर लागी जुरन बरात।**
**होत सगुन सुंदर सबहि जो जेहि कारज जात॥ २९९॥**

रथोंपर चढ़-चढ़कर बारात नगरके बाहर जुटने लगी। जो जिस कामके लिये जाता है, सभीको सुन्दर शकुन होते हैं॥ २९९॥

**कलित करिबरन्हि परीं अँबारीं। कहि न जाहिं जेहि भाँति सँवारीं॥**
**चले मत्त गज घंट बिराजी। मनहुँ सुभग सावन घन राजी॥**

श्रेष्ठ हाथियोंपर सुन्दर अंबारियाँ पड़ी हैं। वे जिस प्रकार सजायी गयी थीं, सो कहा नहीं जा सकता। मतवाले हाथी घंटोंसे सुशोभित होकर (घंटे बजाते हुए) चले, मानो सावनके सुन्दर बादलोंके समूह [गरजते हुए] जा रहे हों॥ १॥

**बाहन अपर अनेक बिधाना। सिबिका सुभग सुखासन जाना॥**
**तिन्ह चढ़ि चले बिप्रबर बृंदा। जनु तनु धरें सकल श्रुति छंदा॥**

सुन्दर पालकियाँ, सुखसे बैठने योग्य तामजान (जो कुर्सीनुमा होते हैं) और रथ आदि और भी अनेकों प्रकारकी सवारियाँ हैं। उनपर श्रेष्ठ ब्राह्मणोंके समूह चढ़कर चले, मानो सब वेदोंके छन्द ही शरीर धारण किये हुए हों॥ २॥

**मागध सूत बंदि गुनगायक। चले जान चढ़ि जो जेहि लायक॥**
**बेसर ऊँट बृषभ बहु जाती। चले बस्तु भरि अगनित भाँती॥**

मागध, सूत, भाट और गुण गानेवाले सब, जो जिस योग्य थे, वैसी सवारीपर चढ़कर चले। बहुत जातियोंके खच्चर, ऊँट और बैल असंख्यों प्रकारकी वस्तुएँ लाद-लादकर चले॥ ३॥

**कोटिन्ह काँवरि चले कहारा। बिबिध बस्तु को बरनै पारा॥**
**चले सकल सेवक समुदाई। निज निज साजु समाजु बनाई॥**

कहार करोड़ों काँवरें लेकर चले। उनमें अनेकों प्रकारकी इतनी वस्तुएँ थीं कि जिनका वर्णन कौन कर सकता है। सब सेवकोंके समूह अपना-अपना साज-समाज बनाकर चले॥ ४॥

**दो०—सब कें उर निर्भर हरषु पूरित पुलक सरीर।**
**कबहिं देखिबे नयन भरि रामु लखनु दोउ बीर॥ ३००॥**

सबके हृदयमें अपार हर्ष है और शरीर पुलकसे भरे हैं। [सबको एक ही लालसा लगी है कि] हम श्रीराम-लक्ष्मण दोनों भाइयोंको नेत्र भरकर कब देखेंगे॥ ३००॥

**गरजहिं गज घंटा धुनि घोरा। रथ रव बाजि हिंस चहु ओरा॥**
**निदरि घनहि घुर्म्मरहिं निसाना। निज पराइ कछु सुनिअ न काना॥**

हाथी गरज रहे हैं, उनके घंटोंकी भीषण ध्वनि हो रही है। चारों ओर रथोंकी घरघराहट और घोड़ोंकी हिनहिनाहट हो रही है। बादलोंका निरादर करते हुए नगाड़े घोर शब्द कर रहे हैं। किसीको अपनी-परायी कोई बात कानोंसे सुनायी नहीं देती॥ १॥

**महा भीर भूपति के द्वारें। रज होइ जाइ पषान पबारें॥**
**चढ़ी अटारिन्ह देखहिं नारीं। लिएँ आरती मंगल थारीं॥**

राजा दशरथके दरवाजेपर इतनी भारी भीड़ हो रही है कि वहाँ पत्थर फेंका जाय तो वह भी पिसकर धूल हो जाय। अटारियोंपर चढ़ी स्त्रियाँ मंगल-थालोंमें आरती लिये देख रही हैं॥ २॥

**गावहिं गीत मनोहर नाना। अति आनंदु न जाइ बखाना॥**
**तब सुमंत्र दुइ स्यंदन साजी। जोते रबि हय निंदक बाजी॥**

और नाना प्रकारके मनोहर गीत गा रही हैं। उनके अत्यन्त आनन्दका बखान नहीं हो सकता। तब सुमन्त्रजीने दो रथ सजाकर उनमें सूर्यके घोड़ोंको भी मात करनेवाले घोड़े जोते॥ ३॥

**दोउ रथ रुचिर भूप पहिं आने। नहिं सारद पहिं जाहिं बखाने॥**
**राज समाजु एक रथ साजा। दूसर तेज पुंज अति भ्राजा॥**

दोनों सुन्दर रथ वे राजा दशरथके पास ले आये, जिनकी सुन्दरताका वर्णन सरस्वतीसे भी नहीं हो सकता। एक रथपर राजसी सामान सजाया गया। और दूसरा जो तेजका पुंज और अत्यन्त ही शोभायमान था,॥ ४॥

**दो०—तेहिं रथ रुचिर बसिष्ठ कहुँ हरषि चढ़ाइ नरेसु।**
**आपु चढ़ेउ स्यंदन सुमिरि हर गुर गौरि गनेसु॥ ३०१॥**

उस सुन्दर रथपर राजा वसिष्ठजीको हर्षपूर्वक चढ़ाकर फिर स्वयं शिव, गुरु, गौरी (पार्वती) और गणेशजीका स्मरण करके [दूसरे] रथपर चढ़े॥ ३०१॥

**सहित बसिष्ठ सोह नृप कैसें। सुर गुर संग पुरंदर जैसें॥**
**करि कुल रीति बेद बिधि राऊ। देखि सबहि सब भाँति बनाऊ॥**

वसिष्ठजीके साथ [जाते हुए] राजा दशरथजी कैसे शोभित हो रहे हैं, जैसे देवगुरु बृहस्पतिजीके साथ इन्द्र हों। वेदकी विधिसे और कुलकी रीतिके अनुसार सब कार्य करके तथा सबको सब प्रकारसे सजे देखकर,॥ १॥

**सुमिरि रामु गुर आयसु पाई। चले महीपति संख बजाई॥**
**हरषे बिबुध बिलोकि बराता। बरषहिं सुमन सुमंगल दाता॥**

श्रीरामचन्द्रजीका स्मरण करके, गुरुकी आज्ञा पाकर पृथ्वीपति दशरथजी शंख बजाकर चले। बारात देखकर देवता हर्षित हुए और सुन्दर मंगलदायक फूलोंकी वर्षा करने लगे॥ २॥

**भयउ कोलाहल हय गय गाजे। ब्योम बरात बाजने बाजे॥**
**सुर नर नारि सुमंगल गाईं। सरस राग बाजहिं सहनाईं॥**

बड़ा शोर मच गया, घोड़े और हाथी गरजने लगे। आकाशमें और बारातमें [दोनों जगह] बाजे बजने लगे। देवांगनाएँ और मनुष्योंकी स्त्रियाँ सुन्दर मंगलगान करने लगीं और रसीले रागसे शहनाइयाँ बजने लगीं॥ ३॥

**घंट घंटि धुनि बरनि न जाहीं। सरव करहिं पाइक फहराहीं॥**
**करहिं बिदूषक कौतुक नाना। हास कुसल कल गान सुजाना॥**

घंटे-घंटियोंकी ध्वनिका वर्णन नहीं हो सकता। पैदल चलनेवाले सेवकगण अथवा पट्टेबाज

कसरतके खेल कर रहे हैं और फहरा रहे हैं (आकाशमें ऊँचे उछलते हुए जा रहे हैं)। हँसी करनेमें निपुण और सुन्दर गानेमें चतुर विदूषक (मसखरे) तरह-तरहके तमाशे कर रहे हैं॥ ४॥

**दो०—तुरग नचावहिं कुअँर बर अकनि मृदंग निसान।**
**नागर नट चितवहिं चकित डगहिं न ताल बँधान॥ ३०२॥**

सुन्दर राजकुमार मृदंग और नगाड़ेके शब्द सुनकर घोड़ोंको उन्हींके अनुसार इस प्रकार नचा रहे हैं कि वे तालके बंधानसे जरा भी डिगते नहीं हैं। चतुर नट चकित होकर यह देख रहे हैं॥ ३०२॥

**बनइ न बरनत बनी बराता। होहिं सगुन सुंदर सुभदाता॥**
**चारा चाषु बाम दिसि लेई। मनहुँ सकल मंगल कहि देई॥**

बारात ऐसी बनी है कि उसका वर्णन करते नहीं बनता। सुन्दर शुभदायक शकुन हो रहे हैं। नीलकंठ पक्षी बायीं ओर चारा ले रहा है, मानो सम्पूर्ण मंगलोंकी सूचना दे रहा हो॥ १॥

**दाहिन काग सुखेत सुहावा। नकुल दरसु सब काहूँ पावा॥**
**सानुकूल बह त्रिबिध बयारी। सघट सबाल आव बर नारी॥**

दाहिनी ओर कौआ सुन्दर खेतमें शोभा पा रहा है। नेवलेका दर्शन भी सब किसीने पाया। तीनों प्रकारकी (शीतल, मन्द, सुगन्धित) हवा अनुकूल दिशामें चल रही है। श्रेष्ठ (सुहागिनी) स्त्रियाँ भरे हुए घड़े और गोदमें बालक लिये आ रही हैं॥ २॥

**लोवा फिरि फिरि दरसु देखावा। सुरभी सनमुख सिसुहि पिआवा॥**
**मृगमाला फिरि दाहिनि आई। मंगल गन जनु दीन्हि देखाई॥**

लोमड़ी फिर-फिरकर (बार-बार) दिखायी दे जाती है। गायें सामने खड़ी बछड़ोंको दूध पिलाती हैं। हरिनोंकी टोली [बायीं ओरसे] घूमकर दाहिनी ओरको आयी, मानो सभी मंगलोंका समूह दिखायी दिया॥ ३॥

**छेमकरी कह छेम बिसेषी। स्यामा बाम सुतरु पर देखी॥**
**सनमुख आयउ दधि अरु मीना। कर पुस्तक दुइ बिप्र प्रबीना॥**

क्षेमकरी (सफेद सिरवाली चील) विशेष रूपसे क्षेम (कल्याण) कह रही है। श्यामा बायीं ओर सुन्दर पेड़पर दिखायी पड़ी। दही, मछली और दो विद्वान् ब्राह्मण हाथमें पुस्तक लिये हुए सामने आये॥ ४॥

**दो०—मंगलमय कल्यानमय अभिमत फल दातार।**
**जनु सब साचे होन हित भए सगुन एक बार॥ ३०३॥**

सभी मंगलमय, कल्याणमय और मनोवांछित फल देनेवाले शकुन मानो सच्चे होनेके लिये एक ही साथ हो गये॥ ३०३॥

**मंगल सगुन सुगम सब ताकें। सगुन ब्रह्म सुंदर सुत जाकें॥**
**राम सरिस बरु दुलहिनि सीता। समधी दसरथु जनकु पुनीता॥**

स्वयं सगुण ब्रह्म जिसके सुन्दर पुत्र हैं, उसके लिये सब मंगल शकुन सुलभ हैं। जहाँ श्रीरामचन्द्रजी-सरीखे दूल्हा और सीताजी-जैसी दुलहिन हैं तथा दशरथजी और जनकजी-जैसे पवित्र समधी हैं, ॥ १॥

**सुनि अस ब्याहु सगुन सब नाचे। अब कीन्हे बिरंचि हम साँचे॥**
**एहि बिधि कीन्ह बरात पयाना। हय गय गाजहिं हने निसाना॥**

ऐसा ब्याह सुनकर मानो सभी शकुन नाच उठे [और कहने लगे—] अब ब्रह्माजीने हमको सच्चा कर दिया। इस तरह बारातने प्रस्थान किया। घोड़े, हाथी गरज रहे हैं और नगाड़ोंपर चोट लग रही है॥ २॥

**आवत जानि भानुकुल केतू। सरितन्हि जनक बँधाए सेतू॥**
**बीच बीच बर बास बनाए। सुरपुर सरिस संपदा छाए॥**

सूर्यवंशके पताकास्वरूप दशरथजीको आते हुए जानकर जनकजीने नदियोंपर पुल बँधवा दिये। बीच-बीचमें ठहरनेके लिये सुन्दर घर (पड़ाव) बनवा दिये, जिनमें देवलोकके समान सम्पदा छायी है, ॥ ३॥

**असन सयन बर बसन सुहाए। पावहिं सब निज निज मन भाए॥**
**नित नूतन सुख लखि अनुकूले। सकल बरातिन्ह मंदिर भूले॥**

और जहाँ बारातके सब लोग अपने-अपने मनकी पसंदके अनुसार सुहावने उत्तम भोजन, बिस्तर और वस्त्र पाते हैं। मनके अनुकूल नित्य नये सुखोंको देखकर सभी बरातियोंको अपने घर भूल गये॥ ४॥

**दो०—आवत जानि बरात बर सुनि गहगहे निसान।**
**सजि गज रथ पदचर तुरग लेन चले अगवान॥ ३०४॥**

बड़े जोरसे बजते हुए नगाड़ोंकी आवाज सुनकर श्रेष्ठ बारातको आती हुई जानकर अगवानी करनेवाले हाथी, रथ, पैदल और घोड़े सजाकर बारात लेने चले॥ ३०४॥

## मासपारायण, दसवाँ विश्राम

**कनक कलस भरि कोपर थारा। भाजन ललित अनेक प्रकारा॥**
**भरे सुधासम सब पकवाने। नाना भाँति न जाहिं बखाने॥**

[दूध, शर्बत, ठंढाई, जल आदिसे] भरकर सोनेके कलश तथा जिनका वर्णन नहीं हो सकता ऐसे अमृतके समान भाँति-भाँतिके सब पकवानोंसे भरे हुए परात, थाल आदि अनेक प्रकारके सुन्दर बर्तन, ॥ १॥

**फल अनेक बर बस्तु सुहाईं। हरषि भेंट हित भूप पठाईं॥**
**भूषन बसन महामनि नाना। खग मृग हय गय बहु बिधि जाना॥**

उत्तम फल तथा और भी अनेकों सुन्दर वस्तुएँ राजाने हर्षित होकर भेंटके लिये भेजीं। गहने, कपड़े, नाना प्रकारकी मूल्यवान् मणियाँ (रत्न), पक्षी, पशु, घोड़े, हाथी और बहुत तरहकी सवारियाँ, ॥ २॥

**मंगल सगुन सुगंध सुहाए। बहुत भाँति महिपाल पठाए॥**
**दधि चिउरा उपहार अपारा। भरि भरि काँवरि चले कहारा॥**

तथा बहुत प्रकारके सुगन्धित एवं सुहावने मंगल-द्रव्य और सगुनके पदार्थ राजाने भेजे। दही, चिउड़ा और अगणित उपहारकी चीजें काँवरोंमें भर-भरकर कहार चले॥ ३॥

**अगवानन्ह जब दीखि बराता। उर आनंदु पुलक भर गाता॥**
**देखि बनाव सहित अगवाना। मुदित बरातिन्ह हने निसाना॥**

अगवानी करनेवालोंको जब बारात दिखायी दी, तब उनके हृदयमें आनन्द छा गया और शरीर रोमांचसे भर गया। अगवानोंको सज-धजके साथ देखकर बरातियोंने प्रसन्न होकर नगाड़े बजाये॥ ४॥

**दो०—हरषि परसपर मिलन हित कछुक चले बगमेल।**
**जनु आनंद समुद्र दुइ मिलत बिहाइ सुबेल॥ ३०५॥**

[बराती तथा अगवानोंमेंसे] कुछ लोग परस्पर मिलनेके लिये हर्षके मारे बाग छोड़कर (सरपट) दौड़ चले, और ऐसे मिले मानो आनन्दके दो समुद्र मर्यादा छोड़कर मिलते हों॥ ३०५॥

**बरषि सुमन सुर सुंदरि गावहिं। मुदित देव दुंदुभीं बजावहिं॥**
**बस्तु सकल राखीं नृप आगें। बिनय कीन्हि तिन्ह अति अनुरागें॥**

देवसुन्दरियाँ फूल बरसाकर गीत गा रही हैं, और देवता आनन्दित होकर नगाड़े बजा रहे हैं। [अगवानीमें आये हुए] उन लोगोंने सब चीजें दशरथजीके आगे रख दीं और अत्यन्त प्रेमसे विनती की॥ १॥

**प्रेम समेत रायँ सबु लीन्हा। भै बकसीस जाचकन्हि दीन्हा॥**
**करि पूजा मान्यता बड़ाई। जनवासे कहुँ चले लवाई॥**

राजा दशरथजीने प्रेमसहित सब वस्तुएँ ले लीं, फिर उनकी बख्शीशें होने लगीं और वे याचकोंको दे दी गयीं। तदनन्तर पूजा, आदर-सत्कार और बड़ाई करके अगवान लोग उनको जनवासेकी ओर लिवा ले चले॥ २॥

**बसन बिचित्र पाँवड़े परहीं। देखि धनदु धन मदु परिहरहीं॥**
**अति सुंदर दीन्हेउ जनवासा। जहँ सब कहुँ सब भाँति सुपासा॥**

विलक्षण वस्त्रोंके पाँवड़े पड़ रहे हैं, जिन्हें देखकर कुबेर भी अपने धनका अभिमान छोड़ देते हैं। बड़ा सुन्दर जनवासा दिया गया, जहाँ सबको सब प्रकारका सुभीता था॥ ३॥

**जानी सियँ बरात पुर आई। कछु निज महिमा प्रगटि जनाई॥**
**हृदयँ सुमिरि सब सिद्धि बोलाईं। भूप पहुनई करन पठाईं॥**

सीताजीने बारात जनकपुरमें आयी जानकर अपनी कुछ महिमा प्रकट करके दिखलायी। हृदयमें स्मरणकर सब सिद्धियोंको बुलाया और उन्हें राजा दशरथजीकी मेहमानी करनेके लिये भेजा॥ ४॥

**दो०—सिधि सब सिय आयसु अकनि गईं जहाँ जनवास।**
**लिएँ संपदा सकल सुख सुरपुर भोग बिलास॥ ३०६॥**

सीताजीकी आज्ञा सुनकर सब सिद्धियाँ जहाँ जनवासा था वहाँ सारी सम्पदा, सुख और इन्द्रपुरीके भोग-विलासको लिये हुए गयीं॥ ३०६॥

**निज निज बास बिलोकि बराती। सुरसुख सकल सुलभ सब भाँती॥**
**बिभव भेद कछु कोउ न जाना। सकल जनक कर करहिं बखाना॥**

बरातियोंने अपने-अपने ठहरनेके स्थान देखे तो वहाँ देवताओंके सब सुखोंको सब प्रकारसे सुलभ पाया। इस ऐश्वर्यका कुछ भी भेद कोई जान न सका। सब जनकजीकी बड़ाई कर रहे हैं॥ १॥

**सिय महिमा रघुनायक जानी। हरषे हृदयँ हेतु पहिचानी॥**
**पितु आगमनु सुनत दोउ भाई। हृदयँ न अति आनंदु अमाई॥**

श्रीरघुनाथजी यह सब सीताजीकी महिमा जानकर और उनका प्रेम पहचानकर हृदयमें हर्षित हुए। पिता दशरथजीके आनेका समाचार सुनकर दोनों भाइयोंके हृदयमें महान् आनन्द समाता न था॥ २॥

**सकुचन्ह कहि न सकत गुरु पाहीं। पितु दरसन लालचु मन माहीं॥**
**बिस्वामित्र बिनय बड़ि देखी। उपजा उर संतोषु बिसेषी॥**

संकोचवश वे गुरु विश्वामित्रजीसे कह नहीं सकते थे; परन्तु मनमें पिताजीके दर्शनोंकी लालसा थी। विश्वामित्रजीने उनकी बड़ी नम्रता देखी, तो उनके हृदयमें बहुत सन्तोष उत्पन्न हुआ॥ ३॥

**हरषि बंधु दोउ हृदयँ लगाए। पुलक अंग अंबक जल छाए॥**
**चले जहाँ दसरथु जनवासे। मनहुँ सरोबर तकेउ पिआसे॥**

प्रसन्न होकर उन्होंने दोनों भाइयोंको हृदयसे लगा लिया। उनका शरीर पुलकित हो गया और नेत्रोंमें (प्रेमाश्रुओंका) जल भर आया। वे उस जनवासेको चले, जहाँ दशरथजी थे। मानो सरोवर प्यासेकी ओर लक्ष्य करके चला हो॥ ४॥

**दो०—भूप बिलोके जबहिं मुनि आवत सुतन्ह समेत।**
**उठे हरषि सुखसिंधु महुँ चले थाह सी लेत॥ ३०७॥**

जब राजा दशरथजीने पुत्रोंसहित मुनिको आते देखा, तब वे हर्षित होकर उठे और सुखके समुद्रमें थाह-सी लेते हुए चले॥ ३०७॥

**मुनिहि दंडवत कीन्ह महीसा। बार बार पद रज धरि सीसा॥**
**कौसिक राउ लिए उर लाई। कहि असीस पूछी कुसलाई॥**

पृथ्वीपति दशरथजीने मुनिकी चरणधूलिको बारंबार सिरपर चढ़ाकर उनको दण्डवत् प्रणाम किया। विश्वामित्रजीने राजाको उठाकर हृदयसे लगा लिया और आशीर्वाद देकर कुशल पूछी॥ १॥

**पुनि दंडवत करत दोउ भाई। देखि नृपति उर सुखु न समाई॥**
**सुत हियँ लाइ दुसह दुख मेटे। मृतक सरीर प्रान जनु भेंटे॥**

फिर दोनों भाइयोंको दण्डवत् प्रणाम करते देखकर राजाके हृदयमें सुख समाया नहीं। पुत्रोंको [उठाकर] हृदयसे लगाकर उन्होंने अपने [वियोगजनित] दुःसह दुःखको मिटाया। मानो मृतक शरीरको प्राण मिल गये हों॥ २॥

**पुनि बसिष्ठ पद सिर तिन्ह नाए। प्रेम मुदित मुनिबर उर लाए॥**
**बिप्र बृंद बंदे दुहुँ भाईं। मनभावती असीसें पाईं॥**

फिर उन्होंने वसिष्ठजीके चरणोंमें सिर नवाया। मुनिश्रेष्ठने प्रेमके आनन्दमें उन्हें हृदयसे लगा लिया। दोनों भाइयोंने सब ब्राह्मणोंकी वन्दना की और मनभाये आशीर्वाद पाये॥ ३॥

**भरत सहानुज कीन्ह प्रनामा। लिए उठाइ लाइ उर रामा॥**
**हरषे लखन देखि दोउ भ्राता। मिले प्रेम परिपूरित गाता॥**

भरतजीने छोटे भाई शत्रुघ्नसहित श्रीरामचन्द्रजीको प्रणाम किया। श्रीरामजीने उन्हें उठाकर हृदयसे लगा लिया। लक्ष्मणजी दोनों भाइयोंको देखकर हर्षित हुए और प्रेमसे परिपूर्ण हुए शरीरसे उनसे मिले॥ ४॥

**दो०—पुरजन परिजन जातिजन जाचक मंत्री मीत।**
**मिले जथाबिधि सबहि प्रभु परम कृपाल बिनीत॥ ३०८॥**

तदनन्तर परम कृपालु और विनयी श्रीरामचन्द्रजी अयोध्यावासियों, कुटुम्बियों, जातिके लोगों, याचकों, मन्त्रियों और मित्रों—सभीसे यथायोग्य मिले॥ ३०८॥

**रामहि देखि बरात जुड़ानी। प्रीति कि रीति न जाति बखानी॥**
**नृप समीप सोहहिं सुत चारी। जनु धन धरमादिक तनुधारी॥**

श्रीरामचन्द्रजीको देखकर बारात शीतल हुई (रामके वियोगमें सबके हृदयमें जो आग जल रही थी, वह शान्त हो गयी)। प्रीतिकी रीतिका बखान नहीं हो सकता। राजाके पास चारों पुत्र ऐसी शोभा पा रहे हैं मानो अर्थ, धर्म, काम और मोक्ष शरीर धारण किये हुए हों॥ १॥

**सुतन्ह समेत दसरथहि देखी। मुदित नगर नर नारि बिसेषी॥**
**सुमन बरिसि सुर हनहिं निसाना। नाकनटीं नाचहिं करि गाना॥**

पुत्रोंसहित दशरथजीको देखकर नगरके स्त्री-पुरुष बहुत ही प्रसन्न हो रहे हैं। [आकाशमें] देवता फूलोंकी वर्षा करके नगाड़े बजा रहे हैं और अप्सराएँ गा-गाकर नाच रही हैं॥ २॥

**सतानंद अरु बिप्र सचिव गन। मागध सूत बिदुष बंदीजन॥**
**सहित बरात राउ सनमाना। आयसु मागि फिरे अगवाना॥**

अगवानीमें आये हुए शतानन्दजी, अन्य ब्राह्मण, मन्त्रीगण, मागध, सूत, विद्वान् और भाटोंने बारातसहित राजा दशरथजीका आदर-सत्कार किया। फिर आज्ञा लेकर वे वापस लौटे॥ ३॥

**प्रथम बरात लगन तें आई। तातें पुर प्रमोदु अधिकाई॥**
**ब्रह्मानंदु लोग सब लहहीं। बढ़हुँ दिवस निसि बिधि सन कहहीं॥**

बारात लग्नके दिनसे पहले आ गयी है, इससे जनकपुरमें अधिक आनन्द छा रहा है। सब लोग ब्रह्मानन्द प्राप्त कर रहे हैं और विधातासे मनाकर कहते हैं कि दिन-रात बढ़ जायँ (बड़े हो जायँ)॥ ४॥

**दो०—रामु सीय सोभा अवधि सुकृत अवधि दोउ राज।**
**जहँ तहँ पुरजन कहहिं अस मिलि नर नारि समाज॥ ३०९॥**

श्रीरामचन्द्रजी और सीताजी सुन्दरताकी सीमा हैं और दोनों राजा पुण्यकी सीमा हैं, जहाँ-तहाँ जनकपुरवासी स्त्री-पुरुषोंके समूह इकट्ठे हो-होकर यही कह रहे हैं॥ ३०९॥

**जनक सुकृत मूरति बैदेही। दसरथ सुकृत रामु धरें देही॥**
**इन्ह सम काहुँ न सिव अवराधे। काहुँ न इन्ह समान फल लाधे॥**

जनकजीके सुकृत (पुण्य) की मूर्ति जानकीजी हैं और दशरथजीके सुकृत देह धारण किये हुए श्रीरामजी हैं। इन [दोनों राजाओं] के समान किसीने शिवजीकी आराधना नहीं की; और न इनके समान किसीने फल ही पाये॥ १॥

**इन्ह सम कोउ न भयउ जग माहीं। है नहिं कतहूँ होनेउ नाहीं॥**
**हम सब सकल सुकृत कै रासी। भए जग जनमि जनकपुर बासी॥**

इनके समान जगत्‌में न कोई हुआ, न कहीं है, न होनेका ही है। हम सब भी सम्पूर्ण पुण्योंकी राशि हैं, जो जगत्‌में जन्म लेकर जनकपुरके निवासी हुए,॥ २॥

**जिन्ह जानकी राम छबि देखी। को सुकृती हम सरिस बिसेषी॥**
**पुनि देखब रघुबीर बिआहू। लेब भली बिधि लोचन लाहू॥**

और जिन्होंने जानकीजी और श्रीरामचन्द्रजीकी छबि देखी है। हमारे-सरीखा विशेष पुण्यात्मा कौन होगा! और अब हम श्रीरघुनाथजीका विवाह देखेंगे और भलीभाँति नेत्रोंका लाभ लेंगे॥ ३॥

**कहहिं परसपर कोकिलबयनीं। एहि बिआहँ बड़ लाभु सुनयनीं॥**
**बड़ें भाग बिधि बात बनाई। नयन अतिथि होइहहिं दोउ भाई॥**

कोयलके समान मधुर बोलनेवाली स्त्रियाँ आपसमें कहती हैं कि हे सुन्दर नेत्रोंवाली! इस विवाहमें बड़ा लाभ है। बड़े भाग्यसे विधाताने सब बात बना दी है, ये दोनों भाई हमारे नेत्रोंके अतिथि हुआ करेंगे॥ ४॥

**दो०—बारहिं बार सनेह बस जनक बोलाउब सीय।**
**लेन आइहहिं बंधु दोउ कोटि काम कमनीय॥ ३१०॥**

जनकजी स्नेहवश बार-बार सीताजीको बुलावेंगे, और करोड़ों कामदेवोंके समान सुन्दर दोनों भाई सीताजीको लेने (विदा कराने) आया करेंगे॥ ३१०॥

**बिबिध भाँति होइहि पहुनाई। प्रिय न काहि अस सासुर माई॥**
**तब तब राम लखनहि निहारी। होइहहिं सब पुर लोग सुखारी॥**

तब उनकी अनेकों प्रकारसे पहुनाई होगी। सखी! ऐसी ससुराल किसे प्यारी न होगी! तब-तब हम सब नगरनिवासी श्रीराम-लक्ष्मणको देख-देखकर सुखी होंगे॥ १॥

**सखि जस राम लखन कर जोटा। तैसेइ भूप संग दुइ ढोटा॥**
**स्याम गौर सब अंग सुहाए। ते सब कहहिं देखि जे आए॥**

हे सखी! जैसा श्रीराम-लक्ष्मणका जोड़ा है, वैसे ही दो कुमार राजाके साथ और भी हैं। वे भी एक श्याम और दूसरे गौर वर्णके हैं। उनके भी सब अंग बहुत सुन्दर हैं। जो लोग उन्हें देख आये हैं, वे सब यही कहते हैं॥ २॥

**कहा एक मैं आजु निहारे। जनु बिरंचि निज हाथ सँवारे॥**
**भरतु रामही की अनुहारी। सहसा लखि न सकहिं नर नारी॥**

एकने कहा—मैंने आज ही उन्हें देखा है; इतने सुन्दर हैं, मानो ब्रह्माजीने उन्हें अपने हाथों सँवारा है। भरत तो श्रीरामचन्द्रजीकी ही शकल-सूरतके हैं। स्त्री-पुरुष उन्हें सहसा पहचान नहीं सकते॥ ३॥

**लखनु सत्रुसूदनु एकरूपा। नख सिख ते सब अंग अनूपा॥**
**मन भावहिं मुख बरनि न जाहीं। उपमा कहुँ त्रिभुवन कोउ नाहीं॥**

लक्ष्मण और शत्रुघ्न दोनोंका एक रूप है। दोनोंके नखसे शिखातक सभी अंग अनुपम हैं। मनको बड़े अच्छे लगते हैं, पर मुखसे उनका वर्णन नहीं हो सकता। उनकी उपमाके योग्य तीनों लोकोंमें कोई नहीं है॥ ४॥

**छं०—उपमा न कोउ कह दास तुलसी कतहुँ कबि कोबिद कहैं।**
**बल बिनय बिद्या सील सोभा सिंधु इन्ह से एइ अहैं॥**
**पुर नारि सकल पसारि अंचल बिधिहि बचन सुनावहीं।**
**ब्याहिअहुँ चारिउ भाइ एहिं पुर हम सुमंगल गावहीं॥**

दास तुलसी कहता है कवि और कोविद (विद्वान्) कहते हैं, इनकी उपमा कहीं कोई नहीं है। बल, विनय, विद्या, शील और शोभाके समुद्र इनके समान ये ही हैं। जनकपुरकी सब स्त्रियाँ आँचल फैलाकर विधाताको यह वचन (विनती) सुनाती हैं कि चारों भाइयोंका विवाह इसी नगरमें हो और हम सब सुन्दर मंगल गावें।

**सो०—कहहिं परस्पर नारि बारि बिलोचन पुलक तन।**
**सखि सबु करब पुरारि पुन्य पयोनिधि भूप दोउ॥ ३११॥**

नेत्रोंमें [प्रेमाश्रुओंका] जल भरकर पुलकित शरीरसे स्त्रियाँ आपसमें कह रही हैं कि हे सखी! दोनों राजा पुण्यके समुद्र हैं, त्रिपुरारि शिवजी सब मनोरथ पूर्ण करेंगे॥ ३११॥

**एहि बिधि सकल मनोरथ करहीं। आनँद उमगि उमगि उर भरहीं॥**
**जे नृप सीय स्वयंबर आए। देखि बंधु सब तिन्ह सुख पाए॥**

इस प्रकार सब मनोरथ कर रही हैं और हृदयको उमँग-उमँगकर (उत्साहपूर्वक) आनन्दसे भर रही हैं। सीताजीके स्वयंवरमें जो राजा आये थे, उन्होंने भी चारों भाइयोंको देखकर सुख पाया॥ १॥

**कहत राम जसु बिसद बिसाला। निज निज भवन गए महिपाला॥**
**गए बीति कछु दिन एहि भाँती। प्रमुदित पुरजन सकल बराती॥**

श्रीरामचन्द्रजीका निर्मल और महान् यश कहते हुए राजा लोग अपने-अपने घर गये। इस प्रकार कुछ दिन बीत गये। जनकपुरनिवासी और बराती सभी बड़े आनन्दित हैं॥ २॥

**मंगल मूल लगन दिनु आवा। हिम रितु अगहनु मासु सुहावा॥**
**ग्रह तिथि नखतु जोगु बर बारू। लगन सोधि बिधि कीन्ह बिचारू॥**

मंगलोंका मूल लग्नका दिन आ गया। हेमन्त-ऋतु और सुहावना अगहनका महीना था। ग्रह, तिथि, नक्षत्र, योग और वार श्रेष्ठ थे। लग्न (मुहूर्त) शोधकर ब्रह्माजीने उसपर विचार किया,॥ ३॥

**पठै दीन्हि नारद सन सोई। गनी जनक के गनकन्ह जोई॥**
**सुनी सकल लोगन्ह यह बाता। कहहिं जोतिषी आहिं बिधाता॥**

और उस (लग्नपत्रिका) को नारदजीके हाथ [जनकजीके यहाँ] भेज दिया। जनकजीके ज्योतिषियोंने भी वही गणना कर रखी थी। जब सब लोगोंने यह बात सुनी तब वे कहने लगे—यहाँके ज्योतिषी भी ब्रह्मा ही हैं॥ ४॥

**दो०—धेनुधूरि बेला बिमल सकल सुमंगल मूल।**
**बिप्रन्ह कहेउ बिदेह सन जानि सगुन अनुकूल॥ ३१२॥**

निर्मल और सभी सुन्दर मंगलोंकी मूल गोधूलिकी पवित्र वेला आ गयी और अनुकूल शकुन होने लगे, यह जानकर ब्राह्मणोंने जनकजीसे कहा॥ ३१२॥

**उपरोहितहि कहेउ नरनाहा। अब बिलंब कर कारनु काहा॥**
**सतानंद तब सचिव बोलाए। मंगल सकल साजि सब ल्याए॥**

तब राजा जनकने पुरोहित शतानन्दजीसे कहा कि अब देरका क्या कारण है। तब शतानन्दजीने मन्त्रियोंको बुलाया। वे सब मंगलका सामान सजाकर ले आये॥ १॥

**संख निसान पनव बहु बाजे। मंगल कलस सगुन सुभ साजे॥**
**सुभग सुआसिनि गावहिं गीता। करहिं बेद धुनि बिप्र पुनीता॥**

शंख, नगाड़े, ढोल और बहुत-से बाजे बजने लगे तथा मंगल-कलश और शुभ शकुनकी वस्तुएँ (दधि, दूर्वा आदि) सजायी गयीं। सुन्दर सुहागिन स्त्रियाँ गीत गा रही हैं और पवित्र ब्राह्मण वेदकी ध्वनि कर रहे हैं॥ २॥

**लेन चले सादर एहि भाँती। गए जहाँ जनवास बराती॥**
**कोसलपति कर देखि समाजू। अति लघु लाग तिन्हहि सुरराजू॥**

सब लोग इस प्रकार आदरपूर्वक बारातको लेने चले और जहाँ बरातियोंका जनवासा था, वहाँ गये। अवधपति दशरथजीका समाज (वैभव) देखकर उनको देवराज इन्द्र भी बहुत ही तुच्छ लगने लगे॥ ३॥

**भयउ समउ अब धारिअ पाऊ। यह सुनि परा निसानहिं घाऊ॥**
**गुरहि पूछि करि कुल बिधि राजा। चले संग मुनि साधु समाजा॥**

[उन्होंने जाकर विनती की—] समय हो गया, अब पधारिये। यह सुनते ही नगाड़ोंपर चोट पड़ी। गुरु वसिष्ठजीसे पूछकर और कुलकी सब रीतियोंको करके राजा दशरथजी मुनियों और साधुओंके समाजको साथ लेकर चले॥ ४॥

**दो०—भाग्य बिभव अवधेस कर देखि देव ब्रह्मादि।**
**लगे सराहन सहस मुख जानि जनम निज बादि॥ ३१३॥**

अवधनरेश दशरथजीका भाग्य और वैभव देखकर और अपना जन्म व्यर्थ समझकर, ब्रह्माजी आदि देवता हजारों मुखोंसे उसकी सराहना करने लगे॥ ३१३॥

**सुरन्ह सुमंगल अवसरु जाना। बरषहिं सुमन बजाइ निसाना॥**
**सिव ब्रह्मादिक बिबुध बरूथा। चढ़े बिमानन्हि नाना जूथा॥**

देवगण सुन्दर मंगलका अवसर जानकर, नगाड़े बजा-बजाकर फूल बरसाते हैं। शिवजी, ब्रह्माजी आदि देववृन्द यूथ (टोलियाँ) बना-बनाकर विमानोंपर जा चढ़े॥ १॥

**प्रेम पुलक तन हृदयँ उछाहू। चले बिलोकन राम बिआहू॥**
**देखि जनकपुरु सुर अनुरागे। निज निज लोक सबहिं लघु लागे॥**

और प्रेमसे पुलकित-शरीर हो तथा हृदयमें उत्साह भरकर श्रीरामचन्द्रजीका विवाह देखने चले। जनकपुरको देखकर देवता इतने अनुरक्त हो गये कि उन सबको अपने-अपने लोक बहुत तुच्छ लगने लगे॥ २॥

**चितवहिं चकित बिचित्र बिताना। रचना सकल अलौकिक नाना॥**
**नगर नारि नर रूप निधाना। सुघर सुधरम सुसील सुजाना॥**

विचित्र मण्डपको तथा नाना प्रकारकी सब अलौकिक रचनाओंको वे चकित होकर देख रहे हैं। नगरके स्त्री-पुरुष रूपके भण्डार, सुघड़, श्रेष्ठ धर्मात्मा, सुशील और सुजान हैं॥ ३॥

**तिन्हहि देखि सब सुर सुरनारीं। भए नखत जनु बिधु उजिआरीं॥**
**बिधिहि भयउ आचरजु बिसेषी। निज करनी कछु कतहुँ न देखी॥**

उन्हें देखकर सब देवता और देवांगनाएँ ऐसे प्रभाहीन हो गये जैसे चन्द्रमाके उजियालेमें तारागण फीके पड़ जाते हैं। ब्रह्माजीको विशेष आश्चर्य हुआ; क्योंकि वहाँ उन्होंने अपनी कोई करनी (रचना) तो कहीं देखी ही नहीं॥ ४॥

**दो०—सिवँ समुझाए देव सब जनि आचरज भुलाहु।**
**हृदयँ बिचारहु धीर धरि सिय रघुबीर बिआहु॥ ३१४॥**

तब शिवजीने सब देवताओंको समझाया कि तुमलोग आश्चर्यमें मत भूलो। हृदयमें धीरज धरकर विचार तो करो कि यह [भगवान्‌की महामहिमामयी निजशक्ति] श्रीसीताजीका और [अखिल ब्रह्माण्डोंके परम ईश्वर साक्षात् भगवान्] श्रीरामचन्द्रजीका विवाह है॥ ३१४॥

**जिन्ह कर नामु लेत जग माहीं। सकल अमंगल मूल नसाहीं॥**
**करतल होहिं पदारथ चारी। तेइ सिय रामु कहेउ कामारी॥**

जिनका नाम लेते ही जगत्‌में सारे अमंगलोंकी जड़ कट जाती है और चारों पदार्थ (अर्थ, धर्म, काम, मोक्ष) मुट्ठीमें आ जाते हैं, ये वही [जगत्‌के माता-पिता] श्रीसीतारामजी हैं; कामके शत्रु शिवजीने ऐसा कहा॥ १॥

**एहि बिधि संभु सुरन्ह समुझावा। पुनि आगें बर बसह चलावा॥**
**देवन्ह देखे दसरथु जाता। महामोद मन पुलकित गाता॥**

इस प्रकार शिवजीने देवताओंको समझाया और फिर अपने श्रेष्ठ बैल नन्दीश्वरको आगे बढ़ाया। देवताओंने देखा कि दशरथजी मनमें बड़े ही प्रसन्न और शरीरसे पुलकित हुए चले जा रहे हैं॥ २॥

**साधु समाज संग महिदेवा। जनु तनु धरें करहिं सुख सेवा॥**
**सोहत साथ सुभग सुत चारी। जनु अपबरग सकल तनुधारी॥**

उनके साथ [परम हर्षयुक्त] साधुओं और ब्राह्मणोंकी मण्डली ऐसी शोभा दे रही है, मानो समस्त सुख शरीर धारण करके उनकी सेवा कर रहे हों। चारों सुन्दर पुत्र साथमें ऐसे सुशोभित हैं, मानो सम्पूर्ण मोक्ष (सालोक्य, सामीप्य, सारूप्य, सायुज्य) शरीर धारण किये हुए हों॥ ३॥

**मरकत कनक बरन बर जोरी। देखि सुरन्ह भै प्रीति न थोरी॥**
**पुनि रामहि बिलोकि हियँ हरषे। नृपहि सराहि सुमन तिन्ह बरषे॥**

मरकतमणि और सुवर्णके रंगकी सुन्दर जोड़ियोंको देखकर देवताओंको कम प्रीति नहीं हुई (अर्थात् बहुत ही प्रीति हुई)। फिर श्रीरामचन्द्रजीको देखकर वे हृदयमें (अत्यन्त) हर्षित हुए और राजाकी सराहना करके उन्होंने फूल बरसाये॥ ४॥

**दो०—राम रूपु नख सिख सुभग बारहिं बार निहारि।**
**पुलक गात लोचन सजल उमा समेत पुरारि॥ ३१५॥**

नखसे शिखातक श्रीरामचन्द्रजीके सुन्दर रूपको बार-बार देखते हुए पार्वतीजीसहित श्रीशिवजीका शरीर पुलकित हो गया और उनके नेत्र [प्रेमाश्रुओंके] जलसे भर गये॥ ३१५॥

**केकि कंठ दुति स्यामल अंगा। तड़ित बिनिंदक बसन सुरंगा॥**
**ब्याह बिभूषन बिबिध बनाए। मंगल सब सब भाँति सुहाए॥**

रामजीका मोरके कण्ठकी-सी कान्तिवाला [हरिताभ] श्याम शरीर है। बिजलीका अत्यन्त निरादर करनेवाले प्रकाशमय सुन्दर [पीत] रंगके वस्त्र हैं। सब मंगलरूप और सब प्रकारसे सुन्दर भाँति-भाँतिके विवाहके आभूषण शरीरपर सजाये हुए हैं॥ १॥

**सरद बिमल बिधु बदनु सुहावन। नयन नवल राजीव लजावन॥**
**सकल अलौकिक सुंदरताई। कहि न जाइ मनहीं मन भाई॥**

उनका सुन्दर मुख शरत्पूर्णिमाके निर्मल चन्द्रमाके समान और [मनोहर] नेत्र नवीन कमलको लजानेवाले हैं। सारी सुन्दरता अलौकिक है। (मायाकी बनी नहीं है, दिव्य सच्चिदानन्दमयी है) वह कही नहीं जा सकती, मन-ही-मन बहुत प्रिय लगती है॥ २॥

**बंधु मनोहर सोहहिं संगा। जात नचावत चपल तुरंगा॥**
**राजकुअँर बर बाजि देखावहिं। बंस प्रसंसक बिरिद सुनावहिं॥**

साथमें मनोहर भाई शोभित हैं, जो चंचल घोड़ोंको नचाते हुए चले जा रहे हैं। राजकुमार श्रेष्ठ घोड़ोंको (उनकी चालको) दिखला रहे हैं और वंशकी प्रशंसा करनेवाले (मागध-भाट) विरुदावली सुना रहे हैं॥ ३॥

**जेहि तुरंग पर रामु बिराजे। गति बिलोकि खगनायकु लाजे॥**
**कहि न जाइ सब भाँति सुहावा। बाजि बेषु जनु काम बनावा॥**

जिस घोड़ेपर श्रीरामजी विराजमान हैं, उसकी [तेज] चाल देखकर गरुड़ भी लजा जाते हैं। उसका वर्णन नहीं हो सकता, वह सब प्रकारसे सुन्दर है। मानो कामदेवने ही घोड़ेका वेष धारण कर लिया हो॥ ४॥

**छं०—जनु बाजि बेषु बनाइ मनसिजु राम हित अति सोहई।**
**आपनें बय बल रूप गुन गति सकल भुवन बिमोहई॥**
**जगमगत जीनु जराव जोति सुमोति मनि मानिक लगे।**
**किंकिनि ललाम लगामु ललित बिलोकि सुर नर मुनि ठगे॥**

मानो श्रीरामचन्द्रजीके लिये कामदेव घोड़ेका वेष बनाकर अत्यन्त शोभित हो रहा है। वह अपनी अवस्था, बल, रूप, गुण और चालसे समस्त लोकोंको मोहित कर रहा है। सुन्दर मोती, मणि और माणिक्य लगी हुई जड़ाऊ जीन ज्योतिसे जगमगा रहा है। उसकी सुन्दर घुँघरू लगी ललित लगामको देखकर देवता, मनुष्य और मुनि सभी ठगे जाते हैं।

**दो०—प्रभु मनसहिं लयलीन मनु चलत बाजि छबि पाव।**
**भूषित उड़गन तड़ित घनु जनु बर बरहि नचाव॥ ३१६॥**

प्रभुकी इच्छामें अपने मनको लीन किये चलता हुआ वह घोड़ा बड़ी शोभा पा रहा है। मानो तारागण तथा बिजलीसे अलंकृत मेघ सुन्दर मोरको नचा रहा हो॥ ३१६॥

**जेहिं बर बाजि रामु असवारा। तेहि सारदउ न बरनै पारा॥**
**संकरु राम रूप अनुरागे। नयन पंचदस अति प्रिय लागे॥**

जिस श्रेष्ठ घोड़ेपर श्रीरामचन्द्रजी सवार हैं, उसका वर्णन सरस्वतीजी भी नहीं कर सकतीं। शंकरजी श्रीरामचन्द्रजीके रूपमें ऐसे अनुरक्त हुए कि उन्हें अपने पंद्रह नेत्र इस समय बहुत ही प्यारे लगने लगे॥ १॥

**हरि हित सहित रामु जब जोहे। रमा समेत रमापति मोहे॥**
**निरखि राम छबि बिधि हरषाने। आठइ नयन जानि पछिताने॥**

भगवान् विष्णुने जब प्रेमसहित श्रीरामको देखा,तब वे [रमणीयताकी मूर्ति] श्रीलक्ष्मीजीके पति श्रीलक्ष्मीजीसहित मोहित हो गये। श्रीरामचन्द्रजीकी शोभा देखकर ब्रह्माजी बड़े प्रसन्न हुए, पर अपने आठ ही नेत्र जानकर पछताने लगे॥ २॥

**सुर सेनप उर बहुत उछाहू। बिधि ते डेवढ़ लोचन लाहू॥**
**रामहि चितव सुरेस सुजाना। गौतम श्रापु परम हित माना॥**

देवताओंके सेनापति स्वामिकार्तिकके हृदयमें बड़ा उत्साह है, क्योंकि वे ब्रह्माजीसे ड्योढ़े अर्थात् बारह नेत्रोंसे रामदर्शनका सुन्दर लाभ उठा रहे हैं। सुजान इन्द्र [अपने हजार नेत्रोंसे] श्रीरामचन्द्रजीको देख रहे हैं और गौतमजीके शापको अपने लिये परम हितकर मान रहे हैं॥ ३॥

**देव सकल सुरपतिहि सिहाहीं। आजु पुरंदर सम कोउ नाहीं॥**
**मुदित देवगन रामहि देखी। नृपसमाज दुहुँ हरषु बिसेषी॥**

सभी देवता देवराज इन्द्रसे ईर्ष्या कर रहे हैं [और कह रहे हैं] कि आज इन्द्रके समान भाग्यवान् दूसरा कोई नहीं है। श्रीरामचन्द्रजीको देखकर देवगण प्रसन्न हैं और दोनों राजाओंके समाजमें विशेष हर्ष छा रहा है॥ ४॥

**छं०—अति हरषु राजसमाज दुहु दिसि दुंदुभीं बाजहिं घनी।**
**बरषहिं सुमन सुर हरषि कहि जय जयति जय रघुकुलमनी॥**
**एहि भाँति जानि बरात आवत बाजने बहु बाजहीं।**
**रानी सुआसिनि बोलि परिछनि हेतु मंगल साजहीं॥**

दोनों ओरसे राजसमाजमें अत्यन्त हर्ष है और बड़े जोरसे नगाड़े बज रहे हैं। देवता प्रसन्न होकर और 'रघुकुलमणि श्रीरामकी जय हो, जय हो, जय हो' कहकर फूल बरसा रहे हैं। इस प्रकार बारातको आती हुई जानकर बहुत प्रकारके बाजे बजने लगे और रानी सुहागिन स्त्रियोंको बुलाकर परछनके लिये मंगलद्रव्य सजाने लगीं।

**दो०—सजि आरती अनेक बिधि मंगल सकल सँवारि।**
**चलीं मुदित परिछनि करन गजगामिनि बर नारि॥ ३१७॥**

अनेक प्रकारसे आरती सजकर और समस्त मंगलद्रव्योंको यथायोग्य सजाकर गजगामिनी (हाथीकी-सी चालवाली) उत्तम स्त्रियाँ आनन्दपूर्वक परछनके लिये चलीं॥ ३१७॥

**बिधुबदनीं सब सब मृगलोचनि। सब निज तन छबि रति मदु मोचनि॥**
**पहिरें बरन बरन बर चीरा। सकल बिभूषन सजें सरीरा॥**

सभी स्त्रियाँ चन्द्रमुखी (चन्द्रमाके समान मुखवाली) और सभी मृगलोचनी (हरिणकी-सी आँखोंवाली) हैं और सभी अपने शरीरकी शोभासे रतिके गर्वको छुड़ानेवाली हैं। रंग-रंगकी सुन्दर साड़ियाँ पहने हैं और शरीरपर सब आभूषण सजे हुए हैं॥ १॥

**सकल सुमंगल अंग बनाएँ। करहिं गान कलकंठि लजाएँ॥**
**कंकन किंकिनि नूपुर बाजहिं। चालि बिलोकि काम गज लाजहिं॥**

समस्त अंगोंको सुन्दर मंगल पदार्थोंसे सजाये हुए वे कोयलको भी लजाती हुई [मधुर स्वरसे] गान कर रही हैं। कंगन, करधनी और नूपुर बज रहे हैं। स्त्रियोंकी चाल देखकर कामदेवके हाथी भी लजा जाते हैं॥ २॥

**बाजहिं बाजने बिबिध प्रकारा। नभ अरु नगर सुमंगलचारा॥**
**सची सारदा रमा भवानी। जे सुरतिय सुचि सहज सयानी॥**

अनेक प्रकारके बाजे बज रहे हैं, आकाश और नगर दोनों स्थानोंमें सुन्दर मंगलाचार हो रहे हैं। शची (इन्द्राणी), सरस्वती, लक्ष्मी, पार्वती और जो स्वभावसे ही पवित्र और सयानी देवांगनाएँ थीं,॥ ३॥

**कपट नारि बर बेष बनाई। मिलीं सकल रनिवासहिं जाई॥**
**करहिं गान कल मंगल बानीं। हरष बिबस सब काहुँ न जानीं॥**

वे सब कपटसे सुन्दर स्त्रीका वेष बनाकर रनिवासमें जा मिलीं और मनोहर वाणीसे मंगलगान करने लगीं। सब कोई हर्षके विशेष वश थे, अतः किसीने उन्हें पहचाना नहीं॥ ४॥

**छं०—को जान केहि आनंद बस सब ब्रह्मु बर परिछन चली।**
**कल गान मधुर निसान बरषहिं सुमन सुर सोभा भली॥**
**आनंदकंदु बिलोकि दूलहु सकल हियँ हरषित भई।**
**अंभोज अंबक अंबु उमगि सुअंग पुलकावलि छई॥**

कौन किसे जाने-पहिचाने! आनन्दके वश हुई सब दूलह बने हुए ब्रह्मका परछन करने चलीं। मनोहर गान हो रहा है। मधुर-मधुर नगाड़े बज रहे हैं, देवता फूल बरसा रहे हैं, बड़ी अच्छी शोभा है। आनन्दकन्द दूलहको देखकर सब स्त्रियाँ हृदयमें हर्षित हुईं। उनके कमल-सरीखे नेत्रोंमें प्रेमाश्रुओंका जल उमड़ आया और सुन्दर अंगोंमें पुलकावली छा गयी।

**दो०—जो सुखु भा सिय मातु मन देखि राम बर बेषु।**
**सो न सकहिं कहि कलप सत सहस सारदा सेषु॥ ३१८॥**

श्रीरामचन्द्रजीका वरवेष देखकर सीताजीकी माता सुनयनाजीके मनमें जो सुख हुआ, उसे हजारों सरस्वती और शेषजी सौ कल्पोंमें भी नहीं कह सकते [अथवा लाखों सरस्वती और शेष लाखों कल्पोंमें भी नहीं कह सकते]॥ ३१८॥

**नयन नीरु हटि मंगल जानी। परिछनि करहिं मुदित मन रानी॥**
**बेद बिहित अरु कुल आचारू। कीन्ह भली बिधि सब ब्यवहारू॥**

मंगल-अवसर जानकर नेत्रोंके जलको रोके हुए रानी प्रसन्न मनसे परछन कर रही हैं। वेदोंमें कहे हुए तथा कुलाचारके अनुसार सभी व्यवहार रानीने भलीभाँति किये॥ १॥

**पंच सबद धुनि मंगल गाना। पट पाँवड़े परहिं बिधि नाना॥**
**करि आरती अरघु तिन्ह दीन्हा। राम गमनु मंडप तब कीन्हा॥**

पंचशब्द (तन्त्री, ताल, झाँझ, नगारा और तुरही—इन पाँच प्रकारके बाजोंके शब्द), पंचध्वनि (वेदध्वनि, वन्दिध्वनि, जयध्वनि, शंखध्वनि और हुलूध्वनि) और मंगलगान हो रहे हैं। नाना प्रकारके वस्त्रोंके पाँवड़े पड़ रहे हैं। उन्होंने (रानीने) आरती करके अर्घ्य दिया, तब श्रीरामजीने मण्डपमें गमन किया॥ २॥

**दसरथु सहित समाज बिराजे। बिभव बिलोकि लोकपति लाजे॥**
**समयँ समयँ सुर बरषहिं फूला। सांति पढ़हिं महिसुर अनुकूला॥**

दशरथजी अपनी मण्डलीसहित विराजमान हुए। उनके वैभवको देखकर लोकपाल भी लजा गये। समय-समयपर देवता फूल बरसाते हैं और भूदेव ब्राह्मण समयानुकूल शान्ति-पाठ करते हैं॥ ३॥

**नभ अरु नगर कोलाहल होई। आपनि पर कछु सुनइ न कोई॥**
**एहि बिधि रामु मंडपहिं आए। अरघु देइ आसन बैठाए॥**

आकाश और नगरमें शोर मच रहा है। अपनी-परायी कोई कुछ भी नहीं सुनता। इस प्रकार श्रीरामचन्द्रजी मण्डपमें आये और अर्घ्य देकर आसनपर बैठाये गये॥ ४॥

**छं०—बैठारि आसन आरती करि निरखि बरु सुखु पावहीं।**
**मनि बसन भूषन भूरि वारहिं नारि मंगल गावहीं॥**
**ब्रह्मादि सुरबर बिप्र बेष बनाइ कौतुक देखहीं।**
**अवलोकि रघुकुल कमल रबि छबि सुफल जीवन लेखहीं॥**

आसनपर बैठाकर, आरती करके दूलहको देखकर स्त्रियाँ सुख पा रही हैं। वे ढेर-के-ढेर मणि, वस्त्र और गहने निछावर करके मंगल गा रही हैं। ब्रह्मा आदि श्रेष्ठ देवता ब्राह्मणका वेष बनाकर कौतुक देख रहे हैं। वे रघुकुलरूपी कमलके प्रफुल्लित करनेवाले सूर्य श्रीरामचन्द्रजीकी छबि देखकर अपना जीवन सफल जान रहे हैं।

**दो०—नाऊ बारी भाट नट राम निछावरि पाइ।**
**मुदित असीसहिं नाइ सिर हरषु न हृदयँ समाइ॥ ३१९॥**

नाई, बारी, भाट और नट श्रीरामचन्द्रजीकी निछावर पाकर आनन्दित हो सिर नवाकर आशिष देते हैं; उनके हृदयमें हर्ष समाता नहीं है॥ ३१९॥

**मिले जनकु दसरथु अति प्रीतीं। करि बैदिक लौकिक सब रीतीं॥**
**मिलत महा दोउ राज बिराजे। उपमा खोजि खोजि कबि लाजे॥**

वैदिक और लौकिक सब रीतियाँ करके जनकजी और दशरथजी बड़े प्रेमसे मिले। दोनों महाराज मिलते हुए बड़े ही शोभित हुए, कवि उनके लिये उपमा खोज-खोजकर लजा गये॥ १॥

**लही न कतहुँ हारि हियँ मानी। इन्ह सम एइ उपमा उर आनी॥**
**सामध देखि देव अनुरागे। सुमन बरषि जसु गावन लागे॥**

जब कहीं भी उपमा नहीं मिली, तब हृदयमें हार मानकर उन्होंने मनमें यही उपमा निश्चित की कि इनके समान ये ही हैं। समधियोंका मिलाप या परस्पर सम्बन्ध देखकर देवता अनुरक्त हो गये और फूल बरसाकर उनका यश गाने लगे॥ २॥

**जगु बिरंचि उपजावा जब तें। देखे सुने ब्याह बहु तब तें॥**
**सकल भाँति सम साजु समाजू। सम समधी देखे हम आजू॥**

[वे कहने लगे—] जबसे ब्रह्माजीने जगत्को उत्पन्न किया, तबसे हमने बहुत विवाह देखे-सुने; परन्तु सब प्रकारसे समान साज-समाज और बराबरीके (पूर्ण समतायुक्त) समधी तो आज ही देखे॥ ३॥

**देव गिरा सुनि सुंदर साँची। प्रीति अलौकिक दुहु दिसि माची॥**
**देत पाँवड़े अरघु सुहाए। सादर जनकु मंडपहिं ल्याए॥**

देवताओंकी सुन्दर सत्यवाणी सुनकर दोनों ओर अलौकिक प्रीति छा गयी। सुन्दर पाँवड़े और अर्घ्य देते हुए जनकजी दशरथजीको आदरपूर्वक मण्डपमें ले आये॥ ४॥

**छं०—मंडपु बिलोकि बिचित्र रचनाँ रुचिरताँ मुनि मन हरे।**
**निज पानि जनक सुजान सब कहुँ आनि सिंघासन धरे॥**

**कुल इष्ट सरिस बसिष्ट पूजे बिनय करि आसिष लही।**
**कौसिकहि पूजत परम प्रीति कि रीति तौ न परै कही॥**

मण्डपको देखकर उसकी विचित्र रचना और सुन्दरतासे मुनियोंके मन भी हरे गये (मोहित हो गये)। सुजान जनकजीने अपने हाथोंसे ला-लाकर सबके लिये सिंहासन रखे। उन्होंने अपने कुलके इष्टदेवताके समान वसिष्ठजीकी पूजा की और विनय करके आशीर्वाद प्राप्त किया। विश्वामित्रजीकी पूजा करते समयकी परम प्रीतिकी रीति तो कहते ही नहीं बनती।

**दो०—बामदेव आदिक रिषय पूजे मुदित महीस।**
**दिए दिब्य आसन सबहि सब सन लही असीस॥ ३२०॥**

राजाने वामदेव आदि ऋषियोंकी प्रसन्न मनसे पूजा की। सभीको दिव्य आसन दिये और सबसे आशीर्वाद प्राप्त किया॥ ३२०॥

**बहुरि कीन्हि कोसलपति पूजा। जानि ईस सम भाउ न दूजा॥**
**कीन्हि जोरि कर बिनय बड़ाई। कहि निज भाग्य बिभव बहुताई॥**

फिर उन्होंने कोसलाधीश राजा दशरथजीकी पूजा उन्हें ईश (महादेवजी) के समान जानकर की, कोई दूसरा भाव न था। तदनन्तर [उनके सम्बन्धसे] अपने भाग्य और वैभवके विस्तारकी सराहना करके हाथ जोड़कर विनती और बड़ाई की॥ १॥

**पूजे भूपति सकल बराती। समधी सम सादर सब भाँती॥**
**आसन उचित दिए सब काहू। कहौं काह मुख एक उछाहू॥**

राजा जनकजीने सब बरातियोंका समधी दशरथजीके समान ही सब प्रकारसे आदरपूर्वक पूजन किया और सब किसीको उचित आसन दिये। मैं एक मुखसे उस उत्साहका क्या वर्णन करूँ॥ २॥

**सकल बरात जनक सनमानी। दान मान बिनती बर बानी॥**
**बिधि हरि हरु दिसिपति दिनराऊ। जे जानहिं रघुबीर प्रभाऊ॥**

राजा जनकने दान, मान-सम्मान, विनय और उत्तम वाणीसे सारी बारातका सम्मान किया। ब्रह्मा, विष्णु, शिव, दिक्पाल और सूर्य जो श्रीरघुनाथजीका प्रभाव जानते हैं,॥ ३॥

**कपट बिप्र बर बेष बनाएँ। कौतुक देखहिं अति सचु पाएँ॥**
**पूजे जनक देव सम जानें। दिए सुआसन बिनु पहिचानें॥**

वे कपटसे ब्राह्मणोंका सुन्दर वेष बनाये बहुत ही सुख पाते हुए सब लीला देख रहे थे। जनकजीने उनको देवताओंके समान जानकर उनका पूजन किया और बिना पहचाने भी उन्हें सुन्दर आसन दिये॥ ४॥

**छं०—पहिचान को केहि जान सबहि अपान सुधि भोरी भई।**
**आनंद कंदु बिलोकि दूलहु उभय दिसि आनँदमई॥**
**सुर लखे राम सुजान पूजे मानसिक आसन दए।**
**अवलोकि सीलु सुभाउ प्रभु को बिबुध मन प्रमुदित भए॥**

कौन किसको जाने-पहिचाने! सबको अपनी ही सुध भूली हुई है। आनन्दकन्द दूलहको देखकर दोनों ओर आनन्दमयी स्थिति हो रही है। सुजान (सर्वज्ञ) श्रीरामचन्द्रजीने देवताओंको

पहचान लिया और उनकी मानसिक पूजा करके उन्हें मानसिक आसन दिये। प्रभुका शील-स्वभाव देखकर देवगण मनमें बहुत आनन्दित हुए।

**दो०—रामचंद्र मुख चंद्र छबि लोचन चारु चकोर।**
**करत पान सादर सकल प्रेमु प्रमोदु न थोर॥ ३२१॥**

श्रीरामचन्द्रजीके मुखरूपी चन्द्रमाकी छबिको सभीके सुन्दर नेत्ररूपी चकोर आदरपूर्वक पान कर रहे हैं; प्रेम और आनन्द कम नहीं है (अर्थात् बहुत है)॥ ३२१॥

**समउ बिलोकि बसिष्ठ बोलाए। सादर सतानंदु सुनि आए॥**
**बेगि कुअँरि अब आनहु जाई। चले मुदित मुनि आयसु पाई॥**

समय देखकर वसिष्ठजीने शतानन्दजीको आदरपूर्वक बुलाया। वे सुनकर आदरके साथ आये। वसिष्ठजीने कहा—अब जाकर राजकुमारीको शीघ्र ले आइये। मुनिकी आज्ञा पाकर वे प्रसन्न होकर चले॥ १॥

**रानी सुनि उपरोहित बानी। प्रमुदित सखिन्ह समेत सयानी॥**
**बिप्र बधू कुलबृद्ध बोलाईं। करि कुलरीति सुमंगल गाईं॥**

बुद्धिमती रानी पुरोहितकी वाणी सुनकर सखियोंसमेत बड़ी प्रसन्न हुईं। ब्राह्मणोंकी स्त्रियों और कुलकी बूढ़ी स्त्रियोंको बुलाकर उन्होंने कुलरीति करके सुन्दर मंगलगीत गाये॥ २॥

**नारि बेष जे सुर बर बामा। सकल सुभायँ सुंदरी स्यामा॥**
**तिन्हहि देखि सुखु पावहिं नारीं। बिनु पहिचानि प्रानहु ते प्यारीं॥**

श्रेष्ठ देवांगनाएँ, जो सुन्दर मनुष्य-स्त्रियोंके वेषमें हैं, सभी स्वभावसे ही सुन्दरी और श्यामा (सोलह वर्षकी अवस्थावाली) हैं। उनको देखकर रनिवासकी स्त्रियाँ सुख पाती हैं और बिना पहचानके ही वे सबको प्राणोंसे भी प्यारी हो रही हैं॥ ३॥

**बार बार सनमानहिं रानी। उमा रमा सारद सम जानी॥**
**सीय सँवारि समाजु बनाई। मुदित मंडपहिं चलीं लवाई॥**

उन्हें पार्वती, लक्ष्मी और सरस्वतीके समान जानकर रानी बार-बार उनका सम्मान करती हैं। [रनिवासकी स्त्रियाँ और सखियाँ] सीताजीका शृंगार करके, मण्डली बनाकर, प्रसन्न होकर उन्हें मण्डपमें लिवा चलीं॥ ४॥

**छं०—चलि ल्याइ सीतहि सखीं सादर सजि सुमंगल भामिनीं।**
**नवसप्त साजे सुंदरीं सब मत्त कुंजर गामिनीं॥**
**कल गान सुनि मुनि ध्यान त्यागहिं काम कोकिल लाजहीं।**
**मंजीर नूपुर कलित कंकन ताल गति बर बाजहीं॥**

सुन्दर मंगलका साज सजकर [रनिवासकी] स्त्रियाँ और सखियाँ आदरसहित सीताजीको लिवा चलीं। सभी सुन्दरियाँ सोलहों शृंगार किये हुए मतवाले हाथियोंकी चालसे चलनेवाली हैं। उनके मनोहर गानको सुनकर मुनि ध्यान छोड़ देते हैं और कामदेवकी कोयलें भी लजा जाती हैं। पायजेब, पैंजनी और सुन्दर कंकण तालकी गतिपर बड़े सुन्दर बज रहे हैं।

**दो०—सोहति बनिता बृंद महुँ सहज सुहावनि सीय।**
**छबि ललना गन मध्य जनु सुषमा तिय कमनीय॥ ३२२॥**

सहज ही सुन्दरी सीताजी स्त्रियोंके समूहमें इस प्रकार शोभा पा रही हैं, मानो छबिरूपी ललनाओंके समूहके बीच साक्षात् परम मनोहर शोभारूपी स्त्री सुशोभित हो॥ ३२२॥

**सिय सुंदरता बरनि न जाई। लघु मति बहुत मनोहरताई॥**
**आवत दीखि बरातिन्ह सीता। रूप रासि सब भाँति पुनीता॥**

सीताजीकी सुन्दरताका वर्णन नहीं हो सकता, क्योंकि बुद्धि बहुत छोटी है और मनोहरता बहुत बड़ी है। रूपकी राशि और सब प्रकारसे पवित्र सीताजीको बरातियोंने आते देखा॥ १॥

**सबहि मनहिं मन किए प्रनामा। देखि राम भए पूरनकामा॥**
**हरषे दसरथ सुतन्ह समेता। कहि न जाइ उर आनँदु जेता॥**

सभीने उन्हें मन-ही-मन प्रणाम किया। श्रीरामचन्द्रजीको देखकर तो सभी पूर्णकाम (कृतकृत्य) हो गये। राजा दशरथजी पुत्रोंसहित हर्षित हुए। उनके हृदयमें जितना आनन्द था, वह कहा नहीं जा सकता॥ २॥

**सुर प्रनामु करि बरिसहिं फूला। मुनि असीस धुनि मंगल मूला॥**
**गान निसान कोलाहलु भारी। प्रेम प्रमोद मगन नर नारी॥**

देवता प्रणाम करके फूल बरसा रहे हैं। मंगलोंकी मूल मुनियोंके आशीर्वादोंकी ध्वनि हो रही है। गानों और नगाड़ोंके शब्दसे बड़ा शोर मच रहा है। सभी नर-नारी प्रेम और आनन्दमें मग्न हैं॥ ३॥

**एहि बिधि सीय मंडपहिं आई। प्रमुदित सांति पढ़हिं मुनिराई॥**
**तेहि अवसर कर बिधि ब्यवहारू। दुहुँ कुलगुर सब कीन्ह अचारू॥**

इस प्रकार सीताजी मण्डपमें आयीं। मुनिराज बहुत ही आनन्दित होकर शान्तिपाठ पढ़ रहे हैं। उस अवसरकी सब रीति, व्यवहार और कुलाचार दोनों कुलगुरुओंने किये॥ ४॥

**छं०—आचारु करि गुर गौरि गनपति मुदित बिप्र पुजावहीं।**
**सुर प्रगटि पूजा लेहिं देहिं असीस अति सुखु पावहीं॥**
**मधुपर्क मंगल द्रब्य जो जेहि समय मुनि मन महुँ चहैं।**
**भरे कनक कोपर कलस सो तब लिएहिं परिचारक रहैं॥**

कुलाचार करके गुरुजी प्रसन्न होकर गौरीजी, गणेशजी और ब्राह्मणोंकी पूजा करा रहे हैं [अथवा ब्राह्मणोंके द्वारा गौरी और गणेशकी पूजा करवा रहे हैं]। देवता प्रकट होकर पूजा ग्रहण करते हैं, आशीर्वाद देते हैं और अत्यन्त सुख पा रहे हैं। मधुपर्क आदि जिस किसी भी मांगलिक पदार्थकी मुनि जिस समय भी मनमें चाहमात्र करते हैं, सेवकगण उसी समय सोनेकी परातोंमें और कलशोंमें भरकर उन पदार्थोंको लिये तैयार रहते हैं॥ १॥

**कुल रीति प्रीति समेत रबि कहि देत सबु सादर कियो।**
**एहि भाँति देव पुजाइ सीतहि सुभग सिंघासनु दियो॥**
**सिय राम अवलोकनि परसपर प्रेमु काहु न लखि परै।**
**मन बुद्धि बर बानी अगोचर प्रगट कबि कैसें करै॥**

स्वयं सूर्यदेव प्रेमसहित अपने कुलकी सब रीतियाँ बता देते हैं और वे सब आदरपूर्वक की जा रही

हैं। इस प्रकार देवताओंकी पूजा कराके मुनियोंने सीताजीको सुंदर सिंहासन दिया। श्रीसीताजी और श्रीरामजीका आपसमें एक-दूसरेको देखना तथा उनका परस्परका प्रेम किसीको लख नहीं पड़ रहा है। जो बात श्रेष्ठ मन, बुद्धि और वाणीसे भी परे है, उसे कवि क्योंकर प्रकट करे?॥ २॥

**दो०—होम समय तनु धरि अनलु अति सुख आहुति लेहिं।**
**बिप्र बेष धरि बेद सब कहि बिबाह बिधि देहिं॥ ३२३॥**

हवनके समय अग्निदेव शरीर धारण करके बड़े ही सुखसे आहुति ग्रहण करते हैं और सारे वेद ब्राह्मणका वेष धरकर विवाहकी विधियाँ बताये देते हैं॥ ३२३॥

**जनक पाटमहिषी जग जानी। सीय मातु किमि जाइ बखानी॥**
**सुजसु सुकृत सुख सुंदरताई। सब समेटि बिधि रची बनाई॥**

जनकजीकी जगद्विख्यात पटरानी और सीताजीकी माताका बखान तो हो ही कैसे सकता है। सुयश, सुकृत (पुण्य), सुख और सुन्दरता सबको बटोरकर विधाताने उन्हें सँवारकर तैयार किया है॥ १॥

**समउ जानि मुनिबरन्ह बोलाईं। सुनत सुआसिनि सादर ल्याईं॥**
**जनक बाम दिसि सोह सुनयना। हिमगिरि संग बनी जनु मयना॥**

समय जानकर श्रेष्ठ मुनियोंने उनको बुलवाया। यह सुनते ही सुहागिनी स्त्रियाँ उन्हें आदरपूर्वक ले आयीं। सुनयनाजी (जनकजीकी पटरानी) जनकजीकी बायीं ओर ऐसी सोह रही हैं, मानो हिमाचलके साथ मैनाजी शोभित हों॥ २॥

**कनक कलस मनि कोपर रूरे। सुचि सुगंध मंगल जल पूरे॥**
**निज कर मुदित रायँ अरु रानी। धरे राम के आगें आनी॥**

पवित्र, सुगन्धित और मंगल जलसे भरे सोनेके कलश और मणियोंकी सुन्दर परातें राजा और रानीने आनन्दित होकर अपने हाथोंसे लाकर श्रीरामचन्द्रजीके आगे रखीं॥ ३॥

**पढ़हिं बेद मुनि मंगल बानी। गगन सुमन झरि अवसरु जानी॥**
**बरु बिलोकि दंपति अनुरागे। पाय पुनीत पखारन लागे॥**

मुनि मंगलवाणीसे वेद पढ़ रहे हैं। सुअवसर जानकर आकाशसे फूलोंकी झड़ी लग गयी है। दूलहको देखकर राजा-रानी प्रेममग्न हो गये और उनके पवित्र चरणोंको पखारने लगे॥ ४॥

**छं०—लागे पखारन पाय पंकज प्रेम तन पुलकावली।**
**नभ नगर गान निसान जय धुनि उमगि जनु चहुँ दिसि चली॥**
**जे पद सरोज मनोज अरि उर सर सदैव बिराजहीं।**
**जे सकृत सुमिरत बिमलता मन सकल कलि मल भाजहीं॥**

वे श्रीरामजीके चरणकमलोंको पखारने लगे, प्रेमसे उनके शरीरमें पुलकावली छा रही है। आकाश और नगरमें होनेवाली गान, नगाड़े और जय-जयकारकी ध्वनि मानो चारों दिशाओंमें उमड़ चली। जो चरणकमल कामदेवके शत्रु श्रीशिवजीके हृदयरूपी सरोवरमें सदा ही विराजते हैं, जिनका एक बार भी स्मरण करनेसे मनमें निर्मलता आ जाती है और कलियुगके सारे पाप भाग जाते हैं,॥ १॥

**जे परसि मुनिबनिता लही गति रही जो पातकमई।**
**मकरंदु जिन्ह को संभु सिर सुचिता अवधि सुर बरनई॥**
**करि मधुप मन मुनि जोगिजन जे सेइ अभिमत गति लहैं।**
**ते पद पखारत भाग्यभाजनु जनकु जय जय सब कहैं॥**

जिनका स्पर्श पाकर गौतम मुनिकी स्त्री अहल्याने, जो पापमयी थी, परमगति पायी, जिन चरणकमलोंका मकरन्दरस (गंगाजी) शिवजीके मस्तकपर विराजमान है, जिसको देवता पवित्रताकी सीमा बताते हैं; मुनि और योगीजन अपने मनको भौंरा बनाकर जिन चरणकमलोंका सेवन करके मनोवांछित गति प्राप्त करते हैं; उन्हीं चरणोंको भाग्यके पात्र (बड़भागी) जनकजी धो रहे हैं; यह देखकर सब जय-जयकार कर रहे हैं॥ २॥

**बर कुअँरि करतल जोरि साखोचारु दोउ कुलगुर करैं।**
**भयो पानिगहनु बिलोकि बिधि सुर मनुज मुनि आनँद भरैं॥**
**सुखमूल दूलहु देखि दंपति पुलक तन हुलस्यो हियो।**
**करि लोक बेद बिधानु कन्यादानु नृपभूषन कियो॥**

दोनों कुलोंके गुरु वर और कन्याकी हथेलियोंको मिलाकर शाखोच्चार करने लगे। पाणिग्रहण हुआ देखकर ब्रह्मादि देवता, मनुष्य और मुनि आनन्दमें भर गये। सुखके मूल दूलहको देखकर राजा-रानीका शरीर पुलकित हो गया और हृदय आनन्दसे उमँग उठा। राजाओंके अलंकारस्वरूप महाराज जनकजीने लोक और वेदकी रीतिको करके कन्यादान किया॥ ३॥

**हिमवंत जिमि गिरिजा महेसहि हरिहि श्री सागर दई।**
**तिमि जनक रामहि सिय समरपी बिस्व कल कीरति नई॥**
**क्यों करै बिनय बिदेहु कियो बिदेहु मूरति सावँरीं।**
**करि होमु बिधिवत गाँठि जोरी होन लागीं भावँरीं॥**

जैसे हिमवान्‌ने शिवजीको पार्वतीजी और सागरने भगवान् विष्णुको लक्ष्मीजी दी थीं, वैसे ही जनकजीने श्रीरामचन्द्रजीको सीताजी समर्पित कीं, जिससे विश्वमें सुन्दर नवीन कीर्ति छा गयी। विदेह (जनकजी) कैसे विनती करें! उस साँवली मूर्तिने तो उन्हें सचमुच विदेह (देहकी सुध-बुधसे रहित) ही कर दिया। विधिपूर्वक हवन करके गठजोड़ी की गयी और भाँवरें होने लगीं॥ ४॥

**दो०—जय धुनि बंदी बेद धुनि मंगल गान निसान।**
**सुनि हरषहिं बरषहिं बिबुध सुरतरु सुमन सुजान॥ ३२४॥**

जयध्वनि, वन्दीध्वनि, वेदध्वनि, मंगलगान और नगाड़ोंकी ध्वनि सुनकर चतुर देवगण हर्षित हो रहे हैं और कल्पवृक्षके फूलोंको बरसा रहे हैं॥ ३२४॥

**कुअँरु कुअँरि कल भावँरि देहीं। नयन लाभु सब सादर लेहीं॥**
**जाइ न बरनि मनोहर जोरी। जो उपमा कछु कहौं सो थोरी॥**

वर और कन्या सुन्दर भाँवरें दे रहे हैं। सब लोग आदरपूर्वक [उन्हें देखकर] नेत्रोंका परम लाभ ले रहे हैं। मनोहर जोड़ीका वर्णन नहीं हो सकता, जो कुछ उपमा कहूँ वही थोड़ी होगी॥ १॥

**राम सीय सुंदर प्रतिछाहीं। जगमगात मनि खंभन माहीं॥**
**मनहुँ मदन रति धरि बहु रूपा। देखत राम बिआहु अनूपा॥**

श्रीरामजी और श्रीसीताजीकी सुन्दर परछाहीं मणियोंके खम्भोंमें जगमगा रही हैं, मानो कामदेव और रति बहुत-से रूप धारण करके श्रीरामजीके अनुपम विवाहको देख रहे हैं॥ २॥

**दरस लालसा सकुच न थोरी। प्रगटत दुरत बहोरि बहोरी॥**
**भए मगन सब देखनिहारे। जनक समान अपान बिसारे॥**

उन्हें (कामदेव और रतिको) दर्शनकी लालसा और संकोच दोनों ही कम नहीं हैं (अर्थात् बहुत हैं); इसीलिये वे मानो बार-बार प्रकट होते और छिपते हैं। सब देखनेवाले आनन्दमग्न हो गये और जनकजीकी भाँति सभी अपनी सुध भूल गये॥ ३॥

**प्रमुदित मुनिन्ह भावँरीं फेरीं। नेगसहित सब रीति निबेरीं॥**
**राम सीय सिर सेंदुर देहीं। सोभा कहि न जाति बिधि केहीं॥**

मुनियोंने आनन्दपूर्वक भाँवरें फिरायीं और नेगसहित सब रीतियोंको पूरा किया। श्रीरामचन्द्रजी सीताजीके सिरमें सिंदूर दे रहे हैं; यह शोभा किसी प्रकार भी कही नहीं जाती॥ ४॥

**अरुन पराग जलजु भरि नीकें। ससिहि भूष अहि लोभ अमी कें॥**
**बहुरि बसिष्ठ दीन्हि अनुसासन। बरु दुलहिनि बैठे एक आसन॥**

मानो कमलको लाल परागसे अच्छी तरह भरकर अमृतके लोभसे साँप चन्द्रमाको भूषित कर रहा है। [यहाँ श्रीरामके हाथको कमलकी, सेंदुरको परागकी, श्रीरामकी श्याम भुजाको साँपकी और सीताजीके मुखको चन्द्रमाकी उपमा दी गयी है] फिर वसिष्ठजीने आज्ञा दी, तब दूलह और दुलहिन एक आसनपर बैठे॥ ५॥

**छं०—बैठे बरासन रामु जानकि मुदित मन दसरथु भए।**
**तनु पुलक पुनि पुनि देखि अपनें सुकृत सुरतरु फल नए॥**
**भरि भुवन रहा उछाहु राम बिबाहु भा सबहीं कहा।**
**केहि भाँति बरनि सिरात रसना एक यहु मंगलु महा॥**

श्रीरामजी और जानकीजी श्रेष्ठ आसनपर बैठे; उन्हें देखकर दशरथजी मनमें बहुत आनन्दित हुए। अपने सुकृतरूपी कल्पवृक्षमें नये फल [आये] देखकर उनका शरीर बार-बार पुलकित हो रहा है। चौदहों भुवनोंमें उत्साह भर गया; सबने कहा कि श्रीरामचन्द्रजीका विवाह हो गया। जीभ एक है और यह मंगल महान् है; फिर भला, वह वर्णन करके किस प्रकार समाप्त किया जा सकता है!॥ १॥

**तब जनक पाइ बसिष्ठ आयसु ब्याह साज सँवारि कै।**
**मांडवी श्रुतकीरति उरमिला कुअँरि लईं हँकारि कै॥**
**कुसकेतु कन्या प्रथम जो गुन सील सुख सोभामई।**
**सब रीति प्रीति समेत करि सो ब्याहि नृप भरतहि दई॥**

तब वसिष्ठजीकी आज्ञा पाकर जनकजीने विवाहका सामान सजाकर माण्डवीजी, श्रुतकीर्तिजी और उर्मिलाजी—इन तीनों राजकुमारियोंको बुला लिया। कुशध्वजकी बड़ी कन्या माण्डवीजीको, जो गुण, शील, सुख और शोभाकी रूप ही थीं, राजा जनकने प्रेमपूर्वक सब रीतियाँ करके भरतजीको ब्याह दिया॥ २॥

**जानकी लघु भगिनी सकल सुंदरि सिरोमनि जानि कै।**
**सो तनय दीन्ही ब्याहि लखनहि सकल बिधि सनमानि कै॥**
**जेहि नामु श्रुतकीरति सुलोचनि सुमुखि सब गुन आगरी।**
**सो दई रिपुसूदनहि भूपति रूप सील उजागरी॥**

जानकीजीकी छोटी बहिन उर्मिलाजीको सब सुन्दरियोंमें शिरोमणि जानकर उस कन्याको सब प्रकारसे सम्मान करके, लक्ष्मणजीको ब्याह दिया; और जिनका नाम श्रुतकीर्ति है और जो सुन्दर नेत्रोंवाली, सुन्दर मुखवाली, सब गुणोंकी खान और रूप तथा शीलमें उजागर हैं, उनको राजाने शत्रुघ्नको ब्याह दिया॥ ३॥

**अनुरूप बर दुलहिनि परस्पर लखि सकुच हियँ हरषहीं।**
**सब मुदित सुंदरता सराहहिं सुमन सुर गन बरषहीं॥**
**सुंदरीं सुंदर बरन्ह सह सब एक मंडप राजहीं।**
**जनु जीव उर चारिउ अवस्था बिभुन सहित बिराजहीं॥**

दूलह और दुलहिनें परस्पर अपने-अपने अनुरूप जोड़ीको देखकर सकुचते हुए हृदयमें हर्षित हो रही हैं। सब लोग प्रसन्न होकर उनकी सुन्दरताकी सराहना करते हैं और देवगण फूल बरसा रहे हैं। सब सुन्दरी दुलहिनें सुन्दर दूल्होंके साथ एक ही मण्डपमें ऐसी शोभा पा रही हैं, मानो जीवके हृदयमें चारों अवस्थाएँ (जाग्रत्, स्वप्न, सुषुप्ति और तुरीय) अपने चारों स्वामियों (विश्व, तैजस, प्राज्ञ और ब्रह्म) सहित विराजमान हों॥ ४॥

**दो०—मुदित अवधपति सकल सुत बधुन्ह समेत निहारि।**
**जनु पाए महिपाल मनि क्रियन्ह सहित फल चारि॥ ३२५॥**

सब पुत्रोंको बहुओंसहित देखकर अवधनरेश दशरथजी ऐसे आनन्दित हैं, मानो वे राजाओंके शिरोमणि क्रियाओं (यज्ञक्रिया, श्रद्धाक्रिया, योगक्रिया और ज्ञानक्रिया) सहित चारों फल (अर्थ, धर्म, काम और मोक्ष) पा गये हों॥ ३२५॥

**जसि रघुबीर ब्याह बिधि बरनी। सकल कुअँर ब्याहे तेहिं करनी॥**
**कहि न जाइ कछु दाइज भूरी। रहा कनक मनि मंडपु पूरी॥**

श्रीरामचन्द्रजीके विवाहकी जैसी विधि वर्णन की गयी, उसी रीतिसे सब राजकुमार विवाहे गये। दहेजकी अधिकता कुछ कही नहीं जाती; सारा मंडप सोने और मणियोंसे भर गया॥ १॥

**कंबल बसन बिचित्र पटोरे। भाँति भाँति बहु मोल न थोरे॥**
**गज रथ तुरग दास अरु दासी। धेनु अलंकृत कामदुहा सी॥**

बहुत-से कम्बल, वस्त्र और भाँति-भाँतिके विचित्र रेशमी कपड़े, जो थोड़ी कीमतके न थे (अर्थात् बहुमूल्य थे) तथा हाथी, रथ, घोड़े, दास-दासियाँ और गहनोंसे सजी हुई कामधेनु-सरीखी गायें—॥ २॥

**बस्तु अनेक करिअ किमि लेखा। कहि न जाइ जानहिं जिन्ह देखा॥**
**लोकपाल अवलोकि सिहाने। लीन्ह अवधपति सबु सुखु माने॥**

[आदि] अनेकों वस्तुएँ हैं, जिनकी गिनती कैसे की जाय। उनका वर्णन नहीं किया जा सकता, जिन्होंने देखा है वही जानते हैं। उन्हें देखकर लोकपाल भी सिहा गये। अवधराज दशरथजीने सुख मानकर प्रसन्नचित्तसे सब कुछ ग्रहण किया॥ ३॥

**दीन्ह जाचकन्हि जो जेहि भावा। उबरा सो जनवासेहिं आवा॥**
**तब कर जोरि जनकु मृदु बानी। बोले सब बरात सनमानी॥**

उन्होंने वह दहेजका सामान याचकोंको, जो जिसे अच्छा लगा, दे दिया। जो बच रहा, वह जनवासेमें चला आया। तब जनकजी हाथ जोड़कर सारी बारातका सम्मान करते हुए कोमल वाणीसे बोले॥ ४॥

**छं०—सनमानि सकल बरात आदर दान बिनय बड़ाइ कै।**
**प्रमुदित महा मुनि बृंद बंदे पूजि प्रेम लड़ाइ कै॥**
**सिरु नाइ देव मनाइ सब सन कहत कर संपुट किएँ।**
**सुर साधु चाहत भाउ सिंधु कि तोष जल अंजलि दिएँ॥**

आदर, दान, विनय और बड़ाईके द्वारा सारी बारातका सम्मान कर राजा जनकने महान् आनन्दके साथ प्रेमपूर्वक लड़ाकर (लाड़ करके) मुनियोंके समूहकी पूजा एवं वन्दना की। सिर नवाकर, देवताओंको मनाकर, राजा हाथ जोड़कर सबसे कहने लगे कि देवता और साधु तो भाव ही चाहते हैं (वे प्रेमसे ही प्रसन्न हो जाते हैं, उन पूर्णकाम महानुभावोंको कोई कुछ देकर कैसे सन्तुष्ट कर सकता है); क्या एक अंजलि जल देनेसे कहीं समुद्र सन्तुष्ट हो सकता है॥ १॥

**कर जोरि जनकु बहोरि बंधु समेत कोसलराय सों।**
**बोले मनोहर बयन सानि सनेह सील सुभाय सों॥**
**संबंध राजन रावरें हम बड़े अब सब बिधि भए।**
**एहि राज साज समेत सेवक जानिबे बिनु गथ लए॥**

फिर जनकजी भाईसहित हाथ जोड़कर कोसलाधीश दशरथजीसे स्नेह, शील और सुन्दर प्रेममें सानकर मनोहर वचन बोले—हे राजन्! आपके साथ सम्बन्ध हो जानेसे अब हम सब प्रकारसे बड़े हो गये। इस राज-पाटसहित हम दोनोंको आप बिना दामके लिये हुए सेवक ही समझियेगा॥ २॥

**ए दारिका परिचारिका करि पालिबीं करुना नई।**
**अपराधु छमिबो बोलि पठए बहुत हौं ढीट्यो कई॥**
**पुनि भानुकुलभूषन सकल सनमान निधि समधी किए।**
**कहि जाति नहिं बिनती परस्पर प्रेम परिपूरन हिए॥**

इन लड़कियोंको टहलनी मानकर, नयी-नयी दया करके पालन कीजियेगा। मैंने बड़ी ढिठाई की कि आपको यहाँ बुला भेजा, अपराध क्षमा कीजियेगा। फिर सूर्यकुलके भूषण दशरथजीने समधी जनकजीको सम्पूर्ण सम्मानका निधि कर दिया (इतना सम्मान किया कि वे सम्मानके भण्डार ही हो गये)। उनकी परस्परकी विनय कही नहीं जाती, दोनोंके हृदय प्रेमसे परिपूर्ण हैं॥ ३॥

**बृंदारका गन सुमन बरिसहिं राउ जनवासेहि चले।**
**दुंदुभी जय धुनि बेद धुनि नभ नगर कौतूहल भले॥**

**तब सखीं मंगल गान करत मुनीस आयसु पाइ कै।**
**दूलह दुलहिनिन्ह सहित सुंदरि चलीं कोहबर ल्याइ कै॥**

देवतागण फूल बरसा रहे हैं; राजा जनवासेको चले। नगाड़ेकी ध्वनि, जयध्वनि और वेदकी ध्वनि हो रही है; आकाश और नगर दोनोंमें खूब कौतूहल हो रहा है (आनन्द छा रहा है), तब मुनीश्वरकी आज्ञा पाकर सुन्दरी सखियाँ मंगलगान करती हुई दुलहिनोंसहित दूल्होंको लिवाकर कोहबरको चलीं॥ ४॥

**दो०—पुनि पुनि रामहि चितव सिय सकुचति मनु सकुचै न।**
**हरत मनोहर मीन छबि प्रेम पिआसे नैन॥ ३२६॥**

सीताजी बार-बार रामजीको देखती हैं और सकुचा जाती हैं; पर उनका मन नहीं सकुचाता। प्रेमके प्यासे उनके नेत्र सुन्दर मछलियोंकी छबिको हर रहे हैं॥ ३२६॥

## मासपारायण, ग्यारहवाँ विश्राम

**स्याम सरीरु सुभायँ सुहावन। सोभा कोटि मनोज लजावन॥**
**जावक जुत पद कमल सुहाए। मुनि मन मधुप रहत जिन्ह छाए॥**

श्रीरामचन्द्रजीका साँवला शरीर स्वभावसे ही सुन्दर है। उसकी शोभा करोड़ों कामदेवोंको लजानेवाली है। महावरसे युक्त चरणकमल बड़े सुहावने लगते हैं, जिनपर मुनियोंके मनरूपी भौंरे सदा छाये रहते हैं॥ १॥

**पीत पुनीत मनोहर धोती। हरति बाल रबि दामिनि जोती॥**
**कल किंकिनि कटि सूत्र मनोहर। बाहु बिसाल बिभूषन सुंदर॥**

पवित्र और मनोहर पीली धोती प्रातःकालके सूर्य और बिजलीकी ज्योतिको हरे लेती है। कमरमें सुन्दर किंकिणी और कटिसूत्र हैं। विशाल भुजाओंमें सुन्दर आभूषण सुशोभित हैं॥ २॥

**पीत जनेउ महाछबि देई। कर मुद्रिका चोरि चितु लेई॥**
**सोहत ब्याह साज सब साजे। उर आयत उरभूषन राजे॥**

पीला जनेऊ महान् शोभा दे रहा है। हाथकी अँगूठी चित्तको चुरा लेती है। ब्याहके सब साज सजे हुए वे शोभा पा रहे हैं। चौड़ी छातीपर हृदयपर पहननेके सुन्दर आभूषण सुशोभित हैं॥ ३॥

**पिअर उपरना काखासोती। दुहुँ आँचरन्हि लगे मनि मोती॥**
**नयन कमल कल कुंडल काना। बदनु सकल सौंदर्ज निधाना॥**

पीला दुपट्टा काँखासोती (जनेऊकी तरह) शोभित है, जिसके दोनों छोरोंपर मणि और मोती लगे हैं। कमलके समान सुन्दर नेत्र हैं, कानोंमें सुन्दर कुण्डल हैं और मुख तो सारी सुन्दरताका खजाना ही है॥ ४॥

**सुंदर भृकुटि मनोहर नासा। भाल तिलकु रुचिरता निवासा॥**
**सोहत मौरु मनोहर माथे। मंगलमय मुकुता मनि गाथे॥**

सुन्दर भौंहें और मनोहर नासिका है। ललाटपर तिलक तो सुन्दरताका घर ही है। जिसमें मंगलमय मोती और मणि गुँथे हुए हैं, ऐसा मनोहर मौर माथेपर सोह रहा है॥ ५॥

**छं०—गाथे महामनि मौर मंजुल अंग सब चित चोरहीं।**
**पुर नारि सुर सुंदरीं बरहि बिलोकि सब तिन तोरहीं॥**
**मनि बसन भूषन वारि आरति करहिं मंगल गावहीं।**
**सुर सुमन बरिसहिं सूत मागध बंदि सुजसु सुनावहीं॥**

सुन्दर मौरमें बहुमूल्य मणियाँ गुँथी हुई हैं, सभी अंग चित्तको चुराये लेते हैं। सब नगरकी स्त्रियाँ और देवसुन्दरियाँ दूलहको देखकर तिनका तोड़ रही हैं (उनकी बलैयाँ ले रही हैं) और मणि, वस्त्र तथा आभूषण निछावर करके आरती उतार रही और मंगलगान कर रही हैं। देवता फूल बरसा रहे हैं और सूत, मागध तथा भाट सुयश सुना रहे हैं॥ १॥

**कोहबरहिं आने कुअँर कुअँरि सुआसिनिन्ह सुख पाइ कै।**
**अति प्रीति लौकिक रीति लागीं करन मंगल गाइ कै॥**
**लहकौरि गौरि सिखाव रामहि सीय सन सारद कहैं।**
**रनिवासु हास बिलास रस बस जन्म को फलु सब लहैं॥**

सुहागिनी स्त्रियाँ सुख पाकर कुँअर और कुमारियोंको कोहबर (कुलदेवताके स्थान) में लायीं और अत्यन्त प्रेमसे मंगलगीत गा-गाकर लौकिक रीति करने लगीं। पार्वतीजी श्रीरामचन्द्रजीको लहकौर (वर-वधूका परस्पर ग्रास देना) सिखाती हैं और सरस्वतीजी सीताजीको सिखाती हैं। रनिवास हास-विलासके आनन्दमें मग्न है, [श्रीरामजी और सीताजीको देख-देखकर] सभी जन्मका परम फल प्राप्त कर रही हैं॥ २॥

**निज पानि मनि महुँ देखिअति मूरति सुरूपनिधान की।**
**चालति न भुजबल्ली बिलोकनि बिरह भय बस जानकी॥**
**कौतुक बिनोद प्रमोदु प्रेमु न जाइ कहि जानहिं अलीं।**
**बर कुअँरि सुंदर सकल सखीं लवाइ जनवासेहि चलीं॥**

अपने हाथकी मणियोंमें सुन्दर रूपके भण्डार श्रीरामचन्द्रजीकी परछाहीं दीख रही है। यह देखकर जानकीजी दर्शनमें वियोग होनेके भयसे बाहुरूपी लताको और दृष्टिको हिलाती-डुलाती नहीं हैं। उस समयके हँसी-खेल और विनोदका आनन्द और प्रेम कहा नहीं जा सकता, उसे सखियाँ ही जानती हैं। तदनन्तर वर-कन्याओंको सब सुन्दर सखियाँ जनवासेको लिवा चलीं॥ ३॥

**तेहि समय सुनिअ असीस जहँ तहँ नगर नभ आनँदु महा।**
**चिरु जिअहुँ जोरीं चारु चार्‌यो मुदित मन सबहीं कहा॥**
**जोगींद्र सिद्ध मुनीस देव बिलोकि प्रभु दुंदुभि हनी।**
**चले हरषि बरषि प्रसून निज निज लोक जय जय जय भनी॥**

उस समय नगर और आकाशमें जहाँ सुनिये, वहीं आशीर्वादकी ध्वनि सुनायी दे रही है और महान् आनन्द छाया है। सभीने प्रसन्न मनसे कहा कि सुन्दर चारों जोड़ियाँ चिरंजीवी हों। योगिराज, सिद्ध, मुनीश्वर और देवताओंने प्रभु श्रीरामचन्द्रजीको देखकर दुन्दुभी बजायी और हर्षित होकर फूलोंकी वर्षा करते हुए तथा 'जय हो, जय हो,जय हो' कहते हुए वे अपने-अपने लोकको चले॥ ४॥

**दो०—सहित बधूटिन्ह कुअँर सब तब आए पितु पास।**
**सोभा मंगल मोद भरि उमगेउ जनु जनवास॥ ३२७॥**

तब सब (चारों) कुमार बहुओंसहित पिताजीके पास आये। ऐसा मालूम होता था मानो शोभा, मंगल और आनन्दसे भरकर जनवासा उमड़ पड़ा हो॥ ३२७॥

**पुनि जेवनार भई बहु भाँती। पठए जनक बोलाइ बराती॥**
**परत पाँवड़े बसन अनूपा। सुतन्ह समेत गवन कियो भूपा॥**

फिर बहुत प्रकारकी रसोई बनी। जनकजीने बरातियोंको बुला भेजा। राजा दशरथजीने पुत्रोंसहित गमन किया। अनुपम वस्त्रोंके पाँवड़े पड़ते जाते हैं॥ १॥

**सादर सब के पाय पखारे। जथाजोगु पीढ़न्ह बैठारे॥**
**धोए जनक अवधपति चरना। सीलु सनेहु जाइ नहिं बरना॥**

आदरके साथ सबके चरण धोये और सबको यथायोग्य पीढ़ोंपर बैठाया। तब जनकजीने अवधपति दशरथजीके चरण धोये। उनका शील और स्नेह वर्णन नहीं किया जा सकता॥ २॥

**बहुरि राम पद पंकज धोए। जे हर हृदय कमल महुँ गोए॥**
**तीनिउ भाइ राम सम जानी। धोए चरन जनक निज पानी॥**

फिर श्रीरामचन्द्रजीके चरणकमलोंको धोया, जो श्रीशिवजीके हृदय-कमलमें छिपे रहते हैं। तीनों भाइयोंको श्रीरामचन्द्रजीके ही समान जानकर जनकजीने उनके भी चरण अपने हाथोंसे धोये॥ ३॥

**आसन उचित सबहि नृप दीन्हे। बोलि सूपकारी सब लीन्हे॥**
**सादर लगे परन पनवारे। कनक कील मनि पान सँवारे॥**

राजा जनकजीने सभीको उचित आसन दिये और सब परसनेवालोंको बुला लिया। आदरके साथ पत्तलें पड़ने लगीं, जो मणियोंके पत्तोंसे सोनेकी कील लगाकर बनायी गयी थीं॥ ४॥

**दो०—सूपोदन सुरभी सरपि सुंदर स्वादु पुनीत।**
**छन महुँ सब कें परुसि गे चतुर सुआर बिनीत॥ ३२८॥**

चतुर और विनीत रसोइये सुन्दर, स्वादिष्ट और पवित्र दाल-भात और गायका [सुगन्धित] घी क्षणभरमें सबके सामने परस गये॥ ३२८॥

**पंच कवल करि जेवन लागे। गारि गान सुनि अति अनुरागे॥**
**भाँति अनेक परे पकवाने। सुधा सरिस नहिं जाहिं बखाने॥**

सब लोग पंचकौर करके (अर्थात् 'प्राणाय स्वाहा, अपानाय स्वाहा, व्यानाय स्वाहा, उदानाय स्वाहा और समानाय स्वाहा' इन मन्त्रोंका उच्चारण करते हुए पहले पाँच ग्रास लेकर) भोजन करने लगे। गालीका गाना सुनकर वे अत्यन्त प्रेममग्न हो गये। अनेकों तरहके अमृतके समान (स्वादिष्ट) पकवान परसे गये, जिनका बखान नहीं हो सकता॥ १॥

**परुसन लगे सुआर सुजाना। बिंजन बिबिध नाम को जाना॥**
**चारि भाँति भोजन बिधि गाई। एक एक बिधि बरनि न जाई॥**

चतुर रसोइये नाना प्रकारके व्यंजन परसने लगे, उनका नाम कौन जानता है। चार प्रकारके (चर्व्य, चोष्य, लेह्य, पेय अर्थात् चबाकर, चूसकर, चाटकर और पीकर खानेयोग्य) भोजनकी विधि कही गयी है, उनमेंसे एक-एक विधिके इतने पदार्थ बने थे कि जिनका वर्णन नहीं किया जा सकता॥ २॥

**छरस रुचिर बिंजन बहु जाती। एक एक रस अगनित भाँती॥**
**जेवँत देहिं मधुर धुनि गारी। लै लै नाम पुरुष अरु नारी॥**

छहों रसोंके बहुत तरहके सुन्दर (स्वादिष्ट) व्यंजन हैं। एक-एक रसके अनगिनती प्रकारके बने हैं। भोजन करते समय पुरुष और स्त्रियोंके नाम ले-लेकर स्त्रियाँ मधुर ध्वनिसे गाली दे रही हैं (गाली गा रही हैं)॥ ३॥

**समय सुहावनि गारि बिराजा। हँसत राउ सुनि सहित समाजा॥**
**एहि बिधि सबहीं भोजनु कीन्हा। आदर सहित आचमनु दीन्हा॥**

समयकी सुहावनी गाली शोभित हो रही है। उसे सुनकर समाजसहित राजा दशरथजी हँस रहे हैं। इस रीतिसे सभीने भोजन किया और तब सबको आदरसहित आचमन (हाथ-मुँह धोनेके लिये जल) दिया गया॥ ४॥

**दो०—देइ पान पूजे जनक दसरथु सहित समाज।**
**जनवासेहि गवने मुदित सकल भूप सिरताज॥ ३२९॥**

फिर पान देकर जनकजीने समाजसहित दशरथजीका पूजन किया। सब राजाओंके सिरमौर (चक्रवर्ती) श्रीदशरथजी प्रसन्न होकर जनवासेको चले॥ ३२९॥

**नित नूतन मंगल पुर माहीं। निमिष सरिस दिन जामिनि जाहीं॥**
**बड़े भोर भूपतिमनि जागे। जाचक गुन गन गावन लागे॥**

जनकपुरमें नित्य नये मंगल हो रहे हैं। दिन और रात पलके समान बीत जाते हैं। बड़े सबेरे राजाओंके मुकुटमणि दशरथजी जागे। याचक उनके गुणसमूहका गान करने लगे॥ १॥

**देखि कुअँर बर बधुन्ह समेता। किमि कहि जात मोदु मन जेता॥**
**प्रातक्रिया करि गे गुरु पाहीं। महा प्रमोदु प्रेमु मन माहीं॥**

चारों कुमारोंको सुन्दर वधुओंसहित देखकर उनके मनमें जितना आनन्द है, वह किस प्रकार कहा जा सकता है? वे प्रातःक्रिया करके गुरु वसिष्ठजीके पास गये। उनके मनमें महान् आनन्द और प्रेम भरा है॥ २॥

**करि प्रनामु पूजा कर जोरी। बोले गिरा अमिअँ जनु बोरी॥**
**तुम्हरी कृपाँ सुनहु मुनिराजा। भयउँ आजु मैं पूरनकाजा॥**

राजा प्रणाम और पूजन करके, फिर हाथ जोड़कर मानो अमृतमें डुबोयी हुई वाणी बोले—हे मुनिराज! सुनिये, आपकी कृपासे आज मैं पूर्णकाम हो गया॥ ३॥

**अब सब बिप्र बोलाइ गोसाईं। देहु धेनु सब भाँति बनाईं॥**
**सुनि गुर करि महिपाल बड़ाई। पुनि पठए मुनिबृंद बोलाई॥**

हे स्वामिन्! अब सब ब्राह्मणोंको बुलाकर उनको सब तरह [गहनों कपड़ों] से सजी हुई गायें दीजिये। यह सुनकर गुरुजीने राजाकी बड़ाई करके फिर मुनिगणोंको बुलवा भेजा॥ ४॥

**दो०—बामदेउ अरु देवरिषि बालमीकि जाबालि।**
**आए मुनिबर निकर तब कौसिकादि तपसालि॥ ३३०॥**

तब वामदेव, देवर्षि नारद, वाल्मीकि, जाबालि और विश्वामित्र आदि तपस्वी श्रेष्ठ मुनियोंके समूह-के-समूह आये॥ ३३०॥

**दंड प्रनाम सबहि नृप कीन्हे । पूजि सप्रेम बरासन दीन्हे॥**
**चारि लच्छ बर धेनु मगाईं । काम सुरभि सम सील सुहाईं॥**

राजाने सबको दण्डवत् प्रणाम किया और प्रेमसहित पूजन करके उन्हें उत्तम आसन दिये। चार लाख उत्तम गायें मँगवायीं, जो कामधेनुके समान अच्छे स्वभाववाली और सुहावनी थीं॥ १॥

**सब बिधि सकल अलंकृत कीन्ही । मुदित महिप महिदेवन्ह दीन्ही॥**
**करत बिनय बहु बिधि नरनाहू । लहेउँ आजु जगजीवन लाहू॥**

उन सबको सब प्रकारसे [गहनों-कपड़ोंसे] सजाकर राजाने प्रसन्न होकर भूदेव ब्राह्मणोंको दिया। राजा बहुत तरहसे विनती कर रहे हैं कि जगत्में मैंने आज ही जीनेका लाभ पाया॥ २॥

**पाइ असीस महीसु अनंदा । लिए बोलि पुनि जाचक बृंदा॥**
**कनक बसन मनि हय गय स्यंदन । दिए बूझि रुचि रबिकुलनंदन॥**

[ब्राह्मणोंसे] आशीर्वाद पाकर राजा आनन्दित हुए। फिर याचकोंके समूहोंको बुलवा लिया और सबको उनकी रुचि पूछकर सोना, वस्त्र, मणि, घोड़ा, हाथी और रथ (जिसने जो चाहा सो) सूर्यकुलको आनन्दित करनेवाले दशरथजीने दिये॥ ३॥

**चले पढ़त गावत गुन गाथा । जय जय जय दिनकर कुल नाथा॥**
**एहि बिधि राम बिआह उछाहू । सकइ न बरनि सहस मुख जाहू॥**

वे सब गुणानुवाद गाते और 'सूर्यकुलके स्वामीकी जय हो, जय हो, जय हो' कहते हुए चले। इस प्रकार श्रीरामचन्द्रजीके विवाहका उत्सव हुआ। जिन्हें सहस्र मुख हैं वे शेषजी भी उसका वर्णन नहीं कर सकते॥ ४॥

**दो०—बार बार कौसिक चरन सीसु नाइ कह राउ।**
**यह सबु सुखु मुनिराज तव कृपा कटाच्छ पसाउ॥ ३३१॥**

बार-बार विश्वामित्रजीके चरणोंमें सिर नवाकर राजा कहते हैं—हे मुनिराज! यह सब सुख आपके ही कृपाकटाक्षका प्रसाद है॥ ३३१॥

**जनक सनेहु सीलु करतूती । नृपु सब भाँति सराह बिभूती॥**
**दिन उठि बिदा अवधपति मागा । राखहिं जनकु सहित अनुरागा॥**

राजा दशरथजी जनकजीके स्नेह, शील, करनी और ऐश्वर्यकी सब प्रकारसे सराहना करते हैं। प्रतिदिन [सबेरे] उठकर अयोध्यानरेश विदा माँगते हैं। पर जनकजी उन्हें प्रेमसे रख लेते हैं॥ १॥

**नित नूतन आदरु अधिकाई । दिन प्रति सहस भाँति पहुनाई॥**
**नित नव नगर अनंद उछाहू । दसरथ गवनु सोहाइ न काहू॥**

आदर नित्य नया बढ़ता जाता है। प्रतिदिन हजारों प्रकारसे मेहमानी होती है। नगरमें नित्य नया आनन्द और उत्साह रहता है, दशरथजीका जाना किसीको नहीं सुहाता॥ २॥

**बहुत दिवस बीते एहि भाँती । जनु सनेह रजु बँधे बराती॥**
**कौसिक सतानंद तब जाई । कहा बिदेह नृपहि समुझाई॥**

इस प्रकार बहुत दिन बीत गये, मानो बराती स्नेहकी रस्सीसे बँध गये हैं। तब विश्वामित्रजी और शतानन्दजीने जाकर राजा जनकको समझाकर कहा—॥ ३॥

**अब दसरथ कहँ आयसु देहू। जद्यपि छाड़ि न सकहु सनेहू॥**
**भलेहिं नाथ कहि सचिव बोलाए। कहि जय जीव सीस तिन्ह नाए॥**

यद्यपि आप स्नेह [वश उन्हें] नहीं छोड़ सकते, तो भी अब दशरथजीको आज्ञा दीजिये। 'हे नाथ! बहुत अच्छा' कहकर जनकजीने मन्त्रियोंको बुलवाया। वे आये और 'जय जीव' कहकर उन्होंने मस्तक नवाया॥ ४॥

**दो०—अवधनाथु चाहत चलन भीतर करहु जनाउ।**
**भए प्रेमबस सचिव सुनि बिप्र सभासद राउ॥ ३३२॥**

[जनकजीने कहा—] अयोध्यानाथ चलना चाहते हैं, भीतर (रनिवासमें) खबर कर दो। यह सुनकर मन्त्री, ब्राह्मण, सभासद और राजा जनक भी प्रेमके वश हो गये॥ ३३२॥

**पुरबासी सुनि चलिहि बराता। बूझत बिकल परस्पर बाता॥**
**सत्य गवनु सुनि सब बिलखाने। मनहुँ साँझ सरसिज सकुचाने॥**

जनकपुरवासियोंने सुना कि बारात जायगी, तब वे व्याकुल होकर एक-दूसरेसे बात पूछने लगे। जाना सत्य है, यह सुनकर सब ऐसे उदास हो गये मानो सन्ध्याके समय कमल सकुचा गये हों॥ १॥

**जहँ जहँ आवत बसे बराती। तहँ तहँ सिद्ध चला बहु भाँती॥**
**बिबिध भाँति मेवा पकवाना। भोजन साजु न जाइ बखाना॥**

आते समय जहाँ-जहाँ बराती ठहरे थे, वहाँ-वहाँ बहुत प्रकारका सीधा (रसोईका सामान) भेजा गया। अनेकों प्रकारके मेवे, पकवान और भोजनकी सामग्री जो बखानी नहीं जा सकती—॥ २॥

**भरि भरि बसहँ अपार कहारा। पठईं जनक अनेक सुसारा॥**
**तुरग लाख रथ सहस पचीसा। सकल सँवारे नख अरु सीसा॥**

अनगिनत बैलों और कहारोंपर भर-भरकर (लाद-लादकर) भेजी गयी। साथ ही जनकजीने अनेकों सुन्दर शय्याएँ (पलँग) भेजीं। एक लाख घोड़े और पचीस हजार रथ सब नखसे शिखातक (ऊपरसे नीचेतक) सजाये हुए,॥ ३॥

**मत्त सहस दस सिंधुर साजे। जिन्हहि देखि दिसिकुंजर लाजे॥**
**कनक बसन मनि भरि भरि जाना। महिषीं धेनु बस्तु बिधि नाना॥**

दस हजार सजे हुए मतवाले हाथी, जिन्हें देखकर दिशाओंके हाथी भी लजा जाते हैं, गाड़ियोंमें भर-भरकर सोना, वस्त्र और रत्न (जवाहिरात) और भैंस, गाय तथा और भी नाना प्रकारकी चीजें दीं॥ ४॥

**दो०—दाइज अमित न सकिअ कहि दीन्ह बिदेहँ बहोरि।**
**जो अवलोकत लोकपति लोक संपदा थोरि॥ ३३३॥**

[इस प्रकार] जनकजीने फिरसे अपरिमित दहेज दिया, जो कहा नहीं जा सकता और जिसे देखकर लोकपालोंके लोकोंकी सम्पदा भी थोड़ी जान पड़ती थी॥ ३३३॥

**सबु समाजु एहि भाँति बनाई। जनक अवधपुर दीन्ह पठाई॥**
**चलिहि बरात सुनत सब रानीं। बिकल मीनगन जनु लघु पानीं॥**

इस प्रकार सब सामान सजाकर राजा जनकने अयोध्यापुरीको भेज दिया। बारात चलेगी, यह सुनते ही सब रानियाँ ऐसी विकल हो गयीं, मानो थोड़े जलमें मछलियाँ छटपटा रही हों॥ १॥

**पुनि पुनि सीय गोद करि लेहीं। देइ असीस सिखावनु देहीं॥**
**होएहु संतत पियहि पिआरी। चिरु अहिबात असीस हमारी॥**

वे बार-बार सीताजीको गोद कर लेती हैं और आशीर्वाद देकर सिखावन देती हैं—तुम सदा अपने पतिकी प्यारी होओ, तुम्हारा सोहाग अचल हो; हमारी यही आशिष है॥ २॥

**सासु ससुर गुर सेवा करेहू। पति रुख लखि आयसु अनुसरेहू॥**
**अति सनेह बस सखीं सयानी। नारि धरम सिखवहिं मृदु बानी॥**

सास, ससुर और गुरुकी सेवा करना। पतिका रुख देखकर उनकी आज्ञाका पालन करना। सयानी सखियाँ अत्यन्त स्नेहके वश कोमल वाणीसे स्त्रियोंके धर्म सिखलाती हैं॥ ३॥

**सादर सकल कुअँरि समुझाईं। रानिन्ह बार बार उर लाईं॥**
**बहुरि बहुरि भेटहिं महतारीं। कहहिं बिरंचि रचीं कत नारीं॥**

आदरके साथ सब पुत्रियोंको [स्त्रियोंके धर्म] समझाकर रानियोंने बार-बार उन्हें हृदयसे लगाया। माताएँ फिर-फिर भेंटती और कहती हैं कि ब्रह्माने स्त्रीजातिको क्यों रचा॥ ४॥

**दो०—तेहि अवसर भाइन्ह सहित रामु भानु कुल केतु।**
**चले जनक मंदिर मुदित बिदा करावन हेतु॥ ३३४॥**

उसी समय सूर्यवंशके पताकास्वरूप श्रीरामचन्द्रजी भाइयोंसहित प्रसन्न होकर विदा करानेके लिये जनकजीके महलको चले॥ ३३४॥

**चारिउ भाइ सुभायँ सुहाए। नगर नारि नर देखन धाए॥**
**कोउ कह चलन चहत हहिं आजू। कीन्ह बिदेह बिदा कर साजू॥**

स्वभावसे ही सुन्दर चारों भाइयोंको देखनेके लिये नगरके स्त्री-पुरुष दौड़े। कोई कहता है—आज ये जाना चाहते हैं। विदेहने विदाईका सब सामान तैयार कर लिया है॥ १॥

**लेहु नयन भरि रूप निहारी। प्रिय पाहुने भूप सुत चारी॥**
**को जानै केहिं सुकृत सयानी। नयन अतिथि कीन्हे बिधि आनी॥**

राजाके चारों पुत्र, इन प्यारे मेहमानोंके [मनोहर] रूपको नेत्र भरकर देख लो। हे सयानी! कौन जाने, किस पुण्यसे विधाताने इन्हें यहाँ लाकर हमारे नेत्रोंका अतिथि किया है॥ २॥

**मरनसीलु जिमि पाव पिऊषा। सुरतरु लहै जनम कर भूखा॥**
**पाव नारकी हरिपदु जैसें। इन्ह कर दरसनु हम कहँ तैसें॥**

मरनेवाला जिस तरह अमृत पा जाय, जन्मका भूखा कल्पवृक्ष पा जाय और नरकमें रहनेवाला (या नरकके योग्य) जीव जैसे भगवान्‌के परमपदको प्राप्त हो जाय, हमारे लिये इनके दर्शन वैसे ही हैं॥ ३॥

**निरखि राम सोभा उर धरहू। निज मन फनि मूरति मनि करहू॥**
**एहि बिधि सबहि नयन फलु देता। गए कुअँर सब राज निकेता॥**

श्रीरामचन्द्रजीकी शोभाको निरखकर हृदयमें धर लो। अपने मनको साँप और इनकी मूर्तिको मणि बना लो। इस प्रकार सबको नेत्रोंका फल देते हुए सब राजकुमार राजमहलमें गये॥ ४॥

**दो०—रूप सिंधु सब बंधु लखि हरषि उठा रनिवासु।**
**करहिं निछावरि आरती महा मुदित मन सासु॥ ३३५॥**

रूपके समुद्र सब भाइयोंको देखकर सारा रनिवास हर्षित हो उठा। सासुएँ महान् प्रसन्न मनसे निछावर और आरती करती हैं॥ ३३५॥

**देखि राम छबि अति अनुरागीं। प्रेमबिबस पुनि पुनि पद लागीं॥**
**रही न लाज प्रीति उर छाई। सहज सनेहु बरनि किमि जाई॥**

श्रीरामचन्द्रजीकी छबि देखकर वे प्रेममें अत्यन्त मग्न हो गयीं और प्रेमके विशेष वश होकर बार-बार चरणों लगीं। हृदयमें प्रीति छा गयी, इससे लज्जा नहीं रह गयी। उनके स्वाभाविक स्नेहका वर्णन किस तरह किया जा सकता है॥ १॥

**भाइन्ह सहित उबटि अन्हवाए। छरस असन अति हेतु जेवाँए॥**
**बोले रामु सुअवसरु जानी। सील सनेह सकुचमय बानी॥**

उन्होंने भाइयोंसहित श्रीरामजीको उबटन करके स्नान कराया और बड़े प्रेमसे षट्रस भोजन कराया। सुअवसर जानकर श्रीरामचन्द्रजी शील, स्नेह और संकोचभरी वाणी बोले—॥ २॥

**राउ अवधपुर चहत सिधाए। बिदा होन हम इहाँ पठाए॥**
**मातु मुदित मन आयसु देहू। बालक जानि करब नित नेहू॥**

महाराज अयोध्यापुरीको चलना चाहते हैं, उन्होंने हमें विदा होनेके लिये यहाँ भेजा है। हे माता! प्रसन्न मनसे आज्ञा दीजिये और हमें अपने बालक जानकर सदा स्नेह बनाये रखियेगा॥ ३॥

**सुनत बचन बिलखेउ रनिवासू। बोलि न सकहिं प्रेमबस सासू॥**
**हृदयँ लगाइ कुअँरि सब लीन्ही। पतिन्ह सौंपि बिनती अति कीन्ही॥**

इन वचनोंको सुनते ही रनिवास उदास हो गया। सासुएँ प्रेमवश बोल नहीं सकतीं। उन्होंने सब कुमारियोंको हृदयसे लगा लिया और उनके पतियोंको सौंपकर बहुत विनती की॥ ४॥

**छं०—करि बिनय सिय रामहि समरपी जोरि कर पुनि पुनि कहै।**
**बलि जाउँ तात सुजान तुम्ह कहुँ बिदित गति सब की अहै॥**
**परिवार पुरजन मोहि राजहि प्रानप्रिय सिय जानिबी।**
**तुलसीस सीलु सनेहु लखि निज किंकरी करि मानिबी॥**

विनती करके उन्होंने सीताजीको श्रीरामचन्द्रजीको समर्पित किया और हाथ जोड़कर बार-बार कहा—हे तात! हे सुजान! मैं बलि जाती हूँ, तुमको सबकी गति (हाल) मालूम है। परिवारको, पुरवासियोंको, मुझको और राजाको सीता प्राणोंके समान प्रिय है, ऐसा जानियेगा। हे तुलसीके स्वामी! इसके शील और स्नेहको देखकर इसे अपनी दासी करके मानियेगा।

**सो०—तुम्ह परिपूरन काम जान सिरोमनि भावप्रिय।**
**जन गुन गाहक राम दोष दलन करुनायतन॥ ३३६॥**

तुम पूर्णकाम हो, सुजानशिरोमणि हो और भावप्रिय हो (तुम्हें प्रेम प्यारा है)। हे राम! तुम भक्तोंके गुणोंको ग्रहण करनेवाले, दोषोंको नाश करनेवाले और दयाके धाम हो॥ ३३६॥

**अस कहि रही चरन गहि रानी। प्रेम पंक जनु गिरा समानी॥**
**सुनि सनेहसानी बर बानी। बहुबिधि राम सासु सनमानी॥**

ऐसा कहकर रानी चरणोंको पकड़कर [चुप] रह गयीं। मानो उनकी वाणी प्रेमरूपी दलदलमें समा

गयी हो। स्नेहसे सनी हुई श्रेष्ठ वाणी सुनकर श्रीरामचन्द्रजीने सासका बहुत प्रकारसे सम्मान किया॥ १॥

**राम बिदा मागत कर जोरी। कीन्ह प्रनामु बहोरि बहोरी॥**
**पाइ असीस बहुरि सिरु नाई। भाइन्ह सहित चले रघुराई॥**

तब श्रीरामचन्द्रजीने हाथ जोड़कर विदा माँगते हुए बार-बार प्रणाम किया। आशीर्वाद पाकर और फिर सिर नवाकर भाइयोंसहित श्रीरघुनाथजी चले॥ २॥

**मंजु मधुर मूरति उर आनी। भईं सनेह सिथिल सब रानी॥**
**पुनि धीरजु धरि कुअँरि हँकारीं। बार बार भेटहिं महतारीं॥**

श्रीरामजीकी सुन्दर मधुर मूर्तिको हृदयमें लाकर सब रानियाँ स्नेहसे शिथिल हो गयीं। फिर धीरज धारण करके कुमारियोंको बुलाकर माताएँ बारंबार उन्हें [गले लगाकर] भेंटने लगीं॥ ३॥

**पहुँचावहिं फिरि मिलहिं बहोरी। बढ़ी परस्पर प्रीति न थोरी॥**
**पुनि पुनि मिलत सखिन्ह बिलगाई। बाल बच्छ जिमि धेनु लवाई॥**

पुत्रियोंको पहुँचाती हैं, फिर लौटकर मिलती हैं। परस्परमें कुछ थोड़ी प्रीति नहीं बढ़ी (अर्थात् बहुत प्रीति बढ़ी)। बार-बार मिलती हुई माताओंको सखियोंने अलग कर दिया। जैसे हालकी ब्यायी हुई गायको कोई उसके बालक बछड़े [या बछिया] से अलग कर दे॥ ४॥

**दो०—प्रेमबिबस नर नारि सब सखिन्ह सहित रनिवासु।**
**मानहुँ कीन्ह बिदेहपुर करुनाँ बिरहँ निवासु॥ ३३७॥**

सब स्त्री-पुरुष और सखियोंसहित सारा रनिवास प्रेमके विशेष वश हो रहा है। [ऐसा लगता है] मानो जनकपुरमें करुणा और विरहने डेरा डाल दिया है॥ ३३७॥

**सुक सारिका जानकी ज्याए। कनक पिंजरन्हि राखि पढ़ाए॥**
**ब्याकुल कहहिं कहाँ बैदेही। सुनि धीरजु परिहरइ न केही॥**

जानकीने जिन तोता और मैनाको पाल-पोसकर बड़ा किया था और सोनेके पिंजड़ोंमें रखकर पढ़ाया था, वे व्याकुल होकर कह रहे हैं—वैदेही कहाँ हैं। उनके ऐसे वचनोंको सुनकर धीरज किसको नहीं त्याग देगा (अर्थात् सबका धैर्य जाता रहा)॥ १॥

**भए बिकल खग मृग एहि भाँती। मनुज दसा कैसें कहि जाती॥**
**बंधु समेत जनकु तब आए। प्रेम उमगि लोचन जल छाए॥**

जब पक्षी और पशुतक इस तरह विकल हो गये, तब मनुष्योंकी दशा कैसे कही जा सकती है! तब भाईसहित जनकजी वहाँ आये। प्रेमसे उमड़कर उनके नेत्रोंमें [प्रेमाश्रुओंका] जल भर आया॥ २॥

**सीय बिलोकि धीरता भागी। रहे कहावत परम बिरागी॥**
**लीन्हि रायँ उर लाइ जानकी। मिटी महामरजाद ग्यान की॥**

वे परम वैराग्यवान् कहलाते थे; पर सीताजीको देखकर उनका भी धीरज भाग गया। राजाने जानकीजीको हृदयसे लगा लिया। [प्रेमके प्रभावसे] ज्ञानकी महान् मर्यादा मिट गयी (ज्ञानका बाँध टूट गया)॥ ३॥

**समुझावत सब सचिव सयाने। कीन्ह बिचारु न अवसर जाने॥**
**बारहिं बार सुता उर लाईं। सजि सुंदर पालकीं मगाईं॥**

सब बुद्धिमान् मन्त्री उन्हें समझाते हैं। तब राजाने विषाद करनेका समय न जानकर विचार किया। बारंबार पुत्रियोंको हृदयसे लगाकर सुन्दर सजी हुई पालकियाँ मँगवायी॥ ४॥

**दो०—प्रेमबिबस परिवारु सबु जानि सुलगन नरेस।**
**कुअँरि चढ़ाईं पालकिन्ह सुमिरे सिद्धि गनेस॥ ३३८॥**

सारा परिवार प्रेममें विवश है। राजाने सुन्दर मुहूर्त जानकर सिद्धिसहित गणेशजीका स्मरण करके कन्याओंको पालकियोंपर चढ़ाया॥ ३३८॥

**बहुबिधि भूप सुता समुझाईं। नारिधरमु कुलरीति सिखाईं॥**
**दासीं दास दिए बहुतेरे। सुचि सेवक जे प्रिय सिय केरे॥**

राजाने पुत्रियोंको बहुत प्रकारसे समझाया और उन्हें स्त्रियोंका धर्म और कुलकी रीति सिखायी। बहुत-से दासी-दास दिये, जो सीताजीके प्रिय और विश्वासपात्र सेवक थे॥ १॥

**सीय चलत ब्याकुल पुरबासी। होहिं सगुन सुभ मंगल रासी॥**
**भूसुर सचिव समेत समाजा। संग चले पहुँचावन राजा॥**

सीताजीके चलते समय जनकपुरवासी व्याकुल हो गये। मंगलकी राशि शुभ शकुन हो रहे हैं। ब्राह्मण और मन्त्रियोंके समाजसहित राजा जनकजी उन्हें पहुँचानेके लिये साथ चले॥ २॥

**समय बिलोकि बाजने बाजे। रथ गज बाजि बरातिन्ह साजे॥**
**दसरथ बिप्र बोलि सब लीन्हे। दान मान परिपूरन कीन्हे॥**

समय देखकर बाजे बजने लगे। बरातियोंने रथ, हाथी और घोड़े सजाये। दशरथजीने सब ब्राह्मणोंको बुला लिया और उन्हें दान और सम्मानसे परिपूर्ण कर दिया॥ ३॥

**चरन सरोज धूरि धरि सीसा। मुदित महीपति पाइ असीसा॥**
**सुमिरि गजाननु कीन्हपयाना। मंगलमूल सगुन भए नाना॥**

उनके चरणकमलोंकी धूलि सिरपर धरकर और आशिष पाकर राजा आनन्दित हुए और गणेशजीका स्मरण करके उन्होंने प्रस्थान किया। मंगलोंके मूल अनेकों शकुन हुए॥ ४॥

**दो०—सुर प्रसून बरषहिं हरषि करहिं अपछरा गान।**
**चले अवधपति अवधपुर मुदित बजाइ निसान॥ ३३९॥**

देवता हर्षित होकर फूल बरसा रहे हैं और अप्सराएँ गान कर रही हैं। अवधपति दशरथजी नगाड़े बजाकर आनन्दपूर्वक अयोध्यापुरीको चले॥ ३३९॥

**नृप करि बिनय महाजन फेरे। सादर सकल मागने टेरे॥**
**भूषन बसन बाजि गज दीन्हे। प्रेम पोषि ठाढ़े सब कीन्हे॥**

राजा दशरथजीने विनती करके प्रतिष्ठित जनोंको लौटाया और आदरके साथ सब मंगनोंको बुलवाया। उनको गहने-कपड़े, घोड़े-हाथी दिये और प्रेमसे पुष्ट करके सबको सम्पन्न अर्थात् बलयुक्त कर दिया॥ १॥

**बार बार बिरिदावलि भाषी। फिरे सकल रामहि उर राखी॥**
**बहुरि बहुरि कोसलपति कहहीं। जनकु प्रेमबस फिरै न चहहीं॥**

वे सब बारंबार विरुदावली (कुलकीर्ति) बखानकर और श्रीरामचन्द्रजीको हृदयमें रखकर लौटे। कोसलाधीश दशरथजी बार-बार लौटनेको कहते हैं, परन्तु जनकजी प्रेमवश लौटना नहीं चाहते॥ २॥

**पुनि कह भूपति बचन सुहाए। फिरिअ महीस दूरि बड़ि आए॥**
**राउ बहोरि उतरि भए ठाढ़े। प्रेम प्रबाह बिलोचन बाढ़े॥**

दशरथजीने फिर सुहावने वचन कहे—हे राजन्! बहुत दूर आ गये, अब लौटिये। फिर राजा दशरथजी रथसे उतरकर खड़े हो गये। उनके नेत्रोंमें प्रेमका प्रवाह बढ़ आया (प्रेमाश्रुओंकी धारा बह चली)॥ ३॥

**तब बिदेह बोले कर जोरी। बचन सनेह सुधाँ जनु बोरी॥**
**करौं कवन बिधि बिनय बनाई। महाराज मोहि दीन्हि बड़ाई॥**

तब जनकजी हाथ जोड़कर मानो स्नेहरूपी अमृतमें डुबोकर वचन बोले—मैं किस तरह बनाकर (किन शब्दोंमें) विनती करूँ। हे महाराज! आपने मुझे बड़ी बड़ाई दी है॥ ४॥

**दो०—कोसलपति समधी सजन सनमाने सब भाँति।**
**मिलनि परसपर बिनय अति प्रीति न हृदयँ समाति॥ ३४०॥**

अयोध्यानाथ दशरथजीने अपने स्वजन समधीका सब प्रकारसे सम्मान किया। उनके आपसके मिलनेमें अत्यन्त विनय थी और इतनी प्रीति थी जो हृदयमें समाती न थी॥ ३४०॥

**मुनि मंडलिहि जनक सिरु नावा। आसिरबादु सबहि सन पावा॥**
**सादर पुनि भेंटे जामाता। रूप सील गुन निधि सब भ्राता॥**

जनकजीने मुनिमण्डलीको सिर नवाया और सभीसे आशीर्वाद पाया। फिर आदरके साथ वे रूप, शील और गुणोंके निधान सब भाइयोंसे—अपने दामादोंसे मिले;॥ १॥

**जोरि पंकरुह पानि सुहाए। बोले बचन प्रेम जनु जाए॥**
**राम करौं केहि भाँति प्रसंसा। मुनि महेस मन मानस हंसा॥**

और सुन्दर कमलके समान हाथोंको जोड़कर ऐसे वचन बोले जो मानो प्रेमसे ही जन्मे हों। हे रामजी! मैं किस प्रकार आपकी प्रशंसा करूँ! आप मुनियों और महादेवजीके मनरूपी मानसरोवरके हंस हैं॥ २॥

**करहिं जोग जोगी जेहि लागी। कोहु मोहु ममता मदु त्यागी॥**
**ब्यापकु ब्रह्मु अलखु अबिनासी। चिदानंदु निरगुन गुनरासी॥**

योगी लोग जिनके लिये क्रोध, मोह, ममता और मदको त्यागकर योगसाधन करते हैं, जो सर्वव्यापक, ब्रह्म, अव्यक्त, अविनाशी, चिदानन्द, निर्गुण और गुणोंकी राशि हैं,॥ ३॥

**मन समेत जेहि जान न बानी। तरकि न सकहिं सकल अनुमानी॥**
**महिमा निगमु नेति कहि कहई। जो तिहुँ काल एकरस रहई॥**

जिनको मनसहित वाणी नहीं जानती और सब जिनका अनुमान ही करते हैं, कोई तर्कना नहीं कर सकते; जिनकी महिमाको वेद 'नेति' कहकर वर्णन करता है और जो [सच्चिदानन्द] तीनों कालोंमें एकरस (सर्वदा और सर्वथा निर्विकार) रहते हैं;॥ ४॥

**दो०—नयन बिषय मो कहुँ भयउ सो समस्त सुख मूल।**
**सबइ लाभु जग जीव कहँ भएँ ईसु अनुकूल॥ ३४१॥**

वे ही समस्त सुखोंके मूल [आप] मेरे नेत्रोंके विषय हुए। ईश्वरके अनुकूल होनेपर जगत्‌में जीवको सब लाभ-ही-लाभ है॥ ३४१॥

**सबहि भाँति मोहि दीन्हि बड़ाई। निज जन जानि लीन्ह अपनाई॥**
**होहिं सहस दस सारद सेषा। करहिं कलप कोटिक भरि लेखा॥**

आपने मुझे सभी प्रकारसे बड़ाई दी और अपना जन जानकर अपना लिया। यदि दस हजार सरस्वती और शेष हों और करोड़ों कल्पोंतक गणना करते रहें॥ १॥

**मोर भाग्य राउर गुन गाथा। कहि न सिराहिं सुनहु रघुनाथा॥**
**मैं कछु कहउँ एक बल मोरें। तुम्ह रीझहु सनेह सुठि थोरें॥**

तो भी हे रघुनाथजी! सुनिये, मेरे सौभाग्य और आपके गुणोंकी कथा कहकर समाप्त नहीं की जा सकती। मैं जो कुछ कह रहा हूँ, वह अपने इस एक ही बलपर कि आप अत्यन्त थोड़े प्रेमसे प्रसन्न हो जाते हैं॥ २॥

**बार बार मागउँ कर जोरें। मनु परिहरै चरन जनि भोरें॥**
**सुनि बर बचन प्रेम जनु पोषे। पूरनकाम रामु परितोषे॥**

मैं बार-बार हाथ जोड़कर यह माँगता हूँ कि मेरा मन भूलकर भी आपके चरणोंको न छोड़े। जनकजीके श्रेष्ठ वचनोंको सुनकर, जो मानो प्रेमसे पुष्ट किये हुए थे, पूर्णकाम श्रीरामचन्द्रजी सन्तुष्ट हुए॥ ३॥

**करि बर बिनय ससुर सनमाने। पितु कौसिक बसिष्ठ सम जाने॥**
**बिनती बहुरि भरत सन कीन्ही। मिलि सप्रेम पुनि आसिष दीन्ही॥**

उन्होंने सुन्दर विनती करके पिता दशरथजी, गुरु विश्वामित्रजी और कुलगुरु वसिष्ठजीके समान जानकर ससुर जनकजीका सम्मान किया। फिर जनकजीने भरतजीसे विनती की और प्रेमके साथ मिलकर फिर उन्हें आशीर्वाद दिया॥ ४॥

**दो०—मिले लखन रिपुसूदनहि दीन्हि असीस महीस।**
**भए परसपर प्रेमबस फिरि फिरि नावहिं सीस॥ ३४२॥**

फिर राजाने लक्ष्मणजी और शत्रुघ्नजीसे मिलकर उन्हें आशीर्वाद दिया। वे परस्पर प्रेमके वश होकर बार-बार आपसमें सिर नवाने लगे॥ ३४२॥

**बार बार करि बिनय बड़ाई। रघुपति चले संग सब भाई॥**
**जनक गहे कौसिक पद जाई। चरन रेनु सिर नयनन्ह लाई॥**

जनकजीकी बार-बार विनती और बड़ाई करके श्रीरघुनाथजी सब भाइयोंके साथ चले। जनकजीने जाकर विश्वामित्रजीके चरण पकड़ लिये और उनके चरणोंकी रजको सिर और नेत्रोंमें लगाया॥ १॥

**सुनु मुनीस बर दरसन तोरें। अगमु न कछु प्रतीति मन मोरें॥**
**जो सुखु सुजसु लोकपति चहहीं। करत मनोरथ सकुचत अहहीं॥**

[उन्होंने कहा—] हे मुनीश्वर! सुनिये, आपके सुन्दर दर्शनसे कुछ भी दुर्लभ नहीं है, मेरे मनमें ऐसा विश्वास है। जो सुख और सुयश लोकपाल चाहते हैं; परन्तु [असम्भव समझकर] जिसका मनोरथ करते हुए सकुचाते हैं,॥ २॥

**सो सुखु सुजसु सुलभ मोहि स्वामी। सब सिधि तव दरसन अनुगामी॥**
**कीन्हि बिनय पुनि पुनि सिरु नाई। फिरे महीसु आसिषा पाई॥**

हे स्वामी! वही सुख और सुयश मुझे सुलभ हो गया; सारी सिद्धियाँ आपके दर्शनोंकी

अनुगामिनी अर्थात् पीछे-पीछे चलनेवाली हैं। इस प्रकार बार-बार विनती की और सिर नवाकर तथा उनसे आशीर्वाद पाकर राजा जनक लौटे॥ ३॥

**चली बरात निसान बजाई। मुदित छोट बड़ सब समुदाई॥**
**रामहि निरखि ग्राम नर नारी। पाइ नयन फलु होहिं सुखारी॥**

डंका बजाकर बारात चली। छोटे-बड़े सभी समुदाय प्रसन्न हैं। [रास्तेके] गाँवोंके स्त्री-पुरुष श्रीरामचन्द्रजीको देखकर नेत्रोंका फल पाकर सुखी होते हैं॥ ४॥

**दो०—बीच बीच बर बास करि मग लोगन्ह सुख देत।**
**अवध समीप पुनीत दिन पहुँची आइ जनेत॥ ३४३॥**

बीच-बीचमें सुन्दर मुकाम करती हुई तथा मार्गके लोगोंको सुख देती हुई वह बारात पवित्र दिनमें अयोध्यापुरीके समीप आ पहुँची॥ ३४३॥

**हने निसान पनव बर बाजे। भेरि संख धुनि हय गय गाजे॥**
**झाँझि बिरव डिंडिमी सुहाई। सरस राग बाजहिं सहनाई॥**

नगाड़ोंपर चोटें पड़ने लगीं; सुन्दर ढोल बजने लगे। भेरी और शंखकी बड़ी आवाज हो रही है; हाथी-घोड़े गरज रहे हैं। विशेष शब्द करनेवाली झाँझें, सुहावनी डफलियाँ तथा रसीले रागसे शहनाइयाँ बज रही हैं॥ १॥

**पुर जन आवत अकनि बराता। मुदित सकल पुलकावलि गाता॥**
**निज निज सुंदर सदन सँवारे। हाट बाट चौहट पुर द्वारे॥**

बारातको आती हुई सुनकर नगरनिवासी प्रसन्न हो गये। सबके शरीरोंपर पुलकावली छा गयी। सबने अपने-अपने सुन्दर घरों, बाजारों, गलियों, चौराहों और नगरके द्वारोंको सजाया॥ २॥

**गलीं सकल अरगजाँ सिंचाईं। जहँ तहँ चौकें चारु पुराईं॥**
**बना बजारु न जाइ बखाना। तोरन केतु पताक बिताना॥**

सारी गलियाँ अरगजेसे सिंचायी गयीं, जहाँ-तहाँ सुन्दर चौक पुराये गये। तोरणों, ध्वजा-पताकाओं और मण्डपोंसे बाजार ऐसा सजा कि जिसका वर्णन नहीं किया जा सकता॥ ३॥

**सफल पूगफल कदलि रसाला। रोपे बकुल कदंब तमाला॥**
**लगे सुभग तरु परसत धरनी। मनिमय आलबाल कल करनी॥**

फलसहित सुपारी, केला, आम, मौलसिरी, कदम्ब और तमालके वृक्ष लगाये गये। वे लगे हुए सुन्दर वृक्ष [फलोंके भारसे] पृथ्वीको छू रहे हैं। उनके मणियोंके थाले बड़ी सुन्दर कारीगरीसे बनाये गये हैं॥ ४॥

**दो०—बिबिध भाँति मंगल कलस गृह गृह रचे सँवारि।**
**सुर ब्रह्मादि सिहाहिं सब रघुबर पुरी निहारि॥ ३४४॥**

अनेक प्रकारके मंगल-कलश घर-घर सजाकर बनाये गये हैं। श्रीरघुनाथजीकी पुरी (अयोध्या)को देखकर ब्रह्मा आदि सब देवता सिहाते हैं॥ ३४४॥

**भूप भवनु तेहि अवसर सोहा। रचना देखि मदन मनु मोहा॥**
**मंगल सगुन मनोहरताई। रिधि सिधि सुख संपदा सुहाई॥**

उस समय राजमहल [अत्यन्त] शोभित हो रहा था। उसकी रचना देखकर कामदेवका भी मन मोहित हो जाता था। मंगल शकुन, मनोहरता, ऋद्धि-सिद्धि, सुख, सुहावनी सम्पत्ति॥ १॥

**जनु उछाह सब सहज सुहाए। तनु धरि धरि दसरथ गृहँ छाए॥**
**देखन हेतु राम बैदेही। कहहु लालसा होहि न केही॥**

और सब प्रकारके उत्साह (आनन्द) मानो सहज सुन्दर शरीर धर-धरकर दशरथजीके घरमें छा गये हैं। श्रीरामचन्द्रजी और सीताजीके दर्शनोंके लिये भला कहिये किसे लालसा न होगी?॥ २॥

**जूथ जूथ मिलि चलीं सुआसिनि। निज छबि निदरहिं मदन बिलासिनि॥**
**सकल सुमंगल सजें आरती। गावहिं जनु बहु बेष भारती॥**

सुहागिनी स्त्रियाँ झुंड-की-झुंड मिलकर चलीं, जो अपनी छबिसे कामदेवकी स्त्री रतिका भी निरादर कर रही हैं। सभी सुन्दर मंगलद्रव्य एवं आरती सजाये हुए गा रही हैं, मानो सरस्वतीजी ही बहुत-से वेष धारण किये गा रही हों॥ ३॥

**भूपति भवन कोलाहलु होई। जाइ न बरनि समउ सुखु सोई॥**
**कौसल्यादि राम महतारीं। प्रेमबिबस तन दसा बिसारीं॥**

राजमहलमें [आनन्दके मारे] शोर मच रहा है। उस समयका और सुखका वर्णन नहीं किया जा सकता। कौसल्याजी आदि श्रीरामचन्द्रजीकी सब माताएँ प्रेमके विशेष वश होनेसे शरीरकी सुध भूल गयीं॥ ४॥

**दो०—दिए दान बिप्रन्ह बिपुल पूजि गनेस पुरारि।**
**प्रमुदित परम दरिद्र जनु पाइ पदारथ चारि॥ ३४५॥**

गणेशजी और त्रिपुरारि शिवजीका पूजन करके उन्होंने ब्राह्मणोंको बहुत-सा दान दिया। वे ऐसी परम प्रसन्न हुईं, मानो अत्यन्त दरिद्री चारों पदार्थ पा गया हो॥ ३४५॥

**मोद प्रमोद बिबस सब माता। चलहिं न चरन सिथिल भए गाता॥**
**राम दरस हित अति अनुरागीं। परिछनि साजु सजन सब लागीं॥**

सुख और महान् आनन्दसे विवश होनेके कारण सब माताओंके शरीर शिथिल हो गये हैं, उनके चरण चलते नहीं हैं। श्रीरामचन्द्रजीके दर्शनोंके लिये वे अत्यन्त अनुरागमें भरकर परछनका सब सामान सजाने लगीं॥ १॥

**बिबिध बिधान बाजने बाजे। मंगल मुदित सुमित्राँ साजे॥**
**हरद दूब दधि पल्लव फूला। पान पूगफल मंगल मूला॥**

अनेकों प्रकारके बाजे बजते थे। सुमित्राजीने आनन्दपूर्वक मंगल साज सजाये। हल्दी, दूब, दही, पत्ते, फूल, पान और सुपारी आदि मंगलकी मूल वस्तुएँ,॥ २॥

**अच्छत अंकुर लोचन लाजा। मंजुल मंजरि तुलसि बिराजा॥**
**छुहे पुरट घट सहज सुहाए। मदन सकुन जनु नीड़ बनाए॥**

तथा अक्षत (चावल), अँखुए, गोरोचन, लावा और तुलसीकी सुन्दर मंजरियाँ सुशोभित हैं। नाना रंगोंसे चित्रित किये हुए सहज सुहावने सुवर्णके कलश ऐसे मालूम होते हैं, मानो कामदेवके पक्षियोंने घोंसले बनाये हों॥ ३॥

**सगुन सुगंध न जाहिं बखानी। मंगल सकल सजहिं सब रानी॥**
**रचीं आरतीं बहुत बिधाना। मुदित करहिं कल मंगल गाना॥**

शकुनकी सुगन्धित वस्तुएँ बखानी नहीं जा सकतीं। सब रानियाँ सम्पूर्ण मंगल साज सज रही हैं। बहुत प्रकारकी आरती बनाकर वे आनन्दित हुईं सुन्दर मंगलगान कर रही हैं॥ ४॥

**दो०—कनक थार भरि मंगलन्हि कमल करन्हि लिएँ मात।**
**चलीं मुदित परिछनि करन पुलक पल्लवित गात॥ ३४६॥**

सोनेके थालोंको मांगलिक वस्तुओंसे भरकर अपने कमलके समान (कोमल) हाथोंमें लिये हुए माताएँ आनन्दित होकर परछन करने चलीं। उनके शरीर पुलकावलीसे छा गये हैं॥ ३४६॥

**धूप धूम नभु मेचक भयऊ। सावन घन घमंडु जनु ठयऊ॥**
**सुरतरु सुमन माल सुर बरषहिं। मनहुँ बलाक अवलि मनु करषहिं॥**

धूपके धूएँसे आकाश ऐसा काला हो गया है मानो सावनके बादल घुमड़-घुमड़कर छा गये हों। देवता कल्पवृक्षके फूलोंकी मालाएँ बरसा रहे हैं। वे ऐसी लगती हैं मानो बगुलोंकी पाँति मनको [अपनी ओर] खींच रही हो॥ १॥

**मंजुल मनिमय बंदनिवारे। मनहुँ पाकरिपु चाप सँवारे॥**
**प्रगटहिं दुरहिं अटन्ह पर भामिनि। चारु चपल जनु दमकहिं दामिनि॥**

सुन्दर मणियोंसे बने बंदनवार ऐसे मालूम होते हैं मानो इन्द्रधनुष सजाये हों। अटारियोंपर सुन्दर और चपल स्त्रियाँ प्रकट होती और छिप जाती हैं (आती-जाती हैं); वे ऐसी जान पड़ती हैं मानो बिजलियाँ चमक रही हों॥ २॥

**दुंदुभि धुनि घन गरजनि घोरा। जाचक चातक दादुर मोरा॥**
**सुर सुगंध सुचि बरषहिं बारी। सुखी सकल ससि पुर नर नारी॥**

नगाड़ोंकी ध्वनि मानो बादलोंकी घोर गर्जना है। याचकगण पपीहे, मेढक और मोर हैं। देवता पवित्र सुगन्धरूपी जल बरसा रहे हैं, जिससे खेतीके समान नगरके सब स्त्री-पुरुष सुखी हो रहे हैं॥ ३॥

**समउ जानि गुर आयसु दीन्हा। पुर प्रबेसु रघुकुलमनि कीन्हा॥**
**सुमिरि संभु गिरिजा गनराजा। मुदित महीपति सहित समाजा॥**

[प्रवेशका] समय जानकर गुरु वसिष्ठजीने आज्ञा दी। तब रघुकुलमणि महाराज दशरथजीने शिवजी, पार्वतीजी और गणेशजीका स्मरण करके समाजसहित आनन्दित होकर नगरमें प्रवेश किया॥ ४॥

**दो०—होहिं सगुन बरषहिं सुमन सुर दुंदुभीं बजाइ।**
**बिबुध बधू नाचहिं मुदित मंजुल मंगल गाइ॥ ३४७॥**

शकुन हो रहे हैं, देवता दुन्दुभी बजा-बजाकर फूल बरसा रहे हैं। देवताओंकी स्त्रियाँ आनन्दित होकर सुन्दर मंगलगीत गा-गाकर नाच रही हैं॥ ३४७॥

**मागध सूत बंदि नट नागर। गावहिं जसु तिहु लोक उजागर॥**
**जय धुनि बिमल बेद बर बानी। दस दिसि सुनिअ सुमंगल सानी॥**

मागध, सूत, भाट और चतुर नट तीनों लोकोंके उजागर (सबको प्रकाश देनेवाले, परम प्रकाशस्वरूप) श्रीरामचन्द्रजीका यश गा रहे हैं। जयध्वनि तथा वेदकी निर्मल श्रेष्ठ वाणी सुन्दर मंगलसे सनी हुई दसों दिशाओंमें सुनायी पड़ रही है॥ १॥

बिपुल बाजने बाजन लागे। नभ सुर नगर लोग अनुरागे॥
बने बराती बरनि न जाहीं। महा मुदित मन सुख न समाहीं॥

बहुत-से बाजे बजने लगे। आकाशमें देवता और नगरमें लोग सब प्रेममें मग्न हैं। बराती ऐसे बने-ठने हैं कि उनका वर्णन नहीं हो सकता। परम आनन्दित हैं, सुख उनके मनमें समाता नहीं है॥ २॥

पुरबासिन्ह तब राय जोहारे। देखत रामहि भए सुखारे॥
करहिं निछावरि मनिगन चीरा। बारि बिलोचन पुलक सरीरा॥

तब अयोध्यावासियोंने राजाको जोहार (वन्दना) की। श्रीरामचन्द्रजीको देखते ही वे सुखी हो गये। सब मणियाँ और वस्त्र निछावर कर रहे हैं। नेत्रोंमें [प्रेमाश्रुओंका] जल भरा है और शरीर पुलकित हैं॥ ३॥

आरति करहिं मुदित पुर नारी। हरषहिं निरखि कुअँर बर चारी॥
सिबिका सुभग ओहार उघारी। देखि दुलहिनिन्ह होहिं सुखारी॥

नगरकी स्त्रियाँ आनन्दित होकर आरती कर रही हैं और सुन्दर चारों कुमारोंको देखकर हर्षित हो रही हैं। पालकियोंके सुन्दर परदे हटा-हटाकर वे दुलहिनोंको देखकर सुखी होती हैं॥ ४॥

दो०—एहि बिधि सबही देत सुखु आए राजदुआर।
मुदित मातु परिछनि करहिं बधुन्ह समेत कुमार॥ ३४८॥

इस प्रकार सबको सुख देते हुए राजद्वारपर आये। माताएँ आनन्दित होकर बहुओंसहित कुमारोंका परछन कर रही हैं॥ ३४८॥

करहिं आरती बारहिं बारा। प्रेमु प्रमोदु कहै को पारा॥
भूषन मनि पट नाना जाती। करहिं निछावरि अगनित भाँती॥

वे बार-बार आरती कर रही हैं। उस प्रेम और महान् आनन्दको कौन कह सकता है! अनेकों प्रकारके आभूषण, रत्न और वस्त्र तथा अगणित प्रकारकी अन्य वस्तुएँ निछावर कर रही हैं॥ १॥

बधुन्ह समेत देखि सुत चारी। परमानंद मगन महतारी॥
पुनि पुनि सीय राम छबि देखी। मुदित सफल जग जीवन लेखी॥

बहुओंसहित चारों पुत्रोंको देखकर माताएँ परमानन्दमें मग्न हो गयीं। सीताजी और श्रीरामजीकी छबिको बार-बार देखकर वे जगत्में अपने जीवनको सफल मानकर आनन्दित हो रही हैं॥ २॥

सखीं सीय मुख पुनि पुनि चाही। गान करहिं निज सुकृत सराही॥
बरषहिं सुमन छनहिं छन देवा। नाचहिं गावहिं लावहिं सेवा॥

सखियाँ सीताजीके मुखको बार-बार देखकर अपने पुण्योंकी सराहना करती हुई गान कर रही हैं। देवता क्षण-क्षणमें फूल बरसाते, नाचते, गाते तथा अपनी-अपनी सेवा समर्पण करते हैं॥ ३॥

देखि मनोहर चारिउ जोरीं। सारद उपमा सकल ढँढोरीं॥
देत न बनहिं निपट लघु लागीं। एकटक रहीं रूप अनुरागीं॥

चारों मनोहर जोड़ियोंको देखकर सरस्वतीने सारी उपमाओंको खोज डाला; पर कोई उपमा देते नहीं बनी, क्योंकि उन्हें सभी बिलकुल तुच्छ जान पड़ीं। तब हारकर वे भी श्रीरामजीके रूपमें अनुरक्त होकर एकटक देखती रह गयीं॥ ४॥

**दो०—निगम नीति कुल रीति करि अरघ पाँवड़े देत।**
**बधुन्ह सहित सुत परिछि सब चलीं लवाइ निकेत॥ ३४९॥**

वेदकी विधि और कुलकी रीति करके अर्घ्य-पाँवड़े देती हुई बहुओंसमेत सब पुत्रोंको परछन करके माताएँ महलमें लिवा चलीं॥ ३४९॥

**चारि सिंघासन सहज सुहाए। जनु मनोज निज हाथ बनाए॥**
**तिन्ह पर कुअँरि कुअँर बैठारे। सादर पाय पुनीत पखारे॥**

स्वाभाविक ही सुन्दर चार सिंहासन थे, जो मानो कामदेवने ही अपने हाथसे बनाये थे। उनपर माताओंने राजकुमारियों और राजकुमारोंको बैठाया और आदरके साथ उनके पवित्र चरण धोये॥ १॥

**धूप दीप नैबेद बेद बिधि। पूजे बर दुलहिनि मंगलनिधि॥**
**बारहिं बार आरती करहीं। ब्यजन चारु चामर सिर ढरहीं॥**

फिर वेदकी विधिके अनुसार मंगलोंके निधान दूलह और दुलहिनोंकी धूप, दीप और नैवेद्य आदिके द्वारा पूजा की। माताएँ बारंबार आरती कर रही हैं और वर-वधुओंके सिरोंपर सुन्दर पंखे तथा चँवर ढल रहे हैं॥ २॥

**बस्तु अनेक निछावरि होहीं। भरीं प्रमोद मातु सब सोहीं॥**
**पावा परम तत्व जनु जोगीं। अमृतु लहेउ जनु संतत रोगीं॥**

अनेकों वस्तुएँ निछावर हो रही हैं; सभी माताएँ आनन्दसे भरी हुई ऐसी सुशोभित हो रही हैं मानो योगीने परम तत्त्वको प्राप्त कर लिया। सदाके रोगीने मानो अमृत पा लिया,॥ ३॥

**जनम रंक जनु पारस पावा। अंधहि लोचन लाभु सुहावा॥**
**मूक बदन जनु सारद छाई। मानहुँ समर सूर जय पाई॥**

जन्मका दरिद्री मानो पारस पा गया। अंधेको सुन्दर नेत्रोंका लाभ हुआ। गूँगेके मुखमें मानो सरस्वती आ विराजीं और शूरवीरने मानो युद्धमें विजय पा ली॥ ४॥

**दो०—एहि सुख ते सत कोटि गुन पावहिं मातु अनंदु।**
**भाइन्ह सहित बिआहि घर आए रघुकुलचंदु॥ ३५० (क)॥**

इन सुखोंसे भी सौ करोड़ गुना बढ़कर आनन्द माताएँ पा रही हैं। क्योंकि रघुकुलके चन्द्रमा श्रीरामजी विवाह करके भाइयोंसहित घर आये हैं॥ ३५० (क)॥

**लोक रीति जननीं करहिं बर दुलहिनि सकुचाहिं।**
**मोदु बिनोदु बिलोकि बड़ रामु मनहिं मुसुकाहिं॥ ३५० (ख)॥**

माताएँ लोकरीति करती हैं और दूलह-दुलहिनें सकुचाते हैं। इस महान् आनन्द और विनोदको देखकर श्रीरामचन्द्रजी मन-ही-मन मुसकरा रहे हैं॥ ३५० (ख)॥

**देव पितर पूजे बिधि नीकी। पूजीं सकल बासना जी की॥**
**सबहि बंदि मागहिं बरदाना। भाइन्ह सहित राम कल्याना॥**

मनकी सभी वासनाएँ पूरी हुई जानकर देवता और पितरोंका भलीभाँति पूजन किया। सबकी वन्दना करके माताएँ यही वरदान माँगती हैं कि भाइयोंसहित श्रीरामजीका कल्याण हो॥ १॥

**अंतरहित सुर आसिष देहीं। मुदित मातु अंचल भरि लेहीं॥**
**भूपति बोलि बराती लीन्हे। जान बसन मनि भूषन दीन्हे॥**

देवता छिपे हुए [अन्तरिक्षसे] आशीर्वाद दे रहे हैं और माताएँ आनन्दित हो आँचल भरकर ले रही हैं। तदनन्तर राजाने बरातियोंको बुलवा लिया और उन्हें सवारियाँ, वस्त्र, मणि (रत्न) और आभूषणादि दिये॥ २॥

**आयसु पाइ राखि उर रामहि। मुदित गए सब निज निज धामहि॥**
**पुर नर नारि सकल पहिराए। घर घर बाजन लगे बधाए॥**

आज्ञा पाकर, श्रीरामजीको हृदयमें रखकर वे सब आनन्दित होकर अपने-अपने घर गये। नगरके समस्त स्त्री-पुरुषोंको राजाने कपड़े और गहने पहनाये। घर-घर बधावे बजने लगे॥ ३॥

**जाचक जन जाचहिं जोइ जोई। प्रमुदित राउ देहिं सोइ सोई॥**
**सेवक सकल बजनिआ नाना। पूरन किए दान सनमाना॥**

याचक लोग जो-जो माँगते हैं, विशेष प्रसन्न होकर राजा उन्हें वही-वही देते हैं। सम्पूर्ण सेवकों और बाजेवालोंको राजाने नाना प्रकारके दान और सम्मानसे सन्तुष्ट किया॥ ४॥

**दो०—देहिं असीस जोहारि सब गावहिं गुन गन गाथ।**
**तब गुर भूसुर सहित गृहँ गवनु कीन्ह नरनाथ॥ ३५१॥**

सब जोहार (वन्दन) करके आशिष देते हैं और गुणसमूहोंकी कथा गाते हैं। तब गुरु और ब्राह्मणोंसहित राजा दशरथजीने महलमें गमन किया॥ ३५१॥

**जो बसिष्ट अनुसासन दीन्ही। लोक बेद बिधि सादर कीन्ही॥**
**भूसुर भीर देखि सब रानी। सादर उठीं भाग्य बड़ जानी॥**

वसिष्ठजीने जो आज्ञा दी, उसे लोक और वेदकी विधिके अनुसार राजाने आदरपूर्वक किया। ब्राह्मणोंकी भीड़ देखकर अपना बड़ा भाग्य जानकर सब रानियाँ आदरके साथ उठीं॥ १॥

**पाय पखारि सकल अन्हवाए। पूजि भली बिधि भूप जेवाँए॥**
**आदर दान प्रेम परिपोषे। देत असीस चले मन तोषे॥**

चरण धोकर उन्होंने सबको स्नान कराया और राजाने भलीभाँति पूजन करके उन्हें भोजन कराया। आदर, दान और प्रेमसे पुष्ट हुए वे सन्तुष्ट मनसे आशीर्वाद देते हुए चले॥ २॥

**बहु बिधि कीन्हि गाधिसुत पूजा। नाथ मोहि सम धन्य न दूजा॥**
**कीन्हि प्रसंसा भूपति भूरी। रानिन्ह सहित लीन्हि पग धूरी॥**

राजाने गाधि-पुत्र विश्वामित्रजीकी बहुत तरहसे पूजा की और कहा—हे नाथ! मेरे समान धन्य दूसरा कोई नहीं है। राजाने उनकी बहुत प्रशंसा की और रानियोंसहित उनकी चरणधूलिको ग्रहण किया॥ ३॥

**भीतर भवन दीन्ह बर बासू। मन जोगवत रह नृपु रनिवासू॥**
**पूजे गुर पद कमल बहोरी। कीन्हि बिनय उर प्रीति न थोरी॥**

उन्हें महलके भीतर ठहरनेको उत्तम स्थान दिया, जिसमें राजा और सब रनिवास उनका मन जोहता रहे (अर्थात् जिसमें राजा और महलकी सारी रानियाँ स्वयं उनके इच्छानुसार उनके आरामकी

ओर दृष्टि रख सकें), फिर राजाने गुरु वसिष्ठजीके चरणकमलोंकी पूजा और विनती की। उनके हृदयमें कम प्रीति न थी (अर्थात् बहुत प्रीति थी)॥ ४॥

**दो०—बधुन्ह समेत कुमार सब रानिन्ह सहित महीसु।**
**पुनि पुनि बंदत गुर चरन देत असीस मुनीसु॥ ३५२॥**

बहुओंसहित सब राजकुमार और सब रानियोंसमेत राजा बार-बार गुरुजीके चरणोंकी वन्दना करते हैं और मुनीश्वर आशीर्वाद देते हैं॥ ३५२॥

**बिनय कीन्हि उर अति अनुरागें। सुत संपदा राखि सब आगें॥**
**नेगु मागि मुनिनायक लीन्हा। आसिरबादु बहुत बिधि दीन्हा॥**

राजाने अत्यन्त प्रेमपूर्ण हृदयसे पुत्रोंको और सारी सम्पत्तिको सामने रखकर [उन्हें स्वीकार करनेके लिये] विनती की। परन्तु मुनिराजने [पुरोहितके नाते] केवल अपना नेग माँग लिया और बहुत तरहसे आशीर्वाद दिया॥ १॥

**उर धरि रामहि सीय समेता। हरषि कीन्ह गुर गवनु निकेता॥**
**बिप्रबधू सब भूप बोलाईं। चैल चारु भूषन पहिराईं॥**

फिर सीताजीसहित श्रीरामचन्द्रजीको हृदयमें रखकर गुरु वसिष्ठजी हर्षित होकर अपने स्थानको गये। राजाने सब ब्राह्मणोंकी स्त्रियोंको बुलवाया और उन्हें सुन्दर वस्त्र तथा आभूषण पहनाये॥ २॥

**बहुरि बोलाइ सुआसिनि लीन्हीं। रुचि बिचारि पहिरावनि दीन्हीं॥**
**नेगी नेग जोग सब लेहीं। रुचि अनुरूप भूपमनि देहीं॥**

फिर सब सुआसिनियोंको (नगरभरकी सौभाग्यवती बहिन, बेटी, भानजी आदिको) बुलवा लिया और उनकी रुचि समझकर [उसीके अनुसार] उन्हें पहिरावनी दी। नेगी लोग सब अपना-अपना नेग-जोग लेते और राजाओंके शिरोमणि दशरथजी उनकी इच्छाके अनुसार देते हैं॥ ३॥

**प्रिय पाहुने पूज्य जे जाने। भूपति भली भाँति सनमाने॥**
**देव देखि रघुबीर बिबाहू। बरषि प्रसून प्रसंसि उछाहू॥**

जिन मेहमानोंको प्रिय और पूजनीय जाना, उनका राजाने भलीभाँति सम्मान किया। देवगण श्रीरघुनाथजीका विवाह देखकर, उत्सवकी प्रशंसा करके फूल बरसाते हुए—॥ ४॥

**दो०—चले निसान बजाइ सुर निज निज पुर सुख पाइ।**
**कहत परसपर राम जसु प्रेम न हृदयँ समाइ॥ ३५३॥**

नगाड़े बजाकर और [परम] सुख प्राप्त कर अपने-अपने लोकोंको चले। वे एक-दूसरेसे श्रीरामजीका यश कहते जाते हैं। हृदयमें प्रेम समाता नहीं है॥ ३५३॥

**सब बिधि सबहि समदि नरनाहू। रहा हृदयँ भरि पूरि उछाहू॥**
**जहँ रनिवासु तहाँ पगु धारे। सहित बहूटिन्ह कुअँर निहारे॥**

सब प्रकारसे सबका प्रेमपूर्वक भलीभाँति आदर-सत्कार कर लेनेपर राजा दशरथजीके हृदयमें पूर्ण उत्साह (आनन्द) भर गया। जहाँ रनिवास था, वे वहाँ पधारे और बहुओंसमेत उन्होंने कुमारोंको देखा॥ १॥

**लिए गोद करि मोद समेता। को कहि सकइ भयउ सुखु जेता॥**
**बधू सप्रेम गोद बैठारीं। बार बार हियँ हरषि दुलारीं॥**

राजाने आनन्दसहित पुत्रोंको गोदमें ले लिया। उस समय राजाको जितना सुख हुआ उसे कौन कह सकता है? फिर पुत्रवधुओंको प्रेमसहित गोदीमें बैठाकर, बार-बार हृदयमें हर्षित होकर उन्होंने उनका दुलार (लाड़-चाव) किया॥ २॥

**देखि समाजु मुदित रनिवासू। सब कें उर अनंद कियो बासू॥**
**कहेउ भूप जिमि भयउ बिबाहू। सुनि सुनि हरषु होत सब काहू॥**

यह समाज (समारोह) देखकर रनिवास प्रसन्न हो गया। सबके हृदयमें आनन्दने निवास कर लिया। तब राजाने जिस तरह विवाह हुआ था वह सब कहा। उसे सुन-सुनकर सब किसीको हर्ष होता है॥ ३॥

**जनक राज गुन सीलु बड़ाई। प्रीति रीति संपदा सुहाई॥**
**बहुबिधि भूप भाट जिमि बरनी। रानी सब प्रमुदित सुनि करनी॥**

राजा जनकके गुण, शील, महत्त्व, प्रीतिकी रीति और सुहावनी सम्पत्तिका वर्णन राजाने भाटकी तरह बहुत प्रकारसे किया। जनकजीकी करनी सुनकर सब रानियाँ बहुत प्रसन्न हुईं॥ ४॥

**दो०—सुतन्ह समेत नहाइ नृप बोलि बिप्र गुर ग्याति।**
**भोजन कीन्ह अनेक बिधि घरी पंच गइ राति॥ ३५४॥**

पुत्रोंसहित स्नान करके राजाने ब्राह्मण, गुरु और कुटुम्बियोंको बुलाकर अनेक प्रकारके भोजन किये। [यह सब करते-करते] पाँच घड़ी रात बीत गयी॥ ३५४॥

**मंगलगान करहिं बर भामिनि। भै सुखमूल मनोहर जामिनि॥**
**अँचइ पान सब काहूँ पाए। स्त्रग सुगंध भूषित छबि छाए॥**

सुन्दर स्त्रियाँ मंगलगान कर रही हैं। वह रात्रि सुखकी मूल और मनोहारिणी हो गयी। सबने आचमन करके पान खाये और फूलोंकी माला, सुगन्धित द्रव्य आदिसे विभूषित होकर सब शोभासे छा गये॥ १॥

**रामहि देखि रजायसु पाई। निज निज भवन चले सिर नाई॥**
**प्रेम प्रमोदु बिनोदु बड़ाई। समउ समाजु मनोहरताई॥**

श्रीरामचन्द्रजीको देखकर और आज्ञा पाकर सब सिर नवाकर अपने-अपने घरको चले। वहाँके प्रेम, आनन्द, विनोद, महत्त्व, समय, समाज और मनोहरताको—॥ २॥

**कहि न सकहिं सत सारद सेसू। बेद बिरंचि महेस गनेसू॥**
**सो मैं कहौं कवन बिधि बरनी। भूमिनागु सिर धरइ कि धरनी॥**

सैकड़ों सरस्वती, शेष, वेद, ब्रह्मा, महादेवजी और गणेशजी भी नहीं कह सकते। फिर भला मैं उसे किस प्रकारसे बखानकर कहूँ? कहीं केंचुआ भी धरतीको सिरपर ले सकता है!॥ ३॥

**नृप सब भाँति सबहि सनमानी। कहि मृदु बचन बोलाईं रानी॥**
**बधू लरिकनीं पर घर आईं। राखेहु नयन पलक की नाईं॥**

राजाने सबका सब प्रकारसे सम्मान करके, कोमल वचन कहकर रानियोंको बुलाया और कहा—बहुएँ अभी बच्ची हैं, पराये घर आयी हैं। इनको इस तरहसे रखना जैसे नेत्रोंको पलकें रखती

हैं (जैसे पलकें नेत्रोंकी सब प्रकारसे रक्षा करती हैं और उन्हें सुख पहुँचाती हैं, वैसे ही इनको सुख पहुँचाना)॥ ४॥

**दो०—लरिका श्रमित उनीद बस सयन करावहु जाइ।**
**अस कहि गे बिश्रामगृहँ राम चरन चितु लाइ॥ ३५५॥**

लड़के थके हुए नींदके वश हो रहे हैं, इन्हें ले जाकर शयन कराओ। ऐसा कहकर राजा श्रीरामचन्द्रजीके चरणोंमें मन लगाकर विश्रामभवनमें चले गये॥ ३५५॥

**भूप बचन सुनि सहज सुहाए। जरित कनक मनि पलँग डसाए॥**
**सुभग सुरभि पय फेन समाना। कोमल कलित सुपेतीं नाना॥**

राजाके स्वभावसे ही सुन्दर वचन सुनकर [रानियोंने] मणियोंसे जड़े सुवर्णके पलँग बिछवाये। [गद्दोंपर] गौके दूधके फेनके समान सुन्दर एवं कोमल अनेकों सफेद चादरें बिछायीं॥ १॥

**उपबरहन बर बरनि न जाहीं। स्त्रग सुगंध मनिमंदिर माहीं॥**
**रतनदीप सुठि चारु चँदोवा। कहत न बनइ जान जेहिं जोवा॥**

सुन्दर तकियोंका वर्णन नहीं किया जा सकता। मणियोंके मन्दिरमें फूलोंकी मालाएँ और सुगन्ध द्रव्य सजे हैं। सुन्दर रत्नोंके दीपकों और सुन्दर चँदोवेकी शोभा कहते नहीं बनती। जिसने उन्हें देखा हो, वही जान सकता है॥ २॥

**सेज रुचिर रचि रामु उठाए। प्रेम समेत पलँग पौढ़ाए॥**
**अग्या पुनि पुनि भाइन्ह दीन्ही। निज निज सेज सयन तिन्ह कीन्ही॥**

इस प्रकार सुन्दर शय्या सजाकर [माताओंने] श्रीरामचन्द्रजीको उठाया और प्रेमसहित पलँगपर पौढ़ाया। श्रीरामजीने बार-बार भाइयोंको आज्ञा दी। तब वे भी अपनी-अपनी शय्याओंपर सो गये॥ ३॥

**देखि स्याम मृदु मंजुलगाता। कहहिं सप्रेम बचन सब माता॥**
**मारग जात भयावनिभारी। केहि बिधि तात ताड़का मारी॥**

श्रीरामजीके साँवले सुन्दर कोमल अंगोंको देखकर सब माताएँ प्रेमसहित वचन कह रही हैं—हे तात! मार्गमें जाते हुए तुमने बड़ी भयावनी ताड़का राक्षसीको किस प्रकारसे मारा?॥ ४॥

**दो०—घोर निसाचर बिकट भट समर गनहिं नहिं काहु।**
**मारे सहित सहाय किमि खल मारीच सुबाहु॥ ३५६॥**

बड़े भयानक राक्षस, जो विकट योद्धा थे और जो युद्धमें किसीको कुछ नहीं गिनते थे, उन दुष्ट मारीच और सुबाहुको सहायकोंसहित तुमने कैसे मारा?॥ ३५६॥

**मुनि प्रसाद बलि तात तुम्हारी। ईस अनेक करवरें टारी॥**
**मख रखवारी करि दुहुँ भाईं। गुरु प्रसाद सब बिद्या पाईं॥**

हे तात! मैं बलैया लेती हूँ, मुनिकी कृपासे ही ईश्वरने तुम्हारी बहुत-सी बलाओंको टाल दिया। दोनों भाइयोंने यज्ञकी रखवाली करके गुरुजीके प्रसादसे सब विद्याएँ पायीं॥ १॥

**मुनितिय तरी लगत पग धूरी। कीरति रही भुवन भरि पूरी॥**
**कमठ पीठि पबि कूट कठोरा। नृप समाज महुँ सिव धनु तोरा॥**

चरणोंकी धूलि लगते ही मुनिपत्नी अहल्या तर गयी। विश्वभरमें यह कीर्ति पूर्णरीतिसे व्याप्त हो गयी। कच्छपकी पीठ, वज्र और पर्वतसे भी कठोर शिवजीके धनुषको राजाओंके समाजमें तुमने तोड़ दिया॥ २॥

**बिस्व बिजय जसु जानकि पाई। आए भवन ब्याहि सब भाई॥**
**सकल अमानुष करम तुम्हारे। केवल कौसिक कृपाँ सुधारे॥**

विश्वविजयके यश और जानकीको पाया और सब भाइयोंको ब्याहकर घर आये। तुम्हारे सभी कर्म अमानुषी हैं (मनुष्यकी शक्तिके बाहर हैं), जिन्हें केवल विश्वामित्रजीकी कृपाने सुधारा है (सम्पन्न किया है)॥ ३॥

**आजु सुफल जग जनमु हमारा। देखि तात बिधुबदन तुम्हारा॥**
**जे दिन गए तुम्हहि बिनु देखें। ते बिरंचि जनि पारहिं लेखें॥**

हे तात! तुम्हारा चन्द्रमुख देखकर आज हमारा जगत्‌में जन्म लेना सफल हुआ। तुमको बिना देखे जो दिन बीते हैं, उनको ब्रह्मा गिनतीमें न लावें (हमारी आयुमें शामिल न करें)॥ ४॥

**दो०—राम प्रतोषीं मातु सब कहि बिनीत बर बैन।**
**सुमिरि संभु गुर बिप्र पद किए नीदबस नैन॥ ३५७॥**

विनयभरे उत्तम वचन कहकर श्रीरामचन्द्रजीने सब माताओंको संतुष्ट किया। फिर शिवजी, गुरु और ब्राह्मणोंके चरणोंका स्मरण कर नेत्रोंको नींदके वश किया (अर्थात् वे सो रहे)॥ ३५७॥

**नीदउँ बदन सोह सुठि लोना। मनहुँ साँझ सरसीरुह सोना॥**
**घर घर करहिं जागरन नारीं। देहिं परसपर मंगल गारीं॥**

नींदमें भी उनका अत्यन्त सलोना मुखड़ा ऐसा सोह रहा था, मानो सन्ध्याके समयका लाल कमल सोह रहा हो। स्त्रियाँ घर-घर जागरण कर रही हैं और आपसमें (एक-दूसरीको) मंगलमयी गालियाँ दे रही हैं॥ १॥

**पुरी बिराजति राजति रजनी। रानीं कहहिं बिलोकहु सजनी॥**
**सुंदर बधुन्ह सासु लै सोईं। फनिकन्ह जनु सिरमनि उर गोईं॥**

रानियाँ कहती हैं—हे सजनी! देखो, [आज] रात्रिकी कैसी शोभा है, जिससे अयोध्यापुरी विशेष शोभित हो रही है! [यों कहती हुई] सासुएँ सुन्दर बहुओंको लेकर सो गयीं, मानो सर्पोंने अपने सिरकी मणियोंको हृदयमें छिपा लिया है॥ २॥

**प्रात पुनीत काल प्रभु जागे। अरुनचूड़ बर बोलन लागे॥**
**बंदि मागधन्हि गुनगन गाए। पुरजन द्वार जोहारन आए॥**

प्रातःकाल पवित्र ब्राह्ममुहूर्तमें प्रभु जागे। मुर्गे सुन्दर बोलने लगे। भाट और मागधोंने गुणोंका गान किया तथा नगरके लोग द्वारपर जोहार करनेको आये॥ ३॥

**बंदि बिप्र सुर गुर पितु माता। पाइ असीस मुदित सब भ्राता॥**
**जननिन्ह सादर बदन निहारे। भूपति संग द्वार पगु धारे॥**

ब्राह्मणों, देवताओं, गुरु, पिता और माताओंकी वन्दना करके आशीर्वाद पाकर सब भाई प्रसन्न हुए। माताओंने आदरके साथ उनके मुखोंको देखा। फिर वे राजाके साथ दरवाजे (बाहर) पधारे॥ ४॥

**दो०—कीन्हि सौच सब सहज सुचि सरित पुनीत नहाइ।**
**प्रातक्रिया करि तात पहिं आए चारिउ भाइ॥ ३५८॥**

स्वभावसे ही पवित्र चारों भाइयोंने सब शौचादिसे निवृत्त होकर पवित्र सरयू नदीमें स्नान किया और प्रात:क्रिया (सन्ध्या-वन्दनादि) करके वे पिताके पास आये॥ ३५८॥

## नवाह्नपारायण, तीसरा विश्राम

**भूप बिलोकि लिए उर लाई। बैठे हरषि रजायसु पाई॥**
**देखि रामु सब सभा जुड़ानी। लोचन लाभ अवधि अनुमानी॥**

राजाने देखते ही उन्हें हृदयसे लगा लिया। तदनन्तर वे आज्ञा पाकर हर्षित होकर बैठ गये। श्रीरामचन्द्रजीके दर्शनकर और नेत्रोंके लाभकी बस यही सीमा है, ऐसा अनुमानकर सारी सभा शीतल हो गयी (अर्थात् सबके तीनों प्रकारके ताप सदाके लिये मिट गये)॥ १॥

**पुनि बसिष्टु मुनि कौसिकु आए। सुभग आसनन्हि मुनि बैठाए॥**
**सुतन्ह समेत पूजि पद लागे। निरखि रामु दोउ गुर अनुरागे॥**

फिर मुनि वसिष्ठजी और विश्वामित्रजी आये। राजाने उनको सुन्दर आसनोंपर बैठाया और पुत्रों-समेत उनकी पूजा करके उनके चरणों लगे। दोनों गुरु श्रीरामजीको देखकर प्रेममें मुग्ध हो गये॥ २॥

**कहहिं बसिष्टु धरम इतिहासा। सुनहिं महीसु सहित रनिवासा॥**
**मुनि मन अगम गाधिसुत करनी। मुदित बसिष्ट बिपुल बिधि बरनी॥**

वसिष्ठजी धर्मके इतिहास कह रहे हैं और राजा रनिवाससहित सुन रहे हैं। जो मुनियोंके मनको भी अगम्य है, ऐसी विश्वामित्रजीकी करनीको वसिष्ठजीने आनन्दित होकर बहुत प्रकारसे वर्णन किया॥ ३॥

**बोले बामदेउ सब साँची। कीरति कलित लोक तिहुँ माची॥**
**सुनि आनंदु भयउ सब काहू। राम लखन उर अधिक उछाहू॥**

वामदेवजी बोले—ये सब बातें सत्य हैं। विश्वामित्रजीकी सुन्दर कीर्ति तीनों लोकोंमें छायी हुई है। यह सुनकर सब किसीको आनन्द हुआ। श्रीराम-लक्ष्मणके हृदयमें अधिक उत्साह (आनन्द) हुआ॥ ४॥

**दो०—मंगल मोद उछाह नित जाहिं दिवस एहि भाँति।**
**उमगी अवध अनंद भरि अधिक अधिक अधिकाति॥ ३५९॥**

नित्य ही मंगल, आनन्द और उत्सव होते हैं; इस तरह आनन्दमें दिन बीतते जाते हैं। अयोध्या आनन्दसे भरकर उमड़ पड़ी, आनन्दकी अधिकता अधिक-अधिक बढ़ती ही जा रही है॥ ३५९॥

**सुदिन सोधि कल कंकन छोरे। मंगल मोद बिनोद न थोरे॥**
**नित नव सुखु सुर देखि सिहाहीं। अवध जन्म जाचहिं बिधि पाहीं॥**

अच्छा दिन (शुभ मुहूर्त) शोधकर सुन्दर कंकण खोले गये। मंगल, आनन्द और विनोद कुछ कम नहीं हुए (अर्थात् बहुत हुए)। इस प्रकार नित्य नये सुखको देखकर देवता सिहाते हैं और अयोध्यामें जन्म पानेके लिये ब्रह्माजीसे याचना करते हैं॥ १॥

**बिस्वामित्रु चलन नित चहहीं। राम सप्रेम बिनय बस रहहीं॥**
**दिन दिन सयगुन भूपति भाऊ। देखि सराह महामुनिराऊ॥**

विश्वामित्रजी नित्य ही चलना (अपने आश्रम जाना) चाहते हैं, पर रामचन्द्रजीके स्नेह और विनयवश रह जाते हैं। दिनों-दिन राजाका सौगुना भाव (प्रेम) देखकर महामुनिराज विश्वामित्रजी उनकी सराहना करते हैं॥ २॥

**मागत बिदा राउ अनुरागे। सुतन्ह समेत ठाढ़ भे आगे॥**
**नाथ सकल संपदा तुम्हारी। मैं सेवकु समेत सुत नारी॥**

अन्तमें जब विश्वामित्रजीने विदा माँगी, तब राजा प्रेममग्न हो गये और पुत्रोंसहित आगे खड़े हो गये। [वे बोले—] हे नाथ! यह सारी सम्पदा आपकी है। मैं तो स्त्री-पुत्रोंसहित आपका सेवक हूँ॥ ३॥

**करब सदा लरिकन्ह पर छोहू। दरसनु देत रहब मुनि मोहू॥**
**अस कहि राउ सहित सुत रानी। परेउ चरन मुख आव न बानी॥**

हे मुनि! लड़कोंपर सदा स्नेह करते रहियेगा और मुझे भी दर्शन देते रहियेगा। ऐसा कहकर पुत्रों और रानियोंसहित राजा दशरथजी विश्वामित्रजीके चरणोंपर गिर पड़े, [प्रेमविह्वल हो जानेके कारण] उनके मुँहसे बात नहीं निकलती॥ ४॥

**दीन्हि असीस बिप्र बहु भाँती। चले न प्रीति रीति कहि जाती॥**
**रामु सप्रेम संग सब भाई। आयसु पाइ फिरे पहुँचाई॥**

ब्राह्मण विश्वामित्रजीने बहुत प्रकारसे आशीर्वाद दिये और वे चल पड़े, प्रीतिकी रीति कही नहीं जाती। सब भाइयोंको साथ लेकर श्रीरामजी प्रेमके साथ उन्हें पहुँचाकर और आज्ञा पाकर लौटे॥ ५॥

**दो०—राम रूपु भूपति भगति ब्याहु उछाहु अनंदु।**
**जात सराहत मनहिं मन मुदित गाधिकुलचंदु॥ ३६०॥**

गाधिकुलके चन्द्रमा विश्वामित्रजी बड़े हर्षके साथ श्रीरामचन्द्रजीके रूप, राजा दशरथजीकी भक्ति, [चारों भाइयोंके] विवाह और [सबके] उत्साह और आनन्दको मन-ही-मन सराहते जाते हैं॥ ३६०॥

**बामदेव रघुकुल गुर ग्यानी। बहुरि गाधिसुत कथा बखानी॥**
**सुनि मुनि सुजसु मनहिं मन राऊ। बरनत आपन पुन्य प्रभाऊ॥**

वामदेवजी और रघुकुलके गुरु ज्ञानी वसिष्ठजीने फिर विश्वामित्रजीकी कथा बखानकर कही। मुनिका सुन्दर यश सुनकर राजा मन-ही-मन अपने पुण्योंके प्रभावका बखान करने लगे॥ १॥

**बहुरे लोग रजायसु भयऊ। सुतन्ह समेत नृपति गृहँ गयऊ॥**
**जहँ तहँ राम ब्याहु सबु गावा। सुजसु पुनीत लोक तिहुँ छावा॥**

आज्ञा हुई तब सब लोग [अपने-अपने घरोंको] लौटे। राजा दशरथजी भी पुत्रोंसहित महलमें गये। जहाँ-तहाँ सब श्रीरामचन्द्रजीके विवाहकी गाथाएँ गा रहे हैं। श्रीरामचन्द्रजीका पवित्र सुयश तीनों लोकोंमें छा गया॥ २॥

**आए ब्याहि रामु घर जब तें। बसइ अनंद अवध सब तब तें॥**
**प्रभु बिबाहँ जस भयउ उछाहू। सकहिं न बरनि गिरा अहिनाहू॥**

जबसे श्रीरामचन्द्रजी विवाह करके घर आये, तबसे सब प्रकारका आनन्द अयोध्यामें आकर बसने लगा। प्रभुके विवाहमें जैसा आनन्द-उत्साह हुआ, उसे सरस्वती और सर्पोंके राजा शेषजी भी नहीं कह सकते॥ ३॥

**कबिकुल जीवनु पावन जानी। राम सीय जसु मंगल खानी॥**
**तेहि ते मैं कछु कहा बखानी। करन पुनीत हेतु निज बानी॥**

श्रीसीतारामजीके यशको कविकुलके जीवनको पवित्र करनेवाला और मंगलोंकी खान जानकर, इससे मैंने अपनी वाणीको पवित्र करनेके लिये कुछ (थोड़ा-सा) बखानकर कहा है॥ ४॥

**छं०—निज गिरा पावनि करन कारन राम जसु तुलसीं कह्यो।**
**रघुबीर चरित अपार बारिधि पारु कबि कौनें लह्यो॥**
**उपबीत ब्याह उछाह मंगल सुनि जे सादर गावहीं।**
**बैदेहि राम प्रसाद ते जन सर्बदा सुखु पावहीं॥**

अपनी वाणीको पवित्र करनेके लिये तुलसीने रामका यश कहा है। [नहीं तो] श्रीरघुनाथजीका चरित्र अपार समुद्र है, किस कविने उसका पार पाया है ? जो लोग यज्ञोपवीत और विवाहके मंगलमय उत्सवका वर्णन आदरके साथ सुनकर गावेंगे, वे लोग श्रीजानकीजी और श्रीरामजीकी कृपासे सदा सुख पावेंगे।

**सो०—सिय रघुबीर बिबाहु जे सप्रेम गावहिं सुनहिं।**
**तिन्ह कहुँ सदा उछाहु मंगलायतन राम जसु॥ ३६१॥**

श्रीसीताजी और श्रीरघुनाथजीके विवाह-प्रसंगको जो लोग प्रेमपूर्वक गायें-सुनेंगे, उनके लिये सदा उत्साह (आनन्द)-ही-उत्साह है; क्योंकि श्रीरामचन्द्रजीका यश मंगलका धाम है॥ ३६१॥

## मासपारायण, बारहवाँ विश्राम

***इति श्रीमद्रामचरितमानसे सकलकलिकलुषविध्वंसने प्रथमः सोपानः समाप्तः।***

कलियुगके सम्पूर्ण पापोंको विध्वंस करनेवाले श्रीरामचरितमानसका
यह पहला सोपान समाप्त हुआ।

## (बालकाण्ड समाप्त)

॥ श्रीगणेशाय नमः ॥

**॥ श्रीजानकीवल्लभो विजयते ॥**

# श्रीरामचरितमानस

## द्वितीय सोपान

## अयोध्याकाण्ड

**श्लोक**

**यस्याङ्के च विभाति भूधरसुता देवापगा मस्तके**
**भाले बालविधुर्गले च गरलं यस्योरसि व्यालराट्।**
**सोऽयं भूतिविभूषणः सुरवरः सर्वाधिपः सर्वदा**
**शर्वः सर्वगतः शिवः शशिनिभः श्रीशङ्करः पातु माम्॥ १ ॥**

जिनकी गोदमें हिमाचलसुता पार्वतीजी, मस्तकपर गंगाजी, ललाटपर द्वितीयाका चन्द्रमा, कण्ठमें हलाहल विष और वक्षःस्थलपर सर्पराज शेषजी सुशोभित हैं, वे भस्मसे विभूषित, देवताओंमें श्रेष्ठ, सर्वेश्वर, संहारकर्ता [या भक्तोंके पापनाशक], सर्वव्यापक, कल्याणरूप, चन्द्रमाके समान शुभ्रवर्ण श्रीशंकरजी सदा मेरी रक्षा करें॥ १॥

**प्रसन्नतां या न गताभिषेकतस्तथा न मम्ले वनवासदुःखतः।**
**मुखाम्बुजश्री रघुनन्दनस्य मे सदास्तु सा मञ्जुलमङ्गलप्रदा॥ २ ॥**

रघुकुलको आनन्द देनेवाले श्रीरामचन्द्रजीके मुखारविन्दकी जो शोभा राज्याभिषेकसे (राज्याभिषेककी बात सुनकर) न तो प्रसन्नताको प्राप्त हुई और न वनवासके दुःखसे मलिन ही हुई, वह (मुखकमलकी छबि) मेरे लिये सदा सुन्दर मंगलोंकी देनेवाली हो॥ २॥

**नीलाम्बुजश्यामलकोमलाङ्गं सीतासमारोपितवामभागम्।**
**पाणौ महासायकचारुचापं नमामि रामं रघुवंशनाथम्॥ ३ ॥**

नीले कमलके समान श्याम और कोमल जिनके अंग हैं, श्रीसीताजी जिनके वाम-भागमें विराजमान हैं और जिनके हाथोंमें [क्रमशः] अमोघ बाण और सुन्दर धनुष है, उन रघुवंशके स्वामी श्रीरामचन्द्रजीको मैं नमस्कार करता हूँ॥ ३॥

**दो०—श्रीगुरु चरन सरोज रज निज मनु मुकुरु सुधारि।**
**बरनउँ रघुबर बिमल जसु जो दायकु फल चारि॥**

श्रीगुरुजीके चरणकमलोंकी रजसे अपने मनरूपी दर्पणको साफ करके मैं श्रीरघुनाथजीके उस निर्मल यशका वर्णन करता हूँ, जो चारों फलोंको (धर्म, अर्थ, काम, मोक्षको) देनेवाला है।

**जब तें रामु ब्याहि घर आए। नित नव मंगल मोद बधाए॥**
**भुवन चारिदस भूधर भारी। सुकृत मेघ बरषहिं सुख बारी॥**

जबसे श्रीरामचन्द्रजी विवाह करके घर आये, तबसे [अयोध्यामें] नित्य नये मंगल हो रहे हैं और आनन्दके बधावे बज रहे हैं। चौदहों लोकरूपी बड़े भारी पर्वतोंपर पुण्यरूपी मेघ सुखरूपी जल बरसा रहे हैं॥ १॥

**रिधि सिधि संपति नदीं सुहाई। उमगि अवध अंबुधि कहुँ आई॥**
**मनिगन पुर नर नारि सुजाती। सुचि अमोल सुंदर सब भाँती॥**

ऋद्धि-सिद्धि और सम्पत्तिरूपी सुहावनी नदियाँ उमड़-उमड़कर अयोध्यारूपी समुद्रमें आ मिलीं। नगरके स्त्री-पुरुष अच्छी जातिके मणियोंके समूह हैं, जो सब प्रकारसे पवित्र, अमूल्य और सुन्दर हैं॥ २॥

**कहि न जाइ कछु नगर बिभूती। जनु एतनिअ बिरंचि करतूती॥**
**सब बिधि सब पुर लोग सुखारी। रामचंद मुख चंदु निहारी॥**

नगरका ऐश्वर्य कुछ कहा नहीं जाता। ऐसा जान पड़ता है, मानो ब्रह्माजीकी कारीगरी बस इतनी ही है। सब नगरनिवासी श्रीरामचन्द्रजीके मुखचन्द्रको देखकर सब प्रकारसे सुखी हैं॥ ३॥

**मुदित मातु सब सखीं सहेली। फलित बिलोकि मनोरथ बेली॥**
**राम रूपु गुन सीलु सुभाऊ। प्रमुदित होइ देखि सुनि राऊ॥**

सब माताएँ और सखी-सहेलियाँ अपनी मनोरथरूपी बेलको फली हुई देखकर आनन्दित हैं। श्रीरामचन्द्रजीके रूप, गुण, शील और स्वभावको देख-सुनकर राजा दशरथजी बहुत ही आनन्दित होते हैं॥ ४॥

**दो०—सब कें उर अभिलाषु अस कहहिं मनाइ महेसु।**
**आप अछत जुबराज पद रामहि देउ नरेसु॥ १॥**

सबके हृदयमें ऐसी अभिलाषा है और सब महादेवजीको मनाकर (प्रार्थना करके) कहते हैं कि राजा अपने जीते-जी श्रीरामचन्द्रजीको युवराजपद दे दें॥ १॥

**एक समय सब सहित समाजा। राजसभाँ रघुराजु बिराजा॥**
**सकल सुकृत मूरति नरनाहू। राम सुजसु सुनि अतिहि उछाहू॥**

एक समय रघुकुलके राजा दशरथजी अपने सारे समाजसहित राजसभामें विराजमान थे। महाराज समस्त पुण्योंकी मूर्ति हैं, उन्हें श्रीरामचन्द्रजीका सुन्दर यश सुनकर अत्यन्त आनन्द हो रहा है॥ १॥

**नृप सब रहहिं कृपा अभिलाषें। लोकप करहिं प्रीति रुख राखें॥**
**तिभुवन तीनि काल जग माहीं। भूरिभाग दसरथ सम नाहीं॥**

सब राजा उनकी कृपा चाहते हैं और लोकपालगण उनके रुखको रखते हुए (अनुकूल होकर) प्रीति करते हैं। [पृथ्वी, आकाश, पाताल] तीनों भुवनोंमें और [भूत, भविष्य, वर्तमान] तीनों कालोंमें दशरथजीके समान बड़भागी [और] कोई नहीं है॥ २॥

**मंगलमूल रामु सुत जासू। जो कछु कहिअ थोर सबु तासू॥**
**रायँ सुभायँ मुकुरु कर लीन्हा। बदनु बिलोकि मुकुटु सम कीन्हा॥**

मंगलोंके मूल श्रीरामचन्द्रजी जिनके पुत्र हैं, उनके लिये जो कुछ कहा जाय सब थोड़ा है। राजाने स्वाभाविक ही हाथमें दर्पण ले लिया और उसमें अपना मुँह देखकर मुकुटको सीधा किया॥ ३॥

**श्रवन समीप भए सित केसा। मनहुँ जरठपनु अस उपदेसा॥**
**नृप जुबराजु राम कहुँ देहू। जीवन जनम लाहु किन लेहू॥**

[देखा कि] कानोंके पास बाल सफेद हो गये हैं, मानो बुढ़ापा ऐसा उपदेश कर रहा है कि हे राजन्! श्रीरामचन्द्रजीको युवराज-पद देकर अपने जीवन और जन्मका लाभ क्यों नहीं लेते॥ ४॥

**दो०—यह बिचारु उर आनि नृप सुदिनु सुअवसरु पाइ।**
**प्रेम पुलकि तन मुदित मन गुरहि सुनायउ जाइ॥ २॥**

हृदयमें यह विचार लाकर (युवराज-पद देनेका निश्चय कर) राजा दशरथजीने शुभ दिन और सुन्दर समय पाकर, प्रेमसे पुलकितशरीर हो आनन्दमग्न मनसे उसे गुरु वसिष्ठजीको जा सुनाया॥ २॥

**कहइ भुआलु सुनिअ मुनिनायक। भए राम सब बिधि सब लायक॥**
**सेवक सचिव सकल पुरबासी। जे हमारे अरि मित्र उदासी॥**

राजाने कहा—हे मुनिराज! [कृपया यह निवेदन] सुनिये। श्रीरामचन्द्र अब सब प्रकारसे सब योग्य हो गये हैं। सेवक, मन्त्री, सब नगरनिवासी और जो हमारे शत्रु, मित्र या उदासीन हैं—॥ १॥

**सबहि रामु प्रिय जेहि बिधि मोही। प्रभु असीस जनु तनु धरि सोही॥**
**बिप्र सहित परिवार गोसाईं। करहिं छोहु सब रौरिहि नाईं॥**

सभीको श्रीरामचन्द्र वैसे ही प्रिय हैं जैसे वे मुझको हैं। [उनके रूपमें] आपका आशीर्वाद ही मानो शरीर धारण करके शोभित हो रहा है। हे स्वामी! सारे ब्राह्मण, परिवारसहित आपके ही समान उनपर स्नेह करते हैं॥ २॥

**जे गुर चरन रेनु सिर धरहीं। ते जनु सकल बिभव बस करहीं॥**
**मोहि सम यहु अनुभयउ न दूजें। सबु पायउँ रज पावनि पूजें॥**

जो लोग गुरुके चरणोंकी रजको मस्तकपर धारण करते हैं, वे मानो समस्त ऐश्वर्यको अपने वशमें कर लेते हैं। इसका अनुभव मेरे समान दूसरे किसीने नहीं किया। आपकी पवित्र चरण-रजकी पूजा करके मैंने सब कुछ पा लिया॥ ३॥

**अब अभिलाषु एकु मन मोरें। पूजिहि नाथ अनुग्रह तोरें॥**
**मुनि प्रसन्न लखि सहज सनेहू। कहेउ नरेस रजायसु देहू॥**

अब मेरे मनमें एक ही अभिलाषा है। हे नाथ! वह भी आपहीके अनुग्रहसे पूरी होगी। राजाका सहज प्रेम देखकर मुनिने प्रसन्न होकर कहा—नरेश! आज्ञा दीजिये (कहिये, क्या अभिलाषा है?)॥ ४॥

**दो०—राजन राउर नामु जसु सब अभिमत दातार।**
**फल अनुगामी महिप मनि मन अभिलाषु तुम्हार॥ ३॥**

हे राजन्! आपका नाम और यश ही सम्पूर्ण मनचाही वस्तुओंको देनेवाला है। हे राजाओंके मुकुटमणि! आपके मनकी अभिलाषा फलका अनुगमन करती है (अर्थात् आपके इच्छा करनेके पहले ही फल उत्पन्न हो जाता है)॥ ३॥

**सब बिधि गुरु प्रसन्न जियँ जानी। बोलेउ राउ रहँसि मृदु बानी॥**
**नाथ रामु करिअहिं जुबराजू। कहिअ कृपा करि करिअ समाजू॥**

अपने जीमें गुरुजीको सब प्रकारसे प्रसन्न जानकर, हर्षित होकर राजा कोमल वाणीसे बोले—हे नाथ! श्रीरामचन्द्रको युवराज कीजिये। कृपा करके कहिये (आज्ञा दीजिये) तो तैयारी की जाय॥ १॥

**मोहि अछत यहु होइ उछाहू। लहहिं लोग सब लोचन लाहू॥**
**प्रभु प्रसाद सिव सबइ निबाहीं। यह लालसा एक मन माहीं॥**

मेरे जीते-जी यह आनन्द-उत्सव हो जाय, [जिससे] सब लोग अपने नेत्रोंका लाभ प्राप्त करें। प्रभु (आप)-के प्रसादसे शिवजीने सब कुछ निबाह दिया (सब इच्छाएँ पूर्ण कर दीं), केवल यही एक लालसा मनमें रह गयी है॥ २॥

**पुनि न सोच तनु रहउ कि जाऊ। जेहिं न होइ पाछें पछिताऊ॥**
**सुनि मुनि दसरथ बचन सुहाए। मंगल मोद मूल मन भाए॥**

[इस लालसाके पूर्ण हो जानेपर] फिर सोच नहीं, शरीर रहे या चला जाय, जिससे मुझे पीछे पछतावा न हो। दशरथजीके मंगल और आनन्दके मूल सुन्दर वचन सुनकर मुनि मनमें बहुत प्रसन्न हुए॥ ३॥

**सुनु नृप जासु बिमुख पछिताहीं। जासु भजन बिनु जरनि न जाहीं॥**
**भयउ तुम्हार तनय सोइ स्वामी। रामु पुनीत प्रेम अनुगामी॥**

[वसिष्ठजीने कहा—] हे राजन्! सुनिये, जिनसे विमुख होकर लोग पछताते हैं और जिनके भजन बिना जीकी जलन नहीं जाती, वही स्वामी (सर्वलोकमहेश्वर) श्रीरामजी आपके पुत्र हुए हैं, जो पवित्र प्रेमके अनुगामी हैं। [श्रीरामजी पवित्र प्रेमके पीछे-पीछे चलनेवाले हैं, इसीसे तो प्रेमवश आपके पुत्र हुए हैं]॥ ४॥

**दो०—बेगि बिलंबु न करिअ नृप साजिअ सबुइ समाजु।**
**सुदिन सुमंगलु तबहिं जब रामु होहिं जुबराजु॥ ४॥**

हे राजन्! अब देर न कीजिये; शीघ्र सब सामान सजाइये। शुभ दिन और सुन्दर मंगल तभी है जब श्रीरामचन्द्रजी युवराज हो जायँ (अर्थात् उनके अभिषेकके लिये सभी दिन शुभ और मंगलमय हैं)॥ ४॥

**मुदित महीपति मंदिर आए। सेवक सचिव सुमंत्रु बोलाए॥**
**कहि जयजीव सीस तिन्ह नाए। भूप सुमंगल बचन सुनाए॥**

राजा आनन्दित होकर महलमें आये और उन्होंने सेवकोंको तथा मन्त्री सुमन्त्रको बुलवाया। उन लोगोंने 'जय-जीव' कहकर सिर नवाये। तब राजाने सुन्दर मंगलमय वचन (श्रीरामजीको युवराज-पद देनेका प्रस्ताव) सुनाये॥ १॥

**जौं पाँचहि मत लागै नीका। करहु हरषि हियँ रामहि टीका॥**

[और कहा—] यदि पंचोंको (आप सबको) यह मत अच्छा लगे, तो हृदयमें हर्षित होकर आपलोग श्रीरामचन्द्रका राजतिलक कीजिये॥ २॥

**मंत्री मुदित सुनत प्रिय बानी। अभिमत बिरवँ परेउ जनु पानी॥**
**बिनती सचिव करहिं कर जोरी। जिअहु जगतपति बरिस करोरी॥**

इस प्रिय वाणीको सुनते ही मन्त्री ऐसे आनन्दित हुए मानो उनके मनोरथरूपी पौधेपर पानी पड़ गया हो। मन्त्री हाथ जोड़कर विनती करते हैं कि हे जगत्पति! आप करोड़ों वर्ष जियें॥ ३॥

**जग मंगल भल काजु बिचारा। बेगिअ नाथ न लाइअ बारा॥**
**नृपहि मोदु सुनि सचिव सुभाषा। बढ़त बौंड़ जनु लही सुसाखा॥**

आपने जगत्‌भरका मंगल करनेवाला भला काम सोचा है। हे नाथ! शीघ्रता कीजिये, देर न लगाइये। मन्त्रियोंकी सुन्दर वाणी सुनकर राजाको ऐसा आनन्द हुआ मानो बढ़ती हुई बेल सुन्दर डालीका सहारा पा गयी हो॥ ४॥

**दो०—कहेउ भूप मुनिराज कर जोइ जोइ आयसु होइ।**
**राम राज अभिषेक हित बेगि करहु सोइ सोइ॥ ५॥**

राजाने कहा—श्रीरामचन्द्रके राज्याभिषेकके लिये मुनिराज वसिष्ठजीकी जो-जो आज्ञा हो, आपलोग वही सब तुरंत करें॥ ५॥

**हरषि मुनीस कहेउ मृदु बानी। आनहु सकल सुतीरथ पानी॥**
**औषध मूल फूल फल पाना। कहे नाम गनि मंगल नाना॥**

मुनिराजने हर्षित होकर कोमल वाणीसे कहा कि सम्पूर्ण श्रेष्ठ तीर्थोंका जल ले आओ। फिर उन्होंने ओषधि, मूल, फूल, फल और पत्र आदि अनेकों मांगलिक वस्तुओंके नाम गिनकर बताये॥ १॥

**चामर चरम बसन बहु भाँती। रोम पाट पट अगनित जाती॥**
**मनिगन मंगल बस्तु अनेका। जो जग जोगु भूप अभिषेका॥**

चँवर, मृगचर्म, बहुत प्रकारके वस्त्र, असंख्यों जातियोंके ऊनी और रेशमी कपड़े, [नाना प्रकारकी] मणियाँ (रत्न) तथा और भी बहुत-सी मंगल वस्तुएँ, जो जगत्‌में राज्याभिषेकके योग्य होती हैं [सबको मँगानेकी उन्होंने आज्ञा दी]॥ २॥

**बेद बिदित कहि सकल बिधाना। कहेउ रचहु पुर बिबिध बिताना॥**
**सफल रसाल पूगफल केरा। रोपहु बीथिन्ह पुर चहुँ फेरा॥**

मुनिने वेदोंमें कहा हुआ सब विधान बताकर कहा—नगरमें बहुत-से मण्डप (चँदोवे) सजाओ। फलोंसमेत आम, सुपारी और केलेके वृक्ष नगरकी गलियोंमें चारों ओर रोप दो॥ ३॥

**रचहु मंजु मनि चौकें चारू। कहहु बनावन बेगि बजारू॥**
**पूजहु गनपति गुर कुलदेवा। सब बिधि करहु भूमिसुर सेवा॥**

सुन्दर मणियोंके मनोहर चौक पुरवाओ और बाजारको तुरंत सजानेके लिये कह दो। श्रीगणेशजी, गुरु और कुलदेवताकी पूजा करो और भूदेव ब्राह्मणोंकी सब प्रकारसे सेवा करो॥ ४॥

**दो०—ध्वज पताक तोरन कलस सजहु तुरग रथ नाग।**
**सिर धरि मुनिबर बचन सबु निज निज काजहिं लाग॥ ६॥**

ध्वजा, पताका, तोरण, कलश, घोड़े, रथ और हाथी सबको सजाओ। मुनिश्रेष्ठ वसिष्ठजीके वचनोंको शिरोधार्य करके सब लोग अपने-अपने काममें लग गये॥ ६॥

**जो मुनीस जेहि आयसु दीन्हा। सो तेहिं काजु प्रथम जनु कीन्हा॥**
**बिप्र साधु सुर पूजत राजा। करत राम हित मंगल काजा॥**

मुनीश्वरने जिसको जिस कामके लिये आज्ञा दी, उसने वह काम [इतनी शीघ्रतासे कर डाला कि] मानो पहलेसे ही कर रखा था। राजा ब्राह्मण, साधु और देवताओंको पूज रहे हैं और श्रीरामचन्द्रजीके लिये सब मंगलकार्य कर रहे हैं॥ १॥

**सुनत राम अभिषेक सुहावा। बाज गहागह अवध बधावा॥**
**राम सीय तन सगुन जनाए। फरकहिं मंगल अंग सुहाए॥**

श्रीरामचन्द्रजीके राज्याभिषेककी सुहावनी खबर सुनते ही अवधभरमें बड़ी धूमसे बधावे बजने लगे। श्रीरामचन्द्रजी और सीताजीके शरीरमें भी शुभ शकुन सूचित हुए। उनके सुन्दर मंगल अंग फड़कने लगे॥ २॥

**पुलकि सप्रेम परसपर कहहीं। भरत आगमनु सूचक अहहीं॥**
**भए बहुत दिन अति अवसेरी। सगुन प्रतीति भेंट प्रिय केरी॥**

पुलकित होकर वे दोनों प्रेमसहित एक-दूसरेसे कहते हैं कि ये सब शकुन भरतके आनेकी सूचना देनेवाले हैं। [उनको मामाके घर गये] बहुत दिन हो गये; बहुत ही अवसेर आ रही है (बार-बार उनसे मिलनेकी मनमें आती है) शकुनोंसे प्रिय (भरत)-के मिलनेका विश्वास होता है॥ ३॥

**भरत सरिस प्रिय को जग माहीं। इहइ सगुन फलु दूसर नाहीं॥**
**रामहि बंधु सोच दिन राती। अंडन्हि कमठ हृदउ जेहि भाँती॥**

और भरतके समान जगत्में [हमें] कौन प्यारा है! शकुनका बस, यही फल है, दूसरा नहीं। श्रीरामचन्द्रजीको [अपने] भाई भरतका दिन-रात ऐसा सोच रहता है जैसा कछुएका हृदय अंडोंमें रहता है॥ ४॥

**दो०—एहि अवसर मंगलु परम सुनि रहँसेउ रनिवासु।**
**सोभत लखि बिधु बढ़त जनु बारिधि बीचि बिलासु॥ ७॥**

इसी समय यह परम मंगल समाचार सुनकर सारा रनिवास हर्षित हो उठा। जैसे चन्द्रमाको बढ़ते देखकर समुद्रमें लहरोंका विलास (आनन्द) सुशोभित होता है॥ ७॥

**प्रथम जाइ जिन्ह बचन सुनाए। भूषन बसन भूरि तिन्ह पाए॥**
**प्रेम पुलकि तन मन अनुरागीं। मंगल कलस सजन सब लागीं॥**

सबसे पहले [रनिवासमें] जाकर जिन्होंने ये वचन (समाचार) सुनाये, उन्होंने बहुत-से आभूषण और वस्त्र पाये। रानियोंका शरीर प्रेमसे पुलकित हो उठा और मन प्रेममें मग्न हो गया। वे सब मंगलकलश सजाने लगीं॥ १॥

**चौकें चारु सुमित्राँ पूरी। मनिमय बिबिध भाँति अति रूरी॥**
**आनँद मगन राम महतारी। दिए दान बहु बिप्र हँकारी॥**

सुमित्राजीने मणियों (रत्नों)-के बहुत प्रकारके अत्यन्त सुन्दर और मनोहर चौक पूरे। आनन्दमें मग्न हुई श्रीरामचन्द्रजीकी माता कौसल्याजीने ब्राह्मणोंको बुलाकर बहुत दान दिये॥ २॥

**पूजीं ग्रामदेबि सुर नागा। कहेउ बहोरि देन बलिभागा॥**
**जेहि बिधि होइ राम कल्यानू। देहु दया करि सो बरदानू॥**

उन्होंने ग्रामदेवियों, देवताओं और नागोंकी पूजा की और फिर बलि भेंट देनेको कहा (अर्थात् कार्य सिद्ध होनेपर फिर पूजा करनेकी मनौती मानी); और प्रार्थना की कि जिस प्रकारसे श्रीरामचन्द्रजीका कल्याण हो, दया करके वही वरदान दीजिये॥ ३॥

**गावहिं मंगल कोकिलबयनीं। बिधुबदनीं मृगसावकनयनीं॥**

कोयलकी-सी मीठी वाणीवाली, चन्द्रमाके समान मुखवाली और हिरनके बच्चेके-से नेत्रोंवाली स्त्रियाँ मंगलगान करने लगीं॥ ४॥

**दो०—राम राज अभिषेकु सुनि हियँ हरषे नर नारि।**
**लगे सुमंगल सजन सब बिधि अनुकूल बिचारि॥ ८॥**

श्रीरामचन्द्रजीका राज्याभिषेक सुनकर सभी स्त्री-पुरुष हृदयमें हर्षित हो उठे और विधाताको अपने अनुकूल समझकर सब सुन्दर मंगल-साज सजाने लगे॥ ८॥

**तब नरनाहँ बसिष्ठु बोलाए। रामधाम सिख देन पठाए॥**
**गुर आगमनु सुनत रघुनाथा। द्वार आइ पद नायउ माथा॥**

तब राजाने वसिष्ठजीको बुलाया और शिक्षा (समयोचित उपदेश) देनेके लिये श्रीरामचन्द्रजीके महलमें भेजा। गुरुका आगमन सुनते ही श्रीरघुनाथजीने दरवाजेपर आकर उनके चरणोंमें मस्तक नवाया॥ १॥

**सादर अरघ देइ घर आने। सोरह भाँति पूजि सनमाने॥**
**गहे चरन सिय सहित बहोरी। बोले रामु कमल कर जोरी॥**

आदरपूर्वक अर्घ्य देकर उन्हें घरमें लाये और षोडशोपचारसे पूजा करके उनका सम्मान किया। फिर सीताजीसहित उनके चरण स्पर्श किये और कमलके समान दोनों हाथोंको जोड़कर श्रीरामजी बोले—॥ २॥

**सेवक सदन स्वामि आगमनू। मंगल मूल अमंगल दमनू॥**
**तदपि उचित जनु बोलि सप्रीती। पठइअ काज नाथ असि नीती॥**

यद्यपि सेवकके घर स्वामीका पधारना मंगलोंका मूल और अमंगलोंका नाश करनेवाला होता है, तथापि हे नाथ! उचित तो यही था कि प्रेमपूर्वक दासको ही कार्यके लिये बुला भेजते; ऐसी ही नीति है॥ ३॥

**प्रभुता तजि प्रभु कीन्ह सनेहू। भयउ पुनीत आजु यहु गेहू॥**
**आयसु होइ सो करौं गोसाईं। सेवकु लहइ स्वामि सेवकाईं॥**

परन्तु प्रभु (आप)-ने प्रभुता छोड़कर (स्वयं यहाँ पधारकर) जो स्नेह किया, इससे आज यह घर पवित्र हो गया। हे गोसाईं! [अब] जो आज्ञा हो, मैं वही करूँ। स्वामीकी सेवामें ही सेवकका लाभ है॥ ४॥

**दो०—सुनि सनेह साने बचन मुनि रघुबरहि प्रसंस।**
**राम कस न तुम्ह कहहु अस हंस बंस अवतंस॥ ९॥**

[श्रीरामचन्द्रजीके] प्रेममें सने हुए वचनोंको सुनकर मुनि वसिष्ठजीने श्रीरघुनाथजीकी प्रशंसा करते हुए कहा कि हे राम! भला, आप ऐसा क्यों न कहें। आप सूर्यवंशके भूषण जो हैं॥ ९॥

**बरनि राम गुन सीलु सुभाऊ। बोले प्रेम पुलकि मुनिराऊ॥**
**भूप सजेउ अभिषेक समाजू। चाहत देन तुम्हहि जुबराजू॥**

श्रीरामचन्द्रजीके गुण, शील और स्वभावका बखान कर, मुनिराज प्रेमसे पुलकित होकर बोले—[हे रामचन्द्रजी!] राजा (दशरथजी)-ने राज्याभिषेककी तैयारी की है। वे आपको युवराज-पद देना चाहते हैं॥ १॥

**राम करहु सब संजम आजू। जौं बिधि कुसल निबाहै काजू॥**
**गुरु सिख देइ राय पहिं गयऊ। राम हृदयँ अस बिसमउ भयऊ॥**

[इसलिये] हे रामजी! आज आप [उपवास, हवन आदि विधिपूर्वक] सब संयम कीजिये, जिससे विधाता कुशलपूर्वक इस कामको निबाह दें (सफल कर दें)। गुरुजी शिक्षा देकर राजा दशरथजीके पास चले गये। श्रीरामचन्द्रजीके हृदयमें [यह सुनकर] इस बातका खेद हुआ कि— ॥ २॥

**जनमे एक संग सब भाई। भोजन सयन केलि लरिकाई॥**
**करनबेध उपबीत बिआहा। संग संग सब भए उछाहा॥**

हम सब भाई एक ही साथ जन्मे; खाना, सोना, लड़कपनके खेल-कूद, कनछेदन, यज्ञोपवीत और विवाह आदि उत्सव सब साथ-साथ ही हुए॥ ३॥

**बिमल बंस यहु अनुचित एकू। बंधु बिहाइ बड़ेहि अभिषेकू॥**
**प्रभु सप्रेम पछितानि सुहाई। हरउ भगत मन कै कुटिलाई॥**

पर इस निर्मल वंशमें यही एक अनुचित बात हो रही है कि और सब भाइयोंको छोड़कर राज्याभिषेक एक बड़ेका ही (मेरा ही) होता है। [तुलसीदासजी कहते हैं कि] प्रभु श्रीरामचन्द्रजीका यह सुन्दर प्रेमपूर्ण पछतावा भक्तोंके मनकी कुटिलताको हरण करे॥ ४॥

**दो०—तेहि अवसर आए लखन मगन प्रेम आनंद।**
**सनमाने प्रिय बचन कहि रघुकुल कैरव चंद॥ १०॥**

उसी समय प्रेम और आनन्दमें मग्न लक्ष्मणजी आये। रघुकुलरूपी कुमुदके खिलानेवाले चन्द्रमा श्रीरामचन्द्रजीने प्रिय वचन कहकर उनका सम्मान किया॥ १०॥

**बाजहिं बाजने बिबिध बिधाना। पुर प्रमोदु नहिं जाइ बखाना॥**
**भरत आगमनु सकल मनावहिं। आवहुँ बेगि नयन फलु पावहिं॥**

बहुत प्रकारके बाजे बज रहे हैं। नगरके अतिशय आनन्दका वर्णन नहीं हो सकता। सब लोग भरतजीका आगमन मना रहे हैं और कह रहे हैं कि वे भी शीघ्र आवें और [राज्याभिषेकका उत्सव देखकर] नेत्रोंका फल प्राप्त करें॥ १॥

**हाट बाट घर गलीं अथाईं। कहहिं परसपर लोग लोगाईं॥**
**कालि लगन भलि केतिक बारा। पूजिहि बिधि अभिलाषु हमारा॥**

बाजार, रास्ते, घर, गली और चबूतरोंपर (जहाँ-तहाँ) पुरुष और स्त्री आपसमें यही कहते हैं कि कल वह शुभ लग्न (मुहूर्त्त) कितने समय है जब विधाता हमारी अभिलाषा पूरी करेंगे॥ २॥

**कनक सिंघासन सीय समेता। बैठहिं रामु होइ चित चेता॥**
**सकल कहहिं कब होइहि काली। बिघन मनावहिं देव कुचाली॥**

जब सीताजीसहित श्रीरामचन्द्रजी सुवर्णके सिंहासनपर विराजेंगे और हमारा मनचीता होगा (मन:कामना पूरी होगी)। इधर तो सब यह कह रहे हैं कि कल कब होगा, उधर कुचक्री देवता विघ्न मना रहे हैं॥ ३॥

**तिन्हहि सोहाइ न अवध बधावा। चोरहि चंदिनि राति न भावा॥**
**सारद बोलि बिनय सुर करहीं। बारहिं बार पाय लै परहीं॥**

उन्हें (देवताओंको) अवधके बधावे नहीं सुहाते, जैसे चोरको चाँदनी रात नहीं भाती। सरस्वतीजीको बुलाकर देवता विनय कर रहे हैं और बार-बार उनके पैरोंको पकड़कर उनपर गिरते हैं॥ ४॥

**दो०—बिपति हमारि बिलोकि बड़ि मातु करिअ सोइ आजु।**
**रामु जाहिं बन राजु तजि होइ सकल सुरकाजु॥ ११॥**

[वे कहते हैं—] हे माता! हमारी बड़ी विपत्तिको देखकर आज वही कीजिये जिससे श्रीरामचन्द्रजी राज्य त्यागकर वनको चले जायँ और देवताओंका सब कार्य सिद्ध हो॥ ११॥

**सुनि सुर बिनय ठाढ़ि पछिताती। भइउँ सरोज बिपिन हिमराती॥**
**देखि देव पुनि कहहिं निहोरी। मातु तोहि नहिं थोरिउ खोरी॥**

देवताओंकी विनती सुनकर सरस्वतीजी खड़ी-खड़ी पछता रही हैं कि [हाय!] मैं कमलवनके लिये हेमन्त-ऋतुकी रात हुई। उन्हें इस प्रकार पछताते देखकर देवता फिर विनय करके कहने लगे—हे माता! इसमें आपको जरा भी दोष न लगेगा॥ १॥

**बिसमय हरष रहित रघुराऊ। तुम्ह जानहु सब राम प्रभाऊ॥**
**जीव करम बस सुख दुख भागी। जाइअ अवध देवहित लागी॥**

श्रीरघुनाथजी विषाद और हर्षसे रहित हैं। आप तो श्रीरामजीके सब प्रभावको जानती ही हैं। जीव अपने कर्मवश ही सुख-दु:खका भागी होता है। अतएव देवताओंके हितके लिये आप अयोध्या जाइये॥ २॥

**बार बार गहि चरन सँकोची। चली बिचारि बिबुध मति पोची॥**
**ऊँच निवासु नीचि करतूती। देखि न सकहिं पराइ बिभूती॥**

बार-बार चरण पकड़कर देवताओंने सरस्वतीको संकोचमें डाल दिया। तब वह यह विचारकर चली कि देवताओंकी बुद्धि ओछी है। इनका निवास तो ऊँचा है, पर इनकी करनी नीची है। ये दूसरेका ऐश्वर्य नहीं देख सकते॥ ३॥

**आगिल काजु बिचारि बहोरी। करिहहिं चाह कुसल कबि मोरी॥**
**हरषि हृदयँ दसरथ पुर आई। जनु ग्रह दसा दुसह दुखदाई॥**

परंतु आगेके कामका विचार करके (श्रीरामजीके वन जानेसे राक्षसोंका वध होगा, जिससे सारा जगत् सुखी हो जायगा) चतुर कवि [श्रीरामजीके वनवासके चरित्रोंका वर्णन करनेके लिये] मेरी चाह (कामना) करेंगे। ऐसा विचारकर सरस्वती हृदयमें हर्षित होकर दशरथजीकी पुरी अयोध्यामें आयीं, मानो दु:सह दु:ख देनेवाली कोई ग्रहदशा आयी हो॥ ४॥

**दो०—नामु मंथरा मंदमति चेरी कैकइ केरि।**
**अजस पेटारी ताहि करि गई गिरा मति फेरि॥ १२॥**

मन्थरा नामकी कैकेयीकी एक मन्दबुद्धि दासी थी, उसे अपयशकी पिटारी बनाकर सरस्वती उसकी बुद्धिको फेरकर चली गयीं॥ १२॥

**दीख मंथरा नगरु बनावा। मंजुल मंगल बाज बधावा॥**
**पूछेसि लोगन्ह काह उछाहू। राम तिलकु सुनि भा उर दाहू॥**

मन्थराने देखा कि नगर सजाया हुआ है। सुन्दर मंगलमय बधावे बज रहे हैं। उसने लोगोंसे पूछा कि कैसा उत्सव है? [उनसे] श्रीरामचन्द्रजीके राजतिलककी बात सुनते ही उसका हृदय जल उठा॥ १॥

**करइ बिचारु कुबुद्धि कुजाती। होइ अकाजु कवनि बिधि राती॥**
**देखि लागि मधु कुटिल किराती। जिमि गवँ तकइ लेउँ केहि भाँती॥**

वह दुर्बुद्धि नीच जातिवाली दासी विचार करने लगी कि किस प्रकारसे यह काम रात-ही-रातमें बिगड़ जाय, जैसे कोई कुटिल भीलनी शहदका छत्ता लगा देखकर घात लगाती है कि इसको किस तरहसे उखाड़ लूँ॥ २॥

**भरत मातु पहिं गइ बिलखानी। का अनमनि हसि कह हँसि रानी॥**
**ऊतरु देइ न लेइ उसासू। नारि चरित करि ढारइ आँसू॥**

वह उदास होकर भरतजीकी माता कैकेयीके पास गयी। रानी कैकेयीने हँसकर कहा—तू उदास क्यों है? मन्थरा कुछ उत्तर नहीं देती, केवल लंबी साँस ले रही है और त्रियाचरित्र करके आँसू ढरका रही है॥ ३॥

**हँसि कह रानि गालु बड़ तोरें। दीन्ह लखन सिख अस मन मोरें॥**
**तबहुँ न बोल चेरि बड़ि पापिनि। छाड़इ स्वास कारि जनु साँपिनि॥**

रानी हँसकर कहने लगी कि तेरे बड़े गाल हैं (तू बहुत बढ़-बढ़कर बोलनेवाली है)। मेरा मन कहता है कि लक्ष्मणने तुझे कुछ सीख दी है (दण्ड दिया है)। तब भी वह महापापिनी दासी कुछ भी नहीं बोलती। ऐसी लंबी साँस छोड़ रही है, मानो काली नागिन [फुफकार छोड़ रही] हो॥ ४॥

**दो०—सभय रानि कह कहसि किन कुसल रामु महिपालु।**
**लखनु भरतु रिपुदमनु सुनि भा कुबरी उर सालु॥ १३॥**

तब रानीने डरकर कहा—अरी! कहती क्यों नहीं? श्रीरामचन्द्र, राजा, लक्ष्मण, भरत और शत्रुघ्न कुशलसे तो हैं? यह सुनकर कुबरी मन्थराके हृदयमें बड़ी ही पीड़ा हुई॥ १३॥

**कत सिख देइ हमहि कोउ माई। गालु करब केहि कर बलु पाई॥**
**रामहि छाड़ि कुसल केहि आजू। जेहि जनेसु देइ जुबराजू॥**

[वह कहने लगी—] हे माई! हमें कोई क्यों सीख देगा और मैं किसका बल पाकर गाल करूँगी (बढ़-बढ़कर बोलूँगी)। रामचन्द्रको छोड़कर आज और किसकी कुशल है, जिन्हें राजा युवराज-पद दे रहे हैं॥ १॥

**भयउ कौसिलहि बिधि अति दाहिन। देखत गरब रहत उर नाहिन॥**
**देखहु कस न जाइ सब सोभा। जो अवलोकि मोर मनु छोभा॥**

आज कौसल्याको विधाता बहुत ही दाहिने (अनुकूल) हुए हैं; यह देखकर उनके हृदयमें गर्व समाता नहीं। तुम स्वयं जाकर सब शोभा क्यों नहीं देख लेतीं, जिसे देखकर मेरे मनमें क्षोभ हुआ है॥ २॥

**पूतु बिदेस न सोचु तुम्हारें। जानति हहु बस नाहु हमारें॥**
**नीद बहुत प्रिय सेज तुराई। लखहु न भूप कपट चतुराई॥**

तुम्हारा पुत्र परदेशमें है, तुम्हें कुछ सोच नहीं। जानती हो कि स्वामी हमारे वशमें हैं। तुम्हें तो तोशक-पलँगपर पड़े-पड़े नींद लेना ही बहुत प्यारा लगता है, राजाकी कपटभरी चतुराई तुम नहीं देखतीं॥ ३॥

**सुनि प्रिय बचन मलिन मनु जानी। झुकी रानि अब रहु अरगानी॥**
**पुनि अस कबहुँ कहसि घरफोरी। तब धरि जीभ कढ़ावउँ तोरी॥**

मन्थराके प्रिय वचन सुनकर किन्तु उसको मनकी मैली जानकर रानी झुककर (डाँटकर) बोली—बस, अब चुप रह घरफोड़ी कहींकी! जो फिर कभी ऐसा कहा तो तेरी जीभ पकड़कर निकलवा लूँगी॥ ४॥

**दो०—काने खोरे कूबरे कुटिल कुचाली जानि।**
**तिय बिसेषि पुनि चेरि कहि भरतमातु मुसुकानि॥ १४॥**

कानों, लँगड़ों और कुबड़ोंको कुटिल और कुचाली जानना चाहिये। उनमें भी स्त्री और खासकर दासी! इतना कहकर भरतजीकी माता कैकेयी मुसकरा दीं॥ १४॥

**प्रियबादिनि सिख दीन्हिउँ तोही। सपनेहुँ तो पर कोपु न मोही॥**
**सुदिनु सुमंगल दायकु सोई। तोर कहा फुर जेहि दिन होई॥**

[और फिर बोलीं—] हे प्रिय वचन कहनेवाली मन्थरा! मैंने तुझको यह सीख दी है (शिक्षाके लिये इतनी बात कही है)। मुझे तुझपर स्वप्नमें भी क्रोध नहीं है। सुन्दर मंगलदायक शुभ दिन वही होगा जिस दिन तेरा कहना सत्य होगा (अर्थात् श्रीरामका राज्यतिलक होगा)॥ १॥

**जेठ स्वामि सेवक लघु भाई। यह दिनकर कुल रीति सुहाई॥**
**राम तिलकु जौं साँचेहुँ काली। देउँ मागु मन भावत आली॥**

बड़ा भाई स्वामी और छोटा भाई सेवक होता है। यह सूर्यवंशकी सुहावनी रीति ही है। यदि सचमुच कल ही श्रीरामका तिलक है, तो हे सखी! तेरे मनको अच्छी लगे वही वस्तु माँग ले, मैं दूँगी॥ २॥

**कौसल्या सम सब महतारी। रामहि सहज सुभायँ पिआरी॥**
**मो पर करहिं सनेहु बिसेषी। मैं करि प्रीति परीछा देखी॥**

रामको सहज स्वभावसे सब माताएँ कौसल्याके समान ही प्यारी हैं। मुझपर तो वे विशेष प्रेम करते हैं। मैंने उनकी प्रीतिकी परीक्षा करके देख ली है॥ ३॥

**जौं बिधि जनमु देइ करि छोहू। होहुँ राम सिय पूत पुतोहू॥**
**प्रान तें अधिक रामु प्रिय मोरें। तिन्ह कें तिलक छोभु कस तोरें॥**

जो विधाता कृपा करके जन्म दें तो [यह भी दें कि] श्रीरामचन्द्र पुत्र और सीता बहू हों। श्रीराम मुझे प्राणोंसे भी अधिक प्रिय हैं। उनके तिलकसे (उनके तिलककी बात सुनकर) तुझे क्षोभ कैसा?॥ ४॥

**दो०—भरत सपथ तोहि सत्य कहु परिहरि कपट दुराउ।**
**हरष समय बिसमउ करसि कारन मोहि सुनाउ॥ १५॥**

तुझे भरतकी सौगन्ध है, छल-कपट छोड़कर सच-सच कह। तू हर्षके समय विषाद कर रही है, मुझे इसका कारण सुना॥ १५॥

**एकहिं बार आस सब पूजी। अब कछु कहब जीभ करि दूजी॥**
**फोरै जोगु कपारु अभागा। भलेउ कहत दुख रउरेहि लागा॥**

[मन्थराने कहा—] सारी आशाएँ तो एक ही बार कहनेमें पूरी हो गयीं। अब तो दूसरी जीभ

लगाकर कुछ कहूँगी। मेरा अभागा कपाल तो फोड़ने ही योग्य है, जो अच्छी बात कहनेपर भी आपको दुःख होता है॥ १॥

**कहहिं झूठि फुरि बात बनाई। ते प्रिय तुम्हहि करुइ मैं माई॥**
**हमहुँ कहबि अब ठकुरसोहाती। नाहिं त मौन रहब दिनु राती॥**

जो झूठी-सच्ची बातें बनाकर कहते हैं, हे माई! वे ही तुम्हें प्रिय हैं और मैं कड़वी लगती हूँ! अब मैं भी ठकुरसुहाती (मुँहदेखी) कहा करूँगी। नहीं तो दिन-रात चुप रहूँगी॥ २॥

**करि कुरूप बिधि परबस कीन्हा। बवा सो लुनिअ लहिअ जो दीन्हा॥**
**कोउ नृप होउ हमहि का हानी। चेरि छाड़ि अब होब कि रानी॥**

विधाताने कुरूप बनाकर मुझे परवश कर दिया! [दूसरेको क्या दोष] जो बोया सो काटती हूँ, दिया सो पाती हूँ। कोई भी राजा हो, हमारी क्या हानि है? दासी छोड़कर क्या अब मैं रानी होऊँगी! (अर्थात् रानी तो होनेसे रही)॥ ३॥

**जारै जोगु सुभाउ हमारा। अनभल देखि न जाइ तुम्हारा॥**
**तातें कछुक बात अनुसारी। छमिअ देबि बड़ि चूक हमारी॥**

हमारा स्वभाव तो जलाने ही योग्य है। क्योंकि तुम्हारा अहित मुझसे देखा नहीं जाता। इसीलिये कुछ बात चलायी थी। किन्तु हे देवि! हमारी बड़ी भूल हुई, क्षमा करो॥ ४॥

**दो०—गूढ़ कपट प्रिय बचन सुनि तीय अधरबुधि रानि।**
**सुरमाया बस बैरिनिहि सुहृद जानि पतिआनि॥ १६॥**

आधाररहित (अस्थिर) बुद्धिकी स्त्री और देवताओंकी मायाके वशमें होनेके कारण रहस्ययुक्त कपटभरे प्रिय वचनोंको सुनकर रानी कैकेयीने बैरिन मन्थराको अपनी सुहृद् (अहैतुक हित करनेवाली) जानकर उसका विश्वास कर लिया॥ १६॥

**सादर पुनि पुनि पूँछति ओही। सबरी गान मृगी जनु मोही॥**
**तसि मति फिरी अहइ जसि भाबी। रहसी चेरि घात जनु फाबी॥**

बार-बार रानी उससे आदरके साथ पूछ रही हैं, मानो भीलनीके गानसे हिरनी मोहित हो गयी हो। जैसी भावी (होनहार) है, वैसी ही बुद्धि भी फिर गयी। दासी अपना दाँव लगा जानकर हर्षित हुई॥ १॥

**तुम्ह पूँछहु मैं कहत डेराऊँ। धरेहु मोर घरफोरी नाऊँ॥**
**सजि प्रतीति बहुबिधि गढ़ि छोली। अवध साढ़साती तब बोली॥**

तुम पूछती हो, किन्तु मैं कहते डरती हूँ। क्योंकि तुमने पहले ही मेरा नाम घरफोड़ी रख दिया है। बहुत तरहसे गढ़-छोलकर, खूब विश्वास जमाकर, तब वह अयोध्याकी साढ़साती (शनिकी साढ़े सात वर्षकी दशारूपी मन्थरा) बोली—॥ २॥

**प्रिय सिय रामु कहा तुम्ह रानी। रामहि तुम्ह प्रिय सो फुरि बानी॥**
**रहा प्रथम अब ते दिन बीते। समउ फिरें रिपु होहिं पिरीते॥**

हे रानी! तुमने जो कहा कि मुझे सीता-राम प्रिय हैं और रामको तुम प्रिय हो, सो यह बात सच्ची है। परन्तु यह बात पहले थी, वे दिन अब बीत गये। समय फिर जानेपर मित्र भी शत्रु हो जाते हैं॥ ३॥

**भानु कमल कुल पोषनिहारा। बिनु जल जारि करइ सोइ छारा॥**
**जरि तुम्हारि चह सवति उखारी। रूँधहु करि उपाउ बर बारी॥**

सूर्य कमलके कुलका पालन करनेवाला है, पर बिना जलके वही सूर्य उनको (कमलोंको) जलाकर भस्म कर देता है। सौत कौसल्या तुम्हारी जड़ उखाड़ना चाहती है। अतः उपायरूपी श्रेष्ठ बाड़ (घेरा) लगाकर उसे रूँध दो (सुरक्षित कर दो)॥ ४॥

**दो०—तुम्हहि न सोचु सोहाग बल निज बस जानहु राउ।**
**मन मलीन मुह मीठ नृपु राउर सरल सुभाउ॥ १७॥**

तुमको अपने सुहागके [झूठे] बलपर कुछ भी सोच नहीं है; राजाको अपने वशमें जानती हो। किन्तु राजा मनके मैले और मुँहके मीठे हैं! और आपका सीधा स्वभाव है (आप कपट-चतुराई जानती ही नहीं)॥ १७॥

**चतुर गँभीर राम महतारी। बीचु पाइ निज बात सँवारी॥**
**पठए भरतु भूप ननिअउरें। राम मातु मत जानब रउरें॥**

रामकी माता (कौसल्या) बड़ी चतुर और गम्भीर है (उसकी थाह कोई नहीं पाता)। उसने मौका पाकर अपनी बात बना ली। राजाने जो भरतको ननिहाल भेज दिया, उसमें आप बस रामकी माताकी ही सलाह समझिये!॥ १॥

**सेवहिं सकल सवति मोहि नीकें। गरबित भरत मातु बल पी कें॥**
**सालु तुम्हार कौसिलहि माई। कपट चतुर नहिं होइ जनाई॥**

[कौसल्या समझती है कि] और सब सौतें तो मेरी अच्छी तरह सेवा करती हैं, एक भरतकी माँ पतिके बलपर गर्वित रहती है! इसीसे हे माई! कौसल्याको तुम बहुत ही साल (खटक) रही हो। किन्तु वह कपट करनेमें चतुर है; अतः उसके हृदयका भाव जाननेमें नहीं आता (वह उसे चतुरतासे छिपाये रखती है)॥ २॥

**राजहि तुम्ह पर प्रेमु बिसेषी। सवति सुभाउ सकइ नहिं देखी॥**
**रचि प्रपंचु भूपहि अपनाई। राम तिलक हित लगन धराई॥**

राजाका तुमपर विशेष प्रेम है। कौसल्या सौतके स्वभावसे उसे देख नहीं सकती। इसीलिये उसने जाल रचकर राजाको अपने वशमें करके, [भरतकी अनुपस्थितिमें] रामके राजतिलकके लिये लग्न निश्चय करा लिया॥ ३॥

**यह कुल उचित राम कहुँ टीका। सबहि सोहाइ मोहि सुठि नीका॥**
**आगिलि बात समुझि डरु मोही। देउ दैउ फिरि सो फलु ओही॥**

रामको तिलक हो, यह कुल रघुकुलके उचित ही है और यह बात सभीको सुहाती है; और मुझे तो बहुत ही अच्छी लगती है। परन्तु मुझे तो आगेकी बात विचारकर डर लगता है। दैव उलटकर इसका फल उसी (कौसल्या)-को दे॥ ४॥

**दो०—रचि पचि कोटिक कुटिलपन कीन्हेसि कपट प्रबोधु।**
**कहिसि कथा सत सवति कै जेहि बिधि बाढ़ बिरोधु॥ १८॥**

इस तरह करोड़ों कुटिलपनकी बातें गढ़-छोलकर मन्थराने कैकेयीको उलटा-सीधा समझा दिया और सैकड़ों सौतोंकी कहानियाँ इस प्रकार [बना-बनाकर] कहीं जिस प्रकार विरोध बढ़े॥ १८॥

**भावी बस प्रतीति उर आई। पूँछ रानि पुनि सपथ देवाई॥**
**का पूँछहु तुम्ह अबहुँ न जाना। निज हित अनहित पसु पहिचाना॥**

होनहारवश कैकेयीके मनमें विश्वास हो गया। रानी फिर सौगन्ध दिलाकर पूछने लगी। [मन्थरा बोली—] क्या पूछती हो? अरे, तुमने अब भी नहीं समझा ? अपने भले-बुरेको (अथवा मित्र-शत्रुको) तो पशु भी पहचान लेते हैं॥ १॥

**भयउ पाखु दिन सजत समाजू। तुम्ह पाई सुधि मोहि सन आजू॥**
**खाइअ पहिरिअ राज तुम्हारें। सत्य कहें नहिं दोषु हमारें॥**

पूरा पखवाड़ा बीत गया सामान सजते और तुमने खबर पायी है आज मुझसे! मैं तुम्हारे राजमें खाती-पहनती हूँ, इसलिये सच कहनेमें मुझे कोई दोष नहीं है॥ २॥

**जौं असत्य कछु कहब बनाई। तौ बिधि देइहि हमहि सजाई॥**
**रामहि तिलक कालि जौं भयऊ। तुम्ह कहुँ बिपति बीजु बिधि बयऊ॥**

यदि मैं कुछ बनाकर झूठ कहती होऊँगी तो विधाता मुझे दण्ड देगा। यदि कल रामको राजतिलक हो गया तो [समझ रखना कि] तुम्हारे लिये विधाताने विपत्तिका बीज बो दिया॥ ३॥

**रेख खँचाइ कहउँ बलु भाषी। भामिनि भइहु दूध कइ माखी॥**
**जौं सुत सहित करहु सेवकाई। तौ घर रहहु न आन उपाई॥**

मैं यह बात लकीर खींचकर बलपूर्वक कहती हूँ, हे भामिनि! तुम तो अब दूधकी मक्खी हो गयी! (जैसे दूधमें पड़ी हुई मक्खीको लोग निकालकर फेंक देते हैं, वैसे ही तुम्हें भी लोग घरसे निकाल बाहर करेंगे) जो पुत्रसहित [कौसल्याकी] चाकरी बजाओगी तो घरमें रह सकोगी; [अन्यथा घरमें रहनेका] दूसरा उपाय नहीं॥ ४॥

**दो०—कद्रूँ बिनतहि दीन्ह दुखु तुम्हहि कौसिलाँ देब।**
**भरतु बंदिगृह सेइहहिं लखनु राम के नेब॥ १९॥**

कद्रूने विनताको दुःख दिया था, तुम्हें कौसल्या देगी। भरत कारागारका सेवन करेंगे (जेलकी हवा खायेंगे) और लक्ष्मण रामके नायब (सहकारी) होंगे॥ १९॥

**कैकयसुता सुनत कटु बानी। कहि न सकइ कछु सहमि सुखानी॥**
**तन पसेउ कदली जिमि काँपी। कुबरीं दसन जीभ तब चाँपी॥**

कैकेयी मन्थराकी कड़वी वाणी सुनते ही डरकर सूख गयी, कुछ बोल नहीं सकती। शरीरमें पसीना हो आया और वह केलेकी तरह काँपने लगी। तब कुबरी (मन्थरा)-ने अपनी जीभ दाँतोंतले दबायी (उसे भय हुआ कि कहीं भविष्यका अत्यन्त डरावना चित्र सुनकर कैकेयीके हृदयकी गति न रुक जाय, जिससे उलटा सारा काम ही बिगड़ जाय)॥ १॥

**कहि कहि कोटिक कपट कहानी। धीरजु धरहु प्रबोधिसि रानी॥**
**फिरा करमु प्रिय लागि कुचाली। बकिहि सराहइ मानि मराली॥**

फिर कपटकी करोड़ों कहानियाँ कह-कहकर उसने रानीको खूब समझाया कि धीरज रखो! कैकेयीका भाग्य पलट गया, उसे कुचाल प्यारी लगी। वह बगुलीको हंसिनी मानकर (वैरिनको हित मानकर) उसकी सराहना करने लगी॥ २॥

**सुनु मंथरा बात फुरि तोरी। दहिनि आँखि नित फरकइ मोरी॥**
**दिन प्रति देखउँ राति कुसपने। कहउँ न तोहि मोह बस अपने॥**

कैकेयीने कहा—मन्थरा! सुन, तेरी बात सत्य है। मेरी दाहिनी आँख नित्य फड़का करती है। मैं प्रतिदिन रातको बुरे स्वप्न देखती हूँ; किन्तु अपने अज्ञानवश तुझसे कहती नहीं॥ ३॥

**काह करौं सखि सूध सुभाऊ। दाहिन बाम न जानउँ काऊ॥**

सखी! क्या करूँ, मेरा तो सीधा स्वभाव है। मैं दायाँ-बायाँ कुछ भी नहीं जानती॥ ४॥

**दो०—अपनें चलत न आजु लगि अनभल काहुक कीन्ह।**
**केहिं अघ एकहि बार मोहि दैअँ दुसह दुखु दीन्ह॥ २०॥**

अपनी चलते (जहाँतक मेरा वश चला) मैंने आजतक कभी किसीका बुरा नहीं किया। फिर न जाने किस पापसे दैवने मुझे एक ही साथ यह दुःसह दुःख दिया॥ २०॥

**नैहर जनमु भरब बरु जाई। जिअत न करबि सवति सेवकाई॥**
**अरि बस दैउ जिआवत जाही। मरनु नीक तेहि जीवन चाही॥**

मैं भले ही नैहर जाकर वहीं जीवन बिता दूँगी; पर जीते-जी सौतकी चाकरी नहीं करूँगी। दैव जिसको शत्रुके वशमें रखकर जिलाता है, उसके लिये तो जीनेकी अपेक्षा मरना ही अच्छा है॥ १॥

**दीन बचन कह बहुबिधि रानी। सुनि कुबरीं तियमाया ठानी॥**
**अस कस कहहु मानि मन ऊना। सुखु सोहागु तुम्ह कहुँ दिन दूना॥**

रानीने बहुत प्रकारके दीन वचन कहे। उन्हें सुनकर कुबरीने त्रियाचरित्र फैलाया। [वह बोली—] तुम मनमें ग्लानि मानकर ऐसा क्यों कह रही हो, तुम्हारा सुख-सुहाग दिन-दिन दूना होगा॥ २॥

**जेहिं राउर अति अनभल ताका। सोइ पाइहि यहु फलु परिपाका॥**
**जब तें कुमत सुना मैं स्वामिनि। भूख न बासर नीद न जामिनि॥**

जिसने तुम्हारी बुराई चाही है, वही परिणाममें यह (बुराईरूप) फल पायेगी। हे स्वामिनि! मैंने जबसे यह कुमत सुना है, तबसे मुझे न तो दिनमें कुछ भूख लगती है और न रातमें नींद ही आती है॥ ३॥

**पूँछेउँ गुनिन्ह रेख तिन्ह खाँची। भरत भुआल होहिं यह साँची॥**
**भामिनि करहु त कहौं उपाऊ। है तुम्हरीं सेवा बस राऊ॥**

मैंने ज्योतिषियोंसे पूछा, तो उन्होंने रेखा खींचकर (गणित करके अथवा निश्चयपूर्वक) कहा कि भरत राजा होंगे, यह सत्य बात है। हे भामिनि! तुम करो, तो उपाय मैं बताऊँ। राजा तुम्हारी सेवाके वशमें हैं ही॥ ४॥

**दो०—परउँ कूप तुअ बचन पर सकउँ पूत पति त्यागि।**
**कहसि मोर दुखु देखि बड़ कस न करब हित लागि॥ २१॥**

[कैकेयीने कहा—] मैं तेरे कहनेसे कुएँमें गिर सकती हूँ, पुत्र और पतिको भी छोड़ सकती हूँ। जब तू मेरा बड़ा भारी दुःख देखकर कुछ कहती है, तो भला मैं अपने हितके लिये उसे क्यों न करूँगी?॥ २१॥

**कुबरीं करि कबुली कैकेई। कपट छुरी उर पाहन टेई॥**
**लखइ न रानि निकट दुखु कैसें। चरइ हरित तिन बलिपसु जैसें॥**

कुबरीने कैकेयीको [सब तरहसे] कबूल करवाकर (अर्थात् बलिपशु बनाकर) कपटरूप छुरीको अपने [कठोर] हृदयरूपी पत्थरपर टेया (उसकी धारको तेज किया)। रानी कैकेयी अपने निकटके (शीघ्र आनेवाले) दु:खको कैसे नहीं देखती, जैसे बलिका पशु हरी-हरी घास चरता है [पर यह नहीं जानता कि मौत सिरपर नाच रही है]॥ १॥

**सुनत बात मृदु अंत कठोरी। देति मनहुँ मधु माहुर घोरी॥**
**कहइ चेरि सुधि अहइ कि नाहीं। स्वामिनि कहिहु कथा मोहि पाहीं॥**

मन्थराकी बातें सुननेमें तो कोमल हैं, पर परिणाममें कठोर (भयानक) हैं। मानो वह शहदमें घोलकर जहर पिला रही हो। दासी कहती है—हे स्वामिनि! तुमने मुझको एक कथा कही थी, उसकी याद है कि नहीं?॥ २॥

**दुइ बरदान भूप सन थाती। मागहु आजु जुड़ावहु छाती॥**
**सुतहि राजु रामहि बनबासू। देहु लेहु सब सवति हुलासू॥**

तुम्हारे दो वरदान राजाके पास धरोहर हैं। आज उन्हें राजासे माँगकर अपनी छाती ठंढी करो। पुत्रको राज्य और रामको वनवास दो और सौतका सारा आनन्द तुम ले लो॥ ३॥

**भूपति राम सपथ जब करई। तब मागेहु जेहिं बचनु न टरई॥**
**होइ अकाजु आजु निसि बीतें। बचनु मोर प्रिय मानेहु जी तें॥**

जब राजा रामकी सौगंध खा लें, तब वर माँगना, जिससे वचन न टलने पावे। आजकी रात बीत गयी, तो काम बिगड़ जायगा। मेरी बातको हृदयसे प्रिय [या प्राणोंसे भी प्यारी] समझना॥ ४॥

**दो०—बड़ कुघातु करि पातकिनि कहेसि कोपगृहँ जाहु।**
**काजु सँवारेहु सजग सबु सहसा जनि पतिआहु॥ २२॥**

पापिनी मन्थराने बड़ी बुरी घात लगाकर कहा—कोपभवनमें जाओ। सब काम बड़ी सावधानीसे बनाना, राजापर सहसा विश्वास न कर लेना (उनकी बातोंमें न आ जाना)॥ २२॥

**कुबरिहि रानि प्रानप्रिय जानी। बार बार बड़ि बुद्धि बखानी॥**
**तोहि सम हित न मोर संसारा। बहे जात कइ भइसि अधारा॥**

कुबरीको रानीने प्राणोंके समान प्रिय समझकर बार-बार उसकी बड़ी बुद्धिका बखान किया और बोली—संसारमें मेरा तेरे समान हितकारी और कोई नहीं है। तू मुझ बही जाती हुईके लिये सहारा हुई है॥ १॥

**जौं बिधि पुरब मनोरथु काली। करौं तोहि चख पूतरि आली॥**
**बहुबिधि चेरिहि आदरु देई। कोपभवन गवनी कैकेई॥**

यदि विधाता कल मेरा मनोरथ पूरा कर दें तो हे सखी! मैं तुझे आँखोंकी पुतली बना लूँ। इस प्रकार दासीको बहुत तरहसे आदर देकर कैकेयी कोपभवनमें चली गयी॥ २॥

**बिपति बीजु बरषा रितु चेरी। भुइँ भइ कुमति कैकई केरी॥**
**पाइ कपट जलु अंकुर जामा। बर दोउ दल दुख फल परिनामा॥**

विपत्ति (कलह) बीज है, दासी वर्षा-ॠतु है, कैकेयीकी कुबुद्धि [उस बीजके बोनेके लिये] जमीन हो गयी। उसमें कपटरूपी जल पाकर अंकुर फूट निकला। दोनों वरदान उस अंकुरके दो पत्ते हैं और अन्तमें इसके दु:खरूपी फल होगा॥ ३॥

**कोप समाजु साजि सबु सोई। राजु करत निज कुमति बिगोई॥**
**राउर नगर कोलाहलु होई। यह कुचालि कछु जान न कोई॥**

कैकेयी कोपका सब साज सजकर [कोपभवनमें] जा सोयी। राज्य करती हुई वह अपनी दुष्ट बुद्धिसे नष्ट हो गयी। राजमहल और नगरमें धूम-धाम मच रही है। इस कुचालको कोई कुछ नहीं जानता॥ ४॥

**दो०—प्रमुदित पुर नर नारि सब सजहिं सुमंगलचार।**
**एक प्रबिसहिं एक निर्गमहिं भीर भूप दरबार॥ २३॥**

बड़े ही आनन्दित होकर नगरके सब स्त्री-पुरुष शुभ मंगलाचारके साज सज रहे हैं। कोई भीतर जाता है, कोई बाहर निकलता है; राजद्वारमें बड़ी भीड़ हो रही है॥ २३॥

**बाल सखा सुनि हियँ हरषाहीं। मिलि दस पाँच राम पहिं जाहीं॥**
**प्रभु आदरहिं प्रेमु पहिचानी। पूँछहिं कुसल खेम मृदु बानी॥**

श्रीरामचन्द्रजीके बालसखा राजतिलकका समाचार सुनकर हृदयमें हर्षित होते हैं। वे दस-पाँच मिलकर श्रीरामचन्द्रजीके पास जाते हैं। प्रेम पहचानकर प्रभु श्रीरामचन्द्रजी उनका आदर करते हैं और कोमल वाणीसे कुशल-क्षेम पूछते हैं॥ १॥

**फिरहिं भवन प्रिय आयसु पाई। करत परसपर राम बड़ाई॥**
**को रघुबीर सरिस संसारा। सीलु सनेहु निबाहनिहारा॥**

अपने प्रिय सखा श्रीरामचन्द्रजीकी आज्ञा पाकर वे आपसमें एक-दूसरेसे श्रीरामचन्द्रजीकी बड़ाई करते हुए घर लौटते हैं और कहते हैं—संसारमें श्रीरघुनाथजीके समान शील और स्नेहको निबाहनेवाला कौन है?॥ २॥

**जेहिं जेहिं जोनि करम बस भ्रमहीं। तहँ तहँ ईसु देउ यह हमहीं॥**
**सेवक हम स्वामी सियनाहू। होउ नात यह ओर निबाहू॥**

भगवान् हमें यही दें कि हम अपने कर्मवश भ्रमते हुए जिस-जिस योनिमें जन्में, वहाँ-वहाँ (उस-उस योनिमें) हम तो सेवक हों और सीतापति श्रीरामचन्द्रजी हमारे स्वामी हों और यह नाता अन्ततक निभ जाय॥ ३॥

**अस अभिलाषु नगर सब काहू। कैकयसुता हृदयँ अति दाहू॥**
**को न कुसंगति पाइ नसाई। रहइ न नीच मतें चतुराई॥**

नगरमें सबकी ऐसी ही अभिलाषा है। परन्तु कैकेयीके हृदयमें बड़ी जलन हो रही है। कुसंगति पाकर कौन नष्ट नहीं होता। नीचके मतके अनुसार चलनेसे चतुराई नहीं रह जाती॥ ४॥

**दो०—साँझ समय सानंद नृपु गयउ कैकई गेहँ।**
**गवनु निठुरता निकट किय जनु धरि देह सनेहँ॥ २४॥**

सन्ध्याके समय राजा दशरथ आनन्दके साथ कैकेयीके महलमें गये। मानो साक्षात् स्नेह ही शरीर धारण कर निष्ठुरताके पास गया हो!॥ २४॥

**कोपभवन सुनि सकुचेउ राऊ। भय बस अगहुड़ परइ न पाऊ॥**
**सुरपति बसइ बाहँबल जाकें। नरपति सकल रहहिं रुख ताकें॥**

कोपभवनका नाम सुनकर राजा सहम गये। डरके मारे उनका पाँव आगेको नहीं पड़ता। स्वयं

देवराज इन्द्र जिनकी भुजाओंके बलपर [राक्षसोंसे निर्भय होकर] बसता है और सम्पूर्ण राजालोग जिनका रुख देखते रहते हैं,॥ १॥

**सो सुनि तिय रिस गयउ सुखाई। देखहु काम प्रताप बड़ाई॥**
**सूल कुलिस असि अँगवनिहारे। ते रतिनाथ सुमन सर मारे॥**

वही राजा दशरथ स्त्रीका क्रोध सुनकर सूख गये। कामदेवका प्रताप और महिमा तो देखिये। जो त्रिशूल, वज्र और तलवार आदिकी चोट अपने अंगोंपर सहनेवाले हैं, वे रतिनाथ कामदेवके पुष्पबाणसे मारे गये॥ २॥

**सभय नरेसु प्रिया पहिं गयऊ। देखि दसा दुखु दारुन भयऊ॥**
**भूमि सयन पटु मोट पुराना। दिए डारि तन भूषन नाना॥**

राजा डरते-डरते अपनी प्यारी कैकेयीके पास गये। उसकी दशा देखकर उन्हें बड़ा ही दुःख हुआ। कैकेयी जमीनपर पड़ी है। पुराना मोटा कपड़ा पहने हुए है। शरीरके नाना आभूषणोंको उतारकर फेंक दिया है॥ ३॥

**कुमतिहि कसि कुबेषता फाबी। अनअहिवातु सूच जनु भाबी॥**
**जाइ निकट नृपु कह मृदु बानी। प्रानप्रिया केहि हेतु रिसानी॥**

उस दुर्बुद्धि कैकेयीको यह कुवेषता (बुरा वेष) कैसी फब रही है, मानो भावी विधवापनकी सूचना दे रही हो। राजा उसके पास जाकर कोमल वाणीसे बोले—हे प्राणप्रिये! किसलिये रिसाई (रूठी) हो?॥ ४॥

**छं०—केहि हेतु रानि रिसानि परसत पानि पतिहि नेवारई।**
**मानहुँ सरोष भुअंग भामिनि बिषम भाँति निहारई॥**
**दोउ बासना रसना दसन बर मरम ठाहरु देखई।**
**तुलसी नृपति भवतब्यता बस काम कौतुक लेखई॥**

'हे रानी! किसलिये रूठी हो?' यह कहकर राजा उसे हाथसे स्पर्श करते हैं तो वह उनके हाथको [झटककर] हटा देती है और ऐसे देखती है मानो क्रोधमें भरी हुई नागिन क्रूर दृष्टिसे देख रही हो। दोनों [वरदानोंकी] वासनाएँ उस नागिनकी दो जीभें हैं और दोनों वरदान दाँत हैं; वह काटनेके लिये मर्मस्थान देख रही है। तुलसीदासजी कहते हैं कि राजा दशरथ होनहारके वशमें होकर इसे (इस प्रकार हाथ झटकने और नागिनकी भाँति देखनेको) कामदेवकी क्रीड़ा ही समझ रहे हैं।

**सो०—बार बार कह राउ सुमुखि सुलोचनि पिकबचनि।**
**कारन मोहि सुनाउ गजगामिनि निज कोप कर॥ २५॥**

राजा बार-बार कह रहे हैं—हे सुमुखी! हे सुलोचनी! हे कोकिलबयनी! हे गजगामिनी! मुझे अपने क्रोधका कारण तो सुना॥ २५॥

**अनहित तोर प्रिया केइँ कीन्हा। केहि दुइ सिर केहि जमु चह लीन्हा॥**
**कहु केहि रंकहि करौं नरेसू। कहु केहि नृपहि निकासौं देसू॥**

हे प्रिये! किसने तेरा अनिष्ट किया? किसके दो सिर हैं? यमराज किसको लेना (अपने लोकको ले जाना) चाहते हैं? कह, किस कंगालको राजा कर दूँ या किस राजाको देशसे निकाल दूँ॥ १॥

**सकउँ तोर अरि अमरउ मारी। काह कीट बपुरे नर नारी॥**
**जानसि मोर सुभाउ बरोरू। मनु तव आनन चंद चकोरू॥**

तेरा शत्रु अमर (देवता) भी हो, तो मैं उसे भी मार सकता हूँ। बेचारे कीड़े-मकोड़े-सरीखे नर-नारी तो चीज ही क्या हैं। हे सुन्दरि! तू तो मेरा स्वभाव जानती ही है कि मेरा मन सदा तेरे मुखरूपी चन्द्रमाका चकोर है॥ २॥

**प्रिया प्रान सुत सरबसु मोरें। परिजन प्रजा सकल बस तोरें॥**
**जौं कछु कहौं कपटु करि तोही। भामिनि राम सपथ सत मोही॥**

हे प्रिये! मेरी प्रजा, कुटुम्बी, सर्वस्व (सम्पत्ति), पुत्र, यहाँतक कि मेरे प्राण भी,ये सब तेरे वशमें (अधीन) हैं। यदि मैं तुझसे कुछ कपट करके कहता होऊँ तो हे भामिनी! मुझे सौ बार रामकी सौगंध है॥ ३॥

**बिहसि मागु मनभावति बाता। भूषन सजहि मनोहर गाता॥**
**घरी कुघरी समुझि जियँ देखू। बेगि प्रिया परिहरहि कुबेषू॥**

तू हँसकर (प्रसन्नतापूर्वक) अपनी मनचाही बात माँग ले और अपने मनोहर अंगोंको आभूषणोंसे सजा। मौका-बेमौका तो मनमें विचारकर देख। हे प्रिये! जल्दी इस बुरे वेषको त्याग दे॥ ४॥

**दो०—यह सुनि मन गुनि सपथ बड़ि बिहसि उठी मतिमंद।**
**भूषन सजति बिलोकि मृगु मनहुँ किरातिनि फंद॥ २६॥**

यह सुनकर और मनमें रामजीकी बड़ी सौगन्धको विचारकर मन्दबुद्धि कैकेयी हँसती हुई उठी और गहने पहनने लगी; मानो कोई भीलनी मृगको देखकर फंदा तैयार कर रही हो!॥ २६॥

**पुनि कह राउ सुहृद जियँ जानी। प्रेम पुलकि मृदु मंजुल बानी॥**
**भामिनि भयउ तोर मनभावा। घर घर नगर अनंद बधावा॥**

अपने जीमें कैकेयीको सुहृद् जानकर राजा दशरथजी प्रेमसे पुलकित होकर कोमल और सुन्दर वाणीसे फिर बोले—हे भामिनि! तेरा मनचीता हो गया। नगरमें घर-घर आनन्दके बधावे बज रहे हैं॥ १॥

**रामहि देउँ कालि जुबराजू। सजहि सुलोचनि मंगल साजू॥**
**दलकि उठेउ सुनि हृदउ कठोरू। जनु छुइ गयउ पाक बरतोरू॥**

मैं कल ही रामको युवराज-पद दे रहा हूँ। इसलिये हे सुनयनी! तू मंगल-साज सज। यह सुनते ही उसका कठोर हृदय दलक उठा (फटने लगा)। मानो पका हुआ बालतोड़ (फोड़ा) छू गया हो॥ २॥

**ऐसिउ पीर बिहसि तेहिं गोई। चोर नारि जिमि प्रगटि न रोई॥**
**लखहिं न भूप कपट चतुराई। कोटि कुटिल मनि गुरू पढ़ाई॥**

ऐसी भारी पीड़ाको भी उसने हँसकर छिपा लिया, जैसे चोरकी स्त्री प्रकट होकर नहीं रोती (जिसमें उसका भेद न खुल जाय)। राजा उसकी कपट-चतुराईको नहीं लख रहे हैं। क्योंकि वह करोड़ों कुटिलोंकी शिरोमणि गुरु मन्थराकी पढ़ायी हुई है॥ ३॥

**जद्यपि नीति निपुन नरनाहू। नारिचरित जलनिधि अवगाहू॥**
**कपट सनेहु बढ़ाइ बहोरी। बोली बिहसि नयन मुहु मोरी॥**

यद्यपि राजा नीतिमें निपुण हैं; परन्तु त्रियाचरित्र अथाह समुद्र है। फिर वह कपटयुक्त प्रेम बढ़ाकर (ऊपरसे प्रेम दिखाकर) नेत्र और मुँह मोड़कर हँसती हुई बोली—॥ ४॥

**दो०—मागु मागु पै कहहु पिय कबहुँ न देहु न लेहु।**
**देन कहेहु बरदान दुइ तेउ पावत संदेहु॥ २७॥**

हे प्रियतम! आप माँग-माँग तो कहा करते हैं, पर देते-लेते कभी कुछ भी नहीं। आपने दो वरदान देनेको कहा था, उनके भी मिलनेमें सन्देह है॥ २७॥

**जानेउँ मरमु राउ हँसि कहई। तुम्हहि कोहाब परम प्रिय अहई॥**
**थाती राखि न मागिहु काऊ। बिसरि गयउ मोहि भोर सुभाऊ॥**

राजाने हँसकर कहा कि अब मैं तुम्हारा मर्म (मतलब) समझा। मान करना तुम्हें परम प्रिय है। तुमने उन वरोंको थाती (धरोहर) रखकर फिर कभी माँगा ही नहीं और मेरा भूलनेका स्वभाव होनेसे मुझे भी वह प्रसंग याद नहीं रहा॥ १॥

**झूठेहुँ हमहि दोषु जनि देहू। दुइ कै चारि मागि मकु लेहू॥**
**रघुकुल रीति सदा चलि आई। प्रान जाहुँ बरु बचनु न जाई॥**

मुझे झूठ-मूठ दोष मत दो। चाहे दोके बदले चार माँग लो। रघुकुलमें सदासे यही रीति चली आयी है कि प्राण भले ही चले जायँ, पर वचन नहीं जाता॥ २॥

**नहिं असत्य सम पातक पुंजा। गिरि सम होहिं कि कोटिक गुंजा॥**
**सत्यमूल सब सुकृत सुहाए। बेद पुरान बिदित मनु गाए॥**

असत्यके समान पापोंका समूह भी नहीं है। क्या करोड़ों घुँघचियाँ मिलकर भी कहीं पहाड़के समान हो सकती हैं। 'सत्य' ही समस्त उत्तम सुकृतों (पुण्यों)-की जड़ है। यह बात वेद-पुराणोंमें प्रसिद्ध है और मनुजीने भी यही कहा है॥ ३॥

**तेहि पर राम सपथ करि आई। सुकृत सनेह अवधि रघुराई॥**
**बात दृढ़ाइ कुमति हँसि बोली। कुमत कुबिहग कुलह जनु खोली॥**

उसपर मेरे द्वारा श्रीरामजीकी शपथ करनेमें आ गयी (मुँहसे निकल पड़ी)। श्रीरघुनाथजी मेरे सुकृत (पुण्य) और स्नेहकी सीमा हैं। इस प्रकार बात पक्की कराके दुर्बुद्धि कैकेयी हँसकर बोली, मानो उसने कुमत (बुरे विचार) रूपी दुष्ट पक्षी (बाज) [को छोड़नेके लिये उस]-की कुलही (आँखोंपरकी टोपी) खोल दी॥ ४॥

**दो०—भूप मनोरथ सुभग बनु सुख सुबिहंग समाजु।**
**भिल्लिनि जिमि छाड़न चहति बचनु भयंकरु बाजु॥ २८॥**

राजाका मनोरथ सुन्दर वन है, सुख सुन्दर पक्षियोंका समुदाय है। उसपर भीलनीकी तरह कैकेयी अपना वचनरूपी भयंकर बाज छोड़ना चाहती है॥ २८॥

## मासपारायण, तेरहवाँ विश्राम

**सुनहु प्रानप्रिय भावत जी का। देहु एक बर भरतहि टीका॥**
**मागउँ दूसर बर कर जोरी। पुरवहु नाथ मनोरथ मोरी॥**

[वह बोली—] हे प्राणप्यारे! सुनिये, मेरे मनको भानेवाला एक वर तो दीजिये, भरतको राजतिलक; और हे नाथ! दूसरा वर भी मैं हाथ जोड़कर माँगती हूँ, मेरा मनोरथ पूरा कीजिये—॥ १॥

**तापस बेष बिसेषि उदासी। चौदह बरिस रामु बनबासी॥**
**सुनि मृदु बचन भूप हियँ सोकू। ससि कर छुअत बिकल जिमि कोकू॥**

तपस्वियोंके वेषमें विशेष उदासीन भावसे (राज्य और कुटुम्ब आदिकी ओरसे भलीभाँति उदासीन होकर विरक्त मुनियोंकी भाँति) राम चौदह वर्षतक वनमें निवास करें। कैकेयीके कोमल (विनययुक्त) वचन सुनकर राजाके हृदयमें ऐसा शोक हुआ जैसे चन्द्रमाकी किरणोंके स्पर्शसे चकवा विकल हो जाता है॥ २॥

**गयउ सहमि नहिं कछु कहि आवा। जनु सचान बन झपटेउ लावा॥**
**बिबरन भयउ निपट नरपालू। दामिनि हनेउ मनहुँ तरु तालू॥**

राजा सहम गये, उनसे कुछ कहते न बना, मानो बाज वनमें बटेरपर झपटा हो। राजाका रंग बिलकुल उड़ गया, मानो ताड़के पेड़को बिजलीने मारा हो (जैसे ताड़के पेड़पर बिजली गिरनेसे वह झुलसकर बदरंगा हो जाता है, वही हाल राजाका हुआ)॥ ३॥

**माथें हाथ मूदि दोउ लोचन। तनु धरि सोचु लाग जनु सोचन॥**
**मोर मनोरथु सुरतरु फूला। फरत करिनि जिमि हतेउ समूला॥**

माथेपर हाथ रखकर, दोनों नेत्र बंद करके राजा ऐसे सोच करने लगे, मानो साक्षात् सोच ही शरीर धारणकर सोच कर रहा हो। [वे सोचते हैं—हाय!] मेरा मनोरथरूपी कल्पवृक्ष फूल चुका था, परन्तु फलते समय कैकेयीने हथिनीकी तरह उसे जड़समेत उखाड़कर नष्ट कर डाला॥ ४॥

**अवध उजारि कीन्हि कैकेईं। दीन्हिसि अचल बिपति कै नेईं॥**

कैकेयीने अयोध्याको उजाड़ कर दिया और विपत्तिकी अचल (सुदृढ़) नींव डाल दी॥ ५॥

**दो०—कवनें अवसर का भयउ गयउँ नारि बिस्वास।**
**जोग सिद्धि फल समय जिमि जतिहि अबिद्या नास॥ २९॥**

किस अवसरपर क्या हो गया! स्त्रीका विश्वास करके मैं वैसे ही मारा गया, जैसे योगकी सिद्धिरूपी फल मिलनेके समय योगीको अविद्या नष्ट कर देती है॥ २९॥

**एहि बिधि राउ मनहिं मन झाँखा। देखि कुभाँति कुमति मन माखा॥**
**भरतु कि राउर पूत न होंही। आनेहु मोल बेसाहि कि मोही॥**

इस प्रकार राजा मन-ही-मन झींख रहे हैं। राजाका ऐसा बुरा हाल देखकर दुर्बुद्धि कैकेयी मनमें बुरी तरहसे क्रोधित हुई। [और बोली—] क्या भरत आपके पुत्र नहीं हैं? क्या मुझे आप दाम देकर खरीद लाये हैं? (क्या मैं आपकी विवाहिता पत्नी नहीं हूँ?)॥ १॥

**जो सुनि सरु अस लाग तुम्हारें। काहे न बोलहु बचनु सँभारें॥**
**देहु उतरु अनु करहु कि नाहीं। सत्यसंध तुम्ह रघुकुल माहीं॥**

जो मेरा वचन सुनते ही आपको बाण-सा लगा तो आप सोच-समझकर बात क्यों नहीं कहते? उत्तर दीजिये—हाँ कीजिये, नहीं तो नाहीं कर दीजिये। आप रघुवंशमें सत्य प्रतिज्ञावाले [प्रसिद्ध] हैं!॥ २॥

**देन कहेहु अब जनि बरु देहू। तजहु सत्य जग अपजसु लेहू॥**
**सत्य सराहि कहेहु बरु देना। जानेहु लेइहि मागि चबेना॥**

आपने ही वर देनेको कहा था, अब भले ही न दीजिये। सत्यको छोड़ दीजिये और जगत्‌में अपयश लीजिये। सत्यकी बड़ी सराहना करके वर देनेको कहा था। समझा था कि यह चबेना ही माँग लेगी!॥ ३॥

**सिबि दधीचि बलि जो कछु भाषा। तनु धनु तजेउ बचन पनु राखा॥**
**अति कटु बचन कहति कैकेई। मानहुँ लोन जरे पर देई॥**

राजा शिबि, दधीचि और बलिने जो कुछ कहा, शरीर और धन त्यागकर भी उन्होंने अपने वचनकी प्रतिज्ञाको निबाहा। कैकेयी बहुत ही कड़ुवे वचन कह रही है, मानो जलेपर नमक छिड़क रही हो॥ ४॥

**दो०—धरम धुरंधर धीर धरि नयन उघारे रायँ।**
**सिरु धुनि लीन्हि उसास असि मारेसि मोहि कुठायँ॥ ३०॥**

धर्मकी धुरीको धारण करनेवाले राजा दशरथने धीरज धरकर नेत्र खोले और सिर धुनकर तथा लंबी साँस लेकर इस प्रकार कहा कि इसने मुझे बड़े कुठौर मारा (ऐसी कठिन परिस्थिति उत्पन्न कर दी, जिससे बच निकलना कठिन हो गया)॥ ३०॥

**आगें दीखि जरत रिस भारी। मनहुँ रोष तरवारि उघारी॥**
**मूठि कुबुद्धि धार निठुराई। धरी कूबरीं सान बनाई॥**

प्रचण्ड क्रोधसे जलती हुई कैकेयी सामने इस प्रकार दिखायी पड़ी, मानो क्रोधरूपी तलवार नंगी (म्यानसे बाहर) खड़ी हो। कुबुद्धि उस तलवारकी मूठ है, निष्ठुरता धार है और वह कुबरी (मन्थरा)-रूपी सानपर धरकर तेज की हुई है॥ १॥

**लखी महीप कराल कठोरा। सत्य कि जीवनु लेइहि मोरा॥**
**बोले राउ कठिन करि छाती। बानी सबिनय तासु सोहाती॥**

राजाने देखा कि यह (तलवार) बड़ी ही भयानक और कठोर है [और सोचा—] क्या सत्य ही यह मेरा जीवन लेगी? राजा अपनी छाती कड़ी करके, बहुत ही नम्रताके साथ उसे(कैकेयीको)प्रिय लगनेवाली वाणी बोले—॥ २॥

**प्रिया बचन कस कहसि कुभाँती। भीर प्रतीति प्रीति करि हाँती॥**
**मोरें भरतु रामु दुइ आँखी। सत्य कहउँ करि संकरु साखी॥**

हे प्रिये! हे भीरु! विश्वास और प्रेमको नष्ट करके ऐसे बुरी तरहके वचन कैसे कह रही हो। मेरे तो भरत और रामचन्द्र दो आँखें (अर्थात् एक-से) हैं; यह मैं शंकरजीकी साक्षी देकर सत्य कहता हूँ॥ ३॥

**अवसि दूतु मैं पठइब प्राता। ऐहहिं बेगि सुनत दोउ भ्राता॥**
**सुदिन सोधि सबु साजु सजाई। देउँ भरत कहुँ राजु बजाई॥**

मैं अवश्य सबेरे ही दूत भेजूँगा। दोनों भाई (भरत-शत्रुघ्न) सुनते ही तुरंत आ जायँगे। अच्छा दिन (शुभ मुहूर्त) शोधवाकर, सब तैयारी करके डंका बजाकर मैं भरतको राज्य दे दूँगा॥ ४॥

**दो०—लोभु न रामहि राजु कर बहुत भरत पर प्रीति।**
**मैं बड़ छोट बिचारि जियँ करत रहेउँ नृपनीति॥ ३१॥**

रामको राज्यका लोभ नहीं है और भरतपर उनका बड़ा ही प्रेम है। मैं ही अपने मनमें बड़े-छोटेका विचार करके राजनीतिका पालन कर रहा था (बड़ेको राजतिलक देने जा रहा था)॥ ३१॥

**राम सपथ सत कहउँ सुभाऊ। राममातु कछु कहेउ न काऊ॥**
**मैं सबु कीन्ह तोहि बिनु पूँछें। तेहि तें परेउ मनोरथु छूछें॥**

रामकी सौ बार सौगंध खाकर मैं स्वभावसे ही कहता हूँ कि रामकी माता (कौसल्या)-ने [इस विषयमें] मुझसे कभी कुछ नहीं कहा। अवश्य ही मैंने तुमसे बिना पूछे यह सब किया। इसीसे मेरा मनोरथ खाली गया॥ १॥

**रिस परिहरु अब मंगल साजू। कछु दिन गएँ भरत जुबराजू॥**
**एकहि बात मोहि दुखु लागा। बर दूसर असमंजस मागा॥**

अब क्रोध छोड़ दे और मंगल साज सज। कुछ ही दिनों बाद भरत युवराज हो जायँगे। एक ही बातका मुझे दुःख लगा कि तूने दूसरा वरदान बड़ी अड़चनका माँगा॥ २॥

**अजहूँ हृदउ जरत तेहि आँचा। रिस परिहास कि साँचेहुँ साँचा॥**
**कहु तजि रोषु राम अपराधू। सबु कोउ कहइ रामु सुठि साधू॥**

उसकी आँचसे अब भी मेरा हृदय जल रहा है। यह दिल्लगीमें, क्रोधमें अथवा सचमुच ही (वास्तवमें) सच्चा है? क्रोधको त्यागकर रामका अपराध तो बता। सब कोई तो कहते हैं कि राम बड़े ही साधु हैं॥ ३॥

**तुहूँ सराहसि करसि सनेहू। अब सुनि मोहि भयउ संदेहू॥**
**जासु सुभाउ अरिहि अनुकूला। सो किमि करिहि मातु प्रतिकूला॥**

तू स्वयं भी रामकी सराहना करती और उनपर स्नेह किया करती थी। अब यह सुनकर मुझे सन्देह हो गया है [कि तुम्हारी प्रशंसा और स्नेह कहीं झूठे तो न थे?] जिसका स्वभाव शत्रुको भी अनुकूल है, वह माताके प्रतिकूल आचरण क्योंकर करेगा?॥ ४॥

**दो०—प्रिया हास रिस परिहरहि मागु बिचारि बिबेकु।**
**जेहिं देखौं अब नयन भरि भरत राज अभिषेकु॥ ३२॥**

हे प्रिये! हँसी और क्रोध छोड़ दे और विवेक (उचित-अनुचित) विचारकर वर माँग, जिससे अब मैं नेत्र भरकर भरतका राज्याभिषेक देख सकूँ॥ ३२॥

**जिऐ मीन बरु बारि बिहीना। मनि बिनु फनिकु जिऐ दुख दीना॥**
**कहउँ सुभाउ न छलु मन माहीं। जीवनु मोर राम बिनु नाहीं॥**

मछली चाहे बिना पानीके जीती रहे और साँप भी चाहे बिना मणिके दीन-दुःखी होकर जीता रहे। परन्तु मैं स्वभावसे ही कहता हूँ, मनमें [जरा भी] छल रखकर नहीं कि मेरा जीवन रामके बिना नहीं है॥ १॥

**समुझि देखु जियँ प्रिया प्रबीना। जीवनु राम दरस आधीना॥**
**सुनि मृदु बचन कुमति अति जरई। मनहुँ अनल आहुति घृत परई॥**

हे चतुर प्रिये! जीमें समझ देख, मेरा जीवन श्रीरामके दर्शनके अधीन है। राजाके कोमल वचन सुनकर दुर्बुद्धि कैकेयी अत्यन्त जल रही है। मानो अग्निमें घीकी आहुतियाँ पड़ रही हैं॥ २॥

**कहइ करहु किन कोटि उपाया। इहाँ न लागिहि राउरि माया॥**
**देहु कि लेहु अजसु करि नाहीं। मोहि न बहुत प्रपंच सोहाहीं॥**

[कैकेयी कहती है—] आप करोड़ों उपाय क्यों न करें, यहाँ आपकी माया (चालबाजी) नहीं लगेगी। या तो मैंने जो माँगा है सो दीजिये, नहीं तो 'नाहीं' करके अपयश लीजिये। मुझे बहुत प्रपंच (बखेड़े) नहीं सुहाते॥ ३॥

**रामु साधु तुम्ह साधु सयाने। राममातु भलि सब पहिचाने॥**
**जस कौसिलाँ मोर भल ताका। तस फलु उन्हहि देउँ करि साका॥**

राम साधु हैं, आप सयाने साधु हैं और रामकी माता भी भली हैं; मैंने सबको पहचान लिया है। कौसल्याने मेरा जैसा भला चाहा है, मैं भी साका करके (याद रखनेयोग्य) उन्हें वैसा ही फल दूँगी॥ ४॥

**दो०—होत प्रातु मुनिबेष धरि जौं न रामु बन जाहिं।**
**मोर मरनु राउर अजस नृप समुझिअ मन माहिं॥ ३३॥**

सबेरा होते ही मुनिका वेष धारणकर यदि राम वनको नहीं जाते, तो हे राजन्! मनमें [निश्चय] समझ लीजिये कि मेरा मरना होगा और आपका अपयश!॥ ३३॥

**अस कहि कुटिल भई उठि ठाढ़ी। मानहुँ रोष तरंगिनि बाढ़ी॥**
**पाप पहार प्रगट भइ सोई। भरी क्रोध जल जाइ न जोई॥**

ऐसा कहकर कुटिल कैकेयी उठ खड़ी हुई, मानो क्रोधकी नदी उमड़ी हो। वह नदी पापरूपी पहाड़से प्रकट हुई है और क्रोधरूपी जलसे भरी है; [ऐसी भयानक है कि] देखी नहीं जाती!॥ १॥

**दोउ बर कूल कठिन हठ धारा। भवँर कूबरी बचन प्रचारा॥**
**ढाहत भूपरूप तरु मूला। चली बिपति बारिधि अनुकूला॥**

दोनों वरदान उस नदीके दो किनारे हैं, कैकेयीका कठिन हठ ही उसकी [तीव्र] धारा है और कुबरी (मन्थरा)-के वचनोंकी प्रेरणा ही भँवर है। [वह क्रोधरूपी नदी] राजा दशरथरूपी वृक्षको जड़-मूलसे ढहाती हुई विपत्तिरूपी समुद्रकी ओर [सीधी] चली है॥ २॥

**लखी नरेस बात फुरि साँची। तिय मिस मीचु सीस पर नाची॥**
**गहि पद बिनय कीन्ह बैठारी। जनि दिनकर कुल होसि कुठारी॥**

राजाने समझ लिया कि बात सचमुच (वास्तवमें) सच्ची है, स्त्रीके बहाने मेरी मृत्यु ही सिरपर नाच रही है। [तदनन्तर राजाने कैकेयीके] चरण पकड़कर उसे बिठाकर विनती की कि तू सूर्यकुल [रूपी वृक्ष]-के लिये कुल्हाड़ी मत बन॥ ३॥

**मागु माथ अबहीं देउँ तोही। राम बिरहँ जनि मारसि मोही॥**
**राखु राम कहुँ जेहि तेहि भाँती। नाहिं त जरिहि जनम भरि छाती॥**

तू मेरा मस्तक माँग ले, मैं तुझे अभी दे दूँ। पर रामके विरहमें मुझे मत मार। जिस किसी प्रकारसे हो तू रामको रख ले। नहीं तो जन्मभर तेरी छाती जलेगी॥ ४॥

**दो०—देखी ब्याधि असाध नृपु परेउ धरनि धुनि माथ।**
**कहत परम आरत बचन राम राम रघुनाथ॥ ३४॥**

राजाने देखा कि रोग असाध्य है, तब वे अत्यन्त आर्तवाणीसे 'हा राम! हा राम! हा रघुनाथ!' कहते हुए सिर पीटकर जमीनपर गिर पड़े॥ ३४॥

**ब्याकुल राउ सिथिल सब गाता। करिनि कलपतरु मनहुँ निपाता॥**
**कंठु सूख मुख आव न बानी। जनु पाठीनु दीन बिनु पानी॥**

राजा व्याकुल हो गये, उनका सारा शरीर शिथिल पड़ गया, मानो हथिनीने कल्पवृक्षको उखाड़ फेंका हो। कण्ठ सूख गया, मुखसे बात नहीं निकलती, मानो पानीके बिना पहिना नामक मछली तड़प रही हो॥ १॥

**पुनि कह कटु कठोर कैकेई। मनहुँ घाय महुँ माहुर देई॥**
**जौं अंतहुँ अस करतबु रहेऊ। मागु मागु तुम्ह केहिं बल कहेऊ॥**

कैकेयी फिर कड़वे और कठोर वचन बोली, मानो घावमें जहर भर रही हो। [कहती है—] जो अन्तमें ऐसा ही करना था, तो आपने 'माँग, माँग' किस बलपर कहा था॥ २॥

**दुइ कि होइ एक समय भुआला। हँसब ठठाइ फुलाउब गाला॥**
**दानि कहाउब अरु कृपनाई। होइ कि खेम कुसल रौताई॥**

हे राजा! ठहाका मारकर हँसना और गाल फुलाना—क्या ये दोनों एक साथ हो सकते हैं? दानी भी कहाना और कंजूसी भी करना। क्या रजपूतीमें क्षेम-कुशल भी रह सकती है? (लड़ाईमें बहादुरी भी दिखावें और कहीं चोट भी न लगे!)॥ ३॥

**छाड़हु बचनु कि धीरजु धरहू। जनि अबला जिमि करुना करहू॥**
**तनु तिय तनय धामु धनु धरनी। सत्यसंध कहुँ तृन सम बरनी॥**

या तो वचन (प्रतिज्ञा)ही छोड़ दीजिये या धैर्य धारण कीजिये। यों असहाय स्त्रीकी भाँति रोइये-पीटिये नहीं। सत्यव्रतीके लिये तो शरीर, स्त्री, पुत्र, घर, धन और पृथ्वी—सब तिनकेके बराबर कहे गये हैं॥ ४॥

**दो०—मरम बचन सुनि राउ कह कहु कछु दोषु न तोर।**
**लागेउ तोहि पिसाच जिमि कालु कहावत मोर॥ ३५॥**

कैकेयीके मर्मभेदी वचन सुनकर राजाने कहा कि तू जो चाहे कह, तेरा कुछ भी दोष नहीं है। मेरा काल तुझे मानो पिशाच होकर लग गया है, वही तुझसे यह सब कहला रहा है॥ ३५॥

**चहत न भरत भूपतहि भोरें। बिधि बस कुमति बसी जिय तोरें॥**
**सो सबु मोर पाप परिनामू। भयउ कुठाहर जेहिं बिधि बामू॥**

भरत तो भूलकर भी राजपद नहीं चाहते। होनहारवश तेरे ही जीमें कुमति आ बसी। यह सब मेरे पापोंका परिणाम है, जिससे कुसमयमें (बेमौके) विधाता विपरीत हो गया॥ १॥

**सुबस बसिहि फिरि अवध सुहाई। सब गुन धाम राम प्रभुताई॥**
**करिहहिं भाइ सकल सेवकाई। होइहि तिहुँ पुर राम बड़ाई॥**

[तेरी उजाड़ी हुई] यह सुन्दर अयोध्या फिर भलीभाँति बसेगी और समस्त गुणोंके धाम श्रीरामकी प्रभुता भी होगी। सब भाई उनकी सेवा करेंगे और तीनों लोकोंमें श्रीरामकी बड़ाई होगी॥ २॥

**तोर कलंकु मोर पछिताऊ। मुएहुँ न मिटिहि न जाइहि काऊ॥**
**अब तोहि नीक लाग करु सोई। लोचन ओट बैठु मुहु गोई॥**

केवल तेरा कलंक और मेरा पछतावा मरनेपर भी नहीं मिटेगा, यह किसी तरह नहीं जायगा। अब तुझे जो अच्छा लगे वही कर। मुँह छिपाकर मेरी आँखोंकी ओट जा बैठ (अर्थात् मेरे सामनेसे हट जा, मुझे मुँह न दिखा)॥ ३॥

**जब लगि जिऔं कहउँ कर जोरी। तब लगि जनि कछु कहसि बहोरी॥**
**फिरि पछितैहसि अंत अभागी। मारसि गाइ नहारू लागी॥**

मैं हाथ जोड़कर कहता हूँ कि जबतक मैं जीता रहूँ, तबतक फिर कुछ न कहना (अर्थात्

मुझसे न बोलना)। अरी अभागिनी! फिर तू अन्तमें पछतायेगी जो तू नहारू (ताँत)-के लिये गायको मार रही है॥ ४॥

**दो०—परेउ राउ कहि कोटि बिधि काहे करसि निदानु।**
**कपट सयानि न कहति कछु जागति मनहुँ मसानु॥ ३६॥**

राजा करोड़ों प्रकारसे (बहुत तरहसे) समझाकर [और यह कहकर] कि तू क्यों सर्वनाश कर रही है, पृथ्वीपर गिर पड़े। पर कपट करनेमें चतुर कैकेयी कुछ बोलती नहीं, मानो [मौन होकर] मसान जगा रही हो (श्मशानमें बैठकर प्रेतमन्त्र सिद्ध कर रही हो)॥ ३६॥

**राम राम रट बिकल भुआलू। जनु बिनु पंख बिहंग बेहालू॥**
**हृदयँ मनाव भोरु जनि होई। रामहि जाइ कहै जनि कोई॥**

राजा 'राम-राम' रट रहे हैं और ऐसे व्याकुल हैं, जैसे कोई पक्षी पंखके बिना बेहाल हो। वे अपने हृदयमें मनाते हैं कि सबेरा न हो, और कोई जाकर श्रीरामचन्द्रजीसे यह बात न कहे॥ १॥

**उदउ करहु जनि रबि रघुकुल गुर। अवध बिलोकि सूल होइहि उर॥**
**भूप प्रीति कैकइ कठिनाई। उभय अवधि बिधि रची बनाई॥**

हे रघुकुलके गुरु (बड़ेरे मूलपुरुष) सूर्यभगवान्! आप अपना उदय न करें। अयोध्याको [बेहाल] देखकर आपके हृदयमें बड़ी पीड़ा होगी। राजाकी प्रीति और कैकेयीकी निष्ठुरता दोनोंको ब्रह्माने सीमातक रचकर बनाया है (अर्थात् राजा प्रेमकी सीमा हैं और कैकेयी निष्ठुरताकी)॥ २॥

**बिलपत नृपहि भयउ भिनुसारा। बीना बेनु संख धुनि द्वारा॥**
**पढ़हिं भाट गुन गावहिं गायक। सुनत नृपहि जनु लागहिं सायक॥**

विलाप करते-करते ही राजाको सबेरा हो गया। राजद्वारपर वीणा, बाँसुरी और शंखकी ध्वनि होने लगी। भाटलोग विरुदावली पढ़ रहे हैं और गवैये गुणोंका गान कर रहे हैं। सुननेपर राजाको वे बाण-जैसे लगते हैं॥ ३॥

**मंगल सकल सोहाहिं न कैसें। सहगामिनिहि बिभूषन जैसें॥**
**तेहि निसि नीद परी नहिं काहू। राम दरस लालसा उछाहू॥**

राजाको ये सब मंगल-साज कैसे नहीं सुहा रहे हैं, जैसे पतिके साथ सती होनेवाली स्त्रीको आभूषण! श्रीरामचन्द्रजीके दर्शनकी लालसा और उत्साहके कारण उस रात्रिमें किसीको भी नींद नहीं आयी॥ ४॥

**दो०—द्वार भीर सेवक सचिव कहहिं उदित रबि देखि।**
**जागेउ अजहुँ न अवधपति कारनु कवनु बिसेषि॥ ३७॥**

राजद्वारपर मन्त्रियों और सेवकोंकी भीड़ लगी है। वे सब सूर्यको उदय हुआ देखकर कहते हैं कि ऐसा कौन-सा विशेष कारण है कि अवधपति दशरथजी अभीतक नहीं जागे?॥ ३७॥

**पछिले पहर भूपु नित जागा। आजु हमहि बड़ अचरजु लागा॥**
**जाहु सुमंत्र जगावहु जाई। कीजिअ काजु रजायसु पाई॥**

राजा नित्य ही रातके पिछले पहर जाग जाया करते हैं, किन्तु आज हमें बड़ा आश्चर्य हो रहा है। हे सुमन्त्र! जाओ, जाकर राजाको जगाओ। उनकी आज्ञा पाकर हम सब काम करें॥ १॥

**गए सुमंत्रु तब राउर माहीं। देखि भयावन जात डेराहीं॥**
**धाइ खाइ जनु जाइ न हेरा। मानहुँ बिपति बिषाद बसेरा॥**

तब सुमन्त्र रावले (राजमहल)-में गये, पर महलको भयानक देखकर वे जाते हुए डर रहे हैं। [ऐसा लगता है] मानो दौड़कर काट खायेगा, उसकी ओर देखा भी नहीं जाता। मानो विपत्ति और विषादने वहाँ डेरा डाल रखा हो॥ २॥

**पूछें कोउ न ऊतरु देई। गए जेहिं भवन भूप कैकेई॥**
**कहि जयजीव बैठ सिरु नाई। देखि भूप गति गयउ सुखाई॥**

पूछनेपर कोई जवाब नहीं देता; वे उस महलमें गये, जहाँ राजा और कैकेयी थे। 'जय-जीव' कहकर सिर नवाकर (वन्दना करके) बैठे और राजाकी दशा देखकर तो वे सूख ही गये॥ ३॥

**सोच बिकल बिबरन महि परेऊ। मानहुँ कमल मूलु परिहरेऊ॥**
**सचिउ सभीत सकइ नहिं पूँछी। बोली असुभ भरी सुभ छूँछी॥**

[देखा कि—] राजा सोचसे व्याकुल हैं, चेहरेका रंग उड़ गया है। जमीनपर ऐसे पड़े हैं, मानो कमल जड़ छोड़कर (जड़से उखड़कर) [मुर्झाया] पड़ा हो। मन्त्री मारे डरके कुछ पूछ नहीं सकते। तब अशुभसे भरी हुई और शुभसे विहीन कैकेयी बोली—॥ ४॥

**दो०—परी न राजहि नीद निसि हेतु जान जगदीसु।**
**रामु रामु रटि भोरु किय कहइ न मरमु महीसु॥ ३८॥**

राजाको रातभर नींद नहीं आयी, इसका कारण जगदीश्वर ही जानें। इन्होंने 'राम-राम' रटकर सबेरा कर दिया, परन्तु इसका भेद राजा कुछ भी नहीं बतलाते॥ ३८॥

**आनहु रामहि बेगि बोलाई। समाचार तब पूँछेहु आई॥**
**चलेउ सुमंत्रु राय रुख जानी। लखी कुचालि कीन्हि कछु रानी॥**

तुम जल्दी रामको बुला लाओ। तब आकर समाचार पूछना। राजाका रुख जानकर सुमन्त्रजी चले, समझ गये कि रानीने कुछ कुचाल की है॥ १॥

**सोच बिकल मग परइ न पाऊ। रामहि बोलि कहिहि का राऊ॥**
**उर धरि धीरजु गयउ दुआरें। पूँछहिं सकल देखि मनु मारें॥**

सुमन्त्र सोचसे व्याकुल हैं, रास्तेपर पैर नहीं पड़ता (आगे बढ़ा नहीं जाता), [सोचते हैं—] रामजीको बुलाकर राजा क्या कहेंगे? किसी तरह हृदयमें धीरज धरकर वे द्वारपर गये। सब लोग उनको मनमारे (उदास) देखकर पूछने लगे॥ २॥

**समाधानु करि सो सबही का। गयउ जहाँ दिनकर कुल टीका॥**
**राम सुमंत्रहि आवत देखा। आदरु कीन्ह पिता सम लेखा॥**

सब लोगोंका समाधान करके (किसी तरह समझा-बुझाकर) सुमन्त्र वहाँ गये, जहाँ सूर्यकुलके तिलक श्रीरामचन्द्रजी थे। श्रीरामचन्द्रजीने सुमन्त्रको आते देखा तो पिताके समान समझकर उनका आदर किया॥ ३॥

**निरखि बदनु कहि भूप रजाई। रघुकुलदीपहि चलेउ लेवाई॥**
**रामु कुभाँति सचिव सँग जाहीं। देखि लोग जहँ तहँ बिलखाहीं॥**

श्रीरामचन्द्रजीके मुखको देखकर और राजाकी आज्ञा सुनाकर वे रघुकुलके दीपक श्रीरामचन्द्रजीको [अपने साथ] लिवा चले। श्रीरामचन्द्रजी मन्त्रीके साथ बुरी तरहसे (बिना किसी लवाजमेके) जा रहे हैं, यह देखकर लोग जहाँ-तहाँ विषाद कर रहे हैं॥ ४॥

**दो०—जाइ दीख रघुबंसमनि नरपति निपट कुसाजु।**
**सहमि परेउ लखि सिंघिनिहि मनहुँ बृद्ध गजराजु॥ ३९॥**

रघुवंशमणि श्रीरामचन्द्रजीने जाकर देखा कि राजा अत्यन्त ही बुरी हालतमें पड़े हैं, मानो सिंहनीको देखकर कोई बूढ़ा गजराज सहमकर गिर पड़ा हो॥ ३९॥

**सूखहिं अधर जरइ सबु अंगू। मनहुँ दीन मनिहीन भुअंगू॥**
**सरुष समीप दीखि कैकेई। मानहुँ मीचु घरीं गनि लेई॥**

राजाके ओठ सूख रहे हैं और सारा शरीर जल रहा है, मानो मणिके बिना साँप दुःखी हो रहा हो। पास ही क्रोधसे भरी कैकेयीको देखा, मानो [साक्षात्] मृत्यु ही बैठी [राजाके जीवनकी अन्तिम] घड़ियाँ गिन रही हो॥ १॥

**करुनामय मृदु राम सुभाऊ। प्रथम दीख दुखु सुना न काऊ॥**
**तदपि धीर धरि समउ बिचारी। पूँछी मधुर बचन महतारी॥**

श्रीरामचन्द्रजीका स्वभाव कोमल और करुणामय है। उन्होंने [अपने जीवनमें] पहली बार यह दुःख देखा; इससे पहले कभी उन्होंने दुःख सुना भी न था। तो भी समयका विचार करके हृदयमें धीरज धरकर उन्होंने मीठे वचनोंसे माता कैकेयीसे पूछा—॥ २॥

**मोहि कहु मातु तात दुख कारन। करिअ जतन जेहिं होइ निवारन॥**
**सुनहु राम सबु कारनु एहू। राजहि तुम्ह पर बहुत सनेहू॥**

हे माता! मुझे पिताजीके दुःखका कारण कहो ताकि जिससे उसका निवारण हो (दुःख दूर हो) वह यत्न किया जाय। [कैकेयीने कहा—] हे राम! सुनो, सारा कारण यही है कि राजाका तुमपर बहुत स्नेह है॥ ३॥

**देन कहेन्हि मोहि दुइ बरदाना। मागेउँ जो कछु मोहि सोहाना॥**
**सो सुनि भयउ भूप उर सोचू। छाड़ि न सकहिं तुम्हार सँकोचू॥**

इन्होंने मुझे दो वरदान देनेको कहा था। मुझे जो कुछ अच्छा लगा, वही मैंने माँगा। उसे सुनकर राजाके हृदयमें सोच हो गया; क्योंकि ये तुम्हारा संकोच नहीं छोड़ सकते॥ ४॥

**दो०—सुत सनेहु इत बचनु उत संकट परेउ नरेसु।**
**सकहु त आयसु धरहु सिर मेटहु कठिन कलेसु॥ ४०॥**

इधर तो पुत्रका स्नेह है और उधर वचन (प्रतिज्ञा); राजा इसी धर्मसंकटमें पड़ गये हैं। यदि तुम कर सकते हो, तो राजाकी आज्ञा शिरोधार्य करो और इनके कठिन क्लेशको मिटाओ॥ ४०॥

**निधरक बैठि कहइ कटु बानी। सुनत कठिनता अति अकुलानी॥**
**जीभ कमान बचन सर नाना। मनहुँ महिप मृदु लच्छ समाना॥**

कैकेयी बेधड़क बैठी ऐसी कड़वी वाणी कह रही है जिसे सुनकर स्वयं कठोरता भी अत्यन्त व्याकुल हो उठी। जीभ धनुष है, वचन बहुत-से तीर हैं और मानो राजा ही कोमल निशानेके समान हैं॥ १॥

**जनु कठोरपनु धरें सरीरू। सिखइ धनुषबिद्या बर बीरू॥**
**सबु प्रसंगु रघुपतिहि सुनाई। बैठि मनहुँ तनु धरि निठुराई॥**

[इस सारे साज-सामानके साथ] मानो स्वयं कठोरपन श्रेष्ठ वीरका शरीर धारण करके

धनुषविद्या सीख रहा है। श्रीरघुनाथजीको सब हाल सुनाकर वह ऐसे बैठी है, मानो निष्ठुरता ही शरीर धारण किये हुए हो॥ २॥

**मन मुसुकाइ भानुकुल भानू। रामु सहज आनंद निधानू॥**
**बोले बचन बिगत सब दूषन। मृदु मंजुल जनु बाग बिभूषन॥**

सूर्यकुलके सूर्य, स्वाभाविक ही आनन्दनिधान श्रीरामचन्द्रजी मनमें मुसकराकर सब दूषणोंसे रहित ऐसे कोमल और सुन्दर वचन बोले जो मानो वाणीके भूषण ही थे—॥ ३॥

**सुनु जननी सोइ सुतु बड़भागी। जो पितु मातु बचन अनुरागी॥**
**तनय मातु पितु तोषनिहारा। दुर्लभ जननि सकल संसारा॥**

हे माता! सुनो, वही पुत्र बड़भागी है, जो पिता-माताके वचनोंका अनुरागी (पालन करनेवाला) है। [आज्ञा-पालनके द्वारा] माता-पिताको सन्तुष्ट करनेवाला पुत्र, हे जननी! सारे संसारमें दुर्लभ है॥ ४॥

**दो०—मुनिगन मिलनु बिसेषि बन सबहि भाँति हित मोर।**
**तेहि महँ पितु आयसु बहुरि संमत जननी तोर॥ ४१॥**

वनमें विशेषरूपसे मुनियोंका मिलाप होगा, जिसमें मेरा सभी प्रकारसे कल्याण है। उसमें भी, फिर पिताजीकी आज्ञा और हे जननी! तुम्हारी सम्मति है॥ ४१॥

**भरतु प्रानप्रिय पावहिं राजू। बिधि सब बिधि मोहि सनमुख आजू॥**
**जौं न जाउँ बन ऐसेहु काजा। प्रथम गनिअ मोहि मूढ़ समाजा॥**

और प्राणप्रिय भरत राज्य पावेंगे। [इन सभी बातोंको देखकर यह प्रतीत होता है कि] आज विधाता सब प्रकारसे मुझे सम्मुख हैं (मेरे अनुकूल हैं)। यदि ऐसे कामके लिये भी मैं वनको न जाऊँ तो मूर्खोंके समाजमें सबसे पहले मेरी गिनती करनी चाहिये॥ १॥

**सेवहिं अरँडु कलपतरु त्यागी। परिहरि अमृत लेहिं बिषु मागी॥**
**तेउ न पाइ अस समउ चुकाहीं। देखु बिचारि मातु मन माहीं॥**

जो कल्पवृक्षको छोड़कर रेंड़की सेवा करते हैं और अमृत त्यागकर विष माँग लेते हैं, हे माता! तुम मनमें विचारकर देखो, वे (महामूर्ख)भी ऐसा मौका पाकर कभी न चूकेंगे॥ २॥

**अंब एक दुखु मोहि बिसेषी। निपट बिकल नरनायकु देखी॥**
**थोरिहिं बात पितहि दुख भारी। होति प्रतीति न मोहि महतारी॥**

हे माता! मुझे एक ही दुःख विशेषरूपसे हो रहा है, वह महाराजको अत्यन्त व्याकुल देखकर। इस थोड़ी-सी बातके लिये ही पिताजीको इतना भारी दुःख हो, हे माता! मुझे इस बातपर विश्वास नहीं होता॥ ३॥

**राउ धीर गुन उदधि अगाधू। भा मोहि तें कछु बड़ अपराधू॥**
**जातें मोहि न कहत कछु राऊ। मोरि सपथ तोहि कहु सति भाऊ॥**

क्योंकि महाराज तो बड़े ही धीर और गुणोंके अथाह समुद्र हैं। अवश्य ही मुझसे कोई बड़ा अपराध हो गया है, जिसके कारण महाराज मुझसे कुछ नहीं कहते। तुम्हें मेरी सौगन्ध है, माता! तुम सच-सच कहो॥ ४॥

**दो०—सहज सरल रघुबर बचन कुमति कुटिल करि जान।**
**चलइ जोंक जल बक्रगति जद्यपि सलिलु समान॥ ४२॥**

रघुकुलमें श्रेष्ठ श्रीरामचन्द्रजीके स्वभावसे ही सीधे वचनोंको दुर्बुद्धि कैकेयी टेढ़ा ही करके जान रही है; जैसे यद्यपि जल समान ही होता है, परन्तु जोंक उसमें टेढ़ी चालसे ही चलती है॥ ४२॥

**रहसी रानि राम रुख पाई। बोली कपट सनेहु जनाई॥**
**सपथ तुम्हार भरत कै आना। हेतु न दूसर मैं कछु जाना॥**

रानी कैकेयी श्रीरामचन्द्रजीका रुख पाकर हर्षित हो गयी और कपटपूर्ण स्नेह दिखाकर बोली—तुम्हारी शपथ और भरतकी सौगन्ध है, मुझे राजाके दुःखका दूसरा कुछ भी कारण विदित नहीं है॥ १॥

**तुम्ह अपराध जोगु नहिं ताता। जननी जनक बंधु सुखदाता॥**
**राम सत्य सबु जो कछु कहहू। तुम्ह पितु मातु बचन रत अहहू॥**

हे तात! तुम अपराधके योग्य नहीं हो (तुमसे माता-पिताका अपराध बन पड़े, यह सम्भव नहीं)। तुम तो माता-पिता और भाइयोंको सुख देनेवाले हो। हे राम! तुम जो कुछ कह रहे हो, सब सत्य है। तुम पिता-माताके वचनों [के पालन]-में तत्पर हो॥ २॥

**पितहि बुझाइ कहहु बलि सोई। चौथेंपन जेहिं अजसु न होई॥**
**तुम्ह सम सुअन सुकृत जेहिं दीन्हे। उचित न तासु निरादरु कीन्हे॥**

मैं तुम्हारी बलिहारी जाती हूँ, तुम पिताको समझाकर वही बात कहो जिससे चौथेपन (बुढ़ापे)-में इनका अपयश न हो। जिस पुण्यने इनको तुम-जैसे पुत्र दिये हैं उसका निरादर करना उचित नहीं॥ ३॥

**लागहिं कुमुख बचन सुभ कैसे। मगहँ गयादिक तीरथ जैसे॥**
**रामहि मातु बचन सब भाए। जिमि सुरसरि गत सलिल सुहाए॥**

कैकेयीके बुरे मुखमें ये शुभ वचन कैसे लगते हैं जैसे मगध देशमें गया आदिक तीर्थ! श्रीरामचन्द्रजीको माता कैकेयीके सब वचन ऐसे अच्छे लगे जैसे गंगाजीमें जाकर [अच्छे-बुरे सभी प्रकारके] जल शुभ, सुन्दर हो जाते हैं॥ ४॥

**दो०—गइ मुरुछा रामहि सुमिरि नृप फिरि करवट लीन्ह।**
**सचिव राम आगमन कहि बिनय समय सम कीन्ह॥ ४३॥**

इतनेमें राजाकी मूर्च्छा दूर हुई, उन्होंने रामका स्मरण करके ('राम-राम!' कहकर) फिरकर करवट ली। मन्त्रीने श्रीरामचन्द्रजीका आना कहकर समयानुकूल विनती की॥ ४३॥

**अवनिप अकनि रामु पगु धारे। धरि धीरजु तब नयन उघारे॥**
**सचिवँ सँभारि राउ बैठारे। चरन परत नृप रामु निहारे॥**

जब राजाने सुना कि श्रीरामचन्द्र पधारे हैं तो उन्होंने धीरज धरके नेत्र खोले। मन्त्रीने सँभालकर राजाको बैठाया। राजाने श्रीरामचन्द्रजीको अपने चरणोंमें पड़ते (प्रणाम करते) देखा॥ १॥

**लिए सनेह बिकल उर लाई। गै मनि मनहुँ फनिक फिरि पाई॥**
**रामहि चितइ रहेउ नरनाहू। चला बिलोचन बारि प्रबाहू॥**

स्नेहसे विकल राजाने रामजीको हृदयसे लगा लिया। मानो साँपने अपनी खोयी हुई मणि फिर पा ली हो। राजा दशरथजी श्रीरामजीको देखते ही रह गये। उनके नेत्रोंसे आँसुओंकी धारा बह चली॥ २॥

**सोक बिबस कछु कहै न पारा। हृदयँ लगावत बारहि बारा॥**
**बिधिहि मनाव राउ मन माहीं। जेहिं रघुनाथ न कानन जाहीं॥**

शोकके विशेष वश होनेके कारण राजा कुछ कह नहीं सकते। वे बार-बार श्रीरामचन्द्रजीको हृदयसे लगाते हैं और मनमें ब्रह्माजीको मनाते हैं कि जिससे श्रीरघुनाथजी वनको न जायँ॥ ३॥

**सुमिरि महेसहि कहइ निहोरी। बिनती सुनहु सदासिव मोरी॥**
**आसुतोष तुम्ह अवढर दानी। आरति हरहु दीन जनु जानी॥**

फिर महादेवजीका स्मरण करके उनसे निहोरा करते हुए कहते हैं—हे सदाशिव! आप मेरी विनती सुनिये। आप आशुतोष (शीघ्र प्रसन्न होनेवाले) और अवढरदानी (मुँहमाँगा दे डालनेवाले) हैं। अतः मुझे अपना दीन सेवक जानकर मेरे दुःखको दूर कीजिये॥ ४॥

**दो०—तुम्ह प्रेरक सब के हृदयँ सो मति रामहि देहु।**
**बचनु मोर तजि रहहिं घर परिहरि सीलु सनेहु॥ ४४॥**

आप प्रेरकरूपसे सबके हृदयमें हैं। आप श्रीरामचन्द्रको ऐसी बुद्धि दीजिये जिससे वे मेरे वचनको त्यागकर और शील-स्नेहको छोड़कर घरहीमें रह जायँ॥ ४४॥

**अजसु होउ जग सुजसु नसाऊ। नरक परौं बरु सुरपुरु जाऊ॥**
**सब दुख दुसह सहावहु मोही। लोचन ओट रामु जनि होंही॥**

जगत्‌में चाहे अपयश हो और सुयश नष्ट हो जाय। चाहे [नया पाप होनेसे] मैं नरकमें गिरूँ, अथवा स्वर्ग चला जाय (पूर्व पुण्योंके फलस्वरूप मिलनेवाला स्वर्ग चाहे मुझे न मिले)। और भी सब प्रकारके दुःसह दुःख आप मुझसे सहन करा लें। पर श्रीरामचन्द्र मेरी आँखोंकी ओट न हों॥ १॥

**अस मन गुनइ राउ नहिं बोला। पीपर पात सरिस मनु डोला॥**
**रघुपति पितहि प्रेमबस जानी। पुनि कछु कहिहि मातु अनुमानी॥**

राजा मन-ही-मन इस प्रकार विचार कर रहे हैं, बोलते नहीं। उनका मन पीपलके पत्तेकी तरह डोल रहा है। श्रीरघुनाथजीने पिताको प्रेमके वश जानकर और यह अनुमान करके कि माता फिर कुछ कहेगी [तो पिताजीको दुःख होगा]—॥ २॥

**देस काल अवसर अनुसारी। बोले बचन बिनीत बिचारी॥**
**तात कहउँ कछु करउँ ढिठाई। अनुचितु छमब जानि लरिकाई॥**

देश, काल और अवसरके अनुकूल विचारकर विनीत वचन कहे—हे तात! मैं कुछ कहता हूँ, यह ढिठाई करता हूँ। इस अनौचित्यको मेरी बाल्यावस्था समझकर क्षमा कीजियेगा॥ ३॥

**अति लघु बात लागि दुखु पावा। काहुँ न मोहि कहि प्रथम जनावा॥**
**देखि गोसाइँहि पूँछिउँ माता। सुनि प्रसंगु भए सीतल गाता॥**

इस अत्यन्त तुच्छ बातके लिये आपने इतना दुःख पाया। मुझे किसीने पहले कहकर यह बात नहीं जनायी। स्वामी (आप)-को इस दशामें देखकर मैंने मातासे पूछा। उनसे सारा प्रसंग सुनकर मेरे सब अंग शीतल हो गये (मुझे बड़ी प्रसन्नता हुई)॥ ४॥

**दो०—मंगल समय सनेह बस सोच परिहरिअ तात।**
**आयसु देइअ हरषि हियँ कहि पुलके प्रभु गात॥ ४५॥**

हे पिताजी! इस मंगलके समय स्नेहवश होकर सोच करना छोड़ दीजिये और हृदयमें प्रसन्न होकर मुझे आज्ञा दीजिये। यह कहते हुए प्रभु श्रीरामचन्द्रजी सर्वांग पुलकित हो गये॥ ४५॥

**धन्य जनमु जगतीतल तासू। पितहि प्रमोदु चरित सुनि जासू॥**
**चारि पदारथ करतल ताकें। प्रिय पितु मातु प्रान सम जाकें॥**

[उन्होंने फिर कहा—] इस पृथ्वीतलपर उसका जन्म धन्य है जिसके चरित्र सुनकर पिताको परम आनन्द हो। जिसको माता-पिता प्राणोंके समान प्रिय हैं, चारों पदार्थ (अर्थ, धर्म, काम, मोक्ष) उसके करतलगत (मुट्ठीमें) रहते हैं॥ १॥

**आयसु पालि जनम फलु पाई। ऐहउँ बेगिहिं होउ रजाई॥**
**बिदा मातु सन आवउँ मागी। चलिहउँ बनहि बहुरि पग लागी॥**

आपकी आज्ञा पालन करके और जन्मका फल पाकर मैं जल्दी ही लौट आऊँगा, अतः कृपया आज्ञा दीजिये। मातासे विदा माँग आता हूँ। फिर आपके पैर लगकर (प्रणाम करके) वनको चलूँगा॥ २॥

**अस कहि राम गवनु तब कीन्हा। भूप सोक बस उतरु न दीन्हा॥**
**नगर ब्यापि गइ बात सुतीछी। छुअत चढ़ी जनु सब तन बीछी॥**

ऐसा कहकर तब श्रीरामचन्द्रजी वहाँसे चल दिये। राजाने शोकवश कोई उत्तर नहीं दिया। वह बहुत ही तीखी (अप्रिय) बात नगरभरमें इतनी जल्दी फैल गयी मानो डंक मारते ही बिच्छूका विष सारे शरीरमें चढ़ गया हो॥ ३॥

**सुनि भए बिकल सकल नर नारी। बेलि बिटप जिमि देखि दवारी॥**
**जो जहँ सुनइ धुनइ सिरु सोई। बड़ बिषादु नहिं धीरजु होई॥**

इस बातको सुनकर सब स्त्री-पुरुष ऐसे व्याकुल हो गये जैसे दावानल (वनमें आग लगी) देखकर बेल और वृक्ष मुरझा जाते हैं। जो जहाँ सुनता है वह वहीं सिर धुनने (पीटने) लगता है! बड़ा विषाद है, किसीको धीरज नहीं बँधता॥ ४॥

**दो०—मुख सुखाहिं लोचन स्त्रवहिं सोकु न हृदयँ समाइ।**
**मनहुँ करुन रस कटकई उतरी अवध बजाइ॥ ४६॥**

सबके मुख सूखे जाते हैं, आँखोंसे आँसू बहते हैं, शोक हृदयमें नहीं समाता। मानो करुणारसकी सेना अवधपर डंका बजाकर उतर आयी हो॥ ४६॥

**मिलेहि माझ बिधि बात बेगारी। जहँ तहँ देहिं कैकइहि गारी॥**
**एहि पापिनिहि बूझि का परेऊ। छाइ भवन पर पावकु धरेऊ॥**

सब मेल मिल गये थे (सब संयोग ठीक हो गये थे), इतनेमें ही विधाताने बात बिगाड़ दी! जहाँ-तहाँ लोग कैकेयीको गाली दे रहे हैं! इस पापिनको क्या सूझ पड़ा जो इसने छाये घरपर आग रख दी॥ १॥

**निज कर नयन काढ़ि चह दीखा। डारि सुधा बिषु चाहत चीखा॥**
**कुटिल कठोर कुबुद्धि अभागी। भइ रघुबंस बेनु बन आगी॥**

यह अपने हाथसे अपनी आँखोंको निकालकर (आँखोंके बिना ही) देखना चाहती है, और अमृत फेंककर विष चखना चाहती है! यह कुटिल, कठोर, दुर्बुद्धि और अभागिनी कैकेयी रघुवंशरूपी बाँसके वनके लिये अग्नि हो गयी!॥ २॥

**पालव बैठि पेड़ एहिं काटा। सुख महुँ सोक ठाटु धरि ठाटा॥**
**सदा रामु एहि प्रान समाना। कारन कवन कुटिलपनु ठाना॥**

पत्तेपर बैठकर इसने पेड़को काट डाला। सुखमें शोकका ठाट ठटकर रख दिया! श्रीरामचन्द्रजी इसे सदा प्राणोंके समान प्रिय थे। फिर भी न जाने किस कारण इसने यह कुटिलता ठानी॥ ३॥

**सत्य कहहिं कबि नारि सुभाऊ। सब बिधि अगहु अगाध दुराऊ॥**
**निज प्रतिबिंबु बरुकु गहि जाई। जानि न जाइ नारि गति भाई॥**

कवि सत्य ही कहते हैं कि स्त्रीका स्वभाव सब प्रकारसे पकड़में न आने योग्य अथाह और भेदभरा होता है। अपनी परछाहीं भले ही पकड़ जाय, पर भाई! स्त्रियोंकी गति (चाल) नहीं जानी जाती॥ ४॥

**दो०—काह न पावकु जारि सक का न समुद्र समाइ।**
**का न करै अबला प्रबल केहि जग कालु न खाइ॥ ४७॥**

आग क्या नहीं जला सकती! समुद्रमें क्या नहीं समा सकता! अबला कहानेवाली प्रबल स्त्री [जाति] क्या नहीं कर सकती! और जगत्‌में काल किसको नहीं खाता!॥ ४७॥

**का सुनाइ बिधि काह सुनावा। का देखाइ चह काह देखावा॥**
**एक कहहिं भल भूप न कीन्हा। बरु बिचारि नहिं कुमतिहि दीन्हा॥**

विधाताने क्या सुनाकर क्या सुना दिया और क्या दिखाकर अब वह क्या दिखाना चाहता है! एक कहते हैं कि राजाने अच्छा नहीं किया, दुर्बुद्धि कैकेयीको विचारकर वर नहीं दिया,॥ १॥

**जो हठि भयउ सकल दुख भाजनु। अबला बिबस ग्यानु गुनु गा जनु॥**
**एक धरम परमिति पहिचाने। नृपहि दोसु नहिं देहिं सयाने॥**

जो हठ करके (कैकेयीकी बातको पूरा करनेमें अड़े रहकर) स्वयं सब दुःखोंके पात्र हो गये। स्त्रीके विशेष वश होनेके कारण मानो उनका ज्ञान और गुण जाता रहा। एक (दूसरे) जो धर्मकी मर्यादाको जानते हैं और सयाने हैं, वे राजाको दोष नहीं देते॥ २॥

**सिबि दधीचि हरिचंद कहानी। एक एक सन कहहिं बखानी॥**
**एक भरत कर संमत कहहीं। एक उदास भायँ सुनि रहहीं॥**

वे शिबि, दधीचि और हरिश्चन्द्रकी कथा एक-दूसरेसे बखानकर कहते हैं। कोई एक इसमें भरतजीकी सम्मति बताते हैं। कोई एक सुनकर उदासीनभावसे रह जाते हैं (कुछ बोलते नहीं)॥ ३॥

**कान मूदि कर रद गहि जीहा। एक कहहिं यह बात अलीहा॥**
**सुकृत जाहिं अस कहत तुम्हारे। रामु भरत कहुँ प्रानपिआरे॥**

कोई हाथोंसे कान मूँदकर और जीभको दाँतोंतले दबाकर कहते हैं कि यह बात झूठ है, ऐसी बात कहनेसे तुम्हारे पुण्य नष्ट हो जायँगे। भरतजीको तो श्रीरामचन्द्रजी प्राणोंके समान प्यारे हैं॥ ४॥

**दो०—चंदु चवै बरु अनल कन सुधा होइ बिषतूल।**
**सपनेहुँ कबहुँ न करहिं किछु भरतु राम प्रतिकूल॥ ४८॥**

चन्द्रमा चाहे [शीतल किरणोंकी जगह] आगकी चिनगारियाँ बरसाने लगे और अमृत चाहे विषके समान हो जाय, परन्तु भरतजी स्वप्नमें भी कभी श्रीरामचन्द्रजीके विरुद्ध कुछ नहीं करेंगे॥ ४८॥

**एक बिधातहि दूषनु देहीं। सुधा देखाइ दीन्ह बिषु जेहीं॥**
**खरभरु नगर सोचु सब काहू। दुसह दाहु उर मिटा उछाहू॥**

कोई एक विधाताको दोष देते हैं, जिसने अमृत दिखाकर विष दे दिया। नगरभरमें खलबली मच गयी, सब किसीको सोच हो गया। हृदयमें दु:सह जलन हो गयी, आनन्द-उत्साह मिट गया॥ १॥

**बिप्रबधू कुलमान्य जठेरी। जे प्रिय परम कैकई केरी॥**
**लगीं देन सिख सीलु सराही। बचन बानसम लागहिं ताही॥**

ब्राह्मणोंकी स्त्रियाँ, कुलकी माननीय बड़ी-बूढ़ी और जो कैकेयीकी परम प्रिय थीं, वे उसके शीलकी सराहना करके उसे सीख देने लगीं। पर उसको उनके वचन बाणके समान लगते हैं॥ २॥

**भरतु न मोहि प्रिय राम समाना। सदा कहहु यहु सबु जगु जाना॥**
**करहु राम पर सहज सनेहू। केहिं अपराध आजु बनु देहू॥**

[वे कहती हैं—] तुम तो सदा कहा करती थीं कि श्रीरामचन्द्रके समान मुझको भरत भी प्यारे नहीं हैं; इस बातको सारा जगत् जानता है। श्रीरामचन्द्रजीपर तो तुम स्वाभाविक ही स्नेह करती रही हो। आज किस अपराधसे उन्हें वन देती हो?॥ ३॥

**कबहुँ न कियहु सवति आरेसू। प्रीति प्रतीति जान सबु देसू॥**
**कौसल्याँ अब काह बिगारा। तुम्ह जेहि लागि बज्र पुर पारा॥**

तुमने कभी सौतियाडाह नहीं किया। सारा देश तुम्हारे प्रेम और विश्वासको जानता है। अब कौसल्याने तुम्हारा कौन-सा बिगाड़ कर दिया, जिसके कारण तुमने सारे नगरपर वज्र गिरा दिया॥ ४॥

**दो०—सीय कि पिय सँगु परिहरिहि लखनु कि रहिहहिं धाम।**
**राजु कि भूँजब भरत पुर नृपु कि जिइहि बिनु राम॥ ४९॥**

क्या सीताजी अपने पति (श्रीरामचन्द्रजी)-का साथ छोड़ देंगी? क्या लक्ष्मणजी श्रीरामचन्द्रजीके बिना घर रह सकेंगे? क्या भरतजी श्रीरामचन्द्रजीके बिना अयोध्यापुरीका राज्य भोग सकेंगे? और क्या राजा श्रीरामचन्द्रजीके बिना जीवित रह सकेंगे? (अर्थात् न सीताजी यहाँ रहेंगी, न लक्ष्मणजी रहेंगे, न भरतजी राज्य करेंगे और न राजा ही जीवित रहेंगे; सब उजाड़ हो जायगा)॥ ४९॥

**अस बिचारि उर छाड़हु कोहू। सोक कलंक कोठि जनि होहू॥**
**भरतहि अवसि देहु जुबराजू। कानन काह राम कर काजू॥**

हृदयमें ऐसा विचारकर क्रोध छोड़ दो, शोक और कलंककी कोठी मत बनो। भरतको अवश्य युवराजपद दो, पर श्रीरामचन्द्रजीका वनमें क्या काम है!॥ १॥

**नाहिन रामु राज के भूखे। धरम धुरीन बिषय रस रूखे॥**
**गुर गृह बसहुँ रामु तजि गेहू। नृप सन अस बरु दूसर लेहू॥**

श्रीरामचन्द्रजी राज्यके भूखे नहीं हैं। वे धर्मकी धुरीको धारण करनेवाले और विषय-रससे रूखे हैं (अर्थात् उनमें विषयासक्ति है ही नहीं)। [इसलिये तुम यह शंका न करो कि श्रीरामजी वन न गये तो भरतके राज्यमें विघ्न करेंगे; इतनेपर भी मन न माने तो] तुम राजासे दूसरा ऐसा (यह) वर ले लो कि श्रीराम घर छोड़कर गुरुके घर रहें॥ २॥

**जौं नहिं लगिहहु कहें हमारे। नहिं लागिहि कछु हाथ तुम्हारे॥**
**जौं परिहास कीन्हि कछु होई। तौ कहि प्रगट जनावहु सोई॥**

जो तुम हमारे कहनेपर न चलोगी तो तुम्हारे हाथ कुछ भी न लगेगा। यदि तुमने कुछ हँसी की हो तो उसे प्रकटमें कहकर जना दो [कि मैंने दिल्लगी की है]॥ ३॥

**राम सरिस सुत कानन जोगू। काह कहिहि सुनि तुम्ह कहुँ लोगू॥**
**उठहु बेगि सोइ करहु उपाई। जेहि बिधि सोकु कलंकु नसाई॥**

राम-सरीखा पुत्र क्या वनके योग्य है? यह सुनकर लोग तुम्हें क्या कहेंगे! जल्दी उठो और वही उपाय करो जिस उपायसे इस शोक और कलंकका नाश हो॥ ४॥

**छं०—जेहि भाँति सोकु कलंकु जाइ उपाय करि कुल पालही।**
**हठि फेरु रामहि जात बन जनि बात दूसरि चालही॥**
**जिमि भानु बिनु दिनु प्रान बिनु तनु चंद बिनु जिमि जामिनी।**
**तिमि अवध तुलसीदास प्रभु बिनु समुझि धौं जियँ भामिनी॥**

जिस तरह [नगरभरका] शोक और [तुम्हारा] कलंक मिटे, वही उपाय करके कुलकी रक्षा कर। वन जाते हुए श्रीरामजीको हठ करके लौटा ले, दूसरी कोई बात न चला। तुलसीदासजी कहते हैं—जैसे सूर्यके बिना दिन, प्राणके बिना शरीर और चन्द्रमाके बिना रात [निर्जीव तथा शोभाहीन हो जाती है], वैसे ही श्रीरामचन्द्रजीके बिना अयोध्या हो जायगी; हे भामिनी! तू अपने हृदयमें इस बातको समझ (विचारकर देख) तो सही।

**सो०—सखिन्ह सिखावनु दीन्ह सुनत मधुर परिनाम हित।**
**तेइँ कछु कान न कीन्ह कुटिल प्रबोधी कूबरी॥ ५०॥**

इस प्रकार सखियोंने ऐसी सीख दी जो सुननेमें मीठी और परिणाममें हितकारी थी। पर कुटिला कुबरीकी सिखायी-पढ़ायी हुई कैकेयीने इसपर जरा भी कान नहीं दिया॥ ५०॥

**उतरु न देइ दुसह रिस रूखी। मृगिन्ह चितव जनु बाघिनि भूखी॥**
**ब्याधि असाधि जानि तिन्ह त्यागी। चलीं कहत मतिमंद अभागी॥**

कैकेयी कोई उत्तर नहीं देती, वह दुःसह क्रोधके मारे रूखी (बेमुरव्वत) हो रही है। ऐसे देखती है मानो भूखी बाघिन हरिनियोंको देख रही हो। तब सखियोंने रोगको असाध्य समझकर उसे छोड़ दिया। सब उसको मन्दबुद्धि, अभागिनी कहती हुई चल दीं॥ १॥

**राजु करत यह दैअँ बिगोई। कीन्हेसि अस जस करइ न कोई॥**
**एहि बिधि बिलपहिं पुर नर नारीं। देहिं कुचालिहि कोटिक गारीं॥**

राज्य करते हुए इस कैकेयीको दैवने नष्ट कर दिया। इसने जैसा कुछ किया, वैसा कोई भी न करेगा! नगरके सब स्त्री-पुरुष इस प्रकार विलाप कर रहे हैं और उस कुचाली कैकेयीको करोड़ों गालियाँ दे रहे हैं॥ २॥

**जरहिं बिषम जर लेहिं उसासा। कवनि राम बिनु जीवन आसा॥**
**बिपुल बियोग प्रजा अकुलानी। जनु जलचर गन सूखत पानी॥**

लोग विषमज्वर (भयानक दुःखकी आग)-से जल रहे हैं। लंबी साँसें लेते हुए वे कहते हैं कि श्रीरामचन्द्रजीके बिना जीनेकी कौन आशा है। महान् वियोग [की आशंका]-से प्रजा ऐसी व्याकुल हो गयी है मानो पानी सूखनेके समय जलचर जीवोंका समुदाय व्याकुल हो!॥ ३॥

**अति बिषाद बस लोग लोगाईं। गए मातु पहिं रामु गोसाईं॥**
**मुख प्रसन्न चित चौगुन चाऊ। मिटा सोचु जनि राखै राऊ॥**

सभी पुरुष और स्त्रियाँ अत्यन्त विषादके वश हो रहे हैं। स्वामी श्रीरामचन्द्रजी माता कौसल्याके पास गये। उनका मुख प्रसन्न है और चित्तमें चौगुना चाव (उत्साह) है। यह सोच मिट गया है कि राजा कहीं रख न लें। [श्रीरामजीको राजतिलककी बात सुनकर विषाद हुआ था कि सब भाइयोंको छोड़कर बड़े भाई मुझको ही राजतिलक क्यों होता है। अब माता कैकेयीकी आज्ञा और पिताकी मौन सम्मति पाकर वह सोच मिट गया।]॥ ४॥

**दो०—नव गयंदु रघुबीर मनु राजु अलान समान।**
**छूट जानि बन गवनु सुनि उर अनंदु अधिकान॥ ५१॥**

श्रीरामचन्द्रजीका मन नये पकड़े हुए हाथीके समान और राजतिलक उस हाथीके बाँधनेकी काँटेदार लोहेकी बेड़ीके समान है। 'वन जाना है' यह सुनकर, अपनेको बन्धनसे छूटा जानकर, उनके हृदयमें आनन्द बढ़ गया है॥ ५१॥

**रघुकुलतिलक जोरि दोउ हाथा। मुदित मातु पद नायउ माथा॥**
**दीन्हि असीस लाइ उर लीन्हे। भूषन बसन निछावरि कीन्हे॥**

रघुकुलतिलक श्रीरामचन्द्रजीने दोनों हाथ जोड़कर आनन्दके साथ माताके चरणोंमें सिर नवाया। माताने आशीर्वाद दिया, अपने हृदयसे लगा लिया और उनपर गहने तथा कपड़े न्यौछावर किये॥ १॥

**बार बार मुख चुंबति माता। नयन नेह जलु पुलकित गाता॥**
**गोद राखि पुनि हृदयँ लगाए। स्त्रवत प्रेमरस पयद सुहाए॥**

माता बार-बार श्रीरामचन्द्रजीका मुख चूम रही हैं। नेत्रोंमें प्रेमका जल भर आया है, और सब अंग पुलकित हो गये हैं। श्रीरामको अपनी गोदमें बैठाकर फिर हृदयसे लगा लिया। सुन्दर स्तन प्रेमरस (दूध) बहाने लगे॥ २॥

**प्रेमु प्रमोदु न कछु कहि जाई। रंक धनद पदबी जनु पाई॥**
**सादर सुंदर बदनु निहारी। बोली मधुर बचन महतारी॥**

उनका प्रेम और महान् आनन्द कुछ कहा नहीं जाता। मानो कंगालने कुबेरका पद पा लिया हो। बड़े आदरके साथ सुन्दर मुख देखकर माता मधुर वचन बोलीं—॥ ३॥

**कहहु तात जननी बलिहारी। कबहिं लगन मुद मंगलकारी॥**
**सुकृत सील सुख सीवँ सुहाई। जनम लाभ कइ अवधि अघाई॥**

हे तात! माता बलिहारी जाती है, कहो, वह आनन्द-मंगलकारी लग्न कब है, जो मेरे पुण्य, शील और सुखकी सुन्दर सीमा है और जन्म लेनेके लाभकी पूर्णतम अवधि है;॥ ४॥

**दो०—जेहि चाहत नर नारि सब अति आरत एहि भाँति।**
**जिमि चातक चातकि तृषित बृष्टि सरद रितु स्वाति॥ ५२॥**

तथा जिस (लग्न)-को सभी स्त्री-पुरुष अत्यन्त व्याकुलतासे इस प्रकार चाहते हैं जिस प्रकार प्याससे चातक और चातकी शरद्-ऋतुके स्वातिनक्षत्रकी वर्षाको चाहते हैं॥ ५२॥

**तात जाउँ बलि बेगि नहाहू। जो मन भाव मधुर कछु खाहू॥**
**पितु समीप तब जाएहु भैआ। भइ बड़ि बार जाइ बलि मैआ॥**

हे तात! मैं बलैया लेती हूँ, तुम जल्दी नहा लो और जो मन भावे, कुछ मिठाई खा लो। भैया! तब पिताके पास जाना। बहुत देर हो गयी है, माता बलिहारी जाती है॥ १॥

**मातु बचन सुनि अति अनुकूला। जनु सनेह सुरतरु के फूला॥**
**सुख मकरंद भरे श्रियमूला। निरखि राम मनु भवँरु न भूला॥**

माताके अत्यन्त अनुकूल वचन सुनकर—जो मानो स्नेहरूपी कल्पवृक्षके फूल थे, जो सुखरूपी मकरन्द (पुष्परस)-से भरे थे और श्री (राजलक्ष्मी)-के मूल थे—ऐसे वचनरूपी फूलोंको देखकर श्रीरामचन्द्रजीका मनरूपी भौंरा उनपर नहीं भूला॥ २॥

**धरम धुरीन धरम गति जानी। कहेउ मातु सन अति मृदु बानी॥**
**पिताँ दीन्ह मोहि कानन राजू। जहँ सब भाँति मोर बड़ काजू॥**

धर्मधुरीण श्रीरामचन्द्रजीने धर्मकी गतिको जानकर मातासे अत्यन्त कोमल वाणीसे कहा—हे माता! पिताजीने मुझको वनका राज्य दिया है, जहाँ सब प्रकारसे मेरा बड़ा काम बननेवाला है॥ ३॥

**आयसु देहि मुदित मन माता। जेहिं मुद मंगल कानन जाता॥**
**जनि सनेह बस डरपसि भोरें। आनँदु अंब अनुग्रह तोरें॥**

हे माता! तू प्रसन्न मनसे मुझे आज्ञा दे, जिससे मेरी वनयात्रामें आनन्द-मंगल हो। मेरे स्नेहवश भूलकर भी डरना नहीं। हे माता! तेरी कृपासे आनन्द ही होगा॥ ४॥

**दो०—बरष चारिदस बिपिन बसि करि पितु बचन प्रमान।**
**आइ पाय पुनि देखिहउँ मनु जनि करसि मलान॥ ५३॥**

चौदह वर्ष वनमें रहकर, पिताजीके वचनको प्रमाणित (सत्य) कर, फिर लौटकर तेरे चरणोंका दर्शन करूँगा; तू मनको म्लान (दुःखी) न कर॥ ५३॥

**बचन बिनीत मधुर रघुबर के। सर सम लगे मातु उर करके॥**
**सहमि सूखि सुनि सीतलि बानी। जिमि जवास परें पावस पानी॥**

रघुकुलमें श्रेष्ठ श्रीरामजीके ये बहुत ही नम्र और मीठे वचन माताके हृदयमें बाणके समान लगे और कसकने लगे। उस शीतल वाणीको सुनकर कौसल्या वैसे ही सहमकर सूख गयीं जैसे बरसातका पानी पड़नेसे जवासा सूख जाता है॥ १॥

**कहि न जाइ कछु हृदय बिषादू। मनहुँ मृगी सुनि केहरि नादू॥**
**नयन सजल तन थर थर काँपी। माजहि खाइ मीन जनु मापी॥**

हृदयका विषाद कुछ कहा नहीं जाता। मानो सिंहकी गर्जना सुनकर हिरनी विकल हो गयी हो। नेत्रोंमें जल भर आया, शरीर थर-थर काँपने लगा। मानो मछली माँजा (पहली वर्षाका फेन) खाकर बदहवास हो गयी हो!॥ २॥

**धरि धीरजु सुत बदनु निहारी। गदगद बचन कहति महतारी॥**
**तात पितहि तुम्ह प्रान पिआरे। देखि मुदित नित चरित तुम्हारे॥**

धीरज धरकर, पुत्रका मुख देखकर माता गद्‌गद वचन कहने लगीं—हे तात! तुम तो पिताको प्राणोंके समान प्रिय हो। तुम्हारे चरित्रोंको देखकर वे नित्य प्रसन्न होते थे॥ ३॥

**राजु देन कहुँ सुभ दिन साधा। कहेउ जान बन केहिं अपराधा॥**
**तात सुनावहु मोहि निदानू। को दिनकर कुल भयउ कृसानू॥**

राज्य देनेके लिये उन्होंने ही शुभ दिन सोधवाया था। फिर अब किस अपराधसे वन जानेको कहा? हे तात! मुझे इसका कारण सुनाओ! सूर्यवंश [रूपी वन]-को जलानेके लिये अग्नि कौन हो गया?॥ ४॥

**दो०—निरखि राम रुख सचिवसुत कारनु कहेउ बुझाइ।**
**सुनि प्रसंगु रहि मूक जिमि दसा बरनि नहिं जाइ॥ ५४॥**

तब श्रीरामचन्द्रजीका रुख देखकर मन्त्रीके पुत्रने सब कारण समझाकर कहा। उस प्रसंगको सुनकर वे गूँगी-जैसी (चुप) रह गयीं, उनकी दशाका वर्णन नहीं किया जा सकता॥ ५४॥

**राखि न सकइ न कहि सक जाहू। दुहूँ भाँति उर दारुन दाहू॥**
**लिखत सुधाकर गा लिखि राहू। बिधि गति बाम सदा सब काहू॥**

न रख ही सकती हैं, न यह कह सकती हैं कि वन चले जाओ। दोनों ही प्रकारसे हृदयमें बड़ा भारी सन्ताप हो रहा है। [मनमें सोचती हैं कि देखो—] विधाताकी चाल सदा सबके लिये टेढ़ी होती है। लिखने लगे चन्द्रमा और लिख गया राहु!॥ १॥

**धरम सनेह उभयँ मति घेरी। भइ गति साँप छुछुंदरि केरी॥**
**राखउँ सुतहि करउँ अनुरोधू। धरमु जाइ अरु बंधु बिरोधू॥**

धर्म और स्नेह दोनोंने कौसल्याजीकी बुद्धिको घेर लिया। उनकी दशा साँप-छछूँदरकी-सी हो गयी। वे सोचने लगीं कि यदि मैं अनुरोध (हठ) करके पुत्रको रख लेती हूँ तो धर्म जाता है और भाइयोंमें विरोध होता है;॥ २॥

**कहउँ जान बन तौ बड़ि हानी। संकट सोच बिबस भइ रानी॥**
**बहुरि समुझि तिय धरमु सयानी। रामु भरतु दोउ सुत सम जानी॥**

और यदि वन जानेको कहती हूँ तो बड़ी हानि होती है। इस प्रकारके धर्म-संकटमें पड़कर रानी विशेषरूपसे सोचके वश हो गयीं। फिर बुद्धिमती कौसल्याजी स्त्री-धर्म (पातिव्रत-धर्म)-को समझकर और राम तथा भरत दोनों पुत्रोंको समान जानकर—॥ ३॥

**सरल सुभाउ राम महतारी। बोली बचन धीर धरि भारी॥**
**तात जाउँ बलि कीन्हेहु नीका। पितु आयसु सब धरमक टीका॥**

सरल स्वभाववाली श्रीरामचन्द्रजीकी माता बड़ा धीरज धरकर वचन बोलीं—हे तात! मैं बलिहारी जाती हूँ, तुमने अच्छा किया। पिताकी आज्ञाका पालन करना ही सब धर्मोंका शिरोमणि धर्म है॥ ४॥

**दो०—राजु देन कहि दीन्ह बनु मोहि न सो दुख लेसु।**
**तुम्ह बिनु भरतहि भूपतिहि प्रजहि प्रचंड कलेसु॥ ५५॥**

राज्य देनेको कहकर वन दे दिया, उसका मुझे लेशमात्र भी दुःख नहीं है। [दुःख तो इस

बातका है कि] तुम्हारे बिना भरतको, महाराजको और प्रजाको बड़ा भारी क्लेश होगा॥ ५५॥

**जौं केवल पितु आयसु ताता। तौ जनि जाहु जानि बड़ि माता॥**
**जौं पितु मातु कहेउ बन जाना। तौ कानन सत अवध समाना॥**

हे तात! यदि केवल पिताजीकी ही आज्ञा हो, तो माताको [पितासे] बड़ी जानकर वनको मत जाओ। किन्तु यदि पिता-माता दोनोंने वन जानेको कहा हो, तो वन तुम्हारे लिये सैकड़ों अयोध्याके समान है॥ १॥

**पितु बनदेव मातु बनदेवी। खग मृग चरन सरोरुह सेवी॥**
**अंतहुँ उचित नृपहि बनबासू। बय बिलोकि हियँ होइ हराँसू॥**

वनके देवता तुम्हारे पिता होंगे और वनदेवियाँ माता होंगी। वहाँके पशु-पक्षी तुम्हारे चरण-कमलोंके सेवक होंगे। राजाके लिये अन्तमें तो वनवास करना उचित ही है। केवल तुम्हारी [सुकुमार] अवस्था देखकर हृदयमें दुःख होता है॥ २॥

**बड़भागी बनु अवध अभागी। जो रघुबंसतिलक तुम्ह त्यागी॥**
**जौं सुत कहौं संग मोहि लेहू। तुम्हरे हृदयँ होइ संदेहू॥**

हे रघुवंशके तिलक! वन बड़ा भाग्यवान् है और यह अवध अभागी है, जिसे तुमने त्याग दिया। हे पुत्र! यदि मैं कहूँ कि मुझे भी साथ ले चलो तो तुम्हारे हृदयमें सन्देह होगा [कि माता इसी बहाने मुझे रोकना चाहती हैं]॥ ३॥

**पूत परम प्रिय तुम्ह सबही के। प्रान प्रान के जीवन जी के॥**
**ते तुम्ह कहहु मातु बन जाऊँ। मैं सुनि बचन बैठि पछिताऊँ॥**

हे पुत्र! तुम सभीके परम प्रिय हो। प्राणोंके प्राण और हृदयके जीवन हो। वही (प्राणाधार) तुम कहते हो कि माता! मैं वनको जाऊँ और मैं तुम्हारे वचनोंको सुनकर बैठी पछताती हूँ!॥ ४॥

**दो०—यह बिचारि नहिं करउँ हठ झूठ सनेहु बढ़ाइ।**
**मानि मातु कर नात बलि सुरति बिसरि जनि जाइ॥ ५६॥**

यह सोचकर झूठा स्नेह बढ़ाकर मैं हठ नहीं करती! बेटा! मैं बलैया लेती हूँ, माताका नाता मानकर मेरी सुध भूल न जाना॥ ५६॥

**देव पितर सब तुम्हहि गोसाईं। राखहुँ पलक नयन की नाईं॥**
**अवधि अंबु प्रिय परिजन मीना। तुम्ह करुनाकर धरम धुरीना॥**

हे गोसाईं! सब देव और पितर तुम्हारी वैसे ही रक्षा करें, जैसे पलकें आँखोंकी रक्षा करती हैं। तुम्हारे वनवासकी अवधि (चौदह वर्ष) जल है, प्रियजन और कुटुम्बी मछली हैं। तुम दयाकी खान और धर्मकी धुरीको धारण करनेवाले हो॥ १॥

**अस बिचारि सोइ करहु उपाई। सबहि जिअत जेहिं भेंटहु आई॥**
**जाहु सुखेन बनहि बलि जाऊँ। करि अनाथ जन परिजन गाऊँ॥**

ऐसा विचारकर वही उपाय करना जिसमें सबके जीते-जी तुम आ मिलो। मैं बलिहारी जाती हूँ, तुम सेवकों, परिवारवालों और नगरभरको अनाथ करके सुखपूर्वक वनको जाओ॥ २॥

**सब कर आजु सुकृत फल बीता। भयउ कराल कालु बिपरीता॥**
**बहुबिधि बिलपि चरन लपटानी। परम अभागिनि आपुहि जानी॥**

आज सबके पुण्योंका फल पूरा हो गया! कठिन काल हमारे विपरीत हो गया। [इस प्रकार] बहुत विलाप करके और अपनेको परम अभागिनी जानकर माता श्रीरामचन्द्रजीके चरणोंमें लिपट गयीं॥ ३॥

**दारुन दुसह दाहु उर ब्यापा। बरनि न जाहिं बिलाप कलापा॥**
**राम उठाइ मातु उर लाई। कहि मृदु बचन बहुरि समुझाई॥**

हृदयमें भयानक दु:सह संताप छा गया। उस समयके बहुविध विलापका वर्णन नहीं किया जा सकता। श्रीरामचन्द्रजीने माताको उठाकर हृदयसे लगा लिया और फिर कोमल वचन कहकर उन्हें समझाया॥ ४॥

**दो०—समाचार तेहि समय सुनि सीय उठी अकुलाइ।**
**जाइ सासु पद कमल जुग बंदि बैठि सिरु नाइ॥ ५७॥**

उसी समय यह समाचार सुनकर सीताजी अकुला उठीं और सासके पास जाकर उनके दोनों चरणकमलोंकी वन्दना कर सिर नीचा करके बैठ गयीं॥ ५७॥

**दीन्हि असीस सासु मृदु बानी। अति सुकुमारि देखि अकुलानी॥**
**बैठि नमितमुख सोचति सीता। रूप रासि पति प्रेम पुनीता॥**

सासने कोमल वाणीसे आशीर्वाद दिया। वे सीताजीको अत्यन्त सुकुमारी देखकर व्याकुल हो उठीं। रूपकी राशि और पतिके साथ पवित्र प्रेम करनेवाली सीताजी नीचा मुख किये बैठी सोच रही हैं॥ १॥

**चलन चहत बन जीवननाथू। केहि सुकृती सन होइहि साथू॥**
**की तनु प्रान कि केवल प्राना। बिधि करतबु कछु जाइ न जाना॥**

जीवननाथ (प्राणनाथ) वनको चलना चाहते हैं। देखें किस पुण्यवान्‌से उनका साथ होगा—शरीर और प्राण दोनों साथ जायँगे या केवल प्राणहीसे इनका साथ होगा? विधाताकी करनी कुछ जानी नहीं जाती॥ २॥

**चारु चरन नख लेखति धरनी। नूपुर मुखर मधुर कबि बरनी॥**
**मनहुँ प्रेम बस बिनती करहीं। हमहि सीय पद जनि परिहरहीं॥**

सीताजी अपने सुन्दर चरणोंके नखोंसे धरती कुरेद रही हैं। ऐसा करते समय नूपुरोंका जो मधुर शब्द हो रहा है, कवि उसका इस प्रकार वर्णन करते हैं कि मानो प्रेमके वश होकर नूपुर यह विनती कर रहे हैं कि सीताजीके चरण कभी हमारा त्याग न करें॥ ३॥

**मंजु बिलोचन मोचति बारी। बोली देखि राम महतारी॥**
**तात सुनहु सिय अति सुकुमारी। सास ससुर परिजनहि पिआरी॥**

सीताजी सुन्दर नेत्रोंसे जल बहा रही हैं। उनकी यह दशा देखकर श्रीरामजीकी माता कौसल्याजी बोलीं—हे तात! सुनो, सीता अत्यन्त ही सुकुमारी हैं तथा सास, ससुर और कुटुम्बी सभीको प्यारी हैं॥ ४॥

**दो०—पिता जनक भूपाल मनि ससुर भानुकुल भानु।**
**पति रबिकुल कैरव बिपिन बिधु गुन रूप निधानु॥ ५८॥**

इनके पिता जनकजी राजाओंके शिरोमणि हैं; ससुर सूर्यकुलके सूर्य हैं और पति सूर्यकुलरूपी कुमुदवनको खिलानेवाले चन्द्रमा तथा गुण और रूपके भण्डार हैं॥ ५८॥

**मैं पुनि पुत्रबधू प्रिय पाई। रूप रासि गुन सील सुहाई॥**
**नयन पुतरि करि प्रीति बढ़ाई। राखेउँ प्रान जानकिहिं लाई॥**

फिर मैंने रूपकी राशि, सुन्दर गुण और शीलवाली प्यारी पुत्रवधू पायी है। मैंने इन (जानकी)-को आँखोंकी पुतली बनाकर इनसे प्रेम बढ़ाया है और अपने प्राण इनमें लगा रखे हैं॥ १॥

**कलपबेलि जिमि बहुबिधि लाली। सींचि सनेह सलिल प्रतिपाली॥**
**फूलत फलत भयउ बिधि बामा। जानि न जाइ काह परिनामा॥**

इन्हें कल्पलताके समान मैंने बहुत तरहसे बड़े लाड़-चावके साथ स्नेहरूपी जलसे सींचकर पाला है। अब इस लताके फूलने-फलनेके समय विधाता वाम हो गये। कुछ जाना नहीं जाता कि इसका क्या परिणाम होगा॥ २॥

**पलँग पीठ तजि गोद हिंडोरा। सियँ न दीन्ह पगु अवनि कठोरा॥**
**जिअनमूरि जिमि जोगवत रहऊँ। दीप बाति नहिं टारन कहऊँ॥**

सीताने पर्यंकपृष्ठ (पलंगके ऊपर), गोद और हिंडोलेको छोड़कर कठोर पृथ्वीपर कभी पैर नहीं रखा। मैं सदा संजीवनी जड़ीके समान [सावधानीसे] इनकी रखवाली करती रही हूँ! कभी दीपककी बत्ती हटानेको भी नहीं कहती॥ ३॥

**सोइ सिय चलन चहति बन साथा। आयसु काह होइ रघुनाथा॥**
**चंद किरन रस रसिक चकोरी। रबि रुख नयन सकइ किमि जोरी॥**

वही सीता अब तुम्हारे साथ वन चलना चाहती है। हे रघुनाथ! उसे क्या आज्ञा होती है? चन्द्रमाकी किरणोंका रस (अमृत) चाहनेवाली चकोरी सूर्यकी ओर आँख किस तरह मिला सकती है॥ ४॥

**दो०—करि केहरि निसिचर चरहिं दुष्ट जंतु बन भूरि।**
**बिष बाटिकाँ कि सोह सुत सुभग सजीवनि मूरि॥ ५९॥**

हाथी, सिंह, राक्षस आदि अनेक दुष्ट जीव-जन्तु वनमें विचरते रहते हैं। हे पुत्र! क्या विषकी वाटिकामें सुन्दर संजीवनी बूटी शोभा पा सकती है?॥ ५९॥

**बन हित कोल किरात किसोरी। रचीं बिरंचि बिषय सुख भोरी॥**
**पाहनकृमि जिमि कठिन सुभाऊ। तिन्हहि कलेसु न कानन काऊ॥**

वनके लिये तो ब्रह्माजीने विषयसुखको न जाननेवाली कोल और भीलोंकी लड़कियोंको रचा है, जिनका पत्थरके कीड़े-जैसा कठोर स्वभाव है। उन्हें वनमें कभी क्लेश नहीं होता॥ १॥

**कै तापस तिय कानन जोगू। जिन्ह तप हेतु तजा सब भोगू॥**
**सिय बन बसिहि तात केहि भाँती। चित्रलिखित कपि देखि डेराती॥**

अथवा तपस्वियोंकी स्त्रियाँ वनमें रहनेयोग्य हैं, जिन्होंने तपस्याके लिये सब भोग तज दिये हैं। हे पुत्र! जो तसवीरके बन्दरको देखकर डर जाती हैं वे सीता वनमें किस तरह रह सकेंगी?॥ २॥

**सुरसर सुभग बनज बन चारी। डाबर जोगु कि हंसकुमारी॥**
**अस बिचारि जस आयसु होई। मैं सिख देउँ जानकिहि सोई॥**

देवसरोवरके कमलवनमें विचरण करनेवाली हंसिनी क्या गड़ैयों (तलैयों)-में रहनेके योग्य है? ऐसा विचारकर जैसी तुम्हारी आज्ञा हो, मैं जानकीको वैसी ही शिक्षा दूँ॥ ३॥

**जौं सिय भवन रहै कह अंबा। मोहि कहँ होइ बहुत अवलंबा॥**
**सुनि रघुबीर मातु प्रिय बानी। सील सनेह सुधाँ जनु सानी॥**

माता कहती हैं—यदि सीता घरमें रहें तो मुझको बहुत सहारा हो जाय। श्रीरामचन्द्रजीने माताकी प्रिय वाणी सुनकर, जो मानो शील और स्नेहरूपी अमृतसे सनी हुई थी,॥ ४॥

**दो०—कहि प्रिय बचन बिबेकमय कीन्हि मातु परितोष।**
**लगे प्रबोधन जानकिहि प्रगटि बिपिन गुन दोष॥ ६०॥**

विवेकमय प्रिय वचन कहकर माताको सन्तुष्ट किया। फिर वनके गुण-दोष प्रकट करके वे जानकीजीको समझाने लगे॥ ६०॥

## मासपारायण, चौदहवाँ विश्राम

**मातु समीप कहत सकुचाहीं। बोले समउ समुझि मन माहीं॥**
**राजकुमारि सिखावनु सुनहू। आन भाँति जियँ जनि कछु गुनहू॥**

माताके सामने सीताजीसे कुछ कहनेमें सकुचाते हैं। पर मनमें यह समझकर कि यह समय ऐसा ही है, वे बोले—हे राजकुमारी! मेरी सिखावन सुनो। मनमें कुछ दूसरी तरह न समझ लेना॥ १॥

**आपन मोर नीक जौं चहहू। बचनु हमार मानि गृह रहहू॥**
**आयसु मोर सासु सेवकाई। सब बिधि भामिनि भवन भलाई॥**

जो अपना और मेरा भला चाहती हो, तो मेरा वचन मानकर घर रहो। हे भामिनि! मेरी आज्ञाका पालन होगा, सासकी सेवा बन पड़ेगी। घर रहनेमें सभी प्रकारसे भलाई है॥ २॥

**एहि ते अधिक धरमु नहिं दूजा। सादर सासु ससुर पद पूजा॥**
**जब जब मातु करिहि सुधि मोरी। होइहि प्रेम बिकल मति भोरी॥**

आदरपूर्वक सास-ससुरके चरणोंकी पूजा (सेवा) करनेसे बढ़कर दूसरा कोई धर्म नहीं है। जब-जब माता मुझे याद करेंगी और प्रेमसे व्याकुल होनेके कारण उनकी बुद्धि भोली हो जायगी (वे अपने-आपको भूल जायँगी),॥ ३॥

**तब तब तुम्ह कहि कथा पुरानी। सुंदरि समुझाएहु मृदु बानी॥**
**कहउँ सुभायँ सपथ सत मोही। सुमुखि मातु हित राखउँ तोही॥**

हे सुन्दरी! तब-तब तुम कोमल वाणीसे पुरानी कथाएँ कह-कहकर इन्हें समझाना। हे सुमुखि! मुझे सैकड़ों सौगन्ध हैं, मैं यह स्वभावसे ही कहता हूँ कि मैं तुम्हें केवल माताके लिये ही घरपर रखता हूँ॥ ४॥

**दो०—गुर श्रुति संमत धरम फलु पाइअ बिनहिं कलेस।**
**हठ बस सब संकट सहे गालव नहुष नरेस॥ ६१॥**

[मेरी आज्ञा मानकर घरपर रहनेसे] गुरु और वेदके द्वारा सम्मत धर्म [के आचरण]-का फल तुम्हें बिना ही क्लेशके मिल जाता है। किन्तु हठके वश होकर गालव मुनि और राजा नहुष आदि सबने संकट ही सहे॥ ६१॥

**मैं पुनि करि प्रवान पितु बानी। बेगि फिरब सुनु सुमुखि सयानी॥**
**दिवस जात नहिं लागिहि बारा। सुंदरि सिखवनु सुनहु हमारा॥**

हे सुमुखि! हे सयानी! सुनो, मैं भी पिताके वचनको सत्य करके शीघ्र ही लौटूँगा। दिन जाते देर नहीं लगेगी। हे सुन्दरी! हमारी यह सीख सुनो!॥ १॥

**जौं हठ करहु प्रेम बस बामा। तौ तुम्ह दुखु पाउब परिनामा॥**
**काननु कठिन भयंकरु भारी। घोर घामु हिम बारि बयारी॥**

हे वामा! यदि प्रेमवश हठ करोगी, तो तुम परिणाममें दुःख पाओगी। वन बड़ा कठिन (क्लेशदायक) और भयानक है। वहाँकी धूप, जाड़ा, वर्षा और हवा सभी बड़े भयानक हैं॥ २॥

**कुस कंटक मग काँकर नाना। चलब पयादेहिं बिनु पदत्राना॥**
**चरन कमल मृदु मंजु तुम्हारे। मारग अगम भूमिधर भारे॥**

रास्तेमें कुश, काँटे और बहुत-से कंकड़ हैं। उनपर बिना जूतेके पैदल ही चलना होगा। तुम्हारे चरण-कमल कोमल और सुन्दर हैं और रास्तेमें बड़े-बड़े दुर्गम पर्वत हैं॥ ३॥

**कंदर खोह नदीं नद नारे। अगम अगाध न जाहिं निहारे॥**
**भालु बाघ बृक केहरि नागा। करहिं नाद सुनि धीरजु भागा॥**

पर्वतोंकी गुफाएँ, खोह (दर्रे), नदियाँ, नद और नाले ऐसे अगम्य और गहरे हैं कि उनकी ओर देखातक नहीं जाता। रीछ, बाघ, भेड़िये, सिंह और हाथी ऐसे [भयानक] शब्द करते हैं कि उन्हें सुनकर धीरज भाग जाता है॥ ४॥

**दो०—भूमि सयन बलकल बसन असनु कंद फल मूल।**
**ते कि सदा सब दिन मिलहिं सबुइ समय अनुकूल॥ ६२॥**

जमीनपर सोना, पेड़ोंकी छालके वस्त्र पहनना और कन्द, मूल, फलका भोजन करना होगा। और वे भी क्या सदा सब दिन मिलेंगे? सब कुछ अपने-अपने समयके अनुकूल ही मिल सकेगा॥ ६२॥

**नर अहार रजनीचर चरहीं। कपट बेष बिधि कोटिक करहीं॥**
**लागइ अति पहार कर पानी। बिपिन बिपति नहिं जाइ बखानी॥**

मनुष्योंको खानेवाले निशाचर (राक्षस) फिरते रहते हैं। वे करोड़ों प्रकारके कपट-रूप धारण कर लेते हैं। पहाड़का पानी बहुत ही लगता है। वनकी विपत्ति बखानी नहीं जा सकती॥ १॥

**ब्याल कराल बिहग बन घोरा। निसिचर निकर नारि नर चोरा॥**
**डरपहिं धीर गहन सुधि आएँ। मृगलोचनि तुम्ह भीरु सुभाएँ॥**

वनमें भीषण सर्प, भयानक पक्षी और स्त्री-पुरुषोंको चुरानेवाले राक्षसोंके झुंड-के-झुंड रहते हैं। वनकी [भयंकरता] याद आनेमात्रसे धीर पुरुष भी डर जाते हैं। फिर हे मृगलोचनि! तुम तो स्वभावसे ही डरपोक हो!॥ २॥

**हंसगवनि तुम्ह नहिं बन जोगू। सुनि अपजसु मोहि देइहि लोगू॥**
**मानस सलिल सुधाँ प्रतिपाली। जिअइ कि लवन पयोधि मराली॥**

हे हंसगमनी! तुम वनके योग्य नहीं हो। तुम्हारे वन जानेकी बात सुनकर लोग मुझे अपयश देंगे (बुरा कहेंगे)। मानसरोवरके अमृतके समान जलसे पाली हुई हंसिनी कहीं खारे समुद्रमें जी सकती है?॥ ३॥

**नव रसाल बन बिहरनसीला। सोह कि कोकिल बिपिन करीला॥**
**रहहु भवन अस हृदयँ बिचारी। चंदबदनि दुखु कानन भारी॥**

नवीन आमके वनमें विहार करनेवाली कोयल क्या करीलके जंगलमें शोभा पाती है? हे चन्द्रमुखी! हृदयमें ऐसा विचारकर तुम घरहीपर रहो। वनमें बड़ा कष्ट है॥ ४॥

**दो०—सहज सुहृद गुर स्वामि सिख जो न करइ सिर मानि।**
**सो पछिताइ अघाइ उर अवसि होइ हित हानि॥ ६३॥**

स्वाभाविक ही हित चाहनेवाले गुरु और स्वामीकी सीखको जो सिर चढ़ाकर नहीं मानता, वह हृदयमें भरपेट पछताता है और उसके हितकी हानि अवश्य होती है॥ ६३॥

**सुनि मृदु बचन मनोहर पिय के। लोचन ललित भरे जल सिय के॥**
**सीतल सिख दाहक भइ कैसें। चकइहि सरद चंद निसि जैसें॥**

प्रियतमके कोमल तथा मनोहर वचन सुनकर सीताजीके सुन्दर नेत्र जलसे भर गये। श्रीरामजीकी यह शीतल सीख उनको कैसी जलानेवाली हुई, जैसे चकवीको शरद्-ऋतुकी चाँदनी रात होती है॥ १॥

**उतरु न आव बिकल बैदेही। तजन चहत सुचि स्वामि सनेही॥**
**बरबस रोकि बिलोचन बारी। धरि धीरजु उर अवनिकुमारी॥**

जानकीजीसे कुछ उत्तर देते नहीं बनता, वे यह सोचकर व्याकुल हो उठीं कि मेरे पवित्र और प्रेमी स्वामी मुझे छोड़ जाना चाहते हैं। नेत्रोंके जल (आँसुओं)-को जबर्दस्ती रोककर वे पृथ्वीकी कन्या सीताजी हृदयमें धीरज धरकर,॥ २॥

**लागि सासु पग कह कर जोरी। छमबि देबि बड़ि अबिनय मोरी॥**
**दीन्हि प्रानपति मोहि सिख सोई। जेहि बिधि मोर परम हित होई॥**

सासके पैर लगकर, हाथ जोड़कर कहने लगीं—हे देवि! मेरी इस बड़ी भारी ढिठाईको क्षमा कीजिये। मुझे प्राणपतिने वही शिक्षा दी है जिससे मेरा परम हित हो॥ ३॥

**मैं पुनि समुझि दीखि मन माहीं। पिय बियोग सम दुखु जग नाहीं॥**

परन्तु मैंने मनमें समझकर देख लिया कि पतिके वियोगके समान जगत्‌में कोई दुःख नहीं है॥ ४॥

**दो०—प्राननाथ करुनायतन सुंदर सुखद सुजान।**
**तुम्ह बिनु रघुकुल कुमुद बिधु सुरपुर नरक समान॥ ६४॥**

हे प्राणनाथ! हे दयाके धाम! हे सुन्दर! हे सुखोंके देनेवाले! हे सुजान! हे रघुकुलरूपी कुमुदके खिलानेवाले चन्द्रमा! आपके बिना स्वर्ग भी मेरे लिये नरकके समान है॥ ६४॥

**मातु पिता भगिनी प्रिय भाई। प्रिय परिवारु सुहृद समुदाई॥**
**सासु ससुर गुर सजन सहाई। सुत सुंदर सुसील सुखदाई॥**

माता, पिता, बहन, प्यारा भाई, प्यारा परिवार, मित्रोंका समुदाय, सास, ससुर, गुरु, स्वजन (बन्धु-बान्धव), सहायक और सुन्दर, सुशील और सुख देनेवाला पुत्र—॥ १॥

**जहँ लगि नाथ नेह अरु नाते। पिय बिनु तियहि तरनिहु ते ताते॥**
**तनु धनु धामु धरनि पुर राजू। पति बिहीन सबु सोक समाजू॥**

हे नाथ! जहाँतक स्नेह और नाते हैं, पतिके बिना स्त्रीको सभी सूर्यसे भी बढ़कर तपानेवाले हैं। शरीर, धन, घर, पृथ्वी, नगर और राज्य, पतिके बिना स्त्रीके लिये यह सब शोकका समाज है॥ २॥

**भोग रोगसम भूषन भारू। जम जातना सरिस संसारू॥**
**प्राननाथ तुम्ह बिनु जग माहीं। मो कहुँ सुखद कतहुँ कछु नाहीं॥**

भोग रोगके समान हैं, गहने भाररूप हैं और संसार यम-यातना (नरकको पीड़ा)-के समान है। हे प्राणनाथ! आपके बिना जगत्‌में मुझे कहीं कुछ भी सुखदायी नहीं है॥ ३॥

**जिय बिनु देह नदी बिनु बारी। तैसिअ नाथ पुरुष बिनु नारी॥**
**नाथ सकल सुख साथ तुम्हारें। सरद बिमल बिधु बदनु निहारें॥**

जैसे बिना जीवके देह और बिना जलके नदी, वैसे ही हे नाथ! बिना पुरुषके स्त्री है। हे नाथ! आपके साथ रहकर आपका शरद् [पूर्णिमा]-के निर्मल चन्द्रमाके समान मुख देखनेसे मुझे समस्त सुख प्राप्त होंगे॥ ४॥

**दो०—खग मृग परिजन नगरु बनु बलकल बिमल दुकूल।**
**नाथ साथ सुरसदन सम परनसाल सुख मूल॥ ६५॥**

हे नाथ! आपके साथ पक्षी और पशु ही मेरे कुटुम्बी होंगे, वन ही नगर और वृक्षोंकी छाल ही निर्मल वस्त्र होंगे और पर्णकुटी (पत्तोंकी बनी झोंपड़ी) ही स्वर्गके समान सुखोंकी मूल होगी॥ ६५॥

**बनदेबीं बनदेव उदारा। करिहहिं सासु ससुर सम सारा॥**
**कुस किसलय साथरी सुहाई। प्रभु सँग मंजु मनोज तुराई॥**

उदार हृदयके वनदेवी और वनदेवता ही सास-ससुरके समान मेरी सार-सँभार करेंगे, और कुशा और पत्तोंकी सुन्दर साथरी(बिछौना) ही प्रभुके साथ कामदेवकी मनोहर तोशकके समान होगी॥ १॥

**कंद मूल फल अमिअ अहारू। अवध सौध सत सरिस पहारू॥**
**छिनु छिनु प्रभु पद कमल बिलोकी। रहिहउँ मुदित दिवस जिमि कोकी॥**

कन्द, मूल और फल ही अमृतके समान आहार होंगे और [वनके] पहाड़ ही अयोध्याके सैकड़ों राजमहलोंके समान होंगे। क्षण-क्षणमें प्रभुके चरणकमलोंको देख-देखकर मैं ऐसी आनन्दित रहूँगी जैसी दिनमें चकवी रहती है॥ २॥

**बन दुख नाथ कहे बहुतेरे। भय बिषाद परिताप घनेरे॥**
**प्रभु बियोग लवलेस समाना। सब मिलि होहिं न कृपानिधाना॥**

हे नाथ! आपने वनके बहुत-से दुःख और बहुत-से भय, विषाद और सन्ताप कहे। परन्तु हे कृपानिधान! वे सब मिलकर भी प्रभु (आप)-के वियोग [से होनेवाले दुःख]- के लवलेशके समान भी नहीं हो सकते॥ ३॥

**अस जियँ जानि सुजान सिरोमनि। लेइअ संग मोहि छाड़िअ जनि॥**
**बिनती बहुत करौं का स्वामी। करुनामय उर अंतरजामी॥**

ऐसा जीमें जानकर, हे सुजानशिरोमणि! आप मुझे साथ ले लीजिये, यहाँ न छोड़िये। हे स्वामी! मैं अधिक क्या विनती करूँ? आप करुणामय हैं और सबके हृदयके अंदरकी जाननेवाले हैं॥ ४॥

**दो०—राखिअ अवध जो अवधि लगि रहत न जनिअहिं प्रान।**
**दीनबंधु सुंदर सुखद सील सनेह निधान॥ ६६॥**

हे दीनबन्धु! हे सुन्दर! हे सुख देनेवाले! हे शील और प्रेमके भण्डार! यदि अवधि (चौदह वर्ष)-तक मुझे अयोध्यामें रखते हैं तो जान लीजिये कि मेरे प्राण नहीं रहेंगे॥ ६६॥

**मोहि मग चलत न होइहि हारी। छिनु छिनु चरन सरोज निहारी॥**
**सबहि भाँति पिय सेवा करिहौं। मारग जनित सकल श्रम हरिहौं॥**

क्षण-क्षणमें आपके चरणकमलोंको देखते रहनेसे मुझे मार्ग चलनेमें थकावट न होगी। हे प्रियतम! मैं सभी प्रकारसे आपकी सेवा करूँगी और मार्ग चलनेसे होनेवाली सारी थकावटको दूर कर दूँगी॥ १॥

**पाय पखारि बैठि तरु छाहीं। करिहउँ बाउ मुदित मन माहीं॥**
**श्रम कन सहित स्याम तनु देखें। कहँ दुख समउ प्रानपति पेखें॥**

आपके पैर धोकर, पेड़ोंकी छायामें बैठकर, मनमें प्रसन्न होकर हवा करूँगी (पंखा झलूँगी)। पसीनेकी बूँदोंसहित श्याम शरीरको देखकर—प्राणपतिके दर्शन करते हुए दुःखके लिये मुझे अवकाश ही कहाँ रहेगा॥ २॥

**सम महि तृन तरुपल्लव डासी। पाय पलोटिहि सब निसि दासी॥**
**बार बार मृदु मूरति जोही। लागिहि तात बयारि न मोही॥**

समतल भूमिपर घास और पेड़ोंके पत्ते बिछाकर यह दासी रातभर आपके चरण दबावेगी। बार-बार आपकी कोमल मूर्तिको देखकर मुझको गरम हवा भी न लगेगी॥ ३॥

**को प्रभु सँग मोहि चितवनिहारा। सिंघबधुहि जिमि ससक सिआरा॥**
**मैं सुकुमारि नाथ बन जोगू। तुम्हहि उचित तप मो कहुँ भोगू॥**

प्रभुके साथ [रहते] मेरी ओर [आँख उठाकर] देखनेवाला कौन है (अर्थात् कोई नहीं देख सकता)! जैसे सिंहकी स्त्री (सिंहनी)-को खरगोश और सियार नहीं देख सकते। मैं सुकुमारी हूँ और नाथ वनके योग्य हैं? आपको तो तपस्या उचित है और मुझको विषय-भोग?॥ ४॥

**दो०—ऐसेउ बचन कठोर सुनि जौं न हृदउ बिलगान।**
**तौ प्रभु बिषम बियोग दुख सहिहहिं पावँर प्रान॥ ६७॥**

ऐसे कठोर वचन सुनकर भी जब मेरा हृदय न फटा तो, हे प्रभु! [मालूम होता है] ये पामर प्राण आपके वियोगका भीषण दुःख सहेंगे॥ ६७॥

**अस कहि सीय बिकल भइ भारी। बचन बियोगु न सकी सँभारी॥**
**देखि दसा रघुपति जियँ जाना। हठि राखें नहिं राखिहि प्राना॥**

ऐसा कहकर सीताजी बहुत ही व्याकुल हो गयीं। वे वचनके वियोगको भी न सँभाल सकीं। (अर्थात् शरीरसे वियोगकी बात तो अलग रही, वचनसे भी वियोगकी बात सुनकर वे अत्यन्त विकल हो गयीं।) उनकी यह दशा देखकर श्रीरघुनाथजीने अपने जीमें जान लिया कि हठपूर्वक इन्हें यहाँ रखनेसे ये प्राणोंको न रखेंगी॥ १॥

**कहेउ कृपाल भानुकुलनाथा। परिहरि सोचु चलहु बन साथा॥**
**नहिं बिषाद कर अवसरु आजू। बेगि करहु बन गवन समाजू॥**

तब कृपालु, सूर्यकुलके स्वामी श्रीरामचन्द्रजीने कहा कि सोच छोड़कर मेरे साथ वनको चलो। आज विषाद करनेका अवसर नहीं है। तुरंत वनगमनकी तैयारी करो॥ २॥

**कहि प्रिय बचन प्रिया समुझाई। लगे मातु पद आसिष पाई॥**
**बेगि प्रजा दुख मेटब आई। जननी निठुर बिसरि जनि जाई॥**

श्रीरामचन्द्रजीने प्रिय वचन कहकर प्रियतमा सीताजीको समझाया। फिर माताके पैरों लगकर आशीर्वाद प्राप्त किया। [माताने कहा—] बेटा! जल्दी लौटकर प्रजाके दुःखको मिटाना और यह निठुर माता तुम्हें भूल न जाय!॥ ३॥

**फिरिहि दसा बिधि बहुरि कि मोरी। देखिहउँ नयन मनोहर जोरी॥**
**सुदिन सुघरी तात कब होइहि। जननी जिअत बदन बिधु जोइहि॥**

हे विधाता! क्या मेरी दशा भी फिर पलटेगी? क्या अपने नेत्रोंसे मैं इस मनोहर जोड़ीको फिर देख पाऊँगी? हे पुत्र! वह सुन्दर दिन और शुभ घड़ी कब होगी जब तुम्हारी जननी जीते-जी तुम्हारा चाँद-सा मुखड़ा फिर देखेगी!॥ ४॥

**दो०—बहुरि बच्छ कहि लालु कहि रघुपति रघुबर तात।**
**कबहिं बोलाइ लगाइ हियँ हरषि निरखिहउँ गात॥ ६८॥**

हे तात! 'वत्स' कहकर, 'लाल' कहकर, 'रघुपति' कहकर, 'रघुवर' कहकर, मैं फिर कब तुम्हें बुलाकर हृदयसे लगाऊँगी और हर्षित होकर तुम्हारे अंगोंको देखूँगी!॥ ६८॥

**लखि सनेह कातरि महतारी। बचनु न आव बिकल भइ भारी॥**
**राम प्रबोधु कीन्ह बिधि नाना। समउ सनेहु न जाइ बखाना॥**

यह देखकर कि माता स्नेहके मारे अधीर हो गयी हैं और इतनी अधिक व्याकुल हैं कि मुँहसे वचन नहीं निकलता, श्रीरामचन्द्रजीने अनेक प्रकारसे उन्हें समझाया। वह समय और स्नेह वर्णन नहीं किया जा सकता॥ १॥

**तब जानकी सासु पग लागी। सुनिअ माय मैं परम अभागी॥**
**सेवा समय दैअँ बनु दीन्हा। मोर मनोरथु सफल न कीन्हा॥**

तब जानकीजी सासके पाँव लगीं और बोलीं—हे माता! सुनिये, मैं बड़ी ही अभागिनी हूँ। आपकी सेवा करनेके समय दैवने मुझे वनवास दे दिया। मेरा मनोरथ सफल न किया॥ २॥

**तजब छोभु जनि छाड़िअ छोहू। करमु कठिन कछु दोसु न मोहू॥**
**सुनि सिय बचन सासु अकुलानी। दसा कवनि बिधि कहौं बखानी॥**

आप क्षोभका त्याग कर दें, परंतु कृपा न छोड़ियेगा। कर्मकी गति कठिन है, मुझे भी कुछ दोष नहीं है। सीताजीके वचन सुनकर सास व्याकुल हो गयीं। उनकी दशाको मैं किस प्रकार बखानकर कहूँ!॥ ३॥

**बारहिं बार लाइ उर लीन्ही। धरि धीरजु सिख आसिष दीन्ही॥**
**अचल होउ अहिवातु तुम्हारा। जब लगि गंग जमुन जल धारा॥**

उन्होंने सीताजीको बार-बार हृदयसे लगाया और धीरज धरकर शिक्षा दी और आशीर्वाद दिया कि जबतक गंगाजी और यमुनाजीमें जलकी धारा बहे, तबतक तुम्हारा सुहाग अचल रहे॥ ४॥

**दो०—सीतहि सासु असीस सिख दीन्हि अनेक प्रकार।**
**चली नाइ पद पदुम सिरु अति हित बारहिं बार॥ ६९॥**

सीताजीको सासने अनेकों प्रकारसे आशीर्वाद और शिक्षाएँ दीं और वे (सीताजी) बड़े ही प्रेमसे बार-बार चरणकमलोंमें सिर नवाकर चलीं॥ ६९॥

**समाचार जब लछिमन पाए। ब्याकुल बिलख बदन उठि धाए॥**
**कंप पुलक तन नयन सनीरा। गहे चरन अति प्रेम अधीरा॥**

जब लक्ष्मणजीने ये समाचार पाये, तब वे व्याकुल होकर उदास-मुँह उठ दौड़े। शरीर काँप रहा है, रोमांच हो रहा है, नेत्र आँसुओंसे भरे हैं। प्रेमसे अत्यन्त अधीर होकर उन्होंने श्रीरामजीके चरण पकड़ लिये॥ १॥

**कहि न सकत कछु चितवत ठाढ़े। मीनु दीन जनु जल तें काढ़े॥**
**सोचु हृदयँ बिधि का होनिहारा। सबु सुखु सुकृतु सिरान हमारा॥**

वे कुछ कह नहीं सकते, खड़े-खड़े देख रहे हैं। [ऐसे दीन हो रहे हैं] मानो जलसे निकाले जानेपर मछली दीन हो रही हो। हृदयमें यह सोच है कि हे विधाता! क्या होनेवाला है? क्या हमारा सब सुख और पुण्य पूरा हो गया?॥ २॥

**मो कहुँ काह कहब रघुनाथा। रखिहहिं भवन कि लेहहिं साथा॥**
**राम बिलोकि बंधु कर जोरें। देह गेह सब सन तृनु तोरें॥**

मुझको श्रीरघुनाथजी क्या कहेंगे? घरपर रखेंगे या साथ ले चलेंगे? श्रीरामचन्द्रजीने भाई लक्ष्मणको हाथ जोड़े और शरीर तथा घर सभीसे नाता तोड़े हुए खड़े देखा॥ ३॥

**बोले बचनु राम नय नागर। सील सनेह सरल सुख सागर॥**
**तात प्रेम बस जनि कदराहू। समुझि हृदयँ परिनाम उछाहू॥**

तब नीतिमें निपुण और शील, स्नेह, सरलता और सुखके समुद्र श्रीरामचन्द्रजी वचन बोले—हे तात! परिणाममें होनेवाले आनन्दको हृदयमें समझकर तुम प्रेमवश अधीर मत होओ॥ ४॥

**दो०—मातु पिता गुरु स्वामि सिख सिर धरि करहिं सुभायँ।**
**लहेउ लाभु तिन्ह जनम कर नतरु जनमु जग जायँ॥ ७०॥**

जो लोग माता, पिता, गुरु और स्वामीकी शिक्षाको स्वाभाविक ही सिर चढ़ाकर उसका पालन करते हैं, उन्होंने ही जन्म लेनेका लाभ पाया है; नहीं तो जगत्‌में जन्म व्यर्थ ही है॥ ७०॥

**अस जियँ जानि सुनहु सिख भाई। करहु मातु पितु पद सेवकाई॥**
**भवन भरतु रिपुसूदनु नाहीं। राउ बृद्ध मम दुखु मन माहीं॥**

हे भाई! हृदयमें ऐसा जानकर मेरी सीख सुनो और माता-पिताके चरणोंकी सेवा करो। भरत और शत्रुघ्न घरपर नहीं हैं, महाराज वृद्ध हैं और उनके मनमें मेरा दुःख है॥ १॥

**मैं बन जाउँ तुम्हहि लेइ साथा। होइ सबहि बिधि अवध अनाथा॥**
**गुरु पितु मातु प्रजा परिवारू। सब कहुँ परइ दुसह दुख भारू॥**

इस अवस्थामें मैं तुमको साथ लेकर वन जाऊँ तो अयोध्या सभी प्रकारसे अनाथ हो जायगी। गुरु, पिता, माता, प्रजा और परिवार सभीपर दुःखका दुःसह भार आ पड़ेगा॥ २॥

**रहहु करहु सब कर परितोषू। नतरु तात होइहि बड़ दोषू॥**
**जासु राज प्रिय प्रजा दुखारी। सो नृपु अवसि नरक अधिकारी॥**

अतः तुम यहीं रहो और सबका सन्तोष करते रहो। नहीं तो हे तात! बड़ा दोष होगा। जिसके राज्यमें प्यारी प्रजा दुःखी रहती है, वह राजा अवश्य ही नरकका अधिकारी होता है॥ ३॥

**रहहु तात असि नीति बिचारी। सुनत लखनु भए ब्याकुल भारी॥**
**सिअरें बचन सूखि गए कैसें। परसत तुहिन तामरसु जैसें॥**

हे तात! ऐसी नीति विचारकर तुम घर रह जाओ। यह सुनते ही लक्ष्मणजी बहुत ही व्याकुल हो गये। इन शीतल वचनोंसे वे कैसे सूख गये, जैसे पालेके स्पर्शसे कमल सूख जाता है!॥ ४॥

**दो०—उतरु न आवत प्रेम बस गहे चरन अकुलाइ।**
**नाथ दासु मैं स्वामि तुम्ह तजहु त काह बसाइ॥ ७१॥**

प्रेमवश लक्ष्मणजीसे कुछ उत्तर देते नहीं बनता। उन्होंने व्याकुल होकर श्रीरामजीके चरण पकड़ लिये और कहा—हे नाथ! मैं दास हूँ और आप स्वामी हैं; अतः आप मुझे छोड़ ही दें तो मेरा क्या वश है?॥ ७१॥

**दीन्हि मोहि सिख नीकि गोसाईं। लागि अगम अपनी कदराईं॥**
**नरबर धीर धरम धुर धारी। निगम नीति कहुँ ते अधिकारी॥**

हे स्वामी! आपने मुझे सीख तो बड़ी अच्छी दी है, पर मुझे अपनी कायरतासे वह मेरे लिये अगम (पहुँचके बाहर) लगी। शास्त्र और नीतिके तो वे ही श्रेष्ठ पुरुष अधिकारी हैं जो धीर हैं और धर्मकी धुरीको धारण करनेवाले हैं॥ १॥

**मैं सिसु प्रभु सनेहँ प्रतिपाला। मंदरु मेरु कि लेहिं मराला॥**
**गुर पितु मातु न जानउँ काहू। कहउँ सुभाउ नाथ पतिआहू॥**

मैं तो प्रभु (आप)-के स्नेहमें पला हुआ छोटा बच्चा हूँ! कहीं हंस भी मन्दराचल या सुमेरु पर्वतको उठा सकते हैं! हे नाथ! स्वभावसे ही कहता हूँ, आप विश्वास करें, मैं आपको छोड़कर गुरु, पिता, माता किसीको भी नहीं जानता॥ २॥

**जहँ लगि जगत सनेह सगाई। प्रीति प्रतीति निगम निजु गाई॥**
**मोरें सबइ एक तुम्ह स्वामी। दीनबंधु उर अंतरजामी॥**

जगत्‌में जहाँतक स्नेहका सम्बन्ध, प्रेम और विश्वास है, जिनको स्वयं वेदने गाया है—हे स्वामी! हे दीनबन्धु! हे सबके हृदयके अंदरकी जाननेवाले! मेरे तो वे सब कुछ केवल आप ही हैं॥ ३॥

**धरम नीति उपदेसिअ ताही। कीरति भूति सुगति प्रिय जाही॥**
**मन क्रम बचन चरन रत होई। कृपासिंधु परिहरिअ कि सोई॥**

धर्म और नीतिका उपदेश तो उसको करना चाहिये जिसे कीर्ति, विभूति (ऐश्वर्य) या सद्गति प्यारी हो। किन्तु जो मन, वचन और कर्मसे चरणोंमें ही प्रेम रखता हो, हे कृपासिन्धु! क्या वह भी त्यागनेके योग्य है?॥ ४॥

**दो०—करुनासिंधु सुबंधु के सुनि मृदु बचन बिनीत।**
**समुझाए उर लाइ प्रभु जानि सनेहँ सभीत॥ ७२॥**

दयाके समुद्र श्रीरामचन्द्रजीने भले भाईके कोमल और नम्रतायुक्त वचन सुनकर और उन्हें स्नेहके कारण डरे हुए जानकर, हृदयसे लगाकर समझाया॥ ७२॥

**मागहु बिदा मातु सन जाई। आवहु बेगि चलहु बन भाई॥**
**मुदित भए सुनि रघुबर बानी। भयउ लाभ बड़ गइ बड़ि हानी॥**

[और कहा—] हे भाई! जाकर मातासे विदा माँग आओ और जल्दी वनको चलो! रघुकुलमें श्रेष्ठ श्रीरामजीकी वाणी सुनकर लक्ष्मणजी आनन्दित हो गये। बड़ी हानि दूर हो गयी और बड़ा लाभ हुआ!॥ १॥

**हरषित हृदयँ मातु पहिं आए। मनहुँ अंध फिरि लोचन पाए॥**
**जाइ जननि पग नायउ माथा। मनु रघुनंदन जानकि साथा॥**

वे हर्षित हृदयसे माता सुमित्राजीके पास आये, मानो अंधा फिरसे नेत्र पा गया हो। उन्होंने जाकर माताके चरणोंमें मस्तक नवाया। किन्तु उनका मन रघुकुलको आनन्द देनेवाले श्रीरामजी और जानकीजीके साथ था॥ २॥

**पूँछे मातु मलिन मन देखी। लखन कही सब कथा बिसेषी॥**
**गई सहमि सुनि बचन कठोरा। मृगी देखि दव जनु चहु ओरा॥**

माताने उदास मन देखकर उनसे [कारण] पूछा। लक्ष्मणजीने सब कथा विस्तारसे कह सुनायी। सुमित्राजी कठोर वचनोंको सुनकर ऐसी सहम गयीं जैसे हिरनी चारों ओर वनमें आग लगी देखकर सहम जाती है॥ ३॥

**लखन लखेउ भा अनरथ आजू। एहिं सनेह बस करब अकाजू॥**
**मागत बिदा सभय सकुचाहीं। जाइ संग बिधि कहिहि कि नाहीं॥**

लक्ष्मणने देखा कि आज (अब) अनर्थ हुआ। ये स्नेहवश काम बिगाड़ देंगी! इसलिये वे विदा माँगते हुए डरके मारे सकुचाते हैं [और मन-ही-मन सोचते हैं] कि हे विधाता! माता साथ जानेको कहेंगी या नहीं॥ ४॥

**दो०—समुझि सुमित्राँ राम सिय रूपु सुसीलु सुभाउ।**
**नृप सनेहु लखि धुनेउ सिरु पापिनि दीन्ह कुदाउ॥ ७३॥**

सुमित्राजीने श्रीरामजी और श्रीसीताजीके रूप, सुन्दर शील और स्वभावको समझकर और उनपर राजाका प्रेम देखकर अपना सिर धुना (पीटा) और कहा कि पापिनी कैकेयीने बुरी तरह घात लगाया॥ ७३॥

**धीरजु धरेउ कुअवसर जानी। सहज सुहृद बोली मृदु बानी॥**
**तात तुम्हारि मातु बैदेही। पिता रामु सब भाँति सनेही॥**

परन्तु कुसमय जानकर धैर्य धारण किया और स्वभावसे ही हित चाहनेवाली सुमित्राजी कोमल वाणीसे बोलीं—हे तात! जानकीजी तुम्हारी माता हैं और सब प्रकारसे स्नेह करनेवाले श्रीरामचन्द्रजी तुम्हारे पिता हैं!॥ १॥

**अवध तहाँ जहँ राम निवासू। तहँइँ दिवसु जहँ भानु प्रकासू॥**
**जौं पै सीय रामु बन जाहीं। अवध तुम्हार काजु कछु नाहीं॥**

जहाँ श्रीरामजीका निवास हो वहीं अयोध्या है। जहाँ सूर्यका प्रकाश हो वहीं दिन है। यदि निश्चय ही सीता-राम वनको जाते हैं तो अयोध्यामें तुम्हारा कुछ भी काम नहीं है॥ २॥

**गुर पितु मातु बंधु सुर साईं। सेइअहिं सकल प्रान की नाईं॥**
**रामु प्रानप्रिय जीवन जी के। स्वारथ रहित सखा सबही के॥**

गुरु, पिता, माता, भाई, देवता और स्वामी, इन सबकी सेवा प्राणके समान करनी चाहिये। फिर श्रीरामचन्द्रजी तो प्राणोंके भी प्रिय हैं, हृदयके भी जीवन हैं और सभीके स्वार्थरहित सखा हैं॥ ३॥

**पूजनीय प्रिय परम जहाँ तें। सब मानिअहिं राम के नातें॥**
**अस जियँ जानि संग बन जाहू। लेहु तात जग जीवन लाहू॥**

जगत्‌में जहाँतक पूजनीय और परम प्रिय लोग हैं, वे सब रामजीके नातेसे ही [पूजनीय और परम प्रिय] मानने योग्य हैं। हृदयमें ऐसा जानकर, हे तात! उनके साथ वन जाओ और जगत्‌में जीनेका लाभ उठाओ!॥ ४॥

**दो०—भूरि भाग भाजनु भयहु मोहि समेत बलि जाउँ।**
**जौं तुम्हरें मन छाड़ि छलु कीन्ह राम पद ठाउँ॥ ७४॥**

मैं बलिहारी जाती हूँ, [हे पुत्र!] मेरे समेत तुम बड़े ही सौभाग्यके पात्र हुए, जो तुम्हारे चित्तने छल छोड़कर श्रीरामजीके चरणोंमें स्थान प्राप्त किया है॥ ७४॥

**पुत्रवती जुबती जग सोई। रघुपति भगतु जासु सुतु होई॥**
**नतरु बाँझ भलि बादि बिआनी। राम बिमुख सुत तें हित जानी॥**

संसारमें वही युवती स्त्री पुत्रवती है जिसका पुत्र श्रीरघुनाथजीका भक्त हो। नहीं तो जो रामसे विमुख पुत्रसे अपना हित जानती है, वह तो बाँझ ही अच्छी। पशुकी भाँति उसका ब्याना (पुत्र प्रसव करना) व्यर्थ ही है॥ १॥

**तुम्हरेहिं भाग रामु बन जाहीं। दूसर हेतु तात कछु नाहीं॥**
**सकल सुकृत कर बड़ फलु एहू। राम सीय पद सहज सनेहू॥**

तुम्हारे ही भाग्यसे श्रीरामजी वनको जा रहे हैं। हे तात! दूसरा कोई कारण नहीं है। सम्पूर्ण पुण्योंका सबसे बड़ा फल यही है कि श्रीसीतारामजीके चरणोंमें स्वाभाविक प्रेम हो॥ २॥

**रागु रोषु इरिषा मदु मोहू। जनि सपनेहुँ इन्ह के बस होहू॥**
**सकल प्रकार बिकार बिहाई। मन क्रम बचन करेहु सेवकाई॥**

राग, रोष, ईर्ष्या, मद और मोह—इनके वश स्वप्नमें भी मत होना। सब प्रकारके विकारोंका त्याग कर मन, वचन और कर्मसे श्रीसीतारामजीकी सेवा करना॥ ३॥

**तुम्ह कहुँ बन सब भाँति सुपासू। सँग पितु मातु रामु सिय जासू॥**
**जेहिं न रामु बन लहहिं कलेसू। सुत सोइ करेहु इहइ उपदेसू॥**

तुमको वनमें सब प्रकारसे आराम है, जिसके साथ श्रीरामजी और सीताजीरूप पिता-माता हैं। हे पुत्र! तुम वही करना जिससे श्रीरामचन्द्रजी वनमें क्लेश न पावें, मेरा यही उपदेश है॥ ४॥

**छं०—उपदेसु यहु जेहिं तात तुम्हरे राम सिय सुख पावहीं।**
**पितु मातु प्रिय परिवार पुर सुख सुरति बन बिसरावहीं॥**
**तुलसी प्रभुहि सिख देइ आयसु दीन्ह पुनि आसिष दई।**
**रति होउ अबिरल अमल सिय रघुबीर पद नित नित नई॥**

हे तात! मेरा यही उपदेश है (अर्थात् तुम वही करना) जिससे वनमें तुम्हारे कारण श्रीरामजी और सीताजी सुख पावें और पिता, माता, प्रिय परिवार तथा नगरके सुखोंकी याद भूल जायँ।

तुलसीदासजी कहते हैं कि सुमित्राजीने इस प्रकार हमारे प्रभु (श्रीलक्ष्मणजी)-को शिक्षा देकर [वन जानेकी] आज्ञा दी और फिर यह आशीर्वाद दिया कि श्रीसीताजी और श्रीरघुवीरजीके चरणोंमें तुम्हारा निर्मल (निष्काम और अनन्य) एवं प्रगाढ़ प्रेम नित-नित नया हो!

**सो०—मातु चरन सिरु नाइ चले तुरत संकित हृदयँ।**
**बागुर बिषम तोराइ मनहुँ भाग मृगु भाग बस॥ ७५॥**

माताके चरणोंमें सिर नवाकर हृदयमें डरते हुए [कि अब भी कोई विघ्न न आ जाय] लक्ष्मणजी तुरंत इस तरह चल दिये जैसे सौभाग्यवश कोई हिरन कठिन फंदेको तुड़ाकर भाग निकला हो॥ ७५॥

**गए लखनु जहँ जानकिनाथू। भे मन मुदित पाइ प्रिय साथू॥**
**बंदि राम सिय चरन सुहाए। चले संग नृपमंदिर आए॥**

लक्ष्मणजी वहाँ गये जहाँ श्रीजानकीनाथजी थे, और प्रियका साथ पाकर मनमें बड़े ही प्रसन्न हुए। श्रीरामजी और सीताजीके सुन्दर चरणोंकी वन्दना करके वे उनके साथ चले और राजभवनमें आये॥ १॥

**कहहिं परसपर पुर नर नारी। भलि बनाइ बिधि बात बिगारी॥**
**तन कृस मन दुखु बदन मलीने। बिकल मनहुँ माखी मधु छीने॥**

नगरके स्त्री-पुरुष आपसमें कह रहे हैं कि विधाताने खूब बनाकर बात बिगाड़ी! उनके शरीर दुबले, मन दुःखी और मुख उदास हो रहे हैं। वे ऐसे व्याकुल हैं जैसे शहद छीन लिये जानेपर शहदकी मक्खियाँ व्याकुल हों॥ २॥

**कर मीजहिं सिरु धुनि पछिताहीं। जनु बिनु पंख बिहग अकुलाहीं॥**
**भइ बड़ि भीर भूप दरबारा। बरनि न जाइ बिषादु अपारा॥**

सब हाथ मल रहे हैं और सिर धुनकर (पीटकर) पछता रहे हैं। मानो बिना पंखके पक्षी व्याकुल हो रहे हों। राजद्वारपर बड़ी भीड़ हो रही है। अपार विषादका वर्णन नहीं किया जा सकता॥ ३॥

**सचिवँ उठाइ राउ बैठारे। कहि प्रिय बचन रामु पगु धारे॥**
**सिय समेत दोउ तनय निहारी। ब्याकुल भयउ भूमिपति भारी॥**

'श्रीरामचन्द्रजी पधारे हैं', ये प्रिय वचन कहकर मन्त्रीने राजाको उठाकर बैठाया। सीतासहित दोनों पुत्रोंको [वनके लिये तैयार] देखकर राजा बहुत व्याकुल हुए॥ ४॥

**दो०—सीय सहित सुत सुभग दोउ देखि देखि अकुलाइ।**
**बारहिं बार सनेह बस राउ लेइ उर लाइ॥ ७६॥**

सीतासहित दोनों सुन्दर पुत्रोंको देख-देखकर राजा अकुलाते हैं और स्नेहवश बारंबार उन्हें हृदयसे लगा लेते हैं॥ ७६॥

**सकइ न बोलि बिकल नरनाहू। सोक जनित उर दारुन दाहू॥**
**नाइ सीसु पद अति अनुरागा। उठि रघुबीर बिदा तब मागा॥**

राजा व्याकुल हैं, बोल नहीं सकते। हृदयमें शोकसे उत्पन्न हुआ भयानक सन्ताप है। तब रघुकुलके वीर श्रीरामचन्द्रजीने अत्यन्त प्रेमसे चरणोंमें सिर नवाकर उठकर विदा माँगी—॥ १॥

**पितु असीस आयसु मोहि दीजै। हरष समय बिसमउ कत कीजै॥**
**तात किएँ प्रिय प्रेम प्रमादू। जसु जग जाइ होइ अपबादू॥**

हे पिताजी! मुझे आशीर्वाद और आज्ञा दीजिये। हर्षके समय आप शोक क्यों कर रहे हैं? हे तात! प्रियके प्रेमवश प्रमाद (कर्तव्यकर्ममें त्रुटि) करनेसे जगत्‌में यश जाता रहेगा और निन्दा होगी॥ २॥

**सुनि सनेह बस उठि नरनाहाँ। बैठारे रघुपति गहि बाहाँ॥**
**सुनहु तात तुम्ह कहुँ मुनि कहहीं। रामु चराचर नायक अहहीं॥**

यह सुनकर स्नेहवश राजाने उठकर श्रीरघुनाथजीकी बाँह पकड़कर उन्हें बैठा लिया और कहा— हे तात! सुनो, तुम्हारे लिये मुनिलोग कहते हैं कि श्रीराम चराचरके स्वामी हैं॥ ३॥

**सुभ अरु असुभ करम अनुहारी। ईसु देइ फलु हृदयँ बिचारी॥**
**करइ जो करम पाव फल सोई। निगम नीति असि कह सबु कोई॥**

शुभ और अशुभ कर्मोंके अनुसार ईश्वर हृदयमें विचारकर फल देता है। जो कर्म करता है वही फल पाता है। ऐसी वेदकी नीति है, यह सब कोई कहते हैं॥ ४॥

**दो०—औरु करै अपराधु कोउ और पाव फल भोगु।**
**अति बिचित्र भगवंत गति को जग जानै जोगु॥ ७७॥**

[किन्तु इस अवसरपर तो इसके विपरीत हो रहा है,] अपराध तो कोई और ही करे और उसके फलका भोग कोई और ही पावे। भगवान्‌की लीला बड़ी ही विचित्र है, उसे जाननेयोग्य जगत्‌में कौन है?॥ ७७॥

**रायँ राम राखन हित लागी। बहुत उपाय किए छलु त्यागी॥**
**लखी राम रुख रहत न जाने। धरम धुरंधर धीर सयाने॥**

राजाने इस प्रकार श्रीरामचन्द्रजीको रखनेके लिये छल छोड़कर बहुत-से उपाय किये। पर जब उन्होंने धर्मधुरन्धर, धीर और बुद्धिमान् श्रीरामजीका रुख देख लिया और वे रहते हुए न जान पड़े,॥ १॥

**तब नृप सीय लाइ उर लीन्ही। अति हित बहुत भाँति सिख दीन्ही॥**
**कहि बन के दुख दुसह सुनाए। सासु ससुर पितु सुख समुझाए॥**

तब राजाने सीताजीको हृदयसे लगा लिया और बड़े प्रेमसे बहुत प्रकारकी शिक्षा दी। वनके दुःसह दुःख कहकर सुनाये। फिर सास, ससुर तथा पिताके [पास रहनेके] सुखोंको समझाया॥ २॥

**सिय मनु राम चरन अनुरागा। घरु न सुगमु बनु बिषमु न लागा॥**
**औरउ सबहिं सीय समुझाई। कहि कहि बिपिन बिपति अधिकाई॥**

परन्तु सीताजीका मन श्रीरामचन्द्रजीके चरणोंमें अनुरक्त था। इसलिये उन्हें घर अच्छा नहीं लगा और न वन भयानक लगा। फिर और सब लोगोंने भी वनमें विपत्तियोंकी अधिकता बता-बताकर सीताजीको समझाया॥ ३॥

**सचिव नारि गुर नारि सयानी। सहित सनेह कहहिं मृदु बानी॥**
**तुम्ह कहुँ तौ न दीन्ह बनबासू। करहु जो कहहिं ससुर गुर सासू॥**

मन्त्री सुमन्त्रजीकी पत्नी और गुरु वसिष्ठजीकी स्त्री अरुन्धतीजी तथा और भी चतुर स्त्रियाँ स्नेहके साथ कोमल वाणीसे कहती हैं कि तुमको तो [राजाने] वनवास दिया नहीं है। इसलिये जो ससुर, गुरु और सास कहें, तुम तो वही करो॥ ४॥

**दो०—सिख सीतलि हित मधुर मृदु सुनि सीतहि न सोहानि।**
**सरद चंद चंदिनि लगत जनु चकई अकुलानि॥ ७८॥**

यह शीतल, हितकारी, मधुर और कोमल सीख सुननेपर सीताजीको अच्छी नहीं लगी। [वे इस प्रकार व्याकुल हो गयीं] मानो शरद्-ऋतुके चन्द्रमाकी चाँदनी लगते ही चकई व्याकुल हो उठी हो॥ ७८॥

**सीय सकुच बस उतरु न देई। सो सुनि तमकि उठी कैकेई॥**
**मुनि पट भूषन भाजन आनी। आगें धरि बोली मृदु बानी॥**

सीताजी संकोचवश उत्तर नहीं देतीं। इन बातोंको सुनकर कैकेयी तमककर उठी। उसने मुनियोंके वस्त्र, आभूषण (माला, मेखला आदि) और बर्तन (कमण्डलु आदि) लाकर श्रीरामचन्द्रजीके आगे रख दिये और कोमल वाणीसे कहा—॥ १॥

**नृपहि प्रानप्रिय तुम्ह रघुबीरा। सील सनेह न छाड़िहि भीरा॥**
**सुकृतु सुजसु परलोकु नसाऊ। तुम्हहि जान बन कहिहि न काऊ॥**

हे रघुवीर! राजाको तुम प्राणोंके समान प्रिय हो। भीरु (प्रेमवश दुर्बल हृदयके) राजा शील और स्नेह नहीं छोड़ेंगे! पुण्य, सुन्दर यश और परलोक चाहे नष्ट हो जाय, पर तुम्हें वन जानेको वे कभी न कहेंगे॥ २॥

**अस बिचारि सोइ करहु जो भावा। राम जननि सिख सुनि सुखु पावा॥**
**भूपहि बचन बान सम लागे। करहिं न प्रान पयान अभागे॥**

ऐसा विचारकर जो तुम्हें अच्छा लगे वही करो। माताकी सीख सुनकर श्रीरामचन्द्रजीने [बड़ा] सुख पाया। परन्तु राजाको ये वचन बाणके समान लगे। [वे सोचने लगे] अब भी अभागे प्राण [क्यों] नहीं निकलते!॥ ३॥

**लोग बिकल मुरुछित नरनाहू। काह करिअ कछु सूझ न काहू॥**
**रामु तुरत मुनि बेषु बनाई। चले जनक जननिहि सिरु नाई॥**

राजा मूर्च्छित हो गये, लोग व्याकुल हैं। किसीको कुछ सूझ नहीं पड़ता कि क्या करें। श्रीरामचन्द्रजी तुरंत मुनिका वेष बनाकर और माता-पिताको सिर नवाकर चल दिये॥ ४॥

**दो०—सजि बन साजु समाजु सबु बनिता बंधु समेत।**
**बंदि बिप्र गुर चरन प्रभु चले करि सबहि अचेत॥ ७९॥**

वनका सब साज-सामान सजकर (वनके लिये आवश्यक वस्तुओंको साथ लेकर) श्रीरामचन्द्रजी स्त्री (श्रीसीताजी) और भाई (लक्ष्मणजी)-सहित, ब्राह्मण और गुरुके चरणोंकी वन्दना करके सबको अचेत करके चले॥ ७९॥

**निकसि बसिष्ठ द्वार भए ठाढ़े। देखे लोग बिरह दव दाढ़े॥**
**कहि प्रिय बचन सकल समुझाए। बिप्र बृंद रघुबीर बोलाए॥**

राजमहलसे निकलकर श्रीरामचन्द्रजी वसिष्ठजीके दरवाजेपर जा खड़े हुए और देखा कि सब लोग विरहकी अग्निमें जल रहे हैं। उन्होंने प्रिय वचन कहकर सबको समझाया। फिर श्रीरामचन्द्रजीने ब्राह्मणोंकी मण्डलीको बुलाया॥ १॥

**गुर सन कहि बरषासन दीन्हे। आदर दान बिनय बस कीन्हे॥**
**जाचक दान मान संतोषे। मीत पुनीत प्रेम परितोषे॥**

गुरुजीसे कहकर उन सबको वर्षाशन (वर्षभरका भोजन) दिये और आदर, दान तथा विनयसे उन्हें वशमें कर लिया। फिर याचकोंको दान और मान देकर सन्तुष्ट किया तथा मित्रोंको पवित्र प्रेमसे प्रसन्न किया॥ २॥

**दासीं दास बोलाइ बहोरी। गुरहि सौंपि बोले कर जोरी॥**
**सब कै सार सँभार गोसाईं। करबि जनक जननी की नाईं॥**

फिर दास-दासियोंको बुलाकर उन्हें गुरुजीको सौंपकर, हाथ जोड़कर बोले—हे गुसाईं! इन सबकी माता-पिताके समान सार-सँभार (देख-रेख) करते रहियेगा॥ ३॥

**बारहिं बार जोरि जुग पानी। कहत रामु सब सन मृदु बानी॥**
**सोइ सब भाँति मोर हितकारी। जेहि तें रहै भुआल सुखारी॥**

श्रीरामचन्द्रजी बार-बार दोनों हाथ जोड़कर सबसे कोमल वाणी कहते हैं कि मेरा सब प्रकारसे हितकारी मित्र वही होगा जिसकी चेष्टासे महाराज सुखी रहें॥ ४॥

**दो०—मातु सकल मोरे बिरहँ जेहिं न होहिं दुख दीन।**
**सोइ उपाउ तुम्ह करेहु सब पुर जन परम प्रबीन॥ ८०॥**

हे परम चतुर पुरवासी सज्जनो! आपलोग सब वही उपाय करियेगा जिससे मेरी सब माताएँ मेरे विरहके दुःखसे दुःखी न हों॥ ८०॥

**एहि बिधि राम सबहि समुझावा। गुर पद पदुम हरषि सिरु नावा॥**
**गनपति गौरि गिरीसु मनाई। चले असीस पाइ रघुराई॥**

इस प्रकार श्रीरामजीने सबको समझाया और हर्षित होकर गुरुजीके चरणकमलोंमें सिर नवाया। फिर गणेशजी, पार्वतीजी और कैलासपति महादेवजीको मनाकर तथा आशीर्वाद पाकर श्रीरघुनाथजी चले॥ १॥

**राम चलत अति भयउ बिषादू। सुनि न जाइ पुर आरत नादू॥**
**कुसगुन लंक अवध अति सोकू। हरष बिषाद बिबस सुरलोकू॥**

श्रीरामजीके चलते ही बड़ा भारी विषाद हो गया। नगरका आर्तनाद (हाहाकार) सुना नहीं जाता। लंकामें बुरे शकुन होने लगे, अयोध्यामें अत्यन्त शोक छा गया और देवलोकमें सब हर्ष और विषाद दोनोंके वशमें हो गये। [हर्ष इस बातका था कि अब राक्षसोंका नाश होगा और विषाद अयोध्यावासियोंके शोकके कारण था]॥ २॥

**गइ मुरुछा तब भूपति जागे। बोलि सुमंत्रु कहन अस लागे॥**
**रामु चले बन प्रान न जाहीं। केहि सुख लागि रहत तन माहीं॥**

मूर्च्छा दूर हुई, तब राजा जागे और सुमन्त्रको बुलाकर ऐसा कहने लगे—श्रीराम वनको चले

गये, पर मेरे प्राण नहीं जा रहे हैं। न जाने ये किस सुखके लिये शरीरमें टिक रहे हैं॥ ३॥

**एहि तें कवन ब्यथा बलवाना। जो दुखु पाइ तजहिं तनु प्राना॥**
**पुनि धरि धीर कहइ नरनाहू। लै रथु संग सखा तुम्ह जाहू॥**

इससे अधिक बलवती और कौन-सी व्यथा होगी जिस दुःखको पाकर प्राण शरीरको छोड़ेंगे। फिर धीरज धरकर राजाने कहा—हे सखा! तुम रथ लेकर श्रीरामके साथ जाओ॥ ४॥

**दो०—सुठि सुकुमार कुमार दोउ जनकसुता सुकुमारि।**
**रथ चढ़ाइ देखराइ बनु फिरेहु गएँ दिन चारि॥ ८१॥**

अत्यन्त सुकुमार दोनों कुमारोंको और सुकुमारी जानकीको रथमें चढ़ाकर, वन दिखलाकर चार दिनके बाद लौट आना॥ ८१॥

**जौं नहिं फिरहिं धीर दोउ भाई। सत्यसंध दृढ़ब्रत रघुराई॥**
**तौ तुम्ह बिनय करेहु कर जोरी। फेरिअ प्रभु मिथिलेसकिसोरी॥**

यदि धैर्यवान् दोनों भाई न लौटें—क्योंकि श्रीरघुनाथजी प्रणके सच्चे और दृढ़तासे नियमका पालन करनेवाले हैं—तो तुम हाथ जोड़कर विनती करना कि हे प्रभो! जनककुमारी सीताजीको तो लौटा दीजिये॥ १॥

**जब सिय कानन देखि डेराई। कहेहु मोरि सिख अवसरु पाई॥**
**सासु ससुर अस कहेउ सँदेसू। पुत्रि फिरिअ बन बहुत कलेसू॥**

जब सीता वनको देखकर डरें, तब मौका पाकर मेरी यह सीख उनसे कहना कि तुम्हारे सास और ससुरने ऐसा सन्देश कहा है कि हे पुत्री! तुम लौट चलो, वनमें बहुत क्लेश हैं॥ २॥

**पितुगृह कबहुँ कबहुँ ससुरारी। रहेहु जहाँ रुचि होइ तुम्हारी॥**
**एहि बिधि करेहु उपाय कदंबा। फिरइ त होइ प्रान अवलंबा॥**

कभी पिताके घर, कभी ससुराल, जहाँ तुम्हारी इच्छा हो, वहीं रहना। इस प्रकार तुम बहुत-से उपाय करना। यदि सीताजी लौट आयीं तो मेरे प्राणोंको सहारा हो जायगा॥ ३॥

**नाहिं त मोर मरनु परिनामा। कछु न बसाइ भएँ बिधि बामा॥**
**अस कहि मुरुछि परा महि राऊ। रामु लखनु सिय आनि देखाऊ॥**

नहीं तो अन्तमें मेरा मरण ही होगा। विधाताके विपरीत होनेपर कुछ वश नहीं चलता। हा! राम, लक्ष्मण और सीताको लाकर दिखाओ। ऐसा कहकर राजा मूर्च्छित होकर पृथ्वीपर गिर पड़े॥ ४॥

**दो०—पाइ रजायसु नाइ सिरु रथु अति बेग बनाइ।**
**गयउ जहाँ बाहेर नगर सीय सहित दोउ भाइ॥ ८२॥**

सुमन्त्रजी राजाकी आज्ञा पाकर, सिर नवाकर और बहुत जल्दी रथ जुड़वाकर वहाँ गये जहाँ नगरके बाहर सीताजीसहित दोनों भाई थे॥ ८२॥

**तब सुमंत्र नृप बचन सुनाए। करि बिनती रथ रामु चढ़ाए॥**
**चढ़ि रथ सीय सहित दोउ भाई। चले हृदयँ अवधहि सिरु नाई॥**

तब (वहाँ पहुँचकर) सुमन्त्रने राजाके वचन श्रीरामचन्द्रजीको सुनाये और विनती करके उनको रथपर चढ़ाया। सीताजीसहित दोनों भाई रथपर चढ़कर हृदयमें अयोध्याको सिर नवाकर चले॥ १॥

**चलत रामु लखि अवध अनाथा। बिकल लोग सब लागे साथा॥**
**कृपासिंधु बहुबिधि समुझावहिं। फिरहिं प्रेम बस पुनि फिरि आवहिं॥**

श्रीरामचन्द्रजीको जाते हुए और अयोध्याको अनाथ [होते हुए] देखकर सब लोग व्याकुल होकर उनके साथ हो लिये। कृपाके समुद्र श्रीरामजी उन्हें बहुत तरहसे समझाते हैं, तो वे [अयोध्याकी ओर] लौट जाते हैं; परन्तु प्रेमवश फिर लौट आते हैं॥ २॥

**लागति अवध भयावनि भारी। मानहुँ कालराति अँधिआरी॥**
**घोर जंतु सम पुर नर नारी। डरपहिं एकहि एक निहारी॥**

अयोध्यापुरी बड़ी डरावनी लग रही है। मानो अन्धकारमयी कालरात्रि ही हो। नगरके नर-नारी भयानक जन्तुओंके समान एक-दूसरेको देखकर डर रहे हैं॥ ३॥

**घर मसान परिजन जनु भूता। सुत हित मीत मनहुँ जमदूता॥**
**बागन्ह बिटप बेलि कुम्हिलाहीं। सरित सरोबर देखि न जाहीं॥**

घर श्मशान, कुटुम्बी भूत-प्रेत और पुत्र, हितैषी और मित्र मानो यमराजके दूत हैं। बगीचोंमें वृक्ष और बेलें कुम्हला रही हैं। नदी और तालाब ऐसे भयानक लगते हैं कि उनकी ओर देखा भी नहीं जाता॥ ४॥

**दो०—हय गय कोटिन्ह केलिमृग पुरपसु चातक मोर।**
**पिक रथांग सुक सारिका सारस हंस चकोर॥ ८३॥**

करोड़ों घोड़े, हाथी, खेलनेके लिये पाले हुए हिरन, नगरके [गाय, बैल, बकरी आदि] पशु, पपीहे, मोर, कोयल, चकवे, तोते, मैना, सारस, हंस और चकोर— ॥ ८३॥

**राम बियोग बिकल सब ठाढ़े। जहँ तहँ मनहुँ चित्र लिखि काढ़े॥**
**नगरु सफल बनु गहबर भारी। खग मृग बिपुल सकल नर नारी॥**

श्रीरामजीके वियोगमें सभी व्याकुल हुए जहाँ-तहाँ [ऐसे चुपचाप स्थिर होकर] खड़े हैं, मानो तसवीरोंमें लिखकर बनाये हुए हैं। नगर मानो फलोंसे परिपूर्ण बड़ा भारी सघन वन था। नगरनिवासी सब स्त्री-पुरुष बहुत-से पशु-पक्षी थे। (अर्थात् अवधपुरी अर्थ, धर्म, काम, मोक्ष चारों फलोंको देनेवाली नगरी थी और सब स्त्री-पुरुष सुखसे उन फलोंको प्राप्त करते थे।)॥ १॥

**बिधि कैकई किराततिनि कीन्ही। जेहिं दव दुसह दसहुँ दिसि दीन्ही॥**
**सहि न सके रघुबर बिरहागी। चले लोग सब ब्याकुल भागी॥**

विधाताने कैकेयीको भीलनी बनाया, जिसने दसों दिशाओंमें दुःसह दावाग्नि (भयानक आग) लगा दी। श्रीरामचन्द्रजीके विरहकी इस अग्निको लोग सह न सके। सब लोग व्याकुल होकर भाग चले॥ २॥

**सबहिं बिचारु कीन्ह मन माहीं। राम लखन सिय बिनु सुखु नाहीं॥**
**जहाँ रामु तहँ सबुइ समाजू। बिनु रघुबीर अवध नहिं काजू॥**

सबने मनमें विचार कर लिया कि श्रीरामजी, लक्ष्मणजी और सीताजीके बिना सुख नहीं है। जहाँ श्रीरामजी रहेंगे, वहीं सारा समाज रहेगा। श्रीरामचन्द्रजीके बिना अयोध्यामें हमलोगोंका कुछ काम नहीं है॥ ३॥

**चले साथ अस मंत्रु दृढ़ाई। सुर दुर्लभ सुख सदन बिहाई॥**
**राम चरन पंकज प्रिय जिन्हही। बिषय भोग बस करहिं कि तिन्हही॥**

ऐसा विचार दृढ़ करके देवताओंको भी दुर्लभ सुखोंसे पूर्ण घरोंको छोड़कर सब श्रीरामचन्द्रजीके साथ चल पड़े। जिनको श्रीरामजीके चरणकमल प्यारे हैं, उन्हें क्या कभी विषयभोग वशमें कर सकते हैं॥ ४॥

**दो०—बालक बृद्ध बिहाइ गृहँ लगे लोग सब साथ।**
**तमसा तीर निवासु किय प्रथम दिवस रघुनाथ॥ ८४॥**

बच्चों और बूढ़ोंको घरोंमें छोड़कर सब लोग साथ हो लिये। पहले दिन श्रीरघुनाथजीने तमसा नदीके तीरपर निवास किया॥ ८४॥

**रघुपति प्रजा प्रेमबस देखी। सदय हृदयँ दुखु भयउ बिसेषी॥**
**करुनामय रघुनाथ गोसाँई। बेगि पाइअहिं पीर पराई॥**

प्रजाको प्रेमवश देखकर श्रीरघुनाथजीके दयालु हृदयमें बड़ा दुःख हुआ। प्रभु श्रीरघुनाथजी करुणामय हैं। परायी पीड़ाको वे तुरंत पा जाते हैं (अर्थात् दूसरेका दुःख देखकर वे तुरंत स्वयं दुःखित हो जाते हैं)॥ १॥

**कहि सप्रेम मृदु बचन सुहाए। बहुबिधि राम लोग समुझाए॥**
**किए धरम उपदेस घनेरे। लोग प्रेम बस फिरहिं न फेरे॥**

प्रेमयुक्त कोमल और सुन्दर वचन कहकर श्रीरामजीने बहुत प्रकारसे लोगोंको समझाया और बहुतेरे धर्मसम्बन्धी उपदेश दिये; परन्तु प्रेमवश लोग लौटाये लौटते नहीं॥ २॥

**सीलु सनेहु छाड़ि नहिं जाई। असमंजस बस भे रघुराई॥**
**लोग सोग श्रम बस गए सोई। कछुक देवमायाँ मति मोई॥**

शील और स्नेह छोड़ा नहीं जाता। श्रीरघुनाथजी असमंजसके अधीन हो गये (दुविधामें पड़ गये)। शोक और परिश्रम (थकावट)-के मारे लोग सो गये और कुछ देवताओंकी मायासे भी उनकी बुद्धि मोहित हो गयी॥ ३॥

**जबहिं जाम जुग जामिनि बीती। राम सचिव सन कहेउ सप्रीती॥**
**खोज मारि रथु हाँकहु ताता। आन उपायँ बनिहि नहिं बाता॥**

जब दो पहर रात बीत गयी, तब श्रीरामचन्द्रजीने प्रेमपूर्वक मन्त्री सुमन्त्रसे कहा—हे तात! रथके खोज मारकर (अर्थात् पहियोंके चिह्नोंसे दिशाका पता न चले इस प्रकार) रथको हाँकिये। और किसी उपायसे बात नहीं बनेगी॥ ४॥

**दो०—राम लखन सिय जान चढ़ि संभु चरन सिरु नाइ।**
**सचिवँ चलायउ तुरत रथु इत उत खोज दुराइ॥ ८५॥**

शंकरजीके चरणोंमें सिर नवाकर श्रीरामजी, लक्ष्मणजी और सीताजी रथपर सवार हुए। मन्त्रीने तुरंत ही रथको, इधर-उधर खोज छिपाकर चला दिया॥ ८५॥

**जागे सकल लोग भएँ भोरू। गे रघुनाथ भयउ अति सोरू॥**
**रथ कर खोज कतहुँ नहिं पावहिं। राम राम कहि चहुँ दिसि धावहिं॥**

सबेरा होते ही सब लोग जागे, तो बड़ा शोर मचा कि श्रीरघुनाथजी चले गये। कहीं रथका

खोज नहीं पाते, सब 'हा राम! हा राम!' पुकारते हुए चारों ओर दौड़ रहे हैं॥ १॥

**मनहुँ बारिनिधि बूड़ जहाजू। भयउ बिकल बड़ बनिक समाजू॥**
**एकहि एक देहिं उपदेसू। तजे राम हम जानि कलेसू॥**

मानो समुद्रमें जहाज डूब गया हो, जिससे व्यापारियोंका समुदाय बहुत ही व्याकुल हो उठा हो। वे एक-दूसरेको उपदेश देते हैं कि श्रीरामचन्द्रजीने, हमलोगोंको क्लेश होगा, यह जानकर छोड़ दिया है॥ २॥

**निंदहिं आपु सराहहिं मीना। धिग जीवनु रघुबीर बिहीना॥**
**जौं पै प्रिय बियोगु बिधि कीन्हा। तौ कस मरनु न मागें दीन्हा॥**

वे लोग अपनी निन्दा करते हैं और मछलियोंकी सराहना करते हैं। [कहते हैं—] श्रीरामचन्द्रजीके बिना हमारे जीनेको धिक्कार है। विधाताने यदि प्यारेका वियोग ही रचा, तो फिर उसने माँगनेपर मृत्यु क्यों नहीं दी!॥ ३॥

**एहि बिधि करत प्रलाप कलापा। आए अवध भरे परितापा॥**
**बिषम बियोगु न जाइ बखाना। अवधि आस सब राखहिं प्राना॥**

इस प्रकार बहुत-से प्रलाप करते हुए वे सन्तापसे भरे हुए अयोध्याजीमें आये। उन लोगोंके विषम वियोगकी दशाका वर्णन नहीं किया जा सकता। [चौदह सालकी] अवधिकी आशासे ही वे प्राणोंको रख रहे हैं॥ ४॥

**दो०—राम दरस हित नेम ब्रत लगे करन नर नारि।**
**मनहुँ कोक कोकी कमल दीन बिहीन तमारि॥ ८६॥**

[सब] स्त्री-पुरुष श्रीरामचन्द्रजीके दर्शनके लिये नियम और व्रत करने लगे और ऐसे दुःखी हो गये जैसे चकवा, चकवी और कमल सूर्यके बिना दीन हो जाते हैं॥ ८६॥

**सीता सचिव सहित दोउ भाई। सृंगबेरपुर पहुँचे जाई॥**
**उतरे राम देवसरि देखी। कीन्ह दंडवत हरषु बिसेषी॥**

सीताजी और मन्त्रीसहित दोनों भाई शृंगवेरपुर जा पहुँचे। वहाँ गंगाजीको देखकर श्रीरामजी रथसे उतर पड़े और बड़े हर्षके साथ उन्होंने दण्डवत् की॥ १॥

**लखन सचिवँ सियँ किए प्रनामा। सबहि सहित सुखु पायउ रामा॥**
**गंग सकल मुद मंगल मूला। सब सुख करनि हरनि सब सूला॥**

लक्ष्मणजी, सुमन्त्र और सीताजीने भी प्रणाम किया। सबके साथ श्रीरामचन्द्रजीने सुख पाया। गंगाजी समस्त आनन्द-मंगलोंकी मूल हैं। वे सब सुखोंकी करनेवाली और सब पीड़ाओंकी हरनेवाली हैं॥ २॥

**कहि कहि कोटिक कथा प्रसंगा। रामु बिलोकहिं गंग तरंगा॥**
**सचिवहि अनुजहि प्रियहि सुनाई। बिबुध नदी महिमा अधिकाई॥**

अनेक कथा-प्रसंग कहते हुए श्रीरामजी गंगाजीकी तरंगोंको देख रहे हैं। उन्होंने मन्त्रीको, छोटे भाई लक्ष्मणजीको और प्रिया सीताजीको देवनदी गंगाजीकी बड़ी महिमा सुनायी॥ ३॥

**मज्जनु कीन्ह पंथ श्रम गयऊ। सुचि जलु पिअत मुदित मन भयऊ॥**
**सुमिरत जाहि मिटइ श्रम भारू। तेहि श्रम यह लौकिक ब्यवहारू॥**

इसके बाद सबने स्नान किया, जिससे मार्गका सारा श्रम (थकावट) दूर हो गया और पवित्र जल पीते ही मन प्रसन्न हो गया। जिनके स्मरणमात्रसे [बार-बार जन्मने और मरनेका] महान् श्रम मिट जाता है, उनको 'श्रम' होना—यह केवल लौकिक व्यवहार (नरलीला) है॥ ४॥

**दो०—सुद्ध सच्चिदानंदमय कंद भानुकुल केतु।**
**चरित करत नर अनुहरत संसृति सागर सेतु॥ ८७॥**

शुद्ध (प्रकृतिजन्य त्रिगुणोंसे रहित, मायातीत दिव्य मंगलविग्रह) सच्चिदानन्द-कन्दस्वरूप सूर्यकुलके ध्वजारूप भगवान् श्रीरामचन्द्रजी मनुष्योंके सदृश ऐसे चरित्र करते हैं जो संसाररूपी समुद्रके पार उतरनेके लिये पुलके समान हैं॥ ८७॥

**यह सुधि गुहँ निषाद जब पाई। मुदित लिए प्रिय बंधु बोलाई॥**
**लिए फल मूल भेंट भरि भारा। मिलन चलेउ हियँ हरषु अपारा॥**

जब निषादराज गुहने यह खबर पायी, तब आनन्दित होकर उसने अपने प्रियजनों और भाई-बन्धुओंको बुला लिया और भेंट देनेके लिये फल, मूल (कन्द) लेकर और उन्हें भारों (बहँगियों)-में भरकर मिलनेके लिये चला। उसके हृदयमें हर्षका पार नहीं था॥ १॥

**करि दंडवत भेंट धरि आगें। प्रभुहि बिलोकत अति अनुरागें॥**
**सहज सनेह बिबस रघुराई। पूँछी कुसल निकट बैठाई॥**

दण्डवत् करके भेंट सामने रखकर वह अत्यन्त प्रेमसे प्रभुको देखने लगा। श्रीरघुनाथजीने स्वाभाविक स्नेहके वश होकर उसे अपने पास बैठाकर कुशल पूछी॥ २॥

**नाथ कुसल पद पंकज देखें। भयउँ भागभाजन जन लेखें॥**
**देव धरनि धनु धामु तुम्हारा। मैं जनु नीचु सहित परिवारा॥**

निषादराजने उत्तर दिया—हे नाथ! आपके चरणकमलके दर्शनसे ही कुशल है [आपके चरणारविन्दोंके दर्शनकर] आज मैं भाग्यवान् पुरुषोंकी गिनतीमें आ गया। हे देव! यह पृथ्वी, धन और घर सब आपका है। मैं तो परिवारसहित आपका नीच सेवक हूँ॥ ३॥

**कृपा करिअ पुर धारिअ पाऊ। थापिअ जनु सबु लोगु सिहाऊ॥**
**कहेहु सत्य सबु सखा सुजाना। मोहि दीन्ह पितु आयसु आना॥**

अब कृपा करके पुर (शृंगवेरपुर)-में पधारिये और इस दासकी प्रतिष्ठा बढ़ाइये, जिससे सब लोग मेरे भाग्यकी बड़ाई करें। श्रीरामचन्द्रजीने कहा—हे सुजान सखा! तुमने जो कुछ कहा सब सत्य है। परन्तु पिताजीने मुझको और ही आज्ञा दी है॥ ४॥

**दो०—बरष चारिदस बासु बन मुनि ब्रत बेषु अहारु।**
**ग्राम बासु नहिं उचित सुनि गुहहि भयउ दुखु भारु॥ ८८॥**

[उनके आज्ञानुसार] मुझे चौदह वर्षतक मुनियोंका व्रत और वेष धारणकर और मुनियोंके योग्य आहार करते हुए वनमें ही बसना है, गाँवके भीतर निवास करना उचित नहीं है। यह सुनकर गुहको बड़ा दुःख हुआ॥ ८८॥

**राम लखन सिय रूप निहारी। कहहिं सप्रेम ग्राम नर नारी॥**
**ते पितु मातु कहहु सखि कैसे। जिन्ह पठए बन बालक ऐसे॥**

श्रीरामजी, लक्ष्मणजी और सीताजीके रूपको देखकर गाँवके स्त्री-पुरुष प्रेमके साथ चर्चा करते हैं। [कोई कहती है—] हे सखी! कहो तो, वे माता-पिता कैसे हैं, जिन्होंने ऐसे [सुन्दर सुकुमार] बालकोंको वनमें भेज दिया है!॥ १॥

**एक कहहिं भल भूपति कीन्हा। लोयन लाहु हमहि बिधि दीन्हा॥**
**तब निषादपति उर अनुमाना। तरु सिंसुपा मनोहर जाना॥**

कोई एक कहते हैं—राजाने अच्छा ही किया, इसी बहाने हमें भी ब्रह्माने नेत्रोंका लाभ दिया। तब निषादराजने हृदयमें अनुमान किया, तो अशोकके पेड़को [उनके ठहरनेके लिये] मनोहर समझा॥ २॥

**लै रघुनाथहि ठाउँ देखावा। कहेउ राम सब भाँति सुहावा॥**
**पुरजन करि जोहारु घर आए। रघुबर संध्या करन सिधाए॥**

उसने श्रीरघुनाथजीको ले जाकर वह स्थान दिखाया। श्रीरामचन्द्रजीने [देखकर] कहा कि यह सब प्रकारसे सुन्दर है। पुरवासी लोग जोहार (वन्दना) करके अपने-अपने घर लौटे और श्रीरामचन्द्रजी सन्ध्या करने पधारे॥ ३॥

**गुहँ सँवारि साँथरी डसाई। कुस किसलयमय मृदुल सुहाई॥**
**सुचि फल मूल मधुर मृदु जानी। दोना भरि भरि राखेसि पानी॥**

गुहने [इसी बीच] कुश और कोमल पत्तोंकी कोमल और सुन्दर साथरी सजाकर बिछा दी; और पवित्र, मीठे और कोमल देख-देखकर दोनोंमें भर-भरकर फल-मूल और पानी रख दिया [अथवा अपने हाथसे फल-मूल दोनोंमें भर-भरकर रख दिये]॥ ४॥

**दो०—सिय सुमंत्र भ्राता सहित कंद मूल फल खाइ।**
**सयन कीन्ह रघुबंसमनि पाय पलोटत भाइ॥ ८९॥**

सीताजी, सुमन्त्रजी और भाई लक्ष्मणजीसहित कन्द-मूल-फल खाकर रघुकुलमणि श्रीरामचन्द्रजी लेट गये। भाई लक्ष्मणजी उनके पैर दबाने लगे॥ ८९॥

**उठे लखनु प्रभु सोवत जानी। कहि सचिवहि सोवन मृदु बानी॥**
**कछुक दूरि सजि बान सरासन। जागन लगे बैठि बीरासन॥**

फिर प्रभु श्रीरामचन्द्रजीको सोते जानकर लक्ष्मणजी उठे और कोमल वाणीसे मन्त्री सुमन्त्रजीको सोनेके लिये कहकर वहाँसे कुछ दूरपर धनुष-बाणसे सजकर, वीरासनसे बैठकर जागने (पहरा देने) लगे॥ १॥

**गुहँ बोलाइ पाहरू प्रतीती। ठावँ ठावँ राखे अति प्रीती॥**
**आपु लखन पहिं बैठेउ जाई। कटि भाथी सर चाप चढ़ाई॥**

गुहने विश्वासपात्र पहरेदारोंको बुलाकर अत्यन्त प्रेमसे जगह-जगह नियुक्त कर दिया। और आप कमरमें तरकस बाँधकर तथा धनुषपर बाण चढ़ाकर लक्ष्मणजीके पास जा बैठा॥ २॥

**सोवत प्रभुहि निहारि निषादू। भयउ प्रेम बस हृदयँ बिषादू॥**
**तनु पुलकित जलु लोचन बहई। बचन सप्रेम लखन सन कहई॥**

प्रभुको जमीनपर सोते देखकर प्रेमवश निषादराजके हृदयमें विषाद हो आया। उसका शरीर पुलकित हो गया और नेत्रोंसे [प्रेमाश्रुओंका] जल बहने लगा। वह प्रेमसहित लक्ष्मणजीसे वचन कहने लगा—॥ ३॥

**भूपति भवन सुभायँ सुहावा। सुरपति सदनु न पटतर पावा॥**
**मनिमय रचित चारु चौबारे। जनु रतिपति निज हाथ सँवारे॥**

महाराज दशरथजीका महल तो स्वभावसे ही सुन्दर है, इन्द्रभवन भी जिसकी समानता नहीं पा सकता। उसमें सुन्दर मणियोंके रचे चौबारे (छतके ऊपर बँगले) हैं, जिन्हें मानो रतिके पति कामदेवने अपने ही हाथों सजाकर बनाया है;॥ ४॥

**दो०—सुचि सुबिचित्र सुभोगमय सुमन सुगंध सुबास।**
**पलँग मंजु मनि दीप जहँ सब बिधि सकल सुपास॥ ९०॥**

जो पवित्र, बड़े ही विलक्षण, सुन्दर भोगपदार्थोंसे पूर्ण और फूलोंकी सुगन्धसे सुवासित हैं; जहाँ सुन्दर पलँग और मणियोंके दीपक हैं तथा सब प्रकारका पूरा आराम है;॥ ९०॥

**बिबिध बसन उपधान तुराईं। छीर फेन मृदु बिसद सुहाईं॥**
**तहँ सिय रामु सयन निसि करहीं। निज छबि रति मनोज मदु हरहीं॥**

जहाँ [ओढ़ने-बिछानेके] अनेकों वस्त्र, तकिये और गद्दे हैं, जो दूधके फेनके समान कोमल, निर्मल (उज्ज्वल) और सुन्दर हैं; वहाँ (उन चौबारोंमें) श्रीसीताजी और श्रीरामचन्द्रजी रातको सोया करते थे और अपनी शोभासे रति और कामदेवके गर्वको हरण करते थे॥ १॥

**ते सिय रामु साथरीं सोए। श्रमित बसन बिनु जाहिं न जोए॥**
**मातु पिता परिजन पुरबासी। सखा सुसील दास अरु दासी॥**

वही श्रीसीता और श्रीरामजी आज घास-फूसकी साथरीपर थके हुए बिना वस्त्रके ही सोये हैं। ऐसी दशामें वे देखे नहीं जाते। माता, पिता, कुटुम्बी, पुरवासी (प्रजा), मित्र, अच्छे शील-स्वभावके दास और दासियाँ—॥ २॥

**जोगवहिं जिन्हहि प्रान की नाईं। महि सोवत तेइ राम गोसाईं॥**
**पिता जनक जग बिदित प्रभाऊ। ससुर सुरेस सखा रघुराऊ॥**

सब जिनकी अपने प्राणोंकी तरह सार-सँभार करते थे, वही प्रभु श्रीरामचन्द्रजी आज पृथ्वीपर सो रहे हैं। जिनके पिता जनकजी हैं, जिनका प्रभाव जगत्‌में प्रसिद्ध है; जिनके ससुर इन्द्रके मित्र रघुराज दशरथजी हैं,॥ ३॥

**रामचंदु पति सो बैदेही। सोवत महि बिधि बाम न केही॥**
**सिय रघुबीर कि कानन जोगू। करम प्रधान सत्य कह लोगू॥**

और पति श्रीरामचन्द्रजी हैं, वही जानकीजी आज जमीनपर सो रही हैं। विधाता किसको प्रतिकूल नहीं होता! सीताजी और श्रीरामचन्द्रजी क्या वनके योग्य हैं? लोग सच कहते हैं कि कर्म (भाग्य) ही प्रधान है॥ ४॥

**दो०—कैकयनंदिनि मंदमति कठिन कुटिलपनु कीन्ह।**
**जेहिं रघुनंदन जानकिहि सुख अवसर दुखु दीन्ह॥ ९१॥**

कैकयराजकी लड़की नीचबुद्धि कैकेयीने बड़ी ही कुटिलता की, जिसने रघुनन्दन श्रीरामजीको और जानकीजीको सुखके समय दुःख दिया॥ ९१॥

**भइ दिनकर कुल बिटप कुठारी। कुमति कीन्ह सब बिस्व दुखारी॥**
**भयउ बिषादु निषादहि भारी। राम सीय महि सयन निहारी॥**

वह सूर्यकुलरूपी वृक्षके लिये कुल्हाड़ी हो गयी। उस कुबुद्धिने सम्पूर्ण विश्वको दुःखी कर दिया। श्रीराम-सीताको जमीनपर सोते हुए देखकर निषादको बड़ा दुःख हुआ॥ १॥

**बोले लखन मधुर मृदु बानी। ग्यान बिराग भगति रस सानी॥**
**काहु न कोउ सुख दुख कर दाता। निज कृत करम भोग सबु भ्राता॥**

तब लक्ष्मणजी ज्ञान, वैराग्य और भक्तिके रससे सनी हुई मीठी और कोमल वाणी बोले— हे भाई! कोई किसीको सुख-दुःखका देनेवाला नहीं है। सब अपने ही किये हुए कर्मोंका फल भोगते हैं॥ २॥

**जोग बियोग भोग भल मंदा। हित अनहित मध्यम भ्रम फंदा॥**
**जनमु मरनु जहँ लगि जग जालू। संपति बिपति करमु अरु कालू॥**

संयोग (मिलना), वियोग (बिछुड़ना), भले-बुरे भोग, शत्रु, मित्र और उदासीन—ये सभी भ्रमके फंदे हैं। जन्म-मृत्यु, सम्पत्ति-विपत्ति, कर्म और काल—जहाँतक जगत्के जंजाल हैं;॥ ३॥

**धरनि धामु धनु पुर परिवारू। सरगु नरकु जहँ लगि ब्यवहारू॥**
**देखिअ सुनिअ गुनिअ मन माहीं। मोह मूल परमारथु नाहीं॥**

धरती, घर,धन, नगर, परिवार, स्वर्ग और नरक आदि जहाँतक व्यवहार हैं जो देखने, सुनने और मनके अंदर विचारनेमें आते हैं, इन सबका मूल मोह (अज्ञान) ही है। परमार्थतः ये नहीं हैं॥ ४॥

**दो०—सपनें होइ भिखारि नृपु रंकु नाकपति होइ।**
**जागें लाभु न हानि कछु तिमि प्रपंच जियँ जोइ॥ ९२॥**

जैसे स्वप्नमें राजा भिखारी हो जाय या कंगाल स्वर्गका स्वामी इन्द्र हो जाय, तो जागनेपर लाभ या हानि कुछ भी नहीं है; वैसे ही इस दृश्य-प्रपंचको हृदयसे देखना चाहिये॥ ९२॥

**अस बिचारि नहिं कीजिअ रोसू। काहुहि बादि न देइअ दोसू॥**
**मोह निसाँ सबु सोवनिहारा। देखिअ सपन अनेक प्रकारा॥**

ऐसा विचारकर क्रोध नहीं करना चाहिये और न किसीको व्यर्थ दोष ही देना चाहिये। सब लोग मोहरूपी रात्रिमें सोनेवाले हैं और सोते हुए उन्हें अनेकों प्रकारके स्वप्न दिखायी देते हैं॥ १॥

**एहिं जग जामिनि जागहिं जोगी। परमारथी प्रपंच बियोगी॥**
**जानिअ तबहिं जीव जग जागा। जब सब बिषय बिलास बिरागा॥**

इस जगत्रूपी रात्रिमें योगीलोग जागते हैं, जो परमार्थी हैं और प्रपंच (मायिक जगत्)-से छूटे हुए हैं। जगत्में जीवको जागा हुआ तभी जानना चाहिये जब सम्पूर्ण भोग-विलासोंसे वैराग्य हो जाय॥ २॥

**होइ बिबेकु मोह भ्रम भागा। तब रघुनाथ चरन अनुरागा॥**
**सखा परम परमारथु एहू। मन क्रम बचन राम पद नेहू॥**

विवेक होनेपर मोहरूपी भ्रम भाग जाता है, तब (अज्ञानका नाश होनेपर) श्रीरघुनाथजीके चरणोंमें प्रेम होता है। हे सखा! मन, वचन और कर्मसे श्रीरामजीके चरणोंमें प्रेम होना, यही सर्वश्रेष्ठ परमार्थ (पुरुषार्थ) है॥ ३॥

**राम ब्रह्म परमारथ रूपा। अबिगत अलख अनादि अनूपा॥**
**सकल बिकार रहित गतभेदा। कहि नित नेति निरूपहिं बेदा॥**

श्रीरामजी परमार्थस्वरूप (परमवस्तु) परब्रह्म हैं। वे अविगत (जाननेमें न आनेवाले), अलख (स्थूल दृष्टिसे देखनेमें न आनेवाले), अनादि (आदिरहित), अनुपम (उपमारहित), सब विकारोंसे रहित और भेदशून्य हैं, वेद जिनका नित्य 'नेति-नेति' कहकर निरूपण करते हैं॥ ४॥

**दो०—भगत भूमि भूसुर सुरभि सुर हित लागि कृपाल।**
**करत चरित धरि मनुज तनु सुनत मिटहिं जग जाल॥ ९३॥**

वही कृपालु श्रीरामचन्द्रजी भक्त, भूमि, ब्राह्मण, गौ और देवताओंके हितके लिये मनुष्यशरीर धारण करके लीलाएँ करते हैं, जिनके सुननेसे जगत्‌के जंजाल मिट जाते हैं॥ ९३॥

## मासपारायण, पंद्रहवाँ विश्राम

**सखा समुझि अस परिहरि मोहू। सिय रघुबीर चरन रत होहू॥**
**कहत राम गुन भा भिनुसारा। जागे जग मंगल सुखदारा॥**

हे सखा! ऐसा समझ, मोहको त्यागकर श्रीसीतारामजीके चरणोंमें प्रेम करो। इस प्रकार श्रीरामचन्द्रजीके गुण कहते-कहते सबेरा हो गया! तब जगत्‌का मंगल करनेवाले और उसे सुख देनेवाले श्रीरामजी जागे॥ १॥

**सकल सौच करि राम नहावा। सुचि सुजान बट छीर मगावा॥**
**अनुज सहित सिर जटा बनाए। देखि सुमंत्र नयन जल छाए॥**

शौचके सब कार्य करके [नित्य] पवित्र और सुजान श्रीरामचन्द्रजीने स्नान किया। फिर बड़का दूध मँगाया और छोटे भाई लक्ष्मणजीसहित उस दूधसे सिरपर जटाएँ बनायीं। यह देखकर सुमन्त्रजीके नेत्रोंमें जल छा गया॥ २॥

**हृदयँ दाहु अति बदन मलीना। कह कर जोरि बचन अति दीना॥**
**नाथ कहेउ अस कोसलनाथा। लै रथु जाहु राम कें साथा॥**

उनका हृदय अत्यन्त जलने लगा, मुँह मलिन (उदास) हो गया। वे हाथ जोड़कर अत्यन्त दीन वचन बोले—हे नाथ! मुझे कोसलनाथ दशरथजीने ऐसी आज्ञा दी थी कि तुम रथ लेकर श्रीरामजीके साथ जाओ;॥ ३॥

**बनु देखाइ सुरसरि अन्हवाई। आनेहु फेरि बेगि दोउ भाई॥**
**लखनु रामु सिय आनेहु फेरी। संसय सकल सँकोच निबेरी॥**

वन दिखाकर, गंगास्नान कराकर दोनों भाइयोंको तुरंत लौटा लाना। सब संशय और संकोचको दूर करके लक्ष्मण, राम, सीताको फिरा लाना॥ ४॥

**दो०—नृप अस कहेउ गोसाइँ जस कहइ करौं बलि सोइ।**
**करि बिनती पायन्ह परेउ दीन्ह बाल जिमि रोइ॥ ९४॥**

महाराजने ऐसा कहा था, अब प्रभु जैसा कहें, मैं वही करूँ; मैं आपकी बलिहारी हूँ। इस प्रकार विनती करके वे श्रीरामचन्द्रजीके चरणोंमें गिर पड़े और उन्होंने बालककी तरह रो दिया॥ ९४॥

**तात कृपा करि कीजिअ सोई। जातें अवध अनाथ न होई॥**
**मंत्रिहि राम उठाइ प्रबोधा। तात धरम मतु तुम्ह सबु सोधा॥**

[और कहा—] हे तात! कृपा करके वही कीजिये जिससे अयोध्या अनाथ न हो। श्रीरामजीने मन्त्रीको उठाकर धैर्य बँधाते हुए समझाया कि हे तात! आपने तो धर्मके सभी सिद्धान्तोंको छान डाला है॥ १॥

**सिबि दधीच हरिचंद नरेसा। सहे धरम हित कोटि कलेसा॥**
**रंतिदेव बलि भूप सुजाना। धरमु धरेउ सहि संकट नाना॥**

शिबि, दधीचि और राजा हरिश्चन्द्रने धर्मके लिये करोड़ों (अनेकों) कष्ट सहे थे। बुद्धिमान् राजा रन्तिदेव और बलि बहुत-से संकट सहकर भी धर्मको पकड़े रहे (उन्होंने धर्मका परित्याग नहीं किया)॥ २॥

**धरमु न दूसर सत्य समाना। आगम निगम पुरान बखाना॥**
**मैं सोइ धरमु सुलभ करि पावा। तजें तिहूँ पुर अपजसु छावा॥**

वेद, शास्त्र और पुराणोंमें कहा गया है कि सत्यके समान दूसरा धर्म नहीं है। मैंने उस धर्मको सहज ही पा लिया है। इस [सत्यरूपी धर्म]-का त्याग करनेसे तीनों लोकोंमें अपयश छा जायगा॥ ३॥

**संभावित कहुँ अपजस लाहू। मरन कोटि सम दारुन दाहू॥**
**तुम्ह सन तात बहुत का कहऊँ। दिएँ उतरु फिरि पातकु लहऊँ॥**

प्रतिष्ठित पुरुषके लिये अपयशकी प्राप्ति करोड़ों मृत्युके समान भीषण सन्ताप देनेवाली है। हे तात! मैं आपसे अधिक क्या कहूँ! लौटकर उत्तर देनेमें भी पापका भागी होता हूँ॥ ४॥

**दो०—पितु पद गहि कहि कोटि नति बिनय करब कर जोरि।**
**चिंता कवनिहु बात कै तात करिअ जनि मोरि॥ ९५॥**

आप जाकर पिताजीके चरण पकड़कर करोड़ों नमस्कारके साथ ही हाथ जोड़कर विनती करियेगा कि हे तात! आप मेरी किसी बातकी चिन्ता न करें॥ ९५॥

**तुम्ह पुनि पितु सम अति हित मोरें। बिनती करउँ तात कर जोरें॥**
**सब बिधि सोइ करतब्य तुम्हारें। दुख न पाव पितु सोच हमारें॥**

आप भी पिताके समान ही मेरे बड़े हितैषी हैं। हे तात! मैं हाथ जोड़कर आपसे विनती करता हूँ कि आपका भी सब प्रकारसे वही कर्तव्य है जिसमें पिताजी हमलोगोंके सोचमें दुःख न पावें॥ १॥

**सुनि रघुनाथ सचिव संबादू। भयउ सपरिजन बिकल निषादू॥**
**पुनि कछु लखन कही कटु बानी। प्रभु बरजे बड़ अनुचित जानी॥**

श्रीरघुनाथजी और सुमन्त्रका यह संवाद सुनकर निषादराज कुटुम्बियोंसहित व्याकुल हो गया। फिर लक्ष्मणजीने कुछ कड़वी बात कही। प्रभु श्रीरामचन्द्रजीने उसे बहुत ही अनुचित जानकर उनको मना किया॥ २॥

**सकुचि राम निज सपथ देवाई। लखन सँदेसु कहिअ जनि जाई॥**
**कह सुमंत्रु पुनि भूप सँदेसू। सहि न सकिहि सिय बिपिन कलेसू॥**

श्रीरामचन्द्रजीने सकुचाकर, अपनी सौगंध दिलाकर सुमन्त्रजीसे कहा कि आप जाकर लक्ष्मणका यह सन्देश न कहियेगा। सुमन्त्रने फिर राजाका सन्देश कहा कि सीता वनके क्लेश न सह सकेंगी॥ ३॥

**जेहि बिधि अवध आव फिरि सीया। सोइ रघुबरहि तुम्हहि करनीया॥**
**नतरु निपट अवलंब बिहीना। मैं न जिअब जिमि जल बिनु मीना॥**

अतएव जिस तरह सीता अयोध्याको लौट आवें, तुमको और श्रीरामचन्द्रजीको वही उपाय करना चाहिये। नहीं तो मैं बिलकुल ही बिना सहारेका होकर वैसे ही नहीं जीऊँगा जैसे बिना जलके मछली नहीं जीती॥ ४॥

**दो०—मइकें ससुरें सकल सुख जबहिं जहाँ मनु मान।**
**तहँ तब रहिहि सुखेन सिय जब लगि बिपति बिहान॥ ९६॥**

सीताके मायके (पिताके घर) और ससुरालमें सब सुख हैं। जबतक यह विपत्ति दूर नहीं होती, तबतक वे जब जहाँ जी चाहे, वहीं सुखसे रहेंगी॥ ९६॥

**बिनती भूप कीन्ह जेहि भाँती। आरति प्रीति न सो कहि जाती॥**
**पितु सँदेसु सुनि कृपानिधाना। सियहि दीन्ह सिख कोटि बिधाना॥**

राजाने जिस तरह (जिस दीनता और प्रेमसे) विनती की है, वह दीनता और प्रेम कहा नहीं जा सकता। कृपानिधान श्रीरामचन्द्रजीने पिताका सन्देश सुनकर सीताजीको करोड़ों (अनेकों) प्रकारसे सीख दी॥ १॥

**सासु ससुर गुर प्रिय परिवारू। फिरहु त सब कर मिटै खभारू॥**
**सुनि पति बचन कहति बैदेही। सुनहु प्रानपति परम सनेही॥**

[उन्होंने कहा—] जो तुम घर लौट जाओ, तो सास, ससुर, गुरु, प्रियजन एवं कुटुम्बी सबकी चिन्ता मिट जाय। पतिके वचन सुनकर जानकीजी कहती हैं—हे प्राणपति! हे परम स्नेही! सुनिये॥ २॥

**प्रभु करुनामय परम बिबेकी। तनु तजि रहति छाँह किमि छेंकी॥**
**प्रभा जाइ कहँ भानु बिहाई। कहँ चंद्रिका चंदु तजि जाई॥**

हे प्रभो! आप करुणामय और परम ज्ञानी हैं। [कृपा करके विचार तो कीजिये] शरीरको छोड़कर छाया अलग कैसे रोकी रह सकती है? सूर्यकी प्रभा सूर्यको छोड़कर कहाँ जा सकती है? और चाँदनी चन्द्रमाको त्यागकर कहाँ जा सकती है?॥ ३॥

**पतिहि प्रेममय बिनय सुनाई। कहति सचिव सन गिरा सुहाई॥**
**तुम्ह पितु ससुर सरिस हितकारी। उतरु देउँ फिरि अनुचित भारी॥**

इस प्रकार पतिको प्रेममयी विनती सुनाकर सीताजी मन्त्रीसे सुहावनी वाणी कहने लगीं—आप मेरे पिताजी और ससुरजीके समान मेरा हित करनेवाले हैं। आपको मैं बदलेमें उत्तर देती हूँ, यह बहुत ही अनुचित है॥ ४॥

**दो०—आरति बस सनमुख भइउँ बिलगु न मानब तात।**
**आरजसुत पद कमल बिनु बादि जहाँ लगि नात॥ ९७॥**

किन्तु हे तात! मैं आर्त्त होकर ही आपके सम्मुख हुई हूँ, आप बुरा न मानियेगा। आर्यपुत्र (स्वामी)-के चरणकमलोंके बिना जगत्‌में जहाँतक नाते हैं सभी मेरे लिये व्यर्थ हैं॥ ९७॥

**पितु बैभव बिलास मैं डीठा। नृप मनि मुकुट मिलित पद पीठा॥**
**सुखनिधान अस पितु गृह मोरें। पिय बिहीन मन भाव न भोरें॥**

मैंने पिताजीके ऐश्वर्यकी छटा देखी है, जिनके चरण रखनेकी चौकीसे सर्वशिरोमणि राजाओंके मुकुट मिलते हैं (अर्थात् बड़े-बड़े राजा जिनके चरणोंमें प्रणाम करते हैं) ऐसे पिताका घर भी, जो सब प्रकारके सुखोंका भण्डार है, पतिके बिना मेरे मनको भूलकर भी नहीं भाता॥ १॥

**ससुर चक्कवइ कोसलराऊ। भुवन चारिदस प्रगट प्रभाऊ॥**
**आगें होइ जेहि सुरपति लेई। अरध सिंघासन आसनु देई॥**

मेरे ससुर कोसलराज चक्रवर्ती सम्राट् हैं, जिनका प्रभाव चौदहों लोकोंमें प्रकट है; इन्द्र भी आगे होकर जिनका स्वागत करता है और अपने आधे सिंहासनपर बैठनेके लिये स्थान देता है,॥ २॥

**ससुर एतादृस अवध निवासू। प्रिय परिवारु मातु सम सासू॥**
**बिनु रघुपति पद पदुम परागा। मोहि केउ सपनेहुँ सुखद न लागा॥**

ऐसे [ऐश्वर्य और प्रभावशाली] ससुर; [उनकी राजधानी] अयोध्याका निवास; प्रिय कुटुम्बी और माताके समान सासुएँ—ये कोई भी श्रीरघुनाथजीके चरणकमलोंकी रजके बिना मुझे स्वप्नमें भी सुखदायक नहीं लगते॥ ३॥

**अगम पंथ बनभूमि पहारा। करि केहरि सर सरित अपारा॥**
**कोल किरात कुरंग बिहंगा। मोहि सब सुखद प्रानपति संगा॥**

दुर्गम रास्ते, जंगली धरती, पहाड़, हाथी, सिंह, अथाह तालाब एवं नदियाँ; कोल, भील, हिरन और पक्षी—प्राणपति (रघुनाथजी)-के साथ रहते ये सभी मुझे सुख देनेवाले होंगे॥ ४॥

**दो०—सासु ससुर सन मोरि हुँति बिनय करबि परि पायँ।**
**मोर सोचु जनि करिअ कछु मैं बन सुखी सुभायँ॥ ९८॥**

अतः सास और ससुरके पाँव पड़कर, मेरी ओरसे विनती कीजियेगा कि वे मेरा कुछ भी सोच न करें; मैं वनमें स्वभावसे ही सुखी हूँ॥ ९८॥

**प्राननाथ प्रिय देवर साथा। बीर धुरीन धरें धनु भाथा॥**
**नहिं मग श्रमु भ्रमु दुख मन मोरें। मोहि लगि सोचु करिअ जनि भोरें॥**

वीरोंमें अग्रगण्य तथा धनुष और [बाणोंसे भरे] तरकश धारण किये मेरे प्राणनाथ और प्यारे देवर साथ हैं। इससे मुझे न रास्तेकी थकावट है, न भ्रम है, और न मेरे मनमें कोई दुःख ही है। आप मेरे लिये भूलकर भी सोच न करें॥ १॥

**सुनि सुमंत्रु सिय सीतलि बानी। भयउ बिकल जनु फनि मनि हानी॥**
**नयन सूझ नहिं सुनइ न काना। कहि न सकइ कछु अति अकुलाना॥**

सुमन्त्र सीताजीकी शीतल वाणी सुनकर ऐसे व्याकुल हो गये, जैसे साँप मणि खो जानेपर। नेत्रोंसे कुछ सूझता नहीं, कानोंसे सुनायी नहीं देता। वे बहुत व्याकुल हो गये, कुछ कह नहीं सकते॥ २॥

**राम प्रबोधु कीन्ह बहु भाँती। तदपि होति नहिं सीतलि छाती॥**
**जतन अनेक साथ हित कीन्हे। उचित उतर रघुनंदन दीन्हे॥**

श्रीरामचन्द्रजीने उनका बहुत प्रकारसे समाधान किया। तो भी उनकी छाती ठंडी न हुई। साथ चलनेके लिये मन्त्रीने अनेकों यत्न किये (युक्तियाँ पेश कीं), पर रघुनन्दन श्रीरामजी [उन सब युक्तियोंका] यथोचित उत्तर देते गये॥ ३॥

**मेटि जाइ नहिं राम रजाई। कठिन करमगति कछु न बसाई॥**
**राम लखन सिय पद सिरु नाई। फिरेउ बनिक जिमि मूर गवाँई॥**

श्रीरामजीकी आज्ञा मेटी नहीं जा सकती। कर्मकी गति कठिन है, उसपर कुछ भी वश नहीं चलता। श्रीराम, लक्ष्मण और सीताजीके चरणोंमें सिर नवाकर सुमन्त्र इस तरह लौटे जैसे कोई व्यापारी अपना मूलधन (पूँजी) गँवाकर लौटे॥ ४॥

**दो०—रथु हाँकेउ हय राम तन हेरि हेरि हिहिनाहिं।**
**देखि निषाद बिषादबस धुनहिं सीस पछिताहिं॥ ९९॥**

सुमन्त्रने रथको हाँका, घोड़े श्रीरामचन्द्रजीकी ओर देख-देखकर हिनहिनाते हैं। यह देखकर निषादलोग विषादके वश होकर सिर धुन-धुनकर (पीट-पीटकर) पछताते हैं॥ ९९॥

**जासु बियोग बिकल पसु ऐसें। प्रजा मातु पितु जिइहहिं कैसें॥**
**बरबस राम सुमंत्रु पठाए। सुरसरि तीर आपु तब आए॥**

जिनके वियोगमें पशु इस प्रकार व्याकुल हैं, उनके वियोगमें प्रजा, माता और पिता कैसे जीते रहेंगे? श्रीरामचन्द्रजीने जबर्दस्ती सुमन्त्रको लौटाया। तब आप गंगाजीके तीरपर आये॥ १॥

**मागी नाव न केवटु आना। कहइ तुम्हार मरमु मैं जाना॥**
**चरन कमल रज कहुँ सबु कहई। मानुष करनि मूरि कछु अहई॥**

श्रीरामने केवटसे नाव माँगी, पर वह लाता नहीं। वह कहने लगा—मैंने तुम्हारा मर्म (भेद) जान लिया। तुम्हारे चरणकमलोंकी धूलके लिये सब लोग कहते हैं कि वह मनुष्य बना देनेवाली कोई जड़ी है, ॥ २॥

**छुअत सिला भइ नारि सुहाई। पाहन तें न काठ कठिनाई॥**
**तरनिउ मुनि घरिनी होइ जाई। बाट परइ मोरि नाव उड़ाई॥**

जिसके छूते ही पत्थरकी शिला सुन्दरी स्त्री हो गयी [मेरी नाव तो काठकी है]। काठ पत्थरसे कठोर तो होता नहीं। मेरी नाव भी मुनिकी स्त्री हो जायगी और इस प्रकार मेरी नाव उड़ जायगी, मैं लुट जाऊँगा [अथवा रास्ता रुक जायगा जिससे आप पार न हो सकेंगे और मेरी रोजी मारी जायगी] (मेरी कमाने-खानेकी राह ही मारी जायगी)॥ ३॥

**एहिं प्रतिपालउँ सबु परिवारू। नहिं जानउँ कछु अउर कबारू॥**
**जौं प्रभु पार अवसि गा चहहू। मोहि पद पदुम पखारन कहहू॥**

मैं तो इसी नावसे सारे परिवारका पालन-पोषण करता हूँ। दूसरा कोई धंधा नहीं जानता। हे प्रभु! यदि तुम अवश्य ही पार जाना चाहते हो तो मुझे पहले अपने चरणकमल पखारने (धो लेने)-के लिये कह दो॥ ४॥

**छं०—पद कमल धोइ चढ़ाइ नाव न नाथ उतराई चहौं।**
**मोहि राम राउरि आन दसरथ सपथ सब साची कहौं॥**
**बरु तीर मारहुँ लखनु पै जब लगि न पाय पखारिहौं।**
**तब लगि न तुलसीदास नाथ कृपाल पारु उतारिहौं॥**

हे नाथ! मैं चरणकमल धोकर आपलोगोंको नावपर चढ़ा लूँगा; मैं आपसे कुछ उतराई नहीं चाहता। हे राम! मुझे आपकी दुहाई और दशरथजीकी सौगंध है, मैं सब सच-सच कहता हूँ

लक्ष्मण भले ही मुझे तीर मारें, पर जबतक मैं पैरोंको पखार न लूँगा, तबतक हे तुलसीदासके नाथ! हे कृपालु! मैं पार नहीं उतारूँगा।

**सो०—सुनि केवट के बैन प्रेम लपेटे अटपटे।**
**बिहसे करुनाऐन चितइ जानकी लखन तन॥ १००॥**

केवटके प्रेममें लपेटे हुए अटपटे वचन सुनकर करुणाधाम श्रीरामचन्द्रजी जानकीजी और लक्ष्मणजीकी ओर देखकर हँसे॥ १००॥

**कृपासिंधु बोले मुसुकाई। सोइ करु जेहिं तव नाव न जाई॥**
**बेगि आनु जल पाय पखारू। होत बिलंबु उतारहि पारू॥**

कृपाके समुद्र श्रीरामचन्द्रजी केवटसे मुसकराकर बोले—भाई! तू वही कर जिससे तेरी नाव न जाय। जल्दी पानी ला और पैर धो ले। देर हो रही है, पार उतार दे॥ १॥

**जासु नाम सुमिरत एक बारा। उतरहिं नर भवसिंधु अपारा॥**
**सोइ कृपालु केवटहि निहोरा। जेहिं जगु किय तिहु पगहु ते थोरा॥**

एक बार जिनका नाम स्मरण करते ही मनुष्य अपार भवसागरके पार उतर जाते हैं, और जिन्होंने [वामनावतारमें] जगत्‌को तीन पगसे भी छोटा कर दिया था (दो ही पगमें त्रिलोकीको नाप लिया था), वही कृपालु श्रीरामचन्द्रजी [गंगाजीसे पार उतारनेके लिये] केवटका निहोरा कर रहे हैं!॥ २॥

**पद नख निरखि देवसरि हरषी। सुनि प्रभु बचन मोहँ मति करषी॥**
**केवट राम रजायसु पावा। पानि कठवता भरि लेइ आवा॥**

प्रभुके इन वचनोंको सुनकर गंगाजीकी बुद्धि मोहसे खिंच गयी थी [कि ये साक्षात् भगवान् होकर भी पार उतारनेके लिये केवटका निहोरा कैसे कर रहे हैं]। परन्तु [समीप आनेपर अपनी उत्पत्तिके स्थान] पदनखोंको देखते ही [उन्हें पहचानकर] देवनदी गंगाजी हर्षित हो गयीं। (वे समझ गयीं कि भगवान् नरलीला कर रहे हैं, इससे उनका मोह नष्ट हो गया; और इन चरणोंका स्पर्श प्राप्त करके मैं धन्य होऊँगी, यह विचारकर वे हर्षित हो गयीं।) केवट श्रीरामचन्द्रजीकी आज्ञा पाकर कठौतेमें भरकर जल ले आया॥ ३॥

**अति आनंद उमगि अनुरागा। चरन सरोज पखारन लागा॥**
**बरषि सुमन सुर सकल सिहाहीं। एहि सम पुन्यपुंज कोउ नाहीं॥**

अत्यन्त आनन्द और प्रेममें उमँगकर वह भगवान्‌के चरणकमल धोने लगा। सब देवता फूल बरसाकर सिहाने लगे कि इसके समान पुण्यकी राशि कोई नहीं है॥ ४॥

**दो०—पद पखारि जलु पान करि आपु सहित परिवार।**
**पितर पारु करि प्रभुहि पुनि मुदित गयउ लेइ पार॥ १०१॥**

चरणोंको धोकर और सारे परिवारसहित स्वयं उस जल (चरणोदक)-को पीकर पहले [उस महान् पुण्यके द्वारा] अपने पितरोंको भवसागरसे पारकर फिर आनन्दपूर्वक प्रभु श्रीरामचन्द्रको गंगाजीके पार ले गया॥ १०१॥

**उतरि ठाढ़ भए सुरसरि रेता। सीय रामु गुह लखन समेता॥**
**केवट उतरि दंडवत कीन्हा। प्रभुहि सकुच एहि नहिं कछु दीन्हा॥**

निषादराज और लक्ष्मणजीसहित श्रीसीताजी और श्रीरामचन्द्रजी [नावसे] उतरकर गंगाजीकी रेत (बालू)-में खड़े हो गये। तब केवटने उतरकर दण्डवत् की। [उसको दण्डवत् करते देखकर] प्रभुको संकोच हुआ कि इसको कुछ दिया नहीं॥ १॥

**पिय हिय की सिय जाननिहारी। मनि मुदरी मन मुदित उतारी॥**
**कहेउ कृपाल लेहि उतराई। केवट चरन गहे अकुलाई॥**

पतिके हृदयकी जाननेवाली सीताजीने आनन्दभरे मनसे अपनी रत्नजटित अँगूठी [अँगुलीसे] उतारी। कृपालु श्रीरामचन्द्रजीने केवटसे कहा, नावकी उतराई लो। केवटने व्याकुल होकर चरण पकड़ लिये॥ २॥

**नाथ आजु मैं काह न पावा। मिटे दोष दुख दारिद दावा॥**
**बहुत काल मैं कीन्हि मजूरी। आजु दीन्ह बिधि बनि भलि भूरी॥**

[उसने कहा—] हे नाथ! आज मैंने क्या नहीं पाया! मेरे दोष, दुःख और दरिद्रताकी आग आज बुझ गयी है। मैंने बहुत समयतक मजदूरी की। विधाताने आज बहुत अच्छी भरपूर मजदूरी दे दी॥ ३॥

**अब कछु नाथ न चाहिअ मोरें। दीनदयाल अनुग्रह तोरें॥**
**फिरती बार मोहि जो देबा। सो प्रसादु मैं सिर धरि लेबा॥**

हे नाथ! हे दीनदयाल! आपकी कृपासे अब मुझे कुछ नहीं चाहिये। लौटती बार आप मुझे जो कुछ देंगे, वह प्रसाद मैं सिर चढ़ाकर लूँगा॥ ४॥

**दो०—बहुत कीन्ह प्रभु लखन सियँ नहिं कछु केवटु लेइ।**
**बिदा कीन्ह करुनायतन भगति बिमल बरु देइ॥ १०२॥**

प्रभु श्रीरामजी, लक्ष्मणजी और सीताजीने बहुत आग्रह [या यत्न] किया, पर केवट कुछ नहीं लेता। तब करुणाके धाम भगवान् श्रीरामचन्द्रजीने निर्मल भक्तिका वरदान देकर उसे विदा किया॥ १०२॥

**तब मज्जनु करि रघुकुलनाथा। पूजि पारथिव नायउ माथा॥**
**सियँ सुरसरिहि कहेउ कर जोरी। मातु मनोरथ पुरउबि मोरी॥**

फिर रघुकुलके स्वामी श्रीरामचन्द्रजीने स्नान करके पार्थिवपूजा की और शिवजीको सिर नवाया। सीताजीने हाथ जोड़कर गंगाजीसे कहा—हे माता! मेरा मनोरथ पूरा कीजियेगा॥ १॥

**पति देवर सँग कुसल बहोरी। आइ करौं जेहिं पूजा तोरी॥**
**सुनि सिय बिनय प्रेम रस सानी। भइ तब बिमल बारि बर बानी॥**

जिससे मैं पति और देवरके साथ कुशलपूर्वक लौट आकर तुम्हारी पूजा करूँ। सीताजीकी प्रेमरसमें सनी हुई विनती सुनकर तब गंगाजीके निर्मल जलमेंसे श्रेष्ठ वाणी हुई—॥ २॥

**सुनु रघुबीर प्रिया बैदेही। तव प्रभाउ जग बिदित न केही॥**
**लोकप होहिं बिलोकत तोरें। तोहि सेवहिं सब सिधि कर जोरें॥**

हे रघुवीरकी प्रियतमा जानकी! सुनो, तुम्हारा प्रभाव जगत्‌में किसे नहीं मालूम है? तुम्हारे [कृपादृष्टिसे] देखते ही लोग लोकपाल हो जाते हैं। सब सिद्धियाँ हाथ जोड़े तुम्हारी सेवा करती हैं॥ ३॥

**तुम्ह जो हमहि बड़ि बिनय सुनाई। कृपा कीन्हि मोहि दीन्हि बड़ाई॥**
**तदपि देबि मैं देबि असीसा। सफल होन हित निज बागीसा॥**

तुमने जो मुझको बड़ी विनती सुनायी, यह तो मुझपर कृपा की और मुझे बड़ाई दी है। तो भी हे देवि! मैं अपनी वाणी सफल होनेके लिये तुम्हें आशीर्वाद दूँगी॥ ४॥

**दो०—प्राननाथ देवर सहित कुसल कोसला आइ।**
**पूजिहि सब मनकामना सुजसु रहिहि जग छाइ॥ १०३॥**

तुम अपने प्राणनाथ और देवरसहित कुशलपूर्वक अयोध्या लौटोगी। तुम्हारी सारी मनःकामनाएँ पूरी होंगी और तुम्हारा सुन्दर यश जगत्‌भरमें छा जायगा॥ १०३॥

**गंग बचन सुनि मंगल मूला। मुदित सीय सुरसरि अनुकूला॥**
**तब प्रभु गुहहि कहेउ घर जाहू। सुनत सूख मुखु भा उर दाहू॥**

मंगलके मूल गंगाजीके वचन सुनकर और देवनदीको अनुकूल देखकर सीताजी आनन्दित हुईं। तब प्रभु श्रीरामचन्द्रजीने निषादराज गुहसे कहा कि भैया! अब तुम घर जाओ! यह सुनते ही उसका मुँह सूख गया और हृदयमें दाह उत्पन्न हो गया॥ १॥

**दीन बचन गुह कह कर जोरी। बिनय सुनहु रघुकुलमनि मोरी॥**
**नाथ साथ रहि पंथु देखाई। करि दिन चारि चरन सेवकाई॥**

गुह हाथ जोड़कर दीन वचन बोला—हे रघुकुलशिरोमणि! मेरी विनती सुनिये। मैं नाथ (आप)-के साथ रहकर, रास्ता दिखाकर, चार (कुछ) दिन चरणोंकी सेवा करके—॥ २॥

**जेहिं बन जाइ रहब रघुराई। परनकुटी मैं करबि सुहाई॥**
**तब मोहि कहँ जसि देब रजाई। सोइ करिहउँ रघुबीर दोहाई॥**

हे रघुराज! जिस वनमें आप जाकर रहेंगे, वहाँ मैं सुन्दर पर्णकुटी (पत्तोंकी कुटिया) बना दूँगा। तब मुझे आप जैसी आज्ञा देंगे, मुझे रघुवीर (आप)-की दुहाई है, मैं वैसा ही करूँगा॥ ३॥

**सहज सनेह राम लखि तासू। संग लीन्ह गुह हृदयँ हुलासू॥**
**पुनि गुहँ ग्याति बोलि सब लीन्हे। करि परितोषु बिदा तब कीन्हे॥**

उसके स्वाभाविक प्रेमको देखकर श्रीरामचन्द्रजीने उसको साथ ले लिया, इससे गुहके हृदयमें बड़ा आनन्द हुआ। फिर गुह (निषादराज)-ने अपनी जातिके लोगोंको बुला लिया और उनका संतोष कराके तब उनको विदा किया॥ ४॥

**दो०—तब गनपति सिव सुमिरि प्रभु नाइ सुरसरिहि माथ।**
**सखा अनुज सिय सहित बन गवनु कीन्ह रघुनाथ॥ १०४॥**

तब प्रभु श्रीरघुनाथजी गणेशजी और शिवजीका स्मरण करके तथा गंगाजीको मस्तक नवाकर सखा निषादराज, छोटे भाई लक्ष्मणजी और सीताजीसहित वनको चले॥ १०४॥

**तेहि दिन भयउ बिटप तर बासू। लखन सखाँ सब कीन्ह सुपासू॥**
**प्रात प्रातकृत करि रघुराई। तीरथराजु दीख प्रभु जाई॥**

उस दिन पेड़के नीचे निवास हुआ। लक्ष्मणजी और सखा गुहने [विश्रामकी] सब सुव्यवस्था कर दी। प्रभु श्रीरामचन्द्रजीने सबेरे प्रातःकालकी सब क्रियाएँ करके जाकर तीर्थोंके राजा प्रयागके दर्शन किये॥ १॥

**सचिव सत्य श्रद्धा प्रिय नारी। माधव सरिस मीतु हितकारी॥**
**चारि पदारथ भरा भँडारू। पुन्य प्रदेस देस अति चारू॥**

उस राजाका सत्य मन्त्री है, श्रद्धा प्यारी स्त्री है और श्रीवेणीमाधवजी-सरीखे हितकारी मित्र हैं। चार पदार्थों (धर्म, अर्थ, काम और मोक्ष)-से भण्डार भरा है और वह पुण्यमय प्रान्त ही उस राजाका सुन्दर देश है॥ २॥

**छेत्रु अगम गढ़ु गाढ़ सुहावा। सपनेहुँ नहिं प्रतिपच्छिन्ह पावा॥**
**सेन सकल तीरथ बर बीरा। कलुष अनीक दलन रनधीरा॥**

प्रयाग क्षेत्र ही दुर्गम, मजबूत और सुन्दर गढ़ (किला) है, जिसको स्वप्नमें भी [पापरूपी] शत्रु नहीं पा सके हैं। सम्पूर्ण तीर्थ ही उसके श्रेष्ठ वीर सैनिक हैं, जो पापकी सेनाको कुचल डालनेवाले और बड़े रणधीर हैं॥ ३॥

**संगमु सिंहासनु सुठि सोहा। छत्रु अखयबटु मुनि मनु मोहा॥**
**चवँर जमुन अरु गंग तरंगा। देखि होहिं दुख दारिद भंगा॥**

[गंगा, यमुना और सरस्वतीका] संगम ही उसका अत्यन्त सुशोभित सिंहासन है। अक्षयवट छत्र है, जो मुनियोंके भी मनको मोहित कर लेता है। यमुनाजी और गंगाजीकी तरंगें उसके [श्याम और श्वेत] चँवर हैं, जिनको देखकर ही दुःख और दरिद्रता नष्ट हो जाती है॥ ४॥

**दो०—सेवहिं सुकृती साधु सुचि पावहिं सब मनकाम।**
**बंदी बेद पुरान गन कहहिं बिमल गुन ग्राम॥ १०५॥**

पुण्यात्मा, पवित्र साधु उसकी सेवा करते हैं और सब मनोरथ पाते हैं। वेद और पुराणोंके समूह भाट हैं, जो उसके निर्मल गुणगणोंका बखान करते हैं॥ १०५॥

**को कहि सकइ प्रयाग प्रभाऊ। कलुष पुंज कुंजर मृगराऊ॥**
**अस तीरथपति देखि सुहावा। सुख सागर रघुबर सुखु पावा॥**

पापोंके समूहरूपी हाथीके मारनेके लिये सिंहरूप प्रयागराजका प्रभाव (महत्त्व—माहात्म्य) कौन कह सकता है। ऐसे सुहावने तीर्थराजका दर्शन कर सुखके समुद्र रघुकुलश्रेष्ठ श्रीरामजीने भी सुख पाया॥ १॥

**कहि सिय लखनहि सखहि सुनाई। श्रीमुख तीरथराज बड़ाई॥**
**करि प्रनामु देखत बन बागा। कहत महातम अति अनुरागा॥**

उन्होंने अपने श्रीमुखसे सीताजी, लक्ष्मणजी और सखा गुहको तीर्थराजकी महिमा कहकर सुनायी। तदनन्तर प्रणाम करके, वन और बगीचोंको देखते हुए और बड़े प्रेमसे माहात्म्य कहते हुए—॥ २॥

**एहि बिधि आइ बिलोकी बेनी। सुमिरत सकल सुमंगल देनी॥**
**मुदित नहाइ कीन्हि सिव सेवा। पूजि जथाबिधि तीरथ देवा॥**

इस प्रकार श्रीरामने आकर त्रिवेणीका दर्शन किया, जो स्मरण करनेसे ही सब सुन्दर मंगलोंको देनेवाली है। फिर आनन्दपूर्वक [त्रिवेणीमें] स्नान करके शिवजीकी सेवा (पूजा) की और विधिपूर्वक तीर्थदेवताओंका पूजन किया॥ ३॥

**तब प्रभु भरद्वाज पहिं आए। करत दंडवत मुनि उर लाए॥**
**मुनि मन मोद न कछु कहि जाई। ब्रह्मानंद रासि जनु पाई॥**

[स्नान, पूजन आदि सब करके] तब प्रभु श्रीरामजी भरद्वाजजीके पास आये। उन्हें दण्डवत् करते हुए ही मुनिने हृदयसे लगा लिया। मुनिके मनका आनन्द कुछ कहा नहीं जाता। मानो उन्हें ब्रह्मानन्दकी राशि मिल गयी हो॥ ४॥

**दो०—दीन्हि असीस मुनीस उर अति अनंदु अस जानि।**
**लोचन गोचर सुकृत फल मनहुँ किए बिधि आनि॥ १०६॥**

मुनीश्वर भरद्वाजजीने आशीर्वाद दिया। उनके हृदयमें ऐसा जानकर अत्यन्त आनन्द हुआ कि आज विधाताने [श्रीसीताजी और लक्ष्मणजीसहित प्रभु श्रीरामचन्द्रजीके दर्शन कराकर] मानो हमारे सम्पूर्ण पुण्योंके फलको लाकर आँखोंके सामने कर दिया॥ १०६॥

**कुसल प्रस्न करि आसन दीन्हे। पूजि प्रेम परिपूरन कीन्हे॥**
**कंद मूल फल अंकुर नीके। दिए आनि मुनि मनहुँ अमी के॥**

कुशल पूछकर मुनिराजने उनको आसन दिये और प्रेमसहित पूजन करके उन्हें सन्तुष्ट कर दिया। फिर मानो अमृतके ही बने हों, ऐसे अच्छे-अच्छे कन्द, मूल, फल और अंकुर लाकर दिये॥ १॥

**सीय लखन जन सहित सुहाए। अति रुचि राम मूल फल खाए॥**
**भए बिगतश्रम रामु सुखारे। भरद्वाज मृदु बचन उचारे॥**

सीताजी, लक्ष्मणजी और सेवक गुहसहित श्रीरामचन्द्रजीने उन सुन्दर मूल-फलोंको बड़ी रुचिके साथ खाया। थकावट दूर होनेसे श्रीरामचन्द्रजी सुखी हो गये। तब भरद्वाजजीने उनसे कोमल वचन कहे—॥ २॥

**आजु सुफल तपु तीरथ त्यागू। आजु सुफल जप जोग बिरागू॥**
**सफल सकल सुभ साधन साजू। राम तुम्हहि अवलोकत आजू॥**

हे राम! आपका दर्शन करते ही आज मेरा तप, तीर्थसेवन और त्याग सफल हो गया। आज मेरा जप, योग और वैराग्य सफल हो गया और आज मेरे सम्पूर्ण शुभ साधनोंका समुदाय भी सफल हो गया॥ ३॥

**लाभ अवधि सुख अवधि न दूजी। तुम्हरें दरस आस सब पूजी॥**
**अब करि कृपा देहु बर एहू। निज पद सरसिज सहज सनेहू॥**

लाभकी सीमा और सुखकी सीमा [प्रभुके दर्शनको छोड़कर] दूसरी कुछ भी नहीं है। आपके दर्शनसे मेरी सब आशाएँ पूर्ण हो गयीं। अब कृपा करके यह वरदान दीजिये कि आपके चरणकमलोंमें मेरा स्वाभाविक प्रेम हो॥ ४॥

**दो०—करम बचन मन छाड़ि छलु जब लगि जनु न तुम्हार।**
**तब लगि सुखु सपनेहुँ नहीं किएँ कोटि उपचार॥ १०७॥**

जबतक कर्म, वचन और मनसे छल छोड़कर मनुष्य आपका दास नहीं हो जाता, तबतक करोड़ों उपाय करनेसे भी, स्वप्नमें भी वह सुख नहीं पाता॥ १०७॥

**सुनि मुनि बचन रामु सकुचाने। भाव भगति आनंद अघाने॥**
**तब रघुबर मुनि सुजसु सुहावा। कोटि भाँति कहि सबहि सुनावा॥**

मुनिके वचन सुनकर, उनकी भाव-भक्तिके कारण आनन्दसे तृप्त हुए भगवान् श्रीरामचन्द्रजी [लीलाकी दृष्टिसे] सकुचा गये। तब [अपने ऐश्वर्यको छिपाते हुए] श्रीरामचन्द्रजीने भरद्वाज मुनिका सुन्दर सुयश करोड़ों (अनेकों) प्रकारसे कहकर सबको सुनाया॥ १॥

**सो बड़ सो सब गुन गन गेहू। जेहि मुनीस तुम्ह आदर देहू॥**
**मुनि रघुबीर परसपर नवहीं। बचन अगोचर सुखु अनुभवहीं॥**

[उन्होंने कहा—] हे मुनीश्वर! जिसको आप आदर दें, वही बड़ा है और वही सब गुणसमूहोंका घर है। इस प्रकार श्रीरामजी और मुनि भरद्वाजजी दोनों परस्पर विनम्र हो रहे हैं और अनिर्वचनीय सुखका अनुभव कर रहे हैं॥ २॥

**यह सुधि पाइ प्रयाग निवासी। बटु तापस मुनि सिद्ध उदासी॥**
**भरद्वाज आश्रम सब आए। देखन दसरथ सुअन सुहाए॥**

यह (श्रीराम, लक्ष्मण और सीताजीके आनेकी) खबर पाकर प्रयागनिवासी ब्रह्मचारी, तपस्वी, मुनि, सिद्ध और उदासी सब श्रीदशरथजीके सुन्दर पुत्रोंको देखनेके लिये भरद्वाजजीके आश्रमपर आये॥ ३॥

**राम प्रनाम कीन्ह सब काहू। मुदित भए लहि लोयन लाहू॥**
**देहिं असीस परम सुखु पाई। फिरे सराहत सुंदरताई॥**

श्रीरामचन्द्रजीने सब किसीको प्रणाम किया। नेत्रोंका लाभ पाकर सब आनन्दित हो गये और परम सुख पाकर आशीर्वाद देने लगे। श्रीरामजीके सौन्दर्यकी सराहना करते हुए वे लौटे॥ ४॥

**दो०—राम कीन्ह बिश्राम निसि प्रात प्रयाग नहाइ।**
**चले सहित सिय लखन जन मुदित मुनिहि सिरु नाइ॥ १०८॥**

श्रीरामजीने रातको वहीं विश्राम किया और प्रातःकाल प्रयागराजका स्नान करके और प्रसन्नताके साथ मुनिको सिर नवाकर श्रीसीताजी, लक्ष्मणजी और सेवक गुहके साथ वे चले॥ १०८॥

**राम सप्रेम कहेउ मुनि पाहीं। नाथ कहिअ हम केहि मग जाहीं॥**
**मुनि मन बिहसि राम सन कहहीं। सुगम सकल मग तुम्ह कहुँ अहहीं॥**

[चलते समय] बड़े प्रेमसे श्रीरामजीने मुनिसे कहा— हे नाथ! बताइये हम किस मार्गसे जायँ। मुनि मनमें हँसकर श्रीरामजीसे कहते हैं कि आपके लिये सभी मार्ग सुगम हैं॥ १॥

**साथ लागि मुनि सिष्य बोलाए। सुनि मन मुदित पचासक आए॥**
**सबन्हि राम पर प्रेम अपारा। सकल कहहिं मगु दीख हमारा॥**

फिर उनके साथके लिये मुनिने शिष्योंको बुलाया। [साथ जानेकी बात] सुनते ही चित्तमें हर्षित हो कोई पचास शिष्य आ गये। सभीका श्रीरामजीपर अपार प्रेम है। सभी कहते हैं कि मार्ग हमारा देखा हुआ है॥ २॥

**मुनि बटु चारि संग तब दीन्हे। जिन्ह बहु जनम सुकृत सब कीन्हे॥**
**करि प्रनामु रिषि आयसु पाई। प्रमुदित हृदयँ चले रघुराई॥**

तब मुनिने [चुनकर] चार ब्रह्मचारियोंको साथ कर दिया, जिन्होंने बहुत जन्मोंतक सब सुकृत (पुण्य)

किये थे। श्रीरघुनाथजी प्रणाम कर और ऋषिकी आज्ञा पाकर हृदयमें बड़े ही आनन्दित होकर चले॥ ३॥

**ग्राम निकट जब निकसहिं जाई। देखहिं दरसु नारि नर धाई॥**
**होहिं सनाथ जनम फलु पाई। फिरहिं दुखित मनु संग पठाई॥**

जब वे किसी गाँवके पास होकर निकलते हैं तब स्त्री-पुरुष दौड़कर उनके रूपको देखने लगते हैं। जन्मका फल पाकर वे [सदाके अनाथ] सनाथ हो जाते हैं और मनको नाथके साथ भेजकर [शरीरसे साथ न रहनेके कारण] दुःखी होकर लौट आते हैं॥ ४॥

**दो०—बिदा किए बटु बिनय करि फिरे पाइ मन काम।**
**उतरि नहाए जमुन जल जो सरीर सम स्याम॥ १०९॥**

तदनन्तर श्रीरामजीने विनती करके चारों ब्रह्मचारियोंको विदा किया; वे मनचाही वस्तु (अनन्य भक्ति) पाकर लौटे। यमुनाजीके पार उतरकर सबने यमुनाजीके जलमें स्नान किया, जो श्रीरामचन्द्रजीके शरीरके समान ही श्याम रंगका था॥ १०९॥

**सुनत तीरबासी नर नारी। धाए निज निज काज बिसारी॥**
**लखन राम सिय सुंदरताई। देखि करहिं निज भाग्य बड़ाई॥**

यमुनाजीके किनारेपर रहनेवाले स्त्री-पुरुष [यह सुनकर कि निषादके साथ दो परम सुन्दर सुकुमार नवयुवक और एक परम सुन्दरी स्त्री आ रही है] सब अपना-अपना काम भूलकर दौड़े और लक्ष्मणजी, श्रीरामजी और सीताजीका सौन्दर्य देखकर अपने भाग्यकी बड़ाई करने लगे॥ १॥

**अति लालसा बसहिं मन माहीं। नाउँ गाउँ बूझत सकुचाहीं॥**
**जे तिन्ह महुँ बयबिरिध सयाने। तिन्ह करि जुगुति रामु पहिचाने॥**

उनके मनमें [परिचय जाननेकी] बहुत-सी लालसाएँ भरी हैं। पर वे नाम-गाँव पूछते सकुचाते हैं। उन लोगोंमें जो वयोवृद्ध और चतुर थे; उन्होंने युक्तिसे श्रीरामचन्द्रजीको पहचान लिया॥ २॥

**सकल कथा तिन्ह सबहि सुनाई। बनहि चले पितु आयसु पाई॥**
**सुनि सबिषाद सकल पछिताहीं। रानी रायँ कीन्ह भल नाहीं॥**

उन्होंने सब कथा सब लोगोंको सुनायी कि पिताकी आज्ञा पाकर ये वनको चले हैं। यह सुनकर सब लोग दुःखित हो पछता रहे हैं कि रानी और राजाने अच्छा नहीं किया॥ ३॥

**तेहि अवसर एक तापसु आवा। तेजपुंज लघुबयस सुहावा॥**
**कबि अलखित गति बेषु बिरागी। मन क्रम बचन राम अनुरागी॥**

उसी अवसरपर वहाँ एक तपस्वी आया, जो तेजका पुंज, छोटी अवस्थाका और सुन्दर था। उसकी गति कवि नहीं जानते [अथवा वह कवि था जो अपना परिचय नहीं देना चाहता]। वह वैरागीके वेषमें था और मन, वचन तथा कर्मसे श्रीरामचन्द्रजीका प्रेमी था॥ ४॥

[इस तेज:पुंज तापसके प्रसंगको कुछ टीकाकार क्षेपक मानते हैं और कुछ लोगोंके देखनेमें यह अप्रासंगिक और ऊपरसे जोड़ा हुआ-सा जान भी पड़ता है, परन्तु यह सभी प्राचीन प्रतियोंमें है। गुसाईंजी अलौकिक अनुभवी पुरुष थे। पता नहीं, यहाँ इस प्रसंगके रखनेमें क्या रहस्य है; परन्तु यह क्षेपक तो नहीं है। इस तापसको जब 'कबि अलखित गति' कहते हैं, तब निश्चयपूर्वक कौन क्या कह सकता है। हमारी समझसे ये तापस या तो श्रीहनुमान्‌जी थे अथवा ध्यानस्थ तुलसीदासजी!]

**दो०—सजल नयन तन पुलकि निज इष्टदेउ पहिचानि।**
**परेउ दंड जिमि धरनितल दसा न जाइ बखानि॥ ११०॥**

अपने इष्टदेवको पहचानकर उसके नेत्रोंमें जल भर आया और शरीर पुलकित हो गया। वह दण्डकी भाँति पृथ्वीपर गिर पड़ा, उसकी [प्रेमविह्वल] दशाका वर्णन नहीं किया जा सकता॥ ११०॥

**राम सप्रेम पुलकि उर लावा। परम रंक जनु पारसु पावा॥**
**मनहुँ प्रेमु परमारथु दोऊ। मिलत धरें तन कह सबु कोऊ॥**

श्रीरामजीने प्रेमपूर्वक पुलकित होकर उसको हृदयसे लगा लिया। [उसे इतना आनन्द हुआ] मानो कोई महादरिद्री मनुष्य पारस पा गया हो। सब कोई [देखनेवाले] कहने लगे कि मानो प्रेम और परमार्थ (परम तत्त्व) दोनों शरीर धारण करके मिल रहे हैं॥ १॥

**बहुरि लखन पायन्ह सोइ लागा। लीन्ह उठाइ उमगि अनुरागा॥**
**पुनि सिय चरन धूरि धरि सीसा। जननि जानि सिसु दीन्हि असीसा॥**

फिर वह लक्ष्मणजीके चरणों लगा। उन्होंने प्रेमसे उमँगकर उसको उठा लिया। फिर उसने सीताजीकी चरणधूलिको अपने सिरपर धारण किया। माता सीताजीने भी उसको अपना छोटा बच्चा जानकर आशीर्वाद दिया॥ २॥

**कीन्ह निषाद दंडवत तेही। मिलेउ मुदित लखि राम सनेही॥**
**पिअत नयन पुट रूपु पियूषा। मुदित सुअसनु पाइ जिमि भूखा॥**

फिर निषादराजने उसको दण्डवत् की। श्रीरामचन्द्रजीका प्रेमी जानकर वह उस (निषाद) से आनन्दित होकर मिला। वह तपस्वी अपने नेत्ररूपी दोनोंसे श्रीरामजीकी सौन्दर्य-सुधाका पान करने लगा और ऐसा आनन्दित हुआ जैसे कोई भूखा आदमी सुन्दर भोजन पाकर आनन्दित होता है॥ ३॥

**ते पितु मातु कहहु सखि कैसे। जिन्ह पठए बन बालक ऐसे॥**
**राम लखन सिय रूपु निहारी। होहिं सनेह बिकल नर नारी॥**

[इधर गाँवकी स्त्रियाँ कह रही हैं—] हे सखी! कहो तो,वे माता-पिता कैसे हैं जिन्होंने ऐसे (सुन्दर सुकुमार) बालकोंको वनमें भेज दिया है। श्रीरामजी, लक्ष्मणजी और सीताजीके रूपको देखकर सब स्त्री-पुरुष स्नेहसे व्याकुल हो जाते हैं॥ ४॥

**दो०—तब रघुबीर अनेक बिधि सखहि सिखावनु दीन्ह।**
**राम रजायसु सीस धरि भवन गवनु तेइँ कीन्ह॥ १११॥**

तब श्रीरामचन्द्रजीने सखा गुहको अनेकों तरहसे [घर लौट जानेके लिये] समझाया। श्रीरामचन्द्रजीकी आज्ञाको सिर चढ़ाकर उसने अपने घरको गमन किया॥ १११॥

**पुनि सियँ राम लखन कर जोरी। जमुनहि कीन्ह प्रनामु बहोरी॥**
**चले ससीय मुदित दोउ भाई। रबितनुजा कइ करत बड़ाई॥**

फिर सीताजी, श्रीरामजी और लक्ष्मणजीने हाथ जोड़कर यमुनाजीको पुनः प्रणाम किया और सूर्यकन्या यमुनाजीकी बड़ाई करते हुए सीताजीसहित दोनों भाई प्रसन्नतापूर्वक आगे चले॥ १॥

**पथिक अनेक मिलहिं मग जाता। कहहिं सप्रेम देखि दोउ भ्राता॥**
**राज लखन सब अंग तुम्हारें। देखि सोचु अति हृदय हमारें॥**

रास्तेमें जाते हुए उन्हें अनेकों यात्री मिलते हैं। वे दोनों भाइयोंको देखकर उनसे प्रेमपूर्वक कहते हैं कि तुम्हारे सब अंगोंमें राजचिह्न देखकर हमारे हृदयमें बड़ा सोच होता है॥ २॥

**मारग चलहु पयादेहि पाएँ। ज्योतिषु झूठ हमारें भाएँ॥**
**अगमु पंथु गिरि कानन भारी। तेहि महँ साथ नारि सुकुमारी॥**

[ऐसे राजचिह्नोंके होते हुए भी] तुमलोग रास्तेमें पैदल ही चल रहे हो, इससे हमारी समझमें आता है कि ज्योतिष-शास्त्र झूठा ही है। भारी जंगल और बड़े-बड़े पहाड़ोंका दुर्गम रास्ता है। तिसपर तुम्हारे साथ सुकुमारी स्त्री है॥ ३॥

**करि केहरि बन जाइ न जोई। हम सँग चलहिं जो आयसु होई॥**
**जाब जहाँ लगि तहँ पहुँचाई। फिरब बहोरि तुम्हहि सिरु नाई॥**

हाथी और सिंहोंसे भरा यह भयानक वन देखातक नहीं जाता। यदि आज्ञा हो तो हम साथ चलें। आप जहाँतक जायँगे वहाँतक पहुँचाकर, फिर आपको प्रणाम करके हम लौट आवेंगे॥ ४॥

**दो०—एहि बिधि पूँछहिं प्रेम बस पुलक गात जलु नैन।**
**कृपासिंधु फेरहिं तिन्हहि कहि बिनीत मृदु बैन॥ ११२॥**

इस प्रकार वे यात्री प्रेमवश पुलकितशरीर हो और नेत्रोंमें [प्रेमाश्रुओंका] जल भरकर पूछते हैं। किन्तु कृपाके समुद्र श्रीरामचन्द्रजी कोमल विनययुक्त वचन कहकर उन्हें लौटा देते हैं॥ ११२॥

**जे पुर गाँव बसहिं मग माहीं। तिन्हहि नाग सुर नगर सिहाहीं॥**
**केहि सुकृतीं केहि घरीं बसाए। धन्य पुन्यमय परम सुहाए॥**

जो गाँव और पुरवे रास्तेमें बसे हैं, नागों और देवताओंके नगर उनको देखकर प्रशंसापूर्वक ईर्ष्या करते और ललचाते हुए कहते हैं कि किस पुण्यवान्‌ने किस शुभ घड़ीमें इनको बसाया था, जो आज ये इतने धन्य और पुण्यमय तथा परम सुन्दर हो रहे हैं॥ १॥

**जहँ जहँ राम चरन चलि जाहीं। तिन्ह समान अमरावति नाहीं॥**
**पुन्यपुंज मग निकट निवासी। तिन्हहि सराहहिं सुरपुरबासी॥**

जहाँ-जहाँ श्रीरामचन्द्रजीके चरण चले जाते हैं, उनके समान इन्द्रकी पुरी अमरावती भी नहीं है। रास्तेके समीप बसनेवाले भी बड़े पुण्यात्मा हैं—स्वर्गमें रहनेवाले देवता भी उनकी सराहना करते हैं—॥ २॥

**जे भरि नयन बिलोकहिं रामहि। सीता लखन सहित घनस्यामहि॥**
**जे सर सरित राम अवगाहहिं। तिन्हहि देव सर सरित सराहहिं॥**

जो नेत्र भरकर सीताजी और लक्ष्मणजीसहित घनश्याम श्रीरामजीके दर्शन करते हैं, जिन तालाबों और नदियोंमें श्रीरामजी स्नान कर लेते हैं, देवसरोवर और देवनदियाँ भी उनकी बड़ाई करती हैं॥ ३॥

**जेहि तरु तर प्रभु बैठहिं जाई। करहिं कलपतरु तासु बड़ाई॥**
**परसि राम पद पदुम परागा। मानति भूमि भूरि निज भागा॥**

जिस वृक्षके नीचे प्रभु जा बैठते हैं, कल्पवृक्ष भी उसकी बड़ाई करते हैं। श्रीरामचन्द्रजीके चरणकमलोंकी रजका स्पर्श करके पृथ्वी अपना बड़ा सौभाग्य मानती है॥ ४॥

**दो०— छाँह करहिं घन बिबुधगन बरषहिं सुमन सिहाहिं।**
**देखत गिरि बन बिहग मृग रामु चले मग जाहिं॥ ११३॥**

रास्तेमें बादल छाया करते हैं और देवता फूल बरसाते और सिहाते हैं। पर्वत, वन और पशु-पक्षियोंको देखते हुए श्रीरामजी रास्तेमें चले जा रहे हैं॥ ११३॥

**सीता लखन सहित रघुराई। गाँव निकट जब निकसहिं जाई॥**
**सुनि सब बाल बृद्ध नर नारी। चलहिं तुरत गृह काजु बिसारी॥**

सीताजी और लक्ष्मणजीसहित श्रीरघुनाथजी जब किसी गाँवके पास जा निकलते हैं तब उनका आना सुनते ही बालक-बूढ़े, स्त्री-पुरुष सब अपने घर और काम-काजको भूलकर तुरंत उन्हें देखनेके लिये चल देते हैं॥ १॥

**राम लखन सिय रूप निहारी। पाइ नयन फलु होहिं सुखारी॥**
**सजल बिलोचन पुलक सरीरा। सब भए मगन देखि दोउ बीरा॥**

श्रीराम, लक्ष्मण और सीताजीका रूप देखकर,नेत्रोंका [परम] फल पाकर वे सुखी होते हैं। दोनों भाइयोंको देखकर सब प्रेमानन्दमें मग्न हो गये। उनके नेत्रोंमें जल भर आया और शरीर पुलकित हो गये॥ २॥

**बरनि न जाइ दसा तिन्ह केरी। लहि जनु रंकन्ह सुरमनि ढेरी॥**
**एकन्ह एक बोलि सिख देहीं। लोचन लाहु लेहु छन एहीं॥**

उनकी दशा वर्णन नहीं की जाती। मानो दरिद्रोंने चिन्तामणिकी ढेरी पा ली हो। वे एक-एकको पुकारकर सीख देते हैं कि इसी क्षण नेत्रोंका लाभ ले लो॥ ३॥

**रामहि देखि एक अनुरागे। चितवत चले जाहिं सँग लागे॥**
**एक नयन मग छबि उर आनी। होहिं सिथिल तन मन बर बानी॥**

कोई श्रीरामचन्द्रजीको देखकर ऐसे अनुरागमें भर गये हैं कि वे उन्हें देखते हुए उनके साथ लगे चले जा रहे हैं। कोई नेत्रमार्गसे उनकी छबिको हृदयमें लाकर शरीर, मन और श्रेष्ठ वाणीसे शिथिल हो जाते हैं (अर्थात् उनके शरीर, मन और वाणीका व्यवहार बंद हो जाता है)॥ ४॥

**दो०—एक देखि बट छाँह भलि डासि मृदुल तृन पात।**
**कहहिं गवाँइअ छिनुकु श्रमु गवनब अबहिं कि प्रात॥ ११४॥**

कोई बड़की सुन्दर छाया देखकर, वहाँ नरम घास और पत्ते बिछाकर कहते हैं कि क्षणभर यहाँ बैठकर थकावट मिटा लीजिये। फिर चाहे अभी चले जाइयेगा, चाहे सबेरे॥ ११४॥

**एक कलस भरि आनहिं पानी। अँचइअ नाथ कहहिं मृदु बानी॥**
**सुनि प्रिय बचन प्रीति अति देखी। राम कृपाल सुसील बिसेषी॥**

कोई घड़ा भरकर पानी ले आते हैं और कोमल वाणीसे कहते हैं—नाथ! आचमन तो कर लीजिये। उनके प्यारे वचन सुनकर और उनका अत्यन्त प्रेम देखकर दयालु और परम सुशील श्रीरामचन्द्रजीने—॥ १॥

**जानी श्रमित सीय मन माहीं। घरिक बिलंबु कीन्ह बट छाहीं॥**
**मुदित नारि नर देखहिं सोभा। रूप अनूप नयन मनु लोभा॥**

मनमें सीताजीको थकी हुई जानकर घड़ीभर बड़की छायामें विश्राम किया। स्त्री-पुरुष आनन्दित होकर शोभा देखते हैं। अनुपम रूपने उनके नेत्र और मनोंको लुभा लिया है॥ २॥

**एकटक सब सोहहिं चहुँ ओरा। रामचंद्र मुख चंद चकोरा॥**
**तरुन तमाल बरन तनु सोहा। देखत कोटि मदन मनु मोहा॥**

सब लोग टकटकी लगाये श्रीरामचन्द्रजीके मुखचन्द्रको चकोरकी तरह (तन्मय होकर) देखते हुए चारों ओर सुशोभित हो रहे हैं। श्रीरामजीका नवीन तमाल वृक्षके रंगका (श्याम) शरीर अत्यन्त शोभा दे रहा है, जिसे देखते ही करोड़ों कामदेवोंके मन मोहित हो जाते हैं॥ ३॥

**दामिनि बरन लखन सुठि नीके। नख सिख सुभग भावते जी के॥**
**मुनिपट कटिन्ह कसें तूनीरा। सोहहिं कर कमलनि धनु तीरा॥**

बिजलीके-से रंगके लक्ष्मणजी बहुत ही भले मालूम होते हैं। वे नखसे शिखातक सुन्दर हैं, और मनको बहुत भाते हैं। दोनों मुनियोंके (वल्कल आदि) वस्त्र पहने हैं और कमरमें तरकस कसे हुए हैं। कमलके समान हाथोंमें धनुष-बाण शोभित हो रहे हैं॥ ४॥

**दो०—जटा मुकुट सीसनि सुभग उर भुज नयन बिसाल।**
**सरद परब बिधु बदन बर लसत स्वेद कन जाल॥ ११५॥**

उनके सिरोंपर सुन्दर जटाओंके मुकुट हैं; वक्षःस्थल, भुजा और नेत्र विशाल हैं और शरत्पूर्णिमाके चन्द्रमाके समान सुन्दर मुखोंपर पसीनेकी बूँदोंका समूह शोभित हो रहा है॥ ११५॥

**बरनि न जाइ मनोहर जोरी। सोभा बहुत थोरि मति मोरी॥**
**राम लखन सिय सुंदरताई। सब चितवहिं चित मन मति लाई॥**

उस मनोहर जोड़ीका वर्णन नहीं किया जा सकता; क्योंकि शोभा बहुत अधिक है, और मेरी बुद्धि थोड़ी है। श्रीराम, लक्ष्मण और सीताजीकी सुन्दरताको सब लोग मन, चित्त और बुद्धि तीनोंको लगाकर देख रहे हैं॥ १॥

**थके नारि नर प्रेम पिआसे। मनहुँ मृगी मृग देखि दिआ से॥**
**सीय समीप ग्रामतिय जाहीं। पूँछत अति सनेहँ सकुचाहीं॥**

प्रेमके प्यासे [वे गाँवोंके] स्त्री-पुरुष [इनके सौन्दर्य-माधुर्यकी छटा देखकर] ऐसे थकित रह गये जैसे दीपकको देखकर हिरनी और हिरन [निस्तब्ध रह जाते हैं]! गाँवोंकी स्त्रियाँ सीताजीके पास जाती हैं; परन्तु अत्यन्त स्नेहके कारण पूछते सकुचाती हैं॥ २॥

**बार बार सब लागहिं पाएँ। कहहिं बचन मृदु सरल सुभाएँ॥**
**राजकुमारि बिनय हम करहीं। तिय सुभायँ कछु पूँछत डरहीं॥**

बार-बार सब उनके पाँव लगतीं और सहज ही सीधे-सादे कोमल वचन कहती हैं—हे राजकुमारी! हम विनती करती (कुछ निवेदन करना चाहती) हैं, परन्तु स्त्री-स्वभावके कारण कुछ पूछते हुए डरती हैं॥ ३॥

**स्वामिनि अबिनय छमबि हमारी। बिलगु न मानब जानि गवाँरी॥**
**राजकुअँर दोउ सहज सलोने। इन्ह तें लही दुति मरकत सोने॥**

हे स्वामिनि! हमारी ढिठाई क्षमा कीजियेगा और हमको गँवारी जानकर बुरा न मानियेगा। ये दोनों राजकुमार स्वभावसे ही लावण्यमय (परम सुन्दर) हैं। मरकतमणि (पन्ने) और सुवर्णने

कान्ति इन्हींसे पायी है (अर्थात् मरकतमणिमें और स्वर्णमें जो हरित और स्वर्णवर्णकी आभा है वह इनकी हरिताभनील और स्वर्णकान्तिके एक कणके बराबर भी नहीं है)॥ ४॥

**दो०—स्यामल गौर किसोर बर सुंदर सुषमा ऐन।**
**सरद सर्बरीनाथ मुखु सरद सरोरुह नैन॥ ११६॥**

श्याम और गौर वर्ण है, सुन्दर किशोर अवस्था है; दोनों ही परम सुन्दर और शोभाके धाम हैं। शरत्पूर्णिमाके चन्द्रमाके समान इनके मुख और शरद्-ऋतुके कमलके समान इनके नेत्र हैं॥ ११६॥

## मासपारायण, सोलहवाँ विश्राम
## नवाह्नपारायण, चौथा विश्राम

**कोटि मनोज लजावनिहारे। सुमुखि कहहु को आहिं तुम्हारे॥**
**सुनि सनेहमय मंजुल बानी। सकुची सिय मन महुँ मुसुकानी॥**

हे सुमुखि! कहो तो अपनी सुन्दरतासे करोड़ों कामदेवोंको लजानेवाले ये तुम्हारे कौन हैं? उनकी ऐसी प्रेममयी सुन्दर वाणी सुनकर सीताजी सकुचा गयीं और मन-ही-मन मुसकरायीं॥ १॥

**तिन्हहि बिलोकि बिलोकति धरनी। दुहुँ सकोच सकुचति बरबरनी॥**
**सकुचि सप्रेम बाल मृग नयनी। बोली मधुर बचन पिकबयनी॥**

उत्तम (गौर) वर्णवाली सीताजी उनको देखकर [संकोचवश] पृथ्वीकी ओर देखती हैं। वे दोनों ओरके संकोचसे सकुचा रही हैं (अर्थात् न बतानेमें ग्रामकी स्त्रियोंको दु:ख होनेका संकोच है और बतानेमें लज्जारूप संकोच)। हिरणके बच्चेके सदृश नेत्रवाली और कोकिलकी-सी वाणीवाली सीताजी सकुचाकर प्रेमसहित मधुर वचन बोलीं—॥ २॥

**सहज सुभाय सुभग तन गोरे। नामु लखनु लघु देवर मोरे॥**
**बहुरि बदनु बिधु अंचल ढाँकी। पिय तन चितइ भौंह करि बाँकी॥**

ये जो सहजस्वभाव, सुन्दर और गोरे शरीरके हैं,उनका नाम लक्ष्मण है; ये मेरे छोटे देवर हैं। फिर सीताजीने [लज्जावश] अपने चन्द्रमुखको आँचलसे ढककर और प्रियतम (श्रीरामजी)-की ओर निहारकर भौंहें टेढ़ी करके,॥ ३॥

**खंजन मंजु तिरीछे नयननि। निज पति कहेउ तिन्हहि सियँ सयननि॥**
**भईं मुदित सब ग्रामबधूटीं। रंकन्ह राय रासि जनु लूटीं॥**

खंजन पक्षीके-से सुन्दर नेत्रोंको तिरछा करके सीताजीने इशारेसे उन्हें कहा कि ये (श्रीरामचन्द्रजी) मेरे पति हैं। यह जानकर गाँवकी सब युवती स्त्रियाँ इस प्रकार आनन्दित हुईं मानो कंगालोंने धनकी राशियाँ लूट ली हों॥ ४॥

**दो०—अति सप्रेम सिय पायँ परि बहुबिधि देहिं असीस।**
**सदा सोहागिनि होहु तुम्ह जब लगि महि अहि सीस॥ ११७॥**

वे अत्यन्त प्रेमसे सीताजीके पैरों पड़कर बहुत प्रकारसे आशिष देती हैं (शुभ कामना करती हैं) कि जबतक शेषजीके सिरपर पृथ्वी रहे, तबतक तुम सदा सुहागिनी बनी रहो,॥ ११७॥

**पारबती सम पतिप्रिय होहू। देबि न हम पर छाड़ब छोहू॥**
**पुनि पुनि बिनय करिअ कर जोरी। जौं एहि मारग फिरिअ बहोरी॥**

और पार्वतीजीके समान अपने पतिकी प्यारी होओ। हे देवि! हमपर कृपा न छोड़ना (बनाये रखना)। हम बार-बार हाथ जोड़कर विनती करती हैं जिसमें आप फिर इसी रास्ते लौटें,॥ १॥

**दरसनु देब जानि निज दासी। लखीं सीयँ सब प्रेम पिआसी॥**
**मधुर बचन कहि कहि परितोषीं। जनु कुमुदिनीं कौमुदीं पोषीं॥**

और हमें अपनी दासी जानकर दर्शन दें। सीताजीने उन सबको प्रेमकी प्यासी देखा, और मधुर वचन कह-कहकर उनका भलीभाँति सन्तोष किया। मानो चाँदनीने कुमुदिनियोंको खिलाकर पुष्ट कर दिया हो॥ २॥

**तबहिं लखन रघुबर रुख जानी। पूँछेउ मगु लोगन्हि मृदु बानी॥**
**सुनत नारि नर भए दुखारी। पुलकित गात बिलोचन बारी॥**

उसी समय श्रीरामचन्द्रजीका रुख जानकर लक्ष्मणजीने कोमल वाणीसे लोगोंसे रास्ता पूछा। यह सुनते ही स्त्री-पुरुष दुःखी हो गये। उनके शरीर पुलकित हो गये और नेत्रोंमें [वियोगकी सम्भावनासे प्रेमका] जल भर आया॥ ३॥

**मिटा मोदु मन भए मलीने। बिधि निधि दीन्ह लेत जनु छीने॥**
**समुझि करम गति धीरजु कीन्हा। सोधि सुगम मगु तिन्ह कहि दीन्हा॥**

उनका आनन्द मिट गया और मन ऐसे उदास हो गये मानो विधाता दी हुई सम्पत्ति छीने लेता हो। कर्मकी गति समझकर उन्होंने धैर्य धारण किया और अच्छी तरह निर्णय करके सुगम मार्ग बतला दिया॥ ४॥

**दो०—लखन जानकी सहित तब गवनु कीन्ह रघुनाथ।**
**फेरे सब प्रिय बचन कहि लिए लाइ मन साथ॥ ११८॥**

तब लक्ष्मणजी और जानकीजीसहित श्रीरघुनाथजीने गमन किया और सब लोगोंको प्रिय वचन कहकर लौटाया, किन्तु उनके मनोंको अपने साथ ही लगा लिया॥ ११८॥

**फिरत नारि नर अति पछिताहीं। दैअहि दोषु देहिं मन माहीं॥**
**सहित बिषाद परसपर कहहीं। बिधि करतब उलटे सब अहहीं॥**

लौटते हुए वे स्त्री-पुरुष बहुत ही पछताते हैं और मन-ही-मन दैवको दोष देते हैं। परस्पर [बड़े ही] विषादके साथ कहते हैं कि विधाताके सभी काम उलटे हैं॥ १॥

**निपट निरंकुस निठुर निसंकू। जेहिं ससि कीन्ह सरुज सकलंकू॥**
**रूख कलपतरु सागरु खारा। तेहिं पठए बन राजकुमारा॥**

वह विधाता बिलकुल निरंकुश (स्वतन्त्र), निर्दय और निडर है, जिसने चन्द्रमाको रोगी (घटने-बढ़नेवाला) और कलंकी बनाया, कल्पवृक्षको पेड़ और समुद्रको खारा बनाया। उसीने इन राजकुमारोंको वनमें भेजा है॥ २॥

**जौं पै इन्हहि दीन्ह बनबासू। कीन्ह बादि बिधि भोग बिलासू॥**
**ए बिचरहिं मग बिनु पदत्राना। रचे बादि बिधि बाहन नाना॥**

जब विधाताने इनको वनवास दिया है, तब उसने भोग-विलास व्यर्थ ही बनाये। जब ये बिना

जूतेके (नंगे ही पैरों) रास्तेमें चल रहे हैं, तब विधाता अनेकों वाहन (सवारियाँ) व्यर्थ ही रचे॥ ३॥

**ए महि परहिं डासि कुस पाता। सुभग सेज कत सृजत बिधाता॥**
**तरुबर बास इन्हहि बिधि दीन्हा। धवल धाम रचि रचि श्रमु कीन्हा॥**

जब ये कुश और पत्ते बिछाकर जमीनपर ही पड़े रहते हैं, तब विधाता सुन्दर सेज (पलंग और बिछौने) किसलिये बनाता है? विधाताने जब इनको बड़े-बड़े पेड़ों [के नीचे]- का निवास दिया, तब उज्ज्वल महलोंको बना-बनाकर उसने व्यर्थ ही परिश्रम किया॥ ४॥

**दो०—जौं ए मुनि पट धर जटिल सुंदर सुठि सुकुमार।**
**बिबिध भाँति भूषन बसन बादि किए करतार॥ ११९॥**

जो ये सुन्दर और अत्यन्त सुकुमार होकर मुनियोंके (वल्कल) वस्त्र पहनते और जटा धारण करते हैं, तो फिर करतार (विधाता)-ने भाँति-भाँतिके गहने और कपड़े वृथा ही बनाये॥ ११९॥

**जौं ए कंद मूल फल खाहीं। बादि सुधादि असन जग माहीं॥**
**एक कहहिं ए सहज सुहाए। आपु प्रगट भए बिधि न बनाए॥**

जो ये कन्द, मूल, फल खाते हैं तो जगत्‌में अमृत आदि भोजन व्यर्थ ही हैं। कोई एक कहते हैं—ये स्वभावसे ही सुन्दर हैं [इनका सौन्दर्य-माधुर्य नित्य और स्वाभाविक है]। ये अपने-आप प्रकट हुए हैं, ब्रह्माके बनाये नहीं हैं॥ १॥

**जहँ लगि बेद कही बिधि करनी। श्रवन नयन मन गोचर बरनी॥**
**देखहु खोजि भुअन दस चारी। कहँ अस पुरुष कहाँ असि नारी॥**

हमारे कानों, नेत्रों और मनके द्वारा अनुभवमें आनेवाली विधाताकी करनीको जहाँतक वेदोंने वर्णन करके कहा है, वहाँतक चौदहों लोकोंमें ढूँढ़ देखो, ऐसे पुरुष और ऐसी स्त्रियाँ कहाँ हैं? [कहीं भी नहीं हैं, इसीसे सिद्ध है कि ये विधाताके चौदहों लोकोंसे अलग हैं और अपनी महिमासे ही आप निर्मित हुए हैं]॥ २॥

**इन्हहि देखि बिधि मनु अनुरागा। पटतर जोग बनावै लागा॥**
**कीन्ह बहुत श्रम ऐक न आए। तेहिं इरिषा बन आनि दुराए॥**

इन्हें देखकर विधाताका मन अनुरक्त (मुग्ध) हो गया, तब वह भी इन्हींकी उपमाके योग्य दूसरे स्त्री-पुरुष बनाने लगा। उसने बहुत परिश्रम किया, परन्तु कोई उसकी अटकलमें ही नहीं आये (पूरे नहीं उतरे)। इसी ईर्ष्याके मारे उसने इनको जंगलमें लाकर छिपा दिया है॥ ३॥

**एक कहहिं हम बहुत न जानहिं। आपुहि परम धन्य करि मानहिं॥**
**ते पुनि पुन्यपुंज हम लेखे। जे देखहिं देखिहहिं जिन्ह देखे॥**

कोई एक कहते हैं—हम बहुत नहीं जानते। हाँ, अपनेको परम धन्य अवश्य मानते हैं [जो इनके दर्शन कर रहे हैं] और हमारी समझमें वे भी बड़े पुण्यवान् हैं जिन्होंने इनको देखा है, जो देख रहे हैं और जो देखेंगे॥ ४॥

**दो०—एहि बिधि कहि कहि बचन प्रिय लेहिं नयन भरि नीर।**
**किमि चलिहहिं मारग अगम सुठि सुकुमार सरीर॥ १२०॥**

इस प्रकार प्रिय वचन कह-कहकर सब नेत्रोंमें [प्रेमाश्रुओंका] जल भर लेते हैं और कहते

हैं कि ये अत्यन्त सुकुमार शरीरवाले दुर्गम (कठिन) मार्गमें कैसे चलेंगे॥ १२०॥

**नारि सनेह बिकल बस होहीं। चकईं साँझ समय जनु सोहीं॥**
**मृदु पद कमल कठिन मगु जानी। गहबरि हृदयँ कहहिं बर बानी॥**

स्त्रियाँ स्नेहवश विकल हो जाती हैं। मानो सन्ध्याके समय चकवी [भावी वियोगकी पीड़ासे] सोह रही हों (दु:खी हो रही हों)। इनके चरणकमलोंको कोमल तथा मार्गको कठोर जानकर वे व्यथित हृदयसे उत्तम वाणी कहती हैं—॥ १॥

**परसत मृदुल चरन अरुनारे। सकुचति महि जिमि हृदय हमारे॥**
**जौं जगदीस इन्हहि बनु दीन्हा। कस न सुमनमय मारगु कीन्हा॥**

इनके कोमल और लाल-लाल चरणों (तलवों)-को छूते ही पृथ्वी वैसे ही सकुचा जाती है जैसे हमारे हृदय सकुचा रहे हैं। जगदीश्वरने यदि इन्हें वनवास ही दिया, तो सारे रास्तेको पुष्पमय क्यों नहीं बना दिया?॥ २॥

**जौं मागा पाइअ बिधि पाहीं। ए रखिअहिं सखि आँखिन्ह माहीं॥**
**जे नर नारि न अवसर आए। तिन्ह सिय रामु न देखन पाए॥**

यदि ब्रह्मासे माँगे मिले तो हे सखि! [हम तो उनसे माँगकर] इन्हें अपनी आँखोंमें ही रखें! जो स्त्री-पुरुष इस अवसरपर नहीं आये, वे श्रीसीतारामजीको नहीं देख सके॥ ३॥

**सुनि सुरूपु बूझहिं अकुलाई। अब लगि गए कहाँ लगि भाई॥**
**समरथ धाइ बिलोकहिं जाई। प्रमुदित फिरहिं जनमफलु पाई॥**

उनके सौन्दर्यको सुनकर वे व्याकुल होकर पूछते हैं कि भाई! अबतक वे कहाँतक गये होंगे? और जो समर्थ हैं वे दौड़ते हुए जाकर उनके दर्शन कर लेते हैं और जन्मका परम फल पाकर, विशेष आनन्दित होकर लौटते हैं॥ ४॥

**दो०—अबला बालक बृद्ध जन कर मीजहिं पछिताहिं।**
**होहिं प्रेमबस लोग इमि रामु जहाँ जहँ जाहिं॥ १२१॥**

[गर्भवती, प्रसूता आदि] अबला स्त्रियाँ, बच्चे और बूढ़े [दर्शन न पानेसे] हाथ मलते और पछताते हैं। इस प्रकार जहाँ-जहाँ श्रीरामचन्द्रजी जाते हैं, वहाँ-वहाँ लोग प्रेमके वशमें हो जाते हैं॥ १२१॥

**गावँ गावँ अस होइ अनंदू। देखि भानुकुल कैरव चंदू॥**
**जे कछु समाचार सुनि पावहिं। ते नृप रानिहि दोसु लगावहिं॥**

सूर्यकुलरूपी कुमुदिनीके प्रफुल्लित करनेवाले चन्द्रमास्वरूप श्रीरामचन्द्रजीके दर्शनकर गाँव-गाँवमें ऐसा ही आनन्द हो रहा है। जो लोग [वनवास दिये जानेका] कुछ भी समाचार सुन पाते हैं, वे राजा-रानी [दशरथ-कैकेयी]-को दोष लगाते हैं॥ १॥

**कहहिं एक अति भल नरनाहू। दीन्ह हमहि जोइ लोचन लाहू॥**
**कहहिं परसपर लोग लोगाईं। बातें सरल सनेह सुहाईं॥**

कोई एक कहते हैं कि राजा बहुत ही अच्छे हैं, जिन्होंने हमें अपने नेत्रोंका लाभ दिया। स्त्री-पुरुष सभी आपसमें सीधी, स्नेहभरी सुन्दर बातें कह रहे हैं॥ २॥

**ते पितु मातु धन्य जिन्ह जाए। धन्य सो नगरु जहाँ तें आए॥**
**धन्य सो देसु सैलु बन गाऊँ। जहँ जहँ जाहिं धन्य सोइ ठाऊँ॥**

[कहते हैं—] वे माता-पिता धन्य हैं जिन्होंने इन्हें जन्म दिया। वह नगर धन्य है जहाँसे ये आये हैं। वह देश,पर्वत, वन और गाँव धन्य है, और वही स्थान धन्य है जहाँ-जहाँ ये जाते हैं॥ ३॥

**सुखु पायउ बिरंचि रचि तेही। ए जेहि के सब भाँति सनेही॥**
**राम लखन पथि कथा सुहाई। रही सकल मग कानन छाई॥**

ब्रह्माने उसीको रचकर सुख पाया है जिसके ये (श्रीरामचन्द्रजी) सब प्रकारसे स्नेही हैं। पथिकरूप श्रीराम-लक्ष्मणकी सुन्दर कथा सारे रास्ते और जंगलमें छा गयी है॥ ४॥

**दो०—एहि बिधि रघुकुल कमल रबि मग लोगन्ह सुख देत।**
**जाहिं चले देखत बिपिन सिय सौमित्रि समेत॥ १२२॥**

रघुकुलरूपी कमलके खिलानेवाले सूर्य श्रीरामचन्द्रजी इस प्रकार मार्गके लोगोंको सुख देते हुए सीताजी और लक्ष्मणजीसहित वनको देखते हुए चले जा रहे हैं॥ १२२॥

**आगें रामु लखनु बने पाछें। तापस बेष बिराजत काछें॥**
**उभय बीच सिय सोहति कैसें। ब्रह्म जीव बिच माया जैसें॥**

आगे श्रीरामजी हैं, पीछे लक्ष्मणजी सुशोभित हैं। तपस्वियोंके वेष बनाये दोनों बड़ी ही शोभा पा रहे हैं। दोनोंके बीचमें सीताजी कैसी सुशोभित हो रही हैं, जैसे ब्रह्म और जीवके बीचमें माया!॥ १॥

**बहुरि कहउँ छबि जसि मन बसई। जनु मधु मदन मध्य रति लसई॥**
**उपमा बहुरि कहउँ जियँ जोही। जनु बुध बिधु बिच रोहिनि सोही॥**

फिर जैसी छबि मेरे मनमें बस रही है, उसको कहता हूँ—मानो वसन्त-ऋतु और कामदेवके बीचमें रति (कामदेवकी स्त्री) शोभित हो। फिर अपने हृदयमें खोजकर उपमा कहता हूँ कि मानो बुध (चन्द्रमाके पुत्र) और चन्द्रमाके बीचमें रोहिणी (चन्द्रमाकी स्त्री) सोह रही हो॥ २॥

**प्रभु पद रेख बीच बिच सीता। धरति चरन मग चलति सभीता॥**
**सीय राम पद अंक बराएँ। लखन चलहिं मगु दाहिन लाएँ॥**

प्रभु श्रीरामचन्द्रजीके [जमीनपर अंकित होनेवाले दोनों] चरणचिह्नोंके बीच-बीचमें पैर रखती हुई सीताजी [कहीं भगवान्‌के चरणचिह्नोंपर पैर न टिक जाय इस बातसे] डरती हुई मार्गमें चल रही हैं, और लक्ष्मणजी [मर्यादाकी रक्षाके लिये] सीताजी और श्रीरामचन्द्रजी दोनोंके चरणचिह्नोंको बचाते हुए उन्हें दाहिने रखकर रास्ता चल रहे हैं॥ ३॥

**राम लखन सिय प्रीति सुहाई। बचन अगोचर किमि कहि जाई॥**
**खग मृग मगन देखि छबि होहीं। लिए चोरि चित राम बटोहीं॥**

श्रीरामजी, लक्ष्मणजी और सीताजीकी सुन्दर प्रीति वाणीका विषय नहीं है (अर्थात् अनिर्वचनीय है), अतः वह कैसे कही जा सकती है? पक्षी और पशु भी उस छविको देखकर (प्रेमानन्दमें) मग्न हो जाते हैं। पथिकरूप श्रीरामचन्द्रजीने उनके भी चित्त चुरा लिये हैं॥ ४॥

**दो०—जिन्ह जिन्ह देखे पथिक प्रिय सिय समेत दोउ भाइ।**
**भव मगु अगमु अनंदु तेइ बिनु श्रम रहे सिराइ॥ १२३॥**

प्यारे पथिक सीताजीसहित दोनों भाइयोंको जिन-जिन लोगोंने देखा, उन्होंने भवका अगम मार्ग (जन्म-मृत्युरूपी संसारमें भटकनेका भयानक मार्ग) बिना ही परिश्रम आनन्दके साथ तै कर लिया (अर्थात् वे आवागमनके चक्रसे सहज ही छूटकर मुक्त हो गये)॥ १२३॥

**अजहुँ जासु उर सपनेहुँ काऊ। बसहुँ लखनु सिय रामु बटाऊ॥**
**राम धाम पथ पाइहि सोई। जो पथ पाव कबहुँ मुनि कोई॥**

आज भी जिसके हृदयमें स्वप्नमें भी कभी लक्ष्मण, सीता, राम तीनों बटोही आ बसें, तो वह भी श्रीरामजीके परमधामके उस मार्गको पा जायगा जिस मार्गको कभी कोई बिरले ही मुनि पाते हैं॥ १॥

**तब रघुबीर श्रमित सिय जानी। देखि निकट बटु सीतल पानी॥**
**तहँ बसि कंद मूल फल खाई। प्रात नहाइ चले रघुराई॥**

तब श्रीरामचन्द्रजी सीताजीको थकी हुई जानकर और समीप ही एक बड़का वृक्ष और ठंडा पानी देखकर उस दिन वहीं ठहर गये। कन्द, मूल, फल खाकर [रातभर वहाँ रहकर] प्रातःकाल स्नान करके श्रीरघुनाथजी आगे चले॥ २॥

**देखत बन सर सैल सुहाए। बालमीकि आश्रम प्रभु आए॥**
**राम दीख मुनि बासु सुहावन। सुंदर गिरि काननु जलु पावन॥**

सुन्दर वन, तालाब और पर्वत देखते हुए प्रभु श्रीरामचन्द्रजी वाल्मीकिजीके आश्रममें आये। श्रीरामचन्द्रजीने देखा कि मुनिका निवासस्थान बहुत सुन्दर है, जहाँ सुन्दर पर्वत, वन और पवित्र जल है॥ ३॥

**सरनि सरोज बिटप बन फूले। गुंजत मंजु मधुप रस भूले॥**
**खग मृग बिपुल कोलाहल करहीं। बिरहित बैर मुदित मन चरहीं॥**

सरोवरोंमें कमल और वनोंमें वृक्ष फूल रहे हैं और मकरन्द-रसमें मस्त हुए भौंरे सुन्दर गुंजार कर रहे हैं। बहुत-से पक्षी और पशु कोलाहल कर रहे हैं और वैरसे रहित होकर प्रसन्न मनसे विचर रहे हैं॥ ४॥

**दो०—सुचि सुंदर आश्रमु निरखि हरषे राजिवनेन।**
**सुनि रघुबर आगमनु मुनि आगें आयउ लेन॥ १२४॥**

पवित्र और सुन्दर आश्रमको देखकर कमलनयन श्रीरामचन्द्रजी हर्षित हुए। रघुश्रेष्ठ श्रीरामजीका आगमन सुनकर मुनि वाल्मीकिजी उन्हें लेनेके लिये आगे आये॥ १२४॥

**मुनि कहुँ राम दंडवत कीन्हा। आसिरबादु बिप्रबर दीन्हा॥**
**देखि राम छबि नयन जुड़ाने। करि सनमानु आश्रमहिं आने॥**

श्रीरामचन्द्रजीने मुनिको दण्डवत् किया। विप्रश्रेष्ठ मुनिने उन्हें आशीर्वाद दिया। श्रीरामचन्द्रजीकी छवि देखकर मुनिके नेत्र शीतल हो गये। सम्मानपूर्वक मुनि उन्हें आश्रममें ले आये॥ १॥

**मुनिबर अतिथि प्रानप्रिय पाए। कंद मूल फल मधुर मगाए॥**
**सिय सौमित्रि राम फल खाए। तब मुनि आश्रम दिए सुहाए॥**

श्रेष्ठ मुनि वाल्मीकिजीने प्राणप्रिय अतिथियोंको पाकर उनके लिये मधुर कन्द, मूल और फल मँगवाये। श्रीसीताजी, लक्ष्मणजी और रामचन्द्रजीने फलोंको खाया। तब मुनिने उनको [विश्राम करनेके लिये] सुन्दर स्थान बतला दिये॥ २॥

**बालमीकि मन आनँदु भारी। मंगल मूरति नयन निहारी॥**
**तब कर कमल जोरि रघुराई। बोले बचन श्रवन सुखदाई॥**

[मुनि श्रीरामजीके पास बैठे हैं और उनकी] मंगल-मूर्तिको नेत्रोंसे देखकर वाल्मीकिजीके मनमें बड़ा भारी आनन्द हो रहा है। तब श्रीरघुनाथजी कमलसदृश हाथोंको जोड़कर, कानोंको सुख देनेवाले मधुर वचन बोले—॥ ३॥

**तुम्ह त्रिकाल दरसी मुनिनाथा। बिस्व बदर जिमि तुम्हरें हाथा॥**
**अस कहि प्रभु सब कथा बखानी। जेहि जेहि भाँति दीन्ह बनु रानी॥**

हे मुनिनाथ! आप त्रिकालदर्शी हैं। सम्पूर्ण विश्व आपके लिये हथेलीपर रखे हुए बेरके समान है। प्रभु श्रीरामचन्द्रजीने ऐसा कहकर फिर जिस-जिस प्रकारसे रानी कैकेयीने वनवास दिया, वह सब कथा विस्तारसे सुनायी॥ ४॥

**दो०—तात बचन पुनि मातु हित भाइ भरत अस राउ।**
**मो कहुँ दरस तुम्हार प्रभु सबु मम पुन्य प्रभाउ॥ १२५॥**

[और कहा—] हे प्रभो! पिताकी आज्ञा [का पालन], माताका हित और भरत-जैसे [स्नेही एवं धर्मात्मा] भाईका राजा होना और फिर मुझे आपके दर्शन होना, यह सब मेरे पुण्योंका प्रभाव है॥ १२५॥

**देखि पाय मुनिराय तुम्हारे। भए सुकृत सब सुफल हमारे॥**
**अब जहँ राउर आयसु होई। मुनि उदबेगु न पावै कोई॥**

हे मुनिराज! आपके चरणोंका दर्शन करनेसे आज हमारे सब पुण्य सफल हो गये (हमें सारे पुण्योंका फल मिल गया)। अब जहाँ आपकी आज्ञा हो और जहाँ कोई भी मुनि उद्वेगको प्राप्त न हो—॥ १॥

**मुनि तापस जिन्ह तें दुखु लहहीं। ते नरेस बिनु पावक दहहीं॥**
**मंगल मूल बिप्र परितोषू। दहइ कोटि कुल भूसुर रोषू॥**

क्योंकि जिनसे मुनि और तपस्वी दुःख पाते हैं, वे राजा बिना अग्निके ही (अपने दुष्ट कर्मोंसे ही) जलकर भस्म हो जाते हैं। ब्राह्मणोंका संतोष सब मंगलोंकी जड़ है और भूदेव ब्राह्मणोंका क्रोध करोड़ों कुलोंको भस्म कर देता है॥ २॥

**अस जियँ जानि कहिअ सोइ ठाऊँ। सिय सौमित्रि सहित जहँ जाऊँ॥**
**तहँ रचि रुचिर परन तृन साला। बासु करौं कछु काल कृपाला॥**

ऐसा हृदयमें समझकर—वह स्थान बतलाइये जहाँ मैं लक्ष्मण और सीतासहित जाऊँ। और वहाँ सुन्दर पत्तों और घासकी कुटी बनाकर, हे दयालु! कुछ समय निवास करूँ॥ ३॥

**सहज सरल सुनि रघुबर बानी। साधु साधु बोले मुनि ग्यानी॥**
**कस न कहहु अस रघुकुलकेतू। तुम्ह पालक संतत श्रुति सेतू॥**

श्रीरामजीकी सहज ही सरल वाणी सुनकर ज्ञानी मुनि वाल्मीकि बोले—धन्य! धन्य! हे रघुकुलके ध्वजास्वरूप! आप ऐसा क्यों न कहेंगे? आप सदैव वेदकी मर्यादाका पालन (रक्षण) करते हैं॥ ४॥

**छं०—श्रुति सेतु पालक राम तुम्ह जगदीस माया जानकी।**
**जो सृजति जगु पालति हरति रुख पाइ कृपानिधान की॥**
**जो सहससीसु अहीसु महिधरु लखनु सचराचर धनी।**
**सुर काज धरि नरराज तनु चले दलन खल निसिचर अनी॥**

हे राम! आप वेदकी मर्यादाके रक्षक जगदीश्वर हैं और जानकीजी [आपकी स्वरूपभूता] माया हैं, जो कृपाके भण्डार आपकी रुख पाकर जगत्का सृजन, पालन और संहार करती हैं। जो हजार मस्तकवाले सर्पोंके स्वामी और पृथ्वीको अपने सिरपर धारण करनेवाले हैं, वही चराचरके स्वामी शेषजी लक्ष्मण हैं। देवताओंके कार्यके लिये आप राजाका शरीर धारण करके दुष्ट राक्षसोंकी सेनाका नाश करनेके लिये चले हैं।

**सो०—राम सरूप तुम्हार बचन अगोचर बुद्धिपर।**
**अबिगत अकथ अपार नेति नेति नित निगम कह॥ १२६॥**

हे राम! आपका स्वरूप वाणीके अगोचर, बुद्धिसे परे, अव्यक्त, अकथनीय और अपार है। वेद निरन्तर उसका 'नेति-नेति' कहकर वर्णन करते हैं॥ १२६॥

**जगु पेखन तुम्ह देखनिहारे। बिधि हरि संभु नचावनिहारे॥**
**तेउ न जानहिं मरमु तुम्हारा। औरु तुम्हहि को जाननिहारा॥**

हे राम! जगत् दृश्य है, आप उसके देखनेवाले हैं। आप ब्रह्मा, विष्णु और शंकरको भी नचानेवाले हैं। जब वे भी आपके मर्मको नहीं जानते, तब और कौन आपको जाननेवाला है?॥ १॥

**सोइ जानइ जेहि देहु जनाई। जानत तुम्हहि तुम्हइ होइ जाई॥**
**तुम्हरिहि कृपाँ तुम्हहि रघुनंदन। जानहिं भगत भगत उर चंदन॥**

वही आपको जानता है जिसे आप जना देते हैं और जानते ही वह आपका ही स्वरूप बन जाता है। हे रघुनन्दन! हे भक्तोंके हृदयको शीतल करनेवाले चन्दन! आपकी ही कृपासे भक्त आपको जान पाते हैं॥ २॥

**चिदानंदमय देह तुम्हारी। बिगत बिकार जान अधिकारी॥**
**नर तनु धरेहु संत सुर काजा। कहहु करहु जस प्राकृत राजा॥**

आपकी देह चिदानन्दमय है (यह प्रकृतिजन्य पंचमहाभूतोंकी बनी हुई कर्मबन्धनयुक्त, त्रिदेह-विशिष्ट मायिक नहीं है) और [उत्पत्ति-नाश, वृद्धि-क्षय आदि] सब विकारोंसे रहित है; इस रहस्यको अधिकारी पुरुष ही जानते हैं। आपने देवता और संतोंके कार्यके लिये [दिव्य] नर-शरीर धारण किया है और प्राकृत (प्रकृतिके तत्त्वोंसे निर्मित देहवाले, साधारण) राजाओंकी तरहसे कहते और करते हैं॥ ३॥

**राम देखि सुनि चरित तुम्हारे। जड़ मोहहिं बुध होहिं सुखारे॥**
**तुम्ह जो कहहु करहु सबु साँचा। जस काछिअ तस चाहिअ नाचा॥**

हे राम! आपके चरित्रोंको देख और सुनकर मूर्ख लोग तो मोहको प्राप्त होते हैं और ज्ञानीजन सुखी होते हैं। आप जो कुछ कहते, करते हैं, वह सब सत्य (उचित) ही है; क्योंकि जैसा स्वाँग भरे वैसा ही नाचना भी तो चाहिये (इस समय आप मनुष्यरूपमें हैं, अत: मनुष्योचित व्यवहार करना ठीक ही है)॥ ४॥

**दो०—पूँछेहु मोहि कि रहौं कहँ मैं पूँछत सकुचाउँ।**
**जहँ न होहु तहँ देहु कहि तुम्हहि देखावौं ठाउँ॥ १२७॥**

आपने मुझसे पूछा कि मैं कहाँ रहूँ? परन्तु मैं यह पूछते सकुचाता हूँ कि जहाँ आप न हों, वह स्थान बता दीजिये। तब मैं आपके रहनेके लिये स्थान दिखाऊँ॥ १२७॥

**सुनि मुनि बचन प्रेम रस साने। सकुचि राम मन महुँ मुसुकाने॥**
**बालमीकि हँसि कहहिं बहोरी। बानी मधुर अमिअ रस बोरी॥**

मुनिके प्रेमरससे सने हुए वचन सुनकर श्रीरामचन्द्रजी [रहस्य खुल जानेके डरसे] सकुचाकर मनमें मुसकराये। वाल्मीकिजी हँसकर फिर अमृत-रसमें डुबोयी हुई मीठी वाणी बोले—॥ १॥

**सुनहु राम अब कहउँ निकेता। जहाँ बसहु सिय लखन समेता॥**
**जिन्ह के श्रवन समुद्र समाना। कथा तुम्हारि सुभग सरि नाना॥**

हे रामजी! सुनिये, अब मैं वे स्थान बताता हूँ जहाँ आप सीताजी और लक्ष्मणजी समेत निवास करिये। जिनके कान समुद्रकी भाँति आपकी सुन्दर कथारूपी अनेकों सुन्दर नदियोंसे—॥ २॥

**भरहिं निरंतर होहिं न पूरे। तिन्ह के हिय तुम्ह कहुँ गृह रूरे॥**
**लोचन चातक जिन्ह करि राखे। रहहिं दरस जलधर अभिलाषे॥**

निरन्तर भरते रहते हैं, परन्तु कभी पूरे (तृप्त) नहीं होते, उनके हृदय आपके लिये सुन्दर घर हैं और जिन्होंने अपने नेत्रोंको चातक बना रखा है, जो आपके दर्शनरूपी मेघके लिये सदा लालायित रहते हैं;॥ ३॥

**निदरहिं सरित सिंधु सर भारी। रूप बिंदु जल होहिं सुखारी॥**
**तिन्ह कें हृदय सदन सुखदायक। बसहु बंधु सिय सह रघुनायक॥**

तथा जो भारी-भारी नदियों, समुद्रों और झीलोंका निरादर करते हैं और आपके सौन्दर्य [रूपी मेघ]-के एक बूँद जलसे सुखी हो जाते हैं (अर्थात् आपके दिव्य सच्चिदानन्दमय स्वरूपके किसी एक अंगकी जरा-सी भी झाँकीके सामने स्थूल, सूक्ष्म और कारण तीनों जगत्के, अर्थात् पृथ्वी, स्वर्ग और ब्रह्मलोकतकके सौन्दर्यका तिरस्कार करते हैं), हे रघुनाथजी! उन लोगोंके हृदयरूपी सुखदायी भवनोंमें आप भाई लक्ष्मणजी और सीताजीसहित निवास कीजिये॥ ४॥

**दो०—जसु तुम्हार मानस बिमल हंसिनि जीहा जासु।**
**मुकताहल गुन गन चुनइ राम बसहु हियँ तासु॥ १२८॥**

आपके यशरूपी निर्मल मानसरोवरमें जिसकी जीभ हंसिनी बनी हुई आपके गुणसमूहरूपी मोतियोंको चुगती रहती है, हे रामजी! आप उसके हृदयमें बसिये॥ १२८॥

**प्रभु प्रसाद सुचि सुभग सुबासा। सादर जासु लहइ नित नासा॥**
**तुम्हहि निबेदित भोजन करहीं। प्रभु प्रसाद पट भूषन धरहीं॥**

जिसकी नासिका प्रभु (आप)-के पवित्र और सुगन्धित [पुष्पादि] सुन्दर प्रसादको नित्य आदरके साथ ग्रहण करती (सूँघती) है, और जो आपको अर्पण करके भोजन करते हैं और आपके प्रसादरूप ही वस्त्राभूषण धारण करते हैं;॥ १॥

**सीस नवहिं सुर गुरु द्विज देखी। प्रीति सहित करि बिनय बिसेषी॥**
**कर नित करहिं राम पद पूजा। राम भरोस हृदयँ नहिं दूजा॥**

जिनके मस्तक देवता, गुरु और ब्राह्मणोंको देखकर बड़ी नम्रताके साथ प्रेमसहित झुक जाते हैं; जिनके हाथ नित्य श्रीरामचन्द्रजी (आप)-के चरणोंकी पूजा करते हैं, और जिनके हृदयमें श्रीरामचन्द्रजी (आप)-का ही भरोसा है, दूसरा नहीं;॥ २॥

**चरन राम तीरथ चलि जाहीं। राम बसहु तिन्ह के मन माहीं॥**
**मंत्रराजु नित जपहिं तुम्हारा। पूजहिं तुम्हहि सहित परिवारा॥**

तथा जिनके चरण श्रीरामचन्द्रजी (आप)-के तीर्थोंमें चलकर जाते हैं; हे रामजी! आप उनके मनमें निवास कीजिये। जो नित्य आपके [रामनामरूप] मन्त्रराजको जपते हैं और परिवार (परिकर)-सहित आपकी पूजा करते हैं॥ ३॥

**तरपन होम करहिं बिधि नाना। बिप्र जेवाँइ देहिं बहु दाना॥**
**तुम्ह तें अधिक गुरहि जियँ जानी। सकल भायँ सेवहिं सनमानी॥**

जो अनेकों प्रकारसे तर्पण और हवन करते हैं, तथा ब्राह्मणोंको भोजन कराकर बहुत दान देते हैं; तथा जो गुरुको हृदयमें आपसे भी अधिक (बड़ा) जानकर सर्वभावसे सम्मान करके उनकी सेवा करते हैं;॥ ४॥

**दो०—सबु करि मागहिं एक फलु राम चरन रति होउ।**
**तिन्ह कें मन मंदिर बसहु सिय रघुनंदन दोउ॥ १२९॥**

और ये सब कर्म करके सबका एकमात्र यही फल माँगते हैं कि श्रीरामचन्द्रजीके चरणोंमें हमारी प्रीति हो; उन लोगोंके मनरूपी मन्दिरोंमें सीताजी और रघुकुलको आनन्दित करनेवाले आप दोनों बसिये॥ १२९॥

**काम कोह मद मान न मोहा। लोभ न छोभ न राग न द्रोहा॥**
**जिन्ह कें कपट दंभ नहिं माया। तिन्ह कें हृदय बसहु रघुराया॥**

जिनके न तो काम, क्रोध, मद, अभिमान और मोह है; न लोभ है, न क्षोभ है; न राग है, न द्वेष है; और न कपट, दम्भ और माया ही है—हे रघुराज! आप उनके हृदयमें निवास कीजिये॥ १॥

**सब के प्रिय सब के हितकारी। दुख सुख सरिस प्रसंसा गारी॥**
**कहहिं सत्य प्रिय बचन बिचारी। जागत सोवत सरन तुम्हारी॥**

जो सबके प्रिय और सबका हित करनेवाले हैं, जिन्हें दुःख और सुख तथा प्रशंसा (बड़ाई) और गाली (निन्दा) समान हैं, जो विचारकर सत्य और प्रिय वचन बोलते हैं तथा जो जागते-सोते आपकी ही शरण हैं,॥ २॥

**तुम्हहि छाड़ि गति दूसरि नाहीं। राम बसहु तिन्ह के मन माहीं॥**
**जननी सम जानहिं परनारी। धनु पराव बिष तें बिष भारी॥**

और आपको छोड़कर जिनके दूसरी कोई गति (आश्रय) नहीं है, हे रामजी! आप उनके मनमें बसिये। जो परायी स्त्रीको जन्म देनेवाली माताके समान जानते हैं और पराया धन जिन्हें विषसे भी भारी विष है;॥ ३॥

**जे हरषहिं पर संपति देखी। दुखित होहिं पर बिपति बिसेषी॥**
**जिन्हहि राम तुम्ह प्रानपिआरे। तिन्ह के मन सुभ सदन तुम्हारे॥**

जो दूसरेकी सम्पत्ति देखकर हर्षित होते हैं और दूसरेकी विपत्ति देखकर विशेष रूपसे दुःखी होते हैं, और हे रामजी! जिन्हें आप प्राणोंके समान प्यारे हैं, उनके मन आपके रहनेयोग्य शुभ भवन हैं॥ ४॥

**दो०—स्वामि सखा पितु मातु गुर जिन्ह के सब तुम्ह तात।**
**मन मंदिर तिन्ह कें बसहु सीय सहित दोउ भ्रात॥ १३०॥**

हे तात! जिनके स्वामी, सखा, पिता, माता और गुरु सब कुछ आप ही हैं, उनके मनरूपी मन्दिरमें सीतासहित आप दोनों भाई निवास कीजिये॥ १३०॥

**अवगुन तजि सब के गुन गहहीं। बिप्र धेनु हित संकट सहहीं॥**
**नीति निपुन जिन्ह कइ जग लीका। घर तुम्हार तिन्ह कर मनु नीका॥**

जो अवगुणोंको छोड़कर सबके गुणोंको ग्रहण करते हैं, ब्राह्मण और गौके लिये संकट सहते हैं, नीति-निपुणतामें जिनकी जगत्‌में मर्यादा है, उनका सुन्दर मन आपका घर है॥ १॥

**गुन तुम्हार समुझइ निज दोसा। जेहि सब भाँति तुम्हार भरोसा॥**
**राम भगत प्रिय लागहिं जेही। तेहि उर बसहु सहित बैदेही॥**

जो गुणोंको आपका और दोषोंको अपना समझता है, जिसे सब प्रकारसे आपका ही भरोसा है, और रामभक्त जिसे प्यारे लगते हैं, उसके हृदयमें आप सीतासहित निवास कीजिये॥ २॥

**जाति पाँति धनु धरमु बड़ाई। प्रिय परिवार सदन सुखदाई॥**
**सब तजि तुम्हहि रहइ उर लाई। तेहि के हृदयँ रहहु रघुराई॥**

जाति, पाँति, धन, धर्म, बड़ाई, प्यारा परिवार और सुख देनेवाला घर—सबको छोड़कर जो केवल आपको ही हृदयमें धारण किये रहता है, हे रघुनाथजी! आप उसके हृदयमें रहिये॥ ३॥

**सरगु नरकु अपबरगु समाना। जहँ तहँ देख धरें धनु बाना॥**
**करम बचन मन राउर चेरा। राम करहु तेहि कें उर डेरा॥**

स्वर्ग, नरक और मोक्ष जिसकी दृष्टिमें समान हैं, क्योंकि वह जहाँ-तहाँ (सब जगह) केवल धनुष-बाण धारण किये आपको ही देखता है; और जो कर्मसे, वचनसे और मनसे आपका दास है, हे रामजी! आप उसके हृदयमें डेरा कीजिये॥ ४॥

**दो०—जाहि न चाहिअ कबहुँ कछु तुम्ह सन सहज सनेहु।**
**बसहु निरंतर तासु मन सो राउर निज गेहु॥ १३१॥**

जिसको कभी कुछ भी नहीं चाहिये और जिसका आपसे स्वाभाविक प्रेम है, आप उसके मनमें निरन्तर निवास कीजिये; वह आपका अपना घर है॥ १३१॥

**एहि बिधि मुनिबर भवन देखाए। बचन सप्रेम राम मन भाए॥**
**कह मुनि सुनहु भानुकुलनायक। आश्रम कहउँ समय सुखदायक॥**

इस प्रकार मुनिश्रेष्ठ वाल्मीकिजीने श्रीरामचन्द्रजीको घर दिखाये। उनके प्रेमपूर्ण वचन श्रीरामजीके मनको अच्छे लगे। फिर मुनिने कहा—हे सूर्यकुलके स्वामी! सुनिये, अब मैं इस समयके लिये सुखदायक आश्रम कहता हूँ (निवासस्थान बतलाता हूँ)॥ १॥

**चित्रकूट गिरि करहु निवासू। तहँ तुम्हार सब भाँति सुपासू॥**
**सैलु सुहावन कानन चारू। करि केहरि मृग बिहग बिहारू॥**

आप चित्रकूट पर्वतपर निवास कीजिये, वहाँ आपके लिये सब प्रकारकी सुविधा है। सुहावना पर्वत है और सुन्दर वन है। वह हाथी, सिंह, हिरन और पक्षियोंका विहारस्थल है॥ २॥

**नदी पुनीत पुरान बखानी। अत्रिप्रिया निज तप बल आनी॥**
**सुरसरि धार नाउँ मंदाकिनि। जो सब पातक पोतक डाकिनि॥**

वहाँ पवित्र नदी है, जिसकी पुराणोंने प्रशंसा की है, और जिसको अत्रि ऋषिकी पत्नी अनसूयाजी अपने तपोबलसे लायी थीं। वह गंगाजीकी धारा है, उसका मन्दाकिनी नाम है। वह सब पापरूपी बालकोंको खा डालनेके लिये डाकिनी (डाइन) रूप है॥ ३॥

**अत्रि आदि मुनिबर बहु बसहीं। करहिं जोग जप तप तन कसहीं॥**
**चलहु सफल श्रम सब कर करहू। राम देहु गौरव गिरिबरहू॥**

अत्रि आदि बहुत-से श्रेष्ठ मुनि वहाँ निवास करते हैं, जो योग, जप और तप करते हुए शरीरको कसते हैं। हे रामजी! चलिये, सबके परिश्रमको सफल कीजिये और पर्वतश्रेष्ठ चित्रकूटको भी गौरव दीजिये॥ ४॥

**दो०—चित्रकूट महिमा अमित कही महामुनि गाइ।**
**आइ नहाए सरित बर सिय समेत दोउ भाइ॥ १३२॥**

महामुनि वाल्मीकिजीने चित्रकूटकी अपरिमित महिमा बखानकर कही। तब सीताजीसहित दोनों भाइयोंने आकर श्रेष्ठ नदी मन्दाकिनीमें स्नान किया॥ १३२॥

**रघुबर कहेउ लखन भल घाटू। करहु कतहुँ अब ठाहर ठाटू॥**
**लखन दीख पय उतर करारा। चहुँ दिसि फिरेउ धनुष जिमि नारा॥**

श्रीरामचन्द्रजीने कहा—लक्ष्मण! बड़ा अच्छा घाट है। अब यहीं कहीं ठहरनेकी व्यवस्था करो। तब लक्ष्मणजीने पयस्विनी नदीके उत्तरके ऊँचे किनारेको देखा [और कहा कि—] इसके चारों ओर धनुषके-जैसा एक नाला फिरा हुआ है॥ १॥

**नदी पनच सर सम दम दाना। सकल कलुष कलि साउज नाना॥**
**चित्रकूट जनु अचल अहेरी। चुकइ न घात मार मुठभेरी॥**

नदी (मन्दाकिनी) उस धनुषकी प्रत्यंचा (डोरी) है और शम, दम, दान बाण हैं। कलियुगके समस्त पाप उसके अनेकों हिंसक पशु [रूप निशाने] हैं। चित्रकूट ही मानो अचल शिकारी है, जिसका निशाना कभी चूकता नहीं, और जो सामनेसे मारता है॥ २॥

**अस कहि लखन ठाउँ देखरावा। थलु बिलोकि रघुबर सुखु पावा॥**
**रमेउ राम मनु देवन्ह जाना। चले सहित सुर थपति प्रधाना॥**

ऐसा कहकर लक्ष्मणजीने स्थान दिखलाया। स्थानको देखकर श्रीरामचन्द्रजीने सुख पाया। जब देवताओंने जाना कि श्रीरामचन्द्रजीका मन यहाँ रम गया तब वे देवताओंके प्रधान थवई (मकान बनानेवाले) विश्वकर्माको साथ लेकर चले॥ ३॥

**कोल किरात बेष सब आए। रचे परन तृन सदन सुहाए॥**
**बरनि न जाहिं मंजु दुइ साला। एक ललित लघु एक बिसाला॥**

सब देवता कोल-भीलोंके वेषमें आये और उन्होंने [दिव्य] पत्तों और घासोंके सुन्दर घर बना दिये। दो ऐसी सुन्दर कुटियाँ बनायीं जिनका वर्णन नहीं हो सकता। उनमें एक बड़ी सुन्दर छोटी-सी थी और दूसरी बड़ी थी॥ ४॥

**दो०—लखन जानकी सहित प्रभु राजत रुचिर निकेत।**
**सोह मदनु मुनि बेष जनु रति रितुराज समेत॥ १३३॥**

लक्ष्मणजी और जानकीजीसहित प्रभु श्रीरामचन्द्रजी सुन्दर घास-पत्तोंके घरमें शोभायमान हैं। मानो कामदेव मुनिका वेष धारण करके पत्नी रति और वसन्त-ऋतुके साथ सुशोभित हो॥ १३३॥

## मासपारायण, सत्रहवाँ विश्राम

**अमर नाग किंनर दिसिपाला। चित्रकूट आए तेहि काला॥**
**राम प्रनामु कीन्ह सब काहू। मुदित देव लहि लोचन लाहू॥**

उस समय देवता, नाग, किन्नर और दिक्पाल चित्रकूटमें आये और श्रीरामचन्द्रजीने सब किसीको प्रणाम किया। देवता नेत्रोंका लाभ पाकर आनन्दित हुए॥ १॥

**बरषि सुमन कह देव समाजू। नाथ सनाथ भए हम आजू॥**
**करि बिनती दुख दुसह सुनाए। हरषित निज निज सदन सिधाए॥**

फूलोंकी वर्षा करके देवसमाजने कहा—हे नाथ! आज [आपका दर्शन पाकर] हम सनाथ हो गये। फिर विनती करके उन्होंने अपने दुःसह दुःख सुनाये और [दुःखोंके नाशका आश्वासन पाकर] हर्षित होकर अपने-अपने स्थानोंको चले गये॥ २॥

**चित्रकूट रघुनंदनु छाए। समाचार सुनि सुनि मुनि आए॥**
**आवत देखि मुदित मुनिबृंदा। कीन्ह दंडवत रघुकुल चंदा॥**

श्रीरघुनाथजी चित्रकूटमें आ बसे हैं, यह समाचार सुन-सुनकर बहुत-से मुनि आये। रघुकुलके चन्द्रमा श्रीरामचन्द्रजीने मुदित हुई मुनिमण्डलीको आते देखकर दण्डवत् प्रणाम किया॥ ३॥

**मुनि रघुबरहि लाइ उर लेहीं। सुफल होन हित आसिष देहीं॥**
**सिय सौमित्रि राम छबि देखहिं। साधन सकल सफल करि लेखहिं॥**

मुनिगण श्रीरामजीको हृदयसे लगा लेते हैं और सफल होनेके लिये आशीर्वाद देते हैं। वे सीताजी, लक्ष्मणजी और श्रीरामचन्द्रजीकी छबि देखते हैं और अपने सारे साधनोंको सफल हुआ समझते हैं॥ ४॥

**दो०—जथाजोग सनमानि प्रभु बिदा किए मुनिबृंद।**
**करहिं जोग जप जाग तप निज आश्रमन्हि सुछंद॥ १३४॥**

प्रभु श्रीरामचन्द्रजीने यथायोग्य सम्मान करके मुनिमण्डलीको विदा किया। [श्रीरामचन्द्रजीके आ जानेसे] वे सब अपने-अपने आश्रमोंमें अब स्वतन्त्रताके साथ योग, जप, यज्ञ और तप करने लगे॥ १३४॥

**यह सुधि कोल किरातन्ह पाई। हरषे जनु नव निधि घर आई॥**
**कंद मूल फल भरि भरि दोना। चले रंक जनु लूटन सोना॥**

यह (श्रीरामजीके आगमनका) समाचार जब कोल-भीलोंने पाया, तो वे ऐसे हर्षित हुए मानो नवों निधियाँ उनके घरहीपर आ गयी हों। वे दोनोंमें कन्द, मूल, फल भर-भरकर चले। मानो दरिद्र सोना लूटने चले हों॥ १॥

**तिन्ह महँ जिन्ह देखे दोउ भ्राता। अपर तिन्हहि पूँछहिं मगु जाता॥**
**कहत सुनत रघुबीर निकाई। आइ सबन्हि देखे रघुराई॥**

उनमेंसे जो दोनों भाइयोंको [पहले] देख चुके थे, उनसे दूसरे लोग रास्तेमें जाते हुए पूछते हैं। इस प्रकार श्रीरामचन्द्रजीकी सुन्दरता कहते-सुनते सबने आकर श्रीरघुनाथजीके दर्शन किये॥ २॥

**करहिं जोहारु भेंट धरि आगे। प्रभुहि बिलोकहिं अति अनुरागे॥**
**चित्र लिखे जनु जहँ तहँ ठाढ़े। पुलक सरीर नयन जल बाढ़े॥**

भेंट आगे रखकर वे लोग जोहार करते हैं और अत्यन्त अनुरागके साथ प्रभुको देखते हैं। वे मुग्ध हुए जहाँ-के-तहाँ मानो चित्रलिखे-से खड़े हैं। उनके शरीर पुलकित हैं और नेत्रोंमें प्रेमाश्रुओंके जलकी बाढ़ आ रही है॥ ३॥

**राम सनेह मगन सब जाने। कहि प्रिय बचन सकल सनमाने॥**
**प्रभुहि जोहारि बहोरि बहोरी। बचन बिनीत कहहिं कर जोरी॥**

श्रीरामजीने उन सबको प्रेममें मग्न जाना, और प्रिय वचन कहकर सबका सम्मान किया। वे बार-बार प्रभु श्रीरामचन्द्रजीको जोहार करते हुए हाथ जोड़कर विनीत वचन कहते हैं—॥ ४॥

**दो०—अब हम नाथ सनाथ सब भए देखि प्रभु पाय।**
**भाग हमारें आगमनु राउर कोसलराय॥ १३५॥**

हे नाथ! प्रभु (आप)-के चरणोंका दर्शन पाकर अब हम सब सनाथ हो गये। हे कोसलराज! हमारे ही भाग्यसे आपका यहाँ शुभागमन हुआ है॥ १३५॥

**धन्य भूमि बन पंथ पहारा। जहँ जहँ नाथ पाउ तुम्ह धारा॥**
**धन्य बिहग मृग काननचारी। सफल जनम भए तुम्हहि निहारी॥**

हे नाथ! जहाँ-जहाँ आपने अपने चरण रखे हैं, वे पृथ्वी, वन, मार्ग और पहाड़ धन्य हैं, वे वनमें विचरनेवाले पक्षी और पशु धन्य हैं, जो आपको देखकर सफलजन्म हो गये॥ १॥

**हम सब धन्य सहित परिवारा। दीख दरसु भरि नयन तुम्हारा॥**
**कीन्ह बासु भल ठाउँ बिचारी। इहाँ सकल रितु रहब सुखारी॥**

हम सब भी अपने परिवारसहित धन्य हैं, जिन्होंने नेत्र भरकर आपका दर्शन किया। आपने बड़ी अच्छी जगह विचारकर निवास किया है। यहाँ सभी ॠतुओंमें आप सुखी रहियेगा॥ २॥

**हम सब भाँति करब सेवकाई। करि केहरि अहि बाघ बराई॥**
**बन बेहड़ गिरि कंदर खोहा। सब हमार प्रभु पग पग जोहा॥**

हमलोग सब प्रकारसे हाथी, सिंह, सर्प और बाघोंसे बचाकर आपकी सेवा करेंगे। हे प्रभो! यहाँके बीहड़ वन, पहाड़, गुफाएँ और खोह (दर्रे) सब पग-पग हमारे देखे हुए हैं॥ ३॥

**तहँ तहँ तुम्हहि अहेर खेलाउब। सर निरझर जलठाउँ देखाउब॥**
**हम सेवक परिवार समेता। नाथ न सकुचब आयसु देता॥**

हम वहाँ-वहाँ (उन-उन स्थानोंमें) आपको शिकार खिलावेंगे और तालाब, झरने आदि जलाशयोंको दिखावेंगे। हम कुटुम्बसमेत आपके सेवक हैं। हे नाथ! इसलिये हमें आज्ञा देनेमें संकोच न कीजियेगा॥ ४॥

**दो०—बेद बचन मुनि मन अगम ते प्रभु करुना ऐन।**
**बचन किरातन्ह के सुनत जिमि पितु बालक बैन॥ १३६॥**

जो वेदोंके वचन और मुनियोंके मनको भी अगम हैं, वे करुणाके धाम प्रभु श्रीरामचन्द्रजी भीलोंके वचन इस तरह सुन रहे हैं जैसे पिता बालकोंके वचन सुनता है॥ १३६॥

**रामहि केवल प्रेमु पिआरा। जानि लेउ जो जाननिहारा॥**
**राम सकल बनचर तब तोषे। कहि मृदु बचन प्रेम परिपोषे॥**

श्रीरामचन्द्रजीको केवल प्रेम प्यारा है; जो जाननेवाला हो (जानना चाहता हो), वह जान ले। तब श्रीरामचन्द्रजीने प्रेमसे परिपुष्ट हुए (प्रेमपूर्ण) कोमल वचन कहकर उन सब वनमें विचरण करनेवाले लोगोंको संतुष्ट किया॥ १॥

**बिदा किए सिर नाइ सिधाए। प्रभु गुन कहत सुनत घर आए॥**
**एहि बिधि सिय समेत दोउ भाई। बसहिं बिपिन सुर मुनि सुखदाई॥**

फिर उनको विदा किया। वे सिर नवाकर चले और प्रभुके गुण कहते-सुनते घर आये। इस प्रकार देवता और मुनियोंको सुख देनेवाले दोनों भाई सीताजीसमेत वनमें निवास करने लगे॥ २॥

**जब तें आइ रहे रघुनायकु। तब तें भयउ बनु मंगलदायकु॥**
**फूलहिं फलहिं बिटप बिधि नाना। मंजु बलित बर बेलि बिताना॥**

जबसे श्रीरघुनाथजी वनमें आकर रहे तबसे वन मंगलदायक हो गया। अनेकों प्रकारके वृक्ष फूलते और फलते हैं और उनपर लिपटी हुई सुन्दर बेलोंके मण्डप तने हैं॥ ३॥

**सुरतरु सरिस सुभायँ सुहाए। मनहुँ बिबुध बन परिहरि आए॥**
**गुंज मंजुतर मधुकर श्रेनी। त्रिबिध बयारि बहइ सुख देनी॥**

वे कल्पवृक्षके समान स्वाभाविक ही सुन्दर हैं। मानो वे देवताओंके वन (नन्दनवन)-को छोड़कर आये हों। भौंरोंकी पंक्तियाँ बहुत ही सुन्दर गुंजार करती हैं और सुख देनेवाली शीतल, मन्द, सुगन्धित हवा चलती रहती है॥ ४॥

**दो०—नीलकंठ कलकंठ सुक चातक चक्क चकोर।**
**भाँति भाँति बोलहिं बिहग श्रवन सुखद चित चोर॥ १३७॥**

नीलकण्ठ, कोयल, तोते, पपीहे, चकवे और चकोर आदि पक्षी कानोंको सुख देनेवाली और चित्तको चुरानेवाली तरह-तरहकी बोलियाँ बोलते हैं॥ १३७॥

**करि केहरि कपि कोल कुरंगा। बिगतबैर बिचरहिं सब संगा॥**
**फिरत अहेर राम छबि देखी। होहिं मुदित मृगबृंद बिसेषी॥**

हाथी, सिंह, बंदर, सूअर और हिरन—ये सब वैर छोड़कर साथ-साथ विचरते हैं। शिकारके लिये फिरते हुए श्रीरामचन्द्रजीकी छबिको देखकर पशुओंके समूह विशेष आनन्दित होते हैं॥ १॥

**बिबुध बिपिन जहँ लगि जग माहीं। देखि रामबनु सकल सिहाहीं॥**
**सुरसरि सरसइ दिनकर कन्या। मेकलसुता गोदावरि धन्या॥**

जगत्‌में जहाँतक (जितने) देवताओंके वन हैं, सब श्रीरामजीके वनको देखकर सिहाते हैं। गंगा, सरस्वती, सूर्यकुमारी यमुना, नर्मदा, गोदावरी आदि धन्य (पुण्यमयी) नदियाँ,॥ २॥

**सब सर सिंधु नदीं नद नाना। मंदाकिनि कर करहिं बखाना॥**
**उदय अस्त गिरि अरु कैलासू। मंदर मेरु सकल सुरबासू॥**

सारे तालाब, समुद्र, नदी और अनेकों नद सब मन्दाकिनीकी बड़ाई करते हैं। उदयाचल,

अस्ताचल, कैलास, मन्दराचल और सुमेरु आदि सब, जो देवताओंके रहनेके स्थान हैं,॥ ३॥

**सैल हिमाचल आदिक जेते। चित्रकूट जसु गावहिं तेते॥**
**बिंधि मुदित मन सुखु न समाई। श्रम बिनु बिपुल बड़ाई पाई॥**

और हिमालय आदि जितने पर्वत हैं, सभी चित्रकूटका यश गाते हैं। विन्ध्याचल बड़ा आनन्दित है, उसके मनमें सुख समाता नहीं; क्योंकि उसने बिना परिश्रम ही बहुत बड़ी बड़ाई पा ली है॥ ४॥

**दो०—चित्रकूट के बिहग मृग बेलि बिटप तृन जाति।**
**पुन्य पुंज सब धन्य अस कहहिं देव दिन राति॥ १३८॥**

चित्रकूटके पक्षी, पशु, बेल, वृक्ष, तृण-अंकुरादिकी सभी जातियाँ पुण्यकी राशि हैं और धन्य हैं—देवता दिन-रात ऐसा कहते हैं॥ १३८॥

**नयनवंत रघुबरहि बिलोकी। पाइ जनम फल होहिं बिसोकी॥**
**परसि चरन रज अचर सुखारी। भए परम पद के अधिकारी॥**

आँखोंवाले जीव श्रीरामचन्द्रजीको देखकर जन्मका फल पाकर शोकरहित हो जाते हैं, और अचर (पर्वत, वृक्ष, भूमि, नदी आदि) भगवान्‌की चरण-रजका स्पर्श पाकर सुखी होते हैं। यों सभी परमपद (मोक्ष)-के अधिकारी हो गये॥ १॥

**सो बनु सैलु सुभायँ सुहावन। मंगलमय अति पावन पावन॥**
**महिमा कहिअ कवनि बिधि तासू। सुखसागर जहँ कीन्ह निवासू॥**

वह वन और पर्वत स्वाभाविक ही सुन्दर, मंगलमय और अत्यन्त पवित्रोंको भी पवित्र करनेवाला है। उसकी महिमा किस प्रकार कही जाय, जहाँ सुखके समुद्र श्रीरामजीने निवास किया है॥ २॥

**पय पयोधि तजि अवध बिहाई। जहँ सिय लखनु रामु रहे आई॥**
**कहि न सकहिं सुषमा जसि कानन। जौं सत सहस होहिं सहसानन॥**

क्षीरसागरको त्यागकर और अयोध्याको छोड़कर जहाँ सीताजी, लक्ष्मणजी और श्रीरामचन्द्रजी आकर रहे, उस वनकी जैसी परम शोभा है, उसको हजार मुखवाले जो लाख शेषजी हों तो वे भी नहीं कह सकते॥ ३॥

**सो मैं बरनि कहौं बिधि केहीं। डाबर कमठ कि मंदर लेहीं॥**
**सेवहिं लखनु करम मन बानी। जाइ न सीलु सनेहु बखानी॥**

उसे भला, मैं किस प्रकारसे वर्णन करके कह सकता हूँ। कहीं पोखरेका [क्षुद्र] कछुआ भी मन्दराचल उठा सकता है? लक्ष्मणजी मन, वचन और कर्मसे श्रीरामचन्द्रजीकी सेवा करते हैं। उनके शील और स्नेहका वर्णन नहीं किया जा सकता॥ ४॥

**दो०—छिनु छिनु लखि सिय राम पद जानि आपु पर नेहु।**
**करत न सपनेहुँ लखनु चितु बंधु मातु पितु गेहु॥ १३९॥**

क्षण-क्षणपर श्रीसीतारामजीके चरणोंको देखकर और अपने ऊपर उनका स्नेह जानकर लक्ष्मणजी स्वप्नमें भी भाइयों, माता-पिता और घरकी याद नहीं करते॥ १३९॥

**राम संग सिय रहति सुखारी। पुर परिजन गृह सुरति बिसारी॥**
**छिनु छिनु पिय बिधु बदनु निहारी। प्रमुदित मनहुँ चकोरकुमारी॥**

श्रीरामचन्द्रजीके साथ सीताजी अयोध्यापुरी, कुटुम्बके लोग और घरकी याद भूलकर बहुत ही सुखी रहती हैं। क्षण-क्षणपर पति श्रीरामचन्द्रजीके चन्द्रमाके समान मुखको देखकर वे वैसे ही परम प्रसन्न रहती हैं जैसे चकोरकुमारी (चकोरी) चन्द्रमाको देखकर!॥ १॥

**नाह नेहु नित बढ़त बिलोकी। हरषित रहति दिवस जिमि कोकी॥**
**सिय मनु राम चरन अनुरागा। अवध सहस सम बनु प्रिय लागा॥**

स्वामीका प्रेम अपने प्रति नित्य बढ़ता हुआ देखकर सीताजी ऐसी हर्षित रहती हैं जैसे दिनमें चकवी! सीताजीका मन श्रीरामचन्द्रजीके चरणोंमें अनुरक्त है इससे उनको वन हजारों अवधके समान प्रिय लगता है॥ २॥

**परनकुटी प्रिय प्रियतम संगा। प्रिय परिवारु कुरंग बिहंगा॥**
**सासु ससुर सम मुनितिय मुनिबर। असनु अमिअ सम कंद मूल फर॥**

प्रियतम (श्रीरामचन्द्रजी)-के साथ पर्णकुटी प्यारी लगती है। मृग और पक्षी प्यारे कुटुम्बियोंके समान लगते हैं। मुनियोंकी स्त्रियाँ सासके समान, श्रेष्ठ मुनि ससुरके समान और कन्द-मूल-फलोंका आहार उनको अमृतके समान लगता है॥ ३॥

**नाथ साथ साँथरी सुहाई। मयन सयन सय सम सुखदाई॥**
**लोकप होहिं बिलोकत जासू। तेहि कि मोहि सक बिषय बिलासू॥**

स्वामीके साथ सुन्दर साथरी (कुश और पत्तोंकी सेज) सैकड़ों कामदेवकी सेजोंके समान सुख देनेवाली है। जिनके [कृपापूर्वक] देखनेमात्रसे जीव लोकपाल हो जाते हैं, उनको कहीं भोग-विलास मोहित कर सकते हैं!॥ ४॥

**दो०—सुमिरत रामहि तजहिं जन तृन सम बिषय बिलासु।**
**रामप्रिया जग जननि सिय कछु न आचरजु तासु॥ १४०॥**

जिन श्रीरामचन्द्रजीका स्मरण करनेसे ही भक्तजन तमाम भोग-विलासको तिनकेके समान त्याग देते हैं, उन श्रीरामचन्द्रजीकी प्रिय पत्नी और जगत्‌की माता सीताजीके लिये यह [भोग-विलासका त्याग] कुछ भी आश्चर्य नहीं है॥ १४०॥

**सीय लखन जेहि बिधि सुखु लहहीं। सोइ रघुनाथ करहिं सोइ कहहीं॥**
**कहहिं पुरातन कथा कहानी। सुनहिं लखनु सिय अति सुखु मानी॥**

सीताजी और लक्ष्मणजीको जिस प्रकार सुख मिले, श्रीरघुनाथजी वही करते और वही कहते हैं। भगवान् प्राचीन कथाएँ और कहानियाँ कहते हैं और लक्ष्मणजी तथा सीताजी अत्यन्त सुख मानकर सुनते हैं॥ १॥

**जब जब रामु अवध सुधि करहीं। तब तब बारि बिलोचन भरहीं॥**
**सुमिरि मातु पितु परिजन भाई। भरत सनेहु सीलु सेवकाई॥**

जब-जब श्रीरामचन्द्रजी अयोध्याकी याद करते हैं,तब-तब उनके नेत्रोंमें जल भर आता है। माता-पिता, कुटुम्बियों और भाइयों तथा भरतके प्रेम, शील और सेवाभावको याद करके—॥ २॥

**कृपासिंधु प्रभु होहिं दुखारी। धीरजु धरहिं कुसमउ बिचारी॥**
**लखि सिय लखनु बिकल होइ जाहीं। जिमि पुरुषहि अनुसर परिछाहीं॥**

कृपाके समुद्र प्रभु श्रीरामचन्द्रजी दुःखी हो जाते हैं, किन्तु फिर कुसमय समझकर धीरज धारण कर लेते हैं। श्रीरामचन्द्रजीको दुःखी देखकर सीताजी और लक्ष्मणजी भी व्याकुल हो जाते हैं, जैसे किसी मनुष्यकी परछाहीं उस मनुष्यके समान ही चेष्टा करती है॥ ३॥

**प्रिया बंधु गति लखि रघुनंदनु। धीर कृपाल भगत उर चंदनु॥**
**लगे कहन कछु कथा पुनीता। सुनि सुखु लहहिं लखनु अरु सीता॥**

तब धीर, कृपालु और भक्तोंके हृदयोंको शीतल करनेके लिये चन्दनरूप रघुकुलको आनन्दित करनेवाले श्रीरामचन्द्रजी प्यारी पत्नी और भाई लक्ष्मणकी दशा देखकर कुछ पवित्र कथाएँ कहने लगते हैं,जिन्हें सुनकर लक्ष्मणजी और सीताजी सुख प्राप्त करते हैं॥ ४॥

**दो०—रामु लखन सीता सहित सोहत परन निकेत।**
**जिमि बासव बस अमरपुर सची जयंत समेत॥ १४१॥**

लक्ष्मणजी और सीताजीसहित श्रीरामचन्द्रजी पर्णकुटीमें ऐसे सुशोभित हैं जैसे अमरावतीमें इन्द्र अपनी पत्नी शची और पुत्र जयन्तसहित बसता है॥ १४१॥

**जोगवहिं प्रभु सिय लखनहि कैसें। पलक बिलोचन गोलक जैसें॥**
**सेवहिं लखनु सीय रघुबीरहि। जिमि अबिबेकी पुरुष सरीरहि॥**

प्रभु श्रीरामचन्द्रजी सीताजी और लक्ष्मणजीकी कैसी सँभाल रखते हैं, जैसे पलकें नेत्रोंके गोलकोंकी। इधर लक्ष्मणजी श्रीसीताजी और श्रीरामचन्द्रजीकी [अथवा लक्ष्मणजी और सीताजी श्रीरामचन्द्रजीकी] ऐसी सेवा करते हैं जैसे अज्ञानी मनुष्य शरीरकी करते हैं॥ १॥

**एहि बिधि प्रभु बन बसहिं सुखारी। खग मृग सुर तापस हितकारी॥**
**कहेउँ राम बन गवनु सुहावा। सुनहु सुमंत्र अवध जिमि आवा॥**

पक्षी, पशु, देवता और तपस्वियोंके हितकारी प्रभु इस प्रकार सुखपूर्वक वनमें निवास कर रहे हैं। तुलसीदासजी कहते हैं—मैंने श्रीरामचन्द्रजीका सुन्दर वनगमन कहा। अब जिस तरह सुमन्त्र अयोध्यामें आये वह [कथा] सुनो॥ २॥

**फिरेउ निषादु प्रभुहि पहुँचाई। सचिव सहित रथ देखेसि आई॥**
**मंत्री बिकल बिलोकि निषादू। कहि न जाइ जस भयउ बिषादू॥**

प्रभु श्रीरामचन्द्रजीको पहुँचाकर जब निषादराज लौटा, तब आकर उसने रथको मन्त्री (सुमन्त्र)-सहित देखा। मन्त्रीको व्याकुल देखकर निषादको जैसा दुःख हुआ, वह कहा नहीं जाता॥ ३॥

**राम राम सिय लखन पुकारी। परेउ धरनितल ब्याकुल भारी॥**
**देखि दखिन दिसि हय हिहिनाहीं। जनु बिनु पंख बिहग अकुलाहीं॥**

[निषादको अकेले आया देखकर] सुमन्त्र हा राम! हा राम! हा सीते! हा लक्ष्मण! पुकारते हुए, बहुत व्याकुल होकर धरतीपर गिर पड़े। [रथके] घोड़े दक्षिण दिशाकी ओर [जिधर श्रीरामचन्द्रजी गये थे] देख-देखकर हिनहिनाते हैं। मानो बिना पंखके पक्षी व्याकुल हो रहे हों॥ ४॥

**दो०—नहिं तृन चरहिं न पिअहिं जलु मोचहिं लोचन बारि।**
**ब्याकुल भए निषाद सब रघुबर बाजि निहारि॥ १४२॥**

वे न तो घास चरते हैं, न पानी पीते हैं। केवल आँखोंसे जल बहा रहे हैं। श्रीरामचन्द्रजीके घोड़ोंको इस दशामें देखकर सब निषाद व्याकुल हो गये॥ १४२॥

**धरि धीरजु तब कहइ निषादू। अब सुमंत्र परिहरहु बिषादू॥**
**तुम्ह पंडित परमारथ ग्याता। धरहु धीर लखि बिमुख बिधाता॥**

तब धीरज धरकर निषादराज कहने लगा—हे सुमन्त्रजी! अब विषादको छोड़िये। आप पण्डित और परमार्थके जाननेवाले हैं। विधाताको प्रतिकूल जानकर धैर्य धारण कीजिये॥ १॥

**बिबिधि कथा कहि कहि मृदु बानी। रथ बैठारेउ बरबस आनी॥**
**सोक सिथिल रथु सकइ न हाँकी। रघुबर बिरह पीर उर बाँकी॥**

कोमल वाणीसे भाँति-भाँतिकी कथाएँ कहकर निषादने जबर्दस्ती लाकर सुमन्त्रको रथपर बैठाया। परन्तु शोकके मारे वे इतने शिथिल हो गये कि रथको हाँक नहीं सकते। उनके हृदयमें श्रीरामचन्द्रजीके विरहकी बड़ी तीव्र वेदना है॥ २॥

**चरफराहिं मग चलहिं न घोरे। बन मृग मनहुँ आनि रथ जोरे॥**
**अढ़ुकि परहिं फिरि हेरहिं पीछें। राम बियोगि बिकल दुख तीछें॥**

घोड़े तड़फड़ाते हैं और [ठीक] रास्तेपर नहीं चलते। मानो जंगली पशु लाकर रथमें जोत दिये गये हों। वे श्रीरामचन्द्रजीके वियोगी घोड़े कभी ठोकर खाकर गिर पड़ते हैं, कभी घूमकर पीछेकी ओर देखने लगते हैं। वे तीक्ष्ण दुःखसे व्याकुल हैं॥ ३॥

**जो कह रामु लखनु बैदेही। हिंकरि हिंकरि हित हेरहिं तेही॥**
**बाजि बिरह गति कहि किमि जाती। बिनु मनि फनिक बिकल जेहि भाँती॥**

जो कोई राम, लक्ष्मण या जानकीका नाम ले लेता है, घोड़े हिकर-हिकरकर उसकी ओर प्यारसे देखने लगते हैं। घोड़ोंकी विरहदशा कैसे कही जा सकती है? वे ऐसे व्याकुल हैं जैसे मणिके बिना साँप व्याकुल होता है॥ ४॥

**दो०—भयउ निषादु बिषादबस देखत सचिव तुरंग।**
**बोलि सुसेवक चारि तब दिए सारथी संग॥ १४३॥**

मन्त्री और घोड़ोंकी यह दशा देखकर निषादराज विषादके वश हो गया। तब उसने अपने चार उत्तम सेवक बुलाकर सारथीके साथ कर दिये॥ १४३॥

**गुह सारथिहि फिरेउ पहुँचाई। बिरहु बिषादु बरनि नहिं जाई॥**
**चले अवध लेइ रथहि निषादा। होहिं छनहिं छन मगन बिषादा॥**

निषादराज गुह सारथी (सुमन्त्रजी)-को पहुँचाकर (विदा करके) लौटा। उसके विरह और दुःखका वर्णन नहीं किया जा सकता। वे चारों निषाद रथ लेकर अवधको चले। [सुमन्त्र और घोड़ोंको देख-देखकर] वे भी क्षण-क्षणभर विषादमें डूबे जाते थे॥ १॥

**सोच सुमंत्र बिकल दुख दीना। धिग जीवन रघुबीर बिहीना॥**
**रहिहि न अंतहुँ अधम सरीरू। जसु न लहेउ बिछुरत रघुबीरू॥**

व्याकुल और दुःखसे दीन हुए सुमन्त्रजी सोचते हैं कि श्रीरघुवीरके बिना जीनेको धिक्कार है। आखिर यह अधम शरीर रहेगा तो है ही नहीं। अभी श्रीरामचन्द्रजीके बिछुड़ते ही छूटकर इसने यश [क्यों] नहीं ले लिया॥ २॥

**भए अजस अघ भाजन प्राना। कवन हेतु नहिं करत पयाना॥**
**अहह मंद मनु अवसर चूका। अजहुँ न हृदय होत दुइ टूका॥**

ये प्राण अपयश और पापके भाँड़े हो गये। अब ये किस कारण कूच नहीं करते (निकलते नहीं)? हाय! नीच मन [बड़ा अच्छा] मौका चूक गया। अब भी तो हृदयके दो टुकड़े नहीं हो जाते!॥ ३॥

**मीजि हाथ सिरु धुनि पछिताई। मनहुँ कृपन धन रासि गवाँई॥**
**बिरिद बाँधि बर बीरु कहाई। चलेउ समर जनु सुभट पराई॥**

सुमन्त्र हाथ मल-मलकर और सिर पीट-पीटकर पछताते हैं। मानो कोई कंजूस धनका खजाना खो बैठा हो। वे इस प्रकार चले मानो कोई बड़ा योद्धा वीरका बाना पहनकर और उत्तम शूरवीर कहलाकर युद्धसे भाग चला हो!॥ ४॥

**दो०—बिप्र बिबेकी बेदबिद संमत साधु सुजाति।**
**जिमि धोखें मदपान कर सचिव सोच तेहि भाँति॥ १४४॥**

जैसे कोई विवेकशील, वेदका ज्ञाता, साधुसम्मत आचरणोंवाला और उत्तम जातिका (कुलीन) ब्राह्मण धोखेसे मदिरा पी ले और पीछे पछतावे, उसी प्रकार मन्त्री सुमन्त्र सोच कर रहे (पछता रहे) हैं॥ १४४॥

**जिमि कुलीन तिय साधु सयानी। पतिदेवता करम मन बानी॥**
**रहै करम बस परिहरि नाहू। सचिव हृदयँ तिमि दारुन दाहू॥**

जैसे किसी उत्तम कुलवाली, साधुस्वभावकी, समझदार और मन, वचन, कर्मसे पतिको ही देवता माननेवाली पतिव्रता स्त्रीको भाग्यवश पतिको छोड़कर (पतिसे अलग) रहना पड़े, उस समय उसके हृदयमें जैसे भयानक सन्ताप होता है, वैसे ही मन्त्रीके हृदयमें हो रहा है॥ १॥

**लोचन सजल डीठि भइ थोरी। सुनइ न श्रवन बिकल मति भोरी॥**
**सूखहिं अधर लागि मुहँ लाटी। जिउ न जाइ उर अवधि कपाटी॥**

नेत्रोंमें जल भरा है, दृष्टि मन्द हो गयी है। कानोंसे सुनायी नहीं पड़ता, व्याकुल हुई बुद्धि बेठिकाने हो रही है। ओठ सूख रहे हैं, मुँहमें लाटी लग गयी है। किन्तु [ये सब मृत्युके लक्षण हो जानेपर भी] प्राण नहीं निकलते; क्योंकि हृदयमें अवधिरूपी किवाड़ लगे हैं (अर्थात् चौदह वर्ष बीत जानेपर भगवान् फिर मिलेंगे, यही आशा रुकावट डाल रही है)॥ २॥

**बिबरन भयउ न जाइ निहारी। मारेसि मनहुँ पिता महतारी॥**
**हानि गलानि बिपुल मन ब्यापी। जमपुर पंथ सोच जिमि पापी॥**

सुमन्त्रजीके मुखका रंग बदल गया है, जो देखा नहीं जाता। ऐसा मालूम होता है मानो इन्होंने माता-पिताको मार डाला हो। उनके मनमें रामवियोगरूपी हानिकी महान् ग्लानि (पीड़ा) छा रही है, जैसे कोई पापी मनुष्य नरकको जाता हुआ रास्तेमें सोच कर रहा हो॥ ३॥

**बचनु न आव हृदयँ पछिताई । अवध काह मैं देखब जाई ॥**
**राम रहित रथ देखिहि जोई । सकुचिहि मोहि बिलोकत सोई ॥**

मुँहसे वचन नहीं निकलते। हृदयमें पछताते हैं कि मैं अयोध्यामें जाकर क्या देखूँगा? श्रीरामचन्द्रजीसे शून्य रथको जो भी देखेगा, वही मुझे देखनेमें संकोच करेगा (अर्थात् मेरा मुँह नहीं देखना चाहेगा) ॥ ४ ॥

**दो०—धाइ पूँछिहहिं मोहि जब बिकल नगर नर नारि।**
**उतरु देब मैं सबहि तब हृदयँ बज्रु बैठारि ॥ १४५ ॥**

नगरके सब व्याकुल स्त्री-पुरुष जब दौड़कर मुझसे पूछेंगे, तब मैं हृदयपर वज्र रखकर सबको उत्तर दूँगा ॥ १४५ ॥

**पुछिहहिं दीन दुखित सब माता । कहब काह मैं तिन्हहि बिधाता ॥**
**पूँछिहि जबहिं लखन महतारी । कहिहउँ कवन सँदेस सुखारी ॥**

जब दीन-दुःखी सब माताएँ पूछेंगी, तब हे विधाता! मैं उन्हें क्या कहूँगा? जब लक्ष्मणजीकी माता मुझसे पूछेंगी, तब मैं उन्हें कौन-सा सुखदायी सँदेसा कहूँगा? ॥ १ ॥

**राम जननि जब आइहि धाई । सुमिरि बच्छु जिमि धेनु लवाई ॥**
**पूँछत उतरु देब मैं तेही । गे बनु राम लखनु बैदेही ॥**

श्रीरामजीकी माता जब इस प्रकार दौड़ी आवेंगी जैसे नयी ब्यायी हुई गौ बछड़ेको याद करके दौड़ी आती है, तब उनके पूछनेपर मैं उन्हें यह उत्तर दूँगा कि श्रीराम, लक्ष्मण, सीता वनको चले गये! ॥ २ ॥

**जोइ पूँछिहि तेहि ऊतरु देबा । जाइ अवध अब यहु सुखु लेबा ॥**
**पूँछिहि जबहिं राउ दुख दीना । जिवनु जासु रघुनाथ अधीना ॥**

जो भी पूछेगा उसे यही उत्तर देना पड़ेगा! हाय! अयोध्या जाकर अब मुझे यही सुख लेना है! जब दुःखसे दीन महाराज, जिनका जीवन श्रीरघुनाथजीके [दर्शनके] ही अधीन है, मुझसे पूछेंगे, ॥ ३ ॥

**देहउँ उतरु कौनु मुहु लाई । आयउँ कुसल कुअँर पहुँचाई ॥**
**सुनत लखन सिय राम सँदेसू । तृन जिमि तनु परिहरिहि नरेसू ॥**

तब मैं कौन-सा मुँह लेकर उन्हें उत्तर दूँगा कि मैं राजकुमारोंको कुशलपूर्वक पहुँचा आया हूँ! लक्ष्मण, सीता और श्रीरामका समाचार सुनते ही महाराज तिनकेकी तरह शरीरको त्याग देंगे ॥ ४ ॥

**दो०—हृदउ न बिदरेउ पंक जिमि बिछुरत प्रीतमु नीरु।**
**जानत हौं मोहि दीन्ह बिधि यहु जातना सरीरु ॥ १४६ ॥**

प्रियतम (श्रीरामजी) रूपी जलके बिछुड़ते ही मेरा हृदय कीचड़की तरह फट नहीं गया, इससे मैं जानता हूँ कि विधाताने मुझे यह 'यातनाशरीर' ही दिया है [जो पापी जीवोंको नरक भोगनेके लिये मिलता है] ॥ १४६ ॥

**एहि बिधि करत पंथ पछितावा । तमसा तीर तुरत रथु आवा ॥**
**बिदा किए करि बिनय निषादा । फिरे पायँ परि बिकल बिषादा ॥**

सुमन्त्र इस प्रकार मार्गमें पछतावा कर रहे थे, इतनेमें ही रथ तुरंत तमसा नदीके तटपर आ पहुँचा। मन्त्रीने विनय करके चारों निषादोंको विदा किया। वे विषादसे व्याकुल होते हुए सुमन्त्रके पैरों पड़कर लौटे ॥ १ ॥

**पैठत नगर सचिव सकुचाई। जनु मारेसि गुर बाँभन गाई॥**
**बैठि बिटप तर दिवसु गवाँवा। साँझ समय तब अवसरु पावा॥**

नगरमें प्रवेश करते मन्त्री [ग्लानिके कारण] ऐसे सकुचाते हैं, मानो गुरु, ब्राह्मण या गौको मारकर आये हों। सारा दिन एक पेड़के नीचे बैठकर बिताया। जब सन्ध्या हुई तब मौका मिला॥ २॥

**अवध प्रबेसु कीन्ह अँधिआरें। पैठ भवन रथु राखि दुआरें॥**
**जिन्ह जिन्ह समाचार सुनि पाए। भूप द्वार रथु देखन आए॥**

अँधेरा होनेपर उन्होंने अयोध्यामें प्रवेश किया और रथको दरवाजेपर खड़ा करके वे [चुपके-से] महलमें घुसे। जिन-जिन लोगोंने यह समाचार सुन पाया, वे सभी रथ देखनेको राजद्वारपर आये॥ ३॥

**रथु पहिचानि बिकल लखि घोरे। गरहिं गात जिमि आतप ओरे॥**
**नगर नारि नर ब्याकुल कैसें। निघटत नीर मीनगन जैसें॥**

रथको पहचानकर और घोड़ोंको व्याकुल देखकर उनके शरीर ऐसे गले जा रहे हैं (क्षीण हो रहे हैं) जैसे घाममें ओले! नगरके स्त्री-पुरुष कैसे व्याकुल हैं जैसे जलके घटनेपर मछलियाँ [व्याकुल होती हैं]॥ ४॥

**दो०—सचिव आगमनु सुनत सबु बिकल भयउ रनिवासु।**
**भवनु भयंकरु लाग तेहि मानहुँ प्रेत निवासु॥ १४७॥**

मन्त्रीका [अकेले ही] आना सुनकर सारा रनिवास व्याकुल हो गया। राजमहल उनको ऐसा भयानक लगा मानो प्रेतोंका निवासस्थान (श्मशान) हो॥ १४७॥

**अति आरति सब पूँछहिं रानी। उतरु न आव बिकल भइ बानी॥**
**सुनइ न श्रवन नयन नहिं सूझा। कहहु कहाँ नृपु तेहि तेहि बूझा॥**

अत्यन्त आर्त होकर सब रानियाँ पूछती हैं; पर सुमन्त्रको कुछ उत्तर नहीं आता, उनकी वाणी विकल हो गयी (रुक गयी) है। न कानोंसे सुनायी पड़ता है और न आँखोंसे कुछ सूझता है। वे जो भी सामने आता है उस-उससे पूछते हैं—कहो, राजा कहाँ हैं?॥ १॥

**दासिन्ह दीख सचिव बिकलाई। कौसल्या गृहँ गईं लवाई॥**
**जाइ सुमंत्र दीख कस राजा। अमिअ रहित जनु चंदु बिराजा॥**

दासियाँ मन्त्रीको व्याकुल देखकर उन्हें कौसल्याजीके महलमें लिवा गयीं। सुमन्त्रने जाकर वहाँ राजाको कैसा [बैठे] देखा मानो बिना अमृतका चन्द्रमा हो॥ २॥

**आसन सयन बिभूषन हीना। परेउ भूमितल निपट मलीना॥**
**लेइ उसासु सोच एहि भाँती। सुरपुर तें जनु खँसेउ जजाती॥**

राजा आसन, शय्या और आभूषणोंसे रहित बिलकुल मलिन (उदास) पृथ्वीपर पड़े हुए हैं। वे लंबी साँसें लेकर इस प्रकार सोच करते हैं मानो राजा ययाति स्वर्गसे गिरकर सोच कर रहे हों॥ ३॥

**लेत सोच भरि छिनु छिनु छाती। जनु जरि पंख परेउ संपाती॥**
**राम राम कह राम सनेही। पुनि कह राम लखन बैदेही॥**

राजा क्षण-क्षणमें सोचसे छाती भर लेते हैं। ऐसी विकल दशा है मानो [गीधराज जटायुका भाई] सम्पाती पंखोंके जल जानेपर गिर पड़ा हो। राजा [बार-बार] 'राम, राम', 'हा

स्नेही (प्यारे) राम!' कहते हैं, फिर 'हा राम, हा लक्ष्मण, हा जानकी' ऐसा कहने लगते हैं॥ ४॥

**दो०—देखि सचिवँ जय जीव कहि कीन्हेउ दंड प्रनामु।**
**सुनत उठेउ ब्याकुल नृपति कहु सुमंत्र कहँ रामु॥ १४८॥**

मन्त्रीने देखकर 'जयजीव' कहकर दण्डवत्-प्रणाम किया। सुनते ही राजा व्याकुल होकर उठे और बोले—सुमन्त्र! कहो, राम कहाँ हैं?॥ १४८॥

**भूप सुमंत्रु लीन्ह उर लाई। बूड़त कछु अधार जनु पाई॥**
**सहित सनेह निकट बैठारी। पूँछत राउ नयन भरि बारी॥**

राजाने सुमन्त्रको हृदयसे लगा लिया। मानो डूबते हुए आदमीको कुछ सहारा मिल गया हो। मन्त्रीको स्नेहके साथ पास बैठाकर नेत्रोंमें जल भरकर राजा पूछने लगे—॥ १॥

**राम कुसल कहु सखा सनेही। कहँ रघुनाथु लखनु बैदेही॥**
**आने फेरि कि बनहि सिधाए। सुनत सचिव लोचन जल छाए॥**

हे मेरे प्रेमी सखा! श्रीरामकी कुशल कहो। बताओ, श्रीराम,लक्ष्मण और जानकी कहाँ हैं? उन्हें लौटा लाये हो कि वे वनको चले गये? यह सुनते ही मन्त्रीके नेत्रोंमें जल भर आया॥ २॥

**सोक बिकल पुनि पूँछ नरेसू। कहु सिय राम लखन संदेसू॥**
**राम रूप गुन सील सुभाऊ। सुमिरि सुमिरि उर सोचत राऊ॥**

शोकसे व्याकुल होकर राजा फिर पूछने लगे—सीता, राम और लक्ष्मणका सँदेसा तो कहो। श्रीरामचन्द्रजीके रूप, गुण, शील और स्वभावको याद कर-करके राजा हृदयमें सोच करते हैं॥ ३॥

**राउ सुनाइ दीन्ह बनबासू। सुनि मन भयउ न हरषु हराँसू॥**
**सो सुत बिछुरत गए न प्राना। को पापी बड़ मोहि समाना॥**

[और कहते हैं—] मैंने राजा होनेकी बात सुनाकर वनवास दे दिया, यह सुनकर भी जिस (राम)-के मनमें हर्ष और विषाद नहीं हुआ, ऐसे पुत्रके बिछुड़नेपर भी मेरे प्राण नहीं गये, तब मेरे समान बड़ा पापी कौन होगा?॥ ४॥

**दो०—सखा रामु सिय लखनु जहँ तहाँ मोहि पहुँचाउ।**
**नाहिं त चाहत चलन अब प्रान कहउँ सतिभाउ॥ १४९॥**

हे सखा! श्रीराम, जानकी और लक्ष्मण जहाँ हैं, मुझे भी वहीं पहुँचा दो। नहीं तो मैं सत्य भावसे कहता हूँ कि मेरे प्राण अब चलना ही चाहते हैं॥ १४९॥

**पुनि पुनि पूँछत मंत्रिहि राऊ। प्रियतम सुअन सँदेस सुनाऊ॥**
**करहि सखा सोइ बेगि उपाऊ। रामु लखनु सिय नयन देखाऊ॥**

राजा बार-बार मन्त्रीसे पूछते हैं—मेरे प्रियतम पुत्रोंका सँदेसा सुनाओ। हे सखा! तुम तुरंत वही उपाय करो जिससे श्रीराम, लक्ष्मण और सीताको मुझे आँखों दिखा दो॥ १॥

**सचिव धीर धरि कह मृदु बानी। महाराज तुम्ह पंडित ग्यानी॥**
**बीर सुधीर धुरंधर देवा। साधु समाजु सदा तुम्ह सेवा॥**

मन्त्री धीरज धरकर कोमल वाणी बोले—महाराज! आप पण्डित और ज्ञानी हैं। हे देव! आप शूरवीर तथा उत्तम धैर्यवान् पुरुषोंमें श्रेष्ठ हैं। आपने सदा साधुओंके समाजका सेवन किया है॥ २॥

**जनम मरन सब दुख सुख भोगा। हानि लाभु प्रिय मिलन बियोगा॥**
**काल करम बस होहिं गोसाईं। बरबस राति दिवस की नाईं॥**

जन्म-मरण, सुख-दुःखके भोग, हानि-लाभ, प्यारोंका मिलना-बिछुड़ना, ये सब हे स्वामी! काल और कर्मके अधीन रात और दिनकी तरह बरबस होते रहते हैं॥ ३॥

**सुख हरषहिं जड़ दुख बिलखाहीं। दोउ सम धीर धरहिं मन माहीं॥**
**धीरज धरहु बिबेकु बिचारी। छाड़िअ सोच सकल हितकारी॥**

मूर्खलोग सुखमें हर्षित होते और दुःखमें रोते हैं, पर धीर पुरुष अपने मनमें दोनोंको समान समझते हैं। हे सबके हितकारी (रक्षक)! आप विवेक विचारकर धीरज धरिये और शोकका परित्याग कीजिये॥ ४॥

**दो०—प्रथम बासु तमसा भयउ दूसर सुरसरि तीर।**
**न्हाइ रहे जलपानु करि सिय समेत दोउ बीर॥ १५०॥**

श्रीरामजीका पहला निवास (मुकाम) तमसाके तटपर हुआ, दूसरा गंगातीरपर। सीताजीसहित दोनों भाई उस दिन स्नान करके जल पीकर ही रहे॥ १५०॥

**केवट कीन्हि बहुत सेवकाई। सो जामिनि सिंगरौर गवाँई॥**
**होत प्रात बट छीरु मगावा। जटा मुकुट निज सीस बनावा॥**

केवट (निषादराज)-ने बहुत सेवा की। वह रात सिंगरौर (शृंगवेरपुर)-में ही बितायी। दूसरे दिन सबेरा होते ही बड़का दूध मँगवाया और उससे श्रीराम-लक्ष्मणने अपने सिरोंपर जटाओंके मुकुट बनाये॥ १॥

**राम सखाँ तब नाव मगाई। प्रिया चढ़ाइ चढ़े रघुराई॥**
**लखन बान धनु धरे बनाई। आपु चढ़े प्रभु आयसु पाई॥**

तब श्रीरामचन्द्रजीके सखा निषादराजने नाव मँगवायी। पहले प्रिया सीताजीको उसपर चढ़ाकर फिर श्रीरघुनाथजी चढ़े। फिर लक्ष्मणजीने धनुष-बाण सजाकर रखे और प्रभु श्रीरामचन्द्रजीकी आज्ञा पाकर स्वयं चढ़े॥ २॥

**बिकल बिलोकि मोहि रघुबीरा। बोले मधुर बचन धरि धीरा॥**
**तात प्रनामु तात सन कहेहू। बार बार पद पंकज गहेहू॥**

मुझे व्याकुल देखकर श्रीरामचन्द्रजी धीरज धरकर मधुर वचन बोले—हे तात! पिताजीसे मेरा प्रणाम कहना और मेरी ओरसे बार-बार उनके चरणकमल पकड़ना॥ ३॥

**करबि पायँ परि बिनय बहोरी। तात करिअ जनि चिंता मोरी॥**
**बन मग मंगल कुसल हमारें। कृपा अनुग्रह पुन्य तुम्हारें॥**

फिर पाँव पकड़कर विनती करना कि हे पिताजी! आप मेरी चिन्ता न कीजिये। आपकी कृपा, अनुग्रह और पुण्यसे वनमें और मार्गमें हमारा कुशल-मंगल होगा॥ ४॥

**छं०—तुम्हरें अनुग्रह तात कानन जात सब सुखु पाइहौं।**
**प्रतिपालि आयसु कुसल देखन पाय पुनि फिरि आइहौं॥**
**जननीं सकल परितोषि परि परि पायँ करि बिनती घनी।**
**तुलसी करेहु सोइ जतनु जेहिं कुसली रहहिं कोसलधनी॥**

हे पिताजी! आपके अनुग्रहसे मैं वन जाते हुए सब प्रकारका सुख पाऊँगा। आज्ञाका भलीभाँति पालन करके चरणोंका दर्शन करने कुशलपूर्वक फिर लौट आऊँगा। सब माताओंके पैरों पड़-पड़कर उनका समाधान करके और उनसे बहुत विनती करके—तुलसीदास कहते हैं—तुम वही प्रयत्न करना जिसमें कोसलपति पिताजी कुशल रहें।

**सो०—गुर सन कहब सँदेसु बार बार पद पदुम गहि।**
**करब सोइ उपदेसु जेहिं न सोच मोहि अवधपति॥ १५१॥**

बार-बार चरणकमलोंको पकड़कर गुरु वसिष्ठजीसे मेरा सँदेसा कहना कि वे वही उपदेश दें जिससे अवधपति पिताजी मेरा सोच न करें॥ १५१॥

**पुरजन परिजन सकल निहोरी। तात सुनाएहु बिनती मोरी॥**
**सोइ सब भाँति मोर हितकारी। जातें रह नरनाहु सुखारी॥**

हे तात! सब पुरवासियों और कुटुम्बियोंसे निहोरा (अनुरोध) करके मेरी विनती सुनाना कि वही मनुष्य मेरा सब प्रकारसे हितकारी है जिसकी चेष्टासे महाराज सुखी रहें॥ १॥

**कहब सँदेसु भरत के आएँ। नीति न तजिअ राजपदु पाएँ॥**
**पालेहु प्रजहि करम मन बानी। सेएहु मातु सकल सम जानी॥**

भरतके आनेपर उनको मेरा सँदेसा कहना कि राजाका पद पा जानेपर नीति न छोड़ देना; कर्म, वचन और मनसे प्रजाका पालन करना और सब माताओंको समान जानकर उनकी सेवा करना॥ २॥

**ओर निबाहेहु भायप भाई। करि पितु मातु सुजन सेवकाई॥**
**तात भाँति तेहि राखब राऊ। सोच मोर जेहिं करै न काऊ॥**

और हे भाई! पिता, माता और स्वजनोंकी सेवा करके भाईपनेको अन्ततक निबाहना। हे तात! राजा (पिताजी)-को उसी प्रकारसे रखना जिससे वे कभी (किसी तरह भी) मेरा सोच न करें॥ ३॥

**लखन कहे कछु बचन कठोरा। बरजि राम पुनि मोहि निहोरा॥**
**बार बार निज सपथ देवाई। कहबि न तात लखन लरिकाई॥**

लक्ष्मणजीने कुछ कठोर वचन कहे। किन्तु श्रीरामजीने उन्हें बरजकर फिर मुझसे अनुरोध किया और बार-बार अपनी सौगंध दिलायी [और कहा—] हे तात! लक्ष्मणका लड़कपन वहाँ न कहना॥ ४॥

**दो०—कहि प्रनामु कछु कहन लिय सिय भइ सिथिल सनेह।**
**थकित बचन लोचन सजल पुलक पल्लवित देह॥ १५२॥**

प्रणामकर सीताजी भी कुछ कहने लगी थीं, परन्तु स्नेहवश वे शिथिल हो गयीं। उनकी वाणी रुक गयी, नेत्रोंमें जल भर आया और शरीर रोमांचसे व्याप्त हो गया॥ १५२॥

**तेहि अवसर रघुबर रुख पाई। केवट पारहि नाव चलाई॥**
**रघुकुलतिलक चले एहि भाँती। देखउँ ठाढ़ कुलिस धरि छाती॥**

उसी समय श्रीरामचन्द्रजीका रुख पाकर केवटने पार जानेके लिये नाव चला दी। इस प्रकार रघुवंशतिलक श्रीरामचन्द्रजी चल दिये और मैं छातीपर वज्र रखकर खड़ा-खड़ा देखता रहा॥ १॥

**मैं आपन किमि कहौं कलेसू। जिअत फिरेउँ लेइ राम सँदेसू॥**
**अस कहि सचिव बचन रहि गयऊ। हानि गलानि सोच बस भयऊ॥**

मैं अपने क्लेशको कैसे कहूँ, जो श्रीरामजीका यह सँदेसा लेकर जीता ही लौट आया! ऐसा कहकर मन्त्रीकी वाणी रुक गयी (वे चुप हो गये) और वे हानिकी ग्लानि और सोचके वश हो गये॥ २॥

**सूत बचन सुनतहिं नरनाहू। परेउ धरनि उर दारुन दाहू॥**
**तलफत बिषम मोह मन मापा। माजा मनहुँ मीन कहुँ ब्यापा॥**

सारथी सुमन्त्रके वचन सुनते ही राजा पृथ्वीपर गिर पड़े, उनके हृदयमें भयानक जलन होने लगी। वे तड़पने लगे, उनका मन भीषण मोहसे व्याकुल हो गया। मानो मछलीको माँजा व्याप गया हो (पहली वर्षाका जल लग गया हो)॥ ३॥

**करि बिलाप सब रोवहिं रानी। महा बिपति किमि जाइ बखानी॥**
**सुनि बिलाप दुखहू दुखु लागा। धीरजहू कर धीरजु भागा॥**

सब रानियाँ विलाप करके रो रही हैं। उस महान् विपत्तिका कैसे वर्णन किया जाय? उस समयके विलापको सुनकर दुःखको भी दुःख लगा और धीरजका भी धीरज भाग गया!॥ ४॥

**दो०—भयउ कोलाहलु अवध अति सुनि नृप राउर सोरु।**
**बिपुल बिहग बन परेउ निसि मानहु कुलिस कठोरु॥ १५३॥**

राजाके रावले (रनिवास)-में [रोनेका] शोर सुनकर अयोध्याभरमें बड़ा भारी कुहराम मच गया! [ऐसा जान पड़ता था] मानो पक्षियोंके विशाल वनमें रातके समय कठोर वज्र गिरा हो॥ १५३॥

**प्रान कंठगत भयउ भुआलू। मनि बिहीन जनु ब्याकुल ब्यालू॥**
**इंद्रीं सकल बिकल भइँ भारी। जनु सर सरसिज बनु बिनु बारी॥**

राजाके प्राण कण्ठमें आ गये। मानो मणिके बिना साँप व्याकुल (मरणासन्न) हो गया हो। इन्द्रियाँ सब बहुत ही विकल हो गयीं, मानो बिना जलके तालाबमें कमलोंका वन मुरझा गया हो॥ १॥

**कौसल्याँ नृपु दीख मलाना। रबिकुल रबि अँथयउ जियँ जाना॥**
**उर धरि धीर राम महतारी। बोली बचन समय अनुसारी॥**

कौसल्याजीने राजाको बहुत दुःखी देखकर अपने हृदयमें जान लिया कि अब सूर्यकुलका सूर्य अस्त हो चला! तब श्रीरामचन्द्रजीकी माता कौसल्या हृदयमें धीरज धरकर समयके अनुकूल वचन बोलीं—॥ २॥

**नाथ समुझि मन करिअ बिचारू। राम बियोग पयोधि अपारू॥**
**करनधार तुम्ह अवध जहाजू। चढ़ेउ सकल प्रिय पथिक समाजू॥**

हे नाथ! आप मनमें समझकर विचार कीजिये कि श्रीरामचन्द्रका वियोग अपार समुद्र है। अयोध्या जहाज है और आप उसके कर्णधार (खेनेवाले) हैं। सब प्रियजन (कुटुम्बी और प्रजा) ही यात्रियोंका समाज है जो इस जहाजपर चढ़ा हुआ है॥ ३॥

**धीरजु धरिअ त पाइअ पारू। नाहिं त बूड़िहि सबु परिवारू॥**
**जौं जियँ धरिअ बिनय पिय मोरी। रामु लखनु सिय मिलहिं बहोरी॥**

आप धीरज धरियेगा, तो सब पार पहुँच जायँगे। नहीं तो सारा परिवार डूब जायगा। हे प्रिय स्वामी! यदि मेरी विनती हृदयमें धारण कीजियेगा तो श्रीराम, लक्ष्मण, सीता फिर आ मिलेंगे॥ ४॥

**दो०—प्रिया बचन मृदु सुनत नृपु चितयउ आँखि उघारि।**
**तलफत मीन मलीन जनु सींचत सीतल बारि॥ १५४॥**

प्रिय पत्नी कौसल्याके कोमल वचन सुनते हुए राजाने आँखें खोलकर देखा! मानो तड़पती हुई दीन मछलीपर कोई शीतल जल छिड़क रहा हो॥ १५४॥

**धरि धीरजु उठि बैठ भुआलू। कहु सुमंत्र कहँ राम कृपालू॥**
**कहाँ लखनु कहँ रामु सनेही। कहँ प्रिय पुत्रबधू बैदेही॥**

धीरज धरकर राजा उठ बैठे और बोले—सुमन्त्र! कहो, कृपालु श्रीराम कहाँ हैं? लक्ष्मण कहाँ हैं? स्नेही राम कहाँ हैं? और मेरी प्यारी बहू जानकी कहाँ है?॥ १॥

**बिलपत राउ बिकल बहु भाँती। भइ जुग सरिस सिराति न राती॥**
**तापस अंध साप सुधि आई। कौसल्यहि सब कथा सुनाई॥**

राजा व्याकुल होकर बहुत प्रकारसे विलाप कर रहे हैं। वह रात युगके समान बड़ी हो गयी, बीतती ही नहीं। राजाको अंधे तपस्वी (श्रवणकुमारके पिता)-के शापकी याद आ गयी। उन्होंने सब कथा कौसल्याको कह सुनायी॥ २॥

**भयउ बिकल बरनत इतिहासा। राम रहित धिग जीवन आसा॥**
**सो तनु राखि करब मैं काहा। जेहिं न प्रेम पनु मोर निबाहा॥**

उस इतिहासका वर्णन करते-करते राजा व्याकुल हो गये और कहने लगे कि श्रीरामके बिना जीनेकी आशाको धिक्कार है। मैं उस शरीरको रखकर क्या करूँगा जिसने मेरा प्रेमका प्रण नहीं निबाहा?॥ ३॥

**हा रघुनंदन प्रान पिरीते। तुम्ह बिनु जिअत बहुत दिन बीते॥**
**हा जानकी लखन हा रघुबर। हा पितु हित चित चातक जलधर॥**

हा रघुकुलको आनन्द देनेवाले मेरे प्राणप्यारे राम! तुम्हारे बिना जीते हुए मुझे बहुत दिन बीत गये। हा जानकी, लक्ष्मण! हा रघुवर! हा पिताके चित्तरूपी चातकके हित करनेवाले मेघ!॥ ४॥

**दो०—राम राम कहि राम कहि राम राम कहि राम।**
**तनु परिहरि रघुबर बिरहँ राउ गयउ सुरधाम॥ १५५॥**

राम-राम कहकर, फिर राम कहकर, फिर राम-राम कहकर और फिर राम कहकर राजा श्रीरामके विरहमें शरीर त्याग कर सुरलोकको सिधार गये॥ १५५॥

**जिअन मरन फलु दसरथ पावा। अंड अनेक अमल जसु छावा॥**
**जिअत राम बिधु बदनु निहारा। राम बिरह करि मरनु सँवारा॥**

जीने और मरनेका फल तो दशरथजीने ही पाया, जिनका निर्मल यश अनेकों ब्रह्माण्डोंमें छा गया। जीते-जी तो श्रीरामचन्द्रजीके चन्द्रमाके समान मुखको देखा और श्रीरामके विरहको निमित्त बनाकर अपना मरण सुधार लिया॥ १॥

**सोक बिकल सब रोवहिं रानी। रूपु सीलु बलु तेजु बखानी॥**
**करहिं बिलाप अनेक प्रकारा। परहिं भूमितल बारहिं बारा॥**

सब रानियाँ शोकके मारे व्याकुल होकर रो रही हैं। वे राजाके रूप, शील, बल और तेजका बखान कर-करके अनेकों प्रकारसे विलाप कर रही हैं और बार-बार धरतीपर गिर-गिर पड़ती हैं॥ २॥

**बिलपहिं बिकल दास अरु दासी। घर घर रुदनु करहिं पुरबासी॥**
**अँथयउ आजु भानुकुल भानू। धरम अवधि गुन रूप निधानू॥**

दास-दासीगण व्याकुल होकर विलाप कर रहे हैं और नगरनिवासी घर-घर रो रहे हैं। कहते हैं कि आज धर्मकी सीमा, गुण और रूपके भण्डार सूर्यकुलके सूर्य अस्त हो गये!॥ ३॥

**गारीं सकल कैकइहि देहीं। नयन बिहीन कीन्ह जग जेहीं॥**
**एहि बिधि बिलपत रैनि बिहानी। आए सकल महामुनि ग्यानी॥**

सब कैकेयीको गालियाँ देते हैं, जिसने संसारभरको बिना नेत्रका (अंधा) कर दिया! इस प्रकार विलाप करते रात बीत गयी। प्रात:काल सब बड़े-बड़े ज्ञानी मुनि आये॥ ४॥

**दो०—तब बसिष्ठ मुनि समय सम कहि अनेक इतिहास।**
**सोक नेवारेउ सबहि कर निज बिग्यान प्रकास॥ १५६॥**

तब वसिष्ठ मुनिने समयके अनुकूल अनेक इतिहास कहकर अपने विज्ञानके प्रकाशसे सबका शोक दूर किया॥ १५६॥

**तेल नावँ भरि नृप तनु राखा। दूत बोलाइ बहुरि अस भाषा॥**
**धावहु बेगि भरत पहिं जाहू। नृप सुधि कतहुँ कहहु जनि काहू॥**

वसिष्ठजीने नावमें तेल भरवाकर राजाके शरीरको उसमें रखवा दिया। फिर दूतोंको बुलवाकर उनसे ऐसा कहा—तुमलोग जल्दी दौड़कर भरतके पास जाओ। राजाकी मृत्युका समाचार कहीं किसीसे न कहना॥ १॥

**एतनेइ कहेहु भरत सन जाई। गुर बोलाइ पठयउ दोउ भाई॥**
**सुनि मुनि आयसु धावन धाए। चले बेग बर बाजि लजाए॥**

जाकर भरतसे इतना ही कहना कि दोनों भाइयोंको गुरुजीने बुलवा भेजा है। मुनिकी आज्ञा सुनकर धावन (दूत) दौड़े। वे अपने वेगसे उत्तम घोड़ोंको भी लजाते हुए चले॥ २॥

**अनरथु अवध अरंभेउ जब तें। कुसगुन होहिं भरत कहुँ तब तें॥**
**देखहिं राति भयानक सपना। जागि करहिं कटु कोटि कलपना॥**

जबसे अयोध्यामें अनर्थ प्रारम्भ हुआ, तभीसे भरतजीको अपशकुन होने लगे। वे रातको भयंकर स्वप्न देखते थे और जागनेपर [उन स्वप्नोंके कारण] करोड़ों (अनेकों) तरहकी बुरी-बुरी कल्पनाएँ किया करते थे॥ ३॥

**बिप्र जेवाँइ देहिं दिन दाना। सिव अभिषेक करहिं बिधि नाना॥**
**मागहिं हृदयँ महेस मनाई। कुसल मातु पितु परिजन भाई॥**

[अनिष्टशान्तिके लिये] वे प्रतिदिन ब्राह्मणोंको भोजन कराकर दान देते थे। अनेकों विधियोंसे रुद्राभिषेक करते थे। महादेवजीको हृदयमें मनाकर उनसे माता-पिता, कुटुम्बी और भाइयोंका कुशल-क्षेम माँगते थे॥ ४॥

**दो०—एहि बिधि सोचत भरत मन धावन पहुँचे आइ।**
**गुर अनुसासन श्रवन सुनि चले गनेसु मनाइ॥ १५७॥**

भरतजी इस प्रकार मनमें चिन्ता कर रहे थे कि दूत आ पहुँचे। गुरुजीकी आज्ञा कानोंसे सुनते ही वे गणेशजीको मनाकर चल पड़े॥ १५७॥

**चले समीर बेग हय हाँके। नाघत सरित सैल बन बाँके॥**
**हृदयँ सोचु बड़ कछु न सोहाई। अस जानहिं जियँ जाउँ उड़ाई॥**

हवाके समान वेगवाले घोड़ोंको हाँकते हुए वे विकट नदी, पहाड़ तथा जंगलोंको लाँघते हुए चले। उनके हृदयमें बड़ा सोच था, कुछ सुहाता न था। मनमें ऐसा सोचते थे कि उड़कर पहुँच जाऊँ॥ १॥

**एक निमेष बरष सम जाई। एहि बिधि भरत नगर निअराई॥**
**असगुन होहिं नगर पैठारा। रटहिं कुभाँति कुखेत करारा॥**

एक-एक निमेष वर्षके समान बीत रहा था। इस प्रकार भरतजी नगरके निकट पहुँचे। नगरमें प्रवेश करते समय अपशकुन होने लगे। कौए बुरी जगह बैठकर बुरी तरहसे काँव-काँव कर रहे हैं॥ २॥

**खर सिआर बोलहिं प्रतिकूला। सुनि सुनि होइ भरत मन सूला॥**
**श्रीहत सर सरिता बन बागा। नगरु बिसेषि भयावनु लागा॥**

गदहे और सियार विपरीत बोल रहे हैं। यह सुन-सुनकर भरतके मनमें बड़ी पीड़ा हो रही है। तालाब, नदी, वन, बगीचे सब शोभाहीन हो रहे हैं। नगर बहुत ही भयानक लग रहा है॥ ३॥

**खग मृग हय गय जाहिं न जोए। राम बियोग कुरोग बिगोए॥**
**नगर नारि नर निपट दुखारी। मनहुँ सबन्हि सब संपति हारी॥**

श्रीरामजीके वियोगरूपी बुरे रोगसे सताये हुए पक्षी-पशु, घोड़े-हाथी [ऐसे दुःखी हो रहे हैं कि] देखे नहीं जाते। नगरके स्त्री-पुरुष अत्यन्त दुःखी हो रहे हैं। मानो सब अपनी सारी सम्पत्ति हार बैठे हों॥ ४॥

**दो०—पुरजन मिलहिं न कहहिं कछु गवँहिं जोहारहिं जाहिं।**
**भरत कुसल पूँछि न सकहिं भय बिषाद मन माहिं॥ १५८॥**

नगरके लोग मिलते हैं, पर कुछ कहते नहीं; गौंसे (चुपकेसे) जोहार (वन्दना) करके चले जाते हैं। भरतजी भी किसीसे कुशल नहीं पूछ सकते, क्योंकि उनके मनमें भय और विषाद छा रहा है॥ १५८॥

**हाट बाट नहिं जाइ निहारी। जनु पुर दहँ दिसि लागि दवारी॥**
**आवत सुत सुनि कैकयनंदिनि। हरषी रबिकुल जलरुह चंदिनि॥**

बाजार और रास्ते देखे नहीं जाते। मानो नगरमें दसों दिशाओंमें दावाग्नि लगी है! पुत्रको आते सुनकर सूर्यकुलरूपी कमलके लिये चाँदनीरूपी कैकेयी [बड़ी] हर्षित हुई॥ १॥

**सजि आरती मुदित उठि धाई। द्वारेहिं भेंटि भवन लेइ आई॥**
**भरत दुखित परिवारु निहारा। मानहुँ तुहिन बनज बनु मारा॥**

वह आरती सजाकर आनन्दमें भरकर उठ दौड़ी और दरवाजेपर ही मिलकर भरत-शत्रुघ्नको महलमें ले आयी। भरतने सारे परिवारको दुःखी देखा। मानो कमलोंके वनको पाला मार गया हो॥ २॥

**कैकेई हरषित एहि भाँती। मनहुँ मुदित दव लाइ किराती॥**
**सुतहि ससोच देखि मनु मारें। पूँछति नैहर कुसल हमारें॥**

एक कैकेयी ही इस तरह हर्षित दीखती है मानो भीलनी जंगलमें आग लगाकर आनन्दमें भर रही हो। पुत्रको सोचवश और मनमारे (बहुत उदास) देखकर वह पूछने लगी—हमारे नैहरमें कुशल तो है?॥ ३॥

**सकल कुसल कहि भरत सुनाई। पूँछी निज कुल कुसल भलाई॥**
**कहु कहँ तात कहाँ सब माता। कहँ सिय राम लखन प्रिय भ्राता॥**

भरतजीने सब कुशल कह सुनायी। फिर अपने कुलकी कुशल-क्षेम पूछी। [भरतजीने कहा—] कहो, पिताजी कहाँ हैं? मेरी सब माताएँ कहाँ हैं? सीताजी और मेरे प्यारे भाई राम-लक्ष्मण कहाँ हैं?॥ ४॥

**दो०—सुनि सुत बचन सनेहमय कपट नीर भरि नैन।**
**भरत श्रवन मन सूल सम पापिनि बोली बैन॥ १५९॥**

पुत्रके स्नेहमय वचन सुनकर नेत्रोंमें कपटका जल भरकर पापिनी कैकेयी भरतके कानोंमें और मनमें शूलके समान चुभनेवाले वचन बोली—॥ १५९॥

**तात बात मैं सकल सँवारी। भै मंथरा सहाय बिचारी॥**
**कछुक काज बिधि बीच बिगारेउ। भूपति सुरपति पुर पगु धारेउ॥**

हे तात! मैंने सारी बात बना ली थी। बेचारी मन्थरा सहायक हुई। पर विधाताने बीचमें जरा-सा काम बिगाड़ दिया। वह यह कि राजा देवलोकको पधार गये॥ १॥

**सुनत भरतु भए बिबस बिषादा। जनु सहमेउ करि केहरि नादा॥**
**तात तात हा तात पुकारी। परे भूमितल ब्याकुल भारी॥**

भरत यह सुनते ही विषादके मारे विवश (बेहाल) हो गये। मानो सिंहकी गर्जना सुनकर हाथी सहम गया हो। वे 'तात! तात! हा तात!' पुकारते हुए अत्यन्त व्याकुल होकर जमीनपर गिर पड़े॥ २॥

**चलत न देखन पायउँ तोही। तात न रामहि सौंपेहु मोही॥**
**बहुरि धीर धरि उठे सँभारी। कहु पितु मरन हेतु महतारी॥**

[और विलाप करने लगे कि] हे तात! मैं आपको [स्वर्गके लिये] चलते समय देख भी न सका। [हाय!] आप मुझे श्रीरामजीको सौंप भी नहीं गये! फिर धीरज धरकर वे सँभलकर उठे और बोले—माता! पिताके मरनेका कारण तो बताओ॥ ३॥

**सुनि सुत बचन कहति कैकेई। मरमु पाँछि जनु माहुर देई॥**
**आदिहु तें सब आपनि करनी। कुटिल कठोर मुदित मन बरनी॥**

पुत्रका वचन सुनकर कैकेयी कहने लगी। मानो मर्मस्थानको पाछकर (चाकूसे चीरकर) उसमें जहर भर रही हो। कुटिल और कठोर कैकेयीने अपनी सब करनी शुरूसे [आखिरतक बड़े] प्रसन्न मनसे सुना दी॥ ४॥

**दो०—भरतहि बिसरेउ पितु मरन सुनत राम बन गौनु।**
**हेतु अपनपउ जानि जियँ थकित रहे धरि मौनु॥ १६०॥**

श्रीरामचन्द्रजीका वन जाना सुनकर भरतजीको पिताका मरण भूल गया और हृदयमें इस सारे अनर्थका कारण अपनेको ही जानकर वे मौन होकर स्तम्भित रह गये (अर्थात् उनकी बोली बंद हो गयी और वे सन्न रह गये)॥ १६०॥

**बिकल बिलोकि सुतहि समुझावति। मनहुँ जरे पर लोनु लगावति॥**
**तात राउ नहिं सोचै जोगू। बिढ़इ सुकृत जसु कीन्हेउ भोगू॥**

पुत्रको व्याकुल देखकर कैकेयी समझाने लगी। मानो जलेपर नमक लगा रही हो। [वह बोली—] हे तात! राजा सोच करनेयोग्य नहीं हैं। उन्होंने पुण्य और यश कमाकर उसका पर्याप्त भोग किया॥ १॥

**जीवत सकल जनम फल पाए। अंत अमरपति सदन सिधाए॥**
**अस अनुमानि सोच परिहरहू। सहित समाज राज पुर करहू॥**

जीवनकालमें ही उन्होंने जन्म लेनेके सम्पूर्ण फल पा लिये और अन्तमें वे इन्द्रलोकको चले गये। ऐसा विचारकर सोच छोड़ दो और समाजसहित नगरका राज्य करो॥ २॥

**सुनि सुठि सहमेउ राजकुमारू। पाकें छत जनु लाग अँगारू॥**
**धीरज धरि भरि लेहिं उसासा। पापिनि सबहि भाँति कुल नासा॥**

राजकुमार भरतजी यह सुनकर बहुत ही सहम गये। मानो पके घावपर अँगार छू गया हो। उन्होंने धीरज धरकर बड़ी लंबी साँस लेते हुए कहा—पापिनी! तूने सभी तरहसे कुलका नाश कर दिया॥ ३॥

**जौं पै कुरुचि रही अति तोही। जनमत काहे न मारे मोही॥**
**पेड़ काटि तैं पालउ सींचा। मीन जिअन निति बारि उलीचा॥**

हाय! यदि तेरी ऐसी ही अत्यन्त बुरी रुचि (दुष्ट इच्छा) थी, तो तूने जन्मते ही मुझे मार क्यों नहीं डाला? तूने पेड़को काटकर पत्तेको सींचा है और मछलीके जीनेके लिये पानीको उलीच डाला! (अर्थात् मेरा हित करने जाकर उलटा तूने मेरा अहित कर डाला)॥ ४॥

**दो०—हंसबंसु दसरथु जनकु राम लखन से भाइ।**
**जननी तूँ जननी भई बिधि सन कछु न बसाइ॥ १६१॥**

मुझे सूर्यवंश [-सा वंश], दशरथजी [-सरीखे] पिता और राम-लक्ष्मण-से भाई मिले। पर हे जननी! मुझे जन्म देनेवाली माता तू हुई! [क्या किया जाय!] विधातासे कुछ भी वश नहीं चलता॥ १६१॥

**जब तैं कुमति कुमत जियँ ठयऊ। खंड खंड होइ हृदउ न गयऊ॥**
**बर मागत मन भइ नहिं पीरा। गरि न जीह मुहँ परेउ न कीरा॥**

अरी कुमति! जब तूने हृदयमें यह बुरा विचार (निश्चय) ठाना, उसी समय तेरे हृदयके टुकड़े-टुकड़े [क्यों] न हो गये? वरदान माँगते समय तेरे मनमें कुछ भी पीड़ा नहीं हुई? तेरी जीभ गल नहीं गयी? तेरे मुँहमें कीड़े नहीं पड़ गये?॥ १॥

**भूपँ प्रतीति तोरि किमि कीन्ही। मरन काल बिधि मति हरि लीन्ही॥**
**बिधिहुँ न नारि हृदय गति जानी। सकल कपट अघ अवगुन खानी॥**

राजाने तेरा विश्वास कैसे कर लिया? [जान पड़ता है,] विधाताने मरनेके समय उनकी बुद्धि हर ली थी। स्त्रियोंके हृदयकी गति (चाल) विधाता भी नहीं जान सके। वह सम्पूर्ण कपट, पाप और अवगुणोंकी खान है॥ २॥

**सरल सुसील धरम रत राऊ। सो किमि जानै तीय सुभाऊ॥**
**अस को जीव जंतु जग माहीं। जेहि रघुनाथ प्रानप्रिय नाहीं॥**

फिर राजा तो सीधे, सुशील और धर्मपरायण थे। वे भला, स्त्री-स्वभावको कैसे जानते? अरे, जगत्‌के जीव-जन्तुओंमें ऐसा कौन है जिसे श्रीरघुनाथजी प्राणोंके समान प्यारे नहीं हैं॥ ३॥

**भे अति अहित रामु तेउ तोही। को तू अहसि सत्य कहु मोही॥**
**जो हसि सो हसि मुहँ मसि लाई। आँखि ओट उठि बैठहि जाई॥**

वे श्रीरामजी भी तुझे अहित हो गये (वैरी लगे)! तू कौन है? मुझे सच-सच कह! तू जो है, सो है, अब मुँहमें स्याही पोतकर (मुँह काला करके) उठकर मेरी आँखोंकी ओटमें जा बैठ॥ ४॥

**दो०—राम बिरोधी हृदय तें प्रगट कीन्ह बिधि मोहि।**
**मो समान को पातकी बादि कहउँ कछु तोहि॥ १६२॥**

विधाताने मुझे श्रीरामजीसे विरोध करनेवाले (तेरे) हृदयसे उत्पन्न किया [अथवा विधाताने मुझे हृदयसे रामका विरोधी जाहिर कर दिया]। मेरे बराबर पापी दूसरा कौन है? मैं व्यर्थ ही तुझे कुछ कहता हूँ॥ १६२॥

**सुनि सत्रुघुन मातु कुटिलाई। जरहिं गात रिस कछु न बसाई॥**
**तेहि अवसर कुबरी तहँ आई। बसन बिभूषन बिबिध बनाई॥**

माताकी कुटिलता सुनकर शत्रुघ्नजीके सब अंग क्रोधसे जल रहे हैं, पर कुछ वश नहीं चलता। उसी समय भाँति-भाँतिके कपड़ों और गहनोंसे सजकर कुबरी (मन्थरा) वहाँ आयी॥ १॥

**लखि रिस भरेउ लखन लघु भाई। बरत अनल घृत आहुति पाई॥**
**हुमगि लात तकि कूबर मारा। परि मुह भर महि करत पुकारा॥**

उसे [सजी] देखकर लक्ष्मणके छोटे भाई शत्रुघ्नजी क्रोधमें भर गये। मानो जलती हुई आगको घीकी आहुति मिल गयी हो। उन्होंने जोरसे तककर कूबड़पर एक लात जमा दी। वह चिल्लाती हुई मुँहके बल जमीनपर गिर पड़ी॥ २॥

**कूबर टूटेउ फूट कपारू। दलित दसन मुख रुधिर प्रचारू॥**
**आह दइअ मैं काह नसावा। करत नीक फलु अनइस पावा॥**

उसका कूबड़ टूट गया, कपाल फूट गया, दाँत टूट गये और मुँहसे खून बहने लगा। [वह कराहती हुई बोली—] हाय दैव! मैंने क्या बिगाड़ा? जो भला करते बुरा फल पाया॥ ३॥

**सुनि रिपुहन लखि नख सिख खोटी। लगे घसीटन धरि धरि झोंटी॥**
**भरत दयानिधि दीन्हि छड़ाई। कौसल्या पहिं गे दोउ भाई॥**

उसकी यह बात सुनकर और उसे नखसे शिखातक दुष्ट जानकर शत्रुघ्नजी झोंटा पकड़-पकड़कर उसे घसीटने लगे। तब दयानिधि भरतजीने उसको छुड़ा दिया और दोनों भाई [तुरंत] कौसल्याजीके पास गये॥ ४॥

**दो०—मलिन बसन बिबरन बिकल कृस सरीर दुख भार।**
**कनक कलप बर बेलि बन मानहुँ हनी तुसार॥ १६३॥**

कौसल्याजी मैले वस्त्र पहने हैं, चेहरेका रंग बदला हुआ है, व्याकुल हो रही हैं, दुःखके बोझसे शरीर सूख गया है। ऐसी दीख रही हैं मानो सोनेकी सुन्दर कल्पलताको वनमें पाला मार गया हो॥ १६३॥

**भरतहि देखि मातु उठि धाई। मुरुछित अवनि परी झइँ आई॥**
**देखत भरतु बिकल भए भारी। परे चरन तन दसा बिसारी॥**

भरतको देखते ही माता कौसल्याजी उठ दौड़ीं। पर चक्कर आ जानेसे मूर्च्छित होकर पृथ्वीपर गिर पड़ीं। यह देखते ही भरतजी बड़े व्याकुल हो गये और शरीरकी सुध भुलाकर चरणोंमें गिर पड़े॥ १॥

**मातु तात कहँ देहि देखाई। कहँ सिय रामु लखनु दोउ भाई॥**
**कैकइ कत जनमी जग माझा। जौं जनमि त भइ काहे न बाँझा॥**

[फिर बोले—] माता! पिताजी कहाँ हैं? उन्हें दिखा दे। सीताजी तथा मेरे दोनों भाई श्रीराम-लक्ष्मण कहाँ हैं? [उन्हें दिखा दे।] कैकेयी जगत्‌में क्यों जनमी? और यदि जनमी ही तो फिर बाँझ क्यों न हुई?— ॥ २॥

**कुल कलंकु जेहिं जनमेउ मोही। अपजस भाजन प्रियजन द्रोही॥**
**को तिभुवन मोहि सरिस अभागी। गति असि तोरि मातु जेहि लागी॥**

जिसने कुलके कलंक, अपयशके भाँड़े और प्रियजनोंके द्रोही मुझ-जैसे पुत्रको उत्पन्न किया। तीनों लोकोंमें मेरे समान अभागा कौन है? जिसके कारण, हे माता! तेरी यह दशा हुई!॥ ३॥

**पितु सुरपुर बन रघुबर केतू। मैं केवल सब अनरथ हेतू॥**
**धिग मोहि भयउँ बेनु बन आगी। दुसह दाह दुख दूषन भागी॥**

पिताजी स्वर्गमें हैं और श्रीरामजी वनमें हैं। केतुके समान केवल मैं ही इन सब अनर्थोंका कारण हूँ। मुझे धिक्कार है! मैं बाँसके वनमें आग उत्पन्न हुआ और कठिन दाह, दुःख और दोषोंका भागी बना॥ ४॥

**दो०—मातु भरत के बचन मृदु सुनि पुनि उठी सँभारि।**
**लिए उठाइ लगाइ उर लोचन मोचति बारि॥ १६४॥**

भरतजीके कोमल वचन सुनकर माता कौसल्याजी फिर सँभलकर उठीं। उन्होंने भरतको उठाकर छातीसे लगा लिया और नेत्रोंसे आँसू बहाने लगीं॥ १६४॥

**सरल सुभाय मायँ हियँ लाए। अति हित मनहुँ राम फिरि आए॥**
**भेंटेउ बहुरि लखन लघु भाई। सोकु सनेहु न हृदयँ समाई॥**

सरल स्वभाववाली माताने बड़े प्रेमसे भरतजीको छातीसे लगा लिया; मानो श्रीरामजी ही लौटकर आ गये हों। फिर लक्ष्मणजीके छोटे भाई शत्रुघ्नको हृदयसे लगाया। शोक और स्नेह हृदयमें समाता नहीं है॥ १॥

**देखि सुभाउ कहत सबु कोई। राम मातु अस काहे न होई॥**
**माताँ भरतु गोद बैठारे। आँसु पोंछि मृदु बचन उचारे॥**

कौसल्याजीका स्वभाव देखकर सब कोई कह रहे हैं—श्रीरामकी माताका ऐसा स्वभाव क्यों न हो। माताने भरतजीको गोदमें बैठा लिया और उनके आँसू पोंछकर कोमल वचन बोलीं— ॥ २॥

**अजहुँ बच्छ बलि धीरज धरहू। कुसमउ समुझि सोक परिहरहू॥**
**जनि मानहु हियँ हानि गलानी। काल करम गति अघटित जानी॥**

हे वत्स! मैं बलैया लेती हूँ। तुम अब भी धीरज धरो। बुरा समय जानकर शोक त्याग दो। काल और कर्मकी गति अमिट जानकर हृदयमें हानि और ग्लानि मत मानो॥ ३॥

**काहुहि दोसु देहु जनि ताता। भा मोहि सब बिधि बाम बिधाता॥**
**जो एतेहुँ दुख मोहि जिआवा। अजहुँ को जानइ का तेहि भावा॥**

हे तात! किसीको दोष मत दो। विधाता मुझको सब प्रकारसे उलटा हो गया है, जो इतने दु:खपर भी मुझे जिला रहा है। अब भी कौन जानता है, उसे क्या भा रहा है?॥ ४॥

**दो०—पितु आयस भूषन बसन तात तजे रघुबीर।**
**बिसमउ हरषु न हृदयँ कछु पहिरे बलकल चीर॥ १६५॥**

हे तात! पिताकी आज्ञासे श्रीरघुवीरने भूषण-वस्त्र त्याग दिये और वल्कल-वस्त्र पहन लिये। उनके हृदयमें न कुछ विषाद था, न हर्ष!॥ १६५॥

**मुख प्रसन्न मन रंग न रोषू। सब कर सब बिधि करि परितोषू॥**
**चले बिपिन सुनि सिय सँग लागी। रहइ न राम चरन अनुरागी॥**

उनका मुख प्रसन्न था, मनमें न आसक्ति थी, न रोष (द्वेष)। सबका सब तरहसे सन्तोष कराकर वे वनको चले। यह सुनकर सीता भी उनके साथ लग गयीं। श्रीरामके चरणोंकी अनुरागिणी वे किसी तरह न रहीं॥ १॥

**सुनतहिं लखनु चले उठि साथा। रहहिं न जतन किए रघुनाथा॥**
**तब रघुपति सबही सिरु नाई। चले संग सिय अरु लघु भाई॥**

सुनते ही लक्ष्मण भी साथ ही उठ चले। श्रीरघुनाथने उन्हें रोकनेके बहुत यत्न किये, पर वे न रहे। तब श्रीरघुनाथजी सबको सिर नवाकर सीता और छोटे भाई लक्ष्मणको साथ लेकर चले गये॥ २॥

**रामु लखनु सिय बनहि सिधाए। गइउँ न संग न प्रान पठाए॥**
**यहु सबु भा इन्ह आँखिन्ह आगें। तउ न तजा तनु जीव अभागें॥**

श्रीराम, लक्ष्मण और सीता वनको चले गये। मैं न तो साथ ही गयी और न मैंने अपने प्राण ही उनके साथ भेजे। यह सब इन्हीं आँखोंके सामने हुआ। तो भी अभागे जीवने शरीर नहीं छोड़ा॥ ३॥

**मोहि न लाज निज नेहु निहारी। राम सरिस सुत मैं महतारी॥**
**जिऐ मरै भल भूपति जाना। मोर हृदय सत कुलिस समाना॥**

अपने स्नेहकी ओर देखकर मुझे लाज भी नहीं आती; राम-सरीखे पुत्रकी मैं माता! जीना और मरना तो राजाने खूब जाना। मेरा हृदय तो सैकड़ों वज्रोंके समान कठोर है॥ ४॥

**दो०—कौसल्या के बचन सुनि भरत सहित रनिवासु।**
**ब्याकुल बिलपत राजगृह मानहुँ सोक नेवासु॥ १६६॥**

कौसल्याजीके वचनोंको सुनकर भरतसहित सारा रनिवास व्याकुल होकर विलाप करने लगा। राजमहल मानो शोकका निवास बन गया॥ १६६॥

**बिलपहिं बिकल भरत दोउ भाई। कौसल्याँ लिए हृदयँ लगाई॥**
**भाँति अनेक भरतु समुझाए। कहि बिबेकमय बचन सुनाए॥**

भरत, शत्रुघ्न दोनों भाई विकल होकर विलाप करने लगे। तब कौसल्याजीने उनको हृदयसे लगा लिया। अनेकों प्रकारसे भरतजीको समझाया और बहुत-सी विवेकभरी बातें उन्हें कहकर सुनायीं॥ १॥

**भरतहुँ मातु सकल समुझाईं। कहि पुरान श्रुति कथा सुहाईं॥**
**छल बिहीन सुचि सरल सुबानी। बोले भरत जोरि जुग पानी॥**

भरतजीने भी सब माताओंको पुराण और वेदोंकी सुन्दर कथाएँ कहकर समझाया। दोनों हाथ जोड़कर भरतजी छलरहित, पवित्र और सीधी सुन्दर वाणी बोले—॥ २॥

**जे अघ मातु पिता सुत मारें। गाइ गोठ महिसुर पुर जारें॥**
**जे अघ तिय बालक बध कीन्हें। मीत महीपति माहुर दीन्हें॥**

जो पाप माता-पिता और पुत्रके मारनेसे होते हैं और जो गोशाला और ब्राह्मणोंके नगर जलानेसे होते हैं; जो पाप स्त्री और बालककी हत्या करनेसे होते हैं और जो मित्र और राजाको जहर देनेसे होते हैं—॥ ३॥

**जे पातक उपपातक अहहीं। करम बचन मन भव कबि कहहीं॥**
**ते पातक मोहि होहुँ बिधाता। जौं यहु होइ मोर मत माता॥**

कर्म, वचन और मनसे होनेवाले जितने पातक एवं उपपातक (बड़े-छोटे पाप) हैं, जिनको कवि लोग कहते हैं; हे विधाता! यदि इस काममें मेरा मत हो, तो हे माता! वे सब पाप मुझे लगें॥ ४॥

**दो०—जे परिहरि हरि हर चरन भजहिं भूतगन घोर।**
**तेहि कइ गति मोहि देउ बिधि जौं जननी मत मोर॥ १६७॥**

जो लोग श्रीहरि और श्रीशंकरजीके चरणोंको छोड़कर भयानक भूत-प्रेतोंको भजते हैं, हे माता! यदि इसमें मेरा मत हो तो विधाता मुझे उनकी गति दे॥ १६७॥

**बेचहिं बेदु धरमु दुहि लेहीं। पिसुन पराय पाप कहि देहीं॥**
**कपटी कुटिल कलहप्रिय क्रोधी। बेद बिदूषक बिस्व बिरोधी॥**

जो लोग वेदोंको बेचते हैं, धर्मको दुह लेते हैं, चुगलखोर हैं, दूसरोंके पापोंको कह देते हैं; जो कपटी, कुटिल, कलहप्रिय और क्रोधी हैं, तथा जो वेदोंकी निन्दा करनेवाले और विश्वभरके विरोधी हैं;॥ १॥

**लोभी लंपट लोलुपचारा। जे ताकहिं परधनु परदारा॥**
**पावौं मैं तिन्ह कै गति घोरा। जौं जननी यहु संमत मोरा॥**

जो लोभी, लम्पट और लालचियोंका आचरण करनेवाले हैं; जो पराये धन और परायी स्त्रीकी ताकमें रहते हैं; हे जननी! यदि इस काममें मेरी सम्मति हो तो मैं उनकी भयानक गतिको पाऊँ॥ २॥

**जे नहिं साधुसंग अनुरागे। परमारथ पथ बिमुख अभागे॥**
**जे न भजहिं हरि नरतनु पाई। जिन्हहि न हरि हर सुजसु सोहाई॥**

जिनका सत्संगमें प्रेम नहीं है; जो अभागे परमार्थके मार्गसे विमुख हैं; जो मनुष्यशरीर पाकर श्रीहरिका भजन नहीं करते; जिनको हरि-हर (भगवान् विष्णु और शंकरजी)-का सुयश नहीं सुहाता;॥ ३॥

**तजि श्रुतिपंथु बाम पथ चलहीं। बंचक बिरचि बेष जगु छलहीं॥**
**तिन्ह कै गति मोहि संकर देऊ। जननी जौं यहु जानौं भेऊ॥**

जो वेदमार्गको छोड़कर वाम (वेदप्रतिकूल) मार्गपर चलते हैं; जो ठग हैं और वेष बनाकर जगत्‌को छलते हैं; हे माता! यदि मैं इस भेदको जानता भी होऊँ तो शंकरजी मुझे उन लोगोंकी गति दें॥ ४॥

**दो०—मातु भरत के बचन सुनि साँचे सरल सुभायँ।**
**कहति राम प्रिय तात तुम्ह सदा बचन मन कायँ॥ १६८॥**

माता कौसल्याजी भरतजीके स्वाभाविक ही सच्चे और सरल वचनोंको सुनकर कहने लगीं—हे तात! तुम तो मन, वचन और शरीरसे सदा ही श्रीरामचन्द्रके प्यारे हो॥ १६८॥

**राम प्रानहु तें प्रान तुम्हारे। तुम्ह रघुपतिहि प्रानहु तें प्यारे॥**
**बिधु बिष चवै स्त्रवै हिमु आगी। होइ बारिचर बारि बिरागी॥**

श्रीराम तुम्हारे प्राणोंसे भी बढ़कर प्राण (प्रिय) हैं और तुम भी श्रीरघुनाथको प्राणोंसे भी अधिक प्यारे हो। चन्द्रमा चाहे विष चुआने लगे और पाला आग बरसाने लगे; जलचर जीव जलसे विरक्त हो जाय॥ १॥

**भएँ ग्यानु बरु मिटै न मोहू। तुम्ह रामहि प्रतिकूल न होहू॥**
**मत तुम्हार यहु जो जग कहहीं। सो सपनेहुँ सुख सुगति न लहहीं॥**

और ज्ञान हो जानेपर भी चाहे मोह न मिटे; पर तुम श्रीरामचन्द्रके प्रतिकूल कभी नहीं हो सकते। इसमें तुम्हारी सम्मति है, जगत्‌में जो कोई ऐसा कहते हैं वे स्वप्नमें भी सुख और शुभ गति नहीं पावेंगे॥ २॥

**अस कहि मातु भरतु हियँ लाए। थन पय स्त्रवहिं नयन जल छाए॥**
**करत बिलाप बहुत एहि भाँती। बैठेहिं बीति गई सब राती॥**

ऐसा कहकर माता कौसल्याने भरतजीको हृदयसे लगा लिया। उनके स्तनोंसे दूध बहने लगा और नेत्रोंमें [प्रेमाश्रुओंका] जल छा गया। इस प्रकार बहुत विलाप करते हुए सारी रात बैठे-ही-बैठे बीत गयी॥ ३॥

**बामदेउ बसिष्ठ तब आए। सचिव महाजन सकल बोलाए॥**
**मुनि बहु भाँति भरत उपदेसे। कहि परमारथ बचन सुदेसे॥**

तब वामदेवजी और वसिष्ठजी आये। उन्होंने सब मन्त्रियों तथा महाजनोंको बुलवाया। फिर मुनि वसिष्ठजीने परमार्थके सुन्दर समयानुकूल वचन कहकर बहुत प्रकारसे भरतजीको उपदेश दिया॥ ४॥

**दो०—तात हृदयँ धीरजु धरहु करहु जो अवसर आजु।**
**उठे भरत गुर बचन सुनि करन कहेउ सबु साजु॥ १६९॥**

[वसिष्ठजीने कहा—] हे तात! हृदयमें धीरज धरो और आज जिस कार्यके करनेका अवसर है, उसे करो। गुरुजीके वचन सुनकर भरतजी उठे और उन्होंने सब तैयारी करनेके लिये कहा॥ १६९॥

**नृपतनु बेद बिदित अन्हवावा। परम बिचित्र बिमानु बनावा॥**
**गहि पद भरत मातु सब राखी। रहीं रानि दरसन अभिलाषी॥**

वेदोंमें बतायी हुई विधिसे राजाकी देहको स्नान कराया गया और परम विचित्र विमान बनाया गया। भरतजीने सब माताओंको चरण पकड़कर रखा (अर्थात् प्रार्थना करके उनको सती होनेसे रोक लिया)। वे रानियाँ भी [श्रीरामके] दर्शनकी अभिलाषासे रह गयीं॥ १॥

**चंदन अगर भार बहु आए। अमित अनेक सुगंध सुहाए॥**
**सरजु तीर रचि चिता बनाई। जनु सुरपुर सोपान सुहाई॥**

चन्दन और अगरके तथा और भी अनेकों प्रकारके अपार [कपूर, गुग्गुल, केसर आदि] सुगन्ध-द्रव्योंके बहुत-से बोझ आये। सरयूजीके तटपर सुन्दर चिता रचकर बनायी गयी, [जो ऐसी मालूम होती थी] मानो स्वर्गकी सुन्दर सीढ़ी हो॥ २॥

**एहि बिधि दाह क्रिया सब कीन्ही। बिधिवत न्हाइ तिलांजुलि दीन्ही॥**
**सोधि सुमृति सब बेद पुराना। कीन्ह भरत दसगात बिधाना॥**

इस प्रकार सब दाहक्रिया की गयी और सबने विधिपूर्वक स्नान करके तिलांजलि दी। फिर वेद, स्मृति और पुराण सबका मत निश्चय करके उसके अनुसार भरतजीने पिताका दशगात्र-विधान (दस दिनोंके कृत्य) किया॥ ३॥

**जहँ जस मुनिबर आयसु दीन्हा। तहँ तस सहस भाँति सबु कीन्हा॥**
**भए बिसुद्ध दिए सब दाना। धेनु बाजि गज बाहन नाना॥**

मुनिश्रेष्ठ वसिष्ठजीने जहाँ जैसी आज्ञा दी, वहाँ भरतजीने सब वैसा ही हजारों प्रकारसे किया। शुद्ध हो जानेपर [विधिपूर्वक] सब दान दिये। गौएँ तथा घोड़े, हाथी आदि अनेक प्रकारकी सवारियाँ, ॥ ४॥

**दो०—सिंघासन भूषन बसन अन्न धरनि धन धाम।**
**दिए भरत लहि भूमिसुर भे परिपूरन काम॥ १७०॥**

सिंहासन, गहने, कपड़े, अन्न, पृथ्वी, धन और मकान भरतजीने दिये; भूदेव ब्राह्मण दान पाकर परिपूर्णकाम हो गये (अर्थात् उनकी सारी मनोकामनाएँ अच्छी तरहसे पूरी हो गयीं)॥ १७०॥

**पितु हित भरत कीन्हि जसि करनी। सो मुख लाख जाइ नहिं बरनी॥**
**सुदिनु सोधि मुनिबर तब आए। सचिव महाजन सकल बोलाए॥**

पिताजीके लिये भरतजीने जैसी करनी की वह लाखों मुखोंसे भी वर्णन नहीं की जा सकती। तब शुभ दिन शोधकर श्रेष्ठ मुनि वसिष्ठजी आये और उन्होंने मन्त्रियों तथा सब महाजनोंको बुलवाया॥ १॥

**बैठे राजसभाँ सब जाई। पठए बोलि भरत दोउ भाई॥**
**भरतु बसिष्ठ निकट बैठारे। नीति धरममय बचन उचारे॥**

सब लोग राजसभामें जाकर बैठ गये। तब मुनिने भरतजी तथा शत्रुघ्नजी दोनों भाइयोंको बुलवा भेजा। भरतजीको वसिष्ठजीने अपने पास बैठा लिया और नीति तथा धर्मसे भरे हुए वचन कहे॥ २॥

**प्रथम कथा सब मुनिबर बरनी। कैकइ कुटिल कीन्हि जसि करनी॥**
**भूप धरमब्रतु सत्य सराहा। जेहिं तनु परिहरि प्रेमु निबाहा॥**

पहले तो कैकेयीने जैसी कुटिल करनी की थी, श्रेष्ठ मुनिने वह सारी कथा कही। फिर राजाके धर्मव्रत और सत्यकी सराहना की, जिन्होंने शरीर त्यागकर प्रेमको निबाहा॥ ३॥

**कहत राम गुन सील सुभाऊ। सजल नयन पुलकेउ मुनिराऊ॥**
**बहुरि लखन सिय प्रीति बखानी। सोक सनेह मगन मुनि ग्यानी॥**

श्रीरामचन्द्रजीके गुण, शील और स्वभावका वर्णन करते-करते तो मुनिराजके नेत्रोंमें जल भर आया और वे शरीरसे पुलकित हो गये। फिर लक्ष्मणजी और सीताजीके प्रेमकी बड़ाई करते हुए ज्ञानी मुनि शोक और स्नेहमें मग्न हो गये॥ ४॥

**दो०—सुनहु भरत भावी प्रबल बिलखि कहेउ मुनिनाथ।**
**हानि लाभु जीवनु मरनु जसु अपजसु बिधि हाथ॥ १७१॥**

मुनिनाथने विलखकर (दु:खी होकर) कहा—हे भरत! सुनो, भावी (होनहार) बड़ी बलवान् है। हानि-लाभ, जीवन-मरण और यश-अपयश, ये सब विधाताके हाथ हैं॥ १७१॥

**अस बिचारि केहि देइअ दोसू। ब्यरथ काहि पर कीजिअ रोसू॥**
**तात बिचारु करहु मन माहीं। सोच जोगु दसरथु नृपु नाहीं॥**

ऐसा विचारकर किसे दोष दिया जाय? और व्यर्थ किसपर क्रोध किया जाय? हे तात! मनमें विचार करो। राजा दशरथ सोच करनेके योग्य नहीं हैं॥ १॥

**सोचिअ बिप्र जो बेद बिहीना। तजि निज धरमु बिषय लयलीना॥**
**सोचिअ नृपति जो नीति न जाना। जेहि न प्रजा प्रिय प्रान समाना॥**

सोच उस ब्राह्मणका करना चाहिये जो वेद नहीं जानता और जो अपना धर्म छोड़कर विषय-भोगमें ही लीन रहता है। उस राजाका सोच करना चाहिये जो नीति नहीं जानता और जिसको प्रजा प्राणोंके समान प्यारी नहीं है॥ २॥

**सोचिअ बयसु कृपन धनवानू। जो न अतिथि सिव भगति सुजानू॥**
**सोचिअ सूद्रु बिप्र अवमानी। मुखर मानप्रिय ग्यान गुमानी॥**

उस वैश्यका सोच करना चाहिये जो धनवान् होकर भी कंजूस है, और जो अतिथिसत्कार तथा शिवजीकी भक्ति करनेमें कुशल नहीं है। उस शूद्रका सोच करना चाहिये जो ब्राह्मणोंका अपमान करनेवाला, बहुत बोलनेवाला, मान-बड़ाई चाहनेवाला और ज्ञानका घमंड रखनेवाला है॥ ३॥

**सोचिअ पुनि पति बंचक नारी। कुटिल कलहप्रिय इच्छाचारी॥**
**सोचिअ बटु निज ब्रतु परिहरई। जो नहिं गुर आयसु अनुसरई॥**

पुनः उस स्त्रीका सोच करना चाहिये जो पतिको छलनेवाली, कुटिल, कलहप्रिय और स्वेच्छाचारिणी है। उस ब्रह्मचारीका सोच करना चाहिये जो अपने ब्रह्मचर्य-व्रतको छोड़ देता है और गुरुकी आज्ञाके अनुसार नहीं चलता॥ ४॥

**दो०—सोचिअ गृही जो मोह बस करइ करम पथ त्याग।**
**सोचिअ जती प्रपंच रत बिगत बिबेक बिराग॥ १७२॥**

उस गृहस्थका सोच करना चाहिये जो मोहवश कर्ममार्गका त्याग कर देता है; उस संन्यासीका सोच करना चाहिये जो दुनियाके प्रपंचमें फँसा हुआ है और ज्ञान-वैराग्यसे हीन है॥ १७२॥

**बैखानस सोइ सोचै जोगू। तपु बिहाइ जेहि भावइ भोगू॥**
**सोचिअ पिसुन अकारन क्रोधी। जननि जनक गुर बंधु बिरोधी॥**

वानप्रस्थ वही सोच करनेयोग्य है जिसको तपस्या छोड़कर भोग अच्छे लगते हैं। सोच उसका करना चाहिये जो चुगलखोर है, बिना ही कारण क्रोध करनेवाला है तथा माता, पिता, गुरु एवं भाई-बन्धुओंके साथ विरोध रखनेवाला है॥ १॥

**सब बिधि सोचिअ पर अपकारी। निज तनु पोषक निरदय भारी॥**
**सोचनीय सबहीं बिधि सोई। जो न छाड़ि छलु हरि जन होई॥**

सब प्रकारसे उसका सोच करना चाहिये जो दूसरोंका अनिष्ट करता है, अपने ही शरीरका पोषण करता है और बड़ा भारी निर्दयी है। और वह तो सभी प्रकारसे सोच करनेयोग्य है जो छल छोड़कर हरिका भक्त नहीं होता॥ २॥

**सोचनीय नहिं कोसलराऊ। भुवन चारिदस प्रगट प्रभाऊ॥**
**भयउ न अहइ न अब होनिहारा। भूप भरत जस पिता तुम्हारा॥**

कोसलराज दशरथजी सोच करनेयोग्य नहीं हैं, जिनका प्रभाव चौदहों लोकोंमें प्रकट है। हे भरत! तुम्हारे पिता-जैसा राजा तो न हुआ, न है और न अब होनेका ही है॥ ३॥

**बिधि हरि हरु सुरपति दिसिनाथा। बरनहिं सब दसरथ गुन गाथा॥**

ब्रह्मा, विष्णु, शिव, इन्द्र और दिक्पाल सभी दशरथजीके गुणोंकी कथाएँ कहा करते हैं॥ ४॥

**दो०—कहहु तात केहि भाँति कोउ करिहि बड़ाई तासु।**
**राम लखन तुम्ह सत्रुहन सरिस सुअन सुचि जासु॥ १७३॥**

हे तात! कहो, उनकी बड़ाई कोई किस प्रकार करेगा जिनके श्रीराम, लक्ष्मण, तुम और शत्रुघ्न-सरीखे पवित्र पुत्र हैं?॥ १७३॥

**सब प्रकार भूपति बड़भागी। बादि बिषादु करिअ तेहि लागी॥**
**यह सुनि समुझि सोचु परिहरहू। सिर धरि राज रजायसु करहू॥**

राजा सब प्रकारसे बड़भागी थे। उनके लिये विषाद करना व्यर्थ है। यह सुन और समझकर सोच त्याग दो और राजाकी आज्ञा सिर चढ़ाकर तदनुसार करो॥ १॥

**रायँ राजपदु तुम्ह कहुँ दीन्हा। पिता बचनु फुर चाहिअ कीन्हा॥**
**तजे रामु जेहिं बचनहि लागी। तनु परिहरेउ राम बिरहागी॥**

राजाने राजपद तुमको दिया है। पिताका वचन तुम्हें सत्य करना चाहिये, जिन्होंने वचनके लिये ही श्रीरामचन्द्रजीको त्याग दिया और रामविरहकी अग्निमें अपने शरीरकी आहुति दे दी॥ २॥

**नृपहि बचन प्रिय नहिं प्रिय प्राना। करहु तात पितु बचन प्रवाना॥**
**करहु सीस धरि भूप रजाई। हइ तुम्ह कहँ सब भाँति भलाई॥**

राजाको वचन प्रिय थे, प्राण प्रिय नहीं थे। इसलिये हे तात! पिताके वचनोंको प्रमाण (सत्य) करो! राजाकी आज्ञा सिर चढ़ाकर पालन करो, इसमें तुम्हारी सब तरह भलाई है॥ ३॥

**परसुराम पितु अग्या राखी। मारी मातु लोक सब साखी॥**
**तनय जजातिहि जौबनु दयऊ। पितु अग्याँ अघ अजसु न भयऊ॥**

परशुरामजीने पिताकी आज्ञा रखी और माताको मार डाला; सब लोक इस बातके साक्षी हैं। राजा ययातिके पुत्रने पिताको अपनी जवानी दे दी। पिताकी आज्ञा पालन करनेसे उन्हें पाप और अपयश नहीं हुआ॥ ४॥

**दो०—अनुचित उचित बिचारु तजि जे पालहिं पितु बैन।**
**ते भाजन सुख सुजस के बसहिं अमरपति ऐन॥ १७४॥**

जो अनुचित और उचितका विचार छोड़कर पिताके वचनोंका पालन करते हैं, वे [यहाँ] सुख और सुयशके पात्र होकर अन्तमें इन्द्रपुरी (स्वर्ग)-में निवास करते हैं॥ १७४॥

**अवसि नरेस बचन फुर करहू। पालहु प्रजा सोकु परिहरहू॥**
**सुरपुर नृपु पाइहि परितोषू। तुम्ह कहुँ सुकृतु सुजसु नहिं दोषू॥**

राजाका वचन अवश्य सत्य करो। शोक त्याग दो और प्रजाका पालन करो। ऐसा करनेसे स्वर्गमें राजा सन्तोष पावेंगे और तुमको पुण्य और सुन्दर यश मिलेगा, दोष नहीं लगेगा॥ १॥

**बेद बिदित संमत सबही का। जेहि पितु देइ सो पावइ टीका॥**
**करहु राजु परिहरहु गलानी। मानहु मोर बचन हित जानी॥**

यह वेदमें प्रसिद्ध है और [स्मृति-पुराणादि] सभी शास्त्रोंके द्वारा सम्मत है कि पिता जिसको दे वही राजतिलक पाता है। इसलिये तुम राज्य करो, ग्लानिका त्याग कर दो। मेरे वचनको हित समझकर मानो॥ २॥

**सुनि सुखु लहब राम बैदेहीं। अनुचित कहब न पंडित केहीं॥**
**कौसल्यादि सकल महतारीं। तेउ प्रजा सुख होहिं सुखारीं॥**

इस बातको सुनकर श्रीरामचन्द्रजी और जानकीजी सुख पावेंगे और कोई पण्डित इसे अनुचित नहीं कहेगा। कौसल्याजी आदि तुम्हारी सब माताएँ भी प्रजाके सुखसे सुखी होंगी॥ ३॥

**परम तुम्हार राम कर जानिहि। सो सब बिधि तुम्ह सन भल मानिहि॥**
**सौंपेहु राजु राम के आएँ। सेवा करेहु सनेह सुहाएँ॥**

जो तुम्हारे और श्रीरामचन्द्रजीके श्रेष्ठ सम्बन्धको जान लेगा, वह सभी प्रकारसे तुमसे भला मानेगा। श्रीरामचन्द्रजीके लौट आनेपर राज्य उन्हें सौंप देना और सुन्दर स्नेहसे उनकी सेवा करना॥ ४॥

**दो०—कीजिअ गुर आयसु अवसि कहहिं सचिव कर जोरि।**
**रघुपति आएँ उचित जस तस तब करब बहोरि॥ १७५॥**

मन्त्री हाथ जोड़कर कह रहे हैं—गुरुजीकी आज्ञाका अवश्य ही पालन कीजिये। श्रीरघुनाथजीके लौट आनेपर जैसा उचित हो, तब फिर वैसा ही कीजियेगा॥ १७५॥

**कौसल्या धरि धीरजु कहई। पूत पथ्य गुर आयसु अहई॥**
**सो आदरिअ करिअ हित मानी। तजिअ बिषादु काल गति जानी॥**

कौसल्याजी भी धीरज धरकर कह रही हैं—हे पुत्र! गुरुजीकी आज्ञा पथ्यरूप है। उसका आदर करना चाहिये और हित मानकर उसका पालन करना चाहिये। कालकी गतिको जानकर विषादका त्याग कर देना चाहिये॥ १॥

**बन रघुपति सुरपुर नरनाहू। तुम्ह एहि भाँति तात कदराहू॥**
**परिजन प्रजा सचिव सब अंबा। तुम्हही सुत सब कहँ अवलंबा॥**

श्रीरघुनाथजी वनमें हैं, महाराज स्वर्गका राज्य करने चले गये। और हे तात! तुम इस प्रकार कातर हो रहे हो। हे पुत्र! कुटुम्ब, प्रजा, मन्त्री और सब माताओंके—सबके एक तुम ही सहारे हो॥ २॥

**लखि बिधि बाम कालु कठिनाई। धीरजु धरहु मातु बलि जाई॥**
**सिर धरि गुर आयसु अनुसरहू। प्रजा पालि परिजन दुखु हरहू॥**

विधाताको प्रतिकूल और कालको कठोर देखकर धीरज धरो, माता तुम्हारी बलिहारी जाती है। गुरुकी आज्ञाको सिर चढ़ाकर उसीके अनुसार कार्य करो और प्रजाका पालन कर कुटुम्बियोंका दुःख हरो॥ ३॥

**गुर के बचन सचिव अभिनंदनु। सुने भरत हिय हित जनु चंदनु॥**
**सुनी बहोरि मातु मृदु बानी। सील सनेह सरल रस सानी॥**

भरतजीने गुरुके वचनों और मन्त्रियोंके अभिनन्दन (अनुमोदन)-को सुना, जो उनके हृदयके लिये मानो चन्दनके समान [शीतल] थे। फिर उन्होंने शील, स्नेह और सरलताके रसमें सनी हुई माता कौसल्याकी कोमल वाणी सुनी॥ ४॥

**छं०—सानी सरल रस मातु बानी सुनि भरतु ब्याकुल भए।**
**लोचन सरोरुह स्रवत सींचत बिरह उर अंकुर नए॥**
**सो दसा देखत समय तेहि बिसरी सबहि सुधि देह की।**
**तुलसी सराहत सकल सादर सीवँ सहज सनेह की॥**

सरलताके रसमें सनी हुई माताकी वाणी सुनकर भरतजी व्याकुल हो गये। उनके नेत्र-कमल जल (आँसू) बहाकर हृदयके विरहरूपी नवीन अंकुरको सींचने लगे। (नेत्रोंके आँसुओंने उनके वियोग-दुःखको बहुत ही बढ़ाकर उन्हें अत्यन्त व्याकुल कर दिया।) उनकी वह दशा देखकर उस समय सबको अपने शरीरकी सुध भूल गयी। तुलसीदासजी कहते हैं—स्वाभाविक प्रेमकी सीमा श्रीभरतजीकी सब लोग आदरपूर्वक सराहना करने लगे।

**सो०—भरतु कमल कर जोरि धीर धुरंधर धीर धरि।**
**बचन अमिअँ जनु बोरि देत उचित उत्तर सबहि॥ १७६॥**

धैर्यकी धुरीको धारण करनेवाले भरतजी धीरज धरकर, कमलके समान हाथोंको जोड़कर, वचनोंको मानो अमृतमें डुबाकर सबको उचित उत्तर देने लगे—॥ १७६॥

## मासपारायण, अठारहवाँ विश्राम

**मोहि उपदेसु दीन्ह गुर नीका। प्रजा सचिव संमत सबही का॥**
**मातु उचित धरि आयसु दीन्हा। अवसि सीस धरि चाहउँ कीन्हा॥**

गुरुजीने मुझे सुन्दर उपदेश दिया। [फिर] प्रजा, मन्त्री आदि सभीको यही सम्मत है। माताने भी उचित समझकर ही आज्ञा दी है और मैं भी अवश्य उसको सिर चढ़ाकर वैसा ही करना चाहता हूँ॥ १॥

**गुर पितु मातु स्वामि हित बानी। सुनि मन मुदित करिअ भलि जानी॥**
**उचित कि अनुचित किएँ बिचारू। धरमु जाइ सिर पातक भारू॥**

[क्योंकि] गुरु, पिता, माता, स्वामी और सुहृद् (मित्र)-की वाणी सुनकर प्रसन्न मनसे उसे अच्छी समझकर करना (मानना) चाहिये। उचित-अनुचितका विचार करनेसे धर्म जाता है और सिरपर पापका भार चढ़ता है॥ २॥

**तुम्ह तौ देहु सरल सिख सोई। जो आचरत मोर भल होई॥**
**जद्यपि यह समुझत हउँ नीकें। तदपि होत परितोषु न जी कें॥**

आप तो मुझे वही सरल शिक्षा दे रहे हैं, जिसके आचरण करनेमें मेरा भला हो। यद्यपि मैं इस बातको भलीभाँति समझता हूँ, तथापि मेरे हृदयको सन्तोष नहीं होता॥ ३॥

**अब तुम्ह बिनय मोरि सुनि लेहू। मोहि अनुहरत सिखावनु देहू॥**
**ऊतरु देउँ छमब अपराधू। दुखित दोष गुन गनहिं न साधू॥**

अब आपलोग मेरी विनती सुन लीजिये और मेरी योग्यताके अनुसार मुझे शिक्षा दीजिये। मैं उत्तर दे रहा हूँ, यह अपराध क्षमा कीजिये। साधु पुरुष दुःखी मनुष्यके दोष-गुणोंको नहीं गिनते॥ ४॥

**दो०—पितु सुरपुर सिय रामु बन करन कहहु मोहि राजु।**
**एहि तें जानहु मोर हित कै आपन बड़ काजु॥ १७७॥**

पिताजी स्वर्गमें हैं, श्रीसीतारामजी वनमें हैं और मुझे आप राज्य करनेके लिये कह रहे हैं। इसमें आप मेरा कल्याण समझते हैं या अपना कोई बड़ा काम [होनेकी आशा रखते हैं]?॥ १७७॥

**हित हमार सियपति सेवकाईं। सो हरि लीन्ह मातु कुटिलाईं॥**
**मैं अनुमानि दीख मन माहीं। आन उपायँ मोर हित नाहीं॥**

मेरा कल्याण तो सीतापति श्रीरामजीकी चाकरीमें है, सो उसे माताकी कुटिलताने छीन लिया। मैंने अपने मनमें अनुमान करके देख लिया है कि दूसरे किसी उपायसे मेरा कल्याण नहीं है॥ १॥

**सोक समाजु राजु केहि लेखें। लखन राम सिय बिनु पद देखें॥**
**बादि बसन बिनु भूषन भारू। बादि बिरति बिनु ब्रह्मबिचारू॥**

यह शोकका समुदाय राज्य लक्ष्मण, श्रीरामचन्द्रजी और सीताजीके चरणोंको देखे बिना किस गिनतीमें है (इसका क्या मूल्य है)? जैसे कपड़ोंके बिना गहनोंका बोझ व्यर्थ है। वैराग्यके बिना ब्रह्मविचार व्यर्थ है॥ २॥

**सरुज सरीर बादि बहु भोगा। बिनु हरिभगति जायँ जप जोगा॥**
**जायँ जीव बिनु देह सुहाई। बादि मोर सबु बिनु रघुराई॥**

रोगी शरीरके लिये नाना प्रकारके भोग व्यर्थ हैं। श्रीहरिकी भक्तिके बिना जप और योग व्यर्थ हैं। जीवके बिना सुन्दर देह व्यर्थ है। वैसे ही श्रीरघुनाथजीके बिना मेरा सब कुछ व्यर्थ है॥ ३॥

**जाउँ राम पहिं आयसु देहू। एकहिं आँक मोर हित एहू॥**
**मोहि नृप करि भल आपन चहहू। सोउ सनेह जड़ता बस कहहू॥**

मुझे आज्ञा दीजिये, मैं श्रीरामजीके पास जाऊँ! एक ही आँक (निश्चयपूर्वक) मेरा हित इसीमें है। और मुझे राजा बनाकर आप अपना भला चाहते हैं, यह भी आप स्नेहकी जड़ता (मोह)-के वश होकर ही कह रहे हैं॥ ४॥

**दो०—कैकेई सुअ कुटिलमति राम बिमुख गतलाज।**
**तुम्ह चाहत सुखु मोहबस मोहि से अधम कें राज॥ १७८॥**

कैकेयीके पुत्र, कुटिलबुद्धि, रामविमुख और निर्लज्ज मुझ-से अधमके राज्यसे आप मोहके वश होकर ही सुख चाहते हैं॥ १७८॥

**कहउँ साँचु सब सुनि पतिआहू। चाहिअ धरमसील नरनाहू॥**
**मोहि राजु हठि देइहहु जबहीं। रसा रसातल जाइहि तबहीं॥**

मैं सत्य कहता हूँ, आप सब सुनकर विश्वास करें, धर्मशीलको ही राजा होना चाहिये। आप मुझे हठ करके ज्यों ही राज्य देंगे त्यों ही पृथ्वी पातालमें धँस जायगी॥ १॥

**मोहि समान को पापनिवासू। जेहि लगि सीय राम बनबासू॥**
**रायँ राम कहुँ काननु दीन्हा। बिछुरत गमनु अमरपुर कीन्हा॥**

मेरे समान पापोंका घर कौन होगा, जिसके कारण सीताजी और श्रीरामजीका वनवास हुआ? राजाने श्रीरामजीको वन दिया और उनके बिछुड़ते ही स्वयं स्वर्गको गमन किया॥ २॥

**मैं सठु सब अनरथ कर हेतू। बैठ बात सब सुनउँ सचेतू॥**
**बिनु रघुबीर बिलोकि अबासू। रहे प्रान सहि जग उपहासू॥**

और मैं दुष्ट, जो सारे अनर्थोंका कारण हूँ, होश-हवासमें बैठा सब बातें सुन रहा हूँ! श्रीरघुनाथजीसे रहित घरको देखकर और जगत्‌का उपहास सहकर भी ये प्राण बने हुए हैं॥ ३॥

**राम पुनीत बिषय रस रूखे। लोलुप भूमि भोग के भूखे॥**
**कहँ लगि कहौं हृदय कठिनाई। निदरि कुलिसु जेहिं लही बड़ाई॥**

[इसका यही कारण है कि ये प्राण] श्रीरामरूपी पवित्र विषय-रसमें आसक्त नहीं हैं। ये लालची भूमि और भोगोंके ही भूखे हैं। मैं अपने हृदयकी कठोरता कहाँतक कहूँ? जिसने वज्रका भी तिरस्कार करके बड़ाई पायी है॥ ४॥

**दो०—कारन तें कारजु कठिन होइ दोसु नहिं मोर।**
**कुलिस अस्थि तें उपल तें लोह कराल कठोर॥ १७९॥**

कारणसे कार्य कठिन होता ही है, इसमें मेरा दोष नहीं। हड्डीसे वज्र और पत्थरसे लोहा भयानक और कठोर होता है॥ १७९॥

**कैकेई भव तनु अनुरागे। पावँर प्रान अघाइ अभागे॥**
**जौं प्रिय बिरहँ प्रान प्रिय लागे। देखब सुनब बहुत अब आगे॥**

कैकेयीसे उत्पन्न देहमें प्रेम करनेवाले ये पामर प्राण भरपेट (पूरी तरहसे) अभागे हैं। जब प्रियके वियोगमें भी मुझे प्राण प्रिय लग रहे हैं तब अभी आगे मैं और भी बहुत कुछ देखूँ-सुनूँगा॥ १॥

**लखन राम सिय कहुँ बनु दीन्हा। पठइ अमरपुर पति हित कीन्हा॥**
**लीन्ह बिधवपन अपजसु आपू। दीन्हेउ प्रजहि सोकु संतापू॥**

लक्ष्मण, श्रीरामजी और सीताजीको तो वन दिया; स्वर्ग भेजकर पतिका कल्याण किया; स्वयं विधवापन और अपयश लिया; प्रजाको शोक और सन्ताप दिया;॥ २॥

**मोहि दीन्ह सुखु सुजसु सुराजू। कीन्ह कैकईं सब कर काजू॥**
**एहि तें मोर काह अब नीका। तेहि पर देन कहहु तुम्ह टीका॥**

और मुझे सुख, सुन्दर यश और उत्तम राज्य दिया! कैकेयीने सभीका काम बना दिया! इससे अच्छा अब मेरे लिये और क्या होगा? उसपर भी आपलोग मुझे राजतिलक देनेको कहते हैं!॥ ३॥

**कैकइ जठर जनमि जग माहीं। यह मोहि कहँ कछु अनुचित नाहीं॥**
**मोरि बात सब बिधिहिं बनाई। प्रजा पाँच कत करहु सहाई॥**

कैकेयीके पेटसे जगत्‌में जन्म लेकर यह मेरे लिये कुछ भी अनुचित नहीं है। मेरी सब बात तो विधाताने ही बना दी है। [फिर] उसमें प्रजा और पंच (आपलोग) क्यों सहायता कर रहे हैं?॥ ४॥

**दो०—ग्रह ग्रहीत पुनि बात बस तेहि पुनि बीछी मार।**
**तेहि पिआइअ बारुनी कहहु काह उपचार॥ १८०॥**

जिसे कुग्रह लगे हों [अथवा जो पिशाचग्रस्त हो], फिर जो वायुरोगसे पीड़ित हो और उसीको फिर बिच्छू डंक मार दे, उसको यदि मदिरा पिलायी जाय, तो कहिये यह कैसा इलाज है!॥ १८०॥

**कैकइ सुअन जोगु जग जोई। चतुर बिरंचि दीन्ह मोहि सोई॥**
**दसरथ तनय राम लघु भाई। दीन्हि मोहि बिधि बादि बड़ाई॥**

कैकेयीके लड़केके लिये संसारमें जो कुछ योग्य था, चतुर विधाताने मुझे वही दिया। पर 'दशरथजीका पुत्र' और 'रामका छोटा भाई' होनेकी बड़ाई मुझे विधाताने व्यर्थ ही दी॥ १॥

**तुम्ह सब कहहु कढ़ावन टीका। राय रजायसु सब कहँ नीका॥**
**उतरु देउँ केहि बिधि केहि केही। कहहु सुखेन जथा रुचि जेही॥**

आप सब लोग भी मुझे टीका कढ़ानेके लिये कह रहे हैं! राजाकी आज्ञा सभीके लिये अच्छी है। मैं किस-किसको किस-किस प्रकारसे उत्तर दूँ? जिसकी जैसी रुचि हो, आपलोग सुखपूर्वक वही कहें॥ २॥

**मोहि कुमातु समेत बिहाई। कहहु कहिहि के कीन्ह भलाई॥**
**मो बिनु को सचराचर माहीं। जेहि सिय रामु प्रानप्रिय नाहीं॥**

मेरी कुमाता कैकेयीसमेत मुझे छोड़कर, कहिये, और कौन कहेगा कि यह काम अच्छा किया गया? जड़-चेतन जगत्में मेरे सिवा और कौन है जिसको श्रीसीतारामजी प्राणोंके समान प्यारे न हों॥ ३॥

**परम हानि सब कहँ बड़ लाहू। अदिनु मोर नहिं दूषन काहू॥**
**संसय सील प्रेम बस अहहू। सबुइ उचित सब जो कछु कहहू॥**

जो परम हानि है, उसीमें सबको बड़ा लाभ दीख रहा है। मेरा बुरा दिन है किसीका दोष नहीं। आप सब जो कुछ कहते हैं सो सब उचित ही है। क्योंकि आपलोग संशय, शील और प्रेमके वश हैं॥ ४॥

**दो०—राम मातु सुठि सरलचित मो पर प्रेमु बिसेषि।**
**कहइ सुभाय सनेह बस मोरि दीनता देखि॥ १८१॥**

श्रीरामचन्द्रजीकी माता बहुत ही सरलहृदय हैं और मुझपर उनका विशेष प्रेम है। इसलिये मेरी दीनता देखकर वे स्वाभाविक स्नेहवश ही ऐसा कह रही हैं॥ १८१॥

**गुर बिबेक सागर जगु जाना। जिन्हहि बिस्व कर बदर समाना॥**
**मो कहँ तिलक साज सज सोऊ। भएँ बिधि बिमुख बिमुख सबु कोऊ॥**

गुरुजी ज्ञानके समुद्र हैं, इस बातको सारा जगत् जानता है, जिनके लिये विश्व हथेलीपर रखे हुए बेरके समान है, वे भी मेरे लिये राजतिलकका साज सज रहे हैं। सत्य है, विधाताके विपरीत होनेपर सब कोई विपरीत हो जाते हैं॥ १॥

**परिहरि रामु सीय जग माहीं। कोउ न कहिहि मोर मत नाहीं॥**
**सो मैं सुनब सहब सुखु मानी। अंतहुँ कीच तहाँ जहँ पानी॥**

श्रीरामचन्द्रजी और सीताजीको छोड़कर जगत्में कोई यह नहीं कहेगा कि इस अनर्थमें मेरी सम्मति नहीं है। मैं उसे सुखपूर्वक सुनूँगा और सहूँगा। क्योंकि जहाँ पानी होता है, वहाँ अन्तमें कीचड़ होता ही है॥ २॥

**डरु न मोहि जग कहिहि कि पोचू। परलोकहु कर नाहिन सोचू॥**
**एकइ उर बस दुसह दवारी। मोहि लगि भे सिय रामु दुखारी॥**

मुझे इसका डर नहीं है कि जगत् मुझे बुरा कहेगा और न मुझे परलोकका ही सोच है। मेरे हृदयमें तो बस, एक ही दुःसह दावानल धधक रहा है कि मेरे कारण श्रीसीतारामजी दुःखी हुए॥ ३॥

**जीवन लाहु लखन भल पावा। सबु तजि राम चरन मनु लावा॥**
**मोर जनम रघुबर बन लागी। झूठ काह पछिताउँ अभागी॥**

जीवनका उत्तम लाभ तो लक्ष्मणने पाया, जिन्होंने सब कुछ तजकर श्रीरामजीके चरणोंमें मन लगाया। मेरा जन्म तो श्रीरामजीके वनवासके लिये ही हुआ था। मैं अभागा झूठ-मूठ क्या पछताता हूँ?॥ ४॥

**दो०—आपनि दारुन दीनता कहउँ सबहि सिरु नाइ।**
**देखें बिनु रघुनाथ पद जिय कै जरनि न जाइ॥ १८२॥**

सबको सिर झुकाकर मैं अपनी दारुण दीनता कहता हूँ। श्रीरघुनाथजीके चरणोंके दर्शन किये बिना मेरे जीकी जलन न जायगी॥ १८२॥

**आन उपाउ मोहि नहिं सूझा। को जिय कै रघुबर बिनु बूझा॥**
**एकहिं आँक इहइ मन माहीं। प्रातकाल चलिहउँ प्रभु पाहीं॥**

मुझे दूसरा कोई उपाय नहीं सूझता। श्रीरामजीके बिना मेरे हृदयकी बात कौन जान सकता है? मनमें एक ही आँक (निश्चयपूर्वक) यही है कि प्रातःकाल प्रभु श्रीरामजीके पास चल दूँगा॥ १॥

**जद्यपि मैं अनभल अपराधी। भै मोहि कारन सकल उपाधी॥**
**तदपि सरन सनमुख मोहि देखी। छमि सब करिहहिं कृपा बिसेषी॥**

यद्यपि मैं बुरा हूँ और अपराधी हूँ, और मेरे ही कारण यह सब उपद्रव हुआ है, तथापि श्रीरामजी मुझे शरणमें सम्मुख आया हुआ देखकर सब अपराध क्षमा करके मुझपर विशेष कृपा करेंगे॥ २॥

**सील सकुच सुठि सरल सुभाऊ। कृपा सनेह सदन रघुराऊ॥**
**अरिहुक अनभल कीन्ह न रामा। मैं सिसु सेवक जद्यपि बामा॥**

श्रीरघुनाथजी शील, संकोच, अत्यन्त सरल स्वभाव, कृपा और स्नेहके घर हैं। श्रीरामजीने कभी शत्रुका भी अनिष्ट नहीं किया। मैं यद्यपि टेढ़ा हूँ पर हूँ तो उनका बच्चा और गुलाम ही॥ ३॥

**तुम्ह पै पाँच मोर भल मानी। आयसु आसिष देहु सुबानी॥**
**जेहिं सुनि बिनय मोहि जनु जानी। आवहिं बहुरि रामु रजधानी॥**

आप पंच (सब) लोग भी इसीमें मेरा कल्याण मानकर सुन्दर वाणीसे आज्ञा और आशीर्वाद दीजिये, जिसमें मेरी विनती सुनकर और मुझे अपना दास जानकर श्रीरामचन्द्रजी राजधानीको लौट आवें॥ ४॥

**दो०—जद्यपि जनमु कुमातु तें मैं सठु सदा सदोस।**
**आपन जानि न त्यागिहहिं मोहि रघुबीर भरोस॥ १८३॥**

यद्यपि मेरा जन्म कुमातासे हुआ है और मैं दुष्ट तथा सदा दोषयुक्त भी हूँ, तो भी मुझे श्रीरामजीका भरोसा है कि वे मुझे अपना जानकर त्यागेंगे नहीं॥ १८३॥

**भरत बचन सब कहँ प्रिय लागे। राम सनेह सुधाँ जनु पागे॥**
**लोग बियोग बिषम बिष दागे। मंत्र सबीज सुनत जनु जागे॥**

भरतजीके वचन सबको प्यारे लगे। मानो वे श्रीरामजीके प्रेमरूपी अमृतमें पगे हुए थे। श्रीरामवियोगरूपी भीषण विषसे सब लोग जले हुए थे। वे मानो बीजसहित मन्त्रको सुनते ही जाग उठे॥ १॥

**मातु सचिव गुर पुर नर नारी। सकल सनेहँ बिकल भए भारी॥**
**भरतहि कहहिं सराहि सराही। राम प्रेम मूरति तनु आही॥**

माता, मन्त्री, गुरु, नगरके स्त्री-पुरुष सभी स्नेहके कारण बहुत ही व्याकुल हो गये। सब भरतजीको सराह-सराहकर कहते हैं कि आपका शरीर श्रीरामप्रेमकी साक्षात् मूर्ति ही है॥ २॥

**तात भरत अस काहे न कहहू। प्रान समान राम प्रिय अहहू॥**
**जो पावँरु अपनी जड़ताईं। तुम्हहि सुगाइ मातु कुटिलाईं॥**

हे तात भरत! आप ऐसा क्यों न कहें। श्रीरामजीको आप प्राणोंके समान प्यारे हैं। जो नीच अपनी मूर्खतासे आपकी माता कैकेयीकी कुटिलताको लेकर आपपर सन्देह करेगा,॥ ३॥

**सो सठु कोटिक पुरुष समेता। बसिहि कलप सत नरक निकेता॥**
**अहि अघ अवगुन नहिं मनि गहई। हरइ गरल दुख दारिद दहई॥**

वह दुष्ट करोड़ों पुरखोंसहित सौ कल्पोंतक नरकके घरमें निवास करेगा। साँपके पाप और अवगुणको मणि नहीं ग्रहण करती। बल्कि वह विषको हर लेती है और दु:ख तथा दरिद्रताको भस्म कर देती है॥ ४॥

**दो०—अवसि चलिअ बन रामु जहँ भरत मंत्रु भल कीन्ह।**
**सोक सिंधु बूड़त सबहि तुम्ह अवलंबनु दीन्ह॥ १८४॥**

हे भरतजी! वनको अवश्य चलिये, जहाँ श्रीरामजी हैं; आपने बहुत अच्छी सलाह विचारी। शोकसमुद्रमें डूबते हुए सब लोगोंको आपने [बड़ा] सहारा दे दिया॥ १८४॥

**भा सब कें मन मोदु न थोरा। जनु घन धुनि सुनि चातक मोरा॥**
**चलत प्रात लखि निरनउ नीके। भरतु प्रानप्रिय भे सबही के॥**

सबके मनमें कम आनन्द नहीं हुआ (अर्थात् बहुत ही आनन्द हुआ)! मानो मेघोंकी गर्जना सुनकर चातक और मोर आनन्दित हो रहे हों। [दूसरे दिन] प्रात:काल चलनेका सुन्दर निर्णय देखकर भरतजी सभीको प्राणप्रिय हो गये॥ १॥

**मुनिहि बंदि भरतहि सिरु नाई। चले सकल घर बिदा कराई॥**
**धन्य भरत जीवनु जग माहीं। सीलु सनेहु सराहत जाहीं॥**

मुनि वसिष्ठजीकी वन्दना करके और भरतजीको सिर नवाकर, सब लोग विदा लेकर अपने-अपने घरको चले। जगत्में भरतजीका जीवन धन्य है, इस प्रकार कहते हुए वे उनके शील और स्नेहकी सराहना करते जाते हैं॥ २॥

**कहहिं परसपर भा बड़ काजू। सकल चलै कर साजहिं साजू॥**
**जेहि राखहिं रहु घर रखवारी। सो जानइ जनु गरदनि मारी॥**

आपसमें कहते हैं, बड़ा काम हुआ। सभी चलनेकी तैयारी करने लगे। जिसको भी घरकी रखवालीके लिये रहो, ऐसा कहकर रखते हैं, वही समझता है मानो मेरी गर्दन मारी गयी॥ ३॥

**कोउ कह रहन कहिअ नहिं काहू। को न चहइ जग जीवन लाहू॥**

कोई-कोई कहते हैं—रहनेके लिये किसीको भी मत कहो, जगत्‌में जीवनका लाभ कौन नहीं चाहता?॥ ४॥

**दो०—जरउ सो संपति सदन सुखु सुहृद मातु पितु भाइ।**
**सनमुख होत जो राम पद करै न सहस सहाइ॥ १८५॥**

वह सम्पत्ति, घर, सुख, मित्र, माता, पिता, भाई जल जाय जो श्रीरामजीके चरणोंके सम्मुख होनेमें हँसते हुए (प्रसन्नतापूर्वक) सहायता न करे॥ १८५॥

**घर घर साजहिं बाहन नाना। हरषु हृदयँ परभात पयाना॥**
**भरत जाइ घर कीन्ह बिचारू। नगरु बाजि गज भवन भँडारू॥**

घर-घर लोग अनेकों प्रकारकी सवारियाँ सजा रहे हैं। हृदयमें [बड़ा] हर्ष है कि सबेरे चलना है। भरतजीने घर जाकर विचार किया कि नगर, घोड़े, हाथी, महल-खजाना आदि—॥ १॥

**संपति सब रघुपति कै आही। जौं बिनु जतन चलौं तजि ताही॥**
**तौ परिनाम न मोरि भलाई। पाप सिरोमनि साइँ दोहाई॥**

सारी सम्पत्ति श्रीरघुनाथजीकी है। यदि उसकी [रक्षाकी] व्यवस्था किये बिना उसे ऐसे ही छोड़कर चल दूँ, तो परिणाममें मेरी भलाई नहीं है। क्योंकि स्वामीका द्रोह सब पापोंमें शिरोमणि (श्रेष्ठ) है॥ २॥

**करइ स्वामि हित सेवकु सोई। दूषन कोटि देइ किन कोई॥**
**अस बिचारि सुचि सेवक बोले। जे सपनेहुँ निज धरम न डोले॥**

सेवक वही है जो स्वामीका हित करे, चाहे कोई करोड़ों दोष क्यों न दे। भरतजीने ऐसा विचारकर ऐसे विश्वासपात्र सेवकोंको बुलाया जो कभी स्वप्नमें भी अपने धर्मसे नहीं डिगे थे॥ ३॥

**कहि सबु मरमु धरमु भल भाषा। जो जेहि लायक सो तेहिं राखा॥**
**करि सबु जतनु राखि रखवारे। राम मातु पहिं भरतु सिधारे॥**

भरतजीने उनको सब भेद समझाकर फिर उत्तम धर्म बतलाया; और जो जिस योग्य था, उसे उसी कामपर नियुक्त कर दिया। सब व्यवस्था करके, रक्षकोंको रखकर भरतजी राममाता कौसल्याजीके पास गये॥ ४॥

**दो०—आरत जननी जानि सब भरत सनेह सुजान।**
**कहेउ बनावन पालकीं सजन सुखासन जान॥ १८६॥**

स्नेहके सुजान (प्रेमके तत्त्वको जाननेवाले) भरतजीने सब माताओंको आर्त (दुःखी) जानकर उनके लिये पालकियाँ तैयार करने तथा सुखासन यान (सुखपाल) सजानेके लिये कहा॥ १८६॥

**चक्क चक्कि जिमि पुर नर नारी। चहत प्रात उर आरत भारी॥**
**जागत सब निसि भयउ बिहाना। भरत बोलाए सचिव सुजाना॥**

नगरके नर-नारी चकवे-चकवीकी भाँति हृदयमें अत्यन्त आर्त होकर प्रातःकालका होना चाहते हैं। सारी रात जागते-जागते सबेरा हो गया। तब भरतजीने चतुर मन्त्रियोंको बुलवाया—॥ १॥

**कहेउ लेहु सबु तिलक समाजू। बनहिं देब मुनि रामहि राजू॥**
**बेगि चलहु सुनि सचिव जोहारे। तुरत तुरग रथ नाग सँवारे॥**

और कहा—तिलकका सब सामान ले चलो। वनमें ही मुनि वसिष्ठजी श्रीरामचन्द्रजीको राज्य देंगे, जल्दी चलो। यह सुनकर मन्त्रियोंने वन्दना की और तुरंत घोड़े, रथ और हाथी सजवा दिये॥ २॥

**अरुंधती अरु अगिनि समाऊ। रथ चढ़ि चले प्रथम मुनिराऊ॥**
**बिप्र बृंद चढ़ि बाहन नाना। चले सकल तप तेज निधाना॥**

सबसे पहले मुनिराज वसिष्ठजी अरुन्धती और अग्निहोत्रकी सब सामग्रीसहित रथपर सवार होकर चले। फिर ब्राह्मणोंके समूह, जो सब-के-सब तपस्या और तेजके भण्डार थे, अनेकों सवारियोंपर चढ़कर चले॥ ३॥

**नगर लोग सब सजि सजि जाना। चित्रकूट कहँ कीन्ह पयाना॥**
**सिबिका सुभग न जाहिं बखानी। चढ़ि चढ़ि चलत भईं सब रानी॥**

नगरके सब लोग रथोंको सजा-सजाकर चित्रकूटको चल पड़े। जिनका वर्णन नहीं हो सकता, ऐसी सुन्दर पालकियोंपर चढ़-चढ़कर सब रानियाँ चलीं॥ ४॥

**दो०—सौंपि नगर सुचि सेवकनि सादर सकल चलाइ।**
**सुमिरि राम सिय चरन तब चले भरत दोउ भाइ॥ १८७॥**

विश्वासपात्र सेवकोंको नगर सौंपकर और सबको आदरपूर्वक रवाना करके, तब श्रीसीतारामजीके चरणोंको स्मरण करके भरत-शत्रुघ्न दोनों भाई चले॥ १८७॥

**राम दरस बस सब नर नारी। जनु करि करिनि चले तकि बारी॥**
**बन सिय रामु समुझि मन माहीं। सानुज भरत पयादेहिं जाहीं॥**

श्रीरामचन्द्रजीके दर्शनके वशमें हुए (दर्शनकी अनन्य लालसासे) सब नर-नारी ऐसे चले मानो प्यासे हाथी-हथिनी जलको तककर [बड़ी तेजीसे बावले-से हुए] जा रहे हों। श्रीसीतारामजी [सब सुखोंको छोड़कर] वनमें हैं, मनमें ऐसा विचार करके छोटे भाई शत्रुघ्नजीसहित भरतजी पैदल ही चले जा रहे हैं॥ १॥

**देखि सनेहु लोग अनुरागे। उतरि चले हय गय रथ त्यागे॥**
**जाइ समीप राखि निज डोली। राम मातु मृदु बानी बोली॥**

उनका स्नेह देखकर लोग प्रेममें मग्न हो गये और सब घोड़े, हाथी, रथोंको छोड़कर उनसे उतरकर पैदल चलने लगे। तब श्रीरामचन्द्रजीकी माता कौसल्याजी भरतजीके पास जाकर और अपनी पालकी उनके समीप खड़ी करके कोमल वाणीसे बोलीं—॥ २॥

**तात चढ़हु रथ बलि महतारी। होइहि प्रिय परिवारु दुखारी॥**
**तुम्हरें चलत चलिहि सबु लोगू। सकल सोक कृस नहिं मग जोगू॥**

हे बेटा! माता बलैयाँ लेती है, तुम रथपर चढ़ जाओ, नहीं तो सारा प्यारा परिवार दुःखी हो जायगा। तुम्हारे पैदल चलनेसे सभी लोग पैदल चलेंगे। शोकके मारे सब दुबले हो रहे हैं, पैदल रास्तेके (पैदल चलनेके) योग्य नहीं हैं॥ ३॥

**सिर धरि बचन चरन सिरु नाई। रथ चढ़ि चलत भए दोउ भाई॥**
**तमसा प्रथम दिवस करि बासू। दूसर गोमति तीर निवासू॥**

माताकी आज्ञाको सिर चढ़ाकर और उनके चरणोंमें सिर नवाकर दोनों भाई रथपर चढ़कर चलने लगे। पहले दिन तमसापर वास (मुकाम) करके दूसरा मुकाम गोमतीके तीरपर किया॥ ४॥

**दो०—पय अहार फल असन एक निसि भोजन एक लोग।**
**करत राम हित नेम ब्रत परिहरि भूषन भोग॥ १८८॥**

कोई दूध ही पीते, कोई फलाहार करते और कुछ लोग रातको एक ही बार भोजन करते हैं। भूषण और भोग-विलासको छोड़कर सब लोग श्रीरामचन्द्रजीके लिये नियम और व्रत करते हैं॥ १८८॥

**सई तीर बसि चले बिहाने। सृंगबेरपुर सब निअराने॥**
**समाचार सब सुने निषादा। हृदयँ बिचार करइ सबिषादा॥**

रातभर सई नदीके तीरपर निवास करके सबेरे वहाँसे चल दिये और सब श्रृंगवेरपुरके समीप जा पहुँचे। निषादराजने सब समाचार सुने, तो वह दुःखी होकर हृदयमें विचार करने लगा—॥ १॥

**कारन कवन भरतु बन जाहीं। है कछु कपट भाउ मन माहीं॥**
**जौं पै जियँ न होति कुटिलाई। तौ कत लीन्ह संग कटकाई॥**

क्या कारण है जो भरत वनको जा रहे हैं, मनमें कुछ कपट-भाव अवश्य है। यदि मनमें कुटिलता न होती, तो साथमें सेना क्यों ले चले हैं॥ २॥

**जानहिं सानुज रामहि मारी। करउँ अकंटक राजु सुखारी॥**
**भरत न राजनीति उर आनी। तब कलंकु अब जीवन हानी॥**

समझते हैं कि छोटे भाई लक्ष्मणसहित श्रीरामको मारकर सुखसे निष्कण्टक राज्य करूँगा। भरतने हृदयमें राजनीतिको स्थान नहीं दिया (राजनीतिका विचार नहीं किया)। तब (पहले) तो कलंक ही लगा था, अब तो जीवनसे ही हाथ धोना पड़ेगा॥ ३॥

**सकल सुरासुर जुरहिं जुझारा। रामहि समर न जीतनिहारा॥**
**का आचरजु भरतु अस करहीं। नहिं बिष बेलि अमिअ फल फरहीं॥**

सम्पूर्ण देवता और दैत्य वीर जुट जायँ, तो भी श्रीरामजीको रणमें जीतनेवाला कोई नहीं है। भरत जो ऐसा कर रहे हैं, इसमें आश्चर्य ही क्या है? विषकी बेलें अमृतफल कभी नहीं फलतीं!॥ ४॥

**दो०—अस बिचारि गुहँ ग्याति सन कहेउ सजग सब होहु।**
**हथवाँसहु बोरहु तरनि कीजिअ घाटारोहु॥ १८९॥**

ऐसा विचारकर गुह (निषादराज)-ने अपनी जातिवालोंसे कहा कि सब लोग सावधान हो जाओ नावोंको हाथमें (कब्जेमें) कर लो और फिर उन्हें डुबा दो तथा सब घाटोंको रोक दो॥ १८९॥

**होहु सँजोइल रोकहु घाटा। ठाटहु सकल मरै के ठाटा।**
**सनमुख लोह भरत सन लेऊँ। जिअत न सुरसरि उतरन देऊँ।**

सुसज्जित होकर घाटोंको रोक लो और सब लोग मरनेके साज सजा लो (अर्थात् भरतसे युद्धमें लड़कर मरनेके लिये तैयार हो जाओ)। मैं भरतसे सामने (मैदानमें) लोहा लूँगा (मुठभेड़ करूँगा) और जीते-जी उन्हें गंगापार न उतरने दूँगा॥ १॥

**समर मरनु पुनि सुरसरि तीरा। राम काजु छनभंगु सरीरा॥**
**भरत भाइ नृपु मैं जन नीचू। बड़ें भाग असि पाइअ मीचू॥**

युद्धमें मरण, फिर गंगाजीका तट, श्रीरामजीका काम और क्षणभंगुर शरीर (जो चाहे जब नाश हो जाय); भरत श्रीरामजीके भाई और राजा (उनके हाथसे मरना) और मैं नीच सेवक—बड़े भाग्यसे ऐसी मृत्यु मिलती है॥ २॥

**स्वामि काज करिहउँ रन रारी। जस धवलिहउँ भुवन दस चारी॥**
**तजउँ प्रान रघुनाथ निहोरें। दुहूँ हाथ मुद मोदक मोरें॥**

मैं स्वामीके कामके लिये रणमें लड़ाई करूँगा और चौदहों लोकोंको अपने यशसे उज्ज्वल कर दूँगा। श्रीरघुनाथजीके निमित्त प्राण त्याग दूँगा। मेरे तो दोनों ही हाथोंमें आनन्दके लड्डू हैं (अर्थात् जीत गया तो रामसेवकका यश प्राप्त करूँगा और मारा गया तो श्रीरामजीकी नित्य सेवा प्राप्त करूँगा)॥ ३॥

**साधु समाज न जाकर लेखा। राम भगत महुँ जासु न रेखा॥**
**जायँ जिअत जग सो महिभारू। जननी जौबन बिटप कुठारू॥**

साधुओंके समाजमें जिसकी गिनती नहीं और श्रीरामजीके भक्तोंमें जिसका स्थान नहीं, वह जगत्‌में पृथ्वीका भार होकर व्यर्थ ही जीता है। वह माताके यौवनरूपी वृक्षके काटनेके लिये कुल्हाड़ामात्र है॥ ४॥

**दो०—बिगत बिषाद निषादपति सबहि बढ़ाइ उछाहु।**
**सुमिरि राम मागेउ तुरत तरकस धनुष सनाहु॥ १९०॥**

[इस प्रकार श्रीरामजीके लिये प्राणसमर्पणका निश्चय करके] निषादराज विषादसे रहित हो गया और सबका उत्साह बढ़ाकर तथा श्रीरामचन्द्रजीका स्मरण करके उसने तुरंत ही तरकस, धनुष और कवच माँगा॥ १९०॥

**बेगहु भाइहु सजहु सँजोऊ। सुनि रजाइ कदराइ न कोऊ॥**
**भलेहिं नाथ सब कहहिं सहरषा। एकहिं एक बढ़ावइ करषा॥**

[उसने कहा—] हे भाइयो! जल्दी करो और सब सामान सजाओ। मेरी आज्ञा सुनकर कोई मनमें कायरता न लावे। सब हर्षके साथ बोल उठे—हे नाथ! बहुत अच्छा; और आपसमें एक-दूसरेका जोश बढ़ाने लगे॥ १॥

**चले निषाद जोहारि जोहारी। सूर सकल रन रूचइ रारी॥**
**सुमिरि राम पद पंकज पनहीं। भाथीं बाँधि चढ़ाइन्हि धनहीं॥**

निषादराजको जोहार कर-करके सब निषाद चले। सभी बड़े शूरवीर हैं और संग्राममें लड़ना उन्हें बहुत अच्छा लगता है। श्रीरामचन्द्रजीके चरणकमलोंकी जूतियोंका स्मरण करके उन्होंने भाथियाँ (छोटे-छोटे तरकस) बाँधकर धनुहियों (छोटे-छोटे धनुषों)-पर प्रत्यंचा चढ़ायीं॥ २॥

**अँगरी पहिरि कूँड़ि सिर धरहीं। फरसा बाँस सेल सम करहीं॥**
**एक कुसल अति ओड़न खाँड़े। कूदहिं गगन मनहुँ छिति छाँड़े॥**

कवच पहनकर सिरपर लोहेका टोप रखते हैं और फरसे, भाले तथा बरछोंको सीधा कर रहे हैं (सुधार रहे हैं)। कोई तलवारके वार रोकनेमें अत्यन्त ही कुशल हैं। वे ऐसे उमंगमें भरे हैं, मानो धरती छोड़कर आकाशमें कूद (उछल) रहे हों॥ ३॥

**निज निज साजु समाजु बनाई। गुह राउतहि जोहारे जाई॥**
**देखि सुभट सब लायक जाने। लै लै नाम सकल सनमाने॥**

अपना-अपना साज-समाज (लड़ाईका सामान और दल) बनाकर उन्होंने जाकर निषादराज गुहको जोहार की। निषादराजने सुन्दर योद्धाओंको देखकर, सबको सुयोग्य जाना और नाम ले-लेकर सबका सम्मान किया॥ ४॥

**दो०—भाइहु लावहु धोख जनि आजु काज बड़ मोहि।**
**सुनि सरोष बोले सुभट बीर अधीर न होहि॥ १९१॥**

[उसने कहा—] हे भाइयो! धोखा न लाना (अर्थात् मरनेसे न घबराना), आज मेरा बड़ा भारी काम है। यह सुनकर सब योद्धा बड़े जोशके साथ बोल उठे—हे वीर! अधीर मत हो॥ १९१॥

**राम प्रताप नाथ बल तोरे। करहिं कटकु बिनु भट बिनु घोरे॥**
**जीवत पाउ न पाछें धरहीं। रुंड मुंडमय मेदिनि करहीं॥**

हे नाथ! श्रीरामचन्द्रजीके प्रतापसे और आपके बलसे हमलोग भरतकी सेनाको बिना वीर और बिना घोड़ेकी कर देंगे (एक-एक वीर और एक-एक घोड़ेको मार डालेंगे)। जीते-जी पीछे पाँव न रखेंगे। पृथ्वीको रुण्ड-मुण्डमयी कर देंगे (सिरों और धड़ोंसे छा देंगे)॥ १॥

**दीख निषादनाथ भल टोलू। कहेउ बजाउ जुझाऊ ढोलू॥**
**एतना कहत छींक भइ बाँए। कहेउ सगुनिअन्ह खेत सुहाए॥**

निषादराजने वीरोंका बढ़िया दल देखकर कहा—जुझाऊ (लड़ाईका) ढोल बजाओ। इतना कहते ही बायीं ओर छींक हुई। शकुन विचारनेवालोंने कहा कि खेत सुन्दर हैं (जीत होगी)॥ २॥

**बूढ़ु एकु कह सगुन बिचारी। भरतहि मिलिअ न होइहि रारी॥**
**रामहि भरतु मनावन जाहीं। सगुन कहइ अस बिग्रहु नाहीं॥**

एक बूढ़ेने शकुन विचारकर कहा—भरतसे मिल लीजिये, उनसे लड़ाई नहीं होगी। भरत श्रीरामचन्द्रजीको मनाने जा रहे हैं। शकुन ऐसा कह रहा है कि विरोध नहीं है॥ ३॥

**सुनि गुह कहइ नीक कह बूढ़ा। सहसा करि पछिताहिं बिमूढ़ा॥**
**भरत सुभाउ सीलु बिनु बूझें। बड़ि हित हानि जानि बिनु जूझें॥**

यह सुनकर निषादराज गुहने कहा—बूढ़ा ठीक कह रहा है। जल्दीमें (बिना विचारे) कोई काम करके मूर्ख लोग पछताते हैं। भरतजीका शील-स्वभाव बिना समझे और बिना जाने युद्ध करनेमें हितकी बहुत बड़ी हानि है॥ ४॥

**दो०—गहहु घाट भट समिटि सब लेउँ मरम मिलि जाइ।**
**बूझि मित्र अरि मध्य गति तस तब करिहउँ आइ॥ १९२॥**

अतएव हे वीरो! तुमलोग इकट्ठे होकर सब घाटोंको रोक लो, मैं जाकर भरतजीसे मिलकर उनका भेद लेता हूँ। उनका भाव मित्रका है या शत्रुका या उदासीनका, यह जानकर तब आकर वैसा (उसीके अनुसार) प्रबन्ध करूँगा॥ १९२॥

**लखब सनेहु सुभायँ सुहाएँ। बैरु प्रीति नहिं दुरइँ दुराएँ॥**
**अस कहि भेंट सँजोवन लागे। कंद मूल फल खग मृग मागे॥**

उनके सुन्दर स्वभावसे मैं उनके स्नेहको पहचान लूँगा। वैर और प्रेम छिपानेसे नहीं छिपते। ऐसा कहकर वह भेंटका सामान सजाने लगा। उसने कन्द, मूल, फल, पक्षी और हिरन मँगवाये॥ १॥

**मीन पीन पाठीन पुराने। भरि भरि भार कहारन्ह आने॥**
**मिलन साजु सजि मिलन सिधाए। मंगल मूल सगुन सुभ पाए॥**

कहार लोग पुरानी और मोटी पहिना नामक मछलियोंके भार भर-भरकर लाये। भेंटका सामान सजाकर मिलनेके लिये चले तो मंगलदायक शुभ शकुन मिले॥ २॥

**देखि दूरि तें कहि निज नामू। कीन्ह मुनीसहि दंड प्रनामू॥**
**जानि रामप्रिय दीन्हि असीसा। भरतहि कहेउ बुझाइ मुनीसा॥**

निषादराजने मुनिराज वसिष्ठजीको देखकर अपना नाम बतलाकर दूरहीसे दण्डवत्-प्रणाम किया। मुनीश्वर वसिष्ठजीने उसको रामका प्यारा जानकर आशीर्वाद दिया और भरतजीको समझाकर कहा [कि यह श्रीरामजीका मित्र है]॥ ३॥

**राम सखा सुनि संदनु त्यागा। चले उतरि उमगत अनुरागा॥**
**गाउँ जाति गुहँ नाउँ सुनाई। कीन्ह जोहारु माथ महि लाई॥**

यह श्रीरामका मित्र है, इतना सुनते ही भरतजीने रथ त्याग दिया। वे रथसे उतरकर प्रेममें उमँगते हुए चले। निषादराज गुहने अपना गाँव, जाति और नाम सुनाकर पृथ्वीपर माथा टेककर जोहार की॥ ४॥

**दो०—करत दंडवत देखि तेहि भरत लीन्ह उर लाइ।**
**मनहुँ लखन सन भेंट भइ प्रेमु न हृदयँ समाइ॥ १९३॥**

दण्डवत् करते देखकर भरतजीने उठाकर उसको छातीसे लगा लिया। हृदयमें प्रेम समाता नहीं है, मानो स्वयं लक्ष्मणजीसे भेंट हो गयी हो॥ १९३॥

**भेंटत भरतु ताहि अति प्रीती। लोग सिहाहिं प्रेम कै रीती॥**
**धन्य धन्य धुनि मंगल मूला। सुर सराहि तेहि बरिसहिं फूला॥**

भरतजी गुहको अत्यन्त प्रेमसे गले लगा रहे हैं। प्रेमकी रीतिको सब लोग सिहा रहे हैं (ईर्ष्यापूर्वक प्रशंसा कर रहे हैं); मंगलकी मूल 'धन्य-धन्य' की ध्वनि करके देवता उसकी सराहना करते हुए फूल बरसा रहे हैं॥ १॥

**लोक बेद सब भाँतिहिं नीचा। जासु छाँह छुइ लेइअ सींचा॥**
**तेहि भरि अंक राम लघु भ्राता। मिलत पुलक परिपूरित गाता॥**

[वे कहते हैं—] जो लोक और वेद दोनोंमें सब प्रकारसे नीचा माना जाता है, जिसकी छायाके छू जानेसे भी स्नान करना होता है, उसी निषादसे अँकवार भरकर (हृदयसे चिपटाकर) श्रीरामचन्द्रजीके छोटे भाई भरतजी [आनन्द और प्रेमवश] शरीरमें पुलकावलीसे परिपूर्ण हो मिल रहे हैं॥ २॥

**राम राम कहि जे जमुहाहीं। तिन्हहि न पाप पुंज समुहाहीं॥**
**यह तौ राम लाइ उर लीन्हा। कुल समेत जगु पावन कीन्हा॥**

जो लोग राम-राम कहकर जँभाई लेते हैं (अर्थात् आलस्यसे भी जिनके मुँहसे राम-नामका उच्चारण हो जाता है), पापोंके समूह (कोई भी पाप) उनके सामने नहीं आते। फिर इस गुहको तो स्वयं श्रीरामचन्द्रजीने हृदयसे लगा लिया और कुलसमेत इसे जगत्पावन (जगत्को पवित्र करनेवाला) बना दिया॥ ३॥

**करमनास जलु सुरसरि परई। तेहि को कहहु सीस नहिं धरई॥**
**उलटा नामु जपत जगु जाना। बालमीकि भए ब्रह्म समाना॥**

कर्मनाशा नदीका जल गंगाजीमें पड़ जाता है (मिल जाता है), तब कहिये, उसे कौन सिरपर धारण नहीं करता? जगत् जानता है कि उलटा नाम (मरा-मरा) जपते-जपते वाल्मीकिजी ब्रह्मके समान हो गये॥ ४॥

**दो०—स्वपच सबर खस जमन जड़ पावँर कोल किरात।**
**रामु कहत पावन परम होत भुवन बिख्यात॥ १९४॥**

मूर्ख और पामर चाण्डाल, शबर, खस, यवन, कोल और किरात भी रामनाम कहते ही परम पवित्र और त्रिभुवनमें विख्यात हो जाते हैं॥ १९४॥

**नहि अचिरिजु जुग जुग चलि आई। केहि न दीन्हि रघुबीर बड़ाई॥**
**राम नाम महिमा सुर कहहीं। सुनि सुनि अवध लोग सुखु लहहीं॥**

इसमें कोई आश्चर्य नहीं है, युग-युगान्तरसे यही रीति चली आ रही है। श्रीरघुनाथजीने किसको बड़ाई नहीं दी? इस प्रकार देवता रामनामकी महिमा कह रहे हैं और उसे सुन-सुनकर अयोध्याके लोग सुख पा रहे हैं॥ १॥

**रामसखहि मिलि भरत सप्रेमा। पूँछी कुसल सुमंगल खेमा॥**
**देखि भरत कर सीलु सनेहू। भा निषाद तेहि समय बिदेहू॥**

रामसखा निषादराजसे प्रेमके साथ मिलकर भरतजीने कुशल, मंगल और क्षेम पूछी। भरतजीका शील और प्रेम देखकर निषाद उस समय विदेह हो गया (प्रेममुग्ध होकर देहकी सुध भूल गया)॥ २॥

**सकुच सनेहु मोदु मन बाढ़ा। भरतहि चितवत एकटक ठाढ़ा॥**
**धरि धीरजु पद बंदि बहोरी। बिनय सप्रेम करत कर जोरी॥**

उसके मनमें संकोच, प्रेम और आनन्द इतना बढ़ गया कि वह खड़ा-खड़ा टकटकी लगाये भरतजीको देखता रहा। फिर धीरज धरकर भरतजीके चरणोंकी वन्दना करके प्रेमके साथ हाथ जोड़कर विनती करने लगा—॥ ३॥

**कुसल मूल पद पंकज पेखी। मैं तिहुँ काल कुसल निज लेखी॥**
**अब प्रभु परम अनुग्रह तोरें। सहित कोटि कुल मंगल मोरें॥**

हे प्रभो! कुशलके मूल आपके चरणकमलोंके दर्शन कर मैंने तीनों कालोंमें अपना कुशल जान लिया। अब आपके परम अनुग्रहसे करोड़ों कुलों (पीढ़ियों)-सहित मेरा मंगल (कल्याण) हो गया॥ ४॥

**दो०—समुझि मोरि करतूति कुलु प्रभु महिमा जियँ जोइ।**
**जो न भजइ रघुबीर पद जग बिधि बंचित सोइ॥ १९५॥**

मेरी करतूत और कुलको समझकर और प्रभु श्रीरामचन्द्रजीकी महिमाको मनमें देख (विचार)कर (अर्थात् कहाँ तो मैं नीच जाति और नीच कर्म करनेवाला जीव, और कहाँ अनन्तकोटि ब्रह्माण्डोंके स्वामी भगवान् श्रीरामचन्द्रजी! पर उन्होंने मुझ-जैसे नीचको भी अपनी अहैतुकी कृपावश अपना लिया—यह समझकर) जो रघुवीर श्रीरामजीके चरणोंका भजन नहीं करता, वह जगत्में विधाताके द्वारा ठगा गया है॥ १९५॥

**कपटी कायर कुमति कुजाती। लोक बेद बाहेर सब भाँती॥**
**राम कीन्ह आपन जबही तें। भयउँ भुवन भूषन तबही तें॥**

मैं कपटी, कायर, कुबुद्धि और कुजाति हूँ और लोक-वेद दोनोंसे सब प्रकारसे बाहर हूँ। पर जबसे श्रीरामचन्द्रजीने मुझे अपनाया है, तभीसे मैं विश्वका भूषण हो गया॥ १॥

**देखि प्रीति सुनि बिनय सुहाई। मिलेउ बहोरि भरत लघु भाई॥**
**कहि निषाद निज नाम सुबानीं। सादर सकल जोहारीं रानीं॥**

निषादराजकी प्रीतिको देखकर और सुन्दर विनय सुनकर फिर भरतजीके छोटे भाई शत्रुघ्नजी उससे मिले। फिर निषादने अपना नाम ले-लेकर सुन्दर (नम्र और मधुर) वाणीसे सब रानियोंको आदरपूर्वक जोहार की॥ २॥

**जानि लखन सम देहिं असीसा। जिअहु सुखी सय लाख बरीसा॥**
**निरखि निषादु नगर नर नारी। भए सुखी जनु लखनु निहारी॥**

रानियाँ उसे लक्ष्मणजीके समान समझकर आशीर्वाद देती हैं कि तुम सौ लाख वर्षोंतक सुखपूर्वक जिओ। नगरके स्त्री-पुरुष निषादको देखकर ऐसे सुखी हुए, मानो लक्ष्मणजीको देख रहे हों॥ ३॥

**कहहिं लहेउ एहिं जीवन लाहू। भेंटेउ रामभद्र भरि बाहू॥**
**सुनि निषादु निज भाग बड़ाई। प्रमुदित मन लइ चलेउ लेवाई॥**

सब कहते हैं कि जीवनका लाभ तो इसीने पाया है, जिसे कल्याणस्वरूप श्रीरामचन्द्रजीने भुजाओंमें बाँधकर गले लगाया है। निषाद अपने भाग्यकी बड़ाई सुनकर मनमें परम आनन्दित हो सबको अपने साथ लिवा ले चला॥ ४॥

**दो०—सनकारे सेवक सकल चले स्वामि रुख पाइ।**
**घर तरु तर सर बाग बन बास बनाएन्हि जाइ॥ १९६॥**

उसने अपने सब सेवकोंको इशारेसे कह दिया। वे स्वामीका रुख पाकर चले और उन्होंने घरोंमें, वृक्षोंके नीचे, तालाबोंपर तथा बगीचों और जंगलोंमें ठहरनेके लिये स्थान बना दिये॥ १९६॥

**सृंगबेरपुर भरत दीख जब। भे सनेहँ सब अंग सिथिल तब॥**
**सोहत दिएँ निषादहि लागू। जनु तनु धरें बिनय अनुरागू॥**

भरतजीने जब शृंगवेरपुरको देखा, तब उनके सब अंग प्रेमके कारण शिथिल हो गये। वे निषादको लाग दिये (अर्थात् उसके कंधेपर हाथ रखे चलते हुए) ऐसे शोभा दे रहे हैं, मानो विनय और प्रेम शरीर धारण किये हुए हों॥ १॥

**एहि बिधि भरत सेनु सबु संगा। दीखि जाइ जग पावनि गंगा॥**
**रामघाट कहँ कीन्ह प्रनामू। भा मनु मगनु मिले जनु रामू॥**

इस प्रकार भरतजीने सब सेनाको साथमें लिये हुए जगत्को पवित्र करनेवाली गंगाजीके दर्शन किये। श्रीरामघाटको [जहाँ श्रीरामजीने स्नान-सन्ध्या की थी] प्रणाम किया। उनका मन इतना आनन्दमग्न हो गया, मानो उन्हें स्वयं श्रीरामजी मिल गये हों॥ २॥

**करहिं प्रनाम नगर नर नारी। मुदित ब्रह्ममय बारि निहारी॥**
**करि मज्जनु मागहिं कर जोरी। रामचंद्र पद प्रीति न थोरी॥**

नगरके नर-नारी प्रणाम कर रहे हैं और गंगाजीके ब्रह्मरूप जलको देख-देखकर आनन्दित हो रहे हैं। गंगाजीमें स्नानकर हाथ जोड़कर सब यही वर माँगते हैं कि श्रीरामचन्द्रजीके चरणोंमें हमारा प्रेम कम न हो (अर्थात् बहुत अधिक हो)॥ ३॥

**भरत कहेउ सुरसरि तव रेनू। सकल सुखद सेवक सुरधेनू॥**
**जोरि पानि बर मागउँ एहू। सीय राम पद सहज सनेहू॥**

भरतजीने कहा—हे गंगे! आपकी रज सबको सुख देनेवाली तथा सेवकके लिये तो कामधेनु ही है। मैं हाथ जोड़कर यही वरदान माँगता हूँ कि श्रीसीतारामजीके चरणोंमें मेरा स्वाभाविक प्रेम हो॥ ४॥

**दो०—एहि बिधि मज्जनु भरतु करि गुर अनुसासन पाइ।**
**मातु नहानीं जानि सब डेरा चले लवाइ॥ १९७॥**

इस प्रकार भरतजी स्नान कर और गुरुजीकी आज्ञा पाकर तथा यह जानकर कि सब माताएँ स्नान कर चुकी हैं, डेरा उठा ले चले॥ १९७॥

**जहँ तहँ लोगन्ह डेरा कीन्हा। भरत सोधु सबही कर लीन्हा॥**
**सुर सेवा करि आयसु पाई। राम मातु पहिं गे दोउ भाई॥**

लोगोंने जहाँ-तहाँ डेरा डाल दिया। भरतजीने सभीका पता लगाया [कि सब लोग आकर आरामसे टिक गये हैं या नहीं]। फिर देवपूजन करके आज्ञा पाकर दोनों भाई श्रीरामचन्द्रजीकी माता कौसल्याजीके पास गये॥ १॥

**चरन चाँपि कहि कहि मृदु बानी। जननीं सकल भरत सनमानी॥**
**भाइहि सौंपि मातु सेवकाई। आपु निषादहि लीन्ह बोलाई॥**

चरण दबाकर और कोमल वचन कह-कहकर भरतजीने सब माताओंका सत्कार किया। फिर भाई शत्रुघ्नको माताओंकी सेवा सौंपकर आपने निषादको बुला लिया॥ २॥

**चले सखा कर सों कर जोरें। सिथिल सरीरु सनेह न थोरें॥**
**पूँछत सखहि सो ठाउँ देखाऊ। नेकु नयन मन जरनि जुड़ाऊ॥**

सखा निषादराजके हाथ-से-हाथ मिलाये हुए भरतजी चले। प्रेम कुछ थोड़ा नहीं है (अर्थात् बहुत अधिक प्रेम है), जिससे उनका शरीर शिथिल हो रहा है। भरतजी सखासे पूछते हैं कि मुझे वह स्थान दिखलाओ—और नेत्र और मनकी जलन कुछ ठंडी करो—॥ ३॥

**जहँ सिय रामु लखनु निसि सोए। कहत भरे जल लोचन कोए॥**
**भरत बचन सुनि भयउ बिषादू। तुरत तहाँ लइ गयउ निषादू॥**

जहाँ सीताजी, श्रीरामजी और लक्ष्मण रातको सोये थे। ऐसा कहते ही उनके नेत्रोंके कोयोंमें [प्रेमाश्रुओंका] जल भर आया। भरतजीके वचन सुनकर निषादको बड़ा विषाद हुआ। वह तुरंत ही उन्हें वहाँ ले गया—॥ ४॥

**दो०—जहँ सिंसुपा पुनीत तर रघुबर किय बिश्रामु।**
**अति सनेहँ सादर भरत कीन्हेउ दंड प्रनामु॥ १९८॥**

जहाँ पवित्र अशोकके वृक्षके नीचे श्रीरामजीने विश्राम किया था। भरतजीने वहाँ अत्यन्त प्रेमसे आदरपूर्वक दण्डवत्-प्रणाम किया॥ १९८॥

**कुस साँथरी निहारि सुहाई। कीन्ह प्रनामु प्रदच्छिन जाई॥**
**चरन रेख रज आँखिन्ह लाई। बनइ न कहत प्रीति अधिकाई॥**

कुशोंकी सुन्दर साथरी देखकर उसकी प्रदक्षिणा करके प्रणाम किया। श्रीरामचन्द्रजीके चरणचिह्नोंकी रज आँखोंमें लगायी। [उस समयके] प्रेमकी अधिकता कहते नहीं बनती॥ १॥

**कनक बिंदु दुइ चारिक देखे। राखे सीस सीय सम लेखे॥**
**सजल बिलोचन हृदयँ गलानी। कहत सखा सन बचन सुबानी॥**

भरतजीने दो-चार स्वर्णविन्दु (सोनेके कण या तारे आदि जो सीताजीके गहने-कपड़ोंसे गिर पड़े थे) देखे तो उनको सीताजीके समान समझकर सिरपर रख लिया। उनके नेत्र [प्रेमाश्रुके] जलसे भरे हैं और हृदयमें ग्लानि भरी है। वे सखासे सुन्दर वाणीमें ये वचन बोले—॥ २॥

**श्रीहत सीय बिरहँ दुतिहीना। जथा अवध नर नारि बिलीना॥**
**पिता जनक देउँ पटतर केही। करतल भोगु जोगु जग जेही॥**

ये स्वर्णके कण या तारे भी सीताजीके विरहसे ऐसे श्रीहत (शोभाहीन) एवं कान्तिहीन हो रहे हैं, जैसे [राम-वियोगमें] अयोध्याके नर-नारी विलीन (शोकके कारण क्षीण) हो रहे हैं। जिन सीताजीके पिता राजा जनक हैं, इस जगत्में भोग और योग दोनों ही जिनकी मुट्ठीमें हैं, उन जनकजीको मैं किसकी उपमा दूँ?॥ ३॥

**ससुर भानुकुल भानु भुआलू। जेहि सिहात अमरावतिपालू॥**
**प्राननाथु रघुनाथ गोसाईं। जो बड़ होत सो राम बड़ाईं॥**

सूर्यकुलके सूर्य राजा दशरथजी जिनके ससुर हैं, जिनको अमरावतीके स्वामी इन्द्र भी सिहाते थे (ईर्ष्यापूर्वक उनके-जैसा ऐश्वर्य और प्रताप पाना चाहते थे); और प्रभु श्रीरघुनाथजी जिनके प्राणनाथ हैं, जो इतने बड़े हैं कि जो कोई भी बड़ा होता है, वह श्रीरामचन्द्रजीकी [दी हुई] बड़ाईसे ही होता है॥ ४॥

**दो०—पति देवता सुतीय मनि सीय साँथरी देखि।**
**बिहरत हृदउ न हहरि हर पबि तें कठिन बिसेषि॥ १९९॥**

उन श्रेष्ठ पतिव्रता स्त्रियोंमें शिरोमणि सीताजीकी साथरी (कुशशय्या) देखकर मेरा हृदय हहराकर (दहलकर) फट नहीं जाता; हे शंकर! यह वज्रसे भी अधिक कठोर है!॥ १९९॥

**लालन जोगु लखन लघु लोने । भे न भाइ अस अहहिं न होने॥**
**पुरजन प्रिय पितु मातु दुलारे । सिय रघुबीरहि प्रानपिआरे॥**

मेरे छोटे भाई लक्ष्मण बहुत ही सुन्दर और प्यार करनेयोग्य हैं। ऐसे भाई न तो किसीके हुए, न हैं, न होनेके ही हैं। जो लक्ष्मण अवधके लोगोंको प्यारे, माता-पिताके दुलारे और श्रीसीतारामजीके प्राणप्यारे हैं;॥ १॥

**मृदु मूरति सुकुमार सुभाऊ । तात बाउ तन लाग न काऊ॥**
**ते बन सहहिं बिपति सब भाँती । निदरे कोटि कुलिस एहिं छाती॥**

जिनकी कोमल मूर्ति और सुकुमार स्वभाव है, जिनके शरीरमें कभी गरम हवा भी नहीं लगी, वे वनमें सब प्रकारकी विपत्तियाँ सह रहे हैं। [हाय!] इस मेरी छातीने [कठोरतामें] करोड़ों वज्रोंका भी निरादर कर दिया [नहीं तो यह कभीकी फट गयी होती]॥ २॥

**राम जनमि जगु कीन्ह उजागर । रूप सील सुख सब गुन सागर॥**
**पुरजन परिजन गुर पितु माता । राम सुभाउ सबहि सुखदाता॥**

श्रीरामचन्द्रजीने जन्म (अवतार) लेकर जगत्‌को प्रकाशित (परम सुशोभित) कर दिया। वे रूप, शील, सुख और समस्त गुणोंके समुद्र हैं। पुरवासी, कुटुम्बी, गुरु, पिता-माता सभीको श्रीरामजीका स्वभाव सुख देनेवाला है॥ ३॥

**बैरिउ राम बड़ाई करहीं । बोलनि मिलनि बिनय मन हरहीं॥**
**सारद कोटि कोटि सत सेषा । करि न सकहिं प्रभु गुन गन लेखा॥**

शत्रु भी श्रीरामजीकी बड़ाई करते हैं। बोल-चाल, मिलनेके ढंग और विनयसे वे मनको हर लेते हैं। करोड़ों सरस्वती और अरबों शेषजी भी प्रभु श्रीरामचन्द्रजीके गुणसमूहोंकी गिनती नहीं कर सकते॥ ४॥

**दो०—सुखस्वरूप रघुबंसमनि मंगल मोद निधान।**
**ते सोवत कुस डासि महि बिधि गति अति बलवान॥ २००॥**

जो सुखस्वरूप रघुवंशशिरोमणि श्रीरामचन्द्रजी मंगल और आनन्दके भण्डार हैं, वे पृथ्वीपर कुशा बिछाकर सोते हैं। विधाताकी गति बड़ी ही बलवान् है॥ २००॥

**राम सुना दुखु कान न काऊ । जीवनतरु जिमि जोगवइ राऊ॥**
**पलक नयन फनि मनि जेहि भाँती । जोगवहिं जननि सकल दिन राती॥**

श्रीरामचन्द्रजीने कानोंसे भी कभी दुःखका नाम नहीं सुना। महाराज स्वयं जीवन-वृक्षकी तरह उनकी सार-सँभाल किया करते थे। सब माताएँ भी रात-दिन उनकी ऐसी सार-सँभाल करती थीं, जैसे पलक नेत्रोंकी और साँप अपनी मणिकी करते हैं॥ १॥

**ते अब फिरत बिपिन पदचारी । कंद मूल फल फूल अहारी॥**
**धिग कैकई अमंगल मूला । भइसि प्रान प्रियतम प्रतिकूला॥**

वही श्रीरामचन्द्रजी अब जंगलोंमें पैदल फिरते हैं और कन्द-मूल तथा फल-फूलोंका भोजन करते हैं। अमंगलकी मूल कैकेयीको धिक्कार है, जो अपने प्राणप्रियतम पतिसे भी प्रतिकूल हो गयी॥ २॥

**मैं धिग धिग अघ उदधि अभागी। सबु उतपातु भयउ जेहि लागी॥**
**कुल कलंकु करि सृजेउ बिधाताँ। साइँदोह मोहि कीन्ह कुमाताँ॥**

मुझ पापोंके समुद्र और अभागेको धिक्कार है, धिक्कार है, जिसके कारण ये सब उत्पात हुए। विधाताने मुझे कुलका कलंक बनाकर पैदा किया और कुमाताने मुझे स्वामिद्रोही बना दिया॥ ३॥

**सुनि सप्रेम समुझाव निषादू। नाथ करिअ कत बादि बिषादू॥**
**राम तुम्हहि प्रिय तुम्ह प्रिय रामहि। यह निरजोसु दोसु बिधि बामहि॥**

यह सुनकर निषादराज प्रेमपूर्वक समझाने लगा—हे नाथ! आप व्यर्थ विषाद किसलिये करते हैं? श्रीरामचन्द्रजी आपको प्यारे हैं और आप श्रीरामचन्द्रजीको प्यारे हैं। यही निचोड़ (निश्चित सिद्धान्त) है, दोष तो प्रतिकूल विधाताको है॥ ४॥

**छं०—बिधि बाम की करनी कठिन जेहिं मातु कीन्ही बावरी।**
**तेहि राति पुनि पुनि करहिं प्रभु सादर सरहना रावरी॥**
**तुलसी न तुम्ह सो राम प्रीतमु कहतु हौं सौंहें किएँ।**
**परिनाम मंगल जानि अपने आनिए धीरजु हिएँ॥**

प्रतिकूल विधाताकी करनी बड़ी कठोर है, जिसने माता कैकेयीको बावली बना दिया (उसकी मति फेर दी)। उस रातको प्रभु श्रीरामचन्द्रजी बार-बार आदरपूर्वक आपकी बड़ी सराहना करते थे। तुलसीदासजी कहते हैं—[निषादराज कहता है कि—]श्रीरामचन्द्रजीको आपके समान अतिशय प्रिय और कोई नहीं है, मैं सौगंध खाकर कहता हूँ। परिणाममें मंगल होगा, यह जानकर आप अपने हृदयमें धैर्य धारण कीजिये।

**सो०—अंतरजामी रामु सकुच सप्रेम कृपायतन।**
**चलिअ करिअ बिश्रामु यह बिचारि दृढ़ आनि मन॥ २०१॥**

श्रीरामचन्द्रजी अन्तर्यामी तथा संकोच, प्रेम और कृपाके धाम हैं, यह विचारकर और मनमें दृढ़ता लाकर चलिये और विश्राम कीजिये॥ २०१॥

**सखा बचन सुनि उर धरि धीरा। बास चले सुमिरत रघुबीरा॥**
**यह सुधि पाइ नगर नर नारी। चले बिलोकन आरत भारी॥**

सखाके वचन सुनकर, हृदयमें धीरज धरकर श्रीरामचन्द्रजीका स्मरण करते हुए भरतजी डेरेको चले। नगरके सारे स्त्री-पुरुष यह (श्रीरामजीके ठहरनेके स्थानका) समाचार पाकर बड़े आतुर होकर उस स्थानको देखने चले॥ १॥

**परदखिना करि करहिं प्रनामा। देहिं कैकइहि खोरि निकामा॥**
**भरि भरि बारि बिलोचन लेहीं। बाम बिधातहि दूषन देहीं॥**

वे उस स्थानकी परिक्रमा करके प्रणाम करते हैं और कैकेयीको बहुत दोष देते हैं। नेत्रोंमें जल भर-भर लेते हैं और प्रतिकूल विधाताको दूषण देते हैं॥ २॥

**एक सराहहिं भरत सनेहू। कोउ कह नृपति निबाहेउ नेहू॥**
**निंदहिं आपु सराहि निषादहि। को कहि सकइ बिमोह बिषादहि॥**

कोई भरतजीके स्नेहकी सराहना करते हैं और कोई कहते हैं कि राजाने अपना प्रेम खूब निबाहा। सब अपनी निन्दा करके निषादकी प्रशंसा करते हैं। उस समयके विमोह और विषादको कौन कह सकता है?॥ ३॥

**एहि बिधि राति लोगु सबु जागा। भा भिनुसार गुदारा लागा॥**
**गुरहि सुनावँ चढ़ाइ सुहाईं। नईं नाव सब मातु चढ़ाईं॥**

इस प्रकार रातभर सब लोग जागते रहे। सबेरा होते ही खेवा लगा। सुन्दर नावपर गुरुजीको चढ़ाकर फिर नयी नावपर सब माताओंको चढ़ाया॥ ४॥

**दंड चारि महँ भा सबु पारा। उतरि भरत तब सबहि सँभारा॥**

चार घड़ीमें सब गंगाजीके पार उतर गये। तब भरतजीने उतरकर सबको सँभाला॥ ५॥

**दो०—प्रातक्रिया करि मातु पद बंदि गुरहि सिरु नाइ।**
**आगें किए निषाद गन दीन्हेउ कटकु चलाइ॥ २०२॥**

प्रात:कालकी क्रियाओंको करके माताके चरणोंकी वन्दना कर और गुरुजीको सिर नवाकर भरतजीने निषादगणोंको [रास्ता दिखलानेके लिये] आगे कर लिया और सेना चला दी॥ २०२॥

**कियउ निषादनाथु अगुआईं। मातु पालकीं सकल चलाईं॥**
**साथ बोलाइ भाइ लघु दीन्हा। बिप्रन्ह सहित गवनु गुर कीन्हा॥**

निषादराजको आगे करके पीछे सब माताओंकी पालकियाँ चलायीं। छोटे भाई शत्रुघ्नजीको बुलाकर उनके साथ कर दिया। फिर ब्राह्मणोंसहित गुरुजीने गमन किया॥ १॥

**आपु सुरसरिहि कीन्ह प्रनामू। सुमिरे लखन सहित सिय रामू॥**
**गवने भरत पयादेहिं पाए। कोतल संग जाहिं डोरिआए॥**

तदनन्तर आप (भरतजी)-ने गंगाजीको प्रणाम किया और लक्ष्मणसहित श्रीसीतारामजीका स्मरण किया। भरतजी पैदल ही चले। उनके साथ कोतल (बिना सवारके) घोड़े बागडोरसे बँधे हुए चले जा रहे हैं॥ २॥

**कहहिं सुसेवक बारहिं बारा। होइअ नाथ अस्व असवारा॥**
**रामु पयादेहि पायँ सिधाए। हम कहँ रथ गज बाजि बनाए॥**

उत्तम सेवक बार-बार कहते हैं कि हे नाथ! आप घोड़ेपर सवार हो लीजिये। [भरतजी जवाब देते हैं कि] श्रीरामचन्द्रजी तो पैदल ही गये और हमारे लिये रथ, हाथी और घोड़े बनाये गये हैं॥ ३॥

**सिर भर जाउँ उचित अस मोरा। सब तें सेवक धरमु कठोरा॥**
**देखि भरत गति सुनि मृदु बानी। सब सेवक गन गरहिं गलानी॥**

मुझे उचित तो ऐसा है कि मैं सिरके बल चलकर जाऊँ। सेवकका धर्म सबसे कठिन होता है। भरतजीकी दशा देखकर और कोमल वाणी सुनकर सब सेवकगण ग्लानिके मारे गले जा रहे हैं॥ ४॥

**दो०—भरत तीसरे पहर कहँ कीन्ह प्रबेसु प्रयाग।**
**कहत राम सिय राम सिय उमगि उमगि अनुराग॥ २०३॥**

प्रेममें उमँग-उमँगकर सीताराम-सीताराम कहते हुए भरतजीने तीसरे पहर प्रयागमें प्रवेश किया॥ २०३॥

**झलका झलकत पायन्ह कैसें। पंकज कोस ओस कन जैसें॥**
**भरत पयादेहिं आए आजू। भयउ दुखित सुनि सकल समाजू॥**

उनके चरणोंमें छाले कैसे चमकते हैं, जैसे कमलकी कलीपर ओसकी बूँदें चमकती हों। भरतजी आज पैदल ही चलकर आये हैं, यह समाचार सुनकर सारा समाज दुःखी हो गया॥ १॥

**खबरि लीन्ह सब लोग नहाए। कीन्ह प्रनामु त्रिबेनिहिं आए॥**
**सबिधि सितासित नीर नहाने। दिए दान महिसुर सनमाने॥**

जब भरतजीने यह पता पा लिया कि सब लोग स्नान कर चुके, तब त्रिवेणीपर आकर उन्हें प्रणाम किया। फिर विधिपूर्वक [गंगा-यमुनाके] श्वेत और श्याम जलमें स्नान किया और दान देकर ब्राह्मणोंका सम्मान किया॥ २॥

**देखत स्यामल धवल हलोरे। पुलकि सरीर भरत कर जोरे॥**
**सकल कामप्रद तीरथराऊ। बेद बिदित जग प्रगट प्रभाऊ॥**

श्याम और सफेद (यमुनाजी और गंगाजीकी) लहरोंको देखकर भरतजीका शरीर पुलकित हो उठा और उन्होंने हाथ जोड़कर कहा—हे तीर्थराज! आप समस्त कामनाओंको पूर्ण करनेवाले हैं। आपका प्रभाव वेदोंमें प्रसिद्ध और संसारमें प्रकट है॥ ३॥

**मागउँ भीख त्यागि निज धरमू। आरत काह न करइ कुकरमू॥**
**अस जियँ जानि सुजान सुदानी। सफल करहिं जग जाचक बानी॥**

मैं अपना धर्म (न माँगनेका क्षत्रियधर्म) त्यागकर आपसे भीख माँगता हूँ। आर्त्त मनुष्य कौन-सा कुकर्म नहीं करता? ऐसा हृदयमें जानकर सुजान उत्तम दानी जगत्‌में माँगनेवालेकी वाणीको सफल किया करते हैं (अर्थात् वह जो माँगता है, सो दे देते हैं)॥ ४॥

**दो०—अरथ न धरम न काम रुचि गति न चहउँ निरबान।**
**जनम जनम रति राम पद यह बरदानु न आन॥ २०४॥**

मुझे न अर्थकी रुचि (इच्छा) है, न धर्मकी, न कामकी और न मैं मोक्ष ही चाहता हूँ। जन्म-जन्ममें मेरा श्रीरामजीके चरणोंमें प्रेम हो, बस, यही वरदान माँगता हूँ, दूसरा कुछ नहीं॥ २०४॥

**जानहुँ रामु कुटिल करि मोही। लोग कहउ गुर साहिब द्रोही॥**
**सीता राम चरन रति मोरें। अनुदिन बढ़उ अनुग्रह तोरें॥**

स्वयं श्रीरामचन्द्रजी भी भले ही मुझे कुटिल समझें और लोग मुझे गुरुद्रोही तथा स्वामिद्रोही भले ही कहें; पर श्रीसीतारामजीके चरणोंमें मेरा प्रेम आपकी कृपासे दिन-दिन बढ़ता ही रहे॥ १॥

**जलदु जनम भरि सुरति बिसारउ। जाचत जलु पबि पाहन डारउ॥**
**चातकु रटनि घटें घटि जाई। बढ़ें प्रेमु सब भाँति भलाई॥**

मेघ चाहे जन्मभर चातककी सुधि भुला दे और जल माँगनेपर वह चाहे वज्र और पत्थर (ओले) ही गिरावे, पर चातककी रटन घटनेसे तो उसकी बात ही घट जायगी (प्रतिष्ठा ही नष्ट हो जायगी)। उसकी तो प्रेम बढ़नेमें ही सब तरहसे भलाई है॥ २॥

**कनकहिं बान चढ़इ जिमि दाहें। तिमि प्रियतम पद नेम निबाहें॥**
**भरत बचन सुनि माझ त्रिबेनी। भइ मृदु बानि सुमंगल देनी॥**

जैसे तपानेसे सोनेपर आब (चमक) आ जाती है, वैसे ही प्रियतमके चरणोंमें प्रेमका नियम निबाहनेसे प्रेमी सेवकका गौरव बढ़ जाता है। भरतजीके वचन सुनकर बीच त्रिवेणीमेंसे सुन्दर मंगल देनेवाली कोमल वाणी हुई॥ ३॥

**तात भरत तुम्ह सब बिधि साधू। राम चरन अनुराग अगाधू॥**
**बादि गलानि करहु मन माहीं। तुम्ह सम रामहि कोउ प्रिय नाहीं॥**

हे तात भरत! तुम सब प्रकारसे साधु हो। श्रीरामचन्द्रजीके चरणोंमें तुम्हारा अथाह प्रेम है। तुम व्यर्थ ही मनमें ग्लानि कर रहे हो। श्रीरामचन्द्रको तुम्हारे समान प्रिय कोई नहीं है॥ ४॥

**दो०—तनु पुलकेउ हियँ हरषु सुनि बेनि बचन अनुकूल।**
**भरत धन्य कहि धन्य सुर हरषित बरषहिं फूल॥ २०५॥**

त्रिवेणीजीके अनुकूल वचन सुनकर भरतजीका शरीर पुलकित हो गया, हृदयमें हर्ष छा गया। भरतजी धन्य हैं, धन्य हैं, कहकर देवता हर्षित होकर फूल बरसाने लगे॥ २०५॥

**प्रमुदित तीरथराज निवासी। बैखानस बटु गृही उदासी॥**
**कहहिं परसपर मिलि दस पाँचा। भरत सनेहु सीलु सुचि साँचा॥**

तीर्थराज प्रयागमें रहनेवाले वानप्रस्थ, ब्रह्मचारी, गृहस्थ और उदासीन (संन्यासी) सब बहुत ही आनन्दित हैं और दस-पाँच मिलकर आपसमें कहते हैं कि भरतजीका प्रेम और शील पवित्र और सच्चा है॥ १॥

**सुनत राम गुन ग्राम सुहाए। भरद्वाज मुनिबर पहिं आए॥**
**दंड प्रनामु करत मुनि देखे। मूरतिमंत भाग्य निज लेखे॥**

श्रीरामचन्द्रजीके सुन्दर गुणसमूहोंको सुनते हुए वे मुनिश्रेष्ठ भरद्वाजजीके पास आये। मुनिने भरतजीको दण्डवत्-प्रणाम करते देखा और उन्हें अपना मूर्तिमान् सौभाग्य समझा॥ २॥

**धाइ उठाइ लाइ उर लीन्हे। दीन्हि असीस कृतारथ कीन्हे॥**
**आसनु दीन्ह नाइ सिरु बैठे। चहत सकुच गृहँ जनु भजि पैठे॥**

उन्होंने दौड़कर भरतजीको उठाकर हृदयसे लगा लिया और आशीर्वाद देकर कृतार्थ किया। मुनिने उन्हें आसन दिया। वे सिर नवाकर इस तरह बैठे मानो भागकर संकोचके घरमें घुस जाना चाहते हैं॥ ३॥

**मुनि पूँछब कछु यह बड़ सोचू। बोले रिषि लखि सीलु सँकोचू॥**
**सुनहु भरत हम सब सुधि पाई। बिधि करतब पर किछु न बसाई॥**

उनके मनमें यह बड़ा सोच है कि मुनि कुछ पूछेंगे [तो मैं क्या उत्तर दूँगा]। भरतजीके शील और संकोचको देखकर ऋषि बोले—भरत! सुनो, हम सब खबर पा चुके हैं। विधाताके कर्तव्यपर कुछ वश नहीं चलता॥ ४॥

**दो०—तुम्ह गलानि जियँ जनि करहु समुझि मातु करतूति।**
**तात कैकइहि दोसु नहिं गई गिरा मति धूति॥ २०६॥**

माताकी करतूतको समझकर (याद करके) तुम हृदयमें ग्लानि मत करो। हे तात! कैकेयीका कोई दोष नहीं है, उसकी बुद्धि तो सरस्वती बिगाड़ गयी थी॥ २०६॥

**यहउ कहत भल कहिहि न कोऊ। लोकु बेदु बुध संमत दोऊ॥**
**तात तुम्हार बिमल जसु गाई। पाइहि लोकउ बेदु बड़ाई॥**

यह कहते भी कोई भला न कहेगा, क्योंकि लोक और वेद दोनों ही विद्वानोंको मान्य है। किन्तु हे तात! तुम्हारा निर्मल यश गाकर तो लोक और वेद दोनों बड़ाई पावेंगे॥ १॥

**लोक बेद संमत सबु कहई। जेहि पितु देइ राजु सो लहई॥**
**राउ सत्यब्रत तुम्हहि बोलाई। देत राजु सुखु धरमु बड़ाई॥**

यह लोक और वेद दोनोंको मान्य है और सब यही कहते हैं कि पिता जिसको राज्य दे वही पाता है। राजा सत्यव्रती थे; तुमको बुलाकर राज्य देते, तो सुख मिलता, धर्म रहता और बड़ाई होती॥ २॥

**राम गवनु बन अनरथ मूला। जो सुनि सकल बिस्व भइ सूला॥**
**सो भावी बस रानि अयानी। करि कुचालि अंतहुँ पछितानी॥**

सारे अनर्थकी जड़ तो श्रीरामचन्द्रजीका वनगमन है, जिसे सुनकर समस्त संसारको पीड़ा हुई। वह श्रीरामका वनगमन भी भावीवश हुआ। बेसमझ रानी तो भावीवश कुचाल करके अन्तमें पछतायी॥ ३॥

**तहँउँ तुम्हार अलप अपराधू। कहै सो अधम अयान असाधू॥**
**करतेहु राजु त तुम्हहि न दोषू। रामहि होत सुनत संतोषू॥**

उसमें भी तुम्हारा कोई तनिक-सा भी अपराध कहे, तो वह अधम, अज्ञानी और असाधु है। यदि तुम राज्य करते तो भी तुम्हें दोष न होता। सुनकर श्रीरामचन्द्रजीको भी सन्तोष ही होता॥ ४॥

**दो०—अब अति कीन्हेहु भरत भल तुम्हहि उचित मत एहु।**
**सकल सुमंगल मूल जग रघुबर चरन सनेहु॥ २०७॥**

हे भरत! अब तो तुमने बहुत ही अच्छा किया; यही मत तुम्हारे लिये उचित था। श्रीरामचन्द्रजीके चरणोंमें प्रेम होना ही संसारमें समस्त सुन्दर मंगलोंका मूल है॥ २०७॥

**सो तुम्हार धनु जीवनु प्राना। भूरिभाग को तुम्हहि समाना॥**
**यह तुम्हार आचरजु न ताता। दसरथ सुअन राम प्रिय भ्राता॥**

सो वह (श्रीरामचन्द्रजीके चरणोंका प्रेम) तो तुम्हारा धन, जीवन और प्राण ही है; तुम्हारे समान बड़भागी कौन है? हे तात! तुम्हारे लिये यह आश्चर्यकी बात नहीं है। क्योंकि तुम दशरथजीके पुत्र और श्रीरामचन्द्रजीके प्यारे भाई हो॥ १॥

**सुनहु भरत रघुबर मन माहीं। पेम पात्रु तुम्ह सम कोउ नाहीं॥**
**लखन राम सीतहि अति प्रीती। निसि सब तुम्हहि सराहत बीती॥**

हे भरत! सुनो, श्रीरामचन्द्रजीके मनमें तुम्हारे समान प्रेमपात्र दूसरा कोई नहीं है। लक्ष्मणजी, श्रीरामजी और सीताजी तीनोंको सारी रात उस दिन अत्यन्त प्रेमके साथ तुम्हारी सराहना करते ही बीती॥ २॥

**जाना मरमु नहात प्रयागा। मगन होहिं तुम्हरें अनुरागा॥**
**तुम्ह पर अस सनेहु रघुबर कें। सुख जीवन जग जस जड़ नर कें॥**

प्रयागराजमें जब वे स्नान कर रहे थे, उस समय मैंने उनका यह मर्म जाना। वे तुम्हारे प्रेममें मग्न हो रहे थे। तुमपर श्रीरामचन्द्रजीका ऐसा ही (अगाध) स्नेह है जैसा मूर्ख (विषयासक्त) मनुष्यका संसारमें सुखमय जीवनपर होता है॥ ३॥

**यह न अधिक रघुबीर बड़ाई। प्रनत कुटुंब पाल रघुराई॥**
**तुम्ह तौ भरत मोर मत एहू। धरें देह जनु राम सनेहू॥**

यह श्रीरघुनाथजीकी बहुत बड़ाई नहीं है। क्योंकि श्रीरघुनाथजी तो शरणागतके कुटुम्बभरको पालनेवाले हैं। हे भरत! मेरा यह मत है कि तुम तो मानो शरीरधारी श्रीरामजीके प्रेम ही हो॥ ४॥

**दो०—तुम्ह कहँ भरत कलंक यह हम सब कहँ उपदेसु।**
**राम भगति रस सिद्धि हित भा यह समउ गनेसु॥ २०८॥**

हे भरत! तुम्हारे लिये (तुम्हारी समझमें) यह कलंक है, पर हम सबके लिये तो उपदेश है। श्रीरामभक्तिरूपी रसकी सिद्धिके लिये यह समय गणेश (बड़ा शुभ) हुआ है॥ २०८॥

**नव बिधु बिमल तात जसु तोरा। रघुबर किंकर कुमुद चकोरा॥**
**उदित सदा अँथइहि कबहूँ ना। घटिहि न जग नभ दिन दिन दूना॥**

हे तात! तुम्हारा यश निर्मल नवीन चन्द्रमा है और श्रीरामचन्द्रजीके दास कुमुद और चकोर हैं [वह चन्द्रमा तो प्रतिदिन अस्त होता और घटता है, जिससे कुमुद और चकोरको दुःख होता है]; परन्तु यह तुम्हारा यशरूपी चन्द्रमा सदा उदय रहेगा; कभी अस्त होगा ही नहीं। जगद्रूपी आकाशमें यह घटेगा नहीं, वरं दिन-दिन दूना होगा॥ १॥

**कोक तिलोक प्रीति अति करिही। प्रभु प्रताप रबि छबिहि न हरिही॥**
**निसि दिन सुखद सदा सब काहू। ग्रसिहि न कैकइ करतबु राहू॥**

त्रैलोक्यरूपी चकवा इस यशरूपी चन्द्रमापर अत्यन्त प्रेम करेगा और प्रभु श्रीरामचन्द्रजीका प्रतापरूपी सूर्य इसकी छविको हरण नहीं करेगा। यह चन्द्रमा रात-दिन सदा सब किसीको सुख देनेवाला होगा। कैकेयीका कुकर्मरूपी राहु इसे ग्रास नहीं करेगा॥ २॥

**पूरन राम सुपेम पियूषा। गुर अवमान दोष नहिं दूषा॥**
**रामभगत अब अमिअँ अघाहूँ। कीन्हेहु सुलभ सुधा बसुधाहूँ॥**

यह चन्द्रमा श्रीरामचन्द्रजीके सुन्दर प्रेमरूपी अमृतसे पूर्ण है। यह गुरुके अपमानरूपी दोषसे दूषित नहीं है। तुमने इस यशरूपी चन्द्रमाकी सृष्टि करके पृथ्वीपर भी अमृतको सुलभ कर दिया। अब श्रीरामजीके भक्त इस अमृतसे तृप्त हो लें॥ ३॥

**भूप भगीरथ सुरसरि आनी। सुमिरत सकल सुमंगल खानी॥**
**दसरथ गुन गन बरनि न जाहीं। अधिकु कहा जेहि सम जग नाहीं॥**

राजा भगीरथ गंगाजीको लाये, जिन (गंगाजी)-का स्मरण ही सम्पूर्ण सुन्दर मंगलोंकी खान है। दशरथजीके गुणसमूहोंका तो वर्णन ही नहीं किया जा सकता; अधिक क्या, जिनकी बराबरीका जगत्में कोई नहीं है॥ ४॥

**दो०—जासु सनेह सकोच बस राम प्रगट भए आइ।**
**जे हर हिय नयननि कबहुँ निरखे नहीं अघाइ॥ २०९॥**

जिनके प्रेम और संकोच (शील)-के वशमें होकर स्वयं [सच्चिदानन्दघन] भगवान् श्रीराम आकर प्रकट हुए, जिन्हें श्रीमहादेवजी अपने हृदयके नेत्रोंसे कभी अघाकर नहीं देख पाये (अर्थात् जिनका स्वरूप हृदयमें देखते-देखते शिवजी कभी तृप्त नहीं हुए)॥ २०९॥

**कीरति बिधु तुम्ह कीन्ह अनूपा। जहँ बस राम पेम मृगरूपा॥**
**तात गलानि करहु जियँ जाएँ। डरहु दरिद्रहि पारसु पाएँ॥**

[परन्तु उनसे भी बढ़कर] तुमने कीर्तिरूपी अनुपम चन्द्रमाको उत्पन्न किया, जिसमें श्रीरामप्रेम ही हिरनके [चिह्नके] रूपमें बसता है। हे तात! तुम व्यर्थ ही हृदयमें ग्लानि कर रहे हो। पारस पाकर भी तुम दरिद्रतासे डर रहे हो!॥ १॥

**सुनहु भरत हम झूठ न कहहीं। उदासीन तापस बन रहहीं॥**
**सब साधन कर सुफल सुहावा। लखन राम सिय दरसनु पावा॥**

हे भरत! सुनो, हम झूठ नहीं कहते। हम उदासीन हैं (किसीका पक्ष नहीं करते), तपस्वी हैं (किसीकी मुँहदेखी नहीं कहते) और वनमें रहते हैं (किसीसे कुछ प्रयोजन नहीं रखते)। सब साधनोंका उत्तम फल हमें लक्ष्मणजी, श्रीरामजी और सीताजीका दर्शन प्राप्त हुआ॥ २॥

**तेहि फल कर फलु दरस तुम्हारा। सहित पयाग सुभाग हमारा॥**
**भरत धन्य तुम्ह जसु जगु जयऊ। कहि अस पेम मगन मुनि भयऊ॥**

[सीता-लक्ष्मणसहित श्रीरामदर्शनरूप] उस महान् फलका परम फल यह तुम्हारा दर्शन है। प्रयागराजसमेत हमारा बड़ा भाग्य है। हे भरत! तुम धन्य हो, तुमने अपने यशसे जगत्‌को जीत लिया है। ऐसा कहकर मुनि प्रेममें मग्न हो गये॥ ३॥

**सुनि मुनि बचन सभासद हरषे। साधु सराहि सुमन सुर बरषे॥**
**धन्य धन्य धुनि गगन पयागा। सुनि सुनि भरतु मगन अनुरागा॥**

भरद्वाज मुनिके वचन सुनकर सभासद् हर्षित हो गये। 'साधु-साधु' कहकर सराहना करते हुए देवताओंने फूल बरसाये। आकाशमें और प्रयागराजमें 'धन्य, धन्य' की ध्वनि सुन-सुनकर भरतजी प्रेममें मग्न हो रहे हैं॥ ४॥

**दो०—पुलक गात हियँ रामु सिय सजल सरोरुह नैन।**
**करि प्रनामु मुनि मंडलिहि बोले गदगद बैन॥ २१०॥**

भरतजीका शरीर पुलकित है, हृदयमें श्रीसीतारामजी हैं और कमलके समान नेत्र [प्रेमाश्रुके] जलसे भरे हैं। वे मुनियोंकी मण्डलीको प्रणाम करके गद्‌गद वचन बोले—॥ २१०॥

**मुनि समाजु अरु तीरथराजू। साँचिहुँ सपथ अघाइ अकाजू॥**
**एहिं थल जौं किछु कहिअ बनाई। एहि सम अधिक न अघ अधमाई॥**

मुनियोंका समाज है और फिर तीर्थराज है। यहाँ सच्ची सौगन्ध खानेसे भी भरपूर हानि होती है। इस स्थानमें यदि कुछ बनाकर कहा जाय, तो इसके समान कोई बड़ा पाप और नीचता न होगी॥ १॥

**तुम्ह सर्बग्य कहउँ सतिभाऊ। उर अंतरजामी रघुराऊ॥**
**मोहि न मातु करतब कर सोचू। नहिं दुखु जियँ जगु जानिहि पोचू॥**

मैं सच्चे भावसे कहता हूँ। आप सर्वज्ञ हैं, और श्रीरघुनाथजी हृदयके भीतरकी जाननेवाले हैं (मैं कुछ भी असत्य कहूँगा तो आपसे और उनसे छिपा नहीं रह सकता)। मुझे माता कैकेयीकी करनीका कुछ भी सोच नहीं है। और न मेरे मनमें इसी बातका दुःख है कि जगत् मुझे नीच समझेगा॥ २॥

**नाहिन डरु बिगरिहि परलोकू। पितहु मरन कर मोहि न सोकू॥**
**सुकृत सुजस भरि भुअन सुहाए। लछिमन राम सरिस सुत पाए॥**

न यही डर है कि मेरा परलोक बिगड़ जायगा और न पिताजीके मरनेका ही मुझे शोक है। क्योंकि उनका सुन्दर पुण्य और सुयश विश्वभरमें सुशोभित है। उन्होंने श्रीराम-लक्ष्मण-सरीखे पुत्र पाये॥ ३॥

**राम बिरहँ तजि तनु छनभंगू। भूप सोच कर कवन प्रसंगू॥**
**राम लखन सिय बिनु पग पनहीं। करि मुनि बेष फिरहिं बन बनहीं॥**

फिर जिन्होंने श्रीरामचन्द्रजीके विरहमें अपने क्षणभंगुर शरीरको त्याग दिया, ऐसे राजाके लिये सोच करनेका कौन प्रसंग है? [सोच इसी बातका है कि] श्रीरामजी, लक्ष्मणजी और सीताजी पैरोंमें बिना जूतीके मुनियोंका वेष बनाये वन-वनमें फिरते हैं॥ ४॥

**दो०—अजिन बसन फल असन महि सयन डासि कुस पात।**
**बसि तरु तर नित सहत हिम आतप बरषा बात॥ २११॥**

वे वल्कल वस्त्र पहनते हैं, फलोंका भोजन करते हैं, पृथ्वीपर कुश और पत्ते बिछाकर सोते हैं और वृक्षोंके नीचे निवास करके नित्य सर्दी, गर्मी, वर्षा और हवा सहते हैं॥ २११॥

**एहि दुख दाहँ दहइ दिन छाती। भूख न बासर नीद न राती॥**
**एहि कुरोग कर औषधु नाहीं। सोधेउँ सकल बिस्व मन माहीं॥**

इसी दुःखकी जलनसे निरन्तर मेरी छाती जलती रहती है। मुझे न दिनमें भूख लगती है, न रातको नींद आती है। मैंने मन-ही-मन समस्त विश्वको खोज डाला, पर इस कुरोगकी औषध कहीं नहीं है॥ १॥

**मातु कुमत बढ़ई अघ मूला। तेहिं हमार हित कीन्ह बँसूला॥**
**कलि कुकाठ कर कीन्ह कुजंत्रू। गाड़ि अवधि पढ़ि कठिन कुमंत्रू॥**

माताका कुमत (बुरा विचार) पापोंका मूल बढ़ई है। उसने हमारे हितका बसूला बनाया। उससे कलहरूपी कुकाठका कुयन्त्र बनाया और चौदह वर्षकी अवधिरूपी कठिन कुमन्त्र पढ़कर उस यन्त्रको गाड़ दिया। [यहाँ माताका कुविचार बढ़ई है, भरतको राज्य बसूला है, रामका वनवास कुयन्त्र है और चौदह वर्षकी अवधि कुमन्त्र है]॥ २॥

**मोहि लगि यहु कुठाटु तेहिं ठाटा। घालेसि सब जगु बारहबाटा॥**
**मिटइ कुजोगु राम फिरि आएँ। बसइ अवध नहिं आन उपाएँ॥**

मेरे लिये उसने यह सारा कुठाट (बुरा साज) रचा और सारे जगत्को बारहबाट (छिन्न-भिन्न) करके नष्ट कर डाला। यह कुयोग श्रीरामचन्द्रजीके लौट आनेपर ही मिट सकता है और तभी अयोध्या बस सकती है, दूसरे किसी उपायसे नहीं॥ ३॥

**भरत बचन सुनि मुनि सुखु पाई। सबहिं कीन्हि बहु भाँति बड़ाई॥**
**तात करहु जनि सोचु बिसेषी। सब दुखु मिटिहि राम पग देखी॥**

भरतजीके वचन सुनकर मुनिने सुख पाया और सभीने उनकी बहुत प्रकारसे बड़ाई की। [मुनिने कहा—] हे तात! अधिक सोच मत करो। श्रीरामचन्द्रजीके चरणोंका दर्शन करते ही सारा दुःख मिट जायगा॥ ४॥

**दो०—करि प्रबोधु मुनिबर कहेउ अतिथि पेमप्रिय होहु।**
**कंद मूल फल फूल हम देहिं लेहु करि छोहु॥ २१२॥**

इस प्रकार मुनिश्रेष्ठ भरद्वाजजीने उनका समाधान करके कहा—अब आपलोग हमारे प्रेमप्रिय अतिथि बनिये और कृपा करके कन्द-मूल, फल-फूल जो कुछ हम दें, स्वीकार कीजिये॥ २१२॥

**सुनि मुनि बचन भरत हियँ सोचू। भयउ कुअवसर कठिन सँकोचू॥**
**जानि गरुइ गुर गिरा बहोरी। चरन बंदि बोले कर जोरी॥**

मुनिके वचन सुनकर भरतके हृदयमें सोच हुआ कि यह बेमौके बड़ा बेढब संकोच आ पड़ा! फिर गुरुजनोंकी वाणीको महत्त्वपूर्ण (आदरणीय) समझकर, चरणोंकी वन्दना करके हाथ जोड़कर बोले—॥ १॥

**सिर धरि आयसु करिअ तुम्हारा। परम धरम यहु नाथ हमारा॥**
**भरत बचन मुनिबर मन भाए। सुचि सेवक सिष निकट बोलाए॥**

हे नाथ! आपकी आज्ञाको सिर चढ़ाकर उसका पालन करना, यह हमारा परम धर्म है। भरतजीके ये वचन मुनिश्रेष्ठके मनको अच्छे लगे। उन्होंने विश्वासपात्र सेवकों और शिष्योंको पास बुलाया॥ २॥

**चाहिअ कीन्हि भरत पहुनाई। कंद मूल फल आनहु जाई॥**
**भलेहिं नाथ कहि तिन्ह सिर नाए। प्रमुदित निज निज काज सिधाए॥**

[और कहा कि] भरतकी पहुनई करनी चाहिये। जाकर कन्द, मूल और फल लाओ। उन्होंने 'हे नाथ! बहुत अच्छा' कहकर सिर नवाया और तब वे बड़े आनन्दित होकर अपने-अपने कामको चल दिये॥ ३॥

**मुनिहि सोच पाहुन बड़ नेवता। तसि पूजा चाहिअ जस देवता॥**
**सुनि रिधि सिधि अनिमादिक आईं। आयसु होइ सो करहिं गोसाईं॥**

मुनिको चिन्ता हुई कि हमने बहुत बड़े मेहमानको न्योता है। अब जैसा देवता हो, वैसी ही उसकी पूजा भी होनी चाहिये। यह सुनकर ऋद्धियाँ और अणिमादि सिद्धियाँ आ गयीं [और बोलीं—] हे गोसाईं! जो आपकी आज्ञा हो सो हम करें॥ ४॥

**दो०—राम बिरह ब्याकुल भरतु सानुज सहित समाज।**
**पहुनाई करि हरहु श्रम कहा मुदित मुनिराज॥ २१३॥**

मुनिराजने प्रसन्न होकर कहा—छोटे भाई शत्रुघ्न और समाजसहित भरतजी श्रीरामचन्द्रजीके विरहमें व्याकुल हैं, इनकी पहुनाई (आतिथ्य-सत्कार) करके इनके श्रमको दूर करो॥ २१३॥

**रिधि सिधि सिर धरि मुनिबर बानी। बड़भागिनि आपुहि अनुमानी॥**
**कहहिं परसपर सिधि समुदाई। अतुलित अतिथि राम लघु भाई॥**

ऋद्धि-सिद्धिने मुनिराजकी आज्ञाको सिर चढ़ाकर अपनेको बड़भागिनी समझा। सब सिद्धियाँ आपसमें कहने लगीं—श्रीरामचन्द्रजीके छोटे भाई भरत ऐसे अतिथि हैं, जिनकी तुलनामें कोई नहीं आ सकता॥ १॥

**मुनि पद बंदि करिअ सोइ आजू। होइ सुखी सब राज समाजू॥**
**अस कहि रचेउ रुचिर गृह नाना। जेहि बिलोकि बिलखाहिं बिमाना॥**

अतः मुनिके चरणोंकी वन्दना करके आज वही करना चाहिये जिससे सारा राज-समाज सुखी हो। ऐसा कहकर उन्होंने बहुत-से सुन्दर घर बनाये, जिन्हें देखकर विमान भी विलखते हैं (लजा जाते हैं)॥ २॥

**भोग बिभूति भूरि भरि राखे। देखत जिन्हहि अमर अभिलाषे॥**
**दासीं दास साजु सब लीन्हें। जोगवत रहहिं मनहि मनु दीन्हें॥**

उन घरोंमें बहुत-से भोग (इन्द्रियोंके विषय) और ऐश्वर्य (ठाट-बाट)-का सामान भरकर रख दिया, जिन्हें देखकर देवता भी ललचा गये। दासी-दास सब प्रकारकी सामग्री लिये हुए मन लगाकर उनके मनोंको देखते रहते हैं (अर्थात् उनके मनकी रुचिके अनुसार करते रहते हैं)॥ ३॥

**सब समाजु सजि सिधि पल माहीं। जे सुख सुरपुर सपनेहुँ नाहीं॥**
**प्रथमहिं बास दिए सब केही। सुंदर सुखद जथा रुचि जेही॥**

जो सुखके सामान स्वर्गमें भी स्वप्नमें भी नहीं हैं ऐसे सब सामान सिद्धियोंने पलभरमें सज दिये। पहले तो उन्होंने सब किसीको, जिसकी जैसी रुचि थी वैसे ही, सुन्दर सुखदायक निवासस्थान दिये॥ ४॥

**दो०—बहुरि सपरिजन भरत कहुँ रिषि अस आयसु दीन्ह।**
**बिधि बिसमय दायकु बिभव मुनिबर तपबल कीन्ह॥ २१४॥**

और फिर कुटुम्बसहित भरतजीको दिये, क्योंकि ऋषि भरद्वाजजीने ऐसी ही आज्ञा दे रखी थी। [भरतजी चाहते थे कि उनके सब संगियोंको आराम मिले, इसलिये उनके मनकी बात जानकर मुनिने पहले उन लोगोंको स्थान देकर पीछे सपरिवार भरतजीको स्थान देनेके लिये आज्ञा दी थी।] मुनिश्रेष्ठने तपोबलसे ब्रह्माको भी चकित कर देनेवाला वैभव रच दिया॥ २१४॥

**मुनि प्रभाउ जब भरत बिलोका। सब लघु लगे लोकपति लोका॥**
**सुख समाजु नहिं जाइ बखानी। देखत बिरति बिसारहिं ग्यानी॥**

जब भरतजीने मुनिके प्रभावको देखा तो उसके सामने उन्हें [इन्द्र, वरुण, यम, कुबेर आदि] सभी लोकपालोंके लोक तुच्छ जान पड़े। सुखकी सामग्रीका वर्णन नहीं हो सकता, जिसे देखकर ज्ञानीलोग भी वैराग्य भूल जाते हैं॥ १॥

**आसन सयन सुबसन बिताना। बन बाटिका बिहग मृग नाना॥**
**सुरभि फूल फल अमिअ समाना। बिमल जलासय बिबिध बिधाना॥**

आसन, सेज, सुन्दर वस्त्र, चँदोवे, वन, बगीचे, भाँति-भाँतिके पक्षी और पशु, सुगन्धित फूल और अमृतके समान स्वादिष्ट फल, अनेकों प्रकारके (तालाब, कुएँ, बावली आदि) निर्मल जलाशय,॥ २॥

**असन पान सुचि अमिअ अमी से। देखि लोग सकुचात जमी से॥**
**सुर सुरभी सुरतरु सबही कें। लखि अभिलाषु सुरेस सची कें॥**

तथा अमृतके भी अमृत-सरीखे पवित्र खान-पानके पदार्थ थे, जिन्हें देखकर सब लोग संयमी पुरुषों (विरक्त मुनियों)-की भाँति सकुचा रहे हैं। सभीके डेरोंमें [मनोवांछित वस्तु देनेवाले] कामधेनु और कल्पवृक्ष हैं, जिन्हें देखकर इन्द्र और इन्द्राणीको भी अभिलाषा होती है (उनका भी मन ललचा जाता है)॥ ३॥

**रितु बसंत बह त्रिबिध बयारी। सब कहँ सुलभ पदारथ चारी॥**
**स्त्रक चंदन बनितादिक भोगा। देखि हरष बिसमय बस लोगा॥**

वसन्त-ऋतु है। शीतल, मन्द, सुगन्ध तीन प्रकारकी हवा बह रही है। सभीको [धर्म, अर्थ, काम और मोक्ष] चारों पदार्थ सुलभ हैं। माला, चन्दन, स्त्री आदिक भोगोंको देखकर सब लोग हर्ष और विषादके वश हो रहे हैं। [हर्ष तो भोग-सामग्रियोंको और मुनिके तप:प्रभावको देखकर होता है और विषाद इस बातसे होता है कि श्रीरामके वियोगमें नियम-व्रतसे रहनेवाले हमलोग भोग-विलासमें क्यों आ फँसे; कहीं इनमें आसक्त होकर हमारा मन नियम-व्रतोंको न त्याग दे]॥ ४॥

**दो०—संपति चकई भरतु चक मुनि आयस खेलवार।**
**तेहि निसि आश्रम पिंजराँ राखे भा भिनुसार॥ २१५॥**

सम्पत्ति (भोग-विलासकी सामग्री) चकवी है और भरतजी चकवा हैं और मुनिकी आज्ञा खेल है, जिसने उस रातको आश्रमरूपी पिंजड़ेमें दोनोंको बंद कर रखा और ऐसे ही सबेरा हो गया। [जैसे किसी बहेलियेके द्वारा एक पिंजड़ेमें रखे जानेपर भी चकवी-चकवेका रातको संयोग नहीं होता, वैसे ही भरद्वाजजीकी आज्ञासे रातभर भोग-सामग्रियोंके साथ रहनेपर भी भरतजीने मनसे भी उनका स्पर्शतक नहीं किया।]॥ २१५॥

## मासपारायण, उन्नीसवाँ विश्राम

**कीन्ह निमज्जनु तीरथराजा। नाइ मुनिहि सिरु सहित समाजा॥**
**रिषि आयसु असीस सिर राखी। करि दंडवत बिनय बहु भाषी॥**

[प्रात:काल] भरतजीने तीर्थराजमें स्नान किया और समाजसहित मुनिको सिर नवाकर और ऋषिकी आज्ञा तथा आशीर्वादको सिर चढ़ाकर दण्डवत् करके बहुत विनती की॥ १॥

**पथ गति कुसल साथ सब लीन्हें। चले चित्रकूटहिं चितु दीन्हें॥**
**रामसखा कर दीन्हें लागू। चलत देह धरि जनु अनुरागू॥**

तदनन्तर रास्तेकी पहचान रखनेवाले लोगों (कुशल पथप्रदर्शकों)-के साथ सब लोगोंको लिये हुए भरतजी चित्रकूटमें चित्त लगाये चले। भरतजी रामसखा गुहके हाथमें हाथ दिये हुए ऐसे जा रहे हैं, मानो साक्षात् प्रेम ही शरीर धारण किये हुए हो॥ २॥

**नहिं पद त्रान सीस नहिं छाया। पेमु नेमु ब्रतु धरमु अमाया॥**
**लखन राम सिय पंथ कहानी। पूँछत सखहि कहत मृदु बानी॥**

न तो उनके पैरोंमें जूते हैं और न सिरपर छाया है। उनका प्रेम, नियम, व्रत और धर्म निष्कपट (सच्चा) है। वे सखा निषादराजसे लक्ष्मणजी, श्रीरामचन्द्रजी और सीताजीके रास्तेकी बातें पूछते हैं, और वह कोमल वाणीसे कहता है॥ ३॥

**राम बास थल बिटप बिलोकें। उर अनुराग रहत नहिं रोकें॥**
**देखि दसा सुर बरिसहिं फूला। भइ मृदु महि मगु मंगल मूला॥**

श्रीरामचन्द्रजीके ठहरनेकी जगहों और वृक्षोंको देखकर उनके हृदयमें प्रेम रोके नहीं रुकता। भरतजीकी यह दशा देखकर देवता फूल बरसाने लगे। पृथ्वी कोमल हो गयी और मार्ग मंगलका मूल बन गया॥ ४॥

**दो०—किएँ जाहिं छाया जलद सुखद बहइ बर बात।**
**तस मगु भयउ न राम कहँ जस भा भरतहि जात॥ २१६॥**

बादल छाया किये जा रहे हैं, सुख देनेवाली सुन्दर हवा बह रही है। भरतजीके जाते समय मार्ग जैसा सुखदायक हुआ, वैसा श्रीरामचन्द्रजीको भी नहीं हुआ था॥ २१६॥

**जड़ चेतन मग जीव घनेरे। जे चितए प्रभु जिन्ह प्रभु हेरे॥**
**ते सब भए परम पद जोगू। भरत दरस मेटा भव रोगू॥**

रास्तेमें असंख्य जड़-चेतन जीव थे। उनमेंसे जिनको प्रभु श्रीरामचन्द्रजीने देखा, अथवा जिन्होंने प्रभु श्रीरामचन्द्रजीको देखा वे सब [उसी समय] परमपदके अधिकारी हो गये। परन्तु अब भरतजीके दर्शनने तो उनका भव (जन्म-मरण)-रूपी रोग मिटा ही दिया। [श्रीरामदर्शनसे तो वे परमपदके अधिकारी ही हुए थे, परन्तु भरतदर्शनसे उन्हें वह परमपद प्राप्त हो गया]॥ १॥

**यह बड़ि बात भरत कइ नाहीं। सुमिरत जिनहि रामु मन माहीं॥**
**बारक राम कहत जग जेऊ। होत तरन तारन नर तेऊ॥**

भरतजीके लिये यह कोई बड़ी बात नहीं है, जिन्हें श्रीरामजी स्वयं अपने मनमें स्मरण करते रहते हैं। जगत्‌में जो भी मनुष्य एक बार 'राम' कह लेते हैं, वे भी तरने-तारनेवाले हो जाते हैं!॥ २॥

**भरतु राम प्रिय पुनि लघु भ्राता। कस न होइ मगु मंगलदाता॥**
**सिद्ध साधु मुनिबर अस कहहीं। भरतहि निरखि हरषु हियँ लहहीं॥**

फिर भरतजी तो श्रीरामचन्द्रजीके प्यारे तथा उनके छोटे भाई ठहरे। तब भला उनके लिये मार्ग मंगल (सुख)-दायक कैसे न हो? सिद्ध, साधु और श्रेष्ठ मुनि ऐसा कह रहे हैं और भरतजीको देखकर हृदयमें हर्ष-लाभ करते हैं॥ ३॥

**देखि प्रभाउ सुरेसहि सोचू। जगु भल भलेहि पोच कहुँ पोचू॥**
**गुर सन कहेउ करिअ प्रभु सोई। रामहि भरतहि भेट न होई॥**

भरतजीके [इस प्रेमके] प्रभावको देखकर देवराज इन्द्रको सोच हो गया [कि कहीं इनके प्रेमवश श्रीरामजी लौट न जायँ और हमारा बना-बनाया काम बिगड़ जाय]। संसार भलेके लिये भला और बुरेके लिये बुरा है (मनुष्य जैसा आप होता है जगत् उसे वैसा ही दीखता है)। उसने गुरु बृहस्पतिजीसे कहा—हे प्रभो! वही उपाय कीजिये जिससे श्रीरामचन्द्रजी और भरतजीकी भेंट ही न हो॥ ४॥

**दो०—रामु सँकोची प्रेम बस भरत सपेम पयोधि।**
**बनी बात बेगरन चहति करिअ जतनु छलु सोधि॥ २१७॥**

श्रीरामचन्द्रजी संकोची और प्रेमके वश हैं और भरतजी प्रेमके समुद्र हैं। बनी-बनायी बात बिगड़ना चाहती है, इसलिये कुछ छल ढूँढ़कर इसका उपाय कीजिये॥ २१७॥

**बचन सुनत सुरगुरु मुसुकाने। सहसनयन बिनु लोचन जाने॥**
**मायापति सेवक सन माया। करइ त उलटि परइ सुरराया॥**

इन्द्रके वचन सुनते ही देवगुरु बृहस्पतिजी मुसकराये। उन्होंने हजार नेत्रोंवाले इन्द्रको [ज्ञानरूपी] नेत्रोंसे रहित (मूर्ख) समझा और कहा—हे देवराज! मायाके स्वामी श्रीरामचन्द्रजीके सेवकके साथ कोई माया करता है तो वह उलटकर अपने ही ऊपर आ पड़ती है॥ १॥

**तब किछु कीन्ह राम रुख जानी। अब कुचालि करि होइहि हानी॥**
**सुनु सुरेस रघुनाथ सुभाऊ। निज अपराध रिसाहिं न काऊ॥**

उस समय (पिछली बार) तो श्रीरामचन्द्रजीका रुख जानकर कुछ किया था। परन्तु इस समय कुचाल करनेसे हानि ही होगी। हे देवराज! श्रीरघुनाथजीका स्वभाव सुनो, वे अपने प्रति किये हुए अपराधसे कभी रुष्ट नहीं होते॥ २॥

**जो अपराधु भगत कर करई। राम रोष पावक सो जरई॥**
**लोकहुँ बेद बिदित इतिहासा। यह महिमा जानहिं दुरबासा॥**

पर जो कोई उनके भक्तका अपराध करता है, वह श्रीरामकी क्रोधाग्निमें जल जाता है। लोक और वेद दोनोंमें इतिहास (कथा) प्रसिद्ध है। इस महिमाको दुर्वासाजी जानते हैं॥ ३॥

**भरत सरिस को राम सनेही। जगु जप राम रामु जप जेही॥**

सारा जगत् श्रीरामको जपता है, वे श्रीरामजी जिनको जपते हैं उन भरतजीके समान श्रीरामचन्द्रजीका प्रेमी कौन होगा?॥ ४॥

**दो०—मनहुँ न आनिअ अमरपति रघुबर भगत अकाजु।**
**अजसु लोक परलोक दुख दिन दिन सोक समाजु॥ २१८॥**

हे देवराज! रघुकुलश्रेष्ठ श्रीरामचन्द्रजीके भक्तका काम बिगाड़नेकी बात मनमें भी न लाइये। ऐसा करनेसे लोकमें अपयश और परलोकमें दुःख होगा और शोकका सामान दिनोंदिन बढ़ता ही चला जायगा॥ २१८॥

**सुनु सुरेस उपदेसु हमारा। रामहि सेवकु परम पिआरा॥**
**मानत सुखु सेवक सेवकाईं। सेवक बैर बैरु अधिकाईं॥**

हे देवराज! हमारा उपदेश सुनो। श्रीरामजीको अपना सेवक परम प्रिय है। वे अपने सेवककी सेवासे सुख मानते हैं और सेवकके साथ वैर करनेसे बड़ा भारी वैर मानते हैं॥ १॥

**जद्यपि सम नहिं राग न रोषू। गहहिं न पाप पूनु गुन दोषू॥**
**करम प्रधान बिस्व करि राखा। जो जस करइ सो तस फलु चाखा॥**

यद्यपि वे सम हैं—उनमें न राग है, न रोष है। और न वे किसीका पाप-पुण्य और गुण-दोष ही ग्रहण करते हैं। उन्होंने विश्वमें कर्मको ही प्रधान कर रखा है। जो जैसा करता है, वह वैसा ही फल भोगता है॥ २॥

**तदपि करहिं सम बिषम बिहारा। भगत अभगत हृदय अनुसारा॥**
**अगुन अलेप अमान एकरस। रामु सगुन भए भगत पेम बस॥**

तथापि वे भक्त और अभक्तके हृदयके अनुसार सम और विषम व्यवहार करते हैं (भक्तको प्रेमसे गले लगा लेते हैं और अभक्तको मारकर तार देते हैं)। गुणरहित, निर्लेप, मानरहित और सदा एकरस भगवान् श्रीराम भक्तके प्रेमवश ही सगुण हुए हैं॥ ३॥

**राम सदा सेवक रुचि राखी। बेद पुरान साधु सुर साखी॥**
**अस जियँ जानि तजहु कुटिलाई। करहु भरत पद प्रीति सुहाई॥**

श्रीरामजी सदा अपने सेवकों (भक्तों)-की रुचि रखते आये हैं। वेद, पुराण, साधु और देवता इसके साक्षी हैं। ऐसा हृदयमें जानकर कुटिलता छोड़ दो और भरतजीके चरणोंमें सुन्दर प्रीति करो॥ ४॥

**दो०—राम भगत परहित निरत पर दुख दुखी दयाल।**
**भगत सिरोमनि भरत तें जनि डरपहु सुरपाल॥ २१९॥**

हे देवराज इन्द्र! श्रीरामचन्द्रजीके भक्त सदा दूसरोंके हितमें लगे रहते हैं, वे दूसरोंके दुःखसे दुःखी और दयालु होते हैं। फिर, भरतजी तो भक्तोंके शिरोमणि हैं, उनसे बिलकुल न डरो॥ २१९॥

**सत्यसंध प्रभु सुर हितकारी। भरत राम आयस अनुसारी॥**
**स्वारथ बिबस बिकल तुम्ह होहू। भरत दोसु नहिं राउर मोहू॥**

प्रभु श्रीरामचन्द्रजी सत्यप्रतिज्ञ और देवताओंका हित करनेवाले हैं। और भरतजी श्रीरामजीकी आज्ञाके अनुसार चलनेवाले हैं। तुम व्यर्थ ही स्वार्थके विशेष वश होकर व्याकुल हो रहे हो। इसमें भरतजीका कोई दोष नहीं, तुम्हारा ही मोह है॥ १॥

**सुनि सुरबर सुरगुर बर बानी। भा प्रमोदु मन मिटी गलानी॥**
**बरषि प्रसून हरषि सुरराऊ। लगे सराहन भरत सुभाऊ॥**

देवगुरु बृहस्पतिजीकी श्रेष्ठ वाणी सुनकर इन्द्रके मनमें बड़ा आनन्द हुआ और उनकी चिन्ता मिट गयी। तब हर्षित होकर देवराज फूल बरसाकर भरतजीके स्वभावकी सराहना करने लगे॥ २॥

**एहि बिधि भरत चले मग जाहीं। दसा देखि मुनि सिद्ध सिहाहीं॥**
**जबहिं रामु कहि लेहिं उसासा। उमगत पेमु मनहुँ चहु पासा॥**

इस प्रकार भरतजी मार्गमें चले जा रहे हैं। उनकी [प्रेममयी] दशा देखकर मुनि और सिद्धलोग भी सिहाते हैं। भरतजी जभी 'राम' कहकर लंबी साँस लेते हैं, तभी मानो चारों ओर प्रेम उमड़ पड़ता है॥ ३॥

**द्रवहिं बचन सुनि कुलिस पषाना। पुरजन पेमु न जाइ बखाना॥**
**बीच बास करि जमुनहिं आए। निरखि नीरु लोचन जल छाए॥**

उनके [प्रेम और दीनतासे पूर्ण] वचनोंको सुनकर वज्र और पत्थर भी पिघल जाते हैं। अयोध्यावासियोंका प्रेम कहते नहीं बनता। बीचमें निवास (मुकाम) करके भरतजी यमुनाजीके तटपर आये। यमुनाजीका जल देखकर उनके नेत्रोंमें जल भर आया॥ ४॥

**दो०—रघुबर बरन बिलोकि बर बारि समेत समाज।**
**होत मगन बारिधि बिरह चढ़े बिबेक जहाज॥ २२०॥**

श्रीरघुनाथजीके (श्याम) रंगका सुन्दर जल देखकर सारे समाजसहित भरतजी [प्रेमविह्वल होकर] श्रीरामजीके विरहरूपी समुद्रमें डूबते-डूबते विवेकरूपी जहाजपर चढ़ गये (अर्थात् यमुनाजीका श्यामवर्ण जल देखकर सब लोग श्यामवर्ण भगवान्‌के प्रेममें विह्वल हो गये और उन्हें न पाकर विरहव्यथासे पीड़ित हो गये; तब भरतजीको यह ध्यान आया कि जल्दी चलकर उनके साक्षात् दर्शन करेंगे, इस विवेकसे वे फिर उत्साहित हो गये)॥ २२०॥

**जमुन तीर तेहि दिन करि बासू। भयउ समय सम सबहि सुपासू॥**
**रातिहिं घाट घाट की तरनी। आईं अगनित जाहिं न बरनी॥**

उस दिन यमुनाजीके किनारे निवास किया। समयानुसार सबके लिये [खान-पान आदिकी] सुन्दर व्यवस्था हुई। [निषादराजका संकेत पाकर] रात-ही-रातमें घाट-घाटकी अगणित नावें वहाँ आ गयीं, जिनका वर्णन नहीं किया जा सकता॥ १॥

**प्रात पार भए एकहि खेवाँ। तोषे रामसखा की सेवाँ॥**
**चले नहाइ नदिहि सिर नाई। साथ निषादनाथ दोउ भाई॥**

सबेरे एक ही खेवेमें सब लोग पार हो गये और श्रीरामचन्द्रजीके सखा निषादराजकी इस सेवासे सन्तुष्ट हुए। फिर स्नान करके और नदीको सिर नवाकर निषादराजके साथ दोनों भाई चले॥ २॥

**आगें मुनिबर बाहन आछें। राजसमाज जाइ सबु पाछें॥**
**तेहि पाछें दोउ बंधु पयादें। भूषन बसन बेष सुठि सादें॥**

आगे अच्छी-अच्छी सवारियोंपर श्रेष्ठ मुनि हैं, उनके पीछे सारा राजसमाज जा रहा है। उसके पीछे दोनों भाई बहुत सादे भूषण-वस्त्र और वेषसे पैदल चल रहे हैं॥ ३॥

**सेवक सुहृद सचिवसुत साथा। सुमिरत लखनु सीय रघुनाथा॥**
**जहँ जहँ राम बास बिश्रामा। तहँ तहँ करहिं सप्रेम प्रनामा॥**

सेवक, मित्र और मन्त्रीके पुत्र उनके साथ हैं। लक्ष्मण, सीताजी और श्रीरघुनाथजीका स्मरण करते जा रहे हैं। जहाँ-जहाँ श्रीरामजीने निवास और विश्राम किया था, वहाँ-वहाँ वे प्रेमसहित प्रणाम करते हैं॥ ४॥

**दो०—मगबासी नर नारि सुनि धाम काम तजि धाइ।**
**देखि सरूप सनेह सब मुदित जनम फलु पाइ॥ २२१॥**

मार्गमें रहनेवाले स्त्री-पुरुष यह सुनकर घर और काम-काज छोड़कर दौड़ पड़ते हैं और उनके रूप (सौन्दर्य) और प्रेमको देखकर वे सब जन्म लेनेका फल पाकर आनन्दित होते हैं॥ २२१॥

**कहहिं सपेम एक एक पाहीं। रामु लखनु सखि होहिं कि नाहीं॥**
**बय बपु बरन रूपु सोइ आली। सीलु सनेहु सरिस सम चाली॥**

गाँवोंकी स्त्रियाँ एक-दूसरीसे प्रेमपूर्वक कहती हैं—सखी! ये राम-लक्ष्मण हैं कि नहीं? हे सखी! इनकी अवस्था, शरीर और रंग-रूप तो वही है। शील, स्नेह उन्हींके सदृश है और चाल भी उन्हींके समान है॥ १॥

**बेषु न सो सखि सीय न संगा। आगें अनी चली चतुरंगा॥**
**नहिं प्रसन्न मुख मानस खेदा। सखि संदेहु होइ एहिं भेदा॥**

परन्तु हे सखी! इनका न तो वह वेष (वल्कलवस्त्रधारी मुनिवेष) है, न सीताजी ही संग हैं। और इनके आगे चतुरंगिणी सेना चली जा रही है। फिर इनके मुख प्रसन्न नहीं हैं, इनके मनमें खेद है। हे सखी! इसी भेदके कारण सन्देह होता है॥ २॥

**तासु तरक तियगन मन मानी। कहहिं सकल तेहि सम न सयानी॥**
**तेहि सराहि बानी फुरि पूजी। बोली मधुर बचन तिय दूजी॥**

उसका तर्क (युक्ति) अन्य स्त्रियोंके मन भाया। सब कहती हैं कि इसके समान सयानी (चतुर) कोई नहीं है। उसकी सराहना करके और 'तेरी वाणी सत्य है' इस प्रकार उसका सम्मान करके दूसरी स्त्री मीठे वचन बोली॥ ३॥

**कहि सपेम सब कथाप्रसंगू। जेहि बिधि राम राज रस भंगू॥**
**भरतहि बहुरि सराहन लागी। सील सनेह सुभाय सुभागी॥**

श्रीरामजीके राजतिलकका आनन्द जिस प्रकारसे भंग हुआ था वह सब कथाप्रसंग प्रेमपूर्वक कहकर फिर वह भाग्यवती स्त्री श्रीभरतजीके शील, स्नेह और स्वभावकी सराहना करने लगी॥ ४॥

**दो०—चलत पयादें खात फल पिता दीन्ह तजि राजु।**
**जात मनावन रघुबरहि भरत सरिस को आजु॥ २२२॥**

[वह बोली—] देखो, ये भरतजी पिताके दिये हुए राज्यको त्यागकर पैदल चलते और फलाहार करते हुए श्रीरामजीको मनानेके लिये जा रहे हैं। इनके समान आज कौन है?॥ २२२॥

**भायप भगति भरत आचरनू। कहत सुनत दुख दूषन हरनू॥**
**जो किछु कहब थोर सखि सोई। राम बंधु अस काहे न होई॥**

भरतजीका भाईपना, भक्ति और इनके आचरण कहने और सुननेसे दुःख और दोषोंके हरनेवाले हैं। हे सखी! उनके सम्बन्धमें जो कुछ भी कहा जाय, वह थोड़ा है। श्रीरामचन्द्रजीके भाई ऐसे क्यों न हों!॥ १॥

**हम सब सानुज भरतहि देखें। भइन्ह धन्य जुबती जन लेखें॥**
**सुनि गुन देखि दसा पछिताहीं। कैकइ जननि जोगु सुतु नाहीं॥**

छोटे भाई शत्रुघ्नसहित भरतजीको देखकर हम सब भी आज धन्य (बड़भागिनी) स्त्रियोंकी गिनतीमें आ गयीं। इस प्रकार भरतजीके गुण सुनकर और उनकी दशा देखकर स्त्रियाँ पछताती हैं और कहती हैं—यह पुत्र कैकेयी-जैसी माताके योग्य नहीं है॥ २॥

**कोउ कह दूषनु रानिहि नाहिन। बिधि सबु कीन्ह हमहि जो दाहिन॥**
**कहँ हम लोक बेद बिधि हीनी। लघु तिय कुल करतूति मलीनी॥**

कोई कहती हैं—इसमें रानीका भी दोष नहीं है। यह सब विधाताने ही किया है, जो हमारे अनुकूल है। कहाँ तो हम लोक और वेद दोनोंकी विधि (मर्यादा)-से हीन, कुल और करतूत दोनोंसे मलिन तुच्छ स्त्रियाँ,॥ ३॥

**बसहिं कुदेस कुगाँव कुबामा। कहँ यह दरसु पुन्य परिनामा॥**
**अस अनंदु अचिरिजु प्रति ग्रामा। जनु मरुभूमि कलपतरु जामा॥**

जो बुरे देश (जंगली प्रान्त) और बुरे गाँवमें बसती हैं और [स्त्रियोंमें भी] नीच स्त्रियाँ हैं! और कहाँ यह महान् पुण्योंका परिणामस्वरूप इनका दर्शन! ऐसा ही आनन्द और आश्चर्य गाँव-गाँवमें हो रहा है। मानो मरुभूमिमें कल्पवृक्ष उग गया हो॥ ४॥

**दो०—भरत दरसु देखत खुलेउ मग लोगन्ह कर भागु।**
**जनु सिंघलबासिन्ह भयउ बिधि बस सुलभ प्रयागु॥ २२३॥**

भरतजीका स्वरूप देखते ही रास्तेमें रहनेवाले लोगोंके भाग्य खुल गये! मानो दैवयोगसे सिंहलद्वीपके बसनेवालोंको तीर्थराज प्रयाग सुलभ हो गया हो!॥ २२३॥

**निज गुन सहित राम गुन गाथा। सुनत जाहिं सुमिरत रघुनाथा॥**
**तीरथ मुनि आश्रम सुरधामा। निरखि निमज्जहिं करहिं प्रनामा॥**

[इस प्रकार] अपने गुणोंसहित श्रीरामचन्द्रजीके गुणोंकी कथा सुनते और श्रीरघुनाथजीको स्मरण करते हुए भरतजी चले जा रहे हैं। वे तीर्थ देखकर स्नान और मुनियोंके आश्रम तथा देवताओंके मन्दिर देखकर प्रणाम करते हैं,॥ १॥

**मनहीं मन मागहिं बरु एहू। सीय राम पद पदुम सनेहू॥**
**मिलहिं किरात कोल बनबासी। बैखानस बटु जती उदासी॥**

और मन-ही-मन यह वरदान माँगते हैं कि श्रीसीतारामजीके चरणकमलोंमें प्रेम हो। मार्गमें भील, कोल आदि वनवासी तथा वानप्रस्थ, ब्रह्मचारी, संन्यासी और विरक्त मिलते हैं॥ २॥

**करि प्रनामु पूँछहिं जेहि तेही। केहि बन लखनु रामु बैदेही॥**
**ते प्रभु समाचार सब कहहीं। भरतहि देखि जनम फलु लहहीं॥**

उनमेंसे जिस-तिससे प्रणाम करके पूछते हैं कि लक्ष्मणजी, श्रीरामजी और जानकीजी किस वनमें हैं? वे प्रभुके सब समाचार कहते हैं और भरतजीको देखकर जन्मका फल पाते हैं॥ ३॥

**जे जन कहहिं कुसल हम देखे। ते प्रिय राम लखन सम लेखे॥**
**एहि बिधि बूझत सबहि सुबानी। सुनत राम बनबास कहानी॥**

जो लोग कहते हैं कि हमने उनको कुशलपूर्वक देखा है, उनको ये श्रीराम-लक्ष्मणके समान ही प्यारे मानते हैं। इस प्रकार सबसे सुन्दर वाणीसे पूछते और श्रीरामजीके वनवासकी कहानी सुनते जाते हैं॥ ४॥

**दो०—तेहि बासर बसि प्रातहीं चले सुमिरि रघुनाथ।**
**राम दरस की लालसा भरत सरिस सब साथ॥ २२४॥**

उस दिन वहीं ठहरकर दूसरे दिन प्रातःकाल ही श्रीरघुनाथजीका स्मरण करके चले। साथके सब लोगोंको भी भरतजीके समान ही श्रीरामजीके दर्शनकी लालसा [लगी हुई] है॥ २२४॥

**मंगल सगुन होहिं सब काहू। फरकहिं सुखद बिलोचन बाहू॥**
**भरतहि सहित समाज उछाहू। मिलिहहिं रामु मिटिहि दुख दाहू॥**

सबको मंगलसूचक शकुन हो रहे हैं। सुख देनेवाले [पुरुषोंके दाहिने और स्त्रियोंके बायें] नेत्र और भुजाएँ फड़क रही हैं। समाजसहित भरतजीको उत्साह हो रहा है कि श्रीरामचन्द्रजी मिलेंगे और दुःखका दाह मिट जायगा॥ १॥

**करत मनोरथ जस जियँ जाके। जाहिं सनेह सुराँ सब छाके॥**
**सिथिल अंग पग मग डगि डोलहिं। बिहबल बचन पेम बस बोलहिं॥**

जिसके जीमें जैसा है, वह वैसा ही मनोरथ करता है। सब स्नेहरूपी मदिरासे छके (प्रेममें मतवाले हुए) चले जा रहे हैं। अंग शिथिल हैं, रास्तेमें पैर डगमगा रहे हैं और प्रेमवश विह्वल वचन बोल रहे हैं॥ २॥

**रामसखाँ तेहि समय देखावा। सैल सिरोमनि सहज सुहावा॥**
**जासु समीप सरित पय तीरा। सीय समेत बसहिं दोउ बीरा॥**

रामसखा निषादराजने उसी समय स्वाभाविक ही सुहावना पर्वतशिरोमणि कामदगिरि दिखलाया, जिसके निकट ही पयस्विनी नदीके तटपर सीताजीसमेत दोनों भाई निवास करते हैं॥ ३॥

**देखि करहिं सब दंड प्रनामा। कहि जय जानकि जीवन रामा॥**
**प्रेम मगन अस राजसमाजू। जनु फिरि अवध चले रघुराजू॥**

सब लोग उस पर्वतको देखकर 'जानकी-जीवन श्रीरामचन्द्रजीकी जय हो।' ऐसा कहकर दण्डवत्-प्रणाम करते हैं। राजसमाज प्रेममें ऐसा मगन है मानो श्रीरघुनाथजी अयोध्याको लौट चले हों॥ ४॥

**दो०—भरत प्रेमु तेहि समय जस तस कहि सकइ न सेषु।**
**कबिहि अगम जिमि ब्रह्मसुखु अह मम मलिन जनेषु॥ २२५॥**

भरतजीका उस समय जैसा प्रेम था, वैसा शेषजी भी नहीं कह सकते। कविके लिये तो वह वैसा ही अगम है जैसा अहंता और ममतासे मलिन मनुष्योंके लिये ब्रह्मानन्द!॥ २२५॥

**सकल सनेह सिथिल रघुबर कें। गए कोस दुइ दिनकर ढरकें॥**
**जलु थलु देखि बसे निसि बीतें। कीन्ह गवन रघुनाथ पिरीतें॥**

सब लोग श्रीरामचन्द्रजीके प्रेमके मारे शिथिल होनेके कारण सूर्यास्त होनेतक (दिनभरमें) दो ही कोस चल पाये और जल-स्थलका सुपास देखकर रातको वहीं [बिना खाये-पीये ही] रह गये। रात बीतनेपर श्रीरघुनाथजीके प्रेमी भरतजीने आगे गमन किया॥ १॥

**उहाँ रामु रजनी अवसेषा। जागे सीयँ सपन अस देखा॥**
**सहित समाज भरत जनु आए। नाथ बियोग ताप तन ताए॥**

उधर श्रीरामचन्द्रजी रात शेष रहते ही जागे। रातको सीताजीने ऐसा स्वप्न देखा [जिसे वे श्रीरामजीको सुनाने लगीं] मानो समाजसहित भरतजी यहाँ आये हैं। प्रभुके वियोगकी अग्निसे उनका शरीर संतप्त है॥ २॥

**सकल मलिन मन दीन दुखारी। देखीं सासु आन अनुहारी॥**
**सुनि सिय सपन भरे जल लोचन। भए सोचबस सोच बिमोचन॥**

सभी लोग मनमें उदास, दीन और दुःखी हैं। सासुओंको दूसरी ही सूरतमें देखा। सीताजीका स्वप्न सुनकर श्रीरामचन्द्रजीके नेत्रोंमें जल भर आया और सबको सोचसे छुड़ा देनेवाले प्रभु स्वयं [लीलासे] सोचके वश हो गये॥ ३॥

**लखन सपन यह नीक न होई। कठिन कुचाह सुनाइहि कोई॥**
**अस कहि बंधु समेत नहाने। पूजि पुरारि साधु सनमाने॥**

[और बोले—] लक्ष्मण! यह स्वप्न अच्छा नहीं है। कोई भीषण कुसमाचार (बहुत ही बुरी खबर) सुनावेगा। ऐसा कहकर उन्होंने भाईसहित स्नान किया और त्रिपुरारि महादेवजीका पूजन करके साधुओंका सम्मान किया॥ ४॥

**छं०—सनमानि सुर मुनि बंदि बैठे उतर दिसि देखत भए।**
**नभ धूरि खग मृग भूरि भागे बिकल प्रभु आश्रम गए॥**
**तुलसी उठे अवलोकि कारनु काह चित सचकित रहे।**
**सब समाचार किरात कोलन्हि आइ तेहि अवसर कहे॥**

देवताओंका सम्मान (पूजन) और मुनियोंकी वन्दना करके श्रीरामचन्द्रजी बैठ गये और उत्तर दिशाकी ओर देखने लगे। आकाशमें धूल छा रही है; बहुत-से पक्षी और पशु व्याकुल होकर भागे हुए प्रभुके आश्रमको आ रहे हैं। तुलसीदासजी कहते हैं कि प्रभु श्रीरामचन्द्रजी यह देखकर उठे और सोचने लगे कि क्या कारण है? वे चित्तमें आश्चर्ययुक्त हो गये। उसी समय कोल-भीलोंने आकर सब समाचार कहे।

**सो०—सुनत सुमंगल बैन मन प्रमोद तन पुलक भर।**
**सरद सरोरुह नैन तुलसी भरे सनेह जल॥ २२६॥**

तुलसीदासजी कहते हैं कि सुन्दर मंगल वचन सुनते ही श्रीरामजीके मनमें बड़ा आनन्द हुआ। शरीरमें पुलकावली छा गयी, और शरद्-ऋतुके कमलके समान नेत्र प्रेमाश्रुओंसे भर गये॥ २२६॥

**बहुरि सोचबस भे सियरवनू। कारन कवन भरत आगवनू॥**
**एक आइ अस कहा बहोरी। सेन संग चतुरंग न थोरी॥**

सीतापति श्रीरामचन्द्रजी पुनः सोचके वश हो गये कि भरतके आनेका क्या कारण है? फिर एकने आकर ऐसा कहा कि उनके साथमें बड़ी भारी चतुरंगिणी सेना भी है॥ १॥

**सो सुनि रामहि भा अति सोचू। इत पितु बच इत बंधु सकोचू॥**
**भरत सुभाउ समुझि मन माहीं। प्रभु चित हित थिति पावत नाहीं॥**

यह सुनकर श्रीरामचन्द्रजीको अत्यन्त सोच हुआ। इधर तो पिताके वचन और इधर भाई भरतजीका संकोच! भरतजीके स्वभावको मनमें समझकर तो प्रभु श्रीरामचन्द्रजी चित्तको ठहरानेके लिये कोई स्थान ही नहीं पाते हैं॥ २॥

**समाधान तब भा यह जाने। भरतु कहे महुँ साधु सयाने॥**
**लखन लखेउ प्रभु हृदयँ खभारू। कहत समय सम नीति बिचारू॥**

तब यह जानकर समाधान हो गया कि भरत साधु और सयाने हैं तथा मेरे कहनेमें (आज्ञाकारी) हैं। लक्ष्मणजीने देखा कि प्रभु श्रीरामजीके हृदयमें चिन्ता है तो वे समयके अनुसार अपना नीतियुक्त विचार कहने लगे—॥ ३॥

**बिनु पूछें कछु कहउँ गोसाईं। सेवकु समयँ न ढीठ ढिठाईं॥**
**तुम्ह सर्बग्य सिरोमनि स्वामी। आपनि समुझि कहउँ अनुगामी॥**

हे स्वामी! आपके बिना ही पूछे मैं कुछ कहता हूँ; सेवक समयपर ढिठाई करनेसे ढीठ नहीं समझा जाता (अर्थात् आप पूछें तब मैं कहूँ, ऐसा अवसर नहीं है; इसीलिये यह मेरा कहना ढिठाई नहीं होगा)। हे स्वामी! आप सर्वज्ञोंमें शिरोमणि हैं (सब जानते ही हैं)। मैं सेवक तो अपनी समझकी बात कहता हूँ॥ ४॥

**दो०—नाथ सुहृद सुठि सरल चित सील सनेह निधान।**
**सब पर प्रीति प्रतीति जियँ जानिअ आपु समान॥ २२७॥**

हे नाथ! आप परम सुहृद् (बिना ही कारण परम हित करनेवाले), सरलहृदय तथा शील और स्नेहके भण्डार हैं, आपका सभीपर प्रेम और विश्वास है, और अपने हृदयमें सबको अपने ही समान जानते हैं॥ २२७॥

**बिषई जीव पाइ प्रभुताई। मूढ़ मोह बस होहिं जनाई॥**
**भरतु नीति रत साधु सुजाना। प्रभु पद प्रेमु सकल जगु जाना॥**

परन्तु मूढ़ विषयी जीव प्रभुता पाकर मोहवश अपने असली स्वरूपको प्रकट कर देते हैं। भरत नीतिपरायण, साधु और चतुर हैं तथा प्रभु (आप)-के चरणोंमें उनका प्रेम है, इस बातको सारा जगत् जानता है॥ १॥

**तेऊ आजु राम पदु पाई। चले धरम मरजाद मेटाई॥**
**कुटिल कुबंधु कुअवसरु ताकी। जानि राम बनबास एकाकी॥**

वे भरत भी आज श्रीरामजी (आप)-का पद (सिंहासन या अधिकार) पाकर धर्मकी मर्यादाको मिटाकर चले हैं। कुटिल खोटे भाई भरत कुसमय देखकर और यह जानकर कि रामजी (आप) वनवासमें अकेले (असहाय) हैं,॥ २॥

**करि कुमंत्रु मन साजि समाजू। आए करै अकंटक राजू॥**
**कोटि प्रकार कलपि कुटिलाई। आए दल बटोरि दोउ भाई॥**

अपने मनमें बुरा विचार करके, समाज जोड़कर राज्यको निष्कण्टक करनेके लिये यहाँ आये हैं। करोड़ों (अनेकों) प्रकारकी कुटिलताएँ रचकर सेना बटोरकर दोनों भाई आये हैं॥ ३॥

**जौं जियँ होति न कपट कुचाली। केहि सोहाति रथ बाजि गजाली॥**
**भरतहि दोसु देइ को जाएँ। जग बौराइ राज पदु पाएँ॥**

यदि इनके हृदयमें कपट और कुचाल न होती, तो रथ, घोड़े और हाथियोंकी कतार [ऐसे समय] किसे सुहाती? परन्तु भरतको ही व्यर्थ कौन दोष दे? राजपद पा जानेपर सारा जगत् ही पागल (मतवाला) हो जाता है॥ ४॥

**दो०—ससि गुर तिय गामी नघुषु चढ़ेउ भूमिसुर जान।**
**लोक बेद तें बिमुख भा अधम न बेन समान॥ २२८॥**

चन्द्रमा गुरुपत्नीगामी हुआ, राजा नहुष ब्राह्मणोंकी पालकीपर चढ़ा। और राजा वेनके समान नीच तो कोई नहीं होगा, जो लोक और वेद दोनोंसे विमुख हो गया॥ २२८॥

**सहसबाहु सुरनाथु त्रिसंकू। केहि न राजमद दीन्ह कलंकू॥**
**भरत कीन्ह यह उचित उपाऊ। रिपु रिन रंच न राखब काऊ॥**

सहस्रबाहु, देवराज इन्द्र और त्रिशंकु आदि किसको राजमदने कलंक नहीं दिया? भरतने यह उपाय उचित ही किया है। क्योंकि शत्रु और ऋणको कभी जरा भी शेष नहीं रखना चाहिये॥ १॥

**एक कीन्हि नहिं भरत भलाई। निदरे रामु जानि असहाई॥**
**समुझि परिहि सोउ आजु बिसेषी। समर सरोष राम मुखु पेखी॥**

हाँ, भरतने एक बात अच्छी नहीं की, जो रामजी (आप)-को असहाय जानकर उनका निरादर किया! पर आज संग्राममें श्रीरामजी (आप)-का क्रोधपूर्ण मुख देखकर यह बात भी उनकी समझमें विशेषरूपसे आ जायगी (अर्थात् इस निरादरका फल भी वे अच्छी तरह पा जायँगे)॥ २॥

**एतना कहत नीति रस भूला। रन रस बिटपु पुलक मिस फूला॥**
**प्रभु पद बंदि सीस रज राखी। बोले सत्य सहज बलु भाषी॥**

इतना कहते ही लक्ष्मणजी नीतिरस भूल गये और युद्धरसरूपी वृक्ष पुलकावलीके बहानेसे फूल उठा (अर्थात् नीतिकी बात कहते-कहते उनके शरीरमें वीर-रस छा गया)। वे प्रभु श्रीरामचन्द्रजीके चरणोंकी वन्दना करके, चरण-रजको सिरपर रखकर सच्चा और स्वाभाविक बल कहते हुए बोले॥ ३॥

**अनुचित नाथ न मानब मोरा। भरत हमहि उपचार न थोरा॥**
**कहँ लगि सहिअ रहिअ मनु मारें। नाथ साथ धनु हाथ हमारें॥**

हे नाथ! मेरा कहना अनुचित न मानियेगा। भरतने हमें कम नहीं प्रचारा है (हमारे साथ कम छेड़छाड़ नहीं की है)। आखिर कहाँतक सहा जाय और मन मारे रहा जाय, जब स्वामी हमारे साथ हैं और धनुष हमारे हाथमें है!॥ ४॥

**दो०—छत्रि जाति रघुकुल जनमु राम अनुग जगु जान।**
**लातहुँ मारें चढ़ति सिर नीच को धूरि समान॥ २२९॥**

क्षत्रिय जाति, रघुकुलमें जन्म और फिर मैं श्रीरामजी (आप)-का अनुगामी (सेवक) हूँ, यह जगत् जानता है। [फिर भला कैसे सहा जाय?] धूलके समान नीच कौन है, परन्तु वह भी लात मारनेपर सिर ही चढ़ती है॥ २२९॥

**उठि कर जोरि रजायसु मागा। मनहुँ बीर रस सोवत जागा॥**
**बाँधि जटा सिर कसि कटि भाथा। साजि सरासनु सायकु हाथा॥**

यों कहकर लक्ष्मणजीने उठकर, हाथ जोड़कर आज्ञा माँगी। मानो वीररस सोतेसे जाग उठा हो। सिरपर जटा बाँधकर कमरमें तरकस कस लिया और धनुषको सजकर तथा बाणको हाथमें लेकर कहा—॥ १॥

**आजु राम सेवक जसु लेऊँ। भरतहि समर सिखावन देऊँ॥**
**राम निरादर कर फलु पाई। सोवहुँ समर सेज दोउ भाई॥**

आज मैं श्रीराम (आप)-का सेवक होनेका यश लूँ और भरतको संग्राममें शिक्षा दूँ। श्रीरामचन्द्रजी (आप)-के निरादरका फल पाकर दोनों भाई (भरत-शत्रुघ्न) रणशय्यापर सोवें!॥ २॥

**आइ बना भल सकल समाजू। प्रगट करउँ रिस पाछिल आजू॥**
**जिमि करि निकर दलइ मृगराजू। लेइ लपेटि लवा जिमि बाजू॥**

अच्छा हुआ जो सारा समाज आकर एकत्र हो गया। आज मैं पिछला सब क्रोध प्रकट करूँगा। जैसे सिंह हाथियोंके झुंडको कुचल डालता है और बाज जैसे लवेको लपेटमें ले लेता है॥ ३॥

**तैसेहिं भरतहि सेन समेता। सानुज निदरि निपातउँ खेता॥**
**जौं सहाय कर संकरु आई। तौ मारउँ रन राम दोहाई॥**

वैसे ही भरतको सेनासमेत और छोटे भाईसहित तिरस्कार करके मैदानमें पछाड़ूँगा। यदि शंकरजी भी आकर उनकी सहायता करें, तो भी, मुझे रामजीकी सौगन्ध है, मैं उन्हें युद्धमें [अवश्य] मार डालूँगा (छोड़ूँगा नहीं)॥ ४॥

**दो०—अति सरोष माखे लखनु लखि सुनि सपथ प्रवान।**
**सभय लोक सब लोकपति चाहत भभरि भगान॥ २३०॥**

लक्ष्मणजीको अत्यन्त क्रोधसे तमतमाया हुआ देखकर और उनकी प्रामाणिक (सत्य) सौगन्ध सुनकर सब लोग भयभीत हो जाते हैं और लोकपाल घबड़ाकर भागना चाहते हैं॥ २३०॥

**जगु भय मगन गगन भइ बानी। लखन बाहुबलु बिपुल बखानी॥**
**तात प्रताप प्रभाउ तुम्हारा। को कहि सकइ को जाननिहारा॥**

सारा जगत् भयमें डूब गया। तब लक्ष्मणजीके अपार बाहुबलकी प्रशंसा करती हुई आकाशवाणी हुई—हे तात! तुम्हारे प्रताप और प्रभावको कौन कह सकता है और कौन जान सकता है?॥ १॥

**अनुचित उचित काजु किछु होऊ। समुझि करिअ भल कह सबु कोऊ॥**
**सहसा करि पाछें पछिताहीं। कहहिं बेद बुध ते बुध नाहीं॥**

परन्तु कोई भी काम हो, उसे अनुचित-उचित खूब समझ-बूझकर किया जाय तो सब कोई अच्छा कहते हैं। वेद और विद्वान् कहते हैं कि जो बिना विचारे जल्दीमें किसी कामको करके पीछे पछताते हैं, वे बुद्धिमान् नहीं हैं॥ २॥

**सुनि सुर बचन लखन सकुचाने। राम सीयँ सादर सनमाने॥**
**कही तात तुम्ह नीति सुहाई। सब तें कठिन राजमदु भाई॥**

देववाणी सुनकर लक्ष्मणजी सकुचा गये। श्रीरामचन्द्रजी और सीताजीने उनका आदरके साथ सम्मान किया [और कहा—] हे तात! तुमने बड़ी सुन्दर नीति कही। हे भाई! राज्यका मद सबसे कठिन मद है॥ ३॥

**जो अचवँत नृप मातहिं तेई। नाहिन साधुसभा जेहिं सेई॥**
**सुनहु लखन भल भरत सरीसा। बिधि प्रपंच महँ सुना न दीसा॥**

जिन्होंने साधुओंकी सभाका सेवन (सत्संग) नहीं किया, वे ही राजा राजमदरूपी मदिराका आचमन करते ही (पीते ही) मतवाले हो जाते हैं। हे लक्ष्मण! सुनो, भरत-सरीखा उत्तम पुरुष ब्रह्माकी सृष्टिमें न तो कहीं सुना गया है, न देखा ही गया है॥ ४॥

**दो०—भरतहि होइ न राजमदु बिधि हरि हर पद पाइ।**
**कबहुँ कि काँजी सीकरनि छीरसिंधु बिनसाइ॥ २३१॥**

[अयोध्याके राज्यकी तो बात ही क्या है] ब्रह्मा, विष्णु और महादेवका पद पाकर भी भरतको राज्यका मद नहीं होनेका! क्या कभी काँजीकी बूँदोंसे क्षीरसमुद्र नष्ट हो सकता (फट सकता) है?॥ २३१॥

**तिमिरु तरुन तरनिहि मकु गिलई। गगनु मगन मकु मेघहिं मिलई॥**
**गोपद जल बूड़हिं घटजोनी। सहज छमा बरु छाड़ै छोनी॥**

अन्धकार चाहे तरुण (मध्याह्नके) सूर्यको निगल जाय। आकाश चाहे बादलोंमें समाकर मिल जाय। गौके खुर-इतने जलमें अगस्त्यजी डूब जायँ और पृथ्वी चाहे अपनी स्वाभाविक क्षमा (सहनशीलता)-को छोड़ दे॥ १॥

**मसक फूँक मकु मेरु उड़ाई। होइ न नृपमदु भरतहि भाई॥**
**लखन तुम्हार सपथ पितु आना। सुचि सुबंधु नहिं भरत समाना॥**

मच्छरकी फूँकसे चाहे सुमेरु उड़ जाय। परन्तु हे भाई! भरतको राजमद कभी नहीं हो सकता। हे लक्ष्मण! मैं तुम्हारी शपथ और पिताजीकी सौगन्ध खाकर कहता हूँ, भरतके समान पवित्र और उत्तम भाई संसारमें नहीं है॥ २॥

**सगुनु खीरु अवगुन जलु ताता। मिलइ रचइ परपंचु बिधाता॥**
**भरतु हंस रबिबंस तड़ागा। जनमि कीन्ह गुन दोष बिभागा॥**

हे तात! गुणरूपी दूध और अवगुणरूपी जलको मिलाकर विधाता इस दृश्य-प्रपंच (जगत्)-को रचता है। परन्तु भरतने सूर्यवंशरूपी तालाबमें हंसरूप जन्म लेकर गुण और दोषका विभाग कर दिया (दोनोंको अलग-अलग कर दिया)॥ ३॥

**गहि गुन पय तजि अवगुन बारी। निज जस जगत कीन्हि उजिआरी॥**
**कहत भरत गुन सीलु सुभाऊ। पेम पयोधि मगन रघुराऊ॥**

गुणरूपी दूधको ग्रहणकर और अवगुणरूपी जलको त्यागकर भरतने अपने यशसे जगत्‌में उजियाला कर दिया है। भरतजीके गुण, शील और स्वभावको कहते-कहते श्रीरघुनाथजी प्रेमसमुद्रमें मग्न हो गये॥ ४॥

**दो०—सुनि रघुबर बानी बिबुध देखि भरत पर हेतु।**
**सकल सराहत राम सो प्रभु को कृपानिकेतु॥ २३२॥**

श्रीरामचन्द्रजीकी वाणी सुनकर और भरतजीपर उनका प्रेम देखकर समस्त देवता उनकी सराहना करने लगे [और कहने लगे] कि श्रीरामचन्द्रजीके समान कृपाके धाम प्रभु और कौन हैं?॥ २३२॥

**जौं न होत जग जनम भरत को। सकल धरम धुर धरनि धरत को॥**
**कबि कुल अगम भरत गुन गाथा। को जानइ तुम्ह बिनु रघुनाथा॥**

यदि जगत्‌में भरतका जन्म न होता, तो पृथ्वीपर सम्पूर्ण धर्मोंकी धुरीको कौन धारण करता? हे रघुनाथजी! कविकुलके लिये अगम (उनकी कल्पनासे अतीत) भरतजीके गुणोंकी कथा आपके सिवा और कौन जान सकता है?॥ १॥

**लखन राम सियँ सुनि सुर बानी। अति सुखु लहेउ न जाइ बखानी॥**
**इहाँ भरतु सब सहित सहाए। मंदाकिनीं पुनीत नहाए॥**

लक्ष्मणजी, श्रीरामचन्द्रजी और सीताजीने देवताओंकी वाणी सुनकर अत्यन्त सुख पाया, जो वर्णन नहीं किया जा सकता। यहाँ भरतजीने सारे समाजके साथ पवित्र मन्दाकिनीमें स्नान किया॥ २॥

**सरित समीप राखि सब लोगा। मागि मातु गुर सचिव नियोगा॥**
**चले भरतु जहँ सिय रघुराई। साथ निषादनाथु लघु भाई॥**

फिर सबको नदीके समीप ठहराकर तथा माता, गुरु और मन्त्रीकी आज्ञा माँगकर निषादराज और शत्रुघ्नको साथ लेकर भरतजी वहाँको चले जहाँ श्रीसीताजी और श्रीरघुनाथजी थे॥ ३॥

**समुझि मातु करतब सकुचाहीं। करत कुतरक कोटि मन माहीं॥**
**रामु लखनु सिय सुनि मम नाऊँ। उठि जनि अनत जाहिं तजि ठाऊँ॥**

भरतजी अपनी माता कैकेयीकी करनीको समझकर (याद करके) सकुचाते हैं और मनमें करोड़ों (अनेकों) कुतर्क करते हैं [सोचते हैं—] श्रीराम, लक्ष्मण और सीताजी मेरा नाम सुनकर स्थान छोड़कर कहीं दूसरी जगह उठकर न चले जायँ॥ ४॥

**दो०—मातु मते महुँ मानि मोहि जो कछु करहिं सो थोर।**
**अघ अवगुन छमि आदरहिं समुझि आपनी ओर॥ २३३॥**

मुझे माताके मतमें मानकर वे जो कुछ भी करें सो थोड़ा है, पर वे अपनी ओर समझकर (अपने विरद और सम्बन्धको देखकर) मेरे पापों और अवगुणोंको क्षमा करके मेरा आदर ही करेंगे॥ २३३॥

**जौं परिहरहिं मलिन मनु जानी। जौं सनमानहिं सेवकु मानी॥**
**मोरें सरन रामहि की पनही। राम सुस्वामि दोसु सब जनही॥**

चाहे मलिन-मन जानकर मुझे त्याग दें, चाहे अपना सेवक मानकर मेरा सम्मान करें (कुछ भी करें); मेरे तो श्रीरामचन्द्रजीकी जूतियाँ ही शरण हैं। श्रीरामचन्द्रजी तो अच्छे स्वामी हैं, दोष तो सब दासका ही है॥ १॥

**जग जस भाजन चातक मीना। नेम पेम निज निपुन नबीना॥**
**अस मन गुनत चले मग जाता। सकुच सनेहँ सिथिल सब गाता॥**

जगत्में यशके पात्र तो चातक और मछली ही हैं, जो अपने नेम और प्रेमको सदा नया बनाये रखनेमें निपुण हैं। ऐसा मनमें सोचते हुए भरतजी मार्गमें चले जाते हैं। उनके सब अंग संकोच और प्रेमसे शिथिल हो रहे हैं॥ २॥

**फेरति मनहुँ मातु कृत खोरी। चलत भगति बल धीरज धोरी॥**
**जब समुझत रघुनाथ सुभाऊ। तब पथ परत उताइल पाऊ॥**

माताकी की हुई बुराई मानो उन्हें लौटाती है, पर धीरजकी धुरीको धारण करनेवाले भरतजी भक्तिके बलसे चले जाते हैं। जब श्रीरघुनाथजीके स्वभावको समझते (स्मरण करते) हैं तब मार्गमें उनके पैर जल्दी-जल्दी पड़ने लगते हैं॥ ३॥

**भरत दसा तेहि अवसर कैसी। जल प्रबाहँ जल अलि गति जैसी॥**
**देखि भरत कर सोचु सनेहू। भा निषाद तेहि समयँ बिदेहू॥**

उस समय भरतकी दशा कैसी है? जैसी जलके प्रवाहमें जलके भौंरेकी गति होती है। भरतजीका सोच और प्रेम देखकर उस समय निषाद विदेह हो गया (देहकी सुध-बुध भूल गया)॥ ४॥

**दो०—लगे होन मंगल सगुन सुनि गुनि कहत निषादु।**
**मिटिहि सोचु होइहि हरषु पुनि परिनाम बिषादु॥ २३४॥**

मंगल-शकुन होने लगे। उन्हें सुनकर और विचारकर निषाद कहने लगा—सोच मिटेगा, हर्ष होगा, पर फिर अन्तमें दुःख होगा॥ २३४॥

**सेवक बचन सत्य सब जाने। आश्रम निकट जाइ निअराने॥**
**भरत दीख बन सैल समाजू। मुदित छुधित जनु पाइ सुनाजू॥**

भरतजीने सेवक (गुह)-के सब वचन सत्य जाने और वे आश्रमके समीप जा पहुँचे। वहाँके वन और पर्वतोंके समूहको देखा तो भरतजी इतने आनन्दित हुए मानो कोई भूखा अच्छा अन्न (भोजन) पा गया हो॥ १॥

**ईति भीति जनु प्रजा दुखारी। त्रिबिध ताप पीड़ित ग्रह मारी॥**
**जाइ सुराज सुदेस सुखारी। होहिं भरत गति तेहि अनुहारी॥**

जैसे ईतिके भयसे दुःखी हुई और तीनों (आध्यात्मिक, आधिदैविक और आधिभौतिक) तापों तथा क्रूर ग्रहों और महामारियोंसे पीड़ित प्रजा किसी उत्तम देश और उत्तम राज्यमें जाकर सुखी हो जाय, भरतजीकी गति (दशा) ठीक उसी प्रकारकी हो रही है॥ २॥

[अधिक जल बरसना, न बरसना, चूहोंका उत्पात, टिड्डियाँ, तोते और दूसरे राजाकी चढ़ाई—खेतोंमें बाधा देनेवाले इन छः उपद्रवोंको 'ईति' कहते हैं।]

**राम बास बन संपति भ्राजा। सुखी प्रजा जनु पाइ सुराजा॥**
**सचिव बिरागु बिबेकु नरेसू। बिपिन सुहावन पावन देसू॥**

श्रीरामचन्द्रजीके निवाससे वनकी सम्पत्ति ऐसी सुशोभित है मानो अच्छे राजाको पाकर प्रजा सुखी हो। सुहावना वन ही पवित्र देश है। विवेक उसका राजा है और वैराग्य मन्त्री है॥ ३॥

**भट जम नियम सैल रजधानी। सांति सुमति सुचि सुंदर रानी॥**
**सकल अंग संपन्न सुराऊ। राम चरन आश्रित चित चाऊ॥**

यम (अहिंसा, सत्य, अस्तेय, ब्रह्मचर्य और अपरिग्रह) तथा नियम (शौच, सन्तोष, तप, स्वाध्याय और ईश्वरप्रणिधान) योद्धा हैं। पर्वत राजधानी है, शान्ति तथा सुबुद्धि दो सुन्दर पवित्र रानियाँ हैं। वह श्रेष्ठ राजा राज्यके सब अंगोंसे पूर्ण है और श्रीरामचन्द्रजीके चरणोंके आश्रित रहनेसे उसके चित्तमें चाव (आनन्द या उत्साह) है॥ ४॥

[स्वामी, अमात्य, सुहृद्, कोष, राष्ट्र, दुर्ग और सेना—राज्यके ये सात अंग हैं।]

**दो०—जीति मोह महिपालु दल सहित बिबेक भुआलु।**
**करत अकंटक राजु पुरँ सुख संपदा सुकालु॥ २३५॥**

मोहरूपी राजाको सेनासहित जीतकर विवेकरूपी राजा निष्कण्टक राज्य कर रहा है। उसके नगरमें सुख, सम्पत्ति और सुकाल वर्तमान है॥ २३५॥

**बन प्रदेस मुनि बास घनेरे। जनु पुर नगर गाउँ गन खेरे॥**
**बिपुल बिचित्र बिहग मृग नाना। प्रजा समाजु न जाइ बखाना॥**

वनरूपी प्रान्तोंमें जो मुनियोंके बहुत-से निवासस्थान हैं वही मानो शहरों, नगरों, गाँवों और खेड़ोंका समूह है। बहुत-से विचित्र पक्षी और अनेकों पशु ही मानो प्रजाओंका समाज है, जिसका वर्णन नहीं किया जा सकता॥ १॥

**खगहा करि हरि बाघ बराहा। देखि महिष बृष साजु सराहा॥**
**बयरु बिहाइ चरहिं एक संगा। जहँ तहँ मनहुँ सेन चतुरंगा॥**

गैंडा, हाथी, सिंह, बाघ, सूअर, भैंसे और बैलोंको देखकर राजाके साजको सराहते ही बनता है। ये सब आपसका वैर छोड़कर जहाँ-तहाँ एक साथ विचरते हैं। यही मानो चतुरंगिणी सेना है॥ २॥

**झरना झरहिं मत्त गज गाजहिं। मनहुँ निसान बिबिधि बिधि बाजहिं॥**
**चक चकोर चातक सुक पिक गन। कूजत मंजु मराल मुदित मन॥**

पानीके झरने झर रहे हैं और मतवाले हाथी चिंघाड़ रहे हैं। वे ही मानो वहाँ अनेकों प्रकारके नगाड़े बज रहे हैं। चकवा, चकोर, पपीहा, तोता तथा कोयलोंके समूह और सुन्दर हंस प्रसन्न मनसे कूज रहे हैं॥ ३॥

**अलिगन गावत नाचत मोरा। जनु सुराज मंगल चहु ओरा॥**
**बेलि बिटप तृन सफल सफूला। सब समाजु मुद मंगल मूला॥**

भौंरोंके समूह गुंजार कर रहे हैं और मोर नाच रहे हैं। मानो उस अच्छे राज्यमें चारों ओर मंगल हो रहा है। बेल, वृक्ष, तृण सब फल और फूलोंसे युक्त हैं। सारा समाज आनन्द और मंगलका मूल बन रहा है॥ ४॥

**दो०—राम सैल सोभा निरखि भरत हृदयँ अति पेमु।**
**तापस तप फलु पाइ जिमि सुखी सिरानें नेमु॥ २३६॥**

श्रीरामजीके पर्वतकी शोभा देखकर भरतजीके हृदयमें अत्यन्त प्रेम हुआ। जैसे तपस्वी नियमकी समाप्ति होनेपर तपस्याका फल पाकर सुखी होता है॥ २३६॥

## मासपारायण, बीसवाँ विश्राम
## नवाह्नपारायण, पाँचवाँ विश्राम

**तब केवट ऊँचें चढ़ि धाई। कहेउ भरत सन भुजा उठाई॥**
**नाथ देखिअहिं बिटप बिसाला। पाकरि जंबु रसाल तमाला॥**

तब केवट दौड़कर ऊँचे चढ़ गया और भुजा उठाकर भरतजीसे कहने लगा—हे नाथ! ये जो पाकर, जामुन, आम और तमालके विशाल वृक्ष दिखायी देते हैं,॥ १॥

**जिन्ह तरुबरन्ह मध्य बटु सोहा। मंजु बिसाल देखि मनु मोहा॥**
**नील सघन पल्लव फल लाला। अबिरल छाहँ सुखद सब काला॥**

जिन श्रेष्ठ वृक्षोंके बीचमें एक सुन्दर विशाल बड़का वृक्ष सुशोभित है, जिसको देखकर मन मोहित हो जाता है, उसके पत्ते नीले और सघन हैं और उसमें लाल फल लगे हैं। उसकी घनी छाया सब ऋतुओंमें सुख देनेवाली है॥ २॥

**मानहुँ तिमिर अरुनमय रासी। बिरची बिधि सँकेलि सुषमा सी॥**
**ए तरु सरित समीप गोसाँई। रघुबर परनकुटी जहँ छाई॥**

मानो ब्रह्माजीने परम शोभाको एकत्र करके अन्धकार और लालिमामयी राशि-सी रच दी है। हे गुसाईं! ये वृक्ष नदीके समीप हैं, जहाँ श्रीरामकी पर्णकुटी छायी है॥ ३॥

**तुलसी तरुबर बिबिध सुहाए। कहुँ कहुँ सियँ कहुँ लखन लगाए॥**
**बट छायाँ बेदिका बनाई। सियँ निज पानि सरोज सुहाई॥**

वहाँ तुलसीजीके बहुत-से सुन्दर वृक्ष सुशोभित हैं, जो कहीं-कहीं सीताजीने और कहीं लक्ष्मणजीने लगाये हैं। इसी बड़की छायामें सीताजीने अपने करकमलोंसे सुन्दर वेदी बनायी है॥ ४॥

**दो०—जहाँ बैठि मुनिगन सहित नित सिय रामु सुजान।**
**सुनहिं कथा इतिहास सब आगम निगम पुरान॥ २३७॥**

जहाँ सुजान श्रीसीतारामजी मुनियोंके वृन्दसमेत बैठकर नित्य शास्त्र, वेद और पुराणोंके सब कथा-इतिहास सुनते हैं॥ २३७॥

**सखा बचन सुनि बिटप निहारी। उमगे भरत बिलोचन बारी॥**
**करत प्रनाम चले दोउ भाई। कहत प्रीति सारद सकुचाई॥**

सखाके वचन सुनकर और वृक्षोंको देखकर भरतजीके नेत्रोंमें जल उमड़ आया। दोनों भाई प्रणाम करते हुए चले। उनके प्रेमका वर्णन करनेमें सरस्वतीजी भी सकुचाती हैं॥ १॥

**हरषहिं निरखि राम पद अंका। मानहुँ पारसु पायउ रंका॥**
**रज सिर धरि हियँ नयनन्हि लावहिं। रघुबर मिलन सरिस सुख पावहिं॥**

श्रीरामचन्द्रजीके चरणचिह्न देखकर दोनों भाई ऐसे हर्षित होते हैं मानो दरिद्र पारस पा गया हो। वहाँकी रजको मस्तकपर रखकर हृदयमें और नेत्रोंमें लगाते हैं और श्रीरघुनाथजीके मिलनेके समान सुख पाते हैं॥ २॥

**देखि भरत गति अकथ अतीवा। प्रेम मगन मृग खग जड़ जीवा॥**
**सखहि सनेह बिबस मग भूला। कहि सुपंथ सुर बरषहिं फूला॥**

भरतजीकी अत्यन्त अनिर्वचनीय दशा देखकर वनके पशु, पक्षी और जड़ (वृक्षादि) जीव प्रेममें मगन हो गये। प्रेमके विशेष वश होनेसे सखा निषादराजको भी रास्ता भूल गया। तब देवता सुन्दर रास्ता बतलाकर फूल बरसाने लगे॥ ३॥

**निरखि सिद्ध साधक अनुरागे। सहज सनेहु सराहन लागे॥**
**होत न भूतल भाउ भरत को। अचर सचर चर अचर करत को॥**

भरतके प्रेमकी इस स्थितिको देखकर सिद्ध और साधकलोग भी अनुरागसे भर गये और उनके स्वाभाविक प्रेमकी प्रशंसा करने लगे कि यदि इस पृथ्वीतलपर भरतका जन्म [अथवा प्रेम] न होता, तो जड़को चेतन और चेतनको जड़ कौन करता?॥ ४॥

**दो०—पेम अमिअ मंदरु बिरहु भरतु पयोधि गँभीर।**
**मथि प्रगटेउ सुर साधु हित कृपासिंधु रघुबीर॥ २३८॥**

प्रेम अमृत है, विरह मन्दराचल पर्वत है, भरतजी गहरे समुद्र हैं। कृपाके समुद्र श्रीरामचन्द्रजीने देवता और साधुओंके हितके लिये स्वयं [इस भरतरूपी गहरे समुद्रको अपने विरहरूपी मन्दराचलसे] मथकर यह प्रेमरूपी अमृत प्रकट किया है॥ २३८॥

**सखा समेत मनोहर जोटा। लखेउ न लखन सघन बन ओटा॥**
**भरत दीख प्रभु आश्रमु पावन। सकल सुमंगल सदनु सुहावन॥**

सखा निषादराजसहित इस मनोहर जोड़ीको सघन वनकी आड़के कारण लक्ष्मणजी नहीं देख पाये। भरतजीने प्रभु श्रीरामचन्द्रजीके समस्त सुमंगलोंके धाम और सुन्दर पवित्र आश्रमको देखा॥ १॥

**करत प्रबेस मिटे दुख दावा। जनु जोगीं परमारथु पावा॥**
**देखे भरत लखन प्रभु आगे। पूँछे बचन कहत अनुरागे॥**

आश्रममें प्रवेश करते ही भरतजीका दुःख और दाह (जलन) मिट गया, मानो योगीको परमार्थ (परमतत्त्व)-की प्राप्ति हो गयी हो। भरतजीने देखा कि लक्ष्मणजी प्रभुके आगे खड़े हैं और पूछे हुए वचन प्रेमपूर्वक कह रहे हैं (पूछी हुई बातका प्रेमपूर्वक उत्तर दे रहे हैं)॥ २॥

**सीस जटा कटि मुनि पट बाँधें। तून कसें कर सरु धनु काँधें॥**
**बेदी पर मुनि साधु समाजू। सीय सहित राजत रघुराजू॥**

सिरपर जटा है। कमरमें मुनियोंका (वल्कल) वस्त्र बाँधे हैं और उसीमें तरकस कसे हैं। हाथमें बाण तथा कंधेपर धनुष है। वेदीपर मुनि तथा साधुओंका समुदाय बैठा है और सीताजीसहित श्रीरघुनाथजी विराजमान हैं॥ ३॥

**बलकल बसन जटिल तनु स्यामा। जनु मुनिबेष कीन्ह रति कामा॥**
**कर कमलनि धनु सायकु फेरत। जिय की जरनि हरत हँसि हेरत॥**

श्रीरामजीके वल्कल वस्त्र हैं, जटा धारण किये हैं, श्याम शरीर है। [सीतारामजी ऐसे लगते हैं] मानो रति और कामदेवने मुनिका वेष धारण किया हो। श्रीरामजी अपने करकमलोंसे धनुष-बाण फेर रहे हैं, और हँसकर देखते ही जीकी जलन हर लेते हैं (अर्थात् जिसकी ओर भी एक बार हँसकर देख लेते हैं, उसीको परम आनन्द और शान्ति मिल जाती है।)॥ ४॥

**दो०—लसत मंजु मुनि मंडली मध्य सीय रघुचंदु।**
**ग्यान सभाँ जनु तनु धरें भगति सच्चिदानंदु॥ २३९॥**

सुन्दर मुनिमण्डलीके बीचमें सीताजी और रघुकुलचन्द्र श्रीरामचन्द्रजी ऐसे सुशोभित हो रहे हैं मानो ज्ञानकी सभामें साक्षात् भक्ति और सच्चिदानन्द शरीर धारण करके विराजमान हैं॥ २३९॥

**सानुज सखा समेत मगन मन। बिसरे हरष सोक सुख दुख गन॥**
**पाहि नाथ कहि पाहि गोसाईं। भूतल परे लकुट की नाईं॥**

छोटे भाई शत्रुघ्न और सखा निषादराजसमेत भरतजीका मन [प्रेममें] मगन हो रहा है। हर्ष-शोक, सुख-दुःख आदि सब भूल गये। 'हे नाथ! रक्षा कीजिये, हे गुसाईं! रक्षा कीजिये' ऐसा कहकर वे पृथ्वीपर दण्डकी तरह गिर पड़े॥ १॥

**बचन सपेम लखन पहिचाने। करत प्रनामु भरत जियँ जाने॥**
**बंधु सनेह सरस एहि ओरा। उत साहिब सेवा बस जोरा॥**

प्रेमभरे वचनोंसे लक्ष्मणजीने पहचान लिया और मनमें जान लिया कि भरतजी प्रणाम कर रहे हैं। [वे श्रीरामजीकी ओर मुँह किये खड़े थे, भरतजी पीठ-पीछे थे; इससे उन्होंने देखा नहीं।] अब इस ओर तो भाई भरतजीका सरस प्रेम और उधर स्वामी श्रीरामचन्द्रजीकी सेवाकी प्रबल परवशता॥ २॥

**मिलि न जाइ नहिं गुदरत बनई। सुकबि लखन मन की गति भनई॥**
**रहे राखि सेवा पर भारू। चढ़ी चंग जनु खैंच खेलारू॥**

न तो [क्षणभरके लिये भी सेवासे पृथक् होकर] मिलते ही बनता है और न [प्रेमवश] छोड़ते (उपेक्षा करते) ही। कोई श्रेष्ठ कवि ही लक्ष्मणजीके चित्तकी इस गति (दुविधा)-का वर्णन कर सकता है। वे सेवापर भार रखकर रह गये (सेवाको ही विशेष महत्त्वपूर्ण समझकर उसीमें लगे रहे) मानो चढ़ी हुई पतंगको खिलाड़ी (पतंग उड़ानेवाला) खींच रहा हो॥ ३॥

**कहत सप्रेम नाइ महि माथा। भरत प्रनाम करत रघुनाथा॥**
**उठे रामु सुनि पेम अधीरा। कहुँ पट कहुँ निषंग धनु तीरा॥**

लक्ष्मणजीने प्रेमसहित पृथ्वीपर मस्तक नवाकर कहा—हे रघुनाथजी! भरतजी प्रणाम कर रहे हैं। यह सुनते ही श्रीरघुनाथजी प्रेममें अधीर होकर उठे। कहीं वस्त्र गिरा, कहीं तरकस, कहीं धनुष और कहीं बाण॥ ४॥

**दो०—बरबस लिए उठाइ उर लाए कृपानिधान।**
**भरत राम की मिलनि लखि बिसरे सबहि अपान॥ २४०॥**

कृपानिधान श्रीरामचन्द्रजीने उनको जबरदस्ती उठाकर हृदयसे लगा लिया। भरतजी और श्रीरामजीके मिलनेकी रीतिको देखकर सबको अपनी सुध भूल गयी॥ २४०॥

**मिलनि प्रीति किमि जाइ बखानी। कबिकुल अगम करम मन बानी॥**
**परम पेम पूरन दोउ भाई। मन बुधि चित अहमिति बिसराई॥**

मिलनकी प्रीति कैसे बखानी जाय? वह तो कविकुलके लिये कर्म, मन, वाणी तीनोंसे अगम है। दोनों भाई (भरतजी और श्रीरामजी) मन, बुद्धि, चित्त और अहंकारको भुलाकर परम प्रेमसे पूर्ण हो रहे हैं॥ १॥

**कहहु सुपेम प्रगट को करई। केहि छाया कबि मति अनुसरई॥**
**कबिहि अरथ आखर बलु साँचा। अनुहरि ताल गतिहि नटु नाचा॥**

कहिये, उस श्रेष्ठ प्रेमको कौन प्रकट करे? कविकी बुद्धि किसकी छायाका अनुसरण करे? कविको तो अक्षर और अर्थका ही सच्चा बल है। नट तालकी गतिके अनुसार ही नाचता है!॥ २॥

**अगम सनेह भरत रघुबर को। जहँ न जाइ मनु बिधि हरि हर को॥**
**सो मैं कुमति कहौं केहि भाँती। बाज सुराग कि गाँडर ताँती॥**

भरतजी और श्रीरघुनाथजीका प्रेम अगम्य है, जहाँ ब्रह्मा, विष्णु और महादेवका भी मन नहीं जा सकता। उस प्रेमको मैं कुबुद्धि किस प्रकार कहूँ! भला, गाँडरकी ताँतसे भी कहीं सुन्दर राग बज सकता है?॥ ३॥

[तालाबों और झीलोंमें एक तरहकी घास होती है, उसे गाँडर कहते हैं।]

**मिलनि बिलोकि भरत रघुबर की। सुरगन सभय धकधकी धरकी॥**
**समुझाए सुरगुरु जड़ जागे। बरषि प्रसून प्रसंसन लागे॥**

भरतजी और श्रीरामचन्द्रजीके मिलनेका ढंग देखकर देवता भयभीत हो गये, उनकी धुकधुकी धड़कने लगी। देवगुरु बृहस्पतिजीने समझाया, तब कहीं वे मूर्ख चेते और फूल बरसाकर प्रशंसा करने लगे॥ ४॥

**दो०—मिलि सपेम रिपुसूदनहि केवटु भेंटेउ राम।**
**भूरि भायँ भेंटे भरत लछिमन करत प्रनाम॥ २४१॥**

फिर श्रीरामजी प्रेमके साथ शत्रुघ्नसे मिलकर तब केवट (निषादराज)-से मिले। प्रणाम करते हुए लक्ष्मणजीसे भरतजी बड़े ही प्रेमसे मिले॥ २४१॥

**भेंटेउ लखन ललकि लघु भाई। बहुरि निषादु लीन्ह उर लाई॥**
**पुनि मुनिगन दुहुँ भाइन्ह बंदे। अभिमत आसिष पाइ अनंदे॥**

तब लक्ष्मणजी ललककर (बड़ी उमंगके साथ) छोटे भाई शत्रुघ्नसे मिले। फिर उन्होंने निषादराजको हृदयसे लगा लिया। फिर भरत-शत्रुघ्न दोनों भाइयोंने [उपस्थित] मुनियोंको प्रणाम किया और इच्छित आशीर्वाद पाकर वे आनन्दित हुए॥ १॥

**सानुज भरत उमगि अनुरागा। धरि सिर सिय पद पदुम परागा॥**
**पुनि पुनि करत प्रनाम उठाए। सिर कर कमल परसि बैठाए॥**

छोटे भाई शत्रुघ्नसहित भरतजी प्रेममें उमँगकर सीताजीके चरणकमलोंकी रज सिरपर धारणकर बार-बार प्रणाम करने लगे। सीताजीने उन्हें उठाकर उनके सिरको अपने करकमलसे स्पर्शकर (सिरपर हाथ फेरकर) उन दोनोंको बैठाया॥ २॥

**सीयँ असीस दीन्हि मन माहीं। मगन सनेहँ देह सुधि नाहीं॥**
**सब बिधि सानुकूल लखि सीता। भे निसोच उर अपडर बीता॥**

सीताजीने मन-ही-मन आशीर्वाद दिया; क्योंकि वे स्नेहमें मग्न हैं, उन्हें देहकी सुध-बुध नहीं है। सीताजीको सब प्रकारसे अपने अनुकूल देखकर भरतजी सोचरहित हो गये और उनके हृदयका कल्पित भय जाता रहा॥ ३॥

**कोउ किछु कहइ न कोउ किछु पूँछा। प्रेम भरा मन निज गति छूँछा॥**
**तेहि अवसर केवटु धीरजु धरि। जोरि पानि बिनवत प्रनामु करि॥**

उस समय न तो कोई कुछ कहता है, न कोई कुछ पूछता है। मन प्रेमसे परिपूर्ण है, वह अपनी गतिसे खाली है (अर्थात् संकल्प-विकल्प और चांचल्यसे शून्य है)। उस अवसरपर केवट (निषादराज) धीरज धर और हाथ जोड़कर प्रणाम करके विनती करने लगा—॥ ४॥

**दो०—नाथ साथ मुनिनाथ के मातु सकल पुर लोग।**
**सेवक सेनप सचिव सब आए बिकल बियोग॥ २४२॥**

हे नाथ! मुनिनाथ वसिष्ठजीके साथ सब माताएँ, नगरवासी, सेवक, सेनापति, मन्त्री—सब आपके वियोगसे व्याकुल होकर आये हैं॥ २४२॥

**सीलसिंधु सुनि गुर आगवनू। सिय समीप राखे रिपुदवनू॥**
**चले सबेग रामु तेहि काला। धीर धरम धुर दीनदयाला॥**

गुरुका आगमन सुनकर शीलके समुद्र श्रीरामचन्द्रजीने सीताजीके पास शत्रुघ्नजीको रख दिया और वे परम धीर, धर्मधुरन्धर, दीनदयालु श्रीरामचन्द्रजी उसी समय वेगके साथ चल पड़े॥ १॥

**गुरहि देखि सानुज अनुरागे। दंड प्रनाम करन प्रभु लागे॥**
**मुनिबर धाइ लिए उर लाई। प्रेम उमगि भेंटे दोउ भाई॥**

गुरुजीके दर्शन करके लक्ष्मणजीसहित प्रभु श्रीरामचन्द्रजी प्रेममें भर गये और दण्डवत् प्रणाम करने लगे। मुनिश्रेष्ठ वसिष्ठजीने दौड़कर उन्हें हृदयसे लगा लिया और प्रेममें उमँगकर वे दोनों भाइयोंसे मिले॥ २॥

**प्रेम पुलकि केवट कहि नामू। कीन्ह दूरि तें दंड प्रनामू॥**
**रामसखा रिषि बरबस भेंटा। जनु महि लुठत सनेह समेटा॥**

फिर प्रेमसे पुलकित होकर केवट (निषादराज)-ने अपना नाम लेकर दूरसे ही वसिष्ठजीको दण्डवत् प्रणाम किया। ऋषि वसिष्ठजीने रामसखा जानकर उसको जबर्दस्ती हृदयसे लगा लिया। मानो जमीनपर लोटते हुए प्रेमको समेट लिया हो॥ ३॥

**रघुपति भगति सुमंगल मूला। नभ सराहि सुर बरिसहिं फूला॥**
**एहि सम निपट नीच कोउ नाहीं। बड़ बसिष्ठ सम को जग माहीं॥**

श्रीरघुनाथजीकी भक्ति सुन्दर मंगलोंका मूल है, इस प्रकार कहकर सराहना करते हुए देवता आकाशसे फूल बरसाने लगे। वे कहने लगे—जगत्में इसके समान सर्वथा नीच कोई नहीं और वसिष्ठजीके समान बड़ा कौन है?॥ ४॥

**दो०—जेहि लखि लखनहु तें अधिक मिले मुदित मुनिराउ।**
**सो सीतापति भजन को प्रगट प्रताप प्रभाउ॥ २४३॥**

जिस (निषाद)-को देखकर मुनिराज वसिष्ठजी लक्ष्मणजीसे भी अधिक उससे आनन्दित होकर मिले। यह सब सीतापति श्रीरामचन्द्रजीके भजनका प्रत्यक्ष प्रताप और प्रभाव है॥ २४३॥

**आरत लोग राम सबु जाना। करुनाकर सुजान भगवाना॥**
**जो जेहि भायँ रहा अभिलाषी। तेहि तेहि कै तसि तसि रुख राखी॥**

दयाकी खान, सुजान भगवान् श्रीरामजीने सब लोगोंको दुःखी (मिलनेके लिये व्याकुल)

जाना। तब जो जिस भावसे मिलनेका अभिलाषी था, उस-उसका उस-उस प्रकारका रुख रखते हुए (उसकी रुचिके अनुसार)॥ १॥

**सानुज मिलि पल महुँ सब काहू। कीन्ह दूरि दुखु दारुन दाहू॥**
**यह बड़ि बात राम कै नाहीं। जिमि घट कोटि एक रबि छाहीं॥**

उन्होंने लक्ष्मणजीसहित पलभरमें सब किसीसे मिलकर उनके दुःख और कठिन संतापको दूर कर दिया। श्रीरामचन्द्रजीके लिये यह कोई बड़ी बात नहीं है। जैसे करोड़ों घड़ोंमें एक ही सूर्यकी [पृथक्-पृथक्] छाया (प्रतिबिम्ब) एक साथ ही दीखती है॥ २॥

**मिलि केवटहि उमगि अनुरागा। पुरजन सकल सराहहिं भागा॥**
**देखीं राम दुखित महतारीं। जनु सुबेलि अवलीं हिम मारीं॥**

समस्त पुरवासी प्रेममें उमँगकर केवटसे मिलकर [उसके] भाग्यकी सराहना करते हैं। श्रीरामचन्द्रजीने सब माताओंको दुःखी देखा। मानो सुन्दर लताओंकी पंक्तियोंको पाला मार गया हो॥ ३॥

**प्रथम राम भेंटी कैकेई। सरल सुभायँ भगति मति भेई॥**
**पग परि कीन्ह प्रबोधु बहोरी। काल करम बिधि सिर धरि खोरी॥**

सबसे पहले रामजी कैकेयीसे मिले और अपने सरल स्वभाव तथा भक्तिसे उसकी बुद्धिको तर कर दिया। फिर चरणोंमें गिरकर काल, कर्म और विधाताके सिर दोष मँढ़कर, श्रीरामजीने उनको सान्त्वना दी॥ ४॥

**दो०—भेटीं रघुबर मातु सब करि प्रबोधु परितोषु।**
**अंब ईस आधीन जगु काहु न देइअ दोषु॥ २४४॥**

फिर श्रीरघुनाथजी सब माताओंसे मिले। उन्होंने सबको समझा-बुझाकर सन्तोष कराया कि हे माता! जगत् ईश्वरके अधीन है। किसीको भी दोष नहीं देना चाहिये॥ २४४॥

**गुरतिय पद बंदे दुहु भाईं। सहित बिप्रतिय जे सँग आईं॥**
**गंग गौरि सम सब सनमानीं। देहिं असीस मुदित मृदु बानीं॥**

फिर दोनों भाइयोंने ब्राह्मणोंकी स्त्रियोंसहित—जो भरतजीके साथ आयी थीं, गुरुजीकी पत्नी अरुन्धतीजीके चरणोंकी वन्दना की और उन सबका गंगाजी तथा गौरीजीके समान सम्मान किया। वे सब आनन्दित होकर कोमल वाणीसे आशीर्वाद देने लगीं॥ १॥

**गहि पद लगे सुमित्रा अंका। जनु भेंटी संपति अति रंका॥**
**पुनि जननी चरननि दोउ भ्राता। परे पेम ब्याकुल सब गाता॥**

तब दोनों भाई पैर पकड़कर सुमित्राजीकी गोदमें जा चिपटे। मानो किसी अत्यन्त दरिद्रको सम्पत्तिसे भेंट हो गयी हो। फिर दोनों भाई माता कौसल्याजीके चरणोंमें गिर पड़े। प्रेमके मारे उनके सारे अंग शिथिल हैं॥ २॥

**अति अनुराग अंब उर लाए। नयन सनेह सलिल अन्हवाए॥**
**तेहि अवसर कर हरष बिषादू। किमि कबि कहै मूक जिमि स्वादू॥**

बड़े ही स्नेहसे माताने उन्हें हृदयसे लगा लिया और नेत्रोंसे बहे हुए प्रेमाश्रुओंके जलसे उन्हें नहला

दिया। उस समयके हर्ष और विषादको कवि कैसे कहे? जैसे गूँगा स्वादको कैसे बतावे?॥ ३॥

**मिलि जननिहि सानुज रघुराऊ। गुर सन कहेउ कि धारिअ पाऊ॥**
**पुरजन पाइ मुनीस नियोगू। जल थल तकि तकि उतरेउ लोगू॥**

श्रीरघुनाथजीने छोटे भाई लक्ष्मणजीसहित माता कौसल्यासे मिलकर गुरुसे कहा कि आश्रमपर पधारिये। तदनन्तर मुनीश्वर वसिष्ठजीकी आज्ञा पाकर अयोध्यावासी सब लोग जल और थलका सुभीता देख-देखकर उतर गये॥ ४॥

**दो०—महिसुर मंत्री मातु गुर गने लोग लिए साथ।**
**पावन आश्रम गवनु किय भरत लखन रघुनाथ॥ २४५॥**

ब्राह्मण, मन्त्री, माताएँ और गुरु आदि गिने-चुने लोगोंको साथ लिये हुए, भरतजी, लक्ष्मणजी और श्रीरघुनाथजी पवित्र आश्रमको चले॥ २४५॥

**सीय आइ मुनिबर पग लागी। उचित असीस लही मन मागी॥**
**गुरपतिनिहि मुनितियन्ह समेता। मिली पेमु कहि जाइ न जेता॥**

सीताजी आकर मुनिश्रेष्ठ वसिष्ठजीके चरणों लगीं और उन्होंने मनमाँगी उचित आशिष पायी। फिर मुनियोंकी स्त्रियोंसहित गुरुपत्नी अरुन्धतीजीसे मिलीं। उनका जितना प्रेम था, वह कहा नहीं जाता॥ १॥

**बंदि बंदि पग सिय सबही के। आसिरबचन लहे प्रिय जी के॥**
**सासु सकल जब सीयँ निहारीं। मूदे नयन सहमि सुकुमारीं॥**

सीताजीने सभीके चरणोंकी अलग-अलग वन्दना करके अपने हृदयको प्रिय (अनुकूल) लगनेवाले आशीर्वाद पाये। जब सुकुमारी सीताजीने सब सासुओंको देखा, तब उन्होंने सहमकर अपनी आँखें बंद कर लीं॥ २॥

**परीं बधिक बस मनहुँ मरालीं। काह कीन्ह करतार कुचालीं॥**
**तिन्ह सिय निरखि निपट दुखु पावा। सो सबु सहिअ जो दैउ सहावा॥**

[सासुओंकी बुरी दशा देखकर] उन्हें ऐसा प्रतीत हुआ मानो राजहंसिनियाँ बधिकके वशमें पड़ गयी हों। [मनमें सोचने लगीं कि] कुचाली विधाताने क्या कर डाला? उन्होंने भी सीताजीको देखकर बड़ा दुःख पाया। [सोचा] जो कुछ दैव सहावे, वह सब सहना ही पड़ता है॥ ३॥

**जनकसुता तब उर धरि धीरा। नील नलिन लोयन भरि नीरा॥**
**मिली सकल सासुन्ह सिय जाई। तेहि अवसर करुना महि छाई॥**

तब जानकीजी हृदयमें धीरज धरकर, नील कमलके समान नेत्रोंमें जल भरकर, सब सासुओंसे जाकर मिलीं। उस समय पृथ्वीपर करुणा (करुण-रस) छा गयी॥ ४॥

**दो०—लागि लागि पग सबनि सिय भेंटति अति अनुराग।**
**हृदयँ असीसहिं पेम बस रहिअहु भरी सोहाग॥ २४६॥**

सीताजी सबके पैरों लग-लगकर अत्यन्त प्रेमसे मिल रही हैं, और सब सासुएँ स्नेहवश हृदयसे आशीर्वाद दे रही हैं कि तुम सुहागसे भरी रहो (अर्थात् सदा सौभाग्यवती रहो)॥ २४६॥

**बिकल सनेहँ सीय सब रानीं। बैठन सबहि कहेउ गुर ग्यानीं॥**
**कहि जग गति मायिक मुनिनाथा। कहे कछुक परमारथ गाथा॥**

सीताजी और सब रानियाँ स्नेहके मारे व्याकुल हैं। तब ज्ञानी गुरुने सबको बैठ जानेके लिये कहा। फिर मुनिनाथ वसिष्ठजीने जगत्‌की गतिको मायिक कहकर (अर्थात् जगत् मायाका है, इसमें कुछ भी नित्य नहीं है, ऐसा कहकर) कुछ परमार्थकी कथाएँ (बातें) कहीं॥ १॥

**नृप कर सुरपुर गवनु सुनावा। सुनि रघुनाथ दुसह दुखु पावा॥**
**मरन हेतु निज नेहु बिचारी। भे अति बिकल धीर धुर धारी॥**

तदनन्तर वसिष्ठजीने राजा दशरथजीके स्वर्गगमनकी बात सुनायी, जिसे सुनकर रघुनाथजीने दुःसह दुःख पाया। और अपने प्रति उनके स्नेहको उनके मरनेका कारण विचारकर धीरधुरन्धर श्रीरामचन्द्रजी अत्यन्त व्याकुल हो गये॥ २॥

**कुलिस कठोर सुनत कटु बानी। बिलपत लखन सीय सब रानी॥**
**सोक बिकल अति सकल समाजू। मानहुँ राजु अकाजेउ आजू॥**

वज्रके समान कठोर, कड़वी वाणी सुनकर लक्ष्मणजी, सीताजी और सब रानियाँ विलाप करने लगीं। सारा समाज शोकसे अत्यन्त व्याकुल हो गया! मानो राजा आज ही मरे हों॥ ३॥

**मुनिबर बहुरि राम समुझाए। सहित समाज सुसरित नहाए॥**
**ब्रतु निरंबु तेहि दिन प्रभु कीन्हा। मुनिहु कहें जलु काहुँ न लीन्हा॥**

फिर मुनिश्रेष्ठ वसिष्ठजीने श्रीरामजीको समझाया। तब उन्होंने समाजसहित श्रेष्ठ नदी मन्दाकिनीजीमें स्नान किया। उस दिन प्रभु श्रीरामचन्द्रजीने निर्जल व्रत किया। मुनि वसिष्ठजीके कहनेपर भी किसीने जल ग्रहण नहीं किया॥ ४॥

**दो०—भोरु भएँ रघुनंदनहि जो मुनि आयसु दीन्ह।**
**श्रद्धा भगति समेत प्रभु सो सबु सादरु कीन्ह॥ २४७॥**

दूसरे दिन सबेरा होनेपर मुनि वसिष्ठजीने श्रीरघुनाथजीको जो-जो आज्ञा दी, वह सब कार्य प्रभु श्रीरामचन्द्रजीने श्रद्धा-भक्तिसहित आदरके साथ किया॥ २४७॥

**करि पितु क्रिया बेद जसि बरनी। भे पुनीत पातक तम तरनी॥**
**जासु नाम पावक अघ तूला। सुमिरत सकल सुमंगल मूला॥**

वेदोंमें जैसा कहा गया है, उसीके अनुसार पिताकी क्रिया करके, पापरूपी अन्धकारके नष्ट करनेवाले सूर्यरूप श्रीरामचन्द्रजी शुद्ध हुए! जिनका नाम पापरूपी रूईके [तुरंत जला डालनेके] लिये अग्नि है; और जिनका स्मरणमात्र समस्त शुभ मंगलोंका मूल है,॥ १॥

**सुद्ध सो भयउ साधु संमत अस। तीरथ आवाहन सुरसरि जस॥**
**सुद्ध भएँ दुइ बासर बीते। बोले गुर सन राम पिरीते॥**

वे [नित्य शुद्ध-बुद्ध] भगवान् श्रीरामजी शुद्ध हुए। साधुओंकी ऐसी सम्मति है कि उनका शुद्ध होना वैसे ही है जैसा तीर्थोंके आवाहनसे गंगाजी शुद्ध होती हैं! (गंगाजी तो स्वभावसे ही शुद्ध हैं, उनमें जिन तीर्थोंका आवाहन किया जाता है उलटे वे ही गंगाजीके सम्पर्कमें आनेसे शुद्ध हो जाते हैं। इसी प्रकार सच्चिदानन्दरूप श्रीराम तो नित्य शुद्ध हैं, उनके संसर्गसे कर्म ही शुद्ध हो गये।) जब शुद्ध हुए दो दिन बीत गये तब श्रीरामचन्द्रजी प्रीतिके साथ गुरुजीसे बोले—॥ २॥

**नाथ लोग सब निपट दुखारी। कंद मूल फल अंबु अहारी॥**
**सानुज भरतु सचिव सब माता। देखि मोहि पल जिमि जुग जाता॥**

हे नाथ! सब लोग यहाँ अत्यन्त दुःखी हो रहे हैं। कन्द, मूल, फल और जलका ही आहार करते हैं। भाई शत्रुघ्नसहित भरतको, मन्त्रियोंको और सब माताओंको देखकर मुझे एक-एक पल युगके समान बीत रहा है॥ ३॥

**सब समेत पुर धारिअ पाऊ। आपु इहाँ अमरावति राऊ॥**
**बहुत कहेउँ सब कियउँ ढिठाई। उचित होइ तस करिअ गोसाँई॥**

अतः सबके साथ आप अयोध्यापुरीको पधारिये (लौट जाइये)। आप यहाँ हैं, और राजा अमरावती (स्वर्ग)-में हैं (अयोध्या सूनी है)! मैंने बहुत कह डाला, यह सब बड़ी ढिठाई की है। हे गोसाईं! जैसा उचित हो, वैसा ही कीजिये॥ ४॥

**दो०—धर्म सेतु करुनायतन कस न कहहु अस राम।**
**लोग दुखित दिन दुइ दरस देखि लहहुँ बिश्राम॥ २४८॥**

[वसिष्ठजीने कहा—] हे राम! तुम धर्मके सेतु और दयाके धाम हो, तुम भला ऐसा क्यों न कहो ? लोग दुःखी हैं। दो दिन तुम्हारा दर्शन कर शान्ति लाभ कर लें॥ २४८॥

**राम बचन सुनि सभय समाजू। जनु जलनिधि महुँ बिकल जहाजू॥**
**सुनि गुर गिरा सुमंगल मूला। भयउ मनहुँ मारुत अनुकूला॥**

श्रीरामजीके वचन सुनकर सारा समाज भयभीत हो गया। मानो बीच समुद्रमें जहाज डगमगा गया हो। परन्तु जब उन्होंने गुरु वसिष्ठजीकी श्रेष्ठ कल्याणमूलक वाणी सुनी, तो उस जहाजके लिये मानो हवा अनुकूल हो गयी॥ १॥

**पावन पयँ तिहुँ काल नहाहीं। जो बिलोकि अघ ओघ नसाहीं॥**
**मंगलमूरति लोचन भरि भरि। निरखहिं हरषि दंडवत करि करि॥**

सब लोग पवित्र पयस्विनी नदीमें [अथवा पयस्विनी नदीके पवित्र जलमें] तीनों समय (सबेरे, दोपहर और सायंकाल) स्नान करते हैं, जिसके दर्शनसे ही पापोंके समूह नष्ट हो जाते हैं और मंगलमूर्ति श्रीरामचन्द्रजीको दण्डवत्-प्रणाम कर-करके उन्हें नेत्र भर-भरकर देखते हैं॥ २॥

**राम सैल बन देखन जाहीं। जहँ सुख सकल सकल दुख नाहीं॥**
**झरना झरहिं सुधासम बारी। त्रिबिध तापहर त्रिबिध बयारी॥**

सब श्रीरामचन्द्रजीके पर्वत (कामदगिरि) और वनको देखने जाते हैं, जहाँ सभी सुख हैं और सभी दुःखोंका अभाव है। झरने अमृतके समान जल झरते हैं और तीन प्रकारकी (शीतल, मन्द, सुगन्ध) हवा तीनों प्रकारके (आध्यात्मिक, आधिभौतिक, आधिदैविक) तापोंको हर लेती है॥ ३॥

**बिटप बेलि तृन अगनित जाती। फल प्रसून पल्लव बहु भाँती॥**
**सुंदर सिला सुखद तरु छाहीं। जाइ बरनि बन छबि केहि पाहीं॥**

असंख्य जातिके वृक्ष, लताएँ और तृण हैं तथा बहुत तरहके फल, फूल और पत्ते हैं। सुन्दर शिलाएँ हैं। वृक्षोंकी छाया सुख देनेवाली है। वनकी शोभा किससे वर्णन की जा सकती है?॥ ४॥

**दो०—सरनि सरोरुह जल बिहग कूजत गुंजत भृंग।**
**बैर बिगत बिहरत बिपिन मृग बिहंग बहुरंग॥ २४९॥**

तालाबोंमें कमल खिल रहे हैं, जलके पक्षी कूज रहे हैं, भौंरे गुंजार कर रहे हैं और बहुत रंगोंके पक्षी और पशु वनमें वैररहित होकर विहार कर रहे हैं॥ २४९॥

**कोल किरात भिल्ल बनबासी। मधु सुचि सुंदर स्वादु सुधा सी॥**
**भरि भरि परन पुटीं रचि रूरी। कंद मूल फल अंकुर जूरी॥**

कोल, किरात और भील आदि वनके रहनेवाले लोग पवित्र, सुन्दर एवं अमृतके समान स्वादिष्ट मधु (शहद)-को सुन्दर दोने बनाकर और उनमें भर-भरकर तथा कन्द, मूल, फल और अंकुर आदिकी जूड़ियों (अँटियों)-को॥ १॥

**सबहि देहिं करि बिनय प्रनामा। कहि कहि स्वाद भेद गुन नामा॥**
**देहिं लोग बहु मोल न लेहीं। फेरत राम दोहाई देहीं॥**

सबको विनय और प्रणाम करके उन चीजोंके अलग-अलग स्वाद, भेद (प्रकार), गुण और नाम बता-बताकर देते हैं। लोग उनका बहुत दाम देते हैं, पर वे नहीं लेते और लौटा देनेमें श्रीरामजीकी दुहाई देते हैं॥ २॥

**कहहिं सनेह मगन मृदु बानी। मानत साधु पेम पहिचानी॥**
**तुम्ह सुकृती हम नीच निषादा। पावा दरसनु राम प्रसादा॥**

प्रेममें मग्न हुए वे कोमल वाणीसे कहते हैं कि साधुलोग प्रेमको पहचानकर उसका सम्मान करते हैं (अर्थात् आप साधु हैं, आप हमारे प्रेमको देखिये, दाम देकर या वस्तुएँ लौटाकर हमारे प्रेमका तिरस्कार न कीजिये)। आप तो पुण्यात्मा हैं, हम नीच निषाद हैं। श्रीरामजीकी कृपासे ही हमने आपलोगोंके दर्शन पाये हैं॥ ३॥

**हमहि अगम अति दरसु तुम्हारा। जस मरु धरनि देवधुनि धारा॥**
**राम कृपाल निषाद नेवाजा। परिजन प्रजउ चहिअ जस राजा॥**

हमलोगोंको आपके दर्शन बड़े ही दुर्लभ हैं, जैसे मरुभूमिके लिये गंगाजीकी धारा दुर्लभ है! [देखिये,] कृपालु श्रीरामचन्द्रजीने निषादपर कैसी कृपा की है। जैसे राजा हैं वैसा ही उनके परिवार और प्रजाको भी होना चाहिये॥ ४॥

**दो०—यह जियँ जानि सँकोचु तजि करिअ छोहु लखि नेहु।**
**हमहि कृतारथ करन लगि फल तृन अंकुर लेहु॥ २५०॥**

हृदयमें ऐसा जानकर संकोच छोड़कर और हमारा प्रेम देखकर कृपा कीजिये और हमको कृतार्थ करनेके लिये ही फल, तृण और अंकुर लीजिये॥ २५०॥

**तुम्ह प्रिय पाहुने बन पगु धारे। सेवा जोगु न भाग हमारे॥**
**देब काह हम तुम्हहि गोसाँई। ईंधनु पात किरात मिताई॥**

आप प्रिय पाहुने वनमें पधारे हैं। आपकी सेवा करनेके योग्य हमारे भाग्य नहीं हैं। हे स्वामी! हम आपको क्या देंगे? भीलोंकी मित्रता तो बस, ईंधन (लकड़ी) और पत्तोंहीतक है॥ १॥

**यह हमारि अति बड़ि सेवकाई। लेहिं न बासन बसन चोराई॥**
**हम जड़ जीव जीव गन घाती। कुटिल कुचाली कुमति कुजाती॥**

हमारी तो यही बड़ी भारी सेवा है कि हम आपके कपड़े और बर्तन नहीं चुरा लेते। हमलोग जड़ जीव हैं, जीवोंकी हिंसा करनेवाले हैं; कुटिल, कुचाली, कुबुद्धि और कुजाति हैं॥ २॥

**पाप करत निसि बासर जाहीं। नहिं पट कटि नहिं पेट अघाहीं॥**
**सपनेहुँ धरमबुद्धि कस काऊ। यह रघुनंदन दरस प्रभाऊ॥**

हमारे दिन-रात पाप करते ही बीतते हैं। तो भी न तो हमारी कमरमें कपड़ा है और न पेट ही भरते हैं। हममें स्वप्नमें भी कभी धर्मबुद्धि कैसी? यह सब तो श्रीरघुनाथजीके दर्शनका प्रभाव है॥ ३॥

**जब तें प्रभु पद पदुम निहारे। मिटे दुसह दुख दोष हमारे॥**
**बचन सुनत पुरजन अनुरागे। तिन्ह के भाग सराहन लागे॥**

जबसे प्रभुके चरणकमल देखे, तबसे हमारे दुःसह दुःख और दोष मिट गये। वनवासियोंके वचन सुनकर अयोध्याके लोग प्रेममें भर गये और उनके भाग्यकी सराहना करने लगे॥ ४॥

**छं०—लागे सराहन भाग सब अनुराग बचन सुनावहीं।**
**बोलनि मिलनि सिय राम चरन सनेहु लखि सुखु पावहीं॥**
**नर नारि निदरहिं नेहु निज सुनि कोल भिल्लनि की गिरा।**
**तुलसी कृपा रघुबंसमनि की लोह लै लौका तिरा॥**

सब उनके भाग्यकी सराहना करने लगे और प्रेमके वचन सुनाने लगे। उन लोगोंके बोलने और मिलनेका ढंग तथा श्रीसीतारामजीके चरणोंमें उनका प्रेम देखकर सब सुख पा रहे हैं। उन कोल-भीलोंकी वाणी सुनकर सभी नर-नारी अपने प्रेमका निरादर करते हैं (उसे धिक्कार देते हैं)। तुलसीदासजी कहते हैं कि यह रघुवंशमणि श्रीरामचन्द्रजीकी कृपा है कि लोहा नौकाको अपने ऊपर लेकर तैर गया।

**सो०—बिहरहिं बन चहु ओर प्रतिदिन प्रमुदित लोग सब।**
**जल ज्यों दादुर मोर भए पीन पावस प्रथम॥ २५१॥**

सब लोग दिनोंदिन परम आनन्दित होते हुए वनमें चारों ओर विचरते हैं। जैसे पहली वर्षाके जलसे मेढक और मोर मोटे हो जाते हैं (प्रसन्न होकर नाचते-कूदते हैं)॥ २५१॥

**पुर जन नारि मगन अति प्रीती। बासर जाहिं पलक सम बीती॥**
**सीय सासु प्रति बेष बनाई। सादर करइ सरिस सेवकाई॥**

अयोध्यापुरीके पुरुष और स्त्री सभी प्रेममें अत्यन्त मग्न हो रहे हैं। उनके दिन पलके समान बीत जाते हैं। जितनी सासुएँ थीं, उतने ही वेष (रूप) बनाकर सीताजी सब सासुओंकी आदरपूर्वक एक-सी सेवा करती हैं॥ १॥

**लखा न मरमु राम बिनु काहूँ। माया सब सिय माया माहूँ॥**
**सीयँ सासु सेवा बस कीन्हीं। तिन्ह लहि सुख सिख आसिष दीन्हीं॥**

श्रीरामचन्द्रजीके सिवा इस भेदको और किसीने नहीं जाना। सब मायाएँ [पराशक्ति महामाया] श्रीसीताजीकी मायामें ही हैं। सीताजीने सासुओंको सेवासे वशमें कर लिया। उन्होंने सुख पाकर सीख और आशीर्वाद दिये॥ २॥

**लखि सिय सहित सरल दोउ भाई। कुटिल रानि पछितानि अघाई॥**
**अवनि जमहि जाचति कैकेई। महि न बीचु बिधि मीचु न देई॥**

सीताजीसमेत दोनों भाइयों (श्रीराम-लक्ष्मण)-को सरल स्वभाव देखकर कुटिल रानी कैकेयी भरपेट पछतायी। वह पृथ्वी तथा यमराजसे याचना करती है, किन्तु धरती बीच (फटकर समा जानेके लिये रास्ता) नहीं देती और विधाता मौत नहीं देता॥ ३॥

**लोकहुँ बेद बिदित कबि कहहीं। राम बिमुख थलु नरक न लहहीं॥**
**यहु संसउ सब के मन माहीं। राम गवनु बिधि अवध कि नाहीं॥**

लोक और वेदमें प्रसिद्ध है और कवि (ज्ञानी) भी कहते हैं कि जो श्रीरामजीसे विमुख हैं उन्हें नरकमें भी ठौर नहीं मिलती। सबके मनमें यह सन्देह हो रहा था कि हे विधाता! श्रीरामचन्द्रजीका अयोध्या जाना होगा या नहीं॥ ४॥

**दो०—निसि न नीद नहिं भूख दिन भरतु बिकल सुचि सोच।**
**नीच कीच बिच मगन जस मीनहि सलिल सँकोच॥ २५२॥**

भरतजीको न तो रातको नींद आती है, न दिनमें भूख ही लगती है। वे पवित्र सोचमें ऐसे विकल हैं, जैसे नीचे (तल)-के कीचड़में डूबी हुई मछलीको जलकी कमीसे व्याकुलता होती है॥ २५२॥

**कीन्हि मातु मिस काल कुचाली। ईति भीति जस पाकत साली॥**
**केहि बिधि होइ राम अभिषेकू। मोहि अवकलत उपाउ न एकू॥**

[भरतजी सोचते हैं कि] माताके मिससे कालने कुचाल की है। जैसे धानके पकते समय ईतिका भय आ उपस्थित हो। अब श्रीरामचन्द्रजीका राज्याभिषेक किस प्रकार हो, मुझे तो एक भी उपाय नहीं सूझ पड़ता॥ १॥

**अवसि फिरहिं गुर आयसु मानी। मुनि पुनि कहब राम रुचि जानी॥**
**मातु कहेहुँ बहुरहिं रघुराऊ। राम जननि हठ करबि कि काऊ॥**

गुरुजीकी आज्ञा मानकर तो श्रीरामजी अवश्य ही अयोध्याको लौट चलेंगे। परन्तु मुनि वसिष्ठजी तो श्रीरामचन्द्रजीकी रुचि जानकर ही कुछ कहेंगे (अर्थात् वे श्रीरामजीकी रुचि देखे बिना जानेको नहीं कहेंगे)। माता कौसल्याजीके कहनेसे भी श्रीरघुनाथजी लौट सकते हैं; पर भला, श्रीरामजीको जन्म देनेवाली माता क्या कभी हठ करेगी?॥ २॥

**मोहि अनुचर कर केतिक बाता। तेहि महँ कुसमउ बाम बिधाता॥**
**जौं हठ करउँ त निपट कुकरमू। हरगिरि तें गुरु सेवक धरमू॥**

मुझ सेवककी तो बात ही कितनी है? उसमें भी समय खराब है (मेरे दिन अच्छे नहीं हैं) और विधाता प्रतिकूल है। यदि मैं हठ करता हूँ तो यह घोर कुकर्म (अधर्म) होगा, क्योंकि सेवकका धर्म शिवजीके पर्वत कैलाससे भी भारी (निबाहनेमें कठिन) है॥ ३॥

**एकउ जुगुति न मन ठहरानी। सोचत भरतहि रैनि बिहानी॥**
**प्रात नहाइ प्रभुहि सिर नाई। बैठत पठए रिषयँ बोलाई॥**

एक भी युक्ति भरतजीके मनमें न ठहरी। सोचते-ही-सोचते रात बीत गयी। भरतजी प्रातःकाल स्नान करके और प्रभु श्रीरामचन्द्रजीको सिर नवाकर बैठे ही थे कि ऋषि वसिष्ठजीने उनको बुलवा भेजा॥ ४॥

**दो०—गुर पद कमल प्रनामु करि बैठे आयसु पाइ।**
**बिप्र महाजन सचिव सब जुरे सभासद आइ॥ २५३॥**

भरतजी गुरुके चरणकमलोंमें प्रणाम करके आज्ञा पाकर बैठ गये। उसी समय ब्राह्मण, महाजन, मन्त्री आदि सभी सभासद आकर जुट गये॥ २५३॥

**बोले मुनिबरु समय समाना। सुनहु सभासद भरत सुजाना॥**
**धरम धुरीन भानुकुल भानू। राजा रामु स्वबस भगवानू॥**

श्रेष्ठ मुनि वसिष्ठजी समयोचित वचन बोले—हे सभासदो! हे सुजान भरत! सुनो। सूर्यकुलके सूर्य महाराज श्रीरामचन्द्र धर्मधुरन्धर और स्वतन्त्र भगवान् हैं॥ १॥

**सत्यसंध पालक श्रुति सेतू। राम जनमु जग मंगल हेतू॥**
**गुर पितु मातु बचन अनुसारी। खल दलु दलन देव हितकारी॥**

वे सत्यप्रतिज्ञ हैं और वेदकी मर्यादाके रक्षक हैं। श्रीरामजीका अवतार ही जगत्‌के कल्याणके लिये हुआ है। वे गुरु, पिता और माताके वचनोंके अनुसार चलनेवाले हैं। दुष्टोंके दलका नाश करनेवाले और देवताओंके हितकारी हैं॥ २॥

**नीति प्रीति परमारथ स्वारथु। कोउ न राम सम जान जथारथु॥**
**बिधि हरि हरु ससि रबि दिसिपाला। माया जीव करम कुलि काला॥**

नीति, प्रेम, परमार्थ और स्वार्थको श्रीरामजीके समान यथार्थ (तत्त्वसे) कोई नहीं जानता। ब्रह्मा, विष्णु, महादेव, चन्द्र, सूर्य, दिक्पाल, माया, जीव, सभी कर्म और काल॥ ३॥

**अहिप महिप जहँ लगि प्रभुताई। जोग सिद्धि निगमागम गाई॥**
**करि बिचार जियँ देखहु नीकें। राम रजाइ सीस सबही कें॥**

शेषजी और [पृथ्वी एवं पातालके अन्यान्य] राजा आदि जहाँतक प्रभुता है, और योगकी सिद्धियाँ, जो वेद और शास्त्रोंमें गायी गयी हैं, हृदयमें अच्छी तरह विचार कर देखो, [तो यह स्पष्ट दिखायी देगा कि] श्रीरामजीकी आज्ञा इन सभीके सिरपर है (अर्थात् श्रीरामजी ही सबके एकमात्र महान् महेश्वर हैं)॥ ४॥

**दो०—राखें राम रजाइ रुख हम सब कर हित होइ।**
**समुझि सयाने करहु अब सब मिलि संमत सोइ॥ २५४॥**

अतएव श्रीरामजीकी आज्ञा और रुख रखनेमें ही हम सबका हित होगा। [इस तत्त्व और रहस्यको समझकर] अब तुम सयाने लोग जो सबको सम्मत हो, वही मिलकर करो॥ २५४॥

**सब कहुँ सुखद राम अभिषेकू। मंगल मोद मूल मग एकू॥**
**केहि बिधि अवध चलहिं रघुराऊ। कहहु समुझि सोइ करिअ उपाऊ॥**

श्रीरामजीका राज्याभिषेक सबके लिये सुखदायक है। मंगल और आनन्दका मूल यही एक मार्ग है। [अब] श्रीरघुनाथजी अयोध्या किस प्रकार चलें? विचारकर कहो, वही उपाय किया जाय॥ १॥

**सब सादर सुनि मुनिबर बानी। नय परमारथ स्वारथ सानी॥**
**उतरु न आव लोग भए भोरे। तब सिरु नाइ भरत कर जोरे॥**

मुनिश्रेष्ठ वसिष्ठजीकी नीति, परमार्थ और स्वार्थ (लौकिक हित)-में सनी हुई वाणी सबने

आदरपूर्वक सुनी। पर किसीको कोई उत्तर नहीं आता, सब लोग भोले (विचारशक्तिसे रहित) हो गये। तब भरतने सिर नवाकर हाथ जोड़े॥ २॥

**भानुबंस भए भूप घनेरे। अधिक एक तें एक बड़ेरे॥**
**जनम हेतु सब कहँ पितु माता। करम सुभासुभ देइ बिधाता॥**

[और कहा—] सूर्यवंशमें एक-से-एक अधिक बड़े बहुत-से राजा हो गये हैं। सभीके जन्मके कारण पिता-माता होते हैं और शुभ-अशुभ कर्मोंको (कर्मोंका फल) विधाता देते हैं॥ ३॥

**दलि दुख सजइ सकल कल्याना। अस असीस राउरि जगु जाना॥**
**सो गोसाइँ बिधि गति जेहिं छेंकी। सकइ को टारि टेक जो टेकी॥**

आपकी आशिष ही एक ऐसी है जो दुःखोंका दमन करके, समस्त कल्याणोंको सज देती है; यह जगत् जानता है। हे स्वामी! आप वही हैं जिन्होंने विधाताकी गति (विधान)-को भी रोक दिया। आपने जो टेक टेक दी (जो निश्चय कर दिया) उसे कौन टाल सकता है?॥ ४॥

**दो०—बूझिअ मोहि उपाउ अब सो सब मोर अभागु।**
**सुनि सनेहमय बचन गुर उर उमगा अनुरागु॥ २५५॥**

अब आप मुझसे उपाय पूछते हैं, यह सब मेरा अभाग्य है। भरतजीके प्रेममय वचनोंको सुनकर गुरुजीके हृदयमें प्रेम उमड़ आया॥ २५५॥

**तात बात फुरि राम कृपाहीं। राम बिमुख सिधि सपनेहुँ नाहीं॥**
**सकुचउँ तात कहत एक बाता। अरध तजहिं बुध सरबस जाता॥**

[वे बोले—] हे तात! बात सत्य है, पर है रामजीकी कृपासे ही। रामविमुखको तो स्वप्नमें भी सिद्धि नहीं मिलती। हे तात! मैं एक बात कहनेमें सकुचाता हूँ। बुद्धिमान् लोग सर्वस्व जाता देखकर [आधेकी रक्षाके लिये] आधा छोड़ दिया करते हैं॥ १॥

**तुम्ह कानन गवनहु दोउ भाई। फेरिअहिं लखन सीय रघुराई॥**
**सुनि सुबचन हरषे दोउ भ्राता। भे प्रमोद परिपूरन गाता॥**

अतः तुम दोनों भाई (भरत-शत्रुघ्न) वनको जाओ और लक्ष्मण, सीता और श्रीरामचन्द्रको लौटा दिया जाय। ये सुन्दर वचन सुनकर दोनों भाई हर्षित हो गये। उनके सारे अंग परमानन्दसे परिपूर्ण हो गये॥ २॥

**मन प्रसन्न तन तेजु बिराजा। जनु जिय राउ रामु भए राजा॥**
**बहुत लाभ लोगन्ह लघु हानी। सम दुख सुख सब रोवहिं रानी॥**

उनके मन प्रसन्न हो गये। शरीरमें तेज सुशोभित हो गया। मानो राजा दशरथ जी उठे हों और श्रीरामचन्द्रजी राजा हो गये हों! अन्य लोगोंको तो इसमें लाभ अधिक और हानि कम प्रतीत हुई। परन्तु रानियोंको दुःख-सुख समान ही थे (राम-लक्ष्मण वनमें रहें या भरत-शत्रुघ्न, दो पुत्रोंका वियोग तो रहेगा ही), यह समझकर वे सब रोने लगीं॥ ३॥

**कहहिं भरतु मुनि कहा सो कीन्हे। फलु जग जीवन्ह अभिमत दीन्हे॥**
**कानन करउँ जनम भरि बासू। एहि तें अधिक न मोर सुपासू॥**

भरतजी कहने लगे—मुनिने जो कहा, वह करनेसे जगत्‌भरके जीवोंको उनकी इच्छित वस्तु देनेका फल होगा। [चौदह वर्षकी कोई अवधि नहीं,] मैं जन्मभर वनमें वास करूँगा। मेरे लिये इससे बढ़कर और कोई सुख नहीं है॥ ४॥

**दो०—अंतरजामी रामु सिय तुम्ह सरबग्य सुजान।**
**जौं फुर कहहु त नाथ निज कीजिअ बचनु प्रवान॥ २५६॥**

श्रीरामचन्द्रजी और सीताजी हृदयकी जाननेवाले हैं और आप सर्वज्ञ तथा सुजान हैं। यदि आप यह सत्य कह रहे हैं तो हे नाथ! अपने वचनोंको प्रमाण कीजिये (उनके अनुसार व्यवस्था कीजिये)॥ २५६॥

**भरत बचन सुनि देखि सनेहू। सभा सहित मुनि भए बिदेहू॥**
**भरत महा महिमा जलरासी। मुनि मति ठाढ़ि तीर अबला सी॥**

भरतजीके वचन सुनकर और उनका प्रेम देखकर सारी सभासहित मुनि वसिष्ठजी विदेह हो गये (किसीको अपने देहकी सुधि न रही)। भरतजीकी महान् महिमा समुद्र है, मुनिकी बुद्धि उसके तटपर अबला स्त्रीके समान खड़ी है॥ १॥

**गा चह पार जतनु हियँ हेरा। पावति नाव न बोहितु बेरा॥**
**औरु करिहि को भरत बड़ाई। सरसी सीपि कि सिंधु समाई॥**

वह [उस समुद्रके] पार जाना चाहती है, इसके लिये उसने हृदयमें उपाय भी ढूँढ़े! पर [उसे पार करनेका साधन] नाव, जहाज या बेड़ा कुछ भी नहीं पाती। भरतजीकी बड़ाई और कौन करेगा? तलैयाकी सीपीमें भी कहीं समुद्र समा सकता है?॥ २॥

**भरतु मुनिहि मन भीतर भाए। सहित समाज राम पहिं आए॥**
**प्रभु प्रनामु करि दीन्ह सुआसनु। बैठे सब सुनि मुनि अनुसासनु॥**

मुनि वसिष्ठजीके अन्तरात्माको भरतजी बहुत अच्छे लगे और वे समाजसहित श्रीरामजीके पास आये। प्रभु श्रीरामचन्द्रजीने प्रणामकर उत्तम आसन दिया। सब लोग मुनिकी आज्ञा सुनकर बैठ गये॥ ३॥

**बोले मुनिबरु बचन बिचारी। देस काल अवसर अनुहारी॥**
**सुनहु राम सरबग्य सुजाना। धरम नीति गुन ग्यान निधाना॥**

श्रेष्ठ मुनि देश, काल और अवसरके अनुसार विचार करके वचन बोले—हे सर्वज्ञ! हे सुजान! हे धर्म, नीति, गुण और ज्ञानके भण्डार राम! सुनिये—॥ ४॥

**दो०—सब के उर अंतर बसहु जानहु भाउ कुभाउ।**
**पुरजन जननी भरत हित होइ सो कहिअ उपाउ॥ २५७॥**

आप सबके हृदयके भीतर बसते हैं और सबके भले-बुरे भावको जानते हैं। जिसमें पुरवासियोंका, माताओंका और भरतका हित हो, वही उपाय बतलाइये॥ २५७॥

**आरत कहहिं बिचारि न काऊ। सूझ जुआरिहि आपन दाऊ॥**
**सुनि मुनि बचन कहत रघुराऊ। नाथ तुम्हारेहि हाथ उपाऊ॥**

आर्त (दुःखी) लोग कभी विचारकर नहीं कहते। जुआरीको अपना ही दाँव सूझता है। मुनिके वचन सुनकर श्रीरघुनाथजी कहने लगे—हे नाथ! उपाय तो आपहीके हाथ है॥ १॥

**सब कर हित रुख राउरि राखें। आयसु किएँ मुदित फुर भाषें॥**
**प्रथम जो आयसु मो कहुँ होई। माथें मानि करौं सिख सोई॥**

आपका रुख रखनेमें और आपकी आज्ञाको सत्य कहकर प्रसन्नतापूर्वक पालन करनेमें ही सबका हित है। पहले तो मुझे जो आज्ञा हो, मैं उसी शिक्षाको माथेपर चढ़ाकर करूँ॥ २॥

**पुनि जेहि कहँ जस कहब गोसाईं। सो सब भाँति घटिहि सेवकाईं॥**
**कह मुनि राम सत्य तुम्ह भाषा। भरत सनेहँ बिचारु न राखा॥**

फिर हे गोसाईं! आप जिसको जैसा कहेंगे वह सब तरहसे सेवामें लग जायगा (आज्ञापालन करेगा)। मुनि वसिष्ठजी कहने लगे—हे राम! तुमने सच कहा। पर भरतके प्रेमने विचारको नहीं रहने दिया॥ ३॥

**तेहि तें कहउँ बहोरि बहोरी। भरत भगति बस भइ मति मोरी॥**
**मोरें जान भरत रुचि राखी। जो कीजिअ सो सुभ सिव साखी॥**

इसीलिये मैं बार-बार कहता हूँ, मेरी बुद्धि भरतकी भक्तिके वश हो गयी है। मेरी समझमें तो भरतकी रुचि रखकर जो कुछ किया जायगा, शिवजी साक्षी हैं, वह सब शुभ ही होगा॥ ४॥

**दो०—भरत बिनय सादर सुनिअ करिअ बिचारु बहोरि।**
**करब साधुमत लोकमत नृपनय निगम निचोरि॥ २५८॥**

पहले भरतकी विनती आदरपूर्वक सुन लीजिये, फिर उसपर विचार कीजिये। तब साधुमत, लोकमत, राजनीति और वेदोंका निचोड़ (सार) निकालकर वैसा ही (उसीके अनुसार) कीजिये॥ २५८॥

**गुर अनुरागु भरत पर देखी। राम हृदयँ आनंदु बिसेषी॥**
**भरतहि धरम धुरंधर जानी। निज सेवक तन मानस बानी॥**

भरतजीपर गुरुजीका स्नेह देखकर श्रीरामचन्द्रजीके हृदयमें विशेष आनन्द हुआ। भरतजीको धर्मधुरन्धर और तन, मन, वचनसे अपना सेवक जानकर—॥ १॥

**बोले गुर आयस अनुकूला। बचन मंजु मृदु मंगलमूला॥**
**नाथ सपथ पितु चरन दोहाई। भयउ न भुअन भरत सम भाई॥**

श्रीरामचन्द्रजी गुरुकी आज्ञाके अनुकूल मनोहर, कोमल और कल्याणके मूल वचन बोले—हे नाथ! आपकी सौगन्ध और पिताजीके चरणोंकी दुहाई है (मैं सत्य कहता हूँ कि) विश्वभरमें भरतके समान भाई कोई हुआ ही नहीं॥ २॥

**जे गुर पद अंबुज अनुरागी। ते लोकहुँ बेदहुँ बड़भागी॥**
**राउर जा पर अस अनुरागू। को कहि सकइ भरत कर भागू॥**

जो लोग गुरुके चरणकमलोंके अनुरागी हैं, वे लोकमें (लौकिक दृष्टिसे) भी और वेदमें (पारमार्थिक दृष्टिसे) भी बड़भागी होते हैं! [फिर] जिसपर आप (गुरु)-का ऐसा स्नेह है, उस भरतके भाग्यको कौन कह सकता है?॥ ३॥

**लखि लघु बंधु बुद्धि सकुचाई। करत बदन पर भरत बड़ाई॥**
**भरतु कहहिं सोइ किएँ भलाई। अस कहि राम रहे अरगाई॥**

छोटा भाई जानकर भरतके मुँहपर उसकी बड़ाई करनेमें मेरी बुद्धि सकुचाती है। (फिर भी मैं तो यही कहूँगा कि) भरत जो कुछ कहें, वही करनेमें भलाई है। ऐसा कहकर श्रीरामचन्द्रजी चुप हो रहे॥ ४॥

**दो०—तब मुनि बोले भरत सन सब सँकोचु तजि तात।**
**कृपासिंधु प्रिय बंधु सन कहहु हृदय कै बात॥ २५९॥**

तब मुनि भरतजीसे बोले—हे तात! सब संकोच त्यागकर कृपाके समुद्र अपने प्यारे भाईसे अपने हृदयकी बात कहो॥ २५९॥

**सुनि मुनि बचन राम रुख पाई। गुरु साहिब अनुकूल अघाई॥**
**लखि अपनें सिर सबु छरु भारू। कहि न सकहिं कछु करहिं बिचारू॥**

मुनिके वचन सुनकर और श्रीरामचन्द्रजीका रुख पाकर—गुरु तथा स्वामीको भरपेट अपने अनुकूल जानकर—सारा बोझ अपने ही ऊपर समझकर भरतजी कुछ कह नहीं सकते। वे विचार करने लगे॥ १॥

**पुलकि सरीर सभाँ भए ठाढ़े। नीरज नयन नेह जल बाढ़े॥**
**कहब मोर मुनिनाथ निबाहा। एहि तें अधिक कहौं मैं काहा॥**

शरीरसे पुलकित होकर वे सभामें खड़े हो गये। कमलके समान नेत्रोंमें प्रेमाश्रुओंकी बाढ़ आ गयी। [वे बोले—] मेरा कहना तो मुनिनाथने ही निबाह दिया (जो कुछ मैं कह सकता था वह उन्होंने ही कह दिया)। इससे अधिक मैं क्या कहूँ?॥ २॥

**मैं जानउँ निज नाथ सुभाऊ। अपराधिहु पर कोह न काऊ॥**
**मो पर कृपा सनेहु बिसेषी। खेलत खुनिस न कबहूँ देखी॥**

अपने स्वामीका स्वभाव मैं जानता हूँ। वे अपराधीपर भी कभी क्रोध नहीं करते। मुझपर तो उनकी विशेष कृपा और स्नेह है। मैंने खेलमें भी कभी उनकी रिस (अप्रसन्नता) नहीं देखी॥ ३॥

**सिसुपन तें परिहरेउँ न संगू। कबहुँ न कीन्ह मोर मन भंगू॥**
**मैं प्रभु कृपा रीति जियँ जोही। हारेहुँ खेल जितावहिं मोही॥**

बचपनसे ही मैंने उनका साथ नहीं छोड़ा और उन्होंने भी मेरे मनको कभी नहीं तोड़ा (मेरे मनके प्रतिकूल कोई काम नहीं किया)। मैंने प्रभुकी कृपाकी रीतिको हृदयमें भलीभाँति देखा (अनुभव किया है)। मेरे हारनेपर भी खेलमें प्रभु मुझे जिता देते रहे हैं॥ ४॥

**दो०—महूँ सनेह सकोच बस सनमुख कही न बैन।**
**दरसन तृपित न आजु लगि पेम पिआसे नैन॥ २६०॥**

मैंने भी प्रेम और संकोचवश कभी सामने मुँह नहीं खोला। प्रेमके प्यासे मेरे नेत्र आजतक प्रभुके दर्शनसे तृप्त नहीं हुए॥ २६०॥

**बिधि न सकेउ सहि मोर दुलारा। नीच बीचु जननी मिस पारा॥**
**यहउ कहत मोहि आजु न सोभा। अपनीं समुझि साधु सुचि को भा॥**

परन्तु विधाता मेरा दुलार न सह सका। उसने नीच माताके बहाने [मेरे और स्वामीके बीच] अन्तर डाल दिया। यह भी कहना आज मुझे शोभा नहीं देता। क्योंकि अपनी समझसे कौन साधु और पवित्र हुआ है? (जिसको दूसरे साधु और पवित्र मानें, वही साधु है)॥ १॥

**मातु मंदि मैं साधु सुचाली। उर अस आनत कोटि कुचाली॥**
**फरइ कि कोदव बालि सुसाली। मुकता प्रसव कि संबुक काली॥**

माता नीच है और मैं सदाचारी और साधु हूँ, ऐसा हृदयमें लाना ही करोड़ दुराचारोंके समान है। क्या कोदोंकी बाली उत्तम धान फल सकती है? क्या काली घोंघी मोती उत्पन्न कर सकती है?॥ २॥

**सपनेहुँ दोसक लेसु न काहू। मोर अभाग उदधि अवगाहू॥**
**बिनु समुझें निज अघ परिपाकू। जारिउँ जायँ जननि कहि काकू॥**

स्वप्नमें भी किसीको दोषका लेश भी नहीं है। मेरा अभाग्य ही अथाह समुद्र है। मैंने अपने पापोंका परिणाम समझे बिना ही माताको कटु वचन कहकर व्यर्थ ही जलाया॥ ३॥

**हृदयँ हेरि हारेउँ सब ओरा। एकहि भाँति भलेहिं भल मोरा॥**
**गुर गोसाइँ साहिब सिय रामू। लागत मोहि नीक परिनामू॥**

मैं अपने हृदयमें सब ओर खोजकर हार गया (मेरी भलाईका कोई साधन नहीं सूझता)। एक ही प्रकार भले ही (निश्चय ही) मेरा भला है। वह यह है कि गुरु महाराज सर्वसमर्थ हैं और श्रीसीतारामजी मेरे स्वामी हैं। इसीसे परिणाम मुझे अच्छा जान पड़ता है॥ ४॥

**दो०—साधु सभाँ गुर प्रभु निकट कहउँ सुथल सतिभाउ।**
**प्रेम प्रपंचु कि झूठ फुर जानहिं मुनि रघुराउ॥ २६१॥**

साधुओंकी सभामें गुरुजी और स्वामीके समीप इस पवित्र तीर्थ-स्थानमें मैं सत्य भावसे कहता हूँ। यह प्रेम है या प्रपंच (छल-कपट)? झूठ है या सच? इसे [सर्वज्ञ] मुनि वसिष्ठजी और [अन्तर्यामी] श्रीरघुनाथजी जानते हैं॥ २६१॥

**भूपति मरन पेम पनु राखी। जननी कुमति जगतु सबु साखी॥**
**देखि न जाहिं बिकल महतारीं। जरहिं दुसह जर पुर नर नारीं॥**

प्रेमके प्रणको निबाहकर महाराज (पिताजी)-का मरना और माताकी कुबुद्धि, दोनोंका सारा संसार साक्षी है। माताएँ व्याकुल हैं, वे देखी नहीं जातीं। अवधपुरीके नर-नारी दुःसह तापसे जल रहे हैं॥ १॥

**महीं सकल अनरथ कर मूला। सो सुनि समुझि सहिउँ सब सूला॥**
**सुनि बन गवनु कीन्ह रघुनाथा। करि मुनि बेष लखन सिय साथा॥**
**बिनु पानहिन्ह पयादेहि पाएँ। संकरु साखि रहेउँ एहि घाएँ॥**
**बहुरि निहारि निषाद सनेहू। कुलिस कठिन उर भयउ न बेहू॥**

मैं ही इन सारे अनर्थोंका मूल हूँ, यह सुन और समझकर मैंने सब दुःख सहा है। श्रीरघुनाथजी लक्ष्मण और सीताजीके साथ मुनियोंका-सा वेष धारणकर बिना जूते पहने पाँव-प्यादे (पैदल) ही वनको चले गये, यह सुनकर, शंकरजी साक्षी हैं, इस घावसे भी मैं जीता रह गया (यह सुनते ही मेरे प्राण नहीं निकल गये)! फिर निषादराजका प्रेम देखकर भी इस वज्रसे भी कठोर हृदयमें छेद नहीं हुआ (यह फटा नहीं)॥ २-३॥

**अब सबु आँखिन्ह देखेउँ आई। जिअत जीव जड़ सबइ सहाई॥**
**जिन्हहि निरखि मग साँपिनि बीछी। तजहिं बिषम बिषु तामस तीछी॥**

अब यहाँ आकर सब आँखों देख लिया। यह जड़ जीव जीता रहकर सभी सहावेगा। जिनको देखकर रास्तेकी साँपिनी और बीछी भी अपने भयानक विष और तीव्र क्रोधको त्याग देती हैं—॥ ४॥

**दो०—तेइ रघुनंदनु लखनु सिय अनहित लागे जाहि।**
**तासु तनय तजि दुसह दुख दैउ सहावइ काहि॥ २६२॥**

वे ही श्रीरघुनन्दन, लक्ष्मण और सीता जिसको शत्रु जान पड़े, उस कैकेयीके पुत्र मुझको छोड़कर दैव दुःसह दुःख और किसे सहावेगा?॥ २६२॥

**सुनि अति बिकल भरत बर बानी। आरति प्रीति बिनय नय सानी॥**
**सोक मगन सब सभाँ खभारू। मनहुँ कमल बन परेउ तुसारू॥**

अत्यन्त व्याकुल तथा दुःख, प्रेम, विनय और नीतिमें सनी हुई भरतजीकी श्रेष्ठ वाणी सुनकर सब लोग शोकमें मग्न हो गये, सारी सभामें विषाद छा गया। मानो कमलके वनपर पाला पड़ गया हो॥ १॥

**कहि अनेक बिधि कथा पुरानी। भरत प्रबोधु कीन्ह मुनि ग्यानी॥**
**बोले उचित बचन रघुनंदू। दिनकर कुल कैरव बन चंदू॥**

तब ज्ञानी मुनि वसिष्ठजीने अनेक प्रकारकी पुरानी (ऐतिहासिक) कथाएँ कहकर भरतजीका समाधान किया। फिर सूर्यकुलरूपी कुमुदवनके प्रफुल्लित करनेवाले चन्द्रमा श्रीरघुनन्दन उचित वचन बोले—॥ २॥

**तात जायँ जियँ करहु गलानी। ईस अधीन जीव गति जानी॥**
**तीनि काल तिभुअन मत मोरें। पुन्यसिलोक तात तर तोरें॥**

हे तात! तुम अपने हृदयमें व्यर्थ ही ग्लानि करते हो। जीवकी गतिको ईश्वरके अधीन जानो। मेरे मतमें [भूत, भविष्य, वर्तमान] तीनों कालों और [स्वर्ग, पृथ्वी और पाताल] तीनों लोकोंके सब पुण्यात्मा पुरुष तुमसे नीचे हैं॥ ३॥

**उर आनत तुम्ह पर कुटिलाई। जाइ लोकु परलोकु नसाई॥**
**दोसु देहिं जननिहि जड़ तेई। जिन्ह गुर साधु सभा नहिं सेई॥**

हृदयमें भी तुमपर कुटिलताका आरोप करनेसे यह लोक (यहाँके सुख, यश आदि) बिगड़ जाता है और परलोक भी नष्ट हो जाता है (मरनेके बाद भी अच्छी गति नहीं मिलती)। माता कैकेयीको तो वे ही मूर्ख दोष देते हैं जिन्होंने गुरु और साधुओंकी सभाका सेवन नहीं किया है॥ ४॥

**दो०—मिटिहहिं पाप प्रपंच सब अखिल अमंगल भार।**
**लोक सुजसु परलोक सुखु सुमिरत नामु तुम्हार॥ २६३॥**

हे भरत! तुम्हारा नाम-स्मरण करते ही सब पाप, प्रपंच (अज्ञान) और समस्त अमंगलोंके समूह मिट जायँगे तथा इस लोकमें सुन्दर यश और परलोकमें सुख प्राप्त होगा॥ २६३॥

**कहउँ सुभाउ सत्य सिव साखी। भरत भूमि रह राउरि राखी॥**
**तात कुतरक करहु जनि जाएँ। बैर पेम नहिं दुरइ दुराएँ॥**

हे भरत! मैं स्वभावसे ही सत्य कहता हूँ, शिवजी साक्षी हैं, यह पृथ्वी तुम्हारी ही रखी रह रही है। हे तात! तुम व्यर्थ कुतर्क न करो। वैर और प्रेम छिपाये नहीं छिपते॥ १॥

**मुनिगन निकट बिहग मृग जाहीं। बाधक बधिक बिलोकि पराहीं॥**
**हित अनहित पसु पच्छिउ जाना। मानुष तनु गुन ग्यान निधाना॥**

पक्षी और पशु मुनियोंके पास [बेधड़क] चले जाते हैं, पर हिंसा करनेवाले बधिकोंको देखते ही भाग जाते हैं। मित्र और शत्रुको पशु-पक्षी भी पहचानते हैं। फिर मनुष्यशरीर तो गुण और ज्ञानका भण्डार ही है॥ २॥

**तात तुम्हहि मैं जानउँ नीकें। करौं काह असमंजस जीकें॥**
**राखेउ रायँ सत्य मोहि त्यागी। तनु परिहरेउ पेम पन लागी॥**

हे तात! मैं तुम्हें अच्छी तरह जानता हूँ! क्या करूँ? जीमें बड़ा असमंजस (दुविधा) है। राजाने

मुझे त्यागकर सत्यको रखा और प्रेम-प्रणके लिये शरीर छोड़ दिया॥ ३॥

**तासु बचन मेटत मन सोचू। तेहि तें अधिक तुम्हार सँकोचू॥**
**ता पर गुर मोहि आयसु दीन्हा। अवसि जो कहहु चहउँ सोइ कीन्हा॥**

उनके वचनको मेटते मनमें सोच होता है। उससे भी बढ़कर तुम्हारा संकोच है। उसपर भी गुरुजीने मुझे आज्ञा दी है। इसलिये अब तुम जो कुछ कहो, अवश्य ही मैं वही करना चाहता हूँ॥ ४॥

**दो०—मनु प्रसन्न करि सकुच तजि कहहु करौं सोइ आजु।**
**सत्यसंध रघुबर बचन सुनि भा सुखी समाजु॥ २६४॥**

तुम मनको प्रसन्न कर और संकोचको त्याग कर जो कुछ कहो, मैं आज वही करूँ। सत्यप्रतिज्ञ रघुकुलश्रेष्ठ श्रीरामजीका यह वचन सुनकर सारा समाज सुखी हो गया॥ २६४॥

**सुर गन सहित सभय सुरराजू। सोचहिं चाहत होन अकाजू॥**
**बनत उपाउ करत कछु नाहीं। राम सरन सब गे मन माहीं॥**

देवगणोंसहित देवराज इन्द्र भयभीत होकर सोचने लगे कि अब बना-बनाया काम बिगड़ना ही चाहता है। कुछ उपाय करते नहीं बनता। तब वे सब मन-ही-मन श्रीरामजीकी शरण गये॥ १॥

**बहुरि बिचारि परस्पर कहहीं। रघुपति भगत भगति बस अहहीं॥**
**सुधि करि अंबरीष दुरबासा। भे सुर सुरपति निपट निरासा॥**

फिर वे विचार करके आपसमें कहने लगे कि श्रीरघुनाथजी तो भक्तकी भक्तिके वश हैं। अम्बरीष और दुर्वासाकी [घटना] याद करके तो देवता और इन्द्र बिलकुल ही निराश हो गये॥ २॥

**सहे सुरन्ह बहु काल बिषादा। नरहरि किए प्रगट प्रहलादा॥**
**लगि लगि कान कहहिं धुनि माथा। अब सुर काज भरत के हाथा॥**

पहले देवताओंने बहुत समयतक दुःख सहे। तब भक्त प्रह्लादने ही नृसिंहभगवान्‌को प्रकट किया था। सब देवता परस्पर कानोंसे लग-लगकर और सिर धुनकर कहते हैं कि अब (इस बार) देवताओंका काम भरतजीके हाथ है॥ ३॥

**आन उपाउ न देखिअ देवा। मानत रामु सुसेवक सेवा॥**
**हियँ सपेम सुमिरहु सब भरतहि। निज गुन सील राम बस करतहि॥**

हे देवताओ! और कोई उपाय नहीं दिखायी देता। श्रीरामजी अपने श्रेष्ठ सेवकोंकी सेवाको मानते हैं (अर्थात् उनके भक्तकी कोई सेवा करता है तो उसपर बहुत प्रसन्न होते हैं)। अतएव अपने गुण और शीलसे श्रीरामजीको वशमें करनेवाले भरतजीका ही सब लोग अपने-अपने हृदयमें प्रेमसहित स्मरण करो॥ ४॥

**दो०—सुनि सुरमत सुरगुर कहेउ भल तुम्हार बड़ भागु।**
**सकल सुमंगल मूल जग भरत चरन अनुरागु॥ २६५॥**

देवताओंका मत सुनकर देवगुरु बृहस्पतिजीने कहा—अच्छा विचार किया, तुम्हारे बड़े भाग्य हैं। भरतजीके चरणोंका प्रेम जगत्‌में समस्त शुभ मंगलोंका मूल है॥ २६५॥

**सीतापति सेवक सेवकाई। कामधेनु सय सरिस सुहाई॥**
**भरत भगति तुम्हरें मन आई। तजहु सोचु बिधि बात बनाई॥**

सीतानाथ श्रीरामजीके सेवककी सेवा सैकड़ों कामधेनुओंके समान सुन्दर है। तुम्हारे मनमें भरतजीकी भक्ति आयी है, तो अब सोच छोड़ दो। विधाताने बात बना दी॥ १॥

**देखु देवपति भरत प्रभाऊ। सहज सुभायँ बिबस रघुराऊ॥**
**मन थिर करहु देव डरु नाहीं। भरतहि जानि राम परिछाहीं॥**

हे देवराज! भरतजीका प्रभाव तो देखो। श्रीरघुनाथजी सहज स्वभावसे ही उनके पूर्णरूपसे वशमें हैं। हे देवताओ! भरतजीको श्रीरामचन्द्रजीकी परछाईं (परछाईंकी भाँति उनका अनुसरण करनेवाला) जानकर मन स्थिर करो, डरकी बात नहीं है॥ २॥

**सुनि सुरगुर सुर संमत सोचू। अंतरजामी प्रभुहि सकोचू॥**
**निज सिर भारु भरत जियँ जाना। करत कोटि बिधि उर अनुमाना॥**

देवगुरु बृहस्पतिजी और देवताओंकी सम्मति (आपसका विचार) और उनका सोच सुनकर अन्तर्यामी प्रभु श्रीरामजीको संकोच हुआ। भरतजीने अपने मनमें सब बोझा अपने ही सिर जाना और वे हृदयमें करोड़ों (अनेकों) प्रकारके अनुमान (विचार) करने लगे॥ ३॥

**करि बिचारु मन दीन्ही ठीका। राम रजायस आपन नीका॥**
**निज पन तजि राखेउ पनु मोरा। छोहु सनेहु कीन्ह नहिं थोरा॥**

सब तरहसे विचार करके अन्तमें उन्होंने मनमें यही निश्चय किया कि श्रीरामजीकी आज्ञामें ही अपना कल्याण है। उन्होंने अपना प्रण छोड़कर मेरा प्रण रखा। यह कुछ कम कृपा और स्नेह नहीं किया (अर्थात् अत्यन्त ही अनुग्रह और स्नेह किया)॥ ४॥

**दो०—कीन्ह अनुग्रह अमित अति सब बिधि सीतानाथ।**
**करि प्रनामु बोले भरतु जोरि जलज जुग हाथ॥ २६६॥**

श्रीजानकीनाथजीने सब प्रकारसे मुझपर अत्यन्त अपार अनुग्रह किया। तदनन्तर भरतजी दोनों करकमलोंको जोड़कर प्रणाम करके बोले—॥ २६६॥

**कहौं कहावौं का अब स्वामी। कृपा अंबुनिधि अंतरजामी॥**
**गुर प्रसन्न साहिब अनुकूला। मिटी मलिन मन कलपित सूला॥**

हे स्वामी! हे कृपाके समुद्र! हे अन्तर्यामी! अब मैं [अधिक] क्या कहूँ और क्या कहाऊँ? गुरु महाराजको प्रसन्न और स्वामीको अनुकूल जानकर मेरे मलिन मनकी कल्पित पीड़ा मिट गयी॥ १॥

**अपडर डरेउँ न सोच समूलें। रबिहि न दोसु देव दिसि भूलें॥**
**मोर अभागु मातु कुटिलाई। बिधि गति बिषम काल कठिनाई॥**

मैं मिथ्या डरसे ही डर गया था। मेरे सोचकी जड़ ही न थी। दिशा भूल जानेपर हे देव! सूर्यका दोष नहीं है। मेरा दुर्भाग्य, माताकी कुटिलता, विधाताकी टेढ़ी चाल और कालकी कठिनता,॥ २॥

**पाउ रोपि सब मिलि मोहि घाला। प्रनतपाल पन आपन पाला॥**
**यह नइ रीति न राउरि होई। लोकहुँ बेद बिदित नहिं गोई॥**

इन सबने मिलकर पैर रोपकर (प्रण करके) मुझे नष्ट कर दिया था। परन्तु शरणागतके रक्षक आपने अपना [शरणागतकी रक्षाका] प्रण निबाहा (मुझे बचा लिया)। यह आपकी कोई नयी रीति नहीं है। यह लोक और वेदोंमें प्रकट है, छिपी नहीं है॥ ३॥

**जगु अनभल भल एकु गोसाईं। कहिअ होइ भल कासु भलाईं॥**
**देउ देवतरु सरिस सुभाऊ। सनमुख बिमुख न काहुहि काऊ॥**

सारा जगत् बुरा [करनेवाला] हो; किन्तु हे स्वामी! केवल एक आप ही भले (अनुकूल) हों, तो फिर कहिये, किसकी भलाईसे भला हो सकता है? हे देव! आपका स्वभाव कल्पवृक्षके समान है; वह न कभी किसीके सम्मुख (अनुकूल) है, न विमुख (प्रतिकूल)॥ ४॥

**दो०—जाइ निकट पहिचानि तरु छाहँ समनि सब सोच।**
**मागत अभिमत पाव जग राउ रंकु भल पोच॥ २६७॥**

उस वृक्ष (कल्पवृक्ष)-को पहचानकर जो उसके पास जाय, तो उसकी छाया ही सारी चिन्ताओंका नाश करनेवाली है। राजा-रंक, भले-बुरे, जगत्में सभी उससे माँगते ही मनचाही वस्तु पाते हैं॥ २६७॥

**लखि सब बिधि गुर स्वामि सनेहू। मिटेउ छोभु नहिं मन संदेहू॥**
**अब करुनाकर कीजिअ सोई। जन हित प्रभु चित छोभु न होई॥**

गुरु और स्वामीका सब प्रकारसे स्नेह देखकर मेरा क्षोभ मिट गया, मनमें कुछ भी सन्देह नहीं रहा। हे दयाकी खान! अब वही कीजिये जिससे दासके लिये प्रभुके चित्तमें क्षोभ (किसी प्रकारका विचार) न हो॥ १॥

**जो सेवकु साहिबहि सँकोची। निज हित चहइ तासु मति पोची॥**
**सेवक हित साहिब सेवकाई। करै सकल सुख लोभ बिहाई॥**

जो सेवक स्वामीको संकोचमें डालकर अपना भला चाहता है, उसकी बुद्धि नीच है। सेवकका हित तो इसीमें है कि वह समस्त सुखों और लोभोंको छोड़कर स्वामीकी सेवा ही करे॥ २॥

**स्वारथु नाथ फिरें सबही का। किएँ रजाइ कोटि बिधि नीका॥**
**यह स्वारथ परमारथ सारू। सकल सुकृत फल सुगति सिंगारू॥**

हे नाथ! आपके लौटनेमें सभीका स्वार्थ है, और आपकी आज्ञा पालन करनेमें करोड़ों प्रकारसे कल्याण है। यही स्वार्थ और परमार्थका सार (निचोड़) है, समस्त पुण्योंका फल और सम्पूर्ण शुभ गतियोंका शृंगार है॥ ३॥

**देव एक बिनती सुनि मोरी। उचित होइ तस करब बहोरी॥**
**तिलक समाजु साजि सबु आना। करिअ सुफल प्रभु जौं मनु माना॥**

हे देव! आप मेरी एक विनती सुनकर, फिर जैसा उचित हो वैसा ही कीजिये। राजतिलककी सब सामग्री सजाकर लायी गयी है, जो प्रभुका मन माने तो उसे सफल कीजिये (उसका उपयोग कीजिये)॥ ४॥

**दो०—सानुज पठइअ मोहि बन कीजिअ सबहि सनाथ।**
**नतरु फेरिअहिं बंधु दोउ नाथ चलौं मैं साथ॥ २६८॥**

छोटे भाई शत्रुघ्नसमेत मुझे वनमें भेज दीजिये और [अयोध्या लौटकर] सबको सनाथ कीजिये। नहीं तो किसी तरह भी (यदि आप अयोध्या जानेको तैयार न हों) हे नाथ! लक्ष्मण और शत्रुघ्न दोनों भाइयोंको लौटा दीजिये और मैं आपके साथ चलूँ॥ २६८॥

**नतरु जाहिं बन तीनिउ भाई। बहुरिअ सीय सहित रघुराई॥**
**जेहि बिधि प्रभु प्रसन्न मन होई। करुना सागर कीजिअ सोई॥**

अथवा हम तीनों भाई वन चले जायँ और हे श्रीरघुनाथजी! आप श्रीसीताजीसहित [अयोध्याको] लौट जाइये। हे दयासागर! जिस प्रकारसे प्रभुका मन प्रसन्न हो, वही कीजिये॥ १॥

**देवँ दीन्ह सबु मोहि अभारू। मोरें नीति न धरम बिचारू॥**
**कहउँ बचन सब स्वारथ हेतू। रहत न आरत कें चित चेतू॥**

हे देव! आपने सारा भार (जिम्मेवारी) मुझपर रख दिया। पर मुझमें न तो नीतिका विचार है, न धर्मका। मैं तो अपने स्वार्थके लिये सब बातें कह रहा हूँ। आर्त (दुःखी) मनुष्यके चित्तमें चेत (विवेक) नहीं रहता॥ २॥

**उतरु देइ सुनि स्वामि रजाई। सो सेवकु लखि लाज लजाई॥**
**अस मैं अवगुन उदधि अगाधू। स्वामि सनेहँ सराहत साधू॥**

स्वामीकी आज्ञा सुनकर जो उत्तर दे, ऐसे सेवकको देखकर लज्जा भी लजा जाती है। मैं अवगुणोंका ऐसा अथाह समुद्र हूँ [कि प्रभुको उत्तर दे रहा हूँ]। किन्तु स्वामी (आप) स्नेहवश साधु कहकर मुझे सराहते हैं!॥ ३॥

**अब कृपाल मोहि सो मत भावा। सकुच स्वामि मन जाइँ न पावा॥**
**प्रभु पद सपथ कहउँ सति भाऊ। जग मंगल हित एक उपाऊ॥**

हे कृपालु! अब तो वही मत मुझे भाता है, जिससे स्वामीका मन संकोच न पावे। प्रभुके चरणोंकी शपथ है, मैं सत्य भावसे कहता हूँ, जगत्‌के कल्याणके लिये एक यही उपाय है॥ ४॥

**दो०—प्रभु प्रसन्न मन सकुच तजि जो जेहि आयसु देब।**
**सो सिर धरि धरि करिहि सबु मिटिहि अनट अवरेब॥ २६९॥**

प्रसन्न मनसे संकोच त्यागकर प्रभु जिसे जो आज्ञा देंगे, उसे सब लोग सिर चढ़ा-चढ़ाकर [पालन] करेंगे और सब उपद्रव और उलझनें मिट जायँगी॥ २६९॥

**भरत बचन सुचि सुनि सुर हरषे। साधु सराहि सुमन सुर बरषे॥**
**असमंजस बस अवध नेवासी। प्रमुदित मन तापस बनबासी॥**

भरतजीके पवित्र वचन सुनकर देवता हर्षित हुए और 'साधु-साधु' कहकर सराहना करते हुए देवताओंने फूल बरसाये। अयोध्यानिवासी असमंजसके वश हो गये [कि देखें अब श्रीरामजी क्या कहते हैं]। तपस्वी तथा वनवासी लोग [श्रीरामजीके वनमें बने रहनेकी आशासे] मनमें परम आनन्दित हुए॥ १॥

**चुपहिं रहे रघुनाथ सँकोची। प्रभु गति देखि सभा सब सोची॥**
**जनक दूत तेहि अवसर आए। मुनि बसिष्ठँ सुनि बेगि बोलाए॥**

किन्तु संकोची श्रीरघुनाथजी चुप ही रह गये। प्रभुकी यह स्थिति (मौन) देख सारी सभा सोचमें पड़ गयी। उसी समय जनकजीके दूत आये, यह सुनकर मुनि वसिष्ठजीने उन्हें तुरंत बुलवा लिया॥ २॥

**करि प्रनाम तिन्ह रामु निहारे। बेषु देखि भए निपट दुखारे॥**
**दूतन्ह मुनिबर बूझी बाता। कहहु बिदेह भूप कुसलाता॥**

उन्होंने [आकर] प्रणाम करके श्रीरामचन्द्रजीको देखा। उनका [मुनियोंका-सा] वेष देखकर वे बहुत ही दुःखी हुए। मुनिश्रेष्ठ वसिष्ठजीने दूतोंसे बात पूछी कि राजा जनकका कुशल-समाचार कहो॥ ३॥

**सुनि सकुचाइ नाइ महि माथा। बोले चरबर जोरें हाथा॥**
**बूझब राउर सादर साईं। कुसल हेतु सो भयउ गोसाईं॥**

यह (मुनिका कुशलप्रश्न) सुनकर सकुचाकर पृथ्वीपर मस्तक नवाकर वे श्रेष्ठ दूत हाथ जोड़कर

बोले—हे स्वामी! आपका आदरके साथ पूछना, यही हे गोसाईं! कुशलका कारण हो गया॥ ४॥

**दो०—नाहिं त कोसलनाथ कें साथ कुसल गइ नाथ।**
**मिथिला अवध बिसेष तें जगु सब भयउ अनाथ॥ २७०॥**

नहीं तो हे नाथ! कुशल-क्षेम तो सब कोसलनाथ दशरथजीके साथ ही चली गयी। [उनके चले जानेसे] यों तो सारा जगत् ही अनाथ (स्वामीके बिना असहाय) हो गया, किन्तु मिथिला और अवध तो विशेषरूपसे अनाथ हो गये॥ २७०॥

**कोसलपति गति सुनि जनकौरा। भे सब लोक सोकबस बौरा॥**
**जेहिं देखे तेहि समय बिदेहू। नामु सत्य अस लाग न केहू॥**

अयोध्यानाथकी गति (दशरथजीका मरण) सुनकर जनकपुरवासी सभी लोग शोकवश बावले हो गये (सुध-बुध भूल गये)। उस समय जिन्होंने विदेहको [शोकमग्न] देखा, उनमेंसे किसीको ऐसा न लगा कि उनका विदेह (देहाभिमानरहित) नाम सत्य है! [क्योंकि देहाभिमानसे शून्य पुरुषको शोक कैसा?]॥ १॥

**रानि कुचालि सुनत नरपालहि। सूझ न कछु जस मनि बिनु ब्यालहि॥**
**भरत राज रघुबर बनबासू। भा मिथिलेसहि हृदयँ हराँसू॥**

रानीकी कुचाल सुनकर राजा जनकजीको कुछ सूझ न पड़ा, जैसे मणिके बिना साँपको नहीं सूझता। फिर भरतजीको राज्य और श्रीरामचन्द्रजीको वनवास सुनकर मिथिलेश्वर जनकजीके हृदयमें बड़ा दुःख हुआ॥ २॥

**नृप बूझे बुध सचिव समाजू। कहहु बिचारि उचित का आजू॥**
**समुझि अवध असमंजस दोऊ। चलिअ कि रहिअ न कह कछु कोऊ॥**

राजाने विद्वानों और मन्त्रियोंके समाजसे पूछा कि विचारकर कहिये, आज (इस समय) क्या करना उचित है? अयोध्याकी दशा समझकर और दोनों प्रकारसे असमंजस जानकर 'चलिये या रहिये?' किसीने कुछ नहीं कहा॥ ३॥

**नृपहिं धीर धरि हृदयँ बिचारी। पठए अवध चतुर चर चारी॥**
**बूझि भरत सति भाउ कुभाऊ। आएहु बेगि न होइ लखाऊ॥**

[जब किसीने कोई सम्मति नहीं दी] तब राजाने धीरज धर हृदयमें विचारकर चार चतुर गुप्तचर (जासूस) अयोध्याको भेजे [और उनसे कह दिया कि] तुमलोग [श्रीरामजीके प्रति] भरतजीके सद्भाव (अच्छे भाव, प्रेम) या दुर्भाव (बुरा भाव, विरोध)-का [यथार्थ] पता लगाकर जल्दी लौट आना, किसीको तुम्हारा पता न लगने पावे॥ ४॥

**दो०—गए अवध चर भरत गति बूझि देखि करतूति।**
**चले चित्रकूटहि भरतु चार चले तेरहूति॥ २७१॥**

गुप्तचर अवधको गये और भरतजीका ढंग जानकर और उनकी करनी देखकर, जैसे ही भरतजी चित्रकूटको चले, वे तिरहुत (मिथिला)-को चल दिये॥ २७१॥

**दूतन्ह आइ भरत कइ करनी। जनक समाज जथामति बरनी॥**
**सुनि गुर परिजन सचिव महीपति। भे सब सोच सनेहँ बिकल अति॥**

[गुप्त] दूतोंने आकर राजा जनकजीकी सभामें भरतजीकी करनीका अपनी बुद्धिके अनुसार वर्णन किया। उसे सुनकर गुरु, कुटुम्बी, मन्त्री और राजा सभी सोच और स्नेहसे अत्यन्त व्याकुल हो गये॥ १॥

**धरि धीरजु करि भरत बड़ाई। लिए सुभट साहनी बोलाई॥**
**घर पुर देस राखि रखवारे। हय गय रथ बहु जान सँवारे॥**

फिर जनकजीने धीरज धरकर और भरतजीकी बड़ाई करके अच्छे योद्धाओं और साहनियोंको बुलाया। घर, नगर और देशमें रक्षकोंको रखकर घोड़े, हाथी, रथ आदि बहुत-सी सवारियाँ सजवायीं॥ २॥

**दुघरी साधि चले ततकाला। किए बिश्रामु न मग महिपाला॥**
**भोरहिं आजु नहाइ प्रयागा। चले जमुन उतरन सबु लागा॥**

वे दुघड़िया मुहूर्त साधकर उसी समय चल पड़े। राजाने रास्तेमें कहीं विश्राम भी नहीं किया। आज ही सबेरे प्रयागराजमें स्नान करके चले हैं। जब सब लोग यमुनाजी उतरने लगे,॥ ३॥

**खबरि लेन हम पठए नाथा। तिन्ह कहि अस महि नायउ माथा॥**
**साथ किरात छ सातक दीन्हे। मुनिबर तुरत बिदा चर कीन्हे॥**

तब हे नाथ! हमें खबर लेनेको भेजा। उन्होंने (दूतोंने) ऐसा कहकर पृथ्वीपर सिर नवाया। मुनिश्रेष्ठ वसिष्ठजीने कोई छः-सात भीलोंको साथ देकर दूतोंको तुरंत विदा कर दिया॥ ४॥

**दो०—सुनत जनक आगवनु सबु हरषेउ अवध समाजु।**
**रघुनंदनहि सकोचु बड़ सोच बिबस सुरराजु॥ २७२॥**

जनकजीका आगमन सुनकर अयोध्याका सारा समाज हर्षित हो गया। श्रीरामजीको बड़ा संकोच हुआ और देवराज इन्द्र तो विशेषरूपसे सोचके वशमें हो गये॥ २७२॥

**गरइ गलानि कुटिल कैकेई। काहि कहै केहि दूषनु देई॥**
**अस मन आनि मुदित नर नारी। भयउ बहोरि रहब दिन चारी॥**

कुटिल कैकेयी मन-ही-मन ग्लानि (पश्चात्ताप)-से गली जाती है। किससे कहे और किसको दोष दे? और सब नर-नारी मनमें ऐसा विचारकर प्रसन्न हो रहे हैं कि [अच्छा हुआ, जनकजीके आनेसे] चार (कुछ) दिन और रहना हो गया॥ १॥

**एहि प्रकार गत बासर सोऊ। प्रात नहान लाग सबु कोऊ॥**
**करि मज्जनु पूजहिं नर नारी। गनप गौरि तिपुरारि तमारी॥**

इस तरह वह दिन भी बीत गया। दूसरे दिन प्रातःकाल सब कोई स्नान करने लगे। स्नान करके सब नर-नारी गणेशजी, गौरीजी, महादेवजी और सूर्यभगवान्‌की पूजा करते हैं॥ २॥

**रमा रमन पद बंदि बहोरी। बिनवहिं अंजुलि अंचल जोरी॥**
**राजा रामु जानकी रानी। आनँद अवधि अवध रजधानी॥**

फिर लक्ष्मीपति भगवान् विष्णुके चरणोंकी वन्दना करके, दोनों हाथ जोड़कर, आँचल पसारकर विनती करते हैं कि श्रीरामजी राजा हों, जानकीजी रानी हों तथा राजधानी अयोध्या आनन्दकी सीमा होकर—॥ ३॥

**सुबस बसउ फिरि सहित समाजा। भरतहि रामु करहुँ जुबराजा॥**
**एहि सुख सुधाँ सींचि सब काहू। देव देहु जग जीवन लाहू॥**

फिर समाजसहित सुखपूर्वक बसे और श्रीरामजी भरतजीको युवराज बनावें। हे देव! इस सुखरूपी अमृतसे सींचकर सब किसीको जगत्‌में जीनेका लाभ दीजिये॥ ४॥

**दो०—गुर समाज भाइन्ह सहित राम राजु पुर होउ।**
**अछत राम राजा अवध मरिअ माग सबु कोउ॥ २७३॥**

गुरु, समाज और भाइयोंसमेत श्रीरामजीका राज्य अवधपुरीमें हो और श्रीरामजीके राजा रहते ही हमलोग अयोध्यामें मरें। सब कोई यही माँगते हैं॥ २७३॥

**सुनि सनेहमय पुरजन बानी। निंदहिं जोग बिरति मुनि ग्यानी॥**
**एहि बिधि नित्यकरम करि पुरजन। रामहि करहिं प्रनाम पुलकि तन॥**

अयोध्यावासियोंकी प्रेममयी वाणी सुनकर ज्ञानी मुनि भी अपने योग और वैराग्यकी निन्दा करते हैं। अवधवासी इस प्रकार नित्यकर्म करके श्रीरामजीको पुलकितशरीर हो प्रणाम करते हैं॥ १॥

**ऊँच नीच मध्यम नर नारी। लहहिं दरसु निज निज अनुहारी॥**
**सावधान सबही सनमानहिं। सकल सराहत कृपानिधानहिं॥**

ऊँच, नीच और मध्यम सभी श्रेणियोंके स्त्री-पुरुष अपने-अपने भावके अनुसार श्रीरामजीका दर्शन प्राप्त करते हैं। श्रीरामचन्द्रजी सावधानीके साथ सबका सम्मान करते हैं और सभी कृपानिधान श्रीरामचन्द्रजीकी सराहना करते हैं॥ २॥

**लरिकाइहि तें रघुबर बानी। पालत नीति प्रीति पहिचानी॥**
**सील सकोच सिंधु रघुराऊ। सुमुख सुलोचन सरल सुभाऊ॥**

श्रीरामजीकी लड़कपनसे ही यह बान है कि वे प्रेमको पहचानकर नीतिका पालन करते हैं। श्रीरघुनाथजी शील और संकोचके समुद्र हैं। वे सुन्दर मुखके [या सबके अनुकूल रहनेवाले], सुन्दर नेत्रवाले [या सबको कृपा और प्रेमकी दृष्टिसे देखनेवाले] और सरलस्वभाव हैं॥ ३॥

**कहत राम गुन गन अनुरागे। सब निज भाग सराहन लागे॥**
**हम सम पुन्य पुंज जग थोरे। जिन्हहि रामु जानत करि मोरे॥**

श्रीरामजीके गुणसमूहोंको कहते-कहते सब लोग प्रेममें भर गये और अपने भाग्यकी सराहना करने लगे कि जगत्‌में हमारे समान पुण्यकी बड़ी पूँजीवाले थोड़े ही हैं; जिन्हें श्रीरामजी अपना करके जानते हैं (ये मेरे हैं ऐसा जानते हैं)॥ ४॥

**दो०—प्रेम मगन तेहि समय सब सुनि आवत मिथिलेसु।**
**सहित सभा संभ्रम उठेउ रबिकुल कमल दिनेसु॥ २७४॥**

उस समय सब लोग प्रेममें मग्न हैं। इतनेमें ही मिथिलापति जनकजीको आते हुए सुनकर सूर्यकुलरूपी कमलके सूर्य श्रीरामचन्द्रजी सभासहित आदरपूर्वक जल्दीसे उठ खड़े हुए॥ २७४॥

**भाइ सचिव गुर पुरजन साथा। आगें गवनु कीन्ह रघुनाथा॥**
**गिरिबरु दीख जनकपति जबहीं। करि प्रनामु रथ त्यागेउ तबहीं॥**

भाई, मन्त्री, गुरु और पुरवासियोंको साथ लेकर श्रीरघुनाथजी आगे (जनकजीकी अगवानीमें) चले। जनकजीने ज्यों ही पर्वतश्रेष्ठ कामदनाथको देखा, त्यों ही प्रणाम करके उन्होंने रथ छोड़ दिया (पैदल चलना शुरू कर दिया)॥ १॥

**राम दरस लालसा उछाहू। पथ श्रम लेसु कलेसु न काहू॥**
**मन तहँ जहँ रघुबर बैदेही। बिनु मन तन दुख सुख सुधि केही॥**

श्रीरामजीके दर्शनकी लालसा और उत्साहके कारण किसीको रास्तेकी थकावट और क्लेश जरा भी नहीं है। मन तो वहाँ है जहाँ श्रीराम और जानकीजी हैं। बिना मनके शरीरके सुख-दुःखकी सुध किसको हो?॥ २॥

**आवत जनकु चले एहि भाँती। सहित समाज प्रेम मति माती॥**
**आए निकट देखि अनुरागे। सादर मिलन परसपर लागे॥**

जनकजी इस प्रकार चले आ रहे हैं। समाजसहित उनकी बुद्धि प्रेममें मतवाली हो रही है। निकट आये देखकर सब प्रेममें भर गये और आदरपूर्वक आपसमें मिलने लगे॥ ३॥

**लगे जनक मुनिजन पद बंदन। रिषिन्ह प्रनामु कीन्ह रघुनंदन॥**
**भाइन्ह सहित रामु मिलि राजहि। चले लवाइ समेत समाजहि॥**

जनकजी [वसिष्ठ आदि अयोध्यावासी] मुनियोंके चरणोंकी वन्दना करने लगे और श्रीरामचन्द्रजीने [शतानन्द आदि जनकपुरवासी] ऋषियोंको प्रणाम किया। फिर भाइयोंसमेत श्रीरामजी राजा जनकजीसे मिलकर उन्हें समाजसहित अपने आश्रमको लिवा चले॥ ४॥

**दो०—आश्रम सागर सांत रस पूरन पावन पाथु।**
**सेन मनहुँ करुना सरित लिएँ जाहिं रघुनाथु॥ २७५॥**

श्रीरामजीका आश्रम शान्तरसरूपी पवित्र जलसे परिपूर्ण समुद्र है। जनकजीकी सेना (समाज) मानो करुणा (करुणरस)-की नदी है, जिसे श्रीरघुनाथजी [उस आश्रमरूपी शान्तरसके समुद्रमें मिलानेके लिये] लिये जा रहे हैं॥ २७५॥

**बोरति ग्यान बिराग करारे। बचन ससोक मिलत नद नारे॥**
**सोच उसास समीर तरंगा। धीरज तट तरुबर कर भंगा॥**

यह करुणाकी नदी [इतनी बढ़ी हुई है कि] ज्ञान-वैराग्यरूपी किनारोंको डुबाती जाती है। शोकभरे वचन नद और नाले हैं, जो इस नदीमें मिलते हैं; और सोचकी लम्बी साँसें (आहें) ही वायुके झकोरोंसे उठनेवाली तरंगें हैं, जो धैर्यरूपी किनारेके उत्तम वृक्षोंको तोड़ रही हैं॥ १॥

**बिषम बिषाद तोरावति धारा। भय भ्रम भवँर अबर्त अपारा॥**
**केवट बुध बिद्या बड़ि नावा। सकहिं न खेइ ऐक नहिं आवा॥**

भयानक विषाद (शोक) ही उस नदीकी तेज धारा है। भय और भ्रम (मोह) ही उसके असंख्य भँवर और चक्र हैं। विद्वान् मल्लाह हैं, विद्या ही बड़ी नाव है। परन्तु वे उसे खे नहीं सकते हैं, (उस विद्याका उपयोग नहीं कर सकते हैं), किसीको उसकी अटकल ही नहीं आती है॥ २॥

**बनचर कोल किरात बिचारे। थके बिलोकि पथिक हियँ हारे॥**
**आश्रम उदधि मिली जब जाई। मनहुँ उठेउ अंबुधि अकुलाई॥**

वनमें विचरनेवाले बेचारे कोल-किरात ही यात्री हैं, जो उस नदीको देखकर हृदयमें हारकर थक गये हैं। यह करुणा-नदी जब आश्रम-समुद्रमें जाकर मिली, तो मानो वह समुद्र अकुला उठा (खौल उठा)॥ ३॥

**सोक बिकल दोउ राज समाजा। रहा न ग्यानु न धीरजु लाजा॥**
**भूप रूप गुन सील सराही। रोवहिं सोक सिंधु अवगाही॥**

दोनों राजसमाज शोकसे व्याकुल हो गये। किसीको न ज्ञान रहा, न धीरज और न लाज ही रही। राजा दशरथजीके रूप, गुण और शीलकी सराहना करते हुए सब रो रहे हैं और शोकसमुद्रमें डुबकी लगा रहे हैं॥ ४॥

**छं०—अवगाहि सोक समुद्र सोचहिं नारि नर ब्याकुल महा।**
**दै दोष सकल सरोष बोलहिं बाम बिधि कीन्हो कहा॥**

**सुर सिद्ध तापस जोगिजन मुनि देखि दसा बिदेह की।**
**तुलसी न समरथु कोउ जो तरि सकै सरित सनेह की॥**

शोकसमुद्रमें डुबकी लगाते हुए सभी स्त्री-पुरुष महान् व्याकुल होकर सोच (चिन्ता) कर रहे हैं। वे सब विधाताको दोष देते हुए क्रोधयुक्त होकर कह रहे हैं कि प्रतिकूल विधाताने यह क्या किया? तुलसीदासजी कहते हैं कि देवता, सिद्ध, तपस्वी, योगी और मुनिगणोंमें कोई भी समर्थ नहीं है जो उस समय विदेह (जनकराज)-की दशा देखकर प्रेमकी नदीको पार कर सके (प्रेममें मग्न हुए बिना रह सके)।

**सो०—किए अमित उपदेस जहँ तहँ लोगन्ह मुनिबरन्ह।**
**धीरजु धरिअ नरेस कहेउ बसिष्ठ बिदेह सन॥ २७६॥**

जहाँ-तहाँ श्रेष्ठ मुनियोंने लोगोंको अपरिमित उपदेश दिये और वसिष्ठजीने विदेह (जनकजी)-से कहा—हे राजन्! आप धैर्य धारण कीजिये॥ २७६॥

**जासु ग्यानु रबि भव निसि नासा। बचन किरन मुनि कमल बिकासा॥**
**तेहि कि मोह ममता निअराई। यह सिय राम सनेह बड़ाई॥**

जिन राजा जनकका ज्ञानरूपी सूर्य भव (आवागमन) रूपी रात्रिका नाश कर देता है, और जिनकी वचनरूपी किरणें मुनिरूपी कमलोंको खिला देती हैं (आनन्दित करती हैं), क्या मोह और ममता उनके निकट भी आ सकते हैं? यह तो श्रीसीतारामजीके प्रेमकी महिमा है! [अर्थात् राजा जनककी यह दशा श्रीसीतारामजीके अलौकिक प्रेमके कारण हुई, लौकिक मोह-ममताके कारण नहीं। जो लौकिक मोह-ममताको पार कर चुके हैं उनपर भी श्रीसीतारामजीका प्रेम अपना प्रभाव दिखाये बिना नहीं रहता]॥ १॥

**बिषई साधक सिद्ध सयाने। त्रिबिध जीव जग बेद बखाने॥**
**राम सनेह सरस मन जासू। साधु सभाँ बड़ आदर तासू॥**

विषयी, साधक और ज्ञानवान् सिद्ध पुरुष—जगत्में ये तीन प्रकारके जीव वेदोंने बताये हैं। इन तीनोंमें जिसका चित्त श्रीरामजीके स्नेहसे सरस (सराबोर) रहता है, साधुओंकी सभामें उसीका बड़ा आदर होता है॥ २॥

**सोह न राम पेम बिनु ग्यानू। करनधार बिनु जिमि जलजानू॥**
**मुनि बहुबिधि बिदेहु समुझाए। रामघाट सब लोग नहाए॥**

श्रीरामजीके प्रेमके बिना ज्ञान शोभा नहीं देता, जैसे कर्णधारके बिना जहाज। वसिष्ठजीने विदेहराज (जनकजी)-को बहुत प्रकारसे समझाया। तदनन्तर सब लोगोंने श्रीरामजीके घाटपर स्नान किया॥ ३॥

**सकल सोक संकुल नर नारी। सो बासरु बीतेउ बिनु बारी॥**
**पसु खग मृगन्ह न कीन्ह अहारू। प्रिय परिजन कर कौन बिचारू॥**

स्त्री-पुरुष सब शोकसे पूर्ण थे। वह दिन बिना ही जलके बीत गया (भोजनकी बात तो दूर रही, किसीने जलतक नहीं पिया)। पशु-पक्षी और हिरनोंतकने कुछ आहार नहीं किया। तब प्रियजनों एवं कुटुम्बियोंका तो विचार ही क्या किया जाय?॥ ४॥

**दो०—दोउ समाज निमिराजु रघुराजु नहाने प्रात।**
**बैठे सब बट बिटप तर मन मलीन कृस गात॥ २७७॥**

निमिराज जनकजी और रघुराज रामचन्द्रजी तथा दोनों ओरके समाजने दूसरे दिन सबेरे स्नान किया और सब बड़के वृक्षके नीचे जा बैठे। सबके मन उदास और शरीर दुबले हैं॥ २७७॥

**जे महिसुर दसरथ पुर बासी। जे मिथिलापति नगर निवासी॥**
**हंस बंस गुर जनक पुरोधा। जिन्ह जग मगु परमारथु सोधा॥**

जो दशरथजीकी नगरी अयोध्याके रहनेवाले और जो मिथिलापति जनकजीके नगर जनकपुरके रहनेवाले ब्राह्मण थे, तथा सूर्यवंशके गुरु वसिष्ठजी तथा जनकजीके पुरोहित शतानन्दजी, जिन्होंने सांसारिक अभ्युदयका मार्ग तथा परमार्थका मार्ग छान डाला था,॥ १॥

**लगे कहन उपदेस अनेका। सहित धरम नय बिरति बिबेका॥**
**कौसिक कहि कहि कथा पुरानीं। समुझाई सब सभा सुबानीं॥**

वे सब धर्म, नीति, वैराग्य तथा विवेकयुक्त अनेकों उपदेश देने लगे। विश्वामित्रजीने पुरानी कथाएँ (इतिहास) कह-कहकर सारी सभाको सुन्दर वाणीसे समझाया॥ २॥

**तब रघुनाथ कौसिकहि कहेऊ। नाथ कालि जल बिनु सबु रहेऊ॥**
**मुनि कह उचित कहत रघुराई। गयउ बीति दिन पहर अढ़ाई॥**

तब श्रीरघुनाथजीने विश्वामित्रजीसे कहा कि हे नाथ! कल सब लोग बिना जल पिये ही रह गये थे [अब कुछ आहार करना चाहिये]। विश्वामित्रजीने कहा कि श्रीरघुनाथजी उचित ही कह रहे हैं। ढाई पहर दिन [आज भी] बीत गया॥ ३॥

**रिषि रुख लखि कह तेरहुतिराजू। इहाँ उचित नहिं असन अनाजू॥**
**कहा भूप भल सबहि सोहाना। पाइ रजायसु चले नहाना॥**

विश्वामित्रजीका रुख देखकर तिरहुतराज जनकजीने कहा—यहाँ अन्न खाना उचित नहीं है। राजाका सुन्दर कथन सबके मनको अच्छा लगा। सब आज्ञा पाकर नहाने चले॥ ४॥

**दो०—तेहि अवसर फल फूल दल मूल अनेक प्रकार।**
**लइ आए बनचर बिपुल भरि भरि काँवरि भार॥ २७८॥**

उसी समय अनेकों प्रकारके बहुत-से फल, फूल, पत्ते, मूल आदि बहँगियों और बोझोंमें भर-भरकर वनवासी (कोल-किरात) लोग ले आये॥ २७८॥

**कामद भे गिरि राम प्रसादा। अवलोकत अपहरत बिषादा॥**
**सर सरिता बन भूमि बिभागा। जनु उमगत आनँद अनुरागा॥**

श्रीरामचन्द्रजीकी कृपासे सब पर्वत मनचाही वस्तु देनेवाले हो गये। वे देखनेमात्रसे ही दुःखोंको सर्वथा हर लेते थे। वहाँके तालाबों, नदियों, वन और पृथ्वीके सभी भागोंमें मानो आनन्द और प्रेम उमड़ रहा है॥ १॥

**बेलि बिटप सब सफल सफूला। बोलत खग मृग अलि अनुकूला॥**
**तेहि अवसर बन अधिक उछाहू। त्रिबिध समीर सुखद सब काहू॥**

बेलें और वृक्ष सभी फल और फूलोंसे युक्त हो गये। पक्षी, पशु और भौंरे अनुकूल बोलने लगे। उस अवसरपर वनमें बहुत उत्साह (आनन्द) था, सब किसीको सुख देनेवाली शीतल, मन्द, सुगन्ध हवा चल रही थी॥ २॥

**जाइ न बरनि मनोहरताई। जनु महि करति जनक पहुनाई॥**
**तब सब लोग नहाइ नहाई। राम जनक मुनि आयसु पाई॥**
**देखि देखि तरुबर अनुरागे। जहँ तहँ पुरजन उतरन लागे॥**
**दल फल मूल कंद बिधि नाना। पावन सुंदर सुधा समाना॥**

वनकी मनोहरता वर्णन नहीं की जा सकती, मानो पृथ्वी जनकजीकी पहुनाई कर रही है। तब जनकपुरवासी सब लोग नहा-नहाकर श्रीरामचन्द्रजी, जनकजी और मुनिकी आज्ञा पाकर, सुन्दर वृक्षोंको देख-देखकर प्रेममें भरकर जहाँ-तहाँ उतरने लगे। पवित्र, सुन्दर और अमृतके समान [स्वादिष्ट] अनेकों प्रकारके पत्ते, फल, मूल और कन्द— ॥ ३-४॥

**दो०—सादर सब कहँ रामगुर पठए भरि भरि भार।**
**पूजि पितर सुर अतिथि गुर लगे करन फरहार॥ २७९॥**

श्रीरामजीके गुरु वसिष्ठजीने सबके पास बोझे भर-भरकर आदरपूर्वक भेजे। तब वे पितर-देवता, अतिथि और गुरुकी पूजा करके फलाहार करने लगे॥ २७९॥

**एहि बिधि बासर बीते चारी। रामु निरखि नर नारि सुखारी॥**
**दुहु समाज असि रुचि मन माहीं। बिनु सिय राम फिरब भल नाहीं॥**

इस प्रकार चार दिन बीत गये। श्रीरामचन्द्रजीको देखकर सभी नर-नारी सुखी हैं। दोनों समाजोंके मनमें ऐसी इच्छा है कि श्रीसीतारामजीके बिना लौटना अच्छा नहीं है॥ १॥

**सीता राम संग बनबासू। कोटि अमरपुर सरिस सुपासू॥**
**परिहरि लखन रामु बैदेही। जेहि घरु भाव बाम बिधि तेही॥**

श्रीसीतारामजीके साथ वनमें रहना करोड़ों देवलोकोंके [निवासके] समान सुखदायक है। श्रीलक्ष्मणजी, श्रीरामजी और श्रीजानकीजीको छोड़कर जिसको घर अच्छा लगे, विधाता उसके विपरीत हैं॥ २॥

**दाहिन दइउ होइ जब सबही। राम समीप बसिअ बन तबही॥**
**मंदाकिनि मज्जनु तिहु काला। राम दरसु मुद मंगल माला॥**

जब दैव सबके अनुकूल हो, तभी श्रीरामजीके पास वनमें निवास हो सकता है। मन्दाकिनीजीका तीनों समय स्नान और आनन्द तथा मंगलोंकी माला (समूह) रूप श्रीरामका दर्शन, ॥ ३॥

**अटनु राम गिरि बन तापस थल। असनु अमिअ सम कंद मूल फल॥**
**सुख समेत संबत दुइ साता। पल सम होहिं न जनिअहिं जाता॥**

श्रीरामजीके पर्वत (कामदनाथ), वन और तपस्वियोंके स्थानोंमें घूमना और अमृतके समान कन्द, मूल, फलोंका भोजन। चौदह वर्ष सुखके साथ पलके समान हो जायँगे (बीत जायँगे), जाते हुए जान ही न पड़ेंगे॥ ४॥

**दो०—एहि सुख जोग न लोग सब कहहिं कहाँ अस भागु।**
**सहज सुभायँ समाज दुहु राम चरन अनुरागु॥ २८०॥**

सब लोग कह रहे हैं कि हम इस सुखके योग्य नहीं हैं, हमारे ऐसे भाग्य कहाँ? दोनों समाजोंका श्रीरामचन्द्रजीके चरणोंमें सहज स्वभावसे ही प्रेम है॥ २८०॥

**एहि बिधि सकल मनोरथ करहीं। बचन सप्रेम सुनत मन हरहीं॥**
**सीय मातु तेहि समय पठाईं। दासीं देखि सुअवसरु आईं॥**

इस प्रकार सब मनोरथ कर रहे हैं। उनके प्रेमयुक्त वचन सुनते ही [सुननेवालोंके] मनोंको हर लेते हैं। उसी समय सीताजीकी माता श्रीसुनयनाजीकी भेजी हुई दासियाँ [कौसल्याजी आदिके मिलनेका] सुन्दर अवसर देखकर आयीं॥ १॥

**सावकास सुनि सब सिय सासू। आयउ जनकराज रनिवासू॥**
**कौसल्याँ सादर सनमानी। आसन दिए समय सम आनी॥**

उनसे यह सुनकर कि सीताकी सब सासुएँ इस समय फुरसतमें हैं, जनकराजका रनिवास उनसे मिलने आया। कौसल्याजीने आदरपूर्वक उनका सम्मान किया और समयोचित आसन लाकर दिये॥ २॥

**सीलु सनेहु सकल दुहु ओरा। द्रवहिं देखि सुनि कुलिस कठोरा॥**
**पुलक सिथिल तन बारि बिलोचन। महि नख लिखन लगीं सब सोचन॥**

दोनों ओर सबके शील और प्रेमको देखकर और सुनकर कठोर वज्र भी पिघल जाते हैं। शरीर पुलकित और शिथिल हैं और नेत्रोंमें [शोक और प्रेमके] आँसू हैं। सब अपने [पैरोंके] नखोंसे जमीन कुरेदने और सोचने लगीं॥ ३॥

**सब सिय राम प्रीति कि सि मूरति। जनु करुना बहु बेष बिसूरति॥**
**सीय मातु कह बिधि बुधि बाँकी। जो पय फेनु फोर पबि टाँकी॥**

सभी श्रीसीतारामजीके प्रेमकी मूर्ति-सी हैं, मानो स्वयं करुणा ही बहुत-से वेष (रूप) धारण करके विसूर रही हो (दुःख कर रही हो)। सीताजीकी माता सुनयनाजीने कहा—विधाताकी बुद्धि बड़ी टेढ़ी है, जो दूधके फेन-जैसी कोमल वस्तुको वज्रकी टाँकीसे फोड़ रहा है (अर्थात् जो अत्यन्त कोमल और निर्दोष हैं उनपर विपत्ति-पर-विपत्ति ढहा रहा है)॥ ४॥

**दो०—सुनिअ सुधा देखिअहिं गरल सब करतूति कराल।**
**जहँ तहँ काक उलूक बक मानस सकृत मराल॥ २८१॥**

अमृत केवल सुननेमें आता है और विष जहाँ-तहाँ प्रत्यक्ष देखे जाते हैं। विधाताकी सभी करतूतें भयंकर हैं। जहाँ-तहाँ कौए, उल्लू और बगुले ही [दिखायी देते] हैं; हंस तो एक मानसरोवरमें ही है॥ २८१॥

**सुनि ससोच कह देबि सुमित्रा। बिधि गति बड़ि बिपरीत बिचित्रा॥**
**जो सृजि पालइ हरइ बहोरी। बालकेलि सम बिधि मति भोरी॥**

यह सुनकर देवी सुमित्राजी शोकके साथ कहने लगीं—विधाताकी चाल बड़ी ही विपरीत और विचित्र है, जो सृष्टिको उत्पन्न करके पालता है और फिर नष्ट कर डालता है। विधाताकी बुद्धि बालकोंके खेलके समान भोली (विवेकशून्य) है॥ १॥

**कौसल्या कह दोसु न काहू। करम बिबस दुख सुख छति लाहू॥**
**कठिन करम गति जान बिधाता। जो सुभ असुभ सकल फल दाता॥**

कौसल्याजीने कहा—किसीका दोष नहीं है; दुःख-सुख, हानि-लाभ सब कर्मके अधीन हैं। कर्मकी गति कठिन (दुर्विज्ञेय) है, उसे विधाता ही जानता है, जो शुभ और अशुभ सभी फलोंका देनेवाला है॥ २॥

**ईस रजाइ सीस सबही कें। उतपति थिति लय बिषहु अमी कें॥**
**देबि मोह बस सोचिअ बादी। बिधि प्रपंचु अस अचल अनादी॥**

ईश्वरकी आज्ञा सभीके सिरपर है। उत्पत्ति, स्थिति (पालन) और लय (संहार) तथा अमृत

और विषके भी सिरपर है (ये सब भी उसीके अधीन हैं)। हे देवि! मोहवश सोच करना व्यर्थ है। विधाताका प्रपंच ऐसा ही अचल और अनादि है॥ ३॥

**भूपति जिअब मरब उर आनी। सोचिअ सखि लखि निज हित हानी॥**
**सीय मातु कह सत्य सुबानी। सुकृती अवधि अवधपति रानी॥**

महाराजके मरने और जीनेकी बातको हृदयमें याद करके जो चिन्ता करती हैं, वह तो हे सखी! हम अपने ही हितकी हानि देखकर (स्वार्थवश) करती हैं। सीताजीकी माताने कहा—आपका कथन उत्तम और सत्य है। आप पुण्यात्माओंके सीमारूप अवधपति (महाराज दशरथजी)-की ही तो रानी हैं। [फिर, भला ऐसा क्यों न कहेंगी]॥ ४॥

**दो०—लखनु रामु सिय जाहुँ बन भल परिनाम न पोचु।**
**गहबरि हियँ कह कौसिला मोहि भरत कर सोचु॥ २८२॥**

कौसल्याजीने दुःखभरे हृदयसे कहा—श्रीराम, लक्ष्मण और सीता वनमें जायँ, इसका परिणाम तो अच्छा ही होगा, बुरा नहीं। मुझे तो भरतकी चिन्ता है॥ २८२॥

**ईस प्रसाद असीस तुम्हारी। सुत सुतबधू देवसरि बारी॥**
**राम सपथ मैं कीन्हि न काऊ। सो करि कहउँ सखी सति भाऊ॥**

ईश्वरके अनुग्रह और आपके आशीर्वादसे मेरे [चारों] पुत्र और [चारों] बहुएँ गंगाजीके जलके समान पवित्र हैं। हे सखी! मैंने कभी श्रीरामकी सौगन्ध नहीं की, सो आज श्रीरामकी शपथ करके सत्य भावसे कहती हूँ—॥ १॥

**भरत सील गुन बिनय बड़ाई। भायप भगति भरोस भलाई॥**
**कहत सारदहु कर मति हीचे। सागर सीप कि जाहिं उलीचे॥**

भरतके शील, गुण, नम्रता, बड़प्पन, भाईपन, भक्ति, भरोसे और अच्छेपनका वर्णन करनेमें सरस्वतीजीकी बुद्धि भी हिचकती है। सीपसे कहीं समुद्र उलीचे जा सकते हैं?॥ २॥

**जानउँ सदा भरत कुलदीपा। बार बार मोहि कहेउ महीपा॥**
**कसें कनकु मनि पारिखि पाएँ। पुरुष परिखिअहिं समयँ सुभाएँ॥**

मैं भरतको सदा कुलका दीपक जानती हूँ। महाराजने भी बार-बार मुझे यही कहा था। सोना कसौटीपर कसे जानेपर और रत्न पारखी (जौहरी)-के मिलनेपर ही पहचाना जाता है। वैसे ही पुरुषकी परीक्षा समय पड़नेपर उसके स्वभावसे ही (उसका चरित्र देखकर) हो जाती है॥ ३॥

**अनुचित आजु कहब अस मोरा। सोक सनेहँ सयानप थोरा॥**
**सुनि सुरसरि सम पावनि बानी। भईं सनेह बिकल सब रानी॥**

किन्तु आज मेरा ऐसा कहना भी अनुचित है। शोक और स्नेहमें सयानापन (विवेक) कम हो जाता है (लोग कहेंगे कि मैं स्नेहवश भरतकी बड़ाई कर रही हूँ)। कौसल्याजीकी गंगाजीके समान पवित्र करनेवाली वाणी सुनकर सब रानियाँ स्नेहके मारे विकल हो उठीं॥ ४॥

**दो०—कौसल्या कह धीर धरि सुनहु देबि मिथिलेसि।**
**को बिबेकनिधि बल्लभहि तुम्हहि सकइ उपदेसि॥ २८३॥**

कौसल्याजीने फिर धीरज धरकर कहा—हे देवि मिथिलेश्वरी! सुनिये, ज्ञानके भण्डार श्रीजनकजीकी प्रिया आपको कौन उपदेश दे सकता है?॥ २८३॥

**रानि राय सन अवसरु पाई। अपनी भाँति कहब समुझाई॥**
**रखिअहिं लखनु भरतु गवनहिं बन। जौं यह मत मानै महीप मन॥**

हे रानी! मौका पाकर आप राजाको अपनी ओरसे जहाँतक हो सके समझाकर कहियेगा कि लक्ष्मणको घर रख लिया जाय और भरत वनको जायँ। यदि यह राय राजाके मनमें [ठीक] जँच जाय,॥ १॥

**तौ भल जतनु करब सुबिचारी। मोरें सोचु भरत कर भारी॥**
**गूढ़ सनेह भरत मन माहीं। रहें नीक मोहि लागत नाहीं॥**

तो भलीभाँति खूब विचारकर ऐसा यत्न करें। मुझे भरतका अत्यधिक सोच है। भरतके मनमें गूढ़ प्रेम है। उनके घर रहनेमें मुझे भलाई नहीं जान पड़ती (यह डर लगता है कि उनके प्राणोंको कोई भय न हो जाय)॥ २॥

**लखि सुभाउ सुनि सरल सुबानी। सब भइ मगन करुन रस रानी॥**
**नभ प्रसून झरि धन्य धन्य धुनि। सिथिल सनेहँ सिद्ध जोगी मुनि॥**

कौसल्याजीका स्वभाव देखकर और उनकी सरल और उत्तम वाणीको सुनकर सब रानियाँ करुणरसमें निमग्न हो गयीं। आकाशसे पुष्पवर्षाकी झड़ी लग गयी और धन्य-धन्यकी ध्वनि होने लगी। सिद्ध, योगी और मुनि स्नेहसे शिथिल हो गये॥ ३॥

**सबु रनिवासु बिथकि लखि रहेऊ। तब धरि धीर सुमित्राँ कहेऊ॥**
**देबि दंड जुग जामिनि बीती। राम मातु सुनि उठी सप्रीती॥**

सारा रनिवास देखकर थकित रह गया (निस्तब्ध हो गया), तब सुमित्राजीने धीरज धरके कहा कि हे देवि! दो घड़ी रात बीत गयी है। यह सुनकर श्रीरामजीकी माता कौसल्याजी प्रेमपूर्वक उठीं—॥ ४॥

**दो०—बेगि पाउ धारिअ थलहि कह सनेहँ सतिभाय।**
**हमरें तौ अब ईस गति कै मिथिलेस सहाय॥ २८४॥**

और प्रेमसहित सद्भावसे बोलीं—अब आप शीघ्र डेरेको पधारिये। हमारे तो अब ईश्वर ही गति हैं, अथवा मिथिलेश्वर जनकजी सहायक हैं॥ २८४॥

**लखि सनेह सुनि बचन बिनीता। जनकप्रिया गह पाय पुनीता॥**
**देबि उचित असि बिनय तुम्हारी। दसरथ घरिनि राम महतारी॥**

कौसल्याजीके प्रेमको देखकर और उनके विनम्र वचनोंको सुनकर जनकजीकी प्रिय पत्नीने उनके पवित्र चरण पकड़ लिये और कहा—हे देवि! आप राजा दशरथजीकी रानी और श्रीरामजीकी माता हैं। आपकी ऐसी नम्रता उचित ही है॥ १॥

**प्रभु अपने नीचहु आदरहीं। अगिनि धूम गिरि सिर तिनु धरहीं॥**
**सेवकु राउ करम मन बानी। सदा सहाय महेसु भवानी॥**

प्रभु अपने नीच जनोंका भी आदर करते हैं। अग्नि धुएँको और पर्वत तृण (घास)-को अपने सिरपर धारण करते हैं। हमारे राजा तो कर्म, मन और वाणीसे आपके सेवक हैं और सदा सहायक तो श्रीमहादेव-पार्वतीजी हैं॥ २॥

**रउरे अंग जोगु जग को है। दीप सहाय कि दिनकर सोहै॥**
**रामु जाइ बनु करि सुर काजू। अचल अवधपुर करिहहिं राजू॥**

आपका सहायक होनेयोग्य जगत्‌में कौन है? दीपक सूर्यकी सहायता करने जाकर कहीं शोभा पा सकता है? श्रीरामचन्द्रजी वनमें जाकर देवताओंका कार्य करके अवधपुरीमें अचल राज्य करेंगे॥ ३॥

**अमर नाग नर राम बाहुबल। सुख बसिहहिं अपनें अपनें थल॥**
**यह सब जागबलिक कहि राखा। देबि न होइ मुधा मुनि भाषा॥**

देवता, नाग और मनुष्य सब श्रीरामचन्द्रजीकी भुजाओंके बलपर अपने-अपने स्थानों (लोकों)-में सुखपूर्वक बसेंगे। यह सब याज्ञवल्क्य मुनिने पहलेहीसे कह रखा है। हे देवि! मुनिका कथन व्यर्थ (झूठा) नहीं हो सकता॥ ४॥

**दो०—अस कहि पग परि पेम अति सिय हित बिनय सुनाइ।**
**सिय समेत सियमातु तब चली सुआयसु पाइ॥ २८५॥**

ऐसा कहकर बड़े प्रेमसे पैरों पड़कर सीताजी [को साथ भेजने]-के लिये विनती करके और सुन्दर आज्ञा पाकर तब सीताजीसमेत सीताजीकी माता डेरेको चलीं॥ २८५॥

**प्रिय परिजनहि मिली बैदेही। जो जेहि जोगु भाँति तेहि तेही॥**
**तापस बेष जानकी देखी। भा सबु बिकल बिषाद बिसेषी॥**

जानकीजी अपने प्यारे कुटुम्बियोंसे—जो जिस योग्य था, उससे उसी प्रकार मिलीं। जानकीजीको तपस्विनीके वेषमें देखकर सभी शोकसे अत्यन्त व्याकुल हो गये॥ १॥

**जनक राम गुर आयसु पाई। चले थलहि सिय देखी आई॥**
**लीन्हि लाइ उर जनक जानकी। पाहुनि पावन पेम प्रान की॥**

जनकजी श्रीरामजीके गुरु वसिष्ठजीकी आज्ञा पाकर डेरेको चले और आकर उन्होंने सीताजीको देखा। जनकजीने अपने पवित्र प्रेम और प्राणोंकी पाहुनी जानकीजीको हृदयसे लगा लिया॥ २॥

**उर उमगेउ अंबुधि अनुरागू। भयउ भूप मनु मनहुँ पयागू॥**
**सिय सनेह बटु बाढ़त जोहा। ता पर राम पेम सिसु सोहा॥**

उनके हृदयमें [वात्सल्य] प्रेमका समुद्र उमड़ पड़ा। राजाका मन मानो प्रयाग हो गया। उस समुद्रके अंदर उन्होंने [आदिशक्ति] सीताजीके [अलौकिक] स्नेहरूपी अक्षयवटको बढ़ते हुए देखा। उस (सीताजीके प्रेमरूपी वट)-पर श्रीरामजीका प्रेमरूपी बालक (बालरूपधारी भगवान्) सुशोभित हो रहा है॥ ३॥

**चिरजीवी मुनि ग्यान बिकल जनु। बूड़त लहेउ बाल अवलंबनु॥**
**मोह मगन मति नहिं बिदेह की। महिमा सिय रघुबर सनेह की॥**

जनकजीका ज्ञानरूपी चिरंजीवी (मार्कण्डेय) मुनि व्याकुल होकर डूबते-डूबते मानो उस श्रीरामप्रेमरूपी बालकका सहारा पाकर बच गया। वस्तुतः [ज्ञानिशिरोमणि] विदेहराजकी बुद्धि मोहमें मग्न नहीं है। यह तो श्रीसीतारामजीके प्रेमकी महिमा है [जिसने उन-जैसे महान् ज्ञानीके ज्ञानको भी विकल कर दिया]॥ ४॥

**दो०—सिय पितु मातु सनेह बस बिकल न सकी सँभारि।**
**धरनिसुताँ धीरजु धरेउ समउ सुधरमु बिचारि॥ २८६॥**

पिता-माताके प्रेमके मारे सीताजी ऐसी विकल हो गयीं कि अपनेको सँभाल न सकीं। [परन्तु परम धैर्यवती] पृथ्वीकी कन्या सीताजीने समय और सुन्दर धर्मका विचार कर धैर्य धारण किया॥ २८६॥

**तापस बेष जनक सिय देखी। भयउ पेमु परितोषु बिसेषी॥**
**पुत्रि पबित्र किए कुल दोऊ। सुजस धवल जगु कह सबु कोऊ॥**

सीताजीको तपस्विनी-वेषमें देखकर जनकजीको विशेष प्रेम और सन्तोष हुआ। [उन्होंने कहा—] बेटी! तूने दोनों कुल पवित्र कर दिये। तेरे निर्मल यशसे सारा जगत् उज्ज्वल हो रहा है; ऐसा सब कोई कहते हैं॥ १॥

**जिति सुरसरि कीरति सरि तोरी। गवनु कीन्ह बिधि अंड करोरी॥**
**गंग अवनि थल तीनि बड़ेरे। एहिं किए साधु समाज घनेरे॥**

तेरी कीर्तिरूपी नदी देवनदी गंगाजीको भी जीतकर [जो एक ही ब्रह्माण्डमें बहती है] करोड़ों ब्रह्माण्डोंमें बह चली है। गंगाजीने तो पृथ्वीपर तीन ही स्थानों (हरिद्वार, प्रयागराज और गंगासागर)-को बड़ा (तीर्थ) बनाया है। पर तेरी इस कीर्तिनदीने तो अनेकों संतसमाजरूपी तीर्थस्थान बना दिये हैं॥ २॥

**पितु कह सत्य सनेहँ सुबानी। सीय सकुच महुँ मनहुँ समानी॥**
**पुनि पितु मातु लीन्हि उर लाई। सिख आसिष हित दीन्हि सुहाई॥**

पिता जनकजीने तो स्नेहसे सच्ची सुन्दर वाणी कही। परन्तु अपनी बड़ाई सुनकर सीताजी मानो संकोचमें समा गयीं। पिता-माताने उन्हें फिर हृदयसे लगा लिया और हितभरी सुन्दर सीख और आशिष दी॥ ३॥

**कहति न सीय सकुचि मन माहीं। इहाँ बसब रजनीं भल नाहीं॥**
**लखि रुख रानि जनायउ राऊ। हृदयँ सराहत सीलु सुभाऊ॥**

सीताजी कुछ कहती नहीं हैं, परन्तु मनमें सकुचा रही हैं कि रातमें [सासुओंकी सेवा छोड़कर] यहाँ रहना अच्छा नहीं है। रानी सुनयनाजीने जानकीजीका रुख देखकर (उनके मनकी बात समझकर) राजा जनकजीको जना दिया। तब दोनों अपने हृदयोंमें सीताजीके शील और स्वभावकी सराहना करने लगे॥ ४॥

**दो०—बार बार मिलि भेंटि सिय बिदा कीन्हि सनमानि।**
**कही समय सिर भरत गति रानि सुबानि सयानि॥ २८७॥**

राजा-रानीने बार-बार मिलकर और हृदयसे लगाकर तथा सम्मान करके सीताजीको विदा किया। चतुर रानीने समय पाकर राजासे सुन्दर वाणीमें भरतजीकी दशाका वर्णन किया॥ २८७॥

**सुनि भूपाल भरत ब्यवहारू। सोन सुगंध सुधा ससि सारू॥**
**मूदे सजल नयन पुलके तन। सुजसु सराहन लगे मुदित मन॥**

सोनेमें सुगंध और [समुद्रसे निकली हुई] सुधामें चन्द्रमाके सार अमृतके समान भरतजीका व्यवहार सुनकर राजाने [प्रेमविह्वल होकर] अपने [प्रेमाश्रुओंके] जलसे भरे नेत्रोंको मूँद लिया (वे भरतजीके प्रेममें मानो ध्यानस्थ हो गये)। वे शरीरसे पुलकित हो गये और मनमें आनन्दित होकर भरतजीके सुन्दर यशकी सराहना करने लगे॥ १॥

**सावधान सुनु सुमुखि सुलोचनि। भरत कथा भव बंध बिमोचनि॥**
**धरम राजनय ब्रह्मबिचारू। इहाँ जथामति मोर प्रचारू॥**

[वे बोले—] हे सुमुखि! हे सुनयनी! सावधान होकर सुनो। भरतजीकी कथा संसारके बन्धनसे छुड़ानेवाली है। धर्म, राजनीति और ब्रह्मविचार—इन तीनों विषयोंमें अपनी बुद्धिके अनुसार मेरी [थोड़ी-बहुत] गति है (अर्थात् इनके सम्बन्धमें मैं कुछ जानता हूँ)॥ २॥

**सो मति मोरि भरत महिमाही। कहै काह छलि छुअति न छाँही॥**
**बिधि गनपति अहिपति सिव सारद। कबि कोबिद बुध बुद्धि बिसारद॥**

वह (धर्म, राजनीति और ब्रह्मज्ञानमें प्रवेश रखनेवाली) मेरी बुद्धि भरतजीकी महिमाका वर्णन तो क्या करे, छल करके भी उसकी छायातकको नहीं छू पाती! ब्रह्माजी, गणेशजी, शेषजी, महादेवजी, सरस्वतीजी, कवि, ज्ञानी, पण्डित और बुद्धिमान्—॥ ३॥

**भरत चरित कीरति करतूती। धरम सील गुन बिमल बिभूती॥**
**समुझत सुनत सुखद सब काहू। सुचि सुरसरि रुचि निदर सुधाहू॥**

सब किसीको भरतजीके चरित्र, कीर्ति, करनी, धर्म, शील, गुण और निर्मल ऐश्वर्य समझनेमें और सुननेमें सुख देनेवाले हैं और पवित्रतामें गंगाजीका तथा स्वाद (मधुरता)-में अमृतका भी तिरस्कार करनेवाले हैं॥ ४॥

**दो०—निरवधि गुन निरुपम पुरुषु भरतु भरत सम जानि।**
**कहिअ सुमेरु कि सेर सम कबिकुल मति सकुचानि॥ २८८॥**

भरतजी असीम गुणसम्पन्न और उपमारहित पुरुष हैं। भरतजीके समान बस, भरतजी ही हैं, ऐसा जानो। सुमेरु पर्वतको क्या सेरके बराबर कह सकते हैं? इसलिये (उन्हें किसी पुरुषके साथ उपमा देनेमें) कविसमाजकी बुद्धि भी सकुचा गयी!॥ २८८॥

**अगम सबहि बरनत बरबरनी। जिमि जलहीन मीन गमु धरनी॥**
**भरत अमित महिमा सुनु रानी। जानहिं रामु न सकहिं बखानी॥**

हे श्रेष्ठ वर्णवाली! भरतजीकी महिमाका वर्णन करना सभीके लिये वैसे ही अगम है जैसे जलरहित पृथ्वीपर मछलीका चलना। हे रानी! सुनो, भरतजीकी अपरिमित महिमाको एक श्रीरामचन्द्रजी ही जानते हैं; किन्तु वे भी उसका वर्णन नहीं कर सकते॥ १॥

**बरनि सप्रेम भरत अनुभाऊ। तिय जिय की रुचि लखि कह राऊ॥**
**बहुरहिं लखनु भरतु बन जाहीं। सब कर भल सब के मन माहीं॥**

इस प्रकार प्रेमपूर्वक भरतजीके प्रभावका वर्णन करके, फिर पत्नीके मनकी रुचि जानकर राजाने कहा—लक्ष्मणजी लौट जायँ और भरतजी वनको जायँ, इसमें सभीका भला है और यही सबके मनमें है॥ २॥

**देबि परंतु भरत रघुबर की। प्रीति प्रतीति जाइ नहिं तरकी॥**
**भरतु अवधि सनेह ममता की। जद्यपि रामु सीम समता की॥**

परन्तु हे देवि! भरतजी और श्रीरामचन्द्रजीका प्रेम और एक-दूसरेपर विश्वास, बुद्धि और विचारकी सीमामें नहीं आ सकता। यद्यपि श्रीरामचन्द्रजी समताकी सीमा हैं, तथापि भरतजी प्रेम और ममताकी सीमा हैं॥ ३॥

**परमारथ स्वारथ सुख सारे। भरत न सपनेहुँ मनहुँ निहारे॥**
**साधन सिद्धि राम पग नेहू। मोहि लखि परत भरत मत एहू॥**

[श्रीरामचन्द्रजीके प्रति अनन्य प्रेमको छोड़कर] भरतजीने समस्त परमार्थ, स्वार्थ और सुखोंकी ओर स्वप्नमें भी मनसे भी नहीं ताका है। श्रीरामजीके चरणोंका प्रेम ही उनका साधन है और वही सिद्धि है। मुझे तो भरतजीका बस, यही एकमात्र सिद्धान्त जान पड़ता है॥ ४॥

**दो०—भोरेहुँ भरत न पेलिहहिं मनसहुँ राम रजाइ।**
**करिअ न सोचु सनेह बस कहेउ भूप बिलखाइ॥ २८९॥**

राजाने बिलखकर (प्रेमसे गद्‌गद होकर) कहा—भरतजी भूलकर भी श्रीरामचन्द्रजीकी आज्ञाको मनसे भी नहीं टालेंगे। अतः स्नेहके वश होकर चिन्ता नहीं करनी चाहिये॥ २८९॥

**राम भरत गुन गनत सप्रीती। निसि दंपतिहि पलक सम बीती॥**
**राज समाज प्रात जुग जागे। न्हाइ न्हाइ सुर पूजन लागे॥**

श्रीरामजी और भरतजीके गुणोंकी प्रेमपूर्वक गणना करते (कहते-सुनते) पति-पत्नीको रात पलकके समान बीत गयी। प्रातःकाल दोनों राजसमाज जागे और नहा-नहाकर देवताओंकी पूजा करने लगे॥ १॥

**गे नहाइ गुर पहिं रघुराई। बंदि चरन बोले रुख पाई॥**
**नाथ भरतु पुरजन महतारी। सोक बिकल बनबास दुखारी॥**

श्रीरघुनाथजी स्नान करके गुरु वसिष्ठजीके पास गये और चरणोंकी वन्दना करके उनका रुख पाकर बोले—हे नाथ! भरत, अवधपुरवासी तथा माताएँ, सब शोकसे व्याकुल और वनवाससे दुःखी हैं॥ २॥

**सहित समाज राउ मिथिलेसू। बहुत दिवस भए सहत कलेसू॥**
**उचित होइ सोइ कीजिअ नाथा। हित सबही कर रौरें हाथा॥**

मिथिलापति राजा जनकजीको भी समाजसहित क्लेश सहते बहुत दिन हो गये। इसलिये हे नाथ! जो उचित हो वही कीजिये। आपहीके हाथ सभीका हित है॥ ३॥

**अस कहि अति सकुचे रघुराऊ। मुनि पुलके लखि सीलु सुभाऊ॥**
**तुम्ह बिनु राम सकल सुख साजा। नरक सरिस दुहु राज समाजा॥**

ऐसा कहकर श्रीरघुनाथजी अत्यन्त ही सकुचा गये। उनका शील-स्वभाव देखकर [प्रेम और आनन्दसे] मुनि वसिष्ठजी पुलकित हो गये। [उन्होंने खुलकर कहा—] हे राम! तुम्हारे बिना [घर-बार आदि] सम्पूर्ण सुखोंके साज दोनों राजसमाजोंको नरकके समान हैं॥ ४॥

**दो०—प्रान प्रान के जीव के जिव सुख के सुख राम।**
**तुम्ह तजि तात सोहात गृह जिन्हहि तिन्हहि बिधि बाम॥ २९०॥**

हे राम! तुम प्राणोंके भी प्राण, आत्माके भी आत्मा और सुखके भी सुख हो। हे तात! तुम्हें छोड़कर जिन्हें घर सुहाता है, उन्हें विधाता विपरीत है॥ २९०॥

**सो सुखु करमु धरमु जरि जाऊ। जहँ न राम पद पंकज भाऊ॥**
**जोगु कुजोगु ग्यानु अग्यानू। जहँ नहिं राम पेम परधानू॥**

जहाँ श्रीरामके चरणकमलोंमें प्रेम नहीं है, वह सुख, कर्म और धर्म जल जाय। जिसमें श्रीरामप्रेमकी प्रधानता नहीं है, वह योग कुयोग है और वह ज्ञान अज्ञान है॥ १॥

**तुम्ह बिनु दुखी सुखी तुम्ह तेहीं। तुम्ह जानहु जिय जो जेहि केहीं॥**
**राउर आयसु सिर सबही कें। बिदित कृपालहि गति सब नीकें॥**

तुम्हारे बिना ही सब दुःखी हैं और जो सुखी हैं वे तुम्हींसे सुखी हैं। जिस किसीके जीमें जो कुछ है तुम सब जानते हो। आपकी आज्ञा सभीके सिरपर है। कृपालु (आप)-को सभीकी स्थिति अच्छी तरह मालूम है॥ २॥

**आपु आश्रमहि धारिअ पाऊ। भयउ सनेह सिथिल मुनिराऊ॥**
**करि प्रनामु तब रामु सिधाए। रिषि धरि धीर जनक पहिं आए॥**

अतः आप आश्रमको पधारिये। इतना कह मुनिराज स्नेहसे शिथिल हो गये। तब श्रीरामजी प्रणाम करके चले गये और ऋषि वसिष्ठजी धीरज धरकर जनकजीके पास आये॥ ३॥

**राम बचन गुरु नृपहि सुनाए। सील सनेह सुभायँ सुहाए॥**
**महाराज अब कीजिअ सोई। सब कर धरम सहित हित होई॥**

गुरुजीने श्रीरामचन्द्रजीके शील और स्नेहसे युक्त स्वभावसे ही सुन्दर वचन राजा जनकजीको सुनाये [और कहा—] हे महाराज! अब वही कीजिये जिसमें सबका धर्मसहित हित हो॥ ४॥

**दो०—ग्यान निधान सुजान सुचि धरम धीर नरपाल।**
**तुम्ह बिनु असमंजस समन को समरथ एहि काल॥ २९१॥**

हे राजन्! तुम ज्ञानके भण्डार, सुजान, पवित्र और धर्ममें धीर हो। इस समय तुम्हारे बिना इस दुविधाको दूर करनेमें और कौन समर्थ है?॥ २९१॥

**सुनि मुनि बचन जनक अनुरागे। लखि गति ग्यानु बिरागु बिरागे॥**
**सिथिल सनेहँ गुनत मन माहीं। आए इहाँ कीन्ह भल नाहीं॥**

मुनि वसिष्ठजीके वचन सुनकर जनकजी प्रेममें मग्न हो गये। उनकी दशा देखकर ज्ञान और वैराग्यको भी वैराग्य हो गया (अर्थात् उनके ज्ञान-वैराग्य छूट-से गये)। वे प्रेमसे शिथिल हो गये और मनमें विचार करने लगे कि हम यहाँ आये, यह अच्छा नहीं किया॥ १॥

**रामहि रायँ कहेउ बन जाना। कीन्ह आपु प्रिय प्रेम प्रवाना॥**
**हम अब बन तें बनहि पठाई। प्रमुदित फिरब बिबेक बड़ाई॥**

राजा दशरथजीने श्रीरामजीको वन जानेके लिये कहा और स्वयं अपने प्रियके प्रेमको प्रमाणित (सच्चा) कर दिया (प्रियवियोगमें प्राण त्याग दिये)। परन्तु हम अब इन्हें वनसे [और गहन] वनको भेजकर अपने विवेककी बड़ाईमें आनन्दित होते हुए लौटेंगे [कि हमें जरा भी मोह नहीं है; हम श्रीरामजीको वनमें छोड़कर चले आये, दशरथजीकी तरह मरे नहीं!]॥ २॥

**तापस मुनि महिसुर सुनि देखी। भए प्रेम बस बिकल बिसेषी॥**
**समउ समुझि धरि धीरजु राजा। चले भरत पहिं सहित समाजा॥**

तपस्वी, मुनि और ब्राह्मण यह सब सुन और देखकर प्रेमवश बहुत ही व्याकुल हो गये। समयका विचार करके राजा जनकजी धीरज धरकर समाजसहित भरतजीके पास चले॥ ३॥

**भरत आइ आगें भइ लीन्हे। अवसर सरिस सुआसन दीन्हे॥**
**तात भरत कह तेरहुति राऊ। तुम्हहि बिदित रघुबीर सुभाऊ॥**

भरतजीने आकर उन्हें आगे होकर लिया (सामने आकर उनका स्वागत किया) और समयानुकूल अच्छे आसन दिये। तिरहुतराज जनकजी कहने लगे—हे तात भरत! तुमको श्रीरामजीका स्वभाव मालूम ही है॥ ४॥

**दो०—राम सत्यब्रत धरम रत सब कर सीलु सनेहु।**
**संकट सहत सकोच बस कहिअ जो आयसु देहु॥ २९२॥**

श्रीरामचन्द्रजी सत्यव्रती और धर्मपरायण हैं, सबका शील और स्नेह रखनेवाले हैं। इसीलिये

वे संकोचवश संकट सह रहे हैं; अब तुम जो आज्ञा दो, वह उनसे कही जाय॥ २९२॥

**सुनि तन पुलकि नयन भरि बारी। बोले भरतु धीर धरि भारी॥**
**प्रभु प्रिय पूज्य पिता सम आपू। कुलगुरु सम हित माय न बापू॥**

भरतजी यह सुनकर पुलकितशरीर हो नेत्रोंमें जल भरकर बड़ा भारी धीरज धरकर बोले— हे प्रभो! आप हमारे पिताके समान प्रिय और पूज्य हैं। और कुलगुरु श्रीवसिष्ठजीके समान हितैषी तो माता-पिता भी नहीं हैं॥ १॥

**कौसिकादि मुनि सचिव समाजू। ग्यान अंबुनिधि आपुनु आजू॥**
**सिसु सेवकु आयसु अनुगामी। जानि मोहि सिख देइअ स्वामी॥**

विश्वामित्रजी आदि मुनियों और मन्त्रियोंका समाज है। और आजके दिन ज्ञानके समुद्र आप भी उपस्थित हैं। हे स्वामी! मुझे अपना बच्चा, सेवक और आज्ञानुसार चलनेवाला समझकर शिक्षा दीजिये॥ २॥

**एहिं समाज थल बूझब राउर। मौन मलिन मैं बोलब बाउर॥**
**छोटे बदन कहउँ बड़ि बाता। छमब तात लखि बाम बिधाता॥**

इस समाज और [पुण्य] स्थलमें आप [जैसे ज्ञानी और पूज्य]-का पूछना! इसपर यदि मैं मौन रहता हूँ तो मलिन समझा जाऊँगा; और बोलना पागलपन होगा तथापि मैं छोटे मुँह बड़ी बात कहता हूँ। हे तात! विधाताको प्रतिकूल जानकर क्षमा कीजियेगा॥ ३॥

**आगम निगम प्रसिद्ध पुराना। सेवाधरमु कठिन जगु जाना॥**
**स्वामि धरम स्वारथहि बिरोधू। बैरु अंध प्रेमहि न प्रबोधू॥**

वेद, शास्त्र और पुराणोंमें प्रसिद्ध है और जगत् जानता है कि सेवाधर्म बड़ा कठिन है। स्वामिधर्ममें (स्वामीके प्रति कर्तव्यपालनमें) और स्वार्थमें विरोध है (दोनों एक साथ नहीं निभ सकते)। वैर अंधा होता है और प्रेमको ज्ञान नहीं रहता [मैं स्वार्थवश कहूँगा या प्रेमवश, दोनोंमें ही भूल होनेका भय है]॥ ४॥

**दो०—राखि राम रुख धरमु ब्रतु पराधीन मोहि जानि।**
**सब कें संमत सर्ब हित करिअ पेमु पहिचानि॥ २९३॥**

अतएव मुझे पराधीन जानकर (मुझसे न पूछकर) श्रीरामचन्द्रजीके रुख (रुचि), धर्म और [सत्यके] व्रतको रखते हुए, जो सबके सम्मत और सबके लिये हितकारी हो आप सबका प्रेम पहचानकर वही कीजिये॥ २९३॥

**भरत बचन सुनि देखि सुभाऊ। सहित समाज सराहत राऊ॥**
**सुगम अगम मृदु मंजु कठोरे। अरथु अमित अति आखर थोरे॥**

भरतजीके वचन सुनकर और उनका स्वभाव देखकर समाजसहित राजा जनक उनकी सराहना करने लगे। भरतजीके वचन सुगम और अगम, सुन्दर, कोमल और कठोर हैं। उनमें अक्षर थोड़े हैं, परन्तु अर्थ अत्यन्त अपार भरा हुआ है॥ १॥

**ज्यों मुखु मुकुर मुकुरु निज पानी। गहि न जाइ अस अदभुत बानी॥**
**भूप भरतु मुनि सहित समाजू। गे जहँ बिबुध कुमुद द्विजराजू॥**

जैसे मुख [का प्रतिबिम्ब] दर्पणमें दीखता है और दर्पण अपने हाथमें है, फिर भी वह (मुखका प्रतिबिम्ब) पकड़ा नहीं जाता, इसी प्रकार भरतजीकी यह अद्भुत वाणी भी पकड़में नहीं आती (शब्दोंसे उसका आशय समझमें नहीं आता)। [किसीसे कुछ उत्तर देते नहीं बना] तब राजा

जनकजी, भरतजी तथा मुनि वसिष्ठजी समाजके साथ वहाँ गये जहाँ देवतारूपी कुमुदोंके खिलानेवाले (सुख देनेवाले) चन्द्रमा श्रीरामचन्द्रजी थे॥ २॥

**सुनि सुधि सोच बिकल सब लोगा। मनहुँ मीनगन नव जल जोगा॥**
**देवँ प्रथम कुलगुर गति देखी। निरखि बिदेह सनेह बिसेषी॥**

यह समाचार सुनकर सब लोग सोचसे व्याकुल हो गये, जैसे नये (पहली वर्षाके) जलके संयोगसे मछलियाँ व्याकुल होती हैं। देवताओंने पहले कुलगुरु वसिष्ठजीकी [प्रेमविह्वल] दशा देखी, फिर विदेहजीके विशेष स्नेहको देखा;॥ ३॥

**राम भगतिमय भरतु निहारे। सुर स्वारथी हहरि हियँ हारे॥**
**सब कोउ राम पेममय पेखा। भए अलेख सोच बस लेखा॥**

और तब श्रीरामभक्तिसे ओतप्रोत भरतजीको देखा। इन सबको देखकर स्वार्थी देवता घबड़ाकर हृदयमें हार मान गये (निराश हो गये)। उन्होंने सब किसीको श्रीरामप्रेममें सराबोर देखा। इससे देवता इतने सोचके वश हो गये कि जिसका कोई हिसाब नहीं॥ ४॥

**दो०—रामु सनेह सकोच बस कह ससोच सुरराजु।**
**रचहु प्रपंचहि पंच मिलि नाहिं त भयउ अकाजु॥ २९४॥**

देवराज इन्द्र सोचमें भरकर कहने लगे कि श्रीरामचन्द्रजी तो स्नेह और संकोचके वशमें हैं। इसलिये सब लोग मिलकर कुछ प्रपंच (माया) रचो; नहीं तो काम बिगड़ा [ही समझो]॥ २९४॥

**सुरन्ह सुमिरि सारदा सराही। देबि देव सरनागत पाही॥**
**फेरि भरत मति करि निज माया। पालु बिबुध कुल करि छल छाया॥**

देवताओंने सरस्वतीका स्मरण कर उनकी सराहना (स्तुति) की और कहा—हे देवि! देवता आपके शरणागत हैं, उनकी रक्षा कीजिये। अपनी माया रचकर भरतजीकी बुद्धिको फेर दीजिये। और छलकी छाया कर देवताओंके कुलका पालन (रक्षा) कीजिये॥ १॥

**बिबुध बिनय सुनि देबि सयानी। बोली सुर स्वारथ जड़ जानी॥**
**मो सन कहहु भरत मति फेरू। लोचन सहस न सूझ सुमेरू॥**

देवताओंकी विनती सुनकर और देवताओंको स्वार्थके वश होनेसे मूर्ख जानकर बुद्धिमती सरस्वतीजी बोलीं—मुझसे कह रहे हो कि भरतजीकी मति पलट दो! हजार नेत्रोंसे भी तुमको सुमेरु नहीं सूझ पड़ता!॥ २॥

**बिधि हरि हर माया बड़ि भारी। सोउ न भरत मति सकइ निहारी॥**
**सो मति मोहि कहत करु भोरी। चंदिनि कर कि चंडकर चोरी॥**

ब्रह्मा, विष्णु और महेशकी माया बड़ी प्रबल है! किन्तु वह भी भरतजीकी बुद्धिकी ओर ताक नहीं सकती। उस बुद्धिको, तुम मुझसे कह रहे हो कि भोली कर दो (भुलावेमें डाल दो)! अरे! चाँदनी कहीं प्रचण्ड किरणवाले सूर्यको चुरा सकती है?॥ ३॥

**भरत हृदयँ सिय राम निवासू। तहँ कि तिमिर जहँ तरनि प्रकासू॥**
**अस कहि सारद गइ बिधि लोका। बिबुध बिकल निसि मानहुँ कोका॥**

भरतजीके हृदयमें श्रीसीतारामजीका निवास है। जहाँ सूर्यका प्रकाश है, वहाँ कहीं अँधेरा रह सकता है? ऐसा कहकर सरस्वतीजी ब्रह्मलोकको चली गयीं। देवता ऐसे व्याकुल हुए जैसे रात्रिमें चकवा व्याकुल होता है॥ ४॥

**दो०—सुर स्वारथी मलीन मन कीन्ह कुमंत्र कुठाटु।**
**रचि प्रपंच माया प्रबल भय भ्रम अरति उचाटु॥ २९५॥**

मलिन मनवाले स्वार्थी देवताओंने बुरी सलाह करके बुरा ठाट (षड्यन्त्र) रचा। प्रबल मायाजाल रचकर भय, भ्रम, अप्रीति और उच्चाटन फैला दिया॥ २९५॥

**करि कुचालि सोचत सुरराजू। भरत हाथ सबु काजु अकाजू॥**
**गए जनकु रघुनाथ समीपा। सनमाने सब रबिकुल दीपा॥**

कुचाल करके देवराज इन्द्र सोचने लगे कि कामका बनना-बिगड़ना सब भरतजीके हाथ है। इधर राजा जनकजी [मुनि वसिष्ठ आदिके साथ] श्रीरघुनाथजीके पास गये। सूर्यकुलके दीपक श्रीरामचन्द्रजीने सबका सम्मान किया,॥ १॥

**समय समाज धरम अबिरोधा। बोले तब रघुबंस पुरोधा॥**
**जनक भरत संबादु सुनाई। भरत कहाउति कही सुहाई॥**

तब रघुकुलके पुरोहित वसिष्ठजी समय, समाज और धर्मके अविरोधी (अर्थात् अनुकूल) वचन बोले। उन्होंने पहले जनकजी और भरतजीका संवाद सुनाया। फिर भरतजीकी कही हुई सुन्दर बातें कह सुनायीं॥ २॥

**तात राम जस आयसु देहू। सो सबु करै मोर मत एहू॥**
**सुनि रघुनाथ जोरि जुग पानी। बोले सत्य सरल मृदु बानी॥**

[फिर बोले—] हे तात राम! मेरा मत तो यह है कि तुम जैसी आज्ञा दो, वैसी ही सब करें! यह सुनकर दोनों हाथ जोड़कर श्रीरघुनाथजी सत्य, सरल और कोमल वाणी बोले—॥ ३॥

**बिद्यमान आपुनि मिथिलेसू। मोर कहब सब भाँति भदेसू॥**
**राउर राय रजायसु होई। राउरि सपथ सही सिर सोई॥**

आपके और मिथिलेश्वर जनकजीके विद्यमान रहते मेरा कुछ कहना सब प्रकारसे भद्दा (अनुचित) है। आपकी और महाराजकी जो आज्ञा होगी, मैं आपकी शपथ करके कहता हूँ वह सत्य ही सबको शिरोधार्य होगी॥ ४॥

**दो०—राम सपथ सुनि मुनि जनकु सकुचे सभा समेत।**
**सकल बिलोकत भरत मुखु बनइ न ऊतरु देत॥ २९६॥**

श्रीरामचन्द्रजीकी शपथ सुनकर सभासमेत मुनि और जनकजी सकुचा गये (स्तम्भित रह गये)। किसीसे उत्तर देते नहीं बनता, सब लोग भरतजीका मुँह ताक रहे हैं॥ २९६॥

**सभा सकुच बस भरत निहारी। रामबंधु धरि धीरजु भारी॥**
**कुसमउ देखि सनेहु सँभारा। बढ़त बिंधि जिमि घटज निवारा॥**

भरतजीने सभाको संकोचके वश देखा। रामबन्धु (भरतजी)-ने बड़ा भारी धीरज धरकर और कुसमय देखकर अपने [उमड़ते हुए] प्रेमको सँभाला, जैसे बढ़ते हुए विन्ध्याचलको अगस्त्यजीने रोका था॥ १॥

**सोक कनकलोचन मति छोनी। हरी बिमल गुन गन जगजोनी॥**
**भरत बिबेक बराहँ बिसाला। अनायास उधरी तेहि काला॥**

शोकरूपी हिरण्याक्षने [सारी सभाकी] बुद्धिरूपी पृथ्वीको हर लिया जो विमल गुणसमूहरूपी जगत्की योनि (उत्पन्न करनेवाली) थी। भरतजीके विवेकरूपी विशाल वराह (वराहरूपधारी

भगवान्)-ने [शोकरूपी हिरण्याक्षको नष्ट कर] बिना ही परिश्रम उसका उद्धार कर दिया!॥ २॥

**करि प्रनामु सब कहँ कर जोरे। रामु राउ गुर साधु निहोरे॥**
**छमब आजु अति अनुचित मोरा। कहउँ बदन मृदु बचन कठोरा॥**

भरतजीने प्रणाम करके सबके प्रति हाथ जोड़े तथा श्रीरामचन्द्रजी, राजा जनकजी, गुरु वसिष्ठजी और साधु-संत सबसे विनती की और कहा—आज मेरे इस अत्यन्त अनुचित बर्तावको क्षमा कीजियेगा। मैं कोमल (छोटे) मुखसे कठोर (धृष्टतापूर्ण) वचन कह रहा हूँ॥ ३॥

**हियँ सुमिरी सारदा सुहाई। मानस तें मुख पंकज आई॥**
**बिमल बिबेक धरम नय साली। भरत भारती मंजु मराली॥**

फिर उन्होंने हृदयमें सुहावनी सरस्वतीजीका स्मरण किया। वे मानससे (उनके मनरूपी मानसरोवरसे) उनके मुखारविन्दपर आ विराजीं। निर्मल विवेक, धर्म और नीतिसे युक्त भरतजीकी वाणी सुन्दर हंसिनी [के समान गुण-दोषका विवेचन करनेवाली] है॥ ४॥

**दो०—निरखि बिबेक बिलोचनन्हि सिथिल सनेहँ समाजु।**
**करि प्रनामु बोले भरतु सुमिरि सीय रघुराजु॥ २९७॥**

विवेकके नेत्रोंसे सारे समाजको प्रेमसे शिथिल देख, सबको प्रणामकर, श्रीसीताजी और श्रीरघुनाथजीका स्मरण करके भरतजी बोले—॥ २९७॥

**प्रभु पितु मातु सुहृद गुर स्वामी। पूज्य परम हित अंतरजामी॥**
**सरल सुसाहिबु सील निधानू। प्रनतपाल सर्बग्य सुजानू॥**

हे प्रभु! आप पिता, माता, सुहृद् (मित्र), गुरु, स्वामी, पूज्य, परम हितैषी और अन्तर्यामी हैं। सरलहृदय, श्रेष्ठ मालिक, शीलके भण्डार, शरणागतकी रक्षा करनेवाले, सर्वज्ञ, सुजान,॥ १॥

**समरथ सरनागत हितकारी। गुनगाहकु अवगुन अघ हारी॥**
**स्वामि गोसाँइहि सरिस गोसाईं। मोहि समान मैं साइँ दोहाईं॥**

समर्थ, शरणागतका हित करनेवाले, गुणोंका आदर करनेवाले और अवगुणों तथा पापोंको हरनेवाले हैं। हे गोसाईं! आप-सरीखे स्वामी आप ही हैं और स्वामीके साथ द्रोह करनेमें मेरे समान मैं ही हूँ॥ २॥

**प्रभु पितु बचन मोह बस पेली। आयउँ इहाँ समाजु सकेली॥**
**जग भल पोच ऊँच अरु नीचू। अमिअ अमरपद माहुरु मीचू॥**

मैं मोहवश प्रभु (आप)-के और पिताजीके वचनोंका उल्लंघनकर और समाज बटोरकर यहाँ आया हूँ। जगत्में भले-बुरे, ऊँचे और नीचे, अमृत और अमरपद (देवताओंका पद), विष और मृत्यु आदि—॥ ३॥

**राम रजाइ मेट मन माहीं। देखा सुना कतहुँ कोउ नाहीं॥**
**सो मैं सब बिधि कीन्हि ढिठाई। प्रभु मानी सनेह सेवकाई॥**

किसीको भी कहीं ऐसा नहीं देखा-सुना जो मनमें भी श्रीरामचन्द्रजी (आप)-की आज्ञाको मेट दे। मैंने सब प्रकारसे वही ढिठाई की, परन्तु प्रभुने उस ढिठाईको स्नेह और सेवा मान लिया!॥ ४॥

**दो०—कृपाँ भलाईं आपनी नाथ कीन्ह भल मोर।**
**दूषन भे भूषन सरिस सुजसु चारु चहु ओर॥ २९८॥**

हे नाथ! आपने अपनी कृपा और भलाईसे मेरा भला किया, जिससे मेरा दूषण (दोष) भी

भूषण (गुण)-के समान हो गये और चारों ओर मेरा सुन्दर यश छा गया॥ २९८॥

**राउरि रीति सुबानि बड़ाई। जगत बिदित निगमागम गाई॥**
**कूर कुटिल खल कुमति कलंकी। नीच निसील निरीस निसंकी॥**

हे नाथ! आपकी रीति और सुन्दर स्वभावकी बड़ाई जगत्‌में प्रसिद्ध है, और वेद-शास्त्रोंने गायी है। जो क्रूर, कुटिल, दुष्ट, कुबुद्धि, कलंकी, नीच, शीलरहित, निरीश्वरवादी (नास्तिक) और निःशंक (निडर) हैं॥ १॥

**तेउ सुनि सरन सामुहें आए। सकृत प्रनामु किहें अपनाए॥**
**देखि दोष कबहुँ न उर आने। सुनि गुन साधु समाज बखाने॥**

उन्हें भी आपने शरणमें सम्मुख आया सुनकर एक बार प्रणाम करनेपर ही अपना लिया। उन (शरणागतों)-के दोषोंको देखकर भी आप कभी हृदयमें नहीं लाये और उनके गुणोंको सुनकर साधुओंके समाजमें उनका बखान किया॥ २॥

**को साहिब सेवकहि नेवाजी। आपु समाज साज सब साजी॥**
**निज करतूति न समुझिअ सपनें। सेवक सकुच सोचु उर अपनें॥**

ऐसा सेवकपर कृपा करनेवाला स्वामी कौन है जो आप ही सेवकका सारा साज-सामान सज दे (उसकी सारी आवश्यकताओंको पूर्ण कर दे) और स्वप्नमें भी अपनी कोई करनी न समझकर (अर्थात् मैंने सेवकके लिये कुछ किया है ऐसा न जानकर) उलटा सेवकको संकोच होगा, इसका सोच अपने हृदयमें रखे!॥ ३॥

**सो गोसाइँ नहिं दूसर कोपी। भुजा उठाइ कहउँ पन रोपी॥**
**पसु नाचत सुक पाठ प्रबीना। गुन गति नट पाठक आधीना॥**

मैं भुजा उठाकर और प्रण रोपकर (बड़े जोरके साथ) कहता हूँ, ऐसा स्वामी आपके सिवा दूसरा कोई नहीं है। [बंदर आदि] पशु नाचते और तोते [सीखे हुए] पाठमें प्रवीण हो जाते हैं। परन्तु तोतेका [पाठप्रवीणतारूप] गुण और पशुके नाचनेकी गति [क्रमशः] पढ़ानेवाले और नचानेवालेके अधीन है॥ ४॥

**दो०—यों सुधारि सनमानि जन किए साधु सिरमोर।**
**को कृपाल बिनु पालिहै बिरिदावलि बरजोर॥ २९९॥**

इस प्रकार अपने सेवकोंकी (बिगड़ी) बात सुधारकर और सम्मान देकर आपने उन्हें साधुओंका शिरोमणि बना दिया। कृपालु (आप)-के सिवा अपनी विरदावलीका और कौन जबर्दस्ती (हठपूर्वक) पालन करेगा?॥ २९९॥

**सोक सनेहँ कि बाल सुभाएँ। आयउँ लाइ रजायसु बाएँ॥**
**तबहुँ कृपाल हेरि निज ओरा। सबहि भाँति भल मानेउ मोरा॥**

मैं शोकसे या स्नेहसे या बालकस्वभावसे आज्ञाको बायें लाकर (न मानकर) चला आया, तो भी कृपालु स्वामी (आप)-ने अपनी ओर देखकर सभी प्रकारसे मेरा भला ही माना (मेरे इस अनुचित कार्यको अच्छा ही समझा)॥ १॥

**देखेउँ पाय सुमंगलमूला। जानेउँ स्वामि सहज अनुकूला॥**
**बड़ें समाज बिलोकेउँ भागू। बड़ीं चूक साहिब अनुरागू॥**

मैंने सुन्दर मंगलोंके मूल आपके चरणोंका दर्शन किया, और यह जान लिया कि स्वामी मुझपर स्वभावसे ही अनुकूल हैं। इस बड़े समाजमें अपने भाग्यको देखा कि इतनी बड़ी चूक होनेपर भी स्वामीका मुझपर कितना अनुराग है!॥ २॥

**कृपा अनुग्रहु अंगु अघाई। कीन्हि कृपानिधि सब अधिकाई॥**
**राखा मोर दुलार गोसाईं। अपनें सील सुभायँ भलाईं॥**

कृपानिधानने मुझपर सांगोपांग भरपेट कृपा और अनुग्रह, सब अधिक ही किये हैं (अर्थात् मैं जिसके जरा भी लायक नहीं था उतनी अधिक सर्वांगपूर्ण कृपा आपने मुझपर की है)। हे गोसाईं! आपने अपने शील, स्वभाव और भलाईसे मेरा दुलार रखा॥ ३॥

**नाथ निपट मैं कीन्हि ढिठाई। स्वामि समाज सकोच बिहाई॥**
**अबिनय बिनय जथारुचि बानी। छमिहि देउ अति आरति जानी॥**

हे नाथ! मैंने स्वामी और समाजके संकोचको छोड़कर अविनय या विनयभरी जैसी रुचि हुई वैसी ही वाणी कहकर सर्वथा ढिठाई की है। हे देव! मेरे आर्तभाव (आतुरता)-को जानकर आप क्षमा करेंगे॥ ४॥

**दो०—सुहृद सुजान सुसाहिबहि बहुत कहब बड़ि खोरि।**
**आयसु देइअ देव अब सबइ सुधारी मोरि॥ ३००॥**

सुहृद् (बिना ही हेतुके हित करनेवाले), बुद्धिमान् और श्रेष्ठ मालिकसे बहुत कहना बड़ा अपराध है। इसलिये हे देव! अब मुझे आज्ञा दीजिये, आपने मेरी सभी बात सुधार दी॥ ३००॥

**प्रभु पद पदुम पराग दोहाई। सत्य सुकृत सुख सीवँ सुहाई॥**
**सो करि कहउँ हिए अपने की। रुचि जागत सोवत सपने की॥**

प्रभु (आप)-के चरणकमलोंकी रज, जो सत्य, सुकृत (पुण्य) और सुखकी सुहावनी सीमा (अवधि) है, उसकी दुहाई करके मैं अपने हृदयकी जागते, सोते और स्वप्नमें भी बनी रहनेवाली रुचि (इच्छा) कहता हूँ॥ १॥

**सहज सनेहँ स्वामि सेवकाई। स्वारथ छल फल चारि बिहाई॥**
**अग्या सम न सुसाहिब सेवा। सो प्रसादु जन पावै देवा॥**

वह रुचि है—कपट, स्वार्थ और [अर्थ-धर्म-काम-मोक्षरूप] चारों फलोंको छोड़कर स्वाभाविक प्रेमसे स्वामीकी सेवा करना। और आज्ञापालनके समान श्रेष्ठ स्वामीकी और कोई सेवा नहीं है। हे देव! अब वही आज्ञारूप प्रसाद सेवकको मिल जाय॥ २॥

**अस कहि प्रेम बिबस भए भारी। पुलक सरीर बिलोचन बारी॥**
**प्रभु पद कमल गहे अकुलाई। समउ सनेहु न सो कहि जाई॥**

भरतजी ऐसा कहकर प्रेमके बहुत ही विवश हो गये। शरीर पुलकित हो उठा, नेत्रोंमें [प्रेमाश्रुओंका] जल भर आया। अकुलाकर (व्याकुल होकर) उन्होंने प्रभु श्रीरामचन्द्रजीके चरणकमल पकड़ लिये। उस समयको और स्नेहको कहा नहीं जा सकता॥ ३॥

**कृपासिंधु सनमानि सुबानी। बैठाए समीप गहि पानी॥**
**भरत बिनय सुनि देखि सुभाऊ। सिथिल सनेहँ सभा रघुराऊ॥**

कृपासिन्धु श्रीरामचन्द्रजीने सुन्दर वाणीसे भरतजीका सम्मान करके हाथ पकड़कर उनको अपने पास बिठा लिया। भरतजीकी विनती सुनकर और उनका स्वभाव देखकर सारी सभा और श्रीरघुनाथजी स्नेहसे शिथिल हो गये॥ ४॥

**छं०—रघुराउ सिथिल सनेहँ साधु समाज मुनि मिथिला धनी।**
**मन महुँ सराहत भरत भायप भगति की महिमा घनी॥**

**भरतहि प्रसंसत बिबुध बरषत सुमन मानस मलिन से।**
**तुलसी बिकल सब लोग सुनि सकुचे निसागम नलिन से॥**

श्रीरघुनाथजी, साधुओंका समाज, मुनि वसिष्ठजी और मिथिलापति जनकजी स्नेहसे शिथिल हो गये। सब मन-ही-मन भरतजीके भाईपन और उनकी भक्तिकी अतिशय महिमाको सराहने लगे। देवता मलिन मनसे भरतजीकी प्रशंसा करते हुए उनपर फूल बरसाने लगे। तुलसीदासजी कहते हैं—सब लोग भरतजीका भाषण सुनकर व्याकुल हो गये और ऐसे सकुचा गये जैसे रात्रिके आगमनसे कमल!

**सो०—देखि दुखारी दीन दुहु समाज नर नारि सब।**
**मघवा महा मलीन मुए मारि मंगल चहत॥ ३०१॥**

दोनों समाजोंके सभी नर-नारियोंको दीन और दुःखी देखकर महामलिन-मन इन्द्र मरे हुओंको मारकर अपना मंगल चाहता है॥ ३०१॥

**कपट कुचालि सीवँ सुरराजू। पर अकाज प्रिय आपन काजू॥**
**काक समान पाकरिपु रीती। छली मलीन कतहुँ न प्रतीती॥**

देवराज इन्द्र कपट और कुचालकी सीमा है। उसे परायी हानि और अपना लाभ ही प्रिय है। इन्द्रकी रीति कौएके समान है। वह छली और मलिन-मन है, उसका कहीं किसीपर विश्वास नहीं है॥ १॥

**प्रथम कुमत करि कपटु सँकेला। सो उचाटु सब कें सिर मेला॥**
**सुरमायाँ सब लोग बिमोहे। राम प्रेम अतिसय न बिछोहे॥**

पहले तो कुमत (बुरा विचार) करके कपटको बटोरा (अनेक प्रकारके कपटका साज सजा)। फिर वह (कपटजनित) उचाट सबके सिरपर डाल दिया। फिर देवमायासे सब लोगोंको विशेषरूपसे मोहित कर दिया। किन्तु श्रीरामचन्द्रजीके प्रेमसे उनका अत्यन्त बिछोह नहीं हुआ (अर्थात् उनका श्रीरामजीके प्रति प्रेम कुछ तो बना ही रहा)॥ २॥

**भय उचाट बस मन थिर नाहीं। छन बन रुचि छन सदन सोहाहीं॥**
**दुबिध मनोगति प्रजा दुखारी। सरित सिंधु संगम जनु बारी॥**

भय और उचाटके वश किसीका मन स्थिर नहीं है। क्षणमें उनकी वनमें रहनेकी इच्छा होती है और क्षणमें उन्हें घर अच्छे लगने लगते हैं। मनकी इस प्रकारकी दुविधामयी स्थितिसे प्रजा दुःखी हो रही है। मानो नदी और समुद्रके संगमका जल क्षुब्ध हो रहा हो। (जैसे नदी और समुद्रके संगमका जल स्थिर नहीं रहता, कभी इधर आता और कभी उधर जाता है, उसी प्रकारकी दशा प्रजाके मनकी हो गयी)॥ ३॥

**दुचित कतहुँ परितोषु न लहहीं। एक एक सन मरमु न कहहीं॥**
**लखि हियँ हँसि कह कृपानिधानू। सरिस स्वान मघवान जुबानू॥**

चित्त दोतरफा हो जानेसे वे कहीं सन्तोष नहीं पाते और एक-दूसरेसे अपना मर्म भी नहीं कहते। कृपानिधान श्रीरामचन्द्रजी यह दशा देखकर हृदयमें हँसकर कहने लगे—कुत्ता, इन्द्र और नवयुवक (कामी पुरुष) एक-सरीखे (एक ही स्वभावके) हैं। [पाणिनीय व्याकरणके अनुसार श्वन्, युवन् और मघवन् शब्दोंके रूप भी एक-सरीखे होते हैं]॥ ४॥

**दो०—भरतु जनकु मुनिजन सचिव साधु सचेत बिहाइ।**
**लागि देवमाया सबहि जथाजोगु जनु पाइ॥ ३०२॥**

भरतजी, जनकजी, मुनिजन, मन्त्री और ज्ञानी साधु-संतोंको छोड़कर अन्य सभीपर जिस मनुष्यको जिस योग्य (जिस प्रकृति और जिस स्थितिका) पाया, उसपर वैसे ही देवमाया लग गयी॥ ३०२॥

**कृपासिंधु लखि लोग दुखारे। निज सनेहँ सुरपति छल भारे॥**
**सभा राउ गुर महिसुर मंत्री। भरत भगति सब कै मति जंत्री॥**

कृपासिन्धु श्रीरामचन्द्रजीने लोगोंको अपने स्नेह और देवराज इन्द्रके भारी छलसे दुःखी देखा। सभा, राजा जनक, गुरु, ब्राह्मण और मन्त्री आदि सभीकी बुद्धिको भरतजीकी भक्तिने कील दिया॥ १॥

**रामहि चितवत चित्र लिखे से। सकुचत बोलत बचन सिखे से॥**
**भरत प्रीति नति बिनय बड़ाई। सुनत सुखद बरनत कठिनाई॥**

सब लोग चित्रलिखे-से श्रीरामचन्द्रजीकी ओर देख रहे हैं। सकुचाते हुए सिखाये हुए-से वचन बोलते हैं। भरतजीकी प्रीति, नम्रता, विनय और बड़ाई सुननेमें सुख देनेवाली है, पर उसके वर्णन करनेमें कठिनता है॥ २॥

**जासु बिलोकि भगति लवलेसू। प्रेम मगन मुनिगन मिथिलेसू॥**
**महिमा तासु कहै किमि तुलसी। भगति सुभायँ सुमति हियँ हुलसी॥**

जिनकी भक्तिका लवलेश देखकर मुनिगण और मिथिलेश्वर जनकजी प्रेममें मग्न हो गये, उन भरतजीकी महिमा तुलसीदास कैसे कहे? उनकी भक्ति और सुन्दर भावसे [कविके] हृदयमें सुबुद्धि हुलस रही है (विकसित हो रही है)॥ ३॥

**आपु छोटि महिमा बड़ि जानी। कबिकुल कानि मानि सकुचानी॥**
**कहि न सकति गुन रुचि अधिकाई। मति गति बाल बचन की नाई॥**

परन्तु वह बुद्धि अपनेको छोटी और भरतजीकी महिमाको बड़ी जानकर कविपरम्पराकी मर्यादाको मानकर सकुचा गयी (उसका वर्णन करनेका साहस नहीं कर सकी)। उसकी गुणोंमें रुचि तो बहुत है; पर उन्हें कह नहीं सकती। बुद्धिकी गति बालकके वचनोंकी तरह हो गयी (वह कुण्ठित हो गयी)!॥ ४॥

**दो०—भरत बिमल जसु बिमल बिधु सुमति चकोरकुमारि।**
**उदित बिमल जन हृदय नभ एकटक रही निहारि॥ ३०३॥**

भरतजीका निर्मल यश निर्मल चन्द्रमा है और कविकी सुबुद्धि चकोरी है, जो भक्तोंके हृदयरूपी निर्मल आकाशमें उस चन्द्रमाको उदित देखकर उसकी ओर टकटकी लगाये देखती ही रह गयी है [तब उसका वर्णन कौन करे?]॥ ३०३॥

**भरत सुभाउ न सुगम निगमहूँ। लघु मति चापलता कबि छमहूँ॥**
**कहत सुनत सति भाउ भरत को। सीय राम पद होइ न रत को॥**

भरतजीके स्वभावका वर्णन वेदोंके लिये भी सुगम नहीं है। [अतः] मेरी तुच्छ बुद्धिकी चंचलताको कविलोग क्षमा करें! भरतजीके सद्भावको कहते-सुनते कौन मनुष्य श्रीसीतारामजीके चरणोंमें अनुरक्त न हो जायगा॥ १॥

**सुमिरत भरतहि प्रेमु राम को। जेहि न सुलभु तेहि सरिस बाम को॥**
**देखि दयाल दसा सबही की। राम सुजान जानि जन जी की॥**

भरतजीका स्मरण करनेसे जिसको श्रीरामजीका प्रेम सुलभ न हुआ, उसके समान वाम (अभागा) और कौन होगा? दयालु और सुजान श्रीरामजीने सभीकी दशा देखकर और भक्त (भरतजी)-के हृदयकी स्थिति जानकर,॥ २॥

**धरम धुरीन धीर नय नागर। सत्य सनेह सील सुख सागर॥**
**देसु कालु लखि समउ समाजू। नीति प्रीति पालक रघुराजू॥**

धर्मधुरन्धर, धीर, नीतिमें चतुर; सत्य, स्नेह, शील और सुखके समुद्र; नीति और प्रीतिके

पालन करनेवाले श्रीरघुनाथजी देश, काल, अवसर और समाजको देखकर,॥ ३॥

**बोले बचन बानि सरबसु से। हित परिनाम सुनत ससि रसु से॥**
**तात भरत तुम्ह धरम धुरीना। लोक बेद बिद प्रेम प्रबीना॥**

[तदनुसार] ऐसे वचन बोले जो मानो वाणीके सर्वस्व ही थे, परिणाममें हितकारी थे और सुननेमें चन्द्रमाके रस (अमृत)-सरीखे थे। [उन्होंने कहा—] हे तात भरत! तुम धर्मकी धुरीको धारण करनेवाले हो, लोक और वेद दोनोंके जाननेवाले और प्रेममें प्रवीण हो॥ ४॥

**दो०—करम बचन मानस बिमल तुम्ह समान तुम्ह तात।**
**गुर समाज लघु बंधु गुन कुसमयँ किमि कहि जात॥ ३०४॥**

हे तात! कर्मसे, वचनसे और मनसे निर्मल तुम्हारे समान तुम्हीं हो। गुरुजनोंके समाजमें और ऐसे कुसमयमें छोटे भाईके गुण किस तरह कहे जा सकते हैं?॥ ३०४॥

**जानहु तात तरनि कुल रीती। सत्यसंध पितु कीरति प्रीती॥**
**समउ समाजु लाज गुरजन की। उदासीन हित अनहित मन की॥**

हे तात! तुम सूर्यकुलकी रीतिको, सत्यप्रतिज्ञ पिताजीकी कीर्ति और प्रीतिको, समय, समाज और गुरुजनोंकी लज्जा (मर्यादा)-को तथा उदासीन, मित्र और शत्रु सबके मनकी बातको जानते हो॥ १॥

**तुम्हहि बिदित सबही कर करमू। आपन मोर परम हित धरमू॥**
**मोहि सब भाँति भरोस तुम्हारा। तदपि कहउँ अवसर अनुसारा॥**

तुमको सबके कर्मों (कर्तव्यों)-का और अपने तथा मेरे परम हितकारी धर्मका पता है। यद्यपि मुझे तुम्हारा सब प्रकारसे भरोसा है, तथापि मैं समयके अनुसार कुछ कहता हूँ॥ २॥

**तात तात बिनु बात हमारी। केवल गुरकुल कृपाँ सँभारी॥**
**नतरु प्रजा परिजन परिवारू। हमहि सहित सबु होत खुआरू॥**

हे तात! पिताजीके बिना (उनकी अनुपस्थितिमें) हमारी बात केवल गुरुवंशकी कृपाने ही सँभाल रखी है; नहीं तो हमारे समेत प्रजा, कुटुम्ब, परिवार सभी बर्बाद हो जाते॥ ३॥

**जौं बिनु अवसर अथवँ दिनेसू। जग केहि कहहु न होइ कलेसू॥**
**तस उतपातु तात बिधि कीन्हा। मुनि मिथिलेस राखि सबु लीन्हा॥**

यदि बिना समयके (संध्यासे पूर्व ही) सूर्य अस्त हो जाय तो कहो जगत्‌में किसको क्लेश न होगा? हे तात! उसी प्रकारका उत्पात विधाताने यह (पिताकी असामयिक मृत्यु) किया है। पर मुनि महाराजने तथा मिथिलेश्वरने सबको बचा लिया॥ ४॥

**दो०—राज काज सब लाज पति धरम धरनि धन धाम।**
**गुर प्रभाउ पालिहि सबहि भल होइहि परिनाम॥ ३०५॥**

राज्यका सब कार्य, लज्जा, प्रतिष्ठा, धर्म, पृथ्वी, धन, घर—इन सभीका पालन (रक्षण) गुरुजीका प्रभाव (सामर्थ्य) करेगा और परिणाम शुभ होगा॥ ३०५॥

**सहित समाज तुम्हार हमारा। घर बन गुर प्रसाद रखवारा॥**
**मातु पिता गुर स्वामि निदेसू। सकल धरम धरनीधर सेसू॥**

गुरुजीका प्रसाद (अनुग्रह) ही घरमें और वनमें समाजसहित तुम्हारा और हमारा रक्षक है। माता, पिता, गुरु और स्वामीकी आज्ञा [का पालन] समस्त धर्मरूपी पृथ्वीको धारण करनेमें शेषजीके समान है॥ १॥

**सो तुम्ह करहु करावहु मोहू। तात तरनिकुल पालक होहू॥**
**साधक एक सकल सिधि देनी। कीरति सुगति भूतिमय बेनी॥**

हे तात! तुम वही करो और मुझसे भी कराओ तथा सूर्यकुलके रक्षक बनो। साधकके लिये यह एक ही (आज्ञापालनरूपी साधना) सम्पूर्ण सिद्धियोंकी देनेवाली, कीर्तिमयी, सद्गतिमयी और ऐश्वर्यमयी त्रिवेणी है॥ २॥

**सो बिचारि सहि संकटु भारी। करहु प्रजा परिवारु सुखारी॥**
**बाँटी बिपति सबहिं मोहि भाई। तुम्हहि अवधि भरि बड़ि कठिनाई॥**

इसे विचारकर भारी संकट सहकर भी प्रजा और परिवारको सुखी करो। हे भाई! मेरी विपत्ति सभीने बाँट ली है, परन्तु तुमको तो अवधि (चौदह वर्ष)-तक बड़ी कठिनाई है (सबसे अधिक दु:ख है)॥ ३॥

**जानि तुम्हहि मृदु कहउँ कठोरा। कुसमयँ तात न अनुचित मोरा॥**
**होहिं कुठायँ सुबंधु सहाए। ओड़िअहिं हाथ असनिहु के घाए॥**

तुमको कोमल जानकर भी मैं कठोर (वियोगकी बात) कह रहा हूँ। हे तात! बुरे समयमें मेरे लिये यह कोई अनुचित बात नहीं है। कुठौर (कुअवसर)-में श्रेष्ठ भाई ही सहायक होते हैं। वज्रके आघात भी हाथसे ही रोके जाते हैं॥ ४॥

**दो०—सेवक कर पद नयन से मुख सो साहिबु होइ।**
**तुलसी प्रीति कि रीति सुनि सुकबि सराहहिं सोइ॥ ३०६॥**

सेवक हाथ, पैर और नेत्रोंके समान और स्वामी मुखके समान होना चाहिये। तुलसीदासजी कहते हैं कि सेवक-स्वामीकी ऐसी प्रीतिकी रीति सुनकर सुकवि उसकी सराहना करते हैं॥ ३०६॥

**सभा सकल सुनि रघुबर बानी। प्रेम पयोधि अमिअँ जनु सानी॥**
**सिथिल समाज सनेह समाधी। देखि दसा चुप सारद साधी॥**

श्रीरघुनाथजीकी वाणी सुनकर, जो मानो प्रेमरूपी समुद्रके [मन्थनसे निकले हुए] अमृतमें सनी हुई थी, सारा समाज शिथिल हो गया; सबको प्रेमसमाधि लग गयी। यह दशा देखकर सरस्वतीने चुप साध ली॥ १॥

**भरतहि भयउ परम संतोषू। सनमुख स्वामि बिमुख दुख दोषू॥**
**मुख प्रसन्न मन मिटा बिषादू। भा जनु गूँगेहि गिरा प्रसादू॥**

भरतजीको परम सन्तोष हुआ। स्वामीके सम्मुख (अनुकूल) होते ही उनके दु:ख और दोषोंने मुँह मोड़ लिया (वे उन्हें छोड़कर भाग गये)। उनका मुख प्रसन्न हो गया और मनका विषाद मिट गया। मानो गूँगेपर सरस्वतीकी कृपा हो गयी हो॥ २॥

**कीन्ह सप्रेम प्रनामु बहोरी। बोले पानि पंकरुह जोरी॥**
**नाथ भयउ सुखु साथ गए को। लहेउँ लाहु जग जनमु भए को॥**

उन्होंने फिर प्रेमपूर्वक प्रणाम किया और करकमलोंको जोड़कर वे बोले—हे नाथ! मुझे आपके साथ जानेका सुख प्राप्त हो गया और मैंने जगत्में जन्म लेनेका लाभ भी पा लिया॥ ३॥

**अब कृपाल जस आयसु होई। करौं सीस धरि सादर सोई॥**
**सो अवलंब देव मोहि देई। अवधि पारु पावौं जेहि सेई॥**

हे कृपालु! अब जैसी आज्ञा हो, उसीको मैं सिरपर धरकर आदरपूर्वक करूँ! परन्तु देव! आप मुझे वह अवलम्बन (कोई सहारा) दें जिसकी सेवा कर मैं अवधिका पार पा जाऊँ (अवधिको बिता दूँ)॥ ४॥

**दो०—देव देव अभिषेक हित गुर अनुसासनु पाइ।**
**आनेउँ सब तीरथ सलिलु तेहि कहँ काह रजाइ॥ ३०७॥**

हे देव! स्वामी (आप)-के अभिषेकके लिये गुरुजीकी आज्ञा पाकर मैं सब तीर्थोंका जल लेता आया हूँ; उसके लिये क्या आज्ञा होती है?॥ ३०७॥

**एकु मनोरथु बड़ मन माहीं। सभयँ सकोच जात कहि नाहीं॥**
**कहहु तात प्रभु आयसु पाई। बोले बानि सनेह सुहाई॥**

मेरे मनमें एक और बड़ा मनोरथ है, जो भय और संकोचके कारण कहा नहीं जाता। [श्रीरामचन्द्रजीने कहा—] हे भाई! कहो। तब प्रभुकी आज्ञा पाकर भरतजी स्नेहपूर्ण सुन्दर वाणी बोले—॥ १॥

**चित्रकूट सुचि थल तीरथ बन। खग मृग सर सरि निर्झर गिरिगन॥**
**प्रभु पद अंकित अवनि बिसेषी। आयसु होइ त आवौं देखी॥**

आज्ञा हो तो चित्रकूटके पवित्र स्थान, तीर्थ, वन, पक्षी-पशु, तालाब-नदी, झरने और पर्वतोंके समूह तथा विशेषकर प्रभु (आप)-के चरणचिह्नोंसे अंकित भूमिको देख आऊँ॥ २॥

**अवसि अत्रि आयसु सिर धरहू। तात बिगतभय कानन चरहू॥**
**मुनि प्रसाद बनु मंगल दाता। पावन परम सुहावन भ्राता॥**

[श्रीरघुनाथजी बोले—] अवश्य ही अत्रि ऋषिकी आज्ञाको सिरपर धारण करो (उनसे पूछकर वे जैसा कहें वैसा करो) और निर्भय होकर वनमें विचरो। हे भाई! अत्रि मुनिके प्रसादसे वन मंगलोंका देनेवाला, परम पवित्र और अत्यन्त सुन्दर है—॥ ३॥

**रिषिनायकु जहँ आयसु देहीं। राखेहु तीरथ जलु थल तेहीं॥**
**सुनि प्रभु बचन भरत सुखु पावा। मुनि पद कमल मुदित सिरु नावा॥**

और ऋषियोंके प्रमुख अत्रिजी जहाँ आज्ञा दें, वहीं [लाया हुआ] तीर्थोंका जल स्थापित कर देना। प्रभुके वचन सुनकर भरतजीने सुख पाया और आनन्दित होकर मुनि अत्रिजीके चरणकमलोंमें सिर नवाया॥ ४॥

**दो०—भरत राम संबादु सुनि सकल सुमंगल मूल।**
**सुर स्वारथी सराहि कुल बरषत सुरतरु फूल॥ ३०८॥**

समस्त सुन्दर मंगलोंका मूल भरतजी और श्रीरामचन्द्रजीका संवाद सुनकर स्वार्थी देवता रघुकुलकी सराहना करके कल्पवृक्षके फूल बरसाने लगे॥ ३०८॥

**धन्य भरत जय राम गोसाईं। कहत देव हरषत बरिआईं॥**
**मुनि मिथिलेस सभाँ सब काहू। भरत बचन सुनि भयउ उछाहू॥**

'भरतजी धन्य हैं, स्वामी श्रीरामजीकी जय हो!' ऐसा कहते हुए देवता बलपूर्वक (अत्यधिक) हर्षित होने लगे। भरतजीके वचन सुनकर मुनि वसिष्ठजी, मिथिलापति जनकजी और सभामें सब किसीको बड़ा उत्साह (आनन्द) हुआ॥ १॥

**भरत राम गुन ग्राम सनेहू। पुलकि प्रसंसत राउ बिदेहू॥**
**सेवक स्वामि सुभाउ सुहावन। नेमु पेमु अति पावन पावन॥**

भरतजी और श्रीरामचन्द्रजीके गुणसमूहकी तथा प्रेमकी विदेहराज जनकजी पुलकित होकर प्रशंसा कर रहे हैं। सेवक और स्वामी दोनोंका सुन्दर स्वभाव है। इनके नियम और प्रेम पवित्रको भी अत्यन्त पवित्र करनेवाले हैं॥ २॥

**मति अनुसार सराहन लागे। सचिव सभासद सब अनुरागे॥**
**सुनि सुनि राम भरत संबादू। दुहु समाज हियँ हरषु बिषादू॥**

मन्त्री और सभासद सभी प्रेममुग्ध होकर अपनी-अपनी बुद्धिके अनुसार सराहना करने लगे। श्रीरामचन्द्रजी और भरतजीका संवाद सुन-सुनकर दोनों समाजोंके हृदयोंमें हर्ष और विषाद (भरतजीके सेवाधर्मको देखकर हर्ष और रामवियोगकी सम्भावनासे विषाद) दोनों हुए॥ ३॥

**राम मातु दुखु सुखु सम जानी। कहि गुन राम प्रबोधीं रानी॥**
**एक कहहिं रघुबीर बड़ाई। एक सराहत भरत भलाई॥**

श्रीरामचन्द्रजीकी माता कौसल्याजीने दुःख और सुखको समान जानकर श्रीरामजीके गुण कहकर दूसरी रानियोंको धैर्य बँधाया। कोई श्रीरामजीकी बड़ाई (बड़प्पन)-की चर्चा कर रहे हैं, तो कोई भरतजीके अच्छेपनकी सराहना करते हैं॥ ४॥

**दो०—अत्रि कहेउ तब भरत सन सैल समीप सुकूप।**
**राखिअ तीरथ तोय तहँ पावन अमिअ अनूप॥ ३०९॥**

तब अत्रिजीने भरतजीसे कहा—इस पर्वतके समीप ही एक सुन्दर कुआँ है। इस पवित्र, अनुपम और अमृत-जैसे तीर्थजलको उसीमें स्थापित कर दीजिये॥ ३०९॥

**भरत अत्रि अनुसासन पाई। जल भाजन सब दिए चलाई॥**
**सानुज आपु अत्रि मुनि साधू। सहित गए जहँ कूप अगाधू॥**

भरतजीने अत्रि मुनिकी आज्ञा पाकर जलके सब पात्र रवाना कर दिये और छोटे भाई शत्रुघ्न, अत्रि मुनि तथा अन्य साधु-सन्तोंसहित आप वहाँ गये जहाँ वह अथाह कुआँ था॥ १॥

**पावन पाथ पुन्यथल राखा। प्रमुदित प्रेम अत्रि अस भाषा॥**
**तात अनादि सिद्ध थल एहू। लोपेउ काल बिदित नहिं केहू॥**

और उस पवित्र जलको उस पुण्यस्थलमें रख दिया। तब अत्रि ऋषिने प्रेमसे आनन्दित होकर ऐसा कहा—हे तात! यह अनादि सिद्धस्थल है। कालक्रमसे यह लोप हो गया था इसलिये किसीको इसका पता नहीं था॥ २॥

**तब सेवकन्ह सरस थलु देखा। कीन्ह सुजल हित कूप बिसेषा॥**
**बिधिबस भयउ बिस्व उपकारू। सुगम अगम अति धरम बिचारू॥**

तब [भरतजीके] सेवकोंने उस जलयुक्त स्थानको देखा और उस सुन्दर [तीर्थोंके] जलके लिये एक खास कुआँ बना लिया। दैवयोगसे विश्वभरका उपकार हो गया। धर्मका विचार जो अत्यन्त अगम था, वह [इस कूपके प्रभावसे] सुगम हो गया॥ ३॥

**भरतकूप अब कहिहहिं लोगा। अति पावन तीरथ जल जोगा॥**
**प्रेम सनेम निमज्जत प्रानी। होइहहिं बिमल करम मन बानी॥**

अब इसको लोग भरतकूप कहेंगे। तीर्थोंके जलके संयोगसे तो यह अत्यन्त ही पवित्र हो गया। इसमें प्रेमपूर्वक नियमसे स्नान करनेपर प्राणी मन, वचन और कर्मसे निर्मल हो जायँगे॥ ४॥

**दो०—कहत कूप महिमा सकल गए जहाँ रघुराउ।**
**अत्रि सुनायउ रघुबरहि तीरथ पुन्य प्रभाउ॥ ३१०॥**

कूपकी महिमा कहते हुए सब लोग वहाँ गये जहाँ श्रीरघुनाथजी थे। श्रीरघुनाथजीको अत्रिजीने उस तीर्थका पुण्य प्रभाव सुनाया॥ ३१०॥

**कहत धरम इतिहास सप्रीती। भयउ भोरु निसि सो सुख बीती॥**
**नित्य निबाहि भरत दोउ भाई। राम अत्रि गुर आयसु पाई॥**

प्रेमपूर्वक धर्मके इतिहास कहते वह रात सुखसे बीत गयी और सबेरा हो गया। भरत-शत्रुघ्न दोनों भाई नित्यक्रिया पूरी करके, श्रीरामजी, अत्रिजी और गुरु वसिष्ठजीकी आज्ञा पाकर, ॥ १॥

**सहित समाज साज सब सादें। चले राम बन अटन पयादें॥**
**कोमल चरन चलत बिनु पनहीं। भइ मृदु भूमि सकुचि मन मनहीं॥**

समाजसहित सब सादे साजसे श्रीरामजीके वनमें भ्रमण (प्रदक्षिणा) करनेके लिये पैदल ही चले। कोमल चरण हैं और बिना जूतेके चल रहे हैं, यह देखकर पृथ्वी मन-ही-मन सकुचाकर कोमल हो गयी॥ २॥

**कुस कंटक काँकरीं कुराईं। कटुक कठोर कुबस्तु दुराईं॥**
**महि मंजुल मृदु मारग कीन्हे। बहत समीर त्रिबिध सुख लीन्हे॥**

कुश, काँटे, कंकड़ी, दरारें आदि कड़वी, कठोर और बुरी वस्तुओंको छिपाकर पृथ्वीने सुन्दर और कोमल मार्ग कर दिये। सुखोंको साथ लिये (सुखदायक) शीतल, मन्द, सुगन्ध हवा चलने लगी॥ ३॥

**सुमन बरषि सुर घन करि छाहीं। बिटप फूलि फलि तृन मृदुताहीं॥**
**मृग बिलोकि खग बोलि सुबानी। सेवहिं सकल राम प्रिय जानी॥**

रास्तेमें देवता फूल बरसाकर, बादल छाया करके, वृक्ष फूल-फलकर, तृण अपनी कोमलतासे, मृग (पशु) देखकर और पक्षी सुन्दर वाणी बोलकर—सभी भरतजीको श्रीरामचन्द्रजीके प्यारे जानकर उनकी सेवा करने लगे॥ ४॥

**दो०—सुलभ सिद्धि सब प्राकृतहु राम कहत जमुहात।**
**राम प्रानप्रिय भरत कहुँ यह न होइ बड़ि बात॥ ३११॥**

जब एक साधारण मनुष्यको भी [आलस्यसे] जँभाई लेते समय 'राम' कह देनेसे ही सब सिद्धियाँ सुलभ हो जाती हैं, तब श्रीरामचन्द्रजीके प्राणप्यारे भरतजीके लिये यह कोई बड़ी (आश्चर्यकी) बात नहीं है॥ ३११॥

**एहि बिधि भरतु फिरत बन माहीं। नेमु प्रेमु लखि मुनि सकुचाहीं॥**
**पुन्य जलाश्रय भूमि बिभागा। खग मृग तरु तृन गिरि बन बागा॥**

इस प्रकार भरतजी वनमें फिर रहे हैं। उनके नियम और प्रेमको देखकर मुनि भी सकुचा जाते हैं। पवित्र जलके स्थान (नदी, बावली, कुण्ड आदि), पृथ्वीके पृथक्-पृथक् भाग, पक्षी, पशु, वृक्ष, तृण (घास), पर्वत, वन और बगीचे—॥ १॥

**चारु बिचित्र पबित्र बिसेषी। बूझत भरतु दिब्य सब देखी॥**
**सुनि मन मुदित कहत रिषिराऊ। हेतु नाम गुन पुन्य प्रभाऊ॥**

सभी विशेषरूपसे सुन्दर, विचित्र, पवित्र और दिव्य देखकर भरतजी पूछते हैं और उनका प्रश्न सुनकर ऋषिराज अत्रिजी प्रसन्न मनसे सबके कारण, नाम, गुण और पुण्य-प्रभावको कहते हैं॥ २॥

**कतहुँ निमज्जन कतहुँ प्रनामा। कतहुँ बिलोकत मन अभिरामा॥**
**कतहुँ बैठि मुनि आयसु पाई। सुमिरत सीय सहित दोउ भाई॥**

भरतजी कहीं स्नान करते हैं, कहीं प्रणाम करते हैं, कहीं मनोहर स्थानोंके दर्शन करते हैं और कहीं मुनि अत्रिजीकी आज्ञा पाकर बैठकर, सीताजीसहित श्रीराम-लक्ष्मण दोनों भाइयोंका स्मरण करते हैं॥ ३॥

**देखि सुभाउ सनेहु सुसेवा। देहिं असीस मुदित बनदेवा॥**
**फिरहिं गएँ दिनु पहर अढ़ाई। प्रभु पद कमल बिलोकहिं आई॥**

भरतजीके स्वभाव, प्रेम और सुन्दर सेवाभावको देखकर वनदेवता आनन्दित होकर आशीर्वाद देते हैं। यों घूम-फिरकर ढाई पहर दिन बीतनेपर लौट पड़ते हैं और आकर प्रभु श्रीरघुनाथजीके चरणकमलोंका दर्शन करते हैं॥ ४॥

**दो०—देखे थल तीरथ सकल भरत पाँच दिन माझ।**
**कहत सुनत हरि हर सुजसु गयउ दिवसु भइ साँझ॥ ३१२॥**

भरतजीने पाँच दिनमें सब तीर्थस्थानोंके दर्शन कर लिये। भगवान् विष्णु और महादेवजीका सुन्दर यश कहते-सुनते वह (पाँचवाँ) दिन भी बीत गया, सन्ध्या हो गयी॥ ३१२॥

**भोर न्हाइ सबु जुरा समाजू। भरत भूमिसुर तेरहुति राजू॥**
**भल दिन आजु जानि मन माहीं। रामु कृपाल कहत सकुचाहीं॥**

[अगले छठे दिन] सबेरे स्नान करके भरतजी, ब्राह्मण, राजा जनक और सारा समाज आ जुटा। आज सबको विदा करनेके लिये अच्छा दिन है, यह मनमें जानकर भी कृपालु श्रीरामजी कहनेमें सकुचा रहे हैं॥ १॥

**गुर नृप भरत सभा अवलोकी। सकुचि राम फिरि अवनि बिलोकी॥**
**सील सराहि सभा सब सोची। कहुँ न राम सम स्वामि सँकोची॥**

श्रीरामचन्द्रजीने गुरु वसिष्ठजी, राजा जनकजी, भरतजी और सारी सभाकी ओर देखा, किन्तु फिर सकुचाकर दृष्टि फेरकर वे पृथ्वीकी ओर ताकने लगे। सभा उनके शीलकी सराहना करके सोचती है कि श्रीरामचन्द्रजीके समान संकोची स्वामी कहीं नहीं हैं॥ २॥

**भरत सुजान राम रुख देखी। उठि सप्रेम धरि धीर बिसेषी॥**
**करि दंडवत कहत कर जोरी। राखीं नाथ सकल रुचि मोरी॥**

सुजान भरतजी श्रीरामचन्द्रजीका रुख देखकर प्रेमपूर्वक उठकर, विशेषरूपसे धीरज धारणकर दण्डवत् करके हाथ जोड़कर कहने लगे—हे नाथ! आपने मेरी सभी रुचियाँ रखीं॥ ३॥

**मोहि लगि सहेउ सबहिं संतापू। बहुत भाँति दुखु पावा आपू॥**
**अब गोसाइँ मोहि देउ रजाई। सेवौं अवध अवधि भरि जाई॥**

मेरे लिये सब लोगोंने सन्ताप सहा और आपने भी बहुत प्रकारसे दुःख पाया। अब स्वामी मुझे आज्ञा दें। मैं जाकर अवधिभर (चौदह वर्षतक) अवधका सेवन करूँ॥ ४॥

**दो०—जेहिं उपाय पुनि पाय जनु देखै दीनदयाल।**
**सो सिख देइअ अवधि लगि कोसलपाल कृपाल॥ ३१३॥**

हे दीनदयालु! जिस उपायसे यह दास फिर चरणोंका दर्शन करे—हे कोसलाधीश! हे कृपालु! अवधिभरके लिये मुझे वही शिक्षा दीजिये॥ ३१३॥

**पुरजन परिजन प्रजा गोसाईं। सब सुचि सरस सनेहँ सगाईं॥**
**राउर बदि भल भव दुख दाहू। प्रभु बिनु बादि परम पद लाहू॥**

हे गोसाईं! आपके प्रेम और सम्बन्धसे अवधपुरवासी, कुटुम्बी और प्रजा सभी पवित्र और रस (आनन्द)-से युक्त हैं। आपके लिये भवदुःख (जन्म-मरणके दुःख)-की ज्वालामें जलना भी

अच्छा है और प्रभु (आप)-के बिना परमपद (मोक्ष)-का लाभ भी व्यर्थ है॥ १॥

**स्वामि सुजानु जानि सब ही की। रुचि लालसा रहनि जन जी की॥**
**प्रनतपालु पालिहि सब काहू। देउ दुहू दिसि ओर निबाहू॥**

हे स्वामी! आप सुजान हैं, सभीके हृदयकी और मुझ सेवकके मनकी रुचि, लालसा (अभिलाषा) और रहनी जानकर, हे प्रणतपाल! आप सब किसीका पालन करेंगे और हे देव! दोनों तरफको ओर-अन्ततक निबाहेंगे॥ २॥

**अस मोहि सब बिधि भूरि भरोसो। किएँ बिचारु न सोचु खरो सो॥**
**आरति मोर नाथ कर छोहू। दुहुँ मिलि कीन्ह ढीठु हठि मोहू॥**

मुझे सब प्रकारसे ऐसा बहुत बड़ा भरोसा है। विचार करनेपर तिनकेके बराबर (जरा-सा) भी सोच नहीं रह जाता। मेरी दीनता और स्वामीका स्नेह दोनोंने मिलकर मुझे जबर्दस्ती ढीठ बना दिया है॥ ३॥

**यह बड़ दोषु दूरि करि स्वामी। तजि सकोच सिखइअ अनुगामी॥**
**भरत बिनय सुनि सबहिं प्रसंसी। खीर नीर बिबरन गति हंसी॥**

हे स्वामी! इस बड़े दोषको दूर करके संकोच त्यागकर मुझ सेवकको शिक्षा दीजिये। दूध और जलको अलग-अलग करनेमें हंसिनीकी-सी गतिवाली भरतजीकी विनती सुनकर उसकी सभीने प्रशंसा की॥ ४॥

**दो०—दीनबंधु सुनि बंधु के बचन दीन छलहीन।**
**देस काल अवसर सरिस बोले रामु प्रबीन॥ ३१४॥**

दीनबन्धु और परम चतुर श्रीरामजी भाई भरतजीके दीन और छलरहित वचन सुनकर देश, काल और अवसरके अनुकूल वचन बोले—॥ ३१४॥

**तात तुम्हारि मोरि परिजन की। चिंता गुरहि नृपहि घर बन की॥**
**माथे पर गुर मुनि मिथिलेसू। हमहि तुम्हहि सपनेहुँ न कलेसू॥**

हे तात! तुम्हारी, मेरी, परिवारकी, घरकी और वनकी सारी चिन्ता गुरु वसिष्ठजी और महाराज जनकजीको है। हमारे सिरपर जब गुरुजी, मुनि विश्वामित्रजी और मिथिलापति जनकजी हैं, तब हमें और तुम्हें स्वप्नमें भी क्लेश नहीं है॥ १॥

**मोर तुम्हार परम पुरुषारथु। स्वारथु सुजसु धरमु परमारथु॥**
**पितु आयसु पालिहिं दुहु भाई। लोक बेद भल भूप भलाईं॥**

मेरा और तुम्हारा तो परम पुरुषार्थ, स्वार्थ, सुयश, धर्म और परमार्थ इसीमें है कि हम दोनों भाई पिताजीकी आज्ञाका पालन करें। राजाकी भलाई (उनके व्रतकी रक्षा)-से ही लोक और वेद दोनोंमें भला है॥ २॥

**गुर पितु मातु स्वामि सिख पालें। चलेहुँ कुमग पग परहिं न खालें॥**
**अस बिचारि सब सोच बिहाई। पालहु अवध अवधि भरि जाई॥**

गुरु, पिता, माता और स्वामीकी शिक्षा (आज्ञा)-का पालन करनेसे कुमार्गपर भी चलनेसे पैर गड्ढेमें नहीं पड़ता (पतन नहीं होता)। ऐसा विचारकर सब सोच छोड़कर अवध जाकर अवधिभर उसका पालन करो॥ ३॥

**देसु कोसु परिजन परिवारू। गुर पद रजहिं लाग छरुभारू॥**
**तुम्ह मुनि मातु सचिव सिख मानी। पालेहु पुहुमि प्रजा रजधानी॥**

देश, खजाना, कुटुम्ब, परिवार आदि सबकी जिम्मेदारी तो गुरुजीकी चरण-रजपर है। तुम तो मुनि वसिष्ठजी, माताओं और मन्त्रियोंकी शिक्षा मानकर तदनुसार पृथ्वी, प्रजा और राजधानीका पालन (रक्षा) भर करते रहना॥ ४॥

**दो०—मुखिआ मुखु सो चाहिऐ खान पान कहुँ एक।**
**पालइ पोषइ सकल अँग तुलसी सहित बिबेक॥ ३१५॥**

तुलसीदासजी कहते हैं—[श्रीरामजीने कहा—] मुखिया मुखके समान होना चाहिये, जो खाने-पीनेको तो एक (अकेला) है, परन्तु विवेकपूर्वक सब अंगोंका पालन-पोषण करता है॥ ३१५॥

**राजधरम सरबसु एतनोई। जिमि मन माहँ मनोरथ गोई॥**
**बंधु प्रबोधु कीन्ह बहु भाँती। बिनु अधार मन तोषु न साँती॥**

राजधर्मका सर्वस्व (सार) भी इतना ही है। जैसे मनके भीतर मनोरथ छिपा रहता है। श्रीरघुनाथजीने भाई भरतको बहुत प्रकारसे समझाया। परन्तु कोई अवलम्बन पाये बिना उनके मनमें न सन्तोष हुआ, न शान्ति॥ १॥

**भरत सील गुर सचिव समाजू। सकुच सनेह बिबस रघुराजू॥**
**प्रभु करि कृपा पाँवरीं दीन्हीं। सादर भरत सीस धरि लीन्हीं॥**

इधर तो भरतजीका शील (प्रेम) और उधर गुरुजनों, मन्त्रियों तथा समाजकी उपस्थिति! यह देखकर श्रीरघुनाथजी संकोच तथा स्नेहके विशेष वशीभूत हो गये। (अर्थात् भरतजीके प्रेमवश उन्हें पाँवरी देना चाहते हैं, किन्तु साथ ही गुरु आदिका संकोच भी होता है।) आखिर [भरतजीके प्रेमवश] प्रभु श्रीरामचन्द्रजीने कृपाकर खड़ाऊँ दे दीं और भरतजीने उन्हें आदरपूर्वक सिरपर धारण कर लिया॥ २॥

**चरनपीठ करुनानिधान के। जनु जुग जामिक प्रजा प्रान के॥**
**संपुट भरत सनेह रतन के। आखर जुग जनु जीव जतन के॥**

करुणानिधान श्रीरामचन्द्रजीके दोनों खड़ाऊँ प्रजाके प्राणोंकी रक्षाके लिये मानो दो पहरेदार हैं। भरतजीके प्रेमरूपी रत्नके लिये मानो डिब्बा है और जीवके साधनके लिये मानो राम-नामके दो अक्षर हैं॥ ३॥

**कुल कपाट कर कुसल करम के। बिमल नयन सेवा सुधरम के॥**
**भरत मुदित अवलंब लहे तें। अस सुख जस सिय रामु रहे तें॥**

रघुकुल [की रक्षा]-के लिये दो किवाड़ हैं। कुशल (श्रेष्ठ) कर्म करनेके लिये दो हाथकी भाँति (सहायक) हैं। और सेवारूपी श्रेष्ठ धर्मके सुझानेके लिये निर्मल नेत्र हैं। भरतजी इस अवलम्बके मिल जानेसे परम आनन्दित हैं। उन्हें ऐसा ही सुख हुआ, जैसा श्रीसीतारामजीके रहनेसे होता॥ ४॥

**दो०—मागेउ बिदा प्रनामु करि राम लिए उर लाइ।**
**लोग उचाटे अमरपति कुटिल कुअवसरु पाइ॥ ३१६॥**

भरतजीने प्रणाम करके विदा माँगी, तब श्रीरामचन्द्रजीने उन्हें हृदयसे लगा लिया। इधर कुटिल इन्द्रने बुरा मौका पाकर लोगोंका उच्चाटन कर दिया॥ ३१६॥

**सो कुचालि सब कहँ भइ नीकी। अवधि आस सम जीवनि जी की॥**
**नतरु लखन सिय राम बियोगा। हहरि मरत सब लोग कुरोगा॥**

वह कुचाल भी सबके लिये हितकर हो गयी। अवधिकी आशाके समान ही वह जीवनके लिये संजीवनी हो गयी। नहीं तो (उच्चाटन न होता तो) लक्ष्मणजी, सीताजी और श्रीरामचन्द्रजीके

वियोगरूपी बुरे रोगसे सब लोग घबड़ाकर (हाय-हाय करके) मर ही जाते॥ १॥

**रामकृपाँ अवरेब सुधारी। बिबुध धारि भइ गुनद गोहारी॥**
**भेंटत भुज भरि भाइ भरत सो। राम प्रेम रसु कहि न परत सो॥**

श्रीरामजीकी कृपाने सारी उलझन सुधार दी। देवताओंकी सेना जो लूटने आयी थी, वही गुणदायक (हितकारी) और रक्षक बन गयी। श्रीरामजी भुजाओंमें भरकर भाई भरतसे मिल रहे हैं। श्रीरामजीके प्रेमका वह रस (आनन्द) कहते नहीं बनता॥ २॥

**तन मन बचन उमग अनुरागा। धीर धुरंधर धीरजु त्यागा॥**
**बारिज लोचन मोचत बारी। देखि दसा सुर सभा दुखारी॥**

तन, मन और वचन तीनोंमें प्रेम उमड़ पड़ा। धीरजकी धुरीको धारण करनेवाले श्रीरघुनाथजीने भी धीरज त्याग दिया। वे कमलसदृश नेत्रोंसे [प्रेमाश्रुओंका] जल बहाने लगे। उनकी यह दशा देखकर देवताओंकी सभा (समाज) दुःखी हो गयी॥ ३॥

**मुनिगन गुर धुर धीर जनक से। ग्यान अनल मन कसें कनक से॥**
**जे बिरंचि निरलेप उपाए। पदुम पत्र जिमि जग जल जाए॥**

मुनिगण, गुरु वसिष्ठजी और जनकजी-सरीखे धीरधुरन्धर जो अपने मनोंको ज्ञानरूपी अग्निमें सोनेके समान कस चुके थे, जिनको ब्रह्माजीने निर्लेप ही रचा और जो जगत्‌रूपी जलमें कमलके पत्तेकी तरह ही (जगत्‌में रहते हुए भी जगत्‌से अनासक्त) पैदा हुए,॥ ४॥

**दो०—तेउ बिलोकि रघुबर भरत प्रीति अनूप अपार।**
**भए मगन मन तन बचन सहित बिराग बिचार॥ ३१७॥**

वे भी श्रीरामजी और भरतजीके उपमारहित अपार प्रेमको देखकर वैराग्य और विवेकसहित तन, मन, वचनसे उस प्रेममें मग्न हो गये॥ ३१७॥

**जहाँ जनक गुर गति मति भोरी। प्राकृत प्रीति कहत बड़ि खोरी॥**
**बरनत रघुबर भरत बियोगू। सुनि कठोर कबि जानिहि लोगू॥**

जहाँ जनकजी और गुरु वसिष्ठजीकी बुद्धिकी गति कुण्ठित हो गयी, उस दिव्य प्रेमको प्राकृत (लौकिक) कहनेमें बड़ा दोष है। श्रीरामचन्द्रजी और भरतजीके वियोगका वर्णन करते सुनकर लोग कविको कठोरहृदय समझेंगे॥ १॥

**सो सकोच रसु अकथ सुबानी। समउ सनेहु सुमिरि सकुचानी॥**
**भेंटि भरतु रघुबर समुझाए। पुनि रिपुदवनु हरषि हियँ लाए॥**

वह संकोच-रस अकथनीय है। अतएव कविकी सुन्दर वाणी उस समय उसके प्रेमको स्मरण करके सकुचा गयी। भरतजीको भेंटकर श्रीरघुनाथजीने उनको समझाया। फिर हर्षित होकर शत्रुघ्नजीको हृदयसे लगा लिया॥ २॥

**सेवक सचिव भरत रुख पाई। निज निज काज लगे सब जाई॥**
**सुनि दारुन दुखु दुहूँ समाजा। लगे चलन के साजन साजा॥**

सेवक और मन्त्री भरतजीका रुख पाकर सब अपने-अपने काममें जा लगे। यह सुनकर दोनों समाजोंमें दारुण दुःख छा गया। वे चलनेकी तैयारियाँ करने लगे॥ ३॥

**प्रभु पद पदुम बंदि दोउ भाई। चले सीस धरि राम रजाई॥**
**मुनि तापस बनदेव निहोरी। सब सनमानि बहोरि बहोरी॥**

प्रभुके चरणकमलोंकी वन्दना करके तथा श्रीरामजीकी आज्ञाको सिरपर रखकर भरत-शत्रुघ्न दोनों भाई चले। मुनि, तपस्वी और वनदेवता सबका बार-बार सम्मान करके उनकी विनती की॥ ४॥

**दो०—लखनहि भेंटि प्रनामु करि सिर धरि सिय पद धूरि।**
**चले सप्रेम असीस सुनि सकल सुमंगल मूरि॥ ३१८॥**

फिर लक्ष्मणजीको क्रमशः भेंटकर तथा प्रणाम करके और सीताजीके चरणोंकी धूलिको सिरपर धारण करके और समस्त मंगलोंके मूल आशीर्वाद सुनकर वे प्रेमसहित चले॥ ३१८॥

**सानुज राम नृपहि सिर नाई। कीन्हि बहुत बिधि बिनय बड़ाई॥**
**देव दया बस बड़ दुखु पायउ। सहित समाज काननहिं आयउ॥**

छोटे भाई लक्ष्मणजीसमेत श्रीरामजीने राजा जनकजीको सिर नवाकर उनकी बहुत प्रकारसे विनती और बड़ाई की [ और कहा— ] हे देव! दयावश आपने बहुत दुःख पाया। आप समाजसहित वनमें आये॥ १॥

**पुर पगु धारिअ देइ असीसा। कीन्ह धीर धरि गवनु महीसा॥**
**मुनि महिदेव साधु सनमाने। बिदा किए हरि हर सम जाने॥**

अब आशीर्वाद देकर नगरको पधारिये। यह सुन राजा जनकजीने धीरज धरकर गमन किया। फिर श्रीरामचन्द्रजीने मुनि, ब्राह्मण और साधुओंको विष्णु और शिवके समान जानकर सम्मान करके उनको विदा किया॥ २॥

**सासु समीप गए दोउ भाई। फिरे बंदि पग आसिष पाई॥**
**कौसिक बामदेव जाबाली। पुरजन परिजन सचिव सुचाली॥**

तब श्रीराम-लक्ष्मण दोनों भाई सास (सुनयनाजी)-के पास गये और उनके चरणोंकी वन्दना करके आशीर्वाद पाकर लौट आये। फिर विश्वामित्र, वामदेव, जाबालि और शुभ आचरणवाले कुटुम्बी, नगरनिवासी और मन्त्री—॥ ३॥

**जथा जोगु करि बिनय प्रनामा। बिदा किए सब सानुज रामा॥**
**नारि पुरुष लघु मध्य बड़ेरे। सब सनमानि कृपानिधि फेरे॥**

सबको छोटे भाई लक्ष्मणजीसहित श्रीरामचन्द्रजीने यथायोग्य विनय एवं प्रणाम करके विदा किया। कृपानिधान श्रीरामचन्द्रजीने छोटे, मध्यम (मझले) और बड़े सभी श्रेणीके स्त्री-पुरुषोंका सम्मान करके उनको लौटाया॥ ४॥

**दो०—भरत मातु पद बंदि प्रभु सुचि सनेहँ मिलि भेंटि।**
**बिदा कीन्ह सजि पालकी सकुच सोच सब मेटि॥ ३१९॥**

भरतकी माता कैकेयीके चरणोंकी वन्दना करके प्रभु श्रीरामचन्द्रजीने पवित्र (निश्छल) प्रेमके साथ उनसे मिल-भेंटकर तथा उनके सारे संकोच और सोचको मिटाकर पालकी सजाकर उनको विदा किया॥ ३१९॥

**परिजन मातु पितहि मिलि सीता। फिरी प्रानप्रिय प्रेम पुनीता॥**
**करि प्रनामु भेंटीं सब सासू। प्रीति कहत कबि हियँ न हुलासू॥**

प्राणप्रिय पति श्रीरामचन्द्रजीके साथ पवित्र प्रेम करनेवाली सीताजी नैहरके कुटुम्बियोंसे तथा माता-पितासे मिलकर लौट आयीं। फिर प्रणाम करके सब सासुओंसे गले लगकर मिलीं। उनके प्रेमका वर्णन करनेके लिये कविके हृदयमें हुलास (उत्साह) नहीं होता॥ १॥

**सुनि सिख अभिमत आसिष पाई। रही सीय दुहु प्रीति समाई॥**
**रघुपति पटु पालकीं मगाईं। करि प्रबोधु सब मातु चढ़ाईं॥**

उनकी शिक्षा सुनकर और मनचाहा आशीर्वाद पाकर सीताजी सासुओं तथा माता-पिता दोनों ओरकी प्रीतिमें समायी (बहुत देरतक निमग्न) रहीं! [तब] श्रीरघुनाथजीने सुन्दर पालकियाँ मँगवायीं और सब माताओंको आश्वासन देकर उनपर चढ़ाया॥ २॥

**बार बार हिलि मिलि दुहु भाईं। सम सनेहँ जननीं पहुँचाईं॥**
**साजि बाजि गज बाहन नाना। भरत भूप दल कीन्ह पयाना॥**

दोनों भाइयोंने माताओंसे समान प्रेमसे बार-बार मिल-जुलकर उनको पहुँचाया। भरतजी और राजा जनकजीके दलोंने घोड़े, हाथी और अनेकों तरहकी सवारियाँ सजाकर प्रस्थान किया॥ ३॥

**हृदयँ रामु सिय लखन समेता। चले जाहिं सब लोग अचेता॥**
**बसह बाजि गज पसु हियँ हारें। चले जाहिं परबस मन मारें॥**

सीताजी एवं लक्ष्मणजीसहित श्रीरामचन्द्रजीको हृदयमें रखकर सब लोग बेसुध हुए चले जा रहे हैं। बैल, घोड़े, हाथी आदि पशु हृदयमें हारे (शिथिल) हुए परवश मनमारे चले जा रहे हैं॥ ४॥

**दो०—गुर गुरतिय पद बंदि प्रभु सीता लखन समेत।**
**फिरे हरष बिसमय सहित आए परन निकेत॥ ३२०॥**

गुरु वसिष्ठजी और गुरुपत्नी अरुन्धतीजीके चरणोंकी वन्दना करके सीताजी और लक्ष्मणजीसहित प्रभु श्रीरामचन्द्रजी हर्ष और विषादके साथ लौटकर पर्णकुटीपर आये॥ ३२०॥

**बिदा कीन्ह सनमानि निषादू। चलेउ हृदयँ बड़ बिरह बिषादू॥**
**कोल किरात भिल्ल बनचारी। फेरे फिरे जोहारि जोहारी॥**

फिर सम्मान करके निषादराजको विदा किया। वह चला तो सही, किन्तु उसके हृदयमें विरहका बड़ा भारी विषाद था। फिर श्रीरामजीने कोल, किरात, भील आदि वनवासी लोगोंको लौटाया। वे सब जोहार-जोहारकर (वन्दना कर-करके) लौटे॥ १॥

**प्रभु सिय लखन बैठि बट छाहीं। प्रिय परिजन बियोग बिलखाहीं॥**
**भरत सनेह सुभाउ सुबानी। प्रिया अनुज सन कहत बखानी॥**

प्रभु श्रीरामचन्द्रजी, सीताजी और लक्ष्मणजी बड़की छायामें बैठकर प्रियजन एवं परिवारके वियोगसे दुःखी हो रहे हैं। भरतजीके स्नेह, स्वभाव और सुन्दर वाणीको बखान-बखानकर वे प्रिय पत्नी सीताजी और छोटे भाई लक्ष्मणजीसे कहने लगे॥ २॥

**प्रीति प्रतीति बचन मन करनी। श्रीमुख राम प्रेम बस बरनी॥**
**तेहि अवसर खग मृग जल मीना। चित्रकूट चर अचर मलीना॥**

श्रीरामचन्द्रजीने प्रेमके वश होकर भरतजीके वचन, मन, कर्मकी प्रीति तथा विश्वासका अपने श्रीमुखसे वर्णन किया। उस समय पक्षी, पशु और जलकी मछलियाँ, चित्रकूटके सभी चेतन और जड़ जीव उदास हो गये॥ ३॥

**बिबुध बिलोकि दसा रघुबर की। बरषि सुमन कहि गति घर घर की॥**
**प्रभु प्रनामु करि दीन्ह भरोसो। चले मुदित मन डर न खरो सो॥**

श्रीरघुनाथजीकी दशा देखकर देवताओंने उनपर फूल बरसाकर अपनी घर-घरकी दशा कही (दुखड़ा सुनाया)। प्रभु श्रीरामचन्द्रजीने उन्हें प्रणाम कर आश्वासन दिया। तब वे प्रसन्न होकर चले, मनमें जरा-सा भी डर न रहा॥ ४॥

**दो०—सानुज सीय समेत प्रभु राजत परन कुटीर।**
**भगति ग्यानु बैराग्य जनु सोहत धरें सरीर॥ ३२१॥**

छोटे भाई लक्ष्मणजी और सीताजीसमेत प्रभु श्रीरामचन्द्रजी पर्णकुटीमें ऐसे सुशोभित हो रहे हैं मानो वैराग्य, भक्ति और ज्ञान शरीर धारण करके शोभित हो रहे हों॥ ३२१॥

**मुनि महिसुर गुर भरत भुआलू। राम बिरहँ सबु साजु बिहालू॥**
**प्रभु गुन ग्राम गनत मन माहीं। सब चुपचाप चले मग जाहीं॥**

मुनि, ब्राह्मण, गुरु वसिष्ठजी, भरतजी और राजा जनकजी—सारा समाज श्रीरामचन्द्रजीके विरहमें विह्वल है। प्रभुके गुणसमूहोंका मनमें स्मरण करते हुए सब लोग मार्गमें चुपचाप चले जा रहे हैं॥ १॥

**जमुना उतरि पार सबु भयऊ। सो बासरु बिनु भोजन गयऊ॥**
**उतरि देवसरि दूसर बासू। रामसखाँ सब कीन्ह सुपासू॥**

[पहले दिन] सब लोग यमुनाजी उतरकर पार हुए। वह दिन बिना भोजनके ही बीत गया। दूसरा मुकाम गंगाजी उतरकर (गंगापार शृंगवेरपुरमें) हुआ। वहाँ रामसखा निषादराजने सब सुप्रबन्ध कर दिया॥ २॥

**सई उतरि गोमतीं नहाए। चौथें दिवस अवधपुर आए॥**
**जनकु रहे पुर बासर चारी। राज काज सब साज सँभारी॥**

फिर सई उतरकर गोमतीजीमें स्नान किया और चौथे दिन सब अयोध्याजी जा पहुँचे। जनकजी चार दिन अयोध्याजीमें रहे और राजकाज एवं सब साज-सामानको सँभालकर,॥ ३॥

**सौंपि सचिव गुर भरतहि राजू। तेरहुति चले साजि सबु साजू॥**
**नगर नारि नर गुर सिख मानी। बसे सुखेन राम रजधानी॥**

तथा मन्त्री, गुरुजी तथा भरतजीको राज्य सौंपकर, सारा साज-सामान ठीक करके तिरहुतको चले। नगरके स्त्री-पुरुष गुरुजीकी शिक्षा मानकर श्रीरामजीकी राजधानी अयोध्याजीमें सुखपूर्वक रहने लगे॥ ४॥

**दो०—राम दरस लगि लोग सब करत नेम उपबास।**
**तजि तजि भूषन भोग सुख जिअत अवधि कीं आस॥ ३२२॥**

सब लोग श्रीरामचन्द्रजीके दर्शनके लिये नियम और उपवास करने लगे। वे भूषण और भोग-सुखोंको छोड़-छाड़कर अवधिकी आशापर जी रहे हैं॥ ३२२॥

**सचिव सुसेवक भरत प्रबोधे। निज निज काज पाइ सिख ओधे॥**
**पुनि सिख दीन्हि बोलि लघु भाई। सौंपी सकल मातु सेवकाई॥**

भरतजीने मन्त्रियों और विश्वासी सेवकोंको समझाकर उद्यत किया। वे सब सीख पाकर अपने-अपने काममें लग गये। फिर छोटे भाई शत्रुघ्नजीको बुलाकर शिक्षा दी और सब माताओंकी सेवा उनको सौंपी॥ १॥

**भूसुर बोलि भरत कर जोरे। करि प्रनाम बय बिनय निहोरे॥**
**ऊँच नीच कारजु भल पोचू। आयसु देब न करब सँकोचू॥**

ब्राह्मणोंको बुलाकर भरतजीने हाथ जोड़कर प्रणाम कर अवस्थाके अनुसार विनय और निहोरा किया कि आपलोग ऊँचा-नीचा (छोटा-बड़ा), अच्छा-मन्दा जो कुछ भी कार्य हो, उसके लिये आज्ञा दीजियेगा। संकोच न कीजियेगा॥ २॥

**परिजन पुरजन प्रजा बोलाए। समाधानु करि सुबस बसाए॥**
**सानुज गे गुर गेहँ बहोरी। करि दंडवत कहत कर जोरी॥**

भरतजीने फिर परिवारके लोगोंको, नागरिकोंको तथा अन्य प्रजाको बुलाकर, उनका समाधान करके उनको सुखपूर्वक बसाया। फिर छोटे भाई शत्रुघ्नजीसहित वे गुरुजीके घर गये और दण्डवत् करके हाथ जोड़कर बोले— ॥ ३॥

**आयसु होइ त रहौं सनेमा। बोले मुनि तन पुलकि सपेमा॥**
**समुझब कहब करब तुम्ह जोई। धरम सारु जग होइहि सोई॥**

आज्ञा हो तो मैं नियमपूर्वक रहूँ! मुनि वसिष्ठजी पुलकितशरीर हो प्रेमके साथ बोले—हे भरत! तुम जो कुछ समझोगे, कहोगे और करोगे, वही जगत्‌में धर्मका सार होगा॥ ४॥

**दो०—सुनि सिख पाइ असीस बड़ि गनक बोलि दिनु साधि।**
**सिंघासन प्रभु पादुका बैठारे निरुपाधि॥ ३२३॥**

भरतजीने यह सुनकर और शिक्षा तथा बड़ा आशीर्वाद पाकर ज्योतिषियोंको बुलाया और दिन (अच्छा मुहूर्त) साधकर प्रभुकी चरणपादुकाओंको निर्विघ्नतापूर्वक सिंहासनपर विराजित कराया॥ ३२३॥

**राम मातु गुर पद सिरु नाई। प्रभु पद पीठ रजायसु पाई॥**
**नंदिगावँ करि परन कुटीरा। कीन्ह निवासु धरम धुर धीरा॥**

फिर श्रीरामजीकी माता कौसल्याजी और गुरुजीके चरणोंमें सिर नवाकर और प्रभुकी चरणपादुकाओंकी आज्ञा पाकर धर्मकी धुरी धारण करनेमें धीर भरतजीने नन्दिग्राममें पर्णकुटी बनाकर उसीमें निवास किया॥ १॥

**जटाजूट सिर मुनिपट धारी। महि खनि कुस साँथरी सँवारी॥**
**असन बसन बासन ब्रत नेमा। करत कठिन रिषिधरम सप्रेमा॥**

सिरपर जटाजूट और शरीरमें मुनियोंके [वल्कल] वस्त्र धारण कर, पृथ्वीको खोदकर उसके अंदर कुशकी आसनी बिछायी। भोजन, वस्त्र, बर्तन, व्रत, नियम—सभी बातोंमें वे ऋषियोंके कठिन धर्मका प्रेमसहित आचरण करने लगे॥ २॥

**भूषन बसन भोग सुख भूरी। मन तन बचन तजे तिन तूरी॥**
**अवध राजु सुर राजु सिहाई। दसरथ धनु सुनि धनदु लजाई॥**

गहने-कपड़े और अनेकों प्रकारके भोग-सुखोंको मन, तन और वचनसे तृण तोड़कर (प्रतिज्ञा करके) त्याग दिया। जिस अयोध्याके राज्यको देवराज इन्द्र सिहाते थे और [जहाँके राजा] दशरथजीकी सम्पत्ति सुनकर कुबेर भी लजा जाते थे,॥ ३॥

**तेहिं पुर बसत भरत बिनु रागा। चंचरीक जिमि चंपक बागा॥**
**रमा बिलासु राम अनुरागी। तजत बमन जिमि जन बड़भागी॥**

उसी अयोध्यापुरीमें भरतजी अनासक्त होकर इस प्रकार निवास कर रहे हैं जैसे चम्पाके बागमें भौंरा। श्रीरामचन्द्रजीके प्रेमी बड़भागी पुरुष लक्ष्मीके विलास [भोगैश्वर्य]-को वमनकी भाँति त्याग

देते हैं (फिर उसकी ओर ताकते भी नहीं) ॥ ४ ॥

**दो०—राम पेम भाजन भरतु बड़े न एहिं करतूति।**
**चातक हंस सराहिअत टेंक बिबेक बिभूति॥ ३२४॥**

फिर भरतजी तो [स्वयं] श्रीरामचन्द्रजीके प्रेमके पात्र हैं। वे इस (भोगैश्वर्यत्यागरूप) करनीसे बड़े नहीं हुए (अर्थात् उनके लिये यह कोई बड़ी बात नहीं है)। [पृथ्वीपरका जल न पीनेकी] टेकसे चातककी और नीर-क्षीर-विवेककी विभूति (शक्ति)-से हंसकी भी सराहना होती है ॥ ३२४॥

**देह दिनहुँ दिन दूबरि होई। घटइ तेजु बलु मुखछबि सोई॥**
**नित नव राम प्रेम पनु पीना। बढ़त धरम दलु मनु न मलीना॥**

भरतजीका शरीर दिनोंदिन दुबला होता जाता है। तेज (अन्न, घृत आदिसे उत्पन्न होनेवाला मेद*) घट रहा है। बल और मुखछबि (मुखकी कान्ति अथवा शोभा) वैसी ही बनी हुई है। रामप्रेमका प्रण नित्य नया और पुष्ट होता है, धर्मका दल बढ़ता है और मन उदास नहीं है (अर्थात् प्रसन्न है) ॥ १ ॥

* संस्कृत कोषमें 'तेज' का अर्थ मेद मिलता है और यह अर्थ लेनेसे 'घटइ' के अर्थमें भी किसी प्रकारकी खींच-तान नहीं करनी पड़ती।

**जिमि जलु निघटत सरद प्रकासे। बिलसत बेतस बनज बिकासे॥**
**सम दम संजम नियम उपासा। नखत भरत हिय बिमल अकासा॥**

जैसे शरद्-ऋतुके प्रकाश [विकास]-से जल घटता है, किन्तु बेंत शोभा पाते हैं और कमल विकसित होते हैं। शम, दम, संयम, नियम और उपवास आदि भरतजीके हृदयरूपी निर्मल आकाशके नक्षत्र (तारागण) हैं ॥ २ ॥

**ध्रुव बिस्वासु अवधि राका सी। स्वामि सुरति सुरबीथि बिकासी॥**
**राम पेम बिधु अचल अदोषा। सहित समाज सोह नित चोखा॥**

विश्वास ही [उस आकाशमें ] ध्रुवतारा है, चौदह वर्षकी अवधि [का ध्यान] पूर्णिमाके समान है और स्वामी श्रीरामजीकी सुरति (स्मृति) आकाशगंगा-सरीखी प्रकाशित है। रामप्रेम ही अचल (सदा रहनेवाला) और कलंकरहित चन्द्रमा है। वह अपने समाज (नक्षत्रों) सहित नित्य सुन्दर सुशोभित है ॥ ३ ॥

**भरत रहनि समुझनि करतूती। भगति बिरति गुन बिमल बिभूती॥**
**बरनत सकल सुकबि सकुचाहीं। सेस गनेस गिरा गमु नाहीं॥**

भरतजीकी रहनी, समझ, करनी, भक्ति, वैराग्य, निर्मल गुण और ऐश्वर्यका वर्णन करनेमें सभी सुकवि सकुचाते हैं; क्योंकि वहाँ [औरोंकी तो बात ही क्या] स्वयं शेष, गणेश और सरस्वतीकी भी पहुँच नहीं है ॥ ४ ॥

**दो०—नित पूजत प्रभु पाँवरी प्रीति न हृदयँ समाति।**
**मागि मागि आयसु करत राज काज बहु भाँति॥ ३२५॥**

वे नित्यप्रति प्रभुकी पादुकाओंका पूजन करते हैं, हृदयमें प्रेम समाता नहीं है। पादुकाओंसे आज्ञा माँग-माँगकर वे बहुत प्रकार (सब प्रकारके) राज-काज करते हैं ॥ ३२५ ॥

**पुलक गात हियँ सिय रघुबीरू। जीह नामु जप लोचन नीरू॥**
**लखन राम सिय कानन बसहीं। भरतु भवन बसि तप तनु कसहीं॥**

शरीर पुलकित है, हृदयमें श्रीसीता-रामजी हैं। जीभ राम-नाम जप रही है, नेत्रोंमें प्रेमका जल

भरा है। लक्ष्मणजी, श्रीरामजी और सीताजी तो वनमें बसते हैं, परन्तु भरतजी घरहीमें रहकर तपके द्वारा शरीरको कस रहे हैं॥ १॥

**दोउ दिसि समुझि कहत सबु लोगू। सब बिधि भरत सराहन जोगू॥**
**सुनि ब्रत नेम साधु सकुचाहीं। देखि दसा मुनिराज लजाहीं॥**

दोनों ओरकी स्थिति समझकर सब लोग कहते हैं कि भरतजी सब प्रकारसे सराहनेयोग्य हैं। उनके व्रत और नियमोंको सुनकर साधु-संत भी सकुचा जाते हैं और उनकी स्थिति देखकर मुनिराज भी लज्जित होते हैं॥ २॥

**परम पुनीत भरत आचरनू। मधुर मंजु मुद मंगल करनू॥**
**हरन कठिन कलि कलुष कलेसू। महामोह निसि दलन दिनेसू॥**

भरतजीका परम पवित्र आचरण (चरित्र) मधुर, सुन्दर और आनन्द-मंगलोंका करनेवाला है। कलियुगके कठिन पापों और क्लेशोंको हरनेवाला है। महामोहरूपी रात्रिको नष्ट करनेके लिये सूर्यके समान है॥ ३॥

**पाप पुंज कुंजर मृगराजू। समन सकल संताप समाजू॥**
**जन रंजन भंजन भव भारू। राम सनेह सुधाकर सारू॥**

पापसमूहरूपी हाथीके लिये सिंह है। सारे सन्तापोंके दलका नाश करनेवाला है। भक्तोंको आनन्द देनेवाला और भवके भार (संसारके दुःख)-का भंजन करनेवाला तथा श्रीरामप्रेमरूपी चन्द्रमाका सार (अमृत) है॥ ४॥

**छं०—सिय राम प्रेम पियूष पूरन होत जनमु न भरत को।**
**मुनि मन अगम जम नियम सम दम बिषम ब्रत आचरत को॥**
**दुख दाह दारिद दंभ दूषन सुजस मिस अपहरत को।**
**कलिकाल तुलसी से सठन्हि हठि राम सनमुख करत को॥**

श्रीसीतारामजीके प्रेमरूपी अमृतसे परिपूर्ण भरतजीका जन्म यदि न होता तो मुनियोंके मनको भी अगम यम, नियम, शम, दम आदि कठिन व्रतोंका आचरण कौन करता? दुःख, सन्ताप, दरिद्रता, दम्भ आदि दोषोंको अपने सुयशके बहाने कौन हरण करता? तथा कलिकालमें तुलसीदास-जैसे शठोंको हठपूर्वक कौन श्रीरामजीके सम्मुख करता?

**सो०—भरत चरित करि नेमु तुलसी जो सादर सुनहिं।**
**सीय राम पद पेमु अवसि होइ भव रस बिरति॥ ३२६॥**

तुलसीदासजी कहते हैं—जो कोई भरतजीके चरित्रको नियमसे आदरपूर्वक सुनेंगे, उनको अवश्य ही श्रीसीतारामजीके चरणोंमें प्रेम होगा और सांसारिक विषय-रससे वैराग्य होगा॥ ३२६॥

## मासपारायण, इक्कीसवाँ विश्राम

***इति श्रीमद्रामचरितमानसे सकलकलिकलुषविध्वंसने द्वितीयः सोपानः समाप्तः।***

कलियुगके सम्पूर्ण पापोंको विध्वंस करनेवाले श्रीरामचरितमानसका
यह दूसरा सोपान समाप्त हुआ।

## (अयोध्याकाण्ड समाप्त)

॥ श्रीगणेशाय नमः ॥

॥ श्रीजानकीवल्लभो विजयते ॥

# श्रीरामचरितमानस

## तृतीय सोपान

## अरण्यकाण्ड

श्लोक

**मूलं धर्मतरोर्विवेकजलधेः पूर्णेन्दुमानन्ददं**
**वैराग्याम्बुजभास्करं ह्यघघनध्वान्तापहं तापहम्।**
**मोहाम्भोधरपूगपाटनविधौ स्वःसम्भवं शङ्करं**
**वन्दे ब्रह्मकुलं कलङ्कशमनं श्रीरामभूपप्रियम्॥ १॥**

धर्मरूपी वृक्षके मूल, विवेकरूपी समुद्रको आनन्द देनेवाले पूर्णचन्द्र, वैराग्यरूपी कमलके [विकसित करनेवाले] सूर्य, पापरूपी घोर अन्धकारको निश्चय ही मिटानेवाले, तीनों तापोंको हरनेवाले, मोहरूपी बादलोंके समूहको छिन्न-भिन्न करनेकी विधि (क्रिया)-में आकाशसे उत्पन्न पवनस्वरूप, ब्रह्माजीके वंशज (आत्मज) तथा कलंकनाशक महाराज श्रीरामचन्द्रजीके प्रिय श्रीशंकरजीकी मैं वन्दना करता हूँ॥ १॥

**सान्द्रानन्दपयोदसौभगतनुं पीताम्बरं सुन्दरं**
**पाणौ बाणशरासनं कटिलसत्तूणीरभारं वरम्।**
**राजीवायतलोचनं धृतजटाजूटेन संशोभितं**
**सीतालक्ष्मणसंयुतं पथिगतं रामाभिरामं भजे॥ २॥**

जिनका शरीर जलयुक्त मेघोंके समान सुन्दर (श्यामवर्ण) एवं आनन्दघन है, जो सुन्दर [वल्कलका] पीतवस्त्र धारण किये हैं, जिनके हाथोंमें बाण और धनुष हैं, कमर उत्तम तरकसके भारसे सुशोभित है, कमलके समान विशाल नेत्र हैं और मस्तकपर जटाजूट धारण किये हैं, उन अत्यन्त शोभायमान श्रीसीताजी और लक्ष्मणजीसहित मार्गमें चलते हुए आनन्द देनेवाले श्रीरामचन्द्रजीको मैं भजता हूँ॥ २॥

**सो०—उमा राम गुन गूढ़ पंडित मुनि पावहिं बिरति।**
**पावहिं मोह बिमूढ़ जे हरि बिमुख न धर्म रति॥**

हे पार्वती! श्रीरामजीके गुण गूढ़ हैं, पण्डित और मुनि उन्हें समझकर वैराग्य प्राप्त करते हैं। परन्तु जो भगवान्‌से विमुख हैं और जिनका धर्ममें प्रेम नहीं है, वे महामूढ़ [उन्हें सुनकर] मोहको प्राप्त होते हैं।

**पुर नर भरत प्रीति मैं गाई। मति अनुरूप अनूप सुहाई॥**
**अब प्रभु चरित सुनहु अति पावन। करत जे बन सुर नर मुनि भावन॥**

पुरवासियोंके और भरतजीके अनुपम और सुन्दर प्रेमका मैंने अपनी बुद्धिके अनुसार गान किया। अब देवता, मनुष्य और मुनियोंके मनको भानेवाले प्रभु श्रीरामचन्द्रजीके वे अत्यन्त पवित्र चरित्र सुनो, जिन्हें वे वनमें कर रहे हैं॥ १॥

**एक बार चुनि कुसुम सुहाए। निज कर भूषन राम बनाए॥**
**सीतहि पहिराए प्रभु सादर। बैठे फटिक सिला पर सुंदर॥**

एक बार सुन्दर फूल चुनकर श्रीरामजीने अपने हाथोंसे भाँति-भाँतिके गहने बनाये और सुन्दर स्फटिकशिलापर बैठे हुए प्रभुने आदरके साथ वे गहने श्रीसीताजीको पहनाये॥ २॥

**सुरपति सुत धरि बायस बेषा। सठ चाहत रघुपति बल देखा॥**
**जिमि पिपीलिका सागर थाहा। महा मंदमति पावन चाहा॥**

देवराज इन्द्रका मूर्ख पुत्र जयन्त कौएका रूप धरकर श्रीरघुनाथजीका बल देखना चाहता है। जैसे महान् मन्दबुद्धि चींटी समुद्रका थाह पाना चाहती हो॥ ३॥

**सीता चरन चोंच हति भागा। मूढ़ मंदमति कारन कागा॥**
**चला रुधिर रघुनायक जाना। सींक धनुष सायक संधाना॥**

वह मूढ़, मन्दबुद्धि कारणसे (भगवान्के बलकी परीक्षा करनेके लिये) बना हुआ कौआ सीताजीके चरणोंमें चोंच मारकर भागा। जब रक्त बह चला, तब श्रीरघुनाथजीने जाना और धनुषपर सींक (सरकंडे)-का बाण सन्धान किया॥ ४॥

**दो०—अति कृपाल रघुनायक सदा दीन पर नेह।**
**ता सन आइ कीन्ह छलु मूरख अवगुन गेह॥ १॥**

श्रीरघुनाथजी, जो अत्यन्त ही कृपालु हैं और जिनका दीनोंपर सदा प्रेम रहता है, उनसे भी उस अवगुणोंके घर मूर्ख जयन्तने आकर छल किया॥ १॥

**प्रेरित मंत्र ब्रह्मसर धावा। चला भाजि बायस भय पावा॥**
**धरि निज रूप गयउ पितु पाहीं। राम बिमुख राखा तेहि नाहीं॥**

मन्त्रसे प्रेरित होकर वह ब्रह्मबाण दौड़ा। कौआ भयभीत होकर भाग चला। वह अपना असली रूप धरकर पिता इन्द्रके पास गया, पर श्रीरामजीका विरोधी जानकर इन्द्रने उसको नहीं रखा॥ १॥

**भा निरास उपजी मन त्रासा। जथा चक्र भय रिषि दुर्बासा॥**
**ब्रह्मधाम सिवपुर सब लोका। फिरा श्रमित ब्याकुल भय सोका॥**

तब वह निराश हो गया, उसके मनमें भय उत्पन्न हो गया; जैसे दुर्वासा ऋषिको चक्रसे भय हुआ था। वह ब्रह्मलोक, शिवलोक आदि समस्त लोकोंमें थका हुआ और भय-शोकसे व्याकुल होकर भागता फिरा॥ २॥

**काहूँ बैठन कहा न ओही। राखि को सकइ राम कर द्रोही॥**
**मातु मृत्यु पितु समन समाना। सुधा होइ बिष सुनु हरिजाना॥**

[पर रखना तो दूर रहा] किसीने उसे बैठनेतकके लिये नहीं कहा। श्रीरामजीके

द्रोहीको कौन रख सकता है? [काकभुशुण्डिजी कहते हैं—] हे गरुड़! सुनिये, उसके लिये माता मृत्युके समान, पिता यमराजके समान और अमृत विषके समान हो जाता है॥ ३॥

**मित्र करइ सत रिपु कै करनी। ता कहँ बिबुधनदी बैतरनी॥**
**सब जगु ताहि अनलहु ते ताता। जो रघुबीर बिमुख सुनु भ्राता॥**

मित्र सैकड़ों शत्रुओंकी-सी करनी करने लगता है। देवनदी गंगाजी उसके लिये वैतरणी (यमपुरीकी नदी) हो जाती है। हे भाई! सुनिये, जो श्रीरघुनाथजीके विमुख होता है, समस्त जगत् उसके लिये अग्निसे भी अधिक गरम (जलानेवाला) हो जाता है॥ ४॥

**नारद देखा बिकल जयंता। लागि दया कोमल चित संता॥**
**पठवा तुरत राम पहिं ताही। कहेसि पुकारि प्रनत हित पाही॥**

नारदजीने जयन्तको व्याकुल देखा तो उन्हें दया आ गयी; क्योंकि संतोंका चित्त बड़ा कोमल होता है। उन्होंने उसे [समझाकर] तुरंत श्रीरामजीके पास भेज दिया। उसने [जाकर] पुकारकर कहा—हे शरणागतके हितकारी! मेरी रक्षा कीजिये॥ ५॥

**आतुर सभय गहेसि पद जाई। त्राहि त्राहि दयाल रघुराई॥**
**अतुलित बल अतुलित प्रभुताई। मैं मतिमंद जानि नहिं पाई॥**

आतुर और भयभीत जयन्तने जाकर श्रीरामजीके चरण पकड़ लिये [और कहा—] हे दयालु रघुनाथजी! रक्षा कीजिये, रक्षा कीजिये। आपके अतुलित बल और आपकी अतुलित प्रभुता (सामर्थ्य)-को मैं मन्दबुद्धि जान नहीं पाया था॥ ६॥

**निज कृत कर्म जनित फल पायउँ। अब प्रभु पाहि सरन तकि आयउँ॥**
**सुनि कृपाल अति आरत बानी। एकनयन करि तजा भवानी॥**

अपने किये हुए कर्मसे उत्पन्न हुआ फल मैंने पा लिया। अब हे प्रभु! मेरी रक्षा कीजिये। मैं आपकी शरण तककर आया हूँ। [शिवजी कहते हैं—] हे पार्वती! कृपालु श्रीरघुनाथजीने उसकी अत्यन्त आर्त्त [दुःखभरी] वाणी सुनकर उसे एक आँखका काना करके छोड़ दिया॥ ७॥

**सो०—कीन्ह मोह बस द्रोह जद्यपि तेहि कर बध उचित।**
**प्रभु छाड़ेउ करि छोह को कृपाल रघुबीर सम॥ २॥**

उसने मोहवश द्रोह किया था, इसलिये यद्यपि उसका वध ही उचित था, पर प्रभुने कृपा करके उसे छोड़ दिया। श्रीरामजीके समान कृपालु और कौन होगा?॥ २॥

**रघुपति चित्रकूट बसि नाना। चरित किए श्रुति सुधा समाना॥**
**बहुरि राम अस मन अनुमाना। होइहि भीर सबहिं मोहि जाना॥**

चित्रकूटमें बसकर श्रीरघुनाथजीने बहुत-से चरित्र किये, जो कानोंको अमृतके समान [प्रिय] हैं। फिर (कुछ समय पश्चात्) श्रीरामजीने मनमें ऐसा अनुमान किया कि मुझे सब लोग जान गये हैं, इससे [यहाँ] बड़ी भीड़ हो जायगी॥ १॥

**सकल मुनिन्ह सन बिदा कराई। सीता सहित चले द्वौ भाई॥**
**अत्रि के आश्रम जब प्रभु गयऊ। सुनत महामुनि हरषित भयऊ॥**

[इसलिये] सब मुनियोंसे विदा लेकर सीताजीसहित दोनों भाई चले! जब प्रभु अत्रिजीके

आश्रममें गये, तो उनका आगमन सुनते ही महामुनि हर्षित हो गये॥ २॥

**पुलकित गात अत्रि उठि धाए। देखि रामु आतुर चलि आए॥**
**करत दंडवत मुनि उर लाए। प्रेम बारि द्वौ जन अन्हवाए॥**

शरीर पुलकित हो गया, अत्रिजी उठकर दौड़े। उन्हें दौड़े आते देखकर श्रीरामजी और भी शीघ्रतासे चले आये। दण्डवत् करते हुए ही श्रीरामजीको [उठाकर] मुनिने हृदयसे लगा लिया और प्रेमाश्रुओंके जलसे दोनों जनोंको (दोनों भाइयोंको) नहला दिया॥ ३॥

**देखि राम छबि नयन जुड़ाने। सादर निज आश्रम तब आने॥**
**करि पूजा कहि बचन सुहाए। दिए मूल फल प्रभु मन भाए॥**

श्रीरामजीकी छबि देखकर मुनिके नेत्र शीतल हो गये। तब वे उनको आदरपूर्वक अपने आश्रममें ले आये। पूजन करके सुन्दर वचन कहकर मुनिने मूल और फल दिये, जो प्रभुके मनको बहुत रुचे॥ ४॥

**सो०—प्रभु आसन आसीन भरि लोचन सोभा निरखि।**
**मुनिबर परम प्रबीन जोरि पानि अस्तुति करत॥ ३॥**

प्रभु आसनपर विराजमान हैं। नेत्र भरकर उनकी शोभा देखकर परम प्रवीण मुनिश्रेष्ठ हाथ जोड़कर स्तुति करने लगे—॥ ३॥

**छं०—नमामि भक्त वत्सलं। कृपालु शील कोमलं॥**
**भजामि ते पदांबुजं। अकामिनां स्वधामदं॥ १॥**

हे भक्तवत्सल! हे कृपालु! हे कोमल स्वभाववाले! मैं आपको नमस्कार करता हूँ। निष्काम पुरुषोंको अपना परमधाम देनेवाले आपके चरणकमलोंको मैं भजता हूँ॥ १॥

**निकाम श्याम सुंदरं। भवांबुनाथ मंदरं॥**
**प्रफुल्ल कंज लोचनं। मदादि दोष मोचनं॥ २॥**

आप नितान्त सुन्दर श्याम, संसार [आवागमन]-रूपी समुद्रको मथनेके लिये मन्दराचलरूप, फूले हुए कमलके समान नेत्रोंवाले और मद आदि दोषोंसे छुड़ानेवाले हैं॥ २॥

**प्रलंब बाहु विक्रमं। प्रभोऽप्रमेय वैभवं॥**
**निषंग चाप सायकं। धरं त्रिलोक नायकं॥ ३॥**

हे प्रभो! आपकी लंबी भुजाओंका पराक्रम और आपका ऐश्वर्य अप्रमेय (बुद्धिके परे अथवा असीम) है। आप तरकस और धनुष-बाण धारण करनेवाले तीनों लोकोंके स्वामी,॥ ३॥

**दिनेश वंश मंडनं। महेश चाप खंडनं॥**
**मुनींद्र संत रंजनं। सुरारि वृंद भंजनं॥ ४॥**

सूर्यवंशके भूषण, महादेवजीके धनुषको तोड़नेवाले, मुनिराजों और संतोंको आनन्द देनेवाले तथा देवताओंके शत्रु असुरोंके समूहका नाश करनेवाले हैं॥ ४॥

**मनोज वैरि वंदितं। अजादि देव सेवितं॥**
**विशुद्ध बोध विग्रहं। समस्त दूषणापहं॥ ५॥**

आप कामदेवके शत्रु महादेवजीके द्वारा वन्दित, ब्रह्मा आदि देवताओंसे सेवित, विशुद्ध ज्ञानमय विग्रह और समस्त दोषोंको नष्ट करनेवाले हैं॥ ५॥

**नमामि इंदिरा पतिं। सुखाकरं सतां गतिं॥**
**भजे सशक्ति सानुजं। शची पति प्रियानुजं॥ ६॥**

हे लक्ष्मीपते! हे सुखोंकी खान और सत्पुरुषोंकी एकमात्र गति! मैं आपको नमस्कार करता हूँ। हे शचीपति (इन्द्र)-के प्रिय छोटे भाई (वामनजी)! स्वरूपा-शक्ति श्रीसीताजी और छोटे भाई लक्ष्मणजीसहित आपको मैं भजता हूँ॥ ६॥

**त्वदंघ्रि मूल ये नराः। भजंति हीन मत्सराः॥**
**पतंति नो भवार्णवे। वितर्क वीचि संकुले॥ ७॥**

जो मनुष्य मत्सर (डाह) रहित होकर आपके चरणकमलोंका सेवन करते हैं, वे तर्क-वितर्क (अनेक प्रकारके सन्देह)-रूपी तरंगोंसे पूर्ण संसाररूपी समुद्रमें नहीं गिरते (आवागमनके चक्करमें नहीं पड़ते)॥ ७॥

**विविक्त वासिनः सदा। भजंति मुक्तये मुदा॥**
**निरस्य इंद्रियादिकं। प्रयांति ते गतिं स्वकं॥ ८॥**

जो एकान्तवासी पुरुष मुक्तिके लिये, इन्द्रियादिका निग्रह करके (उन्हें विषयोंसे हटाकर) प्रसन्नतापूर्वक आपको भजते हैं, वे स्वकीय गतिको (अपने स्वरूपको) प्राप्त होते हैं॥ ८॥

**तमेकमद्भुतं प्रभुं। निरीहमीश्वरं विभुं॥**
**जगद्गुरुं च शाश्वतं। तुरीयमेव केवलं॥ ९॥**

उन (आप)-को जो एक (अद्वितीय), अद्भुत (मायिक जगत्‌से विलक्षण), प्रभु (सर्वसमर्थ), इच्छारहित, ईश्वर (सबके स्वामी), व्यापक, जगद्गुरु, सनातन (नित्य), तुरीय (तीनों गुणोंसे सर्वथा परे) और केवल (अपने स्वरूपमें स्थित) हैं॥ ९॥

**भजामि भाव वल्लभं। कुयोगिनां सुदुर्लभं॥**
**स्वभक्त कल्प पादपं। समं सुसेव्यमन्वहं॥ १०॥**

[तथा] जो भावप्रिय, कुयोगियों (विषयी पुरुषों)-के लिये अत्यन्त दुर्लभ, अपने भक्तोंके लिये कल्पवृक्ष (अर्थात् उनकी समस्त कामनाओंको पूर्ण करनेवाले), सम (पक्षपातरहित) और सदा सुखपूर्वक सेवन करनेयोग्य हैं; मैं निरन्तर भजता हूँ॥ १०॥

**अनूप रूप भूपतिं। नतोऽहमुर्विजा पतिं॥**
**प्रसीद मे नमामि ते। पदाब्ज भक्ति देहि मे॥ ११॥**

हे अनुपम सुन्दर! हे पृथ्वीपति! हे जानकीनाथ! मैं आपको प्रणाम करता हूँ। मुझपर प्रसन्न होइये, मैं आपको नमस्कार करता हूँ। मुझे अपने चरणकमलोंकी भक्ति दीजिये॥ ११॥

**पठंति ये स्तवं इदं। नरादरेण ते पदं॥**
**व्रजंति नात्र संशयं। त्वदीय भक्ति संयुताः॥ १२॥**

जो मनुष्य इस स्तुतिको आदरपूर्वक पढ़ते हैं, वे आपकी भक्तिसे युक्त होकर आपके परमपदको प्राप्त होते हैं, इसमें सन्देह नहीं॥ १२॥

**दो०—बिनती करि मुनि नाइ सिरु कह कर जोरि बहोरि।**
**चरन सरोरुह नाथ जनि कबहुँ तजै मति मोरि॥ ४॥**

मुनिने [इस प्रकार] विनती करके और फिर सिर नवाकर, हाथ जोड़कर कहा—हे नाथ! मेरी बुद्धि आपके चरणकमलोंको कभी न छोड़े॥ ४॥

**अनुसुइया के पद गहि सीता। मिली बहोरि सुसील बिनीता॥**
**रिषिपतिनी मन सुख अधिकाई। आसिष देइ निकट बैठाई॥**

फिर परम शीलवती और विनम्र श्रीसीताजी [अत्रिजीकी पत्नी] अनसूयाजीके चरण पकड़कर उनसे मिलीं। ऋषिपत्नीके मनमें बड़ा सुख हुआ। उन्होंने आशिष देकर सीताजीको पास बैठा लिया॥ १॥

**दिब्य बसन भूषन पहिराए। जे नित नूतन अमल सुहाए॥**
**कह रिषिबधू सरस मृदु बानी। नारिधर्म कछु ब्याज बखानी॥**

और उन्हें ऐसे दिव्य वस्त्र और आभूषण पहनाये, जो नित्य-नये निर्मल और सुहावने बने रहते हैं। फिर ऋषिपत्नी उनके बहाने मधुर और कोमल वाणीसे स्त्रियोंके कुछ धर्म बखानकर कहने लगीं॥ २॥

**मातु पिता भ्राता हितकारी। मितप्रद सब सुनु राजकुमारी॥**
**अमित दानि भर्ता बयदेही। अधम सो नारि जो सेव न तेही॥**

हे राजकुमारी! सुनिये, माता, पिता, भाई सभी हित करनेवाले हैं, परन्तु ये सब एक सीमातक ही [सुख] देनेवाले हैं। परन्तु हे जानकी! पति तो [मोक्षरूप] असीम [सुख] देनेवाला है। वह स्त्री अधम है, जो ऐसे पतिकी सेवा नहीं करती॥ ३॥

**धीरज धर्म मित्र अरु नारी। आपद काल परिखिअहिं चारी॥**
**बृद्ध रोगबस जड़ धनहीना। अंध बधिर क्रोधी अति दीना॥**

धैर्य, धर्म, मित्र और स्त्री—इन चारोंकी विपत्तिके समय ही परीक्षा होती है। वृद्ध, रोगी, मूर्ख, निर्धन, अन्धा, बहरा, क्रोधी और अत्यन्त ही दीन—॥ ४॥

**ऐसेहु पति कर किएँ अपमाना। नारि पाव जमपुर दुख नाना॥**
**एकइ धर्म एक ब्रत नेमा। कायँ बचन मन पति पद प्रेमा॥**

ऐसे भी पतिका अपमान करनेसे स्त्री यमपुरमें भाँति-भाँतिके दुःख पाती है। शरीर, वचन और मनसे पतिके चरणोंमें प्रेम करना स्त्रीके लिये, बस, यह एक ही धर्म है, एक ही व्रत है और एक ही नियम है॥ ५॥

**जग पतिब्रता चारि बिधि अहहीं। बेद पुरान संत सब कहहीं॥**
**उत्तम के अस बस मन माहीं। सपनेहुँ आन पुरुष जग नाहीं॥**

जगत्‌में चार प्रकारकी पतिव्रताएँ हैं वेद, पुराण और संत सब ऐसा कहते हैं कि उत्तम श्रेणीकी पतिव्रताके मनमें ऐसा भाव बसा रहता है कि जगत्‌में [मेरे पतिको छोड़कर] दूसरा पुरुष स्वप्नमें भी नहीं है॥ ६॥

**मध्यम परपति देखइ कैसें। भ्राता पिता पुत्र निज जैसें॥**
**धर्म बिचारि समुझि कुल रहई। सो निकिष्ट त्रिय श्रुति अस कहई॥**

मध्यम श्रेणीकी पतिव्रता पराये पतिको कैसे देखती है, जैसे वह अपना सगा भाई, पिता या पुत्र हो (अर्थात् समान अवस्थावालेको वह भाईके रूपमें देखती है, बड़ेको पिताके रूपमें और छोटेको पुत्रके रूपमें देखती है।) जो धर्मको विचारकर और अपने कुलकी मर्यादा समझकर बची रहती है, वह निकृष्ट (निम्नश्रेणीकी) स्त्री है, ऐसा वेद कहते हैं॥ ७॥

**बिनु अवसर भय तें रह जोई। जानेहु अधम नारि जग सोई॥**
**पति बंचक परपति रति करई। रौरव नरक कल्प सत परई॥**

और जो स्त्री मौका न मिलनेसे या भयवश पतिव्रता बनी रहती है, जगत्‌में उसे अधम स्त्री जानना। पतिको धोखा देनेवाली जो स्त्री पराये पतिसे रति करती है, वह तो सौ कल्पतक रौरव नरकमें पड़ी रहती है॥ ८॥

**छन सुख लागि जनम सत कोटी। दुख न समुझ तेहि सम को खोटी॥**
**बिनु श्रम नारि परम गति लहई। पतिब्रत धर्म छाड़ि छल गहई॥**

क्षणभरके सुखके लिये जो सौ करोड़ (असंख्य) जन्मोंके दुःखको नहीं समझती, उसके समान दुष्टा कौन होगी। जो स्त्री छल छोड़कर पातिव्रतधर्मको ग्रहण करती है, वह बिना ही परिश्रम परम गतिको प्राप्त करती है॥ ९॥

**पति प्रतिकूल जनम जहँ जाई। बिधवा होइ पाइ तरुनाई॥**

किन्तु जो पतिके प्रतिकूल चलती है, वह जहाँ भी जाकर जन्म लेती है, वहीं जवानी पाकर (भरी जवानीमें) विधवा हो जाती है॥ १०॥

**सो०—सहज अपावनि नारि पति सेवत सुभ गति लहइ।**
**जसु गावत श्रुति चारि अजहुँ तुलसिका हरिहि प्रिय॥ ५ (क)॥**

स्त्री जन्मसे ही अपवित्र है, किन्तु पतिकी सेवा करके वह अनायास ही शुभ गति प्राप्त कर लेती है। [पातिव्रतधर्मके कारण ही] आज भी 'तुलसीजी' भगवान्‌को प्रिय हैं और चारों वेद उनका यश गाते हैं॥ ५ (क)॥

**सुनु सीता तव नाम सुमिरि नारि पतिब्रत करहिं।**
**तोहि प्रानप्रिय राम कहिउँ कथा संसार हित॥ ५ (ख)॥**

हे सीता! सुनो, तुम्हारा तो नाम ही ले-लेकर स्त्रियाँ पातिव्रतधर्मका पालन करेंगी। तुम्हें तो श्रीरामजी प्राणोंके समान प्रिय हैं, यह (पातिव्रतधर्मकी) कथा तो मैंने संसारके हितके लिये कही है॥ ५ (ख)॥

**सुनि जानकी परम सुखु पावा। सादर तासु चरन सिरु नावा॥**
**तब मुनि सन कह कृपानिधाना। आयसु होइ जाउँ बन आना॥**

जानकीजीने सुनकर परम सुख पाया और आदरपूर्वक उनके चरणोंमें सिर नवाया। तब कृपाकी खान श्रीरामजीने मुनिसे कहा—आज्ञा हो तो अब दूसरे वनमें जाऊँ॥ १॥

**संतत मो पर कृपा करेहू। सेवक जानि तजेहु जनि नेहू॥**
**धर्म धुरंधर प्रभु कै बानी। सुनि सप्रेम बोले मुनि ग्यानी॥**

मुझपर निरन्तर कृपा करते रहियेगा और अपना सेवक जानकर स्नेह न छोड़ियेगा। धर्मधुरन्धर प्रभु श्रीरामजीके वचन सुनकर ज्ञानी मुनि प्रेमपूर्वक बोले—॥ २॥

**जासु कृपा अज सिव सनकादी। चहत सकल परमारथ बादी॥**
**ते तुम्ह राम अकाम पिआरे। दीन बंधु मृदु बचन उचारे॥**

ब्रह्मा, शिव और सनकादि सभी परमार्थवादी (तत्त्ववेत्ता) जिनकी कृपा चाहते हैं, हे रामजी! आप वही निष्काम पुरुषोंके भी प्रिय और दीनोंके बन्धु भगवान् हैं, जो इस प्रकार कोमल वचन बोल रहे हैं॥ ३॥

**अब जानी मैं श्री चतुराई। भजी तुम्हहि सब देव बिहाई॥**
**जेहि समान अतिसय नहिं कोई। ता कर सील कस न अस होई॥**

अब मैंने लक्ष्मीजीकी चतुराई समझी, जिन्होंने सब देवताओंको छोड़कर आपहीको भजा। जिसके

समान [सब बातोंमें] अत्यन्त बड़ा और कोई नहीं है, उसका शील भला, ऐसा क्यों न होगा?॥ ४॥

**केहि बिधि कहौं जाहु अब स्वामी। कहहु नाथ तुम्ह अंतरजामी॥**
**अस कहि प्रभु बिलोकि मुनि धीरा। लोचन जल बह पुलक सरीरा॥**

मैं किस प्रकार कहूँ कि हे स्वामी! आप अब जाइये? हे नाथ! आप अन्तर्यामी हैं, आप ही कहिये। ऐसा कहकर धीर मुनि प्रभुको देखने लगे। मुनिके नेत्रोंसे [प्रेमाश्रुओंका] जल बह रहा है और शरीर पुलकित है॥ ५॥

**छं०—तन पुलक निर्भर प्रेम पूरन नयन मुख पंकज दिए।**
**मन ग्यान गुन गोतीत प्रभु मैं दीख जप तप का किए॥**
**जप जोग धर्म समूह तें नर भगति अनुपम पावई।**
**रघुबीर चरित पुनीत निसि दिन दास तुलसी गावई॥**

मुनि अत्यन्त प्रेमसे पूर्ण हैं; उनका शरीर पुलकित है और नेत्रोंको श्रीरामजीके मुखकमलमें लगाये हुए हैं। [मनमें विचार रहे हैं कि] मैंने ऐसे कौन-से जप-तप किये थे, जिसके कारण मन, ज्ञान, गुण और इन्द्रियोंसे परे प्रभुके दर्शन पाये। जप, योग और धर्म-समूहसे मनुष्य अनुपम भक्तिको पाता है। श्रीरघुवीरके पवित्र चरित्रको तुलसीदास रात-दिन गाता है।

**दो०—कलिमल समन दमन मन राम सुजस सुखमूल।**
**सादर सुनहिं जे तिन्ह पर राम रहहिं अनुकूल॥ ६ (क)॥**

श्रीरामचन्द्रजीका सुन्दर यश कलियुगके पापोंका नाश करनेवाला, मनको दमन करनेवाला और सुखका मूल है। जो लोग इसे आदरपूर्वक सुनते हैं, उनपर श्रीरामजी प्रसन्न रहते हैं॥ ६ (क)॥

**सो०—कठिन काल मल कोस धर्म न ग्यान न जोग जप।**
**परिहरि सकल भरोस रामहि भजहिं ते चतुर नर॥ ६ (ख)॥**

यह कठिन कलिकाल पापोंका खजाना है; इसमें न धर्म है, न ज्ञान है और न योग तथा जप ही है। इसमें तो जो लोग सब भरोसोंको छोड़कर श्रीरामजीको ही भजते हैं, वे ही चतुर हैं॥ ६ (ख)॥

**मुनि पद कमल नाइ करि सीसा। चले बनहि सुर नर मुनि ईसा॥**
**आगें राम अनुज पुनि पाछें। मुनि बर बेष बने अति काछें॥**

मुनिके चरणकमलोंमें सिर नवाकर देवता, मनुष्य और मुनियोंके स्वामी श्रीरामजी वनको चले। आगे श्रीरामजी हैं और उनके पीछे छोटे भाई लक्ष्मणजी हैं। दोनों ही मुनियोंका सुन्दर वेष बनाये अत्यन्त सुशोभित हैं॥ १॥

**उभय बीच श्री सोहइ कैसी। ब्रह्म जीव बिच माया जैसी॥**
**सरिता बन गिरि अवघट घाटा। पति पहिचानि देहिं बर बाटा॥**

दोनोंके बीचमें श्रीजानकीजी कैसी सुशोभित हैं, जैसे ब्रह्म और जीवके बीच माया हो। नदी, वन, पर्वत और दुर्गम घाटियाँ, सभी अपने स्वामीको पहचानकर सुन्दर रास्ता दे देते हैं॥ २॥

**जहँ जहँ जाहिं देव रघुराया। करहिं मेघ तहँ तहँ नभ छाया॥**
**मिला असुर बिराध मग जाता। आवतहीं रघुबीर निपाता॥**

जहाँ-जहाँ देव श्रीरघुनाथजी जाते हैं, वहाँ-वहाँ बादल आकाशमें छाया करते जाते हैं। रास्तेमें

जाते हुए विराध राक्षस मिला। सामने आते ही श्रीरघुनाथजीने उसे मार डाला॥ ३॥

**तुरतहिं रुचिर रूप तेहिं पावा। देखि दुखी निज धाम पठावा॥**
**पुनि आए जहँ मुनि सरभंगा। सुंदर अनुज जानकी संगा॥**

[श्रीरामजीके हाथसे मरते ही] उसने तुरंत सुन्दर (दिव्य) रूप प्राप्त कर लिया। दुःखी देखकर प्रभुने उसे अपने परम धामको भेज दिया। फिर वे सुन्दर छोटे भाई लक्ष्मणजी और सीताजीके साथ वहाँ आये जहाँ मुनि शरभंगजी थे॥ ४॥

**दो०—देखि राम मुख पंकज मुनिबर लोचन भृंग।**
**सादर पान करत अति धन्य जन्म सरभंग॥ ७॥**

श्रीरामचन्द्रजीका मुखकमल देखकर मुनिश्रेष्ठके नेत्ररूपी भौंरे अत्यन्त आदरपूर्वक उसका [मकरन्दरस] पान कर रहे हैं। शरभंगजीका जन्म धन्य है॥ ७॥

**कह मुनि सुनु रघुबीर कृपाला। संकर मानस राजमराला॥**
**जात रहेउँ बिरंचि के धामा। सुनेउँ श्रवन बन ऐहहिं रामा॥**

मुनिने कहा—हे कृपालु रघुवीर! हे शंकरजीके मनरूपी मानसरोवरके राजहंस! सुनिये, मैं ब्रह्मलोकको जा रहा था। [इतनेमें] कानोंसे सुना कि श्रीरामजी वनमें आवेंगे॥ १॥

**चितवत पंथ रहेउँ दिन राती। अब प्रभु देखि जुड़ानी छाती॥**
**नाथ सकल साधन मैं हीना। कीन्ही कृपा जानि जन दीना॥**

तबसे मैं दिन-रात आपकी राह देखता रहा हूँ। अब (आज) प्रभुको देखकर मेरी छाती शीतल हो गयी। हे नाथ! मैं सब साधनोंसे हीन हूँ। आपने अपना दीन सेवक जानकर मुझपर कृपा की है॥ २॥

**सो कछु देव न मोहि निहोरा। निज पन राखेउ जन मन चोरा॥**
**तब लगि रहहु दीन हित लागी। जब लगि मिलौं तुम्हहि तनु त्यागी॥**

हे देव! यह कुछ मुझपर आपका एहसान नहीं है। हे भक्त-मनचोर! ऐसा करके आपने अपने प्रणकी ही रक्षा की है। अब इस दीनके कल्याणके लिये तबतक यहाँ ठहरिये, जबतक मैं शरीर छोड़कर आपसे [आपके धाममें न] मिलूँ॥ ३॥

**जोग जग्य जप तप ब्रत कीन्हा। प्रभु कहँ देइ भगति बर लीन्हा॥**
**एहि बिधि सर रचि मुनि सरभंगा। बैठे हृदयँ छाड़ि सब संगा॥**

योग, यज्ञ, जप, तप जो कुछ व्रत आदि भी मुनिने किया था, सब प्रभुको समर्पण करके बदलेमें भक्तिका वरदान ले लिया। इस प्रकार [दुर्लभ भक्ति प्राप्त करके फिर] चिता रचकर मुनि शरभंगजी हृदयसे सब आसक्ति छोड़कर उसपर जा बैठे॥ ४॥

**दो०—सीता अनुज समेत प्रभु नील जलद तनु स्याम।**
**मम हियँ बसहु निरंतर सगुनरूप श्रीराम॥ ८॥**

हे नीले मेघके समान श्याम शरीरवाले सगुणरूप श्रीरामजी! सीताजी और छोटे भाई लक्ष्मणजीसहित प्रभु (आप) निरन्तर मेरे हृदयमें निवास कीजिये॥ ८॥

**अस कहि जोग अगिनि तनु जारा। राम कृपाँ बैकुंठ सिधारा॥**
**ताते मुनि हरि लीन न भयऊ। प्रथमहिं भेद भगति बर लयऊ॥**

ऐसा कहकर शरभंगजीने योगाग्निसे अपने शरीरको जला डाला और श्रीरामजीकी कृपासे वे वैकुण्ठको चले गये। मुनि भगवान्‌में लीन इसलिये नहीं हुए कि उन्होंने पहले ही भेद-भक्तिका वर ले लिया था॥ १॥

**रिषि निकाय मुनिबर गति देखी। सुखी भए निज हृदयँ बिसेषी॥**
**अस्तुति करहिं सकल मुनि बृंदा। जयति प्रनत हित करुना कंदा॥**

ऋषिसमूह मुनिश्रेष्ठ शरभंगजीकी यह [दुर्लभ] गति देखकर अपने हृदयमें विशेषरूपसे सुखी हुए। समस्त मुनिवृन्द श्रीरामजीकी स्तुति कर रहे हैं [और कह रहे हैं] शरणागतहितकारी करुणाकन्द (करुणाके मूल) प्रभुकी जय हो!॥ २॥

**पुनि रघुनाथ चले बन आगे। मुनिबर बृंद बिपुल सँग लागे॥**
**अस्थि समूह देखि रघुराया। पूछी मुनिन्ह लागि अति दाया॥**

फिर श्रीरघुनाथजी आगे वनमें चले। श्रेष्ठ मुनियोंके बहुत-से समूह उनके साथ हो लिये। हड्डियोंका ढेर देखकर श्रीरघुनाथजीको बड़ी दया आयी, उन्होंने मुनियोंसे पूछा॥ ३॥

**जानतहूँ पूछिअ कस स्वामी। सबदरसी तुम्ह अंतरजामी॥**
**निसिचर निकर सकल मुनि खाए। सुनि रघुबीर नयन जल छाए॥**

[मुनियोंने कहा—] हे स्वामी! आप सर्वदर्शी (सर्वज्ञ) और अन्तर्यामी (सबके हृदयकी जाननेवाले) हैं। जानते हुए भी [अनजानकी तरह] हमसे कैसे पूछ रहे हैं? राक्षसोंके दलोंने सब मुनियोंको खा डाला है [ये सब उन्हींकी हड्डियोंके ढेर हैं]। यह सुनते ही श्रीरघुवीरके नेत्रोंमें जल छा गया (उनकी आँखोंमें करुणाके आँसू भर आये)॥ ४॥

**दो०—निसिचर हीन करउँ महि भुज उठाइ पन कीन्ह।**
**सकल मुनिन्ह के आश्रमन्हि जाइ जाइ सुख दीन्ह॥ ९॥**

श्रीरामजीने भुजा उठाकर प्रण किया कि मैं पृथ्वीको राक्षसोंसे रहित कर दूँगा। फिर समस्त मुनियोंके आश्रमोंमें जा-जाकर उनको [दर्शन एवं सम्भाषणका] सुख दिया॥ ९॥

**मुनि अगस्ति कर सिष्य सुजाना। नाम सुतीछन रति भगवाना॥**
**मन क्रम बचन राम पद सेवक। सपनेहुँ आन भरोस न देवक॥**

मुनि अगस्त्यजीके एक सुतीक्ष्ण नामक सुजान (ज्ञानी) शिष्य थे, उनकी भगवान्‌में प्रीति थी। वे मन, वचन और कर्मसे श्रीरामजीके चरणोंके सेवक थे। उन्हें स्वप्नमें भी किसी दूसरे देवताका भरोसा नहीं था॥ १॥

**प्रभु आगवनु श्रवन सुनि पावा। करत मनोरथ आतुर धावा॥**
**हे बिधि दीनबंधु रघुराया। मो से सठ पर करिहहिं दाया॥**

उन्होंने ज्यों ही प्रभुका आगमन कानोंसे सुन पाया, त्यों ही अनेक प्रकारके मनोरथ करते हुए वे आतुरता (शीघ्रता)-से दौड़ चले। हे विधाता! क्या दीनबन्धु श्रीरघुनाथजी मुझ-जैसे दुष्टपर भी दया करेंगे?॥ २॥

**सहित अनुज मोहि राम गोसाईं। मिलिहहिं निज सेवक की नाईं॥**
**मोरे जियँ भरोस दृढ़ नाहीं। भगति बिरति न ग्यान मन माहीं॥**

क्या स्वामी श्रीरामजी छोटे भाई लक्ष्मणजीसहित मुझसे अपने सेवककी तरह मिलेंगे? मेरे हृदयमें दृढ़ विश्वास नहीं होता; क्योंकि मेरे मनमें भक्ति, वैराग्य या ज्ञान कुछ भी नहीं है॥ ३॥

**नहिं सतसंग जोग जप जागा। नहिं दृढ़ चरन कमल अनुरागा॥**
**एक बानि करुनानिधान की। सो प्रिय जाकें गति न आन की॥**

मैंने न तो सत्संग, योग, जप अथवा यज्ञ ही किये हैं और न प्रभुके चरणकमलोंमें मेरा दृढ़ अनुराग ही है। हाँ, दयाके भण्डार प्रभुकी एक बान है कि जिसे किसी दूसरेका सहारा नहीं है, वह उन्हें प्रिय होता है॥ ४॥

**होइहैं सुफल आजु मम लोचन। देखि बदन पंकज भव मोचन॥**
**निर्भर प्रेम मगन मुनि ग्यानी। कहि न जाइ सो दसा भवानी॥**

[भगवान्‌की इस बानका स्मरण आते ही मुनि आनन्दमग्न होकर मन-ही-मन कहने लगे—] अहा! भवबन्धनसे छुड़ानेवाले प्रभुके मुखारविन्दको देखकर आज मेरे नेत्र सफल होंगे। [शिवजी कहते हैं—] हे भवानी! ज्ञानी मुनि प्रेममें पूर्णरूपसे निमग्न हैं। उनकी वह दशा कही नहीं जाती॥ ५॥

**दिसि अरु बिदिसि पंथ नहिं सूझा। को मैं चलेउँ कहाँ नहिं बूझा॥**
**कबहुँक फिरि पाछें पुनि जाई। कबहुँक नृत्य करइ गुन गाई॥**

उन्हें दिशा-विदिशा (दिशाएँ और उनके कोण आदि) और रास्ता, कुछ भी नहीं सूझ रहा है। मैं कौन हूँ और कहाँ जा रहा हूँ, यह भी नहीं जानते (इसका भी ज्ञान नहीं है)। वे कभी पीछे घूमकर फिर आगे चलने लगते हैं और कभी [प्रभुके] गुण गा-गाकर नाचने लगते हैं॥ ६॥

**अबिरल प्रेम भगति मुनि पाई। प्रभु देखैं तरु ओट लुकाई॥**
**अतिसय प्रीति देखि रघुबीरा। प्रगटे हृदयँ हरन भव भीरा॥**

मुनिने प्रगाढ़ प्रेमाभक्ति प्राप्त कर ली। प्रभु श्रीरामजी वृक्षकी आड़में छिपकर [भक्तकी प्रेमोन्मत्त दशा] देख रहे हैं। मुनिका अत्यन्त प्रेम देखकर भवभय (आवागमनके भय) को हरनेवाले श्रीरघुनाथजी मुनिके हृदयमें प्रकट हो गये॥ ७॥

**मुनि मग माझ अचल होइ बैसा। पुलक सरीर पनस फल जैसा॥**
**तब रघुनाथ निकट चलि आए। देखि दसा निज जन मन भाए॥**

[हृदयमें प्रभुके दर्शन पाकर] मुनि बीच रास्तेमें अचल (स्थिर) होकर बैठ गये। उनका शरीर रोमांचसे कटहलके फलके समान [कण्टकित] हो गया। तब श्रीरघुनाथजी उनके पास चले आये और अपने भक्तकी प्रेमदशा देखकर मनमें बहुत प्रसन्न हुए॥ ८॥

**मुनिहि राम बहु भाँति जगावा। जाग न ध्यान जनित सुख पावा॥**
**भूप रूप तब राम दुरावा। हृदयँ चतुर्भुज रूप देखावा॥**

श्रीरामजीने मुनिको बहुत प्रकारसे जगाया, पर मुनि नहीं जागे; क्योंकि उन्हें प्रभुके ध्यानका सुख प्राप्त हो रहा था। तब श्रीरामजीने अपने राजरूपको छिपा लिया और उनके हृदयमें अपना चतुर्भुजरूप प्रकट किया॥ ९॥

**मुनि अकुलाइ उठा तब कैसें। बिकल हीन मनि फनिबर जैसें॥**
**आगें देखि राम तन स्यामा। सीता अनुज सहित सुख धामा॥**

तब (अपने इष्ट-स्वरूपके अन्तर्धान होते ही) मुनि कैसे व्याकुल होकर उठे, जैसे श्रेष्ठ (मणिधर) सर्प मणिके बिना व्याकुल हो जाता है। मुनिने अपने सामने सीताजी और

लक्ष्मणजीसहित श्यामसुन्दर-विग्रह सुखधाम श्रीरामजीको देखा॥ १०॥

**परेउ लकुट इव चरनन्हि लागी। प्रेम मगन मुनिबर बड़भागी॥**
**भुज बिसाल गहि लिए उठाई। परम प्रीति राखे उर लाई॥**

प्रेममें मग्न हुए वे बड़भागी श्रेष्ठ मुनि लाठीकी तरह गिरकर श्रीरामजीके चरणोंमें लग गये। श्रीरामजीने अपनी विशाल भुजाओंसे पकड़कर उन्हें उठा लिया और बड़े प्रेमसे हृदयसे लगा रखा॥ ११॥

**मुनिहि मिलत अस सोह कृपाला। कनक तरुहि जनु भेंट तमाला॥**
**राम बदनु बिलोक मुनि ठाढ़ा। मानहुँ चित्र माझ लिखि काढ़ा॥**

कृपालु श्रीरामचन्द्रजी मुनिसे मिलते हुए ऐसे शोभित हो रहे हैं, मानो सोनेके वृक्षसे तमालका वृक्ष गले लगकर मिल रहा हो। मुनि [निस्तब्ध] खड़े हुए [टकटकी लगाकर] श्रीरामजीका मुख देख रहे हैं, मानो चित्रमें लिखकर बनाये गये हों॥ १२॥

**दो०—तब मुनि हृदयँ धीर धरि गहि पद बारहिं बार।**
**निज आश्रम प्रभु आनि करि पूजा बिबिध प्रकार॥ १०॥**

तब मुनिने हृदयमें धीरज धरकर बार-बार चरणोंको स्पर्श किया। फिर प्रभुको अपने आश्रममें लाकर अनेक प्रकारसे उनकी पूजा की॥ १०॥

**कह मुनि प्रभु सुनु बिनती मोरी। अस्तुति करौं कवन बिधि तोरी॥**
**महिमा अमित मोरि मति थोरी। रबि सन्मुख खद्योत अँजोरी॥**

मुनि कहने लगे—हे प्रभो! मेरी विनती सुनिये। मैं किस प्रकारसे आपकी स्तुति करूँ? आपकी महिमा अपार है और मेरी बुद्धि अल्प है। जैसे सूर्यके सामने जुगनूका उजाला!॥ १॥

**श्याम तामरस दाम शरीरं। जटा मुकुट परिधन मुनिचीरं॥**
**पाणि चाप शर कटि तूणीरं। नौमि निरंतर श्रीरघुवीरं॥**

हे नीलकमलकी मालाके समान श्याम शरीरवाले! हे जटाओंका मुकुट और मुनियोंके (वल्कल) वस्त्र पहने हुए, हाथोंमें धनुष-बाण लिये तथा कमरमें तरकस कसे हुए श्रीरामजी! मैं आपको निरन्तर नमस्कार करता हूँ॥ २॥

**मोह विपिन घन दहन कृशानुः। संत सरोरुह कानन भानुः॥**
**निसिचर करि वरूथ मृगराजः। त्रातु सदा नो भव खग बाजः॥**

जो मोहरूपी घने वनको जलानेके लिये अग्नि हैं, संतरूपी कमलोंके वनके प्रफुल्लित करनेके लिये सूर्य हैं, राक्षसरूपी हाथियोंके समूहके पछाड़नेके लिये सिंह हैं और भव (आवागमन)-रूपी पक्षीके मारनेके लिये बाजरूप हैं, वे प्रभु सदा हमारी रक्षा करें॥ ३॥

**अरुण नयन राजीव सुवेशं। सीता नयन चकोर निशेशं॥**
**हर हृदि मानस बाल मरालं। नौमि राम उर बाहु विशालं॥**

हे लाल कमलके समान नेत्र और सुन्दर वेषवाले! सीताजीके नेत्ररूपी चकोरके चन्द्रमा, शिवजीके हृदयरूपी मानसरोवरके बालहंस, विशाल हृदय और भुजावाले श्रीरामचन्द्रजी! मैं आपको नमस्कार करता हूँ॥ ४॥

**संशय सर्प ग्रसन उरगादः। शमन सुकर्कश तर्क विषादः॥**
**भव भंजन रंजन सुर यूथः। त्रातु सदा नो कृपा वरूथः॥**

जो संशयरूपी सर्पको ग्रसनेके लिये गरुड़ हैं, अत्यन्त कठोर तर्कसे उत्पन्न होनेवाले विषादका नाश करनेवाले हैं, आवागमनको मिटानेवाले और देवताओंके समूहको आनन्द देनेवाले हैं, वे कृपाके समूह श्रीरामजी सदा हमारी रक्षा करें॥ ५॥

**निर्गुण सगुण विषम सम रूपं। ज्ञान गिरा गोतीतमनूपं॥**
**अमलमखिलमनवद्यमपारं। नौमि राम भंजन महि भारं॥**

हे निर्गुण, सगुण, विषम और समरूप! हे ज्ञान, वाणी और इन्द्रियोंसे अतीत! हे अनुपम, निर्मल, सम्पूर्ण दोषरहित, अनन्त एवं पृथ्वीका भार उतारनेवाले श्रीरामचन्द्रजी! मैं आपको नमस्कार करता हूँ॥ ६॥

**भक्त कल्पपादप आरामः। तर्जन क्रोध लोभ मद कामः॥**
**अति नागर भव सागर सेतुः। त्रातु सदा दिनकर कुल केतुः॥**

जो भक्तोंके लिये कल्पवृक्षके बगीचे हैं, क्रोध, लोभ, मद और कामको डरानेवाले हैं, अत्यन्त ही चतुर और संसाररूपी समुद्रसे तरनेके लिये सेतुरूप हैं, वे सूर्यकुलकी ध्वजा श्रीरामजी सदा मेरी रक्षा करें॥ ७॥

**अतुलित भुज प्रताप बल धामः। कलि मल विपुल विभंजन नामः॥**
**धर्म वर्म नर्मद गुण ग्रामः। संतत शं तनोतु मम रामः॥**

जिनकी भुजाओंका प्रताप अतुलनीय है, जो बलके धाम हैं, जिनका नाम कलियुगके बड़े भारी पापोंका नाश करनेवाला है, जो धर्मके कवच (रक्षक) हैं और जिनके गुणसमूह आनन्द देनेवाले हैं, वे श्रीरामजी निरन्तर मेरे कल्याणका विस्तार करें॥ ८॥

**जदपि बिरज ब्यापक अबिनासी। सब के हृदयँ निरंतर बासी॥**
**तदपि अनुज श्री सहित खरारी। बसतु मनसि मम काननचारी॥**

यद्यपि आप निर्मल, व्यापक, अविनाशी और सबके हृदयमें निरन्तर निवास करनेवाले हैं; तथापि हे खरारि श्रीरामजी! लक्ष्मणजी और सीताजीसहित वनमें विचरनेवाले आप इसी रूपमें मेरे हृदयमें निवास कीजिये॥ ९॥

**जे जानहिं ते जानहुँ स्वामी। सगुन अगुन उर अंतरजामी॥**
**जो कोसलपति राजिव नयना। करउ सो राम हृदय मम अयना॥**

हे स्वामी! आपको जो सगुण, निर्गुण और अन्तर्यामी जानते हों, वे जाना करें, मेरे हृदयको तो कोसलपति कमलनयन श्रीरामजी ही अपना घर बनावें॥ १०॥

**अस अभिमान जाइ जनि भोरे। मैं सेवक रघुपति पति मोरे॥**
**सुनि मुनि बचन राम मन भाए। बहुरि हरषि मुनिबर उर लाए॥**

ऐसा अभिमान भूलकर भी न छूटे कि मैं सेवक हूँ और श्रीरघुनाथजी मेरे स्वामी हैं। मुनिके वचन सुनकर श्रीरामजी मनमें बहुत प्रसन्न हुए। तब उन्होंने हर्षित होकर श्रेष्ठ मुनिको हृदयसे लगा लिया॥ ११॥

**परम प्रसन्न जानु मुनि मोही। जो बर मागहु देउँ सो तोही॥**
**मुनि कह मैं बर कबहुँ न जाचा। समुझि न परइ झूठ का साचा॥**

[और कहा—] हे मुनि! मुझे परम प्रसन्न जानो। जो वर माँगो, वही मैं तुम्हें दूँ! मुनि सुतीक्ष्णजीने कहा—मैंने तो वर कभी माँगा ही नहीं। मुझे समझ ही नहीं पड़ता कि क्या झूठ है और क्या सत्य है, (क्या माँगूँ, क्या नहीं)॥ १२॥

**तुम्हहि नीक लागै रघुराई। सो मोहि देहु दास सुखदाई॥**
**अबिरल भगति बिरति बिग्याना। होहु सकल गुन ग्यान निधाना॥**

[अतः] हे रघुनाथजी! हे दासोंको सुख देनेवाले! आपको जो अच्छा लगे, मुझे वही दीजिये। [श्रीरामचन्द्रजीने कहा—हे मुने!] तुम प्रगाढ़ भक्ति, वैराग्य, विज्ञान और समस्त गुणों तथा ज्ञानके निधान हो जाओ॥ १३॥

**प्रभु जो दीन्ह सो बरु मैं पावा। अब सो देहु मोहि जो भावा॥**

[तब मुनि बोले—] प्रभुने जो वरदान दिया वह तो मैंने पा लिया। अब मुझे जो अच्छा लगता है वह दीजिये—॥ १४॥

**दो०—अनुज जानकी सहित प्रभु चाप बान धर राम।**
**मम हिय गगन इंदु इव बसहु सदा निहकाम॥ ११॥**

हे प्रभो! हे श्रीरामजी! छोटे भाई लक्ष्मणजी और सीताजीसहित धनुष-बाणधारी आप निष्काम (स्थिर) होकर मेरे हृदयरूपी आकाशमें चन्द्रमाकी भाँति सदा निवास कीजिये॥ ११॥

**एवमस्तु करि रमानिवासा। हरषि चले कुंभज रिषि पासा॥**
**बहुत दिवस गुर दरसनु पाएँ। भए मोहि एहिं आश्रम आएँ॥**

'एवमस्तु' (ऐसा ही हो) ऐसा उच्चारण कर लक्ष्मीनिवास श्रीरामचन्द्रजी हर्षित होकर अगस्त्य ऋषिके पास चले। [तब सुतीक्ष्णजी बोले—] गुरु अगस्त्यजीका दर्शन पाये और इस आश्रममें आये मुझे बहुत दिन हो गये॥ १॥

**अब प्रभु संग जाउँ गुर पाहीं। तुम्ह कहँ नाथ निहोरा नाहीं॥**
**देखि कृपानिधि मुनि चतुराई। लिए संग बिहसे द्वौ भाई॥**

अब मैं भी प्रभु (आप)-के साथ गुरुजीके पास चलता हूँ। इसमें हे नाथ! आपपर मेरा कोई एहसान नहीं है। मुनिकी चतुरता देखकर कृपाके भण्डार श्रीरामजीने उनको साथ ले लिया और दोनों भाई हँसने लगे॥ २॥

**पंथ कहत निज भगति अनूपा। मुनि आश्रम पहुँचे सुरभूपा॥**
**तुरत सुतीछन गुर पहिं गयऊ। करि दंडवत कहत अस भयऊ॥**

रास्तेमें अपनी अनुपम भक्तिका वर्णन करते हुए देवताओंके राजराजेश्वर श्रीरामजी अगस्त्य मुनिके आश्रमपर पहुँचे। सुतीक्ष्ण तुरंत ही गुरु अगस्त्यजीके पास गये और दण्डवत् करके ऐसा कहने लगे—॥ ३॥

**नाथ कोसलाधीस कुमारा। आए मिलन जगत आधारा॥**
**राम अनुज समेत बैदेही। निसि दिनु देव जपत हहु जेही॥**

हे नाथ! अयोध्याके राजा दशरथजीके कुमार जगदाधार श्रीरामचन्द्रजी छोटे भाई लक्ष्मणजी और सीताजीसहित आपसे मिलने आये हैं, जिनका हे देव! आप रात-दिन जप करते रहते हैं॥ ४॥

**सुनत अगस्ति तुरत उठि धाए। हरि बिलोकि लोचन जल छाए॥**
**मुनि पद कमल परे द्वौ भाई। रिषि अति प्रीति लिए उर लाई॥**

यह सुनते ही अगस्त्यजी तुरंत ही उठ दौड़े। भगवान्‌को देखते ही उनके नेत्रोंमें [आनन्द और प्रेमके आँसुओंका] जल भर आया। दोनों भाई मुनिके चरणकमलोंपर गिर पड़े। ऋषिने [उठाकर] बड़े प्रेमसे उन्हें हृदयसे लगा लिया॥ ५॥

**सादर कुसल पूछि मुनि ग्यानी। आसन बर बैठारे आनी॥**
**पुनि करि बहु प्रकार प्रभु पूजा। मोहि सम भाग्यवंत नहिं दूजा॥**

ज्ञानी मुनिने आदरपूर्वक कुशल पूछकर उनको लाकर श्रेष्ठ आसनपर बैठाया। फिर बहुत प्रकारसे प्रभुकी पूजा करके कहा—मेरे समान भाग्यवान् आज दूसरा कोई नहीं है॥ ६॥

**जहँ लगि रहे अपर मुनि बृंदा। हरषे सब बिलोकि सुखकंदा॥**

वहाँ जहाँतक (जितने भी) अन्य मुनिगण थे, सभी आनन्दकन्द श्रीरामजीके दर्शन करके हर्षित हो गये॥ ७॥

**दो०—मुनि समूह महँ बैठे सन्मुख सब की ओर।**
**सरद इंदु तन चितवत मानहुँ निकर चकोर॥ १२॥**

मुनियोंके समूहमें श्रीरामचन्द्रजी सबकी ओर सम्मुख होकर बैठे हैं (अर्थात् प्रत्येक मुनिको श्रीरामजी अपने ही सामने मुख करके बैठे दिखायी देते हैं और सब मुनि टकटकी लगाये उनके मुखको देख रहे हैं)। ऐसा जान पड़ता है मानो चकोरोंका समुदाय शरत्पूर्णिमाके चन्द्रमाकी ओर देख रहा हो॥ १२॥

**तब रघुबीर कहा मुनि पाहीं। तुम्ह सन प्रभु दुराव कछु नाहीं॥**
**तुम्ह जानहु जेहि कारन आयउँ। ताते तात न कहि समुझायउँ॥**

तब श्रीरामजीने मुनिसे कहा—हे प्रभो! आपसे तो कुछ छिपाव है नहीं। मैं जिस कारणसे आया हूँ वह आप जानते ही हैं। इसीसे हे तात! मैंने आपसे समझाकर कुछ नहीं कहा॥ १॥

**अब सो मंत्र देहु प्रभु मोही। जेहि प्रकार मारौं मुनिद्रोही॥**
**मुनि मुसुकाने सुनि प्रभु बानी। पूछेहु नाथ मोहि का जानी॥**

हे प्रभो! अब आप मुझे वही मन्त्र (सलाह) दीजिये, जिस प्रकार मैं मुनियोंके द्रोही राक्षसोंको मारूँ। प्रभुकी वाणी सुनकर मुनि मुस्कराये और बोले—हे नाथ! आपने क्या समझकर मुझसे यह प्रश्न किया है?॥ २॥

**तुम्हरेइँ भजन प्रभाव अघारी। जानउँ महिमा कछुक तुम्हारी॥**
**ऊमरि तरु बिसाल तव माया। फल ब्रह्मांड अनेक निकाया॥**

हे पापोंका नाश करनेवाले! मैं तो आपहीके भजनके प्रभावसे आपकी कुछ थोड़ी-सी महिमा जानता हूँ। आपकी माया गूलरके विशाल वृक्षके समान है, अनेकों ब्रह्माण्डोंके समूह ही जिसके फल हैं॥ ३॥

**जीव चराचर जंतु समाना। भीतर बसहिं न जानहिं आना॥**
**ते फल भच्छक कठिन कराला। तव भयँ डरत सदा सोउ काला॥**

चर और अचर जीव [गूलरके फलके भीतर रहनेवाले छोटे-छोटे] जन्तुओंके समान उन [ब्रह्माण्डरूपी फलों]-के भीतर बसते हैं और वे [अपने उस छोटे-से जगत्‌के सिवा] दूसरा कुछ

नहीं जानते। उन फलोंका भक्षण करनेवाला कठिन और कराल काल है। वह काल भी सदा आपसे भयभीत रहता है॥ ४॥

**ते तुम्ह सकल लोकपति साईं। पूँछेहु मोहि मनुज की नाईं॥**
**यह बर मागउँ कृपानिकेता। बसहु हृदयँ श्री अनुज समेता॥**

उन्हीं आपने समस्त लोकपालोंके स्वामी होकर भी मुझसे मनुष्यकी तरह प्रश्न किया। हे कृपाके धाम! मैं तो यह वर माँगता हूँ कि आप श्रीसीताजी और छोटे भाई लक्ष्मणजीसहित मेरे हृदयमें [सदा] निवास कीजिये॥ ५॥

**अबिरल भगति बिरति सतसंगा। चरन सरोरुह प्रीति अभंगा॥**
**जद्यपि ब्रह्म अखंड अनंता। अनुभव गम्य भजहिं जेहि संता॥**

मुझे प्रगाढ़ भक्ति, वैराग्य, सत्संग और आपके चरणकमलोंमें अटूट प्रेम प्राप्त हो। यद्यपि आप अखण्ड और अनन्त ब्रह्म हैं, जो अनुभवसे ही जाननेमें आते हैं और जिनका संतजन भजन करते हैं;॥ ६॥

**अस तव रूप बखानउँ जानउँ। फिरि फिरि सगुन ब्रह्म रति मानउँ॥**
**संतत दासन्ह देहु बड़ाई। तातें मोहि पूँछेहु रघुराई॥**

यद्यपि मैं आपके ऐसे रूपको जानता हूँ और उसका वर्णन भी करता हूँ तो भी लौट-लौटकर मैं सगुण ब्रह्ममें (आपके इस सुन्दर स्वरूपमें) ही प्रेम मानता हूँ। आप सेवकोंको सदा ही बड़ाई दिया करते हैं, इसीसे हे रघुनाथजी! आपने मुझसे पूछा है॥ ७॥

**है प्रभु परम मनोहर ठाऊँ। पावन पंचबटी तेहि नाऊँ॥**
**दंडक बन पुनीत प्रभु करहू। उग्र साप मुनिबर कर हरहू॥**

हे प्रभो! एक परम मनोहर और पवित्र स्थान है, उसका नाम पंचवटी है। हे प्रभो! आप दण्डकवनको [जहाँ पंचवटी है] पवित्र कीजिये और श्रेष्ठ मुनि गौतमजीके कठोर शापको हर लीजिये॥ ८॥

**बास करहु तहँ रघुकुल राया। कीजे सकल मुनिन्ह पर दाया॥**
**चले राम मुनि आयसु पाई। तुरतहिं पंचबटी निअराई॥**

हे रघुकुलके स्वामी! आप सब मुनियोंपर दया करके वहीं निवास कीजिये। मुनिकी आज्ञा पाकर श्रीरामचन्द्रजी वहाँसे चल दिये और शीघ्र ही पंचवटीके निकट पहुँच गये॥ ९॥

**दो०—गीधराज सैं भेंट भइ बहु बिधि प्रीति बढ़ाइ।**
**गोदावरी निकट प्रभु रहे परन गृह छाइ॥ १३॥**

वहाँ गृध्रराज जटायुसे भेंट हुई। उसके साथ बहुत प्रकारसे प्रेम बढ़ाकर प्रभु श्रीरामचन्द्रजी गोदावरीजीके समीप पर्णकुटी छाकर रहने लगे॥ १३॥

**जब ते राम कीन्ह तहँ बासा। सुखी भए मुनि बीती त्रासा॥**
**गिरि बन नदीं ताल छबि छाए। दिन दिन प्रति अति होहिं सुहाए॥**

जबसे श्रीरामजीने वहाँ निवास किया तबसे मुनि सुखी हो गये, उनका डर जाता रहा। पर्वत, वन, नदी और तालाब शोभासे छा गये। वे दिनोंदिन अधिक सुहावने (मालूम) होने लगे॥ १॥

**खग मृग बृंद अनंदित रहहीं। मधुप मधुर गुंजत छबि लहहीं॥**
**सो बन बरनि न सक अहिराजा। जहाँ प्रगट रघुबीर बिराजा॥**

पक्षी और पशुओंके समूह आनन्दित रहते हैं और भौंरे मधुर गुंजार करते हुए शोभा पा रहे

हैं। जहाँ प्रत्यक्ष श्रीरामजी विराजमान हैं, उस वनका वर्णन सर्पराज शेषजी भी नहीं कर सकते॥ २॥

**एक बार प्रभु सुख आसीना। लछिमन बचन कहे छलहीना॥**
**सुर नर मुनि सचराचर साईं। मैं पूछउँ निज प्रभु की नाईं॥**

एक बार प्रभु श्रीरामजी सुखसे बैठे हुए थे। उस समय लक्ष्मणजीने उनसे छलरहित (सरल) वचन कहे—हे देवता, मनुष्य, मुनि और चराचरके स्वामी! मैं अपने प्रभुकी तरह (अपना स्वामी समझकर) आपसे पूछता हूँ॥ ३॥

**मोहि समुझाइ कहहु सोइ देवा। सब तजि करौं चरन रज सेवा॥**
**कहहु ग्यान बिराग अरु माया। कहहु सो भगति करहु जेहिं दाया॥**

हे देव! मुझे समझाकर वही कहिये, जिससे सब छोड़कर मैं आपकी चरणरजकी ही सेवा करूँ। ज्ञान, वैराग्य और मायाका वर्णन कीजिये; और उस भक्तिको कहिये जिसके कारण आप दया करते हैं॥ ४॥

**दो०—ईस्वर जीव भेद प्रभु सकल कहौ समुझाइ।**
**जातें होइ चरन रति सोक मोह भ्रम जाइ॥ १४॥**

हे प्रभो! ईश्वर और जीवका भेद भी सब समझाकर कहिये, जिससे आपके चरणोंमें मेरी प्रीति हो और शोक, मोह तथा भ्रम नष्ट हो जायँ॥ १४॥

**थोरेहि महँ सब कहउँ बुझाई। सुनहु तात मति मन चित लाई॥**
**मैं अरु मोर तोर तैं माया। जेहिं बस कीन्हे जीव निकाया॥**

(श्रीरामजीने कहा—) हे तात! मैं थोड़ेहीमें सब समझाकर कहे देता हूँ। तुम मन, चित्त और बुद्धि लगाकर सुनो। मैं और मेरा, तू और तेरा—यही माया है, जिसने समस्त जीवोंको वशमें कर रखा है॥ १॥

**गो गोचर जहँ लगि मन जाई। सो सब माया जानेहु भाई॥**
**तेहि कर भेद सुनहु तुम्ह सोऊ। बिद्या अपर अबिद्या दोऊ॥**

इन्द्रियोंके विषयोंको और जहाँतक मन जाता है, हे भाई! उस सबको माया जानना। उसके भी—एक विद्या और दूसरी अविद्या, इन दोनों भेदोंको तुम सुनो—॥ २॥

**एक दुष्ट अतिसय दुखरूपा। जा बस जीव परा भवकूपा॥**
**एक रचइ जग गुन बस जाकें। प्रभु प्रेरित नहिं निज बल ताकें॥**

एक (अविद्या) दुष्ट (दोषयुक्त) है और अत्यन्त दुःखरूप है जिसके वश होकर जीव संसाररूपी कुएँमें पड़ा हुआ है। और एक (विद्या) जिसके वशमें गुण है और जो जगत्‌की रचना करती है, वह प्रभुसे ही प्रेरित होती है, उसके अपना बल कुछ भी नहीं है॥ ३॥

**ग्यान मान जहँ एकउ नाहीं। देख ब्रह्म समान सब माहीं॥**
**कहिअ तात सो परम बिरागी। तृन सम सिद्धि तीनि गुन त्यागी॥**

ज्ञान वह है जहाँ (जिसमें) मान आदि एक भी [दोष] नहीं है और जो सबमें समानरूपसे ब्रह्मको देखता है। हे तात! उसीको परम वैराग्यवान् कहना चाहिये जो सारी सिद्धियोंको और तीनों गुणोंको तिनकेके समान त्याग चुका हो॥ ४॥

[जिसमें मान, दम्भ, हिंसा, क्षमाराहित्य, टेढ़ापन, आचार्यसेवाका अभाव, अपवित्रता, अस्थिरता, मनका निगृहीत न होना, इन्द्रियोंके विषयमें आसक्ति, अहंकार, जन्म-मृत्यु-जरा-व्याधिमय जगत्में सुखबुद्धि, स्त्री-पुत्र-घर आदिमें आसक्ति तथा ममता, इष्ट और अनिष्टकी प्राप्तिमें हर्ष-शोक, भक्तिका अभाव, एकान्तमें मन न लगना, विषयी मनुष्योंके संगमें प्रेम—ये अठारह न हों और नित्य अध्यात्म (आत्मा)-में स्थिति तथा तत्त्वज्ञानके अर्थ (तत्त्वज्ञानके द्वारा जाननेयोग्य) परमात्माका नित्य दर्शन हो, वही ज्ञान कहलाता है। देखिये गीता अध्याय १३। ७ से ११]

**दो०—माया ईस न आपु कहुँ जान कहिअ सो जीव।**
**बंध मोच्छ प्रद सर्बपर माया प्रेरक सीव॥ १५॥**

जो मायाको, ईश्वरको और अपने स्वरूपको नहीं जानता, उसे जीव कहना चाहिये। जो [कर्मानुसार] बन्धन और मोक्ष देनेवाला, सबसे परे और मायाका प्रेरक है वह ईश्वर है॥ १५॥

**धर्म तें बिरति जोग तें ग्याना। ग्यान मोच्छप्रद बेद बखाना॥**
**जातें बेगि द्रवउँ मैं भाई। सो मम भगति भगत सुखदाई॥**

धर्म (के आचरण) से वैराग्य और योगसे ज्ञान होता है तथा ज्ञान मोक्षका देनेवाला है—ऐसा वेदोंने वर्णन किया है। और हे भाई! जिससे मैं शीघ्र ही प्रसन्न होता हूँ, वह मेरी भक्ति है जो भक्तोंको सुख देनेवाली है॥ १॥

**सो सुतंत्र अवलंब न आना। तेहि आधीन ग्यान बिग्याना॥**
**भगति तात अनुपम सुखमूला। मिलइ जो संत होइँ अनुकूला॥**

वह भक्ति स्वतन्त्र है, उसको (ज्ञान-विज्ञान आदि किसी) दूसरे साधनका सहारा (अपेक्षा) नहीं है। ज्ञान और विज्ञान तो उसके अधीन हैं। हे तात! भक्ति अनुपम एवं सुखकी मूल है; और वह तभी मिलती है जब संत अनुकूल (प्रसन्न) होते हैं॥ २॥

**भगति कि साधन कहउँ बखानी। सुगम पंथ मोहि पावहिं प्रानी॥**
**प्रथमहिं बिप्र चरन अति प्रीती। निज निज कर्म निरत श्रुति रीती॥**

अब मैं भक्तिके साधन विस्तारसे कहता हूँ—यह सुगम मार्ग है, जिससे जीव मुझको सहज ही पा जाते हैं। पहले तो ब्राह्मणोंके चरणोंमें अत्यन्त प्रीति हो और वेदकी रीतिके अनुसार अपने-अपने [वर्णाश्रमके] कर्मोंमें लगा रहे॥ ३॥

**एहि कर फल पुनि बिषय बिरागा। तब मम धर्म उपज अनुरागा॥**
**श्रवनादिक नव भक्ति दृढ़ाहीं। मम लीला रति अति मन माहीं॥**

इसका फल, फिर विषयोंसे वैराग्य होगा। तब (वैराग्य होनेपर) मेरे धर्म (भागवतधर्म)- में प्रेम उत्पन्न होगा। तब श्रवण आदि नौ प्रकारकी भक्तियाँ दृढ़ होंगी और मनमें मेरी लीलाओंके प्रति अत्यन्त प्रेम होगा॥ ४॥

**संत चरन पंकज अति प्रेमा। मन क्रम बचन भजन दृढ़ नेमा॥**
**गुरु पितु मातु बंधु पति देवा। सब मोहि कहँ जानै दृढ़ सेवा॥**

जिसका संतोंके चरणकमलोंमें अत्यन्त प्रेम हो; मन, वचन और कर्मसे भजनका दृढ़ नियम हो और जो मुझको ही गुरु, पिता, माता, भाई, पति और देवता सब कुछ जाने और सेवामें दृढ़ हो;॥ ५॥

**मम गुन गावत पुलक सरीरा। गदगद गिरा नयन बह नीरा॥**
**काम आदि मद दंभ न जाकें। तात निरंतर बस मैं ताकें॥**

मेरा गुण गाते समय जिसका शरीर पुलकित हो जाय, वाणी गद्‌गद हो जाय और नेत्रोंसे [प्रेमाश्रुओंका] जल बहने लगे और काम, मद और दम्भ आदि जिसमें न हों, हे भाई! मैं सदा उसके वशमें रहता हूँ॥ ६॥

**दो०—बचन कर्म मन मोरि गति भजनु करहिं निःकाम।**
**तिन्ह के हृदय कमल महुँ करउँ सदा बिश्राम॥ १६॥**

जिनको कर्म, वचन और मनसे मेरी ही गति है; और जो निष्काम भावसे मेरा भजन करते हैं, उनके हृदय-कमलमें मैं सदा विश्राम किया करता हूँ॥ १६॥

**भगति जोग सुनि अति सुख पावा। लछिमन प्रभु चरनन्हि सिरु नावा॥**
**एहि बिधि गए कछुक दिन बीती। कहत बिराग ग्यान गुन नीती॥**

इस भक्तियोगको सुनकर लक्ष्मणजीने अत्यन्त सुख पाया और उन्होंने प्रभु श्रीरामचन्द्रजीके चरणोंमें सिर नवाया। इस प्रकार वैराग्य, ज्ञान, गुण और नीति कहते हुए कुछ दिन बीत गये॥ १॥

**सूपनखा रावन कै बहिनी। दुष्ट हृदय दारुन जस अहिनी॥**
**पंचबटी सो गइ एक बारा। देखि बिकल भइ जुगल कुमारा॥**

शूर्पणखा नामक रावणकी एक बहिन थी, जो नागिनके समान भयानक और दुष्ट हृदयकी थी। वह एक बार पंचवटीमें गयी और दोनों राजकुमारोंको देखकर विकल (कामसे पीड़ित) हो गयी॥ २॥

**भ्राता पिता पुत्र उरगारी। पुरुष मनोहर निरखत नारी॥**
**होइ बिकल सक मनहि न रोकी। जिमि रबिमनि द्रव रबिहि बिलोकी॥**

[काकभुशुण्डिजी कहते हैं—] हे गरुड़जी! [शूर्पणखा-जैसी राक्षसी, धर्मज्ञानशून्य कामान्ध] स्त्री मनोहर पुरुषको देखकर, चाहे वह भाई, पिता, पुत्र ही हो, विकल हो जाती है और मनको नहीं रोक सकती। जैसे सूर्यकान्तमणि सूर्यको देखकर द्रवित हो जाती है (ज्वालासे पिघल जाती है)॥ ३॥

**रुचिर रूप धरि प्रभु पहिं जाई। बोली बचन बहुत मुसुकाई॥**
**तुम्ह सम पुरुष न मो सम नारी। यह सँजोग बिधि रचा बिचारी॥**

वह सुन्दर रूप धरकर प्रभुके पास जाकर और बहुत मुसकराकर वचन बोली—न तो तुम्हारे समान कोई पुरुष है, न मेरे समान स्त्री! विधाताने यह संयोग (जोड़ा) बहुत विचारकर रचा है॥ ४॥

**मम अनुरूप पुरुष जग माहीं। देखेउँ खोजि लोक तिहु नाहीं॥**
**तातें अब लगि रहिउँ कुमारी। मनु माना कछु तुम्हहि निहारी॥**

मेरे योग्य पुरुष (वर) जगत्‌भरमें नहीं है, मैंने तीनों लोकोंको खोज देखा। इसीसे मैं अबतक कुमारी (अविवाहित) रही। अब तुमको देखकर कुछ मन माना (चित्त ठहरा) है॥ ५॥

**सीतहि चितइ कही प्रभु बाता। अहइ कुआर मोर लघु भ्राता॥**
**गइ लछिमन रिपु भगिनी जानी। प्रभु बिलोकि बोले मृदु बानी॥**

सीताजीकी ओर देखकर प्रभु श्रीरामचन्द्रजीने यह बात कही कि मेरा छोटा भाई कुमार है। तब वह लक्ष्मणजीके पास गयी। लक्ष्मणजी उसे शत्रुकी बहिन समझकर और प्रभुकी ओर देखकर कोमल वाणीसे बोले—॥ ६॥

**सुंदरि सुनु मैं उन्ह कर दासा। पराधीन नहिं तोर सुपासा॥**
**प्रभु समर्थ कोसलपुर राजा। जो कछु करहिं उनहि सब छाजा॥**

हे सुन्दरी! सुन, मैं तो उनका दास हूँ। मैं पराधीन हूँ, अतः तुम्हें सुभीता (सुख) न होगा। प्रभु समर्थ हैं, कोसलपुरके राजा हैं, वे जो कुछ करें, उन्हें सब फबता है॥ ७॥

**सेवक सुख चह मान भिखारी। ब्यसनी धन सुभ गति बिभिचारी॥**
**लोभी जसु चह चार गुमानी। नभ दुहि दूध चहत ए प्रानी॥**

सेवक सुख चाहे, भिखारी सम्मान चाहे, व्यसनी (जिसे जूए, शराब आदिका व्यसन हो) धन और व्यभिचारी शुभगति चाहे, लोभी यश चाहे और अभिमानी चारों फल—अर्थ, धर्म, काम, मोक्ष चाहे, तो ये सब प्राणी आकाशको दुहकर दूध लेना चाहते हैं (अर्थात् असम्भव बातको सम्भव करना चाहते हैं)॥ ८॥

**पुनि फिरि राम निकट सो आई। प्रभु लछिमन पहिं बहुरि पठाई॥**
**लछिमन कहा तोहि सो बरई। जो तृन तोरि लाज परिहरई॥**

वह लौटकर फिर श्रीरामजीके पास आयी। प्रभुने फिर उसे लक्ष्मणजीके पास भेज दिया। लक्ष्मणजीने कहा—तुम्हें वही बरेगा जो लज्जाको तृण तोड़कर (अर्थात् प्रतिज्ञा करके) त्याग देगा (अर्थात् जो निपट निर्लज्ज होगा)॥ ९॥

**तब खिसिआनि राम पहिं गई। रूप भयंकर प्रगटत भई॥**
**सीतहि सभय देखि रघुराई। कहा अनुज सन सयन बुझाई॥**

तब वह खिसियायी हुई (क्रुद्ध होकर) श्रीरामजीके पास गयी और उसने अपना भयंकर रूप प्रकट किया। सीताजीको भयभीत देखकर श्रीरघुनाथजीने लक्ष्मणजीको इशारा देकर कहा॥ १०॥

**दो०—लछिमन अति लाघवँ सो नाक कान बिनु कीन्हि।**
**ताके कर रावन कहँ मनौ चुनौती दीन्हि॥ १७॥**

लक्ष्मणजीने बड़ी फुर्तीसे उसको बिना नाक-कानकी कर दिया। मानो उसके हाथ रावणको चुनौती दी हो!॥ १७॥

**नाक कान बिनु भइ बिकरारा। जनु स्त्रव सैल गेरु कै धारा॥**
**खर दूषन पहिं गइ बिलपाता। धिग धिग तव पौरुष बल भ्राता॥**

बिना नाक-कानके वह विकराल हो गयी। [उसके शरीरसे रक्त इस प्रकार बहने लगा] मानो [काले] पर्वतसे गेरूकी धारा बह रही हो। वह विलाप करती हुई खर-दूषणके पास गयी। [और बोली—] हे भाई! तुम्हारे पौरुष (वीरता)-को धिक्कार है, तुम्हारे बलको धिक्कार है॥ १॥

**तेहिं पूछा सब कहेसि बुझाई। जातुधान सुनि सेन बनाई॥**
**धाए निसिचर निकर बरूथा। जनु सपच्छ कज्जल गिरि जूथा॥**

उन्होंने पूछा, तब शूर्पणखाने सब समझाकर कहा। सब सुनकर राक्षसोंने सेना तैयार की। राक्षससमूह झुंड-के-झुंड दौड़े। मानो पंखधारी काजलके पर्वतोंका झुंड हो॥ २॥

**नाना बाहन नानाकारा। नानायुध धर घोर अपारा॥**
**सूपनखा आगें करि लीनी। असुभ रूप श्रुति नासा हीनी॥**

वे अनेकों प्रकारकी सवारियोंपर चढ़े हुए तथा अनेकों आकार (सूरतों)-के हैं। वे अपार हैं और अनेकों प्रकारके असंख्य भयानक हथियार धारण किये हुए हैं। उन्होंने नाक-कान कटी हुई अमंगलरूपिणी शूर्पणखाको आगे कर लिया॥ ३॥

**असगुन अमित होहिं भयकारी। गनहिं न मृत्यु बिबस सब झारी॥**
**गर्जहिं तर्जहिं गगन उड़ाहीं। देखि कटकु भट अति हरषाहीं॥**

अनगिनत भयंकर अशकुन हो रहे हैं। परन्तु मृत्युके वश होनेके कारण वे सब-के-सब उनको कुछ गिनते ही नहीं। गरजते हैं, ललकारते हैं और आकाशमें उड़ते हैं। सेना देखकर योद्धालोग बहुत ही हर्षित होते हैं॥ ४॥

**कोउ कह जिअत धरहु द्वौ भाई। धरि मारहु तिय लेहु छड़ाई॥**
**धूरि पूरि नभ मंडल रहा। राम बोलाइ अनुज सन कहा॥**

कोई कहता है दोनों भाइयोंको जीता ही पकड़ लो, पकड़कर मार डालो और स्त्रीको छीन लो। आकाशमण्डल धूलसे भर गया। तब श्रीरामजीने लक्ष्मणजीको बुलाकर उनसे कहा—॥ ५॥

**लै जानकिहि जाहु गिरि कंदर। आवा निसिचर कटकु भयंकर॥**
**रहेहु सजग सुनि प्रभु कै बानी। चले सहित श्री सर धनु पानी॥**

राक्षसोंकी भयानक सेना आ गयी है। जानकीजीको लेकर तुम पर्वतकी कन्दरामें चले जाओ। सावधान रहना। प्रभु श्रीरामचन्द्रजीके वचन सुनकर लक्ष्मणजी हाथमें धनुष-बाण लिये श्रीसीताजीसहित चले॥ ६॥

**देखि राम रिपुदल चलि आवा। बिहसि कठिन कोदंड चढ़ावा॥**

शत्रुओंकी सेना [समीप] चली आयी है, यह देखकर श्रीरामजीने हँसकर कठिन धनुषको चढ़ाया॥ ७॥

**छं०—कोदंड कठिन चढ़ाइ सिर जट जूट बाँधत सोह क्यों।**
**मरकत सयल पर लरत दामिनि कोटि सों जुग भुजग ज्यों॥**
**कटि कसि निषंग बिसाल भुज गहि चाप बिसिख सुधारि कै।**
**चितवत मनहुँ मृगराज प्रभु गजराज घटा निहारि कै॥**

कठिन धनुष चढ़ाकर सिरपर जटाका जूड़ा बाँधते हुए प्रभु कैसे शोभित हो रहे हैं, जैसे मरकतमणि (पन्ने)-के पर्वतपर करोड़ों बिजलियोंसे दो साँप लड़ रहे हों। कमरमें तरकस कसकर, विशाल भुजाओंमें धनुष लेकर और बाण सुधारकर प्रभु श्रीरामचन्द्रजी राक्षसोंकी ओर देख रहे हैं। मानो मतवाले हाथियोंके समूहको [आता] देखकर सिंह [उनकी ओर] ताक रहा हो।

**सो०—आइ गए बगमेल धरहु धरहु धावत सुभट।**
**जथा बिलोकि अकेल बाल रबिहि घेरत दनुज॥ १८॥**

'पकड़ो-पकड़ो' पुकारते हुए राक्षस योद्धा बाग छोड़कर (बड़ी तेजीसे) दौड़े हुए आये [और उन्होंने श्रीरामजीको चारों ओरसे घेर लिया], जैसे बालसूर्य (उदयकालीन सूर्य)-को अकेला देखकर मन्देह नामक दैत्य घेर लेते हैं॥ १८॥

**प्रभु बिलोकि सर सकहिं न डारी। थकित भई रजनीचर धारी॥**
**सचिव बोलि बोले खर दूषन। यह कोउ नृपबालक नर भूषन॥**

[सौन्दर्य-माधुर्यनिधि] प्रभु श्रीरामजीको देखकर राक्षसोंकी सेना थकित रह गयी। वे उनपर बाण नहीं छोड़ सके। मन्त्रीको बुलाकर खर-दूषणने कहा—यह राजकुमार कोई मनुष्योंका भूषण है॥ १॥

**नाग असुर सुर नर मुनि जेते। देखे जिते हते हम केते॥**
**हम भरि जन्म सुनहु सब भाई। देखी नहिं असि सुंदरताई॥**

जितने भी नाग, असुर, देवता, मनुष्य और मुनि हैं, उनमेंसे हमने न जाने कितने ही देखे, जीते और मार डाले हैं। पर हे सब भाइयो! सुनो, हमने जन्मभरमें ऐसी सुन्दरता कहीं नहीं देखी॥ २॥

**जद्यपि भगिनी कीन्हि कुरूपा। बध लायक नहिं पुरुष अनूपा॥**
**देहु तुरत निज नारि दुराई। जीअत भवन जाहु द्वौ भाई॥**

यद्यपि इन्होंने हमारी बहिनको कुरूप कर दिया तथापि ये अनुपम पुरुष वध करनेयोग्य नहीं हैं। 'छिपायी हुई अपनी स्त्री हमें तुरंत दे दो और दोनों भाई जीते-जी घर लौट जाओ'॥ ३॥

**मोर कहा तुम्ह ताहि सुनावहु। तासु बचन सुनि आतुर आवहु॥**
**दूतन्ह कहा राम सन जाई। सुनत राम बोले मुसुकाई॥**

मेरा यह कथन तुमलोग उसे सुनाओ और उसका वचन (उत्तर) सुनकर शीघ्र आओ। दूतोंने जाकर यह सन्देश श्रीरामचन्द्रजीसे कहा। उसे सुनते ही श्रीरामचन्द्रजी मुसकराकर बोले—॥ ४॥

**हम छत्री मृगया बन करहीं। तुम्ह से खल मृग खोजत फिरहीं॥**
**रिपु बलवंत देखि नहिं डरहीं। एक बार कालहु सन लरहीं॥**

हम क्षत्रिय हैं, वनमें शिकार करते हैं और तुम्हारे-सरीखे दुष्ट पशुओंको तो ढूँढ़ते ही फिरते हैं। हम बलवान् शत्रुको देखकर नहीं डरते। [लड़नेको आवे तो] एक बार तो हम कालसे भी लड़ सकते हैं॥ ५॥

**जद्यपि मनुज दनुज कुल घालक। मुनि पालक खल सालक बालक॥**
**जौं न होइ बल घर फिरि जाहू। समर बिमुख मैं हतउँ न काहू॥**

यद्यपि हम मनुष्य हैं, परन्तु दैत्यकुलका नाश करनेवाले और मुनियोंकी रक्षा करनेवाले हैं, हम बालक हैं, परन्तु हैं दुष्टोंको दण्ड देनेवाले। यदि बल न हो तो घर लौट जाओ। संग्राममें पीठ दिखानेवाले किसीको मैं नहीं मारता॥ ६॥

**रन चढ़ि करिअ कपट चतुराई। रिपु पर कृपा परम कदराई॥**
**दूतन्ह जाइ तुरत सब कहेऊ। सुनि खर दूषन उर अति दहेऊ॥**

रणमें चढ़ आकर कपट-चतुराई करना और शत्रुपर कृपा करना (दया दिखाना) तो बड़ी भारी कायरता है। दूतोंने लौटकर तुरंत सब बातें कहीं, जिन्हें सुनकर खर-दूषणका हृदय अत्यन्त जल उठा॥ ७॥

**छं०—उर दहेउ कहेउ कि धरहु धाए बिकट भट रजनीचरा।**
**सर चाप तोमर सक्ति सूल कृपान परिघ परसु धरा॥**
**प्रभु कीन्हि धनुष टकोर प्रथम कठोर घोर भयावहा।**
**भए बधिर ब्याकुल जातुधान न ग्यान तेहि अवसर रहा॥**

[खर-दूषणका] हृदय जल उठा। तब उन्होंने कहा—पकड़ लो (कैद कर लो)। [यह सुनकर] भयानक राक्षस योद्धा बाण, धनुष, तोमर, शक्ति (साँग), शूल (बरछी), कृपाण (कटार),

परिघ और फरसा धारण किये हुए दौड़ पड़े। प्रभु श्रीरामजीने पहले धनुषका बड़ा कठोर, घोर और भयानक टंकार किया, जिसे सुनकर राक्षस बहरे और व्याकुल हो गये। उस समय उन्हें कुछ भी होश न रहा।

**दो०—सावधान होइ धाए जानि सबल आराति।**
**लागे बरषन राम पर अस्त्र सस्त्र बहुभाँति॥ १९ ( क )॥**

फिर वे शत्रुको बलवान् जानकर सावधान होकर दौड़े और श्रीरामचन्द्रजीके ऊपर बहुत प्रकारके अस्त्र-शस्त्र बरसाने लगे॥ १९ (क)॥

**तिन्ह के आयुध तिल सम करि काटे रघुबीर।**
**तानि सरासन श्रवन लगि पुनि छाँड़े निज तीर॥ १९ ( ख )॥**

श्रीरघुवीरजीने उनके हथियारोंको तिलके समान (टुकड़े-टुकड़े) करके काट डाला। फिर धनुषको कानतक तानकर अपने तीर छोड़े॥ १९ (ख)॥

**छं०—तब चले बान कराल। फुंकरत जनु बहु ब्याल॥**
**कोपेउ समर श्रीराम। चले बिसिख निसित निकाम॥**

तब भयानक बाण ऐसे चले, मानो फुफकारते हुए बहुत-से सर्प जा रहे हैं। श्रीरामचन्द्रजी संग्राममें क्रुद्ध हुए और अत्यन्त तीक्ष्ण बाण चले॥ १॥

**अवलोकि खरतर तीर। मुरि चले निसिचर बीर॥**
**भए क्रुद्ध तीनिउ भाइ। जो भागि रन ते जाइ॥**

अत्यन्त तीक्ष्ण बाणोंको देखकर राक्षस वीर पीठ दिखाकर भाग चले। तब खर, दूषण और त्रिशिरा तीनों भाई क्रुद्ध होकर बोले—जो रणसे भागकर जायगा,॥ २॥

**तेहि बधब हम निज पानि। फिरे मरन मन महुँ ठानि॥**
**आयुध अनेक प्रकार। सनमुख ते करहिं प्रहार॥**

उसका हम अपने हाथों वध करेंगे। तब मनमें मरना ठानकर भागते हुए राक्षस लौट पड़े और सामने होकर वे अनेकों प्रकारके हथियारोंसे श्रीरामजीपर प्रहार करने लगे॥ ३॥

**रिपु परम कोपे जानि। प्रभु धनुष सर संधानि॥**
**छाँड़े बिपुल नाराच। लगे कटन बिकट पिसाच॥**

शत्रुको अत्यन्त कुपित जानकर प्रभुने धनुषपर बाण चढ़ाकर बहुत-से बाण छोड़े, जिनसे भयानक राक्षस कटने लगे॥ ४॥

**उर सीस भुज कर चरन। जहँ तहँ लगे महि परन॥**
**चिक्करत लागत बान। धर परत कुधर समान॥**

उनकी छाती, सिर, भुजा, हाथ और पैर जहाँ-तहाँ पृथ्वीपर गिरने लगे। बाण लगते ही वे हाथीकी तरह चिग्घाड़ते हैं। उनके पहाड़के समान धड़ कट-कटकर गिर रहे हैं॥ ५॥

**भट कटत तन सत खंड। पुनि उठत करि पाषंड॥**
**नभ उड़त बहु भुज मुंड। बिनु मौलि धावत रुंड॥**

योद्धाओंके शरीर कटकर सैकड़ों टुकड़े हो जाते हैं। वे फिर माया करके उठ खड़े होते हैं। आकाशमें बहुत-सी भुजाएँ और सिर उड़ रहे हैं तथा बिना सिरके धड़ दौड़ रहे हैं॥ ६॥

**खग कंक काक सृगाल। कटकटहिं कठिन कराल॥**

चील [या क्रौंच], कौए आदि पक्षी और सियार कठोर और भयंकर कट-कट शब्द कर रहे हैं॥ ७॥

**छं०—कटकटहिं जंबुक भूत प्रेत पिसाच खर्पर संचहीं।**
**बेताल बीर कपाल ताल बजाइ जोगिनि नंचहीं॥**
**रघुबीर बान प्रचंड खंडहिं भटन्ह के उर भुज सिरा।**
**जहँ तहँ परहिं उठि लरहिं धर धरु धरु करहिं भयकर गिरा॥ १॥**

सियार कटकटाते हैं, भूत, प्रेत और पिशाच खोपड़ियाँ बटोर रहे हैं [अथवा खप्पर भर रहे हैं]। वीर-वैताल खोपड़ियोंपर ताल दे रहे हैं और योगिनियाँ नाच रही हैं। श्रीरघुवीरके प्रचण्ड बाण योद्धाओंके वक्षःस्थल, भुजा और सिरोंके टुकड़े-टुकड़े कर डालते हैं। उनके धड़ जहाँ-तहाँ गिर पड़ते हैं। फिर उठते और लड़ते हैं और 'पकड़ो-पकड़ो' का भयंकर शब्द करते हैं॥ १॥

**अंतावरीं गहि उड़त गीध पिसाच कर गहि धावहीं।**
**संग्राम पुर बासी मनहुँ बहु बाल गुड़ी उड़ावहीं॥**
**मारे पछारे उर बिदारे बिपुल भट कहँरत परे।**
**अवलोकि निज दल बिकल भट तिसिरादि खर दूषन फिरे॥ २॥**

अँतड़ियोंके एक छोरको पकड़कर गीध उड़ते हैं और उन्हींका दूसरा छोर हाथसे पकड़कर पिशाच दौड़ते हैं, ऐसा मालूम होता है, मानो संग्रामरूपी नगरके निवासी बहुत-से बालक पतंग उड़ा रहे हों। अनेकों योद्धा मारे और पछाड़े गये। बहुत-से, जिनके हृदय विदीर्ण हो गये हैं, पड़े कराह रहे हैं। अपनी सेनाको व्याकुल देखकर त्रिशिरा और खर-दूषण आदि योद्धा श्रीरामजीकी ओर मुड़े॥ २॥

**सर सक्ति तोमर परसु सूल कृपान एकहि बारहीं।**
**करि कोप श्रीरघुबीर पर अगनित निसाचर डारहीं॥**
**प्रभु निमिष महुँ रिपु सर निवारि पचारि डारे सायका।**
**दस दस बिसिख उर माझ मारे सकल निसिचर नायका॥ ३॥**

अनगिनत राक्षस क्रोध करके बाण, शक्ति, तोमर, फरसा, शूल और कृपाण एक ही बारमें श्रीरघुवीरपर छोड़ने लगे। प्रभुने पलभरमें शत्रुओंके बाणोंको काटकर, ललकारकर उनपर अपने बाण छोड़े। सब राक्षस-सेनापतियोंके हृदयमें दस-दस बाण मारे॥ ३॥

**महि परत उठि भट भिरत मरत न करत माया अति घनी।**
**सुर डरत चौदह सहस प्रेत बिलोकि एक अवध धनी॥**
**सुर मुनि सभय प्रभु देखि मायानाथ अति कौतुक कर्यो।**
**देखहिं परसपर राम करि संग्राम रिपुदल लरि मर्यो॥ ४॥**

योद्धा पृथ्वीपर गिर पड़ते हैं, फिर उठकर भिड़ते हैं। मरते नहीं, बहुत प्रकारकी अतिशय माया रचते हैं। देवता यह देखकर डरते हैं कि प्रेत [राक्षस] चौदह हजार हैं और अयोध्यानाथ श्रीरामजी अकेले हैं। देवता और मुनियोंको भयभीत देखकर मायाके स्वामी प्रभुने एक बड़ा कौतुक किया, जिससे शत्रुओंकी सेना एक-दूसरेको रामरूप देखने लगी और आपसमें ही युद्ध करके लड़ मरी॥ ४॥

**दो०—राम राम कहि तनु तजहिं पावहिं पद निर्बान।**
**करि उपाय रिपु मारे छन महुँ कृपानिधान॥ २० (क)॥**

सब ['यही राम है, इसे मारो' इस प्रकार ] राम-राम कहकर शरीर छोड़ते हैं और निर्वाण (मोक्ष) पद पाते हैं। कृपानिधान श्रीरामजीने यह उपाय करके क्षणभरमें शत्रुओंको मार डाला॥ २० (क)॥

**हरषित बरषहिं सुमन सुर बाजहिं गगन निसान।**
**अस्तुति करि करि सब चले सोभित बिबिध बिमान॥ २० (ख)॥**

देवता हर्षित होकर फूल बरसाते हैं, आकाशमें नगाड़े बज रहे हैं। फिर वे सब स्तुति कर-करके अनेकों विमानोंपर सुशोभित हुए चले गये॥ २० (ख)॥

**जब रघुनाथ समर रिपु जीते। सुर नर मुनि सब के भय बीते॥**
**तब लछिमन सीतहि लै आए। प्रभु पद परत हरषि उर लाए॥**

जब श्रीरघुनाथजीने युद्धमें शत्रुओंको जीत लिया तथा देवता, मनुष्य और मुनि सबके भय नष्ट हो गये, तब लक्ष्मणजी सीताजीको ले आये। चरणोंमें पड़ते हुए उनको प्रभुने प्रसन्नतापूर्वक उठाकर हृदयसे लगा लिया॥ १॥

**सीता चितव स्याम मृदु गाता। परम प्रेम लोचन न अघाता॥**
**पंचबटीं बसि श्रीरघुनायक। करत चरित सुर मुनि सुखदायक॥**

सीताजी श्रीरामजीके श्याम और कोमल शरीरको परम प्रेमके साथ देख रही हैं, नेत्र अघाते नहीं हैं। इस प्रकार पंचवटीमें बसकर श्रीरघुनाथजी देवताओं और मुनियोंको सुख देनेवाले चरित्र करने लगे॥ २॥

**धुआँ देखि खरदूषन केरा। जाइ सुपनखाँ रावन प्रेरा॥**
**बोली बचन क्रोध करि भारी। देस कोस कै सुरति बिसारी॥**

खर-दूषणका विध्वंस देखकर शूर्पणखाने जाकर रावणको भड़काया। वह बड़ा क्रोध करके वचन बोली—तूने देश और खजानेकी सुधि ही भुला दी॥ ३॥

**करसि पान सोवसि दिनु राती। सुधि नहिं तव सिर पर आराती॥**
**राज नीति बिनु धन बिनु धर्मा। हरिहि समर्पे बिनु सतकर्मा॥**
**बिद्या बिनु बिबेक उपजाएँ। श्रम फल पढ़ें किएँ अरु पाएँ॥**
**संग तें जती कुमंत्र ते राजा। मान ते ग्यान पान तें लाजा॥**

शराब पी लेता है और दिन-रात पड़ा सोता रहता है। तुझे खबर नहीं है कि शत्रु तेरे सिरपर खड़ा है? नीतिके बिना राज्य और धर्मके बिना धन प्राप्त करनेसे, भगवान्‌को समर्पण किये बिना उत्तम कर्म करनेसे और विवेक उत्पन्न किये बिना विद्या पढ़नेसे परिणाममें श्रम ही हाथ लगता है। विषयोंके संगसे संन्यासी, बुरी सलाहसे राजा, मानसे ज्ञान, मदिरापानसे लज्जा,॥ ४-५॥

**प्रीति प्रनय बिनु मद ते गुनी। नासहिं बेगि नीति अस सुनी॥**

नम्रताके बिना (नम्रता न होनेसे) प्रीति और मद (अहंकार)-से गुणवान् शीघ्र ही नष्ट हो जाते हैं, इस प्रकार नीति मैंने सुनी है॥ ६॥

**सो०—रिपु रुज पावक पाप प्रभु अहि गनिअ न छोट करि।**
**अस कहि बिबिध बिलाप करि लागी रोदन करन॥ २१ (क)॥**

शत्रु, रोग, अग्नि, पाप, स्वामी और सर्पको छोटा करके नहीं समझना चाहिये। ऐसा कहकर शूर्पणखा अनेक प्रकारसे विलाप करके रोने लगी॥ २१ (क)॥

**दो०—सभा माझ परि ब्याकुल बहु प्रकार कह रोइ।**
**तोहि जिअत दसकंधर मोरि कि असि गति होइ॥ २१ (ख)॥**

[रावणकी] सभाके बीच वह व्याकुल होकर पड़ी हुई बहुत प्रकारसे रो-रोकर कह रही है कि अरे दशग्रीव! तेरे जीते-जी मेरी क्या ऐसी दशा होनी चाहिये?॥ २१ (ख)॥

**सुनत सभासद उठे अकुलाई। समुझाई गहि बाँह उठाई॥**
**कह लंकेस कहसि निज बाता। केइँ तव नासा कान निपाता॥**

शूर्पणखाके वचन सुनते ही सभासद् अकुला उठे। उन्होंने शूर्पणखाकी बाँह पकड़कर उसे उठाया और समझाया। लंकापति रावणने कहा—अपनी बात तो बता, किसने तेरे नाक-कान काट लिये?॥ १॥

**अवध नृपति दसरथ के जाए। पुरुष सिंघ बन खेलन आए॥**
**समुझि परी मोहि उन्ह कै करनी। रहित निसाचर करिहहिं धरनी॥**

[वह बोली—] अयोध्याके राजा दशरथके पुत्र, जो पुरुषोंमें सिंहके समान हैं, वनमें शिकार खेलने आये हैं। मुझे उनकी करनी ऐसी समझ पड़ी है कि वे पृथ्वीको राक्षसोंसे रहित कर देंगे॥ २॥

**जिन्ह कर भुजबल पाइ दसानन। अभय भए बिचरत मुनि कानन॥**
**देखत बालक काल समाना। परम धीर धन्वी गुन नाना॥**

जिनकी भुजाओंका बल पाकर हे दशमुख! मुनिलोग वनमें निर्भय होकर विचरने लगे हैं। वे देखनेमें तो बालक हैं, पर हैं कालके समान। वे परम धीर, श्रेष्ठ धनुर्धर और अनेकों गुणोंसे युक्त हैं॥ ३॥

**अतुलित बल प्रताप द्वौ भ्राता। खल बध रत सुर मुनि सुखदाता॥**
**सोभा धाम राम अस नामा। तिन्ह के संग नारि एक स्यामा॥**

दोनों भाइयोंका बल और प्रताप अतुलनीय है। वे दुष्टोंके वध करनेमें लगे हैं और देवता तथा मुनियोंको सुख देनेवाले हैं। वे शोभाके धाम हैं, 'राम' ऐसा उनका नाम है। उनके साथ एक तरुणी सुन्दरी स्त्री है॥ ४॥

**रूप रासि बिधि नारि सँवारी। रति सत कोटि तासु बलिहारी॥**
**तासु अनुज काटे श्रुति नासा। सुनि तव भगिनि करहिं परिहासा॥**

विधाताने उस स्त्रीको ऐसी रूपकी राशि बनाया है कि सौ करोड़ रति (कामदेवकी स्त्री) उसपर निछावर हैं। उन्हींके छोटे भाईने मेरे नाक-कान काट डाले। मैं तेरी बहिन हूँ, यह सुनकर वे मेरी हँसी करने लगे॥ ५॥

**खर दूषन सुनि लगे पुकारा। छन महुँ सकल कटक उन्ह मारा॥**
**खर दूषन तिसिरा कर घाता। सुनि दससीस जरे सब गाता॥**

मेरी पुकार सुनकर खर-दूषण सहायता करने आये। पर उन्होंने क्षणभरमें सारी सेनाको मार डाला। खर-दूषण और त्रिशिराका वध सुनकर रावणके सारे अंग जल उठे॥ ६॥

**दो०—सूपनखहि समुझाइ करि बल बोलेसि बहु भाँति।**
**गयउ भवन अति सोचबस नीद परइ नहिं राति॥ २२॥**

उसने शूर्पणखाको समझाकर बहुत प्रकारसे अपने बलका बखान किया, किन्तु [मनमें] वह अत्यन्त चिन्तावश होकर अपने महलमें गया, उसे रातभर नींद नहीं पड़ी॥ २२॥

**सुर नर असुर नाग खग माहीं। मोरे अनुचर कहँ कोउ नाहीं॥**
**खर दूषन मोहि सम बलवंता। तिन्हहि को मारइ बिनु भगवंता॥**

[वह मन-ही-मन विचार करने लगा—] देवता, मनुष्य, असुर, नाग और पक्षियोंमें कोई ऐसा नहीं जो मेरे सेवकको भी पा सके। खर-दूषण तो मेरे ही समान बलवान् थे। उन्हें भगवान्‌के सिवा और कौन मार सकता है?॥ १॥

**सुर रंजन भंजन महि भारा। जौं भगवंत लीन्ह अवतारा॥**
**तौ मैं जाइ बैरु हठि करऊँ। प्रभु सर प्रान तजें भव तरऊँ॥**

देवताओंको आनन्द देनेवाले और पृथ्वीका भार हरण करनेवाले भगवान्‌ने ही यदि अवतार लिया है तो मैं जाकर उनसे हठपूर्वक वैर करूँगा और प्रभुके बाण [के आघात]-से प्राण छोड़कर भवसागरसे तर जाऊँगा॥ २॥

**होइहि भजनु न तामस देहा। मन क्रम बचन मंत्र दृढ़ एहा॥**
**जौं नररूप भूपसुत कोऊ। हरिहउँ नारि जीति रन दोऊ॥**

इस तामस शरीरसे भजन तो होगा नहीं; अतएव मन, वचन और कर्मसे यही दृढ़ निश्चय है। और यदि वे मनुष्यरूप कोई राजकुमार होंगे तो उन दोनोंको रणमें जीतकर उनकी स्त्रीको हर लूँगा॥ ३॥

**चला अकेल जान चढ़ि तहवाँ। बस मारीच सिंधु तट जहवाँ॥**
**इहाँ राम जसि जुगुति बनाई। सुनहु उमा सो कथा सुहाई॥**

[यों विचारकर] रावण रथपर चढ़कर अकेला ही वहाँ चला, जहाँ समुद्रके तटपर मारीच रहता था। [शिवजी कहते हैं कि—] हे पार्वती! यहाँ श्रीरामचन्द्रजीने जैसी युक्ति रची, वह सुन्दर कथा सुनो॥ ४॥

**दो०—लछिमन गए बनहिं जब लेन मूल फल कंद।**
**जनकसुता सन बोले बिहसि कृपा सुख बृंद॥ २३॥**

लक्ष्मणजी जब कन्द-मूल-फल लेनेके लिये वनमें गये, तब [अकेलेमें] कृपा और सुखके समूह श्रीरामचन्द्रजी हँसकर जानकीजीसे बोले—॥ २३॥

**सुनहु प्रिया ब्रत रुचिर सुसीला। मैं कछु करबि ललित नरलीला॥**
**तुम्ह पावक महुँ करहु निवासा। जौ लगि करौं निसाचर नासा॥**

हे प्रिये! हे सुन्दर पातिव्रत-धर्मका पालन करनेवाली सुशीले! सुनो! मैं अब कुछ मनोहर मनुष्यलीला करूँगा। इसलिये जबतक मैं राक्षसोंका नाश करूँ, तबतक तुम अग्निमें निवास करो॥ १॥

**जबहिं राम सब कहा बखानी। प्रभु पद धरि हियँ अनल समानी॥**
**निज प्रतिबिंब राखि तहँ सीता। तैसइ सील रूप सुबिनीता॥**

श्रीरामजीने ज्यों ही सब समझाकर कहा, त्यों ही श्रीसीताजी प्रभुके चरणोंको हृदयमें धरकर अग्निमें समा गयीं। सीताजीने अपनी ही छायामूर्ति वहाँ रख दी, जो उनके-जैसे ही शील-स्वभाव और रूपवाली तथा वैसे ही विनम्र थी॥ २॥

**लछिमनहूँ यह मरमु न जाना। जो कछु चरित रचा भगवाना॥**
**दसमुख गयउ जहाँ मारीचा। नाइ माथ स्वारथ रत नीचा॥**

भगवान्‌ने जो कुछ लीला रची, इस रहस्यको लक्ष्मणजीने भी नहीं जाना। स्वार्थपरायण और नीच रावण वहाँ गया जहाँ मारीच था और उसको सिर नवाया॥ ३॥

**नवनि नीच कै अति दुखदाई। जिमि अंकुस धनु उरग बिलाई॥**
**भयदायक खल कै प्रिय बानी। जिमि अकाल के कुसुम भवानी॥**

नीचका झुकना (नम्रता) भी अत्यन्त दुःखदायी होता है। जैसे अंकुश, धनुष, साँप और बिल्लीका झुकना। हे भवानी! दुष्टकी मीठी वाणी भी [उसी प्रकार] भय देनेवाली होती है, जैसे बिना ऋतुके फूल!॥ ४॥

**दो०—करि पूजा मारीच तब सादर पूछी बात।**
**कवन हेतु मन ब्यग्र अति अकसर आयहु तात॥ २४॥**

तब मारीचने उसकी पूजा करके आदरपूर्वक बात पूछी—हे तात! आपका मन किस कारण इतना अधिक व्यग्र है और आप अकेले आये हैं?॥ २४॥

**दसमुख सकल कथा तेहि आगें। कही सहित अभिमान अभागें॥**
**होहु कपट मृग तुम्ह छलकारी। जेहि बिधि हरि आनौं नृपनारी॥**

भाग्यहीन रावणने सारी कथा अभिमानसहित उसके सामने कही [और फिर कहा—] तुम छल करनेवाले कपट-मृग बनो, जिस उपायसे मैं उस राजवधूको हर लाऊँ॥ १॥

**तेहिं पुनि कहा सुनहु दससीसा। ते नररूप चराचर ईसा॥**
**तासों तात बयरु नहिं कीजै। मारें मरिअ जिआएँ जीजै॥**

तब उसने (मारीचने) कहा—हे दशशीश! सुनिये। वे मनुष्यरूपमें चराचरके ईश्वर हैं। हे तात! उनसे वैर न कीजिये। उन्हींके मारनेसे मरना और उनके जिलानेसे जीना होता है (सबका जीवन-मरण उन्हींके अधीन है)॥ २॥

**मुनि मख राखन गयउ कुमारा। बिनु फर सर रघुपति मोहि मारा॥**
**सत जोजन आयउँ छन माहीं। तिन्ह सन बयरु किएँ भल नाहीं॥**

यही राजकुमार मुनि विश्वामित्रके यज्ञकी रक्षाके लिये गये थे। उस समय श्रीरघुनाथजीने बिना फलका बाण मुझे मारा था, जिससे मैं क्षणभरमें सौ योजनपर आ गिरा। उनसे वैर करनेमें भलाई नहीं है॥ ३॥

**भइ मम कीट भृंग की नाई। जहँ तहँ मैं देखउँ दोउ भाई॥**
**जौं नर तात तदपि अति सूरा। तिन्हहि बिरोधि न आइहि पूरा॥**

मेरी दशा तो भृंगीके कीड़ेकी-सी हो गयी है। अब मैं जहाँ-तहाँ श्रीराम-लक्ष्मण दोनों भाइयोंको ही देखता हूँ। और हे तात! यदि वे मनुष्य हैं तो भी बड़े शूरवीर हैं। उनसे विरोध करनेमें पूरा न पड़ेगा (सफलता नहीं मिलेगी)॥ ४॥

**दो०—जेहिं ताड़का सुबाहु हति खंडेउ हर कोदंड।**
**खर दूषन तिसिरा बधेउ मनुज कि अस बरिबंड॥ २५॥**

जिसने ताड़का और सुबाहुको मारकर शिवजीका धनुष तोड़ दिया और खर, दूषण और त्रिशिराका वध कर डाला, ऐसा प्रचण्ड बली भी कहीं मनुष्य हो सकता है?॥ २५॥

**जाहु भवन कुल कुसल बिचारी। सुनत जरा दीन्हिसि बहु गारी॥**
**गुरु जिमि मूढ़ करसि मम बोधा। कहु जग मोहि समान को जोधा॥**

अतः अपने कुलकी कुशल विचारकर आप घर लौट जाइये। यह सुनकर रावण जल उठा और उसने बहुत-सी गालियाँ दीं (दुर्वचन कहे)। [कहा—] अरे मूर्ख! तू गुरुकी तरह मुझे ज्ञान सिखाता है? बता तो, संसारमें मेरे समान योद्धा कौन है?॥ १॥

**तब मारीच हृदयँ अनुमाना। नवहि बिरोधें नहिं कल्याना॥**
**सस्त्री मर्मी प्रभु सठ धनी। बैद बंदि कबि भानस गुनी॥**

तब मारीचने हृदयमें अनुमान किया कि शस्त्री (शस्त्रधारी), मर्मी (भेद जाननेवाला), समर्थ स्वामी, मूर्ख, धनवान्, वैद्य, भाट, कवि और रसोइया—इन नौ व्यक्तियोंसे विरोध (वैर) करनेमें कल्याण (कुशल) नहीं होता॥ २॥

**उभय भाँति देखा निज मरना। तब ताकिसि रघुनायक सरना॥**
**उतरु देत मोहि बधब अभागें। कस न मरौं रघुपति सर लागें॥**

जब मारीचने दोनों प्रकारसे अपना मरण देखा, तब उसने श्रीरघुनाथजीकी शरण तकी (अर्थात् उनकी शरण जानेमें ही कल्याण समझा)। [सोचा कि] उत्तर देते ही (नाहीं करते ही) यह अभागा मुझे मार डालेगा। फिर श्रीरघुनाथजीके बाण लगनेसे ही क्यों न मरूँ?॥ ३॥

**अस जियँ जानि दसानन संगा। चला राम पद प्रेम अभंगा॥**
**मन अति हरष जनाव न तेही। आजु देखिहउँ परम सनेही॥**

हृदयमें ऐसा समझकर वह रावणके साथ चला। श्रीरामजीके चरणोंमें उसका अखण्ड प्रेम है। उसके मनमें इस बातका अत्यन्त हर्ष है कि आज मैं अपने परम स्नेही श्रीरामजीको देखूँगा; किन्तु उसने यह हर्ष रावणको नहीं जनाया॥ ४॥

**छं०—निज परम प्रीतम देखि लोचन सुफल करि सुख पाइहौं।**
**श्री सहित अनुज समेत कृपानिकेत पद मन लाइहौं॥**
**निर्बान दायक क्रोध जा कर भगति अबसहि बसकरी।**
**निज पानि सर संधानि सो मोहि बधिहि सुखसागर हरी॥**

[वह मन-ही-मन सोचने लगा—] अपने परम प्रियतमको देखकर नेत्रोंको सफल करके सुख पाऊँगा। जानकीजीसहित और छोटे भाई लक्ष्मणजीसमेत कृपानिधान श्रीरामजीके चरणोंमें मन लगाऊँगा। जिनका क्रोध भी मोक्ष देनेवाला है और जिनकी भक्ति उन अवश (किसीके वशमें न होनेवाले स्वतन्त्र भगवान्)-को भी वशमें करनेवाली है, अहा! वे ही आनन्दके समुद्र श्रीहरि अपने हाथोंसे बाण सन्धानकर मेरा वध करेंगे!

**दो०—मम पाछें धर धावत धरें सरासन बान।**
**फिरि फिरि प्रभुहि बिलोकिहउँ धन्य न मो सम आन॥ २६॥**

धनुष-बाण धारण किये मेरे पीछे-पीछे पृथ्वीपर (पकड़नेके लिये) दौड़ते हुए प्रभुको मैं फिर-फिरकर देखूँगा। मेरे समान धन्य दूसरा कोई नहीं है॥ २६॥

**तेहि बन निकट दसानन गयऊ। तब मारीच कपटमृग भयऊ॥**
**अति बिचित्र कछु बरनि न जाई। कनक देह मनि रचित बनाई॥**

जब रावण उस वनके (जिस वनमें श्रीरघुनाथजी रहते थे) निकट पहुँचा, तब मारीच कपटमृग बन गया। वह अत्यन्त ही विचित्र था, कुछ वर्णन नहीं किया जा सकता। सोनेका शरीर मणियोंसे जड़कर बनाया था॥ १॥

**सीता परम रुचिर मृग देखा। अंग अंग सुमनोहर बेषा॥**
**सुनहु देव रघुबीर कृपाला। एहि मृग कर अति सुंदर छाला॥**

सीताजीने उस परम सुन्दर हिरनको देखा, जिसके अंग-अंगकी छटा अत्यन्त मनोहर थी। [वे कहने लगीं—] हे देव! हे कृपालु रघुवीर! सुनिये। इस मृगकी छाल बहुत ही सुन्दर है॥ २॥

**सत्यसंध प्रभु बधि करि एही। आनहु चर्म कहति बैदेही॥**
**तब रघुपति जानत सब कारन। उठे हरषि सुर काजु सँवारन॥**

जानकीजीने कहा—हे सत्यप्रतिज्ञ प्रभो! इसको मारकर इसका चमड़ा ला दीजिये। तब श्रीरघुनाथजी [मारीचके कपटमृग बननेका] सब कारण जानते हुए भी, देवताओंका कार्य बनानेके लिये हर्षित होकर उठे॥ ३॥

**मृग बिलोकि कटि परिकर बाँधा। करतल चाप रुचिर सर साँधा॥**
**प्रभु लछिमनहि कहा समुझाई। फिरत बिपिन निसिचर बहु भाई॥**

हिरनको देखकर श्रीरामजीने कमरमें फेंटा बाँधा और हाथमें धनुष लेकर उसपर सुन्दर (दिव्य) बाण चढ़ाया। फिर प्रभुने लक्ष्मणजीको समझाकर कहा—हे भाई! वनमें बहुत-से राक्षस फिरते हैं॥ ४॥

**सीता केरि करेहु रखवारी। बुधि बिबेक बल समय बिचारी॥**
**प्रभुहि बिलोकि चला मृग भाजी। धाए रामु सरासन साजी॥**

तुम बुद्धि और विवेकके द्वारा बल और समयका विचार करके सीताकी रखवाली करना। प्रभुको देखकर मृग भाग चला। श्रीरामचन्द्रजी भी धनुष चढ़ाकर उसके पीछे दौड़े॥ ५॥

**निगम नेति सिव ध्यान न पावा। मायामृग पाछें सो धावा॥**
**कबहुँ निकट पुनि दूरि पराई। कबहुँक प्रगटइ कबहुँ छपाई॥**

वेद जिनके विषयमें 'नेति-नेति' कहकर रह जाते हैं और शिवजी भी जिन्हें ध्यानमें नहीं पाते (अर्थात् जो मन और वाणीसे नितान्त परे हैं), वे ही श्रीरामजी मायासे बने हुए मृगके पीछे दौड़ रहे हैं। वह कभी निकट आ जाता है और फिर दूर भाग जाता है। कभी तो प्रकट हो जाता है और कभी छिप जाता है॥ ६॥

**प्रगटत दुरत करत छल भूरी। एहि बिधि प्रभुहि गयउ लै दूरी॥**
**तब तकि राम कठिन सर मारा। धरनि परेउ करि घोर पुकारा॥**

इस प्रकार प्रकट होता और छिपता हुआ तथा बहुतेरे छल करता हुआ वह प्रभुको दूर ले गया। तब श्रीरामचन्द्रजीने तककर (निशाना साधकर) कठोर बाण मारा, [जिसके लगते ही] वह घोर शब्द करके पृथ्वीपर गिर पड़ा॥ ७॥

**लछिमन कर प्रथमहिं लै नामा। पाछें सुमिरेसि मन महुँ रामा॥**
**प्रान तजत प्रगटेसि निज देहा। सुमिरेसि रामु समेत सनेहा॥**

पहले लक्ष्मणजीका नाम लेकर उसने पीछे मनमें श्रीरामजीका स्मरण किया। प्राण त्याग करते समय उसने अपना (राक्षसी) शरीर प्रकट किया और प्रेमसहित श्रीरामजीका स्मरण किया॥ ८॥

**अंतर प्रेम तासु पहिचाना। मुनि दुर्लभ गति दीन्हि सुजाना॥**

सुजान (सर्वज्ञ) श्रीरामजीने उसके हृदयके प्रेमको पहचानकर उसे वह गति (अपना परमपद) दी जो मुनियोंको भी दुर्लभ है॥ ९॥

**दो०—बिपुल सुमन सुर बरषहिं गावहिं प्रभु गुन गाथ।**
**निज पद दीन्ह असुर कहुँ दीनबंधु रघुनाथ॥ २७॥**

देवता बहुत-से फूल बरसा रहे हैं और प्रभुके गुणोंकी गाथाएँ (स्तुतियाँ) गा रहे हैं [कि] श्रीरघुनाथजी ऐसे दीनबन्धु हैं कि उन्होंने असुरको भी अपना परम पद दे दिया॥ २७॥

**खल बधि तुरत फिरे रघुबीरा। सोह चाप कर कटि तूनीरा॥**
**आरत गिरा सुनी जब सीता। कह लछिमन सन परम सभीता॥**

दुष्ट मारीचको मारकर श्रीरघुवीर तुरंत लौट पड़े। हाथमें धनुष और कमरमें तरकस शोभा दे रहा है। इधर जब सीताजीने दुःखभरी वाणी (मरते समय मारीचकी 'हा लक्ष्मण' की आवाज) सुनी तो वे बहुत ही भयभीत होकर लक्ष्मणजीसे कहने लगीं—॥ १॥

**जाहु बेगि संकट अति भ्राता। लछिमन बिहसि कहा सुनु माता॥**
**भृकुटि बिलास सृष्टि लय होई। सपनेहुँ संकट परइ कि सोई॥**

तुम शीघ्र जाओ, तुम्हारे भाई बड़े संकटमें हैं। लक्ष्मणजीने हँसकर कहा—हे माता! सुनो, जिनके भ्रुकुटिविलास (भौंके इशारे) मात्रसे सारी सृष्टिका लय (प्रलय) हो जाता है, वे श्रीरामजी क्या कभी स्वप्नमें भी संकटमें पड़ सकते हैं?॥ २॥

**मरम बचन जब सीता बोला। हरि प्रेरित लछिमन मन डोला॥**
**बन दिसि देव सौंपि सब काहू। चले जहाँ रावन ससि राहू॥**

इसपर जब सीताजी कुछ मर्म-वचन (हृदयमें चुभनेवाले वचन) कहने लगीं, तब भगवान्‌की प्रेरणासे लक्ष्मणजीका मन भी चंचल हो उठा। वे श्रीसीताजीको वन और दिशाओंके देवताओंको सौंपकर वहाँ चले जहाँ रावणरूपी चन्द्रमाके लिये राहुरूप श्रीरामजी थे॥ ३॥

**सून बीच दसकंधर देखा। आवा निकट जती कें बेषा॥**
**जाकें डर सुर असुर डेराहीं। निसि न नीद दिन अन्न न खाहीं॥**

रावण सूना मौका देखकर यति (संन्यासी) के वेषमें श्रीसीताजीके समीप आया। जिसके डरसे देवता और दैत्यतक इतना डरते हैं कि रातको नींद नहीं आती और दिनमें [भरपेट] अन्न नहीं खाते—॥ ४॥

**सो दससीस स्वान की नाईं। इत उत चितइ चला भड़िहाईं॥**
**इमि कुपंथ पग देत खगेसा। रह न तेज तन बुधि बल लेसा॥**

वही दस सिरवाला रावण कुत्तेकी तरह इधर-उधर ताकता हुआ भड़िहाई* (चोरी)-के लिये

चला। [काकभुशुण्डिजी कहते हैं—] हे गरुड़जी! इस प्रकार कुमार्गपर पैर रखते ही शरीरमें तेज तथा बुद्धि एवं बलका लेश भी नहीं रह जाता॥ ५॥

* सूना पाकर कुत्ता चुपकेसे बर्तन-भाँड़ोंमें मुँह डालकर कुछ चुरा ले जाता है, उसे, 'भड़िहाई' कहते हैं।

**नाना बिधि करि कथा सुहाई। राजनीति भय प्रीति देखाई॥**
**कह सीता सुनु जती गोसाईं। बोलेहु बचन दुष्ट की नाईं॥**

रावणने अनेकों प्रकारकी सुहावनी कथाएँ रचकर सीताजीको राजनीति, भय और प्रेम दिखलाया। सीताजीने कहा—हे यति गोसाईं! सुनो, तुमने तो दुष्टकी तरह वचन कहे॥ ६॥

**तब रावन निज रूप देखावा। भई सभय जब नाम सुनावा॥**
**कह सीता धरि धीरजु गाढ़ा। आइ गयउ प्रभु रहु खल ठाढ़ा॥**

तब रावणने अपना असली रूप दिखलाया और जब नाम सुनाया तब तो सीताजी भयभीत हो गयीं। उन्होंने गहरा धीरज धरकर कहा—'अरे दुष्ट! खड़ा तो रह, प्रभु आ गये'॥ ७॥

**जिमि हरिबधुहि छुद्र सस चाहा। भएसि कालबस निसिचर नाहा॥**
**सुनत बचन दससीस रिसाना। मन महुँ चरन बंदि सुख माना॥**

जैसे सिंहकी स्त्रीको तुच्छ खरगोश चाहे, वैसे ही अरे राक्षसराज! तू [मेरी चाह करके] कालके वश हुआ है। ये वचन सुनते ही रावणको क्रोध आ गया, परन्तु मनमें उसने सीताजीके चरणोंकी वन्दना करके सुख माना॥ ८॥

**दो०—क्रोधवंत तब रावन लीन्हिसि रथ बैठाइ।**
**चला गगनपथ आतुर भयँ रथ हाँकि न जाइ॥ २८॥**

फिर क्रोधमें भरकर रावणने सीताजीको रथपर बैठा लिया और वह बड़ी उतावलीके साथ आकाशमार्गसे चला; किन्तु डरके मारे उससे रथ हाँका नहीं जाता था॥ २८॥

**हा जग एक बीर रघुराया। केहिं अपराध बिसारेहु दाया॥**
**आरति हरन सरन सुखदायक। हा रघुकुल सरोज दिननायक॥**

[सीताजी विलाप कर रही थीं—] हा जगत्‌के अद्वितीय वीर श्रीरघुनाथजी! आपने किस अपराधसे मुझपर दया भुला दी। हे दुःखोंके हरनेवाले, हे शरणागतको सुख देनेवाले, हा रघुकुलरूपी कमलके सूर्य!॥ १॥

**हा लछिमन तुम्हार नहिं दोसा। सो फलु पायउँ कीन्हेउँ रोसा॥**
**बिबिध बिलाप करति बैदेही। भूरि कृपा प्रभु दूरि सनेही॥**

हा लक्ष्मण! तुम्हारा दोष नहीं है। मैंने क्रोध किया, उसका फल पाया। श्रीजानकीजी बहुत प्रकारसे विलाप कर रही हैं—[हाय!] प्रभुकी कृपा तो बहुत है, परन्तु वे स्नेही प्रभु बहुत दूर रह गये हैं॥ २॥

**बिपति मोरि को प्रभुहि सुनावा। पुरोडास चह रासभ खावा॥**
**सीता कै बिलाप सुनि भारी। भए चराचर जीव दुखारी॥**

प्रभुको मेरी यह विपत्ति कौन सुनावे? यज्ञके अन्नको गदहा खाना चाहता है। सीताजीका भारी विलाप सुनकर जड़-चेतन सभी जीव दुःखी हो गये॥ ३॥

**गीधराज सुनि आरत बानी। रघुकुलतिलक नारि पहिचानी॥**
**अधम निसाचर लीन्हें जाई। जिमि मलेछ बस कपिला गाई॥**

गृध्रराज जटायुने सीताजीकी दुःखभरी वाणी सुनकर पहचान लिया कि ये रघुकुलतिलक श्रीरामचन्द्रजीकी पत्नी हैं। [उसने देखा कि] नीच राक्षस इनको [बुरी तरह] लिये जा रहा है, जैसे कपिला गाय म्लेच्छके पाले पड़ गयी हो॥ ४॥

**सीते पुत्रि करसि जनि त्रासा। करिहउँ जातुधान कर नासा॥**
**धावा क्रोधवंत खग कैसें। छूटइ पबि परबत कहुँ जैसें॥**

[वह बोला—] हे सीते पुत्री! भय मत कर। मैं इस राक्षसका नाश करूँगा। [यह कहकर] वह पक्षी क्रोधमें भरकर कैसे दौड़ा, जैसे पर्वतकी ओर वज्र छूटता हो॥ ५॥

**रे रे दुष्ट ठाढ़ किन होही। निर्भय चलेसि न जानेहि मोही॥**
**आवत देखि कृतांत समाना। फिरि दसकंधर कर अनुमाना॥**

[उसने ललकारकर कहा—] रे रे दुष्ट! खड़ा क्यों नहीं होता? निडर होकर चल दिया! मुझे तूने नहीं जाना? उसको यमराजके समान आता हुआ देखकर रावण घूमकर मनमें अनुमान करने लगा—॥ ६॥

**की मैनाक कि खगपति होई। मम बल जान सहित पति सोई॥**
**जाना जरठ जटायू एहा। मम कर तीरथ छाँड़िहि देहा॥**

यह या तो मैनाक पर्वत है या पक्षियोंका स्वामी गरुड़। पर वह (गरुड़) तो अपने स्वामी विष्णुसहित मेरे बलको जानता है! [कुछ पास आनेपर] रावणने उसे पहचान लिया [और बोला—] यह तो बूढ़ा जटायु है! यह मेरे हाथरूपी तीर्थमें शरीर छोड़ेगा॥ ७॥

**सुनत गीध क्रोधातुर धावा। कह सुनु रावन मोर सिखावा॥**
**तजि जानकिहि कुसल गृह जाहू। नाहिं त अस होइहि बहुबाहू॥**

यह सुनते ही गीध क्रोधमें भरकर बड़े वेगसे दौड़ा और बोला—रावण! मेरी सिखावन सुन। जानकीजीको छोड़कर कुशलपूर्वक अपने घर चला जा। नहीं तो हे बहुत भुजाओंवाले! ऐसा होगा कि —॥ ८॥

**राम रोष पावक अति घोरा। होइहि सकल सलभ कुल तोरा॥**
**उतरु न देत दसानन जोधा। तबहिं गीध धावा करि क्रोधा॥**

श्रीरामजीके क्रोधरूपी अत्यन्त भयानक अग्निमें तेरा सारा वंश पतिंगा [होकर भस्म] हो जायगा। योद्धा रावण कुछ उत्तर नहीं देता। तब गीध क्रोध करके दौड़ा॥ ९॥

**धरि कच बिरथ कीन्ह महि गिरा। सीतहि राखि गीध पुनि फिरा॥**
**चोचन्ह मारि बिदारेसि देही। दंड एक भइ मुरुछा तेही॥**

उसने [रावणके] बाल पकड़कर उसे रथके नीचे उतार लिया, रावण पृथ्वीपर गिर पड़ा। गीध सीताजीको एक ओर बैठाकर फिर लौटा और चोंचोंसे मार-मारकर रावणके शरीरको विदीर्ण कर डाला। इससे उसे एक घड़ीके लिये मूर्च्छा हो गयी॥ १०॥

**तब सक्रोध निसिचर खिसिआना। काढ़ेसि परम कराल कृपाना॥**
**काटेसि पंख परा खग धरनी। सुमिरि राम करि अदभुत करनी॥**

तब खिसियाये हुए रावणने क्रोधयुक्त होकर अत्यन्त भयानक कटार निकाली और उससे जटायुके पंख काट डाले। पक्षी (जटायु) श्रीरामजीकी अद्भुत लीलाका स्मरण करके पृथ्वीपर गिर पड़ा॥ ११॥

**सीतहि जान चढ़ाइ बहोरी। चला उताइल त्रास न थोरी॥**
**करति बिलाप जाति नभ सीता। ब्याध बिबस जनु मृगी सभीता॥**

सीताजीको फिर रथपर चढ़ाकर रावण बड़ी उतावलीके साथ चला, उसे भय कम न था। सीताजी आकाशमें विलाप करती हुई जा रही हैं। मानो व्याधके वशमें पड़ी हुई (जालमें फँसी हुई) कोई भयभीत हिरनी हो!॥ १२॥

**गिरि पर बैठे कपिन्ह निहारी। कहि हरि नाम दीन्ह पट डारी॥**
**एहि बिधि सीतहि सो लै गयऊ। बन असोक महँ राखत भयऊ॥**

पर्वतपर बैठे हुए बंदरोंको देखकर सीताजीने हरिनाम लेकर वस्त्र डाल दिया। इस प्रकार वह सीताजीको ले गया और उन्हें अशोकवनमें जा रखा॥ १३॥

**दो०—हारि परा खल बहु बिधि भय अरु प्रीति देखाइ।**
**तब असोक पादप तर राखिसि जतन कराइ॥ २९ ( क )॥**

सीताजीको बहुत प्रकारसे भय और प्रीति दिखलाकर जब वह दुष्ट हार गया, तब उन्हें यत्न कराके (सब व्यवस्था ठीक कराके) अशोक-वृक्षके नीचे रख दिया॥ २९ (क)॥

## नवाह्नपारायण, छठा विश्राम

**जेहि बिधि कपट कुरंग सँग धाइ चले श्रीराम।**
**सो छबि सीता राखि उर रटति रहति हरिनाम॥ २९ ( ख )॥**

जिस प्रकार कपटमृगके साथ श्रीरामजी दौड़ चले थे, उसी छविको हृदयमें रखकर वे हरिनाम (रामनाम) रटती रहती हैं॥ २९ (ख)॥

**रघुपति अनुजहि आवत देखी। बाहिज चिंता कीन्हि बिसेषी॥**
**जनकसुता परिहरिहु अकेली। आयहु तात बचन मम पेली॥**

[इधर] श्रीरघुनाथजीने छोटे भाई लक्ष्मणजीको आते देखकर बाह्यरूपमें बहुत चिन्ता की [और कहा—] हे भाई! तुमने जानकीको अकेली छोड़ दिया और मेरी आज्ञाका उल्लंघन कर यहाँ चले आये!॥ १॥

**निसिचर निकर फिरहिं बन माहीं। मम मन सीता आश्रम नाहीं॥**
**गहि पद कमल अनुज कर जोरी। कहेउ नाथ कछु मोहि न खोरी॥**

राक्षसोंके झुंड वनमें फिरते रहते हैं। मेरे मनमें ऐसा आता है कि सीता आश्रममें नहीं है। छोटे भाई लक्ष्मणजीने श्रीरामजीके चरणकमलोंको पकड़कर हाथ जोड़कर कहा—हे नाथ! मेरा कुछ भी दोष नहीं है॥ २॥

**अनुज समेत गए प्रभु तहवाँ। गोदावरि तट आश्रम जहवाँ॥**
**आश्रम देखि जानकी हीना। भए बिकल जस प्राकृत दीना॥**

लक्ष्मणजीसहित प्रभु श्रीरामजी वहाँ गये जहाँ गोदावरीके तटपर उनका आश्रम था। आश्रमको जानकीजीसे रहित देखकर श्रीरामजी साधारण मनुष्यकी भाँति व्याकुल और दीन (दु:खी) हो गये॥ ३॥

**हा गुन खानि जानकी सीता। रूप सील ब्रत नेम पुनीता॥**
**लछिमन समुझाए बहु भाँती। पूछत चले लता तरु पाँती॥**

[वे विलाप करने लगे—] हा गुणोंकी खान जानकी! हा रूप, शील, व्रत और नियमोंमें पवित्र सीते! लक्ष्मणजीने बहुत प्रकारसे समझाया। तब श्रीरामजी लताओं और वृक्षोंकी पंक्तियोंसे पूछते हुए चले॥ ४॥

**हे खग मृग हे मधुकर श्रेनी। तुम्ह देखी सीता मृगनैनी॥**
**खंजन सुक कपोत मृग मीना। मधुप निकर कोकिला प्रबीना॥**

हे पक्षियो! हे पशुओ! हे भौंरोंकी पंक्तियो! तुमने कहीं मृगनयनी सीताको देखा है? खंजन, तोता, कबूतर, हिरन, मछली, भौंरोंका समूह, प्रवीण कोयल,॥ ५॥

**कुंद कली दाड़िम दामिनी। कमल सरद ससि अहिभामिनी॥**
**बरुन पास मनोज धनु हंसा। गज केहरि निज सुनत प्रसंसा॥**

कुन्दकली, अनार, बिजली, कमल, शरद्‌का चन्द्रमा और नागिनी, वरुणका पाश, कामदेवका धनुष, हंस, गज और सिंह—ये सब आज अपनी प्रशंसा सुन रहे हैं॥ ६॥

**श्रीफल कनक कदलि हरषाहीं। नेकु न संक सकुच मन माहीं॥**
**सुनु जानकी तोहि बिनु आजू। हरषे सकल पाइ जनु राजू॥**

बेल, सुवर्ण और केला हर्षित हो रहे हैं। इनके मनमें जरा भी शंका और संकोच नहीं है। हे जानकी! सुनो, तुम्हारे बिना ये सब आज ऐसे हर्षित हैं, मानो राज पा गये हों। (अर्थात् तुम्हारे अंगोंके सामने ये सब तुच्छ, अपमानित और लज्जित थे। आज तुम्हें न देखकर ये अपनी शोभाके अभिमानमें फूल रहे हैं)॥ ७॥

**किमि सहि जात अनख तोहि पाहीं। प्रिया बेगि प्रगटसि कस नाहीं॥**
**एहि बिधि खोजत बिलपत स्वामी। मनहु महा बिरही अति कामी॥**

तुमसे यह अनख (स्पर्धा) कैसे सही जाती है? हे प्रिये! तुम शीघ्र ही प्रकट क्यों नहीं होती? इस प्रकार [अनन्त ब्रह्माण्डोंके अथवा महामहिमामयी स्वरूपाशक्ति श्रीसीताजीके] स्वामी श्रीरामजी सीताजीको खोजते हुए [इस प्रकार] विलाप करते हैं, मानो कोई महाविरही और अत्यन्त कामी पुरुष हो॥ ८॥

**पूरनकाम राम सुख रासी। मनुजचरित कर अज अबिनासी॥**
**आगें परा गीधपति देखा। सुमिरत राम चरन जिन्ह रेखा॥**

पूर्णकाम, आनन्दकी राशि, अजन्मा और अविनाशी श्रीरामजी मनुष्योंके-से चरित्र कर रहे हैं। आगे [जानेपर] उन्होंने गृध्रपति जटायुको पड़ा देखा। वह श्रीरामजीके चरणोंका स्मरण कर रहा था, जिनमें [ध्वजा-कुलिश आदिकी] रेखाएँ (चिह्न) हैं॥ ९॥

**दो०—कर सरोज सिर परसेउ कृपासिंधु रघुबीर।**
**निरखि राम छबि धाम मुख बिगत भई सब पीर॥ ३०॥**

कृपासागर श्रीरघुवीरने अपने करकमलसे उसके सिरका स्पर्श किया (उसके सिरपर कर-कमल फेर दिया)। शोभाधाम श्रीरामजीका [परम सुन्दर] मुख देखकर उसकी सब पीड़ा जाती रही॥ ३०॥

**तब कह गीध बचन धरि धीरा। सुनहु राम भंजन भव भीरा॥**
**नाथ दसानन यह गति कीन्ही। तेहिं खल जनकसुता हरि लीन्ही॥**

तब धीरज धरकर गीधने यह वचन कहा—हे भव (जन्म-मृत्यु)-के भयका नाश करनेवाले श्रीरामजी! सुनिये। हे नाथ! रावणने मेरी यह दशा की है। उसी दुष्टने जानकीजीको हर लिया है॥ १॥

**लै दच्छिन दिसि गयउ गोसाईं। बिलपति अति कुररी की नाईं॥**
**दरस लागि प्रभु राखेउँ प्राना। चलन चहत अब कृपानिधाना॥**

हे गोसाईं! वह उन्हें लेकर दक्षिण दिशाको गया है। सीताजी कुररी (कुर्ज)-की तरह अत्यन्त विलाप कर रही थीं। हे प्रभो! मैंने आपके दर्शनोंके लिये ही प्राण रोक रखे थे। हे कृपानिधान! अब ये चलना ही चाहते हैं॥ २॥

**राम कहा तनु राखहु ताता। मुख मुसुकाइ कही तेहिं बाता॥**
**जा कर नाम मरत मुख आवा। अधमउ मुकुत होइ श्रुति गावा॥**

श्रीरामचन्द्रजीने कहा—हे तात! शरीरको बनाये रखिये। तब उसने मुसकराते हुए मुँहसे यह बात कही—मरते समय जिनका नाम मुखमें आ जानेसे अधम (महान् पापी) भी मुक्त हो जाता है, ऐसा वेद गाते हैं॥ ३॥

**सो मम लोचन गोचर आगें। राखौं देह नाथ केहि खाँगें॥**
**जल भरि नयन कहहिं रघुराई। तात कर्म निज तें गति पाई॥**

वही (आप) मेरे नेत्रोंके विषय होकर सामने खड़े हैं। हे नाथ! अब मैं किस कमी [की पूर्ति]-के लिये देहको रखूँ? नेत्रोंमें जल भरकर श्रीरघुनाथजी कहने लगे—हे तात! आपने अपने श्रेष्ठ कर्मोंसे [दुर्लभ] गति पायी है॥ ४॥

**परहित बस जिन्ह के मन माहीं। तिन्ह कहुँ जग दुर्लभ कछु नाहीं॥**
**तनु तजि तात जाहु मम धामा। देउँ काह तुम्ह पूरनकामा॥**

जिनके मनमें दूसरेका हित बसता है (समाया रहता है), उनके लिये जगत्‌में कुछ भी (कोई भी गति) दुर्लभ नहीं है। हे तात! शरीर छोड़कर आप मेरे परम धाममें जाइये। मैं आपको क्या दूँ? आप तो पूर्णकाम हैं (सब कुछ पा चुके हैं)॥ ५॥

**दो०—सीता हरन तात जनि कहहु पिता सन जाइ।**
**जौं मैं राम त कुल सहित कहिहि दसानन आइ॥ ३१॥**

हे तात! सीताहरणकी बात आप जाकर पिताजीसे न कहियेगा। यदि मैं राम हूँ तो दशमुख रावण कुटुम्बसहित वहाँ आकर स्वयं ही कहेगा॥ ३१॥

**गीध देह तजि धरि हरि रूपा। भूषन बहु पट पीत अनूपा॥**
**स्याम गात बिसाल भुज चारी। अस्तुति करत नयन भरि बारी॥**

जटायुने गीधकी देह त्यागकर हरिका रूप धारण किया और बहुत-से अनुपम (दिव्य) आभूषण और [दिव्य] पीताम्बर पहन लिये। श्याम शरीर है, विशाल चार भुजाएँ हैं और नेत्रोंमें [प्रेम तथा आनन्दके आँसुओंका] जल भरकर वह स्तुति कर रहा है—॥ १॥

छं०—जय राम रूप अनूप निर्गुन सगुन गुन प्रेरक सही।
दससीस बाहु प्रचंड खंडन चंड सर मंडन मही॥
पाथोद गात सरोज मुख राजीव आयत लोचनं।
नित नौमि रामु कृपाल बाहु बिसाल भव भय मोचनं॥ १॥

हे रामजी! आपकी जय हो। आपका रूप अनुपम है, आप निर्गुण हैं, सगुण हैं और सत्य ही गुणोंके (मायाके) प्रेरक हैं। दस सिरवाले रावणकी प्रचण्ड भुजाओंको खण्ड-खण्ड करनेके लिये प्रचण्ड बाण धारण करनेवाले, पृथ्वीको सुशोभित करनेवाले, जलयुक्त मेघके समान श्याम शरीरवाले, कमलके समान मुख और [लाल] कमलके समान विशाल नेत्रोंवाले, विशाल भुजाओंवाले और भव-भयसे छुड़ानेवाले कृपालु श्रीरामजीको मैं नित्य नमस्कार करता हूँ॥ १॥

बलमप्रमेयमनादिमजमब्यक्तमेकमगोचरं।
गोबिंद गोपर द्वंद्वहर बिग्यानघन धरनीधरं॥
जे राम मंत्र जपंत संत अनंत जन मन रंजनं।
नित नौमि राम अकाम प्रिय कामादि खल दल गंजनं॥ २॥

आप अपरिमित बलवाले हैं, अनादि, अजन्मा, अव्यक्त (निराकार), एक, अगोचर (अलक्ष्य), गोविन्द (वेदवाक्योंद्वारा जाननेयोग्य), इन्द्रियोंसे अतीत, [जन्म-मरण, सुख-दुःख, हर्ष-शोकादि] द्वन्द्वोंको हरनेवाले, विज्ञानकी घनमूर्ति और पृथ्वीके आधार हैं तथा जो संत राम-मन्त्रको जपते हैं, उन अनन्त सेवकोंके मनको आनन्द देनेवाले हैं। उन निष्कामप्रिय (निष्कामजनोंके प्रेमी अथवा उन्हें प्रिय) तथा काम आदि दुष्टों (दुष्ट-वृत्तियों) के दलका दलन करनेवाले श्रीरामजीको मैं नित्य नमस्कार करता हूँ॥ २॥

जेहि श्रुति निरंजन ब्रह्म ब्यापक बिरज अज कहि गावहीं।
करि ध्यान ग्यान बिराग जोग अनेक मुनि जेहि पावहीं॥
सो प्रगट करुना कंद सोभा बृंद अग जग मोहई।
मम हृदय पंकज भृंग अंग अनंग बहु छबि सोहई॥ ३॥

जिनको श्रुतियाँ निरंजन (मायासे परे), ब्रह्म, व्यापक, निर्विकार और जन्मरहित कहकर गान करती हैं। मुनि जिन्हें ध्यान, ज्ञान, वैराग्य और योग आदि अनेक साधन करके पाते हैं। वे ही करुणाकन्द, शोभाके समूह [स्वयं श्रीभगवान्] प्रकट होकर जड़-चेतन समस्त जगत्‌को मोहित कर रहे हैं। मेरे हृदय-कमलके भ्रमररूप उनके अंग-अंगमें बहुत-से कामदेवोंकी छवि शोभा पा रही है॥ ३॥

जो अगम सुगम सुभाव निर्मल असम सम सीतल सदा।
पस्यंति जं जोगी जतन करि करत मन गो बस सदा॥
सो राम रमा निवास संतत दास बस त्रिभुवन धनी।
मम उर बसउ सो समन संसृति जासु कीरति पावनी॥ ४॥

जो अगम और सुगम हैं, निर्मलस्वभाव हैं, विषम और सम हैं और सदा शीतल (शान्त) हैं। मन और इन्द्रियोंको सदा वशमें करते हुए योगी बहुत साधन करनेपर जिन्हें देख पाते हैं, वे तीनों लोकोंके स्वामी, रमानिवास श्रीरामजी निरन्तर अपने दासोंके वशमें रहते हैं, वे ही मेरे हृदयमें

निवास करें, जिनकी पवित्र कीर्ति आवागमनको मिटानेवाली है॥ ४॥

**दो०—अबिरल भगति मागि बर गीध गयउ हरिधाम।**
**तेहि की क्रिया जथोचित निज कर कीन्ही राम॥ ३२॥**

अखण्ड भक्तिका वर माँगकर गृध्रराज जटायु श्रीहरिके परमधामको चला गया। श्रीरामचन्द्रजीने उसकी [दाहकर्म आदि सारी] क्रियाएँ यथायोग्य अपने हाथोंसे कीं॥ ३२॥

**कोमल चित अति दीनदयाला। कारन बिनु रघुनाथ कृपाला॥**
**गीध अधम खग आमिष भोगी। गति दीन्ही जो जाचत जोगी॥**

श्रीरघुनाथजी अत्यन्त कोमल चित्तवाले, दीनदयालु और बिना ही कारण कृपालु हैं। गीध [पक्षियोंमें भी] अधम पक्षी और मांसाहारी था, उसको भी वह दुर्लभ गति दी, जिसे योगीजन माँगते रहते हैं॥ १॥

**सुनहु उमा ते लोग अभागी। हरि तजि होहिं बिषय अनुरागी॥**
**पुनि सीतहि खोजत द्वौ भाई। चले बिलोकत बन बहुताई॥**

[शिवजी कहते हैं—] हे पार्वती! सुनो, वे लोग अभागे हैं जो भगवान्‌को छोड़कर विषयोंसे अनुराग करते हैं। फिर दोनों भाई सीताजीको खोजते हुए आगे चले। वे वनकी सघनता देखते जाते हैं॥ २॥

**संकुल लता बिटप घन कानन। बहु खग मृग तहँ गज पंचानन॥**
**आवत पंथ कबंध निपाता। तेहिं सब कही साप कै बाता॥**

वह सघन वन लताओं और वृक्षोंसे भरा है। उसमें बहुत-से पक्षी, मृग, हाथी और सिंह रहते हैं। श्रीरामजीने रास्तेमें आते हुए कबंध राक्षसको मार डाला। उसने अपने शापकी सारी बात कही॥ ३॥

**दुरबासा मोहि दीन्ही सापा। प्रभु पद पेखि मिटा सो पापा॥**
**सुनु गंधर्ब कहउँ मैं तोही। मोहि न सोहाइ ब्रह्मकुल द्रोही॥**

[वह बोला—] दुर्वासाजीने मुझे शाप दिया था। अब प्रभुके चरणोंको देखनेसे वह पाप मिट गया। [श्रीरामजीने कहा—] हे गन्धर्व! सुनो, मैं तुम्हें कहता हूँ, ब्राह्मणकुलसे द्रोह करनेवाला मुझे नहीं सुहाता॥ ४॥

**दो०—मन क्रम बचन कपट तजि जो कर भूसुर सेव।**
**मोहि समेत बिरंचि सिव बस ताकें सब देव॥ ३३॥**

मन, वचन और कर्मसे कपट छोड़कर जो भूदेव ब्राह्मणोंकी सेवा करता है, मुझसमेत ब्रह्मा, शिव आदि सब देवता उसके वशमें हो जाते हैं॥ ३३॥

**सापत ताड़त परुष कहंता। बिप्र पूज्य अस गावहिं संता॥**
**पूजिअ बिप्र सील गुन हीना। सूद्र न गुन गन ग्यान प्रबीना॥**

शाप देता हुआ, मारता हुआ और कठोर वचन कहता हुआ भी ब्राह्मण पूजनीय है, ऐसा संत कहते हैं। शील और गुणसे हीन भी ब्राह्मण पूजनीय है। और गुणगणोंसे युक्त और ज्ञानमें निपुण भी शूद्र पूजनीय नहीं है॥ १॥

**कहि निज धर्म ताहि समुझावा। निज पद प्रीति देखि मन भावा॥**
**रघुपति चरन कमल सिरु नाई। गयउ गगन आपनि गति पाई॥**

श्रीरामजीने अपना धर्म (भागवत-धर्म) कहकर उसे समझाया। अपने चरणोंमें प्रेम देखकर वह उनके मनको भाया। तदनन्तर श्रीरघुनाथजीके चरणकमलोंमें सिर नवाकर वह अपनी गति (गन्धर्वका स्वरूप) पाकर आकाशमें चला गया॥ २॥

**ताहि देइ गति राम उदारा। सबरी कें आश्रम पगु धारा॥**
**सबरी देखि राम गृहँ आए। मुनि के बचन समुझि जियँ भाए॥**

उदार श्रीरामजी उसे गति देकर शबरीजीके आश्रममें पधारे। शबरीजीने श्रीरामचन्द्रजीको घरमें आये देखा, तब मुनि मतंगजीके वचनोंको याद करके उनका मन प्रसन्न हो गया॥ ३॥

**सरसिज लोचन बाहु बिसाला। जटा मुकुट सिर उर बनमाला॥**
**स्याम गौर सुंदर दोउ भाई। सबरी परी चरन लपटाई॥**

कमल-सदृश नेत्र और विशाल भुजावाले, सिरपर जटाओंका मुकुट और हृदयपर वनमाला धारण किये हुए सुन्दर साँवले और गोरे दोनों भाइयोंके चरणोंमें शबरीजी लिपट पड़ीं॥ ४॥

**प्रेम मगन मुख बचन न आवा। पुनि पुनि पद सरोज सिर नावा॥**
**सादर जल लै चरन पखारे। पुनि सुंदर आसन बैठारे॥**

वे प्रेममें मग्न हो गयीं, मुखसे वचन नहीं निकलता। बार-बार चरण-कमलोंमें सिर नवा रही हैं। फिर उन्होंने जल लेकर आदरपूर्वक दोनों भाइयोंके चरण धोये और फिर उन्हें सुन्दर आसनोंपर बैठाया॥ ५॥

**दो०—कंद मूल फल सुरस अति दिए राम कहुँ आनि।**
**प्रेम सहित प्रभु खाए बारंबार बखानि॥ ३४॥**

उन्होंने अत्यन्त रसीले और स्वादिष्ट कन्द, मूल और फल लाकर श्रीरामजीको दिये। प्रभुने बार-बार प्रशंसा करके उन्हें प्रेमसहित खाया॥ ३४॥

**पानि जोरि आगें भइ ठाढ़ी। प्रभुहि बिलोकि प्रीति अति बाढ़ी॥**
**केहि बिधि अस्तुति करौं तुम्हारी। अधम जाति मैं जड़मति भारी॥**

फिर वे हाथ जोड़कर आगे खड़ी हो गयीं। प्रभुको देखकर उनका प्रेम अत्यन्त बढ़ गया। [उन्होंने कहा—] मैं किस प्रकार आपकी स्तुति करूँ? मैं नीच जातिकी और अत्यन्त मूढ़बुद्धि हूँ॥ १॥

**अधम ते अधम अधम अति नारी। तिन्ह महँ मैं मतिमंद अघारी॥**
**कह रघुपति सुनु भामिनि बाता। मानउँ एक भगति कर नाता॥**

जो अधमसे भी अधम हैं, स्त्रियाँ उनमें भी अत्यन्त अधम हैं; और उनमें भी हे पापनाशन! मैं मन्दबुद्धि हूँ। श्रीरघुनाथजीने कहा—हे भामिनि! मेरी बात सुन। मैं तो केवल एक भक्तिहीका सम्बन्ध मानता हूँ॥ २॥

**जाति पाँति कुल धर्म बड़ाई। धन बल परिजन गुन चतुराई॥**
**भगति हीन नर सोहइ कैसा। बिनु जल बारिद देखिअ जैसा॥**

जाति, पाँति, कुल, धर्म, बड़ाई, धन, बल, कुटुम्ब, गुण और चतुरता—इन सबके होनेपर भी भक्तिसे रहित मनुष्य कैसा लगता है, जैसे जलहीन बादल [शोभाहीन] दिखायी पड़ता है॥ ३॥

**नवधा भगति कहउँ तोहि पाहीं। सावधान सुनु धरु मन माहीं॥**
**प्रथम भगति संतन्ह कर संगा। दूसरि रति मम कथा प्रसंगा॥**

मैं तुझसे अब अपनी नवधा भक्ति कहता हूँ। तू सावधान होकर सुन और मनमें धारण कर। पहली भक्ति है संतोंका सत्संग। दूसरी भक्ति है मेरे कथा-प्रसंगमें प्रेम॥ ४॥

**दो०—गुर पद पंकज सेवा तीसरि भगति अमान।**
**चौथि भगति मम गुन गन करइ कपट तजि गान॥ ३५॥**

तीसरी भक्ति है अभिमानरहित होकर गुरुके चरणकमलोंकी सेवा और चौथी भक्ति यह है कि कपट छोड़कर मेरे गुणसमूहोंका गान करे॥ ३५॥

**मंत्र जाप मम दृढ़ बिस्वासा। पंचम भजन सो बेद प्रकासा॥**
**छठ दम सील बिरति बहु करमा। निरत निरंतर सज्जन धरमा॥**

मेरे (राम) मन्त्रका जाप और मुझमें दृढ़ विश्वास—यह पाँचवीं भक्ति है, जो वेदोंमें प्रसिद्ध है। छठी भक्ति है इन्द्रियोंका निग्रह, शील (अच्छा स्वभाव या चरित्र), बहुत कार्योंसे वैराग्य और निरंतर संत पुरुषोंके धर्म (आचरण)-में लगे रहना॥ १॥

**सातवँ सम मोहि मय जग देखा। मोतें संत अधिक करि लेखा॥**
**आठवँ जथालाभ संतोषा। सपनेहुँ नहिं देखइ परदोषा॥**

सातवीं भक्ति है जगत्‌भरको समभावसे मुझमें ओतप्रोत (राममय) देखना और संतोंको मुझसे भी अधिक करके मानना। आठवीं भक्ति है जो कुछ मिल जाय, उसीमें संतोष करना और स्वप्नमें भी पराये दोषोंको न देखना॥ २॥

**नवम सरल सब सन छलहीना। मम भरोस हियँ हरष न दीना॥**
**नव महुँ एकउ जिन्ह कें होई। नारि पुरुष सचराचर कोई॥**

नवीं भक्ति है सरलता और सबके साथ कपटरहित बर्ताव करना, हृदयमें मेरा भरोसा रखना और किसी भी अवस्थामें हर्ष और दैन्य (विषाद)-का न होना। इन नवोंमेंसे जिनके एक भी होती है, वह स्त्री-पुरुष, जड़-चेतन कोई भी हो—॥ ३॥

**सोइ अतिसय प्रिय भामिनि मोरें। सकल प्रकार भगति दृढ़ तोरें॥**
**जोगि बृंद दुरलभ गति जोई। तो कहुँ आजु सुलभ भइ सोई॥**

हे भामिनि! मुझे वही अत्यन्त प्रिय है। फिर तुझमें तो सभी प्रकारकी भक्ति दृढ़ है। अतएव जो गति योगियोंको भी दुर्लभ है, वही आज तेरे लिये सुलभ हो गयी है॥ ४॥

**मम दरसन फल परम अनूपा। जीव पाव निज सहज सरूपा॥**
**जनकसुता कइ सुधि भामिनी। जानहि कहु करिबरगामिनी॥**

मेरे दर्शनका परम अनुपम फल यह है कि जीव अपने सहज स्वरूपको प्राप्त हो जाता है। हे भामिनि! अब यदि तू गजगामिनी जानकीकी कुछ खबर जानती हो तो बता॥ ५॥

**पंपा सरहि जाहु रघुराई। तहँ होइहि सुग्रीव मिताई॥**
**सो सब कहिहि देव रघुबीरा। जानतहूँ पूछहु मतिधीरा॥**

[शबरीने कहा—] हे रघुनाथजी! आप पंपा नामक सरोवरको जाइये, वहाँ आपकी सुग्रीवसे मित्रता होगी। हे देव! हे रघुवीर! वह सब हाल बतावेगा। हे धीरबुद्धि! आप सब जानते हुए भी मुझसे पूछते हैं!॥ ६॥

**बार बार प्रभु पद सिरु नाई। प्रेम सहित सब कथा सुनाई॥**

बार-बार प्रभुके चरणोंमें सिर नवाकर, प्रेमसहित उसने सब कथा सुनायी॥ ७॥

**छं०—कहि कथा सकल बिलोकि हरि मुख हृदयँ पद पंकज धरे।**
**तजि जोग पावक देह हरि पद लीन भइ जहँ नहिं फिरे॥**
**नर बिबिध कर्म अधर्म बहु मत सोकप्रद सब त्यागहू।**
**बिस्वास करि कह दास तुलसी राम पद अनुरागहू॥**

सब कथा कहकर भगवान्‌के मुखके दर्शन कर, हृदयमें उनके चरणकमलोंको धारण कर लिया और योगाग्निसे देहको त्यागकर (जलाकर) वह उस दुर्लभ हरिपदमें लीन हो गयी, जहाँसे लौटना नहीं होता। तुलसीदासजी कहते हैं कि अनेकों प्रकारके कर्म, अधर्म और बहुत-से मत—ये सब शोकप्रद हैं; हे मनुष्यो! इनका त्याग कर दो और विश्वास करके श्रीरामजीके चरणोंमें प्रेम करो।

**दो०—जाति हीन अघ जन्म महि मुक्त कीन्हि असि नारि।**
**महामंद मन सुख चहसि ऐसे प्रभुहि बिसारि॥ ३६॥**

जो नीच जातिकी और पापोंकी जन्मभूमि थी, ऐसी स्त्रीको भी जिन्होंने मुक्त कर दिया, अरे महादुर्बुद्धि मन! तू ऐसे प्रभुको भूलकर सुख चाहता है?॥ ३६॥

**चले राम त्यागा बन सोऊ। अतुलित बल नर केहरि दोऊ॥**
**बिरही इव प्रभु करत बिषादा। कहत कथा अनेक संबादा॥**

श्रीरामचन्द्रजीने उस वनको भी छोड़ दिया और वे आगे चले। दोनों भाई अतुलनीय बलवान् और मनुष्योंमें सिंहके समान हैं। प्रभु विरहीकी तरह विषाद करते हुए अनेकों कथाएँ और संवाद कहते हैं—॥ १॥

**लछिमन देखु बिपिन कइ सोभा। देखत केहि कर मन नहिं छोभा॥**
**नारि सहित सब खग मृग बृंदा। मानहुँ मोरि करत हहिं निंदा॥**

हे लक्ष्मण! जरा वनकी शोभा तो देखो। इसे देखकर किसका मन क्षुब्ध नहीं होगा? पक्षी और पशुओंके समूह सभी स्त्रीसहित हैं। मानो वे मेरी निन्दा कर रहे हैं॥ २॥

**हमहि देखि मृग निकर पराहीं। मृगीं कहहिं तुम्ह कहँ भय नाहीं॥**
**तुम्ह आनंद करहु मृग जाए। कंचन मृग खोजन ए आए॥**

हमें देखकर [जब डरके मारे] हिरनोंके झुंड भागने लगते हैं, तब हिरनियाँ उनसे कहती हैं—तुमको भय नहीं है। तुम तो साधारण हिरनोंसे पैदा हुए हो, अतः तुम आनन्द करो। ये तो सोनेका हिरन खोजने आये हैं॥ ३॥

**संग लाइ करिनीं करि लेहीं। मानहुँ मोहि सिखावनु देहीं॥**
**सास्त्र सुचिंतित पुनि पुनि देखिअ। भूप सुसेवित बस नहिं लेखिअ॥**

हाथी हथिनियोंको साथ लगा लेते हैं। वे मानो मुझे शिक्षा देते हैं [कि स्त्रीको कभी अकेली नहीं छोड़ना चाहिये]। भलीभाँति चिन्तन किये हुए शास्त्रको भी बार-बार देखते रहना चाहिये। अच्छी तरह सेवा किये हुए भी राजाको वशमें नहीं समझना चाहिये॥ ४॥

**राखिअ नारि जदपि उर माहीं। जुबती सास्त्र नृपति बस नाहीं॥**
**देखहु तात बसंत सुहावा। प्रिया हीन मोहि भय उपजावा॥**

और स्त्रीको चाहे हृदयमें ही क्यों न रखा जाय; परन्तु युवती स्त्री, शास्त्र और राजा किसीके वशमें नहीं रहते। हे तात! इस सुन्दर वसन्तको तो देखो। प्रियाके बिना मुझको यह भय उत्पन्न कर रहा है॥ ५॥

**दो०—बिरह बिकल बलहीन मोहि जानेसि निपट अकेल।**
**सहित बिपिन मधुकर खग मदन कीन्ह बगमेल॥ ३७ (क)॥**

मुझे विरहसे व्याकुल, बलहीन और बिलकुल अकेला जानकर कामदेवने वन, भौंरों और पक्षियोंको साथ लेकर मुझपर धावा बोल दिया॥ ३७ (क)॥

**देखि गयउ भ्राता सहित तासु दूत सुनि बात।**
**डेरा कीन्हेउ मनहुँ तब कटकु हटकि मनजात॥ ३७ (ख)॥**

परन्तु जब उसका दूत यह देख गया कि मैं भाईके साथ हूँ (अकेला नहीं हूँ), तब उसकी बात सुनकर कामदेवने मानो सेनाको रोककर डेरा डाल दिया है॥ ३७ (ख)॥

**बिटप बिसाल लता अरुझानी। बिबिध बितान दिए जनु तानी॥**
**कदलि ताल बर धुजा पताका। देखि न मोह धीर मन जाका॥**

विशाल वृक्षोंमें लताएँ उलझी हुई ऐसी मालूम होती हैं मानो नाना प्रकारके तंबू तान दिये गये हैं। केला और ताड़ सुन्दर ध्वजा-पताकाके समान हैं। इन्हें देखकर वही नहीं मोहित होता, जिसका मन धीर है॥ १॥

**बिबिध भाँति फूले तरु नाना। जनु बानैत बने बहु बाना॥**
**कहुँ कहुँ सुंदर बिटप सुहाए। जनु भट बिलग बिलग होइ छाए॥**

अनेकों वृक्ष नाना प्रकारसे फूले हुए हैं। मानो अलग-अलग बाना (वर्दी) धारण किये हुए बहुत-से तीरंदाज हों। कहीं-कहीं सुन्दर वृक्ष शोभा दे रहे हैं। मानो योद्धालोग अलग-अलग होकर छावनी डाले हों॥ २॥

**कूजत पिक मानहुँ गज माते। ढेक महोख ऊँट बिसराते॥**
**मोर चकोर कीर बर बाजी। पारावत मराल सब ताजी॥**

कोयलें कूज रही हैं, वही मानो मतवाले हाथी [चिग्घाड़ रहे] हैं। ढेक और महोख पक्षी मानो ऊँट और खच्चर हैं। मोर, चकोर, तोते, कबूतर और हंस मानो सब सुन्दर ताजी (अरबी) घोड़े हैं॥ ३॥

**तीतिर लावक पदचर जूथा। बरनि न जाइ मनोज बरूथा॥**
**रथ गिरि सिला दुंदुभीं झरना। चातक बंदी गुन गन बरना॥**

तीतर और बटेर पैदल सिपाहियोंके झुंड हैं। कामदेवकी सेनाका वर्णन नहीं हो सकता। पर्वतोंकी शिलाएँ रथ और जलके झरने नगाड़े हैं। पपीहे भाट हैं, जो गुणसमूह (विरदावली)-का वर्णन करते हैं॥ ४॥

**मधुकर मुखर भेरि सहनाई। त्रिबिध बयारि बसीठीं आई॥**
**चतुरंगिनी सेन सँग लीन्हें। बिचरत सबहि चुनौती दीन्हें॥**

भौंरोंकी गुंजार भेरी और शहनाई है। शीतल, मन्द और सुगन्धित हवा मानो दूतका काम लेकर

आयी है। इस प्रकार चतुरंगिणी सेना साथ लिये कामदेव मानो सबको चुनौती देता हुआ विचर रहा है॥ ५॥

**लछिमन देखत काम अनीका। रहहिं धीर तिन्ह कै जग लीका॥**
**एहि कें एक परम बल नारी। तेहि तें उबर सुभट सोइ भारी॥**

हे लक्ष्मण! कामदेवकी इस सेनाको देखकर जो धीर बने रहते हैं, जगत्में उन्हींकी [वीरोंमें] प्रतिष्ठा होती है। इस कामदेवके एक स्त्रीका बड़ा भारी बल है। उससे जो बच जाय, वही श्रेष्ठ योद्धा है॥ ६॥

**दो०—तात तीनि अति प्रबल खल काम क्रोध अरु लोभ।**
**मुनि बिग्यान धाम मन करहिं निमिष महुँ छोभ॥ ३८ (क)॥**

हे तात! काम, क्रोध और लोभ—ये तीन अत्यन्त प्रबल दुष्ट हैं। ये विज्ञानके धाम मुनियोंके भी मनोंको पलभरमें क्षुब्ध कर देते हैं॥ ३८ (क)॥

**लोभ कें इच्छा दंभ बल काम कें केवल नारि।**
**क्रोध कें परुष बचन बल मुनिबर कहहिं बिचारि॥ ३८ (ख)॥**

लोभको इच्छा और दम्भका बल है, कामको केवल स्त्रीका बल है और क्रोधको कठोर वचनोंका बल है; श्रेष्ठ मुनि विचारकर ऐसा कहते हैं॥ ३८ (ख)॥

**गुनातीत सचराचर स्वामी। राम उमा सब अंतरजामी॥**
**कामिन्ह कै दीनता देखाई। धीरन्ह कें मन बिरति दृढ़ाई॥**

[शिवजी कहते हैं—] हे पार्वती! श्रीरामचन्द्रजी गुणातीत (तीनों गुणोंसे परे), चराचर जगत्के स्वामी और सबके अन्तरकी जाननेवाले हैं। [उपर्युक्त बातें कहकर] उन्होंने कामी लोगोंकी दीनता (बेबसी) दिखलायी है और धीर (विवेकी) पुरुषोंके मनमें वैराग्यको दृढ़ किया है॥ १॥

**क्रोध मनोज लोभ मद माया। छूटहिं सकल राम कीं दाया॥**
**सो नर इंद्रजाल नहिं भूला। जा पर होइ सो नट अनुकूला॥**

क्रोध, काम, लोभ, मद और माया—ये सभी श्रीरामजीकी दयासे छूट जाते हैं। वह नट (नटराज भगवान्) जिसपर प्रसन्न होता है, वह मनुष्य इन्द्रजाल (माया)-में नहीं भूलता॥ २॥

**उमा कहउँ मैं अनुभव अपना। सत हरि भजनु जगत सब सपना॥**
**पुनि प्रभु गए सरोबर तीरा। पंपा नाम सुभग गंभीरा॥**

हे उमा! मैं तुम्हें अपना अनुभव कहता हूँ—हरिका भजन ही सत्य है, यह सारा जगत् तो स्वप्न [की भाँति झूठा] है। फिर प्रभु श्रीरामजी पंपा नामक सुन्दर और गहरे सरोवरके तीरपर गये॥ ३॥

**संत हृदय जस निर्मल बारी। बाँधे घाट मनोहर चारी॥**
**जहँ तहँ पिअहिं बिबिध मृग नीरा। जनु उदार गृह जाचक भीरा॥**

उसका जल संतोंके हृदय-जैसा निर्मल है। मनको हरनेवाले सुन्दर चार घाट बँधे हुए हैं। भाँति-भाँतिके पशु जहाँ-तहाँ जल पी रहे हैं। मानो उदार दानी पुरुषोंके घर याचकोंकी भीड़ लगी हो!॥ ४॥

**दो०—पुरइनि सघन ओट जल बेगि न पाइअ मर्म।**
**मायाछन्न न देखिऐ जैसें निर्गुन ब्रह्म॥ ३९ (क)॥**

घनी पुरइनों (कमलके पत्तों)-की आड़में जलका जल्दी पता नहीं मिलता। जैसे मायासे ढके रहनेके कारण निर्गुण ब्रह्म नहीं दीखता॥ ३९ (क)॥

**सुखी मीन सब एकरस अति अगाध जल माहिं।**
**जथा धर्मसीलन्ह के दिन सुख संजुत जाहिं॥ ३९ ( ख )॥**

उस सरोवरके अत्यन्त अथाह जलमें सब मछलियाँ सदा एकरस (एक समान) सुखी रहती हैं। जैसे धर्मशील पुरुषोंके सब दिन सुखपूर्वक बीतते हैं॥ ३९ (ख)॥

**बिकसे सरसिज नाना रंगा। मधुर मुखर गुंजत बहु भृंगा॥**
**बोलत जलकुक्कुट कलहंसा। प्रभु बिलोकि जनु करत प्रसंसा॥**

उसमें रंग-बिरंगे कमल खिले हुए हैं। बहुत-से भौंरे मधुर स्वरसे गुंजार कर रहे हैं। जलके मुर्गे और राजहंस बोल रहे हैं, मानो प्रभुको देखकर उनकी प्रशंसा कर रहे हों॥ १॥

**चक्रबाक बक खग समुदाई। देखत बनइ बरनि नहिं जाई॥**
**सुंदर खग गन गिरा सुहाई। जात पथिक जनु लेत बोलाई॥**

चक्रवाक, बगुले आदि पक्षियोंका समुदाय देखते ही बनता है, उनका वर्णन नहीं किया जा सकता। सुन्दर पक्षियोंकी बोली बड़ी सुहावनी लगती है, मानो [रास्तेमें] जाते हुए पथिकको बुलाये लेती हो॥ २॥

**ताल समीप मुनिन्ह गृह छाए। चहु दिसि कानन बिटप सुहाए॥**
**चंपक बकुल कदंब तमाला। पाटल पनस परास रसाला॥**

उस झील (पंपासरोवर)-के समीप मुनियोंने आश्रम बना रखे हैं। उसके चारों ओर वनके सुन्दर वृक्ष हैं। चम्पा, मौलसिरी, कदम्ब, तमाल, पाटल, कटहल, ढाक और आम आदि—॥ ३॥

**नव पल्लव कुसुमित तरु नाना। चंचरीक पटली कर गाना॥**
**सीतल मंद सुगंध सुभाऊ। संतत बहइ मनोहर बाऊ॥**

बहुत प्रकारके वृक्ष नये-नये पत्तों और [सुगन्धित] पुष्पोंसे युक्त हैं, [जिनपर] भौंरोंके समूह गुंजार कर रहे हैं। स्वभावसे ही शीतल, मन्द, सुगन्धित एवं मनको हरनेवाली हवा सदा बहती रहती है॥ ४॥

**कुहू कुहू कोकिल धुनि करहीं। सुनि रव सरस ध्यान मुनि टरहीं॥**

कोयलें 'कुहू' 'कुहू' का शब्द कर रही हैं। उनकी रसीली बोली सुनकर मुनियोंका भी ध्यान टूट जाता है॥ ५॥

**दो०—फल भारन नमि बिटप सब रहे भूमि निअराइ।**
**पर उपकारी पुरुष जिमि नवहिं सुसंपति पाइ॥ ४०॥**

फलोंके बोझसे झुककर सारे वृक्ष पृथ्वीके पास आ लगे हैं, जैसे परोपकारी पुरुष बड़ी सम्पत्ति पाकर [विनयसे] झुक जाते हैं॥ ४०॥

**देखि राम अति रुचिर तलावा। मज्जनु कीन्ह परम सुख पावा॥**
**देखी सुंदर तरुबर छाया। बैठे अनुज सहित रघुराया॥**

श्रीरामजीने अत्यन्त सुन्दर तालाब देखकर स्नान किया और परम सुख पाया। एक सुन्दर उत्तम

वृक्षकी छाया देखकर श्रीरघुनाथजी छोटे भाई लक्ष्मणजीसहित बैठ गये॥ १॥

**तहँ पुनि सकल देव मुनि आए। अस्तुति करि निज धाम सिधाए॥**
**बैठे परम प्रसन्न कृपाला। कहत अनुज सन कथा रसाला॥**

फिर वहाँ सब देवता और मुनि आये और स्तुति करके अपने-अपने धामको चले गये। कृपालु श्रीरामजी परम प्रसन्न बैठे हुए छोटे भाई लक्ष्मणजीसे रसीली कथाएँ कह रहे हैं॥ २॥

**बिरहवंत भगवंतहि देखी। नारद मन भा सोच बिसेषी॥**
**मोर साप करि अंगीकारा। सहत राम नाना दुख भारा॥**

भगवान्‌को विरहयुक्त देखकर नारदजीके मनमें विशेषरूपसे सोच हुआ। [उन्होंने विचार किया कि] मेरे ही शापको स्वीकार करके श्रीरामजी नाना प्रकारके दुःखोंका भार सह रहे हैं (दुःख उठा रहे हैं)॥ ३॥

**ऐसे प्रभुहि बिलोकउँ जाई। पुनि न बनिहि अस अवसरु आई॥**
**यह बिचारि नारद कर बीना। गए जहाँ प्रभु सुख आसीना॥**

ऐसे (भक्तवत्सल) प्रभुको जाकर देखूँ। फिर ऐसा अवसर न बन आवेगा। यह विचारकर नारदजी हाथमें वीणा लिये हुए वहाँ गये, जहाँ प्रभु सुखपूर्वक बैठे हुए थे॥ ४॥

**गावत राम चरित मृदु बानी। प्रेम सहित बहु भाँति बखानी॥**
**करत दंडवत लिए उठाई। राखे बहुत बार उर लाई॥**

वे कोमल वाणीसे प्रेमके साथ बहुत प्रकारसे बखान-बखानकर रामचरितका गान कर [ते हुए चले आ] रहे थे। दण्डवत् करते देखकर श्रीरामचन्द्रजीने नारदजीको उठा लिया और बहुत देरतक हृदयसे लगाये रखा॥ ५॥

**स्वागत पूँछि निकट बैठारे। लछिमन सादर चरन पखारे॥**

फिर स्वागत (कुशल) पूछकर पास बैठा लिया। लक्ष्मणजीने आदरके साथ उनके चरण धोये॥ ६॥

**दो०—नाना बिधि बिनती करि प्रभु प्रसन्न जियँ जानि।**
**नारद बोले बचन तब जोरि सरोरुह पानि॥ ४१॥**

बहुत प्रकारसे विनती करके और प्रभुको मनमें प्रसन्न जानकर तब नारदजी कमलके समान हाथोंको जोड़कर वचन बोले—॥ ४१॥

**सुनहु उदार सहज रघुनायक। सुंदर अगम सुगम बर दायक॥**
**देहु एक बर मागउँ स्वामी। जद्यपि जानत अंतरजामी॥**

हे स्वभावसे ही उदार श्रीरघुनाथजी! सुनिये। आप सुन्दर अगम और सुगम वरके देनेवाले हैं। हे स्वामी! मैं एक वर माँगता हूँ, वह मुझे दीजिये, यद्यपि आप अन्तर्यामी होनेके नाते सब जानते ही हैं॥ १॥

**जानहु मुनि तुम्ह मोर सुभाऊ। जन सन कबहुँ कि करउँ दुराऊ॥**
**कवन बस्तु असि प्रिय मोहि लागी। जो मुनिबर न सकहु तुम्ह मागी॥**

[श्रीरामजीने कहा—] हे मुनि! तुम मेरा स्वभाव जानते ही हो। क्या मैं अपने भक्तोंसे कभी कुछ छिपाव करता हूँ? मुझे ऐसी कौन-सी वस्तु प्रिय लगती है, जिसे हे मुनिश्रेष्ठ! तुम नहीं माँग सकते?॥ २॥

**जन कहुँ कछु अदेय नहिं मोरें। अस बिस्वास तजहु जनि भोरें॥**
**तब नारद बोले हरषाई। अस बर मागउँ करउँ ढिठाई॥**

मुझे भक्तके लिये कुछ भी अदेय नहीं है। ऐसा विश्वास भूलकर भी मत छोड़ो। तब नारदजी हर्षित होकर बोले—मैं ऐसा वर माँगता हूँ, यह धृष्टता करता हूँ—॥ ३॥

**जद्यपि प्रभु के नाम अनेका। श्रुति कह अधिक एक तें एका॥**
**राम सकल नामन्ह तें अधिका। होउ नाथ अघ खग गन बधिका॥**

यद्यपि प्रभुके अनेकों नाम हैं और वेद कहते हैं कि वे सब एक-से-एक बढ़कर हैं, तो भी हे नाथ! रामनाम सब नामोंसे बढ़कर हो और पापरूपी पक्षियोंके समूहके लिये यह वधिकके समान हो॥ ४॥

**दो०—राका रजनी भगति तव राम नाम सोइ सोम।**
**अपर नाम उडगन बिमल बसहुँ भगत उर ब्योम॥ ४२ (क)॥**

आपकी भक्ति पूर्णिमाकी रात्रि है; उसमें 'राम' नाम यही पूर्ण चन्द्रमा होकर और अन्य सब नाम तारागण होकर भक्तोंके हृदयरूपी निर्मल आकाशमें निवास करें॥ ४२ (क)॥

**एवमस्तु मुनि सन कहेउ कृपासिंधु रघुनाथ।**
**तब नारद मन हरष अति प्रभु पद नायउ माथ॥ ४२ (ख)॥**

कृपासागर श्रीरघुनाथजीने मुनिसे 'एवमस्तु' (ऐसा ही हो) कहा। तब नारदजीने मनमें अत्यन्त हर्षित होकर प्रभुके चरणोंमें मस्तक नवाया॥ ४२ (ख)॥

**अति प्रसन्न रघुनाथहि जानी। पुनि नारद बोले मृदु बानी॥**
**राम जबहिं प्रेरेउ निज माया। मोहेहु मोहि सुनहु रघुराया॥**

श्रीरघुनाथजीको अत्यन्त प्रसन्न जानकर नारदजी फिर कोमल वाणी बोले—हे रामजी! हे रघुनाथजी! सुनिये, जब आपने अपनी मायाको प्रेरित करके मुझे मोहित किया था,॥ १॥

**तब बिबाह मैं चाहउँ कीन्हा। प्रभु केहि कारन करै न दीन्हा॥**
**सुनु मुनि तोहि कहउँ सहरोसा। भजहिं जे मोहि तजि सकल भरोसा॥**

तब मैं विवाह करना चाहता था। हे प्रभु! आपने मुझे किस कारण विवाह नहीं करने दिया? [प्रभु बोले—] हे मुनि! सुनो, मैं तुम्हें हर्षके साथ कहता हूँ कि जो समस्त आशा-भरोसा छोड़कर केवल मुझको ही भजते हैं,॥ २॥

**करउँ सदा तिन्ह कै रखवारी। जिमि बालक राखइ महतारी॥**
**गह सिसु बच्छ अनल अहि धाई। तहँ राखइ जननी अरगाई॥**

मैं सदा उनकी वैसे ही रखवाली करता हूँ जैसे माता बालककी रक्षा करती है। छोटा बच्चा जब दौड़कर आग और साँपको पकड़ने जाता है, तो वहाँ माता उसे [अपने हाथों] अलग करके बचा लेती है॥ ३॥

**प्रौढ़ भएँ तेहि सुत पर माता। प्रीति करइ नहिं पाछिलि बाता॥**
**मोरें प्रौढ़ तनय सम ग्यानी। बालक सुत सम दास अमानी॥**

सयाना हो जानेपर उस पुत्रपर माता प्रेम तो करती है, परन्तु पिछली बात नहीं रहती (अर्थात् मातृपरायण शिशुकी तरह फिर उसको बचानेकी चिन्ता नहीं करती; क्योंकि वह मातापर निर्भर

न कर अपनी रक्षा आप करने लगता है)। ज्ञानी मेरे प्रौढ़ (सयाने) पुत्रके समान है और [तुम्हारे-जैसा] अपने बलका मान न करनेवाला सेवक मेरे शिशु पुत्रके समान है॥ ४॥

**जनहि मोर बल निज बल ताही। दुहु कहँ काम क्रोध रिपु आही॥**
**यह बिचारि पंडित मोहि भजहीं। पाएहुँ ग्यान भगति नहिं तजहीं॥**

मेरे सेवकको केवल मेरा ही बल रहता है और उसे (ज्ञानीको) अपना बल होता है। पर काम-क्रोधरूपी शत्रु तो दोनोंके लिये हैं। [भक्तके शत्रुओंको मारनेकी जिम्मेवारी मुझपर रहती है, क्योंकि वह मेरे परायण होकर मेरा ही बल मानता है; परन्तु अपने बलको माननेवाले ज्ञानीके शत्रुओंका नाश करनेकी जिम्मेवारी मुझपर नहीं है।] ऐसा विचारकर पण्डितजन (बुद्धिमान् लोग) मुझको ही भजते हैं। वे ज्ञान प्राप्त होनेपर भी भक्तिको नहीं छोड़ते॥ ५॥

**दो०—काम क्रोध लोभादि मद प्रबल मोह कै धारि।**
**तिन्ह महँ अति दारुन दुखद मायारूपी नारि॥ ४३॥**

काम, क्रोध, लोभ और मद आदि मोह (अज्ञान)-की प्रबल सेना है। इनमें मायारूपिणी (मायाकी साक्षात् मूर्ति) स्त्री तो अत्यन्त दारुण दुःख देनेवाली है॥ ४३॥

**सुनु मुनि कह पुरान श्रुति संता। मोह बिपिन कहुँ नारि बसंता॥**
**जप तप नेम जलाश्रय झारी। होइ ग्रीषम सोषइ सब नारी॥**

हे मुनि! सुनो, पुराण, वेद और संत कहते हैं कि मोहरूपी वन [को विकसित करने] के लिये स्त्री वसन्त-ऋतुके समान है। जप, तप, नियमरूपी सम्पूर्ण जलके स्थानोंको स्त्री ग्रीष्मरूप होकर सर्वथा सोख लेती है॥ १॥

**काम क्रोध मद मत्सर भेका। इन्हहि हरषप्रद बरषा एका॥**
**दुर्बासना कुमुद समुदाई। तिन्ह कहँ सरद सदा सुखदाई॥**

काम, क्रोध, मद और मत्सर (डाह) आदि मेढक हैं। इनको वर्षा-ऋतु होकर हर्ष प्रदान करनेवाली एकमात्र यही (स्त्री) है। बुरी वासनाएँ कुमुदोंके समूह हैं। उनको सदैव सुख देनेवाली यह शरद्-ऋतु है॥ २॥

**धर्म सकल सरसीरुह बृंदा। होइ हिम तिन्हहि दहइ सुख मंदा॥**
**पुनि ममता जवासबहुताई। पलुहइ नारि सिसिर रितु पाई॥**

समस्त धर्म कमलोंके झुंड हैं। यह नीच (विषयजन्य) सुख देनेवाली स्त्री हिम-ऋतु होकर उन्हें जला डालती है। फिर ममतारूपी जवासका समूह (वन) स्त्रीरूपी शिशिर-ऋतुको पाकर हरा-भरा हो जाता है॥ ३॥

**पाप उलूक निकर सुखकारी। नारि निबिड़ रजनी अँधिआरी॥**
**बुधि बल सील सत्य सब मीना। बनसी सम त्रिय कहहिं प्रबीना॥**

पापरूपी उल्लुओंके समूहके लिये यह स्त्री सुख देनेवाली घोर अन्धकारमयी रात्रि है। बुद्धि, बल, शील और सत्य—ये सब मछलियाँ हैं और उन [को फँसाकर नष्ट करने]- के लिये स्त्री बंसीके समान है, चतुर पुरुष ऐसा कहते हैं॥ ४॥

**दो०—अवगुन मूल सूलप्रद प्रमदा सब दुख खानि।**
**ताते कीन्ह निवारन मुनि मैं यह जियँ जानि॥ ४४॥**

युवती स्त्री अवगुणोंकी मूल, पीड़ा देनेवाली और सब दुःखोंकी खान है। इसलिये हे मुनि! मैंने जीमें ऐसा जानकर तुमको विवाह करनेसे रोका था॥ ४४॥

**सुनि रघुपति के बचन सुहाए। मुनि तन पुलक नयन भरि आए॥**
**कहहु कवन प्रभु कै असि रीती। सेवक पर ममता अरु प्रीती॥**

श्रीरघुनाथजीके सुन्दर वचन सुनकर मुनिका शरीर पुलकित हो गया और नेत्र [प्रेमाश्रुओंके जलसे] भर आये। [वे मन-ही-मन कहने लगे—] कहो तो किस प्रभुकी ऐसी रीति है, जिसका सेवकपर इतना ममत्व और प्रेम हो॥ १॥

**जे न भजहिं अस प्रभु भ्रम त्यागी। ग्यान रंक नर मंद अभागी॥**
**पुनि सादर बोले मुनि नारद। सुनहु राम बिग्यान बिसारद॥**

जो मनुष्य भ्रमको त्यागकर ऐसे प्रभुको नहीं भजते, वे ज्ञानके कंगाल, दुर्बुद्धि और अभागे हैं। फिर नारद मुनि आदरसहित बोले—हे विज्ञान-विशारद श्रीरामजी! सुनिये—॥ २॥

**संतन्ह के लच्छन रघुबीरा। कहहु नाथ भव भंजन भीरा॥**
**सुनु मुनि संतन्ह के गुन कहऊँ। जिन्ह ते मैं उन्ह कें बस रहऊँ॥**

हे रघुवीर! हे भव-भय (जन्म-मरणके भय)-का नाश करनेवाले मेरे नाथ! अब कृपा कर संतोंके लक्षण कहिये। [श्रीरामजीने कहा—] हे मुनि! सुनो, मैं संतोंके गुणोंको कहता हूँ, जिनके कारण मैं उनके वशमें रहता हूँ॥ ३॥

**षट बिकार जित अनघ अकामा। अचल अकिंचन सुचि सुखधामा॥**
**अमित बोध अनीह मितभोगी। सत्यसार कबि कोबिद जोगी॥**

वे संत [काम, क्रोध, लोभ, मोह, मद और मत्सर—इन] छः विकारों (दोषों)-को जीते हुए, पापरहित, कामनारहित, निश्चल (स्थिरबुद्धि), अकिंचन (सर्वत्यागी), बाहर-भीतरसे पवित्र, सुखके धाम, असीम ज्ञानवान्, इच्छारहित, मिताहारी, सत्यनिष्ठ, कवि, विद्वान्, योगी,॥ ४॥

**सावधान मानद मदहीना। धीर धर्म गति परम प्रबीना॥**

सावधान, दूसरोंको मान देनेवाले, अभिमानरहित, धैर्यवान्, धर्मके ज्ञान और आचरणमें अत्यन्त निपुण,॥ ५॥

**दो०—गुनागार संसार दुख रहित बिगत संदेह।**
**तजि मम चरन सरोज प्रिय तिन्ह कहुँ देह न गेह॥ ४५॥**

गुणोंके घर, संसारके दुःखोंसे रहित और सन्देहोंसे सर्वथा छूटे हुए होते हैं। मेरे चरणकमलोंको छोड़कर उनको न देह ही प्रिय होती है, न घर ही॥ ४५॥

**निज गुन श्रवन सुनत सकुचाहीं। पर गुन सुनत अधिक हरषाहीं॥**
**सम सीतल नहिं त्यागहिं नीती। सरल सुभाउ सबहि सन प्रीती॥**

कानोंसे अपने गुण सुननेमें सकुचाते हैं, दूसरोंके गुण सुननेसे विशेष हर्षित होते हैं। सम और शीतल हैं, न्यायका कभी त्याग नहीं करते। सरलस्वभाव होते हैं और सभीसे प्रेम रखते हैं॥ १॥

**जप तप ब्रत दम संजम नेमा। गुरु गोबिंद बिप्र पद प्रेमा॥**
**श्रद्धा छमा मयत्री दाया। मुदिता मम पद प्रीति अमाया॥**

वे जप, तप, व्रत, दम, संयम और नियममें रत रहते हैं और गुरु, गोविन्द तथा ब्राह्मणोंके चरणोंमें प्रेम रखते हैं। उनमें श्रद्धा, क्षमा, मैत्री, दया, मुदिता (प्रसन्नता) और मेरे चरणोंमें निष्कपट प्रेम होता है॥ २॥

**बिरति बिबेक बिनय बिग्याना। बोध जथारथ बेद पुराना॥**
**दंभ मान मद करहिं न काऊ। भूलि न देहिं कुमारग पाऊ॥**

तथा वैराग्य, विवेक, विनय, विज्ञान (परमात्माके तत्त्वका ज्ञान) और वेद-पुराणका यथार्थ ज्ञान रहता है। वे दम्भ, अभिमान और मद कभी नहीं करते और भूलकर भी कुमार्गपर पैर नहीं रखते॥ ३॥

**गावहिं सुनहिं सदा मम लीला। हेतु रहित परहित रत सीला॥**
**मुनि सुनु साधुन्ह के गुन जेते। कहि न सकहिं सारद श्रुति तेते॥**

सदा मेरी लीलाओंको गाते-सुनते हैं और बिना ही कारण दूसरोंके हितमें लगे रहनेवाले होते हैं। हे मुनि! सुनो, संतोंके जितने गुण हैं, उनको सरस्वती और वेद भी नहीं कह सकते॥ ४॥

**छं०—कहि सक न सारद सेष नारद सुनत पद पंकज गहे।**
**अस दीनबंधु कृपाल अपने भगत गुन निज मुख कहे॥**
**सिरु नाइ बारहिं बार चरनन्हि ब्रह्मपुर नारद गए।**
**ते धन्य तुलसीदास आस बिहाइ जे हरि रँग रँए॥**

'शेष और शारदा भी नहीं कह सकते' यह सुनते ही नारदजीने श्रीरामजीके चरणकमल पकड़ लिये। दीनबन्धु कृपालु प्रभुने इस प्रकार अपने श्रीमुखसे अपने भक्तोंके गुण कहे। भगवान्‌के चरणोंमें बार-बार सिर नवाकर नारदजी ब्रह्मलोकको चले गये। तुलसीदासजी कहते हैं कि वे पुरुष धन्य हैं, जो सब आशा छोड़कर केवल श्रीहरिके रंगमें रँग गये हैं।

**दो०—रावनारि जसु पावन गावहिं सुनहिं जे लोग।**
**राम भगति दृढ़ पावहिं बिनु बिराग जप जोग॥ ४६ (क)॥**

जो लोग रावणके शत्रु श्रीरामजीका पवित्र यश गावेंगे और सुनेंगे, वे वैराग्य, जप और योगके बिना ही श्रीरामजीकी दृढ़ भक्ति पावेंगे॥ ४६ (क)॥

**दीप सिखा सम जुबति तन मन जनि होसि पतंग।**
**भजहि राम तजि काम मद करहि सदा सतसंग॥ ४६ (ख)॥**

युवती स्त्रियोंका शरीर दीपककी लौके समान है, हे मन! तू उसका पतिंगा न बन। काम और मदको छोड़कर श्रीरामचन्द्रजीका भजन कर और सदा सत्संग कर॥ ४६ (ख)॥

## मासपारायण, बाईसवाँ विश्राम

***इति श्रीमद्रामचरितमानसे सकलकलिकलुषविध्वंसने तृतीयः सोपानः समाप्तः।***

कलियुगके सम्पूर्ण पापोंको विध्वंस करनेवाले श्रीरामचरितमानसका
यह तीसरा सोपान समाप्त हुआ।

## (अरण्यकाण्ड समाप्त)

## भगवान् रामकी सुग्रीवसे मैत्री

सखा सोच त्यागहु बल मोरें । सब बिधि घटब काज मैं तोरें ॥

॥ श्रीगणेशाय नमः ॥

॥ श्रीजानकीवल्लभो विजयते ॥

# श्रीरामचरितमानस

## चतुर्थ सोपान

## किष्किन्धाकाण्ड

### श्लोक

**कुन्देन्दीवरसुन्दरावतिबलौ विज्ञानधामावुभौ**
**शोभाढ्यौ वरधन्विनौ श्रुतिनुतौ गोविप्रवृन्दप्रियौ।**
**मायामानुषरूपिणौ रघुवरौ सद्धर्मवर्मौ हितौ**
**सीतान्वेषणतत्परौ पथिगतौ भक्तिप्रदौ तौ हि नः॥ १॥**

कुन्दपुष्प और नील कमलके समान सुन्दर गौर एवं श्यामवर्ण, अत्यन्त बलवान्, विज्ञानके धाम, शोभासम्पन्न, श्रेष्ठ धनुर्धर, वेदोंके द्वारा वन्दित, गौ एवं ब्राह्मणोंके समूहके प्रिय [अथवा प्रेमी], मायासे मनुष्यरूप धारण किये हुए, श्रेष्ठ धर्मके लिये कवचस्वरूप, सबके हितकारी, श्रीसीताजीकी खोजमें लगे हुए, पथिकरूप रघुकुलके श्रेष्ठ श्रीरामजी और श्रीलक्ष्मणजी दोनों भाई निश्चय ही हमें भक्तिप्रद हों॥ १॥

**ब्रह्माम्भोधिसमुद्भवं कलिमलप्रध्वंसनं चाव्ययं**
**श्रीमच्छम्भुमुखेन्दुसुन्दरवरे संशोभितं सर्वदा।**
**संसारामयभेषजं सुखकरं श्रीजानकीजीवनं**
**धन्यास्ते कृतिनः पिबन्ति सततं श्रीरामनामामृतम्॥ २॥**

वे सुकृती (पुण्यात्मा पुरुष) धन्य हैं जो वेदरूपी समुद्र [के मथने]-से उत्पन्न हुए कलियुगके मलको सर्वथा नष्ट कर देनेवाले, अविनाशी, भगवान् श्रीशम्भुके सुन्दर एवं श्रेष्ठ मुखरूपी चन्द्रमामें सदा शोभायमान, जन्म-मरणरूपी रोगके औषध, सबको सुख देनेवाले और श्रीजानकीजीके जीवनस्वरूप श्रीरामनामरूपी अमृतका निरन्तर पान करते रहते हैं॥ २॥

**सो०—मुक्ति जन्म महि जानि ग्यान खानि अघ हानि कर।**
**जहँ बस संभु भवानि सो कासी सेइअ कस न॥**

जहाँ श्रीशिव-पार्वती बसते हैं, उस काशीको मुक्तिकी जन्मभूमि, ज्ञानकी खान और पापोंका नाश करनेवाली जानकर उसका सेवन क्यों न किया जाय?

**जरत सकल सुर बृंद बिषम गरल जेहिं पान किय।**
**तेहि न भजसि मन मंद को कृपाल संकर सरिस॥**

जिस भीषण हलाहल विषसे सब देवतागण जल रहे थे उसको जिन्होंने स्वयं पान कर लिया, रे मन्द मन! तू उन शंकरजीको क्यों नहीं भजता? उनके समान कृपालु [और] कौन है?

**आगें चले बहुरि रघुराया। रिष्यमूक पर्बत निअराया॥**
**तहँ रह सचिव सहित सुग्रीवा। आवत देखि अतुल बल सींवा॥**

श्रीरघुनाथजी फिर आगे चले। ऋष्यमूक पर्वत निकट आ गया। वहाँ (ऋष्यमूक पर्वतपर) मन्त्रियोंसहित सुग्रीव रहते थे। अतुलनीय बलकी सीमा श्रीरामचन्द्रजी और लक्ष्मणजीको आते देखकर—॥ १॥

**अति सभीत कह सुनु हनुमाना। पुरुष जुगल बल रूप निधाना॥**
**धरि बटु रूप देखु तैं जाई। कहेसु जानि जियँ सयन बुझाई॥**

सुग्रीव अत्यन्त भयभीत होकर बोले—हे हनुमान्! सुनो, ये दोनों पुरुष बल और रूपके निधान हैं। तुम ब्रह्मचारीका रूप धारण करके जाकर देखो। अपने हृदयमें उनकी यथार्थ बात जानकर मुझे इशारेसे समझाकर कह देना॥ २॥

**पठए बालि होहिं मन मैला। भागौं तुरत तजौं यह सैला॥**
**बिप्र रूप धरि कपि तहँ गयऊ। माथ नाइ पूछत अस भयऊ॥**

यदि वे मनके मलिन बालिके भेजे हुए हों तो मैं तुरंत ही इस पर्वतको छोड़कर भाग जाऊँ। [यह सुनकर] हनुमान्‌जी ब्राह्मणका रूप धरकर वहाँ गये और मस्तक नवाकर इस प्रकार पूछने लगे—॥ ३॥

**को तुम्ह स्यामल गौर सरीरा। छत्री रूप फिरहु बन बीरा॥**
**कठिन भूमि कोमल पद गामी। कवन हेतु बिचरहु बन स्वामी॥**

हे वीर! साँवले और गोरे शरीरवाले आप कौन हैं, जो क्षत्रियके रूपमें वनमें फिर रहे हैं? हे स्वामी! कठोर भूमिपर कोमल चरणोंसे चलनेवाले आप किस कारण वनमें विचर रहे हैं?॥ ४॥

**मृदुल मनोहर सुंदर गाता। सहत दुसह बन आतप बाता॥**
**की तुम्ह तीनि देव महँ कोऊ। नर नारायन की तुम्ह दोऊ॥**

मनको हरण करनेवाले आपके सुन्दर, कोमल अंग हैं, और आप वनके दुःसह धूप और वायुको सह रहे हैं। क्या आप ब्रह्मा, विष्णु, महेश—इन तीन देवताओंमेंसे कोई हैं, या आप दोनों नर और नारायण हैं॥ ५॥

**दो०—जग कारन तारन भव भंजन धरनी भार।**
**की तुम्ह अखिल भुवन पति लीन्ह मनुज अवतार॥ १॥**

अथवा आप जगत्‌के मूल कारण और सम्पूर्ण लोकोंके स्वामी स्वयं भगवान् हैं, जिन्होंने लोगोंको भवसागरसे पार उतारने तथा पृथ्वीका भार नष्ट करनेके लिये मनुष्य-रूपमें अवतार लिया है?॥ १॥

**कोसलेस दसरथ के जाए। हम पितु बचन मानि बन आए॥**
**नाम राम लछिमन दोउ भाई। संग नारि सुकुमारि सुहाई॥**

[श्रीरामचन्द्रजीने कहा—] हम कोसलराज दशरथजीके पुत्र हैं और पिताका वचन मानकर वन आये हैं। हमारे राम-लक्ष्मण नाम हैं, हम दोनों भाई हैं। हमारे साथ सुन्दर सुकुमारी स्त्री थी॥ १॥

**इहाँ हरी निसिचर बैदेही। बिप्र फिरहिं हम खोजत तेही॥**
**आपन चरित कहा हमगाई। कहहु बिप्र निज कथा बुझाई॥**

यहाँ (वनमें) राक्षसने [मेरी पत्नी] जानकीको हर लिया। हे ब्राह्मण! हम उसे ही खोजते फिरते हैं। हमने तो अपना चरित्र कह सुनाया। अब हे ब्राह्मण! अपनी कथा समझाकर कहिये॥ २॥

**प्रभु पहिचानि परेउ गहि चरना। सो सुख उमा जाइ नहिं बरना॥**
**पुलकित तन मुख आव न बचना। देखत रुचिर बेष कै रचना॥**

प्रभुको पहचानकर हनुमान्‌जी उनके चरण पकड़कर पृथ्वीपर गिर पड़े (उन्होंने साष्टांग दण्डवत्-प्रणाम किया)। [शिवजी कहते हैं—] हे पार्वती! वह सुख वर्णन नहीं किया जा सकता। शरीर पुलकित है, मुखसे वचन नहीं निकलता। वे प्रभुके सुन्दर वेषकी रचना देख रहे हैं!॥ ३॥

**पुनि धीरजु धरि अस्तुति कीन्ही। हरष हृदयँ निज नाथहि चीन्ही॥**
**मोर न्याउ मैं पूछा साईं। तुम्ह पूछहु कस नर की नाईं॥**

फिर धीरज धरकर स्तुति की। अपने नाथको पहचान लेनेसे हृदयमें हर्ष हो रहा है। [फिर हनुमान्‌जीने कहा—] हे स्वामी! मैंने जो पूछा वह मेरा पूछना तो न्याय था, [वर्षोंके बाद आपको देखा, वह भी तपस्वीके वेषमें और मेरी वानरी-बुद्धि, इससे मैं तो आपको पहचान न सका और अपनी परिस्थितिके अनुसार मैंने आपसे पूछा] परन्तु आप मनुष्यकी तरह कैसे पूछ रहे हैं?॥ ४॥

**तव माया बस फिरउँ भुलाना। ता ते मैं नहिं प्रभु पहिचाना॥**

मैं तो आपकी मायाके वश भूला फिरता हूँ; इसीसे मैंने अपने स्वामी (आप)-को नहीं पहचाना॥ ५॥

**दो०—एकु मैं मंद मोहबस कुटिल हृदय अग्यान।**
**पुनि प्रभु मोहि बिसारेउ दीनबंधु भगवान॥ २॥**

एक तो मैं यों ही मन्द हूँ, दूसरे मोहके वशमें हूँ, तीसरे हृदयका कुटिल और अज्ञान हूँ, फिर हे दीनबन्धु भगवान्! प्रभु (आप)-ने भी मुझे भुला दिया!॥ २॥

**जदपि नाथ बहु अवगुन मोरें। सेवक प्रभुहि परै जनि भोरें॥**
**नाथ जीव तव मायाँ मोहा। सो निस्तरइ तुम्हारेहिं छोहा॥**

हे नाथ! यद्यपि मुझमें बहुत-से अवगुण हैं, तथापि सेवक स्वामीकी विस्मृतिमें न पड़े (आप उसे न भूल जायँ) हे नाथ! जीव आपकी मायासे मोहित है। वह आपहीकी कृपासे निस्तार पा सकता है॥ १॥

**ता पर मैं रघुबीर दोहाई। जानउँ नहिं कछु भजन उपाई॥**
**सेवक सुत पति मातु भरोसें। रहइ असोच बनइ प्रभु पोसें॥**

उसपर हे रघुवीर! मैं आपकी दुहाई (शपथ) करके कहता हूँ कि मैं भजन-साधन कुछ नहीं जानता। सेवक स्वामीके और पुत्र माताके भरोसे निश्चिन्त रहता है। प्रभुको सेवकका पालन-पोषण करते ही बनता है (करना ही पड़ता है)॥ २॥

**अस कहि परेउ चरन अकुलाई। निज तनु प्रगटि प्रीति उर छाई॥**
**तब रघुपति उठाइ उर लावा। निज लोचन जल सींचि जुड़ावा॥**

ऐसा कहकर हनुमान्‌जी अकुलाकर प्रभुके चरणोंपर गिर पड़े, उन्होंने अपना असली शरीर

प्रकट कर दिया। उनके हृदयमें प्रेम छा गया। तब श्रीरघुनाथजीने उन्हें उठाकर हृदयसे लगा लिया और अपने नेत्रोंके जलसे सींचकर शीतल किया॥ ३॥

**सुनु कपि जियँ मानसि जनि ऊना। तैं मम प्रिय लछिमन ते दूना॥**
**समदरसी मोहि कह सब कोऊ। सेवक प्रिय अनन्यगति सोऊ॥**

[फिर कहा—] हे कपि! सुनो, मनमें ग्लानि मत मानना (मन छोटा न करना)। तुम मुझे लक्ष्मणसे भी दूने प्रिय हो। सब कोई मुझे समदर्शी कहते हैं (मेरे लिये न कोई प्रिय है न अप्रिय) पर मुझको सेवक प्रिय है, क्योंकि वह अनन्यगति होता है (मुझे छोड़कर उसको कोई दूसरा सहारा नहीं होता)॥ ४॥

**दो०—सो अनन्य जाकें असि मति न टरइ हनुमंत।**
**मैं सेवक सचराचर रूप स्वामि भगवंत॥ ३॥**

और हे हनुमान्! अनन्य वही है जिसकी ऐसी बुद्धि कभी नहीं टलती कि मैं सेवक हूँ और यह चराचर (जड-चेतन) जगत् मेरे स्वामी भगवान्‌का रूप है॥ ३॥

**देखि पवनसुत पति अनुकूला। हृदयँ हरष बीती सब सूला॥**
**नाथ सैल पर कपिपति रहई। सो सुग्रीव दास तव अहई॥**

स्वामीको अनुकूल (प्रसन्न) देखकर पवनकुमार हनुमान्‌जीके हृदयमें हर्ष छा गया और उनके सब दुःख जाते रहे। [उन्होंने कहा—] हे नाथ! इस पर्वतपर वानरराज सुग्रीव रहता है, वह आपका दास है॥ १॥

**तेहि सन नाथ मयत्री कीजे। दीन जानि तेहि अभय करीजे॥**
**सो सीता कर खोज कराइहि। जहँ तहँ मरकट कोटि पठाइहि॥**

हे नाथ! उससे मित्रता कीजिये और उसे दीन जानकर निर्भय कर दीजिये। वह सीताजीकी खोज करावेगा और जहाँ-तहाँ करोड़ों वानरोंको भेजेगा॥ २॥

**एहि बिधि सकल कथा समुझाई। लिए दुऔ जन पीठि चढ़ाई॥**
**जब सुग्रीवँ राम कहुँ देखा। अतिसय जन्म धन्य करि लेखा॥**

इस प्रकार सब बातें समझाकर हनुमान्‌जीने (श्रीराम-लक्ष्मण) दोनों जनोंको पीठपर चढ़ा लिया। जब सुग्रीवने श्रीरामचन्द्रजीको देखा तो अपने जन्मको अत्यन्त धन्य समझा॥ ३॥

**सादर मिलेउ नाइ पद माथा। भेंटेउ अनुज सहित रघुनाथा॥**
**कपि कर मन बिचार एहि रीती। करिहहिं बिधि मो सन ए प्रीती॥**

सुग्रीव चरणोंमें मस्तक नवाकर आदरसहित मिले। श्रीरघुनाथजी भी छोटे भाईसहित उनसे गले लगकर मिले। सुग्रीव मनमें इस प्रकार सोच रहे हैं कि हे विधाता! क्या ये मुझसे प्रीति करेंगे?॥ ४॥

**दो०—तब हनुमंत उभय दिसि की सब कथा सुनाइ।**
**पावक साखी देइ करि जोरी प्रीति दृढ़ाइ॥ ४॥**

तब हनुमान्‌जीने दोनों ओरकी सब कथा सुनाकर अग्निको साक्षी देकर परस्पर दृढ़ करके प्रीति जोड़ दी (अर्थात् अग्निकी साक्षी देकर प्रतिज्ञापूर्वक उनकी मैत्री करवा दी)॥ ४॥

**कीन्हि प्रीति कछु बीच न राखा। लछिमन राम चरित सब भाषा॥**
**कह सुग्रीव नयन भरि बारी। मिलिहि नाथ मिथिलेसकुमारी॥**

दोनोंने [हृदयसे] प्रीति की, कुछ भी अन्तर नहीं रखा। तब लक्ष्मणजीने श्रीरामचन्द्रजीका सारा इतिहास कहा। सुग्रीवने नेत्रोंमें जल भरकर कहा—हे नाथ! मिथिलेशकुमारी जानकीजी मिल जायँगी॥ १॥

**मंत्रिन्ह सहित इहाँ एक बारा। बैठ रहेउँ मैं करत बिचारा॥**
**गगन पंथ देखी मैं जाता। परबस परी बहुत बिलपाता॥**

मैं एक बार यहाँ मन्त्रियोंके साथ बैठा हुआ कुछ विचार कर रहा था। तब मैंने पराये (शत्रु)-के वशमें पड़ी बहुत विलाप करती हुई सीताजीको आकाशमार्गसे जाते देखा था॥ २॥

**राम राम हा राम पुकारी। हमहि देखि दीन्हेउ पट डारी॥**
**मागा राम तुरत तेहिं दीन्हा। पट उर लाइ सोच अति कीन्हा॥**

हमें देखकर उन्होंने 'राम! राम! हा राम!' पुकारकर वस्त्र गिरा दिया था। श्रीरामजीने उसे माँगा, तब सुग्रीवने तुरंत ही दे दिया। वस्त्रको हृदयसे लगाकर श्रीरामचन्द्रजीने बहुत ही सोच किया॥ ३॥

**कह सुग्रीव सुनहु रघुबीरा। तजहु सोच मन आनहु धीरा॥**
**सब प्रकार करिहउँ सेवकाई। जेहि बिधि मिलिहि जानकी आई॥**

सुग्रीवने कहा—हे रघुवीर! सुनिये, सोच छोड़ दीजिये और मनमें धीरज लाइये। मैं सब प्रकारसे आपकी सेवा करूँगा, जिस उपायसे जानकीजी आकर आपको मिलें॥ ४॥

**दो०—सखा बचन सुनि हरषे कृपासिंधु बलसींव।**
**कारन कवन बसहु बन मोहि कहहु सुग्रीव॥ ५॥**

कृपाके समुद्र और बलकी सीमा श्रीरामजी सखा सुग्रीवके वचन सुनकर हर्षित हुए। [और बोले—] हे सुग्रीव! मुझे बताओ, तुम वनमें किस कारण रहते हो?॥ ५॥

**नाथ बालि अरु मैं द्वौ भाई। प्रीति रही कछु बरनि न जाई॥**
**मयसुत मायावी तेहि नाऊँ। आवा सो प्रभु हमरें गाऊँ॥**

[सुग्रीवने कहा—] हे नाथ! बालि और मैं दो भाई हैं। हम दोनोंमें ऐसी प्रीति थी कि वर्णन नहीं की जा सकती। हे प्रभो! मय दानवका एक पुत्र था, उसका नाम मायावी था। एक बार वह हमारे गाँवमें आया॥ १॥

**अर्ध राति पुर द्वार पुकारा। बाली रिपु बल सहइ न पारा॥**
**धावा बालि देखि सो भागा। मैं पुनि गयउँ बंधु सँग लागा॥**

उसने आधी रातको नगरके फाटकपर आकर पुकारा (ललकारा)। बालि शत्रुके बल (ललकार)-को सह नहीं सका। वह दौड़ा, उसे देखकर मायावी भागा। मैं भी भाईके संग लगा चला गया॥ २॥

**गिरिबर गुहाँ पैठ सो जाई। तब बालीं मोहि कहा बुझाई॥**
**परिखेसु मोहि एक पखवारा। नहिं आवौं तब जानेसु मारा॥**

वह मायावी एक पर्वतकी गुफामें जा घुसा। तब बालिने मुझे समझाकर कहा—तुम एक पखवाड़े (पंद्रह दिन)-तक मेरी बाट देखना। यदि मैं उतने दिनोंमें न आऊँ तो जान लेना कि मैं मारा गया॥ ३॥

**मास दिवस तहँ रहेउँ खरारी। निसरी रुधिर धार तहँ भारी॥**
**बालि हतेसि मोहि मारिहि आई। सिला देइ तहँ चलेउँ पराई॥**

हे खरारि! मैं वहाँ महीनेभरतक रहा। वहाँ (उस गुफामेंसे) रक्तकी बड़ी भारी धारा निकली। तब [मैंने समझा कि] उसने बालिको मार डाला, अब आकर मुझे मारेगा। इसलिये मैं वहाँ (गुफाके द्वारपर) एक शिला लगाकर भाग आया॥ ४॥

**मंत्रिन्ह पुर देखा बिनु साईं। दीन्हेउ मोहि राज बरिआईं॥**
**बाली ताहि मारि गृह आवा। देखि मोहि जियँ भेद बढ़ावा॥**

मन्त्रियोंने नगरको बिना स्वामी (राजा)-का देखा, तो मुझको जबर्दस्ती राज्य दे दिया। बालि उसे मारकर घर आ गया। मुझे [राजसिंहासनपर] देखकर उसने जीमें भेद बढ़ाया (बहुत ही विरोध माना)। [उसने समझा कि यह राज्यके लोभसे ही गुफाके द्वारपर शिला दे आया था, जिससे मैं बाहर न निकल सकूँ; और यहाँ आकर राजा बन बैठा]॥ ५॥

**रिपु सम मोहि मारेसि अति भारी। हरि लीन्हेसि सर्बसु अरु नारी॥**
**ताकें भय रघुबीर कृपाला। सकल भुवन मैं फिरेउँ बिहाला॥**

उसने मुझे शत्रुके समान बहुत अधिक मारा और मेरा सर्वस्व तथा मेरी स्त्रीको भी छीन लिया। हे कृपालु रघुवीर! मैं उसके भयसे समस्त लोकोंमें बेहाल होकर फिरता रहा॥ ६॥

**इहाँ साप बस आवत नाहीं। तदपि सभीत रहउँ मन माहीं॥**
**सुनि सेवक दुख दीनदयाला। फरकि उठीं द्वै भुजा बिसाला॥**

वह शापके कारण यहाँ नहीं आता, तो भी मैं मनमें भयभीत रहता हूँ। सेवकका दुःख सुनकर दीनोंपर दया करनेवाले श्रीरघुनाथजीकी दोनों विशाल भुजाएँ फड़क उठीं॥ ७॥

**दो०—सुनु सुग्रीव मारिहउँ बालिहि एकहिं बान।**
**ब्रह्म रुद्र सरनागत गएँ न उबरिहिं प्रान॥ ६॥**

[उन्होंने कहा—] हे सुग्रीव! सुनो, मैं एक ही बाणसे बालिको मार डालूँगा। ब्रह्मा और रुद्रकी शरणमें जानेपर भी उसके प्राण न बचेंगे॥ ६॥

**जे न मित्र दुख होहिं दुखारी। तिन्हहि बिलोकत पातक भारी॥**
**निज दुख गिरि सम रज करि जाना। मित्रक दुख रज मेरु समाना॥**

जो लोग मित्रके दुःखसे दुःखी नहीं होते, उन्हें देखनेसे ही बड़ा पाप लगता है। अपने पर्वतके समान दुःखको धूलके समान और मित्रके धूलके समान दुःखको सुमेरु (बड़े भारी पर्वत)-के समान जाने॥ १॥

**जिन्ह कें असि मति सहज न आई। ते सठ कत हठि करत मिताई॥**
**कुपथ निवारि सुपंथ चलावा। गुन प्रगटै अवगुनन्हि दुरावा॥**

जिन्हें स्वभावसे ही ऐसी बुद्धि प्राप्त नहीं है, वे मूर्ख हठ करके क्यों किसीसे मित्रता करते हैं? मित्रका धर्म है कि वह मित्रको बुरे मार्गसे रोककर अच्छे मार्गपर चलावे। उसके गुण प्रकट करे और अवगुणोंको छिपावे॥ २॥

**देत लेत मन संक न धरई। बल अनुमान सदा हित करई॥**
**बिपति काल कर सतगुन नेहा। श्रुति कह संत मित्र गुन एहा॥**

देने-लेनेमें मनमें शंका न रखे। अपने बलके अनुसार सदा हित ही करता रहे। विपत्तिके समयमें तो सदा सौगुना स्नेह करे। वेद कहते हैं कि संत (श्रेष्ठ) मित्रके गुण (लक्षण) ये हैं॥ ३॥

**आगें कह मृदु बचन बनाई। पाछें अनहित मन कुटिलाई॥**
**जाकर चित अहि गति सम भाई। अस कुमित्र परिहरेहिं भलाई॥**

जो सामने तो बना-बनाकर कोमल वचन कहता है और पीठ-पीछे बुराई करता है तथा मनमें कुटिलता रखता है—हे भाई! [इस तरह] जिसका मन साँपकी चालके समान टेढ़ा है, ऐसे कुमित्रको तो त्यागनेमें ही भलाई है॥ ४॥

**सेवक सठ नृप कृपन कुनारी। कपटी मित्र सूल सम चारी॥**
**सखा सोच त्यागहु बल मोरें। सब बिधि घटब काज मैं तोरें॥**

मूर्ख सेवक, कंजूस राजा, कुलटा स्त्री और कपटी मित्र—ये चारों शूलके समान [पीड़ा देनेवाले] हैं। हे सखा! मेरे बलपर अब तुम चिन्ता छोड़ दो। मैं सब प्रकारसे तुम्हारे काम आऊँगा (तुम्हारी सहायता करूँगा)॥ ५॥

**कह सुग्रीव सुनहु रघुबीरा। बालि महाबल अति रनधीरा॥**
**दुंदुभि अस्थि ताल देखराए। बिनु प्रयास रघुनाथ ढहाए॥**

सुग्रीवने कहा—हे रघुवीर! सुनिये, बालि महान् बलवान् और अत्यन्त रणधीर है। फिर सुग्रीवने श्रीरामजीको दुन्दुभि राक्षसकी हड्डियाँ और तालके वृक्ष दिखलाये। श्रीरघुनाथजीने उन्हें बिना ही परिश्रमके (आसानीसे) ढहा दिया॥ ६॥

**देखि अमित बल बाढ़ी प्रीती। बालि बधब इन्ह भइ परतीती॥**
**बार बार नावइ पद सीसा। प्रभुहि जानि मन हरष कपीसा॥**

श्रीरामजीका अपरिमित बल देखकर सुग्रीवकी प्रीति बढ़ गयी और उन्हें विश्वास हो गया कि ये बालिका वध अवश्य करेंगे। वे बार-बार चरणोंमें सिर नवाने लगे। प्रभुको पहचानकर सुग्रीव मनमें हर्षित हो रहे थे॥ ७॥

**उपजा ग्यान बचन तब बोला। नाथ कृपाँ मन भयउ अलोला॥**
**सुख संपति परिवार बड़ाई। सब परिहरि करिहउँ सेवकाई॥**

जब ज्ञान उत्पन्न हुआ तब वे ये वचन बोले कि हे नाथ! आपकी कृपासे अब मेरा मन स्थिर हो गया। सुख, सम्पत्ति, परिवार और बड़ाई (बड़प्पन) सबको त्यागकर मैं आपकी सेवा ही करूँगा॥ ८॥

**ए सब रामभगति के बाधक। कहहिं संत तव पद अवराधक॥**
**सत्रु मित्र सुख दुख जग माहीं। मायाकृत परमारथ नाहीं॥**

क्योंकि आपके चरणोंकी आराधना करनेवाले संत कहते हैं कि ये सब (सुख-सम्पत्ति आदि) रामभक्तिके विरोधी हैं। जगत्‌में जितने भी शत्रु-मित्र और सुख-दुःख [आदि द्वन्द्व] हैं, सब-के-सब मायारचित हैं, परमार्थतः (वास्तवमें) नहीं हैं॥ ९॥

**बालि परम हित जासु प्रसादा। मिलेहु राम तुम्ह समन बिषादा॥**
**सपनें जेहि सन होइ लराई। जागें समुझत मन सकुचाई॥**

हे श्रीरामजी! बालि तो मेरा परम हितकारी है, जिसकी कृपासे शोकका नाश करनेवाले आप मुझे मिले; और जिसके साथ अब स्वप्नमें भी लड़ाई हो तो जागनेपर उसे समझकर मनमें संकोच होगा [कि स्वप्नमें भी मैं उससे क्यों लड़ा]॥ १०॥

**अब प्रभु कृपा करहु एहि भाँती। सब तजि भजनु करौं दिन राती॥**
**सुनि बिराग संजुत कपि बानी। बोले बिहँसि रामु धनुपानी॥**

हे प्रभो! अब तो इस प्रकार कृपा कीजिये कि सब छोड़कर दिन-रात मैं आपका भजन ही करूँ। सुग्रीवकी वैराग्ययुक्त वाणी सुनकर (उसके क्षणिक वैराग्यको देखकर) हाथमें धनुष धारण करनेवाले श्रीरामजी मुसकराकर बोले—॥ ११॥

**जो कछु कहेहु सत्य सब सोई। सखा बचन मम मृषा न होई॥**
**नट मरकट इव सबहि नचावत। रामु खगेस बेद अस गावत॥**

तुमने जो कुछ कहा है, वह सभी सत्य है; परन्तु हे सखा! मेरा वचन मिथ्या नहीं होता (अर्थात् बालि मारा जायगा और तुम्हें राज्य मिलेगा)। [काकभुशुण्डिजी कहते हैं कि—] हे पक्षियोंके राजा गरुड़! नट (मदारी)-के बंदरकी तरह श्रीरामजी सबको नचाते हैं, वेद ऐसा कहते हैं॥ १२॥

**लै सुग्रीव संग रघुनाथा। चले चाप सायक गहि हाथा॥**
**तब रघुपति सुग्रीव पठावा। गर्जेसि जाइ निकट बल पावा॥**

तदनन्तर सुग्रीवको साथ लेकर और हाथोंमें धनुष-बाण धारण करके श्रीरघुनाथजी चले। तब श्रीरघुनाथजीने सुग्रीवको बालिके पास भेजा। वह श्रीरामजीका बल पाकर बालिके निकट जाकर गरजा॥ १३॥

**सुनत बालि क्रोधातुर धावा। गहि कर चरन नारि समुझावा॥**
**सुनु पति जिन्हहि मिलेउ सुग्रीवा। ते द्वौ बंधु तेज बल सींवा॥**

बालि सुनते ही क्रोधमें भरकर वेगसे दौड़ा। उसकी स्त्री ताराने चरण पकड़कर उसे समझाया कि हे नाथ! सुनिये, सुग्रीव जिनसे मिले हैं वे दोनों भाई तेज और बलकी सीमा हैं॥ १४॥

**कोसलेस सुत लछिमन रामा। कालहु जीति सकहिं संग्रामा॥**

वे कोसलाधीश दशरथजीके पुत्र राम और लक्ष्मण संग्राममें कालको भी जीत सकते हैं॥ १५॥

**दो०—कह बाली सुनु भीरु प्रिय समदरसी रघुनाथ।**
**जौं कदाचि मोहि मारहिं तौ पुनि होउँ सनाथ॥ ७॥**

बालिने कहा—हे भीरु! (डरपोक) प्रिये! सुनो, श्रीरघुनाथजी समदर्शी हैं। जो कदाचित् वे मुझे मारेंगे ही तो मैं सनाथ हो जाऊँगा (परमपद पा जाऊँगा)॥ ७॥

**अस कहि चला महा अभिमानी। तृन समान सुग्रीवहि जानी॥**
**भिरे उभौ बाली अति तर्जा। मुठिका मारि महाधुनि गर्जा॥**

ऐसा कहकर वह महान् अभिमानी बालि सुग्रीवको तिनकेके समान जानकर चला। दोनों भिड़ गये। बालिने सुग्रीवको बहुत धमकाया और घूँसा मारकर बड़े जोरसे गरजा॥ १॥

**तब सुग्रीव बिकल होइ भागा। मुष्टि प्रहार बज्र सम लागा॥**
**मैं जो कहा रघुबीर कृपाला। बंधु न होइ मोर यह काला॥**

तब सुग्रीव व्याकुल होकर भागा। घूँसेकी चोट उसे वज्रके समान लगी। [सुग्रीवने आकर कहा—] हे कृपालु रघुवीर! मैंने आपसे पहले ही कहा था कि बालि मेरा भाई नहीं है, काल है॥ २॥

**एकरूप तुम्ह भ्राता दोऊ। तेहि भ्रम तें नहिं मारेउँ सोऊ॥**
**कर परसा सुग्रीव सरीरा। तनु भा कुलिस गई सब पीरा॥**

[श्रीरामजीने कहा—] तुम दोनों भाइयोंका एक-सा ही रूप है। इसी भ्रमसे मैंने उसको नहीं मारा। फिर श्रीरामजीने सुग्रीवके शरीरको हाथसे स्पर्श किया, जिससे उसका शरीर वज्रके समान हो गया और सारी पीड़ा जाती रही॥ ३॥

**मेली कंठ सुमन कै माला। पठवा पुनि बल देइ बिसाला॥**
**पुनि नाना बिधि भई लराई। बिटप ओट देखहिं रघुराई॥**

तब श्रीरामजीने सुग्रीवके गलेमें फूलोंकी माला डाल दी और फिर उसे बड़ा भारी बल देकर भेजा। दोनोंमें पुनः अनेक प्रकारसे युद्ध हुआ। श्रीरघुनाथजी वृक्षकी आड़से देख रहे थे॥ ४॥

**दो०—बहु छल बल सुग्रीव कर हियँ हारा भय मानि।**
**मारा बालि राम तब हृदय माझ सर तानि॥ ८॥**

सुग्रीवने बहुत-से छल-बल किये, किन्तु [अन्तमें] भय मानकर हृदयसे हार गया। तब श्रीरामजीने तानकर बालिके हृदयमें बाण मारा॥ ८॥

**परा बिकल महि सर के लागें। पुनि उठि बैठ देखि प्रभु आगें॥**
**स्याम गात सिर जटा बनाएँ। अरुन नयन सर चाप चढ़ाएँ॥**

बाणके लगते ही बालि व्याकुल होकर पृथ्वीपर गिर पड़ा। किन्तु प्रभु श्रीरामचन्द्रजीको आगे देखकर वह फिर उठ बैठा। भगवान्‌का श्याम शरीर है, सिरपर जटा बनाये हैं, लाल नेत्र हैं, बाण लिये हैं और धनुष चढ़ाये हैं॥ १॥

**पुनि पुनि चितइ चरन चित दीन्हा। सुफल जन्म माना प्रभु चीन्हा॥**
**हृदयँ प्रीति मुख बचन कठोरा। बोला चितइ राम की ओरा॥**

बालिने बार-बार भगवान्‌की ओर देखकर चित्तको उनके चरणोंमें लगा दिया। प्रभुको पहचानकर उसने अपना जन्म सफल माना। उसके हृदयमें प्रीति थी, पर मुखमें कठोर वचन थे। वह श्रीरामजीकी ओर देखकर बोला—॥ २॥

**धर्म हेतु अवतरेहु गोसाईं। मारेहु मोहि ब्याध की नाईं॥**
**मैं बैरी सुग्रीव पिआरा। अवगुन कवन नाथ मोहि मारा॥**

हे गोसाईं! आपने धर्मकी रक्षाके लिये अवतार लिया है और मुझे व्याधकी तरह (छिपकर) मारा? मैं वैरी और सुग्रीव प्यारा? हे नाथ! किस दोषसे आपने मुझे मारा?॥ ३॥

**अनुज बधू भगिनी सुत नारी। सुनु सठ कन्या सम ए चारी॥**
**इन्हहि कुदृष्टि बिलोकइ जोई। ताहि बधें कछु पाप न होई॥**

[श्रीरामजीने कहा—] हे मूर्ख! सुन, छोटे भाईकी स्त्री, बहिन, पुत्रकी स्त्री और कन्या—ये चारों समान हैं। इनको जो कोई बुरी दृष्टिसे देखता है, उसे मारनेमें कुछ भी पाप नहीं होता॥ ४॥

**मूढ़ तोहि अतिसय अभिमाना। नारि सिखावन करसि न काना॥**
**मम भुज बल आश्रित तेहि जानी। मारा चहसि अधम अभिमानी॥**

हे मूढ़! तुझे अत्यन्त अभिमान है। तूने अपनी स्त्रीकी सीखपर भी कान (ध्यान) नहीं दिया। सुग्रीवको मेरी भुजाओंके बलका आश्रित जानकर भी अरे अधम अभिमानी! तूने उसको मारना चाहा!॥ ५॥

**दो०—सुनहु राम स्वामी सन चल न चातुरी मोरि।**
**प्रभु अजहूँ मैं पापी अंतकाल गति तोरि॥ ९॥**

[बालिने कहा—] हे श्रीरामजी! सुनिये, स्वामी (आप)-से मेरी चतुराई नहीं चल सकती। हे प्रभो! अन्तकालमें आपकी गति (शरण) पाकर मैं अब भी पापी ही रहा?॥ ९॥

**सुनत राम अति कोमल बानी। बालि सीस परसेउ निज पानी॥**
**अचल करौं तनु राखहु प्राना। बालि कहा सुनु कृपानिधाना॥**

बालिकी अत्यन्त कोमल वाणी सुनकर श्रीरामजीने उसके सिरको अपने हाथसे स्पर्श किया [और कहा—] मैं तुम्हारे शरीरको अचल कर दूँ, तुम प्राणोंको रखो। बालिने कहा—हे कृपानिधान! सुनिये—॥ १॥

**जन्म जन्म मुनि जतनु कराहीं। अंत राम कहि आवत नाहीं॥**
**जासु नाम बल संकर कासी। देत सबहि सम गति अबिनासी॥**

मुनिगण जन्म-जन्ममें (प्रत्येक जन्ममें) [अनेकों प्रकारका] साधन करते रहते हैं। फिर भी अन्तकालमें उन्हें 'राम' नहीं कह आता (उनके मुखसे रामनाम नहीं निकलता)। जिनके नामके बलसे शंकरजी काशीमें सबको समानरूपसे अविनाशिनी गति (मुक्ति) देते हैं॥ २॥

**मम लोचन गोचर सोइ आवा। बहुरि कि प्रभु अस बनिहि बनावा॥**

वह श्रीरामजी स्वयं मेरे नेत्रोंके सामने आ गये हैं। हे प्रभो! ऐसा संयोग क्या फिर कभी बन पड़ेगा?॥ ३॥

**छं०—सो नयन गोचर जासु गुन नित नेति कहि श्रुति गावहीं।**
**जिति पवन मन गो निरस करि मुनि ध्यान कबहुँक पावहीं॥**
**मोहि जानि अति अभिमान बस प्रभु कहेउ राखु सरीरही।**
**अस कवन सठ हठि काटि सुरतरु बारि करिहि बबूरही॥**

श्रुतियाँ 'नेति-नेति' कहकर निरन्तर जिनका गुणगान करती रहती हैं, तथा प्राण और मनको जीतकर एवं इन्द्रियोंको [विषयोंके रससे सर्वथा] नीरस बनाकर मुनिगण ध्यानमें जिनकी कभी क्वचित् ही झलक पाते हैं, वे ही प्रभु (आप) साक्षात् मेरे सामने प्रकट हैं। आपने मुझे अत्यन्त अभिमानवश जानकर यह कहा कि तुम शरीर रख लो। परन्तु ऐसा मूर्ख कौन होगा जो हठपूर्वक कल्पवृक्षको काटकर उससे बबूरके बाड़ लगावेगा (अर्थात् पूर्णकाम बना देनेवाले आपको छोड़कर आपसे इस नश्वर शरीरकी रक्षा चाहेगा?)॥ १॥

**अब नाथ करि करुना बिलोकहु देहु जो बर मागऊँ।**
**जेहिं जोनि जन्मौं कर्म बस तहँ राम पद अनुरागऊँ॥**
**यह तनय मम सम बिनय बल कल्यानप्रद प्रभु लीजिए।**
**गहि बाँह सुर नर नाह आपन दास अंगद कीजिए॥**

हे नाथ! अब मुझपर दयादृष्टि कीजिये और मैं जो वर माँगता हूँ उसे दीजिये। मैं कर्मवश जिस योनिमें जन्म लूँ, वहीं श्रीरामजी (आप)-के चरणोंमें प्रेम करूँ! हे कल्याणप्रद प्रभो! यह मेरा पुत्र अंगद विनय और बलमें मेरे ही समान है, इसे स्वीकार कीजिये। और हे देवता और मनुष्योंके नाथ! बाँह पकड़कर इसे अपना दास बनाइये॥ २॥

**दो०—राम चरन दृढ़ प्रीति करि बालि कीन्ह तनु त्याग।**
**सुमन माल जिमि कंठ ते गिरत न जानइ नाग॥ १०॥**

श्रीरामजीके चरणोंमें दृढ़ प्रीति करके बालिने शरीरको वैसे ही (आसानीसे) त्याग दिया जैसे हाथी अपने गलेसे फूलोंकी मालाका गिरना न जाने॥ १०॥

**राम बालि निज धाम पठावा। नगर लोग सब ब्याकुल धावा॥**
**नाना बिधि बिलाप कर तारा। छूटे केस न देह सँभारा॥**

श्रीरामचन्द्रजीने बालिको अपने परम धाम भेज दिया। नगरके सब लोग व्याकुल होकर दौड़े। बालिकी स्त्री तारा अनेकों प्रकारसे विलाप करने लगी। उसके बाल बिखरे हुए हैं और देहकी सँभाल नहीं है॥ १॥

**तारा बिकल देखि रघुराया। दीन्ह ग्यान हरि लीन्ही माया॥**
**छिति जल पावक गगन समीरा। पंच रचित अति अधम सरीरा॥**

ताराको व्याकुल देखकर श्रीरघुनाथजीने उसे ज्ञान दिया और उसकी माया (अज्ञान) हर ली। [उन्होंने कहा—] पृथ्वी, जल, अग्नि, आकाश और वायु—इन पाँच तत्त्वोंसे यह अत्यन्त अधम शरीर रचा गया है॥ २॥

**प्रगट सो तनु तव आगें सोवा। जीव नित्य केहि लगि तुम्ह रोवा॥**
**उपजा ग्यान चरन तब लागी। लीन्हेसि परम भगति बर मागी॥**

वह शरीर तो प्रत्यक्ष तुम्हारे सामने सोया हुआ है, और जीव नित्य है। फिर तुम किसके लिये रो रही हो? जब ज्ञान उत्पन्न हो गया, तब वह भगवान्‌के चरणों लगी और उसने परम भक्तिका वर माँग लिया॥ ३॥

**उमा दारु जोषित की नाईं। सबहि नचावत रामु गोसाईं॥**
**तब सुग्रीवहि आयसु दीन्हा। मृतक कर्म बिधिवत सब कीन्हा॥**

[शिवजी कहते हैं—] हे उमा! स्वामी श्रीरामजी सबको कठपुतलीकी तरह नचाते हैं। तदनन्तर श्रीरामजीने सुग्रीवको आज्ञा दी और सुग्रीवने विधिपूर्वक बालिका सब मृतक-कर्म किया॥ ४॥

**राम कहा अनुजहि समुझाई। राज देहु सुग्रीवहि जाई॥**
**रघुपति चरन नाइ करि माथा। चले सकल प्रेरित रघुनाथा॥**

तब श्रीरामचन्द्रजीने छोटे भाई लक्ष्मणको समझाकर कहा कि तुम जाकर सुग्रीवको राज्य दे दो। श्रीरघुनाथजीकी प्रेरणा (आज्ञा)-से सब लोग श्रीरघुनाथजीके चरणोंमें मस्तक नवाकर चले॥ ५॥

**दो०—लछिमन तुरत बोलाए पुरजन बिप्र समाज।**
**राजु दीन्ह सुग्रीव कहँ अंगद कहँ जुबराज॥ ११॥**

लक्ष्मणजीने तुरंत ही सब नगरनिवासियोंको और ब्राह्मणोंके समाजको बुला लिया और [उनके सामने] सुग्रीवको राज्य और अंगदको युवराज-पद दिया॥ ११॥

**उमा राम सम हित जग माहीं। गुरु पितु मातु बंधु प्रभु नाहीं॥**
**सुर नर मुनि सब कै यह रीती। स्वारथ लागि करहिं सब प्रीती॥**

हे पार्वती! जगत्‌में श्रीरामजीके समान हित करनेवाला गुरु, पिता, माता, बन्धु और स्वामी कोई नहीं

है। देवता, मनुष्य और मुनि सबकी यह रीति है कि स्वार्थके लिये ही सब प्रीति करते हैं॥ १॥

**बालि त्रास ब्याकुल दिन राती। तन बहु ब्रन चिंताँ जर छाती॥**
**सोइ सुग्रीव कीन्ह कपिराऊ। अति कृपाल रघुबीर सुभाऊ॥**

जो सुग्रीव दिन-रात बालिके भयसे व्याकुल रहता था, जिसके शरीरमें बहुत-से घाव हो गये थे और जिसकी छाती चिन्ताके मारे जला करती थी, उसी सुग्रीवको उन्होंने वानरोंका राजा बना दिया। श्रीरामचन्द्रजीका स्वभाव अत्यन्त ही कृपालु है॥ २॥

**जानतहूँ अस प्रभु परिहरहीं। काहे न बिपति जाल नर परहीं॥**
**पुनि सुग्रीवहि लीन्ह बोलाई। बहु प्रकार नृपनीति सिखाई॥**

जो लोग जानते हुए भी ऐसे प्रभुको त्याग देते हैं, वे क्यों न विपत्तिके जालमें फँसें? फिर श्रीरामजीने सुग्रीवको बुला लिया और बहुत प्रकारसे उन्हें राजनीतिकी शिक्षा दी॥ ३॥

**कह प्रभु सुनु सुग्रीव हरीसा। पुर न जाउँ दस चारि बरीसा॥**
**गत ग्रीषम बरषा रितु आई। रहिहउँ निकट सैल पर छाई॥**

फिर प्रभुने कहा—हे वानरपति सुग्रीव! सुनो, मैं चौदह वर्षतक गाँव (बस्ती)-में नहीं जाऊँगा। ग्रीष्म-ऋतु बीतकर वर्षा-ऋतु आ गयी। अतः मैं यहाँ पास ही पर्वतपर टिक रहूँगा॥ ४॥

**अंगद सहित करहु तुम्ह राजू। संतत हृदयँ धरेहु मम काजू॥**
**जब सुग्रीव भवन फिरि आए। रामु प्रबरषन गिरि पर छाए॥**

तुम अंगदसहित राज्य करो। मेरे कामका हृदयमें सदा ध्यान रखना। तदनन्तर जब सुग्रीवजी घर लौट आये, तब श्रीरामजी प्रवर्षण पर्वतपर जा टिके॥ ५॥

**दो०—प्रथमहिं देवन्ह गिरि गुहा राखेउ रुचिर बनाइ।**
**राम कृपानिधि कछु दिन बास करहिंगे आइ॥ १२॥**

देवताओंने पहलेसे ही उस पर्वतकी एक गुफाको सुन्दर बना (सजा) रखा था। उन्होंने सोच रखा था कि कृपाकी खान श्रीरामजी कुछ दिन यहाँ आकर निवास करेंगे॥ १२॥

**सुंदर बन कुसुमित अति सोभा। गुंजत मधुप निकर मधु लोभा॥**
**कंद मूल फल पत्र सुहाए। भए बहुत जब ते प्रभु आए॥**

सुन्दर वन फूला हुआ अत्यन्त सुशोभित है। मधुके लोभसे भौंरोंके समूह गुंजार कर रहे हैं। जबसे प्रभु आये, तबसे वनमें सुन्दर कन्द, मूल, फल और पत्तोंकी बहुतायत हो गयी॥ १॥

**देखि मनोहर सैल अनूपा। रहे तहँ अनुज सहित सुरभूपा॥**
**मधुकर खग मृग तनु धरि देवा। करहिं सिद्ध मुनि प्रभु कै सेवा॥**

मनोहर और अनुपम पर्वतको देखकर देवताओंके सम्राट् श्रीरामजी छोटे भाईसहित वहाँ रह गये। देवता, सिद्ध और मुनि भौंरों, पक्षियों और पशुओंके शरीर धारण करके प्रभुकी सेवा करने लगे॥ २॥

**मंगलरूप भयउ बन तब ते। कीन्ह निवास रमापति जब ते॥**
**फटिक सिला अति सुभ्र सुहाई। सुख आसीन तहाँ द्वौ भाई॥**

जबसे रमापति श्रीरामजीने वहाँ निवास किया तबसे वन मंगलस्वरूप हो गया। सुन्दर

स्फटिकमणिकी एक अत्यन्त उज्ज्वल शिला है, उसपर दोनों भाई सुखपूर्वक विराजमान हैं॥ ३॥

**कहत अनुज सन कथा अनेका। भगति बिरति नृपनीति बिबेका॥**
**बरषा काल मेघ नभ छाए। गरजत लागत परम सुहाए॥**

श्रीरामजी छोटे भाई लक्ष्मणजीसे भक्ति, वैराग्य, राजनीति और ज्ञानकी अनेकों कथाएँ कहते हैं। वर्षाकालमें आकाशमें छाये हुए बादल गरजते हुए बहुत ही सुहावने लगते हैं॥ ४॥

**दो०—लछिमन देखु मोर गन नाचत बारिद पेखि।**
**गृही बिरतिरत हरष जस बिष्नुभगत कहुँ देखि॥ १३॥**

[श्रीरामजी कहने लगे—] हे लक्ष्मण! देखो, मोरोंके झुंड बादलोंको देखकर नाच रहे हैं। जैसे वैराग्यमें अनुरक्त गृहस्थ किसी विष्णुभक्तको देखकर हर्षित होते हैं॥ १३॥

**घन घमंड नभ गरजत घोरा। प्रिया हीन डरपत मन मोरा॥**
**दामिनि दमक रह न घन माहीं। खल कै प्रीति जथा थिर नाहीं॥**

आकाशमें बादल घुमड़-घुमड़कर घोर गर्जना कर रहे हैं, प्रिया (सीताजी)-के बिना मेरा मन डर रहा है। बिजलीकी चमक बादलोंमें ठहरती नहीं, जैसे दुष्टकी प्रीति स्थिर नहीं रहती॥ १॥

**बरषहिं जलद भूमि निअराएँ। जथा नवहिं बुध बिद्या पाएँ॥**
**बूँद अघात सहहिं गिरि कैसें। खल के बचन संत सह जैसें॥**

बादल पृथ्वीके समीप आकर (नीचे उतरकर) बरस रहे हैं, जैसे विद्या पाकर विद्वान् नम्र हो जाते हैं। बूँदोंकी चोट पर्वत कैसे सहते हैं, जैसे दुष्टोंके वचन संत सहते हैं॥ २॥

**छुद्र नदीं भरि चलीं तोराई। जस थोरेहुँ धन खल इतराई॥**
**भूमि परत भा ढाबर पानी। जनु जीवहि माया लपटानी॥**

छोटी नदियाँ भरकर [किनारोंको] तुड़ाती हुई चलीं, जैसे थोड़े धनसे भी दुष्ट इतरा जाते हैं (मर्यादाका त्याग कर देते हैं)। पृथ्वीपर पड़ते ही पानी गँदला हो गया है, जैसे शुद्ध जीवके माया लिपट गयी हो॥ ३॥

**समिटि समिटि जल भरहिं तलावा। जिमि सदगुन सज्जन पहिं आवा॥**
**सरिता जल जलनिधि महुँ जाई। होइ अचल जिमि जिव हरि पाई॥**

जल एकत्र हो-होकर तालाबोंमें भर रहा है, जैसे सद्गुण [एक-एककर] सज्जनके पास चले आते हैं। नदीका जल समुद्रमें जाकर वैसे ही स्थिर हो जाता है, जैसे जीव श्रीहरिको पाकर अचल (आवागमनसे मुक्त) हो जाता है॥ ४॥

**दो०—हरित भूमि तृन संकुल समुझि परहिं नहिं पंथ।**
**जिमि पाखंड बाद तें गुप्त होहिं सदग्रंथ॥ १४॥**

पृथ्वी घाससे परिपूर्ण होकर हरी हो गयी है, जिससे रास्ते समझ नहीं पड़ते। जैसे पाखण्ड-मतके प्रचारसे सद्ग्रन्थ गुप्त (लुप्त) हो जाते हैं॥ १४॥

**दादुर धुनि चहु दिसा सुहाई। बेद पढ़हिं जनु बटु समुदाई॥**
**नव पल्लव भए बिटप अनेका। साधक मन जस मिलें बिबेका॥**

चारों दिशाओंमें मेढकोंकी ध्वनि ऐसी सुहावनी लगती है, मानो विद्यार्थियोंके समुदाय वेद

पढ़ रहे हों। अनेकों वृक्षोंमें नये पत्ते आ गये हैं, जिससे वे ऐसे हरे-भरे एवं सुशोभित हो गये हैं जैसे साधकका मन विवेक (ज्ञान) प्राप्त होनेपर हो जाता है॥ १॥

**अर्क जवास पात बिनु भयऊ। जस सुराज खल उद्यम गयऊ॥**
**खोजत कतहुँ मिलइ नहिं धूरी। करइ क्रोध जिमि धरमहि दूरी॥**

मदार और जवासा बिना पत्तेके हो गये (उनके पत्ते झड़ गये)। जैसे श्रेष्ठ राज्यमें दुष्टोंका उद्यम जाता रहा (उनकी एक भी नहीं चलती)। धूल कहीं खोजनेपर भी नहीं मिलती, जैसे क्रोध धर्मको दूर कर देता है (अर्थात् क्रोधका आवेश होनेपर धर्मका ज्ञान नहीं रह जाता)॥ २॥

**ससि संपन्न सोह महि कैसी। उपकारी कै संपति जैसी॥**
**निसि तम घन खद्योत बिराजा। जनु दंभिन्ह कर मिला समाजा॥**

अन्नसे युक्त (लहलहाती हुई खेतीसे हरी-भरी) पृथ्वी कैसी शोभित हो रही है, जैसी उपकारी पुरुषकी सम्पत्ति। रातके घने अन्धकारमें जुगनू शोभा पा रहे हैं, मानो दम्भियोंका समाज आ जुटा हो॥ ३॥

**महाबृष्टि चलि फूटि किआरीं। जिमि सुतंत्र भएँ बिगरहिं नारीं॥**
**कृषी निरावहिं चतुर किसाना। जिमि बुध तजहिं मोह मद माना॥**

भारी वर्षासे खेतोंकी क्यारियाँ फूट चली हैं, जैसे स्वतन्त्र होनेसे स्त्रियाँ बिगड़ जाती हैं। चतुर किसान खेतोंको निरा रहे हैं (उनमेंसे घास आदिको निकालकर फेंक रहे हैं)। जैसे विद्वान् लोग मोह, मद और मानका त्याग कर देते हैं॥ ४॥

**देखिअत चक्रबाक खग नाहीं। कलिहि पाइ जिमि धर्म पराहीं॥**
**ऊषर बरषइ तृन नहिं जामा। जिमि हरिजन हियँ उपज न कामा॥**

चक्रवाक पक्षी दिखायी नहीं दे रहे हैं; जैसे कलियुगको पाकर धर्म भाग जाते हैं। ऊसरमें वर्षा होती है, पर वहाँ घासतक नहीं उगती। जैसे हरिभक्तके हृदयमें काम नहीं उत्पन्न होता॥ ५॥

**बिबिध जंतु संकुल महि भ्राजा। प्रजा बाढ़ जिमि पाइ सुराजा॥**
**जहँ तहँ रहे पथिक थकि नाना। जिमि इंद्रिय गन उपजें ग्याना॥**

पृथ्वी अनेक तरहके जीवोंसे भरी हुई उसी तरह शोभायमान है, जैसे सुराज्य पाकर प्रजाकी वृद्धि होती है। जहाँ-तहाँ अनेक पथिक थककर ठहरे हुए हैं, जैसे ज्ञान उत्पन्न होनेपर इन्द्रियाँ [शिथिल होकर विषयोंकी ओर जाना छोड़ देती हैं]॥ ६॥

**दो०—कबहुँ प्रबल बह मारुत जहँ तहँ मेघ बिलाहिं।**
**जिमि कपूत के उपजें कुल सद्धर्म नसाहिं॥ १५ (क)॥**

कभी-कभी वायु बड़े जोरसे चलने लगती है, जिससे बादल जहाँ-तहाँ गायब हो जाते हैं। जैसे कुपुत्रके उत्पन्न होनेसे कुलके उत्तम धर्म (श्रेष्ठ आचरण) नष्ट हो जाते हैं॥ १५ (क)॥

**कबहुँ दिवस महँ निबिड़ तम कबहुँक प्रगट पतंग।**
**बिनसइ उपजइ ग्यान जिमि पाइ कुसंग सुसंग॥ १५ (ख)॥**

कभी [बादलोंके कारण] दिनमें घोर अन्धकार छा जाता है और कभी सूर्य प्रकट हो जाते हैं। जैसे कुसंग पाकर ज्ञान नष्ट हो जाता है और सुसंग पाकर उत्पन्न हो जाता है॥ १५ (ख)॥

**बरषा बिगत सरद रितु आई। लछिमन देखहु परम सुहाई॥**
**फूलें कास सकल महि छाई। जनु बरषाँ कृत प्रगट बुढ़ाई॥**

हे लक्ष्मण! देखो, वर्षा बीत गयी और परम सुन्दर शरद्-ऋतु आ गयी। फूले हुए काससे सारी पृथ्वी छा गयी। मानो वर्षा-ऋतुने [कासरूपी सफेद बालोंके रूपमें] अपना बुढ़ापा प्रकट किया है॥ १॥

**उदित अगस्ति पंथ जल सोषा। जिमि लोभहि सोषइ संतोषा॥**
**सरिता सर निर्मल जल सोहा। संत हृदय जस गत मद मोहा॥**

अगस्त्यके तारेने उदय होकर मार्गके जलको सोख लिया, जैसे सन्तोष लोभको सोख लेता है। नदियों और तालाबोंका निर्मल जल ऐसी शोभा पा रहा है जैसे मद और मोहसे रहित संतोंका हृदय!॥ २॥

**रस रस सूख सरित सर पानी। ममता त्याग करहिं जिमि ग्यानी॥**
**जानि सरद रितु खंजन आए। पाइ समय जिमि सुकृत सुहाए॥**

नदी और तालाबोंका जल धीरे-धीरे सूख रहा है। जैसे ज्ञानी (विवेकी) पुरुष ममताका त्याग करते हैं। शरद्-ऋतु जानकर खंजन पक्षी आ गये। जैसे समय पाकर सुन्दर सुकृत आ जाते हैं (पुण्य प्रकट हो जाते हैं)॥ ३॥

**पंक न रेनु सोह असि धरनी। नीति निपुन नृप कै जसि करनी॥**
**जल संकोच बिकल भइँ मीना। अबुध कुटुंबी जिमि धनहीना॥**

न कीचड़ है न धूल; इससे धरती [निर्मल होकर] ऐसी शोभा दे रही है जैसे नीतिनिपुण राजाकी करनी! जलके कम हो जानेसे मछलियाँ व्याकुल हो रही हैं, जैसे मूर्ख (विवेकशून्य) कुटुम्बी (गृहस्थ) धनके बिना व्याकुल होता है॥ ४॥

**बिनु घन निर्मल सोह अकासा। हरिजन इव परिहरि सब आसा॥**
**कहुँ कहुँ बृष्टि सारदी थोरी। कोउ एक पाव भगति जिमि मोरी॥**

बिना बादलोंका निर्मल आकाश ऐसा शोभित हो रहा है जैसे भगवद्भक्त सब आशाओंको छोड़कर सुशोभित होते हैं। कहीं-कहीं (विरले ही स्थानोंमें) शरद्-ऋतुकी थोड़ी-थोड़ी वर्षा हो रही है। जैसे कोई विरले ही मेरी भक्ति पाते हैं॥ ५॥

**दो०—चले हरषि तजि नगर नृप तापस बनिक भिखारि।**
**जिमि हरिभगति पाइ श्रम तजहिं आश्रमी चारि॥ १६॥**

[शरद्-ऋतु पाकर] राजा, तपस्वी, व्यापारी और भिखारी [क्रमशः विजय, तप, व्यापार और भिक्षाके लिये] हर्षित होकर नगर छोड़कर चले। जैसे श्रीहरिकी भक्ति पाकर चारों आश्रमवाले [नाना प्रकारके साधनरूपी] श्रमोंको त्याग देते हैं॥ १६॥

**सुखी मीन जे नीर अगाधा। जिमि हरि सरन न एकउ बाधा॥**
**फूलें कमल सोह सर कैसा। निर्गुन ब्रह्म सगुन भएँ जैसा॥**

जो मछलियाँ अथाह जलमें हैं, वे सुखी हैं, जैसे श्रीहरिके शरणमें चले जानेपर एक भी बाधा नहीं रहती। कमलोंके फूलनेसे तालाब कैसी शोभा दे रहा है, जैसे निर्गुण ब्रह्म सगुण होनेपर शोभित होता है॥ १॥

**गुंजत मधुकर मुखर अनूपा। सुंदर खग रव नाना रूपा॥**
**चक्रबाक मन दुख निसि पेखी। जिमि दुर्जन पर संपति देखी॥**

भौंरे अनुपम शब्द करते हुए गूँज रहे हैं, तथा पक्षियोंके नाना प्रकारके सुन्दर शब्द हो रहे हैं। रात्रि देखकर चकवेके मनमें वैसे ही दुःख हो रहा है, जैसे दूसरेकी सम्पत्ति देखकर दुष्टको होता है॥ २॥

**चातक रटत तृषा अति ओही। जिमि सुख लहइ न संकरद्रोही॥**
**सरदातप निसि ससि अपहरई। संत दरस जिमि पातक टरई॥**

पपीहा रट लगाये है, उसको बड़ी प्यास है, जैसे श्रीशंकरजीका द्रोही सुख नहीं पाता (सुखके लिये झीखता रहता है)। शरद्-ऋतुके तापको रातके समय चन्द्रमा हर लेता है, जैसे संतोंके दर्शनसे पाप दूर हो जाते हैं॥ ३॥

**देखि इंदु चकोर समुदाई। चितवहिं जिमि हरिजन हरि पाई॥**
**मसक दंस बीते हिम त्रासा। जिमि द्विज द्रोह किएँ कुल नासा॥**

चकोरोंके समुदाय चन्द्रमाको देखकर इस प्रकार टकटकी लगाये हैं जैसे भगवद्भक्त भगवान्‌को पाकर उनके [निर्निमेष नेत्रोंसे] दर्शन करते हैं। मच्छर और डाँस जाड़ेके डरसे इस प्रकार नष्ट हो गये जैसे ब्राह्मणके साथ वैर करनेसे कुलका नाश हो जाता है॥ ४॥

**दो०—भूमि जीव संकुल रहे गए सरद रितु पाइ।**
**सदगुर मिलें जाहिं जिमि संसय भ्रम समुदाइ॥ १७॥**

[वर्षा-ऋतुके कारण] पृथ्वीपर जो जीव भर गये थे, वे शरद्-ऋतुको पाकर वैसे ही नष्ट हो गये जैसे सद्गुरुके मिल जानेपर सन्देह और भ्रमके समूह नष्ट हो जाते हैं॥ १७॥

**बरषा गत निर्मल रितु आई। सुधि न तात सीता कै पाई॥**
**एक बार कैसेहुँ सुधि जानौं। कालहु जीति निमिष महुँ आनौं॥**

वर्षा बीत गयी, निर्मल शरद्-ऋतु आ गयी। परन्तु हे तात! सीताकी कोई खबर नहीं मिली। एक बार कैसे भी पता पाऊँ तो कालको भी जीतकर पलभरमें जानकीको ले आऊँ॥ १॥

**कतहुँ रहउ जौं जीवति होई। तात जतन करि आनउँ सोई॥**
**सुग्रीवहुँ सुधि मोरि बिसारी। पावा राज कोस पुर नारी॥**

कहीं भी रहे, यदि जीती होगी तो हे तात! यत्न करके मैं उसे अवश्य लाऊँगा। राज्य, खजाना, नगर और स्त्री पा गया, इसलिये सुग्रीवने भी मेरी सुधि भुला दी॥ २॥

**जेहिं सायक मारा मैं बाली। तेहिं सर हतौं मूढ़ कहँ काली॥**
**जासु कृपाँ छूटहिं मद मोहा। ता कहुँ उमा कि सपनेहुँ कोहा॥**

जिस बाणसे मैंने बालिको मारा था, उसी बाणसे कल उस मूढ़को मारूँ! [शिवजी कहते हैं—] हे उमा! जिनकी कृपासे मद और मोह छूट जाते हैं, उनको कहीं स्वप्नमें भी क्रोध हो सकता है? [यह तो लीलामात्र है]॥ ३॥

**जानहिं यह चरित्र मुनि ग्यानी। जिन्ह रघुबीर चरन रति मानी॥**
**लछिमन क्रोधवंत प्रभु जाना। धनुष चढ़ाइ गहे कर बाना॥**

ज्ञानी मुनि जिन्होंने श्रीरघुनाथजीके चरणोंमें प्रीति मान ली है (जोड़ ली है), वे ही इस चरित्र (लीलारहस्य)-को जानते हैं। लक्ष्मणजीने जब प्रभुको क्रोधयुक्त जाना, तब उन्होंने धनुष चढ़ाकर बाण हाथमें ले लिये॥ ४॥

**दो०—तब अनुजहि समुझावा रघुपति करुना सींव।**
**भय देखाइ लै आवहु तात सखा सुग्रीव॥ १८॥**

तब दयाकी सीमा श्रीरघुनाथजीने छोटे भाई लक्ष्मणजीको समझाया कि हे तात! सखा सुग्रीवको केवल भय दिखलाकर ले आओ [उसे मारनेकी बात नहीं है]॥ १८॥

**इहाँ पवनसुत हृदयँ बिचारा। राम काजु सुग्रीवँ बिसारा॥**
**निकट जाइ चरनन्हि सिरु नावा। चारिहु बिधि तेहि कहि समुझावा॥**

यहाँ (किष्किन्धानगरीमें) पवनकुमार श्रीहनुमान्‌जीने विचार किया कि सुग्रीवने श्रीरामजीके कार्यको भुला दिया। उन्होंने सुग्रीवके पास जाकर चरणोंमें सिर नवाया। [साम, दान, दण्ड, भेद] चारों प्रकारकी नीति कहकर उन्हें समझाया॥ १॥

**सुनि सुग्रीवँ परम भय माना। बिषयँ मोर हरि लीन्हेउ ग्याना॥**
**अब मारुतसुत दूत समूहा। पठवहु जहँ तहँ बानर जूहा॥**

हनुमान्‌जीके वचन सुनकर सुग्रीवने बहुत ही भय माना। [और कहा—] विषयोंने मेरे ज्ञानको हर लिया। अब हे पवनसुत! जहाँ-तहाँ वानरोंके यूथ रहते हैं, वहाँ दूतोंके समूहोंको भेजो॥ २॥

**कहहु पाख महुँ आव न जोई। मोरें कर ता कर बध होई॥**
**तब हनुमंत बोलाए दूता। सब कर करि सनमान बहूता॥**

और कहला दो कि एक पखवाड़ेमें (पंद्रह दिनोंमें) जो न आ जायगा, उसका मेरे हाथों वध होगा। तब हनुमान्‌जीने दूतोंको बुलाया और सबका बहुत सम्मान करके—॥ ३॥

**भय अरु प्रीति नीति देखराई। चले सकल चरनन्हि सिर नाई॥**
**एहि अवसर लछिमन पुर आए। क्रोध देखि जहँ तहँ कपि धाए॥**

सबको भय, प्रीति और नीति दिखलायी। सब बंदर चरणोंमें सिर नवाकर चले। इसी समय लक्ष्मणजी नगरमें आये। उनका क्रोध देखकर बंदर जहाँ-तहाँ भागे॥ ४॥

**दो०—धनुष चढ़ाइ कहा तब जारि करउँ पुर छार।**
**ब्याकुल नगर देखि तब आयउ बालिकुमार॥ १९॥**

तदनन्तर लक्ष्मणजीने धनुष चढ़ाकर कहा कि नगरको जलाकर अभी राख कर दूँगा। तब नगरभरको व्याकुल देखकर बालिपुत्र अंगदजी उनके पास आये॥ १९॥

**चरन नाइ सिरु बिनती कीन्ही। लछिमन अभय बाँह तेहि दीन्ही॥**
**क्रोधवंत लछिमन सुनि काना। कह कपीस अति भयँ अकुलाना॥**

अंगदने उनके चरणोंमें सिर नवाकर विनती की (क्षमायाचना की)। तब लक्ष्मणजीने उनको अभय बाँह दी (भुजा उठाकर कहा कि डरो मत)। सुग्रीवने अपने कानोंसे लक्ष्मणजीको क्रोधयुक्त सुनकर भयसे अत्यन्त व्याकुल होकर कहा—॥ १॥

**सुनु हनुमंत संग लै तारा। करि बिनती समुझाउ कुमारा॥**
**तारा सहित जाइ हनुमाना। चरन बंदि प्रभु सुजस बखाना॥**

हे हनुमान्! सुनो, तुम ताराको साथ ले जाकर विनती करके राजकुमारको समझाओ (समझा-बुझाकर शान्त करो)। हनुमान्‌जीने तारासहित जाकर लक्ष्मणजीके चरणोंकी वन्दना की और प्रभुके सुन्दर यशका बखान किया॥ २॥

**करि बिनती मंदिर लै आए। चरन पखारि पलँग बैठाए॥**
**तब कपीस चरनन्हि सिरु नावा। गहि भुज लछिमन कंठ लगावा॥**

वे विनती करके उन्हें महलमें ले आये तथा चरणोंको धोकर उन्हें पलँगपर बैठाया। तब वानरराज सुग्रीवने उनके चरणोंमें सिर नवाया और लक्ष्मणजीने हाथ पकड़कर उनको गलेसे लगा लिया॥ ३॥

**नाथ बिषय सम मद कछु नाहीं। मुनि मन मोह करइ छन माहीं॥**
**सुनत बिनीत बचन सुख पावा। लछिमन तेहि बहु बिधि समुझावा॥**

[सुग्रीवने कहा—] हे नाथ! विषयके समान और कोई मद नहीं है। यह मुनियोंके मनमें भी क्षणमात्रमें मोह उत्पन्न कर देता है [फिर मैं तो विषयी जीव ही ठहरा]। सुग्रीवके विनययुक्त वचन सुनकर लक्ष्मणजीने सुख पाया और उनको बहुत प्रकारसे समझाया॥ ४॥

**पवन तनय सब कथा सुनाई। जेहि बिधि गए दूत समुदाई॥**

तब पवनसुत हनुमान्‌जीने जिस प्रकार सब दिशाओंमें दूतोंके समूह गये थे वह सब हाल सुनाया॥ ५॥

**दो०—हरषि चले सुग्रीव तब अंगदादि कपि साथ।**
**रामानुज आगें करि आए जहँ रघुनाथ॥ २०॥**

तब अंगद आदि वानरोंको साथ लेकर और श्रीरामजीके छोटे भाई लक्ष्मणजीको आगे करके (अर्थात् उनके पीछे-पीछे) सुग्रीव हर्षित होकर चले और जहाँ रघुनाथजी थे वहाँ आये॥ २०॥

**नाइ चरन सिरु कह कर जोरी। नाथ मोहि कछु नाहिन खोरी॥**
**अतिसय प्रबल देव तव माया। छूटइ राम करहु जौं दाया॥**

श्रीरघुनाथजीके चरणोंमें सिर नवाकर हाथ जोड़कर सुग्रीवने कहा—हे नाथ! मुझे कुछ भी दोष नहीं है। हे देव! आपकी माया अत्यन्त ही प्रबल है। आप जब दया करते हैं, हे राम! तभी यह छूटती है॥ १॥

**बिषय बस्य सुर नर मुनि स्वामी। मैं पावँर पसु कपि अति कामी॥**
**नारि नयन सर जाहि न लागा। घोर क्रोध तम निसि जो जागा॥**

हे स्वामी! देवता, मनुष्य और मुनि सभी विषयोंके वशमें हैं। फिर मैं तो पामर पशु और पशुओंमें भी अत्यन्त कामी बंदर हूँ। स्त्रीका नयन-बाण जिसको नहीं लगा, जो भयंकर क्रोधरूपी अँधेरी रातमें भी जागता रहता है (क्रोधान्ध नहीं होता)॥ २॥

**लोभ पाँस जेहिं गर न बँधाया। सो नर तुम्ह समान रघुराया॥**
**यह गुन साधन तें नहिं होई। तुम्हरी कृपाँ पाव कोइ कोई॥**

और लोभकी फाँसीसे जिसने अपना गला नहीं बँधाया, हे रघुनाथजी! वह मनुष्य आपहीके समान है। ये गुण साधनसे नहीं प्राप्त होते। आपकी कृपासे ही कोई-कोई इन्हें पाते हैं॥ ३॥

**तब रघुपति बोले मुसुकाई। तुम्ह प्रिय मोहि भरत जिमि भाई॥**
**अब सोइ जतनु करहु मन लाई। जेहि बिधि सीता कै सुधि पाई॥**

तब श्रीरघुनाथजी मुसकराकर बोले—हे भाई! तुम मुझे भरतके समान प्यारे हो। अब मन लगाकर वही उपाय करो जिस उपायसे सीताकी खबर मिले॥ ४॥

**दो०—एहि बिधि होत बतकही आए बानर जूथ।**
**नाना बरन सकल दिसि देखिअ कीस बरूथ॥ २१॥**

इस प्रकार बातचीत हो रही थी कि वानरोंके यूथ (झुंड) आ गये। अनेक रंगोंके वानरोंके दल सब दिशाओंमें दिखायी देने लगे॥ २१॥

**बानर कटक उमा मैं देखा। सो मूरुख जो करन चह लेखा॥**
**आइ राम पद नावहिं माथा। निरखि बदनु सब होहिं सनाथा॥**

[शिवजी कहते हैं—] हे उमा! वानरोंकी वह सेना मैंने देखी थी। उसकी जो गिनती करना चाहे वह महान् मूर्ख है। सब वानर आ-आकर श्रीरामजीके चरणोंमें मस्तक नवाते हैं और [सौन्दर्य-माधुर्यनिधि] श्रीमुखके दर्शन करके कृतार्थ होते हैं॥ १॥

**अस कपि एक न सेना माहीं। राम कुसल जेहि पूछी नाहीं॥**
**यह कछु नहिं प्रभु कइ अधिकाई। बिस्वरूप ब्यापक रघुराई॥**

सेनामें एक भी वानर ऐसा नहीं था जिससे श्रीरामजीने कुशल न पूछी हो। प्रभुके लिये यह कोई बड़ी बात नहीं है; क्योंकि श्रीरघुनाथजी विश्वरूप तथा सर्वव्यापक हैं (सारे रूपों और सब स्थानोंमें हैं)॥ २॥

**ठाढ़े जहँ तहँ आयसु पाई। कह सुग्रीव सबहि समुझाई॥**
**राम काजु अरु मोर निहोरा। बानर जूथ जाहु चहुँ ओरा॥**

आज्ञा पाकर सब जहाँ-तहाँ खड़े हो गये। तब सुग्रीवने सबको समझाकर कहा कि हे वानरोंके समूहो! यह श्रीरामचन्द्रजीका कार्य है, और मेरा निहोरा (अनुरोध) है; तुम चारों ओर जाओ॥ ३॥

**जनकसुता कहुँ खोजहु जाई। मास दिवस महँ आएहु भाई॥**
**अवधि मेटि जो बिनु सुधि पाएँ। आवइ बनिहि सो मोहि मराएँ॥**

और जाकर जानकीजीको खोजो। हे भाई! महीनेभरमें वापस आ जाना। जो [महीनेभरकी] अवधि बिताकर बिना पता लगाये ही लौट आवेगा उसे मेरे द्वारा मरवाते ही बनेगा (अर्थात् मुझे उसका वध करवाना ही पड़ेगा)॥ ४॥

**दो०—बचन सुनत सब बानर जहँ तहँ चले तुरंत।**
**तब सुग्रीवँ बोलाए अंगद नल हनुमंत॥ २२॥**

सुग्रीवके वचन सुनते ही सब वानर तुरंत जहाँ-तहाँ (भिन्न-भिन्न दिशाओंमें) चल दिये। तब सुग्रीवने अंगद, नल, हनुमान् आदि प्रधान-प्रधान योद्धाओंको बुलाया [और कहा—]॥ २२॥

**सुनहु नील अंगद हनुमाना। जामवंत मतिधीर सुजाना॥**
**सकल सुभट मिलि दच्छिन जाहू। सीता सुधि पूँछेहु सब काहू॥**

हे धीरबुद्धि और चतुर नील, अंगद, जाम्बवान् और हनुमान्! तुम सब श्रेष्ठ योद्धा मिलकर दक्षिण दिशाको जाओ और सब किसीसे सीताजीका पता पूछना॥ १॥

**मन क्रम बचन सो जतन बिचारेहु। रामचंद्र कर काजु सँवारेहु॥**
**भानु पीठि सेइअ उर आगी। स्वामिहि सर्ब भाव छल त्यागी॥**

मन, वचन तथा कर्मसे उसीका (सीताजीका पता लगानेका) उपाय सोचना। श्रीरामचन्द्रजीका

कार्य सम्पन्न (सफल) करना। सूर्यको पीठसे और अग्निको हृदयसे (सामनेसे) सेवन करना चाहिये। परन्तु स्वामीकी सेवा तो छल छोड़कर सर्वभावसे (मन, वचन, कर्मसे) करनी चाहिये॥ २॥

**तजि माया सेइअ परलोका। मिटहिं सकल भवसंभव सोका॥**
**देह धरे कर यह फलु भाई। भजिअ राम सब काम बिहाई॥**

माया (विषयोंकी ममता-आसक्ति)-को छोड़कर परलोकका सेवन (भगवान्‌के दिव्य धामकी प्राप्तिके लिये भगवत्सेवारूप साधन) करना चाहिये, जिससे भव (जन्म-मरण)-से उत्पन्न सारे शोक मिट जायँ। हे भाई! देह धारण करनेका यही फल है कि सब कामों (कामनाओं)-को छोड़कर श्रीरामजीका भजन ही किया जाय॥ ३॥

**सोइ गुनग्य सोई बड़भागी। जो रघुबीर चरन अनुरागी॥**
**आयसु मागि चरन सिरु नाई। चले हरषि सुमिरत रघुराई॥**

सद्‌गुणोंको पहचाननेवाला (गुणवान्) तथा बड़भागी वही है जो श्रीरघुनाथजीके चरणोंका प्रेमी है। आज्ञा माँगकर और चरणोंमें फिर सिर नवाकर श्रीरघुनाथजीका स्मरण करते हुए सब हर्षित होकर चले॥ ४॥

**पाछें पवन तनय सिरु नावा। जानि काज प्रभु निकट बोलावा॥**
**परसा सीस सरोरुह पानी। करमुद्रिका दीन्हि जन जानी॥**

सबके पीछे पवनसुत श्रीहनुमान्‌जीने सिर नवाया। कार्यका विचार करके प्रभुने उन्हें अपने पास बुलाया। उन्होंने अपने करकमलसे उनके सिरका स्पर्श किया तथा अपना सेवक जानकर उन्हें अपने हाथकी अँगूठी उतारकर दी॥ ५॥

**बहु प्रकार सीतहि समुझाएहु। कहि बल बिरह बेगि तुम्ह आएहु॥**
**हनुमत जन्म सुफल करि माना। चलेउ हृदयँ धरि कृपानिधाना॥**

[और कहा—] बहुत प्रकारसे सीताको समझाना और मेरा बल तथा विरह (प्रेम) कहकर तुम शीघ्र लौट आना। हनुमान्‌जीने अपना जन्म सफल समझा और कृपानिधान प्रभुको हृदयमें धारण करके वे चले॥ ६॥

**जद्यपि प्रभु जानत सब बाता। राजनीति राखत सुरत्राता॥**

यद्यपि देवताओंकी रक्षा करनेवाले प्रभु सब बात जानते हैं, तो भी वे राजनीतिकी रक्षा कर रहे हैं (नीतिकी मर्यादा रखनेके लिये सीताजीका पता लगानेको जहाँ-तहाँ वानरोंको भेज रहे हैं)॥ ७॥

**दो०—चले सकल बन खोजत सरिता सर गिरि खोह।**
**राम काज लयलीन मन बिसरा तन कर छोह॥ २३॥**

सब वानर वन, नदी, तालाब, पर्वत और पर्वतोंकी कन्दराओंमें खोजते हुए चले जा रहे हैं। मन श्रीरामजीके कार्यमें लवलीन है। शरीरतकका प्रेम (ममत्व) भूल गया है॥ २३॥

**कतहुँ होइ निसिचर सैं भेंटा। प्रान लेहिं एक एक चपेटा॥**
**बहु प्रकार गिरि कानन हेरहिं। कोउ मुनि मिलइ ताहि सब घेरहिं॥**

कहीं किसी राक्षससे भेंट हो जाती है, तो एक-एक चपतमें ही उसके प्राण ले लेते हैं। पर्वतों और वनोंको बहुत प्रकारसे खोज रहे हैं। कोई मुनि मिल जाता है तो पता पूछनेके लिये उसे सब घेर लेते हैं॥ १॥

**लागि तृषा अतिसय अकुलाने। मिलइ न जल घन गहन भुलाने॥**
**मन हनुमान कीन्ह अनुमाना। मरन चहत सब बिनु जल पाना॥**

इतनेमें ही सबको अत्यन्त प्यास लगी, जिससे सब अत्यन्त ही व्याकुल हो गये। किन्तु जल कहीं नहीं मिला। घने जंगलमें सब भुला गये। हनुमान्‌जीने मनमें अनुमान किया कि जल पिये बिना सब लोग मरना ही चाहते हैं॥ २॥

**चढ़ि गिरि सिखर चहूँ दिसि देखा। भूमि बिबर एक कौतुक पेखा॥**
**चक्रबाक बक हंस उड़ाहीं। बहुतक खग प्रबिसहिं तेहि माहीं॥**

उन्होंने पहाड़की चोटीपर चढ़कर चारों ओर देखा तो पृथ्वीके अंदर एक गुफामें उन्हें एक कौतुक (आश्चर्य) दिखायी दिया। उसके ऊपर चकवे, बगुले और हंस उड़ रहे हैं और बहुत-से पक्षी उसमें प्रवेश कर रहे हैं॥ ३॥

**गिरि ते उतरि पवनसुत आवा। सब कहुँ लै सोइ बिबर देखावा॥**
**आगें कै हनुमंतहि लीन्हा। पैठे बिबर बिलंबु न कीन्हा॥**

पवनकुमार हनुमान्‌जी पर्वतसे उतर आये और सबको ले जाकर उन्होंने वह गुफा दिखलायी। सबने हनुमान्‌जीको आगे कर लिया और वे गुफामें घुस गये, देर नहीं की॥ ४॥

**दो०—दीख जाइ उपबन बर सर बिगसित बहु कंज।**
**मंदिर एक रुचिर तहँ बैठि नारि तप पुंज॥ २४॥**

अंदर जाकर उन्होंने एक उत्तम उपवन (बगीचा) और तालाब देखा, जिसमें बहुत-से कमल खिले हुए हैं। वहीं एक सुन्दर मन्दिर है, जिसमें एक तपोमूर्ति स्त्री बैठी है॥ २४॥

**दूरि ते ताहि सबन्हि सिरु नावा। पूछें निज बृत्तांत सुनावा॥**
**तेहिं तब कहा करहु जल पाना। खाहु सुरस सुंदर फल नाना॥**

दूरसे ही सबने उसे सिर नवाया और पूछनेपर अपना सब वृत्तान्त कह सुनाया। तब उसने कहा—जलपान करो और भाँति-भाँतिके रसीले सुन्दर फल खाओ॥ १॥

**मज्जनु कीन्ह मधुर फल खाए। तासु निकट पुनि सब चलि आए॥**
**तेहिं सब आपनि कथा सुनाई। मैं अब जाब जहाँ रघुराई॥**

[आज्ञा पाकर] सबने स्नान किया, मीठे फल खाये और फिर सब उसके पास चले आये। तब उसने अपनी सब कथा कह सुनायी [और कहा—] मैं अब वहाँ जाऊँगी जहाँ श्रीरघुनाथजी हैं॥ २॥

**मूदहु नयन बिबर तजि जाहू। पैहहु सीतहि जनि पछिताहू॥**
**नयन मूदि पुनि देखहिं बीरा। ठाढ़े सकल सिंधु कें तीरा॥**

तुमलोग आँखें मूँद लो और गुफाको छोड़कर बाहर जाओ। तुम सीताजीको पा जाओगे, पछताओ नहीं (निराश न होओ)। आँखें मूँदकर फिर जब आँखें खोलीं तो सब वीर क्या देखते हैं कि सब समुद्रके तीरपर खड़े हैं॥ ३॥

**सो पुनि गई जहाँ रघुनाथा। जाइ कमल पद नाएसि माथा॥**
**नाना भाँति बिनय तेहिं कीन्ही। अनपायनी भगति प्रभु दीन्ही॥**

और वह स्वयं वहाँ गयी जहाँ श्रीरघुनाथजी थे। उसने जाकर प्रभुके चरणकमलोंमें मस्तक नवाया और बहुत प्रकारसे विनती की। प्रभुने उसे अपनी अनपायिनी (अचल) भक्ति दी॥ ४॥

**दो०—बदरीबन कहुँ सो गई प्रभु अग्या धरि सीस।**
**उर धरि राम चरन जुग जे बंदत अज ईस॥ २५॥**

प्रभुकी आज्ञा सिरपर धारणकर और श्रीरामजीके युगल चरणोंको, जिनकी ब्रह्मा और महेश भी वन्दना करते हैं, हृदयमें धारणकर वह (स्वयंप्रभा) बदरिकाश्रमको चली गयी॥ २५॥

**इहाँ बिचारहिं कपि मन माहीं। बीती अवधि काज कछु नाहीं॥**
**सब मिलि कहहिं परस्पर बाता। बिनु सुधि लएँ करब का भ्राता॥**

यहाँ वानरगण मनमें विचार कर रहे हैं कि अवधि तो बीत गयी; पर काम कुछ न हुआ। सब मिलकर आपसमें बात करने लगे कि हे भाई! अब तो सीताजीकी खबर लिये बिना लौटकर भी क्या करेंगे?॥ १॥

**कह अंगद लोचन भरि बारी। दुहुँ प्रकार भइ मृत्यु हमारी॥**
**इहाँ न सुधि सीता कै पाई। उहाँ गएँ मारिहि कपिराई॥**

अंगदने नेत्रोंमें जल भरकर कहा कि दोनों ही प्रकारसे हमारी मृत्यु हुई। यहाँ तो सीताजीकी सुध नहीं मिली और वहाँ जानेपर वानरराज सुग्रीव मार डालेंगे॥ २॥

**पिता बधे पर मारत मोही। राखा राम निहोर न ओही॥**
**पुनि पुनि अंगद कह सब पाहीं। मरन भयउ कछु संसय नाहीं॥**

वे तो पिताके वध होनेपर ही मुझे मार डालते। श्रीरामजीने ही मेरी रक्षा की, इसमें सुग्रीवका कोई एहसान नहीं है। अंगद बार-बार सबसे कह रहे हैं कि अब मरण हुआ, इसमें कुछ भी सन्देह नहीं है॥ ३॥

**अंगद बचन सुनत कपि बीरा। बोलि न सकहिं नयन बह नीरा॥**
**छन एक सोच मगन होइ रहे। पुनि अस बचन कहत सब भए॥**

वानर वीर अंगदके वचन सुनते हैं; किन्तु कुछ बोल नहीं सकते। उनके नेत्रोंसे जल बह रहा है। एक क्षणके लिये सब सोचमें मग्न हो रहे। फिर सब ऐसा वचन कहने लगे—॥ ४॥

**हम सीता कै सुधि लीन्हें बिना। नहिं जैहैं जुबराज प्रबीना॥**
**अस कहि लवन सिंधु तट जाई। बैठे कपि सब दर्भ डसाई॥**

हे सुयोग्य युवराज! हमलोग सीताजीकी खोज लिये बिना नहीं लौटेंगे। ऐसा कहकर लवणसागरके तटपर जाकर सब वानर कुश बिछाकर बैठ गये॥ ५॥

**जामवंत अंगद दुख देखी। कहीं कथा उपदेस बिसेषी॥**
**तात राम कहुँ नर जनि मानहु। निर्गुन ब्रह्म अजित अज जानहु॥**

जाम्बवान्‌ने अंगदका दुःख देखकर विशेष उपदेशकी कथाएँ कहीं। [वे बोले—] हे तात! श्रीरामजीको मनुष्य न मानो, उन्हें निर्गुण ब्रह्म, अजेय और अजन्मा समझो॥ ६॥

**हम सब सेवक अति बड़भागी। संतत सगुन ब्रह्म अनुरागी॥**

हम सब सेवक अत्यन्त बड़भागी हैं, जो निरन्तर सगुण ब्रह्म (श्रीरामजी)-में प्रीति रखते हैं॥ ७॥

**दो०—निज इच्छाँ प्रभु अवतरइ सुर महि गो द्विज लागि।**
**सगुन उपासक संग तहँ रहहिं मोच्छ सब त्यागि॥ २६॥**

देवता, पृथ्वी, गौ और ब्राह्मणोंके लिये प्रभु अपनी इच्छासे [किसी कर्मबन्धनसे नहीं] अवतार लेते हैं। वहाँ सगुणोपासक [भक्तगण सालोक्य, सामीप्य, सारूप्य, सार्ष्टि और सायुज्य] सब प्रकारके मोक्षोंको त्यागकर उनकी सेवामें साथ रहते हैं॥ २६॥

**एहि बिधि कथा कहहिं बहु भाँती। गिरि कंदराँ सुनी संपाती॥**
**बाहेर होइ देखि बहु कीसा। मोहि अहार दीन्ह जगदीसा॥**

इस प्रकार जाम्बवान् बहुत प्रकारसे कथाएँ कह रहे हैं। इनकी बातें पर्वतकी कन्दरामें सम्पातीने सुनीं। बाहर निकलकर उसने बहुत-से वानर देखे। [तब वह बोला—] जगदीश्वरने मुझको घर बैठे बहुत-सा आहार भेज दिया!॥ १॥

**आजु सबहि कहँ भच्छन करऊँ। दिन बहु चले अहार बिनु मरऊँ॥**
**कबहुँ न मिल भरि उदर अहारा। आजु दीन्ह बिधि एकहिं बारा॥**

आज इन सबको खा जाऊँगा। बहुत दिन बीत गये, भोजनके बिना मर रहा था। पेटभर भोजन कभी नहीं मिलता। आज विधाताने एक ही बारमें बहुत-सा भोजन दे दिया॥ २॥

**डरपे गीध बचन सुनि काना। अब भा मरन सत्य हम जाना॥**
**कपि सब उठे गीध कहँ देखी। जामवंत मन सोच बिसेषी॥**

गीधके वचन कानोंसे सुनते ही सब डर गये कि अब सचमुच ही मरना हो गया, यह हमने जान लिया। फिर उस गीध (सम्पाती)-को देखकर सब वानर उठ खड़े हुए। जाम्बवान्‌के मनमें विशेष सोच हुआ॥ ३॥

**कह अंगद बिचारि मन माहीं। धन्य जटायू सम कोउ नाहीं॥**
**राम काज कारन तनु त्यागी। हरि पुर गयउ परम बड़भागी॥**

अंगदने मनमें विचारकर कहा—अहा! जटायुके समान धन्य कोई नहीं है। श्रीरामजीके कार्यके लिये शरीर छोड़कर वह परम बड़भागी भगवान्‌के परमधामको चला गया॥ ४॥

**सुनि खग हरष सोक जुत बानी। आवा निकट कपिन्ह भय मानी॥**
**तिन्हहि अभय करि पूछेसि जाई। कथा सकल तिन्ह ताहि सुनाई॥**

हर्ष और शोकसे युक्त वाणी (समाचार) सुनकर वह पक्षी (सम्पाती) वानरोंके पास आया। वानर डर गये। उनको अभय करके (अभय-वचन देकर) उसने पास जाकर जटायुका वृत्तान्त पूछा, तब उन्होंने सारी कथा उसे कह सुनायी॥ ५॥

**सुनि संपाति बंधु कै करनी। रघुपति महिमा बहुबिधि बरनी॥**

भाई जटायुकी करनी सुनकर सम्पातीने बहुत प्रकारसे श्रीरघुनाथजीकी महिमा वर्णन की॥ ६॥

**दो०—मोहि लै जाहु सिंधुतट देउँ तिलांजलि ताहि।**
**बचन सहाइ करबि मैं पैहहु खोजहु जाहि॥ २७॥**

[उसने कहा—] मुझे समुद्रके किनारे ले चलो, मैं जटायुको तिलांजलि दे दूँ। इस सेवाके बदले मैं तुम्हारी वचनसे सहायता करूँगा (अर्थात् सीताजी कहाँ हैं सो बतला दूँगा) जिसे तुम खोज रहे हो उसे पा जाओगे॥ २७॥

**अनुज क्रिया करि सागर तीरा। कहि निज कथा सुनहु कपि बीरा॥**
**हम द्वौ बंधु प्रथम तरुनाई। गगन गए रबि निकट उड़ाई॥**

समुद्रके तीरपर छोटे भाई जटायुकी क्रिया (श्राद्ध आदि) करके सम्पाती अपनी कथा कहने लगा—हे वीर वानरो! सुनो, हम दोनों भाई उठती जवानीमें एक बार आकाशमें उड़कर सूर्यके निकट चले गये॥ १॥

**तेज न सहि सक सो फिरि आवा। मैं अभिमानी रबि निअरावा॥**
**जरे पंख अति तेज अपारा। परेउँ भूमि करि घोर चिकारा॥**

वह (जटायु) तेज नहीं सह सका, इससे लौट आया। (किन्तु) मैं अभिमानी था इसलिये सूर्यके पास चला गया। अत्यन्त अपार तेजसे मेरे पंख जल गये। मैं बड़े जोरसे चीख मारकर जमीनपर गिर पड़ा॥ २॥

**मुनि एक नाम चंद्रमा ओही। लागी दया देखि करि मोही॥**
**बहु प्रकार तेहिं ग्यान सुनावा। देहजनित अभिमान छड़ावा॥**

वहाँ चन्द्रमा नामके एक मुनि थे। मुझे देखकर उन्हें बड़ी दया लगी। उन्होंने बहुत प्रकारसे मुझे ज्ञान सुनाया और मेरे देहजनित (देहसम्बन्धी) अभिमानको छुड़ा दिया॥ ३॥

**त्रेताँ ब्रह्म मनुज तनु धरिही। तासु नारि निसिचर पति हरिही॥**
**तासु खोज पठइहि प्रभु दूता। तिन्हहि मिलें तैं होब पुनीता॥**

[उन्होंने कहा—] त्रेतायुगमें साक्षात् परब्रह्म मनुष्यशरीर धारण करेंगे। उनकी स्त्रीको राक्षसोंका राजा हर ले जायगा। उसकी खोजमें प्रभु दूत भेजेंगे। उनसे मिलनेपर तू पवित्र हो जायगा॥ ४॥

**जमिहहिं पंख करसि जनि चिंता। तिन्हहि देखाइ देहेसु तैं सीता॥**
**मुनि कइ गिरा सत्य भइ आजू। सुनि मम बचन करहु प्रभु काजू॥**

और तेरे पंख उग आयेंगे; चिन्ता न कर। उन्हें तू सीताजीको दिखा देना। मुनिकी वह वाणी आज सत्य हुई। अब मेरे वचन सुनकर तुम प्रभुका कार्य करो॥ ५॥

**गिरि त्रिकूट ऊपर बस लंका। तहँ रह रावन सहज असंका॥**
**तहँ असोक उपबन जहँ रहई। सीता बैठि सोच रत अहई॥**

त्रिकूट पर्वतपर लंका बसी हुई है। वहाँ स्वभावहीसे निडर रावण रहता है। वहाँ अशोक नामका उपवन (बगीचा) है, जहाँ सीताजी रहती हैं। [इस समय भी] वे सोचमें मग्न बैठी हैं॥ ६॥

**दो०—मैं देखउँ तुम्ह नाहीं गीधहि दृष्टि अपार।**
**बूढ़ भयउँ न त करतेउँ कछुक सहाय तुम्हार॥ २८॥**

मैं उन्हें देख रहा हूँ, तुम नहीं देख सकते; क्योंकि गीधकी दृष्टि अपार होती है (बहुत दूरतक जाती है)। क्या करूँ? मैं बूढ़ा हो गया, नहीं तो तुम्हारी कुछ तो सहायता अवश्य करता॥ २८॥

**जो नाघइ सत जोजन सागर। करइ सो राम काज मति आगर॥**
**मोहि बिलोकि धरहु मन धीरा। राम कृपाँ कस भयउ सरीरा॥**

जो सौ योजन (चार सौ कोस) समुद्र लाँघ सकेगा और बुद्धिनिधान होगा वही श्रीरामजीका कार्य कर सकेगा। [निराश होकर घबराओ मत] मुझे देखकर मनमें धीरज धरो। देखो, श्रीरामजीकी कृपासे

[देखते-ही-देखते] मेरा शरीर कैसा हो गया (बिना पाँखका बेहाल था, पाँख उगनेसे सुन्दर हो गया)!॥ १॥

**पापिउ जा कर नाम सुमिरहीं। अति अपार भवसागर तरहीं॥**
**तासु दूत तुम्ह तजि कदराई। राम हृदयँ धरि करहु उपाई॥**

पापी भी जिनका नाम स्मरण करके अत्यन्त अपार भवसागरसे तर जाते हैं, तुम उनके दूत हो, अतः कायरता छोड़कर श्रीरामजीको हृदयमें धारण करके उपाय करो॥ २॥

**अस कहि गरुड़ गीध जब गयऊ। तिन्ह कें मन अति बिसमय भयऊ॥**
**निज निज बल सब काहूँ भाषा। पार जाइ कर संसय राखा॥**

[काकभुशुण्डिजी कहते हैं—] हे गरुड़जी! इस प्रकार कहकर जब गीध चला गया, तब उन (वानरों)-के मनमें अत्यन्त विस्मय हुआ। सब किसीने अपना-अपना बल कहा! पर समुद्रके पार जानेमें सभीने सन्देह प्रकट किया॥ ३॥

**जरठ भयउँ अब कहइ रिछेसा। नहिं तन रहा प्रथम बल लेसा॥**
**जबहिं त्रिबिक्रम भए खरारी। तब मैं तरुन रहेउँ बल भारी॥**

ऋक्षराज जाम्बवान् कहने लगे—मैं अब बूढ़ा हो गया। शरीरमें पहलेवाले बलका लेश भी नहीं रहा। जब खरारि (खरके शत्रु श्रीराम) वामन बने थे, तब मैं जवान था और मुझमें बड़ा बल था॥ ४॥

**दो०—बलि बाँधत प्रभु बाढ़ेउ सो तनु बरनि न जाइ।**
**उभय घरी महँ दीन्हीं सात प्रदच्छिन धाइ॥ २९॥**

बलिके बाँधते समय प्रभु इतने बढ़े कि उस शरीरका वर्णन नहीं हो सकता, किन्तु मैंने दो ही घड़ीमें दौड़कर [उस शरीरकी] सात प्रदक्षिणाएँ कर लीं॥ २९॥

**अंगद कहइ जाउँ मैं पारा। जियँ संसय कछु फिरती बारा॥**
**जामवंत कह तुम्ह सब लायक। पठइअ किमि सबही कर नायक॥**

अंगदने कहा—मैं पार तो चला जाऊँगा। परन्तु लौटते समयके लिये हृदयमें कुछ सन्देह है। जाम्बवान्ने कहा—तुम सब प्रकारसे योग्य हो। परन्तु तुम सबके नेता हो, तुम्हें कैसे भेजा जाय?॥ १॥

**कहइ रीछपति सुनु हनुमाना। का चुप साधि रहेहु बलवाना॥**
**पवन तनय बल पवन समाना। बुधि बिबेक बिग्यान निधाना॥**

ऋक्षराज जाम्बवान्ने श्रीहनुमान्जीसे कहा—हे हनुमान्! हे बलवान्! सुनो, तुमने यह क्या चुप साध रखी है? तुम पवनके पुत्र हो और बलमें पवनके समान हो। तुम बुद्धि-विवेक और विज्ञानकी खान हो॥ २॥

**कवन सो काज कठिन जग माहीं। जो नहिं होइ तात तुम्ह पाहीं॥**
**राम काज लगि तव अवतारा। सुनतहिं भयउ पर्बताकारा॥**

जगत्में कौन-सा ऐसा कठिन काम है जो हे तात! तुमसे न हो सके। श्रीरामजीके कार्यके लिये ही तो तुम्हारा अवतार हुआ है। यह सुनते ही हनुमान्जी पर्वतके आकारके (अत्यन्त विशालकाय) हो गये॥ ३॥

**कनक बरन तन तेज बिराजा। मानहुँ अपर गिरिन्ह कर राजा॥**
**सिंहनाद करि बारहिं बारा। लीलहिं नाघउँ जलनिधि खारा॥**

उनका सोनेका-सा रंग है, शरीरपर तेज सुशोभित है, मानो दूसरा पर्वतोंका राजा सुमेरु हो। हनुमान्‌जीने बार-बार सिंहनाद करके कहा—मैं इस खारे समुद्रको खेलमें ही लाँघ सकता हूँ॥ ४॥

**सहित सहाय रावनहि मारी। आनउँ इहाँ त्रिकूट उपारी॥**
**जामवंत मैं पूँछउँ तोही। उचित सिखावनु दीजहु मोही॥**

और सहायकोंसहित रावणको मारकर त्रिकूट पर्वतको उखाड़कर यहाँ ला सकता हूँ। हे जाम्बवान्! मैं तुमसे पूछता हूँ, तुम मुझे उचित सीख देना [कि मुझे क्या करना चाहिये]॥ ५॥

**एतना करहु तात तुम्ह जाई। सीतहि देखि कहहु सुधि आई॥**
**तब निज भुज बल राजिवनैना। कौतुक लागि संग कपि सेना॥**

[जाम्बवान्‌ने कहा—] हे तात! तुम जाकर इतना ही करो कि सीताजीको देखकर लौट आओ और उनकी खबर कह दो। फिर कमलनयन श्रीरामजी अपने बाहुबलसे [ही राक्षसोंका संहार कर सीताजीको ले आयेंगे, केवल] खेलके लिये ही वे वानरोंकी सेना साथ लेंगे॥ ६॥

**छं०—कपि सेन संग सँघारि निसिचर रामु सीतहि आनिहैं।**
**त्रैलोक पावन सुजसु सुर मुनि नारदादि बखानिहैं॥**
**जो सुनत गावत कहत समुझत परम पद नर पावई।**
**रघुबीर पद पाथोज मधुकर दास तुलसी गावई॥**

वानरोंकी सेना साथ लेकर राक्षसोंका संहार करके श्रीरामजी सीताजीको ले आयेंगे। तब देवता और नारदादि मुनि भगवान्‌के तीनों लोकोंको पवित्र करनेवाले सुन्दर यशका बखान करेंगे, जिसे सुनने, गाने, कहने और समझनेसे मनुष्य परमपद पाते हैं और जिसे श्रीरघुवीरके चरणकमलका मधुकर (भ्रमर) तुलसीदास गाता है।

**दो०—भव भेषज रघुनाथ जसु सुनहिं जे नर अरु नारि।**
**तिन्ह कर सकल मनोरथ सिद्ध करहिं त्रिसिरारि॥ ३० (क)॥**

श्रीरघुवीरका यश भव (जन्म-मरण)-रूपी रोगकी [अचूक] दवा है। जो पुरुष और स्त्री इसे सुनेंगे, त्रिशिराके शत्रु श्रीरामजी उनके सब मनोरथोंको सिद्ध करेंगे॥ ३० (क)॥

**सो०—नीलोत्पल तन स्याम काम कोटि सोभा अधिक।**
**सुनिअ तासु गुन ग्राम जासु नाम अघ खग बधिक॥ ३० (ख)॥**

जिनका नीले कमलके समान श्याम शरीर है, जिनकी शोभा करोड़ों कामदेवोंसे भी अधिक है और जिनका नाम पापरूपी पक्षियोंको मारनेके लिये बधिक (व्याध)-के समान है, उन श्रीरामके गुणोंके समूह (लीला)-को अवश्य सुनना चाहिये॥ ३० (ख)॥

## मासपारायण, तेईसवाँ विश्राम

***इति श्रीमद्रामचरितमानसे सकलकलिकलुषविध्वंसने चतुर्थः सोपानः समाप्तः।***

कलियुगके समस्त पापोंके नाश करनेवाले श्रीरामचरितमानसका
यह चौथा सोपान समाप्त हुआ।

## (किष्किन्धाकाण्ड समाप्त)

॥ श्रीगणेशाय नमः ॥

॥ श्रीजानकीवल्लभो विजयते ॥

# श्रीरामचरितमानस

## पंचम सोपान

## सुन्दरकाण्ड

श्लोक

**शान्तं शाश्वतमप्रमेयमनघं निर्वाणशान्तिप्रदं**
**ब्रह्माशम्भुफणीन्द्रसेव्यमनिशं वेदान्तवेद्यं विभुम्।**
**रामाख्यं जगदीश्वरं सुरगुरुं मायामनुष्यं हरिं**
**वन्देऽहं करुणाकरं रघुवरं भूपालचूडामणिम्॥ १ ॥**

शान्त, सनातन, अप्रमेय (प्रमाणोंसे परे), निष्पाप, मोक्षरूप परमशान्ति देनेवाले, ब्रह्मा, शम्भु और शेषजीसे निरन्तर सेवित, वेदान्तके द्वारा जाननेयोग्य, सर्वव्यापक, देवताओंमें सबसे बड़े, मायासे मनुष्यरूपमें दीखनेवाले, समस्त पापोंको हरनेवाले, करुणाकी खान, रघुकुलमें श्रेष्ठ तथा राजाओंके शिरोमणि, राम कहलानेवाले जगदीश्वरकी मैं वन्दना करता हूँ॥ १॥

**नान्या स्पृहा रघुपते हृदयेऽस्मदीये**
**सत्यं वदामि च भवानखिलान्तरात्मा।**
**भक्तिं प्रयच्छ रघुपुंगव निर्भरां मे**
**कामादिदोषरहितं कुरु मानसं च॥ २ ॥**

हे रघुनाथजी! मैं सत्य कहता हूँ और फिर आप सबके अन्तरात्मा ही हैं (सब जानते ही हैं) कि मेरे हृदयमें दूसरी कोई इच्छा नहीं है। हे रघुकुलश्रेष्ठ! मुझे अपनी निर्भरा (पूर्ण) भक्ति दीजिये और मेरे मनको काम आदि दोषोंसे रहित कीजिये॥ २॥

**अतुलितबलधामं हेमशैलाभदेहं**
**दनुजवनकृशानुं ज्ञानिनामग्रगण्यम्।**
**सकलगुणनिधानं वानराणामधीशं**
**रघुपतिप्रियभक्तं वातजातं नमामि॥ ३ ॥**

अतुल बलके धाम, सोनेके पर्वत (सुमेरु) के समान कान्तियुक्त शरीरवाले, दैत्यरूपी वन [को ध्वंस करने] के लिये अग्निरूप, ज्ञानियोंमें अग्रगण्य, सम्पूर्ण गुणोंके निधान, वानरोंके स्वामी, श्रीरघुनाथजीके प्रिय भक्त पवनपुत्र श्रीहनुमान्‌जीको मैं प्रणाम करता हूँ॥ ३॥

**जामवंत के बचन सुहाए। सुनि हनुमंत हृदय अति भाए॥**
**तब लगि मोहि परिखेहु तुम्ह भाई। सहि दुख कंद मूल फल खाई॥**

जाम्बवान्‌के सुन्दर वचन सुनकर हनुमान्‌जीके हृदयको बहुत ही भाये। [वे बोले—] हे भाई! तुमलोग दुःख सहकर, कन्द-मूल-फल खाकर तबतक मेरी राह देखना॥ १॥

**जब लगि आवौं सीतहि देखी। होइहि काजु मोहि हरष बिसेषी॥**
**यह कहि नाइ सबन्हि कहुँ माथा। चलेउ हरषि हियँ धरि रघुनाथा॥**

जबतक मैं सीताजीको देखकर [लौट] न आऊँ। काम अवश्य होगा, क्योंकि मुझे बहुत ही हर्ष हो रहा है। यह कहकर और सबको मस्तक नवाकर तथा हृदयमें श्रीरघुनाथजीको धारण करके हनुमान्‌जी हर्षित होकर चले॥ २॥

**सिंधु तीर एक भूधर सुंदर। कौतुक कूदि चढ़ेउ ता ऊपर॥**
**बार बार रघुबीर सँभारी। तरकेउ पवनतनय बल भारी॥**

समुद्रके तीरपर एक सुन्दर पर्वत था। हनुमान्‌जी खेलसे ही (अनायास ही) कूदकर उसके ऊपर जा चढ़े और बार-बार श्रीरघुवीरका स्मरण करके अत्यन्त बलवान् हनुमान्‌जी उसपरसे बड़े वेगसे उछले॥ ३॥

**जेहिं गिरि चरन देइ हनुमंता। चलेउ सो गा पाताल तुरंता॥**
**जिमि अमोघ रघुपति कर बाना। एही भाँति चलेउ हनुमाना॥**

जिस पर्वतपर हनुमान्‌जी पैर रखकर चले (जिसपरसे वे उछले), वह तुरंत ही पातालमें धँस गया। जैसे श्रीरघुनाथजीका अमोघ बाण चलता है, उसी तरह हनुमान्‌जी चले॥ ४॥

**जलनिधि रघुपति दूत बिचारी। तैं मैनाक होहि श्रमहारी॥**

समुद्रने उन्हें श्रीरघुनाथजीका दूत समझकर मैनाक पर्वतसे कहा कि हे मैनाक! तू इनकी थकावट दूर करनेवाला हो (अर्थात् अपने ऊपर इन्हें विश्राम दे)॥ ५॥

**दो०—हनूमान तेहि परसा कर पुनि कीन्ह प्रनाम।**
**राम काजु कीन्हें बिनु मोहि कहाँ बिश्राम॥ १॥**

हनुमान्‌जीने उसे हाथसे छू दिया, फिर प्रणाम करके कहा—भाई! श्रीरामचन्द्रजीका काम किये बिना मुझे विश्राम कहाँ?॥ १॥

**जात पवनसुत देवन्ह देखा। जानैं कहुँ बल बुद्धि बिसेषा॥**
**सुरसा नाम अहिन्ह कै माता। पठइन्हि आइ कही तेहिं बाता॥**

देवताओंने पवनपुत्र हनुमान्‌जीको जाते हुए देखा। उनकी विशेष बल-बुद्धिको जाननेके लिये (परीक्षार्थ) उन्होंने सुरसा नामक सर्पोंकी माताको भेजा, उसने आकर हनुमान्‌जीसे यह बात कही—॥ १॥

**आजु सुरन्ह मोहि दीन्ह अहारा। सुनत बचन कह पवनकुमारा॥**
**राम काजु करि फिरि मै आवौं। सीता कइ सुधि प्रभुहि सुनावौं॥**

आज देवताओंने मुझे भोजन दिया है। यह वचन सुनकर पवनकुमार हनुमान्‌जीने कहा—श्रीरामजीका कार्य करके मैं लौट आऊँ और सीताजीकी खबर प्रभुको सुना दूँ,॥ २॥

**तब तव बदन पैठिहउँ आई। सत्य कहउँ मोहि जान दे माई॥**
**कवनेहुँ जतन देइ नहिं जाना। ग्रससि न मोहि कहेउ हनुमाना॥**

तब मैं आकर तुम्हारे मुँहमें घुस जाऊँगा [तुम मुझे खा लेना]। हे माता! मैं सत्य कहता हूँ, अभी मुझे जाने दे। जब किसी भी उपायसे उसने जाने नहीं दिया, तब हनुमान्‌जीने कहा—तो फिर मुझे खा न ले॥ ३॥

**जोजन भरि तेहिं बदनु पसारा। कपि तनु कीन्ह दुगुन बिस्तारा॥**
**सोरह जोजन मुख तेहिं ठयऊ। तुरत पवनसुत बत्तिस भयऊ॥**

उसने योजनभर (चार कोसमें) मुँह फैलाया। तब हनुमान्‌जीने अपने शरीरको उससे दूना बढ़ा लिया। उसने सोलह योजनका मुख किया। हनुमान्‌जी तुरंत ही बत्तीस योजनके हो गये॥ ४॥

**जस जस सुरसा बदनु बढ़ावा। तासु दून कपि रूप देखावा॥**
**सत जोजन तेहिं आनन कीन्हा। अति लघु रूप पवनसुत लीन्हा॥**

जैसे-जैसे सुरसा मुखका विस्तार बढ़ाती थी, हनुमान्‌जी उसका दूना रूप दिखलाते थे। उसने सौ योजन (चार सौ कोसका) मुख किया। तब हनुमान्‌जीने बहुत ही छोटा रूप धारण कर लिया॥ ५॥

**बदन पइठि पुनि बाहेर आवा। मागा बिदा ताहि सिरु नावा॥**
**मोहि सुरन्ह जेहि लागि पठावा। बुधि बल मरमु तोर मैं पावा॥**

और वे उसके मुखमें घुसकर [तुरंत] फिर बाहर निकल आये और उसे सिर नवाकर विदा माँगने लगे। [उसने कहा—] मैंने तुम्हारे बुद्धि-बलका भेद पा लिया, जिसके लिये देवताओंने मुझे भेजा था॥ ६॥

**दो०—राम काजु सबु करिहहु तुम्ह बल बुद्धि निधान।**
**आसिष देइ गई सो हरषि चलेउ हनुमान॥ २॥**

तुम श्रीरामचन्द्रजीका सब कार्य करोगे, क्योंकि तुम बल-बुद्धिके भण्डार हो। यह आशीर्वाद देकर वह चली गयी, तब हनुमान्‌जी हर्षित होकर चले॥ २॥

**निसिचरि एक सिंधु महुँ रहई। करि माया नभु के खग गहई॥**
**जीव जंतु जे गगन उड़ाहीं। जल बिलोकि तिन्ह कै परिछाहीं॥**

समुद्रमें एक राक्षसी रहती थी। वह माया करके आकाशमें उड़ते हुए पक्षियोंको पकड़ लेती थी। आकाशमें जो जीव-जन्तु उड़ा करते थे, वह जलमें उनकी परछाईं देखकर॥ १॥

**गहइ छाहँ सक सो न उड़ाई। एहि बिधि सदा गगनचर खाई॥**
**सोइ छल हनूमान कहँ कीन्हा। तासु कपटु कपि तुरतहिं चीन्हा॥**

उस परछाईंको पकड़ लेती थी, जिससे वे उड़ नहीं सकते थे [और जलमें गिर पड़ते थे] इस प्रकार वह सदा आकाशमें उड़नेवाले जीवोंको खाया करती थी। उसने वही छल हनुमान्‌जीसे भी किया। हनुमान्‌जीने तुरंत ही उसका कपट पहचान लिया॥ २॥

**ताहि मारि मारुतसुत बीरा। बारिधि पार गयउ मतिधीरा॥**
**तहाँ जाइ देखी बन सोभा। गुंजत चंचरीक मधु लोभा॥**

पवनपुत्र धीरबुद्धि वीर श्रीहनुमान्‌जी उसको मारकर समुद्रके पार गये। वहाँ जाकर उन्होंने वनकी शोभा देखी। मधु (पुष्परस) के लोभसे भौंरे गुंजार कर रहे थे॥ ३॥

**नाना तरु फल फूल सुहाए। खग मृग बृंद देखि मन भाए॥**
**सैल बिसाल देखि एक आगें। ता पर धाइ चढ़ेउ भय त्यागें॥**

अनेकों प्रकारके वृक्ष फल-फूलसे शोभित हैं। पक्षी और पशुओंके समूहको देखकर तो वे मनमें [बहुत ही] प्रसन्न हुए। सामने एक विशाल पर्वत देखकर हनुमान्‌जी भय त्यागकर उसपर दौड़कर जा चढ़े॥ ४॥

**उमा न कछु कपि कै अधिकाई। प्रभु प्रताप जो कालहि खाई॥**
**गिरि पर चढ़ि लंका तेहिं देखी। कहि न जाइ अति दुर्ग बिसेषी॥**

[शिवजी कहते हैं—] हे उमा! इसमें वानर हनुमान्‌की कुछ बड़ाई नहीं है। यह प्रभुका प्रताप है, जो कालको भी खा जाता है। पर्वतपर चढ़कर उन्होंने लंका देखी। बहुत ही बड़ा किला है, कुछ कहा नहीं जाता॥ ५॥

**अति उतंग जलनिधि चहु पासा। कनक कोट कर परम प्रकासा॥**

वह अत्यन्त ऊँचा है, उसके चारों ओर समुद्र है। सोनेके परकोटे (चहारदीवारी) का परम प्रकाश हो रहा है॥ ६॥

**छं०—कनक कोट बिचित्र मनि कृत सुंदरायतना घना।**
**चउहट्ट हट्ट सुबट्ट बीथीं चारु पुर बहु बिधि बना॥**
**गज बाजि खच्चर निकर पदचर रथ बरूथन्हि को गनै।**
**बहुरूप निसिचर जूथ अतिबल सेन बरनत नहिं बनै॥**

विचित्र मणियोंसे जड़ा हुआ सोनेका परकोटा है, उसके अंदर बहुत-से सुन्दर-सुन्दर घर हैं। चौराहे, बाजार, सुन्दर मार्ग और गलियाँ हैं; सुन्दर नगर बहुत प्रकारसे सजा हुआ है। हाथी, घोड़े, खच्चरोंके समूह तथा पैदल और रथोंके समूहोंको कौन गिन सकता है! अनेक रूपोंके राक्षसोंके दल हैं, उनकी अत्यन्त बलवती सेना वर्णन करते नहीं बनती॥ १॥

**बन बाग उपबन बाटिका सर कूप बापीं सोहहीं।**
**नर नाग सुर गंधर्ब कन्या रूप मुनि मन मोहहीं॥**
**कहुँ माल देह बिसाल सैल समान अतिबल गर्जहीं।**
**नाना अखारेन्ह भिरहिं बहुबिधि एक एकन्ह तर्जहीं॥**

वन, बाग, उपवन (बगीचे), फुलवाड़ी, तालाब, कुएँ और बावलियाँ सुशोभित हैं। मनुष्य, नाग, देवताओं और गन्धर्वोंकी कन्याएँ अपने सौन्दर्यसे मुनियोंके भी मनोंको मोहे लेती हैं। कहीं पर्वतके समान विशाल शरीरवाले बड़े ही बलवान् मल्ल (पहलवान) गरज रहे हैं। वे अनेकों अखाड़ोंमें बहुत प्रकारसे भिड़ते और एक-दूसरेको ललकारते हैं॥ २॥

**करि जतन भट कोटिन्ह बिकट तन नगर चहुँ दिसि रच्छहीं।**
**कहुँ महिष मानुष धेनु खर अज खल निसाचर भच्छहीं॥**
**एहि लागि तुलसीदास इन्ह की कथा कछु एक है कही।**
**रघुबीर सर तीरथ सरीरन्हि त्यागि गति पैहहिं सही॥**

भयंकर शरीरवाले करोड़ों योद्धा यत्न करके (बड़ी सावधानीसे) नगरकी चारों दिशाओंमें (सब ओरसे) रखवाली करते हैं। कहीं दुष्ट राक्षस भैंसों, मनुष्यों, गायों, गदहों और बकरोंको खा रहे हैं। तुलसीदासने इनकी कथा इसीलिये कुछ थोड़ी-सी कही है कि ये निश्चय ही श्रीरामचन्द्रजीके बाणरूपी तीर्थमें शरीरोंको त्यागकर परमगति पावेंगे॥ ३॥

**दो०—पुर रखवारे देखि बहु कपि मन कीन्ह बिचार।**
**अति लघु रूप धरौं निसि नगर करौं पइसार॥ ३॥**

नगरके बहुसंख्यक रखवालोंको देखकर हनुमान्‌जीने मनमें विचार किया कि अत्यन्त छोटा रूप धरूँ और रातके समय नगरमें प्रवेश करूँ॥ ३॥

**मसक समान रूप कपि धरी। लंकहि चलेउ सुमिरि नरहरी॥**
**नाम लंकिनी एक निसिचरी। सो कह चलेसि मोहि निंदरी॥**

हनुमान्‌जी मच्छड़के समान (छोटा-सा) रूप धारण कर नररूपसे लीला करनेवाले भगवान् श्रीरामचन्द्रजीका स्मरण करके लंकाको चले। [लंकाके द्वारपर] लंकिनी नामकी एक राक्षसी रहती थी। वह बोली—मेरा निरादर करके (बिना मुझसे पूछे) कहाँ चला जा रहा है?॥ १॥

**जानेहि नहीं मरमु सठ मोरा। मोर अहार जहाँ लगि चोरा॥**
**मुठिका एक महा कपि हनी। रुधिर बमत धरनीं ढनमनी॥**

हे मूर्ख! तूने मेरा भेद नहीं जाना? जहाँतक (जितने) चोर हैं, वे सब मेरे आहार हैं। महाकपि हनुमान्‌जीने उसे एक घूँसा मारा, जिससे वह खूनकी उलटी करती हुई पृथ्वीपर लुढ़क पड़ी॥ २॥

**पुनि संभारि उठी सो लंका। जोरि पानि कर बिनय ससंका॥**
**जब रावनहि ब्रह्म बर दीन्हा। चलत बिरंचि कहा मोहि चीन्हा॥**

वह लंकिनी फिर अपनेको सँभालकर उठी और डरके मारे हाथ जोड़कर विनती करने लगी। [वह बोली—] रावणको जब ब्रह्माजीने वर दिया था, तब चलते समय उन्होंने मुझे राक्षसोंके विनाशकी यह पहचान बता दी थी कि—॥ ३॥

**बिकल होसि तैं कपि कें मारे। तब जानेसु निसिचर संघारे॥**
**तात मोर अति पुन्य बहूता। देखेउँ नयन राम कर दूता॥**

जब तू बंदरके मारनेसे व्याकुल हो जाय, तब तू राक्षसोंका संहार हुआ जान लेना। हे तात! मेरे बड़े पुण्य हैं, जो मैं श्रीरामचन्द्रजीके दूत (आप) को नेत्रोंसे देख पायी॥ ४॥

**दो०—तात स्वर्ग अपबर्ग सुख धरिअ तुला एक अंग।**
**तूल न ताहि सकल मिलि जो सुख लव सतसंग॥ ४॥**

हे तात! स्वर्ग और मोक्षके सब सुखोंको तराजूके एक पलड़ेमें रखा जाय, तो भी वे सब मिलकर [दूसरे पलड़ेपर रखे हुए] उस सुखके बराबर नहीं हो सकते, जो लव (क्षण)-मात्रके सत्संगसे होता है॥ ४॥

**प्रबिसि नगर कीजे सब काजा। हृदयँ राखि कोसलपुर राजा॥**
**गरल सुधा रिपु करहिं मिताई। गोपद सिंधु अनल सितलाई॥**

अयोध्यापुरीके राजा श्रीरघुनाथजीको हृदयमें रखे हुए नगरमें प्रवेश करके सब काम कीजिये। उसके लिये विष अमृत हो जाता है, शत्रु मित्रता करने लगते हैं, समुद्र गायके खुरके बराबर हो जाता है, अग्निमें शीतलता आ जाती है॥ १॥

**गरुड़ सुमेरु रेनु सम ताही। राम कृपा करि चितवा जाही॥**
**अति लघु रूप धरेउ हनुमाना। पैठा नगर सुमिरि भगवाना॥**

और हे गरुड़जी! सुमेरु पर्वत उसके लिये रजके समान हो जाता है, जिसे श्रीरामचन्द्रजीने

एक बार कृपा करके देख लिया। तब हनुमान्‌जीने बहुत ही छोटा रूप धारण किया और भगवान्‌का स्मरण करके नगरमें प्रवेश किया॥ २॥

**मंदिर मंदिर प्रति करि सोधा। देखे जहँ तहँ अगनित जोधा॥**
**गयउ दसानन मंदिर माहीं। अति बिचित्र कहि जात सो नाहीं॥**

उन्होंने एक-एक (प्रत्येक) महलकी खोज की। जहाँ-तहाँ असंख्य योद्धा देखे। फिर वे रावणके महलमें गये। वह अत्यन्त विचित्र था, जिसका वर्णन नहीं हो सकता॥ ३॥

**सयन किएँ देखा कपि तेही। मंदिर महुँ न दीखि बैदेही॥**
**भवन एक पुनि दीख सुहावा। हरि मंदिर तहँ भिन्न बनावा॥**

हनुमान्‌जीने उस (रावण) को शयन किये देखा; परन्तु महलमें जानकीजी नहीं दिखायी दीं। फिर एक सुन्दर महल दिखायी दिया। वहाँ (उसमें) भगवान्‌का एक अलग मन्दिर बना हुआ था॥ ४॥

**दो०—रामायुध अंकित गृह सोभा बरनि न जाइ।**
**नव तुलसिका बृंद तहँ देखि हरष कपिराइ॥ ५॥**

वह महल श्रीरामजीके आयुध (धनुष-बाण) के चिह्नोंसे अंकित था, उसकी शोभा वर्णन नहीं की जा सकती। वहाँ नवीन-नवीन तुलसीके वृक्ष-समूहोंको देखकर कपिराज श्रीहनुमान्‌जी हर्षित हुए॥ ५॥

**लंका निसिचर निकर निवासा। इहाँ कहाँ सज्जन कर बासा॥**
**मन महुँ तरक करैं कपि लागा। तेहीं समय बिभीषनु जागा॥**

लंका तो राक्षसोंके समूहका निवासस्थान है। यहाँ सज्जन (साधु पुरुष) का निवास कहाँ? हनुमान्‌जी मनमें इस प्रकार तर्क करने लगे। उसी समय विभीषणजी जागे॥ १॥

**राम राम तेहिं सुमिरन कीन्हा। हृदयँ हरष कपि सज्जन चीन्हा॥**
**एहि सन हठि करिहउँ पहिचानी। साधु ते होइ न कारज हानी॥**

उन्होंने (विभीषणने) रामनामका स्मरण (उच्चारण) किया। हनुमान्‌जीने उन्हें सज्जन जाना और हृदयमें हर्षित हुए। [हनुमान्‌जीने विचार किया कि] इनसे हठ करके (अपनी ओरसे ही) परिचय करूँगा, क्योंकि साधुसे कार्यकी हानि नहीं होती [प्रत्युत लाभ ही होता है]॥ २॥

**बिप्र रूप धरि बचन सुनाए। सुनत बिभीषन उठि तहँ आए॥**
**करि प्रनाम पूँछी कुसलाई। बिप्र कहहु निज कथा बुझाई॥**

ब्राह्मणका रूप धरकर हनुमान्‌जीने उन्हें वचन सुनाये (पुकारा)। सुनते ही विभीषणजी उठकर वहाँ आये। प्रणाम करके कुशल पूछी [और कहा कि] हे ब्राह्मणदेव! अपनी कथा समझाकर कहिये॥ ३॥

**की तुम्ह हरि दासन्ह महँ कोई। मोरें हृदय प्रीति अति होई॥**
**की तुम्ह रामु दीन अनुरागी। आयहु मोहि करन बड़भागी॥**

क्या आप हरिभक्तोंमेंसे कोई हैं? क्योंकि आपको देखकर मेरे हृदयमें अत्यन्त प्रेम उमड़ रहा है। अथवा क्या आप दीनोंसे प्रेम करनेवाले स्वयं श्रीरामजी ही हैं, जो मुझे बड़भागी बनाने (घर-बैठे दर्शन देकर कृतार्थ करने) आये हैं?॥ ४॥

**दो०—तब हनुमंत कही सब राम कथा निज नाम।**
**सुनत जुगल तन पुलक मन मगन सुमिरि गुन ग्राम॥ ६॥**

तब हनुमान्‌जीने श्रीरामचन्द्रजीकी सारी कथा कहकर अपना नाम बताया। सुनते ही दोनोंके शरीर पुलकित हो गये और श्रीरामजीके गुणसमूहोंका स्मरण करके दोनोंके मन [प्रेम और आनन्दमें] मग्न हो गये॥ ६॥

**सुनहु पवनसुत रहनि हमारी। जिमि दसनन्हि महुँ जीभ बिचारी॥**
**तात कबहुँ मोहि जानि अनाथा। करिहहिं कृपा भानुकुल नाथा॥**

[विभीषणजीने कहा—] हे पवनपुत्र! मेरी रहनी सुनो। मैं यहाँ वैसे ही रहता हूँ, जैसे दाँतोंके बीचमें बेचारी जीभ। हे तात! मुझे अनाथ जानकर सूर्यकुलके नाथ श्रीरामचन्द्रजी क्या कभी मुझपर कृपा करेंगे?॥ १॥

**तामस तनु कछु साधन नाहीं। प्रीति न पद सरोज मन माहीं॥**
**अब मोहि भा भरोस हनुमंता। बिनु हरिकृपा मिलहिं नहिं संता॥**

मेरा तामसी (राक्षस) शरीर होनेसे साधन तो कुछ बनता नहीं और न मनमें श्रीरामचन्द्रजीके चरणकमलोंमें प्रेम ही है। परन्तु हे हनुमान्! अब मुझे विश्वास हो गया कि श्रीरामजीकी मुझपर कृपा है; क्योंकि हरिकी कृपाके बिना संत नहीं मिलते॥ २॥

**जौं रघुबीर अनुग्रह कीन्हा। तौ तुम्ह मोहि दरसु हठि दीन्हा॥**
**सुनहु बिभीषन प्रभु कै रीती। करहिं सदा सेवक पर प्रीती॥**

जब श्रीरघुवीरने कृपा की है, तभी तो आपने मुझे हठ करके (अपनी ओरसे) दर्शन दिये हैं। [हनुमान्‌जीने कहा—] हे विभीषणजी! सुनिये, प्रभुकी यही रीति है कि वे सेवकपर सदा ही प्रेम किया करते हैं॥ ३॥

**कहहु कवन मैं परम कुलीना। कपि चंचल सबहीं बिधि हीना॥**
**प्रात लेइ जो नाम हमारा। तेहि दिन ताहि न मिलै अहारा॥**

भला कहिये, मैं ही कौन बड़ा कुलीन हूँ? [जातिका] चंचल वानर हूँ और सब प्रकारसे नीच हूँ। प्रातःकाल जो हमलोगों (बंदरों) का नाम ले ले तो उस दिन उसे भोजन न मिले॥ ४॥

**दो०—अस मैं अधम सखा सुनु मोहू पर रघुबीर।**
**कीन्ही कृपा सुमिरि गुन भरे बिलोचन नीर॥ ७॥**

हे सखा! सुनिये, मैं ऐसा अधम हूँ; पर श्रीरामचन्द्रजीने तो मुझपर भी कृपा ही की है। भगवान्‌के गुणोंका स्मरण करके हनुमान्‌जीके दोनों नेत्रोंमें [प्रेमाश्रुओंका] जल भर आया॥ ७॥

**जानतहूँ अस स्वामि बिसारी। फिरहिं ते काहे न होहिं दुखारी॥**
**एहि बिधि कहत राम गुन ग्रामा। पावा अनिर्बाच्य बिश्रामा॥**

जो जानते हुए भी ऐसे स्वामी (श्रीरघुनाथजी) को भुलाकर [विषयोंके पीछे] भटकते फिरते हैं, वे दुखी क्यों न हों? इस प्रकार श्रीरामजीके गुणसमूहोंको कहते हुए उन्होंने अनिर्वचनीय (परम) शान्ति प्राप्त की॥ १॥

**पुनि सब कथा बिभीषन कही। जेहि बिधि जनकसुता तहँ रही॥**
**तब हनुमंत कहा सुनु भ्राता। देखी चहउँ जानकी माता॥**

फिर विभीषणजीने, श्रीजानकीजी जिस प्रकार वहाँ (लंकामें) रहती थीं, वह सब कथा कही।

तब हनुमान्‌जीने कहा—हे भाई! सुनो, मैं जानकी माताको देखना चाहता हूँ॥ २॥

**जुगुति बिभीषन सकल सुनाई। चलेउ पवनसुत बिदा कराई॥**
**करि सोइ रूप गयउ पुनि तहवाँ। बन असोक सीता रह जहवाँ॥**

विभीषणजीने [माताके दर्शनकी] सब युक्तियाँ (उपाय) कह सुनायीं। तब हनुमान्‌जी विदा लेकर चले। फिर वही (पहलेका मसक-सरीखा) रूप धरकर वहाँ गये, जहाँ अशोकवनमें (वनके जिस भागमें) सीताजी रहती थीं॥ ३॥

**देखि मनहि महुँ कीन्ह प्रनामा। बैठेहिं बीति जात निसि जामा॥**
**कृस तनु सीस जटा एक बेनी। जपति हृदयँ रघुपति गुन श्रेनी॥**

सीताजीको देखकर हनुमान्‌जीने उन्हें मनहीमें प्रणाम किया। उन्हें बैठे-ही-बैठे रात्रिके चारों पहर बीत जाते हैं। शरीर दुबला हो गया है, सिरपर जटाओंकी एक वेणी (लट) है। हृदयमें श्रीरघुनाथजीके गुणसमूहोंका जाप (स्मरण) करती रहती हैं॥ ४॥

**दो०—निज पद नयन दिएँ मन राम पद कमल लीन।**
**परम दुखी भा पवनसुत देखि जानकी दीन॥ ८॥**

श्रीजानकीजी नेत्रोंको अपने चरणोंमें लगाये हुए हैं (नीचेकी ओर देख रही हैं) और मन श्रीरामजीके चरणकमलोंमें लीन है। जानकीजीको दीन (दुखी) देखकर पवनपुत्र हनुमान्‌जी बहुत ही दुखी हुए॥ ८॥

**तरु पल्लव महुँ रहा लुकाई। करइ बिचार करौं का भाई॥**
**तेहि अवसर रावनु तहँ आवा। संग नारि बहु किएँ बनावा॥**

हनुमान्‌जी वृक्षके पत्तोंमें छिप रहे और विचार करने लगे कि हे भाई! क्या करूँ (इनका दुःख कैसे दूर करूँ)? उसी समय बहुत-सी स्त्रियोंको साथ लिये सज-धजकर रावण वहाँ आया॥ १॥

**बहु बिधि खल सीतहि समुझावा। साम दान भय भेद देखावा॥**
**कह रावनु सुनु सुमुखि सयानी। मंदोदरी आदि सब रानी॥**

उस दुष्टने सीताजीको बहुत प्रकारसे समझाया। साम, दान, भय और भेद दिखलाया। रावणने कहा—हे सुमुखि! हे सयानी! सुनो। मन्दोदरी आदि सब रानियोंको—॥ २॥

**तव अनुचरीं करउँ पन मोरा। एक बार बिलोकु मम ओरा॥**
**तृन धरि ओट कहति बैदेही। सुमिरि अवधपति परम सनेही॥**

मैं तुम्हारी दासी बना दूँगा, यह मेरा प्रण है। तुम एक बार मेरी ओर देखो तो सही! अपने परम स्नेही कोसलाधीश श्रीरामचन्द्रजीका स्मरण करके जानकीजी तिनकेकी आड़ (परदा) करके कहने लगीं—॥ ३॥

**सुनु दसमुख खद्योत प्रकासा। कबहुँ कि नलिनी करइ बिकासा॥**
**अस मन समुझु कहति जानकी। खल सुधि नहिं रघुबीर बान की॥**

हे दशमुख! सुन, जुगनूके प्रकाशसे कभी कमलिनी खिल सकती है? जानकीजी फिर कहती हैं—तू [अपने लिये भी] ऐसा ही मनमें समझ ले। रे दुष्ट! तुझे श्रीरघुवीरके बाणकी खबर नहीं है॥ ४॥

**सठ सूनें हरि आनेहि मोही। अधम निलज्ज लाज नहिं तोही॥**

रे पापी! तू मुझे सूनेमें हर लाया है। रे अधम! निर्लज्ज! तुझे लज्जा नहीं आती?॥ ५॥

**दो०—आपुहि सुनि खद्योत सम रामहि भानु समान।**
**परुष बचन सुनि काढ़ि असि बोला अति खिसिआन॥ ९॥**

अपनेको जुगनूके समान और रामचन्द्रजीको सूर्यके समान सुनकर और सीताजीके कठोर वचनोंको सुनकर रावण तलवार निकालकर बड़े गुस्सेमें आकर बोला—॥ ९॥

**सीता तैं मम कृत अपमाना। कटिहउँ तव सिर कठिन कृपाना॥**
**नाहिं त सपदि मानु मम बानी। सुमुखि होति न त जीवन हानी॥**

सीता! तूने मेरा अपमान किया है। मैं तेरा सिर इस कठोर कृपाणसे काट डालूँगा। नहीं तो [अब भी] जल्दी मेरी बात मान ले। हे सुमुखि! नहीं तो जीवनसे हाथ धोना पड़ेगा!॥ १॥

**स्याम सरोज दाम सम सुंदर। प्रभु भुज करि कर सम दसकंधर॥**
**सो भुज कंठ कि तव असि घोरा। सुनु सठ अस प्रवान पन मोरा॥**

[सीताजीने कहा—] हे दशग्रीव! प्रभुकी भुजा जो श्याम कमलकी मालाके समान सुन्दर और हाथीकी सूँड़के समान [पुष्ट तथा विशाल] है, या तो वह भुजा ही मेरे कण्ठमें पड़ेगी या तेरी भयानक तलवार ही। रे शठ! सुन, यही मेरा सच्चा प्रण है॥ २॥

**चंद्रहास हरु मम परितापं। रघुपति बिरह अनल संजातं॥**
**सीतल निसित बहसि बर धारा। कह सीता हरु मम दुख भारा॥**

सीताजी कहती हैं—हे चन्द्रहास (तलवार)! श्रीरघुनाथजीके विरहकी अग्निसे उत्पन्न मेरी बड़ी भारी जलनको तू हर ले। हे तलवार! तू शीतल, तीव्र और श्रेष्ठ धारा बहाती है (अर्थात् तेरी धारा ठंढी और तेज है), तू मेरे दुःखके बोझको हर ले॥ ३॥

**सुनत बचन पुनि मारन धावा। मयतनयाँ कहि नीति बुझावा॥**
**कहेसि सकल निसिचरिन्ह बोलाई। सीतहि बहु बिधि त्रासहु जाई॥**

सीताजीके ये वचन सुनते ही वह मारने दौड़ा। तब मय दानवकी पुत्री मन्दोदरीने नीति कहकर उसे समझाया। तब रावणने सब राक्षसियोंको बुलाकर कहा कि जाकर सीताको बहुत प्रकारसे भय दिखलाओ॥ ४॥

**मास दिवस महुँ कहा न माना। तौ मैं मारबि काढ़ि कृपाना॥**

यदि महीनेभरमें यह कहा न माने तो मैं इसे तलवार निकालकर मार डालूँगा॥ ५॥

**दो०—भवन गयउ दसकंधर इहाँ पिसाचिनि बृंद।**
**सीतहि त्रास देखावहिं धरहिं रूप बहु मंद॥ १०॥**

[यों कहकर] रावण घर चला गया। यहाँ राक्षसियोंके समूह बहुत-से बुरे रूप धरकर सीताजीको भय दिखलाने लगे॥ १०॥

**त्रिजटा नाम राच्छसी एका। राम चरन रति निपुन बिबेका॥**
**सबन्हौ बोलि सुनाएसि सपना। सीतहि सेइ करहु हित अपना॥**

उनमें एक त्रिजटा नामकी राक्षसी थी। उसकी श्रीरामचन्द्रजीके चरणोंमें प्रीति थी और वह विवेक (ज्ञान) में निपुण थी। उसने सबोंको बुलाकर अपना स्वप्न सुनाया और कहा—सीताजीकी सेवा करके अपना कल्याण कर लो॥ १॥

**सपनें बानर लंका जारी। जातुधान सेना सब मारी॥**
**खर आरूढ़ नगन दससीसा। मुंडित सिर खंडित भुज बीसा॥**

स्वप्नमें [मैंने देखा कि] एक बंदरने लंका जला दी। राक्षसोंकी सारी सेना मार डाली गयी। रावण नंगा है और गदहेपर सवार है। उसके सिर मुँड़े हुए हैं, बीसों भुजाएँ कटी हुई हैं॥ २॥

**एहि बिधि सो दच्छिन दिसि जाई। लंका मनहुँ बिभीषन पाई॥**
**नगर फिरी रघुबीर दोहाई। तब प्रभु सीता बोलि पठाई॥**

इस प्रकारसे वह दक्षिण (यमपुरीकी) दिशाको जा रहा है और मानो लंका विभीषणने पायी है। नगरमें श्रीरामचन्द्रजीकी दुहाई फिर गयी। तब प्रभुने सीताजीको बुला भेजा॥ ३॥

**यह सपना मैं कहउँ पुकारी। होइहि सत्य गएँ दिन चारी॥**
**तासु बचन सुनि ते सब डरीं। जनकसुता के चरनन्हि परीं॥**

मैं पुकारकर (निश्चयके साथ) कहती हूँ कि यह स्वप्न चार (कुछ ही) दिनों बाद सत्य होकर रहेगा। उसके वचन सुनकर वे सब राक्षसियाँ डर गयीं और जानकीजीके चरणोंपर गिर पड़ीं॥ ४॥

**दो०—जहँ तहँ गईं सकल तब सीता कर मन सोच।**
**मास दिवस बीतें मोहि मारिहि निसिचर पोच॥ ११॥**

तब (इसके बाद) वे सब जहाँ-तहाँ चली गयीं। सीताजी मनमें सोच करने लगीं कि एक महीना बीत जानेपर नीच राक्षस रावण मुझे मारेगा॥ ११॥

**त्रिजटा सन बोलीं कर जोरी। मातु बिपति संगिनि तैं मोरी॥**
**तजौं देह करु बेगि उपाई। दुसह बिरहु अब नहिं सहि जाई॥**

सीताजी हाथ जोड़कर त्रिजटासे बोलीं—हे माता! तू मेरी विपत्तिकी संगिनी है। जल्दी कोई ऐसा उपाय कर जिससे मैं शरीर छोड़ सकूँ। विरह असह्य हो चला है, अब यह सहा नहीं जाता॥ १॥

**आनि काठ रचु चिता बनाई। मातु अनल पुनि देहि लगाई॥**
**सत्य करहि मम प्रीति सयानी। सुनै को श्रवन सूल सम बानी॥**

काठ लाकर चिता बनाकर सजा दे। हे माता! फिर उसमें आग लगा दे। हे सयानी! तू मेरी प्रीतिको सत्य कर दे। रावणकी शूलके समान दुःख देनेवाली वाणी कानोंसे कौन सुने?॥ २॥

**सुनत बचन पद गहि समुझाएसि। प्रभु प्रताप बल सुजसु सुनाएसि॥**
**निसि न अनल मिल सुनु सुकुमारी। अस कहि सो निज भवन सिधारी॥**

सीताजीके वचन सुनकर त्रिजटाने चरण पकड़कर उन्हें समझाया और प्रभुका प्रताप, बल और सुयश सुनाया। [उसने कहा—] हे सुकुमारी! सुनो, रात्रिके समय आग नहीं मिलेगी। ऐसा कहकर वह अपने घर चली गयी॥ ३॥

**कह सीता बिधि भा प्रतिकूला। मिलिहि न पावक मिटिहि न सूला॥**
**देखिअत प्रगट गगन अंगारा। अवनि न आवत एकउ तारा॥**

सीताजी [मन-ही-मन] कहने लगीं—[क्या करूँ] विधाता ही विपरीत हो गया। न आग मिलेगी, न पीड़ा मिटेगी। आकाशमें अंगारे प्रकट दिखायी दे रहे हैं, पर पृथ्वीपर एक भी तारा नहीं आता॥ ४॥

**पावकमय ससि स्त्रवत न आगी। मानहुँ मोहि जानि हतभागी॥**
**सुनहि बिनय मम बिटप असोका। सत्य नाम करु हरु मम सोका॥**

चन्द्रमा अग्निमय है, किन्तु वह भी मानो मुझे हतभागिनी जानकर आग नहीं बरसाता। हे अशोकवृक्ष! मेरी विनती सुन! मेरा शोक हर ले और अपना [अशोक] नाम सत्य कर॥ ५॥

**नूतन किसलय अनल समाना। देहि अगिनि जनि करहि निदाना॥**
**देखि परम बिरहाकुल सीता। सो छन कपिहि कलप सम बीता॥**

तेरे नये-नये कोमल पत्ते अग्निके समान हैं। अग्नि दे, विरह-रोगका अन्त मत कर (अर्थात् विरह-रोगको बढ़ाकर सीमातक न पहुँचा)। सीताजीको विरहसे परम व्याकुल देखकर वह क्षण हनुमान्‌जीको कल्पके समान बीता॥ ६॥

**सो०—कपि करि हृदयँ बिचार दीन्हि मुद्रिका डारि तब।**
**जनु असोक अंगार दीन्ह हरषि उठि कर गहेउ॥ १२॥**

तब हनुमान्‌जीने हृदयमें विचारकर [सीताजीके सामने] अँगूठी डाल दी, मानो अशोकने अंगारा दे दिया। [यह समझकर] सीताजीने हर्षित होकर उठकर उसे हाथमें ले लिया॥ १२॥

**तब देखी मुद्रिका मनोहर। राम नाम अंकित अति सुंदर॥**
**चकित चितव मुदरी पहिचानी। हरष बिषाद हृदयँ अकुलानी॥**

तब उन्होंने राम-नामसे अंकित अत्यन्त सुन्दर एवं मनोहर अँगूठी देखी। अँगूठीको पहचानकर सीताजी आश्चर्यचकित होकर उसे देखने लगीं और हर्ष तथा विषादसे हृदयमें अकुला उठीं॥ १॥

**जीति को सकइ अजय रघुराई। माया तें असि रचि नहिं जाई॥**
**सीता मन बिचार कर नाना। मधुर बचन बोलेउ हनुमाना॥**

[वे सोचने लगीं—] श्रीरघुनाथजी तो सर्वथा अजेय हैं, उन्हें कौन जीत सकता है? और मायासे ऐसी (मायाके उपादानसे सर्वथा रहित दिव्य, चिन्मय) अँगूठी बनायी नहीं जा सकती। सीताजी मनमें अनेक प्रकारके विचार कर रही थीं। इसी समय हनुमान्‌जी मधुर वचन बोले—॥ २॥

**रामचंद्र गुन बरनैं लागा। सुनतहिं सीता कर दुख भागा॥**
**लागीं सुनैं श्रवन मन लाई। आदिहु तें सब कथा सुनाई॥**

वे श्रीरामचन्द्रजीके गुणोंका वर्णन करने लगे, [जिनके] सुनते ही सीताजीका दुःख भाग गया। वे कान और मन लगाकर उन्हें सुनने लगीं। हनुमान्‌जीने आदिसे लेकर सारी कथा कह सुनायी॥ ३॥

**श्रवनामृत जेहिं कथा सुहाई। कही सो प्रगट होति किन भाई॥**
**तब हनुमंत निकट चलि गयऊ। फिरि बैठीं मन बिसमय भयऊ॥**

[सीताजी बोलीं—] जिसने कानोंके लिये अमृतरूप यह सुन्दर कथा कही, वह हे भाई! प्रकट क्यों नहीं होता? तब हनुमान्‌जी पास चले गये। उन्हें देखकर सीताजी फिरकर (मुख फेरकर) बैठ गयीं; उनके मनमें आश्चर्य हुआ॥ ४॥

**राम दूत मैं मातु जानकी। सत्य सपथ करुनानिधान की॥**
**यह मुद्रिका मातु मैं आनी। दीन्हि राम तुम्ह कहँ सहिदानी॥**

[हनुमान्‌जीने कहा—] हे माता जानकी! मैं श्रीरामजीका दूत हूँ। करुणानिधानकी सच्ची शपथ करता हूँ। हे माता! यह अँगूठी मैं ही लाया हूँ। श्रीरामजीने मुझे आपके लिये यह सहिदानी (निशानी या पहिचान) दी है॥ ५॥

**नर बानरहि संग कहु कैसें। कही कथा भइ संगति जैसें॥**

[सीताजीने पूछा—] नर और वानरका संग कहो कैसे हुआ? तब हनुमान्‌जीने जैसे संग हुआ था, वह सब कथा कही॥ ६॥

**दो०—कपि के बचन सप्रेम सुनि उपजा मन बिस्वास।**
**जाना मन क्रम बचन यह कृपासिंधु कर दास॥ १३॥**

हनुमान्‌जीके प्रेमयुक्त वचन सुनकर सीताजीके मनमें विश्वास उत्पन्न हो गया। उन्होंने जान लिया कि यह मन, वचन और कर्मसे कृपासागर श्रीरघुनाथजीका दास है॥ १३॥

**हरिजन जानि प्रीति अति गाढ़ी। सजल नयन पुलकावलि बाढ़ी॥**
**बूड़त बिरह जलधि हनुमाना। भयहु तात मो कहुँ जलजाना॥**

भगवान्‌का जन (सेवक) जानकर अत्यन्त गाढ़ी प्रीति हो गयी। नेत्रोंमें [प्रेमाश्रुओंका] जल भर आया और शरीर अत्यन्त पुलकित हो गया। [सीताजीने कहा—] हे तात हनुमान्! विरहसागरमें डूबती हुई मुझको तुम जहाज हुए॥ १॥

**अब कहु कुसल जाउँ बलिहारी। अनुज सहित सुख भवन खरारी॥**
**कोमलचित कृपाल रघुराई। कपि केहि हेतु धरी निठुराई॥**

मैं बलिहारी जाती हूँ, अब छोटे भाई लक्ष्मणजीसहित खरके शत्रु सुखधाम प्रभुका कुशल-मंगल कहो। श्रीरघुनाथजी तो कोमलहृदय और कृपालु हैं। फिर हे हनुमान्! उन्होंने किस कारण यह निष्ठुरता धारण कर ली है?॥ २॥

**सहज बानि सेवक सुखदायक। कबहुँक सुरति करत रघुनायक॥**
**कबहुँ नयन मम सीतल ताता। होइहहिं निरखि स्याम मृदु गाता॥**

सेवकको सुख देना उनकी स्वाभाविक बान है। वे श्रीरघुनाथजी क्या कभी मेरी भी याद करते हैं? हे तात! क्या कभी उनके कोमल साँवले अंगोंको देखकर मेरे नेत्र शीतल होंगे?॥ ३॥

**बचनु न आव नयन भरे बारी। अहह नाथ हौं निपट बिसारी॥**
**देखि परम बिरहाकुल सीता। बोला कपि मृदु बचन बिनीता॥**

[मुँहसे] वचन नहीं निकलता, नेत्रोंमें [विरहके आँसुओंका] जल भर आया। [बड़े दुःखसे वे बोलीं—] हा नाथ! आपने मुझे बिलकुल ही भुला दिया! सीताजीको विरहसे परम व्याकुल देखकर हनुमान्‌जी कोमल और विनीत वचन बोले—॥ ४॥

**मातु कुसल प्रभु अनुज समेता। तव दुख दुखी सुकृपा निकेता॥**
**जनि जननी मानहु जियँ ऊना। तुम्ह ते प्रेमु राम कें दूना॥**

हे माता! सुन्दर कृपाके धाम प्रभु भाई लक्ष्मणजीके सहित [शरीरसे] कुशल हैं, परन्तु आपके दुःखसे दुखी हैं। हे माता! मनमें ग्लानि न मानिये (मन छोटा करके दुःख न कीजिये)। श्रीरामचन्द्रजीके हृदयमें आपसे दूना प्रेम है॥ ५॥

**दो०—रघुपति कर संदेसु अब सुनु जननी धरि धीर।**
**अस कहि कपि गदगद भयउ भरे बिलोचन नीर॥ १४॥**

हे माता! अब धीरज धरकर श्रीरघुनाथजीका संदेश सुनिये। ऐसा कहकर हनुमान्‌जी प्रेमसे

गद्‌गद हो गये। उनके नेत्रोंमें [प्रेमाश्रुओंका] जल भर आया॥ १४॥

**कहेउ राम बियोग तव सीता। मो कहुँ सकल भए बिपरीता॥**
**नव तरु किसलय मनहुँ कृसानू। कालनिसा सम निसि ससि भानू॥**

[हनुमान्‌जी बोले—] श्रीरामचन्द्रजीने कहा है कि हे सीते! तुम्हारे वियोगमें मेरे लिये सभी पदार्थ प्रतिकूल हो गये हैं। वृक्षोंके नये-नये कोमल पत्ते मानो अग्निके समान, रात्रि कालरात्रिके समान, चन्द्रमा सूर्यके समान॥ १॥

**कुबलय बिपिन कुंतबन सरिसा। बारिद तपत तेल जनु बरिसा॥**
**जे हित रहे करत तेइ पीरा। उरग स्वास सम त्रिबिध समीरा॥**

और कमलोंके वन भालोंके वनके समान हो गये हैं। मेघ मानो खौलता हुआ तेल बरसाते हैं। जो हित करनेवाले थे, वे ही अब पीड़ा देने लगे हैं। त्रिविध (शीतल, मन्द, सुगन्ध) वायु साँपके श्वासके समान (जहरीली और गरम) हो गयी है॥ २॥

**कहेहू तें कछु दुख घटि होई। काहि कहौं यह जान न कोई॥**
**तत्व प्रेम कर मम अरु तोरा। जानत प्रिया एकु मनु मोरा॥**

मनका दुःख कह डालनेसे भी कुछ घट जाता है। पर कहूँ किससे? यह दुःख कोई जानता नहीं। हे प्रिये! मेरे और तेरे प्रेमका तत्त्व (रहस्य) एक मेरा मन ही जानता है॥ ३॥

**सो मनु सदा रहत तोहि पाहीं। जानु प्रीति रसु एतनेहि माहीं॥**
**प्रभु संदेसु सुनत बैदेही। मगन प्रेम तन सुधि नहिं तेही॥**

और वह मन सदा तेरे ही पास रहता है। बस, मेरे प्रेमका सार इतनेमें ही समझ ले। प्रभुका सन्देश सुनते ही जानकीजी प्रेममें मग्न हो गयीं। उन्हें शरीरकी सुध न रही॥ ४॥

**कह कपि हृदयँ धीर धरु माता। सुमिरु राम सेवक सुखदाता॥**
**उर आनहु रघुपति प्रभुताई। सुनि मम बचन तजहु कदराई॥**

हनुमान्‌जीने कहा—हे माता! हृदयमें धैर्य धारण करो और सेवकोंको सुख देनेवाले श्रीरामजीका स्मरण करो। श्रीरघुनाथजीकी प्रभुताको हृदयमें लाओ और मेरे वचन सुनकर कायरता छोड़ दो॥ ५॥

**दो०—निसिचर निकर पतंग सम रघुपति बान कृसानु।**
**जननी हृदयँ धीर धरु जरे निसाचर जानु॥ १५॥**

राक्षसोंके समूह पतंगोंके समान और श्रीरघुनाथजीके बाण अग्निके समान हैं। हे माता! हृदयमें धैर्य धारण करो और राक्षसोंको जला ही समझो॥ १५॥

**जौं रघुबीर होति सुधि पाई। करते नहिं बिलंबु रघुराई॥**
**राम बान रबि उएँ जानकी। तम बरूथ कहँ जातुधान की॥**

श्रीरामचन्द्रजीने यदि खबर पायी होती तो वे विलम्ब न करते। हे जानकीजी! रामबाणरूपी सूर्यके उदय होनेपर राक्षसोंकी सेनारूपी अन्धकार कहाँ रह सकता है?॥ १॥

**अबहिं मातु मैं जाउँ लवाई। प्रभु आयसु नहिं राम दोहाई॥**
**कछुक दिवस जननी धरु धीरा। कपिन्ह सहित अइहहिं रघुबीरा॥**

हे माता! मैं आपको अभी यहाँसे लिवा जाऊँ; पर श्रीरामचन्द्रजीकी शपथ है, मुझे प्रभु (उन) की

आज्ञा नहीं है। [अतः] हे माता! कुछ दिन और धीरज धरो। श्रीरामचन्द्रजी वानरोंसहित यहाँ आवेंगे॥ २॥

**निसिचर मारि तोहि लै जैहहिं। तिहुँ पुर नारदादि जसु गैहहिं॥**
**हैं सुत कपि सब तुम्हहि समाना। जातुधान अति भट बलवाना॥**

और राक्षसोंको मारकर आपको ले जायँगे। नारद आदि [ऋषि-मुनि] तीनों लोकोंमें उनका यश गावेंगे। [सीताजीने कहा—] हे पुत्र! सब वानर तुम्हारे ही समान (नन्हें-नन्हें-से) होंगे, राक्षस तो बड़े बलवान् योद्धा हैं॥ ३॥

**मोरें हृदय परम संदेहा। सुनि कपि प्रगट कीन्हि निज देहा॥**
**कनक भूधराकार सरीरा। समर भयंकर अतिबल बीरा॥**

अतः मेरे हृदयमें बड़ा भारी सन्देह होता है [कि तुम-जैसे बंदर राक्षसोंको कैसे जीतेंगे!] यह सुनकर हनुमान्‌जीने अपना शरीर प्रकट किया। सोनेके पर्वत (सुमेरु) के आकारका (अत्यन्त विशाल) शरीर था, जो युद्धमें शत्रुओंके हृदयमें भय उत्पन्न करनेवाला, अत्यन्त बलवान् और वीर था॥ ४॥

**सीता मन भरोस तब भयऊ। पुनि लघु रूप पवनसुत लयऊ॥**

तब (उसे देखकर) सीताजीके मनमें विश्वास हुआ। हनुमान्‌जीने फिर छोटा रूप धारण कर लिया॥ ५॥

**दो०—सुनु माता साखामृग नहिं बल बुद्धि बिसाल।**
**प्रभु प्रताप तें गरुड़हि खाइ परम लघु ब्याल॥ १६॥**

हे माता! सुनो, वानरोंमें बहुत बल-बुद्धि नहीं होती। परन्तु प्रभुके प्रतापसे बहुत छोटा सर्प भी गरुड़को खा सकता है (अत्यन्त निर्बल भी महान् बलवान्‌को मार सकता है)॥ १६॥

**मन संतोष सुनत कपि बानी। भगति प्रताप तेज बल सानी॥**
**आसिष दीन्हि रामप्रिय जाना। होहु तात बल सील निधाना॥**

भक्ति, प्रताप, तेज और बलसे सनी हुई हनुमान्‌जीकी वाणी सुनकर सीताजीके मनमें सन्तोष हुआ। उन्होंने श्रीरामजीके प्रिय जानकर हनुमान्‌जीको आशीर्वाद दिया कि हे तात! तुम बल और शीलके निधान होओ॥ १॥

**अजर अमर गुननिधि सुत होहू। करहुँ बहुत रघुनायक छोहू॥**
**करहुँ कृपा प्रभु अस सुनि काना। निर्भर प्रेम मगन हनुमाना॥**

हे पुत्र! तुम अजर (बुढ़ापेसे रहित), अमर और गुणोंके खजाने होओ। श्रीरघुनाथजी तुमपर बहुत कृपा करें। 'प्रभु कृपा करें' ऐसा कानोंसे सुनते ही हनुमान्‌जी पूर्ण प्रेममें मग्न हो गये॥ २॥

**बार बार नाएसि पद सीसा। बोला बचन जोरि कर कीसा॥**
**अब कृतकृत्य भयउँ मैं माता। आसिष तव अमोघ बिख्याता॥**

हनुमान्‌जीने बार-बार सीताजीके चरणोंमें सिर नवाया और फिर हाथ जोड़कर कहा—हे माता! अब मैं कृतार्थ हो गया। आपका आशीर्वाद अमोघ (अचूक) है, यह बात प्रसिद्ध है॥ ३॥

**सुनहु मातु मोहि अतिसय भूखा। लागि देखि सुंदर फल रूखा॥**
**सुनु सुत करहिं बिपिन रखवारी। परम सुभट रजनीचर भारी॥**

हे माता! सुनो, सुन्दर फलवाले वृक्षोंको देखकर मुझे बड़ी ही भूख लग आयी है। [सीताजीने कहा—] हे बेटा! सुनो, बड़े भारी योद्धा राक्षस इस वनकी रखवाली करते हैं॥ ४॥

**तिन्ह कर भय माता मोहि नाहीं। जौं तुम्ह सुख मानहु मन माहीं॥**

[हनुमान्‌जीने कहा—] हे माता! यदि आप मनमें सुख मानें (प्रसन्न होकर आज्ञा दें) तो मुझे उनका भय तो बिलकुल नहीं है॥ ५॥

**दो०—देखि बुद्धि बल निपुन कपि कहेउ जानकीं जाहु।**
**रघुपति चरन हृदयँ धरि तात मधुर फल खाहु॥ १७॥**

हनुमान्‌जीको बुद्धि और बलमें निपुण देखकर जानकीजीने कहा—जाओ। हे तात! श्रीरघुनाथजीके चरणोंको हृदयमें धारण करके मीठे फल खाओ॥ १७॥

**चलेउ नाइ सिरु पैठेउ बागा। फल खाएसि तरु तोरैं लागा॥**
**रहे तहाँ बहु भट रखवारे। कछु मारेसि कछु जाइ पुकारे॥**

वे सीताजीको सिर नवाकर चले और बागमें घुस गये। फल खाये और वृक्षोंको तोड़ने लगे। वहाँ बहुत-से योद्धा रखवाले थे। उनमेंसे कुछको मार डाला और कुछने जाकर रावणसे पुकार की—॥ १॥

**नाथ एक आवा कपि भारी। तेहिं असोक बाटिका उजारी॥**
**खाएसि फल अरु बिटप उपारे। रच्छक मर्दि मर्दि महि डारे॥**

[और कहा—] हे नाथ! एक बड़ा भारी बंदर आया है। उसने अशोकवाटिका उजाड़ डाली। फल खाये, वृक्षोंको उखाड़ डाला और रखवालोंको मसल-मसलकर जमीनपर डाल दिया॥ २॥

**सुनि रावन पठए भट नाना। तिन्हहि देखि गर्जेउ हनुमाना॥**
**सब रजनीचर कपि संघारे। गए पुकारत कछु अधमारे॥**

यह सुनकर रावणने बहुत-से योद्धा भेजे। उन्हें देखकर हनुमान्‌जीने गर्जना की। हनुमान्‌जीने सब राक्षसोंको मार डाला, कुछ जो अधमरे थे, चिल्लाते हुए गये॥ ३॥

**पुनि पठयउ तेहिं अच्छकुमारा। चला संग लै सुभट अपारा॥**
**आवत देखि बिटप गहि तर्जा। ताहि निपाति महाधुनि गर्जा॥**

फिर रावणने अक्षयकुमारको भेजा। वह असंख्य श्रेष्ठ योद्धाओंको साथ लेकर चला। उसे आते देखकर हनुमान्‌जीने एक वृक्ष [हाथमें] लेकर ललकारा और उसे मारकर महाध्वनि (बड़े जोर) से गर्जना की॥ ४॥

**दो०—कछु मारेसि कछु मर्देसि कछु मिलएसि धरि धूरि।**
**कछु पुनि जाइ पुकारे प्रभु मर्कट बल भूरि॥ १८॥**

उन्होंने सेनामें कुछको मार डाला और कुछको मसल डाला और कुछको पकड़-पकड़कर धूलमें मिला दिया। कुछने फिर जाकर पुकार की कि हे प्रभु! बंदर बहुत ही बलवान् है॥ १८॥

**सुनि सुत बध लंकेस रिसाना। पठएसि मेघनाद बलवाना॥**
**मारसि जनि सुत बाँधेसु ताही। देखिअ कपिहि कहाँ कर आही॥**

पुत्रका वध सुनकर रावण क्रोधित हो उठा और उसने [अपने जेठे पुत्र] बलवान् मेघनादको भेजा। (उससे कहा कि—) हे पुत्र! मारना नहीं; उसे बाँध लाना। उस बंदरको देखा जाय कि कहाँका है॥ १॥

**चला इंद्रजित अतुलित जोधा। बंधु निधन सुनि उपजा क्रोधा॥**
**कपि देखा दारुन भट आवा। कटकटाइ गर्जा अरु धावा॥**

इन्द्रको जीतनेवाला अतुलनीय योद्धा मेघनाद चला। भाईका मारा जाना सुन उसे क्रोध हो आया। हनुमान्‌जीने देखा कि अबकी भयानक योद्धा आया है। तब वे कटकटाकर गर्जे और दौड़े॥ २॥

**अति बिसाल तरु एक उपारा। बिरथ कीन्ह लंकेस कुमारा॥**
**रहे महाभट ताके संगा। गहि गहि कपि मर्दइ निज अंगा॥**

उन्होंने एक बहुत बड़ा वृक्ष उखाड़ लिया और [उसके प्रहारसे] लंकेश्वर रावणके पुत्र मेघनादको बिना रथका कर दिया (रथको तोड़कर उसे नीचे पटक दिया)। उसके साथ जो बड़े-बड़े योद्धा थे, उनको पकड़-पकड़कर हनुमान्‌जी अपने शरीरसे मसलने लगे॥ ३॥

**तिन्हहि निपाति ताहि सन बाजा। भिरे जुगल मानहुँ गजराजा॥**
**मुठिका मारि चढ़ा तरु जाई। ताहि एक छन मुरुछा आई॥**

उन सबको मारकर फिर मेघनादसे लड़ने लगे। [लड़ते हुए वे ऐसे मालूम होते थे] मानो दो गजराज (श्रेष्ठ हाथी) भिड़ गये हों। हनुमान्‌जी उसे एक घूँसा मारकर वृक्षपर जा चढ़े। उसको क्षणभरके लिये मूर्च्छा आ गयी॥ ४॥

**उठि बहोरि कीन्हिसि बहु माया। जीति न जाइ प्रभंजन जाया॥**

फिर उठकर उसने बहुत माया रची; परन्तु पवनके पुत्र उससे जीते नहीं जाते॥ ५॥

**दो०—ब्रह्म अस्त्र तेहि साँधा कपि मन कीन्ह बिचार।**
**जौं न ब्रह्मसर मानउँ महिमा मिटइ अपार॥ १९॥**

अन्तमें उसने ब्रह्मास्त्रका सन्धान (प्रयोग) किया, तब हनुमान्‌जीने मनमें विचार किया कि यदि ब्रह्मास्त्रको नहीं मानता हूँ तो उसकी अपार महिमा मिट जायगी॥ १९॥

**ब्रह्मबान कपि कहुँ तेहिं मारा। परतिहुँ बार कटकु संघारा॥**
**तेहिं देखा कपि मुरुछित भयऊ। नागपास बाँधेसि लै गयऊ॥**

उसने हनुमान्‌जीको ब्रह्मबाण मारा, [जिसके लगते ही वे वृक्षसे नीचे गिर पड़े] परन्तु गिरते समय भी उन्होंने बहुत-सी सेना मार डाली। जब उसने देखा कि हनुमान्‌जी मूर्च्छित हो गये हैं, तब वह उनको नागपाशसे बाँधकर ले गया॥ १॥

**जासु नाम जपि सुनहु भवानी। भव बंधन काटहिं नर ग्यानी॥**
**तासु दूत कि बंध तरु आवा। प्रभु कारज लगि कपिहिं बँधावा॥**

[शिवजी कहते हैं—] हे भवानी! सुनो, जिनका नाम जपकर ज्ञानी (विवेकी) मनुष्य संसार (जन्म-मरण) के बन्धनको काट डालते हैं, उनका दूत कहीं बन्धनमें आ सकता है? किन्तु प्रभुके कार्यके लिये हनुमान्‌जीने स्वयं अपनेको बँधा लिया॥ २॥

**कपि बंधन सुनि निसिचर धाए। कौतुक लागि सभाँ सब आए॥**
**दसमुख सभा दीखि कपि जाई। कहि न जाइ कछु अति प्रभुताई॥**

बंदरका बाँधा जाना सुनकर राक्षस दौड़े और कौतुकके लिये (तमाशा देखनेके लिये) सब सभामें आये। हनुमान्‌जीने जाकर रावणकी सभा देखी। उसकी अत्यन्त प्रभुता (ऐश्वर्य) कुछ कही नहीं जाती॥ ३॥

**कर जोरें सुर दिसिप बिनीता। भृकुटि बिलोकत सकल सभीता॥**
**देखि प्रताप न कपि मन संका। जिमि अहिगन महुँ गरुड़ असंका॥**

देवता और दिक्पाल हाथ जोड़े बड़ी नम्रताके साथ भयभीत हुए सब रावणकी भौं ताक रहे हैं। (उसका रुख देख रहे हैं।) उसका ऐसा प्रताप देखकर भी हनुमान्‌जीके मनमें जरा भी डर नहीं हुआ। वे ऐसे निःशंक खड़े रहे जैसे सर्पोंके समूहमें गरुड़ निःशंक (निर्भय) रहते हैं॥ ४॥

**दो०—कपिहि बिलोकि दसानन बिहसा कहि दुर्बाद।**
**सुत बध सुरति कीन्हि पुनि उपजा हृदयँ बिषाद॥ २०॥**

हनुमान्‌जीको देखकर रावण दुर्वचन कहता हुआ खूब हँसा। फिर पुत्र-वधका स्मरण किया तो उसके हृदयमें विषाद उत्पन्न हो गया॥ २०॥

**कह लंकेस कवन तैं कीसा। केहि कें बल घालेहि बन खीसा॥**
**की धौं श्रवन सुनेहि नहिं मोही। देखउँ अति असंक सठ तोही॥**

लंकापति रावणने कहा—रे वानर! तू कौन है? किसके बलपर तूने वनको उजाड़कर नष्ट कर डाला? क्या तूने कभी मुझे (मेरा नाम और यश) कानोंसे नहीं सुना? रे शठ! मैं तुझे अत्यन्त निःशंक देख रहा हूँ॥ १॥

**मारे निसिचर केहिं अपराधा। कहु सठ तोहि न प्रान कइ बाधा॥**
**सुनु रावन ब्रह्मांड निकाया। पाइ जासु बल बिरचति माया॥**

तूने किस अपराधसे राक्षसोंको मारा? रे मूर्ख! बता, क्या तुझे प्राण जानेका भय नहीं है? [हनुमान्‌जीने कहा—] हे रावण! सुन; जिनका बल पाकर माया सम्पूर्ण ब्रह्माण्डोंके समूहोंकी रचना करती है;॥ २॥

**जाकें बल बिरंचि हरि ईसा। पालत सृजत हरत दससीसा॥**
**जा बल सीस धरत सहसानन। अंडकोस समेत गिरि कानन॥**

जिनके बलसे हे दशशीश! ब्रह्मा, विष्णु, महेश (क्रमशः) सृष्टिका सृजन, पालन और संहार करते हैं; जिनके बलसे सहस्रमुख (फणों) वाले शेषजी पर्वत और वनसहित समस्त ब्रह्माण्डको सिरपर धारण करते हैं;॥ ३॥

**धरइ जो बिबिध देह सुरत्राता। तुम्ह से सठन्ह सिखावनु दाता॥**
**हर कोदंड कठिन जेहिं भंजा। तेहि समेत नृप दल मद गंजा॥**

जो देवताओंकी रक्षाके लिये नाना प्रकारकी देह धारण करते हैं और जो तुम्हारे-जैसे मूर्खोंको शिक्षा देनेवाले हैं; जिन्होंने शिवजीके कठोर धनुषको तोड़ डाला और उसीके साथ राजाओंके समूहका गर्व चूर्ण कर दिया॥ ४॥

**खर दूषन त्रिसिरा अरु बाली। बधे सकल अतुलित बल साली॥**

जिन्होंने खर, दूषण, त्रिशिरा और बालिको मार डाला, जो सब-के-सब अतुलनीय बलवान् थे;॥ ५॥

**दो०—जाके बल लवलेस तें जितेहु चराचर झारि।**
**तासु दूत मैं जा करि हरि आनेहु प्रिय नारि॥ २१॥**

जिनके लेशमात्र बलसे तुमने समस्त चराचर जगत्‌को जीत लिया और जिनकी प्रिय पत्नीको तुम [चोरीसे] हर लाये हो, मैं उन्हींका दूत हूँ॥ २१॥

**जानउँ मैं तुम्हारि प्रभुताई। सहसबाहु सन परी लराई॥**
**समर बालि सन करि जसु पावा। सुनि कपि बचन बिहसि बिहरावा॥**

मैं तुम्हारी प्रभुताको खूब जानता हूँ, सहस्रबाहुसे तुम्हारी लड़ाई हुई थी और बालिसे युद्ध करके तुमने यश प्राप्त किया था। हनुमान्‌जीके [मार्मिक] वचन सुनकर रावणने हँसकर बात टाल दी॥ १॥

**खायउँ फल प्रभु लागी भूँखा। कपि सुभाव तें तोरेउँ रूखा॥**
**सब कें देह परम प्रिय स्वामी। मारहिं मोहि कुमारग गामी॥**

हे [राक्षसोंके] स्वामी! मुझे भूख लगी थी, (इसलिये) मैंने फल खाये और वानर-स्वभावके कारण वृक्ष तोड़े। हे (निशाचरोंके) मालिक! देह सबको परम प्रिय है। कुमार्गपर चलनेवाले (दुष्ट) राक्षस जब मुझे मारने लगे॥ २॥

**जिन्ह मोहि मारा ते मैं मारे। तेहि पर बाँधेउँ तनयँ तुम्हारे॥**
**मोहि न कछु बाँधे कइ लाजा। कीन्ह चहउँ निज प्रभु कर काजा॥**

तब जिन्होंने मुझे मारा, उनको मैंने भी मारा। उसपर तुम्हारे पुत्रने मुझको बाँध लिया। [किन्तु] मुझे अपने बाँधे जानेकी कुछ भी लज्जा नहीं है। मैं तो अपने प्रभुका कार्य किया चाहता हूँ॥ ३॥

**बिनती करउँ जोरि कर रावन। सुनहु मान तजि मोर सिखावन॥**
**देखहु तुम्ह निज कुलहि बिचारी। भ्रम तजि भजहु भगत भय हारी॥**

हे रावण! मैं हाथ जोड़कर तुमसे विनती करता हूँ, तुम अभिमान छोड़कर मेरी सीख सुनो। तुम अपने पवित्र कुलका विचार करके देखो और भ्रमको छोड़कर भक्तभयहारी भगवान्‌को भजो॥ ४॥

**जाकें डर अति काल डेराई। जो सुर असुर चराचर खाई॥**
**तासों बयरु कबहुँ नहिं कीजै। मोरे कहें जानकी दीजै॥**

जो देवता, राक्षस और समस्त चराचरको खा जाता है, वह काल भी जिनके डरसे अत्यन्त डरता है, उनसे कदापि वैर न करो और मेरे कहनेसे जानकीजीको दे दो॥ ५॥

**दो०—प्रनतपाल रघुनायक करुना सिंधु खरारि।**
**गएँ सरन प्रभु राखिहैं तव अपराध बिसारि॥ २२॥**

खरके शत्रु श्रीरघुनाथजी शरणागतोंके रक्षक और दयाके समुद्र हैं। शरण जानेपर प्रभु तुम्हारा अपराध भुलाकर तुम्हें अपनी शरणमें रख लेंगे॥ २२॥

**राम चरन पंकज उर धरहू। लंका अचल राजु तुम्ह करहू॥**
**रिषि पुलस्ति जसु बिमल मयंका। तेहि ससि महुँ जनि होहु कलंका॥**

तुम श्रीरामजीके चरणकमलोंको हृदयमें धारण करो और लंकाका अचल राज्य करो। ऋषि पुलस्त्यजीका यश निर्मल चन्द्रमाके समान है। उस चन्द्रमामें तुम कलंक न बनो॥ १॥

**राम नाम बिनु गिरा न सोहा। देखु बिचारि त्यागि मद मोहा॥**
**बसन हीन नहिं सोह सुरारी। सब भूषन भूषित बर नारी॥**

रामनामके बिना वाणी शोभा नहीं पाती, मद-मोहको छोड़, विचारकर देखो। हे देवताओंके शत्रु! सब गहनोंसे सजी हुई सुन्दरी स्त्री भी कपड़ोंके बिना (नंगी) शोभा नहीं पाती॥ २॥

**राम बिमुख संपति प्रभुताई। जाइ रही पाई बिनु पाई॥**
**सजल मूल जिन्ह सरितन्ह नाहीं। बरषि गएँ पुनि तबहिं सुखाहीं॥**

रामविमुख पुरुषकी सम्पत्ति और प्रभुता रही हुई भी चली जाती है और उसका पाना न पानेके

समान है। जिन नदियोंके मूलमें कोई जलस्रोत नहीं है (अर्थात् जिन्हें केवल बरसातका ही आसरा है) वे वर्षा बीत जानेपर फिर तुरंत ही सूख जाती हैं॥ ३॥

**सुनु दसकंठ कहउँ पन रोपी। बिमुख राम त्राता नहिं कोपी॥**
**संकर सहस बिष्नु अज तोही। सकहिं न राखि राम कर द्रोही॥**

हे रावण! सुनो, मैं प्रतिज्ञा करके कहता हूँ कि रामविमुखकी रक्षा करनेवाला कोई भी नहीं है। हजारों शंकर, विष्णु और ब्रह्मा भी श्रीरामजीके साथ द्रोह करनेवाले तुमको नहीं बचा सकते॥ ४॥

**दो०—मोहमूल बहु सूल प्रद त्यागहु तम अभिमान।**
**भजहु राम रघुनायक कृपा सिंधु भगवान॥ २३॥**

मोह ही जिसका मूल है ऐसे (अज्ञानजनित), बहुत पीड़ा देनेवाले, तमरूप अभिमानका त्याग कर दो और रघुकुलके स्वामी, कृपाके समुद्र भगवान् श्रीरामचन्द्रजीका भजन करो॥ २३॥

**जदपि कही कपि अति हित बानी। भगति बिबेक बिरति नय सानी॥**
**बोला बिहसि महा अभिमानी। मिला हमहि कपि गुर बड़ ग्यानी॥**

यद्यपि हनुमान्‌जीने भक्ति, ज्ञान, वैराग्य और नीतिसे सनी हुई बहुत ही हितकी वाणी कही, तो भी वह महान् अभिमानी रावण बहुत हँसकर (व्यंगसे) बोला कि हमें यह बंदर बड़ा ज्ञानी गुरु मिला!॥ १॥

**मृत्यु निकट आई खल तोही। लागेसि अधम सिखावन मोही॥**
**उलटा होइहि कह हनुमाना। मतिभ्रम तोर प्रगट मैं जाना॥**

रे दुष्ट! तेरी मृत्यु निकट आ गयी है। अधम! मुझे शिक्षा देने चला है। हनुमान्‌जीने कहा—इससे उलटा ही होगा (अर्थात् मृत्यु तेरी निकट आयी है, मेरी नहीं)। यह तेरा मतिभ्रम (बुद्धिका फेर) है, मैंने प्रत्यक्ष जान लिया है॥ २॥

**सुनि कपि बचन बहुत खिसिआना। बेगि न हरहु मूढ़ कर प्राना॥**
**सुनत निसाचर मारन धाए। सचिवन्ह सहित बिभीषनु आए॥**

हनुमान्‌जीके वचन सुनकर वह बहुत ही कुपित हो गया [और बोला—] अरे! इस मूर्खका प्राण शीघ्र ही क्यों नहीं हर लेते? सुनते ही राक्षस उन्हें मारने दौड़े। उसी समय मन्त्रियोंके साथ विभीषणजी वहाँ आ पहुँचे॥ ३॥

**नाइ सीस करि बिनय बहूता। नीति बिरोध न मारिअ दूता॥**
**आन दंड कछु करिअ गोसाँई। सबहीं कहा मंत्र भल भाई॥**

उन्होंने सिर नवाकर और बहुत विनय करके रावणसे कहा कि दूतको मारना नहीं चाहिये, यह नीतिके विरुद्ध है। हे गोसाईं! कोई दूसरा दण्ड दिया जाय। सबने कहा—भाई! यह सलाह उत्तम है॥ ४॥

**सुनत बिहसि बोला दसकंधर। अंग भंग करि पठइअ बंदर॥**

यह सुनते ही रावण हँसकर बोला—अच्छा तो, बंदरको अंग-भंग करके भेज (लौटा) दिया जाय॥ ५॥

**दो०—कपि कें ममता पूँछ पर सबहि कहउँ समुझाइ।**
**तेल बोरि पट बाँधि पुनि पावक देहु लगाइ॥ २४॥**

मैं सबको समझाकर कहता हूँ कि बंदरकी ममता पूँछपर होती है। अतः तेलमें कपड़ा डुबोकर उसे इसकी पूँछमें बाँधकर फिर आग लगा दो॥ २४॥

**पूँछहीन बानर तहँ जाइहि। तब सठ निज नाथहि लइ आइहि॥**
**जिन्ह कै कीन्हिसि बहुत बड़ाई। देखउँ मैं तिन्ह कै प्रभुताई॥**

जब बिना पूँछका यह बंदर वहाँ (अपने स्वामीके पास) जायगा, तब यह मूर्ख अपने मालिकको साथ ले आयेगा। जिनकी इसने बहुत बड़ाई की है, मैं जरा उनकी प्रभुता (सामर्थ्य) तो देखूँ!॥ १॥

**बचन सुनत कपि मन मुसुकाना। भइ सहाय सारद मैं जाना॥**
**जातुधान सुनि रावन बचना। लागे रचैं मूढ़ सोइ रचना॥**

यह वचन सुनते ही हनुमान्‌जी मनमें मुसकराये [और मन-ही-मन बोले कि] मैं जान गया, सरस्वतीजी [इसे ऐसी बुद्धि देनेमें] सहायक हुई हैं। रावणके वचन सुनकर मूर्ख राक्षस वही (पूँछमें आग लगानेकी) तैयारी करने लगे॥ २॥

**रहा न नगर बसन घृत तेला। बाढ़ी पूँछ कीन्ह कपि खेला॥**
**कौतुक कहँ आए पुरबासी। मारहिं चरन करहिं बहु हाँसी॥**

[पूँछके लपेटनेमें इतना कपड़ा और घी-तेल लगा कि] नगरमें कपड़ा, घी और तेल नहीं रह गया। हनुमान्‌जीने ऐसा खेल किया कि पूँछ बढ़ गयी (लंबी हो गयी)। नगरवासीलोग तमाशा देखने आये। वे हनुमान्‌जीको पैरसे ठोकर मारते हैं और उनकी बहुत हँसी करते हैं॥ ३॥

**बाजहिं ढोल देहिं सब तारी। नगर फेरि पुनि पूँछ प्रजारी॥**
**पावक जरत देखि हनुमंता। भयउ परम लघुरूप तुरंता॥**

ढोल बजते हैं, सब लोग तालियाँ पीटते हैं। हनुमान्‌जीको नगरमें फिराकर, फिर पूँछमें आग लगा दी। अग्निको जलते हुए देखकर हनुमान्‌जी तुरंत ही बहुत छोटे रूपमें हो गये॥ ४॥

**निबुकि चढ़ेउ कपि कनक अटारीं। भईं सभीत निसाचर नारीं॥**

बन्धनसे निकलकर वे सोनेकी अटारियोंपर जा चढ़े। उनको देखकर राक्षसोंकी स्त्रियाँ भयभीत हो गयीं॥ ५॥

**दो०—हरि प्रेरित तेहि अवसर चले मरुत उनचास।**
**अट्टहास करि गर्जा कपि बढ़ि लाग अकास॥ २५॥**

उस समय भगवान्‌की प्रेरणासे उनचासों पवन चलने लगे। हनुमान्‌जी अट्टहास करके गर्जे और बढ़कर आकाशसे जा लगे॥ २५॥

**देह बिसाल परम हरुआई। मंदिर तें मंदिर चढ़ धाई॥**
**जरइ नगर भा लोग बिहाला। झपट लपट बहु कोटि कराला॥**

देह बड़ी विशाल, परन्तु बहुत ही हलकी (फुर्तीली) है। वे दौड़कर एक महलसे दूसरे महलपर चढ़ जाते हैं। नगर जल रहा है, लोग बेहाल हो गये हैं। आगकी करोड़ों भयंकर लपटें झपट रही हैं॥ १॥

**तात मातु हा सुनिअ पुकारा। एहिं अवसर को हमहि उबारा॥**
**हम जो कहा यह कपि नहिं होई। बानर रूप धरें सुर कोई॥**

हाय बप्पा! हाय मैया! इस अवसरपर हमें कौन बचावेगा? [चारों ओर] यही पुकार सुनायी पड़ रही है। हमने तो पहले ही कहा था कि यह वानर नहीं है, वानरका रूप धरे कोई देवता है!॥ २॥

**साधु अवग्या कर फलु ऐसा। जरइ नगर अनाथ कर जैसा॥**
**जारा नगरु निमिष एक माहीं। एक बिभीषन कर गृह नाहीं॥**

साधुके अपमानका यह फल है कि नगर अनाथके नगरकी तरह जल रहा है। हनुमान्‌जीने एक ही क्षणमें सारा नगर जला डाला। एक विभीषणका घर नहीं जलाया॥ ३॥

**ता कर दूत अनल जेहिं सिरिजा। जरा न सो तेहि कारन गिरिजा॥**
**उलटि पलटि लंका सब जारी। कूदि परा पुनि सिंधु मझारी॥**

[शिवजी कहते हैं—] हे पार्वती! जिन्होंने अग्निको बनाया, हनुमान्‌जी उन्हींके दूत हैं। इसी कारण वे अग्निसे नहीं जले। हनुमान्‌जीने उलट-पलटकर (एक ओरसे दूसरी ओरतक) सारी लंका जला दी। फिर वे समुद्रमें कूद पड़े॥ ४॥

**दो०—पूँछ बुझाइ खोइ श्रम धरि लघु रूप बहोरि।**
**जनकसुता कें आगें ठाढ़ भयउ कर जोरि॥ २६॥**

पूँछ बुझाकर, थकावट दूर करके और फिर छोटा-सा रूप धारण कर हनुमान्‌जी श्रीजानकीजीके सामने हाथ जोड़कर जा खड़े हुए॥ २६॥

**मातु मोहि दीजे कछु चीन्हा। जैसें रघुनायक मोहि दीन्हा॥**
**चूड़ामनि उतारि तब दयऊ। हरष समेत पवनसुत लयऊ॥**

[हनुमान्‌जीने कहा—] हे माता! मुझे कोई चिह्न (पहचान) दीजिये, जैसे श्रीरघुनाथजीने मुझे दिया था। तब सीताजीने चूड़ामणि उतारकर दी। हनुमान्‌जीने उसको हर्षपूर्वक ले लिया॥ १॥

**कहेहु तात अस मोर प्रनामा। सब प्रकार प्रभु पूरनकामा॥**
**दीन दयाल बिरिदु संभारी। हरहु नाथ मम संकट भारी॥**

[जानकीजीने कहा—] हे तात! मेरा प्रणाम निवेदन करना और इस प्रकार कहना—हे प्रभु! यद्यपि आप सब प्रकारसे पूर्णकाम हैं (आपको किसी प्रकारकी कामना नहीं है), तथापि दीनों (दुखियों) पर दया करना आपका विरद है [और मैं दीन हूँ] अतः उस विरदको याद करके, हे नाथ! मेरे भारी संकटको दूर कीजिये॥ २॥

**तात सक्रसुत कथा सुनाएहु। बान प्रताप प्रभुहि समुझाएहु॥**
**मास दिवस महुँ नाथु न आवा। तौ पुनि मोहि जिअत नहिं पावा॥**

हे तात! इन्द्रपुत्र जयन्तकी कथा (घटना) सुनाना और प्रभुको उनके बाणका प्रताप समझाना [स्मरण कराना]। यदि महीनेभरमें नाथ न आये तो फिर मुझे जीती न पायेंगे॥ ३॥

**कहु कपि केहि बिधि राखौं प्राना। तुम्हहू तात कहत अब जाना॥**
**तोहि देखि सीतलि भइ छाती। पुनि मो कहुँ सोइ दिनु सो राती॥**

हे हनुमान्! कहो, मैं किस प्रकार प्राण रखूँ! हे तात! तुम भी अब जानेको कह रहे हो। तुमको देखकर छाती ठंडी हुई थी। फिर मुझे वही दिन और वही रात!॥ ४॥

**दो०—जनकसुतहि समुझाइ करि बहु बिधि धीरजु दीन्ह।**
**चरन कमल सिरु नाइ कपि गवनु राम पहिं कीन्ह॥ २७॥**

हनुमान्‌जीने जानकीजीको समझाकर बहुत प्रकारसे धीरज दिया और उनके चरणकमलोंमें सिर नवाकर श्रीरामजीके पास गमन किया॥ २७॥

**चलत महाधुनि गर्जेसि भारी। गर्भ स्त्रवहिं सुनि निसिचर नारी॥**
**नाघि सिंधु एहि पारहि आवा। सबद किलिकिला कपिन्ह सुनावा॥**

चलते समय उन्होंने महाध्वनिसे भारी गर्जन किया, जिसे सुनकर राक्षसोंकी स्त्रियोंके गर्भ गिरने लगे। समुद्र लाँघकर वे इस पार आये और उन्होंने वानरोंको किलकिला शब्द (हर्षध्वनि) सुनाया॥ १॥

**हरषे सब बिलोकि हनुमाना। नूतन जन्म कपिन्ह तब जाना॥**
**मुख प्रसन्न तन तेज बिराजा। कीन्हेसि रामचंद्र कर काजा॥**

हनुमान्‌जीको देखकर सब हर्षित हो गये और तब वानरोंने अपना नया जन्म समझा। हनुमान्‌जीका मुख प्रसन्न है और शरीरमें तेज विराजमान है, [जिससे उन्होंने समझ लिया कि] ये श्रीरामचन्द्रजीका कार्य कर आये हैं॥ २॥

**मिले सकल अति भए सुखारी। तलफत मीन पाव जिमि बारी॥**
**चले हरषि रघुनायक पासा। पूँछत कहत नवल इतिहासा॥**

सब हनुमान्‌जीसे मिले और बहुत ही सुखी हुए, जैसे तड़पती हुई मछलीको जल मिल गया हो। सब हर्षित होकर नये-नये इतिहास (वृत्तान्त) पूछते-कहते हुए श्रीरघुनाथजीके पास चले॥ ३॥

**तब मधुबन भीतर सब आए। अंगद संमत मधु फल खाए॥**
**रखवारे जब बरजन लागे। मुष्टि प्रहार हनत सब भागे॥**

तब सब लोग मधुवनके भीतर आये और अंगदकी सम्मतिसे सबने मधुर फल [या मधु और फल] खाये। जब रखवाले बरजने लगे, तब घूँसोंकी मार मारते ही सब रखवाले भाग छूटे॥ ४॥

**दो०—जाइ पुकारे ते सब बन उजार जुबराज।**
**सुनि सुग्रीव हरष कपि करि आए प्रभु काज॥ २८॥**

उन सबने जाकर पुकारा कि युवराज अंगद वन उजाड़ रहे हैं। यह सुनकर सुग्रीव हर्षित हुए कि वानर प्रभुका कार्य कर आये हैं॥ २८॥

**जौं न होति सीता सुधि पाई। मधुबन के फल सकहिं कि खाई॥**
**एहि बिधि मन बिचार कर राजा। आइ गए कपि सहित समाजा॥**

यदि सीताजीकी खबर न पायी होती तो क्या वे मधुवनके फल खा सकते थे? इस प्रकार राजा सुग्रीव मनमें विचार कर ही रहे थे कि समाज-सहित वानर आ गये॥ १॥

**आइ सबन्हि नावा पद सीसा। मिलेउ सबन्हि अति प्रेम कपीसा॥**
**पूँछी कुसल कुसल पद देखी। राम कृपाँ भा काजु बिसेषी॥**

सबने आकर सुग्रीवके चरणोंमें सिर नवाया। कपिराज सुग्रीव सभीसे बड़े प्रेमके साथ मिले। उन्होंने कुशल पूछी, [तब वानरोंने उत्तर दिया—] आपके चरणोंके दर्शनसे सब कुशल है। श्रीरामजीकी कृपासे विशेष कार्य हुआ (कार्यमें विशेष सफलता हुई है)॥ २॥

**नाथ काजु कीन्हेउ हनुमाना। राखे सकल कपिन्ह के प्राना॥**
**सुनि सुग्रीव बहुरि तेहि मिलेऊ। कपिन्ह सहित रघुपति पहिं चलेऊ॥**

हे नाथ! हनुमान्‌ने ही सब कार्य किया और सब वानरोंके प्राण बचा लिये। यह सुनकर सुग्रीवजी हनुमान्‌जीसे फिर मिले और सब वानरोंसमेत श्रीरघुनाथजीके पास चले॥ ३॥

**राम कपिन्ह जब आवत देखा। किएँ काजु मन हरष बिसेषा॥**
**फटिक सिला बैठे द्वौ भाई। परे सकल कपि चरनन्हि जाई॥**

श्रीरामजीने जब वानरोंको कार्य किये हुए आते देखा तब उनके मनमें विशेष हर्ष हुआ। दोनों भाई स्फटिक शिलापर बैठे थे। सब वानर जाकर उनके चरणोंपर गिर पड़े॥ ४॥

**दो०—प्रीति सहित सब भेटे रघुपति करुना पुंज।**
**पूँछी कुसल नाथ अब कुसल देखि पद कंज॥ २९॥**

दयाकी राशि श्रीरघुनाथजी सबसे प्रेमसहित गले लगकर मिले और कुशल पूछी। [वानरोंने कहा—] हे नाथ! आपके चरणकमलोंके दर्शन पानेसे अब कुशल है॥ २९॥

**जामवंत कह सुनु रघुराया। जा पर नाथ करहु तुम्ह दाया॥**
**ताहि सदा सुभ कुसल निरंतर। सुर नर मुनि प्रसन्न ता ऊपर॥**

जाम्बवान्ने कहा—हे रघुनाथजी! सुनिये। हे नाथ! जिसपर आप दया करते हैं, उसे सदा कल्याण और निरन्तर कुशल है। देवता, मनुष्य और मुनि सभी उसपर प्रसन्न रहते हैं॥ १॥

**सोइ बिजई बिनई गुन सागर। तासु सुजसु त्रैलोक उजागर॥**
**प्रभु कीं कृपा भयउ सबु काजू। जन्म हमार सुफल भा आजू॥**

वही विजयी है, वही विनयी है और वही गुणोंका समुद्र बन जाता है। उसीका सुन्दर यश तीनों लोकोंमें प्रकाशित होता है। प्रभुकी कृपासे सब कार्य हुआ। आज हमारा जन्म सफल हो गया॥ २॥

**नाथ पवनसुत कीन्हि जो करनी। सहसहुँ मुख न जाइ सो बरनी॥**
**पवनतनय के चरित सुहाए। जामवंत रघुपतिहि सुनाए॥**

हे नाथ! पवनपुत्र हनुमान्ने जो करनी की, उसका हजार मुखोंसे भी वर्णन नहीं किया जा सकता। तब जाम्बवान्ने हनुमान्जीके सुन्दर चरित्र (कार्य) श्रीरघुनाथजीको सुनाये॥ ३॥

**सुनत कृपानिधि मन अति भाए। पुनि हनुमान हरषि हियँ लाए॥**
**कहहु तात केहि भाँति जानकी। रहति करति रच्छा स्वप्रान की॥**

[वे चरित्र] सुननेपर कृपानिधि श्रीरामचन्द्रजीके मनको बहुत ही अच्छे लगे। उन्होंने हर्षित होकर हनुमान्जीको फिर हृदयसे लगा लिया और कहा—हे तात! कहो, सीता किस प्रकार रहती और अपने प्राणोंकी रक्षा करती हैं?॥ ४॥

**दो०—नाम पाहरू दिवस निसि ध्यान तुम्हार कपाट।**
**लोचन निज पद जंत्रित जाहिं प्रान केहिं बाट॥ ३०॥**

(हनुमान्जीने कहा—) आपका नाम रात-दिन पहरा देनेवाला है, आपका ध्यान ही किंवाड़ है। नेत्रोंको अपने चरणोंमें लगाये रहती हैं, यही ताला लगा है; फिर प्राण जायँ तो किस मार्गसे?॥ ३०॥

**चलत मोहि चूड़ामनि दीन्ही। रघुपति हृदयँ लाइ सोइ लीन्ही॥**
**नाथ जुगल लोचन भरि बारी। बचन कहे कछु जनककुमारी॥**

चलते समय उन्होंने मुझे चूड़ामणि [उतारकर] दी। श्रीरघुनाथजीने उसे लेकर हृदयसे लगा लिया। [हनुमान्जीने फिर कहा—] हे नाथ! दोनों नेत्रोंमें जल भरकर जानकीजीने मुझसे कुछ वचन कहे—॥ १॥

**अनुज समेत गहेहु प्रभु चरना। दीन बंधु प्रनतारति हरना॥**
**मन क्रम बचन चरन अनुरागी। केहिं अपराध नाथ हौं त्यागी॥**

छोटे भाईसमेत प्रभुके चरण पकड़ना [और कहना कि] आप दीनबन्धु हैं, शरणागतके दु:खोंको हरनेवाले हैं और मैं मन, वचन और कर्मसे आपके चरणोंकी अनुरागिणी हूँ। फिर स्वामी (आप)ने मुझे किस अपराधसे त्याग दिया?॥ २॥

**अवगुन एक मोर मैं माना। बिछुरत प्रान न कीन्ह पयाना॥**
**नाथ सो नयनन्हि को अपराधा। निसरत प्रान करहिं हठि बाधा॥**

[हाँ] एक दोष मैं अपना [अवश्य] मानती हूँ कि आपका वियोग होते ही मेरे प्राण नहीं चले गये। किन्तु हे नाथ! यह तो नेत्रोंका अपराध है जो प्राणोंके निकलनेमें हठपूर्वक बाधा देते हैं॥ ३॥

**बिरह अगिनि तनु तूल समीरा। स्वास जरइ छन माहिं सरीरा॥**
**नयन स्त्रवहिं जलु निज हित लागी। जरैं न पाव देह बिरहागी॥**

विरह अग्नि है, शरीर रूई है और श्वास पवन है; इस प्रकार [अग्नि और पवनका संयोग होनेसे] यह शरीर क्षणमात्रमें जल सकता है। परन्तु नेत्र अपने हितके लिये (प्रभुका स्वरूप देखकर सुखी होनेके लिये) जल (आँसू) बरसाते हैं, जिससे विरहकी आगसे भी देह जलने नहीं पाती॥ ४॥

**सीता कै अति बिपति बिसाला। बिनहिं कहें भलि दीनदयाला॥**

सीताजीकी विपत्ति बहुत बड़ी है। हे दीनदयालु! वह बिना कही ही अच्छी है (कहनेसे आपको बड़ा क्लेश होगा)॥ ५॥

**दो०—निमिष निमिष करुनानिधि जाहिं कलप सम बीति।**
**बेगि चलिअ प्रभु आनिअ भुज बल खल दल जीति॥ ३१॥**

हे करुणानिधान! उनका एक-एक पल कल्पके समान बीतता है। अतः हे प्रभु! तुरंत चलिये और अपनी भुजाओंके बलसे दुष्टोंके दलको जीतकर सीताजीको ले आइये॥ ३१॥

**सुनि सीता दुख प्रभु सुख अयना। भरि आए जल राजिव नयना॥**
**बचन कायँ मन मम गति जाही। सपनेहुँ बूझिअ बिपति कि ताही॥**

सीताजीका दु:ख सुनकर सुखके धाम प्रभुके कमलनेत्रोंमें जल भर आया [और वे बोले—] मन, वचन और शरीरसे जिसे मेरी ही गति (मेरा ही आश्रय) है, उसे क्या स्वप्नमें भी विपत्ति हो सकती है?॥ १॥

**कह हनुमंत बिपति प्रभु सोई। जब तव सुमिरन भजन न होई॥**
**केतिक बात प्रभु जातुधान की। रिपुहि जीति आनिबी जानकी॥**

हनुमान्‌जीने कहा—हे प्रभो! विपत्ति तो वही (तभी) है जब आपका भजन-स्मरण न हो। हे प्रभो! राक्षसोंकी बात ही कितनी है? आप शत्रुको जीतकर जानकीजीको ले आवेंगे॥ २॥

**सुनु कपि तोहि समान उपकारी। नहिं कोउ सुर नर मुनि तनुधारी॥**
**प्रति उपकार करौं का तोरा। सनमुख होइ न सकत मन मोरा॥**

[भगवान् कहने लगे—] हे हनुमान्! सुन; तेरे समान मेरा उपकारी देवता, मनुष्य अथवा मुनि कोई भी शरीरधारी नहीं है। मैं तेरा प्रत्युपकार (बदलेमें उपकार) तो क्या करूँ, मेरा मन भी तेरे सामने नहीं हो सकता॥ ३॥

**सुनु सुत तोहि उरिन मैं नाहीं। देखेउँ करि बिचार मन माहीं॥**
**पुनि पुनि कपिहि चितव सुरत्राता। लोचन नीर पुलक अति गाता॥**

हे पुत्र! सुन; मैंने मनमें [खूब] विचार करके देख लिया कि मैं तुझसे उऋण नहीं हो सकता। देवताओंके रक्षक प्रभु बार-बार हनुमान्‌जीको देख रहे हैं। नेत्रोंमें प्रेमाश्रुओंका जल भरा है और शरीर अत्यन्त पुलकित है॥ ४॥

**दो०—सुनि प्रभु बचन बिलोकि मुख गात हरषि हनुमंत।**
**चरन परेउ प्रेमाकुल त्राहि त्राहि भगवंत॥ ३२॥**

प्रभुके वचन सुनकर और उनके [प्रसन्न] मुख तथा [पुलकित] अंगोंको देखकर हनुमान्‌जी हर्षित हो गये और प्रेममें विकल होकर 'हे भगवन्! मेरी रक्षा करो, रक्षा करो' कहते हुए श्रीरामजीके चरणोंमें गिर पड़े॥ ३२॥

**बार बार प्रभु चहइ उठावा। प्रेम मगन तेहि उठब न भावा॥**
**प्रभु कर पंकज कपि कें सीसा। सुमिरि सो दसा मगन गौरीसा॥**

प्रभु उनको बार-बार उठाना चाहते हैं, परन्तु प्रेममें डूबे हुए हनुमान्‌जीको चरणोंसे उठना सुहाता नहीं। प्रभुका कर-कमल हनुमान्‌जीके सिरपर है। उस स्थितिका स्मरण करके शिवजी प्रेममग्न हो गये॥ १॥

**सावधान मन करि पुनि संकर। लागे कहन कथा अति सुंदर॥**
**कपि उठाइ प्रभु हृदयँ लगावा। कर गहि परम निकट बैठावा॥**

फिर मनको सावधान करके शंकरजी अत्यन्त सुन्दर कथा कहने लगे—हनुमान्‌जीको उठाकर प्रभुने हृदयसे लगाया और हाथ पकड़कर अत्यन्त निकट बैठा लिया॥ २॥

**कहु कपि रावन पालित लंका। केहि बिधि दहेउ दुर्ग अति बंका॥**
**प्रभु प्रसन्न जाना हनुमाना। बोला बचन बिगत अभिमाना॥**

हे हनुमान्! बताओ तो, रावणके द्वारा सुरक्षित लंका और उसके बड़े बाँके किलेको तुमने किस तरह जलाया? हनुमान्‌जीने प्रभुको प्रसन्न जाना और वे अभिमानरहित वचन बोले—॥ ३॥

**साखामृग कै बड़ि मनुसाई। साखा तें साखा पर जाई॥**
**नाघि सिंधु हाटकपुर जारा। निसिचर गन बधि बिपिन उजारा॥**

बंदरका बस, यही बड़ा पुरुषार्थ है कि वह एक डालसे दूसरी डालपर चला जाता है। मैंने जो समुद्र लाँघकर सोनेका नगर जलाया और राक्षसगणको मारकर अशोकवनको उजाड़ डाला,॥ ४॥

**सो सब तव प्रताप रघुराई। नाथ न कछू मोरि प्रभुताई॥**

यह सब तो हे श्रीरघुनाथजी! आपहीका प्रताप है। हे नाथ! इसमें मेरी प्रभुता (बड़ाई) कुछ भी नहीं है॥ ५॥

**दो०—ता कहुँ प्रभु कछु अगम नहिं जा पर तुम्ह अनुकूल।**
**तव प्रभावँ बड़वानलहि जारि सकइ खलु तूल॥ ३३॥**

हे प्रभु! जिसपर आप प्रसन्न हों, उसके लिये कुछ भी कठिन नहीं है। आपके प्रभावसे रूई [जो स्वयं बहुत जल्दी जल जानेवाली वस्तु है] बड़वानलको निश्चय ही जला सकती है (अर्थात् असम्भव भी सम्भव हो सकता है)॥ ३३॥

**नाथ भगति अति सुखदायनी। देहु कृपा करि अनपायनी॥**
**सुनि प्रभु परम सरल कपि बानी। एवमस्तु तब कहेउ भवानी॥**

हे नाथ! मुझे अत्यन्त सुख देनेवाली अपनी निश्चल भक्ति कृपा करके दीजिये। हनुमान्‌जीकी

अत्यन्त सरल वाणी सुनकर, हे भवानी! तब प्रभु श्रीरामचन्द्रजीने 'एवमस्तु' (ऐसा ही हो) कहा॥ १॥

**उमा राम सुभाउ जेहिं जाना। ताहि भजनु तजि भाव न आना॥**
**यह संबाद जासु उर आवा। रघुपति चरन भगति सोइ पावा॥**

हे उमा! जिसने श्रीरामजीका स्वभाव जान लिया, उसे भजन छोड़कर दूसरी बात ही नहीं सुहाती! यह स्वामी-सेवकका संवाद जिसके हृदयमें आ गया, वही श्रीरघुनाथजीके चरणोंकी भक्ति पा गया॥ २॥

**सुनि प्रभु बचन कहहिं कपिबृंदा। जय जय जय कृपाल सुखकंदा॥**
**तब रघुपति कपिपतिहि बोलावा। कहा चलैं कर करहु बनावा॥**

प्रभुके वचन सुनकर वानरगण कहने लगे—कृपालु आनन्दकन्द श्रीरामजीकी जय हो, जय हो, जय हो! तब श्रीरघुनाथजीने कपिराज सुग्रीवको बुलाया और कहा—चलनेकी तैयारी करो॥ ३॥

**अब बिलंबु केहि कारन कीजे। तुरत कपिन्ह कहुँ आयसु दीजे॥**
**कौतुक देखि सुमन बहु बरषी। नभ तें भवन चले सुर हरषी॥**

अब विलम्ब किस कारण किया जाय? वानरोंको तुरंत आज्ञा दो। [भगवान्‌की] यह लीला (रावणवधकी तैयारी) देखकर, बहुत-से फूल बरसाकर और हर्षित होकर देवता आकाशसे अपने-अपने लोकको चले॥ ४॥

**दो०—कपिपति बेगि बोलाए आए जूथप जूथ।**
**नाना बरन अतुल बल बानर भालु बरूथ॥ ३४॥**

वानरराज सुग्रीवने शीघ्र ही वानरोंको बुलाया, सेनापतियोंके समूह आ गये। वानर-भालुओंके झुंड अनेक रंगोंके हैं और उनमें अतुलनीय बल है॥ ३४॥

**प्रभु पद पंकज नावहिं सीसा। गर्जहिं भालु महाबल कीसा॥**
**देखी राम सकल कपि सेना। चितइ कृपा करि राजिव नैना॥**

वे प्रभुके चरणकमलोंमें सिर नवाते हैं। महान् बलवान् रीछ और वानर गरज रहे हैं। श्रीरामजीने वानरोंकी सारी सेना देखी। तब कमलनेत्रोंसे कृपापूर्वक उनकी ओर दृष्टि डाली॥ १॥

**राम कृपा बल पाइ कपिंदा। भए पच्छजुत मनहुँ गिरिंदा॥**
**हरषि राम तब कीन्ह पयाना। सगुन भए सुंदर सुभ नाना॥**

रामकृपाका बल पाकर श्रेष्ठ वानर मानो पंखवाले बड़े पर्वत हो गये। तब श्रीरामजीने हर्षित होकर प्रस्थान (कूच) किया। अनेक सुन्दर और शुभ शकुन हुए॥ २॥

**जासु सकल मंगलमय कीती। तासु पयान सगुन यह नीती॥**
**प्रभु पयान जाना बैदेहीं। फरकि बाम अँग जनु कहि देहीं॥**

जिनकी कीर्ति सब मंगलोंसे पूर्ण है, उनके प्रस्थानके समय शकुन होना, यह नीति है (लीलाकी मर्यादा है)। प्रभुका प्रस्थान जानकीजीने भी जान लिया। उनके बायें अंग फड़क-फड़ककर मानो कहे देते थे [कि श्रीरामजी आ रहे हैं]॥ ३॥

**जोइ जोइ सगुन जानकिहि होई। असगुन भयउ रावनहि सोई॥**
**चला कटकु को बरनैं पारा। गर्जहिं बानर भालु अपारा॥**

जानकीजीको जो-जो शकुन होते थे, वही-वही रावणके लिये अपशकुन हुए। सेना चली, उसका वर्णन कौन कर सकता है? असंख्य वानर और भालू गर्जना कर रहे हैं॥ ४॥

**नख आयुध गिरि पादपधारी। चले गगन महि इच्छाचारी॥**
**केहरिनाद भालु कपि करहीं। डगमगाहिं दिग्गज चिक्करहीं॥**

नख ही जिनके शस्त्र हैं, वे इच्छानुसार (सर्वत्र बेरोक-टोक) चलनेवाले रीछ-वानर पर्वतों और वृक्षोंको धारण किये कोई आकाशमार्गसे और कोई पृथ्वीपर चले जा रहे हैं। वे सिंहके समान गर्जना कर रहे हैं। [उनके चलने और गर्जनेसे] दिशाओंके हाथी विचलित होकर चिग्घाड़ रहे हैं॥ ५॥

**छं०—चिक्करहिं दिग्गज डोल महि गिरि लोल सागर खरभरे।**
**मन हरष सभ गंधर्ब सुर मुनि नाग किंनर दुख टरे॥**
**कटकटहिं मर्कट बिकट भट बहु कोटि कोटिन्ह धावहीं।**
**जय राम प्रबल प्रताप कोसलनाथ गुन गन गावहीं॥**

दिशाओंके हाथी चिग्घाड़ने लगे, पृथ्वी डोलने लगी, पर्वत चंचल हो गये (काँपने लगे) और समुद्र खलबला उठे। गन्धर्व, देवता, मुनि, नाग, किन्नर सब-के-सब मनमें हर्षित हुए कि [अब] हमारे दुःख टल गये। अनेकों करोड़ भयानक वानर योद्धा कटकटा रहे हैं और करोड़ों ही दौड़ रहे हैं। 'प्रबलप्रताप कोसलनाथ श्रीरामचन्द्रजीकी जय हो' ऐसा पुकारते हुए वे उनके गुणसमूहोंको गा रहे हैं॥ १॥

**सहि सक न भार उदार अहिपति बार बारहिं मोहई।**
**गह दसन पुनि पुनि कमठ पृष्ट कठोर सो किमि सोहई॥**
**रघुबीर रुचिर प्रयान प्रस्थिति जानि परम सुहावनी।**
**जनु कमठ खर्पर सर्पराज सो लिखत अबिचल पावनी॥**

उदार (परम श्रेष्ठ एवं महान्) सर्पराज शेषजी भी सेनाका बोझ नहीं सह सकते, वे बार-बार मोहित हो जाते (घबड़ा जाते) हैं और पुनः-पुनः कच्छपकी कठोर पीठको दाँतोंसे पकड़ते हैं। ऐसा करते (अर्थात् बार-बार दाँतोंको गड़ाकर कच्छपकी पीठपर लकीर-सी खींचते हुए) वे कैसे शोभा दे रहे हैं मानो श्रीरामचन्द्रजीकी सुन्दर प्रस्थानयात्राको परम सुहावनी जानकर उसकी अचल पवित्र कथाको सर्पराज शेषजी कच्छपकी पीठपर लिख रहे हों॥ २॥

**दो०—एहि बिधि जाइ कृपानिधि उतरे सागर तीर।**
**जहँ तहँ लागे खान फल भालु बिपुल कपि बीर॥ ३५॥**

इस प्रकार कृपानिधान श्रीरामजी समुद्रतटपर जा उतरे। अनेकों रीछ-वानर वीर जहाँ-तहाँ फल खाने लगे॥ ३५॥

**उहाँ निसाचर रहहिं ससंका। जब तें जारि गयउ कपि लंका॥**
**निज निज गृहँ सब करहिं बिचारा। नहिं निसिचर कुल केर उबारा॥**

वहाँ (लंकामें) जबसे हनुमान्‌जी लंकाको जलाकर गये, तबसे राक्षस भयभीत रहने लगे। अपने-अपने घरोंमें सब विचार करते हैं कि अब राक्षसकुलकी रक्षा [का कोई उपाय] नहीं है॥ १॥

**जासु दूत बल बरनि न जाई। तेहि आएँ पुर कवन भलाई॥**
**दूतिन्ह सन सुनि पुरजन बानी। मंदोदरी अधिक अकुलानी॥**

जिसके दूतका बल वर्णन नहीं किया जा सकता, उसके स्वयं नगरमें आनेपर कौन भलाई है

(हमलोगोंकी बड़ी बुरी दशा होगी)? दूतियोंसे नगरनिवासियोंके वचन सुनकर मन्दोदरी बहुत ही व्याकुल हो गयी॥ २॥

**रहसि जोरि कर पति पग लागी। बोली बचन नीति रस पागी॥**
**कंत करष हरि सन परिहरहू। मोर कहा अति हित हियँ धरहू॥**

वह एकान्तमें हाथ जोड़कर पति (रावण) के चरणों लगी और नीतिरसमें पगी हुई वाणी बोली—हे प्रियतम! श्रीहरिसे विरोध छोड़ दीजिये। मेरे कहनेको अत्यन्त ही हितकर जानकर हृदयमें धारण कीजिये॥ ३॥

**समुझत जासु दूत कइ करनी। स्त्रवहिं गर्भ रजनीचर घरनी॥**
**तासु नारि निज सचिव बोलाई। पठवहु कंत जो चहहु भलाई॥**

जिनके दूतकी करनीका विचार करते ही (स्मरण आते ही) राक्षसोंकी स्त्रियोंके गर्भ गिर जाते हैं, हे प्यारे स्वामी! यदि भला चाहते हैं, तो अपने मन्त्रीको बुलाकर उसके साथ उनकी स्त्रीको भेज दीजिये॥ ४॥

**तव कुल कमल बिपिन दुखदाई। सीता सीत निसा सम आई॥**
**सुनहु नाथ सीता बिनु दीन्हें। हित न तुम्हार संभु अज कीन्हें॥**

सीता आपके कुलरूपी कमलोंके वनको दुःख देनेवाली जाड़ेकी रात्रिके समान आयी है। हे नाथ! सुनिये, सीताको दिये (लौटाये) बिना शम्भु और ब्रह्माके किये भी आपका भला नहीं हो सकता॥ ५॥

**दो०—राम बान अहि गन सरिस निकर निसाचर भेक।**
**जब लगि ग्रसत न तब लगि जतनु करहु तजि टेक॥ ३६॥**

श्रीरामजीके बाण सर्पोंके समूहके समान हैं और राक्षसोंके समूह मेढकके समान। जबतक वे इन्हें ग्रस नहीं लेते (निगल नहीं जाते) तबतक हठ छोड़कर उपाय कर लीजिये॥ ३६॥

**श्रवन सुनी सठ ता करि बानी। बिहसा जगत बिदित अभिमानी॥**
**सभय सुभाउ नारि कर साचा। मंगल महुँ भय मन अति काचा॥**

मूर्ख और जगत्प्रसिद्ध अभिमानी रावण कानोंसे उसकी वाणी सुनकर खूब हँसा [और बोला—] स्त्रियोंका स्वभाव सचमुच ही बहुत डरपोक होता है। मंगलमें भी भय करती हो! तुम्हारा मन (हृदय) बहुत ही कच्चा (कमजोर) है॥ १॥

**जौं आवइ मर्कट कटकाई। जिअहिं बिचारे निसिचर खाई॥**
**कंपहिं लोकप जाकीं त्रासा। तासु नारि सभीत बड़ि हासा॥**

यदि वानरोंकी सेना आवेगी तो बेचारे राक्षस उसे खाकर अपना जीवननिर्वाह करेंगे। लोकपाल भी जिसके डरसे काँपते हैं, उसकी स्त्री डरती हो, यह बड़ी हँसीकी बात है॥ २॥

**अस कहि बिहसि ताहि उर लाई। चलेउ सभाँ ममता अधिकाई॥**
**मंदोदरी हृदयँ कर चिंता। भयउ कंत पर बिधि बिपरीता॥**

रावणने ऐसा कहकर हँसकर उसे हृदयसे लगा लिया और ममता बढ़ाकर (अधिक स्नेह दर्शाकर) वह सभामें चला गया। मन्दोदरी हृदयमें चिन्ता करने लगी कि पतिपर विधाता प्रतिकूल हो गये॥ ३॥

**बैठेउ सभाँ खबरि असि पाई। सिंधु पार सेना सब आई॥**
**बूझेसि सचिव उचित मत कहहू। ते सब हँसे मष्ट करि रहहू॥**

ज्यों ही वह सभामें जाकर बैठा, उसने ऐसी खबर पायी कि शत्रुकी सारी सेना समुद्रके उस पार आ गयी है। उसने मन्त्रियोंसे पूछा कि उचित सलाह कहिये [अब क्या करना चाहिये?]। तब वे सब हँसे और बोले कि चुप किये रहिये (इसमें सलाहकी कौन-सी बात है?)॥ ४॥

**जितेहु सुरासुर तब श्रम नाहीं। नर बानर केहि लेखे माहीं॥**

आपने देवताओं और राक्षसोंको जीत लिया, तब तो कुछ श्रम ही नहीं हुआ। फिर मनुष्य और वानर किस गिनतीमें हैं?॥ ५॥

**दो०—सचिव बैद गुर तीनि जौं प्रिय बोलहिं भय आस।**
**राज धर्म तन तीनि कर होइ बेगिहीं नास॥ ३७॥**

मन्त्री, वैद्य और गुरु, ये तीन यदि [अप्रसन्नताके] भय या [लाभकी] आशासे [हितकी बात न कहकर] प्रिय बोलते हैं (ठकुरसुहाती कहने लगते हैं); तो [क्रमशः] राज्य, शरीर और धर्म—इन तीनका शीघ्र ही नाश हो जाता है॥ ३७॥

**सोइ रावन कहुँ बनी सहाई। अस्तुति करहिं सुनाइ सुनाई॥**
**अवसर जानि बिभीषनु आवा। भ्राता चरन सीसु तेहिं नावा॥**

रावणके लिये भी वही सहायता (संयोग) आ बनी है। मन्त्री उसे सुना-सुनाकर (मुँहपर) स्तुति करते हैं। [इसी समय] अवसर जानकर विभीषणजी आये। उन्होंने बड़े भाईके चरणोंमें सिर नवाया॥ १॥

**पुनि सिरु नाइ बैठ निज आसन। बोला बचन पाइ अनुसासन॥**
**जौ कृपाल पूँछिहु मोहि बाता। मति अनुरूप कहउँ हित ताता॥**

फिर वे सिर नवाकर अपने आसनपर बैठ गये और आज्ञा पाकर ये वचन बोले—हे कृपालु! जब आपने मुझसे बात (राय) पूछी ही है तो हे तात! मैं अपनी बुद्धिके अनुसार आपके हितकी बात कहता हूँ—॥ २॥

**जो आपन चाहै कल्याना। सुजसु सुमति सुभ गति सुख नाना॥**
**सो परनारि लिलार गोसाईं। तजउ चउथि के चंद कि नाईं॥**

जो मनुष्य अपना कल्याण, सुन्दर यश, सुबुद्धि, शुभ गति और नाना प्रकारके सुख चाहता हो, वह हे स्वामी! परस्त्रीके ललाटको चौथके चन्द्रमाकी तरह त्याग दे (अर्थात् जैसे लोग चौथके चन्द्रमाको नहीं देखते, उसी प्रकार परस्त्रीका मुख ही न देखे)॥ ३॥

**चौदह भुवन एक पति होई। भूतद्रोह तिष्टइ नहिं सोई॥**
**गुन सागर नागर नर जोऊ। अलप लोभ भल कहइ न कोऊ॥**

चौदहों भुवनोंका एक ही स्वामी हो, वह भी जीवोंसे वैर करके ठहर नहीं सकता (नष्ट हो जाता है)। जो मनुष्य गुणोंका समुद्र और चतुर हो, उसे चाहे थोड़ा भी लोभ क्यों न हो, तो भी कोई भला नहीं कहता॥ ४॥

**दो०—काम क्रोध मद लोभ सब नाथ नरक के पंथ।**
**सब परिहरि रघुबीरहि भजहु भजहिं जेहि संत॥ ३८॥**

हे नाथ! काम, क्रोध, मद और लोभ—ये सब नरकके रास्ते हैं। इन सबको छोड़कर श्रीरामचन्द्रजीको भजिये, जिन्हें संत (सत्पुरुष) भजते हैं॥ ३८॥

**तात राम नहिं नर भूपाला। भुवनेस्वर कालहु कर काला॥**
**ब्रह्म अनामय अज भगवंता। ब्यापक अजित अनादि अनंता॥**

हे तात! राम मनुष्योंके ही राजा नहीं हैं। वे समस्त लोकोंके स्वामी और कालके भी काल हैं। वे [सम्पूर्ण ऐश्वर्य, यश, श्री, धर्म, वैराग्य एवं ज्ञानके भण्डार] भगवान् हैं; वे निरामय (विकाररहित), अजन्मा, व्यापक, अजेय, अनादि और अनन्त ब्रह्म हैं॥ १॥

**गो द्विज धेनु देव हितकारी। कृपासिंधु मानुष तनुधारी॥**
**जन रंजन भंजन खल ब्राता। बेद धर्म रच्छक सुनु भ्राता॥**

उन कृपाके समुद्र भगवान्ने पृथ्वी, ब्राह्मण, गौ और देवताओंका हित करनेके लिये ही मनुष्य-शरीर धारण किया है। हे भाई! सुनिये, वे सेवकोंको आनन्द देनेवाले, दुष्टोंके समूहका नाश करनेवाले और वेद तथा धर्मकी रक्षा करनेवाले हैं॥ २॥

**ताहि बयरु तजि नाइअ माथा। प्रनतारति भंजन रघुनाथा॥**
**देहु नाथ प्रभु कहुँ बैदेही। भजहु राम बिनु हेतु सनेही॥**

वैर त्यागकर उन्हें मस्तक नवाइये। वे श्रीरघुनाथजी शरणागतका दुःख नाश करनेवाले हैं। हे नाथ! उन प्रभु (सर्वेश्वर) को जानकीजी दे दीजिये और बिना ही कारण स्नेह करनेवाले श्रीरामजीको भजिये॥ ३॥

**सरन गएँ प्रभु ताहु न त्यागा। बिस्व द्रोह कृत अघ जेहि लागा॥**
**जासु नाम त्रय ताप नसावन। सोइ प्रभु प्रगट समुझु जियँ रावन॥**

जिसे सम्पूर्ण जगत्से द्रोह करनेका पाप लगा है, शरण जानेपर प्रभु उसका भी त्याग नहीं करते। जिनका नाम तीनों तापोंका नाश करनेवाला है, वे ही प्रभु (भगवान्) मनुष्यरूपमें प्रकट हुए हैं। हे रावण! हृदयमें यह समझ लीजिये॥ ४॥

**दो०—बार बार पद लागउँ बिनय करउँ दससीस।**
**परिहरि मान मोह मद भजहु कोसलाधीस॥ ३९ (क)॥**

हे दशशीश! मैं बार-बार आपके चरणों लगता हूँ और विनती करता हूँ कि मान, मोह और मदको त्यागकर आप कोसलपति श्रीरामजीका भजन कीजिये॥ ३९ (क)॥

**मुनि पुलस्ति निज सिष्य सन कहि पठई यह बात।**
**तुरत सो मैं प्रभु सन कही पाइ सुअवसरु तात॥ ३९ (ख)॥**

मुनि पुलस्त्यजीने अपने शिष्यके हाथ यह बात कहला भेजी है। हे तात! सुन्दर अवसर पाकर मैंने तुरंत ही वह बात प्रभु (आप) से कह दी॥ ३९ (ख)॥

**माल्यवंत अति सचिव सयाना। तासु बचन सुनि अति सुख माना॥**
**तात अनुज तव नीति बिभूषन। सो उर धरहु जो कहत बिभीषन॥**

माल्यवान् नामका एक बहुत ही बुद्धिमान् मन्त्री था। उसने उन (विभीषण) के वचन सुनकर बहुत सुख माना [और कहा—] हे तात! आपके छोटे भाई नीतिविभूषण (नीतिको भूषणरूपमें धारण करनेवाले अर्थात् नीतिमान्) हैं। विभीषण जो कुछ कह रहे हैं उसे हृदयमें धारण कर लीजिये॥ १॥

**रिपु उतकरष कहत सठ दोऊ। दूरि न करहु इहाँ हइ कोऊ॥**
**माल्यवंत गृह गयउ बहोरी। कहइ बिभीषनु पुनि कर जोरी॥**

[रावणने कहा—] ये दोनों मूर्ख शत्रुकी महिमा बखान रहे हैं। यहाँ कोई है? इन्हें दूर करो न! तब माल्यवान् तो घर लौट गया और विभीषणजी हाथ जोड़कर फिर कहने लगे—॥ २॥

**सुमति कुमति सब कें उर रहहीं। नाथ पुरान निगम अस कहहीं॥**
**जहाँ सुमति तहँ संपति नाना। जहाँ कुमति तहँ बिपति निदाना॥**

हे नाथ! पुराण और वेद ऐसा कहते हैं कि सुबुद्धि (अच्छी बुद्धि) और कुबुद्धि (खोटी बुद्धि) सबके हृदयमें रहती हैं, जहाँ सुबुद्धि है, वहाँ नाना प्रकारकी सम्पदाएँ (सुखकी स्थिति) रहती हैं और जहाँ कुबुद्धि है, वहाँ परिणाममें विपत्ति (दुःख) रहती है॥ ३॥

**तव उर कुमति बसी बिपरीता। हित अनहित मानहु रिपु प्रीता॥**
**कालराति निसिचर कुल केरी। तेहि सीता पर प्रीति घनेरी॥**

आपके हृदयमें उलटी बुद्धि आ बसी है। इसीसे आप हितको अहित और शत्रुको मित्र मान रहे हैं। जो राक्षसकुलके लिये कालरात्रि [के समान] हैं, उन सीतापर आपकी बड़ी प्रीति है॥ ४॥

**दो०—तात चरन गहि मागउँ राखहु मोर दुलार।**
**सीता देहु राम कहुँ अहित न होइ तुम्हार॥ ४०॥**

हे तात! मैं चरण पकड़कर आपसे भीख माँगता हूँ (विनती करता हूँ) कि आप मेरा दुलार रखिये (मुझ बालकके आग्रहको स्नेहपूर्वक स्वीकार कीजिये)। श्रीरामजीको सीताजी दे दीजिये, जिसमें आपका अहित न हो॥ ४०॥

**बुध पुरान श्रुति संमत बानी। कही बिभीषन नीति बखानी॥**
**सुनत दसानन उठा रिसाई। खल तोहि निकट मृत्यु अब आई॥**

विभीषणने पण्डितों, पुराणों और वेदोंद्वारा सम्मत (अनुमोदित) वाणीसे नीति बखानकर कही। पर उसे सुनते ही रावण क्रोधित होकर उठा और बोला कि रे दुष्ट! अब मृत्यु तेरे निकट आ गयी है!॥ १॥

**जिअसि सदा सठ मोर जिआवा। रिपु कर पच्छ मूढ़ तोहि भावा॥**
**कहसि न खल अस को जग माहीं। भुज बल जाहि जिता मैं नाहीं॥**

अरे मूर्ख! तू जीता तो है सदा मेरा जिलाया हुआ (अर्थात् मेरे ही अन्नसे पल रहा है), पर हे मूढ! पक्ष तुझे शत्रुका ही अच्छा लगता है। अरे दुष्ट! बता न, जगत्में ऐसा कौन है जिसे मैंने अपनी भुजाओंके बलसे न जीता हो?॥ २॥

**मम पुर बसि तपसिन्ह पर प्रीती। सठ मिलु जाइ तिन्हहि कहु नीती॥**
**अस कहि कीन्हेसि चरन प्रहारा। अनुज गहे पद बारहिं बारा॥**

मेरे नगरमें रहकर प्रेम करता है तपस्वियोंपर। मूर्ख! उन्हींसे जा मिल और उन्हींको नीति बता। ऐसा कहकर रावणने उन्हें लात मारी। परन्तु छोटे भाई विभीषणने (मारनेपर भी) बार-बार उसके चरण ही पकड़े॥ ३॥

**उमा संत कइ इहइ बड़ाई। मंद करत जो करइ भलाई॥**
**तुम्ह पितु सरिस भलेहिं मोहि मारा। रामु भजें हित नाथ तुम्हारा॥**

[शिवजी कहते हैं—] हे उमा! संतकी यही बड़ाई (महिमा) है कि वे बुराई करनेपर भी [बुराई करनेवालेकी] भलाई ही करते हैं। [विभीषणजीने कहा—] आप मेरे पिताके समान हैं, मुझे मारा सो तो अच्छा ही किया; परन्तु हे नाथ! आपका भला श्रीरामजीको भजनेमें ही है॥ ४॥

**सचिव संग लै नभ पथ गयऊ। सबहि सुनाइ कहत अस भयऊ॥**

[इतना कहकर] विभीषण अपने मन्त्रियोंको साथ लेकर आकाशमार्गमें गये और सबको सुनाकर वे ऐसा कहने लगे—॥ ५॥

**दो०—रामु सत्यसंकल्प प्रभु सभा कालबस तोरि।**
**मैं रघुबीर सरन अब जाउँ देहु जनि खोरि॥ ४१॥**

श्रीरामजी सत्यसंकल्प एवं [सर्वसमर्थ] प्रभु हैं और [हे रावण!] तुम्हारी सभा कालके वश है। अतः मैं अब श्रीरघुवीरकी शरण जाता हूँ, मुझे दोष न देना॥ ४१॥

**अस कहि चला बिभीषनु जबहीं। आयूहीन भए सब तबहीं॥**
**साधु अवग्या तुरत भवानी। कर कल्यान अखिल कै हानी॥**

ऐसा कहकर विभीषणजी ज्यों ही चले, त्यों ही सब राक्षस आयुहीन हो गये (उनकी मृत्यु निश्चित हो गयी)। [शिवजी कहते हैं—] हे भवानी! साधुका अपमान तुरंत ही सम्पूर्ण कल्याणकी हानि (नाश) कर देता है॥ १॥

**रावन जबहिं बिभीषन त्यागा। भयउ बिभव बिनु तबहिं अभागा॥**
**चलेउ हरषि रघुनायक पाहीं। करत मनोरथ बहु मन माहीं॥**

रावणने जिस क्षण विभीषणको त्यागा, उसी क्षण वह अभागा वैभव (ऐश्वर्य) से हीन हो गया। विभीषणजी हर्षित होकर मनमें अनेकों मनोरथ करते हुए श्रीरघुनाथजीके पास चले॥ २॥

**देखिहउँ जाइ चरन जलजाता। अरुन मृदुल सेवक सुखदाता॥**
**जे पद परसि तरी रिषिनारी। दंडक कानन पावनकारी॥**

[वे सोचते जाते थे—] मैं जाकर भगवान्‌के कोमल और लाल वर्णके सुन्दर चरणकमलोंके दर्शन करूँगा, जो सेवकोंको सुख देनेवाले हैं, जिन चरणोंका स्पर्श पाकर ऋषिपत्नी अहल्या तर गयीं और जो दण्डकवनको पवित्र करनेवाले हैं॥ ३॥

**जे पद जनकसुताँ उर लाए। कपट कुरंग संग धर धाए॥**
**हर उर सर सरोज पद जेई। अहोभाग्य मैं देखिहउँ तेई॥**

जिन चरणोंको जानकीजीने हृदयमें धारण कर रखा है, जो कपटमृगके साथ पृथ्वीपर [उसे पकड़नेको] दौड़े थे और जो चरणकमल साक्षात् शिवजीके हृदयरूपी सरोवरमें विराजते हैं, मेरा अहोभाग्य है कि उन्हींको आज मैं देखूँगा॥ ४॥

**दो०—जिन्ह पायन्ह के पादुकन्हि भरतु रहे मन लाइ।**
**ते पद आजु बिलोकिहउँ इन्ह नयनन्हि अब जाइ॥ ४२॥**

जिन चरणोंकी पादुकाओंमें भरतजीने अपना मन लगा रखा है, अहा! आज मैं उन्हीं चरणोंको अभी जाकर इन नेत्रोंसे देखूँगा॥ ४२॥

**एहि बिधि करत सप्रेम बिचारा। आयउ सपदि सिंधु एहिं पारा॥**
**कपिन्ह बिभीषनु आवत देखा। जाना कोउ रिपु दूत बिसेषा॥**

इस प्रकार प्रेमसहित विचार करते हुए वे शीघ्र ही समुद्रके इस पार (जिधर श्रीरामचन्द्रजीकी सेना थी) आ गये। वानरोंने विभीषणको आते देखा तो उन्होंने जाना कि शत्रुका कोई खास दूत है॥ १॥

**ताहि राखि कपीस पहिं आए। समाचार सब ताहि सुनाए॥**
**कह सुग्रीव सुनहु रघुराई। आवा मिलन दसानन भाई॥**

उन्हें [पहरेपर] ठहराकर वे सुग्रीवके पास आये और उनको सब समाचार कह सुनाये। सुग्रीवने [श्रीरामजीके पास जाकर] कहा—हे रघुनाथजी! सुनिये, रावणका भाई [आपसे] मिलने आया है॥ २॥

**कह प्रभु सखा बूझिऐ काहा। कहइ कपीस सुनहु नरनाहा॥**
**जानि न जाइ निसाचर माया। कामरूप केहि कारन आया॥**

प्रभु श्रीरामजीने कहा—हे मित्र! तुम क्या समझते हो (तुम्हारी क्या राय है)? वानरराज सुग्रीवने कहा—हे महाराज! सुनिये, राक्षसोंकी माया जानी नहीं जाती। यह इच्छानुसार रूप बदलनेवाला (छली) न जाने किस कारण आया है॥ ३॥

**भेद हमार लेन सठ आवा। राखिअ बाँधि मोहि अस भावा॥**
**सखा नीति तुम्ह नीकि बिचारी। मम पन सरनागत भयहारी॥**

[जान पड़ता है] यह मूर्ख हमारा भेद लेने आया है। इसलिये मुझे तो यही अच्छा लगता है कि इसे बाँध रखा जाय। [श्रीरामजीने कहा—] हे मित्र! तुमने नीति तो अच्छी विचारी। परन्तु मेरा प्रण तो है शरणागतके भयको हर लेना!॥ ४॥

**सुनि प्रभु बचन हरष हनुमाना। सरनागत बच्छल भगवाना॥**

प्रभुके वचन सुनकर हनुमान्‌जी हर्षित हुए [और मन-ही-मन कहने लगे कि] भगवान् कैसे शरणागतवत्सल (शरणमें आये हुएपर पिताकी भाँति प्रेम करनेवाले) हैं॥ ५॥

**दो०—सरनागत कहुँ जे तजहिं निज अनहित अनुमानि।**
**ते नर पावँर पापमय तिन्हहि बिलोकत हानि॥ ४३॥**

[श्रीरामजी फिर बोले—] जो मनुष्य अपने अहितका अनुमान करके शरणमें आये हुएका त्याग कर देते हैं, वे पामर (क्षुद्र) हैं, पापमय हैं; उन्हें देखनेमें भी हानि है (पाप लगता है)॥ ४३॥

**कोटि बिप्र बध लागहिं जाहू। आएँ सरन तजउँ नहिं ताहू॥**
**सनमुख होइ जीव मोहि जबहीं। जन्म कोटि अघ नासहिं तबहीं॥**

जिसे करोड़ों ब्राह्मणोंकी हत्या लगी हो, शरणमें आनेपर मैं उसे भी नहीं त्यागता। जीव ज्यों ही मेरे सम्मुख होता है, त्यों ही उसके करोड़ों जन्मोंके पाप नष्ट हो जाते हैं॥ १॥

**पापवंत कर सहज सुभाऊ। भजनु मोर तेहि भाव न काऊ॥**
**जौं पै दुष्ट हृदय सोइ होई। मोरें सनमुख आव कि सोई॥**

पापीका यह सहज स्वभाव होता है कि मेरा भजन उसे कभी नहीं सुहाता। यदि वह (रावणका भाई) निश्चय ही दुष्ट हृदयका होता तो क्या वह मेरे सम्मुख आ सकता था?॥ २॥

**निर्मल मन जन सो मोहि पावा। मोहि कपट छल छिद्र न भावा॥**
**भेद लेन पठवा दससीसा। तबहुँ न कछु भय हानि कपीसा॥**

जो मनुष्य निर्मल मनका होता है, वही मुझे पाता है। मुझे कपट और छल-छिद्र नहीं सुहाते। यदि उसे रावणने भेद लेनेको भेजा है, तब भी हे सुग्रीव! अपनेको कुछ भी भय या हानि नहीं है॥ ३॥

**जग महुँ सखा निसाचर जेते। लछिमनु हनइ निमिष महुँ तेते॥**
**जौं सभीत आवा सरनाईं। रखिहउँ ताहि प्रान की नाईं॥**

क्योंकि हे सखे! जगत्‌में जितने भी राक्षस हैं, लक्ष्मण क्षणभरमें उन सबको मार सकते हैं और यदि वह भयभीत होकर मेरे शरण आया है तो मैं उसे प्राणोंकी तरह रखूँगा॥ ४॥

**दो०—उभय भाँति तेहि आनहु हँसि कह कृपानिकेत।**
**जय कृपाल कहि कपि चले अंगद हनू समेत॥ ४४॥**

कृपाके धाम श्रीरामजीने हँसकर कहा—दोनों ही स्थितियोंमें उसे ले आओ। तब अंगद और हनुमान्‌सहित सुग्रीवजी 'कृपालु श्रीरामकी जय हो' कहते हुए चले॥ ४४॥

**सादर तेहि आगें करि बानर। चले जहाँ रघुपति करुनाकर॥**
**दूरिहि ते देखे द्वौ भ्राता। नयनानंद दान के दाता॥**

विभीषणजीको आदरसहित आगे करके वानर फिर वहाँ चले, जहाँ करुणाकी खान श्रीरघुनाथजी थे। नेत्रोंको आनन्दका दान देनेवाले (अत्यन्त सुखद) दोनों भाइयोंको विभीषणजीने दूरहीसे देखा॥ १॥

**बहुरि राम छबिधाम बिलोकी। रहेउ ठटुकि एकटक पल रोकी॥**
**भुज प्रलंब कंजारुन लोचन। स्यामल गात प्रनत भय मोचन॥**

फिर शोभाके धाम श्रीरामजीको देखकर वे पलक [मारना] रोककर ठिठककर (स्तब्ध होकर) एकटक देखते ही रह गये। भगवान्‌की विशाल भुजाएँ हैं, लाल कमलके समान नेत्र हैं और शरणागतके भयका नाश करनेवाला साँवला शरीर है॥ २॥

**सिंघ कंध आयत उर सोहा। आनन अमित मदन मन मोहा॥**
**नयन नीर पुलकित अति गाता। मन धरि धीर कही मृदु बाता॥**

सिंहके-से कंधे हैं, विशाल वक्षःस्थल (चौड़ी छाती) अत्यन्त शोभा दे रहा है। असंख्य कामदेवोंके मनको मोहित करनेवाला मुख है। भगवान्‌के स्वरूपको देखकर विभीषणजीके नेत्रोंमें [प्रेमाश्रुओंका] जल भर आया और शरीर अत्यन्त पुलकित हो गया। फिर मनमें धीरज धरकर उन्होंने कोमल वचन कहे॥ ३॥

**नाथ दसानन कर मैं भ्राता। निसिचर बंस जनम सुरत्राता॥**
**सहज पापप्रिय तामस देहा। जथा उलूकहि तम पर नेहा॥**

हे नाथ! मैं दशमुख रावणका भाई हूँ। हे देवताओंके रक्षक! मेरा जन्म राक्षसकुलमें हुआ है। मेरा तामसी शरीर है, स्वभावसे ही मुझे पाप प्रिय हैं, जैसे उल्लूको अन्धकारपर सहज स्नेह होता है॥ ४॥

**दो०—श्रवन सुजसु सुनि आयउँ प्रभु भंजन भव भीर।**
**त्राहि त्राहि आरति हरन सरन सुखद रघुबीर॥ ४५॥**

मैं कानोंसे आपका सुयश सुनकर आया हूँ कि प्रभु भव (जन्म-मरण) के भयका नाश करनेवाले हैं। हे दुखियोंके दुःख दूर करनेवाले और शरणागतको सुख देनेवाले श्रीरघुवीर! मेरी रक्षा कीजिये, रक्षा कीजिये॥ ४५॥

**अस कहि करत दंडवत देखा। तुरत उठे प्रभु हरष बिसेषा॥**
**दीन बचन सुनि प्रभु मन भावा। भुज बिसाल गहि हृदयँ लगावा॥**

प्रभुने उन्हें ऐसा कहकर दण्डवत् करते देखा तो वे अत्यन्त हर्षित होकर तुरंत उठे। विभीषणजीके दीन वचन सुननेपर प्रभुके मनको बहुत ही भाये। उन्होंने अपनी विशाल भुजाओंसे पकड़कर उनको हृदयसे लगा लिया॥ १॥

**अनुज सहित मिलि ढिग बैठारी। बोले बचन भगत भयहारी॥**
**कहु लंकेस सहित परिवारा। कुसल कुठाहर बास तुम्हारा॥**

छोटे भाई लक्ष्मणजीसहित गले मिलकर उनको अपने पास बैठाकर श्रीरामजी भक्तोंके भयको हरनेवाले वचन बोले—हे लंकेश! परिवारसहित अपनी कुशल कहो। तुम्हारा निवास बुरी जगहपर है॥ २॥

**खल मंडली बसहु दिनु राती। सखा धरम निबहइ केहि भाँती॥**
**मैं जानउँ तुम्हारि सब रीती। अति नय निपुन न भाव अनीती॥**

दिन-रात दुष्टोंकी मण्डलीमें बसते हो। [ऐसी दशामें] हे सखे! तुम्हारा धर्म किस प्रकार निभता है? मैं तुम्हारी सब रीति (आचार-व्यवहार) जानता हूँ। तुम अत्यन्त नीतिनिपुण हो, तुम्हें अनीति नहीं सुहाती॥ ३॥

**बरु भल बास नरक कर ताता। दुष्ट संग जनि देइ बिधाता॥**
**अब पद देखि कुसल रघुराया। जौं तुम्ह कीन्हि जानि जन दाया॥**

हे तात! नरकमें रहना वरं अच्छा है, परन्तु विधाता दुष्टका संग [कभी] न दे। [विभीषणजीने कहा—] हे रघुनाथजी! अब आपके चरणोंका दर्शन कर कुशलसे हूँ, जो आपने अपना सेवक जानकर मुझपर दया की है॥ ४॥

**दो०—तब लगि कुसल न जीव कहुँ सपनेहुँ मन बिश्राम।**
**जब लगि भजत न राम कहुँ सोक धाम तजि काम॥ ४६॥**

तबतक जीवकी कुशल नहीं और न स्वप्नमें भी उसके मनको शान्ति है, जबतक वह शोकके घर काम (विषय-कामना) को छोड़कर श्रीरामजीको नहीं भजता॥ ४६॥

**तब लगि हृदयँ बसत खल नाना। लोभ मोह मच्छर मद माना॥**
**जब लगि उर न बसत रघुनाथा। धरें चाप सायक कटि भाथा॥**

लोभ, मोह, मत्सर (डाह), मद और मान आदि अनेकों दुष्ट तभीतक हृदयमें बसते हैं, जबतक कि धनुष-बाण और कमरमें तरकस धारण किये हुए श्रीरघुनाथजी हृदयमें नहीं बसते॥ १॥

**ममता तरुन तमी अँधिआरी। राग द्वेष उलूक सुखकारी॥**
**तब लगि बसति जीव मन माहीं। जब लगि प्रभु प्रताप रबि नाहीं॥**

ममता पूर्ण अँधेरी रात है, जो राग-द्वेषरूपी उल्लुओंको सुख देनेवाली है। वह (ममतारूपी रात्रि) तभीतक जीवके मनमें बसती है, जबतक प्रभु (आप) का प्रतापरूपी सूर्य उदय नहीं होता॥ २॥

**अब मैं कुसल मिटे भय भारे। देखि राम पद कमल तुम्हारे॥**
**तुम्ह कृपाल जा पर अनुकूला। ताहि न ब्याप त्रिबिध भव सूला॥**

हे श्रीरामजी! आपके चरणारविन्दके दर्शन कर अब मैं कुशलसे हूँ, मेरे भारी भय मिट गये। हे कृपालु! आप जिसपर अनुकूल होते हैं, उसे तीनों प्रकारके भवशूल (आध्यात्मिक, आधिदैविक और आधिभौतिक ताप) नहीं व्यापते॥ ३॥

**मैं निसिचर अति अधम सुभाऊ। सुभ आचरनु कीन्ह नहिं काऊ॥**
**जासु रूप मुनि ध्यान न आवा। तेहिं प्रभु हरषि हृदयँ मोहि लावा॥**

मैं अत्यन्त नीच स्वभावका राक्षस हूँ। मैंने कभी शुभ आचरण नहीं किया। जिनका रूप मुनियोंके भी ध्यानमें नहीं आता, उन प्रभुने स्वयं हर्षित होकर मुझे हृदयसे लगा लिया॥ ४॥

**दो०—अहोभाग्य मम अमित अति राम कृपा सुख पुंज।**
**देखेउँ नयन बिरंचि सिव सेब्य जुगल पद कंज॥ ४७॥**

हे कृपा और सुखके पुञ्ज श्रीरामजी! मेरा अत्यन्त असीम सौभाग्य है, जो मैंने ब्रह्मा और शिवजीके द्वारा सेवित युगल चरणकमलोंको अपने नेत्रोंसे देखा॥ ४७॥

**सुनहु सखा निज कहउँ सुभाऊ। जान भुसुंडि संभु गिरिजाऊ॥**
**जौं नर होइ चराचर द्रोही। आवै सभय सरन तकि मोही॥**

[श्रीरामजीने कहा—] हे सखा! सुनो, मैं तुम्हें अपना स्वभाव कहता हूँ, जिसे काकभुशुण्डि, शिवजी और पार्वतीजी भी जानती हैं। कोई मनुष्य [सम्पूर्ण] जड-चेतन जगत्‌का द्रोही हो, यदि वह भी भयभीत होकर मेरी शरण तककर आ जाय,॥ १॥

**तजि मद मोह कपट छल नाना। करउँ सद्य तेहि साधु समाना॥**
**जननी जनक बंधु सुत दारा। तनु धनु भवन सुहृद परिवारा॥**

और मद, मोह तथा नाना प्रकारके छल-कपट त्याग दे तो मैं उसे बहुत शीघ्र साधुके समान कर देता हूँ। माता, पिता, भाई, पुत्र, स्त्री, शरीर, धन, घर, मित्र और परिवार—॥ २॥

**सब कै ममता ताग बटोरी। मम पद मनहि बाँध बरि डोरी॥**
**समदरसी इच्छा कछु नाहीं। हरष सोक भय नहिं मन माहीं॥**

इन सबके ममत्वरूपी तागोंको बटोरकर और उन सबकी एक डोरी बटकर उसके द्वारा जो अपने मनको मेरे चरणोंमें बाँध देता है (सारे सांसारिक सम्बन्धोंका केन्द्र मुझे बना लेता है), जो समदर्शी है, जिसे कुछ इच्छा नहीं है और जिसके मनमें हर्ष, शोक और भय नहीं है॥ ३॥

**अस सज्जन मम उर बस कैसें। लोभी हृदयँ बसइ धनु जैसें॥**
**तुम्ह सारिखे संत प्रिय मोरें। धरउँ देह नहिं आन निहोरें॥**

ऐसा सज्जन मेरे हृदयमें कैसे बसता है, जैसे लोभीके हृदयमें धन बसा करता है। तुम-सरीखे संत ही मुझे प्रिय हैं। मैं और किसीके निहोरेसे (कृतज्ञतावश) देह धारण नहीं करता॥ ४॥

**दो०—सगुन उपासक परहित निरत नीति दृढ़ नेम।**
**ते नर प्रान समान मम जिन्ह कें द्विज पद प्रेम॥ ४८॥**

जो सगुण (साकार) भगवान्‌के उपासक हैं, दूसरेके हितमें लगे रहते हैं, नीति और नियमोंमें दृढ़ हैं और जिन्हें ब्राह्मणोंके चरणोंमें प्रेम है, वे मनुष्य मेरे प्राणोंके समान हैं॥ ४८॥

**सुनु लंकेस सकल गुन तोरें। तातें तुम्ह अतिसय प्रिय मोरें॥**
**राम बचन सुनि बानर जूथा। सकल कहहिं जय कृपा बरूथा॥**

हे लंकापति! सुनो, तुम्हारे अंदर उपर्युक्त सब गुण हैं। इससे तुम मुझे अत्यन्त ही प्रिय हो। श्रीरामजीके वचन सुनकर सब वानरोंके समूह कहने लगे—कृपाके समूह श्रीरामजीकी जय हो!॥ १॥

**सुनत बिभीषनु प्रभु कै बानी। नहिं अघात श्रवनामृत जानी॥**
**पद अंबुज गहि बारहिं बारा। हृदयँ समात न प्रेमु अपारा॥**

प्रभुकी वाणी सुनते हैं और उसे कानोंके लिये अमृत जानकर विभीषणजी अघाते नहीं हैं। वे बार-बार श्रीरामजीके चरणकमलोंको पकड़ते हैं। अपार प्रेम है, हृदयमें समाता नहीं है॥ २॥

**सुनहु देव सचराचर स्वामी। प्रनतपाल उर अंतरजामी॥**
**उर कछु प्रथम बासना रही। प्रभु पद प्रीति सरित सो बही॥**

[विभीषणजीने कहा—] हे देव! हे चराचर जगत्के स्वामी! हे शरणागतके रक्षक! हे सबके हृदयके भीतरकी जाननेवाले! सुनिये, मेरे हृदयमें पहले कुछ वासना थी, वह प्रभुके चरणोंकी प्रीतिरूपी नदीमें बह गयी॥ ३॥

**अब कृपाल निज भगति पावनी। देहु सदा सिव मन भावनी॥**
**एवमस्तु कहि प्रभु रनधीरा। मागा तुरत सिंधु कर नीरा॥**

अब तो हे कृपालु! शिवजीके मनको सदैव प्रिय लगनेवाली अपनी पवित्र भक्ति मुझे दीजिये। 'एवमस्तु' (ऐसा ही हो) कहकर रणधीर प्रभु श्रीरामजीने तुरंत ही समुद्रका जल माँगा॥ ४॥

**जदपि सखा तव इच्छा नाहीं। मोर दरसु अमोघ जग माहीं॥**
**अस कहि राम तिलक तेहि सारा। सुमन बृष्टि नभ भई अपारा॥**

[और कहा—] हे सखा! यद्यपि तुम्हारी इच्छा नहीं है, पर जगत्में मेरा दर्शन अमोघ है (वह निष्फल नहीं जाता)। ऐसा कहकर श्रीरामजीने उनको राजतिलक कर दिया। आकाशसे पुष्पोंकी अपार वृष्टि हुई॥ ५॥

**दो०—रावन क्रोध अनल निज स्वास समीर प्रचंड।**
**जरत बिभीषनु राखेउ दीन्हेउ राजु अखंड॥ ४९ (क)॥**

श्रीरामजीने रावणके क्रोधरूपी अग्निमें, जो अपनी (विभीषणकी) श्वास (वचन) रूपी पवनसे प्रचण्ड हो रही थी, जलते हुए विभीषणको बचा लिया और उसे अखण्ड राज्य दिया॥ ४९ (क)॥

**जो संपति सिव रावनहि दीन्हि दिएँ दस माथ।**
**सोइ संपदा बिभीषनहि सकुचि दीन्हि रघुनाथ॥ ४९ (ख)॥**

शिवजीने जो सम्पत्ति रावणको दसों सिरोंकी बलि देनेपर दी थी, वही सम्पत्ति श्रीरघुनाथजीने विभीषणको बहुत सकुचते हुए दी॥ ४९ (ख)॥

**अस प्रभु छाड़ि भजहिं जे आना। ते नर पसु बिनु पूँछ बिषाना॥**
**निज जन जानि ताहि अपनावा। प्रभु सुभाव कपि कुल मन भावा॥**

ऐसे परम कृपालु प्रभुको छोड़कर जो मनुष्य दूसरेको भजते हैं, वे बिना सींग-पूँछके पशु हैं। अपना सेवक जानकर विभीषणको श्रीरामजीने अपना लिया। प्रभुका स्वभाव वानरकुलके मनको [बहुत] भाया॥ १॥

**पुनि सर्बग्य सर्ब उर बासी। सर्बरूप सब रहित उदासी॥**
**बोले बचन नीति प्रतिपालक। कारन मनुज दनुज कुल घालक॥**

फिर सब कुछ जाननेवाले, सबके हृदयमें बसनेवाले, सर्वरूप (सब रूपोंमें प्रकट), सबसे

रहित, उदासीन, कारणसे (भक्तोंपर कृपा करनेके लिये) मनुष्य बने हुए तथा राक्षसोंके कुलका नाश करनेवाले श्रीरामजी नीतिकी रक्षा करनेवाले वचन बोले—॥ २॥

**सुनु कपीस लंकापति बीरा। केहि बिधि तरिअ जलधि गंभीरा॥**
**संकुल मकर उरग झष जाती। अति अगाध दुस्तर सब भाँती॥**

हे वीर वानरराज सुग्रीव और लंकापति विभीषण! सुनो, इस गहरे समुद्रको किस प्रकार पार किया जाय? अनेक जातिके मगर, साँप और मछलियोंसे भरा हुआ यह अत्यन्त अथाह समुद्र पार करनेमें सब प्रकारसे कठिन है॥ ३॥

**कह लंकेस सुनहु रघुनायक। कोटि सिंधु सोषक तव सायक॥**
**जद्यपि तदपि नीति असि गाई। बिनय करिअ सागर सन जाई॥**

विभीषणजीने कहा—हे रघुनाथजी! सुनिये, यद्यपि आपका एक बाण ही करोड़ों समुद्रोंको सोखनेवाला है (सोख सकता है), तथापि नीति ऐसी कही गयी है (उचित यह होगा) कि [पहले] जाकर समुद्रसे प्रार्थना की जाय॥ ४॥

**दो०—प्रभु तुम्हार कुलगुर जलधि कहिहि उपाय बिचारि।**
**बिनु प्रयास सागर तरिहि सकल भालु कपि धारि॥ ५०॥**

हे प्रभु! समुद्र आपके कुलमें बड़े (पूर्वज) हैं, वे विचारकर उपाय बतला देंगे। तब रीछ और वानरोंकी सारी सेना बिना ही परिश्रमके समुद्रके पार उतर जायगी॥ ५०॥

**सखा कही तुम्ह नीकि उपाई। करिअ दैव जौं होइ सहाई॥**
**मंत्र न यह लछिमन मन भावा। राम बचन सुनि अति दुख पावा॥**

[श्रीरामजीने कहा—] हे सखा! तुमने अच्छा उपाय बताया। यही किया जाय, यदि दैव सहायक हों। यह सलाह लक्ष्मणजीके मनको अच्छी नहीं लगी। श्रीरामजीके वचन सुनकर तो उन्होंने बहुत ही दुःख पाया॥ १॥

**नाथ दैव कर कवन भरोसा। सोषिअ सिंधु करिअ मन रोसा॥**
**कादर मन कहुँ एक अधारा। दैव दैव आलसी पुकारा॥**

[लक्ष्मणजीने कहा—] हे नाथ! दैवका कौन भरोसा! मनमें क्रोध कीजिये (ले आइये) और समुद्रको सुखा डालिये। यह दैव तो कायरके मनका एक आधार (तसल्ली देनेका उपाय) है। आलसी लोग ही दैव-दैव पुकारा करते हैं॥ २॥

**सुनत बिहसि बोले रघुबीरा। ऐसेहिं करब धरहु मन धीरा॥**
**अस कहि प्रभु अनुजहि समुझाई। सिंधु समीप गए रघुराई॥**

यह सुनकर श्रीरघुवीर हँसकर बोले—ऐसे ही करेंगे, मनमें धीरज रखो। ऐसा कहकर छोटे भाईको समझाकर प्रभु श्रीरघुनाथजी समुद्रके समीप गये॥ ३॥

**प्रथम प्रनाम कीन्ह सिरु नाई। बैठे पुनि तट दर्भ डसाई॥**
**जबहिं बिभीषन प्रभु पहिं आए। पाछें रावन दूत पठाए॥**

उन्होंने पहले सिर नवाकर प्रणाम किया। फिर किनारेपर कुश बिछाकर बैठ गये। इधर ज्यों ही विभीषणजी प्रभुके पास आये थे, त्यों ही रावणने उनके पीछे दूत भेजे थे॥ ४॥

**दो०—सकल चरित तिन्ह देखे धरें कपट कपि देह।**
**प्रभु गुन हृदयँ सराहहिं सरनागत पर नेह॥ ५१॥**

कपटसे वानरका शरीर धारणकर उन्होंने सब लीलाएँ देखीं। वे अपने हृदयमें प्रभुके गुणोंकी और शरणागतपर उनके स्नेहकी सराहना करने लगे॥ ५१॥

**प्रगट बखानहिं राम सुभाऊ। अति सप्रेम गा बिसरि दुराऊ॥**
**रिपु के दूत कपिन्ह तब जाने। सकल बाँधि कपीस पहिं आने॥**

फिर वे प्रकटरूपमें भी अत्यन्त प्रेमके साथ श्रीरामजीके स्वभावकी बड़ाई करने लगे, उन्हें दुराव (कपट वेष) भूल गया! तब वानरोंने जाना कि ये शत्रुके दूत हैं और वे उन सबको बाँधकर सुग्रीवके पास ले आये॥ १॥

**कह सुग्रीव सुनहु सब बानर। अंग भंग करि पठवहु निसिचर॥**
**सुनि सुग्रीव बचन कपि धाए। बाँधि कटक चहु पास फिराए॥**

सुग्रीवने कहा—सब वानरो! सुनो, राक्षसोंके अंग-भंग करके भेज दो। सुग्रीवके वचन सुनकर वानर दौड़े। दूतोंको बाँधकर उन्होंने सेनाके चारों ओर घुमाया॥ २॥

**बहु प्रकार मारन कपि लागे। दीन पुकारत तदपि न त्यागे॥**
**जो हमार हर नासा काना। तेहि कोसलाधीस कै आना॥**

वानर उन्हें बहुत तरहसे मारने लगे। वे दीन होकर पुकारते थे, फिर भी वानरोंने उन्हें नहीं छोड़ा। [तब दूतोंने पुकारकर कहा—] जो हमारे नाक-कान काटेगा, उसे कोसलाधीश श्रीरामजीकी सौगंध है॥ ३॥

**सुनि लछिमन सब निकट बोलाए। दया लागि हँसि तुरत छोड़ाए॥**
**रावन कर दीजहु यह पाती। लछिमन बचन बाचु कुलघाती॥**

यह सुनकर लक्ष्मणजीने सबको निकट बुलाया। उन्हें बड़ी दया लगी, इससे हँसकर उन्होंने राक्षसोंको तुरंत ही छुड़ा दिया। [और उनसे कहा—] रावणके हाथमें यह चिट्ठी देना [और कहना—] हे कुलघातक! लक्ष्मणके शब्दों (सँदेसे) को बाँचो॥ ४॥

**दो०—कहेहु मुखागर मूढ़ सन मम संदेसु उदार।**
**सीता देइ मिलहु न त आवा कालु तुम्हार॥ ५२॥**

फिर उस मूर्खसे जबानी यह मेरा उदार (कृपासे भरा हुआ) सन्देश कहना कि सीताजीको देकर उनसे (श्रीरामजीसे) मिलो, नहीं तो तुम्हारा काल आ गया [समझो]॥ ५२॥

**तुरत नाइ लछिमन पद माथा। चले दूत बरनत गुन गाथा॥**
**कहत राम जसु लंकाँ आए। रावन चरन सीस तिन्ह नाए॥**

लक्ष्मणजीके चरणोंमें मस्तक नवाकर, श्रीरामजीके गुणोंकी कथा वर्णन करते हुए दूत तुरंत ही चल दिये। श्रीरामजीका यश कहते हुए वे लंकामें आये और उन्होंने रावणके चरणोंमें सिर नवाये॥ १॥

**बिहसि दसानन पूँछी बाता। कहसि न सुक आपनि कुसलाता॥**
**पुनि कहु खबरि बिभीषन केरी। जाहि मृत्यु आई अति नेरी॥**

दशमुख रावणने हँसकर बात पूछी—अरे शुक! अपनी कुशल क्यों नहीं कहता? फिर उस विभीषणका समाचार सुना, मृत्यु जिसके अत्यन्त निकट आ गयी है॥ २॥

**करत राज लंका सठ त्यागी। होइहि जव कर कीट अभागी॥**
**पुनि कहु भालु कीस कटकाई। कठिन काल प्रेरित चलि आई॥**

मूर्खने राज्य करते हुए लंकाको त्याग दिया। अभागा अब जौका कीड़ा (घुन) बनेगा (जौके साथ जैसे घुन भी पिस जाता है, वैसे ही नर-वानरोंके साथ वह भी मारा जायगा); फिर भालु और वानरोंकी सेनाका हाल कह, जो कठिन कालकी प्रेरणासे यहाँ चली आयी है॥ ३॥

**जिन्ह के जीवन कर रखवारा। भयउ मृदुल चित सिंधु बिचारा॥**
**कहु तपसिन्ह कै बात बहोरी। जिन्ह के हृदयँ त्रास अति मोरी॥**

और जिनके जीवनका रक्षक कोमल चित्तवाला बेचारा समुद्र बन गया है (अर्थात् उनके और राक्षसोंके बीचमें यदि समुद्र न होता तो अबतक राक्षस उन्हें मारकर खा गये होते)। फिर उन तपस्वियोंकी बात बता, जिनके हृदयमें मेरा बड़ा डर है॥ ४॥

**दो०—की भइ भेंट कि फिरि गए श्रवन सुजसु सुनि मोर।**
**कहसि न रिपु दल तेज बल बहुत चकित चित तोर॥ ५३॥**

उनसे तेरी भेंट हुई या वे कानोंसे मेरा सुयश सुनकर ही लौट गये? शत्रुसेनाका तेज और बल बताता क्यों नहीं? तेरा चित्त बहुत ही चकित (भौंचक्का-सा) हो रहा है॥ ५३॥

**नाथ कृपा करि पूँछेहु जैसें। मानहु कहा क्रोध तजि तैसें॥**
**मिला जाइ जब अनुज तुम्हारा। जातहिं राम तिलक तेहि सारा॥**

[दूतने कहा—] हे नाथ! आपने जैसे कृपा करके पूछा है, वैसे ही क्रोध छोड़कर मेरा कहना मानिये (मेरी बातपर विश्वास कीजिये)। जब आपका छोटा भाई श्रीरामजीसे जाकर मिला, तब उसके पहुँचते ही श्रीरामजीने उसको राजतिलक कर दिया॥ १॥

**रावन दूत हमहि सुनि काना। कपिन्ह बाँधि दीन्हे दुख नाना॥**
**श्रवन नासिका काटैं लागे। राम सपथ दीन्हें हम त्यागे॥**

हम रावणके दूत हैं, यह कानोंसे सुनकर वानरोंने हमें बाँधकर बहुत कष्ट दिये, यहाँतक कि वे हमारे नाक-कान काटने लगे। श्रीरामजीकी शपथ दिलानेपर कहीं उन्होंने हमको छोड़ा॥ २॥

**पूँछिहु नाथ राम कटकाई। बदन कोटि सत बरनि न जाई॥**
**नाना बरन भालु कपि धारी। बिकटानन बिसाल भयकारी॥**

हे नाथ! आपने श्रीरामजीकी सेना पूछी; सो वह तो सौ करोड़ मुखोंसे भी वर्णन नहीं की जा सकती। अनेकों रंगोंके भालु और वानरोंकी सेना है, जो भयंकर मुखवाले, विशाल शरीरवाले और भयानक हैं॥ ३॥

**जेहिं पुर दहेउ हतेउ सुत तोरा। सकल कपिन्ह महँ तेहि बलु थोरा॥**
**अमित नाम भट कठिन कराला। अमित नाग बल बिपुल बिसाला॥**

जिसने नगरको जलाया और आपके पुत्र अक्षयकुमारको मारा, उसका बल तो सब वानरोंमें थोड़ा है। असंख्य नामोंवाले बड़े ही कठोर और भयंकर योद्धा हैं। उनमें असंख्य हाथियोंका बल है और वे बड़े ही विशाल हैं॥ ४॥

**दो०—द्विबिद मयंद नील नल अंगद गद बिकटासि।**
**दधिमुख केहरि निसठ सठ जामवंत बलरासि॥ ५४॥**

द्विविद, मयंद, नील, नल, अंगद, गद, विकटास्य, दधिमुख, केसरी, निशठ, शठ और जाम्बवान्—ये सभी बलकी राशि हैं॥ ५४॥

**ए कपि सब सुग्रीव समाना। इन्ह सम कोटिन्ह गनइ को नाना॥**
**राम कृपाँ अतुलित बल तिन्हहीं। तृन समान त्रैलोकहि गनहीं॥**

ये सब वानर बलमें सुग्रीवके समान हैं और इनके-जैसे [एक-दो नहीं] करोड़ों हैं, उन बहुत-सोंको गिन ही कौन सकता है? श्रीरामजीकी कृपासे उनमें अतुलनीय बल है। वे तीनों लोकोंको तृणके समान [तुच्छ] समझते हैं॥ १॥

**अस मैं सुना श्रवन दसकंधर। पदुम अठारह जूथप बंदर॥**
**नाथ कटक महँ सो कपि नाहीं। जो न तुम्हहि जीतै रन माहीं॥**

हे दशग्रीव! मैंने कानोंसे ऐसा सुना है कि अठारह पद्म तो अकेले वानरोंके सेनापति हैं। हे नाथ! उस सेनामें ऐसा कोई वानर नहीं है, जो आपको रणमें न जीत सके॥ २॥

**परम क्रोध मीजहिं सब हाथा। आयसु पै न देहिं रघुनाथा॥**
**सोषहिं सिंधु सहित झष ब्याला। पूरहिं न त भरि कुधर बिसाला॥**

सब-के-सब अत्यन्त क्रोधसे हाथ मीजते हैं। पर श्रीरघुनाथजी उन्हें आज्ञा नहीं देते। हम मछलियों और साँपोंसहित समुद्रको सोख लेंगे। नहीं तो, बड़े-बड़े पर्वतोंसे उसे भरकर पूर (पाट) देंगे॥ ३॥

**मर्दि गर्द मिलवहिं दससीसा। ऐसेइ बचन कहहिं सब कीसा॥**
**गर्जहिं तर्जहिं सहज असंका। मानहुँ ग्रसन चहत हहिं लंका॥**

और रावणको मसलकर धूलमें मिला देंगे। सब वानर ऐसे ही वचन कह रहे हैं। सब सहज ही निडर हैं; इस प्रकार गरजते और डपटते हैं मानो लंकाको निगल ही जाना चाहते हैं॥ ४॥

**दो०—सहज सूर कपि भालु सब पुनि सिर पर प्रभु राम।**
**रावन काल कोटि कहुँ जीति सकहिं संग्राम॥ ५५॥**

सब वानर-भालू सहज ही शूरवीर हैं फिर उनके सिरपर प्रभु (सर्वेश्वर) श्रीरामजी हैं। हे रावण! वे संग्राममें करोड़ों कालोंको जीत सकते हैं॥ ५५॥

**राम तेज बल बुधि बिपुलाई। सेष सहस सत सकहिं न गाई॥**
**सक सर एक सोषि सत सागर। तव भ्रातहि पूँछेउ नय नागर॥**

श्रीरामचन्द्रजीके तेज (सामर्थ्य), बल और बुद्धिकी अधिकताको लाखों शेष भी नहीं गा सकते। वे एक ही बाणसे सैकड़ों समुद्रोंको सोख सकते हैं, परन्तु नीतिनिपुण श्रीरामजीने [नीतिकी रक्षाके लिये] आपके भाईसे उपाय पूछा॥ १॥

**तासु बचन सुनि सागर पाहीं। मागत पंथ कृपा मन माहीं॥**
**सुनत बचन बिहसा दससीसा। जौं असि मति सहाय कृत कीसा॥**

उनके (आपके भाईके) वचन सुनकर वे (श्रीरामजी) समुद्रसे राह माँग रहे हैं, उनके मनमें कृपा भरी है [इसलिये वे उसे सोखते नहीं]। दूतके ये वचन सुनते ही रावण खूब हँसा [और बोला—] जब ऐसी बुद्धि है, तभी तो वानरोंको सहायक बनाया है॥ २॥

**सहज भीरु कर बचन दृढ़ाई। सागर सन ठानी मचलाई॥**
**मूढ़ मृषा का करसि बड़ाई। रिपु बल बुद्धि थाह मैं पाई॥**

स्वाभाविक ही डरपोक विभीषणके वचनको प्रमाण करके उन्होंने समुद्रसे मचलना (बालहठ) ठाना है। अरे मूर्ख! झूठी बड़ाई क्या करता है! बस, मैंने शत्रु (राम) के बल और बुद्धिकी थाह पा ली॥ ३॥

**सचिव सभीत बिभीषन जाकें। बिजय बिभूति कहाँ जग ताकें॥**
**सुनि खल बचन दूत रिस बाढ़ी। समय बिचारि पत्रिका काढ़ी॥**

जिसके विभीषण-जैसा डरपोक मन्त्री हो, उसे जगत्में विजय और विभूति (ऐश्वर्य) कहाँ! दुष्ट रावणके वचन सुनकर दूतको क्रोध बढ़ आया। उसने मौका समझकर पत्रिका निकाली॥ ४॥

**रामानुज दीन्ही यह पाती। नाथ बचाइ जुड़ावहु छाती॥**
**बिहसि बाम कर लीन्ही रावन। सचिव बोलि सठ लाग बचावन॥**

[और कहा—] श्रीरामजीके छोटे भाई लक्ष्मणने यह पत्रिका दी है। हे नाथ! इसे बचवाकर छाती ठंडी कीजिये। रावणने हँसकर उसे बायें हाथसे लिया और मन्त्रीको बुलवाकर वह मूर्ख उसे बँचाने लगा॥ ५॥

**दो०—बातन्ह मनहि रिझाइ सठ जनि घालसि कुल खीस।**
**राम बिरोध न उबरसि सरन बिष्नु अज ईस॥ ५६ (क)॥**

[पत्रिकामें लिखा था—] अरे मूर्ख! केवल बातोंसे ही मनको रिझाकर अपने कुलको नष्ट-भ्रष्ट न कर! श्रीरामजीसे विरोध करके तू विष्णु, ब्रह्मा और महेशकी शरण जानेपर भी नहीं बचेगा॥ ५६॥ (क)॥

**की तजि मान अनुज इव प्रभु पद पंकज भृंग।**
**होहि कि राम सरानल खल कुल सहित पतंग॥ ५६ (ख)॥**

या तो अभिमान छोड़कर अपने छोटे भाई विभीषणकी भाँति प्रभुके चरण-कमलोंका भ्रमर बन जा। अथवा रे दुष्ट! श्रीरामजीके बाणरूपी अग्निमें परिवारसहित पतिंगा हो जा (दोनोंमेंसे जो अच्छा लगे सो कर)॥ ५६ (ख)॥

**सुनत सभय मन मुख मुसुकाई। कहत दसानन सबहि सुनाई॥**
**भूमि परा कर गहत अकासा। लघु तापस कर बाग बिलासा॥**

पत्रिका सुनते ही रावण मनमें भयभीत हो गया, परन्तु मुखसे (ऊपरसे) मुसकराता हुआ वह सबको सुनाकर कहने लगा—जैसे कोई पृथ्वीपर पड़ा हुआ हाथसे आकाशको पकड़नेकी चेष्टा करता हो, वैसे ही यह छोटा तपस्वी (लक्ष्मण) वाग्विलास करता है (डींग हाँकता है)॥ १॥

**कह सुक नाथ सत्य सब बानी। समुझहु छाड़ि प्रकृति अभिमानी॥**
**सुनहु बचन मम परिहरि क्रोधा। नाथ राम सन तजहु बिरोधा॥**

शुक (दूत) ने कहा—हे नाथ! अभिमानी स्वभावको छोड़कर [इस पत्रमें लिखी] सब बातोंको सत्य समझिये। क्रोध छोड़कर मेरा वचन सुनिये। हे नाथ! श्रीरामजीसे वैर त्याग दीजिये॥ २॥

**अति कोमल रघुबीर सुभाऊ। जद्यपि अखिल लोक कर राऊ॥**
**मिलत कृपा तुम्ह पर प्रभु करिही। उर अपराध न एकउ धरिही॥**

यद्यपि श्रीरघुवीर समस्त लोकोंके स्वामी हैं, पर उनका स्वभाव अत्यन्त ही कोमल है। मिलते ही प्रभु आपपर कृपा करेंगे और आपका एक भी अपराध वे हृदयमें नहीं रखेंगे॥ ३॥

**जनकसुता रघुनाथहि दीजे। एतना कहा मोर प्रभु कीजे॥**
**जब तेहिं कहा देन बैदेही। चरन प्रहार कीन्ह सठ तेही॥**

जानकीजी श्रीरघुनाथजीको दे दीजिये। हे प्रभु! इतना कहना मेरा कीजिये। जब उस (दूत) ने जानकीजीको देनेके लिये कहा, तब दुष्ट रावणने उसको लात मारी॥ ४॥

**नाइ चरन सिरु चला सो तहाँ। कृपासिंधु रघुनायक जहाँ॥**
**करि प्रनामु निज कथा सुनाई। राम कृपाँ आपनि गति पाई॥**

वह भी [विभीषणकी भाँति] चरणोंमें सिर नवाकर वहीं चला, जहाँ कृपासागर श्रीरघुनाथजी थे। प्रणाम करके उसने अपनी कथा सुनायी और श्रीरामजीकी कृपासे अपनी गति (मुनिका स्वरूप) पायी॥ ५॥

**रिषि अगस्ति कीं साप भवानी। राछस भयउ रहा मुनि ग्यानी॥**
**बंदि राम पद बारहिं बारा। मुनि निज आश्रम कहुँ पगु धारा॥**

(शिवजी कहते हैं—) हे भवानी! वह ज्ञानी मुनि था, अगस्त्य ऋषिके शापसे राक्षस हो गया था। बार-बार श्रीरामजीके चरणोंकी वन्दना करके वह मुनि अपने आश्रमको चला गया॥ ६॥

**दो०—बिनय न मानत जलधि जड़ गए तीनि दिन बीति।**
**बोले राम सकोप तब भय बिनु होइ न प्रीति॥ ५७॥**

इधर तीन दिन बीत गये, किन्तु जड समुद्र विनय नहीं मानता। तब श्रीरामजी क्रोधसहित बोले—बिना भयके प्रीति नहीं होती!॥ ५७॥

**लछिमन बान सरासन आनू। सोषौं बारिधि बिसिख कृसानू॥**
**सठ सन बिनय कुटिल सन प्रीती। सहज कृपन सन सुंदर नीती॥**

हे लक्ष्मण! धनुष-बाण लाओ, मैं अग्निबाणसे समुद्रको सोख डालूँ। मूर्खसे विनय, कुटिलके साथ प्रीति, स्वाभाविक ही कंजूससे सुन्दर नीति (उदारताका उपदेश),॥ १॥

**ममता रत सन ग्यान कहानी। अति लोभी सन बिरति बखानी॥**
**क्रोधिहि सम कामिहि हरिकथा। ऊसर बीज बएँ फल जथा॥**

ममतामें फँसे हुए मनुष्यसे ज्ञानकी कथा, अत्यन्त लोभीसे वैराग्यका वर्णन, क्रोधीसे शम (शान्ति) की बात और कामीसे भगवान्‌की कथा, इनका वैसा ही फल होता है जैसा ऊसरमें बीज बोनेसे होता है (अर्थात् ऊसरमें बीज बोनेकी भाँति यह सब व्यर्थ जाता है)॥ २॥

**अस कहि रघुपति चाप चढ़ावा। यह मत लछिमन के मन भावा॥**
**संधानेउ प्रभु बिसिख कराला। उठी उदधि उर अंतर ज्वाला॥**

ऐसा कहकर श्रीरघुनाथजीने धनुष चढ़ाया। यह मत लक्ष्मणजीके मनको बहुत अच्छा लगा। प्रभुने भयानक [अग्नि] बाण सन्धान किया, जिससे समुद्रके हृदयके अंदर अग्निकी ज्वाला उठी॥ ३॥

**मकर उरग झष गन अकुलाने। जरत जंतु जलनिधि जब जाने॥**
**कनक थार भरि मनि गन नाना। बिप्र रूप आयउ तजि माना॥**

मगर, साँप तथा मछलियोंके समूह व्याकुल हो गये। जब समुद्रने जीवोंको जलते जाना, तब सोनेके थालमें अनेक मणियों (रत्नों) को भरकर अभिमान छोड़कर वह ब्राह्मणके रूपमें आया॥ ४॥

**दो०—काटेहिं पइ कदरी फरइ कोटि जतन कोउ सींच।**
**बिनय न मान खगेस सुनु डाटेहिं पइ नव नीच॥ ५८॥**

[काकभुशुण्डिजी कहते हैं—] हे गरुड़जी! सुनिये, चाहे कोई करोड़ों उपाय करके सींचे, पर केला तो काटनेपर ही फलता है। नीच विनयसे नहीं मानता, वह डाँटनेपर ही झुकता है (रास्तेपर आता है)॥ ५८॥

**सभय सिंधु गहि पद प्रभु केरे। छमहु नाथ सब अवगुन मेरे॥**
**गगन समीर अनल जल धरनी। इन्ह कइ नाथ सहज जड़ करनी॥**

समुद्रने भयभीत होकर प्रभुके चरण पकड़कर कहा—हे नाथ! मेरे सब अवगुण (दोष) क्षमा कीजिये। हे नाथ! आकाश, वायु, अग्नि, जल और पृथ्वी—इन सबकी करनी स्वभावसे ही जड है॥ १॥

**तव प्रेरित मायाँ उपजाए। सृष्टि हेतु सब ग्रंथनि गाए॥**
**प्रभु आयसु जेहि कहँ जस अहई। सो तेहि भाँति रहें सुख लहई॥**

आपकी प्रेरणासे मायाने इन्हें सृष्टिके लिये उत्पन्न किया है, सब ग्रन्थोंने यही गाया है। जिसके लिये स्वामीकी जैसी आज्ञा है, वह उसी प्रकारसे रहनेमें सुख पाता है॥ २॥

**प्रभु भल कीन्ह मोहि सिख दीन्ही। मरजादा पुनि तुम्हरी कीन्ही॥**
**ढोल गवाँर सूद्र पसु नारी। सकल ताड़ना के अधिकारी॥**

प्रभुने अच्छा किया जो मुझे शिक्षा (दण्ड) दी; किन्तु मर्यादा (जीवोंका स्वभाव) भी आपकी ही बनायी हुई है। ढोल, गँवार, शूद्र, पशु और स्त्री—ये सब शिक्षाके अधिकारी हैं॥ ३॥

**प्रभु प्रताप मैं जाब सुखाई। उतरिहि कटकु न मोरि बड़ाई॥**
**प्रभु अग्या अपेल श्रुति गाई। करौं सो बेगि जो तुम्हहि सोहाई॥**

प्रभुके प्रतापसे मैं सूख जाऊँगा और सेना पार उतर जायगी, इसमें मेरी बड़ाई नहीं है (मेरी मर्यादा नहीं रहेगी)। तथापि प्रभुकी आज्ञा अपेल है (अर्थात् आपकी आज्ञाका उल्लंघन नहीं हो सकता) ऐसा वेद गाते हैं। अब आपको जो अच्छा लगे, मैं तुरंत वही करूँ॥ ४॥

**दो०—सुनत बिनीत बचन अति कह कृपाल मुसुकाइ।**
**जेहि बिधि उतरै कपि कटकु तात सो कहहु उपाइ॥ ५९॥**

समुद्रके अत्यन्त विनीत वचन सुनकर कृपालु श्रीरामजीने मुसकराकर कहा—हे तात! जिस प्रकार वानरोंकी सेना पार उतर जाय, वह उपाय बताओ॥ ५९॥

**नाथ नील नल कपि द्वौ भाई। लरिकाईं रिषि आसिष पाई॥**
**तिन्ह कें परस किएँ गिरि भारे। तरिहहिं जलधि प्रताप तुम्हारे॥**

[समुद्रने कहा—] हे नाथ! नील और नल दो वानर भाई हैं। उन्होंने लड़कपनमें ऋषिसे आशीर्वाद पाया था। उनके स्पर्श कर लेनेसे ही भारी-भारी पहाड़ भी आपके प्रतापसे समुद्रपर तैर जायँगे॥ १॥

**मैं पुनि उर धरि प्रभु प्रभुताई। करिहउँ बल अनुमान सहाई॥**
**एहि बिधि नाथ पयोधि बँधाइअ। जेहिं यह सुजसु लोक तिहुँ गाइअ॥**

मैं भी प्रभुकी प्रभुताको हृदयमें धारण कर अपने बलके अनुसार (जहाँतक मुझसे बन पड़ेगा) सहायता करूँगा। हे नाथ! इस प्रकार समुद्रको बँधाइये, जिससे तीनों लोकोंमें आपका सुन्दर यश गाया जाय॥ २॥

**एहिं सर मम उत्तर तट बासी। हतहु नाथ खल नर अघ रासी॥**
**सुनि कृपाल सागर मन पीरा। तुरतहिं हरी राम रनधीरा॥**

इस बाणसे मेरे उत्तर तटपर रहनेवाले पापके राशि दुष्ट मनुष्योंका वध कीजिये। कृपालु और रणधीर श्रीरामजीने समुद्रके मनकी पीड़ा सुनकर उसे तुरंत ही हर लिया (अर्थात् बाणसे उन दुष्टोंका वध कर दिया)॥ ३॥

**देखि राम बल पौरुष भारी। हरषि पयोनिधि भयउ सुखारी॥**
**सकल चरित कहि प्रभुहि सुनावा। चरन बंदि पाथोधि सिधावा॥**

श्रीरामजीका भारी बल और पौरुष देखकर समुद्र हर्षित होकर सुखी हो गया। उसने उन दुष्टोंका सारा चरित्र प्रभुको कह सुनाया। फिर चरणोंकी वन्दना करके समुद्र चला गया॥ ४॥

**छं०—निज भवन गवनेउ सिंधु श्रीरघुपतिहि यह मत भायऊ।**
**यह चरित कलि मलहर जथामति दास तुलसी गायऊ॥**
**सुख भवन संसय समन दवन बिषाद रघुपति गुन गना।**
**तजि सकल आस भरोस गावहि सुनहि संतत सठ मना॥**

समुद्र अपने घर चला गया, श्रीरघुनाथजीको यह मत (उसकी सलाह) अच्छा लगा। यह चरित्र कलियुगके पापोंको हरनेवाला है, इसे तुलसीदासने अपनी बुद्धिके अनुसार गाया है। श्रीरघुनाथजीके गुणसमूह सुखके धाम, सन्देहका नाश करनेवाले और विषादका दमन करनेवाले हैं। अरे मूर्ख मन! तू संसारका सब आशा-भरोसा त्यागकर निरन्तर इन्हें गा और सुन।

**दो०—सकल सुमंगल दायक रघुनायक गुन गान।**
**सादर सुनहिं ते तरहिं भव सिंधु बिना जलजान॥ ६०॥**

श्रीरघुनाथजीका गुणगान सम्पूर्ण सुन्दर मंगलोंका देनेवाला है। जो इसे आदरसहित सुनेंगे, वे बिना किसी जहाज (अन्य साधन) के ही भवसागरको तर जायँगे॥ ६०॥

## मासपारायण, चौबीसवाँ विश्राम

***इति श्रीमद्रामचरितमानसे सकलकलिकलुषविध्वंसने पञ्चमः सोपानः समाप्तः।***

कलियुगके समस्त पापोंका नाश करनेवाले श्रीरामचरितमानसका यह पाँचवाँ सोपान समाप्त हुआ।

## (सुन्दरकाण्ड समाप्त)

# शरणागतवत्सलता

तुरत बिभीषन पाछें मेला। सन्मुख राम सहेउ सोइ सेला॥

॥ श्रीगणेशाय नमः ॥

॥ श्रीजानकीवल्लभो विजयते ॥

# श्रीरामचरितमानस

## षष्ठ सोपान

## लंकाकाण्ड

श्लोक

**रामं कामारिसेव्यं भवभयहरणं कालमत्तेभसिंहं**
**योगीन्द्रं ज्ञानगम्यं गुणनिधिमजितं निर्गुणं निर्विकारम्।**
**मायातीतं सुरेशं खलवधनिरतं ब्रह्मवृन्दैकदेवं**
**वन्दे कन्दावदातं सरसिजनयनं देवमुर्वीशरूपम्॥ १॥**

कामदेवके शत्रु शिवजीके सेव्य, भव (जन्म-मृत्यु)-के भयको हरनेवाले, कालरूपी मतवाले हाथीके लिये सिंहके समान, योगियोंके स्वामी (योगीश्वर), ज्ञानके द्वारा जाननेयोग्य, गुणोंकी निधि, अजेय, निर्गुण, निर्विकार, मायासे परे, देवताओंके स्वामी, दुष्टोंके वधमें तत्पर, ब्राह्मणवृन्दके एकमात्र देवता (रक्षक), जलवाले मेघके समान सुन्दर श्याम, कमलके-से नेत्रवाले, पृथ्वीपति (राजा)-के रूपमें परमदेव श्रीरामजीकी मैं वन्दना करता हूँ॥ १॥

**शङ्खेन्द्वाभमतीवसुन्दरतनुं शार्दूलचर्माम्बरं**
**कालव्यालकरालभूषणधरं गङ्गाशशाङ्कप्रियम्।**
**काशीशं कलिकल्मषौघशमनं कल्याणकल्पद्रुमं**
**नौमीड्यं गिरिजापतिं गुणनिधिं कन्दर्पहं शङ्करम्॥ २॥**

शंख और चन्द्रमाकी-सी कान्तिके अत्यन्त सुन्दर शरीरवाले, व्याघ्रचर्मके वस्त्रवाले, कालके समान [अथवा काले रंगके] भयानक सर्पोंका भूषण धारण करनेवाले, गंगा और चन्द्रमाके प्रेमी, काशीपति, कलियुगके पाप-समूहका नाश करनेवाले, कल्याणके कल्पवृक्ष, गुणोंके निधान और कामदेवको भस्म करनेवाले पार्वतीपति वन्दनीय श्रीशंकरजीको मैं नमस्कार करता हूँ॥ २॥

**यो ददाति सतां शम्भुः कैवल्यमपि दुर्लभम्।**
**खलानां दण्डकृद्योऽसौ शङ्करः शं तनोतु मे॥ ३॥**

जो सत्पुरुषोंको अत्यन्त दुर्लभ कैवल्यमुक्तितक दे डालते हैं और जो दुष्टोंको दण्ड देनेवाले हैं, वे कल्याणकारी श्रीशम्भु मेरे कल्याणका विस्तार करें॥ ३॥

**दो०—लव निमेष परमानु जुग बरष कलप सर चंड।**
**भजसि न मन तेहि राम को कालु जासु कोदंड॥**

लव, निमेष, परमाणु, वर्ष, युग और कल्प जिनके प्रचण्ड बाण हैं और काल जिनका धनुष है, हे मन! तू उन श्रीरामजीको क्यों नहीं भजता?

**सो०—सिंधु बचन सुनि राम सचिव बोलि प्रभु अस कहेउ।**
**अब बिलंबु केहि काम करहु सेतु उतरै कटकु॥**

समुद्रके वचन सुनकर प्रभु श्रीरामजीने मन्त्रियोंको बुलाकर ऐसा कहा—अब विलम्ब किसलिये हो रहा है? सेतु (पुल) तैयार करो, जिसमें सेना उतरे।

**सुनहु भानुकुल केतु जामवंत कर जोरि कह।**
**नाथ नाम तव सेतु नर चढ़ि भवसागर तरहिं॥**

जाम्बवान्‌ने हाथ जोड़कर कहा—हे सूर्यकुलके ध्वजास्वरूप (कीर्तिको बढ़ानेवाले) श्रीरामजी! सुनिये। हे नाथ! [सबसे बड़ा] सेतु तो आपका नाम ही है, जिसपर चढ़कर (जिसका आश्रय लेकर) मनुष्य संसाररूपी समुद्रसे पार हो जाते हैं।

**यह लघु जलधि तरत कति बारा। अस सुनि पुनि कह पवनकुमारा॥**
**प्रभु प्रताप बड़वानल भारी। सोषेउ प्रथम पयोनिधि बारी॥**

फिर यह छोटा-सा समुद्र पार करनेमें कितनी देर लगेगी? ऐसा सुनकर फिर पवनकुमार श्रीहनुमान्‌जीने कहा—प्रभुका प्रताप भारी बड़वानल (समुद्रकी आग)-के समान है। इसने पहले समुद्रके जलको सोख लिया था॥ १॥

**तव रिपु नारि रुदन जल धारा। भरेउ बहोरि भयउ तेहिं खारा॥**
**सुनि अति उकुति पवनसुत केरी। हरषे कपि रघुपति तन हेरी॥**

परन्तु आपके शत्रुओंकी स्त्रियोंके आँसुओंकी धारासे यह फिर भर गया और उसीसे खारा भी हो गया। हनुमान्‌जीकी यह अत्युक्ति (अलंकारपूर्ण युक्ति) सुनकर वानर श्रीरघुनाथजीकी ओर देखकर हर्षित हो गये॥ २॥

**जामवंत बोले दोउ भाई। नल नीलहि सब कथा सुनाई॥**
**राम प्रताप सुमिरि मन माहीं। करहु सेतु प्रयास कछु नाहीं॥**

जाम्बवान्‌ने नल-नील दोनों भाइयोंको बुलाकर उन्हें सारी कथा कह सुनायी [और कहा—] मनमें श्रीरामजीके प्रतापको स्मरण करके सेतु तैयार करो, [रामप्रतापसे] कुछ भी परिश्रम नहीं होगा॥ ३॥

**बोलि लिए कपि निकर बहोरी। सकल सुनहु बिनती कछु मोरी॥**
**राम चरन पंकज उर धरहू। कौतुक एक भालु कपि करहू॥**

फिर वानरोंके समूहको बुला लिया [और कहा—] आप सब लोग मेरी कुछ विनती सुनिये। अपने हृदयमें श्रीरामजीके चरणकमलोंको धारण कर लीजिये और सब भालू और वानर एक खेल कीजिये॥ ४॥

**धावहु मर्कट बिकट बरूथा। आनहु बिटप गिरिन्ह के जूथा॥**
**सुनि कपि भालु चले करि हूहा। जय रघुबीर प्रताप समूहा॥**

विकट वानरोंके समूह (आप) दौड़ जाइये और वृक्षों तथा पर्वतोंके समूहोंको उखाड़ लाइये।

यह सुनकर वानर और भालू हूह (हुंकार) करके और श्रीरघुनाथजीके प्रतापसमूहकी [अथवा प्रतापके पुंज श्रीरामजीकी] जय पुकारते हुए चले॥ ५॥

**दो०—अति उतंग गिरि पादप लीलहिं लेहिं उठाइ।**
**आनि देहिं नल नीलहि रचहिं ते सेतु बनाइ॥ १॥**

बहुत ऊँचे-ऊँचे पर्वतों और वृक्षोंको खेलकी तरह ही [उखाड़कर] उठा लेते हैं और ला-लाकर नल-नीलको देते हैं। वे अच्छी तरह गढ़कर [सुन्दर] सेतु बनाते हैं॥ १॥

**सैल बिसाल आनि कपि देहीं। कंदुक इव नल नील ते लेहीं॥**
**देखि सेतु अति सुंदर रचना। बिहसि कृपानिधि बोले बचना॥**

वानर बड़े-बड़े पहाड़ ला-लाकर देते हैं और नल-नील उन्हें गेंदकी तरह ले लेते हैं। सेतुकी अत्यन्त सुन्दर रचना देखकर कृपासिन्धु श्रीरामजी हँसकर वचन बोले—॥ १॥

**परम रम्य उत्तम यह धरनी। महिमा अमित जाइ नहिं बरनी॥**
**करिहउँ इहाँ संभु थापना। मोरे हृदयँ परम कलपना॥**

यह (यहाँकी) भूमि परम रमणीय और उत्तम है। इसकी असीम महिमा वर्णन नहीं की जा सकती। मैं यहाँ शिवजीकी स्थापना करूँगा। मेरे हृदयमें यह महान् संकल्प है॥ २॥

**सुनि कपीस बहु दूत पठाए। मुनिबर सकल बोलि लै आए॥**
**लिंग थापि बिधिवत करि पूजा। सिव समान प्रिय मोहि न दूजा॥**

श्रीरामजीके वचन सुनकर वानरराज सुग्रीवने बहुत-से दूत भेजे, जो सब श्रेष्ठ मुनियोंको बुलाकर ले आये। शिवलिंगकी स्थापना करके विधिपूर्वक उसका पूजन किया। [फिर भगवान् बोले—] शिवजीके समान मुझको दूसरा कोई प्रिय नहीं है॥ ३॥

**सिव द्रोही मम भगत कहावा। सो नर सपनेहुँ मोहि न पावा॥**
**संकर बिमुख भगति चह मोरी। सो नारकी मूढ़ मति थोरी॥**

जो शिवसे द्रोह रखता है और मेरा भक्त कहलाता है, वह मनुष्य स्वप्नमें भी मुझे नहीं पाता। शंकरजीसे विमुख होकर (विरोध करके) जो मेरी भक्ति चाहता है, वह नरकगामी, मूर्ख और अल्पबुद्धि है॥ ४॥

**दो०—संकरप्रिय मम द्रोही सिव द्रोही मम दास।**
**ते नर करहिं कलप भरि घोर नरक महुँ बास॥ २॥**

जिनको शंकरजी प्रिय हैं, परन्तु जो मेरे द्रोही हैं; एवं जो शिवजीके द्रोही हैं और मेरे दास [बनना चाहते] हैं, वे मनुष्य कल्पभर घोर नरकमें निवास करते हैं॥ २॥

**जे रामेस्वर दरसनु करिहहिं। ते तनु तजि मम लोक सिधरिहहिं॥**
**जो गंगाजलु आनि चढ़ाइहि। सो साजुज्य मुक्ति नर पाइहि॥**

जो मनुष्य [मेरे स्थापित किये हुए इन] रामेश्वरजीका दर्शन करेंगे, वे शरीर छोड़कर मेरे लोकको जायँगे। और जो गंगाजल लाकर इनपर चढ़ावेगा, वह मनुष्य सायुज्य मुक्ति पावेगा (अर्थात् मेरे साथ एक हो जायगा)॥ १॥

**होइ अकाम जो छल तजि सेइहि। भगति मोरि तेहि संकर देइहि॥**
**मम कृत सेतु जो दरसनु करिही। सो बिनु श्रम भवसागर तरिही॥**

जो छल छोड़कर और निष्काम होकर श्रीरामेश्वरजीकी सेवा करेंगे, उन्हें शंकरजी मेरी भक्ति देंगे। और जो मेरे बनाये सेतुका दर्शन करेगा, वह बिना ही परिश्रम संसाररूपी समुद्रसे तर जायगा॥ २॥

**राम बचन सब के जिय भाए। मुनिबर निज निज आश्रम आए॥**
**गिरिजा रघुपति कै यह रीती। संतत करहिं प्रनत पर प्रीती॥**

श्रीरामजीके वचन सबके मनको अच्छे लगे। तदनन्तर वे श्रेष्ठ मुनि अपने-अपने आश्रमोंको लौट आये। [शिवजी कहते हैं—] हे पार्वती! श्रीरघुनाथजीकी यह रीति है कि वे शरणागतपर सदा प्रीति करते हैं॥ ३॥

**बाँधा सेतु नील नल नागर। राम कृपाँ जसु भयउ उजागर॥**
**बूड़हिं आनहि बोरहिं जेई। भए उपल बोहित सम तेई॥**

चतुर नल और नीलने सेतु बाँधा। श्रीरामजीकी कृपासे उनका यह [उज्ज्वल] यश सर्वत्र फैल गया। जो पत्थर आप डूबते हैं और दूसरोंको डुबा देते हैं, वे ही जहाजके समान [स्वयं तैरनेवाले और दूसरोंको पार ले जानेवाले] हो गये॥ ४॥

**महिमा यह न जलधि कइ बरनी। पाहन गुन न कपिन्ह कइ करनी॥**

यह न तो समुद्रकी महिमा वर्णन की गयी है, न पत्थरोंका गुण है और न वानरोंकी ही कोई करामात है॥ ५॥

**दो०—श्री रघुबीर प्रताप ते सिंधु तरे पाषान।**
**ते मतिमंद जे राम तजि भजहिं जाइ प्रभु आन॥ ३॥**

श्रीरघुवीरके प्रतापसे पत्थर भी समुद्रपर तैर गये। ऐसे श्रीरामजीको छोड़कर जो किसी दूसरे स्वामीको जाकर भजते हैं वे [निश्चय ही] मन्दबुद्धि हैं॥ ३॥

**बाँधि सेतु अति सुदृढ़ बनावा। देखि कृपानिधि के मन भावा॥**
**चली सेन कछु बरनि न जाई। गर्जहिं मर्कट भट समुदाई॥**

नल-नीलने सेतु बाँधकर उसे बहुत मजबूत बनाया। देखनेपर वह कृपानिधान श्रीरामजीके मनको [बहुत ही] अच्छा लगा। सेना चली, जिसका कुछ वर्णन नहीं हो सकता। योद्धा वानरोंके समुदाय गरज रहे हैं॥ १॥

**सेतुबंध ढिग चढ़ि रघुराई। चितव कृपाल सिंधु बहुताई॥**
**देखन कहुँ प्रभु करुना कंदा। प्रगट भए सब जलचर बृंदा॥**

कृपालु श्रीरघुनाथजी सेतुबन्धके तटपर चढ़कर समुद्रका विस्तार देखने लगे। करुणाकन्द (करुणाके मूल) प्रभुके दर्शनके लिये सब जलचरोंके समूह प्रकट हो गये (जलके ऊपर निकल आये)॥ २॥

**मकर नक्र नाना झष ब्याला। सत जोजन तन परम बिसाला॥**
**अइसेउ एक तिन्हहि जे खाहीं। एकन्ह कें डर तेपि डेराहीं॥**

बहुत तरहके मगर, नाक (घड़ियाल), मच्छ और सर्प थे, जिनके सौ-सौ योजनके बहुत बड़े विशाल शरीर थे। कुछ ऐसे भी जन्तु थे जो उनको भी खा जायँ। किसी-किसीके डरसे तो वे भी डर रहे थे॥ ३॥

**प्रभुहि बिलोकहिं टरहिं न टारे। मन हरषित सब भए सुखारे॥**
**तिन्ह कीं ओट न देखिअ बारी। मगन भए हरि रूप निहारी॥**

वे सब [वैर-विरोध भूलकर] प्रभुके दर्शन कर रहे हैं, हटानेसे भी नहीं हटते। सबके मन

हर्षित हैं; सब सुखी हो गये। उनकी आड़के कारण जल नहीं दिखायी पड़ता। वे सब भगवान्का रूप देखकर [आनन्द और प्रेममें] मग्न हो गये॥ ४॥

**चला कटकु प्रभु आयसु पाई। को कहि सक कपि दल बिपुलाई॥**

प्रभु श्रीरामचन्द्रजीकी आज्ञा पाकर सेना चली। वानर-सेनाकी विपुलता (अत्यधिक संख्या)-को कौन कह सकता है?॥ ५॥

**दो०—सेतुबंध भइ भीर अति कपि नभ पंथ उड़ाहिं।**
**अपर जलचरन्हि ऊपर चढ़ि चढ़ि पारहि जाहिं॥ ४॥**

सेतुबन्धपर बड़ी भीड़ हो गयी, इससे कुछ वानर आकाशमार्गसे उड़ने लगे। और दूसरे [कितने ही] जलचर जीवोंपर चढ़-चढ़कर पार जा रहे हैं॥ ४॥

**अस कौतुक बिलोकि द्वौ भाई। बिहँसि चले कृपाल रघुराई॥**
**सेन सहित उतरे रघुबीरा। कहि न जाइ कपि जूथप भीरा॥**

कृपालु रघुनाथजी [तथा लक्ष्मणजी] दोनों भाई ऐसा कौतुक देखकर हँसते हुए चले। श्रीरघुवीर सेनासहित समुद्रके पार हो गये। वानरों और उनके सेनापतियोंकी भीड़ कही नहीं जा सकती॥ १॥

**सिंधु पार प्रभु डेरा कीन्हा। सकल कपिन्ह कहुँ आयसु दीन्हा॥**
**खाहु जाइ फल मूल सुहाए। सुनत भालु कपि जहँ तहँ धाए॥**

प्रभुने समुद्रके पार डेरा डाला और सब वानरोंको आज्ञा दी कि तुम जाकर सुन्दर फल-मूल खाओ। यह सुनते ही रीछ-वानर जहाँ-तहाँ दौड़ पड़े॥ २॥

**सब तरु फरे राम हित लागी। रितु अरु कुरितु काल गति त्यागी॥**
**खाहिं मधुर फल बिटप हलावहिं। लंका सन्मुख सिखर चलावहिं॥**

श्रीरामजीके हित (सेवा)-के लिये सब वृक्ष ऋतु-कुऋतु—समयकी गतिको छोड़कर फल उठे। वानर-भालू मीठे-मीठे फल खा रहे हैं, वृक्षोंको हिला रहे हैं और पर्वतोंके शिखरोंको लंकाकी ओर फेंक रहे हैं॥ ३॥

**जहँ कहुँ फिरत निसाचर पावहिं। घेरि सकल बहु नाच नचावहिं॥**
**दसनन्हि काटि नासिका काना। कहि प्रभु सुजसु देहिं तब जाना॥**

घूमते-फिरते जहाँ कहीं किसी राक्षसको पा जाते हैं तो सब उसे घेरकर खूब नाच नचाते हैं और दाँतोंसे उसके नाक-कान काटकर, प्रभुका सुयश कहकर [अथवा कहलाकर] तब उसे जाने देते हैं॥ ४॥

**जिन्ह कर नासा कान निपाता। तिन्ह रावनहि कही सब बाता॥**
**सुनत श्रवन बारिधि बंधाना। दस मुख बोलि उठा अकुलाना॥**

जिन राक्षसोंके नाक और कान काट डाले गये, उन्होंने रावणसे सब समाचार कहा। समुद्र [पर सेतु]-का बाँधा जाना कानोंसे सुनते ही रावण घबड़ाकर दसों मुखोंसे बोल उठा—॥ ५॥

**दो०—बाँध्यो बननिधि नीरनिधि जलधि सिंधु बारीस।**
**सत्य तोयनिधि कंपति उदधि पयोधि नदीस॥ ५॥**

वननिधि, नीरनिधि, जलधि, सिंधु, वारीश, तोयनिधि, कंपति, उदधि, पयोधि, नदीशको क्या सचमुच ही बाँध लिया?॥ ५॥

**निज बिकलता बिचारि बहोरी। बिहँसि गयउ गृह करि भय भोरी॥**
**मंदोदरीं सुन्यो प्रभु आयो। कौतुकहीं पाथोधि बँधायो॥**

फिर अपनी व्याकुलताको समझकर [ऊपरसे] हँसता हुआ, भयको भुलाकर रावण महलको गया। [जब] मन्दोदरीने सुना कि प्रभु श्रीरामजी आ गये हैं और उन्होंने खेलमें ही समुद्रको बँधवा लिया है, ॥ १ ॥

**कर गहि पतिहि भवन निज आनी। बोली परम मनोहर बानी॥**
**चरन नाइ सिरु अंचलु रोपा। सुनहु बचन पिय परिहरि कोपा॥**

[तब] वह हाथ पकड़कर, पतिको अपने महलमें लाकर परम मनोहर वाणी बोली। चरणोंमें सिर नवाकर उसने अपना आँचल पसारा और कहा—हे प्रियतम! क्रोध त्यागकर मेरा वचन सुनिये॥ २ ॥

**नाथ बयरु कीजे ताही सों। बुधि बल सकिअ जीति जाही सों॥**
**तुम्हहि रघुपतिहि अंतर कैसा। खलु खद्योत दिनकरहि जैसा॥**

हे नाथ! वैर उसीके साथ करना चाहिये जिससे बुद्धि और बलके द्वारा जीत सके। आपमें और श्रीरघुनाथजीमें निश्चय ही कैसा अन्तर है, जैसा जुगनू और सूर्यमें!॥ ३ ॥

**अतिबल मधु कैटभ जेहिं मारे। महाबीर दितिसुत संघारे॥**
**जेहिं बलि बाँधि सहसभुज मारा। सोइ अवतरेउ हरन महि भारा॥**

जिन्होंने [विष्णुरूपसे] अत्यन्त बलवान् मधु और कैटभ [दैत्य] मारे और [वाराह और नृसिंहरूपसे] महान् शूरवीर दितिके पुत्रों (हिरण्याक्ष और हिरण्यकशिपु)-का संहार किया; जिन्होंने [वामनरूपसे] बलिको बाँधा और [परशुरामरूपसे] सहस्रबाहुको मारा, वे ही [भगवान्] पृथ्वीका भार हरण करनेके लिये [रामरूपमें] अवतीर्ण (प्रकट) हुए हैं!॥ ४ ॥

**तासु बिरोध न कीजिअ नाथा। काल करम जिव जाकें हाथा॥**

हे नाथ! उनका विरोध न कीजिये, जिनके हाथमें काल, कर्म और जीव सभी हैं॥ ५ ॥

**दो०—रामहि सौंपि जानकी नाइ कमल पद माथ।**
**सुत कहुँ राज समर्पि बन जाइ भजिअ रघुनाथ॥ ६ ॥**

[श्रीरामजीके] चरणकमलोंमें सिर नवाकर (उनकी शरणमें जाकर) उनको जानकीजी सौंप दीजिये और आप पुत्रको राज्य देकर वनमें जाकर श्रीरघुनाथजीका भजन कीजिये॥ ६ ॥

**नाथ दीनदयाल रघुराई। बाघउ सनमुख गएँ न खाई॥**
**चाहिअ करन सो सब करि बीते। तुम्ह सुर असुर चराचर जीते॥**

हे नाथ! श्रीरघुनाथजी तो दीनोंपर दया करनेवाले हैं। सम्मुख (शरण) जानेपर तो बाघ भी नहीं खाता। आपको जो कुछ करना चाहिये था, वह सब आप कर चुके। आपने देवता, राक्षस तथा चर-अचर सभीको जीत लिया॥ १ ॥

**संत कहहिं असि नीति दसानन। चौथेंपन जाइहि नृप कानन॥**
**तासु भजनु कीजिअ तहँ भर्ता। जो कर्ता पालक संहर्ता॥**

हे दशमुख! संतजन ऐसी नीति कहते हैं कि चौथेपन (बुढ़ापे)-में राजाको वनमें चला जाना चाहिये। हे स्वामी! वहाँ (वनमें) आप उनका भजन कीजिये जो सृष्टिके रचनेवाले, पालनेवाले और संहार करनेवाले हैं॥ २ ॥

**सोइ रघुबीर प्रनत अनुरागी। भजहु नाथ ममता सब त्यागी॥**
**मुनिबर जतनु करहिं जेहि लागी। भूप राजु तजि होहिं बिरागी॥**

हे नाथ! आप विषयोंकी सारी ममता छोड़कर उन्हीं शरणागतपर प्रेम करनेवाले भगवान्‌का भजन कीजिये। जिनके लिये श्रेष्ठ मुनि साधन करते हैं और राजा राज्य छोड़कर वैरागी हो जाते हैं—॥ ३॥

**सोइ कोसलाधीस रघुराया। आयउ करन तोहि पर दाया॥**
**जौं पिय मानहु मोर सिखावन। सुजसु होइ तिहुँ पुर अति पावन॥**

वही कोसलाधीश श्रीरघुनाथजी आपपर दया करने आये हैं। हे प्रियतम! यदि आप मेरी सीख मान लेंगे, तो आपका अत्यन्त पवित्र और सुन्दर यश तीनों लोकोंमें फैल जायगा॥ ४॥

**दो०—अस कहि नयन नीर भरि गहि पद कंपित गात।**
**नाथ भजहु रघुनाथहि अचल होइ अहिवात॥ ७॥**

ऐसा कहकर, नेत्रोंमें [करुणाका] जल भरकर और पतिके चरण पकड़कर, काँपते हुए शरीरसे मन्दोदरीने कहा—हे नाथ! श्रीरघुनाथजीका भजन कीजिये, जिससे मेरा सुहाग अचल हो जाय॥ ७॥

**तब रावन मयसुता उठाई। कहै लाग खल निज प्रभुताई॥**
**सुनु तैं प्रिया बृथा भय माना। जग जोधा को मोहि समाना॥**

तब रावणने मन्दोदरीको उठाया और वह दुष्ट उससे अपनी प्रभुता कहने लगा—हे प्रिये! सुन, तूने व्यर्थ ही भय मान रखा है। बता तो जगत्‌में मेरे समान योद्धा है कौन?॥ १॥

**बरुन कुबेर पवन जम काला। भुजबल जितेउँ सकल दिगपाला॥**
**देव दनुज नर सब बस मोरें। कवन हेतु उपजा भय तोरें॥**

वरुण, कुबेर, पवन, यमराज आदि सभी दिक्पालोंको तथा कालको भी मैंने अपनी भुजाओंके बलसे जीत रखा है। देवता, दानव और मनुष्य सभी मेरे वशमें हैं। फिर तुझको यह भय किस कारण उत्पन्न हो गया?॥ २॥

**नाना बिधि तेहि कहेसि बुझाई। सभाँ बहोरि बैठ सो जाई॥**
**मंदोदरीं हृदयँ अस जाना। काल बस्य उपजा अभिमाना॥**

मन्दोदरीने उसे बहुत तरहसे समझाकर कहा [किन्तु रावणने उसकी एक भी बात न सुनी] और वह फिर सभामें जाकर बैठ गया। मन्दोदरीने हृदयमें ऐसा जान लिया कि कालके वश होनेसे पतिको अभिमान हो गया है॥ ३॥

**सभाँ आइ मंत्रिन्ह तेहिं बूझा। करब कवन बिधि रिपु सैं जूझा॥**
**कहहिं सचिव सुनु निसिचर नाहा। बार बार प्रभु पूछहु काहा॥**

सभामें आकर उसने मन्त्रियोंसे पूछा कि शत्रुके साथ किस प्रकारसे युद्ध करना होगा? मन्त्री कहने लगे—हे राक्षसोंके नाथ! हे प्रभु! सुनिये, आप बार-बार क्या पूछते हैं?॥ ४॥

**कहहु कवन भय करिअ बिचारा। नर कपि भालु अहार हमारा॥**

कहिये तो [ऐसा] कौन-सा बड़ा भय है, जिसका विचार किया जाय? (भयकी बात ही क्या है?) मनुष्य और वानर-भालू तो हमारे भोजन [की सामग्री] हैं॥ ५॥

**दो०—सब के बचन श्रवन सुनि कह प्रहस्त कर जोरि।**
**नीति बिरोध न करिअ प्रभु मंत्रिन्ह मति अति थोरि॥ ८॥**

कानोंसे सबके वचन सुनकर [रावणका पुत्र] प्रहस्त हाथ जोड़कर कहने लगा—हे प्रभु! नीतिके विरुद्ध कुछ भी नहीं करना चाहिये, मन्त्रियोंमें बहुत ही थोड़ी बुद्धि है॥ ८॥

**कहहिं सचिव सठ ठकुरसोहाती। नाथ न पूर आव एहि भाँती॥**
**बारिधि नाघि एक कपि आवा। तासु चरित मन महुँ सबु गावा॥**

ये सभी मूर्ख (खुशामदी) मन्त्री ठकुरसुहाती (मुँहदेखी) कह रहे हैं। हे नाथ! इस प्रकारकी बातोंसे पूरा नहीं पड़ेगा। एक ही बंदर समुद्र लाँघकर आया था। उसका चरित्र सब लोग अब भी मन-ही-मन गाया करते हैं (स्मरण किया करते हैं)॥ १॥

**छुधा न रही तुम्हहि तब काहू। जारत नगरु कस न धरि खाहू॥**
**सुनत नीक आगें दुख पावा। सचिवन अस मत प्रभुहि सुनावा॥**

उस समय तुमलोगोंमेंसे किसीको भूख न थी? [बंदर तो तुम्हारा भोजन ही हैं, फिर] नगर जलाते समय उसे पकड़कर क्यों नहीं खा लिया? इन मन्त्रियोंने स्वामी (आप)-को ऐसी सम्मति सुनायी है जो सुननेमें अच्छी है पर जिससे आगे चलकर दुःख पाना होगा॥ २॥

**जेहिं बारीस बँधायउ हेला। उतरेउ सेन समेत सुबेला॥**
**सो भनु मनुज खाब हम भाई। बचन कहहिं सब गाल फुलाई॥**

जिसने खेल-ही-खेलमें समुद्र बँधा लिया और जो सेनासहित सुबेल पर्वतपर आ उतरा। हे भाई! कहो वह मनुष्य है, जिसे कहते हो कि हम खा लेंगे? सब गाल फुला-फुलाकर (पागलोंकी तरह) वचन कह रहे हैं!॥ ३॥

**तात बचन मम सुनु अति आदर। जनि मन गुनहु मोहि करि कादर॥**
**प्रिय बानी जे सुनहिं जे कहहीं। ऐसे नर निकाय जग अहहीं॥**

हे तात! मेरे वचनोंको बहुत आदरसे (बड़े गौरसे) सुनिये। मुझे मनमें कायर न समझ लीजियेगा। जगत्‌में ऐसे मनुष्य झुंड-के-झुंड (बहुत अधिक) हैं, जो प्यारी (मुँहपर मीठी लगनेवाली) बात ही सुनते और कहते हैं॥ ४॥

**बचन परम हित सुनत कठोरे। सुनहिं जे कहहिं ते नर प्रभु थोरे॥**
**प्रथम बसीठ पठउ सुनु नीती। सीता देइ करहु पुनि प्रीती॥**

हे प्रभो! सुननेमें कठोर परन्तु [परिणाममें] परम हितकारी वचन जो सुनते और कहते हैं, वे मनुष्य बहुत ही थोड़े हैं। नीति सुनिये, [उसके अनुसार] पहले दूत भेजिये, और [फिर] सीताको देकर श्रीरामजीसे प्रीति [मेल] कर लीजिये॥ ५॥

**दो०—नारि पाइ फिरि जाहिं जौं तौ न बढ़ाइअ रारि।**
**नाहिं त सन्मुख समर महि तात करिअ हठि मारि॥ ९॥**

यदि वे स्त्री पाकर लौट जायँ, तब तो [व्यर्थ] झगड़ा न बढ़ाइये। नहीं तो (यदि न फिरें तो) हे तात! सम्मुख युद्धभूमिमें उनसे हठपूर्वक (डटकर) मार-काट कीजिये॥ ९॥

**यह मत जौं मानहु प्रभु मोरा। उभय प्रकार सुजसु जग तोरा॥**
**सुत सन कह दसकंठ रिसाई। असि मति सठ केहिं तोहि सिखाई॥**

हे प्रभो! यदि आप मेरी यह सम्मति मानेंगे, तो जगत्‌में दोनों ही प्रकारसे आपका सुयश होगा। रावणने गुस्सेमें भरकर पुत्रसे कहा—अरे मूर्ख! तुझे ऐसी बुद्धि किसने सिखायी?॥ १॥

**अबहीं ते उर संसय होई। बेनुमूल सुत भयहु घमोई॥**
**सुनि पितु गिरा परुष अति घोरा। चला भवन कहि बचन कठोरा॥**

अभीसे हृदयमें सन्देह (भय) हो रहा है? हे पुत्र! तू तो बाँसकी जड़में घमोई हुआ (तू मेरे वंशके अनुकूल या अनुरूप नहीं हुआ)। पिताकी अत्यन्त घोर और कठोर वाणी सुनकर प्रहस्त ये कड़े वचन कहता हुआ घरको चला गया॥ २॥

**हित मत तोहि न लागत कैसें। काल बिबस कहुँ भेषज जैसें॥**
**संध्या समय जानि दससीसा। भवन चलेउ निरखत भुज बीसा॥**

हितकी सलाह आपको कैसे नहीं लगती (आपपर कैसे असर नहीं करती), जैसे मृत्युके वश हुए [रोगी]-को दवा नहीं लगती। सन्ध्याका समय जानकर रावण अपनी बीसों भुजाओंको देखता हुआ महलको चला॥ ३॥

**लंका सिखर उपर आगारा। अति बिचित्र तहँ होइ अखारा॥**
**बैठ जाइ तेहिं मंदिर रावन। लागे किंनर गुन गन गावन॥**

लंकाकी चोटीपर एक अत्यन्त विचित्र महल था। वहाँ नाच-गानका अखाड़ा जमता था। रावण उस महलमें जाकर बैठ गया। किन्नर उसके गुणसमूहोंको गाने लगे॥ ४॥

**बाजहिं ताल पखाउज बीना। नृत्य करहिं अपछरा प्रबीना॥**

ताल (करताल), पखावज (मृदंग) और वीणा बज रहे हैं। नृत्यमें प्रवीण अप्सराएँ नाच रही हैं॥ ५॥

**दो०—सुनासीर सत सरिस सो संतत करइ बिलास।**
**परम प्रबल रिपु सीस पर तद्यपि सोच न त्रास॥ १०॥**

वह निरन्तर सैकड़ों इन्द्रोंके समान भोग-विलास करता रहता है। यद्यपि [श्रीरामजी-सरीखा] अत्यन्त प्रबल शत्रु सिरपर है, फिर भी उसको न तो चिन्ता है और न डर ही है॥ १०॥

**इहाँ सुबेल सैल रघुबीरा। उतरे सेन सहित अति भीरा॥**
**सिखर एक उतंग अति देखी। परम रम्य सम सुभ्र बिसेषी॥**

यहाँ श्रीरघुवीर सुबेल पर्वतपर सेनाकी बड़ी भीड़ (बड़े समूह)-के साथ उतरे। पर्वतका एक बहुत ऊँचा, परम रमणीय, समतल और विशेषरूपसे उज्ज्वल शिखर देखकर—॥ १॥

**तहँ तरु किसलय सुमन सुहाए। लछिमन रचि निज हाथ डसाए॥**
**ता पर रुचिर मृदुल मृगछाला। तेहि आसन आसीन कृपाला॥**

वहाँ लक्ष्मणजीने वृक्षोंके कोमल पत्ते और सुन्दर फूल अपने हाथोंसे सजाकर बिछा दिये। उसपर सुन्दर और कोमल मृगछाला बिछा दी। उसी आसनपर कृपालु श्रीरामजी विराजमान थे॥ २॥

**प्रभु कृत सीस कपीस उछंगा। बाम दहिन दिसि चाप निषंगा॥**
**दुहुँ कर कमल सुधारत बाना। कह लंकेस मंत्र लगि काना॥**

प्रभु श्रीरामजी वानरराज सुग्रीवकी गोदमें अपना सिर रखे हैं। उनकी बायीं ओर धनुष तथा दाहिनी ओर तरकस [रखा] है। वे अपने दोनों कर-कमलोंसे बाण सुधार रहे हैं। विभीषणजी कानोंसे लगकर सलाह कर रहे हैं॥ ३॥

**बड़भागी अंगद हनुमाना। चरन कमल चापत बिधि नाना॥**
**प्रभु पाछें लछिमन बीरासन। कटि निषंग कर बान सरासन॥**

परम भाग्यशाली अंगद और हनुमान् अनेकों प्रकारसे प्रभुके चरणकमलोंको दबा रहे हैं। लक्ष्मणजी कमरमें तरकस कसे और हाथोंमें धनुष-बाण लिये वीरासनसे प्रभुके पीछे सुशोभित हैं॥ ४॥

**दो०—एहि बिधि कृपा रूप गुन धाम रामु आसीन।**
**धन्य ते नर एहिं ध्यान जे रहत सदा लयलीन॥ ११ (क)॥**

इस प्रकार कृपा, रूप (सौन्दर्य) और गुणोंके धाम श्रीरामजी विराजमान हैं। वे मनुष्य धन्य हैं जो सदा इस ध्यानमें लौ लगाये रहते हैं॥ ११ (क)॥

**पूरब दिसा बिलोकि प्रभु देखा उदित मयंक।**
**कहत सबहि देखहु ससिहि मृगपति सरिस असंक॥ ११ (ख)॥**

पूर्व दिशाकी ओर देखकर प्रभु श्रीरामजीने चन्द्रमाको उदय हुआ देखा। तब वे सबसे कहने लगे—चन्द्रमाको तो देखो। कैसा सिंहके समान निडर है!॥ ११ (ख)॥

**पूरब दिसि गिरिगुहा निवासी। परम प्रताप तेज बल रासी॥**
**मत्त नाग तम कुंभ बिदारी। ससि केसरी गगन बन चारी॥**

पूर्व दिशारूपी पर्वतकी गुफामें रहनेवाला, अत्यन्त प्रताप, तेज और बलकी राशि यह चन्द्रमारूपी सिंह अन्धकाररूपी मतवाले हाथीके मस्तकको विदीर्ण करके आकाशरूपी वनमें निर्भय विचर रहा है॥ १॥

**बिथुरे नभ मुकुताहल तारा। निसि सुंदरी केर सिंगारा॥**
**कह प्रभु ससि महुँ मेचकताई। कहहु काह निज निज मति भाई॥**

आकाशमें बिखरे हुए तारे मोतियोंके समान हैं, जो रात्रिरूपी सुन्दर स्त्रीके शृंगार हैं। प्रभुने कहा—भाइयो! चन्द्रमामें जो कालापन है वह क्या है? अपनी-अपनी बुद्धिके अनुसार कहो॥ २॥

**कह सुग्रीव सुनहु रघुराई। ससि महुँ प्रगट भूमि कै झाँई॥**
**मारेउ राहु ससिहि कह कोई। उर महँ परी स्यामता सोई॥**

सुग्रीवने कहा—हे रघुनाथजी! सुनिये। चन्द्रमामें पृथ्वीकी छाया दिखायी दे रही है। किसीने कहा—चन्द्रमाको राहुने मारा था। वही [चोटका] काला दाग हृदयपर पड़ा हुआ है॥ ३॥

**कोउ कह जब बिधि रति मुख कीन्हा। सार भाग ससि कर हरि लीन्हा॥**
**छिद्र सो प्रगट इंदु उर माहीं। तेहि मग देखिअ नभ परिछाहीं॥**

कोई कहता है—जब ब्रह्माने [कामदेवकी स्त्री] रतिका मुख बनाया, तब उसने चन्द्रमाका सार भाग निकाल लिया [जिससे रतिका मुख तो परम सुन्दर बन गया, परन्तु चन्द्रमाके हृदयमें छेद हो गया]। वही छेद चन्द्रमाके हृदयमें वर्तमान है, जिसकी राहसे आकाशकी काली छाया उसमें दिखायी पड़ती है॥ ४॥

**प्रभु कह गरल बंधु ससि केरा। अति प्रिय निज उर दीन्ह बसेरा॥**
**बिष संजुत कर निकर पसारी। जारत बिरहवंत नर नारी॥**

प्रभु श्रीरामजीने कहा—विष चन्द्रमाका बहुत प्यारा भाई है। इसीसे उसने विषको अपने हृदयमें स्थान दे रखा है। विषयुक्त अपने किरणसमूहको फैलाकर वह वियोगी नर-नारियोंको जलाता रहता है॥ ५॥

**दो०—कह हनुमंत सुनहु प्रभु ससि तुम्हार प्रिय दास।**
**तव मूरति बिधु उर बसति सोइ स्यामता अभास॥ १२ ( क )॥**

हनुमान्‌जीने कहा—हे प्रभो! सुनिये, चन्द्रमा आपका प्रिय दास है। आपकी सुन्दर श्याम मूर्ति चन्द्रमाके हृदयमें बसती है, वही श्यामताकी झलक चन्द्रमामें है॥ १२ (क)॥

## नवाह्नपारायण, सातवाँ विश्राम

**पवन तनय के बचन सुनि बिहँसे रामु सुजान।**
**दच्छिन दिसि अवलोकि प्रभु बोले कृपानिधान॥ १२ ( ख )॥**

पवनपुत्र हनुमान्‌जीके वचन सुनकर सुजान श्रीरामजी हँसे। फिर दक्षिणकी ओर देखकर कृपानिधान प्रभु बोले—॥ १२ (ख)॥

**देखु बिभीषन दच्छिन आसा। घन घमंड दामिनी बिलासा॥**
**मधुर मधुर गरजइ घन घोरा। होइ बृष्टि जनि उपल कठोरा॥**

हे विभीषण! दक्षिण दिशाकी ओर देखो, बादल कैसा घुमड़ रहा है और बिजली चमक रही है। भयानक बादल मीठे-मीठे (हलके-हलके) स्वरसे गरज रहा है। कहीं कठोर ओलोंकी वर्षा न हो!॥ १॥

**कहत बिभीषन सुनहु कृपाला। होइ न तड़ित न बारिद माला॥**
**लंका सिखर उपर आगारा। तहँ दसकंधर देख अखारा॥**

विभीषण बोले—हे कृपालु! सुनिये, यह न तो बिजली है, न बादलोंकी घटा। लंकाकी चोटीपर एक महल है। दशग्रीव रावण वहाँ [नाच-गानका] अखाड़ा देख रहा है॥ २॥

**छत्र मेघडंबर सिर धारी। सोइ जनु जलद घटा अति कारी॥**
**मंदोदरी श्रवन ताटंका। सोइ प्रभु जनु दामिनी दमंका॥**

रावणने सिरपर मेघडंबर (बादलोंके डंबर-जैसा विशाल और काला) छत्र धारण कर रखा है। वही मानो बादलोंकी अत्यन्त काली घटा है। मन्दोदरीके कानोंमें जो कर्णफूल हिल रहे हैं, हे प्रभो! वही मानो बिजली चमक रही है॥ ३॥

**बाजहिं ताल मृदंग अनूपा। सोइ रव मधुर सुनहु सुरभूपा॥**
**प्रभु मुसुकान समुझि अभिमाना। चाप चढ़ाइ बान संधाना॥**

हे देवताओंके सम्राट्! सुनिये, अनुपम ताल और मृदंग बज रहे हैं। वही मधुर [गर्जन] ध्वनि है। रावणका अभिमान समझकर प्रभु मुसकराये। उन्होंने धनुष चढ़ाकर उसपर बाणका सन्धान किया;॥ ४॥

**दो०—छत्र मुकुट ताटंक तब हते एकहीं बान।**
**सब कें देखत महि परे मरमु न कोऊ जान॥ १३ ( क )॥**

और एक ही बाणसे [रावणके] छत्र-मुकुट और [मन्दोदरीके] कर्णफूल काट गिराये। सबके देखते-देखते वे जमीनपर आ पड़े, पर इसका भेद (कारण) किसीने नहीं जाना॥ १३ (क)॥

**अस कौतुक करि राम सर प्रबिसेउ आइ निषंग।**
**रावन सभा ससंक सब देखि महा रसभंग॥ १३ ( ख )॥**

ऐसा चमत्कार करके श्रीरामजीका बाण [वापस] आकर [फिर] तरकसमें जा घुसा। यह महान् रस-भंग (रंगमें भंग) देखकर रावणकी सारी सभा भयभीत हो गयी॥ १३ (ख)॥

**कंप न भूमि न मरुत बिसेषा। अस्त्र सस्त्र कछु नयन न देखा॥**
**सोचहिं सब निज हृदय मझारी। असगुन भयउ भयंकर भारी॥**

न भूकम्प हुआ, न बहुत जोरकी हवा (आँधी) चली। न कोई अस्त्र-शस्त्र ही नेत्रोंसे देखे। [फिर ये छत्र, मुकुट और कर्णफूल कैसे कटकर गिर पड़े?] सभी अपने-अपने हृदयमें सोच रहे हैं कि यह बड़ा भयंकर अपशकुन हुआ!॥ १॥

**दसमुख देखि सभा भय पाई। बिहसि बचन कह जुगुति बनाई॥**
**सिरउ गिरे संतत सुभ जाही। मुकुट परे कस असगुन ताही॥**

सभाको भयभीत देखकर रावणने हँसकर युक्ति रचकर ये वचन कहे—सिरोंका गिरना भी जिसके लिये निरन्तर शुभ होता रहा है, उसके लिये मुकुटका गिरना अपशकुन कैसा?॥ २॥

**सयन करहु निज निज गृह जाई। गवने भवन सकल सिर नाई॥**
**मंदोदरी सोच उर बसेऊ। जब ते श्रवनपूर महि खसेऊ॥**

अपने-अपने घर जाकर सो रहो [डरनेकी कोई बात नहीं है] तब सब लोग सिर नवाकर घर गये। जबसे कर्णफूल पृथ्वीपर गिरा, तबसे मन्दोदरीके हृदयमें सोच बस गया॥ ३॥

**सजल नयन कह जुग कर जोरी। सुनहु प्रानपति बिनती मोरी॥**
**कंत राम बिरोध परिहरहू। जानि मनुज जनि हठ मन धरहू॥**

नेत्रोंमें जल भरकर, दोनों हाथ जोड़कर वह [रावणसे] कहने लगी—हे प्राणनाथ! मेरी विनती सुनिये। हे प्रियतम! श्रीरामसे विरोध छोड़ दीजिये। उन्हें मनुष्य जानकर मनमें हठ न पकड़े रहिये॥ ४॥

**दो०—बिस्वरूप रघुबंस मनि करहु बचन बिस्वासु।**
**लोक कल्पना बेद कर अंग अंग प्रति जासु॥ १४॥**

मेरे इन वचनोंपर विश्वास कीजिये कि वे रघुकुलके शिरोमणि श्रीरामचन्द्रजी विश्वरूप हैं—(यह सारा विश्व उन्हींका रूप है) वेद जिनके अंग-अंगमें लोकोंकी कल्पना करते हैं॥ १४॥

**पद पाताल सीस अज धामा। अपर लोक अँग अँग बिश्रामा॥**
**भृकुटि बिलास भयंकर काला। नयन दिवाकर कच घन माला॥**

पाताल [जिन विश्वरूप भगवान्‌का] चरण है, ब्रह्मलोक सिर है, अन्य (बीचके सब) लोकोंका विश्राम (स्थिति) जिनके अन्य भिन्न-भिन्न अंगोंपर है। भयंकर काल जिनका भृकुटिसंचालन (भौंहोंका चलना) है। सूर्य नेत्र है, बादलोंका समूह बाल है॥ १॥

**जासु घ्रान अस्विनीकुमारा। निसि अरु दिवस निमेष अपारा॥**
**श्रवन दिसा दस बेद बखानी। मारुत स्वास निगम निज बानी॥**

अश्विनीकुमार जिनकी नासिका हैं, रात और दिन जिनके अपार निमेष (पलक मारना और खोलना) हैं। दसों दिशाएँ कान हैं, वेद ऐसा कहते हैं। वायु श्वास है और वेद जिनकी अपनी वाणी है॥ २॥

**अधर लोभ जम दसन कराला। माया हास बाहु दिगपाला॥**
**आनन अनल अंबुपति जीहा। उतपति पालन प्रलय समीहा॥**

लोभ जिनका अधर (होठ) है, यमराज भयानक दाँत है। माया हँसी है, दिक्पाल भुजाएँ हैं। अग्नि मुख है, वरुण जीभ है। उत्पत्ति, पालन और प्रलय जिनकी चेष्टा (क्रिया) है॥ ३॥

**रोम राजि अष्टादस भारा। अस्थि सैल सरिता नस जारा॥**
**उदर उदधि अधगो जातना। जगमय प्रभु का बहु कलपना॥**

अठारह प्रकारकी असंख्य वनस्पतियाँ जिनकी रोमावली हैं, पर्वत अस्थियाँ हैं, नदियाँ नसोंका जाल हैं, समुद्र पेट है और नरक जिनकी नीचेकी इन्द्रियाँ हैं। इस प्रकार प्रभु विश्वमय हैं, अधिक कल्पना (ऊहापोह) क्या की जाय?॥ ४॥

**दो०—अहंकार सिव बुद्धि अज मन ससि चित्त महान।**
**मनुज बास सचराचर रूप राम भगवान॥ १५ (क)॥**

शिव जिनका अहंकार हैं, ब्रह्मा बुद्धि हैं, चन्द्रमा मन हैं और महान् (विष्णु) ही चित्त हैं। उन्हीं चराचररूप भगवान् श्रीरामजीने मनुष्यरूपमें निवास किया है॥ १५ (क)॥

**अस बिचारि सुनु प्रानपति प्रभु सन बयरु बिहाइ।**
**प्रीति करहु रघुबीर पद मम अहिवात न जाइ॥ १५ (ख)॥**

हे प्राणपति! सुनिये, ऐसा विचारकर प्रभुसे वैर छोड़कर श्रीरघुवीरके चरणोंमें प्रेम कीजिये, जिससे मेरा सुहाग न जाय॥ १५ (ख)॥

**बिहँसा नारि बचन सुनि काना। अहो मोह महिमा बलवाना॥**
**नारि सुभाउ सत्य सब कहहीं। अवगुन आठ सदा उर रहहीं॥**

पत्नीके वचन कानोंसे सुनकर रावण खूब हँसा [और बोला—] अहो! मोह (अज्ञान)- की महिमा बड़ी बलवान् है! स्त्रीका स्वभाव सब सत्य ही कहते हैं कि उसके हृदयमें आठ अवगुण सदा रहते हैं—॥ १॥

**साहस अनृत चपलता माया। भय अबिबेक असौच अदाया॥**
**रिपु कर रूप सकल तैं गावा। अति बिसाल भय मोहि सुनावा॥**

साहस, झूठ, चंचलता, माया (छल), भय (डरपोकपन), अविवेक (मूर्खता), अपवित्रता और निर्दयता। तूने शत्रुका समग्र (विराट्) रूप गाया और मुझे उसका बड़ा भारी भय सुनाया॥ २॥

**सो सब प्रिया सहज बस मोरें। समुझि परा प्रसाद अब तोरें॥**
**जानिउँ प्रिया तोरि चतुराई। एहि बिधि कहहु मोरि प्रभुताई॥**

हे प्रिये! वह सब (यह चराचर विश्व तो) स्वभावसे ही मेरे वशमें है। तेरी कृपासे मुझे यह अब समझ पड़ा। हे प्रिये! तेरी चतुराई मैं जान गया। तू इस प्रकार (इसी बहाने) मेरी प्रभुताका बखान कर रही है॥ ३॥

**तव बतकही गूढ़ मृगलोचनि। समुझत सुखद सुनत भय मोचनि॥**
**मंदोदरि मन महुँ अस ठयऊ। पियहि काल बस मतिभ्रम भयऊ॥**

हे मृगनयनी! तेरी बातें बड़ी गूढ़ (रहस्यभरी) हैं, समझनेपर सुख देनेवाली और सुननेसे भय छुड़ानेवाली हैं। मन्दोदरीने मनमें ऐसा निश्चय कर लिया कि पतिको कालवश मतिभ्रम हो गया है॥ ४॥

**दो०—एहि बिधि करत बिनोद बहु प्रात प्रगट दसकंध।**
**सहज असंक लंकपति सभाँ गयउ मद अंध॥ १६ (क)॥**

इस प्रकार [अज्ञानवश] बहुत-से विनोद करते हुए रावणको सबेरा हो गया। तब स्वभावसे ही निडर और घमण्डमें अंधा लंकापति सभामें गया॥ १६ (क)॥

**सो०—फूलइ फरइ न बेत जदपि सुधा बरषहिं जलद।**
**मूरुख हृदयँ न चेत जौं गुर मिलहिं बिरंचि सम॥ १६ (ख)॥**

यद्यपि बादल अमृत-सा जल बरसाते हैं, तो भी बेत फूलता-फलता नहीं। इसी प्रकार चाहे ब्रह्माके समान भी ज्ञानी गुरु मिलें, तो भी मूर्खके हृदयमें चेत (ज्ञान) नहीं होता॥ १६ (ख)॥

**इहाँ प्रात जागे रघुराई। पूछा मत सब सचिव बोलाई॥**
**कहहु बेगि का करिअ उपाई। जामवंत कह पद सिरु नाई॥**

यहाँ (सुबेल पर्वतपर) प्रातःकाल श्रीरघुनाथजी जागे और उन्होंने सब मन्त्रियोंको बुलाकर सलाह पूछी कि शीघ्र बताइये, अब क्या उपाय करना चाहिये? जाम्बवान्ने श्रीरामजीके चरणोंमें सिर नवाकर कहा—॥ १॥

**सुनु सर्बग्य सकल उर बासी। बुधि बल तेज धर्म गुन रासी॥**
**मंत्र कहउँ निज मति अनुसारा। दूत पठाइअ बालिकुमारा॥**

हे सर्वज्ञ (सब कुछ जाननेवाले)! हे सबके हृदयमें बसनेवाले (अन्तर्यामी)! हे बुद्धि, बल, तेज, धर्म और गुणोंकी राशि! सुनिये! मैं अपनी बुद्धिके अनुसार सलाह देता हूँ कि बालिकुमार अंगदको दूत बनाकर भेजा जाय!॥ २॥

**नीक मंत्र सब के मन माना। अंगद सन कह कृपानिधाना॥**
**बालितनय बुधि बल गुन धामा। लंका जाहु तात मम कामा॥**

यह अच्छी सलाह सबके मनमें जँच गयी। कृपाके निधान श्रीरामजीने अंगदसे कहा—हे बल, बुद्धि और गुणोंके धाम बालिपुत्र! हे तात! तुम मेरे कामके लिये लंका जाओ॥ ३॥

**बहुत बुझाइ तुम्हहि का कहऊँ। परम चतुर मैं जानत अहऊँ॥**
**काजु हमार तासु हित होई। रिपु सन करेहु बतकही सोई॥**

तुमको बहुत समझाकर क्या कहूँ! मैं जानता हूँ, तुम परम चतुर हो। शत्रुसे वही बातचीत करना जिससे हमारा काम हो और उसका कल्याण हो॥ ४॥

**सो०—प्रभु अग्या धरि सीस चरन बंदि अंगद उठेउ।**
**सोइ गुन सागर ईस राम कृपा जा पर करहु॥ १७ (क)॥**

प्रभुकी आज्ञा सिर चढ़ाकर और उनके चरणोंकी वन्दना करके अंगदजी उठे [और बोले—] हे भगवान् श्रीरामजी! आप जिसपर कृपा करें, वही गुणोंका समुद्र हो जाता है॥ १७ (क)॥

**स्वयंसिद्ध सब काज नाथ मोहि आदरु दियउ।**
**अस बिचारि जुबराज तन पुलकित हरषित हियउ॥ १७ (ख)॥**

स्वामीके सब कार्य अपने-आप सिद्ध हैं; यह तो प्रभुने मुझको आदर दिया है [जो मुझे अपने कार्यपर भेज रहे हैं]। ऐसा विचारकर युवराज अंगदका हृदय हर्षित और शरीर पुलकित हो गया॥ १७ (ख)॥

**बंदि चरन उर धरि प्रभुताई। अंगद चलेउ सबहि सिरु नाई॥**
**प्रभु प्रताप उर सहज असंका। रन बाँकुरा बालिसुत बंका॥**

चरणोंकी वन्दना करके और भगवान्की प्रभुता हृदयमें धरकर अंगद सबको सिर नवाकर चले।

प्रभुके प्रतापको हृदयमें धारण किये हुए रणबाँकुरे वीर बालिपुत्र स्वाभाविक ही निर्भय हैं॥ १॥

**पुर पैठत रावन कर बेटा। खेलत रहा सो होइ गै भेटा॥**
**बातहिं बात करष बढ़ि आई। जुगल अतुल बल पुनि तरुनाई॥**

लंकामें प्रवेश करते ही रावणके पुत्रसे भेंट हो गयी, जो वहाँ खेल रहा था। बातों-ही-बातोंमें दोनोंमें झगड़ा बढ़ गया। [क्योंकि] दोनों ही अतुलनीय बलवान् थे और फिर दोनोंकी युवावस्था थी॥ २॥

**तेहिं अंगद कहुँ लात उठाई। गहि पद पटकेउ भूमि भवाँई॥**
**निसिचर निकर देखि भट भारी। जहँ तहँ चले न सकहिं पुकारी॥**

उसने अंगदपर लात उठायी। अंगदने [वही] पैर पकड़कर उसे घुमाकर जमीनपर दे पटका (मार गिराया)। राक्षसके समूह भारी योद्धा देखकर जहाँ-तहाँ [भाग] चले, वे डरके मारे पुकार भी न मचा सके॥ ३॥

**एक एक सन मरमु न कहहीं। समुझि तासु बध चुप करि रहहीं॥**
**भयउ कोलाहल नगर मझारी। आवा कपि लंका जेहिं जारी॥**

एक-दूसरेको मर्म (असली बात) नहीं बतलाते, उस (रावणके पुत्र)-का वध समझकर सब चुप मारकर रह जाते हैं। [रावण-पुत्रकी मृत्यु जानकर और राक्षसोंको भयके मारे भागते देखकर] नगरभरमें कोलाहल मच गया कि जिसने लंका जलायी थी, वही वानर फिर आ गया है॥ ४॥

**अब धौं कहा करिहि करतारा। अति सभीत सब करहिं बिचारा॥**
**बिनु पूछें मगु देहिं दिखाई। जेहि बिलोक सोइ जाइ सुखाई॥**

सब अत्यन्त भयभीत होकर विचार करने लगे कि विधाता अब न जाने क्या करेगा। वे बिना पूछे ही अंगदको [रावणके दरबारकी] राह बता देते हैं। जिसे ही वे देखते हैं वही डरके मारे सूख जाता है॥ ५॥

**दो०—गयउ सभा दरबार तब सुमिरि राम पद कंज।**
**सिंह ठवनि इत उत चितव धीर बीर बल पुंज॥ १८॥**

श्रीरामजीके चरणकमलोंका स्मरण करके अंगद रावणकी सभाके द्वारपर गये। और वे धीर, वीर और बलकी राशि अंगद सिंहकी-सी ऐंड़ (शान)-से इधर-उधर देखने लगे॥ १८॥

**तुरत निसाचर एक पठावा। समाचार रावनहि जनावा॥**
**सुनत बिहँसि बोला दससीसा। आनहु बोलि कहाँ कर कीसा॥**

तुरंत ही उन्होंने एक राक्षसको भेजा और रावणको अपने आनेका समाचार सूचित किया। सुनते ही रावण हँसकर बोला—बुला लाओ, [देखें] कहाँका बंदर है॥ १॥

**आयसु पाइ दूत बहु धाए। कपिकुंजरहि बोलि लै आए॥**
**अंगद दीख दसानन बैसें। सहित प्रान कज्जलगिरि जैसें॥**

आज्ञा पाकर बहुत-से दूत दौड़े और वानरोंमें हाथीके समान अंगदको बुला लाये। अंगदने रावणको ऐसे बैठे हुए देखा जैसे कोई प्राणयुक्त (सजीव) काजलका पहाड़ हो!॥ २॥

**भुजा बिटप सिर सृंग समाना। रोमावली लता जनु नाना॥**
**मुख नासिका नयन अरु काना। गिरि कंदरा खोह अनुमाना॥**

भुजाएँ वृक्षोंके और सिर पर्वतोंके शिखरोंके समान हैं। रोमावली मानो बहुत-सी लताएँ हैं। मुँह, नाक, नेत्र और कान पर्वतकी कन्दराओं और खोहोंके बराबर हैं॥ ३॥

**गयउ सभाँ मन नेकु न मुरा। बालितनय अतिबल बाँकुरा॥**
**उठे सभासद कपि कहुँ देखी। रावन उर भा क्रोध बिसेषी॥**

अत्यन्त बलवान् बाँके वीर बालिपुत्र अंगद सभामें गये, वे मनमें जरा भी नहीं झिझके। अंगदको देखते ही सब सभासद् उठ खड़े हुए। यह देखकर रावणके हृदयमें बड़ा क्रोध हुआ॥ ४॥

**दो०—जथा मत्त गज जूथ महुँ पंचानन चलि जाइ।**
**राम प्रताप सुमिरि मन बैठ सभाँ सिरु नाइ॥ १९॥**

जैसे मतवाले हाथियोंके झुंडमें सिंह [निःशंक होकर] चला जाता है, वैसे ही श्रीरामजीके प्रतापका हृदयमें स्मरण करके वे [निर्भय] सभामें सिर नवाकर बैठ गये॥ १९॥

**कह दसकंठ कवन तैं बंदर। मैं रघुबीर दूत दसकंधर॥**
**मम जनकहि तोहि रही मिताई। तव हित कारन आयउँ भाई॥**

रावणने कहा—अरे बंदर! तू कौन है? [अंगदने कहा—] हे दशग्रीव! मैं श्रीरघुवीरका दूत हूँ। मेरे पितासे और तुमसे मित्रता थी। इसलिये हे भाई! मैं तुम्हारी भलाईके लिये ही आया हूँ॥ १॥

**उत्तम कुल पुलस्ति कर नाती। सिव बिरंचि पूजेहु बहु भाँती॥**
**बर पायहु कीन्हेहु सब काजा। जीतेहु लोकपाल सब राजा॥**

तुम्हारा उत्तम कुल है, पुलस्त्य ऋषिके तुम पौत्र हो। शिवजीकी और ब्रह्माजीकी तुमने बहुत प्रकारसे पूजा की है। उनसे वर पाये हैं और सब काम सिद्ध किये हैं। लोकपालों और सब राजाओंको तुमने जीत लिया है॥ २॥

**नृप अभिमान मोह बस किंबा। हरि आनिहु सीता जगदंबा॥**
**अब सुभ कहा सुनहु तुम्ह मोरा। सब अपराध छमिहि प्रभु तोरा॥**

राजमदसे या मोहवश तुम जगज्जननी सीताजीको हर लाये हो। अब तुम मेरे शुभ वचन (मेरी हितभरी सलाह) सुनो! [उसके अनुसार चलनेसे] प्रभु श्रीरामजी तुम्हारे सब अपराध क्षमा कर देंगे॥ ३॥

**दसन गहहु तृन कंठ कुठारी। परिजन सहित संग निज नारी॥**
**सादर जनकसुता करि आगें। एहि बिधि चलहु सकल भय त्यागें॥**

दाँतोंमें तिनका दबाओ, गलेमें कुल्हाड़ी डालो और कुटुम्बियोंसहित अपनी स्त्रियोंको साथ लेकर, आदरपूर्वक जानकीजीको आगे करके, इस प्रकार सब भय छोड़कर चलो—॥ ४॥

**दो०—प्रनतपाल रघुबंसमनि त्राहि त्राहि अब मोहि।**
**आरत गिरा सुनत प्रभु अभय करैगो तोहि॥ २०॥**

और 'हे शरणागतके पालन करनेवाले रघुवंशशिरोमणि श्रीरामजी! मेरी रक्षा कीजिये, रक्षा कीजिये।' [इस प्रकार आर्त प्रार्थना करो।] आर्त पुकार सुनते ही प्रभु तुमको निर्भय कर देंगे॥ २०॥

**रे कपिपोत बोलु संभारी। मूढ़ न जानेहि मोहि सुरारी॥**
**कहु निज नाम जनक कर भाई। केहि नातें मानिए मिताई॥**

[रावणने कहा—] अरे बंदरके बच्चे! सँभालकर बोल! मूर्ख! मुझ देवताओंके शत्रुको तूने जाना नहीं? अरे भाई! अपना और अपने बापका नाम तो बता। किस नातेसे मित्रता मानता है?॥ १॥

**अंगद नाम बालि कर बेटा। तासों कबहुँ भई ही भेटा॥**
**अंगद बचन सुनत सकुचाना। रहा बालि बानर मैं जाना॥**

[अंगदने कहा—] मेरा नाम अंगद है, मैं बालिका पुत्र हूँ। उनसे कभी तुम्हारी भेंट हुई थी? अंगदका वचन सुनते ही रावण कुछ सकुचा गया [और बोला—] हाँ, मैं जान गया (मुझे याद आ गया), बालि नामका एक बंदर था॥ २॥

**अंगद तहीं बालि कर बालक। उपजेहु बंस अनल कुल घालक॥**
**गर्भ न गयहु ब्यर्थ तुम्ह जायहु। निज मुख तापस दूत कहायहु॥**

अरे अंगद! तू ही बालिका लड़का है? अरे कुलनाशक! तू तो अपने कुलरूपी बाँसके लिये अग्निरूप ही पैदा हुआ! गर्भमें ही क्यों न नष्ट हो गया? तू व्यर्थ ही पैदा हुआ जो अपने ही मुँहसे तपस्वियोंका दूत कहलाया!॥ ३॥

**अब कहु कुसल बालि कहँ अहई। बिहँसि बचन तब अंगद कहई॥**
**दिन दस गएँ बालि पहिं जाई। बूझेहु कुसल सखा उर लाई॥**

अब बालिकी कुशल तो बता, वह [आजकल] कहाँ है? तब अंगदने हँसकर कहा—दस (कुछ) दिन बीतनेपर [स्वयं ही] बालिके पास जाकर, अपने मित्रको हृदयसे लगाकर, उसीसे कुशल पूछ लेना॥ ४॥

**राम बिरोध कुसल जसि होई। सो सब तोहि सुनाइहि सोई॥**
**सुनु सठ भेद होइ मन ताकें। श्रीरघुबीर हृदय नहिं जाकें॥**

श्रीरामजीसे विरोध करनेपर जैसी कुशल होती है, वह सब तुमको वे सुनावेंगे। हे मूर्ख! सुन, भेद उसीके मनमें पड़ सकता है, (भेदनीति उसीपर अपना प्रभाव डाल सकती है) जिसके हृदयमें श्रीरघुवीर न हों॥ ५॥

**दो०—हम कुल घालक सत्य तुम्ह कुल पालक दससीस।**
**अंधउ बधिर न अस कहहिं नयन कान तव बीस॥ २१॥**

सच है, मैं तो कुलका नाश करनेवाला हूँ और हे रावण! तुम कुलके रक्षक हो। अंधे-बहरे भी ऐसी बात नहीं कहते, तुम्हारे तो बीस नेत्र और बीस कान हैं!॥ २१॥

**सिव बिरंचि सुर मुनि समुदाई। चाहत जासु चरन सेवकाई॥**
**तासु दूत होइ हम कुल बोरा। अइसिहुँ मति उर बिहर न तोरा॥**

शिव, ब्रह्मा [आदि] देवता और मुनियोंके समुदाय जिनके चरणोंकी सेवा [करना] चाहते हैं, उनका दूत होकर मैंने कुलको डुबा दिया? अरे ऐसी बुद्धि होनेपर भी तुम्हारा हृदय फट नहीं जाता?॥ १॥

**सुनि कठोर बानी कपि केरी। कहत दसानन नयन तरेरी॥**
**खल तव कठिन बचन सब सहऊँ। नीति धर्म मैं जानत अहऊँ॥**

वानर (अंगद)-की कठोर वाणी सुनकर रावण आँखें तरेरकर (तिरछी करके) बोला—अरे दुष्ट! मैं तेरे सब कठोर वचन इसीलिये सह रहा हूँ कि मैं नीति और धर्मको जानता हूँ (उन्हींकी रक्षा कर रहा हूँ)॥ २॥

**कह कपि धर्मसीलता तोरी। हमहुँ सुनी कृत पर त्रिय चोरी॥**
**देखी नयन दूत रखवारी। बूड़ि न मरहु धर्म ब्रतधारी॥**

अंगदने कहा—तुम्हारी धर्मशीलता मैंने भी सुनी है। [वह यह कि] तुमने परायी स्त्रीकी चोरी की है! और दूतकी रक्षाकी बात तो अपनी आँखोंसे देख ली। ऐसे धर्मके व्रतको धारण (पालन) करनेवाले तुम डूबकर मर नहीं जाते!॥ ३॥

**कान नाक बिनु भगिनि निहारी। छमा कीन्हि तुम्ह धर्म बिचारी॥**
**धर्मसीलता तव जग जागी। पावा दरसु हमहुँ बड़भागी॥**

नाक-कानसे रहित बहिनको देखकर तुमने धर्म विचारकर ही तो क्षमा कर दिया था! तुम्हारी धर्मशीलता जग-जाहिर है। मैं भी बड़ा भाग्यवान् हूँ, जो मैंने तुम्हारा दर्शन पाया?॥ ४॥

**दो०—जनि जल्पसि जड़ जंतु कपि सठ बिलोकु मम बाहु।**
**लोकपाल बल बिपुल ससि ग्रसन हेतु सब राहु॥ २२ (क)॥**

[रावणने कहा—] अरे जड जन्तु वानर! व्यर्थ बक-बक न कर; अरे मूर्ख! मेरी भुजाएँ तो देख। ये सब लोकपालोंके विशाल बलरूपी चन्द्रमाको ग्रसनेके लिये राहु हैं॥ २२ (क)॥

**पुनि नभ सर मम कर निकर कमलन्हि पर करि बास।**
**सोभत भयउ मराल इव संभु सहित कैलास॥ २२ (ख)॥**

फिर [तूने सुना ही होगा कि] आकाशरूपी तालाबमें मेरी भुजाओंरूपी कमलोंपर बसकर शिवजीसहित कैलास हंसके समान शोभाको प्राप्त हुआ था!॥ २२ (ख)॥

**तुम्हरे कटक माझ सुनु अंगद। मो सन भिरिहि कवन जोधा बद॥**
**तव प्रभु नारि बिरहँ बलहीना। अनुज तासु दुख दुखी मलीना॥**

अरे अंगद! सुन; तेरी सेनामें बता, ऐसा कौन योद्धा है जो मुझसे भिड़ सकेगा। तेरा मालिक तो स्त्रीके वियोगमें बलहीन हो रहा है। और उसका छोटा भाई उसीके दुःखसे दुःखी और उदास है॥ १॥

**तुम्ह सुग्रीव कूलद्रुम दोऊ। अनुज हमार भीरु अति सोऊ॥**
**जामवंत मंत्री अति बूढ़ा। सो कि होइ अब समरारूढ़ा॥**

तुम और सुग्रीव, दोनों [नदी] तटके वृक्ष हो। [रहा] मेरा छोटा भाई विभीषण, [सो] वह भी बड़ा डरपोक है। मन्त्री जाम्बवान् बहुत बूढ़ा है। वह अब लड़ाईमें क्या चढ़ (उद्यत हो) सकता है?॥ २॥

**सिल्पिकर्म जानहिं नल नीला। है कपि एक महा बलसीला॥**
**आवा प्रथम नगरु जेहिं जारा। सुनत बचन कह बालिकुमारा॥**

नल-नील तो शिल्प-कर्म जानते हैं (वे लड़ना क्या जानें?)। हाँ, एक वानर जरूर महान् बलवान् है, जो पहले आया था, और जिसने लंका जलायी थी। यह वचन सुनते ही बालिपुत्र अंगदने कहा—॥ ३॥

**सत्य बचन कहु निसिचर नाहा। साँचेहुँ कीस कीन्ह पुर दाहा॥**
**रावन नगर अल्प कपि दहई। सुनि अस बचन सत्य को कहई॥**

हे राक्षसराज! सच्ची बात कहो! क्या उस वानरने सचमुच तुम्हारा नगर जला दिया? रावण [जैसे जगद्विजयी योद्धा]-का नगर एक छोटे-से वानरने जला दिया। ऐसे वचन सुनकर उन्हें सत्य कौन कहेगा?॥ ४॥

**जो अति सुभट सराहेहु रावन। सो सुग्रीव केर लघु धावन॥**
**चलइ बहुत सो बीर न होई। पठवा खबरि लेन हम सोई॥**

हे रावण! जिसको तुमने बहुत बड़ा योद्धा कहकर सराहा है, वह तो सुग्रीवका एक छोटा-

सा दौड़कर चलनेवाला हरकारा है। वह बहुत चलता है, वीर नहीं है। उसको तो हमने [केवल] खबर लेनेके लिये भेजा था॥ ५॥

**दो०—सत्य नगरु कपि जारेउ बिनु प्रभु आयसु पाइ।**
**फिरि न गयउ सुग्रीव पहिं तेहिं भय रहा लुकाइ॥ २३ ( क )॥**

क्या सचमुच ही उस वानरने प्रभुकी आज्ञा पाये बिना ही तुम्हारा नगर जला डाला? मालूम होता है, इसी डरसे वह लौटकर सुग्रीवके पास नहीं गया और कहीं छिप रहा!॥ २३ (क)॥

**सत्य कहहि दसकंठ सब मोहि न सुनि कछु कोह।**
**कोउ न हमारें कटक अस तो सन लरत जो सोह॥ २३ ( ख )॥**

हे रावण! तुम सब सत्य ही कहते हो, मुझे सुनकर कुछ भी क्रोध नहीं है। सचमुच हमारी सेनामें कोई भी ऐसा नहीं है जो तुमसे लड़नेमें शोभा पाये॥ २३ (ख)॥

**प्रीति बिरोध समान सन करिअ नीति असि आहि।**
**जौं मृगपति बध मेडुकन्हि भल कि कहइ कोउ ताहि॥ २३ ( ग )॥**

प्रीति और वैर बराबरीवालेसे ही करना चाहिये, नीति ऐसी ही है। सिंह यदि मेढकोंको मारे, तो क्या उसे कोई भला कहेगा?॥ २३ (ग)॥

**जद्यपि लघुता राम कहुँ तोहि बधें बड़ दोष।**
**तदपि कठिन दसकंठ सुनु छत्र जाति कर रोष॥ २३ ( घ )॥**

यद्यपि तुम्हें मारनेमें श्रीरामजीकी लघुता है और बड़ा दोष भी है, तथापि हे रावण! सुनो, क्षत्रियजातिका क्रोध बड़ा कठिन होता है॥ २३ (घ)॥

**बक्र उक्ति धनु बचन सर हृदय दहेउ रिपु कीस।**
**प्रतिउत्तर सड़सिन्ह मनहुँ काढ़त भट दससीस॥ २३ ( ङ )॥**

वक्रोक्तिरूपी धनुषसे वचनरूपी बाण मारकर अंगदने शत्रुका हृदय जला दिया। वीर रावण उन बाणोंको मानो प्रत्युत्तररूपी सँड़सियोंसे निकाल रहा है॥ २३ (ङ)॥

**हँसि बोलेउ दसमौलि तब कपि कर बड़ गुन एक।**
**जो प्रतिपालइ तासु हित करइ उपाय अनेक॥ २३ ( च )॥**

तब रावण हँसकर बोला—बंदरमें यह एक बड़ा गुण है कि जो उसे पालता है, उसका वह अनेकों उपायोंसे भला करनेकी चेष्टा करता है॥ २३ (च)॥

**धन्य कीस जो निज प्रभु काजा। जहँ तहँ नाचइ परिहरि लाजा॥**
**नाचि कूदि करि लोग रिझाई। पति हित करइ धर्म निपुनाई॥**

बंदरको धन्य है, जो अपने मालिकके लिये लाज छोड़कर जहाँ-तहाँ नाचता है। नाच-कूदकर, लोगोंको रिझाकर, मालिकका हित करता है। यह उसके धर्मकी निपुणता है॥ १॥

**अंगद स्वामिभक्त तव जाती। प्रभु गुन कस न कहसि एहि भाँती॥**
**मैं गुन गाहक परम सुजाना। तव कटु रटनि करउँ नहिं काना॥**

हे अंगद! तेरी जाति स्वामिभक्त है। [फिर भला] तू अपने मालिकके गुण इस प्रकार कैसे

न बखानेगा? मैं गुणग्राहक (गुणोंका आदर करनेवाला) और परम सुजान (समझदार) हूँ, इसीसे तेरी जली-कटी बक-बकपर कान (ध्यान) नहीं देता॥ २॥

**कह कपि तव गुन गाहकताई। सत्य पवनसुत मोहि सुनाई॥**
**बन बिधंसि सुत बधि पुर जारा। तदपि न तेहिं कछु कृत अपकारा॥**

अंगदने कहा—तुम्हारी सच्ची गुणग्राहकता तो मुझे हनुमान्‌ने सुनायी थी। उसने अशोकवनको विध्वंस (तहस-नहस) करके, तुम्हारे पुत्रको मारकर नगरको जला दिया था। तो भी [तुमने अपनी गुणग्राहकताके कारण यही समझा कि] उसने तुम्हारा कुछ भी अपकार नहीं किया॥ ३॥

**सोइ बिचारि तव प्रकृति सुहाई। दसकंधर मैं कीन्हि ढिठाई॥**
**देखेउँ आइ जो कछु कपि भाषा। तुम्हरें लाज न रोष न माखा॥**

तुम्हारा वही सुन्दर स्वभाव विचारकर, हे दशग्रीव! मैंने कुछ धृष्टता की है। हनुमान्‌ने जो कुछ कहा था, उसे आकर मैंने प्रत्यक्ष देख लिया कि तुम्हें न लज्जा है, न क्रोध है और न चिढ़ है॥ ४॥

**जौं असि मति पितु खाए कीसा। कहि अस बचन हँसा दससीसा॥**
**पितहि खाइ खातेउँ पुनि तोही। अबहीं समुझि परा कछु मोही॥**

[रावण बोला—] अरे वानर! जब तेरी ऐसी बुद्धि है तभी तो तू बापको खा गया। ऐसा वचन कहकर रावण हँसा। अंगदने कहा—पिताको खाकर फिर तुमको भी खा डालता। परन्तु अभी तुरंत कुछ और ही बात मेरी समझमें आ गयी!॥ ५॥

**बालि बिमल जस भाजन जानी। हतउँ न तोहि अधम अभिमानी॥**
**कहु रावन रावन जग केते। मैं निज श्रवन सुने सुनु जेते॥**

अरे नीच अभिमानी! बालिके निर्मल यशका पात्र (कारण) जानकर तुम्हें मैं नहीं मारता। रावण! यह तो बता कि जगत्‌में कितने रावण हैं? मैंने जितने रावण अपने कानोंसे सुन रखे हैं, उन्हें सुन—॥ ६॥

**बलिहि जितन एक गयउ पताला। राखेउ बाँधि सिसुन्ह हयसाला॥**
**खेलहिं बालक मारहिं जाई। दया लागि बलि दीन्ह छोड़ाई॥**

एक रावण तो बलिको जीतने पातालमें गया था, तब बच्चोंने उसे घुड़सालमें बाँध रखा। बालक खेलते थे और जा-जाकर उसे मारते थे। बलिको दया लगी, तब उन्होंने उसे छुड़ा दिया॥ ७॥

**एक बहोरि सहसभुज देखा। धाइ धरा जिमि जंतु बिसेषा॥**
**कौतुक लागि भवन लै आवा। सो पुलस्ति मुनि जाइ छोड़ावा॥**

फिर एक रावणको सहस्रबाहुने देखा, और उसने दौड़कर उसको एक विशेष प्रकारके (विचित्र) जन्तुकी तरह [समझकर] पकड़ लिया। तमाशेके लिये वह उसे घर ले आया। तब पुलस्त्य मुनिने जाकर उसे छुड़ाया॥ ८॥

**दो०—एक कहत मोहि सकुच अति रहा बालि कीं काँख।**
**इन्ह महुँ रावन तैं कवन सत्य बदहि तजि माख॥ २४॥**

एक रावणकी बात कहनेमें तो मुझे बड़ा संकोच हो रहा है—वह [बहुत दिनोंतक] बालिकी काँखमें रहा था। इनमेंसे तुम कौन-से रावण हो? खीझना छोड़कर सच-सच बताओ॥ २४॥

**सुनु सठ सोइ रावन बलसीला। हरगिरि जान जासु भुज लीला॥**
**जान उमापति जासु सुराई। पूजेउँ जेहि सिर सुमन चढ़ाई॥**

[रावणने कहा—] अरे मूर्ख! सुन, मैं वही बलवान् रावण हूँ जिसकी भुजाओंकी लीला (करामात) कैलास पर्वत जानता है। जिसकी शूरता उमापति महादेवजी जानते हैं, जिन्हें अपने सिररूपी पुष्प चढ़ा-चढ़ाकर मैंने पूजा था॥ १॥

**सिर सरोज निज करन्हि उतारी। पूजेउँ अमित बार त्रिपुरारी॥**
**भुज बिक्रम जानहिं दिगपाला। सठ अजहूँ जिन्ह कें उर साला॥**

सिररूपी कमलोंको अपने हाथोंसे उतार-उतारकर मैंने अगणित बार त्रिपुरारि शिवजीकी पूजा की है। अरे मूर्ख! मेरी भुजाओंका पराक्रम दिक्पाल जानते हैं, जिनके हृदयमें वह आज भी चुभ रहा है॥ २॥

**जानहिं दिग्गज उर कठिनाई। जब जब भिरउँ जाइ बरिआई॥**
**जिन्ह के दसन कराल न फूटे। उर लागत मूलक इव टूटे॥**

दिग्गज (दिशाओंके हाथी) मेरी छातीकी कठोरताको जानते हैं। जिनके भयानक दाँत, जब-जब जाकर मैं उनसे जबरदस्ती भिड़ा, मेरी छातीमें कभी नहीं फूटे (अपना चिह्न भी नहीं बना सके), बल्कि मेरी छातीसे लगते ही वे मूलीकी तरह टूट गये॥ ३॥

**जासु चलत डोलति इमि धरनी। चढ़त मत्त गज जिमि लघु तरनी॥**
**सोइ रावन जग बिदित प्रतापी। सुनेहि न श्रवन अलीक प्रलापी॥**

जिसके चलते समय पृथ्वी इस प्रकार हिलती है जैसे मतवाले हाथीके चढ़ते समय छोटी नाव! मैं वही जगत्प्रसिद्ध प्रतापी रावण हूँ। अरे झूठी बकवाद करनेवाले! क्या तूने मुझको कानोंसे कभी नहीं सुना?॥ ४॥

**दो०—तेहि रावन कहँ लघु कहसि नर कर करसि बखान।**
**रे कपि बर्बर खर्ब खल अब जाना तव ग्यान॥ २५॥**

उस (महान् प्रतापी और जगत्प्रसिद्ध) रावणको (मुझे) तू छोटा कहता है और मनुष्यकी बड़ाई करता है? अरे दुष्ट, असभ्य, तुच्छ बंदर! अब मैंने तेरा ज्ञान जान लिया॥ २५॥

**सुनि अंगद सकोप कह बानी। बोलु सँभारि अधम अभिमानी॥**
**सहसबाहु भुज गहन अपारा। दहन अनल सम जासु कुठारा॥**

रावणके ये वचन सुनकर अंगद क्रोधसहित वचन बोले—अरे नीच अभिमानी! सँभालकर (सोच-समझकर) बोल। जिनका फरसा सहस्रबाहुकी भुजाओंरूपी अपार वनको जलानेके लिये अग्निके समान था,॥ १॥

**जासु परसु सागर खर धारा। बूड़े नृप अगनित बहु बारा॥**
**तासु गर्ब जेहि देखत भागा। सो नर क्यों दससीस अभागा॥**

जिनके फरसारूपी समुद्रकी तीव्र धारामें अनगिनत राजा अनेकों बार डूब गये, उन परशुरामजीका गर्व जिन्हें देखते ही भाग गया, अरे अभागे दशशीश! वे मनुष्य क्योंकर हैं?॥ २॥

**राम मनुज कस रे सठ बंगा। धन्वी कामु नदी पुनि गंगा॥**
**पसु सुरधेनु कल्पतरु रूखा। अन्न दान अरु रस पीयूषा॥**

क्यों रे मूर्ख उद्दण्ड! श्रीरामचन्द्रजी मनुष्य हैं? कामदेव भी क्या धनुर्धारी है? और गंगाजी क्या नदी हैं? कामधेनु क्या पशु है? और कल्पवृक्ष क्या पेड़ है? अन्न भी क्या दान है? और अमृत क्या रस है?॥ ३॥

**बैनतेय खग अहि सहसानन। चिंतामनि पुनि उपल दसानन॥**
**सुनु मतिमंद लोक बैकुंठा। लाभ कि रघुपति भगति अकुंठा॥**

गरुड़जी क्या पक्षी हैं? शेषजी क्या सर्प हैं? अरे रावण! चिन्तामणि भी क्या पत्थर है? अरे ओ मूर्ख! सुन, वैकुण्ठ भी क्या लोक है? और श्रीरघुनाथजीकी अखण्ड भक्ति क्या [और लाभों-जैसा ही] लाभ है?॥ ४॥

**दो०—सेन सहित तव मान मथि बन उजारि पुर जारि।**
**कस रे सठ हनुमान कपि गयउ जो तव सुत मारि॥ २६॥**

सेनासमेत तेरा मान मथकर, अशोकवनको उजाड़कर, नगरको जलाकर और तेरे पुत्रको मारकर जो लौट गये [तू उनका कुछ भी न बिगाड़ सका], क्यों रे दुष्ट! वे हनुमान्‌जी क्या वानर हैं?॥ २६॥

**सुनु रावन परिहरि चतुराई। भजसि न कृपासिंधु रघुराई॥**
**जौं खल भएसि राम कर द्रोही। ब्रह्म रुद्र सक राखि न तोही॥**

अरे रावण! चतुराई (कपट) छोड़कर सुन। कृपाके समुद्र श्रीरघुनाथजीका तू भजन क्यों नहीं करता? अरे दुष्ट! यदि तू श्रीरामजीका वैरी हुआ तो तुझे ब्रह्मा और रुद्र भी नहीं बचा सकेंगे॥ १॥

**मूढ़ बृथा जनि मारसि गाला। राम बयर अस होइहि हाला॥**
**तव सिर निकर कपिन्ह के आगें। परिहहिं धरनि राम सर लागें॥**

हे मूढ़! व्यर्थ गाल न मार (डींग न हाँक)। श्रीरामजीसे वैर करनेपर तेरा ऐसा हाल होगा कि तेरे सिरसमूह श्रीरामजीके बाण लगते ही वानरोंके आगे पृथ्वीपर पड़ेंगे,॥ २॥

**ते तव सिर कंदुक सम नाना। खेलिहहिं भालु कीस चौगाना॥**
**जबहिं समर कोपिहि रघुनायक। छुटिहहिं अति कराल बहु सायक॥**

और रीछ-वानर तेरे उन गेंदके समान अनेकों सिरोंसे चौगान खेलेंगे। जब श्रीरघुनाथजी युद्धमें कोप करेंगे और उनके अत्यन्त तीक्ष्ण बहुत-से बाण छूटेंगे,॥ ३॥

**तब कि चलिहि अस गाल तुम्हारा। अस बिचारि भजु राम उदारा॥**
**सुनत बचन रावन परजरा। जरत महानल जनु घृत परा॥**

तब क्या तेरा ऐसा गाल चलेगा? ऐसा विचारकर उदार (कृपालु) श्रीरामजीको भज। अंगदके ये वचन सुनकर रावण बहुत अधिक जल उठा। मानो जलती हुई प्रचण्ड अग्निमें घी पड़ गया हो॥ ४॥

**दो०—कुंभकरन अस बंधु मम सुत प्रसिद्ध सक्रारि।**
**मोर पराक्रम नहिं सुनेहि जितेउँ चराचर झारि॥ २७॥**

[वह बोला—अरे मूर्ख!] कुम्भकर्ण-ऐसा मेरा भाई है, इन्द्रका शत्रु सुप्रसिद्ध मेघनाद मेरा पुत्र है! और मेरा पराक्रम तो तूने सुना ही नहीं कि मैंने सम्पूर्ण जड-चेतन जगत्‌को जीत लिया है!॥ २७॥

**सठ साखामृग जोरि सहाई। बाँधा सिंधु इहइ प्रभुताई॥**
**नाघहिं खग अनेक बारीसा। सूर न होहिं ते सुनु सब कीसा॥**

रे दुष्ट! वानरोंकी सहायता जोड़कर रामने समुद्र बाँध लिया; बस, यही उसकी प्रभुता है। समुद्रको तो अनेकों पक्षी भी लाँघ जाते हैं। पर इसीसे वे सभी शूरवीर नहीं हो जाते। अरे मूर्ख बंदर! सुन—॥ १॥

**मम भुज सागर बल जल पूरा। जहँ बूड़े बहु सुर नर सूरा॥**
**बीस पयोधि अगाध अपारा। को अस बीर जो पाइहि पारा॥**

मेरी एक-एक भुजारूपी समुद्र बलरूपी जलसे पूर्ण है, जिसमें बहुत-से शूरवीर देवता और मनुष्य डूब चुके हैं। [बता,] कौन ऐसा शूरवीर है जो मेरे इन अथाह और अपार बीस समुद्रोंका पार पा जायगा?॥ २॥

**दिगपालन्ह मैं नीर भरावा। भूप सुजस खल मोहि सुनावा॥**
**जौं पै समर सुभट तव नाथा। पुनि पुनि कहसि जासु गुन गाथा॥**

अरे दुष्ट! मैंने दिक्पालोंतकसे जल भरवाया और तू एक राजाका मुझे सुयश सुनाता है! यदि तेरा मालिक, जिसकी गुणगाथा तू बार-बार कह रहा है, संग्राममें लड़नेवाला योद्धा है—॥ ३॥

**तौ बसीठ पठवत केहि काजा। रिपु सन प्रीति करत नहिं लाजा॥**
**हरगिरि मथन निरखु मम बाहू। पुनि सठ कपि निज प्रभुहि सराहू॥**

तो [फिर] वह दूत किसलिये भेजता है? शत्रुसे प्रीति (सन्धि) करते उसे लाज नहीं आती? [पहले] कैलासका मथन करनेवाली मेरी भुजाओंको देख। फिर अरे मूर्ख वानर! अपने मालिककी सराहना करना॥ ४॥

**दो०—सूर कवन रावन सरिस स्वकर काटि जेहिं सीस।**
**हुने अनल अति हरष बहु बार साखि गौरीस॥ २८॥**

रावणके समान शूरवीर कौन है? जिसने अपने ही हाथोंसे सिर काट-काटकर अत्यन्त हर्षके साथ बहुत बार उन्हें अग्निमें होम दिया! स्वयं गौरीपति शिवजी इस बातके साक्षी हैं॥ २८॥

**जरत बिलोकेउँ जबहिं कपाला। बिधि के लिखे अंक निज भाला॥**
**नर कें कर आपन बध बाँची। हसेउँ जानि बिधि गिरा असाँची॥**

मस्तकोंके जलते समय जब मैंने अपने ललाटोंपर लिखे हुए विधाताके अक्षर देखे, तब मनुष्यके हाथसे अपनी मृत्यु होना बाँचकर, विधाताकी वाणी (लेखको) असत्य जानकर मैं हँसा॥ १॥

**सोउ मन समुझि त्रास नहिं मोरें। लिखा बिरंचि जरठ मति भोरें॥**
**आन बीर बल सठ मम आगें। पुनि पुनि कहसि लाज पति त्यागें॥**

उस बातको समझकर (स्मरण करके) भी मेरे मनमें डर नहीं है। [क्योंकि मैं समझता हूँ कि] बूढ़े ब्रह्माने बुद्धिभ्रमसे ऐसा लिख दिया है। अरे मूर्ख! तू लज्जा और मर्यादा छोड़कर मेरे आगे बार-बार दूसरे वीरका बल कहता है!॥ २॥

**कह अंगद सलज्ज जग माहीं। रावन तोहि समान कोउ नाहीं॥**
**लाजवंत तव सहज सुभाऊ। निज मुख निज गुन कहसि न काऊ॥**

अंगदने कहा—अरे रावण! तेरे समान लज्जावान् जगत्‌में कोई नहीं है। लज्जाशीलता तो तेरा सहज स्वभाव ही है। तू अपने मुँहसे अपने गुण कभी नहीं कहता॥ ३॥

**सिर अरु सैल कथा चित रही। ताते बार बीस तैं कही॥**
**सो भुजबल राखेहु उर घाली। जीतेहु सहसबाहु बलि बाली॥**

सिर काटने और कैलास उठानेकी कथा चित्तमें चढ़ी हुई थी, इससे तूने उसे बीसों बार कहा। भुजाओंके उस बलको तो तूने हृदयमें ही टाल (छिपा) रखा है, जिससे तूने सहस्रबाहु, बलि और बालिको जीता था॥ ४॥

**सुनु मतिमंद देहि अब पूरा। काटें सीस कि होइअ सूरा॥**
**इंद्रजालि कहुँ कहिअ न बीरा। काटइ निज कर सकल सरीरा॥**

अरे मन्दबुद्धि! सुन, अब बस कर। सिर काटनेसे भी क्या कोई शूरवीर हो जाता है? इन्द्रजाल

रचनेवालेको वीर नहीं कहा जाता, यद्यपि वह अपने ही हाथों अपना सारा शरीर काट डालता है!॥ ५॥

**दो०—जरहिं पतंग मोह बस भार बहहिं खर बृंद।**
**ते नहिं सूर कहावहिं समुझि देखु मतिमंद॥ २९॥**

अरे मन्दबुद्धि! समझकर देख। पतंगे मोहवश आगमें जल मरते हैं, गदहोंके झुंड बोझ लादकर चलते हैं; पर इस कारण वे शूरवीर नहीं कहलाते॥ २९॥

**अब जनि बतबढ़ाव खल करही। सुनु मम बचन मान परिहरही॥**
**दसमुख मैं न बसीठीं आयउँ। अस बिचारि रघुबीर पठायउँ॥**

अरे दुष्ट! अब बतबढ़ाव मत कर; मेरा वचन सुन और अभिमान त्याग दे! हे दशमुख! मैं दूतकी तरह [सन्धि करने] नहीं आया हूँ। श्रीरघुवीरने ऐसा विचारकर मुझे भेजा है—॥ १॥

**बार बार अस कहइ कृपाला। नहिं गजारि जसु बधें सृकाला॥**
**मन महुँ समुझि बचन प्रभु केरे। सहेउँ कठोर बचन सठ तेरे॥**

कृपालु श्रीरामजी बार-बार ऐसा कहते हैं कि स्यारके मारनेसे सिंहको यश नहीं मिलता। अरे मूर्ख! प्रभुके [उन] वचनोंको मनमें समझकर (याद करके) ही मैंने तेरे कठोर वचन सहे हैं॥ २॥

**नाहिं त करि मुख भंजन तोरा। लै जातेउँ सीतहि बरजोरा॥**
**जानेउँ तव बल अधम सुरारी। सूनें हरि आनिहि परनारी॥**

नहीं तो तेरे मुँह तोड़कर मैं सीताजीको जबरदस्ती ले जाता। अरे अधम! देवताओंके शत्रु! तेरा बल तो मैंने तभी जान लिया जब तू सूनेमें परायी स्त्रीको हर (चुरा) लाया॥ ३॥

**तैं निसिचरपति गर्ब बहूता। मैं रघुपति सेवक कर दूता॥**
**जौं न राम अपमानहि डरऊँ। तोहि देखत अस कौतुक करऊँ॥**

तू राक्षसोंका राजा और बड़ा अभिमानी है। परन्तु मैं तो श्रीरघुनाथजीके सेवक (सुग्रीव)-का दूत (सेवकका भी सेवक) हूँ। यदि मैं श्रीरामजीके अपमानसे न डरूँ तो तेरे देखते-देखते ऐसा तमाशा करूँ कि—॥ ४॥

**दो०—तोहि पटकि महि सेन हति चौपट करि तव गाउँ।**
**तव जुबतिन्ह समेत सठ जनकसुतहि लै जाउँ॥ ३०॥**

तुझे जमीनपर पटककर, तेरी सेनाका संहारकर और तेरे गाँवको चौपट [नष्ट-भ्रष्ट] करके, अरे मूर्ख! तेरी युवती स्त्रियोंसहित जानकीजीको ले जाऊँ॥ ३०॥

**जौं अस करौं तदपि न बड़ाई। मुएहि बधें नहिं कछु मनुसाई॥**
**कौल कामबस कृपिन बिमूढ़ा। अति दरिद्र अजसी अति बूढ़ा॥**

यदि ऐसा करूँ, तो भी इसमें कोई बड़ाई नहीं है। मरे हुएको मारनेमें कुछ भी पुरुषत्व (बहादुरी) नहीं है। वाममार्गी, कामी, कंजूस, अत्यन्त मूढ़, अति दरिद्र, बदनाम, बहुत बूढ़ा,॥ १॥

**सदा रोगबस संतत क्रोधी। बिष्नु बिमुख श्रुति संत बिरोधी॥**
**तनु पोषक निंदक अघ खानी। जीवत सव सम चौदह प्रानी॥**

नित्यका रोगी, निरन्तर क्रोधयुक्त रहनेवाला, भगवान् विष्णुसे विमुख, वेद और संतोंका विरोधी, अपना ही शरीर पोषण करनेवाला, परायी निन्दा करनेवाला और पापकी खान (महान् पापी)—ये चौदह प्राणी जीते ही मुरदेके समान हैं॥ २॥

**अस बिचारि खल बधउँ न तोही। अब जनि रिस उपजावसि मोही॥**
**सुनि सकोप कह निसिचर नाथा। अधर दसन दसि मीजत हाथा॥**

अरे दुष्ट! ऐसा विचारकर मैं तुझे नहीं मारता। अब तू मुझमें क्रोध न पैदा कर (मुझे गुस्सा न दिला)। अंगदके वचन सुनकर राक्षसराज रावण दाँतोंसे होठ काटकर, क्रोधित होकर हाथ मलता हुआ बोला—॥ ३॥

**रे कपि अधम मरन अब चहसी। छोटे बदन बात बड़ि कहसी॥**
**कटु जल्पसि जड़ कपि बल जाकें। बल प्रताप बुधि तेज न ताकें॥**

अरे नीच बंदर! अब तू मरना ही चाहता है! इसीसे छोटे मुँह बड़ी बात कहता है। अरे मूर्ख बंदर! तू जिसके बलपर कड़ुए वचन बक रहा है, उसमें बल, प्रताप, बुद्धि अथवा तेज कुछ भी नहीं है॥ ४॥

**दो०—अगुन अमान जानि तेहि दीन्ह पिता बनबास।**
**सो दुख अरु जुबती बिरह पुनि निसि दिन मम त्रास॥ ३१ ( क )॥**

उसे गुणहीन और मानहीन समझकर ही तो पिताने वनवास दे दिया। उसे एक तो वह (उसका) दुःख, उसपर युवती स्त्रीका विरह और फिर रात-दिन मेरा डर बना रहता है॥ ३१ (क)॥

**जिन्ह के बल कर गर्ब तोहि अइसे मनुज अनेक।**
**खाहिं निसाचर दिवस निसि मूढ़ समुझु तजि टेक॥ ३१ ( ख )॥**

जिनके बलका तुझे गर्व है, ऐसे अनेकों मनुष्योंको तो राक्षस रात-दिन खाया करते हैं। अरे मूढ़! जिद्द छोड़कर समझ (विचार कर)॥ ३१ (ख)॥

**जब तेहिं कीन्हि राम कै निंदा। क्रोधवंत अति भयउ कपिंदा॥**
**हरि हर निंदा सुनइ जो काना। होइ पाप गोघात समाना॥**

जब उसने श्रीरामजीकी निन्दा की, तब तो कपिश्रेष्ठ अंगद अत्यन्त क्रोधित हुए। क्योंकि [शास्त्र ऐसा कहते हैं कि] जो अपने कानोंसे भगवान् विष्णु और शिवकी निन्दा सुनता है, उसे गोवधके समान पाप होता है॥ १॥

**कटकटान कपिकुंजर भारी। दुहु भुजदंड तमकि महि मारी॥**
**डोलत धरनि सभासद खसे। चले भाजि भय मारुत ग्रसे॥**

वानरश्रेष्ठ अंगद बहुत जोरसे कटकटाये (शब्द किया) और उन्होंने तमककर (जोरसे) अपने दोनों भुजदण्डोंको पृथ्वीपर दे मारा। पृथ्वी हिलने लगी, [जिससे बैठे हुए] सभासद् गिर पड़े और भयरूपी पवन (भूत)-से ग्रस्त होकर भाग चले॥ २॥

**गिरत सँभारि उठा दसकंधर। भूतल परे मुकुट अति सुंदर॥**
**कछु तेहिं लै निज सिरन्हि सँवारे। कछु अंगद प्रभु पास पबारे॥**

रावण गिरते-गिरते सँभलकर उठा। उसके अत्यन्त सुन्दर मुकुट पृथ्वीपर गिर पड़े। कुछ तो उसने उठाकर अपने सिरोंपर सुधारकर रख लिया और कुछ अंगदने उठाकर प्रभु श्रीरामचन्द्रजीके पास फेंक दिये॥ ३॥

**आवत मुकुट देखि कपि भागे। दिनहीं लूक परन बिधि लागे॥**
**की रावन करि कोप चलाए। कुलिस चारि आवत अति धाए॥**

मुकुटोंको आते देखकर वानर भागे। [सोचने लगे] विधाता! क्या दिनमें ही उल्कापात होने

लगा (तारे टूटकर गिरने लगे)? अथवा क्या रावणने क्रोध करके चार वज्र चलाये हैं, जो बड़े धायेके साथ (वेगसे) आ रहे हैं?॥ ४॥

**कह प्रभु हँसि जनि हृदयँ डेराहू। लूक न असनि केतु नहिं राहू॥**
**ए किरीट दसकंधर केरे। आवत बालितनय के प्रेरे॥**

प्रभुने [उनसे] हँसकर कहा—मनमें डरो नहीं। ये न उल्का हैं, न वज्र हैं और न केतु या राहु ही हैं। अरे भाई! ये तो रावणके मुकुट हैं; जो बालिपुत्र अंगदके फेंके हुए आ रहे हैं॥ ५॥

**दो०—तरकि पवनसुत कर गहे आनि धरे प्रभु पास।**
**कौतुक देखहिं भालु कपि दिनकर सरिस प्रकास॥ ३२ (क)॥**

पवनपुत्र श्रीहनुमान्‌जीने उछलकर उनको हाथसे पकड़ लिया और लाकर प्रभुके पास रख दिया। रीछ और वानर तमाशा देखने लगे। उनका प्रकाश सूर्यके समान था॥ ३२ (क)॥

**उहाँ सकोपि दसानन सब सन कहत रिसाइ।**
**धरहु कपिहि धरि मारहु सुनि अंगद मुसुकाइ॥ ३२ (ख)॥**

वहाँ (सभामें) क्रोधयुक्त रावण सबसे क्रोधित होकर कहने लगा कि—बंदरको पकड़ लो और पकड़कर मार डालो। अंगद यह सुनकर मुसकराने लगे॥ ३२ (ख)॥

**एहि बधि बेगि सुभट सब धावहु। खाहु भालु कपि जहँ जहँ पावहु॥**
**मर्कटहीन करहु महि जाई। जिअत धरहु तापस द्वौ भाई॥**

[रावण फिर बोला—] इसे मारकर सब योद्धा तुरंत दौड़ो और जहाँ-कहीं रीछ-वानरोंको पाओ, वहीं खा डालो। पृथ्वीको बंदरोंसे रहित कर दो और जाकर दोनों तपस्वी भाइयों (राम-लक्ष्मण)-को जीते-जी पकड़ लो॥ १॥

**पुनि सकोप बोलेउ जुबराजा। गाल बजावत तोहि न लाजा॥**
**मरु गर काटि निलज कुलघाती। बल बिलोकि बिहरति नहिं छाती॥**

[रावणके ये कोपभरे वचन सुनकर] तब युवराज अंगद क्रोधित होकर बोले—तुझे गाल बजाते लाज नहीं आती! अरे निर्लज्ज! अरे कुलनाशक! गला काटकर (आत्महत्या करके) मर जा! मेरा बल देखकर भी क्या तेरी छाती नहीं फटती!॥ २॥

**रे त्रिय चोर कुमारग गामी। खल मल रासि मंदमति कामी॥**
**सन्यपात जल्पसि दुर्बादा। भएसि कालबस खल मनुजादा॥**

अरे स्त्रीके चोर! अरे कुमार्गपर चलनेवाले! अरे दुष्ट, पापकी राशि, मन्दबुद्धि और कामी! तू सन्निपातमें क्या दुर्वचन बक रहा है? अरे दुष्ट राक्षस! तू कालके वश हो गया है!॥ ३॥

**याको फलु पावहिगो आगें। बानर भालु चपेटन्हि लागें॥**
**रामु मनुज बोलत असि बानी। गिरहिं न तव रसना अभिमानी॥**

इसका फल तू आगे वानर और भालुओंके चपेटे लगनेपर पावेगा। राम मनुष्य हैं, ऐसा वचन बोलते ही, अरे अभिमानी! तेरी जीभें नहीं गिर पड़तीं?॥ ४॥

**गिरिहहिं रसना संसय नाहीं। सिरन्हि समेत समर महि माहीं॥**

इसमें सन्देह नहीं है कि तेरी जीभें [अकेले नहीं वरं] सिरोंके साथ रणभूमिमें गिरेंगी॥ ५॥

**सो०—सो नर क्यों दसकंध बालि बध्यो जेहिं एक सर।**
**बीसहुँ लोचन अंध धिग तव जन्म कुजाति जड़॥ ३३ (क)॥**

रे दशकन्ध! जिसने एक ही बाणसे बालिको मार डाला, वह मनुष्य कैसे है? अरे कुजाति, अरे जड! बीस आँखें होनेपर भी तू अन्धा है। तेरे जन्मको धिक्कार है॥ ३३ (क)॥

**तव सोनित कीं प्यास तृषित राम सायक निकर।**
**तजउँ तोहि तेहि त्रास कटु जल्पक निसिचर अधम॥ ३३ (ख)॥**

श्रीरामचन्द्रजीके बाणसमूह तेरे रक्तकी प्याससे प्यासे हैं। [वे प्यासे ही रह जायँगे] इस डरसे, अरे कड़वी बकवाद करनेवाले नीच राक्षस! मैं तुझे छोड़ता हूँ॥ ३३ (ख)॥

**मैं तव दसन तोरिबे लायक। आयसु मोहि न दीन्ह रघुनायक॥**
**असि रिस होति दसउ मुख तोरौं। लंका गहि समुद्र महँ बोरौं॥**

मैं तेरे दाँत तोड़नेमें समर्थ हूँ। पर क्या करूँ? श्रीरघुनाथजीने मुझे आज्ञा नहीं दी। ऐसा क्रोध आता है कि तेरे दसों मुँह तोड़ डालूँ और [तेरी] लंकाको पकड़कर समुद्रमें डुबा दूँ॥ १॥

**गूलरि फल समान तव लंका। बसहु मध्य तुम्ह जंतु असंका॥**
**मैं बानर फल खात न बारा। आयसु दीन्ह न राम उदारा॥**

तेरी लंका गूलरके फलके समान है। तुम सब कीड़े उसके भीतर [अज्ञानवश] निडर होकर बस रहे हो। मैं बंदर हूँ, मुझे इस फलको खाते क्या देर थी? पर उदार (कृपालु) श्रीरामचन्द्रजीने वैसी आज्ञा नहीं दी॥ २॥

**जुगुति सुनत रावन मुसुकाई। मूढ़ सिखिहि कहँ बहुत झुठाई॥**
**बालि न कबहुँ गाल अस मारा। मिलि तपसिन्ह तैं भएसि लबारा॥**

अंगदकी युक्ति सुनकर रावण मुसकराया [और बोला—] अरे मूर्ख! बहुत झूठ बोलना तूने कहाँ सीखा? बालिने तो कभी ऐसा गाल नहीं मारा। जान पड़ता है तू तपस्वियोंसे मिलकर लबार हो गया है॥ ३॥

**साँचेहुँ मैं लबार भुज बीहा। जौं न उपारिउँ तव दस जीहा॥**
**समुझि राम प्रताप कपि कोपा। सभा माझ पन करि पद रोपा॥**

[अंगदने कहा—] अरे बीस भुजावाले! यदि तेरी दसों जीभें मैंने नहीं उखाड़ लीं तो सचमुच मैं लबार ही हूँ। श्रीरामचन्द्रजीके प्रतापको समझकर (स्मरण करके) अंगद क्रोधित हो उठे और उन्होंने रावणकी सभामें प्रण करके (दृढ़ताके साथ) पैर रोप दिया॥ ४॥

**जौं मम चरन सकसि सठ टारी। फिरहिं रामु सीता मैं हारी॥**
**सुनहु सुभट सब कह दससीसा। पद गहि धरनि पछारहु कीसा॥**

[और कहा—] अरे मूर्ख! यदि तू मेरा चरण हटा सके तो श्रीरामजी लौट जायँगे, मैं सीताजीको हार गया। रावणने कहा—हे सब वीरो! सुनो, पैर पकड़कर बंदरको पृथ्वीपर पछाड़ दो॥ ५॥

**इंद्रजीत आदिक बलवाना। हरषि उठे जहँ तहँ भट नाना॥**
**झपटहिं करि बल बिपुल उपाई। पद न टरइ बैठहिं सिरु नाई॥**

इन्द्रजीत (मेघनाद) आदि अनेकों बलवान् योद्धा जहाँ-तहाँसे हर्षित होकर उठे। वे पूरे बलसे बहुत-से उपाय करके झपटते हैं। पर पैर टलता नहीं, तब सिर नीचा करके फिर अपने-अपने स्थानपर जा बैठ जाते हैं॥ ६॥

**पुनि उठि झपटहिं सुर आराती। टरइ न कीस चरन एहि भाँती॥**
**पुरुष कुजोगी जिमि उरगारी। मोह बिटप नहिं सकहिं उपारी॥**

[काकभुशुण्डिजी कहते हैं—] वे देवताओंके शत्रु (राक्षस) फिर उठकर झपटते हैं। परन्तु हे सर्पोंके शत्रु गरुड़जी! अंगदका चरण उनसे वैसे ही नहीं टलता जैसे कुयोगी (विषयी) पुरुष मोहरूपी वृक्षको नहीं उखाड़ सकते॥ ७॥

**दो०—कोटिन्ह मेघनाद सम सुभट उठे हरषाइ।**
**झपटहिं टरै न कपि चरन पुनि बैठहिं सिर नाइ॥ ३४ (क)॥**

करोड़ों वीर योद्धा जो बलमें मेघनादके समान थे, हर्षित होकर उठे। वे बार-बार झपटते हैं, पर वानरका चरण नहीं उठता, तब लज्जाके मारे सिर नवाकर बैठ जाते हैं॥ ३४ (क)॥

**भूमि न छाँड़त कपि चरन देखत रिपु मद भाग।**
**कोटि बिघ्न ते संत कर मन जिमि नीति न त्याग॥ ३४ (ख)॥**

जैसे करोड़ों विघ्न आनेपर भी संतका मन नीतिको नहीं छोड़ता, वैसे ही वानर (अंगद)-का चरण पृथ्वीको नहीं छोड़ता। यह देखकर शत्रु (रावण)-का मद दूर हो गया!॥ ३४ (ख)॥

**कपि बल देखि सकल हियँ हारे। उठा आपु कपि कें परचारे॥**
**गहत चरन कह बालिकुमारा। मम पद गहें न तोर उबारा॥**

अंगदका बल देखकर सब हृदयमें हार गये। तब अंगदके ललकारनेपर रावण स्वयं उठा। जब वह अंगदका चरण पकड़ने लगा, तब बालिकुमार अंगदने कहा—मेरा चरण पकड़नेसे तेरा बचाव नहीं होगा!॥ १॥

**गहसि न राम चरन सठ जाई। सुनत फिरा मन अति सकुचाई॥**
**भयउ तेजहत श्री सब गई। मध्य दिवस जिमि ससि सोहई॥**

अरे मूर्ख! तू जाकर श्रीरामजीके चरण क्यों नहीं पकड़ता? यह सुनकर वह मनमें बहुत ही सकुचाकर लौट गया। उसकी सारी श्री जाती रही। वह ऐसा तेजहीन हो गया जैसे मध्याह्नमें चन्द्रमा दिखायी देता है॥ २॥

**सिंघासन बैठेउ सिर नाई। मानहुँ संपति सकल गँवाई॥**
**जगदातमा प्रानपति रामा। तासु बिमुख किमि लह बिश्रामा॥**

वह सिर नीचा करके सिंहासनपर जा बैठा। मानो सारी सम्पत्ति गँवाकर बैठा हो। श्रीरामचन्द्रजी जगत्‌भरके आत्मा और प्राणोंके स्वामी हैं। उनसे विमुख रहनेवाला शान्ति कैसे पा सकता है?॥ ३॥

**उमा राम की भृकुटि बिलासा। होइ बिस्व पुनि पावइ नासा॥**
**तृन ते कुलिस कुलिस तृन करई। तासु दूत पन कहु किमि टरई॥**

[शिवजी कहते हैं—] हे उमा! जिन श्रीरामचन्द्रजीके भ्रूविलास (भौंहके इशारे)- से विश्व उत्पन्न होता है और फिर नाशको प्राप्त होता है; जो तृणको वज्र और वज्रको तृण बना देते हैं (अत्यन्त निर्बलको महान् प्रबल और महान् प्रबलको अत्यन्त निर्बल कर देते हैं), उनके दूतका प्रण, कहो, कैसे टल सकता है?॥ ४॥

**पुनि कपि कही नीति बिधि नाना। मान न ताहि कालु निअराना॥**
**रिपु मद मथि प्रभु सुजसु सुनायो। यह कहि चल्यो बालि नृप जायो॥**

फिर अंगदने अनेकों प्रकारसे नीति कही। पर रावणने नहीं माना; क्योंकि उसका काल निकट आ गया था। शत्रुके गर्वको चूर करके अंगदने उसको प्रभु श्रीरामचन्द्रजीका सुयश सुनाया और फिर वह राजा बालिका पुत्र यह कहकर चल दिया—॥ ५॥

**हतौं न खेत खेलाइ खेलाई। तोहि अबहिं का करौं बड़ाई॥**
**प्रथमहिं तासु तनय कपि मारा। सो सुनि रावन भयउ दुखारा॥**

रणभूमिमें तुझे खेला-खेलाकर न मारूँ तबतक अभी [पहलेसे] क्या बड़ाई करूँ। अंगदने पहले ही (सभामें आनेसे पूर्व ही) उसके पुत्रको मार डाला था। वह संवाद सुनकर रावण दुःखी हो गया॥ ६॥

**जातुधान अंगद पन देखी। भय ब्याकुल सब भए बिसेषी॥**

अंगदका प्रण [सफल] देखकर सब राक्षस भयसे अत्यन्त ही व्याकुल हो गये॥ ७॥

**दो०—रिपु बल धरषि हरषि कपि बालितनय बल पुंज।**
**पुलक सरीर नयन जल गहे राम पद कंज॥ ३५ (क)॥**

शत्रुके बलका मर्दन कर, बलकी राशि बालिपुत्र अंगदजीने हर्षित होकर आकर श्रीरामचन्द्रजीके चरणकमल पकड़ लिये। उनका शरीर पुलकित है और नेत्रोंमें [आनन्दाश्रुओंका] जल भरा है॥ ३५ (क)॥

**साँझ जानि दसकंधर भवन गयउ बिलखाइ।**
**मंदोदरीं रावनहि बहुरि कहा समुझाइ॥ ३५ (ख)॥**

सन्ध्या हो गयी जानकर दशग्रीव विलखता हुआ (उदास होकर) महलमें गया। मन्दोदरीने रावणको समझाकर फिर कहा—॥ ३५ (ख)॥

**कंत समुझि मन तजहु कुमतिही। सोह न समर तुम्हहि रघुपतिही॥**
**रामानुज लघु रेख खचाई। सोउ नहिं नाघेहु असि मनुसाई॥**

हे कान्त! मनमें समझकर (विचारकर) कुबुद्धिको छोड़ दो। आपसे और श्रीरघुनाथजीसे युद्ध शोभा नहीं देता। उनके छोटे भाईने एक जरा-सी रेखा खींच दी थी, उसे भी आप नहीं लाँघ सके, ऐसा तो आपका पुरुषत्व है॥ १॥

**पिय तुम्ह ताहि जितब संग्रामा। जाके दूत केर यह कामा॥**
**कौतुक सिंधु नाघि तव लंका। आयउ कपि केहरी असंका॥**

हे प्रियतम! आप उन्हें संग्राममें जीत पायेंगे, जिनके दूतका ऐसा काम है? खेलसे ही समुद्र लाँघकर वह वानरोंमें सिंह (हनुमान्) आपकी लंकामें निर्भय चला आया!॥ २॥

**रखवारे हति बिपिन उजारा। देखत तोहि अच्छ तेहिं मारा॥**
**जारि सकल पुर कीन्हेसि छारा। कहाँ रहा बल गर्ब तुम्हारा॥**

रखवालोंको मारकर उसने अशोकवन उजाड़ डाला। आपके देखते-देखते उसने अक्षयकुमारको मार डाला और सम्पूर्ण नगरको जलाकर राख कर दिया। उस समय आपके बलका गर्व कहाँ चला गया था?॥ ३॥

**अब पति मृषा गाल जनि मारहु। मोर कहा कछु हृदयँ बिचारहु॥**
**पति रघुपतिहि नृपति जनि मानहु। अग जग नाथ अतुलबल जानहु॥**

अब हे स्वामी! झूठ (व्यर्थ) गाल न मारिये (डींग न हाँकिये) मेरे कहनेपर हृदयमें कुछ

विचार कीजिये। हे पति! आप श्रीरघुपतिको [निरा] राजा मत समझिये, बल्कि अग-जगनाथ (चराचरके स्वामी) और अतुलनीय बलवान् जानिये॥ ४॥

**बान प्रताप जान मारीचा। तासु कहा नहिं मानेहि नीचा॥**
**जनक सभाँ अगनित भूपाला। रहे तुम्हउ बल अतुल बिसाला॥**

श्रीरामजीके बाणका प्रताप तो नीच मारीच भी जानता था। परन्तु आपने उसका कहना भी नहीं माना। जनककी सभामें अगणित राजागण थे। वहाँ विशाल और अतुलनीय बलवाले आप भी थे॥ ५॥

**भंजि धनुष जानकी बिआही। तब संग्राम जितेहु किन ताही॥**
**सुरपति सुत जानइ बल थोरा। राखा जिअत आँखि गहि फोरा॥**

वहाँ शिवजीका धनुष तोड़कर श्रीरामजीने जानकीको ब्याहा, तब आपने उनको संग्राममें क्यों नहीं जीता? इन्द्रपुत्र जयन्त उनके बलको कुछ-कुछ जानता है। श्रीरामजीने पकड़कर, केवल उसकी एक आँख ही फोड़ दी और उसे जीवित ही छोड़ दिया॥ ६॥

**सूपनखा कै गति तुम्ह देखी। तदपि हृदयँ नहिं लाज बिसेषी॥**

शूर्पणखाकी दशा तो आपने देख ही ली। तो भी आपके हृदयमें [उनसे लड़नेकी बात सोचते] विशेष (कुछ भी) लज्जा नहीं आती!॥ ७॥

**दो०—बधि बिराध खर दूषनहि लीलाँ हत्यो कबंध।**
**बालि एक सर मार्‍यो तेहि जानहु दसकंध॥ ३६॥**

जिन्होंने विराध और खर-दूषणको मारकर लीलासे ही कबन्धको भी मार डाला; और जिन्होंने बालिको एक ही बाणसे मार दिया, हे दशकन्ध! आप उन्हें (उनके महत्त्वको) समझिये!॥ ३६॥

**जेहिं जलनाथ बँधायउ हेला। उतरे प्रभु दल सहित सुबेला॥**
**कारुनीक दिनकर कुल केतू। दूत पठायउ तव हित हेतू॥**

जिन्होंने खेलसे ही समुद्रको बँधा लिया और जो प्रभु सेनासहित सुबेल पर्वतपर उतर पड़े, उन सूर्यकुलके ध्वजास्वरूप (कीर्तिको बढ़ानेवाले) करुणामय भगवान्‌ने आपहीके हितके लिये दूत भेजा॥ १॥

**सभा माझ जेहिं तव बल मथा। करि बरूथ महुँ मृगपति जथा॥**
**अंगद हनुमत अनुचर जाके। रन बाँकुरे बीर अति बाँके॥**

जिसने बीच सभामें आकर आपके बलको उसी प्रकार मथ डाला जैसे हाथियोंके झुंडमें आकर सिंह [उसे छिन्न-भिन्न कर डालता है]। रणमें बाँके अत्यन्त विकट वीर अंगद और हनुमान् जिनके सेवक हैं, ॥ २॥

**तेहि कहँ पिय पुनि पुनि नर कहहू। मुधा मान ममता मद बहहू॥**
**अहह कंत कृत राम बिरोधा। काल बिबस मन उपज न बोधा॥**

हे पति! उन्हें आप बार-बार मनुष्य कहते हैं। आप व्यर्थ ही मान, ममता और मदका बोझा ढो रहे हैं! हा प्रियतम! आपने श्रीरामजीसे विरोध कर लिया और कालके विशेष वश होनेसे आपके मनमें अब भी ज्ञान नहीं उत्पन्न होता॥ ३॥

**काल दंड गहि काहु न मारा। हरइ धर्म बल बुद्धि बिचारा॥**
**निकट काल जेहि आवत साईं। तेहि भ्रम होइ तुम्हारिहि नाईं॥**

काल दण्ड (लाठी) लेकर किसीको नहीं मारता। वह धर्म, बल, बुद्धि और विचारको हर लेता है। हे स्वामी! जिसका काल (मरण-समय) निकट आ जाता है, उसे आपहीकी तरह भ्रम हो जाता है॥ ४॥

**दो०—दुइ सुत मरे दहेउ पुर अजहुँ पूर पिय देहु।**
**कृपासिंधु रघुनाथ भजि नाथ बिमल जसु लेहु॥ ३७॥**

आपके दो पुत्र मारे गये और नगर जल गया। [जो हुआ सो हुआ] हे प्रियतम! अब भी [इस भूलकी] पूर्ति (समाप्ति) कर दीजिये (श्रीरामजीसे वैर त्याग दीजिये); और हे नाथ! कृपाके समुद्र श्रीरघुनाथजीको भजकर निर्मल यश लीजिये॥ ३७॥

**नारि बचन सुनि बिसिख समाना। सभाँ गयउ उठि होत बिहाना॥**
**बैठ जाइ सिंघासन फूली। अति अभिमान त्रास सब भूली॥**

स्त्रीके बाणके समान वचन सुनकर वह सबेरा होते ही उठकर सभामें चला गया और सारा भय भुलाकर अत्यन्त अभिमानमें फूलकर सिंहासनपर जा बैठा॥ १॥

**इहाँ राम अंगदहि बोलावा। आइ चरन पंकज सिरु नावा॥**
**अति आदर समीप बैठारी। बोले बिहँसि कृपाल खरारी॥**

यहाँ (सुबेल पर्वतपर) श्रीरामजीने अंगदको बुलाया। उन्होंने आकर चरणकमलोंमें सिर नवाया। बड़े आदरसे उन्हें पास बैठाकर खरके शत्रु कृपालु श्रीरामजी हँसकर बोले॥ २॥

**बालितनय कौतुक अति मोही। तात सत्य कहु पूछउँ तोही॥**
**रावनु जातुधान कुल टीका। भुज बल अतुल जासु जग लीका॥**

हे बालिके पुत्र! मुझे बड़ा कौतूहल है। हे तात! इसीसे मैं तुमसे पूछता हूँ, सत्य कहना। जो रावण राक्षसोंके कुलका तिलक है और जिसके अतुलनीय बाहुबलकी जगत्‌भरमें धाक है,॥ ३॥

**तासु मुकुट तुम्ह चारि चलाए। कहहु तात कवनी बिधि पाए॥**
**सुनु सर्बग्य प्रनत सुखकारी। मुकुट न होहिं भूप गुन चारी॥**

उसके चार मुकुट तुमने फेंके। हे तात! बताओ, तुमने उनको किस प्रकारसे पाया! [अंगदने कहा—] हे सर्वज्ञ! हे शरणागतको सुख देनेवाले! सुनिये। वे मुकुट नहीं हैं। वे तो राजाके चार गुण हैं॥ ४॥

**साम दान अरु दंड बिभेदा। नृप उर बसहिं नाथ कह बेदा॥**
**नीति धर्म के चरन सुहाए। अस जियँ जानि नाथ पहिं आए॥**

हे नाथ! वेद कहते हैं कि साम, दान, दण्ड और भेद—ये चारों राजाके हृदयमें बसते हैं। ये नीति-धर्मके चार सुन्दर चरण हैं। [किन्तु रावणमें धर्मका अभाव है] ऐसा जीमें जानकर ये नाथके पास आ गये हैं॥ ५॥

**दो०—धर्महीन प्रभु पद बिमुख काल बिबस दससीस।**
**तेहि परिहरि गुन आए सुनहु कोसलाधीस॥ ३८ (क)॥**

दशशीश रावण धर्महीन, प्रभुके पदसे विमुख और कालके वशमें है। इसलिये हे कोसलराज! सुनिये, वे गुण रावणको छोड़कर आपके पास आ गये हैं॥ ३८ (क)॥

**परम चतुरता श्रवन सुनि बिहँसे रामु उदार।**
**समाचार पुनि सब कहे गढ़ के बालिकुमार॥ ३८ ( ख )॥**

अंगदकी परम चतुरता [पूर्ण उक्ति] कानोंसे सुनकर उदार श्रीरामचन्द्रजी हँसने लगे। फिर बालिपुत्रने किलेके (लंकाके) सब समाचार कहे॥ ३८ (ख)॥

**रिपु के समाचार जब पाए। राम सचिव सब निकट बोलाए॥**
**लंका बाँके चारि दुआरा। केहि बिधि लागिअ करहु बिचारा॥**

जब शत्रुके समाचार प्राप्त हो गये, तब श्रीरामचन्द्रजीने सब मन्त्रियोंको पास बुलाया [और कहा] लंकाके चार बड़े विकट दरवाजे हैं। उनपर किस तरह आक्रमण किया जाय, इसपर विचार करो॥ १॥

**तब कपीस रिच्छेस बिभीषन। सुमिरि हृदयँ दिनकर कुल भूषन॥**
**करि बिचार तिन्ह मंत्र दृढ़ावा। चारि अनी कपि कटकु बनावा॥**

तब वानरराज सुग्रीव, ऋक्षपति जाम्बवान् और विभीषणने हृदयमें सूर्यकुलके भूषण श्रीरघुनाथजीका स्मरण किया और विचार करके उन्होंने कर्तव्य निश्चित किया। वानरोंकी सेनाके चार दल बनाये॥ २॥

**जथाजोग सेनापति कीन्हे। जूथप सकल बोलि तब लीन्हे॥**
**प्रभु प्रताप कहि सब समुझाए। सुनि कपि सिंघनाद करि धाए॥**

और उनके लिये यथायोग्य (जैसे चाहिये वैसे) सेनापति नियुक्त किये। फिर सब यूथपतियोंको बुला लिया और प्रभुका प्रताप कहकर सबको समझाया, जिसे सुनकर वानर सिंहके समान गर्जना करके दौड़े॥ ३॥

**हरषित राम चरन सिर नावहिं। गहि गिरि सिखर बीर सब धावहिं॥**
**गर्जहिं तर्जहिं भालु कपीसा। जय रघुबीर कोसलाधीसा॥**

वे हर्षित होकर श्रीरामजीके चरणोंमें सिर नवाते हैं और पर्वतोंके शिखर ले-लेकर सब वीर दौड़ते हैं। 'कोसलराज श्रीरघुवीरजीकी जय हो' पुकारते हुए भालू और वानर गरजते और ललकारते हैं॥ ४॥

**जानत परम दुर्ग अति लंका। प्रभु प्रताप कपि चले असंका॥**
**घटाटोप करि चहुँ दिसि घेरी। मुखहिं निसान बजावहिं भेरी॥**

लंकाको अत्यन्त श्रेष्ठ (अजेय) किला जानते हुए भी वानर प्रभु श्रीरामचन्द्रजीके प्रतापसे निडर होकर चले। चारों ओरसे घिरी हुई बादलोंकी घटाकी तरह लंकाको चारों दिशाओंसे घेरकर वे मुँहसे ही डंके और भेरी बजाने लगे॥ ५॥

**दो०—जयति राम जय लछिमन जय कपीस सुग्रीव।**
**गर्जहिं सिंघनाद कपि भालु महा बल सींव॥ ३९॥**

महान् बलकी सीमा वे वानर-भालू सिंहके समान ऊँचे स्वरसे 'श्रीरामजीकी जय', 'लक्ष्मणजीकी जय', 'वानरराज सुग्रीवकी जय' ऐसी गर्जना करने लगे॥ ३९॥

**लंकाँ भयउ कोलाहल भारी। सुना दसानन अति अहँकारी॥**
**देखहु बनरन्ह केरि ढिठाई। बिहँसि निसाचर सेन बोलाई॥**

लंकामें बड़ा भारी कोलाहल (कोहराम) मच गया। अत्यन्त अहंकारी रावणने उसे सुनकर कहा—वानरोंकी ढिठाई तो देखो! यह कहते हुए हँसकर उसने राक्षसोंकी सेना बुलायी॥ १॥

**आए कीस काल के प्रेरे। छुधावंत सब निसिचर मेरे॥**
**अस कहि अट्टहास सठ कीन्हा। गृह बैठें अहार बिधि दीन्हा॥**

बंदर कालकी प्रेरणासे चले आये हैं। मेरे राक्षस सभी भूखे हैं। विधाताने इन्हें घर बैठे भोजन भेज दिया। ऐसा कहकर उस मूर्खने अट्टहास किया (वह बड़े जोरसे ठहाका मारकर हँसा)॥ २॥

**सुभट सकल चारिहुँ दिसि जाहू। धरि धरि भालु कीस सब खाहू॥**
**उमा रावनहि अस अभिमाना। जिमि टिट्टिभ खग सूत उताना॥**

[और बोला—] हे वीरो! सब लोग चारों दिशाओंमें जाओ और रीछ-वानर सबको पकड़-पकड़कर खाओ। [शिवजी कहते हैं—] हे उमा! रावणको ऐसा अभिमान था जैसे टिटिहिरी पक्षी पैर ऊपरकी ओर करके सोता है [मानो आकाशको थाम लेगा]॥ ३॥

**चले निसाचर आयसु मागी। गहि कर भिंडिपाल बर साँगी॥**
**तोमर मुद्गर परसु प्रचंडा। सूल कृपान परिघ गिरिखंडा॥**

आज्ञा माँगकर और हाथोंमें उत्तम भिंदिपाल, साँगी (बरछी), तोमर, मुद्गर, प्रचण्ड फरसे, शूल, दुधारी तलवार, परिघ और पहाड़ोंके टुकड़े लेकर राक्षस चले॥ ४॥

**जिमि अरुनोपल निकर निहारी। धावहिं सठ खग मांस अहारी॥**
**चोंच भंग दुख तिन्हहि न सूझा। तिमि धाए मनुजाद अबूझा॥**

जैसे मूर्ख मांसाहारी पक्षी लाल पत्थरोंका समूह देखकर उसपर टूट पड़ते हैं, [पत्थरोंपर लगनेसे] चोंच टूटनेका दुःख उन्हें नहीं सूझता, वैसे ही ये बेसमझ राक्षस दौड़े॥ ५॥

**दो०—नानायुध सर चाप धर जातुधान बल बीर।**
**कोट कँगूरन्हि चढ़ि गए कोटि कोटि रनधीर॥ ४०॥**

अनेकों प्रकारके अस्त्र-शस्त्र और धनुष-बाण धारण किये करोड़ों बलवान् और रणधीर राक्षस वीर परकोटेके कँगूरोंपर चढ़ गये॥ ४०॥

**कोट कँगूरन्हि सोहहिं कैसे। मेरु के सृंगनि जनु घन बैसे॥**
**बाजहिं ढोल निसान जुझाऊ। सुनि धुनि होइ भटन्हि मन चाऊ॥**

वे परकोटेके कँगूरोंपर कैसे शोभित हो रहे हैं, मानो सुमेरुके शिखरोंपर बादल बैठे हों। जुझाऊ ढोल और डंके आदि बज रहे हैं, [जिनकी] ध्वनि सुनकर योद्धाओंके मनमें [लड़नेका] चाव होता है॥ १॥

**बाजहिं भेरि नफीरि अपारा। सुनि कादर उर जाहिं दरारा॥**
**देखिन्ह जाइ कपिन्ह के ठट्टा। अति बिसाल तनु भालु सुभट्टा॥**

अगणित नफीरी और भेरी बज रही है, [जिन्हें] सुनकर कायरोंके हृदयमें दरारें पड़ जाती हैं। उन्होंने जाकर अत्यन्त विशाल शरीरवाले महान् योद्धा वानर और भालुओंके ठट्ट (समूह) देखे॥ २॥

**धावहिं गनहिं न अवघट घाटा। पर्बत फोरि करहिं गहि बाटा॥**
**कटकटाहिं कोटिन्ह भट गर्जहिं। दसन ओठ काटहिं अति तर्जहिं॥**

[देखा कि] वे रीछ-वानर दौड़ते हैं; औघट (ऊँची-नीची, विकट) घाटियोंको कुछ नहीं गिनते। पकड़कर पहाड़ोंको फोड़कर रास्ता बना लेते हैं। करोड़ों योद्धा कटकटाते और गर्जते हैं। दाँतोंसे ओंठ काटते और खूब डपटते हैं॥ ३॥

**उत रावन इत राम दोहाई। जयति जयति जय परी लराई॥**
**निसिचर सिखर समूह ढहावहिं। कूदि धरहिं कपि फेरि चलावहिं॥**

उधर रावणकी और इधर श्रीरामजीकी दोहाई बोली जा रही है। 'जय' 'जय' 'जय' की ध्वनि होते ही लड़ाई छिड़ गयी। राक्षस पहाड़ोंके ढेर-के-ढेर शिखरोंको फेंकते हैं। वानर कूदकर उन्हें पकड़ लेते हैं और वापस उन्हींकी ओर चलाते हैं॥ ४॥

**छं०—धरि कुधर खंड प्रचंड मर्कट भालु गढ़ पर डारहीं।**
**झपटहिं चरन गहि पटकि महि भजि चलत बहुरि पचारहीं॥**
**अति तरल तरुन प्रताप तरपहिं तमकि गढ़ चढ़ि चढ़ि गए।**
**कपि भालु चढ़ि मंदिरन्ह जहँ तहँ राम जसु गावत भए॥**

प्रचण्ड वानर और भालू पर्वतोंके टुकड़े ले-लेकर किलेपर डालते हैं। वे झपटते हैं और राक्षसोंके पैर पकड़कर उन्हें पृथ्वीपर पटककर भाग चलते हैं और फिर ललकारते हैं। बहुत ही चंचल और बड़े तेजस्वी वानर-भालू बड़ी फुर्तीसे उछलकर किलेपर चढ़-चढ़कर गये और जहाँ-तहाँ महलोंमें घुसकर श्रीरामजीका यश गाने लगे।

**दो०—एकु एकु निसिचर गहि पुनि कपि चले पराइ।**
**ऊपर आपु हेठ भट गिरहिं धरनि पर आइ॥ ४१॥**

फिर एक-एक राक्षसको पकड़कर वे वानर भाग चले। ऊपर आप और नीचे [राक्षस] योद्धा—इस प्रकार वे [किलेपरसे] धरतीपर आ गिरते हैं॥ ४१॥

**राम प्रताप प्रबल कपिजूथा। मर्दहिं निसिचर सुभट बरूथा॥**
**चढ़े दुर्ग पुनि जहँ तहँ बानर। जय रघुबीर प्रताप दिवाकर॥**

श्रीरामजीके प्रतापसे प्रबल वानरोंके झुंड राक्षस योद्धाओंके समूह-के-समूह योद्धाओंको मसल रहे हैं। वानर फिर जहाँ-तहाँ किलेपर चढ़ गये और प्रतापमें सूर्यके समान श्रीरघुवीरकी जय बोलने लगे॥ १॥

**चले निसाचर निकर पराई। प्रबल पवन जिमि घन समुदाई॥**
**हाहाकार भयउ पुर भारी। रोवहिं बालक आतुर नारी॥**

राक्षसोंके झुंड वैसे ही भाग चले जैसे जोरकी हवा चलनेपर बादलोंके समूह तितर-बितर हो जाते हैं। लंका नगरीमें बड़ा भारी हाहाकार मच गया। बालक, स्त्रियाँ और रोगी [असमर्थताके कारण] रोने लगे॥ २॥

**सब मिलि देहिं रावनहि गारी। राज करत एहिं मृत्यु हँकारी॥**
**निज दल बिचल सुनी तेहिं काना। फेरि सुभट लंकेस रिसाना॥**

सब मिलकर रावणको गालियाँ देने लगे कि राज्य करते हुए इसने मृत्युको बुला लिया। रावणने जब अपनी सेनाका विचलित होना कानोंसे सुना, तब [भागते हुए] योद्धाओंको लौटाकर वह क्रोधित होकर बोला—॥ ३॥

**जो रन बिमुख सुना मैं काना। सो मैं हतब कराल कृपाना॥**
**सर्बसु खाइ भोग करि नाना। समर भूमि भए बल्लभ प्राना॥**

मैं जिसे रणसे पीठ देकर भागा हुआ अपने कानों सुनूँगा, उसे स्वयं भयानक दुधारी तलवारसे

मारूँगा। मेरा सब कुछ खाया, भाँति-भाँतिके भोग किये और अब रणभूमिमें प्राण प्यारे हो गये!॥ ४॥

**उग्र बचन सुनि सकल डेराने। चले क्रोध करि सुभट लजाने॥**
**सन्मुख मरन बीर कै सोभा। तब तिन्ह तजा प्रान कर लोभा॥**

रावणके उग्र (कठोर) वचन सुनकर सब वीर डर गये और लज्जित होकर क्रोध करके युद्धके लिये लौट चले। रणमें [शत्रुके] सम्मुख (युद्ध करते हुए) मरनेमें ही वीरकी शोभा है। [यह सोचकर] तब उन्होंने प्राणोंका लोभ छोड़ दिया॥ ५॥

**दो०—बहु आयुध धर सुभट सब भिरहिं पचारि पचारि।**
**ब्याकुल किए भालु कपि परिघ त्रिसूलन्हि मारि॥ ४२॥**

बहुत-से अस्त्र-शस्त्र धारण किये सब वीर ललकार-ललकारकर भिड़ने लगे। उन्होंने परिघों और त्रिशूलोंसे मार-मारकर सब रीछ-वानरोंको व्याकुल कर दिया॥ ४२॥

**भय आतुर कपि भागन लागे। जद्यपि उमा जीतिहहिं आगे॥**
**कोउ कह कहँ अंगद हनुमंता। कहँ नल नील दुबिद बलवंता॥**

[शिवजी कहते हैं—] वानर भयातुर होकर (डरके मारे घबड़ाकर) भागने लगे, यद्यपि हे उमा! आगे चलकर [वे ही] जीतेंगे। कोई कहता है—अंगद-हनुमान् कहाँ हैं? बलवान् नल, नील और द्विविद कहाँ हैं?॥ १॥

**निज दल बिकल सुना हनुमाना। पच्छिम द्वार रहा बलवाना॥**
**मेघनाद तहँ करइ लराई। टूट न द्वार परम कठिनाई॥**

हनुमान्‌जीने जब अपने दलको विकल (भयभीत) हुआ सुना, उस समय वे बलवान् पश्चिम द्वारपर थे। वहाँ उनसे मेघनाद युद्ध कर रहा था। वह द्वार टूटता न था, बड़ी भारी कठिनाई हो रही थी॥ २॥

**पवनतनय मन भा अति क्रोधा। गर्जेउ प्रबल काल सम जोधा॥**
**कूदि लंक गढ़ ऊपर आवा। गहि गिरि मेघनाद कहुँ धावा॥**

तब पवनपुत्र हनुमान्‌जीके मनमें बड़ा भारी क्रोध हुआ। वे कालके समान योद्धा बड़े जोरसे गरजे और कूदकर लंकाके किलेपर आ गये और पहाड़ लेकर मेघनादकी ओर दौड़े॥ ३॥

**भंजेउ रथ सारथी निपाता। ताहि हृदय महुँ मारेसि लाता॥**
**दुसरें सूत बिकल तेहि जाना। स्यंदन घालि तुरत गृह आना॥**

रथ तोड़ डाला, सारथिको मार गिराया और मेघनादकी छातीमें लात मारी। दूसरा सारथि मेघनादको व्याकुल जानकर, उसे रथमें डालकर, तुरंत घर ले आया॥ ४॥

**दो०—अंगद सुना पवनसुत गढ़ पर गयउ अकेल।**
**रन बाँकुरा बालिसुत तरकि चढ़ेउ कपि खेल॥ ४३॥**

इधर अंगदने सुना कि पवनपुत्र हनुमान् किलेपर अकेले ही गये हैं, तो रणमें बाँके बालिपुत्र वानरके खेलकी तरह उछलकर किलेपर चढ़ गये॥ ४३॥

**जुद्ध बिरुद्ध क्रुद्ध द्वौ बंदर। राम प्रताप सुमिरि उर अंतर॥**
**रावन भवन चढ़े द्वौ धाई। करहिं कोसलाधीस दोहाई॥**

युद्धमें शत्रुओंके विरुद्ध दोनों वानर क्रुद्ध हो गये। हृदयमें श्रीरामजीके प्रतापका स्मरण करके

दोनों दौड़कर रावणके महलपर जा चढ़े और कोसलराज श्रीरामजीकी दुहाई बोलने लगे॥ १॥

**कलस सहित गहि भवनु ढहावा। देखि निसाचरपति भय पावा॥**
**नारि बृंद कर पीटहिं छाती। अब दुइ कपि आए उतपाती॥**

उन्होंने कलशसहित महलको पकड़कर ढहा दिया। यह देखकर राक्षसराज रावण डर गया। सब स्त्रियाँ हाथोंसे छाती पीटने लगीं [और कहने लगीं—] अबकी बार दो उत्पाती वानर [एक साथ] आ गये॥ २॥

**कपिलीला करि तिन्हहि डेरावहिं। रामचंद्र कर सुजसु सुनावहिं॥**
**पुनि कर गहि कंचन के खंभा। कहेन्हि करिअ उतपात अरंभा॥**

वानरलीला करके (घुड़की देकर) दोनों उनको डराते हैं और श्रीरामचन्द्रजीका सुन्दर यश सुनाते हैं। फिर सोनेके खंभोंको हाथोंसे पकड़कर उन्होंने [परस्पर] कहा कि अब उत्पात आरम्भ किया जाय॥ ३॥

**गर्जि परे रिपु कटक मझारी। लागे मर्दै भुज बल भारी॥**
**काहुहि लात चपेटन्हि केहू। भजहु न रामहि सो फल लेहू॥**

वे गर्जकर शत्रुकी सेनाके बीचमें कूद पड़े और अपने भारी भुजबलसे उसका मर्दन करने लगे। किसीकी लातसे और किसीकी थप्पड़से खबर लेते हैं [और कहते हैं कि] तुम श्रीरामजीको नहीं भजते, उसका यह फल लो॥ ४॥

**दो०—एक एक सों मर्दहिं तोरि चलावहिं मुंड।**
**रावन आगें परहिं ते जनु फूटहिं दधि कुंड॥ ४४॥**

एकको दूसरेसे [रगड़कर] मसल डालते हैं और सिरोंको तोड़कर फेंकते हैं। वे सिर जाकर रावणके सामने गिरते हैं और ऐसे फूटते हैं मानो दहीके कूँड़े फूट रहे हों॥ ४४॥

**महा महा मुखिआ जे पावहिं। ते पद गहि प्रभु पास चलावहिं॥**
**कहइ बिभीषनु तिन्ह के नामा। देहिं राम तिन्हहू निज धामा॥**

जिन बड़े-बड़े मुखियों (प्रधान सेनापतियों)-को पकड़ पाते हैं उनके पैर पकड़कर उन्हें प्रभुके पास फेंक देते हैं। विभीषणजी उनके नाम बतलाते हैं और श्रीरामजी उन्हें भी अपना धाम (परम पद) दे देते हैं॥ १॥

**खल मनुजाद द्विजामिष भोगी। पावहिं गति जो जाचत जोगी।**
**उमा राम मृदुचित करुनाकर। बयर भाव सुमिरत मोहि निसिचर॥**

ब्राह्मणोंका मांस खानेवाले वे नरभोजी दुष्ट राक्षस भी वह परम गति पाते हैं जिसकी योगी भी याचना किया करते हैं [परन्तु सहजमें नहीं पाते]। [शिवजी कहते हैं—] हे उमा! श्रीरामजी बड़े ही कोमलहृदय और करुणाकी खान हैं। [वे सोचते हैं कि] राक्षस मुझे वैरभावसे ही सही, स्मरण तो करते ही हैं॥ २॥

**देहिं परम गति सो जियँ जानी। अस कृपाल को कहहु भवानी॥**
**अस प्रभु सुनि न भजहिं भ्रम त्यागी। नर मतिमंद ते परम अभागी॥**

ऐसा हृदयमें जानकर वे उन्हें परमगति (मोक्ष) देते हैं। हे भवानी! कहो तो ऐसे कृपालु [और] कौन हैं? प्रभुका ऐसा स्वभाव सुनकर भी जो मनुष्य भ्रम त्यागकर उनका भजन नहीं करते, वे अत्यन्त मन्दबुद्धि और परम भाग्यहीन हैं॥ ३॥

**अंगद अरु हनुमंत प्रबेसा। कीन्ह दुर्ग अस कह अवधेसा॥**
**लंका द्वौ कपि सोहहिं कैसें। मथहिं सिंधु दुइ मंदर जैसें॥**

श्रीरामजीने कहा कि अंगद और हनुमान् किलेमें घुस गये हैं। दोनों वानर लंकामें [विध्वंस करते] कैसे शोभा देते हैं, जैसे दो मन्दराचल समुद्रको मथ रहे हों॥ ४॥

**दो०—भुज बल रिपु दल दलमलि देखि दिवस कर अंत।**
**कूदे जुगल बिगत श्रम आए जहँ भगवंत॥ ४५॥**

भुजाओंके बलसे शत्रुकी सेनाको कुचलकर और मसलकर, फिर दिनका अन्त होता देखकर हनुमान् और अंगद दोनों कूद पड़े और श्रम (थकावट) रहित होकर वहाँ आ गये जहाँ भगवान् श्रीरामजी थे॥ ४५॥

**प्रभु पद कमल सीस तिन्ह नाए। देखि सुभट रघुपति मन भाए॥**
**राम कृपा करि जुगल निहारे। भए बिगतश्रम परम सुखारे॥**

उन्होंने प्रभुके चरणकमलोंमें सिर नवाये। उत्तम योद्धाओंको देखकर श्रीरघुनाथजी मनमें बहुत प्रसन्न हुए। श्रीरामजीने कृपा करके दोनोंको देखा, जिससे वे श्रमरहित और परम सुखी हो गये॥ १॥

**गए जानि अंगद हनुमाना। फिरे भालु मर्कट भट नाना॥**
**जातुधान प्रदोष बल पाई। धाए करि दससीस दोहाई॥**

अंगद और हनुमान्‌को गये जानकर सभी भालू और वानर वीर लौट पड़े। राक्षसोंने प्रदोष (सायं) कालका बल पाकर रावणकी दुहाई देते हुए वानरोंपर धावा किया॥ २॥

**निसिचर अनी देखि कपि फिरे। जहँ तहँ कटकटाइ भट भिरे॥**
**द्वौ दल प्रबल पचारि पचारी। लरत सुभट नहिं मानहिं हारी॥**

राक्षसोंकी सेना आती देखकर वानर लौट पड़े और वे योद्धा जहाँ-तहाँ कटकटाकर भिड़ गये। दोनों ही दल बड़े बलवान् हैं। योद्धा ललकार-ललकारकर लड़ते हैं, कोई हार नहीं मानते॥ ३॥

**महाबीर निसिचर सब कारे। नाना बरन बलीमुख भारे॥**
**सबल जुगल दल समबल जोधा। कौतुक करत लरत करि क्रोधा॥**

सभी राक्षस महान् वीर और अत्यन्त काले हैं और वानर विशालकाय तथा अनेकों रंगोंके हैं। दोनों ही दल बलवान् हैं और समान बलवाले योद्धा हैं। वे क्रोध करके लड़ते हैं और खेल करते (वीरता दिखलाते) हैं॥ ४॥

**प्राबिट सरद पयोद घनेरे। लरत मनहु मारुत के प्रेरे॥**
**अनिप अकंपन अरु अतिकाया। बिचलत सेन कीन्हि इन्ह माया॥**

[राक्षस और वानर युद्ध करते हुए ऐसे जान पड़ते हैं] मानो क्रमशः वर्षा और शरद्-ऋतुके बहुत-से बादल पवनसे प्रेरित होकर लड़ रहे हों। अकंपन और अतिकाय इन सेनापतियोंने अपनी सेनाको विचलित होते देखकर माया की॥ ५॥

**भयउ निमिष महँ अति अँधिआरा। बृष्टि होइ रुधिरोपल छारा॥**

पलभरमें अत्यन्त अन्धकार हो गया। खून, पत्थर और राखकी वर्षा होने लगी॥ ६॥

**दो०—देखि निबिड़ तम दसहुँ दिसि कपिदल भयउ खभार।**
**एकहि एक न देखई जहँ तहँ करहिं पुकार॥ ४६॥**

दसों दिशाओंमें अत्यन्त घना अन्धकार देखकर वानरोंकी सेनामें खलबली पड़ गयी। एकको एक (दूसरा) नहीं देख सकता और सब जहाँ-तहाँ पुकार कर रहे हैं॥ ४६॥

**सकल मरमु रघुनायक जाना। लिए बोलि अंगद हनुमाना॥**
**समाचार सब कहि समुझाए। सुनत कोपि कपिकुंजर धाए॥**

श्रीरघुनाथजी सब रहस्य जान गये। उन्होंने अंगद और हनुमान्‌को बुला लिया और सब समाचार कहकर समझाया। सुनते ही वे दोनों कपिश्रेष्ठ क्रोध करके दौड़े॥ १॥

**पुनि कृपाल हँसि चाप चढ़ावा। पावक सायक सपदि चलावा॥**
**भयउ प्रकास कतहुँ तम नाहीं। ग्यान उदयँ जिमि संसय जाहीं॥**

फिर कृपालु श्रीरामजीने हँसकर धनुष चढ़ाया और तुरंत ही अग्निबाण चलाया, जिससे प्रकाश हो गया, कहीं अँधेरा नहीं रह गया। जैसे ज्ञानके उदय होनेपर [सब प्रकारके] सन्देह दूर हो जाते हैं॥ २॥

**भालु बलीमुख पाइ प्रकासा। धाए हरष बिगत श्रम त्रासा॥**
**हनूमान अंगद रन गाजे। हाँक सुनत रजनीचर भाजे॥**

भालू और वानर प्रकाश पाकर श्रम और भयसे रहित तथा प्रसन्न होकर दौड़े। हनुमान् और अंगद रणमें गरज उठे। उनकी हाँक सुनते ही राक्षस भाग छूटे॥ ३॥

**भागत भट पटकहिं धरि धरनी। करहिं भालु कपि अद्भुत करनी॥**
**गहि पद डारहिं सागर माहीं। मकर उरग झष धरि धरि खाहीं॥**

भागते हुए राक्षस योद्धाओंको वानर और भालू पकड़कर पृथ्वीपर दे मारते हैं। और अद्भुत (आश्चर्यजनक) करनी करते हैं (युद्धकौशल दिखलाते हैं)। पैर पकड़कर उन्हें समुद्रमें डाल देते हैं। वहाँ मगर, साँप और मच्छ उन्हें पकड़-पकड़कर खा डालते हैं॥ ४॥

**दो०—कछु मारे कछु घायल कछु गढ़ चढ़े पराइ।**
**गर्जहिं भालु बलीमुख रिपु दल बल बिचलाइ॥ ४७॥**

कुछ मारे गये, कुछ घायल हुए, कुछ भागकर गढ़पर चढ़ गये। अपने बलसे शत्रुदलको विचलित करके रीछ और वानर [वीर] गरज रहे हैं॥ ४७॥

**निसा जानि कपि चारिउ अनी। आए जहाँ कोसला धनी॥**
**राम कृपा करि चितवा सबही। भए बिगतश्रम बानर तबही॥**

रात हुई जानकर वानरोंकी चारों सेनाएँ (टुकड़ियाँ) वहाँ आयीं जहाँ कोसलपति श्रीरामजी थे। श्रीरामजीने ज्यों ही सबको कृपा करके देखा त्यों ही ये वानर श्रमरहित हो गये॥ १॥

**उहाँ दसानन सचिव हँकारे। सब सन कहेसि सुभट जे मारे॥**
**आधा कटकु कपिन्ह संघारा। कहहु बेगि का करिअ बिचारा॥**

वहाँ [लंकामें] रावणने मन्त्रियोंको बुलाया और जो योद्धा मारे गये थे उन सबको सबसे बताया। [उसने कहा—] वानरोंने आधी सेनाका संहार कर दिया! अब शीघ्र बताओ, क्या विचार (उपाय) करना चाहिये?॥ २॥

**माल्यवंत अति जरठ निसाचर। रावन मातु पिता मंत्री बर॥**
**बोला बचन नीति अति पावन। सुनहु तात कछु मोर सिखावन॥**

माल्यवंत [नामका एक] अत्यन्त बूढ़ा राक्षस था। वह रावणकी माताका पिता (अर्थात्

उसका नाना) और श्रेष्ठ मन्त्री था। वह अत्यन्त पवित्र नीतिके वचन बोला—हे तात! कुछ मेरी सीख भी सुनो—॥ ३॥

**जब ते तुम्ह सीता हरि आनी। असगुन होहिं न जाहिं बखानी॥**
**बेद पुरान जासु जसु गायो। राम बिमुख काहुँ न सुख पायो॥**

जबसे तुम सीताको हर लाये हो, तबसे इतने अपशकुन हो रहे हैं कि जो वर्णन नहीं किये जा सकते। वेद-पुराणोंने जिनका यश गाया है, उन श्रीरामसे विमुख होकर किसीने सुख नहीं पाया॥ ४॥

**दो०—हिरन्याच्छ भ्राता सहित मधु कैटभ बलवान।**
**जेहिं मारे सोइ अवतरेउ कृपासिंधु भगवान॥ ४८ (क)॥**

भाई हिरण्यकशिपुसहित हिरण्याक्षको और बलवान् मधु-कैटभको जिन्होंने मारा था, वे ही कृपाके समुद्र भगवान् [रामरूपसे] अवतरित हुए हैं॥ ४८ (क)॥

## मासपारायण, पचीसवाँ विश्राम

**कालरूप खल बन दहन गुनागार घनबोध।**
**सिव बिरंचि जेहि सेवहिं तासों कवन बिरोध॥ ४८ (ख)॥**

जो कालस्वरूप हैं, दुष्टोंके समूहरूपी वनके भस्म करनेवाले [अग्नि] हैं, गुणोंके धाम और ज्ञानघन हैं, एवं शिवजी और ब्रह्माजी भी जिनकी सेवा करते हैं, उनसे वैर कैसा?॥ ४८ (ख)॥

**परिहरि बयरु देहु बैदेही। भजहु कृपानिधि परम सनेही॥**
**ताके बचन बान सम लागे। करिआ मुह करि जाहि अभागे॥**

[अतः] वैर छोड़कर उन्हें जानकीजीको दे दो और कृपानिधान परम स्नेही श्रीरामजीका भजन करो। रावणको उसके वचन बाणके समान लगे। [वह बोला—] अरे अभागे! मुँह काला करके [यहाँसे] निकल जा॥ १॥

**बूढ़ भएसि न त मरतेउँ तोही। अब जनि नयन देखावसि मोही॥**
**तेहिं अपने मन अस अनुमाना। बध्यो चहत एहि कृपानिधाना॥**

तू बूढ़ा हो गया, नहीं तो तुझे मार ही डालता। अब मेरी आँखोंको अपना मुँह न दिखला। रावणके ये वचन सुनकर उसने (माल्यवान्‌ने) अपने मनमें ऐसा अनुमान किया कि इसे कृपानिधान श्रीरामजी अब मारना ही चाहते हैं॥ २॥

**सो उठि गयउ कहत दुर्बादा। तब सकोप बोलेउ घननादा॥**
**कौतुक प्रात देखिअहु मोरा। करिहउँ बहुत कहौं का थोरा॥**

वह रावणको दुर्वचन कहता हुआ उठकर चला गया। तब मेघनाद क्रोधपूर्वक बोला—सबेरे मेरी करामात देखना। मैं बहुत कुछ करूँगा; थोड़ा क्या कहूँ? (जो कुछ वर्णन करूँगा थोड़ा ही होगा)॥ ३॥

**सुनि सुत बचन भरोसा आवा। प्रीति समेत अंक बैठावा॥**
**करत बिचार भयउ भिनुसारा। लागे कपि पुनि चहूँ दुआरा॥**

पुत्रके वचन सुनकर रावणको भरोसा आ गया। उसने प्रेमके साथ उसे गोदमें बैठा लिया। विचार करते-करते ही सबेरा हो गया। वानर फिर चारों दरवाजोंपर जा लगे॥ ४॥

**कोपि कपिन्ह दुर्घट गढ़ु घेरा। नगर कोलाहलु भयउ घनेरा॥**
**बिबिधायुध धर निसिचर धाए। गढ़ ते पर्बत सिखर ढहाए॥**

वानरोंने क्रोध करके दुर्गम किलेको घेर लिया। नगरमें बहुत ही कोलाहल (शोर) मच गया। राक्षस बहुत तरहके अस्त्र-शस्त्र धारण करके दौड़े और उन्होंने किलेपरसे पहाड़ोंके शिखर ढहाये॥ ५॥

**छं०—ढाहे महीधर सिखर कोटिन्ह बिबिध बिधि गोला चले।**
**घहरात जिमि पबिपात गर्जत जनु प्रलय के बादले॥**
**मर्कट बिकट भट जुटत कटत न लटत तन जर्जर भए।**
**गहि सैल तेहि गढ़ पर चलावहिं जहँ सो तहँ निसिचर हए॥**

उन्होंने पर्वतोंके करोड़ों शिखर ढहाये, अनेक प्रकारसे गोले चलने लगे। वे गोले ऐसा घहराते हैं जैसे वज्रपात हुआ हो (बिजली गिरी हो) और योद्धा ऐसे गरजते हैं मानो प्रलयकालके बादल हों। विकट वानर योद्धा भिड़ते हैं, कट जाते हैं (घायल हो जाते हैं), उनके शरीर जर्जर (चलनी) हो जाते हैं, तब भी वे लटते नहीं (हिम्मत नहीं हारते)। वे पहाड़ उठाकर उसे किलेपर फेंकते हैं। राक्षस जहाँ-के-तहाँ (जो जहाँ होते हैं वहीं) मारे जाते हैं।

**दो०—मेघनाद सुनि श्रवन अस गढ़ु पुनि छेंका आइ।**
**उतर्‌यो बीर दुर्ग तें सन्मुख चल्यो बजाइ॥ ४९॥**

मेघनादने कानोंसे ऐसा सुना कि वानरोंने आकर फिर किलेको घेर लिया है। तब वह वीर किलेसे उतरा और डंका बजाकर उनके सामने चला॥ ४९॥

**कहँ कोसलाधीस द्वौ भ्राता। धन्वी सकल लोक बिख्याता॥**
**कहँ नल नील दुबिद सुग्रीवा। अंगद हनूमंत बल सींवा॥**

[मेघनादने पुकारकर कहा—] समस्त लोकोंमें प्रसिद्ध धनुर्धर कोसलाधीश दोनों भाई कहाँ हैं? नल, नील, द्विविद, सुग्रीव और बलकी सीमा अंगद और हनुमान् कहाँ हैं?॥ १॥

**कहाँ बिभीषनु भ्राताद्रोही। आजु सबहि हठि मारउँ ओही॥**
**अस कहि कठिन बान संधाने। अतिसय क्रोध श्रवन लगि ताने॥**

भाईसे द्रोह करनेवाला विभीषण कहाँ है? आज मैं सबको और उस दुष्टको तो हठपूर्वक (अवश्य ही) मारूँगा। ऐसा कहकर उसने धनुषपर कठिन बाणोंका सन्धान किया और अत्यन्त क्रोध करके उसे कानतक खींचा॥ २॥

**सर समूह सो छाड़ै लागा। जनु सपच्छ धावहिं बहु नागा॥**
**जहँ तहँ परत देखिअहिं बानर। सन्मुख होइ न सके तेहि अवसर॥**

वह बाणोंके समूह छोड़ने लगा। मानो बहुत-से पंखवाले साँप दौड़े जा रहे हों। जहाँ-तहाँ वानर गिरते दिखायी पड़ने लगे। उस समय कोई भी उसके सामने न हो सके॥ ३॥

**जहँ तहँ भागि चले कपि रीछा। बिसरी सबहि जुद्ध कै ईछा॥**
**सो कपि भालु न रन महँ देखा। कीन्हेसि जेहि न प्रान अवसेषा॥**

रीछ-वानर जहाँ-तहाँ भाग चले। सबको युद्धकी इच्छा भूल गयी। रणभूमिमें ऐसा एक भी वानर या भालू नहीं दिखायी पड़ा जिसको उसने प्राणमात्र अवशेष न कर दिया हो (अर्थात् जिसके केवल प्राणमात्र ही न बचे हों; बल, पुरुषार्थ सारा जाता न रहा हो)॥ ४॥

**दो०—दस दस सर सब मारेसि परे भूमि कपि बीर।**
**सिंहनाद करि गर्जा मेघनाद बल धीर॥ ५०॥**

फिर उसने सबको दस-दस बाण मारे, वानर वीर पृथ्वीपर गिर पड़े। बलवान् और धीर मेघनाद सिंहके समान नाद करके गरजने लगा॥ ५०॥

**देखि पवनसुत कटक बिहाला। क्रोधवंत जनु धायउ काला॥**
**महासैल एक तुरत उपारा। अति रिस मेघनाद पर डारा॥**

सारी सेनाको बेहाल (व्याकुल) देखकर पवनसुत हनुमान् क्रोध करके ऐसे दौड़े मानो स्वयं काल दौड़ा आता हो। उन्होंने तुरंत एक बड़ा भारी पहाड़ उखाड़ लिया और बड़े ही क्रोधके साथ उसे मेघनादपर छोड़ा॥ १॥

**आवत देखि गयउ नभ सोई। रथ सारथी तुरग सब खोई॥**
**बार बार पचार हनुमाना। निकट न आव मरमु सो जाना॥**

पहाड़को आते देखकर वह आकाशमें उड़ गया। [उसके] रथ, सारथि और घोड़े सब नष्ट हो गये (चूर-चूर हो गये)। हनुमान्‌जी उसे बार-बार ललकारते हैं। पर वह निकट नहीं आता, क्योंकि वह उनके बलका मर्म जानता था॥ २॥

**रघुपति निकट गयउ घननादा। नाना भाँति करेसि दुर्बादा॥**
**अस्त्र सस्त्र आयुध सब डारे। कौतुकहीं प्रभु काटि निवारे॥**

[तब] मेघनाद श्रीरघुनाथजीके पास गया और उसने [उनके प्रति] अनेकों प्रकारके दुर्वचनोंका प्रयोग किया। [फिर] उसने उनपर अस्त्र-शस्त्र तथा और सब हथियार चलाये। प्रभुने खेलमें ही सबको काटकर अलग कर दिया॥ ३॥

**देखि प्रताप मूढ़ खिसिआना। करै लाग माया बिधि नाना॥**
**जिमि कोउ करै गरुड़ सैं खेला। डरपावै गहि स्वल्प सपेला॥**

श्रीरामजीका प्रताप (सामर्थ्य) देखकर वह मूर्ख लज्जित हो गया और अनेकों प्रकारकी माया करने लगा। जैसे कोई व्यक्ति छोटा-सा साँपका बच्चा हाथमें लेकर गरुड़को डरावे और उससे खेल करे॥ ४॥

**दो०—जासु प्रबल माया बस सिव बिरंचि बड़ छोट।**
**ताहि दिखावइ निसिचर निज माया मति खोट॥ ५१॥**

शिवजी और ब्रह्माजीतक बड़े-छोटे [सभी] जिनकी अत्यन्त बलवान् मायाके वशमें हैं, नीचबुद्धि निशाचर उनको अपनी माया दिखलाता है॥ ५१॥

**नभ चढ़ि बरष बिपुल अंगारा। महि ते प्रगट होहिं जलधारा॥**
**नाना भाँति पिसाच पिसाची। मारु काटु धुनि बोलहिं नाची॥**

आकाशमें [ऊँचे] चढ़कर वह बहुत-से अंगारे बरसाने लगा। पृथ्वीसे जलकी धाराएँ प्रकट होने लगीं। अनेक प्रकारके पिशाच तथा पिशाचिनियाँ नाच-नाचकर 'मारो, काटो' की आवाज करने लगीं॥ १॥

**बिष्टा पूय रुधिर कच हाड़ा। बरषइ कबहुँ उपल बहु छाड़ा॥**
**बरषि धूरि कीन्हेसि अँधिआरा। सूझ न आपन हाथ पसारा॥**

वह कभी तो विष्ठा, पीब, खून, बाल और हड्डियाँ बरसाता था और कभी बहुत-से पत्थर फेंक देता था। फिर उसने धूल बरसाकर ऐसा अँधेरा कर दिया कि अपना ही पसारा हुआ हाथ नहीं सूझता था॥ २॥

**कपि अकुलाने माया देखें। सब कर मरन बना एहि लेखें॥**
**कौतुक देखि राम मुसुकाने। भए सभीत सकल कपि जाने॥**

माया देखकर वानर अकुला उठे। वे सोचने लगे कि इस हिसाबसे (इसी तरह रहा) तो सबका मरण आ बना। यह कौतुक देखकर श्रीरामजी मुसकराये। उन्होंने जान लिया कि सब वानर भयभीत हो गये हैं॥ ३॥

**एक बान काटी सब माया। जिमि दिनकर हर तिमिर निकाया॥**
**कृपादृष्टि कपि भालु बिलोके। भए प्रबल रन रहहिं न रोके॥**

तब श्रीरामजीने एक ही बाणसे सारी माया काट डाली, जैसे सूर्य अन्धकारके समूहको हर लेता है। तदनन्तर उन्होंने कृपाभरी दृष्टिसे वानर-भालुओंकी ओर देखा, [जिससे] वे ऐसे प्रबल हो गये कि रणमें रोकनेपर भी नहीं रुकते थे॥ ४॥

**दो०—आयसु मागि राम पहिं अंगदादि कपि साथ।**
**लछिमन चले क्रुद्ध होइ बान सरासन हाथ॥ ५२॥**

श्रीरामजीसे आज्ञा माँगकर, अंगद आदि वानरोंके साथ हाथोंमें धनुष-बाण लिये हुए श्रीलक्ष्मणजी क्रुद्ध होकर चले॥ ५२॥

**छतज नयन उर बाहु बिसाला। हिमगिरि निभ तनु कछु एक लाला॥**
**इहाँ दसानन सुभट पठाए। नाना अस्त्र सस्त्र गहि धाए॥**

उनके लाल नेत्र हैं, चौड़ी छाती और विशाल भुजाएँ हैं। हिमाचल पर्वतके समान उज्ज्वल (गौरवर्ण) शरीर कुछ ललाई लिये हुए है। इधर रावणने भी बड़े-बड़े योद्धा भेजे, जो अनेकों अस्त्र-शस्त्र लेकर दौड़े॥ १॥

**भूधर नख बिटपायुध धारी। धाए कपि जय राम पुकारी॥**
**भिरे सकल जोरिहि सन जोरी। इत उत जय इच्छा नहिं थोरी॥**

पर्वत, नख और वृक्षरूपी हथियार धारण किये हुए वानर 'श्रीरामचन्द्रजीकी जय' पुकारकर दौड़े। वानर और राक्षस सब जोड़ीसे जोड़ी भिड़ गये। इधर और उधर दोनों ओर जयकी इच्छा कम न थी (अर्थात् प्रबल थी)॥ २॥

**मुठिकन्ह लातन्ह दातन्ह काटहिं। कपि जयसील मारि पुनि डाटहिं॥**
**मारु मारु धरु धरु धरु मारू। सीस तोरि गहि भुजा उपारू॥**

वानर उनको घूँसों और लातोंसे मारते हैं, दाँतोंसे काटते हैं। विजयशील वानर उन्हें मारकर फिर डाँटते भी हैं। 'मारो, मारो, पकड़ो, पकड़ो, पकड़कर मार दो, सिर तोड़ दो और भुजाएँ पकड़कर उखाड़ लो'॥ ३॥

**असि रव पूरि रही नव खंडा। धावहिं जहँ तहँ रुंड प्रचंडा॥**
**देखहिं कौतुक नभ सुर बृंदा। कबहुँक बिसमय कबहुँ अनंदा॥**

नवों खण्डोंमें ऐसी आवाज भर रही है। प्रचण्ड रुण्ड (धड़) जहाँ-तहाँ दौड़ रहे हैं। आकाशमें देवतागण यह कौतुक देख रहे हैं। उन्हें कभी खेद होता है और कभी आनन्द॥ ४॥

**दो०—रुधिर गाड़ भरि भरि जम्यो ऊपर धूरि उड़ाइ।**
**जनु अँगार रासिन्ह पर मृतक धूम रह्यो छाइ॥ ५३॥**

खून गड्ढोंमें भर-भरकर जम गया है और उसपर धूल उड़कर पड़ रही है [वह दृश्य ऐसा है] मानो अंगारोंके ढेरोंपर राख छा रही हो॥ ५३॥

**घायल बीर बिराजहिं कैसे। कुसुमित किंसुक के तरु जैसे॥**
**लछिमन मेघनाद द्वौ जोधा। भिरहिं परसपर करि अति क्रोधा॥**

घायल वीर कैसे शोभित हैं, जैसे फूले हुए पलासके पेड़। लक्ष्मण और मेघनाद दोनों योद्धा अत्यन्त क्रोध करके एक-दूसरेसे भिड़ते हैं॥ १॥

**एकहि एक सकइ नहिं जीती। निसिचर छल बल करइ अनीती॥**
**क्रोधवंत तब भयउ अनंता। भंजेउ रथ सारथी तुरंता॥**

एक-दूसरेको (कोई किसीको) जीत नहीं सकता। राक्षस छल-बल (माया) और अनीति (अधर्म) करता है, तब भगवान् अनन्तजी (लक्ष्मणजी) क्रोधित हुए और उन्होंने तुरंत उसके रथको तोड़ डाला और सारथिको टुकड़े-टुकड़े कर दिये!॥ २॥

**नाना बिधि प्रहार कर सेषा। राच्छस भयउ प्रान अवसेषा॥**
**रावन सुत निज मन अनुमाना। संकठ भयउ हरिहि मम प्राना॥**

शेषजी (लक्ष्मणजी) उसपर अनेक प्रकारसे प्रहार करने लगे। राक्षसके प्राणमात्र शेष रह गये। रावणपुत्र मेघनादने मनमें अनुमान किया कि अब तो प्राणसंकट आ बना, ये मेरे प्राण हर लेंगे॥ ३॥

**बीरघातिनी छाड़िसि साँगी। तेजपुंज लछिमन उर लागी॥**
**मुरुछा भई सक्ति के लागें। तब चलि गयउ निकट भय त्यागें॥**

तब उसने वीरघातिनी शक्ति चलायी। वह तेजपूर्ण शक्ति लक्ष्मणजीकी छातीमें लगी। शक्तिके लगनेसे उन्हें मूर्च्छा आ गयी। तब मेघनाद भय छोड़कर उनके पास चला गया॥ ४॥

**दो०—मेघनाद सम कोटि सत जोधा रहे उठाइ।**
**जगदाधार सेष किमि उठै चले खिसिआइ॥ ५४॥**

मेघनादके समान सौ करोड़ (अगणित) योद्धा उन्हें उठा रहे हैं। परन्तु जगत्के आधार श्रीशेषजी (लक्ष्मणजी) उनसे कैसे उठते? तब वे लजाकर चले गये॥ ५४॥

**सुनु गिरिजा क्रोधानल जासू। जारइ भुवन चारिदस आसू॥**
**सक संग्राम जीति को ताही। सेवहिं सुर नर अग जग जाही॥**

[शिवजी कहते हैं—] हे गिरिजे! सुनो, [प्रलयकालमें] जिन (शेषनाग)-के क्रोधकी अग्नि चौदहों भुवनोंको तुरंत ही जला डालती है और देवता, मनुष्य तथा समस्त चराचर [जीव] जिनकी सेवा करते हैं, उनको संग्राममें कौन जीत सकता है?॥ १॥

**यह कौतूहल जानइ सोई। जा पर कृपा राम कै होई॥**
**संध्या भइ फिरि द्वौ बाहनी। लगे सँभारन निज निज अनी॥**

इस लीलाको वही जान सकता है जिसपर श्रीरामजीकी कृपा हो। सन्ध्या होनेपर दोनों ओरकी सेनाएँ लौट पड़ीं; सेनापति अपनी-अपनी सेनाएँ सँभालने लगे॥ २॥

**ब्यापक ब्रह्म अजित भुवनेस्वर। लछिमन कहाँ बूझ करुनाकर॥**
**तब लगि लै आयउ हनुमाना। अनुज देखि प्रभु अति दुख माना॥**

व्यापक, ब्रह्म, अजेय, सम्पूर्ण ब्रह्माण्डके ईश्वर और करुणाकी खान श्रीरामचन्द्रजीने पूछा—लक्ष्मण कहाँ हैं? तबतक हनुमान् उन्हें ले आये। छोटे भाईको [इस दशामें] देखकर प्रभुने बहुत ही दुःख माना॥ ३॥

**जामवंत कह बैद सुषेना। लंकाँ रहइ को पठई लेना॥**
**धरि लघु रूप गयउ हनुमंता। आनेउ भवन समेत तुरंता॥**

जाम्बवान्‌ने कहा—लंकामें सुषेण वैद्य रहता है, उसे ले आनेके लिये किसको भेजा जाय? हनुमान्‌जी छोटा रूप धरकर गये और सुषेणको उसके घरसमेत तुरंत ही उठा लाये॥ ४॥

**दो०—राम पदारबिंद सिर नायउ आइ सुषेन।**
**कहा नाम गिरि औषधी जाहु पवनसुत लेन॥ ५५॥**

सुषेणने आकर श्रीरामजीके चरणारविन्दोंमें सिर नवाया। उसने पर्वत और औषधका नाम बताया, [और कहा कि] हे पवनपुत्र! ओषधि लेने जाओ॥ ५५॥

**राम चरन सरसिज उर राखी। चला प्रभंजनसुत बल भाषी॥**
**उहाँ दूत एक मरमु जनावा। रावनु कालनेमि गृह आवा॥**

श्रीरामजीके चरणकमलोंको हृदयमें रखकर पवनपुत्र हनुमान्‌जी अपना बल बखानकर (अर्थात् मैं अभी लिये आता हूँ, ऐसा कहकर) चले। उधर एक गुप्तचरने रावणको इस रहस्यकी खबर दी। तब रावण कालनेमिके घर आया॥ १॥

**दसमुख कहा मरमु तेहिं सुना। पुनि पुनि कालनेमि सिरु धुना॥**
**देखत तुम्हहि नगरु जेहिं जारा। तासु पंथ को रोकन पारा॥**

रावणने उसको सारा मर्म (हाल) बतलाया। कालनेमिने सुना और बार-बार सिर पीटा (खेद प्रकट किया)। [उसने कहा—] तुम्हारे देखते-देखते जिसने नगर जला डाला, उसका मार्ग कौन रोक सकता है?॥ २॥

**भजु रघुपति करु हित आपना। छाँड़हु नाथ मृषा जल्पना॥**
**नील कंज तनु सुंदर स्यामा। हृदयँ राखु लोचनाभिरामा॥**

श्रीरघुनाथजीका भजन करके तुम अपना कल्याण करो। हे नाथ! झूठी बकवाद छोड़ दो। नेत्रोंको आनन्द देनेवाले नीलकमलके समान सुन्दर श्याम शरीरको अपने हृदयमें रखो॥ ३॥

**मैं तैं मोर मूढ़ता त्यागू। महा मोह निसि सूतत जागू॥**
**काल ब्याल कर भच्छक जोई। सपनेहुँ समर कि जीतिअ सोई॥**

मैं-तू (भेद-भाव) और ममतारूपी मूढ़ताको त्याग दो। महामोह (अज्ञान)-रूपी रात्रिमें सो रहे हो, सो जाग उठो। जो कालरूपी सर्पका भी भक्षक है, कहीं स्वप्नमें भी वह रणमें जीता जा सकता है?॥ ४॥

**दो०—सुनि दसकंठ रिसान अति तेहिं मन कीन्ह बिचार।**
**राम दूत कर मरौं बरु यह खल रत मल भार॥ ५६॥**

उसकी ये बातें सुनकर रावण बहुत ही क्रोधित हुआ। तब कालनेमिने मनमें विचार किया कि [इसके हाथसे मरनेकी अपेक्षा] श्रीरामजीके दूतके हाथसे ही मरूँ तो अच्छा है। यह दुष्ट तो पापसमूहमें रत है॥ ५६॥

**अस कहि चला रचिसि मग माया। सर मंदिर बर बाग बनाया॥**
**मारुतसुत देखा सुभ आश्रम। मुनिहि बूझि जल पियौं जाइ श्रम॥**

वह मन-ही-मन ऐसा कहकर चला और उसने मार्गमें माया रची। तालाब, मन्दिर और सुन्दर

बाग बनाया। हनुमान्‌जीने सुन्दर आश्रम देखकर सोचा कि मुनिसे पूछकर जल पी लूँ, जिससे थकावट दूर हो जाय॥ १॥

**राच्छस कपट बेष तहँ सोहा। मायापति दूतहि चह मोहा॥**
**जाइ पवनसुत नायउ माथा। लाग सो कहै राम गुन गाथा॥**

राक्षस वहाँ कपट [से मुनि]-का वेष बनाये विराजमान था। वह मूर्ख अपनी मायासे मायापतिके दूतको मोहित करना चाहता था। मारुतिने उसके पास जाकर मस्तक नवाया। वह श्रीरामजीके गुणोंकी कथा कहने लगा॥ २॥

**होत महा रन रावन रामहिं। जितिहहिं राम न संसय या महिं॥**
**इहाँ भएँ मैं देखउँ भाई। ग्यानदृष्टि बल मोहि अधिकाई॥**

[वह बोला—] रावण और राममें महान् युद्ध हो रहा है। रामजी जीतेंगे इसमें सन्देह नहीं है। हे भाई! मैं यहाँ रहता हुआ ही सब देख रहा हूँ। मुझे ज्ञानदृष्टिका बहुत बड़ा बल है॥ ३॥

**मागा जल तेहिं दीन्ह कमंडल। कह कपि नहिं अघाउँ थोरें जल॥**
**सर मज्जन करि आतुर आवहु। दिच्छा देउँ ग्यान जेहिं पावहु॥**

हनुमान्‌जीने उससे जल माँगा, तो उसने कमण्डलु दे दिया। हनुमान्‌जीने कहा—थोड़े जलसे मैं तृप्त नहीं होनेका। तब वह बोला—तालाबमें स्नान करके तुरंत लौट आओ तो मैं तुम्हें दीक्षा दूँ, जिससे तुम ज्ञान प्राप्त करो॥ ४॥

**दो०—सर पैठत कपि पद गहा मकरीं तब अकुलान।**
**मारी सो धरि दिब्य तनु चली गगन चढ़ि जान॥ ५७॥**

तालाबमें प्रवेश करते ही एक मगरीने अकुलाकर उसी समय हनुमान्‌जीका पैर पकड़ लिया। हनुमान्‌जीने उसे मार डाला। तब वह दिव्य देह धारण करके विमानपर चढ़कर आकाशको चली॥ ५७॥

**कपि तव दरस भइउँ निष्पापा। मिटा तात मुनिबर कर सापा॥**
**मुनि न होइ यह निसिचर घोरा। मानहु सत्य बचन कपि मोरा॥**

[उसने कहा—] हे वानर! मैं तुम्हारे दर्शनसे पापरहित हो गयी। हे तात! श्रेष्ठ मुनिका शाप मिट गया। हे कपि! यह मुनि नहीं है, घोर निशाचर है। मेरा वचन सत्य मानो॥ १॥

**अस कहि गई अपछरा जबहीं। निसिचर निकट गयउ कपि तबहीं॥**
**कह कपि मुनि गुरदछिना लेहू। पाछें हमहिं मंत्र तुम्ह देहू॥**

ऐसा कहकर ज्यों ही वह अप्सरा गयी, त्यों ही हनुमान्‌जी निशाचरके पास गये। हनुमान्‌जीने कहा—हे मुनि! पहले गुरुदक्षिणा ले लीजिये। पीछे आप मुझे मन्त्र दीजियेगा॥ २॥

**सिर लंगूर लपेटि पछारा। निज तनु प्रगटेसि मरती बारा॥**
**राम राम कहि छाड़ेसि प्राना। सुनि मन हरषि चलेउ हनुमाना॥**

हनुमान्‌जीने उसके सिरको पूँछमें लपेटकर उसे पछाड़ दिया। मरते समय उसने अपना (राक्षसी) शरीर प्रकट किया। उसने राम-राम कहकर प्राण छोड़े। यह (उसके मुँहसे राम-नामका उच्चारण) सुनकर हनुमान्‌जी मनमें हर्षित होकर चले॥ ३॥

**देखा सैल न औषध चीन्हा। सहसा कपि उपारि गिरि लीन्हा॥**
**गहि गिरि निसि नभ धावत भयऊ। अवधपुरी ऊपर कपि गयऊ॥**

उन्होंने पर्वतको देखा, पर औषध न पहचान सके। तब हनुमान्‌जीने एकदमसे पर्वतको ही उखाड़ लिया। पर्वत लेकर हनुमान्‌जी रातहीमें आकाशमार्गसे दौड़ चले और अयोध्यापुरीके ऊपर पहुँच गये॥ ४॥

**दो०—देखा भरत बिसाल अति निसिचर मन अनुमानि।**
**बिनु फर सायक मारेउ चाप श्रवन लगि तानि॥ ५८॥**

भरतजीने आकाशमें अत्यन्त विशाल स्वरूप देखा, तब मनमें अनुमान किया कि यह कोई राक्षस है। उन्होंने कानतक धनुषको खींचकर बिना फलका एक बाण मारा॥ ५८॥

**परेउ मुरुछि महि लागत सायक। सुमिरत राम राम रघुनायक॥**
**सुनि प्रिय बचन भरत तब धाए। कपि समीप अति आतुर आए॥**

बाण लगते ही हनुमान्‌जी 'राम, राम, रघुपति' का उच्चारण करते हुए मूर्च्छित होकर पृथ्वीपर गिर पड़े। प्रिय वचन (रामनाम) सुनकर भरतजी उठकर दौड़े और बड़ी उतावलीसे हनुमान्‌जीके पास आये॥ १॥

**बिकल बिलोकि कीस उर लावा। जागत नहिं बहु भाँति जगावा॥**
**मुख मलीन मन भए दुखारी। कहत बचन भरि लोचन बारी॥**

हनुमान्‌जीको व्याकुल देखकर उन्होंने हृदयसे लगा लिया। बहुत तरहसे जगाया, पर वे जागते न थे! तब भरतजीका मुख उदास हो गया। वे मनमें बड़े दुःखी हुए और नेत्रोंमें [विषादके आँसुओंका] जल भरकर ये वचन बोले—॥ २॥

**जेहिं बिधि राम बिमुख मोहि कीन्हा। तेहिं पुनि यह दारुन दुख दीन्हा॥**
**जौं मोरें मन बच अरु काया। प्रीति राम पद कमल अमाया॥**

जिस विधाताने मुझे श्रीरामसे विमुख किया, उसीने फिर यह भयानक दुःख भी दिया। यदि मन, वचन और शरीरसे श्रीरामजीके चरणकमलोंमें मेरा निष्कपट प्रेम हो,॥ ३॥

**तौ कपि होउ बिगत श्रम सूला। जौं मो पर रघुपति अनुकूला॥**
**सुनत बचन उठि बैठ कपीसा। कहि जय जयति कोसलाधीसा॥**

और यदि श्रीरघुनाथजी मुझपर प्रसन्न हों तो यह वानर थकावट और पीड़ासे रहित हो जाय! यह वचन सुनते ही कपिराज हनुमान्‌जी 'कोसलपति श्रीरामचन्द्रजीकी जय हो, जय हो' कहते हुए उठ बैठे॥ ४॥

**सो०—लीन्ह कपिहि उर लाइ पुलकित तनु लोचन सजल।**
**प्रीति न हृदयँ समाइ सुमिरि राम रघुकुल तिलक॥ ५९॥**

भरतजीने वानर (हनुमान्‌जी)-को हृदयसे लगा लिया, उनका शरीर पुलकित हो गया और नेत्रोंमें [आनन्द तथा प्रेमके आँसुओंका] जल भर आया। रघुकुलतिलक श्रीरामचन्द्रजीका स्मरण करके भरतजीके हृदयमें प्रीति समाती न थी॥ ५९॥

**तात कुसल कहु सुखनिधान की। सहित अनुज अरु मातु जानकी॥**
**कपि सब चरित समास बखाने। भए दुखी मन महुँ पछिताने॥**

[भरतजी बोले—] हे तात! छोटे भाई लक्ष्मण तथा माता जानकीसहित सुखनिधान श्रीरामजीकी कुशल कहो। वानर (हनुमान्‌जी)-ने संक्षेपमें सब कथा कही। सुनकर भरतजी दुःखी हुए और मनमें पछताने लगे॥ १॥

**अहह दैव मैं कत जग जायउँ। प्रभु के एकहु काज न आयउँ॥**
**जानि कुअवसरु मन धरि धीरा। पुनि कपि सन बोले बलबीरा॥**

हा दैव! मैं जगत्‌में क्यों जन्मा? प्रभुके एक भी काम न आया। फिर कुअवसर (विपरीत समय) जानकर मनमें धीरज धरकर बलवीर भरतजी हनुमान्‌जीसे बोले—॥ २॥

**तात गहरु होइहि तोहि जाता। काजु नसाइहि होत प्रभाता॥**
**चढ़ु मम सायक सैल समेता। पठवौं तोहि जहँ कृपानिकेता॥**

हे तात! तुमको जानेमें देर होगी और सबेरा होते ही काम बिगड़ जायगा। [अतः] तुम पर्वतसहित मेरे बाणपर चढ़ जाओ, मैं तुमको वहाँ भेज दूँ जहाँ कृपाके धाम श्रीरामजी हैं॥ ३॥

**सुनि कपि मन उपजा अभिमाना। मोरें भार चलिहि किमि बाना॥**
**राम प्रभाव बिचारि बहोरी। बंदि चरन कह कपि कर जोरी॥**

भरतजीकी यह बात सुनकर [एक बार तो] हनुमान्‌जीके मनमें अभिमान उत्पन्न हुआ कि मेरे बोझसे बाण कैसे चलेगा? [किन्तु] फिर श्रीरामचन्द्रजीके प्रभावका विचार करके वे भरतजीके चरणोंकी वन्दना करके हाथ जोड़कर बोले—॥ ४॥

**दो०—तव प्रताप उर राखि प्रभु जैहउँ नाथ तुरंत।**
**अस कहि आयसु पाइ पद बंदि चलेउ हनुमंत॥ ६० (क)॥**

हे नाथ! हे प्रभो! मैं आपका प्रताप हृदयमें रखकर तुरंत चला जाऊँगा। ऐसा कहकर आज्ञा पाकर और भरतजीके चरणोंकी वन्दना करके हनुमान्‌जी चले॥ ६० (क)॥

**भरत बाहुबल सील गुन प्रभु पद प्रीति अपार।**
**मन महुँ जात सराहत पुनि पुनि पवनकुमार॥ ६० (ख)॥**

भरतजीके बाहुबल, शील (सुन्दर स्वभाव), गुण और प्रभुके चरणोंमें अपार प्रेमकी मन-ही-मन बारंबार सराहना करते हुए मारुति श्रीहनुमान्‌जी चले जा रहे हैं॥ ६० (ख)॥

**उहाँ राम लछिमनहि निहारी। बोले बचन मनुज अनुसारी॥**
**अर्ध राति गइ कपि नहिं आयउ। राम उठाइ अनुज उर लायउ॥**

वहाँ लक्ष्मणजीको देखकर श्रीरामजी साधारण मनुष्योंके अनुसार (समान) वचन बोले—आधी रात बीत चुकी, हनुमान् नहीं आये। यह कहकर श्रीरामजीने छोटे भाई लक्ष्मणजीको उठाकर हृदयसे लगा लिया॥ १॥

**सकहु न दुखित देखि मोहि काऊ। बंधु सदा तव मृदुल सुभाऊ॥**
**मम हित लागि तजेहु पितु माता। सहेहु बिपिन हिम आतप बाता॥**

[और बोले—] हे भाई! तुम मुझे कभी दुःखी नहीं देख सकते थे। तुम्हारा स्वभाव सदासे ही कोमल था। मेरे हितके लिये तुमने माता-पिताको भी छोड़ दिया और वनमें जाड़ा, गरमी और हवा सब सहन किया॥ २॥

**सो अनुराग कहाँ अब भाई। उठहु न सुनि मम बच बिकलाई॥**
**जौं जनतेउँ बन बंधु बिछोहू। पिता बचन मनतेउँ नहिं ओहू॥**

हे भाई! वह प्रेम अब कहाँ है? मेरे व्याकुलतापूर्ण वचन सुनकर उठते क्यों नहीं? यदि मैं जानता कि वनमें भाईका विछोह होगा तो मैं पिताका वचन [जिसका मानना मेरे लिये परम कर्तव्य था] उसे भी न मानता॥ ३॥

**सुत बित नारि भवन परिवारा। होहिं जाहिं जग बारहिं बारा॥**
**अस बिचारि जियँ जागहु ताता। मिलइ न जगत सहोदर भ्राता॥**

पुत्र, धन, स्त्री, घर और परिवार—ये जगत्‌में बार-बार होते और जाते हैं, परन्तु जगत्‌में सहोदर भाई बार-बार नहीं मिलता। हृदयमें ऐसा विचारकर हे तात! जागो॥ ४॥

**जथा पंख बिनु खग अति दीना। मनि बिनु फनि करिबर कर हीना॥**
**अस मम जिवन बंधु बिनु तोही। जौं जड़ दैव जिआवै मोही॥**

जैसे पंख बिना पक्षी, मणि बिना सर्प और सूँड़ बिना श्रेष्ठ हाथी अत्यन्त दीन हो जाते हैं, हे भाई! यदि कहीं जड़ दैव मुझे जीवित रखे तो तुम्हारे बिना मेरा जीवन भी ऐसा ही होगा॥ ५॥

**जैहउँ अवध कवन मुहु लाई। नारि हेतु प्रिय भाइ गँवाई॥**
**बरु अपजस सहतेउँ जग माहीं। नारि हानि बिसेष छति नाहीं॥**

स्त्रीके लिये प्यारे भाईको खोकर, मैं कौन-सा मुँह लेकर अवध जाऊँगा? मैं जगत्‌में बदनामी भले ही सह लेता (कि राममें कुछ भी वीरता नहीं है जो स्त्रीको खो बैठे)। स्त्रीकी हानिसे [इस हानिको देखते] कोई विशेष क्षति नहीं थी॥ ६॥

**अब अपलोकु सोकु सुत तोरा। सहिहि निठुर कठोर उर मोरा॥**
**निज जननी के एक कुमारा। तात तासु तुम्ह प्रान अधारा॥**

अब तो हे पुत्र! मेरा निष्ठुर और कठोर हृदय यह अपयश और तुम्हारा शोक दोनों ही सहन करेगा। हे तात! तुम अपनी माताके एक ही पुत्र और उसके प्राणाधार हो॥ ७॥

**सौंपेसि मोहि तुम्हहि गहि पानी। सब बिधि सुखद परम हित जानी॥**
**उतरु काह दैहउँ तेहि जाई। उठि किन मोहि सिखावहु भाई॥**

सब प्रकारसे सुख देनेवाला और परम हितकारी जानकर उन्होंने तुम्हें हाथ पकड़कर मुझे सौंपा था। मैं अब जाकर उन्हें क्या उत्तर दूँगा? हे भाई! तुम उठकर मुझे सिखाते (समझाते) क्यों नहीं?॥ ८॥

**बहु बिधि सोचत सोच बिमोचन। स्त्रवत सलिल राजिव दल लोचन॥**
**उमा एक अखंड रघुराई। नर गति भगत कृपाल देखाई॥**

सोचसे छुड़ानेवाले श्रीरामजी बहुत प्रकारसे सोच कर रहे हैं। उनके कमलकी पँखुड़ीके समान नेत्रोंसे [विषादके आँसुओंका] जल बह रहा है। [शिवजी कहते हैं—] हे उमा! श्रीरघुनाथजी एक (अद्वितीय) और अखण्ड (वियोगरहित) हैं। भक्तोंपर कृपा करनेवाले भगवान्‌ने [लीला करके] मनुष्यकी दशा दिखलायी है॥ ९॥

**सो०—प्रभु प्रलाप सुनि कान बिकल भए बानर निकर।**
**आइ गयउ हनुमान जिमि करुना महँ बीर रस॥ ६१॥**

प्रभुके [लीलाके लिये किये गये] प्रलापको कानोंसे सुनकर वानरोंके समूह व्याकुल हो गये। [इतनेमें ही] हनुमान्‌जी आ गये, जैसे करुणरस [के प्रसंग]-में वीररस [का प्रसंग] आ गया हो॥ ६१॥

**हरषि राम भेटेउ हनुमाना। अति कृतग्य प्रभु परम सुजाना॥**
**तुरत बैद तब कीन्हि उपाई। उठि बैठे लछिमन हरषाई॥**

श्रीरामजी हर्षित होकर हनुमान्‌जीसे गले लगकर मिले। प्रभु परम सुजान (चतुर) और अत्यन्त ही कृतज्ञ हैं। तब वैद्य (सुषेण) ने तुरंत उपाय किया, [जिससे] लक्ष्मणजी हर्षित होकर उठ बैठे॥ १॥

**हृदयँ लाइ प्रभु भेंटेउ भ्राता। हरषे सकल भालु कपि ब्राता॥**
**कपि पुनि बैद तहाँ पहुँचावा। जेहि बिधि तबहिं ताहि लइ आवा॥**

प्रभु भाईको हृदयसे लगाकर मिले। भालू और वानरोंके समूह सब हर्षित हो गये। फिर हनुमान्‌जीने वैद्यको उसी प्रकार वहाँ पहुँचा दिया जिस प्रकार वे उस बार (पहले) उसे ले आये थे॥ २॥

**यह बृत्तांत दसानन सुनेऊ। अति बिषाद पुनि पुनि सिर धुनेऊ॥**
**ब्याकुल कुंभकरन पहिं आवा। बिबिध जतन करि ताहि जगावा॥**

यह समाचार जब रावणने सुना, तब उसने अत्यन्त विषादसे बार-बार सिर पीटा। वह व्याकुल होकर कुम्भकर्णके पास गया और बहुत-से उपाय करके उसने उसको जगाया॥ ३॥

**जागा निसिचर देखिअ कैसा। मानहुँ कालु देह धरि बैसा॥**
**कुंभकरन बूझा कहु भाई। काहे तव मुख रहे सुखाई॥**

कुम्भकर्ण जगा (उठ बैठा)। वह कैसा दिखायी देता है मानो स्वयं काल ही शरीर धारण करके बैठा हो। कुम्भकर्णने पूछा—हे भाई! कहो तो, तुम्हारे मुख सूख क्यों रहे हैं?॥ ४॥

**कथा कही सब तेहिं अभिमानी। जेहि प्रकार सीता हरि आनी॥**
**तात कपिन्ह सब निसिचर मारे। महा महा जोधा संघारे॥**

उस अभिमानी (रावण)-ने उससे जिस प्रकारसे वह सीताको हर लाया था [तबसे अबतकको] सारी कथा कही। [फिर कहा—] हे तात! वानरोंने सब राक्षस मार डाले। बड़े-बड़े योद्धाओंका भी संहार कर डाला॥ ५॥

**दुर्मुख सुररिपु मनुज अहारी। भट अतिकाय अकंपन भारी॥**
**अपर महोदर आदिक बीरा। परे समर महि सब रनधीरा॥**

दुर्मुख, देवशत्रु (देवान्तक), मनुष्यभक्षक (नरान्तक), भारी योद्धा अतिकाय और अकम्पन तथा महोदर आदि दूसरे सभी रणधीर वीर रणभूमिमें मारे गये॥ ६॥

**दो०—सुनि दसकंधर बचन तब कुंभकरन बिलखान।**
**जगदंबा हरि आनि अब सठ चाहत कल्यान॥ ६२॥**

तब रावणके वचन सुनकर कुम्भकर्ण बिलखकर (दुःखी होकर) बोला—अरे मूर्ख! जगज्जननी जानकीको हर लाकर अब तू कल्याण चाहता है?॥ ६२॥

**भल न कीन्ह तैं निसिचर नाहा। अब मोहि आइ जगाएहि काहा॥**
**अजहूँ तात त्यागि अभिमाना। भजहु राम होइहि कल्याना॥**

हे राक्षसराज! तूने अच्छा नहीं किया। अब आकर मुझे क्या जगाया? हे तात! अब भी

अभिमान छोड़कर श्रीरामजीको भजो तो कल्याण होगा॥ १॥

**हैं दससीस मनुज रघुनायक। जाके हनूमान से पायक॥**
**अहह बंधु तैं कीन्हि खोटाई। प्रथमहिं मोहि न सुनाएहि आई॥**

हे रावण! जिनके हनुमान्-सरीखे सेवक हैं, वे श्रीरघुनाथजी क्या मनुष्य हैं? हाय भाई! तूने बुरा किया, जो पहले ही आकर मुझे यह हाल नहीं सुनाया॥ २॥

**कीन्हेहु प्रभु बिरोध तेहि देवक। सिव बिरंचि सुर जाके सेवक॥**
**नारद मुनि मोहि ग्यान जो कहा। कहतेउँ तोहि समय निरबहा॥**

हे स्वामी! तुमने उस परम देवताका विरोध किया, जिसके शिव, ब्रह्मा आदि देवता सेवक हैं। नारद मुनिने मुझे जो ज्ञान कहा था, वह मैं तुझसे कहता; पर अब तो समय जाता रहा॥ ३॥

**अब भरि अंक भेंटु मोहि भाई। लोचन सुफल करौं मैं जाई॥**
**स्याम गात सरसीरुह लोचन। देखौं जाइ ताप त्रय मोचन॥**

हे भाई! अब तो [अन्तिम बार] अँकवार भरकर मुझसे मिल ले। मैं जाकर अपने नेत्र सफल करूँ। तीनों तापोंको छुड़ानेवाले श्यामशरीर, कमलनेत्र श्रीरामजीके जाकर दर्शन करूँ॥ ४॥

**दो०—राम रूप गुन सुमिरत मगन भयउ छन एक।**
**रावन मागेउ कोटि घट मद अरु महिष अनेक॥ ६३॥**

श्रीरामचन्द्रजीके रूप और गुणोंको स्मरण करके वह एक क्षणके लिये प्रेममें मग्न हो गया। फिर रावणने करोड़ों घड़े मदिरा और अनेकों भैंसे मँगवाये॥ ६३॥

**महिष खाइ करि मदिरा पाना। गर्जा बज्राघात समाना॥**
**कुंभकरन दुर्मद रन रंगा। चला दुर्ग तजि सेन न संगा॥**

भैंसे खाकर और मदिरा पीकर वह वज्रघात (बिजली गिरने)-के समान गरजा। मदसे चूर रणके उत्साहसे पूर्ण कुम्भकर्ण किला छोड़कर चला। सेना भी साथ नहीं ली॥ १॥

**देखि बिभीषनु आगें आयउ। परेउ चरन निज नाम सुनायउ॥**
**अनुज उठाइ हृदयँ तेहि लायो। रघुपति भक्त जानि मन भायो॥**

उसे देखकर विभीषण आगे आये और उसके चरणोंपर गिरकर अपना नाम सुनाया। छोटे भाईको उठाकर उसने हृदयसे लगा लिया और श्रीरघुनाथजीका भक्त जानकर वे उसके मनको प्रिय लगे॥ २॥

**तात लात रावन मोहि मारा। कहत परम हित मंत्र बिचारा॥**
**तेहिं गलानि रघुपति पहिं आयउँ। देखि दीन प्रभु के मन भायउँ॥**

[विभीषणने कहा—] हे तात! परम हितकर सलाह एवं विचार कहनेपर रावणने मुझे लात मारी। उसी ग्लानिके मारे मैं श्रीरघुनाथजीके पास चला आया। दीन देखकर प्रभुके मनको मैं [बहुत] प्रिय लगा॥ ३॥

**सुनु सुत भयउ कालबस रावन। सो कि मान अब परम सिखावन॥**
**धन्य धन्य तैं धन्य बिभीषन। भयहु तात निसिचर कुल भूषन॥**

[कुम्भकर्णने कहा—] हे पुत्र! सुन, रावण तो कालके वश हो गया है (उसके सिरपर मृत्यु नाच रही है)। वह क्या अब उत्तम शिक्षा मान सकता है? हे विभीषण! तू धन्य है, धन्य है, धन्य है। हे तात! तू राक्षसकुलका भूषण हो गया॥ ४॥

**बंधु बंस तैं कीन्ह उजागर। भजेहु राम सोभा सुख सागर॥**

हे भाई! तूने अपने कुलको देदीप्यमान कर दिया, जो शोभा और सुखके समुद्र श्रीरामजीको भजा॥ ५॥

**दो०—बचन कर्म मन कपट तजि भजेहु राम रनधीर।**
**जाहु न निज पर सूझ मोहि भयउँ कालबस बीर॥ ६४॥**

मन, वचन और कर्मसे कपट छोड़कर रणधीर श्रीरामजीका भजन करना। हे भाई! मैं काल (मृत्यु)-के वश हो गया हूँ, मुझे अपना-पराया नहीं सूझता; इसलिये अब तुम जाओ॥ ६४॥

**बंधु बचन सुनि चला बिभीषन। आयउ जहँ त्रैलोक बिभूषन॥**
**नाथ भूधराकार सरीरा। कुंभकरन आवत रनधीरा॥**

भाईके वचन सुनकर विभीषण लौट गये और वहाँ आये जहाँ त्रिलोकीके भूषण श्रीरामजी थे। [विभीषणने कहा—] हे नाथ! पर्वतके समान [विशाल] देहवाला रणधीर कुम्भकर्ण आ रहा है॥ १॥

**एतना कपिन्ह सुना जब काना। किलकिलाइ धाए बलवाना॥**
**लिए उठाइ बिटप अरु भूधर। कटकटाइ डारहिं ता ऊपर॥**

वानरोंने जब कानोंसे इतना सुना, तब वे बलवान् किलकिलाकर (हर्षध्वनि करके) दौड़े। वृक्ष और पर्वत [उखाड़कर] उठा लिये और [क्रोधसे] दाँत कटकटाकर उन्हें उसके ऊपर डालने लगे॥ २॥

**कोटि कोटि गिरि सिखर प्रहारा। करहिं भालु कपि एक एक बारा॥**
**मुर्‌यो न मनु तनु टर्‌यो न टार्‌यो। जिमि गज अर्क फलनि को मार्‌यो॥**

रीछ-वानर एक-एक बारमें ही करोड़ों पहाड़ोंके शिखरोंसे उसपर प्रहार करते हैं; परन्तु इससे न तो उसका मन ही मुड़ा (विचलित हुआ) और न शरीर ही टाले टला, जैसे मदारके फलोंकी मारसे हाथीपर कुछ भी असर नहीं होता!॥ ३॥

**तब मारुतसुत मुठिका हन्यो। पर्‌यो धरनि ब्याकुल सिर धुन्यो॥**
**पुनि उठि तेहिं मारेउ हनुमंता। घुर्मित भूतल परेउ तुरंता॥**

तब हनुमान्‌जीने उसे एक घूँसा मारा; जिससे वह व्याकुल होकर पृथ्वीपर गिर पड़ा और सिर पीटने लगा। फिर उसने उठकर हनुमान्‌जीको मारा। वे चक्कर खाकर तुरंत ही पृथ्वीपर गिर पड़े॥ ४॥

**पुनि नल नीलहि अवनि पछारेसि। जहँ तहँ पटकि पटकि भट डारेसि॥**
**चली बलीमुख सेन पराई। अति भय त्रसित न कोउ समुहाई॥**

फिर उसने नल-नीलको पृथ्वीपर पछाड़ दिया और दूसरे योद्धाओंको भी जहाँ-तहाँ पटक-पटककर डाल दिया। वानरसेना भाग चली। सब अत्यन्त भयभीत हो गये, कोई सामने नहीं आता॥ ५॥

**दो०—अंगदादि कपि मुरुछित करि समेत सुग्रीव।**
**काँख दाबि कपिराज कहुँ चला अमित बल सींव॥ ६५॥**

सुग्रीवसमेत अंगदादि वानरोंको मूर्च्छित करके फिर वह अपरिमित बलकी सीमा कुम्भकर्ण वानरराज सुग्रीवको काँखमें दाबकर चला॥ ६५॥

**उमा करत रघुपति नरलीला। खेल गरुड़ जिमि अहिगन मीला॥**
**भृकुटि भंग जो कालहि खाई। ताहि कि सोहइ ऐसि लराई॥**

(शिवजी कहते हैं—) हे उमा! श्रीरघुनाथजी वैसे ही नरलीला कर रहे हैं जैसे गरुड़ सर्पोंके समूहमें मिलकर खेलता हो। जो भौंहके इशारेमात्रसे (बिना परिश्रमके) कालको भी खा जाता है, उसे कहीं ऐसी लड़ाई शोभा देती है?॥ १॥

**जग पावनि कीरति बिस्तरिहहिं। गाइ गाइ भवनिधि नर तरिहहिं॥**
**मुरुछा गइ मारुतसुत जागा। सुग्रीवहि तब खोजन लागा॥**

भगवान् [इसके द्वारा] जगत्को पवित्र करनेवाली वह कीर्ति फैलायेंगे जिसे गा-गाकर मनुष्य भवसागरसे तर जायँगे। मूर्च्छा जाती रही, तब मारुति हनुमान्जी जागे और फिर वे सुग्रीवको खोजने लगे॥ २॥

**सुग्रीवहु कै मुरुछा बीती। निबुकि गयउ तेहि मृतक प्रतीती॥**
**काटेसि दसन नासिका काना। गरजि अकास चलेउ तेहिं जाना॥**

सुग्रीवकी भी मूर्च्छा दूर हुई, तब वे [मुर्दे-से होकर] खिसक गये (काँखसे नीचे गिर पड़े)। कुम्भकर्णने उनको मृतक जाना। उन्होंने कुम्भकर्णके नाक-कान दाँतोंसे काट लिये और फिर गरजकर आकाशकी ओर चले, तब कुम्भकर्णने जाना॥ ३॥

**गहेउ चरन गहि भूमि पछारा। अति लाघवँ उठि पुनि तेहि मारा॥**
**पुनि आयउ प्रभु पहिं बलवाना। जयति जयति जय कृपानिधाना॥**

उसने सुग्रीवका पैर पकड़कर उनको पृथ्वीपर पछाड़ दिया। फिर सुग्रीवने बड़ी फुर्तीसे उठकर उसको मारा। और तब बलवान् सुग्रीव प्रभुके पास आये और बोले—कृपानिधान प्रभुकी जय हो, जय हो, जय हो॥ ४॥

**नाक कान काटे जियँ जानी। फिरा क्रोध करि भइ मन ग्लानी॥**
**सहज भीम पुनि बिनु श्रुति नासा। देखत कपि दल उपजी त्रासा॥**

नाक-कान काटे गये, ऐसा मनमें जानकर बड़ी ग्लानि हुई; और वह क्रोध करके लौटा। एक तो वह स्वभाव (आकृति)-से ही भयंकर था और फिर बिना नाक-कानका होनेसे और भी भयानक हो गया। उसे देखते ही वानरोंकी सेनामें भय उत्पन्न हो गया॥ ५॥

**दो०—जय जय जय रघुबंस मनि धाए कपि दै हूह।**
**एकहि बार तासु पर छाड़ेन्हि गिरि तरु जूह॥ ६६॥**

'रघुवंशमणिकी जय हो, जय हो, जय हो' ऐसा पुकारकर वानर हूह करके दौड़े और सबने एक ही साथ उसपर पहाड़ और वृक्षोंके समूह छोड़े॥ ६६॥

**कुंभकरन रन रंग बिरुद्धा। सन्मुख चला काल जनु क्रुद्धा॥**
**कोटि कोटि कपि धरि धरि खाई। जनु टीड़ी गिरि गुहाँ समाई॥**

रणके उत्साहमें कुम्भकर्ण विरुद्ध होकर [उनके] सामने ऐसा चला मानो क्रोधित होकर काल ही आ रहा हो। वह करोड़-करोड़ वानरोंको एक साथ पकड़-पकड़कर खाने लगा। [ वे उसके मुँहमें इस तरह घुसने लगे] मानो पर्वतकी गुफामें टिड्डियाँ समा रही हों॥ १॥

**कोटिन्ह गहि सरीर सन मर्दा। कोटिन्ह मीजि मिलव महि गर्दा॥**
**मुख नासा श्रवनन्हि कीं बाटा। निसरि पराहिं भालु कपि ठाटा॥**

करोड़ों (वानरों)-को पकड़कर उसने शरीरसे मसल डाला। करोड़ोंको हाथोंसे मलकर पृथ्वीकी धूलमें मिला दिया। [पेटमें गये हुए] भालू और वानरोंके ठट्ट-के-ठट्ट उसके मुख, नाक और कानोंकी राहसे निकल-निकलकर भाग रहे हैं॥ २॥

**रन मद मत्त निसाचर दर्पा। बिस्व ग्रसिहि जनु एहि बिधि अर्पा॥**
**मुरे सुभट सब फिरहिं न फेरे। सूझ न नयन सुनहिं नहिं टेरे॥**

रणके मदमें मत्त राक्षस कुम्भकर्ण इस प्रकार गर्वित हुआ, मानो विधाताने उसको सारा विश्व अर्पण कर दिया हो, और उसे वह ग्रास कर जायगा। सब योद्धा भाग खड़े हुए, वे लौटाये भी नहीं लौटते। आँखोंसे उन्हें सूझ नहीं पड़ता और पुकारनेसे सुनते नहीं!॥ ३॥

**कुंभकरन कपि फौज बिडारी। सुनि धाई रजनीचर धारी॥**
**देखी राम बिकल कटकाई। रिपु अनीक नाना बिधि आई॥**

कुम्भकर्णने वानर-सेनाको तितर-बितर कर दिया। यह सुनकर राक्षस-सेना भी दौड़ी। श्रीरामचन्द्रजीने देखा कि अपनी सेना व्याकुल है और शत्रुकी नाना प्रकारकी सेना आ गयी है॥ ४॥

**दो०—सुनु सुग्रीव बिभीषन अनुज सँभारेहु सैन।**
**मैं देखउँ खल बल दलहि बोले राजिवनैन॥ ६७॥**

तब कमलनयन श्रीरामजी बोले—हे सुग्रीव! हे विभीषण! और हे लक्ष्मण! सुनो, तुम सेनाको सँभालना। मैं इस दुष्टके बल और सेनाको देखता हूँ॥ ६७॥

**कर सारंग साजि कटि भाथा। अरि दल दलन चले रघुनाथा॥**
**प्रथम कीन्हि प्रभु धनुष टँकोरा। रिपु दल बधिर भयउ सुनि सोरा॥**

हाथमें शार्ङ्गधनुष और कमरमें तरकस सजकर श्रीरघुनाथजी शत्रुसेनाको दलन करने चले। प्रभुने पहले तो धनुषका टंकार किया जिसकी भयानक आवाज सुनते ही शत्रुदल बहरा हो गया॥ १॥

**सत्यसंध छाँड़े सर लच्छा। कालसर्प जनु चले सपच्छा॥**
**जहँ तहँ चले बिपुल नाराचा। लगे कटन भट बिकट पिसाचा॥**

फिर सत्यप्रतिज्ञ श्रीरामजीने एक लाख बाण छोड़े। वे ऐसे चले मानो पंखवाले काल-सर्प चले हों। जहाँ-तहाँ बहुत-से बाण चले, जिनसे भयंकर राक्षस योद्धा कटने लगे॥ २॥

**कटहिं चरन उर सिर भुजदंडा। बहुतक बीर होहिं सत खंडा॥**
**घुर्मि घुर्मि घायल महि परहीं। उठि संभारि सुभट पुनि लरहीं॥**

उनके चरण, छाती, सिर और भुजदण्ड कट रहे हैं। बहुत-से वीरोंके सौ-सौ टुकड़े हो जाते हैं। घायल चक्कर खा-खाकर पृथ्वीपर पड़ रहे हैं। उत्तम योद्धा फिर सँभलकर उठते और लड़ते हैं॥ ३॥

**लागत बान जलद जिमि गाजहिं। बहुतक देखि कठिन सर भाजहिं॥**
**रुंड प्रचंड मुंड बिनु धावहिं। धरु धरु मारु मारु धुनि गावहिं॥**

बाण लगते ही वे मेघकी तरह गरजते हैं। बहुत-से तो कठिन बाणको देखकर ही भाग जाते हैं। बिना मुण्ड (सिर)-के प्रचण्ड रुण्ड (धड़) दौड़ रहे हैं और 'पकड़ो, पकड़ो, मारो, मारो' का शब्द करते हुए गा (चिल्ला) रहे हैं॥ ४॥

**दो०—छन महुँ प्रभु के सायकन्हि काटे बिकट पिसाच।**
**पुनि रघुबीर निषंग महुँ प्रबिसे सब नाराच॥ ६८॥**

प्रभुके बाणोंने क्षणमात्रमें भयानक राक्षसोंको काटकर रख दिया। फिर वे सब बाण लौटकर श्रीरघुनाथजीके तरकसमें घुस गये॥ ६८॥

**कुंभकरन मन दीख बिचारी। हति छन माझ निसाचर धारी॥**
**भा अति क्रुद्ध महाबल बीरा। कियो मृगनायक नाद गँभीरा॥**

कुम्भकर्णने मनमें विचारकर देखा कि श्रीरामजीने क्षणमात्रमें राक्षसी सेनाका संहार कर डाला। तब वह महाबली वीर अत्यन्त क्रोधित हुआ और उसने गम्भीर सिंहनाद किया॥ १॥

**कोपि महीधर लेइ उपारी। डारइ जहँ मर्कट भट भारी॥**
**आवत देखि सैल प्रभु भारे। सरन्हि काटि रज सम करि डारे॥**

वह क्रोध करके पर्वत उखाड़ लेता है और जहाँ भारी-भारी वानर योद्धा होते हैं, वहाँ डाल देता है। बड़े-बड़े पर्वतोंको आते देखकर प्रभुने उनको बाणोंसे काटकर धूलके समान (चूर-चूर) कर डाला॥ २॥

**पुनि धनु तानि कोपि रघुनायक। छाँड़े अति कराल बहु सायक॥**
**तनु महुँ प्रबिसि निसरि सर जाहीं। जिमि दामिनि घन माझ समाहीं॥**

फिर श्रीरघुनाथजीने क्रोध करके धनुषको तानकर बहुत-से अत्यन्त भयानक बाण छोड़े। वे बाण कुम्भकर्णके शरीरमें घुसकर [पीछेसे इस प्रकार] निकल जाते हैं [कि उनका पता नहीं चलता], जैसे बिजलियाँ बादलमें समा जाती हैं॥ ३॥

**सोनित स्रवत सोह तन कारे। जनु कज्जल गिरि गेरु पनारे॥**
**बिकल बिलोकि भालु कपि धाए। बिहँसा जबहिं निकट कपि आए॥**

उसके काले शरीरसे रुधिर बहता हुआ ऐसी शोभा देता है, मानो काजलके पर्वतसे गेरूके पनाले बह रहे हों। उसे व्याकुल देखकर रीछ-वानर दौड़े। वे ज्यों ही निकट आये, त्यों ही वह हँसा,॥ ४॥

**दो०—महानाद करि गर्जा कोटि कोटि गहि कीस।**
**महि पटकइ गजराज इव सपथ करइ दससीस॥ ६९॥**

और बड़ा घोर शब्द करके गरजा। तथा करोड़-करोड़ वानरोंको पकड़कर वह गजराजकी तरह उन्हें पृथ्वीपर पटकने लगा और रावणकी दुहाई देने लगा॥ ६९॥

**भागे भालु बलीमुख जूथा। बृकु बिलोकि जिमि मेष बरूथा॥**
**चले भागि कपि भालु भवानी। बिकल पुकारत आरत बानी॥**

यह देखकर रीछ-वानरोंके झुंड ऐसे भागे जैसे भेड़ियेको देखकर भेड़ोंके झुंड। [शिवजी कहते हैं—] हे भवानी! वानर-भालू व्याकुल होकर आर्तवाणीसे पुकारते हुए भाग चले॥ १॥

**यह निसिचर दुकाल सम अहई। कपिकुल देस परन अब चहई॥**
**कृपा बारिधर राम खरारी। पाहि पाहि प्रनतारति हारी॥**

[वे कहने लगे—] यह राक्षस दुर्भिक्षके समान है, जो अब वानरकुलरूपी देशमें पड़ना चाहता है। हे कृपारूपी जलके धारण करनेवाले मेघरूप श्रीराम! हे खरके शत्रु! हे शरणागतके दुःख हरनेवाले! रक्षा कीजिये, रक्षा कीजिये!॥ २॥

**सकरुन बचन सुनत भगवाना। चले सुधारि सरासन बाना॥**
**राम सेन निज पाछें घाली। चले सकोप महा बलसाली॥**

करुणाभरे वचन सुनते ही भगवान् धनुष-बाण सुधारकर चले। महाबलशाली श्रीरामजीने सेनाको अपने पीछे कर लिया और वे [अकेले] क्रोधपूर्वक चले (आगे बढ़े)॥ ३॥

**खैंचि धनुष सर सत संधाने। छूटे तीर सरीर समाने॥**
**लागत सर धावा रिस भरा। कुधर डगमगत डोलति धरा॥**

उन्होंने धनुषको खींचकर सौ बाण सन्धान किये। बाण छूटे और उसके शरीरमें समा गये। बाणोंके लगते ही वह क्रोधमें भरकर दौड़ा। उसके दौड़नेसे पर्वत डगमगाने लगे और पृथ्वी हिलने लगी॥ ४॥

**लीन्ह एक तेहिं सैल उपाटी। रघुकुलतिलक भुजा सोइ काटी॥**
**धावा बाम बाहु गिरि धारी। प्रभु सोउ भुजा काटि महि पारी॥**

उसने एक पर्वत उखाड़ लिया। रघुकुलतिलक श्रीरामजीने उसकी वह भुजा ही काट दी। तब वह बायें हाथमें पर्वतको लेकर दौड़ा। प्रभुने उसकी वह भुजा भी काटकर पृथ्वीपर गिरा दी॥ ५॥

**काटें भुजा सोह खल कैसा। पच्छहीन मंदर गिरि जैसा॥**
**उग्र बिलोकनि प्रभुहि बिलोका। ग्रसन चहत मानहुँ त्रैलोका॥**

भुजाओंके कट जानेपर वह दुष्ट कैसी शोभा पाने लगा, जैसे बिना पंखका मन्दराचल पहाड़ हो। उसने उग्र दृष्टिसे प्रभुको देखा। मानो तीनों लोकोंको निगल जाना चाहता हो॥ ६॥

**दो०—करि चिक्कार घोर अति धावा बदनु पसारि।**
**गगन सिद्ध सुर त्रासित हा हा हेति पुकारि॥ ७०॥**

वह बड़े जोरसे चिग्घाड़ करके मुँह फैलाकर दौड़ा। आकाशमें सिद्ध और देवता डरकर हा! हा! हा! इस प्रकार पुकारने लगे॥ ७०॥

**सभय देव करुनानिधि जान्यो। श्रवन प्रजंत सरासनु तान्यो॥**
**बिसिख निकर निसिचर मुख भरेऊ। तदपि महाबल भूमि न परेऊ॥**

करुणानिधान भगवान्ने देवताओंको भयभीत जाना। तब उन्होंने धनुषको कानतक तानकर राक्षसके मुखको बाणोंके समूहसे भर दिया। तो भी वह महाबली पृथ्वीपर न गिरा॥ १॥

**सरन्हि भरा मुख सन्मुख धावा। काल त्रोन सजीव जनु आवा॥**
**तब प्रभु कोपि तीब्र सर लीन्हा। धर ते भिन्न तासु सिर कीन्हा॥**

मुखमें बाण भरे हुए वह [प्रभुके] सामने दौड़ा। मानो कालरूपी सजीव तरकस ही आ रहा हो। तब प्रभुने क्रोध करके तीक्ष्ण बाण लिया और उसके सिरको धड़से अलग कर दिया॥ २॥

**सो सिर परेउ दसानन आगें। बिकल भयउ जिमि फनि मनि त्यागें॥**
**धरनि धसइ धर धाव प्रचंडा। तब प्रभु काटि कीन्ह दुइ खंडा॥**

वह सिर रावणके आगे जा गिरा। उसे देखकर रावण ऐसा व्याकुल हुआ जैसे मणिके छूट जानेपर सर्प। कुम्भकर्णका प्रचण्ड धड़ दौड़ा, जिससे पृथ्वी धँसी जाती थी। तब प्रभुने काटकर उसके दो टुकड़े कर दिये॥ ३॥

**परे भूमि जिमि नभ तें भूधर। हेठ दाबि कपि भालु निसाचर॥**
**तासु तेज प्रभु बदन समाना। सुर मुनि सबहिं अचंभव माना॥**

वानर-भालू और निशाचरोंको अपने नीचे दबाते हुए वे दोनों टुकड़े पृथ्वीपर ऐसे पड़े जैसे आकाशसे दो पहाड़ गिरे हों। उसका तेज प्रभु श्रीरामचन्द्रजीके मुखमें समा गया। [यह देखकर] देवता और मुनि सभीने आश्चर्य माना॥ ४॥

**सुर दुंदुभीं बजावहिं हरषहिं। अस्तुति करहिं सुमन बहु बरषहिं॥**
**करि बिनती सुर सकल सिधाए। तेही समय देवरिषि आए॥**

देवता नगाड़े बजाते, हर्षित होते और स्तुति करते हुए बहुत-से फूल बरसा रहे हैं। विनती करके सब देवता चले गये। उसी समय देवर्षि नारद आये॥ ५॥

**गगनोपरि हरि गुन गन गाए। रुचिर बीररस प्रभु मन भाए॥**
**बेगि हतहु खल कहि मुनि गए। राम समर महि सोभत भए॥**

आकाशके ऊपरसे उन्होंने श्रीहरिके सुन्दर वीररसयुक्त गुणसमूहका गान किया, जो प्रभुके मनको बहुत ही भाया। मुनि यह कहकर चले गये कि अब दुष्ट रावणको शीघ्र मारिये। [उस समय] श्रीरामचन्द्रजी रणभूमिमें आकर [अत्यन्त] सुशोभित हुए॥ ६॥

**छं०—संग्राम भूमि बिराज रघुपति अतुल बल कोसल धनी।**
**श्रम बिंदु मुख राजीव लोचन अरुन तन सोनित कनी॥**
**भुज जुगल फेरत सर सरासन भालु कपि चहु दिसि बने।**
**कह दास तुलसी कहि न सक छबि सेष जेहि आनन घने॥**

अतुलनीय बलवाले कोसलपति श्रीरघुनाथजी रणभूमिमें सुशोभित हैं। मुखपर पसीनेकी बूँदें हैं, कमलके समान नेत्र कुछ लाल हो रहे हैं। शरीरपर रक्तके कण हैं, दोनों हाथोंसे धनुष-बाण फिरा रहे हैं। चारों ओर रीछ-वानर सुशोभित हैं। तुलसीदासजी कहते हैं कि प्रभुकी इस छबिका वर्णन शेषजी भी नहीं कर सकते जिनके बहुत-से (हजार) मुख हैं।

**दो०—निसिचर अधम मलाकर ताहि दीन्ह निज धाम।**
**गिरिजा ते नर मंदमति जे न भजहिं श्रीराम॥ ७१॥**

[शिवजी कहते हैं—] हे गिरिजे! कुम्भकर्ण, जो नीच राक्षस और पापकी खान था, उसे भी श्रीरामजीने अपना परमधाम दे दिया! अतः वे मनुष्य [निश्चय ही] मन्दबुद्धि हैं जो उन श्रीरामजीको नहीं भजते॥ ७१॥

**दिन के अंत फिरीं द्वौ अनी। समर भई सुभटन्ह श्रम घनी॥**
**राम कृपाँ कपि दल बल बाढ़ा। जिमि तृन पाइ लाग अति डाढ़ा॥**

दिनका अन्त होनेपर दोनों सेनाएँ लौट पड़ीं। [आजके युद्धमें] योद्धाओंको बड़ी थकावट हुई। परन्तु श्रीरामजीकी कृपासे वानरसेनाका बल उसी प्रकार बढ़ गया जैसे घास पाकर अग्नि बहुत बढ़ जाती है॥ १॥

**छीजहिं निसिचर दिनु अरु राती। निज मुख कहें सुकृत जेहि भाँती॥**
**बहु बिलाप दसकंधर करई। बंधु सीस पुनि पुनि उर धरई॥**

उधर राक्षस दिन-रात इस प्रकार घटते जा रहे हैं जिस प्रकार अपने ही मुखसे कहनेपर पुण्य घट

जाते हैं। रावण बहुत विलाप कर रहा है। बार-बार भाई (कुम्भकर्ण)-का सिर कलेजेसे लगाता है॥ २॥

**रोवहिं नारि हृदय हति पानी। तासु तेज बल बिपुल बखानी॥**
**मेघनाद तेहि अवसर आयउ। कहि बहु कथा पिता समुझायउ॥**

स्त्रियाँ उसके बड़े भारी तेज और बलको बखान करके हाथोंसे छाती पीट-पीटकर रो रही हैं। उसी समय मेघनाद आया और उसने बहुत-सी कथाएँ कहकर पिताको समझाया॥ ३॥

**देखेहु कालि मोरि मनुसाई। अबहिं बहुत का करौं बड़ाई॥**
**इष्टदेव सैं बल रथ पायउँ। सो बल तात न तोहि देखायउँ॥**

[और कहा—] कल मेरा पुरुषार्थ देखियेगा। अभी बहुत बड़ाई क्या करूँ? हे तात! मैंने अपने इष्टदेवसे जो बल और रथ पाया था वह बल [और रथ] अबतक आपको नहीं दिखलाया था॥ ४॥

**एहि बिधि जल्पत भयउ बिहाना। चहुँ दुआर लागे कपि नाना॥**
**इत कपि भालु काल सम बीरा। उत रजनीचर अति रनधीरा॥**

इस प्रकार डींग मारते हुए सबेरा हो गया। लंकाके चारों दरवाजोंपर बहुत-से वानर आ डटे। इधर कालके समान वीर वानर-भालू हैं और उधर अत्यन्त रणधीर राक्षस॥ ५॥

**लरहिं सुभट निज निज जय हेतू। बरनि न जाइ समर खगकेतू॥**

दोनों ओरके योद्धा अपनी-अपनी जयके लिये लड़ रहे हैं। हे गरुड़! उनके युद्धका वर्णन नहीं किया जा सकता॥ ६॥

**दो०—मेघनाद मायामय रथ चढ़ि गयउ अकास।**
**गर्जेउ अट्टहास करि भइ कपि कटकहि त्रास॥ ७२॥**

मेघनाद उसी (पूर्वोक्त) मायामय रथपर चढ़कर आकाशमें चला गया और अट्टहास करके गरजा, जिससे वानरोंकी सेनामें भय छा गया॥ ७२॥

**सक्ति सूल तरवारि कृपाना। अस्त्र सस्त्र कुलिसायुध नाना॥**
**डारइ परसु परिघ पाषाना। लागेउ बृष्टि करै बहु बाना॥**

वह शक्ति, शूल, तलवार, कृपाण आदि अस्त्र, शस्त्र एवं वज्र आदि बहुत-से आयुध चलाने तथा फरसे, परिघ, पत्थर आदि डालने और बहुत-से बाणोंकी वृष्टि करने लगा॥ १॥

**दस दिसि रहे बान नभ छाई। मानहुँ मघा मेघ झरि लाई॥**
**धरु धरु मारु सुनिअ धुनि काना। जो मारइ तेहि कोउ न जाना॥**

आकाशमें दसों दिशाओंमें बाण छा गये, मानो मघा नक्षत्रके बादलोंने झड़ी लगा दी हो। 'पकड़ो, पकड़ो, मारो' ये शब्द कानोंसे सुनायी पड़ते हैं। पर जो मार रहा है उसे कोई नहीं जान पाता॥ २॥

**गहि गिरि तरु अकास कपि धावहिं। देखहिं तेहि न दुखित फिरि आवहिं॥**
**अवघट घाट बाट गिरि कंदर। माया बल कीन्हेसि सर पंजर॥**

पर्वत और वृक्षोंको लेकर वानर आकाशमें दौड़कर जाते हैं। पर उसे देख नहीं पाते, इससे दुःखी होकर लौट आते हैं—मेघनादने मायाके बलसे अटपटी घाटियों, रास्तों और पर्वत-कन्दराओंको बाणोंके पिंजरे बना दिये (बाणोंसे छा दिया)॥ ३॥

**जाहिं कहाँ ब्याकुल भए बंदर। सुरपति बंदि परे जनु मंदर॥**
**मारुतसुत अंगद नल नीला। कीन्हेसि बिकल सकल बलसीला॥**

अब कहाँ जायँ, यह सोचकर (रास्ता न पाकर) वानर व्याकुल हो गये। मानो पर्वत इन्द्रकी कैदमें पड़े हों। मेघनादने मारुति हनुमान्, अंगद, नल और नील आदि सभी बलवानोंको व्याकुल कर दिया॥ ४॥

**पुनि लछिमन सुग्रीव बिभीषन। सरन्हि मारि कीन्हेसि जर्जर तन॥**
**पुनि रघुपति सैं जूझै लागा। सर छाँड़इ होइ लागहिं नागा॥**

फिर उसने लक्ष्मणजी, सुग्रीव और विभीषणको बाणोंसे मारकर उनके शरीरोंको चलनी कर दिया। फिर वह श्रीरघुनाथजीसे लड़ने लगा। वह जो बाण छोड़ता है, वे साँप होकर लगते हैं॥ ५॥

**ब्याल पास बस भए खरारी। स्वबस अनंत एक अबिकारी॥**
**नट इव कपट चरित कर नाना। सदा स्वतंत्र एक भगवाना॥**

जो स्वतन्त्र, अनन्त, एक (अखण्ड) और निर्विकार हैं, वे खरके शत्रु श्रीरामजी [लीलासे] नागपाशके वशमें हो गये (उससे बँध गये)। श्रीरामचन्द्रजी सदा स्वतन्त्र, एक, (अद्वितीय) भगवान् हैं। वे नटकी तरह अनेकों प्रकारके दिखावटी चरित्र करते हैं॥ ६॥

**रन सोभा लगि प्रभुहिं बँधायो। नागपास देवन्ह भय पायो॥**

रणकी शोभाके लिये प्रभुने अपनेको नागपाशमें बँधा लिया; किन्तु उससे देवताओंको बड़ा भय हुआ॥ ७॥

**दो०—गिरिजा जासु नाम जपि मुनि काटहिं भव पास।**
**सो कि बंध तर आवइ ब्यापक बिस्व निवास॥ ७३॥**

[शिवजी कहते हैं—] हे गिरिजे! जिनका नाम जपकर मुनि भव (जन्म-मृत्यु)-की फाँसीको काट डालते हैं, वे सर्वव्यापक और विश्वनिवास (विश्वके आधार) प्रभु कहीं बन्धनमें आ सकते हैं?॥ ७३॥

**चरित राम के सगुन भवानी। तर्कि न जाहिं बुद्धि बल बानी॥**
**अस बिचारि जे तग्य बिरागी। रामहि भजहिं तर्क सब त्यागी॥**

हे भवानी! श्रीरामजीकी इन सगुण लीलाओंके विषयमें बुद्धि और वाणीके बलसे तर्क (निर्णय) नहीं किया जा सकता। ऐसा विचारकर जो तत्त्वज्ञानी और विरक्त पुरुष हैं वे सब तर्क (शंका) छोड़कर श्रीरामजीका भजन ही करते हैं॥ १॥

**ब्याकुल कटकु कीन्ह घननादा। पुनि भा प्रगट कहइ दुर्बादा॥**
**जामवंत कह खल रहु ठाढ़ा। सुनि करि ताहि क्रोध अति बाढ़ा॥**

मेघनादने सेनाको व्याकुल कर दिया। फिर वह प्रकट हो गया और दुर्वचन कहने लगा। इसपर जाम्बवान्ने कहा—अरे दुष्ट! खड़ा रह। यह सुनकर उसे बड़ा क्रोध बढ़ा॥ २॥

**बूढ़ जानि सठ छाँड़ेउँ तोही। लागेसि अधम पचारै मोही॥**
**अस कहि तरल त्रिसूल चलायो। जामवंत कर गहि सोइ धायो॥**

अरे मूर्ख! मैंने बूढ़ा जानकर तुझको छोड़ दिया था। अरे अधम! अब तू मुझीको ललकारने लगा है? ऐसा कहकर उसने चमकता हुआ त्रिशूल चलाया। जाम्बवान् उसी त्रिशूलको हाथसे पकड़कर दौड़ा॥ ३॥

**मारिसि मेघनाद कै छाती। परा भूमि घुर्मित सुरघाती॥**
**पुनि रिसान गहि चरन फिरायो। महि पछारि निज बल देखरायो॥**

और उसे मेघनादकी छातीपर दे मारा। वह देवताओंका शत्रु चक्कर खाकर पृथ्वीपर गिर पड़ा।

जाम्बवान्ने फिर क्रोधमें भरकर पैर पकड़कर उसको घुमाया और पृथ्वीपर पटककर उसे अपना बल दिखलाया॥ ४॥

**बर प्रसाद सो मरइ न मारा। तब गहि पद लंका पर डारा॥**
**इहाँ देवरिषि गरुड़ पठायो। राम समीप सपदि सो आयो॥**

[किन्तु] वरदानके प्रतापसे वह मारे नहीं मरता। तब जाम्बवान्ने उसका पैर पकड़कर उसे लंकापर फेंक दिया। इधर देवर्षि नारदजीने गरुड़को भेजा। वे तुरंत ही श्रीरामजीके पास आ पहुँचे॥ ५॥

**दो०—खगपति सब धरि खाए माया नाग बरूथ।**
**माया बिगत भए सब हरषे बानर जूथ॥ ७४ (क)॥**

पक्षिराज गरुड़जी सब माया-सर्पोंके समूहोंको पकड़कर खा गये। तब सब वानरोंके झुंड मायासे रहित होकर हर्षित हुए॥ ७४ (क)॥

**गहि गिरि पादप उपल नख धाए कीस रिसाइ।**
**चले तमीचर बिकलतर गढ़ पर चढ़े पराइ॥ ७४ (ख)॥**

पर्वत, वृक्ष, पत्थर और नख धारण किये वानर क्रोधित होकर दौड़े। निशाचर विशेष व्याकुल होकर भाग चले और भागकर किलेपर चढ़ गये॥ ७४ (ख)॥

**मेघनाद कै मुरछा जागी। पितहि बिलोकि लाज अति लागी॥**
**तुरत गयउ गिरिबर कंदरा। करौं अजय मख अस मन धरा॥**

मेघनादकी मूर्च्छा छूटी, [तब] पिताको देखकर उसे बड़ी शर्म लगी। मैं अजय (अजेय होनेको) यज्ञ करूँ, ऐसा मनमें निश्चय करके वह तुरंत श्रेष्ठ पर्वतकी गुफामें चला गया॥ १॥

**इहाँ बिभीषन मंत्र बिचारा। सुनहु नाथ बल अतुल उदारा॥**
**मेघनाद मख करइ अपावन। खल मायावी देव सतावन॥**

यहाँ विभीषणने यह सलाह विचारी [और श्रीरामचन्द्रजीसे कहा—] हे अतुलनीय बलवान् उदार प्रभो! देवताओंको सतानेवाला दुष्ट, मायावी मेघनाद अपवित्र यज्ञ कर रहा है॥ २॥

**जौं प्रभु सिद्ध होइ सो पाइहि। नाथ बेगि पुनि जीति न जाइहि॥**
**सुनि रघुपति अतिसय सुख माना। बोले अंगदादि कपि नाना॥**

हे प्रभो! यदि वह यज्ञ सिद्ध हो पायेगा तो हे नाथ! फिर मेघनाद जल्दी जीता न जा सकेगा। यह सुनकर श्रीरघुनाथजीने बहुत सुख माना और अंगदादि बहुत-से वानरोंको बुलाया [और कहा—]॥ ३॥

**लछिमन संग जाहु सब भाई। करहु बिधंस जग्य कर जाई॥**
**तुम्ह लछिमन मारेहु रन ओही। देखि सभय सुर दुख अति मोही॥**

हे भाइयो! सब लोग लक्ष्मणके साथ जाओ और जाकर यज्ञको विध्वंस करो। हे लक्ष्मण! संग्राममें तुम उसे मारना। देवताओंको भयभीत देखकर मुझे बड़ा दुःख है॥ ४॥

**मारेहु तेहि बल बुद्धि उपाई। जेहिं छीजै निसिचर सुनु भाई॥**
**जामवंत सुग्रीव बिभीषन। सेन समेत रहेहु तीनिउ जन॥**

हे भाई! सुनो, उसको ऐसे बल और बुद्धिके उपायसे मारना, जिससे निशाचरका नाश हो। हे जाम्बवान्, सुग्रीव और विभीषण! तुम तीनों जने सेनासमेत [इनके] साथ रहना॥ ५॥

**जब रघुबीर दीन्हि अनुसासन। कटि निषंग कसि साजि सरासन॥**
**प्रभु प्रताप उर धरि रनधीरा। बोले घन इव गिरा गँभीरा॥**

[इस प्रकार] जब श्रीरघुवीरने आज्ञा दी, तब कमरमें तरकस कसकर और धनुष सजाकर (चढ़ाकर) रणधीर श्रीलक्ष्मणजी प्रभुके प्रतापको हृदयमें धारण करके मेघके समान गम्भीर वाणी बोले—॥ ६॥

**जौं तेहि आजु बधें बिनु आवौं। तौ रघुपति सेवक न कहावौं॥**
**जौं सत संकर करहिं सहाई। तदपि हतउँ रघुबीर दोहाई॥**

यदि मैं आज उसे बिना मारे आऊँ, तो श्रीरघुनाथजीका सेवक न कहलाऊँ। यदि सैकड़ों शंकर भी उसकी सहायता करें तो भी श्रीरघुवीरकी दुहाई है; आज मैं उसे मार ही डालूँगा॥ ७॥

**दो०—रघुपति चरन नाइ सिरु चलेउ तुरंत अनंत।**
**अंगद नील मयंद नल संग सुभट हनुमंत॥ ७५॥**

श्रीरघुनाथजीके चरणोंमें सिर नवाकर शेषावतार श्रीलक्ष्मणजी तुरंत चले। उनके साथ अंगद, नील, मयंद, नल और हनुमान् आदि उत्तम योद्धा थे॥ ७५॥

**जाइ कपिन्ह सो देखा बैसा। आहुति देत रुधिर अरु भैंसा॥**
**कीन्ह कपिन्ह सब जग्य बिधंसा। जब न उठइ तब करहिं प्रसंसा॥**

वानरोंने जाकर देखा कि वह बैठा हुआ खून और भैंसेकी आहुति दे रहा है। वानरोंने सब यज्ञ विध्वंस कर दिया। फिर भी जब वह नहीं उठा, तब वे उसकी प्रशंसा करने लगे॥ १॥

**तदपि न उठइ धरेन्हि कच जाई। लातन्हि हति हति चले पराई॥**
**लै त्रिसूल धावा कपि भागे। आए जहँ रामानुज आगे॥**

इतनेपर भी वह न उठा, [तब] उन्होंने जाकर उसके बाल पकड़े और लातोंसे मार-मारकर वे भाग चले। वह त्रिशूल लेकर दौड़ा, तब वानर भागे और वहाँ आ गये जहाँ आगे लक्ष्मणजी खड़े थे॥ २॥

**आवा परम क्रोध कर मारा। गर्ज घोर रव बारहिं बारा॥**
**कोपि मरुतसुत अंगद धाए। हति त्रिसूल उर धरनि गिराए॥**

वह अत्यन्त क्रोधका मारा हुआ आया और बार-बार भयंकर शब्द करके गरजने लगा। मारुति (हनुमान्) और अंगद क्रोध करके दौड़े। उसने छातीमें त्रिशूल मारकर दोनोंको धरतीपर गिरा दिया॥ ३॥

**प्रभु कहँ छाँड़ेसि सूल प्रचंडा। सर हति कृत अनंत जुग खंडा॥**
**उठि बहोरि मारुति जुबराजा। हतहिं कोपि तेहि घाउ न बाजा॥**

फिर उसने प्रभु श्रीलक्ष्मणजीपर प्रचण्ड त्रिशूल छोड़ा। अनन्त (श्रीलक्ष्मणजी)-ने बाण मारकर उसके दो टुकड़े कर दिये। हनुमान्जी और युवराज अंगद फिर उठकर क्रोध करके उसे मारने लगे, पर उसे चोट न लगी॥ ४॥

**फिरे बीर रिपु मरइ न मारा। तब धावा करि घोर चिकारा॥**
**आवत देखि क्रुद्ध जनु काला। लछिमन छाड़े बिसिख कराला॥**

शत्रु (मेघनाद) मारे नहीं मरता, यह देखकर जब वीर लौटे, तब वह घोर चिग्घाड़

करके दौड़ा। उसे क्रुद्ध कालकी तरह आता देखकर लक्ष्मणजीने भयानक बाण छोड़े॥ ५॥

**देखेसि आवत पबि सम बाना। तुरत भयउ खल अंतरधाना॥**
**बिबिध बेष धरि करइ लराई। कबहुँक प्रगट कबहुँ दुरि जाई॥**

वज्रके समान बाणोंको आते देखकर वह दुष्ट तुरंत अन्तर्धान हो गया और फिर भाँति-भाँतिके रूप धारण करके युद्ध करने लगा। वह कभी प्रकट होता था और कभी छिप जाता था॥ ६॥

**देखि अजय रिपु डरपे कीसा। परम क्रुद्ध तब भयउ अहीसा॥**
**लछिमन मन अस मंत्र दृढ़ावा। एहि पापिहि मैं बहुत खेलावा॥**

शत्रुको पराजित न होता देखकर वानर डरे। तब सर्पराज शेषजी (लक्ष्मणजी) बहुत ही क्रोधित हुए। लक्ष्मणजीने मनमें यह विचार दृढ़ किया कि इस पापीको मैं बहुत खेला चुका [अब और अधिक खेलाना अच्छा नहीं, अब तो इसे समाप्त ही कर देना चाहिये।]॥ ७॥

**सुमिरि कोसलाधीस प्रतापा। सर संधान कीन्ह करि दापा॥**
**छाड़ा बान माझ उर लागा। मरती बार कपटु सब त्यागा॥**

कोसलपति श्रीरामजीके प्रतापका स्मरण करके लक्ष्मणजीने वीरोचित दर्प करके बाणका सन्धान किया। बाण छोड़ते ही उसकी छातीके बीचमें लगा। मरते समय उसने सब कपट त्याग दिया॥ ८॥

**दो०—रामानुज कहँ रामु कहँ अस कहि छाँड़ेसि प्रान।**
**धन्य धन्य तव जननी कह अंगद हनुमान॥ ७६॥**

रामके छोटे भाई लक्ष्मण कहाँ हैं? राम कहाँ हैं? ऐसा कहकर उसने प्राण छोड़ दिये। अंगद और हनुमान् कहने लगे—तेरी माता धन्य है, धन्य है, [जो तू लक्ष्मणजीके हाथों मरा और मरते समय श्रीराम-लक्ष्मणको स्मरण करके तूने उनके नामोंका उच्चारण किया।]॥ ७६॥

**बिनु प्रयास हनुमान उठायो। लंका द्वार राखि पुनि आयो॥**
**तासु मरन सुनि सुर गंधर्बा। चढ़ि बिमान आए नभ सर्बा॥**

हनुमान्जीने उसको बिना ही परिश्रमके उठा लिया और लंकाके दरवाजेपर रखकर वे लौट आये। उसका मरना सुनकर देवता और गन्धर्व आदि सब विमानोंपर चढ़कर आकाशमें आये॥ १॥

**बरषि सुमन दुंदुभीं बजावहिं। श्रीरघुनाथ बिमल जसु गावहिं॥**
**जय अनंत जय जगदाधारा। तुम्ह प्रभु सब देवन्हि निस्तारा॥**

वे फूल बरसाकर नगाड़े बजाते हैं और श्रीरघुनाथजीका निर्मल यश गाते हैं। हे अनन्त! आपकी जय हो, हे जगदाधार! आपकी जय हो। हे प्रभो! आपने सब देवताओंका [महान् विपत्तिसे] उद्धार किया॥ २॥

**अस्तुति करि सुर सिद्ध सिधाए। लछिमन कृपासिंधु पहिं आए॥**
**सुत बध सुना दसानन जबहीं। मुरुछित भयउ परेउ महि तबहीं॥**

देवता और सिद्ध स्तुति करके चले गये, तब लक्ष्मणजी कृपाके समुद्र श्रीरामजीके पास आये। रावणने ज्यों ही पुत्रवधका समाचार सुना, त्यों ही वह मूर्च्छित होकर पृथ्वीपर गिर पड़ा॥ ३॥

**मंदोदरी रुदन कर भारी। उर ताड़न बहु भाँति पुकारी॥**
**नगर लोग सब ब्याकुल सोचा। सकल कहहिं दसकंधर पोचा॥**

मन्दोदरी छाती पीट-पीटकर और बहुत प्रकारसे पुकार-पुकारकर बड़ा भारी विलाप करने लगी। नगरके सब लोग शोकसे व्याकुल हो गये। सभी रावणको नीच कहने लगे॥ ४॥

**दो०—तब दसकंठ बिबिधि बिधि समुझाईं सब नारि।**
**नस्वर रूप जगत सब देखहु हृदयँ बिचारि॥ ७७॥**

तब रावणने सब स्त्रियोंको अनेकों प्रकारसे समझाया कि समस्त जगत्‌का यह (दृश्य) रूप नाशवान् है, हृदयमें विचारकर देखो॥ ७७॥

**तिन्हहि ग्यान उपदेसा रावन। आपुन मंद कथा सुभ पावन॥**
**पर उपदेस कुसल बहुतेरे। जे आचरहिं ते नर न घनेरे॥**

रावणने उनको ज्ञानका उपदेश किया। वह स्वयं तो नीच है, पर उसकी कथा (बातें) शुभ और पवित्र है। दूसरोंको उपदेश देनेमें तो बहुत लोग निपुण होते हैं। पर ऐसे लोग अधिक नहीं हैं जो उपदेशके अनुसार आचरण भी करते हैं॥ १॥

**निसा सिरानि भयउ भिनुसारा। लगे भालु कपि चारिहुँ द्वारा॥**
**सुभट बोलाइ दसानन बोला। रन सन्मुख जा कर मन डोला॥**

रात बीत गयी, सबेरा हुआ। रीछ-वानर [फिर] चारों दरवाजोंपर जा डटे। योद्धाओंको बुलाकर दशमुख रावणने कहा—लड़ाईमें शत्रुके सम्मुख जिसका मन डाँवाडोल हो,॥ २॥

**सो अबहीं बरु जाउ पराई। संजुग बिमुख भएँ न भलाई॥**
**निज भुज बल मैं बयरु बढ़ावा। देहउँ उतरु जो रिपु चढ़ि आवा॥**

अच्छा है वह अभी भाग जाय। युद्धमें जाकर विमुख होने (भागने)-में भलाई नहीं है। मैंने अपनी भुजाओंके बलपर वैर बढ़ाया है। जो शत्रु चढ़ आया है, उसको मैं [अपने ही] उत्तर दे लूँगा॥ ३॥

**अस कहि मरुत बेग रथ साजा। बाजे सकल जुझाऊ बाजा॥**
**चले बीर सब अतुलित बली। जनु कज्जल कै आँधी चली॥**

ऐसा कहकर उसने पवनके समान तेज चलनेवाला रथ सजाया। सारे जुझाऊ (लड़ाईके) बाजे बजने लगे। सब अतुलनीय बलवान् वीर ऐसे चले मानो काजलकी आँधी चली हो॥ ४॥

**असगुन अमित होहिं तेहि काला। गनइ न भुजबल गर्ब बिसाला॥**

उस समय असंख्य अशकुन होने लगे। पर अपनी भुजाओंके बलका बड़ा गर्व होनेसे रावण उन्हें गिनता नहीं है॥ ५॥

**छं०—अति गर्ब गनइ न सगुन असगुन स्त्रवहिं आयुध हाथ ते।**
**भट गिरत रथ ते बाजि गज चिक्करत भाजहिं साथ ते॥**
**गोमाय गीध कराल खर रव स्वान बोलहिं अति घने।**
**जनु कालदूत उलूक बोलहिं बचन परम भयावने॥**

अत्यन्त गर्वके कारण वह शकुन-अशकुनका विचार नहीं करता। हथियार हाथोंसे गिर रहे हैं। योद्धा रथसे गिर पड़ते हैं। घोड़े, हाथी साथ छोड़कर चिग्घाड़ते हुए भाग जाते हैं। स्यार, गीध, कौए और गदहे शब्द कर रहे हैं। बहुत अधिक कुत्ते बोल रहे हैं। उल्लू ऐसे अत्यन्त भयानक शब्द कर रहे हैं, मानो कालके दूत हों (मृत्युका सँदेशा सुना रहे हों)।

**दो०—ताहि कि संपति सगुन सुभ सपनेहुँ मन बिश्राम।**
**भूत द्रोह रत मोहबस राम बिमुख रति काम॥ ७८॥**

जो जीवोंके द्रोहमें रत है, मोहके वश हो रहा है, रामविमुख है और कामासक्त है, उसको क्या कभी स्वप्नमें भी सम्पत्ति, शुभ शकुन और चित्तकी शान्ति हो सकती है?॥ ७८॥

**चलेउ निसाचर कटकु अपारा। चतुरंगिनी अनी बहु धारा॥**
**बिबिधि भाँति बाहन रथ जाना। बिपुल बरन पताक ध्वज नाना॥**

राक्षसोंकी अपार सेना चली। चतुरंगिणी सेनाकी बहुत-सी टुकड़ियाँ हैं। अनेकों प्रकारके वाहन, रथ और सवारियाँ हैं तथा बहुत-से रंगोंकी अनेकों पताकाएँ और ध्वजाएँ हैं॥ १॥

**चले मत्त गज जूथ घनेरे। प्राबिट जलद मरुत जनु प्रेरे॥**
**बरन बरन बिरदैत निकाया। समर सूर जानहिं बहु माया॥**

मतवाले हाथियोंके बहुत-से झुंड चले। मानो पवनसे प्रेरित हुए वर्षा-ऋतुके बादल हों। रंग-बिरंगे बाना धारण करनेवाले वीरोंके समूह हैं, जो युद्धमें बड़े शूरवीर हैं और बहुत प्रकारकी माया जानते हैं॥ २॥

**अति बिचित्र बाहिनी बिराजी। बीर बसंत सेन जनु साजी॥**
**चलत कटक दिगसिंधुर डगहीं। छुभित पयोधि कुधर डगमगहीं॥**

अत्यन्त विचित्र फौज शोभित है। मानो वीर वसन्तने सेना सजायी हो। सेनाके चलनेसे दिशाओंके हाथी डिगने लगे, समुद्र क्षुभित हो गये और पर्वत डगमगाने लगे॥ ३॥

**उठी रेनु रबि गयउ छपाई। मरुत थकित बसुधा अकुलाई॥**
**पनव निसान घोर रव बाजहिं। प्रलय समय के घन जनु गाजहिं॥**

इतनी धूल उड़ी कि सूर्य छिप गये। [फिर सहसा] पवन रुक गया और पृथ्वी अकुला उठी। ढोल और नगाड़े भीषण ध्वनिसे बज रहे हैं; जैसे प्रलयकालके बादल गरज रहे हों॥ ४॥

**भेरि नफीरि बाज सहनाई। मारू राग सुभट सुखदाई॥**
**केहरि नाद बीर सब करहीं। निज निज बल पौरुष उच्चरहीं॥**

भेरी, नफीरी (तुरही) और शहनाईमें योद्धाओंको सुख देनेवाला मारू राग बज रहा है। सब वीर सिंहनाद करते हैं और अपने-अपने बल-पौरुषका बखान कर रहे हैं॥ ५॥

**कहइ दसानन सुनहु सुभट्टा। मर्दहु भालु कपिन्ह के ठट्टा॥**
**हौं मारिहउँ भूप द्वौ भाई। अस कहि सन्मुख फौज रेंगाई॥**

रावणने कहा—हे उत्तम योद्धाओ! सुनो। तुम रीछ-वानरोंके ठट्टको मसल डालो। और मैं दोनों राजकुमार भाइयोंको मारूँगा। ऐसा कहकर उसने अपनी सेना सामने चलायी॥ ६॥

**यह सुधि सकल कपिन्ह जब पाई। धाए करि रघुबीर दोहाई॥**

जब सब वानरोंने यह खबर पायी, तब वे श्रीरघुवीरकी दुहाई देते हुए दौड़े॥ ७॥

**छं०—धाए बिसाल कराल मर्कट भालु काल समान ते।**
**मानहुँ सपच्छ उड़ाहिं भूधर बृंद नाना बान ते॥**
**नख दसन सैल महाद्रुमायुध सबल संक न मानहीं।**
**जय राम रावन मत्त गज मृगराज सुजसु बखानहीं॥**

वे विशाल और कालके समान कराल वानर-भालू दौड़े। मानो पंखवाले पर्वतोंके समूह उड़ रहे हों। वे अनेक वर्णोंके हैं। नख, दाँत, पर्वत और बड़े-बड़े वृक्ष ही उनके हथियार हैं। वे बड़े बलवान् हैं और किसीका भी डर नहीं मानते। रावणरूपी मतवाले हाथीके लिये सिंहरूप श्रीरामजीका जय-जयकार करके वे उनके सुन्दर यशका बखान करते हैं।

**दो०—दुहु दिसि जय जयकार करि निज निज जोरी जानि।**
**भिरे बीर इत रामहि उत रावनहि बखानि॥ ७९॥**

दोनों ओरके योद्धा जय-जयकार करके अपनी-अपनी जोड़ी जान (चुन) कर इधर श्रीरघुनाथजीका और उधर रावणका बखान करके परस्पर भिड़ गये॥ ७९॥

**रावनु रथी बिरथ रघुबीरा। देखि बिभीषन भयउ अधीरा॥**
**अधिक प्रीति मन भा संदेहा। बंदि चरन कह सहित सनेहा॥**

रावणको रथपर और श्रीरघुवीरको बिना रथके देखकर विभीषण अधीर हो गये। प्रेम अधिक होनेसे उनके मनमें सन्देह हो गया [कि वे बिना रथके रावणको कैसे जीत सकेंगे]। श्रीरामजीके चरणोंकी वन्दना करके वे स्नेहपूर्वक कहने लगे॥ १॥

**नाथ न रथ नहिं तन पद त्राना। केहि बिधि जितब बीर बलवाना॥**
**सुनहु सखा कह कृपानिधाना। जेहिं जय होइ सो स्यंदन आना॥**

हे नाथ! आपके न रथ है, न तनकी रक्षा करनेवाला कवच है और न जूते ही हैं। वह बलवान् वीर रावण किस प्रकार जीता जायगा? कृपानिधान श्रीरामजीने कहा—हे सखे! सुनो, जिससे जय होती है, वह रथ दूसरा ही है॥ २॥

**सौरज धीरज तेहि रथ चाका। सत्य सील दृढ़ ध्वजा पताका॥**
**बल बिबेक दम परहित घोरे। छमा कृपा समता रजु जोरे॥**

शौर्य और धैर्य उस रथके पहिये हैं। सत्य और शील (सदाचार) उसकी मजबूत ध्वजा और पताका हैं। बल, विवेक, दम (इन्द्रियोंका वशमें होना) और परोपकार—ये चार उसके घोड़े हैं, जो क्षमा, दया और समतारूपी डोरीसे रथमें जोड़े हुए हैं॥ ३॥

**ईस भजनु सारथी सुजाना। बिरति चर्म संतोष कृपाना॥**
**दान परसु बुधि सक्ति प्रचंडा। बर बिग्यान कठिन कोदंडा॥**

ईश्वरका भजन ही [उस रथको चलानेवाला] चतुर सारथि है। वैराग्य ढाल है और सन्तोष तलवार है। दान फरसा है, बुद्धि प्रचण्ड शक्ति है, श्रेष्ठ विज्ञान कठिन धनुष है॥ ४॥

**अमल अचल मन त्रोन समाना। सम जम नियम सिलीमुख नाना॥**
**कवच अभेद बिप्र गुर पूजा। एहि सम बिजय उपाय न दूजा॥**

निर्मल (पापरहित) और अचल (स्थिर) मन तरकसके समान है। शम (मनका वशमें होना), [अहिंसादि] यम और [शौचादि] नियम—ये बहुत-से बाण हैं। ब्राह्मणों और गुरुका पूजन अभेद्य कवच है। इसके समान विजयका दूसरा उपाय नहीं है॥ ५॥

**सखा धर्ममय अस रथ जाकें। जीतन कहँ न कतहुँ रिपु ताकें॥**

हे सखे! ऐसा धर्ममय रथ जिसके हो उसके लिये जीतनेको कहीं शत्रु ही नहीं है॥ ६॥

**दो०—महा अजय संसार रिपु जीति सकइ सो बीर।**
**जाकें अस रथ होइ दृढ़ सुनहु सखा मतिधीर॥८०(क)॥**

हे धीरबुद्धिवाले सखा! सुनो, जिसके पास ऐसा दृढ़ रथ हो, वह वीर संसार (जन्म-मृत्यु)-रूपी महान् दुर्जय शत्रुको भी जीत सकता है [रावणकी तो बात ही क्या है]॥ ८० (क)॥

**सुनि प्रभु बचन बिभीषन हरषि गहे पद कंज।**
**एहि मिस मोहि उपदेसेहु राम कृपा सुख पुंज॥८०(ख)॥**

प्रभुके वचन सुनकर विभीषणजीने हर्षित होकर उनके चरणकमल पकड़ लिये [और कहा—] हे कृपा और सुखके समूह श्रीरामजी! आपने इसी बहाने मुझे [महान्] उपदेश दिया॥ ८० (ख)॥

**उत पचार दसकंधर इत अंगद हनुमान।**
**लरत निसाचर भालु कपि करि निज निज प्रभु आन॥८०(ग)॥**

उधरसे रावण ललकार रहा है और इधरसे अंगद और हनुमान्। राक्षस और रीछ-वानर अपने-अपने स्वामीकी दुहाई देकर लड़ रहे हैं॥ ८० (ग)॥

**सुर ब्रह्मादि सिद्ध मुनि नाना। देखत रन नभ चढ़े बिमाना॥**
**हमहू उमा रहे तेहिं संगा। देखत राम चरित रन रंगा॥**

ब्रह्मा आदि देवता और अनेकों सिद्ध तथा मुनि विमानोंपर चढ़े हुए आकाशसे युद्ध देख रहे हैं। [शिवजी कहते हैं—] हे उमा! मैं भी उस समाजमें था और श्रीरामजीके रण-रंग (रणोत्साह)-की लीला देख रहा था॥ १॥

**सुभट समर रस दुहु दिसि माते। कपि जयसील राम बल ताते॥**
**एक एक सन भिरहिं पचारहिं। एकन्ह एक मर्दि महि पारहिं॥**

दोनों ओरके योद्धा रण-रसमें मतवाले हो रहे हैं। वानरोंको श्रीरामजीका बल है, इससे वे जयशील हैं (जीत रहे हैं)। एक-दूसरेसे भिड़ते और ललकारते हैं और एक-दूसरेको मसल-मसलकर पृथ्वीपर डाल देते हैं॥ २॥

**मारहिं काटहिं धरहिं पछारहिं। सीस तोरि सीसन्ह सन मारहिं॥**
**उदर बिदारहिं भुजा उपारहिं। गहि पद अवनि पटकि भट डारहिं॥**

वे मारते, काटते, पकड़ते और पछाड़ देते हैं और सिर तोड़कर उन्हीं सिरोंसे दूसरोंको मारते हैं। पेट फाड़ते हैं, भुजाएँ उखाड़ते हैं और योद्धाओंको पैर पकड़कर पृथ्वीपर पटक देते हैं॥ ३॥

**निसिचर भट महि गाड़हिं भालू। ऊपर ढारि देहिं बहु बालू॥**
**बीर बलीमुख जुद्ध बिरुद्धे। देखिअत बिपुल काल जनु क्रुद्धे॥**

राक्षस योद्धाओंको भालू पृथ्वीमें गाड़ देते हैं और ऊपरसे बहुत-सी बालू डाल देते हैं। युद्धमें शत्रुओंसे विरुद्ध हुए वीर वानर ऐसे दिखायी पड़ते हैं मानो बहुत-से क्रोधित काल हों॥ ४॥

**छं०—क्रुद्धे कृतांत समान कपि तन स्रवत सोनित राजहीं।**
**मर्दहिं निसाचर कटक भट बलवंत घन जिमि गाजहीं॥**
**मारहिं चपेटन्हि डाटि दातन्ह काटि लातन्ह मीजहीं।**
**चिक्करहिं मर्कट भालु छल बल करहिं जेहिं खल छीजहीं॥**

क्रोधित हुए कालके समान वे वानर खून बहते हुए शरीरोंसे शोभित हो रहे हैं। वे बलवान् वीर राक्षसोंकी सेनाके योद्धाओंको मसलते और मेघकी तरह गरजते हैं। डाँटकर चपेटोंसे मारते, दाँतोंसे काटकर लातोंसे पीस डालते हैं। वानर-भालू चिग्घाड़ते और ऐसा छल-बल करते हैं जिससे दुष्ट राक्षस नष्ट हो जायँ॥ १॥

**धरि गाल फारहिं उर बिदारहिं गल अँतावरि मेलहीं।**
**प्रह्लादपति जनु बिबिध तनु धरि समर अंगन खेलहीं॥**
**धरु मारु काटु पछारु घोर गिरा गगन महि भरि रही।**
**जय राम जो तृन ते कुलिस कर कुलिस ते कर तृन सही॥**

वे राक्षसोंके गाल पकड़कर फाड़ डालते हैं, छाती चीर डालते हैं और उनकी अँतड़ियाँ निकालकर गलेमें डाल लेते हैं। वे वानर ऐसे देख पड़ते हैं मानो प्रह्लादके स्वामी श्रीनृसिंहभगवान् अनेकों शरीर धारण करके युद्धके मैदानमें क्रीड़ा कर रहे हों। पकड़ो, मारो, काटो, पछाड़ो आदि घोर शब्द आकाश और पृथ्वीमें भर (छा) गये हैं। श्रीरामचन्द्रजीकी जय हो, जो सचमुच तृणसे वज्र और वज्रसे तृण कर देते हैं (निर्बलको सबल और सबलको निर्बल कर देते हैं)॥ २॥

**दो०—निज दल बिचलत देखेसि बीस भुजाँ दस चाप।**
**रथ चढ़ि चलेउ दसानन फिरहु फिरहु करि दाप॥ ८१॥**

अपनी सेनाको विचलित होते हुए देखा, तब बीस भुजाओंमें दस धनुष लेकर रावण रथपर चढ़कर गर्व करके 'लौटो', 'लौटो' कहता हुआ चला॥ ८१॥

**धायउ परम क्रुद्ध दसकंधर। सन्मुख चले हूह दै बंदर॥**
**गहि कर पादप उपल पहारा। डारेन्हि ता पर एकहिं बारा॥**

रावण अत्यन्त क्रोधित होकर दौड़ा। वानर हुंकार करते हुए [लड़नेके लिये] उसके सामने चले। उन्होंने हाथोंमें वृक्ष, पत्थर और पहाड़ लेकर रावणपर एक ही साथ डाले॥ १॥

**लागहिं सैल बज्र तन तासू। खंड खंड होइ फूटहिं आसू॥**
**चला न अचल रहा रथ रोपी। रन दुर्मद रावन अति कोपी॥**

पर्वत उसके वज्रतुल्य शरीरमें लगते ही तुरंत टुकड़े-टुकड़े होकर फूट जाते हैं। अत्यन्त क्रोधी रणोन्मत्त रावण रथ रोककर अचल खड़ा रहा, [अपने स्थानसे] जरा भी नहीं हिला॥ २॥

**इत उत झपटि दपटि कपि जोधा। मर्दै लाग भयउ अति क्रोधा॥**
**चले पराइ भालु कपि नाना। त्राहि त्राहि अंगद हनुमाना॥**

उसे बहुत ही क्रोध हुआ। वह इधर-उधर झपटकर और डपटकर वानर योद्धाओंको मसलने लगा। अनेकों वानर-भालू 'हे अंगद! हे हनुमान्! रक्षा करो, रक्षा करो' [पुकारते हुए] भाग चले॥ ३॥

**पाहि पाहि रघुबीर गोसाईं। यह खल खाइ काल की नाईं॥**
**तेहिं देखे कपि सकल पराने। दसहुँ चाप सायक संधाने॥**

हे रघुवीर! हे गोसाईं! रक्षा कीजिये, रक्षा कीजिये। यह दुष्ट कालकी भाँति हमें खा रहा है। उसने देखा कि सब वानर भाग छूटे। तब [रावणने] दसों धनुषोंपर बाण सन्धान किये॥ ४॥

**छं०—संधानि धनु सर निकर छाड़ेसि उरग जिमि उड़ि लागहीं।**
**रहे पूरि सर धरनी गगन दिसि बिदिसि कहँ कपि भागहीं॥**

**भयो अति कोलाहल बिकल कपि दल भालु बोलहिं आतुरे।**
**रघुबीर करुना सिंधु आरत बंधु जन रच्छक हरे॥**

उसने धनुषपर सन्धान करके बाणोंके समूह छोड़े। वे बाण सर्पकी तरह उड़कर जा लगते थे। पृथ्वी-आकाश और दिशा-विदिशा सर्वत्र बाण भर रहे हैं। वानर भागें तो कहाँ? अत्यन्त कोलाहल मच गया। वानर-भालुओंकी सेना व्याकुल होकर आर्त्त पुकार करने लगी—हे रघुवीर! हे करुणासागर! हे पीड़ितोंके बन्धु! हे सेवकोंकी रक्षा करके उनके दुःख हरनेवाले हरि!

**दो०—निज दल बिकल देखि कटि कसि निषंग धनु हाथ।**
**लछिमन चले क्रुद्ध होइ नाइ राम पद माथ॥ ८२॥**

अपनी सेनाको व्याकुल देखकर कमरमें तरकस कसकर और हाथमें धनुष लेकर श्रीरघुनाथजीके चरणोंपर मस्तक नवाकर लक्ष्मणजी क्रोधित होकर चले॥ ८२॥

**रे खल का मारसि कपि भालू। मोहि बिलोकु तोर मैं कालू॥**
**खोजत रहेउँ तोहि सुतघाती। आजु निपाति जुड़ावउँ छाती॥**

[लक्ष्मणजीने पास जाकर कहा—] अरे दुष्ट! वानर-भालुओंको क्या मार रहा है? मुझे देख, मैं तेरा काल हूँ? [रावणने कहा—] अरे मेरे पुत्रके घातक! मैं तुझीको ढूँढ़ रहा था। आज तुझे मारकर [अपनी] छाती ठंडी करूँगा॥ १॥

**अस कहि छाड़ेसि बान प्रचंडा। लछिमन किए सकल सत खंडा॥**
**कोटिन्ह आयुध रावन डारे। तिल प्रवान करि काटि निवारे॥**

ऐसा कहकर उसने प्रचण्ड बाण छोड़े। लक्ष्मणजीने सबके सैकड़ों टुकड़े कर डाले। रावणने करोड़ों अस्त्र-शस्त्र चलाये। लक्ष्मणजीने उनको तिलके बराबर करके काटकर हटा दिया॥ २॥

**पुनि निज बानन्ह कीन्ह प्रहारा। स्यंदनु भंजि सारथी मारा॥**
**सत सत सर मारे दस भाला। गिरि सृंगन्ह जनु प्रबिसहिं ब्याला॥**

फिर अपने बाणोंसे [उसपर] प्रहार किया और [उसके] रथको तोड़कर सारथिको मार डाला। [रावणके] दसों मस्तकोंमें सौ-सौ बाण मारे। वे सिरोंमें ऐसे पैठ गये मानो पहाड़के शिखरोंमें सर्प प्रवेश कर रहे हों॥ ३॥

**पुनि सत सर मारा उर माहीं। परेउ धरनि तल सुधि कछु नाहीं॥**
**उठा प्रबल पुनि मुरुछा जागी। छाड़िसि ब्रह्म दीन्हि जो साँगी॥**

फिर सौ बाण उसकी छातीमें मारे। वह पृथ्वीपर गिर पड़ा, उसे कुछ भी होश न रहा। फिर मूर्च्छा छूटनेपर वह प्रबल रावण उठा और उसने वह शक्ति चलायी जो ब्रह्माजीने उसे दी थी॥ ४॥

**छं०—सो ब्रह्म दत्त प्रचंड सक्ति अनंत उर लागी सही।**
**पर्‌यो बीर बिकल उठाव दसमुख अतुल बल महिमा रही॥**
**ब्रह्मांड भवन बिराज जाकें एक सिर जिमि रज कनी।**
**तेहि चह उठावन मूढ़ रावन जान नहिं त्रिभुअन धनी॥**

वह ब्रह्माकी दी हुई प्रचण्ड शक्ति लक्ष्मणजीकी ठीक छातीमें लगी। वीर लक्ष्मणजी व्याकुल होकर गिर पड़े। तब रावण उन्हें उठाने लगा, पर उसके अतुलित बलकी महिमा यों ही रह गयी

(व्यर्थ हो गयी, वह उन्हें उठा न सका)। जिनके एक ही सिरपर ब्रह्माण्डरूपी भवन धूलके एक कणके समान विराजता है, उन्हें मूर्ख रावण उठाना चाहता है! वह तीनों भुवनोंके स्वामी लक्ष्मणजीको नहीं जानता।

**दो०—देखि पवनसुत धायउ बोलत बचन कठोर।**
**आवत कपिहि हन्यो तेहिं मुष्टि प्रहार प्रघोर॥ ८३॥**

यह देखकर पवनपुत्र हनुमान्‌जी कठोर वचन बोलते हुए दौड़े। हनुमान्‌जीके आते ही रावणने उनपर अत्यन्त भयंकर घूँसेका प्रहार किया॥ ८३॥

**जानु टेकि कपि भूमि न गिरा। उठा सँभारि बहुत रिस भरा॥**
**मुठिका एक ताहि कपि मारा। परेउ सैल जनु बज्र प्रहारा॥**

हनुमान्‌जी घुटने टेककर रह गये, पृथ्वीपर गिरे नहीं। और फिर क्रोधसे भरे हुए सँभालकर उठे। हनुमान्‌जीने रावणको एक घूँसा मारा। वह ऐसा गिर पड़ा जैसे वज्रकी मारसे पर्वत गिरा हो॥ १॥

**मुरुछा गै बहोरि सो जागा। कपि बल बिपुल सराहन लागा॥**
**धिग धिग मम पौरुष धिग मोही। जौं तैं जिअत रहेसि सुरद्रोही॥**

मूर्च्छा भंग होनेपर फिर वह जगा और हनुमान्‌जीके बड़े भारी बलको सराहने लगा। [हनुमान्‌जीने कहा—] मेरे पौरुषको धिक्कार है, धिक्कार है और मुझे भी धिक्कार है, जो हे देवद्रोही! तू अब भी जीता रह गया॥ २॥

**अस कहि लछिमन कहुँ कपि ल्यायो। देखि दसानन बिसमय पायो॥**
**कह रघुबीर समुझु जियँ भ्राता। तुम्ह कृतांत भच्छक सुर त्राता॥**

ऐसा कहकर और लक्ष्मणजीको उठाकर हनुमान्‌जी श्रीरघुनाथजीके पास ले आये। यह देखकर रावणको आश्चर्य हुआ। श्रीरघुवीरने [लक्ष्मणजीसे] कहा—हे भाई! हृदयमें समझो, तुम कालके भी भक्षक और देवताओंके रक्षक हो॥ ३॥

**सुनत बचन उठि बैठ कृपाला। गई गगन सो सकति कराला॥**
**पुनि कोदंड बान गहि धाए। रिपु सन्मुख अति आतुर आए॥**

ये वचन सुनते ही कृपालु लक्ष्मणजी उठ बैठे। वह कराल शक्ति आकाशको चली गयी। लक्ष्मणजी फिर धनुष-बाण लेकर दौड़े और बड़ी शीघ्रतासे शत्रुके सामने आ पहुँचे॥ ४॥

**छं०—आतुर बहोरि बिभंजि स्यंदन सूत हति ब्याकुल कियो।**
**गिर्‍यो धरनि दसकंधर बिकलतर बान सत बेध्यो हियो॥**
**सारथी दूसर घालि रथ तेहि तुरत लंका लै गयो।**
**रघुबीर बंधु प्रताप पुंज बहोरि प्रभु चरनन्हि नयो॥**

फिर उन्होंने बड़ी ही शीघ्रतासे रावणके रथको चूर-चूरकर और सारथिको मारकर उसे (रावणको) व्याकुल कर दिया। सौ बाणोंसे उसका हृदय बेध दिया, जिससे रावण अत्यन्त व्याकुल होकर पृथ्वीपर गिर पड़ा। तब दूसरा सारथि उसे रथमें डालकर तुरंत ही लंकाको ले गया। प्रतापके समूह श्रीरघुवीरके भाई लक्ष्मणजीने फिर आकर प्रभुके चरणोंमें प्रणाम किया।

**दो०—उहाँ दसानन जागि करि करै लाग कछु जग्य।**
**राम बिरोध बिजय चह सठ हठ बस अति अग्य॥ ८४॥**

वहाँ (लंकामें) रावण मूर्च्छासे जागकर कुछ यज्ञ करने लगा। वह मूर्ख और अत्यन्त अज्ञानी हठवश श्रीरघुनाथजीसे विरोध करके विजय चाहता है॥ ८४॥

**इहाँ बिभीषन सब सुधि पाई। सपदि जाइ रघुपतिहि सुनाई॥**
**नाथ करइ रावन एक जागा। सिद्ध भएँ नहिं मरिहि अभागा॥**

यहाँ विभीषणजीने सब खबर पायी और तुरंत जाकर श्रीरघुनाथजीको कह सुनायी कि हे नाथ! रावण एक यज्ञ कर रहा है। उसके सिद्ध होनेपर वह अभागा सहज ही नहीं मरेगा॥ १॥

**पठवहु नाथ बेगि भट बंदर। करहिं बिधंस आव दसकंधर॥**
**प्रात होत प्रभु सुभट पठाए। हनुमदादि अंगद सब धाए॥**

हे नाथ! तुरंत वानर योद्धाओंको भेजिये; जो यज्ञका विध्वंस करें, जिससे रावण युद्धमें आवे। प्रात:काल होते ही प्रभुने वीर योद्धाओंको भेजा। हनुमान् और अंगद आदि सब [प्रधान वीर] दौड़े॥ २॥

**कौतुक कूदि चढ़े कपि लंका। पैठे रावन भवन असंका॥**
**जग्य करत जबहीं सो देखा। सकल कपिन्ह भा क्रोध बिसेषा॥**

वानर खेलसे ही कूदकर लंकापर जा चढ़े और निर्भय रावणके महलमें जा घुसे। ज्यों ही उसको यज्ञ करते देखा, त्यों ही सब वानरोंको बहुत क्रोध हुआ॥ ३॥

**रन ते निलज भाजि गृह आवा। इहाँ आइ बक ध्यान लगावा॥**
**अस कहि अंगद मारा लाता। चितव न सठ स्वारथ मन राता॥**

[उन्होंने कहा—] अरे ओ निर्लज्ज! रणभूमिसे घर भाग आया और यहाँ आकर बगुलेका-सा ध्यान लगाकर बैठा है? ऐसा कहकर अंगदने लात मारी। पर उसने इनकी ओर देखा भी नहीं, उस दुष्टका मन स्वार्थमें अनुरक्त था॥ ४॥

**छं०—नहिं चितव जब करि कोप कपि गहि दसन लातन्ह मारहीं।**
**धरि केस नारि निकारि बाहेर तेऽतिदीन पुकारहीं॥**
**तब उठेउ क्रुद्ध कृतांत सम गहि चरन बानर डारई।**
**एहि बीच कपिन्ह बिधंस कृत मख देखि मन महुँ हारई॥**

जब उसने नहीं देखा, तब वानर क्रोध करके उसे दाँतोंसे पकड़कर [काटने और] लातोंसे मारने लगे। स्त्रियोंको बाल पकड़कर घरसे बाहर घसीट लाये, वे अत्यन्त ही दीन होकर पुकारने लगीं। तब रावण कालके समान क्रोधित होकर उठा और वानरोंको पैर पकड़कर पटकने लगा। इसी बीचमें वानरोंने यज्ञ विध्वंस कर डाला, यह देखकर वह मनमें हारने लगा (निराश होने लगा)।

**दो०—जग्य बिधंसि कुसल कपि आए रघुपति पास।**
**चलेउ निसाचर क्रुद्ध होइ त्यागि जिवन कै आस॥ ८५॥**

यज्ञ विध्वंस करके सब चतुर वानर रघुनाथजीके पास आ गये। तब रावण जीनेकी आशा छोड़कर क्रोधित होकर चला॥ ८५॥

**चलत होहिं अति असुभ भयंकर। बैठहिं गीध उड़ाइ सिरन्ह पर॥**
**भयउ कालबस काहु न माना। कहेसि बजावहु जुद्ध निसाना॥**

चलते समय अत्यन्त भयंकर अमंगल (अपशकुन) होने लगे। गीध उड़-उड़कर उसके सिरोंपर

बैठने लगे। किन्तु वह कालके वश था, इससे किसी भी अपशकुनको नहीं मानता था। उसने कहा—युद्धका डंका बजाओ॥ १॥

**चली तमीचर अनी अपारा। बहु गज रथ पदाति असवारा॥**
**प्रभु सन्मुख धाए खल कैसें। सलभ समूह अनल कहँ जैसें॥**

निशाचरोंकी अपार सेना चली। उसमें बहुत-से हाथी, रथ, घुड़सवार और पैदल हैं। वे दुष्ट प्रभुके सामने कैसे दौड़े, जैसे पतंगोंके समूह अग्निकी ओर [जलनेके लिये] दौड़ते हैं॥ २॥

**इहाँ देवतन्ह अस्तुति कीन्ही। दारुन बिपति हमहि एहिं दीन्ही॥**
**अब जनि राम खेलावहु एही। अतिसय दुखित होति बैदेही॥**

इधर देवताओंने स्तुति की कि हे श्रीरामजी! इसने हमको दारुण दुःख दिये हैं। अब आप इसे [अधिक] न खेलाइये। जानकीजी बहुत ही दुःखी हो रही हैं॥ ३॥

**देव बचन सुनि प्रभु मुसुकाना। उठि रघुबीर सुधारे बाना॥**
**जटा जूट दृढ़ बाँधें माथे। सोहहिं सुमन बीच बिच गाथे॥**

देवताओंके वचन सुनकर प्रभु मुसकराये। फिर श्रीरघुवीरने उठकर बाण सुधारे। मस्तकपर जटाओंके जूड़ेको कसकर बाँधे हुए हैं, उसके बीच-बीचमें पुष्प गूँथे हुए शोभित हो रहे हैं॥ ४॥

**अरुन नयन बारिद तनु स्यामा। अखिल लोक लोचनाभिरामा॥**
**कटितट परिकर कस्यो निषंगा। कर कोदंड कठिन सारंगा॥**

लाल नेत्र और मेघके समान श्याम शरीरवाले और सम्पूर्ण लोकोंके नेत्रोंको आनन्द देनेवाले हैं। प्रभुने कमरमें फेंटा तथा तरकस कस लिया और हाथमें कठोर शार्ङ्गधनुष ले लिया॥ ५॥

**छं०—सारंग कर सुंदर निषंग सिलीमुखाकर कटि कस्यो।**
**भुजदंड पीन मनोहरायत उर धरासुर पद लस्यो॥**
**कह दास तुलसी जबहिं प्रभु सर चाप कर फेरन लगे।**
**ब्रह्मांड दिग्गज कमठ अहि महि सिंधु भूधर डगमगे॥**

प्रभुने हाथमें शार्ङ्गधनुष लेकर कमरमें बाणोंकी खान (अक्षय) सुन्दर तरकस कस लिया। उनके भुजदण्ड पुष्ट हैं और मनोहर चौड़ी छातीपर ब्राह्मण (भृगुजी)-के चरणका चिह्न शोभित है। तुलसीदासजी कहते है—ज्यों ही प्रभु धनुष-बाण हाथमें लेकर फिराने लगे, त्यों ही ब्रह्माण्ड, दिशाओंके हाथी, कच्छप, शेषजी, पृथ्वी, समुद्र और पर्वत सभी डगमगा उठे।

**दो०—सोभा देखि हरषि सुर बरषहिं सुमन अपार।**
**जय जय जय करुनानिधि छबि बल गुन आगार॥ ८६॥**

[भगवान्‌की] शोभा देखकर देवता हर्षित होकर फूलोंकी अपार वर्षा करने लगे। और शोभा, शक्ति और गुणोंके धाम करुणानिधान प्रभुकी जय हो, जय हो, जय हो [ऐसा पुकारने लगे]॥ ८६॥

**एहीं बीच निसाचर अनी। कसमसात आई अति घनी॥**
**देखि चले सन्मुख कपि भट्टा। प्रलयकाल के जनु घन घट्टा॥**

इसी बीचमें निशाचरोंकी अत्यन्त घनी सेना कसमसाती हुई (आपसमें टकराती हुई) आयी। उसे देखकर वानर योद्धा इस प्रकार [उसके] सामने चले जैसे प्रलयकालके बादलोंके समूह हों॥ १॥

**बहु कृपान तरवारि चमंकहिं। जनु दहँ दिसि दामिनीं दमंकहिं॥**
**गज रथ तुरग चिकार कठोरा। गर्जहिं मनहुँ बलाहक घोरा॥**

बहुत-से कृपाण और तलवारें चमक रही हैं। मानो दसों दिशाओंमें बिजलियाँ चमक रही हों। हाथी, रथ और घोड़ोंका कठोर चिग्घाड़ ऐसा लगता है मानो बादल भयंकर गर्जन कर रहे हों॥ २॥

**कपि लंगूर बिपुल नभ छाए। मनहुँ इंद्रधनु उए सुहाए॥**
**उठइ धूरि मानहुँ जलधारा। बान बुंद भै बृष्टि अपारा॥**

वानरोंकी बहुत-सी पूँछें आकाशमें छायी हुई हैं। [वे ऐसी शोभा दे रही हैं] मानो सुन्दर इन्द्रधनुष उदय हुए हों। धूल ऐसी उठ रही है मानो जलकी धारा हो। बाणरूपी बूँदोंकी अपार वृष्टि हुई॥ ३॥

**दुहुँ दिसि पर्बत करहिं प्रहारा। बज्रपात जनु बारहिं बारा॥**
**रघुपति कोपि बान झरि लाई। घायल भै निसिचर समुदाई॥**

दोनों ओरसे योद्धा पर्वतोंका प्रहार करते हैं। मानो बारंबार वज्रपात हो रहा हो। श्रीरघुनाथजीने क्रोध करके बाणोंकी झड़ी लगा दी, [जिससे] राक्षसोंकी सेना घायल हो गयी॥ ४॥

**लागत बान बीर चिक्करहीं। घुर्मि घुर्मि जहँ तहँ महि परहीं॥**
**स्रवहिं सैल जनु निर्झर भारी। सोनित सरि कादर भयकारी॥**

बाण लगते ही वीर चीत्कार कर उठते हैं और चक्कर खा-खाकर जहाँ-तहाँ पृथ्वीपर गिर पड़ते हैं। उनके शरीरोंसे ऐसे खून बह रहा है मानो पर्वतके भारी झरनोंसे जल बह रहा हो। इस प्रकार डरपोकोंको भय उत्पन्न करनेवाली रुधिरकी नदी बह चली॥ ५॥

**छं०—कादर भयंकर रुधिर सरिता चली परम अपावनी।**
**दोउ कूल दल रथ रेत चक्र अबर्त बहति भयावनी॥**
**जलजंतु गज पदचर तुरग खर बिबिध बाहन को गने।**
**सर सक्ति तोमर सर्प चाप तरंग चर्म कमठ घने॥**

डरपोकोंको भय उपजानेवाली अत्यन्त अपवित्र रक्तकी नदी बह चली। दोनों दल उसके दोनों किनारे हैं। रथ रेत है और पहिये भँवर हैं। वह नदी बहुत भयावनी बह रही है। हाथी, पैदल, घोड़े, गदहे तथा अनेकों सवारियाँ ही, जिनकी गिनती कौन करे, नदीके जलजन्तु हैं। बाण, शक्ति और तोमर सर्प हैं; धनुष तरंगें हैं और ढाल बहुत-से कछुवे हैं।

**दो०—बीर परहिं जनु तीर तरु मज्जा बहु बह फेन।**
**कादर देखि डरहिं तहँ सुभटन्ह के मन चेन॥ ८७॥**

वीर पृथ्वीपर इस तरह गिर रहे हैं, मानो नदी-किनारेके वृक्ष ढह रहे हों। बहुत-सी मज्जा बह रही है, वही फेन है। डरपोक जहाँ इसे देखकर डरते हैं, वहाँ उत्तम योद्धाओंके मनमें सुख होता है॥ ८७॥

**मज्जहिं भूत पिसाच बेताला। प्रमथ महा झोटिंग कराला॥**
**काक कंक लै भुजा उड़ाहीं। एक ते छीनि एक लै खाहीं॥**

भूत, पिशाच और बैताल, बड़े-बड़े झोटोंवाले महान् भयंकर झोटिंग और प्रमथ (शिवगण) उस नदीमें स्नान करते हैं। कौए और चील भुजाएँ लेकर उड़ते हैं और एक-दूसरेसे छीनकर खा जाते हैं॥ १॥

**एक कहहिं ऐसिउ सौंघाई। सठहु तुम्हार दरिद्र न जाई॥**
**कहँरत भट घायल तट गिरे। जहँ तहँ मनहुँ अर्धजल परे॥**

एक (कोई) कहते हैं, अरे मूर्खो! ऐसी सस्ती (बहुतायत) है, फिर भी तुम्हारी दरिद्रता नहीं जाती? घायल योद्धा तटपर पड़े कराह रहे हैं, मानो जहाँ-तहाँ अर्धजल (वे व्यक्ति जो मरनेके समय आधे जलमें रखे जाते हैं) पड़े हों॥ २॥

**खैंचहिं गीध आँत तट भए। जनु बंसी खेलत चित दए॥**
**बहु भट बहहिं चढ़े खग जाहीं। जनु नावरि खेलहिं सरि माहीं॥**

गीध आँतें खींच रहे हैं, मानो मछलीमार नदी-तटपरसे चित्त लगाये हुए (ध्यानस्थ होकर) बंसी खेल रहे हों (बंसीसे मछली पकड़ रहे हों)। बहुत-से योद्धा बहे जा रहे हैं और पक्षी उनपर चढ़े चले जा रहे हैं। मानो वे नदीमें नावरि (नौकाक्रीड़ा) खेल रहे हों॥ ३॥

**जोगिनि भरि भरि खप्पर संचहिं। भूत पिसाच बधू नभ नंचहिं॥**
**भट कपाल करताल बजावहिं। चामुंडा नाना बिधि गावहिं॥**

योगिनियाँ खप्परोंमें भर-भरकर खून जमा कर रही हैं। भूत-पिशाचोंकी स्त्रियाँ आकाशमें नाच रही हैं। चामुण्डाएँ योद्धाओंकी खोपड़ियोंका करताल बजा रही हैं और नाना प्रकारसे गा रही हैं॥ ४॥

**जंबुक निकर कटक्कट कट्टहिं। खाहिं हुआहिं अघाहिं दपट्टहिं॥**
**कोटिन्ह रुंड मुंड बिनु डोल्लहिं। सीस परे महि जय जय बोल्लहिं॥**

गीदड़ोंके समूह कट-कट शब्द करते हुए मुरदोंको काटते, खाते, हुआँ-हुआँ करते और पेट भर जानेपर एक-दूसरेको डाँटते हैं। करोड़ों धड़ बिना सिरके घूम रहे हैं और सिर पृथ्वीपर पड़े जय-जय बोल रहे हैं॥ ५॥

**छं०—बोल्लहिं जो जय जय मुंड रुंड प्रचंड सिर बिनु धावहीं।**
**खप्परिन्ह खग्ग अलुज्झि जुज्झहिं सुभट भटन्ह ढहावहीं॥**
**बानर निसाचर निकर मर्दहिं राम बल दर्पित भए।**
**संग्राम अंगन सुभट सोवहिं राम सर निकरन्हि हए॥**

मुण्ड (कटे सिर) जय-जय बोलते हैं और प्रचण्ड रुण्ड (धड़) बिना सिरके दौड़ते हैं। पक्षी खोपड़ियोंमें उलझ-उलझकर परस्पर लड़े मरते हैं; उत्तम योद्धा दूसरे योद्धाओंको ढहा रहे हैं। श्रीरामचन्द्रजीके बलसे दर्पित हुए वानर राक्षसोंके झुण्डोंको मसले डालते हैं। श्रीरामजीके बाणसमूहोंसे मरे हुए योद्धा लड़ाईके मैदानमें सो रहे हैं।

**दो०—रावन हृदयँ बिचारा भा निसिचर संघार।**
**मैं अकेल कपि भालु बहु माया करौं अपार॥ ८८॥**

रावणने हृदयमें विचारा कि राक्षसोंका नाश हो गया है। मैं अकेला हूँ और वानर-भालू बहुत हैं, इसलिये मैं अब अपार माया रचूँ॥ ८८॥

**देवन्ह प्रभुहि पयादें देखा। उपजा उर अति छोभ बिसेषा॥**
**सुरपति निज रथ तुरत पठावा। हरष सहित मातलि लै आवा॥**

देवताओंने प्रभुको पैदल (बिना सवारीके युद्ध करते) देखा, तो उनके हृदयमें बड़ा भारी क्षोभ (दुःख) उत्पन्न हुआ। [फिर क्या था] इन्द्रने तुरंत अपना रथ भेज दिया। [उसका सारथि] मातलि हर्षके साथ उसे ले आया॥ १॥

**तेज पुंज रथ दिब्य अनूपा। हरषि चढ़े कोसलपुर भूपा॥**
**चंचल तुरग मनोहर चारी। अजर अमर मन सम गतिकारी॥**

उस दिव्य अनुपम और तेजके पुंज (तेजोमय) रथपर कोसलपुरीके राजा श्रीरामचन्द्रजी हर्षित होकर चढ़े। उसमें चार चंचल, मनोहर, अजर, अमर और मनकी गतिके समान शीघ्र चलनेवाले (देवलोकके) घोड़े जुते थे॥ २॥

**रथारूढ़ रघुनाथहि देखी। धाए कपि बलु पाइ बिसेषी॥**
**सही न जाइ कपिन्ह कै मारी। तब रावन माया बिस्तारी॥**

श्रीरघुनाथजीको रथपर चढ़े देखकर वानर विशेष बल पाकर दौड़े। वानरोंकी मार सही नहीं जाती। तब रावणने माया फैलायी॥ ३॥

**सो माया रघुबीरहि बाँची। लछिमन कपिन्ह सो मानी साँची॥**
**देखी कपिन्ह निसाचर अनी। अनुज सहित बहु कोसलधनी॥**

एक श्रीरघुवीरके ही वह माया नहीं लगी। सब वानरोंने और लक्ष्मणजीने भी उस मायाको सच मान लिया। वानरोंने राक्षसी सेनामें भाई लक्ष्मणजीसहित बहुत-से रामोंको देखा॥ ४॥

**छं०—बहु राम लछिमन देखि मर्कट भालु मन अति अपडरे।**
**जनु चित्र लिखित समेत लछिमन जहँ सो तहँ चितवहिं खरे॥**
**निज सेन चकित बिलोकि हँसि सर चाप सजि कोसलधनी।**
**माया हरी हरि निमिष महुँ हरषी सकल मर्कट अनी॥**

बहुत-से राम-लक्ष्मण देखकर वानर-भालू मनमें मिथ्या डरसे बहुत ही डर गये। लक्ष्मणजीसहित वे मानो चित्रलिखे-से जहाँ-के-तहाँ खड़े देखने लगे। अपनी सेनाको आश्चर्यचकित देखकर कोसलपति भगवान् हरि (दुःखोंके हरनेवाले श्रीरामजी)-ने हँसकर धनुषपर बाण चढ़ाकर, पलभरमें सारी माया हर ली। वानरोंकी सारी सेना हर्षित हो गयी।

**दो०—बहुरि राम सब तन चितइ बोले बचन गँभीर।**
**द्वंदजुद्ध देखहु सकल श्रमित भए अति बीर॥ ८९॥**

फिर श्रीरामजी सबकी ओर देखकर गम्भीर वचन बोले—हे वीरो! तुम सब बहुत ही थक गये हो, इसलिये अब [मेरा और रावणका] द्वन्द्वयुद्ध देखो॥ ८९॥

**अस कहि रथ रघुनाथ चलावा। बिप्र चरन पंकज सिरु नावा॥**
**तब लंकेस क्रोध उर छावा। गर्जत तर्जत सन्मुख धावा॥**

ऐसा कहकर श्रीरघुनाथजीने ब्राह्मणोंके चरणकमलोंमें सिर नवाया और फिर रथ चलाया। तब रावणके हृदयमें क्रोध छा गया और वह गरजता तथा ललकारता हुआ सामने दौड़ा॥ १॥

**जीतेहु जे भट संजुग माहीं। सुनु तापस मैं तिन्ह सम नाहीं॥**
**रावन नाम जगत जस जाना। लोकप जाकें बंदीखाना॥**

[उसने कहा—] अरे तपस्वी! सुनो, तुमने युद्धमें जिन योद्धाओंको जीता है, मैं उनके समान नहीं हूँ। मेरा नाम रावण है, मेरा यश सारा जगत् जानता है, लोकपालतक जिसके कैदखानेमें पड़े हैं॥ २॥

**खर दूषन बिराध तुम्ह मारा। बधेहु ब्याध इव बालि बिचारा॥**
**निसिचर निकर सुभट संघारेहु। कुंभकरन घननादहि मारेहु॥**

तुमने खर, दूषण और विराधको मारा। बेचारे बालिका व्याधकी तरह वध किया। बड़े-बड़े राक्षस योद्धाओंके समूहका संहार किया और कुम्भकर्ण तथा मेघनादको भी मारा॥ ३॥

**आजु बयरु सबु लेउँ निबाही। जौं रन भूप भाजि नहिं जाही॥**
**आजु करउँ खलु काल हवाले। परेहु कठिन रावन के पाले॥**

अरे राजा! यदि तुम रणसे भाग न गये तो आज मैं [वह] सारा वैर निकाल लूँगा। आज मैं तुम्हें निश्चय ही कालके हवाले कर दूँगा। तुम कठिन रावणके पाले पड़े हो॥ ४॥

**सुनि दुर्बचन कालबस जाना। बिहँसि बचन कह कृपानिधाना॥**
**सत्य सत्य सब तव प्रभुताई। जल्पसि जनि देखाउ मनुसाई॥**

रावणके दुर्वचन सुनकर और उसे कालवश जान कृपानिधान श्रीरामजीने हँसकर यह वचन कहा—तुम्हारी सारी प्रभुता, जैसा तुम कहते हो, बिलकुल सच है। पर अब व्यर्थ बकवाद न करो, अपना पुरुषार्थ दिखलाओ॥ ५॥

**छं०—जनि जल्पना करि सुजसु नासहि नीति सुनहि करहि छमा।**
**संसार महँ पूरुष त्रिबिध पाटल रसाल पनस समा॥**
**एक सुमनप्रद एक सुमन फल एक फलइ केवल लागहीं।**
**एक कहहिं कहहिं करहिं अपर एक करहिं कहत न बागहीं॥**

व्यर्थ बकवाद करके अपने सुन्दर यशका नाश न करो। क्षमा करना, तुम्हें नीति सुनाता हूँ, सुनो! संसारमें तीन प्रकारके पुरुष होते हैं—पाटल (गुलाब), आम और कटहलके समान। एक (पाटल) फूल देते हैं, एक (आम) फूल और फल दोनों देते हैं और एक (कटहल)- में केवल फल ही लगते हैं। इसी प्रकार [पुरुषोंमें] एक कहते हैं [करते नहीं], दूसरे कहते और करते भी हैं और एक (तीसरे) केवल करते हैं, पर वाणीसे कहते नहीं।

**दो०—राम बचन सुनि बिहँसा मोहि सिखावत ग्यान।**
**बयरु करत नहिं तब डरे अब लागे प्रिय प्रान॥ ९०॥**

श्रीरामजीके वचन सुनकर वह खूब हँसा [और बोला—] मुझे ज्ञान सिखाते हो? उस समय वैर करते तो नहीं डरे, अब प्राण प्यारे लग रहे हैं॥ ९०॥

**कहि दुर्बचन क्रुद्ध दसकंधर। कुलिस समान लाग छाँड़ै सर॥**
**नानाकार सिलीमुख धाए। दिसि अरु बिदिसि गगन महि छाए॥**

दुर्वचन कहकर रावण क्रुद्ध होकर वज्रके समान बाण छोड़ने लगा। अनेकों आकारके बाण दौड़े और दिशा, विदिशा तथा आकाश और पृथ्वीमें, सब जगह छा गये॥ १॥

**पावक सर छाँड़ेउ रघुबीरा। छन महुँ जरे निसाचर तीरा॥**
**छाड़िसि तीब्र सक्ति खिसिआई। बान संग प्रभु फेरि चलाई॥**

श्रीरघुवीरने अग्निबाण छोड़ा, [जिससे] रावणके सब बाण क्षणभरमें भस्म हो गये। तब उसने खिसियाकर तीक्ष्ण शक्ति छोड़ी। [किन्तु] श्रीरामचन्द्रजीने उसको बाणके साथ वापस भेज दिया॥ २॥

**कोटिन्ह चक्र त्रिसूल पबारै। बिनु प्रयास प्रभु काटि निवारै॥**
**निफल होहिं रावन सर कैसें। खल के सकल मनोरथ जैसें॥**

वह करोड़ों चक्र और त्रिशूल चलाता है, परन्तु प्रभु उन्हें बिना ही परिश्रम काटकर हटा देते हैं। रावणके बाण किस प्रकार निष्फल होते हैं जैसे दुष्ट मनुष्यके सब मनोरथ!॥ ३॥

**तब सत बान सारथी मारेसि। परेउ भूमि जय राम पुकारेसि॥**
**राम कृपा करि सूत उठावा। तब प्रभु परम क्रोध कहुँ पावा॥**

तब उसने श्रीरामजीके सारथिको सौ बाण मारे। वह श्रीरामजीकी जय पुकारकर पृथ्वीपर गिर पड़ा। श्रीरामजीने कृपा करके सारथिको उठाया। तब प्रभु अत्यन्त क्रोधको प्राप्त हुए॥ ४॥

**छं०—भए क्रुद्ध जुद्ध बिरुद्ध रघुपति त्रोन सायक कसमसे।**
**कोदंड धुनि अति चंड सुनि मनुजाद सब मारुत ग्रसे॥**
**मंदोदरी उर कंप कंपति कमठ भू भूधर त्रसे।**
**चिक्करहिं दिग्गज दसन गहि महि देखि कौतुक सुर हँसे॥**

युद्धमें शत्रुके विरुद्ध श्रीरघुनाथजी क्रोधित हुए, तब तरकसमें बाण कसमसाने लगे (बाहर निकलनेको आतुर होने लगे)। उनके धनुषका अत्यन्त प्रचण्ड शब्द (टंकार) सुनकर मनुष्यभक्षी सब राक्षस वातग्रस्त हो गये (अत्यन्त भयभीत हो गये)। मन्दोदरीका हृदय काँप उठा; समुद्र, कच्छप, पृथ्वी और पर्वत डर गये। दिशाओंके हाथी पृथ्वीको दाँतोंसे पकड़कर चिग्घाड़ने लगे। यह कौतुक देखकर देवता हँसे।

**दो०—तानेउ चाप श्रवन लगि छाँड़े बिसिख कराल।**
**राम मारगन गन चले लहलहात जनु ब्याल॥ ९१॥**

धनुषको कानतक तानकर श्रीरामचन्द्रजीने भयानक बाण छोड़े। श्रीरामजीके बाणसमूह ऐसे चले मानो सर्प लहलहाते (लहराते) हुए जा रहे हों॥ ९१॥

**चले बान सपच्छ जनु उरगा। प्रथमहिं हतेउ सारथी तुरगा॥**
**रथ बिभंजि हति केतु पताका। गर्जा अति अंतर बल थाका॥**

बाण ऐसे चले मानो पंखवाले सर्प उड़ रहे हों। उन्होंने पहले सारथि और घोड़ोंको मार डाला। फिर रथको चूर-चूर करके ध्वजा और पताकाओंको गिरा दिया। तब रावण बड़े जोरसे गरजा, पर भीतरसे उसका बल थक गया था॥ १॥

**तुरत आन रथ चढ़ि खिसिआना। अस्त्र सस्त्र छाँड़ेसि बिधि नाना॥**
**बिफल होहिं सब उद्यम ताके। जिमि परद्रोह निरत मनसा के॥**

तुरंत दूसरे रथपर चढ़कर खिसियाकर उसने नाना प्रकारके अस्त्र-शस्त्र छोड़े। उसके सब उद्योग वैसे ही निष्फल हो रहे हैं जैसे परद्रोहमें लगे हुए चित्तवाले मनुष्यके होते हैं॥ २॥

**तब रावन दस सूल चलावा। बाजि चारि महि मारि गिरावा॥**
**तुरग उठाइ कोपि रघुनायक। खैंचि सरासन छाँड़े सायक॥**

तब रावणने दस त्रिशूल चलाये और श्रीरामजीके चारों घोड़ोंको मारकर पृथ्वीपर गिरा दिया। घोड़ोंको उठाकर श्रीरघुनाथजीने क्रोध करके धनुष खींचकर बाण छोड़े॥ ३॥

**रावन सिर सरोज बनचारी। चलि रघुबीर सिलीमुख धारी॥**
**दस दस बान भाल दस मारे। निसरि गए चले रुधिर पनारे॥**

रावणके सिररूपी कमलवनमें विचरण करनेवाले श्रीरघुवीरके बाणरूपी भ्रमरोंकी पंक्ति चली। श्रीरामचन्द्रजीने उसके दसों सिरोंमें दस-दस बाण मारे, जो आर-पार हो गये और सिरोंसे रक्तके पनाले बह चले॥ ४॥

**स्त्रवत रुधिर धायउ बलवाना। प्रभु पुनि कृत धनु सर संधाना॥**
**तीस तीर रघुबीर पबारे। भुजन्हि समेत सीस महि पारे॥**

रुधिर बहते हुए ही बलवान् रावण दौड़ा। प्रभुने फिर धनुषपर बाण सन्धान किया। श्रीरघुवीरने तीस बाण मारे और बीसों भुजाओंसमेत दसों सिर काटकर पृथ्वीपर गिरा दिये॥ ५॥

**काटतहीं पुनि भए नबीने। राम बहोरि भुजा सिर छीने॥**
**प्रभु बहु बार बाहु सिर हए। कटत झटिति पुनि नूतन भए॥**

[सिर और हाथ] काटते ही फिर नये हो गये। श्रीरामजीने फिर भुजाओं और सिरोंको काट गिराया। इस तरह प्रभुने बहुत बार भुजाएँ और सिर काटे। परन्तु काटते ही वे तुरन्त फिर नये हो गये॥ ६॥

**पुनि पुनि प्रभु काटत भुज सीसा। अति कौतुकी कोसलाधीसा॥**
**रहे छाइ नभ सिर अरु बाहू। मानहुँ अमित केतु अरु राहू॥**

प्रभु बार-बार उसकी भुजा और सिरोंको काट रहे हैं; क्योंकि कोसलपति श्रीरामजी बड़े कौतुकी हैं। आकाशमें सिर और बाहु ऐसे छा गये हैं, मानो असंख्य केतु और राहु हों॥ ७॥

**छं०—जनु राहु केतु अनेक नभ पथ स्त्रवत सोनित धावहीं।**
**रघुबीर तीर प्रचंड लागहिं भूमि गिरन न पावहीं॥**
**एक एक सर सिर निकर छेदे नभ उड़त इमि सोहहीं।**
**जनु कोपि दिनकर कर निकर जहँ तहँ बिधुंतुद पोहहीं॥**

मानो अनेकों राहु और केतु रुधिर बहाते हुए आकाशमार्गसे दौड़ रहे हों। श्रीरघुवीरके प्रचण्ड बाणोंके [बार-बार] लगनेसे वे पृथ्वीपर गिरने नहीं पाते। एक-एक बाणसे समूह-के-समूह सिर छिदे हुए आकाशमें उड़ते ऐसे शोभा दे रहे हैं मानो सूर्यकी किरणें क्रोध करके जहाँ-तहाँ राहुओंको पिरो रही हों।

**दो०—जिमि जिमि प्रभु हर तासु सिर तिमि तिमि होहिं अपार।**
**सेवत बिषय बिबर्ध जिमि नित नित नूतन मार॥ ९२॥**

जैसे-जैसे प्रभु उसके सिरोंको काटते हैं, वैसे-ही-वैसे वे अपार होते जाते हैं। जैसे विषयोंका सेवन करनेसे काम (उन्हें भोगनेकी इच्छा) दिन-प्रति-दिन नया-नया बढ़ता जाता है॥ ९२॥

**दसमुख देखि सिरन्ह कै बाढ़ी। बिसरा मरन भई रिस गाढ़ी॥**
**गर्जेउ मूढ़ महा अभिमानी। धायउ दसहु सरासन तानी॥**

सिरोंकी बाढ़ देखकर रावणको अपना मरण भूल गया और बड़ा गहरा क्रोध हुआ। वह महान् अभिमानी मूर्ख गरजा और दसों धनुषोंको तानकर दौड़ा॥ १॥

**समर भूमि दसकंधर कोप्यो। बरषि बान रघुपति रथ तोप्यो॥**
**दंड एक रथ देखि न परेऊ। जनु निहार महुँ दिनकर दुरेऊ॥**

रणभूमिमें रावणने क्रोध किया और बाण बरसाकर श्रीरघुनाथजीके रथको ढक दिया। एक दण्ड (घड़ी)-तक रथ दिखलायी न पड़ा, मानो कुहरेमें सूर्य छिप गया हो॥ २॥

**हाहाकार सुरन्ह जब कीन्हा। तब प्रभु कोपि कारमुक लीन्हा॥**
**सर निवारि रिपु के सिर काटे। ते दिसि बिदिसि गगन महि पाटे॥**

जब देवताओंने हाहाकार किया, तब प्रभुने क्रोध करके धनुष उठाया। और शत्रुके बाणोंको हटाकर उन्होंने शत्रुके सिर काटे और उनसे दिशा, विदिशा, आकाश और पृथ्वी सबको पाट दिया॥ ३॥

**काटे सिर नभ मारग धावहिं। जय जय धुनि करि भय उपजावहिं॥**
**कहँ लछिमन सुग्रीव कपीसा। कहँ रघुबीर कोसलाधीसा॥**

काटे हुए सिर आकाशमार्गसे दौड़ते हैं और जय-जयकी ध्वनि करके भय उत्पन्न करते हैं। 'लक्ष्मण और वानरराज सुग्रीव कहाँ हैं? कोसलपति रघुवीर कहाँ हैं?'॥ ४॥

**छं०—कहँ रामु कहि सिर निकर धाए देखि मर्कट भजि चले।**
**संधानि धनु रघुबंसमनि हँसि सरन्हि सिर बेधे भले॥**
**सिर मालिका कर कालिका गहि बृंद बृंदन्हि बहु मिलीं।**
**करि रुधिर सरि मज्जनु मनहुँ संग्राम बट पूजन चलीं॥**

'राम कहाँ हैं?' यह कहकर सिरोंके समूह दौड़े, उन्हें देखकर वानर भाग चले। तब धनुष सन्धान करके रघुकुलमणि श्रीरामजीने हँसकर बाणोंसे उन सिरोंको भलीभाँति बेध डाला। हाथोंमें मुण्डोंकी मालाएँ लेकर बहुत-सी कालिकाएँ झुंड-की-झुंड मिलकर इकट्ठी हुईं और वे रुधिरकी नदीमें स्नान करके चलीं, मानो संग्रामरूपी वटवृक्षकी पूजा करने जा रही हों।

**दो०—पुनि दसकंठ क्रुद्ध होइ छाँड़ी सक्ति प्रचंड।**
**चली बिभीषन सन्मुख मनहुँ काल कर दंड॥ ९३॥**

फिर रावणने क्रोधित होकर प्रचण्ड शक्ति छोड़ी। वह विभीषणके सामने ऐसी चली जैसे काल (यमराज)-का दण्ड हो॥ ९३॥

**आवत देखि सक्ति अति घोरा। प्रनतारति भंजन पन मोरा॥**
**तुरत बिभीषन पाछें मेला। सन्मुख राम सहेउ सोइ सेला॥**

अत्यन्त भयानक शक्तिको आती देख और यह विचारकर कि मेरा प्रण शरणागतके दुःखका नाश करना है, श्रीरामजीने तुरंत ही विभीषणको पीछे कर लिया और सामने होकर वह शक्ति स्वयं सह ली॥ १॥

**लागि सक्ति मुरुछा कछु भई। प्रभु कृत खेल सुरन्ह बिकलई॥**
**देखि बिभीषन प्रभु श्रम पायो। गहि कर गदा क्रुद्ध होइ धायो॥**

शक्ति लगनेसे उन्हें कुछ मूर्च्छा हो गयी। प्रभुने तो यह लीला की, पर देवताओंको व्याकुलता हुई। प्रभुको श्रम (शारीरिक कष्ट) प्राप्त हुआ देखकर विभीषण क्रोधित हो हाथमें गदा लेकर दौड़े॥ २॥

**रे कुभाग्य सठ मंद कुबुद्धे। तैं सुर नर मुनि नाग बिरुद्धे॥**
**सादर सिव कहुँ सीस चढ़ाए। एक एक के कोटिन्ह पाए॥**

[और बोले—] अरे अभागे! मूर्ख, नीच, दुर्बुद्धि! तूने देवता, मनुष्य, मुनि, नाग सभीसे विरोध किया। तूने आदरसहित शिवजीको सिर चढ़ाये। इसीसे एक-एकके बदलेमें करोड़ों पाये॥ ३॥

**तेहि कारन खल अब लगि बाँच्यो। अब तव कालु सीस पर नाच्यो॥**
**राम बिमुख सठ चहसि संपदा। अस कहि हनेसि माझ उर गदा॥**

उसी कारणसे अरे दुष्ट! तू अबतक बचा है। [किन्तु] अब काल तेरे सिरपर नाच रहा है। अरे मूर्ख! तू रामविमुख होकर सम्पत्ति (सुख) चाहता है? ऐसा कहकर विभीषणने रावणकी छातीके बीचोबीच गदा मारी॥ ४॥

**छं०—उर माझ गदा प्रहार घोर कठोर लागत महि पर्‍यो।**
**दस बदन सोनित स्त्रवत पुनि संभारि धायो रिस भर्‍यो॥**
**द्वौ भिरे अतिबल मल्लजुद्ध बिरुद्ध एकु एकहि हनै।**
**रघुबीर बल दर्पित बिभीषनु घालि नहिं ता कहुँ गनै॥**

बीच छातीमें कठोर गदाकी घोर और कठिन चोट लगते ही वह पृथ्वीपर गिर पड़ा। उसके दसों मुखोंसे रुधिर बहने लगा; वह अपनेको फिर सँभालकर क्रोधमें भरा हुआ दौड़ा। दोनों अत्यन्त बलवान् योद्धा भिड़ गये और मल्लयुद्धमें एक-दूसरेके विरुद्ध होकर मारने लगे। श्रीरघुवीरके बलसे गर्वित विभीषण उसको (रावण-जैसे जगद्विजयी योद्धाको) पासंगके बराबर भी नहीं समझते।

**दो०—उमा बिभीषनु रावनहि सन्मुख चितव कि काउ।**
**सो अब भिरत काल ज्यों श्रीरघुबीर प्रभाउ॥ ९४॥**

[शिवजी कहते हैं—] हे उमा! विभीषण क्या कभी रावणके सामने आँख उठाकर भी देख सकता था? परन्तु अब वही कालके समान उससे भिड़ रहा है। यह श्रीरघुवीरका ही प्रभाव है॥ ९४॥

**देखा श्रमित बिभीषनु भारी। धायउ हनूमान गिरि धारी॥**
**रथ तुरंग सारथी निपाता। हृदय माझ तेहि मारेसि लाता॥**

विभीषणको बहुत ही थका हुआ देखकर हनुमान्‌जी पर्वत धारण किये हुए दौड़े। उन्होंने उस पर्वतसे रावणके रथ, घोड़े और सारथिका संहार कर डाला और उसके सीनेपर लात मारी॥ १॥

**ठाढ़ रहा अति कंपित गाता। गयउ बिभीषनु जहँ जनत्राता॥**
**पुनि रावन कपि हतेउ पचारी। चलेउ गगन कपि पूँछ पसारी॥**

रावण खड़ा रहा, पर उसका शरीर अत्यन्त काँपने लगा। विभीषण वहाँ गये जहाँ सेवकोंके रक्षक श्रीरामजी थे। फिर रावणने ललकारकर हनुमान्‌जीको मारा। वे पूँछ फैलाकर आकाशमें चले गये॥ २॥

**गहिसि पूँछ कपि सहित उड़ाना। पुनि फिरि भिरेउ प्रबल हनुमाना॥**
**लरत अकास जुगल सम जोधा। एकहि एकु हनत करि क्रोधा॥**

रावणने पूँछ पकड़ ली, हनुमान्‌जी उसको साथ लिये हुए ऊपर उड़े। फिर लौटकर महाबलवान् हनुमान्‌जी उससे भिड़ गये। दोनों समान योद्धा आकाशमें लड़ते हुए एक-दूसरेको क्रोध करके मारने लगे॥ ३॥

**सोहहिं नभ छल बल बहु करहीं। कज्जलगिरि सुमेरु जनु लरहीं॥**
**बुधि बल निसिचर परइ न पार्‌यो। तब मारुतसुत प्रभु संभार्‌यो॥**

दोनों बहुत-से छल-बल करते हुए आकाशमें ऐसे शोभित हो रहे हैं मानो कज्जलगिरि और सुमेरु पर्वत लड़ रहे हों। जब बुद्धि और बलसे राक्षस गिराये न गिरा तब मारुति श्रीहनुमान्‌जीने प्रभुको स्मरण किया॥ ४॥

**छं०—संभारि श्रीरघुबीर धीर पचारि कपि रावनु हन्यो।**
**महि परत पुनि उठि लरत देवन्ह जुगल कहुँ जय जय भन्यो॥**
**हनुमंत संकट देखि मर्कट भालु क्रोधातुर चले।**
**रन मत्त रावन सकल सुभट प्रचंड भुज बल दलमले॥**

श्रीरघुवीरका स्मरण करके धीर हनुमान्‌जीने ललकारकर रावणको मारा। वे दोनों पृथ्वीपर गिरते और फिर उठकर लड़ते हैं; देवताओंने दोनोंकी 'जय-जय' पुकारी। हनुमान्‌जीपर संकट देखकर वानर-भालू क्रोधातुर होकर दौड़े। किन्तु रण-मद-माते रावणने सब योद्धाओंको अपने प्रचण्ड भुजाओंके बलसे कुचल और मसल डाला।

**दो०—तब रघुबीर पचारे धाए कीस प्रचंड।**
**कपि बल प्रबल देखि तेहिं कीन्ह प्रगट पाषंड॥ ९५॥**

तब श्रीरघुवीरके ललकारनेपर प्रचण्ड वीर वानर दौड़े। वानरोंके प्रबल दलको देखकर रावणने माया प्रकट की॥ ९५॥

**अंतरधान भयउ छन एका। पुनि प्रगटे खल रूप अनेका॥**
**रघुपति कटक भालु कपि जेते। जहँ तहँ प्रगट दसानन तेते॥**

क्षण भरके लिये वह अदृश्य हो गया। फिर उस दुष्टने अनेकों रूप प्रकट किये। श्रीरघुनाथजीकी सेनामें जितने रीछ-वानर थे, उतने ही रावण जहाँ-तहाँ (चारों ओर) प्रकट हो गये॥ १॥

**देखे कपिन्ह अमित दससीसा। जहँ तहँ भजे भालु अरु कीसा॥**
**भागे बानर धरहिं न धीरा। त्राहि त्राहि लछिमन रघुबीरा॥**

वानरोंने अपरिमित रावण देखे। भालू और वानर सब जहाँ-तहाँ (इधर-उधर) भाग चले। वानर धीरज नहीं धरते। हे लक्ष्मणजी! हे रघुवीर! बचाइये, बचाइये, यों पुकारते हुए वे भागे जा रहे हैं॥ २॥

**दहँ दिसि धावहिं कोटिन्ह रावन। गर्जहिं घोर कठोर भयावन॥**
**डरे सकल सुर चले पराई। जय कै आस तजहु अब भाई॥**

दसों दिशाओंमें करोड़ों रावण दौड़ते हैं और घोर, कठोर भयानक गर्जन कर रहे हैं। सब देवता डर गये और ऐसा कहते हुए भाग चले कि हे भाई! अब जयकी आशा छोड़ दो!॥ ३॥

**सब सुर जिते एक दसकंधर। अब बहु भए तकहु गिरि कंदर॥**
**रहे बिरंचि संभु मुनि ग्यानी। जिन्ह जिन्ह प्रभु महिमा कछु जानी॥**

एक ही रावणने सब देवताओंको जीत लिया था, अब तो बहुत-से रावण हो गये हैं। इससे अब पहाड़की गुफाओंका आश्रय लो (अर्थात् उनमें छिप रहो)। वहाँ ब्रह्मा, शम्भु और ज्ञानी मुनि ही डटे रहे, जिन्होंने प्रभुकी कुछ महिमा जानी थी॥ ४॥

**छं०—जाना प्रताप ते रहे निर्भय कपिन्ह रिपु माने फुरे।**
**चले बिचलि मर्कट भालु सकल कृपाल पाहि भयातुरे॥**
**हनुमंत अंगद नील नल अतिबल लरत रन बाँकुरे।**
**मर्दहिं दसानन कोटि कोटिन्ह कपट भू भट अंकुरे॥**

जो प्रभुका प्रताप जानते थे, वे निर्भय डटे रहे। वानरोंने शत्रुओं (बहुत-से रावणों)-को सच्चा ही मान लिया। [इससे] सब वानर-भालू विचलित होकर 'हे कृपालु! रक्षा कीजिये' [यों पुकारते हुए] भयसे व्याकुल होकर भाग चले। अत्यन्त बलवान् रणबाँकुरे हनुमान्‌जी, अंगद, नील और नल लड़ते हैं और कपटरूपी भूमिसे अंकुरकी भाँति उपजे हुए कोटि-कोटि योद्धा रावणोंको मसलते हैं।

**दो०—सुर बानर देखे बिकल हँस्यो कोसलाधीस।**
**सजि सारंग एक सर हते सकल दससीस॥ ९६॥**

देवताओं और वानरोंको विकल देखकर कोसलपति श्रीरामजी हँसे और शार्ङ्गधनुषपर एक बाण चढ़ाकर [मायाके बने हुए] सब रावणोंको मार डाला॥ ९६॥

**प्रभु छन महुँ माया सब काटी। जिमि रबि उएँ जाहिं तम फाटी॥**
**रावनु एकु देखि सुर हरषे। फिरे सुमन बहु प्रभु पर बरषे॥**

प्रभुने क्षणभरमें सब माया काट डाली। जैसे सूर्यके उदय होते ही अन्धकारकी राशि फट जाती है (नष्ट हो जाती है)। अब एक ही रावणको देखकर देवता हर्षित हुए और उन्होंने लौटकर प्रभुपर बहुत-से पुष्प बरसाये॥ १॥

**भुज उठाइ रघुपति कपि फेरे। फिरे एक एकन्ह तब टेरे॥**
**प्रभु बलु पाइ भालु कपि धाए। तरल तमकि संजुग महि आए॥**

श्रीरघुनाथजीने भुजा उठाकर सब वानरोंको लौटाया। तब वे एक-दूसरेको पुकार-पुकारकर लौट आये। प्रभुका बल पाकर रीछ-वानर दौड़ पड़े। जल्दीसे कूदकर वे रणभूमिमें आ गये॥ २॥

**अस्तुति करत देवतन्हि देखें। भयउँ एक मैं इन्ह के लेखें॥**
**सठहु सदा तुम्ह मोर मरायल। अस कहि कोपि गगन पर धायल॥**

देवताओंको श्रीरामजीकी स्तुति करते देखकर रावणने सोचा, मैं इनकी समझमें एक हो गया। [परन्तु इन्हें यह पता नहीं कि इनके लिये मैं एक ही बहुत हूँ] और कहा—अरे मूर्खो! तुम तो सदाके ही मेरे मरैल (मेरी मार खानेवाले) हो। ऐसा कहकर वह क्रोध करके आकाशपर [देवताओंकी ओर] दौड़ा॥ ३॥

**हाहाकार करत सुर भागे। खलहु जाहु कहँ मोरें आगे॥**
**देखि बिकल सुर अंगद धायो। कूदि चरन गहि भूमि गिरायो॥**

देवता हाहाकार करते हुए भागे। [रावणने कहा—] दुष्टो! मेरे आगेसे कहाँ जा सकोगे? देवताओंको व्याकुल देखकर अंगद दौड़े और उछलकर रावणका पैर पकड़कर [उन्होंने] उसको पृथ्वीपर गिरा दिया॥ ४॥

**छं०—गहि भूमि पार्‍यो लात मार्‍यो बालिसुत प्रभु पहिं गयो।**
**संभारि उठि दसकंठ घोर कठोर रव गर्जत भयो॥**

**करि दाप चाप चढ़ाइ दस संधानि सर बहु बरषई।**
**किए सकल भट घायल भयाकुल देखि निज बल हरषई॥**

उसे पकड़कर पृथ्वीपर गिराकर लात मारकर बालिपुत्र अंगद प्रभुके पास चले गये। रावण सँभलकर उठा और बड़े भयंकर कठोर शब्दसे गरजने लगा। वह दर्प करके दसों धनुष चढ़ाकर उनपर बहुत-से बाण सन्धान करके बरसाने लगा। उसने सब योद्धाओंको घायल और भयसे व्याकुल कर दिया और अपना बल देखकर वह हर्षित होने लगा।

**दो०—तब रघुपति रावन के सीस भुजा सर चाप।**
**काटे बहुत बढ़े पुनि जिमि तीरथ कर पाप॥ ९७॥**

तब श्रीरघुनाथजीने रावणके सिर, भुजाएँ, बाण और धनुष काट डाले। पर वे फिर बहुत बढ़ गये, जैसे तीर्थमें किये हुए पाप बढ़ जाते हैं (कई गुना अधिक भयानक फल उत्पन्न करते हैं)!॥ ९७॥

**सिर भुज बाढ़ि देखि रिपु केरी। भालु कपिन्ह रिस भई घनेरी॥**
**मरत न मूढ़ कटेहुँ भुज सीसा। धाए कोपि भालु भट कीसा॥**

शत्रुके सिर और भुजाओंकी बढ़ती देखकर रीछ-वानरोंको बहुत ही क्रोध हुआ। यह मूर्ख भुजाओंके और सिरोंके कटनेपर भी नहीं मरता, [ऐसा कहते हुए] भालू और वानर योद्धा क्रोध करके दौड़े॥ १॥

**बालितनय मारुति नल नीला। बानरराज दुबिद बलसीला॥**
**बिटप महीधर करहिं प्रहारा। सोइ गिरि तरु गहि कपिन्ह सो मारा॥**

बालिपुत्र अंगद, मारुति हनुमान्‌जी, नल, नील, वानरराज सुग्रीव और द्विविद आदि बलवान् उसपर वृक्ष और पर्वतोंका प्रहार करते हैं। वह उन्हीं पर्वतों और वृक्षोंको पकड़कर वानरोंको मारता है॥ २॥

**एक नखन्हि रिपु बपुष बिदारी। भागि चलहिं एक लातन्ह मारी॥**
**तब नल नील सिरन्हि चढ़ि गयऊ। नखन्हि लिलार बिदारत भयऊ॥**

कोई एक वानर नखोंसे शत्रुके शरीरको फाड़कर भाग जाते हैं, तो कोई उसे लातोंसे मारकर। तब नल और नील रावणके सिरोंपर चढ़ गये और नखोंसे उसके ललाटको फाड़ने लगे॥ ३॥

**रुधिर देखि बिषाद उर भारी। तिन्हहि धरन कहुँ भुजा पसारी॥**
**गहे न जाहिं करन्हि पर फिरहीं। जनु जुग मधुप कमल बन चरहीं॥**

खून देखकर उसे हृदयमें बड़ा दुःख हुआ। उसने उनको पकड़नेके लिये हाथ फैलाये, पर वे पकड़में नहीं आते, हाथोंके ऊपर-ऊपर ही फिरते हैं मानो दो भौंरे कमलोंके वनमें विचरण कर रहे हों॥ ४॥

**कोपि कूदि द्वौ धरेसि बहोरी। महि पटकत भजे भुजा मरोरी॥**
**पुनि सकोप दस धनु कर लीन्हे। सरन्हि मारि घायल कपि कीन्हे॥**

तब उसने क्रोध करके उछलकर दोनोंको पकड़ लिया। पृथ्वीपर पटकते समय वे उसकी भुजाओंको मरोड़कर भाग छूटे। उसने क्रोध करके हाथोंमें दसों धनुष लिये और वानरोंको बाणोंसे मारकर घायल कर दिया॥ ५॥

**हनुमदादि मुरुछित करि बंदर। पाइ प्रदोष हरष दसकंधर॥**
**मुरुछित देखि सकल कपि बीरा। जामवंत धायउ रनधीरा॥**

हनुमान्‌जी आदि सब वानरोंको मूर्च्छित करके और सन्ध्याका समय पाकर रावण हर्षित हुआ। समस्त वानर-वीरोंको मूर्च्छित देखकर रणधीर जाम्बवान् दौड़े॥ ६॥

**संग भालु भूधर तरु धारी। मारन लगे पचारि पचारी॥**
**भयउ क्रुद्ध रावन बलवाना। गहि पद महि पटकइ भट नाना॥**

जाम्बवान्‌के साथ जो भालू थे, वे पर्वत और वृक्ष धारण किये रावणको ललकार-ललकारकर मारने लगे। बलवान् रावण क्रोधित हुआ और पैर पकड़-पकड़कर वह अनेकों योद्धाओंको पृथ्वीपर पटकने लगा॥ ७॥

**देखि भालुपति निज दल घाता। कोपि माझ उर मारेसि लाता॥**

जाम्बवान्‌ने अपने दलका विध्वंस देखकर क्रोध करके रावणकी छातीमें लात मारी॥ ८॥

**छं०—उर लात घात प्रचंड लागत बिकल रथ ते महि परा।**
**गहि भालु बीसहुँ कर मनहुँ कमलन्हि बसे निसि मधुकरा॥**
**मुरुछित बिलोकि बहोरि पद हति भालुपति प्रभु पहिं गयो।**
**निसि जानि स्यंदन घालि तेहि तब सूत जतनु करत भयो॥**

छातीमें लातका प्रचण्ड आघात लगते ही रावण व्याकुल होकर रथसे पृथ्वीपर गिर पड़ा। उसने बीसों हाथोंमें भालुओंको पकड़ रखा था। [ऐसा जान पड़ता था] मानो रात्रिके समय भौंरे कमलोंमें बसे हुए हों। उसे मूर्च्छित देखकर, फिर लात मारकर ऋक्षराज जाम्बवान् प्रभुके पास चले गये। रात्रि जानकर सारथि रावणको रथमें डालकर उसे होशमें लानेका उपाय करने लगा।

**दो०—मुरुछा बिगत भालु कपि सब आए प्रभु पास।**
**निसिचर सकल रावनहि घेरि रहे अति त्रास॥ ९८॥**

मूर्च्छा दूर होनेपर सब रीछ-वानर प्रभुके पास आये। उधर सब राक्षसोंने बहुत ही भयभीत होकर रावणको घेर लिया॥ ९८॥

## मासपारायण, छब्बीसवाँ विश्राम

**तेही निसि सीता पहिं जाई। त्रिजटा कहि सब कथा सुनाई॥**
**सिर भुज बाढ़ि सुनत रिपु केरी। सीता उर भइ त्रास घनेरी॥**

उसी रात त्रिजटाने सीताजीके पास जाकर उन्हें सब कथा कह सुनायी। शत्रुके सिर और भुजाओंकी बढ़तीका संवाद सुनकर सीताजीके हृदयमें बड़ा भय हुआ॥ १॥

**मुख मलीन उपजी मन चिंता। त्रिजटा सन बोली तब सीता॥**
**होइहि कहा कहसि किन माता। केहि बिधि मरिहि बिस्व दुखदाता॥**

[उनका] मुख उदास हो गया, मनमें चिन्ता उत्पन्न हो गयी। तब सीताजी त्रिजटासे बोलीं— हे माता! बताती क्यों नहीं? क्या होगा? सम्पूर्ण विश्वको दुःख देनेवाला यह किस प्रकार मरेगा?॥ २॥

**रघुपति सर सिर कटेहुँ न मरई। बिधि बिपरीत चरित सब करई॥**
**मोर अभाग्य जिआवत ओही। जेहिं हौं हरि पद कमल बिछोही॥**

श्रीरघुनाथजीके बाणोंसे सिर कटनेपर भी नहीं मरता। विधाता सारे चरित्र विपरीत (उलटे)

ही कर रहा है। [सच बात तो यह है कि] मेरा दुर्भाग्य ही उसे जिला रहा है, जिसने मुझे भगवान्‌के चरणकमलोंसे अलग कर दिया है॥ ३॥

**जेहिं कृत कपट कनक मृग झूठा। अजहुँ सो दैव मोहि पर रूठा॥**
**जेहिं बिधि मोहि दुख दुसह सहाए। लछिमन कहुँ कटु बचन कहाए॥**

जिसने कपटका झूठा स्वर्णमृग बनाया था, वही दैव अब भी मुझपर रूठा हुआ है, जिस विधाताने मुझसे दु:सह दु:ख सहन कराये और लक्ष्मणको कड़ुवे वचन कहलाये,॥ ४॥

**रघुपति बिरह सबिष सर भारी। तकि तकि मार बार बहु मारी॥**
**ऐसेहुँ दुख जो राख मम प्राना। सोइ बिधि ताहि जिआव न आना॥**

जो श्रीरघुनाथजीके विरहरूपी बड़े विषैले बाणोंसे तक-तककर मुझे बहुत बार मारकर, अब भी मार रहा है; और ऐसे दु:खमें भी जो मेरे प्राणोंको रख रहा है, वही विधाता उस (रावण)-को जिला रहा है, दूसरा कोई नहीं॥ ५॥

**बहु बिधि कर बिलाप जानकी। करि करि सुरति कृपानिधान की॥**
**कह त्रिजटा सुनु राजकुमारी। उर सर लागत मरइ सुरारी॥**

कृपानिधान श्रीरामजीकी याद कर-करके जानकीजी बहुत प्रकारसे विलाप कर रही हैं। त्रिजटाने कहा—हे राजकुमारी! सुनो, देवताओंका शत्रु रावण हृदयमें बाण लगते ही मर जायगा॥ ६॥

**प्रभु ताते उर हतइ न तेही। एहि के हृदयँ बसति बैदेही॥**

परन्तु प्रभु उसके हृदयमें बाण इसलिये नहीं मारते कि इसके हृदयमें जानकीजी (आप) बसती हैं॥ ७॥

**छं०—एहि के हृदयँ बस जानकी जानकी उर मम बास है।**
**मम उदर भुअन अनेक लागत बान सब कर नास है॥**
**सुनि बचन हरष बिषाद मन अति देखि पुनि त्रिजटाँ कहा।**
**अब मरिहि रिपु एहि बिधि सुनहि सुंदरि तजहि संसय महा॥**

[वे यही सोचकर रह जाते हैं कि] इसके हृदयमें जानकीका निवास है, जानकीके हृदयमें मेरा निवास है और मेरे उदरमें अनेकों भुवन हैं। अत: रावणके हृदयमें बाण लगते ही सब भुवनोंका नाश हो जायगा। यह वचन सुनकर, सीताजीके मनमें अत्यन्त हर्ष और विषाद हुआ देखकर त्रिजटाने फिर कहा—हे सुन्दरी! महान् सन्देहका त्याग कर दो; अब सुनो, शत्रु इस प्रकार मरेगा—

**दो०—काटत सिर होइहि बिकल छुटि जाइहि तव ध्यान।**
**तब रावनहि हृदय महुँ मरिहहिं रामु सुजान॥ ९९॥**

सिरोंके बार-बार काटे जानेसे जब वह व्याकुल हो जायगा और उसके हृदयसे तुम्हारा ध्यान छूट जायगा, तब सुजान (अन्तर्यामी) श्रीरामजी रावणके हृदयमें बाण मारेंगे॥ ९९॥

**अस कहि बहुत भाँति समुझाई। पुनि त्रिजटा निज भवन सिधाई॥**
**राम सुभाउ सुमिरि बैदेही। उपजी बिरह बिथा अति तेही॥**

ऐसा कहकर और सीताजीको बहुत प्रकारसे समझाकर फिर त्रिजटा अपने घर चली गयी। श्रीरामचन्द्रजीके स्वभावका स्मरण करके जानकीजीको अत्यन्त विरहव्यथा उत्पन्न हुई॥ १॥

**निसिहि ससिहि निंदति बहु भाँती। जुग सम भई सिराति न राती॥**
**करति बिलाप मनहिं मन भारी। राम बिरहँ जानकी दुखारी॥**

वे रात्रिकी और चन्द्रमाकी बहुत प्रकारसे निन्दा कर रही हैं [और कह रही हैं—] रात युगके समान बड़ी हो गयी, वह बीतती ही नहीं। जानकीजी श्रीरामजीके विरहमें दुःखी होकर मन-ही-मन भारी विलाप कर रही हैं॥ २॥

**जब अति भयउ बिरह उर दाहू। फरकेउ बाम नयन अरु बाहू॥**
**सगुन बिचारि धरी मन धीरा। अब मिलिहहिं कृपाल रघुबीरा॥**

जब विरहके मारे हृदयमें दारुण दाह हो गया, तब उनका बायाँ नेत्र और बाहु फड़क उठे। शकुन समझकर उन्होंने मनमें धैर्य धारण किया कि अब कृपालु श्रीरघुवीर अवश्य मिलेंगे॥ ३॥

**इहाँ अर्धनिसि रावनु जागा। निज सारथि सन खीझन लागा॥**
**सठ रनभूमि छड़ाइसि मोही। धिग धिग अधम मंदमति तोही॥**

यहाँ आधी रातको रावण [मूर्च्छासे] जगा और अपने सारथिपर रुष्ट होकर कहने लगा—अरे मूर्ख! तूने मुझे रणभूमिसे अलग कर दिया। अरे अधम! अरे मन्दबुद्धि! तुझे धिक्कार है, धिक्कार है!॥ ४॥

**तेहिं पद गहि बहु बिधि समुझावा। भोरु भएँ रथ चढ़ि पुनि धावा॥**
**सुनि आगवनु दसानन केरा। कपिदल खरभर भयउ घनेरा॥**

सारथिने चरण पकड़कर रावणको बहुत प्रकारसे समझाया। सबेरा होते ही वह रथपर चढ़कर फिर दौड़ा। रावणका आना सुनकर वानरोंकी सेनामें बड़ी खलबली मच गयी॥ ५॥

**जहँ तहँ भूधर बिटप उपारी। धाए कटकटाइ भट भारी॥**

वे भारी योद्धा जहाँ-तहाँसे पर्वत और वृक्ष उखाड़कर [क्रोधसे] दाँत कटकटाकर दौड़े॥ ६॥

**छं०—धाए जो मर्कट बिकट भालु कराल कर भूधर धरा।**
**अति कोप करहिं प्रहार मारत भजि चले रजनीचरा॥**
**बिचलाइ दल बलवंत कीसन्ह घेरि पुनि रावनु लियो।**
**चहुँ दिसि चपेटन्हि मारि नखन्हि बिदारि तनु ब्याकुल कियो॥**

विकट और विकराल वानर-भालू हाथोंमें पर्वत लिये दौड़े। वे अत्यन्त क्रोध करके प्रहार करते हैं। उनके मारनेसे राक्षस भाग चले। बलवान् वानरोंने शत्रुकी सेनाको विचलित करके फिर रावणको घेर लिया। चारों ओरसे चपेटे मारकर और नखोंसे शरीर विदीर्णकर वानरोंने उसको व्याकुल कर दिया।

**दो०—देखि महा मर्कट प्रबल रावन कीन्ह बिचार।**
**अंतरहित होइ निमिष महुँ कृत माया बिस्तार॥ १००॥**

वानरोंको बड़ा ही प्रबल देखकर रावणने विचार किया और अन्तर्धान होकर क्षणभरमें उसने माया फैलायी॥ १००॥

**छं०—जब कीन्ह तेहिं पाषंड। भए प्रगट जंतु प्रचंड।**
**बेताल भूत पिसाच। कर धरें धनु नाराच॥ १॥**

जब उसने पाखण्ड (माया) रचा, तब भयंकर जीव प्रकट हो गये। बेताल, भूत और पिशाच हाथोंमें धनुष-बाण लिये प्रकट हुए!॥ १॥

**जोगिनि गहें करबाल। एक हाथ मनुज कपाल।**
**करि सद्य सोनित पान। नाचहिं करहिं बहु गान॥ २॥**

योगिनियाँ एक हाथमें तलवार और दूसरे हाथमें मनुष्यकी खोपड़ी लिये ताजा खून पीकर नाचने और बहुत तरहके गीत गाने लगीं॥ २॥

**धरु मारु बोलहिं घोर। रहि पूरि धुनि चहुँ ओर।**
**मुख बाइ धावहिं खान। तब लगे कीस परान॥ ३॥**

वे 'पकड़ो, मारो' आदि घोर शब्द बोल रही हैं। चारों ओर (सब दिशाओंमें) यह ध्वनि भर गयी। वे मुख फैलाकर खाने दौड़ती हैं। तब वानर भागने लगे॥ ३॥

**जहँ जाहिं मर्कट भागि। तहँ बरत देखहिं आगि।**
**भए बिकल बानर भालु। पुनि लाग बरषै बालु॥ ४॥**

वानर भागकर जहाँ भी जाते हैं, वहीं आग जलती देखते हैं। वानर-भालू व्याकुल हो गये। फिर रावण बालू बरसाने लगा॥ ४॥

**जहँ तहँ थकित करि कीस। गर्जेउ बहुरि दससीस।**
**लछिमन कपीस समेत। भए सकल बीर अचेत॥ ५॥**

वानरोंको जहाँ-तहाँ थकित (शिथिल) कर रावण फिर गरजा। लक्ष्मणजी और सुग्रीवसहित सभी वीर अचेत हो गये॥ ५॥

**हा राम हा रघुनाथ। कहि सुभट मीजहिं हाथ।**
**एहि बिधि सकल बल तोरि। तेहिं कीन्ह कपट बहोरि॥ ६॥**

हा राम! हा रघुनाथ! पुकारते हुए श्रेष्ठ योद्धा अपने हाथ मलते (पछताते) हैं। इस प्रकार सबका बल तोड़कर रावणने फिर दूसरी माया रची॥ ६॥

**प्रगटेसि बिपुल हनुमान। धाए गहे पाषान।**
**तिन्ह रामु घेरे जाइ। चहुँ दिसि बरूथ बनाइ॥ ७॥**

उसने बहुत-से हनुमान् प्रकट किये, जो पत्थर लिये दौड़े। उन्होंने चारों ओर दल बनाकर श्रीरामचन्द्रजीको जा घेरा॥ ७॥

**मारहु धरहु जनि जाइ। कटकटहिं पूँछ उठाइ।**
**दहँ दिसि लँगूर बिराज। तेहिं मध्य कोसलराज॥ ८॥**

वे पूँछ उठाकर कटकटाते हुए पुकारने लगे, 'मारो, पकड़ो, जाने न पावे।' उनके लंगूर (पूँछ) दसों दिशाओंमें शोभा दे रहे हैं और उनके बीचमें कोसलराज श्रीरामजी हैं॥ ८॥

**छं०—तेहिं मध्य कोसलराज सुंदर स्याम तन सोभा लही।**
**जनु इंद्रधनुष अनेक की बर बारि तुंग तमालही॥**
**प्रभु देखि हरष बिषाद उर सुर बदत जय जय जय करी।**
**रघुबीर एकहिं तीर कोपि निमेष महुँ माया हरी॥**

उनके बीचमें कोसलराजका सुन्दर श्याम शरीर ऐसी शोभा पा रहा है, मानो ऊँचे तमाल वृक्षके लिये अनेक इन्द्रधनुषोंकी श्रेष्ठ बाड़ (घेरा) बनायी गयी हो। प्रभुको देखकर देवता हर्ष और विषादयुक्त हृदयसे 'जय, जय, जय' ऐसा बोलने लगे। तब श्रीरघुवीरने क्रोध करके एक ही बाणसे

निमेषमात्रमें रावणकी सारी माया हर ली॥ १॥

**माया बिगत कपि भालु हरषे बिटप गिरि गहि सब फिरे।**
**सर निकर छाड़े राम रावन बाहु सिर पुनि महि गिरे॥**
**श्रीराम रावन समर चरित अनेक कल्प जो गावहीं।**
**सत सेष सारद निगम कबि तेउ तदपि पार न पावहीं॥**

माया दूर हो जानेपर वानर-भालू हर्षित हुए और वृक्ष तथा पर्वत ले-लेकर सब लौट पड़े। श्रीरामजीने बाणोंके समूह छोड़े, जिनसे रावणके हाथ और सिर फिर कट-कटकर पृथ्वीपर गिर पड़े। श्रीरामजी और रावणके युद्धका चरित्र यदि सैकड़ों शेष, सरस्वती, वेद और कवि अनेक कल्पोंतक गाते रहें, तो भी वे उसका पार नहीं पा सकते॥ २॥

**दो०—ताके गुन गन कछु कहे जड़मति तुलसीदास।**
**जिमि निज बल अनुरूप ते माछी उड़इ अकास॥ १०१ (क)॥**

उसी चरित्रके कुछ गुणगण मन्दबुद्धि तुलसीदासने कहे हैं, जैसे मक्खी भी अपने पुरुषार्थके अनुसार आकाशमें उड़ती है॥ १०१ (क)॥

**काटे सिर भुज बार बहु मरत न भट लंकेस।**
**प्रभु क्रीड़त सुर सिद्ध मुनि ब्याकुल देखि कलेस॥ १०१ (ख)॥**

सिर और भुजाएँ बहुत बार काटी गयीं। फिर भी वीर रावण मरता नहीं। प्रभु तो खेल कर रहे हैं; परन्तु मुनि, सिद्ध और देवता उस क्लेशको देखकर (प्रभुको क्लेश पाते समझकर) व्याकुल हैं॥ १०१ (ख)॥

**काटत बढ़हिं सीस समुदाई। जिमि प्रति लाभ लोभ अधिकाई॥**
**मरइ न रिपु श्रम भयउ बिसेषा। राम बिभीषन तन तब देखा॥**

काटते ही सिरोंका समूह बढ़ जाता है जैसे प्रत्येक लाभपर लोभ बढ़ता है। शत्रु मरता नहीं और परिश्रम बहुत हुआ। तब श्रीरामचन्द्रजीने विभीषणकी ओर देखा॥ १॥

**उमा काल मर जाकीं ईछा। सो प्रभु जन कर प्रीति परीछा॥**
**सुनु सरबग्य चराचर नायक। प्रनतपाल सुर मुनि सुखदायक॥**

[शिवजी कहते हैं—] हे उमा! जिसकी इच्छामात्रसे काल भी मर जाता है, वही प्रभु सेवककी प्रीतिकी परीक्षा ले रहे हैं। [विभीषणजीने कहा—] हे सर्वज्ञ! हे चराचरके स्वामी! हे शरणागतके पालन करनेवाले! हे देवता और मुनियोंको सुख देनेवाले! सुनिये—॥ २॥

**नाभिकुंड पियूष बस याकें। नाथ जिअत रावनु बल ताकें॥**
**सुनत बिभीषन बचन कृपाला। हरषि गहे कर बान कराला॥**

इसके नाभिकुण्डमें अमृतका निवास है। हे नाथ! रावण उसीके बलपर जीता है। विभीषणके वचन सुनते ही कृपालु श्रीरघुनाथजीने हर्षित होकर हाथमें विकराल बाण लिये॥ ३॥

**असुभ होन लागे तब नाना। रोवहिं खर सृकाल बहु स्वाना॥**
**बोलहिं खग जग आरति हेतू। प्रगट भए नभ जहँ तहँ केतू॥**

उस समय नाना प्रकारके अशकुन होने लगे। बहुत-से गदहे, स्यार और कुत्ते रोने लगे। जगत्‌के

दु:ख (अशुभ)-को सूचित करनेके लिये पक्षी बोलने लगे। आकाशमें जहाँ-तहाँ केतु (पुच्छल तारे) प्रकट हो गये॥ ४॥

**दस दिसि दाह होन अति लागा। भयउ परब बिनु रबि उपरागा॥**
**मंदोदरि उर कंपति भारी। प्रतिमा स्त्रवहिं नयन मग बारी॥**

दसों दिशाओंमें अत्यन्त दाह होने लगा (आग लगने लगी)। बिना ही पर्व (योग)-के सूर्यग्रहण होने लगा। मन्दोदरीका हृदय बहुत काँपने लगा। मूर्तियाँ नेत्र-मार्गसे जल बहाने लगीं॥ ५॥

**छं०—प्रतिमा रुदहिं पबिपात नभ अति बात बह डोलति मही।**
**बरषहिं बलाहक रुधिर कच रज असुभ अति सक को कही॥**
**उतपात अमित बिलोकि नभ सुर बिकल बोलहिं जय जए।**
**सुर सभय जानि कृपाल रघुपति चाप सर जोरत भए॥**

मूर्तियाँ रोने लगीं, आकाशसे वज्रपात होने लगे, अत्यन्त प्रचण्ड वायु बहने लगी, पृथ्वी हिलने लगी, बादल रक्त, बाल और धूलकी वर्षा करने लगे। इस प्रकार इतने अधिक अमंगल होने लगे कि उनको कौन कह सकता है? अपरिमित उत्पात देखकर आकाशमें देवता व्याकुल होकर जय-जय पुकार उठे। देवताओंको भयभीत जानकर कृपालु श्रीरघुनाथजी धनुषपर बाण सन्धान करने लगे।

**दो०—खैंचि सरासन श्रवन लगि छाड़े सर एकतीस।**
**रघुनायक सायक चले मानहुँ काल फनीस॥ १०२॥**

कानोंतक धनुषको खींचकर श्रीरघुनाथजीने इकतीस बाण छोड़े। वे श्रीरामचन्द्रजीके बाण ऐसे चले मानो कालसर्प हों॥ १०२॥

**सायक एक नाभि सर सोषा। अपर लगे भुज सिर करि रोषा॥**
**लै सिर बाहु चले नाराचा। सिर भुज हीन रुंड महि नाचा॥**

एक बाणने नाभिके अमृतकुण्डको सोख लिया। दूसरे तीस बाण कोप करके उसके सिरों और भुजाओंमें लगे। बाण सिरों और भुजाओंको लेकर चले। सिरों और भुजाओंसे रहित रुण्ड (धड़) पृथ्वीपर नाचने लगा॥ १॥

**धरनि धसइ धर धाव प्रचंडा। तब सर हति प्रभु कृत दुइ खंडा॥**
**गर्जेउ मरत घोर रव भारी। कहाँ रामु रन हतौं पचारी॥**

धड़ प्रचण्ड वेगसे दौड़ता है, जिससे धरती धँसने लगी। तब प्रभुने बाण मारकर उसके दो टुकड़े कर दिये। मरते समय रावण बड़े घोर शब्दसे गरजकर बोला—राम कहाँ हैं? मैं ललकारकर उनको युद्धमें मारूँ!॥ २॥

**डोली भूमि गिरत दसकंधर। छुभित सिंधु सरि दिग्गज भूधर॥**
**धरनि परेउ द्वौ खंड बढ़ाई। चापि भालु मर्कट समुदाई॥**

रावणके गिरते ही पृथ्वी हिल गयी। समुद्र, नदियाँ, दिशाओंके हाथी और पर्वत क्षुब्ध हो उठे। रावण धड़के दोनों टुकड़ोंको फैलाकर भालू और वानरोंके समुदायको दबाता हुआ पृथ्वीपर गिर पड़ा॥ ३॥

**मंदोदरि आगें भुज सीसा। धरि सर चले जहाँ जगदीसा॥**
**प्रबिसे सब निषंग महुँ जाई। देखि सुरन्ह दुंदुभीं बजाई॥**

रावणकी भुजाओं और सिरोंको मन्दोदरीके सामने रखकर राम-बाण वहाँ चले, जहाँ जगदीश्वर श्रीरामजी थे। सब बाण जाकर तरकसमें प्रवेश कर गये। यह देखकर देवताओंने नगाड़े बजाये॥ ४॥

**तासु तेज समान प्रभु आनन। हरषे देखि संभु चतुरानन॥**
**जय जय धुनि पूरी ब्रह्मंडा। जय रघुबीर प्रबल भुजदंडा॥**

रावणका तेज प्रभुके मुखमें समा गया। यह देखकर शिवजी और ब्रह्माजी हर्षित हुए। ब्रह्माण्डभरमें जय-जयकी ध्वनि भर गयी। प्रबल भुजदण्डोंवाले श्रीरघुवीरकी जय हो॥ ५॥

**बरषहिं सुमन देव मुनि बृंदा। जय कृपाल जय जयति मुकुंदा॥**

देवता और मुनियोंके समूह फूल बरसाते हैं और कहते हैं—कृपालुकी जय हो, मुकुन्दकी जय हो, जय हो!॥ ६॥

**छं०—जय कृपा कंद मुकुंद द्वंद हरन सरन सुखप्रद प्रभो।**
**खल दल बिदारन परम कारन कारुनीक सदा बिभो॥**
**सुर सुमन बरषहिं हरष संकुल बाज दुंदुभि गहगही।**
**संग्राम अंगन राम अंग अनंग बहु सोभा लही॥**

हे कृपाके कन्द! हे मोक्षदाता मुकुन्द! हे [राग-द्वेष, हर्ष-शोक, जन्म-मृत्यु आदि] द्वन्द्वोंके हरनेवाले! हे शरणागतको सुख देनेवाले प्रभो! हे दुष्ट-दलको विदीर्ण करनेवाले! हे कारणोंके भी परम कारण! हे सदा करुणा करनेवाले! हे सर्वव्यापक विभो! आपकी जय हो। देवता हर्षमें भरे हुए पुष्प बरसाते हैं, घमाघम नगाड़े बज रहे हैं। रणभूमिमें श्रीरामचन्द्रजीके अंगोंने बहुत-से कामदेवोंकी शोभा प्राप्त की॥ १॥

**सिर जटा मुकुट प्रसून बिच बिच अति मनोहर राजहीं।**
**जनु नीलगिरि पर तड़ित पटल समेत उडुगन भ्राजहीं॥**
**भुजदंड सर कोदंड फेरत रुधिर कन तन अति बने।**
**जनु रायमुनीं तमाल पर बैठीं बिपुल सुख आपने॥**

सिरपर जटाओंका मुकुट है, जिसके बीच-बीचमें अत्यन्त मनोहर पुष्प शोभा दे रहे हैं। मानो नीले पर्वतपर बिजलीके समूहसहित नक्षत्र सुशोभित हो रहे हैं। श्रीरामजी अपने भुजदण्डोंसे बाण और धनुष फिरा रहे हैं। शरीरपर रुधिरके कण अत्यन्त सुन्दर लगते हैं। मानो तमालके वृक्षपर बहुत-सी ललमुनियाँ चिड़ियाँ अपने महान् सुखमें मग्न हुई निश्चल बैठी हों॥ २॥

**दो०—कृपादृष्टि करि बृष्टि प्रभु अभय किए सुर बृंद।**
**भालु कीस सब हरषे जय सुख धाम मुकुंद॥ १०३॥**

प्रभु श्रीरामचन्द्रजीने कृपादृष्टिकी वर्षा करके देवसमूहको निर्भय कर दिया। वानर-भालू सब हर्षित हुए और सुखधाम मुकुन्दकी जय हो, ऐसा पुकारने लगे॥ १०३॥

**पति सिर देखत मंदोदरी। मुरुछित बिकल धरनि खसि परी॥**
**जुबति बृंद रोवत उठि धाईं। तेहि उठाइ रावन पहिं आईं॥**

पतिके सिर देखते ही मन्दोदरी व्याकुल और मूर्च्छित होकर धरतीपर गिर पड़ी। स्त्रियाँ रोती हुई उठ दौड़ीं और उस (मन्दोदरी)-को उठाकर रावणके पास आयीं॥ १॥

**पति गति देखि ते करहिं पुकारा। छूटे कच नहिं बपुष सँभारा॥**
**उर ताड़ना करहिं बिधि नाना। रोवत करहिं प्रताप बखाना॥**

पतिकी दशा देखकर वे पुकार-पुकारकर रोने लगीं। उनके बाल खुल गये, देहकी सँभाल नहीं रही।

वे अनेकों प्रकारसे छाती पीटती हैं और रोती हुई रावणके प्रतापका बखान करती हैं॥ २॥

**तव बल नाथ डोल नित धरनी। तेज हीन पावक ससि तरनी॥**
**सेष कमठ सहि सकहिं न भारा। सो तनु भूमि परेउ भरि छारा॥**

[वे कहती हैं—] हे नाथ! तुम्हारे बलसे पृथ्वी सदा काँपती रहती थी। अग्नि, चन्द्रमा और सूर्य तुम्हारे सामने तेजहीन थे। शेष और कच्छप भी जिसका भार नहीं सह सकते थे, वही तुम्हारा शरीर आज धूलमें भरा हुआ पृथ्वीपर पड़ा है!॥ ३॥

**बरुन कुबेर सुरेस समीरा। रन सन्मुख धरि काहुँ न धीरा॥**
**भुजबल जितेहु काल जम साईं। आजु परेहु अनाथ की नाईं॥**

वरुण, कुबेर, इन्द्र और वायु, इनमेंसे किसीने भी रणमें तुम्हारे सामने धैर्य धारण नहीं किया। हे स्वामी! तुमने अपने भुजबलसे काल और यमराजको भी जीत लिया था। वही तुम आज अनाथकी तरह पड़े हो॥ ४॥

**जगत बिदित तुम्हारि प्रभुताई। सुत परिजन बल बरनि न जाई॥**
**राम बिमुख अस हाल तुम्हारा। रहा न कोउ कुल रोवनिहारा॥**

तुम्हारी प्रभुता जगत्‌भरमें प्रसिद्ध है। तुम्हारे पुत्रों और कुटुम्बियोंके बलका हाय! वर्णन ही नहीं हो सकता। श्रीरामचन्द्रजीके विमुख होनेसे ही तुम्हारी ऐसी दुर्दशा हुई कि आज कुलमें कोई रोनेवाला भी न रह गया॥ ५॥

**तव बस बिधि प्रपंच सब नाथा। सभय दिसिप नित नावहिं माथा॥**
**अब तव सिर भुज जंबुक खाहीं। राम बिमुख यह अनुचित नाहीं॥**

हे नाथ! विधाताकी सारी सृष्टि तुम्हारे वशमें थी। लोकपाल सदा भयभीत होकर तुमको मस्तक नवाते थे। किन्तु हाय! अब तुम्हारे सिर और भुजाओंको गीदड़ खा रहे हैं। रामविमुखके लिये ऐसा होना अनुचित भी नहीं है (अर्थात् उचित ही है)॥ ६॥

**काल बिबस पति कहा न माना। अग जग नाथु मनुज करि जाना॥**

हे पति! कालके पूर्ण वशमें होनेसे तुमने [किसीका] कहना नहीं माना और चराचरके नाथ परमात्माको मनुष्य करके जाना॥ ७॥

**छं०—जान्यो मनुज करि दनुज कानन दहन पावक हरि स्वयं।**
**जेहि नमत सिव ब्रह्मादि सुर पिय भजेहु नहिं करुनामयं॥**
**आजन्म ते परद्रोह रत पापौघमय तव तनु अयं।**
**तुम्हहू दियो निज धाम राम नमामि ब्रह्म निरामयं॥**

दैत्यरूपी वनको जलानेके लिये अग्निस्वरूप साक्षात् श्रीहरिको तुमने मनुष्य करके जाना। शिव और ब्रह्मा आदि देवता जिनको नमस्कार करते हैं, उन करुणामय भगवान्‌को हे प्रियतम! तुमने नहीं भजा। तुम्हारा यह शरीर जन्मसे ही दूसरोंसे द्रोह करनेमें तत्पर तथा पापसमूहमय रहा! इतनेपर भी जिन निर्विकार ब्रह्म श्रीरामजीने तुमको अपना धाम दिया, उनको मैं नमस्कार करती हूँ।

**दो०—अहह नाथ रघुनाथ सम कृपासिंधु नहिं आन।**
**जोगि बृंद दुर्लभ गति तोहि दीन्हि भगवान॥ १०४॥**

अहह! नाथ! श्रीरघुनाथजीके समान कृपाका समुद्र दूसरा कोई नहीं है, जिन भगवान्‌ने तुमको वह गति दी जो योगिसमाजको भी दुर्लभ है॥ १०४॥

**मंदोदरी बचन सुनि काना। सुर मुनि सिद्ध सबन्हि सुख माना॥**
**अज महेस नारद सनकादी। जे मुनिबर परमारथबादी॥**

मन्दोदरीके वचन कानोंसे सुनकर देवता, मुनि और सिद्ध सभीने सुख माना। ब्रह्मा, महादेव, नारद और सनकादि तथा और भी जो परमार्थवादी (परमात्माके तत्त्वको जानने और कहनेवाले) श्रेष्ठ मुनि थे॥ १॥

**भरि लोचन रघुपतिहि निहारी। प्रेम मगन सब भए सुखारी॥**
**रुदन करत देखीं सब नारी। गयउ बिभीषनु मन दुख भारी॥**

वे सभी श्रीरघुनाथजीको नेत्र भरकर निरखकर प्रेममग्न हो गये और अत्यन्त सुखी हुए। अपने घरकी सब स्त्रियोंको रोती हुई देखकर विभीषणजीके मनमें बड़ा भारी दुःख हुआ और वे उनके पास गये॥ २॥

**बंधु दसा बिलोकि दुख कीन्हा। तब प्रभु अनुजहि आयसु दीन्हा॥**
**लछिमन तेहि बहु बिधि समुझायो। बहुरि बिभीषन प्रभु पहिं आयो॥**

उन्होंने भाईकी दशा देखकर दुःख किया। तब प्रभु श्रीरामजीने छोटे भाईको आज्ञा दी [कि जाकर विभीषणको धैर्य बँधाओ]। लक्ष्मणजीने उन्हें बहुत प्रकारसे समझाया तब विभीषण प्रभुके पास लौट आये॥ ३॥

**कृपादृष्टि प्रभु ताहि बिलोका। करहु क्रिया परिहरि सब सोका॥**
**कीन्हि क्रिया प्रभु आयसु मानी। बिधिवत देस काल जियँ जानी॥**

प्रभुने उनको कृपापूर्ण दृष्टिसे देखा [और कहा—] सब शोक त्यागकर रावणकी अन्त्येष्टि क्रिया करो। प्रभुकी आज्ञा मानकर और हृदयमें देश और कालका विचार करके विभीषणजीने विधिपूर्वक सब क्रिया की॥ ४॥

**दो०—मंदोदरी आदि सब देइ तिलांजलि ताहि।**
**भवन गईं रघुपति गुन गन बरनत मन माहि॥ १०५॥**

मन्दोदरी आदि सब स्त्रियाँ उसे (रावणको) तिलांजलि देकर मनमें श्रीरघुनाथजीके गुणसमूहोंका वर्णन करती हुई महलको गयीं॥ १०५॥

**आइ बिभीषन पुनि सिरु नायो। कृपासिंधु तब अनुज बोलायो॥**
**तुम्ह कपीस अंगद नल नीला। जामवंत मारुति नयसीला॥**
**सब मिलि जाहु बिभीषन साथा। सारेहु तिलक कहेउ रघुनाथा॥**
**पिता बचन मैं नगर न आवउँ। आपु सरिस कपि अनुज पठावउँ॥**

सब क्रिया-कर्म करनेके बाद विभीषणने आकर पुनः सिर नवाया। तब कृपाके समुद्र श्रीरामजीने छोटे भाई लक्ष्मणजीको बुलाया। श्रीरघुनाथजीने कहा कि तुम, वानरराज सुग्रीव, अंगद, नल, नील, जाम्बवान् और मारुति सब नीतिनिपुण लोग मिलकर विभीषणके साथ जाओ और उन्हें राजतिलक कर दो। पिताजीके वचनोंके कारण मैं नगरमें नहीं आ सकता। पर अपने ही समान वानर और छोटे भाईको भेजता हूँ॥ १-२॥

**तुरत चले कपि सुनि प्रभु बचना। कीन्ही जाइ तिलक की रचना॥**
**सादर सिंहासन बैठारी। तिलक सारि अस्तुति अनुसारी॥**

प्रभुके वचन सुनकर वानर तुरंत चले और उन्होंने जाकर राजतिलककी सारी व्यवस्था की। आदरके साथ विभीषणको सिंहासनपर बैठाकर राजतिलक किया और स्तुति की॥ ३॥

**जोरि पानि सबहीं सिर नाए। सहित बिभीषन प्रभु पहिं आए॥**
**तब रघुबीर बोलि कपि लीन्हे। कहि प्रिय बचन सुखी सब कीन्हे॥**

सभीने हाथ जोड़कर उनको सिर नवाये। तदनन्तर विभीषणजीसहित सब प्रभुके पास आये। तब श्रीरघुवीरने वानरोंको बुला लिया और प्रिय वचन कहकर सबको सुखी किया॥ ४॥

**छं०—किए सुखी कहि बानी सुधा सम बल तुम्हारें रिपु हयो।**
**पायो बिभीषन राज तिहुँ पुर जसु तुम्हारो नित नयो॥**
**मोहि सहित सुभ कीरति तुम्हारी परम प्रीति जो गाइहैं।**
**संसार सिंधु अपार पार प्रयास बिनु नर पाइहैं॥**

भगवान्‌ने अमृतके समान यह वाणी कहकर सबको सुखी किया कि तुम्हारे ही बलसे यह प्रबल शत्रु मारा गया और विभीषणने राज्य पाया। इसके कारण तुम्हारा यश तीनों लोकोंमें नित्य नया बना रहेगा। जो लोग मेरेसहित तुम्हारी शुभ कीर्तिको परम प्रेमके साथ गायेंगे वे बिना ही परिश्रम इस अपार संसारसागरका पार पा जायँगे।

**दो०—प्रभु के बचन श्रवन सुनि नहिं अघाहिं कपि पुंज।**
**बार बार सिर नावहिं गहहिं सकल पद कंज॥ १०६॥**

प्रभुके वचन कानोंसे सुनकर वानर-समूह तृप्त नहीं होते। वे सब बार-बार सिर नवाते हैं और चरणकमलोंको पकड़ते हैं॥ १०६॥

**पुनि प्रभु बोलि लियउ हनुमाना। लंका जाहु कहेउ भगवाना॥**
**समाचार जानकिहि सुनावहु। तासु कुसल लै तुम्ह चलि आवहु॥**

फिर प्रभुने हनुमान्‌जीको बुला लिया। भगवान्‌ने कहा—तुम लंका जाओ। जानकीको सब समाचार सुनाओ और उसका कुशल-समाचार लेकर तुम चले आओ॥ १॥

**तब हनुमंत नगर महुँ आए। सुनि निसिचरी निसाचर धाए॥**
**बहु प्रकार तिन्ह पूजा कीन्ही। जनकसुता देखाइ पुनि दीन्ही॥**

तब हनुमान्‌जी नगरमें आये। यह सुनकर राक्षस-राक्षसी [उनके सत्कारके लिये] दौड़े। उन्होंने बहुत प्रकारसे हनुमान्‌जीकी पूजा की और फिर श्रीजानकीजीको दिखला दिया॥ २॥

**दूरिहि ते प्रनाम कपि कीन्हा। रघुपति दूत जानकी चीन्हा॥**
**कहहु तात प्रभु कृपानिकेता। कुसल अनुज कपि सेन समेता॥**

हनुमान्‌जीने [सीताजीको] दूरसे ही प्रणाम किया। जानकीजीने पहचान लिया कि यह वही श्रीरघुनाथजीका दूत है [और पूछा—] हे तात! कहो, कृपाके धाम मेरे प्रभु छोटे भाई और वानरोंकी सेनासहित कुशलसे तो हैं?॥ ३॥

**सब बिधि कुसल कोसलाधीसा। मातु समर जीत्यो दससीसा॥**
**अबिचल राजु बिभीषन पायो। सुनि कपि बचन हरष उर छायो॥**

[हनुमान्‌जीने कहा—] हे माता! कोसलपति श्रीरामजी सब प्रकारसे सकुशल हैं। उन्होंने संग्राममें दस सिरवाले रावणको जीत लिया है और विभीषणने अचल राज्य प्राप्त किया है। हनुमान्‌जीके वचन सुनकर सीताजीके हृदयमें हर्ष छा गया॥ ४॥

**छं०—अति हरष मन तन पुलक लोचन सजल कह पुनि पुनि रमा।**
**का देउँ तोहि त्रैलोक महुँ कपि किमपि नहिं बानी समा॥**
**सुनु मातु मैं पायो अखिल जग राजु आजु न संसयं।**
**रन जीति रिपुदल बंधु जुत पस्यामि राममनामयं॥**

श्रीजानकीजीके हृदयमें अत्यन्त हर्ष हुआ। उनका शरीर पुलकित हो गया और नेत्रोंमें [आनन्दाश्रुओंका] जल छा गया। वे बार-बार कहती हैं—हे हनुमान्! मैं तुझे क्या दूँ? इस वाणी (समाचार)-के समान तीनों लोकोंमें और कुछ भी नहीं है! [हनुमान्‌जीने कहा—] हे माता! सुनिये, मैंने आज निःसन्देह सारे जगत्‌का राज्य पा लिया, जो मैं रणमें शत्रुसेनाको जीतकर भाईसहित निर्विकार श्रीरामजीको देख रहा हूँ।

**दो०—सुनु सुत सदगुन सकल तव हृदयँ बसहुँ हनुमंत।**
**सानुकूल कोसलपति रहहुँ समेत अनंत॥१०७॥**

[जानकीजीने कहा—] हे पुत्र! सुन, समस्त सद्गुण तेरे हृदयमें बसें और हे हनुमान्! शेष (लक्ष्मणजी)-सहित कोसलपति प्रभु सदा तुझपर प्रसन्न रहें॥१०७॥

**अब सोइ जतन करहु तुम्ह ताता। देखौं नयन स्याम मृदु गाता॥**
**तब हनुमान राम पहिं जाई। जनकसुता कै कुसल सुनाई॥**

हे तात! अब तुम वही उपाय करो जिससे मैं इन नेत्रोंसे प्रभुके कोमल श्याम शरीरके दर्शन करूँ। तब श्रीरामचन्द्रजीके पास जाकर हनुमान्‌जीने जानकीजीका कुशल-समाचार सुनाया॥१॥

**सुनि संदेसु भानुकुलभूषन। बोलि लिए जुबराज बिभीषन॥**
**मारुतसुत के संग सिधावहु। सादर जनकसुतहि लै आवहु॥**

सूर्यकुलभूषण श्रीरामजीने सन्देश सुनकर युवराज अंगद और विभीषणको बुला लिया [और कहा—] पवनपुत्र हनुमान्‌के साथ जाओ और जानकीको आदरके साथ ले आओ॥२॥

**तुरतहिं सकल गए जहँ सीता। सेवहिं सब निसिचरीं बिनीता॥**
**बेगि बिभीषन तिन्हहि सिखायो। तिन्ह बहु बिधि मज्जन करवायो॥**

वे सब तुरंत ही वहाँ गये जहाँ सीताजी थीं। सब-की-सब राक्षसियाँ नम्रतापूर्वक उनकी सेवा कर रही थीं। विभीषणजीने शीघ्र ही उन लोगोंको समझा दिया। उन्होंने बहुत प्रकारसे सीताजीको स्नान कराया,॥३॥

**बहु प्रकार भूषन पहिराए। सिबिका रुचिर साजि पुनि ल्याए॥**
**ता पर हरषि चढ़ी बैदेही। सुमिरि राम सुखधाम सनेही॥**

बहुत प्रकारके गहने पहनाये और फिर वे एक सुन्दर पालकी सजाकर ले आये। सीताजी प्रसन्न होकर सुखके धाम प्रियतम श्रीरामजीका स्मरण करके उसपर हर्षके साथ चढ़ीं॥४॥

**बेतपानि रच्छक चहु पासा। चले सकल मन परम हुलासा॥**
**देखन भालु कीस सब आए। रच्छक कोपि निवारन धाए॥**

चारों ओर हाथोंमें छड़ी लिये रक्षक चले। सबके मनोंमें परम उल्लास (उमंग) है। रीछ-वानर सब दर्शन करनेके लिये आये, तब रक्षक क्रोध करके उनको रोकने दौड़े॥५॥

**कह रघुबीर कहा मम मानहु। सीतहि सखा पयादें आनहु॥**
**देखहुँ कपि जननी की नाईं। बिहसि कहा रघुनाथ गोसाईं॥**

श्रीरघुवीरने कहा—हे मित्र! मेरा कहना मानो और सीताको पैदल ले आओ, जिससे वानर उसको माताकी तरह देखें। गोसाईं श्रीरामजीने हँसकर ऐसा कहा॥ ६॥

**सुनि प्रभु बचन भालु कपि हरषे। नभ ते सुरन्ह सुमन बहु बरषे॥**
**सीता प्रथम अनल महुँ राखी। प्रगट कीन्हि चह अंतर साखी॥**

प्रभुके वचन सुनकर रीछ-वानर हर्षित हो गये। आकाशसे देवताओंने बहुत-से फूल बरसाये। सीताजी [के असली स्वरूप]-को पहले अग्निमें रखा था। अब भीतरके साक्षी भगवान् उनको प्रकट करना चाहते हैं॥ ७॥

**दो०—तेहि कारन करुनानिधि कहे कछुक दुर्बाद।**
**सुनत जातुधानीं सब लागीं करै बिषाद॥ १०८॥**

इसी कारण करुणाके भण्डार श्रीरामजीने लीलासे कुछ कड़े वचन कहे, जिन्हें सुनकर सब राक्षसियाँ विषाद करने लगीं॥ १०८॥

**प्रभु के बचन सीस धरि सीता। बोली मन क्रम बचन पुनीता॥**
**लछिमन होहु धरम के नेगी। पावक प्रगट करहु तुम्ह बेगी॥**

प्रभुके वचनोंको सिर चढ़ाकर मन, वचन और कर्मसे पवित्र श्रीसीताजी बोलीं—हे लक्ष्मण! तुम मेरे धर्मके नेगी (धर्माचरणमें सहायक) बनो और तुरंत आग तैयार करो॥ १॥

**सुनि लछिमन सीता कै बानी। बिरह बिबेक धरम निति सानी॥**
**लोचन सजल जोरि कर दोऊ। प्रभु सन कछु कहि सकत न ओऊ॥**

श्रीसीताजीकी विरह, विवेक, धर्म और नीतिसे सनी हुई वाणी सुनकर लक्ष्मणजीके नेत्रोंमें [विषादके आँसुओंका] जल भर आया। वे दोनों हाथ जोड़े खड़े रहे। वे भी प्रभुसे कुछ कह नहीं सकते॥ २॥

**देखि राम रुख लछिमन धाए। पावक प्रगटि काठ बहु लाए॥**
**पावक प्रबल देखि बैदेही। हृदयँ हरष नहिं भय कछु तेही॥**

फिर श्रीरामजीका रुख देखकर लक्ष्मणजी दौड़े और आग तैयार करके बहुत-सी लकड़ी ले आये। अग्निको खूब बढ़ी हुई देखकर जानकीजीके हृदयमें हर्ष हुआ। उन्हें भय कुछ भी नहीं हुआ॥ ३॥

**जौं मन बच क्रम मम उर माहीं। तजि रघुबीर आन गति नाहीं॥**
**तौ कृसानु सब कै गति जाना। मो कहुँ होउ श्रीखंड समाना॥**

[सीताजीने लीलासे कहा—] यदि मन, वचन और कर्मसे मेरे हृदयमें श्रीरघुवीरको छोड़कर दूसरी गति (अन्य किसीका आश्रय) नहीं है, तो अग्निदेव जो सबके मनकी गति जानते हैं, [मेरे भी मनकी गति जानकर] मेरे लिये चन्दनके समान शीतल हो जायँ॥ ४॥

**छं०—श्रीखंड सम पावक प्रबेस कियो सुमिरि प्रभु मैथिली।**
**जय कोसलेस महेस बंदित चरन रति अति निर्मली॥**
**प्रतिबिंब अरु लौकिक कलंक प्रचंड पावक महुँ जरे।**
**प्रभु चरित काहुँ न लखे नभ सुर सिद्ध मुनि देखहिं खरे॥**

प्रभु श्रीरामजीका स्मरण करके और जिनके चरण महादेवजीके द्वारा वन्दित हैं तथा जिनमें सीताजीकी अत्यन्त विशुद्ध प्रीति है, उन कोसलपतिकी जय बोलकर जानकीजीने चन्दनके समान शीतल हुई अग्निमें प्रवेश किया। प्रतिबिम्ब (सीताजीकी छायामूर्ति) और उनका लौकिक कलंक प्रचण्ड अग्निमें जल गये।

प्रभुके इन चरित्रोंको किसीने नहीं जाना। देवता, सिद्ध और मुनि सब आकाशमें खड़े देखते हैं॥ १॥

**धरि रूप पावक पानि गहि श्री सत्य श्रुति जग बिदित जो।**
**जिमि छीरसागर इंदिरा रामहि समर्पी आनि सो॥**
**सो राम बाम बिभाग राजति रुचिर अति सोभा भली।**
**नव नील नीरज निकट मानहुँ कनक पंकज की कली॥**

तब अग्निने शरीर धारण करके वेदोंमें और जगत्‌में प्रसिद्ध वास्तविक श्री (सीताजी)-का हाथ पकड़ उन्हें श्रीरामजीको वैसे ही समर्पित किया जैसे क्षीरसागरने विष्णुभगवान्‌को लक्ष्मी समर्पित की थी। वे सीताजी श्रीरामचन्द्रजीके वाम भागमें विराजित हुईं। उनकी उत्तम शोभा अत्यन्त ही सुन्दर है। मानो नये खिले हुए नीले कमलके पास सोनेके कमलकी कली सुशोभित हो॥ २॥

**दो०—बरषहिं सुमन हरषि सुर बाजहिं गगन निसान।**
**गावहिं किंनर सुरबधू नाचहिं चढ़ीं बिमान॥ १०९ (क)॥**

देवता हर्षित होकर फूल बरसाने लगे। आकाशमें डंके बजने लगे। किन्नर गाने लगे। विमानोंपर चढ़ी अप्सराएँ नाचने लगीं॥ १०९ (क)॥

**जनकसुता समेत प्रभु सोभा अमित अपार।**
**देखि भालु कपि हरषे जय रघुपति सुख सार॥ १०९ (ख)॥**

श्रीजानकीजीसहित प्रभु श्रीरामचन्द्रजीकी अपरिमित और अपार शोभा देखकर रीछ-वानर हर्षित हो गये और सुखके सार श्रीरघुनाथजीकी जय बोलने लगे॥ १०९ (ख)॥

**तब रघुपति अनुसासन पाई। मातलि चलेउ चरन सिरु नाई॥**
**आए देव सदा स्वारथी। बचन कहहिं जनु परमारथी॥**

तब श्रीरघुनाथजीकी आज्ञा पाकर इन्द्रका सारथि मातलि चरणोंमें सिर नवाकर [रथ लेकर] चला गया। तदनन्तर सदाके स्वार्थी देवता आये। वे ऐसे वचन कह रहे हैं मानो बड़े परमार्थी हों॥ १॥

**दीन बंधु दयाल रघुराया। देव कीन्हि देवन्ह पर दाया॥**
**बिस्व द्रोह रत यह खल कामी। निज अघ गयउ कुमारगगामी॥**

हे दीनबन्धु! हे दयालु रघुराज! हे परमदेव! आपने देवताओंपर बड़ी दया की। विश्वके द्रोहमें तत्पर यह दुष्ट, कामी और कुमार्गपर चलनेवाला रावण अपने ही पापसे नष्ट हो गया॥ २॥

**तुम्ह समरूप ब्रह्म अबिनासी। सदा एकरस सहज उदासी॥**
**अकल अगुन अज अनघ अनामय। अजित अमोघसक्ति करुनामय॥**

आप समरूप, ब्रह्म, अविनाशी, नित्य, एकरस, स्वभावसे ही उदासीन (शत्रु-मित्र-भावरहित), अखण्ड, निर्गुण (मायिक गुणोंसे रहित), अजन्मा, निष्पाप, निर्विकार, अजेय, अमोघशक्ति (जिनकी शक्ति कभी व्यर्थ नहीं होती) और दयामय हैं॥ ३॥

**मीन कमठ सूकरनरहरी। बामन परसुराम बपु धरी॥**
**जब जब नाथ सुरन्ह दुखु पायो। नाना तनु धरि तुम्हइँ नसायो॥**

आपने ही मत्स्य, कच्छप, वाराह, नृसिंह, वामन और परशुरामके शरीर धारण किये। हे नाथ! जब-जब देवताओंने दुःख पाया, तब-तब अनेकों शरीर धारण करके आपने ही उनका दुःख नाश किया॥ ४॥

**यह खल मलिन सदा सुरद्रोही। काम लोभ मद रत अति कोही॥**
**अधम सिरोमनि तव पद पावा। यह हमरें मन बिसमय आवा॥**

यह दुष्ट मलिनहृदय, देवताओंका नित्य शत्रु, काम, लोभ और मदके परायण तथा अत्यन्त क्रोधी था। ऐसे अधमोंके शिरोमणिने भी आपका परमपद पा लिया। इस बातका हमारे मनमें आश्चर्य हुआ॥ ५॥

**हम देवता परम अधिकारी। स्वारथ रत प्रभु भगति बिसारी॥**
**भव प्रबाहँ संतत हम परे। अब प्रभु पाहि सरन अनुसरे॥**

हम देवता श्रेष्ठ अधिकारी होकर भी स्वार्थपरायण हो आपकी भक्तिको भुलाकर निरन्तर भवसागरके प्रवाह (जन्म-मृत्युके चक्र)-में पड़े हैं। अब हे प्रभो! हम आपकी शरणमें आ गये हैं, हमारी रक्षा कीजिये॥ ६॥

**दो०—करि बिनती सुर सिद्ध सब रहे जहँ तहँ कर जोरि।**
**अति सप्रेम तन पुलकि बिधि अस्तुति करत बहोरि॥ ११०॥**

बिनती करके देवता और सिद्ध सब जहाँ-के-तहाँ हाथ जोड़े खड़े रहे। तब अत्यन्त प्रेमसे पुलकितशरीर होकर ब्रह्माजी स्तुति करने लगे—॥ ११०॥

**छं०—जय राम सदा सुखधाम हरे। रघुनायक सायक चाप धरे॥**
**भव बारन दारन सिंह प्रभो। गुन सागर नागर नाथ बिभो॥ १॥**

हे नित्य सुखधाम और [दु:खोंको हरनेवाले] हरि! हे धनुष-बाण धारण किये हुए रघुनाथजी! आपकी जय हो। हे प्रभो! आप भव (जन्म-मरण)-रूपी हाथीको विदीर्ण करनेके लिये सिंहके समान हैं। हे नाथ! हे सर्वव्यापक! आप गुणोंके समुद्र और परम चतुर हैं॥ १॥

**तन काम अनेक अनूप छबी। गुन गावत सिद्ध मुनींद्र कबी॥**
**जसु पावन रावन नाग महा। खगनाथ जथा करि कोप गहा॥ २॥**

आपके शरीरकी अनेकों कामदेवोंके समान, परन्तु अनुपम छवि है। सिद्ध, मुनीश्वर और कवि आपके गुण गाते रहते हैं। आपका यश पवित्र है। आपने रावणरूपी महासर्पको गरुड़की तरह क्रोध करके पकड़ लिया॥ २॥

**जन रंजन भंजन सोकभयं। गतक्रोध सदा प्रभु बोधमयं॥**
**अवतार उदार अपार गुनं। महि भार बिभंजन ग्यानघनं॥ ३॥**

हे प्रभो! आप सेवकोंको आनन्द देनेवाले, शोक और भयका नाश करनेवाले, सदा क्रोधरहित और नित्य ज्ञानस्वरूप हैं। आपका अवतार श्रेष्ठ, अपार दिव्य गुणोंवाला, पृथ्वीका भार उतारनेवाला और ज्ञानका समूह है॥ ३॥

**अज ब्यापकमेकमनादि सदा। करुनाकर राम नमामि मुदा॥**
**रघुबंस बिभूषन दूषन हा। कृत भूप बिभीषन दीन रहा॥ ४॥**

[किन्तु अवतार लेनेपर भी] आप नित्य, अजन्मा, व्यापक, एक (अद्वितीय) और अनादि हैं। हे करुणाकी खान श्रीरामजी! मैं आपको बड़े ही हर्षके साथ नमस्कार करता हूँ। हे रघुकुलके आभूषण! हे दूषण राक्षसको मारनेवाले तथा समस्त दोषोंको हरनेवाले! विभीषण दीन था, उसे आपने [लंकाका] राजा बना दिया॥ ४॥

**गुन ग्यान निधान अमान अजं। नित राम नमामि बिभुं बिरजं॥**
**भुजदंड प्रचंड प्रताप बलं। खल बृंद निकंद महा कुसलं॥ ५॥**

हे गुण और ज्ञानके भण्डार! हे मानरहित! हे अजन्मा, व्यापक और मायिक विकारोंसे रहित श्रीराम! मैं आपको नित्य नमस्कार करता हूँ। आपके भुजदण्डोंका प्रताप और बल प्रचण्ड है। दुष्टसमूहके नाश करनेमें आप परम निपुण हैं॥ ५॥

**बिनु कारन दीन दयाल हितं। छबि धाम नमामि रमा सहितं॥**
**भव तारन कारन काज परं। मन संभव दारुन दोष हरं॥ ६॥**

हे बिना ही कारण दीनोंपर दया तथा उनका हित करनेवाले और शोभाके धाम! मैं श्रीजानकीजीसहित आपको नमस्कार करता हूँ। आप भवसागरसे तारनेवाले हैं, कारणरूपा प्रकृति और कार्यरूप जगत् दोनोंसे परे हैं और मनसे उत्पन्न होनेवाले कठिन दोषोंको हरनेवाले हैं॥ ६॥

**सर चाप मनोहर त्रोनधरं। जलजारुन लोचन भूपबरं॥**
**सुख मंदिर सुंदर श्रीरमनं। मद मार मुधा ममता समनं॥ ७॥**

आप मनोहर बाण, धनुष और तरकस धारण करनेवाले हैं। [लाल] कमलके समान रक्तवर्ण आपके नेत्र हैं। आप राजाओंमें श्रेष्ठ, सुखके मन्दिर, सुन्दर, श्री (लक्ष्मीजी)-के वल्लभ तथा मद (अहंकार), काम और झूठी ममताके नाश करनेवाले हैं॥ ७॥

**अनवद्य अखंड न गोचर गो। सबरूप सदा सब होइ न गो॥**
**इति बेद बदंति न दंतकथा। रबि आतप भिन्नमभिन्न जथा॥ ८॥**

आप अनिन्द्य या दोषरहित हैं, अखण्ड हैं, इन्द्रियोंके विषय नहीं हैं। सदा सर्वरूप होते हुए भी आप वह सब कभी हुए ही नहीं, ऐसा वेद कहते हैं। यह [कोई] दन्तकथा (कोरी कल्पना) नहीं है। जैसे सूर्य और सूर्यका प्रकाश अलग-अलग हैं और अलग नहीं भी हैं, वैसे ही आप भी संसारसे भिन्न तथा अभिन्न दोनों ही हैं॥ ८॥

**कृतकृत्य बिभो सब बानर ए। निरखंति तवानन सादर ए॥**
**धिग जीवन देव सरीर हरे। तव भक्ति बिना भव भूलि परे॥ ९॥**

हे व्यापक प्रभो! ये सब वानर कृतार्थरूप हैं, जो आदरपूर्वक ये आपका मुख देख रहे हैं। [और] हे हरे! हमारे [अमर] जीवन और देव (दिव्य) शरीरको धिक्कार है, जो हम आपकी भक्तिसे रहित हुए संसारमें (सांसारिक विषयोंमें) भूले पड़े हैं॥ ९॥

**अब दीनदयाल दया करिऐ। मति मोरि बिभेदकरी हरिऐ॥**
**जेहि ते बिपरीत क्रिया करिऐ। दुख सो सुख मानि सुखी चरिऐ॥ १०॥**

हे दीनदयालु! अब दया कीजिये और मेरी उस विभेद उत्पन्न करनेवाली बुद्धिको हर लीजिये, जिससे मैं विपरीत कर्म करता हूँ और जो दुःख है, उसे सुख मानकर आनन्दसे विचरता हूँ॥ १०॥

**खल खंडन मंडन रम्य छमा। पद पंकज सेवित संभु उमा॥**
**नृप नायक दे बरदानमिदं। चरनांबुज प्रेमु सदा सुभदं॥ ११॥**

आप दुष्टोंका खण्डन करनेवाले और पृथ्वीके रमणीय आभूषण हैं। आपके चरणकमल श्रीशिव-पार्वतीद्वारा सेवित हैं। हे राजाओंके महाराज! मुझे यह वरदान दीजिये कि आपके चरणकमलोंमें सदा मेरा कल्याणदायक [अनन्य] प्रेम हो॥ ११॥

**दो०—बिनय कीन्हि चतुरानन प्रेम पुलक अति गात।**
**सोभासिंधु बिलोकत लोचन नहीं अघात॥ १११॥**

इस प्रकार ब्रह्माजीने अत्यन्त प्रेम-पुलकित शरीरसे विनती की। शोभाके समुद्र श्रीरामजीके दर्शन करते-करते उनके नेत्र तृप्त ही नहीं होते थे॥ १११॥

**तेहि अवसर दसरथ तहँ आए। तनय बिलोकि नयन जल छाए॥**
**अनुज सहित प्रभु बंदन कीन्हा। आसिरबाद पिताँ तब दीन्हा॥**

उसी समय दशरथजी वहाँ आये। पुत्र (श्रीरामजी)-को देखकर उनके नेत्रोंमें [प्रेमाश्रुओंका] जल छा गया। छोटे भाई लक्ष्मणजीसहित प्रभुने उनकी वन्दना की और तब पिताने उनको आशीर्वाद दिया॥ १॥

**तात सकल तव पुन्य प्रभाऊ। जीत्यों अजय निसाचर राऊ॥**
**सुनि सुत बचन प्रीति अति बाढ़ी। नयन सलिल रोमावलि ठाढ़ी॥**

[श्रीरामजीने कहा—] हे तात! यह सब आपके पुण्योंका प्रभाव है, जो मैंने अजेय राक्षसराजको जीत लिया। पुत्रके वचन सुनकर उनकी प्रीति अत्यन्त बढ़ गयी। नेत्रोंमें जल छा गया और रोमावली खड़ी हो गयी॥ २॥

**रघुपति प्रथम प्रेम अनुमाना। चितइ पितहि दीन्हेउ दृढ़ ग्याना॥**
**ताते उमा मोच्छ नहिं पायो। दसरथ भेद भगति मन लायो॥**

श्रीरघुनाथजीने पहलेके (जीवित कालके) प्रेमको विचारकर, पिताकी ओर देखकर ही उन्हें अपने स्वरूपका दृढ़ ज्ञान करा दिया। हे उमा! दशरथजीने भेदभक्तिमें अपना मन लगाया था, इसीसे उन्होंने [कैवल्य] मोक्ष नहीं पाया॥ ३॥

**सगुनोपासक मोच्छ न लेहीं। तिन्ह कहुँ राम भगति निज देहीं॥**
**बार बार करि प्रभुहि प्रनामा। दसरथ हरषि गए सुरधामा॥**

[मायारहित सच्चिदानन्दमय स्वरूपभूत दिव्यगुणयुक्त] सगुणस्वरूपकी उपासना करनेवाले भक्त इस प्रकारका मोक्ष लेते भी नहीं। उनको श्रीरामजी अपनी भक्ति देते हैं। प्रभुको [इष्टबुद्धिसे] बार-बार प्रणाम करके दशरथजी हर्षित होकर देवलोकको चले गये॥ ४॥

**दो०—अनुज जानकी सहित प्रभु कुसल कोसलाधीस।**
**सोभा देखि हरषि मन अस्तुति कर सुर ईस॥ ११२॥**

छोटे भाई लक्ष्मणजी और जानकीजीसहित परम कुशल प्रभु श्रीकोसलाधीशकी शोभा देखकर देवराज इन्द्र मनमें हर्षित होकर स्तुति करने लगे—॥ ११२॥

**छं०—जय राम सोभा धाम। दायक प्रनत बिश्राम॥**
**धृत त्रोन बर सर चाप। भुजदंड प्रबल प्रताप॥ १॥**

शोभाके धाम, शरणागतको विश्राम देनेवाले, श्रेष्ठ तरकस, धनुष और बाण धारण किये हुए, प्रबल प्रतापी भुजदण्डोंवाले श्रीरामचन्द्रजीकी जय हो!॥ १॥

**जय दूषनारि खरारि। मर्दन निसाचर धारि॥**
**यह दुष्ट मारेउ नाथ। भए देव सकल सनाथ॥ २॥**

हे खर और दूषणके शत्रु और राक्षसोंकी सेनाके मर्दन करनेवाले! आपकी जय हो!

हे नाथ! आपने इस दुष्टको मारा, जिससे सब देवता सनाथ (सुरक्षित) हो गये॥ २॥

**जय हरन धरनी भार। महिमा उदार अपार॥**
**जय रावनारि कृपाल। किए जातुधान बिहाल॥ ३॥**

हे भूमिका भार हरनेवाले! हे अपार श्रेष्ठ महिमावाले! आपकी जय हो। हे रावणके शत्रु! हे कृपालु! आपकी जय हो। आपने राक्षसोंको बेहाल (तहस-नहस) कर दिया॥ ३॥

**लंकेस अति बल गर्ब। किए बस्य सुर गंधर्ब॥**
**मुनि सिद्ध नर खग नाग। हठि पंथ सब कें लाग॥ ४॥**

लंकापति रावणको अपने बलका बहुत घमंड था। उसने देवता और गन्धर्व सभीको अपने वशमें कर लिया था और वह मुनि, सिद्ध, मनुष्य, पक्षी और नाग आदि सभीके हठपूर्वक (हाथ धोकर) पीछे पड़ गया था॥ ४॥

**परद्रोह रत अति दुष्ट। पायो सो फलु पापिष्ट॥**
**अब सुनहु दीन दयाल। राजीव नयन बिसाल॥ ५॥**

वह दूसरोंसे द्रोह करनेमें तत्पर और अत्यन्त दुष्ट था। उस पापीने वैसा ही फल पाया। अब हे दीनोंपर दया करनेवाले! हे कमलके समान विशाल नेत्रोंवाले! सुनिये॥ ५॥

**मोहि रहा अति अभिमान। नहिं कोउ मोहि समान॥**
**अब देखि प्रभु पद कंज। गत मान प्रद दुख पुंज॥ ६॥**

मुझे अत्यन्त अभिमान था कि मेरे समान कोई नहीं है, पर अब प्रभु (आप)-के चरणकमलोंके दर्शन करनेसे दुःख-समूहका देनेवाला मेरा वह अभिमान जाता रहा॥ ६॥

**कोउ ब्रह्म निर्गुन ध्याव। अब्यक्त जेहि श्रुति गाव॥**
**मोहि भाव कोसल भूप। श्रीराम सगुन सरूप॥ ७॥**

कोई उन निर्गुन ब्रह्मका ध्यान करते हैं जिन्हें वेद अव्यक्त (निराकार) कहते हैं। परन्तु हे रामजी! मुझे तो आपका यह सगुण कोसलराज-स्वरूप ही प्रिय लगता है॥ ७॥

**बैदेहि अनुज समेत। मम हृदयँ करहु निकेत॥**
**मोहि जानिऐ निज दास। दे भक्ति रमानिवास॥ ८॥**

श्रीजानकीजी और छोटे भाई लक्ष्मणजीसहित मेरे हृदयमें अपना घर बनाइये। हे रमानिवास! मुझे अपना दास समझिये और अपनी भक्ति दीजिये॥ ८॥

**छं०—दे भक्ति रमानिवास त्रास हरन सरन सुखदायकं।**
**सुख धाम राम नमामि काम अनेक छबि रघुनायकं॥**
**सुर बृंद रंजन द्वंद भंजन मनुजतनु अतुलितबलं।**
**ब्रह्मादि संकर सेब्य राम नमामि करुना कोमलं॥**

हे रमानिवास! हे शरणागतके भयको हरनेवाले और उसे सब प्रकारका सुख देनेवाले! मुझे अपनी भक्ति दीजिये। हे सुखके धाम! हे अनेकों कामदेवोंकी छबिवाले रघुकुलके स्वामी श्रीरामचन्द्रजी! मैं आपको नमस्कार करता हूँ। हे देवसमूहको आनन्द देनेवाले, [जन्म-मृत्यु, हर्ष-विषाद, सुख-दुःख आदि] द्वन्द्वोंके नाश करनेवाले, मनुष्यशरीरधारी, अतुलनीय बलवाले, ब्रह्मा और शिव आदिसे सेवनीय, करुणासे कोमल श्रीरामजी! मैं आपको नमस्कार करता हूँ।

**दो०—अब करि कृपा बिलोकि मोहि आयसु देहु कृपाल।**
**काह करौं सुनि प्रिय बचन बोले दीनदयाल॥ ११३॥**

हे कृपालु! अब मेरी ओर कृपा करके (कृपादृष्टिसे) देखकर आज्ञा दीजिये कि मैं क्या [सेवा] करूँ! इन्द्रके ये प्रिय वचन सुनकर दीनदयालु श्रीरामजी बोले—॥ ११३॥

**सुनु सुरपति कपि भालु हमारे। परे भूमि निसिचरन्हि जे मारे॥**
**मम हित लागि तजे इन्ह प्राना। सकल जिआउ सुरेस सुजाना॥**

हे देवराज! सुनो, हमारे वानर-भालू, जिन्हें निशाचरोंने मार डाला है, पृथ्वीपर पड़े हैं। इन्होंने मेरे हितके लिये अपने प्राण त्याग दिये। हे सुजान देवराज! इन सबको जिला दो॥ १॥

**सुनु खगेस प्रभु कै यह बानी। अति अगाध जानहिं मुनि ग्यानी॥**
**प्रभु सक त्रिभुअन मारि जिआई। केवल सक्रहि दीन्हि बड़ाई॥**

[काकभुशुण्डिजी कहते हैं—] हे गरुड़! सुनिये, प्रभुके ये वचन अत्यन्त गहन (गूढ़) हैं। ज्ञानी मुनि ही इन्हें जान सकते हैं। प्रभु श्रीरामजी त्रिलोकीको मारकर जिला सकते हैं। यहाँ तो उन्होंने केवल इन्द्रको बड़ाई दी है॥ २॥

**सुधा बरषि कपि भालु जिआए। हरषि उठे सब प्रभु पहिं आए॥**
**सुधाबृष्टि भै दुहु दल ऊपर। जिए भालु कपि नहिं रजनीचर॥**

इन्द्रने अमृत बरसाकर वानर-भालुओंको जिला दिया। सब हर्षित होकर उठे और प्रभुके पास आये। अमृतकी वर्षा दोनों ही दलोंपर हुई। पर रीछ-वानर ही जीवित हुए, राक्षस नहीं॥ ३॥

**रामाकार भए तिन्ह के मन। मुक्त भए छूटे भव बंधन॥**
**सुर अंसिक सब कपि अरु रीछा। जिए सकल रघुपति कीं ईछा॥**

क्योंकि राक्षसोंके मन तो मरते समय रामाकार हो गये थे। अतः वे मुक्त हो गये, उनके भव-बन्धन छूट गये। किन्तु वानर और भालू तो सब देवांश (भगवान्‌की लीलाके परिकर) थे। इसलिये वे सब श्रीरघुनाथजीकी इच्छासे जीवित हो गये॥ ४॥

**राम सरिस को दीन हितकारी। कीन्हे मुकुत निसाचर झारी॥**
**खल मल धाम कामरत रावन। गति पाई जो मुनिबर पाव न॥**

श्रीरामचन्द्रजीके समान दीनोंका हित करनेवाला कौन है? जिन्होंने सारे राक्षसोंको मुक्त कर दिया! दुष्ट, पापोंके घर और कामी रावणने भी वह गति पायी जिसे श्रेष्ठ मुनि भी नहीं पाते॥ ५॥

**दो०—सुमन बरषि सब सुर चले चढ़ि चढ़ि रुचिर बिमान।**
**देखि सुअवसर प्रभु पहिं आयउ संभु सुजान॥ ११४ (क)॥**

फूलोंकी वर्षा करके सब देवता सुन्दर विमानोंपर चढ़-चढ़कर चले। तब सुअवसर जानकर सुजान शिवजी प्रभु श्रीरामचन्द्रजीके पास आये—॥ ११४ (क)॥

**परम प्रीति कर जोरि जुग नलिन नयन भरि बारि।**
**पुलकित तन गदगद गिराँ बिनय करत त्रिपुरारि॥ ११४ (ख)॥**

और परम प्रेमसे दोनों हाथ जोड़कर, कमलके समान नेत्रोंमें जल भरकर, पुलकित शरीर और गद्‌गद वाणीसे त्रिपुरारि शिवजी विनती करने लगे—॥ ११४ (ख)॥

**छं०—मामभिरक्ष रघुकुल नायक। धृत बर चाप रुचिर कर सायक॥**
**मोह महा घन पटल प्रभंजन। संसय बिपिन अनल सुर रंजन॥**

हे रघुकुलके स्वामी! सुन्दर हाथोंमें श्रेष्ठ धनुष और सुन्दर बाण धारण किये हुए आप मेरी रक्षा कीजिये। आप महामोहरूपी मेघसमूहके [उड़ानेके] लिये प्रचण्ड पवन हैं, संशयरूपी वनके [भस्म करनेके] लिये अग्नि हैं और देवताओंको आनन्द देनेवाले हैं॥ १॥

**अगुन सगुन गुन मंदिर सुंदर। भ्रम तम प्रबल प्रताप दिवाकर॥**
**काम क्रोध मद गज पंचानन। बसहु निरंतर जन मन कानन॥**

आप निर्गुण, सगुण, दिव्य गुणोंके धाम और परम सुन्दर हैं। भ्रमरूपी अन्धकारके [नाशके] लिये प्रबल प्रतापी सूर्य हैं। काम, क्रोध और मदरूपी हाथियोंके [वधके] लिये सिंहके समान आप इस सेवकके मनरूपी वनमें निरन्तर निवास कीजिये॥ २॥

**बिषय मनोरथ पुंज कंज बन। प्रबल तुषार उदार पार मन॥**
**भव बारिधि मंदर परमं दर। बारय तारय संसृति दुस्तर॥**

विषयकामनाओंके समूहरूपी कमलवनके [नाशके] लिये आप प्रबल पाला हैं, आप उदार और मनसे परे हैं। भवसागर [को मथने]-के लिये आप मन्दराचल पर्वत हैं। आप हमारे परम भयको दूर कीजिये और हमें दुस्तर संसारसागरसे पार कीजिये॥ ३॥

**स्याम गात राजीव बिलोचन। दीन बंधु प्रनतारति मोचन॥**
**अनुज जानकी सहित निरंतर। बसहु राम नृप मम उर अंतर॥**
**मुनि रंजन महि मंडल मंडन। तुलसिदास प्रभु त्रास बिखंडन॥**

हे श्यामसुन्दर-शरीर! हे कमलनयन! हे दीनबन्धु! हे शरणागतको दुःखसे छुड़ानेवाले! हे राजा रामचन्द्रजी! आप छोटे भाई लक्ष्मण और जानकीजीसहित निरन्तर मेरे हृदयके अंदर निवास कीजिये। आप मुनियोंको आनन्द देनेवाले, पृथ्वीमण्डलके भूषण, तुलसीदासके प्रभु और भयका नाश करनेवाले हैं॥ ४-५॥

**दो०—नाथ जबहिं कोसलपुरीं होइहि तिलक तुम्हार।**
**कृपासिंधु मैं आउब देखन चरित उदार॥ ११५॥**

हे नाथ! जब अयोध्यापुरीमें आपका राजतिलक होगा, तब हे कृपासागर! मैं आपकी उदार लीला देखने आऊँगा॥ ११५॥

**करि बिनती जब संभु सिधाए। तब प्रभु निकट बिभीषनु आए॥**
**नाइ चरन सिरु कह मृदु बानी। बिनय सुनहु प्रभु सारँगपानी॥**

जब शिवजी विनती करके चले गये, तब विभीषणजी प्रभुके पास आये और चरणोंमें सिर नवाकर कोमल वाणीसे बोले—हे शार्ङ्गधनुषके धारण करनेवाले प्रभो! मेरी विनती सुनिये—॥ १॥

**सकुल सदल प्रभु रावन मार्‌यो। पावन जस त्रिभुवन बिस्तार्‌यो॥**
**दीन मलीन हीन मति जाती। मो पर कृपा कीन्हि बहु भाँती॥**

आपने कुल और सेनासहित रावणका वध किया, त्रिभुवनमें अपना पवित्र यश फैलाया और मुझ दीन, पापी, बुद्धिहीन और जातिहीनपर बहुत प्रकारसे कृपा की॥ २॥

**अब जन गृह पुनीत प्रभु कीजे। मज्जनु करिअ समर श्रम छीजे॥**
**देखि कोस मंदिर संपदा। देहु कृपाल कपिन्ह कहुँ मुदा॥**

अब हे प्रभु! इस दासके घरको पवित्र कीजिये और वहाँ चलकर स्नान कीजिये, जिससे युद्धकी थकावट दूर हो जाय। हे कृपालु! खजाना, महल और सम्पत्तिका निरीक्षण कर प्रसन्नतापूर्वक वानरोंको दीजिये॥ ३॥

**सब बिधि नाथ मोहि अपनाइअ। पुनि मोहि सहित अवधपुर जाइअ॥**
**सुनत बचन मृदु दीनदयाला। सजल भए द्वौ नयन बिसाला॥**

हे नाथ! मुझे सब प्रकारसे अपना लीजिये और फिर हे प्रभो! मुझे साथ लेकर अयोध्यापुरीको पधारिये। विभीषणजीके कोमल वचन सुनते ही दीनदयालु प्रभुके दोनों विशाल नेत्रोंमें [प्रेमाश्रुओंका] जल भर आया॥ ४॥

**दो०—तोर कोस गृह मोर सब सत्य बचन सुनु भ्रात।**
**भरत दसा सुमिरत मोहि निमिष कल्प सम जात॥ ११६ (क)॥**

[श्रीरामजीने कहा—] हे भाई! सुनो, तुम्हारा खजाना और घर सब मेरा ही है, यह बात सच है। पर भरतकी दशा याद करके मुझे एक-एक पल कल्पके समान बीत रहा है॥ ११६ (क)॥

**तापस बेष गात कृस जपत निरंतर मोहि।**
**देखौं बेगि सो जतनु करु सखा निहोरउँ तोहि॥ ११६ (ख)॥**

तपस्वीके वेषमें कृश (दुबले) शरीरसे निरन्तर मेरा नाम जप कर रहे हैं। हे सखा! वही उपाय करो जिससे मैं जल्दी-से-जल्दी उन्हें देख सकूँ। मैं तुमसे निहोरा (अनुरोध) करता हूँ॥ ११६ (ख)॥

**बीतें अवधि जाउँ जौं जिअत न पावउँ बीर।**
**सुमिरत अनुज प्रीति प्रभु पुनि पुनि पुलक सरीर॥ ११६ (ग)॥**

यदि अवधि बीत जानेपर जाता हूँ तो भाईको जीता न पाऊँगा। छोटे भाई भरतजीकी प्रीतिका स्मरण करके प्रभुका शरीर बार-बार पुलकित हो रहा है॥ ११६ (ग)॥

**करेहु कल्प भरि राजु तुम्ह मोहि सुमिरेहु मन माहिं।**
**पुनि मम धाम पाइहहु जहाँ संत सब जाहिं॥ ११६ (घ)॥**

[श्रीरामजीने फिर कहा—] हे विभीषण! तुम कल्पभर राज्य करना, मनमें मेरा निरन्तर स्मरण करते रहना। फिर तुम मेरे उस धामको पा जाओगे जहाँ सब संत जाते हैं॥ ११६ (घ)॥

**सुनत बिभीषन बचन राम के। हरषि गहे पद कृपाधाम के॥**
**बानर भालु सकल हरषाने। गहि प्रभु पद गुन बिमल बखाने॥**

श्रीरामचन्द्रजीके वचन सुनते ही विभीषणजीने हर्षित होकर कृपाके धाम श्रीरामजीके चरण पकड़ लिये। सभी वानर-भालू हर्षित हो गये और प्रभुके चरण पकड़कर उनके निर्मल गुणोंका बखान करने लगे॥ १॥

**बहुरि बिभीषन भवन सिधायो। मनि गन बसन बिमान भरायो॥**
**लै पुष्पक प्रभु आगें राखा। हँसि करि कृपासिंधु तब भाषा॥**

फिर विभीषणजी महलको गये और उन्होंने मणियोंके समूहों (रत्नों)-से और वस्त्रोंसे विमानको भर लिया। फिर उस पुष्पकविमानको लाकर प्रभुके सामने रखा। तब कृपासागर श्रीरामजीने हँसकर कहा—॥ २॥

**चढ़ि बिमान सुनु सखा बिभीषन। गगन जाइ बरषहु पट भूषन॥**
**नभ पर जाइ बिभीषन तबही। बरषि दिए मनि अंबर सबही॥**

हे सखा विभीषण! सुनो, विमानपर चढ़कर, आकाशमें जाकर वस्त्रों और गहनोंको बरसा दो। तब (आज्ञा सुनते) ही विभीषणजीने आकाशमें जाकर सब मणियों और वस्त्रोंको बरसा दिया॥ ३॥

**जोइ जोइ मन भावइ सोइ लेहीं। मनि मुख मेलि डारि कपि देहीं॥**
**हँसे रामु श्री अनुज समेता। परम कौतुकी कृपा निकेता॥**

जिसके मनको जो अच्छा लगता है, वह वही ले लेता है। मणियोंको मुँहमें लेकर वानर फिर उन्हें खानेकी चीज न समझकर उगल देते हैं। यह तमाशा देखकर परम विनोदी और कृपाके धाम श्रीरामजी सीताजी और लक्ष्मणजीसहित हँसने लगे॥ ४॥

**दो०—मुनि जेहि ध्यान न पावहिं नेति नेति कह बेद।**
**कृपासिंधु सोइ कपिन्ह सन करत अनेक बिनोद॥ ११७ (क)॥**

जिनको मुनि ध्यानमें भी नहीं पाते, जिन्हें वेद नेति-नेति कहते हैं, वे ही कृपाके समुद्र श्रीरामजी वानरोंके साथ अनेकों प्रकारके विनोद कर रहे हैं॥ ११७ (क)॥

**उमा जोग जप दान तप नाना मख ब्रत नेम।**
**राम कृपा नहिं करहिं तसि जसि निष्केवल प्रेम॥ ११७ (ख)॥**

[शिवजी कहते हैं—] हे उमा! अनेकों प्रकारके योग, जप, दान, तप, यज्ञ, व्रत और नियम करनेपर भी श्रीरामचन्द्रजी वैसी कृपा नहीं करते जैसी अनन्य प्रेम होनेपर करते हैं॥ ११७ (ख)॥

**भालु कपिन्ह पट भूषन पाए। पहिरि पहिरि रघुपति पहिं आए॥**
**नाना जिनस देखि सब कीसा। पुनि पुनि हँसत कोसलाधीसा॥**

भालुओं और वानरोंने कपड़े-गहने पाये और उन्हें पहन-पहनकर वे श्रीरघुनाथजीके पास आये। अनेकों जातियोंके वानरोंको देखकर कोसलपति श्रीरामजी बार-बार हँस रहे हैं॥ १॥

**चितइ सबन्हि पर कीन्ही दाया। बोले मृदुल बचन रघुराया॥**
**तुम्हरें बल मैं रावनु मार्‍यो। तिलक बिभीषन कहँ पुनि सार्‍यो॥**

श्रीरघुनाथजीने कृपादृष्टिसे देखकर सबपर दया की। फिर वे कोमल वचन बोले—हे भाइयो! तुम्हारे ही बलसे मैंने रावणको मारा और फिर विभीषणका राजतिलक किया॥ २॥

**निज निज गृह अब तुम्ह सब जाहू। सुमिरेहु मोहि डरपहु जनि काहू॥**
**सुनत बचन प्रेमाकुल बानर। जोरि पानि बोले सब सादर॥**

अब तुम सब अपने-अपने घर जाओ। मेरा स्मरण करते रहना और किसीसे डरना नहीं। ये वचन सुनते ही सब वानर प्रेममें विह्वल होकर हाथ जोड़कर आदरपूर्वक बोले—॥ ३॥

**प्रभु जोइ कहहु तुम्हहि सब सोहा। हमरें होत बचन सुनि मोहा॥**
**दीन जानि कपि किए सनाथा। तुम्ह त्रैलोक ईस रघुनाथा॥**

प्रभो! आप जो कुछ भी कहें, आपको सब सोहता है। पर आपके वचन सुनकर हमको मोह होता है। हे रघुनाथजी! आप तीनों लोकोंके ईश्वर हैं। हम वानरोंको दीन जानकर ही आपने सनाथ (कृतार्थ) किया है॥ ४॥

**सुनि प्रभु बचन लाज हम मरहीं। मसक कहूँ खगपति हित करहीं॥**
**देखि राम रुख बानर रीछा। प्रेम मगन नहिं गृह कै ईछा॥**

प्रभुके [ऐसे] वचन सुनकर हम लाजके मारे मरे जा रहे हैं। कहीं मच्छर भी गरुड़का हित कर सकते हैं? श्रीरामजीका रुख देखकर रीछ-वानर प्रेममें मग्न हो गये। उनकी घर जानेकी इच्छा नहीं है॥ ५॥

**दो०—प्रभु प्रेरित कपि भालु सब राम रूप उर राखि।**
**हरष बिषाद सहित चले बिनय बिबिध बिधि भाषि॥ ११८ (क)॥**

परन्तु प्रभुकी प्रेरणा (आज्ञा)-से सब वानर-भालू श्रीरामजीके रूपको हृदयमें रखकर और अनेकों प्रकारसे विनती करके हर्ष और विषादसहित घरको चले॥ ११८ (क)॥

**कपिपति नील रीछपति अंगद नल हनुमान।**
**सहित बिभीषन अपर जे जूथप कपि बलवान॥ ११८ (ख)॥**

वानरराज सुग्रीव, नील, ऋक्षराज जाम्बवान्, अंगद, नल और हनुमान् तथा विभीषणसहित और जो बलवान् वानर सेनापति हैं,॥ ११८ (ख)॥

**कहि न सकहिं कछु प्रेम बस भरि भरि लोचन बारि।**
**सन्मुख चितवहिं राम तन नयन निमेष निवारि॥ ११८ (ग)॥**

वे कुछ कह नहीं सकते; प्रेमवश नेत्रोंमें जल भर-भरकर, नेत्रोंका पलक मारना छोड़कर (टकटकी लगाये) सम्मुख होकर श्रीरामजीकी ओर देख रहे हैं॥ ११८ (ग)॥

**अतिसय प्रीति देखि रघुराई। लीन्हे सकल बिमान चढ़ाई॥**
**मन महुँ बिप्र चरन सिरु नायो। उत्तर दिसिहि बिमान चलायो॥**

श्रीरघुनाथजीने उनका अतिशय प्रेम देखकर सबको विमानपर चढ़ा लिया। तदनन्तर मन-ही-मन विप्रचरणोंमें सिर नवाकर उत्तर दिशाकी ओर विमान चलाया॥ १॥

**चलत बिमान कोलाहल होई। जय रघुबीर कहइ सबु कोई॥**
**सिंहासन अति उच्च मनोहर। श्री समेत प्रभु बैठे ता पर॥**

विमानके चलते समय बड़ा शोर हो रहा है। सब कोई श्रीरघुवीरकी जय कह रहे हैं। विमानमें एक अत्यन्त ऊँचा मनोहर सिंहासन है। उसपर सीताजीसहित प्रभु श्रीरामचन्द्रजी विराजमान हो गये॥ २॥

**राजत रामु सहित भामिनी। मेरु सृंग जनु घन दामिनी॥**
**रुचिर बिमानु चलेउ अति आतुर। कीन्ही सुमन बृष्टि हरषे सुर॥**

पत्नीसहित श्रीरामजी ऐसे सुशोभित हो रहे हैं मानो सुमेरुके शिखरपर बिजलीसहित श्याम मेघ हो। सुन्दर विमान बड़ी शीघ्रतासे चला। देवता हर्षित हुए और उन्होंने फूलोंकी वर्षा की॥ ३॥

**परम सुखद चलि त्रिबिध बयारी। सागर सर सरि निर्मल बारी॥**
**सगुन होहिं सुंदर चहुँ पासा। मन प्रसन्न निर्मल नभ आसा॥**

अत्यन्त सुख देनेवाली तीन प्रकारकी (शीतल, मन्द, सुगन्धित) वायु चलने लगी। समुद्र, तालाब और नदियोंका जल निर्मल हो गया। चारों ओर सुन्दर शकुन होने लगे। सबके मन प्रसन्न हैं, आकाश और दिशाएँ निर्मल हैं॥ ४॥

**कह रघुबीर देखु रन सीता। लछिमन इहाँ हत्यो इँद्रजीता॥**
**हनूमान अंगद के मारे। रन महि परे निसाचर भारे॥**

श्रीरघुवीरने कहा—हे सीते! रणभूमि देखो। लक्ष्मणने यहाँ इन्द्रको जीतनेवाले मेघनादको मारा था। हनुमान् और अंगदके मारे हुए ये भारी-भारी निशाचर रणभूमिमें पड़े हैं॥ ५॥

**कुंभकरन रावन द्वौ भाई। इहाँ हते सुर मुनि दुखदाई॥**

देवताओं और मुनियोंको दुःख देनेवाले कुम्भकर्ण और रावण दोनों भाई यहाँ मारे गये॥ ६॥

**दो०—इहाँ सेतु बाँध्यों अरु थापेउँ सिव सुख धाम।**
**सीता सहित कृपानिधि संभुहि कीन्ह प्रनाम॥ ११९ (क)॥**

मैंने यहाँ पुल बाँधा (बँधवाया) और सुखधाम श्रीशिवजीकी स्थापना की। तदनन्तर कृपानिधान श्रीरामजीने सीताजीसहित श्रीरामेश्वर महादेवको प्रणाम किया॥ ११९ (क)॥

**जहँ जहँ कृपासिंधु बन कीन्ह बास बिश्राम।**
**सकल देखाए जानकिहि कहे सबन्हि के नाम॥ ११९ (ख)॥**

वनमें जहाँ-जहाँ करुणासागर श्रीरामचन्द्रजीने निवास और विश्राम किया था, वे सब स्थान प्रभुने जानकीजीको दिखलाये और सबके नाम बतलाये॥ ११९ (ख)॥

**तुरत बिमान तहाँ चलि आवा। दंडक बन जहँ परम सुहावा॥**
**कुंभजादि मुनिनायक नाना। गए रामु सब कें अस्थाना॥**

विमान शीघ्र ही वहाँ चला आया जहाँ परम सुन्दर दण्डकवन था, और अगस्त्य आदि बहुत-से मुनिराज रहते थे। श्रीरामजी इन सबके स्थानोंमें गये॥ १॥

**सकल रिषिन्ह सन पाइ असीसा। चित्रकूट आए जगदीसा॥**
**तहँ करि मुनिन्ह केर संतोषा। चला बिमानु तहाँ ते चोखा॥**

सम्पूर्ण ऋषियोंसे आशीर्वाद पाकर जगदीश्वर श्रीरामजी चित्रकूट आये। वहाँ मुनियोंको सन्तुष्ट किया। [फिर] विमान वहाँसे आगे तेजीके साथ चला॥ २॥

**बहुरि राम जानकिहि देखाई। जमुना कलि मल हरनि सुहाई॥**
**पुनि देखी सुरसरी पुनीता। राम कहा प्रनाम करु सीता॥**

फिर श्रीरामजीने जानकीजीको कलियुगके पापोंका हरण करनेवाली सुहावनी यमुनाजीके दर्शन कराये। फिर पवित्र गंगाजीके दर्शन किये। श्रीरामजीने कहा—हे सीते! इन्हें प्रणाम करो॥ ३॥

**तीरथपति पुनि देखु प्रयागा। निरखत जन्म कोटि अघ भागा॥**
**देखु परम पावनि पुनि बेनी। हरनि सोक हरि लोक निसेनी॥**
**पुनि देखु अवधपुरी अति पावनि। त्रिबिध ताप भव रोग नसावनि॥**

फिर तीर्थराज प्रयागको देखो, जिसके दर्शनसे ही करोड़ों जन्मोंके पाप भाग जाते हैं। फिर परम पवित्र त्रिवेणीजीके दर्शन करो, जो शोकोंको हरनेवाली और श्रीहरिके परम धाम [पहुँचने]-के लिये सीढ़ीके समान है। फिर अत्यन्त पवित्र अयोध्यापुरीके दर्शन करो, जो तीनों प्रकारके तापों और भव (आवागमनरूपी) रोगका नाश करनेवाली है॥ ४-५॥

**दो०—सीता सहित अवध कहुँ कीन्ह कृपाल प्रनाम।**
**सजल नयन तन पुलकित पुनि पुनि हरषित राम॥ १२० (क)॥**

यों कहकर कृपालु श्रीरामजीने सीताजीसहित अवधपुरीको प्रणाम किया। सजलनेत्र और पुलकितशरीर होकर श्रीरामजी बार-बार हर्षित हो रहे हैं॥ १२० (क)॥

**पुनि प्रभु आइ त्रिबेनीं हरषित मज्जनु कीन्ह।**
**कपिन्ह सहित बिप्रन्ह कहुँ दान बिबिध बिधि दीन्ह॥ १२० (ख)॥**

फिर त्रिवेणीमें आकर प्रभुने हर्षित होकर स्नान किया और वानरोंसहित ब्राह्मणोंको अनेकों प्रकारके दान दिये॥ १२० (ख)॥

**प्रभु हनुमंतहि कहा बुझाई। धरि बटु रूप अवधपुर जाई॥**
**भरतहि कुसल हमारि सुनाएहु। समाचार लै तुम्ह चलि आएहु॥**

तदनन्तर प्रभुने हनुमान्‌जीको समझाकर कहा—तुम ब्रह्मचारीका रूप धरकर अवधपुरीको जाओ। भरतको हमारी कुशल सुनाना और उनका समाचार लेकर चले आना॥ १॥

**तुरत पवनसुत गवनत भयऊ। तब प्रभु भरद्वाज पहिं गयऊ॥**
**नाना बिधि मुनि पूजा कीन्ही। अस्तुति करि पुनि आसिष दीन्ही॥**

पवनपुत्र हनुमान्‌जी तुरंत ही चल दिये। तब प्रभु भरद्वाजजीके पास गये। मुनिने [इष्टबुद्धिसे] उनकी अनेकों प्रकारसे पूजा की और स्तुति की और फिर [लीलाकी दृष्टिसे] आशीर्वाद दिया॥ २॥

**मुनि पद बंदि जुगल कर जोरी। चढ़ि बिमान प्रभु चले बहोरी॥**
**इहाँ निषाद सुना प्रभु आए। नाव नाव कहँ लोग बोलाए॥**

दोनों हाथ जोड़कर तथा मुनिके चरणोंकी वन्दना करके प्रभु विमानपर चढ़कर फिर (आगे) चले। यहाँ जब निषादराजने सुना कि प्रभु आ गये, तब उसने 'नाव कहाँ है? नाव कहाँ है?' पुकारते हुए लोगोंको बुलाया॥ ३॥

**सुरसरि नाघि जान तब आयो। उतरेउ तट प्रभु आयसु पायो॥**
**तब सीताँ पूजी सुरसरी। बहु प्रकार पुनि चरनन्हि परी॥**

इतनेमें ही विमान गंगाजीको लाँघकर [इस पार] आ गया और प्रभुकी आज्ञा पाकर वह किनारेपर उतरा। तब सीताजी बहुत प्रकारसे गंगाजीकी पूजा करके फिर उनके चरणोंपर गिरीं॥ ४॥

**दीन्हि असीस हरषि मन गंगा। सुंदरि तव अहिवात अभंगा॥**
**सुनत गुहा धायउ प्रेमाकुल। आयउ निकट परम सुख संकुल॥**

गंगाजीने मनमें हर्षित होकर आशीर्वाद दिया—हे सुन्दरी! तुम्हारा सुहाग अखण्ड हो। भगवान्‌के तटपर उतरनेकी बात सुनते ही निषादराज गुह प्रेममें विह्वल होकर दौड़ा। परम सुखसे परिपूर्ण होकर वह प्रभुके समीप आया,॥ ५॥

**प्रभुहि सहित बिलोकि बैदेही। परेउ अवनि तन सुधि नहिं तेही॥**
**प्रीति परम बिलोकि रघुराई। हरषि उठाइ लियो उर लाई॥**

और श्रीजानकीजीसहित प्रभुको देखकर वह [आनन्द-समाधिमें मग्न होकर] पृथ्वीपर गिर पड़ा, उसे शरीरकी सुधि न रही। श्रीरघुनाथजीने उसका परम प्रेम देखकर उसे उठाकर हर्षके साथ हृदयसे लगा लिया॥ ६॥

**छं०—लियो हृदयँ लाइ कृपा निधान सुजान रायँ रमापती।**
**बैठारि परम समीप बूझी कुसल सो कर बीनती॥**
**अब कुसल पद पंकज बिलोकि बिरंचि संकर सेब्य जे।**
**सुख धाम पूरनकाम राम नमामि राम नमामि ते॥**

सुजानोंके राजा (शिरोमणि), लक्ष्मीकान्त, कृपानिधान भगवान्ने उसको हृदयसे लगा लिया और अत्यन्त निकट बैठाकर कुशल पूछी। वह विनती करने लगा—आपके जो चरणकमल ब्रह्माजी और शंकरजीसे सेवित हैं, उनके दर्शन करके मैं अब सकुशल हूँ। हे सुखधाम! हे पूर्णकाम श्रीरामजी! मैं आपको नमस्कार करता हूँ, नमस्कार करता हूँ॥ १॥

**सब भाँति अधम निषाद सो हरि भरत ज्यों उर लाइयो।**
**मतिमंद तुलसीदास सो प्रभु मोह बस बिसराइयो॥**
**यह रावनारि चरित्र पावन राम पद रतिप्रद सदा।**
**कामादिहर बिग्यानकर सुर सिद्ध मुनि गावहिं मुदा॥**

सब प्रकारसे नीच उस निषादको भगवान्ने भरतजीकी भाँति हृदयसे लगा लिया। तुलसीदासजी कहते हैं—इस मन्दबुद्धिने (मैंने) मोहवश उस प्रभुको भुला दिया। रावणके शत्रुका यह पवित्र करनेवाला चरित्र सदा ही श्रीरामजीके चरणोंमें प्रीति उत्पन्न करनेवाला है। यह कामादि विकारोंका हरनेवाला और [भगवान्के स्वरूपका] विशेष ज्ञान उत्पन्न करनेवाला है। देवता, सिद्ध और मुनि आनन्दित होकर इसे गाते हैं॥ २॥

**दो०—समर बिजय रघुबीर के चरित जे सुनहिं सुजान।**
**बिजय बिबेक बिभूति नित तिन्हहि देहिं भगवान॥ १२१ (क)॥**

जो सुजान लोग श्रीरघुवीरकी समरविजयसम्बन्धी लीलाको सुनते हैं, उनको भगवान् नित्य विजय, विवेक और विभूति (ऐश्वर्य) देते हैं॥ १२१ (क)॥

**यह कलिकाल मलायतन मन करि देखु बिचार।**
**श्रीरघुनाथ नाम तजि नाहिन आन अधार॥ १२१ (ख)॥**

अरे मन! विचार करके देख! यह कलिकाल पापोंका घर है। इसमें श्रीरघुनाथजीके नामको छोड़कर [पापोंसे बचनेके लिये] दूसरा कोई आधार नहीं है॥ १२१ (ख)॥

## मासपारायण, सत्ताईसवाँ विश्राम

***इति श्रीमद्रामचरितमानसे सकलकलिकलुषविध्वंसने षष्ठः सोपानः समाप्तः।***

कलियुगके समस्त पापोंका नाश करनेवाले श्रीरामचरितमानसका
यह छठा सोपान समाप्त हुआ।

## (लंकाकाण्ड समाप्त)

॥ श्रीगणेशाय नमः ॥

॥ श्रीजानकीवल्लभो विजयते ॥

# श्रीरामचरितमानस

## सप्तम सोपान

## उत्तरकाण्ड

श्लोक

**केकीकण्ठाभनीलं सुरवरविलसद्विप्रपादाब्जचिह्नं**
**शोभाढ्यं पीतवस्त्रं सरसिजनयनं सर्वदा सुप्रसन्नम्।**
**पाणौ नाराचचापं कपिनिकरयुतं बन्धुना सेव्यमानं**
**नौमीड्यं जानकीशं रघुवरमनिशं पुष्पकारूढरामम्॥ १॥**

मोरके कण्ठकी आभाके समान (हरिताभ) नीलवर्ण, देवताओंमें श्रेष्ठ, ब्राह्मण (भृगुजी)- के चरणकमलके चिह्नसे सुशोभित, शोभासे पूर्ण, पीताम्बरधारी, कमलनेत्र, सदा परम प्रसन्न, हाथोंमें बाण और धनुष धारण किये हुए, वानरसमूहसे युक्त, भाई लक्ष्मणजीसे सेवित, स्तुति किये जाने योग्य, श्रीजानकीजीके पति, रघुकुलश्रेष्ठ, पुष्पकविमानपर सवार श्रीरामचन्द्रजीको मैं निरन्तर नमस्कार करता हूँ॥ १॥

**कोसलेन्द्रपदकञ्जमञ्जुलौ कोमलावजमहेशवन्दितौ।**
**जानकीकरसरोजलालितौ चिन्तकस्य मनभृङ्गसङ्गिनौ॥ २॥**

कोसलपुरीके स्वामी श्रीरामचन्द्रजीके सुन्दर और कोमल दोनों चरणकमल ब्रह्माजी और शिवजीके द्वारा वन्दित हैं, श्रीजानकीजीके करकमलोंसे दुलराये हुए हैं और चिन्तन करनेवालेके मनरूपी भौंरेके नित्य संगी हैं अर्थात् चिन्तन करनेवालोंका मनरूपी भ्रमर सदा उन चरणकमलोंमें बसा रहता है॥ २॥

**कुन्दइन्दुदरगौरसुन्दरं अम्बिकापतिमभीष्टसिद्धिदम्।**
**कारुणीककलकञ्जलोचनं नौमि शङ्करमनङ्गमोचनम्॥ ३॥**

कुन्दके फूल, चन्द्रमा और शंखके समान सुन्दर गौरवर्ण, जगज्जननी श्रीपार्वतीजीके पति, वांछित फलके देनेवाले, [दुःखियोंपर सदा] दया करनेवाले, सुन्दर कमलके समान नेत्रवाले, कामदेवसे छुड़ानेवाले, [कल्याणकारी] श्रीशंकरजीको मैं नमस्कार करता हूँ॥ ३॥

**दो०—रहा एक दिन अवधि कर अति आरत पुर लोग।**
**जहँ तहँ सोचहिं नारि नर कृस तन राम बियोग॥**

[श्रीरामजीके लौटनेकी] अवधिका एक ही दिन बाकी रह गया, अतएव नगरके लोग बहुत आतुर (अधीर) हो रहे हैं। रामके वियोगमें दुबले हुए स्त्री-पुरुष जहाँ-तहाँ सोच (विचार) कर रहे हैं [कि क्या बात है, श्रीरामजी क्यों नहीं आये]।

**सगुन होहिं सुंदर सकल मन प्रसन्न सब केर।**
**प्रभु आगवन जनाव जनु नगर रम्य चहुँ फेर॥**

इतनेमें ही सब सुन्दर शकुन होने लगे और सबके मन प्रसन्न हो गये। नगर भी चारों ओरसे रमणीक हो गया। मानो ये सब-के-सब चिह्न प्रभुके [शुभ] आगमनको जना रहे हैं।

**कौसल्यादि मातु सब मन अनंद अस होइ।**
**आयउ प्रभु श्री अनुजजुत कहन चहत अब कोइ॥**

कौसल्या आदि सब माताओंके मनमें ऐसा आनन्द हो रहा है जैसे अभी कोई कहना ही चाहता है कि सीताजी और लक्ष्मणजीसहित प्रभु श्रीरामचन्द्रजी आ गये।

**भरत नयन भुज दच्छिन फरकत बारहिं बार।**
**जानि सगुन मन हरष अति लागे करन बिचार॥**

भरतजीकी दाहिनी आँख और दाहिनी भुजा बार-बार फड़क रही है। इसे शुभ शकुन जानकर उनके मनमें अत्यन्त हर्ष हुआ और वे विचार करने लगे—

**रहेउ एक दिन अवधि अधारा। समुझत मन दुख भयउ अपारा॥**
**कारन कवन नाथ नहिं आयउ। जानि कुटिल किधौं मोहि बिसरायउ॥**

प्राणोंकी आधाररूप अवधिका एक ही दिन शेष रह गया। यह सोचते ही भरतजीके मनमें अपार दुःख हुआ। क्या कारण हुआ कि नाथ नहीं आये? प्रभुने कुटिल जानकर मुझे कहीं भुला तो नहीं दिया?॥ १॥

**अहह धन्य लछिमन बड़भागी। राम पदारबिंदु अनुरागी॥**
**कपटी कुटिल मोहि प्रभु चीन्हा। ताते नाथ संग नहिं लीन्हा॥**

अहा हा! लक्ष्मण बड़े धन्य एवं बड़भागी हैं, जो श्रीरामचन्द्रजीके चरणारविन्दके प्रेमी हैं (अर्थात् उनसे अलग नहीं हुए)। मुझे तो प्रभुने कपटी और कुटिल पहचान लिया, इसीसे नाथने मुझे साथ नहीं लिया!॥ २॥

**जौं करनी समुझै प्रभु मोरी। नहिं निस्तार कलप सत कोरी॥**
**जन अवगुन प्रभु मान न काऊ। दीन बंधु अति मृदुल सुभाऊ॥**

[बात भी ठीक ही है, क्योंकि] यदि प्रभु मेरी करनीपर ध्यान दें, तो सौ करोड़ (असंख्य) कल्पोंतक भी मेरा निस्तार (छुटकारा) नहीं हो सकता। [परन्तु आशा इतनी ही है कि] प्रभु सेवकका अवगुण कभी नहीं मानते। वे दीनबन्धु हैं और अत्यन्त ही कोमल स्वभावके हैं॥ ३॥

**मोरे जियँ भरोस दृढ़ सोई। मिलिहहिं राम सगुन सुभ होई॥**
**बीतें अवधि रहहिं जौं प्राना। अधम कवन जग मोहि समाना॥**

अतएव मेरे हृदयमें ऐसा पक्का भरोसा है कि श्रीरामजी अवश्य मिलेंगे, [क्योंकि] मुझे शकुन बड़े शुभ हो रहे हैं। किन्तु अवधि बीत जानेपर यदि मेरे प्राण रह गये तो जगत्‌में मेरे समान नीच कौन होगा?॥ ४॥

**दो०—राम बिरह सागर महँ भरत मगन मन होत।**
**बिप्र रूप धरि पवनसुत आइ गयउ जनु पोत॥ १ (क)॥**

श्रीरामजीके विरह-समुद्रमें भरतजीका मन डूब रहा था, उसी समय पवनपुत्र हनुमान्‌जी ब्राह्मणका

रूप धरकर इस प्रकार आ गये, मानो [उन्हें डूबनेसे बचानेके लिये] नाव आ गयी हो॥ १ (क)॥

**बैठे देखि कुसासन जटा मुकुट कृस गात।**
**राम राम रघुपति जपत स्रवत नयन जलजात॥ १ (ख)॥**

हनुमान्‌जीने दुर्बलशरीर भरतजीको जटाओंका मुकुट बनाये, राम! राम! रघुपति! जपते और कमलके समान नेत्रोंसे [प्रेमाश्रुओंका] जल बहाते कुशके आसनपर बैठे देखा॥ १ (ख)॥

**देखत हनूमान अति हरषेउ। पुलक गात लोचन जल बरषेउ॥**
**मन महँ बहुत भाँति सुख मानी। बोलेउ श्रवन सुधा सम बानी॥**

उन्हें देखते ही हनुमान्‌जी अत्यन्त हर्षित हुए। उनका शरीर पुलकित हो गया, नेत्रोंसे [प्रेमाश्रुओंका] जल बरसने लगा। मनमें बहुत प्रकारसे सुख मानकर वे कानोंके लिये अमृतके समान वाणी बोले—॥ १॥

**जासु बिरहँ सोचहु दिन राती। रटहु निरंतर गुन गन पाँती॥**
**रघुकुल तिलक सुजन सुखदाता। आयउ कुसल देव मुनि त्राता॥**

जिनके विरहमें आप दिन-रात सोच करते (घुलते) रहते हैं और जिनके गुण-समूहोंकी पंक्तियोंको आप निरन्तर रटते रहते हैं, वे ही रघुकुलके तिलक, सज्जनोंको सुख देनेवाले और देवताओं तथा मुनियोंके रक्षक श्रीरामजी सकुशल आ गये॥ २॥

**रिपु रन जीति सुजस सुर गावत। सीता सहित अनुज प्रभु आवत॥**
**सुनत बचन बिसरे सब दूखा। तृषावंत जिमि पाइ पियूषा॥**

शत्रुको रणमें जीतकर सीताजी और लक्ष्मणजीसहित प्रभु आ रहे हैं; देवता उनका सुन्दर यश गा रहे हैं। ये वचन सुनते ही [भरतजीको] सारे दुःख भूल गये। जैसे प्यासा आदमी अमृत पाकर प्यासके दुःखको भूल जाय॥ ३॥

**को तुम्ह तात कहाँ ते आए। मोहि परम प्रिय बचन सुनाए॥**
**मारुत सुत मैं कपि हनुमाना। नामु मोर सुनु कृपानिधाना॥**

[भरतजीने पूछा—] हे तात! तुम कौन हो? और कहाँसे आये हो? [जो] तुमने मुझको [ये] परम प्रिय (अत्यन्त आनन्द देनेवाले) वचन सुनाये। [हनुमान्‌जीने कहा—] हे कृपानिधान! सुनिये, मैं पवनका पुत्र और जातिका वानर हूँ; मेरा नाम हनुमान् है॥ ४॥

**दीनबंधु रघुपति कर किंकर। सुनत भरत भेंटेउ उठि सादर॥**
**मिलत प्रेम नहिं हृदयँ समाता। नयन स्रवत जल पुलकित गाता॥**

मैं दीनोंके बन्धु श्रीरघुनाथजीका दास हूँ। यह सुनते ही भरतजी उठकर आदरपूर्वक हनुमान्‌जीसे गले लगकर मिले। मिलते समय प्रेम हृदयमें नहीं समाता। नेत्रोंसे [आनन्द और प्रेमके आँसुओंका] जल बहने लगा और शरीर पुलकित हो गया॥ ५॥

**कपि तव दरस सकल दुख बीते। मिले आजु मोहि राम पिरीते॥**
**बार बार बूझी कुसलाता। तो कहुँ देउँ काह सुनु भ्राता॥**

[भरतजीने कहा—] हे हनुमान्! तुम्हारे दर्शनसे मेरे समस्त दुःख समाप्त हो गये (दुःखोंका अन्त हो गया)। [तुम्हारे रूपमें] आज मुझे प्यारे रामजी ही मिल गये। भरतजीने बार-बार कुशल पूछी [और कहा—] हे भाई! सुनो, [इस शुभ संवादके बदलेमें] तुम्हें क्या दूँ?॥ ६॥

**एहि संदेस सरिस जग माहीं। करि बिचार देखेउँ कछु नाहीं॥**
**नाहिन तात उरिन मैं तोही। अब प्रभु चरित सुनावहु मोही॥**

इस सन्देशके समान (इसके बदलेमें देने लायक पदार्थ) जगत्‌में कुछ भी नहीं है, मैंने यह विचार कर देख लिया है। [इसलिये] हे तात! मैं तुमसे किसी प्रकार भी उऋण नहीं हो सकता। अब मुझे प्रभुका चरित्र (हाल) सुनाओ॥ ७॥

**तब हनुमंत नाइ पद माथा। कहे सकल रघुपति गुन गाथा॥**
**कहु कपि कबहुँ कृपाल गोसाईं। सुमिरहिं मोहि दास की नाईं॥**

तब हनुमान्‌जीने भरतजीके चरणोंमें मस्तक नवाकर श्रीरघुनाथजीकी सारी गुणगाथा कही। [भरतजीने पूछा—] हे हनुमान्! कहो, कृपालु स्वामी श्रीरामचन्द्रजी कभी मुझे अपने दासकी तरह याद भी करते हैं?॥ ८॥

**छं०—निज दास ज्यों रघुबंसभूषन कबहुँ मम सुमिरन कर्‌यो।**
**सुनि भरत बचन बिनीत अति कपि पुलकि तन चरनन्हि पर्‌यो॥**
**रघुबीर निज मुख जासु गुन गन कहत अग जग नाथ जो।**
**काहे न होइ बिनीत परम पुनीत सदगुन सिंधु सो॥**

रघुवंशके भूषण श्रीरामजी क्या कभी अपने दासकी भाँति मेरा स्मरण करते रहे हैं? भरतजीके अत्यन्त नम्र वचन सुनकर हनुमान्‌जी पुलकित शरीर होकर उनके चरणोंपर गिर पड़े [और मनमें विचारने लगे कि] जो चराचरके स्वामी हैं वे श्रीरघुवीर अपने श्रीमुखसे जिनके गुणसमूहोंका वर्णन करते हैं, वे भरतजी ऐसे विनम्र, परम पवित्र और सद्‌गुणोंके समुद्र क्यों न हों?

**दो०—राम प्रान प्रिय नाथ तुम्ह सत्य बचन मम तात।**
**पुनि पुनि मिलत भरत सुनि हरष न हृदयँ समात॥ २ (क)॥**

[हनुमान्‌जीने कहा—] हे नाथ! आप श्रीरामजीको प्राणोंके समान प्रिय हैं, हे तात! मेरा वचन सत्य है। यह सुनकर भरतजी बार-बार मिलते हैं, हृदयमें हर्ष समाता नहीं है॥ २ (क)॥

**सो०—भरत चरन सिरु नाइ तुरित गयउ कपि राम पहिं।**
**कही कुसल सब जाइ हरषि चलेउ प्रभु जान चढ़ि॥ २ (ख)॥**

फिर भरतजीके चरणोंमें सिर नवाकर हनुमान्‌जी तुरंत ही श्रीरामजीके पास [लौट] गये और जाकर उन्होंने सब कुशल कही। तब प्रभु हर्षित होकर विमानपर चढ़कर चले॥ २ (ख)॥

**हरषि भरत कोसलपुर आए। समाचार सब गुरहि सुनाए॥**
**पुनि मंदिर महँ बात जनाई। आवत नगर कुसल रघुराई॥**

इधर भरतजी भी हर्षित होकर अयोध्यापुरीमें आये और उन्होंने गुरुजीको सब समाचार सुनाया। फिर राजमहलमें खबर जनायी कि श्रीरघुनाथजी कुशलपूर्वक नगरको आ रहे हैं॥ १॥

**सुनत सकल जननीं उठि धाईं। कहि प्रभु कुसल भरत समुझाईं॥**
**समाचार पुरबासिन्ह पाए। नर अरु नारि हरषि सब धाए॥**

खबर सुनते ही सब माताएँ उठ दौड़ीं। भरतजीने प्रभुकी कुशल कहकर सबको समझाया। नगरनिवासियोंने यह समाचार पाया, तो स्त्री-पुरुष सभी हर्षित होकर दौड़े॥ २॥

**दधि दुर्बा रोचन फल फूला। नव तुलसी दल मंगल मूला॥**
**भरि भरि हेम थार भामिनी। गावत चलिं सिंधुरगामिनी॥**

[श्रीरामजीके स्वागतके लिये] दही, दूब, गोरोचन, फल, फूल और मंगलके मूल नवीन तुलसीदल आदि वस्तुएँ सोनेके थालोंमें भर-भरकर हथिनीकी-सी चालवाली सौभाग्यवती स्त्रियाँ [उन्हें लेकर] गाती हुई चलीं॥ ३॥

**जे जैसेहिं तैसेहिं उठि धावहिं। बाल बृद्ध कहँ संग न लावहिं॥**
**एक एकन्ह कहँ बूझहिं भाई। तुम्ह देखे दयाल रघुराई॥**

जो जैसे हैं (जहाँ जिस दशामें हैं) वे वैसे ही (वहींसे उसी दशामें) उठ दौड़ते हैं। [देर हो जानेके डरसे] बालकों और बूढ़ोंको कोई साथ नहीं लाते। एक-दूसरेसे पूछते हैं—भाई! तुमने दयालु श्रीरघुनाथजीको देखा है?॥ ४॥

**अवधपुरी प्रभु आवत जानी। भई सकल सोभा कै खानी॥**
**बहइ सुहावन त्रिबिध समीरा। भइ सरजू अति निर्मल नीरा॥**

प्रभुको आते जानकर अवधपुरी सम्पूर्ण शोभाओंकी खान हो गयी। तीनों प्रकारकी सुन्दर वायु बहने लगी। सरयूजी अति निर्मल जलवाली हो गयीं (अर्थात् सरयूजीका जल अत्यन्त निर्मल हो गया)॥ ५॥

**दो०—हरषित गुर परिजन अनुज भूसुर बृंद समेत।**
**चले भरत मन प्रेम अति सन्मुख कृपानिकेत॥ ३ (क)॥**

गुरु वसिष्ठजी, कुटुम्बी, छोटे भाई शत्रुघ्न तथा ब्राह्मणोंके समूहके साथ हर्षित होकर भरतजी अत्यन्त प्रेमपूर्ण मनसे कृपाधाम श्रीरामजीके सामने (अर्थात् उनकी अगवानीके लिये) चले॥ ३ (क)॥

**बहुतक चढ़ीं अटारिन्ह निरखहिं गगन बिमान।**
**देखि मधुर सुर हरषित करहिं सुमंगल गान॥ ३ (ख)॥**

बहुत-सी स्त्रियाँ अटारियोंपर चढ़ीं आकाशमें विमान देख रही हैं और उसे देखकर हर्षित होकर मीठे स्वरसे सुन्दर मंगलगीत गा रही हैं॥ ३ (ख)॥

**राका ससि रघुपति पुर सिंधु देखि हरषान।**
**बढ़्यो कोलाहल करत जनु नारि तरंग समान॥ ३ (ग)॥**

श्रीरघुनाथजी पूर्णिमाके चन्द्रमा हैं, तथा अवधपुर समुद्र है, जो उस पूर्णचन्द्रको देखकर हर्षित हो रहा है और शोर करता हुआ बढ़ रहा है [इधर-उधर दौड़ती हुई] स्त्रियाँ उसकी तरंगोंके समान लगती हैं॥ ३ (ग)॥

**इहाँ भानुकुल कमल दिवाकर। कपिन्ह देखावत नगर मनोहर॥**
**सुनु कपीस अंगद लंकेसा। पावन पुरी रुचिर यह देसा॥**

यहाँ (विमानपरसे) सूर्यकुलरूपी कमलके प्रफुल्लित करनेवाले सूर्य श्रीरामजी वानरोंको मनोहर नगर दिखला रहे हैं। [वे कहते हैं—] हे सुग्रीव! हे अंगद! हे लंकापति विभीषण! सुनो। यह पुरी पवित्र है और यह देश सुन्दर है॥ १॥

**जद्यपि सब बैकुंठ बखाना। बेद पुरान बिदित जगु जाना॥**
**अवधपुरी सम प्रिय नहिं सोऊ। यह प्रसंग जानइ कोउ कोऊ॥**

यद्यपि सबने वैकुण्ठकी बड़ाई की है—यह वेद-पुराणोंमें प्रसिद्ध है और जगत् जानता है, परन्तु अवधपुरीके समान मुझे वह भी प्रिय नहीं है। यह बात (भेद) कोई-कोई (विरले ही) जानते हैं॥ २॥

**जन्मभूमि मम पुरी सुहावनि। उत्तर दिसि बह सरजू पावनि॥**
**जा मज्जन ते बिनहिं प्रयासा। मम समीप नर पावहिं बासा॥**

यह सुहावनी पुरी मेरी जन्मभूमि है। इसके उत्तर दिशामें [जीवोंको] पवित्र करनेवाली सरयू नदी बहती है, जिसमें स्नान करनेसे मनुष्य बिना ही परिश्रम मेरे समीप निवास (सामीप्य मुक्ति) पा जाते हैं॥ ३॥

**अति प्रिय मोहि इहाँ के बासी। मम धामदा पुरी सुख रासी॥**
**हरषे सब कपि सुनि प्रभु बानी। धन्य अवध जो राम बखानी॥**

यहाँके निवासी मुझे बहुत ही प्रिय हैं। यह पुरी सुखकी राशि और मेरे परमधामको देनेवाली है। प्रभुकी वाणी सुनकर सब वानर हर्षित हुए [और कहने लगे कि] जिस अवधकी स्वयं श्रीरामजीने बड़ाई की, वह [अवश्य ही] धन्य है॥ ४॥

**दो०—आवत देखि लोग सब कृपासिंधु भगवान।**
**नगर निकट प्रभु प्रेरेउ उतरेउ भूमि बिमान॥ ४ (क)॥**

कृपासागर भगवान् श्रीरामचन्द्रजीने सब लोगोंको आते देखा, तो प्रभुने विमानको नगरके समीप उतरनेकी प्रेरणा की। तब वह पृथ्वीपर उतरा॥ ४ (क)॥

**उतरि कहेउ प्रभु पुष्पकहि तुम्ह कुबेर पहिं जाहु।**
**प्रेरित राम चलेउ सो हरषु बिरहु अति ताहु॥ ४ (ख)॥**

विमानसे उतरकर प्रभुने पुष्पकविमानसे कहा कि तुम अब कुबेरके पास जाओ। श्रीरामजीकी प्रेरणासे वह चला; उसे [अपने स्वामीके पास जानेका] हर्ष है और प्रभु श्रीरामचन्द्रजीसे अलग होनेका अत्यन्त दुःख भी॥ ४ (ख)॥

**आए भरत संग सब लोगा। कृस तन श्रीरघुबीर बियोगा॥**
**बामदेव बसिष्ट मुनिनायक। देखे प्रभु महि धरि धनु सायक॥**

भरतजीके साथ सब लोग आये। श्रीरघुवीरके वियोगसे सबके शरीर दुबले हो रहे हैं। प्रभुने वामदेव, वसिष्ठ आदि मुनिश्रेष्ठोंको देखा, तो उन्होंने धनुष-बाण पृथ्वीपर रखकर—॥ १॥

**धाइ धरे गुर चरन सरोरुह। अनुज सहित अति पुलक तनोरुह॥**
**भेंटि कुसल बूझी मुनिराया। हमरें कुसल तुम्हारिहिं दाया॥**

छोटे भाई लक्ष्मणजीसहित दौड़कर गुरुजीके चरणकमल पकड़ लिये; उनके रोम-रोम अत्यन्त पुलकित हो रहे हैं। मुनिराज वसिष्ठजीने [उठाकर] उन्हें गले लगाकर कुशल पूछी। [प्रभुने कहा—] आपहीकी दयामें हमारी कुशल है॥ २॥

**सकल द्विजन्ह मिलि नायउ माथा। धर्म धुरंधर रघुकुलनाथा॥**
**गहे भरत पुनि प्रभु पद पंकज। नमत जिन्हहि सुर मुनि संकर अज॥**

धर्मकी धुरी धारण करनेवाले रघुकुलके स्वामी श्रीरामजीने सब ब्राह्मणोंसे मिलकर उन्हें मस्तक नवाया। फिर भरतजीने प्रभुके वे चरणकमल पकड़े जिन्हें देवता, मुनि, शंकरजी और ब्रह्माजी [भी] नमस्कार करते हैं॥ ३॥

**परे भूमि नहिं उठत उठाए। बर करि कृपासिंधु उर लाए॥**
**स्यामल गात रोम भए ठाढ़े। नव राजीव नयन जल बाढ़े॥**

भरतजी पृथ्वीपर पड़े हैं, उठाये उठते नहीं। तब कृपासिंधु श्रीरामजीने उन्हें जबर्दस्ती उठाकर हृदयसे लगा लिया। [उनके] साँवले शरीरपर रोएँ खड़े हो गये। नवीन कमलके समान नेत्रोंमें [प्रेमाश्रुओंके] जलकी बाढ़ आ गयी॥ ४॥

**छं०—राजीव लोचन स्त्रवत जल तन ललित पुलकावलि बनी।**
**अति प्रेम हृदयँ लगाइ अनुजहि मिले प्रभु त्रिभुअन धनी॥**
**प्रभु मिलत अनुजहि सोह मो पहिं जाति नहिं उपमा कही।**
**जनु प्रेम अरु सिंगार तनु धरि मिले बर सुषमा लही॥**

कमलके समान नेत्रोंसे जल बह रहा है। सुन्दर शरीरमें पुलकावली [अत्यन्त] शोभा दे रही है। त्रिलोकीके स्वामी प्रभु श्रीरामजी छोटे भाई भरतजीको अत्यन्त प्रेमसे हृदयसे लगाकर मिले। भाईसे मिलते समय प्रभु जैसे शोभित हो रहे हैं उसकी उपमा मुझसे कही नहीं जाती। मानो प्रेम और शृंगार शरीर धारण करके मिले और श्रेष्ठ शोभाको प्राप्त हुए॥ १॥

**बूझत कृपानिधि कुसल भरतहि बचन बेगि न आवई।**
**सुनु सिवा सो सुख बचन मन ते भिन्न जान जो पावई॥**
**अब कुसल कौसलनाथ आरत जानि जन दरसन दियो।**
**बूड़त बिरह बारीस कृपानिधान मोहि कर गहि लियो॥**

कृपानिधान श्रीरामजी भरतजीसे कुशल पूछते हैं; परन्तु आनन्दवश भरतजीके मुखसे वचन शीघ्र नहीं निकलते। [शिवजीने कहा—] हे पार्वती! सुनो, वह सुख (जो उस समय भरतजीको मिल रहा था) वचन और मनसे परे है; उसे वही जानता है जो उसे पाता है। [भरतजीने कहा—] हे कोसलनाथ! आपने आर्त्त (दुःखी) जानकर दासको दर्शन दिये, इससे अब कुशल है। विरहसमुद्रमें डूबते हुए मुझको कृपानिधानने हाथ पकड़कर बचा लिया!॥ २॥

**दो०—पुनि प्रभु हरषि सत्रुहन भेंटे हृदयँ लगाइ।**
**लछिमन भरत मिले तब परम प्रेम दोउ भाइ॥ ५॥**

फिर प्रभु हर्षित होकर शत्रुघ्नजीको हृदयसे लगाकर उनसे मिले। तब लक्ष्मणजी और भरतजी दोनों भाई परम प्रेमसे मिले॥ ५॥

**भरतानुज लछिमन पुनि भेंटे। दुसह बिरह संभव दुख मेटे॥**
**सीता चरन भरत सिरु नावा। अनुज समेत परम सुख पावा॥**

फिर लक्ष्मणजी शत्रुघ्नजीसे गले लगकर मिले और इस प्रकार विरहसे उत्पन्न दुःसह दुःखका नाश किया। फिर भाई शत्रुघ्नजीसहित भरतजीने सीताजीके चरणोंमें सिर नवाया और परम सुख प्राप्त किया॥ १॥

**प्रभु बिलोकि हरषे पुरबासी। जनित बियोग बिपति सब नासी॥**
**प्रेमातुर सब लोग निहारी। कौतुक कीन्ह कृपाल खरारी॥**

प्रभुको देखकर अयोध्यावासी सब हर्षित हुए। वियोगसे उत्पन्न सब दुःख नष्ट हो गये। सब

लोगोंको प्रेमविह्वल [और मिलनेके लिये अत्यन्त आतुर] देखकर खरके शत्रु कृपालु श्रीरामजीने एक चमत्कार किया॥ २॥

**अमित रूप प्रगटे तेहि काला। जथा जोग मिले सबहि कृपाला॥**
**कृपादृष्टि रघुबीर बिलोकी। किए सकल नर नारि बिसोकी॥**

उसी समय कृपालु श्रीरामजी असंख्य रूपोंमें प्रकट हो गये और सबसे [एक ही साथ] यथायोग्य मिले। श्रीरघुवीरने कृपाकी दृष्टिसे देखकर सब नर-नारियोंको शोकसे रहित कर दिया॥ ३॥

**छन महिं सबहि मिले भगवाना। उमा मरम यह काहुँ न जाना॥**
**एहि बिधि सबहि सुखी करि रामा। आगें चले सील गुन धामा॥**

भगवान् क्षणमात्रमें सबसे मिल लिये। हे उमा! यह रहस्य किसीने नहीं जाना। इस प्रकार शील और गुणोंके धाम श्रीरामजी सबको सुखी करके आगे बढ़े॥ ४॥

**कौसल्यादि मातु सब धाई। निरखि बच्छ जनु धेनु लवाई॥**

कौसल्या आदि माताएँ ऐसे दौड़ीं मानो नयी ब्यायी हुई गौएँ अपने बछड़ोंको देखकर दौड़ी हों॥ ५॥

**छं०—जनु धेनु बालक बच्छ तजि गृहँ चरन बन परबस गईं।**
**दिन अंत पुर रुख स्त्रवत थन हुंकार करि धावत भईं॥**
**अति प्रेम प्रभु सब मातु भेटीं बचन मृदु बहुबिधि कहे।**
**गइ बिषम बिपति बियोगभव तिन्ह हरष सुख अगनित लहे॥**

मानो नयी ब्यायी हुई गौएँ अपने छोटे बछड़ोंको घरपर छोड़ परवश होकर वनमें चरने गयी हों और दिनका अन्त होनेपर [बछड़ोंसे मिलनेके लिये] हुंकार करके थनसे दूध गिराती हुई नगरकी ओर दौड़ी हों। प्रभुने अत्यन्त प्रेमसे सब माताओंसे मिलकर उनसे बहुत प्रकारके कोमल वचन कहे। वियोगसे उत्पन्न भयानक विपत्ति दूर हो गयी और सबने [भगवान्‌से मिलकर और उनके वचन सुनकर] अगणित सुख और हर्ष प्राप्त किये।

**दो०—भेटेउ तनय सुमित्राँ राम चरन रति जानि।**
**रामहि मिलत कैकई हृदयँ बहुत सकुचानि॥ ६ (क)॥**

सुमित्राजी अपने पुत्र लक्ष्मणजीकी श्रीरामजीके चरणोंमें प्रीति जानकर उनसे मिलीं। श्रीरामजीसे मिलते समय कैकेयीजी हृदयमें बहुत सकुचायीं॥ ६ (क)॥

**लछिमन सब मातन्ह मिलि हरषे आसिष पाइ।**
**कैकइ कहँ पुनि पुनि मिले मन कर छोभु न जाइ॥ ६ (ख)॥**

लक्ष्मणजी भी सब माताओंसे मिलकर और आशीर्वाद पाकर हर्षित हुए। वे कैकेयीजीसे बार-बार मिले, परन्तु उनके मनका क्षोभ (रोष) नहीं जाता॥ ६ (ख)॥

**सासुन्ह सबनि मिली बैदेही। चरनन्हि लागि हरषु अति तेही॥**
**देहिं असीस बूझि कुसलाता। होइ अचल तुम्हार अहिवाता॥**

जानकीजी सब सासुओंसे मिलीं और उनके चरणों लगकर उन्हें अत्यन्त हर्ष हुआ। सासुएँ कुशल पूछकर आशिष दे रही हैं कि तुम्हारा सुहाग अचल हो॥ १॥

**सब रघुपति मुख कमल बिलोकहिं। मंगल जानि नयन जल रोकहिं॥**
**कनक थार आरती उतारहिं। बार बार प्रभु गात निहारहिं॥**

सब माताएँ श्रीरघुनाथजीका कमल-सा मुखड़ा देख रही हैं। [नेत्रोंसे प्रेमके आँसू उमड़े आते हैं, परन्तु] मंगलका समय जानकर वे आँसुओंके जलको नेत्रोंमें ही रोक रखती हैं। सोनेके थालसे आरती उतारती हैं और बार-बार प्रभुके श्रीअंगोंकी ओर देखती हैं॥ २॥

**नाना भाँति निछावरि करहीं। परमानंद हरष उर भरहीं॥**
**कौसल्या पुनि पुनि रघुबीरहि। चितवति कृपासिंधु रनधीरहि॥**

अनेकों प्रकारसे निछावरें करती हैं और हृदयमें परमानन्द तथा हर्ष भर रही हैं। कौसल्याजी बार-बार कृपाके समुद्र और रणधीर श्रीरघुवीरको देख रही हैं॥ ३॥

**हृदयँ बिचारति बारहिं बारा। कवन भाँति लंकापति मारा॥**
**अति सुकुमार जुगल मेरे बारे। निसिचर सुभट महाबल भारे॥**

वे बार-बार हृदयमें विचारती हैं कि इन्होंने लंकापति रावणको कैसे मारा? मेरे ये दोनों बच्चे बड़े ही सुकुमार हैं और राक्षस तो बड़े भारी योद्धा और महान् बली थे॥ ४॥

**दो०—लछिमन अरु सीता सहित प्रभुहि बिलोकति मातु।**
**परमानंद मगन मन पुनि पुनि पुलकित गातु॥ ७॥**

लक्ष्मणजी और सीताजीसहित प्रभु श्रीरामचन्द्रजीको माता देख रही हैं। उनका मन परमानन्दमें मग्न है और शरीर बार-बार पुलकित हो रहा है॥ ७॥

**लंकापति कपीस नल नीला। जामवंत अंगद सुभसीला॥**
**हनुमदादि सब बानर बीरा। धरे मनोहर मनुज सरीरा॥**

लंकापति विभीषण, वानरराज सुग्रीव, नल, नील, जाम्बवान् और अंगद तथा हनुमान्‌जी आदि सभी उत्तम स्वभाववाले वीर वानरोंने मनुष्योंके मनोहर शरीर धारण कर लिये॥ १॥

**भरत सनेह सील ब्रत नेमा। सादर सब बरनहिं अति प्रेमा॥**
**देखि नगरबासिन्ह कै रीती। सकल सराहहिं प्रभु पद प्रीती॥**

वे सब भरतजीके प्रेम, सुन्दर स्वभाव, [त्यागके] व्रत और नियमोंकी अत्यन्त प्रेमसे आदरपूर्वक बड़ाई कर रहे हैं। और नगरनिवासियोंकी [प्रेम, शील और विनयसे पूर्ण] रीति देखकर वे सब प्रभुके चरणोंमें उनके प्रेमकी सराहना कर रहे हैं॥ २॥

**पुनि रघुपति सब सखा बोलाए। मुनि पद लागहु सकल सिखाए॥**
**गुर बसिष्ट कुलपूज्य हमारे। इन्ह की कृपाँ दनुज रन मारे॥**

फिर श्रीरघुनाथजीने सब सखाओंको बुलाया और सबको सिखाया कि मुनिके चरणोंमें लगो। ये गुरु वसिष्ठजी हमारे कुलभरके पूज्य हैं। इन्हींकी कृपासे रणमें राक्षस मारे गये हैं॥ ३॥

**ए सब सखा सुनहु मुनि मेरे। भए समर सागर कहँ बेरे॥**
**मम हित लागि जन्म इन्ह हारे। भरतहु ते मोहि अधिक पिआरे॥**

[फिर गुरुजीसे कहा—] हे मुनि! सुनिये। ये सब मेरे सखा हैं। ये संग्रामरूपी समुद्रमें मेरे लिये बेड़े (जहाज)-के समान हुए। मेरे हितके लिये इन्होंने अपने जन्मतक हार दिये (अपने प्राणोंतकको होम दिया)। ये मुझे भरतसे भी अधिक प्रिय हैं॥ ४॥

**सुनि प्रभु बचन मगन सब भए। निमिष निमिष उपजत सुख नए॥**

प्रभुके वचन सुनकर सब प्रेम और आनन्दमें मग्न हो गये। इस प्रकार पल-पलमें उन्हें नये-नये सुख उत्पन्न हो रहे हैं॥ ५॥

**दो०—कौसल्या के चरनन्हि पुनि तिन्ह नायउ माथ।**
**आसिष दीन्हे हरषि तुम्ह प्रिय मम जिमि रघुनाथ॥ ८ (क)॥**

फिर उन लोगोंने कौसल्याजीके चरणोंमें मस्तक नवाये। कौसल्याजीने हर्षित होकर आशिषें दीं [और कहा—] तुम मुझे रघुनाथके समान प्यारे हो॥ ८ (क)॥

**सुमन बृष्टि नभ संकुल भवन चले सुखकंद।**
**चढ़ी अटारिन्ह देखहिं नगर नारि नर बृंद॥ ८ (ख)॥**

आनन्दकन्द श्रीरामजी अपने महलको चले, आकाश फूलोंकी वृष्टिसे छा गया। नगरके स्त्री-पुरुषोंके समूह अटारियोंपर चढ़कर उनके दर्शन कर रहे हैं॥ ८ (ख)॥

**कंचन कलस बिचित्र सँवारे। सबहिं धरे सजि निज निज द्वारे॥**
**बंदनवार पताका केतू। सबन्हि बनाए मंगल हेतू॥**

सोनेके कलशोंको विचित्र रीतिसे [मणि-रत्नादिसे] अलंकृत कर और सजाकर सब लोगोंने अपने-अपने दरवाजोंपर रख लिया। सब लोगोंने मंगलके लिये बंदनवार, ध्वजा और पताकाएँ लगायीं॥ १॥

**बीथीं सकल सुगंध सिंचाईं। गजमनि रचि बहु चौक पुराईं॥**
**नाना भाँति सुमंगल साजे। हरषि नगर निसान बहु बाजे॥**

सारी गलियाँ सुगन्धित द्रवोंसे सिंचायी गयीं। गजमुक्ताओंसे रचकर बहुत-सी चौकें पुरायी गयीं। अनेकों प्रकारके सुन्दर मंगल-साज सजाये गये और हर्षपूर्वक नगरमें बहुत-से डंके बजने लगे॥ २॥

**जहँ तहँ नारि निछावरि करहीं। देहिं असीस हरष उर भरहीं॥**
**कंचन थार आरतीं नाना। जुबतीं सजें करहिं सुभ गाना॥**

स्त्रियाँ जहाँ-तहाँ निछावर कर रही हैं, और हृदयमें हर्षित होकर आशीर्वाद देती हैं। बहुत-सी युवती [सौभाग्यवती] स्त्रियाँ सोनेके थालोंमें अनेकों प्रकारकी आरती सजकर मंगलगान कर रही हैं॥ ३॥

**करहिं आरती आरतिहर कें। रघुकुल कमल बिपिन दिनकर कें॥**
**पुर सोभा संपति कल्याना। निगम सेष सारदा बखाना॥**

वे आर्तिहर (दुःखोंको हरनेवाले) और सूर्यकुलरूपी कमलवनके प्रफुल्लित करनेवाले सूर्य श्रीरामजीकी आरती कर रही हैं। नगरकी शोभा, सम्पत्ति और कल्याणका वेद, शेषजी और सरस्वतीजी वर्णन करते हैं—॥ ४॥

**तेउ यह चरित देखि ठगि रहहीं। उमा तासु गुन नर किमि कहहीं॥**

परन्तु वे भी यह चरित्र देखकर ठगे-से रह जाते हैं (स्तम्भित हो रहते हैं)। [शिवजी कहते हैं—] हे उमा! तब भला मनुष्य उनके गुणोंको कैसे कह सकते हैं॥ ५॥

**दो०—नारि कुमुदिनीं अवध सर रघुपति बिरह दिनेस।**
**अस्त भएँ बिगसत भईं निरखि राम राकेस॥ ९ (क)॥**

स्त्रियाँ कुमुदिनी हैं, अयोध्या सरोवर है और श्रीरघुनाथजीका विरह सूर्य है [इस विरह-सूर्यके

तापसे वे मुरझा गयी थीं]। अब उस विरहरूपी सूर्यके अस्त होनेपर श्रीरामरूपी पूर्णचन्द्रको निरखकर वे खिल उठीं॥ ९ (क)॥

**होहिं सगुन सुभ बिबिध बिधि बाजहिं गगन निसान।**
**पुर नर नारि सनाथ करि भवन चले भगवान॥ ९ (ख)॥**

अनेक प्रकारके शुभ शकुन हो रहे हैं, आकाशमें नगाड़े बज रहे हैं। नगरके पुरुषों और स्त्रियोंको सनाथ (दर्शनद्वारा कृतार्थ) करके भगवान् श्रीरामचन्द्रजी महलको चले॥ ९ (ख)॥

**प्रभु जानी कैकई लजानी। प्रथम तासु गृह गए भवानी॥**
**ताहि प्रबोधि बहुत सुख दीन्हा। पुनि निज भवन गवन हरि कीन्हा॥**

[शिवजी कहते हैं—] हे भवानी! प्रभुने जान लिया कि माता कैकेयी लज्जित हो गयी हैं। [इसलिये] वे पहले उन्हींके महलको गये और उन्हें समझा-बुझाकर बहुत सुख दिया। फिर श्रीहरिने अपने महलको गमन किया॥ १॥

**कृपासिंधु जब मंदिर गए। पुर नर नारि सुखी सब भए॥**
**गुर बसिष्ट द्विज लिए बुलाई। आजु सुघरी सुदिन समुदाई॥**

कृपाके समुद्र श्रीरामजी जब अपने महलको गये, तब नगरके स्त्री-पुरुष सब सुखी हुए। गुरु वसिष्ठजीने ब्राह्मणोंको बुला लिया [और कहा—] आज शुभ घड़ी, सुन्दर दिन आदि सभी शुभ योग हैं॥ २॥

**सब द्विज देहु हरषि अनुसासन। रामचंद्र बैठहिं सिंघासन॥**
**मुनि बसिष्ट के बचन सुहाए। सुनत सकल बिप्रन्ह अति भाए॥**

आप सब ब्राह्मण हर्षित होकर आज्ञा दीजिये, जिसमें श्रीरामचन्द्रजी सिंहासनपर विराजमान हों। वसिष्ठ मुनिके सुहावने वचन सुनते ही सब ब्राह्मणोंको बहुत ही अच्छे लगे॥ ३॥

**कहहिं बचन मृदु बिप्र अनेका। जग अभिराम राम अभिषेका॥**
**अब मुनिबर बिलंब नहिं कीजै। महाराज कहँ तिलक करीजै॥**

वे सब अनेकों ब्राह्मण कोमल वचन कहने लगे कि श्रीरामजीका राज्याभिषेक सम्पूर्ण जगत्को आनन्द देनेवाला है। हे मुनिश्रेष्ठ! अब विलम्ब न कीजिये और महाराजका तिलक शीघ्र कीजिये॥ ४॥

**दो०—तब मुनि कहेउ सुमंत्र सन सुनत चलेउ हरषाइ।**
**रथ अनेक बहु बाजि गज तुरत सँवारे जाइ॥ १० (क)॥**

तब मुनिने सुमन्त्रजीसे कहा, वे सुनते ही हर्षित होकर चले। उन्होंने तुरंत ही जाकर अनेकों रथ, घोड़े और हाथी सजाये;॥ १० (क)॥

**जहँ तहँ धावन पठइ पुनि मंगल द्रब्य मगाइ।**
**हरष समेत बसिष्ट पद पुनि सिरु नायउ आइ॥ १० (ख)॥**

और जहाँ-तहाँ [सूचना देनेवाले] दूतोंको भेजकर मांगलिक वस्तुएँ मँगाकर फिर हर्षके साथ आकर वसिष्ठजीके चरणोंमें सिर नवाया॥ १० (ख)॥

## नवाह्नपारायण, आठवाँ विश्राम

**अवधपुरी अति रुचिर बनाई। देवन्ह सुमन बृष्टि झरि लाई॥**
**राम कहा सेवकन्ह बुलाई। प्रथम सखन्ह अन्हवावहु जाई॥**

अवधपुरी बहुत ही सुन्दर सजायी गयी। देवताओंने पुष्पोंकी वर्षाकी झड़ी लगा दी। श्रीरामचन्द्रजीने सेवकोंको बुलाकर कहा कि तुमलोग जाकर पहले मेरे सखाओंको स्नान कराओ॥ १॥

**सुनत बचन जहँ तहँ जन धाए। सुग्रीवादि तुरत अन्हवाए॥**
**पुनि करुनानिधि भरतु हँकारे। निज कर राम जटा निरुआरे॥**

भगवान्‌के वचन सुनते ही सेवक जहाँ-तहाँ दौड़े और तुरंत ही उन्होंने सुग्रीवादिको स्नान कराया। फिर करुणानिधान श्रीरामजीने भरतजीको बुलाया और उनकी जटाओंको अपने हाथोंसे सुलझाया॥ २॥

**अन्हवाए प्रभु तीनिउ भाई। भगत बछल कृपाल रघुराई॥**
**भरत भाग्य प्रभु कोमलताई। सेष कोटि सत सकहिं न गाई॥**

तदनन्तर भक्तवत्सल कृपालु प्रभु श्रीरघुनाथजीने तीनों भाइयोंको स्नान कराया। भरतजीका भाग्य और प्रभुकी कोमलताका वर्णन अरबों शेषजी भी नहीं कर सकते॥ ३॥

**पुनि निज जटा राम बिबराए। गुर अनुसासन मागि नहाए॥**
**करि मज्जन प्रभु भूषन साजे। अंग अनंग देखि सत लाजे॥**

फिर श्रीरामजीने अपनी जटाएँ खोलीं और गुरुजीकी आज्ञा माँगकर स्नान किया। स्नान करके प्रभुने आभूषण धारण किये। उनके [सुशोभित] अंगोंको देखकर सैकड़ों (असंख्य) कामदेव लजा गये॥ ४॥

**दो०—सासुन्ह सादर जानकिहि मज्जन तुरत कराइ।**
**दिब्य बसन बर भूषन अँग अँग सजे बनाइ॥ ११ (क)॥**

[इधर] सासुओंने जानकीजीको आदरके साथ तुरंत ही स्नान कराके उनके अंग-अंगमें दिव्य वस्त्र और श्रेष्ठ आभूषण भलीभाँति सजा दिये (पहना दिये)॥ ११ (क)॥

**राम बाम दिसि सोभति रमा रूप गुन खानि।**
**देखि मातु सब हरषीं जन्म सुफल निज जानि॥ ११ (ख)॥**

श्रीरामके बायीं ओर रूप और गुणोंकी खान रमा (श्रीजानकीजी) शोभित हो रही हैं। उन्हें देखकर सब माताएँ अपना जन्म (जीवन) सफल समझकर हर्षित हुईं॥ ११ (ख)॥

**सुनु खगेस तेहि अवसर ब्रह्मा सिव मुनि बृंद।**
**चढ़ि बिमान आए सब सुर देखन सुखकंद॥ ११ (ग)॥**

[काकभुशुण्डिजी कहते हैं—] हे पक्षिराज गरुड़जी! सुनिये; उस समय ब्रह्माजी, शिवजी और मुनियोंके समूह तथा विमानोंपर चढ़कर सब देवता आनन्दकन्द भगवान्‌के दर्शन करनेके लिये आये॥ ११ (ग)॥

**प्रभु बिलोकि मुनि मन अनुरागा। तुरत दिब्य सिंघासन मागा॥**
**रबि सम तेज सो बरनि न जाई। बैठे राम द्विजन्ह सिरु नाई॥**

प्रभुको देखकर मुनि वसिष्ठजीके मनमें प्रेम भर आया। उन्होंने तुरंत ही दिव्य सिंहासन मँगवाया, जिसका तेज सूर्यके समान था। उसका सौन्दर्य वर्णन नहीं किया जा सकता। ब्राह्मणोंको सिर नवाकर श्रीरामचन्द्रजी उसपर विराज गये॥ १॥

**जनकसुता समेत रघुराई। पेखि प्रहरषे मुनि समुदाई॥**
**बेद मंत्र तब द्विजन्ह उचारे। नभ सुर मुनि जय जयति पुकारे॥**

श्रीजानकीजीके सहित श्रीरघुनाथजीको देखकर मुनियोंका समुदाय अत्यन्त ही हर्षित हुआ। तब ब्राह्मणोंने वेदमन्त्रोंका उच्चारण किया। आकाशमें देवता और मुनि 'जय हो, जय हो' ऐसी पुकार करने लगे॥ २॥

**प्रथम तिलक बसिष्ट मुनि कीन्हा। पुनि सब बिप्रन्ह आयसु दीन्हा॥**
**सुत बिलोकि हरषीं महतारी। बार बार आरती उतारी॥**

[सबसे] पहले मुनि वसिष्ठजीने तिलक किया। फिर उन्होंने सब ब्राह्मणोंको [तिलक करनेकी] आज्ञा दी। पुत्रको राजसिंहासनपर देखकर माताएँ हर्षित हुईं और उन्होंने बार-बार आरती उतारी॥ ३॥

**बिप्रन्ह दान बिबिध बिधि दीन्हे। जाचक सकल अजाचक कीन्हे॥**
**सिंघासन पर त्रिभुअन साईं। देखि सुरन्ह दुंदुभीं बजाईं॥**

उन्होंने ब्राह्मणोंको अनेकों प्रकारके दान दिये और सम्पूर्ण याचकोंको अयाचक बना दिया (मालामाल कर दिया)। त्रिभुवनके स्वामी श्रीरामचन्द्रजीको [अयोध्याके] सिंहासनपर [विराजित] देखकर देवताओंने नगाड़े बजाये॥ ४॥

**छं०—नभ दुंदुभीं बाजहिं बिपुल गंधर्ब किंनर गावहीं।**
**नाचहिं अपछरा बृंद परमानंद सुर मुनि पावहीं॥**
**भरतादि अनुज बिभीषनांगद हनुमदादि समेत ते।**
**गहें छत्र चामर ब्यजन धनु असि चर्म सक्ति बिराजते॥**

आकाशमें बहुत-से नगाड़े बज रहे हैं। गन्धर्व और किन्नर गा रहे हैं। अप्सराओंके झुंड-के-झुंड नाच रहे हैं। देवता और मुनि परमानन्द प्राप्त कर रहे हैं। भरत, लक्ष्मण और शत्रुघ्नजी, विभीषण, अंगद, हनुमान् और सुग्रीव आदिसहित क्रमशः छत्र, चँवर, पंखा, धनुष, तलवार, ढाल और शक्ति लिये हुए सुशोभित हैं॥ १॥

**श्री सहित दिनकर बंस भूषन काम बहु छबि सोहई।**
**नव अंबुधर बर गात अंबर पीत सुर मन मोहई॥**
**मुकुटांगदादि बिचित्र भूषन अंग अंगन्हि प्रति सजे।**
**अंभोज नयन बिसाल उर भुज धन्य नर निरखंति जे॥**

श्रीसीताजीसहित सूर्यवंशके विभूषण श्रीरामजीके शरीरमें अनेकों कामदेवोंकी छबि शोभा दे रही है। नवीन जलयुक्त मेघोंके समान सुन्दर श्याम शरीरपर पीताम्बर देवताओंके मनको भी मोहित कर रहा है। मुकुट, बाजूबंद आदि विचित्र आभूषण अंग-अंगमें सजे हुए हैं। कमलके समान नेत्र हैं, चौड़ी छाती है और लंबी भुजाएँ हैं; जो उनके दर्शन करते हैं, वे मनुष्य धन्य हैं॥ २॥

**दो०—वह सोभा समाज सुख कहत न बनइ खगेस।**
**बरनहिं सारद सेष श्रुति सो रस जान महेस॥ १२ (क)॥**

हे पक्षिराज गरुड़जी! वह शोभा, वह समाज और वह सुख मुझसे कहते नहीं बनता। सरस्वतीजी, शेषजी और वेद निरन्तर उसका वर्णन करते हैं, और उसका रस (आनन्द) महादेवजी ही जानते हैं॥ १२ (क)॥

**भिन्न भिन्न अस्तुति करि गए सुर निज निज धाम।**
**बंदी बेष बेद तब आए जहँ श्रीराम॥ १२ (ख)॥**

सब देवता अलग-अलग स्तुति करके अपने-अपने लोकको चले गये। तब भाटोंका रूप धारण करके चारों वेद वहाँ आये जहाँ श्रीरामजी थे॥ १२ (ख)॥

**प्रभु सर्बग्य कीन्ह अति आदर कृपानिधान।**
**लखेउ न काहूँ मरम कछु लगे करन गुन गान॥ १२ (ग)॥**

कृपानिधान सर्वज्ञ प्रभुने [उन्हें पहचानकर] उनका बहुत ही आदर किया। इसका भेद किसीने कुछ भी नहीं जाना। वेद गुणगान करने लगे॥ १२ (ग)॥

**छं०—जय सगुन निर्गुन रूप रूप अनूप भूप सिरोमने।**
**दसकंधरादि प्रचंड निसिचर प्रबल खल भुजबल हने॥**
**अवतार नर संसार भार बिभंजि दारुन दुख दहे।**
**जय प्रनतपाल दयाल प्रभु संजुक्त सक्ति नमामहे॥**

हे सगुण और निर्गुणरूप! हे अनुपम रूप-लावण्ययुक्त! हे राजाओंके शिरोमणि! आपकी जय हो। आपने रावण आदि प्रचण्ड, प्रबल और दुष्ट निशाचरोंको अपनी भुजाओंके बलसे मार डाला। आपने मनुष्य-अवतार लेकर संसारके भारको नष्ट करके अत्यन्त कठोर दुःखोंको भस्म कर दिया। हे दयालु! हे शरणागतकी रक्षा करनेवाले प्रभो! आपकी जय हो। मैं शक्ति (सीताजी)-सहित शक्तिमान् आपको नमस्कार करता हूँ॥ १॥

**तव बिषम माया बस सुरासुर नाग नर अग जग हरे।**
**भव पंथ भ्रमत अमित दिवस निसि काल कर्म गुननि भरे॥**
**जे नाथ करि करुना बिलोके त्रिबिधि दुख ते निर्बहे।**
**भव खेद छेदन दच्छ हम कहुँ रच्छ राम नमामहे॥**

हे हरे! आपकी दुस्तर मायाके वशीभूत होनेके कारण देवता, राक्षस, नाग, मनुष्य और चर, अचर सभी काल, कर्म और गुणोंसे भरे हुए (उनके वशीभूत हुए) दिन-रात अनन्त भव (आवागमन)-के मार्गमें भटक रहे हैं। हे नाथ! इनमेंसे जिनको आपने कृपा करके (कृपादृष्टिसे) देख लिया, वे [मायाजनित] तीनों प्रकारके दुःखोंसे छूट गये। हे जन्म-मरणके श्रमको काटनेमें कुशल श्रीरामजी! हमारी रक्षा कीजिये। हम आपको नमस्कार करते हैं॥ २॥

**जे ग्यान मान बिमत्त तव भव हरनि भक्ति न आदरी।**
**ते पाइ सुर दुर्लभ पदादपि परत हम देखत हरी॥**
**बिस्वास करि सब आस परिहरि दास तव जे होइ रहे।**
**जपि नाम तव बिनु श्रम तरहिं भव नाथ सो समरामहे॥**

जिन्होंने मिथ्या ज्ञानके अभिमानमें विशेषरूपसे मतवाले होकर जन्म-मृत्यु [के भय]-को हरनेवाली आपकी भक्तिका आदर नहीं किया, हे हरि! उन्हें देवदुर्लभ (देवताओंको भी बड़ी कठिनतासे प्राप्त होनेवाले, ब्रह्मा आदिके) पदको पाकर भी हम उस पदसे नीचे गिरते देखते हैं। [परन्तु] जो सब आशाओंको छोड़कर आपपर विश्वास करके आपके दास हो रहते हैं, वे केवल आपका नाम ही जपकर

बिना ही परिश्रम भवसागरसे तर जाते हैं। हे नाथ! ऐसे आपका हम स्मरण करते हैं॥ ३॥

**जे चरन सिव अज पूज्य रज सुभ परसि मुनिपतिनी तरी।**
**नख निर्गता मुनि बंदिता त्रैलोक पावनि सुरसरी॥**
**ध्वज कुलिस अंकुस कंज जुत बन फिरत कंटक किन लहे।**
**पद कंज द्वंद मुकुंद राम रमेस नित्य भजामहे॥**

जो चरण शिवजी और ब्रह्माजीके द्वारा पूज्य हैं, तथा जिन चरणोंकी कल्याणमयी रजका स्पर्श पाकर [शिला बनी हुई] गौतम ऋषिकी पत्नी अहल्या तर गयी; जिन चरणोंके नखसे मुनियोंद्वारा वन्दित, त्रैलोक्यको पवित्र करनेवाली देवनदी गंगाजी निकलीं और ध्वजा, वज्र, अंकुश और कमल, इन चिह्नोंसे युक्त जिन चरणोंमें वनमें फिरते समय काँटे चुभ जानेसे घट्ठे पड़ गये हैं; हे मुकुन्द! हे राम! हे रमापति! हम आपके उन्हीं दोनों चरणकमलोंको नित्य भजते रहते हैं॥ ४॥

**अब्यक्तमूलमनादि तरु त्वच चारि निगमागम भने।**
**षट कंध साखा पंच बीस अनेक पर्न सुमन घने॥**
**फल जुगल बिधि कटु मधुर बेलि अकेलि जेहि आश्रित रहे।**
**पल्लवत फूलत नवल नित संसार बिटप नमामहे॥**

वेद-शास्त्रोंने कहा है कि जिसका मूल अव्यक्त (प्रकृति) है; जो [प्रवाहरूपसे] अनादि है; जिसके चार त्वचाएँ, छः तने, पचीस शाखाएँ और अनेकों पत्ते और बहुत-से फूल हैं; जिसमें कड़वे और मीठे दो प्रकारके फल लगे हैं; जिसपर एक ही बेल है, जो उसीके आश्रित रहती है; जिसमें नित्य नये पत्ते और फूल निकलते रहते हैं; ऐसे संसारवृक्षस्वरूप (विश्वरूपमें प्रकट) आपको हम नमस्कार करते हैं॥ ५॥

**जे ब्रह्म अजमद्वैतमनुभवगम्य मन पर ध्यावहीं।**
**ते कहहुँ जानहुँ नाथ हम तव सगुन जस नित गावहीं॥**
**करुनायतन प्रभु सदगुनाकर देव यह बर मागहीं।**
**मन बचन कर्म बिकार तजि तव चरन हम अनुरागहीं॥**

ब्रह्म अजन्मा है, अद्वैत है, केवल अनुभवसे ही जाना जाता है और मनसे परे है—जो [इस प्रकार कहकर उस] ब्रह्मका ध्यान करते हैं, वे ऐसा कहा करें और जाना करें, किन्तु हे नाथ! हम तो नित्य आपका सगुण यश ही गाते हैं। हे करुणाके धाम प्रभो! हे सद्‌गुणोंकी खान! हे देव! हम यह वर माँगते हैं कि मन, वचन और कर्मसे विकारोंको त्यागकर आपके चरणोंमें ही प्रेम करें॥ ६॥

**दो०—सब के देखत बेदन्ह बिनती कीन्हि उदार।**
**अंतर्धान भए पुनि गए ब्रह्म आगार॥ १३ (क)॥**

वेदोंने सबके देखते यह श्रेष्ठ विनती की। फिर वे अन्तर्धान हो गये और ब्रह्मलोकको चले गये॥ १३ (क)॥

**बैनतेय सुनु संभु तब आए जहँ रघुबीर।**
**बिनय करत गदगद गिरा पूरित पुलक सरीर॥ १३ (ख)॥**

[काकभुशुण्डिजी कहते हैं—] हे गरुड़जी! सुनिये, तब शिवजी वहाँ आये जहाँ श्रीरघुवीर

थे और गद्‌गद वाणीसे स्तुति करने लगे। उनका शरीर पुलकावलीसे पूर्ण हो गया—॥ १३ (ख)॥

**छं०—जय राम रमारमनं समनं। भवताप भयाकुल पाहि जनं॥**
**अवधेस सुरेस रमेस बिभो। सरनागत मागत पाहि प्रभो॥**

हे राम! हे रमारमण (लक्ष्मीकान्त)! हे जन्म-मरणके संतापका नाश करनेवाले! आपकी जय हो; आवागमनके भयसे व्याकुल इस सेवककी रक्षा कीजिये। हे अवधपति! हे देवताओंके स्वामी! हे रमापति! हे विभो! मैं शरणागत आपसे यही माँगता हूँ कि हे प्रभो! मेरी रक्षा कीजिये॥ १॥

**दससीस बिनासन बीस भुजा। कृत दूरि महा महि भूरि रुजा॥**
**रजनीचर बृंद पतंग रहे। सर पावक तेज प्रचंड दहे॥**

हे दस सिर और बीस भुजाओंवाले रावणका विनाश करके पृथ्वीके सब महान् रोगों (कष्टों)-को दूर करनेवाले श्रीरामजी! राक्षससमूहरूपी जो पतंगे थे, वे सब आपके बाणरूपी अग्निके प्रचण्ड तेजसे भस्म हो गये॥ २॥

**महि मंडल मंडन चारुतरं। धृत सायक चाप निषंग बरं॥**
**मद मोह महा ममता रजनी। तम पुंज दिवाकर तेज अनी॥**

आप पृथ्वीमण्डलके अत्यन्त सुन्दर आभूषण हैं; आप श्रेष्ठ बाण, धनुष और तरकस धारण किये हुए हैं। महान् मद, मोह और ममतारूपी रात्रिके अन्धकारसमूहके नाश करनेके लिये आप सूर्यके तेजोमय किरणसमूह हैं॥ ३॥

**मनजात किरात निपात किए। मृग लोग कुभोग सरेन हिए॥**
**हति नाथ अनाथनि पाहि हरे। बिषया बन पावँर भूलि परे॥**

कामदेवरूपी भीलने मनुष्यरूपी हिरनोंके हृदयमें कुभोगरूपी बाण मारकर उन्हें गिरा दिया है। हे नाथ! हे [पाप-तापका हरण करनेवाले] हरे! उसे मारकर विषयरूपी वनमें भूले पड़े हुए इन पामर अनाथ जीवोंकी रक्षा कीजिये॥ ४॥

**बहु रोग बियोगन्हि लोग हए। भवदंघ्रि निरादर के फल ए॥**
**भव सिंधु अगाध परे नर ते। पद पंकज प्रेम न जे करते॥**

लोग बहुत-से रोगों और वियोगों (दुःखों)-से मारे हुए हैं। ये सब आपके चरणोंके निरादरके फल हैं। जो मनुष्य आपके चरणकमलोंमें प्रेम नहीं करते, वे अथाह भवसागरमें पड़े हैं॥ ५॥

**अति दीन मलीन दुखी नितहीं। जिन्ह कें पद पंकज प्रीति नहीं॥**
**अवलंब भवंत कथा जिन्ह कें। प्रिय संत अनंत सदा तिन्ह कें॥**

जिन्हें आपके चरणकमलोंमें प्रीति नहीं है वे नित्य ही अत्यन्त दीन, मलिन (उदास) और दुःखी रहते हैं। और जिन्हें आपकी लीला-कथाका आधार है, उनको संत और भगवान् सदा प्रिय लगने लगते हैं॥ ६॥

**नहिं राग न लोभ न मान मदा। तिन्ह कें सम बैभव वा बिपदा॥**
**एहि ते तव सेवक होत मुदा। मुनि त्यागत जोग भरोस सदा॥**

उनमें न राग (आसक्ति) है, न लोभ; न मान है, न मद। उनको सम्पत्ति (सुख) और विपत्ति (दुःख) समान है। इसीसे मुनिलोग योग (साधन)-का भरोसा सदाके लिये त्याग देते हैं और प्रसन्नताके साथ आपके सेवक बन जाते हैं॥ ७॥

**करि प्रेम निरंतर नेम लिएँ। पद पंकज सेवत सुद्ध हिएँ॥**
**सम मानि निरादर आदरही। सब संत सुखी बिचरंति मही॥**

वे प्रेमपूर्वक नियम लेकर निरन्तर शुद्ध हृदयसे आपके चरणकमलोंकी सेवा करते रहते हैं और निरादर और आदरको समान मानकर वे सब संत सुखी होकर पृथ्वीपर विचरते हैं॥ ८॥

**मुनि मानस पंकज भृंग भजे। रघुबीर महा रनधीर अजे॥**
**तव नाम जपामि नमामि हरी। भव रोग महागद मान अरी॥**

हे मुनियोंके मनरूपी कमलके भ्रमर! हे महान् रणधीर एवं अजेय श्रीरघुवीर! मैं आपको भजता हूँ (आपकी शरण ग्रहण करता हूँ)। हे हरि! आपका नाम जपता हूँ और आपको नमस्कार करता हूँ। आप जन्म-मरणरूपी रोगकी महान् औषध और अभिमानके शत्रु हैं॥ ९॥

**गुन सील कृपा परमायतनं। प्रनमामि निरंतर श्रीरमनं॥**
**रघुनंद निकंदय द्वंद्वघनं। महिपाल बिलोकय दीनजनं॥**

आप गुण, शील और कृपाके परम स्थान हैं। आप लक्ष्मीपति हैं, मैं आपको निरन्तर प्रणाम करता हूँ। हे रघुनन्दन! [आप जन्म-मरण, सुख-दुःख, राग-द्वेषादि] द्वन्द्व-समूहोंका नाश कीजिये। हे पृथ्वीकी पालना करनेवाले राजन्! इस दीन जनकी ओर भी दृष्टि डालिये॥ १०॥

**दो०—बार बार बर मागउँ हरषि देहु श्रीरंग।**
**पद सरोज अनपायनी भगति सदा सतसंग॥ १४ (क)॥**

मैं आपसे बार-बार यही वरदान माँगता हूँ कि मुझे आपके चरणकमलोंकी अचलभक्ति और आपके भक्तोंका सत्संग सदा प्राप्त हो। हे लक्ष्मीपते! हर्षित होकर मुझे यही दीजिये॥ १४ (क)॥

**बरनि उमापति राम गुन हरषि गए कैलास।**
**तब प्रभु कपिन्ह दिवाए सब बिधि सुखप्रद बास॥ १४ (ख)॥**

श्रीरामचन्द्रजीके गुणोंका वर्णन करके उमापति महादेवजी हर्षित होकर कैलासको चले गये। तब प्रभुने वानरोंको सब प्रकारसे सुख देनेवाले डेरे दिलवाये॥ १४ (ख)॥

**सुनु खगपति यह कथा पावनी। त्रिबिध ताप भव भय दावनी॥**
**महाराज कर सुभ अभिषेका। सुनत लहहिं नर बिरति बिबेका॥**

हे गरुड़जी! सुनिये, यह कथा [सबको] पवित्र करनेवाली है, [दैहिक, दैविक, भौतिक] तीनों प्रकारके तापोंका और जन्म-मृत्युके भयका नाश करनेवाली है। महाराज श्रीरामचन्द्रजीके कल्याणमय राज्याभिषेकका चरित्र [निष्कामभावसे] सुनकर मनुष्य वैराग्य और ज्ञान प्राप्त करते हैं॥ १॥

**जे सकाम नर सुनहिं जे गावहिं। सुख संपति नाना बिधि पावहिं॥**
**सुर दुर्लभ सुख करि जग माहीं। अंतकाल रघुपति पुर जाहीं॥**

और जो मनुष्य सकामभावसे सुनते और जो गाते हैं, वे अनेकों प्रकारके सुख और सम्पत्ति पाते हैं। वे जगत्‌में देवदुर्लभ सुखोंको भोगकर अन्तकालमें श्रीरघुनाथजीके परमधामको जाते हैं॥ २॥

**सुनहिं बिमुक्त बिरत अरु बिषई। लहहिं भगति गति संपति नई॥**
**खगपति राम कथा मैं बरनी। स्वमति बिलास त्रास दुख हरनी॥**

इसे जो जीवन्मुक्त, विरक्त और विषयी सुनते हैं, वे [क्रमशः] भक्ति, मुक्ति और नवीन सम्पत्ति (नित्य नये भोग) पाते हैं। हे पक्षिराज गरुड़जी! मैंने अपनी बुद्धिकी पहुँचके अनुसार रामकथा वर्णन की है, जो [जन्म-मरणके] भय और दुःखको हरनेवाली है॥ ३॥

**बिरति बिबेक भगति दृढ़ करनी। मोह नदी कहँ सुंदर तरनी॥**
**नित नव मंगल कौसलपुरी। हरषित रहहिं लोग सब कुरी॥**

यह वैराग्य, विवेक और भक्तिको दृढ़ करनेवाली है तथा मोहरूपी नदीके [पार करनेके] लिये सुन्दर नाव है। अवधपुरीमें नित-नये मंगलोत्सव होते हैं। सभी वर्गोंके लोग हर्षित रहते हैं॥ ४॥

**नित नइ प्रीति राम पद पंकज। सब कें जिन्हहि नमत सिव मुनि अज॥**
**मंगन बहु प्रकार पहिराए। द्विजन्ह दान नाना बिधि पाए॥**

श्रीरामजीके चरणकमलोंमें—जिन्हें श्रीशिवजी, मुनिगण और ब्रह्माजी भी नमस्कार करते हैं—सबकी नित्य नवीन प्रीति है। भिक्षुकोंको बहुत प्रकारके वस्त्राभूषण पहनाये गये और ब्राह्मणोंने नाना प्रकारके दान पाये॥ ५॥

**दो०—ब्रह्मानंद मगन कपि सब कें प्रभु पद प्रीति।**
**जात न जाने दिवस तिन्ह गए मास षट बीति॥ १५॥**

वानर सब ब्रह्मानन्दमें मग्न हैं। प्रभुके चरणोंमें सबका प्रेम है! उन्होंने दिन जाते जाने ही नहीं और [बात-की-बातमें] छः महीने बीत गये॥ १५॥

**बिसरे गृह सपनेहुँ सुधि नाहीं। जिमि परद्रोह संत मन माहीं॥**
**तब रघुपति सब सखा बोलाए। आइ सबन्हि सादर सिरु नाए॥**

उन लोगोंको अपने घर भूल ही गये। [जाग्रत्‌की तो बात ही क्या] उन्हें स्वप्नमें भी घरकी सुध (याद) नहीं आती, जैसे संतोंके मनमें दूसरोंसे द्रोह करनेकी बात कभी नहीं आती। तब श्रीरघुनाथजीने सब सखाओंको बुलाया। सबने आकर आदरसहित सिर नवाया॥ १॥

**परम प्रीति समीप बैठारे। भगत सुखद मृदु बचन उचारे॥**
**तुम्ह अति कीन्हि मोरि सेवकाई। मुख पर केहि बिधि करौं बड़ाई॥**

बड़े ही प्रेमसे श्रीरामजीने उनको अपने पास बैठाया और भक्तोंको सुख देनेवाले कोमल वचन कहे—तुमलोगोंने मेरी बड़ी सेवा की है। मुँहपर किस प्रकार तुम्हारी बड़ाई करूँ?॥ २॥

**ताते मोहि तुम्ह अति प्रिय लागे। मम हित लागि भवन सुख त्यागे॥**
**अनुज राज संपति बैदेही। देह गेह परिवार सनेही॥**

मेरे हितके लिये तुमलोगोंने घरोंको तथा सब प्रकारके सुखोंको त्याग दिया। इससे तुम मुझे अत्यन्त ही प्रिय लग रहे हो। छोटे भाई, राज्य, सम्पत्ति, जानकी, अपना शरीर, घर, कुटुम्ब और मित्र—॥ ३॥

**सब मम प्रिय नहिं तुम्हहि समाना। मृषा न कहउँ मोर यह बाना॥**
**सब कें प्रिय सेवक यह नीती। मोरें अधिक दास पर प्रीती॥**

ये सभी मुझे प्रिय हैं, परंतु तुम्हारे समान नहीं। मैं झूठ नहीं कहता, यह मेरा स्वभाव है। सेवक सभीको प्यारे लगते हैं, यह नीति (नियम) है। [पर] मेरा तो दासपर [स्वाभाविक ही] विशेष प्रेम है॥ ४॥

**दो०—अब गृह जाहु सखा सब भजेहु मोहि दृढ़ नेम।**
**सदा सर्बगत सर्बहित जानि करेहु अति प्रेम॥ १६॥**

हे सखागण! अब सब लोग घर जाओ; वहाँ दृढ़ नियमसे मुझे भजते रहना। मुझे सदा सर्वव्यापक और सबका हित करनेवाला जानकर अत्यन्त प्रेम करना॥ १६॥

**सुनि प्रभु बचन मगन सब भए। को हम कहाँ बिसरि तन गए॥**
**एकटक रहे जोरि कर आगे। सकहिं न कछु कहि अति अनुरागे॥**

प्रभुके वचन सुनकर सब-के-सब प्रेममग्न हो गये। हम कौन हैं और कहाँ हैं? यह देहकी सुध भी भूल गयी। वे प्रभुके सामने हाथ जोड़कर टकटकी लगाये देखते ही रह गये। अत्यन्त प्रेमके कारण कुछ कह नहीं सकते॥ १॥

**परम प्रेम तिन्ह कर प्रभु देखा। कहा बिबिधि बिधि ग्यान बिसेषा॥**
**प्रभु सन्मुख कछु कहन न पारहिं। पुनि पुनि चरन सरोज निहारहिं॥**

प्रभुने उनका अत्यन्त प्रेम देखा, [तब] उन्हें अनेकों प्रकारसे विशेष ज्ञानका उपदेश दिया। प्रभुके सम्मुख वे कुछ कह नहीं सकते। बार-बार प्रभुके चरणकमलोंको देखते हैं॥ २॥

**तब प्रभु भूषन बसन मगाए। नाना रंग अनूप सुहाए॥**
**सुग्रीवहि प्रथमहिं पहिराए। बसन भरत निज हाथ बनाए॥**

तब प्रभुने अनेक रंगोंके अनुपम और सुन्दर गहने-कपड़े मँगवाये। सबसे पहले भरतजीने अपने हाथसे सँवारकर सुग्रीवको वस्त्राभूषण पहनाये॥ ३॥

**प्रभु प्रेरित लछिमन पहिराए। लंकापति रघुपति मन भाए॥**
**अंगद बैठ रहा नहिं डोला। प्रीति देखि प्रभु ताहि न बोला॥**

फिर प्रभुकी प्रेरणासे लक्ष्मणजीने विभीषणजीको गहने-कपड़े पहनाये, जो श्रीरघुनाथजीके मनको बहुत ही अच्छे लगे। अंगद बैठे ही रहे, वे अपनी जगहसे हिलेतक नहीं। उनका उत्कट प्रेम देखकर प्रभुने उनको नहीं बुलाया॥ ४॥

**दो०—जामवंत नीलादि सब पहिराए रघुनाथ।**
**हियँ धरि राम रूप सब चले नाइ पद माथ॥ १७ (क)॥**

जाम्बवान् और नील आदि सबको श्रीरघुनाथजीने स्वयं भूषण-वस्त्र पहनाये। वे सब अपने हृदयोंमें श्रीरामचन्द्रजीके रूपको धारण करके उनके चरणोंमें मस्तक नवाकर चले॥ १७ (क)॥

**तब अंगद उठि नाइ सिरु सजल नयन कर जोरि।**
**अति बिनीत बोलेउ बचन मनहुँ प्रेम रस बोरि॥ १७ (ख)॥**

तब अंगद उठकर सिर नवाकर, नेत्रोंमें जल भरकर और हाथ जोड़कर अत्यन्त विनम्र तथा मानो प्रेमके रसमें डुबोये हुए (मधुर) वचन बोले॥ १७ (ख)॥

**सुनु सर्बग्य कृपा सुख सिंधो। दीन दयाकर आरत बंधो॥**
**मरती बेर नाथ मोहि बाली। गयउ तुम्हारेहि कोंछें घाली॥**

हे सर्वज्ञ! हे कृपा और सुखके समुद्र! हे दीनोंपर दया करनेवाले! हे आर्तोंके बन्धु! सुनिये। हे नाथ! मरते समय मेरा पिता बालि मुझे आपकी ही गोदमें डाल गया था॥ १॥

**असरन सरन बिरदु संभारी। मोहि जनि तजहु भगत हितकारी॥**
**मोरें तुम्ह प्रभु गुर पितु माता। जाउँ कहाँ तजि पद जलजाता॥**

अतः हे भक्तोंके हितकारी! अपना अशरण-शरण विरद (बाना) याद करके मुझे त्यागिये नहीं। मेरे तो स्वामी, गुरु, पिता और माता, सब कुछ आप ही हैं। आपके चरणकमलोंको छोड़कर मैं कहाँ जाऊँ?॥ २॥

**तुम्हहि बिचारि कहहु नरनाहा। प्रभु तजि भवन काज मम काहा॥**
**बालक ग्यान बुद्धि बल हीना। राखहु सरन नाथ जन दीना॥**

हे महाराज! आप ही विचारकर कहिये, प्रभु (आप)-को छोड़कर घरमें मेरा क्या काम है? हे नाथ! इस ज्ञान, बुद्धि और बलसे हीन बालक तथा दीन सेवकको शरणमें रखिये॥ ३॥

**नीचि टहल गृह कै सब करिहउँ। पद पंकज बिलोकि भव तरिहउँ॥**
**अस कहि चरन परेउ प्रभु पाही। अब जनि नाथ कहहु गृह जाही॥**

मैं घरकी सब नीची-से-नीची सेवा करूँगा और आपके चरणकमलोंको देख-देखकर भवसागरसे तर जाऊँगा। ऐसा कहकर वे श्रीरामजीके चरणोंमें गिर पड़े [और बोले—] हे प्रभो! मेरी रक्षा कीजिये। हे नाथ! अब यह न कहिये कि तू घर जा॥ ४॥

**दो०—अंगद बचन बिनीत सुनि रघुपति करुना सींव।**
**प्रभु उठाइ उर लायउ सजल नयन राजीव॥ १८ (क)॥**

अंगदके विनम्र वचन सुनकर करुणाकी सीमा प्रभु श्रीरघुनाथजीने उनको उठाकर हृदयसे लगा लिया। प्रभुके नेत्रकमलोंमें [प्रेमाश्रुओंका] जल भर आया॥ १८ (क)॥

**निज उर माल बसन मनि बालितनय पहिराइ।**
**बिदा कीन्हि भगवान तब बहु प्रकार समुझाइ॥ १८ (ख)॥**

तब भगवान्‌ने अपने हृदयकी माला, वस्त्र और मणि (रत्नोंके आभूषण) बालि-पुत्र अंगदको पहनाकर और बहुत प्रकारसे समझाकर उनकी विदाई की॥ १८ (ख)॥

**भरत अनुज सौमित्रि समेता। पठवन चले भगत कृत चेता॥**
**अंगद हृदयँ प्रेम नहिं थोरा। फिरि फिरि चितव राम कीं ओरा॥**

भक्तकी करनीको याद करके भरतजी छोटे भाई शत्रुघ्नजी और लक्ष्मणजीसहित उनको पहुँचाने चले। अंगदके हृदयमें थोड़ा प्रेम नहीं है (अर्थात् बहुत अधिक प्रेम है)। वे फिर-फिरकर श्रीरामजीकी ओर देखते हैं,॥ १॥

**बार बार कर दंड प्रनामा। मन अस रहन कहहिं मोहि रामा॥**
**राम बिलोकनि बोलनि चलनी। सुमिरि सुमिरि सोचत हँसि मिलनी॥**

और बार-बार दण्डवत्-प्रणाम करते हैं। मनमें ऐसा आता है कि श्रीरामजी मुझे रहनेको कह दें। वे श्रीरामजीके देखनेकी, बोलनेकी, चलनेकी तथा हँसकर मिलनेकी रीतिको याद कर-करके सोचते हैं (दुःखी होते हैं)॥ २॥

**प्रभु रुख देखि बिनय बहु भाषी। चलेउ हृदयँ पद पंकज राखी॥**
**अति आदर सब कपि पहुँचाए। भाइन्ह सहित भरत पुनि आए॥**

किन्तु प्रभुका रुख देखकर, बहुत-से विनय वचन कहकर तथा हृदयमें चरणकमलोंको रखकर वे चले। अत्यन्त आदरके साथ सब वानरोंको पहुँचाकर भाइयोंसहित भरतजी लौट आये॥ ३॥

**तब सुग्रीव चरन गहि नाना। भाँति बिनय कीन्हे हनुमाना॥**
**दिन दस करि रघुपति पद सेवा। पुनि तव चरन देखिहउँ देवा॥**

तब हनुमान्‌जीने सुग्रीवके चरण पकड़कर अनेक प्रकारसे विनती की और कहा—हे देव! दस

(कुछ) दिन श्रीरघुनाथजीकी चरणसेवा करके फिर मैं आकर आपके चरणोंके दर्शन करूँगा॥ ४॥

**पुन्य पुंज तुम्ह पवनकुमारा। सेवहु जाइ कृपा आगारा॥**
**अस कहि कपि सब चले तुरंता। अंगद कहइ सुनहु हनुमंता॥**

[सुग्रीवने कहा—] हे पवनकुमार! तुम पुण्यकी राशि हो [जो भगवान्‌ने तुमको अपनी सेवामें रख लिया]। जाकर कृपाधाम श्रीरामजीकी सेवा करो। सब वानर ऐसा कहकर तुरंत चल पड़े। अंगदने कहा—हे हनुमान्! सुनो—॥ ५॥

**दो०—कहेहु दंडवत प्रभु सैं तुम्हहि कहउँ कर जोरि।**
**बार बार रघुनायकहि सुरति कराएहु मोरि॥ १९ (क)॥**

मैं तुमसे हाथ जोड़कर कहता हूँ, प्रभुसे मेरी दण्डवत् कहना और श्रीरघुनाथजीको बार-बार मेरी याद कराते रहना॥ १९ (क)॥

**अस कहि चलेउ बालिसुत फिरि आयउ हनुमंत।**
**तासु प्रीति प्रभु सन कही मगन भए भगवंत॥ १९ (ख)॥**

ऐसा कहकर बालिपुत्र अंगद चले, तब हनुमान्‌जी लौट आये और आकर प्रभुसे उनका प्रेम वर्णन किया। उसे सुनकर भगवान् प्रेममग्न हो गये॥ १९ (ख)॥

**कुलिसहु चाहि कठोर अति कोमल कुसुमहु चाहि।**
**चित्त खगेस राम कर समुझि परइ कहु काहि॥ १९ (ग)॥**

[काकभुशुण्डिजी कहते हैं—] हे गरुड़जी! श्रीरामजीका चित्त वज्रसे भी अत्यन्त कठोर और फूलसे भी अत्यन्त कोमल है। तब कहिये, वह किसकी समझमें आ सकता है?॥ १९ (ग)॥

**पुनि कृपाल लियो बोलि निषादा। दीन्हे भूषन बसन प्रसादा॥**
**जाहु भवन मम सुमिरन करेहू। मन क्रम बचन धर्म अनुसरेहू॥**

फिर कृपालु श्रीरामजीने निषादराजको बुला लिया और उसे भूषण, वस्त्र प्रसादमें दिये। [फिर कहा—] अब तुम भी घर जाओ, वहाँ मेरा स्मरण करते रहना और मन, वचन तथा कर्मसे धर्मके अनुसार चलना॥ १॥

**तुम्ह मम सखा भरत सम भ्राता। सदा रहेहु पुर आवत जाता॥**
**बचन सुनत उपजा सुख भारी। परेउ चरन भरि लोचन बारी॥**

तुम मेरे मित्र हो और भरतके समान भाई हो। अयोध्यामें सदा आते-जाते रहना। यह वचन सुनते ही उसको भारी सुख उत्पन्न हुआ। नेत्रोंमें [आनन्द और प्रेमके आँसुओंका] जल भरकर वह चरणोंमें गिर पड़ा॥ २॥

**चरन नलिन उर धरि गृह आवा। प्रभु सुभाउ परिजनन्हि सुनावा॥**
**रघुपति चरित देखि पुरबासी। पुनि पुनि कहहिं धन्य सुखरासी॥**

फिर भगवान्‌के चरणकमलोंको हृदयमें रखकर वह घर आया और आकर अपने कुटुम्बियोंको उसने प्रभुका स्वभाव सुनाया। श्रीरघुनाथजीका यह चरित्र देखकर अवधपुरवासी बार-बार कहते हैं कि सुखकी राशि श्रीरामचन्द्रजी धन्य हैं॥ ३॥

**राम राज बैठें त्रैलोका। हरषित भए गए सब सोका॥**
**बयरु न कर काहू सन कोई। राम प्रताप बिषमता खोई॥**

श्रीरामचन्द्रजीके राज्यपर प्रतिष्ठित होनेपर तीनों लोक हर्षित हो गये, उनके सारे शोक जाते रहे। कोई किसीसे वैर नहीं करता। श्रीरामचन्द्रजीके प्रतापसे सबकी विषमता (आन्तरिक भेदभाव) मिट गयी॥ ४॥

**दो०—बरनाश्रम निज निज धरम निरत बेद पथ लोग।**
**चलहिं सदा पावहिं सुखहि नहिं भय सोक न रोग॥ २०॥**

सब लोग अपने-अपने वर्ण और आश्रमके अनुकूल धर्ममें तत्पर हुए सदा वेद-मार्गपर चलते हैं और सुख पाते हैं। उन्हें न किसी बातका भय है, न शोक है और न कोई रोग ही सताता है॥ २०॥

**दैहिक दैविक भौतिक तापा। राम राज नहिं काहुहि ब्यापा॥**
**सब नर करहिं परस्पर प्रीती। चलहिं स्वधर्म निरत श्रुति नीती॥**

'राम-राज्य' में दैहिक, दैविक और भौतिक ताप किसीको नहीं व्यापते। सब मनुष्य परस्पर प्रेम करते हैं और वेदोंमें बतायी हुई नीति (मर्यादा)-में तत्पर रहकर अपने-अपने धर्मका पालन करते हैं॥ १॥

**चारिउ चरन धर्म जग माहीं। पूरि रहा सपनेहुँ अघ नाहीं॥**
**राम भगति रत नर अरु नारी। सकल परम गति के अधिकारी॥**

धर्म अपने चारों चरणों (सत्य, शौच, दया और दान) से जगत्‌में परिपूर्ण हो रहा है; स्वप्नमें भी कहीं पाप नहीं है। पुरुष और स्त्री सभी रामभक्तिके परायण हैं और सभी परमगति (मोक्ष)-के अधिकारी हैं॥ २॥

**अल्पमृत्यु नहिं कवनिउ पीरा। सब सुंदर सब बिरुज सरीरा॥**
**नहिं दरिद्र कोउ दुखी न दीना। नहिं कोउ अबुध न लच्छन हीना॥**

छोटी अवस्थामें मृत्यु नहीं होती, न किसीको कोई पीड़ा होती है। सभीके शरीर सुन्दर और नीरोग हैं। न कोई दरिद्र है, न दुःखी है और न दीन ही है। न कोई मूर्ख है और न शुभ लक्षणोंसे हीन ही है॥ ३॥

**सब निर्दंभ धर्मरत पुनी। नर अरु नारि चतुर सब गुनी॥**
**सब गुनग्य पंडित सब ग्यानी। सब कृतग्य नहिं कपट सयानी॥**

सभी दम्भरहित हैं, धर्मपरायण हैं और पुण्यात्मा हैं। पुरुष और स्त्री सभी चतुर और गुणवान् हैं। सभी गुणोंका आदर करनेवाले और पण्डित हैं तथा सभी ज्ञानी हैं। सभी कृतज्ञ (दूसरेके किये हुए उपकारको माननेवाले) हैं, कपट-चतुराई (धूर्तता) किसीमें नहीं है॥ ४॥

**दो०—राम राज नभगेस सुनु सचराचर जग माहिं।**
**काल कर्म सुभाव गुन कृत दुख काहुहि नाहिं॥ २१॥**

[काकभुशुण्डिजी कहते हैं—] हे पक्षिराज गरुड़जी! सुनिये। श्रीरामके राज्यमें जड़, चेतन सारे जगत्‌में काल, कर्म, स्वभाव और गुणोंसे उत्पन्न हुए दुःख किसीको भी नहीं होते (अर्थात् इनके बन्धनमें कोई नहीं है)॥ २१॥

**भूमि सप्त सागर मेखला। एक भूप रघुपति कोसला॥**
**भुअन अनेक रोम प्रति जासू। यह प्रभुता कछु बहुत न तासू॥**

अयोध्यामें श्रीरघुनाथजी सात समुद्रोंकी मेखला (करधनी)-वाली पृथ्वीके एकमात्र राजा हैं। जिनके एक-एक रोममें अनेकों ब्रह्माण्ड हैं, उनके लिये सात द्वीपोंकी यह प्रभुता कुछ अधिक नहीं है॥ १॥

**सो महिमा समुझत प्रभु केरी। यह बरनत हीनता घनेरी॥**
**सोउ महिमा खगेस जिन्ह जानी। फिरि एहिं चरित तिन्हहुँ रति मानी॥**

बल्कि प्रभुकी उस महिमाको समझ लेनेपर तो यह कहनेमें [कि वे सात समुद्रोंसे घिरी हुई सप्तद्वीपमयी पृथ्वीके एकच्छत्र सम्राट् हैं] उनकी बड़ी हीनता होती है। परन्तु हे गरुड़जी! जिन्होंने वह महिमा जान भी ली है, वे भी फिर इस लीलामें बड़ा प्रेम मानते हैं॥ २॥

**सोउ जाने कर फल यह लीला। कहहिं महा मुनिबर दमसीला॥**
**राम राज कर सुख संपदा। बरनि न सकइ फनीस सारदा॥**

क्योंकि उस महिमाको भी जाननेका फल यह लीला (इस लीलाका अनुभव) ही है, इन्द्रियोंका दमन करनेवाले श्रेष्ठ महामुनि ऐसा कहते हैं। रामराज्यकी सुख-सम्पत्तिका वर्णन शेषजी और सरस्वतीजी भी नहीं कर सकते॥ ३॥

**सब उदार सब पर उपकारी। बिप्र चरन सेवक नर नारी॥**
**एकनारि ब्रत रत सब झारी। ते मन बच क्रम पति हितकारी॥**

सभी नर-नारी उदार हैं, सभी परोपकारी हैं और सभी ब्राह्मणोंके चरणोंके सेवक हैं। सभी पुरुषमात्र एकपत्नीव्रती हैं। इसी प्रकार स्त्रियाँ भी मन, वचन और कर्मसे पतिका हित करनेवाली हैं॥ ४॥

**दो०—दंड जतिन्ह कर भेद जहँ नर्तक नृत्य समाज।**
**जीतहु मनहि सुनिअ अस रामचंद्र कें राज॥ २२॥**

श्रीरामचन्द्रजीके राज्यमें दण्ड केवल संन्यासियोंके हाथोंमें है और भेद नाचनेवालोंके नृत्यसमाजमें है और 'जीतो' शब्द केवल मनके जीतनेके लिये ही सुनायी पड़ता है (अर्थात् राजनीतिमें शत्रुओंको जीतने तथा चोर-डाकुओं आदिको दमन करनेके लिये साम, दान, दण्ड और भेद—ये चार उपाय किये जाते हैं। रामराज्यमें कोई शत्रु है ही नहीं, इसलिये 'जीतो' शब्द केवल मनके जीतनेके लिये ही कहा जाता है। कोई अपराध करता ही नहीं, इसलिये दण्ड किसीको नहीं होता; 'दण्ड' शब्द केवल संन्यासियोंके हाथमें रहनेवाले दण्डके लिये ही रह गया है। तथा सभी अनुकूल होनेके कारण भेदनीतिकी आवश्यकता ही नहीं रह गयी; 'भेद' शब्द केवल सुर-तालके भेदके लिये ही कामोंमें आता है।)॥ २२॥

**फूलहिं फरहिं सदा तरु कानन। रहहिं एक सँग गज पंचानन॥**
**खग मृग सहज बयरु बिसराई। सबन्हि परस्पर प्रीति बढ़ाई॥**

वनोंमें वृक्ष सदा फूलते और फलते हैं। हाथी और सिंह [वैर भूलकर] एक साथ रहते हैं। पक्षी और पशु सभीने स्वाभाविक वैर भुलाकर आपसमें प्रेम बढ़ा लिया है॥ १॥

**कूजहिं खग मृग नाना बृंदा। अभय चरहिं बन करहिं अनंदा॥**
**सीतल सुरभि पवन बह मंदा। गुंजत अलि लै चलि मकरंदा॥**

पक्षी कूजते (मीठी बोली बोलते) हैं, भाँति-भाँतिके पशुओंके समूह वनमें निर्भय विचरते और आनन्द करते हैं। शीतल, मन्द, सुगन्धित पवन चलता रहता है। भौंरे पुष्पोंका रस लेकर चलते हुए गुंजार करते जाते हैं॥ २॥

**लता बिटप मागें मधु चवहीं। मनभावतो धेनु पय स्त्रवहीं॥**
**ससि संपन्न सदा रह धरनी। त्रेताँ भइ कृतजुग कै करनी॥**

बेलें और वृक्ष माँगनेसे ही मधु (मकरन्द) टपका देते हैं। गौएँ मनचाहा दूध देती हैं। धरती सदा खेतीसे भरी रहती है। त्रेतामें सत्ययुगकी करनी (स्थिति) हो गयी॥ ३॥

**प्रगटीं गिरिन्ह बिबिधि मनि खानी। जगदातमा भूप जग जानी॥**
**सरिता सकल बहहिं बर बारी। सीतल अमल स्वाद सुखकारी॥**

समस्त जगत्के आत्मा भगवान्को जगत्का राजा जानकर पर्वतोंने अनेक प्रकारकी मणियोंकी खानें प्रकट कर दीं। सब नदियाँ श्रेष्ठ, शीतल, निर्मल और सुखप्रद स्वादिष्ट जल बहने लगीं॥ ४॥

**सागर निज मरजादाँ रहहीं। डारहिं रत्न तटन्हि नर लहहीं॥**
**सरसिज संकुल सकल तड़ागा। अति प्रसन्न दस दिसा बिभागा॥**

समुद्र अपनी मर्यादामें रहते हैं। वे लहरोंके द्वारा किनारोंपर रत्न डाल देते हैं, जिन्हें मनुष्य पा जाते हैं। सब तालाब कमलोंसे परिपूर्ण हैं। दसों दिशाओंके विभाग (अर्थात् सभी प्रदेश) अत्यन्त प्रसन्न हैं॥ ५॥

**दो०—बिधु महि पूर मयूखन्हि रबि तप जेतनेहि काज।**
**मागें बारिद देहिं जल रामचंद्र कें राज॥ २३॥**

श्रीरामचन्द्रजीके राज्यमें चन्द्रमा अपनी [अमृतमयी] किरणोंसे पृथ्वीको पूर्ण कर देते हैं। सूर्य उतना ही तपते हैं जितनेकी आवश्यकता होती है और मेघ माँगनेसे [जब जहाँ जितना चाहिये उतना ही] जल देते हैं॥ २३॥

**कोटिन्ह बाजिमेध प्रभु कीन्हे। दान अनेक द्विजन्ह कहँ दीन्हे॥**
**श्रुति पथ पालक धर्म धुरंधर। गुनातीत अरु भोग पुरंदर॥**

प्रभु श्रीरामजीने करोड़ों अश्वमेध यज्ञ किये और ब्राह्मणोंको अनेकों दान दिये। श्रीरामचन्द्रजी वेदमार्गके पालनेवाले, धर्मकी धुरीको धारण करनेवाले, [प्रकृतिजन्य सत्त्व, रज और तम] तीनों गुणोंसे अतीत और भोगों (ऐश्वर्य)-में इन्द्रके समान हैं॥ १॥

**पति अनुकूल सदा रह सीता। सोभा खानि सुसील बिनीता॥**
**जानति कृपासिंधु प्रभुताई। सेवति चरन कमल मन लाई॥**

शोभाकी खान, सुशील और विनम्र सीताजी सदा पतिके अनुकूल रहती हैं। वे कृपासागर श्रीरामजीकी प्रभुता (महिमा)-को जानती हैं और मन लगाकर उनके चरणकमलोंकी सेवा करती हैं॥ २॥

**जद्यपि गृहँ सेवक सेवकिनी। बिपुल सदा सेवा बिधि गुनी॥**
**निज कर गृह परिचरजा करई। रामचंद्र आयसु अनुसरई॥**

यद्यपि घरमें बहुत-से (अपार) दास और दासियाँ हैं और वे सभी सेवाकी विधिमें कुशल हैं, तथापि [स्वामीकी सेवाका महत्त्व जाननेवाली] श्रीसीताजी घरकी सब सेवा अपने ही हाथोंसे करती हैं और श्रीरामचन्द्रजीकी आज्ञाका अनुसरण करती हैं॥ ३॥

**जेहि बिधि कृपासिंधु सुख मानइ। सोइ कर श्री सेवा बिधि जानइ॥**
**कौसल्यादि सासु गृह माहीं। सेवइ सबन्हि मान मद नाहीं॥**

कृपासागर श्रीरामचन्द्रजी जिस प्रकारसे सुख मानते हैं, श्रीजी वही करती हैं; क्योंकि वे सेवाकी विधिको जाननेवाली हैं। घरमें कौसल्या आदि सभी सासुओंकी सीताजी सेवा करती हैं, उन्हें किसी बातका अभिमान और मद नहीं है॥ ४॥

**उमा रमा ब्रह्मादि बंदिता। जगदंबा संततमनिंदिता॥**

(शिवजी कहते हैं—) हे उमा! जगज्जननी रमा (सीताजी) ब्रह्मा आदि देवताओंसे वन्दित और सदा अनिन्दित (सर्वगुणसम्पन्न) हैं॥ ५॥

**दो०—जासु कृपा कटाच्छु सुर चाहत चितव न सोइ।**
**राम पदारबिंद रति करति सुभावहि खोइ॥ २४॥**

देवता जिनका कृपाकटाक्ष चाहते हैं, परन्तु वे उनकी ओर देखतीं भी नहीं, वे ही लक्ष्मीजी (जानकीजी) अपने [महामहिम] स्वभावको छोड़कर श्रीरामचन्द्रजीके चरणारविन्दमें प्रीति करती हैं॥ २४॥

**सेवहिं सानकूल सब भाई। राम चरन रति अति अधिकाई॥**
**प्रभु मुख कमल बिलोकत रहहीं। कबहुँ कृपाल हमहि कछु कहहीं॥**

सब भाई अनुकूल रहकर उनकी सेवा करते हैं। श्रीरामजीके चरणोंमें उनकी अत्यन्त अधिक प्रीति है। वे सदा प्रभुका मुखारविन्द ही देखते रहते हैं कि कृपालु श्रीरामजी कभी हमें कुछ सेवा करनेको कहें॥ १॥

**राम करहिं भ्रातन्ह पर प्रीती। नाना भाँति सिखावहिं नीती॥**
**हरषित रहहिं नगर के लोगा। करहिं सकल सुर दुर्लभ भोगा॥**

श्रीरामचन्द्रजी भी भाइयोंपर प्रेम करते हैं और उन्हें नाना प्रकारकी नीतियाँ सिखलाते हैं। नगरके लोग हर्षित रहते हैं और सब प्रकारके देवदुर्लभ (देवताओंको भी कठिनतासे प्राप्त होनेयोग्य) भोग भोगते हैं॥ २॥

**अहनिसि बिधिहि मनावत रहहीं। श्रीरघुबीर चरन रति चहहीं॥**
**दुइ सुत सुंदर सीताँ जाए। लव कुस बेद पुरानन्ह गाए॥**

वे दिन-रात ब्रह्माजीको मनाते रहते हैं और [उनसे] श्रीरघुवीरके चरणोंमें प्रीति चाहते हैं। सीताजीके लव और कुश—ये दो पुत्र उत्पन्न हुए, जिनका वेद-पुराणोंने वर्णन किया है॥ ३॥

**दोउ बिजई बिनई गुन मंदिर। हरि प्रतिबिंब मनहुँ अति सुंदर॥**
**दुइ दुइ सुत सब भ्रातन्ह केरे। भए रूप गुन सील घनेरे॥**

वे दोनों ही विजयी (विख्यात योद्धा), नम्र और गुणोंके धाम हैं और अत्यन्त सुन्दर हैं, मानो श्रीहरिके प्रतिबिम्ब ही हों। दो-दो पुत्र सभी भाइयोंके हुए, जो बड़े ही सुन्दर, गुणवान् और सुशील थे॥ ४॥

**दो०—ग्यान गिरा गोतीत अज माया मन गुन पार।**
**सोइ सच्चिदानंद घन कर नर चरित उदार॥ २५॥**

जो [बौद्धिक] ज्ञान, वाणी और इन्द्रियोंसे परे और अजन्मा हैं तथा माया, मन और गुणोंके परे हैं, वही सच्चिदानन्दघन भगवान् श्रेष्ठ नरलीला करते हैं॥ २५॥

**प्रातकाल सरऊ करि मज्जन। बैठहिं सभाँ संग द्विज सज्जन॥**
**बेद पुरान बसिष्ट बखानहिं। सुनहिं राम जद्यपि सब जानहिं॥**

प्रात:काल सरयूजीमें स्नान करके ब्राह्मणों और सज्जनोंके साथ सभामें बैठते हैं। वसिष्ठजी वेद और पुराणोंकी कथाएँ वर्णन करते हैं और श्रीरामजी सुनते हैं, यद्यपि वे सब जानते हैं॥ १॥

**अनुजन्ह संजुत भोजन करहीं। देखि सकल जननीं सुख भरहीं॥**
**भरत सत्रुहन दोनउ भाई। सहित पवनसुत उपबन जाई॥**

वे भाइयोंको साथ लेकर भोजन करते हैं। उन्हें देखकर सभी माताएँ आनन्दसे भर जाती हैं। भरतजी और शत्रुघ्नजी दोनों भाई हनुमान्‌जीसहित उपवनोंमें जाकर, ॥ २ ॥

**बूझहिं बैठि राम गुन गाहा। कह हनुमान सुमति अवगाहा॥**
**सुनत बिमल गुन अति सुख पावहिं। बहुरि बहुरि करि बिनय कहावहिं॥**

वहाँ बैठकर श्रीरामजीके गुणोंकी कथाएँ पूछते हैं और हनुमान्‌जी अपनी सुन्दर बुद्धिसे उन गुणोंमें गोता लगाकर उनका वर्णन करते हैं। श्रीरामचन्द्रजीके निर्मल गुणोंको सुनकर दोनों भाई अत्यन्त सुख पाते हैं और विनय करके बार-बार कहलवाते हैं॥ ३॥

**सब कें गृह गृह होहिं पुराना। रामचरित पावन बिधि नाना॥**
**नर अरु नारि राम गुन गानहिं। करहिं दिवस निसि जात न जानहिं॥**

सबके यहाँ घर-घरमें पुराणों और अनेक प्रकारके पवित्र रामचरित्रोंकी कथा होती है। पुरुष और स्त्री सभी श्रीरामचन्द्रजीका गुणगान करते हैं और इस आनन्दमें दिन-रातका बीतना भी नहीं जान पाते॥ ४॥

**दो०—अवधपुरी बासिन्ह कर सुख संपदा समाज।**
**सहस सेष नहिं कहि सकहिं जहँ नृप राम बिराज॥ २६॥**

जहाँ भगवान् श्रीरामचन्द्रजी स्वयं राजा होकर विराजमान हैं, उस अवधपुरीके निवासियोंके सुख-सम्पत्तिके समुदायका वर्णन हजारों शेषजी भी नहीं कर सकते॥ २६॥

**नारदादि सनकादि मुनीसा। दरसन लागि कोसलाधीसा॥**
**दिन प्रति सकल अजोध्या आवहिं। देखि नगरु बिरागु बिसरावहिं॥**

नारद आदि और सनक आदि मुनीश्वर सब कोसलराज श्रीरामजीके दर्शनके लिये प्रतिदिन अयोध्या आते हैं और उस [दिव्य] नगरको देखकर वैराग्य भुला देते हैं॥ १॥

**जातरूप मनि रचित अटारीं। नाना रंग रुचिर गच ढारीं॥**
**पुर चहुँ पास कोट अति सुंदर। रचे कँगूरा रंग रंग बर॥**

[दिव्य] स्वर्ण और रत्नोंसे बनी हुई अटारियाँ हैं। उनमें [मणि-रत्नोंकी] अनेक रंगोंकी सुन्दर ढली हुई फर्शें हैं। नगरके चारों ओर अत्यन्त सुन्दर परकोटा बना है, जिसपर सुन्दर रंग-बिरंगे कँगूरे बने हैं॥ २॥

**नव ग्रह निकर अनीक बनाई। जनु घेरी अमरावति आई॥**
**महि बहु रंग रचित गच काँचा। जो बिलोकि मुनिबर मन नाचा॥**

मानो नवग्रहोंने बड़ी भारी सेना बनाकर अमरावतीको आकर घेर लिया हो। पृथ्वी (सड़कों)-पर अनेकों रंगोंके (दिव्य) काँचों (रत्नों)-की गच बनायी (ढाली) गयी है, जिसे देखकर श्रेष्ठ मुनियोंके भी मन नाच उठते हैं॥ ३॥

**धवल धाम ऊपर नभ चुंबत। कलस मनहुँ रबि ससि दुति निंदत॥**
**बहु मनि रचित झरोखा भ्राजहिं। गृह गृह प्रति मनि दीप बिराजहिं॥**

उज्ज्वल महल ऊपर आकाशको चूम (छू) रहे हैं। महलोंपरके कलश [अपने दिव्य प्रकाशसे] मानो सूर्य, चन्द्रमाके प्रकाशकी भी निन्दा (तिरस्कार) करते हैं। [महलोंमें] बहुत-सी मणियोंसे रचे हुए झरोखे सुशोभित हैं और घर-घरमें मणियोंके दीपक शोभा पा रहे हैं॥ ४॥

**छं०—मनि दीप राजहिं भवन भ्राजहिं देहरीं बिद्रुम रची।**
**मनि खंभ भीति बिरंचि बिरची कनक मनि मरकत खची॥**
**सुंदर मनोहर मंदिरायत अजिर रुचिर फटिक रचे।**
**प्रति द्वार द्वार कपाट पुरट बनाइ बहु बज्रन्हि खचे॥**

घरोंमें मणियोंके दीपक शोभा दे रहे हैं। मूँगोंकी बनी हुई देहलियाँ चमक रही हैं। मणियों (रत्नों)-के खम्भे हैं। मरकतमणियों (पन्नों)-से जड़ी हुई सोनेकी दीवारें ऐसी सुन्दर हैं मानो ब्रह्माने खास तौरसे बनायी हों। महल सुन्दर, मनोहर और विशाल हैं। उनमें सुन्दर स्फटिकके आँगन बने हैं। प्रत्येक द्वारपर बहुत-से खरादे हुए हीरोंसे जड़े हुए सोनेके किंवाड़ हैं।

**दो०—चारु चित्रसाला गृह गृह प्रति लिखे बनाइ।**
**राम चरित जे निरख मुनि ते मन लेहिं चोराइ॥ २७॥**

घर-घरमें सुन्दर चित्रशालाएँ हैं, जिनमें श्रीरामजीके चरित्र बड़ी सुन्दरताके साथ सँवारकर अंकित किये हुए हैं। जिन्हें मुनि देखते हैं, तो वे उनके भी चित्तको चुरा लेते हैं॥ २७॥

**सुमन बाटिका सबहिं लगाईं। बिबिध भाँति करि जतन बनाईं॥**
**लता ललित बहु जाति सुहाईं। फूलहिं सदा बसंत कि नाईं॥**

सभी लोगोंने भिन्न-भिन्न प्रकारकी पुष्पोंकी वाटिकाएँ यत्न करके लगा रखी हैं, जिनमें बहुत जातियोंकी सुन्दर और ललित लताएँ सदा वसंतकी तरह फूलती रहती हैं॥ १॥

**गुंजत मधुकर मुखर मनोहर। मारुत त्रिबिधि सदा बह सुंदर॥**
**नाना खग बालकन्हि जिआए। बोलत मधुर उड़ात सुहाए॥**

भौंरे मनोहर स्वरसे गुंजार करते हैं। सदा तीनों प्रकारकी सुन्दर वायु बहती रहती है। बालकोंने बहुत-से पक्षी पाल रखे हैं, जो मधुर बोली बोलते हैं और उड़नेमें सुन्दर लगते हैं॥ २॥

**मोर हंस सारस पारावत। भवननि पर सोभा अति पावत॥**
**जहँ तहँ देखहिं निज परिछाहीं। बहु बिधि कूजहिं नृत्य कराहीं॥**

मोर, हंस, सारस और कबूतर घरोंके ऊपर बड़ी ही शोभा पाते हैं। वे पक्षी [मणियोंकी दीवारोंमें और छतमें] जहाँ-तहाँ अपनी परछाईं देखकर [वहाँ दूसरे पक्षी समझकर] बहुत प्रकारसे मधुर बोली बोलते और नृत्य करते हैं॥ ३॥

**सुक सारिका पढ़ावहिं बालक। कहहु राम रघुपति जनपालक॥**
**राज दुआर सकल बिधि चारू। बीथीं चौहट रुचिर बजारू॥**

बालक तोता-मैनाको पढ़ाते हैं कि कहो—'राम' 'रघुपति' 'जनपालक'। राजद्वार सब प्रकारसे सुन्दर है। गलियाँ, चौराहे और बाजार सभी सुन्दर हैं॥ ४॥

**छं०—बाजार रुचिर न बनइ बरनत बस्तु बिनु गथ पाइए।**
**जहँ भूप रमानिवास तहँ की संपदा किमि गाइए॥**
**बैठे बजाज सराफ बनिक अनेक मनहुँ कुबेर ते।**
**सब सुखी सब सच्चरित सुंदर नारि नर सिसु जरठ जे॥**

सुन्दर बाजार है, जो वर्णन करते नहीं बनता; वहाँ वस्तुएँ बिना ही मूल्य मिलती हैं। जहाँ स्वयं लक्ष्मीपति राजा हों, वहाँकी सम्पत्तिका वर्णन कैसे किया जाय? बजाज (कपड़ेका व्यापार करनेवाले), सराफ (रुपये-पैसेका लेन-देन करनेवाले) आदि वणिक् (व्यापारी) बैठे हुए ऐसे जान पड़ते हैं मानो अनेक कुबेर हों। स्त्री, पुरुष, बच्चे और बूढ़े जो भी हैं, सभी सुखी, सदाचारी और सुन्दर हैं।

**दो०—उत्तर दिसि सरजू बह निर्मल जल गंभीर।**
**बाँधे घाट मनोहर स्वल्प पंक नहिं तीर॥ २८॥**

नगरके उत्तर दिशामें सरयूजी बह रही हैं, जिनका जल निर्मल और गहरा है। मनोहर घाट बँधे हुए हैं, किनारेपर जरा भी कीचड़ नहीं है॥ २८॥

**दूरि फराक रुचिर सो घाटा। जहँ जल पिअहिं बाजि गज ठाटा॥**
**पनिघट परम मनोहर नाना। तहाँ न पुरुष करहिं अस्नाना॥**

अलग कुछ दूरीपर वह सुन्दर घाट है, जहाँ घोड़ों और हाथियोंके ठट्ट-के-ठट्ट जल पिया करते हैं। पानी भरनेके लिये बहुत-से [जनाने] घाट हैं, जो बड़े ही मनोहर हैं। वहाँ पुरुष स्नान नहीं करते॥ १॥

**राजघाट सब बिधि सुंदर बर। मज्जहिं तहाँ बरन चारिउ नर॥**
**तीर तीर देवन्ह के मंदिर। चहुँ दिसि तिन्ह के उपबन सुंदर॥**

राजघाट सब प्रकारसे सुन्दर और श्रेष्ठ है, जहाँ चारों वर्णोंके पुरुष स्नान करते हैं। सरयूजीके किनारे-किनारे देवताओंके मन्दिर हैं, जिनके चारों ओर सुन्दर उपवन (बगीचे) हैं॥ २॥

**कहुँ कहुँ सरिता तीर उदासी। बसहिं ग्यान रत मुनि संन्यासी॥**
**तीर तीर तुलसिका सुहाई। बृंद बृंद बहु मुनिन्ह लगाई॥**

नदीके किनारे कहीं-कहीं विरक्त और ज्ञानपरायण मुनि और संन्यासी निवास करते हैं। सरयूजीके किनारे-किनारे सुन्दर तुलसीजीके झुंड-के-झुंड बहुत-से पेड़ मुनियोंने लगा रखे हैं॥ ३॥

**पुर सोभा कछु बरनि न जाई। बाहेर नगर परम रुचिराई॥**
**देखत पुरी अखिल अघ भागा। बन उपबन बापिका तड़ागा॥**

नगरकी शोभा तो कुछ कही नहीं जाती। नगरके बाहर भी परम सुन्दरता है। श्रीअयोध्यापुरीके दर्शन करते ही सम्पूर्ण पाप भाग जाते हैं। [वहाँ] वन, उपवन, बावलियाँ और तालाब सुशोभित हैं॥ ४॥

**छं०—बापीं तड़ाग अनूप कूप मनोहरायत सोहहीं।**
**सोपान सुंदर नीर निर्मल देखि सुर मुनि मोहहीं॥**
**बहु रंग कंज अनेक खग कूजहिं मधुप गुंजारहीं।**
**आराम रम्य पिकादि खग रव जनु पथिक हंकारहीं॥**

अनुपम बावलियाँ, तालाब और मनोहर तथा विशाल कुएँ शोभा दे रहे हैं, जिनकी सुन्दर [रत्नोंकी] सीढ़ियाँ और निर्मल जल देखकर देवता और मुनितक मोहित हो जाते हैं। [तालाबोंमें] अनेक रंगोंके कमल खिल रहे हैं, अनेकों पक्षी कूज रहे हैं और भौंरे गुंजार कर रहे हैं। [परम] रमणीय बगीचे कोयल आदि पक्षियोंकी [सुन्दर बोलीसे] मानो राह चलनेवालोंको बुला रहे हैं।

**दो०—रमानाथ जहँ राजा सो पुर बरनि कि जाइ।**
**अनिमादिक सुख संपदा रहीं अवध सब छाइ॥ २९॥**

स्वयं लक्ष्मीपति भगवान् जहाँ राजा हों, उस नगरका कहीं वर्णन किया जा सकता है? अणिमा आदि आठों सिद्धियाँ और समस्त सुख-सम्पत्तियाँ अयोध्यामें छा रही हैं॥ २९॥

**जहँ तहँ नर रघुपति गुन गावहिं। बैठि परसपर इहइ सिखावहिं॥**
**भजहु प्रनत प्रतिपालक रामहि। सोभा सील रूप गुन धामहि॥**

लोग जहाँ-तहाँ श्रीरघुनाथजीके गुण गाते हैं और बैठकर एक-दूसरेको यही सीख देते हैं कि शरणागतका पालन करनेवाले श्रीरामजीको भजो; शोभा, शील, रूप और गुणोंके धाम श्रीरघुनाथजीको भजो॥ १॥

**जलज बिलोचन स्यामल गातहि। पलक नयन इव सेवक त्रातहि॥**
**धृत सर रुचिर चाप तूनीरहि। संत कंज बन रबि रनधीरहि॥**

कमलनयन और साँवले शरीरवालेको भजो। पलक जिस प्रकार नेत्रोंकी रक्षा करते हैं उसी प्रकार अपने सेवकोंकी रक्षा करनेवालेको भजो। सुन्दर बाण, धनुष और तरकस धारण करनेवालेको भजो। संतरूपी कमलवनके [खिलानेके] लिये सूर्यरूप रणधीर श्रीरामजीको भजो॥ २॥

**काल कराल ब्याल खगराजहि। नमत राम अकाम ममता जहि॥**
**लोभ मोह मृगजूथ किरातहि। मनसिज करि हरि जन सुखदातहि॥**

कालरूपी भयानक सर्पके भक्षण करनेवाले श्रीरामरूप गरुड़जीको भजो। निष्कामभावसे प्रणाम करते ही ममताका नाश कर देनेवाले श्रीरामजीको भजो। लोभ-मोहरूपी हरिनोंके समूहके नाश करनेवाले श्रीरामरूप किरातको भजो। कामदेवरूपी हाथीके लिये सिंहरूप तथा सेवकोंको सुख देनेवाले श्रीरामजीको भजो॥ ३॥

**संसय सोक निबिड़ तम भानुहि। दनुज गहन घन दहन कृसानुहि॥**
**जनकसुता समेत रघुबीरहि। कस न भजहु भंजन भव भीरहि॥**

संशय और शोकरूपी घने अन्धकारके नाश करनेवाले श्रीरामरूप सूर्यको भजो। राक्षसरूपी घने वनको जलानेवाले श्रीरामरूप अग्निको भजो। जन्म-मृत्युके भयको नाश करनेवाले श्रीजानकीजीसमेत श्रीरघुवीरको क्यों नहीं भजते?॥ ४॥

**बहु बासना मसक हिम रासिहि। सदा एकरस अज अबिनासिहि॥**
**मुनि रंजन भंजन महि भारहि। तुलसिदास के प्रभुहि उदारहि॥**

बहुत-सी वासनाओंरूपी मच्छरोंको नाश करनेवाले श्रीरामरूप हिमराशि (बर्फके ढेर)-को भजो। नित्य एकरस, अजन्मा और अविनाशी श्रीरघुनाथजीको भजो। मुनियोंको आनन्द देनेवाले, पृथ्वीका भार उतारनेवाले और तुलसीदासके उदार (दयालु) स्वामी श्रीरामजीको भजो॥ ५॥

**दो०—एहि बिधि नगर नारि नर करहिं राम गुन गान।**
**सानुकूल सब पर रहहिं संतत कृपानिधान॥ ३०॥**

इस प्रकार नगरके स्त्री-पुरुष श्रीरामजीका गुणगान करते हैं और कृपानिधान श्रीरामजी सदा सबपर अत्यन्त प्रसन्न रहते हैं॥ ३०॥

**जब ते राम प्रताप खगेसा। उदित भयउ अति प्रबल दिनेसा॥**
**पूरि प्रकास रहेउ तिहुँ लोका। बहुतेन्ह सुख बहुतन मन सोका॥**

[काकभुशुण्डिजी कहते हैं—] हे पक्षिराज गरुड़जी! जबसे रामप्रतापरूपी अत्यन्त प्रचण्ड सूर्य उदित हुआ, तबसे तीनों लोकोंमें पूर्ण प्रकाश भर गया है। इससे बहुतोंको सुख और बहुतोंके मनमें शोक हुआ॥ १॥

**जिन्हहि सोक ते कहउँ बखानी। प्रथम अबिद्या निसा नसानी॥**
**अघ उलूक जहँ तहाँ लुकाने। काम क्रोध कैरव सकुचाने॥**

जिन-जिनको शोक हुआ, उन्हें मैं बखानकर कहता हूँ। [सर्वत्र प्रकाश छा जानेसे] पहले तो अविद्यारूपी रात्रि नष्ट हो गयी। पापरूपी उल्लू जहाँ-तहाँ छिप गये और काम-क्रोधरूपी कुमुद मुँद गये॥ २॥

**बिबिध कर्म गुन काल सुभाऊ। ए चकोर सुख लहहिं न काऊ॥**
**मत्सर मान मोह मद चोरा। इन्ह कर हुनर न कवनिहुँ ओरा॥**

भाँति-भाँतिके [बन्धनकारक] कर्म, गुण, काल और स्वभाव—ये चकोर हैं, जो [रामप्रतापरूपी सूर्यके प्रकाशमें] कभी सुख नहीं पाते। मत्सर (डाह), मान, मोह और मदरूपी जो चोर हैं, उनका हुनर (कला) भी किसी ओर नहीं चल पाता॥ ३॥

**धरम तड़ाग ग्यान बिग्याना। ए पंकज बिकसे बिधि नाना॥**
**सुख संतोष बिराग बिबेका। बिगत सोक ए कोक अनेका॥**

धर्मरूपी तालाबमें ज्ञान, विज्ञान—ये अनेकों प्रकारके कमल खिल उठे। सुख, संतोष, वैराग्य और विवेक—ये अनेकों चकवे शोकरहित हो गये॥ ४॥

**दो०—यह प्रताप रबि जाकें उर जब करइ प्रकास।**
**पछिले बाढ़हिं प्रथम जे कहे ते पावहिं नास॥ ३१॥**

यह श्रीरामप्रतापरूपी सूर्य जिसके हृदयमें जब प्रकाश करता है, तब जिनका वर्णन पीछेसे किया गया है, वे (धर्म, ज्ञान, विज्ञान, सुख, सन्तोष, वैराग्य और विवेक) बढ़ जाते हैं और जिनका वर्णन पहले किया गया है, वे (अविद्या, पाप, काम, क्रोध, कर्म, काल, गुण, स्वभाव आदि) नाशको प्राप्त होते (नष्ट हो जाते) हैं॥ ३१॥

**भ्रातन्ह सहित रामु एक बारा। संग परम प्रिय पवनकुमारा॥**
**सुंदर उपबन देखन गए। सब तरु कुसुमित पल्लव नए॥**

एक बार भाइयोंसहित श्रीरामचन्द्रजी परम प्रिय हनुमान्‌जीको साथ लेकर सुन्दर उपवन देखने गये। वहाँके सब वृक्ष फूले हुए और नये पत्तोंसे युक्त थे॥ १॥

**जानि समय सनकादिक आए। तेज पुंज गुन सील सुहाए॥**
**ब्रह्मानंद सदा लयलीना। देखत बालक बहुकालीना॥**

सुअवसर जानकर सनकादि मुनि आये, जो तेजके पुंज, सुन्दर गुण और शीलसे युक्त तथा सदा ब्रह्मानन्दमें लवलीन रहते हैं। देखनेमें तो वे बालक लगते हैं, परन्तु हैं बहुत समयके॥ २॥

**रूप धरें जनु चारिउ बेदा। समदरसी मुनि बिगत बिभेदा॥**
**आसा बसन ब्यसन यह तिन्हहीं। रघुपति चरित होइ तहँ सुनहीं॥**

मानो चारों वेद ही बालकरूप धारण किये हों। वे मुनि समदर्शी और भेदरहित हैं। दिशाएँ ही उनके वस्त्र हैं। उनके एक ही व्यसन है कि जहाँ श्रीरघुनाथजीकी चरित्र-कथा होती है वहाँ जाकर वे उसे अवश्य सुनते हैं॥ ३॥

**तहाँ रहे सनकादि भवानी। जहँ घटसंभव मुनिबर ग्यानी॥**
**राम कथा मुनिबर बहु बरनी। ग्यान जोनि पावक जिमि अरनी॥**

[शिवजी कहते हैं—] हे भवानी! सनकादि मुनि वहाँ गये थे (वहींसे चले आ रहे थे) जहाँ ज्ञानी मुनिश्रेष्ठ श्रीअगस्त्यजी रहते थे। श्रेष्ठ मुनिने श्रीरामजीकी बहुत-सी कथाएँ वर्णन की थीं, जो ज्ञान उत्पन्न करनेमें उसी प्रकार समर्थ हैं, जैसे अरणि लकड़ीसे अग्नि उत्पन्न होती है॥ ४॥

**दो०—देखि राम मुनि आवत हरषि दंडवत कीन्ह।**
**स्वागत पूँछि पीत पट प्रभु बैठन कहँ दीन्ह॥ ३२॥**

सनकादि मुनियोंको आते देखकर श्रीरामचन्द्रजीने हर्षित होकर दण्डवत् की और स्वागत (कुशल) पूछकर प्रभुने [उनके] बैठनेके लिये अपना पीताम्बर बिछा दिया॥ ३२॥

**कीन्ह दंडवत तीनिउँ भाई। सहित पवनसुत सुख अधिकाई॥**
**मुनि रघुपति छबि अतुल बिलोकी। भए मगन मन सके न रोकी॥**

फिर हनुमान्‌जीसहित तीनों भाइयोंने दण्डवत् की, सबको बड़ा सुख हुआ। मुनि श्रीरघुनाथजीकी अतुलनीय छबि देखकर उसीमें मग्न हो गये। वे मनको रोक न सके॥ १॥

**स्यामल गात सरोरुह लोचन। सुंदरता मंदिर भव मोचन॥**
**एकटक रहे निमेष न लावहिं। प्रभु कर जोरें सीस नवावहिं॥**

वे जन्म-मृत्यु [के चक्र]-से छुड़ानेवाले, श्यामशरीर, कमलनयन, सुन्दरताके धाम श्रीरामजीको टकटकी लगाये देखते ही रह गये, पलक नहीं मारते। और प्रभु हाथ जोड़े सिर नवा रहे हैं॥ २॥

**तिन्ह कै दसा देखि रघुबीरा। स्त्रवत नयन जल पुलक सरीरा॥**
**कर गहि प्रभु मुनिबर बैठारे। परम मनोहर बचन उचारे॥**

उनकी [प्रेमविह्वल] दशा देखकर [उन्हींकी भाँति] श्रीरघुनाथजीके नेत्रोंसे भी [प्रेमाश्रुओंका] जल बहने लगा और शरीर पुलकित हो गया। तदनन्तर प्रभुने हाथ पकड़कर श्रेष्ठ मुनियोंको बैठाया और परम मनोहर वचन कहे—॥ ३॥

**आजु धन्य मैं सुनहु मुनीसा। तुम्हरें दरस जाहिं अघ खीसा॥**
**बड़े भाग पाइब सतसंगा। बिनहिं प्रयास होहिं भवभंगा॥**

हे मुनीश्वरो! सुनिये, आज मैं धन्य हूँ। आपके दर्शनोंहीसे [सारे] पाप नष्ट हो जाते हैं। बड़े ही भाग्यसे सत्संगकी प्राप्ति होती है, जिससे बिना ही परिश्रम जन्म-मृत्युका चक्र नष्ट हो जाता है॥ ४॥

**दो०—संत संग अपबर्ग कर कामी भव कर पंथ।**
**कहहिं संत कबि कोबिद श्रुति पुरान सदग्रंथ॥ ३३॥**

संतका संग मोक्ष (भव-बन्धनसे छूटने)-का और कामीका संग जन्म-मृत्युके बन्धनमें पड़नेका मार्ग है। संत, कवि और पण्डित तथा वेद, पुराण [आदि] सभी सद्ग्रन्थ ऐसा कहते हैं॥ ३३॥

**सुनि प्रभु बचन हरषि मुनि चारी। पुलकित तन अस्तुति अनुसारी॥**
**जय भगवंत अनंत अनामय। अनघ अनेक एक करुनामय॥**

प्रभुके वचन सुनकर चारों मुनि हर्षित होकर, पुलकित शरीरसे स्तुति करने लगे—हे भगवन्! आपकी जय हो। आप अन्तरहित, विकाररहित, पापरहित, अनेक (सब रूपोंमें प्रकट), एक (अद्वितीय) और करुणामय हैं॥ १॥

**जय निर्गुन जय जय गुन सागर। सुख मंदिर सुंदर अति नागर॥**
**जय इंदिरा रमन जय भूधर। अनुपम अज अनादि सोभाकर॥**

हे निर्गुण! आपकी जय हो। हे गुणके समुद्र! आपकी जय हो, जय हो। आप सुखके धाम, [अत्यन्त] सुन्दर और अति चतुर हैं। हे लक्ष्मीपति! आपकी जय हो। हे पृथ्वीके धारण करनेवाले! आपकी जय हो। आप उपमारहित, अजन्मा, अनादि और शोभाकी खान हैं॥ २॥

**ग्यान निधान अमान मानप्रद। पावन सुजस पुरान बेद बद॥**
**तग्य कृतग्य अग्यता भंजन। नाम अनेक अनाम निरंजन॥**

आप ज्ञानके भण्डार, [स्वयं] मानरहित और [दूसरोंको] मान देनेवाले हैं। वेद और पुराण आपका पावन सुन्दर यश गाते हैं। आप तत्त्वके जाननेवाले, की हुई सेवाको माननेवाले और अज्ञानका नाश करनेवाले हैं। हे निरंजन (मायारहित)! आपके अनेकों (अनन्त) नाम हैं और कोई नाम नहीं है (अर्थात् आप सब नामोंके परे हैं)॥ ३॥

**सर्ब सर्बगत सर्ब उरालय। बससि सदा हम कहुँ परिपालय॥**
**द्वंद बिपति भव फंद बिभंजय। हृदि बसि राम काम मद गंजय॥**

आप सर्वरूप हैं, सबमें व्याप्त हैं और सबके हृदयरूपी घरमें सदा निवास करते हैं; [अतः] आप हमारा परिपालन कीजिये। [राग-द्वेष, अनुकूलता-प्रतिकूलता, जन्म-मृत्यु आदि] द्वन्द्व, विपत्ति और जन्म-मृत्युके जालको काट दीजिये। हे रामजी! आप हमारे हृदयमें बसकर काम और मदका नाश कर दीजिये॥ ४॥

**दो०—परमानंद कृपायतन मन परिपूरन काम।**
**प्रेम भगति अनपायनी देहु हमहि श्रीराम॥ ३४॥**

आप परमानन्दस्वरूप, कृपाके धाम और मनकी कामनाओंको परिपूर्ण करनेवाले हैं। हे श्रीरामजी! हमको अपनी अविचल प्रेमा-भक्ति दीजिये॥ ३४॥

**देहु भगति रघुपति अति पावनि। त्रिबिधि ताप भव दाप नसावनि॥**
**प्रनत काम सुरधेनु कलपतरु। होइ प्रसन्न दीजै प्रभु यह बरु॥**

हे रघुनाथजी! आप हमें अपनी अत्यन्त पवित्र करनेवाली और तीनों प्रकारके तापों और जन्म-मरणके क्लेशोंका नाश करनेवाली भक्ति दीजिये। हे शरणागतोंकी कामना पूर्ण करनेके लिये कामधेनु और कल्पवृक्षरूप प्रभो! प्रसन्न होकर हमें यही वर दीजिये॥ १॥

**भव बारिधि कुंभज रघुनायक। सेवत सुलभ सकल सुख दायक॥**
**मन संभव दारुन दुख दारय। दीनबंधु समता बिस्तारय॥**

हे रघुनाथजी! आप जन्म-मृत्युरूप समुद्रको सोखनेके लिये अगस्त्य मुनिके समान हैं। आप सेवा करनेमें सुलभ हैं तथा सब सुखोंके देनेवाले हैं। हे दीनबन्धो! मनसे उत्पन्न दारुण दुःखोंका नाश कीजिये और [हममें] समदृष्टिका विस्तार कीजिये॥ २॥

**आस त्रास इरिषादि निवारक। बिनय बिबेक बिरति बिस्तारक॥**
**भूप मौलि मनि मंडन धरनी। देहि भगति संसृति सरि तरनी॥**

आप [विषयोंकी] आशा, भय और ईर्ष्या आदिके निवारण करनेवाले हैं तथा विनय, विवेक और वैराग्यके विस्तार करनेवाले हैं। हे राजाओंके शिरोमणि एवं पृथ्वीके भूषण श्रीरामजी! संसृति (जन्म-मृत्युके प्रवाह)-रूपी नदीके लिये नौकारूप अपनी भक्ति प्रदान कीजिये॥ ३॥

**मुनि मन मानस हंस निरंतर। चरन कमल बंदित अज संकर॥**
**रघुकुल केतु सेतु श्रुति रच्छक। काल करम सुभाउ गुन भच्छक॥**

हे मुनियोंके मनरूपी मानसरोवरमें निरन्तर निवास करनेवाले हंस! आपके चरणकमल ब्रह्माजी और शिवजीके द्वारा वन्दित हैं। आप रघुकुलके केतु, वेदमर्यादाके रक्षक और काल, कर्म, स्वभाव तथा गुण [रूप बन्धनों]-के भक्षक (नाशक) हैं॥ ४॥

**तारन तरन हरन सब दूषन। तुलसिदास प्रभु त्रिभुवन भूषन॥**

आप तरन-तारन (स्वयं तरे हुए और दूसरोंको तारनेवाले) तथा सब दोषोंको हरनेवाले हैं। तीनों लोकोंके विभूषण आप ही तुलसीदासके स्वामी हैं॥ ५॥

**दो०—बार बार अस्तुति करि प्रेम सहित सिरु नाइ।**
**ब्रह्म भवन सनकादि गे अति अभीष्ट बर पाइ॥ ३५॥**

प्रेमसहित बार-बार स्तुति करके और सिर नवाकर तथा अपना अत्यन्त मनचाहा वर पाकर सनकादि मुनि ब्रह्मलोकको गये॥ ३५॥

**सनकादिक बिधि लोक सिधाए। भ्रातन्ह राम चरन सिर नाए॥**
**पूछत प्रभुहि सकल सकुचाहीं। चितवहिं सब मारुतसुत पाहीं॥**

सनकादि मुनि ब्रह्मलोकको चले गये। तब भाइयोंने श्रीरामजीके चरणोंमें सिर नवाया। सब भाई प्रभुसे पूछते सकुचाते हैं। [इसलिये] सब हनुमान्‌जीकी ओर देख रहे हैं॥ १॥

**सुनी चहहिं प्रभु मुख कै बानी। जो सुनि होइ सकल भ्रम हानी॥**
**अंतरजामी प्रभु सभ जाना। बूझत कहहु काह हनुमाना॥**

वे प्रभुके श्रीमुखकी वाणी सुनना चाहते हैं, जिसे सुनकर सारे भ्रमोंका नाश हो जाता है। अन्तर्यामी प्रभु सब जान गये और पूछने लगे—कहो हनुमान्! क्या बात है?॥ २॥

**जोरि पानि कह तब हनुमंता। सुनहु दीनदयाल भगवंता॥**
**नाथ भरत कछु पूँछन चहहीं। प्रस्न करत मन सकुचत अहहीं॥**

तब हनुमान्‌जी हाथ जोड़कर बोले—हे दीनदयालु भगवान्! सुनिये। हे नाथ! भरतजी कुछ पूछना चाहते हैं, पर प्रश्न करते मनमें सकुचा रहे हैं॥ ३॥

**तुम्ह जानहु कपि मोर सुभाऊ। भरतहि मोहि कछु अंतर काऊ॥**
**सुनि प्रभु बचन भरत गहे चरना। सुनहु नाथ प्रनतारति हरना॥**

[भगवान्‌ने कहा—] हनुमान्! तुम तो मेरा स्वभाव जानते ही हो। भरतके और मेरे बीचमें कभी भी कोई अन्तर (भेद) है? प्रभुके वचन सुनकर भरतजीने उनके चरण पकड़ लिये [और कहा—] हे नाथ! हे शरणागतके दुःखोंको हरनेवाले! सुनिये॥ ४॥

**दो०—नाथ न मोहि संदेह कछु सपनेहुँ सोक न मोह।**
**केवल कृपा तुम्हारिहि कृपानंद संदोह॥ ३६॥**

हे नाथ! न तो मुझे कुछ सन्देह है और न स्वप्नमें भी शोक और मोह है। हे कृपा और आनन्दके समूह! यह केवल आपकी ही कृपाका फल है॥ ३६॥

**करउँ कृपानिधि एक ढिठाई। मैं सेवक तुम्ह जन सुखदाई॥**
**संतन्ह कै महिमा रघुराई। बहु बिधि बेद पुरानन्ह गाई॥**

तथापि हे कृपानिधान! मैं आपसे एक धृष्टता करता हूँ। मैं सेवक हूँ और आप सेवकको सुख देनेवाले हैं [इससे मेरी धृष्टताको क्षमा कीजिये और मेरे प्रश्नका उत्तर देकर सुख दीजिये]। हे रघुनाथजी! वेद-पुराणोंने संतोंकी महिमा बहुत प्रकारसे गायी है॥ १॥

**श्रीमुख तुम्ह पुनि कीन्हि बड़ाई। तिन्ह पर प्रभुहि प्रीति अधिकाई॥**
**सुना चहउँ प्रभु तिन्ह कर लच्छन। कृपासिंधु गुन ग्यान बिचच्छन॥**

आपने भी अपने श्रीमुखसे उनकी बड़ाई की है और उनपर प्रभु (आप)-का प्रेम भी बहुत है। हे प्रभो! मैं उनके लक्षण सुनना चाहता हूँ। आप कृपाके समुद्र हैं और गुण तथा ज्ञानमें अत्यन्त निपुण हैं॥ २॥

**संत असंत भेद बिलगाई। प्रनतपाल मोहि कहहु बुझाई॥**
**संतन्ह के लच्छन सुनु भ्राता। अगनित श्रुति पुरान बिख्याता॥**

हे शरणागतका पालन करनेवाले! संत और असंतके भेद अलग-अलग करके मुझको समझाकर कहिये। [श्रीरामजीने कहा—] हे भाई! संतोंके लक्षण (गुण) असंख्य हैं, जो वेद और पुराणोंमें प्रसिद्ध हैं॥ ३॥

**संत असंतन्हि कै असि करनी। जिमि कुठार चंदन आचरनी॥**
**काटइ परसु मलय सुनु भाई। निज गुन देइ सुगंध बसाई॥**

संत और असंतोंकी करनी ऐसी है जैसे कुल्हाड़ी और चन्दनका आचरण होता है। हे भाई! सुनो, कुल्हाड़ी चन्दनको काटती है [क्योंकि उसका स्वभाव या काम ही वृक्षोंको काटना है]; किन्तु चन्दन [अपने स्वभाववश] अपना गुण देकर उसे (काटनेवाली कुल्हाड़ीको) सुगन्धसे सुवासित कर देता है॥ ४॥

**दो०—ताते सुर सीसन्ह चढ़त जग बल्लभ श्रीखंड।**
**अनल दाहि पीटत घनहिं परसु बदन यह दंड॥ ३७॥**

इसी गुणके कारण चन्दन देवताओंके सिरोंपर चढ़ता है और जगत्‌का प्रिय हो रहा है और कुल्हाड़ीके मुखको यह दण्ड मिलता है कि उसको आगमें जलाकर फिर घनसे पीटते हैं॥ ३७॥

**बिषय अलंपट सील गुनाकर। पर दुख दुख सुख सुख देखे पर॥**
**सम अभूतरिपु बिमद बिरागी। लोभामरष हरष भय त्यागी॥**

संत विषयोंमें लम्पट (लिप्त) नहीं होते, शील और सद्‌गुणोंकी खान होते हैं। उन्हें पराया दुःख देखकर दुःख और सुख देखकर सुख होता है। वे [सबमें, सर्वत्र, सब समय] समता रखते हैं, उनके मन कोई उनका शत्रु नहीं है, वे मदसे रहित और वैराग्यवान् होते हैं तथा लोभ, क्रोध, हर्ष और भयका त्याग किये हुए रहते हैं॥ १॥

**कोमलचित दीनन्ह पर दाया। मन बच क्रम मम भगति अमाया॥**
**सबहि मानप्रद आपु अमानी। भरत प्रान सम मम ते प्रानी॥**

उनका चित्त बड़ा कोमल होता है। वे दीनोंपर दया करते हैं तथा मन, वचन और कर्मसे मेरी निष्कपट (विशुद्ध) भक्ति करते हैं। सबको सम्मान देते हैं, पर स्वयं मानरहित होते हैं। हे भरत! वे प्राणी (संतजन) मेरे प्राणोंके समान हैं॥ २॥

**बिगत काम मम नाम परायन। सांति बिरति बिनती मुदितायन॥**
**सीतलता सरलता मयत्री। द्विज पद प्रीति धर्म जनयत्री॥**

उनको कोई कामना नहीं होती। वे मेरे नामके परायण होते हैं। शान्ति, वैराग्य, विनय और प्रसन्नताके घर होते हैं। उनमें शीतलता, सरलता, सबके प्रति मित्रभाव और ब्राह्मणके चरणोंमें प्रीति होती है, जो धर्मोंको उत्पन्न करनेवाली है॥ ३॥

**ए सब लच्छन बसहिं जासु उर। जानेहु तात संत संतत फुर॥**
**सम दम नियम नीति नहिं डोलहिं। परुष बचन कबहूँ नहिं बोलहिं॥**

हे तात! ये सब लक्षण जिसके हृदयमें बसते हों, उसको सदा सच्चा संत जानना। जो शम (मनके निग्रह), दम (इन्द्रियोंके निग्रह), नियम और नीतिसे कभी विचलित नहीं होते और मुखसे कभी कठोर वचन नहीं बोलते;॥ ४॥

**दो०—निंदा अस्तुति उभय सम ममता मम पद कंज।**
**ते सज्जन मम प्रानप्रिय गुन मंदिर सुखपुंज॥ ३८॥**

जिन्हें निन्दा और स्तुति (बड़ाई) दोनों समान हैं और मेरे चरणकमलोंमें जिनकी ममता है, वे गुणोंके धाम और सुखकी राशि संतजन मुझे प्राणोंके समान प्रिय हैं॥ ३८॥

**सुनहु असंतन्ह केर सुभाऊ। भूलेहुँ संगति करिअ न काऊ॥**
**तिन्ह कर संग सदा दुखदाई। जिमि कपिलहि घालइ हरहाई॥**

अब असंतों (दुष्टों)-का स्वभाव सुनो; कभी भूलकर भी उनकी संगति नहीं करनी चाहिये। उनका संग सदा दुःख देनेवाला होता है। जैसे हरहाई (बुरी जातिकी) गाय कपिला (सीधी और दुधार) गायको अपने संगसे नष्ट कर डालती है॥ १॥

**खलन्ह हृदयँ अति ताप बिसेषी। जरहिं सदा पर संपति देखी॥**
**जहँ कहुँ निंदा सुनहिं पराई। हरषहिं मनहुँ परी निधि पाई॥**

दुष्टोंके हृदयमें बहुत अधिक संताप रहता है। वे परायी सम्पत्ति (सुख) देखकर सदा जलते रहते हैं। वे जहाँ कहीं दूसरेकी निन्दा सुन पाते हैं, वहाँ ऐसे हर्षित होते हैं मानो रास्तेमें पड़ी निधि (खजाना) पा ली हो॥ २॥

**काम क्रोध मद लोभ परायन। निर्दय कपटी कुटिल मलायन॥**
**बयरु अकारन सब काहू सों। जो कर हित अनहित ताहू सों॥**

वे काम, क्रोध, मद और लोभके परायण तथा निर्दयी, कपटी, कुटिल और पापोंके घर होते हैं। वे बिना ही कारण सब किसीसे वैर किया करते हैं। जो भलाई करता है उसके साथ भी बुराई करते हैं॥ ३॥

**झूठइ लेना झूठइ देना। झूठइ भोजन झूठ चबेना॥**
**बोलहिं मधुर बचन जिमि मोरा। खाइ महा अहि हृदय कठोरा॥**

उनका झूठा ही लेना और झूठा ही देना होता है। झूठा ही भोजन होता है और झूठा ही चबेना होता है (अर्थात् वे लेने-देनेके व्यवहारमें झूठका आश्रय लेकर दूसरोंका हक मार लेते हैं अथवा झूठी डींग हाँका करते हैं कि हमने लाखों रुपये ले लिये, करोड़ोंका दान कर दिया। इसी प्रकार खाते हैं चनेकी रोटी और कहते हैं कि आज खूब माल खाकर आये। अथवा चबेना चबाकर रह जाते हैं और कहते हैं हमें बढ़िया भोजनसे वैराग्य है, इत्यादि। मतलब यह कि वे सभी बातोंमें झूठ ही बोला करते हैं।) जैसे मोर [बहुत मीठा बोलता है, परन्तु उस]-का हृदय ऐसा कठोर होता है कि वह महान् विषैले साँपोंको भी खा जाता है। वैसे ही वे भी ऊपरसे मीठे वचन बोलते हैं [परन्तु हृदयके बड़े ही निर्दयी होते हैं]॥ ४॥

**दो०—पर द्रोही पर दार रत पर धन पर अपबाद।**
**ते नर पाँवर पापमय देह धरें मनुजाद॥ ३९॥**

वे दूसरोंसे द्रोह करते हैं और परायी स्त्री, पराये धन तथा परायी निन्दामें आसक्त रहते हैं। वे पामर और पापमय मनुष्य नर-शरीर धारण किये हुए राक्षस ही हैं॥ ३९॥

**लोभइ ओढ़न लोभइ डासन। सिस्नोदर पर जमपुर त्रास न॥**
**काहू की जौं सुनहिं बड़ाई। स्वास लेहिं जनु जूड़ी आई॥**

लोभ ही उनका ओढ़ना और लोभ ही बिछौना होता है (अर्थात् लोभहीसे वे सदा घिरे हुए रहते हैं)। वे पशुओंके समान आहार और मैथुनके ही परायण होते हैं, उन्हें यमपुरका भय नहीं लगता। यदि किसीकी बड़ाई सुन पाते हैं, तो वे ऐसी [दुःखभरी] साँस लेते हैं मानो उन्हें जूड़ी आ गयी हो॥ १॥

**जब काहू कै देखहिं बिपती। सुखी भए मानहुँ जग नृपती॥**
**स्वारथ रत परिवार बिरोधी। लंपट काम लोभ अति क्रोधी॥**

और जब किसीकी विपत्ति देखते हैं, तब ऐसे सुखी होते हैं मानो जगत्भरके राजा हो गये हों। वे स्वार्थपरायण, परिवारवालोंके विरोधी, काम और लोभके कारण लम्पट और अत्यन्त क्रोधी होते हैं॥ २॥

**मातु पिता गुर बिप्र न मानहिं। आपु गए अरु घालहिं आनहिं॥**
**करहिं मोह बस द्रोह परावा। संत संग हरि कथा न भावा॥**

वे माता, पिता, गुरु और ब्राह्मण किसीको नहीं मानते। आप तो नष्ट हुए ही रहते हैं, [साथ ही अपने संगसे] दूसरोंको भी नष्ट करते हैं। मोहवश दूसरोंसे द्रोह करते हैं। उन्हें न संतोंका संग अच्छा लगता है, न भगवान्‌की कथा ही सुहाती है॥ ३॥

**अवगुन सिंधु मंदमति कामी। बेद बिदूषक परधन स्वामी॥**
**बिप्र द्रोह पर द्रोह बिसेषा। दंभ कपट जियँ धरें सुबेषा॥**

वे अवगुणोंके समुद्र, मन्दबुद्धि, कामी (रागयुक्त), वेदोंके निन्दक और जबर्दस्ती पराये धनके स्वामी (लूटनेवाले) होते हैं। वे दूसरोंसे द्रोह तो करते ही हैं; परन्तु ब्राह्मण-द्रोह विशेषतासे करते हैं। उनके हृदयमें दम्भ और कपट भरा रहता है, परन्तु वे [ऊपरसे] सुन्दर वेष धारण किये रहते हैं॥ ४॥

**दो०—ऐसे अधम मनुज खल कृतजुग त्रेताँ नाहिं।**
**द्वापर कछुक बृंद बहु होइहहिं कलिजुग माहिं॥ ४०॥**

ऐसे नीच और दुष्ट मनुष्य सत्ययुग और त्रेतामें नहीं होते। द्वापरमें थोड़े-से होंगे और कलियुगमें तो इनके झुंड-के-झुंड होंगे॥ ४०॥

**पर हित सरिस धर्म नहिं भाई। पर पीड़ा सम नहिं अधमाई॥**
**निर्नय सकल पुरान बेद कर। कहेउँ तात जानहिं कोबिद नर॥**

हे भाई! दूसरोंकी भलाईके समान कोई धर्म नहीं है और दूसरोंको दुःख पहुँचानेके समान कोई नीचता (पाप) नहीं है। हे तात! समस्त पुराणों और वेदोंका यह निर्णय (निश्चित सिद्धान्त) मैंने तुमसे कहा है, इस बातको पण्डितलोग जानते हैं॥ १॥

**नर सरीर धरि जे पर पीरा। करहिं ते सहहिं महा भव भीरा॥**
**करहिं मोह बस नर अघ नाना। स्वारथ रत परलोक नसाना॥**

मनुष्यका शरीर धारण करके जो लोग दूसरोंको दुःख पहुँचाते हैं, उनको जन्म-मृत्युके महान् संकट सहने पड़ते हैं। मनुष्य मोहवश स्वार्थपरायण होकर अनेकों पाप करते हैं, इसीसे उनका परलोक नष्ट हुआ रहता है॥ २॥

**कालरूप तिन्ह कहँ मैं भ्राता। सुभ अरु असुभ कर्म फल दाता॥**
**अस बिचारि जे परम सयाने। भजहिं मोहि संसृत दुख जाने॥**

हे भाई! मैं उनके लिये कालरूप (भयंकर) हूँ और उनके अच्छे और बुरे कर्मोंका [यथायोग्य] फल देनेवाला हूँ! ऐसा विचारकर जो लोग परम चतुर हैं वे संसार [के प्रवाह]-को दुःखरूप जानकर मुझे ही भजते हैं॥ ३॥

**त्यागहिं कर्म सुभासुभ दायक। भजहिं मोहि सुर नर मुनि नायक॥**
**संत असंतन्ह के गुन भाषे। ते न परहिं भव जिन्ह लखि राखे॥**

इसीसे वे शुभ और अशुभ फल देनेवाले कर्मोंको त्याग कर देवता, मनुष्य और मुनियोंके नायक मुझको भजते हैं। [इस प्रकार] मैंने संतों और असंतोंके गुण कहे। जिन लोगोंने इन गुणोंको समझ रखा है, वे जन्म-मरणके चक्करमें नहीं पड़ते॥ ४॥

**दो०—सुनहु तात माया कृत गुन अरु दोष अनेक।**
**गुन यह उभय न देखिअहिं देखिअ सो अबिबेक॥ ४१॥**

हे तात! सुनो, मायासे रचे हुए ही अनेक (सब) गुण और दोष हैं (इनकी कोई वास्तविक सत्ता नहीं है)। गुण (विवेक) इसीमें है कि दोनों ही न देखे जायँ, इन्हें देखना ही अविवेक है॥ ४१॥

**श्रीमुख बचन सुनत सब भाई। हरषे प्रेम न हृदयँ समाई॥**
**करहिं बिनय अति बारहिं बारा। हनूमान हियँ हरष अपारा॥**

भगवान्‌के श्रीमुखसे ये वचन सुनकर सब भाई हर्षित हो गये। प्रेम उनके हृदयोंमें समाता नहीं। वे बार-बार बड़ी विनती करते हैं। विशेषकर हनुमान्‌जीके हृदयमें अपार हर्ष है॥ १॥

**पुनि रघुपति निज मंदिर गए। एहि बिधि चरित करत नित नए॥**
**बार बार नारद मुनि आवहिं। चरित पुनीत राम के गावहिं॥**

तदनन्तर श्रीरामचन्द्रजी अपने महलको गये। इस प्रकार वे नित्य नयी लीला करते हैं। नारदमुनि अयोध्यामें बार-बार आते हैं और आकर श्रीरामजीके पवित्र चरित्र गाते हैं॥ २॥

**नित नव चरित देखि मुनि जाहीं। ब्रह्मलोक सब कथा कहाहीं॥**
**सुनि बिरंचि अतिसय सुख मानहिं। पुनि पुनि तात करहु गुन गानहिं॥**

मुनि यहाँसे नित्य नये-नये चरित्र देखकर जाते हैं और ब्रह्मलोकमें जाकर सब कथा कहते हैं। ब्रह्माजी सुनकर अत्यन्त सुख मानते हैं [और कहते हैं—] हे तात! बार-बार श्रीरामजीके गुणोंका गान करो॥ ३॥

**सनकादिक नारदहि सराहहिं। जद्यपि ब्रह्म निरत मुनि आहहिं॥**
**सुनि गुन गान समाधि बिसारी। सादर सुनहिं परम अधिकारी॥**

सनकादि मुनि नारदजीकी सराहना करते हैं। यद्यपि वे (सनकादि) मुनि ब्रह्मनिष्ठ हैं, परन्तु श्रीरामजीका गुणगान सुनकर वे भी अपनी ब्रह्मसमाधिको भूल जाते हैं और आदरपूर्वक उसे सुनते हैं। वे [रामकथा सुननेके] श्रेष्ठ अधिकारी हैं॥ ४॥

**दो०—जीवनमुक्त ब्रह्मपर चरित सुनहिं तजि ध्यान।**
**जे हरि कथाँ न करहिं रति तिन्ह के हिय पाषान॥ ४२॥**

सनकादि मुनि-जैसे जीवन्मुक्त और ब्रह्मनिष्ठ पुरुष भी ध्यान (ब्रह्म-समाधि) छोड़कर श्रीरामजीके चरित्र सुनते हैं। यह जानकर भी जो श्रीहरिकी कथासे प्रेम नहीं करते, उनके हृदय [सचमुच ही] पत्थर [के समान] हैं॥ ४२॥

**एक बार रघुनाथ बोलाए। गुर द्विज पुरबासी सब आए॥**
**बैठे गुर मुनि अरु द्विज सज्जन। बोले बचन भगत भव भंजन॥**

एक बार श्रीरघुनाथजीके बुलाये हुए गुरु वसिष्ठजी, ब्राह्मण और अन्य सब नगरनिवासी सभामें आये। जब गुरु, मुनि, ब्राह्मण तथा अन्य सब सज्जन यथायोग्य बैठ गये, तब भक्तोंके जन्म-मरणको मिटानेवाले श्रीरामजी वचन बोले—॥ १॥

**सुनहु सकल पुरजन मम बानी। कहउँ न कछु ममता उर आनी॥**
**नहिं अनीति नहिं कछु प्रभुताई। सुनहु करहु जो तुम्हहि सोहाई॥**

हे समस्त नगरनिवासियो! मेरी बात सुनिये। यह बात मैं हृदयमें कुछ ममता लाकर नहीं कहता हूँ। न अनीतिकी बात कहता हूँ और न इसमें कुछ प्रभुता ही है। इसलिये [संकोच और भय छोड़कर, ध्यान देकर] मेरी बातोंको सुन लो और [फिर] यदि तुम्हें अच्छी लगे, तो उसके अनुसार करो!॥ २॥

**सोइ सेवक प्रियतम मम सोई। मम अनुसासन मानै जोई॥**
**जौं अनीति कछु भाषौं भाई। तौ मोहि बरजहु भय बिसराई॥**

वही मेरा सेवक है और वही प्रियतम है, जो मेरी आज्ञा माने। हे भाई! यदि मैं कुछ अनीतिकी बात कहूँ तो भय भुलाकर (बेखटके) मुझे रोक देना॥ ३॥

**बड़ें भाग मानुष तनु पावा। सुर दुर्लभ सब ग्रंथन्हि गावा॥**
**साधन धाम मोच्छ कर द्वारा। पाइ न जेहिं परलोक सँवारा॥**

बड़े भाग्यसे यह मनुष्यशरीर मिला है। सब ग्रन्थोंने यही कहा है कि यह शरीर देवताओंको भी दुर्लभ है (कठिनतासे मिलता है)। यह साधनका धाम और मोक्षका दरवाजा है। इसे पाकर भी जिसने परलोक न बना लिया,॥ ४॥

**दो०—सो परत्र दुख पावइ सिर धुनि धुनि पछिताइ।**
**कालहि कर्महि ईस्वरहि मिथ्या दोस लगाइ॥ ४३॥**

वह परलोकमें दु:ख पाता है, सिर पीट-पीटकर पछताता है तथा [अपना दोष न समझकर] कालपर, कर्मपर और ईश्वरपर मिथ्या दोष लगाता है॥ ४३॥

**एहि तन कर फल बिषय न भाई। स्वर्गउ स्वल्प अंत दुखदाई॥**
**नर तनु पाइ बिषयँ मन देहीं। पलटि सुधा ते सठ बिष लेहीं॥**

हे भाई! इस शरीरके प्राप्त होनेका फल विषयभोग नहीं है। [इस जगत्के भोगोंकी तो बात

ही क्या] स्वर्गका भोग भी बहुत थोड़ा है और अन्तमें दु:ख देनेवाला है। अत: जो लोग मनुष्यशरीर पाकर विषयोंमें मन लगा देते हैं, वे मूर्ख अमृतको बदलकर विष ले लेते हैं॥ १॥

**ताहि कबहुँ भल कहइ न कोई। गुंजा ग्रहइ परस मनि खोई॥**
**आकर चारि लच्छ चौरासी। जोनि भ्रमत यह जिव अबिनासी॥**

जो पारसमणिको खोकर बदलेमें घुँघची ले लेता है, उसको कभी कोई भला (बुद्धिमान्) नहीं कहता। यह अविनाशी जीव [अण्डज, स्वेदज, जरायुज और उद्भिज्ज] चार खानों और चौरासी लाख योनियोंमें चक्कर लगाता रहता है॥ २॥

**फिरत सदा माया कर प्रेरा। काल कर्म सुभाव गुन घेरा॥**
**कबहुँक करि करुना नर देही। देत ईस बिनु हेतु सनेही॥**

मायाकी प्रेरणासे काल, कर्म, स्वभाव और गुणसे घिरा हुआ (इनके वशमें हुआ) यह सदा भटकता रहता है। बिना ही कारण स्नेह करनेवाले ईश्वर कभी विरले ही दया करके इसे मनुष्यका शरीर देते हैं॥ ३॥

**नर तनु भव बारिधि कहुँ बेरो। सन्मुख मरुत अनुग्रह मेरो॥**
**करनधार सदगुर दृढ़ नावा। दुर्लभ साज सुलभ करि पावा॥**

यह मनुष्यका शरीर भवसागर [से तारने]-के लिये बेड़ा (जहाज) है। मेरी कृपा ही अनुकूल वायु है। सद्गुरु इस मजबूत जहाजके कर्णधार (खेनेवाले) हैं। इस प्रकार दुर्लभ (कठिनतासे मिलनेवाले) साधन सुलभ होकर (भगवत्कृपासे सहज ही) उसे प्राप्त हो गये हैं,॥ ४॥

**दो०—जो न तरै भव सागर नर समाज अस पाइ।**
**सो कृत निंदक मंदमति आत्माहन गति जाइ॥ ४४॥**

जो मनुष्य ऐसे साधन पाकर भी भवसागरसे न तरे, वह कृतघ्न और मन्द-बुद्धि है और आत्महत्या करनेवालेकी गतिको प्राप्त होता है॥ ४४॥

**जौं परलोक इहाँ सुख चहहू। सुनि मम बचन हृदयँ दृढ़ गहहू॥**
**सुलभ सुखद मारग यह भाई। भगति मोरि पुरान श्रुति गाई॥**

यदि परलोकमें और यहाँ दोनों जगह सुख चाहते हो, तो मेरे वचन सुनकर उन्हें हृदयमें दृढ़तासे पकड़ रखो। हे भाई! यह मेरी भक्तिका मार्ग सुलभ और सुखदायक है, पुराणों और वेदोंने इसे गाया है॥ १॥

**ग्यान अगम प्रत्यूह अनेका। साधन कठिन न मन कहुँ टेका॥**
**करत कष्ट बहु पावइ कोऊ। भक्ति हीन मोहि प्रिय नहिं सोऊ॥**

ज्ञान अगम (दुर्गम) है, [और] उसकी प्राप्तिमें अनेकों विघ्न हैं। उसका साधन कठिन है और उसमें मनके लिये कोई आधार नहीं है। बहुत कष्ट करनेपर कोई उसे पा भी लेता है, तो वह भी भक्तिरहित होनेसे मुझको प्रिय नहीं होता॥ २॥

**भक्ति सुतंत्र सकल सुख खानी। बिनु सतसंग न पावहिं प्रानी॥**
**पुन्य पुंज बिनु मिलहिं न संता। सतसंगति संसृति कर अंता॥**

भक्ति स्वतन्त्र है और सब सुखोंकी खान है। परन्तु सत्संग (संतोंके संग)-के बिना प्राणी इसे

नहीं पा सकते। और पुण्यसमूहके बिना संत नहीं मिलते। सत्संगति ही संसृति (जन्म-मरणके चक्र)-का अन्त करती है॥ ३॥

**पुन्य एक जग महुँ नहिं दूजा। मन क्रम बचन बिप्र पद पूजा॥**
**सानुकूल तेहि पर मुनि देवा। जो तजि कपटु करइ द्विज सेवा॥**

जगत्‌में पुण्य एक ही है, [उसके समान] दूसरा नहीं। वह है—मन, कर्म और वचनसे ब्राह्मणोंके चरणोंकी पूजा करना। जो कपटका त्याग करके ब्राह्मणोंकी सेवा करता है, उसपर मुनि और देवता प्रसन्न रहते हैं॥ ४॥

**दो०—औरउ एक गुपुत मत सबहि कहउँ कर जोरि।**
**संकर भजन बिना नर भगति न पावइ मोरि॥ ४५॥**

और भी एक गुप्त मत है, मैं उसे सबसे हाथ जोड़कर कहता हूँ कि शंकरजीके भजन बिना मनुष्य मेरी भक्ति नहीं पाता॥ ४५॥

**कहहु भगति पथ कवन प्रयासा। जोग न मख जप तप उपवासा॥**
**सरल सुभाव न मन कुटिलाई। जथा लाभ संतोष सदाई॥**

कहो तो, भक्तिमार्गमें कौन-सा परिश्रम है? इसमें न योगकी आवश्यकता है, न यज्ञ, जप, तप और उपवासकी! [यहाँ इतना ही आवश्यक है कि] सरल स्वभाव हो, मनमें कुटिलता न हो और जो कुछ मिले उसीमें सदा सन्तोष रखे॥ १॥

**मोर दास कहाइ नर आसा। करइ तौ कहहु कहा बिस्वासा॥**
**बहुत कहउँ का कथा बढ़ाई। एहि आचरन बस्य मैं भाई॥**

मेरा दास कहलाकर यदि कोई मनुष्योंकी आशा करता है, तो तुम्हीं कहो, उसका क्या विश्वास है? (अर्थात् उसकी मुझपर आस्था बहुत ही निर्बल है।) बहुत बात बढ़ाकर क्या कहूँ? हे भाइयो! मैं तो इसी आचरणके वशमें हूँ॥ २॥

**बैर न बिग्रह आस न त्रासा। सुखमय ताहि सदा सब आसा॥**
**अनारंभ अनिकेत अमानी। अनघ अरोष दच्छ बिग्यानी॥**

न किसीसे वैर करे, न लड़ाई-झगड़ा करे, न आशा रखे, न भय ही करे। उसके लिये सभी दिशाएँ सदा सुखमयी हैं। जो कोई भी आरम्भ (फलकी इच्छासे कर्म) नहीं करता, जिसका कोई अपना घर नहीं है (जिसकी घरमें ममता नहीं है), जो मानहीन, पापहीन और क्रोधहीन है, जो [भक्ति करनेमें] निपुण और विज्ञानवान् है॥ ३॥

**प्रीति सदा सज्जन संसर्गा। तृन सम बिषय स्वर्ग अपबर्गा॥**
**भगति पच्छ हठ नहिं सठताई। दुष्ट तर्क सब दूरि बहाई॥**

संतजनोंके संसर्ग (सत्संग)-से जिसे सदा प्रेम है, जिसके मनमें सब विषय यहाँतक कि स्वर्ग और मुक्तितक [भक्तिके सामने] तृणके समान हैं, जो भक्तिके पक्षमें हठ करता है, पर [दूसरेके मतका खण्डन करनेकी] मूर्खता नहीं करता तथा जिसने सब कुतर्कोंको दूर बहा दिया है,॥ ४॥

**दो०—मम गुन ग्राम नाम रत गत ममता मद मोह।**
**ता कर सुख सोइ जानइ परानंद संदोह॥ ४६॥**

जो मेरे गुणसमूहोंके और मेरे नामके परायण है, एवं ममता, मद और मोहसे रहित है, उसका

सुख वही जानता है, जो [परमात्मारूप] परमानन्दराशिको प्राप्त है॥ ४६॥

**सुनत सुधासम बचन राम के। गहे सबनि पद कृपाधाम के॥**
**जननि जनक गुर बंधु हमारे। कृपा निधान प्रान ते प्यारे॥**

श्रीरामचन्द्रजीके अमृतके समान वचन सुनकर सबने कृपाधामके चरण पकड़ लिये [और कहा—] हे कृपानिधान! आप हमारे माता, पिता, गुरु, भाई सब कुछ हैं और प्राणोंसे भी अधिक प्रिय हैं॥ १॥

**तनु धनु धाम राम हितकारी। सब बिधि तुम्ह प्रनतारति हारी॥**
**असि सिख तुम्ह बिनु देइ न कोऊ। मातु पिता स्वारथ रत ओऊ॥**

और हे शरणागतके दुःख हरनेवाले रामजी! आप ही हमारे शरीर, धन, घर-द्वार और सभी प्रकारसे हित करनेवाले हैं। ऐसी शिक्षा आपके अतिरिक्त कोई नहीं दे सकता। माता-पिता [हितैषी हैं और शिक्षा भी देते हैं] परन्तु वे भी स्वार्थपरायण हैं [इसलिये ऐसी परम हितकारी शिक्षा नहीं देते]॥ २॥

**हेतु रहित जग जुग उपकारी। तुम्ह तुम्हार सेवक असुरारी॥**
**स्वारथ मीत सकल जग माहीं। सपनेहुँ प्रभु परमारथ नाहीं॥**

हे असुरोंके शत्रु! जगत्‌में बिना हेतुके (निःस्वार्थ) उपकार करनेवाले तो दो ही हैं—एक आप, दूसरे आपके सेवक। जगत्‌में [शेष] सभी स्वार्थके मित्र हैं। हे प्रभो! उनमें स्वप्नमें भी परमार्थका भाव नहीं है॥ ३॥

**सब के बचन प्रेम रस साने। सुनि रघुनाथ हृदयँ हरषाने॥**
**निज निज गृह गए आयसु पाई। बरनत प्रभु बतकही सुहाई॥**

सबके प्रेमरसमें सने हुए वचन सुनकर श्रीरघुनाथजी हृदयमें हर्षित हुए। फिर आज्ञा पाकर सब प्रभुकी सुन्दर बातचीतका वर्णन करते हुए अपने-अपने घर गये॥ ४॥

**दो०—उमा अवधबासी नर नारि कृतारथ रूप।**
**ब्रह्म सच्चिदानंद घन रघुनायक जहँ भूप॥ ४७॥**

[शिवजी कहते हैं—] हे उमा! अयोध्यामें रहनेवाले पुरुष और स्त्री सभी कृतार्थस्वरूप हैं; जहाँ स्वयं सच्चिदानन्दघन ब्रह्म श्रीरघुनाथजी राजा हैं॥ ४७॥

**एक बार बसिष्ट मुनि आए। जहाँ राम सुखधाम सुहाए॥**
**अति आदर रघुनायक कीन्हा। पद पखारि पादोदक लीन्हा॥**

एक बार मुनि वसिष्ठजी वहाँ आये जहाँ सुन्दर सुखके धाम श्रीरामजी थे। श्रीरघुनाथजीने उनका बहुत ही आदर-सत्कार किया और उनके चरण धोकर चरणामृत लिया॥ १॥

**राम सुनहु मुनि कह कर जोरी। कृपासिंधु बिनती कछु मोरी॥**
**देखि देखि आचरन तुम्हारा। होत मोह मम हृदयँ अपारा॥**

मुनिने हाथ जोड़कर कहा—हे कृपासागर श्रीरामजी! मेरी कुछ विनती सुनिये! आपके आचरणों (मनुष्योचित चरित्रों)-को देख-देखकर मेरे हृदयमें अपार मोह (भ्रम) होता है॥ २॥

**महिमा अमिति बेद नहिं जाना। मैं केहि भाँति कहउँ भगवाना॥**
**उपरोहित्य कर्म अति मंदा। बेद पुरान सुमृति कर निंदा॥**

हे भगवन्! आपकी महिमाकी सीमा नहीं है, उसे वेद भी नहीं जानते। फिर मैं किस प्रकार कह सकता हूँ? पुरोहितीका कर्म (पेशा) बहुत ही नीचा है। वेद, पुराण और स्मृति सभी इसकी निन्दा करते हैं॥ ३॥

**जब न लेउँ मैं तब बिधि मोही। कहा लाभ आगें सुत तोही॥**
**परमातमा ब्रह्म नर रूपा। होइहि रघुकुल भूषन भूपा॥**

जब मैं उसे (सूर्यवंशकी पुरोहितीका काम) नहीं लेता था, तब ब्रह्माजीने मुझे कहा था— हे पुत्र! इससे तुमको आगे चलकर बहुत लाभ होगा। स्वयं ब्रह्म परमात्मा मनुष्यरूप धारण कर रघुकुलके भूषण राजा होंगे॥ ४॥

**दो०—तब मैं हृदयँ बिचारा जोग जग्य ब्रत दान।**
**जा कहुँ करिअ सो पैहउँ धर्म न एहि सम आन॥ ४८॥**

तब मैंने हृदयमें विचार किया कि जिसके लिये योग, यज्ञ, व्रत और दान किये जाते हैं, उसे मैं इसी कर्मसे पा जाऊँगा; तब तो इसके समान दूसरा कोई धर्म ही नहीं है॥ ४८॥

**जप तप नियम जोग निज धर्मा। श्रुति संभव नाना सुभ कर्मा॥**
**ग्यान दया दम तीरथ मज्जन। जहँ लगि धर्म कहत श्रुति सज्जन॥**

जप, तप, नियम, योग, अपने-अपने [वर्णाश्रमके] धर्म, श्रुतियोंसे उत्पन्न (वेदविहित) बहुत-से शुभ कर्म, ज्ञान, दया, दम (इन्द्रियनिग्रह), तीर्थस्नान आदि जहाँतक वेद और संतजनोंने धर्म कहे हैं [उनके करनेका]— ॥ १॥

**आगम निगम पुरान अनेका। पढ़े सुने कर फल प्रभु एका॥**
**तव पद पंकज प्रीति निरंतर। सब साधन कर यह फल सुंदर॥**

[तथा] हे प्रभो! अनेक तन्त्र, वेद और पुराणोंके पढ़ने और सुननेका सर्वोत्तम फल एक ही है और सब साधनोंका भी यही एक सुन्दर फल है कि आपके चरणकमलोंमें सदा-सर्वदा प्रेम हो॥ २॥

**छूटइ मल कि मलहि के धोएँ। घृत कि पाव कोइ बारि बिलोएँ॥**
**प्रेम भगति जल बिनु रघुराई। अभिअंतर मल कबहुँ न जाई॥**

मैलसे धोनेसे क्या मैल छूटता है? जलके मथनेसे क्या कोई घी पा सकता है? [उसी प्रकार] हे रघुनाथजी! प्रेम-भक्तिरूपी [निर्मल] जलके बिना अन्तःकरणका मल कभी नहीं जाता॥ ३॥

**सोइ सर्बग्य तग्य सोइ पंडित। सोइ गुन गृह बिग्यान अखंडित॥**
**दच्छ सकल लच्छन जुत सोई। जाकें पद सरोज रति होई॥**

वही सर्वज्ञ है, वही तत्त्वज्ञ और पण्डित है, वही गुणोंका घर और अखण्ड विज्ञानवान् है; वही चतुर और सब सुलक्षणोंसे युक्त है, जिसका आपके चरणकमलोंमें प्रेम है॥ ४॥

**दो०—नाथ एक बर मागउँ राम कृपा करि देहु।**
**जन्म जन्म प्रभु पद कमल कबहुँ घटै जनि नेहु॥ ४९॥**

हे नाथ! हे श्रीरामजी! मैं आपसे एक वर माँगता हूँ, कृपा करके दीजिये। प्रभु (आप)-के चरणकमलोंमें मेरा प्रेम जन्म-जन्मान्तरमें भी कभी न घटे॥ ४९॥

**अस कहि मुनि बसिष्ट गृह आए। कृपासिंधु के मन अति भाए॥**
**हनूमान भरतादिक भ्राता। संग लिए सेवक सुखदाता॥**

ऐसा कहकर मुनि वसिष्ठजी घर आये। वे कृपासागर श्रीरामजीके मनको बहुत ही अच्छे लगे। तदनन्तर सेवकोंको सुख देनेवाले श्रीरामजीने हनुमान्‌जी तथा भरतजी आदि भाइयोंको साथ लिया॥ १॥

**पुनि कृपाल पुर बाहेर गए। गज रथ तुरग मगावत भए॥**
**देखि कृपा करि सकल सराहे। दिए उचित जिन्ह जिन्ह तेइ चाहे॥**

और फिर कृपालु श्रीरामजी नगरके बाहर गये और वहाँ उन्होंने हाथी, रथ और घोड़े मँगवाये। उन्हें देखकर, कृपा करके प्रभुने सबकी सराहना की और उनको जिस-जिसने चाहा, उस-उसको उचित जानकर दिया॥ २॥

**हरन सकल श्रम प्रभु श्रम पाई। गए जहाँ सीतल अवँराई॥**
**भरत दीन्ह निज बसन डसाई। बैठे प्रभु सेवहिं सब भाई॥**

संसारके सभी श्रमोंको हरनेवाले प्रभुने [हाथी, घोड़े आदि बाँटनेमें] श्रमका अनुभव किया और [श्रम मिटानेको] वहाँ गये जहाँ शीतल अमराई (आमोंका बगीचा) थी। वहाँ भरतजीने अपना वस्त्र बिछा दिया। प्रभु उसपर बैठ गये और सब भाई उनकी सेवा करने लगे॥ ३॥

**मारुतसुत तब मारुत करई। पुलक बपुष लोचन जल भरई॥**
**हनूमान सम नहिं बड़भागी। नहिं कोउ राम चरन अनुरागी॥**
**गिरिजा जासु प्रीति सेवकाई। बार बार प्रभु निज मुख गाई॥**

उस समय पवनपुत्र हनुमान्‌जी पवन (पंखा) करने लगे। उनका शरीर पुलकित हो गया और नेत्रोंमें [प्रेमाश्रुओंका] जल भर आया। [शिवजी कहने लगे—] हे गिरिजे! हनुमान्‌जीके समान न तो कोई बड़भागी है और न कोई श्रीरामजीके चरणोंका प्रेमी ही है, जिनके प्रेम और सेवाकी [स्वयं] प्रभुने अपने श्रीमुखसे बार-बार बड़ाई की है॥ ४-५॥

**दो०—तेहिं अवसर मुनि नारद आए करतल बीन।**
**गावन लगे राम कल कीरति सदा नबीन॥ ५०॥**

उसी अवसरपर नारदमुनि हाथमें वीणा लिये हुए आये। वे श्रीरामजीकी सुन्दर और नित्य नवीन रहनेवाली कीर्ति गाने लगे॥ ५०॥

**मामवलोकय पंकज लोचन। कृपा बिलोकनि सोच बिमोचन॥**
**नील तामरस स्याम काम अरि। हृदय कंज मकरंद मधुप हरि॥**

कृपापूर्वक देख लेनेमात्रसे शोकके छुड़ानेवाले हे कमलनयन! मेरी ओर देखिये (मुझपर भी कृपादृष्टि कीजिये)। हे हरि! आप नील कमलके समान श्यामवर्ण और कामदेवके शत्रु महादेवजीके हृदयकमलके मकरन्द (प्रेम-रस)-के पान करनेवाले भ्रमर हैं॥ १॥

**जातुधान बरूथ बल भंजन। मुनि सज्जन रंजन अघ गंजन॥**
**भूसुर ससि नव बृंद बलाहक। असरन सरन दीन जन गाहक॥**

आप राक्षसोंकी सेनाके बलको तोड़नेवाले हैं। मुनियों और संतजनोंको आनन्द देनेवाले और पापोंके नाश करनेवाले हैं। ब्राह्मणरूपी खेतीके लिये आप नये मेघसमूह हैं और शरणहीनोंको शरण देनेवाले तथा दीन जनोंको अपने आश्रयमें ग्रहण करनेवाले हैं॥ २॥

**भुज बल बिपुल भार महि खंडित। खर दूषन बिराध बध पंडित॥**
**रावनारि सुखरूप भूपबर। जय दसरथ कुल कुमुद सुधाकर॥**

अपने बाहुबलसे पृथ्वीके बड़े भारी बोझको नष्ट करनेवाले, खर-दूषण और विराधके वध

करनेमें कुशल, रावणके शत्रु, आनन्दस्वरूप, राजाओंमें श्रेष्ठ और दशरथके कुलरूपी कुमुदिनीके चन्द्रमा श्रीरामजी! आपकी जय हो॥ ३॥

**सुजस पुरान बिदित निगमागम। गावत सुर मुनि संत समागम॥**
**कारुनीक ब्यलीक मद खंडन। सब बिधि कुसल कोसला मंडन॥**

आपका सुन्दर यश पुराणों, वेदोंमें और तन्त्रादि शास्त्रोंमें प्रकट है। देवता, मुनि और संतोंके समुदाय उसे गाते हैं। आप करुणा करनेवाले और झूठे मदका नाश करनेवाले, सब प्रकारसे कुशल (निपुण) श्रीअयोध्याजीके भूषण ही हैं॥ ४॥

**कलि मल मथन नाम ममताहन। तुलसिदास प्रभु पाहि प्रनत जन॥**

आपका नाम कलियुगके पापोंको मथ डालनेवाला और ममताको मारनेवाला है। हे तुलसीदासके प्रभु! शरणागतकी रक्षा कीजिये॥ ५॥

**दो०—प्रेम सहित मुनि नारद बरनि राम गुन ग्राम।**
**सोभासिंधु हृदयँ धरि गए जहाँ बिधि धाम॥ ५१॥**

श्रीरामचन्द्रजीके गुणसमूहोंका प्रेमपूर्वक वर्णन करके मुनि नारदजी शोभाके समुद्र प्रभुको हृदयमें धरकर जहाँ ब्रह्मलोक है वहाँ चले गये॥ ५१॥

**गिरिजा सुनहु बिसद यह कथा। मैं सब कही मोरि मति जथा॥**
**राम चरित सत कोटि अपारा। श्रुति सारदा न बरनै पारा॥**

[शिवजी कहते हैं—] हे गिरिजे! सुनो, मैंने यह उज्ज्वल कथा, जैसी मेरी बुद्धि थी, वैसी पूरी कह डाली। श्रीरामजीके चरित्र सौ करोड़ [अथवा] अपार हैं। श्रुति और शारदा भी उनका वर्णन नहीं कर सकते॥ १॥

**राम अनंत अनंत गुनानी। जन्म कर्म अनंत नामानी॥**
**जल सीकर महि रज गनि जाहीं। रघुपति चरित न बरनि सिराहीं॥**

भगवान् श्रीराम अनन्त हैं; उनके गुण अनन्त हैं; जन्म, कर्म और नाम भी अनन्त हैं। जलकी बूँदें और पृथ्वीके रज-कण चाहे गिने जा सकते हों, पर श्रीरघुनाथजीके चरित्र वर्णन करनेसे नहीं चुकते॥ २॥

**बिमल कथा हरि पद दायनी। भगति होइ सुनि अनपायनी॥**
**उमा कहिउँ सब कथा सुहाई। जो भुसुंडि खगपतिहि सुनाई॥**

यह पवित्र कथा भगवान्‌के परमपदको देनेवाली है। इसके सुननेसे अविचल भक्ति प्राप्त होती है। हे उमा! मैंने वह सब सुन्दर कथा कही जो काकभुशुण्डिजीने गरुड़जीको सुनायी थी॥ ३॥

**कछुक राम गुन कहेउँ बखानी। अब का कहौं सो कहहु भवानी॥**
**सुनि सुभ कथा उमा हरषानी। बोली अति बिनीत मृदु बानी॥**

मैंने श्रीरामजीके कुछ थोड़े-से गुण बखानकर कहे हैं। हे भवानी! सो कहो, अब और क्या कहूँ? श्रीरामजीकी मंगलमयी कथा सुनकर पार्वतीजी हर्षित हुईं और अत्यन्त विनम्र तथा कोमल वाणी बोलीं—॥ ४॥

**धन्य धन्य मैं धन्य पुरारी। सुनेउँ राम गुन भव भय हारी॥**

हे त्रिपुरारि! मैं धन्य हूँ, धन्य-धन्य हूँ जो मैंने जन्म-मृत्युके भयको हरण करनेवाले श्रीरामजीके गुण (चरित्र) सुने॥ ५॥

**दो०—तुम्हरी कृपाँ कृपायतन अब कृतकृत्य न मोह।**
**जानेउँ राम प्रताप प्रभु चिदानंद संदोह॥ ५२ (क)॥**

हे कृपाधाम! अब आपकी कृपासे मैं कृतकृत्य हो गयी। अब मुझे मोह नहीं रह गया। हे प्रभु! मैं सच्चिदानन्दघन प्रभु श्रीरामजीके प्रतापको जान गयी॥ ५२ (क)॥

**नाथ तवानन ससि स्त्रवत कथा सुधा रघुबीर।**
**श्रवन पुटन्हि मन पान करि नहिं अघात मतिधीर॥ ५२ (ख)॥**

हे नाथ! आपका मुखरूपी चन्द्रमा श्रीरघुवीरकी कथारूपी अमृत बरसाता है। हे मतिधीर! मेरा मन कर्णपुटोंसे उसे पीकर तृप्त नहीं होता॥ ५२ (ख)॥

**राम चरित जे सुनत अघाहीं। रस बिसेष जाना तिन्ह नाहीं॥**
**जीवनमुक्त महामुनि जेऊ। हरि गुन सुनहिं निरंतर तेऊ॥**

श्रीरामजीके चरित्र सुनते-सुनते जो तृप्त हो जाते हैं (बस कर देते हैं), उन्होंने तो उसका विशेष रस जाना ही नहीं। जो जीवन्मुक्त महामुनि हैं, वे भी भगवान्‌के गुण निरन्तर सुनते रहते हैं॥ १॥

**भव सागर चह पार जो पावा। राम कथा ता कहँ दृढ़ नावा॥**
**बिषइन्ह कहँ पुनि हरि गुन ग्रामा। श्रवन सुखद अरु मन अभिरामा॥**

जो संसाररूपी सागरका पार पाना चाहता है, उसके लिये तो श्रीरामजीकी कथा दृढ़ नौकाके समान है। श्रीहरिके गुणसमूह तो विषयी लोगोंके लिये भी कानोंको सुख देनेवाले और मनको आनन्द देनेवाले हैं॥ २॥

**श्रवनवंत अस को जग माहीं। जाहि न रघुपति चरित सोहाहीं॥**
**ते जड़ जीव निजात्मक घाती। जिन्हहि न रघुपति कथा सोहाती॥**

जगत्‌में कानवाला ऐसा कौन है जिसे श्रीरघुनाथजीके चरित्र न सुहाते हों। जिन्हें श्रीरघुनाथजीकी कथा नहीं सुहाती, वे मूर्ख जीव तो अपनी आत्माकी हत्या करनेवाले हैं॥ ३॥

**हरिचरित्र मानस तुम्ह गावा। सुनि मैं नाथ अमिति सुख पावा॥**
**तुम्ह जो कही यह कथा सुहाई। कागभसुंडि गरुड़ प्रति गाई॥**

हे नाथ! आपने श्रीरामचरित्रमानसका गान किया, उसे सुनकर मैंने अपार सुख पाया। आपने जो यह कहा कि यह सुन्दर कथा काकभुशुण्डिजीने गरुड़जीसे कही थी—॥ ४॥

**दो०—बिरति ग्यान बिग्यान दृढ़ राम चरन अति नेह।**
**बायस तन रघुपति भगति मोहि परम संदेह॥ ५३॥**

सो कौएका शरीर पाकर भी काकभुशुण्डि वैराग्य, ज्ञान और विज्ञानमें दृढ़ हैं, उनका श्रीरामजीके चरणोंमें अत्यन्त प्रेम है और उन्हें श्रीरघुनाथजीकी भक्ति भी प्राप्त है, इस बातका मुझे परम सन्देह हो रहा है॥ ५३॥

**नर सहस्त्र महँ सुनहु पुरारी। कोउ एक होइ धर्म ब्रतधारी॥**
**धर्मसील कोटिक महँ कोई। बिषय बिमुख बिराग रत होई॥**

हे त्रिपुरारि! सुनिये, हजारों मनुष्योंमें कोई एक धर्मके व्रतका धारण करनेवाला होता है और करोड़ों धर्मात्माओंमें कोई एक विषयसे विमुख (विषयोंका त्यागी) और वैराग्यपरायण होता है॥ १॥

**कोटि बिरक्त मध्य श्रुति कहई। सम्यक ग्यान सकृत कोउ लहई॥**
**ग्यानवंत कोटिक महँ कोऊ। जीवनमुक्त सकृत जग सोऊ॥**

श्रुति कहती है कि करोड़ों विरक्तोंमें कोई एक ही सम्यक् (यथार्थ) ज्ञानको प्राप्त करता है। और करोड़ों ज्ञानियोंमें कोई एक ही जीवन्मुक्त होता है। जगत्में कोई विरला ही ऐसा (जीवन्मुक्त) होगा॥ २॥

**तिन्ह सहस्त्र महुँ सब सुख खानी। दुर्लभ ब्रह्म लीन बिग्यानी॥**
**धर्मसील बिरक्त अरु ग्यानी। जीवनमुक्त ब्रह्मपर प्रानी॥**

हजारों जीवन्मुक्तोंमें भी सब सुखोंकी खान, ब्रह्ममें लीन विज्ञानवान् पुरुष और भी दुर्लभ है। धर्मात्मा, वैराग्यवान्, ज्ञानी, जीवन्मुक्त और ब्रह्मलीन—॥ ३॥

**सब ते सो दुर्लभ सुरराया। राम भगति रत गत मद माया॥**
**सो हरिभगति काग किमि पाई। बिस्वनाथ मोहि कहहु बुझाई॥**

इन सबमें भी हे देवाधिदेव महादेवजी! वह प्राणी अत्यन्त दुर्लभ है जो मद और मायासे रहित होकर श्रीरामजीकी भक्तिके परायण हो। हे विश्वनाथ! ऐसी दुर्लभ हरिभक्तिको कौआ कैसे पा गया, मुझे समझाकर कहिये॥ ४॥

**दो०—राम परायन ग्यान रत गुनागार मति धीर।**
**नाथ कहहु केहि कारन पायउ काक सरीर॥ ५४॥**

हे नाथ! कहिये, [ऐसे] श्रीरामपरायण, ज्ञाननिरत, गुणधाम और धीरबुद्धि भुशुण्डिजीने कौएका शरीर किस कारण पाया?॥ ५४॥

**यह प्रभु चरित पवित्र सुहावा। कहहु कृपाल काग कहँ पावा॥**
**तुम्ह केहि भाँति सुना मदनारी। कहहु मोहि अति कौतुक भारी॥**

हे कृपालु! बताइये, उस कौएने प्रभुका यह पवित्र और सुन्दर चरित्र कहाँ पाया? और हे कामदेवके शत्रु! यह भी बताइये, आपने इसे किस प्रकार सुना? मुझे बड़ा भारी कौतूहल हो रहा है॥ १॥

**गरुड़ महाग्यानी गुन रासी। हरि सेवक अति निकट निवासी॥**
**तेहिं केहि हेतु काग सन जाई। सुनी कथा मुनि निकर बिहाई॥**

गरुड़जी तो महान् ज्ञानी, सद्गुणोंकी राशि, श्रीहरिके सेवक और उनके अत्यन्त निकट रहनेवाले (उनके वाहन ही) हैं। उन्होंने मुनियोंके समूहको छोड़कर, कौएसे जाकर हरिकथा किस कारण सुनी?॥ २॥

**कहहु कवन बिधि भा संबादा। दोउ हरिभगत काग उरगादा॥**
**गौरि गिरा सुनि सरल सुहाई। बोले सिव सादर सुख पाई॥**

कहिये, काकभुशुण्डि और गरुड़ इन दोनों हरिभक्तोंकी बातचीत किस प्रकार हुई? पार्वतीजीकी सरल, सुन्दर वाणी सुनकर शिवजी सुख पाकर आदरके साथ बोले—॥ ३॥

**धन्य सती पावन मति तोरी। रघुपति चरन प्रीति नहिं थोरी॥**
**सुनहु परम पुनीत इतिहासा। जो सुनि सकल लोक भ्रम नासा॥**

हे सती! तुम धन्य हो; तुम्हारी बुद्धि अत्यन्त पवित्र है। श्रीरघुनाथजीके चरणोंमें तुम्हारा कम प्रेम नहीं है (अत्यधिक प्रेम है)। अब वह परम पवित्र इतिहास सुनो, जिसे सुननेसे सारे लोकके भ्रमका नाश हो जाता है॥ ४॥

**उपजइ राम चरन बिस्वासा। भव निधि तर नर बिनहिं प्रयासा॥**

तथा श्रीरामजीके चरणोंमें विश्वास उत्पन्न होता है और मनुष्य बिना ही परिश्रम संसाररूपी समुद्रसे तर जाता है॥ ५॥

**दो०—ऐसिअ प्रस्न बिहंगपति कीन्हि काग सन जाइ।**
**सो सब सादर कहिहउँ सुनहु उमा मन लाइ॥ ५५॥**

पक्षिराज गरुड़जीने भी जाकर काकभुशुण्डिजीसे प्रायः ऐसे ही प्रश्न किये थे। हे उमा! मैं वह सब आदरसहित कहूँगा, तुम मन लगाकर सुनो॥ ५५॥

**मैं जिमि कथा सुनी भव मोचनि। सो प्रसंग सुनु सुमुखि सुलोचनि॥**
**प्रथम दच्छ गृह तव अवतारा। सती नाम तब रहा तुम्हारा॥**

मैंने जिस प्रकार वह भव (जन्म-मृत्यु)-से छुड़ानेवाली कथा सुनी, हे सुमुखी! हे सुलोचनी! वह प्रसंग सुनो। पहले तुम्हारा अवतार दक्षके घर हुआ था। तब तुम्हारा नाम सती था॥ १॥

**दच्छ जग्य तव भा अपमाना। तुम्ह अति क्रोध तजे तब प्राना॥**
**मम अनुचरन्ह कीन्ह मख भंगा। जानहु तुम्ह सो सकल प्रसंगा॥**

दक्षके यज्ञमें तुम्हारा अपमान हुआ। तब तुमने अत्यन्त क्रोध करके प्राण त्याग दिये थे; और फिर मेरे सेवकोंने यज्ञ विध्वंस कर दिया था। वह सारा प्रसंग तुम जानती ही हो॥ २॥

**तब अति सोच भयउ मन मोरें। दुखी भयउँ बियोग प्रिय तोरें॥**
**सुंदर बन गिरि सरित तड़ागा। कौतुक देखत फिरउँ बेरागा॥**

तब मेरे मनमें बड़ा सोच हुआ और हे प्रिये! मैं तुम्हारे वियोगसे दुःखी हो गया। मैं विरक्तभावसे सुन्दर वन, पर्वत, नदी और तालाबोंका कौतुक (दृश्य) देखता फिरता था॥ ३॥

**गिरि सुमेर उत्तर दिसि दूरी। नील सैल एक सुंदर भूरी॥**
**तासु कनकमय सिखर सुहाए। चारि चारु मोरे मन भाए॥**

सुमेरु पर्वतकी उत्तर दिशामें, और भी दूर, एक बहुत ही सुन्दर नील पर्वत है। उसके सुन्दर स्वर्णमय शिखर हैं, [उनमेंसे] चार सुन्दर शिखर मेरे मनको बहुत ही अच्छे लगे॥ ४॥

**तिन्ह पर एक एक बिटप बिसाला। बट पीपर पाकरी रसाला॥**
**सैलोपरि सर सुंदर सोहा। मनि सोपान देखि मन मोहा॥**

उन शिखरोंमें एक-एकपर बरगद, पीपल, पाकर और आमका एक-एक विशाल वृक्ष है। पर्वतके ऊपर एक सुन्दर तालाब शोभित है; जिसकी मणियोंकी सीढ़ियाँ देखकर मन मोहित हो जाता है॥ ५॥

**दो०—सीतल अमल मधुर जल जलज बिपुल बहुरंग।**
**कूजत कल रव हंस गन गुंजत मंजुल भृंग॥ ५६॥**

उसका जल शीतल, निर्मल और मीठा है; उसमें रंग-बिरंगे बहुत-से कमल खिले हुए हैं; हंसगण मधुर स्वरसे बोल रहे हैं और भौंरे सुन्दर गुंजार कर रहे हैं॥ ५६॥

**तेहिं गिरि रुचिर बसइ खग सोई। तासु नास कल्पांत न होई॥**
**माया कृत गुन दोष अनेका। मोह मनोज आदि अबिबेका॥**

उस सुन्दर पर्वतपर वही पक्षी (काकभुशुण्डि) बसता है। उसका नाश कल्पके अन्तमें भी नहीं

होता। मायारचित अनेकों गुण-दोष, मोह, काम आदि अविवेक,॥ १॥

**रहे ब्यापि समस्त जग माहीं। तेहि गिरि निकट कबहुँ नहिं जाहीं॥**
**तहँ बसि हरिहि भजइ जिमि कागा। सो सुनु उमा सहित अनुरागा॥**

जो सारे जगत्‌में छा रहे हैं, उस पर्वतके पास भी कभी नहीं फटकते। वहाँ बसकर जिस प्रकार वह काक हरिको भजता है, हे उमा! उसे प्रेमसहित सुनो॥ २॥

**पीपर तरु तर ध्यान सो धरई। जाप जग्य पाकरि तर करई॥**
**आँब छाँह कर मानस पूजा। तजि हरि भजनु काजु नहिं दूजा॥**

वह पीपलके वृक्षके नीचे ध्यान धरता है। पाकरके नीचे जपयज्ञ करता है। आमकी छायामें मानसिक पूजा करता है। श्रीहरिके भजनको छोड़कर उसे दूसरा कोई काम नहीं है॥ ३॥

**बर तर कह हरि कथा प्रसंगा। आवहिं सुनहिं अनेक बिहंगा॥**
**राम चरित बिचित्र बिधि नाना। प्रेम सहित कर सादर गाना॥**

बरगदके नीचे वह श्रीहरिकी कथाओंके प्रसंग कहता है। वहाँ अनेकों पक्षी आते और कथा सुनते हैं। वह विचित्र रामचरित्रको अनेकों प्रकारसे प्रेमसहित आदरपूर्वक गान करता है॥ ४॥

**सुनहिं सकल मति बिमल मराला। बसहिं निरंतर जे तेहिं ताला॥**
**जब मैं जाइ सो कौतुक देखा। उर उपजा आनंद बिसेषा॥**

सब निर्मल बुद्धिवाले हंस, जो सदा उस तालाबपर बसते हैं, उसे सुनते हैं। जब मैंने वहाँ जाकर यह कौतुक (दृश्य) देखा, तब मेरे हृदयमें विशेष आनन्द उत्पन्न हुआ॥ ५॥

**दो०—तब कछु काल मराल तनु धरि तहँ कीन्ह निवास।**
**सादर सुनि रघुपति गुन पुनि आयउँ कैलास॥ ५७॥**

तब मैंने हंसका शरीर धारण कर कुछ समय वहाँ निवास किया और श्रीरघुनाथजीके गुणोंको आदरसहित सुनकर फिर कैलासको लौट आया॥ ५७॥

**गिरिजा कहेउँ सो सब इतिहासा। मैं जेहि समय गयउँ खग पासा॥**
**अब सो कथा सुनहु जेहि हेतू। गयउ काग पहिं खग कुल केतू॥**

हे गिरिजे! मैंने वह सब इतिहास कहा कि जिस समय मैं काकभुशुण्डिके पास गया था। अब वह कथा सुनो जिस कारणसे पक्षिकुलके ध्वजा गरुड़जी उस काकके पास गये थे॥ १॥

**जब रघुनाथ कीन्हि रन क्रीड़ा। समुझत चरित होति मोहि ब्रीड़ा॥**
**इंद्रजीत कर आपु बँधायो। तब नारद मुनि गरुड़ पठायो॥**

जब श्रीरघुनाथजीने ऐसी रणलीला की जिस लीलाका स्मरण करनेसे मुझे लज्जा होती है—मेघनादके हाथों अपनेको बँधा लिया—तब नारद मुनिने गरुड़को भेजा॥ २॥

**बंधन काटि गयो उरगादा। उपजा हृदयँ प्रचंड बिषादा॥**
**प्रभु बंधन समुझत बहु भाँती। करत बिचार उरग आराती॥**

सर्पोंके भक्षक गरुड़जी बन्धन काटकर गये, तब उनके हृदयमें बड़ा भारी विषाद उत्पन्न हुआ। प्रभुके बन्धनको स्मरण करके सर्पोंके शत्रु गरुड़जी बहुत प्रकारसे विचार करने लगे—॥ ३॥

**ब्यापक ब्रह्म बिरज बागीसा। माया मोह पार परमीसा॥**
**सो अवतार सुनेउँ जग माहीं। देखेउँ सो प्रभाव कछु नाहीं॥**

जो व्यापक, विकाररहित, वाणीके पति और माया-मोहसे परे ब्रह्म परमेश्वर हैं, मैंने सुना था कि जगत्‌में उन्हींका अवतार है। पर मैंने उस (अवतार)-का प्रभाव कुछ भी नहीं देखा॥ ४॥

**दो०—भव बंधन ते छूटहिं नर जपि जा कर नाम।**
**खर्ब निसाचर बाँधेउ नागपास सोइ राम॥ ५८॥**

जिनका नाम जपकर मनुष्य संसारके बन्धनसे छूट जाते हैं उन्हीं रामको एक तुच्छ राक्षसने नागपाशसे बाँध लिया॥ ५८॥

**नाना भाँति मनहि समुझावा। प्रगट न ग्यान हृदयँ भ्रम छावा॥**
**खेद खिन्न मन तर्क बढ़ाई। भयउ मोहबस तुम्हरिहिं नाई॥**

गरुड़जीने अनेकों प्रकारसे अपने मनको समझाया। पर उन्हें ज्ञान नहीं हुआ, हृदयमें भ्रम और भी अधिक छा गया। [सन्देहजनित] दुःखसे दुःखी होकर, मनमें कुतर्क बढ़ाकर वे तुम्हारी ही भाँति मोहवश हो गये॥ १॥

**ब्याकुल गयउ देवरिषि पाहीं। कहेसि जो संसय निज मन माहीं॥**
**सुनि नारदहि लागि अति दाया। सुनु खग प्रबल राम कै माया॥**

व्याकुल होकर वे देवर्षि नारदजीके पास गये और मनमें जो सन्देह था, वह उनसे कहा। उसे सुनकर नारदको अत्यन्त दया आयी। [उन्होंने कहा—] हे गरुड़! सुनिये, श्रीरामजीकी माया बड़ी ही बलवती है॥ २॥

**जो ग्यानिन्ह कर चित अपहरई। बरिआईं बिमोह मन करई॥**
**जेहिं बहु बार नचावा मोही। सोइ ब्यापी बिहंगपति तोही॥**

जो ज्ञानियोंके चित्तको भी भलीभाँति हरण कर लेती है और उनके मनमें जबर्दस्ती बड़ा भारी मोह उत्पन्न कर देती है, तथा जिसने मुझको भी बहुत बार नचाया है, हे पक्षिराज! वही माया आपको भी व्याप गयी है॥ ३॥

**महामोह उपजा उर तोरें। मिटिहि न बेगि कहें खग मोरें॥**
**चतुरानन पहिं जाहु खगेसा। सोइ करेहु जेहि होइ निदेसा॥**

हे गरुड़! आपके हृदयमें बड़ा भारी मोह उत्पन्न हो गया है। यह मेरे समझानेसे तुरंत नहीं मिटेगा। अतः हे पक्षिराज! आप ब्रह्माजीके पास जाइये और वहाँ जिस कामके लिये आदेश मिले, वही कीजियेगा॥ ४॥

**दो०—अस कहि चले देवरिषि करत राम गुन गान।**
**हरि माया बल बरनत पुनि पुनि परम सुजान॥ ५९॥**

ऐसा कहकर परम सुजान देवर्षि नारदजी श्रीरामजीका गुणगान करते हुए और बारंबार श्रीहरिकी मायाका बल वर्णन करते हुए चले॥ ५९॥

**तब खगपति बिरंचि पहिं गयऊ। निज संदेह सुनावत भयऊ॥**
**सुनि बिरंचि रामहि सिरु नावा। समुझि प्रताप प्रेम अति छावा॥**

तब पक्षिराज गरुड़ ब्रह्माजीके पास गये और अपना सन्देह उन्हें कह सुनाया। उसे सुनकर ब्रह्माजीने श्रीरामचन्द्रजीको सिर नवाया और उनके प्रतापको समझकर उनके अत्यन्त प्रेम छा गया॥ १॥

**मन महुँ करइ बिचार बिधाता। माया बस कबि कोबिद ग्याता॥**
**हरि माया कर अमिति प्रभावा। बिपुल बार जेहिं मोहि नचावा॥**

ब्रह्माजी मनमें विचार करने लगे कि कवि, कोविद और ज्ञानी सभी मायाके वश हैं। भगवान्‌की मायाका प्रभाव असीम है, जिसने मुझतकको अनेकों बार नचाया है॥ २॥

**अग जगमय जग मम उपराजा। नहिं आचरज मोह खगराजा॥**
**तब बोले बिधि गिरा सुहाई। जान महेस राम प्रभुताई॥**

यह सारा चराचर जगत् तो मेरा रचा हुआ है। जब मैं ही मायावश नाचने लगता हूँ, तब पक्षिराज गरुड़को मोह होना कोई आश्चर्य [की बात] नहीं है। तदनन्तर ब्रह्माजी सुन्दर वाणी बोले—श्रीरामजीकी महिमाको महादेवजी जानते हैं॥ ३॥

**बैनतेय संकर पहिं जाहू। तात अनत पूछहु जनि काहू॥**
**तहँ होइहि तव संसय हानी। चलेउ बिहंग सुनत बिधि बानी॥**

हे गरुड़! तुम शंकरजीके पास जाओ। हे तात! और कहीं किसीसे न पूछना। तुम्हारे सन्देहका नाश वहीं होगा। ब्रह्माजीका वचन सुनते ही गरुड़ चल दिये॥ ४॥

**दो०—परमातुर बिहंगपति आयउ तब मो पास।**
**जात रहेउँ कुबेर गृह रहिहु उमा कैलास॥ ६०॥**

तब बड़ी आतुरता (उतावली)-से पक्षिराज गरुड़ मेरे पास आये। हे उमा! उस समय मैं कुबेरके घर जा रहा था और तुम कैलासपर थीं॥ ६०॥

**तेहिं मम पद सादर सिरु नावा। पुनि आपन संदेह सुनावा॥**
**सुनि ता करि बिनती मृदु बानी। प्रेम सहित मैं कहेउँ भवानी॥**

गरुड़ने आदरपूर्वक मेरे चरणोंमें सिर नवाया और फिर मुझको अपना सन्देह सुनाया। हे भवानी! उनकी विनती और कोमल वाणी सुनकर मैंने प्रेमसहित उनसे कहा—॥ १॥

**मिलेहु गरुड़ मारग महँ मोही। कवन भाँति समुझावौं तोही॥**
**तबहिं होइ सब संसय भंगा। जब बहु काल करिअ सतसंगा॥**

हे गरुड़! तुम मुझे रास्तेमें मिले हो। राह चलते मैं तुम्हें किस प्रकार समझाऊँ? सब सन्देहोंका तो तभी नाश हो जब दीर्घ कालतक सत्संग किया जाय॥ २॥

**सुनिअ तहाँ हरिकथा सुहाई। नाना भाँति मुनिन्ह जो गाई॥**
**जेहि महुँ आदि मध्य अवसाना। प्रभु प्रतिपाद्य राम भगवाना॥**

और वहाँ (सत्संगमें) सुन्दर हरिकथा सुनी जाय, जिसे मुनियोंने अनेकों प्रकारसे गाया है और जिसके आदि, मध्य और अन्तमें भगवान् श्रीरामचन्द्रजी ही प्रतिपाद्य प्रभु हैं॥ ३॥

**नित हरि कथा होत जहँ भाई। पठवउँ तहाँ सुनहु तुम्ह जाई॥**
**जाइहि सुनत सकल संदेहा। राम चरन होइहि अति नेहा॥**

हे भाई! जहाँ प्रतिदिन हरिकथा होती है, तुमको मैं वहीं भेजता हूँ, तुम जाकर उसे सुनो। उसे सुनते ही तुम्हारा सब सन्देह दूर हो जायगा और तुम्हें श्रीरामजीके चरणोंमें अत्यन्त प्रेम होगा॥ ४॥

**दो०—बिनु सतसंग न हरि कथा तेहि बिनु मोह न भाग।**
**मोह गएँ बिनु राम पद होइ न दृढ़ अनुराग॥ ६१॥**

सत्संगके बिना हरिकी कथा सुननेको नहीं मिलती, उसके बिना मोह नहीं भागता और मोहके गये बिना श्रीरामचन्द्रजीके चरणोंमें दृढ़ (अचल) प्रेम नहीं होता॥ ६१॥

**मिलहिं न रघुपति बिनु अनुरागा। किएँ जोग तप ग्यान बिरागा॥**
**उत्तर दिसि सुंदर गिरि नीला। तहँ रह काकभुसुंडि सुसीला॥**

बिना प्रेमके केवल योग, तप, ज्ञान और वैराग्यादिके करनेसे श्रीरघुनाथजी नहीं मिलते। [अतएव तुम सत्संगके लिये वहाँ जाओ जहाँ] उत्तर दिशामें एक सुन्दर नील पर्वत है। वहाँ परम सुशील काकभुशुण्डिजी रहते हैं॥ १॥

**राम भगति पथ परम प्रबीना। ग्यानी गुन गृह बहु कालीना॥**
**राम कथा सो कहइ निरंतर। सादर सुनहिं बिबिध बिहंगबर॥**

वे रामभक्तिके मार्गमें परम प्रवीण हैं, ज्ञानी हैं, गुणोंके धाम हैं और बहुत कालके हैं। वे निरन्तर श्रीरामचन्द्रजीकी कथा कहते रहते हैं, जिसे भाँति-भाँतिके श्रेष्ठ पक्षी आदरसहित सुनते हैं॥ २॥

**जाइ सुनहु तहँ हरि गुन भूरी। होइहि मोह जनित दुख दूरी॥**
**मैं जब तेहि सब कहा बुझाई। चलेउ हरषि मम पद सिरु नाई॥**

वहाँ जाकर श्रीहरिके गुणसमूहोंको सुनो। उनके सुननेसे मोहसे उत्पन्न तुम्हारा दुःख दूर हो जायगा। मैंने उसे जब सब समझाकर कहा, तब वह मेरे चरणोंमें सिर नवाकर हर्षित होकर चला गया॥ ३॥

**ताते उमा न मैं समुझावा। रघुपति कृपाँ मरमु मैं पावा॥**
**होइहि कीन्ह कबहुँ अभिमाना। सो खोवै चह कृपानिधाना॥**

हे उमा! मैंने उसको इसीलिये नहीं समझाया कि मैं श्रीरघुनाथजीकी कृपासे उसका मर्म (भेद) पा गया था। उसने कभी अभिमान किया होगा, जिसको कृपानिधान श्रीरामजी नष्ट करना चाहते हैं॥ ४॥

**कछु तेहि ते पुनि मैं नहिं राखा। समुझइ खग खगही कै भाषा॥**
**प्रभु माया बलवंत भवानी। जाहि न मोह कवन अस ग्यानी॥**

फिर कुछ इस कारण भी मैंने उसको अपने पास नहीं रखा कि पक्षी पक्षीकी ही बोली समझते हैं। हे भवानी! प्रभुकी माया [बड़ी ही] बलवती है, ऐसा कौन ज्ञानी है, जिसे वह न मोह ले?॥ ५॥

**दो०—ग्यानी भगत सिरोमनि त्रिभुवनपति कर जान।**
**ताहि मोह माया नर पावँर करहिं गुमान॥ ६२ (क)॥**

जो ज्ञानियोंमें और भक्तोंमें शिरोमणि हैं एवं त्रिभुवनपति भगवान्‌के वाहन हैं, उन गरुड़को भी मायाने मोह लिया। फिर भी नीच मनुष्य मूर्खतावश घमंड किया करते हैं॥ ६२ (क)॥

## मासपारायण, अट्ठाईसवाँ विश्राम

**सिव बिरंचि कहुँ मोहइ को है बपुरा आन।**
**अस जियँ जानि भजहिं मुनि माया पति भगवान॥ ६२ (ख)॥**

यह माया जब शिवजी और ब्रह्माजीको भी मोह लेती है, तब दूसरा बेचारा क्या चीज है? जीमें ऐसा जानकर ही मुनिलोग उस मायाके स्वामी भगवान्‌का भजन करते हैं॥ ६२ (ख)॥

**गयउ गरुड़ जहँ बसइ भुसुंडा। मति अकुंठ हरि भगति अखंडा॥**
**देखि सैल प्रसन्न मन भयऊ। माया मोह सोच सब गयऊ॥**

गरुड़जी वहाँ गये जहाँ निर्बाध बुद्धि और पूर्ण भक्तिवाले काकभुशुण्डिजी बसते थे। उस पर्वतको देखकर उनका मन प्रसन्न हो गया और [उसके दर्शनसे ही] सब माया, मोह तथा सोच जाता रहा॥ १॥

**करि तड़ाग मज्जन जलपाना। बट तर गयउ हृदयँ हरषाना॥**
**बृद्ध बृद्ध बिहंग तहँ आए। सुनै राम के चरित सुहाए॥**

तालाबमें स्नान और जलपान करके वे प्रसन्नचित्तसे वटवृक्षके नीचे गये। वहाँ श्रीरामजीके सुन्दर चरित्र सुननेके लिये बूढ़े-बूढ़े पक्षी आये हुए थे॥ २॥

**कथा अरंभ करै सोइ चाहा। तेही समय गयउ खगनाहा॥**
**आवत देखि सकल खगराजा। हरषेउ बायस सहित समाजा॥**

भुशुण्डिजी कथा आरम्भ करना ही चाहते थे कि उसी समय पक्षिराज गरुड़जी वहाँ जा पहुँचे। पक्षियोंके राजा गरुड़जीको आते देखकर काकभुशुण्डिजीसहित सारा पक्षिसमाज हर्षित हुआ॥ ३॥

**अति आदर खगपति कर कीन्हा। स्वागत पूछि सुआसन दीन्हा॥**
**करि पूजा समेत अनुरागा। मधुर बचन तब बोलेउ कागा॥**

उन्होंने पक्षिराज गरुड़जीका बहुत ही आदर-सत्कार किया और स्वागत (कुशल) पूछकर बैठनेके लिये सुन्दर आसन दिया। फिर प्रेमसहित पूजा करके काकभुशुण्डिजी मधुर वचन बोले—॥ ४॥

**दो०—नाथ कृतारथ भयउँ मैं तव दरसन खगराज।**
**आयसु देहु सो करौं अब प्रभु आयहु केहि काज॥ ६३ (क)॥**

हे नाथ! हे पक्षिराज! आपके दर्शनसे मैं कृतार्थ हो गया। आप जो आज्ञा दें मैं अब वही करूँ। हे प्रभो! आप किस कार्यके लिये आये हैं?॥ ६३ (क)॥

**सदा कृतारथ रूप तुम्ह कह मृदु बचन खगेस।**
**जेहि कै अस्तुति सादर निज मुख कीन्हि महेस॥ ६३ (ख)॥**

पक्षिराज गरुड़जीने कोमल वचन कहे—आप तो सदा ही कृतार्थरूप हैं, जिनकी बड़ाई स्वयं महादेवजीने आदरपूर्वक अपने श्रीमुखसे की है॥ ६३ (ख)॥

**सुनहु तात जेहि कारन आयउँ। सो सब भयउ दरस तव पायउँ॥**
**देखि परम पावन तव आश्रम। गयउ मोह संसय नाना भ्रम॥**

हे तात! सुनिये, मैं जिस कारणसे आया था, वह सब कार्य तो यहाँ आते ही पूरा हो गया। फिर आपके दर्शन भी प्राप्त हो गये। आपका परम पवित्र आश्रम देखकर ही मेरा मोह, सन्देह और अनेक प्रकारके भ्रम सब जाते रहे॥ १॥

**अब श्रीराम कथा अति पावनि। सदा सुखद दुख पुंज नसावनि॥**
**सादर तात सुनावहु मोही। बार बार बिनवउँ प्रभु तोही॥**

अब हे तात! आप मुझे श्रीरामजीकी अत्यन्त पवित्र करनेवाली, सदा सुख देनेवाली और दुःखसमूहका नाश करनेवाली कथा आदरसहित सुनाइये। हे प्रभो! मैं बार-बार आपसे यही विनती करता हूँ॥ २॥

**सुनत गरुड़ कै गिरा बिनीता। सरल सुप्रेम सुखद सुपुनीता॥**
**भयउ तासु मन परम उछाहा। लाग कहै रघुपति गुन गाहा॥**

गरुड़जीकी विनम्र, सरल, सुन्दर प्रेमयुक्त, सुखप्रद और अत्यन्त पवित्र वाणी सुनते ही भुशुण्डिजीके मनमें परम उत्साह हुआ और वे श्रीरघुनाथजीके गुणोंकी कथा कहने लगे॥ ३॥

**प्रथमहिं अति अनुराग भवानी। रामचरित सर कहेसि बखानी॥**
**पुनि नारद कर मोह अपारा। कहेसि बहुरि रावन अवतारा॥**

हे भवानी! पहले तो उन्होंने बड़े ही प्रेमसे रामचरितमानस सरोवरका रूपक समझाकर कहा। फिर नारदजीका अपार मोह और फिर रावणका अवतार कहा॥ ४॥

**प्रभु अवतार कथा पुनि गाई। तब सिसु चरित कहेसि मन लाई॥**

फिर प्रभुके अवतारकी कथा वर्णन की। तदनन्तर मन लगाकर श्रीरामजीकी बाललीलाएँ कहीं॥ ५॥

**दो०—बालचरित कहि बिबिधि बिधि मन महँ परम उछाह।**
**रिषि आगवन कहेसि पुनि श्रीरघुबीर बिबाह॥ ६४॥**

मनमें परम उत्साह भरकर अनेकों प्रकारकी बाललीलाएँ कहकर, फिर ऋषि विश्वामित्रजीका अयोध्या आना और श्रीरघुवीरजीका विवाह वर्णन किया॥ ६४॥

**बहुरि राम अभिषेक प्रसंगा। पुनि नृप बचन राज रस भंगा॥**
**पुरबासिन्ह कर बिरह बिषादा। कहेसि राम लछिमन संबादा॥**

फिर श्रीरामजीके राज्याभिषेकका प्रसंग, फिर राजा दशरथजीके वचनसे राजरस (राज्याभिषेकके आनन्द)-में भंग पड़ना, फिर नगरनिवासियोंका विरह, विषाद और श्रीराम-लक्ष्मणका संवाद (बातचीत) कहा॥ १॥

**बिपिन गवन केवट अनुरागा। सुरसरि उतरि निवास प्रयागा॥**
**बालमीक प्रभु मिलन बखाना। चित्रकूट जिमि बसे भगवाना॥**

श्रीरामका वनगमन, केवटका प्रेम, गंगाजीसे पार उतरकर प्रयागमें निवास, वाल्मीकिजी और प्रभु श्रीरामजीका मिलन और जैसे भगवान् चित्रकूटमें बसे, वह सब कहा॥ २॥

**सचिवागवन नगर नृप मरना। भरतागवन प्रेम बहु बरना॥**
**करि नृप क्रिया संग पुरबासी। भरत गए जहँ प्रभु सुख रासी॥**

फिर मन्त्री सुमन्त्रजीका नगरमें लौटना, राजा दशरथजीका मरण, भरतजीका [ननिहालसे] अयोध्यामें आना और उनके प्रेमका बहुत वर्णन किया। राजाकी अन्त्येष्टि क्रिया करके नगरनिवासियोंको साथ लेकर भरतजी वहाँ गये जहाँ सुखकी राशि प्रभु श्रीरामचन्द्रजी थे॥ ३॥

**पुनि रघुपति बहु बिधि समुझाए। लै पादुका अवधपुर आए॥**
**भरत रहनि सुरपति सुत करनी। प्रभु अरु अत्रि भेंट पुनि बरनी॥**

फिर श्रीरघुनाथजीने उनको बहुत प्रकारसे समझाया, जिससे वे खड़ाऊँ लेकर अयोध्यापुरी लौट आये, यह सब कथा कही। भरतजीकी नन्दिग्राममें रहनेकी रीति, इन्द्रपुत्र जयन्तकी नीच करनी और फिर प्रभु श्रीरामचन्द्रजी और अत्रिजीका मिलाप वर्णन किया॥ ४॥

**दो०—कहि बिराध बध जेहि बिधि देह तजी सरभंग।**
**बरनि सुतीछन प्रीति पुनि प्रभु अगस्ति सतसंग॥ ६५॥**

जिस प्रकार विराधका वध हुआ और शरभंगजीने शरीर त्याग किया, वह प्रसंग कहकर, फिर सुतीक्ष्णजीका प्रेम वर्णन करके प्रभु और अगस्त्यजीका सत्संग-वृत्तान्त कहा॥ ६५॥

**कहि दंडक बन पावनताई। गीध मइत्री पुनि तेहिं गाई॥**
**पुनि प्रभु पंचबटीं कृत बासा। भंजी सकल मुनिन्ह की त्रासा॥**

दण्डकवनका पवित्र करना कहकर फिर भुशुण्डिजीने गृध्रराजके साथ मित्रताका वर्णन किया। फिर जिस प्रकार प्रभुने पंचवटीमें निवास किया और सब मुनियोंके भयका नाश किया,॥ १॥

**पुनि लछिमन उपदेस अनूपा। सूपनखा जिमि कीन्हि कुरूपा॥**
**खर दूषन बध बहुरि बखाना। जिमि सब मरमु दसानन जाना॥**

और फिर जैसे लक्ष्मणजीको अनुपम उपदेश दिया और शूर्पणखाको कुरूप किया, वह सब वर्णन किया। फिर खर-दूषण-वध और जिस प्रकार रावणने सब समाचार जाना, वह बखानकर कहा,॥ २॥

**दसकंधर मारीच बतकही। जेहि बिधि भई सो सब तेहिं कही॥**
**पुनि माया सीता कर हरना। श्रीरघुबीर बिरह कछु बरना॥**

तथा जिस प्रकार रावण और मारीचकी बातचीत हुई, वह सब उन्होंने कही। फिर मायासीताका हरण और श्रीरघुवीरके विरहका कुछ वर्णन किया॥ ३॥

**पुनि प्रभु गीध क्रिया जिमि कीन्ही। बधि कबंध सबरिहि गति दीन्ही॥**
**बहुरि बिरह बरनत रघुबीरा। जेहि बिधि गए सरोबर तीरा॥**

फिर प्रभुने गिद्ध जटायुकी जिस प्रकार क्रिया की, कबन्धका वध करके शबरीको परमगति दी और फिर जिस प्रकार विरह-वर्णन करते हुए श्रीरघुवीरजी पंपासरके तीरपर गये, वह सब कहा॥ ४॥

**दो०—प्रभु नारद संबाद कहि मारुति मिलन प्रसंग।**
**पुनि सुग्रीव मिताई बालि प्रान कर भंग॥ ६६ (क)॥**

प्रभु और नारदजीका संवाद और मारुतिके मिलनेका प्रसंग कहकर फिर सुग्रीवसे मित्रता और बालिके प्राणनाशका वर्णन किया॥ ६६ (क)॥

**कपिहि तिलक करि प्रभु कृत सैल प्रबरषन बास।**
**बरनन बर्षा सरद अरु राम रोष कपि त्रास॥ ६६ (ख)॥**

सुग्रीवका राजतिलक करके प्रभुने प्रवर्षण पर्वतपर निवास किया, वह तथा वर्षा और शरद्‌का वर्णन, श्रीरामजीका सुग्रीवपर रोष और सुग्रीवका भय आदि प्रसंग कहे॥ ६६ (ख)॥

**जेहि बिधि कपिपति कीस पठाए। सीता खोज सकल दिसि धाए॥**
**बिबर प्रबेस कीन्ह जेहि भाँती। कपिन्ह बहोरि मिला संपाती॥**

जिस प्रकार वानरराज सुग्रीवने वानरोंको भेजा और वे सीताजीकी खोजमें जिस प्रकार सब दिशाओंमें गये, जिस प्रकार उन्होंने बिलमें प्रवेश किया और फिर जैसे वानरोंको सम्पाती मिला, वह कथा कही॥ १॥

**सुनि सब कथा समीरकुमारा। नाघत भयउ पयोधि अपारा॥**
**लंकाँ कपि प्रबेस जिमि कीन्हा। पुनि सीतहि धीरजु जिमि दीन्हा॥**

संपातीसे सब कथा सुनकर पवनपुत्र हनुमान्‌जी जिस तरह अपार समुद्रको लाँघ गये, फिर हनुमान्‌जीने जैसे लंकामें प्रवेश किया और फिर जैसे सीताजीको धीरज दिया, सो सब कहा॥ २॥

**बन उजारि रावनहि प्रबोधी। पुर दहि नाघेउ बहुरि पयोधी॥**
**आए कपि सब जहँ रघुराई। बैदेही की कुसल सुनाई॥**

अशोकवनको उजाड़कर, रावणको समझाकर, लंकापुरीको जलाकर फिर जैसे उन्होंने समुद्रको लाँघा और जिस प्रकार सब वानर वहाँ आये जहाँ श्रीरघुनाथजी थे और आकर श्रीजानकीजीकी कुशल सुनायी,॥ ३॥

**सेन समेति जथा रघुबीरा। उतरे जाइ बारिनिधि तीरा॥**
**मिला बिभीषन जेहि बिधि आई। सागर निग्रह कथा सुनाई॥**

फिर जिस प्रकार सेनासहित श्रीरघुवीर जाकर समुद्रके तटपर उतरे और जिस प्रकार विभीषणजी आकर उनसे मिले, वह सब और समुद्रके बाँधनेकी कथा उसने सुनायी॥ ४॥

**दो०—सेतु बाँधि कपि सेन जिमि उतरी सागर पार।**
**गयउ बसीठी बीरबर जेहि बिधि बालिकुमार॥ ६७ (क)॥**

पुल बाँधकर जिस प्रकार वानरोंकी सेना समुद्रके पार उतरी और जिस प्रकार वीरश्रेष्ठ बालिपुत्र अंगद दूत बनकर गये, वह सब कहा॥ ६७ (क)॥

**निसिचर कीस लराई बरनिसि बिबिध प्रकार।**
**कुंभकरन घननाद कर बल पौरुष संघार॥ ६७ (ख)॥**

फिर राक्षसों और वानरोंके युद्धका अनेकों प्रकारसे वर्णन किया। फिर कुम्भकर्ण और मेघनादके बल, पुरुषार्थ और संहारकी कथा कही॥ ६७ (ख)॥

**निसिचर निकर मरन बिधि नाना। रघुपति रावन समर बखाना॥**
**रावन बध मंदोदरि सोका। राज बिभीषन देव असोका॥**

नाना प्रकारके राक्षससमूहोंके मरण तथा श्रीरघुनाथजी और रावणके अनेक प्रकारके युद्धका वर्णन किया। रावणवध, मन्दोदरीका शोक, विभीषणका राज्याभिषेक और देवताओंका शोकरहित होना कहकर,॥ १॥

**सीता रघुपति मिलन बहोरी। सुरन्ह कीन्हि अस्तुति कर जोरी॥**
**पुनि पुष्पक चढ़ि कपिन्ह समेता। अवध चले प्रभु कृपा निकेता॥**

फिर सीताजी और श्रीरघुनाथजीका मिलाप कहा। जिस प्रकार देवताओंने हाथ जोड़कर स्तुति की और फिर जैसे वानरोंसमेत पुष्पकविमानपर चढ़कर कृपाधाम प्रभु अवधपुरीको चले, वह कहा॥ २॥

**जेहि बिधि राम नगर निज आए। बायस बिसद चरित सब गाए॥**
**कहेसि बहोरि राम अभिषेका। पुर बरनत नृपनीति अनेका॥**

जिस प्रकार श्रीरामचन्द्रजी अपने नगर (अयोध्या)-में आये, वे सब उज्ज्वल चरित्र काकभुशुण्डिजीने विस्तारपूर्वक वर्णन किये। फिर उन्होंने श्रीरामजीका राज्याभिषेक कहा। [शिवजी कहते हैं—] अयोध्यापुरीका और अनेक प्रकारकी राजनीतिका वर्णन करते हुए—॥ ३॥

**कथा समस्त भुसुंड बखानी। जो मैं तुम्ह सन कही भवानी॥**
**सुनि सब राम कथा खगनाहा। कहत बचन मन परम उछाहा॥**

भुशुण्डिजीने वह सब कथा कही जो हे भवानी! मैंने तुमसे कही। सारी रामकथा सुनकर पक्षिराज गरुड़जी मनमें बहुत उत्साहित (आनन्दित) होकर वचन कहने लगे—॥ ४॥

**सो०—गयउ मोर संदेह सुनेउँ सकल रघुपति चरित।**
**भयउ राम पद नेह तव प्रसाद बायस तिलक॥ ६८ (क)॥**

श्रीरघुनाथजीके सब चरित्र मैंने सुने, जिससे मेरा सन्देह जाता रहा। हे काकशिरोमणि! आपके अनुग्रहसे श्रीरामजीके चरणोंमें मेरा प्रेम हो गया॥ ६८ (क)॥

**मोहि भयउ अति मोह प्रभु बंधन रन महुँ निरखि।**
**चिदानंद संदोह राम बिकल कारन कवन॥ ६८ (ख)॥**

युद्धमें प्रभुका नागपाशसे बन्धन देखकर मुझे अत्यन्त मोह हो गया था कि श्रीरामजी तो सच्चिदानन्दघन हैं, वे किस कारण व्याकुल हैं॥ ६८ (ख)॥

**देखि चरित अति नर अनुसारी। भयउ हृदयँ मम संसय भारी॥**
**सोइ भ्रम अब हित करि मैं माना। कीन्ह अनुग्रह कृपानिधाना॥**

बिलकुल ही लौकिक मनुष्योंका-सा चरित्र देखकर मेरे हृदयमें भारी सन्देह हो गया। मैं अब उस भ्रम (सन्देह)-को अपने लिये हित करके समझता हूँ। कृपानिधानने मुझपर यह बड़ा अनुग्रह किया॥ १॥

**जो अति आतप ब्याकुल होई। तरु छाया सुख जानइ सोई॥**
**जौं नहिं होत मोह अति मोही। मिलतेउँ तात कवन बिधि तोही॥**

जो धूपसे अत्यन्त व्याकुल होता है, वही वृक्षकी छायाका सुख जानता है। हे तात! यदि मुझे अत्यन्त मोह न होता तो मैं आपसे किस प्रकार मिलता?॥ २॥

**सुनतेउँ किमि हरि कथा सुहाई। अति बिचित्र बहु बिधि तुम्ह गाई॥**
**निगमागम पुरान मत एहा। कहहिं सिद्ध मुनि नहिं संदेहा॥**

और कैसे अत्यन्त विचित्र यह सुन्दर हरिकथा सुनता; जो आपने बहुत प्रकारसे गायी है? वेद, शास्त्र और पुराणोंका यही मत है; सिद्ध और मुनि भी यही कहते हैं, इसमें सन्देह नहीं कि—॥ ३॥

**संत बिसुद्ध मिलहिं परि तेही। चितवहिं राम कृपा करि जेही॥**
**राम कृपाँ तव दरसन भयऊ। तव प्रसाद सब संसय गयऊ॥**

शुद्ध (सच्चे) संत उसीको मिलते हैं जिसे श्रीरामजी कृपा करके देखते हैं। श्रीरामजीकी कृपासे मुझे आपके दर्शन हुए और आपकी कृपासे मेरा सन्देह चला गया॥ ४॥

**दो०—सुनि बिहंगपति बानी सहित बिनय अनुराग।**
**पुलक गात लोचन सजल मन हरषेउ अति काग॥ ६९ (क)॥**

पक्षिराज गरुड़जीकी विनय और प्रेमयुक्त वाणी सुनकर काकभुशुण्डिजीका शरीर पुलकित हो गया, उनके नेत्रोंमें जल भर आया और वे मनमें अत्यन्त हर्षित हुए॥ ६९ (क)॥

**श्रोता सुमति सुसील सुचि कथा रसिक हरिदास।**
**पाइ उमा अति गोप्यमपि सज्जन करहिं प्रकास॥ ६९ (ख)॥**

हे उमा! सुन्दर बुद्धिवाले, सुशील, पवित्र कथाके प्रेमी और हरिके सेवक श्रोताको पाकर सज्जन अत्यन्त गोपनीय (सबके सामने प्रकट न करनेयोग्य) रहस्यको भी प्रकट कर देते हैं॥ ६९ (ख)॥

**बोलेउ काकभसुंड बहोरी। नभग नाथ पर प्रीति न थोरी॥**
**सब बिधि नाथ पूज्य तुम्ह मेरे। कृपापात्र रघुनायक केरे॥**

काकभुशुण्डिजीने फिर कहा—पक्षिराजपर उनका प्रेम कम न था (अर्थात् बहुत था)—हे नाथ! आप सब प्रकारसे मेरे पूज्य हैं और श्रीरघुनाथजीके कृपापात्र हैं॥ १॥

**तुम्हहि न संसय मोह न माया। मो पर नाथ कीन्हि तुम्ह दाया॥**
**पठइ मोह मिस खगपति तोही। रघुपति दीन्हि बड़ाई मोही॥**

आपको न सन्देह है और न मोह अथवा माया ही है। हे नाथ! आपने तो मुझपर दया की है। हे पक्षिराज! मोहके बहाने श्रीरघुनाथजीने आपको यहाँ भेजकर मुझे बड़ाई दी है॥ २॥

**तुम्ह निज मोह कही खगसाईं। सो नहिं कछु आचरज गोसाईं॥**
**नारद भव बिरंचि सनकादी। जे मुनिनायक आतमबादी॥**

हे पक्षियोंके स्वामी! आपने अपना मोह कहा, सो हे गोसाईं! यह कुछ आश्चर्य नहीं है। नारदजी, शिवजी, ब्रह्माजी और सनकादि जो आत्मतत्त्वके मर्मज्ञ और उसका उपदेश करनेवाले श्रेष्ठ मुनि हैं॥ ३॥

**मोह न अंध कीन्ह केहि केही। को जग काम नचाव न जेही॥**
**तृस्नाँ केहि न कीन्ह बौराहा। केहि कर हृदय क्रोध नहिं दाहा॥**

उनमेंसे भी किस-किसको मोहने अंधा (विवेकशून्य) नहीं किया? जगत्‌में ऐसा कौन है जिसे कामने न नचाया हो? तृष्णाने किसको मतवाला नहीं बनाया? क्रोधने किसका हृदय नहीं जलाया?॥ ४॥

**दो०—ग्यानी तापस सूर कबि कोबिद गुन आगार।**
**केहि कै लोभ बिडंबना कीन्हि न एहिं संसार॥ ७० (क)॥**

इस संसारमें ऐसा कौन ज्ञानी, तपस्वी, शूरवीर, कवि, विद्वान् और गुणोंका धाम है, जिसकी लोभने विडम्बना (मिट्टी पलीद) न की हो॥ ७० (क)॥

**श्रीमद बक्र न कीन्ह केहि प्रभुता बधिर न काहि।**
**मृगलोचनि के नैन सर को अस लाग न जाहि॥ ७० (ख)॥**

लक्ष्मीके मदने किसको टेढ़ा और प्रभुताने किसको बहरा नहीं कर दिया? ऐसा कौन है, जिसे मृगनयनी (युवती स्त्री)-के नेत्र-बाण न लगे हों?॥ ७० (ख)॥

**गुन कृत सन्यपात नहिं केही। कोउ न मान मद तजेउ निबेही॥**
**जोबन ज्वर केहि नहिं बलकावा। ममता केहि कर जस न नसावा॥**

[रज, तम आदि] गुणोंका किया हुआ सन्निपात किसे नहीं हुआ? ऐसा कोई नहीं है जिसे मान और मदने अछूता छोड़ा हो। यौवनके ज्वरने किसे आपेसे बाहर नहीं किया? ममताने किसके यशका नाश नहीं किया?॥ १॥

**मच्छर काहि कलंक न लावा। काहि न सोक समीर डोलावा॥**
**चिंता साँपिनि को नहिं खाया। को जग जाहि न ब्यापी माया॥**

मत्सर (डाह)-ने किसको कलंक नहीं लगाया? शोकरूपी पवनने किसे नहीं हिला

दिया? चिन्तारूपी साँपिनने किसे नहीं खा लिया? जगत्‌में ऐसा कौन है, जिसे माया न व्यापी हो?॥ २॥

**कीट मनोरथ दारु सरीरा। जेहि न लाग घुन को अस धीरा॥**
**सुत बित लोक ईषना तीनी। केहि कै मति इन्ह कृत न मलीनी॥**

मनोरथ कीड़ा है, शरीर लकड़ी है। ऐसा धैर्यवान् कौन है, जिसके शरीरमें यह कीड़ा न लगा हो? पुत्रकी, धनकी और लोकप्रतिष्ठाकी इन तीन प्रबल इच्छाओंने किसकी बुद्धिको मलिन नहीं कर दिया (बिगाड़ नहीं दिया)?॥ ३॥

**यह सब माया कर परिवारा। प्रबल अमिति को बरनै पारा॥**
**सिव चतुरानन जाहि डेराहीं। अपर जीव केहि लेखे माहीं॥**

यह सब मायाका बड़ा बलवान् परिवार है। यह अपार है, इसका वर्णन कौन कर सकता है? शिवजी और ब्रह्माजी भी जिससे डरते हैं, तब दूसरे जीव तो किस गिनतीमें हैं?॥ ४॥

**दो०—ब्यापि रहेउ संसार महुँ माया कटक प्रचंड।**
**सेनापति कामादि भट दंभ कपट पाषंड॥ ७१ (क)॥**

मायाकी प्रचण्ड सेना संसारभरमें छायी हुई है। कामादि (काम, क्रोध और लोभ) उसके सेनापति हैं और दम्भ, कपट और पाखण्ड योद्धा हैं॥ ७१ (क)॥

**सो दासी रघुबीर कै समुझें मिथ्या सोपि।**
**छूट न राम कृपा बिनु नाथ कहउँ पद रोपि॥ ७१ (ख)॥**

वह माया श्रीरघुवीरकी दासी है। यद्यपि समझ लेनेपर वह मिथ्या ही है, किन्तु वह श्रीरामजीकी कृपाके बिना छूटती नहीं। हे नाथ! यह मैं प्रतिज्ञा करके कहता हूँ॥ ७१ (ख)॥

**जो माया सब जगहि नचावा। जासु चरित लखि काहुँ न पावा॥**
**सोइ प्रभु भ्रू बिलास खगराजा। नाच नटी इव सहित समाजा॥**

जो माया सारे जगत्‌को नचाती है और जिसका चरित्र (करनी) किसीने नहीं लख पाया, हे खगराज गरुड़जी! वही माया प्रभु श्रीरामचन्द्रजीकी भ्रुकुटीके इशारेपर अपने समाज (परिवार)-सहित नटीकी तरह नाचती है॥ १॥

**सोइ सच्चिदानंद घन रामा। अज बिग्यान रूप बल धामा॥**
**ब्यापक ब्याप्य अखंड अनंता। अखिल अमोघसक्ति भगवंता॥**

श्रीरामजी वही सच्चिदानन्दघन हैं जो अजन्मा, विज्ञानस्वरूप, रूप और बलके धाम, सर्वव्यापक एवं व्याप्य (सर्वरूप), अखण्ड, अनन्त, सम्पूर्ण, अमोघशक्ति (जिसकी शक्ति कभी व्यर्थ नहीं होती) और छः ऐश्वर्योंसे युक्त भगवान् हैं॥ २॥

**अगुन अदभ्र गिरा गोतीता। सबदरसी अनवद्य अजीता॥**
**निर्मम निराकार निरमोहा। नित्य निरंजन सुख संदोहा॥**

वे निर्गुण (मायाके गुणोंसे रहित), महान्, वाणी और इन्द्रियोंसे परे, सब कुछ देखनेवाले, निर्दोष, अजेय, ममतारहित, निराकार (मायिक आकारसे रहित), मोहरहित, नित्य, मायारहित, सुखकी राशि,॥ ३॥

**प्रकृति पार प्रभु सब उर बासी। ब्रह्म निरीह बिरज अबिनासी॥**
**इहाँ मोह कर कारन नाहीं। रबि सन्मुख तम कबहुँ कि जाहीं॥**

प्रकृतिसे परे, प्रभु (सर्वसमर्थ), सदा सबके हृदयमें बसनेवाले, इच्छारहित, विकाररहित, अविनाशी ब्रह्म हैं। यहाँ (श्रीराममें) मोहका कारण ही नहीं है। क्या अन्धकारका समूह कभी सूर्यके सामने जा सकता है?॥ ४॥

**दो०—भगत हेतु भगवान प्रभु राम धरेउ तनु भूप।**
**किए चरित पावन परम प्राकृत नर अनुरूप॥ ७२ (क)॥**

भगवान् प्रभु श्रीरामचन्द्रजीने भक्तोंके लिये राजाका शरीर धारण किया और साधारण मनुष्योंके-से अनेकों परम पावन चरित्र किये॥ ७२ (क)॥

**जथा अनेक बेष धरि नृत्य करइ नट कोइ।**
**सोइ सोइ भाव देखावइ आपुन होइ न सोइ॥ ७२ (ख)॥**

जैसे कोई नट (खेल करनेवाला) अनेक वेष धारण करके नृत्य करता है, और वही-वही (जैसा वेष होता है, उसीके अनुकूल) भाव दिखलाता है, पर स्वयं वह उनमेंसे कोई हो नहीं जाता,॥ ७२ (ख)॥

**असि रघुपति लीला उरगारी। दनुज बिमोहनि जन सुखकारी॥**
**जे मति मलिन बिषयबस कामी। प्रभु पर मोह धरहिं इमि स्वामी॥**

हे गरुड़जी! ऐसी ही श्रीरघुनाथजीकी यह लीला है, जो राक्षसोंको विशेष मोहित करनेवाली और भक्तोंको सुख देनेवाली है। हे स्वामी! जो मनुष्य मलिनबुद्धि, विषयोंके वश और कामी हैं, वे ही प्रभुपर इस प्रकार मोहका आरोप करते हैं॥ १॥

**नयन दोष जा कहँ जब होई। पीत बरन ससि कहुँ कह सोई॥**
**जब जेहि दिसि भ्रम होइ खगेसा। सो कह पच्छिम उयउ दिनेसा॥**

जब जिसको [कवँल आदि] नेत्रदोष होता है, तब वह चन्द्रमाको पीले रंगका कहता है। हे पक्षिराज! जब जिसे दिशाभ्रम होता है, तब वह कहता है कि सूर्य पश्चिममें उदय हुआ है॥ २॥

**नौकारूढ़ चलत जग देखा। अचल मोहबस आपुहि लेखा॥**
**बालक भ्रमहिं न भ्रमहिं गृहादी। कहहिं परस्पर मिथ्याबादी॥**

नौकापर चढ़ा हुआ मनुष्य जगत्‌को चलता हुआ देखता है और मोहवश अपनेको अचल समझता है। बालक घूमते (चक्राकार दौड़ते) हैं, घर आदि नहीं घूमते। पर वे आपसमें एक-दूसरेको झूठा कहते हैं॥ ३॥

**हरि बिषइक अस मोह बिहंगा। सपनेहुँ नहिं अग्यान प्रसंगा॥**
**मायाबस मतिमंद अभागी। हृदयँ जमनिका बहुबिधि लागी॥**

हे गरुड़जी! श्रीहरिके विषयमें मोहकी कल्पना भी ऐसी ही है, भगवान्‌में तो स्वप्नमें भी अज्ञानका प्रसंग (अवसर) नहीं है। किन्तु जो मायाके वश, मन्दबुद्धि और भाग्यहीन हैं और जिनके हृदयपर अनेकों प्रकारके परदे पड़े हैं॥ ४॥

**ते सठ हठ बस संसय करहीं। निज अग्यान राम पर धरहीं॥**

वे मूर्ख हठके वश होकर सन्देह करते हैं और अपना अज्ञान श्रीरामजीपर आरोपित करते हैं॥ ५॥

**दो०—काम क्रोध मद लोभ रत गृहासक्त दुखरूप।**
**ते किमि जानहिं रघुपतिहि मूढ़ परे तम कूप॥ ७३ ( क )॥**

जो काम, क्रोध, मद और लोभमें रत हैं और दुःखरूप घरमें आसक्त हैं, वे श्रीरघुनाथजीको कैसे जान सकते हैं? वे मूर्ख तो अन्धकाररूपी कुएँमें पड़े हुए हैं॥ ७३ (क)॥

**निर्गुन रूप सुलभ अति सगुन जान नहिं कोइ।**
**सुगम अगम नाना चरित सुनि मुनि मन भ्रम होइ॥ ७३ ( ख )॥**

निर्गुण रूप अत्यन्त सुलभ (सहज ही समझमें आ जानेवाला) है, परन्तु [गुणातीत दिव्य] सगुण रूपको कोई नहीं जानता। इसलिये उन सगुण भगवान्‌के अनेक प्रकारके सुगम और अगम चरित्रोंको सुनकर मुनियोंके भी मनको भ्रम हो जाता है॥ ७३(ख)॥

**सुनु खगेस रघुपति प्रभुताई। कहउँ जथामति कथा सुहाई॥**
**जेहि बिधि मोह भयउ प्रभु मोही। सोउ सब कथा सुनावउँ तोही॥**

हे पक्षिराज गरुड़जी! श्रीरघुनाथजीकी प्रभुता सुनिये। मैं अपनी बुद्धिके अनुसार वह सुहावनी कथा कहता हूँ। हे प्रभो! मुझे जिस प्रकार मोह हुआ, वह सब कथा भी आपको सुनाता हूँ॥ १॥

**राम कृपा भाजन तुम्ह ताता। हरि गुन प्रीति मोहि सुखदाता॥**
**ताते नहिं कछु तुम्हहि दुरावउँ। परम रहस्य मनोहर गावउँ॥**

हे तात! आप श्रीरामजीके कृपापात्र हैं। श्रीहरिके गुणोंमें आपकी प्रीति है, इसीलिये आप मुझे सुख देनेवाले हैं। इसीसे मैं आपसे कुछ भी नहीं छिपाता और अत्यन्त रहस्यकी बातें आपको गाकर सुनाता हूँ॥ २॥

**सुनहु राम कर सहज सुभाऊ। जन अभिमान न राखहिं काऊ॥**
**संसृत मूल सूलप्रद नाना। सकल सोक दायक अभिमाना॥**

श्रीरामचन्द्रजीका सहज स्वभाव सुनिये। वे भक्तमें अभिमान कभी नहीं रहने देते। क्योंकि अभिमान जन्म-मरणरूप संसारका मूल है और अनेक प्रकारके क्लेशों तथा समस्त शोकोंका देनेवाला है॥ ३॥

**ताते करहिं कृपानिधि दूरी। सेवक पर ममता अति भूरी॥**
**जिमि सिसु तन ब्रन होइ गोसाईं। मातु चिराव कठिन की नाईं॥**

इसीलिये कृपानिधि उसे दूर कर देते हैं; क्योंकि सेवकपर उनकी बहुत ही अधिक ममता है। हे गोसाईं! जैसे बच्चेके शरीरमें फोड़ा हो जाता है, तो माता उसे कठोर हृदयकी भाँति चिरा डालती है॥ ४॥

**दो०—जदपि प्रथम दुख पावइ रोवइ बाल अधीर।**
**ब्याधि नास हित जननी गनति न सो सिसु पीर॥ ७४ ( क )॥**

यद्यपि बच्चा पहले (फोड़ा चिराते समय) दुःख पाता है और अधीर होकर रोता है, तो भी रोगके नाशके लिये माता बच्चेकी उस पीड़ाको कुछ भी नहीं गिनती (उसकी परवा नहीं करती और फोड़ेको चिरवा ही डालती है)॥ ७४ (क)॥

**तिमि रघुपति निज दास कर हरहिं मान हित लागि।**
**तुलसिदास ऐसे प्रभुहि कस न भजहु भ्रम त्यागि॥ ७४ ( ख )॥**

उसी प्रकार श्रीरघुनाथजी अपने दासका अभिमान उसके हितके लिये हर लेते हैं। तुलसीदासजी कहते हैं कि ऐसे प्रभुको भ्रम त्यागकर क्यों नहीं भजते॥ ७४ (ख)॥

**राम कृपा आपनि जड़ताई। कहउँ खगेस सुनहु मन लाई॥**
**जब जब राम मनुज तनु धरहीं। भक्त हेतु लीला बहु करहीं॥**

हे पक्षिराज गरुड़जी! श्रीरामजीकी कृपा और अपनी जड़ता (मूर्खता)-की बात कहता हूँ, मन लगाकर सुनिये। जब-जब श्रीरामचन्द्रजी मनुष्यशरीर धारण करते हैं और भक्तोंके लिये बहुत-सी लीलाएँ करते हैं॥ १॥

**तब तब अवधपुरी मैं जाऊँ। बालचरित बिलोकि हरषाऊँ॥**
**जन्म महोत्सव देखउँ जाई। बरष पाँच तहँ रहउँ लोभाई॥**

तब-तब मैं अयोध्यापुरी जाता हूँ और उनकी बाललीला देखकर हर्षित होता हूँ। वहाँ जाकर मैं जन्ममहोत्सव देखता हूँ और [भगवान्‌की शिशुलीलामें] लुभाकर पाँच वर्षतक वहीं रहता हूँ॥ २॥

**इष्टदेव मम बालक रामा। सोभा बपुष कोटि सत कामा॥**
**निज प्रभु बदन निहारि निहारी। लोचन सुफल करउँ उरगारी॥**

बालकरूप श्रीरामचन्द्रजी मेरे इष्टदेव हैं, जिनके शरीरमें अरबों कामदेवोंकी शोभा है। हे गरुड़जी! अपने प्रभुका मुख देख-देखकर मैं नेत्रोंको सफल करता हूँ॥ ३॥

**लघु बायस बपु धरि हरि संगा। देखउँ बालचरित बहु रंगा॥**

छोटे-से कौएका शरीर धरकर और भगवान्‌के साथ-साथ फिरकर मैं उनके भाँति-भाँतिके बालचरित्रोंको देखा करता हूँ॥ ४॥

**दो०—लरिकाईं जहँ जहँ फिरहिं तहँ तहँ संग उड़ाउँ।**
**जूठनि परइ अजिर महँ सो उठाइ करि खाउँ॥ ७५ (क)॥**

लड़कपनमें वे जहाँ-जहाँ फिरते हैं, वहाँ-वहाँ मैं साथ-साथ उड़ता हूँ और आँगनमें उनकी जो जूठन पड़ती है, वही उठाकर खाता हूँ॥ ७५ (क)॥

**एक बार अतिसय सब चरित किए रघुबीर।**
**सुमिरत प्रभु लीला सोइ पुलकित भयउ सरीर॥ ७५ (ख)॥**

एक बार श्रीरघुवीरने सब चरित्र बहुत अधिकतासे किये। प्रभुकी उस लीलाका स्मरण करते ही काकभुशुण्डिजीका शरीर [प्रेमानन्दवश] पुलकित हो गया॥ ७५ (ख)॥

**कहइ भसुंड सुनहु खगनायक। राम चरित सेवक सुखदायक॥**
**नृप मंदिर सुंदर सब भाँती। खचित कनक मनि नाना जाती॥**

भुशुण्डिजी कहने लगे—हे पक्षिराज! सुनिये, श्रीरामजीका चरित्र सेवकोंको सुख देनेवाला है। [अयोध्याका] राजमहल सब प्रकारसे सुन्दर है। सोनेके महलमें नाना प्रकारके रत्न जड़े हुए हैं॥ १॥

**बरनि न जाइ रुचिर अँगनाई। जहँ खेलहिं नित चारिउ भाई॥**
**बालबिनोद करत रघुराई। बिचरत अजिर जननि सुखदाई॥**

सुन्दर आँगनका वर्णन नहीं किया जा सकता, जहाँ चारों भाई नित्य खेलते हैं। माताको सुख देनेवाले बालविनोद करते हुए श्रीरघुनाथजी आँगनमें विचर रहे हैं॥ २॥

**मरकत मृदुल कलेवर स्यामा। अंग अंग प्रति छबि बहु कामा॥**
**नव राजीव अरुन मृदु चरना। पदज रुचिर नख ससि दुति हरना॥**

मरकत मणिके समान हरिताभ श्याम और कोमल शरीर है। अंग-अंगमें बहुत-से कामदेवोंकी शोभा छायी हुई है। नवीन [लाल] कमलके समान लाल-लाल कोमल चरण हैं। सुन्दर अँगुलियाँ हैं और नख अपनी ज्योतिसे चन्द्रमाकी कान्तिको हरनेवाले हैं॥ ३॥

**ललित अंक कुलिसादिक चारी। नूपुर चारु मधुर रवकारी॥**
**चारु पुरट मनि रचित बनाई। कटि किंकिनि कल मुखर सुहाई॥**

[तलवेमें] वज्रादि (वज्र, अंकुश, ध्वजा और कमल)-के चार सुन्दर चिह्न हैं, चरणोंमें मधुर शब्द करनेवाले सुन्दर नूपुर हैं, मणियों, रत्नोंसे जड़ी हुई सोनेकी बनी हुई सुन्दर करधनीका शब्द सुहावना लग रहा है॥ ४॥

**दो०—रेखा त्रय सुंदर उदर नाभी रुचिर गँभीर।**
**उर आयत भ्राजत बिबिधि बाल बिभूषन चीर॥ ७६॥**

उदरपर सुन्दर तीन रेखाएँ (त्रिवली) हैं, नाभि सुन्दर और गहरी है। विशाल वक्षःस्थलपर अनेकों प्रकारके बच्चोंके आभूषण और वस्त्र सुशोभित हैं॥ ७६॥

**अरुन पानि नख करज मनोहर। बाहु बिसाल बिभूषन सुंदर॥**
**कंध बाल केहरि दर ग्रीवा। चारु चिबुक आनन छबि सींवा॥**

लाल-लाल हथेलियाँ, नख और अँगुलियाँ मनको हरनेवाले हैं और विशाल भुजाओंपर सुन्दर आभूषण हैं। बालसिंह (सिंहके बच्चे)-के-से कंधे और शंखके समान (तीन रेखाओंसे युक्त) गला है। सुन्दर ठुड्डी है और मुख तो छबिकी सीमा ही है॥ १॥

**कलबल बचन अधर अरुनारे। दुइ दुइ दसन बिसद बर बारे॥**
**ललित कपोल मनोहर नासा। सकल सुखद ससि कर सम हासा॥**

कलबल (तोतले) वचन हैं, लाल-लाल ओंठ हैं। उज्ज्वल, सुन्दर और छोटी-छोटी [ऊपर और नीचे] दो-दो दँतुलियाँ हैं। सुन्दर गाल, मनोहर नासिका और सब सुखोंको देनेवाली चन्द्रमाकी [अथवा सुख देनेवाली समस्त कलाओंसे पूर्ण चन्द्रमाकी] किरणोंके समान मधुर मुसकान है॥ २॥

**नील कंज लोचन भव मोचन। भ्राजत भाल तिलक गोरोचन॥**
**बिकट भृकुटि सम श्रवन सुहाए। कुंचित कच मेचक छबि छाए॥**

नीले कमलके समान नेत्र जन्म-मृत्यु [के बन्धन]-से छुड़ानेवाले हैं। ललाटपर गोरोचनका तिलक सुशोभित है। भौंहें टेढ़ी हैं, कान सम और सुन्दर हैं, काले और घुँघराले केशोंकी छबि छा रही है॥ ३॥

**पीत झीनि झगुली तन सोही। किलकनि चितवनि भावति मोही॥**
**रूप रासि नृप अजिर बिहारी। नाचहिं निज प्रतिबिंब निहारी॥**

पीली और महीन झँगुली शरीरपर शोभा दे रही है। उनकी किलकारी और चितवन मुझे बहुत ही प्रिय लगती है। राजा दशरथजीके आँगनमें विहार करनेवाले रूपकी राशि श्रीरामचन्द्रजी अपनी परछाहीं देखकर नाचते हैं,॥ ४॥

**मोहि सन करहिं बिबिधि बिधि क्रीड़ा। बरनत मोहि होति अति ब्रीड़ा॥**
**किलकत मोहि धरन जब धावहिं। चलउँ भागि तब पूप देखावहिं॥**

और मुझसे बहुत प्रकारके खेल करते हैं, जिन चरित्रोंका वर्णन करते मुझे लज्जा आती है! किलकारी मारते हुए जब वे मुझे पकड़ने दौड़ते और मैं भाग चलता, तब मुझे पूआ दिखलाते थे॥ ५॥

**दो०—आवत निकट हँसहिं प्रभु भाजत रुदन कराहिं।**
**जाउँ समीप गहन पद फिरि फिरि चितइ पराहिं॥ ७७ (क)॥**

मेरे निकट आनेपर प्रभु हँसते हैं और भाग जानेपर रोते हैं और जब मैं उनका चरण स्पर्श करनेके लिये पास जाता हूँ, तब वे पीछे फिर-फिरकर मेरी ओर देखते हुए भाग जाते हैं॥ ७७ (क)॥

**प्राकृत सिसु इव लीला देखि भयउ मोहि मोह।**
**कवन चरित्र करत प्रभु चिदानंद संदोह॥ ७७ (ख)॥**

साधारण बच्चों-जैसी लीला देखकर मुझे मोह (शंका) हुआ कि सच्चिदानन्दघन प्रभु यह कौन [महत्त्वका] चरित्र (लीला) कर रहे हैं॥ ७७ (ख)॥

**एतना मन आनत खगराया। रघुपति प्रेरित ब्यापी माया॥**
**सो माया न दुखद मोहि काहीं। आन जीव इव संसृत नाहीं॥**

हे पक्षिराज! मनमें इतनी [शंका] लाते ही श्रीरघुनाथजीके द्वारा प्रेरित माया मुझपर छा गयी। परन्तु वह माया न तो मुझे दुःख देनेवाली हुई और न दूसरे जीवोंकी भाँति संसारमें डालनेवाली हुई॥ १॥

**नाथ इहाँ कछु कारन आना। सुनहु सो सावधान हरिजाना॥**
**ग्यान अखंड एक सीताबर। माया बस्य जीव सचराचर॥**

हे नाथ! यहाँ कुछ दूसरा ही कारण है। हे भगवान्‌के वाहन गरुड़जी! उसे सावधान होकर सुनिये। एक सीतापति श्रीरामजी ही अखण्ड ज्ञानस्वरूप हैं और जड-चेतन सभी जीव मायाके वश हैं॥ २॥

**जौं सब कें रह ग्यान एकरस। ईस्वर जीवहि भेद कहहु कस॥**
**माया बस्य जीव अभिमानी। ईस बस्य माया गुन खानी॥**

यदि जीवोंको एकरस (अखण्ड) ज्ञान रहे, तो कहिये, फिर ईश्वर और जीवमें भेद ही कैसा? अभिमानी जीव मायाके वश है और वह [सत्त्व, रज, तम—इन] तीनों गुणोंकी खान माया ईश्वरके वशमें है॥ ३॥

**परबस जीव स्वबस भगवंता। जीव अनेक एक श्रीकंता॥**
**मुधा भेद जद्यपि कृत माया। बिनु हरि जाइ न कोटि उपाया॥**

जीव परतन्त्र है, भगवान् स्वतन्त्र हैं; जीव अनेक हैं, श्रीपति भगवान् एक हैं। यद्यपि मायाका किया हुआ यह भेद असत् है तथापि वह भगवान्‌के भजन बिना करोड़ों उपाय करनेपर भी नहीं जा सकता॥ ४॥

**दो०—रामचंद्र के भजन बिनु जो चह पद निर्बान।**
**ग्यानवंत अपि सो नर पसु बिनु पूँछ बिषान॥ ७८ (क)॥**

श्रीरामचन्द्रजीके भजन बिना जो मोक्षपद चाहता है, वह मनुष्य ज्ञानवान् होनेपर भी बिना पूँछ और सींगका पशु है॥ ७८ (क)॥

**राकापति षोड़स उअहिं तारागन समुदाइ।**
**सकल गिरिन्ह दव लाइअ बिनु रबि राति न जाइ॥ ७८ ( ख )॥**

सभी तारागणोंके साथ सोलह कलाओंसे पूर्ण चन्द्रमा उदय हो और जितने पर्वत हैं उन सबमें दावाग्नि लगा दी जाय, तो भी सूर्यके उदय हुए बिना रात्रि नहीं जा सकती॥ ७८ (ख)॥

**ऐसेहिं हरि बिनु भजन खगेसा। मिटइ न जीवन्ह केर कलेसा॥**
**हरि सेवकहि न ब्याप अबिद्या। प्रभु प्रेरित ब्यापइ तेहि बिद्या॥**

हे पक्षिराज! इसी प्रकार श्रीहरिके भजन बिना जीवोंका क्लेश नहीं मिटता। श्रीहरिके सेवकको अविद्या नहीं व्यापती। प्रभुकी प्रेरणासे उसे विद्या व्यापती है॥ १॥

**ताते नास न होइ दास कर। भेद भगति बाढ़इ बिहंगबर॥**
**भ्रम तें चकित राम मोहि देखा। बिहँसे सो सुनु चरित बिसेषा॥**

हे पक्षिश्रेष्ठ! इसीसे दासका नाश नहीं होता और भेद-भक्ति बढ़ती है। श्रीरामजीने मुझे जब भ्रमसे चकित देखा, तब वे हँसे। वह विशेष चरित्र सुनिये॥ २॥

**तेहि कौतुक कर मरमु न काहूँ। जाना अनुज न मातु पिताहूँ॥**
**जानु पानि धाए मोहि धरना। स्यामल गात अरुन कर चरना॥**

उस खेलका मर्म किसीने नहीं जाना, न छोटे भाइयोंने और न माता-पिताने ही। वे श्याम शरीर और लाल-लाल हथेली और चरणतलवाले बालरूप श्रीरामजी घुटने और हाथोंके बल मुझे पकड़नेको दौड़े॥ ३॥

**तब मैं भागि चलेउँ उरगारी। राम गहन कहँ भुजा पसारी॥**
**जिमि जिमि दूरि उड़ाउँ अकासा। तहँ भुज हरि देखउँ निज पासा॥**

हे सर्पोंके शत्रु गरुड़जी! तब मैं भाग चला। श्रीरामजीने मुझे पकड़नेके लिये भुजा फैलायी। मैं जैसे-जैसे आकाशमें दूर उड़ता, वैसे-वैसे ही वहाँ श्रीहरिकी भुजाको अपने पास देखता था॥ ४॥

**दो०—ब्रह्मलोक लगि गयउँ मैं चितयउँ पाछ उड़ात।**
**जुग अंगुल कर बीच सब राम भुजहि मोहि तात॥ ७९ ( क )॥**

मैं ब्रह्मलोकतक गया और जब उड़ते हुए मैंने पीछेकी ओर देखा, तो हे तात! श्रीरामजीकी भुजामें और मुझमें केवल दो ही अंगुलका बीच था॥ ७९ (क)॥

**सप्ताबरन भेद करि जहाँ लगें गति मोरि।**
**गयउँ तहाँ प्रभु भुज निरखि ब्याकुल भयउँ बहोरि॥ ७९ ( ख )॥**

सातों आवरणोंको भेदकर जहाँतक मेरी गति थी वहाँतक मैं गया। पर वहाँ भी प्रभुकी भुजाको [अपने पीछे] देखकर मैं व्याकुल हो गया॥ ७९ (ख)॥

**मूदेउँ नयन त्रसित जब भयऊँ। पुनि चितवत कोसलपुर गयऊँ॥**
**मोहि बिलोकि राम मुसुकाहीं। बिहँसत तुरत गयउँ मुख माहीं॥**

जब मैं भयभीत हो गया, तब मैंने आँखें मूद लीं। फिर आँखें खोलकर देखते ही अवधपुरीमें पहुँच गया। मुझे देखकर श्रीरामजी मुसकराने लगे। उनके हँसते ही मैं तुरंत उनके मुखमें चला गया॥ १॥

**उदर माझ सुनु अंडज राया। देखेउँ बहु ब्रह्मांड निकाया॥**
**अति बिचित्र तहँ लोक अनेका। रचना अधिक एक ते एका॥**

हे पक्षिराज! सुनिये, मैंने उनके पेटमें बहुत-से ब्रह्माण्डोंके समूह देखे। वहाँ (उन ब्रह्माण्डोंमें) अनेकों विचित्र लोक थे, जिनकी रचना एक-से-एकको बढ़कर थी॥ २॥

**कोटिन्ह चतुरानन गौरीसा। अगनित उडगन रबि रजनीसा॥**
**अगनित लोकपाल जम काला। अगनित भूधर भूमि बिसाला॥**

करोड़ों ब्रह्माजी और शिवजी, अनगिनत तारागण, सूर्य और चन्द्रमा, अनगिनत लोकपाल, यम और काल, अनगिनत विशाल पर्वत और भूमि,॥ ३॥

**सागर सरि सर बिपिन अपारा। नाना भाँति सृष्टि बिस्तारा॥**
**सुर मुनि सिद्ध नाग नर किंनर। चारि प्रकार जीव सचराचर॥**

असंख्य समुद्र, नदी, तालाब और वन तथा और भी नाना प्रकारकी सृष्टिका विस्तार देखा। देवता, मुनि, सिद्ध, नाग, मनुष्य, किन्नर तथा चारों प्रकारके जड़ और चेतन जीव देखे॥ ४॥

**दो०—जो नहिं देखा नहिं सुना जो मनहूँ न समाइ।**
**सो सब अद्भुत देखेउँ बरनि कवनि बिधि जाइ॥ ८० (क)॥**

जो कभी न देखा था, न सुना था और जो मनमें भी नहीं समा सकता था (अर्थात् जिसकी कल्पना भी नहीं की जा सकती थी), वही सब अद्भुत सृष्टि मैंने देखी। तब उसका किस प्रकार वर्णन किया जाय!॥ ८० (क)॥

**एक एक ब्रह्मांड महुँ रहउँ बरष सत एक।**
**एहि बिधि देखत फिरउँ मैं अंड कटाह अनेक॥ ८० (ख)॥**

मैं एक-एक ब्रह्माण्डमें एक-एक सौ वर्षतक रहता। इस प्रकार मैं अनेकों ब्रह्माण्ड देखता फिरा॥ ८० (ख)॥

**लोक लोक प्रति भिन्न बिधाता। भिन्न बिष्नु सिव मनु दिसित्राता॥**
**नर गंधर्ब भूत बेताला। किंनर निसिचर पसु खग ब्याला॥**

प्रत्येक लोकमें भिन्न-भिन्न ब्रह्मा, भिन्न-भिन्न विष्णु, शिव, मनु, दिक्पाल, मनुष्य, गन्धर्व, भूत, वैताल, किन्नर, राक्षस, पशु, पक्षी, सर्प,॥ १॥

**देव दनुज गन नाना जाती। सकल जीव तहँ आनहि भाँती॥**
**महि सरि सागर सर गिरि नाना। सब प्रपंच तहँ आनइ आना॥**

तथा नाना जातिके देवता एवं दैत्यगण थे। सभी जीव वहाँ दूसरे ही प्रकारके थे। अनेक पृथ्वी, नदी, समुद्र, तालाब, पर्वत तथा सब सृष्टि वहाँ दूसरी-ही-दूसरी प्रकारकी थी॥ २॥

**अंडकोस प्रति प्रति निज रूपा। देखेउँ जिनस अनेक अनूपा॥**
**अवधपुरी प्रति भुवन निनारी। सरजू भिन्न भिन्न नर नारी॥**

प्रत्येक ब्रह्माण्डमें मैंने अपना रूप देखा तथा अनेकों अनुपम वस्तुएँ देखीं। प्रत्येक भुवनमें न्यारी ही अवधपुरी, भिन्न ही सरयूजी और भिन्न प्रकारके ही नर-नारी थे॥ ३॥

**दसरथ कौसल्या सुनु ताता। बिबिध रूप भरतादिक भ्राता॥**
**प्रति ब्रह्मांड राम अवतारा। देखउँ बालबिनोद अपारा॥**

हे तात! सुनिये, दशरथजी, कौसल्याजी और भरतजी आदि भाई भी भिन्न-भिन्न रूपोंके थे। मैं प्रत्येक ब्रह्माण्डमें रामावतार और उनकी अपार बाललीलाएँ देखता फिरता॥ ४॥

**दो०—भिन्न भिन्न मैं दीख सबु अति बिचित्र हरिजान।**
**अगनित भुवन फिरेउँ प्रभु राम न देखेउँ आन॥ ८१ (क)॥**

हे हरिवाहन! मैंने सभी कुछ भिन्न-भिन्न और अत्यन्त विचित्र देखा। मैं अनगिनत ब्रह्माण्डोंमें फिरा, पर प्रभु श्रीरामचन्द्रजीको मैंने दूसरी तरहका नहीं देखा॥ ८१ (क)॥

**सोइ सिसुपन सोइ सोभा सोइ कृपाल रघुबीर।**
**भुवन भुवन देखत फिरउँ प्रेरित मोह समीर॥ ८१ (ख)॥**

सर्वत्र वही शिशुपन, वही शोभा और वही कृपालु श्रीरघुवीर! इस प्रकार मोहरूपी पवनकी प्रेरणासे मैं भुवन-भुवनमें देखता फिरता था॥ ८१ (ख)॥

**भ्रमत मोहि ब्रह्मांड अनेका। बीते मनहुँ कल्प सत एका॥**
**फिरत फिरत निज आश्रम आयउँ। तहँ पुनि रहि कछु काल गवाँयउँ॥**

अनेक ब्रह्माण्डोंमें भटकते मुझे मानो एक सौ कल्प बीत गये। फिरता-फिरता मैं अपने आश्रममें आया और कुछ काल वहाँ रहकर बिताया॥ १॥

**निज प्रभु जन्म अवध सुनि पायउँ। निर्भर प्रेम हरषि उठि धायउँ॥**
**देखउँ जन्म महोत्सव जाई। जेहि बिधि प्रथम कहा मैं गाई॥**

फिर जब अपने प्रभुका अवधपुरीमें जन्म (अवतार) सुन पाया, तब प्रेमसे परिपूर्ण होकर मैं हर्षपूर्वक उठ दौड़ा। जाकर मैंने जन्म-महोत्सव देखा, जिस प्रकार मैं पहले वर्णन कर चुका हूँ॥ २॥

**राम उदर देखेउँ जग नाना। देखत बनइ न जाइ बखाना॥**
**तहँ पुनि देखेउँ राम सुजाना। माया पति कृपाल भगवाना॥**

श्रीरामचन्द्रजीके पेटमें मैंने बहुत-से जगत् देखे, जो देखते ही बनते थे, वर्णन नहीं किये जा सकते। वहाँ फिर मैंने सुजान मायाके स्वामी कृपालु भगवान् श्रीरामको देखा॥ ३॥

**करउँ बिचार बहोरि बहोरी। मोह कलिल ब्यापित मति मोरी॥**
**उभय घरी महँ मैं सब देखा। भयउँ भ्रमित मन मोह बिसेषा॥**

मैं बार-बार विचार करता था। मेरी बुद्धि मोहरूपी कीचड़से व्याप्त थी। यह सब मैंने दो ही घड़ीमें देखा। मनमें विशेष मोह होनेसे मैं थक गया॥ ४॥

**दो०—देखि कृपाल बिकल मोहि बिहँसे तब रघुबीर।**
**बिहँसतहीं मुख बाहेर आयउँ सुनु मतिधीर॥ ८२ (क)॥**

मुझे व्याकुल देखकर तब कृपालु श्रीरघुवीर हँस दिये। हे धीरबुद्धि गरुड़जी! सुनिये, उनके हँसते ही मैं मुँहसे बाहर आ गया॥ ८२ (क)॥

**सोइ लरिकाई मो सन करन लगे पुनि राम।**
**कोटि भाँति समुझावउँ मनु न लहइ बिश्राम॥ ८२ (ख)॥**

श्रीरामचन्द्रजी मेरे साथ फिर वही लड़कपन करने लगे। मैं करोड़ों (असंख्य) प्रकारसे मनको समझाता था, पर वह शान्ति नहीं पाता था॥ ८२ (ख)॥

**देखि चरित यह सो प्रभुताई। समुझत देह दसा बिसराई॥**
**धरनि परेउँ मुख आव न बाता। त्राहि त्राहि आरत जन त्राता॥**

यह [बाल] चरित्र देखकर और [पेटके अंदर देखी हुई] उस प्रभुताका स्मरण कर मैं शरीरकी सुध भूल गया और 'हे आर्तजनोंके रक्षक! रक्षा कीजिये, रक्षा कीजिये' पुकारता हुआ पृथ्वीपर गिर पड़ा। मुखसे बात नहीं निकलती थी॥ १॥

**प्रेमाकुल प्रभु मोहि बिलोकी। निज माया प्रभुता तब रोकी॥**
**कर सरोज प्रभु मम सिर धरेऊ। दीनदयाल सकल दुख हरेऊ॥**

तदनन्तर प्रभुने मुझे प्रेमविह्वल देखकर अपनी मायाकी प्रभुता (प्रभाव)-को रोक लिया। प्रभुने अपना कर-कमल मेरे सिरपर रखा। दीनदयालुने मेरा सम्पूर्ण दुःख हर लिया॥ २॥

**कीन्ह राम मोहि बिगत बिमोहा। सेवक सुखद कृपा संदोहा॥**
**प्रभुता प्रथम बिचारि बिचारी। मन महँ होइ हरष अति भारी॥**

सेवकोंको सुख देनेवाले, कृपाके समूह (कृपामय) श्रीरामजीने मुझे मोहसे सर्वथा रहित कर दिया। उनकी पहलेवाली प्रभुताको विचार-विचारकर (याद कर-करके) मेरे मनमें बड़ा भारी हर्ष हुआ॥ ३॥

**भगत बछलता प्रभु कै देखी। उपजी मम उर प्रीति बिसेषी॥**
**सजल नयन पुलकित कर जोरी। कीन्हिउँ बहु बिधि बिनय बहोरी॥**

प्रभुकी भक्तवत्सलता देखकर मेरे हृदयमें बहुत ही प्रेम उत्पन्न हुआ। फिर मैंने [आनन्दसे] नेत्रोंमें जल भरकर, पुलकित होकर और हाथ जोड़कर बहुत प्रकारसे विनती की॥ ४॥

**दो०—सुनि सप्रेम मम बानी देखि दीन निज दास।**
**बचन सुखद गंभीर मृदु बोले रमानिवास॥ ८३ (क)॥**

मेरी प्रेमयुक्त वाणी सुनकर और अपने दासको दीन देखकर रमानिवास श्रीरामजी सुखदायक, गम्भीर और कोमल वचन बोले—॥ ८३ (क)॥

**काकभसुंडि मागु बर अति प्रसन्न मोहि जानि।**
**अनिमादिक सिधि अपर रिधि मोच्छ सकल सुख खानि॥ ८३ (ख)॥**

हे काकभुशुण्डि! तू मुझे अत्यन्त प्रसन्न जानकर वर माँग। अणिमा आदि अष्ट सिद्धियाँ, दूसरी ऋद्धियाँ तथा सम्पूर्ण सुखोंकी खान मोक्ष,॥ ८३ (ख)॥

**ग्यान बिबेक बिरति बिग्याना। मुनि दुर्लभ गुन जे जग नाना॥**
**आजु देउँ सब संसय नाहीं। मागु जो तोहि भाव मन माहीं॥**

ज्ञान, विवेक, वैराग्य, विज्ञान (तत्त्वज्ञान) और वे अनेकों गुण जो जगत्‌में मुनियोंके लिये भी दुर्लभ हैं, ये सब मैं आज तुझे दूँगा, इसमें सन्देह नहीं। जो तेरे मन भावे, सो माँग ले॥ १॥

**सुनि प्रभु बचन अधिक अनुरागेउँ। मन अनुमान करन तब लागेउँ॥**
**प्रभु कह देन सकल सुख सही। भगति आपनी देन न कही॥**

प्रभुके वचन सुनकर मैं बहुत ही प्रेममें भर गया। तब मनमें अनुमान करने लगा कि प्रभुने सब सुखोंके देनेकी बात कही, यह तो सत्य है; पर अपनी भक्ति देनेकी बात नहीं कही॥ २॥

**भगति हीन गुन सब सुख ऐसे। लवन बिना बहु बिंजन जैसे॥**
**भजन हीन सुख कवने काजा। अस बिचारि बोलेउँ खगराजा॥**

भक्तिसे रहित सब गुण और सब सुख वैसे ही (फीके) हैं जैसे नमकके बिना बहुत प्रकारके भोजनके पदार्थ। भजनसे रहित सुख किस कामके? हे पक्षिराज! ऐसा विचारकर मैं बोला—॥ ३॥

**जौं प्रभु होइ प्रसन्न बर देहू। मो पर करहु कृपा अरु नेहू॥**
**मन भावत बर मागउँ स्वामी। तुम्ह उदार उर अंतरजामी॥**

हे प्रभो! यदि आप प्रसन्न होकर मुझे वर देते हैं और मुझपर कृपा और स्नेह करते हैं, तो हे स्वामी! मैं अपना मन-भाया वर माँगता हूँ। आप उदार हैं और हृदयके भीतरकी जाननेवाले हैं॥ ४॥

**दो०—अबिरल भगति बिसुद्ध तव श्रुति पुरान जो गाव।**
**जेहि खोजत जोगीस मुनि प्रभु प्रसाद कोउ पाव॥ ८४ (क)॥**

आपकी जिस अविरल (प्रगाढ़) एवं विशुद्ध (अनन्य, निष्काम) भक्तिको श्रुति और पुराण गाते हैं, जिसे योगीश्वर मुनि खोजते हैं और प्रभुकी कृपासे कोई विरला ही जिसे पाता है॥ ८४ (क)॥

**भगत कल्पतरु प्रनत हित कृपा सिंधु सुख धाम।**
**सोइ निज भगति मोहि प्रभु देहु दया करि राम॥ ८४ (ख)॥**

हे भक्तोंके [मन-इच्छित फल देनेवाले] कल्पवृक्ष! हे शरणागतके हितकारी! हे कृपासागर! हे सुखधाम श्रीरामजी! दया करके मुझे अपनी वही भक्ति दीजिये॥ ८४ (ख)॥

**एवमस्तु कहि रघुकुलनायक। बोले बचन परम सुखदायक॥**
**सुनु बायस तैं सहज सयाना। काहे न मागसि अस बरदाना॥**

'एवमस्तु' (ऐसा ही हो) कहकर रघुवंशके स्वामी परम सुख देनेवाले वचन बोले—हे काक! सुन, तू स्वभावसे ही बुद्धिमान् है। ऐसा वरदान कैसे न माँगता?॥ १॥

**सब सुख खानि भगति तैं मागी। नहिं जग कोउ तोहि सम बड़भागी॥**
**जो मुनि कोटि जतन नहिं लहहीं। जे जप जोग अनल तन दहहीं॥**

तूने सब सुखोंकी खान भक्ति माँग ली, जगत्में तेरे समान बड़भागी कोई नहीं है। वे मुनि जो जप और योगकी अग्निसे शरीर जलाते रहते हैं, करोड़ों यत्न करके भी जिसको (जिस भक्तिको) नहीं पाते॥ २॥

**रीझेउँ देखि तोरि चतुराई। मागेहु भगति मोहि अति भाई॥**
**सुनु बिहंग प्रसाद अब मोरें। सब सुभ गुन बसिहहिं उर तोरें॥**

वही भक्ति तूने माँगी। तेरी चतुरता देखकर मैं रीझ गया। यह चतुरता मुझे बहुत ही अच्छी लगी। हे पक्षी! सुन, मेरी कृपासे अब समस्त शुभ गुण तेरे हृदयमें बसेंगे॥ ३॥

**भगति ग्यान बिग्यान बिरागा। जोग चरित्र रहस्य बिभागा॥**
**जानब तैं सबही कर भेदा। मम प्रसाद नहिं साधन खेदा॥**

भक्ति, ज्ञान, विज्ञान, वैराग्य, योग, मेरी लीलाएँ और उनके रहस्य तथा विभाग—इन सबके

भेदको तू मेरी कृपासे ही जान जायगा। तुझे साधनका कष्ट नहीं होगा॥ ४॥

**दो०—माया संभव भ्रम सब अब न ब्यापिहहिं तोहि।**
**जानेसु ब्रह्म अनादि अज अगुन गुनाकर मोहि॥ ८५ (क)॥**

मायासे उत्पन्न सब भ्रम अब तुझको नहीं व्यापेंगे। मुझे अनादि, अजन्मा, अगुण (प्रकृतिके गुणोंसे रहित) और [गुणातीत दिव्य] गुणोंकी खान ब्रह्म जानना॥ ८५ (क)॥

**मोहि भगत प्रिय संतत अस बिचारि सुनु काग।**
**कायँ बचन मन मम पद करेसु अचल अनुराग॥ ८५ (ख)॥**

हे काक! सुन, मुझे भक्त निरन्तर प्रिय हैं, ऐसा विचारकर शरीर, वचन और मनसे मेरे चरणोंमें अटल प्रेम करना॥ ८५ (ख)॥

**अब सुनु परम बिमल मम बानी। सत्य सुगम निगमादि बखानी॥**
**निज सिद्धांत सुनावउँ तोही। सुनु मन धरु सब तजि भजु मोही॥**

अब मेरी सत्य, सुगम, वेदादिके द्वारा वर्णित परम निर्मल वाणी सुन। मैं तुझको यह 'निज सिद्धान्त' सुनाता हूँ। सुनकर मनमें धारण कर और सब तजकर मेरा भजन कर॥ १॥

**मम माया संभव संसारा। जीव चराचर बिबिधि प्रकारा॥**
**सब मम प्रिय सब मम उपजाए। सब ते अधिक मनुज मोहि भाए॥**

यह सारा संसार मेरी मायासे उत्पन्न है। [इसमें] अनेकों प्रकारके चराचर जीव हैं। वे सभी मुझे प्रिय हैं; क्योंकि सभी मेरे उत्पन्न किये हुए हैं। [किन्तु] मनुष्य मुझको सबसे अधिक अच्छे लगते हैं॥ २॥

**तिन्ह महँ द्विज द्विज महँ श्रुतिधारी। तिन्ह महुँ निगम धरम अनुसारी॥**
**तिन्ह महँ प्रिय बिरक्त पुनि ग्यानी। ग्यानिहु ते अति प्रिय बिग्यानी॥**

उन मनुष्योंमें भी द्विज, द्विजोंमें भी वेदोंको [कण्ठमें] धारण करनेवाले, उनमें भी वेदोक्त धर्मपर चलनेवाले, उनमें भी विरक्त (वैराग्यवान्) मुझे प्रिय हैं। वैराग्यवानोंमें फिर ज्ञानी और ज्ञानियोंसे भी अत्यन्त प्रिय विज्ञानी हैं॥ ३॥

**तिन्ह ते पुनि मोहि प्रिय निज दासा। जेहि गति मोरि न दूसरि आसा॥**
**पुनि पुनि सत्य कहउँ तोहि पाहीं। मोहि सेवक सम प्रिय कोउ नाहीं॥**

विज्ञानियोंसे भी प्रिय मुझे अपना दास है, जिसे मेरी ही गति (आश्रय) है, कोई दूसरी आशा नहीं है। मैं तुझसे बार-बार सत्य ('निज सिद्धान्त') कहता हूँ कि मुझे अपने सेवकके समान प्रिय कोई भी नहीं है॥ ४॥

**भगति हीन बिरंचि किन होई। सब जीवहु सम प्रिय मोहि सोई॥**
**भगतिवंत अति नीचउ प्रानी। मोहि प्रानप्रिय असि मम बानी॥**

भक्तिहीन ब्रह्मा ही क्यों न हो, वह मुझे सब जीवोंके समान ही प्रिय है। परन्तु भक्तिमान् अत्यन्त नीच भी प्राणी मुझे प्राणोंके समान प्रिय है, यह मेरी घोषणा है॥ ५॥

**दो०—सुचि सुसील सेवक सुमति प्रिय कहु काहि न लाग।**
**श्रुति पुरान कह नीति असि सावधान सुनु काग॥ ८६॥**

पवित्र, सुशील और सुन्दर बुद्धिवाला सेवक, बता, किसको प्यारा नहीं लगता? वेद और पुराण ऐसी ही नीति कहते हैं। हे काक! सावधान होकर सुन॥ ८६॥

**एक पिता के बिपुल कुमारा। होहिं पृथक गुन सील अचारा॥**
**कोउ पंडित कोउ तापस ग्याता। कोउ धनवंत सूर कोउ दाता॥**

एक पिताके बहुत-से पुत्र पृथक्-पृथक् गुण, स्वभाव और आचरणवाले होते हैं। कोई पण्डित होता है, कोई तपस्वी, कोई ज्ञानी, कोई धनी, कोई शूरवीर, कोई दानी,॥ १॥

**कोउ सर्बग्य धर्मरत कोई। सब पर पितहि प्रीति सम होई॥**
**कोउ पितु भगत बचन मन कर्मा। सपनेहुँ जान न दूसर धर्मा॥**

कोई सर्वज्ञ और कोई धर्मपरायण होता है। पिताका प्रेम इन सभीपर समान होता है। परन्तु इनमेंसे यदि कोई मन, वचन और कर्मसे पिताका ही भक्त होता है, स्वप्नमें भी दूसरा धर्म नहीं जानता,॥ २॥

**सो सुत प्रिय पितु प्रान समाना। जद्यपि सो सब भाँति अयाना॥**
**एहि बिधि जीव चराचर जेते। त्रिजग देव नर असुर समेते॥**

वह पुत्र पिताको प्राणोंके समान प्रिय होता है, यद्यपि (चाहे) वह सब प्रकारसे अज्ञान (मूर्ख) ही हो। इस प्रकार तिर्यक् (पशु-पक्षी), देव, मनुष्य और असुरोंसमेत जितने भी चेतन और जड जीव हैं,॥ ३॥

**अखिल बिस्व यह मोर उपाया। सब पर मोहि बराबरि दाया॥**
**तिन्ह महँ जो परिहरि मद माया। भजै मोहि मन बच अरु काया॥**

[उनसे भरा हुआ] यह सम्पूर्ण विश्व मेरा ही पैदा किया हुआ है। अत: सबपर मेरी बराबर दया है। परन्तु इनमेंसे जो मद और माया छोड़कर मन, वचन और शरीरसे मुझको भजता है,॥ ४॥

**दो०—पुरुष नपुंसक नारि वा जीव चराचर कोइ।**
**सर्ब भाव भज कपट तजि मोहि परम प्रिय सोइ॥ ८७ (क)॥**

वह पुरुष हो, नपुंसक हो, स्त्री हो अथवा चर-अचर कोई भी जीव हो, कपट छोड़कर जो भी सर्वभावसे मुझे भजता है वही मुझे परम प्रिय है॥ ८७ (क)॥

**सो०—सत्य कहउँ खग तोहि सुचि सेवक मम प्रानप्रिय।**
**अस बिचारि भजु मोहि परिहरि आस भरोस सब॥ ८७ (ख)॥**

हे पक्षी! मैं तुझसे सत्य कहता हूँ, पवित्र (अनन्य एवं निष्काम) सेवक मुझे प्राणोंके समान प्यारा है। ऐसा विचारकर सब आशा-भरोसा छोड़कर मुझीको भज॥ ८७ (ख)॥

**कबहूँ काल न ब्यापिहि तोही। सुमिरेसु भजेसु निरंतर मोही॥**
**प्रभु बचनामृत सुनि न अघाऊँ। तनु पुलकित मन अति हरषाऊँ॥**

तुझे काल कभी नहीं व्यापेगा। निरन्तर मेरा स्मरण और भजन करते रहना। प्रभुके वचनामृत सुनकर मैं तृप्त नहीं होता था। मेरा शरीर पुलकित था और मनमें मैं अत्यन्त ही हर्षित हो रहा था॥ १॥

**सो सुख जानइ मन अरु काना। नहिं रसना पहिं जाइ बखाना॥**
**प्रभु सोभा सुख जानहिं नयना। कहि किमि सकहिं तिन्हहि नहिं बयना॥**

वह सुख मन और कान ही जानते हैं। जीभसे उसका बखान नहीं किया जा सकता। प्रभुकी शोभाका वह सुख नेत्र ही जानते हैं। पर वे कह कैसे सकते हैं? उनके वाणी तो है नहीं॥ २॥

**बहु बिधि मोहि प्रबोधि सुख देई। लगे करन सिसु कौतुक तेई॥**
**सजल नयन कछु मुख करि रूखा। चितइ मातु लागी अति भूखा॥**

मुझे बहुत प्रकारसे भलीभाँति समझाकर और सुख देकर प्रभु फिर वही बालकोंके खेल करने लगे। नेत्रोंमें जल भरकर और मुखको कुछ रूखा [-सा] बनाकर उन्होंने माताकी ओर देखा— [और मुखाकृति तथा चितवनसे माताको समझा दिया कि] बहुत भूख लगी है॥ ३॥

**देखि मातु आतुर उठि धाई। कहि मृदु बचन लिए उर लाई॥**
**गोद राखि कराव पय पाना। रघुपति चरित ललित कर गाना॥**

यह देखकर माता तुरंत उठ दौड़ीं और कोमल वचन कहकर उन्होंने श्रीरामजीको छातीसे लगा लिया। वे गोदमें लेकर उन्हें दूध पिलाने लगीं और श्रीरघुनाथजी (उन्हीं)-की ललित लीलाएँ गाने लगीं॥ ४॥

**सो०—जेहि सुख लागि पुरारि असुभ बेष कृत सिव सुखद।**
**अवधपुरी नर नारि तेहि सुख महुँ संतत मगन॥ ८८ (क)॥**

जिस सुखके लिये [सबको] सुख देनेवाले कल्याणरूप त्रिपुरारि शिवजीने अशुभ वेष धारण किया, उस सुखमें अवधपुरीके नर-नारी निरन्तर निमग्न रहते हैं॥ ८८ (क)॥

**सोई सुख लवलेस जिन्ह बारक सपनेहुँ लहेउ।**
**ते नहिं गनहिं खगेस ब्रह्मसुखहि सज्जन सुमति॥ ८८ (ख)॥**

उस सुखका लवलेशमात्र जिन्होंने एक बार स्वप्नमें भी प्राप्त कर लिया, हे पक्षिराज! वे सुन्दर बुद्धिवाले सज्जन पुरुष उसके सामने ब्रह्मसुखको भी कुछ नहीं गिनते॥ ८८ (ख)॥

**मैं पुनि अवध रहेउँ कछु काला। देखेउँ बालबिनोद रसाला॥**
**राम प्रसाद भगति बर पायउँ। प्रभु पद बंदि निजाश्रम आयउँ॥**

मैं और कुछ समयतक अवधपुरीमें रहा और मैंने श्रीरामजीकी रसीली बाललीलाएँ देखीं। श्रीरामजीकी कृपासे मैंने भक्तिका वरदान पाया। तदनन्तर प्रभुके चरणोंकी वन्दना करके मैं अपने आश्रमपर लौट आया॥ १॥

**तब ते मोहि न ब्यापी माया। जब ते रघुनायक अपनाया॥**
**यह सब गुप्त चरित मैं गावा। हरि मायाँ जिमि मोहि नचावा॥**

इस प्रकार जबसे श्रीरघुनाथजीने मुझको अपनाया, तबसे मुझे माया कभी नहीं व्यापी। श्रीहरिकी मायाने मुझे जैसे नचाया, वह सब गुप्त चरित्र मैंने कहा॥ २॥

**निज अनुभव अब कहउँ खगेसा। बिनु हरि भजन न जाहिं कलेसा॥**
**राम कृपा बिनु सुनु खगराई। जानि न जाइ राम प्रभुताई॥**

हे पक्षिराज गरुड़! अब मैं आपसे अपना निजी अनुभव कहता हूँ। [वह यह है कि] भगवान्‌के भजन बिना क्लेश दूर नहीं होते। हे पक्षिराज! सुनिये, श्रीरामजीकी कृपा बिना श्रीरामजीकी प्रभुता नहीं जानी जाती;॥ ३॥

**जानें बिनु न होइ परतीती। बिनु परतीति होइ नहिं प्रीती॥**
**प्रीति बिना नहिं भगति दिढ़ाई। जिमि खगपति जल कै चिकनाई॥**

प्रभुता जाने बिना उनपर विश्वास नहीं जमता, विश्वासके बिना प्रीति नहीं होती और प्रीति बिना भक्ति वैसे ही दृढ़ नहीं होती जैसे हे पक्षिराज! जलकी चिकनाई ठहरती नहीं॥ ४॥

**सो०—बिनु गुर होइ कि ग्यान ग्यान कि होइ बिराग बिनु।**
**गावहिं बेद पुरान सुख कि लहिअ हरिभगति बिनु॥ ८९ (क)॥**

गुरुके बिना कहीं ज्ञान हो सकता है? अथवा वैराग्यके बिना कहीं ज्ञान हो सकता है? इसी तरह वेद और पुराण कहते हैं कि श्रीहरिकी भक्तिके बिना क्या सुख मिल सकता है?॥ ८९ (क)॥

**कोउ बिश्राम कि पाव तात सहज संतोष बिनु।**
**चलै कि जल बिनु नाव कोटि जतन पचि पचि मरिअ॥ ८९ (ख)॥**

हे तात! स्वाभाविक संतोषके बिना क्या कोई शान्ति पा सकता है? [चाहे] करोड़ों उपाय करके पच-पच मरिये; [फिर भी ] क्या कभी जलके बिना नाव चल सकती है?॥ ८९ (ख)॥

**बिनु संतोष न काम नसाहीं। काम अछत सुख सपनेहुँ नाहीं॥**
**राम भजन बिनु मिटहिं कि कामा। थल बिहीन तरु कबहुँ कि जामा॥**

संतोषके बिना कामनाका नाश नहीं होता और कामनाओंके रहते स्वप्नमें भी सुख नहीं हो सकता। और श्रीरामके भजन बिना कामनाएँ कहीं मिट सकती हैं? बिना धरतीके भी कहीं पेड़ उग सकता है?॥ १॥

**बिनु बिग्यान कि समता आवइ। कोउ अवकास कि नभ बिनु पावइ॥**
**श्रद्धा बिना धर्म नहिं होई। बिनु महि गंध कि पावइ कोई॥**

विज्ञान (तत्त्वज्ञान)-के बिना क्या समभाव आ सकता है? आकाशके बिना क्या कोई अवकाश (पोल) पा सकता है? श्रद्धाके बिना धर्म [का आचरण] नहीं होता। क्या पृथ्वीतत्त्वके बिना कोई गन्ध पा सकता है?॥ २॥

**बिनु तप तेज कि कर बिस्तारा। जल बिनु रस कि होइ संसारा॥**
**सील कि मिल बिनु बुध सेवकाई। जिमि बिनु तेज न रूप गोसाँई॥**

तपके बिना क्या तेज फैल सकता है? जल-तत्त्वके बिना संसारमें क्या रस हो सकता है? पण्डितजनोंकी सेवा बिना क्या शील (सदाचार) प्राप्त हो सकता है? हे गोसाईं! जैसे बिना तेज (अग्नि-तत्त्व)-के रूप नहीं मिलता॥ ३॥

**निज सुख बिनु मन होइ कि थीरा। परस कि होइ बिहीन समीरा॥**
**कवनिउ सिद्धि कि बिनु बिस्वासा। बिनु हरि भजन न भव भय नासा॥**

निज-सुख (आत्मानन्द)-के बिना क्या मन स्थिर हो सकता है? वायु-तत्त्वके बिना क्या स्पर्श हो सकता है? क्या विश्वासके बिना कोई भी सिद्धि हो सकती है? इसी प्रकार श्रीहरिके भजन बिना जन्म-मृत्युके भयका नाश नहीं होता॥ ४॥

**दो०—बिनु बिस्वास भगति नहिं तेहि बिनु द्रवहिं न रामु।**
**राम कृपा बिनु सपनेहुँ जीव न लह बिश्रामु॥ ९० (क)॥**

बिना विश्वासके भक्ति नहीं होती, भक्तिके बिना श्रीरामजी पिघलते (ढरते) नहीं और श्रीरामजीकी कृपाके बिना जीव स्वप्नमें भी शान्ति नहीं पाता॥ ९० (क)॥

**सो०—अस बिचारि मतिधीर तजि कुतर्क संसय सकल।**
**भजहु राम रघुबीर करुनाकर सुंदर सुखद॥ ९० ( ख )॥**

हे धीरबुद्धि! ऐसा विचारकर सम्पूर्ण कुतर्कों और सन्देहोंको छोड़कर करुणाकी खान सुन्दर और सुख देनेवाले श्रीरघुवीरका भजन कीजिये॥ ९० (ख)॥

**निज मति सरिस नाथ मैं गाई। प्रभु प्रताप महिमा खगराई॥**
**कहेउँ न कछु करि जुगुति बिसेषी। यह सब मैं निज नयनन्हि देखी॥**

हे पक्षिराज! हे नाथ! मैंने अपनी बुद्धिके अनुसार प्रभुके प्रताप और महिमाका गान किया। मैंने इसमें कोई बात युक्तिसे बढ़ाकर नहीं कही है। यह सब अपनी आँखों देखी कही है॥ १॥

**महिमा नाम रूप गुन गाथा। सकल अमित अनंत रघुनाथा॥**
**निज निज मति मुनि हरि गुन गावहिं। निगम सेष सिव पार न पावहिं॥**

श्रीरघुनाथजीकी महिमा, नाम, रूप और गुणोंकी कथा सभी अपार एवं अनन्त हैं तथा श्रीरघुनाथजी स्वयं भी अनन्त हैं। मुनिगण अपनी-अपनी बुद्धिके अनुसार श्रीहरिके गुण गाते हैं। वेद, शेष और शिवजी भी उनका पार नहीं पाते॥ २॥

**तुम्हहि आदि खग मसक प्रजंता। नभ उड़ाहिं नहिं पावहिं अंता॥**
**तिमि रघुपति महिमा अवगाहा। तात कबहुँ कोउ पाव कि थाहा॥**

आपसे लेकर मच्छरपर्यन्त सभी छोटे-बड़े जीव आकाशमें उड़ते हैं, किन्तु आकाशका अन्त कोई नहीं पाते। इसी प्रकार हे तात! श्रीरघुनाथजीकी महिमा भी अथाह है। क्या कभी कोई उसकी थाह पा सकता है?॥ ३॥

**रामु काम सत कोटि सुभग तन। दुर्गा कोटि अमित अरि मर्दन॥**
**सक्र कोटि सत सरिस बिलासा। नभ सत कोटि अमित अवकासा॥**

श्रीरामजीका अरबों कामदेवोंके समान सुन्दर शरीर है। वे अनन्त कोटि दुर्गाओंके समान शत्रुनाशक हैं। अरबों इन्द्रोंके समान उनका विलास (ऐश्वर्य) है। अरबों आकाशोंके समान उनमें अनन्त अवकाश (स्थान) है॥ ४॥

**दो०—मरुत कोटि सत बिपुल बल रबि सत कोटि प्रकास।**
**ससि सत कोटि सुसीतल समन सकल भव त्रास॥ ९१ ( क )॥**

अरबों पवनके समान उनमें महान् बल है और अरबों सूर्योंके समान प्रकाश है। अरबों चन्द्रमाओंके समान वे शीतल और संसारके समस्त भयोंका नाश करनेवाले हैं॥ ९१ (क)॥

**काल कोटि सत सरिस अति दुस्तर दुर्ग दुरंत।**
**धूमकेतु सत कोटि सम दुराधरष भगवंत॥ ९१ ( ख )॥**

अरबों कालोंके समान वे अत्यन्त दुस्तर, दुर्गम और दुरन्त हैं। वे भगवान् अरबों धूमकेतुओं (पुच्छल तारों)-के समान अत्यन्त प्रबल हैं॥ ९१ (ख)॥

**प्रभु अगाध सत कोटि पताला। समन कोटि सत सरिस कराला॥**
**तीरथ अमित कोटि सम पावन। नाम अखिल अघ पूग नसावन॥**

अरबों पातालोंके समान प्रभु अथाह हैं। अरबों यमराजोंके समान भयानक हैं। अनन्तकोटि तीर्थोंके समान वे पवित्र करनेवाले हैं। उनका नाम सम्पूर्ण पापसमूहका नाश करनेवाला है॥ १॥

**हिमगिरि कोटि अचल रघुबीरा। सिंधु कोटि सत सम गंभीरा॥**
**कामधेनु सत कोटि समाना। सकल काम दायक भगवाना॥**

श्रीरघुवीर करोड़ों हिमालयोंके समान अचल (स्थिर) हैं और अरबों समुद्रोंके समान गहरे हैं। भगवान् अरबों कामधेनुओंके समान सब कामनाओं (इच्छित पदार्थों)-के देनेवाले हैं॥ २॥

**सारद कोटि अमित चतुराई। बिधि सत कोटि सृष्टि निपुनाई॥**
**बिष्नु कोटि सम पालन कर्ता। रुद्र कोटि सत सम संहर्ता॥**

उनमें अनन्तकोटि सरस्वतियोंके समान चतुरता है। अरबों ब्रह्माओंके समान सृष्टिरचनाकी निपुणता है। वे करोड़ों विष्णुओंके समान पालन करनेवाले और अरबों रुद्रोंके समान संहार करनेवाले हैं॥ ३॥

**धनद कोटि सत सम धनवाना। माया कोटि प्रपंच निधाना॥**
**भार धरन सत कोटि अहीसा। निरवधि निरुपम प्रभु जगदीसा॥**

वे अरबों कुबेरोंके समान धनवान् और करोड़ों मायाओंके समान सृष्टिके खजाने हैं। बोझ उठानेमें वे अरबों शेषोंके समान हैं। [अधिक क्या] जगदीश्वर प्रभु श्रीरामजी [सभी बातोंमें] सीमारहित और उपमारहित हैं॥ ४॥

**छं०—निरुपम न उपमा आन राम समान रामु निगम कहै।**
**जिमि कोटि सत खद्योत सम रबि कहत अति लघुता लहै॥**
**एहि भाँति निज निज मति बिलास मुनीस हरिहि बखानहीं।**
**प्रभु भाव गाहक अति कृपाल सप्रेम सुनि सुख मानहीं॥**

श्रीरामजी उपमारहित हैं, उनकी कोई दूसरी उपमा है ही नहीं। श्रीरामके समान श्रीराम ही हैं, ऐसा वेद कहते हैं। जैसे अरबों जुगनुओंके समान कहनेसे सूर्य [प्रशंसाको नहीं वरं] अत्यन्त लघुताको ही प्राप्त होता है (सूर्यकी निन्दा ही होती है)। इसी प्रकार अपनी-अपनी बुद्धिके विकासके अनुसार मुनीश्वर श्रीहरिका वर्णन करते हैं। किन्तु प्रभु भक्तोंके भावमात्रको ग्रहण करनेवाले और अत्यन्त कृपालु हैं। वे उस वर्णनको प्रेमसहित सुनकर सुख मानते हैं।

**दो०—रामु अमित गुन सागर थाह कि पावइ कोइ।**
**संतन्ह सन जस किछु सुनेउँ तुम्हहि सुनायउँ सोइ॥ ९२ (क)॥**

श्रीरामजी अपार गुणोंके समुद्र हैं, क्या उनकी कोई थाह पा सकता है? संतोंसे मैंने जैसा कुछ सुना था, वही आपको सुनाया॥ ९२ (क)॥

**सो०—भाव बस्य भगवान सुख निधान करुना भवन।**
**तजि ममता मद मान भजिअ सदा सीतारवन॥ ९२ (ख)॥**

सुखके भण्डार, करुणाधाम भगवान् भाव (प्रेम)-के वश हैं। [अतएव] ममता, मद और मानको छोड़कर सदा श्रीजानकीनाथजीका ही भजन करना चाहिये॥ ९२ (ख)॥

**सुनि भुसुंडि के बचन सुहाए। हरषित खगपति पंख फुलाए॥**
**नयन नीर मन अति हरषाना। श्रीरघुपति प्रताप उर आना॥**

भुशुण्डिजीके सुन्दर वचन सुनकर पक्षिराजने हर्षित होकर अपने पंख फुला लिये। उनके नेत्रोंमें [प्रेमानन्दके आँसुओंका] जल आ गया और मन अत्यन्त हर्षित हो गया। उन्होंने श्रीरघुनाथजीका प्रताप हृदयमें धारण किया॥ १॥

**पाछिल मोह समुझि पछिताना। ब्रह्म अनादि मनुज करि माना॥**
**पुनि पुनि काग चरन सिरु नावा। जानि राम सम प्रेम बढ़ावा॥**

वे अपने पिछले मोहको समझकर (याद करके) पछताने लगे कि मैंने अनादि ब्रह्मको मनुष्य करके माना। गरुड़जीने बार-बार काकभुशुण्डिजीके चरणोंपर सिर नवाया और उन्हें श्रीरामजीके ही समान जानकर प्रेम बढ़ाया॥ २॥

**गुर बिनु भव निधि तरइ न कोई। जौं बिरंचि संकर सम होई॥**
**संसय सर्प ग्रसेउ मोहि ताता। दुखद लहरि कुतर्क बहु ब्राता॥**

गुरुके बिना कोई भवसागर नहीं तर सकता, चाहे वह ब्रह्माजी और शंकरजीके समान ही क्यों न हो। [गरुड़जीने कहा—] हे तात! मुझे सन्देहरूपी सर्पने डस लिया था और [साँपके डसनेपर जैसे विष चढ़नेसे लहरें आती हैं वैसे ही] बहुत-सी कुतर्करूपी दुःख देनेवाली लहरें आ रही थीं॥ ३॥

**तव सरूप गारुड़ि रघुनायक। मोहि जिआयउ जन सुखदायक॥**
**तव प्रसाद मम मोह नसाना। राम रहस्य अनूपम जाना॥**

आपके स्वरूपरूपी गारुड़ी (साँपका विष उतारनेवाले)-के द्वारा भक्तोंको सुख देनेवाले श्रीरघुनाथजीने मुझे जिला लिया। आपकी कृपासे मेरा मोह नाश हो गया और मैंने श्रीरामजीका अनुपम रहस्य जाना॥ ४॥

**दो०—ताहि प्रसंसि बिबिधि बिधि सीस नाइ कर जोरि।**
**बचन बिनीत सप्रेम मृदु बोलेउ गरुड़ बहोरि॥ ९३ (क)॥**

उनकी (भुशुण्डिजीकी) बहुत प्रकारसे प्रशंसा करके, सिर नवाकर और हाथ जोड़कर फिर गरुड़जी प्रेमपूर्वक विनम्र और कोमल वचन बोले—॥ ९३ (क)॥

**प्रभु अपने अबिबेक ते बूझउँ स्वामी तोहि।**
**कृपासिंधु सादर कहहु जानि दास निज मोहि॥ ९३ (ख)॥**

हे प्रभो! हे स्वामी! मैं अपने अविवेकके कारण आपसे पूछता हूँ। हे कृपाके समुद्र! मुझे अपना 'निज दास' जानकर आदरपूर्वक (विचारपूर्वक) मेरे प्रश्नका उत्तर कहिये॥ ९३ (ख)॥

**तुम्ह सर्बग्य तग्य तम पारा। सुमति सुसील सरल आचारा॥**
**ग्यान बिरति बिग्यान निवासा। रघुनायक के तुम्ह प्रिय दासा॥**

आप सब कुछ जाननेवाले हैं, तत्त्वके ज्ञाता हैं, अन्धकार (माया)-से परे, उत्तम बुद्धिसे युक्त, सुशील, सरल आचरणवाले, ज्ञान, वैराग्य और विज्ञानके धाम और श्रीरघुनाथजीके प्रिय दास हैं॥ १॥

**कारन कवन देह यह पाई। तात सकल मोहि कहहु बुझाई॥**
**राम चरित सर सुंदर स्वामी। पायहु कहाँ कहहु नभगामी॥**

आपने यह काकशरीर किस कारणसे पाया? हे तात! सब समझाकर मुझसे कहिये। हे स्वामी!

हे आकाशगामी! यह सुन्दर रामचरितमानस आपने कहाँ पाया, सो कहिये॥ २॥

**नाथ सुन मैं अस सिव पाहीं। महा प्रलयहुँ नास तव नाहीं॥**
**मुधा बचन नहिं ईस्वर कहई। सोउ मोरें मन संसय अहई॥**

हे नाथ! मैंने शिवजीसे ऐसा सुना है कि महाप्रलयमें भी आपका नाश नहीं होता और ईश्वर (शिवजी) कभी मिथ्या वचन कहते नहीं। वह भी मेरे मनमें सन्देह है॥ ३॥

**अग जग जीव नाग नर देवा। नाथ सकल जगु काल कलेवा॥**
**अंड कटाह अमित लयकारी। कालु सदा दुरतिक्रम भारी॥**

[क्योंकि] हे नाथ! नाग, मनुष्य, देवता आदि चर-अचर जीव तथा यह सारा जगत् कालका कलेवा है। असंख्य ब्रह्माण्डोंका नाश करनेवाला काल सदा बड़ा ही अनिवार्य है॥ ४॥

**सो०—तुम्हहि न ब्यापत काल अति कराल कारन कवन।**
**मोहि सो कहहु कृपाल ग्यान प्रभाव कि जोग बल॥ ९४ (क)॥**

[ऐसा वह] अत्यन्त भयंकर काल आपको नहीं व्यापता (आपपर प्रभाव नहीं दिखलाता) इसका क्या कारण है? हे कृपालु! मुझे कहिये, यह ज्ञानका प्रभाव है या योगका बल है?॥ ९४ (क)॥

**दो०—प्रभु तव आश्रम आएँ मोर मोह भ्रम भाग।**
**कारन कवन सो नाथ सब कहहु सहित अनुराग॥ ९४ (ख)॥**

हे प्रभो! आपके आश्रममें आते ही मेरा मोह और भ्रम भाग गया। इसका क्या कारण है? हे नाथ! यह सब प्रेमसहित कहिये॥ ९४ (ख)॥

**गरुड़ गिरा सुनि हरषेउ कागा। बोलेउ उमा परम अनुरागा॥**
**धन्य धन्य तव मति उरगारी। प्रस्न तुम्हारि मोहि अति प्यारी॥**

हे उमा! गरुड़जीकी वाणी सुनकर काकभुशुण्डिजी हर्षित हुए और परम प्रेमसे बोले—हे सर्पोंके शत्रु! आपकी बुद्धि धन्य है! धन्य है! आपके प्रश्न मुझे बहुत ही प्यारे लगे॥ १॥

**सुनि तव प्रस्न सप्रेम सुहाई। बहुत जनम कै सुधि मोहि आई॥**
**सब निज कथा कहउँ मैं गाई। तात सुनहु सादर मन लाई॥**

आपके प्रेमयुक्त सुन्दर प्रश्न सुनकर मुझे अपने बहुत जन्मोंकी याद आ गयी। मैं अपनी सब कथा विस्तारसे कहता हूँ। हे तात! आदरसहित मन लगाकर सुनिये॥ २॥

**जप तप मख सम दम ब्रत दाना। बिरति बिबेक जोग बिग्याना॥**
**सब कर फल रघुपति पद प्रेमा। तेहि बिनु कोउ न पावइ छेमा॥**

अनेक जप, तप, यज्ञ, शम (मनको रोकना), दम (इन्द्रियोंको रोकना), व्रत, दान, वैराग्य, विवेक, योग, विज्ञान आदि सबका फल श्रीरघुनाथजीके चरणोंमें प्रेम होना है। इसके बिना कोई कल्याण नहीं पा सकता॥ ३॥

**एहिं तन राम भगति मैं पाई। ताते मोहि ममता अधिकाई॥**
**जेहि तें कछु निज स्वारथ होई। तेहि पर ममता कर सब कोई॥**

मैंने इसी शरीरसे श्रीरामजीकी भक्ति प्राप्त की है। इसीसे इसपर मेरी ममता अधिक है। जिससे अपना कुछ स्वार्थ होता है, उसपर सभी कोई प्रेम करते हैं॥ ४॥

**सो०—पन्नगारि असि नीति श्रुति संमत सज्जन कहहिं।**
**अति नीचहु सन प्रीति करिअ जानि निज परम हित॥ ९५ (क)॥**

हे गरुड़जी! वेदोंमें मानी हुई ऐसी नीति है और सज्जन भी कहते हैं कि अपना परम हित जानकर अत्यन्त नीचसे भी प्रेम करना चाहिये॥ ९५ (क)॥

**पाट कीट तें होइ तेहि तें पाटंबर रुचिर।**
**कृमि पालइ सबु कोइ परम अपावन प्रान सम॥ ९५ (ख)॥**

रेशम कीड़ेसे होता है, उससे सुन्दर रेशमी वस्त्र बनते हैं। इसीसे उस परम अपवित्र कीड़ेको भी सब कोई प्राणोंके समान पालते हैं॥ ९५ (ख)॥

**स्वारथ साँच जीव कहुँ एहा। मन क्रम बचन राम पद नेहा॥**
**सोइ पावन सोइ सुभग सरीरा। जो तनु पाइ भजिअ रघुबीरा॥**

जीवके लिये सच्चा स्वार्थ यही है कि मन, वचन और कर्मसे श्रीरामजीके चरणोंमें प्रेम हो। वही शरीर पवित्र और सुन्दर है जिस शरीरको पाकर श्रीरघुवीरका भजन किया जाय॥ १॥

**राम बिमुख लहि बिधि सम देही। कबि कोबिद न प्रसंसहिं तेही॥**
**राम भगति एहिं तन उर जामी। ताते मोहि परम प्रिय स्वामी॥**

जो श्रीरामजीके विमुख है वह यदि ब्रह्माजीके समान शरीर पा जाय तो भी कवि और पण्डित उसकी प्रशंसा नहीं करते। इसी शरीरसे मेरे हृदयमें रामभक्ति उत्पन्न हुई। इसीसे हे स्वामी! यह मुझे परम प्रिय है॥ २॥

**तजउँ न तन निज इच्छा मरना। तन बिनु बेद भजन नहिं बरना॥**
**प्रथम मोहँ मोहि बहुत बिगोवा। राम बिमुख सुख कबहुँ न सोवा॥**

मेरा मरण अपनी इच्छापर है, परन्तु फिर भी मैं यह शरीर नहीं छोड़ता; क्योंकि वेदोंने वर्णन किया है कि शरीरके बिना भजन नहीं होता। पहले मोहने मेरी बड़ी दुर्दशा की। श्रीरामजीके विमुख होकर मैं कभी सुखसे नहीं सोया॥ ३॥

**नाना जनम कर्म पुनि नाना। किए जोग जप तप मख दाना॥**
**कवन जोनि जनमेउँ जहँ नाहीं। मैं खगेस भ्रमि भ्रमि जग माहीं॥**

अनेकों जन्मोंमें मैंने अनेकों प्रकारके योग, जप, तप, यज्ञ और दान आदि कर्म किये। हे गरुड़जी! जगत्‌में ऐसी कौन योनि है, जिसमें मैंने [बार-बार] घूम-फिरकर जन्म न लिया हो॥ ४॥

**देखेउँ करि सब करम गोसाईं। सुखी न भयउँ अबहिं की नाईं॥**
**सुधि मोहि नाथ जन्म बहु केरी। सिव प्रसाद मति मोहँ न घेरी॥**

हे गुसाईं! मैंने सब कर्म करके देख लिये, पर अब (इस जन्म)-की तरह मैं कभी सुखी नहीं हुआ। हे नाथ! मुझे बहुत-से जन्मोंकी याद है। [क्योंकि] श्रीशिवजीकी कृपासे मेरी बुद्धिको मोहने नहीं घेरा॥ ५॥

**दो०—प्रथम जन्म के चरित अब कहउँ सुनहु बिहगेस।**
**सुनि प्रभु पद रति उपजइ जातें मिटहिं कलेस॥ ९६ (क)॥**

हे पक्षिराज! सुनिये, अब मैं अपने प्रथम जन्मके चरित्र कहता हूँ, जिन्हें सुनकर प्रभुके

चरणोंमें प्रीति उत्पन्न होती है, जिससे सब क्लेश मिट जाते हैं॥ ९६ (क)॥

**पूरुब कल्प एक प्रभु जुग कलिजुग मल मूल।**
**नर अरु नारि अधर्मरत सकल निगम प्रतिकूल॥ ९६ ( ख )॥**

हे प्रभो! पूर्वके एक कल्पमें पापोंका मूल युग कलियुग था, जिसमें पुरुष और स्त्री सभी अधर्मपरायण और वेदके विरोधी थे॥ ९६ (ख)॥

**तेहिं कलिजुग कोसलपुर जाई। जन्मत भयउँ सूद्र तनु पाई॥**
**सिव सेवक मन क्रम अरु बानी। आन देव निंदक अभिमानी॥**

उस कलियुगमें मैं अयोध्यापुरीमें जाकर शूद्रका शरीर पाकर जन्मा। मैं मन, वचन और कर्मसे शिवजीका सेवक और दूसरे देवताओंकी निन्दा करनेवाला अभिमानी था॥ १॥

**धन मद मत्त परम बाचाला। उग्रबुद्धि उर दंभ बिसाला॥**
**जदपि रहेउँ रघुपति रजधानी। तदपि न कछु महिमा तब जानी॥**

मैं धनके मदसे मतवाला, बहुत ही बकवादी और उग्रबुद्धिवाला था; मेरे हृदयमें बड़ा भारी दम्भ था। यद्यपि मैं श्रीरघुनाथजीकी राजधानीमें रहता था, तथापि मैंने उस समय उसकी महिमा कुछ भी नहीं जानी॥ २॥

**अब जाना मैं अवध प्रभावा। निगमागम पुरान अस गावा॥**
**कवनेहुँ जन्म अवध बस जोई। राम परायन सो परि होई॥**

अब मैंने अवधका प्रभाव जाना। वेद, शास्त्र और पुराणोंने ऐसा गाया है कि किसी भी जन्ममें जो कोई भी अयोध्यामें बस जाता है, वह अवश्य ही श्रीरामजीके परायण हो जायगा॥ ३॥

**अवध प्रभाव जान तब प्रानी। जब उर बसहिं रामु धनुपानी॥**
**सो कलिकाल कठिन उरगारी। पाप परायन सब नर नारी॥**

अवधका प्रभाव जीव तभी जानता है, जब हाथमें धनुष धारण करनेवाले श्रीरामजी उसके हृदयमें निवास करते हैं। हे गरुड़जी! वह कलिकाल बड़ा कठिन था। उसमें सभी नर-नारी पापपरायण (पापोंमें लिप्त) थे॥ ४॥

**दो०—कलिमल ग्रसे धर्म सब लुप्त भए सदग्रंथ।**
**दंभिन्ह निज मति कल्पि करि प्रगट किए बहु पंथ॥ ९७ ( क )॥**

कलियुगके पापोंने सब धर्मोंको ग्रस लिया, सद्ग्रन्थ लुप्त हो गये, दम्भियोंने अपनी बुद्धिसे कल्पना कर-करके बहुत-से पंथ प्रकट कर दिये॥ ९७ (क)॥

**भए लोग सब मोहबस लोभ ग्रसे सुभ कर्म।**
**सुनु हरिजान ग्यान निधि कहउँ कछुक कलिधर्म॥ ९७ ( ख )॥**

सभी लोग मोहके वश हो गये, शुभकर्मोंको लोभने हड़प लिया। हे ज्ञानके भण्डार! हे श्रीहरिके वाहन! सुनिये, अब मैं कलिके कुछ धर्म कहता हूँ॥ ९७ (ख)॥

**बरन धर्म नहिं आश्रम चारी। श्रुति बिरोध रत सब नर नारी॥**
**द्विज श्रुति बेचक भूप प्रजासन। कोउ नहिं मान निगम अनुसासन॥**

कलियुगमें न वर्णधर्म रहता है, न चारों आश्रम रहते हैं। सब पुरुष-स्त्री वेदके विरोधमें लगे

रहते हैं। ब्राह्मण वेदोंके बेचनेवाले और राजा प्रजाको खा डालनेवाले होते हैं। वेदकी आज्ञा कोई नहीं मानता॥ १॥

**मारग सोइ जा कहुँ जोइ भावा। पंडित सोइ जो गाल बजावा॥**
**मिथ्यारंभ दंभ रत जोई। ता कहुँ संत कहइ सब कोई॥**

जिसको जो अच्छा लग जाय, वही मार्ग है। जो डींग मारता है, वही पण्डित है। जो मिथ्या आरम्भ करता (आडम्बर रचता) है और जो दम्भमें रत है, उसीको सब कोई संत कहते हैं॥ २॥

**सोइ सयान जो परधन हारी। जो कर दंभ सो बड़ आचारी॥**
**जो कह झूँठ मसखरी जाना। कलिजुग सोइ गुनवंत बखाना॥**

जो [जिस किसी प्रकारसे] दूसरेका धन हरण कर ले, वही बुद्धिमान् है। जो दम्भ करता है, वही बड़ा आचारी है। जो झूठ बोलता है और हँसी-दिल्लगी करना जानता है, कलियुगमें वही गुणवान् कहा जाता है॥ ३॥

**निराचार जो श्रुति पथ त्यागी। कलिजुग सोइ ग्यानी सो बिरागी॥**
**जाकें नख अरु जटा बिसाला। सोइ तापस प्रसिद्ध कलिकाला॥**

जो आचारहीन है और वेदमार्गको छोड़े हुए है, कलियुगमें वही ज्ञानी और वही वैराग्यवान् है। जिसके बड़े-बड़े नख और लंबी-लंबी जटाएँ हैं, वही कलियुगमें प्रसिद्ध तपस्वी है॥ ४॥

**दो०—असुभ बेष भूषन धरें भच्छाभच्छ जे खाहिं।**
**तेइ जोगी तेइ सिद्ध नर पूज्य ते कलिजुग माहिं॥ ९८ (क)॥**

जो अमंगल वेष और अमंगल भूषण धारण करते हैं और भक्ष्य-अभक्ष्य (खानेयोग्य और न खानेयोग्य) सब कुछ खा लेते हैं, वे ही योगी हैं, वे ही सिद्ध हैं और वे ही मनुष्य कलियुगमें पूज्य हैं॥ ९८ (क)॥

**सो०—जे अपकारी चार तिन्ह कर गौरव मान्य तेइ।**
**मन क्रम बचन लबार तेइ बकता कलिकाल महुँ॥ ९८ (ख)॥**

जिनके आचरण दूसरोंका अपकार (अहित) करनेवाले हैं, उन्हींका बड़ा गौरव होता है और वे ही सम्मानके योग्य होते हैं। जो मन, वचन और कर्मसे लबार (झूठ बकनेवाले) हैं, वे ही कलियुगमें वक्ता माने जाते हैं॥ ९८ (ख)॥

**नारि बिबस नर सकल गोसाईं। नाचहिं नट मर्कट की नाईं॥**
**सूद्र द्विजन्ह उपदेसहिं ग्याना। मेलि जनेऊ लेहिं कुदाना॥**

हे गोसाईं! सभी मनुष्य स्त्रियोंके विशेष वशमें हैं और बाजीगरके बंदरकी तरह [उनके नचाये] नाचते हैं। ब्राह्मणोंको शूद्र ज्ञानोपदेश करते हैं और गलेमें जनेऊ डालकर कुत्सित दान लेते हैं॥ १॥

**सब नर काम लोभ रत क्रोधी। देव बिप्र श्रुति संत बिरोधी॥**
**गुन मंदिर सुंदर पति त्यागी। भजहिं नारि पर पुरुष अभागी॥**

सभी पुरुष काम और लोभमें तत्पर और क्रोधी होते हैं। देवता, ब्राह्मण, वेद और संतोंके विरोधी होते हैं। अभागिनी स्त्रियाँ गुणोंके धाम सुन्दर पतिको छोड़कर परपुरुषका सेवन करती हैं॥ २॥

**सौभागिनीं बिभूषन हीना। बिधवन्ह के सिंगार नबीना॥**
**गुर सिष बधिर अंध का लेखा। एक न सुनइ एक नहिं देखा॥**

सुहागिनी स्त्रियाँ तो आभूषणोंसे रहित होती हैं, पर विधवाओंके नित्य नये शृंगार होते हैं। शिष्य और गुरुमें बहरे और अंधेका-सा हिसाब होता है। एक (शिष्य) गुरुके उपदेशको सुनता नहीं, एक (गुरु) देखता नहीं (उसे ज्ञानदृष्टि प्राप्त नहीं है)॥ ३॥

**हरइ सिष्य धन सोक न हरई। सो गुर घोर नरक महुँ परई॥**
**मातु पिता बालकन्हि बोलावहिं। उदर भरै सोइ धर्म सिखावहिं॥**

जो गुरु शिष्यका धन हरण करता है, पर शोक नहीं हरण करता, वह घोर नरकमें पड़ता है। माता-पिता बालकोंको बुलाकर वही धर्म सिखलाते हैं, जिससे पेट भरे॥ ४॥

**दो०—ब्रह्म ग्यान बिनु नारि नर कहहिं न दूसरि बात।**
**कौड़ी लागि लोभ बस करहिं बिप्र गुर घात॥ ९९ (क)॥**

स्त्री-पुरुष ब्रह्मज्ञानके सिवा दूसरी बात नहीं करते, पर वे लोभवश कौड़ियों (बहुत थोड़े लाभ)-के लिये ब्राह्मण और गुरुकी हत्या कर डालते हैं॥ ९९ (क)॥

**बादहिं सूद्र द्विजन्ह सन हम तुम्ह ते कछु घाटि।**
**जानइ ब्रह्म सो बिप्रबर आँखि देखावहिं डाटि॥ ९९ (ख)॥**

शूद्र ब्राह्मणोंसे विवाद करते हैं [और कहते हैं] कि हम क्या तुमसे कुछ कम हैं? जो ब्रह्मको जानता है वही श्रेष्ठ ब्राह्मण है। [ऐसा कहकर] वे उन्हें डाँटकर आँखें दिखलाते हैं॥ ९९ (ख)॥

**पर त्रिय लंपट कपट सयाने। मोह द्रोह ममता लपटाने॥**
**तेइ अभेदबादी ग्यानी नर। देखा मैं चरित्र कलिजुग कर॥**

जो परायी स्त्रीमें आसक्त, कपट करनेमें चतुर और मोह, द्रोह और ममतामें लिपटे हुए हैं, वे ही मनुष्य अभेदवादी (ब्रह्म और जीवको एक बतानेवाले) ज्ञानी हैं। मैंने उस कलियुगका यह चरित्र देखा॥ १॥

**आपु गए अरु तिन्हहू घालहिं। जे कहुँ सत मारग प्रतिपालहिं॥**
**कल्प कल्प भरि एक एक नरका। परहिं जे दूषहिं श्रुति करि तरका॥**

वे स्वयं तो नष्ट हुए ही रहते हैं; जो कहीं सन्मार्गका प्रतिपालन करते हैं, उनको भी वे नष्ट कर देते हैं। जो तर्क करके वेदकी निन्दा करते हैं, वे लोग कल्प-कल्पभर एक-एक नरकमें पड़े रहते हैं॥ २॥

**जे बरनाधम तेलि कुम्हारा। स्वपच किरात कोल कलवारा॥**
**नारि मुई गृह संपति नासी। मूड़ मुड़ाइ होहिं संन्यासी॥**

तेली, कुम्हार, चाण्डाल, भील, कोल और कलवार आदि जो वर्णमें नीचे हैं, स्त्रीके मरनेपर अथवा घरकी सम्पत्ति नष्ट हो जानेपर सिर मुँड़ाकर संन्यासी हो जाते हैं॥ ३॥

**ते बिप्रन्ह सन आपु पुजावहिं। उभय लोक निज हाथ नसावहिं॥**
**बिप्र निरच्छर लोलुप कामी। निराचार सठ बृषली स्वामी॥**

वे अपनेको ब्राह्मणोंसे पुजवाते हैं और अपने ही हाथों दोनों लोक नष्ट करते हैं। ब्राह्मण अपढ़, लोभी, कामी, आचारहीन, मूर्ख और नीची जातिकी व्यभिचारिणी स्त्रियोंके स्वामी होते हैं॥ ४॥

**सूद्र करहिं जप तप ब्रत नाना। बैठि बरासन कहहिं पुराना॥**
**सब नर कल्पित करहिं अचारा। जाइ न बरनि अनीति अपारा॥**

शूद्र नाना प्रकारके जप, तप और व्रत करते हैं तथा ऊँचे आसन (व्यासगद्दी)-पर बैठकर पुराण कहते हैं। सब मनुष्य मनमाना आचरण करते हैं। अपार अनीतिका वर्णन नहीं किया जा सकता॥ ५॥

**दो०—भए बरन संकर कलि भिन्नसेतु सब लोग।**
**करहिं पाप पावहिं दुख भय रुज सोक बियोग॥ १०० ( क )॥**

कलियुगमें सब लोग वर्णसंकर और मर्यादासे च्युत हो गये। वे पाप करते हैं और [उनके फलस्वरूप] दुःख, भय, रोग, शोक और [प्रिय वस्तुका] वियोग पाते हैं॥ १०० (क)॥

**श्रुति संमत हरि भक्ति पथ संजुत बिरति बिबेक।**
**तेहिं न चलहिं नर मोह बस कल्पहिं पंथ अनेक॥ १०० ( ख )॥**

वेदसम्मत तथा वैराग्य और ज्ञानसे युक्त जो हरिभक्तिका मार्ग है, मोहवश मनुष्य उसपर नहीं चलते और अनेकों नये-नये पंथोंकी कल्पना करते हैं॥ १०० (ख)॥

**छं०—बहु दाम सँवारहिं धाम जती। बिषया हरि लीन्हि न रहि बिरती॥**
**तपसी धनवंत दरिद्र गृही। कलि कौतुक तात न जात कही॥**

संन्यासी बहुत धन लगाकर घर सजाते हैं। उनमें वैराग्य नहीं रहा, उसे विषयोंने हर लिया। तपस्वी धनवान् हो गये और गृहस्थ दरिद्र। हे तात! कलियुगकी लीला कुछ कही नहीं जाती॥ १॥

**कुलवंति निकारहिं नारि सती। गृह आनहिं चेरि निबेरि गती॥**
**सुत मानहिं मातु पिता तबलौं। अबलानन दीख नहीं जब लौं॥**

कुलवती और सती स्त्रीको पुरुष घरसे निकाल देते हैं और अच्छी चालको छोड़कर घरमें दासीको ला रखते हैं। पुत्र अपने माता-पिताको तभीतक मानते हैं जबतक स्त्रीका मुँह नहीं दिखायी पड़ा॥ २॥

**ससुरारि पिआरि लगी जब तें। रिपुरूप कुटुंब भए तब तें॥**
**नृप पाप परायन धर्म नहीं। करि दंड बिडंब प्रजा नितहीं॥**

जबसे ससुराल प्यारी लगने लगी, तबसे कुटुम्बी शत्रुरूप हो गये। राजा लोग पापपरायण हो गये, उनमें धर्म नहीं रहा। वे प्रजाको नित्य ही [बिना अपराध] दण्ड देकर उसकी विडम्बना (दुर्दशा) किया करते हैं॥ ३॥

**धनवंत कुलीन मलीन अपी। द्विज चिन्ह जनेउ उघार तपी॥**
**नहिं मान पुरान न बेदहि जो। हरि सेवक संत सही कलि सो॥**

धनी लोग मलिन (नीच जातिके) होनेपर भी कुलीन माने जाते हैं। द्विजका चिह्न जनेऊमात्र रह गया और नंगे बदन रहना तपस्वीका। जो वेदों और पुराणोंको नहीं मानते, कलियुगमें वे ही हरिभक्त और सच्चे संत कहलाते हैं॥ ४॥

**कबि बृंद उदार दुनी न सुनी। गुन दूषक ब्रात न कोपि गुनी॥**
**कलि बारहिं बार दुकाल परै। बिनु अन्न दुखी सब लोग मरै॥**

कवियोंके तो झुंड हो गये, पर दुनियामें उदार (कवियोंका आश्रयदाता) सुनायी नहीं पड़ता। गुणमें दोष लगानेवाले बहुत हैं, पर गुणी कोई भी नहीं है। कलियुगमें बार-बार अकाल पड़ते हैं। अन्नके बिना सब लोग दुःखी होकर मरते हैं॥ ५॥

**दो०—सुनु खगेस कलि कपट हठ दंभ द्वेष पाषंड।**
**मान मोह मारादि मद ब्यापि रहे ब्रह्मंड॥ १०१ (क)॥**

हे पक्षिराज गरुड़जी! सुनिये, कलियुगमें कपट, हठ (दुराग्रह), दम्भ, द्वेष, पाखण्ड, मान, मोह और काम आदि (अर्थात् काम, क्रोध और लोभ) और मद ब्रह्माण्डभरमें व्याप्त हो गये (छा गये)॥ १०१ (क)॥

**तामस धर्म करहिं नर जप तप ब्रत मख दान।**
**देव न बरषहिं धरनीं बए न जामहिं धान॥ १०१ (ख)॥**

मनुष्य जप, तप, यज्ञ, व्रत और दान आदि धर्म तामसी भावसे करने लगे। देवता (इन्द्र) पृथ्वीपर जल नहीं बरसाते और बोया हुआ अन्न उगता नहीं॥ १०१ (ख)॥

**छं०—अबला कच भूषन भूरि छुधा। धनहीन दुखी ममता बहुधा॥**
**सुख चाहहिं मूढ़ न धर्म रता। मति थोरि कठोरि न कोमलता॥**

स्त्रियोंके बाल ही भूषण हैं (उनके शरीरपर कोई आभूषण नहीं रह गया) और उनको भूख बहुत लगती है (अर्थात् वे सदा अतृप्त ही रहती हैं)। वे धनहीन और बहुत प्रकारकी ममता होनेके कारण दु:खी रहती हैं। वे मूर्ख सुख चाहती हैं, पर धर्ममें उनका प्रेम नहीं है। बुद्धि थोड़ी है और कठोर है; उनमें कोमलता नहीं है॥ १॥

**नर पीड़ित रोग न भोग कहीं। अभिमान बिरोध अकारनहीं॥**
**लघु जीवन संबतु पंच दसा। कलपांत न नास गुमानु असा॥**

मनुष्य रोगोंसे पीड़ित हैं, भोग (सुख) कहीं नहीं है। बिना ही कारण अभिमान और विरोध करते हैं। दस-पाँच वर्षका थोड़ा-सा जीवन है, परन्तु घमंड ऐसा है मानो कल्पान्त (प्रलय) होनेपर भी उनका नाश नहीं होगा॥ २॥

**कलिकाल बिहाल किए मनुजा। नहिं मानत क्वौ अनुजा तनुजा॥**
**नहिं तोष बिचार न सीतलता। सब जाति कुजाति भए मगता॥**

कलिकालने मनुष्यको बेहाल (अस्त-व्यस्त) कर डाला। कोई बहिन-बेटीका भी विचार नहीं करता। [लोगोंमें] न सन्तोष है, न विवेक है और न शीतलता है। जाति, कुजाति सभी लोग भीख माँगनेवाले हो गये॥ ३॥

**इरिषा परुषाच्छर लोलुपता। भरि पूरि रही समता बिगता॥**
**सब लोग बियोग बिसोक हए। बरनाश्रम धर्म अचार गए॥**

ईर्ष्या (डाह), कड़ुवे वचन और लालच भरपूर हो रहे हैं, समता चली गयी। सब लोग वियोग और विशेष शोकसे भरे पड़े हैं। वर्णाश्रम-धर्मके आचरण नष्ट हो गये॥ ४॥

**दम दान दया नहिं जानपनी। जड़ता परबंचनताति घनी॥**
**तनु पोषक नारि नरा सगरे। परनिंदक जे जग मो बगरे॥**

इन्द्रियोंका दमन, दान, दया और समझदारी किसीमें नहीं रही। मूर्खता और दूसरोंको ठगना यह बहुत अधिक बढ़ गया। स्त्री-पुरुष सभी शरीरके ही पालन-पोषणमें लगे रहते हैं। जो परायी निन्दा करनेवाले हैं, जगत्में वे ही फैले हैं॥ ५॥

**दो०—सुनु ब्यालारि काल कलि मल अवगुन आगार।**
**गुनउ बहुत कलिजुग कर बिनु प्रयास निस्तार॥ १०२ ( क )॥**

हे सर्पोंके शत्रु गरुड़जी! सुनिये, कलिकाल पाप और अवगुणोंका घर है। किन्तु कलियुगमें एक गुण भी बड़ा है कि उसमें बिना ही परिश्रम भवबन्धनसे छुटकारा मिल जाता है॥ १०२ (क)॥

**कृतजुग त्रेताँ द्वापर पूजा मख अरु जोग।**
**जो गति होइ सो कलि हरि नाम ते पावहिं लोग॥ १०२ ( ख )॥**

सत्ययुग, त्रेता और द्वापरमें जो गति पूजा, यज्ञ और योगसे प्राप्त होती है, वही गति कलियुगमें लोग केवल भगवान्‌के नामसे पा जाते हैं॥ १०२ (ख)॥

**कृतजुग सब जोगी बिग्यानी। करि हरि ध्यान तरहिं भव प्रानी॥**
**त्रेताँ बिबिध जग्य नर करहीं। प्रभुहि समर्पि कर्म भव तरहीं॥**

सत्ययुगमें सब योगी और विज्ञानी होते हैं। हरिका ध्यान करके सब प्राणी भवसागरसे तर जाते हैं। त्रेतामें मनुष्य अनेक प्रकारके यज्ञ करते हैं और सब कर्मोंको प्रभुके समर्पण करके भवसागरसे पार हो जाते हैं॥ १॥

**द्वापर करि रघुपति पद पूजा। नर भव तरहिं उपाय न दूजा॥**
**कलिजुग केवल हरि गुन गाहा। गावत नर पावहिं भव थाहा॥**

द्वापरमें श्रीरघुनाथजीके चरणोंकी पूजा करके मनुष्य संसारसे तर जाते हैं, दूसरा कोई उपाय नहीं है। और कलियुगमें तो केवल श्रीहरिकी गुणगाथाओंका गान करनेसे ही मनुष्य भवसागरकी थाह पा जाते हैं॥ २॥

**कलिजुग जोग न जग्य न ग्याना। एक अधार राम गुन गाना॥**
**सब भरोस तजि जो भज रामहि। प्रेम समेत गाव गुन ग्रामहि॥**

कलियुगमें न तो योग और यज्ञ है और न ज्ञान ही है। श्रीरामजीका गुणगान ही एकमात्र आधार है। अतएव सारे भरोसे त्यागकर जो श्रीरामजीको भजता है और प्रेमसहित उनके गुणसमूहोंको गाता है,॥ ३॥

**सोइ भव तर कछु संसय नाहीं। नाम प्रताप प्रगट कलि माहीं॥**
**कलि कर एक पुनीत प्रतापा। मानस पुन्य होहिं नहिं पापा॥**

वही भवसागरसे तर जाता है, इसमें कुछ भी सन्देह नहीं। नामका प्रताप कलियुगमें प्रत्यक्ष है। कलियुगका एक पवित्र प्रताप (महिमा) है कि मानसिक पुण्य तो होते हैं, पर [मानसिक] पाप नहीं होते॥ ४॥

**दो०—कलिजुग सम जुग आन नहिं जौं नर कर बिस्वास।**
**गाइ राम गुन गन बिमल भव तर बिनहिं प्रयास॥ १०३ ( क )॥**

यदि मनुष्य विश्वास करे, तो कलियुगके समान दूसरा युग नहीं है। [क्योंकि] इस युगमें श्रीरामजीके निर्मल गुणसमूहोंको गा-गाकर मनुष्य बिना ही परिश्रम संसार [रूपी समुद्र]- से तर जाता है॥ १०३ (क)॥

**प्रगट चारि पद धर्म के कलि महुँ एक प्रधान।**
**जेन केन बिधि दीन्हें दान करइ कल्यान॥ १०३ ( ख )॥**

धर्मके चार चरण (सत्य, दया, तप और दान) प्रसिद्ध हैं, जिनमेंसे कलिमें एक [दानरूपी] चरण ही प्रधान है। जिस किसी प्रकारसे भी दिये जानेपर दान कल्याण ही करता है॥ १०३ (ख)॥

**नित जुग धर्म होहिं सब केरे। हृदयँ राम माया के प्रेरे॥**
**सुद्ध सत्व समता बिग्याना। कृत प्रभाव प्रसन्न मन जाना॥**

श्रीरामजीकी मायासे प्रेरित होकर सबके हृदयोंमें सभी युगोंके धर्म नित्य होते रहते हैं। शुद्ध सत्त्वगुण, समता, विज्ञान और मनका प्रसन्न होना, इसे सत्ययुगका प्रभाव जाने॥ १॥

**सत्व बहुत रज कछु रति कर्मा। सब बिधि सुख त्रेता कर धर्मा॥**
**बहु रज स्वल्प सत्व कछु तामस। द्वापर धर्म हरष भय मानस॥**

सत्त्वगुण अधिक हो, कुछ रजोगुण हो, कर्मोंमें प्रीति हो, सब प्रकारसे सुख हो, यह त्रेताका धर्म है। रजोगुण बहुत हो, सत्त्वगुण बहुत ही थोड़ा हो, कुछ तमोगुण हो, मनमें हर्ष और भय हो, यह द्वापरका धर्म है॥ २॥

**तामस बहुत रजोगुन थोरा। कलि प्रभाव बिरोध चहुँ ओरा॥**
**बुध जुग धर्म जानि मन माहीं। तजि अधर्म रति धर्म कराहीं॥**

तमोगुण बहुत हो, रजोगुण थोड़ा हो, चारों ओर वैर-विरोध हो, यह कलियुगका प्रभाव है। पण्डित लोग युगोंके धर्मको मनमें जान (पहिचान) कर, अधर्म छोड़कर धर्ममें प्रीति करते हैं॥ ३॥

**काल धर्म नहिं ब्यापहिं ताही। रघुपति चरन प्रीति अति जाही॥**
**नट कृत बिकट कपट खगराया। नट सेवकहि न ब्यापइ माया॥**

जिसका श्रीरघुनाथजीके चरणोंमें अत्यन्त प्रेम है, उसको कालधर्म (युगधर्म) नहीं व्यापते। हे पक्षिराज! नट (बाजीगर)-का किया हुआ कपट-चरित्र (इन्द्रजाल) देखनेवालोंके लिये बड़ा विकट (दुर्गम) होता है, पर नटके सेवक (जंभूरे)-को उसकी माया नहीं व्यापती॥ ४॥

**दो०—हरि माया कृत दोष गुन बिनु हरि भजन न जाहिं।**
**भजिअ राम तजि काम सब अस बिचारि मन माहिं॥ १०४(क)॥**

श्रीहरिकी मायाके द्वारा रचे हुए दोष और गुण श्रीहरिके भजन बिना नहीं जाते। मनमें ऐसा विचारकर, सब कामनाओंको छोड़कर (निष्कामभावसे) श्रीरामजीका भजन करना चाहिये॥ १०४ (क)॥

**तेहिं कलिकाल बरष बहु बसेउँ अवध बिहगेस।**
**परेउ दुकाल बिपति बस तब मैं गयउँ बिदेस॥ १०४(ख)॥**

हे पक्षिराज! उस कलिकालमें मैं बहुत वर्षोंतक अयोध्यामें रहा। एक बार वहाँ अकाल पड़ा, तब मैं विपत्तिका मारा विदेश चला गया॥ १०४ (ख)॥

**गयउँ उजेनी सुनु उरगारी। दीन मलीन दरिद्र दुखारी॥**
**गएँ काल कछु संपति पाई। तहँ पुनि करउँ संभु सेवकाई॥**

हे सर्पोंके शत्रु गरुड़जी! सुनिये, मैं दीन, मलिन (उदास), दरिद्र और दुःखी होकर उज्जैन गया। कुछ काल बीतनेपर कुछ सम्पत्ति पाकर फिर मैं वहीं भगवान् शंकरकी आराधना करने लगा॥ १॥

**बिप्र एक बैदिक सिव पूजा। करइ सदा तेहि काजु न दूजा॥**
**परम साधु परमारथ बिंदक। संभु उपासक नहिं हरि निंदक॥**

एक ब्राह्मण वेदविधिसे सदा शिवजीकी पूजा करते, उन्हें दूसरा कोई काम न था। वे परम साधु और परमार्थके ज्ञाता थे, वे शम्भुके उपासक थे, पर श्रीहरिकी निन्दा करनेवाले न थे॥ २॥

**तेहि सेवउँ मैं कपट समेता। द्विज दयाल अति नीति निकेता॥**
**बाहिज नम्र देखि मोहि साईं। बिप्र पढ़ाव पुत्र की नाईं॥**

मैं कपटपूर्वक उनकी सेवा करता। ब्राह्मण बड़े ही दयालु और नीतिके घर थे। हे स्वामी! बाहरसे नम्र देखकर ब्राह्मण मुझे पुत्रकी भाँति मानकर पढ़ाते थे॥ ३॥

**संभु मंत्र मोहि द्विजबर दीन्हा। सुभ उपदेस बिबिध बिधि कीन्हा॥**
**जपउँ मंत्र सिव मंदिर जाई। हृदयँ दंभ अहमिति अधिकाई॥**

उन ब्राह्मणश्रेष्ठने मुझको शिवजीका मन्त्र दिया और अनेकों प्रकारके शुभ उपदेश किये। मैं शिवजीके मन्दिरमें जाकर मन्त्र जपता। मेरे हृदयमें दम्भ और अहंकार बढ़ गया॥ ४॥

**दो०—मैं खल मल संकुल मति नीच जाति बस मोह।**
**हरिजन द्विज देखें जरउँ करउँ बिष्नु कर द्रोह॥ १०५ (क)॥**

मैं दुष्ट, नीच जाति और पापमयी मलिन बुद्धिवाला मोहवश श्रीहरिके भक्तों और द्विजोंको देखते ही जल उठता और विष्णुभगवान्‌से द्रोह करता था॥ १०५ (क)॥

**सो०—गुर नित मोहि प्रबोध दुखित देखि आचरन मम।**
**मोहि उपजइ अति क्रोध दंभिहि नीति कि भावई॥ १०५ (ख)॥**

गुरुजी मेरे आचरण देखकर दुःखित थे। वे मुझे नित्य ही भलीभाँति समझाते, पर [मैं कुछ भी नहीं समझता, उलटे] मुझे अत्यन्त क्रोध उत्पन्न होता। दम्भीको कभी नीति अच्छी लगती है?॥ १०५ (ख)॥

**एक बार गुर लीन्ह बोलाई। मोहि नीति बहु भाँति सिखाई॥**
**सिव सेवा कर फल सुत सोई। अबिरल भगति राम पद होई॥**

एक बार गुरुजीने मुझे बुला लिया और बहुत प्रकारसे [परमार्थ] नीतिकी शिक्षा दी कि हे पुत्र! शिवजीकी सेवाका फल यही है कि श्रीरामजीके चरणोंमें प्रगाढ़ भक्ति हो॥ १॥

**रामहि भजहिं तात सिव धाता। नर पावँर कै केतिक बाता॥**
**जासु चरन अज सिव अनुरागी। तासु द्रोहँ सुख चहसि अभागी॥**

हे तात! शिवजी और ब्रह्माजी भी श्रीरामजीको भजते हैं [फिर] नीच मनुष्यकी तो बात ही कितनी है? ब्रह्माजी और शिवजी जिनके चरणोंके प्रेमी हैं, अरे अभागे! उनसे द्रोह करके तू सुख चाहता है?॥ २॥

**हर कहुँ हरि सेवक गुर कहेऊ। सुनि खगनाथ हृदय मम दहेऊ॥**
**अधम जाति मैं बिद्या पाएँ। भयउँ जथा अहि दूध पिआएँ॥**

गुरुजीने शिवजीको हरिका सेवक कहा। यह सुनकर हे पक्षिराज! मेरा हृदय जल उठा। नीच जातिका मैं विद्या पाकर ऐसा हो गया जैसे दूध पिलानेसे साँप॥ ३॥

**मानी कुटिल कुभाग्य कुजाती। गुर कर द्रोह करउँ दिनु राती॥**
**अति दयाल गुर स्वल्प न क्रोधा। पुनि पुनि मोहि सिखाव सुबोधा॥**

अभिमानी, कुटिल, दुर्भाग्य और कुजाति मैं दिन-रात गुरुजीसे द्रोह करता। गुरुजी अत्यन्त दयालु थे, उनको थोड़ा-सा भी क्रोध नहीं आता। [मेरे द्रोह करनेपर भी] वे बार-बार मुझे उत्तम ज्ञानकी ही शिक्षा देते थे॥ ४॥

**जेहि ते नीच बड़ाई पावा। सो प्रथमहिं हति ताहि नसावा॥**
**धूम अनल संभव सुनु भाई। तेहि बुझाव घन पदवी पाई॥**

नीच मनुष्य जिससे बड़ाई पाता है, वह सबसे पहले उसीको मारकर उसीका नाश करता है। हे भाई! सुनिये, आगसे उत्पन्न हुआ धुआँ मेघकी पदवी पाकर उसी अग्निको बुझा देता है॥ ५॥

**रज मग परी निरादर रहई। सब कर पद प्रहार नित सहई॥**
**मरुत उड़ाव प्रथम तेहि भरई। पुनि नृप नयन किरीटन्हि परई॥**

धूल रास्तेमें निरादरसे पड़ी रहती है और सदा सब [राह चलनेवालों]-के लातोंकी मार सहती है। पर जब पवन उसे उड़ाता (ऊँचा उठाता) है, तो सबसे पहले वह उसी (पवन)- को भर देती है और फिर राजाओंके नेत्रों और किरीटों (मुकुटों)-पर पड़ती है॥ ६॥

**सुनु खगपति अस समुझि प्रसंगा। बुध नहिं करहिं अधम कर संगा॥**
**कबि कोबिद गावहिं असि नीती। खल सन कलह न भल नहिं प्रीती॥**

हे पक्षिराज गरुड़जी! सुनिये, ऐसी बात समझकर बुद्धिमान् लोग अधम (नीच)-का संग नहीं करते। कवि और पण्डित ऐसी नीति कहते हैं कि दुष्टसे न कलह ही अच्छा है, न प्रेम ही॥ ७॥

**उदासीन नित रहिअ गोसाईं। खल परिहरिअ स्वान की नाईं॥**
**मैं खल हृदयँ कपट कुटिलाई। गुर हित कहइ न मोहि सोहाई॥**

हे गोसाईं! उससे तो सदा उदासीन ही रहना चाहिये। दुष्टको कुत्तेकी तरह दूरसे ही त्याग देना चाहिये। मैं दुष्ट था, हृदयमें कपट और कुटिलता भरी थी। [इसीलिये यद्यपि] गुरुजी हितकी बात कहते थे, पर मुझे वह सुहाती न थी॥ ८॥

**दो०—एक बार हर मंदिर जपत रहेउँ सिव नाम।**
**गुर आयउ अभिमान तें उठि नहिं कीन्ह प्रनाम॥ १०६ (क)॥**

एक दिन मैं शिवजीके मन्दिरमें शिवनाम जप रहा था। उसी समय गुरुजी वहाँ आये, पर अभिमानके मारे मैंने उठकर उनको प्रणाम नहीं किया॥ १०६ (क)॥

**सो दयाल नहिं कहेउ कछु उर न रोष लवलेस।**
**अति अघ गुर अपमानता सहि नहिं सके महेस॥ १०६ (ख)॥**

गुरुजी दयालु थे, [मेरा दोष देखकर भी] उन्होंने कुछ नहीं कहा; उनके हृदयमें लेशमात्र भी क्रोध नहीं हुआ। पर गुरुका अपमान बहुत बड़ा पाप है; अत: महादेवजी उसे नहीं सह सके॥ १०६ (ख)॥

**मंदिर माझ भई नभबानी। रे हतभाग्य अग्य अभिमानी॥**
**जद्यपि तव गुर कें नहिं क्रोधा। अति कृपाल चित सम्यक बोधा॥**

मन्दिरमें आकाशवाणी हुई कि अरे हतभाग्य! मूर्ख! अभिमानी! यद्यपि तेरे गुरुको क्रोध नहीं है, वे अत्यन्त कृपालु चित्तके हैं और उन्हें [पूर्ण तथा] यथार्थ ज्ञान है,॥ १॥

**तदपि साप सठ दैहउँ तोही। नीति बिरोध सोहाइ न मोही॥**
**जौं नहिं दंड करौं खल तोरा। भ्रष्ट होइ श्रुतिमारग मोरा॥**

तो भी हे मूर्ख! तुझको मैं शाप दूँगा; [क्योंकि] नीतिका विरोध मुझे अच्छा नहीं लगता। अरे दुष्ट! यदि मैं तुझे दण्ड न दूँ, तो मेरा वेदमार्ग ही भ्रष्ट हो जाय॥ २॥

**जे सठ गुर सन इरिषा करहीं। रौरव नरक कोटि जुग परहीं॥**
**त्रिजग जोनि पुनि धरहिं सरीरा। अयुत जन्म भरि पावहिं पीरा॥**

जो मूर्ख गुरुसे ईर्ष्या करते हैं, वे करोड़ों युगोंतक रौरव नरकमें पड़े रहते हैं। फिर (वहाँसे निकलकर) वे तिर्यक् (पशु, पक्षी आदि) योनियोंमें शरीर धारण करते हैं और दस हजार जन्मोंतक दु:ख पाते रहते हैं॥ ३॥

**बैठि रहेसि अजगर इव पापी। सर्प होहि खल मल मति ब्यापी॥**
**महा बिटप कोटर महुँ जाई। रहु अधमाधम अधगति पाई॥**

अरे पापी! तू गुरुके सामने अजगरकी भाँति बैठा रहा। रे दुष्ट! तेरी बुद्धि पापसे ढक गयी है, [अत:] तू सर्प हो जा। और अरे अधमसे भी अधम! इस अधोगति (सर्पकी नीची योनि)-को पाकर किसी बड़े भारी पेड़के खोखलेमें जाकर रह॥ ४॥

**दो०—हाहाकार कीन्ह गुर दारुन सुनि सिव साप।**
**कंपित मोहि बिलोकि अति उर उपजा परिताप॥ १०७ (क)॥**

शिवजीका भयानक शाप सुनकर गुरुजीने हाहाकार किया। मुझे काँपता हुआ देखकर उनके हृदयमें बड़ा सन्ताप उत्पन्न हुआ॥ १०७ (क)॥

**करि दंडवत सप्रेम द्विज सिव सन्मुख कर जोरि।**
**बिनय करत गदगद स्वर समुझि घोर गति मोरि॥ १०७ (ख)॥**

प्रेमसहित दण्डवत् करके वे ब्राह्मण श्रीशिवजीके सामने हाथ जोड़कर मेरी भयंकर गति (दण्ड)-का विचार कर गद्गद वाणीसे विनती करने लगे—॥ १०७ (ख)॥

**छं०—नमामीशमीशान निर्वाणरूपं। विभुं व्यापकं ब्रह्म वेदस्वरूपं॥**
**निजं निर्गुणं निर्विकल्पं निरीहं। चिदाकाशमाकाशवासं भजेऽहं॥**

हे मोक्षस्वरूप, विभु, व्यापक, ब्रह्म और वेदस्वरूप, ईशान दिशाके ईश्वर तथा सबके स्वामी श्रीशिवजी! मैं आपको नमस्कार करता हूँ। निजस्वरूपमें स्थित (अर्थात् मायादिरहित), [मायिक] गुणोंसे रहित, भेदरहित, इच्छारहित, चेतन आकाशरूप एवं आकाशको ही वस्त्ररूपमें धारण करनेवाले दिगम्बर [अथवा आकाशको भी आच्छादित करनेवाले] आपको मैं भजता हूँ॥ १॥

**निराकारमोंकारमूलं तुरीयं। गिरा ग्यान गोतीतमीशं गिरीशं॥**
**करालं महाकाल कालं कृपालं। गुणागार संसारपारं नतोऽहं॥**

निराकार, ओंकारके मूल, तुरीय (तीनों गुणोंसे अतीत), वाणी, ज्ञान और इन्द्रियोंसे परे, कैलासपति, विकराल, महाकालके भी काल, कृपालु, गुणोंके धाम, संसारसे परे आप परमेश्वरको मैं नमस्कार करता हूँ॥ २॥

**तुषाराद्रि संकाश गौरं गभीरं। मनोभूत कोटि प्रभा श्री शरीरं॥**
**स्फुरन्मौलि कल्लोलिनी चारु गंगा। लसद्भालबालेन्दु कंठे भुजंगा॥**

जो हिमाचलके समान गौरवर्ण तथा गम्भीर हैं, जिनके शरीरमें करोड़ों कामदेवोंकी ज्योति एवं शोभा है, जिनके सिरपर सुन्दर नदी गंगाजी विराजमान हैं, जिनके ललाटपर द्वितीयाका चन्द्रमा और गलेमें सर्प सुशोभित हैं॥ ३॥

**चलत्कुंडलं भ्रू सुनेत्रं विशालं। प्रसन्नाननं नीलकंठं दयालं॥**
**मृगाधीशचर्माम्बरं मुण्डमालं। प्रियं शंकरं सर्वनाथं भजामि॥**

जिनके कानोंमें कुण्डल हिल रहे हैं, सुन्दर भ्रुकुटी और विशाल नेत्र हैं; जो प्रसन्नमुख, नीलकण्ठ और दयालु हैं; सिंहचर्मका वस्त्र धारण किये और मुण्डमाला पहने हैं; उन सबके प्यारे और सबके नाथ [कल्याण करनेवाले] श्रीशंकरजीको मैं भजता हूँ॥ ४॥

**प्रचंडं प्रकृष्टं प्रगल्भं परेशं। अखंडं अजं भानुकोटिप्रकाशं॥**
**त्रयः शूल निर्मूलनं शूलपाणिं। भजेऽहं भवानीपतिं भावगम्यं॥**

प्रचण्ड (रुद्ररूप), श्रेष्ठ, तेजस्वी, परमेश्वर, अखण्ड, अजन्मा, करोड़ों सूर्योंके समान प्रकाशवाले, तीनों प्रकारके शूलों (दुःखों)-को निर्मूल करनेवाले, हाथमें त्रिशूल धारण किये, भाव (प्रेम)-के द्वारा प्राप्त होनेवाले भवानीके पति श्रीशंकरजीको मैं भजता हूँ॥ ५॥

**कलातीत कल्याण कल्पान्तकारी। सदा सज्जनानन्ददाता पुरारी॥**
**चिदानंद संदोह मोहापहारी। प्रसीद प्रसीद प्रभो मन्मथारी॥**

कलाओंसे परे, कल्याणस्वरूप, कल्पका अन्त (प्रलय) करनेवाले, सज्जनोंको सदा आनन्द देनेवाले, त्रिपुरके शत्रु, सच्चिदानन्दघन, मोहको हरनेवाले, मनको मथ डालनेवाले कामदेवके शत्रु, हे प्रभो! प्रसन्न हूजिये, प्रसन्न हूजिये॥ ६॥

**न यावद् उमानाथ पादारविन्दं। भजंतीह लोके परे वा नराणां॥**
**न तावत्सुखं शान्ति सन्तापनाशं। प्रसीद प्रभो सर्वभूताधिवासं॥**

जबतक पार्वतीके पति आपके चरणकमलोंको मनुष्य नहीं भजते, तबतक उन्हें न तो इहलोक और परलोकमें सुख-शान्ति मिलती है और न उनके तापोंका नाश होता है। अतः हे समस्त जीवोंके अंदर (हृदयमें) निवास करनेवाले प्रभो! प्रसन्न हूजिये॥ ७॥

**न जानामि योगं जपं नैव पूजां। नतोऽहं सदा सर्वदा शंभु तुभ्यं॥**
**जरा जन्म दुःखौघ तातप्यमानं। प्रभो पाहि आपन्नमामीश शंभो॥**

मैं न तो योग जानता हूँ, न जप और न पूजा ही। हे शम्भो! मैं तो सदा-सर्वदा आपको ही नमस्कार करता हूँ। हे प्रभो! बुढ़ापा तथा जन्म [मृत्यु]-के दुःखसमूहोंसे जलते हुए मुझ दुःखीकी दुःखसे रक्षा कीजिये। हे ईश्वर! हे शम्भो! मैं आपको नमस्कार करता हूँ॥ ८॥

**श्लोक—रुद्राष्टकमिदं प्रोक्तं विप्रेण हरतोषये।**
**ये पठन्ति नरा भक्त्या तेषां शम्भुः प्रसीदति॥**

भगवान् रुद्रकी स्तुतिका यह अष्टक उन शंकरजीकी तुष्टि (प्रसन्नता)-के लिये ब्राह्मणद्वारा कहा गया। जो मनुष्य इसे भक्तिपूर्वक पढ़ते हैं, उनपर भगवान् शम्भु प्रसन्न होते हैं॥ ९॥

**दो०—सुनि बिनती सर्बग्य सिव देखि बिप्र अनुरागु।**
**पुनि मंदिर नभबानी भइ द्विजबर बर मागु॥ १०८ (क)॥**

सर्वज्ञ शिवजीने विनती सुनी और ब्राह्मणका प्रेम देखा। तब मन्दिरमें आकाशवाणी हुई कि हे द्विजश्रेष्ठ! वर माँगो॥ १०८ (क)॥

**जौं प्रसन्न प्रभु मो पर नाथ दीन पर नेहु।**
**निज पद भगति देइ प्रभु पुनि दूसर बर देहु॥ १०८ (ख)॥**

[ब्राह्मणने कहा—] हे प्रभो! यदि आप मुझपर प्रसन्न हैं और हे नाथ! यदि इस दीनपर आपका स्नेह है, तो पहले अपने चरणोंकी भक्ति देकर फिर दूसरा वर दीजिये॥ १०८ (ख)॥

**तव माया बस जीव जड़ संतत फिरइ भुलान।**
**तेहि पर क्रोध न करिअ प्रभु कृपासिंधु भगवान॥ १०८ (ग)॥**

हे प्रभो! यह अज्ञानी जीव आपकी मायाके वश होकर निरन्तर भूला फिरता है। हे कृपाके समुद्र भगवान्! उसपर क्रोध न कीजिये॥ १०८ (ग)॥

**संकर दीनदयाल अब एहि पर होहु कृपाल।**
**साप अनुग्रह होइ जेहिं नाथ थोरेहीं काल॥ १०८ (घ)॥**

हे दीनोंपर दया करनेवाले [कल्याणकारी] शंकर! अब इसपर कृपालु होइये (कृपा कीजिये), जिससे हे नाथ! थोड़े ही समयमें इसपर शापके बाद अनुग्रह (शापसे मुक्ति) हो जाय॥ १०८ (घ)॥

**एहि कर होइ परम कल्याना। सोइ करहु अब कृपानिधाना॥**
**बिप्र गिरा सुनि परहित सानी। एवमस्तु इति भइ नभबानी॥**

हे कृपानिधान! अब वही कीजिये, जिससे इसका परम कल्याण हो। दूसरेके हितसे सनी हुई ब्राह्मणकी वाणी सुनकर फिर आकाशवाणी हुई—'एवमस्तु' (ऐसा ही हो)॥ १॥

**जदपि कीन्ह एहिं दारुन पापा। मैं पुनि दीन्हि कोप करि सापा॥**
**तदपि तुम्हारि साधुता देखी। करिहउँ एहि पर कृपा बिसेषी॥**

यद्यपि इसने भयानक पाप किया है और मैंने भी इसे क्रोध करके शाप दिया है, तो भी तुम्हारी साधुता देखकर मैं इसपर विशेष कृपा करूँगा॥ २॥

**छमासील जे पर उपकारी। ते द्विज मोहि प्रिय जथा खरारी॥**
**मोर श्राप द्विज ब्यर्थ न जाइहि। जन्म सहस अवस्य यह पाइहि॥**

हे द्विज! जो क्षमाशील एवं परोपकारी होते हैं, वे मुझे वैसे ही प्रिय हैं जैसे खरारि श्रीरामचन्द्रजी। हे द्विज! मेरा शाप व्यर्थ नहीं जायगा। यह हजार जन्म अवश्य पावेगा॥ ३॥

**जनमत मरत दुसह दुख होई। एहि स्वल्पउ नहिं ब्यापिहि सोई॥**
**कवनेउँ जन्म मिटिहि नहिं ग्याना। सुनहि सूद्र मम बचन प्रवाना॥**

परन्तु जन्मने और मरनेमें जो दुःसह दुःख होता है, इसको वह दुःख जरा भी न व्यापेगा और किसी भी जन्ममें इसका ज्ञान नहीं मिटेगा। हे शूद्र! मेरा प्रामाणिक (सत्य) वचन सुन॥ ४॥

**रघुपति पुरीं जन्म तव भयऊ। पुनि तैं मम सेवाँ मन दयऊ॥**
**पुरी प्रभाव अनुग्रह मोरें। राम भगति उपजिहि उर तोरें॥**

[प्रथम तो] तेरा जन्म श्रीरघुनाथजीकी पुरीमें हुआ। फिर तूने मेरी सेवामें मन लगाया। पुरीके प्रभाव और मेरी कृपासे तेरे हृदयमें रामभक्ति उत्पन्न होगी॥ ५॥

**सुनु मम बचन सत्य अब भाई। हरितोषन ब्रत द्विज सेवकाई॥**
**अब जनि करहि बिप्र अपमाना। जानेसु संत अनंत समाना॥**

हे भाई! अब मेरा सत्य वचन सुन। द्विजोंकी सेवा ही भगवान्‌को प्रसन्न करनेवाला व्रत है। अब कभी ब्राह्मणका अपमान न करना। संतोंको अनन्त श्रीभगवान्‌हीके समान जानना॥ ६॥

**इंद्र कुलिस मम सूल बिसाला। कालदंड हरि चक्र कराला॥**
**जो इन्ह कर मारा नहिं मरई। बिप्र द्रोह पावक सो जरई॥**

इन्द्रके वज्र, मेरे विशाल त्रिशूल, कालके दण्ड और श्रीहरिके विकराल चक्रके मारे भी जो नहीं मरता, वह भी विप्रदोहरूपी अग्निसे भस्म हो जाता है॥ ७॥

**अस बिबेक राखेहु मन माहीं। तुम्ह कहँ जग दुर्लभ कछु नाहीं।**
**औरउ एक आसिषा मोरी। अप्रतिहत गति होइहि तोरी॥**

ऐसा विवेक मनमें रखना। फिर तुम्हारे लिये जगत्में कुछ भी दुर्लभ न होगा। मेरा एक और भी आशीर्वाद है कि तुम्हारी सर्वत्र अबाध गति होगी (अर्थात् तुम जहाँ जाना चाहोगे, वहीं बिना रोक-टोकके जा सकोगे)॥ ८॥

**दो०—सुनि सिव बचन हरषि गुर एवमस्तु इति भाषि।**
**मोहि प्रबोधि गयउ गृह संभु चरन उर राखि॥ १०९ (क)॥**

[आकाशवाणीके द्वारा] शिवजीके वचन सुनकर गुरुजी हर्षित होकर 'ऐसा ही हो' यह कहकर मुझे बहुत समझाकर और शिवजीके चरणोंको हृदयमें रखकर अपने घर गये॥ १०९ (क)॥

**प्रेरित काल बिंधि गिरि जाइ भयउँ मैं ब्याल।**
**पुनि प्रयास बिनु सो तनु तजेउँ गएँ कछु काल॥ १०९ (ख)॥**

कालकी प्रेरणासे मैं विन्ध्याचलमें जाकर सर्प हुआ। फिर कुछ काल बीतनेपर बिना ही परिश्रम (कष्ट)-के मैंने वह शरीर त्याग दिया॥ १०९ (ख)॥

**जोइ तनु धरउँ तजउँ पुनि अनायास हरिजान।**
**जिमि नूतन पट पहिरइ नर परिहरइ पुरान॥ १०९ (ग)॥**

हे हरिवाहन! मैं जो भी शरीर धारण करता, उसे बिना ही परिश्रम वैसे ही सुखपूर्वक त्याग देता था, जैसे मनुष्य पुराना वस्त्र त्याग देता है और नया पहिन लेता है॥ १०९ (ग)॥

**सिवँ राखी श्रुति नीति अरु मैं नहिं पावा क्लेस।**
**एहि बिधि धरेउँ बिबिधि तनु ग्यान न गयउ खगेस॥ १०९ (घ)॥**

शिवजीने वेदकी मर्यादाकी रक्षा की और मैंने क्लेश भी नहीं पाया। इस प्रकार हे पक्षिराज! मैंने बहुत-से शरीर धारण किये, पर मेरा ज्ञान नहीं गया॥ १०९ (घ)॥

**त्रिजग देव नर जोइ तनु धरऊँ। तहँ तहँ राम भजन अनुसरऊँ॥**
**एक सूल मोहि बिसर न काऊ। गुर कर कोमल सील सुभाऊ॥**

तिर्यक् योनि (पशु-पक्षी), देवता या मनुष्यका, जो भी शरीर धारण करता, वहाँ-वहाँ (उस-उस शरीरमें) मैं श्रीरामजीका भजन जारी रखता। [इस प्रकार मैं सुखी हो गया] परन्तु एक शूल मुझे बना रहा। गुरुजीका कोमल, सुशील स्वभाव मुझे कभी नहीं भूलता (अर्थात् मैंने ऐसे कोमल-स्वभाव दयालु गुरुका अपमान किया, यह दुःख मुझे सदा बना रहा)॥ १॥

**चरम देह द्विज कै मैं पाई। सुर दुर्लभ पुरान श्रुति गाई॥**
**खेलउँ तहूँ बालकन्ह मीला। करउँ सकल रघुनायक लीला॥**

मैंने अन्तिम शरीर ब्राह्मणका पाया, जिसे पुराण और वेद देवताओंको भी दुर्लभ बताते हैं। मैं वहाँ

(ब्राह्मण-शरीरमें) भी बालकोंमें मिलकर खेलता तो श्रीरघुनाथजीकी ही सब लीलाएँ किया करता॥ २॥

**प्रौढ़ भएँ मोहि पिता पढ़ावा। समझउँ सुनउँ गुनउँ नहिं भावा॥**
**मन ते सकल बासना भागी। केवल राम चरन लय लागी॥**

सयाना होनेपर पिताजी मुझे पढ़ाने लगे। मैं समझता, सुनता और विचारता, पर मुझे पढ़ना अच्छा नहीं लगता था। मेरे मनसे सारी वासनाएँ भाग गयीं। केवल श्रीरामजीके चरणोंमें लव लग गयी॥ ३॥

**कहु खगेस अस कवन अभागी। खरी सेव सुरधेनुहि त्यागी॥**
**प्रेम मगन मोहि कछु न सोहाई। हारेउ पिता पढ़ाइ पढ़ाई॥**

हे गरुड़जी! कहिये, ऐसा कौन अभागा होगा जो कामधेनुको छोड़कर गदहीकी सेवा करेगा? प्रेममें मग्न रहनेके कारण मुझे कुछ भी नहीं सुहाता। पिताजी पढ़ा-पढ़ाकर हार गये॥ ४॥

**भए कालबस जब पितु माता। मैं बन गयउँ भजन जनत्राता॥**
**जहँ जहँ बिपिन मुनीस्वर पावउँ। आश्रम जाइ जाइ सिरु नावउँ॥**

जब पिता-माता कालवश हो गये (मर गये), तब मैं भक्तोंकी रक्षा करनेवाले श्रीरामजीका भजन करनेके लिये वनमें चला गया। वनमें जहाँ-जहाँ मुनीश्वरोंके आश्रम पाता, वहाँ-वहाँ जा-जाकर उन्हें सिर नवाता॥ ५॥

**बूझउँ तिन्हहि राम गुन गाहा। कहहिं सुनउँ हरषित खगनाहा॥**
**सुनत फिरउँ हरि गुन अनुबादा। अब्याहत गति संभु प्रसादा॥**

हे गरुड़जी! उनसे मैं श्रीरामजीके गुणोंकी कथाएँ पूछता। वे कहते और मैं हर्षित होकर सुनता। इस प्रकार मैं सदा-सर्वदा श्रीहरिके गुणानुवाद सुनता फिरता। शिवजीकी कृपासे मेरी सर्वत्र अबाधित गति थी (अर्थात् मैं जहाँ चाहता वहीं जा सकता था)॥ ६॥

**छूटी त्रिबिधि ईषना गाढ़ी। एक लालसा उर अति बाढ़ी॥**
**राम चरन बारिज जब देखौं। तब निज जन्म सफल करि लेखौं॥**

मेरी तीनों प्रकारकी (पुत्रकी, धनकी और मानकी) गहरी प्रबल वासनाएँ छूट गयीं और हृदयमें एक यही लालसा अत्यन्त बढ़ गयी कि जब श्रीरामजीके चरणकमलोंके दर्शन करूँ तब अपना जन्म सफल हुआ समझूँ॥ ७॥

**जेहि पूँछउँ सोइ मुनि अस कहई। ईस्वर सर्ब भूतमय अहई॥**
**निर्गुन मत नहिं मोहि सोहाई। सगुन ब्रह्म रति उर अधिकाई॥**

जिनसे मैं पूछता, वे ही मुनि ऐसा कहते कि ईश्वर सर्वभूतमय है। यह निर्गुण मत मुझे नहीं सुहाता था। हृदयमें सगुण ब्रह्मपर प्रीति बढ़ रही थी॥ ८॥

**दो०—गुर के बचन सुरति करि राम चरन मनु लाग।**
**रघुपति जस गावत फिरउँ छन छन नव अनुराग॥ ११० (क)॥**

गुरुजीके वचनोंका स्मरण करके मेरा मन श्रीरामजीके चरणोंमें लग गया। मैं क्षण-क्षण नया-नया प्रेम प्राप्त करता हुआ श्रीरघुनाथजीका यश गाता फिरता था॥ ११० (क)॥

**मेरु सिखर बट छायाँ मुनि लोमस आसीन।**
**देखि चरन सिरु नायउँ बचन कहेउँ अति दीन॥ ११० (ख)॥**

सुमेरुपर्वतके शिखरपर बड़की छायामें लोमश मुनि बैठे थे। उन्हें देखकर मैंने उनके चरणोंमें सिर नवाया और अत्यन्त दीन वचन कहे॥ ११० (ख)॥

**सुनि मम बचन बिनीत मृदु मुनि कृपाल खगराज।**
**मोहि सादर पूँछत भए द्विज आयहु केहि काज॥ ११० (ग)॥**

हे पक्षिराज! मेरे अत्यन्त नम्र और कोमल वचन सुनकर कृपालु मुनि मुझसे आदरके साथ पूछने लगे—हे ब्राह्मण! आप किस कार्यसे यहाँ आये हैं॥ ११० (ग)॥

**तब मैं कहा कृपानिधि तुम्ह सर्बग्य सुजान।**
**सगुन ब्रह्म अवराधन मोहि कहहु भगवान॥ ११० (घ)॥**

तब मैंने कहा—हे कृपानिधि! आप सर्वज्ञ हैं और सुजान हैं। हे भगवन्! मुझे सगुण ब्रह्मकी आराधना [की प्रक्रिया] कहिये॥ ११० (घ)॥

**तब मुनीस रघुपति गुन गाथा। कहे कछुक सादर खगनाथा॥**
**ब्रह्मग्यान रत मुनि बिग्यानी। मोहि परम अधिकारी जानी॥**

तब हे पक्षिराज! मुनीश्वरने श्रीरघुनाथजीके गुणोंकी कुछ कथाएँ आदरसहित कहीं। फिर वे ब्रह्मज्ञानपरायण विज्ञानवान् मुनि मुझे परम अधिकारी जानकर—॥ १॥

**लागे करन ब्रह्म उपदेसा। अज अद्वैत अगुन हृदयेसा॥**
**अकल अनीह अनाम अरूपा। अनुभव गम्य अखंड अनूपा॥**

ब्रह्मका उपदेश करने लगे कि वह अजन्मा है, अद्वैत है, निर्गुण है और हृदयका स्वामी (अन्तर्यामी) है। उसे कोई बुद्धिके द्वारा माप नहीं सकता, वह इच्छारहित, नामरहित, रूपरहित अनुभवसे जाननेयोग्य, अखण्ड और उपमारहित है,॥ २॥

**मन गोतीत अमल अबिनासी। निर्बिकार निरवधि सुख रासी॥**
**सो तैं ताहि तोहि नहिं भेदा। बारि बीचि इव गावहिं बेदा॥**

वह मन और इन्द्रियोंसे परे, निर्मल, विनाशरहित, निर्विकार, सीमारहित और सुखकी राशि है। वेद ऐसा गाते हैं कि वही तू है (तत्त्वमसि), जल और जलकी लहरकी भाँति उसमें और तुझमें कोई भेद नहीं है॥ ३॥

**बिबिधि भाँति मोहि मुनि समुझावा। निर्गुन मत मम हृदयँ न आवा॥**
**पुनि मैं कहेउँ नाइ पद सीसा। सगुन उपासन कहहु मुनीसा॥**

मुनिने मुझे अनेकों प्रकारसे समझाया, पर निर्गुण मत मेरे हृदयमें नहीं बैठा। मैंने फिर मुनिके चरणोंमें सिर नवाकर कहा—हे मुनीश्वर! मुझे सगुण ब्रह्मकी उपासना कहिये॥ ४॥

**राम भगति जल मम मन मीना। किमि बिलगाइ मुनीस प्रबीना॥**
**सोइ उपदेस कहहु करि दाया। निज नयनन्हि देखौं रघुराया॥**

मेरा मन रामभक्तिरूपी जलमें मछली हो रहा है (उसीमें रम रहा है)। हे चतुर मुनीश्वर! ऐसी दशामें वह उससे अलग कैसे हो सकता है? आप दया करके मुझे वही उपदेश (उपाय) कहिये जिससे मैं श्रीरघुनाथजीको अपनी आँखोंसे देख सकूँ॥ ५॥

**भरि लोचन बिलोकि अवधेसा। तब सुनिहउँ निर्गुन उपदेसा॥**
**मुनि पुनि कहि हरिकथा अनूपा। खंडि सगुन मत अगुन निरूपा॥**

[पहले] नेत्र भरकर श्रीअयोध्यानाथको देखकर, तब निर्गुणका उपदेश सुनूँगा। मुनिने फिर अनुपम हरिकथा कहकर, सगुण मतका खण्डन करके निर्गुणका निरूपण किया॥ ६॥

**तब मैं निर्गुन मत कर दूरी। सगुन निरूपउँ करि हठ भूरी॥**
**उत्तर प्रतिउत्तर मैं कीन्हा। मुनि तन भए क्रोध के चीन्हा॥**

तब मैं निर्गुण मतको हटाकर (काटकर) बहुत हठ करके सगुणका निरूपण करने लगा। मैंने उत्तर-प्रत्युत्तर किया, इससे मुनिके शरीरमें क्रोधके चिह्न उत्पन्न हो गये॥ ७॥

**सुनु प्रभु बहुत अवग्या किएँ। उपज क्रोध ग्यानिन्ह के हिएँ॥**
**अति संघरषन जौं कर कोई। अनल प्रगट चंदन ते होई॥**

हे प्रभो! सुनिये, बहुत अपमान करनेपर ज्ञानीके भी हृदयमें क्रोध उत्पन्न हो जाता है। यदि कोई चन्दनकी लकड़ीको बहुत अधिक रगड़े, तो उससे भी अग्नि प्रकट हो जायगी॥ ८॥

**दो०—बारंबार सकोप मुनि करइ निरूपन ग्यान।**
**मैं अपने मन बैठ तब करउँ बिबिधि अनुमान॥ १११ (क)॥**

मुनि बार-बार क्रोधसहित ज्ञानका निरूपण करने लगे। तब मैं बैठा-बैठा अपने मनमें अनेकों प्रकारके अनुमान करने लगा॥ १११ (क)॥

**क्रोध कि द्वैतबुद्धि बिनु द्वैत कि बिनु अग्यान।**
**मायाबस परिछिन्न जड़ जीव कि ईस समान॥ १११ (ख)॥**

बिना द्वैतबुद्धिके क्रोध कैसा और बिना अज्ञानके क्या द्वैतबुद्धि हो सकती है? मायाके वश रहनेवाला परिच्छिन्न जड़ जीव क्या ईश्वरके समान हो सकता है?॥ १११ (ख)॥

**कबहुँ कि दुख सब कर हित ताकें। तेहि कि दरिद्र परस मनि जाकें॥**
**परद्रोही की होहिं निसंका। कामी पुनि कि रहहिं अकलंका॥**

सबका हित चाहनेसे क्या कभी दुःख हो सकता है? जिसके पास पारसमणि है, उसके पास क्या दरिद्रता रह सकती है? दूसरेसे द्रोह करनेवाले क्या निर्भय हो सकते हैं और कामी क्या कलंकरहित (बेदाग) रह सकते हैं?॥ १॥

**बंस कि रह द्विज अनहित कीन्हें। कर्म कि होहिं स्वरूपहि चीन्हें॥**
**काहू सुमति कि खल सँग जामी। सुभ गति पाव कि परत्रिय गामी॥**

ब्राह्मणका बुरा करनेसे क्या वंश रह सकता है? स्वरूपकी पहिचान (आत्मज्ञान) होनेपर क्या [आसक्तिपूर्वक] कर्म हो सकते हैं? दुष्टोंके संगसे क्या किसीके सुबुद्धि उत्पन्न हुई है? परस्त्रीगामी क्या उत्तम गति पा सकता है?॥ २॥

**भव कि परहिं परमात्मा बिंदक। सुखी कि होहिं कबहुँ हरि निंदक॥**
**राजु कि रहइ नीति बिनु जानें। अघ कि रहहिं हरिचरित बखानें॥**

परमात्माको जाननेवाले कहीं जन्म-मरण [के चक्कर]-में पड़ सकते हैं? भगवान्‌की निन्दा करनेवाले कभी सुखी हो सकते हैं? नीति बिना जाने क्या राज्य रह सकता है? श्रीहरिके चरित्र वर्णन करनेपर क्या पाप रह सकते हैं?॥ ३॥

**पावन जस कि पुन्य बिनु होई। बिनु अघ अजस कि पावइ कोई॥**
**लाभु कि किछु हरि भगति समाना। जेहि गावहिं श्रुति संत पुराना॥**

बिना पुण्यके क्या पवित्र यश [प्राप्त] हो सकता है? बिना पापके भी क्या कोई अपयश पा सकता है? जिसकी महिमा वेद, संत और पुराण गाते हैं उस हरि-भक्तिके समान क्या कोई दूसरा लाभ भी है?॥ ४॥

**हानि कि जग एहि सम किछु भाई। भजिअ न रामहि नर तनु पाई॥**
**अघ कि पिसुनता सम कछु आना। धर्म कि दया सरिस हरिजाना॥**

हे भाई! जगत्में क्या इसके समान दूसरी भी कोई हानि है कि मनुष्यका शरीर पाकर भी श्रीरामजीका भजन न किया जाय? चुगलखोरीके समान क्या कोई दूसरा पाप है? और हे गरुड़जी! दयाके समान क्या कोई दूसरा धर्म है?॥ ५॥

**एहि बिधि अमिति जुगुति मन गुनऊँ। मुनि उपदेस न सादर सुनऊँ॥**
**पुनि पुनि सगुन पच्छ मैं रोपा। तब मुनि बोलेउ बचन सकोपा॥**

इस प्रकार मैं अनगिनत युक्तियाँ मनमें विचारता था और आदरके साथ मुनिका उपदेश नहीं सुनता था। जब मैंने बार-बार सगुणका पक्ष स्थापित किया, तब मुनि क्रोधयुक्त वचन बोले—॥ ६॥

**मूढ़ परम सिख देउँ न मानसि। उत्तर प्रतिउत्तर बहु आनसि॥**
**सत्य बचन बिस्वास न करही। बायस इव सबही ते डरही॥**

अरे मूढ़! मैं तुझे सर्वोत्तम शिक्षा देता हूँ, तो भी तू उसे नहीं मानता और बहुत-से उत्तर-प्रत्युत्तर (दलीलें) लाकर रखता है। मेरे सत्य वचनपर विश्वास नहीं करता! कौएकी भाँति सभीसे डरता है॥ ७॥

**सठ स्वपच्छ तव हृदयँ बिसाला। सपदि होहि पच्छी चंडाला॥**
**लीन्ह श्राप मैं सीस चढ़ाई। नहिं कछु भय न दीनता आई॥**

अरे मूर्ख! तेरे हृदयमें अपने पक्षका बड़ा भारी हठ है, अतः तू शीघ्र चाण्डाल पक्षी (कौआ) हो जा। मैंने आनन्दके साथ मुनिके शापको सिरपर चढ़ा लिया। उससे मुझे न कुछ भय हुआ, न दीनता ही आयी॥ ८॥

**दो०—तुरत भयउँ मैं काग तब पुनि मुनि पद सिरु नाइ।**
**सुमिरि राम रघुबंस मनि हरषित चलेउँ उड़ाइ॥ ११२ (क)॥**

तब मैं तुरंत ही कौआ हो गया। फिर मुनिके चरणोंमें सिर नवाकर और रघुकुलशिरोमणि श्रीरामजीका स्मरण करके मैं हर्षित होकर उड़ चला॥ ११२ (क)॥

**उमा जे राम चरन रत बिगत काम मद क्रोध।**
**निज प्रभुमय देखहिं जगत केहि सन करहिं बिरोध॥ ११२ (ख)॥**

[शिवजी कहते हैं—] हे उमा! जो श्रीरामजीके चरणोंके प्रेमी हैं और काम, अभिमान तथा क्रोधसे रहित हैं, वे जगत्को अपने प्रभुसे भरा हुआ देखते हैं, फिर वे किससे वैर करें?॥ ११२ (ख)॥

**सुनु खगेस नहिं कछु रिषि दूषन। उर प्रेरक रघुबंस बिभूषन॥**
**कृपासिंधु मुनि मति करि भोरी। लीन्ही प्रेम परिच्छा मोरी॥**

[काकभुशुण्डिजीने कहा—] हे पक्षिराज गरुड़जी! सुनिये, इसमें ऋषिका कुछ भी दोष नहीं

था। रघुवंशके विभूषण श्रीरामजी ही सबके हृदयमें प्रेरणा करनेवाले हैं। कृपासागर प्रभुने मुनिकी बुद्धिको भोली करके (भुलावा देकर) मेरे प्रेमकी परीक्षा ली॥ १॥

**मन बच क्रम मोहि निज जन जाना। मुनि मति पुनि फेरी भगवाना॥**
**रिषि मम महत सीलता देखी। राम चरन बिस्वास बिसेषी॥**

मन, वचन और कर्मसे जब प्रभुने मुझे अपना दास जान लिया, तब भगवान्‌ने मुनिकी बुद्धि फिर पलट दी। ऋषिने मेरा महान् पुरुषोंका-सा स्वभाव (धैर्य, अक्रोध, विनय आदि) और श्रीरामजीके चरणोंमें विशेष विश्वास देखा,॥ २॥

**अति बिसमय पुनि पुनि पछिताई। सादर मुनि मोहि लीन्ह बोलाई॥**
**मम परितोष बिबिधि बिधि कीन्हा। हरषित राममंत्र तब दीन्हा॥**

तब मुनिने बहुत दुःखके साथ बार-बार पछताकर मुझे आदरपूर्वक बुला लिया। उन्होंने अनेकों प्रकारसे मेरा सन्तोष किया और तब हर्षित होकर मुझे राममन्त्र दिया॥ ३॥

**बालकरूप राम कर ध्याना। कहेउ मोहि मुनि कृपानिधाना॥**
**सुंदर सुखद मोहि अति भावा। सो प्रथमहिं मैं तुम्हहि सुनावा॥**

कृपानिधान मुनिने मुझे बालकरूप श्रीरामजीका ध्यान (ध्यानकी विधि) बतलाया। सुन्दर और सुख देनेवाला यह ध्यान मुझे बहुत ही अच्छा लगा। वह ध्यान मैं आपको पहले ही सुना चुका हूँ॥ ४॥

**मुनि मोहि कछुक काल तहँ राखा। रामचरितमानस तब भाषा॥**
**सादर मोहि यह कथा सुनाई। पुनि बोले मुनि गिरा सुहाई॥**

मुनिने कुछ समयतक मुझको वहाँ (अपने पास) रखा। तब उन्होंने रामचरितमानस वर्णन किया। आदरपूर्वक मुझे यह कथा सुनाकर फिर मुनि मुझसे सुन्दर वाणी बोले—॥ ५॥

**रामचरित सर गुप्त सुहावा। संभु प्रसाद तात मैं पावा॥**
**तोहि निज भगत राम कर जानी। ताते मैं सब कहेउँ बखानी॥**

हे तात! यह सुन्दर और गुप्त रामचरितमानस मैंने शिवजीकी कृपासे पाया था। तुम्हें श्रीरामजीका 'निज भक्त' जाना, इसीसे मैंने तुमसे सब चरित्र विस्तारके साथ कहा॥ ६॥

**राम भगति जिन्ह कें उर नाहीं। कबहुँ न तात कहिअ तिन्ह पाहीं॥**
**मुनि मोहि बिबिधि भाँति समुझावा। मैं सप्रेम मुनि पद सिरु नावा॥**

हे तात! जिनके हृदयमें श्रीरामजीकी भक्ति नहीं है, उनके सामने इसे कभी भी नहीं कहना चाहिये। मुनिने मुझे बहुत प्रकारसे समझाया। तब मैंने प्रेमके साथ मुनिके चरणोंमें सिर नवाया॥ ७॥

**निज कर कमल परसि मम सीसा। हरषित आसिष दीन्ह मुनीसा॥**
**राम भगति अबिरल उर तोरें। बसिहि सदा प्रसाद अब मोरें॥**

मुनीश्वरने अपने कर-कमलोंसे मेरा सिर स्पर्श करके हर्षित होकर आशीर्वाद दिया कि अब मेरी कृपासे तेरे हृदयमें सदा प्रगाढ़ राम-भक्ति बसेगी॥ ८॥

**दो०—सदा राम प्रिय होहु तुम्ह सुभ गुन भवन अमान।**
**कामरूप इच्छामरन ग्यान बिराग निधान॥ ११३ (क)॥**

तुम सदा श्रीरामजीको प्रिय होओ और कल्याणरूप गुणोंके धाम, मानरहित इच्छानुसार रूप

धारण करनेमें समर्थ, इच्छामृत्यु (जिसकी शरीर छोड़नेकी इच्छा करनेपर ही मृत्यु हो, बिना इच्छाके मृत्यु न हो), एवं ज्ञान और वैराग्यके भण्डार होओ॥ ११३ (क)॥

**जेहिं आश्रम तुम्ह बसब पुनि सुमिरत श्रीभगवंत।**
**ब्यापिहि तहँ न अबिद्या जोजन एक प्रजंत॥ ११३ (ख)॥**

इतना ही नहीं, श्रीभगवान्‌को स्मरण करते हुए तुम जिस आश्रममें निवास करोगे वहाँ एक योजन (चार कोस)-तक अविद्या (माया-मोह) नहीं व्यापेगी॥ ११३ (ख)॥

**काल कर्म गुन दोष सुभाऊ। कछु दुख तुम्हहि न ब्यापिहि काऊ॥**
**राम रहस्य ललित बिधि नाना। गुप्त प्रगट इतिहास पुराना॥**

काल, कर्म, गुण, दोष और स्वभावसे उत्पन्न कुछ भी दुःख तुमको कभी नहीं व्यापेगा। अनेकों प्रकारके सुन्दर श्रीरामजीके रहस्य (गुप्त मर्मके चरित्र और गुण), जो इतिहास और पुराणोंमें गुप्त और प्रकट हैं (वर्णित और लक्षित हैं)॥ १॥

**बिनु श्रम तुम्ह जानब सब सोऊ। नित नव नेह राम पद होऊ॥**
**जो इच्छा करिहहु मन माहीं। हरि प्रसाद कछु दुर्लभ नाहीं॥**

तुम उन सबको भी बिना ही परिश्रम जान जाओगे। श्रीरामजीके चरणोंमें तुम्हारा नित्य नया प्रेम हो। अपने मनमें तुम जो कुछ इच्छा करोगे, श्रीहरिकी कृपासे उसकी पूर्ति कुछ भी दुर्लभ नहीं होगी॥ २॥

**सुनि मुनि आसिष सुनु मतिधीरा। ब्रह्मगिरा भइ गगन गँभीरा॥**
**एवमस्तु तव बच मुनि ग्यानी। यह मम भगत कर्म मन बानी॥**

हे धीरबुद्धि गरुड़जी! सुनिये, मुनिका आशीर्वाद सुनकर आकाशमें गम्भीर ब्रह्मवाणी हुई कि हे ज्ञानी मुनि! तुम्हारा वचन ऐसा ही (सत्य) हो। यह कर्म, मन और वचनसे मेरा भक्त है॥ ३॥

**सुनि नभगिरा हरष मोहि भयऊ। प्रेम मगन सब संसय गयऊ॥**
**करि बिनती मुनि आयसु पाई। पद सरोज पुनि पुनि सिरु नाई॥**

आकाशवाणी सुनकर मुझे बड़ा हर्ष हुआ। मैं प्रेममें मग्न हो गया और मेरा सब सन्देह जाता रहा। तदनन्तर मुनिकी विनती करके, आज्ञा पाकर और उनके चरणकमलोंमें बार-बार सिर नवाकर—॥ ४॥

**हरष सहित एहिं आश्रम आयउँ। प्रभु प्रसाद दुर्लभ बर पायउँ॥**
**इहाँ बसत मोहि सुनु खग ईसा। बीते कलप सात अरु बीसा॥**

मैं हर्षसहित इस आश्रममें आया। प्रभु श्रीरामजीकी कृपासे मैंने दुर्लभ वर पा लिया। हे पक्षिराज! मुझे यहाँ निवास करते सत्ताईस कल्प बीत गये॥ ५॥

**करउँ सदा रघुपति गुन गाना। सादर सुनहिं बिहंग सुजाना॥**
**जब जब अवधपुरीं रघुबीरा। धरहिं भगत हित मनुज सरीरा॥**

मैं यहाँ सदा श्रीरघुनाथजीके गुणोंका गान किया करता हूँ और चतुर पक्षी उसे आदरपूर्वक सुनते हैं। अयोध्यापुरीमें जब-जब श्रीरघुवीर भक्तोंके [हितके] लिये मनुष्यशरीर धारण करते हैं,॥ ६॥

**तब तब जाइ राम पुर रहऊँ। सिसुलीला बिलोकि सुख लहऊँ॥**
**पुनि उर राखि राम सिसुरूपा। निज आश्रम आवउँ खगभूपा॥**

तब-तब मैं जाकर श्रीरामजीकी नगरीमें रहता हूँ और प्रभुकी शिशुलीला देखकर सुख प्राप्त करता

हूँ। फिर हे पक्षिराज! श्रीरामजीके शिशुरूपको हृदयमें रखकर मैं अपने आश्रममें आ जाता हूँ॥ ७॥

**कथा सकल मैं तुम्हहि सुनाई। काग देह जेहिं कारन पाई॥**
**कहिउँ तात सब प्रस्न तुम्हारी। राम भगति महिमा अति भारी॥**

जिस कारणसे मैंने कौएकी देह पायी, वह सारी कथा आपको सुना दी। हे तात! मैंने आपके सब प्रश्नोंके उत्तर कहे। अहा! रामभक्तिकी बड़ी भारी महिमा है॥ ८॥

**दो०—ताते यह तन मोहि प्रिय भयउ राम पद नेह।**
**निज प्रभु दरसन पायउँ गए सकल संदेह॥ ११४ (क)॥**

मुझे अपना यह काकशरीर इसीलिये प्रिय है कि इसमें मुझे श्रीरामजीके चरणोंका प्रेम प्राप्त हुआ। इसी शरीरसे मैंने अपने प्रभुके दर्शन पाये और मेरे सब सन्देह जाते रहे (दूर हुए)॥ ११४ (क)॥

## मासपारायण, उनतीसवाँ विश्राम

**भगति पच्छ हठ करि रहेउँ दीन्हि महारिषि साप।**
**मुनि दुर्लभ बर पायउँ देखहु भजन प्रताप॥ ११४ (ख)॥**

मैं हठ करके भक्तिपक्षपर अड़ा रहा, जिससे महर्षि लोमशने मुझे शाप दिया; परन्तु उसका फल यह हुआ कि जो मुनियोंको भी दुर्लभ है, वह वरदान मैंने पाया। भजनका प्रताप तो देखिये!॥ ११४ (ख)॥

**जे असि भगति जानि परिहरहीं। केवल ग्यान हेतु श्रम करहीं॥**
**ते जड़ कामधेनु गृहँ त्यागी। खोजत आकु फिरहिं पय लागी॥**

जो भक्तिकी ऐसी महिमा जानकर भी उसे छोड़ देते हैं और केवल ज्ञानके लिये श्रम (साधन) करते हैं, वे मूर्ख घरपर खड़ी हुई कामधेनुको छोड़कर दूधके लिये मदारके पेड़को खोजते फिरते हैं॥ १॥

**सुनु खगेस हरि भगति बिहाई। जे सुख चाहहिं आन उपाई॥**
**ते सठ महासिंधु बिनु तरनी। पैरि पार चाहहिं जड़ करनी॥**

हे पक्षिराज! सुनिये, जो लोग श्रीहरिकी भक्तिको छोड़कर दूसरे उपायोंसे सुख चाहते हैं, वे मूर्ख और जड़ करनीवाले (अभागे) बिना ही जहाजके तैरकर महासमुद्रके पार जाना चाहते हैं॥ २॥

**सुनि भसुंडि के बचन भवानी। बोलेउ गरुड़ हरषि मृदु बानी॥**
**तव प्रसाद प्रभु मम उर माहीं। संसय सोक मोह भ्रम नाहीं॥**

[शिवजी कहते हैं—] हे भवानी! भुशुण्डिके वचन सुनकर गरुड़जी हर्षित होकर कोमल वाणीसे बोले—हे प्रभो! आपके प्रसादसे मेरे हृदयमें अब सन्देह, शोक, मोह और भ्रम कुछ भी नहीं रह गया॥ ३॥

**सुनेउँ पुनीत राम गुन ग्रामा। तुम्हरी कृपाँ लहेउँ बिश्रामा॥**
**एक बात प्रभु पूँछउँ तोही। कहहु बुझाइ कृपानिधि मोही॥**

मैंने आपकी कृपासे श्रीरामचन्द्रजीके पवित्र गुणसमूहोंको सुना और शान्ति प्राप्त की। हे प्रभो! अब मैं आपसे एक बात और पूछता हूँ। हे कृपासागर! मुझे समझाकर कहिये॥ ४॥

**कहहिं संत मुनि बेद पुराना। नहिं कछु दुर्लभ ग्यान समाना॥**
**सोइ मुनि तुम्ह सन कहेउ गोसाईं। नहिं आदरेहु भगति की नाईं॥**

संत, मुनि, वेद और पुराण यह कहते हैं कि ज्ञानके समान दुर्लभ कुछ भी नहीं है। हे गोसाईं! वही ज्ञान मुनिने आपसे कहा, परन्तु आपने भक्तिके समान उसका आदर नहीं किया॥ ५॥

**ग्यानहि भगतिहि अंतर केता। सकल कहहु प्रभु कृपा निकेता॥**
**सुनि उरगारि बचन सुख माना। सादर बोलेउ काग सुजाना॥**

हे कृपाके धाम! हे प्रभो! ज्ञान और भक्तिमें कितना अन्तर है? यह सब मुझसे कहिये। गरुड़जीके वचन सुनकर सुजान काकभुशुण्डिजीने सुख माना और आदरके साथ कहा—॥ ६॥

**भगतिहि ग्यानहि नहिं कछु भेदा। उभय हरहिं भव संभव खेदा॥**
**नाथ मुनीस कहहिं कछु अंतर। सावधान सोउ सुनु बिहंगबर॥**

भक्ति और ज्ञानमें कुछ भी भेद नहीं है। दोनों ही संसारसे उत्पन्न क्लेशोंको हर लेते हैं। हे नाथ! मुनीश्वर इनमें कुछ अन्तर बतलाते हैं। हे पक्षिश्रेष्ठ! उसे सावधान होकर सुनिये॥ ७॥

**ग्यान बिराग जोग बिग्याना। ए सब पुरुष सुनहु हरिजाना॥**
**पुरुष प्रताप प्रबल सब भाँती। अबला अबल सहज जड़ जाती॥**

हे हरिवाहन! सुनिये; ज्ञान, वैराग्य, योग, विज्ञान—ये सब पुरुष हैं; पुरुषका प्रताप सब प्रकारसे प्रबल होता है। अबला (माया) स्वाभाविक ही निर्बल और जाति (जन्म)-से ही जड़ (मूर्ख) होती है॥ ८॥

**दो०—पुरुष त्यागि सक नारिहि जो बिरक्त मति धीर।**
**न तु कामी बिषयाबस बिमुख जो पद रघुबीर॥ ११५ (क)॥**

परन्तु जो वैराग्यवान् और धीरबुद्धि पुरुष हैं वही स्त्रीको त्याग सकते हैं, न कि वे कामी पुरुष, जो विषयोंके वशमें हैं (उनके गुलाम हैं) और श्रीरघुवीरके चरणोंसे विमुख हैं॥ ११५ (क)॥

**सो०—सोउ मुनि ग्याननिधान मृगनयनी बिधु मुख निरखि।**
**बिबस होइ हरिजान नारि बिष्नु माया प्रगट॥ ११५ (ख)॥**

वे ज्ञानके भण्डार मुनि भी मृगनयनी (युवती स्त्री)-के चन्द्रमुखको देखकर विवश (उसके अधीन) हो जाते हैं। हे गरुड़जी! साक्षात् भगवान् विष्णुकी माया ही स्त्रीरूपसे प्रकट है॥ ११५ (ख)॥

**इहाँ न पच्छपात कछु राखउँ। बेद पुरान संत मत भाषउँ॥**
**मोह न नारि नारि कें रूपा। पन्नगारि यह रीति अनूपा॥**

यहाँ मैं कुछ पक्षपात नहीं रखता। वेद, पुराण और संतोंका मत (सिद्धान्त) ही कहता हूँ। हे गरुड़जी! यह अनुपम (विलक्षण) रीति है कि एक स्त्रीके रूपपर दूसरी स्त्री मोहित नहीं होती॥ १॥

**माया भगति सुनहु तुम्ह दोऊ। नारि बर्ग जानइ सब कोऊ॥**
**पुनि रघुबीरहि भगति पिआरी। माया खलु नर्तकी बिचारी॥**

आप सुनिये, माया और भक्ति—ये दोनों ही स्त्रीवर्गकी हैं, यह सब कोई जानते हैं। फिर श्रीरघुवीरको भक्ति प्यारी है। माया बेचारी तो निश्चय ही नाचनेवाली (नटिनीमात्र) है॥ २॥

**भगतिहि सानुकूल रघुराया। ताते तेहि डरपति अति माया॥**
**राम भगति निरुपम निरुपाधी। बसइ जासु उर सदा अबाधी॥**

श्रीरघुनाथजी भक्तिके विशेष अनुकूल रहते हैं। इसीसे माया उससे अत्यन्त डरती रहती है।

जिसके हृदयमें उपमारहित और उपाधिरहित (विशुद्ध) रामभक्ति सदा बिना किसी बाधा (रोक-टोक)-के बसती है;॥ ३॥

**तेहि बिलोकि माया सकुचाई। करि न सकइ कछु निज प्रभुताई॥**
**अस बिचारि जे मुनि बिग्यानी। जाचहिं भगति सकल सुख खानी॥**

उसे देखकर माया सकुचा जाती है। उसपर वह अपनी प्रभुता कुछ भी नहीं कर (चला) सकती। ऐसा विचारकर ही जो विज्ञानी मुनि हैं, वे भी सब सुखोंकी खानि भक्तिकी ही याचना करते हैं॥ ४॥

**दो०—यह रहस्य रघुनाथ कर बेगि न जानइ कोइ।**
**जो जानइ रघुपति कृपाँ सपनेहुँ मोह न होइ॥ ११६ (क)॥**

श्रीरघुनाथजीका यह रहस्य (गुप्त मर्म) जल्दी कोई भी नहीं जान पाता। श्रीरघुनाथजीकी कृपासे जो इसे जान जाता है, उसे स्वप्नमें भी मोह नहीं होता॥ ११६ (क)॥

**औरउ ग्यान भगति कर भेद सुनहु सुप्रबीन।**
**जो सुनि होइ राम पद प्रीति सदा अबिछीन॥ ११६ (ख)॥**

हे सुचतुर गरुड़जी! ज्ञान और भक्तिका और भी भेद सुनिये, जिसके सुननेसे श्रीरामजीके चरणोंमें सदा अविच्छिन्न (एकतार) प्रेम हो जाता है॥ ११६ (ख)॥

**सुनहु तात यह अकथ कहानी। समुझत बनइ न जाइ बखानी॥**
**ईस्वर अंस जीव अबिनासी। चेतन अमल सहज सुखरासी॥**

हे तात! यह अकथनीय कहानी (वार्ता) सुनिये। यह समझते ही बनती है, कही नहीं जा सकती। जीव ईश्वरका अंश है। [अतएव] वह अविनाशी, चेतन, निर्मल और स्वभावसे ही सुखकी राशि है॥ १॥

**सो मायाबस भयउ गोसाईं। बँध्यो कीर मरकट की नाईं॥**
**जड़ चेतनहि ग्रंथि परि गई। जदपि मृषा छूटत कठिनई॥**

हे गोसाईं! वह मायाके वशीभूत होकर तोते और वानरकी भाँति अपने-आप ही बँध गया। इस प्रकार जड़ और चेतनमें ग्रन्थि (गाँठ) पड़ गयी। यद्यपि वह ग्रन्थि मिथ्या ही है, तथापि उसके छूटनेमें कठिनता है॥ २॥

**तब ते जीव भयउ संसारी। छूट न ग्रंथि न होइ सुखारी॥**
**श्रुति पुरान बहु कहेउ उपाई। छूट न अधिक अधिक अरुझाई॥**

तभीसे जीव संसारी (जन्मने-मरनेवाला) हो गया। अब न तो गाँठ छूटती है और न वह सुखी होता है। वेदों और पुराणोंने बहुत-से उपाय बतलाये हैं, पर वह (ग्रन्थि) छूटती नहीं वरं अधिकाधिक उलझती ही जाती है॥ ३॥

**जीव हृदयँ तम मोह बिसेषी। ग्रंथि छूट किमि परइ न देखी॥**
**अस संजोग ईस जब करई। तबहुँ कदाचित सो निरुअरई॥**

जीवके हृदयमें अज्ञानरूपी अन्धकार विशेषरूपसे छा रहा है, इससे गाँठ देख ही नहीं पड़ती, छूटे तो कैसे? जब कभी ईश्वर ऐसा संयोग (जैसा आगे कहा जाता है) उपस्थित कर देते हैं तब भी कदाचित् ही वह (ग्रन्थि) छूट पाती है॥ ४॥

**सात्त्विक श्रद्धा धेनु सुहाई। जौं हरि कृपाँ हृदयँ बस आई॥**
**जप तप ब्रत जम नियम अपारा। जे श्रुति कह सुभ धर्म अचारा॥**

श्रीहरिकी कृपासे यदि सात्त्विकी श्रद्धारूपी सुन्दर गौ हृदयरूपी घरमें आकर बस जाय; असंख्यों जप, तप, व्रत, यम और नियमादि शुभ धर्म और आचार (आचरण), जो श्रुतियोंने कहे हैं,॥ ५॥

**तेइ तृन हरित चरै जब गाई। भाव बच्छ सिसु पाइ पेन्हाई॥**
**नोइ निबृत्ति पात्र बिस्वासा। निर्मल मन अहीर निज दासा॥**

उन्हीं [धर्माचाररूपी] हरे तृणों (घास)-को जब वह गौ चरे और आस्तिक भावरूपी छोटे बछड़ेको पाकर वह पेन्हावे। निवृत्ति (सांसारिक विषयोंसे और प्रपंचसे हटना) नोई (गौके दूहते समय पिछले पैर बाँधनेकी रस्सी) है, विश्वास [दूध दूहनेका] बर्तन है, निर्मल (निष्पाप) मन जो स्वयं अपना दास है (अपने वशमें है), दुहनेवाला अहीर है॥ ६॥

**परम धर्ममय पय दुहि भाई। अवटै अनल अकाम बनाई॥**
**तोष मरुत तब छमाँ जुड़ावै। धृति सम जावनु देइ जमावै॥**

हे भाई! इस प्रकार (धर्माचारमें प्रवृत्त सात्त्विकी श्रद्धारूपी गौसे भाव, निवृत्ति और वशमें किये हुए निर्मल मनकी सहायतासे) परम धर्ममय दूध दुहकर उसे निष्काम भावरूपी अग्निपर भलीभाँति औटावे। फिर क्षमा और संतोषरूपी हवासे उसे ठंढा करे और धैर्य तथा शम (मनका निग्रह)-रूपी जामन देकर उसे जमावे॥ ७॥

**मुदिताँ मथै बिचार मथानी। दम अधार रजु सत्य सुबानी॥**
**तब मथि काढ़ि लेइ नवनीता। बिमल बिराग सुभग सुपुनीता॥**

तब मुदिता (प्रसन्नता)-रूपी कमोरीमें तत्त्वविचाररूपी मथानीसे दम (इन्द्रिय-दमन)-के आधारपर (दमरूपी खंभे आदिके सहारे) सत्य और सुन्दर वाणीरूपी रस्सी लगाकर उसे मथे और मथकर तब उसमेंसे निर्मल, सुन्दर और अत्यन्त पवित्र वैराग्यरूपी मक्खन निकाल ले॥ ८॥

**दो०—जोग अगिनि करि प्रगट तब कर्म सुभासुभ लाइ।**
**बुद्धि सिरावै ग्यान घृत ममता मल जरि जाइ॥ ११७ (क)॥**

तब योगरूपी अग्नि प्रकट करके उसमें समस्त शुभाशुभ कर्मरूपी ईंधन लगा दे (सब कर्मोंको योगरूपी अग्निमें भस्म कर दे)। जब [वैराग्यरूपी मक्खनका] ममतारूपी मल जल जाय, तब [बचे हुए] ज्ञानरूपी घीको [निश्चयात्मिका] बुद्धिसे ठंढा करे॥ ११७ (क)॥

**तब बिग्यानरूपिनी बुद्धि बिसद घृत पाइ।**
**चित्त दिआ भरि धरै दृढ़ समता दिअटि बनाइ॥ ११७ (ख)॥**

तब विज्ञानरूपिणी बुद्धि उस [ज्ञानरूपी] निर्मल घीको पाकर उससे चित्तरूपी दियेको भरकर, समताकी दीवट बनाकर, उसपर उसे दृढ़तापूर्वक (जमाकर) रखे॥ ११७ (ख)॥

**तीनि अवस्था तीनि गुन तेहि कपास तें काढ़ि।**
**तूल तुरीय सँवारि पुनि बाती करै सुगाढ़ि॥ ११७ (ग)॥**

[जाग्रत्, स्वप्न और सुषुप्ति] तीनों अवस्थाएँ और [सत्त्व, रज और तम] तीनों गुणरूपी कपाससे तुरीयावस्थारूपी रूईको निकालकर और फिर उसे सँवारकर उसकी सुन्दर कड़ी बत्ती बनावे॥ ११७ (ग)॥

**सो०—एहि बिधि लेसै दीप तेज रासि बिग्यानमय।**
**जातहिं जासु समीप जरहिं मदादिक सलभ सब॥ ११७ (घ)॥**

इस प्रकार तेजकी राशि विज्ञानमय दीपकको जलावे, जिसके समीप जाते ही मद आदि सब पतंगे जल जायँ॥ ११७ (घ)॥

**सोहमस्मि इति बृत्ति अखंडा। दीप सिखा सोइ परम प्रचंडा॥**
**आतम अनुभव सुख सुप्रकासा। तब भव मूल भेद भ्रम नासा॥**

'सोऽहमस्मि' (वह ब्रह्म मैं हूँ) यह जो अखण्ड (तैलधारावत् कभी न टूटनेवाली) वृत्ति है, वही [उस ज्ञानदीपककी] परम प्रचण्ड दीपशिखा (लौ) है। [इस प्रकार] जब आत्मानुभवके सुखका सुन्दर प्रकाश फैलता है, तब संसारके मूल भेदरूपी भ्रमका नाश हो जाता है,॥ १॥

**प्रबल अबिद्या कर परिवारा। मोह आदि तम मिटइ अपारा॥**
**तब सोइ बुद्धि पाइ उँजिआरा। उर गृहँ बैठि ग्रंथि निरुआरा॥**

और महान् बलवती अविद्याके परिवार मोह आदिका अपार अन्धकार मिट जाता है। तब वही (विज्ञानरूपिणी) बुद्धि [आत्मानुभवरूप] प्रकाशको पाकर हृदयरूपी घरमें बैठकर उस जड़-चेतनकी गाँठको खोलती है॥ २॥

**छोरन ग्रंथि पाव जौं सोई। तब यह जीव कृतारथ होई॥**
**छोरत ग्रंथि जानि खगराया। बिघ्न अनेक करइ तब माया॥**

यदि वह (विज्ञानरूपिणी बुद्धि) उस गाँठको खोलने पावे, तब यह जीव कृतार्थ हो। परन्तु हे पक्षिराज गरुड़जी! गाँठ खोलते हुए जानकर माया फिर अनेकों विघ्न करती है॥ ३॥

**रिद्धि सिद्धि प्रेरइ बहु भाई। बुद्धिहि लोभ दिखावहिं आई॥**
**कल बल छल करि जाहिं समीपा। अंचल बात बुझावहिं दीपा॥**

हे भाई! वह बहुत-सी ऋद्धि-सिद्धियोंको भेजती है, जो आकर बुद्धिको लोभ दिखाती हैं। और वे ऋद्धि-सिद्धियाँ कल (कला), बल और छल करके समीप जाती और आँचलकी वायुसे उस ज्ञानरूपी दीपकको बुझा देती हैं॥ ४॥

**होइ बुद्धि जौं परम सयानी। तिन्ह तन चितव न अनहित जानी॥**
**जौं तेहि बिघ्न बुद्धि नहिं बाधी। तौ बहोरि सुर करहिं उपाधी॥**

यदि बुद्धि बहुत ही सयानी हुई, तो वह उन (ऋद्धि-सिद्धियों)-को अहितकर (हानिकर) समझकर उनकी ओर ताकती नहीं। इस प्रकार यदि मायाके विघ्नोंसे बुद्धिको बाधा न हुई, तो फिर देवता उपाधि (विघ्न) करते हैं॥ ५॥

**इंद्री द्वार झरोखा नाना। तहँ तहँ सुर बैठे करि थाना॥**
**आवत देखहिं बिषय बयारी। ते हठि देहिं कपाट उघारी॥**

इन्द्रियोंके द्वार हृदयरूपी घरके अनेकों झरोखे हैं। वहाँ-वहाँ (प्रत्येक झरोखेपर) देवता थाना किये (अड्डा जमाकर) बैठे हैं। ज्यों ही वे विषयरूपी हवाको आते देखते हैं, त्यों ही हठपूर्वक किवाड़ खोल देते हैं॥ ६॥

**जब सो प्रभंजन उर गृहँ जाई। तबहिं दीप बिग्यान बुझाई॥**
**ग्रंथि न छूटि मिटा सो प्रकासा। बुद्धि बिकल भइ बिषय बतासा॥**

ज्यों ही वह तेज हवा हृदयरूपी घरमें जाती है, त्यों ही वह विज्ञानरूपी दीपक बुझ जाता है। गाँठ भी नहीं छूटी और वह (आत्मानुभवरूप) प्रकाश भी मिट गया। विषयरूपी हवासे बुद्धि व्याकुल हो गयी (सारा किया-कराया चौपट हो गया)॥ ७॥

**इंद्रिन्ह सुरन्ह न ग्यान सोहाई। बिषय भोग पर प्रीति सदाई॥**
**बिषय समीर बुद्धि कृत भोरी। तेहि बिधि दीप को बार बहोरी॥**

इन्द्रियों और उनके देवताओंको ज्ञान [स्वाभाविक ही] नहीं सुहाता; क्योंकि उनकी विषय-भोगोंमें सदा ही प्रीति रहती है। और बुद्धिको भी विषयरूपी हवाने बावली बना दिया। तब फिर (दुबारा) उस ज्ञानदीपकको उसी प्रकारसे कौन जलावे?॥ ८॥

**दो०—तब फिरि जीव बिबिधि बिधि पावइ संसृति क्लेस।**
**हरि माया अति दुस्तर तरि न जाइ बिहगेस॥ ११८ (क)॥**

[इस प्रकार ज्ञानदीपकके बुझ जानेपर] तब फिर जीव अनेकों प्रकारसे संसृति (जन्म-मरणादि)-के क्लेश पाता है। हे पक्षिराज! हरिकी माया अत्यन्त दुस्तर है, वह सहजहीमें तरी नहीं जा सकती॥ ११८ (क)॥

**कहत कठिन समुझत कठिन साधत कठिन बिबेक।**
**होइ घुनाच्छर न्याय जौं पुनि प्रत्यूह अनेक॥ ११८ (ख)॥**

ज्ञान कहने (समझाने)-में कठिन, समझनेमें कठिन और साधनेमें भी कठिन है। यदि घुणाक्षरन्यायसे (संयोगवश) कदाचित् यह ज्ञान हो भी जाय, तो फिर [उसे बचाये रखनेमें] अनेकों विघ्न हैं॥ ११८ (ख)॥

**ग्यान पंथ कृपान कै धारा। परत खगेस होइ नहिं बारा॥**
**जो निर्बिघ्न पंथ निर्बहई। सो कैवल्य परम पद लहई॥**

ज्ञानका मार्ग कृपाण (दुधारी तलवार)-की धारके समान है। हे पक्षिराज! इस मार्गसे गिरते देर नहीं लगती। जो इस मार्गको निर्विघ्न निबाह ले जाता है, वही कैवल्य (मोक्ष)- रूप परमपदको प्राप्त करता है॥ १॥

**अति दुर्लभ कैवल्य परम पद। संत पुरान निगम आगम बद॥**
**राम भजत सोइ मुकुति गोसाईं। अनइच्छित आवइ बरिआईं॥**

संत, पुराण, वेद और [तन्त्र आदि] शास्त्र [सब] यह कहते हैं कि कैवल्यरूप परमपद अत्यन्त दुर्लभ है; किन्तु हे गोसाईं! वही [अत्यन्त दुर्लभ] मुक्ति श्रीरामजीको भजनेसे बिना इच्छा किये भी जबरदस्ती आ जाती है॥ २॥

**जिमि थल बिनु जल रहि न सकाई। कोटि भाँति कोउ करै उपाई॥**
**तथा मोच्छ सुख सुनु खगराई। रहि न सकइ हरि भगति बिहाई॥**

जैसे स्थलके बिना जल नहीं रह सकता, चाहे कोई करोड़ों प्रकारके उपाय क्यों न करे। वैसे ही, हे पक्षिराज! सुनिये, मोक्षसुख भी श्रीहरिकी भक्तिको छोड़कर नहीं रह सकता॥ ३॥

**अस बिचारि हरि भगत सयाने। मुक्ति निरादर भगति लुभाने॥**
**भगति करत बिनु जतन प्रयासा। संसृति मूल अबिद्या नासा॥**

ऐसा विचारकर बुद्धिमान् हरिभक्त भक्तिपर लुभाये रहकर मुक्तिका तिरस्कार कर देते हैं। भक्ति करनेसे संसृति (जन्म-मृत्युरूप संसार)-की जड़ अविद्या बिना ही यत्न और परिश्रमके (अपने-आप) वैसे ही नष्ट हो जाती है,॥ ४॥

**भोजन करिअ तृपिति हित लागी। जिमि सो असन पचवै जठरागी॥**
**असि हरि भगति सुगम सुखदाई। को अस मूढ़ न जाहि सोहाई॥**

जैसे भोजन किया तो जाता है तृप्तिके लिये और उस भोजनको जठराग्नि अपने-आप (बिना हमारी चेष्टाके) पचा डालती है, ऐसी सुगम और परम सुख देनेवाली हरिभक्ति जिसे न सुहावे, ऐसा मूढ़ कौन होगा?॥ ५॥

**दो०—सेवक सेब्य भाव बिनु भव न तरिअ उरगारि।**
**भजहु राम पद पंकज अस सिद्धांत बिचारि॥ ११९ (क)॥**

हे सर्पोंके शत्रु गरुड़जी! मैं सेवक हूँ और भगवान् मेरे सेव्य (स्वामी) हैं, इस भावके बिना संसाररूपी समुद्रसे तरना नहीं हो सकता। ऐसा सिद्धान्त विचारकर श्रीरामचन्द्रजीके चरणकमलोंका भजन कीजिये॥ ११९ (क)॥

**जो चेतन कहँ जड़ करइ जड़हि करइ चैतन्य।**
**अस समर्थ रघुनायकहि भजहिं जीव ते धन्य॥ ११९ (ख)॥**

जो चेतनको जड कर देता है और जडको चेतन कर देता है, ऐसे समर्थ श्रीरघुनाथजीको जो जीव भजते हैं, वे धन्य हैं॥ ११९ (ख)॥

**कहेउँ ग्यान सिद्धांत बुझाई। सुनहु भगति मनि कै प्रभुताई॥**
**राम भगति चिंतामनि सुंदर। बसइ गरुड़ जाके उर अंतर॥**

मैंने ज्ञानका सिद्धान्त समझाकर कहा। अब भक्तिरूपी मणिकी प्रभुता (महिमा) सुनिये। श्रीरामजीकी भक्ति सुन्दर चिन्तामणि है। हे गरुड़जी! यह जिसके हृदयके अंदर बसती है,॥ १॥

**परम प्रकास रूप दिन राती। नहिं कछु चहिअ दिआ घृत बाती॥**
**मोह दरिद्र निकट नहिं आवा। लोभ बात नहिं ताहि बुझावा॥**

वह दिन-रात [अपने-आप ही] परम प्रकाशरूप रहता है। उसको दीपक, घी और बत्ती कुछ भी नहीं चाहिये। [इस प्रकार मणिका एक तो स्वाभाविक प्रकाश रहता है] फिर मोहरूपी दरिद्रता समीप नहीं आती [क्योंकि मणि स्वयं धनरूप है]; और [तीसरे] लोभरूपी हवा उस मणिमय दीपको बुझा नहीं सकती, [क्योंकि मणि स्वयं प्रकाशरूप है, वह किसी दूसरेकी सहायतासे नहीं प्रकाश करती]॥ २॥

**प्रबल अबिद्या तम मिटि जाई। हारहिं सकल सलभ समुदाई॥**
**खल कामादि निकट नहिं जाहीं। बसइ भगति जाके उर माहीं॥**

[उसके प्रकाशसे] अविद्याका प्रबल अन्धकार मिट जाता है। मदादि पतंगोंका सारा समूह हार जाता है। जिसके हृदयमें भक्ति बसती है, काम, क्रोध और लोभ आदि दुष्ट तो उसके पास भी नहीं जाते॥ ३॥

**गरल सुधासम अरि हित होई। तेहि मनि बिनु सुख पाव न कोई॥**
**ब्यापहिं मानस रोग न भारी। जिन्ह के बस सब जीव दुखारी॥**

उसके लिये विष अमृतके समान और शत्रु मित्र हो जाता है। उस मणिके बिना कोई सुख नहीं पाता। बड़े-बड़े मानस-रोग, जिनके वश होकर सब जीव दुःखी हो रहे हैं, उसको नहीं व्यापते॥ ४॥

**राम भगति मनि उर बस जाकें। दुख लवलेस न सपनेहुँ ताकें॥**
**चतुर सिरोमनि तेइ जग माहीं। जे मनि लागि सुजतन कराहीं॥**

श्रीरामभक्तिरूपी मणि जिसके हृदयमें बसती है, उसे स्वप्नमें भी लेशमात्र दुःख नहीं होता। जगत्‌में वे ही मनुष्य चतुरोंके शिरोमणि हैं जो उस भक्तिरूपी मणिके लिये भलीभाँति यत्न करते हैं॥ ५॥

**सो मनि जदपि प्रगट जग अहई। राम कृपा बिनु नहिं कोउ लहई॥**
**सुगम उपाय पाइबे केरे। नर हतभाग्य देहिं भटभेरे॥**

यद्यपि वह मणि जगत्‌में प्रकट (प्रत्यक्ष) है, पर बिना श्रीरामजीकी कृपाके उसे कोई पा नहीं सकता। उसके पानेके उपाय भी सुगम ही हैं, पर अभागे मनुष्य उन्हें ठुकरा देते हैं॥ ६॥

**पावन पर्बत बेद पुराना। राम कथा रुचिराकर नाना॥**
**मर्मी सज्जन सुमति कुदारी। ग्यान बिराग नयन उरगारी॥**

वेद-पुराण पवित्र पर्वत हैं। श्रीरामजीकी नाना प्रकारकी कथाएँ उन पर्वतोंमें सुन्दर खानें हैं। संत पुरुष [उनकी इन खानोंके रहस्यको जाननेवाले] मर्मी हैं और सुन्दर बुद्धि [खोदनेवाली] कुदाल है। हे गरुड़जी! ज्ञान और वैराग्य—ये दो उनके नेत्र हैं॥ ७॥

**भाव सहित खोजइ जो प्रानी। पाव भगति मनि सब सुख खानी॥**
**मोरें मन प्रभु अस बिस्वासा। राम ते अधिक राम कर दासा॥**

जो प्राणी उसे प्रेमके साथ खोजता है, वह सब सुखोंकी खान इस भक्तिरूपी मणिको पा जाता है। हे प्रभो! मेरे मनमें तो ऐसा विश्वास है कि श्रीरामजीके दास श्रीरामजीसे भी बढ़कर हैं॥ ८॥

**राम सिंधु घन सज्जन धीरा। चंदन तरु हरि संत समीरा॥**
**सब कर फल हरि भगति सुहाई। सो बिनु संत न काहूँ पाई॥**

श्रीरामचन्द्रजी समुद्र हैं तो धीर संत पुरुष मेघ हैं। श्रीहरि चन्दनके वृक्ष हैं तो संत पवन हैं। सब साधनोंका फल सुन्दर हरिभक्ति ही है। उसे संतके बिना किसीने नहीं पाया॥ ९॥

**अस बिचारि जोइ कर सतसंगा। राम भगति तेहि सुलभ बिहंगा॥**

ऐसा विचारकर जो भी संतोंका संग करता है, हे गरुड़जी! उसके लिये श्रीरामजीकी भक्ति सुलभ हो जाती है॥ १०॥

**दो०—ब्रह्म पयोनिधि मंदर ग्यान संत सुर आहिं।**
**कथा सुधा मथि काढ़हिं भगति मधुरता जाहिं॥ १२० (क)॥**

ब्रह्म (वेद) समुद्र है, ज्ञान मन्दराचल है और संत देवता हैं, जो उस समुद्रको मथकर कथारूपी अमृत निकालते हैं, जिसमें भक्तिरूपी मधुरता बसी रहती है॥ १२० (क)॥

**बिरति चर्म असि ग्यान मद लोभ मोह रिपु मारि।**
**जय पाइअ सो हरि भगति देखु खगेस बिचारि॥ १२० (ख)॥**

वैराग्यरूपी ढालसे अपनेको बचाते हुए और ज्ञानरूपी तलवारसे मद, लोभ और मोहरूपी वैरियोंको मारकर जो विजय प्राप्त करती है, वह हरिभक्ति ही है; हे पक्षिराज! इसे विचारकर देखिये॥ १२० (ख)॥

**पुनि सप्रेम बोलेउ खगराऊ। जौं कृपाल मोहि ऊपर भाऊ॥**
**नाथ मोहि निज सेवक जानी। सप्त प्रस्न मम कहहु बखानी॥**

पक्षिराज गरुड़जी फिर प्रेमसहित बोले—हे कृपालु! यदि मुझपर आपका प्रेम है, तो हे नाथ! मुझे अपना सेवक जानकर मेरे सात प्रश्नोंके उत्तर बखानकर कहिये॥ १॥

**प्रथमहिं कहहु नाथ मतिधीरा। सब ते दुर्लभ कवन सरीरा॥**
**बड़ दुख कवन कवन सुख भारी। सोउ संछेपहिं कहहु बिचारी॥**

हे नाथ! हे धीरबुद्धि! पहले तो यह बताइये कि सबसे दुर्लभ कौन-सा शरीर है? फिर सबसे बड़ा दुःख कौन है और सबसे बड़ा सुख कौन है, यह भी विचारकर संक्षेपमें ही कहिये॥ २॥

**संत असंत मरम तुम्ह जानहु। तिन्ह कर सहज सुभाव बखानहु॥**
**कवन पुन्य श्रुति बिदित बिसाला। कहहु कवन अघ परम कराला॥**

संत और असंतका मर्म (भेद) आप जानते हैं, उनके सहज स्वभावका वर्णन कीजिये। फिर कहिये कि श्रुतियोंमें प्रसिद्ध सबसे महान् पुण्य कौन-सा है और सबसे महान् भयंकर पाप कौन है?॥ ३॥

**मानस रोग कहहु समुझाई। तुम्ह सर्बग्य कृपा अधिकाई॥**
**तात सुनहु सादर अति प्रीती। मैं संछेप कहउँ यह नीती॥**

फिर मानस-रोगोंको समझाकर कहिये। आप सर्वज्ञ हैं और मुझपर आपकी कृपा भी बहुत है। [काकभुशुण्डिजीने कहा—] हे तात! अत्यन्त आदर और प्रेमके साथ सुनिये। मैं यह नीति संक्षेपसे कहता हूँ॥ ४॥

**नर तन सम नहिं कवनिउ देही। जीव चराचर जाचत तेही॥**
**नरक स्वर्ग अपबर्ग निसेनी। ग्यान बिराग भगति सुभ देनी॥**

मनुष्य-शरीरके समान कोई शरीर नहीं है। चर-अचर सभी जीव उसकी याचना करते हैं। यह मनुष्य-शरीर नरक, स्वर्ग और मोक्षकी सीढ़ी है तथा कल्याणकारी ज्ञान, वैराग्य और भक्तिको देनेवाला है॥ ५॥

**सो तनु धरि हरि भजहिं न जे नर। होहिं बिषय रत मंद मंद तर॥**
**काँच किरिच बदलें ते लेहीं। कर ते डारि परस मनि देहीं॥**

ऐसे मनुष्य-शरीरको धारण (प्राप्त) करके भी जो लोग श्रीहरिका भजन नहीं करते और नीचसे भी नीच विषयोंमें अनुरक्त रहते हैं, वे पारसमणिको हाथसे फेंक देते हैं और बदलेमें काँचके टुकड़े ले लेते हैं॥ ६॥

**नहिं दरिद्र सम दुख जग माहीं। संत मिलन सम सुख जग नाहीं॥**
**पर उपकार बचन मन काया। संत सहज सुभाउ खगराया॥**

जगत्‌में दरिद्रताके समान दुःख नहीं है तथा संतोंके मिलनके समान जगत्‌में सुख नहीं है। और हे पक्षिराज! मन, वचन और शरीरसे परोपकार करना, यह संतोंका सहज स्वभाव है॥ ७॥

**संत सहहिं दुख पर हित लागी। पर दुख हेतु असंत अभागी॥**
**भूर्ज तरू सम संत कृपाला। परहित निति सह बिपति बिसाला॥**

संत दूसरोंकी भलाईके लिये दुःख सहते हैं और अभागे असंत दूसरोंको दुःख पहुँचानेके लिये। कृपालु संत भोजके वृक्षके समान दूसरोंके हितके लिये भारी विपत्ति सहते हैं (अपनी खालतक उधड़वा लेते हैं)॥ ८॥

**सन इव खल पर बंधन करई। खाल कढ़ाइ बिपति सहि मरई॥**
**खल बिनु स्वारथ पर अपकारी। अहि मूषक इव सुनु उरगारी॥**

किन्तु दुष्ट लोग सनकी भाँति दूसरोंको बाँधते हैं और [उन्हें बाँधनेके लिये] अपनी खाल खिंचवाकर विपत्ति सहकर मर जाते हैं। हे सर्पोंके शत्रु गरुड़जी! सुनिये; दुष्ट बिना किसी स्वार्थके साँप और चूहेके समान अकारण ही दूसरोंका अपकार करते हैं॥ ९॥

**पर संपदा बिनासि नसाहीं। जिमि ससि हति हिम उपल बिलाहीं॥**
**दुष्ट उदय जग आरति हेतू। जथा प्रसिद्ध अधम ग्रह केतू॥**

वे परायी सम्पत्तिका नाश करके स्वयं नष्ट हो जाते हैं, जैसे खेतीका नाश करके ओले नष्ट हो जाते हैं। दुष्टका अभ्युदय (उन्नति) प्रसिद्ध अधम ग्रह केतुके उदयकी भाँति जगत्‌के दुःखके लिये ही होता है॥ १०॥

**संत उदय संतत सुखकारी। बिस्व सुखद जिमि इंदु तमारी॥**
**परम धर्म श्रुति बिदित अहिंसा। पर निंदा सम अघ न गरीसा॥**

और संतोंका अभ्युदय सदा ही सुखकर होता है, जैसे चन्द्रमा और सूर्यका उदय विश्वभरके लिये सुखदायक है। वेदोंमें अहिंसाको परम धर्म माना है और परनिन्दाके समान भारी पाप नहीं है॥ ११॥

**हर गुर निंदक दादुर होई। जन्म सहस्त्र पाव तन सोई॥**
**द्विज निंदक बहु नरक भोग करि। जग जनमइ बायस सरीर धरि॥**

शंकरजी और गुरुकी निन्दा करनेवाला मनुष्य (अगले जन्ममें) मेढक होता है और वह हजार जन्मतक वही मेढकका शरीर पाता है। ब्राह्मणोंकी निन्दा करनेवाला व्यक्ति बहुत-से नरक भोगकर फिर जगत्‌में कौएका शरीर धारण करके जन्म लेता है॥ १२॥

**सुर श्रुति निंदक जे अभिमानी। रौरव नरक परहिं ते प्रानी॥**
**होहिं उलूक संत निंदा रत। मोह निसा प्रिय ग्यान भानु गत॥**

जो अभिमानी जीव देवताओं और वेदोंकी निन्दा करते हैं, वे रौरव नरकमें पड़ते हैं। संतोंकी निन्दामें लगे हुए लोग उल्लू होते हैं, जिन्हें मोहरूपी रात्रि प्रिय होती है और ज्ञानरूपी सूर्य जिनके लिये बीत गया (अस्त हो गया) रहता है॥ १३॥

**सब कै निंदा जे जड़ करहीं। ते चमगादुर होइ अवतरहीं॥**
**सुनहु तात अब मानस रोगा। जिन्ह ते दुख पावहिं सब लोगा॥**

जो मूर्ख मनुष्य सबकी निन्दा करते हैं, वे चमगादड़ होकर जन्म लेते हैं। हे तात! अब मानस-रोग सुनिये, जिनसे सब लोग दुःख पाया करते हैं॥ १४॥

**मोह सकल ब्याधिन्ह कर मूला। तिन्ह ते पुनि उपजहिं बहु सूला॥**
**काम बात कफ लोभ अपारा। क्रोध पित्त नित छाती जारा॥**

सब रोगोंकी जड़ मोह (अज्ञान) है। उन व्याधियोंसे फिर और बहुत-से शूल उत्पन्न होते हैं। काम वात है, लोभ अपार (बढ़ा हुआ) कफ है और क्रोध पित्त है जो सदा छाती जलाता रहता है॥ १५॥

**प्रीति करहिं जौं तीनिउ भाई। उपजइ सन्यपात दुखदाई॥**
**बिषय मनोरथ दुर्गम नाना। ते सब सूल नाम को जाना॥**

यदि कहीं ये तीनों भाई (वात, पित्त और कफ) प्रीति कर लें (मिल जायँ), तो दुःखदायक सन्निपात रोग उत्पन्न होता है। कठिनतासे प्राप्त (पूर्ण) होनेवाले जो विषयोंके मनोरथ हैं, वे ही सब शूल (कष्टदायक रोग) हैं; उनके नाम कौन जानता है (अर्थात् वे अपार हैं)॥ १६॥

**ममता दादु कंडु इरषाई। हरष बिषाद गरह बहुताई॥**
**पर सुख देखि जरनि सोइ छई। कुष्ट दुष्टता मन कुटिलई॥**

ममता दाद है, ईर्ष्या (डाह) खुजली है, हर्ष-विषाद गलेके रोगोंकी अधिकता है (गलगंड, कण्ठमाला या घेघा आदि रोग हैं), पराये सुखको देखकर जो जलन होती है, वही क्षयी है। दुष्टता और मनकी कुटिलता ही कोढ़ है॥ १७॥

**अहंकार अति दुखद डमरुआ। दंभ कपट मद मान नेहरुआ॥**
**तृस्ना उदरबृद्धि अति भारी। त्रिबिधि ईषना तरुन तिजारी॥**

अहंकार अत्यन्त दुःख देनेवाला डमरू (गाँठका) रोग है। दम्भ, कपट, मद और मान नहरुआ (नसोंका) रोग है। तृष्णा बड़ा भारी उदरवृद्धि (जलोदर) रोग है। तीन प्रकार (पुत्र, धन और मान)-की प्रबल इच्छाएँ प्रबल तिजारी हैं॥ १८॥

**जुग बिधि ज्वर मत्सर अबिबेका। कहँ लगि कहौं कुरोग अनेका॥**

मत्सर और अविवेक दो प्रकारके ज्वर हैं। इस प्रकार अनेकों बुरे रोग हैं, जिन्हें कहाँतक कहूँ॥ १९॥

**दो०—एक ब्याधि बस नर मरहिं ए असाधि बहु ब्याधि।**
**पीड़हिं संतत जीव कहुँ सो किमि लहै समाधि॥ १२१ (क)॥**

एक ही रोगके वश होकर मनुष्य मर जाते हैं, फिर ये तो बहुत-से असाध्य रोग हैं। ये जीवको निरन्तर कष्ट देते रहते हैं, ऐसी दशामें वह समाधि (शान्ति)-को कैसे प्राप्त करे?॥ १२१ (क)॥

**नेम धर्म आचार तप ग्यान जग्य जप दान।**
**भेषज पुनि कोटिन्ह नहिं रोग जाहिं हरिजान॥ १२१ (ख)॥**

नियम, धर्म, आचार (उत्तम आचरण), तप, ज्ञान, यज्ञ, जप, दान तथा और भी करोड़ों ओषधियाँ हैं, परन्तु हे गरुड़जी! उनसे ये रोग नहीं जाते॥ १२१ (ख)॥

**एहि बिधि सकल जीव जग रोगी। सोक हरष भय प्रीति बियोगी॥**
**मानस रोग कछुक मैं गाए। हहिं सब कें लखि बिरलेन्ह पाए॥**

इस प्रकार जगत्‌में समस्त जीव रोगी हैं, जो शोक, हर्ष, भय, प्रीति और वियोगके दुःखसे और भी दुःखी हो रहे हैं। मैंने ये थोड़े-से मानस-रोग कहे हैं। ये हैं तो सबको, परन्तु इन्हें जान पाये हैं कोई विरले ही॥ १॥

**जाने ते छीजहिं कछु पापी। नास न पावहिं जन परितापी॥**
**बिषय कुपथ्य पाइ अंकुरे। मुनिहु हृदयँ का नर बापुरे॥**

प्राणियोंको जलानेवाले ये पापी (रोग) जान लिये जानेसे कुछ क्षीण अवश्य हो जाते हैं, परन्तु नाशको नहीं प्राप्त होते। विषयरूप कुपथ्य पाकर ये मुनियोंके हृदयमें भी अंकुरित हो उठते हैं, तब बेचारे साधारण मनुष्य तो क्या चीज हैं॥ २॥

**राम कृपाँ नासहिं सब रोगा। जौं एहि भाँति बनै संजोगा॥**
**सदगुर बैद बचन बिस्वासा। संजम यह न बिषय कै आसा॥**

यदि श्रीरामजीकी कृपासे इस प्रकारका संयोग बन जाय तो ये सब रोग नष्ट हो जायँ। सद्गुरुरूपी वैद्यके वचनमें विश्वास हो। विषयोंकी आशा न करे, यही संयम (परहेज) हो॥ ३॥

**रघुपति भगति सजीवन मूरी। अनूपान श्रद्धा मति पूरी॥**
**एहि बिधि भलेहिं सो रोग नसाहीं। नाहिं त जतन कोटि नहिं जाहीं॥**

श्रीरघुनाथजीकी भक्ति संजीवनी जड़ी है। श्रद्धासे पूर्ण बुद्धि ही अनुपान (दवाके साथ लिया जानेवाला मधु आदि) है। इस प्रकारका संयोग हो तो वे रोग भले ही नष्ट हो जायँ, नहीं तो करोड़ों प्रयत्नोंसे भी नहीं जाते॥ ४॥

**जानिअ तब मन बिरुज गोसाँई। जब उर बल बिराग अधिकाई॥**
**सुमति छुधा बाढ़इ नित नई। बिषय आस दुर्बलता गई॥**

हे गोसाईं! मनको नीरोग हुआ तब जानना चाहिये, जब हृदयमें वैराग्यका बल बढ़ जाय, उत्तम बुद्धिरूपी भूख नित नयी बढ़ती रहे और विषयोंकी आशारूपी दुर्बलता मिट जाय॥ ५॥

**बिमल ग्यान जल जब सो नहाई। तब रह राम भगति उर छाई॥**
**सिव अज सुक सनकादिक नारद। जे मुनि ब्रह्म बिचार बिसारद॥**

[इस प्रकार सब रोगोंसे छूटकर] जब मनुष्य निर्मल ज्ञानरूपी जलमें स्नान कर लेता है, तब उसके हृदयमें रामभक्ति छा रहती है। शिवजी, ब्रह्माजी, शुकदेवजी, सनकादि और नारद आदि ब्रह्मविचारमें परम निपुण जो मुनि हैं,॥ ६॥

**सब कर मत खगनायक एहा। करिअ राम पद पंकज नेहा॥**
**श्रुति पुरान सब ग्रंथ कहाहीं। रघुपति भगति बिना सुख नाहीं॥**

हे पक्षिराज! उन सबका मत यही है कि श्रीरामजीके चरणकमलोंमें प्रेम करना चाहिये। श्रुति, पुराण और सभी ग्रन्थ कहते हैं कि श्रीरघुनाथजीकी भक्तिके बिना सुख नहीं है॥ ७॥

**कमठ पीठ जामहिं बरु बारा। बंध्यासुत बरु काहुहि मारा॥**
**फूलहिं नभ बरु बहुबिधि फूला। जीव न लह सुख हरि प्रतिकूला॥**

कछुएकी पीठपर भले ही बाल उग आवें, बाँझका पुत्र भले ही किसीको मार डाले, आकाशमें भले ही अनेकों प्रकारके फूल खिल उठें; परन्तु श्रीहरिसे विमुख होकर जीव सुख नहीं प्राप्त कर सकता॥ ८॥

**तृषा जाइ बरु मृगजल पाना। बरु जामहिं सस सीस बिषाना॥**
**अंधकारु बरु रबिहि नसावै। राम बिमुख न जीव सुख पावै॥**

मृगतृष्णाके जलको पीनेसे भले ही प्यास बुझ जाय, खरगोशके सिरपर भले ही सींग निकल आवें, अन्धकार भले ही सूर्यका नाश कर दे; परन्तु श्रीरामसे विमुख होकर जीव सुख नहीं पा सकता॥ ९॥

**हिम ते अनल प्रगट बरु होई। बिमुख राम सुख पाव न कोई॥**

बर्फसे भले ही अग्नि प्रकट हो जाय (ये सब अनहोनी बातें चाहे हो जायँ), परन्तु श्रीरामसे विमुख होकर कोई भी सुख नहीं पा सकता॥ १०॥

**दो०—बारि मथें घृत होइ बरु सिकता ते बरु तेल।**
**बिनु हरि भजन न भव तरिअ यह सिद्धांत अपेल॥ १२२ (क)॥**

जलको मथनेसे भले ही घी उत्पन्न हो जाय और बालू [को पेरने]-से भले ही तेल निकल आवे; परन्तु श्रीहरिके भजन बिना संसाररूपी समुद्रसे नहीं तरा जा सकता, यह सिद्धान्त अटल है॥ १२२ (क)॥

**मसकहि करइ बिरंचि प्रभु अजहि मसक ते हीन।**
**अस बिचारि तजि संसय रामहि भजहिं प्रबीन॥ १२२ (ख)॥**

प्रभु मच्छरको ब्रह्मा कर सकते हैं और ब्रह्माको मच्छरसे भी तुच्छ बना सकते हैं। ऐसा विचारकर चतुर पुरुष सब सन्देह त्यागकर श्रीरामजीको ही भजते हैं॥ १२२ (ख)॥

**श्लोक—विनिश्चितं वदामि ते न अन्यथा वचांसि मे।**
**हरिं नरा भजन्ति येऽतिदुस्तरं तरन्ति ते॥ १२२ (ग)॥**

मैं आपसे भलीभाँति निश्चित किया हुआ सिद्धान्त कहता हूँ—मेरे वचन अन्यथा (मिथ्या) नहीं हैं कि जो मनुष्य श्रीहरिका भजन करते हैं, वे अत्यन्त दुस्तर संसारसागरको [सहज ही] पार कर जाते हैं॥ १२२ (ग)॥

**कहेउँ नाथ हरि चरित अनूपा। ब्यास समास स्वमति अनुरूपा॥**
**श्रुति सिद्धांत इहइ उरगारी। राम भजिअ सब काज बिसारी॥**

हे नाथ! मैंने श्रीहरिका अनुपम चरित्र अपनी बुद्धिके अनुसार कहीं विस्तारसे और कहीं संक्षेपसे कहा। हे सर्पोंके शत्रु गरुड़जी! श्रुतियोंका यही सिद्धान्त है कि सब काम भुलाकर (छोड़कर) श्रीरामजीका भजन करना चाहिये॥ १॥

**प्रभु रघुपति तजि सेइअ काही। मोहि से सठ पर ममता जाही॥**
**तुम्ह बिग्यानरूप नहिं मोहा। नाथ कीन्हि मो पर अति छोहा॥**

प्रभु श्रीरघुनाथजीको छोड़कर और किसका सेवन (भजन) किया जाय, जिनका मुझ-जैसे मूर्खपर भी ममत्व (स्नेह) है। हे नाथ! आप विज्ञानरूप हैं, आपको मोह नहीं है। आपने तो मुझपर बड़ी कृपा की है॥ २॥

**पूँछिहु राम कथा अति पावनि। सुक सनकादि संभु मन भावनि॥**
**सत संगति दुर्लभ संसारा। निमिष दंड भरि एकउ बारा॥**

जो आपने मुझसे शुकदेवजी, सनकादि और शिवजीके मनको प्रिय लगनेवाली अति पवित्र रामकथा पूछी। संसारमें घड़ीभरका अथवा पलभरका एक बारका भी सत्संग दुर्लभ है॥ ३॥

**देखु गरुड़ निज हृदयँ बिचारी। मैं रघुबीर भजन अधिकारी॥**
**सकुनाधम सब भाँति अपावन। प्रभु मोहि कीन्ह बिदित जग पावन॥**

हे गरुड़जी! अपने हृदयमें विचारकर देखिये, क्या मैं भी श्रीरामजीके भजनका अधिकारी हूँ? पक्षियोंमें सबसे नीच और सब प्रकारसे अपवित्र हूँ। परन्तु ऐसा होनेपर भी प्रभुने मुझको सारे जगत्‌को पवित्र करनेवाला प्रसिद्ध कर दिया [अथवा प्रभुने मुझको जगत्प्रसिद्ध पावन कर दिया]॥ ४॥

**दो०—आजु धन्य मैं धन्य अति जद्यपि सब बिधि हीन।**
**निज जन जानि राम मोहि संत समागम दीन॥ १२३ (क)॥**

यद्यपि मैं सब प्रकारसे हीन (नीच) हूँ, तो भी आज मैं धन्य हूँ, अत्यन्त धन्य हूँ, जो श्रीरामजीने मुझे अपना 'निज जन' जानकर संत-समागम दिया (आपसे मेरी भेंट करायी)॥ १२३ (क)॥

**नाथ जथामति भाषेउँ राखेउँ नहिं कछु गोइ।**
**चरित सिंधु रघुनायक थाह कि पावइ कोइ॥ १२३ (ख)॥**

हे नाथ! मैंने अपनी बुद्धिके अनुसार कहा, कुछ भी छिपा नहीं रखा। [फिर भी] श्रीरघुवीरके चरित्र समुद्रके समान हैं; क्या उनकी कोई थाह पा सकता है?॥ १२३ (ख)॥

**सुमिरि राम के गुन गन नाना। पुनि पुनि हरष भुसुंडि सुजाना॥**
**महिमा निगम नेति करि गाई। अतुलित बल प्रताप प्रभुताई॥**

श्रीरामचन्द्रजीके बहुत-से गुणसमूहोंका स्मरण कर-करके सुजान भुशुण्डिजी बार-बार हर्षित हो रहे हैं। जिनकी महिमा वेदोंने 'नेति-नेति' कहकर गायी है; जिनका बल, प्रताप और प्रभुत्व (सामर्थ्य) अतुलनीय है;॥ १॥

**सिव अज पूज्य चरन रघुराई। मो पर कृपा परम मृदुलाई॥**
**अस सुभाउ कहुँ सुनउँ न देखउँ। केहि खगेस रघुपति सम लेखउँ॥**

जिन श्रीरघुनाथजीके चरण शिवजी और ब्रह्माजीके द्वारा पूज्य हैं, उनकी मुझपर कृपा होनी उनकी परम कोमलता है। किसीका ऐसा स्वभाव कहीं न सुनता हूँ, न देखता हूँ। अतः हे पक्षिराज गरुड़जी! मैं श्रीरघुनाथजीके समान किसे गिनूँ (समझूँ)?॥ २॥

**साधक सिद्ध बिमुक्त उदासी। कबि कोबिद कृतग्य संन्यासी॥**
**जोगी सूर सुतापस ग्यानी। धर्म निरत पंडित बिग्यानी॥**

साधक, सिद्ध, जीवन्मुक्त, उदासीन (विरक्त), कवि, विद्वान्, कर्म [रहस्य]-के ज्ञाता, संन्यासी, योगी, शूरवीर, बड़े तपस्वी, ज्ञानी, धर्मपरायण, पण्डित और विज्ञानी॥ ३॥

**तरहिं न बिनु सेए मम स्वामी। राम नमामि नमामि नमामी॥**
**सरन गएँ मो से अघ रासी। होहिं सुद्ध नमामि अबिनासी॥**

ये कोई भी मेरे स्वामी श्रीरामजीका सेवन (भजन) किये बिना नहीं तर सकते। मैं उन्हीं श्रीरामजीको बार-बार नमस्कार करता हूँ। जिनकी शरण जानेपर मुझ-जैसे पापराशि भी शुद्ध (पापरहित) हो जाते हैं, उन अविनाशी श्रीरामजीको मैं नमस्कार करता हूँ॥ ४॥

**दो०—जासु नाम भव भेषज हरन घोर त्रय सूल।**
**सो कृपाल मोहि तो पर सदा रहउ अनुकूल॥ १२४ (क)॥**

जिनका नाम जन्म-मरणरूपी रोगकी [अव्यर्थ] औषध और तीनों भयंकर पीड़ाओं (आधिदैविक, आधिभौतिक और आध्यात्मिक दुःखों)-को हरनेवाला है, वे कृपालु श्रीरामजी मुझपर और आपपर सदा प्रसन्न रहें॥ १२४ (क)॥

**सुनि भुसुंडि के बचन सुभ देखि राम पद नेह।**
**बोलेउ प्रेम सहित गिरा गरुड़ बिगत संदेह॥ १२४ (ख)॥**

भुशुण्डिजीके मंगलमय वचन सुनकर और श्रीरामजीके चरणोंमें उनका अतिशय प्रेम देखकर सन्देहसे भलीभाँति छूटे हुए गरुड़जी प्रेमसहित वचन बोले॥ १२४ (ख)॥

**मैं कृतकृत्य भयउँ तव बानी। सुनि रघुबीर भगति रस सानी॥**
**राम चरन नूतन रति भई। माया जनित बिपति सब गई॥**

श्रीरघुवीरके भक्ति-रसमें सनी हुई आपकी वाणी सुनकर मैं कृतकृत्य हो गया। श्रीरामजीके चरणोंमें मेरी नवीन प्रीति हो गयी और मायासे उत्पन्न सारी विपत्ति चली गयी॥ १॥

**मोह जलधि बोहित तुम्ह भए। मो कहँ नाथ बिबिध सुख दए॥**
**मो पहिं होइ न प्रति उपकारा। बंदउँ तव पद बारहिं बारा॥**

मोहरूपी समुद्रमें डूबते हुए मेरे लिये आप जहाज हुए। हे नाथ! आपने मुझे बहुत प्रकारके सुख दिये (परम सुखी कर दिया)। मुझसे इसका प्रत्युपकार (उपकारके बदलेमें उपकार) नहीं हो सकता। मैं तो आपके चरणोंकी बार-बार वन्दना ही करता हूँ॥ २॥

**पूरन काम राम अनुरागी। तुम्ह सम तात न कोउ बड़भागी॥**
**संत बिटप सरिता गिरि धरनी। पर हित हेतु सबन्ह कै करनी॥**

आप पूर्णकाम हैं और श्रीरामजीके प्रेमी हैं। हे तात! आपके समान कोई बड़भागी नहीं है। संत, वृक्ष, नदी, पर्वत और पृथ्वी—इन सबकी क्रिया पराये हितके लिये ही होती है॥ ३॥

**संत हृदय नवनीत समाना। कहा कबिन्ह परि कहै न जाना॥**
**निज परिताप द्रवइ नवनीता। पर दुख द्रवहिं संत सुपुनीता॥**

संतोंका हृदय मक्खनके समान होता है, ऐसा कवियोंने कहा है; परन्तु उन्होंने [असली बात] कहना नहीं जाना; क्योंकि मक्खन तो अपनेको ताप मिलनेसे पिघलता है और परम पवित्र संत दूसरोंके दुःखसे पिघल जाते हैं॥ ४॥

**जीवन जन्म सुफल मम भयऊ। तव प्रसाद संसय सब गयऊ॥**
**जानेहु सदा मोहि निज किंकर। पुनि पुनि उमा कहइ बिहंगबर॥**

मेरा जीवन और जन्म सफल हो गया। आपकी कृपासे सब सन्देह चला गया। मुझे सदा अपना दास ही जानियेगा। [शिवजी कहते हैं—] हे उमा! पक्षिश्रेष्ठ गरुड़जी बार-बार ऐसा कह रहे हैं॥ ५॥

**दो०—तासु चरन सिरु नाइ करि प्रेम सहित मतिधीर।**
**गयउ गरुड़ बैकुंठ तब हृदयँ राखि रघुबीर॥ १२५ (क)॥**

उन (भुशुण्डिजी)-के चरणोंमें प्रेमसहित सिर नवाकर और हृदयमें श्रीरघुवीरको धारण करके धीरबुद्धि गरुड़जी तब वैकुण्ठको चले गये॥ १२५ (क)॥

**गिरिजा संत समागम सम न लाभ कछु आन।**
**बिनु हरि कृपा न होइ सो गावहिं बेद पुरान॥ १२५ (ख)॥**

हे गिरिजे! संत-समागमके समान दूसरा कोई लाभ नहीं है। पर वह (संत-समागम) श्रीहरिकी कृपाके बिना नहीं हो सकता, ऐसा वेद और पुराण गाते हैं॥ १२५ (ख)॥

**कहेउँ परम पुनीत इतिहासा। सुनत श्रवन छूटहिं भव पासा॥**
**प्रनत कल्पतरु करुना पुंजा। उपजइ प्रीति राम पद कंजा॥**

मैंने यह परम पवित्र इतिहास कहा, जिसे कानोंसे सुनते ही भवपाश (संसारके बन्धन) छूट जाते हैं और शरणागतोंको [उनके इच्छानुसार फल देनेवाले] कल्पवृक्ष तथा दयाके समूह श्रीरामजीके चरणकमलोंमें प्रेम उत्पन्न होता है॥ १॥

**मन क्रम बचन जनित अघ जाई। सुनहिं जे कथा श्रवन मन लाई॥**
**तीर्थाटन साधन समुदाई। जोग बिराग ग्यान निपुनाई॥**

जो कान और मन लगाकर इस कथाको सुनते हैं, उनके मन, वचन और कर्म (शरीर)-से उत्पन्न सब पाप नष्ट हो जाते हैं। तीर्थयात्रा आदि बहुत-से साधन, योग, वैराग्य और ज्ञानमें निपुणता,—॥ २॥

**नाना कर्म धर्म ब्रत दाना। संजम दम जप तप मख नाना॥**
**भूत दया द्विज गुर सेवकाई। बिद्या बिनय बिबेक बड़ाई॥**

अनेकों प्रकारके कर्म, धर्म, व्रत और दान, अनेकों संयम, दम, जप, तप और यज्ञ, प्राणियोंपर दया, ब्राह्मण और गुरुकी सेवा; विद्या, विनय और विवेककी बड़ाई [आदि]—॥ ३॥

**जहँ लगि साधन बेद बखानी। सब कर फल हरि भगति भवानी॥**
**सो रघुनाथ भगति श्रुति गाई। राम कृपाँ काहूँ एक पाई॥**

जहाँतक वेदोंने साधन बतलाये हैं, हे भवानी! उन सबका फल श्रीहरिकी भक्ति ही है। किन्तु श्रुतियोंमें गायी हुई वह श्रीरघुनाथजीकी भक्ति श्रीरामजीकी कृपासे किसी एक (विरले)-ने ही पायी है॥ ४॥

**दो०—मुनि दुर्लभ हरि भगति नर पावहिं बिनहिं प्रयास।**
**जे यह कथा निरंतर सुनहिं मानि बिस्वास॥ १२६॥**

किन्तु जो मनुष्य विश्वास मानकर यह कथा निरन्तर सुनते हैं, वे बिना ही परिश्रम उस मुनिदुर्लभ हरिभक्तिको प्राप्त कर लेते हैं॥ १२६॥

**सोइ सर्बग्य गुनी सोइ ग्याता। सोइ महि मंडित पंडित दाता॥**
**धर्म परायन सोइ कुल त्राता। राम चरन जा कर मन राता॥**

जिसका मन श्रीरामजीके चरणोंमें अनुरक्त है, वही सर्वज्ञ (सब कुछ जाननेवाला) है, वही गुणी है, वही ज्ञानी है। वही पृथ्वीका भूषण, पण्डित और दानी है। वही धर्मपरायण है और वही कुलका रक्षक है॥ १॥

**नीति निपुन सोइ परम सयाना। श्रुति सिद्धांत नीक तेहिं जाना॥**
**सोइ कबि कोबिद सोइ रनधीरा। जो छल छाड़ि भजइ रघुबीरा॥**

जो छल छोड़कर श्रीरघुवीरका भजन करता है, वही नीतिमें निपुण है, वही परम बुद्धिमान् है। उसीने वेदोंके सिद्धान्तको भलीभाँति जाना है। वही कवि, वही विद्वान् तथा वही रणधीर है॥ २॥

**धन्य देस सो जहँ सुरसरी। धन्य नारि पतिब्रत अनुसरी॥**
**धन्य सो भूपु नीति जो करई। धन्य सो द्विज निज धर्म न टरई॥**

वह देश धन्य है जहाँ श्रीगंगाजी हैं, वह स्त्री धन्य है जो पातिव्रत-धर्मका पालन करती है। वह राजा धन्य है जो न्याय करता है और वह ब्राह्मण धन्य है जो अपने धर्मसे नहीं डिगता॥ ३॥

**सो धन धन्य प्रथम गति जाकी। धन्य पुन्य रत मति सोइ पाकी॥**
**धन्य घरी सोइ जब सतसंगा। धन्य जन्म द्विज भगति अभंगा॥**

वह धन धन्य है जिसकी पहली गति होती है (जो दान देनेमें व्यय होता है)। वही बुद्धि धन्य और परिपक्व है जो पुण्यमें लगी हुई है। वही घड़ी धन्य है जब सत्संग हो और वही जन्म धन्य है जिसमें ब्राह्मणकी अखण्ड भक्ति हो॥ ४॥

[धनकी तीन गतियाँ होती हैं—दान, भोग और नाश। दान उत्तम है, भोग मध्यम है और नाश नीच गति है। जो पुरुष न देता है, न भोगता है, उसके धनकी तीसरी गति होती है।]

**दो०—सो कुल धन्य उमा सुनु जगत पूज्य सुपुनीत।**
**श्रीरघुबीर परायन जेहिं नर उपज बिनीत॥ १२७॥**

हे उमा! सुनो। वह कुल धन्य है, संसारभरके लिये पूज्य है और परम पवित्र है, जिसमें श्रीरघुवीरपरायण (अनन्य रामभक्त) विनम्र पुरुष उत्पन्न हो॥ १२७॥

**मति अनुरूप कथा मैं भाषी। जद्यपि प्रथम गुप्त करि राखी॥**
**तव मन प्रीति देखि अधिकाई। तब मैं रघुपति कथा सुनाई॥**

मैंने अपनी बुद्धिके अनुसार यह कथा कही, यद्यपि पहले इसको छिपाकर रखा था। जब तुम्हारे मनमें प्रेमकी अधिकता देखी तब मैंने श्रीरघुनाथजीकी यह कथा तुमको सुनायी॥ १॥

**यह न कहिअ सठही हठसीलहि। जो मन लाइ न सुन हरि लीलहि॥**
**कहिअ न लोभिहि क्रोधिहि कामिहि। जो न भजइ सचराचर स्वामिहि॥**

यह कथा उनसे न कहनी चाहिये जो शठ (धूर्त) हों, हठी स्वभावके हों और श्रीहरिकी लीलाको मन लगाकर न सुनते हों। लोभी, क्रोधी और कामीको, जो चराचरके स्वामी श्रीरामजीको नहीं भजते, यह कथा नहीं कहनी चाहिये॥ २॥

**द्विज द्रोहिहि न सुनाइअ कबहूँ। सुरपति सरिस होइ नृप जबहूँ॥**
**राम कथा के तेइ अधिकारी। जिन्ह कें सत संगति अति प्यारी॥**

ब्राह्मणोंके द्रोहीको, यदि वह देवराज (इन्द्र)-के समान ऐश्वर्यवान् राजा भी हो, तब भी यह कथा कभी न सुनानी चाहिये। श्रीरामकी कथाके अधिकारी वे ही हैं जिनको सत्संगति अत्यन्त प्रिय है॥ ३॥

**गुर पद प्रीति नीति रत जेई। द्विज सेवक अधिकारी तेई॥**
**ता कहँ यह बिसेष सुखदाई। जाहि प्रानप्रिय श्रीरघुराई॥**

जिनकी गुरुके चरणोंमें प्रीति है, जो नीतिपरायण हैं और ब्राह्मणोंके सेवक हैं, वे ही इसके अधिकारी हैं। और उसको तो यह कथा बहुत ही सुख देनेवाली है, जिसको श्रीरघुनाथजी प्राणके समान प्यारे हैं॥ ४॥

**दो०—राम चरन रति जो चह अथवा पद निर्बान।**
**भाव सहित सो यह कथा करउ श्रवन पुट पान॥ १२८॥**

जो श्रीरामजीके चरणोंमें प्रेम चाहता हो या मोक्षपद चाहता हो, वह इस कथारूपी अमृतको प्रेमपूर्वक अपने कानरूपी दोनेसे पिये॥ १२८॥

**राम कथा गिरिजा मैं बरनी। कलि मल समनि मनोमल हरनी॥**
**संसृति रोग सजीवन मूरी। राम कथा गावहिं श्रुति सूरी॥**

हे गिरिजे! मैंने कलियुगके पापोंका नाश करनेवाली और मनके मलको दूर करनेवाली रामकथाका वर्णन किया। यह रामकथा संसृति (जन्म-मरण)-रूपी रोगके [नाशके] लिये संजीवनी जड़ी है, वेद और विद्वान् पुरुष ऐसा कहते हैं॥ १॥

**एहि महँ रुचिर सप्त सोपाना। रघुपति भगति केर पंथाना॥**
**अति हरि कृपा जाहि पर होई। पाउँ देइ एहिं मारग सोई॥**

इसमें सात सुन्दर सीढ़ियाँ हैं, जो श्रीरघुनाथजीकी भक्तिको प्राप्त करनेके मार्ग हैं। जिसपर श्रीहरिकी अत्यन्त कृपा होती है, वही इस मार्गपर पैर रखता है॥ २॥

**मन कामना सिद्धि नर पावा। जे यह कथा कपट तजि गावा॥**
**कहहिं सुनहिं अनुमोदन करहीं। ते गोपद इव भवनिधि तरहीं॥**

जो कपट छोड़कर यह कथा गाते हैं, वे मनुष्य अपनी मनःकामनाकी सिद्धि पा लेते हैं। जो इसे कहते-सुनते और अनुमोदन (प्रशंसा) करते हैं, वे संसाररूपी समुद्रको गौके खुरसे बने हुए गड्ढेकी भाँति पार कर जाते हैं॥ ३॥

**सुनि सब कथा हृदय अति भाई। गिरिजा बोली गिरा सुहाई॥**
**नाथ कृपाँ मम गत संदेहा। राम चरन उपजेउ नव नेहा॥**

[याज्ञवल्क्यजी कहते हैं—] सब कथा सुनकर श्रीपार्वतीजीके हृदयको बहुत ही प्रिय लगी

और वे सुन्दर वाणी बोलीं—स्वामीकी कृपासे मेरा सन्देह जाता रहा और श्रीरामजीके चरणोंमें नवीन प्रेम उत्पन्न हो गया॥ ४॥

**दो०—मैं कृतकृत्य भइउँ अब तव प्रसाद बिस्वेस।**
**उपजी राम भगति दृढ़ बीते सकल कलेस॥ १२९॥**

हे विश्वनाथ! आपकी कृपासे अब मैं कृतार्थ हो गयी। मुझमें दृढ़ रामभक्ति उत्पन्न हो गयी और मेरे सम्पूर्ण क्लेश बीत गये (नष्ट हो गये)॥ १२९॥

**यह सुभ संभु उमा संबादा। सुख संपादन समन बिषादा॥**
**भव भंजन गंजन संदेहा। जन रंजन सज्जन प्रिय एहा॥**

शम्भु-उमाका यह कल्याणकारी संवाद सुख उत्पन्न करनेवाला और शोकका नाश करनेवाला है। जन्म-मरणका अन्त करनेवाला, सन्देहोंका नाश करनेवाला, भक्तोंको आनन्द देनेवाला और संत पुरुषोंको प्रिय है॥ १॥

**राम उपासक जे जग माहीं। एहि सम प्रिय तिन्ह कें कछु नाहीं॥**
**रघुपति कृपाँ जथामति गावा। मैं यह पावन चरित सुहावा॥**

जगत्‌में जो (जितने भी) रामोपासक हैं, उनको तो इस रामकथाके समान कुछ भी प्रिय नहीं है। श्रीरघुनाथजीकी कृपासे मैंने यह सुन्दर और पवित्र करनेवाला चरित्र अपनी बुद्धिके अनुसार गाया है॥ २॥

**एहिं कलिकाल न साधन दूजा। जोग जग्य जप तप ब्रत पूजा॥**
**रामहि सुमिरिअ गाइअ रामहि। संतत सुनिअ राम गुन ग्रामहि॥**

[तुलसीदासजी कहते हैं—] इस कलिकालमें योग, यज्ञ, जप, तप, व्रत और पूजन आदि कोई दूसरा साधन नहीं है। बस, श्रीरामजीका ही स्मरण करना, श्रीरामजीका ही गुण गाना और निरन्तर श्रीरामजीके ही गुणसमूहोंको सुनना चाहिये॥ ३॥

**जासु पतित पावन बड़ बाना। गावहिं कबि श्रुति संत पुराना॥**
**ताहि भजहि मन तजि कुटिलाई। राम भजें गति केहिं नहिं पाई॥**

पतितोंको पवित्र करना जिनका महान् (प्रसिद्ध) बाना है—ऐसा कवि, वेद, संत और पुराण गाते हैं—रे मन! कुटिलता त्यागकर उन्हींको भज। श्रीरामको भजनेसे किसने परम गति नहीं पायी?॥ ४॥

**छं०—पाई न केहिं गति पतित पावन राम भजि सुनु सठ मना।**
**गनिका अजामिल ब्याध गीध गजादि खल तारे घना॥**
**आभीर जमन किरात खस स्वपचादि अति अघरूप जे।**
**कहि नाम बारक तेपि पावन होहिं राम नमामि ते॥**

अरे मूर्ख मन! सुन, पतितोंको भी पावन करनेवाले श्रीरामको भजकर किसने परमगति नहीं पायी? गणिका, अजामिल, व्याध, गीध, गज आदि बहुत-से दुष्टोंको उन्होंने तार दिया। आभीर, यवन, किरात, खस, श्वपच (चाण्डाल) आदि जो अत्यन्त पापरूप ही हैं, वे भी केवल एक बार जिनका नाम लेकर पवित्र हो जाते हैं, उन श्रीरामजीको मैं नमस्कार करता हूँ॥ १॥

**रघुबंस भूषन चरित यह नर कहहिं सुनहिं जे गावहीं।**
**कलि मल मनोमल धोइ बिनु श्रम राम धाम सिधावहीं॥**
**सत पंच चौपाईं मनोहर जानि जो नर उर धरै।**
**दारुन अबिद्या पंच जनित बिकार श्री रघुबर हरै॥**

जो मनुष्य रघुवंशके भूषण श्रीरामजीका यह चरित्र कहते हैं, सुनते हैं और गाते हैं, वे कलियुगके पाप और मनके मलको धोकर बिना ही परिश्रम श्रीरामजीके परम धामको चले जाते हैं। [अधिक क्या] जो मनुष्य पाँच-सात चौपाइयोंको भी मनोहर जानकर [अथवा रामायणकी चौपाइयोंको श्रेष्ठ पंच (कर्तव्याकर्तव्यका सच्चा निर्णायक) जानकर उनको] हृदयमें धारण कर लेता है, उसके भी पाँच प्रकारकी अविद्याओंसे उत्पन्न विकारोंको श्रीरामजी हरण कर लेते हैं, (अर्थात् सारे रामचरित्रकी तो बात ही क्या है, जो पाँच-सात चौपाइयोंको भी समझकर उनका अर्थ हृदयमें धारण कर लेते हैं, उनके भी अविद्याजनित सारे क्लेश श्रीरामचन्द्रजी हर लेते हैं)॥ २॥

**सुंदर सुजान कृपा निधान अनाथ पर कर प्रीति जो।**
**सो एक राम अकाम हित निर्बानप्रद सम आन को॥**
**जाकी कृपा लवलेस ते मतिमंद तुलसीदासहूँ।**
**पायो परम बिश्रामु राम समान प्रभु नाहीं कहूँ॥**

[परम] सुन्दर, सुजान और कृपानिधान तथा जो अनाथोंपर प्रेम करते हैं, ऐसे एक श्रीरामचन्द्रजी ही हैं। इनके समान निष्काम (निःस्वार्थ) हित करनेवाला (सुहृद्) और मोक्ष देनेवाला दूसरा कौन है? जिनकी लेशमात्र कृपासे मन्दबुद्धि तुलसीदासने भी परम शान्ति प्राप्त कर ली, उन श्रीरामजीके समान प्रभु कहीं भी नहीं हैं॥ ३॥

**दो०— मो सम दीन न दीन हित तुम्ह समान रघुबीर।**
**अस बिचारि रघुबंस मनि हरहु बिषम भव भीर॥ १३०(क)॥**

हे श्रीरघुवीर! मेरे समान कोई दीन नहीं है और आपके समान कोई दीनोंका हित करनेवाला नहीं है। ऐसा विचारकर हे रघुवंशमणि! मेरे जन्म-मरणके भयानक दुःखका हरण कर लीजिये॥ १३० (क)॥

**कामिहि नारि पिआरि जिमि लोभिहि प्रिय जिमि दाम।**
**तिमि रघुनाथ निरंतर प्रिय लागहु मोहि राम॥ १३०(ख)॥**

जैसे कामीको स्त्री प्रिय लगती है और लोभीको जैसे धन प्यारा लगता है, वैसे ही हे रघुनाथजी! हे रामजी! आप निरन्तर मुझे प्रिय लगिये॥ १३० (ख)॥

**श्लोक—यत्पूर्वं प्रभुणा कृतं सुकविना श्रीशम्भुना दुर्गमं**
**श्रीमद्रामपदाब्जभक्तिमनिशं प्राप्त्यै तु रामायणम्।**
**मत्वा तद्रघुनाथनामनिरतं स्वान्तस्तमःशान्तये**
**भाषाबद्धमिदं चकार तुलसीदासस्तथा मानसम्॥ १॥**

श्रेष्ठ कवि भगवान् श्रीशंकरजीने पहले जिस दुर्गम मानस-रामायणकी, श्रीरामजीके चरणकमलोंमें नित्य-निरन्तर [अनन्य] भक्ति प्राप्त होनेके लिये, रचना की थी, उस मानस-रामायणको